国学经典文库

图文珍藏版

传承中华文明 弘扬国学精粹

国学大智慧

马肇基◎主编

国学智慧

线装书局

图书在版编目（CIP）数据

国学大智慧 / 马肇基主编. -- 北京：线装书局，
2014.6
ISBN 978-7-5120-1370-4

Ⅰ.①国… Ⅱ.①马… Ⅲ.①国学－文集 Ⅳ.
①Z126.27-53

中国版本图书馆CIP数据核字(2014)第087850号

国学大智慧

主　　编：马肇基
责任编辑：杜　语　高晓彬
装帧设计：博雅圣轩藏书馆 Boyashengxuan Cangshuguan
出版发行：线装书局
　　　　　地　址：北京市西城区鼓楼西大街41号（100009）
　　　　　电　话：010-64045283　64041012
　　　　　网　址：www.xzhbc.com
经　　销：新华书店
印　　制：北京彩虹伟业印刷有限公司
开　　本：710mm×1040mm　1/16
印　　张：112
彩　　插：8
字　　数：1360千字
版　　次：2014年6月第1版第1次印刷
印　　数：0001－3000套

定　　价：598.00元（全四册）

—— 《论语》智慧通解 ——

　　《论语》是儒家思想的核心著作，由孔子的弟子及其再传弟子编撰而成。集中体现了孔子的政治主张、伦理思想、道德观念及教育原则等。

—— 《周易》智慧通解 ——

　　《周易》被誉为"群经之首，大道之源"，具体包括经、传两部分内容。在古代是帝王之学，更是政治家、军事家、商家的必修之术。

—— 《二十四史》智慧通解 ——

　　二十四史是中国古代各朝撰写的二十四部史书的总称，是被历来的朝代纳为正统的史书，它是用统一的有本纪、列传的纪传体编写的。

—— 《资治通鉴》智慧通解 ——

　　《资治通鉴》是北宋司马光主编的中国第一部编年体通史，涵盖16朝1362年的历史。它在中国官修史书中占有极重要的地位。

—— 《墨子》智慧通解 ——

　　《墨子》是记载墨翟言论和墨家学派思想资料的总集。它倡导尚贤、尚同、兼爱、非攻、节用、节葬等主张，基本反映了广大劳动阶层的呼声。

—— 《韩非子》智慧通解 ——

　　《韩非子》是韩非子主要著作的辑录，里面保存了丰富的寓言故事，并积极倡导君主专制主义理论，目的是为专制君主提供富国强兵的霸道思想。

—— 《荀子》智慧通解 ——

　　《荀子》是战国后期儒家学派最重要的著作。该书旨在反映唯物主义自然观、认识论思想以及荀况的伦理、政治和经济思想。

—— 《吕氏春秋》智慧通解 ——

　　《吕氏春秋》是在秦国丞相吕不韦主持下，集合门客们编撰的一部黄老道家名著。此书以道家思想为主干，融合各家学说，涵盖经史子集各门类。

——《诗经》智慧通解——

《诗经》是中国第一部诗歌总集，共收入自西周初年至春秋中叶大约五百多年的诗歌，是中国诗史的起点，在中国文学发展史上占有突出的地位。

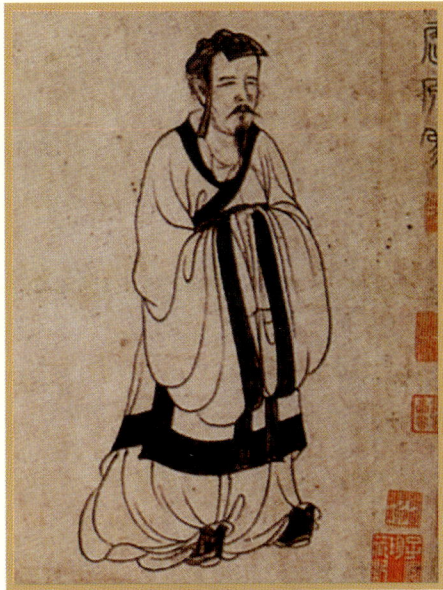

——《楚辞》智慧通解——

《楚辞》是我国第一部浪漫主义诗歌总集，它对整个中国文化系统有不同寻常的意义，而四大体裁诗歌、小说、散文、戏剧皆不同程度存在其身影。

——《唐诗》智慧通解——

唐诗是我国优秀的文学遗产之一，也是全世界文学宝库中的一颗灿烂的明珠。许多诗篇至今仍被后人广为吟诵流传。

——《宋词》智慧通解——

宋词是中国古代文学皇冠上光辉夺目的一颗巨钻，与唐诗争奇，与元曲斗艳，历来与唐诗并称双绝，都代表一代文学之盛。

—— 《三字经》智慧通解 ——

《三字经》是中华民族珍贵的文化遗产，其内容涵盖了历史、天文、地理、道德以及一些民间传说，正所谓"熟读《三字经》，可知千古事"。

—— 《百家姓》智慧通解 ——

《百家姓》是一本关于中文姓氏的书，成书于北宋初。它与《三字经》和《千字文》并称"三百千"，是中国古代幼儿的启蒙读物。

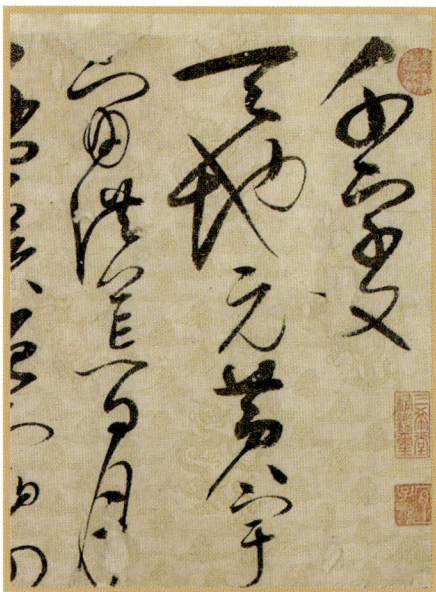

—— 《千字文》智慧通解 ——

《千字文》是中国早期的蒙学课本，它涵盖了天文、地理、自然、社会、历史等多方面的知识。全文为四字句，对仗工整，文采斐然，令人称绝。

—— 《弟子规》智慧通解 ——

《弟子规》成书于清朝，其内容采用《论语》"学而篇"第六条的文义，列述弟子在家、出外、待人、接物与学习上应该恪守的守则规范。

── 《黄帝内经》养生智慧 ──

　　《黄帝内经》是中国医学宝库中现存成书最早的一部医学典籍。是研究人的生理学、病理学、诊断学、治疗原则和药物学的医学巨著。

── 《本草纲目》养生智慧 ──

　　《本草纲目》是一部影响世界科技进步的药物学巨著，其内容涉及植物学、动物学、矿物学、地质学、物理学、化学以及天文学、气象学等领域。

── 《菜根谭》智慧通解 ──

　　《菜根谭》是一部论述修养、人生、处世、出世的语录世集。儒家通俗读物具有儒道真理的结晶，和万古不易的教人传世之道，为旷古稀世的奇珍宝训。

── 《厚黑学》智慧通解 ──

　　李宗吾先生的《厚黑学》被誉为"民国第一奇书"，近年来更被视为一部不可多得的"成功学"巨著，从某个角度反映了中国人的处世之道。

—— 《忍经》智慧通解 ——

　　《忍经》是一部寓意深刻、淂颐天年的劝世书。全书以忍为话题，分别从道德、修身、读书、教子和勤俭等方面揭示了为人处世之真谛。

—— 《反经》智慧通解 ——

　　《反经》是一本谋略奇书，其内容涉及政治、外交、军事等各种领域，并且还能自成一家，形成一部逻辑体系严密、涵盖文韬武略的谋略全书。

—— 《贞观政要》智慧通解 ——

　　《贞观政要》是一部政论性史书。书中提出了"君依于国，国依于民"的重民思想，以及重视农业、发展生产的施政方针和用人惟贤才的主张。

—— 《冰鉴》智慧通鉴 ——

　　《冰鉴》是曾国藩著述的一部关于相人识人的作品。它融东方《易经》学、骨相学、谋略学为一体，是一本集复杂的人才测评、选拔智慧于一体的经典。

前　言

国学,是中国"百姓日用而不知"的,国学的发展史囊括着中国几千年来的哲学发展脉络,国学无法从中国传统文化中单一的拣出来,设立学位要找基本依据,全面复兴中国的国学文化,实行春秋时期的百家争鸣,复兴包括五术、六艺、诸子百家之说文化,才是真正的国学复兴之日。所谓的国学现代化就是把五术、六艺、诸子百家中的文艺、文化知识科学化的复兴起来、现代化起来。为了使中华传统国学精髓深入人心,我们组织有关专家学者编辑了这套《国学大智慧》,全书按照经学、史学、子学、诗学、蒙学、养生、处世、资政等八个方面重新梳理了国学经典,力求使国学更接地气,读者可以轻松理解国学文化。

经学是中国古代学术的主体,本部分汲取《四库全书》经部精华,蕴藏了丰富而深刻的思想,保存了大量珍贵的史料,所选取的都是儒家学说的核心组成部分,可谓是国学文化中最重要的部分。

读史使人明志。史学部分收录记载历史兴衰治乱和各种人物以及制度沿革等的历史书,远在四千多年前,中国即有历史的记录,各种体裁的历史著作都属于这一类。司马迁的《史纪》为中国正史的开始,以后几乎每朝一史,共有二十四史;此外古史、野史、法典、地志、职官、政书、时令等,凡记事的书籍均归入史部,可以以史为鉴资今政。

子学主要了记录诸子百家及其学说的书籍。春秋战国之际,学者辈出,百家争鸣,哲学、名学、法学、医学、算学、兵学、天文学、农学十分发达,每家著书一种,后人因为次于经书而成一家之言,所以称为子书,道教、宋明理学、清朝的考据学也都归入子部,子部贵在兼容百家,并收诸学精华。

诗学主要辑录了历代作家的散文、骈文、诗、词、曲等集子和文学评论著作,均归入此类。这些作品皆为几千年流传下来的优秀诗集作品,在这些文学作品中不难得窥古人之睿智,国学之精神。

蒙学部分把《三字经》、《百家姓》、《千字文》和《弟子规》等蒙学经典篇目整合为一,中国古代的启蒙教育确实有其独到之处,它在教你识文断字的同时,也把一些立身处世的原则潜移默化地传授给你了。"洛阳访才子,江岭作流人。闻说梅花早,何如此地春。"寥寥几语,竟能如此传神地描绘出一派春景。

养生的宗旨是身体阴阳平衡,早在几千年前的《黄帝内经》中就提出了养生的主要观点是阴阳平衡,阴阳平衡人则健康,有神;阴阳失衡就会患病,早衰,甚则死亡,当身体阴阳失衡时,应选择药疗、食疗、体疗、针灸疗法,使身体阴阳恢复平衡,病自然就好了。养生部分搜集了大量养生方面古籍文献如《黄帝内经》和《本草纲目》等,使读者可以在养生方面有据可考。

处世是一种艺术,是一种哲学,也是一种功夫。善处世者,无论在任何环境之下,常能逍遥自在,怡然自得,澹然自安,欣欣自乐。正孔子所谓"君子素其位而行,素富贵行乎富贵,素贫贱行乎贫贱,素夷狄行乎夷狄,素患难行乎患难,无入而不自得"者是。处世而能有超旷高远之怀,而能有空灵迥异之想,而能有飘逸出尘之致,而能有洒脱不凡之风;则其人生之境界,自能高人一着,超人一等矣。

资政部分从我国古代各种典籍中选取相关的代表性言论一千二百多条,并翻译成现代白话文,有些难懂的词还做了注释。选编的原则,内容上务求精,即理念积极向上,论述精当透彻,尽可能对今天有应用价值;文字上务求短,即语言简洁,文字通俗,尽可能使读者易读易记。我们学习古人,切不可泥古不化,既要学习古人,又要超越古人,才符合"与时俱进"的辩证法。

国学,不仅仅是传统文化,不仅仅是先进文化,不仅仅是时尚文化;也不仅仅是自然国学,不仅仅是生命国学,不仅仅是家庭国学,不仅仅是公益国学;国学更是一种起源于原始之初而传承于历史现实的活着的正在继续的中华文明、和谐文化,是中华民族核心的价值理念和追求,是数千万年来中国人思维方式、行为方式、生活方式和生产方式的高度总结,是中华母亲的乳汁,是中华儿女的血脉、精神和灵魂,是中国人信仰的天空和大地,在实现中华民族伟大复兴的中国梦迎接中华文化繁荣兴盛的今天,老百姓国学仁为己任任重道远。

目　录

经学智慧

第一篇　《论语》智慧通解

第一章　领导者是领导学的专家 …………………………………………（4）

★ 做人、做事、做官："三做"一以贯之 ………………………………（4）

★ 多听多看：做稳健的领导很简单 ……………………………………（9）

★ 建立公信：领导者首要的使命 ………………………………………（10）

★ 色、斗、得：领导要过好的人生三关 ………………………………（11）

★ 与时俱进：不要以为老子天下第一 …………………………………（12）

第二章　常修为政之德，常思为官之责 …………………………………（15）

★ 为政以德：让自己成为北极星 ………………………………………（15）

★ 威从德来：走正道，讲公道，行孝道，要厚道 ……………………（16）

★ 庄严温和：做领导，不要架子要样子 ………………………………（17）

★ 舍弃所好："不器"才能聚天下之"器" ……………………………（19）

★ 无欲则刚：谁放纵自己，谁就深渊在旁 ……………………………（20）

★ 以德化人：近者悦，远者来 …………………………………………（21）

★ 修养三宝：崇德、修慝、辨惑 ………………………………………（22）

★ 小胜凭智，大赢靠德：以德服人 ……………………………………（24）

第三章　唯才是举，唯德重用 ……………………………………………（26）

★ 人才难得：英雄不问出处 ……………………………………………（26）

★ 亲力亲为：考察人才要亲自出马 ……………………………………（27）

★ 全才难得：不要忽视狂狷之士 ………………………………………（29）

★ 识人方法：视其所以，观其所由，察其所安 ………………………（30）

★人尽其用：人与事最佳组合才最有效 …………… (32)

★识人重"孝"：不"孝"之人不可委以重任 …………… (33)

★察人务实：不以言举人，不以人废言 …………… (34)

★人品关乎成败：品德比能力更重要 …………… (36)

第四章　用人之道，攻心为上 …………… (38)

★齐之以礼：用人攻心为上 …………… (38)

★孰能无过：别把人一棍子打死 …………… (39)

★批评有道：跟孔子学批评之道 …………… (40)

★使民以时：用人要选准时间 …………… (41)

★使民以诚：用人不避嫌 …………… (42)

★使民以位：将人放在正确的位置 …………… (43)

★身先士卒：身教重于言教 …………… (44)

第五章　求真务实，真抓实干 …………… (47)

★知之为知之：不懂装懂会给事业带来灾难 …………… (47)

★联系实际：不做空头理论家 …………… (48)

★为民做主：不要让人家赶你回家卖红薯 …………… (49)

★富民教民：为政者的两大任务 …………… (50)

★孝治天下：老老实实，不要玩小心眼 …………… (51)

★做好本职：不在其位，不谋其政 …………… (53)

第六章　慧眼识人，成就事业 …………… (55)

★战战兢兢：人应该有所畏惧 …………… (55)

★知命知礼：不知命，无以为君子 …………… (56)

★问题面前呈三态：不惑，不忧，不惧 …………… (58)

★危机意识：临事而惧，好谋而成 …………… (60)

★眼光决定命运：人无远虑，必有近忧 …………… (61)

★变则通，通则久：唯有"变"才是永远不变的真理 …………… (62)

第七章　心胸开阔，豁达大度 …………… (66)

★心胸宽广：承认自己就要承受一切 …………… (66)

★顺其自然：来者不拒，去者不追 …………… (67)

★急而能安：当领导不能随便发脾气 …………… (68)

★恭、宽、信、敏、惠：行五者于天下为仁 …………… (69)

★为与不为：别陷于人事纠纷，干些人生的大事 …………… (70)

★掌控情绪：不要做踢猫链条中的一环 …………… (72)

★忍者神龟：成事忍之道 …………… (73)

★善处谗污：做个明白的领导 ································ (75)

第八章 沟而有通，谨言慎行 ································ (77)

★成功秘诀：善于与人沟通 ································ (77)

★和气生财：和则两利，斗则两伤 ························ (79)

★深藏不露：逢人且说三分话，未可全抛一片心 ········ (81)

★谨言慎行：愚者露己愚昧，贤者藏己知性 ·············· (82)

第二篇 《周易》智慧通解

第一章 天行健，君子以自强不息 ························ (85)

★顶天立地，自强不息 ································ (85)

★敢担大任，塑造气魄 ································ (87)

★谦虚美德，闪耀智慧 ································ (89)

★懂得节制，做好选择 ································ (91)

★标新立异，打破常规 ································ (94)

★临危不乱，英雄本色 ································ (96)

★登阶上进，逐步发展 ································ (98)

第二章 地势坤，君子以厚德载物 ······················ (100)

★厚德载物，有容乃大 ································ (100)

★人格高尚，感召力强 ································ (102)

★身体力行，以身作则 ································ (105)

★宽大包容，求同存异 ································ (106)

★自省自律，修身正己 ································ (108)

★忠心诚信，利涉大川 ································ (110)

第三章 善长等待，成就大事 ·························· (113)

★厚积薄发，大业必成 ································ (113)

★养精蓄锐，伺机而动 ································ (115)

★积跬至千，积流成河 ································ (117)

第四章 善待英才，广聚贤能 ·························· (120)

★治人韬略，攻心为上 ································ (120)

★互为依靠，相辅相成 ································ (121)

★追随正义，以德怀人 ································ (123)

★刚柔并济，赏罚分明 ································ (125)

★果断抉择，树德除恶 ································ (127)

★聚则成形,散则成风 ·············· (130)

★用人不当,必将自败 ·············· (132)

第五章 同心协力,化敌为友 ·············· (134)

★两人同心,其利断金 ·············· (134)

★化敌为友,不可积怨 ·············· (135)

第六章 谦虚谨慎,行于正道 ·············· (138)

★坚守正道,守住"谨慎" ·············· (138)

★物极必反,居安思危 ·············· (139)

★谦虚自警,大器可成 ·············· (144)

★正道沧桑,不存非分 ·············· (145)

第七章 因地制宜,有效沟通 ·············· (147)

★因地制宜,有效沟通 ·············· (147)

★大事化小,小事化了 ·············· (149)

第八章 心有乾坤,神闲气定 ·············· (153)

★主动反省,头脑清醒 ·············· (153)

★保持常心,学会减压 ·············· (156)

★师以"规矩",修身养性 ·············· (158)

★心有乾坤,神闲气定 ·············· (160)

第九章 心系企业,变中发展 ·············· (162)

★心系天下,有所作为 ·············· (162)

★扶危济困,乐善好施 ·············· (164)

★能变则通,达观天下 ·············· (167)

★变革及时,手段谨慎 ·············· (169)

★变中发展,立于不败 ·············· (171)

第十章 凝聚合力,进退自如 ·············· (175)

★有进有退,权宜在我 ·············· (175)

★别人的退路,自己的出路 ·············· (177)

★单则易折,众则难摧 ·············· (179)

第三篇 《尚书》智慧通解

第一章 管理之道,知易行难 ·············· (183)

★治理之道,重要者三 ·············· (183)

★治国之道,知易行难 ·············· (185)

★得道多助,失道寡助 ……………………………… (186)

★失民心者,必失天下 ……………………………… (187)

★无不可信,人事需尽 ……………………………… (188)

第二章 治国之道,富民为始 ……………………………… (189)

★治国首务,必先富民 ……………………………… (189)

★天道无亲,常予善人 ……………………………… (190)

第三章 立德修身,民政为民 ……………………………… (192)

★警戒自己,念念不忘 ……………………………… (192)

★唯有德者,能有天下 ……………………………… (193)

★作民父母,为天下王 ……………………………… (193)

★九德素质,领导必修 ……………………………… (195)

★做个好官,要求有三 ……………………………… (196)

第四篇 《春秋左传》智慧通解

第一章 以史为鉴,一脉相承 ……………………………… (199)

★讲究实际,不务虚名 ……………………………… (199)

★认错担责,居上美德 ……………………………… (200)

★胜败相伏,福祸相依 ……………………………… (202)

第二章 得士者昌,失士者亡 ……………………………… (206)

★肉食者鄙,未能远谋 ……………………………… (206)

★得士者昌,失士者亡 ……………………………… (209)

★防民之口,犹如防川 ……………………………… (211)

第三章 阴谋诡计,提防为妙 ……………………………… (214)

★多行不义,必然自毙 ……………………………… (214)

★褒贬之间,一字之内 ……………………………… (216)

第四章 推今验古,才能不惑 ……………………………… (219)

★女人祸水,以史为鉴 ……………………………… (219)

★好鹤亡国,君子不为 ……………………………… (222)

史学智慧

第一篇《资治通鉴》智慧通解

第一章　六亲不认，赢得支持 …………………………………（228）
　★权力让亲情走开 …………………………………………（228）
　★赢得支持才能站稳脚跟 …………………………………（232）

第二章　高调做事，低调做人 …………………………………（236）
　★算计不但要多一招，而且要快一步 ……………………（236）
　★不要与小人一般见识 ……………………………………（238）
　★当进当退因时而动 ………………………………………（240）
　★防备共谋的人出卖你 ……………………………………（244）
　★假让实争的人最可怕 ……………………………………（246）
　★让违规的下属自相治理 …………………………………（248）
　★做大事的人要沉得住气 …………………………………（250）
　★善于避开君主的疑忌点 …………………………………（251）
　★保持低调做人的原则 ……………………………………（254）

第三章　爱惜人才，知人善用 …………………………………（257）
　★本着爱护人才的原则用人 ………………………………（257）
　★大胆使用自己急需的人 …………………………………（259）
　★人才是最有决定意义的资本 ……………………………（260）
　★选用人才，德行第一 ……………………………………（263）
　★为人领导要知人善用 ……………………………………（266）
　★抓住的总为我所用 ………………………………………（268）

第四章　放下架子，真情沟通 …………………………………（271）
　★真感情让人感动 …………………………………………（271）
　★放下身架向事实低头 ……………………………………（272）
　★情感是领导与下属间最好的沟通桥梁 …………………（275）
　★以下属为本，走群众路线 ………………………………（278）

第五章　正直无私，以身作则 …………………………………（281）
　★敬胜怠者吉，怠胜敬者灭 ………………………………（281）
　★一心为公，顾全大局 ……………………………………（283）

★非信无以使民 …………………………………………………… (286)

★宽容是一种至高的领导境界 …………………………………… (288)

★廉洁是浩然正气的源泉 ………………………………………… (291)

★以身作则,立威于人 …………………………………………… (293)

★无私则廉,秉公则正 …………………………………………… (296)

★知错能改,才能让下属更信服 ………………………………… (298)

第二篇 《二十四史》智慧通解

第一章 强力管控,树立威信 …………………………………… (302)

★解决兵权左右政权的弊病 ……………………………………… (302)

★危急关头当断则断 ……………………………………………… (304)

★以高效管理体系使政令畅通无阻 ……………………………… (306)

★充分利用已掌握的权力为自己造威 …………………………… (310)

★对象变了策略也要变 …………………………………………… (313)

★深挖细究惩顽凶 ………………………………………………… (316)

第二章 以德服人,笼络人心 …………………………………… (319)

★要善于把能人变亲信 …………………………………………… (319)

★以德服天下是柔术的至高境界 ………………………………… (321)

★花大力气请来左膀右臂 ………………………………………… (324)

★抓住典型做足文章 ……………………………………………… (328)

第三章 齐心协力,尽揽英才 …………………………………… (331)

★平衡互补,合理搭配 …………………………………………… (331)

★对贤能之士要树立"求"的思想 ……………………………… (333)

★不避亲、不避仇是用人的至高境界 …………………………… (336)

★以坦诚的态度迎接、对待贤才 ………………………………… (338)

★以用人来巩固权力的做法不能滥用 …………………………… (342)

★让至亲者成为至信 ……………………………………………… (345)

★对于亲信也要千锤百炼 ………………………………………… (347)

第四章 广开言路,虚心纳谏 …………………………………… (351)

★虚心向下属求谏 ………………………………………………… (351)

★危言虽然耸听更应多听 ………………………………………… (355)

第五章 审时度势,把握大局 …………………………………… (360)

★洞悉大势方能把握大局 ………………………………………… (360)

★为臣者于大事上不能犯糊涂 ………………………………… (363)
★自己一定能拿大主意 …………………………………………… (365)
★为谋事可以与对手合作 ………………………………………… (367)
★绝不与貌似强大的人合作 ……………………………………… (370)
★在共同利益上做文章 …………………………………………… (373)

第六章　撑起局面,获得赏识 …………………………………… (376)
★选择赏识自己的人是获取支持的重要步骤 ………………… (376)
★巧妙充当君王的知音和配角 ………………………………… (379)
★能够于危乱之中撑起局面 …………………………………… (382)
★大胆决策促成君主的不世之功 ……………………………… (384)

第七章　适可而止,危中求安 …………………………………… (389)
★不怕人毒就怕人妒 …………………………………………… (389)
★危中要有求安的智慧 ………………………………………… (391)
★尽早离开已不需要自己的舞台 ……………………………… (394)

第八章　三寸之舌,强于百师 …………………………………… (398)
★以先顺后辩的办法说服人 …………………………………… (398)
★三寸之舌可抵十万雄兵 ……………………………………… (399)
★为臣者要会做事也要会说话 ………………………………… (402)
★被迫接受不如自动接受 ……………………………………… (403)

第九章　明辨小人,任用贤者 …………………………………… (406)
★提防同僚中以害人求利的人 ………………………………… (406)
★千万不可信任心怀叵测的人 ………………………………… (407)
★不能对不知感恩的人施恩 …………………………………… (409)
★别得罪有能力的小人 ………………………………………… (411)
★捕蝉的螳螂须防背后的黄雀 ………………………………… (413)
★用人绝不能容忍一味出轨者 ………………………………… (415)
★防止投机取巧之人 …………………………………………… (417)

第十章　唯才是举,德才兼备 …………………………………… (421)
★既不能大才小用,也不可小才大用 ………………………… (421)
★能统揽全局的是大才 ………………………………………… (423)
★保护正直是用人者的责任 …………………………………… (425)
★以孝行确定继承人 …………………………………………… (428)

国学大智慧

经学智慧

马肇基⊙主编

线装书局

经学——中国古代学术的主体

经学既指儒家经学，是中国古代学术的主体，仅《四库全书》经部就收录了经学著作一千七百七十三部、二万零四百二十七卷。经学中蕴藏了丰富而深刻的思想，保存了大量珍贵的史料，是儒家学说的核心组成部分。本篇内容主要收录了《论语》、《周易》、《春秋左传》、《尚书》四部有代表性的经典，并对其进行深入浅出的剖析。

中国的经学是一种训练人思维的学术，这也正是经学必须生存而且能够生存下去的主要理由。就拿孔子来说，我们的古人早就讲过，如果没有孔子，我们至今还在蒙昧与黑暗之中。为什么？因为孔子的儒家思想不但给了我们基本的价值观，还给了我们科学的思维方式，所以，我们这个民族可以在孔子和他以后的很长的一个历史时期内在各个方面处于世界的领先地位。

中国经学的思维，具有极其独特的方式和魅力，它是独一无二的，是世界上任何一个国家和民族所无法比拟和复制的，例如"疏不破注"、"述而不作"等等。这是一笔中华民族可贵和可观的精神遗产，是谁也不能抹煞的。

经学在中国传统学术中占有最高的地位，在历史上也发挥了重要的影响。可以说，不了解中国经学，就难以准确把握历代封建王朝的政治思想和统治方略，就难以深刻认识历代文人的学术思想和文化品格，就难以切实了解中华民族的性格特点和文化风俗。

第一篇 《论语》智慧通解

导读

　　大圣先师孔子对中国的影响，无论怎么估价都不过分。他的思想内容、思维方式、价值观念、行为取向都已融入了我们的血液，潜化在我们的生命中，熔铸成一个民族的性格。薪火相传，代代相承。赞成者自不必说，即使他的反对者，不受其影响怎么会反对？时代发展到了今天，与时俱进已经成为今人的思想品格，允许反对、允许赞成、允许评说、允许争鸣、允许否定、允许继承。但面对这样一份沉甸甸的文化遗产，无论如何却容不得有半点忽视。

　　1998 年世界诺贝尔奖获得者在巴黎会议上宣布"人类要在 21 世纪生存下去，就要回到 2540 年前，再汲取孔子的智慧"。这话可看做一家之言，但作为一个纯正的中国人，我们怎么能不认识这位谆谆善诱的师长、语笑晏晏的老者、知权达变的智者、理想的热烈追求者呢？与这位老人失之交臂，怎么说也是一件遗憾的事，也是和中国人的身份不相称的。我们不能身在宝山不识宝啊！

　　记载孔子和弟子的言论、行为总集《论语》，她囊括了孔子全部思想精髓。但不同的人读她，会获得不同的感受。政治家能够读出治国安邦之道，哲学家能够读出自然人生的天命之观，教育家能够读出博大深邃的教育理念，伦理家能够读出生机勃勃的道德情操，仁君者能够读出温文尔雅的人文关怀。

　　当今，西风东渐已成潮流，成功学、厚黑学、官场经、权谋术纷纷扰扰，愈是于己之私，急功近利，愈见这雕塑在东风中的挺拔和高大。虽然望之弥高，但她决不险峻，决不陡峭，决不兀立，她平坦而高，她以亲和、平和、温馨、人性、人情的姿态贴近心灵，照看着人类！

第一章 领导者是领导学的专家

★ 做人、做事、做官:"三做"一以贯之

○人之生也直,罔之生也幸而免。

——《论语》雍也第六

○邦有道,危言危行;邦无道,危行言孙。

——《论语》宪问第十四

○弟子,入则孝,出则悌,谨而信,泛爱众,而亲仁。行有余力,则以学文。

——《论语》学而第一

○人而不仁,如礼何? 人而不仁,如乐何?

——《论语》八佾第三

○性相近也,习相远也。

——《论语》阳货第十七

○吾日三省吾身——为人谋而不忠乎? 与朋友交而不信乎? 传不习乎?

——《论语》学而第一

○君子义以为质,礼以行之,孙以出之,信以成之。

——《论语》卫灵公第十五

○苟正其身矣,于从政乎何有? 不能正其身,如正人何?

——《论语》子路第十三

○其身正,不令而行;其身不正,虽令不从。

——《论语》子路第十三

○政者,正也。子帅以正,孰敢不正?

——《论语》颜渊第十二

○上好礼,则民莫敢不敬;上好义,则民莫敢不服;上好信,则民莫敢不用情。

——《论语》子路第十三

○富与贵,是人之所欲也,不以其道得之,不处也。贫与贱,是人之所恶也,不以其道得之,不去也。

——《论语》里仁第四

○发愤忘食，乐以忘忧，不知老之将至云尔。

——《论语》述而第七

○三人行，必有我师焉。

——《论语》述而第七

○诵《诗》三百，授之以政，不达；使于四方，不能专对；虽多，亦奚以为？

——《论语》子路第十三

○名不正则言不顺，言不顺则事不成。

——《论语》子路第十三

○先有司，赦小过，举贤才。

——《论语》子路第十三

○为政以德，譬如北辰，居其所而众星共之。

——《论语》为政第二

○道之以德，齐之以礼，有耻且格。

——《论语》为政第二

○言必信，行必果。

——《论语》子路第十三

○道千乘之国，敬事而信，节用而爱人，使民以时。

——《论语》学而第一

○百姓足，君孰与不足？百姓不足，君孰与足？

——《论语》颜渊第十二

《论语》是记载孔子和门人言论、行为的总集。《论语》的内容十分广泛，不同职业、不同身份的人受之能得到不同的教益。从一个为政者的角度看，她可以分为三类：做人、做官、做事。

如何做人

第一，要正直磊落。

孔子说，"人之生也直，罔之生也幸而免"，他认为，一个人只有正直磊落，才能生存，不正直的人也能生存，只是侥幸避祸而已。谈到交友时，他说要交正直的朋友。他在赞扬史鱼时说，"直哉！邦有道如矢，邦无道如矢。"他谈到如何对待"怨"时，他说，"以直报怨"。

孔子

子路问如何侍奉君主，他说，不要欺骗他，为了真理可以触犯他。在评价晋文公和齐桓公时，他说，"晋文公谲而不正，齐桓公正而不谲"。在谈论乱世和治世如何作为时,他说,"邦有道,危言危行;邦无道,危行言孙"。他对弟子们说,你们不要以为我隐瞒什么,我没有什么可以隐瞒的,办事没有不同你们在一起的,这就是我孔丘的为人。可以说,正直伴随了孔子一生。

第二,要重视仁德。

仁德是做人的根本和基础,是做人第一位的大事。仁德思想几乎贯穿了《论语》的全篇。他阐述了仁德的重要,他说,"弟子入则孝,出则悌,谨而信,泛爱众而亲仁。行有余力,则以学文",品德在学问之上。他还说,"人而不仁,如礼何? 人而不仁,如乐何?"说明了仁德的第一性、基础性。他还指出,"唯仁者能好人,能恶人","齐景公有马千驷,死之日,民无德而称焉。伯夷、叔齐饿死于首阳山之下,民到今称之",这说明了道德的力量。他提出了仁德的标准,"刚、毅、木、讷,近仁",他还提出了仁德的行为标准,即:恭、宽、信、敏、惠。他认为,对人恭谨就不会招致侮辱,待人宽厚就会得到拥护,交往诚信就会得到信任,做事勤敏就会取得成功。他还讲述了达到仁德的途径。孔子认为,仁德不是先天的,而是后天培养的结果,"性相近也,习相远也",他说,"为人由己","克己复礼为仁,一日克己复礼,天下归仁焉","我欲仁,斯仁至矣",就是说实现仁德,全靠自己,要"克己""修身"。怎么做?"博学于文,约之以礼",广泛地学习文化,用礼来约束自己的行为,这样就可以不背离正道。

第三,要注重修养。

要养成经常反思自己的习惯。就像曾子说的那样,"吾日三省吾身:为人谋而不忠乎? 与朋友交而不信乎? 传不习乎?",一旦发现自己的错误,"而内自讼",决不文过饰非,决不"过而不改","过则勿惮改",勇于改正,"更也,人皆仰之"。要注重修养的全面性。"志于道,据于德,依于仁,游于艺",他说,"举于诗,立于礼,成于乐","不学诗,无以言","不学礼,无以立","不知言,无以知人也","小子何莫学夫诗? ……多识于鸟兽草木之名",都是在强调人的全面发展。

如何做官

做官和做人的道理相仿,但比做人有更高层次的要求。

其一,要具备多种才能。

"君子不器",不能只具备一种才能,而是"义以为质,礼以行之,孙以出之,信以成之"。

其二,要注意个人形象。

不要有官架子,但要有官样子。在语言、行为、容貌等方面要有规范。比如,要"望之俨然,即之也温,闻其言也厉";比如,要"温而厉,威而不猛,恭而安";比如,要"动容貌,斯远暴慢矣","正颜色,斯近信矣","出辞气,斯远鄙倍矣"。为官要严肃自己的容貌,端正自己的脸色,注意自己的言辞。只有这样,才能让人尊敬、信任,才有亲和力。

其三,要严格要求自己。

榜样的力量是无穷的,但首先为政者自己要成为榜样。孔子说,"苟正身矣,于从政何乎有? 不能正其身,如正人何?","君子之德风,小人之德草,草上之风,必偃","其身正,不令而行;其身不正,虽令不从","政者,正也。子帅以正,孰敢不正?"。所以,为政者自身要端正,不能随心所欲,为所欲为,更不能胡作非为,正是"上好礼,则民莫敢不敬;上好义,则民莫敢不服;上好信,则民莫敢不用情","苟子之不欲,虽赏之不窃","上好礼,则民易使也"。除了一般人的修养以外,为官还要"戒、畏、思"。君子有三戒:少之时,血气未定,戒之在色;及之壮也,血气方刚,戒之在斗;及之老也,血气既衰,戒之在得。君子有三畏:畏天命,畏大人,畏圣人之言。君子有九思:视思明,听思聪,色思温,貌思恭,言思忠,事思敬,疑思问,忿思难,见得思义。为政无小事,要有敬畏之心,不要肆无忌惮,要严肃认真,不可马马虎虎。

　　其四,要杜绝物质诱惑。

　　区别君子与小人,就看他对物质的态度和追求的境界。君子生活中肯定离不开物质,但君子绝不仅仅为物质而生活。孔子说,"富与贵,是人之所欲也,不以其道得之,不处也。贫与贱,是人之所恶也,不以其道得之,不去也","君子无终食之间违仁,造次必于是,颠沛必于是","君子谋道不谋食,君子忧道不忧贫","放于利而行,多怨"。他关于君子和小人比较也大多从义和利的角度,比如,"君子喻于义,小人喻于利","君子怀德,小人怀土;君子怀刑,小人怀惠","士而怀居,不足为士矣"等等。

　　其五,要加强学习。

　　关于学习问题,孔子的论述最多。他认为,学习是终身的任务,他自己就"发愤忘食,乐以忘忧,不知老之将至"。围绕学习,他讲述了学习的目的,学习的态度,学习的方法,学习的内容,学习的效能。在学习的目的上,他认为学习本身就是目的,"三年学,不至于谷",所以,"学而时习之,不亦乐乎?"在学习的态度上,他认为首先要培养兴趣,"知之者不如好之者,好之者不如乐之者";其次要虚心而不满足,"学而不厌",力戒"亡而为有,虚而为盈,约而为泰",做到"以能问于不能,以多问于寡,有若无,实若虚";第三要有毅力,"力不足者,中道而废";第四要不耻下问,"子入太庙,每事问","三人行,必有我师焉","见贤思齐","学无常师",都体现了孔子极为严谨的学习态度。在学习的方法上,他提倡"温故而知新",他还强调思考的重要性,"学而不思则罔,思而不学则殆",他还要求人们相互启发,相互切磋,"举一隅不以三隅反,则不复也"。在学习的内容上,他主张要广泛博大,"文,行,忠,信"都要具备,在多学的基础上,要有"道"来"一以贯之"。在学习的效能上,他提出一要"致用",二要"结合"。他说,"诵《诗》三百,授之以政,不达;使于四方,不能专对,虽多,亦奚以为?",读书虽多,但办不了什么事,有什么用? 他还说,"德之不修,学之不讲,闻义不能徙,不善不能改,是吾忧也"。理论不和实际结合,是最大的忧虑。

　　其六,要勤政敬业。

　　孔子说,"居之无倦,行之以忠","先之劳之","无倦","执事敬",就是在位不懈怠,做事不松弛。

其七,要目光远大。

"无欲速,无见小利;欲速则不达,见小利,则大事不成"。要求从政者处理政务不要图快,不要贪图眼前利益,而要眼光远大。

如何做事

做领导当然要做事。但"做什么"和"如何做",是孔子十分关注的事。

首先是"做什么"。

其一,要"富而教之"。

这是为政者的两大任务。有一次孔子到卫国去,冉有驾车,孔子说,"人真多呀!"冉有说,"人多了又怎么办?"孔子说,"让他们富起来","富起来又怎么办?"孔子坚定地说,"教育他们"。一个为政者让百姓首先富裕起来,是第一天职。这是生存权。没有生存权,其他的权利根本谈不上。生存权解决之后,就是受教育的权利。关于教育的指导思想、教育的基本方法、教育的内容、教育的目标,孔子的论述十分详细,不再赘述。

其二,要人归其位,尽职尽责。

人最难的是找不到自己,社会最复杂的时候,是没有秩序的时候。所以齐景公问孔子如何治国,孔子说,"君君,臣臣,父父,子子",是什么就干什么,干什么就像什么。他还说做事业必须"正名","名不正则言不顺,言不顺则事不成"。

其次是"怎么做"。

一要重视人才。

"先有司,赦小过,举贤才","举直错诸枉,则民服","举善而教不能,则劝",要识别人才,"视其所以,观其所由,察其所安,人焉廋哉?人焉廋哉?","众恶之,必察焉;众好之,必察焉",要量才使用,"君子不可小知而可大受,小人不可大受而可小知"。

二要重视德政。

"为政以德,譬如北辰,居其所而众星共之","道之以德,齐之以礼,有耻且格"。

三要讲信用,爱人民。

"人而无信,不知其可","言必信,行必果","君子信而后劳其民",这是讲信用的重要;"道千乘之国,敬事而信,节用而爱人,使民以时","君使臣以礼",这是讲使民的方法;"出门如见大宾,使民如承大祭","百姓足,君孰与不足?百姓不足,君孰与足?"这是讲对百姓的态度和感情。

四要注意平衡。

竞争是必要的,但差距不可太大。要"均无贫,和无寡,安无倾",否则,不平则鸣,混乱的局面就要到来。

重新认识孔子思想的价值

一个伟人的名字和思想就是一个民族的产业。可我们在经营这个产业的时候,总是不那么顺当,时而危机,时而滞销。不是吗?孔子的思想在春秋时代并没有得到全面的推行,因为孔子思想是治世、定世思想,而不是暴力革命思想。在战火绵绵的春秋时代,这种伟大的思想却显得如此的不合时宜。秦以后,儒家思想一度出现了被毁灭的局面。在五四时期,"孔家店"被打倒。

历史上,儒家思想开始在中国思想界占统治地位始于汉代。汉武帝时,为加强中央集权,统一思想,汉武帝采取"罢黜百家,独尊儒术"的政策。但是到了唐代,地位有所下降,佛、道、儒三教并存,都有很大的发展。宋代,以朱熹为代表的大儒们给儒家思想穿上了新装,也就是理学。其后,理学为明清两代竭力推行。自汉以降,凡是抛弃孔子思想,都是动荡不安的时期;或者说,凡是动荡不安的时期,都不尊重孔子思想。在治世和安定的政治环境下,孔子的思想才显示强大的生命力。

孔子思想犹如一条鲜活的血脉,尽管有时被扭曲,有时被改道,有时被截流,有时被阻隔,但从未中断过,他始终以文化的形态默默地流淌在中国人的生活中。

★ 多听多看:做稳健的领导很简单

子张学干禄。子曰:"多闻阙疑,慎言其余,则寡尤;多见阙殆,慎行其余,则寡悔。言寡尤,行寡悔,禄在其中矣。"

——《论语》为政第二

子张是孔子的学生,他姓颛孙,名叫师,少孔子四十八岁,是位年轻学生。子张这次来孔子这里求教,并不是来学仁学义,而是直截了当地提出了自己的目的:干禄。

什么叫"干禄"呢?就是如何当上官和如何当官。在古代,俸和禄是两回事。"俸"等于现在的月薪;"禄"有食物配给。禄位是永远的,所以过去重在禄。"干"就是干进、干求,干禄,就是如何拿到禄位。换句话说,孔子希望弟子们学仁学义,子张这位学生来的时候,却与众不同,要找饭碗,要当个高级公务员。但是孔老夫子并没有把他撵出去,反而传授他一套找到饭碗和保住饭碗的办法。非常认真地告诉他说:想做一个好领导,做一个良好的公务员,要知识渊博,宜多听、多看、多经验,有怀疑不懂的地方则保留。阙就是保留,等着请教人家,讲话要谨慎,不要讲过分的话。本来不懂的事,不要吹上一大堆,好像自己全通,最后根本不通,这就丢人了。如不讲过分的话,不吹牛,就很少过错;多去看,多去经验,对有疑难问题多采取保留的态度。古人有两句话:"事到万难须放胆,宜于两可莫粗心。"这第二句话,说的就是"多闻阙殆"的意思,这个时候要特别小心处理,不要有过分的行动,这样处世就少后悔。一个人做到讲话很少过错,处世很少后悔,当然行为上就不会有差错的地方。这样去谋生,随便干哪一行都可以,禄位的道理就在其中了。

从这一段话中,我们看到孔子的教育态度,实在了不起,这个学生是来学吃饭的本领,要如何马上找到职业。孔子教了,教他做人的正统道理,也就是求职业的基本条件,我们为人做任何事业,基本条件很要紧,孔子说的这个基本条件已经够了。

当领导难不难?难。因为领导和普通人一样,有七情六欲,喜怒哀乐,油盐酱茶,吃喝拉撒,同样面对着人的生老病死,夫妻的争争吵吵,子女的升学就业,人际间的来来往往;同样面对爱,亲人之爱,朋友之爱,同学之爱,以及爱给他带来的美好和困惑。他既有普通人的欢乐,也就难免犯下普通人的错误。但是处于高位,就会被万人瞩目。权力也不仅仅是身份、地位的象征,也是责任、压力、负担的代名词,怎么可能没有如履薄冰、如临深渊之感呢!怎么办?孔子说了,多听呀,可疑的地方先研究,谨慎地说出被实践公认的道理;多看呀,把拿不准的事情先搁一下,干那些大家都认可的事情。这不是保守,这叫稳妥,做个稳健的领导也就很简单了。

子张

★ 建立公信:领导者首要的使命

子贡问政。子曰:"足食。足兵。民信之矣。"子贡曰:"必不得已而去,于斯三者何先?"曰:"去兵。"子贡曰:"必不得已而去,于斯二者何先?"曰:"去食。自古皆有死,民无信不立。"

——《论语》颜渊第十二

子贡确实是一个相当优秀的学生,他的问题既刁钻又充满着情趣和智慧。他问老师怎样治理国家,孔子说,要做到三条:有充足的粮食,有充足的军备,人民信任政府。孔子不愧是圣人,简明扼要,切中为政要害。老百姓天天吃不饱肚子,你的主意再好谁又能追随你的主意?骂娘是小事,揭竿而起也在意料之中。没有强大的国防做后盾,国家安全就得不到保证,战争连绵不断,还怎么搞建设?人民信任政府是很重要的,没有信任,就得不到公众的理解和支持,政令又如何行使?一个不能行使政令的政府还叫政府吗?

按道理问到这里,就全清楚了,可子贡是个爱思考的人,他还接着追问,"不得已一定要去掉一项,先去掉哪一项呢?"孔子说,"去掉军备"。子贡还不满足,"不得已还要去掉一项,剩下的两项去掉哪一项呢?"孔子说,"去掉粮食"。他还进一步阐述了信任的重要,他说,自古以来人总是要死的,但如果人民对政府失去信任,那政府是立不住的。

建立信任,建立社会公信力,是一个为政者首要的任务,也是一个政府能够存在和发展的理由。信任缺失,建立不起政权;信任危机,维持不了政权;信任丧失,就会丢掉政权。社会公信力是政府的生命,一个清醒的为政者应当像爱护眼睛一样爱护社会公信。信任出现危机,就像人得了肾衰,

子贡

往往具有不可逆性。一只碗摔在地上,再高明的工匠能修复原样吗?氢和氧一旦遇到了火,氢还能是氢、氧还能是氧吗?一个女人一旦欺骗了丈夫失身他人,不论她怎么忏悔,丈夫还能像过去那样信任她吗?一个官员尸位素餐、阴险歹毒,失去百姓信任,他的滔滔宏论不是垃圾又是什么?

建立社会公信,首先为政者要讲信用,提高自身的信用赢得民众的信任。秦国是怎么强大的?不能说不是商鞅变法奠定了良好的基础,商鞅变法是怎么取得成功的?最著名的故事就是"徙木取信";"文化大革命"最严重的后果是什么?就是没人敢讲真话了,谁讲真话谁倒霉,甚至造成了一个民族的虚假。"见人要说三分话,未可全抛一片心"之类的话成了大多数人的做人准则,造成了全民族的信用缺失。

什么损失最大?丢了车,可以再去买;丢了钱,可以再慢慢挣;房子倒了,再去盖,都不可怕。但是信用的缺失是最可怕的,丢失了就很难再得到,损失是不可弥补的。

★色、斗、得:领导要过好的人生三关

孔子曰:"君子有三戒:少之时,血气未定,戒之在色;及其壮也,血气方刚,戒之在斗;及其老也,血气既衰,戒之在得。"

——《论语》季氏第十六

人生就是过关。闯过了,就是踏平坎坷成大道;没有闯过,轻则被甩下马来,重

则死无葬身之地,甚至遗臭万年。孔子就给人们提示,要过好三关:年少之时,血气未定,容易冲动,要警惕贪婪女色,纵欲过度;到了壮年,血气方刚,容易斗狠,要警惕争强好斗;等到老年,血气衰弱,容易安逸,要警惕贪得无厌。

青年时代,最具吸引力的就是异性,最令人神往的就是爱情,最难以节制的就是性欲。这很正常,也很美好,无可厚非。但沉溺于两性,陶醉于爱情,不能自拔于性生活,哪还能干些什么正经事呢?时间有限,人的精力毕竟也有限,用在这里的时间多了,势必就挤占了那里的时间,用在此处的精力大了,用在彼处的精力就小了。当然,爱情也可以激发工作和学习上的力量,那毕竟需要一定修养,才能达到的。而青年时期,正是长身体、长知识、闯事业、增阅历的奠基时期,处理不好,就可能贻误终生,更别说贪图女色而堕落甚至走向违法犯罪了。

到了壮年,思维活跃,精力旺盛,也积累了一定学识和经验,理想开始和现实接吻,壮志逐渐和实际拥抱。名誉,地位,权力,财富,都那么匍匐在脚下,但他们又不是可以无限开采的资源,于是,进退,得失,上下,去留,现实地摆在每个人的面前。谁愿意成为弱者?谁愿意默默无闻?谁不愿意奋力一搏?谁愿意逆境中扬帆?谁不愿意顺境中远航?于是,争就开始了。争中有斗,斗中有争。争斗之中,用尽了心计、计谋,阴的、阳的,明的、暗的,文的、武的,君子式的、小人式的,三十六计、七十二招数,无所不用其极。把本来快乐的人生,弄得刀光闪闪,万马齐喑。好没意思!

及至老年,一切皆已定局,再发展已无能为力。这时,一个"得"字,害人匪浅。在乎已得,对待事业,就会无所用心,意志衰退,贪图享受,得过且过,对待官职,就会恋恋不舍,把玩不已,不肯让位。在乎未得,就会眼红心跳,孤注一掷,猛捞一把,贪得无厌。"59"岁现象,不值得人们深思吗?

当然,好色,好斗,好得,并不完全是按照年龄阶段来划分的。无论你处于什么阶段,这"三戒"的内容,是应当牢记在心的。戒绝是不可能的,但做到"时时勤拂拭,莫让尘掩盖"还是能做到的吧!

★ 与时俱进:不要以为老子天下第一

子绝四——毋意,毋必,毋固,毋我。

——《论语》子罕第九

这句话很容易解释,很容易懂。可是这不止是文字的问题,要在这一生中行为修养上做到,实在很难。这里说孔子对于这四点,是绝对做到了。第一是"毋意",这是说孔子做人处世,没有自己主观的意见,本来想这样做,假使旁人有更好的意见,他就接受了,并不坚持自己原来的意见。第二"毋必",他并不要求一件事必然要做到怎样的结果。这一点也是人生哲学的修养,天下事没有一个"必然"的,所谓我希望要做到怎样怎样,而事实往往未必。假使讲文学与哲学合流的境界,中国人有两句名言说:"不如意事常八九,可与人言无二三。"人生的事情,十件事常常有八九件都是不如意。而碰到不如意的事情,还无法向人诉苦,对父母、兄弟姐妹、妻子、儿女都无法讲,这都是人生体验来的。又有两句说:"十有九输天下事,百无一可意中人。"这也代表个人,十件事九件都失意,一百个人当中,还找不到一个是真正的知己。这就说明了孔子深通人生的道理,事实上"毋必",说想必然要做到怎样,世界上几乎没有这种事,所以中国文化的第一部书——《易经》,提出了八卦,阐发变易的道理。天下事随时随地,每一分钟、每一秒钟都在变,宇宙物理在变、万物在变、人也在变,自己的思想在变、感情在变、身心都在变,没有不变的事物。我们想求一个不变、固定的,不可能。孔子深通这个道理,所以他"毋必",就是能适变、能应变。第三是"毋固",不固执自己的成见。"毋我",专替人着想,专为事着想。这就是孔子学问修养的伟大之处。

　　圣人的产生总是有其理由的。仅凭这"四毋"就足以反映了孔子的思想境界。2500多年前,刚从茹毛饮血的时代脱胎而出,时代的演进是何等的缓慢,而孔子却有着如此的开放胸怀:对待一切新生的事物,决不凭空结论,决不绝对什么,决不固执己见,决不自以为是。

　　人不是万能的,在情场上可能游刃有余,在商场上也可能一败涂地,搞政治可能高瞻远瞩,搞经济也可能一塌糊涂,说话可能侃侃而谈,行动上也可能大相径庭,在理论上论证严密,在实践中也可能寸步难行。尤其面对迅疾变化的世事,面对纷纭复杂的社会,有时不是应对自如,更多的时候是一筹莫展,无计可施。这很正常。我们不能封闭自己,更不能自以为是,不要以为老子天下第一,永远正确。以永远正确自居的人,大概是最不正确的。有人说世界唯一不变的就是变化,这就说明变化是永恒的,不以个人的意志为转移。昨天你还为油干灯草灭而叫苦,今天就有了电灯夜如昼;昨天你还为不能生育而发愁,今天就出现了试管婴儿;昨天还鸿雁传书,现在却"伊妹儿"在线;昨天还是铅字印刷,今天却是激光照排、电子印刷;昨天还凭票供应,今天商品就琳琅满目、目不暇接;昨天还讨论"一国两制",今天就成了共生共荣的现实;昨天还偷偷摸摸地办企业,今天却光荣地成为"人大代表";过去出国是外交人员的工作,今天一般人就可到国外旅游。当国门打开的时候,呀,世界太丰富、太复杂了!除了乒乓球、篮球,还有高尔夫球;除了解放、东风牌,还有奔驰、福特;除了白酒、啤酒,还有干红、白兰地;除了人脑,还有电脑;除了丝绸之路,还有高速公路、信息高速公路;除了飞机,还有宇宙飞船;除了雷锋、王杰,还有比尔·盖茨;除了京剧,还有摇滚;除了"寒窑十八年"的故事,还有娜拉的出走。这是从一个结果到另一个结果,而变化的过程中,你困惑过吗?你凭空下过结论吗?你面红耳赤地争论过吗?你自以为是、固执己见了吗?肯定有。不然,就不会有哥白尼为日心说而遭受审判的悲剧发生,也不会有爱因斯坦发明相对论而被视为异端邪说了。

　　世界的变化,带来了观念的更新。观念不再是僵死的,今天是对的,明天就可能是错误;昨天看不惯的,今天却成为一种生活方式。所以,对待一切事物,都要采取孔子"绝四"的态度。尤其是为政者更要慎重结论,决不能以自己的权势来判定新生事物,让实践和时间来下最后的结论,否则,就像爱因斯坦所说的"谁要是把自己标榜为真理和知识领域里的裁判官,他就会被神的笑声所覆灭"。

图文珍藏版

第二章　常修为政之德，常思为官之责

★为政以德：让自己成为北极星

子曰："为政以德，譬如北辰，居其所而众星共之。"

——《论语》为政第二

　　孔子说："以道德教化来治理政事，就会像北极星那样，自己居于一定的方位，而群星都会环绕在它的周围。"

　　孔子认为，作为一个领导者最重要的原则，就是要以德服人。这里包括三层含义：第一，自身要树立良好的品德；第二，要用品德来教化周围的人；第三，做事要以道德为评价标准。只要能做到这些，那就会像北极星一样，"引四方来朝"。大家知道北斗七星组成一个勺子的形状，其中三颗组成勺柄，沿着勺柄所指的方向看去，就会看到一颗特别亮的星，那就是北极星。北斗七星围绕着北极星运动，北极星的方位则是不变的，因此古人很早就学会了根据北极星辨别方向。

　　唐朝是中国历史上最辉煌的时期。唐太宗继位后，善用人才，知人善任，凌烟阁二十四杰，房谋杜断，还

唐太宗

有魏征，再加上几个像李世勣一样的良将，很快国家就蒸蒸日上。太宗又开创科举考试，建立府兵制，与周围其他少数民族交好，开创了贞观之治。隋唐之交时，北方的突厥一直对中原之地虎视眈眈，是唐的一大威胁，双方冲突摩擦不断。贞观四年

三月,唐将李靖、李绩大败突厥,俘其颉利可汗,东突厥灭亡,唐朝的版图扩大到了今天的贝加尔湖以北,原属突厥的部落有的北附薛延陀,有的西奔西域,其余投降唐朝的尚有十多万人。如何处理这十多万突厥降众,唐太宗召集朝臣商议。大多数朝臣认为:北方的游牧民族自古以来就是中原地区的严重边患,今天有幸将其灭亡,应该将他们全部迁到黄河以南的内地居住,打乱他们原来的部落组织和结构,分散杂居在各个州县,引导他们耕种纺织。这样,就可以使原来桀骜不驯的游牧民族变成易于制服的内地居民,使塞北之地永远空虚。亦有人提出,少数民族弱则请服,强则叛乱,向来如此。应该将他们驱赶到莽莽草原之上,不可留居内地,以绝心腹之患。只有中书令温彦博力排众议,主张将突厥降众迁居到水草丰美的河套地区居住,保全他们的原有部落,顺从他们的生活习俗,这样既可以充实空虚之地,又可以加强北边的边防力量。最后,还针锋相对地指出:"天子对万事万物,应该像天覆地载一样,无有遗漏。今天突厥在穷困潦倒之时归降于我,能将他们拒之于外而不予接受吗?"唐太宗很赞成温彦博的建议,并补充说:"自古以来都是贵中华而贱夷狄,只有我对他们都是爱之如一的!"于是,唐太宗采取了以下一些措施:准许少数民族内迁,定居长安,当时的突厥族相继迁入长安居住的有将近万家;在河套地区设立了定襄和云中两个都督府,统领突厥降众;任用少数民族人做官;对于愿意归附的各级酋长,都拜为将军、中郎将,布列朝廷,五品以上的少数民族官员就有一百多人,几乎占到了全部朝臣的一半左右。同时,对于其他弱小的少数民族,也采取和亲等政策尽力予以帮助维护。唐太宗的这个政策,很快便得到了周边很多民族的拥护和爱戴,他们纷纷将唐太宗尊为"天可汗"。

太宗以后的唐朝皇帝,大多沿袭了开明的国家民族政策,以德服人,感化四方。唐朝成为中国历史上政治最为开明的皇朝。少数民族人民或者外国人在唐朝可以为官,而且数量庞大。而因为整个国家奉行德政,对亚洲乃至整个世界的影响也宽广深远,亚洲的日本、朝鲜都从唐文化受益良多,而中国人至今在国外被称作唐人。

★威从德来:走正道,讲公道,行孝道,要厚道

季康子问:"使民敬、忠以劝,如之何?"子曰:"临之以庄,则敬,孝慈,则忠,举善而教不能,则劝。"

——《论语》为政第二

季康子任鲁国的宰相,政治上很有势力。但他并不是一个任意妄为之人。一天,他拜访了孔子,征求他为政的意见,孔子见他态度非常诚恳,便说了以上一段话。

孔子的话包含两层意思。一是对百姓的态度问题。老百姓是衣食父母,要对

他们庄重，要对他们慈爱。他们一般没有什么大事找官家，都是些鸡毛蒜皮的小事。而且他来找你的时候，反复掂量，犹豫了再犹豫，琢磨了又琢磨，最后还是硬着头皮来了。尽管如此，由于老百姓没见过什么大世面，说话还不一定中听。你可不能不认真，在你眼里是小事，在他那里可能就是天大的事，群众利益没小事嘛！能办的抓紧去办，热心去办，争取办好，可别和老百姓"憋相眼"，暂时不能办的，如实告诉百姓以后创造条件办，确实不能办或者办不到的，你也要和蔼地给予解释，让人家知道为什么不能办或办不到。老百姓尽管见识没你多，但他很善于理解人，即使办不了，你给他一个好脸色、好态度、好言语，他也不会翻脸不认人。态度决定一切。你手握印章，总感觉印章和"铁脸"是相匹配的，那你就错了，你要克制，哪怕你的好态度是"装"出来，甚至别人也说你"装"，你不要介意，你就这么"装"下去，长期"装"下去，习惯成自然，日久生了神，说不定你就成了百姓心目中的"神"了，起码人们不会把你视为"瘟神"。小平同志的官职高不高，人家还说"我是中国人民的儿子"，县委书记的榜样焦裕禄到贫困户家，第一句话就是"我是你的儿子"，感动了多少人！做儿子的，人民永远怀念他；当官做老爷的，哪有不被戳脊梁骨的。二是导向问题。只要有人群，就会有差别，不仅表现在能力上，还表现在品德上。作为一个为政者稀里糊涂不行，当好好先生不行。对善良优秀的人才，要及时发现，并提拔重用；对能力一般的，要合理使用；对调皮捣蛋的，要教育要批评甚至惩治。如果坏人得不到压制，好人就无法行好甚至有可能随波逐流、蜕化变质；如果好人得不到鼓励，坏人就可能弹冠相庆、为所欲为。总之，领导的威信从德中来，为人走正道，处事讲公道，对父母行孝道，对百姓要厚道。

孔子的话挺简单。季康子做到了吗？不得而知；我们做到了吗？应当经常检查自己。

★ 庄严温和：做领导，不要架子要样子

子夏曰："君子有三变：望之俨然，即之也温，听其言也厉。"

——《论语》子张第十九

你刚当上领导吧，是不是浑身不得劲，是不是不知道以什么样的姿态出现在你的部下面前？没关系，你只要记住：衣服值钱，衣服架子不值钱。领导，有用，能给百姓办事；官架子，无用，还惹人讨厌。做领导，不要架子，但要有样子。这样，你就能做好了。

什么是官架子？一个报社的总编曾做过描绘。表情：不苟言笑，不动声色，喜怒哀乐不形于色，永远是一幅高深莫测的样子。说话：或声音很高，拉着长声，哼哈参杂其间，像做报告，或声音很低，慢声细语，让别人俯首帖耳才能听得见，或如同

打字,字字珠玑,每一个字都给你做记录的时间。态度:居高临下,见大领导,喜笑颜开,看部下,盛气凌人。办事:或独断专横,吐口唾沫就是钉,没有商量的余地,或模棱两可,匪夷所思,让你猜心眼。实质:时时刻刻提醒自己不是一般人,永远高人一等,掌握着别人的命运。还有人给"官架子"画像:"腰"是两用的,在上司面前则鞠躬如也,到了自己居于上司地位时,则挺得笔直,显得有威可畏,尊严而伟大;"脸"是六月的天,变幻不居,有时,温馨晴朗,笑云飘忽;有时阴霾深黑,若狂风暴雨之将至,这全得看对着什么人,在什么样的场合。"腿"是非常长,奔走上官,一趟又一趟;结交同僚,往返如风,从来不知疲乏。但当卑微的人们来求见,或穷困的亲友有所求时,则往往迟疑又

子夏

迟疑,最后才拖着两条像刚刚长途跋涉过来的"腿",慢悠悠的走出来。"口"是变形金刚,"口将言而嗫嚅,足将进而趑趄",这是一副洋相,对象不同了,则又换上另一副英雄面具:叱咤,怒骂、为了助一助声势,无妨大拍几下桌子,然后方方正正地落坐在沙发上,带一点余愠,鉴赏部属们那局促的可怜相。孔子也给我们描述一个"官样":本来"无"却装做"有",本来"虚"却装做"盈",本来"约"装做"泰",色厉内荏,外表严厉,内心柔弱,就像穿墙洞爬围墙的小偷一样。

之所以端架子,不外三种原因:一是目的不纯。认为当领导就是做"老爷","老爷"辈大,辈大架子当然就要大。二是没有当过领导,一旦当了领导,不知道拿什么劲头。三是空虚。自己没什么真本事,又怕别人不服,便以架子拒人以千里之外,保持神秘,实则掩盖自己的虚弱。

与端架子相反的毛病是:无样子。虽说位居尊位,但不注意个人修养,衣冠不整,行为不端,嬉皮笑脸,嘻嘻哈哈,说话随便,口无遮拦,张口脏字,言必笑话。好像只有低俗、恶俗,才能和群众打成一片,才能赢得群众的认可和信任。还有的嘴馋,大吃大喝;腿懒,高高在上;耳聋,偏听偏信;手长,贪图便宜;心偏,厚此薄彼,办事不公。凡此种种,长此以往,作践了自己,带坏了风气。

不要架子,但要样子。什么是真正的领导的样子?

子夏说,当领导要让人感觉三种变化:远看外表,庄严可畏;接近后,感觉温和可亲;听他讲话,用词准确,逻辑严密。

现在,你该知道怎么办了吧!

★舍弃所好:"不器"才能聚天下之"器"

子曰:"君子不器。"

——《论语》为政第二

子曰:"君子义以为质,礼以行之,孙以出之,信以成之。君子哉!"

——《论语》卫灵公第十五

人怎么能没有爱好呢? 正因为爱好的原因,才有了数学家、物理学家、文学家、音乐家等等。爱好是成就事业的基础呀! 相反,一无所爱,爱无所专,就可能群居终日,言不及义,好行小惠。孔子给这样的人出了个偏方:下棋。原话是,不是有博弈乎?

爱好,没有什么错。爱好使人成为某方面的专家。

但领导能有爱好吗? 也应当有。没有成不了领导,一无所用,一无所能,怎么会被人发现? 做了领导,也只能"瞎指挥",又怎能服众? 但成了领导就不能有爱好了。这恐怕是孔子"君子不器"的内涵吧! 有人在评价一个人才能大小的时候说过,能用无味来调和五味的人,是帅才;能用一味来调和五味的人,是将才。有了爱好,便也有了味道,有了味道,还能做帅才吗? 领导艺术的至高境界是"无",最高的技巧乃是无技巧。别不信,你看看茶壶,之所以能装水,是陶瓷在起作用吗? 不,是陶瓷围成的"空"在起作用;你再体验一下骑自行车,按道理自行车的轮胎能占多大的地方,可修路时,只修轮胎宽的路面,你骑得了吗? 之所以你能安全快速地行驶,还不是"无用"的地方在起作用吗?

再说,有了爱好,就会有偏私。搞导弹的,尽管喜欢吃鸡蛋,但他能和养鸡的谈论导弹吗? 握听诊器的,尽管也给握方向盘的看病,他能静下心听发动机的寿命吗? 物以类聚,人以群分,这是没有办法的。但领导能分类、分群吗? 分类、分群,还能做领导吗?

有了爱好,就会有人研究。楚王好细腰,宫女就不吃饭,有的还饿死了。上必好之,下必行焉。到时候,你就看吧,你喜欢文物,他就会给你准备古瓷;你喜欢书法,他就给你准备宣纸;你肠胃不好,他就说贤人袭香;你皮肤发炎,他肯定说"艳若桃花"。你在被宠着的环境里,你还能听到什么真话吗? 听不到真话,你还怎么做正确的决策? 做不了决策,你还当什么领导? 更重要的是,你假如喜欢金钱,他还会给你金条,金条缠绕着你,还不成了手铐脚镣?

藏起自己的爱好。要么,就成为某一方面的专家,成为专家也很幸福。选择了某一职业,就选择了一种生活方式。选择了为政,就选择了"不器"。"不器"才能聚集天下之"器"。

国学经典文库

国学大智慧

·《论语》智慧通解·

图文珍藏版

★ 无欲则刚：谁放纵自己，谁就深渊在旁

子曰："吾未见刚者。"或对曰："申枨。"子曰："枨也欲，焉得刚？"
——《论语》公冶长第五

"壁立千仞，无欲则刚"，这是清朝民族英雄林则徐的一句名言。大凡名言，都是不太容易做到的。传说八仙之一吕洞宾刚成仙的时候，很想找一个弟子传授仙术，他想到：作为我的弟子，最重要的条件应该是不贪心呀！于是，吕洞宾心生一计，变成一个卖汤圆的老人，在摊子上贴了一张纸："汤圆一文钱吃一个，两文钱吃到饱。"从早到晚，许多人都跑来吃汤圆，却没有一个是吃一文钱的，全都是两文钱吃到饱。眼见黄昏来临了，吕洞宾心想收徒无望了。突然有一个青年付了一文钱，吃一个汤圆就走了。吕洞宾大喜过望，追上去问他说："你为什么不用两文钱吃到饱呢？"那人无奈地说："可恨我身上只剩一文钱呀！"吕洞宾长叹一声，纵身飞上天去，终身都没有收徒弟。可

林则徐

见，神仙都找不到没有欲望的人。所以，我更相信孔子所言"吾未见刚者"。人怎么能没有欲望呢？当科员，盼当科长，当了科长盼处长，当了处长盼厅长，当了厅长的，谁停止了想法？没房子，盼房子，有了房子，盼大房，有了大房，又在做别墅的梦想；没有吃饱盼吃饱，能够吃饱盼吃好，能够吃好又要讲究饮食环境好，饮食环境好了，黄金宴上来还要比比谁的档次高；没钱娶妻难，有钱讲容颜，有了容颜要永远，没有永远，又把三陪小姐来纠缠。人的欲望真是没个完。

孔子绝没有批评申枨的意思。申枨做得相当不错，在弟子当中素有刚直之名。只是孔子不相信人能将刚直进行到底，因为人不可能没有欲望，一有欲望，刚直就戛然而止。

欲望多了，在言语上，必然是"为人只说半句话，不可轻抛一片心"；在行动上，

必然是瞻前顾后，畏首畏尾，算计利害，"三思后行"。进一步说，遇到原则和个人利害冲突的时候，肯定是柔弱委屈，屈身逢迎，见风使舵，奴颜婢膝，卖友求荣。纯粹按照道德、道理、法规去办事，不留情面，事事做绝，把自己垒在厕所里，除了排泄方便，还能吃到香喷喷的馒头？比如官欲旺盛，当然要做好本职工作，做好了工作，必然要去媚上，必然还要一些"形象工程"，必然还要虚情假意地去拉拢群众，更别谈坚持原则得罪权贵；比如财欲旺盛，法官在金钱面前能公正判案？官员能不巴结大款，巴结了大款，大款有了违法违纪的事，你不保护？比如性欲旺盛，小姐到你面前，你不腿软？腿软了，小姐就要向你借款了，你借款了，就离着贪污受贿不远了。

所以有欲难刚。可人又是天生有欲望的动物，真是莫可奈何，关键看度，谁克制得好，谁就赢得了幸福，谁放纵了自己，谁就深渊在旁。这是对一个人来讲，对一个政党来说，国民党执政的时候，也没有想葬送政权，但为政者各有利益，各有算盘，最后怎么样，被赶到台湾的孤岛上去啦！

★ 以德化人：近者悦，远者来

叶公问政。子曰："近者悦，远者来。"

——《论语》子路第十三

古代道和德是分开的。大道无形，大德无声。由此看来，道是看不到摸不着的，但道可以通过德渗透于生活的细节之中。德是很具体的，是一个人对自然，对社会，对他人的态度。

一个对自然抱有破坏心态的人，能算有德吗？

一个对社会怀有深仇大恨的人，能算有德吗？

一个对他人总是埋怨不已的人，能算有德吗？

说到底，德就是人对自然的敬畏态度，对社会的关爱情怀，对他人的善良举动，就是伟大、高尚、忠诚、纯洁、正直、善良的品格。就是一个人的中心思想，就像天上的"北辰"一样，不要随便乱动，只要你有通体透亮的德能，你就能以无声的磁力，吸引周围的星辰，都会跟着你的方向移动。华盛顿就是一位德行高尚的人，当他答应担任总司令的时候，人们仿佛感到美国军队的力量一下子强大起来；当他打算隐退的时候，许多人纷纷请愿，要求他继续留任，杰斐逊还写了一封感人肺腑的信；他说，"所有联邦的信任都集中在你身上……有时，社会认同一种卓越的品格，要求

华盛顿

他控制自己对个人幸福的偏爱,去为人类目前和将来的幸福作出牺牲。这似乎就是你目前的境况,这似乎也是万能的上帝在你的个性形成过程中和改变将来事物进程时,强加在你身上的规律。为了改变事情的某些方面,虽然我没有权力要求你作出牺牲,我还是不得不求助于你的这些品格,请求你改变以前的决定,继续留任公职。因为我不能求助于我本人急躁的性格和其他人的品格";当许多年后,他年事已高,真的要离开公职,退居山庄的时候,亚当斯总统对他说,"如果你同意的话,我们一定要使用你的名义治理国家。你的威名,远远超过无数军队"。华盛顿就是靠高贵的品质和卓越的能力在国民中赢得了崇高的威望。再看看一个普通人是如何靠德行感化人的故事:哈尔滨某高校女大学生杨玉玲购物时手机、身份证等物品被窃。她发现被窃手机始终开机,便不断给对方发短信,诉说自己丢失东西的心情,承诺如归还给予酬谢。然而,对方毫不理睬。杨玉玲并不灰心,她利用春节之际,又试着给对方发了几条问候的短信。令她惊喜的是,小偷居然回信向她问好。杨玉玲觉得小偷回信,至少说明他有悔改之意,不如趁机说服挽救他,便不断向对方发送"正正经经做事,光明磊落做人"之类的人生格言。对方也被她的诚意所感动,也经常回短信,诉说自己的苦恼。两月后,杨玉玲向对方发出了第100条信息:"人若走上了邪路,只能怪自己没有勇气面对生活"。很快,杨玉玲收到对方回复的短信,"大姐,我想明白了,我再也不做见不得人的勾当了。今天下午,请你到收发室取你的东西"。这个故事可能不是生活的常态,但至少可以说明"以德化人"的可能。

我们是凡夫俗子,生活中的传奇毕竟太少,但我们完全可以从平时做起,从身边做起,从点滴做起,"近者悦,远者来",达到如此境界,日积月累,你不就成了万人仰望的成功的领导者了吗?

★修养三宝:崇德、修慝、辨惑

樊迟从游于舞雩之下,曰:"敢问崇德,修慝,辨惑?"子曰:"善哉问!先事后得,非崇德与?攻其恶,无攻人之恶,非修慝与?一朝之忿,忘其身,以及其亲,非惑与?"

——《论语》颜渊第十二

胡适先生解释说孔子注重道德修养,此处的崇德是指怎样把内在的气质培养到崇高的境界。修慝是指完善内心的修养,平衡矛盾的心理,化解理智与情感的矛盾,以求平和安详。辨惑则是指真正有明辨善恶的智慧,不会被迷惑。

崇德、修慝、辨惑,这就是人生修养的三宝,它们主要是围绕道德品质和智慧这两个方面来阐述的。孔子还告诉樊迟,做人做事先不要考虑自己的利益与价值,如果认为是善的事，那就先做了再说，最后总会有成果，这就是德业。如果一时忍不住气，而忘掉自身的安危，甚至牵连到自己的亲人，这不是糊涂吗？

曾国藩也曾说过："愤怒二字，至贤亦有之；特能少忍须臾，便不伤生。"

王刚大学刚毕业的时候，某电视公司请他去主持一个特别节目，节目的导播看他文章不错，就要他兼任编剧。但在节目做完领酬劳时，导播不仅不给他编剧费，还扣他一半的主持费，并振振有词地说："这是收据，你签收一千六，但我只能给你八百，因为这个节目透支了。"

王刚听完后没吭声，心想："多大点事，何必太较真呢？"后来那导播又找他，他也"照样"做了几次。最后一次做完，那位导播没再扣王刚的钱，反而对他很客气，因为王刚被该公司的新闻部看上，一下子成了电视记者兼新闻主持。

曾国藩

后来他们经常在公司不期而遇，那个导播每次都笑得有点尴尬。王刚也曾想去告他一状，可又一想：没有他能有我的今天吗？如果我当初不忍下一口气，又怎能继续获得主持的机会呢！机会是他给的，他也算是我的恩人，现在他已经知错，我又何必报复呢？

在发生矛盾时，良好的修养让你保持心平气和。你投之以桃，别人也会报之以李，你对别人不依不饶，自己也必将受到伤害，有时甚至是致命的伤害。

俗话说，"宰相肚里能撑船"，为人领导者不妨做个有度量的人，做个心态平和的"宰相"。古时候有个宰相，一天，请来一位理发师给他理发。理发师给他理好发后，就为他修面。面修了一半，理发师忽然停下手中的剃刀，两只眼睛看着宰相的脖子。宰相心中纳闷，就问道："你不修面，却在看我的脖子，这是为何？"理发师听了宰相的问话，说："人家说'宰相肚里能撑船'，是吗？"宰相听了哈哈大笑，说："是呀，宰相气量大，对各种小事，都能容忍，从来不计较。否则怎么做宰相呢？"理发师听了，慌忙跪在地上，口中连连说："小人该死，小人该死。"宰相忙问："什么事？"理发师说："小人该死。在修面的时候，小人不小心，将大人左面的眉毛剃掉了，请大人千万恕罪。"宰相一听，十分气愤。他想，剃去了一道眉毛，如何去见皇上，又如何会客呢？正想发怒，但又一想，自己刚才讲过，宰相的气量最大，对那些小事，从来不计较，现在为了一道眉毛，又怎么能治他的罪呢？想到这里，宰相只好说道："去拿一支笔来，将剃去的眉毛给我画上。"理发师就按宰相的吩咐，给宰相画上了一道眉毛。宰相走了，理发师望着他的背影心中很不是滋味："宰相大人呀，幸亏您肚量大,如果您不原谅我的话,我就会用刀割断您的喉咙!与您相比,我真是一个小人啊!"

宰相因为忍住了心中的怒气,所以没有成为理发师的"刀下之鬼"。由此可见,作为一名领导者,只有培养内心的品德,用理智控制住情感,同时再加上明辨是非的智慧,才能从容立世做人。

★ 小胜凭智,大赢靠德:以德服人

> 子曰:"道之以政,齐之以刑,民免而无耻;道之以德,齐之以礼,有耻且格。"
>   ——《论语》为政第二

"小胜凭智,大胜靠德"观念,在所有的管理理念中名列榜首,一个真正成功的领导者应该懂得,收服人心的最大武器是"德",而不是"威慑"。

子曰:"道之以政,齐之以刑,民免而无耻;道之以德,齐之以礼,有耻且格。"(《论语·为政》)孔子的这段话生动地讲述了治国之本,在他看来以政令教导,以刑罚管束,百姓会因求免于刑罚而服从,但不会有廉耻之心;以德行教化,以礼制约束,百姓不但会有廉耻之心,而且会人心归顺。

孔子主张"怀德修远"、"以德服人"。他在《论语·季氏》篇中说:"夫如是,故远人不服,则修文德以来之。"孔子认为"做到这样,远方的人还不归服,便发扬文治教化招致他们"。

孔子还说:"为政以德,譬如北辰,居其所,而众星共之。"(《论语·为政》)这是说,政治要讲道德,以德服人,如果"为政以德",就如同北极星处在自己的位置上,而众多的星辰围绕环抱它一样。人们会信服他,追随他。

仁政学说主张采用"以德服人"的办法,孟子也说"以力服人者,非心服也,力不赡也;以德服人者,中心悦而诚服也"(《公孙丑上》)。这是说,用"力"不能使人心服,只有用"德"才能使人"心悦诚服"。

古往今来,人们无不看重"服人"二字。有主张"以力服人"的,有主张"以理服人"的,也有主张"以德服人"的,认为注重自身修身立德,行端品正,道德高尚,就能"高山仰止,景行行止",让众人服之、众心归之。对于领导者而言,除"以力服人"外,"以理服人"和"以德服人"也必不可少,而后者是一种高境界,更显得重要。

厉以宁教授认为,企业家不是一种职业,而是一种素质。从企业管理角度看,有三个不同的管理层次,一是以力服人,二是以才服人,三是以德服人。以力服人,只是最低的管理水平,是三流企业家;以才服人,是用自己的才智和能力引导别人服从自己意志,是二流企业家;以德服人,是用自己的品德和为人,证明自己值得依赖,使人心甘情愿服从自己。这样的企业家才是一流的企业家。

"小胜凭智，大胜靠德"，这是常挂在蒙牛董事长牛根生嘴边的话，因为"德"是制服人心的最佳利器。"想赢两三个回合，赢三年五年，有点智商就行；要想一辈子赢，没有'德商'绝对不行。"

　　牛根生有一个"让车"故事。2000年，和林格尔政府奖励牛根生一台菱志车，价值104万，而当时比牛根生大八岁的副董事长的奖励是一辆捷达车。但是，此时的牛根生并没有打算享受这辆豪华轿车，而是提出了与这位副董事长换车。

　　这正是牛根生所追求的"德"，牛根生想通过这样的行为来向人们传递出一个信息，"牛根生做企业不是为了个人赚钱和享乐。"

　　人性很复杂，人心更是难以揣测，而牛根生却能自如地管理人心，也许这要源于牛根生"以德服人"的准则。牺牲自己，成全别人，听起来都像是不真实的歌颂之词，而牛根生做到了。

　　蒙牛能有今天，离不开牛根生的管理，牛根生的管理人心之术是值得管理者学习和借鉴的。"大胜靠德"观念，在所有的管理理念中名列榜首，一个真正成功的企业家应该懂得，收服人心的最大武器是"德"，而不是"威慑"。

第三章　唯才是举，唯德重用

★ 人才难得：英雄不问出处

仲弓为季氏宰，问政。子曰："先有司，赦小过，举贤才。"曰："焉知贤才而举之？"子曰："举尔所知；尔所不知，人其舍诸？"

——《论语》子路第十三

仲弓当季氏的邑宰，因此请问孔子为政之道。孔子答复仲弓："先有司，赦小过，举贤才。""有司"是下属们各司其职，各有其责。做领导第一要职掌分明，办事有序。"赦小过"，下属有小的过失，不要太计较，要宽容。"贤才"就是人才，要举荐，发现人才。

仲弓又问："焉知贤才而举之？"如何才能发现贤才？孔子说，你首先任用你所知道的。至于你不知道的，也有他人知道，"人其舍诸"，意思是他人会推荐给你。

中国传统的用人思想是品德最重要，可是在非常时期，也有人能够不避小过，不求全责备，对各种有才能的人兼容并包，均收为己用。曹操主政十五年，共颁布四道求才令，用人标准是重才不重德。从他的《求贤令》以及《举贤勿拘品行令中》中可看出曹操是爱才的。因为他自己亦是一个成大事的人才。"唯才是举"是曹操尊重人才，实际、不苟求、不求全责备的眼光，也是他吸引人才、使用人才的一种气度与自信。曹操的三通求贤令，虽然文字都不长，但几乎可说是字字好文章，句句好见地。曹操最早下令求贤是在建安十五年，令曰："若必廉士而后可用，则齐桓其何以霸世？今天下得无有被褐怀玉而钓于渭滨乎？又得无盗嫂受金而未遇无知者乎？二三子其佐我明扬之陋，唯才是举，吾得而用之。"又于十九年十二月令曰："夫有行之士，未必能进取，进取之士，未必能有

仲弓

行也。陈平岂笃行，苏秦岂守信邪？而陈平定汉，苏秦定弱燕。由此言之，士之有偏短庸可之乎？"廿二年八月又令曰："若文俗之吏，高才异质，堪为将守，负污辱之名，见笑之行，不仁不孝而有治国用兵之术者，其各举所知，勿有所遗。"曹操一向提倡"唯才是举"。即便是像陈平那样"偷金盗嫂"的人，只要是有治国的才能，曹操也不会嫌弃的。曹操手下有位叫郭嘉的年轻人，从征十一年，屡有谋功。曹操对他十分喜爱，并且有意"以后事属之"。但是他平时行为极不检点，为此惹了不少麻烦。另一位重要谋臣陈群很看不惯郭嘉的做法，常在廷议的时候上奏检举郭嘉。为此，曹操对郭嘉更为爱护，对刚正不阿的陈群也格外喜欢。贫寒出身的谋士程昱，虽有"王佐之才"，但是他性格刚戾，脾气古怪，在为人处事上，也是得罪过不少人。有人诬告程昱谋反，曹操不予理睬，反而对程昱的待遇更加优厚。曹操还有一位同乡丁斐，任典军校尉，深得信任。一般他有什么建议，曹操都会采纳。但他有爱贪小便宜的坏毛病，曾经利用职务之便，将自家的一头瘦牛换了一头官牛。经过处罚后，曹操又恢复了他的官职，仍像往常一样信任他。名士祢衡，有才辩，孔融荐之于曹操，祢衡因职不随心，遂辱骂曹操，曹操对孔融说："祢衡竖子，孤杀之，犹雀鼠耳，顾此人素有虚名，远近将谓孤不能容之"，乃送与刘表。可见曹操在处理这些问题上能够更多地着眼于利弊得失，着眼于天下舆论，以此吸引更多敢于献身的壮士。曹操不念旧恶，对于犯了错误的下属很宽厚。徐歙、毛晖先在曹操部下为将，兖州叛乱后，二人也背叛曹操。后为曹操所俘，不念旧恶，仍委任郡守。

★亲力亲为：考察人才要亲自出马

子曰："众恶之，必察焉；众好之，必察焉。"

——《论语》卫灵公第十五

孔子说："大家都讨厌的人，我一定要认真观察；大家都喜欢的人，我也要认真观察。"

这是孔子考察人才的学问，一个人如果有人说好有人说坏是正常的，人与人之间不可能没有利益冲突，有冲突就有是非，很难让利益冲突的两方都喜欢。而如果对某个人，所有人的评价都是正面的，很有可能这个人就有问题了，他要么是个两面派，要么喜欢耍心机、耍手段讨好他人。如果某个人所有人都不喜欢，那也不能因此就认定这人不好，而要详加观察。

明嘉靖四十五年，海瑞上疏，条奏《直言天下第一事疏》，嘉靖皇帝读了海瑞上疏，十分愤怒，把上疏扔在地上，对左右说："快把他逮起来，不要让他跑掉。"遂逮捕海瑞关进诏狱，追究主使的人。穆宗即位后，恢复海瑞原职，改任兵部武库司主事。后经南京、北京左、右通政，隆庆三年升御史巡按应天。他到任后，属吏害怕他的威严,有显赫的权贵把门漆成红色的,听说海瑞来了,又改漆成黑色,宦官在江南监织造,因海瑞来也减少了舆从。这期间,海瑞兴修水利让百姓得到了好处,徐阶罢相后在家中居住,海瑞追究徐家也不给予优待。推行政令气势猛烈,所属官吏恐惧奉行不敢有误,豪强甚至有的跑到其他地方去躲避的。而有些奸民多乘机揭发告状,世家大姓不时有被诬陷受冤枉的人,因此同僚对海瑞的怨言越来越多。同时他又裁减邮传冗费,士大夫路过海瑞的辖区大都得不到很好的张罗供应,因此怨言越来越多。隆庆四年海瑞被弹劾庇护奸民,鱼肉士大夫,沽名乱政,被改任南京粮储。当时高拱掌握吏部,早就仇恨海瑞,于是把海瑞的职务合并到南京户部中,海瑞因此称病引退。海瑞这官当的,皇帝厌恶,上司头疼,同僚切齿,下属怀恨,可以说官场上没人喜欢。可是大家都知道,海瑞本人是个清官,他的家里可以用家徒四壁来形容,本人也是穷得叮当响,死的时候连埋自己的钱都没有。就是这样一个清官,因为他的所作所为,触动了官场上其他人的利益而被厌恶,可是我们能说海瑞不是个好官么? 海瑞下台的时候,南京的百姓家家哭泣。

　　海瑞还有民众的爱戴,可是袁崇焕死的时候,北京城的百姓对他百般凌辱,甚至于碎尸万段,因为他们受统治者的蒙蔽,以为袁崇焕是卖国贼。袁崇焕是广东东莞人,明朝杰出的军事家。他当政的时候主持北方军务,对抗正在兴起的清主努尔哈赤。努尔哈赤死后,皇太极率十万清兵绕境蒙古,由喜峰口攻陷遵化,兵临北京城下,北京戒严。袁崇焕闻讯带兵两日急行三百里,本应将来犯之敌阻挡在蓟州至通州一线,在此展开决战,以确保京城安全。但当他侦察得知敌兵已经越过蓟州向西进发时,只是率兵跟踪,赶到河西务时,又不顾将领反对,率部前往北京,于次日晚抵达广渠门外,大败清军。袁崇焕如此之举,引起北京城外戚畹中贵的极度不满,纷纷向朝廷告状:袁崇焕名为入援,却听任

海瑞

敌骑劫掠焚烧民舍,不敢一矢相加,城外戚畹中贵的园亭庄舍被敌骑蹂躏殆尽。世传皇太极施反间计,捕捉两名明宫太监,然后故意让两人以为听见满清将军之间的耳语,谓袁崇焕与满人有密约,皇太极再放其中一名太监回京。往日与袁崇焕有隙的朝臣也趁势"诬其引敌协和,将为城下之盟"。崇祯皇帝中计,将袁崇焕打入大牢,以"通虏谋叛"、"擅主和议"、"专戮大帅"、"市米盗资"等十大罪状"磔"死。崇祯皇帝对外宣传袁崇焕里通外敌,北京百姓都恨之入骨,把刽子手割下来的肉生生吃掉,最后连个全尸都没有留下。

　　我们都知道袁崇焕是中华民族的英雄,他的对手也对他充满尊敬,但就是这样的人,曾经被举国百姓恨入骨髓,从众心理的可怕后果,可得窥见。我们对于众口一词的看法,要有所警惕,要养成遇事有主见,不先入为主,先调查再判断的思维习

惯,避免陷入人云亦云的思维陷阱。

★全才难得:不要忽视狂狷之士

子曰:"不得中行而与之,必也狂狷乎! 狂者进取,狷者有所不为也。"

——《论语》子路第十三

什么样的下属算堪用的人才呢? 我们当然希望手下个个文如诸葛、武如张飞、忠义如关羽。但是这样的人才毕竟是很难的。得不到这样的人才,我们就无人可用吗?

孔子说:"找不到中庸的人交往的话,就与狂士或狷士交往。狂士力图进取,狷士有所不为。"

面对全才难得的问题,孔子说了,找不到合乎中庸之道的人才,就找狂士和狷士。这两种人分别有自己的好处,狂士有进取心,是冲锋陷阵、披荆斩棘的好人选,开创事业需要这样的人。狷士有所不为,有自己做人的原则和主见,不合原则的事情就不会做,这种人值得信任,可以托付重任给他,他不会因为威逼利诱而动摇。

阿里巴巴网站的创始人马云,就是现代的狂士。马云创建阿里巴巴的时候,电子商务在国内还是新生事物,马云为创生不久的 B2B 模式寻求外援孤身赴美,却一无所获。那次,他兴冲冲而去,却与美国流派"吵得天翻地覆"——那时大行其道的是以亚马逊为代表的 B2C 和以 eBay 为代表的 C2C。2003 年 7 月,在一片质疑声中,阿里巴巴突然抢入被 eBay 中国垄断了 90% 份额的中国 C2C 市场,推出以免费为号召的淘宝网。当时,一位美投资商在听马云讲述了几分钟淘宝的故事后,突然转身离开,走之前告诫马云:任何企业也别想在 C2C 领域与 eBay 抗衡。但接下来的一年中,淘宝令外界改变了看法。就在马云访美期间,淘宝网公布了该年度财务数据,结果显示,作为后起者的淘宝不光在 alexa 排名和在线商品数量上超越了 eBay 中国,在交易额、成交率、日新增商品数、注册用户数和网页浏览量等指标上,亦高出后者一截。2004 年 10 月份,因为阿里巴巴在 CNBC 电视台的广告攻势,一些 eBay 的大卖家已开始通过阿里巴巴采购商品。eBay 总部因之对马云在美国的一切言动戒备有加。据说,凡马云发表的言论,eBay 的工作人员都会第一时间传真给公司 CEO 惠特曼。可以说淘宝网的成功,离不开马云的进取心。

梅兰芳在 20 世纪 30 年代红遍中国,处于演艺事业的巅峰,但是这时候抗日战争爆发了,日军占领上海后,梅兰芳杜门谢客,拒绝继续演出。当时上海几家戏院老板相继请他出来演戏,他都一一婉言谢绝。一些日伪分子和地痞流氓多次上门纠缠干扰,并以金钱引诱:"只要梅老板肯出来,金条马上送到府上。"梅兰芳一笑置之。同时他时刻注视着时局的发展,当听到日军偷袭珍珠港,太平洋战争全面爆发的消息时,梅兰芳对时局深感忧虑,为了表明自己拒绝演戏的决心,他从此蓄起了胡须。

汪伪政府派一个大汉奸来上海登门邀请梅兰芳参加所谓"大东亚战争胜利"一周年的庆祝活动。梅兰芳听明来意后,指着自己的唇髭说:"我已经上了年纪,嗓子坏了,早已退出舞台!"来者厚颜无耻地笑道:"胡子可以剃掉嘛,嗓子吊吊也能恢复!"素来待人文雅的梅兰芳,此刻面对这等恬不知耻的民族败类,露出了凛凛锋芒,讪笑着说:"先生一向玩票,大花脸唱得不错,你当团长率领剧团去慰问,岂不更为合适!"寥寥数语,顶得这个大汉奸张口结舌,好似一条挨了揍的癞皮狗,夹着尾巴悻悻而去。

日本人拿梅兰芳没有办法,但是仍然没有放弃坏心,他们把条件降低:不劳梅兰芳唱戏,只请他出来讲一段话便可。梅兰芳闻讯,立刻请来医师给自己打伤寒预防针,造成自己发高烧,然后以重病为由再次拒绝。原来,梅兰芳自幼不管打什么预防针,立刻便会发高烧。这伤寒预防针一打,果然见效,顿时浑身滚烫,昏昏沉沉,卧床不起。日本人对梅兰芳突然染病将信将疑,于是派出一名日本军医去打听究竟,这位医生到了梅兰芳家,一量病人的体温,果然高达 42 度。就这样,梅兰芳不惜人为地发高烧损伤自己的身体,再次抵制了日军的胁迫。梅兰芳因为拒绝演出,没有了收入来源,一家人的日子过得很拮据,但是他宁可卖画、典当度日,也决不为日伪演出,"有所不为"四个字放在梅兰芳身上,再合适不过,中华民族的铮铮骨气展现无余。

★识人方法:视其所以,观其所由,察其所安

子曰:视其所以,观其所由,察其所安。

哀公问曰:"何为则民服?"孔子对曰:"举直错诸枉,则民服;举枉错诸直,则民不服。"

子曰:吾与回言终日,不违,如愚。退而省其私,亦足已发,回也不愚。

——《论语》为政第二

为政者最重要的任务恐怕就是用人了。用人的关键恐怕就在于识人了。

识人难吗?人海茫茫,世事变幻,要真正了解一个人很难,正是"画虎画皮难画骨,知人知面难知心"。所以,孔子给我们讲了一个故事。他说,我和颜回谈话,谈了一整天,他从来没有反对我的意思,好像很愚蠢呀!还真有些失望呢!但是,私下再考察他,情况就大不一样了,他不但懂我的思想,还能更进一步发挥,颜回一点也不笨。孔子只是举了身边的一个例子。那些笑里藏刀、万岁不离口却暗藏杀机

的反面人物很多,孔子不屑去说他们。看来,评价一个人不能凭表面印象,因为不同的阅历,不同的环境,不同的爱好,不同的追求,塑造了不同性格的人:有的外向,有的内敛;有的活泼,有的沉默;有的坦诚,有的含蓄;有的沉着,有的暴躁;有的温顺,有的刚直;有的敏感,有的迟钝;有的貌似憨厚却行为诡诈,有的外表君子之相却品行不端,有的道貌岸然却笑里藏刀。再加上环境的急骤变化,人的各种形态更是毕露:阿谀奉承者可以落井下石;锦上添花者可以雪上加霜;花言巧语者可以污蔑陷害;同心同德者可以反目为仇。真是鱼龙混杂,眼花缭乱,人心比山川还险恶,知人比知天还困难。

　　识人易吗?识人又很易。"路遥知马力,日久见人心","试玉要烧三日满,辨才须待七年期","听其言,观其行",等等,都很有效,但孔子也给我们提供了一些方法,一要视其所以,就是看他的动机和目的。动机决定手段。周恩来为中华之崛起而读书,苏秦为扬名于天下而"锥刺股",易牙为篡权而杀子做汤取悦于齐桓公。我们要看他做什么,更要看为什么这样做,要透过荷叶看到藕,如果我们仅被表面的现象所迷惑,我们对人的认识又有多少呢?齐桓公被易牙的所谓忠诚所感动,结果落了个死无葬身之地。二要观其所由,就是看他一贯的做法。君子也爱财,但君子和小人不同,小人可以偷,可以抢,可以夺,甚至杀人越货;君子却做不来,即使财如同身旁的鲜花随意采撷,他也要考虑是不是符合道。有时候不在乎做什么、做多大、做多少,而要看他怎么做,官做得大,却是行贿得来的,钱赚得多,却是靠坑蒙拐骗得来,那也为人所不齿。三要察其所安,就是说看他安于什么,也就是平常的涵养。比如浮浮躁躁,比如急功近利,比如眼红心跳,比如一有成绩就自视甚高、目中无人,比如一遇挫折就垂头丧气、怨天尤人,等等,都是没有涵养的。这样的人最易折,做事有可能半途而废,交友有可能背信弃义。只有有静气的人才能威临世界,而不被身外之物所包裹。想想吧,越王勾践如果没有静气,怎么能卧薪尝胆?司马迁没有静气,宫刑的痛苦缠绕终生,哪还有什么心思写《史记》?韩信如果没有静气,早成为流氓的陪葬品,还能帮助刘邦成就霸业?静气是在寂寞中的坚韧,在困苦中的达观,在迷离中的坚定,在庸常中的高贵,在失败中的自信,在成功中的沉稳。有如此品质的人,谁又能怀疑他呢?

　　用这三点去识人,他怎么能隐瞒得了呢?孔子连说了两遍,孔子似在肯定,又似乎在提醒人们做到这点又是多么不容易!

★人尽其用：人与事最佳组合才最有效

子曰："君子不可小知而可大受也；小人不可大受而可小知也。"

——《论语》卫灵公第十五

这里的"小人"不是指品德方面，而是指才具一般的人。孔子这番话似乎在讲用人的道理。他说，对君子，不能只让他做小事，而应当让他接受重大任务；对才具一般之人，不可让他接受重大任务，可以让他做些小事情。总之，按能分配，各尽所能，人与事最佳组合，取得最佳效果。

从孔子的话中，让我们大大拓宽了对"人才"概念的认识。什么是人才？狭义地理解，人才就是人群中的精英，是群体中的部分，而且是少部分，类似领导或者领袖，搞文学不是人才，成为作家才是人才；学数学不是人才，成为数学家才是人才；当公务员不是人才，只有当了领导才是人才。这样一来，人才的内涵缩小了，许多人被排斥在人才之外。从孔子的观点看，有用就是人才，首先是有用，在有用的基础上，才有层次之分。

可见，世上没有绝对无用之人，只有庸才的领导者。鸦片是一种剧毒药，但高明的医生却能用来止痛；刘邦手下的陈平有什么忠厚的品德？却奠定了汉王朝的基业；苏秦何曾守过信义？却拯救了弱小的燕国。看来，对人才，关键是怎么看，怎么用。人家擅长爬山，你让人家去游泳；人家爱外交，你让人家搞科研；人家学食品，你让人家去做老鼠药；人家爱思考，你让人家做警卫；兔子跑得快，你却让他和乌龟去比赛，兔子当然要睡大觉。这一切究竟是谁的悲哀？

人才多样化，社会岗位也多样化。聪明的领导者要从狭隘的人才观中走出来，应当为每个岗位、每项工作找到合适的人，为每个人找到合适的岗位和工作。合适是多么的重要，合适是人和事的和谐，合适是人和事的促进，合适产生效率，合适产生效果，合适产生人才，合适就是幸福。你看看恋爱中的男女，不是大学生找到大学生才幸福，不是写小说的找到诗人才幸福，不是门当户对才幸福，不是郎才女貌才幸福，而是彼此感觉"合适"才幸福。因为追求这"合适"，人类的恋爱史上上演了多少惊天动地的悲喜剧呀！在人才的使用上，谁又做过统计？

★识人重"孝":不"孝"之人不可委以重任

子曰:"弟子入则孝,出则悌,谨而信,泛爱众,而亲仁。行有余力,则以学文。"
——《论语》学而第一

现在的社会越来越认识到"孝"之于人的重要意义,越来越强调对"孝"的崇尚和认可,不少企业更是公开把"孝"作为选人用人的重要条件。

2007 年 3 月,在北京参加"两会"的代表、委员们在审议、讨论政府工作报告时指出,加强青少年思想道德建设应该包括感恩教育,诸如"孝敬父母"、"记取他人对自己的奉献"、"了解自己对社会的责任"等。

孔子在《论语·学而》篇中说:"弟子入则孝,出则悌,谨而信,泛爱众,而亲仁。行有余力,则以学文。"这一句主要是孔子对为人的一般要求,意思是说作为人子,进家要孝顺父母,出外要顺从兄长,言语要谨慎而守信,博爱大众而且亲爱人类。一个心怀感恩的人,会向一切于己有恩之人感恩。

《论语·学而》篇还说:"孝悌也者,其为仁之本与。"是说孝顺父母、友爱兄弟是一切道德的基础。做人首先要懂得孝顺父母、尊敬长辈,其次才是读书认知。孔子在此已说得很清楚,做人先要有孝敬父母的自发意识,然后才谈得上其他。

在我国,孝的观念源远流长,甲骨文中就出现了"孝"字,这也就是说,在公元前 11 世纪以前,华夏先民就已经有了孝的观念。春秋时期的孔子是一位全面系统地论述孝道的人,在《论语》中,有关"孝悌"的章节达 16 处之多,足以见得孝悌观念在儒家学说中的地位。在孔子看来,一个没有孝悌观念的人,其本质是不善良的、自私的,这样的人,是没有社会责任感的,是极可能为满足自己的私欲、恶欲而犯上作乱,破坏人伦和社会秩序的。

不孝不悌之人,通常有着个性上的缺陷,而且这种缺陷会给工作带来障碍,给企业带来隐患。如果为人子女不能体会父母无以为报的恩德,不能孝敬父母,这个人就更不可能爱领导,尊敬上级;爱企业,与企业共发展;爱同事,尊重他人,与同事友好相处,真诚合作。

现在许多企业招人、用人往往只考虑能力、学识,极少去看其是否具有孝心。其实,作为领导,选用人才时,除考核其能力、成绩外,还应加上一个"孝"的考核。现行的《党政领导干部选拔任用工作条例》就把孝道纳入其中,是对于德的标准的一个具体化。

2005 年 7 月 5 日《中国青年报》刊登了甘肃省一家民营企业的招聘广告,内容是:"高薪诚聘集团公司副总经理 1 名,45 岁以下,本科以上或相当于本科学历的自学成才者。品行端正,孝敬父母……"

广告中"孝敬父母"的条件引发了社会的争论,引起了人们的普遍关注。"如果一个人连对父母的孝心都不能尽到,家庭关系都不能处理好,又怎么能管好企业,处理好与客户的关系呢?"该公司负责此次招聘的陆先生这样解释他们的招聘条件。该公司一位孙姓员工说,孝敬父母的人往往工作责任心强,同事关系处理得好,所以孝敬父母几乎成了公司用人的首要标准。"公司有规定,凡是不孝敬父母者,一概辞退。"

现在许多企业在招聘员工时,不仅希望员工懂外语、懂电脑,还希望员工有责任感,有孝心。责任感和孝心是员工竞争力的重要组成部分。

不少世界 500 强公司,在进行用人调查时,都把孝顺父母作为一项十分重要的内容加以考察。日本、韩国很早就有浓厚的孝道精神,一些发达国家的企业家把是否具有孝道精神作为用人的重要标准,一个孝敬父母的人会有强烈的责任感,对工作认真负责,在紧要关头挺身而出。

日本企业家松下幸之助痛恨小偷,有一次一个员工偷窃被发现,小偷说这个东西可以减轻父亲种田的负担,松下听后深鞠一躬,并向公司员工推广孝道。

有一家私营企业,让员工回家时给父母洗脚并写出自己的感想。很多人对此不理解,老板却深有感触地说:"父母从小给我们洗脚,我们在父母的养育下长大成人,就不能给父母洗洗脚? 让员工回去为父母洗脚,然后写出自己的感想,从中可以检验出他们是否孝敬父母,如果不能尽孝,那么这样的人在工作上便缺少敬业精神。在选人用人上,我将以此作为标准……"

为父母洗脚,不仅是在尽孝,还有助于两代人之间心灵的沟通、隔膜的消除,而这些,全寓于简单而平凡的洗脚之中。

"孝悌"方法是考察人品性根本的一个侧面,孝悌有助于企业对人的审视,对人的评判。将现代科学的人事测量方法与中国的"孝悌"方法结合使用,可以帮助企业找到可用的人、有用的人和适宜的人,为企业拥有真正的人力资源、为企业培养出真正的人才、为企业参与竞争提供帮助。

★察人务实:不以言举人,不以人废言

子曰:"君子不以言举人,不以人废言。"

——《论语》卫灵公第十五

"不以言举人,不以人废言。"是值得今天的领导者借鉴的,在用人问题上,既不要偏听偏信,也不要抱有成见,要全面地考察和鉴别人才。

"子曰:'君子不以言举人,不以人废言。'"意思是:君子不因为一个人说的话动听就提拔他;也不因一个人有缺点就拒绝他的正确意见。

孔子认为，在评价和了解一个人的时候，不能只看他说了什么，还要看他做了什么。孔子最初听到人家说的话，就相信其行为，但是后来，他从弟子宰予白天睡懒觉这件事上认识到这种想法偏颇，于是改变了原来的想法，他说："始吾于人也，听其言而信其行；今吾于人也，听其言而观其行。"（《论语·公冶长》）孔子认为，对一个人，要听他说的，更重要的是要"观其行"，也就是要考察人的实际行为。

有些领导者常常被别人的言辞迷惑而轻率地用人。历史上这样"以言举人"的例子很多。

上林苑为秦始皇所建，是专供皇帝狩猎、巡守的地方。汉文帝一日到上林苑游玩，不觉来到一处，听见虎啸之声，随行的官员告诉他，这是来到了养虎的虎圈，文帝就问管理上林苑的上林尉："这上林苑中的各样禽兽每种有多少呀？"

上林尉措手不及，无言以对。文帝心中不高兴，故意一口气问了十几个问题，上林尉万分尴尬，左右张望，一个问题也答不上来。

这时，有个管虎圈的啬夫（就是管理虎圈的小吏），从旁代为应对，回答得头头是道，文帝来了兴趣，有意问了许多问题，以考察此人的能耐。啬夫看来了机会，有意卖弄，有问必答，滔滔不绝。文帝很是高兴："作为一个官吏，难道不应该这个样子吗？上林尉太不称职，难以信赖。"

于是，文帝就对身旁跟随的廷尉张释之说："这小子，不错，很有才能，就破格提拔他做上林尉吧！"那个小吏闻言心中大喜，暗自高兴。

张释之考虑了很久，决定出面反对这个人事任命。他问汉文帝："皇上觉得，辅佐高祖定天下的绛侯周勃、东阳侯张相如是个什么样的人？"

文帝说："都是厚德自尊的长者。"

张释之说："这两人都是德高望重的人，可他们都不善言辞。难道当初他们都是学啬夫这样喋喋利口，才受到重视的？"

看到文帝心有所动，张释之继续说："秦国重用刀笔之吏，官员们争相用急迫苛刻的办法谋官，结果弊病丛生，国家很快土崩瓦解。今天如果因为这个啬夫能言善辩，就破格提拔他，只恐天下人追随此风，纷纷效仿，争做那能言善辩而不务实际之人，这样就会造成轻薄不务实的坏风气呀！"

听了张释之的话，文帝感觉非常有理，于是打消了提拔啬夫的念头。

无论什么时候用人都应该慎重，不能只言片语论事，文帝从谏听劝，避免了以言任人，维护了朝中良好的风气。

有的人能干但是口才不好。有的人能说，口若悬河，却不能真正地做什么事。所以，决定对一个人的任用，不能只看他会不会说话，而要看他能不能做事。

日本经营之神松下幸之助在鉴别人才时，就做到了"不以言举人，不以人废言"。他不像时下某些领导者一样喜欢听好话，对阿谀奉承者视如亲腹，遇到诸如晋级、升职、评先等问题时均先考虑这些人，而对提出相反意见、爱说逆耳话的人就疏远，甚至排挤。相反，松下幸之助喜欢重用唱反调的人才。

松下幸之助白手起家，把一个小厂发展成全球最具规模的家电生产企业，他的下属山下俊彦起了至关重要的作用。

熟知松下企业的人都知道，山下俊彦在松下幸之助眼中是个经常唱反调、具有"反叛"性格的优秀人才。他心直口快，多次为公司与松下顶嘴，是松下公司一个时常与松下意见对立的主管。一般领导者认为身边可以用的人成千上万，即使有通天的本领，只要员工唱反调，就不会给他晋升机会。但松下幸之助视人才为公司的贵重资产，明知山下俊彦是个意见多多的问题人物，也照样给他与别人同等的表现机会，让他在公司发挥自己的才干。

1977年1月，松下幸之助以松下集团最高顾问兼创业者的身份，宣布山下俊彦出任松下企业总裁，这个消息，令松下董事局及企业界颇感意外。很多人认为，山下俊彦是个经常跟公司决策过不去的人，论资历，他在董事局内的地位只排第25位，除了最高顾问松下幸之助与即将退任的松下正治两人，至少还有22位高级董事可以出任总裁要职，为什么要挑选第25位的山下来领导松下企业呢？

松下幸之助没有理会多数人的反对，坚决起用山下。这项决定使山下有机会施展才华，实现自己发展超大型企业的梦想。现在，日本企业界都承认，松下企业在山下俊彦的领导下，成为21世纪超巨型又稳健的跨国集团。

说到这里，大家一定会明白，松下幸之助起用唱反调的人是有原则的，是建立在对一个人正确评估基础之上的。像山下俊彦这样的人，虽然总与松下幸之助唱反调，可是他崇尚松下幸之助的经营理念，是个既精于技术又具管理和经营才干的企业家。

★人品关乎成败：品德比能力更重要

子曰："骥不称其力，称其德也。"

——《论语》宪问第十四

一个人如果品质不好，能力差一点，还不至于有大的危害。而一个能力非常强，智商非常高的人，如果品质败坏，那他所造成的危害就会非常大。

市场在呼唤道德，企业在呼唤道德，唯德是举、唯才是用的原则已成为企业任用人才的基本原则。"子曰：'骥不称其力，称其德也。'"孔子说，对于千里马，不是称赞它的能力，而是称赞它的品德。

人们一说到千里马，就联想到它日行千里的能力，而很少想到它的品德。一匹好马并不是看它的力气大，而是看它的品德。如果一匹马力气再大，能日行千里，但无德，不听人使唤，那么，这匹马就不是好马。人才亦如此，如果一个人有能力、无品德，同样不成其才。人才的品质比能力更重要。

巴林银行是英国历史最悠久的银行之一，总部在新加坡，是英国的老牌银行，于 1762 年由法兰西斯·巴林爵士创立。巴林银行于 1995 年 2 月 26 日倒闭,其原因是年仅 28 岁名为尼克·李森期货交易员,在不到三年内,以偷天换日的手法,进行不当交易。

曾被美国《财富》杂志评为 500 强第七名的能源巨人安然,于 2001 年底宣布破产。一家年营收达 1000 多亿美元的企业,能在短时间内崩解,肇因于执行长与财务长勾结全球第五大的安达信会计师事务所,在财务报表上灌水造假、隐藏债务,借以哄抬股价牟利。

无论企业管理制度多么严谨,一旦雇用品德有瑕疵的人,就像组织中埋有深水炸弹,随时可能引爆。

统一集团的用人八字诀是:"诚实守信,创新求进。"这和有些公司把业绩作为考核员工的第一标准的做法有所区别。统一集团首先要求自己的员工诚实,无论对主管、对下属、对客户,都必须诚实。在道德品质没有问题的前提下,用业绩来衡量员工的能力。

一个企业在发展过程中,如何吸引大量的优秀人才为企业所用是企业必须正视的问题。企业最看中的是一个人的品德。能力可以培养,品德却是无法培养的。因此,很多企业在招聘和提拔员工时把人品放在第一位。

企业最大的资产是人才,一旦用人不当,人才便会成为企业最大的负债。因此,人才的品德比专业能力更重要,因为人品攸关企业的竞争力。

第四章 用人之道，攻心为上

★齐之以礼：用人攻心为上

子曰："道之以政，齐之以刑，民免而无耻；道之以德，齐之以礼，有耻且格。"

——《论语》为政第二

孔子说："用政令来治理百姓，用刑法来整顿他们，老百姓只求能免于犯罪受惩罚，却没有廉耻之心；用道德引导百姓，用礼制去同化他们，百姓不仅会有羞耻之心，而且有归服之心。"这里孔子比较了两种管理模式的优劣，在同样可以达到准则规范被遵守之目的的前提下，道之以德、齐之以礼的方法收到的效果比道之以政、齐之以刑好。道德意识是一种自省活动，任何强制性制裁都是一种非法干预；惩罚性干预虽可使人心存畏悸、小心规范自己的行为，却难以达成主观上的道德自律。但是相对的，道德意识也比法律意识更难培养起来，德治比法治难得多。

黄霸

西汉的时候有个叫黄霸的郡守，他上任之前，颍川郡有好几个县的居民聚集，围攻县府，前任的郡太守逃往京城向汉宣帝求救，要求派武将镇压"刁民"。黄霸到颍川第一件事就是出安民告示，教化百姓，学习法令，并派人张贴告示，号召流民回乡，凡回家开荒种田者发放粮食，发放种子，免税免劳役。他带头脱掉官服官靴，下地拉犁耕地。他的做法一传十，十传百，外出逃荒的流亡农民纷纷回来了。他还责令各县县令安置逃荒者，违者重罚，不听者革职，到各县暗自察访，检查督促。他说："流亡农民不想造反，也不想背井离乡去逃荒，各县应该明白，这些逃荒流亡农民既是劳动力，又是社会不稳定的因素，把这些流亡农民安置好了,也是你们尽心尽职的政绩了。"

黄霸认为,考察官吏政绩的重点应在防患于未然,所以郡守官员和二十多个县令个个心悦诚服。他到任后之所以先不触动和打击豪强地主,是认为打击这些人的时机尚未成熟。在他看来,最重要的事是重视农桑,发展生产,丰衣足食,安抚百姓。流民见有了出路,纷纷返乡耕种。安定下百姓后,他开始打击豪强地主、恶霸、地痞。凡证据确凿,便狠狠地打击,让他们补足拖欠国家的税款,返还强占百姓的土地、粮食、牧畜、房屋。当然,黄霸也不忘教化他们,给他们出路,让其全家老小开荒种田,自食其力。豪强地主害怕了,便老实上缴税收,返还强占来的土地,黄霸也就不再追究。等到流亡农民稳定下来,黄霸又鼓励农民种树养禽植桑,把宣帝休养生息的政策逐一贯彻,使百姓安居乐业而感恩皇上。五年之后,颍川夜不闭户,路不拾遗,成了繁华富饶之地。黄霸断案也竭力主张用儒家的德治,崇尚仁政,反对酷刑,先行教化,后用刑罚。他还坚持从轻处理疑案的原则,对证据不足就从轻发落,释放回家,以观后效,对那些年老有病非十恶不赦者也从轻处理。结果救了一些人的命,监狱不再人满为患,到衙门来告状喊冤的人也减少了。民间赞扬黄霸持法平和,也称颂宣帝英明宽宏。

★孰能无过:别把人一棍子打死

子曰:"由之瑟,奚为于丘之门?"门人不敬子路。子曰:"由也升堂矣,未入于室也。"

——《论语》先进第十一

子路在军事上有特长,可他偏偏喜欢弹琴,而且还自以为技艺精湛,要不,他怎么会跑到孔子的门口显摆,还真有些班门弄斧的味道。惹得孔子老大不高兴,弹就弹吧,干嘛跑到我的门口来,弄得我都不得休息。老师的态度势必影响学生,于是门人们对子路都很反感,讽刺的,挖苦的,嘲笑的,蔑视的,一时甚嚣尘上,弄得子路抬不起头。

孔子后来发现了这一情况。他觉得自己做得过分了,人非圣贤,孰能无过?人有缺点有毛病,应该允许改正,也应该给予改正的时间,一棍子打死,多少人才会夭折在半途之中,何况子路不是堕落而是在追求高雅和进步呢!于是,孔子赶紧召集众弟子,对子路重新评价,他说,学习有三个阶段,从入门初步掌握,到升堂达到一定水平,再到入室进入精微深奥的境地。子路的水平,已到了升堂的阶段,只是还没有达到入室的水准。需要再努力呀!

圣人就是高明,既为子路挽回了影响,争回了面子,又让子路知道了差距,明确了奋斗方向,还为自己的失误找到了说辞,不失体面。同时,也教诲了其他弟子,不要轻易看不起人,要独立思考,不可盲从,我说好就跟着喊好,我说坏就看人一无是处,这种偏听偏信,没有个人主见的人,是很难产生大智慧的。

孔子处理问题的方式,至今仍有借鉴意义。我们不能以个人的好恶,不能以小圈子,不能情绪化地来看人、待人,那样就不客观了,就是迷惑,正如孔子所言:"爱之欲其生,恶之欲其死。既欲其生,又欲其死,是惑也",你的认识是随着时间的推移发展的,被观察的对象也是发展变化的,今天的竞争对手可能就是明天最好的合作伙伴,只要变化永恒,人就不能武断。再说,如此态度,也难免被人利用,出现"门人不敬子路"的现象,长此以往,不仅失掉了人才,在群众的评价中也会失掉不少分,切记!

★ 批评有道:跟孔子学批评之道

子曰:"道不行,乘桴浮于海。从我者,其由与?"子路闻之喜。子曰:"由也好勇过我,无所取材。"

子贡问曰:"赐也何如?"子曰:"女,器也。"

曰:"何器也?"曰:"瑚琏也。"

子谓子贡曰:"女与回也孰愈?"对曰:"赐也何敢望回?回也闻一以知十,赐也闻一以知二。"子曰:"弗如也;吾与女弗如也。"

季文子三思而后行。子闻之,曰:"再,斯可矣。"

子曰:"孰谓微生高直?或乞醯焉,乞诸其邻而与之。"

——《论语》公冶长第五

人有喜欢别人批评的吗?不多。人和动物的区别之一,就是人有强烈的自尊感。你是一个为政者,在单位还是一个不大不小的头头,你可得要注意。可并不是人人都能把人、把事做得那么完美,你免不了要批评人,怎么办?向孔子学习。

首先要把自己摆进去。子路性格直率,争强好勇。对这样的"同志",如果不讲究方式,一旦牛脾气上来,你真拿他没办法。孔子是这样处理的,他先是感叹自己,他说,我的主张得不到实行,我就乘木筏漂到海上去。能跟随我的人,只有子路了。子路很崇拜自己的老师,崇拜的偶像如此看中自己,就是上刀山下火海也在所不辞呀!"士为知己者死"嘛,这句话正符合子路的性格,子路当然乐得屁颠。但孔子话语一转,"由也好勇过我,无所取材",子路,你还得注意别的修养呢!既照顾了自尊,不一棍子打死,又指出了努力方向。子路能不愉快地接受吗?子贡是个聪明上进的学生,但也好目中无人,孔子就启发他,"你与颜回相比,谁更强些?"一般讲,这种问法本身就很忌讳。孔子之所以这样问,就是对子贡的一种教育,谁能当面说自己强?心里不服,嘴上也不能说的。果然,子贡很知趣,他说,"赐也何敢望回。回也闻一以知十,赐也闻一以知二"。孔子的目的达到,但也不能太伤及学生的自尊,他说,我和你都不如他。人家当老师的都承认不如,咱还说什么? 向人家学习吧!

其次要含蓄,能有一点幽默更好。子贡自我感觉良好,有一次,他得意洋洋地问孔子,"我端木赐怎么样?"孔子不喜欢骄傲的人,内心就有些不悦,但还是要照顾面子,就说,你呀,是个器具。子贡还在追问是个什么器具,孔子笑呵呵地说,是个瑚琏吧! 多么幽默而风趣。瑚琏,虽然华美贵重,但也只能祭祀时盛粮食用,还达不到"君子不器"的境界。凭着子贡的聪明,他一定能领悟得到。批评自己的学生这样,评价别人也是如此。季文子是鲁国的大夫,他世故很深,行为谨慎,凡事计较利害,犹豫难决,故落了个"三思而后行"的名声,孔子听到,伸出了两个指头,"斯可矣"。两次和三次有什么本质的区别吗? 孔子无非是在表明他否定的态度。教育季文子从个人的患得患失中跳出来,从眼前利益的斤斤计较中走出来,为了公众利益,为了长远发展,当机立断,快刀斩乱麻。

三要用事实说话。具体事情最能说明问题。尾生在当时知名度很高,他以直爽守信而著称。传说他与一女子相约在一桥下见面,那女子没有按时来,尾生守信不移,一直在约会处等候,后来,河水暴涨,他却抱柱死守,终被淹死。这么一个撼天动地的故事,谁能动摇得了? 但孔子却讲了微生高一件小事,有人向他借醋,他没直说没有,而是到邻居家要了点醋,给了那人。大家评评,微生高是直爽还是虚伪? 答案当然是明了的。这就是孔子批评的又一种方式。

批评是个好武器,但不会使用,不仅达不到应有的效果,还真有可能伤及自身呢!

★ 使民以时:用人要选准时间

子曰:"道千乘之国,敬事而信,节用而爱人,使民以时。"

——《论语》学而第一

孔子所说的"使民以时",是强调用人时应该把握时间。在中国古代,这一理论在军事上尤其被当权者重视。

汉高祖刘邦的用人学问中就突出了这一点。人们都知道刘邦手下有一员猛将——韩信,刘邦对韩信的任用可以说是"使民以时"的绝好佐证。

韩信初到汉营时还属无名小卒,刘邦看不起他。但这时候,刘邦势单力薄,正是用人之际。当他听萧何说韩信是一个大将之才,可以帮助他打天下时,马上放下了汉王的架子,筑了一个高台,举行隆重典礼,毕恭毕敬地拜韩信为大将,并向全军宣布:"凡我汉军将士,今后俱由大将军节制,如有藐视大将军、违令不从者,尽可按军法从事,先斩后奏。"刘邦那种谦恭卑顺的样子,令全军上下莫名其妙。

汉高祖四年,刘邦在成皋战场失利,急需把韩信、彭越等部队调来支援正面战场。不料此时已攻占齐地的韩信派使者来,要求刘邦封他为"假王",以镇守齐国。刘邦大怒道:"怪不得几次调他一直按兵不动,原来是想自己称王!"这时正在一旁的张良、陈平赶紧用脚踢了他一下。刘邦恍然大悟,急忙改变口气对韩信的使者说:"大丈夫平定诸侯,做王就该做真王,为何要做假王呢?"于是派张良为特使正式封韩信为齐王。韩信受封后,果然高高兴兴地率兵支援正面战场。

刘邦称帝后,天下已定,大权在握,于是大封自己的同姓子弟为王,同时认为那些在战争年代封的异姓王公居功自傲、藐视自己。刘邦决定先拿韩信开刀,除掉异姓王。高祖六年,刘邦宣称巡游云梦泽,约定在陈地会晤诸侯。当韩信奉命到来时,刘邦以有人告他谋反为由令武士将其拿下。当韩信申辩时,刘邦厉声说:"有人告你谋反,你敢抵赖吗?"把韩信押回洛阳后,因查无实据,刘邦便把他降为淮阴侯,软禁在京城。吕后洞悉刘邦的心意,在一次刘邦出京时把韩信诱到长乐宫杀掉了。

刘邦不像曹操、李世民那样文韬武略兼而有之,身先士卒,垂范天下;也不像康熙、朱棣那样借助龙脉相承,挟先人之余威而君

刘邦

临天下。他凭借的只是一门精明的用人之术。他把用人权谋视为一个系统研究与运用,根据不同的历史时期和处境遭遇确定自己的用人策略,为自己的事业服务。

由此可见,领导者要灵活机动,在用人策略上抓住一个"时"字。不要等到有才能的人被"磨"去了积极向上的事业心或者跳槽后,才想起应该重用他们。同时,应该注重道德上的"使民以时"。比如在员工生病或有急事时,要尽量宽容、安慰他们,而不要责备他们。"使民以时"不仅强调时间上的恰到好处,还是在强调一种道德修养。

★ 使民以诚:用人不避嫌

子曰:"先有司,赦小过,举贤才。"

——《论语》子路第十三

孔子所说的"举贤才",是指提拔有才能的人。选拔人才不易,有很多人才,没有机会表现,只能默默无闻而被埋没终生。但是如果你有所发现,就要提拔他,给他机会,培养他。如果你并没有发现人才,那就是他没有表现的机会,只好等待别人去发掘了。所谓:"博施济众,尧舜犹病诸!"历史上许多前辈提拔后辈,都是这样。

宋朝时,御史台衙门有一名见多识广的老仆役,他刚强正直,还有一个怪异的习惯:每逢御史有过失,他就把梃棍(一根象征性的惩罚人的棍子)竖直。衙门中的人就把他的梃棍作为验证贤与不贤的标志。

后来,范讽担任了御史。有一天,他接待客人,亲自嘱咐厨师做饭,一连叮嘱好几遍。厨师刚离开又被叫回来,一再叮咛。

这时,范讽突然发现老仆役手中的梃棍竖起来了,不由问他为什么。

老仆役回答说:"凡是指使下属,只要教给他方法,然后要求他完成任务就够了。如果不按法去做,自然有常刑处罚,何必亲自喋喋不休呢?假使让你掌管天下,你能做到告诉每一个人怎么做吗?"

范讽听后既惭愧又佩服,不禁对这个老仆役另眼相看。在以后的工作中,他也得到了这个老仆役不少的帮助。

不能做到"用人不避嫌",总是事必躬亲就好比是舍弃车驾而执意与马同行,结果不仅不如马快,还挫伤了马的积极性,使马失去了原本应有的作用。

既然选拔人才,就要做到用人不避嫌。这牵扯到一个坦诚相待的问题。坦诚相待,反映一个人的素质问题,也是为人处世的原则,你对别人坦诚,别人通常也会坦诚地对待你。对于人才而言,他们需要的不仅是应得的酬劳,更多的是尊重和信任。要尊重这些人才,唯一的办法就是以诚相待,实话实说。

刘邦就有这个优点,张良、韩信、陈平这些人,如果有什么事情要跟刘邦谈,提出问题,刘邦全部都如实回答,哪怕这样回答很没面子,他也不说假话。张良在鸿门宴之前得到消息,项羽第二天要派兵来剿灭刘邦,张良问刘邦:"大王打得过项羽吗?"刘邦的回答是"固不如也"。后来韩信到刘邦军中来,也问了这样的问题:"大王自己掂量掂量你的能力、魅力、实力比得过项羽吗?"刘邦沉默了良久,最后还是坦诚相告,"固不如也"。刘邦对属下能够坦诚相待,绝不隐瞒,信任对方,尊重对方,因此得到了对方同样的回报——信任、尊重,尽心尽力地帮他出谋划策。这也是领导者非常值得借鉴的经验。

★使民以位:将人放在正确的位置

子曰:"孟公绰为赵魏老则优。不可以为滕薛大夫。"

——《论语》宪问第十四

子曰:"中人以上,可以语上也;中人以下,不可以语上也。"

——《论语》雍也第六

　　孔子这里说,孟公绰这个人,要他做赵、魏大国中的大老,是十分合适的人选,其才能、学问、道德,都适合担任此职。但是如果滕、薛两个小国家请他做大夫,要他在实际政务上从政,则十分不当。

　　结合现实,有些领导学专家指出:有许多人担任要职出类拔萃,但是要他改做实际工作,去执行一个任务,则未必能够完成。有的人,学问好,有见地,能提出许多有益的意见建议,但让他去实际从事行政工作,却发现其无法胜任。有的人,实际工作做得很好,将他提拔到高一级的地位,反而让他无所适从。所以作为领导,知人善任是一门学问;对于每一个人来说,对自己的认识也是一门重要的学问,要明确自己的优势与劣势。

　　这是说人的智慧水平有差别,有上、中、下三等之分。中人以上的资质,可以告诉他高深的理论;至于中人以下的资质,在教育方面,教导方面,对他们就不要做过高的要求,不妨做低一点的要求。但中人以下的人,其成就不一定永远在中人以下,只要努力,最后也会有所成就。

　　身为领导,对部下首先要有透彻的了解,让合适的人做合适的事,以达到人事相宜的效果,教育的原理也一样,因材施教才能各尽其能。一个公司只有做到人尽其才,物尽其用,才能"人得其位,位得其人"。作为一个领导者,对员工的才能、兴趣了然于胸,才能针对某项特定的工作选择适合的人选,追求人与事的统一。

　　管理学上一条著名的定理是"没有平庸的人,只有平庸的管理",领导者知人善任,让下属做适合他们的事情,这样才能充分发挥他们的工作潜能,实现人力资源的有效利用。

　　许多成功人士都善于识人,又能够把人才放在适当的位置上,这是管理好下属的良方。许多领导者常感叹手下无人可用,其实很多时候不是手下没人,而是没有把人放在正确的位置上。

★身先士卒:身教重于言教

子路问政。子曰:"先之,劳之。"请益。曰:"无倦。"

——《论语》子路第十三

　　有些领导者光会喊口号,却没有带头往前冲的精神,这种靠着权力带人的领导者,是最下等的领导者;最高明的领导者则是身先士卒,传递对愿景与目标的领导者。

子路问政。子曰："先之,劳之。"请益。曰:"无倦。"(《论语·子路》)意思为:子路问怎样管理政事。孔子说:"自己率先去做,并且不辞劳苦。"子路请求多讲一点,孔子说:"永远不要松懈怠惰。""先之,劳之"短短四个字,充分说明为政者应身体力行,凡事率先垂范,以身作则。

在竞争中,企业领导者也应做到身先士卒,因为榜样的力量是无穷的,身教重于言教。

生产黑白电视的旋钮起家,后来成为中国台湾第一大民间制造业者,身为鸿海集团执行长的郭台铭强悍高压的领导风格是原因之一,然而身先士卒、以身作则的风格才是让员工心服口服的主因。

十多年前鸿海刚引进连接器冲压技术时,郭台铭每天都到工厂,亲自带领员工一起磨练技术,连续运作6个月,将鸿海的冲压技术提升到国际水平。

在鸿海如果产品品质连续出问题,事业处的主管要在员工面前受罚,这是为了让员工了解如果做不好,主管要连带负起责任。

"光谈授权未必有用,管理哪有什么诀窍,主管带头做,底下照着做,就是如此。"郭台铭如此说,也是如此做的。当"非典"疫情最严重时,郭台铭坚持要飞回深圳龙华基地,就是要告诉所有鸿海人,哪里最危险,他就在哪里。

领导者以身作则,就能为下属树立榜样。作为领导者,没有什么比给下属树立榜样更有效了。

美国行政管理学家切克·威尔逊说:"如果部下得知有一位领导在场负责解决问题,他们会信心倍增。"所以,必要时身体力行是一种最有效的激励方式。

威尔逊认为,能在行动上成为榜样的人,也可在精神上堪称楷模。威尔逊的这一观点后来被人们概括为"威尔逊法则"。

东芝公司是日本颇有名气的企业。有一次,该公司的董事长土光敏夫听业务员反映,公司有一笔生意怎么也做不成,主要是因买方的课长经常外出,多次登门拜访都扑了空。土光敏夫听了这情况后,沉思了一会,然后说:"请不要泄气,待我上门试试。"

业务员听到董事长要御驾亲征,不禁吃了一惊。一是担心董事长不相信自己的真实反映;二是担心董事长亲自上门推销,万一又碰不上那企业的课长,岂不是太丢董事长的脸!那业务员越想越怕,急忙劝说:"董事长,您不必亲自为这些小事操心,我多跑几趟总会碰上那位课长的。"

业务员没有理解土光敏夫董事长的想法,土光敏夫第二天真的亲自到那位课长的办公室,果然没有见到课长。他没有因此而告辞,而是坐在那里等候。半天后,那位课长回来了。当他看了土光敏夫的名片后,慌忙说:"对不起,对不起,让您久候了。"土光敏夫毫无不悦之色,相反微笑着说:"贵公司生意兴隆,我应该等候。"

那位课长深知自己企业的交易额不算多,只不过几万日元,而堂堂的东芝公司董事长亲自上门进行洽谈,于是很快谈成了这笔交易。最后,这位课长握着土光敏夫的手说:"下次,本公司无论如何一定买东芝的产品,但唯一的条件是董事长不必亲自来。"随同土光敏夫前往洽谈的业务员,目睹此情此景,深受教育。

土光敏夫不仅做成了这笔生意,还因他坦诚的态度,使东芝在商界产生了好的影响,前来订货者络绎不绝。

身教重于言教,榜样的力量是无穷的。行为有时比语言更重要,领导的力量,往往不是由语言,而是由行为动作体现出来的,聪明的领导者尤其如此。在一个组织里,领导者是众人的榜样,其言行举止都被众人看在眼里,只要懂得以身作则影响下属,管理起来自然会得心应手。

第五章　求真务实，真抓实干

★知之为知之：不懂装懂会给事业带来灾难

子曰："由！诲女知之乎！知之为知之，不知为不知，是知也。"

——《论语》为政第二

孔子肯定在嗔怪子路。子路既是孔子的学生，也相当于现在的司机角色，人很豪气，性格直爽，多年在孔子身边工作，自以为见多识广，难免咋咋呼呼，爱表现自己，有时出了丑，碍于孔子情面，别人只能掩嘴偷笑，而他自己还不知道，依然滔滔不绝。孔子实在不能容忍，便找他个别谈话了。

子路听进去没有，不得而知。但要真正改正却不是一件容易的事。假如容易，为什么现在我们身上还有这种毛病呢？自作聪明、好为人师，已经成为人性中的弱点，看，我们一些同志整天忙于应酬，根本无暇读书，可在会上大讲特讲，以其昏昏，使人昭昭，还正襟危坐，脸不发红；我们一些干部根本不懂市场，不懂农业，却在大谈结构调整，今天号召养鳖，明天动员养虾，朝令夕改，损失多多，农民苦不堪言；我们理论界的个别同志在西风东渐的背景下，不静心研究，却浮浮躁躁，今天来一个主义，就鼓吹一个主义，明天来一个思潮，就推广一个思潮，稿费赚了不少，真经却没有得到，自己成了名，却误了他人子弟。在这一点上，我们还真的要向宋代名相寇准学习。

当初，寇准刚当了宰相，成都的张咏便对同僚属下说："寇公是个稀世之才，只可惜学问上还不够充实。"等到寇准离开朝廷到陕州做知州时，张咏刚巧从成都罢官回来，寇准不仅不落井下石，还恭敬地大摆宴席款待张咏。张咏离去，寇准送到郊外，还谦虚地说："你拿什么教导我呢？"张咏慢吞吞地说："《霍光传》不能不读啊！"寇准不知道张咏说话的意思，便回到家里拿出《霍光传》来，读到"不学无术"处，竟情不自禁地笑起来，"这就是张公说我的地方呀！我一定改正。"唐朝有一位大臣叫窦德玄，一次，他随同高宗李治来到濮阳，高宗问他，"濮阳又叫帝丘，有何来历？"窦德玄答不上来，另一位大臣赶紧做了解释，得到高宗的夸赞。随后，那位大臣对别人说："大臣不能没有学问，我真替窦德玄害羞。"窦德玄听了这刺耳的话，坦然地说:"每个人都有他能做到的和不能做到的,我所不知道的事,就不勉强回答,这就是我所能做到的。"窦德玄不仅没有被人小看,相反人们更加尊重他。寇准和窦德玄对待学问和他人批评的态度,至今也值得效仿。

做人做事都需要老实的态度,需要实事求是的精神,这是进步的开始和前提。实际上,越是有真知的人,越是诚挚坦荡。著名物理学家丁肇中名气够大吧,但他也有不知道的事情。有同学提问:"您觉得人类在太空能找到暗物质和反物质吗?""不知道。""您觉得您从事的科学实验有什么经济价值吗?""不知道。""您能不能谈谈物理学未来20年的发展方向?""不知道。"三问三不知! 在有的人看来,面对学生的提问,丁肇中教授大可不必说"不知道",比如可以用一些专业性很强的术语糊弄过去,可以说一些不沾边际的话搪塞过去,甚至还可以委婉地对学生说问题太深奥,一两句话解释不清楚,然而,这位诺贝尔奖得主却选择了最老实、最坦诚的回答方式,而且表情自然、诚恳,没有明知不说的矫揉造作,没有故弄玄虚,也绝没有"卖关子"。丁教授坦言不知道,不但无损于他的科学家形象,相反却帮他赢得全场热烈的掌声,令人肃然起敬。还有作为世界三大男高音之一的帕瓦罗蒂,在一个大型演唱会进行到高潮之际,突然停顿下来。举座哗然,连乐队都停了下来。帕瓦罗蒂坦诚地说自己忘记歌词了,请求大家原谅,希望大家再给他一次表演机会。在一阵沉寂后,全场爆发出热烈的掌声。事后,有人告诉帕瓦罗蒂:"你完全可以做做口型,而不必承认自己忘了词。相信观众肯定会认为是麦克风坏了而丝毫不会怀疑到你身上。"帕瓦罗蒂微微一笑:"如果还有下次,我同样会认错。因为事实早晚会被人知道,那对我的声誉影响会更大。"知道就是知道,不知道就是不知道。这是做人的品质。相反,以不知强为知,给自己留下笑柄,给事业带来灾难。对一个司机、一个普通人也许算不了什么,对一个从政者来说,却是天大的事。

寇准

★联系实际:不做空头理论家

子曰:"诵《诗》三百,授之以政,不达;使于四方,不能专对;虽多,亦奚以为?"

——《论语》子路第十三

子谓子夏曰："女为君子儒,无为小人儒。"

——《论语》雍也第六

孔子说,熟读《诗经》三百篇,让他为政做官,却不会处理政务;派他当外交使节,却不能独立处理外交事务。读得虽然很多,有什么用?

孔子是在批评谁呢?是批评子夏吗?至少是在告诫他,"女为君子儒,无为小人儒"。何谓"小人儒"?就是书呆子,考试高分,处事低能。何谓"君子儒"?就是学问笃厚,世事洞明,人情练达。

孔子还在批评谁?环顾四周,真的不少。

知道"纸上谈兵"的故事吧?战国时期的赵国,有一年轻得志的名士赵括,谈兵法滔滔不绝,天下莫能当。然其父赵奢生前并不认为赵括善将兵,奢曰:"兵,死地也,而括易言之。"结果,就是这个以容易态度带兵作战的赵括,在赵秦长平之战中惨败,四十五万之众为秦悉数坑之,成为中国古代战史上一战而亡人数最多的战例。

知道"挥泪斩马谡"的故事吧?马谡,三国时蜀国大将,熟读兵法,才气过人,深得孔明器重,曾提出过"攻心为上,攻城为下;心战为上,兵战为下"的著名理论。在街亭之战中,马谡担任守街亭的重要职责,却一味唯书本是从,违背诸葛亮的命令,被魏将张颌打败,蜀军被迫退守汉中。这正应了刘备临终前对马谡的评价,"言过其实,不可大用"。没办法,诸葛孔明只好忍痛割爱"挥泪斩马谡"了。

当你连篇累牍地发表论文的时候,当你滔滔不绝地发表演讲的时候,当你引经据典,从国外讲到国内,从远古讲到今天,天文地理、历史典故,无所不讲,好不热闹的时候,你有没有离题万里,脱离实际,"头重脚轻根底浅,嘴尖皮厚腹中空"的感觉?你想过孔子的话吗?你是不是成了现代的赵括和马谡?你可要警惕呢!

★为民做主:不要让人家赶你回家卖红薯

子张问政。子曰:"居之无倦,行之以忠。"

——《论语》颜渊第十二

子路问政。子曰:"先之,劳之。"请益。曰:"无倦。"

樊迟问仁。子曰:"居处恭,执事敬,与人忠。虽之夷狄,不可弃也。"

——《论语》子路第十三

当官不为民做主,不如回家卖红薯。不仅要为民做主,还要干实事,让百姓安居乐业。这是职业的要求,就好比和尚,你得撞钟,要么,你就离开寺庙。人们把"当一天和尚撞一天钟"作为贬义来看,我以为,真的能做到这一点,还是相当不错的哩！鲁迅先生就说过，"只要让我当一天和尚，钟我总要撞，而且用力地撞，认真地撞"。

现在的问题是，有的人当了和尚，连起码的撞钟都不干，职业感没有，敬业精神没有，认真的态度没有，整日价混天度日，浑浑噩噩。看来，撞钟并不是最低的要求，而是很高的境界呢！因为真正把钟撞好，不是一件容易的事情。一是你要认头，你是和尚呀！撞钟是你的天职，你不撞钟还叫和尚吗？二是你要认真，不投入不行，不一心一意不行，否则，你撞的钟音律不齐，噪音盈耳，你还是合格的和尚吗？三是要"无倦"，你选择了这份职业，你就得无怨无悔，别人可以去喝酒，你还得撞钟，别人去搓麻，你还得撞钟，别人去了歌厅，你还得撞钟，别人揽香入怀，你得守钟如玉。要么，你就回家抱孩子或者卖红薯，没有什么大道理可言。就如同盖别墅的，唯恐别人不富，没人买房，但穷人还是居多，但还是要盖别墅；就如同兵工厂，唯恐枪炮火力不够，没人购买，但枪炮是伤人的，但还要生产。这就是职业。美国人类学家林顿称这是在任何特定场合作为文化构成部分提供给行为者的一组规范。选择了一份职业，就选择了一种行为方式。当教师就要为人师表、医生就要救死扶伤、干部就要办事公正不谋私利等等，这样，当人们知道某人处在某种角色时，便预先期望他具备一套与此角色地位相一致的行为模式。这是角色必须承担的义务。否则，"角色失败"是必然的，但那毕竟只是个人的事，如果令所在地方或者部门蒙尘，其对社会所造成的恶劣影响，则是公共的，是深远的。不能不慎啊！

★富民教民：为政者的两大任务

子适卫，冉有仆。子曰："庶矣哉！"冉有曰："既庶矣，又何加焉？"曰："富之。"曰："既富矣，又何加焉？"曰："教之。"

子曰："以不教民战，是谓弃之。"

——《论语》子路第十三

孔子到卫国，冉有替他驾车。孔子说，人真多呀！冉有说，人多了，又该怎么办？孔子说，让他们富裕起来。冉有说，假如富裕了，又该怎么办？孔子说，教育他们。

从孔子和弟子的谈话中，我们真感觉孔子的思想了不得。你想，百姓富裕对统治者的统治并没有什么好处，越是贫穷越适合专制，贫穷带来动荡，动荡就要专制，专制又要带来贫穷，以至循环往复。在循环的游戏中，最终得利的还是统治者。文化大革命不就是"斗来斗去"的，今日还是好友，明天就有可能视若寇仇，今天亲如一家，明天就可能以邻为壑。谁在坐收渔利？一目了然。再说，贫穷了，统治者才能"送炭""扶贫"，百姓才能"感恩"，才能给独裁者戴上"德"的帽子，多好的事！

"教之"对统治者也大为不利,全都有了思想,这世界多热闹,哪如普天之下只有一个思想好? 领导起来不费气力。现在看来简单,放在2500年前的背景下,就不简单了。

从孔子的谈话中,我们可以清楚地了解到,民富和教育,是为政者的当头任务。这也大概是古代把统治者称谓"父母官"的原因吧! 为人父母者,得让一家子吃饭生活,还得让孩子知书达理。不然,就是没有尽到职责。

生存权,是人的第一权利。你在一地执政多年,那里江山依旧,面貌未改,百姓流离失所,即使厮守故土,但生活贫困,衣不蔽体,食不果腹,你就是失职。长期下去,百姓朝不保夕,生不如死,老百姓也不会答应,你那个地方会地动山摇。别说贫困了,就是发展了,但发展慢了,老百姓也会比较,一比较,问题就发生了,人们会埋怨你的无能,无能之辈,百姓会欢迎吗?

受教育的权利,是人的第二权利。仓廪实而后知礼节,衣食足而后知荣辱。这个"知",不是自然而然地"知",不能说,物质文明了,精神自然文明,物质文明只是为精神文明提供了基础。一个人暴富之后,为非作歹,生活堕落的,并不少见;一个地方富裕之后,封建迷信却畅行泛滥,这样的例子屡见不鲜。人和动物的区别,就在于动物靠自然本性,人靠理性,理性产生自觉,产生道德,产生法律。教育是增加理性的手段,是人和动物能区别的标志。要高度重视教育,让人真正成为人,成为有人格的人,成为有智慧的人,成为有素质的人,从而形成社会的良性发展。马丁·路德·金曾说过,一个国家的前途,不取决于它的国库之殷实,不取决于它的城堡之坚固,也不取决于它的公共设施之华丽,而在于它的公民的文明素养,即在于人们所受的教育,人们的学识、开明和品格的高下。这才是利害攸关的力量所在。

★孝治天下:老老实实,不要玩小心眼

孟懿子问孝。子曰:"无违。"樊迟御,子告之曰:"孟孙问孝子我,我对曰'无违'。"樊迟曰:"何谓也?"子曰:"生,事之以礼;死,葬之以礼祭之以礼。"

孟武伯问孝。子曰:"父母,唯其疾之忧。"

子游问孝。子曰:"今之孝者,是谓能养。至于犬马,皆能有养;不敬,何以别乎?"

子夏问孝。子曰:"色难。有事,弟子服其劳;有酒食,先生馔,曾是以为孝乎?"

——《论语》为政第二

表面在谈孝,实际孔子却在讲为政的原则。人们常说,老百姓是衣食父母。对父母的态度,不就是对待百姓的态度吗? 或者说,对自己的父母都没有感情,能对百姓恩爱有加吗? 这似乎是符合逻辑的。

血缘关系,是人类最基础、最原始的感情。现代社会,生活的节奏加快,生存的压力加大,人们在忙学习、忙工作、忙事业、忙赚钱、忙买车、忙装修、忙交际,但不论多忙,也要常回家看看,和父母聊聊天,和兄弟姐妹唠唠嗑,和孩子玩玩游戏,和家人融洽好关系,别光记住存款的号码,记不住母亲的生日;别总是自己游山玩水,歌舞升平,而忘了家里年近花甲的老父亲;别总是给老人捎东西,关心他们的衣食,而久不谋面,不关心他们的情感。如果只有自己和事业,而没有情趣和亲情,那生活的终极意义又在哪里?那不是本末倒置吗?再说,连血缘关系都处理不好,又怎么处理好社会关系?连自己的父母、兄弟姐妹都绝情寡义,又怎么会对别人有仁爱之心?孔子并不是让人拘泥于小家庭、小情感,而是让人从最基础的情感培养起,他说,"书云:'孝乎惟孝、友于兄弟,施于有政。'是亦为政,奚其为为政?"意思是说,只要作到孝悌就是为政,就能"泛爱众",就能博爱大众,亲近仁德。他还说,"君子笃于亲,则民兴于仁;故旧不遗,则民不偷",在上位的人能对亲人仁厚,老百姓就会走向仁德,不遗弃老朋友,老百姓就不会淡薄感情。

看,孔子就从"孝"开始谈论为政之道了。

孔子说,要"无违",就是说施政不要违背老百姓的意愿。老百姓是水,为政者是船。如果水总是波澜大兴,风高浪急,恐怕覆舟只是早晚的事了。所以,为政者一定要看着老百姓的脸色行事。老百姓满意、高兴、答应,就为,多为,否则,就不为或者缓为。不仅坏事不为,就是好事,老百姓一时想不通,看不惯,也不能硬为。这绝不是不作为,而是要求顺势而为,借势而为。聪明的为政者总是立足眼前,谋划长远。把眼前百姓最需要办的事办好,在办眼前事的同时,为长远的发展打好基础,不能为眼前的事而急功近利,为长远埋下隐患,为后任留下"棒槌",为子孙带来遗憾。这正是衡量一个为政者德行高低的标准。

孔子说,"唯其疾之忧"。就是说要关心百姓的疾苦。老百姓的事往往具体,因为具体,所以又显得琐碎,因为琐碎,所以显得"小",极易被忽视。比如柴米油盐的问题,生孩上学的问题,衣食住行的问题,安危冷暖的问题,生老病死的问题。这些事情,对为政者来说可能是小事,可对老百姓来说却是天大的事。丢掉了这些"小事",就要丢掉百姓,丢掉了百姓也就丢掉了干事的主体,还侈谈什么大事呢?丢掉了百姓就是天大的事呀!

孔子说,"色难","至于犬马,皆能有养,不敬,何以别乎?"就是说,对百姓要有诚心、真心和热心。要带着感情做事。不能应付,不能心不在焉,不能摆样子,不能放不下架子,更不能像机器人一样一副冷面孔。要说百姓话,要问百家情,要纳百姓言,要解百家难,要和百姓真正打成一片。老百姓最可敬,他在乎你干不干实事,他更在乎你对他的态度,态度好了,即使一时干不成,他也理解;老百姓最可爱,你半心半意,他就对你吞吞吐吐,你不讲实在的,他决不跟你说真的,你跟他"掏心窝子",他就视你为朋友;老百姓最可畏,你高高在上,弄虚作假,玩"花活儿",他决不"尿你这一壶"。老百姓的眼里揉不尽沙子,老百姓心里更有一杆秤。

孔子大谈孝论,就是让为政者在百姓面前像儿子一样,老老实实,勤勤恳恳,不能玩小心眼。你一时能玩,你能永远下去吗?答案似乎十分明了。

★ 做好本职:不在其位,不谋其政

子曰:"不在其位,不谋其政。"

——《论语》泰伯第八

一个人应该做自己该做的事情,不担任这个职务,就不要去过问这个职务范围内的事情。你不处在领导者的位置上,就不要去做领导者该做的事;反过来也是,领导者不要代替员工行事。

孔子说:"不在其位,不谋其政。"曾子也说:"君子思不出其位。"说的都是一个人应该做自己该做的事情,不担任这个职务,就不要去过问这个职务范围内的事情。完整地理解,就是"在其位,谋其政;不在其位,不谋其政"。

所谓的"位",可以表现为一个人的职位、身份、地位……即各种各样的角色,有什么样的角色、地位,就有什么样的职责。

一个人,在家里可以是父亲、儿子、丈夫,在公司里可以是员工、上级、下级,这都是不同的角色,"在其位,谋其政"就是要求他能够认识不同的角色,根据需要区分、扮演好不同的角色。

"不在其位,不谋其政。"你不处在领导者的位置上,就不要去做领导者该做的事;反过来也是,领导者不要代替员工行事。

古代有个越俎代庖的故事,讲的是古代祭祀祖先的时候,都需要人捧着祖先的牌位以表示尊重和追念。然后从掌管厨房的人手中接过做好的祭品供奉在祖先的牌位前,这是个重要的仪式。捧着祖先牌位的那个人在祭祀的时候不能有半点的不洁净,否则就是大不敬。所以不管厨房的厨师多忙,他都不能去厨房帮忙,否则有人会说他亵渎祖先的牌位。

越俎代庖,就是说各人要干好自己的事,不要越出本分,代理别人的事务,俎是肉案,庖是厨师,你本来是捧祖先牌位的人,却超越你的职责,到肉案去代理厨师的工作,当然要受到别人的指责。

领导者无论称董事长、总裁、总经理,都只能直接面对自己的下级,也就是人们常说的"二老板"实行管理,不能越过"二老板"向"三老板"下达指令,也不能越过下属的高层向中层布置任务,更不能越过所有的领导层直接指挥员工。

有的老板认为,既然大家都是自己的下属,自己想指挥谁就指挥谁,还要向其他人请示吗?于是,便在处长一无所知的情况下,突然给科长布置了一项具体工作;接着又在处长、科长都不知道的时候,直接派一名员工出差,结果处长、科长渐渐感到被轻视和被愚弄,这样工作积极性还会有多少呢?

老板本想加强管理,如此做反而造成了管理混乱。本来处长直接听命于老板,科长直接听命于处长是既定的管理程序,但老板直接指挥科长,处长就被冷落一旁,要么不闻不问"混日子",要么愤而辞职。科长呢? 一时受老板直接指挥可能受宠若惊,但其上司应该还是处长,而处长此时已无心于管科长,科长也有可能不把处长放在眼里,双方的上下级关系就会演变为"冷战"状态,还有心思同心协力开展工作吗?

这样一来,下属们就会觉得原本属于自己分内的工作,老板也直接管,自己又何必再为工作费心呢? 于是,很多原属科长、处长职责范围内的具体工作,也以"那是老板直接管的,不便过问"为托词而无人管了。

所以,每个老板就应该牢记,下级的下级不是你的下级!切勿滥用权力,造成混乱!

上级代替下级行事不好,下级越权做上级的事就更不妙了。

一位部门经理出差回来,发现自己桌子上多了份文件,原来是总经理要求他就顾客要求退还产品遭拒绝一事作出解释。这位部门经理丈二和尚摸不着头脑,因为他不知道这件事情。了解之后才知道,他的副手看了这件事的报告后,没有请示就直接作出了拒绝的决定,引起了轩然大波。这位副手实际上就是越权了。

既然你是副职,你就应该明确自己的职责,做好自己的分内事,不要越权,或者过问你不该过问的事,尽管你的出发点是好的,可是如果你经常操心过头,不但下属反感你,上司更会提防你,你将会劳而无功。

一个人要能够清醒地认识到自己的角色地位,履行该角色地位的职责,把手伸到人家的地盘上,难免不受到上司的戒备、同僚的排挤。知道什么事情该做,什么事情不该做,是一种智慧,更是一种气度。

"不在其位,不谋其政。"把本职工作做好,对于超出自己工作范围的工作,即使能力足够,也不要插手,如此才能不越位。不越权,才能走出一条平稳的发展之路。

第六章 慧眼识人，成就事业

★战战兢兢：人应该有所畏惧

> 曾子有疾，召门弟子曰："启予足！启予手！诗云，'战战兢兢，如临深渊，如履薄冰。'而今而后，吾知免夫！小子！"
>
> ——《论语》泰伯第八

人呀，应该有所畏惧。畏惧就是如履薄冰般的谨慎，战战兢兢的体察，小心翼翼的戒惧，如负泰山的责任。

颜回死后，传承孔子道统的曾子，病得很严重，也快要死了。他这时快要断气了，连自己的手脚在哪里都不知道，自己不能指挥了，只有头脑还清醒。只有叫学生们，替他把手脚摆好。等学生们替他把手脚放端正了，然后他引用《诗经》的句子："战战兢兢，如临深渊，如履薄冰。"意思是做人做一辈子，常常提心吊胆，尤其是注重道德修养的人更难。

曾子的学问修养，大约是没得说的。我们在《学而》篇里就知道，曾子提出，每天以三件事反省自己的学养：为人谋而不忠乎？与朋友交而不信乎？传不习乎？现在他有病快要死了的时候，召集门人与弟子，也就是曾子把学生乃至他的徒孙们，叫到前面来，吩咐后事。他说："启予足，启予手。"根据这六个字，就知道曾子已经病得手脚都麻痹了。这一节最后的"小子"，过去的意思就是"年轻人"。等于现在说的，"你们这些年轻人"，这是他对学生的称呼。

我们中国人有一句话"盖棺论定"，一个人好与坏，要在棺材盖下去的时候才可以作结论。要当一个好领导，当常常夜不安枕。为什么？

曾子

因为人要有所畏惧。无所畏惧的人只会莽莽撞撞,鲁莽行事,只能成事不足,败事有余,最后被撞得头破血流。

人的力量是有限度的,不能因为处在领导者的位置上就为所欲为,甚至胡作非为,而应该"畏天命",守规矩。在社会规则之中,进行工作和生活。因为"吾生也有涯,而知也无涯",把无畏建立在"无知"上,只能四处碰壁,一事无成。

就说,面对人群吧,你以为你自己了不起吗?可人多力量大,你的胳膊上又能打几个钉?秦始皇以为自己的家族能把皇帝的宝座坐穿,可一介平民陈胜吴广振臂一呼,呼啦啦大厦还不就倾斜了?张飞够厉害吧,一声怒吼水倒流,本应战死沙场,却不料梦中被身边小卒杀死,死了还不知道怎么死的呢!人呀,不能忽视任何人,不能小瞧任何人,任何人都可能成为你某一方面的老师,成为你的救命恩人,当然也有可能成为你的掘墓人。你不是注意了远方阻隔你前进的大山了吗?可真正绊倒你的恰恰是脚下不起眼的土坷垃。这样的例子,生活中还少吗?

再说,人对自然吧,曾几何时,人类是多么的自信,在"人定胜天"的大旗下,向自然发起了猛烈的进攻,削山、填海、围湖、造田,上九天揽月,下五洋捉鳖。机器的轰鸣代替了电闪雷鸣,林立的工厂覆盖了田园牧歌,钢铁水泥盘剥了绿色大地,潜水艇使人鱼和龙王现出原形,宇宙飞船把嫦娥玉兔化做泡影。人类认为自然不再神秘,人类在自然的面前变得为所欲为。可人类在享受文明的同时,也在承受自然的惩罚,洪水、火灾、地震、干旱、污染、沙尘暴,还有诸多来不及起名字的疾病。

再说,人面对生存吧,饱食终日,浑浑噩噩,还真不行,必须对生活保持一种清醒和自觉。你看看青蛙,把它放在热水中,它会本能地跳出,而你把它放在冷水中,然后,慢慢加热,它会优哉游哉地游泳呢,真的水烧开了,它再想跳出,已变得无力了。这就是安逸留给青蛙的悲剧。在国外某自然保护区,经常发生狼吃鹿的现象,为了保护鹿,人们把狼赶到了别的区域。不料,在和平的环境下,鹿变得懒惰了,体质明显下降。天长日久,许多鹿死于体弱。管理人员千方百计想恢复鹿的体质,可效果总不理想。没有办法,只好又把狼请了回来。很灵验,鹿疲于奔命,在"奔命"中又恢复了往日的生机和活力。这就是畏惧给鹿带来的幸运。

人呀,应该有所畏惧。畏惧就是如履薄冰般的谨慎,战战兢兢的体察,小心翼翼的戒惧,如负泰山的责任。畏惧是一种距离美,是一种"可远观而不可亵玩"的庄严。她让人永不停止地思考和学习,她让人永远保持一副谦和的心态。她是人与人之间,人与社会之间的一种契约,是点燃人类良知的篝火。

★知命知礼:不知命,无以为君子

孔子曰:"不知命,无以为君子也;不知礼,无以立也;不知言,无以知人也。"

——《论语》尧曰第二十

孔子说了很多了,道,说过了;术,也讲了。是不是就可以横刀立马走天涯了呢?孔子说,还得看命。道术相携加一碰呀!这一碰,有时就决定了人的一生。于是在论语的最后,孔子圈定了一个重要的命题,即命运,算做结束语。

命是什么?命不是什么规律,也不是上天写好的谶语。反正命不是人本身但和人密切相关,命可能就是人之外的自然或者宇宙吧!它似有若无,似无若有,冥冥之中在起着支配和决定作用。人和命相比就如同人和自然宇宙相比,人是什么?大海里的一滴水?大风中的一粒沙?此语接近但还不是。命和人之间总玩弄着若有若无的游戏,如果命的密码被某个人所掌握,这世界也就真的麻烦丛生了。

人知道了个体的自己渺小,就算知道命了,就懂得在自然的面前自然而然地生活和奋斗了。不知命而妄动,或者知命却逆命而动,不是跌倒,就是碰壁,鼻青脸肿是正常,落入深渊也在意料之中。横扫六合的秦始皇够厉害了吧,倾其一生在寻找长生不老药,结局又如何?除了留下了一个千年笑柄,连一堆白骨都没有。冯唐在汉景帝时被免官,汉武帝继位后,有人举荐冯唐,但他此时年事已高,不能为官了。李广为汉文景帝时的名将,威震边关,被匈奴称为"飞将军",但他时运不济,他的弟弟及许多手下都因战功而赐爵封侯,而他不仅"不得爵邑,官不过九卿",最后还落得个因交战时迷路,"不能复对刀笔

李广

之吏"而自杀的结局。位居九五之尊的皇帝,腰缠万贯的富翁,两袖清风的村夫野叟,不论地位高低,不论尊卑贵贱,不论能力大小,总有自己的烦恼,总有无法解决的问题,总有无法做到的事情。作家史铁生说,"生而为人,终难免苦弱无助,你便是多么英勇无敌,多么厚学博闻,多么风流倜傥,世界还是要以其巨大的神秘置你于无知无能的地位"。这恐怕就是命给人类留下的莫可奈何。

认命吗?人又认不得命。你认得了,那不就简单了,简单了那还叫命吗?你认不得命,你不知道他在干些什么,你只能知命,知道人力之外肯定还有一种力量,自然的力量,宇宙的力量。然后,你就踏踏实实地吃你的饭,干你的工作,敬人间的事,就是了。把握自己,把握环境。舍此,你真的没有办法。比如去年你还踌躇满志,把理想写满天空,今年却环境大变,形势逆转,理想似乎成了天边的彩云,可视不可及了;比如你的英语水平超过了八级,但你却生在农民家庭,无法出国深造,而同桌学习吊儿郎当,但有个大款爸爸,出国的护照就在手里攥着,你生气,你遗憾,

但你无法抗拒;比如,你平时学习很好,也很勤奋,在班上名列前茅,按常规考重点大学没问题,可就赶上高考时身体状况不佳,你只能明年再战。比如你很优秀,也很敬业,又遇到了贵人相助,你就大展宏图吧! 比如,你口碑不错,实绩突出,但又来了一个比你更强的对手,你就得敛翼养气。比如你天天去抓奖券,至多得个脸盆,可过路人一下就得三百万,你生气又有什么用? 可他得了大奖,一高兴又得了心脏病,一命呜呼了。真是一个命套着另一个命,一个命相生相克着另一个命。不是吗? 高考失利,就怨天尤人,就垂头丧气;天时,地利,人和,而自己却躺在地上睡觉;对手强大,却妒火中烧,挖坑掘地。如此,命又能好到哪里去?"命"虽然是"天"派生出来的,但命是不离人事的,它只能在人事中表现出来。在命的面前,不要牢骚,不要埋怨,不要激愤,不要悲观,不要不可理解,不要无所事事,不要无能为力,不要听之任之;也不要大喜过望,不要自以为是,不要得意洋洋,更不要得意忘形。顺利了,那是命在考验你;逆境了,那也是命在考验你。她的考试不是一次定终身的,她将考验你一辈子。你需要做的是打牢你做人做事的底子,然后就放平你的心态,微笑着看天上云卷云舒,微笑着看庭前花开花落;然后就该干什么干什么,自竭其力,成败得失在所不计。

老子的上善若水是对命的最好的诠释。人啊,应该像水那样对待命运。你看,水遇山绕行,见坝积蓄;汇聚成浪,滴水穿石;低处成湖,高处成瀑;深处藏龙,浅处育虾;蒸腾为汽,沉土润苗。无可无不可,绝不去较劲。永远顺应环境,永远又不失本性。这该是对命的最好的态度吧!

★ 问题面前呈三态:不惑,不忧,不惧

子曰:"君子道者三,我无能焉:仁者不忧,知者不惑,勇者不惧。"子贡曰:"夫子自道也。"

——《论语》宪问第十四

尽管孔子是一个智者,但也料想不到 2500 多年后五月的一天,会有一场突如其来的叫 SARS 的瘟疫席卷孔子的国度。他真的想不到。但他想到了另外一个问题,人这一辈子不可能一帆风顺,一马平川,不可能没有坑坑洼洼,磕磕碰碰,不可能没有鼻青脸肿,七灾八难。于是孔子告诉人们面对困难、困惑、困顿、困厄的态度:智者不惑,仁者不忧,勇者不惧。

谣言止于智者。当 SARS 莫名袭来的时候,和 SARS 裹挟而来的还有谣言,贴地而起。这也是一种病毒,任其传染,同样危害极大。我国古代就有"曾参杀人"和"三人成虎"的故事。深知儿子善良的曾母也禁不住被一而再、再而三的曾参杀了人的传言所惑,从坚决不信到半信半疑到最后相信了。纳粹德国的宣传部长戈

《孔子圣迹图》之题季札墓

培尔是个造谣专家,他有句名言:"谎言重复一百次就会成为真理",可谓深知谣言三昧。但智者是清醒的,智者知道世间万事万物皆由无生有,今日无名是明日之闻名的基础。智者很有信心,因而谣言便也止步。在抗击"非典"时期,高等院校却是个平静的港湾,这并非偶然,正是较高的文化、思维、素质赋予学子们较强的判断能力和心理承受能力。

　　大敌当前,更有惊慌失措之人。恐慌之害,亦胜于病毒。SARS 固然凶恶,而且一时还难以对付。但过度恐慌会造成负面的情绪,对身体健康是有害的。恐惧还能干扰人体免疫功能,导致人体支持系统的不安全,对个人和社会都是有害而无益的。但话又说回来,你恐慌又有什么用? 要看到两点,一人固有一死,想想平时,上不愧天,下不愧地,中不愧人,堂堂正正,清清白白,死又何惧? 既有宏图大志,自有后来人继承,又有何怕? 二天塌不下来,杞人忧了多少年,多少代,天不还是好好的吗? 天都塌不下来,一小小瘟疫又奈人类何,它不过是树干上一个疖子。此时此刻,作为一介平民却也可以选择态度:平静,平和,积极防范。

　　不惑是前提,不忧是态度,不惧是方式。故大智有大仁,大智有大勇。大勇产生办法。看,识别 SARS 病毒基因的任务只用七天。听说,疫苗亦即将进入临床阶段。降伏病魔的日子指日可待。

　　我们经历了一场生与死的较量,我们也加深了对孔子智性语言的理解。

★危机意识:临事而惧,好谋而成

子谓颜渊曰:"用之则行,舍之则藏,惟我与尔有是夫!"子路曰:"子行三军,则谁与?"子曰:"暴虎冯河,死而无悔者,吾不与也。必也临事而惧,好谋而成者也。"

——《论语》述而第七

一事当前,需要决策,需要处理,你是什么态度?是意气用事,是轻举妄动,是得过且过,是鲁莽行事,是想当然,还是凭感觉?孔子的态度是,"如之何如之何",反复叩问怎么办,而后是"必也临事而惧,好谋而成者也"。它反映了孔子对待事业的敬畏态度和处理问题的危机意识。

一说危机,人们就想到胆小怕事,就想到谨小慎微,就想到畏首畏尾,就想到畏缩保守,实际上,这是对危机的误读和错解。"临事而惧"不是害怕而是重视,不是不敢冒风险而是不盲目弄险,"如之何如之何"不是忧郁彷徨而是根据事物的现状和自己的知识经验作出思考判断,"好谋而成"不是不入虎穴而是围绕如何入穴、如何防虎、如何取子拿出了一整套相对周全的谋略。其实,遇事特别是紧急突发事件,只执其一端,凭着脑子一热,不直面危机,或干脆看不到危机,从来就没有好结果的。想想韩信是何等智慧的人呀,可在关键的时候头脑发热了,脑子一热,悲剧便奠定了。当韩信领着刘邦给他的几万兵,取得一个又一

韩信

个辉煌战绩时,他竟然生出要奖赏的念头,于是向刘邦请示,要求封其为假齐王。这个要求说明两点,一是韩信想要一个名分,觉得自己立下了大功,得到的太少。二是要官心里不踏实,觉得伸手要真官不太仗义,于是就要一个假官。刘邦却看透了韩信的心理。什么假齐王,我封你为真齐王。韩信于是乐得屁颠屁颠的,干得更来劲了。其实,韩信太爱面子了,他觉得自己被封为齐王是很有面子的事。可是他不知道,这是最让刘邦反感的事。韩信要齐王只是要个虚名,可在刘邦看来,这就是野心。其实,如果韩信真的有野心的话,完全可以韬光养晦,不露声色,慢慢积蓄力量,就凭韩信的军事才能,打败刘邦实在是绰绰有余,可是他是一个书生,怎么想的就怎么说。按说,凭韩信的功劳,给个齐王当当是有资格的,不过你伸手要那就

让刘邦十分不快了。从此,刘邦便不再信任韩信,把他当成眼中钉,最后一步一步地剥夺了他的权力,当他手无兵卒可用之时,就成了人家随便宰割的羔羊了。

《孔子圣迹图》之受鱼致祭

危机意识,是一种心理素质,是一个人成熟的标志。这种意识,对于人适应和改造环境有着极为重要的意义,它让人在心理上永远保持危急状态,对自己、对环境保持清醒,自己适合不适合行动,什么时候行动,拿什么去行动,行动到什么程度,从而维持自己最佳的竞技状态。相反,一味冲动,盲动,蠢动,那失败肯定伴随着你的行动。

当然,人也没有必要天天如临大敌,在平常生活中,在对待进退得失时,要知足常乐,但对待事业、问题和困厄,还是要提倡危机意识。这既是态度问题,也是人生的一种智慧。

★眼光决定命运:人无远虑,必有近忧

子曰:"人无远虑,必有近忧。"

——《论语》卫灵公第十五

孔子很严肃地告诉我们,一个君子做人做事要深思熟虑,若无长远考虑,必有眼前的忧患。

　　你得承认世界上唯一不变的就是变化,对待变化,你怎么能粗心大意? 假如你是塞北的那个老汉,你丢失了一匹马,你是不是很懊恼,是不是很悲观,是不是天天唉声叹气,是不是觉得日子没法过了? 你要是真的躺倒,你就真的看不到你的那匹马又带回了两个小马驹。见到了自己的马又带回了两个马驹,你很有些喜出望外,你觉得上帝真的很偏爱你,你双腿跪地向天朝拜,你感觉还不够虔诚,你杀了一只羊进行祭祀,你没想到吧,晚上那两匹野马却引来了狼,那结局还说吗? 你又倾家荡产了。假如你是那只螳螂,你见到树上的知了,能不口馋? 你是不是大模大样地就爬过去,准备用你锋利的前爪摁住它,但你发现身后的黄雀了吗? 假如你是一只黄雀,你一边美食着螳螂,一边为自己的聪明而沾沾自喜,树下孩童的弹弓正发出吸血的怪叫,你的命运是什么呢? 所以,做人不能不深思熟虑,不能不前思后想,不能顾前不顾后,不能只顾眼前利益。当你得意的时候,千万别头脑发热,别趾高气扬,别得意忘形,别得意失言,要记住姓什名谁,要记住籍贯何方,要记住自家的电话号码,我们还要回家。失意的时候,也别悲观失望,别自暴自弃,别轻贱自己,别怨天尤人,路很长,不会只有泥泞路吧? 路很多,水路不通走旱路呀! 珠穆朗玛峰很高,还不是踩在人的脚下了,海再深,还不成了弄潮儿的游乐场? 远虑,是做人的智慧。它避免了浮躁,它填满了浅薄,它克服了短视。

　　做人这样,做事亦然。不能图一时之政绩,干一些让后人揩屁股的事;不能图一代活得痛快,干一些让子孙戳脊梁骨的事。想想,黄土高原的植被不被破坏,能有今天泥沙俱下的黄河浊流? 没有森林的肆意砍伐、草原的过度攫取,能有漫漫黄沙大肆入侵京都? 没有"人多力量大"的荒谬,还用得着我们的总理忧虑地说:"多小的问题乘以十三亿都是大问题,多大的国民生产总值除以十三亿都是小数字。"有人说,车到山前必有路。可那得付出多大的成本? 比如,我们的马路成了拉链,今天开膛上水路,明天开膛上电路,后天开膛上汽路,拉开缝上,缝上了再拉开,多亏马路不会说话,要是人还不急了,这其中又有多大的浪费? 比如,我们把地球比做母亲,可我们对母亲怎么样? 水污染,大气污染,核污染,……母亲的身上被我们弄得千疮百孔,面目全非,母亲性格温柔,可母亲也有不堪承受的时候,当母亲被搞得精枯血竭、骨断肌裂的时候,我们还到哪里找寻一个后妈? 我们是从政者,我们没有长远意识行吗? 我们的决策稍有失误,就可能成为"千古之恨"。当我们要决策大事的时候,应该好好想一想,未来我们的子孙会埋怨我们吗?

★变则通,通则久:唯有"变"才是永远不变的真理

　　子曰:"齐一变,至于鲁;鲁一变,至于道。"

——《论语》雍也第六

孔子说:"齐国的政治一经变革,就可以达到鲁国的这个样子;鲁国的政治一经变革,就可以达到实施仁政之道的境界了。"在这里,孔子强调了变化、变革对于国家经济发展的重要性。

"穷则变,变则通,通则久",如今世界唯一不变的就是变化,一个人要想在社会中立足,就得不断改变自己的思想、观念和行为,要让自己跟得上周围瞬息万变的环境,要抛开安于现状的错误观念。

古人云,生于忧患,死于安乐。一味沉湎于过去的成绩,躺在过去的功劳簿上不思进取,只能让自己停滞不前。在动物界中,缺少天敌的动物往往体质虚弱,不堪一击;而拥有天敌的动物则体质强壮,生命力强。危机感不仅是企业和组织长青的基石,还是一个人进取心的源泉和成长发展的重要动力。一个人失去危机感就会变得安于现状,裹足不前,那么等待他的就只有被淘汰的命运。

曾读过这么一则寓言故事。

从前,恐龙和蜥蜴共同生活在地球上。

一天,蜥蜴对恐龙说:"天上有颗星星越来越大,很有可能要撞到我们。"恐龙却毫不在乎,对蜥蜴说:"该来的终究会来,难道你认为凭咱们的力量可以把这颗星星推开吗?"

一天,那颗越来越大的行星终于撞到地球上,引起了强烈的地震和火山喷发,恐龙们四处奔逃,但很快在灾难中死去。而那些蜥蜴,钻进了自己早已挖掘好的洞穴里,躲过了灾难。

蜥蜴的聪明之处,在于知道自己没有力量阻止灾难的发生,但有力量挖洞给自己准备一个避难所。

虽然这只是一则寓言故事,但给每一个领导者带来了很好的警示和启迪,故事中的灾难在我们身边也会发生。如果领导者不提前为自己的未来做好各种准备,不努力学习新知识,那么,正如故事中的恐龙一样,被淘汰的命运很快就会降临到你的身上——如果你不主动淘汰自己,最后结果只能是被别人淘汰。

企业购置的机器设备都会按一定年限折旧,这是谁都明白的道理。同样,人们赖以生存的知识、技能,也会随着岁月的流逝而不断地"折旧"。价值是一个变数,今天,你可能是一个价值很高的人,但如果你缺乏危机意识,故步自封,满足现状,明天,你的价值就会贬值,面临生存危机。

林东是某公司的一名员工,他刚到公司的时候非常努力,很快就在工作中取得了杰出的成绩。他聪明能干,年轻好学,很快就成了老板的"红人"。老板非常赏识他,进入公司不到两年,他就被提拔为销售部总经理,工资一下子翻了两番,还有了自己的专用汽车。

刚当上总经理那阵子,林东还是像以前那样努力勤勉,每一件事情都做得尽善尽美,并且经常抽时间学习,参加培训,弥补自己知识和经验方面的不足。

时间长了,有朋友对他说:"你犯什么傻啊?你现在已经是经理了,还那么拼命干嘛?要学会及时行乐才对啊!再说老板并不会检查你做的每一件事情,你做得

《孔子圣迹图》之楚狂接舆

再好,他也不知道啊!"

　　在多次听到别人说他"犯傻"的话后,林东变得"聪明"了,他学会了投机取巧,学会了察言观色和想方设法迎合老板,不把心思放在工作上,也放弃了很多的学习计划。如果他认为某件事情老板要过问,他就会将它做得很好;如果他认为某件事情老板不会过问,他就不会做好它,甚至根本就不做。在公司中,也很少见到他加班加点工作了。

　　终于,在公司的一次中高层领导会议中,老板发现林东隐瞒了工作中的很多问题。在年底的业务能力考核上,林东有几项考评成绩也大不如前,失望之余,老板就把林东解聘了。一个本来很有前途的年轻人就因为丧失了危机感,安于现状,而丧失了一个事业发展的大好机会。

　　市场中没有永远畅销的产品,职场中也没有永远的"红人"。职场中有很多像林东这样的"红人"失宠,这里面有很多因素,但最主要是因为"红人"失去了原来的激情和危机感,变得满足现状了。这些人在成为"红人"以前,工资不高,起点也比较低,而且时刻面临着被淘汰的危险,因此,他们努力工作,用业绩证明自己的能力,用业绩取得想要的回报。终于,他们成功了,薪水、地位都大大提高,生活品质也得到了很大改善。这个时候,他们滋生了骄傲的情绪,优越感上去了,危机感下来了,工作干劲丢掉了,于是业绩也随之下来了。事实证明,这种态度最终害的人还是自己。

　　有人说,未来社会只有两种人:一种是忙得要死的人,另一种是找不到工作的人。据统计,25周岁以下的从业人员,职业更新周期是人均一年零四个月。比如,当10个人只有1个人拥有某种职业的资格认证证书时,他的优势是明显的,而当

10 个人中有 9 个人拥有同一种证书时,他原有的优势便不复存在。现代职场流行一种新的"三八主义",即八个小时休息,八个小时工作,八个小时学习,这正是当下社会人才竞争激烈之写照。面对未来日趋严酷的竞争,领导者,你做好准备了吗?

第七章　心胸开阔，豁达大度

★心胸宽广：承认自己就要承受一切

子曰："我未见好仁者，恶不仁者。好仁者，无以尚之；恶不仁者，其为仁矣，不使不仁者加乎其身。有能一日用其力于仁矣乎？我未见力不足者。盖有之矣，我未之见也。"

——《论语》里仁第四

承认自己是君子吗？那就等于承认了世上肯定有小人。小人有阴险歹毒的，但更多的时候，小人是心胸不太宽阔的人，他的心胸狭窄，还常常以小聪明来表现，比如，你的宽和谦恭，他常以为是无能或者虚伪；比如，你的木讷无言，他常常以为你愚笨或者无知；比如，你的深沉，他常以为是阴险和做作；比如，你的敬业，他常以为是哗众取宠；比如，你的认真，他常以为是装模做样；比如，你的能干，他常以为是另有它图。总之，还真有点"道不同，不相与谋"的味道。再发展严重些，你是不是真的有些忍无可忍了？是不是内心的恼怒凝聚得像核武器？

千万别动怒。既然是君子，就应该大度些，孔子说了，"未见好仁者，恶不仁者"嘛，"好仁者，无以尚之"，喜欢仁德的人是无法超越的呀！你看看唐朝的娄师德，器量超人，遇到无知的人指名辱骂，就装着没有听到。有人转告他，他却说："恐怕是骂别人吧！"那人又说："他明明喊你的名字骂！"他说："天下难道没有同姓同名的人。"有人还是不平，仍替他说话，他说："他们骂我而你叙述，等于重骂我，我真不想劳你来告诉我。"有一天入朝时，因身体肥胖行动缓慢，同行的人说他："好似老农田舍翁！"他笑着说："我不当田舍翁，谁当呢？"他的弟弟任代州刺史，将赴任时，他告诉弟弟："我们兄弟受国家厚恩，俸禄，官位过盛，为时人所嫉妒，你当以何度量自处呢？"弟说："若有人吐唾沫于我脸上，我会擦净，决不让兄担忧。"他面有愁容地说："人吐唾沫在你脸上，是对你生气，擦掉它，是抗逆他的意思，会使他更生气的！所以唾沫不能擦，要让他自己干掉，并以笑来承受，这样才是处置充盈之道！"他为皇上所信任，全朝无人能与他相比，他愈加谦虚谨慎，凡是遇到毁谤，就反求自省自责，如同无地自容似的。他曾告诉人说："有人对我不礼貌，其中必有原因的,付之不与他计较,不但修养器量,也可免去祸患,这是君子所以要再三反省啊!"像娄公可说是受辱不怨的人了! 再想想大地,多么宽厚而大度! 她滋生万物,不论是高贵的鲜花,也不论低贱的野草;她托付万物,不论茅草小屋,也不论是高楼大厦。她说什么了吗? 天地有大美而无言。你喝醉了酒,没有随便往地上撒尿吗? 你嗓子眼发痒,没有随地吐痰吗? 你生气了,没有狠劲踩地吗? 大地说什么了吗? 所有这些,你往人身上试试? 肯定拳脚相加。大地不仅没说什么,她还把脏的东西变成肥料,滋养有生命的花草树木。如果人也兼容并蓄,宽宏大度,岂不就有了大地的德行? 有了大地的德行,还有什么不能承载? 飞机飞了十万八千里,最终还不是接受大地的怀抱?

承认自己是君子,就该什么也不抱怨,也不抱怨什么。承认自己就是承受一切。

★顺其自然:来者不拒,去者不追

子张问曰:"令尹子文三仕为令尹,无喜色;三已之,无愠色。旧令尹之政,必以告新令尹。何如?"子曰:"忠矣。"曰:"仁矣乎?"曰:"未知,焉得仁?""崔子弑齐君,陈文子有马十乘,弃而违之。至于他邦,则曰:'犹吾大夫崔子也。'违之。之一邦,则又曰:'犹吾大夫崔子也。'违之。何如?"子曰:"清矣。"曰:"仁矣乎?"曰:"未知,焉得仁?"

——《论语》公冶长第五

尽管孔子对子文不太满意,那是孔子对君子的更高要求。做坏事,只此一件,就够人腻歪。做君子,难道还有尽头吗? 让咱看,能做到子文这个地步,已相当不简单。

他告诉从政者必须有一个好的心态。什么心态? 那就是来者不拒,去者不追。不是有一副叫做"去留无意,看庭前花开花落;宠辱不惊,望天上云卷云舒"的对联吗? 正好是这种心态的诠释。人们说,官场复杂,复杂就复杂在做官是在和人打交道,按级别分,上级,同级,下级,群众;按德行分,君子,小人,不君子不小人;按性别,男人,女人;按职业,工农兵学商,等等。人又不同于植物,春种夏长秋收冬藏,自有规律,人也不同低级动物,小鸡饿了,吃米,兔子饿了,吃草,老虎饿了,吃所有的动物。人是意识的动物,人又是利益的动物,意识和利益相遇,人就变得非常复杂了,有病未必呻吟,无病也许喊娘,城里无兵,也许能导演雄兵百万的"空城计",寂静的山峡也许陈兵百万,为你布下天罗地网。一位久在官场的老者说,大山可能阻挡不了你的脚步,也许一个小小的土块,让你终身骨折。这更说明,官场的诡秘,哪个环节不慎,也可能让你跌倒不起。更别说那道不尽的责任,决策失误,要承担责任;别人惹得麻烦,要承担责任;有些事虽没有直接责任,还有间接责任。一个地方管不好,谁知要出什么问题?谁知什么时候出问题?谁知出多大问题?大问题,大责任,小问题,小责任,敏感事件出问题,那你只有敏感地接受处理。还不说那些意想不到的天灾人祸。"官大有险",官越大,感觉就更加明显。

面对此等景况,就悲观失望,躺倒不起,无所作为了吗?不是。看人家子文的态度吧!子文一定是官场得道之人,所以,他有一个好的心态。他"三仕为令尹,无喜色",没什么可得意的,只要条件成熟,人皆可成尧舜,无非是说明,鸟遇到了晴空万里,鱼遇到了顷波大海,庄稼遇到了风调雨顺,骏马遇到了慧眼伯乐。那好,就拿出真心、真劲,能飞多高就多高,能游多远就多远,能够高产也决不隐瞒,能跑多快也决不惜力。子文相信,真心之树能结出甜美的果实,即使不是十分甜美,但果实里面也包裹了自己真心的种子,又何必在乎太多?子文的心态很可贵吧?可贵的还在于"三已之,无愠色"。被免职了,那也没什么可怕,也许自己的真心并没有那么明净,不经意地被一片叫做私利或者便宜或者欲望的叶子遮蔽了一下,也许自己的真心被糟糠所覆盖,鼓风机恰好正没电停止了运转呢!也许是自己站的位置不对,乌龟选择了长跑?骏马入了大海?猎犬当成了野狼?也许是气候不对,翅膀遇到了飓风?鳍遇到了草地?当腰高的玉米遇到了"卡脖旱"?没什么,不怨天,不尤人,不浮躁,不轻贱。正好"无官一身轻",可以休养生息;正好反思自己,自己打倒自己才是新的自己;正好当当观众,欣赏人生风景,看看人间百态。当然,也别忘了"旧令尹之政,必以告新令尹",这是职业道德,至于人家听与不听,又何必管那么多。

★急而能安:当领导不能随便发脾气

樊迟从游于舞雩之下,曰:"敢问崇德,修慝,辨惑。"子曰:"善哉问!先事后得,非崇德与?攻其恶,无攻人之恶,非修慝与?一朝之忿,忘其身,以及其亲,非惑与?"

——《论语》颜渊第十二

生活中哪有事事顺心的。当领导常常不是人们想象的那样随心所欲,恰恰相反,领导因为受到工作性质、工作环境、大局意识的影响,强制自己去做一些自己不想做但又必须去做的事情,或者自己想去做而又不能去做的事情。管不住自己的思想和情绪,行吗?领导工作最大的特点,就是接触人,接触不同脾性、不同思想、不同阅历、不同身份、不同学识的人。这就难免出现意想不到的情况,受到误解,受到侮辱,受到讽刺,受到围攻,受到谩骂,受到谣言,受到攻击,受到吵闹,受到阻力,是领导活动中的常态。既然是常态,当然就应该以一颗平常心处之,相反,"一朝之忿,忘其身",或者"匹夫见辱,拔剑而起,挺身而斗",最终的结果,使无事生非,有事变大,大事变炸,简单问题复杂化,复杂问题糟糕化。因此,当领导必须要有良好的心理素质,保持健康的情绪,有制怒的本事,能控制自己的情绪,作到热而能冷,乱而能静,急而能安。

你看看"怒"字,当你发怒时,你的心就成了脾气的奴隶,脾气一般说都是非理性的,按照非理性的指向去考虑问题,还能全面?那还不意气用事?那还不蛮干起来?三国时期,诸葛亮第七次兵出祁山,求战心情十分迫切,可是不论怎样挑战,司马懿就是按兵不动,诸葛亮便使出"致巾帼妇人之饰,以怒宣王"的办法,嘲笑司马懿不配做大丈夫,刺激司马懿出兵。如果动怒而草率行动,则正中诸葛亮下怀。可司马懿关键时候控制了自己的情绪,以至于熬死诸葛亮,从而无人与之敌,为统一全国打下基础。东晋时候,有一个叫王述的人,据说脾气十分暴躁,有一次吃鸡蛋,用筷子夹没夹到,便大发脾气,顺手把鸡蛋扔到地上,可鸡蛋在地上滚来滚去并没有碎,这下更把他惹火了,又用木屐去碾,又没碾着,他气得简直要发疯,又把鸡蛋放进嘴里嚼碎吐出。就是这么一个怪脾气的人,对人却从不动怒。当时有一位同僚和他发生矛盾,找到他家骂街,他却面壁不动,那人自觉没趣,便离开了。王述很清楚,对一个没有生命的鸡蛋动怒,鸡蛋不会报复,对人出言不逊,就可能惹来大祸。苏东坡有一篇文章叫《二鱼说》,讲述的是有一条豚鱼,在桥下撞到桥柱上,它不怪自己不小心,反倒认为桥柱故意找茬,于是也不过桥了,生起气来,气得张嘴、竖鳍、胀肚,漂在水面,一动不动。老鹰看

苏东坡

见了,冲上前,把它的肚子撕裂,这条豚鱼就这样成了老鹰的美餐。别发怒呀!相反,要冷静下来,想想自己有什么不对。否则,你可就成了豚鱼了,那命运还好得了?

★恭、宽、信、敏、惠:行五者于天下为仁

　　子张问仁于孔子。孔子曰:"能行五者于天下,为仁矣。"请问之。曰:"恭、宽、信、敏、惠。恭则不侮,宽则得众,信则人任焉,敏则有功,惠则足以使人。"

——《论语》阳货第十七

孔子认为，"能行五者于天下，为仁矣"。我辈则认为，能行五者于天下，司以为官。

当领导不庄重行吗？整日价衣冠不整，疲疲塌塌，漫不经心，稀里糊涂，口无遮拦，语无逻辑，嘻嘻哈哈，满嘴黄话，动手动脚，毛手毛脚，别说做领导，就是做人恐怕也不及格。人要有人相，官要有官样。尤其作了领导，千人盯万人瞧，自己的一言一行都别具意义。穿衣、交往、办事，都要一丝不苟，衣着要整洁，待人要礼貌，办事要认真，说话要恰当，否则，就被人瞧不起，甚至受到取笑、嘲笑。

当领导不宽厚行吗？领导站居高处，比常人更应具备爱心、同情心和宽容心。爱心，就是火炉，能够温暖他人；同情，就是春风，能够化开心灵的冰雪；宽容，就是大海，在容纳细流的时候也壮大了自身。尤其在宽容上，要知道世界上没有一个完人，既能发现人的优点，更能理解别人的缺点，不能对别人的缺点耿耿于怀；要明白自己要活，别人也要活，自己要活得好，别人也要活得高质量，别说"己所不欲，勿施与人"，就是自己喜欢，也要考虑别人未必热爱。给别人一个空间，也就给了自己一份自由。

当领导不讲信用行吗？上午的话，下午就忘；早晨的令，晚上就改；当面说好话，背后捅黑刀。甚至瞎吹牛，乱许愿，胡表态，嘀嘀咕咕，两面三刀，怎么能让群众信服？

当领导不敏捷行吗？见事迟，反应慢，不敏感，不灵敏，不果断，不迅速，无效率，这样的人怎么去"领"别人，又能把人"导"到哪里去？自己受罪，别人跟着干也倒霉。

当领导不慈惠行吗？天天阶级斗争，事事假设对手，就是不知道关心人，爱护人，理解人，谁愿意和这样的领导打交道？唯有爱心，才能有亲和力，在一个温暖的环境下工作，工作都是有温度的。

记住吧！"恭则不侮，宽则得众，信则人任焉，敏则有功，惠则足以使人。"

★为与不为：别陷于人事纠纷，干些人生的大事

子曰："志于道，据于德，依于仁，游于艺。"

——《论语》述而第七

子曰："唯女子与小人为难养也，近之则不孙，远之则怨。"

——《论语》阳货第十七

子以四教：文，行，忠，信。

——《论语》述而第七

不说什么大话，但就人生的短暂来说，人际之间应当和谐一些，比如对父母孝

敬,对子女关怀,对上级尊重,对下级爱护,对同事关心,对事业热爱,至少社会成员彼此少制造一些痛苦和不快,不好吗? 在此基础上,能做事就做事,能多做事就多做事,能做大事就做大事,不好吗?

很难。孔子说,"唯女子与小人为难养也,近之则不孙,远之则怨"。为什么孔子如此仇视女子与小人? 因为女人容易受感情驱使,少理性;小人容易受利益支配,少德行。他们都不遵守规范或者游戏规则。在这里,我们姑且把女子和小人看做是一个隐语,是人际环境恶劣的代名词。你还没有做事,人际的纠纷就布满你的周围。远不行,近不行,前不行,后不行。事业没有铺陈,人事却令人费神。王蒙先生就说,人生的大悲剧就是事情没有做成多少,先陷入人事纠纷。于是左挡右突,于是殚精竭虑,于是纵横捭阖,于是莫可奈何,最后孤注一掷,勾心斗角,亲亲仇仇,拉拉扯扯,阴阳怪气,把人生搞得一塌糊涂,人没做好,事没做成,一地鸡毛,人生的背篓里丢弃着一堆零散的部件。

真的没有了办法? 不是,关键在自己。你自己得有人生的主线呀! 孔子不是说了吗? "志于道,据于德,依于仁,游于艺"。你得给自己短暂的一生有个定位,这个定位是根据德和仁来确定的,同时也是依据德和仁来追求。至于人际关系,那肯定是存在的,你要有所了解,有所体察,有所分析,有所为有所不为,但绝对不可沉溺其中,不能把做人的技巧,把"术"的东西,当作做人的根本和终极追求。多"游于艺",多一些"文,行,忠,信",不执著于人际关系,不把处理人际关系作为学问,作为本事。能和谐人际关系,不过是自己修养的结果,不过是性格锻造的结果,不过是无心的结果。不刻意反而收到意想不到的效果。

《孔子圣迹图》之山梁叹雉

国学经典文库

国学大智慧

·《论语》智慧通解·

图文珍藏版

人,关键是要有主心骨。有了主心骨,还不能应对一切吗?正如王蒙先生所说,你搞你的摩擦,我做我的切实工作;你造你的流言,我做我的切实工作;你起你的哄,我做我的切实工作;你哗众取宠,我做我的切实工作;你跳八丈高闹成一团,我做我的切实工作;你声嘶力竭、大呼小叫、高调入云、危言耸听、装腔作势、连蒙带唬,我依然专心致志地做我的切实工作。假以时日,谁高谁低,谁胜谁负,还用说吗?

★掌控情绪:不要做踢猫链条中的一环

子曰:"由也,女闻六言六蔽矣乎?"对曰:"未也。""居!吾语女。好仁不好学,其蔽也愚;好知不好学,其蔽也荡;好信不好学,其蔽也贼;好直不好学,其蔽也绞;好勇不好学,其蔽也乱;好刚不好学,其蔽也狂。"

——《论语》阳货第十七

孔子说:"仲由,你听说过六个字的德行,会有六种弊病吗?"子路起身回答:"没有。"孔子说:"坐下!我告诉你。爱好仁德却不好学习,其弊病是愚蠢;爱好聪明却不好学习,其弊病是放荡;爱好诚实却不好学习,其弊病是伤害自己和亲人;爱好直率却不好学习,其弊病是说话尖刻刺人;爱好勇敢却不好学习,其弊病是容易闹乱子闯祸;爱好刚强却不好学习,其弊病是狂妄。"

这里我们重点讲解下面两句:"好直不好学,其蔽也绞。"像绳子绞起来一样,太紧了会绷断的。一个人太直了,直到没有涵养,一点不能保留,就是不好学,没有修养,它的流弊是要绷断,要偾事。"好勇不好学,其蔽也乱。"脾气大,动辄打人,干了再说,杀了再说,这是好勇,没有真正的修养,就容易出乱子。

脾气急躁的人会偾事,个性疏懒散漫的人会误事,严格说来误事还比偾事好一点,偾事是一下子就把事弄砸了。所以个性直的人,自己要反省到另一面,如果不在另一面修养上下工夫,就很容易偾事。

好直与好勇都是个人修养中的情绪管理问题。一个人不能太直,不能太急躁。否则都有损于个人修养。尤其如果这些负面情绪在一个团队、群体中散发,它还有传染性。从这一传染源出发,一路下去,影响一个链条。张强就无意中当了一回传染源。

张强是一位经理,一天早晨他起床有些晚,便急急忙忙地开车往公司急奔。为了赶时间,他连闯了几个红灯,终于在一个路口被警察拦了下来,警察给他开了罚单。到了办公室后,他看到桌上放着几封昨天下班前便已交代秘书寄出的信件,把秘书叫了进来,劈头就是一阵痛骂。

秘书则拿着未寄出的信件,走到总机小姐的面前,又是一阵狠批。总机小姐很委屈，便借题对公司内职位最低的清洁工进行了一番指责。清洁工只得憋着一肚子闷气。下班回到家，清洁工见到读小学的儿子趴在地上看电视，衣服、书包、零食丢得满地都是，当下把儿子好好地修理了一顿。儿子愤愤地回到自己的卧房，见到家里那只大懒猫正盘踞在房门口，就狠狠地一脚，把猫给踢得远远的。正巧这时张强从猫身边走过，谨慎的猫为防止再被人踢，迅速抓了一下张强就溜了，可怜的张强被猫抓破了腿。

人并不是孤立存在的，如果无缘无故地被人丢了一个包袱过来，当然要想办法甩掉它，这就是"踢猫效应"，是人们在受到挫折后的典型消极心理反应之一。"踢猫效应"告诉我们：发脾气就等于在人类进步的阶梯上倒退了一步。

有人受到挫折以后容易产生攻击行为，直接攻击对方或攻击自己，还有人攻击不相关的人。这种攻击行为常常会影响工作气氛和合作质量。低落的情绪是一个连锁反应，生气犹如毒药一样可以传染到四面八方。处于情绪低潮中的人们，容易迁怒周遭所有的人、事、物，这是难以克服的，所以孔子才会称赞颜回："不迁怒，不贰过！"

据说，心情舒畅、开朗的人，若同一个整天愁眉苦脸、抑郁难解的人相处，不久也会变得情绪沮丧起来。一个人的敏感性和同情心越强，越容易感染上坏情绪，这种传染过程是在不知不觉中完成的。如果一个情绪并不低落的学生，和情绪低落的学生同住一间宿舍，这个学生的情绪往往也会低落起来。在家庭中，某人若情绪低落，他的配偶最容易出现情绪问题。

在工作中有这么一种人，总想让别人的喜怒哀乐与自己"同步"。当他们心情愉快时，希望周围的人也跟着自己高兴；当他们心情不好时，别人也不能流露出一点欢乐。否则，轻者耿耿于怀，重者便寻衅以"制服"对方。这种情绪以自我为中心的做法是极其不好的，因为它会严重破坏和谐的工作氛围。

有的人自己心情不好时，不允许单位里其他同事说笑或进行正常的娱乐活动。他会不时地干涉别人、扰乱别人，破坏周围的欢乐气氛。时间久了，他会因不受欢迎而成为孤家寡人，陷入孤立的状态之中。

其实，人无法避免要同他人交往，尤其是合作氛围相对稳定的职场办公室，一个人的情绪犹如一杯水中加入了一滴酒，水也就将变得不再单纯。那么合作气氛犹如那杯水，那杯掺了一滴酒的水就是被污染了的工作环境。每个人喝起来都不是那么爽口，心情都遭到污染，工作也会受到影响。

★ 忍者神龟：成事忍之道

子曰："巧言乱德，小不忍则乱大谋。"

——《论语》卫灵公第十五

孔子说："花言巧语惑乱道德。小事情上不能忍耐，就会打乱大的计谋。"人要学会忍耐，如果一点小事都不能容忍而发脾气，就会坏事。只有下定决心耐住性子，才能做成事。

古代有个老翁，他开了个典当铺。一年年底的一天，他忽然听到门外一阵喧闹声，出门一看，原来门外有位穷邻居正在吵嚷。站柜台的伙计就对老翁说："他将衣服押了钱，空手来取，不给他，他就破口大骂。有这样不讲理的人吗？"门外那个穷邻居仍然是气势汹汹，不仅不肯离开，还坐在当铺门口。

老翁见此情景，对那个穷邻居说："我明白你的意图，不过是为了度年关。这种小事，值得一争吗？"于是，他命店员找出典当之物，共有衣服蚊帐四五件。

老翁指着棉袄说："这件衣服抗寒不能少。"又指着外袍说："这件给你拜年用。其他的东西不急用，就留在这里吧。"

那位穷邻居拿到两件衣服，不好意思再闹下去，于是离开了。当天夜里，这个穷汉竟然死在别人的家里。

原来，穷汉同人家打了一年多的官司，因为负债过多，不想活了，于是就先服了毒药。他知道老翁家富有，想敲诈一笔，结果老翁没吃他那一套，没有傻乎乎地当他的发泄对象，于是他就转移到了另外一家。

事后有人问老翁，为什么能够事先知情而容忍他。老翁回答说："凡无理挑衅的人，一定有所依仗。如果在小事上不忍耐，那么灾祸就会立刻到来了。"

孔子强调"小不忍则乱大谋"。他的高徒子夏也说了："虽小道，必有可观者焉；致远恐泥，是以君子不为也。"

可见要做成大事，关键在于一个"忍"字。

在古老的藏族地区，有一个叫爱地巴的人，他有一个特殊的习惯：每次生气和人起争执的时候，就以很快的速度跑回家去，绕着自己的房子和土地跑三圈，然后坐在田边喘气。

爱地巴工作非常努力，他的房子越来越大，土地也越来越广。但不管房地有多广大，只要与人争论而生气的时候，他就会绕着房子和土地跑三圈。"爱地巴为什么每次生气都绕着房子和土地跑三圈呢？"所有认识他的人，心里都很疑惑，但是不管怎么问他，他都不愿意明说。

直到有一天，爱地巴很老了，他的房地也已经太大了，他生了气，拄着拐杖艰难地绕着土地和房子转，等他好不容易走完三圈，太阳已经下山了，他独自坐在田边喘气。

他的孙子看到后恳求他说："阿公！您已经这么大年纪了，这附近也没有其他人的土地比您的更广大，您不能再像从前，一生气就绕着土地跑了。还有，您可不可以告诉我您一生气就要绕着土地跑三圈的原因？"

爱地巴终于说出了隐藏在心里多年的秘密，他说："年轻的时候，我一和人吵架、争论、生气，就绕着房地跑三圈，边跑边想自己的房子这么小，土地这么少，哪有时间去和人生气呢？一想到这里，气就消了，把所有的时间都用来努力工作。"

孙子问道："阿公！您年老了，又变成最富有的人，为什么还要绕着房子和土地跑呢？"爱地巴笑着说："我现在还是会生气，生气时绕着房子和土地跑三圈，边跑边想自己的房子这么大，土地这么多，又何必和人计较呢？一想到这里，气也就消了。"

贝多芬曾说过，几只苍蝇咬几口，绝不能羁留一匹英勇的奔马。每一位优秀人物的身旁总会萦绕着各种纷扰，对它们保持沉默要比寻根究底明智得多。我们应当保持一种温和平静的心态，从容地面对那些纷扰。

生活中有些事情或许你永远不会习惯，但你还得一天一天地过下去，所以你必须学会忍耐。没有能力改变现实，那么你就必须忍耐、适应，等一切都过去了，剩下的就都是美好的了。

★ 善处谗污：做个明白的领导

子张问明。子曰："浸润之谮，肤受之诉，不行焉，可谓明也已矣。浸润之谮，肤受之诉，不行焉，可谓远也已矣。"

——《论语》颜渊第十二

子张问什么是"明"？孔子就答复他上面的两句话，这是我们要注意的。尤其是领导者，更要注意"浸润之谮，肤受之诉"这八个字。因为领导别人，乃至朋友同事之间的相处，会经常遇到此类情况。

"浸润"就是"渗透"手段。"谮"是讲人家的坏话。"肤受"就是皮肤表面上的一点点伤害。"诉"是心理上的埋怨、攻击。"远"，就远离错失了。

我们看历史上和社会上许多现象，尤其当领导的，更体会得到，许多人攻击的手段非常高明。一点一滴的来，有时讲一句毫不相干的话，而使人对被攻击者的印象大大改变。而身受攻击的人，只觉得好像皮肤上轻轻被抓了一下而已。所以这八个字，特别要注意。自己千万不要这样对人，同时自己也不要听这些小话进来，尤其当领导的，对于这些小话不听进来，是真正的明白人。但做明白人很难，尤其做领导，容易受蒙蔽，受人的蒙蔽，要"浸润之谮，肤受之诉"在你面前行不通，你才是明白人，这是孔子对于"明白人"的定义。做到这一步，才会远离错失。至于老子所讲的"明白人"又进一步了，老子说："知人者智，自知者明。"能够知人，能够了解任何一个人的人，才是有大智慧的人，能够认识自己的，才是明白人。

人都不大了解自己，对别人反而知道得清楚。因此在老子的观念中，"明白人"并不多。所谓事修而谤兴，德高而毁来。一个人不干事，反倒没是非，越干事，越有事，干事越多，是非越多，干事越大，是非越大。于是闲言碎语者有之，进谗言者有之，诬告者有之。这其中固然有干事得罪人的因素，但更有嫉妒心理作祟。因为干事的人,或者品德高尚的人,就像一面镜子,现出了品德低下的人、庸碌平常的人、懒惰保守的人的原形。现出了原形,能不难堪吗?于是便用不平常的手段平息内心熊熊燃烧的妒火。最终的结果就是把干事者整倒,把一盆清水搅浑,在浑水中,我不好,你也别好,彼此彼此,一杆子拉平。

不干事的人别看没有干事的本事,但进谗言、搞诬告却智商不低。孔子说,"浸润之谮",别说谗言贴着标签,它披着温情、关心、正义的外衣,像温水一样浸过来,你根本感觉不是在进谗言呢!孔子说,"肤受之诉",诬告也不戴着虚假的帽子,总能抓住别人的"小辫子",字字血,声声泪,刀刀砍在皮肤上。就说刘备吧,吕布被曹操活捉,在杀与不杀之间,颇费踌躇,刘备趁机进言,"你不记得丁建阳、董卓了吗?"吕布最初投靠丁建阳,董卓摄政乱天下后,吕布为求富贵,杀了丁建阳归顺董卓,后因历史上四大美女之一的貂在婵,又杀了董卓。刘备意在提醒曹操,假如你不杀吕布,你就是丁建阳、董卓的下场!话虽半句,但含义全尽,不得不使曹操下了狠心。刘备真是进谗言的高手,既用事实说话,又站在维护曹操利益的角度,不由得人不相信他的真诚。他真是设身处地为曹操着想吗?不,他是怕曹操有了吕布而如虎添翼,从而为自己日后的霸业设置障碍。

现在,你明白了吧,你知道如何处理谗言和诬告了吧。人是目的动物,不管他说的比唱的还好,你可要弄清他真实的目的。人有了目的,他怎么伪装、怎么掩盖,也总有破绽。就好像孔雀开屏,像一个艳丽的花篮,多漂亮!可它真实的目的是露出屁眼,说不定是想和别的孔雀做爱呢!人可比孔雀更聪明,但"人外有人,天外有天",还有更聪明的呀,你就是!

第八章 沟而有通，谨言慎行

★成功秘诀：善于与人沟通

或曰："孰谓鄹人之子知礼乎？入太庙，每事问。"

——《论语》八佾第三

在我们周围，总有这样一种人，他们能够在每个工作岗位上获得优秀的工作业绩，赢得大家的尊敬。这些人有什么秘密武器呢？他们成功的秘诀是什么？

事实上，任何结果都是通过行动产生的，而正确的行动是基于准确的分析判断，来源于周密的调查研究。否则，纵然你智力超群、经验丰富，也不可能制定有针对性的行动计划，从而成功实现预期目标。

《三国演义》中，诸葛亮初出茅庐，以"火烧博望坡"确立了自己的军事领导地位。诸葛亮刚到新的工作岗位就一鸣惊人，这固然与他高超的智谋有关。他客观分析敌我情况，并深入调查周围的有利地形，发挥了决定性的作用。

当时，曹操派夏侯惇带领10万兵马攻打新野，诸葛亮深知形势严峻、自己责任重大。好在他已经对周围的地形地势了然于胸，博望坡山川复杂，树木丛生，非常适合火攻。于是诸葛亮利用对方轻敌的思想，引诱敌人深入道路狭窄的深谷，借机发动猛烈的火攻，并多处设置伏兵，最终击败了曹操的10万大军。

诸葛亮"火烧博望坡"，不但抵挡了曹军的进攻，而且确立了自己在刘备及军队士兵心中的地位，使保持怀疑态度的关羽和张飞彻底服气。

人们总是把诸葛亮看做智慧的化身，殊不知这种睿智是建立在日常的调查了解基础上的，包括倾听当地向导的介绍。

孔子进了太庙，每件事情都要再三询问。有人就说："孰谓鄹人之子知礼乎？入太庙，每事问。"意思是，谁说孔子了解礼呢？进入太庙后，他每件事都要询问。孔子听说后说："这就是礼。"

领导者进入新的工作岗位，或进入新的业务领域，总体上处于一种不熟悉的状态。这时，保持谦虚的学习态度，养成调查了解的好习惯，对顺利开展工作是非常重要的。

国学经典文库

国学大智慧

《论语》智慧通解

图文珍藏版

俗话说,新官上任三把火,领导者新上任的确有必要树立自己的权威。但是"火"不是随意烧的,要恰到好处,而不能引火烧身。这时,调查了解组织情况、发现工作中的疏漏就显得很有必要。

诸葛亮这把"火"烧得巧、烧得妙,它烧出了诸葛亮的人气、刘备的霸气,烧掉了关羽和张飞的怨气、曹军的傲气,这是在调查研究基础上正确做事的典范。

和诸葛亮一样,许多领导者具备丰富的管理经验,可谓深谙领导的精要;但是面对新的工作岗位,他们又像诸葛亮初出茅庐一样,缺乏实战经验。这时,正确的做法是深入基层,广泛听取员工的意见,深入了解大家的真实想法,在调查研究的基础上制订行动策略。这种做事习惯应该成为一种领导力,使领导者战无不胜。

毛泽东曾经鲜明地指出:"没有调查研究就没有发言权。"领导者无论具备多么优秀的管理才能,如果他的决策没有建立在完备而准确的信息基础上,那么得出的任何结论都有可能是错误的。

咨询在现代社会得到了前所未有的重视,于是咨询服务被视为点

诸葛亮

石成金的产业。在商业管理咨询行业,麦肯锡把"调查了解"和"沟通"视为自己的生命,并成功建立了有效的管理机制。

创立于1926年的麦肯锡公司,最初只是一家综合会计与管理咨询公司。1929年,美国出现了经济危机,许多公司纷纷倒闭。公司破产的时候,需要大量的会计事务所清账,进行资产登记和重组。

身处商业世界最深处的麦肯锡意识到一个新的行业即将诞生,公司将会迎来难得的发展机遇。于是他在跟会计事务所一起查账的过程中,悉心了解处于危机管理中的企业处于怎样的状态、需要哪些服务,从而提供有针对性的咨询服务。

从那时起,麦肯锡开始有目的地把公司塑造成一个"精英荟萃"的"企业医生",即通过为企业提供重大管理问题的咨询,建立自己的价值,并不断提升公司在同行中的地位。就这样,麦肯锡依靠调查了解的好习惯成就了自己在管理咨询行

业的先锋地位。

日本松下电器的创始人松下幸之助被称为经营大师,他在总结自己的经营秘诀时说:"成功管理的关键是细心倾听他人的意见。"法国作家安德烈·莫洛亚也曾指出:"领导者应当善于集思广益,应当懂得运用别人的头脑。"

在任何岗位上从事任何业务都需要倾听他人的意见,进行准确的调查研究,这是走向成功的起点和关键。

★和气生财:和则两利,斗则两伤

子曰:"礼之用,和为贵。"

——《论语》学而第二

中国自古就有"和气生财"的说法,强调经商与对方和谐相处,才能顺利实现预期目标。孔子说,"礼之用,和为贵",强调在处理社会关系时,要遵循"贵和"的原则,减少人际关系冲突,实现和谐发展的目标。

深受儒家文化影响的日本,又称大和民族,其国民的合作意识和团队精神令人称道。

现代日本是在二战后建立起来的,其经济与商业管理的成功在很大程度上借助了日本民族文化中"贵和"、"合作"的积极成分。例如,在日本企业里,领导者从人员入手,加强接触,相互作出妥协,最后达成一致意见,有效化解了各种潜在危机。

在积极吸收外国商业管理经验的同时,日本商界人士把目标管理、质量管理、合理化建议等与"人和"理念结合起来,创造了注重团队意识的企业经营文化,并且在建立和谐人际关系的基础上,日本公司通过终身雇佣制实现了企业员工对组织的"忠诚"。这些"贵和"的组织管理理念创造了极高的社会效率和经济效益。

孟子说:"天时不如地利,地利不如人和。"这里的"人和"指的就是我们常说的"人际关系"。在组织内部,领导者要善于和下属融洽相处,积极主动地帮助下属解决工作中的实际问题,这样才能有力地推进企业的发展。

王先生刚进入一家跨国公司做业务工作时,要面对一些问题:工作繁忙导致缺少知心朋友,在与客户打交道时会不经意地压抑自己,结果经常发生冷场等尴尬局面。这些都影响了王先生的自信心,干扰了他正常的工作。

部门经理发现这种状况后,为及时帮助他解决上述问题,采取了一系列措施。最后,王先生消除了内心的焦虑,业务工作步入正轨,与上司和同事的关系也变得日益融洽。

从上面的案例可以发现,领导者要注意采取有针对性的措施,建立与下属和谐相处的人际关系。因为现代企业首先是一个团队,需要大家的合作才能发挥应有的效能。如果同事相互猜疑,甚至恶言相向、落井下石,那么企业只能面临落败的结局。

和则两利,斗则两伤。这不仅是对军事斗争的描述,也是现代组织人际关系的基本法则。一个不团结、起内讧的团队,你能指望它创造良好的工作业绩,在激烈的市场竞争中取胜吗?

在我国古代政治博弈中,权力的失去和拥有,往往伴随着痛苦的斗争。不但和谐的人际关系目标不能实现,而且最高领导者为了保全自己的权力,常常大开杀戒,这就是我们常说的"狡兔死,走狗烹"。

然而,赵匡胤是一个例外。他通过"杯酒释兵权",既保住了自己希望获得的权力,又避免了狼烟再起,有效化解了双方的误会。这就是以和为贵的权术之道。

人们都喜欢和自己亲密的朋友交谈,倾诉内心真实的感受。这是因为与朋友和谐融洽的人际关系为我们提供了良好的表达氛围,于是真实有效的信息被传递出来。同样的道理,领导者只有与下属融洽相处,建立和谐人际关系,才能让彼此摘掉面具进行有效沟通,最终使自己获得真实有价值的信息,制定出切实可行的管理策略,实现预期的管理目标。

迪斯尼公司是一家名副其实的娱乐王国,与其他企业不同,它是创意工业的基地。这里融合了从导演到摄影、绘画、剪辑等工作不同却又相互联系的团队成员,所以加强沟通、顺利实现工作目标显得异常重要。

为了完成一部优秀的卡通片,制作动画片的总裁、经理和董事会副主席等人要一起讨论来自各个部门的意见,从而确定最佳方案。接着,要与导演、艺术指导、幕后指挥等一线工作人员具体讨论动画片的制作与构想,直到双方意见达成一致。在整个过程中,领导之间的层级关系淡化了,大家为了一个共同的目标努力,彼此建立融洽的人际关系、实现良好的沟通。

在迪斯尼公司,没有人可以对一部动画影片宣称拥有所有权。大家来自不同的部门,在合作中建立起互相挑战又相互支持的协同工作方式。通常,制片人在组建一个团队时,会注意到不同工作人员的性格特点,因为在才能与特长之外,这一因素对大家能否实现良好合作起决定性作用。

动画片是合作的结果,如果单个成员性格偏执、心胸狭窄,就不能建立和谐人际关系,进而无法发挥出整个团队的作用。特别是组织领导者如果不能加强沟通,整个工作目标的实现将会化为泡影。在迪斯尼公司,建立和谐人际关系、达成合作,是团队高效运作的法宝。领导者努力使上下建立融洽的关系,才能使员工积极主动地发挥自己的才干,产生更多的灵感和创意,从而创作出更多的动画巨片。

所以,对领导者来说,秉承"和为贵"的管理理念实现有效沟通,才能"知己知彼",降低管理成本。

★深藏不露:逢人且说三分话,未可全抛一片心

子曰:"先行其言而后从之。"

——《论语》为政第二

子贡问孔子何为君子,孔子告诉他,先去实践,等到真的做到了以后才把它说出来的人,才能算是君子。孔子提到的这一点,是绝大多数人都无法做到的。生活中,总是少不了舌头比脑子跑得快的人,而愚蠢正是在那时产生的,要知道,脱口而出的蠢话有时会贻害终生。

下面有一个故事,讲述了祸从口出的道理。

愿足阿罗汉不仅法力无边,而且极为仁慈,他常常去鬼界度化那些遭受报应之苦的饿鬼。这一次,愿足阿罗汉又来到了鬼界,他走了没多远,就看见了一个饿鬼,形象十分丑陋难看,简直到了可怕的地步。愿足阿罗汉仔细地打量了一下眼前的这个饿鬼,发现他的嘴唇有时候下垂下来,像野猪的大嘴。罗汉虽然使用神通知了这恶鬼的宿世因缘,但还是决定向饿鬼询问其前身。饿鬼回答:"我的前身也是一个出家人,但是我爱惜自己的房舍,且吝惜财物不肯布施或救济他人。"饿鬼越说越感到惭愧,"我自恃是出家人有佛法庇护,因此,在言语上也不约束自己,对他人常常出言不逊,或者恶言相向。如果见到了那些比自己程度好或持戒严谨的出家人,我就看不顺眼,不但十分看不起他们,而且还辱骂他们。最糟糕的是,我听信邪知邪见,以为信奉佛法后,就不会死掉,所以我自恃有佛法护身,造了更多的罪业,尤其是恶口骂人、挑拨离间,造下了弥天的口业。"饿鬼说着呜咽了起来:"后来,我觉得自己说了太多不该说的话,非常懊悔,但我又控制不住自己。因为我造孽太多,所以即便饿鬼报应受完了,我还会堕入地狱中,承受无尽的痛苦。希望您可以把我受苦的情形讲给世间的人们听,让他们以我为戒,千万要当心,不要随意口出狂言。"

愿足阿罗汉对周围的鬼神与饿鬼们说:"能够谨言慎行的人,往往会得到许多有形无形的福报,千万别忘记,祸殃也是最容易由口而出的啊!妄开恶口,终有恶报,凡我弟子都应该明白祸从口出,妄开恶言会惹火烧身,故不能等闲视之。"

不假思索,脱口而出,一时失言,后悔莫及。

许多人总是不加思考、滔滔不绝地讲话,很少考虑别人的感受和自己将面临的结局。有的人性情直爽,动不动就向别人吐苦水。虽然这样的交谈富有人情味,但他们没有想到并不是所有的人都能够严守秘密。直到这些不可与人言的隐私成为对头手中的把柄时,他们才会翻然醒悟、追悔莫及。

有的人喜欢争论,一定要胜过别人才肯罢休。结果当时确实在口头上胜过了

对方,却深深损害了对方的"尊严"。对方可能从此记恨在心,后果不堪设想。有的人喜欢当众炫耀,陶醉在别人羡慕的眼光里。殊不知在得意忘形中,某些人眼睛已经发红。那些心理不平衡的人,表面上可能是一脸羡慕,背后却开始做小动作……

"言多必失"的教训实在太多,所以,领导者不要再希冀用言辞来给别人留下深刻的印象,你说得越多,你所能控制得就越少,说出愚蠢的话的可能性也就越大。昆德拉说过,所有你所说的,都将被用来反对你自己。

花不可开得太盛,盛极必衰;话不可说得太满,满必有所失。给自己留些余地,才不会常受"坦率"之害。"马有失蹄,人有失言",把话说满了往往会无法给自己留余地,就无法保证每一句话都说得滴水不漏,从而在交际场上招致误会,为自己留下隐患。

"逢人且说三分话,未可全抛一片心",人心是最复杂的东西,把心腹之言都掏出来,固然真诚可敬,但往往会触犯人身上的逆鳞,把话说得太满,就会使自己陷于被动的境地。

一言一行关系着个人的成就荣辱,所以言语谨慎对一个人立身处世具有很重要的意义。祸从口出就是说,祸患常因为言语不慎而招致。处世戒多言,多言必失。

★谨言慎行:愚者露己愚昧,贤者藏己知性

子张学干禄。子曰:"多闻阙疑,慎言其余,则寡尤;多见阙殆,慎行其余,则寡悔。言寡尤,行寡悔,禄在其中矣。"

——《论语》为政第二

孔子说:"一个人大言不惭,那他实践起来一定很困难。"宋朝朱熹注:"大言不惭,则无必为之志,而不自度其能否也。欲践其言,其不难哉!"说者容易,做者难。所以,一个人说话一定要注意,大言不惭、夸夸其谈、自鸣得意、讥讽他人,最后往往会陷入尴尬的境地。

话不可以随便乱说,应该一字一句地斟酌才对。适量的言语可以一针见血,但是过多就会有害。警惕自己的舌头,如同慎重地对待珍宝一样。使自己的舌头保持沉默,人生将会得到很大的好处。人之所以有两个耳朵、一张嘴巴,是为了让人多听少说,听的分量要有说的两倍。那些懂得听话艺术的人总是让人尊敬的,而那些只知喋喋不休地说个不停的人让人厌恶。尽管舌头没有骨头,但也应该特别注意。因为话一旦说出口,就像射出的箭,再也不能收回了。

有一个犹太人的故事,一个拉比对他的仆人说:"到市场去给我买些好东西。"

仆人去了,带回来一个舌头。拉比又对仆人说:"再去市场上给我买些不好的东西。"仆人去了,又带回来一个舌头。拉比对他说:"为什么我说'好东西',你带回来一个舌头;我说'不好的东西',你还是带回来一个舌头?"仆人回答说:"舌头是善恶之源。当它好的时候,没有比它再好的了;当它坏的时候,没有比它更坏的了。"

愚者常常暴露出自己的愚昧,贤者却总是隐藏自己的知性。基于这样,请记住这么一句忠言:"假如你想活得更幸福、更快乐,就要从鼻子里充分吸进新鲜空气,而始终关闭你的嘴巴。"你是否也曾听过:"当傻瓜高声大笑时,聪明人只会微微一笑。"因为善于听话的人,易表露知性;而喜欢表现自我、喋喋不休的人,通常都是些傻瓜。

管住自己的嘴巴。不要谈论自己,更不要议论别人。谈论自己往往会自大虚伪,在名不副实中失去自己。议论别人往往会陷入鸡毛蒜皮的是非口舌中纠缠不清。

有一则寓言,一位农夫救了一只熊,熊准备了丰盛的晚餐答谢他。席间,农夫对熊说:"你做的饭菜很好吃,但你身上有股味道,让我恶心。"母熊马上从旁边拿过一把斧头,对农夫说:"既然如此,你用它砍我一下吧!"农夫便砍了一下。数年以后,农夫与熊再次相遇了。农夫对熊说:"当年的事,我觉得很后悔,伤口愈合了吧?"熊说:"那一斧头虽然砍得很重,但只是皮外伤,三个月就好了。忘不掉的只是你的那句话,如同一根长在心里的刺,每想起一次,就疼一次!"

"多闻阙疑,慎言其余,则寡尤;多见阙殆,慎行其余,则寡悔。言寡尤,行寡悔,禄在其中矣。"多听、多看、多思、多想,谨言慎行才能寡悔。恶语伤人三冬寒,不好好把住嘴巴的关,常常会伤害别人,也伤害自己。领导者不要等失言又失人之后,才后悔莫及,从现在开始,谨言慎行,莫要逞一时口舌之快。

第二篇 《周易》智慧通解

导读

《周易》是我国几千年前人类智慧的结晶,它名列儒家六经之首,是对后世影响最深、最广、最长的一部经典。

《周易》离我们现代人的生活并不遥远,因为《周易》中所蕴含的智慧有助于谋划和指导我们的事业和生活。中国哲学中阴阳相生相克、对立统一的基础理论,便是根植于《周易》。后人从《周易》中发展出了复杂的哲学系统,儒家和道教的学说均明显受到《周易》的影响。今人更是从《周易》中解读出有关哲学、政治、历史、军事、民俗等诸多方面的研究价值。本篇力图通过对《周易》智慧的深入挖掘,达到启示今人的目的,以帮助现代人增长智慧,步入成功。

第一章　天行健,君子以自强不息

★ 顶天立地,自强不息

天行健,君子以自强不息。

——《周易》

对一个人来说胸怀大志是至关重要的,只有志存高远才会有大的发展;只有自强不息的人,才会真正通达顺利。但这个人一定要坚守正道,谦虚礼让。盛昌之运虽好,有时反而会招致灾祸,人要懂得盛极而衰、物极必反这一自然法则。顺其自然,就是要谨慎地适应变化,善用刚柔相济的原则,掌握进退的尺量,才能确保祥和与安全,这样才能通达,这才是胸怀大志者之要道。否则将一事无成。

乾卦阐释了宇宙创始万物,大自然的法则至大、至刚、至中、至正,具备创始、亨通、祥和、坚贞的伟大功能,周而复始,无穷无尽,它是人类至高无上的行为典范。象辞中说"天行健,君子以自强不息",这一句饱含哲理的箴言奠定了中华民族世代繁衍不息的牢固思想根基。在中华民族的历史上,自强不息、奋斗不止的例子层出不穷,不胜枚举。从古至今,这种刚健的自强不息的精神就被数不清的仁人志士反复实践过,使中华民族虽饱经患难却仍然屹立于世界民族之林,成为世界上唯一一个文明延续了五千年仍然生机勃勃的大国。

康熙是很有作为的一代帝王,他十分明白乾卦中的深刻道理,面对震慑皇权的恶势力,秉着自强不息的信念,刚柔相济,智擒权臣鳌拜,将通往王权之路的障碍扫清,终成为杰出的少年天子。

康熙皇帝即位时只有8岁。根据顺治皇帝的遗命,由索尼、苏克萨哈、遏必隆、鳌拜四位大臣共同辅政。其中,鳌拜是一代骁将,曾为清朝的建立立过赫赫战功,任辅政大臣以后,自视功高,专横跋扈,根本不把年幼的康熙放在眼里。康熙亲政以后,鳌拜仍把持权柄,毫不放松。另一位辅政大臣苏克萨哈久受鳌拜压制,常常闷闷不乐,于是提出辞去辅政大臣之职。他这一举动使鳌拜非常恼怒,于是便肆意罗列了苏克萨哈24条罪状,判处他死刑。康熙知道这是鳌拜的阴谋诡计,便要赦免苏克萨哈。鳌拜竟然连日厉声上奏,逼迫康熙杀掉苏克萨哈,无奈之下,康熙只得答应鳌拜。鳌拜把持朝政,朝中许多文武官员,都是他一手提拔起来的。他们结党营私,党同伐异,朝中大臣人人对鳌拜俯首帖耳。朝中议事,大臣们一旦违背了鳌拜的"圣旨",鳌拜当着康熙的面就大声呵斥。

鳌拜如此擅权,已威胁到康熙帝的绝对权威,引起了年幼康熙的警惕。康熙日思夜想着铲除鳌拜的良策,然而因为自己年幼,一时难与权势重大的鳌拜抗衡,只有励精图治、奋发图强,苦练一番本领,才能有朝一日将鳌拜制服。

于是,康熙一方面不断给辅政大臣加官晋爵从而稳住局势;另一方面采取各种措施在群臣中树立自己的威信。鳌拜不甘心放弃执掌的权力,和康熙间的斗争越来越激烈,形势十分危急。为了除掉鳌拜集团,康熙帝奋发图强,他不仅研习了历代帝王智擒权奸的韬略智慧,还做了长期充分的准备:他先是从各大王府中挑选了上百名亲王子弟

鳌拜

做侍卫,不分昼夜地辛勤传授他们武艺。为蒙蔽鳌拜,他还对鳌拜崇敬有加,特封他为一等公,鳌拜因此而沾沾自喜,以为这少年皇帝还真是怕了他。此外,康熙还任命索尼的儿子索额图为一等侍卫,和索额图制定擒拿鳌拜的方案。

为了保证行动万无一失,康熙先后差遣鳌拜的亲信出京城办差,接着召集了亲训的王族子弟,进行了指派和鼓励。这一天,康熙召见鳌拜单独进宫议事,只见鳌拜一如平常一样威风八面,全然不把康熙放在眼里。而今天不同往日,康熙端坐在中间,两旁站满了自己的少年侍卫。

鳌拜顿感不妙,可是为时已晚,康熙一声令下,少年侍卫们一拥而上,几下便制服了这个横行数年,权倾朝野的权奸。康熙后来念鳌拜有恩于先祖,赦免了他的死罪,鳌拜死于狱中,他的余党重者被处死、轻者被革职降级。同时,康熙还对蒙冤的人给予了昭雪,其中苏克萨哈的后人承袭了他的爵位和世职。康熙还下达了《圣谕十六条》,旨在消除鳌拜的影响。年轻的康熙帝初露锋芒,将国家的最高权力重新夺到自己手中。这一年,康熙仅仅 16 岁。

康熙铲除鳌拜以后,在政策上又进行了一系列调整,最终稳固了自己的统治,为清朝以后的稳定繁荣打下了坚实的基础。

★敢担大任,塑造气魄

飞龙在天,利见大人。

——《周易》

《易经·乾卦》有云:"飞龙在天,利见大人。""大人",指有道德并居高位者。这句话的意思是龙飞上了高空,利于出现德高势隆的大人物。《象》曰:"飞龙在天,大人造也。"《象辞》说:"'龙飞上了高空',象征德高势隆的大人物一定会有所作为。"《集解》引郑玄曰:"五于三才为天道,天者清明无形而龙在焉,飞之象也。"《正义》:"言九五阳气盛至于天,故云飞龙在天,此自然之象,犹若圣人有龙德,飞腾而居天位,德备天下,为万物所瞻观,故天下利见此居王位之大人。"此第五爻乃居上卦之中,往往是每卦最吉之爻,旧说称此爻为"君位",事实上多是象征事物发展到最完美的阶段的情景。

毋庸置疑,易经中此卦意寓我们要学"飞龙在天",要敢于挑大梁,做"大人",塑造做大事的气魄,从而为国家和人民作出更大的贡献,并因此最大限度的实现自己的人生价值和意义。

在这方面,很多古人都是当之无愧的典范。

"六王毕,四海一",这是何等的气魄和伟业!那时候七雄并立,大家以为这样相安无事就罢了,可谁也没有想到,一股强大的合力正席卷着中原大地。这个时候的秦始皇早已将灭六国、一统天下纳入自己的人生计划。他 13 岁便继承王位,22 岁时开始亲理朝政。经过长期准备,秦王嬴政开始着手进行统一战争。在军事上,嬴政制定了"分化瓦解,各个击破"的正确战略。首先灭掉早已臣服于自己的韩国,然后一步一步,各个击破,最终完成了天下一统的宏伟大志,建立了一个统一的多民族封建国家——秦王朝,成为中国统一进程上一座不朽的里程碑。

汉高祖刘邦原一介布衣,且不喜读书,不喜劳作,其父还称其为"无赖",但是他富有强烈的上进心。在一次送服役的人去咸阳的路上,碰到秦始皇大队人马出巡,远远看去,秦始皇坐在装饰精美华丽的车上威风八面,羡慕得他脱口而出:"大丈夫就应该像这样啊!"刘邦从来不放弃任何上进的机会,他豁达大度,从谏如流,善于听取别人的意见,不固执武断,知人善任,用人所长,逐渐取得很多仁人贤士的信任,很快便在秦末农民起义的群雄中脱颖而出,并且在张良、萧何、韩信和叔孙通的辅佐帮助下战胜了强大敌手项羽,继而夺得天下,开创了几百年的王朝基业。

其实,当年一介布衣的刘邦,是无法预见自己将来一定是什么样的。作为普通百姓,人们更不会想到,那样"无赖"的刘邦居然能成为一统天下的王者。然而事实胜于雄辩。缘何? 在诸多的原因之中,刘邦敢于问鼎君王的胆识和气魄无疑是

·《周易》智慧通解·

图文珍藏版

其成功的首要因素。试想，如果他连这个想法都没有，那就更勿用谈及其他了。

蜀主刘备，少年丧父，与母亲贩鞋织草席为生。机会总是垂青有准备之人，他虽然身在草野，却心怀天下，视恢复汉室为己任，成就一番大事业，所以他无时不在关心着天下大势，只等机会一来便紧抓不放，施展抱负。多年之后，刘备与曹操、孙权三分天下。

一代女皇武则天，虽然只是一个"头发长，见识短"的女流之辈，而且在那样一个"男尊女卑"思想极其严重的封建社会下，她毅然破除了封建思想的禁锢，敢想敢做，敢于向最高权威挑战，从李世民身边一个微不足道的才人到李治身边的昭仪，再到后来，经过长期的苦心孤诣当上了皇后，最后排除李氏王朝，终于如愿以偿当上中华历史上唯一一个女皇帝。这个女人确实不简单，在那样一个男女地位严重不平等的社会环境下，想要在自己家当家做主、占有一席之地都非易事，更别说是做一个史无前例的女皇帝了，这不仅仅归功于武则天有绝顶的才能和超人的智慧，更重要的是一开始她就有敢于做大事的气魄、志向和抱负，然后在自己的精心策划下一步步与成功靠近，最终达成所愿。这种冒天下之大不韪的事情，连男人都不敢想，作为一个女人，武则天想到了，并且做到了。

武则天

一代伟人毛泽东更是如此，他从小就立志："孩儿立志出乡关，学不成名誓不还。埋骨何须桑梓地，人生无处不青山。"誓要"读奇书，交奇友，做个奇男子"。同学们都评价他胆识过人，有伟人气魄。正是在这样一个雄心大志的激励下，他积极磨炼自己的意志和毅力，培养自己的道德情操，丰富自己的知识才学，最终领导全国人民一起赶走日寇，战胜反革命，使人民翻身做主，建立了新中国。

这些例子，看是王侯将相之作，然则，毛泽东说的好，他认为六亿神州尽舜尧。我们每一个人都应该具有历史责任感和历史使命感，都应该敢于挑历史的大梁，都应当志存高远，德济天下，才通四海，这样国家和民族才有希望。也许我们未必都能像这些伟人一样指点江山，激扬文字，但是如果连这样的志向和气魄都没有的话，那不是更加没有希望和可能了吗？要做一定得先要想去做，敢想敢做，一切才皆有可能。

★谦虚美德,闪耀智慧

劳谦君子,有终,吉。

——《周易》

《易经》六十四卦的第十五卦为《谦卦》。值得一提的是,易经六十四卦中唯独《谦卦》第六爻的爻辞全是吉,其他的卦里都是有吉、有凶。谦卦的卦象是异卦(下艮上坤)相叠,地面有山,地卑(低)而山高,比喻功高不自居,名高不自誉,位高不自傲,这就是谦。

《谦卦》云:"劳谦君子,有终,吉。"这句话的意思是,勤劳而谦虚的君子,必能把美德保持到底,要求人们做人要谦逊、谦虚、学敬,那么一切都是吉祥如意的。

中国素称"礼仪之邦",要求人们在待人接物时必须做到谦逊有礼,以此来表示对别人的尊重和友善,且这种对礼仪的心理需求是超越时代的。但是,人之所以为人,总是会"恃己才能,于他高举",尤其是读书人,往往会倨傲自矜,恃才傲物。该如何把这种谦逊的美德保持到底呢? 在这方面,孔子给我们做了一个很好的典范。孔子曾说过,"三人行,必有我师焉。择其善者而从之,其不善者而改之"。这句话并不是孔子随口说说的,他就曾经称一个七岁的孩子可以做他的老师,将文人的谦逊发挥到了极致。

孔子一度带着他的学生们周游列国,宣传他的政治主张。一天,他们驾车去晋国,突然被一个孩子挡住了去路。那个孩子正在专心致志地在路当中的碎石瓦片中玩,似乎忘了自己挡住了别人的去路。

孔子走上前去对那个孩子说道:"你不该在路当中玩,挡住我们的车。"

小孩子听了,却没有一丁点儿歉意,反而指着地上东西反问孔子:"老人家,您看这是什么?"

原来,这个孩子用路中间的碎石瓦片摆了一座城,而且摆得十分用心细致。"您说,应该是城给车让路还是车给城让路呢?"孩子毫不示弱地说道。

孔子一下子被问住了,而且觉得这孩子很懂得礼貌,便问"你叫什么? 几岁啦?"

"我叫项橐,7 岁!"孩子昂首挺胸地回答。

孔子听了,扭转过头对自己的学生们说:"项橐 7 岁懂礼,他可以做我的老师啊!"学生们听了深受启发,更为老师如此宽广的胸襟所折服。

古人告诫后人:"满招损,谦受益。"只有一个懂得谦虚实质的人,虚心求教于人的人,才能真正成为具有谦虚品德的人。从古至今每个人都希望自己可拥有这种品格,但真正能做到的人并不多,北宋时期著名的文人杨时算得上一个。

杨时是北宋熙宁年间的进士,历任右谏议大夫、工部侍郎、龙图阁直学士等。他特别喜好钻研学问,到处寻师访友,曾就学于洛阳著名学者程颢门下。程颢死后,又将杨时推荐到其弟程颐门下,在洛阳伊川所建的伊川书院中求学。那时候杨时已经四十多岁,学问已经相当高,但他向程颐求教时仍谦虚谨慎,不骄不躁,深得程颐的喜爱,被程颐视为得意门生。

有一天,杨时和游酢一起去向程颐请教学问,偏巧正赶上程颐在屋中睡觉,杨时便劝告游酢不要惊醒老师,等老师醒来再去求教。就这样,两个人静静地站在老师门前等老师醒来,没一会儿,天空中突然飘起了鹅毛大雪,这雪越下越大,游酢被冻得受不了,便打算去叫醒老师,又被杨时劝阻了。

就这样,两个人一直立在雪中,等老师醒来。过了许久,程颐终于一觉醒来,却赫然发现门外竟然立着两个雪人!

杨时诚心专志,尊师重道的举动让程颐深受感动,于是,程颐更加尽心尽力教杨时。杨时也不负众望,终于学到了老师的全部学问。后来,杨时回到南方传播程氏理学,并且形成了独家学派,世称"龟山先生"。杨时谦逊的举动为无数文人志士所敬仰,"程门立雪"的故事成为尊师重道的范例流传至今。

要想做一个谦逊的人,一定不可以"好为人师"。在实际生活中,我们经常可以遇到一些好为人师的人。这样的人总喜欢指出别人哪里做得不合适了,哪里做得过分了,似乎他什么都在行,对什么都可以说出个道理来。其实这种自负,往往是自卑心理的曲折表现。他们之所以摆出一副"万事通"的面孔来,就是唯恐被人轻视,想要通过自己的炫耀来证明自己是有实力的。可惜的是,这样做的后果只能使他们显得更加浅薄,遭人厌恶。

中国近代著名的文化先驱蔡元培就曾遇到过这样的人。

有一次,伦敦要举行中国名画展,组委会便派人到南京和上海监督选取博物院的名画。

蔡先生与林语堂都参与了这件事,他们带领着法国汉学家伯系和巡行观览,挑选一些适合参展的名画。伯系和自认是中国通,在巡行观览的时候一直滔滔不绝,为了表示自己是内行,他每见一幅画都要给蔡元培讲述一番,一会儿夸这幅画"绢色不错",一会又说那张"无疑是真品",还有每幅画的墨色、印章如何,他都要详细地讲述一番。

蔡元培对中国画颇有研究,正是在他的极力倡导下成立了北京大学画法研究会,为中国画的发展起到了巨大的推动作用。面对着滔滔不绝的伯系和,蔡元培既不表示赞同,也不表示反对,只是十分客气地笑着应付,一脸平淡冷静的样子。

伯系和就这样给蔡元培上了好久的"课",终于若有所悟,面有惧色,他的长篇大论终于也停了下来,似乎已经意识到自己说错了什么,毕竟站在他面前的是一位颇为懂得中国画的大师。

后来,林语堂在谈到这件事时十分感慨蔡元培能够拥有这样的涵养,相比之下,好为人师的伯系和就逊色了许多。在生活中,谦虚的人往往被我们所推崇,但实际上,清高往往容易做到,虚心却极难做到,我们不知什么时候就会不知不觉的做起别人的"老师"来。因为在任何人的潜意识里都是争强好胜的,自负是人的本性之一。但是,这样的后果是严重的,你的自我表现和炫耀往往会刺伤别人,也给你自己的成功埋下了隐患。

作为一名领导者如果你想要追求成功,那么谦虚是你所必需的特质,它是一个人内在的精神和品质,是大家有目共睹的成就。只有拥有谦虚的品质,你才能在成功背后能看到自己的不足,从而不断地完善自我、正视自我。这样,或许在无意之中,你就会闪耀出智慧的光环,得到你想要的生活。

★懂得节制,做好选择

> 甘节,吉。往有尚。
>
> ——《周易》

人生之路,诱惑多多。抗拒诱惑,是一个艰难的过程,是意志和贪欲的较量。贪欲膨胀容易导致心智迷乱,唾手可得的机会往往是危险的陷阱。"一失足成千古恨",因一念之差而遗恨千古,现实生活中这类事例实在太多了。《易经》:"亨。苦节,不可贞。"就是说,节制可得亨通。苛刻地节制也不可以,应该做到适可而止,处处要做到洁身自保。

生活实践告诫我们,人应淡欲,适可而止。贪欲之心"犹如执炬逆风而行,必有烧手之患"。经不起物欲所扰者,多源于理想信念动摇,思想空虚和不能自控。常言道:"体虚招病,心虚招鬼。"把握不住自己,就会给各种诱惑以可乘之机。人要不失于轻浮流俗,不自轻自贱,就应该提高自我修养,懂得节制,少些攀比,多些自醒自警。别总感觉自己活得比别人窝囊,相信"有钱没钱都能照着太阳",心气自然就会平和。

生活实践告诫我们,人不可贪,否则将一无所有。金钱似水,没钱的人虽囊中羞涩,但宽打窄用倒也细水长流;贪心犹如洪水肆虐,可能引发灭顶之灾。把钱看成水,是种大彻大悟。水能载舟,亦能覆舟。把钱看得过重,结局一般都不会太好。

生活实践还告诫我们,对各种诱惑要有清醒的认识和理智的判断,对钱与权看得开朗一些,理智一点,别陷入自寻烦恼的漩涡之中。以轻松的态度面对人生,不为名所累,不为利所役,保持住心理平衡,创造出自己的生活方式。生活哲学有许许多多,但"贪"字和"贫"字就差一点儿,而这"一点儿"就是大学问。

在名利场上获得一定权势、地位的人,若想固守自己的一方净土,求得一生的平安,则应当注重德性,注意顺乎自然,绝不可强求。洪应明先生在《菜根谭》中还说:"富贵名誉,自道德来者,如山村中花,自是舒徐繁衍;自功业来者,如盆槛中花,便有迁徙兴废。若以权力得者，如瓶钵中花，其根不植，其萎可立而待矣。"

这些话的意思是：一个人的荣华富贵，如果是因为施行仁义道德而得来的，就会像生长在大自然中的花一样，不断繁衍生息，没有绝期；如果是从建立的功业中得来的，就会像栽在花钵中的花一样，因移动或环境变化而凋谢；若是靠权力霸占或谋私所得，那这富贵荣华就会像插在花瓶中的花，因为缺乏生长的土壤，马上就会枯萎。这就告诉我们，没有道德修养，仅靠功名、机遇或者是非法手段求得的福，千万要警惕，它们是不能长久，转瞬即逝，就意味着灾难，伴随着毁灭。只有那些德性高尚的人，才能领悟个中道理，保住一生平安。

唐朝郭子仪爵封汾阳王，王府建在首都长安的亲仁里。汾阳王府自落成后，每天都是府门大开，任凭人们自由进进出出，而郭子仪不允许其府中的人对此给以干涉。有一天，郭子仪帐下的一名将官要调到外地任职，来王府辞行。他知道郭子仪府中百无禁忌，就一直走进了内宅。恰巧，他看见郭子仪的夫人和他的爱女正在梳妆打扮，而王爷郭子仪正在一旁侍奉她们，她们一会儿要王爷递手巾，一会儿要他去端水，使唤王爷就好像奴仆一样。这位将官当时不敢讥笑郭子仪，回家后，他禁不住讲给他的家人听，于是一传十，十传百，没几天，整个京城的人们都把这件事当成笑话来谈论。郭子仪听了没有什么，他的几个儿子听了倒觉得大丢王爷的面子。他们决定对他们的父亲提出建议。他们相约一齐来找父亲，要他下令，像别的王府一样，关起大门，不让闲杂人等出入。郭子仪听了哈哈一笑，几个儿子哭着跪下来求他，一个儿子说："父王您功业显赫，普天下的人都尊敬您，可是您自己却不尊重自己，不管什么人，您都让他们随意进入内宅。孩儿们认为，即使商朝的贤相伊尹、汉朝的大将霍光也无法做到您这样。"

郭子仪听了这些话，收敛了笑容，对他的儿子们语重心长地说："我敞开府门，任人进出，不是为了追求浮名虚誉，而是为了自保，为了保全我们全家人的性命。"

儿子们感到十分惊讶，忙问这其中的道理。郭子仪叹了一口气，说道："你们光看到郭家显赫的声势，而没有看到这声势有丧失的危险。我爵封汾阳王，往前走，再没有更大的富贵可求了。月盈而蚀，盛极而衰，这是必然的道理。所以，人们常说要急流勇退。可是眼下朝廷尚要用我，怎肯让我归隐；再说，即使归隐，也找不到一块能够容纳我郭府一千余口人的隐居地呀。可以说，我现在是进不得也退不

郭子仪

得。在这种情况下，如果我们紧闭大门，不与外面来往，只要有一个人与我郭家结下仇怨，诬陷我们对朝廷怀有二心，就必然会有专门落井下石、残害贤能的小人从中添油加醋，制造冤案，那时，我们郭家的九族老小都要死无葬身之地了。"郭子仪

所以让府门敞开,是因为他深知官场的险恶,正因为他具有很高的政治眼光,又有一定的德性修养,善于忍受各种复杂的政治环境,必要时牺牲掉局部利益,才确保了全家安乐。

还是洪应明老先生说得对:"势利繁华,不近者为洁,近之而不染者为尤洁;智械机巧,不知者高,知之而不用者为尤高。"这话的意思就是:面对诱人的荣华富贵和炙手的权势、名利,能够毫不为之动心的人,其品格是高洁的,而接近了富贵和权势名利却不沾染上奢靡之习气的,这种品格就更为高洁了。不知道投机取巧玩弄权术的手段的人,固然是清高的,知道了却不去采用它,这种人无疑是最清高的。这就是说,面对荣华富贵,但不被这些东西迷惑,能洁身自好的人,就不会受到玷辱,就能平安无事。

《易经》:"甘节,吉。往有尚。"就是说,甘愿节制,吉祥。坚持下去会得到奖赏。

任何事情节制一点总是好的,古人曰:"壁立千仞,无欲则刚;海纳百川,有容乃大。"可见,无欲则刚是一种高深的精神境界。

无欲则刚是令人羡慕的一种状态,它让人感到畅快淋漓,尤其是对一些讨厌的嘴脸的人,无欲则刚意味着毫无惧色的反唇相讥。

一次吃饭的时候,一个朋友眉飞色舞地讲述她如何对老板的无端指责忍无可忍,最后将一只茶杯丢过去的时候,在座的所有人都大声叫好。虽然丢茶杯的行为是暴力了点,但却大快人心。

前不久,一个朋友因为看不惯老板的刚愎自用而分庭抗礼,当天下午老板就送他一样好吃的:鱿鱼。我们开始数落他的时候,他说,我既不对名感兴趣,又不为几千块钱的工资所动,无欲则刚嘛。

可是,无欲则则并不是没有名利的欲望就可以刚了。"吃鱿鱼"的男性朋友在连续两个月找工作未遂后,开始闹饥荒,低头红脸向我们伸出了借钱的手。

所以,无欲则刚是要有底气的,这底气或是四处争着要的香饽饽,或是有相当的经济基础。丢茶杯的那个女友出了那家单位的门,出去旅游了两个星期,回来就到另一家薪水相当不错的单位报了到。我的另一个朋友看不惯老板的作风,一番指斥之后,回家当起了令人羡慕的自由人。

当我们为丢茶杯叫好时,当我们为自由人隔三差五出去游山玩山一圈羡慕不已时,我们忘了,一个是才高八斗又有长相的才女,另一个,老公几万的月收入,而且,也小有才气。

如此可见,"爱谁谁""我是××我怕谁"的话并不是任何人都可以说的。无欲则刚是,看着不顺眼干着不顺气,暗中谋划一番,骑着驴找到了马之后,不卑不亢地递上一封辞职信,将老板的若干条"罪状"列为辞职理由,如果对方恶言相向,可以还之以白眼。不用担心接下来的饭碗和每月电话水电月供等一系列账单,这样的"刚"也许更实际一些。

我们必须学会约束自己,时时审视自己,不要让一些坏习惯影响了自己的人生。

　　虚心纳谏的齐景公嗜酒如命，他可以连喝七天七夜不停止。

　　大臣弦章上谏说："君王已经连喝七天七夜了，请您以国事为重，赶快戒酒，否则就请先赐我死好了。"

　　另一个大臣晏子后来参见齐景公，齐景公向他诉苦说："弦章劝我戒酒，要不然就赐死他。我如果听他的话，以后恐怕就得不到喝酒的乐趣了；若不听的话，他又不想活，这可怎么办才好？"

　　晏子听了便说："弦章遇到您这样宽厚的国君，真是幸运啊！如果遇到夏桀、殷纣王，不是早就没命了吗？"

　　于是齐景公果真戒酒了。

　　晏子的劝诫别出心裁，他既没有纵容君王喝酒，亦没有直接阻止君王喝酒。只是以古时昏君加以比照，使齐景公以之为鉴，并从此戒掉陋习。

　　吃喝玩乐是人人都喜爱的，但是应该有所节制，要懂得适可而止。我们自己固然不能逾越分寸，看到别人如此，也应该想办法来劝阻他，不要怕得罪了人就什么都不说了。齐景公知过能改，肯虚心接受他人的劝告，这种宽大的度量同样值得我们学习。

　　只有懂得节制，才可能做好选择。俗语说"小不忍则乱大谋"，领导者必须学会约束自己，时时审视自己，关键时刻要会洁身自好，要懂得无欲则刚的道理，千万不要让一些坏习惯影响了自己的人生。

★标新立异，打破常规

　　大过：栋桡，利有攸往，亨。

　　《彖》曰：大过，大者过也。"栋桡"，本末弱也。刚过而中，巽而说，行。"利有攸往"，乃亨。大过之时大矣哉！

　　《象》曰：泽灭木，大过。君子以独立不惧，遁世无闷。

——《周易》

　　大过卦描述的状态是阳气过盛，居位不当，上下关系不协调，情形十分危机。此时宜采取非常行动，来实现自己的理想。

　　非常行动，必有危险，只有刚柔相济，结合一切的力量，扶持弱者，才能使阴阳调和，相济互助，从而建立起新的平衡。

　　盲目采取过激或鲁莽的行动，难免会遇到危险，在团结好一切可团结的力量的同时，打破常理，才能赢得成功。

　　"大过"之时，社会动荡，人心惶惶。这时，就很需要能独立潮头而无惧的人来力挽狂澜，才能干出一番非凡的事业。其实,历史上很多大有作为的人都是在"大过"之时脱颖而出的,唐朝贤相魏征就是其中一位。

公元 618 年,李渊父子建立了大唐王朝,但天下初定,仍是群雄割据的逐鹿局势。魏征怀着勃勃雄心来到长安,但因职位低微,一时不为李渊所知。魏征认为眼前动荡的局势正是自己建立功名,求取仕进的好机会。十一月,他自请前往山东,招降瓦岗军旧部归唐。李渊非常高兴,就任命魏征为秘书丞(掌管国家图书之职),乘驿车东下。

不到一个月,魏征就到了黎阳,先给据守此城的徐世勣写信陈述形势利害:"当初魏公(李密)举旗反隋,振臂一呼便拥众几十万,声威所及,半于天下。一败不振,终降唐朝,由此可知天命之所归也。现在你身处兵家必争之地,不早做自图,就可能错失机会,前途有危了"。徐世勣看过信之后,前思后想,决计归唐。他一面将所辖地区的郡县户口、士马人数造册登记,派人送往长安,一面运送粮草接济唐将淮安王李神通。此时,李神通因被河北义军窦建德所败,自相州退至黎阳,遂与徐世勣合兵守城,保存实力。此后不久,魏征又前往魏州,劝说自己的老上司归降了。

魏征

魏征在山东地区的招抚活动,以得到徐世勣所占据的李密旧地 10 郡及 20 万众为最大成绩,这对李唐平定中原地区起到了奠基的作用。

第二年 2 月,自称长乐王的窦建德在山东聊城擒杀了自称皇帝的宇文化及。十月,又举兵南下攻克黎阳,李神通、徐世勣父子及魏征等人全都当了俘虏。窦建德早就闻听了魏征的名气,便任命魏征担任起居舍人(记录皇帝言行的官职)。

武德四年(公元 621 年)5 月,秦王李世民在统帅大军东征的战事中击败并活捉窦建德,窦建德失败后,魏征与隋朝旧官裴矩一同回到关中。皇太子李建成听说魏征有才干,召他主管东宫的经籍图书,任太子洗马职务。

"玄武门之变"后,李世民执掌朝政后,立即召见魏征。此时众人都替魏征的性命捏一把汗,因为魏征是李建成的亲信下属,但魏征却并不惊慌。李世民一见魏征,就怒声责问:"你离间我们兄弟,该当何罪?"魏征面不改色,从容答道:"如果先太子早听从我的建议,就不会有如今的下场。臣下尽忠为主,这有什么过错呢? 春秋时管仲辅佐齐桓公创立霸业,但他在做齐桓公哥哥公子纠的师傅时,还曾用箭射伤齐桓公呢!"李世民听后,无言反驳。看到魏征不卑不亢的态度,满腹的嫌怨也消去了大半。随后,李世民任命魏征为詹事主簿(掌管文书之职)。登基称帝后,李世民又提升魏征任谏议大夫，这是专门负责向皇帝提意见的官职。以后，魏征又屡次升迁，权倾朝野。

唐朝初年是一段动荡的岁月，政治的变动影响着一代人的生活。在这样一个动荡年代中，成功变得既简单又复杂，有些人在乱世中崛起，有些人在乱世中沉沦。贫富的差距、亲人的命运有时候会因为一阵兵马的厮杀而瞬间改变。魏征在这动荡年代能乘风破浪，无惧而立，积极发挥自己的聪明才智，做出了"拓荒者"般的贡献，在很大程度上，很是符合大过卦所揭示的规律。

如今，感情的纠葛、爱情的追逐，对名利的看法、做人的立场，一切都在不安定的环境中随波飘摇，如能持中守正，那么"大过"之时，也正是人们大有作为的最佳时机。

★临危不乱，英雄本色

习坎：有孚，维心亨，行有尚。

《彖》曰：习坎，重险也。水流而不盈，行险而不失其信。"维心亨"，乃以刚中也。"行有尚"，往有功也。天险，不可升也。地险，山川丘陵也。王公设险以守其国。险之时用大矣哉！

《象》曰：水洊至，"习坎"。君子以常德行，习教事。

——《周易》

坎卦阐释突破艰险的原则。物极必反，当盛大过度，又面临艰险，但在艰险中奋进，要坚定刚毅地突破重重艰险，也足以显现出人性的光辉，这也是诚信的最高表现。

要想突破艰险，首先应当明察，不可陷入其中，即使陷入，也不可操之过急。陷入已深，更不可轻举妄动，应先求自保以待变。

在艰险中，不可拘泥常理，应当运用智慧，以求突破。即使有希望脱险，也应当谨慎，要把握最有利的时机奋发而有所作为。

在人生处于困境，周围的环境过于险恶的时候，应该面对现实，安定心态，避开鲁莽，在深思熟虑之后，寻找解决问题的有效方法，这是坎卦告诉人们的道理。

在明孝宗时，云南少数民族地区经常发生骚乱，或是彼此侵扰，或是与官府对抗。很多的官员都不想到那里为官，孝宗知道孔镛的贤明，便把孔镛调到了田州。

孔镛就任田州知府，刚上任的第三天，州内的军队全都到别处执行任务去了，只留下一座空城和几十名老弱病残的兵丁。当地的峒族山民得到了消息，一大清早就冲到山下，包围了州城。众人惊慌失措地关起城门，下决心与城里的老百姓一起死守几天。可是新上任的知府孔镛却命令门卫把城门打开，让峒族人进来。一些久在田州的老官员纷纷说道："大人，不行啊，峒族人全是山里野人，他们可不知什么空城计,你只要一开门,他们就杀进来了!"

"这是个孤立的城,内无储备外无援军,守城能支持几天呢? 只有因势利导,用朝廷的恩威去晓谕他们,或许他们会解围而去。把门打开,我出去与他们谈,我将用皇上的恩威与仁德之理去劝导他们。"众人一听全都哭笑不得,心想这个迂腐的知府老爷怕是死定了。一些好心人不忍看太守去送死,竭力相劝,但孔镛决心已定,接着说:"这是我的城池,我应当独自前去。"众人纷纷劝阻他,但孔镛立即命令准备好坐骑,并命令开城门。众人请他带着士兵去,孔镛否定了。

城门打开了,峒族人望见城门开了,以为是军队出来交战,再一看,原来,是一个官员骑着马走来了,只有两个马夫为他牵马,而且城门随即关上了。只见孔镛身着朝服,毫无惧色。一个峒族人首领喝道:"你是什么人,还不下马受死!"孔镛不慌不忙地说道:"我是新来的太守,带我到你们寨子里去见你们的族长!"

峒族人一听太守要到寨子里去,一时不知如何是好,因为有史以来还没有一位朝廷命官到他们山寨中去,一定不能冒犯,这样的大事得族长来拿定主意。"好吧,我们带你去"。首领说着便带着攻城的大队人马和孔太守往山里走去。

敌兵退了,也避免了一场血战,城里的人都很高兴,然而,峒族人把太守也带走了,田州知府上上下下的人一时不知如何是好了。

孔太守跟着峒族人走到半路上,只见路两边的树林中捆了好多人,那些人一看太守来了,都哭喊道:"大人救命,大人救命啊!"孔太守一看就明白了,这些路过的商人和出城赶考的学子,是被峒族人在半路上捉住的。放人是他们族长的权力,于是他不动声色,一直往前走。

中午过后,到了峒人的山寨,族长并没有见他,而是在屏风后面观察事态的变化。孔太守坐到了位子上,一个首领拿着刀来杀他。孔太守大叫一声:"无礼,本太守第一次到你们寨子视察,还不跪下!"那个首领不动,反问:"你是什么人? 到这里就是我们的俘虏!"

"叫你们的族长出来跟我说话! 告诉他,我是你们的父母官孔太守,没有我就没有人管教你们! 没有我,你们永远只能是过着打家劫舍的日子! 没有我你们的生活永远不得安宁! 我冒死前来解救你们,你们却要杀我,这是天理不容的事啊!如果你们不听我的话,我的官兵马上就会前来兴师问罪了……"

还没等孔镛把话说完,族长从屏风后走了出来,双膝跪倒在地,连连磕头说:"要是以前朝廷的官员都像你说的那样体恤我们,我们也就不至于这样,我保证在您任太守期间,我们绝不会再骚扰进犯州城。一定听大人的话!"

众人一见,全都跪到了地上。

孔太守说:"起来吧,我知道你们本是良民,因饥饿所致入城抢夺,现在我来做你们的父母官,把粮食和布发给你们渡过眼前的难关。明年春季我们再做计划,如果你们过不上好的生活,我孔镛就不离开田州。我走了一上午的路,现在我已经饿了,给我拿饭来!"

峒族人马上给孔太守做了一顿好饭。吃完饭,孔太守说:"备床,我要休息了。"接着便从容入睡。

第二天一早,他便对峒族人的族长说:"跟我到城里取粮食和布去吧。"于是,众人便随他往城里去。走到半道上时,又看到那些捆在树上的人。孔太守说:"这些秀才是好人,你们既然已经归顺朝廷,就应该放了他们,让他们跟我一起回去,以后也不许再乱捉人了!"峒族人给秀才们松了绑,把帽子和衣服还给了他们,秀才们纷纷向孔太守叩头谢恩。

黄昏时分,孔太守带着峒族人来到了城下。城上的官吏一看,又吓坏了。他们说:"一定是太守投降了峒族人,带着他们来攻城了!"孔镛大喊:"开门,开门!"可城中就是不开门。孔太守这时才明白了,叫峒族人退到大路边上,自己走到城门口。这时城门开了,他来到城里,讲明了情况,城中百姓十分高兴。

峒族人将粮食和布帛运回了山寨,从此老老实实地过起了日子。在这以后孔镛也信守诺言,经常到峒族人的山寨,问寒问暖,帮助峒族人发展生产,使他们很快就过上了幸福的生活。在孔镛调离田州时,峒族人倾寨而出,男女老少跪立在官道两边,喊声震天,哭声恸地,送这位给他们重生的衣食父母。

★登阶上进,逐步发展

《象》曰:地中生木,升。君子以顺德,积小以高大。

——《周易》

任何事要从小事、细微处做起,才能成就大事,因为这是自然发展的规律。人不仅要志存高远,还要重视从小事做起,不明白大作于细的道理就很难取得成功。

刘备三顾茅庐,诸葛亮很感动,就为他剖析天下大势:

"现在,曹操兵强马壮,挟天子以令诸侯,无人能与他抗衡;孙权占据江东,已历三世,地势险要,群众支持,人才济济,所以也不能争,只能作为盟友;而荆州北靠汉水,南达南海,东面跟江苏、浙江相联系,西面直通四川,这是兵家必争之地。但是荆州的主人却不能利用,这是上天留给将军的啊。还有益州地势险要,土地广阔,人口众多,物产富饶。当年高祖就是从那里起家,建立了汉朝。现在刘璋软弱无能,张鲁在北面人民富有,但是不懂得管理,有识之士都渴望出现一个贤明君主。你既是皇家的后代,信用和道义为天下人所倾心,正可借此招兵买马,让众人为你效力。如果占据了荆州、益州,扼守住军事要道,西面、南面和各少数民族通好,对外东联孙权,对内整顿政治。等到天下形势有了变化之后,你派一员可靠的大将,带领荆州的军队向河南进兵,你亲自带领益州的军队从陕西、甘肃进兵。到时候,老百姓会拿着盛饭的篮子、提着水壶欢迎你的。如果真能这样,统一大业就指日可待,大汉王朝就能恢复了。"

刘备听完,激动地站起来,高兴地说:"先生的话使我茅塞顿开,我定会按着您说的去办。我想请先生出山,共同创立大业。"诸葛亮同意了刘备的请求,一同奔赴新野了。

诸葛亮为刘备设计的"暂时放弃中原,先取荆、益两州"的策略,稳中求进,是符合当时的主、客观条件的。正是按这一策略,刘备后来才得以建立了蜀汉政权,成为"三国"中的一极。

第二章 地势坤，君子以厚德载物

★厚德载物，有容乃大

《象》曰：地势坤，君子以厚德载物。

——《周易》

为人处世，要直率、方正、宽广，内敛而不炫耀，言行谨慎、谦逊，坚持中庸的原则。

学会见微知著，明白一切结果都有其必然性，都有客观存在性，必须防患于未然。

外柔而内刚，外圆而内方。要会通权达变，掌握事物变化的规律，柔而能刚，善用柔的法则，同样要审时度势才能够逢凶化吉。

用柔的原则，万万不可以极端，极端可导致凶险出现。一定要分清主次要矛盾关系，坚持纯正，冷静客观地看待问题。

历史上很多成就大事的人，深悟坤卦中蕴涵的"诚"、"宽"两字的要义，而修养心志。曾国藩就是恪守诚宽之道，从湖南双峰一个偏僻的小山村，走上满清王朝的政治舞台，成为近代中国最显赫的历史人物之一。

曾国藩（1811年~1872年），乳名"宽一"，或许是这一乳名的深刻含义促成了他的宽怀雅量，铺平了他的人生道路。少时的曾国藩聪颖过人，早年仕途并不顺畅，直至28岁那年入京赴考中进士才出现了命运的转机。此后十年连升十级，37岁任礼部侍郎，官至二品。因母丧返乡，恰逢太平天国巨澜横扫湘鄂大地，他因在家乡组建民团湘军，历尽艰辛为清王朝平定天下，被封为一等勇毅侯，成为清代以文人而封武侯的第一人，后历任两江总督、直隶总督，官居一品，死后被谥"文正"。

曾国藩所处的时代，赶上了清王朝由康乾盛世转为没落、衰败的全过程，身处内忧外患接踵而来的动荡年代，以曾国藩为代表等人的力挽狂澜，一度出现"同治中兴"的局面，曾国藩因此成为这一过渡时期的中心人物，在政治、军事、文化、经济等各个方面产生了令人注目的影响。

曾国藩一向主张"以能立能达为体，以不怨不尤为用"，强调严于律己，宽以待人。作为权倾朝野的汉族重臣，曾国藩同样免不了受到清朝皇族的猜疑和牵制，但这并不影响曾国藩的为人处世之道，他始终奉行"待人以恕"的怀柔品德。这使他身边聚拢了一大批能臣将帅，而这种"诚宽"的品德又集中体现在他正确地处理与重臣左宗棠的关系上。

左宗棠只比曾国藩小一岁，但左宗棠屡试不中，科场失意，蛰居乡间，半耕半读。但左氏恃才傲物，自称"今亮"，语言尖锐，锋芒毕露。这与曾国藩为人拙诚，语言迟讷的性格恰恰相反。咸丰二年（1852年），41岁的左宗棠才由一个乡村塾师入佐湖南巡抚张亮基，当了个"刑名师爷"。两年后，张亮基迁为湖广总督，左宗棠又入湖南巡抚骆秉章幕僚达六年之久。而此时的曾国藩已经是位重权高的显赫人物，曾、左虽非同僚，却同在湖南，"一山容不得二虎"，曾、左之间常有龃龉。

曾国藩赞赏左宗棠的才干，并没有依循封建官场的陋习对他进行打压和排挤。1856年，曾国藩奏左宗棠在剿灭太平军的过程中接济军饷有功，因而，朝廷命左宗棠以兵部郎重用。左宗棠得知自己的升迁与曾国藩有关，于是对曾国藩心存感激，但左宗棠性情刚直，在朝野上下得罪了不少人，尤其是在湖南"久专军事，忌者尤众"，于是碰上了樊燮事件。樊燮事件不仅让左宗棠丢了官职，咸丰帝甚至下密令"如左宗棠有不法情事，可就地正法"。幸得当时的一些朝臣知道"天下不可一日无湖南，湖南不可一日无左宗棠"，左宗棠才幸免于难。曾国藩也极力上疏为左宗棠辩解，在这种情况下，咸丰帝才有"弃瑕录用"的旨意，草草了结此案。

当时，曾国藩驻军安庆宿松，左宗棠来营暂避锋芒，曾国藩当即热情地接待了他，并连日与他商谈。曾国藩深知左宗棠有将帅之才，于是上奏朝廷说："左宗棠刚明耐古，晓畅兵机。当此需才孔亟之际，或饬令办理湖南团防，或简用藩臬等官，予以地方，俾得安心任事，必能感激图报，有裨时局"。曾国藩在左宗棠极其潦倒、"四顾苍茫"的时候，向左宗棠伸出了援助之手。左宗棠也不负厚望，在贵溪、东平等地段多次阻击太平军，节节胜利。事后，曾国藩又在呈给朝廷的战报中写道："长江南岸七百多里，只有左宗棠一军纵横驰骋，来回策应，这在清军之中是绝无仅有的。"

在曾国藩一再保举下，左宗棠于同治元年（1862年）二月重新被朝廷取用，受命为浙江巡抚。曾国藩也担心自己"树大招风"，一方面请求辞掉自己节制浙江军务的谕令，一方面把左宗棠推到了浙江的最高位置上。并根据曾国藩的奏请，左宗棠的部下蒋益澧也被提拔为浙江布政使。曾国藩如此谦让，又如此真心

左宗棠

实意地为清朝廷保举人才，心中哪有半点对左宗棠的嫌隙之意？曾国藩这种不为名利的心胸在很大程度上削减了清朝政府对汉族重臣的猜疑，同时也为左宗棠开

·《周易》智慧通解·

图文珍藏版

辟了一条顺畅的仕途。

同治二年（1863年）三月十八日，左宗棠被授命为闽浙总督，仍署浙江巡抚，从此与曾国藩平起平坐了。三年之中，左宗棠从被人诬告、走投无路的人，一跃而为封疆大吏，这样一日千里的仕途，固然出于自己的才能与战功，而如此不断的报功保举，也只有曾国藩才能做到。两三年的仕途让左宗棠对曾国藩的态度发生了彻底的变化，后来左宗棠在挽曾国藩的联中，深情地写道：

谋国之忠，知人之明，自愧不如元辅；

同心若金，攻错若石，相期无负平生。

曾、左二人早期虽有龃龉，但因为曾国藩的宽怀大度，使左宗棠成为事业上最得力的帮手和生活中最知心的朋友。正如左宗棠自己所说的"同心若金，攻错若石"。共同的事业——中兴清室使他们走到了一起，这也正是曾国藩"待人以诚恕"的最好例证。

大地应天而动，不私其身，诚宽博大，厚德广纳。曾国藩的事业在风雨飘摇的时局中延续了几十年，就因为他遵循地之道，这种为人处世的法则也深深影响了他的属下和学生。曾国藩辞世后，他的学生——晚清名臣李鸿章对曾国藩的一生作了一个精辟的定论：

师事近三十年，薪尽火传，筑室忝为门生长；

威名震九万里，内安外攘，旷代难逢天下才。

★人格高尚，感召力强

《象》曰：泽上有地，临。君子以教思无穷，容保民无疆。

——《周易》

临卦中说道：领导者应以高尚的人格感召民众，以威信维持纪律，临危不乱，这才能使人心悦诚服，上下融洽，充分发挥组织力量，有所作为。这样天下有事，有志之士都会积极参与，有所作为。明代的民族英雄史可法以身作则，深刻领会临卦中的意旨，在大兵压境、兵临城下的紧急关头，临危不惧，对士兵恩威并施，与他们同甘共苦，谱写了一曲惊天地、泣鬼神的反击异族入侵的凯歌。

崇祯十年（公元1637年），没落的明王朝四面楚歌，岌岌可危，史可法被朝廷升为右金都御史，成了独当一面的大员。后来因蝗灾辖境粮价飞涨，他一面令官民捕灭蝗虫，一面调拨粮食，上书皇帝请求免除百姓的田赋。与此同时，他的生活却越发俭朴，一年四季只穿同一套官服，自己种粮种菜，处处约束自己，将减少百姓负担放在第一位。

六安这个地方，老百姓的负担一直很重。最令百姓困苦的是，每年要替官府养一批马匹。即使中等人家，也有因为养马而破产了的。史可法下令取消了这一规定，改由官府雇人来管理马匹，使百姓的这一负担得到解除。除此外，他还惩处了一批犯有严重贪污勒索罪行的官吏。

史可法带兵军纪严明，对于扰害百姓的官吏非常愤恨，毫不留情地对他们进行处理。一次，一个姓苏的兵弁杀死了六安县的一个老妇，史可法立即将之正法。不想他的同伙竟秘密勾结了一百多人，在军中鼓噪闹事，乘夜放起火来，想乘乱将史可法刺死。史可法吩咐身边的人立即携带公事文书躲避，很快乱兵向史可法蜂拥而来。史可法手握宝剑，端坐在堂上。面对正气凛然的史可法，乱兵丧失了勇气和自信，一个个悄悄地溜走了。事过后，史可法立即派人调查因起火而被害的主户，并赔偿百姓的损失。

史可法

崇祯十六年(公元1643年)七月，史可法升至南京兵部尚书，并参与朝廷决策。其时，明王朝已经病入膏肓，奄奄一息，不可救药。崇祯十七年(公元1644年)三月十八日，李自成率领的农民起义军攻破北京城。崇祯帝走投无路，逃到煤山，自缢而亡。

崇祯帝死后，南明政权成立，福王即位。史可法以大局为重，主动请求福王派他到前方去督师。福王于是改命史可法为武英殿大学士(仍为兵部尚书)，赴前线督师，于是在扬州建署。史可法恩威并施，首先整顿军队，惩办了一些坑害老百姓的官兵，取消私设关卡，禁止军人贩盐。这些措施不仅维护了社会秩序，同时也增加了财政收入。同时，还设立了"礼贤馆"，专门接待来投效的人才。又上《论人才疏》，主张打破常规，不拘资格，荐举选拔人才，调军前使用。他的"礼贤馆"的确吸收了不少的人才，后来有的在扬州保卫战中牺牲，有的成为各地抗清活动的骨干。例如有个叫吴尔埙的，在李自成进京时曾归顺了大顺政权，李自成从北京败退，他回到南方，马士英要治他"降贼"之罪，史可法却把他收留下来。他满怀激情，表明自己的抗清决心说："披犀甲，操吴戈，气之雄，腾天河，骛广野，捐爱戚，志之决，头非恤。我心赤，我血碧，长城虽坏，白虹贯日。"后来果在扬州保卫战中壮烈牺牲。在军事上，史可法在江北地区设立四个据点，称之为四镇。史可法担任督师驻扎扬州，统率四镇。四镇的镇将分别为高杰、黄得功、刘良佐、刘泽清。

任督师期间，史可法每餐只限一菜一饭，后因前方军饷供应不足，便免去荤菜，经常素食，过着十分艰苦的生活。遇到军事情况紧急时，连睡觉时也穿着铠甲，以防敌人的突袭。他与士兵们同甘共苦，士兵没有吃饱，他绝不动碗筷；士兵没有添衣，他也绝不先多加一件衣服。过年时候，士兵们都轮流休息去了，史可法却仍在紧张地批阅着公文。夜深后他想喝点酒提一提神，然后再工作。他举起酒杯时，忽然想到了"礼贤馆"的秀才们。他本想请他们一道来喝酒,可是时间已是夜半,于是便嘱咐值勤的军官说:"不要惊吵他们了,明天每人发给一份酒资吧!"史可法拿起酒杯斟上了酒,又向厨房要了些小菜。不料厨人却回报:"白天犒赏将士,已经把所有的菜和肉都吃光了。"史可法便只得以咸菜下酒。

史可法是个大酒量,自从来到前线,他怕耽误军情,便戒了酒。这天是除夕,他才破例喝了一点。整日的疲劳加上一点醉意,史可法不觉伏在案上睡熟了。东方微明,文武官员先后来到营门,听候升帐议事。大家正在纷纷议论之时,扬州知府任民育向大家说:"相公终年劳累,难得像今夜睡得踏实,就让他再睡一睡吧。"于是命更夫又打了一次四更的鼓。这时候天已大亮了。史可法醒来,大怒道:"乱打更鼓,竟敢违犯我的军令!"于是下令严惩更夫,左右的人赶紧把任民育的话告诉了他,史可法这才作罢。过了一会,知府任民育前来请罪。史可法对他说:"你这样做虽然是爱护我,但同时也把法度破坏了。"从此,史可法坚决不再喝酒,即使再疲倦,也不在案上打瞌睡了。

弘光元年(公元 1645 年)四月中旬,清兵已至扬州城外。

在此之前,清军开始向南进兵的时候,清摄政王多尔衮就曾给史可法写过一封信:"清朝打败了农民起义军,建都北京,是全国唯一合法的政权。南明建国,是坐享其成,所以应当去掉国号"。接着又说,如果福王能归顺清朝,南明的君臣都可以享受高官厚禄。

史可法没有因为清廷的威胁和利诱而改变主意。在回信中,他严正地驳斥了多尔衮,并表示要"鞠躬尽瘁,死而后已",抗清到底,决不屈服。

清军兵临城下后,并不立刻攻城,而是先派降将李遇春拿着招降书去劝史可法投降。遭到史可法的拒绝后,多铎还不死心,一连给史可法写了五封信,劝史可法投降,史可法看也不看就把信烧掉了。这时,有两个明军将领背着史可法,带领本部官兵偷偷出城,投降了清军。这样,扬州城中的明军防守力量就更加薄弱了。史可法见军心已经涣散,料到扬州难保,但他面对强敌临危不惧,决定做最后的努力。于是,他传令集合全体官兵讲话,说:"这几日军情非常紧急,淮安已经失守。扬州为江北的重镇,如有闪失,南京难保。切望大家一致努力,不分昼夜,严密防守。如有胆敢造谣生事,惑乱人心者,定要按军法治罪!"

史可法下令把军队分成三部分:一部分迎敌,一部分守城,一部分巡查。他随后宣布临阵军令说:"上阵不利,守城;守城不利,巷战;巷战不利,短接;短接不利,自尽!"历史上著名的扬州保卫战开始了。

由于史可法平时宽以待人,将士们为他的民族大义所感动,便和他团结一致,同仇敌忾,全城军民英勇抗战,誓死保卫扬州城。清军自侵入关内,所过之处,从未遇到像扬州这样顽强抵抗的。这一次,清军遭到空前猛烈的抗击,死伤很是惨重。四月二十五日,清军统帅多铎下令对扬州发动总攻。扬州旧城的西门最为险要,史可法便亲自在这里守卫。清军集中大炮的火力向城的西北角轰击,炸开一个缺口,清军蜂拥而入。

史可法看到城被攻破，已经无险可依，立刻拔剑自杀。身边的参将许谨和副将庄子固一齐上前抱住了他，正要保护他下城，二人同时中箭身亡。这时，史可法看见对面来了许多清军，便大喊道："我就是史督师！"清兵立刻上前将他捉住，送到新城南门楼上去见多铎。多铎见了史可法，十分恭谨地说："今天，先生已为明朝尽到忠义，我想请先生替我们大清收抚江南，不知先生愿意不愿意？"史可法闻言大怒，斥道："我是大明臣子，头可断，血可流，永远不会做降敌的罪人！"史可法面对死亡，脸上毫无惧色，清军知道诱降不会成功，便残酷地将他杀害了。

★身体力行，以身作则

观：盥而不荐，有孚颙若。

《彖》曰：大观在上，顺而巽，中正以观天下，观。"盥而不荐，有孚颙若"，下观而化也。观天之神道，而四时不忒。圣人以神道设教，而天下服矣。

《象》曰：风行地上，观。先王以省方观民设教。

——《周易》

观卦，阐释观与瞻的道理。

在上者的一举一动，无时无刻不在被注视中，因此在上者必须以诚信严正要求自己，以道义展示于天下，才能得到人们的信仰与尊敬，服从领导，产生力量。

在上者应该至忠至善，对外要观察民情，了解民间疾苦，有所作为，对内要观察自己的言行作为，不断反省检讨，永远不能满足。保持头脑清醒，坚守原则，不断追求更高的目标。

当你是一个领导或管理人员时，你就应该是个好模范，带领大家去达到你的目标，所以，你就应当高瞻远瞩，察人所不察，身体力行，以身作则，用自己的形象去影响众人，这样必成大事。

中华民族是一个崇尚道德伦理榜样的民族，"榜样的力量是无穷的"这句话可以说是妇孺皆知的俗语了。古有"二十四孝"，今有雷锋、任长霞等，每一代都有被宣传歌颂的榜样。从历史事实上看，伦理榜样促成了封建道德体系的形成，在社会群体中确实起过重要作用；从价值层面看，树立榜样也确有必要，因为榜样的行为与精神是时代凸现出来的精华，是未来社会发展的方向。尤其是领导者更应该清醒地意识到这一点，言传身教，做下属的表率。观卦中说到"先王以省方观民设教"，也就是这个道理。

唐德宗年间，强贼四起，国家危机重重，朝廷的统治受到威胁。这时大臣陆贽上书德宗，陈述天下之弊，请求德宗下罪己诏和免罪诏书，向天下人谢罪，让德宗检讨个人的过失，以使朝野同心，共同对付威胁朝廷的敌人。中书省起草的文书送给陆贽看后,陆贽认为言辞尚欠诚恳,于是又另外起草了一份,呈送给德宗。

陆贽对德宗说:"现在盗寇多如牛毛。弄得帝王流亡在外,陛下应当痛心疾首,勇敢地承担过失,以感动人心。昔日成汤因加罪于自己而使殷商勃然兴起,楚昭王因讲了善言而使楚国得到复兴。如果陛下愿意诚恳地纠正过失,用言语向天下谢罪,那就要将朝廷过失写得非常彻底。尽管我才疏识浅,但我还是可以写得符合圣上的心意的"。德宗听了他的上书,面对危机四伏的江山社稷,回顾自己在位期间的种种过失,觉得陆贽所言极是,当即同意了他的意见,诚恳地向天下人赎罪。所以,德宗在奉天颁布的诏书,即使是骄横的将领、凶悍的士卒听了,也无不感动得热泪盈眶。

德宗在罪己诏书中详尽列述了即位以来的各种过失,把罪责全部揽在自己身上,而对那些犯错误的官吏则大加原谅。他责备自己与驻守各地的帅臣不通音信,以及征调兵马粮饷而给人民带来的灾难;他责备自己治国无方,丧失了为君的体统而让百姓受灾受难,并将奏表中"圣神文武"的封号取消。诏书中号召被裹胁叛变的将士、官吏、百姓,只要向朝廷投诚,一概按赦免之列处理,并强调:"各军、各道一切奔赴奉天和进军收复京城的将士,一概赐名称作'奉天定难功臣'。那些加征的阡陌钱、间架、竹、木、茶、漆等税以及专营铸铁等项,全部予以免除。"罪己诏和免罪文书颁布后,全国百姓拍手称快。唐德宗回到长安的第二年,李抱真入朝对德宗说:"在山东宣布免罪文书的时候,士兵们都感动得流下了眼泪。我看到军心是这般情形,便知道平定敌军便是举手之劳的事情!"

唐德宗的罪己诏,为全军做出了遵纪守法的表率,因为在法律不健全的社会里,国君的榜样很重要。

★ 宽大包容,求同存异

《象》曰:上火下泽,睽。君子以同而异。

——《周易》

睽卦阐释有离必有合、有异必有同的自然法则。天地相反,却能哺育万物;男女相反,却能相互交好;万物不同,却能兼容成长。对待消极的力量应坚持原则,顺应大势,异中求同,才能结合力量,有所作为。有同必然能合,这就必须彼此互信,宽大包容,懂得权变,克服重重障碍,才能达到异中求同的理想境界。

有离必有合,有异必有同,这是必然的自然法则。与对方建立合作关系,能否成功的核心就是看彼此间有无共同的利益。战国时的苏秦能够凭借一张嘴,从求同存异的角度切入,让各国认清了"合纵"与自己国家的利害息息相关,从而将相异的六国联合在一起,形成了对付强大秦国的联盟。

战国中期，著名纵横家苏秦，开始时企图推行连横政策，当时秦孝公已卒，他坚决支持商鞅的变法，而孝公的继承者秦惠王新立，不用辩士，故而苏秦没有在秦国得到什么职位。

苏秦怀着愤恨和不满，转而到关东六国组织合纵抗秦。

周显王三十六年（公元前333年），苏秦到达燕国，求见燕文公。苏秦说："燕国与赵国是近邻，受到赵国的威胁要大于秦国，所以要联合赵国来保全燕国。"燕文公认为他的话很有道理，便采纳了这个意见，于是苏秦得到燕国器重。

苏秦到了赵国，对赵肃侯说："赵国处于关键的地方，对于六国有所偏移，则最终对自己不利，而联合六国，可以有效地制衡秦国，成就霸业。"赵肃侯觉得苏秦说得很有道理，便立即优厚地款待苏秦，赐给他大量财物，作为他去联络其他诸侯的费用。

苏秦到了韩国，见到韩宣惠王，针对韩国的形势分析说："韩国的土地是有限的，而秦国的需求是无限的，以有限的土地，去对付无限的需求，这简直是拿钱去买祸害，不经过战争就悄悄地把土地消耗光。"韩宣惠王把苏秦的话琢磨了一阵，决定参加合纵。

苏秦到了大梁，假托赵王的命令，向魏王提出六国同盟、合力抗秦的方针，劝魏王不要向秦国称臣，说魏国地方似乎不大，但是人烟稠密、武士众多，足以联合他国，抗击强秦。魏王也采纳了苏秦的方针。

苏秦又来到齐国，向齐王发表了长篇的说辞，晓之以秦国不可能越过赵魏来攻打齐国，而齐国居然臣服于秦国，很令人蒙羞的。齐王听了他的话，顿时有所醒悟，急着向苏秦请教今后的方针。苏秦果断地说："你们还没有沦为秦国的附庸，并且有着自己的地位。因此，我建议大王参加六国同盟，互相支持，使秦国根本不敢跨进关东半步。"齐王连连答应。

苏秦对楚威王说："楚国是天下的强国，秦国最怕的就是楚国，六国中其他各国已经联合，楚国不参与，则必然为秦所攻。"楚威王高兴地同意加入合纵集团，并

苏秦

愿意做联盟的领袖。

经过苏秦这一番游说,建立起了秦国为之忧虑的六国合纵联盟。苏秦成为纵约长,执六国相印,并给秦国下了纵约书,使秦国15年不敢出函谷关东进。

异中求同,是客观规律。国家与国家的建交是这样,个人之间的交往也是如此。有作为的人,有时固然因为时势的考虑、坚持原则的需要,虽同而存异,虽合而有别,但是在一般情况下,应以积极主动的姿态,努力从异中求同,团结所有的力量以便大有所为,这对所有加入者都有益处。

★自省自律,修身正己

井:改邑不改井,无丧无得,往来井井。

《彖》曰:巽乎水而上水,井。井养而不穷也。"改邑不改井",乃以刚中也。"羸其瓶",是以凶也。

《象》曰:木上有水,井。君子以劳民劝相。

——《周易》

井卦讲了人们对井的整治、利用的过程。

井是长久不变动的,人们天天使用井水,长年累月而不清理和整治,直到井水不能食用了,人们才引起重视。

井水不断地被人们利用,然而井里却有不断的涌泉来补充,井水洁净依然。由此启示人们,只要自身不断修养,充实更新自己,人与人之间也可相助相养,助人亦自助,这样则事业有成,人间生机盎然。

一个团体、一个单位乃至一个国家,要考虑如何创造环境,培养和吸纳各类人才,让他们创造的智慧像井水一样汲不完、用不尽。

水是生命之源,井是提供源泉的地方,这就是井与水的关系。井卦以此来说明个人需要不断地培养道德修养和不断开发知识潜能,只有不断地自我完善,才能有望成就一番事业。在中国历史上,唐太宗李世民是一位有名的明君,更是一位能够正己修身、以自身为表率的君主。

在贞观初年,李世民刚刚登上帝位,就下令放走皇宫园圃中的鹰犬。指令各地州县不得进献珍禽异物,停止修建宫殿楼阁,甚至不让后宫妃子们多添新衣,他自己的龙袍也是三年不换新的。言行都比较谨慎,注意克己节欲,不以玩乐分心。上朝时,大臣们讨论军国大事,或请示皇上决断问题,一般都先听后说,多听少说。较难办理的事情,总在调查了解后,三思而后行。李世民爱护百姓,不夺农时,而违犯法律的人也少,有一年全国竟然仅有二十几个违法的人。

贞观元年(公元 627 年)五月,有位外地大臣上书唐太宗,请求清除朝内的奸臣,唐太宗反复思考,也不明所指。最后,在这个人进京述职时,就当面问他:"你说让我清除奸臣是好事,但奸臣是谁呢?"这位大臣说:"臣下远在外地,不能确定谁是奸臣。但我肯定朝中有奸人。陛下不妨故意说错一件事,而且装作固执己见,可以试验大臣的态度。那些能够敢于进谏、不屈不挠的,就是忠直之臣;如果巧言迎合的,就是谄媚奸臣。"

太宗听了,虽然明白他的意思是用一些驭臣之术,但还是摇了摇头,笑了笑,对他说:"你的主意不错,但我不能这么做。因为君主是源,臣下是流,如同江河。江河的源头若浑浊了,就不能要求下游流水清澈。君主自己诡诈,怎么能责备大臣忠直呢? 我是以至诚来治理天下的,有时看到前代有些帝王用权谋诡诈来驾驭臣子,实在觉得是一种可耻的行径。"

这位上书的官员也无话可说,只好尴尬惭愧地退下了。

然而,这位大臣的话时刻困扰着唐太宗,是朝中真的有奸臣,还是上书者想由此表明自己的忠直呢? 太宗便拿这个问题问耿直的大臣魏征。魏征分析说:"我认为这种空泛的议论没有什么价值,其用意也不必深究。我倒觉得,陛下所提出的君源臣流的思想,是难能可贵的,更是值得庆幸的大事。君主您能严于律己,则天下必定能够治理得很好。从前楚王请詹何做谋士,问他治理天下的要领,而詹何却只讲了君主正身修己的方法。楚王又问:'那国家究竟如何治理呢?'詹何回答说:'我没有听说过君主自身修养好了而国家却败乱的。'古代圣明的君主都能修正自身,远离享乐之欲,天下自然安乐。陛下所说,正同古代圣明君主的主张是一致的。"

唐太宗听了以后,高兴地说:"要安定天下,君主必须先修正自身,没有身正而影歪、上理而下乱的。我常想损害修身的因素,不在外界,而在自身的贪欲。比如美味、声色等,贪欲越多,损害越大。既妨害治理国政,又侵扰百姓利益。如果再有违背礼义德行,万民就会解体,怨声载道,叛离之乱必然发作。"魏征称赞说:"陛下为社稷深谋,常能正己修身,真是天下老百姓的幸运。"

李世民的想法得到了魏征的赞许,心里更觉踏实。第二天上朝时,唐太宗又兴致勃勃地向群臣讲了一通君源臣流的道理。

"自古君王治理天下,唯有对自己修身、对臣民修德这两件事最为要紧,其他虚

李世民

国学经典文库

国学大智慧

·《周易》智慧通解·

图文珍藏版

浮的事情都不必关心。尧舜用仁德治理天下,臣下就跟着仁德;桀纣用暴虐统治天下,臣下也暴虐。臣下的举动都是依照君主的喜好行事,比如南朝的梁武帝父子二人都崇尚浮华,信奉佛教和道教。梁武帝末年,武帝本人荒废国事,到寺庙里宣讲佛经,文武官员都头戴僧帽,脚穿高履,整天陪同僧尼拜佛,谈论苦海空门,不把军国大事放在心上。直到侯景领兵攻入京城,多数官员都不会骑马,狼狈步行逃亡,死伤遍及路旁,武帝被侯景囚禁而死。武帝之子孝文帝逃到江陵,被人包围,还向百官宣讲老子的道义,突然城被攻破,君臣都做了俘虏。这些教训实在不能忘却,我们应以此为鉴戒。我现在所喜好的,只有尧舜的仁德之道和周公的理政之教。古人说,君主犹如盛水的容器,臣民犹如水。水的形状或方或圆,都在于容器的形状,而不在于水本身。这些治国安民的正道,是我们一定要坚持的啊"。

文武百官频频点头表示敬服,并高呼"万岁,万岁,万万岁"。

由于唐太宗真正地按他所说的去做了,因而出现了"贞观之治",这是封建历史上少有的太平盛世时期。

★ 忠心诚信,利涉大川

中孚:中孚,豚鱼吉。利涉大川,利贞。

《彖》曰:中孚,柔在内而刚得中,说而巽,孚乃化邦也。"豚鱼吉",信及豚鱼也。"利涉大川",乘木舟虚也。中孚以"利贞",乃应乎天也。

《象》曰:泽上有风,中孚。君子以议狱缓死。

——《周易》

仁、义、礼、智、信,是儒家对世人的五种最基本的道德要求,按照儒家的说法,只有具备上述五种基本要求的人,才有资格被人尊称为君子,才能够受到世人尊重,从而也才能成就一番事业。这五者之中,守信用、重诺言,似乎更受人重视。在儒者心中,它是对一个人最起码的道德要求,是衡量君子小人的一个基本准则。先秦儒家大师如孔子、孟子、荀子等,都不止一次地提到诚实守信对修身齐家治国平天下的重要意义。荀子说:"君主出令而有信,国必强;君主出令而不讲信用,国必弱。"诚信能够感动一切。诚信之人,无论做什么事情,都能如愿以偿。无论遇到什么困难都能克服。平时的为人处世,要有诚信,在上层的政治生活中,更要以诚信为本。诚信不仅能够使自己心安,也能感动他人。

人在社会生活中做人的根本态度是拥有一颗至诚之心,是与人相处之道,更是人的生存之道。春秋时期,卫国发生内乱,卫侯朔流亡国外。卫侯朔胸怀大志,矢志复国,报仇雪恨。于是,他想方设法结交诸侯,以取得各国诸侯对他的信任、同情与支持,齐襄公答应了他的要求。于是,齐襄公约会宋、鲁、陈、蔡四国,出兵联合攻打卫国。卫国自知寡不敌众，向周天子求救。周天子所派之兵不能与之抗衡，节节失利。五国联军长驱直入，很快便帮卫侯复了国。虽然齐襄公打了胜仗，但忧心忡忡，担心周天子会来兴师问罪。群臣看到齐襄公忧愁的样子，纷纷建议齐襄公选派猛将带重兵戍守齐国要塞葵丘，因为葵丘防守好了，齐国就没有什么危险了。

齐襄公思来想去，觉得众臣说得在理，便决定让勇武有力、足智多谋的连称和管至父二人去。于是，他命人找来连称和管至父，和气地对他们说："二位将军身手不凡，寡君一向看重你们。如今，国家危急，只有你们二人才能担当此大任，请准备一下赴任吧！"

葵丘是个偏僻的地方，地广人稀，远离国都，两人都不愿去。但国君之命，违抗不得！于是，他们两人对望了一下，恭恭敬敬地答道："感谢国君对我们的器重，臣马上就前往驻地。只是，臣想斗胆问一句，我们何时可以回来再听命于陛下呢？"

齐襄公犹疑了一下，便指着桌子上切开的大瓜说："现在正是瓜上市的季节，等明年这个时节，我派人去接替你们。你们就放心去吧，我说话绝不食言！"听到齐襄公的诺言后，两人高兴地出发了。到任以后，他们以实绩报答齐襄公的厚望：一方面组织百姓修筑防御工事，一方面加强军备训练，周天子虽然对齐国不满，可看到齐国布防对垒森严，也只好打消了对齐国的非分之想。

时间过得飞快，转眼一年过去，又到了瓜成熟的季节。连称与管至父想到马上就可以回到都城和家人团聚，便感到很高兴。可是，一天天过去了，接替他们的人还没有到来。他们天天盼望、天天等待，得到的却是一次次失望。最后，他们实在等不下去了，就商量说："如今朝廷事多，国君日理万机，一定忘记咱们的事了，我们还是派人捎个信去，提醒他一下吧！"于是，他们派人去求见齐襄公，还特意让人带了许多新上市的瓜给齐襄公，以此提醒齐襄公，记起去年的诺言。使者见到了齐襄公，献上了新瓜。齐襄公品尝着新瓜，连连称赞，却对派人接替连称与管至父之事，提也不提。

连称与管至父实在无法，只得亲自求见齐襄公。说明来意，不料襄公听了大发雷霆，竟然教训起他们来："该让你们回来的时候，我自然会派人接替你们的。你们身为人臣，提出的这些要求简直毫无道理！你们先回去吧，等瓜再熟的时候，我再考虑接替你们的事吧"。

齐襄公不但不信守诺言，反而背信毁约，甚至还将两人骂了一顿，使得连称与管至父听后憋了一肚子气，回去后便商量如何对付齐襄公。正在这时，一直想谋反的公孙无知来了。公孙无知是齐襄公的堂弟，他为了除掉齐襄公，一直隐忍不发，寻找机会。连称与管至父见到公孙无知，说起对齐襄公的种种不满。听完他们的话，公孙无知暗自高兴。他趁机鼓动连称与管至父背叛襄公，立他为君，并许诺高官厚禄。齐襄公的不守信用，令连称与管至父生气至极，于是他们接受公孙无知的建议，决定除掉齐襄公，以解心头之恨。

这年冬天，齐襄公在贝丘打猎，不小心跌下马背，扭伤了脚，只好回宫休养。公孙无知得知这个消息后，认为这是一个天赐良机，于是通知连称与管至父带兵杀来,进行宫变。

　　耳听得宫内喊声四起,齐襄公知道发生了暴乱,他急忙藏在床下。公孙无知的侍卫发现了他,举剑猛刺,齐襄公便身首异处了。齐襄公虽贵为一国之君,却背弃诺言,出尔反尔,一欺而再欺,终于惹祸上身,自食恶果。

　　诚实守信是人们立身处世的一个基本点,这正是中孚卦所倡导的思想。对普通人来说,失去他人信任,便失去了生存的基点,而对一国之君来说,不信守诺言,出尔反尔,臣下也会反戈一击。齐襄公正是毁弃诺言,自欺欺人,视诺言如儿戏,才致使自己的国君地位严重受挫,落得一个身死国亡的下场。

第三章 善长等待，成就大事

★厚积薄发，大业必成

> 屯：元、亨、利、贞。勿用有攸往，利建侯。
>
> 《彖》曰：屯，刚柔始交而难生，动手险中，大亨贞。雷雨之动满盈，天造草昧。宜建侯而不宁。
>
> 《象》曰：云雷，屯。君子以经纶。
>
> ——《周易》

在天地初创的艰难时代，或事业刚起步之时，既要正视创业初期困难重重，又要把握这建功立业的最好时机。

多少英雄豪杰，先是遭受贫困、屈辱、欺压，被挤兑、被淘汰，他们像个被狠狠地摔在地上的皮球，一跃腾空。

历来的成功者用坚忍不拔的毅力和艰苦卓绝的努力向人们展示：苍天有眼，成功的机会青睐于有抱负的苦心人！千难万险是无法阻挡成功者的脚步的！

有志者，事竟成，破釜沉舟，百二秦关终属楚；

苦心人，天不负，卧薪尝胆，三千越甲可吞吴！

这是一副励志对联，该联用史实解说了屯卦所蕴含"刚柔始交而难生"的道理，告诉人们在成长的道路上充满了挑战，要经历种种考验，饱受磨难。其中"卧薪尝胆，三千越甲可吞吴"说的就是越王勾践的故事，在今人的脑海里，越王勾践已经成为在苦难中奋发而为的英雄化身。

在春秋（公元前770年至公元前476年）后期，在长江下游崛起的两个国家——吴国和越国，为了争夺霸权，而兵戈相接，战争不断。

公元前494年春，越王勾践得到吴王夫差准备攻越的消息后，决定先发制人，出兵攻打吴国。吴王夫差在伍子胥、伯嚭的辅助下，派出精兵，迎战越军于夫椒。由于吴军实力较强，越军在准备不充分、兵力不够充足的情况下大败而归，最后只剩下五千人，退守会稽山。吴军乘胜追击，把会稽山包围得水泄不通。在这生死存亡的紧急关头，勾践采纳了范蠡的建议，决定以屈求生。勾践一面准备死战，一面派文种以美女、财宝疏通吴太宰伯嚭,去向吴王夫差求和,让夫差允许越国作为吴的属国存在下来,勾践愿做吴王的臣仆,忠心侍奉吴王,否则勾践将"尽杀其妻子,燔(烧)其宝器,悉五千人触战"。在接受了大量贿赂的伯嚭的劝导下,最后吴王夫差准许议和,撤军回国。

不久,越王勾践履行和约,和范蠡一道去吴国给夫差当奴仆,王后也做了吴王夫差的女奴。勾践为吴王驾车养马,他的夫人为吴国打扫宫室。他们住在囚室,秽衣恶食,极尽屈辱而从不反抗。由于勾践能卑侍吴王,同时又贿赂伯嚭,最后,勾践终于取得了吴王的信任,三年后被释放回国。而三年之中,文种没有辱没越王交付他治理国家的使命,越国不仅度过了因战争而引起的困难时期,还恢复了往日的繁荣。

越王勾践

越王勾践回国后,他在坐卧的地方悬挂了苦胆,吃饭的时候要先尝尝苦胆的滋味,日夜思量着有朝一日报仇雪恨。他用文种治理国家,用范蠡训练军队,积极发展经济,积蓄力量。还下了一道"罪己诏",检讨自己使很多百姓在战场上白白送命的失误。他还亲自去慰问受伤的平民,抚养阵亡者的遗族。勾践还针对越国战败后人口减少、财力耗尽的情况,制定了休养生息的政策。由于改革内政,减轻刑罚、赋税,提倡百姓开荒种地,越国在十年中没有向人民征收赋税,百姓每家都有三年的粮食储备,越国百姓亲近他的感情,如对父母一般。

勾践对内改革的同时,还开展卓有成效的外交战。对吴国,他经常送给夫差优厚的礼物,表示忠心臣服,以消除他对越国的戒备,助其骄气,麻痹腐蚀夫差。同时用高价收买吴国的粮食,造成吴国粮食紧张,破坏吴国经济。他为了消磨吴王夫差的意志,将西施和另一个叫郑旦的美女送给了他,自此吴王沉湎在金钱和美女的温柔乡中,不能自拔。西施还利用她的姿色离间吴王和大将伍子胥的关系,伍子胥以自杀而终,这就为越国灭吴国清除了障碍。勾践采用这一系列的措施,不仅壮大了自己,而且削弱了敌人,灭吴也就成了指日可待的事了。

公元前482年,吴王夫差为了称霸中原,带3万精锐部队远征,国内空虚,给了越王勾践可乘之机。勾践随即调集越军约4万人,大举攻吴,公元前476年,吴王夫差自杀,越国取得了吴、越之战的最后胜利。

灭国之灾并没有使勾践意志消沉,正如生长在田野里的树苗,必须遭遇风雨,才能成为擎天巨擘,笑傲山林一样,勾践明辨果断,知道取舍,甘愿为奴,在饱受痛苦的同时寻找出路、奋发图强,最终成就大业。这恰到好处地吻合了屯卦中的寓意。

★ 养精蓄锐,伺机而动

需:有孚,先亨,贞吉。利涉大川。

《彖》曰:需,须也。险在前也,刚健而不陷,其义不困穷矣。需,"有孚,光亨,贞吉",位乎天位,以正中也。"利涉大川",往有功也。

《象》曰:云上于天,需。君子以饮食宴乐。

——《周易》

要想成就一番事业,在事态没有明朗之前,不论外界的压力有多大,都不能轻易采取行动。只有坚守信念,养精蓄锐,等待有利的时机,才能有大的成功。从需卦里我们可以得知,人的一生都不是一路顺畅的,当前进之途出现坎坷时,我们必须学会等待,然后选择适当的时机,伺机而动,这样定能走向成功。

蔡锷是辛亥革命时的战将,武昌起义时,蔡锷在昆明发动新军起义,成立云南军政府。

他任都督期间,恩威并重,深受军民的拥护。不久,在孙中山、黄兴领导下,进行了"二次革命"。后来,袁世凯妄图称帝,蔡锷担心革命党人操之过急,一旦失败,革命的成果便会丧失。于是,在袁世凯与革命党人之间,蔡锷采取若即若离的态度。他这样做,并不是存心背叛革命党人,而是想保留革命的火种。

蔡锷的态度,袁世凯是非常清楚的,于是他以组阁为理由,召蔡锷入京。袁世凯这种调虎离山之计,让蔡锷的部下非常担心,他们纷纷劝蔡锷不要进京。但蔡锷说:"袁世凯非常恨我,我若不去,他就会对我更加痛恨。我怎么能为保全个人,让国家再次发生战乱,让百姓经受战火之苦呢?你们不必为我担忧了,让我想法对付袁世凯这个老贼吧!"说罢,他毅然踏上了北上之路。

蔡锷

来到北京后,袁世凯给蔡锷安排了很多要务,蔡锷一概谢绝。让他看文件,他都交给下属去做。他自己却整天饮酒狎妓,在八大胡同出入。蔡锷虽然如此,袁世凯却仍然不放心,每天都要派密探监视他。

不久,袁世凯意欲称帝,百官纷纷上劝进表章。

蔡锷本来是热心共和、缔造共和的人,但他却忍着内心的隐痛,违背自己的信仰,加入到劝进者的行列,并上劝进表,通电云南,晓谕自己的部下拥戴袁世凯称帝。蔡锷整天与鼓吹帝制最积极的"六君子"、"五路财神"、"八大金刚"等周旋,甚至帮助这些人为袁世凯筹备登基大典。渐渐地,袁世凯对他的疑虑有所减少。为了让蔡锷彻底归附自己,袁世凯便对蔡锷进行了金钱收买。正当财政紧张之际,在蔡锷所兼督办的经界局,却突然得到六百万的经费。蔡锷收到这笔钱之后,实际上已经秘密地把钱汇往云南,作为他日后大展宏图的经费。他表面上仍然沉溺于酒色,让袁世凯在心理上对他产生胸无大志的错觉。

但是,袁世凯对蔡锷的严密监视仍没有放松,蔡锷一时无法脱身。于是蔡锷行为更加张狂,北京城内凡是著名的歌台舞榭、娼馆妓院,他出入更加频繁。这时蔡锷又特意爱上了一名叫做小凤仙的妓女,此人侠肠媚骨,秀外慧中,早就看破了蔡锷的心思,知道他是醉翁之意不在酒。一天,小凤仙有意用言语试探蔡锷:"现在国是日非,而你却整日在温柔乡中讨生活,这不辜负了天下人对你的期望了吗!"蔡锷说:"这些事情,不是你们女辈所应该知道的事情!"小凤仙笑道:"将军不要这样说,你的行为早已被我看破。将军要想脱险,声色犬马固然是一个办法,但仅仅这样做远不够,还应当广置良园美宅,以表示自己再也不想到别处去的志向,然后随机应变,待时而行。"小凤仙的这番话,深得蔡锷赞同。

从这之后,蔡锷开始广置田产房屋,整天忙得不亦乐乎。袁世凯得知这个消息,高兴地说:"此人已经进入我的圈套了。"从此对蔡锷的防范便有所放松。

又过了一段日子,北京城内的法庭上出现了一件极为奇怪的事,即蔡锷与夫人发生口角,双方一起到法庭要求离婚。袁世凯一听,更加得意地说:"我以前把蔡锷看成是英雄,现在看也不过尔尔。刚刚富贵,就忘了夫妻之情。他已没有什么大志向了,从今以后我不必担心,再也不用为他费什么心事了!"于是,他便把监视蔡锷的密探全部撤掉。

为进一步麻痹袁世凯,让他彻底对自己放心,蔡锷整日待在小凤仙处,甚至一住就是十几天。公府召见、朋友来访,如果不到小凤仙处,便见不到蔡锷的影子。这样又过了将近一个月,蔡锷想:是离开这个地方的时候了。

一天傍晚,蔡锷在小凤仙的住所举行宴会。参加宴会的官员很多,一时间将通往小凤仙住处的道路堵塞。而室内歌声笑语,猜拳行令,震耳欲聋。蔡锷将军却大饮大嚼,兴致欲狂。一席未终,已经酩酊大醉,呕吐狼藉。来宾也都酒意十足,纷纷散去。

翌日晨,天未破晓,蔡锷悄然离去,乘火车赴天津、去日本,转道海上至云南。不久,云南独立,其他各省继起响应,方知蔡锷之所以纵情声色,购置田产,与妻子离婚等等,都不过是故意掩饰自己的真实面目。蔡锷进京被袁世凯扣押,便以寻花问柳之法掩饰自己的志向,静待时机,最后巧妙出走,后发制人,拉开了讨袁的大幕。

不久,云南护国军举起反袁称帝的大旗,湖南、四川相继响应,袁世凯的皇帝梦破灭,只好被迫取消帝制。1916年,袁世凯在一片声讨中咽了气。

蔡锷以一个政治家的眼光,从宏观和全局着眼,在形势于己不利的险恶环境中,以屈待伸,沉着冷静地等待时机,最终一触即发,取得了胜利,这显示了他惊人的胆识和气魄。

★积跬至千,积流成河

渐:女归吉,利贞。

《彖》曰:渐,之进也。"女归吉"也,进得位,往有功也。进以正,可以正邦也。其位,刚得中也。止而巽,动不穷也。

《象》曰:山上有木,渐。君子以居贤德善俗。

——《周易》

渐卦讲的是循序渐进的道理。做事必须循序渐进,防微杜渐,切忌急于求成,否则欲速则不达,只能落个拔苗助长的结果。

事物发展的客观规律告诉我们,做事业应该按循序渐进的规律,讲求实际,万不可急于求成。循序渐进是事物发展的普遍规律。力量薄弱没关系,只要循序渐进,就能避免错误。循序渐进理应建立在自力更生的基础上的,但并不排斥外力援助。当力量不足时,应该尽快寻找一个平安的环境,渐渐地使自己壮大,再图进取;所处环境不安稳时,应该学会应变,运用柔顺的办法争取强者援助。渐进的道路有挫折,也有阻碍,认识到这种复杂性,尽管道路是曲折的,前途却是光明的。

事物慢慢地在发展,事业也逐渐地步向成功,一代天骄成吉思汗就是从草原一步步进入中原,得到天下的。公元1162年,在蒙古斡难河畔的帖里温孛勒塔黑,有个男婴呱呱降生。他右手握着血块,"容颜生光,眼神如火",按照当时的蒙古谚语,这象征着吉祥。有一天婴儿的父亲——蒙古乞颜部的酋长也速该,带领部众袭击塔塔儿人,最终获得了胜利,抓到了两个战俘。其中有个战俘名叫铁木真,为了纪念这次胜利,也速该就将刚出生的儿子命名为铁木真。

铁木真9岁之时,他的父亲带着他到弘吉剌部首领特薛禅家订婚。在回家的路上,也速该被塔塔儿人认出,用毒酒害死。乞颜氏族失去首领,势力衰败,铁木真的家族顿时陷入困境中。他母亲带领着孩子们,以及少数忠实的部众,食野果、吃草根,艰难地度日。青少年时代的铁木真,历尽千辛万苦。有一次,为了躲避泰赤乌部的侵害，跑进了山林。后来忍受不了饥饿，下山找寻食物，不幸被俘。他被套上木枷，到处游街示众。铁木真利用泰赤乌人举行宴会疏于防备的机会打倒看守人，几经挫折，逃回家中。在重重磨难中，铁木真得到了很好的锻炼，逐渐养成坚忍不拔、机敏慎重、百折不挠的性格。在克烈部的协助与支持下，铁木真将蔑儿乞部打败，俘虏了许多的蔑儿乞部人做奴隶。从此，铁木真在草原登上了政治舞台。

经过这一次战争，铁木真的力量不断得到壮大，一些在过去困难时刻离开铁木真家族的人，

铁木真

也开始向铁木真靠拢。在王罕的大力支持下，铁木真将主儿乞部、蔑儿乞部、乃蛮部、泰赤乌部等部落战胜了。公元 1201 年，铁木真与王罕联合将札木合打败，并将塔塔儿部消灭掉。这样，西起鄂嫩河上游，东到兴安岭、蒙古高原的东部地区，都合并到铁木真的号令下了。

随后，克烈部和乃蛮部遭到铁木真大军拦挡，许多人跳崖死去，太阳罕也死在了乱军中。铁木真取得了完全的胜利，蒙古草原被铁木真统一了。公元 1206 年，蒙古的贵族、功臣们，在鄂嫩河边举行聚会，一致推举铁木真为全蒙古的大汗，并尊其为"成吉思汗"。"成吉思汗"是蒙古语"强大"之意。这一年，铁木真 45 岁，大蒙汗国宣告成立。

成吉思汗建立蒙古国后，在军事、行政、法律、文化等方面，都制定了一套新型的制度。

公元 1211 年初，西夏纳女称臣，1214 年 6 月，成吉思汗围攻金中都，1215 年 5 月，中都终于被攻破了。公元 1218 年，成吉思汗利用西辽内乱的机会，将西辽灭掉。

公元 1226 年，成吉思汗以西征时西夏不肯出兵为由，再次出击西夏，并占领了西夏都城的外围。西夏王到了山穷水尽的地步，不得不降。由于天气炎热，年老体衰的成吉思汗染上了斑疹伤寒，病情逐渐加重，他自知大去之期不远，遂对幼子拖雷和诸大将交代了联宋灭金的方略。后来窝阔台灭金，基本上遵循了他的遗嘱。

铁木真从一步步构建自己的权力范围，到后来大元朝统一天下，这中间的过程是曲折而缓慢的。其实，任何强大的事物都是如此。企图忽略过程一蹴而就，不仅违背了基本规律，也将不会有什么好结果。

综观成吉思汗的一生，他从一个没落的贵族到一代帝王，其中经历了很多不平和坎坷，他一生的功业是一步步走出来的。可见，成功需要坚韧和毅力，古语说："不积跬步，无以至千里；不积小流，无以成江海"，这正是渐卦蕴藏的要义。只要我们一步步走来，在不断前进的过程中坚定信念，矢志不移，就一定能走到成功的彼岸。

第四章 善待英才，广聚贤能

★治人韬略，攻心为上

《象》曰：地中有水，师。君子以容民畜众。

——《周易》

用兵的原则，首先要注重纪律严明，统帅者必须刚健中正、恩威并重，要做到与士兵有福同享、有难同当。在指挥作战时应以安全为首要，指挥权必须统一。这一卦强调兵者乃凶器也，告诫君主用兵必须慎重。攻心是一个将帅治军的原则，这样才能激励起士兵忠心报国、效忠疆场的一腔热血。

战国时的吴起，就是一个深谙用兵之道的人。他从小志向远大，醉心功名利禄。他为当上将军而不惜将自己的妻子杀掉，这样重功名而薄亲情的举动，深受世人的谴责。

但是，善于治军的吴起却在笼络士兵方面有过人的绝招，那就是依靠感情拉近自己和士兵的关系，因为他深知自古带兵之将必须对士兵有所关爱，方能得其心。战争之事，动则伤筋动骨，血洒沙场。只要人人死心塌地，就能以一当十，去夺取战争的胜利。

吴起自为鲁国大将之日起，即在军中与士卒同吃同住，卧不铺床，行不骑马，看见士卒背包过重，吴起便与之分担。

有一位士卒背上生疽，吴起亲自调药，用口为其吮吸脓血。全军将士见到这样的场面，无不感恩戴德，为之动容。

当时，齐军长驱直入，直犯鲁国南部边境，鲁国告急。听说鲁国拜吴起为将，齐国大将田和抚掌大笑："这人是我田氏女婿，是一个贪色之辈，对行军打仗的事一窍不通。鲁国任用这样的人为将，失败是注定了。"

齐鲁两军对垒，吴起坚守营寨不出。田和派人窥视吴起，只见吴起正与军中下等士兵席地而坐，饮酒吃肉。

使者将观察到的情况报告田和，田和嘲笑说："将尊兵丁才害怕，兵丁害怕才会产生战斗力。吴起这般举动，真是愚蠢至极，我可以高枕无忧了。"

　　田和又派爱将张丑诈称讲和，前去探听吴起的作战意图。吴起将精锐兵将藏在后面，尽派老弱之卒让张丑观看，并且装出十分谦恭的样子，礼请张丑进入军中。

　　张丑假意说："将军如果不嫌弃田氏的好意，我军情愿与将军结盟和好。"

　　吴起说："鄙人三尺微命，何以与田氏争锋？如果贵军情愿结盟，是我心中最大的愿望。"吴起留下张丑，在军中畅饮三日，闭口不谈及兵家之事。张丑欲归，吴起再三致意，求他多做努力，争取两军结盟和好。张丑辞行之后，吴起立即暗中调兵遣将，分作三路，尾随而来。

　　张丑回报田和，笑说吴起兵弱将寡，全军毫无斗志。田和欣喜若狂，赏赐三军，决计来日进剿鲁国。

　　正在谈笑之间，田和等人忽听军门之外鼓声大震，吴起大兵突然杀进军营。齐军马不及甲，车不及驾，兵找不到将，将找不到兵，军中顿时乱了套。

　　真所谓"兵败如山倒"，吴起三路大军如破竹之势，一阵猛杀，齐国数万大军毁于一旦。在鲁军阵阵杀声中，齐军尸横遍野，大败而逃。

　　从此，吴起被鲁穆公拜为上卿。

　　田和率强国之兵，优势明显。吴起受命于仓促之间，鲁国之兵力远不及齐国之众，虽处于下风和劣势，最后能大获全胜，全仗吴起出色的指挥能力，但是更重要的是他与田和的带兵思想有着明显的区别。吴起受命之日，即与士卒同甘共苦，先攻其心；而田和对此并不介意，他一味地认为：为将不尊则兵不畏，兵不畏便缺乏战斗力，却不知道：关心士卒与军队纪律严明并不矛盾，而且田和素怀轻敌之意：首先轻视吴起，其次轻视鲁军，其失败是不可避免的了。而吴起用兵谨慎，故意伪装自己的弱点，助长齐军轻敌麻痹大意的心理，然后通过奇袭取胜。

　　师卦讲战争是不得已而为之的事情，士兵的生命和国君、将帅的生命一样重要，都应该受到尊重。只有以诚心对待士兵，士兵才能舍命报国，血洒沙场。吴起杀妻的行为虽为人所不齿，但是在用兵方面，他却深知治军先治心的道理，不愧是一位杰出的军事家。

　　为将亦管理，用兵如用人，天下道理同出一辙。

★ 互为依靠，相辅相成

　　比：吉。原筮，元永贞，无咎。不宁方来，后夫凶。

　　《彖》曰：比，吉也；比，辅也，下顺从也。"原筮，元永贞，无咎"，以刚中也。"不宁方来"，上下应也。"后夫凶"，其道穷也。

　　《象》曰：地上有水，比。先王以建万国。亲诸侯。

——《周易》

人与人之间的相互关系必须以诚信为基础,互相辅佐,和睦相处,才能获取成功。

在事业的创建过程中,合理利用人际关系非常重要。这是事业成功的关键。

在诚信的原则下,使朋友之间、上下级之间紧密团结、互相帮助、相互沟通、相互信任、精诚合作,事业一定可成。

刚毅中正的领袖,总是用自己的仁德和诚信去感化下属,下属才忠心依附在他的周围,这是创造共同幸福的根本。比卦强调团结求安定,诸葛亮收服孟获、安抚南中地区,正是应用此卦的出色表现。

三国时期,南王孟获是南中地区少数民族的领袖。蜀汉昭烈帝刘备死后不久,孟获乘机造反。诸葛亮为使大后方得到巩固,统兵三路讨伐孟获,一举将孟获捉获。孟获丝毫不服气地说:"我是因为中了你们的埋伏才被活捉的。如果凭硬拼硬打,你们恐怕不是我的对手。"诸葛亮笑着说:"好,那我就将你放回,我们再较量一番。"

诸葛亮将孟获放走,众将颇为不解,诸葛亮友善真诚地说:"此次远征,并不是来强夺地盘,而是为了使南中地区各民族百姓心甘情愿地服从我们蜀汉,从此不再生叛乱之心。这就要求我们真诚对待南王孟获,使他感受到我们的诚信,率众归降才是。"众将听后,无不叹服诸葛亮的卓识超群。

孟获离开蜀国营地后,收拾丢盔卸甲的残兵败将渡过泸水,将所有船只都渡靠南岸,又命令大、小酋长率本部人马修筑土城,企图借泸水天险死守土城。诸葛亮从当地人口中获知泸水下游150里处的沙口水不太深,可以扎筏渡过,于是便派大将马岱亲率3000人马在土人带领下夜半渡水,乘其不意袭击孟获,孟获并没防备,再次被活捉。孟获仍然不服气,诸葛亮将孟获再次释放。

诸葛亮一连活捉孟获六次,又一连六次将他释放。孟获屡战屡败,本部兵卒的战斗力渐渐丧失了,都无心恋战。于是,孟获便向马戈国主请求,带来三万藤甲军,与蜀军决一死战。藤甲军身披藤草,刀枪不入,弓箭射在藤甲上也不能穿透,一连几仗,蜀兵都吃了败仗。但是,诸葛亮总结了失败的教训,很快便想到了破敌的方法。原来,藤甲军的藤甲有一致命的弱点,藤甲是用油反复浸泡过的,怕火烧。诸葛亮发现了藤甲军的致命弱点后,便将藤甲军引入一个狭窄的山谷中,将藤甲军的归路切断后,在山谷中,放起熊熊大火,藤甲军被烧得焦头烂额,全军所剩无几,孟获再一次被生擒到诸葛亮的帐下。

诸葛亮传下命令:放孟获回去,让他整顿兵马,再决胜负。孟获满面惭愧地说:"七擒七纵,这是自古以来没有过的事情。我虽然不是读书之人,但也懂得做人的道理。如果我再战,简直是不知羞耻了。"说完,孟获跪倒在地,向诸葛亮请罪,要求对自己惩罚。诸葛亮问:"你真心愿意臣服吗?"孟获回答:"丞相待我至真至诚,由此可见丞相的爱民之心。我不仅是臣服,而且还要世世代代铭记丞相的再生之恩。"

于是,诸葛亮传令大摆宴席,大宴孟获以及各位酋长。宴毕,仍由孟获充任南中地区各少数民族的首领。

从此,孟获对蜀汉忠心耿耿,南中地区成了蜀汉征伐北魏的可靠后方。

★追随正义,以德怀人

随:元、亨、利、贞,无咎。

《彖》曰:随,刚来而下柔,动而说,随。大亨贞无咎,而天下随之,随时之义大矣哉!

《象》曰:泽中有雷,随。君子以向晦入宴息。

——《周易》

在一个群体中,要达到协调的目的,就必须以群体的利益为重,克服个人的私利,以促成上下之间的随和,也就是追随。随从的根本在于诚实守信,在随和之中获得安定,这就有助于减少争斗,避免冲突,以维持人际关系的和谐和社会秩序的稳定,从而达到天下太平无事。

提倡在追随时要坚持原则,为政者就要体察民情,以德怀人,从老百姓的利益出发,以达成上领下随;不盲从,更不能趋炎附势。

有位科学家曾经做过一个实验,发现当雁群成“人”字形飞行时,要比孤雁单飞节省70%的力气,相对地也就等于增加了70%的飞行距离。雁群的确够聪明,它们选择拥有相同目标的伙伴同行,这样可彼此互动,更快速、更容易地到达目的地。雁群的这种飞行方式与随卦所阐释的追随、随和的原则同出一辙。人与人之间,个人利益往往会有冲突,有时必须舍弃个人的私见、私利,随众意、众利,才能维系一个组织或集体利益,这些道理已经被现代的管理者诠释成“团队精神”。一个真正的团队应该是一个有机整体,有一个共同的目标,并为这个目标努力奋斗。其成员之间的行为相互依存、相互影响,并且能很好地合作,追求集体的成功,是团队中的每个成员都习惯改变以适应环境不断发展变化的要求。

人心齐,泰山移,团结就是力量。团队精神可以使团队保持活力、拥有创新、焕发青春、积极进取。这就像步调一致的雁群一样,齐心协力,互帮互助,并在心中产生一种力量,激励自己前进,一起飞向灿烂美好的明天。在历史上,清初开国功臣多尔衮就很好地践行了随卦所蕴涵的哲理,他重用汉臣,使之成为大清王朝的“团队”核心。他提倡的“满汉一家”这一策略,使刚刚统一的大清帝国出现了国泰民安的局面。多尔衮是清朝历史上少有的开明政治家之一,他追随正道,提出了满汉一家的思想,这在当时实在是难能可贵的,比清朝的其他统治者,确实英明许多。

清朝定鼎北京后,在短短的十七八年里,基本上在全国范围稳定了清朝的统治,其中的一个重要原因便是多尔衮以群体的利益为重,克服个人的私利,以促成上下之间的随和,吸收了大批明朝官员加入到清统治者的队伍中。清军一入关,明朝宦党骨干冯铨就被录用,官至礼部尚书。第二年,熟知冯铨老底,原也是明朝官员的现任御史吴达告他的状,说他是魏忠贤的干儿子,揽权受贿。状纸上送到多尔衮处,多尔衮适应形势,不为所动,压而不发,冯铨照做他的官。顺治十年(公元1653年),顺治帝说:"国家用人,着眼于叫他立功,而不是叫他再犯错误。……(冯铨)本来没有什么明显的错误,且博通典故,熟悉政事,因此特地召用,以使他自新。"任命他做了弘文馆的大学士,第三年加了"议和师"衔。冯铨受此礼遇,干得也更加卖力,为清初统治者出了不少主意。顺治十六年,冯铨以太保、中和殿大学士衔退休养老。

顺治十年,顺治帝叫洪承畴经略江南时,明确指示"抚、镇,以下听其节制,兵马钱粮听其调拨","吏、兵二部不得掣肘",多尔衮没因洪承畴是个汉族降将,就与满族将领有区别,而是将之重用。因此,洪承畴随军南下,攻城劝降,含辛受骂,在所不辞。洪承畴派人迎母于闽,母至,见洪承畴而大怒,操杖击之,说:"迎我来,将使我为旗下老婢么?我打死你,为天下除一害!"洪承畴仍不为母言所动,继续为清廷效力。为报答多尔衮的知遇之恩,最后干到双眼几乎失明,也无怨言。

为了使汉官能够有效地发挥作用,多尔衮严禁满洲贵族欺压、侮辱汉官,违者必究。顺治元年(公元1644年),宣府巡抚李鉴劾奏赤城道朱寿鋆贪赃犯法,多尔衮下令追查。朱赂嘱满臣绰书泰求阿济格讲情,阿济格便派绰书泰和总兵刘芳名胁迫李鉴释其罪。多尔衮闻知这种不法行为后,立刻将绰书泰同朱寿鋆等人枭首示众,将刘芳名夺职入旗,降阿济格为郡王,罚银五千两,令其悔过。阿济格是比较有实力的亲王,又是多尔衮的同母兄,在满洲统治集团的内部斗争中,是忠于多尔衮的。多尔衮对他们任意欺压汉官的行为做出这样的处理,说明多尔衮在处理满汉矛盾上,还是比较公正和开明的。在多尔衮开明、宽容、多元的政策主导下,入主中原的清王朝,随和众意,在较短的时间内,全国的经济在战乱之后得到恢复,很快出现了国泰民安的局面。

为吸收明朝旧官,多尔衮在任用汉人方面采用了"邪正兼收"的方式,不管你在明朝是东林党还是宦党,只要你为我工作,我就过往不咎,而且还加以袒护,有时甚至斥责那些揭发、弹劾者为"陷害忠良"。

多尔衮和顺治皇帝采取广用汉臣的手段,解决了清廷所需大部分官员的来源问题,靠不咎既往的策略稳住了这些人的心,这些人见明朝大势已去,也心甘情愿地努力为新朝廷工作,从而使满族统治者在较短时间内在全国站稳了脚跟,这不能不说是高明的策略和手段。

人常说:识时务者为俊杰。多尔衮作为清朝的创建者,能够抛开民族偏见,顺应形势,大胆地起用汉人,尊崇儒家文化,使汉族官吏和清朝贵族相互团结,形成一股强大的团队力量。这在当时来讲,实在是难能可贵的。他的这种举动,是随卦中所讲的追随正道的有力折射。他正是靠着这一宽容的策略,为大清三百年的基业奠定了基础。

★刚柔并济，赏罚分明

噬嗑：亨。利用狱。

《彖》曰：颐中有物曰"噬嗑"。噬嗑而亨，刚柔分，动而明，雷电合而章。柔得中而上行，虽不当位，"利用狱"也。

《象》曰：雷电，噬嗑。先王以明罚敕法。

——《周易》

在人生的道路上难免有不顺利，犯了错误就必须接受惩罚，大的惩罚往往是因为小错一步步走向大错而导致的严重后果，小恶必惩，防患于未然。刑罚为纪律之根本，纪律是人生和事业成功的保证。

在人际交往中，我们一旦犯了错误，哪怕这种错误是无意间或不得已造成的，也应该及时向人家道歉或说明，不能拖拖拉拉，否则就可能酿成大的问题。

坚决排除自身的错误，坚守正道，果断刚强，讲求策略，这样的人生之路才能更顺畅。

商鞅是春秋时期的改革家、政治家，他受秦孝公任命变法，遵循噬嗑卦的法则，刚柔兼具，顺应民众心意而明确赏罚，使改革的政令得以推行，很快使弱小的秦国在众诸侯国中脱颖而出，成为当时的强国。

春秋时候，齐威王当霸主时，西方的秦国在政治、经济、文化各方面都比较落后，中原各国都瞧不起它，很少跟它来往，还不时派兵侵夺它的土地。

周显王八年（前361年），秦孝公即位。他感到秦国正在饱受强邻的欺压，国内有贵族的专横，内患外忧，决心奋发图强，改变国家落后的面貌。为了寻求改革的贤才，就下了一道命令："不管是本国人，还是外国人，谁有好办法使秦国富强起来，就封他做大官，赏给他土地"。不久，一个叫商鞅的人应征从魏国来到秦国。商鞅到了秦国，见到了秦孝公。两个人议论国家大事，十分投机。最后，秦孝公决定改革旧的制度，实行变法，推行商鞅提出的新法令。消息一传开，贵族大臣们都一起反对。但秦孝公力排众议，授予商鞅推行新法令的大权，全力支持商鞅施行改革方案。周显王十三年（前356年），商鞅的新法令公布了。

新的法令刚刚开始推行，就遇到很大的阻力。那些贵族宗室不去打仗立功，就不能做官受爵，只能享受平民待遇。实行连坐法以后，他们更不能为所欲为了。因此，贵族们都疯狂地攻击新的法令。在保守势力的唆使下，就连太子也公然站出来反对。商鞅把反对新法的甘龙等人罢了官，可是，太子是国君的继承人，不便处分，商鞅便去找秦孝公。对他说："新法令所以推行不开，主要是王室内部有人反对。"

秦孝公说："谁反对，就惩办谁。"

商鞅把太子反对、故意犯法的事一说，秦孝公既生气又为难，没有言语。商鞅说："太子当然不能治罪，但是新法令如果可以随便违犯，今后就更不能推行了。"

秦孝公问："那怎么办呢？"商鞅说："太子犯法，都是他的老师唆使的，应该惩治他们。"

秦孝公表示同意。这样，太子的两位老师都受到了惩治：公子虔被割掉了鼻子，公孙贾被刺了面。众人看到秦孝公和商鞅这样坚决，都不敢反对新法令了。

商鞅打击了贵族的嚣张气焰，为了取信于民，便在国都的集市南门立下了一根 3 丈长的木杆，下令说有人把它扛到北门就赏给 10 金。百姓感到这事太离奇了，没有人动手去拿。商鞅见没人理会，又说："扛过去的赏 50 金。"这时有个壮士扛起木杆到了北门，商鞅立即赏给这人 50 金。商鞅言而有信，得到百姓的敬重，于是变法法令得到大家的拥护在全国推行。

几年后，秦国变得日渐强盛起来。由于新法令规定可以免除一家的劳役的条件是增加农作物产量，老百姓都一心务农，积极种田织布，生产得到很大发展，人民的生活也有所改善，逐步富裕起来，老百姓都很高兴。由于新法令规定了将士杀敌立功的可以升官晋级，所以将士都英勇作战，秦军的战斗力得以大大提高。秦孝公见商鞅制定的新法令成效显著，就提升他为大良造，并且派他带兵去攻打魏国。

随着秦国的日渐强大，原来十分强盛的魏国这时候已经相对衰弱下来，根本不是秦国的对手，连都城安邑也被秦军攻占了，魏国只得向秦国求和。

商鞅凯旋而归，接着又进一步推行新法令，主要是把国都从雍城迁到东边的咸阳，以便于向中原发展；把全国分成三十一个县，由中央直接委派县令、县丞去进行治理，不称职的县官治罪，废除"井田"制度，鼓励开荒，谁开归谁，允许自由买卖土地，统一度量衡等。新法令实行了十年以后，秦国变成了当时最富强的国家。周天子派人给秦孝公送来礼物，封他为"方伯"，中原各国都纷纷前来祝贺，对这个新兴的强国都另眼相看了。

秦孝公十分欢喜，把商、于一带 15 座城镇封给了商鞅，表示酬谢。商鞅变法，为后来秦国统一中原打下了坚实的基础。

商鞅

★ 果断抉择,树德除恶

夬卦阐明了清除小人的做法。

历朝历代都有小人当道之事。小人当道,则祸国殃民,只有清除小人,统治政权才能得到巩固,天下才能太平。

夬的最好办法是以诚信号召群众,合力将小人排除,采取"中行"措施,不可立即动用武力,也尽量不使用武力。

清除小人不是轻而易举之事,小人诡计多端,要时刻保持警惕,避免与小人产生暧昧关系。清除小人要先获得支持,痛下决心,决不留情。

明朝末年,熹宗朱由校昏庸无能,宦官魏忠贤专权,许多正直的大臣屈死于魏忠贤手中,朝野上下一片黑暗。熹宗驾崩后,新登基的崇祯帝朱由检果敢决断,贯彻夬卦的宗旨,用铁的手腕一举将猖獗一时的魏忠贤宦党势力摧垮,从而巩固了自己的统治。

明朝天启七年(公元1627年)八月,年仅23岁的熹宗朱由校病死,因为他没有子嗣,所以就把这个帝位和同样病入膏肓的大明帝国传给了信王朱由检。朱由检登基后,确有励精图治的决心,他吸取父兄们沉湎酒色、滥用太监误国的教训,决心勤政爱民,重振朝纲。一日,他在殿内批阅章奏,忽然闻到一缕香烟,忙问侍从哪来的香气,侍从奏道:"这是按宫中旧有配方制成的。"朱由检听后,立刻命人将熏香毁掉,并深有感触地长叹道:"朕之父兄皆崩于此熏香啊!"

朱由检即位后,接手的是政治腐败、军事衰弱、经济崩溃的烂摊子。面对满目疮痍的大明江山,朱由检决心要振兴祖宗的基业,但从何处着手呢?他早有自己的想法,他觉得迫在眉睫的问题是必须先清除权倾朝野的"阉党"。

"阉党"就是以太监魏忠贤和熹宗乳母客氏为首的一伙奸佞小人,又称"客魏集团"。魏忠贤原本是个赌徒,自阉入宫后,与熹宗的乳母客氏结成"对食"(太监、宫女夫妇般的共同生活形式)。他们仗着熹宗的宠幸,狼狈为奸,把持朝政,结党乱政,权倾朝野,对反对他们的东林党人残酷清洗,将大明王朝推向腐败的深渊。天启朝时,一些寡廉鲜耻之徒,竟然公开称呼魏忠贤为"九千岁",足见其一手遮天之势。

熹宗驾崩后，魏忠贤要篡位的谣言四起，有的说魏忠贤要自立为帝，有的说他想立自己的侄子为帝，还有的说他要学秦相吕不韦，弄了几个孕妇在宫中，假托为熹宗临幸过的宫女，以此篡位。这些谣言使年轻的朱由检十分担心，因为"阉党"的势力当时相当强大，要想根除"阉党"，操之过急会弄巧成拙，搞不好自己的帝位都不保，必须寻找合适的时机。所以，即位之初，朱由检对魏忠贤及客氏非常礼遇，甚至有过于熹宗在位时，以麻痹他们，同时将自己信王府中的太监和宫女逐渐换入宫中，用以护卫自己，然后与"阉党"展开了暗中的较量。

魏忠贤始终无法猜透朱由检的心意，不知道朱由检将如何对待自己。最初，他给朱由检送去一些美女进行试探。朱由检怕引起魏忠贤的多疑，影响除阉计划，便将这些美女全都留了下来，但将她们裙带上系着的细小的"迷魂香"春药药丸，全部销毁，使魏忠贤想导引他成为荒淫皇帝的诡计失效。魏忠贤见此计未成，就干脆进行了赤裸裸的试探，他借一些无耻朝臣不停地为他大唱颂歌，便向朱由检上疏请求停止为他建造生祠。朱由检不露声色地批复道："以后各处生祠，想建而未建者，应当停止。"朱由检这种顺水推舟的表态，既抑制了对魏忠贤的疯狂个人崇拜，又不至于引起魏忠贤的恼怨，更使魏忠贤猜不透朱由检的真正意图。就这样，朱由检在静候时机，暗暗地削弱"阉党"的影响力。

皇宫里表面上一切如常，实际上也在暗中较量，气氛紧张而微妙。天启七年（公元1627年）九月初一，魏忠贤又提出辞去东厂职务来试探朱由检的态度，朱由检不动声色，没有批准。九月初二，客氏提出出宫，朱由检马上表示同意。九月初三，天还未明，客氏素服来到熹宗灵前，痛哭一场后离开了紫禁城，住进熹宗生前赐给她的宅第。朱由检把客氏"请"出宫，先铲除了魏忠贤的政治帮手和后盾，接着又把内廷完全控制在自己手上，任用自己信任的太监徐应元、曹化淳。

此时，朝廷中"阉党"人人自危，他们预感到形势将要变化，许多以前和魏忠贤勾结的人纷纷倒戈，倒魏的契机竟然首先是由魏忠贤的党羽引发的。九月十六日，南京通政使杨所修疏奏崔呈秀父丧不奔，请放他归籍丁忧守制，朱由检未允。十月十四日，"阉党"首恶分子杨维垣又上疏弹劾崔呈秀专权乱政，说魏忠贤是被他所误。

崔呈秀是魏忠贤门下"五虎"之一，在"阉党"中具有举足轻重的分量，是魏忠贤的左肩右臂。朱由检一看，这分明是丢车保帅之计，于是继续保持沉默，崔呈秀要求守制，他也不放。十月十八日，杨维垣再次上疏弹劾崔呈秀，朱由检仍旧保持沉默。

魏忠贤被朱由检弄得不知如何是好，一天，朱由检问他和太监王体乾说："'立枷'（魏忠贤创制的刑具，有150多斤重，戴上者必死）是怎么回事？"王体乾小心地奏道："立枷是用来处置大奸大恶之人的。"朱由检冷冷地看了一眼魏忠贤道："这未免太残酷了吧！不应在盛世使用。"魏忠贤一听，没敢答话。

不久，朱由检毅然罢免了崔呈秀兵部尚书一职，掀开了倒魏的序幕。朝臣们觉察到了朱由检的意图,于是纷纷上疏揭发、弹劾魏忠贤。朱由检仍不动声色,静观着大臣们一浪高过一浪的劾魏高潮,对魏忠贤的哭诉,他也无动于衷。

十月二十六日,海盐县贡生钱嘉征上疏弹劾魏忠贤误国"十大罪状",即并帝、蔑后、弄兵、无二祖列宗、克削藩封、无圣、滥爵、掩边功、伤民财、亵名器,呼吁将魏忠贤明正典刑,以泄天下之愤。钱嘉征的奏疏不是空洞的议论,每一条罪名都可以证实。于是,朱由检马上召魏忠贤上朝,让人将"十大罪状"读给他听。魏忠贤听罢吓得魂飞魄散,下殿后立即去找赌友、原信王府太监徐应元讨教对策,徐应元劝他辞去爵位,也许可保富贵。次日,魏忠贤跪伏在朱由检面前,请求辞官回家。

魏忠贤

十一月初一,朱由检允其辞请,但降旨将他贬到中都凤阳去守祖陵,同时将其罪状昭示天下。然而,魏忠贤是过惯了有权有势生活的人,出京时竟还带着卫兵1000人、40余辆辎重大车。一个戴罪的太监竟还如此跋扈,朱由检知道后,马上下了一道谕旨,命锦衣卫将其追捕归案。十一月初六,在阜城县南关的旅舍中,魏忠贤闻讯后,知道难免一死,而自己的党羽又呈树倒猢狲散之势,还对自己落井下石地进行弹劾,遂自缢而死。朱由检下令戮其尸,枭首示众。崔呈秀闻讯后,知道末日来临,也自缢而死,次年被开棺戮尸。十一月初七,朱由检又传旨将客氏笞死,焚尸扬灰。

魏忠贤死后,清算"阉党"余孽的行动很快便开始了,在朱由检的严厉督责下,客、魏两家子孙人等皆被斩首。为进一步打击"阉党"势力,朱由检狠下了一番工夫,他诏示,太监非奉命不得出禁门、焚毁魏忠贤授意编纂的《三朝要典》、昭雪东林党人冤狱、赠恤冤陷诸臣、将魏忠贤"阉党"定为"逆案"等,对当朝的权力机构进行了一次大的清洗。当时,内阁、六部、各院寺首脑都是魏忠贤的死党,杨所修、杨维垣、安伸、贾继春等以弹劾魏忠贤的功臣自居,其目的就是保护同党,使朱由检停止对他们的追究,从而继续压制东林党人。

朱由检深知,魏忠贤若没有他们这些寡廉鲜耻之徒相助,是不会危害天下的,他绝不会让他们继续把持朝政,更不会放过他们。于是,在十一月份,便下令逮捕了魏忠贤的主要爪牙"五虎"和"五彪",交法司议罪,并将曾受"阉党"排挤的东林党人重新复职。

东林党人复出后,开始了对"阉党"的追究,列为"逆案",朱由检表示同意。崇祯元年(公元1628年)正月初五,翰林院编修倪元璐上《方隅未化正气未伸》疏,区

·《周易》智慧通解·

图文珍藏版

别东林党与"阉党"的忠奸,指出"阉党"羽翼摧残正气的罪恶比客、魏本人还厉害。这一奏疏是向"阉党"分子打响的第一炮。

杨维垣等人竭力反对,上疏辩驳。倪元璐又上疏,淋漓尽致地揭露了杨维垣等人妄图维持残局的真实目的和附阉时的丑恶嘴脸,以及斥责正臣、牺牲气节换取富贵的可耻行径。倪元璐的两次上疏扫荡了满朝乌云,打碎了人们身上的枷锁,解放了人们的思想。朱由检准其所奏,迅速开始清除朝中的"阉党"分子,崇祯二年(公元1629年)确定并公布了"逆党"名单,他亲自加了按语,自客、魏以下,罪分五等,列入244人。至此,对"阉党"余孽的处理方告结束。

朱由检在除去魏忠贤阉党过程中表现出来的胆略,是令人钦佩的,既肃清了阉党的政治影响,又充分体现出他身为一国之君的成熟、果断和远见卓识。

★ 聚则成形,散则成风

涣:亨。王假有庙,利涉大川,利贞。

《彖》曰:"涣,亨",刚来而不穷,柔得位乎外而上同。"王假有庙",王乃在中也。"利涉大川",乘木有功也。

《象》曰:风行水上,涣。先王以享于帝,立庙。

——《周易》

任何一个组织或团体,人心若不齐,可导致离心离德,重私利而忘公益,使风气败坏,最终走向腐朽没落。因而,当显露涣散的迹象时,应顺应民情,以强有力的对策,及时消灭派系,抑制私利,革除弊端,才能不断地精进。国家一旦陷入分裂的局面,则政令不通、军备废弛、民生凋敝,唯有及时采取行动,保证国家安定,才有可能创造出国泰民安的景象。康熙帝爱新觉罗·玄烨正是谙熟涣卦中所阐释的挽救涣散的原则,所以才成为一个大有作为的帝王。

爱新觉罗·玄烨,是清代的第四位君王,年号为康熙,世人也称他为康熙帝,他是中国历史上一位杰出的政治家、军事家。康熙执政前期,清朝经过长期战争,民生凋敝,人口锐减,经济接近崩溃。当时局势很不稳定,鳌拜权倾朝野,三藩势力也在日益扩大,台湾郑氏政权仍以清朝为敌,清政府处在一派涣散的状态。

康熙亲政不久,首先铲除了鳌拜集团,然后又面对来自"三藩"的挑战。当时,吴三桂、尚可喜、耿精忠在南疆已经形成割据势力,官吏选拔和赋税大权被他们一手把持,真正成了独立王国。而国家还得给他们大量经费用于养兵和行政开支,形成了"天下财赋,半耗于三藩"的严重局面。康熙以敏锐的目光看出"三藩"已构成威胁国家的心腹之患,时刻思虑裁撤的时机与办法。

公元1673年,平南王尚可喜因为年老多病,加上不堪忍受其子尚之信的残暴,

国学经典文库

国学大智慧

·经学智慧·

图文珍藏版

康熙

请求回辽东老家。这时，早已经有了撤藩打算的康熙，于是命令撤掉尚藩。消息传来，平西王吴三桂和靖南王耿精忠都有些惶惑不安，也觉察出了朝廷的动向，于是他们上表请求撤藩作为试探。朝廷大部分人都希望能坚持原来的做法，一是怕三藩王势力大，二是认为三藩王只要不造反就应该保留，只有少数人支持撤藩，而康熙力排众议，坚决同意撤藩："从其所请，将三藩全部迁到山海关外。"并立刻派出官员，雷厉风行地办理撤藩事宜。因为他知道，三藩的势力已经越来越大，如果不加以限制，势必养虎为患。

　　果不出所料，"撤藩令"一下，"三藩"立刻就起来造反了。公元1673年冬，吴三桂自封为"天下都招讨兵马大元帅"，举起了"兴明讨虏"的旗帜，公开叛乱。数月之间，清朝江南半壁江山失于"三藩"之手。原来反对撤藩的人乘机相互诋毁，认为这场叛乱都是因为撤藩所引起的，有的人甚至想杀了主张撤藩的明珠等人。年轻的康熙帝严厉地驳斥了反对撤藩的人，他临危不惧，运筹帷幄，做出果断的军事反击。他首先以遏制吴三桂的进攻为策略，因为叛乱是以他为首的，如果打败了他，那么其他叛贼就会不攻自破。

　　康熙任命勒尔锦为靖寇大将军，命令他由湖南进剿叛军，严防其进攻湖广；派瓦尔洛将军进驻四川，阻止其进入四川；又以莫洛率兵前往西安，阻止叛军潜到西北。康熙的正面打击，使其无法越过长江，然后又从两翼着手，剪除吴三桂的羽翼。此举立刻见效，康熙十五年，耿精忠、尚之信先后投降，战局向有利于清军的方向发展。吴三桂见大势已去，便急忙演出了一场登基丑剧。公元1678年，惶惶不可终日的吴三桂突发中风而死，其儿子吴世藩即位。公元1689年，清军攻入云南，吴世藩穿着皇帝衣冠服毒自杀，战至公元1690年，清军攻破昆明，历时十余年的"三藩之乱"终被平定。康熙的这场胜利，不仅使整个大陆重新获得了统一，也彻底征服了一些明朝遗民的反清之心，从此，清朝政治趋于稳固。

★用人不当，必将自败

> 田有禽，利执言，无咎；长子帅师，弟子舆尸，贞凶。
>
> ——《周易》

《易经·师卦》的军事思想非同一般，堪称为一本军事杰作。书中不仅有"师左次，无咎"以退为进的军事理论，更在用人上提出了独特的要求，即师卦第五爻："田有禽，利执言，无咎；长子帅师，弟子舆尸，贞凶。"

这里的"田"，即田猎；"禽"同"擒"；"言"，借为焉；"无咎"，即毋咎。前一段话的意思是说，田野里有禽兽，捕捉住禽兽，是有利而无灾咎的。"弟子"，即次子，这里指代无德小人。后一段话的意思是说，委任德高望重的长者为军中主帅，必将战无不胜；委任无德小人将运送着尸体大败回，占问的结果必然是凶险的。

《易经·师卦》通过这段话想要告诉人们，在用兵之时，委任能够居中恃正，行为有法度的人才能够获胜；倘若用人不当，委任无德小人，只能招致大败，自食恶果。这样的例子历史上数不胜数。

我们不禁要问：错失街亭实乃马谡之过？非也，非也。

马谡这个人虽然自幼熟读兵法，非常机智，却像赵括一样只会纸上谈兵而已，仅仅一战便使他成为天下笑柄，遭世人唾骂。由此看来，这一战表面上确实是马谡狂傲自大、刚愎自用铸成的大错。然而，我们更应该把目光转移到另一个人身上，他就是治世良丞——诸葛亮。

刘备死前曾嘱咐诸葛亮，说马谡"言过其实"，诸葛亮却认为马谡是个"旷世奇才"。试想，刘备作为蜀国的君王，既然当年三顾茅庐都要请孔明出山，那就说明他本身必定具备了慧眼识人和善于用人的能力。且不论兵法和策如何略，若是单说识人相人，我们倒更应该相信刘备而不是诸葛亮。

然而刘备早丧，临终托孤，掌握大权的就只剩下和他在马谡这个问题上持相反意见的诸葛大人了。按道理讲，诸葛亮如此器重马谡，就当"用人不疑，疑人不用"，可是他是"疑人而用，用人而疑"。他并不太相信马谡的能力，用了马谡却偏偏还要放个王平在他身边做监视，这样一来，马谡肯定有火——你诸葛不信我能守，我偏守给你看。正打歪着，马谡头脑开始不清醒了，正好犯了兵家用兵大忌。

这是其一，诸葛亮不会用人。

马谡虽有才能，但叫他领兵打战独当一面，他是肯定不行的。《三国志》里说失街亭是"谡举动失宜，违亮节度"，认为失街亭完全是马谡造成的，但是，在胜败关键处任命一个会"举动失宜"，还会违背自己"节度"的人，不正证明是用人者用人不当、用人不明么？这是其二，诸葛亮用人不当。他作为一个组织领导者，用人竟如此不慎，可见失街亭之错，诸葛亮首当其冲！

高人也有犯错误的时候，用人不妥便是孔明今生犯下的大错，人不败他，他先自败。

不仅用人打仗是如此道理，在和平年代，用人治理国家也需要选择人才，做到"小人勿用"。

秦末枭雄频起，在刘邦与项羽的长年争霸中，刘邦最终夺得了天下。可是，夺取天下容易，要守住天下却是最难的。

刘邦是在马背上打出了天下，认为天下只有武将才可用，对于知识分子十分轻视，甚至传说刘邦还拿着儒生的帽子撒尿，一副无赖相，没有半点一国之君的样子。当时有位儒生叫陆贾，他知道刘邦如此治理江山必定江山不保，还会再次引发战乱，所以他便时常向刘邦讲诗书，刘邦十分反感，一直都拿他的话当耳边风。

有一次，刘邦想找那些老功臣一起来个庆功宴，结果，那些和他一起在马背上打出天下的哥们儿，一个个毫无礼法，大呼小叫，喝醉了的时候甚至拍桌摔椅、动刀动剑，闹得一塌糊涂，根本没有一个人把刘邦当做皇帝来礼敬。

经历了这件事情，刘邦才真正意识到陆贾话中的道理：夺江山靠的是武将，但是治理国家却不能仍靠武将。刘邦立即找来陆贾，询问治理国家的方略，陆贾告诉刘邦，夺取天下后，就应该重视人的德，应该大量启用那些有才有德的人来治理国家，只有这样才能保证国家的长治久安。

刘邦听了，认为陆贾的话很有道理，立即采纳了陆贾的建议，起用大量德才兼备的人来治理国家，使久经战乱的中原大地终于得到了喘息和发展，也换来了西汉的长治久安。

从这里可以看出，无论是用兵打仗，还是治理国家，最重要的就在于一个"人"字。成事在"人"，败事也在"人"，"天时""地利"也还得需要"人和"。无论做什么事，你也许并不擅长于去做这件事，但是只要你善于借助外力，善于用人，也能够将事情做得十分漂亮，关键是一定要用对人，否则，"成事不足，败事有余"，还不如自己来做或者不做，因为你从用人这件事情就先失败了，更不用说别的了。

从《易经》"田有禽，利执言，无咎；长子帅师，弟子舆尸，贞凶"讲述的这个道理我们可以知道，人要在人生的战场上取得胜利，无论做任何事情都必须慎重地选择人才，任用人才，否则不仅不能取得胜利，更会自败于人。

第五章 同心协力,化敌为友

★两人同心,其利断金

同人:同人于野,亨。利涉大川。利君子贞。

——《周易》

同人卦,上乾为天,下离为火,火示光明,向上燃升,如太阳初升,与上乾之天气上升相同,比喻人以类相聚,追求同心合力谋取事业,壮大力量。

否极终于泰来,然而,安定祥和的大千世界,并不会凭空到来,仍然需要积极追求。首先应本着大公无私的精神,以道义为基础,于异中求同,积极、广泛地与人交往,排除、牺牲小我,然后才能完成大我,先苦而后甘。

只有人人谦和,意志沟通,才能克服重重困难,形成天下大同的局面,这样就无往而不利。

同人卦讲人与人和睦相处的道理,对于领导者而言,欲成大事,必须懂得与人合作的重要性,在合作时求同存异,这样才能有发展、有大的作为。

万物不可能始终处于孤立的地步,所以就有了同人卦。"同"即会同、合同之意,大家同心协力,突破闭塞。"同人"的关键是同心,其最高境界是"同"全国之人。

一个篱笆三个桩,一个好汉三个帮。我们生活在以合作求发展的社会里,只有协调一致、求同存异,才是明智之举。经商也一样,一个人的能力是有限的,要想取得更大的成就,商人就要与人协同,合作办事。

成功不能只靠自己的强大,更需依靠别人,只有帮助更多人成功,自己才能更成功。每个人的能力都有一定限度,善于与人合作的人,能够补自己能力的不足,才能达到自己原本达不到的目的。

凡做大事都需合作的力量,单枪匹马打天下只能越做越小。个人的智慧和能量是有限的,做事需要借助合作的力量,才能取胜。清末大商人胡雪岩不甚读书识字,但是他懂得依靠个人的力量想干一番事业实属不易,必须学会与人合伙开创事业。他这种对世事领悟的境界,正与同人卦的意旨暗合。

胡雪岩不仅是一代巨商,而且善于从生活经验中总结出一套哲学。这就是他善于观察人的心理,把士、农、工、商等阶层的人都拢集起来,以自己的钱业优势,与这些人协同作业,共同创造辉煌。

由于他深谙社交之道,所以与漕帮协作,及时完成了粮食上交的任务;与王有龄合作,王有龄在官场上春风得意,胡雪岩也有机会在商场上发达。如此种种的互惠合作,使胡雪岩从一个小学徒工发展成一代巨商。

在商言商,胡雪岩自然明白商而成帮、互助互惠的道理,因此,他设法联络同行。湖州南浔丝业"四象"之一的庞云缯就是与胡雪岩过从甚密的朋友。鸦片战争以后,列强把中国当做农副产品和工业原料的供应地,南浔辑里湖丝大量外销,胡雪岩在同治年间也开始做丝业生意。胡雪岩是钱庄出身,对丝业是外行,于是,他寻求与居湖丝产地、对生丝颇为内行的庞云缯合作。两人携手,资金充足、规模庞大、联系广泛,从而在丝业市场上形成气候。他所经营的丝业,几乎垄断了国际市场。

当然,合作是互惠的,胡雪岩做丝生意得到庞云缯的帮助。反过来,他也向庞云缯传授了经营药业的经验,后来,庞氏在南浔开了镇上最大的药店——庞滋德国药店,与设在杭州的胡庆余堂建立了非常密切的关系。

诚然,胡雪岩做生意的成功,有很大一部分是得自同行同业的通力合作。他的每行生意都有配合默契的伙伴,而几乎他的每一个合作伙伴,都对他有一个诚恳的评价。在他发迹之后,他也时刻不忘记对同行、特别是对下层商人的帮助。

除与商人们合作外,胡雪岩与清政府的官员们也有交往,以使自己发展得更快。他不计得失,为朝廷大员左宗棠运输粮食,得到了左宗棠的赞赏。左宗棠成了胡雪岩做大做强的有力后盾,也可以理直气壮地与洋人的商行抗衡。在左宗棠的帮助下,胡雪岩接受了皇帝赏赐的顶戴,被誉为"红顶商人",这意味着胡雪岩商业活动的合法性。同时,皇帝的恩宠,使胡雪岩身价百倍,这给他自己也带来了莫大的好处。胡雪岩就是凭着与人协同、合作办事的本领,积累了万贯家资,成为显赫一时的巨贾的。

★ 化敌为友,不可积怨

讼:有孚,窒,惕,中吉,终凶。利见大人。不利涉大川。

《彖》曰:讼,上刚下险,险而健,讼。讼:"有孚,窒,惕,中吉",刚来而得中也。"终凶",讼不可成也。"利见大人",尚中正也。"不利涉大川",入于渊也。

《象》曰:天与水违行,讼。君子以作事谋始。

——《周易》

人与人相处,难免会有矛盾发生,以至于有争讼的出现。在这种情况下,应力持中庸平和的原则,能让则让,能避则避,能止则止,万不可逞一时之愤,使事态扩大。因为争讼是一件两败俱伤的事情,倘若遇到执法公正的法官,尚可一伸正义,然而这样的境遇似乎不多,因而诉讼中充满着风险。即便胜诉,也会结下冤仇,从大局着眼,仍是有害无益。古人说:"冤家宜解不宜结",也正是这个道理。

对不必要争讼的人和事就尽量避免。正所谓"小不忍则乱大谋",在为人处世中,不妨先退让一步,利用忍耐暂时躲避。这样做,不但能避其锋芒,避免争斗,还能减少不必要的麻烦。历史上有好多这样的实例,可以作为这种道理的佐证。

春秋战国时期,赵惠文王十六年(公元前283年),廉颇率领赵军征讨齐国,大败齐军,夺取了阳晋,被封为上卿,他以勇气闻名于诸侯各国。蔺相如是赵国人,是赵国宦者令缪贤家的门客。蔺相如因完璧归赵不负出使秦国的使命而得到赵王的器重。后来,秦国攻打赵国,夺取了石城。第二年,秦国再次攻赵,杀死两万人。

秦赵之间的战争以赵国失败而告终,秦王派使者通告赵王,想在西河外的渑池与赵王进行一次友好会见。赵王害怕秦国,想不去。廉颇、蔺相如议道:"大王如果不去,就显得赵国既软弱又胆小。"

赵王于是便去渑池与秦王会见,蔺相如随行。在宴会上,秦王饮到酒兴正浓时,说:"寡人听说赵王爱好音乐,请您弹瑟吧!"赵王不敢违抗,就弹起瑟来。秦国的史官上前来写道:"某年某月某日,秦王与赵王一起饮酒。令赵王弹瑟。"蔺相如上前说:"赵王也听说秦王擅长秦地土乐,请让我给秦王捧上盆缶,以便互相娱乐。"

秦王发怒,不答应。这时蔺相如向前递上瓦缶,并跪下请秦王演奏。秦王不肯击缶,蔺相如说:"在这五步之内,我蔺相如要把脖颈里的血溅在大王身上了!"侍从们想要杀蔺相如,蔺相如圆睁双眼大喝一声,侍从们都吓得倒退。当时秦王被蔺相如的威势吓出了一身冷汗,只好敲了一下缶。蔺相如回头招呼赵国史官写道:"某年某月某日,秦王为赵王击缶。"秦国的大臣们说:"请你们用赵国的十五座城向秦王献礼。"

蔺相如也说:"请你们用秦国的咸阳向赵王献礼。"秦王直到酒宴结束,始终也未能压倒赵国。与此同时,赵国大将廉颇在边境也部署了大军以防备秦国加害赵王,因而秦王只能忍气吞声,不敢轻举妄动。

渑池会结束后,由于蔺相如功劳大,被封为上卿,位在廉颇之上。廉颇说:"我是赵国将军,有攻城野战的大功,而蔺相如只不过靠能说会道立了点功,可是他的地位却在我之上,况且蔺相如本来是卑贱之人,我感到羞耻,在他下面我难以忍受。"并且扬言说:"我遇见蔺相如,一定要羞辱他。"蔺相如听到后,就避免同他碰面。蔺相如每到上朝时,常常推说有病,不愿和廉颇去争位次的先后。

一次蔺相如外出,远远看到廉颇,蔺相如就命掉转车子回避。于是蔺相如的门客就一起直言进谏说:"我们所以离开亲人来侍奉您,就是仰慕您高尚的节义呀。如今您与廉颇官位相同,廉老将军口出恶言,而您却害怕躲避他,平庸的人尚且感到羞耻,何况您身为一国之相呢!我们这些人没出息,请让我们告辞吧!"蔺相如坚决地挽留他们,说:"诸位认为廉将军和秦王相比谁厉害?"

众门客回答:"廉将军比不了秦王。"蔺相如说:"以秦王的威势,我尚且敢在宴会上呵斥他,羞辱他的群臣,我蔺相如虽然无能,难道会怕廉将军吗? 但是我想现在强秦之所以不敢对赵国用兵,就是因为有我们两人在呀,如今两虎相斗,势必不能共存。我之所以这样忍让,就是为了要把国家的危难摆在前面,而把个人的私怨放在后面。"

门客们听了这话,为蔺相如的大义所感动,不再有怨言了。后来,廉颇也听到了这些话,非常羞愧,就脱去上衣,露出上身,背着荆条,由宾客带引,来到蔺相如的门前请罪。他说:"我是个粗野卑贱的人,想不到大人您是如此的宽厚啊!"二人终于相互交欢和好,成为生死与共的好友。

这一年,廉颇向东进攻齐国,打败了齐国的一支军队。过了两年,廉颇又攻下齐国的几座城邑。此后三年,廉颇又攻下魏国的房陵、安阳。四年后,廉颇领兵攻齐,打到平邑就收兵了。此后,赵国进入到前所未有的强盛时期。

成语"负荆请罪"就源于这一史实。当然,在我们日常生活中很少会出现这样极端的情况,但也会常常发生一些争执,有时搞得不欢而散甚至使双方结下芥蒂。与他人发生了冲突或争吵之后,无论怎样妥善地处理,总会在心理、感情上蒙上一层阴影,为日后的相处带来障碍。最好的办法,还是尽量避免它。

"有话好好说",人们常常用这句话来排解争吵者之间的过激情绪。争吵者往往不善于克制自己,措辞激烈、专断,不愿意以尊重态度聆听对方的意见,而是想把自己的思想强加在别人身上。这样往往会为自己带来诸多麻烦。

第六章　谦虚谨慎,行于正道

★坚守正道,守住"谨慎"

履:履虎尾。不咥人,亨。

——《周易》

做人需要守住"谨慎"两字,一步一步地走稳自己的脚步,否则就可能会踏上老虎的尾巴,造成终身大错。清代名臣张之洞深刻领会履卦之要义:认为做事需谨慎,如履薄冰,否则就会遭到算计。他也是这样做的:谨慎处世,不让人抓住把柄。综观其一生,无论是为官还是做人,都是成功而没有危险的,这与他的"谨慎"哲学是分不开的。

当时,立宪之议虽已闹得沸沸扬扬,但由于立宪事关政治体制的改革,牵涉到统治集团的切身利益,不可能一蹴而就。

在清末的督抚大臣中,张之洞是对立宪政治认识较早、体察较深的人物之一。他当时与立宪派有着广泛的联系,其骨干人物赵凤昌、郑孝胥等是他的幕僚,郑孝胥还是预备立宪公会的会长。张之洞与立宪派领袖张謇关系也交往很深,曾经常互访,共议立宪大计。

张之洞主张立宪法、设议院的态度是明朗的,也是迫切的,但他并未草率行事。他觉得这事事关重大,只有采取谨慎的态度,才能把事情办好。

不久,清廷发布预备立宪上谕。第二天,便颁发了改革官制的谕令,命载泽、荣庆、奎俊、铁良、徐世昌、陆润庠、袁世凯等诸大臣共同编纂改革官制方案。接着又令端方、张之

张之洞

洞、周馥、岑春煊等督臣派司道大员进京商议。

接着，又编定地方官制。分两种办法，第一种为各省设行省衙门，督抚总理政务，略如各部尚书，藩臬二司略如各部丞；合并各司道局所，分设各司，司以下设曹，以五品至九品官分别担任；每日督抚率所属官员，定时入署，共同商议各事；各府州县公牍直达省；每省设高等审判厅，受理上控案件，行政司法，各司其职。第二种办法是：督抚经管外务、军政，兼监督一切行政、司法；布政使管民政，兼管农商；按察使专管司法方面的行政，监督高等审判厅；设财政司，专管财政、交通；学、盐、粮、关、河各司道仍依旧制执行。

张之洞对地方官制改革的方案提出了不同意见，基本持反对态度。1907 年 1 月 2 日，他在致军机处厘定官制大臣的电文中说："此次官制之应如何改定，关系重大，立宪之利害为主，其无关宪法者，似可不必多所更张，转致财力紧张、政事丛脞、人心惶扰。"因而主张徐缓行进、审慎行事。如他不同意裁撤知府，认为"一府所辖，少则四五县，多至十县，各县距省遥远，极远者至两三千里，赖有知府犹可分寄耳目，民冤可申理，灾荒可覆勘，盗匪可觉察"，因而撤知府"势有难行"。又如合并各司道一事，他认为各司各自有印，各自有稿，不宜合为一署。再如各省高等审判厅一事，他认为："一省之中臬司即为高等审判厅矣，另设一厅何为"，至于第二种办法，他认为："尤多窒碍之处，民政以警察为大端，乃臬司分内事，今乃不属臬司而属藩司，理财乃藩司分内事，今乃不属藩司，而又别立财政司……藩、学、臬、运、粮、盐、关、河权限本自分明，不相混淆，乃亦议改变则尤可不必矣！"

张之洞认为改革官制各条，"似不尽与立宪关涉，窃谓宜就现有各衙门认真考核，从容整理。旧制暂勿多改，目前先从设四乡谳局选议绅、董事入手，以为将来立宪之始基，如能实力奉行，此尚是达民情、采公论之实际。亦可稍慰环海望治之心"。

从上述张之洞对官制改革的态度来看，可以这样认为：张之洞在理论上认识到立宪乃大势所趋，势在必行，但在实际上又有所顾虑，遂主张缓进，这样才能稳妥。正是具备如履薄冰的谨慎作风，张之洞不仅成为清末官场上的"不倒翁"，而且还成为一个卓有建树的洋务派领袖和改革家。

★物极必反，居安思危

《象》曰：天地不交，否。君子以俭德辟难，不可荣以禄。

——《周易》

否卦，阐释由安泰到混乱，由通畅到闭塞，小人得势，君子势消的黑暗时期来临，小人恬不知耻，一旦得势，无所不用其极，应万分时刻警惕，避免遭受到伤害，做

出无谓牺牲。

在非常时期，君子应当提高警觉，巩固团结阵营，坚定立场，努力伸张正义，以防患于未然，因为泰极而否是必然现象，需要坦然承受，力求自保。

当小人势力显露衰败迹象时，也不可轻举妄动，必须谨慎，集中力量，把握时机，给以致命的一击。更应当特别防范，小人穷凶极恶时，应当坚定信心，不可动摇。

综观中国古代史，一个王朝由盛到衰，往往与奸佞小人犯上作乱息息相关，这些奸佞小人一旦得势就会无所不用其极，此时当政者如果不提高警觉，就有可能断送自己的事业。自朱元璋建立大明王朝之后，也曾有过欣欣向荣、繁华昌盛的大好形势。然而，繁华的背后潜藏着危机，大明王朝走过一度的辉煌之后，到明世宗朱厚熜执政时危机蓄势待发。权奸当道、宦官专权，将整个明廷搞得乌烟瘴气。然而明世宗并不知道力挽狂澜，误入了奸臣严嵩的陷阱，将大明江山推向了没落的边缘。

严嵩出身江西一书香门第，自幼饱读诗书，博古通今。正德年间，严嵩回到了朝廷，被召为国子监祭酒，嘉靖七年为礼部右侍郎。世宗当上了皇帝，想让自己已经故去的父亲也风光一下，于是想给他加上徽号，进行隆重的祭祀。但朝廷大臣大都反对，内阁首辅杨廷和等人也因为反对而被免除了职务。严嵩见有机会可乘，于是精心策划了礼仪，并对世宗父亲的显陵进行了隆重的祭祀，此举得到了世宗的格外嘉奖。于是任命严嵩为吏部左侍郎，后为吏部尚书，嘉靖十五年十二月，为礼部尚书兼翰林院学士。

当时，礼部正挑选译字诸生（学习外语和国内少数民族文字的学生），严嵩大肆收受贿赂，以诸生对他贿赂多少为录取条件，因为所受的财物过多，严嵩的要价也就水涨船高。有御史告发了这件事，请求朝廷罢免他的职务，严嵩上书要求赦免，世宗也对他的事情不予追究。严嵩非常得意，给事中胡汝霖也弹劾他，说他的污秽行为更加嚣张，世宗于是让其修身自省。严嵩非常害怕，对世宗更加谦恭了，以求取得皇上的宠信。

世宗迷信思想严重，一些阿谀奉承之官竞相献白鹿奉给世宗，以求得到封赏。严嵩更是如此。正德十八年，他做的《庆云赋》深得明世宗赞赏，于是加封他为太子太保。严嵩一方面献媚，一方

严嵩

面大肆贪污受贿，御史所弹劾的贪污大臣，首推严嵩。每被人弹劾，严嵩就会急忙到君主那里求情，因此朝臣们也拿他没有办法，最后事情都不了了之。

权势显赫的严嵩上台后，便开始了他排斥异己、结党营私的罪恶行径。内阁大学士夏言也是江西人，较严嵩后入仕，但是他的职位比严嵩高。出于嫉妒之心，严

嵩便尽力排挤内阁首辅夏言。夏言性格豪迈而有俊才，能言善辩，但他恃才放旷，没有良好的人缘。夏言虽然与严嵩为同乡，而且严嵩又是夏言所推荐的。起初的时候严嵩对夏言很是恭敬，但当严嵩想入阁为相的时候，夏言却暗中阻止，这引起了严嵩的不满，于是便千方百计地陷害夏言。

明世宗居西苑时，令进入者骑马不能乘轿，夏言却乘小轿进入，世宗非常不高兴。明世宗又制香叶冠赠予夏言、严嵩两人，夏言却说："这不是人臣所应当戴的！"于是不接受。然而，严嵩却接受了世宗的馈赠，而且还用轻纱笼罩在香叶冠上。世宗见了非常高兴，于是严嵩便借机向世宗诉说了夏言欺侮他的事情。世宗非常愤怒，令逐夏言。嘉靖二十一年（公元1542年）七月，严嵩拜武英殿大学士，参政机务，从此开始了他擅摄朝政的历程。

严嵩进入文渊阁之后，每天朝夕在西苑板房值班，可谓兢兢业业。世宗于是对他更加器重，升任他为太子太傅。获得了世宗信任的严嵩便开始窃弄权术，百官如果有事要上奏世宗，一定要先经过严嵩的同意，如果严嵩认为对自己不利的奏折，他就随意扣留下来。大学士翟銮的资历比严嵩高，严嵩就非常恨他，使人弹劾他的两个儿子在考进士时营私舞弊，翟銮于是被削职为民。严嵩还打击报复那些曾经弹劾他受贿的人，山东巡按御史叶经曾经告发严嵩受贿，严嵩心怀不满，于是便上奏世宗，说叶经监考山东省乡试时，摘录试卷有讽刺帝王的语言，世宗非常愤怒，将叶经逮至京城，杖责而死。

由于严嵩一手遮天，弄得朝中人人自危。在内阁同僚中，其他人都不参与票拟之事，政事全都归于严嵩。严嵩为了掩人耳目，于是对世宗上疏说："凡是有宣招，请与其他两位内阁成员同入。"世宗虽然不允许，但却离不开严嵩的支持。不久，严嵩又升任吏部尚书、谨身殿大学士、少傅兼太子太师。

公元1545年，世宗对严嵩的专权逐渐产生了厌恶情绪，于是又将夏言召了回来。夏言到后，气焰比严嵩更甚，并斥逐了严嵩的同党，严嵩虽不能救，但心里更加忌恨夏言。夏言想告发严嵩之子严世藩的罪行，严嵩父子长跪于夏言床下，请求夏言能饶恕他们。夏言于是没有告发，但严嵩对夏言更加痛恨。每天都在世宗面前说夏言的不好，并勾结与夏言有仇的锦衣都督陆柄，共同陷害他。

夏言与严嵩都在西苑值班，世宗一天几次让小太监到他们的住所传话，夏言待小太监怒目而视，而严嵩则每次都请他们坐，并赠给他们金钱。于是小太监们都在世宗的面前诋毁夏言而说严嵩的好话。世宗又让人在夜里查看夏言与严嵩二人，夏言已经睡下了，而严嵩还在起草清词，世宗于是对夏言更加不满。

公元1546年，鞑靼首领以十万骑兵侵犯延安等地，兵部侍郎曾铣建议收复河套地区，夏言大力支持，世宗也表示支持，于是命令曾铣备战，第二年正月，世宗却又改变了主意，严嵩见皇上改变了主意，于是说夏言想收复河套是轻易开边挑衅，败坏国事，群臣也都附和严嵩。世宗为此大动肝火，便免除了夏言的职务。尽管如此，严嵩还是不死心，非要将夏言置于死地，他伪造证据污蔑夏言掩饰在边境的败绩不向君主汇报，并克扣了巨额的军饷。世宗不查，便杀了夏言与曾铣。严嵩终于如愿以偿地当上了内阁首辅。严嵩以卑劣手段登上首辅之位，并掌握了朝政的大权。明王朝在严嵩的倒行逆施中苟延残喘。

嘉靖二十九年六月，鞑靼从古北口侵犯京师，世宗召严嵩问计。严嵩说："这是一小股穷寇，没有什么值得忧虑的。"世宗又问："如何应付他们？"严嵩没有办法答复。司业赵贞吉力主抗击，世宗命令他招募战士，又不给他军事指挥权。贞吉于是拜谒严嵩，严嵩本来与贞吉有间隙，于是不见他，贞吉非常愤怒，说："你这皇帝门前的一条狗，怎么知道天下大事！"又狠狠地骂了他的门卫。严嵩对他非常憎恨，于是将他贬到了岭南，严嵩对兵部尚书丁汝夔说："诸将不要轻易作战，敌人搜罗尽了以后一定会走的。"天下人都归罪于丁汝夔，丁汝夔于是被抓捕抵罪。严嵩恐怕他以前说的话被泄露后祸及自身，于是对丁汝夔说"有我在，你不要担心"，暗中却把丁汝夔置于死地，使他再也无法说出真相。

鞑靼在北方向明王朝发动疯狂进攻的同时，倭寇也在东南方大肆侵扰。嘉靖三十一年（公元1552年），倭寇屡屡骚扰江浙，人民处于水深火热之中。正当此时，掌握内阁大权的严嵩不仅没有整顿边防，下力驱逐倭寇，反而纵容包庇倭寇的放荡行为。嘉靖三十三年（公元1554年），倭寇乘机夺船进入江北、江南一带。当年冬天，严嵩的义子赵文华上奏世宗，声称倭寇猖狂，请求朝廷出兵镇压。世宗便任命赵文华为东南督军前去平定倭乱。赵文华在南行过程中，沿途骚扰百姓，收取沿途官员的钱物贿赂严嵩，使得倭寇更加猖獗。嘉靖三十四年，张经大破倭寇，取得了抗倭斗争的一次大胜利。但是张经没有讨好严嵩和赵文华，不久便被严嵩罗织罪名逮捕入狱，迫害致死。

由于严嵩的蝇营狗苟、倒行逆施，明朝边廷危急，边关屡屡告急。较为正直的抗倭将领都受到了严嵩的陷害与排挤，无能的奸佞小人却得到严嵩的包容。

严嵩对外专权误国，对内则乱政害民。由于明世宗崇信道教，除方士之外只有严嵩能与他见面。这样一来，国家大权全部落在严嵩手中。他利用手中的职权大肆卖官鬻爵、贪污受贿、鱼肉百姓，将皇宫的奇珍异玩、珍贵国宝据为己有，不顾百姓的疾苦与死活，正可谓：朱门酒肉臭，路有冻死骨。

为了使自己的权势得到更大的巩固，严嵩一直都在罗织亲信，培植党羽。尚书吴鹏、欧阳必进等都是严嵩的死党，由于严嵩有皇帝作保护伞，这些人又有严嵩作为强硬的后台，于是一个个都气焰嚣张，无法无天。严嵩还利用权力大肆贪污受贿，每当吏部、兵部选拔官员时，严嵩都要亲自安排20多个名额，每个名额索取数百两黄金，礼部员外郎项治元向严嵩贿赂13000两白银被封为吏部主事，诸如之类，不胜枚举。严嵩父子贪污积累起来的家产更是不可计数，仅在北京附近的庄田就有150余所。金银财宝更是十分惊人，甚至溺器都是金银制作，严嵩垮台后，从他家里抄出黄金3万两，白银200多万两。

在培植党羽的同时，严嵩还冷酷无情地迫害异己。对于严嵩的倒行逆施，许多正直官员纷纷上疏弹劾。严嵩便想方设法地将这些眼中钉除去。他迫害异己往往不露痕迹，凭借世宗皇帝对他的信任，常常在世宗面前进谗言，借世宗之手除掉与自己作对之人。因此反对严嵩专权的人往往都会受到他的迫害，轻则遭到贬黜，重则被斩首示众。

嘉靖三十年（公元1551年），沈炼弹劾严嵩十大罪，奏请皇上诛杀严嵩。在严嵩的精心策划之下，沈炼被处以廷杖之刑后贬谪到保安。沈炼到达保安之后，为了泄私愤，常常采用巫蛊之术诅咒严嵩。不料此事被严嵩知晓，便指使其党羽为沈炼捏造了一个罪名，将其处死。

嘉靖三十二年（公元1553年），兵部员外郎杨继盛揭发严嵩十大罪。十大罪是：破坏祖宗成法、窃君上大权、掩君上治功、纵奸子僭越、冒朝廷军功、引悖逆奸臣、误国家军机、专黜陟大柄、失天下人心、敝

嘉靖

天下风俗。杨继盛对严嵩的弹劾可谓一针见血，十分尖锐而深刻。但是严嵩混淆视听，蒙骗世宗，屡陷杨继盛，昏聩的世宗不辨忠奸便将杨继盛入狱。后来杨继盛被严嵩陷害屈斩。尽管严嵩狡猾异常，但随着他的年龄渐老，精力衰退，世宗开始疏远他，这时礼部尚书兼东阁大学士徐阶开始取得了世宗的信任。嘉靖三十七年（公元1558年），刑部给事中吴时来、刑部主事董传策上书弹劾严嵩，他们分别揭露了严嵩的种种罪行。世宗因此更加增加了对严嵩的反感，根据明代的制度，凡是文书，都由内阁首辅先拟好，然后呈送给皇帝批准，严嵩此时年老体衰，已不能胜任这一工作，往往让儿子严世藩入内阁值班房，但严世藩又时常与诸妾在一起淫乐，没有时间与严嵩一起来值班，于是严嵩所拟之词，常常词不达意，使世宗非常不满。嘉靖四十年（公元1561年），世宗所居住的永寿宫发生火灾，世宗于是移居玉熙殿，但他对这个地方很不满意，于是想新修一所宫殿，他征求严嵩的意见，严嵩建议他搬到南城离宫去，那是明英宗当年被幽禁的地方，世宗当然不高兴。世宗又问徐阶，徐阶建议他重修永寿宫，世宗很满意，于是更加信任徐阶，凡军国大事都征求他的意见。由于严嵩倒行逆施，为非作歹，所以在全国范围内激起民愤。世宗很迷信，常与道士来往，一次世宗问道士蓝道行："天下现今为何不太平？"道士便假借占卜之口列举严嵩父子的罪行，认为世宗必须先除掉严嵩这伙人。世宗于是对严嵩更加愤怒，想方设法除去他。

公元1564年，南京御史林润上奏说严世藩里通倭寇，世宗于是将其逮捕到京城后斩首示众。世宗抓住这个机会，一举将严嵩及他的孙子贬为平民。隆庆元年，严嵩病死，时年87岁。

严嵩是一个无所作为的奸相，作为文人出身的他虽然略有文采，但他却凭借谄媚取宠攀上高位，是明世宗纵容所得的恶果。他心无治国韬略，却屡屡迫害异己，

使得明朝廷政治日益腐败。严嵩的专权是小人得志的表现,也是明王朝衰败的主要原因。

★ 谦虚自警,大器可成

谦:亨。君子有终。

——《周易》

谦卦通过谦谦、鸣谦、劳谦、伪谦等一层层的分析,阐述了谦虚必须出乎内心,以事实为基础,并且具有一定的原则性,否则,便是虚伪,是权术、政治的附庸。

人们都憎恶自以为是的行为,喜欢谦虚。谦虚的人,做高官而不傲慢,德行光明而正大;处于低微的地位而不自卑,让人仰慕他的德行。

谦逊的人不仅可以长进学业,而且可以增益道德修养;同时,又可以免除灾祸。这就是君子谦虚将有所成就的原因。

君子不但要以谦虚自处终身,而且要以效法"谦"这种将高山藏于低地的精神,为他的追随者做出榜样。古代圣贤孔子深谙自谦,他才高不自恃,德高不自矜,名高不自誉,谦卦中所囊括的诸多优秀品质,在他身上都能体现出来。不仅如此,他还常常勉励其弟子要学会谦虚。

有一次,孔子去周室宗庙参观,看见一个非常奇巧的器皿,孔子便询问守护宗庙的人:"这是什么器皿呢?"

守护宗庙的人回答:"这是放在君主座位右边,让君主自警的一种器皿。"

孔子说:"真是幸运啊!我终于见到了这个器皿。"

看到老师感叹的神情,学生们都大惑不解,询问老师为何对此物如此关注。孔子就回头对弟子们说:"往里面加水。"

他的弟子就盛来水,开始往里面灌,灌到一半之后,器皿还能保持端正。但是灌满了之后,器皿便倒了,里面滴水无存。

孔子便喟然叹息道:"唉,这就是盈满的下场吧!"

子贡在旁边问道:"老师,给我们讲讲'盈满'的道理吧!"

孔子说:"太多了它就会减少。"

子贡又问:"那么什么是'太多了就减少'呢?"

孔子回答:"事物繁盛到了极点就会衰亡;高兴到了极点就会有悲伤的事情发生;太阳到了中午的时候就会往下移,月亮圆了之后就会开始缺损。因此,头脑聪明的,要用示笨的方法来保持;功盖天下,要用退让来保持;勇力出众,要用怯慎来保持;富有四海,要用谦逊来保持。这就是所谓的自退自损的办法。"

孔子以自己的谦虚和大度,赢得了世人的尊敬,他的这种品质,正与谦卦中所含的道理吻合。

★正道沧桑，不存非分

无妄：元、亨、利、贞。其匪正有眚，不利有攸往。

《象》曰：无妄，刚自外来而为主于内，动而健，刚中而应。大亨以正，天之命也。"其匪正有眚，不利有攸往"，无妄之往何之矣？天命不祐，行矣哉！

《象》曰：天下雷行，物与无妄。先王以茂对时育万物。

——《周易》

妄：与诚相反。无妄：即至诚而无虚妄。无妄卦是阐述如何诚实地依据事物的客观规律办事而求得人生和事业成功的法则。告诫人们要认真总结经验，按自然规律办事，而不要妄求，不妄求则稳，稳而妥，则做事必有成，积累小成，必致大成。

生在世，不存或少存非分之虚妄，那样你才能生活得自在，才能保持良好的心态，这样反而会增加你成功的机会。永远不要做目前你力所不能及的事情，学会脚踏实地生活，使每个决策和行动都符合于自然和社会的规律，这样才有可能充分实现我们的人生价值。

无妄卦中蕴涵这样一个道理：执政的人没有仁德，本身虚妄、没有诚信，一定会造成混乱的局面。从而可知，一个领导者必须有宽仁的品质，一个有秩序的社会，必定要有一套诚信的法则，这才能保持长治久安局面。

唐朝地方节度使李愬，奉命率兵平叛。由于他关心部下，受到将士的爱戴，所以军威振奋。李愬出兵攻马鞍山，一日工夫便攻下了。他乘着威势继续前进，拔取了道口栅，攻下了冶城，平定了青陵地方。平叛节节顺利，是由于他对来降的敌将，都能以真心善待，所以，他对山川形势和敌军的虚实，都因降将的指点而了如指掌。平定青陵不久，又擒得骁勇善战的敌将丁士良，李愬亲自解去捆绳，以贵宾的礼节对待他，请教破敌计策。

丁士良看李愬如此真心挚诚地对待自己，内心不由地感动万分，他说："吴秀琳的兵士，总共不到一万人，而屡战不败的原因，主要是得力于陈光洽为他策划计谋。我受了您不杀的恩情，自愿去捉陈光洽来，不知您肯不肯相信而放我走呢？"李愬笑着说："我既以为您是个男子汉大丈夫，说话算话，哪有不信之理。等你将陈光洽抓来，我定重重赏你"。

丁士良说："将军，果真如此吗？"

李愬回答："君子一言，驷马难追。你尽力去办吧，本将不会亏待你的。"

于是，李愬亲自摆设酒席为丁士良饯行，席散后让丁士良离去。过了数天，丁士良果然把陈光洽捉来，并得到了李愬的重赏。

吴秀琳失去了谋士,得知李愬真诚无妄地对待降将,于是也率领兵卒投降了。吴秀琳因此被任命为将领,他打算率领原班人马去攻吴房,以求得一个功劳。李愬却主张道:"中原正动荡不安,您立功的时机还多着呢,攻吴房的事可以慢慢来,留着用以分散敌人的兵力,使叛军不能专心一意地抵抗我们。"吴秀琳点点头,接着说:"叛将李祐驻守在兴桥栅,假若能擒获他,那么自郪地以下的防御能力,便没什么可担心的了。"李愬一听,马上派遣史用诚带着数百名勇士,埋伏于兴桥附近的大路边,等李祐出现时,蜂拥而上,把他捉住带了回来。由于李愬手下的部将曾被李祐打败过,所以非常痛恨他,请求把他杀死。李愬没有答应,反而嘉勉李祐的武勇,李祐感动得掉下了眼泪,后来归顺了李愬。

　　李愬用真心无妄换来了诚信,取得了部下降将的信任,消除了自己的心腹之患。这是执政者取得成功的一个基本条件。大到执政者,小到一个组织、一个企业、一个团队的领导,莫不如是。这也是如今一些优秀的企业留住人才、吸引人才的好办祛。

第七章 因地制宜,有效沟通

★因地制宜,有效沟通

悔亡;丧马,勿逐自复;见恶人,无咎。

——《周易》

《睽卦》紧接《家人卦》,是《易经》六十四卦的第三十八卦。这一卦的卦象是异卦(下兑上离)相叠。离为火,兑为泽,上火下泽,相违不相济。这一卦说明万物有所不同,必有所异,相互矛盾。"睽",就是矛盾的意思。

《易经·睽卦》云:"悔亡;丧马,勿逐自复;见恶人,无咎。""悔",即后悔;"亡",即消亡;"逐",就是追逐的意思;"复",即返回。这一卦的意思是,悔恨消失;跑掉的马不要去撵它,它自己就会回来。接近同自己对立敌视的人,不会有什么祸患。

对于这一卦,《象辞》解释说,接近同自己相对立敌视的人,通过这种方法彼此沟通,就可以避免因对立而带来的危害。社会心理学把人与人之间的信息传递和信息交流称为"人际沟通"。"沟",即渠道,"通",即贯通,沟通就是人际间交流的手段,是人际交流的重要工具。只有沟通,人与人之间的信息才能进行传递交流,这不仅是人们交往的重要手段,甚至也是摆脱危难的最有效方法。历史上通过及时沟通而退强兵的故事不可谓少,其中的"烛之武退秦师"更称得上是千古绝唱。

公元前632年,郑国在与晋国结盟的情况下与楚国结盟。这一举动,引起了晋国极大不满,两国素有间隙,郑国曾对晋文公无礼,如今又与楚结盟,晋终于下了攻打郑国的决心。两年后,晋文公联合秦穆公出兵攻打郑国。晋军驻扎在函陵,秦军则驻扎在汜南。秦晋大军压境,让郑文公十分害怕,连忙向佚之狐求退兵之法。佚之狐向郑文公推荐烛之武,他知道只要烛之武能够出面,就一定能说服秦穆公撤军。郑文公同意。

烛之武听郑文公要求自己前往退兵,连忙推辞。原来,郑文公一直没有重用过烛之武。便对郑文公说:"我年轻时,尚且不如别人;现在老了,做不成什么了。"

郑文公听了,连忙解释说:"我早先没有重用您,现在危急之中求您,这是我的过错。然而郑国灭亡了,对您也不利啊!"

烛之武听罢,点了点头,答应了郑文公的请求。这天夜里,士兵们用绳子将烛之武从城上放下去,烛之武立即前往驻扎在氾南的秦军大营。秦穆公听说郑国使者来到,立即将烛之武召入军营。

烛之武见到秦穆公后,立即向秦穆公陈明了攻打郑国的利害。烛之武对秦穆公说:"秦王,您如今与晋国围攻郑国,郑国是一定会灭亡的。可是,您能越过晋国把远方的郑国作为自己的边境吗? 您何必要灭掉郑国而增加邻邦晋国的土地呢? 邻邦的国力雄厚了,您的国力也就相对削弱了。"

烛之武这样一说,秦穆公的脸色立即难看了起来。原来秦晋联盟原本就是貌合神离,松散虚幻的,秦国与郑国并没有宿怨,秦军不过是作为盟友援军被晋国牵扯进来,为晋国所用而已。

烛之武见状,连忙又开口劝说道:"我听说,您曾经对晋惠公有恩惠,晋惠公还答应把焦、瑕二邑割让给您。可据我所知,晋惠公渡河回到晋国后,立即筑城拒秦。这件事情您也不会忘记吧? 如今他攻打我们郑国,不过是想把郑国当作东部的疆界,等他扩张完东部立即就会扩张西部的疆界。那时候恐怕他们就得侵损秦国吧? 否则他从哪里取得土地呢?"

秦穆公听了这话以后,立即就明白了其中的深浅。这时烛之武立即许诺,只要秦国放弃灭郑的打算,那么郑国就尊秦国为东方道路上的主人。倘若秦国使者往来,郑国也一定随时供给他们缺乏的东西。秦穆公听了这话,十分高兴,立即就与郑国签订了盟约。秦穆公害怕晋国攻打郑国,还派杞子、逢孙、杨孙帮郑国守卫,然后率领大军回秦国去了。

晋文公很快就得知了消息,对于秦穆公的举动十分不满。可是晋文公知道,因为攻郑而失去同盟国是不明智的做法,便下令退军。就这样,晋军也撤离了郑国。

这段历史就是著名的"烛之武退秦师"。烛之武通过与秦穆公及时沟通信息,阐明了秦国攻打郑国的利害,终于使秦穆公放弃了攻打郑国的想法,甚至还派将领帮助郑国守卫。由此可见,及时沟通有时候也是解救国家危难的好办法。人际沟通不只是信息交流的过程,同时也是情感交流的过程。人与人只有进行沟通,才能引起对方的共鸣,激起对方深刻的情绪体验,达到双向的情感激发。唐太宗李世民与著名的诤臣魏征就是如此。

魏征是今河北巨鹿人,从小胸怀大志,勤奋好学。隋末农民起义爆发后,魏征跟随李密一起归顺了李氏王朝,被李渊任命为秘书丞。后来,魏征被另一支起义军领袖窦建德俘虏,便投降了窦建德。窦建德被李世民击败后,魏征又再次投降唐朝,李渊却再也无意起用他。

当时的太子李建成十分器重魏征,就招他为太子洗马。魏征因此对李建成十分感激,对李建成忠心耿耿。在太子与秦王李世民的斗争中,魏征一直为李建成出谋划策。后来,李世民发动了"玄武门事变",太子李建成和齐王李元吉被杀。

李建成的死让魏征十分痛心,对秦王李世民举动十分不满。可是,李世民却十分欣赏魏征的才华，便吩咐把魏征叫到自己跟前问话。李世民并没有因为魏征给李建成出谋划策而记恨他，只是责问他说："你让我们兄弟互相斗争，这是为什么呢？"

魏征听了毫不紧张，从容地说："太子早听魏征的话，就不会死于今天的祸乱。"

对于魏征的直言，李世民十分敬佩，不但不计前嫌，还任命他为詹事主簿，掌管文书。李世民即位后，经常召见魏征，让他给自己提意见，提升他为谏议大夫。一旦有什么事情，李世民都会向他躬身垂询，有时甚至把他召到卧室里，单独征求他的意见。

对于李世民的器重，魏征十分惊诧。可更让魏征佩服的是，李世民善于纳谏，堪称是一代明君。魏征喜逢知己之主，对李世民更加竭诚辅佐，知无不言，言无不尽。从贞观初年到十七年病故，魏征先后进谏200多次，涉及政治、经济、文化、外交乃至皇帝私生活等各个方面。

魏征以谏诤为己任，为大唐王朝立下了汗马功劳。可是，倘若李世民不及时与魏征沟通，反而一味加罪，或者将魏征弃在一边置之不理，只怕也就没有这段"明主诤臣"的佳话了。沟通不过就是动动脑子、动动嘴皮子的事情，李世民通过与魏征交谈、交心就得了诤臣，不可谓是一大收获。

所以，作为一名领导者当有人与你敌对时，你不妨主动接近、进行沟通，通过信息的传递，甚至情感上的交流，或许就可以达到尽释前嫌的目的，避免因更加对立而带来的危害。沟通可以让我们获得信息，避免错误，还可以建立良好的人际关系，沟通的益处总是立竿见影。所以，领导者不妨因地制宜，适时地运用沟通，那么不仅可以从中得到快乐，更可以满足自己人生发展的需要。

★ 大事化小，小事化了

噬嗑，亨。利用狱。

——《周易》

遇到认识上出现阻梗不通时，要多交流，多沟通，能够采取简径直捷的方法最好，做到大事化小小事化了。

《易经》中说："噬嗑，亨。利用狱。"就是说，咀嚼，进行沟通。宜于审案、化解阻梗。

沟通无处不在，沟通可以化解矛盾，消除阻梗。

河北某地有两家邻居，东家的小孩玩游戏时，不小心将手中的小石子抛过围墙，砸在了西家主妇的头上，西家便上门兴师问罪，但是东家看到没造成什么明显伤害，所以也就等闲视之，也不向东家赔不是。后来积怨日深，由恶语而石雨，由石雨而棍棒，一场儿戏竟以一条人命和几万元的损失而告终。

　　某单位有两位刚分得新房的职工，楼下一位是个搞机械设计的知识分子，患有严重的神经衰弱，经常失眠；楼上那家却有个患多动症的孩子，终日制造些刺耳吓人的声响。楼下这位苦不堪言，多次交涉无用，便用木棍捅楼板以"牙眼"报之。两位同事间的战争逐级升级，终于大家都住不成新房，"蓝军"和"红军"的两个主帅，一个躺进了医院，另一个则住进了监狱。

　　两出惨剧的起因均是不足挂齿的小事。

　　人是群体性动物，既然是活的群体，大家结合在一起，就免不了会有矛盾，舌头还免不了与牙齿磕碰呢，但决没有人会蠢到因其磕碰而敲牙割舌的。"忍得一时之气，免得百日之忧。"在许多"进一步愁怨百结，退一步海阔天空"的非原则问题上，邻居之间还是需要忍让的，不忍让就要造成更大的痛楚。即使涉及原则等问题，也还有纪律和法律，不必非弄到反目为仇，刀枪相对，不可收拾的地步。"大事化小，小事化了"，我们往往取其贬义而用，但在抬头不见低头见的邻里之间，主张"和事佬"的态度不愧为高明之举。

　　具体分析人们之间产生矛盾的原因主要有下面几条：

　　1. 观点不同。这是人们之间发生冲突的最主要的原因，多见于领导成员之间，也经常发生在学术界。古人云：道不同不相为谋，由于对同一个问题产生不同的看法，人们之间便相互产生矛盾与隔阂，进而导致双方互存偏见，相互攻击，以至发展到势不两立的地步。

　　2. 趣味相异。这类冲突主要发生在亲属之间，如夫妻矛盾、婆媳矛盾、父母与儿女之间的矛盾等。家庭是一个人生活的主要场所，如果后院经常起火，一个人是难以把精力和注意力全都投入到事业上的。一个在事业上建立了辉煌成就的人，必定离不开家庭的支持。一个成功的男人背后必定有一个做出巨大牺牲的女人，反之亦然。

　　3. 个性抵触。性格、气质不同以至相反的人，相互之间也会产生冲突。例如一个急性子的人，会看不惯一个慢性子人做什么事都磨磨蹭蹭；一个慢性子人，又会抱怨一个急性子人干什么都风风火火，总之，这两种人常常相互不能理解和谅解，结果便产生一些矛盾。

　　4. 产生误会。人和人相处，即使主观上不想发生摩擦，但仍然难以避免产生一些误会，有些误会甚至还是根深蒂固、难以消除的。例如，《红楼梦》中贾宝玉和林黛玉便相互产生了误会，曹雪芹对此做了饶有风趣的描绘。其实，类似这样的误会在现实生活中不知有多少。

　　5. 发生纠纷。生活中有些冲突是隐性的，比如志趣不同的两个人之间的冲突未必就公开化，但是也有不少矛盾是会激化的。例如同事之间、邻里之间，甚至两个陌生人之间，都往往会因一点小矛盾而发生显性的冲突，轻则产生口角，重则拳脚相加，以至于发展到不共戴天之仇。

　　产生矛盾的原因有很多，但是归根结底还是由于诸如狭隘自私、敏感多疑、刚愎自用等人性的弱点造成的。人们思考和处理问题往往习惯于从自我出发,平时疏于同别人理解和沟通,因而出现矛盾后,总认为真理在自己手中,别人都是错的。

发生这样那样的冲突应该说对双方都是不利的,必然会对各自的事业产生消极的影响。一个想要成就一番大事业的领导者,必须想方设法避免不必要的冲突,千方百计地消除各种矛盾,使自己有一个宽松和谐的工作和生活环境。

那么,一个想成就一番大事业的领导者,如何才能防止同别人产生冲突呢?

1.要胸怀宽广,高瞻远瞩,凡事讲大局、讲风格、讲团结,调动一切积极因素,为一个共同的目标而努力。

2.要注意调查研究,及时掌握别人的思想动态,努力化解各种矛盾,防患于未然,减少或完全消除人们之间的隔阂。

3.以理解的眼光看别人,懂得大千世界是五彩缤纷的,人也是各种各样的。别人不可能同我们有完全一样的志趣,我们不能像要求自己那样要求别人,每个人都有自己的个性和特点,有不同的长处和短处。

4.宽容别人的过错,明白世上没有十全十美的人,包括自己在内,谁都有缺点,谁都有可能犯错误,要给别人改正错误的机会,就像希望别人原谅自己的过失一样。

5.对别人不要求全责备,要小事糊涂,大事清楚,记住水至清则无鱼。对别人要求过高就会曲高和寡,对别人太苛刻就会拒人于千里之外,对别人横挑鼻子竖挑眼,就没有人同我们共事。

6.除非是涉及原则性的问题要搞清楚是非曲直之外,对一些无关紧要的事,不能抓住不放,要大事化小,小事化了,甚至有意装糊涂。绝不应简单问题复杂化,本来没有多大的事,却非要弄个水落石出,论出个我是你非,那只能是天下本无事,庸人自扰之。

7.冤家宜解不宜结,即使有了矛盾,也应开诚布公,想方设法寻求理解和沟通,就事论事,不要把矛盾扩大,要勇于做自我批评,以自己的真诚换取别人的理解。

总之,化解矛盾要首先从自己做起,记住你如何对待别人,别人也会如何对待你,要走进别人的心灵,自己就要首先敞开胸怀。从而把大事化小,小事化了。

如今社会,人们居住越来越集中,几十户乃至上百户人住在一栋楼里已是司空见惯的现象。那就免不了会有"上面舞会下面响雷,下面管塞上面涨水"的情况,而我们又不可能有"孟母三择佳邻"的条件,所以大家只有多为他人着想,互相尊重和谦让,相互沟通。即便是有了矛盾,也要"化干戈为玉帛",双方都持大度气量妥善解决。如果说家庭是社会的细胞,那么一栋住宅楼,一个居民小区就是一个大的细胞群,"大事化小,小事化了",能使细胞健康和谐,即使有点问题也能自我修复。

否则,细胞与细胞都发生病变了,社会还有什么安定团结可言呢?

《易经》中说:"雷电噬嗑。先王以明罚敕法。"就是说,雷和电,是噬嗑卦的象征。先王据此以公开处罚罪犯,整顿法令,逐步消除阻梗。

做领导的要善于想大事、谋全局;为部门、基层和群众服务,搞好部门之间的协调,如实反映基层和群众的意见,更好地加强领导与部门、基层和群众之间的沟通联系。一,要深入调查研究,准确把握领导关注的焦点和群众反映的热点,力求参到点子上、谋到关键处;二,注重督察工作的实效性,把督查的重点放在群众反映强烈的热点、难点问题的督促解决上;三,是综合协调作用,认真做好上情下达和下情上报,既要有纵向的沟通,也有横向的联络,准确把握情况,发挥综合协调的最大效能。要团结协作,形成相互联系、有机统一的整体,减少阻梗,消除内耗。要注重细节,牢固树立细节意识,大事细办,轻事重办,熟事生办,缓事急办,急事稳办。要勇于突破旧框框,在工作思路、工作方法、服务手段等方面不断改进和创新,充分满足群众的需要。

对于一个企业来说,执行力源于企业管理的理念,并在企业界得到广泛推崇。一个著名企业家说过,企业发展5%靠战略,95%靠执行。美国通用电气原首席执行官杰克·韦尔奇也认为"决定成败的不是目标,而是措施",换句话说,执行力才是决定成败的最重要的因素。执行不到位,会导致各项决策部署在实践中走样缩水,大打折扣,甚至半途而废。从某种意义上说,我们的工作差距,往往不是战略和思路的差距,而是执行力的差距。因此,提高干部队伍的执行能力已成为摆在我们面前的一项迫切任务。必须做到令行禁止,确保政令畅通。许多事情执行得快与慢、早与晚、效率高与低,结果大不一样。员工一定要思想敏锐,反应敏捷,行动迅速,不能形势变化了仍我行我素,任务明确了仍等待观望,工作部署了仍无动于衷。要善于分析和把握形势的变化,及时掌握各方面的信息,了解最新动态,见微知著,积极应对。提高团结协作的能力。一个人只能做事情,一个团队才能成就一番事业。每个人的工作是相互联系、有机统一的整体,只有每个人都尽职尽责,并与其他同事搞好配合,不扯皮、不推诿、不争功,减少阻梗,消除内耗,才能建立起协调运转机制,形成工作合力。

细节决定成败。中国古代哲学家老子说过:"天下难事,必做于易;天下大事,必做于细。"海尔的张瑞敏也曾提出过一个观点:"把每一件简单的事做好就是不简单;把每一件平凡的事做好就是不平凡。"公司工作头绪繁多而又责任重大,一旦把握不好,处理不当,就可能小事变大事,甚至影响公司的正常运转,影响企业的生产,影响领导的威信。对员工来说,就要牢固树立细节意识,大事细办,轻事重办,熟事生办,缓事急办,急事稳办,使每项工作都严谨、细致、准确,考虑问题全面周到,不顾此失彼;办事程序规范周密,不出现漏洞;提供各种信息和资料、使用各种数据和事例准确无误,切实做到办事稳妥细致,把好事办好,把难事办成,把不放心事办放心。

矛盾来了,我们一定要交流,沟通,把大事化小,小事化了。

第八章 心有乾坤，神闲气定

★ 主动反省，头脑清醒

观我生，君子无咎。

——《周易》

人最大的敌人不是别人，而是自己，要想了解自己，必须审视自我，经常反省自我。

经常审视自我会让自己更能够认识自我的不足和错误，从而改变自我，提升自我。

《易经》中说："观我生，君子无咎。"就是说，观察我的行为，君子无过无灾。

有人说，只有自己才能最了解自己，这样的说法只对了一半，其实，有时候自己不但不了解自己，而且还会自欺欺人，明知山有虎，偏向虎山行。明知道前方是陷阱，还是一头撞到南墙上不拐弯。其实许多人之所以不成功，不是败在了别人的阵地上，而是自己被自己所打败。所以要想真正了解自己，就要经常反省，审视自我。

反省是成功的加速器。经常反省自己，可以去除心中的杂念，可以理性地认识自己，对事物有清晰的判断；也可以提醒自己改正过失。只有全面地反省，才能真正认识自己，只有真正认识了自己并付出了相应的行动，才能不断完善自己。因此，每日反省自己是不可或缺的。反省自己应该成为工作的一个重要组成部分。不断地检查自己行为中的不足，及时地反思自己失误之原因，就一定能够不断地完善自我。

经常做些自我反省，可以对自己的整体状态产生良好的影响。它可以振奋精神，活跃思维，增强自信心。反省的质量往往决定了生活的质量，自我反省是快乐和成功的源泉。

善于了解自己情绪的人，大多善于将自己的情绪调整到一个最佳位置，调谐或顺应他人的情绪基调，轻而易举地将他人的情绪纳入自己的主航道。这样，在交往和沟通中将一帆风顺。

认识并把握自己的情绪，便能指导自己的人生，从而主宰自己的人生。

国学经典文库

国学大智慧

《周易》智慧通解

图文珍藏版

好斗武士向一个老禅师询问天堂与地狱的含义。

老禅师说:"你性格暴躁,行为粗陋,我没有时间和你这种人论道。"

武士恼羞成怒,拔剑大吼:"你竟敢对我这般无礼,看我一剑杀死你。"

禅师缓缓道:"这就是地狱。"

武士恍然大悟,心平气和纳剑入鞘,伏地鞠躬,感谢禅师的指点。

禅师又言:"这就是天堂。"人在陷入某种情绪的时候往往并不自知,总是在事情发生后,经过有意识地反省才会发现。

高情商者通过两种途径了解自己。

1.通过别人对自己的评价来认识自己。

2.通过生活阅历了解自己。

认识了自己,你就是一座金矿,你就能够在人生中展现出应有的风采。认识了自我,你就成功了一半。

自省是自我动机与行为的审视与反思,用以清理和克服自身缺点,以达到心理上的健康完善。

它是自我净化心灵的一种手段,情商高的人最善于通过自省来了解自我。

自省是自我超越的根本前提,要超越现实水平上的自己,就必须坦白诚实地面对自己,对自身的优缺点有个正确的认识。

在人生的道路上,成功者无不经历过几番蜕变。蜕变的过程,也就是自我意识的提高,自我觉醒和自我完善的过程。

人生的成长是不断地蜕变,不断地进行自我认识和自我改造。对自己认识得越准确越深刻,人取得成功的机会就越大。

若每年审视自我一次,则一年中就会至少有一次机会可以不犯错误;若每月审视自我一次,则一年至少有十二次机会改正错误;若每天衡量一次,则一年就有三百多次机会改正错误。所以,每天自省次数越多,当然会留给自己的机会相对也会增多。

这些看似简单的问题,但又有多少人能够坚持做到呢?其实伟人和普通人并没有太大的差别,差别也许就是这一点,每天多反省了一点点时间而已,而你这时候也许在睡大觉,也许在侃大山,也许在无所事事……于是你与他的差别越来越大了。最后,你两手空空,而他却成了伟人。

有一句话说得好:"一日不见,如隔三秋。"为什么别人进步得那么快,而你却迟迟不前呢?因为别人在不断反省中前进了。

绝大多数在职场中浮沉的人,并不知道他们的未来是由自己造的。少数有卓越成就的人必定是了解自己追求什么,并且有完整计划的人。这些人不仅很清楚自己要什么,而且还知道要如何获取,如何评价。你的目标应当是明确清晰,可以测量评估,有真实确定的完成日期,而且要分成多个容易处理的部分。明确实现方法,定时检验进展,若有必要则适时修正行动方向。并且绝对不要放弃。所以,请不要再犹豫,拿起笔来,用力写下自己的目标吧!只有审视自我,了解自我,才能制定正确的目标，坚定正确的信念。

要想改变自我，完善自我，还必须观察别人。

《易经》中说："观其生，君子无咎。"就是说，观察他的行为，可以更好地了解自己，君子无过无灾。

"当事者迷，旁观者清。"日常生活中，人们经常会碰到这样的问题，也说得很顺口。既然常碰到就说明这个问题存在的普遍性和合理性；既然说的顺口，就说明人人知道其道理。但当自己置身当事人的时候，却变成了糊涂虫。

还有，自己身上的毛病，自己很少发现，而只有别人给你指出来时，你才知道大错特错了。所以，有的时候，别人就是自己的一面镜子，因此，还要时时留心别人。向别人多请教，多沟通，虚心接受别人的批评和指点，取别人之长，改自己之短，方能不断完善自我。

魏征是我国初唐伟大的政治家、思想家和杰出的历史学家。辅佐唐太宗17年，以"犯颜直谏"而闻名。他那种"上不负时主，下不阿权贵，中不侈亲戚，外不为朋党，不以逢时改节，不以图位卖忠"的精神，千百年来，一直被传为佳话。

唐太宗李世民器重魏征的正直，任命他做了谏议大夫。

有一年，唐太宗派人征兵。有个大臣建议，不满十八岁的男子，只要身材高大，也可以征。唐太宗同意了。但是诏书却被魏征扣住不发。唐太宗催了几次，魏征还是扣住不发。唐太宗大发雷霆。魏征不慌不忙地说："我听说，把湖水弄干捉鱼，虽能得到鱼，但是到明年湖中就无鱼可捞了；把树林烧光

魏征

捉野兽，也会捉到野兽，但是到明年就无兽可提了。如果把那些身强力壮、不到十八岁的男子都征来当兵，以后还从哪里征兵呢？国家的租税杂役，又由谁来负担呢？"良久，唐太宗说道："我的过错很大啊！"于是，又重新下了一道诏书，免征不到十八岁的男子。

一次，唐太宗从长安到洛阳，中途在昭仁宫（现在的河南省寿安县）休息，因为对他的用膳安排不周到而大发脾气。魏征当面批评太宗说："隋炀帝就是因为常常责怪百姓不献食物，或者嫌进献的食物不精美，遭到百姓反对，灭亡了。陛下应该从中吸取教训，兢兢业业，小心谨慎。如能知足，今天这样的食物陛下就应该满足了，如果贪得无厌，即使食物好一万倍，也不会满足。"唐太宗听后不觉一惊，说："若不是你，我就听不到这样中肯的话了。"

魏征不断向李世民提出好的建议，使李世民对他十分佩服，经常将魏征请入居

室,询问得失,魏征愈来愈被重用,先后被李世民提升为秘书监、侍中、宰相,并封他为魏国公。

李世民曾说:"我好比山中的一块矿石,矿石在深山是一块废物,但经过匠人的锻炼,就成了宝贝。魏征就是我的匠人!"

魏征去世后,李世民说,用铜制成的镜子,可以照见衣帽是否端正;用历史作为镜子,可以参照政治的兴衰;用人作为镜子可以知道自己的成绩与过错。我经常保持着这三面镜子,现在魏征去世了,我少了一面镜子。

是啊,连李世民那样的伟人还以魏征为镜子,时刻反省自己的不足,改变自己的毛病呢?何况我们这些普通人呢?

有些人自认为很了解自己,但许多错误的抉择即发生在对自己认识不清的情况下。比如说,你是否真正了解自己喜欢的工作是什么,专长是什么……你很可能并不能给出明确的答案。

如果你想前进,就该不断完善自我,审视自我,观察别人,真正的了解自我。

★ 保持常心,学会减压

栋桡,凶。

——《周易》

《易经》六十四卦的第二十八卦为《大过卦》。这个卦是异卦(下巽上兑)相叠,兑为泽、为悦,巽为木、为顺,泽水淹舟,遂成大错,形容境遇的不顺利。《易经·大过卦》云:"栋桡,凶。""栋",即屋之栋梁;"桡"是弯曲之意。这句话的意思是说,房屋的栋梁受重压而弯曲,结果必然发生凶险。

房屋的栋梁受到屋顶的重压而变得弯曲,就会带来凶险;同样,人们在工作、生活中也时常会感受到来自各方面的压力。不过,人是有惰性的,正是因为有了压力,才会驱使我们认识到自身的不足,才会使自己有一种不断追求进步的紧迫感,而这种紧迫感正是使我们进步的动力。

正常的压力能够成为进步的推动力,然而过重的心理负担则会伤身伤神,如同弯曲了的栋梁,必然带来凶险。所以,面对着生命的重压,人们必须想方设法来给自己减压。在这方面,三国时的孙权堪称表率,他的很多做法对于今天被压力弄得烦恼不堪的现代人具有很强的借鉴意义。

孙权从19岁时接任父兄开创的基业。直至71岁时去世,其间主政52年,超过三国时期的任何一位统领人物。与曹操、刘备相比,孙权领导的吴国国势最微,领导压力也最大,但孙权能够延年益寿,稳握江山,其中是有很多减压的方法的。

阅读史籍我们可以发现,孙权绝少亲赴前线带兵打仗,而往往是交给属下去完成使命。周瑜指挥的赤壁之役，吕蒙指挥的荆州之役和陆逊指挥的彝陵之役，这三场战役都是决定东吴命运的大战，可孙权却完全放心属下在前线御敌作战。

孙权何以能够如此？就是因为他对属下恩威并加，给属下很大鼓励。在彝陵之役时，有人告发诸葛瑾里通蜀汉，孙权坚定地说："我与诸葛子瑜，可谓神交，外人流言不能间构。"陆逊坐镇荆州抵御蜀军时，孙权还曾复刻了一枚自己的大印交给他，委任他全权处理与蜀汉交往之事。可以说，诸葛瑾与陆逊之所以能为东吴开创盛业，与孙权的充分信任是分不开的。

孙权的恩信属下，用人不疑，不仅给属下极大的鼓励和权威，使他们更容易协同作战，取得胜利，同时还减轻了他自己的压力，卸载了他所背负的巨大的压力。纵论三国英雄人物，曹操每到关键时刻便"宁可我负天下人，毋宁天下人负我"，而刘备则是加恩有余，致使他不能阻止关羽"大意失荆州"。而孙权每临大事必勇举新人，知人善任，善抚将士，恩信众臣，所以屡屡化险为夷，最终寿过古稀。

由此看来，孙权果然是古人注重给自己减压的表率。他懂得有效地分派压力，分摊忧虑，切忌"把所有问题都自己扛"，他还注意恩威并施，那样方可使属下冷暖自知，尽心竭力。相反，一个人若不懂得卸载压力，不善于大胆与人分忧，必将陷入工作狂的泥潭中不能自拔。

相比之下，诸葛亮虽然聪明绝顶，却满腹忧虑，终于积劳成疾，出师未捷身先死，就足可以说明问题了。

诸葛亮未出茅庐就指明天下三分之局势，随后又火烧曹魏、三气周郎，这是何等的英明，何等的气势。可之后呢？诸葛亮身为丞相，不仅要领兵打仗，还要内政农耕、外交政治，他的脑子里全部都是各种各样的国事。一个人，哪来的那么多精力和时间，天网恢恢尚有疏漏，更何况他只是一个人。诸葛亮管事过广，心思过细，压力过大，终于积劳成疾。

诸葛亮压力大，生怕治理国家出什么差错，所以凡事事必躬亲。这种做法，不仅害了他自己，更害了蜀国。人皆云，诸葛亮之后蜀中无大将，这话是很有道理的。蜀国数位大将，哪位大将不是身经百战而成？关羽、张飞从黄巾就开始跟刘备打天下；赵云长坂死战、东吴护主，这不仅因为他一身是胆，更因为他历经磨炼；马超则为报父仇而血战曹操，又扣虎牢关于前，死守芜地于后，也是久经沙场的老将。

可是，自这些大将相继辞世后，诸葛亮再也没有培养出一位有才干的将领，很少有人能够独当一面。之所有出现这种局面，就因为将领们在诸葛亮身边得不到历练的机会，诸葛亮把一切事情都揽到自己身上了。所以说，蜀汉的开创诸葛亮堪称是功臣，但蜀汉的灭亡诸葛亮也难逃干系。毕竟，人不可以长生不老，诸葛亮再聪明也必须遵从生老病死的自然规律。他一味地以压力苛责自己、强迫自己，不仅减了自己寿，更减了蜀国的"寿"。

我们生活在一个充满竞争的时代，大多数人都被压力胁迫着。随之而来，就会有很多人产生倦怠感、紧张感，无法正确面对压力，就无法集中全部精力去做应当去做的事情。其实，无论从事什么职业，辛苦与焦虑都极有可能会出现，甚至还会产生烦躁和倦怠。当人在工作中遇到工作量大或强度高的情况时，应该采用积极的办法，减轻自己的压力而不是忍受，更不能逃避，而要努力给自己在压力面前营造一种积极的心态，让自己的工作和心理更轻松。倘若一味采取忍受、掩饰、找借口逃避等手段，只能为压力所累，不但不能增加工作动力，反而还会耗费能量。

作为一名领导者面对着生活和工作，我们还要设定合理的人生目标，不能要求尽善尽美，也不能要求自己事必亲躬。同时，我们还尽量从开阔的角度来看待人生中的挑战，危机也许会变成转机，以免给自己带来莫名的苦恼，让自己学会乐观地、积极地面对一切。因为天底下没有什么大不了的事，保持平常心才最关键，这也是有智慧的领导者的生活态度。

★ 师以"规矩"，修身养性

师出以律，否臧凶。

——《周易》

《师卦》是《易经》六十四卦的第七卦，《师卦》第一爻云："师出以律，否臧凶。""师"，即军队；律，即纪律、法度；臧，即强壮。这句话要告诉人们，出师征战必须要有严明的纪律，要号令整齐，行动一致，赏罚分明。如果军纪不良，指挥不灵，再强壮的军队也必然会发生凶险。

对于这一点，孟子理解得十分深刻，他曾说过，"离娄之明，公输子之巧，不以规矩，不能成方圆"。离娄是古代传说中一个目力非常好的人，能在一百步以外看清楚一根毫毛的末端；公输子就是人们所熟知的鲁班。至于"规"即为圆规，"矩"就是折成直角的曲尺。孟子这段话就是告诉人们，即便目力如离娄，技巧如鲁班，如果没有圆规或曲尺，也不能正确地画出圆形或方形。

这里的"规"和"矩"引申为法度和准则的意思，"不以规矩，不能成方圆"的道理十分深刻，就是指凡事都需要遵循一定的标准和法则，这一点在"师出"之时更为关键。战争是人类不可避免的残酷的争斗，要想取得胜利，军队不仅要强悍，更要有法度，法度不严必定会被打败。

李自成是明末著名的农民起义军领袖，为了进一步动员和组织人民群众，推翻明王朝，李自成提出"均田免粮"、"平买平卖"等口号。为了增强军队的战斗力，李自成制定了严明的军纪，细到起床吃饭、站队议事等都有一定的规矩。最重要的是，李自成明确了军队与百姓之间的纪律。他规定，士兵必须在军帐内驻扎，不准私住民宅；进驻投降的城市，不得烧杀劫掠；行军时除携带自己的家属外，不得携带其他妇女。为了赢得民心，李自成还打开官府的粮食、金库，开仓放赈，救济饥民，并勒令那些大官僚、大地主交出粮食和财物分给穷苦的百姓。

由于李自成军纪严明,终于赢得了百姓的支持。1644年3月19日,李自成攻陷了北京城,崇祯帝上吊自杀,明王朝就此灭亡。

可是,攻入京城后,李自成自认为已经抢得天下,立即躲进紫禁城享受起帝王的生活来。他手下的军队也"原形毕露",跟随闯王打天下的老将领带领着士兵们烧杀淫掠,过起了骄奢淫逸的生活。曾经那支纪律严明的军队已经不复存在,将领们之间为了争功也钩心斗角起来,有的人或被残害,或被迫离开,军队的战斗力锐减。

李自成

1644年4月,摄政王多尔衮率领清军与明宁远总兵吴三桂,在山海关一带轻而易举就击败了李自成的农民军,即历史上著名的"山海关之战",一代闯王大败而逃。临逃走前,李自成还不忘将他在北京城掠夺的金银财宝装了满满十数条船,沿着护城河运出城去。可惜的是,虽然金银财宝不计其数,他却再没能够东山再起,最终命丧九宫山。

相比较李自成的军纪大坏来看,那些从始至终纪律严明的军队一直能够在战争中保持优势的地位,由此也创下了千古功勋伟业。

明代的戚家军纪律严明,在抗倭名将戚继光的率领下,戚家军相继消灭浙江、福建、广东的倭寇,使困扰了大明王朝多年的倭患终于平息。后来,这支使敌人闻风丧胆的精锐之师又开赴北方,塞外那些觊觎着中原土地的侵略者再不敢南犯。戚继光常胜不败靠的是什么?答案很简单,主要就是靠铁的纪律来保证。

当时,戚继光的舅舅也在他军中任职,有一次他犯了军纪,请求这个外甥能够网开一面,可是戚继光大声说道,纪律面前人人平等,不能因任何人遭到破坏。就这样,戚继光当着全军将士的面,毫不留情地罚治了他的舅舅。士兵们亲见了戚继光的铁面无私,更不敢违犯军规,戚家军由此才得以常胜不败。

扩而广之,不仅治军如此,一个人要想成就一番事业,也必须严格要求自己,使自己的品行合乎君子的"规矩"。早在先秦的时候,墨子就发现:将丝线放入青色的染缸里面,丝线就成了青色;将丝线放入黄色的染缸里而,丝线就成了黄色。由此可见,人很容易受到环境的影响,也就是人们通常说的"耳濡目染"的道理。既然"立身成败,在于所染",那么为了让人能够健康成长,就需要采取一些措施,制定一些"规矩"。

《大学》提出,君子有所谓"絜矩之道"。"絜",即度量;"矩"即曲尺。从字面上来看,这句话是说,有曲尺才能画方形,只要曲尺没有问题,画出来的方形肯定符合方形的标准,所以人们只要测量曲尺是否符合标准就行了。这句话看似简单,含义却十分深刻,它暗指为人也应该制定为人的规矩,即做人之道,这样才可以使人人为君子。为此,《大学》提出了诚意、正心、格物、致知等三纲领、八条目,规范人的品行。

古往今来，真正的智者往往能够树立正确的道德观，并严格规范自己的品行，我们所熟知的周恩来总理就是一个很好的典范。周总理在日常生活中一直都是事事处处严于律己，从不因自己的特殊身份而破坏纪律。

有一年夏天，周恩来总理急需要一些书籍和世界地图，需要向北戴河区文化馆的图书室借取。但是当时的图书室有规定，这些书籍不得外借。周总理得知了，就亲自到图书室查阅，图书管理员见此情形，十分后悔，觉得应该将书给总理送去。周总理却欣然地夸赞他们的图书馆管理到位，任何单位都应该有规章制度，没有制度就不好管理，而且无论什么人都要遵守规章制度，他身为总理也必须遵守，这样一个国家才能井然有序。

的确如此，真正做大事情的领导者，往往能够从大局着眼，以"规矩"修身养性。正如荀子所说，"五寸之矩尺天下之方"，可见，无论做什么事情，都要懂得规矩之理，循规蹈矩不一定是迂腐；肆意践踏规则，只能如《师卦》所石，不仅会遭遇凶险，更有可能在凶险中一败涂地。

★心有乾坤，神闲气定

地势坤，君子以厚德载物。

——《周易》

如果遇到一个美女时，你突然感到心花怒放，蠢蠢欲动，想入非非，以至于夜不能寐，饭食无味，工作无劲。你浮躁了。

当身处官场，面对四面"来客"的献媚、金钱的诱惑时，如果你得意洋洋，私心大发，欲望膨胀，良心泯灭了。你浮躁了。

人们为什么浮躁？

因为人们有贪心，有欲望，因为人们心神不定，缺乏平和，没有看透这个世俗，因为人们没有海纳百川、胸怀博大的气度，因为人们没有心有乾坤的志向，因为人们没有神闲气定的风度。

当人们浮躁的时候应该怎么办？

当人们浮躁的时候，应该想想巍巍昆仑山，为什么它经历了千百万年的风雨洗礼，仍然坚定不移地保持着自己的雄伟壮观，维护着自己的阵地，一成不变地树立着自己的威信。

当人们浮躁的时候，应该想想那浩繁缥缈无穷无尽的宇宙，为什么它能够数亿年的时间仍然坚守着自己的法则，遵循自己的规律不动摇。

当人们浮躁的时候，应该想想为新中国的胜利而抛头颅洒热血的无数可歌可泣的英雄儿女们，为什么能够面对敌人的严刑拷打、百般凌辱，仍然坚持着自己矢志不渝的信念。

《易经》中说："地势坤，君子以厚德载物。"就是说人们应该有像大地一样的胸怀，像大地一样高深的德行来承载着万物生灵。

它告诉人们：要胸怀大志，要热爱万事万物，要宽厚待人，要平和看待人世，方能消除浮躁。

刘邦很喜欢酗酒，好色贪财，他见到美女就会心躁不安，每次这样就要耽误许多事情。当楚汉相争时，他认识到这个严重的问题，从此之后，下定决心，滴酒不沾、女色不近，集中精力于军事斗争，从而一举击败项羽，夺得天下。

鲁迅先生年轻的时候，一次上学迟到了，受到了老师的严厉批评，他突然感到这样会增加自己的浮躁心理，立即在自己的课桌上刻了一个"早"字，也把"早到"这一个坚定的信念深深地刻在心里，从那以后，他上学再也没有迟到过，而且时时早，事事早，毫不松弛地奋斗了一生。

消除浮躁，仅仅胸怀大志还不够，还应该神闲气定。

俗话说：心静则灵。心静就是少有杂念，遇到难题能从容化解，受到委屈能默默忍受。一句话，不受外界干扰，不受环境左右。一个人心底平静，万事万物都会看得开，看得准，看得正，就不会再有错误，不会再浮躁了。

一代球星巴乔在他的告别赛上，也就是在意甲布雷西亚队与拉齐奥之战中，临终场八九分钟时，他沉着冷静，一助攻一巧射，将对手斩落马下，为自己的绿茵生涯画上了圆满的句号。

一代围棋大师聂卫平与对手比赛的时候，总是心如明镜，稳操胜券。

人们常说：当局者迷，旁观者清。因为当局者身处其境心神不定，心底浮躁，也自然容易迷惑。旁观者心静如水，看问题很到位，直入正题，自然也很清楚了。

圣印法师著的《菜根谭的智慧（2）》中"静中见真境，淡中识本然"也是说的这个道理。

刘禹锡的《陋室铭》中"山不在高，有仙则名。水不在深，有龙则灵。斯是陋室，唯吾德馨"也体现出了品德高洁静以养心的思想。

"陈式太极拳"中"心静而后步才能坚实，气静而后身法才能稳便"也突出静的重要。

巍巍青山永远不会浮躁，因为它看透了这个世俗的沧桑巨变。

广袤的大地永远不会浮躁，因为它懂得神闲气定的潇洒。

浩渺无边的苍穹永远不会浮躁，因为它有心怀乾坤的度量。

第九章 心系企业,变中发展

★心系天下,有所作为

云雷屯,君子以经纶。

——《周易》

《乾》、《坤》之后,首先序列的就是《屯卦》,其《大象》曰:"云雷屯,君子以经纶。"屯卦的卦象是震(雷)卦在下,坎(水)卦在上。震卦象征雷鸣电闪,坎卦象征云行雨施。水在上,表示雨尚未落,所以解释为云。云雷大作,则是将要下雨的征兆,仿佛黎明前的黑夜,雷鸣电闪,风雨交加,一片混沌不清的景象,所以《屯卦》象征着初生。

从屯卦的"屯"字来看,"屯"也表示为草木初生时的样子。中间的部分像植物的子叶,上面的一横是从子叶中间生长出来的两个极为幼小的叶芽,贯通上下的那一条线是植物的根干。"屯",就像一粒刚刚萌芽出地表的草种,是一个极为鲜活的生命,但这种生长的过程困难重重,毕竟它要靠幼小娇嫩的躯体冲破地表。因此,屯卦不仅象征初生,更含有艰难的意思。然而,草木初生萌于地表,虽然艰难,却是万物滋生繁衍的开始,这种勃勃向上的生机与活力,其势不可阻挡。

云雷交加,天地初创,这一卦,隐含的人文密码就是"有志图王,经纶天下"。有德的君子效仿这一卦,就要洞悉时势,经纶天下,为辅佐王侯成就基业而作为。所以,《易经》要求正人君子以全部才智投入到创建国家的事业中去。

孔子曾给自己心目中的君子订下几条标准,其中就要求君子必须是个胸怀大志的人。"士不可以不弘毅,任重而道远",正所谓"天下兴亡,匹夫有责",君子"达则兼济天下,穷则独善其身",只有肯心系天下才能有所作为,才能成为一个真正的君子。唐代的诗人高适也曾说过,"男儿本自重横行",他也主张有志男儿要为国效劳,奔走四方。古往今来,无数的圣贤豪杰,仁人志士,他们为国家,为民族,为人民的利益,为真理和正义的事业奋斗着,创下了无数的丰功伟业,虽然困难重重,但是他们从来不会退缩。

汉武帝时期,汉王朝边境不稳,匈奴人时常前来侵扰。作为游牧民族的匈奴,几乎把巨大的邻邦汉朝当成了自己予取予求的库房,烧杀掳掠无所不为。这种局面古已有之,早从秦以来这种局面就一直无力改变,他们只能以和亲和大量的"陪嫁"财物,买来暂时的和平。

霍去病就在这个时候脱颖而出。霍去病自幼精于骑射,不屑于向其他的王孙公子那样呆在长安城里纵情声色,一直渴望着建功立业、为国效力的那一天。

元朔六年(公元前123年),著名的对匈反击战漠北之战打响了,未满十八岁的霍去病主动请缨。在茫茫的漠北战场上,他率领八百骑兵奔驰数百里寻找敌人踪迹,以独创的"长途奔袭"遭遇战,斩敌两千多人,首战告捷,大汉王朝最耀眼的一代名将横空出世。

从那以后,霍去病越战越勇,他的老对手匈奴屡战屡败,最后不得不退到焉支山北。汉武帝念他有功,赏他一座富丽堂皇的住宅,可霍去病却慷慨陈词:"匈奴未灭,何以家为?"展现了他报效国家的雄心壮志。

为了彻底消灭匈奴主力,霍去病还带兵深入漠北寻找匈奴主力,结果歼敌主力七万多人。霍去病仍不满意,一路追杀,甚至在狼居胥山进行了祭天地的典礼。封狼居胥之后,霍去病继续追击匈奴,一直打到翰海(今俄罗斯贝加尔湖)方才回兵。经过这一场战役,"匈奴远遁,漠南无王庭",霍去病和他的"封狼居胥",从此成为中国历代兵家人生的最高追求,终生奋斗的梦想,霍去病也由此成为史上最有作为的名将之一。

君子要经纶天下、有所作为,还必须能心系民情。宋朝名臣范仲淹更是将"经纶天下"提升了一个新高度,主张"先天下之忧而忧,后天下之乐而乐",要求有志之士为祖国的领土完整、为拯救人民的疾苦而奋斗。而这十几个字正是范仲淹一生的光辉写照。

范仲淹少年时家里十分贫穷,但是他刻苦努力,当秀才时就常以天下为己任。出任大宋官吏后,他更是抛下家室与韩琦一起镇守陕西,屡次击退了西夏、契丹的侵略,保卫了国家的安全。在那"长烟落日孤城闭"的荒山野岭上,范仲淹风餐露宿度过了半辈子,正所谓"愿得此身长报国,何须生入玉门关",那时的他早已经将自己的生死置之度外。

范仲淹

为了国家安定、人民幸福,范仲淹率先领导庆历革新运动,成为后来王安石熙丰变法的前奏。范仲淹还对某些军事制度和战略措施进行了改善,使大宋西线边防稳固了相当长的时期。不仅如此,范仲淹还荐拔了一大批的学者,为宋代学术的繁荣鼎盛奠定了基础。

朱熹曾评价范仲淹为"有史以来天地间第一流人物",范仲淹的所为同样也得到了后世的认可,千载迄今,各地有关范仲淹的遗迹始终受到人们的保护和纪念。

如今,有很多领导者都在希求自己能够有所作为,但是他们有些人的出发点却不再放在为国效力上,只囿于一己之利,更难得有"先天下之忧而忧,后天下之乐而乐"的想法。这种短浅的理想和追求,对于社会不能有大的裨益,甚至有可能会成为社会的蛀虫。所以,身为领导者,要胸怀祖国,放眼世界,为人民,为祖国奉献毕生的力量。

★ 扶危济困,乐善好施

亨,王假之,勿忧。宜日中。

——《周易》

当花儿开放的时候,它知道露出灿烂的面孔,让世界增添美丽。

当果实成熟的时候,它将香气洒满人间,哺育千家万户。

当太阳盛大的时候,它会光芒四射,普照大地。

当我们的事业红红火火之时,要学会感恩,要饮水思源,要扶危济困,泽被后世。

《易经》中说:"亨,王假之,勿忧。宜日中。"这里象征盛大丰满,亨通,君王能够使天下达到盛大丰满;就可以不用忧愁,好比太阳位居中天,光芒万丈,普照天下。

我们常说"扶危济困,善莫大焉"。扶危济困、好善乐施是中华民族的传统美德,理当弘扬光大。

从前,每逢灾荒之年,总有许多人连饭也吃不上,一些道德高尚的富人就沿路设"粥厂"以赈济灾民,靠着这种方法,避免了许多灾民饿毙郊野。

而今天,这种方法仍可以借鉴。如果您充满仁爱之心,如果你比别人还算富有,一定要让更多的需要帮助者感受到人世的温暖,您付出的并不需要太多,但您的真情关怀,却足以让一个贫寒之家过上一个温暖的新年。扶危济困并不难,只要你愿意。

"富国裕民"在荣毅仁的传奇人生中得到了清晰的演绎。荣毅仁的一生在企业家与政治家的角色之间转换,将"资本"与"红色政权"完美结合。荣毅仁家族在上世纪30到50年代,在中国特别是上海纺织业、面粉业有着重要的地位,成为中国民族工业发展的重要力量,他是从积贫积弱的国家环境中激发出的"以实业报国"为理想的实干青年。在新中国成立前后的许多重要时刻,荣毅仁都对国家做出了重大贡献。1954年,荣毅仁率先向上海市政府提出将他的产业实行公私合营。1957年曾被陈毅副总理誉为"红色资本家"。1979年中国改革开放之初,荣毅仁牵头组建中国国际信托投资公司,为中国的海外投资与招商引资开辟了一个窗口。

在荣毅仁无锡故居中堂撰有一联:

发上等愿,结中等缘,享下等福;

就高处立,择平处生,往宽处行。

荣毅仁先生的一生就是在努力实践这样的人生信条。

当代养生家朱鹤亭之父朱文彬,出身贫寒,白手起家,终成旧中国青岛一代盐业巨贾,其一生急公好义,扶危济困,后得享高寿而终。临终之前,让妻子和儿子把记录他人欠其家钱物的账本和欠条全部捧出,亲手付之一炬,并留下以下的这番话:

"人的一生,不过日食三餐,夜眠八尺,何贵之有?何利之有?人哪!当上报国家,积德于民;中报社稷,施仁于众;下不愧心,与人为善。"

《孟子·梁惠王》下中说:"乐民之乐者,民亦乐其乐;忧民之忧者,民亦忧其忧。乐以天下,忧以天下,然而不王者,未之有也。"

天下富贵者皆有其富贵之因,唯其富贵后能不忘德本,时常兼济天下,才能使其富贵得享永久。

《易经》中说:"丰其蔀,日中见斗,往得疑疾。有孚发若,吉。"就是说,阴影越来越大,白天出现了星斗,出门观看产生了严重的怀疑。拥有感恩、善良、友爱之心才能从阴影中散去,得到吉祥。

盛大的时候,也会遇到狂风暴雨,也会遇到不如意的事情,这时候要慷慨解囊、多做善事,多做善事会让自己的心情快乐起来,许多不如意的事情很快也会烟消云散。

心理学家研究快乐的人,发现快乐是有理由的。他们总结了五个快乐的理由,把这些理由称为快乐的特征,拥有这些特征的人,比较容易快乐。这五项特征分别是感恩、有点钱、联结性高、信仰与做善事。

快乐的第一项特征是感恩。感恩是一种处世哲学,是生活中的大智慧。人生在世,不可能一帆风顺,种种失败、无奈都需要我们勇敢地面对、旷达地处理。这时,是一味地埋怨生活,从此变得消沉、萎靡不振?还是对生活满怀感恩,跌倒了再爬起来?英国作家萨克雷说:"生活就是一面镜子,你笑,它也笑;你哭,它也哭。"你懂得感恩,生活将赐予你灿烂的阳光;你不知感恩生活,只一味地怨天尤人,最终可能一无所有!成功时,感恩的理由固然能找到许多;失败时,不感恩的借口却只需一个。殊不知,失败或不幸时更应该感恩生活。

感恩,使我们在失败时看到差距,在不幸时得到慰藉,获得温暖,激发我们挑战困难的勇气,进而获取前进的动力。就像罗斯福那样,换一种角度去看待人生的失意与不幸,对生活时时怀一份感恩的心情,则能使自己永远保持健康的心态、完美的人格和进取的信念。感恩不纯粹是一种心理安慰,也不是对现实的逃避,更不是阿Q的精神胜利法。感恩,是一种歌唱生活的方钱,它来对生活的爱与希望。

在水中放进一块小小的明矾,就能沉淀所有的渣滓;如果在我们的心中培植一种感恩的思想,则可以沉淀许多的浮躁、不安,消融许多的不满与不幸。感恩,使生活变得更加美好。

就像欧阳菲菲唱的《感恩的心》一样:

我来自偶然像一颗尘土

有谁看出我的脆弱

我来自何方我情归何处

谁在下一刻呼唤我

天地虽宽这条路却难走

我看遍这人间坎坷辛苦

我还有多少爱

我还有多少泪

让苍天知道

——我不认输

感恩的心,感谢有你

伴我一生

——让我有勇气做我自己

感恩的心,感谢命运

花开花落

——我一样会珍惜

是的,生命是如此的珍贵,我们要感激父母给了我们这一次生命,让我们能来到这个世界活过一次;感谢老师,教给了我们知识,让我们成为一个有用的人;感谢朋友,给了我们友谊,让我们在生命的旅程中不再孤独;感谢坎坷,让我们在一次次失败中变得坚强;感谢敌人,让我们使自己不断完善不断向前进步……面对命运的不公你没有埋怨,没有退缩,你用自己的方式来顽强地生活,用爱来回报这个世界,你帮助了那么多的人,让他们感到了温暖和力量。

感恩的心,感谢有你,伴我一生,让我有勇气做我自己……

感恩的心,感谢命运,花开花落,我一样会珍惜……

快乐的还有一项特征是做善事。

善有善报,恶有恶报,不是不报,时机未到。人生在世,心存善念,多做好事,未来一定更美好。人生有多少价值,取决于帮助身边周遭的人创造出多少价值。人生愈有价值,生命愈有力量,自然也就愈快乐。不管我们价值观来自何方,归向何处,只要知道坚定不移,带来的是快乐,延伸的是幸福,这就够了。

能够给予的人,是富裕的人。物质上的给予,物质是富裕的;心灵上的给予,心灵是富裕的。给予的人要放空自己,没有给予的人,没有给予的物,也没有被给予的事,才是真正的给予,才会源源不断,生生不息,才是真正的富裕。富裕的人,吉祥如意,是快乐的人。

让人快乐的理由都一样,让人不快乐的理由都不一样。

　　而当你盛大的时候，更应该做善事，做大大的善事，要想着为这个社会做点什么，为后代子孙留下来些什么，为国家奉献点什么，这是一种思想境界的提高，也是人生价值的跃进。泽被后世的事业是一种伟大的事业，如果把自己的盛大与泽被后世连接在一起，那便称得上达则兼济天下了。

　　事业辉煌的李嘉诚夫妇是众所周知的大慈善家和学佛居士。他曾捐资三千几百万港币建立"李嘉诚护理安老院"，该院规模宏大，设备齐全，占地约一千五百平方米，可收容几百名老人在此接受护理和安养。在该院建设过程中，李先生特委派李嘉诚基金会的高级职员、计划经理、办公室经理、高级秘书等专职筹划，使该院在短时间内建成启用，许多老人在此安度晚年。

　　李先生在香港和内地也广种福田，常常捐助上亿元的巨资，用来做造佛像、修寺庙、造桥铺路、兴办教育、支援医疗、赞助科研、弘扬文化、赈济灾民等等慈善布施。

　　李先生的座右铭："人生在世，能够在自己能力所及的时候，对社会有所贡献，同时为无助的人寻求及建立较好的生活，我会感到很有意义，并视此为终生不渝的职志。"

　　李嘉诚扶危济困，爱国爱民，功德无量，泽被后世。事实也证明，达则兼济天下，才能得天时、地利、人和；事业才能更加兴旺，社会才会祥和。

★能变则通，达观天下

官有渝，贞吉；出门交，有功。

——《周易》

　　《易经》六十四卦第十七卦为《随卦》。随卦的卦象是异卦（下震上兑）相叠，震为雷、为动，兑为悦，动而悦就是"随"。这里的"随"，就是指相互顺从，随时变通，彼此沟通。不过，所谓的"随"必须能够依时顺势，并以坚贞为前提，并不是随波逐流。

　　《易经·随卦》云："官有渝，贞吉；出门交，有功。"这里的"官"指五官，代指思想；"渝"，即变化。《随卦》在这里告诉我们，人的思想在实践过程中将会发生变化，但无论怎么变，都必然始终遵从正道，这样就可以获得吉祥。"出门交"即走出家门与大家在一起，这样就会"随有求得"、"随有获"，最终取得成功。这也是因为其唯正是从，见善则从，没有过失的缘故。

　　汉朝的时候，在西南方有个名叫夜郎的小国家，这个国家国上面积很小，百姓人数也少，物产更是少得可怜。不过，夜郎国的国王从没离开过自己国家，而且他认为自己统治的国家是全天下最大的国家。

这天,夜郎国国王在部下的陪同下巡视国境,他故意问道:"这里哪个国家最大呀?"

"当然是夜郎国啊!"臣子们都迎合道。国王听了十分满意地点了点头。

没一会,在他们面前出现一座山,国王又问:"天底下还有比这座山更高的山吗?"

"天底下当然没有比这座山更高的山了。"臣子们又回答道。

"那这条河应该是世界上最长的河流了吧?"夜郎国国王又指着一条小河说道。

"国王说的一点都没错,这就是最长的河。"臣子们又附和着说。

就这样,这个无知的国王坚信自己的国家是天底下最大的国家,终于闹出了笑话。有一次,汉朝派使者来到夜郎,骄傲又无知地国王问道:"汉朝和我的国家哪个大?"他哪里知道自己统治的国家只和汉朝的一个县差不多大。后来,司马迁在《史记》中写到:云贵多山,交通不便,所以夜郎等国王虽为一地之主,但不知汉朝之广大。

夜郎国王如此故步自封,最终夜郎国无声无息地在中国的版图上消失了,可是"夜郎自大"的故事却留传了下来,只惹得千百年来的人们谈笑。

"不以规矩,不成方圆",这是古代的一句名言,告诉人们做事情应该遵守规矩。可是,如果过于刻板,认为规矩只能立而不能改变,那就是大错特错了。我们都知道"大禹治水"的故事,大禹的父亲认为治水就是要筑坝拦截,结果最终被杀头,大禹却一改常规地使用了"疏导法",这正是因为大禹善于变通,能够面对不同的态势作出适时的应变。所以,人应该在实践中慢慢修正自己的思想,让自己跟得上时代的步伐。

赵武灵王是赵国的一位奋发有为的国君,他继位的时候,

赵武灵王

赵国正处在国势衰落的时期,就连中山那样的邻界小国也经常来侵扰。在和一些大国的战争中赵国更是连吃败仗,国土不断地被蚕食,眼看着就快被别国兼并。

面对着这样的困境,赵武灵王一直在苦苦思索治国图存的方法。赵国地处北

边，经常与林胡、东胡等北方游牧民族接触，他发现胡人都是穿窄袖短袄狩猎作战，就连作战用的弓箭、兵车、长矛也都更加机动灵活，便决定"着胡服"、"习骑射"，取胡人之长、补中原之短。

"胡服骑射"的命令还没下达，反对的浪潮就一阵接一阵了。大家都认为"易古之道，逆人之心"，所以都拒绝接受变法。赵武灵王却义无反顾，在他看来，智者做事都是根据实际情况来采取对策的，所以怎样有利于国家昌盛就该怎样去做，没有必要拘泥于古人的旧法。

就这样，赵武灵王毅然发布了"胡服骑射"的政令，号令全国着胡服，习骑射，并带头穿着胡服去会见群臣。为了让这一命令真正施行，他训练将士，结合围猎活动进行实战演习。在他的亲自监督下，赵国的军事能力大大提高，不但打败了经常侵扰赵国的中山国，并且还向北方开辟了上千里的疆域，管辖范围直达今河套地区。

赵武灵王"胡服骑射"是我国古代军事史上的一次大变革，被历代史学衷传为佳话。当时的中原王朝把少数民族看作"异类"，而赵武灵王却能够冲破守旧势力的阻挠，坚决实行向夷狄学习的国策，这种勇气和胆识是一般人难以企及的，赵国在他的领导下终于成为"战国七雄"之一。

正所谓"穷则思变，变则通，通则达观天下"，赵武灵王的作为更让我们知道，每个领导者都应该因势变通，只有冲破旧的樊篱，才有可能取得成功。但是，古往今来很多领导者都缺少那种改变的勇气和胆量。这种变通的思想，对于一个思想僵化、保守的领导者犹如洪水猛兽一般，避之犹恐不及。

其实，规则虽然是约定俗成的，但并不是不可改变的，如果死守着狭隘的经验，只是一味地遵守规则，是注定要被社会淘汰的。只有那些乐观而最富创造性的领导者，才能够在纷乱的时局中，保持冷静地头脑，并灵活机动地应对。他们不会做"无意义的固执"，因为他们知道，那样只能为自己的无知付出惨痛的代价。

★ 变革及时，手段谨慎

征凶，贞厉；革言三就，有孚。

——《周易》

《易经》的第四十九卦是《革卦》。"革：己日乃孚，元亨，利贞，悔亡。"即在己日变革旧的事物，能够使民众深深地信服，前途通畅，坚守正道，最后就会取得成功，悔恨终将会消释。"革"是改变、变革、革命的意思。因此《革卦》象征着变革，全卦主要说明的是"变"的思想。

《革卦》第三爻有云："征凶，贞厉；革言三就，有孚。"其中"言"指的是马的胸带。"三就",意思是三重,三匝。出征,凶险,占得险兆;把马的胸带绑三匝,抓到俘虏,打了胜仗。全话的意思是:急进会发生凶险,要以正防危;对于变革的言论,要多次研究周密考虑,赢得人们的信赖,就可以进行变革了。《象》曰:"革言三就,又何之矣!"《象辞》解释说:"对于变革的言论,要多次研究周密考虑,其他的路是没有的,变革已经势在必行,只有走变革的道路。"这一爻告诉我们:变革要及时,而且变革的手段要谨慎。

中国古代的法家思想就极力反对保守的复古思想,主张及时变革,锐意改革。他们认为历史是向前发展的,一切法律和制度都要随历史的发展而发展,既不能复古倒退,也不能因循守旧。波澜壮阔的历史尚且如此,更何况是我们这些生活在尘世中的普通人。

法家代表人物商鞅曾明确提出了"不法古,不循今"的主张,韩非则更进一步地发展了商鞅的主张,提出"时移而治,不易者乱",他把守旧的儒家讽刺为守株待兔的愚蠢之人。韩非子不仅仅是这样倡导的,他本人即是这一理论的忠实践行者。

当时战国末年,韩国很弱,常受邻国的欺凌,韩非子曾多次向韩王提出及时改革的主张,并制定一系列改革的方案,但未被韩王采纳。韩非子愤怒之下,写了《孤愤》《五蠹》等一系列文章,这些作品后来集为《韩非子》一书。这些书流传到秦国,秦王嬴政读了韩非子的这些文章,极为赞赏。于是公元前234年,韩非子作为韩国的使臣来到秦国。他一到秦国,观察秦国的现状,立即上书秦王,劝其先伐赵而缓伐韩,并及时进行改革。后来秦国在韩非子变革策略的指导下,日益国富民强,最终成为战国七雄之一,而韩国则日益衰落,最终被兼并。由此,及时变革的重要性可见一斑。

韩非子

中国历史上有很多这样的事例,许多朝代的大多数国家都是因为及时变革、力挽狂澜而自救于危境,并日益强大和繁盛起来。"变革"重在变,这种变本身就是一个"除旧迎新"的过程。当以前的那一套出现障碍或者说根本行不通的时候,就要及时"思变",弱则思变,穷则思变,都是说的一个道理。不变就只有在原地踏步,甚至是不进则退,而随机应变就大不相同。及时地清除和改变那些陈旧的、不利的东西,不断接纳、融入和采用一些新鲜的、先进的、活跃的血液,加速"新陈代谢"的进程,只有这样,历史、国家和人类自身才会不断强大、不断进步。

但是仅仅及时地变革还是不够的,及时还要有效,否则也只能是欲速而不达,事倍而功半。那怎样才能做到及时而有效呢?最关键的一点就是手段要谨慎。磨刀不误砍柴工,不管做什么事情,都要有适当的手段和方法,这样才会事半功倍,变

革也一样。但是并不是有了好的手段和方法,就必定大获全胜。在使用合理的手段方法的前提下,如果不周密不谨慎、麻痹大意,纵使方法再好,手段再高明,也会因小失大,甚至于功亏一篑。所以,行事要多次研究,缜密考虑,谨慎处理。

戊戌变法期间,维新派对袁世凯抱有很大的幻想,而袁世凯并不是他们合适的人选,他是个两面派,一面假意和维新派周旋,骗得光绪帝封他为侍郎;另一面在看到慈禧的势力根深蒂固时,他决定投靠旧党,他用假话哄走了谭嗣同,向皇帝请训,向荣禄告密,出卖了光绪帝和维新派。当夜,荣禄赶往北京告变。次日清晨,慈禧临朝训政,囚禁光绪帝,捕拿维新派,百日维新宣告失败。

在辛亥革命中,孙中山也表示如果袁世凯赞成共和,清帝退位,就可以保举袁世凯为临时大总统。可见,孙中山对袁世凯也还是抱有幻想的。虽然孙中山制定了《临时约法》,企图对袁世凯有所约束,但是最终辛亥革命的胜利果实还是被大杀党人、卖国求荣的袁世凯窃取了,因为他正是一个假革命者。

轰轰烈烈的戊戌变法失败了,继之而来的辛亥革命也失败了,导致失败的原因有很多,但有一点是一样的,那就是戊戌变法和辛亥革命的领导者都没有在对任用袁世凯这件事上进行透彻的分析、缜密的思考和谨慎的处理,他们没有看清他的真实嘴脸,在并不十分了解袁世凯的情况下便委以重托,麻痹了头脑,失去了警惕,从而导致革命的失败。

《论语·公治长》中说道:"季文子三思而后行。"这也就是我们常说的"三思而行",这句话已经成为今天的劝世恒言。而这里的"三思"实际上就是指要反复思考,周密地思考,谨慎地思考,尤其是像变革这样的大事更不能掉以轻心。当然,小事也不能掉以轻心,否则就又违背了谨慎的道理了。

因此正如《易经·革卦》所言:"征凶,贞厉;革言三就,有孚。"我们极力主张变革,但变革必须及时,否则只能是亡羊补牢,为时晚矣。而在变革的过程中,又要谨慎地使用有效的方式和手段,因为只有谨慎周密才能使我们的变革朝着胜利的方向行进。

★ 变中发展,立于不败

泽中有雷,随,君子以向晦入宴息。

——《周易》

《易经》中说:"泽中有雷,随,君子以向晦入宴息。"就是说,泽中有雷声,泽随从雷声而震动,这就是象征随从。君子要遵从合适的休息时间,白天出外辛勤工作,夜晚回家睡觉休息。就是要求人们不要太固执,做事要灵活。

固执在不良心理面前扮演得都是帮凶的角色。它容易使自卑者感到更加焦虑,使多疑者感到更加烦闷,使忧郁者感到更加沮丧,使孤独者感到更加冷落,使恐惧者感到更加不安。你要保持良好心境,就不可不对固执加以防范。

固执的人往往自以为是,听不进别人的意见,只想让别人接受自己的观点。同时,会有一种盲目的自我崇拜心理,以为自己处处都比别人高明,自觉不自觉地把自己凌驾于他人之上。

固执还会成为人际交往的一个障碍,如果不能用理智来评价自身,也就不能客观公正地去评价别人,从而赢得别人的理解和信任;如果总是把自己的观点强加于人,势必会造成别人的心理反感,从而使交往在无形中产生一种"心理对抗";如果固执己见就难免不与人发生争执,从而影响与人的思想交流和融洽相处。过于固执就无法与人沟通,会使你处于孤立无援、举目无友的境地,最终导致怀疑自己的能力,动摇甚至丧失自信。

有一句话说得好:物过刚则易折。

也有句话:大丈夫要能屈能伸。

还有人说:识时务者为俊杰。

一个人一旦顽固不变就会容易"折腰"。

因此,要学会长大,遇事能够随机应变。

《史记·廉颇蔺相如列传》中写道:"赵括自少时学兵法,言兵事,以天下莫能当。尝与其父奢言兵事,奢不能能,然不谓善。"

战国时期的赵国将军赵括,很小的时候就习读兵书,喜欢夸夸其谈。有时,连他的父亲——赵国大将赵奢都很难驳倒他,但赵奢坚持认为赵括并无真才实学。后来的结果是长平一役赵括被秦兵乱箭射死,而赵国四十万大军全部被活埋。

赵括只知道生搬硬套、纸上谈兵,在战场上不能做到随机应变,最终败死。

《庄子·秋水》中的"邯郸学步"里的年轻人更是僵化教条,最后连走路都不会了。

相传在两千年前,燕国寿陵地方有一位少年,不愁吃不愁穿,论长相也算得上中等人才,可他就是缺乏自信心,经常无缘无故地感到事事不如人,低人一等——衣服是人家的好,饭菜是人家的香,站相坐相也是人家高雅。他见什么学什么,学一样丢一样,虽然花样翻新,却始终不能做好一件事,不知道自己该是什么模样。

家里的人劝他改一改这个毛病,他认为是家里人管得太多。亲戚、邻居们说他是狗熊掰棒子,他也根本听不进去。日久天长,他竟怀疑自己该不该这样走路,越看越觉得自己走路的姿势太笨、太丑了。

有一天,他在路上碰到几个人说说笑笑,只听得有人说邯郸人走路姿势很美。他一听,急忙走上前去,想打听个明白。不料想,那几个人看见他,一阵大笑之后扬长而去。

邯郸人走路的姿势究竟怎样美呢? 他怎么也想象不出来,这成了他的心病。终于有一天,他瞒着家人,跑到遥远的邯郸学走路去了。

一到邯郸,他感到处处新鲜,简直眼花缭乱。看到小孩走路,他觉得活泼、可爱,学;看见老人走路,他觉得稳重,学;看到妇女走路,摇摆多姿,学。就这样,不过半月光景,他连原本自己走路的姿势也不会了,路费也花光了,只好爬着回去了。

刘备寄居曹操篱下,为怕引起曹操的猜疑,实行"韬晦"之计,在自己的住处的后园里种起菜来了。不料曹操和他青梅煮酒论英雄,一语道破他"英雄"的真面目,刘备惊慌失措,手中筷子不觉落在地下。恰巧这时老天作美,雷声大作,刘备急中生智,以雷声巧妙掩饰而过,在这里是随机应变的能力救护了他。

汉献帝建安二十四年,魏国大将夏侯渊在定军山被黄忠斩杀,曹操得知后亲率大军20万杀奔汉中,要为夏侯渊报仇。黄忠自告奋勇深入敌后去夺取曹军粮草。诸葛亮放心不下,令赵云也领一支人马同去。黄忠在北山脚下被围,苦战多时,不得脱身,赵云见黄忠去后许久不归,急忙披挂上马,前去接应,曾先后两次杀入重围,救出黄忠及其部将张著。曹操在高处看到赵云东冲西突,所向无敌,愤然大怒,自领左右将士追赶。眼看大军追到蜀营军门以外,守营将领张翼看到敌我悬殊,情势危急,慌忙要关闭营门,赵云喝止,一面将弓弩手埋伏到寨外,一面令大开营门,偃旗息鼓,自己单枪匹马立于营外,魏将张口、徐晃先到,看到这番情景,疑心设有伏兵,不敢向前,曹操到后,却催督众军,大喊一声,杀奔营前,这时,赵云大智大勇,依然纹丝不动,魏兵以为确有伏兵,转身就往后逃。赵云乘机把枪一招,蜀军鼓声震天,杀声动地,强弩硬弓一齐射出,魏兵心慌意乱,只顾逃命,互相践踏,死伤累累。逃到汉水边时,又互相争渡,以致落水淹死者无数,大批辎重器械被丢弃,而蜀军无一伤亡,取得了出乎意料的胜利,刘备得知后,亲到现场了解作战经过,非常赞同地对诸葛亮说:"子龙一身都是胆也!"在这里我们看到了赵云的英勇气概和随机应变、创造发挥的能力。

曹操拔刀行刺董卓,被发觉后借物随机,顺势改为献刀;曹操马惊踏农田,灵机一动来了个"割发权代首",无不闪烁着随机应变的智慧之光。

应变是闪烁着才能、机智、胆略之光的高超艺术,好比曹操的"割发权代首",人们尽可以驰骋自己的想象,但是只能得出这样的结论:唯有曹操在这种特定的环境里,才能急中生智,想出这个两全其美的解决问题的办法。这是一种极富个性的艺术表演。可见,应变没有统一的模式可循,没有固定的规律可依。随机的"机"是多种多样的:有天时,有地利,有人物,有事件,有情况,有势态……应变的"变"也是千姿百态的:可以迎难而上,可以另找新路,可以寻求支援,可以等待时机,可以顺水推舟,可以置之不理……究竟如何? 运用之妙,存乎一心。这里的共同点在于,都需要快速灵活的反应,都需要急中生智和临场发挥。

作为一名领导者要想做到随机应变必须有广博的知识,卓越的见识,乐观的个性,非凡的性格,尤其需要长期的实践锻炼,在实践中要放眼世界、开阔视野、勇于创新。

要学会相互贯通、相互促进,不断拓宽视野。没有开阔的视野,没有长远的眼光,就会跟不上时代潮流,就会守旧,就会落后。只有站得高一些,看得远一些,将总结历史经验、反映现实问题和把握未来趋势结合起来,善于从纷繁复杂的现象中揭示本质、展示主流,更好地提高自己的应变能力。

思想大家、艺术大师,无一不是勇于创造、勇于探索的典范。齐白石花甲高龄"衰年变法",自出新意,创造了独特的艺术风格,开辟了中国画的新境界。他对自己的学生说:"学我者生,似我者死。"这深刻说明,创新是艺术的生命,不创新就没有前途。

现在,我们正处在伟大的创新时代,要有敢为人先的胆识,有超越前人的勇气,革除旧观念,打破老框框,不断创新内容、形式、手段和方法,要坚持一切从实际出发,尊重规律、探索规律、自觉运用规律,积极适应人们思想活动的新特点,适应经济社会生活的新变化,要运用现代技术手段和传播方式,站在历史发展潮头,揽四方菁华,纳八面来风,古为今用、洋为中用,博采众长、推陈出新,开风气之先,领时代风骚。

只有在变中求发展,才能永远立于不败之地。

第十章　凝聚合力，进退自如

★有进有退，权宜在我

师左次，无咎。

——《周易》

争讼不已，必起兵端，所以紧接着讼卦的就是师卦。《易经·师卦》云："师左次，无咎。"这是师卦第四爻，爻数为偶，爻为阴爻，为当位之爻。次，止。师左次，即军队止于无用之地。古人以右为上，左次则为后退，居无用之地，就不会与敌人正面对冲撞而没有发生凶险，也就没有灾祸发生。咎，过错、损失。这句话是说，率领军队撤退驻守，以避敌精锐，免得遭受损失。说明深通兵法，懂得用兵有进有退的常理。

《易经》当中有很多兵法精髓，可以称得上是大智慧，它告诉人们，用兵之道，有进有退，无论进退，应该权宜在我。用兵之时，只有保护自己才能消灭敌人，消灭敌人才能更好地保护自己。一味不计伤亡的强进，只能自取灭亡，根本谈不上胜利。《左传·宣公十二年》就曾记载了这样一个故事，可以说是对以退为进最好的诠释。

春秋时期，晋国和楚国是两个比较大的国家，他们为了争夺霸权，相互之间不断进行战争。在晋、楚争霸的过程中，有一个比较弱小的郑国夹在其间，它时而依附晋国，时而又不得不依附楚国。公元前597年，郑国投靠了晋国，没过多久楚王就派兵前来围攻郑国。晋国听说楚国进攻郑国，于是派荀林父、士会、郤克、先縠、赵朔、栾书等人领兵前往救援。

晋国大军到达黄河边时，形势突然发生了逆转。原来，郑国被围困整整17天，招架不住已经降服了楚国。

郑国已降，还要不要继续进攻？晋军内部在退与进上发生了严重的分歧，中军副帅先縠、中军大夫赵括、赵同等人想要继续前进；而中军主帅荀林父、上军主帅士会等人则要求撤兵回国。

士会深明用兵的道理在于观察时机，趁敌人暴露出空隙时发动攻击，才有胜利的希望。可是从当时的形势来看，楚国的德行、政令、典章、礼仪都不违背常规，楚国征伐郑国，是对郑国三心二意，随意背叛的惩罚，楚国也可以说是事出有因。郑国归降，楚国加以赦免，这又是在树立德行。

而且楚国战争不多，民众不疲劳，各行各业都很兴旺，士会已经看到了楚国的强大。更让士会认为不可进攻的原因在于，楚国的军队训练有素、军纪严明，并且一鼓作气攻下郑国，这个时候再去与楚军交锋，犹如以卵击石。所以士会认为，晋军应该回去整顿军队，加强力量，应当赶上楚国、超过楚国，而不是不看实际强弱就去硬拼。看到胜利的可能就出兵，没有可能就后退，这才是治军的好方案。

士会的话虽然有道理，但是先仍旧坚持去攻打楚军，他认为不能长敌人的志气，灭自己威风。而且，怕打仗的话，就会失去晋国霸主的地位，所以绝对不能退兵。甚至说，"作为军队的统帅，却不是以大丈夫而告终，我是绝对不会干的！"

就这样，先凭一时义气，单独率领自己的部队渡过黄河，准备和楚军决战。荀林父没有办法，也只好指挥军队前进。结果晋军损兵折将，被楚军打败。

从这里我们可以看出，军队作战应当知己知彼，才能决定打与不打。不看实际情况就说"打是英雄，退却是怕死"，这不是研究战略的方法。正所谓"见可而进，知难而退，军之善政也"，所以在作战时要见机而动，知道敌方难以攻取而后退，才是积极的原则。

话虽好说，战场上常常一步走错，环环失机，就连这个"知难而退"也有很多讲究。退绝不是一窝蜂的溃逃，长敌人的威风，灭自己的士气，而要达到以退为进的效果。历史上，最著名的以退为进当属"围魏救赵"的典故了。

公元前354年，势力强大的魏国进攻赵国，魏国军师庞涓指挥大军包围了赵国的都城邯郸。赵国实力弱下，连忙向邻国齐国求援。齐王得知了消息，立即决定出兵相助，他任命田忌为将，孙膑为军师，率大军前往救援。

在如何救赵的方法上，田忌主张领军直接去赵国与魏军作战，这一做法立即遭到了孙膑的反对。孙膑认为，魏国的精兵都在攻打赵国，齐军与这些精锐之军交锋一定会大吃苦头，即便打了胜仗也一定损失惨重。可这时的魏国一定空虚，不如采取避实击虚的方法，前往魏国的国都大梁（今河南开封），造成兵临城下、大军压境之势。这样，魏军必然慌了阵脚，火速回救，这时候以齐国的精锐对付那些疲惫的大军，一定可以轻易取胜。

田忌听了孙膑的计策后十分赞同，立即采纳了孙膑的计谋，率军进攻魏国。

庞涓得知消息，果真丢掉粮草辎重，星夜从赵国撤军回国。孙膑则在魏军回国的必经之地桂陵（今河南长垣西北）设下埋伏。待那些长途跋涉、疲惫不堪的魏军抵达桂陵后，孙膑率兵突然出击，庞涓大败，全军覆没。

孙膑的"围魏救赵"退而能守，退而能进，退而形不乱、神不散，把《易经》的"师左次"发挥到了极致，不仅没有招致凶险，避免了与庞涓正面冲突的伤亡，反而以极小的代价取得了大胜利。

对于孙膑的这种做法，春秋末年另外一位著名的军事家孙武十分赞同。孙武在他的《孙子兵法》中说："昔之善战者，先为不可胜，以待敌之可胜。"他的意思是说，善于指挥作战的人，先要做到不会被敌人战胜，然后伺机战胜敌人，也就是要做到"有备无患"。

中国明代兵书《投笔肤谈》也认为，"凡欲胜人，必先以敌不可胜我之事为之于己，而后乘隙以攻之。"从这些可以看出，用兵作战应遵循先要做到自己立于不败之地，然后再寻机破敌，这是争取胜利的基本原则。

孙膑、孙武的军事思想，都是《易经》"师左次"的发展演变。"师左次"，也就是要使敌人无法发挥他的战斗力，避其锋芒。"师左次"的部队看似无用，然而实际上却大有用

孙膑

处。无用即大用，是人生的高明智慧。真正能够于无用处体悟到无用之大用的人，才是真正的贤哲之人。

★别人的退路，自己的出路

九五，显比，王用三驱，失前禽，邑人不诫，吉。

——《周易》

《比卦》第五爻为阳爻，其辞云："显比，王用三驱，失前禽，邑人不诫，吉。""显比"，有光明无私，亲密团结，互相辅助的意思；"三驱"，即从三面驱赶；"戒"即戒备。这句话的意思是，跟随君王去田野围猎，大家从三面驱赶野兽，却要网开一面，看着禽兽从放开的一面逃走，君王的部下也被君王的贤德所感化，对于逃走的野兽不加戒备，这是吉祥之相。

对于这一卦，《易经》告诉人们这样的道理：抛弃逆天行事的举动而顺其自然，就好像围猎时网开一面，让该被擒的禽兽落网，不该被获的从前面逃掉，而且听其自然，不加戒备，这样做事情才能取得大成功。正所谓"海纳百川，有容乃大；壁立千仞，无欲则刚"，大海的广阔备受人们称赞，而这一切正是因为它能够容纳百川；人只有胸怀广博才能任恩怨沉浮，并在沉浮的世事中取得大成就。

蔺相如对于廉颇的挑衅能做到"引车避匿"，出演了一出"将相和"，正是蔺相

如的"有容乃大"维护了赵国的安定和团结；唐太宗抱着"以人为镜，可以知得失"的态度，面对魏征的直谏，不断地进行反思，由此才开创了"贞观之治"的太平盛世。只是，要真正地做到"不诫"，不仅对待自己的朋友、同事要宽容，即便是对待自己的对手也要如此，做任何事情都应该给人留条后路。

张国焘是江西省吉水县人，曾任中华苏维埃共和国临时中央政府副主席、红军总政治委员等职，历史上曾多次地犯下了严重的错误。长征期间，他反对中央北上抗日方针，妄图用武力挟持中央，分裂红军，自立"中央"，结果给革命造成了严重损失。

中共中央意识到问题的严重性，于1937年3月在延安召开政治局扩大会议，深入批判了张国焘的错误，并通过了《关于张国焘同志错误的决定》。可张国焘并没有意识到自己的错误，反而对这一决定十分不满。1938年4月初，张国焘借祭黄帝陵之机逃往国民党统治区，发表反共声明，投向国民党。中共中央无奈之下，只得将他开除出党。

当时，张国焘的家人还在延安，他的妻子找到毛泽东，哭着请求毛泽东给他们母子做个主。毛泽东沉思了一会儿安慰道："天要下雨，娘要嫁人，他要走，要跑，不愿干革命，那也没办法！他现在在武汉，你们现在也到武汉去，劝说劝说，做做工作，只要他肯回来，我们照样欢迎他。"

于是在毛泽东的支持下，张国焘的妻子带着孩子也到武汉去了，从此他们再也没有回到延安。其实毛泽东最初对于张国焘的妻子并没有多么信任，只是他并不想以此为要挟，而是给他们留下了退路，表现出了真正的大家风范。

给对手留条退路，不仅是对对手的一种尊重和宽容，更重要的是也给自己留下一条退路。《三国演义》故事中，关羽就曾经放走了败走华容道的曹操，不仅成就了大丈夫的美名，更为刘备三分天下奠定了基础。

赤壁一战，曹军大败，曹操带领残兵败将狼狈逃命。在逃亡的路上，曹操不断地遭到伏兵劫杀，最后竟然只剩三百多名骑兵往华容道逃去。

当时正值隆冬严寒的时候，曹操的这三百多骑兵已经是人困马乏，士兵们为了减轻负担，把鞍辔衣服都扔掉，再加上队伍中许多受伤的人，一个个苦不堪言。在华容道上行走了一段时间，曹操突然大笑起来，旁边的人不解，就问曹操缘故。曹操得意地说："人们都说周瑜、诸葛亮足智多谋，可在我看来他们都还是些无能之辈。倘若他们真的有谋略，就应该在这里设下埋伏，这样我们即便是插翅也难飞了啊！"

曹操的话音刚落，突然在华容道两旁响起了巨大的炮声，关羽率领着五百校刀手截住了曹操的去路。曹操立即意识到自己的处境，但他知道这一仗他必定打不过关羽，于是便开口求情，希望关羽能够网开一面，放他过去。关羽听了曹操的求情，犹豫了起来。关羽是奉军令行事，倘若因私放了曹操，只怕留下祸患，这个罪名他是无法担待的。可关羽又是个义重如山的人，一想起当初曹操对待他的恩义，他又不觉动心。再放眼望去，只见曹军人心惶惶，一个个满脸悲苦，心中更加不忍。

就这样,关羽勒回马头,命众军队散开,将曹操大军放走了。

关羽此举看起来似乎是养虎为患,毕竟古语中也有"斩草除根"的说法。但正是关羽此举,刘、曹、孙互相牵制,使得曹操虽败,却有力地辖制了东吴,三方军队都不敢轻举妄动,谁也无法消灭谁,谁亦无法被消灭,最后形成了天下三分的局面。

给对手留条退路,哪怕对手曾经排挤甚至诬陷过你。你必须意识到,正是你的力量让对手恐慌,你更要知道,睚眦必报,只能说明你无法虚怀若谷。刻薄的语言是一把双刃剑,不仅会伤害别人,更会伤害自己;虚怀若谷,不仅保全了敌人,更可以成就自己。

东汉开国皇帝刘秀曾大败王郎,攻入邯郸。刘秀胜利之后在翻阅前朝公文时,发现很多奉承王郎、侮骂刘秀甚至谋划诛杀刘秀的信件。可是刘秀却对此视而不见,不顾众臣反对,将这些信件全部付之一炬。正因为刘秀的不计前嫌,化敌为友,刘秀的势力才得以壮大,最终成就了他的一番伟业。可见,对待敌人的宽容,不仅是一种"海量",更是一种修养促成的智慧。只有真正能够懂得其中道理的人,才能成为真正的大丈夫。

"泰山不让土壤,故能成其大;河海不择细流,故能就其深。"人们要筑成自己的成功,必然需要他人的协助,甚至是来自于对手的威胁。所以,自如的运用《比卦》所讲的"不诚",就成了智者的最大追求,只有对人对事能够包容和接纳,才能成就你的品质和境界,成就你精神的成熟和心灵的丰盈,这不仅是你对别人的释怀,更是你对自己的善待。

★单则易折,众则难摧

有孚挛如,富以其邻。

——《周易》

《易经·小畜卦》云:"九五,有孚挛如,富以其邻。"同前文一样,这里的"孚"仍旧是诚实守信的意思,"挛"是手指弯曲握紧,"挛如"是手握拢的意思,这里表示结合紧密。这句话的意思是,具有诚信的德行,与别人紧密联系并互相帮助,自己致富也要使邻人跟着一同富起来,表明要与人共同富裕,不独自享受富贵。

与人合作是一门很大的学问,《左传·鲁僖公五年》中就有这样一句话,"辅车相依,唇亡齿寒"。当你面临危机的时候,可能有很多人和你一样,也正被某种危机所胁迫,这时候,你们之间的合作就是寻求自保的最有效方法。正如孟子所说,"天时不如地利,地利不如人和",你一个人无法抗衡的危机,众人联手时却很容易渡过难关,这和"单则易折,众则难摧"是一个道理。

唐玄宗时期的名将郭子仪戎马一生,屡建奇功,但他从不居功自傲,忠勇爱国,

国学经典文库

国学大智慧

·《周易》智慧通解·

图文珍藏版

在朝中有极高的威望。不过,郭子仪也有相处不来的人,那就是唐朝的另一名大将李光弼。郭子仪和李光弼都是朔方节度使安思顺的属下部将,这两个人的矛盾由来已久,平时互不讲话,更不服气对方。有时实在避不开在一张桌子上吃饭,也要怒目相视,势同仇敌。

天宝十四年(公元755年),范阳(今北京西南)节度使安禄山造反,率兵一路攻向长安。唐明皇仓猝入蜀,皇太子李亨在灵武(今青铜峡县东

唐玄宗

北)即位,召集各路军队抗敌,拜郭子仪为兵部尚书,统领全国各大军镇。李光弼就成了郭子仪的部将。李光弼暗自担心,生怕郭子仪刁难他,曾想调到别的方镇去,可还没等他开口,郭子仪就找上他了。

原来这时候朝廷要郭子仪挑选一位得力的大将,去平定河北,郭子仪立即就推荐了李光弼。李光弼得知消息大吃一惊,在他看来,郭子仪此举不过是在借刀杀人,让他去送死,可是朝廷成命又不能不服从。无奈之下,李光弼打算向郭子仪低头,他甘愿受死,只希望郭子仪能放过他一家老小。

郭子仪听了李光弼的话后泪流满面,他紧紧地抱住李光弼,告诉他说,"如今国家遭此大难,皇上避乱在外,这正需要我们同心协力对付叛敌。眼下,国家就需要你这样人才,怎么能对从前的那些个人恩怨耿耿于怀呢",李光弼听了非常感动。两人手扶手相对跪拜,前嫌尽释,终于平定了安史之乱,解除了大唐王朝的生存危机。

郭子仪能够尽释前嫌与李光弼联手抗敌十分值得人称道。无论两个人存在怎样的过节,毕竟两人都是大唐名将,算不得是真正的敌人,真正有大智慧的人,为了寻求发展,甚至敢与自己的竞争对手、自己的敌人联手,达到真正的共赢。道理虽然简单,但有时候,一个简单的道理,却足以给人意味深长的启示,中国历史上著名的以弱胜强的赤壁之战就是如此。

经过官渡之战、北征乌桓,曹操完成了统一北方的战争,打算南下统一全国。汉献帝建安十三年(公元208年),"曹操率领水陆大军,号称百万,发起荆州战役。"用王夫之在《读通鉴论》中的话来说是"乘破袁绍之势以下荆、吴",企图一举消灭刘表和江东的孙权,统一天下。就在这时候,刘表病逝,刘表的次子刘琮在新野(今属河南省)投降了曹军,曹军又得到荆州水军的充实,水战实力大增。

当时的刘备正依附于刘表,听闻刘琮投降,连忙带领自己的余部往南撤离。当时江陵(今湖北江陵)贮藏有很多刘表的粮草和兵器,刘备大军因此齐聚江陵。可没过多久,刘备就在长坂坡(今湖北当阳东北)之战中被曹操击溃,江陵失陷。

这时候，东吴也接到曹操威胁的书信，要孙权主动投降。孙权早就料到了这样的局面，便打算和刘备联手，可是，曹操百万雄兵，孙权只怕孙刘联手也不能与曹操相匹敌，再加上孙权营中很多谋士都希望投降曹操，孙权一时也慌了阵脚。

就在孙营中，很多人都希望投降曹操的时候，谋士鲁肃却极力主张联合刘备，共同抗击曹操。孙权在他的游说下，终于认同他的想法，派他前往刘备营中，请求联合抗曹。刘备深明其中道理，立即派遣诸葛亮随鲁肃一同前往东吴。就这样，原本是一对水火不能相容的敌人，在面对大敌压境的危险时，终于联合抗曹。并取得赤壁之战的胜利，最终形成了魏、蜀、吴三国鼎立的割据局面。

由此可见，敌对的双方不一定非要摈弃合作，有时候，敌对的双方必须在竞争中做到"挛如"，才能为竞争的各方营造一个良好的竞争环境。《易经》讲述的"互利互惠"的道理在今天的市场竞争中也同样重要，合作共赢已经成为竞争各方普遍的认识，在合作中竞争，在竞争中合作，只有这样才能以开放、自信的竞争心态来面对未来。

第三篇 《尚书》智慧通解

导读

《尚书》的名头极大,真有"如雷贯耳"之感。

《尚书》形成以后,一直是统治者必读的书籍。历代帝王,无不以《尚书》为安邦定国的规范,其影响之深远,无可估量。

据陈梦家先生统计,《论语》、《孟子》、《左传》、《国语》、《墨子》、《礼记》、《荀子》、《韩非子》、《吕氏春秋》等先秦著作,常常引述《尚书》的内容,但均只称《书》,至汉代始称《尚书》,意思是"上古之书',作为儒家根本经典的一种,又被叫做《书经》。汉武帝尊崇儒术,建元五年设置五经博士,《尚书》即为其一。以后一直到清朝,无论是在教育体系中,还是在学术领域内,《尚书》都备受尊崇。

要了解和研究中国古代社会,必须阅读《尚书》,阅读《尚书》可以帮助我们抓住中国古代社会政治思想的核心。《尚书》所体现的思想,虽然是封建社会乃至奴隶社会、原始社会末期的产物,但并未全部过时,大量精彩论述和警句,足可给现代人类社会以启迪。

第一章 管理之道，知易行难

★治理之道，重要者三

大禹说："将文德教化传布到四海，恭敬地秉承舜帝的教导。"又说："如果君主认为当好君主很难，大臣也认为当好大臣很难，朝政就会得到很好的治理，黎民百姓也会努力遵行德教了。"

舜帝说："是啊！倘若确实如此，好的意见就不至于被埋没，贤德之人也不会隐居民间，众多邦国都能够共享太平。遇事与众人商量，舍弃自己的错误想法，采纳他人的正确建议，不虐待鳏寡孤独者，不抛弃困苦贫穷人，这只有尧帝才能做到。"

益说："啊！尧帝的恩德广大而深远，既圣明，又神妙，既有武功，又能文治。皇天器重尧因而授命，使他拥有四海，成为天下的君王。"

禹说："遵循道理者获吉祥，顺从悖逆者有凶险，这就像影子紧随形体，回响应和声音一样。"

益说："啊！应该警戒啊！要戒备没有预料到的事件，不要违背法则制度。不要放纵游玩，不要过度享乐。任用贤人不要三心二意，除去奸邪不要犹豫不决。可疑的谋划不要实施，各种的思虑理应光明。不要违背正道去谋求百姓的赞誉，不要违逆百姓而听从自己的私欲。如果坚持实行而不懈怠、不荒废，四方各族就会来尊您为王。"

禹说："啊！舜帝，您要考虑益所说的话啊！君德就是善于治理政事，治理政事在于教养人民。水、火、金、木、土、粮食六件事要整治妥当，端正德行、便利用物、富足生活三件事要协调办理。这九件事要安排好，九件事安排好了，人民就会歌颂君王的德政。要用美德来教诲，用刑罚来监督，用九歌来劝勉，使德政不致遭到败坏。"

舜帝说："是啊！水土既已平治，万物得以成长，六府（水、火、金、木、土、粮食）三事（端正德行、便利用物、富足生活）确实得到治理，千秋万代永享其利，这全是你的功劳。"

舜帝说："来吧！禹啊。我居于帝王之位有三十三年了，现在年事已高，被辛劳的政事搞得疲惫不堪。你当勉力不怠，统率我的士众。"

禹说："我的德行尚不能胜任，百姓不会依从。皋陶勤勉地布行德惠，恩德下及于民，百姓都归附他。舜帝您要考虑啊！念之而不忘固然在于皋陶。舍之而他求也只在于皋陶，称说于口固然在于皋陶，诚发于心也只在于皋陶，舜帝您要考虑他的功劳啊！"

舜帝说："皋陶，那些庶民百姓，没有人敢冒犯我的政令，是因为你担任了刑狱之官，明确五种刑罚，用来辅助（君臣、父子、夫妇、长幼、朋友）五品教化，帮助我治理政事。用刑正是期望以后不必用刑，使人们服从中正之道。这全是你的功劳，应该受到鼓励啊！"

皋陶说："舜帝您德行无亏，对待臣下简易不烦，统治百姓宽厚不苛；惩罚不株连子孙，赏赐却延及后代；无论多大的过失犯罪都能饶恕，无论多小的故意犯罪都要惩罚。判罪可轻可重的就从轻发落，赏功可轻可重的就从重赏赐；与其误杀无罪人，宁可放过犯法者。您爱惜生灵的美德，润泽在人民心中，因此人们不会犯法而在官府受惩。"

舜帝说："使我能够如愿地治理国家，四方百姓像风吹草伏一样纷纷响应，这全是你的美德所致啊。"

——《尚书·大禹谟》

　　如何才能治理好国家，这是每一位国家领导人都极为关注、并时时在考虑的问题，古今中外有关论著也已经出现了不少。那么，我们上古的圣贤是怎样说的呢？

　　由于治水有功，后来继承虞舜登上帝位的大禹说：如果君王以为君王难当，大臣以为大臣难做，朝廷上下就会形成谨慎从事、勤奋工作的风气。君王的美德表现在管理国家事务当中，而国家事务的首要问题，是如何提高人民的思想品质，改善人民的物质生活，所以必须做好六府三事。六府指水、火、木、金、土、粮食，这六样物资是老百姓日常生活须臾不可缺少的，务必安排妥当；不然，会造成恐慌，引起天下大乱。所谓三事指正德、利用、厚生，即通过思想教育，使人们的道德行为合乎规范；发展贸易，扩大生产，让老百姓生活便利，日常用品不致缺乏；轻徭薄赋，不夺农时，使天下黎民丰衣足食，日趋富裕。这三件事处理好了，国家自然太平，民众自然安定。六府三事都很实际，看似简单，却道出了治国

禹让皋陶图

安民的要谛。

　　大禹阐述了治理好国家首先必须做好的具体事项,而协助大禹治水有功的伯益,则对治国之君本身提出了基本要求。他认为:君王不可迷恋于醇酒美色,不可沉湎于游乐田猎。不要违反正道去谋求百姓的一时称誉,也不要背逆人民意愿而满足自己的私欲。用人勿疑,不应三心二意;除恶务尽,不可犹豫不决。有疑惑的计划不要实施,思想行为应该光明正大。还要预先防备突发事件的发生,以免临阵手忙脚乱,陷于被动。

　　皋陶身为王家大法官,自然从以法治国和怎样量刑方能促使社会安定谈起。他说:无意的过失应当免于刑事责任,故意的犯罪应当依法严惩不贷。判决之前不能确定任何人有罪,量刑可轻可重的就宜从轻发落。与其误杀无辜者,宁可放过有罪人。皋陶的法律思想,与现代司法制度倒颇有几分近似呢。

　　大禹、伯益、皋陶分别从事、人、法三方面论述了如何才能治理好国家的要领,不管我们今天从政还是经商,均可从中获取有益的启发。

★治国之道,知易行难

　　"国家太平或动乱全在于百官。官职不应授予偏爱亲近的人,要以才能为标准。爵位不该赐给品德恶劣的人,要以贤明为标准。考虑是合理的才实施,实施时还要选择时机。自负美德,反而丧失自己的美德。自夸才能,反而丧失自己的功绩。做任何事情,都要有所准备,有准备就没有后患。不要宠幸小人而自讨侮辱,不要耻于认错而文过饰非。行为举止能安于义理,处理政事就精纯不杂。祭祀过于频繁,这叫做不恭敬;祭礼太过烦琐,也会导致扰乱;这样奉事鬼神难以取得效果。"

　　商王武丁说:"说得真好啊!傅说,你的话令人信服。如果你不善于言辞,我听不进就不会去实行。"

　　傅说跪拜叩头,说:"懂得道理并不难,付诸实行才艰难。君王您正心诚意,不以为难,的确符合先王的盛德,我傅说如果不讲就有过错了。"

——《尚书·说命中》

　　"知易行难"是中国古代认识论的命题,语出《左传·昭公十年》:"非知之实难,将在行之。"又《尚书·说命中》贤相傅说对商王武丁论述治国之道,也说:"非知之艰,行之惟艰。""知易行难"的主要意思是,晓得道理并不困难,难的是能够实行。孙中山倡导国民革命,为了批判当时革命党人在革命面前惧怕困难的退缩情绪,便以"心理建设"为号召,宣扬"知难行易",认为"行先知后","不知亦能行"。其实,无论"知易行难"还是"知难行易",都强调了"行"的作用。

我们且来看一下傅说对武丁是怎样说的。傅说说:不要轻易发号施令,不然会招致羞辱;不要随便调兵遣将,不然会引发战争。任命文官要看他是否称职,进用武将要看他能否胜任;授官赐爵不能任人唯亲,要以才干、品行为标准。有备才能无患,合理才会成功。重大决策要考虑清楚方始实施,实施时还需选择时机。骄傲自满会导致落后,从善如流将受益无穷,所以不要耻于认错而文过饰非。这些治国的道理明白地摆在你面前,懂得它其实并不困难,付诸实行才真是困难呢。

★得道多助,失道寡助

"帮助贤能之人,辅佐仁德之人;表彰忠贞之人,进用良善之人。兼并弱小的国家,攻击昏庸的诸侯;夺取动乱的政权,轻慢亡国的君主。该灭亡的就促使他灭亡,该生存的就帮助他巩固,如此国家才能昌盛。道德日益更新,万国都会归附。内心自我满足,亲戚也会背离。大王您要勤勉地彰明大德,在人民中建立中正之道,用义的原则裁定事务,用礼的原则控制思想,并把中正之道流传给子孙后代。我听说:'能自己找到良师者可以称王,自以为人不如己者必然灭亡。谦虚好问就能充足,刚愎自用只会狭隘。'啊!要谨慎从事到事情终结,必须从一开始就要小心。有礼者得到建树,昏暴者终将覆灭。恭敬地崇奉上天之道,就能永远保持上天令您为王的任命。"

——《尚书·仲虺之诰》

夏朝最后一个君王桀昏乱残暴,引起天怒人怨,老百姓甚至说:"时日曷丧,予及汝皆亡。"意思就是夏桀你什么时候才能死呢?我们宁愿与你同归于尽。怨恨之意溢于言表、深入骨髓。新兴的商国首领成汤却宽厚仁爱,不近声色,不贪财货,从善如流,有过则改,深受民众爱戴。成汤为了救民于倒悬,顺天应人,征伐夏朝,所到之处,人民箪食壶浆,以迎大军,年轻丁壮,还随军效命。据说成汤东征则西方人民埋怨,南征则北方人民不满,说:为什么不先来拯救我们呢?渴盼之情若大旱之望云霓。这场战争的结局也就诚如孟子所言:"得道者多助,失道者寡助。寡助之至,亲戚畔之;多助之至,天下顺之。以天下之所顺,攻天下之所畔;故君子有不战,战必胜矣。"

"得道多助,失道寡助"的事例在古今中外屡见不鲜。窃国大盗袁世凯拥有北洋重兵,武力不可谓不强;在辛亥革命期间出兵向革命党要挟议和,一面威胁孙中山退让,一面挟制清皇帝逊位,窃取了中华民国临时大总统之职,谋略不可谓不足。可是一旦他倒行逆施,宣布改元洪宪,准备即皇帝位时,即众叛亲离,蔡锷于云南率先发难,贵州、广西、广东、浙江诸省纷纷响应,结果不仅被迫取消帝制,并且在举国声讨中忧惧而死。袁世凯的遭遇,亦可为"得道多助,失道寡助"的又一佐证。

★失民心者，必失天下

太康身居王位却不理国政，因贪图安乐丧失了国君应有的品德，黎民百姓对他都怀有二心。而太康仍然享乐游逸毫无节制，在洛河的南面打猎，百来天也不回去。有穷国的君主羿，趁着百姓对太康已不堪忍受，就守在黄河北岸阻止他返回国都。太康的五位弟弟，侍奉他们的母亲跟随打猎，等候在洛河的弯曲处。五位弟弟都埋怨太康，因此遵循大禹的训诫而作歌辞。

第一首说："我们伟大的祖先夏禹曾有训导：'对待百姓只可亲近，不可疏远。百姓是国家的根本，根本稳固了国家才能安宁。'现在我们众叛亲离，看来天下所有的男男女女，都能胜过我们了。一个人有许多过失，难道非要等民怨明朗化的时候才能知道吗？应该在事端尚未形成时就及时处理。我们面对亿万民众，畏惧的心情就像用朽烂的缰绳驾驭六匹骏马一样。作为人民的君主，为什么不警戒呢？"

五子作歌图

第二首说："大禹的训诫有这样的话：'在内迷惑女色，在外沉溺游猎；饮酒没有节制，酷爱靡靡之音；身居高屋广厦，更添画墙雕梁。只要在这几项中占有一项，就没有什么人会不遭灭亡。'"

第三首说："那帝尧以及舜、禹，拥有以冀州为中心的天下四方。现在太康丧失了帝尧的治道，搞乱了帝尧的法度，于是导致灭亡。"

第四首说："我们圣明的祖先大禹，是天下各诸侯国的君主。他有治国的典章和法则，遗留给后世的子孙。商品贸易公平合理，国家库藏也很充足。现在太康荒废丧失了祖先的功业，以致宗族覆灭、祭祀断绝。"

第五首说："啊呀，我们归向何方？我想起来就感到悲伤。万民都怨恨我们，我们将找谁作为依傍？我的心情忧愁郁闷，羞容满面惭愧难当。平时不注重自己的德行，即使后悔难道还能补偿？"

——《尚书·五子歌》

相传夏启的儿子太康沉溺于游乐田猎，荒废政事，不理民情。老百姓已经不堪忍受、怀有二心，可是太康对此却毫无察觉，依然放纵游逸，去洛河南面狩猎，过了一百多天竟然还不想回归都城。有穷国主羿看到太康确已丧失民心，就率军驻守在黄河北岸，阻止太康返国，从而使他失去了王位。

太康失国，原因就在于他彻底丧失了民心。唐太宗李世民说过：皇帝似船，百姓似水；水能载舟，亦能覆舟。得民心者得天下，失民心者失天下，这是亘古不变的真理。

太康往洛南打猎，他的五个弟弟侍奉他们的母亲同去了。太康被阻后，五个弟弟也有国难奔，有家难投，于是作了五首歌诗，表示对太康的指责和怨恨，这就是有名的《五子之歌》。

★ 无不可信，人事需尽

周公曰："天不可信。我道惟宁王德延，天不庸释于文王受命。"

——《尚书·君奭》

天命论起始于文明时代初期，当时生产力水平极为低下，普遍产生对自然力的崇拜，于是创造出一个超人间力量的代表——天帝；这个天帝不但有意志、有人格，而且主宰一切，国君只不过是天帝在人间的代理人，故而称作天子，天子受命于天，是人世间的永恒主宰。

可是，成汤灭夏以后，天命论就出现了漏洞。夏王朝不是受命于天么？天命不是永远不会改变么？为什么竟然一下子灭亡了呢？这个严峻的现实，不能不引起人们的重新思考。因此，商朝重臣伊尹总结历史教训，提出"天难谌，命靡常"，即天命难信、天命无常的观点。

及至周朝，随着社会历史的发展变化，尤其又经历了周武革命，"天难谌"的新思想基本确立。周公在论述治国之道时说：周朝接受了天赐大命，我不敢就认为我们的基业会永久安定；上天诚心帮助我们，我也不敢认为我们的结局会遭遇不幸。天命不容易保持，上天难以信赖，要人民服从统治而没有怨尤、违背，只有事在人为。他已经把着眼点从"天"转移到"人"，强调"信天命不如尽人事"了，这种认识是人类认识史上的一个重大进步和发展。

当今社会，相信宿命、诸事求神拜佛者不乏其人。其实，烧香不如积德，信天命不如尽人事，要想趋吉避凶、事业成功，只在于你自己是否能坚持正道、勤勉工作，《周易》也教导我们要"守贞持固"、"自强不息"呢。

第二章　治国之道,富民为始

★治国首务,必先富民

禹曰:"洪水滔天,浩浩怀山襄陵,下民昏垫。予乘四载,随山刊木,暨益奏庶鲜食。予决九川距四海,濬畎浍距川;暨稷播,奏庶艰食、鲜食。懋迁有无化居。烝民乃粒,万邦作乂。"

——《尚书·益稷》

《论语·颜渊篇》:"子贡问政。子曰:'足食、足兵,民信之矣。'"《管子·牧民篇》也说:"凡有地牧民者务在四时,守在仓廪。国多财则远者来,地辟举则民留处。仓廪实则知礼节,衣食足则知荣辱。"圣人孔仲尼与贤人管夷吾说的,其实是同一个道理,即治国必先富民,也就是说,只有经济繁荣,才能政治稳定。

自古"民以食为天","有恒产者有恒心"(《孟子·滕文公上》),让老百姓温饱、富裕,是社会安定、事业发展的基本条件。当尧、舜之时,洪水滔天,怀山襄陵,赤县神州,已是一片汪洋。后来大禹出来治水,与伯益一起把渔猎所获的肉食分送给老百姓果腹充饥,然后率领他们凿山建坝、疏通河道,使洪水流入大海。大地重新露出水面,可以耕作了,禹便和后稷一道教民农桑,让老百姓垦荒种田,获得赖以生存的粮食,国

禹溶畎浍图

家也相应收到各地贡赋。水土平治,恢复农事以后,禹又鼓励百姓从事贸易,互通有无,调剂余缺。于是四方黎民皆得以丰衣足食,全国各地也开始得到治理。

大禹治水、治国之所以成功,"克勤于邦,克俭于家,不自满假",固然是重要原因,但深明"治国必先富民"的道理,也是一个极为重要的因素。

★天道无亲,常予善人

"凡我造邦,无从匪彝,无即慆淫,各守尔典,以承天休。尔有善,朕弗敢蔽;罪当朕躬,弗敢自赦,惟简在上帝之心。其尔万方有罪,在予一人;予一人有罪,无以尔万方。呜呼!尚克时忱,乃亦有终。"

——《尚书·汤诰》

商汤率领各路诸侯在安邑西的鸣条大败夏桀,又乘胜消灭了三㚄,于是登上天子宝座。回到都城亳之后,天下万邦纷纷前来朝觐,汤趁机向他们昭告讨伐夏桀的原因和理由。史官记录了这件事,写成《汤诰》。在这篇诰词里,强调了"天道无亲,常予善人"的观点。

"天道无亲,常予善人",是对古代天命观的进一步完善。古人认为,上天是万事万物的主宰,能授予人统治天下的大命。随着时代的进步,人们不禁又提出上天将大命赐给怎样的人,人一旦得到天命又该如何保持的问题。历史给予的答案是,一要"敬德",二须"保民",换言之,即"天道无亲,常予善人"。

关于天命与德的关系,《尚书》诸篇多有毒述。《大禹谟》:"帝德广运,乃圣乃神,乃武乃文。皇天眷命,奄有四海,为天下君。"谓尧帝的美德广大深远,皇天怀念而授命,使他拥有四海。《太甲》:"先王顾諟天之明命,以承上下神祇。社稷宗庙,罔不祇肃。天监厥德,用集大命,抚绥万方。"说上天看见了汤的大德,就降下重大使命,要他安抚天下。在《咸有一德》中,伊尹对太甲的训辞讲得更是非常明确。伊尹说:天命无常,天道无亲,如

诞告万方图

果修身养德，君权就能稳固；如果失德败行，国家将会灭亡。夏桀傲慢神灵，残害百姓，不能修德，于是皇天更改夏的正朔，让具有纯一之德的成汤接受天命，统治万民。上天并不是偏爱殷商，只因为上天扶助具有纯一道德的人；殷商亦未曾招徕下民，只因为下民归附具有纯一道德的人。德如果纯粹专一，便无往而不吉利；德如果反复无常，便无往而不凶险。吉凶表现在人身上没有偏差，是由于上天根据德性降灾赐福。君王唯有始终如一、坚持不懈地更新自己的品德，方能保守上天赐予的福命。

能否接受并保持天赐福命，还有一条标准，就是民心向背。《皋陶谟》说：老天听取意见、观察问题，是从天下万民所闻所见而来；老天表彰好人、惩罚坏人，是从天下万民所爱所憎而来。上天下民的意愿是一致的。《左传》引《泰誓》也说："民之所欲，天必从之。"《尚书》的许多篇章，都阐明了天从人愿的道理。

能够"敬德"、"保民"，就是善人，必然接受天命；反之，则为暴君，终将丧失国运。古代天命观从"天子受命于天，亘古不变"，发展到"天道无亲，常予善人"，实在是一个了不起的进步。

《尚书》智慧通解

图文珍藏版

第三章　立德修身，民政为民

★警戒自己，念念不忘

"呜呼！嗣王祗厥身，念哉！圣谟洋洋，嘉言孔彰。惟上帝不常，作善降之百祥，作不善降之百殃。尔惟德罔小，万邦惟庆。尔惟不德罔大，坠厥宗。"

——《尚书·伊训》

《史记·殷本纪》载："汤崩，太子太丁未立而卒，于是乃立太丁之弟外丙，是为帝外丙。帝外丙即位三年，崩，立外丙之弟中壬，是为帝中壬。帝中壬即位四年，崩，伊尹乃立太丁之子太甲。太甲，成汤嫡长孙也，是为帝太甲。"太甲继位以后，老臣伊尹爰作《伊训》，用先王美德训导年轻的新主。

伊尹先追述成汤努力学习做人道理、注重自身品德修养的往事，说成汤从谏如流，见贤思齐；宽以待人，严以律己；居上不骄，居下尽职；不以善小而不为，不以恶小而为之；从修身、齐家做起，终于完成了治国、平天下的伟业。接着，又从反面总结夏桀败亡的历史教训，指出"三风十愆"是失位亡国的根本原因。所谓"三风"，为巫风、淫风、乱风；"十愆"，指恒舞于宫、酗歌于室、贪图钱财、沉迷色欲、成天游乐、终日狩猎、轻慢圣言、违逆忠良、疏远有德老臣、亲昵愚顽小人。最后，伊尹引述成汤的话说：这三种坏风气、十种坏行为，邦君、卿士只要沾染上其中一样，就将导致丧国败家。

称祖训王图

伊尹的训导,虽然是针对太甲而言,目的是为了维护殷商统治,但也为我们数千年之后的人留下了修身的箴言。

★唯有德者,能有天下

"王敬作,所不可不敬德。我不可不监于有夏,亦不可不监于有殷。我不敢知曰,有夏服天命,惟有历年。我不敢知曰,不其延。惟不敬厥德,乃早坠厥命。我不敢知曰,有殷受天命,惟有历年。我不敢知曰,不其延。惟不敬厥德,乃早坠厥命。今王嗣受厥命,我亦惟兹二国命,嗣若功。

——《尚书·召诰》

春秋叔孙豹曾经说过:"太上有立德,其次有立功,其次有立言,虽久不废,此之谓不朽。"几千年来,至少在观念上,中国人始终将"立德"置于最重要的地位。历代忠臣贤士劝谏君王,也大都以"德"为主要内容,认为唯有德者能有天下。

中国历史上与周公齐名的召公奭,在向周成王汇报营建洛邑的工作情况时,曾着重谈论了君王个人品德与取得天下、保有天下的关系这个问题。召公先是总结夏、商两代失去天下的教训,"唯不敬厥德,乃早坠厥命",从反面说明奉行道德的重要。又把"德"与"天命"联系起来,指出唯有"敬德",方能"祈天永命",永远享有上天赐予的统治天下的大命,进一步阐明品德修养的必要。接着,召公具体论述"敬德"的内容,要求国君具备天子应有的品德,作天下臣民的表率;并能爱护、教养天下万民,以小民的快乐使上天高兴。召公谆谆告诫成王"疾敬德",这"疾"字用得很有力量,不仅体现了"敬德"的重要性,也反映了召公殷切的心情。

纵观《尚书》,凡周朝君臣训诫殷商遗民,必强调天命,而他们内部议事,却注重"敬德",个中区别是应当予以充分注意的。宋人陈栎在《书经传说汇纂》中说,"天命不可恃,祖宗不可恃,惟敬德,庶可凝固天命",这段议论,恰好可以做"唯有德者能有天下"的注脚。

★作民父母,为天下王

曰:天子作民父母,以为天下王。

——《尚书·洪范》

中国历代王朝的大臣都喜欢说要致君于尧舜，然而，究竟怎样做才能成为一个明君呢？被称为治国根本大法的《洪范》，对这个问题作了简要的回答。

《洪范》第五条"皇极"认为，君王应当建立起至高无上的法则，这个最高法则就是遵守国家法令，维护现行的道德规范。要让老百姓衷心拥护这些法令和道德规范，君王就必须将各种恩惠普遍赐给臣民，并重视"有猷有为有守"的俊杰，宽容"不协于极，不罹于咎"的落后分子，奖励"而康而色，曰'予攸好德'"的积极向上的人。《洪范》"皇极"还为天子施政提供了两条原则：一为"无虐茕独，而畏高明"，一为"凡厥正人，既富方谷"。前者的意思是不要虐待无依无靠、至卑至微的穷人，而要尊敬高贵显赫、势力强大的贵族。《论语·季氏》曰："君子有三畏：畏天命，畏大人，畏圣人之言。"《孟子·离娄上》亦云："为政不难，不得罪于巨室。""高明"与"大人"、"巨室"是同义语，"畏高明"、"畏大人"，"不得罪于巨室"都是说，对待声势赫奕的大家贵族要敬畏谨

皇受育民图

慎。因为天子不过是贵族的代表，他们的根本利益是完全一致的，天子当然不可能也不可以自毁王位的基础。后一条的意思是：凡属在位官员，均要给予他们丰厚的待遇，才能使官员为善行德，不致陷入贪污受贿、搜刮民财的罪恶泥淖。这一条颇类似于现代人说的"高薪养廉"，后世多有沿袭采用者。据报载：为了更好地吸引有才干的人，也为了消除政府腐败，增加与私营企业的竞争力，新加坡政府决定从一九九五年七月起，提高部长级官员和高级公务人员的薪水。部长级官员的工资与银行家、地方工业公司负责人、跨国公司老板、审计师、工程师、律师这六个行业的最高收入者挂钩，高级公务员也参照这六个行业高级工作人员的薪水标准。可见，即使在现代社会，高薪养廉也不失为一条行之有效的方法。

"皇极"最后规定了君王的行为标准应该是"无偏无陂，遵王之义；无有作好，遵王之道；无有作恶，遵王之路"，用"天子作民父母，以为天下王"作为圣明天子的定义。

★九德素质，领导必修

禹曰："何？"

皋陶曰："宽而栗，柔而立，愿而恭，乱而敬，扰而毅，直而温，简而廉，刚而塞，强而义。彰厥有常吉哉！日宣三德，夙夜浚明有家。日严祗敬六德，亮采有邦。翕受敷施，九德咸事，俊乂在官。百僚师师，百工惟时，抚于五辰，庶绩其凝。

"无教逸欲，有邦，兢兢业业，一日二日万几。无旷庶官，天工，人其代之。天叙有典，敕我五典五惇哉！天秩有礼，自我五礼有庸哉！同寅协恭和衷哉！天命有德，五服五章哉！天讨有罪，五刑五用哉！政事懋哉，懋哉！天聪明，自我民聪明。天明畏，自我民明威。达于上下，敬哉有土！"

皋陶曰："朕言惠可厎行？"

禹曰："俞！乃言厎可绩。"

皋陶曰："予未有知，思曰赞赞襄哉！"

——《尚书·皋陶谟》

国学大智慧·《尚书》智慧通解·图文珍藏版

"君子之德风，小人之德草；草上之风，必偃"（《论语·颜渊》），领导人的一言一行，对天下百姓都有着莫大的影响，所以要坚持不懈地"正心、修身"。然而，作为一个领导人物，到底应当具备怎样的素质呢？先贤皋陶的答复是："亦行有九德。"

所谓"九德"：一曰"宽而栗"。宽者，豁达也，宽大也；豁达的人遇事易犯满不在乎的毛病，因而必须补之以"栗"；栗，同傈，即谨慎也。二曰"柔而立"。柔者，柔顺也；柔顺的人大都有不敢坚持自己意见的缺点，因而必须补之以"立"；立，即卓立也。三曰"愿而恭"。愿者，谦逊也；谦逊的人常常会屈从，易随大流，因而必须补之以"恭"；恭，即庄重也。四曰"乱而敬"。乱者，治也，具有排乱解纷、治理邦国之才干也；能干的人常会恃才傲物，亦会过分自信而办事疏忽，因而必须补之以"敬"；敬，即恭敬也，亦含有认真之意。五曰"扰而毅"。扰者，驯服也，意谓能听取他人意见也；驯服的人容易失之于优柔寡断、缺乏主见，因而必须补之以"毅"；毅，即果毅也。六曰"直而温"。直者，耿直也；耿直的人往往态度生硬，因而必须补之以"温"；温，即温和也。七曰"简而廉"。简者，简易也；廉者，不苟也。《孔传》云："性简大而有廉隅。"孔颖达注释道："简者，宽大率略之名。志远者遗近，务大者轻细，弘大者失于不谨，细行者不修廉隅，故简大而有廉隅，乃为德也。"八曰"刚而塞"。刚者，刚正也；塞者，务实也。《孔疏》云："塞训实也。刚而能断，失于空疏，必性刚正而内充实，乃为德也。"九曰"强而义"。强者，强勇也；义者，好义也，行为符合道义也。王引之说："义，善也；谓性发强而又善良也。"

上述"九德",是领导者修身的标准,从理论上讲,也是领导人必备的素质,但是古往今来,真正能够完全具备"九德"的人,又有几何?

★ 做个好官,要求有三

成王这样说:"君臣啊,你具有美好的品德,能孝顺父母,尊敬长辈。对父母孝敬、对兄弟友爱的美德,可以用来施政于国家。现在任命你治理王城的东郊成周,切记要敬慎啊!从前周公教导和安定庶民百姓,民众都怀念他的恩德。你去东郊要谨慎从事你的工作,遵循旧法常规,努力发扬光大周公的遗训,老百姓就会太平安宁。我听说:最完美的政治馨香远闻,能感动天上神明。黍稷的香味不会远扬,美德的芬芳才会万里飘香。你要效法周公所教诲的治国方法,每天勤奋不怠,不要安闲享乐。大凡常人没有遇见圣人,就好像自己所学无成是由于不能见到圣人的缘故;已经遇见圣人了,又不能依从圣人之道。你可要以此为戒啊!你似风,百姓似草,风吹草动,上行下效。处理政事,没有一件是不艰难的。有废除,有兴办,要反复同你的士众商量,众人意见相同,还须寻究深思而后施行。你有好的谋画,就要进入内庭报告你的君主让他认可,然后在外面推行,并且说:'这些谋划出自君主,全是我们君主的恩惠。'啊!人臣都像这样,就会臣子良善、君主显耀了!"

成王说:"君臣啊,你要弘扬周公的伟大训导,不要依仗权势擅作威虐,不要倚恃刑法施行苛政,应当宽容有制,举动和谐。殷商遗民犯有罪行,我说要处罚,你不必苟同去处罚;我说要赦免,你不必苟同去赦免,应当公正合理地判决。有人不服从你的政令,不接受你的教化,只能用刑罚来制止犯罪,那你就施用刑罚。有人习惯于犯法作乱、破坏伦常、伤风败俗,犯了这三种罪行,虽然轻微也不要赦免。你不要对冥顽不化的人愤怒憎恨,也不要对人求全责备。必须有耐性,才会获得成功。必须有度量,品德才能伟

尹兹东郊图

大。鉴别那些工作优秀的人,也鉴别出有一些工作不佳的人。进用那些品行良好的人,以此带动有些品行不良的人。老百姓本性淳厚,由于外物影响而有所变化,以致违抗君主命令,顺从自己嗜好。你能够重视常法、合乎道德,他们就没有人不会改恶从善,从而使你的政教确实上升到大道的境界。果然如此,我将享受厚福,而你的美名,也终将被万世称道。"

——《尚书·君臣》

"普天之下,莫非王土",天子为一国之主,要治理偌大一个国家,靠一个人或一个家庭的力量显然是不够的,必须选拔、任用大大小小的官员,分别管理各个地区、各类事项。然而,天子选拔官员的标准是什么,怎样做才是一个称职的好官呢?周成王在任命君陈治理成周的策书中作了具体规定。

周成王认为,做一个好官,必须符合以下三方面的要求。在理政方面:要继承发扬前人的优良传统,孜孜不倦地努力工作,成为百姓的表率。处理任何事情都要与民众商量,众人意见一致,还须深思熟虑,然后才付诸实施。若有好的计划,要先向君主汇报,待君主批准后方可推行。有过失应主动承担,有荣誉则归功于君王。在执法方面:不要依仗权势作威作福,不要利用刑法施行苛政,应当宽容有制,举动合法。审理案件时,不要唯君王之命是从,也不要唯主观意志是从,应当公平合理,依法裁决。在修身方面:要培养自己的耐性,放宽自己的度量。对人不要求全责备,对己务必严格要求。还要表彰品行良好、工作优秀的人,以带动相对落后的人,提高全体民众的道德水准。

常言道:"为君难,为臣亦不易。"从成王对官员的要求中,已可略见一斑。但也有相反的例子,据说清末李鸿章有一句骂人的名言,即"笨得连官也不会做",由中堂大人的这句名骂,则又可知清末官员之无能、吏治之腐败亦已甚矣。

第四篇 《春秋左传》智慧通解

导读

　　"春秋"二字本来是中国古代纪事史书的通称,各国都有自己的《春秋》,可惜现在流传下来的只有鲁国《春秋》一部了,所以《春秋》也就顺理成章地成了鲁《春秋》的专用名称。

　　《春秋》记事的目的,主要是劝惩。其一是劝恶扬善,即提倡道义,从成败中引发教训。孟子说:"世衰道微,邪说暴行有作,臣弑其君者有之,子弑其父者有之。孔子惧,作《春秋》。《春秋》,天子之事也,是故孔子曰:'知我者其惟《春秋》乎! 罪我者其惟《春秋》乎?'"可见,《春秋》之作,是孔子用以定名分,制法度,以息邪说,以禁暴行。其二是提倡攘夷尊王,提倡王霸、王道。这些,都与孔子其他的著作中所宣扬的儒家思想是一致的。

第一章　以史为鉴，一脉相承

★讲究实际，不务虚名

楚人伐宋以救郑。宋公将战，大司马固谏曰："天之弃商久矣，君将兴之，弗可赦也已。"弗听。

冬十一月己巳朔，宋公及楚人战于泓。宋人既成列，楚人未既济。司马曰："彼众我寡，及其未既济也，请击之。"公曰："不可。"既济而未成列，又以告，公曰："未可。"既陈而后击之，宋师败绩。公伤股，门官歼焉。

国人皆咎公。公曰："君子不重伤，不禽二毛。古之为军也，不以阻隘也。寡人虽亡国之余，不鼓不成列。"子鱼曰："君未知战。勍敌之人，隘而不列，天赞我也。阻而鼓之，不亦可乎？犹有惧焉。且今之勍者，皆吾敌也，虽及胡耇，获则取之，何有于二毛？明耻教战，求杀敌也。伤未及死，如何勿重？若爱重伤，则如勿伤；爱其二毛，则如服焉。三军以利用也，金鼓以声气也。利而用之，阻隘可也；声盛致志，鼓儳可也。"

——《左传》僖公二十二年

宋国发兵攻打郑国，楚国为了救援郑国，出兵攻打宋国。宋襄公将要与楚军作战，大司马公孙固（字子鱼）进言劝阻说："上天不保佑商朝已经很久了，现在您打算要复兴它，这种违背天意的做法是得不到赦免的，还是不要与楚国打吧！"宋襄公不听。

宋军与楚军相遇，战于泓水（故道在今河南柘城）。宋军已经摆好了阵势，楚兵还没有完全渡过河。公孙固说："敌众我寡，趁他们还没有完全渡过河来，赶快下令进攻他们。"宋襄公不同意。楚军渡过了河，还没有列好阵势，公孙固又请襄公下令攻击，襄公仍然不同意。等楚兵摆好阵势后，宋兵才发动进攻，结果大败，襄公的大腿也受了伤，近卫军被杀得一干二净。

宋国的百姓都怪襄公不听公孙固的话，以致惨败。襄公说："君子不对已经受伤的人再加伤害，不擒捉头发花白的人。古代用兵之道，不凭借险阻以攻击对方。我虽然是亡了国的商朝的后代，但仍然不会下令攻击没有摆好阵势的敌人。"公孙固说:"你并不懂得作战的道理。实力强大的敌人,被险隘拦阻而没有摆好阵势,这是上天帮助我们,我们利用他们受阻的有利时机发动攻击,难道不可以吗? 这样做尚且担心不能得胜呢。况且现在的强者,都是我们的敌人,即使是年纪很老的人,能够俘获的话就抓他来,对头发花白的人又怜惜什么呢? 告诉大家战败辱国是可耻的,教导士兵要勇猛作战,目的是为了更多地杀死敌人。敌人受伤了还没有死,为什么不再次去杀伤他? 如果你可怜受伤的人而不去再次杀他,还不如起初就不要伤害他;怜悯头发花白的人,那还不如就向他们顺服。凡行军作战,要凭借有利条件而行动,鸣金击鼓是利用声音来激励士气。乘敌人受到险阻时发动攻击,是可以的;乘敌人没有排成战阵,以金鼓激励斗志向他们进攻,也是可以的。"

宋襄公、公孙固像

宋襄公这番"仁义"之举,究其本心,是中了好名的毒害。孔子说:"必将正名乎? 名不正则言不顺。"(《论语·子路》)宋襄公片面追求人家对他的评价,用以争取霸主地位,就是企图正名,然后指挥诸侯,结果弄得身败名裂,贻笑千古,他付出的代价也太大了。庄子说"名者,实之宾也",就是劝告世人要讲究实际,不要务虚名,可惜宋襄公不理解这一点。

★ 认错担责,居上美德

秦伯素服郊次,乡师而哭曰:"孤违蹇叔,以辱二三子,孤之罪也。不替孟明,孤之过也,大夫何罪,且吾不以一眚掩大德。"

——《左传》僖公三十二年、三十三年

晋军大败秦军于殽谷,俘获秦帅孟明视、西乞术、白乙丙,秦凯回都。

秦穆公听到秦军战败回国,穿着素衣在郊外等着,面对秦军哭道:"我不听蹇叔的话,以致于使你们战败受辱,这是我的罪过。我不会下令革去孟明等人的职,这是我的过失,将帅们没有什么罪。再说我也不会因为你们战败这小小的过失而抹煞你们以往巨大的成就。"

秦穆公在这场战争中扮演的是不光彩的角色，但同时又不失为一个识大体、善驭人的君主。秦穆公名任好，他曾先后帮助晋惠公、晋文公回国为君。他任用蹇叔、百里奚等人治理国家，兵强民富，遂有称霸的企图；所以当霸主晋文公一死，他酝酿已久的扩张政策便付诸实施，殽之战是第一仗。战前，穆公虽然骄傲无状，不听老臣蹇叔的意见，但在战败后却能冷静自责，检讨自己的过失，承担主要责任，不处分孟明等三人，真是难能可贵。孟明等后来也没有辜负秦穆公的信任，三年后领兵伐晋，济河焚舟，报了殽战之仇。秦穆公又任用由余，攻伐戎狄，吞并了十几个国家，称霸西戎，主盟中原。《左传》文公三年赞说："秦穆之为君也，举人之周也，与人之壹也；孟明之臣也，其不解也，能惧思也。"大意是说秦穆公选拔人才考虑全面，用人专一；孟明作为臣子，能不懈怠，心存戒惧，努力为国效力。

秦穆公的行为，在当时很有影响，它充分证明了，要有一番大作为，必须勇于自责，有容人之量。对比下来，楚成王就差得多。《左传》僖公二十八年，楚相子玉领兵与晋国大战于城濮，结果大败而归，楚成王不肯赦免子玉，子玉只好自杀。宣公十二年，晋、楚又发生了邲之战，晋国的荀林父为中军主将，战败请死，晋景公欲允之，士季子就引子玉事相劝，说："城濮之战，晋兵大胜，文公仍有忧色，左右问原因，文公说，'楚名将子玉还在，后患无穷。困兽犹斗，何况国相？'等到楚国杀了子玉，文公大喜说可以高枕无忧了。楚国那场战争，败于战场是一败，杀死自己的主帅又等于吃了一个败仗。从此以后，楚成王、穆王两代，国势一直不强，无法与诸侯争霸。荀林父虽败，只不过如日月有食，不害光明。"晋景公以为说得很对。可见，秦穆公不杀孟明，充分显示了作为一个政治家的清醒头脑。

勇于承认错误，勇于承担责任，无疑是居上者应有的美德，孔子在《论语》中也说每天要自我反省，纠正错误。遗憾的是有很多人，自己所管的部门有了成绩时就挺身而出，又是总结，又是吹嘘，沾沾自喜；一旦出了什么问题，便往别人身上一推，自己成了旁观者，说话间似乎还带有点先知的味道。这种人要好好学习一下秦穆公——如果他想升迁的话。

秦穆公

国学经典文库

国学大智慧

·《春秋左传》智慧通解·

图文珍藏版

★胜败相伏，福祸相依

冬十一月丁卯，越灭吴，请使吴王居甬东，辞曰："孤老矣，焉能事君？"乃缢。越人以归。

——《左传》哀公二十二年

吴、越是春秋后期强大起来的两个大国，《荀子·王霸》把吴王阖庐、越王勾践列入"五霸"，可见两国当时影响之大。吴王阖庐是个野心很大的国君，他一方面积极与中原盟主争霸，屡次征伐楚、宋、晋、齐等国家，又与毗邻的越国结怨，结果死在越人手中。吴王夫差继位后，含辱奋发，终于报了父仇。但一念之差，没有灭掉

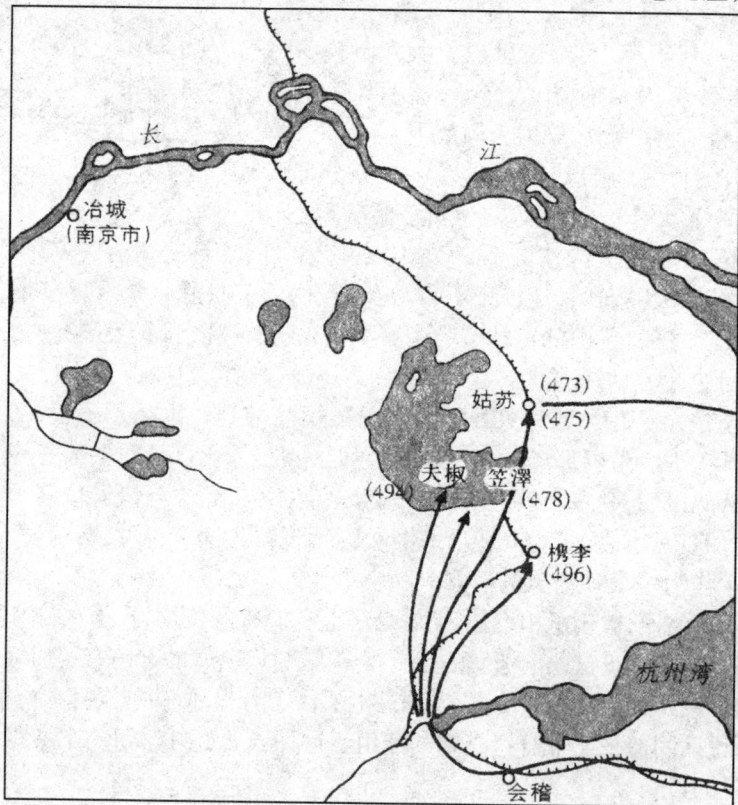

吴越战争示意图

越国；志得意满后，又沉湎酒色。在他向外扩张时，后院起火，反被越国所灭。胜败相伏，祸福相倚，惟有德者有天下，吴、越两国事正说明了这一点。

在这个故事中，可以说最集中体现了"君子报仇，十年不晚"这句俗语，故事的

主人公——夫差、伍员、勾践都是勇于报仇的人，尽管他们并不全是"君子"。

夫差是留给后人教训最多的人。他父亲被人杀了，他让人站在大厅里，每见到他，总要高声问他："夫差，你忘了越王杀父之仇了吗?"在此激励下，强国练兵，只花了三年时间，便打败了越国，报了大仇，真是个豪气万丈的英雄。只是夫差的心肠太软，被越王表面上的恭顺所蒙蔽，没有听从伍员"树德莫如滋，去疾莫如尽"的劝告，没有灭掉越国。此后，他又贪图安逸，忘记了别人也会像他当年那样，沥血呕心，誓报仇怨，结果在朝丝暮竹中断送了国家，自己也成了别人报仇的对象。《左传》哀公元年载，楚国的子西说：吴国国内大臣不睦，所至造楼台陂池，每晚有妃嫔陪同，"一日之行，所欲必成，玩好必从，视民如仇而用之日新，夫先自败也已"，一针见血地指出了他丧国辱身的原因。

夫差

后世蹈夫差覆辙的有五代时后唐庄宗李存勖。庄宗的父亲武宗李克用被刘仁恭击败后郁郁而亡，临死时以三矢付庄宗，令讨刘仁恭及仇敌契丹阿保机、朱温。庄宗藏三矢于武皇庙庭，练兵强国。出兵讨刘仁恭时，命幕吏以少牢告庙，请一矢，盛以锦囊，使亲将负之以为前驱;凯旋归来时，随俘馘纳矢于太庙。接着讨伐契丹，消灭朱氏，均如此。庄宗荡平仇敌后，耽于安乐，以内官为诸司使，败坏朝制;广治宫室，采择民女三千以充掖庭。结果民不聊生，激起内变，庄宗被乱兵杀死。《旧五代史·庄宗纪》论曰：

庄宗以雄图南起河、汾，以力战而平汴、洛，家仇既雪，国祚中兴，虽少康之嗣夏配天，光武之膺图受命，亦无以加也。然得之孔劳，失之何速? 岂不以骄于骤胜，逸于居安，忘栉沐之艰难，狗色禽之荒乐。外则伶人乱政，内则牝鸡司晨。靳吝货财，激六师之愤怒;征搜舆赋，竭万姓之脂膏。大臣无罪以获诛，众口吞声而避祸。夫有一于此，未或不亡，矧咸有之，不亡何待! 静而思之，足以为万代之炯诫也。

这段精辟的议论，不仅对庄宗，就是对吴王夫差也句句适合，前后一辙，令人感慨。

与夫差成对比的是伍员。伍员字子胥，楚国人，他可说得上是个既报仇又报恩的义士。伍员父伍奢辅佐太子建，费无极谮太子，楚平王杀伍奢及伍员兄伍尚，伍员潜出昭关，逃至吴国，吹箫乞食于吴市。吴公子光(即阖庐)识之，伍员遂佐公子光杀王僚，登王位，图霸业。他领兵攻入楚国，时平王已死，他掘墓鞭尸，报了大仇。阖庐死后，伍员为报阖庐大恩，忠心辅佐夫差。伍员毕竟智谋过人，他深知仇恨的可怕，所以对勾践存在的危害性看得很清楚，屡次直谏;可惜夫差虽然也是过来人，却在胜利的喜悦与欢呼中放松了警惕，信任奸臣伯嚭，杀死了伍员。也许是伍员报仇的举动过于出名,后人便传说他死后做了潮神,乘素车白马于潮水中,帮助越国开通河道,假越人手报了仇。编造这神话的人真曲解了伍员,以伍员之忠,是绝对不会帮助敌国的。

三个报仇的好汉中,最出名的自然是勾践,因为他是胜利者,最后登上霸主的宝座。勾践传奇式的复仇故事,《左传》没有载,而见于《吴越春秋》《越绝书》《史记》等书中。各书大致谓:勾践战败后,贿赂吴太宰伯嚭,使夫差同意不灭越,自己入吴执贱役,甚至尝吴王的粪便以表示忠。他回国后,卧薪尝胆,努力治理国家,又送美人西施及大量财宝入吴以丧夫差之志,终于灭了吴国。从越战败至灭吴,前后正好二十年,正应了伍员"十年生聚,十年教训"的预言。

越王勾践的胜利,总结经验的话,主要有两点:其一是他能做到上下同心。他兵败后,与大夫文种、范蠡同心谋划匡复,在生活上俭朴,食不加肉,衣不重彩,苦身劳心,夜以继日,与民共劳作,使全国人民同仇敌忾,士气高涨,国力很快恢复。其二是他能做到忍耻下人。他甘心入吴为奴,表面上恭顺,毫无怨恨之色,为了达到目的,不惜尝粪,忍得人所不能忍,终于蒙骗了夫差,得以回国,徐图大业。

张良圯上受书

古时大英雄,要成就大事业,"上下同心"固不待言,如做不到"忍耻下人",也不会前程远大,这方面的例子是很多的。如汉初的韩信,当他没发迹时,浪荡淮阴,市上有恶少见他长得高大,又背着剑,有意找碴,说:"你能杀人的话,一剑刺死我;不行的话,就从我胯下钻过去。"韩信不愿与恶少计较,便从他胯下钻了过去。忍得一时之耻,结果辅佐刘邦,成就大事。还有张良,他谋刺秦始皇不成,经过圯上,圯上老人故意试验他,又是叫他穿鞋,又是责备他,张良都无异言,老人方认为"孺子可教",授以兵书。可见凭一时意气用事,绝不是有抱负的英雄所作所为。正如毛宗岗在《三国演义》第八十三回的总评中所说:"从来未有不忍辱而能负重者:韩信非为胯下之夫,则不能成兴汉之烈;张良非进圯桥之履,则不能成报韩之功。又未有不能负重而能忍辱者:子胥惟怀破楚之略,故能乞食于丹阳;范蠡怀治吴之谋,故甘受屈于石室。古今大有为之人,一生力量,只有负重二字;一生学问,只有忍辱二字。"

吴越争战早已成为历史,双方人物,不论是胜还是败,都给人留下思考与借鉴。"只今惟有西江月,曾照吴王宫里人",李白的感叹绝不是平白无故的。

第二章　得士者昌，失士者亡

★肉食者鄙，未能远谋

十年春，齐师伐我。公将战，曹刿请见。其乡人曰："肉食者谋之，又何间焉？"刿曰："肉食者鄙，未能远谋。"乃入见。

问何以战。公曰："衣食所安，弗敢专也，必以分人。"对曰："小惠未徧，民弗从也。"公曰："牺牲玉帛，弗敢加也，必以信。"对曰："小信未孚，神弗福也。"公曰："小大之狱，虽不能察，必以情。"对曰："忠之属也，可以一战。战则请从。"公与之乘，战于长勺。

公将鼓之。刿曰："未可。"齐人三鼓。刿曰："可矣。"齐师败绩。公将驰之。刿曰："未可。"下视其辙，登轼而望之，曰："可矣。"遂逐齐师。

既克，公问其故。对曰："夫战，勇气也。一鼓作气，再而衰，三而竭。彼竭我盈，故克之。夫大国难测也，惧有伏焉。吾视其辙乱，望其旗靡，故逐之。"

——《左传》庄公十年

鲁庄公十年春天，齐国派兵来攻打鲁国。鲁庄公将要出兵迎战，曹刿听说后，请求谒见庄公。曹刿的同乡劝阻他说："国家大事是那些食朝廷俸禄的大官商量讨论的事，你管那么多干什么？"曹刿回答说："大官们往往目光短浅，没有深谋远虑。"于是入朝，见到了庄公。

曹刿问庄公凭借什么与齐军作战。庄公回答说："我所有的衣物食品，从不独自享用，总是分一些给别人。"曹刿说："这种小恩小惠不可能遍及每个人，老百姓不会因此而跟你去拼命。"庄公说："我在祭祀时用的牛、羊、猪及宝玉、丝绸总是按照规矩，从不过分；对神祇祷告时，必定忠诚老实，不说谎。"曹刿说："这些小小的信义尚不能取得神的信任，神不会因此而保佑你作战胜利。"庄公说："不管大大小小的诉讼案件，我虽然不可能件件彻底调查清楚，但一定会慎重考虑，尽量处理得合情合理。"曹刿说："这才是尽心尽力地为老百姓办事，可以与敌人打一仗了。战斗时，希望能让我跟从你。"庄公于是和曹刿坐在一辆车里，出兵与齐军战于长勺。

两军对阵，庄公下令擂鼓进击。曹刿说："请等一等。"齐兵擂了三次鼓，曹刿说:"可以擂鼓进兵了。"交战下来,齐兵大败。庄公正要下令驱车追击,曹刿说:"请等一等。"说着跳下车检查齐军战车的车轮轨迹,又攀登上车前的横木,眺望敌军情形,然后说:"可以追了。"于是庄公下令追击。

打了胜仗后,庄公问曹刿为什么这样指挥。曹刿回答说:"打仗是靠战士的勇气来取胜。擂第一次鼓时,战士们鼓足了勇气;擂第二次时,勇气便有所衰落;到擂第三次时,勇气差不多已经耗尽了。当时敌人擂了三通鼓,已经丧失了勇气,而我军刚擂第一次鼓,勇气正旺,所以能战胜。敌人逃走时,之所以不马上下令追击,是因为齐国是个大国,难免有诈,恐怕预设了伏兵引我们上钩。后来我见到他们车辙混乱,旗帜也倒了下去,知道是真败,所以才请下令追击。"

鲁国与齐国的长勺之战,是春秋时一次著名的战役;记载这次战役的这段文字,也是《左传》中著名的篇章,差不多所有的选本都作为上品入选。在长勺之战中,曹刿演出了一出超乎寻常的好戏,体现了人民以国家利益为重及参政议政的自觉性。曹刿

长勺之战

的两段议论中有不少名言,最出名的是"一鼓作气"这个成语,而引起人们思考的则是"肉食者鄙,未能远谋"这句话。它的意义,早已在历来批判封建帝王官僚时为人熟举深议,这里只补充一点:后世帝王往往在危难之际,下诏求贤;一些通俗小说,如《封神演义》、《杨家将》等,每写到外寇入侵、危在眉睫时,总是贴出招贤榜招贤,也许就是因为"肉食者鄙,未能远谋",失诸朝而求诸野的缘故吧。

曹刿毛遂自荐的目的是什么,《左传》没有说。在汉代刘向的《说苑》中有一则与曹刿事相类似的故事,恰恰可以说明:

有东郊祖朝者,上书于晋献公曰:"愿请闻国家之计。"献公使人告之曰:"肉食者已虑之矣,藿食者尚何预焉?"祖朝曰:"肉食者一旦失计于庙堂之上,若臣等藿食宁得无肝胆涂地于中原之野?其祸亦及臣之身,安得无预国家之计乎?"

祖朝的论点很明白,国家大事大计关系到全国人民的贫富死生,国民都应该过问,政府也应该让人民知道、讨论。曹刿见情况危急,主动请缨,动机就是怕肉食者养尊处优惯了,对国家及人民不关心,万一打败,覆巢之下没有完卵,所以不避嫌

疑,勇于自任。"国家兴亡,匹夫有责",曹刿表现的正是这种精神;这与后来儒家提倡的"穷则独善其身,达则兼善天下"、"不在其位,不谋其政"的思想相比,不知高明了多少倍。

英雄志士,谋有所得,必须相时度势,也就是俗语所说的"要善于抓住机会"。曹刿的成功正是把握住了时势:当时齐国大兵压境,肉食者没有良策,鲁庄公正在着急的时候,他毅然觐见,侃侃而谈,立被采用。如果是在国家安定的时候,朝廷无事,君臣安逸,即使是有经天纬地之才,恐怕也没有用。

譬如列为五霸之首的齐桓公,在图霸时全心全意地听从管仲的计谋,登上了霸主的宝座。在他晚年时,地位巩固了,便贪图安乐,讲究衣食之奉,宠爱奸邪小人易牙、竖貂、开方三人。管仲谏之不听。后来管仲临死时,还谆谆劝谏:"易牙、竖貂、开方三人,必不可近:人情莫爱于子,易牙却烹了自己的儿子给您吃;对自己的儿子都下得了手的人,一定不会爱您。人情莫重于身,竖貂不惜自残做太监来接近您;他对自己都那么残忍,一定不会爱您。人情莫亲于父母,公子开方宁愿不做卫国的太子来投奔您,父母死了也不奔丧;他对父母尚且无情,一定不会爱您。"桓公不听,后来果然死于三人之手,齐国大乱。管仲作为国家重臣,临终告诫,桓公犹不听,就是因为当时时势对桓公没有紧迫危机感的缘故。

反过来,时势危急,即使是地位低下、与皇帝很疏远的小臣提建议,也会获采纳。同样是谏去除奸臣,柳伉取得成功,就是个很有说服力的例子。唐代宗登基后,重用宦官程元振。程元振垄断朝纲,诬陷残害来瑱、裴冕等忠良,政事大坏,谏臣箝口。后吐蕃、党项入犯,帝下诏征兵,诸镇不发一卒。京城沦陷,代宗出幸。这时候,太常博士柳伉便乘机上疏请诛程元振以谢天下。代宗醒悟,罢了程元振的官。

管仲与柳伉,地位及与君王的关系相比悬殊,取得的结果却恰恰与常情相反,就是因为时势有异。苏轼《对

管仲病榻论相

制科策》云:"天下无事,则公卿之言轻于鸿毛;天下有事,则匹夫之言重于泰山。非智有所不能,而明有所不察,缓急之势有异也。"精辟地概括了这一道理。凡是天下纷争,危机四伏之际,必有一批舌辩之士,应时而出,以危言耸动人主,干禄取位,正是深明此理的结果。

平心而论，曹刿所说的鲁国的肉食者，只是鄙之小者。他们面对强大的敌人束手无策，固然差劲；但一旦有能干的人挺身而出，他们便同鲁庄公一样，不耻下问，言听计从，实在也不简单。春秋以后，不少肉食者，平时骄横跋扈，闭塞贤路，一旦国家有事，却一筹莫展，推诿扯皮，有人愿意出来给他们出谋划策，收拾残局，他们或对之讽刺压制，或恼羞成怒，这种人才是大鄙。"三代之下，人心谲觚"，有时说得很对。

★得士者昌，失士者亡

晋侯复假道于虞以伐虢。宫之奇谏曰："虢，虞之表也。虢亡，虞必从之。晋不可启，寇不可玩，一之谓甚，其可再乎？谚所谓'辅车相依，唇亡齿寒'者，其虞虢之谓也。"公曰："晋，吾宗也，岂害我哉？"对曰："太伯、虞仲，太王之昭也。太伯不从，是以不嗣。虢仲、虢叔，王季之穆也，为文王卿士，勋在王室，藏于盟府。将虢是灭，何爱于虞？且虞能亲于桓、庄乎，其爱之也？桓、庄之族何罪，而以为戮，不唯逼乎？亲以宠逼，犹尚害之，况以国乎？"公曰："吾享祀丰洁，神必据我。"对曰："臣闻之，鬼神非人实亲，惟德是依。故《周书》曰：'皇天无亲，惟德是辅。'又曰：'黍稷非馨，明德惟馨。'又曰：'民不易物，惟德繄物。'如是则非德，民不和，神不享矣。神所冯依，将在德矣。若晋取虞，而明德以荐馨香，神其吐之乎？"弗听，许晋使。宫之奇以其族行，曰："虞不腊矣。在此行也，晋不更举矣。"

……冬十二月，丙子朔，晋灭虢，虢公丑奔京师。师还，馆于虞，遂袭虞，灭之。执虞公及其大夫井伯，以媵秦穆姬。而修虞祀，且归其职贡于王。故书曰："晋人执虞公。"罪虞公，言易也。

——《左传》僖公二年、五年

晋国的成功与虞国的灭亡，正好是"得士"与"失士"的对照。春秋战国时代的君王，重视士的作用，这从文中晋献公因为虞国有贤人宫之奇，遂担心计策难以成功可以看出。晋国之所以成功，一是任用荀息，更主要的是虞公没有听从宫之奇的劝阻。

有宫之奇这样的贤人而不能用，虞公可以说愚蠢到了极点；他贪爱财宝，殊不知贤人才是更重要更珍贵的财宝，国灭身囚，值不得人去同情。其实，虞国当时贤人还不少，除了宫之奇，还有大名鼎鼎的百里奚。虞国灭亡后，百里奚与虞公一起被俘至晋，正好晋伯姬出嫁秦穆公，百里奚被当作陪嫁。百里奚中途逃亡，到了楚国为圉人，牧马于南海。秦穆公知道百里奚是个出色的人才，马上设谋把他请到秦国，任为上卿；百里奚推辞不就，荐蹇叔之贤，于是二人辅佐穆公，立法教民，兴利除害，秦国大治。可见，得士与失士，对国家的影响有多大。

"唇亡齿寒"的理论，被最大程度地运用是在战国时期，以合纵反秦的苏秦反复用这道理说服诸侯团结起来共同抗秦；三国时的诸葛亮也以蜀、吴为唇齿之邦，应联合起来抗魏；这些事都耳熟能详，不需要再多说。倒是宫之奇谏虞公不听后，就携族人离开虞国，虞公也不挽留，体现了"良禽择木而栖，良臣择主而仕"这个具有时代特征的倾向，很值得一谈。

我们现在讲究人才流动，提倡公平竞争，在很大程度上还是人才一厢情愿的事，远不如春秋战国时那么方便、开放。那时，由于各国争强，人主都把吸引人才视为首务，所以流动性很大。孔子也鼓励人才流动，提出"所谓大臣者，以道事君，不可则止"，赞赏跳槽行为。孔子自己周游列国，就是寻找能采纳自己政治主张的君主赏识他，任用他，在失望时，甚至想跑到中国大陆以外去——"道不行，吾将乘桴浮于海"。《公羊传》庄公二十四年载，曹国的贤人僖负羁谏君，三谏不从，于是不再做官，《公羊传》引君子的话称赞他得君臣之义。

在这样的形势与舆论下，良臣都选择英明的君主出仕，甚至不惜与自己的祖国作战，当时也没有人发一言加以指责。《左传》襄公五年载，声子与子木讨论晋、楚两国的贤人，声子指出，楚国多贤人，只是不会用，都跑到晋国去了。他列举楚国人析公、雍子、子灵、苗贲皇等人在晋楚历次战争中助晋胜楚的例子，说明楚国人才流动到晋国的情况。更有名的是战国时的燕昭王建黄金台招贤的事。《战国策·燕策》载，燕昭王求贤，"乐毅自魏往，邹衍自齐往，剧辛自赵往，士争凑燕"，好一派人才应聘的热闹场面。燕昭王靠了这些人才，很快强大起来，差点灭了实力雄厚的齐国。秦国靠引进人才而富强的事也是人所周知的，正如李斯在《谏逐客书》中所说："昔穆公求士，西取由余于戎，东得百里奚于

百里奚

宛，迎蹇叔于宋，求丕豹、公孙支于晋。此五子者，不产于秦，而穆公用之，并国二十，遂霸西戎。孝公用商鞅之法，移风易俗，民以殷盛，国以富强，百姓乐用，诸侯亲服，获楚、魏之师，举地千里，至今治强。惠王用张仪之计，拔三川之地，西并巴蜀，北收上郡，南取汉中，包九夷，制鄢、郢，东据成皋之险，割膏腴之壤，遂散六国之从，使之西面事秦，功施到今。昭王得范雎，废穰侯，逐华阳，强公室，杜私门，蚕食诸侯，使秦成帝业。此四君者，皆以客之功。"李斯此论，高度总结了秦国吸引别国人

才而委以重任、卒建不世之功的情况。

"得士者昌，失士者亡"，这是千古不变的规律。然而人才的选择是双向的，领导者必须虚怀若谷，尽可能以优厚条件吸引人才，才能真正收天下英才为我用。

★防民之口，犹如防川

郑人游于乡校，以论执政。然明谓子产曰："毁乡校如何？"子产曰："何为？夫人朝夕退而游焉，以议执政之善否。其所善者，吾则行之；其所恶者，吾则改之，是吾师也，若之何毁之？我闻忠善以损怨，不闻作威以防怨。岂不遽止，然犹防川，大决所犯，伤人必多，吾不克救也；不如小决使导。不如吾闻而药之也。"

——《左传》襄公三十一年

子产执掌郑国国政后，推行了一系列新政策，引起了人民的广泛议论。子产不毁乡校，重视舆论，让大家发表意见，择善而从，终于使郑国一步步走向繁荣。

子产在与然明的对话中，以防民言如同防川作譬喻，很有见地。民口与江河之水的共同点，古人早已认识到，在《国语·周语》"召公谏弭谤"一章中，召公已经作了发挥：周厉王是一个残暴的皇帝，以刑杀压制人民对他的批评，还物色了一个巫师专门去监视咒骂他的人，于是国人在公共场合都不敢讲话。厉王很高兴地对召公说："现在我已经做到使人们不骂我了！"召公说："这不过是堵塞了人民的嘴。封住人民的嘴，比堵塞江河的水危险还大。江河水被堵塞了，就要决口泛滥，被伤害的人一定很多；禁止人民讲话也是如此。善于治水的人要会正确地疏导，善于治理人民的国君要敢于引导人民讲真话，听他们讲些什么，知道他们所赞成的与憎恶的，依此施政，才能治理好国家。"厉王不理会召公的话，过了三年，人民起来反抗，厉王逃奔到彘地，死在那儿。子产施政时提倡言论自由，清楚地认识到堵塞人民言论的危害性，也许就是受了召公的话启发。

子产是春秋时最著名的政治家之一，《左传》用了大量篇幅记载他的言论政事，在此综合起来看一下他是如何治理国家的，对励志富国强民的政治家不无

子产

国学经典文库

国学大智慧

·《春秋左传》智慧通解·

图文珍藏版

子产执政后,首先安抚好本国的贵族,使统治阶级内部得到稳定。然后,他规定城乡各有一定的制度,贵族与平民有不同的服色,划清田地疆域,开掘疏通沟渠,把居民每五家编为一伍,表扬忠俭,惩办奢侈。他刚推行新政时,人民感到不方便,编了首歌骂他,有"谁去杀子产,我一定参加"的话。三年后,郑国大治,人们又歌颂他说:"我有子弟,子产教导他们。我有田地,子产使它繁盛。要是子产去世,哪儿去再找一个这样的执政?"

子产在国内推行新法,广开言路,任用贤明。如冯简之能断大事,子大叔美秀而文,公孙挥知四国之为,又善辞令,裨谌能谋,子产遇事就向他们请教,各用所长,同心同力,把国家治理得井井有条。对外,子产充分利用外交手腕,搞好关系,而对危害国家的事,则不畏强暴,据理力争。如子产有一次陪郑伯到盟主晋国去,晋国国君没安排接见他们,让他们呆在宾馆中等候。子产吩咐手下人把宾馆的围墙拆了,让车马安顿好。晋大夫士文伯责备他,他慷慨陈词,责以大义,使晋国不得不屈服认错。

郑国繁荣后,出现了一批游手好闲、不服管教的人,百姓对政府的期望也超过现实。昭公四年,子产实施丘赋,国人很不满意,甚至毁谤他说:"其父死于路,已为虿尾,以令于国,国将奈之何?"子产对此不加理会,仍坚定不移地推行,说:"只要有利于国家,个人遭骂又有什么关系?"可见他对舆论有自己不变的取舍规则。后来,子产又针对国情,实施了不少严格的法令。他临死时对子大叔的一番话,很令人深思:"唯有有道德的人能以宽服民,其次莫如猛。火的样子凶猛灼烈,人民见了害怕,因此很少有死于火的。水看上去柔弱,人民便轻视它,死于水的人便很多。所以施行宽和的政策要难一些。"孔子评论这段话说:"善哉!政宽则民慢,慢则纠之以猛。猛则民残,残则施之以宽。宽以济猛,猛以济

荆轲刺秦王

宽,政是以和。"从而进一步阐发了宽与猛的辩证关系。子产死后,孔子流泪说他是"古之遗爱",就是因为他灵活掌握了宽与严的尺度。后世与项羽争天下的刘邦,进入咸阳后,首先宣布废除秦朝苛法,与民约法三章,受到人民支持,就是采取"宽以济猛"的手段。

周公说："平易近民,民必归之。"孔子说："有一言而可以终身行之,其恕矣乎!"都是提倡仁政的名言。但要实施仁政,则必须有深厚的社会基础,却又常常见效甚缓。所以后来的君王及政治家,有鉴于子产的话,大多数喜欢施猛政,尤其是当乱世时,多用重典;一些急功好利者,更片面强调杀戮刑罚的重要。这方面的典型是秦国。

　　秦孝公任用商鞅进行变法,条例苛刻。如定百姓私斗者,不论曲直,并皆处斩。又实施连保法,一家有过,九家连坐,一人有罪,没其室家。有一次商鞅到渭水阅囚,一日杀数百人,水为之赤。结果,由于法律峻刻,人人自危,莫敢违犯。后来荆轲刺秦王时,因为秦法规定群臣侍殿上者不许持尺寸之兵,持兵器的卫士都站在殿下,未经宣召不准上殿,所以荆轲在殿上追逐秦王,没有一个卫士敢拿着兵器上殿来救他。后来秦始皇死了,李斯、赵高想拥立二世,隐丧不发,矫诏召回公子扶苏及蒙恬。当时扶苏、蒙恬拥兵三十万,却不敢怀疑其中有诈,乖乖地入朝送死。汉武帝也是施猛法、严杀戮的人,戾太子被江充诬陷,宁愿造反以谋生路,也不敢辩解。这种恶果,对那些靠杀戮严令来治国的人,不可不三思。

国学经典文库

国学大智慧

·《春秋左传》智慧通解·

图文珍藏版

第三章　阴谋诡计，提防为妙

★ 多行不义，必然自毙

祭仲曰："都城过百雉，国之害也。先王之制，大都不过参国一，中五之一，小九之一。今京不度，非制也，君将不堪。"公曰："姜氏欲之，焉辟害？"对曰："姜氏何厌之有！不如早为之所，无使滋蔓，蔓难图也；蔓草犹不可除，况君之宠弟乎！"公曰："多行不义必自毙，子姑待之。"

既而大叔命西鄙北鄙贰于己。公子吕曰："国不堪贰，君将若之何？欲与大叔，臣请事之；若弗与，则请除之，无生民心。"公曰："无庸，将自及。"大叔又收贰以为己邑，至于廪延。子封曰："可矣，厚将得众。"公曰："不义不暱，厚将崩。"

　　　　　　　　　　　　　　　　　　　　——《左传》隐公元年

大夫祭仲进言说："一般的城市，周长超过三百丈，那就要成为危害国家的祸患。先王规定的制度，大城市的规模不能超过国都的三分之一，中等城市不能超过五分之一，小城市不能超过九分之一。现在京邑的城市规模超过了规定，违反了法度，恐怕对你将有所不利。"庄公说："姜氏要这么做，我又有什么办法能避开因此而产生的祸害呢？"祭仲说："姜氏哪里会有满足的时候呢？不如早些作出安排，不要让这祸根滋生蔓延开来，一旦蔓延开，就难以对付了。蔓草尚且难以铲除干净，何况你这受宠爱的弟弟呢！"庄公说："不道德的事做得多了必定是自掘坟墓，你等着瞧吧！"

不久，大叔命令西部、北部边境地区表面上属于中央，实际上听自己的号令。事情传到都中，大夫公子吕（字子封）对庄公说："一个国家不能有两个人发号施令，对这件事你将如何处理？你如想让位给大叔，那么请允许我服从他；不然的话，就把他除了，不要让人民生出疑惑之心。"庄公回答说："用不着这样，他将自取祸患。"大叔又进一步把那些地区公开划归自己的领地，领土一直扩展到廪延（今河南汲县、延津县间）。公子吕又进言说："现在可以剿灭他了。土地多了，得到的民众也就多了。"庄公说："对君主不义，对兄长不亲，土地再广，人心也不会依附他，他必将毁灭。"

自从平王东迁，周室式微后，中国大地上出现了诸侯争霸的局面。第一个强大起来的是郑国。郑国位居中原八达之地,密迩周郊,手工业和商业都很发达。庄公继位后,对内巩固自己的政权,对外蚕食吞并;甚至挑起与周室的战火,打败了周桓王领导的诸侯联军,威望大振,形成了小霸的局面。这里记载的是庄公平定弟弟共叔段与母亲姜氏勾结发动兵乱的过程,充分体现了庄公非凡的政治手腕与卓越的军事策略。

旧时衙门捕盗,在查访到一些小案犯时,常常不马上把他们缉捕归案,而是暗中派人监视,等他们做大案时才逮回,以邀功赏,俗称"养贼"。养贼的官吏只考虑自己,往往置百姓利益不顾,为百姓及正直的官员所不齿。郑庄公对共叔段采取的手段与养贼有些类似,所以《春秋》及其三传都责备庄公,认为他失去亲亲的道德,下手太绝了。然而设身处地想一想,庄公这样做也确实有他的苦衷。共叔段是姜太后的宠儿,如果在他刚露出反态时就采取措施,那时共叔的罪名不大,有姜太后斡旋,肯定是不了了之;庄公如果违背母意,处理得重一些,沽名钓誉的人又会说他不孝不悌。而且以后共叔段还会不断地找麻烦,直到达到目的为止,庄公想坐稳江山就不容易了,哪里还有精力对外图霸呢?《书·泰誓》云:"商罪贯盈,天

郑庄公掘地见母

命诛之。"传云:"纣之为恶,一以贯之,恶贯已满,天毕其命。"意思是说一个人坏事做多了,就会有报应。郑庄公等共叔段发展到起兵造反时才收拾他,正是这个意思。

《春秋》批评郑庄公,是站在纲常大义的立场上说话,如果放在春秋那个篡弑风行的大背景中看,批评他就有些不公平了。春秋本来就是强存弱亡的时代,不法大臣与豪杰固然是篡弑的主角,而子弑父、弟杀兄的记载也不少见,卫州吁杀兄就是一桩很著名的事件。

州吁是卫庄公的儿子,庄公对他宠爱有加,甚于哥哥,因此养成了他骄奢残暴的习性。当时著名的贤臣石碏曾劝谏庄公说:"爱子教之以义方,弗纳于邪,骄奢淫泆,所自邪也。四者之来,宠禄过也。"可惜庄公听不进去。庄公死后,州吁的哥哥即位为桓公。州吁不卖桓公的账,经过多年筹划,终于谋反成功。鲁隐公四年,州吁杀桓公自立。

像州吁杀兄这样的例子,在历史上不断重演。野史传闻中宋太宗赵光义的故事,更是其中富有传奇性的一桩。传说宋太祖赵匡胤的母亲临死时,总结后周灭亡

经验，认为国家宜立长君，遂命太祖兄弟依次传位。太祖答应了，并立有盟书。后太祖病重，弟光义独自进入寝宫，走到御榻前叩问遗命，太祖不肯传谕。光义想了想，挥手令所有人出去。内侍不敢违抗，只好退出寝宫门远远看着。过了一会儿，好像太祖在嘱咐光义，声音很低，外面的人听不清楚，只遥遥看见烛影摇曳，光义在烛光影里，时或离坐，像是逊让退避的样子。又过了一会儿，忽听见太祖引柱斧着地的声音，高声说："就让你好好地去干吧！"语调激烈凄惨。不一会儿，光义出来传话，太祖驾崩了。光义接位，是为太宗。有人认为，太祖临终前想改变盟约，所以太宗下了毒手。"斧声烛影"成为千古疑案。

这类事不仅在中国屡屡发生，外国亦很常见，在莎士比亚的戏剧中就很容易找到。在著名的悲剧《哈姆雷特》中，哈姆雷特的父亲就是被弟弟克劳狄斯谋杀的；在另一出剧本《暴风雨》中，米兰公爵普洛斯彼罗的弟弟安东尼奥与那不勒斯王勾结，篡夺了兄长的爵位。

这样看来，郑庄公敢于养恶，没有极大的魄力是不行的。他终于成功了，任由弟弟一步步走向深渊，最后采取果断行动，树立了自己的威信，稳固了自己的地位。不过，要学郑庄公，没有大智大勇是不行的，不是大奸大恶也难办到：眼见有人要危害自己，谁能那么沉得住气？一旦养痈成患，尾大不掉，那时想要动手也不行了。有鉴

宋太祖

于此，绝大多数人还是先下手为强，清除隐患，斩草除根；甚至听信奸邪挑拨，捕风捉影，酿成不少冤狱。

《易·系辞》说："二人同心，其利断金；同心之言，其臭如兰。"《诗·小雅·常棣》云："常棣之华，鄂不韡韡。凡今之人，莫如兄弟。死丧之威，兄弟孔怀。原隰裒矣，兄弟求矣。脊令在原，兄弟急难。每有良朋，况也永叹。"郑庄公与共叔段应当经常温习以上这些话；现在一些过分纵容儿女的父母及阋于墙的兄弟，则应时时引共叔段与州吁为戒。

我们每个人需要牢记的是郑庄公的名言：多行不义必自毙。

★褒贬之间，一字之内

克者何？能也。何能也？能杀也。何以不言杀？见段之有徒众也。

段，郑伯弟也。何以知其为弟也？杀世子、母弟，目君。以其目君，知其为弟也。

段，弟也，而弗谓弟；公子也，而弗谓公于，贬之也，段失子弟之道矣。贱段而甚郑伯也。

何甚乎郑伯？甚郑伯之处心积虑，成于杀也。

于鄢，远也。犹曰取之其母之怀中而杀之云尔，甚之也。

然则为郑伯者，宜奈何？缓追逸贼，亲亲之道也。

——《左传》隐公元年

"克"是什么意思？"克"就是"能够"的意思。能够做什么？能够杀。为什么不说"杀"呢？这是因为看见段拥有兵士百姓的缘故。

段是郑伯的弟弟。从什么地方知道他是弟弟的呢？凡是杀死世子、同母弟的，称之为君。因为这里称呼他为君，所以知道段是郑伯的弟弟。

段是弟弟，但是不称其为弟弟；是公子，但是不称其为公子，这是贬斥他的意思，段丧失了做弟弟应有的道德。贬低段，但更责备郑伯。

责备郑伯什么？责备郑伯蓄意长久，故意使自己的弟弟堕落到不可救药。

"于鄢"，就是在遥远的地方。如同说把他从母亲怀抱中夺过来杀掉一样。这样行文，目的是责备郑伯。

那么，作为郑伯，怎样做才是正确的呢？他应该故意慢吞吞地追击逃走的贼子，这才是疼爱自己亲人的做法。

《春秋》经文的笔法与大义，就是指它写作的体例与所要说明的道理。晋代杜预《左传序》说，孔子修《春秋》，"以成一经之通体，微显阐幽，裁成义类者，皆据旧例而发义，指行事以正褒贬"。《左传》成公十四年的一段话，更直接阐明《春秋》大旨："君子曰：《春秋》之称，微而显，志而晦，婉而成章，尽而不污，惩恶而劝善。"微而显，意为辞微而义显。志而晦，指记事要言不繁，事叙而文微。婉而成章，是说辞语曲折，有所避讳，以示大顺，而成篇章。尽而不污，是指直言其事，尽其事实，无所污曲。惩恶而劝善，即善名必书，恶名必灭，用以惩劝。这些大旨，在具体运用时又有所不同。如《公羊传》隐公十年云："《春秋》录内而略外。于外，大恶书，小恶不书。于内，大恶讳，小恶书。"这里的内外，分指鲁国及鲁以外的国家。知道了以上一些基本规律，我们在读《春秋》时就能初步掌握孔子对各事件及人物的看法了。

前人讨论最多、最费劲探索寻绎的不是春秋大旨，而是"一字褒贬"。所谓"一字褒贬"，是说《春秋》每个字的用法都有它不变的成规，暗寓褒贬在内。如写一个人死，就有种种区别，王死曰崩，诸侯死曰薨，一般人死称卒、殁；杀人也不同，上杀下曰杀，下犯上曰弑。这种细微的区别，《公羊传》及《穀梁传》都随时作总结分析，《左传》里也时有论及。

为了使读者对"一字褒贬"有深入的了解，我们不妨结合《穀梁传》这节原文及《春秋》惯例，来看《春秋》对"郑伯克段于鄢"这六个字所蕴藏的深刻涵意。"克"

是两国交战时的用语,不言杀而言"克",一方面是讲兄弟俩已形同敌国,一方面指责共叔段拥有军队,已自己把自己推入敌对地位。直称段的名字而不称他为庄公的弟弟或他的爵位,是贬他丧失为人弟的道义。而段在鄢地战败,复逃到共,《春秋》只说他战败,不说他出奔,主要是为了表明郑伯是想在鄢地杀死共叔段。只有这样一个字一个字地死扣,并结合经传对事实的叙述,人们才能领悟《春秋》每个字的涵义。

《春秋》在言语字词中暗寓褒贬,诛乱臣贼子,成为后世写史时奉行的金科玉律,在一些传记、碑铭中也广泛运用,"春秋"二字成了"褒贬"的同义词。如晋朝褚袤,字季野。他对人表面上不加评论,而心中自有褒贬,当时名人桓彝评论他说:"季野有皮里阳秋。"阳秋就是春秋,是避晋简文帝郑太后的名字"春"而改。《春秋》为尊者讳也为人普遍接受,被称为"诗圣"的杜甫甚至把这种笔法融入诗中,在著名的《北征》诗中,就以"不闻夏殷衰,中自诛褒妲",为玄宗宠用杨贵妃酿成大乱开脱,宋代魏泰以为得事君之礼;李白《巴陵送贾舍人》则说"圣主恩深汉文帝,怜君不遣到长沙",不言皇帝寡恩,反说皇帝大度。

《春秋》的种种思想,与儒家的其他经书互为参糅,几千年来被人们奉为准则,更成为历代君主推行统治的"舆论导向"。它之所以长期为人们所接受,无疑有其合理性。我们现在学习它、借鉴它,关键是要运用得符合实际,不要在某一方面过了头,像韩愈为人作墓志铭、神道碑那样,讳言过失,粉饰涂泽,成为"谀墓"之文;也不要过分强调"褒贬",流于刻薄尖利。

第四章　推今验古，才能不惑

★女人祸水，以史为鉴

蔡哀侯娶于陈，息侯亦娶焉。息妫将归，过蔡。蔡侯曰："吾姨也。"止而见之，弗宾。息侯闻之，怒，使谓楚文王曰："伐我，吾求救于蔡而伐之。"楚子从之。秋九月，楚败蔡师于莘，以蔡侯献舞归。

蔡哀侯为莘故。绳息妫以语楚子。楚子如息，以食入享，遂灭息。以息妫归，生堵敖及成王焉，未言。楚子问之，对曰："吾一妇人而事二夫，纵弗能死，其又奚言？"楚子以蔡侯灭息，遂伐蔡。秋七月，楚入蔡。

——《左传》庄公十年、十四年

蔡哀侯献舞娶陈国女子为妻，息侯也娶陈国女子为妻。这年，息侯的夫人妫回娘家，路过蔡国。蔡哀侯对臣下说："息妫是我的小姨。"强行挽留息妫，与她相见，对她很轻薄。息侯听说后很气愤，便派人去对楚文王说："您假装来进攻我国，我向蔡国求救，您便以此为借口，进攻蔡国。"楚文王听从了息侯的建议。秋九月，楚文王在莘（在今河南汝南县境）地打败了蔡军，俘虏了蔡哀侯，把他带回楚国。

蔡哀侯知道他遭囚是出于息侯的阴谋，便在楚文王面前大夸息妫的美貌。楚文王心动，便去息国，假装设宴招待息侯，乘机抓住他，灭了息国。楚文王把息妫带回国，与她生了堵敖及后来立为成王的熊恽，但是息妫从不与楚文王说话。楚文王问她原因，她说："我一个妇人却嫁了两个丈夫，既然不殉节，还有什么可说的呢？"楚文王因为灭息是蔡侯挑拨的，为了取悦息妫，便进攻蔡国。庄公十二年秋七月，楚兵攻克蔡国。

在这短短的故事中，有三个君主：蔡哀侯、息侯、楚文王，他们先后为了同一个女人，身败名裂。蔡哀侯因为好色而得罪息侯，导致被楚国俘虏；继而图谋报复，却落得个灭国的下场。息侯起初为泄私愤，使蔡侯入其彀中，但最终也还是被人俘获，国家灭亡，妻为人妻。楚文王作为一个强者，先被人当枪使，后来虽然占有了息妫，但伴着个"冷美人"也不见得快乐，且遗臭史册。这三个人中，只有息侯还值得同情，其他二人都是不折不扣的昏君暴君；而息侯为报仇引狼入室，显然也有些昏聩。中国历代国君在遇到内乱外侵时，常常喜欢借外力来达到目的，如唐高祖借突厥兵驱逐列强，宋人与蒙古人合谋灭金恢复中原，结果是引狼入室，都是没有以息侯为前车之鉴的缘故。

息妫

中国古代有"女人是祸水"的说法，又说娶了太美的女人往往不得太平；《易·系辞》也说"慢藏诲盗，冶容诲淫"；这虽然不很全面，甚至是某些娶了无盐嫫母那样丑妇的人自我解嘲拈酸，不过用在息妫身上又不能不说有点道理，尽管息妫本人是没有罪过的。

息妫做了楚文王的妻子后，是否真的不再说话，后人多有异议。有人认为，文中的"未言"是说息妫不与楚文王谈笑，不是真的一句话也不说；否则，下文楚文王问话，她也当闭口不答了。关于息妫事，历代记载不少，繁简不一，真伪难分。汉代刘向把她写做一个殉节而死的烈女，收进了《列女传》中。有的传说说她生得面如桃花，因此又号桃花夫人。后人在今湖北汉阳建有桃花夫人庙，历代题咏很多，最为人传诵的是清初邓汉仪的《题息夫人庙》七绝，诗云："楚宫慵扫黛眉新，只自无言对暮春。千古艰难惟一死，伤心岂独息夫人！"后两句曾被《红楼梦》引用，因而脍炙今人之口。

娶了个绝色美人，却对你不理不睬，心中的滋味定不好受，楚文王虽然可恨，又有些可怜可悲。不过他这是自讨没趣，别人的老婆岂是随便可以抢的？汉代的李延年有一首著名的歌谣，说："北方有佳人，绝世而独立；一顾倾人城，再顾倾人国。宁不知倾城与倾国，佳人难再得。"说美貌女子的一颦一笑，足以使国家倾覆，称美女为"倾国倾城"的典故即由此而来。息妫的美貌导致蔡国与息国灭亡，可以说真正达到了"倾国倾城"这个标准了。楚文王为了讨好息妫，兴师动众，灭了蔡国，但还是没能使息妫开怀言笑，幸亏付出的代价不算大，与周幽王相比，就幸运得多了。

周幽王是宣王的儿子。宣王是一个中兴贤君，任用贤臣方叔、召虎、尹吉甫等人，把国家治理得很有起色。可惜他生了个不争气的儿子，暴戾寡恩，登基后重用一些谗佞的小人，更讨了个天生尤物褒姒为妃子。褒姒生得光艳照人，深得幽王爱宠。幽王为了她，废后贬子，几乎与暴君商纣王宠爱妲己差不多。但是褒姒虽然位尊六宫，却从未开颜一笑。幽王为了博褒姒一笑，想尽办法，总不奏效。后来有个奸臣叫虢石父的献计叫幽王出游骊山，晚上点起烽火，擂起大鼓，诸侯以为京城有变故，一个个即时点兵连夜赶到骊山。幽王与褒姒在骊山宫中凭栏观望，褒姒见各路诸侯忙来忙回，觉得很好玩，不觉笑了起来。幽王高兴极了，赏虢石父千金——这就是"千金买笑"成语的出

褒姒

典。可是没多久，犬戎攻打周京城，幽王又点燃了烽火，却像寓言"说谎的孩子"真的遇到狼而呼救一样，再也没有人理他了。幽王结果被犬戎人杀死，褒姒被俘虏，西周从此灭亡。褒姒开颜一笑的代价，又何止千金呢？

宠爱或放任妇人胡作非为而导致灾难，历史上的教训不少，齐顷公的事也很值得深思。这年，晋国派上军元帅郤克出使鲁国及齐国。郤克先到鲁国，与鲁国上卿季孙行父同去齐国。到了齐国，正碰到卫国上卿孙良父、曹国大夫公子首也到齐国行聘，四人一起入朝。这四个人，郤克一目丧明，季孙行父秃顶，孙良父是跛子，公子首驼背。齐顷公接见使者时，为这巧合暗笑不止，退朝后，作为笑料告诉他母亲萧太后。为了使萧太后高兴，齐顷公第二天设宴款待使者时，特地选了一个一目丧明的人为郤克驾车，以一秃子为季孙行父驾车，以跛子为孙良父驾车，以驼子为公子首驾车，让萧太后在使者经过的一处高台上窥视。萧太后见这情况，不觉大笑，左右宫女也嬉笑喧闹，笑声传了老远。四人受此奇耻大辱，不告而归，联合起来讨伐齐国。结果在章地一战，齐兵大败，齐顷公几乎被活捉。萧太后一笑的代价，也不可谓不大。

齐顷公既荒唐于前，又不弥补于后，身罹险境，国家损失，咎由自取，不值得同情。遇到同样的事，赵国的平原君就明智得多了。平原君家里有一座高楼，住着他心爱的美姬。高楼隔壁住着一个跛子，有一天跛子出去挑水，美姬见了大笑。跛子便上平原君家去讲理，平原君口头应付了事。他的门下客知道后，认为平原君爱色贱士，纷纷告辞。平原君连忙杀了美姬，提着头上跛者家请罪，才平定了人心。

国学经典文库

国学大智慧

·《春秋左传》智慧通解·

图文珍藏版

楚文王也好，周幽王、齐顷公也好，为了博妇人一笑，无所不用其极，成了人所不齿的昏君。《左传》中还记载了一个博妇人笑的故事，却为后世津津乐道。《左传》载，贾国有个大夫，生得相貌丑陋，但娶了个漂亮的妻子。妻子嫌弃他，结婚后三年不和他说话，脸上没有一丝笑容。贾大夫为了使妻子高兴，便驾着车载她去打猎。车正奔驰，远处飞起一只野鸡，贾大夫弯弓搭箭，一发中的。他妻子见了很佩服，高兴地笑了，从此对他很温柔。贾大夫凭自己的本事使妻子开颜，比楚文王等人高明得多。

作为四书之一的《大学》首章便说："古之欲明明德于天下者，先治其国；欲治其国者，先齐其家；欲齐其家者，先修其身。"就是说要治理天下、国家，必须先培养好自己的道德品质，管理好自己的家庭。楚文王、周幽王等昏君，就是因为没有修身齐家，所以做出了不利于国家的荒唐事，这是今天治理国家的人不能不再三思考，引以为戒的。

平原君

★ 好鹤亡国，君子不为

冬十二月，狄人伐卫。卫懿公好鹤，鹤有乘轩者。将战，国人受甲者皆曰："使鹤，鹤实有禄位，余焉能战！"公与石祁子玦，与宁庄子矢，使守，曰："以此赞国，择利而为之。"与夫人绣衣，曰："听于二子。"渠孔御戎，子伯为右，黄夷前驱，孔婴齐殿。及狄人战于荥泽，卫师败绩，遂灭卫。卫侯不去其旗，是以甚败。

狄人囚史华龙滑与礼孔，以逐卫人。二人曰："我大史也。实掌其祭，不先，国不可得也。"乃先之。至则告守曰："不可待也。"夜，与国人出。狄入卫，遂从之，又败诸河。

——《左传》闵公二年

鲁闵公二年冬十二月，北方赤狄部落攻打卫国。卫国国君懿公喜欢养鹤，有的鹤甚至乘坐轩车，与大夫享用的仪制一样。等到懿公要出兵时，领到铠甲的兵士都叫嚷说："你叫鹤去打仗吧！鹤是有俸禄与地位的，我们怎么能作战呢？"卫懿公出发前，交给大夫石祁子一块玉块，表示自己抗敌的决心已定；交给大夫宁庄子一支箭，表示自己视死如归。懿公令二人留守都城，并嘱咐道："你们凭这个全权处理国事,怎样对国家有利就怎样去做。"他又把绣袍交给夫人,说:"凡事都听两位大夫的。"卫懿公带兵出发,渠孔给他驾车,子伯站在车右任警卫,黄夷做先锋,孔婴齐做后卫。两军在荥泽(今河南淇县东)展开战斗,卫军打败了,狄人继续前进要消灭卫国。卫懿公因为没有收拢他的旗帜,暴露了目标,所以败得很惨。

狄人俘虏了卫国的史官华龙滑与礼孔,带着他们追赶卫军。两人知道狄人迷信鬼神,就说:"我们是太史,掌管着国家祭祀鬼神的事。我们不先回去告诉神明,你们是得不到卫国的。"狄人相信了他们的话,让他们先走。两人到了国都,告诉留守的石祁子、宁庄子情况,说:"国都是无法守住了,快离开吧。"当夜,众大夫与城里的人都撤出了都城。狄人进入卫国都后,继续追赶,在黄河边又一次击败了卫人。

卫懿公因为过分喜爱鹤,不顾惜将士百姓,一旦敌人来犯,无人为他作战,终于兵败国灭。这件事,《左传》,《吕氏春秋·忠廉》、《史记·卫康叔世家》等书都有记载,说卫懿公给鹤封有爵号,披以文绣,结果兵败后被人杀死,尸骨不全。从《左传》所记看,卫懿公不是个糊涂昏庸的人,你看他临战时的一番布置,可以说是井井有条;尤其是叫夫人听从石祁子及宁庄子事,大有志士贤君托人以家室之风,非一般人所能企及。"得人心者得天下,失人心者失天下",卫懿公失天下只是由于偏爱养鹤,给鹤的待遇太高了,以致失去人心。《书·旅獒》云:"玩人丧德,玩物丧志。"卫懿公可称得上"玩鹤丧志、丧国"的人。

鹤是羽禽中受到人们普遍喜爱的鸟,也是长寿的吉祥物。晋代王粲《白鹤赋》这样称赞它:"白翎禀灵龟之修寿,资仪凤之纯精。接王乔于汤谷,驾赤松于扶桑。餐灵岳之琼蕊,吸云表之露浆。"南朝宋时,鲍照《舞鹤赋》这样形容它:"精含丹而星曜,顶凝紫而烟华。叠霜毛而弄影,振玉羽而临霞。"鹤还被当作高洁的象征,神化为仙人的坐骑;传世的《相鹤经》,传为得道升天的刘安的门客淮南八公所著。这样的禽鸟确实值得人宠爱,然而处士可以宠爱它,可以痴迷到像宋初隐居杭州孤山的林逋一样,把它当儿子;君王却不能这样,否则必将引起人们的愤怒,以致于众叛亲离,家国不保。鹤是如此,其他东西也一样。

与卫懿公一样喜爱动物达到痴迷程度的国君,在春秋时还有齐景公。齐景公

卫懿公好鹤亡国

《春秋左传》智慧通解·图文珍藏版

为人，《史记》说是"好治宫室，聚狗马，奢侈，厚赋重利"，是个遭人怨恨的昏君。齐景公以爱马出名，《论语》说："齐景公有马千驷，死之日，民无德而称焉。"《晏子春秋》中专门记有一则他爱马胜过爱人的故事：齐景公使人饲养他的爱马，结果马生病死了。景公大怒，令人杀死养马的人。晏子谏道："请让我数说他的罪状后再杀他吧。"于是数说道："你有三条死罪：君王命令你养马，你让马死了，这是第一条死罪；你弄死的马是君王最喜爱的马，这是第二条死罪；你使君王为了一匹马而杀人，老百姓听说了一定会埋怨君王，诸侯知道了一定会看轻我国，这是第三条死罪。"景公听出晏子话外之意，才没杀养马人。齐景公这样的昏君，赖有晏子这样的贤臣辅佐，国家才得以平安无事。

由于玩物丧志而导致失国的却不多，失身失家的不少，这里无法一一举例，有兴趣的话，可以去翻翻史书杂记，专找写昏君奸臣的部分看，定能发现不少；如果醇酒美人也算上的话，那就更难以枚举了。唐太宗有一次在玩鸟，远远看见魏征来了，连忙把鸟藏进怀里。不料魏征早已看见，有意停下来和唐太宗闲聊，等到魏征走后，鸟已闷死了。从这则小故事可以知道，玩物丧志的危害性早已深为人知。更有人把它提高到理论高度，总结出"上之所向，下之所趋"、"楚王好细腰，宫中多饿死"一类箴言格言来。可悲的是仍然不断有人堕入其中而不能自拔，更可悲的是人们对于同鹤一样不会保家卫国、只会败家害国的奸邪佞人的认识，也常常只是停留在纸上嘴上。这些人最好能从曹共公的事中汲取教训。曹共公是个荒唐不羁的人，晋文公亡命天涯时路过曹国，曹共公听说文公骈胁，便假意请他洗澡，自己躲在帷幕后偷看，弄得晋文公又恨又怒。晋文公称霸后，派兵把曹国消灭了，并列举曹共公罪恶，中有国有贤人不用，却有"乘轩者三百人"句。这三百个大夫也像卫懿公的鹤一样，乘轩出入，受到宠爱，临到国家危亡之际，反倒一无所用了。

国学大智慧

史学智慧

马肇基⊙主编

线装书局

史学——智慧大成之学

中国史学在传统文化中是一门最辉煌的学问,天文地理、文治武功、士农工商、文采风流、生产经济、特性事理、风俗民情、修身节操,无不罗列其间。它不仅以浩如烟海的资料为外国史家所称美,更以巨细无遗的求实精神独步世界史坛。

北宋著名史学家司马光著的《资治通鉴》是我国古代最大的一部编年体通史。司马光在编修《资治通鉴》的十九年中,付出了巨大的劳动,特别是在洛阳的十五年里,几乎付出了他全部的精力和心血。司马光为编书,常常废寝忘食。他对史料考核极其认真,追根寻源,反复推敲,不断修改。《通鉴》编成后,洛阳存放的未用残稿就堆满了两间屋子,可见他为这本书付出了多么艰辛的劳动!宋神宗继位后,司马光把书稿读给宋神宗听,听后神宗点头称赞——书中记载的历史,好像一面镜子,可以常常对照借鉴,检查自己的得失。因此,他给这部书赐名为《资治通鉴》。

本篇除了对《资治通鉴》的智慧进行全面的剖析外,还对《二十四史》中的领导智慧进行了深入浅出的阐述,对当今领导做事为官有重要的启迪意义。

历史不可能与今天分割,今天是历史的结果,如果不知今天,焉能做好历史研究? 甚至可以说,如果不知道今天,历史研究就失去了方向和目的。

历史是一部深厚的大书,是因为有了今天才去追索历史,目的是通过历史看到今天的影子,再通过今天看到未来的方向。

在这个意义上说,读史使人明智。

俗话说:"一灯能除千年暗,一智能灭万年愚。"把历史智慧变成你自己的智慧,那就在我们的心中升起了不灭的长明灯。

第一篇 《资治通鉴》智慧通解

导读

　　北宋史学家兼政治家司马光,在一些优秀的助手协助下,用了十九年工夫,编写完成的《资治通鉴》是一部著名的大书。该书以编年体形式,叙述了周威烈王二十三年到后周世宗显德六年(公元前 403 至公元 959 年)共计一千三百六十二年的史事。翻开本篇,众多历史人物扑面而来,其中不乏优秀的精英分子,他们曾经奋斗过、曾经辉煌过、曾经壮丽过,对中国社会产生了巨大影响。这些人高尚的人品、超凡的智慧、无比的才能,都叫人感慨不已。人生不过几十寒暑,且不去管他能不能名垂史册,怎么才能让自己的明天更美好,历史上这些超凡的"成功人士",是很好的学习榜样。即使是那些奸臣小人,也为我们展示了他们用错了方向的智慧,增加了我们的识别能力。唾骂之余,很值得吸取其教训。

　　"读史使人明智"。治国的道理和经验很多人是用不到的,理解成管理的经验,就有了现实价值。而为人处事的道理和经验,更是每个人都离不开,我们绝大多数人恐怕都希望自己的明天更美好,而要想实现这个愿望,坐等肯定是不行的,还是要提高自己,《资治通鉴》为我们提供了大量的实例,用心去看,定然可以得到提高。

第一章　六亲不认,赢得支持

★权力让亲情走开

上之起兵晋阳也,皆秦王世民之谋,上谓世民曰:"若事成,则天下皆汝所致,当以汝为太子。"世民拜且辞。及为唐王,将佐亦请以世民为世子,上将立之,世民固辞而止。太子建成,性宽简,喜酒色游畋;齐王元吉,多过失;皆无宠于上。世民功名日盛,上常有意以代建成,建成内不自安,乃与元吉协谋,共倾世民,各引树党友。

上晚年多内宠,小王且二十人,其母竞交结诸长子以自固。建成与元吉曲意事诸妃嫔,诇谀赂遗,无所不至,以求媚于上。或言烝于张婕妤、尹德妃,宫禁深秘,莫能明也。是时,东宫、诸王公、妃主之家及后宫亲戚横长安中,夺人田宅,恣为非法,有司不敢诘。

——《资治通鉴·唐纪六》

封建社会的宫庭内部博取最高统治权的斗争是极为惨烈的,这是一场没有硝烟的战争,一旦控制全局的智慧双眼被蒙住了,那他注定只能成为一个失败者。唐太宗李世民在争夺皇位的过程中坚决地让亲情为权力让路,从而成就了中国历史上难得一见的"贞观之治"。

秦王府与东宫、齐王府之间斗争的高朝来临之前,其他小波小浪就从来没有停止过。在武德五年(公元 622 年)以前,因李世民的军功卓著,秦王府的威望已远远高于东宫和齐王府,但在以后的三年多时间里,李世民既无新的战功,又屡遭兄弟的倾轧、妃嫔谗言,使秦王府的地位大不如以前了。就军事实力而言,东宫加上齐王府要比秦王府强大得多;从政治影响方面来看,因李建成身为太子,宫中妃嫔、朝中大臣和地方势力依附东宫的相对多些,秦王府处于劣势也是显而易见的。

矛盾的激化始于武德九年(公元 626 年)六月一日。这天,李建成请李世民到东宫喝酒,几杯酒下肚,李世民突觉肚子痛,他的叔父淮安王李神通正好在场,将他背回到自己的西宫后,竟吐起了血,这就加重了秦府的忧惧感。在这种情况下,房玄龄便与杜如晦共劝李世民要下决心,诛除李建成、李元吉。房玄龄等策划政变的主张,其实是正符合李世民心意的,但要将这种想法变为行动,李世民仍存在若干顾虑。及至后来,房玄龄、杜如晦因受到李建成和李元吉忌恨而被逐出秦府,秦府中李世民的心腹之臣就只剩下长孙无忌和舅父高士廉以及秦王府将领尉迟敬德等继续进行策划。

此时,突厥率数万骑兵进犯中原,入侵塞边。这种事情如果放在过去,一般都是由秦王李世民带军去征讨,然而这次李建成则举荐李元吉和李艺北征,目的在于使李世民与军队隔离,将其困于京师,防止李世民掌握兵权,而李渊却答应了这一请求。

从另一方面看,李建成和李元吉这样做,也是想借出兵讨伐突厥之机,将兵权控制在自己手中。李元吉请尉迟敬德、程知节、段志玄及秦王府右三统军秦叔宝与之同行,并检阅秦王帐下精锐之士,加强李元吉的军队,以此削夺李世民的兵权,然后以图谋杀世民。这一计划有人密告给了李世民,李世民立即同长孙无忌、高士廉、尉迟敬德、侯君集、张公谨等商量对策。大家一致意见是只有采取非常行动,先发制人,才能扭转危机,而且事到如今,觉得再没有任何犹豫的余地了。于是他们劝李世民"先事图之"。

李世民也知祸在旦夕,但事到临头,他仍顾虑"骨肉相残"的悲剧,并想出了"钦俟其发,然后以义讨之"的想法。尉迟敬德则快人快语地说:"祸机垂发,而五犹晏然不以为忧,大王纵自轻,如宗庙社稷何! 大王不用敬德之言,敬德将窜身草泽,不能留居大王左右,交手受戮也!"他还激李世民说:"王今处事有疑,非智也;临难不决,非勇也。且大王素所蓄养勇士八百余人,在外者今已入宫,接甲执兵,事势已成,大王安得已乎!"

此时的李世民,虽然只有 29 岁,但因他是秦王府的最高主持者,他必须事事深思熟虑。他此时自然明白,秦王府与东宫、齐王府集团的军事力量和政治影响对比悬殊,除此之外,一旦交兵,秦王府两面受敌,必然陷入险境,这一枝节李世民是不能不考虑进去的。所以,他还要在行动之前听听更多人的意见。问其他府僚,都说:"齐王凶戾,终不肯事其兄。比闻护军薛实尝谓齐王说:'大王之名,合之成(唐)字,大王终主唐祀。'齐王喜曰:'但除秦王,取东宫如反掌耳。'彼与太子谋乱未成,已有取太子之心。乱心无厌,何所不为! 若便二人得志,恐天下非复唐有。以大王之贤,取二人如拾地芥耳,奈何殉匹夫之节,忘社稷之计乎!"

齐王李元吉既有此心,太子李建成又如此不容李世民,事已如此,又有众人支持,李世民也只有横下一条心去干了。

由于事情重大,以弱势而制强敌,必须有一个严密、周到的行动方案。于是李世民让长孙无忌密招先前被逐出秦王府的房玄龄、杜如晦入王府商议决策。房、杜二人以前曾建议过李世民诛杀李建成、李元吉,未被采纳。现被贬在家,深恐李世民仍然疑而不决,中途变卦,便想用激将法再激他一次。他俩对长孙无忌说:"皇上已经有旨,不许我们再为秦王效力,如今如果再私下里去见秦王,一定会因此被杀头的,我们哪里敢去听秦王的教诲呢?"

这一招果然有效,李世民听说后,果然怒骂道:"玄龄、如晦岂叛我邪!"并取下佩刀给尉迟敬德说:"公往视之,若无来心,可断其首以来。"尉迟敬德和长孙无忌便再去找房玄龄、杜如晦,说:"王已决计,公宜速入共谋之。吾属四人,不可群行道中。"房玄龄和杜如晦闻听此言,知李世民决心已下,便化装成道士与长孙无忌潜入秦王府内,尉迟敬德则由他道进入。

玄武门

这一天是武德九年(公元 626 年)六月二日,经过一整夜商议,大计终于确定下来,并分头布置行动,李世民至此决定走上风雨不归的夺权之路。

凡做大事,不能总是犹豫不决,坐失举事良机;又不可草率从事,不计后果。因此,做事前前思后想、三思而行是必要的,而一旦决定就要当机立断、付诸行动,这样才能使自己的重大决策取得更多的获胜把握。李世民即是如此,他的犹豫、沉着、临事不慌并不多余;而一旦深思熟虑之后又不容置疑,不容犹豫,反而成了主导者,这是正确的。

谋略上有万事俱备,只欠东风之说。何来东风,诸葛公能祭也;所谓的祭,实际上是谋的结果,何况东风西风在自然界中也并不是绝对受季节变化的,谋的因素才是关键。

主意拿定之后,李世民及其僚属经过周密的部署,决定在玄武门伏杀李建成和李元吉。

玄武门即长安宫城北门,地位重要,是唐朝中央禁卫部队屯守三所。负责门卫的是将领常何,此人是李建成的旧属,后被李世民所收买,这就为李世民的举事提供了极大便利。此外,守卫玄武门的其他一些将领,也被李世民收买。应当说,在京师处于劣势的李世民,在玄武门将领处打主意,是很有远见的一招。

为师出有名,李世民便寻机找借口。武德九年(公元 626 年)六月三日,太白复经天,太史令傅奕密奏高祖:"太白见秦分,秦王当有天下。"李渊将星状单独交给李世民,李世民便乘机密奏李建成、李元吉与尹德妃、张婕好淫乱之事,并说:"臣于兄弟无丝毫负,今欲杀臣,似为世充、建德报仇。臣今枉死,永违君亲,魂归地下;实耻见诸贼!"

李世民的这番话,是在申明自己只是因平叛功显才被猜忌、不容的,这便把兄弟间"骨肉相残"的责任全部推到李建成与李元吉的身上了。高祖听后虽感愕然，但也不敢轻信，便说："明当鞫问，汝宜早参。"即令通知太子、齐王明天早朝，由诸大臣公断曲直。

第二天一早，李世民带着尉迟敬德、长孙无忌等人埋伏在玄武门附近。玄武门是皇宫大门，是入宫必经之路。然而就在此时，后宫张婕妤探得了李世民的动机，立刻向李建成报告。李建成找李元吉商量，李元吉认为应暂避一下风头，托病不去上朝，观察一下形势再作打算。李建成认为只要布置好兵力，玄武门的守将又是自己人，还有嫔妃做内应，怕他何来？不妨进宫看看动静再说。

俩人骑马进入玄武门，叫亲信侍卫在宫外等候。李建成和李元吉走到临湖殿，发现情况异常，李元吉对李建成说："殿下，今天气氛怎么这样肃杀，连一个侍卫都不见，我们还是回去吧！"于是，俩人拨马便往回走。

其实，李世民带领亲信将领早已进宫，这时见二人正要溜走，便从隐蔽处走了出来，喊道："殿下，别走。"李建成、李元吉料想不到李世民会在此时现身，而且全副武装，知道事情不妙，走得更快了。不一会儿便来到玄武门前，大喊："常何，快开门！"然而任凭他俩叫破嗓子，也无人搭理。李元吉大骂："我们上当了，常何投靠了李世民。"说着，他弯弓搭箭射过城门，落在城外的草地上，在那里等候的亲随接到警报，立即驰马去东宫报信。

李建成也动起手来，他不问情由，一连向李世民连发三箭，因为心慌意乱，失去准头，皆未射中。李世民却早有准备，只一箭就把李建成射中落马，顿时气绝身亡。

李元吉急忙逃去，迎面碰上尉迟敬德，他回转马头逃跑，忽然一阵乱箭射来，他趁势滚下马鞍，想钻进附近的树林里躲藏，谁知李世民此时已绕过来堵住了他的退路。两人相见，立即扭在一起。李元吉拼着全身力气，压在李世民身上，要用双手去扼他的脖子，恰在这时尉迟敬德赶到，李元吉放开了李世民，撒腿就跑，被尉迟敬德一箭射死。

此时玄武门外已聚集了不少兵马。东宫接到警报后，大将冯诩、冯立和齐王府的薛万彻带领二千多名卫士在攻打大门，常何急命人抵住大门，玄武门守将敬君弘、吕世衡出城作战，不幸战死。东宫、齐王府的人马又分兵去攻打秦王府，一场更大的战乱就要酿成。正在此时，尉迟敬德走上城楼，扔下两颗带血的人头，大声喊道："太子和齐王联合谋反，奉皇上之命讨伐二贼，你们看，这就是他们的下场，你们要为谁卖命？"东宫和齐王府的人看见两颗人头果然是他们的主子，既然太子李建成和齐王李元吉已经被杀，除了作鸟兽散，他们还为谁卖命，于是局势旋即平定下来。事后李世民对他们不予追究，并把他们争取过来为秦王府效力，所以这次兄弟相残之事并没引起更大的战事。

当三兄弟打得你死我活，李渊正带着大臣、妃嫔在太极宫中乘船游玩，此时尉迟敬德却一身豪气地前来"逼宫"："陛下，太子、齐王叛乱，已被秦王杀死，特派微臣前来为陛下保驾！"

李渊听到这个消息十分难过，一时无话，只赶紧吩咐船只靠岸，便问在侧的大臣裴寂："此事该如何收场？"

裴寂是个佞臣，忙推托说："这是陛下的家事。"萧瑀、陈叔达却趁机进言说："建成、元吉本不预义谋，又无功于天下，嫉秦王功高望重，共为奸谋。今秦王已讨而诛之，秦王功盖宇宙，率士归心，陛下若处以元良，委之国务，无复事矣。"

李渊见大势已定，便顺势说："善，此吾之夙心也。"此时，宿卫及秦王府兵与东宫、齐王府兵的战斗尚未全部结束，李渊便写了"手敕"，命令所有的军队一律听秦王的处置。

玄武门之变就这样以李世民的成功而告结束。

李渊及时改立秦王为太子，并敕令军国庶事，无论大小翻要其处决。八月，高祖李渊退位为太上皇，传位于李世民，是为唐太宗。

对帝王而言，国事与家事常常扯在一起纠缠不清，这很容易令父子、兄弟互相成为政治上的对手。李世民残兄弟的行为我们很难从感情的角度作出评判，因为毕竟政治斗争的残酷性在不断验证着胜者为王败者为寇这一真理，某种意义上说，正是关键时刻对亲情的割舍成就了其一生的政治成就。

★赢得支持才能站稳脚跟

九月，戊申，琅邪王睿至建业。睿以安东司马王导为谋主，推心亲信，每事咨焉。睿名论素轻，吴人不附，居久之，士大夫莫有至者，导患之。会睿出观禊，导使睿乘肩舆，具威仪，导与诸名胜皆骑从，纪瞻、顾荣等见之惊异，相帅拜于道左。导因说睿曰："顾荣、贺循，此土之望，宜引之以结人心。二子既至，则无不来矣。"睿乃使导躬造循、荣，二人皆应命而至。以循为吴国内史；荣为军司，加散骑常侍，凡军府政事，皆与之谋议。又以纪瞻为军祭酒，卞壸为从事中郎……王导说睿："谦以接士，俭以足用，用清静为政，抚绥新旧。"故江东归心焉。睿初至，颇以酒废事；导以为言。睿命酌。引觞覆之，于此遂绝。

——《资治通鉴·晋纪八》

下属的支持对管人者什么时候都不可缺少，这在刚履新位的时候显得尤为关键。因为此时观望者多，挑衅者时而有之，树立管人者的权威成为当务之急。这时如能有人站出来扶你一把，自然容易站稳脚跟。

东晋司马睿移镇建邺后，对于能否在江东站住脚，还没有十分把握。因为江东士族对这位东南最高军政长官十分冷淡。在相当长的一段时间里，居然没有一位名流拜会司马睿。

东吴灭亡后，江东士族的经济利益虽然没有受到多大打击，政治地位却一落千丈。西晋朝廷看不起他们，被任用的人士极少。有关于此，陆机的疏议讲得十分清楚：

"至于荆、扬二州，户备数十万，今扬州无郎，两荆州江南乃无一人为京城职者，诚非圣朝待四方之本心。"

即便个别人被征引到中央为官，也百般受到猜忌，所以晋末战乱，便纷纷挂冠而归了。这绝不是说他们想就此归老林下，而是在窥度时机，准备东山再起，恢复昔日权势。绝大部分江东士族能为陈敏网罗，不少江东士族参与钱钰的叛乱，原因就在于此。

《资治通鉴》卷第八十六将其中"荣常忧无窦氏、孙、刘之策"改成"荣常忧无孙、刘之主"，即使这席话豁然贯通，也和盘托出了以顾荣为首的江东士族的心意。这实质上是顾荣代表江东士族与陈敏谈判：他们早就希望割据江东了，只是找不到孙氏兄弟和刘备那样的为首人物。如果你陈敏能像孙氏兄弟和刘备那样礼贤下士，信用江东士族，顾及他们的利益，则江东士族必然尽心竭力辅佐你成就大业。陈敏做不到这一点，以顾荣为首的江东士族背叛了，陈敏也就失败了。陈敏叛乱失败后，司马越插手江东，感到笼络江东士族的重要，将顾荣、纪瞻等征入幕府。他们沿途观望，乃至司马越下令徐州刺史裴盾以军礼发遣，他们对司马越尚且不感兴趣，对司马睿冷淡也就不足为怪了。

江东士族的态度使司马睿和王导焦虑万分，若得不到他们的支持，就极难站住脚。为此，王导和王敦决定在三月初三拥司马睿出巡，借以观察江东士族的动态，再决定下一步的行动。这一天，司马睿乘肩舆出游，北来名流摆出全部仪仗追随其后，故意从顾荣、纪瞻等宅第绕行，终于引来了他们的拜见。王导乘机献策："古之王者，莫不宾礼故老，存问风俗，虚己倾心，心招俊钦况天下丧乱，九州分裂，大业草创，急于得人者乎！顾荣、贺循，此士之望，未若引之以结人心。二子既至，则无不来矣。"

司马睿心领神会，请王导代表他拜会顾荣和贺循，请他们出来相助。这是政治待遇，也是一个信号，它表明司马睿有意借重江东士族。顾、贺二人欣然应命。司马睿终于和江东士族搭上了线。在顾、贺的影响和推荐下，其他南士相继而至。司马睿任命顾荣为安东大将军府司马、纪瞻为军谘祭酒、周能为仓曹掾、贺循为吴国内史，这些都是司马睿幕府中重要的职位，有的则是江东腹心地区的地方长官。对于顾荣，司马睿更为器重。事无巨细，都找顾荣谋议。对于江东士族来说，这实在是东吴灭亡以后少有的光辉时日。为了搞好与江东士族的关系，王导还学说吴语，提出与吴郡陆氏联姻的要求。不久，散骑常侍朱嵩和尚书郎顾球死，鉴于吴郡朱氏和顾氏都是江东名门望族，司马睿为再次表达他借重的心意，突破仪制，亲自为他们举哀，哭之甚恸。接二连三的举动，终于感动了江东士族，"由是吴会风靡，百姓归心焉。自此以后，渐相崇奉，君臣之礼始定"。司马睿被江东士族确认为自己利益的最高代表了。

司马睿和王导并不满足于在江东获得立足之地。三定江南的事实表明，司马睿移镇建邺初期，在力量对比上，江东士族占有巨大的优势。司马睿等对此始终惴

国学经典文库

国学大智慧

·《资治通鉴》智慧通解·

图文珍藏版

惴不安,认为这是寄人篱下。有一次,在和顾荣的谈话中,不由自主地流露出了这种心态:"寄人国土,心常怀惭。"

改变这种状况,成了司马睿和王导立足于江东之后的主要活动。永嘉之乱,北方名门大族为躲避战乱,纷纷南渡,达十分之六七左右。他们经常会聚一起,发出"风景不殊,举目有江河之异"的感叹。他们南渡,往往带有大量宾客徒众,这无疑是一支力量,更何况南渡士族过去和司马越又有这样或那样的关系。王导及时抓住机遇,建议司马睿尽量录用,给予百般优待,参与北来士人

司马睿

的聚会,竭力倡导戮力王室,匡复神州,打回老家——"当共戮力王室,克复神州,何至作楚囚相对泣邪!"

在民族矛盾成为社会主要矛盾的时候,"戮力王室、克复神州",无疑是最具号召力的口号。其实,无论司马睿还是王导,都无北伐之意,深知以其现有实力,实现这一目标绝非轻而易举。哪怕真的实现,以司马睿这种距皇统疏而又疏的关系,对他们也未必有利,他们所以始终没有放弃这一口号,无非是借此号召北来士族支持司马睿及其后裔的一种策略而已。北来士族本是一批亡官失士之人,南渡江东,迫切希望地方当局的照顾和安置,个别真有北伐愿望的人士,也需要地方当局的支持,才能将自己的愿望付之行动。既然司马睿和王导对他们刮目相待,倒向司马睿,也就成了必然之事。在权势分配上,司马睿在王导的授意下,有意偏袒北来士族,架空江东士族,久而久之,北来士族终于凌驾江东士族之上了。

江东士族对处于附从地位是极端不满的。建兴元年(公元313年),在三定江南中立有殊勋的周玘密谋发难了。他联合镇东将军府祭酒王恢和寓居淮泗的流民领袖夏铁,约定夏铁起兵淮泗,他们响应于三吴,里应外合,诛戮当权的北来士族。由于处事不密,夏铁为临淮太守蔡豹所杀。王恢见机不妙,逃奔周玘。周玘为保自身门户,又杀了王恢。司马睿装聋作哑,只是不断交换周玘的官职。任命周玘为镇东司马,尚未到任,改为南郡太守。正在赴任途中,又召为军谘祭酒。周玘知道这是司马睿在作弄他,忧愤而死。临终遗言其子周勰"杀我者诸伧子(东士族鄙称北来士族为"伧")能复之,乃吾子也"。

周勰牢记父言，秘密结变拥有私人武装的吴兴功曹徐馥，计划推叔父周札为主，再次起兵叛变。建兴三年(公元315年)，徐馥等袭杀吴兴太守袁琇，周勰族兄周续起兵于义兴，孙皓族入孙弼则起兵于广德(今安徽广德东)。一时间，三吴豪侠响应者甚众。周札认为此举没有多大把握。反对周勰举兵，向官府告发了这一密谋。徐馥、孙弼等楣继失败。司马睿明知周勰是主谋，考虑到周氏在江东有巨大的声望，且此役牵扯到江东士族较多。害怕"穷治"激起大变，采取了息事宁人的态度。不过此一事变使司马睿和王导感到只靠笼络，也难以在江东站住脚跟，转而采取分化瓦解的策略，利用江东士族的内部矛盾，挑起实力最大的义兴周氏和吴兴沈氏的火拼，在内讧中同归于尽。当然，司马睿等也深知，过分侵犯江东士族的利益，对他们也绝无好处。所以引导南渡士族在江东士族势力较为薄弱的浙东等地安家立业，两大士族集团的矛盾终于得到一定程度的缓和，司马睿的江东政权趋于稳定了。司马睿在毫无政治根基的江东之所以能逐步立稳脚跟，就在于对所处大势做出了精确的判断，对身边的人和事看得清楚，从而采取了尽量赢取支持的正确管人策略。

第二章　高调做事，低调做人

★算计不但要多一招，而且要快一步

　　初，帝亲任中书令温峤，敦恶之，请峤为左司马。峤乃缪为勤敬，综其府事，时进密谋以附其欲。深结钱凤，为之声誉，每曰："钱世仪精神满腹。"峤素有藻鉴之名，凤甚悦，深与峤结好。会丹杨尹缺，峤言于敦曰："京尹咽喉之地，公宜自选其才，恐朝廷用人，或不尽理。"敦然之，问峤："谁可者？"峤曰："愚谓无如钱凤。"凤亦推峤，峤伪辞之，敦不听，六月，表峤为丹杨尹，且使觇伺朝廷。峤恐既去而钱凤于后间止之，因敦饯别，峤起行酒，至凤，凤未及饮，峤伪醉，以手版击凤帻坠，作色曰："钱凤何人，温太真行酒而敢不饮！"敦以为醉，两释之。峤临去，与敦别，涕泗横流，出阁复入者再三。行后，凤谓敦曰："峤于朝廷甚密，而与庾亮深交，未可信也。"敦曰："太真昨醉，小加声色，何得便尔相谮！"峤至建康，尽以敦逆谋告帝，请先为之备，又与庾亮共画讨敦之谋。敦闻之，大怒曰："吾乃为小物所欺！"与司徒导书曰："太真别来几日，作如此事！当募人生致之，自拔其舌。"

——《资治通鉴·晋纪十五》

　　算不在繁，只需多一招；亦不在精，只需快一步。如果多一招和快一步结合起来，那就胜券在握了。其实说白了就是不仅要算准，而且要快动。

　　东晋元帝时代，权臣王敦欲发动叛乱自立。王敦在永昌元年（公元 322 年）曾以诛讨叛贼为名，起兵攻入石头城，胁迫朝廷，改易一些大臣，控制兵权，成为朝中第一权臣，谋逆之心日切。

　　太宁二年，王敦病重，谋反之心已经变得非常迫切。他先假传圣旨以自己的儿子王应为武卫将军，以王含为骠骑大将军。与心腹钱凤商议行动方案时，王敦决定采取"悉众而下，万一侥幸"方案，即率领众军沿江而下，争取侥幸成功，推翻朝廷以自立。

　　当时，温峤颇受晋元帝的信任，任中书令之职。温峤字太真，太原祁（山西祁县）人，很有谋略。但这却使王敦很嫉妒，就找借口请皇帝批准让温峤做了他的左司马。

温峤对王敦的为人特别了解，就采取以柔克刚、阳奉阴违的策略，表面上对王敦特别尊敬顺从，尽心尽力为其办事，并不时帮助王敦出一些主意，王敦渐渐地对温峤有了好感。温峤又看出王敦最信任钱凤，而钱凤又是王敦集团中最有智谋的人，所以他和钱凤也极为亲近，并常在王敦面前夸奖钱凤说："钱世仪精神满腹。"温峤素有知人之名，所以钱凤心中也美滋滋的，与温峤的关系日益亲密。

　　正当王敦、钱凤等人秘密加紧准备起兵的时候，丹杨（安徽丹涂）尹出现了空缺。丹杨是由姑苏通往建康的要道，地理位置十分重要。一听到这个消息，温峤立即去见王敦，显出有些着急的样子说："丹杨是个咽喉要道的重地，丹杨尹的位置格外重要，明公应该选派自己的人去担任这个职务。"

温峤

　　王敦觉得很有道理，就问谁可胜任，温峤马上推荐钱凤。他知道钱凤为王敦首席智囊，须臾不能离开，这种以亲信人物作为推荐对象，既能表示忠诚无私，又必然使权职落在自己头上，果然钱凤听说后又推荐温峤，温峤也假意推辞，一再推荐钱凤。最后还是王敦拍板定案，就上表推荐温峤做了丹杨尹。他得到朝廷的任命后，心中暗喜，庆幸第一步取得了成功，他终于可以离开这个是非很多、非常危险的虎窝狼穴，而且可以为朝廷效力了。

　　但温峤明白，王敦蓄谋已久，一旦发难，朝廷还是难以应付的，所以必须要稳住王敦，为朝廷争取一些宝贵的时间，这样他必须打消王敦对自己的戒备心理，尤其要防备钱凤的觉醒，防备自己离开后他醒悟过来再向王敦进言。

　　王敦这次派遣温峤去做丹杨尹的主要目的是为自己的军事行动做前导，先去监视观察朝廷的动向。温峤临行的前一天，王敦设宴为之饯行。酒到半酣之时，温峤站起来逐个敬酒，走到钱凤面前时，钱凤端起酒杯还未来得及喝，温峤就有些摇晃，舌头根有点发硬地说："你钱凤算个什么人，我温太真敬酒你竟敢不饮！"一边说一边用手去拍打钱凤的脑袋，把钱凤头上的头巾都弄掉地上了。这是对人最不尊敬的做法，钱凤的脸一下子就红了。王敦见了，以为温峤喝醉了酒，忙站起来解释，人们不欢而散。温峤一边走一边还说着醉话。

　　第二天，温峤到王敦府中去告别，在王敦面前流着泪说："我昨天喝醉失态，得罪了钱世仪。我走之后，真担心您疏远我啊！"王敦马上理解了温峤的心意，说：

"你放心赴任去吧,我心中有数。"温峤刚迈出门坎又返回来,想要说什么,停了停又返回去,来回三次,仿佛满腹心事的样子,最后才慢慢离去。

温峤走后,钱凤果然去向王敦说:"温峤与朝廷的关系很亲密,与庾亮的交情又很密切,不可相信他。"钱凤的话刚说完,王敦满不在乎地说:"温太真昨天喝醉了酒,对您说话时有些不礼貌,何必为这么点小事就来说他的坏话?"

钱凤无言以答。当钱凤再向王敦提温峤之事时,王敦连听都懒得听。

温峤到建康后,立刻把王敦的阴谋全盘报告给朝廷。朝廷马上调兵遣将进行周密的防范,并商量发兵讨伐王敦,先发制人。等王敦知道温峤的行动和朝廷的计划时,已经晚了。他气得暴跳如雷,立刻给他的从弟王导写信说:"我为一个小人物所欺,你要募人活捉他,拔去他的舌头。"但这只是说说而已,不久,朝廷发兵前来讨伐,王敦忧气交加而病死。

温峤在错综复杂的形势下,审时度势,首先设法离开王敦并谋得丹杨尹这个重要职务,已经显示出他的智慧。临行前故意得罪钱凤,堵住这个智囊的嘴,更是令人拍案叫绝的高招。怕人谗毁,先故意得罪之,造成二人有隙的局面,自然杜绝了谗言的威胁。

看两个高手斗算,确有赏心悦目的感觉。精准的算度有惊鬼神之效,快速的行动可比雷霆之势。而当正义的一方胜出时,我们更是不禁由衷地长舒一口气。一个攻得阴毒,一个防得缜密。温峤的神算堪称谋身自保的经典。

★不要与小人一般见识

御吏中丞卢杞,(弈)之子也,貌丑,色如蓝,有口辩。上悦之,丁未,擢为大夫,领京畿观察使。郭子仪每见宾客,姬妾不离侧。杞尝往问疾,子仪悉屏侍妾,独隐几待之。或问其故,子仪曰:"杞貌陋而心险,妇人辈见之必笑,它日杞得志,吾族无类矣!"

杨炎既杀刘晏,朝野侧目,李正己累表请晏罪,讥斥朝廷。炎惧,遣腹心分诣诸道。以宣慰为名,实使之密谕节度使云:"晏昔附奸邪,请立独孤后,上自恶而杀之。"上闻而恶之,由是有诛炎之志,隐而未发。乙巳,迁炎中书侍郎。擢卢杞为门下侍郎,并同平章事,不专任炎矣。杞猥陋,无文学,炎轻之,多托疾不与会食:杞亦恨之。杞阴狡,欲起势立威。小不附者必欲置之死地,引太常博士裴延龄为集贤[殿]直学士,亲任之。

——《资治通鉴·唐纪四十二》

《菜根谭》中有这样一句话:对待心术不正的小人,要做到对他们严厉苛刻并不难,难的是不去憎恶他们。确实,不去憎恶有道德缺陷的小人,是为臣者全身而退的最好策略,反之,则难逃被小人中伤的噩运。

杨炎与卢杞在唐德宗时一度同任宰相,卢杞的爷爷是唐玄宗时的宰相,以忠正廉洁而著称,从不以权谋私,清廉方正,是位颇受时人敬重的贤相。他的父亲卢奕也是一位忠烈之士。卢杞在平日里不注意衣着吃用,穿得很朴素,吃的也不讲究,人们都以为他有祖风,没有人知道卢杞则是一个善于揣摩上意、很有心计、貌似忠厚、除了巧言善辩别无所长的小人。

与卢杞同为宰相的杨炎,是中国历史上著名的理财能手,他提出的"两税法"对缓解当时中央政府的财政危机立下了汗马功劳。后来的史学家评论他说:"后来言财利者,皆莫能及之。"可见杨炎确实是个干练之才,受时人的尊重和推崇。此外,杨炎与卢杞在外表上也有很大不同,杨炎是个美髯公,仪表堂堂,卢杞脸上却有大片的蓝色痣斑,相貌奇丑,形象不堪。

然而,博学多闻、精通时政、具有卓越政治才能的杨炎,虽然有宰相之能,性格却过于刚直,特别是对卢杞这样的小人,他压根儿就没放在眼里。两人同处一朝,共事一主,但杨炎几乎不与卢杞有丝毫往来。按当时制度,宰相们一同在政事堂办公,一同吃饭,杨炎因为不愿与卢杞同桌而食,便经常找个借口在别处单独吃饭,有人趁机对卢杞挑拨说:"杨大人看不起你,不愿跟你在一起吃饭。"

相貌丑陋内心自卑的卢杞自然怀恨在心,便先找杨炎手下亲信官员的过错,并上奏皇帝。杨炎因而愤愤不平,专门找卢杞质问道:"我的手下人有什么过错,自有我来处理,如果我不处理,可以一起商量,你为什么瞒着我暗中向皇上打小报告!"弄得卢杞很下不来台。于是,两个人的隔阂越来越深,常常是你提出一条什么建议,明明是对的我也要反对;你要推荐那个人,我就推荐另一些人,总是较着劲、对着干。

卢杞与杨炎结怨后,千方百计谋图报复。他深知自己不是进士出身,又面貌奇丑,才干更是无法与杨炎相比,但他极尽阿谀奉承之能,逐渐取得了唐德宗的信任。

不久,节度使梁崇义背叛朝廷,发动叛乱,德宗皇帝命淮西节度使李希烈前去讨伐。杨炎不同意重用李希烈,认为此人反复无常,对德宗说:"李希烈这个人,杀害了对他十分信任的养父而夺其职位,为人凶狠无情,他没有功劳都傲视朝廷,不守法度,若是在平定梁崇义时立了功,以后就更不可控制了。"

然而,德宗已经下定了决心,对杨炎说:"这件事你就不要管了!"谁知,刚直的杨炎并不把德宗的不快放在眼里,还是一再表示反对用李希烈,这使本来就对他有点不满的德宗更加生气。

不巧的是,诏命下达之后,赶上连日阴雨,李希烈进军迟缓,德宗又是个急性子,就找卢杞商量。卢杞看到这是扳倒杨炎的绝好时机,便对德宗皇帝说:"李希烈之所以拖延徘徊,正是因为听说杨炎反对他的缘故。陛下何必为了保全杨炎的面子而影响平定叛军的大事呢?不如暂时免去杨炎宰相的职位,让李希烈放心。等到叛军平定以后,再重新起用,也没有什么大关系!"

这番话看上去完全是为朝廷考虑,也没有一句伤害杨炎的话。德宗皇帝果然信以为真，就听信了卢杞的话，免去了杨炎的宰相职务。就这样，只方不圆的杨炎因为不愿与小人同桌就餐而莫名其妙地丢掉了相位。

从此卢杞独掌大权，杨炎可就在他的掌握之中了，他自然不会让杨炎东山再起，便找茬儿整治杨炎。杨炎在长安曲江池边为祖先建了座祠庙，卢杞便诬奏说："那块地方有帝王之气，早在玄宗时代，宰相萧嵩就曾在那里建立过家庙，因为玄宗皇帝曾到此地巡游，看到此处王气很盛，就让萧嵩把家庙改建在别处了。如今杨炎又在此处建家庙，必定是怀有篡权夺位的谋反野心！近日长安城内到处传言：'因为此处有帝王之气，所以杨炎要据为己有，这必定是有当帝王的野心。'"

什么！杨炎有"谋反篡位"之心？岂能容之！于是，在卢杞的鼓动之下，勃然大怒的德宗皇帝，便以卢杞这番话为借口，将杨炎贬至崖州（今海南省境内）任司马，随即下旨于途中将杨炎缢杀。

君子不畏流言不畏攻讦，因为他问心无愧。小人看你暴露了他的真面目，为了自保，为了掩饰，他是会对你展开反击的。也许你不怕他们的反击，也许他们也奈何不了你，但你要知道，小人之所以为小人，是因为他们始终在暗处，用的始终是不法的手段，而且不会轻易罢手。别说你不怕他们对你的攻击，看看历史的血迹吧，有几个忠臣抵挡得过奸臣的陷害？

所以，还是不同小人一般见识为好，内方外圆地和他们保持距离，不必过于刚直、嫉恶如仇地和他们划清界线，他们也是需要自尊和面子的。

★ 当进当退因时而动

大将军爽，骄奢无度，饮食衣服，拟于乘舆；尚方珍玩，充牣其家；又私取先帝才人以为伎乐。作窟室，绮疏四周，数与其党何晏等纵酒其中。弟羲深以为忧，数涕泣谏止之，爽不听。爽兄弟数俱出游，司农沛国桓范谓曰："总万机，典禁兵，不宜交出，若有闭城门，谁复内人者？"爽曰："谁敢尔邪！"

——《资治通鉴·魏纪七》

冬，河南尹李胜出为荆州刺史，过辞太傅懿。懿令两婢侍，持衣，衣落；指口言渴，婢进粥，懿不持杯而饮，粥毕流出沾胸。胜曰："众情谓明公旧风发动，何意尊体乃尔！"懿使声气才属，说："年老枕疾，死在旦夕。君当屈并州，并州近胡，好为之备！恐不复相见，以子师、昭兄弟为托。"胜曰："当还忝本州，非并州。"懿乃错乱其辞曰："君方到并州？"胜复曰："当忝荆州。"懿曰："年老意荒，不解君言。今还为本州，盛德壮烈，好建功勋！"胜退，告爽曰："司马公尸居余气，形神已离，不足虑矣。"他日，又向爽等垂泣曰："太傅病不可复济，令人怆然！"故爽等不复设备。

——《资治通鉴·魏纪七》

鹰站立时双目半睁半闭仿佛处于睡态,老虎行走时慵懒无力仿佛处于病态,实际这些正是它们准备取食的高明手段。所以有德行的君子要做到不炫耀自己的聪明,不显示自己的才华,才能够在力量不足时隐蔽自己,时机成熟时有力量担任艰巨的任务。

三国时期魏国政治家、军事家司马懿深藏爪牙,藏才隐智,让曹操为之发怵,且最终把持了曹家天下。

201年,司马懿二十刚出头,血气方刚,像初生的牛犊,朝气蓬勃。而这时曹操已击败了北方最强大的敌手袁绍,统一了中国北部,挟天子而令诸侯。曹操对司马懿早有所闻,决定聘请为官。但司马懿见汉朝衰微,曹氏专权,不愿屈节事之,推辞说身患瘫疾,不能起身,加以拒绝。曹操生来机警多疑,马上意识到这个青年必是借故推托,而不应聘正是对他的大不敬,自然十分恼怒。于是马上派人扮作刺客,穿墙越屋来到司马懿的寝室,手挥寒光闪闪的利剑,刺向司马懿。警觉的司马懿觉知刺客到来,立即悟到这是曹操之意,于是将计就计,装着瘫痪在床的样子,毅然放弃了一切逃生、反抗和自卫的努力,安卧不动,任刺客所为。刺客见状认定真是瘫疾无疑,收起利剑,扬长而去。

尽管曹氏诡诈无比,但还是没有狡诈过司马懿,被这位青年蒙混过去。这一着使他不仅逃避了聘征,而且逃避了不受聘将受到的迫害。这一着,需要有在仓促间对刺客来意的准确判断和当机立断的决策,又需要临危不惧、置生死于度外的果敢,真是惊险无比,常人难为。

司马懿躲过这场试探后,非常谨慎而有节制地行事,但最终还是被奸诈而多疑的曹操察觉了,又请他为文学官,还厉声交待使者说:"司马懿若仍迟疑不从,就抓起来。"善于审时度势的司马懿判定,若再拒绝,定遭杀身之祸,只能就职。况且此时曹氏专权已成定局,逐鹿中原已稳操胜券。

但曹操对司马懿"内忌而外宽,猜忌多权变"。他听说司马懿有"狼顾相",为了验证,便不露声色地与其前行,又出其不意地令他向后看,司马懿"面正向后而身不动",被验证果然有"狼顾相"。据说狼惧怕被袭击,走动时不时回头,人若反顾有异相,若狼的举动,谓之为"狼顾"。司马懿的"狼顾相"就是他为人机警而富于智谋、雄豪旷达、野心很强的表现。

加之曹操又梦到"三马共食一槽",槽与曹同音,预示着司马氏将篡夺曹氏权柄。于是令曹操非常忌妒,非常发怵,因而他忧心忡忡地对儿子曹丕说:"司马懿不是一个甘为臣下的人,将来必定要坏你的事。"意欲除掉他,免得子孙对付不了。但曹丕与司马懿私交甚好,早已经离不开他了,不仅不听父亲劝告,还多方面加以袒护,使司马懿免于一死。

司马懿敏锐地感觉到曹操对他的猜忌,于是马上采取对策,即表现对权势地位无所用心,麻木不仁。而"勤于吏职夜以忘寝,至于刍牧之间,悉皆临履",完全一副胸无大志、目光短浅、孜孜于琐碎事务和眼前利益的样子。曹操这才安下心来,取消了对他的怀疑和警惕。以至于被这位年轻人放的烟幕所迷惑,再一次上当。

司马懿此计甚为巧妙。

司马懿生于弱肉强食的时代,立身于相互倾轧的朝廷,因而使他的警觉和疑忌发展到如狼之顾的奇特程度。在曹操死后,他的显赫地位巩固之后,仍无丝毫松懈。当他征辽东灭公孙渊凯旋时,有兵不胜寒冷,乞求襦衣,他不答应,对人说:"襦衣是国家的,我作臣子的,不能赏与别人,换取感激。"他十分注意避嫌,以至于宁愿士兵受冻也不自作主张发冬衣。他在晚年,功望日盛谦恭愈甚。他经常告诫子弟:"道家忌盛满,四时有推移。我家有如此权势,只有损之也许可以免祸。"这种谦卑的言行,正是他"狼顾"般警觉的又一体现。

曹操死后,曹丕嗣位为丞相、魏王,封司马懿为河津亭侯,转丞相长史。237 年,魏国辽东太守公孙渊发兵叛魏,并自称燕王。238 年正月,司马懿受诏率师伐辽,魏军很快就拿下襄平,斩了公孙渊。接着司马懿班师回朝,正在途中,三日内,连接五封诏书。等司马懿赶回京城,魏明帝已气息奄奄了,魏明帝拉着司马懿的手,将年仅八岁的太子曹芳托付于他。司马懿痛哭流涕,受遗命与大将军曹爽共同辅政,即日明帝故去。

曹丕

曹爽是曹魏宗室,外露骄横,内含怯懦,而且华而不实,这就给司马懿造成了机会。

两位辅政大臣,司马懿德高望重,曹爽则年轻浮躁。辅政过程中,两人不断发生矛盾,使曹爽对司马懿非常忌恨。为了加强自己的实力,曹爽多次提拔自己的亲信担任京城重要官职,而这些人大多是京城名流,外表风度翩翩,但不具实际政治才能。向来政治家引纳名流,主要是提高自己的声誉,而不是让他们真正参政。曹爽却不懂此道,结果只是加快了自己的灭亡。

这些人意识到司马懿的才干和资历远非他们可比,便想尽方法排挤他,于是由曹爽奏告小皇帝,说司马懿德高望重,官位却在自己之下,甚感不安,应将他升为大司马。朝臣聚议,以为前几位大司马都死在任上,不太吉利,最后定为太傅。然后借口太傅位高,命尚书省凡事须先奏告自己,大权遂为其专。

在正始初的几年中,曹爽急于安插亲信掌握京城兵权,司马懿则率兵同东吴打

了几仗,名声大噪。

曹爽一天天骄横自大,像一只急速膨胀的气球,司马懿却深自抑制,始终保持谦恭。他平时经常教导自己的儿子,凡事都要谦虚退让,就像容器一样,只有永远保持虚空的状态,才能不断接受。从表面上看,曹爽的势力是在扩张,其实内中却潜伏着很深的危机。

到了正始八年(公元247年),曹爽已经基本控制了朝政,京城的禁军,基本上掌握在他的手中。于是朝中的大事,曹爽就很少再同司马懿商量,偶尔司马懿发表些意见,他也根本不听。对此,司马懿似乎并不计较,依然是谦恭的态度。此后不久,他的风瘫病复发了,便回家静养,不再管事。这一病差不多就是一年。

当时,司马懿已经近七十岁,在旁人看来,早已是风中之烛,所以曹爽他们对他的卧病并没有多少疑心,反而觉得这个原以为厉害的对手,到底也没有什么了不起。不过,曹爽总算细心,当正始九年春他的心腹李胜出任荆州刺史时,他还特地让李胜去向司马懿辞行,观察一下司马懿的病到底怎么样了。

李胜来到司马懿府上,被引入内室。司马懿见他进来,叫两个婢女在两旁扶着,才站得起身来,表示礼貌,一边接过一个婢女拿来的外衣,不料手抖抖颤颤,衣服又掉在地上。随后坐下,用手指了指嘴,表示要喝水,婢女就端来一杯稀粥。他接过粥送到嘴边,慢慢地喝,只见滴滴答答的汤水往下落,弄得胸口斑斑点点。李胜看得心里难过,不觉流下眼泪。司马懿话都说不清了,他断断续续地说:"我年老了,精神恍惚,听不清你的话。你去荆州为刺史,正是建立功勋的机会,今天与你相别,日后再无相见之日,我那两个儿子,还请你日后多加照看……"

李胜回到曹爽那里,将司马懿的情形一一禀告,最后说:"司马公没有多少日子可活了,不足为虑。"这样一来,曹爽算是彻底放心了,从此再也不加防备。

嘉平元年(公元249年)正月,皇帝曹芳出城祭高平陵(明帝陵墓)。曹爽兄弟也跟随前往,只带了少量的卫兵。他们出城不久,在曹爽府中留守的部将严世忽听得街上有大队人马急速奔走的声音,心中惊疑,立即登楼观望,只见司马懿坐在马上,带着一支军队向皇宫奔去,虽是白发飘飘,却是精神矍铄,哪有半点病态!严世知道事情不妙,拿起弓箭对准了司马懿就要射出,边上一人拉住他的手,劝阻道:"还不知是怎么回事,切莫胡来。"这样反复三次,司马懿已经远去。

军队开到皇宫前,列成阵势,司马懿匆匆入宫,谒见皇太后郭氏,奏告曹爽有不臣之心,将危害国家,请太后下诏废掉曹氏兄弟。郭太后对国家大事素无所知,又处在司马懿的威逼下,只好按他的意思,叫人写了一道诏书。在此同时,司马懿的儿子司马师、司马昭兄弟带领军队和平时暗中蓄养的敢死之士,已经占领了京城中各处要害,关起了城门。城中的禁卫军,虽说一向归曹爽兄弟指挥,数量也大得多,但群龙无首,再加上司马懿的地位和声望,谁敢动一动?司马懿包围皇宫,取得诏书之后,又马上分派两名大臣持节(代表皇家权威的信物)赶往原属曹爽、曹羲指挥的禁卫军中,夺过了兵权。曹爽多年经营的结果,不过片刻工夫,便化为乌有。

司马懿的兵变,看起来似乎只是抓住一个并没有多大成功把握的偶然机会,其实是经过长期准备的致命一击。他在曹芳即位后的好几年中，不跟曹爽争权，却多次率军出征，保持了自己在朝廷的威望，一旦事变发生，就足以威慑群臣众将，使之不敢轻易倒向曹爽。另一方面，他长期的谦恭退让，则助长了曹爽的骄傲自大，使之放松戒备。至于司马懿的装病，不但造成了可乘之机，而且很重要的一点，是保存了司马懿所统领的一支军队。有如上几个条件，那种看起来纯属偶然的机会，实际是必定要到来的。

曹爽兄弟及其同党一律被处死，他们的家族，无论男女老少，包括已出嫁多年的女子，全部连坐被杀。忍耐、谦让，一旦得手，绝不迟疑，斩草除根，不留后患，这才是真正的司马懿。当时被杀的，有许多著名文人，所以世人有"天下名士减半"之叹。

对司马懿来说，除去曹爽，不过是第一步。他一开杀戒，便流血成河，令天也为之震撼。从此，司马家牢牢掌握了政权。司马懿在四年后死去，其子司马师、司马昭相继执政。他们同父亲一样，谦虚恭谨，心狠手辣。先后废掉并杀死曹家三个皇帝，杀了一批又一批反对派。到司马昭之子司马炎（晋武帝）手里，就完成了朝代的更换。

在对手面前，尽量把自己的锋芒敛藏，表面上百依百顺，装出一副为奴为婢的卑恭，使对方不起疑心，一旦时机成熟，即一举如闪电般地把对手结束了。这是韬晦的心术，人们常常借此自我保全，麻痹攻击对手。

★防备共谋的人出卖你

大司马内有受禅之志。沈约微扣其端，大司马不应；它日，又进曰："今与古异，不可以淳风期物。士大夫攀龙附凤者，皆望有尺寸之功。今童儿牧竖皆知齐祚已终，明公当承其运；天文谶记又复炳然。天心不可违，人情不可失。苟历数所在，虽欲谦光，亦不可得已。"大司马曰："吾方思之。"约曰："公初建牙樊、沔，此时应思；今王业已成，何所复思！若不早定大业，脱有一人立异，即损威德。且人非金玉，时事难保，岂可以建安之封遗之子孙！若天子还都，公卿在位，则君臣分定，无复异心，君明于上，臣忠于下，岂复有人方更同公作贼！"大司马然之。

——《资治通鉴·梁纪一》

明枪易躲，暗箭难防。唯其难防，才容易一招制胜，所以他会千方百计地尽量使用"暗箭"。但天底下并不是只他一个聪明，为了让那些一样聪明的人落入圈套，他会使尽浑身解数先把你稳住，稳住之后再拿你开涮才涮得熟。

南齐的大司马萧衍握有实权，他想让齐和帝把江山禅让给他。沈约是萧衍身边的人，跟着萧衍当然更有前途，对萧衍的想法他是心知肚明。有一天，沈约向萧衍进言说："如今连三岁小孩都知道齐朝的国运不久了,您英明神武,应该挺身而出,接受天命啊。天意不可违,人心不可失。"萧衍听了心里很舒服,说:"我正考虑这事呢。"

沈约走后,萧衍又召进范云,告诉他自己想让齐帝禅让的打算。范云的回答与沈约一样,萧衍高兴地说:"果然是智谋之士啊,见识如此相通! 你明天上午带着沈约一起来!"

范云出门后,告诉了沈约,沈约眼珠子一转,叮嘱范云:"明天上午,您可一定得等着我,咱俩一起去。"范云当即答应了。

但到了第二天上午,沈约却提前去了。萧衍命令沈约起草接受禅让登基的诏书,沈约忙说:"我昨晚早就起草好了。"说着递了上去。萧衍很高兴,连连夸奖沈约会办事,说:"事成之后,这头功是你的。"

不久,范云从外面赶来,到了宫门,却无法进去,只好在寿光阁外焦急万分地走来走去,口里不停地发出"咄咄"的声音,看来急得很。

等到沈约出门,范云赶忙上去问道:"怎样安排我?"沈约举起手来向左一指,暗示已安排范云为尚书左仆射一职,范云这才如释重负地说道:"这还差不多。"

沈约做人很成问题,为了抢头功,把朋友给涮了,一面叮嘱别人"一定要等着我",一面却提前进宫,兜售自己的私货,将开国的头功一把抢在手中。和这样的人共事,可一定要小心啊。

五代时期也有一个有趣的故事。

当时有两员大将,一个叫张颢,一个叫徐温,他们在一起密谋,准备杀死节度使杨渥,然后二人取而代之。

但是,这是要冒很大风险的事,要是事情败露,那可就要招致杀身之祸,甚至牵连到九族的啊。怎么做才能既可以从事变中捞到好处,又不用担当失败的风险呢? 狡猾的徐温想到了一个绝妙的办法。

一天,两人在具体讨论事变事宜的时候,徐温对张颢说:"在行动的时候,如果我们两方面的兵马都参加的话,必然步调很难协调一致,不如全部用我的兵马吧,那样便于指挥,成功的几率也大得多。"张颢想到,徐温肯定想独占功劳,那可不能让他得

沈约

国学经典文库

国学大智慧

·《资治通鉴》智慧通解·

图文珍藏版

逞,他便对徐温的提议表示反对。徐温于是顺水推舟说:"两方面的军队确实是不便于行动,你要是不同意全部用我的兵马,那就全部用您的手下吧!"张颢欣然同意了,事情就这样决定了下来。

后来兵变果然失败了,朝廷开始彻底追查叛党,由于发现被捕的士兵全是张颢的手下,因此大家都认为徐温当时根本就未曾参与谋反的事,徐温就这样得以置身事外。

不可否认,徐温是一个阴险奸诈之徒。但是,就事论事,他的方法真是绝妙:兵变成功,自己也是一个参与者,自然可以分得一杯羹;兵变失败,自己可以安然置身事外,不担一丝风险。我们在现实生活中,也要对这种人加以提防。

★ 假让实争的人最可怕

> 莽既尊重,欲以女配帝为皇后,以固其权,奏言:"皇帝即位三年,长秋宫未建,掖廷滕未充。乃者,国家之难,本从亡嗣,配取不正。请考论《五经》,定取礼,正十二女之义,以广继嗣。博采二王后及周公、孔子世列侯在长安者适子女。事下有司,上众女名,王氏女多在选中者。
>
> ——《资治通鉴·汉纪二十七》

王莽在利益面前,总是反复推让,并且总要分利给自己的亲信和下属。他向元后说,鉴于以前哀帝的外戚丁氏傅氏奢侈的教训,太后在衣食方面要注意节约,作为天下人民的示范。王莽自己上书,表示愿意拿出一百万钱,献出田地三十公顷,交给大司农用于赈济贫民。其他官员也都效法,又捐钱又献地。然后,王莽又带领百官向元后上奏,歌功颂德一番,并且"愿陛下爱精休神,阔略思虑,遵帝王之常服,复太官之法膳,使臣子各得尽欢心,备共养"。就是劝元后要注意休息,劳逸结合,不要太累了。每次遇到水灾、旱灾,王莽就素食,亲信就向元后汇报,于是,元后也下诏劝王莽说:"闻公菜食,忧民深矣。今秋幸孰(熟),公勤于职,以时食肉,爱身为国。"劝王莽多吃肉,爱护身体,为了国家。

元后诏中有一句"国奢则视之以俭"。这是很深刻的。国家有奢侈的风气,作为元首要用节俭的行为来向国人示范,表示崇尚节俭。西汉奢侈之风相当盛行,所以,王莽的节俭行动大得人心。王莽以节俭来引导人民,百官也积极捐钱、献地,社会风气有了明显的好转。当国内事情基本解决以后,王莽又努力在外交方面下工夫,先用重礼收买匈奴单于,让他说中国的好话,又让王昭君的女儿来侍候元后。给元后的印象是,王莽不但治理好国内,而且在外交方面也很成功。

为了巩固自己的地位,王莽想到了另一条长久之计:"欲以女配帝为皇后,以固其权。"要把自己的女儿嫁给皇帝当皇后,来巩固自己的权力。

王莽提出建议，皇帝九岁即位，过了三年，已经十二岁，考论《五经》，十二岁正是娶亲的年龄，应该及时娶亲，增加子孙的数量。娶什么条件的女人呢？王莽的原话是："博采二王后及周公孔子世列侯在长安者适子女。"博采指从广大范围里去挑选。古代一个新王朝建立后，就封前两朝王族的后裔为诸侯国君，就叫二王。如周朝建立时封夏禹的后裔于杞，封商汤的后裔于宋。二王后，就是指二王的后裔。周公、孔子以及世代为列侯在长安居住的嫡生女儿。说是"博采"，二王后、周公、孔子、世代为列侯，这种家庭有限，又是在长安居住的，还是正妻生的适龄女儿，加上这三个条件，可供选择的范围大大减小了。王莽列出这些条件似乎无可非议，其实，他是按他女儿的实际情况来提这些标准的。这叫土政策。前代没有这种

王莽

规定，景帝王皇后，父王仲，槐里人，并非名门之后。武帝卫皇后，是个歌女，并非圣贤之后，也不是名门望族，只是她当皇后以后，卫青才立功封侯。她姐姐的儿子霍去病也因军功封侯。昭帝上官皇后，祖父是上官桀，汉武帝时曾任羽林期门郎，后逐渐升迁。上官桀的儿子上官安要将才六岁的女儿嫁给六岁的汉昭帝，托人办这事时说道："汉家故事常以列侯尚主。"常常以列侯的女儿嫁给皇帝。

照此先例，王莽时列侯多得很，那么王莽的女儿在众多女子的竞争中是否能夺魁，实在没有把握。因此，王莽为了保证女儿竞争胜利，就提出了一系列苛刻条件，使诸多列侯的姑娘失去竞争的机会。但是，出乎意料的是，有关部门上报候选美女很多是王氏家族的，完全符合候选条件。"王氏亲属，侯者凡十人。"再加上"三世据权，五将秉政"，自然有很多姑娘合格候选。于是他提出："身亡德，子材下，不宜与众女并采。"意思是说，我自己的道德比较差，女儿的材质也低下，不应该跟那些女子一起参加竞争。表面意思是自动退出竞争，让给别人。因此元后以为他是诚心诚意的，就下诏宣布所有王家的姑娘都退出竞争。当时，王莽"安汉公"位极人臣，在官民的心目中，是"德高望重"的社稷臣，是忠臣宗。当皇帝要立后时，取消王莽女儿参加竞争的权利，一时轰动上下，反映强烈，公卿大夫跑到朝廷上论理。庶民、诸生、郎吏这些下层人每天有千把人上书朝廷。都说："愿得公（安汉公）女为天下母。"王莽还派遣长史到各方面去做工作，劝诸公卿、诸生，结果，上书的人更多了。经过王莽反刺激的作用，激荡起来的形势迫使元后只好收回成命，根据公卿的意见，把王莽的女儿列入候选对象。结果，王氏家族其他姑娘全被排除在外。王莽一退，排除了一大批竞争对手。在那种气氛下，王莽虽说要"博选众女"，大家也不同

意。王莽又说要让人看看女儿，元后派长乐少府、宗正、尚书令等去看王莽女儿，回来汇报说："公（安汉公）女渐渍德化，有窈窕之容，宜承天序，奉祭祀。"就是说品德好，长相好，可以当皇后。这种见面也只是形式，谁知道她的品德如何？谁敢说她长相不美？元后又派大司徒、大司空策告宗庙，向汉朝列祖列宗请示，并进行卜筮，结果是"康强"、"逢吉"，都是好兆头。

接着，信乡侯王伋就提出，根据《春秋》，天子娶亲，有一些规定，现在安汉公的封地还不符合古代制度。经过议论，变为古代天子封后父的地达百里。所以加封新野田二万五千六百顷，正好够百里。王莽又辞，只要原有的封地，加封两万多顷全部退回。元后同意了。又有人提议，按过去的先例，"聘皇后黄金二万斤，为钱二万万。"王莽又让，只收四千万，其中三千三百万分送给别人。于是，群臣又说，皇后受聘，只收四千万，跟群妾差不多，显不出高贵来，元后又增加二千三百万，共有三千万。王莽又将其中一千万分给家族中比较贫困的人，实收二千万。封地赏钱，王莽的办法：一退二分。不贪小利得大利，而且大得人心。

几千年的中国史，奸诈比得过王莽的寥寥无几，他贪得无厌、凶狠恶毒又能蒙蔽上下视听，这恐怕是所有坏人中最难辨别的了。

★ 让违规的下属自相治理

朝恩养子令徽尚幼，为内给使，衣绿，与同列忿争，归告朝恩。朝恩明日见上曰："臣子官卑，为侪辈所凌，乞赐之紫衣。"上未应，有司已执紫衣于前，令徽服之，拜谢。上强笑曰："儿服紫，大宜称。"心愈不平。

元载测知上指，乘间奏朝恩专恣不轨，请除之；上亦知天下共怨怒，遂令载为方略。朝恩每入殿，常使射生将周皓将百人自卫，又使其党陕州节度使皇甫温握兵于外以为援：载皆以重赂结之，故朝恩阴谋密语，上一一闻之，而朝恩不之觉也。

——《资治通鉴·唐纪四十》

管人者不见得什么事都亲自插手，尤其古代的帝王，常有被不轨的臣子架空的时候。此时盲动易招败亡，不动则只能受制于人。而以平衡术让违规的下属自相治理，则可产生四两拨千斤的效果。

唐代安史之乱爆发，唐玄宗在西逃过程中，太子李亨在群臣拥护下，于灵武即皇帝位，这就是唐肃宗。在艰难之际，肃宗之子李豫、李系立有大功，其正妻张皇后及宦官李辅国因拥立有功而专权用事，谋杀李系，拥立李豫为太子。

在争权过程中，张皇后与李辅国发生冲突。公元762年，肃宗病重时，张皇后召太子李豫入宫，对他说："李辅国久典禁兵，制敕皆以之出，擅逼圣皇（唐玄宗），其罪甚大，所忌者吾与太子。今主上弥留，辅国与程元振谋作乱，不可不诛。"太子不同意，张皇后只好找太子之弟李系谋诛李辅国。此事被另一个重要宦官程元振得知，密告李辅国，而共同勒兵收捕李系，囚禁张皇后，惊死肃宗，而拥立太子即皇帝位，是为唐代宗。

李辅国拥立代宗，志骄意满，对代宗说："大家（唐人称天子）但居禁中，外事听老奴处分。"听到这种骄人的口气，代宗心中不平，因其手握兵权，也不敢发作，只好尊他为"尚父"，事无大小皆先咨之，群臣出入皆先诣。李辅国自恃功高权大，也泰然处之，孰知代宗除他之心已萌。

在拥立代宗时，程元振与李辅国合谋，事成之后，程元振所得不如李辅国多，未免有些怨望，这些被代宗看在眼里，也记在心上。于是他决定利用程元振，乘间罢免李辅国的判元帅行军司马之职，以程元振代之。李辅国失去军权，开始有些害怕，便以功高相邀，上表逊位。不想代宗就势罢免他所兼的中书令一职，赏他博陆王一爵，连政务也给他夺去。此时，李辅国才知大势已去，悲愤哽咽地对代宗说："老奴事郎君不了，请归地下事先帝！"代宗好言慰勉他回宅第，不久，指使刺客将他杀死。

代宗用间其首领的方法，很快地除掉李辅国，但又使程元振执掌禁军。程元振官至骠骑大将军、右监门卫大将军、内侍监、邺国公，其威权不比李辅国差，专横反而超过李辅国。程元振不但刻意陷害有功的大臣将领，而且隐瞒吐蕃入侵的军情，致使代宗狼狈出逃至陕南商州。一时间，程元振成为"中外咸切齿而莫敢发言"的

程元振

罪魁。因禁军在程元振手中，代宗一时也不敢对他下手。就在此时，另一个领兵宦官鱼朝恩领兵到来，代宗有了所恃，便借太常博士柳伉弹劾程元振之时，将程元振削夺官爵，放归田里，算是除掉程元振的势力。

程元振除去,鱼朝恩又权宠无比,擅权专横亦不在程元振之下。如果朝廷有大事裁决,鱼朝恩没有预闻,他便发怒道:"天下事有不由我乎!"已使代宗感到难堪。鱼朝恩不觉,依然是每奏事,不管代宗愿意不愿意,总是胁迫代宗应允。有一次,鱼朝恩的年幼养子鱼令徽,因官小与人相争不胜,鱼朝恩便对代宗说:"臣子官卑,为侪辈所凌,乞赐紫衣(公卿服)。"还没得到代宗应允,鱼令徽已穿紫衣来拜谢。代宗此时苦笑道:"儿服紫,大宜称。"其心更难平静,除掉鱼朝恩之心生矣。借一宦官除一宦官,一个宦官比一个宦官更专横,这不得不使代宗另觅其势力。代宗深知,鱼朝恩的专横,已经招致天下怨怒,苦无良策对付。正在此时,身为宰相的元载,"乘间奏朝恩专恣不轨,请除之"。代宗便委托元载办理剪除鱼朝恩的事,又深感此计甚为危险,便叮嘱道:"善图之,勿反受祸!"

元载不是等闲之辈。他见鱼朝恩每次上朝都使射生将周皓率百人自卫,又派党羽皇甫温为陕州节度使握兵于外以为援,便用重贿与他们结纳,使他们成为自己的间谍,"故朝恩阴谋密语,上一一闻之,而朝恩不之觉也"。有了内奸,就要扫清鱼朝恩的心腹。元载把鱼朝恩的死党李抱玉调任为山南西道节度使,并割给该道五县之地;调皇甫温为凤翔节度使,邻近京师,以为外援;又割兴平、武功等四县给鱼朝恩所统的神策军,让他们移驻各地,不但分散神策军的兵力,还将其放在皇甫温的势力控制下。鱼朝恩不知是计,反而误认为是自己的心腹居驻要地,又扩充了地盘,也就未防备元载;依旧专横擅权,为所欲为,无所顾忌。

李抱玉调往山南西道,他原来所属的凤翔军士不满,竟大肆掠夺凤翔坊市,数日才平息这场兵乱。军队不听话,根源在于调动。鱼朝恩的死党看出不妙,便向鱼朝恩进言请示,鱼朝恩这才感觉有些不好,意欲防备。可是,当他每次去见代宗时,代宗依然恩礼益隆,与前无异,便逐渐消除了戒备之心。

一切准备就绪,在大历五年(公元770年)的寒食节,代宗在宫禁举行酒宴,元载守候在中书省,准备行动。宴会完毕,代宗留鱼朝恩议事,开始责备鱼朝恩有异心,图谋不轨,谩上悖礼,有失君臣之体。鱼朝恩自恃有周皓所率百人护卫,强言自辩,"语颇悖慢",却不想被周皓等人擒而杀之。禁宫中的事,外面不知。代宗乃下诏,罢免鱼朝恩观军容等使,内侍监如故;又说鱼朝恩受诏自缢,以尸还其家,赐钱六百万以葬。尔后,又加鱼朝恩死党的官职,安顿禁军之心,成功地剪除了鱼朝恩的势力。

★ 做大事的人要沉得住气

孙綝奉牛酒诣吴主,吴主不受,赍诣左将军张布。酒酣,出怨言曰:"初废少主时,多劝吾自为之者。吾以陛下贤明,故迎之。帝非我不立,今上礼见拒,是与凡臣无异,当复改图耳。"布以告吴主,吴主衔之,恐其有变,数加赏赐。戊戌,吴主诏曰:

"大将军掌中外诸军事,事统烦多,其加卫将军、御史大夫恩侍中,与大将军分省诸事。"……其所请求,一无违者。

——《资治通鉴·魏纪九》

管人者处于权力的中心地带,要想控揽全局必须对身边的人和事观察清楚。为了防止被蒙骗,面对种种不轨行为不妨先沉住气,等到时机成熟再给其当头一击,争取一击致命。

吴国孙琳拥立琅琊王为皇帝之后,很是放肆,一家五位侯爵,都是带领禁军,权力足以倾压国君。

有一次孙琳献牛、酒给皇帝,皇帝不接受,孙琳就去找左相张布,酒喝得半醉时,对张布说:"当初废掉少主时,许多人劝我自己登基为王,而我认为当今陛下贤明,所以就拥立他登基,当今皇上如果不是我,就登不上王位。如今我献上礼物却被拒绝,将我看得跟一般臣子一样,我要慢慢想法子了。"

张布将这番话向皇帝禀告,皇帝记在心里,担心政事发生变化,于是表面上就时常对孙琳大加赏赐,但暗中却与张布商讨说:"狐狸捕鸡的时候,一定先伏下身体,垂下耳朵,等到鸡来,鸡一看就相信狐狸没有企图,所以狐狸能够抓到鸡。假使狐狸瞪大眼睛看着对方,露出一副要扑杀猎物的样子,鸡也晓得要飞走,以逃避狐狸的气势。现在孙琳比鸡还狡猾,而我没狐狸聪明,不知怎么办才好?"

张布点头说:"事情确实是如陛下所说的一般,如果一定要办,非丁奉不可。"

皇帝于是召见丁奉,告诉他说:"孙琳仗着威权,想图谋不轨。我希望与丁将军一起除掉他,如何?"

丁奉说:"孙丞相兄弟朋党很多,怕到时大家想法不同,不能完全制服。但是可以借聚在一起打猎的时机,用陛下的武士杀掉他。"

皇帝接纳丁奉的计策,就举办猎会,邀请孙琳。孙琳假装生病,皇帝硬要他起身,连续派了十几个使者去催促,孙琳不得已,只好去了。

孙琳一到,张布用眼色示意武士将孙琳捆绑,杀了。张布拿着孙琳的首级,对众人说:"与孙琳同谋的人,一概不予追究。"

孙琳威权盛大,皇帝竟然在不动声色的情况下杀了他,臣子们称赞他比汉灵帝贤明得多。

沉得住气,关键时刻可以做到心不慌、手不抖,才能让正确的决策得到完全的贯彻。沉得住气既是管人者的入门功夫,又是显示其道行深浅的重要标准。

★善于避开君主的疑忌点

初,上使李靖教君集兵法,君集言于上曰:"李靖将反矣。"上问其故,对曰:"靖独教臣以其粗而匿其精，以是知之。"上以问靖，靖对曰："此乃君集欲反耳。今诸夏已定，臣之所教，足以制四夷，而君集固求尽臣之术，非反而何！"江夏王道宗尝从容言于上曰："君集志大而智小，自负微功，耻在房玄龄、李靖之下，虽为吏部尚书，未满其志。以臣观之，必将为乱。"上曰："君集材器，亦何施不可。朕岂惜重位，但次第未至耳，岂可亿度，妄生猜贰邪！"及君集反诛，上乃谢堆宗曰："果如卿言。"

——《资治通鉴·唐纪十三》

即使是明君贤主，对臣下、尤其有真本事的臣下也会存在很多疑忌。聪明的臣子要学会避开他的疑忌点，才能把对峙的局面维持下去。

李靖虽然一直身临站阵，任职戎旅，但其政治才能早露端倪。在安抚岭南时，李靖就展现出了政治家风范，随后短时期任扬州大都督府长史，亦能迅速安定社会秩序，为政敏速有效。李世民即位后，便拜李靖为刑部尚书。贞观二年，李靖又以本官兼检校中书令，身居宰相之职。次年，李靖又任兵部尚书，以备出击突厥。在这一时期，由于为相时间极短，李靖仍以军旅生活为主。

贞观四年，李靖大破颉利可汗，班师回朝后，唐太宗任命他为尚书右仆射，主理政务。但李靖并没有自矜军功，放纵任为，反而谦虚恭敬，隐晦自己的政治才华。他每次参加宰相会议，总是装出一副自己什么都不懂的姿态，很谦虚地听房玄龄、王珪、魏征等人议政，说起话来也故意结结巴巴，似乎不善言辞，与他在军中的善谋健谈判若两人。

俗话说，伴君如伴虎。李靖深知自己当年不仅没有参与李渊父子起兵反隋的密谋，反而曾经要向隋炀帝告发这件事，这不能不在唐朝两代天子头脑里留下阴影。李渊曾两度要杀他，都与这事相关联。因此，李靖除了在战场挥洒自如外，其他场合总是十分小心恭谨，唯恐留下不良后果。另外，唐太宗李世民在发动玄武门事变之前，曾向李靖问计，实际上是希望李靖站在自己的一边。李靖本着疏不问亲的原则，向李世民表示推辞。事后，李靖对此事也心存戒惧。

随着军功日重，李靖更怕功高震主，对自己的行为很收敛。唐太宗虽为一代明君，但为稳固统治，对文臣虽能做到优待有加，放心任用，虚心纳谏，胸怀宽大，但对武将中功高望重者则心存疑惧，时刻注意考察试探。如尉迟敬德，他虽一直是李世民的心腹爱将，曾出生入死救过李世民之命，又在玄武门事变中立下首功，而且他性格粗率，毫无政治野心，对李世民忠心不二。但李世民对他却总是放心不下，常加试探。一次，李世民说："为什么总有人说你要谋反？"尉迟敬德听了非常委屈，气极之下，大呼道："我怎么会谋反呢？"说完，脱下衣衫，露出身上道道伤疤，把李世民弄得很不好意思。

李靖对唐太宗的这种疑惧武臣的心理显然是洞悉的，所以他并不以位居宰相自喜，而把自己的这方面才华收敛起来。有时他还不得不以自晦来消除唐太宗的疑忌。如平定东突厥以后，御史大夫温彦博嫉妒李靖的功劳，诬称其对部下约束不严，以致军纪涣散，突厥人的珠宝多被乱军所掳。唐太宗对李靖又打又拉，先是大加责骂，后又说要赦其罪而赏其功。李靖毫不辩解，竟自默认，还不停地顿首谢罪。事后，李世民发现李靖部下并无掳掠珠宝之事，很不好意思，对李靖说："前次有人说爱卿的谗言，现朕已醒悟了，请你不要放在心上。"

尽管如此，李靖还是直接领教了唐太宗疑忌武将的厉害。在平定吐谷浑之时，由于李靖治军严格，得罪了总管高甑生。班师后，高甑生便与广州都督府长史唐奉义一起诬告李靖企

李靖

图谋反。唐太宗并未因李靖有平吐谷浑之功、年事已高而对李靖释意，便命法官按验。其结果，当然又是子虚乌有。李世民这才放下心来，将诬陷者流放边疆了事。

还有一次，唐太宗让李靖向大将侯君集传授兵法，但不久以后，侯君集对太宗说："李靖将来要谋反。"唐太宗便问为什么。侯君集说："李靖教我兵法，只教一些粗浅的东西，不教精华部分，如此留一手，显然是要谋反。"太宗便追问李靖怎么回事。李靖从容答道："这是侯君集要谋反。现在，国家已经安定，我教给他的兵法，足以制服四方，而他却还要把我的兵法全学到手，这不是为了谋反是为了什么呢？"唐太宗听了，这才消除对李靖的怀疑。

李靖在宰相的位置上只待了四年多，却始终诚惶诚恐，觉得倒不如退下来，安享晚年。贞观八年，六十四岁的李靖以患"足疾"为由，向唐太宗请求退休，言辞恳切之至。唐太宗便遣中书侍郎岑文本转告他说："自古以来，身在富贵之中而能知足的人很少。不管是愚笨的，还是聪明的，都不能知满知足。有些人即使并无才能，又有疾病，也往往勉强支撑，不肯退下来。您能如此识大体，很值得称赞。我今天不但要成全您的这种美德，而且要以您为一代楷模。"于是，他下诏给李靖以特殊礼遇，让他在家中休养，在病情好转时，每隔两三天到门下、中书省一次，参加宰相们议事，处理政务，又给他加特进的官衔。

贞观十一年（公元 637 年），唐太宗改封李靖为卫国公。贞观十四年，李靖的妻子死，唐太宗特下诏，按汉代卫青、霍去病的办法，筑坟像突厥的铁山、吐谷浑的积石山形状，以表彰李靖的功绩，让其妻子分享荣耀。贞观十七年，唐太宗命画师将李靖肖像画于凌烟阁，列为唐王朝开国二十四大功臣之一。贞观二十三年（公元 649 年），李靖因病去世，终年七十九岁，唐太宗下令追赠司徒、并州都督，让他陪葬

昭陵。

李靖的大智，即使放在整个历史中来比较，也是十分出色的。他的军事才能和所立大功，李渊、李世民皆称即使是白起、韩信、卫青、霍去病也难以相匹；而其政治才能，从已经显露出来的部分来看，应该也是不低于历史上的任何一位贤能之相的，但令人不解的是，在凭军功登上相位之后，他却对自己的才能丝毫不加以施展，甚至还装出木拙之相。从一方面来说，这种"才华"的浪费是十分令人可惜的；但从另一方面来看，却又未尝不是一件正确的举措，起码对于李靖本人来说应该是这样。他深知伴君如伴虎、功高震主以及木秀于林风必摧之的哲理。这种办法保护了他自己免遭历代都曾有过的悲剧结局，安然无恙地度过余生。能进能止，这是李靖的军事理论在其政治生涯和人生态度中的巧妙运用。看来，李靖不仅精通战场兵法，更深谙人生兵法。他在宰相位置上表现得"尸位素餐"，非不能也，是不为也。他隐藏起自己大智的另一半，使自己在以前所立之功丝毫无损，一生固荣无忧，这显然是一种比施展才华更能显示才华的更大智慧。

★ 保持低调做人的原则

娄师德在河陇，前后四十余年，恭勤不息，民夷安之。性沈厚宽恕，狄仁杰之入相也，师德实荐之；而仁杰不知，意颇轻师德，数挤之于外。太后觉之，尝问仁杰曰："师德贤乎？"对曰："为将能谨守边陲，贤则臣不知。"又曰："师德知人乎？"对曰："臣尝同僚，未闻其知人也。"太后曰："朕之知卿，乃师德所荐也，亦可谓知人矣。"仁杰既出，叹曰："娄公盛德，我为其所包容久矣，吾不得窥其际也。"

——《资治通鉴》

娄师德在河陇做官，前后四十多年，谨慎勤劳，从不懈怠，人民和少数民族都安于他的治理。他为人厚道宽恕，狄仁杰入京当宰相，原是娄师德的推荐；而狄仁杰不知道，心里很轻视娄师德，屡次排挤他。武则天发现这种情况后，就问狄仁杰说："师德是个贤能的人吧？"狄仁杰回答说："他当将军能够小心地守卫边境，至于是不是贤能，那我就不知道了。"武则天又问："师德善于赏识人才吧？"狄仁杰回答说："我曾经跟他一起做官，但不知道他善于赏识人才。"武则天说："我之所以知道你的才能，原本是师德的推荐，那么他也可以称做善于赏识人才了。"狄仁杰退朝后，感叹地说："娄公大德大量，我被他包容很长时期了，我的眼光狭隘，我看不到他的边际呀！"

洪应明在《菜根谭》中有言："夸逞功业，炫耀文章，皆是靠外物做人。不知心体莹然，本来不失。即无寸功只字，亦自有堂堂正正做人处。"人生在世，凡事不可过分张扬，应该本着低调处世的原则，走好人生的每一步。

娄师德在河陇做官近四十多年，他在任时踏踏实实地为百姓和国家做事，从无怨言。还向武则天推荐了狄仁杰，使狄仁杰得以有机会得到武则天的赏识和重用。而狄仁杰对这一切全然不知，并且还轻视他。娄师德没将自己有恩于狄仁杰的事四处宣扬，最后还是武则天将他是由娄师德举荐的事告诉了狄仁杰。娄师德这种施恩不炫的低调处世行为，恐怕没几个人能做到吧！低调做人是一种境界，一种修养，一种去留无意的胸襟，一种宠辱不惊的情怀。这不仅是一种做人的准则，更是一门做人的艺术。

　　甘于低调的人，总能从容地面对喧嚣的世界和纷扰的人群。他们从不在世人面前表现出傲慢和张扬的姿态，而是把自己的举止言行融于常人之中。孟买学院是印度最著名的佛学院之一。在孟买佛学院正门的一侧，又开了一个小门。这个小门只有一米五高，四十厘米宽，一个成年人要想过去必须学会弯腰侧身，不然就只能碰壁了。这正是孟买佛学院给它的学生上的第一堂课。大门当然出入方便，而且能够让一个人很体面、很有风度地出入。但是，大多时候，我们要出入的地方并不都是壮观的大门。这时，只有暂时放得下尊贵的体面

娄师德

的人，才能够出入。否则，你就只能被挡在院墙之外了。佛学院的老师告诉学生，佛家的哲学就在这个小门里，人生的哲学也在这个小门里，尤其是通向这个小门的路上，几乎是没有宽阔的大门的，所有的门都是需要弯腰侧身才可以进去的。我们也许不是佛教信徒，但我们同样也要走完人生之路。要想使自己在人生的旅途中一帆风顺、减少阻力，那么学会"弯腰、低头、侧身"，对每个人来说都是一门必不可少的修炼。而低调做人正是这种修炼的最佳境界。

　　言行上的趾高气扬、放荡不羁历来是为人处世的大忌，所以我们应该学会低调做人，收敛自己过分的言行。大家都知道沃尔顿是全球最大零售商"沃尔玛"的老板，是 2002 年度世界首富，他曾经慷慨捐出数亿美元给美国 5 所大学。不过，人们在沃尔玛的网页上根本找不到沃尔顿的"玉照"，外界只知道他现居于阿肯色州，过着有节制而绝非穷奢极欲的生活，而且沃尔顿一直坚持驾驶一辆旧货车到平价

理发店剪发。他这种为人的风度、处世的精神,很值得我们认真地去学习。凡事都有两面性,社会上总有一些人喜欢说大话、吹牛皮、翘尾巴、抖精神、摆架子、耍威风,他们不管显达也好,落魄也罢,都可能要比别人经历更多的挫折,承受更多的社会压力和舆论的轻蔑。还有一些人在官场上和商战中很成功,但在为人处世方面却表现得不够成熟,社交上讲排场,花销阔绰,生活上十分张扬。高级饭店、豪华轿车,成了他们的"日常消费"。这显然不是一种理智的处世态度,要知道"花开总有花落时,花落还有车碾过",何必要让自己的行为过于张扬招摇呢? 所以,只有学会低调做人,才能为自己营造出更温馨的生存环境。

低调做人也是一种自我保全的手段。《庄子》中有一句话叫"直木先伐,甘井先竭"。这是说人们选用木材时,多选用那挺直的树木来砍伐,水质甘甜可口的水井总是被人首先淘干。同样,在社会上,那些锋芒毕露,喜出风头的人,也很容易遭人暗算。人人都希望自己能首先"迈出众人行列",成为脱颖而出的佼佼者,但是社会竞争中又暗藏着一个悖理的法则,这就是"枪打出头鸟"。张扬的人往往易于成为众矢之的。如果是一个"羽翼未丰"的人,那么千万不可轻易崭露头角,过早地卷入残酷的社会竞争之中。人们常说:"自信人生二百年,会当击水三千里。"这固然是不错,但有些时候,比如时机尚不成熟时,你若一味地恃才逞强、锋芒毕露,不仅不能脱颖而出,也许还会挫锋断刀,折戟沉沙。生活中总是存在着这样一些自命清高的人,他们傲气十足,盛气凌人,总爱把自己的才能与智慧,或是有什么业绩,做了什么好事,迫不及待地表现出来,喜张扬、好炫耀,这样的人在人生的旅途上往往是很容易遭到挫折的。锋芒可以刺伤别人,也会刺伤自己。所以,人们不仅要善于露出锋芒,而且更要善于藏匿锋芒。

第三章 爱惜人才，知人善用

★本着爱护人才的原则用人

二月，丙戌，郭子仪入朝。上命元载、王缙、鱼朝恩等互置酒于其第，一会之费至十万缗。上礼重子仪，常谓之大臣而不名。

郭暧尝与升平公主争言，暧曰："汝倚乃父为天子邪？我父薄天子不为！"公主恚，奔车奏之。上曰："此非汝所知。彼诚如是，使彼欲为天子，天下岂汝家所有邪？"慰谕令归。子仪闻之，囚暧，入待罪。上曰："鄙谚有之：'不痴不聋，不作家翁。'儿女子闺房之言，何足听也！"子仪归，杖暧数十。

——《资治通鉴·唐纪四十》

刘邦（公元前256年至前195年），字季，汉朝（西汉）开国皇帝，庙号为太祖（但自司马迁时就称其为高祖，后世多习用之），谥号为高皇帝（谥法无"高"，以为功最高而为汉之太祖，故特起名焉）所以史称太祖高皇帝、汉高祖或汉高帝。出身平民阶层，成为皇帝之前又称沛公、汉中王。

——《史记·刘邦》

人常说人才难得，但古代帝王往往因从小深居宫中，不明人间的人情世故，一点儿小事就对手下的能将功臣频挥屠刀。如果心存爱才一念，也就不会总做自毁长城的傻事。

爱才一念是用人者最难能可贵的品质，唐朝的李泌就是一位爱惜人才且又被帝王所爱惜的宰相。

李泌（公元721～789年），字长源，祖籍辽东襄平（今辽宁辽阳），后居京兆（治所在今陕西西安），是唐代极富传奇色彩的政治家。他自小聪敏好学，博涉经史，诗文俱佳，尤精《易经》。因鄙薄选举流俗，故不预科举。玄宗、肃宗朝，曾以散官身份职掌枢要，为皇帝高级顾问。代宗即位，召之为翰林学士，后数度出任地方长官。德宗登基后，累迁至宰相。他平时好谈神仙诡道，对权力颇不热衷，即使任相，也常常弄神弄鬼，并不孜孜为政，所以为时人所轻。其实，他是借此保护自己，同刚愎自用、喜怒无常的德宗保持一定距离，也超脱于当时复杂的政治旋涡之外。正是这种超脱的态度，才使他免除了皇帝对他的猜忌和权臣的排斥，得以在许多关键时刻发挥了人所不能的作用。他对功臣的保护，即其中突出的事例。

李泌认为，君主对功臣不疑、不责，是使其安心效力的前提。代宗时，宰相元载恃权获罪被杀。抄没元载家产时，发现了大将路嗣恭送给元载的一件琉璃盘，直径盈尺，异常珍贵。而以前路嗣恭送给代宗的琉璃盘，直径不过九寸。代宗认为路嗣恭有意交结元载。当时路嗣恭刚刚平息了岭南的叛乱，代宗与李泌商议，欲待路嗣恭返京后，治其罪。李泌在几年前，被元载排挤出京，路嗣恭曾根据元载之意，促成此事。代宗将此事告知李泌，以为李泌定会同意处置路嗣恭。不想李泌不念旧恶，反而劝解说："嗣恭为人小心，善事人，畏权

李泌

势，精勤吏事而不知大体。昔为县令，有能名。陛下未暇知人，而为载所用，故为之尽力。陛下诚知而用之，彼亦为陛下尽力矣……且嗣恭新立大功，陛下岂得以一琉璃盘罪之邪！"代宗终于醒悟，以路嗣恭为兵部尚书，后来路嗣恭果然不负期望，多有建树。

德宗时，藩镇不断反叛，吐蕃也连连入扰。唐朝著名将领李晟、马燧在平叛御边的战争中，屡立战功，是朝廷的栋梁。吐蕃非常忌恨李、马，遂实行反间计，称他们与吐蕃密约联兵抗唐。唐朝内部的一些佞臣也乘机散布谣言，说李、马有叛乱的迹象。一时间疑云四起，朝野上下流言蜚语颇多。刚愎多疑的德宗也对手握重兵的李晟、马燧有了猜忌之心。李晟气得大哭，请求辞职出家为僧，马燧也有去意。值此关键时刻，刚刚任相的李泌率李晟、马燧等入见德宗，直言劝谏说："愿陛下勿害功臣，臣受陛下厚恩，固无形迹。李晟、马燧有大功于国，闻有谗之者，虽陛下必不听，然臣今日对二人言之，欲其不自疑耳。陛下万一害之，则宿卫之士，方镇之臣，无不愤惋而反仄，恐中外之变不日复生也！人臣苟蒙人主爱信则幸矣，官于何有！……故臣愿陛下勿以二臣功大而忌之，二臣勿以位高而自疑，则天下永无事矣。"德宗听罢这番入木三分的议论，始恍然大悟，说："朕始闻卿言，耸然不知所谓。及听卿剖析，乃知社稷之至计也！朕谨当书绅，二大臣亦当共保之。"于是君臣之间恢复了互相的信任。

由于李泌的努力，代、德二朝的许多有用人才受到了保护和合理的使用。所以当时虽然内忧外患深重，但唐朝中央政权却屡经动摇而始终不倒。李泌在这方面的表现，证明了他是一个知人善任、爱护人才的政治家。

★大胆使用自己急需的人

平遂至修武降汉，因魏无知求见汉王，汉王召入。是时万石君奋为汉王中涓，受平谒，入见平。平等七人俱进，赐食。王曰："罢，就舍矣。"平曰："臣为事来，所言不可以过今日。"于是汉王与语而说之，问曰："子之居楚何官?"曰："为都尉。"是日乃拜平为都尉，使为参乘，典护军……汉王闻之，愈益幸平。遂与东伐项王。至彭城，为楚所败。引而还，收散兵至荥阳，以平为亚将，属于韩王信，军广武。

——《资治通鉴·汉纪》

帝王者要有一个清醒的头脑，知道自己需要的是什么样的人。对这个问题认识清楚以后，再以一双猎鹰一般的眼睛搜寻"猎物"，一旦发现，就不要被周围平庸的看法左右，大胆使用，给人才一个充分发挥的空间。

陈平是阳武县户牖乡人，家境清贫，但他酷爱学习，与哥嫂长期生活在一起。哥哥陈伯非常喜欢这个小弟弟，终年辛勤劳作，供陈平读书。尽管家里饭食条件不好，陈平仍长得仪表堂堂，是方圆百里闻名的美少年。人们纷纷议论："陈伯家里那样穷，给陈平吃什么好东西了，竟长得这么漂亮?"嫂嫂早就对陈平白吃饭不干活心里有气，听了这话，撇撇嘴说："也是吃糠咽菜而已。养了这么个小叔子，还不如没有的好!"陈伯知道了这事，休了不肖的妻子，继续供陈平上学。

因为家里穷，陈平长得很大了，还没有娶到媳妇。本地有个富翁，叫张负，他的孙女一共嫁了5次，5个丈夫都死了。乡里人说她是"克夫"的命，没人敢再娶她，陈平却不在乎，主动提出愿和这位女子成亲。婚后，陈平在经济上有了张负的资助，读书更用心了，交友也更广泛了。

陈平办事能主持公道。家乡每年春秋两季都举

陈平

行祭祀神社的庙会，庙会结束后，邻里们要分享祭祀用的肉。分肉的差事，总是交给陈平办，陈平每次都能分得让大家人人满意。乡亲们称赞他，他总是笑着说："这点小事不足挂齿，以后如果让我帮忙主宰天下，我也会做得像今天分祭肉一样，让人人喜欢。"

陈胜起义后，魏公子咎在魏地称王。陈平投奔他，被封为太仆。陈平提了许多

好建议,魏王咎总是不采纳,还有人经常在魏王面前说他的坏话。陈平的才能无法在魏施展,便改投到项羽帐下,被任命为"卿"。这也是个只备咨询的闲职。

汉王刘邦兼并了三秦土地。殷王司马卬有叛楚的迹象,项羽封陈平为信武君,让他去安抚司马卬。司马卬接受陈平劝告表示继续忠于楚国。陈平因出使有功被晋封为都尉,还赏赐给二十铁黄金。可时间不长,司马卬仍投降了汉王。项羽认为这是陈平的过错,要杀陈平。陈平有口难辩,连夜封存好项羽赏赐的黄金和印信,只身逃出楚营,投奔汉王。

过黄河的时候,撑船的艄公见他长得白白胖胖的,以为是个有钱的富翁,起了图财害命的歹心。陈平觉察出来了,主动脱掉衣服,赤身露体,帮着艄公摇船。船夫见他是个穷光蛋,便放过了他。

躲过了这一劫,陈平顺利地来到汉营,到了汉营,陈平托与自己交往很深、又受汉王重用的魏无知帮忙引荐。魏无知讲述陈平的才华,汉王刘邦将信将疑。当时来投奔汉营的还有6个人,刘邦把他们一块留下来吃饭。饭后,别的人都先后告辞了,陈平仍端坐着不动,他请求汉王能尽快给他先安排一个合适的位置。刘邦对陈平做了认真、全面的考核。所问之事,陈平无不对答如流。那博深的知识、横溢的才气,使刘邦惊叹不已,他下定决心,对富有才华的人,应破格录用。便问:"你在项王那里担任什么职务?"陈平答:"都尉。"刘邦当即宣布:封陈平为汉军都尉,兼汉王参乘同时执掌监护汉军将士之职。

汉王破格录用陈平,在汉营掀起了轩然大波,特别是从沛县就跟着刘邦起兵的老资格将领,很不服气,说:"陈平是楚国的一个逃兵,来汉营才三天,寸功未立,竟受如此器重,太不应当。"

汉王对这些议论一概不理,对陈平的重用有增无减。不久,又升陈平为亚将(仅次于主将),派往前沿阵地巡视。

以后的事实证明,陈平不仅是一位有勇有谋的杰出人才,而且是一位名副其实的谋士,为除掉范增立下了不朽之功,也为刘邦日后的节节胜利铺平了道路。

★ 人才是最有决定意义的资本

齐威王、魏惠王会田于郊。惠王曰:"齐亦有宝乎?"威王曰:"无有。"惠王曰:"寡人国虽小,尚有径寸之珠,照车前后各十二乘者十枚。岂以齐大国而无宝乎?"威王曰:"寡人之所以为宝者与王异。吾臣有檀子者,使守南城,则楚人不敢为寇,泗上十二诸侯皆来朝。吾臣有盼子者,使守高唐,则赵人不敢东渔于河。吾吏有黔夫者,使守徐州,则燕人祭北门,赵人祭西门,徙而从者七千余家。吾臣有种首者,使备盗贼,则道不拾遗。此四臣者,将照千里,岂特十二乘哉!"惠王有惭色。

——《资治通鉴》

国学经典文库

国学大智慧

· 史学智慧 ·

图文珍藏版

齐威王和魏惠王一起在郊外打猎。魏惠王问道："齐国有国宝吗？"齐威王回答："没有。"魏惠王说："我的国家虽小，还有直径一寸大小的珍珠，它的光芒可以照亮前后各十二辆车，这样的珠子我共有十颗。难道像齐国这样的大国却没有什么宝贝吗？"齐威王说："我所认为的国宝与您的观点不一样。我有个臣子叫檀子，派他把守南城，楚国人就不敢来侵犯，泗水流域的十二个诸侯都来朝拜我国。我有个臣子叫盼子，派他把守高唐，赵国人就不敢东来黄河捕鱼。我有个官吏叫黔夫，派他把守徐州，燕国人就对着徐州的北门祭祀，赵国人就对着徐州的西门祭祀，前来请求从属齐国的有七千多家。我有个臣子叫种首，派他防备盗贼，就能达到路不拾遗。这四个臣子，他们的光辉可照及千里之外，岂止是这十二辆车？"魏惠王面有羞愧之色。

齐威王

自古以来"人才"备受世人所重视，朱元璋曾经说过："世有贤才，国之宝也。古之圣王，恒汲汲于求贤。盖贤才不备不足以为治。鸿鹄之能远举者，为其有羽翼也，蛟龙之能腾跃者，为其有鳞鬣也，人君之能致治者，为其有贤人而为之辅也。"可见重视人才是缔造成功事业的根本保证。领导者要始终把人才放在首位，尊重人才、重视人才、充分发挥人才的优势，这样才能成就辉煌的事业。

这则故事中的齐威王和魏惠王，二人对于国宝的认识具有鲜明的对比性。魏惠王重财宝轻人才，而齐威王则重人才轻财宝。对于一个国家来说，最大的财富就是人才；而对于君王来说，最大的追求就是国家的强大。只有重视人才的君王，才能使国家走向繁荣富强。而那些贪恋财宝的君王必然会使国家走向没落。在七雄纷争、弱肉强食的战国时代，正是由于齐威王以拥有文治武功的人才为骄傲，重用贤人，轻视财宝，才使得齐国在春秋时代一度称霸。

历史上有很多关于重用人才的案例。在汉末黄巾起义时期，天下分崩离析、四分五裂，曹操与袁绍一同起兵。袁绍问曹操："如果不成功，您将依靠什么过活呢？"曹操反问道："你以为如何呢？"袁绍说："我将南据黄河，北守燕、代之州，兼拥有沙漠腹地，南向以争天下。"曹操则回答："吾任天下之智力，以道御之，无所不可。"最后，事实证明了一切。虽然袁绍在军事、经济、地域上占有一定的优势，但他不懂得重用人才，反而忌贤妒能，因一些小事就把田丰、沮授这样的贤士给杀了。从而导致了他悲惨的结局：兵败官渡，郁郁病亡。而曹操则能发现人才、爱惜人才，广纳天下贤士，义释关羽、宽待陈琳。所以，各方面实力都相对较弱的曹操最终战胜了袁绍，掌控了北方地区。古人云："一代之治，必有一代人才任之。"任何一个伟大的历史时代,任何一项伟大的事业,都需要一大批杰出的人才来创造。民族的兴旺、国家的富强、社会的进步,这都需要人才来得以成就。

斯大林曾经指出:"人才是世界上所有宝贵的资本中最有决定意义的资本。"可见人才的重要性已经大大地超过了固定的物质条件,而成为企业发展的关键。一个企业的资金、设备、厂房等生产资源是其实力是否雄厚的标准,但是这些资源都是机械的、固定的,它们最终还是要依靠人去使用。因此人才是企业发展的不竭动力,它是机动灵活的。正因为人才可以充分利用这些固定的物质资源,发挥资源优势,并进行扩大再生产,为企业创造更大的经济效益,所以,作为现代的领导者,必须重视人才,激发他们的活力,启发他们的创造力,使他们为企业的发展贡献出自己应有的力量。促使企业蓬勃发展的关键,除了一手抓经济建设外,更应注意培养人才,因为人才是支撑企业大厦的支柱,是推动企业

王安石

发展的力量源泉。现代企业,谁拥有人才谁就拥有真正的优势,就能占有市场的制高点。

在社会迅猛发展,知识、技术日新月异的今天,人才就显得更为重要。企业间的竞争就是人才的竞争,因此,领导者应该树立正确的人才观念,重视人才、发掘人才、合理地使用人才,这样,企业才能实现持续发展。例如美国的惠普公司就十分注重人才,他们认为"人才就是根本","知识就是企业的无形财富,人才是企业无法估量的资本"。正是以这样的观点作为工作理念,惠普才在激烈的市场竞争中处于积极主动的地位,通过人才的竞争,发挥人才的作用,其在短短几十年的时间里就得到了长足的发展。古人云:"求木之长者,必固其根本。欲流之远者,必浚其泉源。"可见人才就是企业创新的根本和源泉,已经成为企业发展至关重要的命脉。

王安石在《兴贤》中指出:"有贤而用之者,国之福也,有之而不用,犹无有也。"这就是说国家能否发展就要看领导者是否能够重用贤士和发挥人才的作用。人才是事业的根本、成功的关键,要想开创事业、走向成功,领导者可以说是一剂推动力。刘邦在谈其得天下的原因时说:"夫运筹帷幄之中,决胜千里之外,吾不如子房;镇国家、抚百姓、给馈馕、不绝粮,吾不如萧何;连百万之众,战必胜、攻必取,吾不如韩信。三者皆人杰,吾能用之,此吾所以取天下者也。"可见刘邦是一位优秀的领导者,他能够任用能力高于自己的贤士,充分发挥他们的自身优势,集中他们的

智慧,做出高明的决策,因此赢得了天下。而项羽却不能选贤任能,导致最后战败而自刎于乌江。二人结局的反差如此之大,关键就在于二者对待人才有着截然相反的态度。现在的一些领导者也有像项羽一样的人物,他们容不得别人的能力高于自己。在决策时,只凭自己的主观臆测,对下属颐指气使,而没有丝毫的人才观念。这些都是企业管理中的大忌。所以,领导者应该充分认识到人才在企业发展中的重要作用,进而发挥人才的优势,使企业更上一个崭新的台阶。

日本索尼公司前总裁盛田昭夫在他的《日本造》一书中说:"所有成功的日本公司的成功之道和它秘不传人的法宝,既不是什么理论,也不是什么计划和政策,而靠的是人。以人为本,对于任何一个企业管理者来说,都是成功关键之所在。"

可见一个企业只有拥有人才,才拥有真正的实力。因此,企业应该坚持以人为本,重视人才工程,把吸纳人才、留住人才、储备人力资源作为企业长期发展的战略。有了人才,就等于有了新技术和新视角,有了企业的创造力和革新精神,有了企业的生存竞争能力和经济效益。谁拥有更多更好的人才,谁就会在竞争的道路上跑得更快。

国之兴在于政,政之兴在于人。人才是社会发展的重要因素。无论是在国内产业的发展,还是在国际市场的竞争,人才都是企业繁荣发展的制胜法宝。因此,作为领导者一定要重视人才,不只是观念上的重视,更需要落实在实际行动之中,力争把人才转化为企业的动力,实现企业质的飞跃。

★ 选用人才,德行第一

吴王以扬州牧吕范为大司马,印绶未下而卒。初,孙策使范典财计,时吴王少年,私从有求,范必关白,不敢专许,当时以此见望。吴王守阳羡长,有所私用,策或料覆,功曹周谷辄为傅著簿书,使无遣问,王临时悦之。及后统事,以范忠诚,厚见信任,以谷能欺更簿书,不用也。

——《资治通鉴》

吴王孙权任命扬州牧吕范为大司马,印绶还未颁发吕范就去世了。当初,孙策派吕范主管财物,那时孙权年轻,私下如果有什么要求,吕范一定先请示孙策,不敢擅自答应,当时因为这个,他被孙权所怨恨。孙权当阳羡县长的时候,私下有什么花费,孙策有时要检查过问,周谷每次都为孙权的私人花费变法儿更改账目,使孙权免受谴责,孙权那时候挺喜欢他。等到后来孙权掌握政权,认为吕范办事忠诚,就特别信任他,认为周谷能改账目骗人,就不任用他了。

宋代的司马光曾经说过:"才德全尽谓之圣人,才德兼亡谓之愚人,德胜才谓之君子,才胜德谓之小人。凡取人之术,苟不得圣人、君子而与之,与其得小人,不若得愚人。"这段话十分强调"德"的重要性，古人在选拔人才时，都把其德行放在首位。今天的领导者选拔人才时，同样不仅要重视其才能，更要重视其德行。

三国时的孙权在年轻的时候，吕范坚持原则，从不擅自答应孙权的请求，凡事都向孙策请示汇报。而周谷却对孙权有求必应，曲意奉承，并不惜故作假账来蒙混过关，以免被孙策发现。所以，当时孙权十分憎恨吕范，而十分喜欢周谷。可是当孙权亲自掌权后，重用了吕范，而周谷却被弃置不用了。这是什么原因呢？因为掌权后的孙权知道，若任用周谷这样的弄虚作假之徒，必会危及到整个社会的发展与稳定。看来孙权是把品德作为用人的首要标准。大文豪鲁迅曾经说过："捣鬼有术，也有效，然而有限，以此成大事者古来未有。"正身是立身之本，捣鬼、耍计谋虽然可以得一时之计，但终究是不合大道，是难成大事的。在现代社会中，像周谷这样的小人还远远没有绝迹。他们为了讨好上级领导，或帮助上级领导

孙权

营私舞弊而不惜拿原则做交易，甚至发展到向上级领导行贿，以求得上级领导的庇护和器重。倘若长此以往，让这些人在团队中扎根并成长起来，那么一个团队即使有再坚实的根基，也会被这些蛀虫腐蚀掉。因此，领导者在选拔人才时一定要把握好用人标准，以德择人。

让我们客观地来分析一下"德"的表现及其与"才"的关系。德，主要包括人的政治立场、政治观点和道德作风。德是通过人们在社会关系活动中表现出来的。一个人德的形成，是由一个低层次向高层次发展的。首先是人的个性心理品质。在政治观念、道德观念还没形成的时期，它是影响人的品德和智力发展的主要内在因素。随着年龄的增长，它同工作学习相结合，进而就形成了一定的个性气质，成为影响个人发展的重要素质。其次是伦理道德。它是指以一定的道德规范处理个人与社会、人与人之间的关系。这是在人们进入成熟期时逐步形成的。最后是政治品质。它是指建立在一定世界观基础上的政治思想和政治立场。这是在人们完全成熟时才形成的，也是比较稳定的。可见德的作用是高层次制约着低层次。

当今世界的竞争归根结底就是人才的竞争。作为优秀的领导者，在激烈的竞争中，其需要的是能够提出好主意并能独当一面的盟友。因此要想得到有助于事业发展的真正人才，领导者一开始就要把握好用人的标准。以史为鉴，春秋战国时期，有一天，齐桓公在管仲的陪同下，来到了马棚视察养马的情况。他关心地询问

养马人哪一件事情最难做,养马人一时难以回答。其实养马人心中十分清楚:一年365 天打草备料、饮马遛马、调鞍理辔、除粪清栏哪一件都不是轻松的事,但在国君面前,他又怎能叫苦抱屈呢?管仲见状,便代为答道:"从前我也当过马夫,依我之见,编排用于拴马的栅栏这件事最难,为什么呢?因为编栅栏时所用的木料往往是曲直复杂的,你若想让所选的木料用起来顺手,使编排的栅栏整齐、美观、结实、耐用,开始的选料就显得极其重要,如果你在下第一根桩时用了弯曲的木料,随后你就得顺着将弯曲的木料用到底。像这样曲木之后再加曲木,笔直的木料就难以启用。反之,如果一开始就选用笔直的木料,继之必须是直木接直木,曲木也就用不上了。"虽然管仲说的是编栅栏、建马棚的事,但其用意是在提醒齐桓公,在选拔人才时,必须谨慎行事,应当从一开始就把握好选材的标准,唯有正直之人才能肩负起兴国的重任!

司马光还说道:"才者,德之资也,德者,才之帅也。"也就是说德要凭借于才,才又受德的统帅,德才兼备是一个统一而不可分割的原则。领导者在选拔人才的时候,既要注重他们的才,又要注重他们的德。只注意一方面,忽视另一方面,是错误的。德和才是统帅和被统帅的关系。德和才相比,德是第一位的。领导者在选拔人才时,一定要坚决贯彻德才兼备的标准,而且要更注重于德的方面。邓小平同志完全赞同陈云同志的意见,德才相比,我们要注重德。这也就是说,领导者要重用那些秉性耿直,敢于坚持原则的人才。

据《解放军报》报道,济南军区某装甲师通信连退伍战士许慧回到家乡不久,到一家公司去应聘。几轮筛选过后,只剩几位应试者进行最后的角逐。可是,笔试题却让他很是为难。内容是:"请你写出原单位名称,有多少人,在单位负责什么和你将为本公司提供什么最有价值的材料?"许慧在试卷附页上写道:"我非常愿意加入贵公司,可作为一名退伍军人,保守军事秘密是我义不容辞的责任。我只能交上一份空白的答卷,请谅解。"在多项测试中对许慧一直看好的招考人员,无不感到吃惊和惋惜。但最后公司还是录取了许慧。公司的总经理对下属说:懂得保守军事秘密的人,同样懂得保守商业秘密。道德品质修养是一个人为人处世的根本,也是企业对人才的基本要求。一个再有学识、再有能力的人,如果没有好的道德品质,即使再有才华也断不能用。世间一切事物中,人是最宝贵的。正因为高尚品行之人难觅,所以德才兼备之人更显弥足珍贵。坚持这种严格的用人标准,从某种程度上来说,对防止腐败也会起到积极的作用。

管仲在《立权》篇中说:"君子所慎者四:一曰大德不至仁,不可授国柄。"君子不仅要讲德,而且只有大德达到了仁的境界,才能授予其掌握政事的权力。同理,人若是没有好的德行,就不能委以重任。因此,领导者在选拔人才时,一定要以道德品质修养为最基本的选材标准,因为只有这样的人,才能成为支撑一个团队锐意进取的栋梁。

★为人领导要知人善用

燕人共立太子平,是为昭王。昭王于破燕之后即位。吊死问孤,与百姓同甘苦,卑身厚币以招贤者。谓郭隗曰:"齐因孤之国乱而袭破燕,孤极知燕小力少,不足以报;然诚得贤士与共国,以雪先王之耻,孤之愿也。先生视可者,得身事之!"郭隗曰:"古之人君有以千金使涓人求千里马者,马已死,买其首五百金而返。君大怒,涓人曰:'死马且买之,况生者乎!马今至矣。'不期年,千里之马至者三。今王心欲致士,先从隗始,况贤于隗者,岂远千里哉!"于是昭王为隗改筑宫而师事之。于是士争趣燕:乐毅自魏往,剧辛自赵往。昭王以乐毅为亚卿,任以国政。

——《资治通鉴》

燕国人一起拥立太子平为王,即燕昭王。燕昭王是在齐国攻破燕国以后即位的。他悼念战死的人,慰问孤儿,与百姓同甘共苦,并降低身份用重金来招揽贤士。他对郭隗说:"齐国趁着我国内乱就攻破燕国,我知道燕国国小力弱,不能够报仇。然而若能够真正得到贤士共同执掌国政,来一洗先王之耻,这是我的愿望。先生看看是否有这样的人,我要亲身侍奉他!"郭隗说:"古时候有一位君王出千金派他的近臣去寻求千里马,但找到的却是一匹死去的千里马,于是近臣就用五百金把马的头买了回来。君王很生气,近臣说:'千里马都死了还买,更何况是活的呢?现在千里马就要到了!'不到一年的时间,就又来了三匹千里马。现在大王您想招来贤士,就请先从郭隗这儿开始吧,那么比我更贤能的人又怎会认为千里之路是遥远的呢?"于是昭王就为郭隗改筑宫室,把他当老师一样看待。这样,贤士们都争先恐后地奔往燕国:乐毅来自魏国,剧辛来自赵国。昭王封乐毅为亚卿,并将国家重任委任给他。

燕昭王

古人云:"国之不治者有三:不知用贤此其一也;虽知用贤,求不能得,此其二也;虽得贤,不能尽其才,此其三也。"可见当今领导者不仅要在观念上重视人才,而且要在实际工作中了解下属,也应当做到知人善用,人尽其才。

善用人者,火眼金睛,透视人心,他可以从一介草民起家,汇聚各路英雄豪杰,争霸天下;不善用人者,往往只凭一腔的热情,却没有精明的识人眼光和过硬的用人手段,其下属必定鱼目混珠,得过且过。这样,纵使你拥有千军万马,早晚也会蜕

变为光杆司令。高明的领导者应该善于发现下属的才能，并巧妙地加以引导和使用。如果能将各种人才适宜地放在各个不同的岗位上，就能发挥出意想不到的作用。精英之才会锋头更锐，寻常之辈也能点石成金……那么，你的事业定会一日千里，企业的发展也必将蒸蒸日上。

燕昭王十分重视人才，希望能有贤士来助其富国强兵，所以他向郭隗请教招贤的方法。但是燕昭王并没有意识到，其实贤士就在他的身边。郭隗以"重金买千里马头"的故事告诫燕昭王，只有首先了解自己的臣子，并且能够礼贤下士，其他的贤士自然就会慕名而来了。观古鉴今，在现代社会中，如果领导者没有充分了解自己的下属，就连身边的人都不能重用，其他的人才又怎能前来相助呢？企业又怎能发展呢？国家又怎能富强呢？古语有言：得一物，必尽其力；得一人，亦必尽其才。人才就在面前，如果得而不用，或是用而不能尽其才，那么，人才也就形同虚设。

人才是企业的原动力，领导者应该善于发现人才、了解人才，使其各尽所能，为我所用。并不是每个人都有毛遂的胆量和自信。领导者要能充分地了解下属的优点和特长，仔细考虑如何使他们的才能得到最大的发挥。领导者需要敏锐地发现下属潜在的才能，并创造一切有利的条件为下属开拓发展的空间，使下属能够自信地展示自我，发挥自身的潜能。中国古代有一则寓言叫《西邻五子》，说的是西邻有五个儿子，一子朴，一子敏，一子盲，一子偻，一子跛。西邻让质朴的儿子去种地，让机敏的儿子去经商，让双目失明的儿子去卜卦，让驼背的儿子去搓麻线，让跛脚的儿子去纺线，结果五个儿子各得其所。西邻了解他的五个儿子，知道各人的长处与不足，因此能够因事择人，量才使用。从这则寓言中我们应当看到：领导者也应该运用科学的管理方法，对下属进行全面的考察和公正合理的评价，充分调动下属的积极性，发挥他们的最大潜能，为企业创造更多的利益。管理界有句名言："垃圾是放错了位置的人才。"因此，作为领导者，必须真正了解自己的下属，做到知人善用、人尽其才，这样企业才会向更高更远的方向发展。

历史上有很多关于"知人善用"的精辟论述。清代思想家魏源指出："不知人之短，不知人之长，不知人长中之短，不知人短中之长，则不可以用人，不可以教人。"事实上，人各有其长，亦各有其短，只要能够扬长避短，天下便皆是可用之人。即使是千里马，如果把它放在庭院里，那么它也只能是在狭小的区域内缓步行走，惟有伯乐为其提供一片辽阔的草原，它才能四蹄疾飞、纵横驰骋。美国钢铁工业之父卡耐基的墓碑上有这样一句话："一位知道选用比他本人能力更强的人来为他工作的人，安息于此。"这正是对卡耐基这位管理大师一生成就的精辟概括。卡耐基在管理企业时，能够了解下属，看到他们各自的优点，以他们的长处来分配工作，做到了人力资源的有效利用，大大地提高了工作效率。这也是卡耐基之所以成为一代管理大师的原因。

三国时期，曹操西征张鲁，孙权趁机攻打合肥。此时镇守合肥的是张辽、李典、乐进三员大将。但由于三人的实力相当，所以互不服气。大敌当前，应该如何调兵遣将呢？这是一个很棘手的问题。而曹操早已做好安排，临行之前留下了一封信写道："若孙权至,张、李将军出战,乐将军守城。"曹操非常了解他们三人的性情,张辽是文武全才,有胆有识,而且深明大义,一切以大局为重,是为大将之才,适合领导李典、乐进。虽然乐进脾气急躁,但他能攻城拔寨,身先士卒,是员猛将。李典则举止儒雅,为人和善,不与人争功,但不能独当一面。让乐进守城,他就不会与张、李二人发生冲突,在对敌的前方,张、李二人也会协调一致奋力出击。最后三人果然各尽其责,齐心协力战胜了孙权,一战令"江南人人害怕,闻张、李二将大名,小儿也不敢夜啼"。曹操知人善用,扬长避短,获得了最终的胜利。这就如同整体和部分的关系一般,只有各个部分都发挥其作用,那么整体才能有效地运转。否则,只要一个部分出了问题,那么整体就将无法正常工作。得人之道,在于识人,只有识人,才能善用,这是放诸四海而皆准的用人之道。

美国管理学家杜拉克曾经说过："一个卓有成效的领导人知道,领导最主要的任务是创造人的能力和想象力。"不是每一个下属都有特别突出的才能,通常他们在工作中是默默无闻的,这就需要领导者能够了解下属,体察内情。美玉总是藏匿于陋石当中,领导者就是那个破石取玉之人。领导者要善于发现下属的优点,使其发挥自己的长处,那么这个人的个人能力就会大大地增强,甚至会发生质的飞跃。这种知人善用的做法也会有利于企业竞争机制的建立。一个领导者能够善用下属就会为下属提供一些方便的条件,使其才能得到最大的发挥。而这些下属的工作态度就会变被动为主动,积极地工作。与此同时,其他的下属自然而然也会产生一种竞争意识,也会积极努力地工作。这种竞争机制既鼓励了个别人才的脱颖而出,又强调了全体员工的通力合作性。这样既有利于个人的发展,又有利于企业技术的创新与产业革命。这种两全其美的事情,领导者又何乐而不为呢?

邓小平同志指出："善于发现人才,团结人才,使用人才,是领导者是否成熟的标志之一。"总之一个成功的领导者,只有尊重下属的个性,充分地了解下属,发挥他们的长处,为他们提供一个发展的舞台,才能增加企业的活力,从而使企业走得更高,飞得更远。

★ 抓住的总为我所用

进,与操遇于赤壁。时操军众已有疾疫,初一交战,操军不利,引次江北。瑜等在南岸,瑜部将黄盖曰："今寇众我寡,难与持久。操军方连船舰,首尾相接,可烧而走也。"乃取蒙冲斗舰十艘,载燥荻、枯柴、灌油其中,裹以帷幕,上建旌旗,豫备走舸,系于其尾。先以书遗操,诈云欲降。时东南风急,盖以十舰最著前,中江举帆,余船以次俱进。操军吏士皆出营立观,指言盖降。去北军二里余,同时发火,火烈风猛,船往如箭,烧尽北船,延及岸上营落。顷之,烟炎张天,人马烧溺死者甚众。瑜等率轻锐继其后,雷鼓大进,北军大坏。操引军从华容道步走,遇泥泞,道不通,天又大风。悉使羸兵负草填之。骑乃得过。羸兵为人马所蹈藉,陷泥中,死者甚众。刘备、周瑜水陆并进,迫操至南郡。时操军兼以饥疫,死者大半。操乃留征南将军曹仁、横野将军徐晃守江陵,折冲将军乐进守襄阳,引军北还。

——《资治通鉴·汉纪五十七》

诸葛亮是中华民族杰出的政治家、军事家和外交家,他在民间一直被视为贤相的典范、智慧的化身。他在驭人方面,不仅善于用人之长,还能巧妙地抓住部下的小辫子,让他们像戴上了金箍的孙悟空,本领再大,也得听唐僧调遣。

早在刘备三顾茅庐时,诸葛亮就为他设计出一套成功的方案:占荆州,据蜀地,东和孙权,北拒曹操,以待时机统荆州之兵,进据宛洛;率益州之师,出击秦川,以兴汉室。诸葛亮出山之后,就是鉴此蓝图来辅佐刘备的。建安十三年,曹操基本平定北方后率大军南下,旨在消灭刘备、并吞江南。此时刘备兵少将寡,军事上连连失利。诸葛亮认为,刘备的唯一出路是联合孙权,打败曹操,先有立足之地,再图发展。于是他亲自出使东吴,舌战群儒,说服孙权,智激周瑜,促成了孙刘联盟。又从多方面帮助周瑜,为即将开始的赤壁之战的胜利打下了坚实的基础。根据诸葛亮的判断,曹操兵败赤壁后必经华容道出逃,届时生擒,如囊中取物。但捉后如何处置,倒成了一大问题。他反复分析后认为:如杀之,则中原群龙无首,势必四分五裂,你争我夺,东吴便会乘机向北发展。一旦时机成熟,将会掉过头来吞并刘备。如不杀,也已灭其主力,使其一时无力南侵,还能牵制孙吴。若如此,刘备则可乘机占领荆州,进军巴蜀,正符合他隆中对时的设想。鉴于此,诸葛亮便考虑起人员的调配。他认为,张飞坦率急躁,捉住曹操后是不会放走的。赵云忠贞不二,捉住曹操是不敢放走的。而关羽,他不但义气如山,还曾受曹操厚恩,而且是主公二弟,捉曹后定会释放。何况关羽还有一大缺陷:凭借百战百胜的威名,有时傲气太重,若抓住他"捉放曹"的小辫子,也可届时给他点限制。主意已定,诸葛亮便将张飞、赵云、刘丰和刘琦一一派出,惟对身边的关羽置之不理。关羽忍耐不住,就高声斥问:"我历次征战,从不落后,这次大战,却不用我,竟是何意?"诸葛亮故意激他:"关将军莫

关羽

怪！我本想派您把守一个最重要的关口，但又一想，并不合适。"关羽很不高兴地问："有什么不合适的呢？请明讲！"诸葛亮说："想当初您身居曹营，曹操对您多方关照。这次他惨败后必从华容道逃窜，若您前去把守，必会捉而放之！"关羽抱怨他未免多心，还说自己斩颜良、诛文丑、解白马之围，早已报答了曹操。若再遇他，绝不放行。诸葛亮仍以言相激，终于激得关羽立下了军令状，才领兵去华容道埋伏起来。

果然不出诸葛亮预料，曹操在赤壁不但被周瑜烧掉了他苦心经营的全部战船，还烧毁了一连串的江边大营。曹兵被火烧水溺、着枪中箭，死伤不计其数。曹操仓皇出逃，又一路遭到赵云、张飞的伏击，最后只剩二十七骑，且又人困马乏，狼狈不堪地来到华容道。突然，关羽横刀立马挡住了去路。曹操吓得浑身瘫软，不住地乞求关羽饶命，其随从也一个个跪地乞怜。关羽终于念及当初，随起恻隐之心，不顾事先立下的军令状，放走了曹操，灰溜溜返回大营。诸葛亮又照事先设想，特地迎接关羽，更使关羽无地自容。当关羽有气无力地禀报了原委，诸葛亮装作恼怒的样子要对他处以军法，刘备一再求情，才免了关羽死刑，令他戴罪立功。

诸葛亮精心设计的"捉放曹"，完全达到了预期的目的。后人每谈及此事，都赞扬说："诸葛亮智绝，关羽义绝。"关羽心高气傲，惟有抓其小辫子才可任你驱策。当为臣者不能用百分之百的权威震慑下属，学一学诸葛亮，耍一点小手段，仍然完全可以让不听话的下属乖乖地服从领导。

第四章　放下架子，真情沟通

★真感情让人感动

司空梁文昭公房玄龄留守京师，疾笃，上徵赴玉华宫，肩舆入殿，至御座侧乃下，相对流涕，因留宫下，闻其小愈则喜形于色，加剧则忧悴。玄龄谓诸子曰："吾受主上厚恩，今天下无事，惟东征未已，群臣莫敢谏，吾知而不言，死有馀责。"乃上表谏，以为："《老子》曰：'知足不辱，知止不殆。'陛下威名功德亦可足矣，拓地开疆亦可止矣。且陛下每决一重囚，必令三覆五奏，进素膳，止音乐者，重人命也。今驱无罪之士卒，委之锋刃之下，使肝脑涂地，独不足愍乎！……臣旦夕入地，傥蒙录此哀鸣，死且不朽！"玄龄子遗爱尚上女高阳公主，上谓公主曰："彼病笃如此，尚能忧我国家。"上自临视，握手与诀，悲不自胜。癸卯，薨。

——《资治通鉴·唐纪十五》

人都是有感情的。利用感情作杠杆，是拉拢部属最有力的手段。人都是这样：也许他会拒绝你的钱，不接受你的礼，但他却不能抗拒你对他好。如果能让他觉得你是真心对他好，你收获的必然是部下的忠心相报。

李世勣是唐朝的开国功臣，是第一个被赐为"国姓"的人（他原姓徐），又是李世民晚年嘱以托孤重任的人。对这样的重臣，李世民自然十分重视感情上的拉拢。

有一次，李世勣得了急病，医生开的处方上有"胡须灰可以救治"的话，李世民看了，便毫不犹豫地剪下自己的胡须送给李世勣。

古人讲，身体发肤，受之父母，不可损伤。因此，他们不剃发，不剪须。至于皇帝，连身上的一根汗毛也是珍贵无比的。李世民的举动实在是异乎寻常，前无古人。李世勣感动得热泪长流，叩头以至流血，表达他的感激不尽的激动心情。李世民却说："这都是为了国家，不是为了你个人，这有什么可谢的！"

房玄龄是唐太宗李世民最为倚重的一位大臣，长期担任宰相之职，对唐朝开国初年的制度的建立、社会经济的发展，作出过重大贡献，是我国封建社会最为杰出的宰相之一。后来他了犯些小的过失，唐太宗谴责了他，并令他回家闭门思过。中书令褚遂良对皇帝说："当年陛下起兵反隋时，房玄龄便率先投奔在义旗之下；后来又冒杀头之罪，为陛下决策，使陛下得以登上帝位；几十年来，他对国家大政方针的制定，都有过重大建树；朝廷大臣之中，数房玄龄最为勤劳于国事。如果他没有不可赦免的大罪，就不应该遗弃他。陛下若认为他年老，可以劝他退休，不应该因一些小的过失而忘记他数十年的功勋。"

唐太宗一听此言，立即将房玄龄召还。一次，他到芙蓉园游玩，途经房玄龄家时，还特意前去拜访。房玄龄也估计到皇帝会来，早就命令弟子将门庭洒扫一新，自己在家恭候。君臣相见，尽释前嫌，唐太宗便载了房玄龄同车还宫，二人和好如初。

当房玄龄病重时，唐太宗为了及时了解病情，探视方便，竟命令将皇宫围墙凿开，以便直达房玄龄家。他每天派遣使臣前去问候，并派名医去治疗，让御膳房送去

房玄龄

饮食，听到病情有所减轻，便喜形于色，一听见说加重，又满脸愁云。房玄龄弥留之际，太宗亲自来到病榻前，与之握手话别，悲不能禁。

一直善于收买人心的唐太宗，对李世勣、房玄龄这样的重臣，自然十分重视感情上的拉拢，剪下自己的胡须为臣下治病，凿墙慰问病臣，真可谓攻心有术，管人管出了水平。

★ 放下身架向事实低头

王贲伐楚，取十馀城。王问于将军李信曰："吾欲取荆，于将军度用几何人而足？"李信曰："不过用二十万。"王以问王翦，王翦曰："非六十万人不可。"王曰："王将军老矣，何怯也！"遂使李信、蒙恬将二十万人伐楚；王翦因谢病归频阳。

李信攻平舆，蒙恬攻寝，大破楚军。信又攻鄢郢，破之。于是引兵而西，与蒙恬会城父，楚人因随之，三日三夜不顿舍，大败李信，入两壁，杀七都尉；李信奔还。

王闻之，大怒，自至频阳谢王翦曰："寡人不用将军谋，李信果辱秦军。将军虽病，独忍弃寡人乎！"王翦谢病不能将，王曰："已矣，勿复言！"王翦曰："必不得已用臣，非六十万人不可！"王曰："为听将军计耳。"于是王翦将六十万人伐楚。

——《资治通鉴·秦纪二》

有的人嘴硬,硬到事实面前不弯腰,这是典型的死要面子活受罪。因此,领导者具备宽宏的气度,往往比具备某项特殊的才能更为重要。

作为一个帝王,拥有至高无上的权力,可以为所欲为,没有人敢轻易去指出他的对与错。但是,秦始皇却能迅速主动地改正自己的过错。最能体现他闻过即改特点的,是换用老将王翦灭亡消灭秦国最后一个劲敌楚国这件事。

王翦是秦国名将,频阳东乡(今陕西富平东北)人,曾先后领兵平定赵、燕、蓟等地。

王翦之先出于姬姓周朝的国姓。东周灵王的太子晋因为直谏而被废为庶人,其子宗敬为司徒,时人称为"王家",因以为氏,从此改姓王氏。王翦"少而好兵,始皇师之"。王翦用兵多谋善断。他还是嬴政的军事老师。

秦王嬴政二十一年(公元前226年),在灭亡韩、赵、魏,迫走燕王,多次打败楚国军队之后,秦王嬴政决定攻取楚国。发兵前夕,秦王嬴政与众将商议派多少军队入楚作战。青年将领李信声称不过用二十万人。而老将王翦则坚持非六十万人不可。李信曾轻骑追击燕军,迫使燕王喜杀死派荆轲入秦行刺的太子丹,一解秦王心头之恨,颇得秦王赏识。听了二人的话,秦王嬴政认为王翦年老胆怯,李信年少壮勇,便决定派李信与蒙恬率领二十万人攻楚。王翦心中不快,遂借口有病,告老归乡,回到频阳。

秦王嬴政二十二年(公元前225年),李信、蒙恬攻入楚地。先胜后败,"杀七都尉"(《史记·白起王翦列传》),损失惨重。楚军随后追击,直逼秦境,威胁秦国。秦王嬴政闻讯大怒,但也无计可施,此时他才相信王翦的话是符合实际的。但王翦已不在朝中,于是秦王嬴政亲往频阳,请求王翦重新"出山"。他对王翦道歉说:"寡人未能听从老将军的话,错用李信,果然使秦军受辱。现在听说楚兵一天天向西逼近,将军虽然有病,难道愿意丢弃寡人而不顾吗?"言辞恳切,出于帝王之口,实属不易。但是王翦依然气愤不平,说:"老臣体弱多病,脑筋糊涂,希望大王另外挑选一名贤将。"秦王嬴政再次诚恳道歉,并软中有硬地说:"此事已经确定,请将军不要再推托了。"王翦见此,便不再推辞,说:"大王一定用臣,非六十万人不可。"秦王嬴政见王翦答应出

王翦

国学经典文库

国学大智慧

·《资治通鉴》智慧通解·

图文珍藏版

273

征，立刻高兴地说："一切听凭将军的安排。"

秦王嬴政二十三年（公元前224年），秦王嬴政尽起全国精兵，共六十万，交由王翦率领，对楚国进行最后一战。他把希望全部寄托在王翦身上，亲自将王翦送至灞上。这是统一战争中任何一位将领都未曾得到过的荣誉。嬴政与众不同的性格再次显露出来，他知错就改、用人不疑的品性，使他再次赢得了部下的信任，肯为之卖命。

受到秦王如此信任和厚爱，对荣辱早已不惊的王翦丝毫没有飘飘然之感。他知道，秦国的精锐都已被他带出来了，而如果得不到秦王的彻底信任，消除他的不必要的顾虑，自己在前方是无法打胜仗的，而且他本人和全家乃至整个家族的命运都不会有一个完美的结局。所以，当与秦王分手时，王翦向秦王"请美田宅园池甚众"。对此，秦王尚不明白，他问："将军放心去吧，何必忧愁会贫困呢？"王翦回答："作为大王的将军，有功终不得封侯，所以趁着大王亲近臣时，及时求赐些园池土地以作为子孙的产业。"秦王听后，大笑不止，满口答应。大军开往边境关口的途中，王翦又五度遣人回都，求赐良田。对此，秦王一一满足。有人对王翦说："将军的请求也太过分了吧！"王翦回答："不然！秦王粗暴且不轻易相信人。如今倾尽秦国的甲士，全数交付我指挥，我不多请求些田宅作为子孙的产业以示无反叛之心，难道还要坐等秦王来对我生疑吗？"

王翦不仅会用兵，而且深知为臣之道，他摸透了秦王嬴政的为人品性，所以采取了"以进为退"的策略，以消除秦王对自己可能的怀疑之心。同时，从王翦的话语中可以看出，秦国的制度是十分严密的，王翦率领全部精锐远出作战，不仅不敢生反叛之心，反而一而再、再而三地向秦王表示不反之心。不是不生，而是不能也。秦国严密的维护君权的制度，使得任何人不敢造次。

王翦不负重托，经过一年的苦战，终于灭亡了楚国。

对王翦在灭楚问题上前后态度的变化，显示了秦王嬴政所具备的非凡的操纵才能。这种素质和才能不是每一个人都具备的。也不是每一位君主或最高领导人所能够具备的，它们是秦王嬴政得以实现统一中国目标的基本保证。所以，秦始皇能够灭六国、统一中国不是偶然的。

秦王嬴政用王翦代替李信取得了灭楚战争的胜利，但是对于曾大败于楚军、令秦军备受耻辱、使秦王嬴政极为恼怒的李信，秦王嬴政不仅没有给予任何处罚，相反仍用之不疑。后来，秦王嬴政派李信与王翦的儿子王贲进攻败退到辽东的燕王，生擒燕王；之后，还攻代，得代王；最后攻入齐国，再擒齐王。得胜回朝后李信因功而受封为陇西侯。

打了败仗而不受处罚，还能戴罪立功，取得骄人的战绩，最后因功封侯，这是秦王嬴政用人之道取得成功的又一典型事例。为什么秦王嬴政对李信情有独钟，给予如此的厚爱？要是他能对每一个战败的将领都能以此态度对待的话，桓齮还会因在赵国败于李牧而逃亡吗？问题的答案恐怕还是从秦王嬴政本人是年轻人，李信也是年轻人，二人之间更能沟通和相互理解这个角度解释更合理一些。同时，秦王嬴政看出了李信的才能,所以对他破例。另外,李信为秦王嬴政带回了令其痛恨不已的燕太子丹的首级,恐怕也是秦王嬴政不处罚李信的重要原因之一。尤其是李信在那次战斗中所表现的勇猛敢战的精神,给秦王嬴政的印象太深刻了。

不管怎么说,以君主之尊,能主动放下架子,在事实面前勇于承认自己的错误,实在是一种难得的管人品质。

★情感是领导与下属间最好的沟通桥梁

孙权以吕蒙为南郡太守,封孱陵侯,赐钱一亿,黄金五百斤。吕蒙未及受封而疾发,权迎置于所馆之侧,所以治护者万方。时有加针,权为之惨戚。欲数见其颜色,又恐劳动,常穿壁瞻之,见小能下食,则喜顾左右言笑,不然则咄唶,夜不能寐。病中瘳,为下赦令,群臣毕贺。已而竟卒,年四十二。权哀痛殊甚,为置守冢三百家。

——《资治通鉴》

老子曰:"天下至柔者莫过于水,然至刚者莫能御。"这就是人们经常所说的以柔克刚。领导者身为一个团队的统帅,可以以情感为攻略,真心地关心下属,换取下属的忠诚,赢得下属的支持。可见情感是沟通领导者与下属之间最好的心灵桥梁,它可以打造出一支奋力合作、无坚不摧的钢铁团队。

吕蒙为孙权打天下,可谓是尽心尽力,即便是赴汤蹈火,也在所不辞。孙权更是厚待吕蒙,对他封侯授爵,只是未及受赏,吕蒙就病危了。在其病危期间及病故之后,孙权对其表现出的关爱之情是常人难及的。孙权爱将的情感是感人至深的。情感是人与人之间交流的纽带。领导者与下属之间不仅仅是上下级的隶属关系那样简单,还要有情感上的交流,以建立起朋友般的情谊。只要能真心诚意地关心下属,领导者就会赢得下属的支持和信任。

吕蒙

领导者一定要高度重视在工作中与下属的情感沟通,这种情感沟通也可以说是一种"感情投资"。也就是领导者要以真心去尊重、关心、爱护下属，并以此来调动下属的工作积极性，从而获取他们对自己的支持和信任。这种感情上的以柔克刚是人们心理和精神上的需要。马斯洛在"需求层次论"中认为，人们都希望自己能够得到别人的尊敬和重视，关心和体贴自己、理解和信任自己，这是比物质的需要更高级的需要。只有当这种感情上的需要得到满足，人才能获得持久的动力和积极性。可见物质给人以温饱，而精神给人以力量。

中国有句古话："得人心者得天下。"那么，身为领导者怎样才能获得人心，得到拥戴呢？早在三国时期，在宛城之战中，原本已经归降的张绣，因曹操霸占了其婶邹氏，不甘受辱，突然起兵将其围困于清水。为救曹操，大将典韦身负重伤，壮烈牺牲。长子曹昂、侄子曹安民也战亡了。曹操折了爱将典韦，悲痛不已，痛哭流涕，亲自为之祭奠并说："吾折长子、爱侄，俱无深痛，独号泣典韦也。"众将士为之感叹。第二年，再次路过清水，曹操于马上又放声痛哭，大家问其原由，他说："吾思去年于此地折了吾大将典韦，不由不哭耳！"众将士又不禁为之感叹。曹操两哭典韦，一方面是为失去典韦这员大将而痛心疾首，这是发自内心的真实感情；另一方面也有给众人做样之嫌，为的是打动人心，表明自己是如何的爱护下属。这与"刘备摔孩子，收买人心"如出一辙，效果可谓是立竿见影，立即就博得了三军对其的尊敬，由此可见，作为领导者应该真心地关怀下属，用情感来感动、感化下属，要有爱人之心，以实际行动树立起良好的形象，从而增强自己的感召力和团体的凝聚力。

情感的作用是巨大的，是绝对不可轻易忽视的。它既可以激励人，也可以感染人；既可以给人以压力，也可以给人以动力；既可以使人绝处逢生、化险为夷，又可以使人步入绝境，身败名裂。所以英明的领导者要善于运用情感这种特殊的力量来鼓舞、激励你的下属，使他们神情振奋、斗志昂扬。情感这种无形的武器可以发挥出你意想不到的威力。有史可证：1642年，清兵攻打明王朝，明军主帅洪承畴被生擒活捉。皇太极爱惜其才，劝其投降，却不见成效，但发现其仍有求生的欲望。于是，庄妃献上一计，她当晚梳妆打扮，手捧美酒前去劝降。庄妃先是以女性的温柔和体贴使洪承畴解除戒心，再以关切和同情的话语勾起了其内心的痛处，并且设身处地地

皇太极

为洪承畴着想，使他感动。最后，庄妃才亮明身份，终于洪承畴被庄妃的真诚所感动，心甘情愿地归顺了皇太极，成为其忠心耿耿的大谋士。庄妃以情感为手段，改变了洪承畴的行为取向。由此可见，情感力量之巨大。像这样的例子举不胜举。人们常说，投我以桃，报之以李。在日常的工作中，领导者首先要懂得尊重、爱护下属，这样下属才能尊敬、爱戴领导者。人与人之间的这种情感是相互作用、相互影响的，所以领导者的感情投资绝对会物超所值的。

作为领导者，仅仅依靠用一些物质手段激励下属是远远不够的，还需要有情感上的沟通，情感上的激励。一个团队的发展需要人性化的管理，做到以人为本，用以情感的管理方式来拉近领导者与下属之间的距离，从而加深二者之间的信任程度。现代情绪心理学的最新研究成果表明，情感在人的心理活动中起着组织全局的作用，它可以支配个体的思想和行为。领导者实行正确的感情策略，就可以使下属产生积极向上的情绪，进而提高工作的效率。反之，下属则会产生消极被动的情绪，严重地影响工作的进程。英国著名军事家蒙哥马利曾经说过："假如你能赢得官兵的信任和信赖，使他们感到他们的利益在你手里万无一失，这样你就拥有了无价之宝，有可能实现最伟大的成就。"愉快的心情就是生产力。有时候，领导者一句深情的话，一份真情的关怀，就可以使下属感到无比的自豪，从而增强其自信心，提高其工作热情，取得更好的工作业绩。

孟子说："人之相识，贵在相知；人之相知，贵在知心。"领导者的感情投资应是发自于内心的关心、爱护下属，切不可使它变了质。有些领导者关心下属并不是出于爱护下属的动机，而是出于关注下属工作的目的。的确，关注下属的工作对于领导者来说是十分必要的，但是过于关注其工作，就会使下属非常反感。下属会认为领导者是个"冷血动物"，只会关心工作上的事情，除此之外，没有任何事情会使其感兴趣。下属还会认为领导者对他们的工作不放心，怀疑他们的工作能力，这就更易于使下属产生逆反心理和反叛情绪。因此，领导者需要深入地了解自己的下属，从实际情况上爱护下属、体谅下属。与此同时，不要误以为感情投资所获取的回报是物质方面或私人利益方面的，这种观念是十分狭隘的。感情投资的目的只有一个，那就是赢得下属对领导者的拥护与支持。而且领导者的感情投资也应当是一视同仁、持之以恒的。切不可看人下菜，或是三天打鱼两天晒网，这样会造成下属对领导者的不信任。

俗话说得好，带人如带兵，带兵要带心。说一千道一万，领导者只有真心地爱护、关心下属，以情感人、以情动人，才能赢得下属的充分信任与支持，从而调动他们的工作积极性。这既为领导者自己树立了良好的形象，又为高质量地完成工作提供了保证。可见情感策略已成为现代领导者管理工作的制胜法宝。

★以下属为本，走群众路线

魏文侯使乐羊伐中山，克之；以封其子击。文侯问于群臣曰："我何如主？"皆曰："仁君。"任座曰："君得中山，不以封君之弟而以封君之子，何谓仁君！"文侯怒，任座趋出。次问翟璜，对曰："仁君。"文侯曰："何以知之？"对曰："臣闻君仁则臣直。向者任座之言直，臣是以知之。"文侯悦，使翟璜召任座而反之，亲下堂迎之，以为上客。

——《资治通鉴》

魏文侯派遣乐羊带兵攻打中山国，攻占以后，就将其封给自己的儿子魏击。魏文侯问左右大臣："我是一个什么样的君王？"大家都说他是个仁君。任座却说："您得了中山国，不把它封给您的弟弟，却封给您的儿子，这怎么能说是仁君呢！"文侯十分生气，任座快步走出。魏文侯又问翟璜，翟璜说："是仁君。"文侯说："您是怎么知道的呢？"翟璜说："我听说，君主仁厚，大臣就直率。刚才任座说话直率，所以我知道您是位仁君。"文侯听了很高兴，就让翟璜把任座叫了回来，并亲自走下堂来去迎接，把他奉为上客。

在上面的故事中，由于任座的直言，使得魏文侯十分恼怒。但是他后来听从了翟璜的劝谏后，就又特意地把任座请回来。魏文侯接纳了翟璜的建议，因为他知道只有虚心地接纳臣子的进谏，才能使自己作出正确的决策，进而治理好整个国家。所以当政者应该以一种积极认真的态度来听取臣子的意见，接受正确的建议，并把它应用到自己的治国方略中去。周代姜子牙在《上略》中就有"将拒谏则英雄散"之语，可见那些不注重纳谏、不能纳谏的帝王，如若没有特殊才干，一般是不会有什么出色的表现的。即使才力过人，如果一味地独断专行，拒谏不纳，也会招致极其危险的后果。

接纳谏言是有好处的，唐宪宗的皇后是大将郭子仪的女儿。唐宪宗驾崩后，她成为皇太后，此后又经历了五个皇帝。郭太后的孙子唐武宗做皇帝时曾经特意向她请教如何当好皇帝，她的回答只有两个字——"纳谏"。于是，唐武宗把祖辈传下来的全部谏书都拿出来阅读。在亲历了六朝天子的郭太后看来，永保李家江山的秘诀也就只在"纳谏"这两个字上。纳谏能端正人心，正言行，防止君王骄奢淫逸。广泛地接受谏言，能使君臣一心，共创大业。睿智的领导者应当做到广纳谏言，听取各方面意见，善于倾听不同的声音，从而指导自己在工作过程中作出英明的决断，这样就可以更好地提高工作的效率和决策的质量。

诸葛亮有言："为政之道，务于多闻。"在现代社会中，领导者更应如此。领导者在管理工作的过程中，一定要广泛采纳下属的意见。可是，这往往不是轻易能够做得到的。俗话说:"良药苦口利于病,忠言逆耳利于行。"下属的谏言对于领导者来说往往是不甚中听的,领导者又有谁不愿意听奉承的话,不喜欢绝对服从自己的下属呢?所以,有些领导者刚一听到不同的意见,就将其"一棍子打死",扼杀在摇篮之中。这样做的结果就是自己堵住了自己广开言路的大门,破坏了整个团队的团结性,孤立了自己,甚至有时候会因决策的失误而导致整个事业的失败。作为一个领导者应当意识到,那些敢于进言、发表不同意见的人,不一定就是与你志趣相悖的人。在许多情况下,他们往往是表里如一、胸怀坦荡的人。所以,只要下属的建议符合事实,对于工作有帮助,即使暂时违背了你的意愿,即便是再尖刻,你也应当认真地去听取,虚心地去接受。

作为领导者应当善于纳谏。"盘圆则水圆,盂方则水方。"这是古人用来比喻纳谏与进谏的关系的。盘子是圆的,盂是方的,二者都是盛水的器皿,用来比喻纳谏者,而水则用来比喻进谏者。水因盛它的器皿而成形,因此谏言的听取与否则取决于领导者。汉朝的刘邦在上林苑围了一大片良田用来打猎,宰相萧何便上书劝谏此事,希望他能把这片土地分给百姓耕种。刘邦十分不高兴,认为萧何是为了取悦于民而蓄意破坏自己的良好形象。于是,将萧何关入大牢。这时,刘邦的近侍卫长来劝谏说:"宰相为民请命是分内之事,秦朝之所以迅速灭亡,是因为李斯总是把过错归于自己,把功劳归于秦始皇,致使秦始皇不能察觉自己的过失,其灭亡是必然的。萧何没有学习李斯,他是对的。"刘邦听后翻然悔悟,放了萧何。由此可见,是否善于纳谏是一个成功领导者的标志之一。领导者切忌独断专行,应该善于征求和采纳别人的意见。千万不要以为自己是多么的能干,不需要别人的意见来指导。殊不知你已经错过了一个虚心向别人学习,获得无偿帮助的好机会。领导者忽视了这样的机会是其莫大的损失。

每个人都有强烈的自尊心,总是希望别人能与自己保持一致意见,一旦有人提出异议,心理就会产生一种排斥的情绪,而这种情况在领导者身上表现得尤为明显。面对这样的领导者,下属向其提供建议时,就会犹豫不决、踟蹰不前,他们总是看领导的脸色说话,害怕言多必失,甚至逐渐不敢再给领导者提意见。这样久而久之,领导者与下属间的距离就会越来越远,两者之间的感情也会越来越淡,甚至会使下属出现逆反心理,这必将影响下属工作的积极性,导致各项工作无法正常运行。因此,领导者必须以一颗宽大的心,虚心地听取下属的意见和建议。切不可趾高气扬,自以为是,应当做到和蔼可亲,平易近人。领导者应该首先在心理上拉近与下属的距离,为上下级的交谈提供一个轻松和谐的氛围,这样才能使下属敢于且勇于向领导者提出建议和意见。善于接纳下属的合理化建议,这样不仅可以为领导者树立良好的形象,而且也可以调动下属的工作积极性。采纳下属的意见会使员工们感到其实领导者和企业是信任自己的,自己的建议也会应用到企业的建设中去,从而大大地增强了员工们的主人翁意识,调动了下属的积极参与意识。

一个封闭的线性系统早晚有一天会能量耗尽,而一个开放的非线性的系统则能够不断地从外界吸收能量。领导者的独断专行实质上是一种弱势的表现。有些领导者自以为是,不接纳他人的意见或建议,不敢面对现实,害怕承认自己的错误或不足,他们生活在自己建造的堡垒之中。这样的领导者又怎能担当起统率全局的重任呢?因此,智慧的领导者都是善于虚心接受别人的意见和建议的,而且还能时常地鼓励下属向他提出更多的合理化建议。领导者从中总结经验,采纳合理化建议,这也是为他自己的决策工作开阔了思路、提供了参考。企业的发展,并不是领导者一个人的事情,而是需要领导者与下属的共同努力。企业的发展就是依靠整个团体的群策群力、上下一心、通力合作,从而发挥整体优势。

古人云:"他山之石,可以攻玉。"在社会迅猛发展的今天,市场竞争日趋激烈,企业要想立于不败之地,单靠某个领导一个人的智慧、一个人的力量是行不通的。面对着各种机遇和挑战,领导者必须要虚心地接纳下属的合理化意见和建议,使他人的才能和智慧为我所用,以其指导具体的工作,这样就会使企业抢占市场的先机,有利于在波涛汹涌的商海中自由翻腾。

第五章　正直无私,以身作则

★敬胜怠者吉,怠胜敬者灭

谬自少在军中,夜未尝寐,倦极则就圆木小枕,或枕大铃,寐熟辄欹而寤,名曰"警枕"。置粉盘于卧内,有所记则书盘中,比老不倦。或寝方酣,外有白事者,令侍女振纸即寤。时弹铜丸于楼墙之外,以警直更者。尝微行,夜叩北城门,吏不肯启关,曰:"虽大王来亦不可启。"乃自他门入。明日,召北门吏,厚赐之。

——《资治通鉴》

钱谬王从年少时便在军队中,夜里没有睡熟过,太困了就枕在小圆木上,或者枕在大铃铛上,睡着了头一歪就醒了,并把这种枕头叫做"警枕"。他在卧室内放着粉盘,有什么要记的事情就写在盘中,这个习惯一直坚持到老。有时躺下睡得正熟,外面若是有人禀报国事,他就嘱咐侍女振动窗纸,他就马上醒来。钱谬王经常往楼墙之外弹射铜丸,

钱谬

用以警告值班的士兵。他还曾经微服出行,夜晚要进入北城门,守门官吏不肯开门,说:"即使是大王来了,也不能开门。"于是钱谬王就从别的城门进来了。第二天,钱谬王召见了北门的官吏,丰厚地赏赐了他。

周文王的祖父留给周文王一条遗训:"敬胜怠者吉,怠胜敬者灭。"作为领导者若是兢兢业业地对待自己的工作就会鹏程万里,一飞冲天;若是松弛懈怠地对待自己的工作,就会跌入深渊,走向灭亡。这说明领导者当以勤政敬业作为自己恪守不

变的信念。

　　钱谬王可以说是一位勤政敬业的仁君。他夜枕"警枕"以自警,而且身边放置一个粉盘,只要是想到什么治国方略就记录下来,并让宫女在窗外振动窗纸时刻提醒他不能懈怠,有事便立即处理。同时,他还乔装打扮深入到民间,以普通平民的身份去巡视国家,重奖忠于职守的士兵。可见勤政敬业是领导者成功的资本。一方面,勤政敬业能够将勤补拙,加强领导者的自身能力,这样工作起来就会所向披靡,任何困难都可以迎刃而解;另一方面,勤政敬业为领导者树立了良好的形象,为下属起到了示范的作用。它可以成为领导者和下属努力奋斗的一种无形动力。

　　历史上的朱元璋也是以勤政敬业而著称的皇帝之一。朱元璋之所以能从一个食不果腹、衣不蔽体的小和尚成为一位君临天下的帝王,就在于他能够勤政敬业,以实力攻打天下。就是在登上皇帝宝座之后,他仍是勤勉自励,忧于政事,巩固基业。朱元璋通过总结元朝灭亡的历史教训认识到,就是由于元代君王把朝廷要务交给朝中的几个大臣,自己则在后宫养尊处优,整日沉浸于享乐之中,而这些大臣又独断专行,欺上瞒下,所以才导致那么大的国家迅速灭亡。所以,朱元璋在治理国家上勤政爱民,从来不敢有半点懈怠。据史料记载,他从早到晚都批阅公文、奏章和处理公务,就是在吃饭的时候,若想起什么事就写在一张纸条上,别在衣服上以防忘记。有的时候,衣服上别的纸条实在是太多了,就好像打了许多补丁一样,因此而被他戏称为"鹑衣"。朱元璋曾经在不到十天的时间里,共批阅各种奏章六百多件,处理国事近三千四百件。

　　为政不勤,荒政误民。领导者在进行管理工作时最忌讳手懒心也懒,雍正皇帝认为"既有责任在身,非勤不可"。但是,某些现代领导者往往缺乏的恰恰就是这种勤政敬业的精神。一些领导者对待工作或是急于求成,急功近利,情绪浮躁,不能脚踏实地地工作;或是人浮于事,应付公事,得过且过,毫无进取精神。这不仅不利于领导者个人的发展,而且也会伤害到下属的工作情绪。每一位领导者都应该努力地在自己的工作岗位上脚踏实地地工作,做出优异的成绩。领导者首先要了解自己的本职工作,承担自己应有的责任;其次要有干事的激情与欲望,增强事业心、责任心,以工作为乐趣,尽心竭力地辛勤工作,苦干加巧干,办实事、求实效、出实绩。要在其位谋其政,为官一任,造福一方,千万不能尸位素餐,高高在上,浑浑噩噩,无所事事。故而领导者必须充分地了解自己的本职工作,因为勤政敬业精神源于领导者对自己本职工作的高度认真负责。

　　有鉴于此,孔子提出领导者处理政事必须严肃认真,要"先之、劳之、无倦",就是说一切要为人之先,要有强烈的责任感,好处利益先让于别人,艰难困苦的工作自己领先担负,这样身体力行,用实际行动去感染下级勤奋地工作,最终取得事业的成功。

　　同时,领导者的勤政敬业精神也会为下属起到最好的示范作用。领导者在工作中总是想方设法树立各种先进典型,让下属向其看齐,但最具影响力的典型莫过于领导者自身。如果领导者能以勤政敬业的精神与行动去深深地打动并影响下属,那么下属自然就会感觉到跟着这样的领导工作有充分的信任感和安全感。这样,整个团队就会拥有高度的凝聚力和强大的战斗力。美国学者对东方传统文化下的企业管理进行研究后得出一个结论:最高主管的作风对其他人的影响,其重要性不亚于一个企业的策略和制度。其实不仅是东方,西方也是一样的。在第二次世界大战中,指挥盟军在诺曼底登陆的英国元帅蒙哥马利为了鼓舞士气、激励将士,在作战前的一个月,就亲自跑遍了他的百万大军的营地。官兵们都已亲眼见过自己的统帅,大家一眼就能认出那个瘦小的、总是戴着一顶黑色贝雷帽的指挥官就是自己的统帅。有人对此给予了高度评价,认为蒙哥马利的这一举动至少可以抵得上一个军。此次诺曼底登陆是同盟军在第二次世界大战中取得决定性胜利的关键。可见,这种敬业精神的作用是不同凡响的。只有敬业勤政的领导者才能为自己建立起良好的声誉,从而吸引大量的优秀追随者与其共同创造出辉煌成功的事业。

领导者的敬业精神还表现在确定企业追求的目标上。人的一生有自己的奋斗目标,整个团队也有其发展的目标。领导者的工作始终是为这个发展目标而服务的。领导者必须将工作的指导思想及工作原则置于其工作的首位,并努力做到以身作则。在工作过程中,领导者要用实际行动来表明自己并非出于私利,而是完全出于对下属利益的关注。这样,领导者的敬业精神,乃至信誉都会因此而提高。作为领导者应把实现团队的繁荣发展视为自身的最高荣誉。当领导者肩负起担当整个团队统帅的重担时,就需要有高度的使命感和责任感,要为实现团队所追求的目标而努力奋斗。

古人在论述勤政敬业时说:"从政莫尚乎敬,敬者,德之聚。"领导者必须把勤政敬业放在首位,它是领导者一切美德的集中体现。领导者只有做到勤政敬业,才能树立自己的良好形象,才能率领下属成就美好的未来。正如《周易》需卦卦辞所说:"敬慎,不败也。"

★一心为公,顾全大局

时议者欲以成都名田宅分赐诸将。赵云曰:"霍去病以匈奴未灭,无用家为。今国贼非但匈奴,未可求安也。须天下都定,各反桑梓,归耕本土,乃其宜耳。益州人民,初罹兵革,田宅皆可归还,令安居复业,然后可役调,得其欢心,不宜夺之,以私所爱也。"备从之。

——《资治通鉴》

当时(这是指刘备从刘璋手中夺得了成都,又采取了一些经济措施,使得蜀国府库充实的时候),有些人想把成都的良田美宅分赐给诸位将领。赵云说:"霍去病因为匈奴未灭,表示不用为他成家建宅。现在的国贼可不仅仅是匈奴,不可谋求安逸呀!

必须天下都安定，流亡者各归家乡，让他们耕种原来的土地，才是最适宜的做法呀！益州人民刚刚经历了战争的苦难，田宅都可以归还，使之安居乐业，然后才可以叫他们交税、服役，这样才能得到他们的欢心，您不应当夺了他们的田地，来分给所宠爱的人啊！"刘备听从了赵云的意见。

《礼记·礼运》中有云："大道之行也，天下为公，选贤与能，讲信修睦。"意思是说天下是天下人的天下，为大家所共有，只有实现天下为公，彻底铲除自私所带来的社会弊端，才能使社会充满光明，百姓得到幸福。所以我们在生活和工作中应该持有一颗为公之心，当面临着集体利益和个人利益之间的艰苦抉择时，应当毅然决然地选择放弃个人利益，维护集体利益。

赵云

大家都知道赵云向来以勇敢威猛而闻名，但他不仅具有过人的胆量，而且还具有超人的智慧。从他反对把逃亡者的美宅和良田分给众诸侯（当然这也包括他自己在内）中，就可以看出这一点。当时天下三分，蜀国正面临着曹操和孙权两个强大的敌人。在这种情况下应该首先安定内部，稳定人心，集中力量对付强敌。可是事实上当局者不但没有这样做，反而首先去解决一些将领的物质享受问题，这样做不仅会使许多将领耽于安逸、心无斗志，而且一定会军心涣散，失掉民心。赵云正是因为看到了这一点，能够顾全大局，正确处理好国家利益和个人利益的关系，所以他才能毅然拒绝那种会给国家带来祸患的恩赐。如果他只知谋取私利，求田问舍，是个鼠目寸光的庸人，又怎能在出生入死的战场上表现出那样英勇大无畏精神呢？所以，人们在工作中应当一心为公、顾全大局。当个人利益与集体利益发生冲突时，个人利益要服从于集体利益。

人难免会有私心杂念，但是有些人过于贪图私利，情愿给自己套上沉重的枷锁。有这样一则寓言：两头牛正在为一捆稻草角斗，尚未决出胜负。突然一只饿狼不声不响地走了过来，面对共同的危险，它们立即停止了争斗，立即重归于好，最终战胜了那只狼。可以想象如果两头牛各自为战，不理会对方，疲劳的牛又怎会战胜饥饿的狼呢？可见，我们在做事情时不能只考虑个人利益，还必须顾及集体的利益,只有这样才能保证个人的利益得以实现。

　　而在现实生活中,有的人却常常为了个人利益不惜牺牲集体利益,损人以利己、损公以肥私。在他们的思想里,"为公"这个概念是缺失的。这些人是可怜的,他们将会遭到世人的鄙视,最终也是必将被社会的发展大潮所淘汰的。还有一些人,虽无损公之心,却有顾己之意。他们或是盲目,或是不自觉地时时处处把个人利益放在首位,或是走一条"自给自足"式的所谓"自我提高"之路,对他人、对集体不管不问,漠然置之。在他们的思想之中,"为公"这个概念是软弱无力的,他们或是生活无目标、无追求,认识不到真正提高自我的方法和途径,或是把自我封闭在狭隘的小圈子里,实际上这是一种早已不适应时代发展的封建小农意识。他们将是无抱负、碌碌无为的庸人。还有一些人,虽有为公之心、关心集体之念,但却少有真正的实际行动,只是停留在大脑里、口头上。在他们的思想当中,"为公"这个概念是脆弱易断的。他们是幼稚的"思想家"和"演说家",往往经不起现实风浪的冲击,很可能会在困难和挫折面前成为懦夫,甚至偏离航道。他们还处于左右摇摆不定之中,要么在实践中磨砺成熟,要么在逆境中一蹶不振。因此,我们应该做这样的人:时刻把为公的思想建立在理性认识的基础之上,并以此为坚定不移的强大动力,树立无坚不摧的信心和意志,做到大义面前无小利。在这样的人的思想当中,"为公"这个概念是坚韧而强劲的,它能够奏出高昂激越、气势恢弘、激昂向上、富有生命力的优美旋律。

　　在改革开放初期,邓小平同志说过,让一部分人先富起来从而带动更多的人富起来,从此人们便风风火火地干了起来。这话说得实在,但有些老百姓听得更实在,于是他们就只管自己先富,而不理他人与集体的发展。设想一下,如果大家都只顾自己的利益,而不顾集体和国家的利益,那么社会就将分崩离析,国家也必将荡然无存。当然,我们所说的一心为公,并不是完全忽略个人需求,而是在基本满足个人生活需要的情况下,提高人们的精神境界,使人们有一颗公心,虽不用达到天下为公、天下大同的目标,但也要为社会、为事业贡献出自己的一份力量。如果你连自己的温饱问题都没能解决,又怎会有闲暇之心去顾及整个集体呢? 如果你没有足够的实力,又如何去投资建厂,如何捐助希望工程,如何为社会谋福利呢?所以,我们并不反对一个人立足自己,发展自我。但立足自己并不是要你时时刻刻永远立足自己,人的发展是连续与间断的统一,是一个层次接一个更高层次前进的。在你发展了自己的能力和必要的物质财富后,就要搞好周围的生产关系,带动周围人提高能力,走上致富的道路,这就是人生合理的发展轨迹。基本粒子的发展是从一个能级向一个更高的能级跃迁,人也是如此,能级越低,就越显得私;能级越高,就越显得公。个人的利益与集体的利益是息息相关、密不可分的。因此,我们必须保持一颗为公之心,顾全大局,坚决维护集体的利益。当个人利益与集体利益发生矛盾时,应无条件服从集体利益的需要,不能斤斤计较个人的得失,更不能靠损害集体利益去捞取个人的"实惠"。

　　自私自利的人就像杂草一样肆意疯狂地生长着,夺取其他植物生长所需的营养,从而严重地损害集体的利益。因此,我们应当如同野藤一般,缠绕着大树慢慢生长、蓬勃向上,在维护集体利益的前提下,获得自身的个人利益。在日常的工作和学习中,我们不一定需要具有多么崇高的思想觉悟,但一定要具有一心为公,顾全大局的观念,因为它不仅关系到个人的发展,而且也关系到国家和社会的发展。国家强盛,个人才能富足;国家繁荣,个人才会发展。

★ 非信无以使民

陈敬瑄牓邛州,凡阡能等亲党皆不问。未几,邛州刺史申捕获阡能叔父行全家三十五人系狱,请准法。敬瑄以问孔目官唐溪,对曰:"公已有牓,令勿问,而刺史复捕之,此必有故。今若杀之,岂惟使明公失大信,窃恐阡能之党纷纷复起矣!"敬瑄从之,遣押牙牛晕往,集众于州门,破械而释之。因询其所以然,果行全有良田,刺史欲买之,不与,故恨之。敬瑄召刺史,将按其罪,刺史以忧死。

——《资治通鉴》

陈敬瑄在邛州贴出告示,说凡是阡能等人的亲朋一律不追究。不久,邛州刺史报告逮捕了阡能的叔父阡行全一家三十五人并关进了监狱,请求依法处理。陈敬瑄问孔目官唐溪该如何处置,唐溪回答:"您已经发出了告示不让追究,而刺史又进行逮捕,其中必有缘故。现在要是杀了阡行全一家,不但使您失掉了信义,我恐怕阡能的党羽又会纷纷起事了!"陈敬瑄听从了唐溪的意见,派遣押牙牛晕去邛州,在邛州官署大门前召集群众,打开刑具释放了阡行全等人。顺便询问阡行全为什么被捕入狱,果然因为阡行全有处好田地,刺史想买,阡行全不卖,所以刺史恨他。陈敬瑄传召刺史,将要追究他的罪,刺史忧惧而死。

司马光曾经说过:"夫信者,人君之大宝也。国保于民,民保于信,非信无以使民,非民无以守国。"诚信是君王至高无上的法宝。国家靠人民来保,人民靠诚信来保,不讲诚信就无法使人民服从,而人民也无法保护国家。可见,领导者如对下属言而有信,则上下同心,无往而不胜;反之,如领导者对下属言而无信,或朝令夕改,则上下离心离德,大事难成。

故事中的陈敬瑄在邛州贴出告示,赦免投案自首的叛军阡能的亲戚朋友。可是当阡能叔父阡行全一家果真前来投诚时,对该怎样处置他们,陈敬瑄又迟疑起来。于是他向唐溪求教,唐溪认为既然一言既出,就应驷马难追。否则,不仅此次叛乱不能平定,而且其他地方的叛乱党羽也会纷纷而起,政事就更加难以治理了。可见言而有信是领导者的为政之道。孔子有言:"言必行,行必果。"言而有信,是要求人们对自己说过的话要承担责任和义务,做到一诺千金。诚信是人的重要道德修养之一。领导者出言就应当更加慎重,对不应办或办不到的事,就不可轻易许诺，一旦有所许诺，就必须认真兑现，以免落得出尔反尔失信于人的坏名声，从而降低了自身的价值，丧失了自身的威信。

一诺千金，言而有信，不仅是帮助个人成就事业的重要因素，而且也是个人内涵修养的一个重要组成部分。我们在人性修养的潜移默化中，暗暗地帮助着自己走向成功。著名成功学专家陈安之博士在谈及成功的秘诀时，讲到的最重要一条就是重诚信。诚信，是一个人一生最大的资产，也是一个人人格的保证。拥有诚信，你就能成就一切；没有诚信，任何机会都将与你无缘。所以，从个人角度来说，诚信是人际交往中的一个不可忽略的重要因素。信用的有无涉及到个人的品德，"人而无信，不知其可也"，早晚会被周围的人所抛弃。从统率全局的角度来说，重视信用，能够提高领导者的威信，可以使下属更好地团结在领导者的周围从而收到意想不到的管理效果。

注重诚信，对于领导者形象的树立和个人事业的发展，都是极其重要的。领导者在保持诚信的良好作风的同时也为整个团队确定了一个基调。纵观我国历史的长河，任何一位成功的领导者，无不是把诚信放在首位。诸葛亮北伐中原前，与杨仪把二十万兵力分为两班，以一百天为期进行轮流作战。诸葛亮率第一批北伐军在卤城与司马懿相拒，到了一百日一换之期，此时新军已出川口，还未到目的地，忽报魏军与西凉兵马二十万来犯。杨仪建议，将该轮换的军队留下来，等打退敌人之后换之。诸葛亮坚决回答说："不可，吾用兵命将，以信为本；既有令在先，岂可失信？且蜀兵应去者，皆准备归计，其父母妻子倚扉而望。吾今便有大难，决不留他。"即传令教应去之兵当日便行。该换班的众军闻之皆大呼曰："丞相如此施恩，我等愿且不回，各舍一命，大杀魏兵，以报丞相！"见此情景，诸葛亮当机立断，用他们再打一仗。结果是人人奋勇，将锐兵骁，蜀兵大获全胜。可见讲究诚信是将帅有效的指挥安排之关键所在。诸葛亮深知此理，即便是自己处于危险境地，他也不愿失信于士兵。言出必行，一次失信便难使众人再像从前那样相信自己，这个损失是难以挽回的。诸葛亮以诚信为本，令众人信服不已，甘愿竭尽全力为其效劳，结果使局面转危为安，化险为夷。有鉴于此，现代领导者也应该深晓诚信之理，明知诚信之用。守信用、重承诺的领导者，才能令下属信服，获得下属的尊重。

诚信既是对别人的尊重，也是对自己的尊重，自己做出的承诺，自己一定要实现。这样别人才会信任你、尊重你，领导者如能恪守诚信将会备受下属的拥戴。反之，如果领导者不遵守自己的承诺，甚至是背信弃义，那么只能是自己贬损自己。下属就会对领导者的承诺产生漠视，而这种漠视还会转化到工作的其他方面，最后领导者就会在这种漠视中逐渐失去下属的信任与尊重，自然也就容易失去其热爱的工作岗位。从心理学上分析，守信的重要性在于它关系到下属对领导者的期望值。领导者一言既出，承诺了一件事，随之下属就会对领导者产生期望值。如果承诺不能兑现，下属便会产生失望的心理，领导者也就失去了自己的影响力。

"诚信"二字说起来十分轻松，但具体做起来就不那么容易了，有时会遇到各种各样的困难，某些客观原因会使你当初的计划和设想化成泡影。这样就不如不承诺,一旦承诺兑现不了,就会造成负面的影响。作为领导者,其一言一行都给下属以直接的影响。有时,领导者的一言不慎,就可能造成满盘皆输的结局。因此,领导者不论在任何场合讲话,都应深思熟虑,谨言慎行,切不可夸夸其谈,不负责任地乱许承诺。表面上信誓旦旦,实际上却无法兑现,就像所谓的"台上唱高调,台下放空炮",这是最惹下属反感的。领导者在许下承诺时,一定要从实际出发,具体情况具体分析,千万不可开"空头支票"。同时,说话也要留有余地,承诺不要做得太满太绝,这不是为自己留退路,而是一种领导的艺术。如果确实无法实现当初的承诺,领导者一定要及时地通知下属,并向其解释无法兑现的原因,切不可采取轻视的态度,以致言而无信。

在现实生活中存在着这样一种现象:许多领导者对待下属特别是对职位低的下属的要求十分轻视,当他们找到领导者想解决一些实际问题时,领导者出于快速打发他们的念头,总是含含糊糊,点头应允,过后就把事情丢到一边。这样的领导者有谁会去拥戴呢?领导者在对下属做出承诺后,就要把这种承诺装在心里,时时提醒自己去兑现它。说话就要算话,而且要快办,不能把事情无故拖延,迟迟不办。否则,就会影响领导者的形象,削弱整个团体的凝聚力和战斗力。

信成于实而失于空。领导者说话要实实在在,说到做到,这样才会使下属产生信任感。反之,轻诺空言,一而再、再而三地自食其言,必然会引起下属的猜疑和不满。诚信是一件很小的事情,人们往往不把它放在眼中,但恰恰是这样的小事情,正能体现出领导者的品格和魅力。因此,作为一个领导者要切记一诺千金的永恒价值!

★宽容是一种至高的领导境界

汉蒋琬为大司马,东曹掾犍为杨戏,素性简略,琬与言论,时不应答。或谓琬曰:"公与戏言而不应,其慢甚矣!"琬曰:"人心不同,各如其面,面从后言,古人所诫。戏欲赞吾是邪,则非其本心;欲反吾言,则显吾之非,是以默然,是戏之快也。"又督农杨敏尝毁琬曰:"做事愦愦,诚不及前人。"或以白琬,主者请推治敏,琬曰:"吾实不如前人,无可推也。"主者乞问其愦愦之状,琬曰:"苟其不如,则事不理,事不理,则愦愦矣。"后敏做事系狱,众人犹惧其必死,琬心无适莫,敏得免重罪。

——《资治通鉴》

蜀汉蒋琬当了大司马。东曹掾为杨戏,平常为人坦率不拘礼节,蒋琬和他谈话,有时不回答。有人跟蒋琬说:"你跟杨戏说话而他不理睬,他太傲慢了。"蒋琬说:"人们的思想不同,就好像人们的面孔不同一样。'不要当面顺从,背后又说相反的话',这是古人所提出的告诫。杨戏想要赞许我的看法吧,又不是他的本心;想要反对我吧，又宣扬了我的错误，所以他就沉默不语了，这正是杨戏快性的地方呀！"督农杨敏曾经毁谤蒋琬说："办事糊涂，实在不如以前的人。"有人把这话告诉给蒋琬，主管法纪的人请求对杨敏追究治罪。蒋琬说："我实在不如前人，没有什么可追究的。"主管法纪的人就问其糊涂的表现，蒋琬说："假使不如古人，那么政事就办理不好，政事办理不好，那自然就糊涂了。"后来杨敏因为犯法坐了牢，大家都担心他一定活不了，但因为蒋琬心里没有什么偏见，杨敏才得以免判重罪。

莎士比亚有句名言："宽容不受约束，它像天上的细雨，滋润大地，带来双重祝福。祝福施与者，也祝福被施与者，它力量巨大，贵比皇冠，它与王权同在，与上帝同在。"大凡成功之人都能够以开阔的胸襟宽容别人，虚心恭敬地吸收他人之长，平心静气地谋事划策，蓄势待发，以便一飞冲天。

我们做人也要如同蒋琬一样，放大肚量，容纳万物，保持着自己独立的人格和主见。为人应胸襟开阔、宽容，庄重、正直而又平易近人，这样才能够兼容并蓄，博采众长，从而成就伟大的事业。

蒋琬

洪应明在《菜根谭》中有言："我果为洪炉大冶，何患顽金钝铁之不可陶熔！我果为巨海长江，何患横流污渎之不能容纳！"意思说如果我是冶炼的火炉，还愁什么样的顽金钝铁不能被熔化！如果我是长江大海，还愁什么样的溪流污水不能被汇合！宽阔的心具有囊括宇宙、超越时空的伟大力量。开阔的胸襟，可以使人胸怀天地四方。人们可以看破亿万年间的沧桑变迁，视事来如泡沫生于大海，不必大惊小怪；视事去如鸟影隐匿长空，无需思前想后。即使是面对千丝万缕的国家大事，也能从容处置，镇定自若。凡是要想成为有所作为的人都应该具有开阔的胸襟。

要说胸襟开阔、宽宏大量，唐太宗李世民是一个很好的例子。唐朝的名臣魏征，以前是唐高祖李渊所立的太子——李建成的亲信幕僚。因为李建成与其弟李世民之间为争夺君位而形同水火，魏征曾力劝李建成先下手为强，杀掉李世民。后来终于发生了玄武门之变，李建成被杀。李世民即位，成为历史上有名的唐太宗。作为胜利者的唐太宗，不但没有追究包括魏征在内的原李建成手下的许多部属，反而是对他们量才而用，魏征被任命为谏议大夫。为政期间，魏征曾先后向唐太宗进谏多达二百多次。唐太宗的文治武功之所以能达到盛唐的高峰，这与他以博大的胸怀容纳并善用包括魏征在内的能人有着直接的关系。唐太宗与魏征的关系也因此超越了一般的君臣关系，二人进谏和纳谏的故事成为了千古佳话。这恰巧印证

了孔子所言的"君子和而不同，小人同而不和"的道理。宽容的内涵十分丰富：宽容是一种非凡的气度，是对人对事的包容和接纳；宽容是一种仁爱，是对别人的关怀，也是对自己的善待；宽容是一种高贵的品质，是精神上的成熟，心灵里的丰盈。宽容是一种生存的智慧，也是一门成功的艺术，它是看透人生以后所获得的那份从容、自信和超然。

凡事多些宽容，多些忍让，这不但是与人方便，也是与己方便。古语有云："人至察则无徒，水至清则无鱼。"人应该有广阔的胸襟，但这并不是说你就可以放弃自己高洁的道德修养与宏伟的志向，去与黑暗势力同流合污，狼狈为奸而是指人的一生，应当看到社会的复杂性，应当像大地那样善于将污垢化为肥料，并以此育出新的生命。要注意从正反两方面经验中吸取养料来完善自己，创造辉煌的人生。因此，人应当具有一颗宽容的心。镜子很平，但在高倍放大镜下，就会出现凹凸不平的山峦；肉眼看来很干净的东西，拿到显微镜下，满目都是细菌。试想，如果我们戴着"放大镜"、"显微镜"去看别人的毛病，恐怕一般人都是罪不可恕、无可救药了。所以，做人要有气度，要有能容善纳的胸怀。这样你的身边就会有许多朋友来帮助你，凡事定遂心愿。反之，如果你的眼里容不得半粒沙子，睚眦必报，什么鸡毛蒜皮的事都要论个是非曲直，那么人家自然而然就会远离你，这样做起事来恐怕就不是那么容易了。

宽容是一种博大，它能包容人世间的喜怒哀乐；宽容是一种境界，它能使人生跃上新的台阶。一次对别人的宽容，往往会使我们经历一次巨大的改变。美国第三任总统杰弗逊在1800年粉碎了亚当斯连任总统的美梦，这两位政治家也由此而疏远。杰弗逊在就任前夕，到白宫想去告诉亚当斯，针锋相对的竞选并没有破坏他们之间的友谊。但还未及开口，亚当斯便已开始咆哮："是你把我赶走的。"此后长达十一年之久两人都没有交往。后来，几位老朋友去探望亚当斯，他仍在诉说那件难堪的往事，但接着冲口而出："我一向喜欢杰弗逊。"朋友把话传给了杰弗逊，杰弗逊也通过朋友表示了他的深厚友谊。后来亚当斯写了一封信给杰弗逊，两人便开始了美国历史上也许是最伟大的书信来往。古今中外，凡是能够成就事业的人都具有一颗宽容的心。他们能够容人之所不容，忍人之所不忍，善于求大同而存小异，他们拥有广阔的胸怀，豁达而不拘小节，大处着眼，而不会目光如豆，斤斤计较，纠缠于非原则的琐事之中，所以他们才能够成就伟大的事业，使自己走向成功的巅峰。

爱默生说过："宽容不仅是一种雅量、文明、胸怀，更是一种人生的境界。宽容了别人就等于宽容了自己，宽容的同时，也创造了生命的美丽。"只有具备广阔胸怀的人，才拥有广阔的心理和生活空间，任由自己畅游世间，生活得自由自在，无论做什么事情都会成功圆满。宽容别人，既是善待他人，也是善待自己。宽容，既给别人机会，更是为自己走向成功创造了机会！

★廉洁是浩然正气的源泉

　　杨震孤贫好学，明欧阳《尚书》，通达博览，诸儒为之语曰："关西孔子杨伯起。"教授二十余年，不答州郡礼命，众人谓之晚暮，而震志愈笃。邓骘闻而辟之，时震年已五十余，累迁荆州刺史、东莱太守。当之郡，道经昌邑，故所举荆州茂才王密为昌邑令，夜怀金十斤以遗震。震曰："故人知君，君不知故人，何也？"密曰："暮夜无知者。"震曰："天知，地知，我知，子知，何谓无知者！"密愧而出。后转涿郡太守。性公廉，子孙常蔬食、步行；故旧或欲令为开产业，震不肯，曰："使后世称为清白吏子孙，以此遗之，不亦厚乎！"

——《资治通鉴》

国学经典文库

国学大智慧

·《资治通鉴》智慧通解·

图文珍藏版

　　杨震是个孤儿，自小生活贫苦而好学习，精通欧阳《尚书》，博通古今，诸位儒者叫他"关西孔子杨伯起"。杨震教了二十余年的书，从没有收过州郡的礼聘。众人说他年纪大了，做官有些迟了，杨震则更安心的继续教书。邓骘听说了这件事就请他去做官，那时的杨震已经五十多岁了。经过多次升迁，历任荆州刺史、东莱太守。在去往东莱上任时，路过昌邑县，原来他所推荐的秀才王密正是那里的县令。王密夜晚怀揣十斤黄金来送给杨震。杨震说："作为老朋友，我是了解你的，而你却不了解我，这是怎么回事呢？"王密说："夜里没有人会知道这件事的。"杨震说："天知道、地知道、我知道、你知道，怎么能说没人知道呢？"王密十分惭愧地走了。后来杨震调任涿郡太守，为人公正廉洁，子孙常吃素菜，出门徒步而行。有些老朋友劝他为子孙置办些产业，杨震却不肯，说："让后代人说他们是清官的子孙，把这个留给他们，不是更为丰厚吗？"

杨震

《周礼·天官冢宰·小宰》篇记载："以听官府之六计，弊群吏之治，一曰廉善，二曰廉能，三曰廉敬，四曰廉正，五曰廉法，六曰廉辨。"在六条标准中，均冠以"廉"字，强调"既断以六事，又以廉为本"。可见，廉洁是评判领导者的一个重要标准。

廉洁是官德之首。杨震出任东莱太守时，路过昌邑，县令王密因曾受其举荐，才得以当上县令，所以他感恩戴德，趁着月色送来黄金十斤，杨震却义正严辞地加以拒绝。像杨震这样的清廉行为，虽然只是一个生活细节，看起来不是什么大事，但是却体现出了一个领导者的高尚节操。自古以来廉洁不仅是领导者的道德规范，而且是领导者的行为规范。在封建社会中，凡是有作为的君王和臣子都懂得一个道理：若不廉政，吏治废弛，国运不昌，改朝换代，亡无日矣。于是，他们振兴纲纪，整肃吏治，从而带来一定时期内的繁荣兴盛。如李世民、康熙、乾隆、包拯、海瑞、林则徐等，他们的故事被人们千古传颂。

古人云："吏不畏吾严，而畏吾廉；民不服吾能，而服吾公；公则明，廉生威。"领导者只有从自身做起，保持廉洁，这样才能使人们对你信服，社会风气才会转正，同时也就达到统率全局的效果。廉吏于成龙被康熙皇帝称为"清官第一"。从他被清朝授予广西城县知起，就开始了其清廉的仕途生涯。那时于成龙已四十五岁，家计尚可维持。后来又被任命到罗县，那里偏处山区，条件十分恶劣，他却毅然前往，上任后仍勤俭廉洁，备受百姓的爱戴。后又受到重用，任外帘官。当时众帘官皆美服盛饰，并带着清秀的随从，惟有于成龙"布袍数浣，破被如铁，一苍头从"。于成龙每天粗茶淡饭，别人给他起外号为"于青菜"。在他临终前，身旁只有一袭破袍，几罐盐豉，生活十分清苦。在于成龙去世后，百姓们罢市祭奠，家家供奉其画像。康熙闻知感慨万分，赐其"清瑞"的封号。由此可见廉洁是领导者最起码的要求，领导者掌握着权力，但权力的行使是为了公众的利益，而不是个人的私利。那些以权谋私、贪赃枉法的领导者必然会遭到大家的唾弃，唯有廉洁的领导者才能得到下属的拥护和支持。

法国前总统戴高乐的廉洁风范广为世人所传颂。戴高乐任总统时，最蔑视的就是唯利是图、损公肥私的行为。无论到哪里，他总是随身带着支票本，以便直接支付私人费用。戴高乐身居总统高位长达十一年之久，却从未在总统府的开支中报销过服装之类的私人费用。当他离开政府时，一辆小卡车就足够搬运其行李了。并且离任时拒绝享受各种荣誉和优厚的待遇。戴高乐身居高位却能两袖清风、清正廉明，为其他领导人树立了典范。廉洁是公正、勤俭的代名词，它以顽强的生命力，成长着、发展着，并与腐败行为不断地斗争着，它代表着一种积极向上的力量，象征着一种希望正破土而出，不断地茁壮成长。廉洁是一棵松，在万木凋零的冬日，它依然挺拔翠绿；廉洁是一片云，无论是凝成水，结成冰，它依然晶莹甘纯。廉洁是一种官德，也是一种美德，更是一种境界，它使人威严，使人崇高。当不廉行为的潜流在暗地里悄悄涌动的时候，它如一座坚实的堤坝，承载了令江水永固的大任。

南宋吕祖谦在《东莱吕太史别集》中提出："当官之法唯有三事：曰清，曰慎，曰勤。"廉洁是作为一个领导者的首要条件。当然,贪婪是人类最主要的劣根性之一,欲望是人生命中的一种自然存在物,每个人的心里都充塞着各种欲望的驱动。领导者也是常人,也有七情六欲,关键是看你怎样对待它。歌德曾有句名言:"伟人在节制中表现自己。"这种节制不是要摒弃欲望,而是要在理性的指导下合理地追求欲望的满足。相反,庸人是在纵欲中表现自己,一个人只有把欲望自觉地限制在社会允许的范围内,才可能成为一个高尚的人,而这样的人如若成为领导者,自然就会受到人民的爱戴。当今的领导者很容易陷于物欲横流的生活之中,他们时时受到金钱、权力、女色等的诱惑,丧失了原有的理想和抱负,精神委靡不振,失去了奋斗的动力。其堕落的行为就是因陷于深度欲望之中而不能自拔的结果。曾经有一位纵欲者问苏格拉底:"难道你没有欲望吗?"这位哲人肯定地回答:"有,可我是欲望的主宰者,而你是欲望的奴隶。"向左走,还是向右走,这就要看领导者自己的选择了。所以,作为领导者应该做到廉洁奉公。

《淮南子》中有言:"不以奢为乐,不以廉为耻。"新加坡前总统李光耀认为"立国必须廉政"。廉洁是领导者自身浩然正气的源泉。廉洁的领导者敢作敢为,在他正常行使权力的工作过程中,不必瞻前顾后、思左想右,他敢于秉公执法、当机立断,其工作极具实效性。不管在任何条件下,廉洁的领导者都是按照规定来办事的,从而维系了整个团体的纪律性。与此同时,又对社会上的种种腐败行为产生了一种威慑力,廉洁领导者的高大形象使那些腐败者望而却步。有钱不一定就能使"鬼推磨",腐败的行为在廉洁的领导者这里是行不通的,这也为其他领导者树立了榜样。廉洁的领导者会对这种腐败行为进行坚决的打击,大刀阔斧地搞廉政,一抓到底,决不手软。所以,廉洁正以一种无形的力量在消灭着腐败。另外,廉洁是领导者个人魅力的体现。领导者的廉洁作风是一种道德自制力的表现,他们自律自强,不为外物所动。廉洁的领导者具有强大的感召力,他们为自己在群众中树立了良好的形象,下属也会对其予以充分的信任与支持。领导者的人气上升,威信就会提升,感召力和感染力都会大大地增强。其下属也将以高度的工作热情和饱满的工作精神,更加出色地完成各项工作任务。

清代洪迈路过衢州看到一首《油污诗》:"一点清油污白衣,斑斑驳驳使人疑。纵使洗遍千江水,怎似当时不污时。"为人不廉是人生的一大污点,对社会来说也是有百害而无一利的。因此,我们要提倡廉洁的精神,让廉洁二字成为领导者的座右铭,使其成为领导者孜孜以求、为之终生奋斗不息的目标。

★以身作则,立威于人

(唐开元六年,春,正月)广州吏民为宋璟立遗爱碑。璟上言:"臣在州无他异迹,今以臣光宠,成彼谄谀;欲革此风,望自臣始,请敕下禁止。"上从之。于是他州皆不敢立。

——《资治通鉴》

（唐朝开元六年，春天，正月）广州的官吏和老百姓打算给宋璟建立一座遗爱碑。宋璟向皇帝上言说："我在州里，没有什么特别的功绩，现在因为我大受朝廷的宠信，致使他们对我如此阿谀奉承。要想革除这种风气，希望就从我这里开始吧！请皇上下令禁止为我立碑。"皇帝听从了这个建议。于是，别的州郡都不敢立碑了。

印度非暴力不抵抗运动的发起者圣雄甘地曾经说过："领导就是以身作则来影响他人。"所谓领导，其实就是以身作则，把威信发挥到极致，影响他人，从而实现目标的一种身份。因为领导者不同于普通群众，作为下属只要干好自己的本职工作就可以了，不用借助威信去带领别人做什么，而领导者则不然，他必须以身作则、树立威信，起到"领头羊"的作用。

唐朝的宋璟为官清廉公正，一时间为众人所称赞歌颂，唐玄宗有感于其德行可嘉，就想为宋璟立一座丰碑，为其歌功颂德。然而宋璟坚决地拒绝了这一举措，他认为朝中的阿谀之风盛极一时，这是为官者的隐患，必须予以制止。若想有效地遏制阿谀之风，就要先从自己做起！宋璟坚决拒绝为己立碑，为遏制阿谀奉承的不良风气，起到了良好的表率作用。看来领导者的自身能力是十分重要的，直接决定着其是否能够起到领头的作用。一个不注重自身能力的领导者只是徒有虚名而已。所以领导者在进行管理工作的过程中，必须以身作则，这样才能树立自己的威信，提高管理的水平，从而为下属树立榜样。所谓"火车跑得快，全凭车头带"，领导者的模范榜样，必然会调动全体下属的工作积极性，进而带动整个团队的进步与发展。

宋璟

古语有云："桃李不言，下自成蹊。"意思是说桃树、李树虽然不能说话，但是因其有真材实料能吸引人们前来采摘，桃李树下也就自然形成了路径。同样，领导者的榜样力量是一种无声动力，它能激励下属努力地工作，并且以此来吸引更多忠诚的追随者。汉末三国时期，曹操的创业史是异常艰辛的。在其三十多年的戎马生涯中，他曾多次身陷重围、九死一生。早年在与吕布交战时，曹操第一个冲进濮阳城，险些被吕布捉住。后来又与马超凶悍的西凉兵团作战。当时曹操已经五十七岁了，他仍以战将的身份身先士卒，结果被马超包围。曹操在乱军中，只听得西凉军大叫："穿红袍的是曹操!"曹操就在马上脱下红袍;又听得大叫:"长髯者是曹操!"曹操惊慌掣刀断其髯;马超又令人叫:"短髯者是曹操!"曹操听到后,立即扯旗角包颈而逃。虽然这次曹操狼狈至极,还给人留下嘲笑的话柄,他这种率先垂范的精神和勇气,在古今中外的政治和军事领袖中,都堪称第一。可见榜样的力量是无穷的。领导者的带头作用,对下属的行为活动有着极大的激励作用,它具有强大的说服力和影响力,它是无声的命令,是最好的示范。领导者的德行好比风,下属的德行好比草,风吹向哪里,草就顺向哪里。领导者以身作则的示范作用,是事业成功的基石,对治国安邦起着重要的作用。

优秀的领导者能通过自己以身作则的榜样作用影响别人,使别人成为其忠实的追随者,跟他一起干工作。领导者应当一直走在下属的前面,这种榜样的力量能够鼓励下属朝着工作的预定目标迈进,给他们以追求成功的力量。优秀的领导者善于用自己提出的标准来衡量自己,并且也乐意别人用这些标准来衡量自己。优秀的领导者是能够自觉地不断成长、发展的人,是能够不断增加自己的技巧、提高自己的水平的人,是能够拓宽自己的视野、发挥自己的潜能的人,是能够通过自己的努力受到别人敬仰的人。领导者一定要认识到自身的优势并不在于你的权力、地位、金钱,而是在于你在各项工作中能够事事走在下属的前面,以身作则,起到模范带头的作用,这样下属就会为你这种独特品质所折服,进而主动地聚拢在你的身边,形成一个以领导者为核心,众多下属同心协力的强有力的团体。

以身作则、身先士卒的精神,是领导者走向成功的一个重要因素。领导者以身作则的模范带头作用,能够激发下属的进取心,调动下属的积极性。世界首富比尔·盖茨是电脑界的"领军人物",但他在创业初期也备尝艰辛。为了编制BASIC语言系统,盖茨日夜奋战,几乎是在半睡眠的状态下工作的。有一次盖茨打瞌睡,头重重地撞在键盘上,他惊醒后看一眼屏幕,紧接着就在键盘上输入数据。在微软公司流行着这样的笑话:当任务不能如期完成时,人们就说,把任务交给比尔·盖茨。比尔·盖茨的行为极大地带动了下属的积极性。领导者一般都有自己的一套思路,他们能够用自己的智慧和才华去构思成功的理想和目标,可以指挥下属向既定的目标前进。与此同时,领导者也要成为一个身先士卒、以身作则的实干家。人们常说,说得好不如做得好。领导者的自觉行动常常是下属学习的榜样,当领导者用身体语言来做某件事情的时候,下属也会从自身的角度来对比,发现应该是自己做的事情,他们自然就会自觉地去完成。

近朱者赤,近墨者黑。然而,许多领导者,他们经常要求别人,却很少要求自己。下属久而久之也学会了自我放松。当他们有机会成为领导者的时候,他们也学会只要求别人,不要求自己,进而形成一种恶性循环。这种行为一旦成为习惯,无论是对组织的发展,还是个人进步都是有害无益的。

★ 无私则廉,秉公则正

周兵围寿春,连年未下,城中食尽。刘仁赡请以边镐守城,自帅众决战;齐王景达不许,仁赡愤邑成疾。其幼子崇谏夜泛舟度淮北,为小校所执,仁赡命腰斩之,左右莫敢救,监军使周廷构廷于中门以救之,仁赡不许。廷构复使求救于夫人,夫人曰:"妾于崇谏非不爱也,然军法不可私,名节不可亏;若贷之,则刘氏为不忠之门,妾与公何面目见将士乎!"趣命斩之,然后成丧。将士皆感泣。

——《资治通鉴》

周兵围攻寿春城,持续一年多都未攻下,城中已经没有粮食了。刘仁赡请求让边镐守城,自己率领军队决一死战。齐王景达不同意,刘仁赡连急带气生病了。他的小儿子刘崇谏趁夜乘船想要渡过淮北前去投敌,被一个小军官抓到,刘仁赡命令将其腰斩。其他的官员都不敢求情搭救,监军使周廷构在中门大哭想来营救他,刘仁赡不答应。周廷构又向刘夫人求救,夫人说:"我不是不疼爱崇谏,可是军法不可徇私,名节也不可损害;如果饶恕了他,那么刘氏就是不忠不孝之家,我和仁赡还有什么脸面去见将士们呢?"于是催促立即处决,然后办了丧事。将士们都感动得哭了。

古语有云:"三尺法,王者所与天下共也;法一动摇,人无所措手足。"一个国家有一套完整的法律制度,而一个企业也有一套与之相应的规章制度。一旦法律制度发生了动摇,人们的行为活动就没有了约束,社会秩序自然就会遭到破坏,整个社会也必将发生混乱。因此,领导者是否能够坚决地维护法律及各项规章制度的公正性就显得至关重要了。《管子·正》中有言:"如天如地,何私何亲?如月如日,唯君之节。"意思是说为君的应如天地日月一样,对万物一视同仁。法前无贵贱,律前无尊卑,任何人都要受到法律的约束。古时候,孙武训练吴国宫女,他是先杀掉吴王的两个宠姬以儆效尤,才使得这支由宫女组成的队伍循规蹈矩。铁一般的纪律能塑造强有力的团队,强有力的团队会创造出辉煌的业绩。如果领导者能够秉公执法,严明纪律,那么整个工作的运转将会井然有序,反之,则会杂乱无章,无所适从。没有规矩,不成方圆。倘若没有严格的法律约束,那么整个社会又怎会达到和谐发展呢?所以,领导者需要谨遵"法律面前,人人平等"的原则,处事公平公正,绝不可徇私舞弊。

当刘仁赡得知自己的小儿子刘崇谏夜逃投敌后,毅然地将其处以腰斩之刑。身为人父,难道刘仁赡就不曾犹豫过吗?他犹豫过,试问哪位父亲不疼爱自己的孩子呢?他的内心比任何人都痛苦。但是,作为寿春城的最高统帅,刘仁赡又怎能顾及私情而违反军纪呢?此时正值战争的紧要关头,若不严惩刘崇谏,必然会动摇军纪,造成军心涣散的局面。倘若他日再有类似的事件发生在其他将士身上,他又当如何判决呢?所以,刘仁赡只能选择大义灭亲,腰斩亲子。常言道,官无大小,凡事只是一个"公"字。谁要是失去了公正之心,谁就失去了为官之本。大公无私的领导者是那些既能够在花香蝶舞中卓然独立,又能够在狂风暴雨中昂首不屈的人。他们既不迷失于亲情之中,又不屈从于强权之下。

历史上执法如山的例子很多。当年,诸葛亮计划派人驻守街亭,因为是战略要地,不知该选何人为好。于是,马谡毛遂自荐前往把守,并且在临行前立下了军令状。谁料马谡失了街亭,导致了蜀国的失败。尽管诸葛亮与马谡二人交情颇深,但是,身为一国之相、全军统帅的诸葛亮为了严肃军纪,最后还是斩了马谡。这就是历史上著名的诸葛亮挥泪斩马谡。正是由于诸葛亮能够公正执法、严明军纪,他才可以号令三军,征战南北。现如今作为企业的领导者,亦必须要公正无私,严格执行各项规章制度,这样才能加大公司制度对员工的约束力,从而增强整体的战斗力。领导者在工作中遇到"情与法"的冲突是在所难免的,但解决起来通常是困难重重。

马谡

这就需要领导者在处理公务时要公私分明,应以理智去战胜情感,切不可感情用事,要以充分的决心和十足的信心来处理情与法二者之间的矛盾。领导者应当明确自己是整个团体的核心,自己的一言一行都会影响到下属。华盛顿曾经说过:"使人达到适当的服从,并不是一朝一夕可以成功的,甚至也不是一月一年之功。"领导者只有严格地按照规章办事,公正执法,这样才能树立威信,下属也就会尽心尽力地工作,从而工作效率和工作积极性都会提高。而一些领导者总是陷于人际关系圈中,很难抽身而出。面对亲戚、朋友所犯的错误,往往碍于情面,一般是大事化小,小事化了,尽量不作深究。孰不知这必将会为将来的工作留下隐患,既容易失去下属对领导者的支持与信任,同时又会挫伤下属的工作积极性。因此,领导者对待下属一定要一视同仁,无论亲疏远近,只要是违反了规章制度,都要严格地按规定办事,公正合理地解决出现的各种问题,使企业以严明的规章制度为指导向着

更好的方向发展。

此外,通过刘仁赡大义灭亲的故事,我们还应当看到刘仁赡夫人的深明大义之举也着实令人钦佩,可见一个成功男人背后总是有一个伟大的女人。虽然刘夫人也是心如刀绞,可是她却始终支持着丈夫的决定。这不禁使人想起了当今的一些领导,也许他们自身还算是比较公正严明,可是,他们的妻子总是充当扯后腿的角色。领导者往往挡不住妻子的枕边风,从而导致在工作中做出的决策显得不那么明智。那些投机取巧的人则恰好看准了这一缺口,先从某领导的夫人入手,再接近某领导,然后直奔主题。领导者则碍于情面,认为人情礼往的,自己也就不好那么一丝不苟了,放宽规章的尺度,睁一只眼,闭一只眼算了。而这样做的结果就造成了规章制度的逐步松弛,进而导致领导者的工作无法正常进行。现代社会生活纷繁复杂,人际关系纵横交错,领导者切忌因私情而干扰自己原本正确的意图,以免"一招棋错,满盘皆输",导致全局性的失误。

古语有云:"耳目见闻为外贼,情欲意识为内贼。"人们总是处在这两个贼的夹击中,必须小心提防。领导者处于高位之上,一定要小心谨慎。领导者一方面要善于自省,不存私心;另一方面则需要摒弃杂念,不受他人言行的影响。无私则廉,秉公则正。在广泛的社会生活中,领导者要遵照原则,秉公办事,否则,一旦失足坠入欲望之海或人情之江,就会险象环生。

汉代桓宽曾说过:"世不患无法,而患无必行之法。"其意思是说不用担心世上没有法律,而是要担心法律是否能够被公正地执行。大到一个国家,小到一个公司企业,当面临"法与情"的抉择时,作为领导者必须理智思考、冷静处理,个人情感必须服从于既定的各项规章制度。只有公正严明的处理公务,才能充分调动下属的工作积极性,从而使领导者驾驭全局亦可游刃有余。每个人的心中都有一杆秤,是非功过自在人心。你是不是一位优秀的领导,这可要看你自己的表现了。

★知错能改,才能让下属更信服

秀舍中儿犯法,军市令颍川祭遵格杀之,秀怒,命收遵。主簿陈副谏曰:"明公常欲众军整齐,今遵奉法不避,是教令所行也。"乃赏之,以为刺奸将军,谓诸将曰:"当备祭遵! 吾舍中儿犯法尚杀之,必不私诸卿也。"

——《资治通鉴》

刘秀的年轻仆人在军市中犯了法,军市令颍川人祭遵把他打死了。刘秀十分生气,命人逮捕了祭遵。主簿陈副劝谏刘秀说:"您常要求众人军纪整肃,现在祭遵执法毫不回避,这是您的教令得到了贯彻执行呀!"刘秀于是饶恕了祭遵,用他担任刺奸将军。刘秀跟众将说:"你们应该小心祭遵! 我的仆人犯法,尚且给杀了,他决不会偏袒你们。"

古语有云："瑕不掩瑜。"作为领导者，难免会犯一些错误，如果领导者在犯了错误之后，能够诚恳地认错改过，依然可以给下属留下好印象。如果说这一点点小错误是你的"丑"的话，那么你积极认错改过的态度则显示了你作为领导者的风范，也能够提高你的自身威信，使下属对你更加信服。

看了上面的故事会给人很多启发。当祭遵将刘秀的仆人依律严惩后，刘秀十分生气，甚至把他抓了起来，要责罚他。主簿陈副劝其应以大局为重，维护军纪，不可失去威信。于是，刘秀转怒为喜，并封祭遵为刺奸将军，并告诫其他部属要谨

刘秀

遵军纪，以示威严。刘秀勇于承认自己的错误，正是表现出身为一代仁君的风范。他这样做，丝毫无损于他的形象，相反却让他的将士更加信服他，更加愿意为他效劳。

爱华公司的董事长兼总经理小林村子曾经说过："所有处于高层的领导人，不论性别、年龄的差异，他们都有一个致命的错误，那就是在错误面前不敢站出来勇敢地面对，而是遮遮掩掩，生怕所犯的错误给他的身份抹黑，其实谁不曾犯过错误呢？重要的不是已犯下的错误，而是对错误的正确面对，以及深刻的反思，以求得更多的经验教训，避免以后再出现类似的错误。勇敢地面对错误、承认错误并及时加以改正，这才是作为一个领导者稳重、成熟、坚强、公正的表现。"一般来说，错误无论发生在谁身上，都是一件尴尬的事情。可是你想充耳不闻或垂头丧气，那肯定会欲盖弥彰。而勇于认错，表面上看起来似乎是在让更多的人知道你的过失，但这并不是在扩大自己的污点，降低自己的威信，相反，勇于认错改过，恰恰是在把污点变成亮点，提高你的威信。

因此，领导者应该时刻进行自我反省，及时发现自己的过错，并毫不掩饰地勇敢承认，之后设法努力改正，这才是一种莫大的进步。领导者面对纷繁复杂的市场大潮，也并不是每一次都能做出准确的判断，出现错误是在所难免的，也是可以理解的。知错改过是对一个领导者的基本素质的考验，领导者需要有开放的心情、开明的心智，勇敢地接纳正确的事物。这对于一个领导者来说，并不是一件很容易的事情，这需要领导者具有很大的勇气。市场经济也许会给那些不经世事的领导者带来一些麻烦，但知错改过无疑会使事情有良好的改观。

一个人在一生之中不可避免会犯一些错误。错误能使我们认识到事情的价值，督促我们把事情做好，这也是人的一次进步。从这个方面来说，错误也是给人们一次再学习的机会，如果你不好好地把握这个机会，那才是真正犯了一个大错误。因此，领导者应该认识到错误的不可避免性，这样可以时刻提高警惕，少犯错误。既然错误是不可避免的，那么，一旦出现了错误，也就不要惊惶失措，要保持头脑冷静，迅速找出症结之所在，及时改正，这样可以极好地表现你正确的领导力，并且帮助你取得下属的信任。在《三国演义》中，刘璋的军队投降后，刘备对群臣各加封赏，并于公厅设宴。刘备醉酒后，对着庞统说："今天的聚会高兴吗？"庞统说："以讨伐别的国家为乐，不是仁者用兵之道。"刘备说："我听说以前武王伐纣，作乐庆功，难道这也不是仁者用兵之道吗？你说的话怎么不符合道理呢？赶快给我退下吧！"庞统大笑而起。左右也扶刘备回到卧室。刘备睡到半夜酒醒了，大家把其驱逐庞统的话告诉了他，他十分后悔。第二天刘备向庞统谢罪说："昨天我喝醉，言语上有所冒犯，请先生不要放在心上。"庞统谈笑自若。刘备说："昨天的话都是我的过失。"庞统说："君臣都有过失，怎能是你一个人的错呢！"刘备也大笑，二人和好如初。自己犯的过错能够主动承认并改正它，本来就是一件很不容易的事，更何况刘备是一国之君，这需要很大的勇气和胆识。而且他在知错改过后，不是留有更多的余悸，而且彼此能和好如初，这实在是难能可贵。刘备这种知错能改的精神，也是值得现代领导者学习的。

领导者在工作的过程中所做出的决策，绝非是万无一失，绝对正确的，有时甚至是完全错误的，再加下属在具体执行时，还会受到多种不确定因素的干扰和制约，谁也不能保证下属的"行为轨迹"会完全遵循管理者的"思维轨迹"，因此，即使遇到暂时的挫折和失败，也是可以理解的。因此，敢于承担责任，承认错误，不仅体现了一个领导者的道德品质和管理水平，而且直接关系到上下级之间能否建立起相互信赖、相互支持的融洽关系，关系到整个企业的工作能否正常顺利地进行。倘若一有过失，领导者就把下属当作"替罪羊"，自己却不承担丝毫责任，那么，还有哪个下属愿意在这样的领导带头下工作呢？如果领导者不敢担当一定的责任，那么下属对工作也将失去信心，也就更无业绩可言。

第二篇 《二十四史》智慧通解

导读

　　历史因其千年的沉淀而厚重,智慧因为无数次的验证而经典。几千年的中国历史是一座知识的宝库,从中既可以审时势之变、悟政治得失、学领导智慧,又可以汲取成功的经验和失败的教训。在资讯高度发达、各种领导学著作层出不穷的今天,古人的领导智慧在文化上至今仍有着割舍不断的延续性,在应用上也有着很强的借鉴价值,因此,从领导学的角度开掘历史的内涵就是一件既有必要去做、又十分值得去做的事情。

　　《二十四史》针对领导艺术辩证地总结古代领导智慧,旨在让读者清醒、正确地认识古人的领导方法。我们知道,乾隆皇帝曾钦定《二十四史》,如果加上后来的《清史稿》,实际上中国的古代历史基本被一套"二十五史"所涵盖。尽管本篇的内容有些用典并非出自《二十四史》,但鉴于本书对历史挖掘和阐释的广泛性与人们心目中《二十四史》对于中国历史的代表性相吻合,我们仍以《二十四史》为本篇命名,希望这篇能带给广大读者启发和帮助。

第一章　强力管控,树立威信

★解决兵权左右政权的弊病

七年春,北汉结契丹入寇,命出师御之。次陈桥驿,军中知星者苗训引门吏楚昭辅视日下复有一日,黑光摩荡者久之。夜五鼓,军士集驿门,宣言策点检为天子,或止之,众不听。迟明,逼寝所,太宗入白,太祖起。诸校露刃列于庭,曰:"诸军无主,愿策太尉为天子。"未及对,有以黄衣加太祖身,众皆罗拜,呼万岁,即掖太祖乘马。太祖揽辔谓诸将曰:"我有号令,尔能从乎?"皆下马曰:"惟命。"太祖曰:"太后、主上,吾皆北面事之,汝辈不得惊犯;大臣皆我比肩,不得侵凌;朝庭府库、士庶之家,不得侵掠。用令有重赏,违即孥戮汝。"诸将皆载拜,肃队以入。

——《宋史·宋太祖纪》

在北宋之前的多个朝代,都存在为将者拥兵自重、尾大不掉以至威胁朝政的现象,像南北朝时大将篡位立国、唐末藩镇割据等等。宋太祖赵匡胤吸取历史的教训,立国之初即以巧妙的方法释去了众将的兵权。

经过两次对禁军领导班子的调整,作为宋朝中央军的禁军一直十分稳定,赵匡胤这才放了心。于是到了建隆二年(公元 961 年)的三月,他便免去了慕容延钊的殿前都点检职务,改任为南西道节度使。又免去韩令坤的侍卫马步军都指挥使职务,去任成德节度使。殿前都点检一职自此不再任授,赵匡胤自此完成了皇帝亲握军权的大事,实现了皇帝就是军队统帅的专制决策。

到了这一步,在宋朝禁军这个国家军队中,主要的高级将领,都已由赵匡胤的兄弟、义兄弟和亲信分别担任。从理论上来说,这样就可以使赵匡胤高枕无忧,无须担心兵权被他人所篡、再有人利用兵权来左右政权了。其实,这种把兵权分别授予自己人的方法并非就是非常牢靠,历史上就有许多弑父屠子、兄弟相残的例子为人耳熟能详。

仅把军队领导人都换成亲信,赵匡胤仍不会高枕无忧的。为了彻底解决兵权左右政权的弊病,还要从根本上也就是从体制上解决问题,就是要解除所有功臣个人意义上的兵权。"图难于其易",既然已把军队的高级将官都换成了亲信,也就等于完成了第一步,而解除这些人的兵权就不是多困难的事了。

由此可见,赵匡胤做事及其细,顺利地掌握了军权,因此就为他图难于其易创造了下一步"其易"的条件。建隆二年(公元961年)七月的一天晚朝后,赵匡胤在宫中摆了一场宴会,宴请禁军的高级将领。在宴会进行到酒酣耳热之际,赵匡胤叹息道:"若不是你们这些人出力扶持,我怎能做这个皇帝。不过我既做皇帝,就要做一个真正的皇帝。可是,做皇帝也真是太难了,自从我当了皇帝,就没有一天能睡上一个安稳觉。"

石守信等人听他如此说,大惑不解,忙问:"皇上,二李既平,国泰民安,你怎么还睡不着觉呢?"

杯酒释兵权

赵匡胤说:"中国五千年来,多少人都能当上皇帝。而今,也不知还有多少人想当皇帝啊。"

石守信和其他将领都诚惶诚恐,说:"陛下怎么这样说呢,如今天命已定,谁还敢有异心啊!"

赵匡胤说:"纵使你们不生二心,也难保你们手下的人不贪图富贵。一旦有一天,有人也将黄袍披在你们身上,你们就是不想当皇帝,也推辞不掉啊。"

听赵匡胤如此说话,石守信及其他将领吓得汗流浃背,一齐跪下,说:"臣等愚昧,不解圣意,该怎么做,请皇上指示。"

赵匡胤就说:"依我之意,你们不如全卸去兵权,去大藩做节度使。置田兴宅,广积产业,饮酒作乐,痛快地过此一生,使我们君臣两下无猜。"

石守信和诸位将领都明白了皇帝的意思。第二天,诸将皆称疾不朝,各自上书请求辞去在禁军的职务。于是赵匡胤任命高怀德为归德节度使,出任宋州;任王审琦为忠正节度使,出任寿州;任张令铎为镇安节度使,出任陈州;任罗彦瑰为彭德节度使,出任相州;任石守信保留侍卫亲军马步军都指挥使,为天平节度使,出任郓州。

老子说:"圣人终不为大,故能成其大。"赵匡胤有这种智慧,释诸将兵权,本是一件很难很大的事,但他从其易、从其细,所以就顺理成章,水到渠成地完成了图难、为大之事。

兵权问题的解决,体现了宋太祖高超的领导艺术。自宋以后的历代王朝,基本上没有再发生将领左右朝政的现象,这不能不说与宋太祖对这一问题的重视和解决有关。

★危急关头当断则断

京师民杨起隆伪称朱三太子,图起事。事发觉,起隆逸去。捕诛其党。诏奸民作乱已平,勿株连,民勿惊避。己未,命顺承郡王勒尔锦为宁南靖寇大将军,讨吴三桂。执三桂子额驸吴应熊下之狱。

壬寅,贼犯澧州。守卒以城叛,提督桑峨退荆州,陷常德。命镇南将军尼雅翰率师守武昌。癸丑,上御经筵。以赵赖为贵州提督。甲寅,吴三桂陷长沙,副将黄正卿叛应之,旁陷衡州。命都统觉罗朱满守岳州,未至,岳州失。辛酉,命刑部尚书莫洛加大学士衔,经略陕西。孙延龄以广西叛,杀都统王永年,执巡抚马雄镇幽之。

——《清史稿·本纪六》

和则养虎为患,战则可能一败涂地。面对这样的两难选择和"三藩"咄咄逼人的气势,康熙力排众议,不顾那些唯恐一旦失败会丢掉荣华富贵的大臣的反对,力主一战,以求一劳永逸地解决问题,表现了一位高明政治家深远的眼光和宏大的气魄。

三藩是指明朝降将吴三桂、尚可喜、耿仲明三个藩王,他们分别盘踞在云南、广东、福建三个省区。三个藩王在明末清初先后降清,为清兵入关立下了汗马功劳。吴三桂被封为平西王,尚可喜和耿仲明也分别被授予平南王和靖南王的封号。

尚可喜因为年老多病,已把藩事交给儿子尚之信主持。尚之信残忍狂暴,酗酒嗜杀,连老子也不放在眼里。他曾经割下行人的肉喂狗,甚至无故刺死尚可喜派来送信的宫监取乐。尚可喜担心儿子早晚会闹出事来,同时也不甘心受他的挟制,便在康熙十二年(1673年)春上书,请求回辽东老家养老。早已有撤藩打算的康熙遂命令撤掉尚藩,将其全部兵士撤回原籍。消息传来,吴三桂和已承袭靖南王爵号的耿精忠(耿仲明之孙)都惶恐不安,他们也上书假意要求撤藩,来试探朝廷的动向。

康熙召集了众臣议定撤藩之事。大部分人持反对意见,只有兵部尚书明珠、户部尚书米思翰、刑部尚书莫洛等少数人坚决主张撤藩。20岁的康熙皇帝力排众议，做出了最后裁决："从其所请，将三藩全部迁到山海关外。"他指出，三藩王手中都握有重兵，已形成了尾大不掉之势，吴三桂等人怀有野心，蓄谋已久，如果不及早除掉三藩，势必养虎成患，危害天下。

吴三桂当年为了报家仇而引清军入关屠杀农民起义军，从而使清兵得以长驱直入。他事明却叛明，降清又心怀异志。镇守云南后，吴三桂利用独占一方的特权，招降纳叛，横征暴敛，不断扩充实力，在三藩中势力最大。他的野心也随之膨胀起来。他以藩府名义任命的官员，吏、兵二部不得干预。他推荐的被称为"西选"的官员遍及天下。凡要害地方，他都千方百计安插进自己的死党。他的儿子吴应熊被召为皇太极之女

尚可喜

的额附(即驸马)，从而成为吴三桂安插在京城的耳目。吴三桂属下有五十三佐领、士兵一万多人，每年朝廷向吴藩支付的俸饷就达九百多万两白银。吴三桂还自行征税、开矿、铸钱，与西藏互市茶马，聚敛财富，秣马厉兵。诡计多端的吴三桂在加紧准备叛乱的同时怕露出马脚，佯作大兴土木，搜罗美女，做出安于享乐、胸无大志的样子来混淆视听，实际上暗中加紧操练，待机而动。

康熙十二年(1673年)冬，关于撤藩的旨意传来，吴三桂认为再不起事就晚了，而且他认为已准备完毕，于是自封为"天下都招讨兵马大元帅"，举起"兴明讨虏"的旗帜，公开叛乱。

吴三桂公开叛乱后，他分布在各地的党羽纷纷响应。各地的告急文书频频传至京城，举朝震惊。原来反对撤藩的人趁机诋毁，认为吴氏叛乱是撤藩引发的。大学士索额图竟要求杀主张撤藩的明珠等人以谢叛逆。年轻的康熙皇帝临危不惧，严厉驳斥了这些护藩的论调。他说："三藩势焰日炽，撤亦反，不撤亦反，因此绝不仿效汉景帝诛晁错以平七国之乱的做法。"随后，康熙下达了武装平叛的命令。

这时其他两藩也举起了反旗，一时战火燃遍了大半个中国。康熙想：吴三桂是三藩之乱的祸首，灭掉吴三桂，其他叛军就会不打自散，于是他确定了重点打击吴三桂的策略。康熙任命勒尔锦为靖寇大将军，命令他由湖南进剿叛军，严防叛军东犯湖广；又派将军瓦尔洛进驻四川，断绝叛军入蜀之路；同时命莫洛率兵驻扎西安，

阻止叛军进兵西北。

曾经嚣张一时的吴三桂在康熙周密的部署和接连打击之下,见大势已去,还想垂死挣扎,急急忙忙演出了登基称帝的丑剧。康熙十七年(1678年)三月,吴三桂派人在衡阳草草修建了百余间庐舍,用黄漆涂刷房顶权做皇宫。谁知狂风骤起,大雨倾盆,把庐舍吹倒一半,瓦上的黄漆也被大雨淋坏,吴三桂非常懊恼,只得潦草成礼。三月十八日,他匆匆登上了临时搭成的祭坛祭祀天地,改国号为周。而此时,清军的攻势却更加锐不可当,吴氏小王朝日益陷入内外交困的境地。年已67岁的吴三桂惶惶不可终日,突患中风噎嗝症死去,仅仅做了不到五个月的"皇帝"。吴三桂死后,由孙子吴世璠继皇位。

康熙十九年(1680年),康熙下令清军分三路进军吴三桂的老巢云南,向叛军发起总攻。不久清军攻入云南,将叛军的老巢昆明包围得水泄不通,守军大都投降。吴世璠走投无路,最后只好穿戴着皇帝衣冠服毒自杀。

吴三桂

没过多久,其他"三藩"的叛乱也被清军平定了下来。康熙二十年(1681年),历时八年、祸及大半个中国的三藩之乱终于被平定了。康熙危急关头当断则断的大智大勇,造就了清王朝两百年的太平盛世。

★以高效管理体系使政令畅通无阻

明太祖出身于农家,苦无学术。但是,在长期的政治斗争中,他深谙"武定祸乱,文治太平"这一封建社会治国平天下的大道。在国事初定的洪武二年(1369年),他就诏谕中书省:"朕恒谓国之要,教化为先。教化之道,学校为本。"行教化,施教育,在此可以说是作为基本国策而颁示的。

——《明史》

帝王要想全面控制局面,最根本的措施是建立一个职责分明、效率较高的行政体系。因为这样一个行政体系可以使政令更加畅通,下情亦可上达,帝王只要能够掌控这个体系,也就能控制全局。

在中国历史上，通过改革行政机构加强中央集权的行动到明清时代达到顶峰。

皇权的至高无上是实现皇帝独裁、大臣辅政的先决条件。既然这是必由之途，首先就要在政治体制中确立、体现出来。元朝时由于中央设中书省以总理全国政务，中书省的大权实际是在左、右丞相手中掌握。如此则中央权力必然会过分地集中于中书省，造成左、右丞相权力的膨胀，因而丞相虽然起到了辅政的作用，可同时又起到了限制政权发展的作用。而在地方设置行中书省，从建制上仿效中书省，掌握了各地的政、法、军权，号称"外政府"。正缘于此，元朝后期各自为政，往往擅权自专，不听朝廷调度，形成了分裂割据的局面。正如我们所知，朱元璋渡江后建立的明政权江南行中书省，也仿效了元朝这种政体，因此一应军国大事均不需向小明王奏请，朱元璋得以江山坐大。因而可以说元制的种种弊端是朱元璋亲历亲闻，所以他既然在前期从这种行政制度中得到了好处，后期却担心部下起而仿效。

正如朱元璋所担心的那样，明朝建立以后，臣僚越礼非分、违法通制的事件层出不穷。有鉴于此，他已经感觉到改革行政机构势在必行。

洪武三年（1370 年），朱元璋指出："夫元氏之有天下，固由世祖之雄武，而其亡也，由委任权臣，上下蒙蔽故也。今礼所言不得隔越中书奏事，此正元之大弊也。君不能躬览庶政，故大臣得以专权自恣。"他之所谓的"躬览庶政"，就是指皇帝要亲预朝政。本来如完全遵照元制，各种政事的处理在中书省便已基本定案，至皇帝处批准就行了。而将政事公文直接递交皇上，越过中书省，也就违背了元制逐级奏请的定制。朱元璋在这里提出要亲预朝政，就意味着他允许这种逾制，将一部分本由中书省处理的政事揽在身上，这标志着他着手削弱中书省的权力职能，进一步扩大皇权的开始。

至洪武九年（1376 年）六月，经过 6 年的经验准备和思想准备之后，他下令改行中书省为承宣布政使司，废除行省平章政事、左右丞相等官职，改参知政事为布政使，以"掌一省之政"，主要管民政和财政。布政使是皇朝派驻地方的使臣，朝廷的政策、法令和派给地方的多种任务，通过他们下达各府、州、县的地方官员。全国除南京为京师直辖外，分为浙江、江西、福建、北平、广西、四川、山东、广东、河南、陕西、湖广、山西十二个布政使司，随着云南的平定，又增设云南布政使司，共为十三个布政使司。各布政使司的管辖范围与元朝行中书省相仿，但不包括各处的卫所。相较而言，布政使司的职权比元朝的行中书省大大缩小，性质也发生了改变，布政使司的长官是朝廷分派各地的使臣，凡事皆需秉承皇帝意旨，使地方的权力集中于中央，有效地避免了各地的擅权自专。

在承宣布政使司之外，各行省还设提刑按察使司，以按察使为长官，掌一省刑名按劾之事。又设立都指挥使司，以都指挥使为长官，管辖所属卫地，掌一方军政。都指挥使司与布政使司、提刑按察使司同为朝廷设在地方的派出机构，合称"三司"。三司互不统属，在地方三司分立行使各自职权，均由皇帝直接指挥。凡遇重大政事均需由三司会议，上报给中央的部院。这样不仅削弱地方的权力，强化了中央集权，而且各地方机构职能专一，互相牵制，既加强了统治效能，又便于皇帝直接控制。对布政使司之下的地方政治机构，朱元璋也加以极大地简化。将元朝的路、府、州、县归并为府、县二级，除府、县外，个别保留州的建制，分府属州和直隶州，地位分别等同于县、府。这样，地方政权的层次简化减少，皇帝命令的逐级下达也就通畅起来。

接着，朱元璋又回过头来对中央机构进行进一步的改革。由于洪武初期先后发生的李善长为代表的淮西集团把持朝廷事件和胡惟庸党案，朱元璋感觉到元朝丞相制度是君主专政的障碍，为此他说："昔秦皇去封建，异三公，以天下诸国合为郡县，朝廷设上、次二胡，出纳君命，总理百僚。当时，设法制度，皆非先圣先贤之道。为此，设相之后，臣张君王威福，乱自秦起。宰相权重，指鹿为马。自秦以下，人人君天下者，皆不鉴秦设相之患，相人而命之，往往病及于君国者。"及至洪武十三年（1380年）正月，左丞相胡惟庸因"谋危社稷"被处死，朱元璋对大臣们宣布道："朕欲革去中书省，升六部，仿古六卿之制，仰之各司所事，更五军都督府，以分领军卫。如此则权不专于一司，事不留于塞蔽。"接着便废除了中书省和丞相，将中书省的权力分属于吏、户、礼、兵、刑、工六部，将各部尚书由原先的正三品升至正二品，侍郎由正四品升为正三品，下属郎中、员外郎。

朱元璋

六部职权加重，同时又分司政务，取代中书省成为全国最高行政管理机构。至此，中国历史上相沿已久的丞相制度被彻底废除，皇权空前扩大了。后来，朱元璋经过十几年的政治实践，认为这一改革取得了成功，并足以法之万世，便作为遗训教诫后世子孙道："自古三公论道，六卿分职，并不曾设立丞相。自秦始置丞相，不旋捷而亡。汉、唐、宋因之，虽有贤相，然其间所用者多有小人，专权乱政……以后子孙做皇帝时，并不许立丞相。臣下敢有奏请设立者，文武群臣即时劾奏，将犯人凌迟，全家处死。"

丞相制度废除后，天下大事皆取决于朱元璋一人，日理万机，政务繁重。尽管他勤勉不怠，可仍感力不能支，遇到棘手之事时，又苦于无人商量，因而作为补充，于洪武十四（1381年）年又设四辅官，以四季为号，用来协理政事。四辅官的职责是为朱元璋讲座治道，与部院官共同处理某些重大事务："刑官议狱，四辅及谏院复核奏行。有疑檄，四辅官封驳"；和谏院官一起审查各地荐举的人才，"凡郡县所举诸科贤才至京者,日引至端门庑下,令四辅官、谏院官与之议论,以观其才能。"但是,这些四辅官多是来自山野的老儒,没有政治经验,起不到协助的作用,对此做了一年尝试后,朱元璋又觉无益于事,便下令予以废除。不用四辅官,政务繁重的压力又至,于是仿效宋制,置殿阁大学士,名义上的职责是辅导太子,实际上则是"授餐大内,常待天子殿阁下,避宰相之名,又名内阁","内阁"之称自此而来。不过,内阁只起参谋顾问作用,至于决策权,则仍然掌握在皇帝的手中。后来,经过建文、永乐洪熙、宣德诸朝的发展,内阁制度初步完善成熟起来。

在废除中书省的同时,朱元璋又撤销大都督府,改设前、后、左、右、中所谓的五军都督府,以分散中央军事机构的权力。并规定五军都督府管兵籍,掌军政,但无调动军队之权,兵部掌军官控选和军令,但无直接指挥军队的权力。"兵部有出兵之令,而无统兵之权;五军有统军之权,而无出兵之令……合之则呼吸相通,分之则犬牙相制",这样,军权也就完全掌握在了皇帝手中。

御史台本是中央的监察机构,但在洪武十三年(1380年),朱元璋宣布废除,而于十五年(1382年)改置都察院,并赋予更大的职权,代表皇帝对行政和军事系统实行监督。都察院的长官为左、右都御史,负责"纠劾百司,辨明冤枉,提督各道",凡"大臣奸邪,小人构党,作威福乱政者"、"百官猥茸贪冒,坏官纪者"、"学术不正,上书陈言变乱成宪,希进用者",均可举发弹劾,遇有朝觐、考察,还可"同吏部司贤否陟黜"。朱元璋说:"以六部为朕总理庶务,都察院为朕耳目。"

都察院的监察职能扩大,更进一步地限制了朝臣擅权、结党情况的发生,扩大和强化了皇权。都察院以都御使为正二品,时称"台职",与部职并重,故都御史与六部尚书合称"七卿"。都御史下设十三道监察御史,分散于全国十三布政使司。每道设7~11人,共120人,是负监视与纠举职责的官员。都察院与六部分权并立,又互相牵制,更进一步产生了良性之效,有力地维护了皇权。

洪武十四年(1381年),朱元璋又置大理寺,长官为大理寺卿,"掌审谳平反刑狱之政令"。刑部、都察院、五军断事官所推问的狱讼,均需将案牍和囚徒移交大理寺复审,"凡狱具,未经本寺评允,请司勿得发遣"。它与刑部、都察院合称三法司,组成了一个纠举、审理、复核的完整司法过程。这样,司法部门也被分散了权力,并互相牵制,利于皇帝操纵。

经过改革和整顿,明朝中央集权制度在唐、宋基础上又大大地向前迈进了一步。行政、军事、司法监察三大系统分立,最高决策权则统于皇帝,朱元璋因此成为历史上权力最大的封建独裁者,明朝也成为中国历史上封建中央集权最为成熟最为完善的封建专制王朝。对此,他曾总结道:"我朝罢丞相,设五府、六部、都察院、通政司、大理寺等衙门,分理天下庶务,彼此颉颃,不敢相压,事皆朝廷总之,所以稳当。"从此,这种体制成为明朝历代相沿的定制,朱元璋下令不得妄自更改,规定:"后世敢有言改更祖法者,即以奸臣论,无赦。"

中国历史上的中央集权经过各个朝代的逐步强化,至朱元璋时达到一个高潮,而至雍正则到峰顶。这两个强权帝王的集权"接力"也确使行政组织机构的效率大大提高了。

★充分利用已掌握的权力为自己造威

初，元舅大臣怫旨，不阅岁屠覆，道路目语，及仪见诛，则政归房帷，天子拱手矣。群臣朝、四方奏章，皆曰"二圣"。每视朝，殿中垂帘。帝与后偶坐，生杀赏罚惟所命。当其忍断，虽甚爱，不少隐也。帝晚益病风不支，天下事一付后。后乃更为太平文治事，大集诸儒内禁殿，撰定《列女传》、《臣轨》、《百僚新诫》、《乐书》等，大抵千余篇。因令学士密裁可奏议，分宰相权。

——《新唐书·列传第一》

武则天是中国历史上独一无二的女皇，后人虽对其褒贬不一，但她在位期间建立的成绩也是不能抹杀的。同时，能在一个夫权、父权占绝对主导地位的男权社会成为至高无上的主宰者，武则天自有其超人之处，其中一条就是利用已掌握的权力为自己造威，再用这不断扩大的威望争取更大的权力，这在她以皇后的地位争取皇位的过程中表现得尤为明显。

武则天虽为皇后，实际上已取代高宗掌握了大权，她的亲党也都随之升迁。武则天势力日大，渐渐不把形同傀儡的皇帝看在眼里，作威作福起来。

武则天的权势不仅显露在她那威严骄横的神情上，在她的亲党身上也不无反映。比如那个李义府，

武则天

他仗着是武则天的亲党，又掌管着选官之权，专以卖官为事。他的儿子女婿也横行不法，民怨很大。唐高宗得知，便将李义府召来，语气温和地对他说："卿的儿子女婿很不谨慎，多有不法之事，我尚可为卿掩饰，卿应该注意一些才是。"唐高宗万万没想到，他这番本不严厉的话却使李义府勃然变色，质问道："谁告诉陛下的？"高宗心中一颤：这难道是一个臣子在对皇上讲话吗？他强压着怒气，说："是我这样说

国学经典文库
国学大智慧
·史学智慧·
图文珍藏版

的,何必寻根问底呢?"李义府根本不正视自己的罪过,迈着舒缓的步子走了。望着李义府的背影,傀儡皇帝很是不悦,但他已经失去了皇帝的权威,也无可奈何。只是在后来,李义府与望气者杜元纪微服出城,候望气色,高宗才以"阴有异图"给李义府定了个罪名,命李绩加以审讯,将他革职除名。

李义府的革职显然会引起武则天的不满。但因李义府其罪已彰,不便为其辩解,只好听之任之。不过,武则天对高宗更加强了控制,高宗有什么行动往往都要受制于武后,他已经不啻于武则天手上的一个玩偶了。高宗意识到自己处境的不妙和可悲,但他已无法改变这种局面,只得吞下自己培育的苦果。

武则天崇尚迷信,有个叫郭行真的道士经常出入宫中,还为武后行咒诅巫术。咒诅何人?虽不便直宣,但其意人人明白。

有一天,高宗正在宫中闷坐,一个宦官向高宗告发了这件事。高宗气得非同小可。行巫术是高宗最厌恶的,并已明令禁止,当年王皇后失宠便因此而致。现在武则天又违犯禁令,且居心叵测,高宗哪能忍受得了?他马上传旨他的近臣上官仪进宫,打算与他共商对策。上官仪,字游韶,陕州陕县人。贞观初年,因他精通经史,工于文章,举为进士。唐太宗得知他的才学,召授为弘文馆学士,累迁秘书郎。上官仪成了太宗的文友,太宗写了文章,要让他先读,写了诗,要让他唱和,每有宴会也要求上官仪必到。后转为起居郎,加绢赐帛。高宗即位后拜为秘书监,进西台侍郎,同东西台三品。上官仪的诗章绮错婉媚,时人称之为"上官体",争相效仿。上官仪虽工诗,但恃才任势,朝中不少人都嫉恨他。不过,高宗对他却是极赏识的,特别是在当时已近孤立的情况下,上官仪更成了他为数不多的心腹。

君臣见面后,高宗不胜其忿地说出了武则天的专恣,请他出个主意。上官仪沉思半晌,说道:"皇后骄横,天下共怨。以臣之见,莫如将她废掉,以安人心,永保社稷。"高宗正在气头上,当即表示同意,并令上官仪马上起草诏书,夺回武则天的凤冠,像当年对待王皇后那样把她打入冷宫。

但高宗的想法未免太天真了,现在已不是八年前,武则天也不是当年的王皇后,皇权也已名存实亡,旁落于他人之手,对这样的事情已经难以随心所欲了。高宗的废后诏书还没下宣,早有人把这个消息报知武则天,诏书的墨迹未干,武则天已面带愠怒,出现在高宗面前。

武则天点破了高宗的这一密谋,然后不卑不亢地陈述起这几年她母仪后宫、辅佐皇上的往事,并委婉地而不失严厉地质问皇上,为何不顾夫妻之情,妄弃无辜。怯懦的高宗本来就对武则天有三分畏惧,而今面对武则天的威严,他更是胆战魂悸,不知所言。他收起了诏书,向武则天道了好一番不是,深悔自己的过错。武则天微微一笑,拂袖而去。

高宗再也不敢有废武的念头,对武则天待之如初。即便这样,他仍惊魂难定,唯恐武则天怨怒。为了开脱自己,博得武则天的笑颜,他将这件事一股脑儿推到上官仪身上,说当初他并无此心,完全是上官仪怂恿的结果。

对皇上一片忠心的三朝重臣上官仪成了替罪羔羊,他被无情地抛给了武则天,他不可能再进行辩解，只好伸出脖颈，任人宰割了。

武则天要杀上官仪，易如反掌。但她不愿落个妄杀大臣的罪名，她必须寻个借口。许敬宗提醒她，上官仪和宦官王伏胜都曾服侍过已废的太子忠。太子忠当陈王时，上官仪当过王府的五品咨议参军，是废太子忠的旧属。许敬宗的提醒使武则天顿开茅塞。她想，虽说在四年前废太子忠已被贬徙黔州，囚禁于当年的废太子承乾的故宅，但"庆父不死，鲁难未已"。其人既在，终究是个隐患。何不来个一箭双雕，将他们一并除掉？这样，既可解除心腹之患，又可报今日之仇。她计议已定，当即让许敬宗起草了一份奏章，称上官仪和王伏胜串通庶人忠，密谋作乱，倾覆帝室。

高宗阅过这份"莫须有"的劾奏，心里暗暗为上官仪和王伏胜叫苦。但是，他能说什么呢？即便说了又有何用呢？他叹了口气，批准了许敬宗的奏章。十二月间，上官仪被投进牢狱，与其子庭芝、王伏胜皆处斩首，籍没其家。与此同时，赐庶人忠死于囚禁之所，又株连了朝臣多人，凡与上官仪有联系的都被流贬。武则天的敌对势力又受到一次狠狠的打击，高宗皇帝更加孤立了。

从此以后，高宗每日视朝，武则天则垂帘于后。政事不论大小，都由皇帝、皇后二人决断，天下大权悉归中宫，黜陟生杀，皆取决于武则天之言，天子形同虚设，群臣朝谒，万方表奏，都呼为"二圣"，武后权势之大，只差没有帝号了。

在上官仪被处死的前两个月，麟德二年（公元665年）十月，武则天向高宗上了一纸关于封禅的表奏。封禅是古来统治者举行的一种祀典，封为祭天，禅为祭地。封禅一般都是同时进行。封都在泰山，据说，这是因为泰山是东岳，东方主生，是万物之始、阴阳交替的地方；禅在泰山附近的六云山、亭亭山、梁父山、社首山、肃然山，也有在会稽举行的。封禅的仪式复杂而神秘，要耗费大量资财，其目的或是告诉上天已经改朝换代，新的帝王是来接受天命的；或是夸示皇帝有德政，天下太平；或是祈求长生不死，延年益寿。秦始皇、汉武帝、汉光武帝都举行过这种祀典。唐太宗也曾企图进行封禅，因魏征等人力谏而止。

武则天表请封禅是有她的打算的，她想借此在国人面前提高威信，显示自己的统治力量。她在表奏中称："封禅旧仪，祭皇地祇，太后昭配，而令公卿行事，礼有未安，至日，要请率内外命妇奠献。"

高宗自然依从。下诏说："禅于社首山（今山东兖州博城县内），以皇后为亚献，太宗妃燕氏为终献。文舞用功成庆善乐，武舞用神功破阵乐。"先偕太妃、皇后等赴神都洛阳，休息数日，再由洛阳出发，所有卤簿仪卫，百里不绝，经两个月方到泰山，进抵泰山山峰之一的社首山下。

这次封禅，武则天一反公卿亚献的惯例，自请代之。这在历史上所有的封禅活动中都是个破例。它显示了武则天在朝中的位置和势力，同时也是对取代皇位的试探。经过了这次试探，她便大胆、稳步地开始了夺取皇位的计划。通过这一系列的行动，威树立起来了，权力扩大、巩固了，皇位也就尽在掌握。

★对象变了策略也要变

忽必烈是成吉思汗之子拖雷的第四子，蒙哥汗的弟弟，1215 年生，童年便随成吉思汗的蒙古大军西征。青年时代，便"思大有为于天下"，广结中原文士，了解中原汉地的情况，熟悉儒家治国平天下之道。1251 年，蒙哥汗即位后，受命主管"漠南汉地军国庶事"，更广泛地招贤纳士，博采众长，开始学习和接受儒家思想，表现了与当时其他蒙古统治者不同的雅量和气度。

——《元史》

帝王管人过程当中面对的对象如有变化，你的措施也必须随之调整。

忽必烈从一开始即位，便显得不同凡响。他没有沿用以前大汗的做法，却破天荒一反过去大汗们遵守蒙制的老传统，而是采用汉人的年号——中统来纪元。这一划时代的做法，断然从历史上将蒙古帝国一分为二，从而远远地将一个旧帝国抛在了身后。所谓的"中统"，就是中朝正统，从此以后，他俨然成了中原的统治者。

在诸多的政治变革中，最有成就、最值得一提的则是忽必烈对政权机构的建设。

从在开平即位的那一天起，忽必烈就秉着"立经陈纪"的原则，开始了新的政权建设，并多次向大臣们表示了自己"鼎新革故，务一万方"的雄心壮志。

忽必烈

忽必烈的高明之处，就在于他并非只注重徒有其名的空壳，而是立即着手设立中央政权机构，赋予它们以实际的权力。他"内立都省，以总揽宏纲；在外设立总司，来处理各地的政务"。这里我们不能忘记王文统的功劳。

忽必烈虽然采用了汉法，但他却不拘泥于汉法，他大胆革新的精神使我们不能不对他佩服。并且我们也还发现，在忽必烈改组机构的重大创举中，他所依赖和任命的大多是汉人儒士。从中书省、行中书省到各路的宣慰使司，许多高级官员都是

汉人。例如中书省的史天泽、王文统、赵璧、张易、张文谦、杨果、商挺诸人即是。即便是1260年五月所设置的十路宣慰司，担任行政长官的，很少有蒙古族的人士。虽然在1261年，中书省官员经过调整，增入了蒙古贵族不花、塔察儿和忽鲁不花等人，但他们由于缺乏实际的政治经验和管理才能，只能是起象征性作用的人物。所以，忽必烈在最初的行政机构的改建中，的确抛弃了蒙古旧制，也难怪守旧的蒙古贵族对此极为不满。他们从蒙古草原派出使者质问当时驻在开平的忽必烈说："本朝旧俗，与汉法不同，今天保留了汉地，建筑都城，建立仪文制度，遵用汉法，其故何如？"对此，忽必烈坚定地回答他们说："从今天形势的发展来看，非用汉法不可。"旗帜鲜明地向蒙古王公贵族表明了自己要实行汉法的决心。

按照"汉法"改革的思路，忽必烈的机构改革是一竿子插到底，从中央到地方，一揽子进行。在地方上除了完善行省制度外，还设立了廉访司、宣慰司，在行省下设路府州县四级行政机构来具体负责地方事务。尽管设置这些都没有什么大的建树，全都是借用了宋、金的制度。然而，他毕竟将蒙元帝国的行政改革推上了汉化的道路。

1263年，完成了中书、行省创建的忽必烈也并没有放松对军事衙门的改置。此前的万户、千户的设置在民政、军政上不分，常有分散军事权力的隐患。随着元朝统治的扩大，一个统一的军事权力机构的建立也势在必行。因而这一年精疲力竭的忽必烈便下诏："诸路管民官处理民事，掌管军队的官员负责军事，各自有自己的衙门，互相之间不再统摄。"1264年元月，全国最高军事机构——枢密院诞生了。枢密院的设置，是忽必烈又一次对蒙古原有的军政不分家旧制的重大变革。当然，忽必烈多少也在这个方面保留了一些民族特色，他仍然将四怯薛——亲兵长官牢牢地掌握在自己的手中，以防止突然的事件。万户长、千户长也并没有完全从蒙古帝国清除掉，仍然在蒙古人中保留了这一头衔。并且自从枢密院建立后，出于民族防范的需要，老谋深算的忽必烈从不轻易地把兵权交给汉人掌管，除了他非常信任的几个汉人之外。

从小便习惯在马背上射猎厮杀的忽必烈并未忽视兵权的重要性，实际的斗争经验也使他深深懂得武装力量对于国家政权以及统治的保障作用，就在他即位大汗的初年，此起彼伏的农民起义便"相煽以动，大或数万，小或数千，在在为群"，搅得他心惊肉跳，何况还有一个苟延残喘的南宋小朝廷等着他去消灭，恐怕仅靠蒙古军是完不成这一历史任务的。对军事改革的迫切性、重要性，忽必烈一点儿没有忘记。随着他的政治统治的稳定，他的军事制度日趋完善，忽必烈时期不仅有一套完整军队的宿卫和镇戍体系，而且将他的祖先所留下的怯薛制发挥得淋漓尽致。

怯薛制无疑在元朝的军制乃至官僚体制中都具有非常重要的地位，怯薛不归枢密院节制，而由忽必烈及其继承者们直接控制；怯薛的成员怯薛歹虽没有法定的品秩，而忽必烈却给予他们很高的待遇。一个明显的事实是，每当蒙古帝国大元皇帝们与省院官员在禁廷商议国策时，必定有掌领当值宿卫的怯薛长预闻其事。所以怯薛歹们难免利用自己久居皇宫、接近皇帝的特权，常常隔越中书省而向皇帝奏事,从内宫降旨,而干涉朝廷的军国大政,这与他们所处的环境、身份与地位有相当大的关系。

诚然,忽必烈也知道内重于外、京畿重于外地的军事控制道理,因而,他便建立了皇家的侍卫亲军,让他们给自己保卫以两京为中心的京畿腹地。忽必烈时共设置了十二卫,当时卫兵武器之精良、粮草之充足、战斗力之强,都是全国各地的镇戍军所不敢望其项背的。

我们也不能不佩服忽必烈改建军队的才能,在偌大的民族成分各异的帝国内,忽必烈不费吹灰之力就将不同地区、不同民族的军队分为四种,即蒙古军、探马赤军、汉军、新附军。而对于军队数量之多,连马可·波罗也不能不感到惊奇:他说"忽必烈大汗的军队,散布在相距二十、四十乃至六十日路程的各个地方。大汗只要召集他的一半军队,他就可以得到尽其所需那么多的骑士,其数量是如此之大,以至于使人觉得难以置信。"

封建王朝的各朝各代,能够控制军队的皇帝,恐怕没有几个,而忽必烈却有幸与他们为伍,他创置军队不仅有新意,而且掌握使用军队也很独特。所以帝国的"天下军马总数目,皇帝知道,院官(指枢密院官)里头为头儿的蒙古官人知道,外

马可·波罗

处行省里头军马数目,为头的蒙古省官们知道"。这在当时是一个不成文的规定。而且边关的机密,朝廷中没有几个人知道,没有忽必烈的命令,一兵一卒也不能擅自调动。恐怕正是由忽必烈对大元帝国的军事机器的精密装配,才使元朝立足中原一百多年。

这便是忽必烈主述变通、勇于革新的第二大内容。

除了以上改革之外,忽必烈这位从大漠走来的皇帝在发展生产与剥削方式方面的改革也一点不逊色于其他有为的汉族皇帝。这一点,也正是在这一点上,忽必烈不仅赢得了广大汉人文士们的拥护,也得到了饱尝三百年战乱的中原各族以食为天的农夫们的拥护。因而,中原的人们承认了他"中国之帝"的身份。这就是他的重农政策所取得的巨大成功。他不仅雷厉风行地在全国各地创置劝农一类的机

构,派出官员们鼓励农桑,而且多次发布诏令,保护农业生产,还广兴军屯、民屯、颁布《农书》,推广先进的农业生产技术,以指导民间的农业生产等等,都使被破坏或中断了的农业生产力得以恢复,使得农业经济继续向前发展。他的这项对农业生产方面的改革成功,以至于后来的封建文人们,也不能不对他倍加赞赏,这是一种领导智慧的反映。

★ 深挖细究惩顽凶

夏四月己卯,调年羹尧为杭州将军。以岳钟琪为川陕总督。遣学士众佛保、副都统查史往准噶尔定界。以董吉那为江宁将军。辛卯,以田从典为大学士。

五月癸亥,以左都御史尹泰为盛京礼部侍郎,兼理奉天府尹。

六月癸酉,诏年羹尧之子年富、年兴,隆科多之子玉柱俱褫职。乙亥,命上三旗世职及登城巴图鲁之予,二十以下,十四以上,拣选引见录用。削年羹尧太保,寻褫其一等公。

秋七月丁未,削隆科多太保。壬戌,大学士白潢罢,以高其位为大学士,张廷玉署大学士。命隆科多往阿兰善山修城。壬戌,杭州将军年羹尧黜为闲散旗员。

——《清史稿·世宗本纪》

对于曾经劳苦功高,现在又尾大不掉的人,管人者绝不能简单从事,或一走了之,或纵容不问,而是要深思熟虑,做好充分准备,通过深挖细究,让他绝无藏身之地。常言说:"只有大乱才能大治",当朝政出现危机,内部混乱人心骚动时,许多的投机钻营者"江山易改,本性难移",纷纷显现出了本来面目。雍正看到了这些,他极需要从中掀出一两个反面典型,杀一儆百,惩前毖后。于是年羹尧、隆科多不幸撞到了刀刃上,雍正也正好借此机会在除去心腹大患的同时警示大臣们要有所收敛,不要无法无天了。然而,要想尽快扳倒自己亲手树立起来的模范典型,使之威风扫地永不翻身却非易事,加之年羹尧久居重位,根深蒂固,党羽颇多,所以要将他打倒确实需要花费一些心计。俗话说,"请神容易送神难",从某种程度上说,推翻自己一手提拔的人才比当初提拔笼络时还要难。雍正对此也须谨小而慎微、见机行事才好。他可以传旨轻松地将年羹尧给免了、杀了,但那样未免过于草率,非但难以服众,反而会招致祸端。对此。雍正大帝的做法是:联络众大臣造就声势,暗示年羹尧的部下挺身而出,予以检举揭发,引蛇出洞,使其势力逐步削弱,而后将其慢慢地引向自己设计的陷阱之中。

怎样才能真正地孤立年羹尧?经过深思熟虑后雍正使出了一个杀手锏,就是保护甚至是提拔年羹尧弹劾的官员,使其为我所用,进而让他们倒戈年羹尧,使他陷于四面楚歌八方围困的不利境地。到那时,即可以不费吹灰之力,使年羹尧不战自败。

此前，年羹尧为了达到扩充自己势力的目的，不断地排斥异己，把那些不太听话的官员通过别人进行弹劾，比如他指使甘肃巡抚胡期恒上奏弹劾陕西驿道金南瑛。但雍正心明眼亮，硬是将此弹劾给顶了回去，使年羹尧的阴谋没有得逞。不久，四川巡抚蔡廷也被年参奏，这是一个经刑部审议后应当判斩的案例，但雍正却对此不以为然，甚至公开召见蔡廷，对他进行宽慰，完全没有治罪的意思。蔡廷也就顺水推舟表达了自己对年羹尧的不满。雍正看到蔡廷对自己有用，便力排众议，提拔蔡廷为左都御史。

年羹尧

为了找到打击年羹尧的证据，雍正可谓煞费苦心，他常常抓住一点不放，小题大做，将一件小事上线上纲，使年羹尧陷入进退两难的尴尬境地。比如雍正三年（1725年）二月，出现了所谓"日月合璧，五星联珠"的祥瑞嘉兆，朝内百官都纷纷向雍正上书表示祝贺。年羹尧也不想错过这个拍马屁的机会，于是上书颂扬雍正朝乾夕惕，励精图治。但他一不留神将"朝乾夕惕"误写成了"夕惕朝乾"。这显然是年的失误，但也不至于闹到兴师问罪的地步。可雍正却抓住不放，放言说年羹尧别有用心，图谋不轨。他"不欲以'朝乾夕惕'四字归之于朕耳"。既然如此，雍正便借题发挥："年羹尧青海之功，朕亦在许与不许之间未定也。"并说由此可以看出"年羹尧自恃己功，显露其不敬之意。其谬误之处断非无心。"这就使得年羹尧哑巴吃黄连，有苦说不清了。

为了预防年羹尧拥兵叛乱，雍正采用了拆散其党羽的做法，全面更换川陕官员，同时还私下暗查年的属下，决心将年的同党一网打尽。雍正还就年羹尧的问题让一些不知底细的人表态，引蛇出洞——这一招果然厉害，一些对年赞赏的人自投罗网，河南省河北镇总兵纪成斌在对年表态的问题上优柔寡断，他居然考虑观望了两个多月，才真正明白了雍正的意图，于是他便赶紧表明立场，声称年羹尧是个背恩负国之人。雍正就是用这样一种刚柔并济的手法迫使一些官员与年羹尧分庭抗礼。

做一件事情一旦时机成熟，就应该抓住机遇，当断则断，切不可犹疑不决，以致错过了大好时机。看准整治年羹尧的火候已到，雍正便迅速下诏命年交出大将军印，调虎离山，以防后患。

在降年羹尧为浙江杭州将军时,雍正大帝在年羹尧谢恩的折子上写下了含意颇为深远的一段话。这段话是这样说的:"朕闻得早有谣言云,帝出三江口,嘉湖作战场之语。朕今用你此任,我亦奏过浙省之论,朕想你若自称帝号,乃天定数也,朕亦难挽;若你自不肯为,有你统朕此数千兵,你断不容三江口令人称帝也。此二语不知你曾闻得否?再你明白回奏二本,朕览之实实心寒之极,看此光景,你并不知感悔。上苍在上,朕若负你,天诛地灭。你若负朕,不知上苍如何发落你也。"

雍正对年的惩治到了收尾阶段,他开始号召官员们揭发年羹尧的罪名。墙倒众人推,一时间揭发年的材料满天飞,雍正还将这些材料示与年羹尧,还伤口撒盐似的让其看后回奏,从而彻底地摧垮了年羹尧的心理防线。

雍正

雍正在众多奏折中为年羹尧总结出了五大罪状。这些罪状基本上都是年本人放纵过度、自取灭亡的必然结果,这五条罪状是:

一、目中无人,作威作福。

二、拉帮结派,任人惟亲。

三、收贿卖官,贪污腐败。

四、巧立名目,大发不义之财。

五、勾心斗角,争权夺利。

将年羹尧的罪名搜集齐全后,雍正大帝并没有马上对他打击,而是先从他的亲信和党羽的身上作为突破口。

第一个被雍正开刀的是年羹尧的儿子,大理寺少卿年富、副都统年兴、骁骑校尉年逾等,他们都被削职处理。接着,与年羹尧有牵连的人也一个个被揪出来打击惩治,年的党羽被雍正撒下的网一一捕获。附庸在年羹尧这棵大树上的猕猴都纷纷散去了,只留下了这棵摇摇欲倒的大树。

时机已经成熟,雍正开始快刀斩乱麻。他先是让众臣表态如何处置年羹尧,然后以群臣请求的名义逮捕年羹尧。为了置年羹尧于死地,除了大臣们揭批年的九十二条大罪外,雍正还特意罗织了年的第一大罪:图谋不轨欲夺皇位。最后,雍正念年平定青海有功,遂施恩令其自裁。

第二章 以德服人，笼络人心

★要善于把能人变亲信

于时海内渐平，太宗乃锐意经籍，开文学馆以待四方之士。行台司勋郎中杜如晦等十有八人为学士，每更直阁下，降以温颜，与之讨论经义，或夜分而罢。

——《旧唐书·太宗本纪》

亲信的好处是忠诚，能够无条件地支持你。能做大事的管人者善于把能人培植成亲信，让他以其才能忠诚地为自己效命。

平定刘武周、窦建德和王世充后，唐初统一战争取得了决定性的胜利。秦王李世民于武德四年七月甲子，一路上"至长安，世民披黄金甲，齐王元吉、李世勋等二十五将从其后，铁骑万匹"，真可谓春风得意，威武十分。李渊"以秦王功大，前代官皆不足以称之，特置天策上将，位在三公上。冬，十月，以世民为天策上将，领司徒，陕东道大行台尚书令，增邑二万户，仍开天策府，置官属"。

随着机构的确立和地位的攀升，李世民的政治野心也随之增长：就在平王世充时，李世民和房玄龄"微服"拜访一位名叫王远知的道士。王远知说："此中有圣人，得非秦王乎？"李世民据实相告，道士又说："方作太平天子，愿自借也。"李世民把这话一直记在心里，"眷言风范，无忘寤寐"。

由此可以看出，李世民当"天子"的念头原本已经有了，而李建成因"立嫡以长"的惯例成为太子，当他看到、听到、察觉到李世民的政治野心时，不能不"颇相猜忌"。

于是李世民与李建成之间的矛盾便日益公开，李世民也越来越觉得自己名正言顺，向长兄挑战的意味日渐明显。

对于李世民来说，欲为"天子"的思想一旦形成，接下来该做的事便是开始修路了。

李世民深知，要想实现自己的政治抱负，就必须有自己的政治势力。关于这方面，其实早在起兵前，李世民便有所留心，在晋阳"密招豪友"，通过"推财养客"的手段，培植、结交了一些地方势力，这些人对李世民"莫不愿效死力"。

如果说此时的李世民是为起兵反隋而网罗人才的话，似乎是无可挑剔的，而在李唐政权建立、其兄李建成被立为太子之后，李世民借统一战争之机广泛搜罗人才很难说绝无政治目的了。这一时期在他所搜罗的人才中有一名叫杜如晦的人，此人在隋时已被人视为"当为栋梁之用"的人物，平定长安后，李世民将他引为秦王府兵参军，不久又被李渊调离秦府，任陕州总管府长史。当时秦王府记室房玄龄对李世民说："府僚者虽多，盖不足惜。杜如晦聪明识达，王佐之才也。若大王守藩端拱，无所用之；必欲经营四方，非此人莫可。"

李世民闻听大惊，道："尔不言，只失此人矣。"李世民遂奏留

杜如晦为府属。可见，此时的李世民已有"经营四方"的大志，而不甘于"守藩端拱"了。由于李世民对杜如晦、房玄龄等早期人才的搜罗，此风已开，一干才俊便逐渐开始形成了以秦王李世民为核心的政治集团。

在统一战争中，李世民又乘机搜罗了大批将才，使自己的手下有颇多名将。如在破刘武周时招抚的著名将领尉迟敬德，此人不但在洛阳之战中救过李世民，而且在后来的玄武门之变中又有上乘表现。又如屈突通，原为隋朝大将，其人性刚毅，好武略，善骑射，后兵败降唐，乃为秦王府行军元帅长史，并从平薛举，又讨王世充，功不可没。

这样的人才后来更多。再如刘师立，初为王世充将军，洛阳平定后，本当诛戮，但因秦王惜其才，特免其死，为左亲卫，成为手下的亲信。张公谨初为王世充治州长史，降唐后，因李世勣与尉迟敬德的推荐，被秦王引入幕府成为心腹。秦叔宝、程知节原从李密，后归王世充，但他们认为王世充"器度浅狭"，不是拨乱之主，非托身之所，故于两军阵前归唐，又如侯君集、李群羡、田留安、戴胄都成了李世民的心腹爱将。

作为一个有抱负、有远见的年轻军事家、政治家，李世民懂得，天下动荡不安之时，要靠军事实力削平全国各地割据之雄，而要征伐战斗，就必须依赖于善战的武将。这种方略是在战争时期所通用的。然而，战争毕竟是有阶级性的，战争的目的是获得政权，这个目的一经达到，方略就会变成另一种样子，旧的方略便不再适用

杜如晦

于新的形势。这是因为,政权只能由马上得之而不可在马上治之,这时,就需要文才儒学之士了。

用一个政治家的眼光来看待统一,李世民敏锐地感觉到文治之重于武功的好处。正是凭着这种延揽人才的思想,李世民引入并重用了儒生房玄龄和杜如晦。

房玄龄自幼聪敏,在隋时就已被“伯乐”视为“必成伟器”,有“王佐之才”的人才。李渊起兵后,房玄龄杖策谒于军门,受到李世民重用,成为军中记室参军,他“每军书表奏,驻马之成,文约理赔,初无稿草”,可见其写作能力很强。房玄龄在秦王府十几年中对李世民忠心耿耿。每次战争之后,“众人竟求珍玩,玄龄独先收人物,致之幕府。乃有谋臣猛将,皆与之潜相申结,各尽其为”。昔在秦末,刘邦率军攻入咸阳阿房宫,一些将军们纷纷掠珍玩、掳女人,惟萧何则直奔秦朝的籍簿和文册。房玄龄有轻物重人之德,真是比之汉朝萧何有过之而无不及。李世民身边之所以有如此多的能人强将,与房玄龄的伯乐之德不无关系。

再如杜如晦,在李世民领导的统一战争中,他为李世民运筹帷幄,“时军国多事,剖断如流,深为时辈所服”。

此外,李世民用人不避亲,他所任用的自己的妻兄长孙无忌,从小就和自己是好朋友,随后跟着李世民南征北战立下汗马功劳。

李世民以武定祸乱,出入行走之时,跟随的都是骁武的勇士。到了天下已定之时,又建立弘文馆,招揽了诸如于志宁、姚思廉、苏世长、薛收、褚亮、盖文达等人才,这些人后来便成了李世民政治上的决策团,也是他的智囊团。

★以德服天下是柔术的至高境界

二月丁亥,上亲征噶尔丹,启銮。是日,次昌平。阿必达奏哈密擒获厄鲁特人土克齐哈什哈,系害使臣马迪之首犯。命诛之,子女付马迪之家为奴。戊戌,上驻大同。丁未,次李家沟。戊申,诏免师行所过岢岚、保德、河曲等州县今年额赋。是日,次辇鄢村,山泉下涌,人马沾足。庚戌,遣官祭黄河之神。

——《清史稿·圣祖本纪》

一个帝王要想做到四海宾服、臣民顿首,需要刚柔并济,而以德服天下,正是柔术的至高境界。

土尔扈特是厄鲁特蒙古四部之一,明末,该部一直和准噶尔、和硕特、杜尔伯特三部一起居于准噶尔地区。明朝崇祯初年,该部因无法忍受绰罗斯部贵族的压迫和控制,在其首领和鄂尔勒克的率领下,离开世代居住的塔尔巴哈台一带地方,几经辗转之后,定居于伏尔加河下游一带。

在旅居国外近一个世纪的时期中,面对异国殊俗,土尔扈特部人民无时无刻不

土尔扈特回归

在思念自己的祖国,并且不顾山险路长,一直和中央政府以及留居原地的厄鲁特各部保持着密切的关系。崇祯十三年(1640年),和鄂尔勒克带领他的儿子书库尔岱青从数千里之外回到塔尔巴哈台,参加准噶尔部台吉巴图尔珲主持的厄鲁特与喀尔喀各部的王公会议。

在这次会上,他和各部首领共同制定了有名的《蒙古厄鲁特法典》,调整了蒙古族各部的关系。和鄂尔勒克还和准噶尔部建立了密切的通婚关系,他把女儿嫁给了巴图尔珲台吉,而孙子朋楚克又娶巴图尔珲台吉之女为妻,从而使两部之间的关系得到了改善和加强。康熙初年,朋楚克之子阿玉奇刚刚登上汗位不久,就遣使向清朝纳贡。

在厄鲁特台吉噶尔丹向中央政府发动进攻时,阿玉奇汗坚决站在清朝政府一边。他一方面将自己的女儿色特尔札布嫁与策妄阿拉布坦为妻,在厄鲁特内部建立反对噶尔丹的统一战线;同时,还遣宰桑多尔济札布所部千人驻防阿尔泰,与清军协同作战。

康熙三十六年(1697年),噶尔丹叛乱平定后,阿玉奇汗又于万里之外专程遣使入京祝捷。但是,继噶尔丹之后,策妄阿拉布坦又割据西北,从而严重阻碍了土尔扈特部人民与中央政府的往来。康熙三十八年(1699年),阿玉奇遣使进京朝贡，返回途中，使臣被策妄阿拉布坦杀害。康熙四十三年（1704年），阿玉奇之侄阿拉布珠尔偕母进藏熬茶，归途计划取道准噶尔，又被策妄阿拉布坦所拒绝。阿拉布珠尔无路可走，只好遣使北京请求内附。康熙对其十分同情，赐封为固山贝子，并划给他们嘉峪关外一带地方作为游牧地区。

面对这种情况，身居异域的土尔扈特部人民焦急万分。为此，他们被迫答应沙皇彼得一世借兵3000与瑞典作战的要求，以巨大的民族牺牲为代价，换取了经过俄罗斯领土，借道西伯利亚向清朝中央政府朝贡的权利。康熙五十年（1711年），阿玉奇汗所遣使节萨穆坦等8人历时2年到达北京，面见康熙，倾诉了对祖国的依恋之情。

萨穆坦等人的到达，使康熙深受

康熙

感动。为了表达对远离祖国，寄居异域的土尔扈特部人民的关怀之情，决定派遣内阁侍读图理琛等代表清朝政府前往探望。康熙五十一年（1712年）五月二十日，图理琛一行30多人离开北京，取道喀尔喀蒙古，进入俄罗斯境内。由于沙皇政府的阻挠，致使使团在中俄边境俄国一方滞留5个多月，才得到允许借道的通知，使团才得以继续前行。他们渡过贝加尔湖，穿过西伯利亚，通过寒带的森林和沼泽，行程1万多里，历尽千辛万苦，终于到达欧洲里海北边的大草原。康熙五十二年（1713年）十一月中旬，使团一行行至土尔扈特与俄罗斯相邻重镇萨拉托夫，并将使团到达的消息正式通知阿玉奇汗。

闻知祖国亲人到达的消息，土尔扈特部人民异常激动，十分高兴。阿玉奇汗立即"传集其部落，修治毡帽衣服，预备供给"，并派台吉魏正等前往迎接。

康熙五十三年（1714年）正月，图理琛一行一踏上土尔扈特部游牧地，阿喇布珠尔的父亲，阿玉奇汗的哥哥纳札尔玛穆特因为感念朝廷厚待他的儿子，早已在伏尔加河畔恭候，并向使团献上马匹礼物。

一路上，使团受到了隆重接待，阿玉奇汗备办宴席跪迎使团。六月初，当使团进入阿玉奇汗驻地玛努托海时。阿玉奇汗特地举行了隆重的欢迎仪式。先由图理琛宣读康熙圣旨，问候阿玉奇汗，传达朝廷遣归阿喇布珠尔的决定，然后又递交了康熙赏赐阿玉奇汗的礼品，阿玉奇汗则"陈列筵宴，排列牲畜"。

此后十几天的时间里，为了表达对使团的深情厚谊，阿玉奇汗的妹妹，鄂齐尔图车臣汗之妻多尔济拉布坦，阿玉奇汗的妻子达尔玛巴拉、长子沙克都尔札布、幼子策凌敦多布等，也都分别设宴款待使团一行，向使团赠送了大量的礼品。席间，他们对祖国亲人前来探望表示由衷的感谢，询问了故国政治、经济各方面的情况，倾诉了土尔扈特人民对故国的深切思念之情，还对沙俄政府暗中阻挠使团行程进行了揭露。十几天的时间里，使团一行和土尔扈特部人民都沉浸在亲情相聚的幸福之中。

在圆满完成出使使命之后，康熙五十三年(1714 年)六月中旬，图理琛一行启程回国。基于对祖国、人民的无限深情，阿玉奇汗在为使团一行举行隆重的欢送仪式的同时，又再次遣使随同使团进京朝贡。

由于沙俄政府的无理阻挠，阿玉奇汗派出的朝贡使者刚刚走到喀山，即被扣留并被迫返回原地，这一愿望未能实现。但是土尔扈特部人民对故国的深情厚谊以及沙俄当局的阻挠、破坏情形却由图理琛一行带回北京。

尽管土尔扈特部人民长期旅居国外，清朝政府却一直视之为自己子民，并以各种形式与其保持联系。图理琛本人也以出使见闻，著成《异域录》一书，记述了俄国及土尔扈特山川、民风、物产，并绘有地图，翔实地记述了使团与俄国交涉，和阿玉奇汗等人的往来情况，从而加深中央政府和广大士庶对土尔扈特部人民的了解和关心。与此同时，沙俄政府阻挠土尔扈特部人民与中央政府互相来往的无理行动也更加激起了土尔扈特部人民的无比愤慨和对祖国的无限思念之情。

半个多世纪后，长期积攒的这种民族情绪终于爆发了。乾隆三十五年(1770 年)，土尔扈特部十数万人发动了反俄大起义，并在渥巴锡汗的率领下，彻底摆脱沙俄控制，浩浩荡荡地踏上了返回祖国的征程。在回国途中，他们击退了沙俄军队的追击，战胜了哈萨克、布鲁特等部的骚扰，克服了给养缺乏、疾疫流行等许多难以想像的困难，终于在乾隆三十六年(1771 年)六月进入中国境内并受到了清朝政府的热烈欢迎和妥善安置，从而实现了他们长期以来要求返回祖国的美好愿望。康熙以大德对待一心归附的土尔扈特人，既表现了一个帝王的宽大胸怀，更显示了他以德服天下的管理智慧。

★ 花大力气请来左膀右臂

时先主屯新野。徐庶见先主，先主器之，谓先主曰："诸葛孔明者，卧龙也，将军岂愿见之乎？"先主曰："君与俱来。"庶曰："此人可就见，不可屈致也。将军宜枉驾顾之。"由是先主遂诣亮，凡三往，乃见。因屏人曰："汉室倾颓，奸臣窃命，主上蒙尘。孤不度德量力，欲信大义于天下，而智术浅短，遂用猖蹶，至于今日。然志犹未已，君谓计将安出？"亮答曰："自董卓以来，豪杰并起，跨州连郡者不可胜数。曹操比于袁绍，则名微而众寡，然操遂能克绍，以弱为强者，非惟天时，抑亦人谋也。今操已拥百万之众，挟天子而令诸侯，此诚不可与争锋……诚如是，则霸业可成，汉室可兴矣。"先主曰："善！"于是与亮情好日密。

——《三国志·诸葛亮传》

人才难得，能够成为管人者左膀右臂的人才更是难得。对这样的人才就要不惜气力，不惜牺牲个人尊严去"追求"。如果"追求"成功，领导的效率势必大大提高。

在官渡之战以后，袁绍带领残兵败将逃走了，原来投靠袁绍的刘备，只好带着张飞和从曹营回来的关羽，投奔荆州军阀刘表。刘表虽然客客气气地接待了他，而且还拨给他一些兵马，但是刘表这个人却既无大志，又无胆略，还害怕刘备的势力发展，所以就叫刘备屯驻在偏僻的新野县城内。

刘备是汉朝的宗室，起事二十多年来，名声极大。有许多德才兼备的人都认为他是一个明主，来投靠他；而且刘备也为了江山大业四处寻觅人才。

刘备刚刚将兵屯驻在新野后，就有一个人来投奔他，此人名叫徐庶。刘备见他机敏、忠诚，就请他担任军师，有一天，徐庶对刘备说："您知道卧龙先生吗？"刘备说："曾经听别人说起过，不知道他的才能比您如何？"徐庶急忙摇摇头，摆手说："我怎么能与卧龙先生比呢？如果非要拿我和他比的话，就是乌鸦比凤凰了。"刘备惊讶地说道："那么他一定是个非常难得的人才了，请您带他来见我吧！"徐庶连忙说："这个万万使不得，像卧龙先生这样的天下奇才，得您亲自登门拜请才行。此人复姓诸葛，单名亮，字孔明，是琅琊郡阳都人。从小死了父母，跟着叔父在荆州避难。在他17岁那年，叔父也死了，他就在襄阳城西二十里的隆中山定居下来，平时除了种地以外，经常和一些朋友们攻读史书，切磋学问，谈论天下大事，而且他还将自己比作辅佐齐桓公成为霸主的管仲和辅佐燕昭王打败齐国的名将乐毅。您想想看，他不正是您所寻求的兼有将相才能、能辅佐您成就大业的人吗？他是一个非常了不起的人物，就像卧在地上准备腾空而起的巨龙，所以被称作'卧龙先生'。您说，像这样的天下奇才，是不是值得您亲自前往，请他出山呢？"刘备听得心花怒放，点头称是，马上决定要亲自去请卧龙先生。

次日，天气晴朗，刘备带着关羽和张飞前往隆中。这里山峦叠嶂，树木高大、挺拔、葱绿，风景很美，很迷人。其中有一座山蜿蜒曲折，真像一条静卧的苍龙，准备随时飞上天空。刘备三人骑马继续前行，来到一座山岗下，看到了几间掩映在苍松翠竹间的小屋。刘备下马亲自敲打房门，里面出来一个书童，问："你们找谁呀？"刘备客气地说："请告诉卧龙先生，刘备前来拜见。"小书童："先生不在家，人一早就出去了。"刘备急忙问："先生去哪儿了？"小书童说："不知道，先生朋友很多，大概找朋友们一块读书去了。"刘备很失望，问道："那么先生什么时候能回来呢？"小书童说："这也说不定，或者三五天，或者十几天，没准儿。"张飞见刘备还想问下去，很不耐烦，就对刘备说："既然他不在，我们就回去吧！"关羽同意了，刘备只好对小书童说："等先生回来，请你转告他说，我刘备前来拜访了。"于是，三个人掉转马头，失望地离开了卧龙岗。

回到新野后，刘备天天派人打听隆中的动静。过了几天，得到一个非常令人高兴的消息：卧龙先生回来了！刘备命令："立即备马。"这时候，正赶上冬天，冷风嗖嗖地吹，天上又飘着雪花，关羽和张飞都劝刘备改天再去，刘备不听劝阻，决意要亲自去请，关羽、张飞也只好陪着。雪花纷纷扬扬飘落下来，山就像用玉砌成似的，树也好像用白银裹着似的，很是漂亮。三个人却无心赏景，张飞还生刘备的气，吵吵嚷嚷地说："这么一个山里人，派个人叫来不就行了，何必哥哥您亲自来请呢！"刘备劝他说："卧龙先生是一个非常难得的人才，怎么可以随便去叫来呢？我之所以冒着这么大的风雪来请他，正是想向卧龙先生证明我刘备是诚心实意请他出山的。"他们冒着风雪，好不容易才到卧龙岗，刘备下马，轻轻地敲门，又是那个小书童出来说："诸葛先生正在堂上读书呢。"刘备高高兴兴地进去拜见，见这个少年只不过二十来岁，英俊年轻，刘备恭敬地行了个礼，说："久仰先生大名，这次终于见到了您，实在是很荣幸。"那个少年慌忙站起来，还了个礼说："将军您是刘皇叔吧。听童儿说过，您来找过我二哥。"刘备惊讶地问："先生不是卧龙先生？"少年说："我是诸葛均，是诸葛亮的弟弟。我还有个兄长诸葛瑾，现在在东吴做官。我和二哥住在隆中。"刘备问："那么卧龙先生现在何处？"诸葛均说："二哥和几个朋友昨天出去了。"刘备二请诸葛亮，仍是没有见到人影，只好失望地回去了，打算改日再来拜访。

又过了些时候，打听到诸葛亮确实在家，刘备就让关羽和张飞陪着，第三次前往隆中拜见诸葛亮。这次不用说张飞不愿意去，就连关羽也有些不愿意去了。刘备说："你们知道周文王访贤姜尚的故事吗？文王那么器重姜尚，姜尚一心辅佐文王和武王，他们齐心合力，终于完成了灭殷的大业。我们应该向古人学习啊！"说完，就带着张飞和关羽出发了。为了表示自己的恭敬，在离草屋很远的地方，刘备就下马步行。从小书童那里得知诸葛亮还在草屋睡觉，就没敢惊动，刘备让关羽和张飞在门外等候，自己恭恭敬敬地站在草屋的台阶下等着。

时间过得很慢，刘备等了好一会儿，诸葛亮才醒来，小书童连忙向诸葛亮禀报说："刘备将军已来了好半天了。"诸葛亮立即出门迎候。刘备看诸葛亮，二十七八岁的年纪，身高约八尺，是山东人的个子，但长得清秀，神采焕发。刘备迎上去说："久仰先生大名，今日承蒙接见，很荣幸。"诸葛亮赶紧说："刘皇叔三顾茅庐，未能迎候，请您原谅。"二人就进入草堂交谈起天下大事来。

刘备说："现在汉室衰败，曹操将汉献帝挟持到了许昌，借着天子的名义摆布各诸侯。我想尽我的全力，平定天下，但是我的智慧和谋略很差，能力也很微薄，起事二十多年，也没有什么成就。很想请您出山，帮助我实现夙愿。"

诸葛亮说："我为将军您忧国忧民之心而感动。但是我，年纪太轻，学识不足，而且又不愿意追求功名利禄，将军还是另请高明吧！"

诸葛亮怎么也不肯答应刘备的请求，刘备急忙诚恳地说："希望先生能救救天下受苦受难的百姓，为我指出一条宽阔的前程吧！"

三顾茅庐

　　诸葛亮虽然在隆中居住了十年,但他却根据自己对天下大事的精心观察分析,形成了独特的政治见解,确定了统一天下的方针。刘备诚恳的求问使他很受感动,就向刘备提出了自己的见解。

　　他说:"自从董卓叛乱进入洛阳以来,天下豪杰们同时举起反叛大旗,势力很大,大有争夺天下之势。曹操和袁绍相比,无论从实力上讲还是从名望上讲,都不如袁绍,可他却打败了袁绍,主要是因为他有智谋。如今,曹操兵力充足,并且挟持了汉帝,不可能与他争夺天下。而孙权呢,他占有长江的险要,而且老百姓都顺从他,有才能的人也时有去投奔他,因此对他只能联合,不能打他的主意。总之,要联孙抗曹。"

　　刘备会心地点了点头,心想:是啊,对曹操是不能硬拼,只能联合孙权才能同曹操对抗。但是我还不能站稳脚跟呢,我没有立足之地呀。

　　诸葛亮说:"荆州这个地方,地势险要,北有汉水、沔水,南通南海,东连吴会,西通巴蜀,是个用兵的好地方,而刘表却没有守住它的能耐。这荆州之地,正是为将军提供了发展事业的好地方。而益州(今四川省及云南、贵州、湖北、陕西、甘肃各一部分,巴郡,蜀郡即属益州)号称'天府之国',将军您可以益州为根据地,完成您的远大志向。"

　　听完这一番话,刘备舒了一口气,精神也为之一振。但是他对自己如何争取光明的前程,还很模糊。

　　诸葛亮说:"您是皇家后代,而且为人正直,许多人才都前来投靠于您。您如果能同时占有荆州、益州,凭着险要的地势,团结好西南的少数民族,对外联合孙权,对内政治清明,等待时机,再向中原发展。这样,您就能完成自己的夙愿,汉业也可以复兴了。"

刘备对诸葛亮精辟的分析大为赞赏,一再拜谢道:"先生的话使我受益匪浅,如能出山相助,我就可以随时领教了。"诸葛亮仍然推脱,刘备悲伤地说:"先生您这样的天才,不肯出山相助,是我刘备的不幸,是汉室的不幸呀!"说罢,泪水夺眶而出。诸葛亮深深地被感动了,立即答应出山。

从此以后,诸葛亮就用他全部的智慧和才干辅佐刘备,刘备三顾茅庐求请诸葛亮的佳话也一直流传至今。

★抓住典型做足文章

二月丙午,御制圣谕广训,颁行天下。戊午,岳钟琪兵至青海,擒阿尔布坦温布等三房,收抚逃散部落。诏以青海军事将竣,策旺阿拉布坦恭顺,罢阿尔泰及乌兰古木兵。冬十月壬戌,停本年决囚。削岳钟琪爵职,逮京交兵部拘禁。

十二月乙卯,赐恤北路阵亡诸臣查弼纳、马尔萨、海兰、达福等有差。侍郎孙嘉淦有罪论死,命在银库处行走。乙丑,治吕留良罪,与吕葆中、严鸿逵俱戮尸,斩吕毅中、沈在宽,其孙发边远为奴,朱羽采等释放。

——《清史稿·世宗本纪》

一个人精力再充沛,要掌握好一个大局面也会有疏漏,抓住典型大做文章无疑是一个成事的捷径。

反面文章正面做的例子自古就有,即抓住转化典型,进行宣传工作,将社会流传的对当事人不利的传言再反回去,利用这一转化典型,现身说法进行社会教育。在这方面,雍正的一件事例可以说是深得此道的。

早在岳钟琪诈供张熙时,张熙就明确表示,他最崇敬的人是吕留良。此后张熙又拿出随身携带的吕留良的诗文,为岳钟琪讲解吕留良反清、反满的种种观点。而曾静对吕留良更是佩服得五体投地,甚至认为吕留良才应当做皇帝。为此,曾静在他的著作《知新录》中写道:"皇帝合该是吾学中儒者做,不该把(给的意思,方言为把)世路英雄做。周末局变,在位多不知学,尽是世路中英雄,甚至老奸巨滑,即谚所谓光棍也!"认为合格做皇帝的应是"春秋时孔子,战国时孟子,秦以后为程、朱,明末则为吕子也。"所谓的吕子,即吕留良。

这样一来,吕留良在不知不觉中,就被曾静送上了断头台!

吕留良认为"华夷之分,大于君臣之义"。因此他教导汉人站稳立场,不能效忠于满清政权,同时他本人也以身作则,拒绝为满清朝廷服务。

吕留良的这种立场加上他作为理学家的名望，更使他名声远播，闻名遐迩。于是当时许多在野文人，即所谓的"穷乡晚进有志之士，风闻而兴起者甚众"。也正因为如此，曾静才对吕留良产生了非常仰慕的心情。

　　此外吕留良的徒弟严鸿逵也因继承了吕留良的思想，而非常敌视清政府，当大学士朱轼请他出山时，严鸿逵在日记中表示："予意自定，当以死拒之耳。"意即我打定了主意，就算被杀头也不能为满清服务！严鸿逵的学生沈在宽也秉承师训，拒不承认清政府，希望恢复汉人的统治。正因为如此，曾静的徒弟张熙与严鸿逵和沈在宽结为了好友。

　　案情基本摸清之后，对这些有反清言行的汉族士人，雍正再次采取了双管齐下的策略。他一方面降旨辟其"邪说"，另一方面则实行了高压政策。

　　尽管种种政策没能让汉族知识阶层心服，但雍正并不为此着急。他已经对此拥有了自己的一套进行政治教育的方案，希望通过按计划、分步骤地实施方字模，达到对民众进行爱国家、爱政府、爱皇上的国民教育的实效。

吕留良

　　雍正在曾静案发之初就表示，对曾的著作《知新录》不必隐讳，将来自有处置。整个案件基本调查清楚之后，雍正下令将论述这个案子的上谕与曾静的言行及口供弄成一个案件汇编，集成为一部《大义觉迷录》。加以刊刻，颁行全国，以使读书士人知道这件事的经过与详情。同时雍正还采取了强制措施，称假如读书士人不知此书，一经发现，就将该省学政、该州县学教官从重治罪——这就是说，读《大义觉迷录》一书是强制性的。作为中央文件，大家必须要读。

　　那么，雍正为什么要强制士人读这部书呢？因为在《大义觉迷录》中，不但有雍正本人的最高指示，同时还有曾静"弃暗投明"为雍正宣传的文字，如称雍正至仁至孝、受位于康熙，兼得传贤传子二意；又说雍正朝乾夕惕、惩贪婪、减浮粮，一心爱民。所以《大义觉迷录》一书，由曾静现身说法，体现了他由不明情、听信流言诬枉皇上，到真正体会到皇上恩德，提高认识，进而歌颂皇上的思想转变，成了替雍正作宣传的上好的宣传工具。

　　同时，雍正对曾静、张熙二人作了宽大处理，将其无罪释放，并称此二人是误信了奸佞之言。此外雍正还公开宣布，非但他不再追究他们的责任，"即朕之子孙亦不得以其诋毁朕身躬而追究诛戮之"。

　　那么雍正为什么要放过曾、张二人呢？其一是因为岳钟琪为了诈取张熙口供，

曾对其发过毒誓，保证不会加害张熙师徒。岳钟琪是雍正的肱股大臣，他的言行应与雍正视为一体，因此雍正不能让岳钟琪失信于人。其二是因为曾静投书后，才使雍正获知了谣言的肇事者原来是允自己兄弟手下的太监。这样看，曾静非但无过，反而有功了。其三是最重要的一点，正如我们前面所说，留他比杀他们用处更大，雍正可以拿他们来现身说法。即利用他们来宣扬雍正的仁德爱民，如命曾静到江南、江宁、苏州、浙江、杭州等地宣传《大义觉迷录》，进行广泛演讲，然后再将其押送原籍，安排到观风整俗使衙门里当差。又命张熙到陕西及其他地方做类似的演讲宣传，然后送回原籍，在家候旨，以便随传随到。

这样一来，曾、张二人就成了雍正御前的得力助手了，而他们所起的宣传作用，又是其他人所起不到的。由此看来，雍正在这件事的处理上，可谓是得到了上天所赐的宣传自己仁德的良机，用得其所，也就益处多多了。

第三章　齐心协力,尽揽英才

★平衡互补,合理搭配

太祖既征孙权还,使张辽与乐进、李典等将七千余人屯合肥。太祖征张鲁,教与护军薛悌,署函边曰:贼至乃发。俄而权率十万众围合肥,乃共发教,教曰:"若孙权至者,张、李将军出战;乐将军守护军,勿得与战。"诸将皆疑。辽曰:"公远征在外,比救至,彼破我必矣。是以教指及其未合逆击之,折其盛势,以安众心,然后可守也。成败之机,在此一战,诸君何疑?"……权人马皆披靡,无敢当者。自旦战至日中,吴人夺气,还修守备,众心乃安,诸将咸服。权守合肥十余日,城不可拔,乃引退。辽率诸军追击,几复获权。太祖大壮辽,拜征东将军。

——《三国志·张乐于张徐传》

手下人,尤其能人多了,就容易产生矛盾。既然是矛盾就可能影响工作和事业,对此管人者既要有正确的态度,又要有合理的处理办法。硬去化解可能于事无补,最多表面上有所收敛;不闻不问甚至忽略矛盾的存在则可能导致重大失误。

东汉建安二十年(公元 215 年)三月,魏王曹操率大军西征汉中,攻伐张鲁政权。当时东南孙权势力正盛,魏军西移,中部稍弱,极有可能遭到孙权背后袭击。魏与东吴交界最直接的关键重镇是合肥,留下谁镇守合肥至关重要。合肥孤悬无援,专任勇将则必然好战生事,导致危患;若专任怯战避阵之人,则必然导致众心畏惧,涣散失守。敌众我寡,对方必然轻敌贪堕,若命猛将给予致命攻击,势必取胜;胜则必要有稳重善守者坚守,才是上策。曹操想起了张辽、乐进、李典三人组成的"黄金搭配"。

张辽、李典在当时是魏军中著名的勇将,骁勇无敌,身经百战,而乐进则身材短小,富于胆略,曾跟随曹操攻打吕布、袁绍,曹操深知他刁钻多谋,稳重可信。早在建安十一年(206 年),曹操就上表给汉献帝,称扬乐进与张辽、于禁,说他们"武力弘盛,计略周备,忠诚守节,每次交战,都亲自督率,奋突强敌,无坚不摧,手秉战鼓,身先士卒。派他们率将别征,都抚众结人,举令无犯,临敌制决,少有差失。论功纪用,应当各显功名"。于是于禁被封为虎威将军,乐进被封为折冲将军,张辽被封为

李典、乐进、张辽

　　曹操临西征前命张辽、乐进、李典共统领 7000 余人屯驻合肥，但是张、乐、李三人平素就关系不好，于是曹操给护军薛悌留下函札一封，在函旁署签说："敌人来攻城时才可开启。"不久孙权率 10 万大兵包围了合肥，于是魏军守将们共同打开曹操的书函，上面写着："如孙权来攻，张、李二位将军出战，乐将军守城，护军（薛悌）不要参与作战。"诸位将军都很疑惑，张辽说："主公远征在外，等待他的援兵到来，孙权一定早攻破了我们。所以他指教我们趁敌人未立足时出击，冲击敌人的强盛气势，以稳定兵众之心，然后才可以守城。成败之机，在此一举，诸位还疑惑什么？"张辽担心与他不和睦的李典不肯出战，李典慨然说："这是国家大事，只不过看你怎么对待了，我难道会因为私人之憾而忘了天下大义吗？"于是率众与张辽一起出战。

　　于是张辽趁天黑招募了八百多位敢死之士，杀牛招待将士，准备第二天大战。天刚亮，张辽披甲执戟，先冲入敌阵，杀死数十个敌兵，斩杀对方两员将领，大呼自己的姓名，冲破敌方重围，直奔孙权的旗帜之下。孙权大惊，周围的人不知所措，退避到高坡之上用长矛自卫。张辽叱喊孙权下来交战，孙权不敢动一步，望见张辽所带的人马很少，又把张辽围了几圈。张辽左冲右突，向前直冲，很快冲破包围圈，张辽旗下的几十个人才得以突围，其余仍被包围的人喊："将军扔下我们不管了吗？"张辽又冲入重围，把他们解救出来。孙权的人马都望风而倒，无人敢抵挡。从早晨战到中午，吴军气势被抑制，回寨加强了守备，大家才心安，诸路将领都对张辽折服。

　　孙权包围合肥十余日，攻不下城池，于是引兵而退。张辽率兵追击，几乎又擒获孙权。曹操得报后，极为佩服张辽等人的壮勇，拜张辽为征东将军。曹操、曹丕父子对合肥之战都评价极高,曹丕在黄初六年(225年)追念张、李等人功绩时说:"合肥之役张辽、李典以步兵八百人破敌十万,自古用兵从未有过。使敌人至今夺气丧志,可称得上国家的栋梁啊。"

历来兵家都钦服曹操用人有术,选将时掺杂异同,平衡互补,并留下密计以节制遥控战场,事情发展与其预计,如同符契般相合,可谓神妙。

★对贤能之士要树立"求"的思想

乐羊为魏将,而攻中山,其子在中山,中山之君烹其子而遗之羹,乐羊坐于幕下而啜之,尽一杯。文侯谓睹师赞曰:"乐羊以我之故,食其子之肉。"赞对曰:"其子之肉尚食之,其谁不食!"乐羊既罢中山,文侯赏其功而疑其心。

——《战国策》

管人者的最终目的是要把事情做好,为此,应该把各有所长的贤能人士请到自己的身边,让他们的特长为自己管人的目标服务。如果请之不得,那就要去求。

战国初期,魏国是最强的国家。这同国君魏文侯(魏斯)的贤明是分不开的。他最大的长处是礼贤下士,知人善任,器重品德高尚而又具有才干的人,广泛搜罗人才,虚心听取他们的意见,善于发挥他们的作用。因此,许多贤士能人都到魏国来了。

魏国有一个叫段干木的人,德才兼备,名望很高,隐居在一条僻静的小巷里,不肯出来做官。魏文侯想同他见面,向他请教治理国家的方法。有一天,他坐着车子亲自到段干木家去拜访。段干木听到文侯车马响动,赶忙翻墙头跑了。魏文侯吃了闭门羹,只得快快而回。接连几次去拜望,段干木都不肯相见。但是,魏文侯对段干木始终非常仰慕,每次乘车路过他家门口,都要从座位上起来,扶着马车上的栏杆,伫立仰望,表示敬意。

车夫问:"您看什么呐?"魏文侯说:"我看段干木先生在不在家。"车夫不以为然地说:"段干木也太不识抬举了,您几次访问他,他都不见,还理他干什么!"魏文侯摇了摇头说:"段干木先生可是个了不起的人啊,不趋炎附势,不贪图富贵,品德高尚,学识渊博,这样的人,我怎么能不尊敬呢?"后来,魏文侯干脆放下国君的架子,不乘车马,不带随从,徒步跑到段干木家里,这回好歹见了面。魏文侯恭恭敬敬地向段干木求教,段干木被他的诚意所感动,给他出了不少好主意。魏文侯请段干木做相国(当时一国的最高行政长官),段干木怎么也不肯,魏文侯就拜他为老师,经常去拜望他,听取他对一些重大问题的意见。这件事很快传开了。人们都知道魏文侯礼贤下士,器重人才,一些博学多能的人,如政治家翟璜、李悝,军事家吴起、乐羊等都先后来投奔魏文侯,帮助他治理国家。

国学经典文库

国学大智慧

《二十四史》智慧通解·

图文珍藏版

当时,魏国已经建立了封建政权,新兴地主阶级登上了政治舞台。可是,无论在政治、经济还是思想意识方面都还存在不少奴隶制的残余。这些东西严重阻碍着魏国的发展,魏文侯决心加以改革。他任李悝为相国,经常同他商讨国家大事,李悝也积极地提出许多建议。有一天,魏文侯问李悝,怎样才能招募更多有才能的人到魏国来,李悝没有回答,反问道:"主公,您看过去传下来的世卿世禄制怎么样?"魏文侯说:"看来弊病甚多,需要改革。"李悝点点头说:"这个制度不改,就不可能起用真正有才能的人,国家就治理不好。"原来,按照世卿世禄制,奴隶主贵族的封爵和优越俸禄是代代相传的,父传子、子传孙,即使儿子没什么本领,没立什么功劳,照样继承父亲的封爵和俸禄,享受贵族的种种特权,过着养尊处优的生活。一些真正有才能的人,只因为不是贵族,就被这种制度卡住了,很难得到应有的地位。李悝把这个问题

段干木

分析给魏文侯听,魏文侯十分同意他的看法。又问:"那么如何改革呢?"李悝早就胸有成竹,不慌不忙地说:"我们必须废除世卿世禄制。不管是贵族还是平民,谁有本事有功劳,就给谁官做,给谁俸禄;按本事和功劳大小分派职位;有功的一定奖赏,有罪的适当处罚。对那些既无才能又无功劳而又作威作福的贵族,采取断然措施,取消他们的俸禄,用这些俸禄来招聘人才。这样,四面八方的能人贤士就会到魏国来了。"魏文侯听了,非常高兴,叫李悝起草改革的法令,不久就在全国执行了。这项改革,剥夺了腐朽没落的奴隶主贵族的"世袭"特权,增加了新兴地主阶级参与政治的机会,为巩固魏国的封建政权创造了条件。

接着,魏文侯又采纳了李悝的建议,在经济上进行了改革。李悝算了一笔细账:一个五口之家的农民,种20亩地,每年收获的粮食,除去交租纳税和自己家的口粮以外,就剩不下什么了,如果遇到生病办丧事,或者国家增加苛捐杂税,日子就更难过了。为了改善农民的生活,就必须增加粮食产量。当时魏国大约有几百万亩土地,除去山、河、城、邑,可耕地只有600万亩。如果农民精耕细作,每亩可增产三斗粮食;相反,就要减产三斗粮食。这样一增一减,全国就相差180万石粮食。所以,他建议实行"尽地力"的政策,就是积极兴建水利,改进耕作方法,以充分发挥土地的潜力。同时,李悝还创立了"平籴"法:丰收年景,市面上粮价便宜,为了不使农民吃亏,国家把粮食照平价买进;遇到荒年,市面上粮价昂贵,国家仍照平价把粮食卖出。这样,不管年成好坏,粮价一直是平稳的,人民生活比过去安定,国家的赋税收入也得到了保证。

李悝还搜集整理了春秋末期新兴地主阶级制定的法律，创制了我国历史上第一部比较系统的封建法典——《法纪》，用法律形式把封建制度固定下来，保护地主阶级的政治经济特权。

魏文侯很赞成李悝的主张和措施，实行了这一套办法以后，魏国很快就富强起来了。

魏文侯看国家实力增强了，就要去攻打中山国（今河北省定县一带）。翟璜推荐乐羊做大将，说他文武双全，善于带兵，准能把中山打下来。可是有人

李悝雕像

反对，说："乐羊的儿子乐舒在中山当大官，他肯出力拼命地攻打中山吗？只怕他疼爱儿子，到时候会心软。"翟璜说："乐羊可是一个忠心为国的人。乐舒曾经替中山国君聘请乐羊去做官，乐羊认为中山国君荒淫无道，不但没去，还劝儿子离开，可见他是很有见地的。"文侯把乐羊找来，对他说："我想让你带兵去平定中山，您儿子在那儿做官，怎么办？"乐羊说："大丈夫为国家建功立业，要是破不了中山，甘愿受处分！"魏文侯就派他为大将，带领兵马，去攻打中山。一连几仗下来，中山兵大败。魏军长驱直入，一直打到中山国的都城，并且把都城包围起来。中山国国君十分恐慌，一面加紧城防，一面逼着乐舒劝说乐羊停止攻城。乐舒不得已，只得登上城楼大叫，请父亲来相见。乐羊出来，不等乐舒开口，就把他大骂一通，要乐舒赶紧劝中山国君投降。乐舒请求乐羊暂时不要攻城，等他同国君商议。乐羊同意了，给他们一个月的期限。一个月过去了，中山国又要求缓期一个月。这样三次。乐羊也没攻城。原来他是考虑，中山城池坚固，硬攻伤亡太大，不如采取围而不攻的办法来收买民心，等待时机再把都城拿下来。谁知魏国朝廷上一些嫉妒乐羊的人乘机到文侯跟前说起他的坏话来了："主公请看，乐羊开始攻打中山的时候，势如破竹，儿子一番话，三个月不攻。父子感情可真深啊！要是不把乐羊召回来，恐怕要前功尽弃了。"诽谤乐羊的话不断送到魏文侯耳朵里。魏文侯问翟璜有什么意见，翟璜说："乐羊这个人很可靠，主公不要怀疑。"于是文侯对各种诽谤乐羊的话一律不加理睬，照样信任乐羊，经常派人到前线慰劳，还预先在都城替乐羊盖了好房子，等他回来住。乐羊心里非常感激，他看中山国不投降，就带军队拼命攻城。中山国国君看看情势危急，就把乐舒绑了，高高地吊到城门楼顶的一根杆子上，想用这种办法迫使乐羊退兵。那天。乐舒在高杆上大叫："父亲救命！国君说您一退兵就不杀我……"话没说完，乐羊气得直翘胡子，拔出箭来就要朝乐舒射去。中山国君一气之下，果真杀了乐舒，还把他的头吊到杆子顶上，想引得乐羊悲痛，松懈斗志。乐羊见了儿子的脑袋，气得直骂："谁叫你给无道昏君做事！也是罪有应得。"接着，他带领军队更加下死劲儿攻城，最后，终于把中山国打下来了。平服中山国以后，魏文

侯又任命吴起为大将,带领军队去攻打秦国,连着占领五座城池。魏国成为当时最强盛的国家。

从魏文侯求才而强国的经历看,管人者对于人才"求"念一生,余下的就什么事都好办了。

★ 不避亲、不避仇是用人的至高境界

祁奚请老,晋侯问嗣焉。称解狐,其仇也,将立之而卒。又问焉,对曰:"午也可。"于是羊舌职死矣,晋侯曰:"孰可以代之?"对曰:"赤也可。"于是,使祁午为中军尉,羊舌赤佐之,君子谓:"祁奚于是能举善矣。称其仇,不为谄;立其子,不为比;举其偏,不为党。《商书》曰:'无偏无党,王道荡荡。'其祁奚之谓矣!解狐得举,祁午得位,伯华得官,建一官而三物成,能举善也!夫惟善,故能举其类。《诗》云:'惟其有之,是以似之。'祁奚有焉。"

——《左传·襄公》

以公心管人,那么用人的标准就是贤与能。只要有高尚的情操、出众的才能,能够胜任职务,即应人尽其用,而不应顾虑个人与人才的关系是亲是疏、是仇。在管人用人方面,中国古代不乏"内举不避亲,外举不避仇"的典范。

《左传》记载着这样一个故事:襄公三年(公元前570年),晋国掌管军政的长官——中军尉祁奚请求告老退休,晋悼公准请,并询问祁奚谁可接替他任中军尉,祁奚提出解狐。解狐是祁奚的仇人,但因解狐可胜任这一职务,所以祁奚荐举了他。不巧解狐未等拜官上任就病死了。所以悼公再次问祁奚时,他提出自己的儿子可以接任。于是悼公任命祁午为中军尉。荐贤必须出于公心,祁奚从当时实际情况出发,以能否胜任中军尉这一要职为标准来举荐人才,根本没有考虑过是亲是仇。这种毫无忌妒之心,又不怕有人议论的作法,表现出祁奚认真求实地荐举人才的精神,被时人誉为"称其仇,不为谄;立其子,不为比;举其偏,不为党"。孔子闻之,也大加称赞:"外举不避仇,内举不避子,祁黄羊(祁奚的字)可谓公矣。"

"内举不避亲,外举不避仇"之所以成为春秋时代选人、用人的佳话,是由于自此时起,中国古代的用人制度走入了一个新的历史时期。在西周时代,实行的是世卿世禄制,无所谓选与不选,贤与不贤,自然也没有举亲举仇的问题,春秋时代,随着社会的变革,新的官僚制度开始萌生。在官僚制度下,官员与君主的关系,具有了韩非所说的那种主家与佣耕者之间的意味,因此,也就有了选官任官。有了荐贤举贤,而且,从祁奚的这则故事,我们还可以看到,在封建官僚制产生之初,人们就开始把选举的公平无私作为重要准则,这是一种历史的进步。

正因为如此,以后的贤相辅们便往往以此为标榜,留下了不少"内举不避亲,外

举不避仇"的佳话。

宋朝宰相王旦，德高望重，大度宽容，能知人荐人。前相寇准屡屡在皇帝面前诋毁并经常挑剔、顶撞王旦，然王旦知其才，不但不耿耿于怀，而且竭力保护这个刚直、贤能的同年。他曾多次向真宗褒扬寇准，说他"对陛下无所隐，益见其忠直"。屡屡向皇上荐举他。寇准曾被罢枢密使，托人告王旦欲求为使相。王旦惊曰："将相之任，岂可求耶！吾不受私请。"寇准为此衔恨在心。及宋真宗令予寇准一小官做时，王旦却极力荐举他，说："（寇）准有才望，与之使相，其风采足为朝廷争光。"于是真宗任寇准为武胜军节度使、同中书门下平章事（即宰相）。寇准受任后，入宫谢真宗，说："非陛下知臣，安能至此？"真宗如实地将王旦荐举他的事情讲给他听，寇准知后既惭愧又叹服，认为自己的气度远不及王旦。天

王旦

禧元年（1017 年），王旦病危，宋真宗将王旦抬入宫中，征询国家要事，其中问道：万一爱卿身体有不测，朕将天下托付于谁呢？王旦费力地举起笏板，奏道："以臣之愚，莫若寇准。"并要皇上宜早召寇准为相，后来真宗果然任寇准为相。

在用人问题上，像王旦这样大度豁达、容人之过，不以私怨党同伐异的政治家，中国历史上还有不少。如唐朝武则天时的大臣狄仁杰，学识渊博，很有作为，的确是位人才，可他与宰相娄师德长期以来不和睦，狄仁杰为一些意见分歧经常排斥娄师德，假若德高望重的娄师德也采取手段报复或压制狄仁杰的话，恐怕狄仁杰的历史就得改写了。但是娄师德没有这样做，而是顾全大局，宽宏大度，他十分看重狄仁杰的长处，接连向则天皇帝上了十几道推荐书，保举狄仁杰为相，与自己一起共谋国事。新上台的狄仁杰不知内情，依然不与师德合作，与之嫌隙很深。一天，武则天问狄仁杰：你知道我为什么重用你吗？狄仁杰答道：我靠文章和道德取得官位，不是那种碌碌无为、依赖他人的平庸之辈。武则天沉吟许久，说：最初，我并不了解你，你之所以受到重用，全靠娄师德推荐。于是她让身边的侍从拿来装文件的筐箧，找出十几篇娄师德的保荐书，递给狄仁杰。狄仁杰一看，十分内疚，深感惭愧。武则天也未怪责他。狄仁杰走出皇宫，深有感触地说："吾不意为娄公所涵，而娄公未尝有矜色。"不由从内心里敬佩和感谢娄师德。

明朝宰辅张居正在用人上不凭个人好恶、或与自己亲疏为标准，而是"立贤无方、惟才是用"。他曾郑重声明："自当事以来，谆谆以此意告于铨曹，无问是谁故乡党，无计从来所作眚过，但能办国家事，有礼于君者，即举而录之。"

他的政敌高拱被逐下野后,对高拱所任用的阁僚官吏,只要其才当其位、能付其职者,张居正一概不排除,予以留用。如张佳胤为当时有名的能臣才子,但他曾是高拱的僚属,并且与之过往甚密,张居正并不因此疏远排挤他,而是鼓励他"努力勋名",予以厚待。

当然,封建时代的这种荐人公正无私、宽容大度的宰相们,归根结底都是为了封建统治阶级的私利,都是为了维护封建的专制统治,以使国家机器得以正常运转。明代宰辅杨溥所荐范理的一句话道破机关:杨溥执政时,曾推举对家人不礼不尊的天台人范理为德安府知府,后又擢升他为

狄仁杰

贵州布政使(一省长官)。有人劝告范理应致书杨溥以示谢意,范理却义正辞严地说:"宰相为朝廷用之,非私于理也。"即杨溥推荐他是为朝廷。此话与狄仁杰的名言"荐贤为国,非为私也",如出一辙。

当然,中国历史上的这种出于公心选拔任用人才的宰相毕竟受到阶级和历史的局限,并且,更多的宰辅们则是对触犯过自己、反对过自己的人"睚眦必报",一旦抓住对方的把柄,必置对方于死地而后快。

★以坦诚的态度迎接、对待贤才

十五年春,下令曰:"自古受命及中兴之君,曷尝不得贤人君子与之共治天下者乎!及其得贤也,曾不出闾巷,岂幸相遇哉?上之人不求之耳。今天下尚未定,此特求贤之急时也。'孟公绰为赵、魏老则优,不可以为滕、薛大夫。'若必廉士而后可用,则齐桓其何以霸世!今天下得无有被褐怀玉而钓于渭滨者乎?又得无盗嫂受金而未遇无知者乎?二三子其佐我明扬仄陋,唯才是举,吾得而用之。"

——《三国志·武帝纪》

有杰出人才的辅佐,是一个领袖成功的重要条件。对于一些闻名已久的人才,要真诚地渴慕、欢迎人才,接纳人才,使用人才,关心人才,方能有朝一日使其施展才干。

在发兵战袁绍之前，曹操到泰山庙去拜访高僧，询问中原有哪些贤人。老和尚不敢泄露天机，给他一个锦囊，说："你进驻中原以后，如有人出来敢指名道姓骂你，你一看这锦囊便知。"

曹操密藏锦囊，统率大军浩浩荡荡杀奔中原而来，所到之处，鸡犬不留，路断人稀。到了许昌之后，发现这里是藏龙卧虎之地，就传令三军，安营扎寨。军帐设在北门内一个名叫景福殿的庙里。曹操有个没出五服的弟弟曹仁，带着亲兵四下抢夺，弄得百姓惶惶不安。三天以后，四个城门上忽然都贴出一张帖子，上边写着："曹操到许昌，百姓遭了殃；若弃安抚事，汉朝难安邦。"下边落款是四个大字："许昌荀彧"。

曹操知道了，气得咬牙切齿。正想下令捉拿荀彧，猛然想起僧人赠的锦囊。急忙拆开来看，一张白纸上写着几行大字：

> 开口就晌午，日落扁月上。
>
> 十天头长草，或字三撇旁。
>
> 才过昔子牙，谋深似子房。

这是一首藏意诗。曹操左看看，右看看，翻腾了半天才解开其中秘诀：开口就晌午，开口系言，晌午取午，言午是"许"字；日落扁月上，日在上，扁月在下，像个"昌"字；十天头长草，十天为一旬，旬加草字头，是个"荀"字；或字三撇旁，是个"彧"字。顿时醒悟过来，高兴地说："许、昌、荀、彧，原来有子牙、子房之才，我一定要把他请出来。"

荀彧是颍川郡颍阴人，因不满朝廷，在家过着隐士生活。他听说曹操智勇双全，又能重用人才，早想投奔曹操，又怕不安全，就写了这张帖子，来试探一番。

曹操立即派曹仁去请荀彧，荀彧故意拒门不出，曹仁非常生气，添油加醋地说荀彧如何藐视曹操，建议把他杀了。

曹操喝斥道："大胆奴才，杀了他等于砍了我的臂膀，你知道吗？"

那时正是腊月天，朔风凛冽，滴水成冰。曹操求贤心切，冒着严寒，亲自出马，来到聚奎街荀彧府第，只见大门落锁。等了好久，不见有人。曹操不顾胡子上结了冰凌，又赶到奎楼街荀彧的另一府第。管家又对他说，主人到许昌打猎去了。曹操两访不遇，并未烦恼，仍耐心求访。

一天，曹操访荀彧到城东北八柏的祖坟去扫墓了，就备下礼物，前往凭吊。曹操来到坟前，看见一个青年，二十几岁，姿态风流，仪表堂堂，正在专心致志阅读《孙子兵法》，头也不抬。忽然一阵风起，把书吹落在地。曹操急忙上前捡起，恭恭敬敬递上，施礼说："荀公安康！"荀彧却闭目问道："先生是何人？来此做什么？"曹操说："我是谯郡曹孟德。来请荀公共扶汉室江山。"荀彧冷冷一笑说："我是一个普通百姓，不懂治国大事，先生另请高明吧！"曹操赔笑说："久闻先生胸藏经天纬地之术，腹隐安邦定国之谋，我非先生不请。"荀彧说："不怕我骂你吗？"曹操连连点头，说："骂得有理，多骂才好。"荀彧又推说患有腿疾，不能行动。曹操便亲自牵来良马，扶荀彧骑上，前呼后拥，迎入景福殿中。

人才一旦来奔，曹操总是真诚地欢迎，常有相见恨晚之感。官渡之战中许攸弃袁绍来奔，曹操来不及穿鞋，光着脚匆忙出迎，就是一个突出的例子。重要的人才来奔，曹操都要尽快亲自接见，询问方略，听取建议，表达礼敬之忱。对于那些反对过自己的人，只要转变态度，曹操也能宽大为怀，不念旧恶，并委以一官半职。比如陈琳，在官渡之战前夕为袁绍起草了一篇讨伐曹操的檄文，历数曹操的种种"罪恶"，其中有的是事实，有的则不一定是事实。如说曹操亲率将士盗墓，"破棺裸尸，掠取金宝"，军中还设有"发丘中郎将"、"摸金校尉"等官职，专事盗墓，似乎就是事实。而指责曹操曾盗梁孝王墓，则不一定是事实。还有说曹操的祖父曹腾是宦官，父亲曹嵩是领养的，而曹操则是"赘阉遗丑"，揭曹操出身的老底，就更有人身攻击之嫌。汉末宦官由于数度操纵朝政，残害士人，名声很坏；汉代又看重门第，陈琳把曹操骂到父祖，比骂本人在感情上更难接受。但是，曹操对陈琳如此的"恶毒攻击"，在打败袁绍后得到陈琳时，却只是责备陈琳说："你过去为袁本初写檄文，骂我也就行了，不是说憎恨邪恶只限于本身吗？怎么往上牵扯，骂到我父亲、祖父的头上去了呢？"

荀彧

陈琳赶紧向曹操赔罪。曹操爱才，不但没有杀他，还任命他为司空军谋祭酒。这是曹操不念旧恶的一个突出例子。

人才来奔后，曹操一般都能安排适当职务，放手使用，在工作中注意虚心听取他们的建议，有了成绩及时给予肯定，有了功劳及时给予奖赏。曹操本性多疑。但在使用中却常能信人不疑，不轻信谗言，不轻易处罚。蒋济被人诬告谋反，曹操不仅不信，相反还将蒋济提升为丞相主簿西曹属；程昱因性情刚戾，得罪了不少人，结果被人诬告谋反，曹操得知后，仍对他加以重用。建安十八年（公元213年），东郡朱越谋反，诬陷黄门侍郎卫臻与他同谋，曹操同样不信，但为慎重起见，让荀彧进行调查。

对那些享有声望的名士，曹操就更要宽容一些。邴原在青州与儒学大师郑玄齐名，超脱世俗，清高自许，公孙度曾称之为"云中白鹤"，认为不是用捕捉鹑鹦的罗网所能罗致。投归曹操后，曹操任命他为东阁祭酒，对他的态度十分谦恭。建安十二年（207年）冬，曹操北征乌桓回到昌国，设宴招待士大夫。酒喝到半酣时，曹操说："我这次凯旋而归，驻守邺城的诸君肯定都会前来迎接，今天或者明早，大概就都到了。不会前来的，只有邴祭酒吧？"

谁知话刚说完,邴原却先到了。曹操得到报告,大为惊喜,立即起身,远远出迎。见到邴原后,曹操说:

"贤人实在是难以预料啊! 我本来估计您是不会来的,谁知您却屈驾远远地赶来了,这实在是满足了我的渴盼之心啊!"

邴原离开曹操后,军中士大夫前去拜访的多达数百人。曹操知道邴原名高望重,从此以后对邴原更加敬重。

邴原虽有公职,但却常以有病为由,高卧家中,不仅不理事,连面也很少露。这样一来,不免要产生一些副作用。名士张范,也想学邴原的清高,曹操特地为此下了一道手令:

邴原名高德大,清规邈世,魁然而峙,不为孤用。闻张子颇欲学之,吾恐造之者富,随之者贫也。

"造之者富,随之者贫",意谓开创者能够得到大名,跟着学的人就将一无所获了。对张范进行了婉转含蓄的批评。这说明曹操对邴原之所以特别宽容、特别敬重,是为了充分利用他的声望和影响,争取到更多的士人。但他并不希望人们去学习邴原的清高,他所希望得到的是热衷事业、有实际才能的干才。

曹操对人才的坦诚态度,还表现在他对部属生老病死乃至对其家属子女的关心上。郭嘉病重时,曹操派去探视的人一个接着一个。贾逵长了瘿(颈部的囊状瘤子),越长越大,打算找医生割掉,曹操很不放心,专门给贾逵下了一道手令,要贾逵对开刀一事采取十分慎重的态度。鲖越临终前,把家属托付给曹操,曹操立即回了信:死者反生,生者不愧。孤少所举,行之多矣。魂而有灵,亦将闻孤此言也。《公羊传·僖公十年》载,晋献公有病将死时,问荀息士人怎样才算是守信用。荀息回答说:"使死者反生,生者不愧乎其言,这样才算是守信用。"曹操化用其意,表示自己将不负鲖越所托。曹操还表示,他年青时所推举的人,很多是这样做的,意在说明他自己一直是赞同和提倡这样做的。

曹操以坦诚的态度渴慕人才,欢迎人才,接纳人才,使用人才,关心人才,真正让人体会到了曹操是"我有嘉宾,鼓瑟吹笙",这无疑会收到很好的效果。曹操一生能够罗致大批人才,这些人才能够忠诚于曹操的事业,充分贡献自己的聪明才智,为曹操战胜对手、统一北方做出了贡献,绝不是偶然的。

★以用人来巩固权力的做法不能滥用

太后自徐敬业之反,疑天下人多图己,又自以久专国事,且内行不正,知宗室大臣怨望,心不服,欲大诛杀以威之。乃盛开告密之门,有告密者,臣下不得问,皆给驿马,供五品食,使诣行在。虽农夫樵人,皆得召见,廪于客馆,所言或称旨,则不次除官,无实者不问。于是四方告密者蜂起,人皆重足屏息。

——《资治通鉴·唐纪十九》

原有的机制和一套人马不中用了,以提拔奖掖新人的办法废弃旧人旧制,这是帝王们成功的做法。但这一用人方法不能极端地用,否则就会造成一些弊端,武则天用酷吏就是一个典型的反面例子。

武则天虽然坚强刚毅、深谋大略、雄心勃勃,但她对着的是众多的、或明或暗的敌手。为了巩固自己的地位,多年来她一直企图在棘手的政治漩涡中寻求依靠。现在,随着告密之门的打开,她终于找到了,这就是靠告密起家的酷吏。

武则天从告密者中筛选出来的"精华"共十一个,除了《旧唐书》前边那段评论中点出来的八个人以外,还有傅游艺、来子询、吉顼。这十一个人中,最山名的是索元礼、来俊臣、周兴三个人。前两个人时人合称为"来索",就是来搜捕的意思,已成为酷吏的同义语。这三个人都是酷吏们的首领,尤其是来俊臣,更是"魔鬼中的魔鬼"。

先介绍索元礼。他是武则天从告密者中第一个挑选出来的。此人是个胡人,那时叫波斯人,是后归化过来的。索元礼出身贫穷,也没有多少文化。但他的长相具有胡人血统的特点,个子高而健壮,卷发黑而硬,鹰鼻、深目,他眼里时常闪射着凶光,令人望而生畏。

在徐敬业之乱平定以后,武则天实行威慑政策,以稳定地方。索元礼猜度形势,就利用肃清叛乱残余、整治涉嫌者的机会,进行告密。在他面告的时候,武则天在帝后观察。他信誓旦旦地说:"我忠心为国,只要为了太后,什么样的敌人,我都能够把他干掉。"

武则天对他很满意,认为这个人符合自己选择的标准,所以破格使用,把这个无名之辈,一下子提拔为游击将军,掌管制狱审案的大权。这种提拔,真使朝臣们目瞪口呆。

不过,索元礼没有辜负武则天的期望,上任之后,就发挥了残忍的特长。稍有嫌疑,立即逮捕,每捕一人,就有数以十计百计的人连坐被捕,而且被施以酷刑。这使朝臣们十分畏惧,见他犹如见虎狼。武则天却对他的表现很满意,常常召见,并多次给他赏赐。此后，他的手段也就越来越残忍。《旧唐书》对索元礼这个人的评语是"性残忍，甚于虎狼"。

比索元礼还凶恶的是来俊臣，这个人简直是魔鬼的化身。虐待、杀人，成了他生活中最大的乐事。他像饿狼一样，没有猎捕的对象，就活不下去。

来俊臣年轻时偷盗、诈骗、赌博、强奸……无恶不作，在游荡到和州（现安徽省和县）时，因抢劫而被捕下狱，并被判处死刑。

当时，全国兴起告密风。他想反正是个死，何不利用这个机会去"告密"，也许还能找到一条活路呢。他决定不能坐以待毙。

按照规定，死刑犯要告密也是不受限制的。他利用这个特许条件，大喊大叫要去"告密"。狱吏和州官怕有不准告密之嫌，只好同意他去神都洛阳去面告。

接待他的是上官婉儿，由于死刑犯要告密，是极为少见的。武则天出于好奇，在帘后观察。

来俊臣心想，告不成也是死路一条，就索性诬告和州刺史东平王李续。他根据当时的风向来判断，很可能告他有利，因为李续是唐太宗第八子纪王慎的长子。他选准了目标就一不做，二不休，竟信口雌黄，颠倒黑白，随意捏造，夸大其词，把自己说成是个好人，和一个杀人犯曾同住一室，却把他误当成杀人犯，然后被捕入狱，严刑逼供，屈打成招……还数说出李续的许多苛政来。他口若悬河，说得有条有理、绘声绘色、活龙活现，连自己也觉得好像真有这么回事。

上官婉儿

这个无赖，虽然心里如蛇蝎般的狠毒，可长相还算英俊，文化不高，但由于在三教九流里混的时间长了，还懂得些礼节和规矩，而且他的靶子选得也准，正中武则天的下怀。

本来这类普通的案子，武则天可以不管。这样来俊臣回去也就必斩无疑，他也就不会继续作恶了。哪想到武则天竟看中了他一有胆识，二有言辞。死囚犯来告密，这是把死置之度外了。敢于冒死，胆量可想而知。他诉起状来条条有理，有根有据，令人信服，而且言辞流利，很有辩才。

结果是，来俊臣不但没回去重投入监狱、问斩，反而被提拔为司刑评事（在光宅年间，大理寺改称司刑寺）。评事的职权是调查被告，起草判决书和管理监狱，是从八品以下的职务。这就是他怎么当上酷吏的经过。不久后，他又被提升为御史中丞，成了肃政后的主要角色。

来俊臣在酷吏中，是最有创造才能的。《罗织经》就是他和同是告密者出身、又同时任司刑评事的好友万国俊共同"创作"出来的。所谓《罗织经》，就是专门阐述如何罗织罪状的教科书，告诉酷吏们怎样促使人告密，怎样使无辜者有罪，怎样编织成反状等等。来俊臣又在犯人的大枷上做文章。大枷在唐朝有多重，没有资料可查。清朝的大枷是长三尺、宽二尺九寸，重约二十五斤。用大枷的通常办法是：把大枷中间留个洞，让犯人把头露在枷上边，然后枷住脖子。来俊臣发明了新大枷，并且都给起了新名。史书上记载的有："一、定百脉，二、喘不得，三、突地吼，四、着即承，五、失魂胆，六、实同反，七、反是实，八、死猪愁，九、求即死，十、求破家。"

这些大枷的形状和用法无从考查，只知有一种是用铁做帽子，戴在犯人的头上，令犯人在地上转圈爬，很快就能致犯人于死地，是不是上述十种大枷的一种，不得而知。

三大酷吏之一的周兴，是新州长安人，和前两人比，他是唯一的一个在职官吏。他年幼时聪明好学，很有学识和才华，特别熟悉法律知识。开始任职为尚书都事，后来很快升任孟州河阳县令。

周兴很有才干的消息，不久后传到朝廷和高宗耳中。高宗曾召见过他，并且很赏识，准备提拔他。周兴听说后觉得很有把握，就去京城里等待正式任命的消

来俊臣

息。没想到竟遭到内流官中有的人反对，理由是他非内流官出身。

唐朝的制度，官吏大体分内流、外流两种。内流官包括三五品以上的公卿，四五品的大夫，六到九品的任和任官的贵族子弟，在这以下等级的就是外流官了。周兴当时就是属于外流官。

由于高宗没有坚持提拔他，所以，这件事就告吹了。但是，也没有谁想告诉他这个消息。

宰相魏玄同出于同情心，看他可怜，可是又不能泄露朝廷的机密，就对他说："周明府（明府是唐朝时对县令的一种称呼），你该回县里去了。"

岂知，好心没有好报。周兴这个官瘾很大，嫉妒心、疑心又很强的人，竟怀疑起魏玄同来，以为是这位宰相从中作梗，反对提拔他。

从此以后，他决心有朝一日，向这位宰相报复，并向那些瞧不起他的内流官进行挑战。这也是不得志、出身贫贱的小官对那些压抑他们的门第高贵的大官一种

周兴

很容易引起的反感、不满和怨恨心理。不过，对周兴这个心胸狭隘的人来说，就更为突出了，怨恨变成了仇恨，报复转化成残酷。所以，在他成为酷吏以后，就专门把那些享有特权的大官作为他的主要打击目标，而且手段极其残忍。

他加入酷吏的行列与前两人不同，不是白手起家，平步青云，但有一点是和来俊臣一样，就是有"冒死"精神。朝廷明令，官吏是不准投书在铜匦告密的，他受索元礼突然高升的鼓舞，冒着很大的风险，写了一篇有关监狱方面的文章，投了进去。武则天欣赏他这种勇气，不但没降罪于他，反而任用他掌管狱制，后来又由司刑少卿提为秋官侍郎，成为酷吏之首，死前数月，还位居尚书省左仆射，是酷吏中为数不多的"佼佼者"之一。

以用人来达到某个重大的政治目的固然是一招曲径通幽的好棋，但像武则天这样采取极端的方式也是不可取的，弄不好，反会动摇自己的权力基础，那就得不偿失了。

★ 让至亲者成为至信

夏四月乙丑，封皇子为秦王，木冈晋王，棣燕王，木肃吴王，桢楚王，齐王，梓潭王，杞赵王，檀鲁王，从孙守谦靖江王。

——《明史·明太祖本纪》

历代帝王都把用人作为巩固权力的必要手段，用人的秘诀之一就是把亲人变成亲信，对于身边十分亲近的人在政治上也给予充分的信任，使之成为自己事业上的亲信。

打仗亲兄弟，上阵父子兵，这种做法在历史上比比皆是。比如朱元璋，因为只信任自己的儿子，所以仍固守已经落后的分封藩国的策略。

封诸子为王，目的是为了保证朱家子孙能长期保有皇位。朱元璋曾说过："天下之大，必建藩屏，上卫国家，下安生民。今诸子既长，宜各有封爵，分镇诸国。朕非私其亲，乃遵古先哲王之制，为久安长治之计。"客观地讲，封建制是当时行政体制中的一种倒退因素，而使朱元璋产生这一错误思想的原因，在于他误解了秦汉时期的历史，认为先王分封，"周行之而久远，秦废之而速亡。汉晋以来莫不皆然"，显然是"打仗亲兄弟，上阵父子兵"的想法使他在这一问题上产生了迷惑。事实上早在秦汉时期，中国的分封制度便已由于中央集权政体的建立而丧失了存在的社会基础，并日益暴露与封建中央集权背道而驰的特点。经过历代统治者的改革，逐渐将王侯等爵位变成一个尊崇的虚衔，强化了皇帝的集权专制。到了元朝，自成吉思汗开始。便再次恢复了名实相符的分封制；建都大都后，由于继续南侵的需要，忽必烈又分封诸侯，使他们分食汉地，肇始于元朝初期的四大汗国脱离中央和后来的诸侯擅权。朱元璋将这一倒退的政治制度当作法宝继承下来，和西周统治者"封建亲戚，以藩屏周"的目的如出一辙。

不过，朱元璋毕竟是出生在已有分封制两千多年，已有中央集权封建政体一千六百多年后的时代。他虽然由于巩固皇权思想的误导而选择了分封制，但也毕竟继承了前代无数统治者汗牛充栋的政治经验和连篇累牍的历史教训，对于分封制的弊端和危害一清二楚。因此，他对分封制进行了若干必要的改革，并深信通过改革可以消除分封制的弊端，使分封制这块早已腐朽的顽铁重新成为维护皇权的利剑。应该说他这一思想是大胆的，尽管他死后发生的靖难之役，证明了朱元璋的失败，但他恢复并改革分封制的做法，却颇有批判继承精神。

朱元璋于洪武三年初次封王。当时他任命了一批武将出任王府左相，"盖欲藩屏国家，备侮御边，闲中助王，使知时务，所以出则为将，入则为相"。同时，于各亲王府设王相府、王傅府，各置左、右相，左、右傅。这些相、傅往往还兼任所在行省的左、右丞、参政或都司卫所的军事官员。诸王可通过这些王府官吏对地方的行政事务和军队的指挥调动进行干预。地方行省与府县长官每月初一、十五必须定期谒见亲王，在谒见时亲王可过问军政事务。各亲王府皆"置亲王护卫所都指挥使司，每王府设三护卫，设左、右、前、中、后五所，所千户二人，百户十人，又设围子手二所，每所千户一人"。这样，亲王间接掌管了地方政、法、军三司事务，成为一个个地方"小皇帝"。在朱元璋当时看来，朝廷有皇帝总领大权，地方有诸王协理，内外相辅，就可保证明王朝的千秋万世了。一直到洪武八年，他的这一看法还没有发生任何动摇，因此山西平遥训导叶伯巨上书批评分封制时，朱元璋不仅不听，还将叶伯巨收监，囚死在狱中。

　　不过，历代诸王作乱的史实毕竟触目惊心，而叶伯巨的上书毕竟也对他产生了刺激。因此朱元璋在开始行政体制改革的时候，还是将分封制一起考虑了进去，纳入改革的轨道。洪武九年正月，第一批亲王就藩之前，朱元璋下令取消了王府相、傅的兼职。二月，重走王府官制，废除王傅府，只保留王相府，以左、右相和左、右傅为长官，文武各一人，随即又规定王府官员的职权仅限于王府范围内，不得干预地方事务。

　　及至洪武十三年，他又撤销王相府，将王相府下属的长史司由七品升为正三品，置左、右长史各一人，职权仅限于"掌王府之政令，辅相规讽以匡王失，率府僚各供乃事，而总其庶务焉"，诸如代亲王请名、请封、请婚、请恩泽以及替亲王起草陈谢、进献的表启、书疏等。亲王对王府属官的选用，黜涉权力也被限制削弱，规定王府官任满黜陟，须经中央裁夺。洪武二十八年朱元璋又重申："其文武官有能守正，规劝其王保全其国者，毋得轻易凌辱，朝廷闻之，亦以礼待。"至此，亲王的权力比洪武三年初定制度时大为削弱，不仅不能干预地方政务，也不能自行选用王府官员，同时由皇帝亲命的王府官员又对亲王负秘密监视责任，这意味着亲王们培养个人势力集团的机会已大大减小。

　　既要使诸王发挥镇抚地方，辅助王室的作用，又要防止亲王拥兵自重，这其间有一个度的问题，极难掌握。朱元璋所定下的种种规定，无非就是向这一目标努力发展。如果单纯从结果来看，他的这一努力是失败了，但若从他所制定的互相制约的军事政策和无决策权的政治政策来看，朱元璋已经充分发挥了他的集权智慧。

★对于亲信也要千锤百炼

　　癸卯，改张鹏翮为河道总督。鹏翮请撤协理官及效力员，部臣宽文法，以责成功。从之。

　　六月癸亥，张鹏翮报修浚海口工成，河流申遂，改拦黄坝为大通口，建海神庙。

　　九月癸巳，停今年秋决。诏张鹏翮专理河工，范成勋簪九人撤回。

　　——《清史稿·本纪七》

　　凡成为亲信的人固然忠诚，也固然能干，但对于亲信的局限和缺点也不能视而不见，而应不断砥砺，促其尽快成长起来。

　　把人才培植成亲信干将之后，康熙并不就此放手，在使用亲信的过程中，他总是不厌其烦，详加指导。

　　张鹏翮，四川人，是康熙发现并亲自提拔起来的才能之士。他治河经验不多，但能虚心学习，勤奋工作，欲按书上之言试行修筑，康熙得知。针对书上之弊，告诫张鹏翮说：古人治河之法，与今河势不同，其最要紧者，是你自至其地，亲加详阅，方能知其黄河何以使之深,清水何以使之出等筹划。强调了调查研究,针对新情况,解决新问题的思想。三月十七日,又叮嘱张鹏翮说:引湖水使由人字河、芒稻河入江,朕所见最真,你必须力行而不可疏忽:黄河曲处挑挖使其直,则水流通畅泥沙不淤,宜留心筹划实施。同时,康熙还指示张鹏翮必须毁掉拦黄河坝。从职权、人事以及管理体制上,张鹏翮提出了自己的三项要求:一、撤协理河务徐廷玺,以专总河之任;二、撤河工随带人员,以免浪费和加大开支;三、工部与河臣事关一体,请敕部臣,毋以不应查驳事而从中阻挠。对此,康熙大力支持,认为言之有理,说明了张鹏翮是真抓实干之才,所以全部同意,"下部议行"。而且,康熙深知河工之无成者,一应弊端在于工部。该部掌握河工钱粮。每借机勒索贿赂,贪图肥己,以致河工总无成效。因此决定,河工经费直接拨给河务总督,不经工部,使其无法掣肘。

张鹏翮上任后,果然不负皇帝重托,首先视察黄河入海口,即见"拦黄坝巍然如山,中间一线,如涓涓细流",心想下流不畅,无怪上流之溃决。皇帝让拆除拦黄坝确实有理。于是,四月二十一日动工,将拦黄坝尽行拆去,又挑挖深通,悉与黄河八十三丈之水面相符,堵塞马家港引河,使水势不致旁泄,尽由正河而行。到五月初九完工开放,水势畅流,冲刷淤沙,旬日之间,深至三丈,宽及百丈余,使黄水"滔滔入海,沛然莫御"。康熙在竣工后前往观览,高兴地告诉大学士等人:"观此,河工大有可望。"

随后,张鹏翮按皇帝指授方略,对其他几项工程次第兴工。康熙对他的工作深感满意,认为"张鹏翮遇事精勤,自此久任河务,必能有益"。谕令户部、工部、内阁等,对张鹏翮经办的各项治河工程,保证供给,所需船只水手、物资银两等及时拨给,满足所请,不得有误。

在康熙的主持和支持下,至四十年十二月,各项工程先后完成。张鹏翮上疏皇上告捷:治河事宜,蒙皇上指授,疏通海口,黄河刷深,水有归路;坚筑高家堰,广辟清口,使得淮水畅流;筑归仁堤,导泗县上源之水入于河;疏人字、芒稻等河,引运河之水注入江;筑挑水坝,疏陶庄引河,通黄水畅清流,使永无倒灌之患;挑虾须等河,引下河之水入于海。其余各项工程,指授周悉。但河工甫就,保固为要,恭请圣驾于来春二月桃汛未发之前,亲临河工指授。此外,还要改造中河,挑引河,浚直黄河河道,排除险情,使水畅流。

康熙认为,这些工程虽然完成,但是否坚固尚待考验,他指出:待来年经过水汛之后,方可验证是否成功。同时还指出:高家堰实属可忧,因烂泥浅带出水不畅,且洪泽湖水位上涨,据说比二十三年高有数尺。这不仅威胁下流高家堰大堤,而且极易使上流泗州、盱眙遭灾。

张鹏翮体会皇帝未雨绸缪之意,于四十一年提出八项保固防险工程,以迎接春秋二汛考验。但对洪泽湖上流未曾虑及,结果盱眙等三县于春汛时被淹。伏秋水涨,徐州至海口黄河两岸堤坝及山阳至邵伯运河西岸堤坝乃至高家堰大堤,先后发生数起险情,幸而抢救及时,未致成灾。

九月，张鹏翮奏报秋水情形，康熙览奏得知，按他指示在清口附近所筑挑水坝，在这次防汛中发挥了巨大作用，其他各处工程也因此而得保固，非常高兴。

康熙四十二年正月十六日至三月十五日，康熙以黄、淮河工告成，进行第四次南巡。这次南巡，主要是对张鹏翮三年来所建河工项目进行验收。检验结果，一般都很满意，仅在徽水地方做些调整和补充。如桃源烟墩、龙窝等地，见顶冲危险，命增筑挑水坝，个别矮堤处也命增高；中河仲庄闸口与清口相对，命改由杨家庄出口。回京康熙又详阅高家堰、翟家坝等处堤工，见堤有单薄处，即命加高加厚；高家堰大

张鹏翮

坝个别处有残缺石工，命即兴修；又命选职衔稍大，身家殷实者担任高家堰防险使命。行至清口。命固西坝加长数丈，以坚固防万一。赐张鹏翮御制《河臣箴》和《贺淮黄成》诗。诗中写道：

> "使清引浊须勤慎，分势开疏在不荒。
> 虽奏安澜宽旰食，诚前善后奠金汤。"

这首诗告诫张鹏翮不要麻痹大意，要努力做好善后工作，并赐张鹏翮父张飚鲍"神清养志松龄"匾额。回京次日，康熙帝心灵充实地对大学士等说：向来黄河水高六尺，淮河水低六尺，不能敌黄，所以常患淤垫。今将六坝堵闭，洪泽湖水高，力能抵黄，使不致有倒灌之患，此河所以能告成功。

三月十八日，康熙五十寿辰，他以"四海奠安，生民富庶，而河工适又告成"，特颁诏天下，大沛恩赉。

康熙以实事求是的态度对待河工，关心河工，使多年的理想得以实现，心中自然十分高兴。十月初十，他总结治河成功的经验，指出：一是皇上重视、关心，将治河当成"国家大事"，亲自调查研究，分出轻重缓急，做到心中有数，并肯投入大量人力、物力；另一经验是任用得当，起任称职的河务总督。于成龙不遵朕旨，致无成功，张鹏翮遵奉朕言，一一告竣，昔日黄水泛滥，或与岸平，或漫溢四出；今黄河深

通,河岸距水面丈余,纵遇大涨亦可无患。因命吏、工二部议叙河官,加河务总督张鹏翮太子太保衔,以示奖掖。

我们在这里关注的不是张鹏翮治水的过程,而是在治水过程中康熙耳提面命详加指导的过程,从中可见康熙不吝教诲、培植人才所付出的心血。

第四章　广开言路，虚心纳谏

★ 虚心向下属求谏

贞观二年，太宗谓侍臣曰："明主思短而益善，暗主护短而就愚。隋炀帝好自矜夸，护短拒谏，诚亦实难犯忤。虞世基不敢直言，或恐未为深罪。昔箕子佯狂自全，孔子亦称其仁。及炀帝被杀，世基合同死否？"杜如晦对曰："天子有诤臣，虽无道，不失其天下。仲尼称：'直哉史鱼。邦有道如矢，邦无道如矢。'世基岂得以炀帝无道，不纳谏诤，遂杜口无言？偷安重位，又不能辞职请退，则与箕子佯狂而去，事理不同。昔晋惠帝、贾后将废愍怀太子，司空张华竟不能苦争，阿意苟免。"太宗曰："公言是也。人君必须忠良辅弼，乃得身安国宁。……朕今志在君臣上下，各尽至公，其相切磋，以成治道。公等各宜务尽忠说，匡救朕恶，终不以直言忤意，辄相责怒。"

——《贞观政要卷二·论求谏》

一个"求"字重有千钧。求不是被动地接受，而是主动寻求，可贵的是管人者所寻求的对象是自己的下属。天下能做到这一点的能有几个？而能做到这一点的，又有几个不是留名青史的明主呢？

正因为懂得非集思广益难以治理一个大国，唐太宗李世民才急切地求谏，而求谏就牵动了求人，求谏求人是互为关联的，因为有人才有"谏"。

由于李世民平日仪表威严，常使朝见的百官举止失措。当他了解此事后，每次召见朝事者，都尽量做出和颜悦色的样子，以希望听到大臣谏言，了解政教得失。

贞观初年，李世民曾对王公大臣说："人想要看清自己，必须靠明镜鉴别；君主想要知道自己过失，必须依靠忠臣指正。如果君主自以为贤明，臣子又不加指正，要想国家不亡，怎么可能呢？若君主丧其国，大臣也难保其家。隋炀帝暴虐凶残，大臣都闭口无言，使他听不到别人指正自己的过失，最终导致亡国，虞世基等大臣不久也遭诛杀：前事不远，你们一定要加以借鉴，看到不利百姓之举，一定要直言规劝。"

李世民还对身边的大臣说："正直之君如用邪恶之臣，国家就无法太平；正直之臣若事邪恶之君，国家也无法太平。只有君臣同时忠诚正直，如同鱼水，那天下才能平安。朕虽然并不聪明，但有幸得到各位公卿的匡扶指正，希望凭借你们正直的谏议帮助朕把天下治理太平。"

谏议大臣们听皇上这样说，便进言道："听说木从墨线则直，君从进谏则圣，所以古代圣明的君主一定至少有七位谏官。向君主进谏，不予采纳就以死进谏。陛下出于圣明的考虑，采纳愚鄙之人的意见。愚臣身处这个开明的时代，愿意倾尽自己的全部力量为国效忠。"

李世民对此番话表示赞赏。于是诏令：从今以后宰相进宫筹划国事，都要带谏官以参与筹划。谏官们如有好的谏议，朕一定虚心采纳。

贞观二年（公元628年），李世民对身边的大臣说："圣明的君主审视自己的短处，从而使自身日益完善，昏庸的君主则庇护自己的短处，因而永远愚昧。隋炀帝喜欢夸耀自己的长处，遮掩自己的短处，拒听谏言，臣下的确难以冒犯皇上。在这种情况下，虞世基不敢直言劝谏，恐怕也算不得什么大过错，因为商朝箕子装疯卖傻以求保全，孔子还称他仁明。后来隋炀帝被杀，虞世基遭株连，这合理吗？

杜如晦对此发表见解，说："天子有了忠诚正直的大臣，虽无道也不会丧失天下。孔仲尼曾说：'春秋卫国大夫史鱼，多么忠诚正直啊！国家有道，他直言上谏；国家无道，仍直言上谏。'虞世基怎么能因为隋炀帝无道而不纳忠言，就缄口不语了呢？苟且偷安占有重要的官位，也不主动辞职隐退，这同殷代箕子谏而被拒即装疯逃去，情况和道理都不同啊！"

杜如晦又说："拿昔日的晋惠帝来说吧，当贾后将太子废掉时，司空张华并不苦谏，只一味随顺苟免祸患。赵王伦发兵废掉了皇后，派人问张华，张华就说：'废掉太子时，我不是没有进言，只是当时未被采纳。'使臣说：'你身居三公（东汉以后，以太尉、司徒、司空合称三公，为共同负责军政的最高长官，张华官任司空，故以三公相称）要职，太子无罪而被废除，即使谏言不被采纳，又为何不引身告退呢？'张华无言以对。于是使臣斩了张华，灭了他的三族。"

杜如晦据此总结说："古人云：'国家危急不去救扶，社稷危急不去匡正，怎能用这种人为相？'所以'君子面临危难而不移气节'。张华逃避责任但也不能保全其身，作为王臣的气节丧失殆尽。虞世基高居丞相，本来占有进言的有利位置，却无一言进谏，也实在该杀。"

李世民听了杜如晦这番大论，十分赞佩，便说："您说得有理。大臣一定要忠心辅佐君主治理朝政，这样才能使国家安定，自身保全。隋炀帝的确就是因为身边没有忠臣，又听不到别人指正自己的过失，才积累祸患、导致灭亡的。君主如果行为不当，臣子又不加匡正劝谏，只一味阿谀奉承，凡事都说好，那君主一定是昏庸的君主，大臣一定是谄媚的大臣。臣为谄媚之臣，君为昏庸之君，那国家离危亡还有多远？以朕现在的志向，正是要使君臣上下各尽其责，共同切磋，以成正道。各位公卿一定要忠于职守，直言进谏以匡正补救朕的过失。朕绝不会因为你们的犯颜直谏而对你们怨恨责备。"

李世民对规谏之臣十分感激,谏臣们也为此心情舒畅。

贞观六年(公元 632 年),因为御史大夫韦挺、中书侍郎杜正伦、秘书少监虞世南、卿姚恩廉等人的上书内容,都十分符合李世民的心意,李世民遂召见他们说:"朕遍察自古以来大臣尽忠之事,如果遇到明主,便能够竭尽忠诚,加以规谏,像龙逄、比干那样的忠臣,竟然不能避免遭到杀戮而且祸及子孙。这说明,做一个贤明的君主不容易,做一个正直的臣子尤难。朕又听说龙可以被降服驯养,然而龙的颔下有逆鳞,一旦触犯就会伤人。君主也是这样,他的颔下也有逆鳞。你们不避触犯龙鳞,各自进谏奏事,如能经常这样做,朕又何忧社稷的倾覆呢!每想到你们忠心进谏的诚意,朕就一刻不能忘记。所以特设宴招待你们来共享欢乐。"在赐酒欢宴的同时,还赏赐给他们数量不等的布帛。

大臣韦挺经常上疏李世民,陈述政教得失。李世民写信给他说:"朕看了你的意见,感到言词十分中肯,言辞、道理很有价值,对此朕深感欣慰。从前春秋时齐国发生内乱,管仲有射齐桓公衣钩之罪,然齐桓公小白并不因此怀疑管仲,这难道不是出于对'犬不咬其主,事君无二心'的考虑吗?"

他又说:"您的真诚之意从奏章之中可以看得出来。你如果保持这种美德,一定会留下美名;如果中途懈怠,岂不可惜!希望你能够始终勉励自己,为后人树立楷模。这样后人视今人如楷模,就像今人视古人为楷模一样,这不是很好吗?朕近来没听旁人指正朕的过失,朕也看不到自己的缺点,全靠你竭尽忠心,多次向朕进献嘉言,这种感激之情,是一时无法表达完的!"

正如前面所述,李世民不但希望别人对他进谏,而且还要求大臣官僚们也能接受下属的劝谏。贞观五年(公元 631 年),他对房玄龄说:"自古以来,帝王大多纵情喜怒,高兴时滥赏无功,愤怒时则乱杀无辜。所以天下遭受损失和造成混乱,莫不由此而生。朕现在日夜为此事担忧,常常希望你们直言进谏。你们也要虚心听取别人的劝谏,不要因为别人的话不合自己的心意,就庇护自己的短处,不去接纳别人的正确意见。如果不接受别人的劝谏,又怎能劝谏别人呢?"

在求谏的同时,李世民还注意把"慎独"同求谏结合起来,将其定为封建帝王的修身之道。

贞观八年(公元 634 年),李世民对身边的大臣说:"朕每次独居静坐时,都深刻反省,常常害怕自己的所作所为上不合天意,下为百姓不满,因此希望有正直忠诚的人匡正劝谏,以使自己的思想能与外界沟通,百姓不会心怀怨恨而耿耿于怀。近来朕发现前来奏事的人多带有恐怖畏惧之色,致使语无伦次。平时奏事,尚且如此,更何况耿直劝谏的,一定更害怕触犯龙颜。所以每次前来进谏,纵然不合吾意,也不认为是违逆犯上。如果当时对谏者斥责,奏事者会心怀恐惧,那他们又怎敢直陈己见呢?"

此时已是贞观中期,李世民发现向他进谏的人减少了,于是他问魏征:"近来朝中大臣都不议论朝政,是什么原因呢?"

魏征分析说:"陛下虚心采纳臣下意见,本来应该有人进谏。然而古人说:'不

国学经典文库

国学大智慧

·《二十四史》智慧通解·

图文珍藏版

信任的人来上谏,就会认为他是毁谤自己;信任的人却没有谏言,就会认为他白食俸禄。'但是人的才能器量有所不同。懦弱的人,虽然心怀忠信却不敢言;被国君疏远的人,害怕对己不利而不敢言。所以大家都闭口缄默,随波逐流,苟且度日。"

李世民说:"的确如您所说的那样。朕常常在想,臣子想要进谏,但害怕带来灾祸,难保性命,这与那些冒着被鼎镬烹死、被利剑刺死的人有什么不同呢?所以忠诚正直的大臣,不是不想竭诚尽忠,而是太难了。所以大禹听到善言就向人拜谢,就是这个原因。朕现在敞开胸襟、广纳谏言,你们切不要过分恐惧,只管极力进谏。"

贞观十六年(642年),李世民对房玄龄说:"自知者明,而能够做到这一点确实很难。写文章的人和从事技艺的人,都自以为出类拔萃,他人比不上。如果著名的工匠和文士,能够互相批评、指正,那么文章和工艺的拙劣之处就能够显现出来。由此看来,君主必须有匡正规谏的大臣来指正他的缺点过失。君主日理万机,一个人听政决断,虽然忧虑劳碌,又怎能把事情全

褚遂良

部处理妥当呢?朕常常思考,遇事时魏征随时都能给予指正、规谏,且多切中失误之处,就像明镜照见自己的形体,美丑一下子都能显现一样。"于是举杯赐酒给房玄龄等人,以资鼓励,意思是让他们向魏征学习。

据史载,有一次李世民曾问谏议大夫褚遂良:"从前舜打造漆器,禹雕镂俎,当时规谏舜禹的就有十多人,盛装食物的小小器皿,何须这么多人苦谏?"

褚遂良说:"雕琢器皿会影响农业生产,纺织五彩绦条会耽误女子的工作。追求奢侈糜烂,那么国家就会慢慢走向灭亡。漆器不满足,必有金器代替;金器不满足,必用玉器代替。所以正直的大臣的规谏必须在事情刚开始的时候,等到了一定程度,就没有规谏的必要了。"

李世民听了,深以为然,高兴地称赞褚遂良说得对,并说:"朕的行为如果有不当之处,不管是开始还是结束,都应该进言规谏。近来朕看前代的史书,有的大臣向君王谏事,君主总是回答'已做过了',或者'已经允诺',实际上却并不加以改正,这样下去国家走向危亡,就会像翻掌一样容易啊。"

作为一名掌握国家最高权力的封建君王,每句话都可以当作"圣旨"来看待,这样说,也就等于这样去做。从这些生动的事例中我们不难看出,贵为天子的李世民思想境界的高远和通达,心境的透亮和宏阔,在封建社会中恐怕只有少数明君才具备。

★危言虽然耸听更应多听

太宗谓玄素曰:"卿以我不如炀帝,何如桀、纣?"对曰:"若此殿卒兴,所谓同归于乱。"太宗叹曰:"我不思量,遂至于此。"顾谓房玄龄曰:"今玄素上表,洛阳亦实未宜修造,后必事理须行,露坐亦复何苦?所有作役,宜即停之。然以卑干尊,古来不易,非其忠直,安能如此?且众人之唯唯,不如一士之谔谔。可赐绢五百匹。"魏征叹曰:"张公遂有回天之力,可谓仁人之言,其利博哉!"

——《贞观政要卷二·论纳谏》

在安逸的环境下,领导者的精神容易松懈下来。作为一种规律,奋发图强的劲头一旦减弱,耳根子也会变得硬起来,喜欢听歌功颂德的赞歌,听不进既刺耳又显耸听的危言。其实越是这个时候,领导者尤其帝王越需要一些危言刺激他日渐麻木的神经。

追求物质享受之心大概是人所共有的,一旦条件具备,人们往往会不知不觉地想使自己的生活更舒适一些。由于贞观初年君臣上下的励精图治,贞观中期经济有了大的起色,然而随着国库的充盈,李世民也渐渐有了享受安逸之心,国中时风也渐有奢侈之象。有鉴于亡隋之鉴,一些忠良的臣子们由此而生出忧虑。

在贞观八年(公元634年),左仆射房玄龄和右仆射高士廉,在路上遇到了少府监(注:少府,唐初专管工程修建的官署。)窦德素,问他北门宫近来又在建造什么工程。窦德素便将两位大臣问事之举告诉了李世民,李世民就有些不悦,心想:虽然本朝从不以僭越问罪于下臣,敞开怀抱纳谏,但你们做下臣的也未免管事太宽,于是召来房玄龄,有些动气地说:"你只管南衙的事就行了,朕在北门宫建造一些房屋与你何干?"

房玄龄等人听了,只好伏首谢罪,然而,魏征却由此看得更深远一些,站出来指责李世民的做法无理。他进言道:"臣不明白陛下为什么责备房玄龄、高士廉,也不明白房玄龄、高士廉为什么要谢罪。房玄龄等既为国家大臣,就是陛下的臂膀和耳目,纵使北门有所营造,为什么就不容许他们知道?臣对此有所不解。修造房屋是有利还是有害,用的人工是多还是少。陛下做得对,做大臣的则应当协助陛下把事情办好,若陛下做得不对,就是已开始营造,做大臣的也有责任奏请陛下停工。这是'君使臣、臣事君'的根本之道。房玄龄等询问此事固属无罪,而陛下却责备他们,这是臣所不明白的;房玄龄等不知道自己所应管的职守,而只知道向陛下磕头谢罪,这也是臣所不解的。"

听了魏征的话,李世民不但没有动怒,还在闻言之后深以为愧。

北门宫的土木之工既完,此事未过多久,敢言善谏的魏征看到奢靡倾向越来越严重的各种政令又频频发布起来,他更加担心李世民难以保持俭约之美德了,于是在贞观十一年(公元637年),向李世民上奏了名垂青史的"治国三策"。

魏征在"治国三策"中写道:"以臣所见,自古以来,凡是承天受命开创帝业,或继承帝位的人,他们驾驭英才,面南而治,都想德配天地,名齐日月,让子孙百代将帝位永远传下去。然而善始善终者少,倾败衰亡者多,这是什么原因呢?就是因为他们没有遵循治国之道。前朝亡国的历史教训就近在眼前,可以为鉴戒。"

魏征说:"隋朝统一天下三十余年,兵强马壮,声威远播万里,震动异国,一旦覆亡,尽为他人所有。那时的隋炀帝难道不想让天下安定、社稷长久,故意要推行桀纣之暴政,以造成自己灭亡吗?而究其实,他只是犯了仗恃其国家富强,而未考虑后患的错误。他驱使天下百姓顺从自己的奢

魏征

欲,搜刮天下财物供自己享受,搜选天下美女,掠夺远方的珍宝,宫苑装饰得豪华壮丽,楼台修建得高峻宏伟,徭役无穷无尽,用兵无休无止。外表威严庄重,内心猜忌险恶。谗佞邪恶之臣,必定会得到他的官禄和好处,而忠正之士却连性命都难保。佞臣上下互相欺蒙,君臣离心离德,老百姓不堪忍受,国家分崩离析。于是像隋炀帝这样的堂堂一国之君,竟死于匹夫之手,连其子孙也被斩尽杀绝,成为天下人的笑柄,能不令人痛心吗?"

魏征指出:"如果考虑到既成的东西不要毁坏,仍然保持旧貌,就要免除那些不急之务,徭役要减之又减。即使是茅舍与华厦共存,玉砌和土阶并用又有什么妨害?既要使人敬业乐业,又要不竭民力,要常想到自己受而不劳的安逸和别人劳动的辛苦,这样,老百姓就会自愿来服役,他们依靠天子的恩德而安居乐业。这是治国的中策。"

魏征指出:"如果是唯我独尊,不考虑后果,不善始善终,忘记了缔造国家的艰难,认为有天命可以依传,从而忽视住陋室时的艰苦朴素作风,一味追求雕梁画栋的奢侈生活,宫殿在原有的基础上还要加以扩充,并大加修饰,唯美是求,做事皆以此类推。从不知足,人民所见到的只是无止无休的劳役,见不到国君的恩德,这是最糟糕的治国方法。这样的做法好比是背着柴薪去救火,向锅里添滚水来止沸,是

用暴政来替代暴政，与原先的乱政同出一辙，其后果是不堪设想的。一旦如此，后世子孙将如何看待陛下的事迹？没有清明的功绩就会遭到天怒人怨，天怒人怨则灾害必生，灾害发生就会引起祸乱，祸乱一起，要保全自身性命和荣誉名声就很难了！这是治国的下策。

"臣下以为，顺应天命、鼎革天下之后，大唐将有七百年隆盛的国运，并将江山遗留给子孙，传之万代。江山难得而易失，陛下能不认真考虑这个至关重要的问题吗？"

看了魏征的"治国之策"，李世民内心十分感动，他亲自写诏书回答魏征，诏书中说："你所呈献的至诚之言，使朕明白了自己的过失。朕置之茶几上，就像西门豹佩韦以自缓，董安于佩弦以自急（注：意即西门豹性急，经常身带柔软的皮件来提醒自己；董安于性缓，经常身带绷紧的弓弦作为提醒。）一样，时刻提醒自己。朕必定能在晚年把国家治理好，使'康哉、良哉'的盛世颂歌，不只出现在虞舜时代。如今，我们君臣之间，就如同鱼水一样亲融无间，对于你的佳谋良策，迟至今日才做答复，希望你仍能犯颜直谏，无所顾忌。朕将虚怀静心，恭候你的善言。"

从李世民君臣之间发生的这些关于禁绝浮华奢靡的劝谏、从谏之事上，后世不但可以看出贞观时君臣之间互相依赖、互相信任、互相支持的清新政治之风，更能找到李世民为什么能在短短的一二十年将大唐推向昌繁的原因。

勇于从谏，克制己欲，使君臣无猜而人人愿意为国分忧，这即是天下大治的秘诀。

正所谓饱暖思淫欲，人的生活一旦安逸无忧，私欲就会膨胀。纵然是自制力很强的人也是如此。到了贞观中期，随着物质的丰富，李世民谦逊俭约的作风一年年地减少，并且还常常大兴土木，追求锦衣玉食，这就使得民心没有贞观初那样安定了。

然而李世民的幸运在于，一旦有政治上的失误，舆情的变异，即便他还没有觉察到，而由于他对臣子的信任，使得手下臣子纷纷冒死相谏，也能使政治上的失误及时得以纠正。由此看来，治理国家要想善始善终，手下总归是离不开一批忠心耿耿的有识之士的。

贞观十一年（公元637年），马周以奢纵之君亡国的前车之鉴来启悟李世民，直言进谏道："臣历睹前代，从夏、殷、周和汉朝统一天下的情况看来，帝位的传相继承，时间长的朝代可延续八百多年，短的朝代也有四五百年，莫不是由于国君不断地积累德行、功业，将恩德存留在百姓心中所致。但邪辟的君王出现也是难以避免的，只是依赖前代贤君早年施于百姓的恩德，从而避免了国家出现动乱的灾难罢了！"

马周说："从魏、晋以来，及至北周、隋朝，一个时间长的王朝不过存在五六十年，短的王朝只延续了二三十年就灭亡了，这都是因为创业的君王没有致力于对广大百姓修行恩德教化，仅仅在当时的环境下，勉强保持着自己的帝位，后世百姓心中也没有前代君王遗留的恩德可以值得怀念。所以继承帝王之位的国君若对百姓的恩德教化稍有衰减,只要有一个人出来大呼造反,那么国家就土崩瓦解了。"

马周说:"现在陛下虽然依靠以前对百姓作出的巨大功劳和贡献,而使天下的老百姓人心稳定,但陛下目前越来越不注重施恩于百姓了,恩德的积累也一天比一天少,现在确应当考虑像禹、汤、文王、武王那样,对天下臣民广泛地施行恩德教化,使恩德除了用以自守之外,尚能遗留给后代万世子孙,为皇室的子孙奠定万代传袭的帝位和永久统治天下的基础,怎么能够只求政治教化没有过失,只求维持当时的统治就行了呢?圣明的君王虽然按照具体人的不同情况,进行与之相应的教化,政令的宽厚和严厉根据时势的不同而改变,大致的方针却是在节俭自身、施恩于百姓两个方面,因此国中的百姓对国君就会爱之如父母、仰之如日月、敬之如神明、畏之如雷霆,这就是夏朝、殷朝、周朝和汉朝统治天下时帝位长久传袭而不发生祸乱的原因。"

正当耽于安逸享乐之时,马周的奏章给李世民兜头泼了一盆凉水,看了奏章,使他感到在这一段时间里自己实在是疏忽了善始善终之道,顿时惊醒,于是马上停止了一些奢侈器物与楼阁的制造。然而停止归停止,李世民的思想却不可避免地出现了退坡,国中经济的日益兴盛使他对丰盛物产毕竟有些陶醉了,他不仅纵情于享受,还不断地向外发动战争来夸耀自己的成功,出兵攻打高丽就是这种思想促动的结果。

此时,魏征又站了出来,他诚恳地向李世民进行规谏:"臣观自古以来的帝王取得天下,建立王朝,都想把皇位留传万代子孙作打算,所以当他稳坐在朝堂上垂衣拱手,对天下宣布政令、谈论治国方法的时候,必先推崇质朴敦厚,抑制虚浮华丽;评论人物时,必定尊重忠诚贤良,轻视邪恶;讲述法度时,则杜绝奢侈浪费,崇尚俭朴节约;谈论物产时,一定重视谷物布帛而轻视珍宝奇物。接受天命之初,都遵循这些原则以达到政治清明。稍微安定以后,却又大多违反这些原则,败坏了社会风俗。陛下知道这是什么缘故吗?"

在奏章中,魏征语重心长,苦口直言道:"难道不是因为自己处在极尊之位,拥有天下的财富,说话没有谁敢违背,行动没有谁不顺从,公道被个人的感情所淹没,礼仪法度被嗜好欲望所吞噬的缘故吗?古人有道是:'不是懂得道理难,而是实行起来难;不是实行起来难,而是坚持到底难。'陛下,这话说得很实在啊!"

魏征说:"陛下,您20岁左右就力挽狂澜,平定了全国,开创了帝王的基业。贞观初年,正值陛下年轻力壮之时,抑制减少嗜好欲望,亲自实行节俭,内外安乐宁静,以至于社会出现了极清正的局面。论功劳,就是商汤、周武王也不能及,讲道德,您就是与尧、舜也相差不远。"

魏征还说:"臣自从被提拔在陛下左右,十余年来,常在运筹帷幄时侍候陛下,多次敬受英明的旨意。陛下常赞许仁爱、正义的治理方法,坚持而不放弃,称扬俭朴节约的志向,始终不渝,一言可以兴邦,就是这个道理。陛下的德音常在臣耳边回响,臣怎敢忘记?近年来,陛下已经稍微违背了原来的志向和敦厚淳朴的精神,渐渐不能坚持到底了。臣谨把所了解的陛下的作为列举在下面——"

......

　　这是一本精心写的奏折，充分体现了一名封建臣子忠君为国的拳拳之忧。作为一名头脑冷静、思考深远、观察甚明的老臣，魏征这一次可谓把李世民十几年来为政的历程描述尽致，把近一段时间李世民在政治上的滑坡归纳剖析得入木三分，作为一代敢逆龙鳞的属臣，魏征大概根本不去担心是否最终会激怒皇上，甚至到了晚年尚且来冒杀头之险是否合算，但贞观年间君臣约制的良性互动机制已经形成，李世民从本质上看还是一位明主，魏征审时度势，对劝谏的效果有着充分的估计，因而也有必胜的信心。

　　在勇于从谏方面，李世民要比隋炀帝好上几千倍，所以在看了这一奏折后，李世民不禁为之汗颜，认识到魏征说得句句在理，想想自己这几年的言行，李世民深感愧对臣民。于是，他把魏征的奏疏贴在屏风上，时时警惕自己，当成了座右铭。

　　种种实例已足以证明李世民的长于纳谏。也正是由于他长于纳谏，一些正直的大臣才敢犯颜谏上，从而减少了很多政治上的失误，为"贞观之治"的出现创造了良好的条件。同时李世民善于纳谏的风度，也为后世留下了美谈。

第五章　审时度势，把握大局

★洞悉大势方能把握大局

时先主屯新野。徐庶见先主，先主器之，谓先主曰："诸葛孔明者，卧龙也，将军岂愿见之乎?"先主曰："君与俱来。"庶曰："此人可就见，不可屈致也。将军宜枉驾顾之。"由是先主遂诣亮，凡三往，乃见。

——《三国志·诸葛亮传》

为臣者仅有匡扶天下的志向还不行，还得要有本事，没有点真本事，弱者不会趋附你，强者不会起用你，就连想树个敌人恐怕都不容易，因为别人根本不把你放在眼里。洞悉天下大势就是一个做大事者不能或缺的真本事。诸葛亮青史留名，因为他在这两个方面都把握好了大局。

第一是择主。乱世出仕，核心问题是"择主"。择什么主，是原则问题。当然要择齐桓公、燕昭王式的英主，对方一要志同道合，有君临天下的志向，二要思贤若渴，赏识自己，给予施展才能的天地。

诸葛亮二十七岁时，一些群雄如袁绍、袁术、公孙瓒、吕布、陶谦、张扬，在混战中陆续灭亡;刘表、刘璋没有灭亡，却没有前途。另一些则脱颖而出，其中首推曹操，另外有孙权。对于曹、孙，诸葛亮有能力到那里谋得较好的职位，可是他不去，宁肯"不求闻达"。

例如曹操。曹操是个大能人，精通谋略。行军用兵大略依照孙子兵法，因事设奇，谲敌制胜，变化如神。他割据的起点不高，论名气和实力，都无法同袁绍抗衡，最后却是他成功了。他眼光远大，挟天子以令诸侯，屯田积谷，充实仓库，又善于利用矛盾，分化瓦解，身处四战之地的兖州。周围分布着吕布、袁术等五大割据势力，从未受到联合的包围，反而把对手各个击破。官渡一仗他以劣势兵力，把袁绍打得望风逃窜，从此天下无敌，眼看就要统一北方。也许是诸葛亮反感曹操在徐州滥杀无辜，也许是看穿曹操挟持汉献帝、包藏不轨的野心，诸葛亮没有投奔曹操。

至于江东，这个政权久经考验，拥有长江天险，得到一方民心，拥有大批人才，兄长便在那里效力。然而诸葛亮也没有投奔江东。晋人袁准讲了一个传闻，说诸葛亮为刘备出使江东期间，张昭建议孙权留下诸葛亮，诸葛亮不肯留，说道："孙将军可谓人主，不过观察他的气度，能重视亮而不能尽用亮，我所以不留。"史家裴松之以为，诸葛亮君臣际遇，可谓世间少有，谁能离间？连关羽都不肯背主，何况诸葛亮呢！诸葛亮也许早在隆中就预料孙权不能充分发挥自己的作用，才不肯去投奔东吴吧！

还有刘璋，割据着长江上游的益州。益州僻居西南，是四塞之地。秦岭横在北面，三峡锁其东面，大雪山阻其西面，蛮障之地阻其南面。土地肥沃，物产丰富。汉末太常刘焉来牧此州，既避世乱，又雄踞一方。刘焉死后，儿子刘璋据州自保，没有多大的作为。对于行将被人所灭的刘璋，诸葛亮怎能看在眼里。

没有合适的，就继续观察等待。

他终于发现了刘备。刘备是个常败将军，眼下寄寓在荆州，是刘表的客军。此人远祖是中山靖王刘胜，到他这一代败落了。刘备就学于名儒卢植，但不喜欢读书，只爱狗马、音乐、华美的衣服。天下大乱，他乘势而起，领兵救过徐州，代理过徐州牧，又丢了徐州，投靠曹操。曹操授予他左将军，出则同车，坐则同席，他却密谋杀曹操，夺了曹操徐州，被曹操打得落荒而逃，转而投奔曹操的对头袁绍。袁绍失败后，刘备在北方无处存身，南下投奔刘表。

刘备屡败屡战，有股硬汉子气概，从不服输，胸襟开阔，宽仁大度，礼贤下士，善于团结部下，部下同他结为死党。关羽被曹操所俘，大受优待，仍然伺机离开曹操，返回处境不佳的故主身边。仅此一端，就可见刘备的笼络人心，能做到何等程度了。因此对士人号召力很大，为海内所畏惧，以致连曹操也对他说："现在天下的英雄，只有你我两人。袁绍之辈，不足挂齿。"

至此，诸葛亮已对可能成就大业的诸侯观察透彻，并基本确定了自己的方向——刘备。

第二是乱世之中他对天下走向的认识。

在茅庐之中，诸葛亮对前来相邀的刘备详细分析了他眼里的天下大势。

首先从指导思想讲起。他指出群雄混战的基本经验，是依靠"人谋"取胜。当初比较弱小的割据势力，依靠自身努力强大起来，原先强大的反而失败了。袁、曹之争是其中最大、最典型的事件，曹操转弱为强的经验值得借鉴。他回顾说：

"自从董卓以来，豪杰并起，跨州连郡的，数不胜数。曹操比起袁绍，名望低微，实力弱小，然而终于击破袁绍，转弱为强，这原因不只是天时，也是人谋。"刘备于是想到了自己，过去人谋不力，今后事业有成，也要看人谋。

指导思想明确后，接下来谈刘备借鉴曹操经验，改进战争指导。诸葛亮考察刘备的战略环境，畅谈天下大势。这时中国境内除了刘备以外，还存在六股势力：北方的曹操、韩遂马超、公孙渊，南方的孙权、刘璋、张鲁。诸葛亮作了这样的估计：曹操和孙权，将生存下来，其他都将灭亡。刘备也有条件生存下来，同曹、孙三分天下，前提是改进战争指导。他说：

"现在曹操已经拥有百万之众，挟天子以令诸侯，不可同他争锋。"刘备实力如此弱小，不应该与曹操争强斗胜；曹操须要消灭，但不是现阶段任务。

话锋一转，谈到江东："孙权据有江东，政权经历三代的考验，地势险要，民心归附，贤能肯为孙氏效力。这股力量，可以用作外援，却不容去吞并。"告诉刘备，江东他吃不掉，要同它联合，否则南方也有可能被曹操各个击破。

那么，刘备又将如何夺取天下呢？诸葛亮建议分近远期两步走，近期以三分天下为目标，有三项任务。

"荆州北据汉、沔（汉水上游）二水，利益穷尽南海，东连江东吴、会稽两郡（今长江三角洲和浙闽），西通刘璋巴蜀（今四川），这是用武之地，而荆州之主刘表不能固守。荆州怕是天意资助将军的，将军有没有意思？"第一项任务，取荆州。

"益州险要，四塞之地，沃野千里，乃是天府之国，汉高祖凭借它成就了帝业。益州之主刘璋愚昧、软弱，张鲁威胁其北面，人民殷实，地区富有，而不知道去慰问抚恤，智能之士渴望得到明主。将军既然是皇家后代，信用和道义传遍四海，总揽英雄，思贤若渴，何不取而代之呢？"第二项任务，接着取益州。第三项任务，同孙权结盟。孙氏正在内争三江五湖之利，局限在东南一隅；然而迟早会走出太湖背后的闭锁状态，进入全国斗争，那时联合有现实的可能。

以上是近期计划。预测刘备联吴避曹夺取荆、益后，将与曹、孙三分天下，并成为获利最大一家。可以说，诸葛亮未出茅庐，已知天下三分。

接下来谈远期，以统一全国为目标。首先要治理荆、益，任务是："守住两地险要，西和诸戎，南抚夷越，对外结好孙权，对内治理政务。"

诸戎在西北秦陇即益州和曹占区之间，由氐、羌族构成，夷越在益州南部，都具有战略意义，必须以安抚政策争取少数民族民心，巩固大后方，策应灭曹的北伐战争。刘备在实现近期目标后实力增强，将与曹操争锋，问题是选择有利时机。

"一旦天下有变，就命令一员上将率领荆州军队北上宛城（今河南南阳）、洛阳，将军亲自率领益州军队攻入秦川（今关中一带），百姓谁不用箪盛饭，用壶盛汤来欢迎将军呢？果真如此，则汉室可兴、霸业可成了。"

这个对策，便是闻名后世的《隆中对》，产生于草庐，也称《草庐对》，包含丰富的战略智慧。它告诉刘备：夺天下，光凭愿望和艰苦奋斗是不够的，还得通盘谋算，成竹在胸。过去想一口吃胖，实力和目标两者失衡，瘸腿走路，哪能不跌跤呢？分步走，力所能及，方能逐步成功。弱者对强敌先退一步，向薄弱地区荆、益谋求发展，壮大自己力量，获得最终进攻强敌的能力。军事斗争同政治、外交斗争配合，联吴、治理荆、益等手段综合运用，必能大见成效。在常人看来，一个能在曹操、孙权、刘表、刘璋等手握雄兵、显赫一时的群雄那里谋到一席之地的人，偏偏看上既没有地盘、又没有多少兵马的刘备，岂非将一生事业系在前途未卜的人物身上？然而这正是诸葛亮之所以为诸葛亮的道理。撇开刘备反曹最坚定、以兴微继绝为己任这一层不说，去了能受重用，一展平生管乐抱负的，舍刘备其谁？显然，诸葛亮把领导者的素质看得比实力更加重要，把未来看得比当前更重要，与对天下三分的预测一样，这充分显示了诸葛亮洞悉局势、把握局势的非凡能力。

★为臣者于大事上不能犯糊涂

太宗不豫,真宗为皇太子,端日与太子问起居。及疾大渐,内侍王继恩忌太子英明,阴与参知政事李昌龄、殿前都指挥使李继勋、知制诰胡旦谋立故楚王元佐。太宗崩,李皇后命继恩召端,端知有变,锁继恩于阁内,使人守之而入。皇后曰:"宫车已晏驾,立嗣以长,顺也。今将如何?"端曰:"先帝立太子正为今日,今始弃天下,岂可遽违命有异议邪?"乃奉太子至福宁庭中。真宗既立,垂帘引见群臣,端平立殿下不拜,请卷帘,升殿审视,然后降阶,率群臣拜呼万岁。以继勋为使相,赴陈州。贬昌龄忠武军司马,继恩右监门卫将军、均州安置,旦除名流浔州,籍其家赀。

——《宋史·列传第四十》

一般人可以犯糊涂,但主持大局的臣子不能犯糊涂,尤其不能犯方向性的大糊涂。古代君王选择宰相常以气度恢弘、不拘小节为标准,因为这样的人可能会犯一些无关紧要的小糊涂,但在大事上却能把握方向,绝不糊涂。

宋太宗从他哥哥宋太祖那里得到皇帝的宝座后,为了确保他的子孙对皇位的继承权,先后逼死太祖的儿子德昭、德芳和皇弟秦王廷美。这种极端措施不仅引起大臣的不满,也激化了皇室内部的矛盾。太宗的长子楚王元佐反对这种残暴的行为,装疯放弃做太子的机会,赢得了很多的同情。

至道元年(公元995年)八月,寿王元侃(即后来的真宗赵恒)被立为太子。两年后,太宗病重时,大宦官、宣政使王继恩企图拥立楚王元佐,以定策之功博取新皇帝的恩宠。他勾结参知政事李昌龄、殿前都指挥使李继勋等人,并得到太宗李皇后的大力支持。因此,元侃虽然身为太子,但能否继位尚难预料。

吕端

吕端探视太宗的病情,见太子元侃不在病榻旁,就在笏上写"大渐"病危二字,派亲信敦促太子入宫侍候太宗。太宗驾崩后,李皇后命王继恩、吕端等人到政事堂商议策立新君之事。吕端为了防止王继恩等人的阴谋得逞,当机立断地囚禁了王继恩,并派人在书阁中找出太宗生前写就的诏书。一切布置好后,吕端立即进宫,李皇后说:"皇帝驾崩,立皇长子为继承人符合常规。现在该怎么办呢?"吕端正色回答道:"先帝立太子,正是为了应付今天的形势。现在先帝刚刚去世,怎么能够立刻违背他的命令而提出异议呢?"太后无言以对。

新君举行登基大典,垂帘接受群臣朝拜。吕端请求卷起帘子,走到殿前,看清御座上是太子元侃后,才率领群臣下拜并高呼万岁。

吕端是历相两朝、拥有定策之功的元老重臣。真宗见到吕端,每次都恭敬地作揖,不喊吕端的名,甚至自称小子。吕端请求呼名,真宗说:"您是顾命元老,我岂敢与先帝相比!"吕端深受真宗的尊崇和信赖,因此成为真宗初年国家政策的主要制订者、国家大事的裁决者。

于是在吕端的主持下,朝廷实行了一系列有利于国家长治久安的措施。

太宗滥杀皇族和王继恩图谋废立,在皇室内部和官僚阶层产生不良影响。出于稳定政局的需要,在真宗即位两个月后才贬逐王继恩等人,并且不说明其罪状。王继恩以右监门卫将军安置于均州,李昌龄被贬为忠武军司马,胡旦则流放浔州。同时还恢复皇兄元佐的楚王爵位,并加封其为左金吾卫上将军,允许他在家养病而不上朝;追赠皇叔廷美为西京留守、中书令、秦王;追封皇从兄魏王德昭为太傅,岐王德芳为太保。

为了争取士大夫的拥护,朝廷广开言路,延揽人才。至道三年五月,允许文武官员直言进谏,讨论皇帝的过失和政治、军事的利弊。贡举制度的长期停办,对于选拔人才造成极大的不便。使得许多有真才实学的人无法得到重用。有鉴于此,至道四年(公元998年)二月,礼部经考核,额外录用进士和诸科达两百人之多。

吕端为政清简,顺应民情。至道三年(公元997年),鉴于赋役繁重,人民不胜其负,朝廷撤销了江淮发运使、诸路转运使司。六月,朝廷下诏命令各地停止进献珍禽异兽和各种祥瑞。八月,取消盐井役。十二月,诏令诸路转运使督促地方官发展农业生产。第二年八月,诏三司节约费用,不得增加赋税。这些措施有利于改善政府作风,减轻了人民负担,促进了生产力的发展。

吕端不仅在政治措施上注意"与民休息",而且也很注意法制上的适度宽松。998年,张齐贤与王济为删修淳化后期到至道年间的宣敕(诏令)发生争执。吕端指出,立法崇尚宽松,忌讳严厉。他说:"根据周朝的制度,治理处于稳定时期的国家,只需使用不宽不严的法律,这是定制。当然,改革的好处如果不是很大,就不应轻易进行;而应当改革的时候,也要仔细听取众人的意见。"

在稳固国内政治的同时,吕端还积极展开外交攻势。在他任相期间,宋朝与西夏通过谈判达成妥协。至道三年十二月,朝廷允许西夏修贡,并授予李继迁定难军节度使之衔,管辖夏、绥、银、宥、静五州,使宋朝边境出现了一定时期的安宁局面。吕端并不以此为满足,在和议之后,他仍然重视西部驻军的防务,使李氏不敢轻举妄动。

由于吕端辅佐得力,真宗即位之初,国家呈现一片欣欣向荣的景象。吕端在小事细节上常表现出"糊涂"的一面,但在策立寿王元侃为帝这一原则问题上,却表现出了非常清醒乃至执著坚定的行事风格,甚至不惜以开罪当朝李太后为代价。吕端的这种"认真"似乎有些反常,但只要看一下历史上因争王位而起的争端纷扰,就可以理解吕端此番决策实为明智之举了。

更难能可贵的是,吕端身有策定天下之功,却私毫不以此矜功自傲、骄横忘形,而是以天下为己任,更加勤勉地为君分忧,为社稷谋福利,这才真正称得上是一个政治家的大韬晦、大胸怀。

★ 自己一定能拿大主意

> 帝方锐意太平,数问当世事,仲淹语人曰:"上用我至矣,事有先后,久安之弊,非朝夕可革也。"帝再赐手诏,又为之开天章阁,召二府条对,仲淹惶恐,退而上十事。
>
> ——《宋史·范仲淹传》

凡善把握大局的为臣者都能在关键时刻拿大主意。疾风知劲草,在暴风骤雨来临时最能考验一个人的意志和魄力,范仲淹为了巩固北宋王朝的统治,助主除弊改新,虽然改革失败了,可是他为改革而同顽固势力所做的抗争,也说明了在方向正确之时,坚持己见往往有利于计划的进行。

宋仁宗庆历年间,因为对西夏的战争连年不息,使阶级矛盾激化,社会危机加深,宋朝的各种弊政暴露无遗。在士大夫中,要求改革弊政的呼声愈来愈高。在庆历二年(1042年),欧阳修就曾上疏说:"天下之势岁危于一岁,不可不改弦更张!"并对当时的弊政进行了深刻地分析。一向昏庸的宋仁宗这时也不能不对时局感到忧虑,遂于庆历三年(公元1043年)三月罢去吕夷简的宰相兼枢密使之职,任命欧阳修、余靖、蔡襄等人为谏官,表示自己欲改革天下弊端的意向。

当时,一些有名望的大臣纷纷向宋仁宗提出改革弊政的具体建议,主要有王禹偶的"五事"、宋祁

宋仁宗

的"三冗三费"、文彦博的"省兵"、王安石的"万言书"、司马光的"三札"等,其中以范仲淹的"新政"最为有名。宋仁宗遂于庆历三年(1043年)七月任命范仲淹为参知政事,任命富弼为枢密副使,让他们兴致太平,就当世急务提出处置意见。

庆历三年(1043年)九月,宋仁宗一再以手诏敦促范仲淹、富弼等人尽心国事,提出改革意见。范仲淹对别人说:"皇上用我可谓至矣,然事有先后,且革弊于久安,非朝夕之间可以做到。"

后来,宋仁宗又于天章阁召见范仲淹、富弼,并破例给范仲淹、富弼赐坐,发给笔札,让他们当面陈述政见。范仲淹与富弼非常惶恐,避席而退。范仲淹不久即向宋仁宗呈送了自己的革弊建议,他说:"历代之政,久皆有弊,弊而不救,祸乱必生。大宋建国已八十余年,纲纪制度日削月侵,已至不可不更张以救之的地步。"并提出了具体的十条建议。

一曰"明黜陟"。即改革文官三年一迁升、武官五年一迁升的"磨勘法"。官员中有大功高才者,可特加任用。老病愚昧者另作处理。有罪者按情节轻重进行处分。

二曰"抑侥幸"。取消少卿、监以上官员于乾元节荫子的作法;正郎以下如监司、边任,须在职满二年,始得荫子;大臣不得推荐子弟任馆阁之职。旨在改革贵族官员子弟恩荫做官的旧法,严加限制,以减少冗官。

三曰"精贡举"。取消进士、诸科考试时的糊名法,参考其履历,以名闻;进士考试时先策论,后诗赋,诸科则取兼通经义者。旨在改革以诗赋墨义取士的旧制,着重策论和经学。

四曰"择官长"。严格选择转运使、提点刑狱及各州县长官。

五曰"均公田"。各地官员按等级给以多少不等的"职田",用来责其廉节,以防止贪污。

六曰"厚农桑"。每年二月,提倡各地开河渠,修筑堤堰陂塘,以利农业生产,州县选官主持;减漕运,劝课以兴农利。

七曰"修武备"。京师招募卫兵五万人,以助正兵,三季务农,一季教战,以省给赡之费。

八曰"贾恩信"。朝廷有赦令,各地必须执行,主管有违者,重治以法。

九曰"重命令"。各地法令应由朝廷统一。

十曰"减徭役"。裁并州县建置,使徭役相对减少,百姓不再困忧。

范仲淹的十条建议,除修武备一条之外,其余九条均被宋仁宗采纳。从庆历三年(1043年)十月到庆历四年(1044年)上半年,宋仁宗根据范仲淹的革弊主张,陆续发布诏令,对内外官员的考绩升迁办法重新作了规定,对大臣陈请子弟亲戚任馆阁要职之事及转官升迁严加限制。还对恩荫制度重新作了规定,各级官员恩荫子弟亲戚的人数和宫职都作了比以前更加严格的限制。要求地方官注意兴修水利,尽可能合并人口较少的县份,以减少役使的人数,使减少下来的役人回乡务农。这就是所谓的"庆历新政"。

在大多数人碌碌无为的时候，正需要把握大局的人对时势有着清醒而深刻的见识，并以此为基础，在大事上能够自己拿大主意。

★为谋事可以与对手合作

延州诸砦多失守，仲淹自请行，迁户部郎中兼知延州。先是，诏分边兵：总管领万人，钤辖领五千人，都监领三千人。寇至御之，则官卑者先出。仲淹曰："将不择人，以官为先后，取败之道也。"于是大阅州兵，得万八千人，分为六，各将三千人，分部教之，量贼众寡，使更出御贼。时塞门、承平诸砦既废，用种世衡策，城青涧以据贼冲，大兴营田，且听民得互市，以通有无。又以民运输劳苦，请建鄜城为军，以河中、同、华中下户税租就输之。春夏徙兵就食，可省籴十之三，他所减不与。诏以为康定军。

——《宋史·列传第七十三》

凡能担当大事、追求大胜之人，在大事当前，往往会以大局为重，彼此之间不计前嫌，团结一致共谋大事。范仲淹与吕夷简不计前嫌，重归于好，同心协力共同抗击西夏的入侵，让入侵者不敢轻举妄动，使北宋人民的安全有了保障。

宋仁宗宝元元年（1038年），元昊正式称帝，建国号大夏，公开撕毁了李德明同宋朝订立的和约。紧接着，元昊又于次年正月上表宋朝，要求宋朝正式承认大夏，企图以此刺激宋王朝统治者，逼使宋朝作出反应。宋朝果然忍受不了这一刺激，于宝元二年（1039年）六月下诏削除元昊的赐姓和官爵，停止同西夏的边境互市，并在边境发布文告，宣布谁能捕杀元昊，即接其定难军节度使。元昊也乘机把宋朝授予的旌节和封号敕诰退还宋朝，公开同宋朝决裂。这一年的十一月，元昊率兵进犯宋朝的保安军（今陕西志丹），宋与西夏的战事正式爆发。

宋与西夏的战争爆发之时，范仲淹在越州知州任上，宋仁宗召其为天章阁待制、知永兴军（陕西西安），不久改任陕西都转运使。

适值吕夷简自大名（今河南大名南）复入相。吕夷简自从范仲淹被贬往饶州不久，也被罢去宰相之位，知大名府，这时也被召回朝廷，复任宰相。吕夷简对仁宗说："范仲淹乃当今贤臣，岂能以旧职用之！"

宋仁宗宣谕范仲淹与吕夷简消除他们之间的不愉快，范仲淹说："臣前论吕相盖为国事也，于吕相无憾也。"

吕夷简也说："夷简岂敢以旧事为念也！"

就这样，范仲淹与吕夷简不计较前嫌，重归于好，共同商议抗击西夏事宜。

在宋与西夏交兵之初，由于宋朝长期以来推行"守内虚外"的腐朽政策，武备失修，军政腐败，将官怯懦寡谋，不识干戈，兵骄不知战阵，兵器也朽腐不堪，致使宋兵一败涂地，边境屡受侵犯。特别是负责指挥对西夏防御战事的范雍等文官既不懂军事又缺乏谋略，加之朝廷派去担任监军职事的宦官又对军事行动横加干预，在宋仁宗康定元年（1040年）正月的三川口（今陕西延安西）战役中，因延州（今陕西延安）主帅范雍指挥失策，宋军大将刘平、石元孙被俘，万余宋军损失殆尽，延州城几乎被西夏军队攻破。

吕夷简

三川口战役的惨败使宋朝大为震恐，急忙征调军马粮草入陕增援，并撤换主帅，以夏竦为陕西经略安抚使，韩琦、范仲淹为陕西经略安抚副使，一同入陕主持军事。面对延州屡遭敌犯的情形，范仲淹主动请缨，要求驻守延州，获得朝廷的恩准。范仲淹以龙图阁直学士、陕西经略安抚副使的身份兼任延州知州。

按照宋朝的规定：守边之兵由将官分领，总管领兵万人，钤辖领兵五千人，都监领兵三千人，作战之时，则由官位卑微的将官首先出击。结果，常常被敌人打得大败。范仲淹说："将不择人，以官职大小为先后，此取败之道也。"他针对军中论资排辈的弊端，首先进行改革。

范仲淹将延州一万八千人分为六队，每队三千人，由六个将官率领，加强训练。作战之时，不按以往的作法出击，而是根据来敌的数量强弱部署军事力量，共同御敌，经过范仲淹的整顿，延州一线战事开始有了转机，士气也逐渐振奋起来。当时，由于西夏的不断进攻，延州周围许多用于防御的堡寨已经废弃，范仲淹为了增强防御能力，根据地形增筑了一系列新的堡寨，并对已废弃的堡寨根据需要进行恢复，使各堡寨之间相互应援，这样一来，范仲淹主持的延州一线防务日趋稳固。

当西夏人了解到范仲淹在延州的防御部署之后，互相警告说："如今不能再轻视延州了！小范老子（指范仲淹）胸中自有数万甲兵，不比大范老子（指范雍）可欺啦！"

范仲淹在延州主持军事时，还非常注意选拔将材。行伍出身的狄青作战非常勇敢，临阵之时常常披头散发，头戴铜面具，在敌阵中杀进杀出，所向披靡。范仲淹对狄青非常赏识，不仅给予优厚的待遇，还授予他《左氏春秋》，并对狄青说："将不知古今，匹夫之勇而已。"狄青在范仲淹的教导之下，努力读书，精通秦汉以后诸将帅的兵法，成了一名智勇双全的将领，为大宋王朝立下赫赫战功，后来官至枢密使，这一切，都与范仲淹的栽培密不可分。

范仲淹守边期间，非常爱惜士卒。相传，范仲淹曾以黄金铸了一个信笺筒，其上饰以七宝，每得朝廷敕诏命书，即贮之筒中。后来，一个跟随范仲淹多年的老卒将其盗去，范仲淹知而不究。到了后来，一个叫袁桷的人题诗范仲淹像，诗云：

甲兵十万在胸中，赫赫英名震犬戎。

宽恕可成天下事，任他老卒盗金筒。

对他宽厚善良进行了热情地讴歌，从中也可以看出范仲淹爱惜士卒不随意惩罚他们的一般情形。

在对西夏用兵的策略上，范仲淹与韩琦有不同的主张。韩琦主张会兵出击，以攻为主；范仲淹则主张重防御，以守为主。但韩琦是当时有名的军事统帅，名气远比范仲淹大，朝廷往往采纳韩琦的建议，结果总是招致败绩。

宋仁宗康定元年（1040年），在韩琦的建议下，宋仁宗下诏准备大军讨伐西夏。到了宋仁宗庆历元年（1041年）春天，仁宗下令大军进发，讨伐西夏。范仲淹上奏说："正月内起兵，军粮马匹，动逾万计，入险阻之地，遇上塞外雨雪大寒，则士卒马匹必然暴露僵仆，使贼有机可乘，所伤必众。今诸州城垒、兵甲、粮草、士马攻守之计已严整有序，不患贼至矣！请等春暖之时出师，那时贼马瘦人饥，其势易制，又可扰乱其耕种之事，绝无大获……"对于范仲淹所言，宋仁宗全部采纳，令夏竦、韩琦、范仲淹伺机出兵。

范仲淹为了孤立元昊，不断地招纳周围的少数民族，使其为宋所用，他将自己的想法上奏朝廷说："前陛下下敕令臣招纳蕃族首领，臣亦遣人探问其情，蕃族有通朝廷之意。为了使其不至于僭号而又能修时贡之礼，宜留鄜、延之路以为通道，领诸将勒兵备器，贼至则击。乘讨伐未行之机，容臣示之以恩义，岁时之间，或可招纳。不然，臣恐隔绝情意，偃兵无期。若用臣策，岁月无效，然后徐图举兵，先取绥、宥，据其要害，屯兵营田，为持久之计。如此，则茶山、横山一带番、汉人民，惧大宋兵威，可以招降，即使有窜奔者，亦是去西夏一臂，拓疆御寇，则无轻举之失也。"仁宗下诏悉听范仲淹所奏。

范仲淹前后六次上奏，请求朝廷缓兵而行，但求胜心切的宋仁宗终于在庆历元年（1041年）二月下令讨伐西夏，但范仲淹始终坚持不可轻易出兵。当时，范仲淹的老友尹洙任秦州通判兼经略判官，他来到范仲淹处，对范仲淹说："公于战事不及韩公也，韩公云：'用兵当置胜负于度外也。'今公区区谨慎，此所以不及韩公也。"

范仲淹

范仲淹说："大军一动，万命所悬，置之度外，仲淹未见其可。"二人意见不合，尹洙负气而返。

韩琦当时已派大将任福率一万八千人深入西夏境内，企图截断进攻渭州（今甘肃平凉）的西夏兵的退路。任福率军抵达好水川（今宁夏隆德县东）时，中了元昊的埋伏，大将任福、桑怿等人战死，宋军大败，死亡达一万余人，陕西为之震动。韩琦率残兵败将还至半道，只见亡卒的父兄妻子号泣于马前，皆持纸钱故衣招魂哭道："汝昔从韩公出征，今韩公归而汝死矣。汝之魂亦能从韩公而归乎？"哀恸之声震天动地。韩琦不胜悲愤而掩面泣注，驻马不能前。

范仲淹听说之后,叹息道:"当是时岂可置胜负于度外也!"

宋仁宗庆历二年(1042年)闰九月,元昊大举进攻泾原路所属的镇戎军(今宁夏固原),王沿派大将葛怀敏率兵御敌,在定川(今甘肃平凉市北)遭元昊包围,葛怀敏及将多人战死,九千多名宋军及六百匹战马皆被俘虏。元昊乘胜长驱直入,攻入渭州,大肆抢掠,并且发布文告扬言要亲临渭水,直据长安。关中为之震恐,民多窜入山谷之间。

定川战事初起之时,宋仁宗按地图对左右大臣说:"若仲淹出援,朕无忧矣。"

后来,范仲淹果然率众六千,自庆州增援定州,元昊才撤退回去。奏至京师,仁宗大喜道:"朕固知仲淹可用也。"下诏进范仲淹为枢密直学士、右谏议大夫。范仲淹以军出无功,故不敢受,宋仁宗不听,依旧拜之。

定川战役之后,宋朝罢免了王沿泾原主帅之职,以韩琦、范仲淹、庞籍分管陕西的防务。在范仲淹等人的努力之下,宋朝的边境防线逐渐稳固下来,范仲淹与韩琦也名声大震,当民间流传着这么一句谚语:"军中有一范,西夏闻之心胆颤;军中有一韩,西夏闻之心胆寒。"艰苦的守边生涯,磨炼了范仲淹的意志,使他成为当时社会一位真正能出将入相的政治家、军事家、文学家,为他以后进行改革奠定了坚实的基础。

做大事的人不计小节,以谋事有成为最高原则。对于君主而言,多几个范仲淹这样的臣子实在是件幸运的事情。

★ 绝不与貌似强大的人合作

是时袁绍既并公孙瓒,兼四州之地,众十余万,将进军攻许,诸将以为不可敌,公曰:"吾知绍之为人,志大而智小,色厉而胆薄,忌克而少威,兵多而分画不明,将骄而政令不一,土地虽广,粮食虽丰,适足以为吾奉也。"秋八月,公进军黎阳,使臧霸等入青州破齐、北海、东安,留于禁屯河上。九月,公还许,分兵守官渡。冬十一月。张绣率众降,封列侯。十二月,公军官渡。

——《三国志·武帝纪》

我们说动荡之中事难成,是因为动荡之中形势始终处于变化的状态之中。就个人而言,选择一个强大的合作者作为倚靠,无疑可以给自己的人生之局提供一个有力的支点。但是动荡之中强者未必真强,弱者未必真弱,强弱之间瞬息转换,如分辨不清反倒自取其祸。

曹操成事的高明之处正在于哪怕身无所属,也绝不与貌似强大的人合作。

董卓在控制献帝,权利炙手可热的时候,想笼络曹操,这对曹操的选择就是一个考验。董卓对曹操的才干,久有所闻,他任命曹操为骁骑校尉,并与其共商大事,想把曹操收为心腹。但曹操对董卓的为人是了解的,先前他反对召外将进京,就是看到了董卓是一个缺乏政治头脑又有政治野心的人。董卓到洛阳后的所作所为,曹操更是亲眼所见,他料定董卓无非是逞一时之势,终将要落得众叛亲离,归于失败的下场。像董卓这样的人,不仅不能与其同流合污,而且要创造条件打败他。于是,曹操在这年的九月,偷偷地离开洛阳,走上了公开反对董卓的道路。

曹操不受董卓的笼络,一是他有远见,料定董卓之辈只能得势一时。二是他有更大的抱负,不是轻易地被人看重和使用的问题,而是怎样才能有朝一日使用别人。

中平四年(187年)曹操采取以退为进的策略,以有病为由,辞去了朝廷任命他为东郡太守的官职,在家闲居。然而以他的声望、人品和才华,是难以让他清静的。一年以后,冀州刺史王芬就派人拿着密信找到了他,原来,冀州刺史王芬联合策士许攸、陈蕃的儿子陈逸、道教法师襄楷、沛国人周旌等,密谋政变,打算趁汉灵帝北巡河间(今河北献县东南)旧宅之机,用武力挟持灵帝,诛除宦官,为陈蕃等人报仇。然后,废掉灵帝,另立合肥侯为帝。他们决定拉曹操入伙,因为曹操有正义感,有号召力,所以派人给曹操送来了密信。

曹操读罢密信后,心情很不平静。他仔细考虑之后,觉得此事不妥,给王芬等人回信明确表示反对。

曹操从当时的主客观条件分析,王芬等人确实不具备像当年商朝掌权者伊尹放逐太甲、西汉大将军霍光废立昌邑王刘贺的情势,想取得成功是不可能的。

王芬等人是由地方发动的政变,无法一开始便控制朝政,就是一时取得成功,也容易受到中央集合力量的围剿。像西汉景帝时的吴、楚七国之乱那样大的规模最后都失败了,王芬等人以一个冀州之地,想搞成这样一件大事,当然是属于轻举妄动的冒险行为。

后来事态的发展,果然如同曹操所料,王芬非但没有取得成功,反而落了个举家自杀的结局。

在对待王芬政变这一重大政治事件上,曹操对灵帝没有采取"愚忠"的态度,去告发他们。王芬等人敢于去拉曹操入伙,也是对他的心态有所了解。曹操不是不想改善朝政,如果通过废立皇帝能有利于国家,取得积极效果,这也是他所希望的。但是,没有一定把握的冒险盲动,是他所不

董卓

·《二十四史》智慧通解·

图文珍藏版

取的。

董卓、王芬是两个都想拉拢曹操入伙的人，曹操对他二人采取了不同的对策，可见曹操的足智多谋。而曹操反对王芬等行废立之事，也说明了他处大事断大疑当不能徒见往者之易，而未见当今之难的独到之见，以及做大事不能急于求成而要待条件具备，方可行非常之举。

袁绍是继董卓、王芬之后又一个想拉拢曹操入伙的人。

初平元年（公元190年）袁绍为了有利于发展自己的势力，以献帝年幼，又被董卓所困，关山阻塞，不知是否还活着为由，同冀州牧韩馥一起谋立幽州牧刘虞为帝，并私刻了皇帝的金印，派毕瑜去见刘虞，劝他称帝，并说这是上天的意旨。同时前来征求曹操的意见，企图获得曹操的支持。曹操问明来意，明确表示反对，说："董卓的罪行，国人尽知。我们会合大众，兴举义兵，远近无不响应，这是因为我们的行动是正义的。现在皇帝年纪幼小，被奸臣董卓控制着，还没有像昌邑王那样的破坏汉家制度的过错，如果一旦加以废除，天下有谁能够心安呢？诸君北面，我自西面！"

古代皇帝面南而坐，臣僚面北朝见皇帝。刘虞是幽州牧，幽州又刚好在北方，因此这里的"北面"语含双关。"西面"，指向西讨伐董卓，迎回献帝。诸君自去向刘虞称臣，我自去西讨董卓，表现了曹操同袁绍等人分道扬镳的决心。董卓暴行令人发指，国人共愤，讨伐董卓确实是人心所向，应当全力以赴。献帝虽然毫无建树，但他毕竟是国家的象征，又被董卓挟持着，如果一旦废掉，另行易人，必然造成更大的混乱，局面将更加难于收拾。所以曹操的意见，不仅表现了他的胆识，也是从大局着眼的。

袁绍

东汉时谶纬迷信盛行，一些人利用谶纬大造符瑞，妄测吉凶，甚至以此证明某某得到天命，应当即位登基。袁绍、韩馥也玩弄了这套把戏。当时刚好有四颗星星在属二十八宿的箕宿和尾宿之间汇聚。古代星象家把天象和地面上的一些地方相配合，叫分野，箕、尾的分野刚好是燕地，即幽州。于是韩馥说神人将在燕地产生，实际是说刘虞应当称帝。又说济阴有一个男子叫王定的得到一块玉印，印上刻着"虞为天子"四个字。一次，袁绍得到一块玉印，因当时只有皇帝的印才能用玉制作，袁绍认为奇货可居，就故意拿到曹操面前炫耀，谁知曹操不以为然，大笑着说：

"我不相信你这一套！"

袁绍感到大煞风景。袁绍见曹操不听自己摆布,很不满意,于是私下派人去见曹操,企图说服曹操归附自己。来人见了曹操,说:

"现在袁公势力正盛,兵力最强,两个儿子也已经长大成人,天下英雄,有谁能够超过袁公呢?"

曹操听了,没有吭声。但从此对袁绍更加心怀不满,并产生了伺机消灭袁绍的想法。

由此不难看出,曹操对待拉拢他的人的对策是不同的,但有一点是相同的,绝不随随便便与人合作,因为合作是为了成事,如果合作对成就大事不利,那就果断地放弃合作带来的暂时的好处,而等待更好的时机。

★ 在共同利益上做文章

先主至于夏口,亮曰:"事急矣,请奉命求救于孙将军。"时权拥军在柴桑,观望成败。亮说权曰:"海内大乱,将军起兵据有江东,刘豫州亦收众汉南,与曹操并争天下。今操芟夷大难,略已平矣,遂破荆州,威震四海。英雄无所用武,故豫州遁逃至此。将军量力而处之:若能以吴、越之众与中国抗衡,不如早与之绝;若不能当,何不案兵束甲,北面而事之!令将军外托服从之名,而内怀犹豫之计,事急而不断,祸至无日矣。"……权大悦,即遣周瑜、程普、鲁肃等水军三万,随亮诣先主,并力拒曹。曹公败于赤壁,引军归邺。先主遂收江南,以亮为军师中郎将,使督零陵、桂阳、长沙三郡,调其赋税,以充军实。

——《三国志·诸葛亮传》

领导者必须精通"共同利益"的重要性,靠"共同利益"联结双方的心。一个人把这一点做得非常漂亮,局面必会向自己一方倾斜。

诸葛亮出山,一上来便很棘手。他要协助刘备夺取荆州,但荆州最近成了群雄觊觎的焦点。曹操已定河北,荆州必是下一个目标,而东吴早已三次进攻荆州江夏,荆州问题已经"国际"化了。以刘备微薄的力量,如何不让荆州落入曹操之手;争得荆州,又与刘表及东吴为友? 面临这些难题,几乎没有又必须寻到出路。

在诸葛亮出山的第二年,即建安十三年(公元208年)七月,曹操集结步、骑兵南下,佯称攻击南阳郡,秘密大举进军荆州。

形势严重,刘表决心收缩兵力,重点防御襄阳,待疲惫曹军后反攻,以确保荆州。急令刘备从新野撤到樊城(今属湖北襄樊)驻防,保卫一水之隔的襄阳,又以江陵为后方基地,储备大量军用物资,支援前线。

大军压境,对刘备既是挑战,也是机遇。但刘备退至樊城时,仅有兵力五千。

曹操率军占据襄阳后,听说刘备已过,亲率精锐骑兵五千,抛下辎重,轻军追击,一日一夜行三百里。前锋曹纯和荆州降将文聘终于在当阳长坂(今湖北当阳东北三十五公里绿林山区的天柱山)追上刘备军。

两军一接触,曹军五千精骑把刘备军冲得落花流水。刘备丢下妻子,同诸葛亮、张飞、赵云等数十骑落荒而逃。

正当刘备这支败兵队伍上天无路、入地无门时,在长坂遇上东吴前来联络的使者鲁肃。这很意外,东吴同荆州刘表是世仇,孙权又企图夺取荆州,一统吴楚,称霸南方,不料却派来使者。

孙权是极明白利害关系的英主,他认识到,曹操南下荆州,是同东吴争夺荆州,得手后势将进攻东吴,东吴连生存都将成为问题,还谈什么夺取荆州呢!眼下曹操跃升为第一位的敌人,应该调整敌友关系,同荆州建立联合战线。孙权派出鲁肃后,自己也前出柴桑,就近密切注视事态发展。

鲁肃在出使途中,路经夏口(今湖北汉口),听说曹操正在向荆州进军,及至到达南郡时,刘琮已经投降,刘备正在南撤,便迎上前去,同刘备相遇。刘备是落难凤凰不如鸡,然而鲁肃的巨眼掂得出这位失败英雄的分量,决意极力促成孙、刘两家合作,听刘备说今后打算投奔苍梧郡(今广西梧州)太守吴巨,忙向刘备指出,吴巨平庸,行将被人吞并,不足以托身。他传达孙权希望结盟的意愿。

诸葛亮早想同东吴结缘,长坂大败后以实力不足和不明东吴态度,没有主动联吴,不料鲁肃找上门来,做了联合的发起人。鲁肃不仅处在有条件采取行动的一方,而且眼光过人。

对于鲁肃其人,诸葛亮并不陌生,哥哥诸葛瑾与他私交甚深,有关鲁肃为人早已从兄长处获知不少。更何况危难中一见,很有相见恨晚之感,谈得十分投机。

诸葛亮既敬佩鲁肃的眼光,又敬重哥哥的朋友,同鲁肃建立了深厚友谊。刘备偕鲁肃继续退却,途中先后会合关羽水军和刘琦一万人马,众军循汉水进入长江,放弃原来西上江陵的计划,进驻江汉会合处的夏口。

这时曹操占领江陵,拥有刘表水军,将以绝对优势兵力沿江东下,进击东吴,刘备在夏口,首当其冲。孙、刘联合仅为意向,尚未敲定,形势万分危急。

诸葛亮受任于败军之际,奉命于危难之间,与鲁肃急匆匆奔赴柴桑,会见在那里观望成败的孙权。

诸葛亮冷静分析东吴内部的形势,感到和、战的关键操在孙权之手。孙权不愿意降曹,但对于弱军能否战胜强军及依靠谁来抗曹,尚无把握和良策,决心难下,犹豫不定。此行使命的关键,是游说孙权定下抗曹决心。对此,诸葛亮充满了信心。

诸葛亮代表荆州方面,同孙权展开谈判。他以为,尽管己方大败之后处于不利地位,但必须掌握主动,谈的时候要坦白、彻底,以建立信任,要讲艺术,取得好效果,先鼓动孙权抗曹的决心,再消除他的顾虑。

整个会谈,诸葛亮完全占有主动,掌握了会谈的进程,会谈取得圆满结果。于是孙权召集群臣商议和、战大计,统一思想。在此关键时刻,东吴突然接到曹操来信,信中声称将率领八十万水步大军,前来伐吴。东吴官员无不失色,大多数主张

赤壁

迎降,孙权无奈,召来中护军周瑜。在周瑜力排众议下,东吴决定了迎战大计。孙权命周瑜等率兵三万,随诸葛亮前往会师刘备,齐心协力抵御曹操。

诸葛亮出使东吴,本来有求于人家,可是他反客为主,用激将法成功地说服了孙权联合抗曹,联吴的目的达到了,还显得是孙权求他。诸葛亮初次受命,便显示出超群的外交智慧和艺术。

诸葛亮随后乘船赶赴前线,协助指挥孙、刘联军作战。当年冬,曹军和联军在赤壁隔江相峙,周瑜发起火攻,火烧曹船,刘备军在陆上配合追歼,共同大破曹军,曹军损失大半,曹操退回北方。联军追至江陵,经过一年围攻,守将曹仁弃城。曹军由于失去水军基地,无法再建强大的水军。曹操赤壁铩羽而归,不能战胜南方,直到公元280年晋灭吴中国才实现统一,这一推迟,竟达七十三年之久。

赤壁之战,为三国形成举行了一个奠基礼。这次战争能够取得胜利,关键是建立了孙、刘联盟和孙权在极端困难条件下决策抗曹。这两方面,诸葛亮都作出了重大贡献,与周瑜、孙权一起改写了中国历史。

在很多时候,合作是非常必要和有效的操纵局面的手段,合作赖以成功的基础是找到共同的利益,诸葛亮正是深刻地认识到蜀吴两国的战略利益关系,通过有效手段将蜀吴的两盘局合在一起布,才一举击退了强大的魏国。这一成事过程把诸葛亮以智谋事的特点体现得淋漓尽致。

国学经典文库

国学大智慧

·《二十四史》智慧通解·

图文珍藏版

第六章　撑起局面，获得赏识

★选择赏识自己的人是获取支持的重要步骤

　　符坚将有大志，闻猛名，遣吕婆楼招之，一见便若平生。语及废兴大事，异符同契，若玄德之遇孔明也。……

　　迁尚书左丞、咸阳内史、京兆尹。未几，除吏部尚书、太子詹事，又迁尚书左仆射、辅国将军、司隶校尉，加骑都尉，居中宿卫。时猛年三十六。岁中五迁，权倾内外，宗戚旧臣皆害其宠。

——《晋书··王猛传》

　　古代政治尤其是乱世中的政治家讲究择主而从。跟错了对象，即使你有经天纬地之才也无从施展。而一旦选择了一个慧眼识珠的明主，也就等于成功了一半。

　　十六国时期前秦的君主符坚与丞相王猛相知相得，长期互相信任和支持，融洽无间，这在当时那种动荡的年代十分难得。王猛出身贫贱，少以鬻箕畚为业，博学好兵书，怀佐世之志。东晋永和十二年（356年），经人推荐，王猛见到了前秦东海王符坚，两人一见如故，谈得十分投机，对天下大事的看法大都不谋而合。符坚无比兴奋，把他遇到王猛比作刘备遇到了诸葛亮。

　　前秦是氏族所建立的政权，当时正处于从奴隶制向封建制转化的阶段，无论是出于对内促进封建化的需要，还是对外防卫的需要，都要求加强中央集权，抑制氏族奴隶主贵族的势力。正是在这一点上，符坚和王猛取得了共识，因此，在符坚于升平元年（357年）六月杀掉符生，夺得政权之后，便对王猛倍加重用。王猛则全力以赴，建立法制，加强集权，狠剎权贵的

王猛

气焰。

始干县(今陕西咸阳西)聚居着许多从枋头迁来的氐族贵族豪强,在当地横行不法。苻坚就让王猛兼任始干令。王猛上任后,明法峻刑,禁勒豪强,雷厉风行,大见成效。然而也招来了豪强的报复,有人告他无故鞭杀一吏,执法机关便将他逮捕下狱。苻坚亲自审问他,问他为何到任不久便杀戮无辜、施以酷政。王猛大义凛然地答道:治宁国用礼,治乱邦用法。陛下令臣治理如此重要之地,臣决心剪除凶猾。如今才杀一人,所余还有上万。若责臣以除暴不尽,执法不严,臣甘愿受罚,至于酷政之罪,臣实不敢接受。苻坚听后,心里已明白,便向群臣宣布王猛无罪,并当众赞扬他:"王景略(王猛字)固足夷吾(即管仲)、子产之俦也。"

王猛日益被苻坚重用,引起氐族勋贵的嫉妒。氐族大臣樊世自恃开国元勋,尤为不服。他曾当众羞辱王猛:"我辈与先帝共兴事业,而不预时权;君无汗马之劳,何敢专管大任?是为我耕耘而君食之乎!"王猛毫不客气地回敬道:"方当使君为宰夫安直耕稼而已。"即非但使君耕之,还将使君炊之。樊世听了勃然大怒,威胁道:"要当悬汝头于长安城门,不尔者,终不处于世也。"我若不把你的脑袋挂到长安城门上,誓不为人! 王猛将此事报告苻坚,苻坚说:"必须杀此老氐,然后百僚可整。"不久,樊世进宫言事,当场与王猛发生争执,樊世破口大骂,秽言不堪入耳,后来竟挥动拳头击向王猛,被左右拦住。苻坚当即下令将樊世斩首。一些氐族贵族不服,纷纷谗害王猛。朝官仇腾、席宝利用职务之便,屡屡对苻坚毁谤王猛,苻坚则将二人赶出朝堂;对那些说王猛坏话的氐族大小官员,苻坚将他们痛骂一顿,有的甚至当场鞭挞脚踢。从此以后,公卿贵族见了王猛无不畏惧。

东晋升平三年(359年),王猛从尚书左丞迁为咸阳内史,又迁侍中、中书令、领京兆尹。京兆是氐族贵族最集中的地方,苻坚让王猛领京兆尹,目的是要杀一杀他们的气焰,进一步加强王权。王猛果然不孚所望,一上任,就把强太后之弟,特进、光禄大夫强德抓了起来。此人自恃皇亲贵戚,酗酒骄横,掠人财货子女,民愤极大。王猛将他处死,并陈尸于市。数十天内,被处死的违法犯罪的权豪有二十余人。京兆风气为之一变,权豪们个个心惊胆战。苻坚见收效如此之大,不胜感慨地说:"吾今始知天下之有法也,天子之为尊也!"

这年十月,王猛第三次迁官,为吏部尚书,不久,再迁为太子詹事、左仆射。十二月,又迁为辅国将军、司隶校慰,居中宿卫。他一年之内,五次迁官。此时,王猛仅三十六岁。以后又任丞相、中书监、都督中外诸军事等职。他身兼数职,权倾内外。

在中国古代,像王猛这样的谋士,要想建功立业,必须选择好辅佐对象。如所择非人,即使有超人的智慧和才能,亦是徒劳。只有所辅对象英武有为,谋士的才干才能得以发挥,才能干一番事业。王猛择明主于患难之时,苻坚识英雄于草创之先,君臣二人珠联璧合,相得益彰。因而二人能在十六国纷乱的年代里大显身手。

王猛自升平元年(公元357年)至宁康三年(公元375年),前后辅佐苻坚十八年之久,竭尽全力,倾其文韬武略,的确干出了一番事业来:他流放尸位素餐的庸官,拔举幽滞贤才;外修兵革,统军灭群雄;内崇儒学,劝课农桑。而其君主苻坚对王猛则放手重用,信任备至,史称:"军国内外,万机之务,事无巨细,莫不归之。"苻坚自己则"端拱于上"(端坐拱手于朝堂之上),这使得王猛可以独立自主地处理军政,工作效能因此大大提高。在君臣二人齐心协力的治理下,前秦国富兵强,战无不克,成为当时诸国中最有生气的国家,并且初步统一了中原地区。十分天下,秦居其七。东晋政权已感到巨大的压力,无人再敢"北伐";前秦境内,也是一片小康景象。

王猛对前秦功不可没,苻坚曾情不自禁地夸奖王猛:"卿夙夜匪懈,忧勤万机,若文王得太公,吾将优游以卒岁。"苻坚把王猛比之于"文武足备"的姜尚,可见信宠之重。而王猛却十分谦虚地回答道:"不图陛下知臣之过,臣何足以拟古人!"苻坚又肯定地说:"以吾观之,太公岂能过也。"认为王猛胜过姜太公。苻坚还经常教导太子苻宏和长乐公苻丕等人:"汝事王公,如事我也。"

宁康三年(375年)六月,王猛积劳成疾,病情日益加重,苻坚亲自为之祈祷,并派侍臣遍祈于名山大川。其间,王猛病情略有好转,苻坚欣喜异常,特地为之赦免诛死以下罪犯,以示庆贺。七月,王猛病势转危,苻坚亲到王猛家中探望,并问以后事。王猛以其非凡的洞察力,在生命弥留之际,向苻坚进言:"晋虽僻陋吴越,乃正朔相承。亲仁善邻,国之宝也。臣没之后,愿不以晋为图。鲜卑、羌虏,我之仇也,终为人患,宜渐除之,以便社稷。"言毕而终,时年五十一岁。苻坚悲痛万分,三次亲临哭祭,并对

苻坚

太子宏说:"天不欲使吾平一六合邪?何夺吾景略之速也!"苻坚按照汉朝安葬大司马大将军霍光那样的最高规格,隆重地安葬了王猛;谥为武侯,如蜀汉谥诸葛亮为忠武侯一样。苻坚常把自己与王猛的关系比之为刘备与诸葛亮的关系,但刘备长诸葛亮二十岁,而苻坚却小于王猛十三岁。所以尽管有君臣名分,苻坚却始终把王猛视为兄长。现在王猛离他而去,使苻坚顿如失去左右手,他时时沉浸在怀念王

猛的悲痛中,常常潸然泪下,过度的忧伤与焦虑,使苻坚在王猛去世后半年就须发斑白了。苻坚在王猛死后最初的年份里,恪守王猛遗教,兢兢业业、踏踏实实地处理国政,并迅速灭掉苟延残喘的前凉和代国,完全实现了北方的统一,东夷、西域六十二国及西南夷都遣使前来朝贡。东晋的南乡、襄阳等郡也被攻夺下来,前秦臻于极盛。遗憾的是,苻坚后来忘了王猛的临终遗言,在王猛去世八年后,兵败淝水(今安徽境内),统一天下的愿望化为泡影。苻坚在淝水惨败后痛悔自己忘记王猛遗言而铸造成的大错,但后悔已晚,终成千古之憾。

然而无论怎样的结局,我们都可以将王猛与苻坚视为君臣相得的典范。正如历史学家范文澜所评价的那样:"苻坚在皇帝群中是个优秀的皇帝,他最亲信的辅佐王猛,在将相群中也是第一流的将相。"这两位明君贤相的配合,造就了前秦这个中国历史上有作为的朝代。

★巧妙充当君王的知音和配角

高祖孝文皇帝讳宏,献文皇帝之太子也。母曰李夫人。皇兴元年八月戊申,生于平城紫宫,神光照室,天地氤氲,和气充塞。帝洁白有异姿,襁褓岐嶷,长而弘裕仁孝,绰然有人君之表。献文尤爱异之。三年六月辛未,立为皇太子。五年,受禅。延兴元年秋八月丙午,皇帝即位于太华前殿,改皇兴五年为延兴。丁未,宋人来聘。九月壬戌,诏在位及人庶进直言。壬午,青州高阳人封辨聚党自号齐王,州军讨平之。冬十月丁亥,沃野、统万二镇敕勒叛,诏太尉、陇西王源贺追击至罕,灭之。徙其遗进于冀、定、相三州为户。

——《北史·高祖孝文帝纪》

为臣者必须牢记一点,在君主面前自己永远是个配角。但是当好配角也并不是件简单易行的事,要努力与君主成为一对配合默契的知音。南北朝时北魏大臣元澄就是一位善与君主巧演双簧的配角高手。

北魏孝文帝自小受汉族文化的影响,执政后,他希望通过改革来达到振兴国家的目的,但面对满朝守旧文武,知音难觅。

元澄任徐州刺史后,政绩卓越,声望日高,入京朝见时,孝文帝在皇信堂召见了他。孝文帝问元澄:"昔时郑国的子产铸刑书,而晋国的叔向颇有非议。这二人都是贤士,究竟谁对谁错?"元澄答道:"郑国弱小,受到强大邻国的威胁,民心的背向,不借助刑罚就无法控制,所以铸刑书以显示威严。虽然背离古制,却符合当时的政治需要,因此就顺时济世而言,子产是对的。叔向对此的讽刺非议,表示他不忘古制,可以与他论道,却不能与他讨论权变之术。"孝文帝说:"你是想当咱们魏国的子产喽。"元澄说:"子产顺应时代潮流,名垂青史。臣目光短浅,庸碌无能,怎敢与子产相提并论。如今陛下以四海为家,广宣道德教化以安抚天下,但长江以南尚被敌国占据,天下还未统一,乱世之民,易被威势慑服,难用礼制治理。臣认为,子产的方法还是应暂时采用,统一天下之后,再从根本上用道德礼乐教化百姓。"孝文帝当时正在考虑改革,对元澄的回答深为赞许,笑着说:"非任城王不识变化发展的大体。朕正要改革国家体制,当与你共创这万世的功业。"

孝文帝

孝文帝觅得元澄这个变革知音,便决心重用他来助自己变革一臂之力。元澄很快被征为中书令,后改授尚书令,成为一人之下、万人之上的宰相。

孝文帝的"变革"最重要的一个环节是迁都。当时北魏的首都还在平城(今山西大同东北),它地处边陲,本来就不是水土丰饶之地,作为都城后,随着人口的增加,物质供应显得更加紧张,又没有方便的水陆交通,从外地运粮很困难。所以,都城人民的生活还不及别的地方富裕、舒适。此外,北边草原上的其他部族日益强大,大有南徙趋势,是边境最大的威胁。然而,对于孝文帝来说,最重要的还是南方中原大地上发达的经济和高度的文明对他有极大的吸引力;再说,如果能迁都洛阳,也多少能改变一下他们"胡虏"的形象,而向中原正统逐渐靠近。同时迁都也是他改革的基础和必要前提,所以孝文帝必须慎重而周全地策划迁都大事。然而,他所面临的阻力是巨大的。考虑再三,孝文帝决定以南伐为名,实现迁都计划。

太和十七年(公元393年)六月,孝文帝以征讨南齐为名,意在商议迁都之事,召集群臣在明堂左室斋戒,命太常卿王谌亲自占卜,卜问南征之事,结果得到"革"卦。孝文帝说:"这是汤武革命,应天命顺人心之卦。"群臣都不敢开口。元澄挺身而出,说道:"《周易》说,革,是变更的意思。预示变革君臣之道的应天命顺人心,所以商汤、周武王得到这个卦象是大吉大利。陛下君临天下,继承弘扬先代的业绩,如今既是占卜征伐,得到的卦象只说明可以讨伐敌人,并不意味着改革可以取得成功。这并非预示统治稳固的卦象,不能算十分吉利。"孝文帝厉声说道:"《象辞》说:'大人虎变',怎么能说不吉利!"元澄说:"陛下龙兴已久,怎能仅仅比做虎变!"孝文帝勃然大怒:"国家,是我的国家,任城王你想蛊惑人心吗?"元澄说:"国家确实是陛下的国家,然而我是国家的大臣,参与重大决策,怎敢不尽心竭力。"孝文帝锐意革新,志在必行,对元澄的言论大为不满,过了很久怒气方消,说道:"各言其志,也没什么不好。"回宫之后,马上召见元澄。元澄还未登上台阶,隔着很远孝文帝便说:"刚才'革卦'的事,现在还想与你辩论。我在明堂上发怒,是怕大家齐声附和,阻碍我的改革大计,所以疾言厉色以震慑群臣,你应该了解朕的用意。"于是摈退左右,对元澄说:"朕知道今天要做的这件事,确实很不容易。我国兴起于北方,迁都平城之后,虽幅员辽阔,但远未统一天下,平城只适合指挥征战,并不利于推行文治,要移风易俗实行政治文化体制的改革,确实非常困难。崤函、河洛之地,才是真正的帝王之都,因此我才打算大举南迁,迁都中原,你认为如何?"元澄说:"伊、洛地处中原,均为天下必争之地,陛下统治华夏,荡平九夷,人民得知陛下迁都中原,定会大加庆贺。"孝文帝说:"北方人留恋故土,忽然得知将要南迁,不能不惊恐骚动。"元澄说:"这既然是非同寻常之事,当然不会被人所理解,只要陛下作出决断,他们又能怎么办。"孝文帝:"任城王,你就是我的张子房。"于是加封元澄为抚军大将军、太子少保,兼尚书左仆射。

两个月后,孝文帝率领三十万大军离开平城向南进发,前往洛阳,与奉命从各地汇聚到那里的几十万地方部队会合,孝文帝向南齐的"南伐"正式拉开了序幕。不料,离开平城不久,就一直秋雨连绵,不见放晴。很多将士都私下埋怨孝文帝竟会一反常规,选择这样的鬼天气去出征。但孝文帝依旧命令全军马不停蹄,赶往洛阳。等到洛阳后,天上仍旧下着缠绵的秋雨,孝文帝却全副武装,骑马站在雨中,命令部队继续向南开拔。被雨搞得痛苦不堪的贵族和兵士们再也不愿意去搞什么南伐,他们齐刷刷跪倒在孝文帝马前,请求他停止"南伐"。孝文帝说:"我正想一统天下,但你们这帮儒生,几次扰乱我的大事,我的兵器不吃素,你们不要再多言了!"于是,策马就要出发,大司马安定王元休,还有兼左仆射的元澄等人都言辞恳切,哭着劝谏,孝文帝这才说:"大军出征总不能无轼而返,既然你们实在不愿意继续前进,那就必须同意将都城从平城迁到洛阳来。何去何从,你们选择吧!"那些鲜卑贵族们来不及细想,答应下来,还有一部分人虽不同意迁都,但出于无奈,也被迫勉强同意。孰不知,这里孝文帝与元澄演了一出巧妙的双簧,终于使迁都的计划得以顺利施行。

随后,孝文帝又派元澄快马加鞭奔向代都,宣布迁都的诏令,并总管迁都的一切事宜。元澄到了代都,宣布了诏令,大家听了无不惊恐万状。元澄便充分施展其辩才,引经据典,将迁都的道理向大家逐一说明,众人这才平静下来,并表示愿意从命迁都。元澄担心孝文帝等着心焦,便日夜兼程向南驰报。孝文帝果然等不及,已经到了滑台(今河南滑县),他们在这儿相会,孝文帝听元澄汇报了代都情况后,十分高兴,说:"如果没有任城,朕的事业便不会成功!"不久,元澄被任命为吏部尚书。

394 年,孝文帝将都城从平城(今山西大同东北)迁到洛阳。

迁都洛阳确保了孝文帝一系列汉化政策的实行,客观上有利于民族融合。元澄与孝文帝两人的配合,把迁都的难度降到了最低。而这一出君臣合演的双簧戏也为元澄的仕途进一步铺平了道路。

★能够于危乱之中撑起局面

是时,上初即位,务修德政,军国庶务,多访于崇,同时宰相卢怀慎、源乾曜等,但惟诺而已。

——《旧唐书·姚崇传》

乱久思治,君主的思治之心愈切,为臣者治乱扶危的政治才干就愈受倚重。姚崇就是在这种情况下得到唐玄宗毫无保留的支持,从而施展自己整顿时局的抱负的。

从错综复杂、险恶多端的宫廷斗争中成长起来的唐玄宗很清楚地认识到,治理天下尤其是治理目前一团乱麻的天下,需要什么样的人才。姚崇是个在官场上拾阶而上的人物,他在政治领域、军事系统、经济部门都曾供过职,丰富的阅历使他熟谙国情民风,从而积累了丰富的治理经验,锻炼了超人的胆识和能力。他最大的特点是"尚通",能在纷繁多变的政治斗争中随机应变,挽救时局。他的文章写得好,在文才济济的群臣中出类拔萃。所以,拜姚崇为相,是玄宗的英明抉择。

开元元年(公元 713 年)十月,唐玄宗带领官员们到渭川(今陕西临潼东北新丰镇)打猎,顺便想召回正任同州刺史的姚崇回京任相。宰相张说本来与姚崇不和,听说消息,便让殿中监姜皎对玄宗说:"陛下早就准备任命河东道总管,但是却没有合适的人选。现在我可推荐一人,不知陛下怎么奖赏我?"玄宗问他此人是谁,他答说:"姚崇文武全才,是最合适的人选。"明皇一听便明白这是张说的意思,并未答理,反而更坚定了他任姚崇为相的决心。

姚崇被人领到玄宗跟前时,玄宗正兴致勃勃地在渭水边上打猎。君臣阔别多时,相聚自是欢喜,玄宗问姚崇可会打猎,姚崇说:"我从小失去父亲,住在广成泽(今河南临汝西)边的一个小乡村,每天以交游猎射为乐,到了三十多岁,还只知呼鹰逐兔,直到碰到张憬藏,才接受他的建议用心攻读。别看我如今岁数大了,但还能骑马、射箭。"玄宗听了,很高兴,便和姚崇纵马齐驱,挽弓射猎,尽兴而归。

就在这一天,玄宗郑重宣布:任命姚崇为兵部尚书,同中书门下平章事(宰相)。但是姚崇却并不拜谢。玄宗当时好生纳闷,但又不好问什么。到了晚上,在烛光通明的临时营帐,姚崇当着其他宰相的面,跪拜在玄宗座下,他说:"白天陛下任我做宰相,我没有拜谢,是因为有话要说,我想建议十件大事,如果陛下不能实行

这十件事,那我就不敢接受任命。"玄宗让他说说看,于是姚崇便奏陈了历史上著名的"十事要说",其基本内容是:

(一)实行仁政;(二)几十年不求边功;(三)不许宦官干预政事;(四)杜绝非正式的入仕途径;(五)确立法纲纪网;(六)严禁贿赂风气;(七)停止建造寺观宫殿;(八)要以礼法对待大臣;(九)允许直言谏诤;(十)限制后妃、外戚干政。

对于这十件事,唐玄宗一一痛快答应,他深深地认识到,他让姚崇任相是找对了人。这十件大事他以前也曾考虑过,但他毕竟还年轻,才干和经验远远不如姚崇,不如姚崇想得那么具体、全面、系统。姚崇的"十事要说"是针对武则天晚年以来存

姚崇

在的严重弊政而进行的改革:第一件大事,针对酷吏横行;第二件针对贪求边功;第三件针对宦官干政;第四件针对任人唯亲、冗官众多;第五件针对徇私枉法;第六件针对滥收杂税,贿赂公行;第七件针对大建佛寺和奢侈浪费;第八件针对奸臣弄权;第九件针对饰非拒谏;第十件针对后妃、外戚专权。他的十条建议是囊括了政治、经济、军事等各个方面的一整套施政纲领。姚崇作为一个优秀的"设计师",为玄宗的政治目标描绘了一幅蓝图。紧接着,这位具有实干精神的杰出政治家又帮助玄宗逐步落实施行这一套纲领,开始了拨乱反正、振兴唐朝的宏伟事业,可以说,没有"十事要说",就没有"开元之治"。

玄宗对姚崇十分信任,放手使用。但善于快刀斩乱麻的姚崇起初对这位雄才大略的君主还是抱有难以言喻的畏惧心理,在办事时有点瞻前顾后、缩手缩脚,曾在官员升迁问题上多次征询玄宗的意见。有一次,他又前去请示,玄宗却仰视殿顶,充耳不闻。姚崇无奈,只好忐忑不安地告退。侍立一旁的高力士满腹狐疑,便问玄宗原由,得到的回答是:"我委托姚崇处理庶政,大事理当共议,小事岂有必要一一相烦。"经高力士中转解释,姚崇才明白了玄宗的良苦用心,从此大刀阔斧,当断即断,出色地履行了自己的职责。

开元二年正月,薛王李隆业的舅父王仙童,倚仗权势,骄横不法,被御史弹劾。薛王马上到他兄长玄宗那里求情,玄宗也念舅甥之情,便下令重新审查,示意要宽免。姚崇等人知道后,立即上奏玄宗:"仙童罪状明白,御史所言并不冤枉他,不能

赦免。"姚崇坚持原则,绝不妥协,玄宗只好同意依法惩办。"由是贵戚束手"。这正是按姚崇"十事要说"中的第五条办事。

同年五月,因为饥荒,玄宗下令罢免员外、会试、检校等冗官,而且规定,今后这三种官除非有战功都由他亲自任命,吏部和兵部均不准委任。在此之前,申王李成义未经有关部门批准,私自奏请玄宗,把他府中的阎楚硅由录事(从九品)破格提拔为参军(正七品上)。这种私自请托而任官的做法,实际上是中宗时卖爵鬻爵、"斜封官"的故伎重演。姚崇得知此事,非常生气,立即奏明玄宗:"臣窃认为量材授官,一定要经过有关部门,如果因为亲故便施以官爵,以示恩惠,那么以前的故事又要重演,纲纪又要大乱。"他据理力争,终于使玄宗收回敕命。从此,私自请托的歪风为之一扫,他的第四条建议也得到了落实。

在姚崇辅政期间,他大力整顿吏治,做到任人惟贤,量材授职,严格铨选制度,罢免以前的"斜封官",大批冗官纷纷卷起了铺盖卷,从中央朝廷到地方,政府机器高效率地运转起来;在他的身体力行下,言路广开,朝廷中充满着开明风气。

姚崇帮助玄宗革新了政治,也获得了一个臣子所能得到的最高礼遇。每当入宫议事,玄宗总是起立相迎,离开时送到殿门。在群臣羡慕的目光中,他享受了旷古少有的荣耀,而此时的玄宗也沉浸在如鱼得水般的欢乐中。唐玄宗即位初期,虽然经济从唐初开始一直发展,但一连串的政变导致社会不稳,要想治理好国家必须定好大政纲领。

一个政治家不管他有多大的才能,都需要机遇的帮助,对于姚崇来说,他的真正机遇是在开元初期进献"十事要说"开始的。他的"十事要说"是对唐朝建立以来各种弊病的总结,也是对当时所面临的社会问题和潜在危机的汇总。他所提出的都是唐玄宗所想要解决的问题。

由于唐玄宗李隆基的支持,随着时间的推移,开元初期政治逐步清明,"十事要说"逐一得以实现,开创了"开元盛世"的历史性篇章。

★ 大胆决策促成君主的不世之功

及至南城,契丹兵方盛,众请驻跸以觇军势。准固请曰:"陛下不过河,则人心益危,敌气未慑,非所以取威决胜也。且王超领劲兵屯中山以扼其亢,李继隆、石保吉分大阵以扼其左右肘,四方征镇赴援者日至,何疑而不进?"众议毕惧,准力争之,不决。……准曰:"机不可失,宜趣驾。"琼即麾卫士进辇,帝遂渡河,御北城门楼,远近望见御盖,踊跃欢呼,声闻数十里。契丹相视惊愕,不能成列。

——《宋史·寇准传》

凡是守成的君主一方面胆小怕事，一方面又好大喜功，对他而言，能不担、少担风险，又能建立盖世军功是再惬意不过的事。为人臣者如能促成这样的军功，自会受到特殊的赏识。

景德元年，辽国认为大举犯宋时机成熟，辽圣宗皇帝及萧太后亲率号称二十万的骑兵，大规模南下，于当月二十二日到达河北唐河，围攻定州。定州未破，辽军绕道而行，经祁州、深州、冀州、大名等地，深入到澶州（今河南濮阳），大有向宋朝京师东京进军之势。

面对辽国咄咄逼人的气势，真宗和满朝文武惊慌失措，毫无良策。危难之际，以英勇果敢著称的寇准被毕士安等人推上了前台。景德元年八月，真宗任命寇准为宰相，要他负责解除辽军的威胁。

不久，辽军包围了瀛州，直逼贝州、魏州，朝廷内外震惊恐惧。参知政事王钦若主张逃跑，他暗劝真宗放弃汴梁，迁都金陵；又有人劝真宗逃往成都。真宗犹豫不决，便召寇准商议。寇准力主抗辽，对主张逃跑之人恨之入骨，他心知是王钦若等

宋真宗

人的主张，却佯装不知说："谁为陛下出的这种计策，罪该处死。如今陛下神明英武，将帅团结一致，如果御驾亲征，敌军自然会逃走，为什么要抛弃宗庙社稷，远逃楚、蜀之地呢？如果那样，大宋必然人心崩溃，军心涣散，敌军会乘势进攻，长驱直入，大宋的江山还能保住吗？"一席话，说得那些主张逃跑的人羞愧难当。真宗受到震动，决定御驾亲征。

真宗和文武大臣率军从京师出发,向北进发。当大军到达韦城时,听说辽军已攻到澶州北城,真宗惊恐万分,信心全无,又打算南逃。寇准坚定地说:"目前敌人已经临近,人心恐惧,陛下只可前进一尺,不可后退一寸!北城的守军日夜盼望着陛下的车驾,一旦后退,万众皆溃。"在寇准的坚持下,真宗率众臣勉强到达了澶州南城。此时,隔河相望的北城战事正酣,真宗和众臣不敢亲临前线,不愿渡河,寇准坚决请求真宗过河,他说:"陛下如果不渡过黄河,那么人心就会更加危急;敌军的士气没有受到震慑,他们会更加嚣张。只有陛下亲临北城,才是退敌的惟一办法。更何况我军救援部队已经对澶州形成了包围之势,陛下的安全已经有了保障,还有什么顾忌不敢过河呢?"他见仍说服不了真宗,就把殿前都指挥使高琼叫到跟前,要他力劝真宗。高琼对战事相当了解,他对真宗说:"寇大人方才所言极是,将士们都愿拼死一战,只要陛下过河亲临阵前,士气必然大振,定能击退敌军。"真宗无奈,只得答应过河。

到了北城,真宗登上城楼观战。正在城下浴血奋战的宋军将士,看到城楼之上的黄龙御盖,欢呼震天,声闻数十里,军威大振。他们呐喊着冲向敌阵,辽军被宋军士气所慑,锐气顿消,溃不成军。

此战胜利后,真宗回到行宫,留寇准在城楼之上继续指挥作战。寇准治军有方,命令果断,纪律严明,很受士兵拥护。在他的指挥下,辽军几次攻城都被杀得大败而还,主帅萧挞览也被射死。真宗在行宫之中对前线战事不太放心,多次派人前来打探战况,探子每次都见到寇准和副帅杨亿在一起饮酒说笑,就回去禀报真宗。真宗高兴地说:"寇准这样,我还有什么不放心的呢?"

辽军虽号称二十万,却是孤军深入,粮草不继,随时有被切断归路的危险。萧挞览一死,辽军人心惶惶,更无斗志,于是便派人送来书信,请求讲和。条件是,只要宋朝每年给辽国大量绢银,辽军就退兵,并且永不再犯中原。寇准想乘胜收复幽云十六州,所以坚决不答应议和。真宗对战争早就厌倦,在求和派的劝诱下对两国结盟议和表现出了极大的兴趣。无奈主帅寇准的反对使议和出现了很大的阻力,于是一帮贪生怕死的官员就在背后放出谣言,说寇准利用打仗以自重,野心很大。迫于谣言的压力,寇准只得同意两国议和,缔结盟约。

澶渊之盟

真宗派大臣曹利用作为使节到辽军帐营中签订结盟条约,并商讨"岁币"之事。临行之前,真宗对他说:"只要辽兵速退,'岁币'数目在百万之内都可以答应。"寇准却暗中又把曹利用召到帐内,对他说:"虽然有皇帝的敕令,但你在与辽使签约时,答应的数目不得超过三十万,否则,提头回来见我。"

这年十二月,宋辽双方终于在澶州达成协议:辽军撤出宋境,辽皇帝向宋皇帝称兄,两国互不侵犯,和平共处;宋每年拨给辽"岁币"银十万两,绢二十万匹。这就是历史上著名的"澶渊之盟"。

澶渊之盟后,河北战事平息,北疆人民安居乐业,寇准功劳很大,声望更高。寇准力促宋真宗亲征,鼓舞了宋军的士气,取得澶渊之战的胜利,宋军不但有效地阻止了敌人,而且为反攻创造了极其有利的条件,使辽国不得不进行和谈。

寇准反对和谈,主张乘胜收复幽云十六州,其决策是正确的。首先,辽国战场失利,粮草不继,且对峙多日,师老兵疲。而宋军则士气旺盛,求战意识强,加上本土作战,后勤有保障,只要进一步切断辽军粮草,二十万辽军完全可以全歼,再北上收复幽云地区就没有什么军事阻力,甚至乘胜攻入辽国也是可能的;其次,放过辽军二十万精锐骑后归国,等于失去削弱辽国的机会,让其仍有实力威胁宋朝;第三,即使和谈,在战局有利的前提下,也应争取获利为前提,没有贡上岁币以求退兵的软弱举动。

但为何战场上获胜的宋王朝在谈判桌上却失败了呢?因为宋朝的基本国策是"守内虚外"。从建立伊始就采取加强中央集权,加强对内控制,对西夏和辽则始终是妥协、退让。再加上宋太宗时对辽用兵的失败,宋朝廷内早已滋长着失败妥协的情绪。宋真宗即使在形势对宋军有利时,也不敢相信是否真能打败辽国军队。而且,他还担心在战争中,像寇准、高琼等大臣一旦掌握军权,要威胁他的统治权。所以,在胜利的情况下订立屈辱的条约,尽管未割地,但开了赔款先河,后来的西夏和金效法辽国,宋政府为求暂时安宁,有求必应,后患无穷。

清明上河图

国学经典文库

国学大智慧

·《二十四史》智慧通解·

图文珍藏版

不过从另一角度来说,澶渊之盟使宋辽两国大体上保持了上百年的和平局面,这对双方尤其是宋辽边境地区人民的生产和生活,以及两国经济文化的发展交流,都起着积极作用。北宋经济也出现了《清明上河图》所描绘的那种繁荣景象。

从寇准个人角度讲,促使真宗亲征也是冒着极大的政治风险,但他凭着对局势的正确判断和大无畏的精神,力促真宗做出了正确的决策。他因此得到真宗的倚重和支持也就是必然的了。

第七章　适可而止，危中求安

★ 不怕人毒就怕人妒

人或传其书至秦。秦王见《孤愤》、《五蠹》之书，曰："嗟乎，寡人得见此人与之游，死不恨矣！"李斯曰："此韩非之所著书也。"秦因急攻韩。韩王始不用非，及急，乃遣非使秦。秦王悦之，未信用。李斯、姚贾害之，毁之曰："韩非，韩之诸公子也。今王欲并诸侯，非终为韩不为秦，此人之情也。今王不用，久留而归之，此自遗患也。不如以过法诛之。"秦王以为然，下吏治非。李斯使人遗非药，使自杀。韩非欲自陈，不得见。秦王后悔之，使人赦之，非已死矣。

——《史记·老子韩非列传》

才高往往气也傲。能力强的人有两个致命的通病，一是常不自觉地表现出自信，这种自信在别人眼里就变成了傲气；二是既然能力强，比较容易出成绩并受到上司的器重和大家的尊敬，也常会得到一些别人得不到的实惠，而这些都能成为小心眼儿们嫉妒的由头，而你对此常不加防范。要知道，心胸狭窄、喜欢嫉妒别人，对常人而言虽算不上什么了不起的毛病，但是如果其妒火过盛，或掌握一定的资源，那你就必须要小心了。

才能高的人往往情商低，表现之一就是轻信，轻信同学、朋友、同事之间的友谊，不能分辨一个人的好坏而区别待之。

战国时的韩非和李斯同是荀子的学生，韩非口吃，短于游说，而李斯却口若悬河，辩才超群。荀子曾考究二人的才学，对他们说：

"李斯才露于外，韩非才藏于内，将来官位显贵者非李斯莫属了。"

李斯十分得意。私下，荀子却独对韩非出语说：

"得我真学者，只有你了。论智论计，李斯绝不是你的对手，我不公开赞扬你，只是怕他对你心存忌恨，日后对你不利。"

荀子劝韩非以后不要和李斯共事，韩非似信非信，含糊地答应下来。

李斯后来到秦国游说，以其出众的辩才为秦王嬴政赏识，官至丞相。嬴政一天偶读韩非的《孤愤》一文,击节叫好;为了得到韩非,嬴政不惜用重兵攻打韩国,索取韩非。

韩非

韩非无奈来秦之后,李斯颇为紧张。他怕嬴政重用韩非,于是他以同学身份私下对韩非说:

"秦王赏识于你,这只是表面现象,他只不过想借此让韩国失去一个人才罢了。我们乃同门好友,自不会见死不救;倘若你不愿留此,我可安排让你速速逃走。"

韩非至此方信老师之言无差。他识破了李斯的诡计,故作慷慨道:

"我来秦国,非为秦王所请,乃为救韩应急。秦王大兵加韩,我岂能惜死害国?你的好意,我实在不敢受。"

李斯只想用计将韩非逼走,无奈韩非智高一筹,始终不入他的圈套,李斯把心一横,索性要把他直接加害,于是他面见嬴政说:

"韩非是韩国的公子,他心在韩国,对大王敢怒而不敢言,他怎会真心为大王效力呢?他确是罕见的大才,可这样的人若是为韩国所用,对秦国就是莫大的祸患了。与其养虎为患,不如马上将他杀了。"

嬴政一时被说动了,遂下令将韩非打入死囚。韩非不明所以,求李斯代言求见嬴政,李斯嘴上答应,暗中却招来他的心腹手下,向他征询说:

"韩非虽被打入死囚牢,我怕大王有悔,故而迟疑难断,你可有上上之策吗?"

那人早知李斯心中所忌,为了投其所好,他小声道:

"大人手握大权,自可把韩非斩杀。此事即使皇上知晓,因他有令在先,也怪不得大人擅杀无辜。"

李斯于是给韩非送去毒酒,逼令他自杀。韩非举杯哀叹说:

"先师之言,今日果然应验了。似你这无耻小人,无计可施,便害我致死,却是非君子所能测度的了。"

韩非死后,嬴政果然心有悔意,命人将他释放,可是已然晚了。面对韩非已死的事实,嬴政怅然若失,却无法改变。

我们无暇指责人性的丑恶,也无暇为才高八斗的韩非鸣冤叫屈,只是提醒大家:为人不可全抛一片心,害人之心当然不可有,防人之心也绝对不可无。

★危中要有求安的智慧

籍本有济世志,属魏、晋之际,天下多故,名士少有全者,籍由是不与世事,遂酣饮为常。文帝初欲为武帝求婚于籍,籍醉六十日,不得言而止。钟会数以时事问之,欲因其可否而致之罪,皆以酣醉获免。及文帝辅政,籍尝从容言于帝曰:"籍平生曾游东平,乐其风土。"帝大悦,即拜东平相。籍乘驴到郡,坏府舍屏鄣,使内外相望,法令清简,旬日而还。帝引为大将军从事中郎。有司言有子杀母者,籍曰:"嘻!杀父乃可,至杀母乎!"坐者怪其失言。帝曰:"杀父。天下之极恶,而以为可乎?"籍曰:"禽兽知母而不知父,杀父,禽兽之类也。杀母,禽兽之不若。"众乃悦服。

籍虽不拘礼教,然发言玄远,口不臧否人物。性至孝。母终,正与人围棋,对者求止,籍留与决赌。既而饮酒二斗,举声一号,吐血数升。及将葬,食一蒸肫,饮二斗酒,然后临诀,直言穷矣,举声一号,因又吐血数升,毁瘠骨立,殆致灭性。

——《晋书·阮籍传》

为臣者处于危局之中,以正常的手段无法自保时,就要善于找到另一条避祸的通道。

魏晋之际,朝代更迭,政局变换无常,特别是司马氏的血腥恐怖统治,使人常有"忧生之嗟"。

当时,司马氏为了夺取曹氏政权,一方面大开杀戒,将反对他们的人推上断头台;另一方面又极力标榜"名教之治",要求人们遵循封建礼法。阮籍的父亲是曹魏的掾吏,他是建安七子之一,有名当世。这种家世背景使他对曹魏政权怀有同情心,而对司马氏则十分反感,他认为司马氏世代服膺儒学,标榜君臣名分,却又欺凌孤儿寡母,夺其政权,于是决心不与司马氏合作。但是,"天下多故,名士少有完者"的险恶社会环境,使他又不像嵇康那样"刚肠疾恶",更不敢公开与司马氏决裂。为了保全自己,他在司马氏集团统治之下,曾先后担任过大司马从事、中郎、散骑常侍、东平相等官职,还曾被封为关内侯,四十七岁时,曾做过步兵校尉。当然他做官只是迫不得已,在任上也是虚应故事而已。他出任步兵校尉,就是在朝廷上当面向司马昭请求的。当时满朝文武大臣都感到非常惊讶,因为这一官职向来是由骁勇善战的武官担任,而阮籍是一位弱不禁风的文士,哪能担当此任?阮籍回答说:"臣听说兵营的厨房里储存有三百斛美酒,既然步兵校尉一职尚无合适人选,臣请担任此职。"司马昭答应了他的要求。阮籍走马上任以后,草草应付完公务,便前往厨房清点存酒,与朋友刘伶等人直喝得天昏地暗,酒醉不醒,把随侍的士卒都吓坏了。

　　司马氏为了维系其统治,处处标榜"名教"、"礼法"。阮籍生性放荡,任性不羁,他常常借此与司马氏的虚伪名教、礼法进行斗争。在一次朝会上有人奏称,一个儿子杀死了自己的母亲。阮籍却笑道:"嘻!杀父尚有可原,岂能杀母?"同座者无不大惊失色,司马昭当即就批判他说:"杀父,乃天下之极恶,而你怎么认为可以杀父呢?"不料阮籍话头一转,说道:"禽兽知母而不知父,杀父,禽兽之类也。杀母,连禽兽都不如。"既尖锐地讥讽了标榜"以孝治天下"的司马氏,又巧妙地掩饰了过去,于是"众乃悦服"。

阮籍

　　按照当时的礼法,父母死,要服三年丧。三年之内不准喝酒吃肉,不能离家远游,不准大笑,只准穿黑色的粗麻布衣服等。阮籍幼年丧父,与母亲相依为命,性情至孝。当母亲去世的消息传来时,他正与人对弈。对方说这局棋就不下了吧。可阮籍不同意,非要一决胜负。下完棋后,他又饮酒一升,大声哭号,吐血数升。母亲下葬时,他叫家人蒸了一头小猪,又饮二斗酒,大声哭号,然后与母亲诀别。裴楷前往吊唁,见阮籍形销骨立,散发箕踞,两眼木然地直视前方,也不招呼裴楷。裴楷认为阮籍是方外之人,故不崇礼典,不与他计较法度,于是也不理会阮籍,自己径直吊唁完毕便去,阮籍也不相送。

阮籍"失礼"的行为非常多,常常引起礼法之士的惊噪和责难。阮籍却以蔑视的口气说:"礼法岂是为我而设!"按封建礼法规定,叔嫂之间授受不亲。可阮籍的嫂子回娘家,阮籍总要与她相见告别。阮籍的邻居有一少妇,长得非常美丽,当垆沽酒。阮籍经常前往饮酒,醉了便卧于少妇之侧。少妇的丈夫知道阮籍的为人,绝没有什么杂念,对他也毫不怀疑。还有一兵家女子,才貌双全,未出嫁就死了。兵家的地位十分卑贱,阮籍与她家也不相识,但他可怜这位女子貌美而夭折,竟前往兵家哭之,尽哀而还。

阮籍处世虽然放荡不羁,但另一方面,其为人却非常审慎。当时文武重臣给司马昭上"劝进书",委托阮籍起草,使者到期去取,却见他仍大醉于桌旁。使者只得摇醒他,阮籍把文章写在桌子上,让使者再抄一遍,然后抹去。阮籍有一女儿,才貌双全。司马昭很想与阮籍联姻,阮籍不便正面拒绝,但当司马昭亲自登门为爱子求婚时,却见阮籍手里抱着酒瓮醉卧在地。其后司马昭派使者接连六十天前往阮府求婚,都见阮籍沉醉未醒,司马昭只好作罢。司马昭的老臣钟会曾数次追问阮籍对时政的看法,欲趁机抓住把柄而治之以罪,阮籍都以沉醉获免。阮籍虽然与司马氏政权保持一定距离,常常攻击名教,攻击礼法之士,但就是闭口不谈时政,不议论朝廷是非。因此,也得以在乱世中安然无恙。

阮籍家世以儒学为本,虽怀济世之志,但却因身处乱世之中,非但无法遂志,更常有性命之忧。在史书上阮籍几乎没有留下什么政绩,虽然他曾为官数职,但这只不过是他对司马氏政权的一种敷衍而已。惟一让他留名的,是他的疏狂与谨慎,这看似相反的两种行为,作为一种危中求安的手段而同时出现在阮籍身上,其实并不奇怪。根据鲁迅先生的分析,阮籍的张狂正是他不与世俗虚伪者合污的巧妙手段,但这只是一方面,另一方面,阮籍又是一个极为务实的方内之人,他知道这个世界并不是一个人想回避就回避得了的。他的好友嵇康被杀就是教训。在世俗社会紧追不舍的情况下,不合污固当应为,不同流却是做不到的。因此,"醉酒"就成了阮籍的护身"法宝"。

可以说,阮籍作为方内之人所表现出的隐忍与谨慎,恰恰与他作为方外之士所表现的荒诞与狂放形成了鲜明的对比。进一步推论,阮籍只以社会虚伪的文化现象为敌人,却极其明智地避免与时局和任何具体的个人相对抗。他在一般社会文化的概念上夸张自我,默默打倒四周的虚伪和腐败,同时,却又韬光养晦机智图存于乱世。——这,恐怕正是阮籍的过人之处。

★尽早离开已不需要自己的舞台

中统元年,世祖即位,问以治天下之大经、养民之良法,秉忠采祖宗旧典,参以古制之宜于今者,条列以闻。于是下诏建元纪岁,立中书省、宣抚司。朝廷旧臣、山林遗逸之士,咸见录用,文物粲然一新。

秉忠虽居左右,而犹不改旧服,旧人称之为聪书记。至元元年,翰林学士承旨王鹗奏言:"秉忠久侍藩邸,积有岁年,参帷幄之密谋,定社稷之大计,忠勤劳绩,宜被褒崇。圣明御极,万物惟新,而秉忠犹仍其野服散号,深所未安,宜正其衣冠,崇以显秩。"帝览奏,即日拜光禄大夫,位太保,参领中书省事。诏以翰林侍读学士窦默之女妻之,赐第奉先坊,且以少府宫籍监户给之。秉忠既受命,以天下为己任,事无巨细,凡有关于国家大体者,知无不言,言无不听,帝宠任愈隆。燕闲顾问,辄推荐人物可备器使者,凡所甄拔,后悉为名臣。

——《元史·刘秉忠传》

为臣者作为臣子的地位决定了必须仰君王的鼻息行事,因为他需要你时,会给你搭建一个施展本领的舞台,他如果对你不再感兴趣,你倒霉的日子就快到了。这里关键的一点是,为臣者要能够察微知著,能够及早发现于己不利的苗头。

刘秉忠虽是忽必烈的"第一智囊",但长期以来,他的身份是很独特的:无官无爵,而以宾友乃至门客的身份参预政治。

由于早年吃斋念佛的缘故,刘秉忠在生活上也很俭朴,繁忙的政务之余,还不时温习昔日斋居素食的生活,甚至身着僧衣,品尝休闲的乐趣。

随着一批又一批的儒士都

刘秉忠

做了高官,一些大臣和忽必烈也觉得不能亏待刘秉忠。翰林学士王鄂即上书说:

"刘秉忠久侍藩邸,已有多年,参帷幄之谋,定国家大计,忠贞勤勉,应予褒奖。现陛下已御极天下,万物维新,而功臣刘秉忠却仍野服散居,臣深为不安。请授以显爵,藉以勉励群臣。"

中书左丞姚枢、中书右丞廉希宪、翰林侍读学士郝经、国子祭酒许衡等汉族大臣,亦向忽必烈提出类似建议。忽必烈深以为是,下诏拜刘秉忠为光禄大夫,位太保,参预中书省事。又亲自作媒,把翰林侍读学士窦默的女儿嫁给刘秉忠为妻,将豪华的奉先坊赐给刘秉忠作私宅。

面对一连串的"好事",刘秉忠推辞再三,但忽必烈坚执不许,刘秉忠只好接受了封赏。

尽管有了显爵、豪宅和美妻,但刘秉忠戒慎戒惧,仍时常出居佛寺,过着粗茶淡饭的清贫生活。为了表明心意,他还自号为"藏春散人",韬光养晦。

君臣相处久了,难免会有误会和猜疑。特别是卷入复杂的人事纠葛时,更会加重君主对臣下的怀疑。刘秉忠在忽必烈身边达三十年之久,遭到的最大怀疑,是因受了中书平章王文统的牵连。

王文统,字以道,山东益都人。金末元初,统治山东的是地方军阀李全、李璮父子,李全死后,李璮承袭父职,管辖山东地区。为了发展个人势力和实现长期占据山东的目的,李璮一面在山东招揽人才,积聚力量,一面在蒙古王朝中积极活动,索要钱粮和兵权。王文统是益都的名士,李璮娶了他的女儿,并努力为他在忽必烈身边谋职。刘秉忠一向爱才,喜欢推荐人才,见王文统博学多识,尤善于理财,便向忽必烈荐举,让王文统当了平章政事,进入了蒙古的中枢机构。当时,廉希宪、张易、高挺、赵良弼等人也都荐举了王文统。

李璮的兵权不断扩大,野心也就随着膨胀。有了岳丈王文统在朝中任职,获取中央情报,李璮更加快寻找机会,谋求割据自立。中统二年(1261年),李璮擅自发兵修筑益都城堑,谎报宋人来攻,请求节制诸道兵马,补充兵器。忽必烈不知实情,下诏拨给十万枝箭。次年二月,李璮认为发动叛乱的时机已经成熟,便派人向南宋表示归顺,同时在海州发动兵变,尽杀蒙古戍兵,率五万余人自海上北归登岸,占领益都,分兵四出,攻占蒲台、淄川等地。

忽必烈闻听事变,立即将王文统逮捕处死,下诏讨伐李璮。元军南下,将李璮包围在济南府。为迅速平叛,忽必烈又派右丞相史天泽至济南督战。七月,元军攻破济南,斩杀李璮,平息了叛乱。

叛乱虽平,但对忽必烈震动很大。他看到支持李璮的既有近在身边的王文统等执政大臣,又有地方汉族武装如戴曲薛、张邦直等人,从此加重了对汉人的疑忌心理。他开始采取措施,防范汉人权力过大。

首先是清查王文统的关系网。经查,王文统是由高挺、赵良弼、刘秉忠等人推荐的,这些人自然都受到怀疑审查。忽必烈不忍处罚刘秉忠,但对高挺、赵良弼等人就不客气了。赵良弼被"械系于狱",差点给割去舌头;高挺被赶出中枢机构,先是调任四川,后又遭诬告,被囚禁于上都。

其次是解除汉人的军政大权。史天泽虽然攻灭李璮有功,但由于他是汉人,所以忽必烈对他很不放心,暗示他交出军权。史天泽只好上书,说"兵民之权,不可并于一门。行之,请自臣家始"。于是,史氏子弟十七人同时解除了兵权。史天泽这么一带头,别的汉族武装,如武卫亲军指挥使李佰祐、东平万户严氏、济南万户张氏等,也都纷纷交出了兵权。忽必烈又罢除了诸侯世袭制度,取消了汉族官员的封地,实行迁转法,官员流动升转,将官随时调遣,使兵将分离。

忽必烈的这些措施,表明汉人的地位日益下降。

至元十一年(1274年)元旦,忽必烈在大都接受文武百官的朝贺,正式把都城从和林迁到了大都。

朝贺仪式结束之后,忽必烈去昔日的发祥地上都作短暂巡察,刘秉忠要求随行。

到达上都后,刘秉忠陪忽必烈游览了南屏山,说这里风光宜人,自己愿意在山里盖一间小屋,静心修行;只要皇上不召见,他就不再返大都了。

史天泽

话说得很委婉,忽必烈沉默了一会儿,批准了刘秉忠的请求。君臣二人对视了一眼,彼此都明白了对方的心意。

此后,忽必烈离开上都,返回大都,继续策划攻灭南宋,统一中国的大业;而刘秉忠留在了上都南屏山的一所小屋,深居简出;赫赫有名的谋士又过起了隐士的生活。

这年秋天八月,刘秉忠悄然而逝,享年五十九岁。

丧讯传到大都宫中,忽必烈十分悲哀,对群臣说:"秉忠事朕三十余年,小心慎密,不避艰险,言无隐情。"下诏将刘秉忠安葬于大都,赠官太傅,封赵国公,谥号"文贞"。元朝从草创到定型,刘秉忠出谋划策,立下很大的功劳,但刘秉忠从不居功自傲,并且一直不担任何具体的官职,这使他在处理与忽必烈的关系上可进可退,较为超脱。他知道自古以来皇帝对于有功之臣都心存猜忌,更何况忽必烈是蒙

古族的皇帝。刘秉忠明白,民族利益是无法分享的,蒙古人和汉人之间有着不可逾越的界限。元朝是蒙古人建立的帝国,不管如何汉化,在实质上是维护蒙古人自身的利益的。他要笼络汉人,利用汉人,但不可能真正信任汉人。

因此,鉴于元朝的统治已基本上稳定,忽必烈对汉儒的需求,已经不再像从前那样迫切了。对于这个政治舞台,自己已经没有存在的必要了,因此,适时而退,应该是自己最明智的选择。

刘秉忠为自己功成名就后的人生作出这样的决策,在一般人或许是不易接受的,但刘秉忠其后的结局却证明,这是十分正确的。他的功名荣誉,没有因隐退而消失,更没重蹈历史的"兔死狗烹"的铁定规律般的覆辙。这对于一个"异族功臣",显然已经是一种最好的结果了。

第八章　三寸之舌，强于百师

★以先顺后辩的办法说服人

　　陈轸去楚之秦，张仪谓秦王曰："陈轸为王臣，常劝情输楚，仪不能与从事，愿王逐之。即复之楚，愿王杀之。"王曰："轸安敢之楚也？"王召陈轸，告之曰："吾能听子言，子欲何之？请为子约车。"对曰："臣愿之楚。"王曰："仪以子为之楚，吾又自知子之楚，子非楚，且安之也？"轸曰："臣出，必故之楚，以顺五与仪之策，而明臣之与楚不也。楚人有两妻者，人说其长者，长者詈之；说其少者，少者许之。居无几何，有两妻者死，客谓誂者曰：'汝取长者乎？少者乎？'曰：取长者。'客曰：'长者詈汝，少者和汝，汝何为取长者？'曰：'居彼人之所，则欲其许我也；我为我妻，则欲其为詈人也。'今楚王，明主也；而昭阳，贤相也。轸为人臣，而常以国输楚王，王必不留臣；昭阳将不与臣从事矣，以此明臣之与楚不。"

——《战国策·秦策》

　　为臣者要想澄清事实、改变君主的成见，不能用硬辩争论的说话方式，那样的话只能碰个头破血流。善于说服的人总是先顺其意，于时机成熟时再亮出自己的真实主张，这样以顺着别人思路的方式入手，达到把他引导至自己的思路上的目的。

　　战国时陈轸由楚入秦以后，张仪对秦王说："陈轸既为秦国之臣，但却经常把秦国的情报传给楚国，我不能和这样的人同朝共事。请大王将其逐出秦国，如果他还要回到楚国，就干脆把他杀掉！"于是秦王便召来陈轸，对他说道："我是信任你的，你想到哪里去，我好给你准备车辆。"陈轸说："我想到楚国去。"秦王又说："张仪认为你肯定会去楚国，我也知道你将要入楚。但你是否认为除楚国以外就没有更安全的去处了吗？"陈轸说："为臣出行，必定要去楚，正如大王和张仪所估计的那样。要说明为臣为何要去楚国，我想给大王讲述下面一则故事。有位楚国人有两个妻子，另有一人很喜欢年龄大点的那位妻子，但却遭到了这位妻子的一顿辱骂。但当他逗引年龄小点的那位妻子时，这位妻子竟答应了挑逗者的要求。不久，两位妻子的丈夫死了，有人向这位挑逗者问道：'要让你挑选的话，你是要这位年长的妻子，还是要那位年少的呢,' 此人答道：'要年长的。'有人又问：'年长的辱骂过你，年少的答应了你的要求，你为何还要挑选年长的?'此人答道：'当她是别人的妻子时，我就希望她能答应我的要求；如今要成为我的妻子，我就希望她能对挑逗者严厉辱骂。'如今楚王是一位英明之主，而昭阳也是一位贤能之相。我身为秦国大臣，却常常把秦的情报传给楚国，楚王将来必定不会收留为臣，昭阳将来也绝对不肯和臣共事。这样说来，为臣去不去楚国，不是再明白不过了吗?"陈轸辞去以后，张仪又前来询问秦王说："陈轸到底要去哪里?"秦王答道："陈轸是天下著名的辩士，他把寡人看了好大一会儿后说：'我必定要去楚国。'我当时

陈轸

无可奈何，便又问道：'你必定入楚，那张仪的话就是说对了。'陈轸说：'并不只是张仪知道我要入楚，其实行路之人全都知道此事。'以前伍子胥忠于其君，天下诸侯都想把他作为自己的臣下；孝子十分孝养他的双亲，天下之人都想把他作为自己的儿子。因此说出卖仆妾，走不出里巷就已被人买走，这就是很好的仆妾，女子出嫁不远离乡里的，就是贤慧女子。为臣不忠于秦王，楚王怎能把臣当作忠臣。对楚王忠诚不贰，尚且还要被其抛弃，那么陈轸不去楚国，还能到哪里去呢?"

　　面对别人的诬陷，一味表白自己未必能起到什么作用，反倒可能引起别人更大的疑心。陈轸采取"顺坡下驴"的说话技巧——你说我是黑的，我就先承认自己是黑，对方在好奇心的驱使下必然静听理由，这时再说明自己外黑内白的真相，他才会听得进去并相信你。

★三寸之舌可抵十万雄兵

也先曰："奈何削我马价，予帛多剪裂，前后使人往多不归，又减岁赐?"善曰："非削也，太师马岁增，价难继而不忍拒，故微损之。太师自度，价比前孰多也?帛剪裂者，通事为之，事露，诛矣。即太师贡马有劣弱，貂或敝，亦岂太师意耶?且使者多至三四千人，有为盗或犯他法，归恐得罪，故自亡耳，留若奚为?贡使受宴赐，上名或浮其人数，朝廷核实而予之。所减乃虚数，有其人者，固不减也。"也先屡称

善。善复曰："太师再攻我，屠戮数十万，太师部曲死伤亦不少矣。上天好生，太师好杀，故数有雷警。今还上皇，和好如故，中国金币日至，两国俱乐，不亦美乎？"……也先笑称善。知院伯毅帖木耳劝也先留使臣，而遣使要上皇复位。也先惧失信，不可，竟许善奉上皇还。

——《明史·瓦剌传》

舌头的威力到底有多大？雄兵十万做不到的事，单凭一只巧舌居然做成了，这样的奇事在中国历史上真真切切地发生过。

明代土木之变中皇上被瓦剌所俘。次年，瓦剌又多次催促奉迎。明朝廷不知真假，想派人前去探问，但又苦于找不到合适人选。礼部左都御史杨善慨然前往，瓦剌首领也先暗中派遣一位机智善变的田氏前来迎接，并探问来意。二人相见以后，田氏便说："我也是中国人，被俘至此。"接着又问以前在土木之战中，明军为何不战而溃。杨善说："天下太平的时间已久，将士从未经过战阵，况且当初只说此行是扈从保驾，并没有对敌作战的命令，所以在遭到你们的突然袭击以后，必然溃败。虽然如此，你们侥幸得胜，并非就是福分。如今的皇帝即位以后，聪明英武，从谏如流。有人献策说：'胡人敢于入侵中国，仅凭良马能翻山越岭，过关而来。如今沿边守军都做铁顶橛子，上留空隙，安装尖头锥子，只在胡人马匹经过之地，遍下铁橛，入侵者无不中伤。'皇帝马上听从其计。又有人献策说：'如今的大铜铳只用一个石子，杀伤力很小，如果换装一斗鸡子大小的石头，射出以后，石头飞射可达数丈宽度，可射杀人马一片，杀伤力将会增大许多倍。'皇帝也接受了。还有人献策说：'广西、四川等地盛行射虎弓弩，毒性很大。如果涂在箭头之上，一接触皮肉，人马当即死亡。'又从其计，并已派人取来毒药，又在全国选拔三十万善于开弓射箭的壮士，进行积极训练，曾用死刑犯作过试验，千真万确。又有人献策说：'如今射击火枪的虽有三四层兵士，但射击以后，又要填装火药，对方战马可乘机冲杀前进。如果改装成两头铳，装上许多铁弹子，并擦上毒药，分为四层，等到胡马冲来之时，一齐发射，即可射穿马肚。曾经多次试验，在距离三百步外，都有杀伤能力。'凡前后献计之人，都封官加赏。天下有智谋的人听到以后，都接踵而来，争相效力。现在兵马都已操练娴熟，作战能力十分精锐，可惜无用武之地而已。"胡人问道："为何无用呢？"杨善答道："如果两家讲和通好，兵马虽精，作何用场？"胡人听到这些话后，暗中立即返回报知。第二天，杨善到达也先营中，也先首先询问杨善任何职务，杨善说："都御史。"也先接着又说："我们两家和好已有好多年了，如今为何还要拘留我们的使者，削减我们的马价？给予我们的丝绸匹缎，为何又要剪为两截，将我使者关闭馆中，不予放回？你们这样行事，究竟是为了什么？"杨善说："原先在你父亲之时，派遣使者贡马，最多不过三十多人，所要物件，付给十之二三，从不计较，一向和好。如今你们所派使臣，多时达到三千多人。每次晋见皇帝，每人都要赏赐给金衣服一套，即使是十多岁的小孩，也毫不例外。殿上所摆宴席，无比丰盛，这都是为了官人的面子上好看。临到返回之时,还要增加赏赐、席宴,派人送去,哪有拘留之事?这或许是所带的厮养小卒,到中国后作奸为盗,害怕使臣知道,从小路逃走,或遭遇虎狼,或投奔别处,中国留他有何用处?说到削减马价之事,也有缘由。前次官人捎去家书一封,托使臣王喜,送与中国某人。但正值王喜不在,误让吴良收带,呈给了朝廷。后来某人害怕朝廷怀疑责怪,便交结权贵,有意说这次进马,不是正经头目,也就按平常之人对他赏赐,因此便减了马价。到某人送使者返回以后,反说是吴良施计,减了马价,竟想让官人杀死吴良,不料果中其计。"也先答道:"者。"胡语的"者",是"对"的意思。杨善接着又说:"还有买锅一事,此锅产于广东,距京师约有一万余里,每锅卖价绢帛二匹,使者去买,只给一匹,因此引起争吵,卖锅者闭门不售,皇帝如何得知?就像南边人向使臣买马一样,所付马价太少,就不肯出卖,岂是官人让他不卖的吗?"也先笑着说:"者。"杨善又说:"关于剪开丝绢之事,这都是回回人所为。他将一匹剪为两匹,你如不信,搜他的行李,好的都在他的行李之中。"也先又说:"者,者!都御史说的都是实情。现在事情都已成过去,都是小人从中作怪。"杨善看到也先已有和好之意,便又说道:"官人为北方的大将元帅,掌管兵马,但却听信小人之言,忘掉了大明皇帝的深厚恩情,随意前来杀掳百姓。上天好生,官人好杀,如有怀念父母妻子儿女,冒险脱逃之人,一经捉拿,便挖心摘肝,声嘶力竭,叫苦不迭,上天还能听不到吗?"也先答道:"我决不会下令杀人,这都是下面的人任意杀的。"杨善说:"今天两家已和好如初,应及早发出号令,收回兵马,免得上天发怒降灾。"也先称笑着答道:"者,者!请问上皇回去以后,还能再做皇帝吗?"杨善说:"天子的位置已定,谁能另外更换。"也先说:"尧舜当初是如何出现的?"杨善说:"尧让位于舜,今天是兄让位于弟,二者是完全一样的。"有位平章叫昂克的向杨善问道:"你前来迎取皇帝,都带来了哪些财物?"杨善说:"我若带财物前来,后人肯定会说官人爱钱,若空手将上皇迎回,显示官人的大仁大义,能顺应天道,自古没有这样的好男子。我在监修史书时,当详细书写,让后世人人称赞。"也先又笑着说:"者。"第二天,面见上皇。第三天,也先摆设酒宴,给皇上送行。

杨善此行,原本只是打探消息,并没有想到奉迎上皇之事,只是因为杨善的一席好话,说得也先又明白、又高兴,便当即派人随杨善护送上皇归来。可谓奇哉!西晋的怀帝和愍帝被汉国俘获以后,晋人猜想必定不被释放,也就不敢前去求请。北宋的徽、钦二帝被金人俘获以后,派人求请,均被拒绝。

杨善激于义愤,慨然前往,结果不费尺布半钱,单凭言辞,完璧而归。土木之变只是一时失误带来的恶果,和晋宋两朝的积贫积弱,不可同日而语。瓦剌族首领也先好钓誉沽名,其国力的强盛也远远比不上汉国、金人。所以杨善的话就比较容易使也先接受。如果在以前晋宋之时,即使有一百个杨善也是无所置喙的。

★为臣者要会做事也要会说话

会后欲以武三思为太子，以问宰相，众莫敢对。仁杰曰："臣观天人未厌唐德。此匈奴犯边，陛下使梁王三思募勇士于市，逾月不及千人。庐陵王代之，不浃日，辄五万。今欲继统，非庐陵王莫可。"后怒，罢议。久之，召谓曰："朕数梦双陆不胜，何也？"于是，仁杰与王方庆俱在，二人同辞对曰："双陆不胜，无子也。天其意者以儆陛下乎！且太子，天下本，本一摇，天下危矣。文皇帝身蹈锋镝，勤劳而有天下，传之子孙。先帝寝疾，诏陛下监国。陛下掩神器而取之，十有余年，又欲以三思为后。且姑侄与母子孰亲？陛下立庐陵王，则千秋万岁后常享宗庙；三思立，庙不祔姑。"后感悟，即日遣徐彦伯迎庐陵王于房州。

——《新唐书·狄仁杰传》

不能否认，很多事情是做出来的，但更不可否认的是，也有不少事情是靠说来解决的。为臣者面对复杂多变的生存环境，只会做事、不会说话是行不通的。

为臣者会说话首先体现在要把话说到点上。关键时刻一句话不嫌少，只要有份量就有说服力。

唐朝武则天时武承嗣和武三思为了出任皇太子，曾多方求人相助。狄仁杰曾从容地对武则天说："姑侄和母子这两种关系到底哪种更亲一些？陛下如果将儿子立为太子，那么在千秋万岁以后仍可配食太庙。如果册立侄子，从未听说侄子成为天子以后，仍将姑母的牌位立于家庙之中的。"则天这才恍然大悟。

中宗能够返朝执政，虽然关于鹦鹉折翅和双陆不胜之梦起了一些作用，其实姑侄和母子之说是起了决定作用的。大凡迷恋生前的人，没有不计划身后之事的。当时王方庆正居相位，他把其子安排为眉州司士参军。有一次武则天向他问道："你身居相位，为何要把儿子安排得那么远呢？"方庆回答说："庐陵王李显是陛下的爱子，如今尚在外地，为臣的儿子哪敢处于近地？"这也可谓善于讽谏。

慈祥之主可动之以情，英明之主可晓之以理。武则天虽然英明但却并不慈祥，因此当狄仁杰侮辱她的宠臣张昌宗时，她并不发怒。推荐张柬之后，她用而不疑。这都是因为她很英明的缘故。为臣者要会说话还体现在对方式方法的讲究上，这里有两件事不能不提。

一是宋朝时宰相李纲打算重用张所，但因其早先曾弹劾过宰相黄潜善等人，李纲又感到十分为难。有一天，当他和潜善闲谈之时，顺便向黄说道："如今正当危难之际，我们都肩负着天下的重大责任。但四方的士大夫们在多次号召以后，却没有前来应命之人。前不久在商议设置河北宣抚司时，只有张所一人可用，但却因他口出狂言而获罪。像他所得被贬之罪，谁都认为他是罪有应得。但鉴于如今形势紧迫，不能不临时任用。但要任以谏官之职，使其身居要职，当然不宜。使其暂时任以招抚使之职，让他冒死立功，以赎其罪，也无大碍。"潜善听后，欣然同意。

第二件事是三国时郭淮的巧于应对。

220年，曹丕受禅登基，建立魏国，天下各地都派人前来相贺，征羌将军郭淮受左将军张郃派遣，亦预定为贺客之列。但是，走到半路，郭淮病倒了，所以没能赶上曹丕的登基大庆。

来到京城以后，在一次君臣宴会上，曹丕表情严肃地责怪郭淮说："大禹曾在涂山召集各路诸侯大会，防风氏因晚到便被杀死。现在，魏国建立，普天同庆，而你却来的最晚，你说说这是什么缘故吧？"曹丕把防风氏被杀的典故说给郭淮，意思是告诉郭淮要当心自己的脑袋，回答好了还算可以，回答不好则必杀无疑。郭淮听后，回答说："我听说，五帝时总是以德来教导人民，夏朝的时候因为政治衰退，才开始使用了刑法。现在我生活在唐虞盛世，无刑法之用，因此知道可以不像防风氏那样被杀，所以我才敢来迟。"唐虞是中国传说五帝中的尧和舜，他们在位时政治清明，百姓和乐，所以把他们治国的时期称为唐虞盛世。郭淮巧妙地把曹丕比作唐虞，回答巧妙。曹丕听后，心中大悦，不仅没有处罚郭淮，反而把他提升为雍州刺史，加封射阳亭侯。

郭淮既是不动声色的吹拍，又巧妙地设了陷阱——以夏的政治衰败为喻，使曹丕不好杀他，用的颇是地方。

★ 被迫接受不如自动接受

魏王问张旄曰："吾欲与秦攻韩，何如？"张旄对曰："韩且坐而胥亡乎？且割而从天下乎？"王曰："韩且割而从天下。"张旄曰："韩强秦乎？强魏乎？"王曰："强秦。"张旄曰："韩且割而从其所强，与所不怨乎？且割而从其所不强，与其所怨乎？"王曰："韩将割而从其所强，与其所不怨。"张旄曰："攻韩之事，王自知矣。"

——《战国策·魏策》

如果讲究说话策略，通过诱导，最后让对方自己说出我们想说的话，那么这就是向他人建议的较高境界。

战国时，魏王问张旄说："我想联合秦国攻打韩国，如何？"

张旄回答说："韩国是准备坐等亡国呢，还是割让土地、联合天下诸侯反攻呢？"

魏王说："韩国一定会割让土地，联合诸侯反攻。"

张旄说:"韩国恨魏国,还是恨秦国?"

魏王说:"怨恨魏国。"

张旄说:"韩国是认为秦国强大呢,还是认为魏国强大呢?"

魏王说:"认为秦国强大。"

张旄说:"韩国是准备割地依顺它认为强大的和无怨恨的国家呢,还是割地依顺它认为不强大并且心有怨恨的国家呢?"

魏王说:"韩国会将土地割让给它认为强大并且无怨恨的国家。"

张旄说:"攻打韩国的事,大王您应该明白了吧!"

在这段对话中,张旄没有直截了当向魏王指出不应该联合秦国攻打韩国,没有像一般游说那样,先亮出自己的观点,然后论证自己的观点。他把观点隐藏在最后,甚至到最后也没有直接说出来,但魏王已经心领神会。采取这种设问的游说方法,可以强化论点,使对方心服口服。设问实际上是将一般游说方法倒置的一种方法。先通过互相问答一步步论证、一步步接近论点,最后自然而然地亮出自己观点。这种富有谋略特色的游说方式,我们善加运用,也会收到很好的效果。

战国末年,燕王想和秦国修好,共同反对赵国。为了表示诚意,燕王主动派太子丹到秦国去当人质,还希望秦国能派一位大臣到燕国做丞相,辅佐自己讨伐赵国。

消息传到秦国,秦王和吕不韦打算派张唐到燕国为相。不料张唐却不愿意前往,拒绝了前来劝说的吕不韦。吕不韦很不高兴,但张唐曾多次立过大功,又不好拿他怎么样,只得将此议作罢,怏怏离去。

吕不韦有个门客叫甘罗,当时年仅十二岁,他说:"区区小事,相国何必认真生气。待小人前去劝说,管保张唐老头儿乖乖地上路。"

吕不韦不相信,心想这小孩不知天高地厚,且让他试试吧。

甘罗来到张唐家中。张唐根本没把他放在眼里,懒洋洋地问道:"小娃娃来干什么啊?"

甘罗知道张唐看不起自己,就有意气他:"前来为大人吊丧!"

张唐勃然大怒,厉声说:"娃娃放肆,竟敢到老夫门上撒野,别说老夫还活着,就是死了,也轮不到你来吊丧!"

"你既然不想死,那小人倒想问问,是您的功劳大呢,还是当年武安君白起的功劳大?"

"当年武安君南攻楚国,北伐燕赵,为秦国夺取了无数土地,我这点功劳哪里比得上他!"

"那么是当年的相国范雎权势大,还是今天的吕相国权势大?"

"当然是吕相国权势大。"

"当年范雎命武安君攻打赵国,武安君不从,范雎一生气,把武安君逐出咸阳,杀死在城外。今天吕相国请您去燕国为相，您竟不愿前去，我不知道您将来要死在哪里。所以，先赶来为您吊丧。"

张唐听到这里，大惊失色，马上客客气气地说道："多谢先生前来指教。请转告相国，老夫现在就开始准备行装。"

第九章　明辨小人，任用贤者

★提防同僚中以害人求利的人

二十三年，以黄门侍郎平章事裴耀卿为侍中，中书侍郎平章事张九龄为中书令，林甫为礼部尚书、同中书门下三品，并加银青光禄大夫。林甫面柔而有狡计，能伺候人主意，故骤历清列，为时委任。而中官妃家，皆厚结托，伺上动静，皆预知之，故出言进奏，动必称旨。而猜忌阴中人，不见于词色，朝廷受主恩顾，不由其门，则构成其罪；与之善者，虽厮养下士，尽至荣宠。寻历户、兵二尚书，知政事如故。

——《旧唐书·李林甫传》

为臣者之间竞争是在所难免的，大家靠本事吃饭，靠业绩说话，能够从竞争中胜出的话本也无可厚非。可偏偏有一些人，可能知道自己正面竞争难有制胜的把握，就要动些歪点子。表面上他对你的想法一百个赞成，让你平添一份信心而更加有恃无恐，但转过脸就对上司说你的坏话，而且上司最讨厌什么，他专门把这些讨厌的东西跟你挂上钩。你卷铺盖卷走人的时候还在念念不忘他给你的"无私"支持呢。

唐玄宗时，李林甫、裴耀卿、张九龄同为朝廷重臣。张九龄以直言敢谏著名，渐得朝廷大臣尊重。李林甫因此怀恨在心，寻机置张九龄于死地。

张九龄

这时，宠妃惠妃与太子有隙，诬陷太子私结党羽，谋图不轨，求玄宗将太子废掉。枕边风吹多了，玄宗动了心，提到朝廷上讨论。张九龄坚决不同意，并说因一个女人之言就废立太子，实非圣君之所为。玄宗听了，不悦而退。李林甫乘机来到后花园，拜见玄宗，说张九龄亦为太子一党，故有此谏。自此，玄宗对张九龄产生了坏印象。

开元二十四年(736 年)，玄宗想加封郭觚人牛仙客为幽国公。张九龄认为此人不过善使谨慎保身之术，并无大功，不宜封此重爵，便相约了李林甫一同去诤谏。李林甫当面表示同意，但到了玄宗面前，张九龄固陈谏辞之后，玄宗和张九龄都看他的反应时，他却装作沉思之态，默然无语。玄宗仍坚持封牛仙客。张九龄坚持己意，说牛仙客目不识书，非科举出身，不过省俭而已，不宜重封。玄宗不悦，退身回后宫。李林甫又寻机会潜来，告诉玄宗："张九龄固谏逼上，有不敬之罪，在用人问题上处处与皇上作对，只不过谋图树立太子党群，为自己留条后路而已。"

一句话说得玄宗大怒起来，"我还没到该死的年纪，九龄就怀此心，怎可重用！"当即令李林甫代拟诏书，将九龄贬官外放。

李林甫眼珠一转，怕这事情疑到自己头上，在朝廷大臣中站不住脚，忙说："张九龄固谏之后，皇上即把他贬斥外放，显得皇上没有气量，不如冷冷再说。"玄宗听听有理，便没让李林甫写诏，不过，玄宗对此事却耿耿于怀，终于瞅个机会罢了张九龄的宰相之职。

李林甫使的是个小把戏，但这样的小把戏却偏能办成大事。说明两面三刀这一套还是能吃得开的，对这样的人不得不防。

唐玄宗

★千万不可信任心怀叵测的人

辛巳，幽州大都督庐江王瑗反，右领军将军王君廓杀之，传首。初，上以瑗懦怯非将帅才，使君廓佐之。君廓故群盗，勇悍险诈，瑗推心倚伏之，许为婚姻。太子建成谋害秦王，密与瑗相结。建成死，诏遣通事舍人崔敦礼驰驿召瑗。瑗心不自安，谋于君廓。君廓欲取瑗以为功，乃说曰："大王若入，必无全理。今拥兵为数万，奈何受单使之召，自投罔罟乎！"因相与泣。瑗曰："我今以命托公，举事决矣。"……君廓乃帅其麾下千余人，逾西城而入，瑗不之觉；君廓入狱出敦礼，瑗始知之，遽帅左右数百人被甲而出，遇君廓于门外。君廓谓瑗众曰："李瑗为逆，汝何为随之入汤

火乎!"众皆弃兵而溃。惟瑗独存,骂君廓曰:"小人卖我,行自及矣!"遂执瑗,缢之。壬午,以王君廓为左领军大将军兼幽州都督,以瑗家口赐之。

——《新唐书·庐江王李瑗传》

古有"士为知己者死"之说,一个求进无门的落魄儿,有一天能受人青睐,进而得到无比的信任,其自然而生以死相报之情是可以理解的。不论古代还是在现实生活中,像这样不负信任和委托,甚至舍死忘生的答谢相知重用之恩的也屡见不鲜。但同时,相反的例子也不少见。

王君廓本是个盗贼头子,投降唐朝后,凭借超绝的武艺和勇猛作战,立下了不少战功。然而真要谋取大官,更需要的是政治资本,所以王君廓的战功只换来一个不起眼的小官——右领军。王君廓不满现职,希望能在政治上找一样"奇货",换一个大官,但这"奇货"到哪去找呢?

唐高祖

机会来了,唐高祖有个孙子叫李瑗,无谋无断,不但无功可述,还为李唐家族闹过不少笑话,但高祖因顾念本支,不忍心加罪,仅仅把他的官位一贬再贬。这一次高祖调任李瑗为幽州都督,因为怕李瑗的才智不能胜任都督之位,便特地命右领军将军王君廓同行辅政。李瑗见王君廓武功过人,心计也多,便把他当作心腹,许嫁女儿,联成至亲,一有行动,便找他商量。王君廓却自有打算,他想现成的"奇货"难得,何不无中生有造他一个?无勇无谋却手握兵权的李瑗,稍稍加工,其脑袋可不就是政治市场上绝妙的"奇货"吗?于是,他开始精心加工他的"奇货"了。

李世民发动"玄武门事变",杀了太子李建成、齐王李元吉,自己坐上了太子之位。不少皇亲国戚对此事公开不敢议论,但私下各有各的看法。对于李世民做了太子之后,还对故太子、齐王家采取了"斩草除根"的做法,大家更是认为太过残忍。李世民对此,当然也是心里有数。王君廓为捞政治资本,对这一政治情形更是看得清清楚楚。于是,当李瑗来问他"现在该不该应诏进京"时,他便煞有介事地献计道:"事情的发展我们是无法预料的。大王,奉命守边,拥兵十万,难道朝廷来了个小小使臣,你便只能跟在他屁股后面乖乖地进京吗?要知道,故太子、齐王可是皇上的嫡亲儿子,却也要遭受如此惨祸,大王你随随便便地到京城去,能有自我保全的把握吗?"说着,竟作出要啼哭的样子。

李瑗一听,顿时心里"明朗"了,奋然道:"你的确是在为我的性命着想,我的意图坚定不移了。"于是李瑗糊里糊涂地把朝廷来使拘禁了起来,开始征兵发难,并召请北燕州刺史王诜为军事参谋。

兵曹参军王利涉见状赶忙对李瑗说："大王不听朝廷诏令,擅自发动大兵,明明是想造反。如果所属各刺史不肯听从大王之令,跟随起兵,那么大王如何成功得了?"

李瑗一听,觉得也对,但又不知该怎么办。王利涉献计道:"山东豪杰,多为窦建德部下,现在都被削职成庶民。大王如果发榜昭示,答应让他们统统官复原职,他们便没有不愿为大王效力的道理。另外,又派人连结突厥,由太原向南逼近,大王自率兵马一举入关,两头齐进,那么过不了十天半月,中原便是大王的领地了。"

李瑗得计大喜,并非常"及时"地转告给了心腹副手王君廓。王君廓清楚,此计得以实施,唐朝虽不一定即刻灭亡,但也的确要碰到一场大麻烦,自己弄得不好要偷鸡不成蚀把米,赶忙对李瑗说:"利涉的话实在是迂腐得很。大王也不想想,拘禁了朝使,朝廷哪有不发兵前来征讨之理? 大王哪有时间去北联突厥、东募豪杰呀? 如今之计,必须趁朝廷大军未来之际,立即起兵攻击。只有攻其不备,方有必胜把握呀!"

李瑗一听,觉得这才是真正的道理。便说:"我已把性命都托付给你了,内外各兵,也就都托你去调度吧。"王君廓迫不及待地索取了信印,马上出去行动了。

王利涉得此消息,赶忙去劝李瑗收回兵权。可就在这时,王君廓早已调动了军马,诱杀了军事参谋王诜。李瑗正惊惶失措却又有人接二连三地来报王君廓的一系列行动:朝廷使臣,已被王君廓放出;王君廓暗示大众,说李瑗要造反;王君廓率大军来捉拿李瑗……李瑗几乎要吓昏过去,回头要求救于王利涉,王利涉见大势已去,早跑了个无影无踪。

李瑗已无计可施,带了一些人马出去见王君廓,希望能用言语使王君廓回心转意。没想到,王君廓与他一照面,便把他抓了起来,不容分说就把他送给了朝廷。

为了加官晋爵捞取更大的好处,把别人的信赖精心"制作"成一份见面厚礼,这样的感恩方式也算很特别了。

★ 不能对不知感恩的人施恩

及夏言入内阁,命嵩还掌部事。帝将祀献皇帝明堂,以配上帝。已,又欲称宗入太庙。嵩与群臣议沮之,帝不悦,著《明堂或问》示廷臣。嵩惶恐,尽改前说,条画礼仪甚备。礼成,赐金币。自是,益务为佞悦。帝上皇天上帝尊号、宝册,寻加上高皇帝尊谥圣号以配,嵩乃奏庆云见,请受群臣朝贺。又为《庆云赋》、《大礼告成颂》奏之,帝悦,命付史馆。寻加太子太保,从幸承天,赏赐与辅臣埒。

嵩归日骄。诸宗藩请恤乞封,抉取贿赂。子世蕃又数关说诸曹。南北给事、御史交章论贪污大臣,皆首嵩。嵩每被论,亟归诚于帝,事辄已。帝或以事谯嵩,所条对平无奇。帝必故称赏,欲以讽止言者。嵩科第先夏言,而位下之,始倚言,事之谨,尝置酒邀言。躬诣其第,言辞不见。嵩布席,展所具启,跽读。言谓嵩实下己,不疑也。帝以奉道尝御香叶冠。因刻沈水香冠五,赐言等。言不奉诏,帝怒甚。嵩因召对冠之,笼以轻纱。帝见,益内亲嵩。嵩遂倾言,斥之。言去,醮祀青词,非嵩无当帝意者。

——《明史·严嵩传》

感恩不是因为人家做了有恩于你的事情,而是因为暂时还离不开人家的继续施恩,这种生存哲学在污染着越来越多的人。不过也难怪,在我们的历史典型里,能找到太多这样的例子。

明代嘉靖年间,大奸臣严嵩与夏言既是江西同乡,又同朝为臣。严嵩为弘治十八年进士,夏言乃正德十二年进士,论科第严嵩比夏言早十二年。但由于严嵩曾养病十年,其官位反在夏言之下。当夏言任礼部尚书位列六卿时,严嵩还是一个不知名的小官。为了向上爬,严嵩极力讨好夏言。

一次严嵩置酒宴邀请夏言到自己家做客,被夏言拒绝了。于是他亲自拿着请柬到夏府去请。夏言推辞不见。严嵩回家后照样布设酒席,留下夏言的座位,展开准备好的请柬,恭恭敬敬地跪在夏言坐位前朗声宣读,表现出一副虔诚的样子。

此事传出,夏言以为严嵩真心诚意尊重自己,不仅不怀疑严嵩,而且还把严嵩视为知己,多方替他引荐。嘉靖七年,身为礼部尚书的夏言竟不顾忌讳,推荐自己的同乡严嵩担任礼部右侍郎。严嵩则一如既往,天天围着夏言团团转。嘉靖十五年(1536年)夏言入阁后,又主动推荐严嵩代替自己任礼部尚书。严嵩巴结夏言,数年之内连升数级,位达六卿之列,可谓收获颇丰。

但严嵩并不以此为满足,对于夏言的提拔重用,他也并不感恩戴德。论年龄,严嵩比夏言大;论科第,严嵩比夏言早;论野心,严嵩更不愿久居人下。而夏言又是

夏言

410

个心性高傲的人,对严嵩始终有点瞧不起。严嵩呈送的文稿,夏言经常给改得一塌糊涂。有时甚至抛还给他,要他重写。这使严嵩对夏言由逢迎转为忌恨。但一开始严嵩并不直接攻击夏言,表面上对他仍然十分谦恭和顺,暗地里却在利用夏言的弱点,"日以柔佞宠"。夏言对皇上态度疏慢,严嵩便俯首帖耳,诚惶诚恐;夏言对下属颐指气使,严嵩却装得谦恭下士。处处反衬夏言的缺点与不足,最终导致世宗日益疏远夏言而倾向于严嵩。

世宗迷信道教,幻想长生,因而要求诸臣都像道士一样"香叶束发中,用皮帛为履"。而严嵩则与夏言相反。皇上召见时,主动戴上道士香冠,并用轻纱笼罩,以示虔诚。进一步博得了世宗的欢心。锦衣卫都督陆炳是世宗乳母的儿子,与世宗关系密切,汉史弹劾陆炳有罪,陆炳亲自到夏言家请死。严嵩得知此事后,便开始与陆炳勾结在一起,共同诬陷夏言。后来,为彻底消除靼靶部的威胁,当时的陕西总督曾铣主张收复河套地区。江都人苏纲是夏言继妻之父,平时与曾铣关系密切,这时也在夏言面前极力推崇曾铣的意见。于是夏言秘密上书推荐曾铣,世宗起初满口答应,但后来又担心轻启边衅,惟恐重蹈土木之变的覆辙,又对夏言等严加指责。严嵩察言观色,趁机起哄。于是,曾铣、苏纲被关入大狱。严嵩又与锦衣卫都督陆炳等合谋,谋害曾铣。夏言上书讼冤并揭露严嵩的阴谋,但世宗对夏言的意见置之不理。在严嵩的蛊惑下,竟以轻开边患、败坏国家的罪名判处夏言死刑。

可怜夏言,竟死在自己一手提拔的人手里,这也足可为对薄情小人乱施恩援者的警示了。

★ 别得罪有能力的小人

元朔中,偃言齐王内有淫失之行,上拜偃为齐相。至齐,遍召昆弟宾客,散五百金予之。数曰:"始吾贫时,昆弟不我衣食,宾客不我内门。今吾相齐,诸君迎我或千里。吾与诸君绝矣,毋复入偃之门!"乃使人以王与姊奸事动王。王以为终不得脱,恐效燕王论死,乃自杀。

偃始为布衣时,尝游燕、赵,及其贵,发燕事。赵王恐其为国患,欲上书言其阴事,为居中,不敢发。及其为齐相,出关,即使人上书,告偃受诸侯金,以故诸侯子多以得封者。及齐王以自杀闻,上大怒,以为偃劫其王令自杀,乃征下吏治。偃服受诸侯之金,实不劫齐王令自杀。上欲勿诛,公孙弘争曰:"齐王自杀无后,国除为郡,入汉,偃本首恶,非诛偃无以谢天下。"乃遂族偃。

——《汉书·主父偃传》

所谓有能力的小人,在领导的周围并不鲜见,说白了也就是有才无德的人。有才无德的人在工作中既常遇到,又尤其需要防备,因为他"无德"的内容之一就是爱记仇,喜欢打击报复。对于一个才能平庸的人而言,他的心胸即使再狭窄,与你发生冲突也不会产生太大危害,有才能的人则不然,一方面他的才能会让他说话更有分量,另一方面也是至关重要的,有才能的人一旦遇到机会便会脱颖而出甚至青云直上,说不定昨天还背靠背并互相指责,今天就成了你的顶头上司。这时候他的报复心一旦发作起来,你就只有吃不了兜着走的份儿了。

西汉的主父偃未发迹时,穷困潦倒,连借钱都无处可借。世态的炎凉、自身的困顿,使他对世间的一切充满了仇恨,发誓一定要出人头地,报复那些羞辱过他的人。他一度游历了燕、齐、赵等国,可始终不被任用,这更增加了他的仇恨心。万般无奈,他孤注一掷地来到首都长安,直接向汉武帝上书。这次的冒险使他大有所获,汉武帝对他竟十分赏识,立即授他以官职。一年之内,他竟连升四级,官居显位。

有了权势,主父偃便迫不及待地施展了他的报复行动。以往得罪过他的人,都加以罪名,纷纷收监治罪。哪怕只是从前对他态度冷淡的人,他也不肯放过,极尽报复,不惜致人死地。至于当初冷遇他的燕、齐、赵等国,他更是处心积虑地把一腔仇恨发泄在其国王身上。汉武帝的哥哥刘定国,是燕国国王,他无恶不作,臭名昭著。他先是霸占了父亲的小妾,生下一个儿子,接着又把弟弟的媳妇强行抢来,据为己有。主父偃正为如何报复燕王发愁之

主父偃

际,偏赶这时有人向朝廷告发了燕王的丑行。主父偃主动请缨,获准受理此案。他假公济私,不仅向武帝诉说此中实情,还添油加醋地编排了燕王其他"罪行",终迫使燕王自杀了事。

汉武帝的远房侄子刘次昌,为齐国国王。主父偃想把自己的女儿嫁给他,却遭到齐王的拒绝,为此,主父偃怀恨在心,便对武帝进言说:"齐国物产丰饶,人口众多,商业兴旺,民多富有,这样的大国如此重要,陛下应该交由爱子掌管,才可免除后患。"主父偃的一席话打动了汉武帝那根脆弱的神经,他遂被任命为齐国丞相,监视齐王的举动。主父偃一上任,便捏造罪名,对齐王严刑逼供,肆意陷害,齐王吓得自杀而亡。下一个报复目标自然是赵王了。赵王刘彭祖深知这一点,索性来个先发制人,抢先上书汉武帝,揭发主父偃贪财受贿,胁迫齐王。

主父偃这次猝不及防,陷入被动。他被收监下狱,承认了受贿之罪,却拒不承认对齐王的胁迫罪名。

汉武帝本不想杀他，主父偃的政敌公孙弘百般进谗，说他胁迫齐王，离间陛下的骨肉，非杀不可。加上主父偃树敌太多，竟无人肯为他说一句好话，终使武帝狠下心来，将主父偃族灭。

先前早有人劝诫主父偃说："做人不能太过霸道，不留余地。你如此行事，实在过分，我真为你担心呐！"主父偃却不以为然，振振有词回答说："大丈夫生不能五鼎而食，死难免五鼎而烹，我求官奔波四十余年，受尽屈辱，今朝大权在手，又怎能不尽情享用？人人都有欲望，人人都有私心，穷困时连父母、兄弟、朋友都不肯认我，我又何必在意别人的说法？"

瞧，这样的人多么可怕。在他未发迹时大家平等相处，言语、行为冒犯之处自是难免，如果对这样的小人不加识别、不加防备，哪一天被他整治一番还不知道怎么回事呢。俗话说"宁得罪君子，不得罪小人"，就是这个道理。

★ 捕蝉的螳螂须防背后的黄雀

初，徐阶既去。令三子事居正谨。而拱衔阶甚。嗾言路追论不已。阶诸子多坐罪。居正从容为拱言。拱稍心动。而拱客构居正纳阶子三万金，拱以诮居正。居正色变，指天誓，辞甚苦。拱谢不审，两人交遂离。拱又与居正所善中人冯保郤。穆宗不豫，居正与保密处分后事，引保为内助，而拱欲去保。神宗即位，保以两宫诏旨逐拱，事具拱传，居正遂代拱为首辅。帝御平台，召居正奖谕之，赐金币及绣蟒斗牛服。自是赐赉无虚日。

——《明史·张居正传》

有句俗语叫"螳螂捕蝉，黄雀在后"，说的是一只螳螂瞄准一只蝉，一边准备发动攻击，一边想象着这顿美餐的时候，却不知道它的背后正有一只饥肠辘辘的黄雀瞄准着它。现实生活中这样的螳螂并不少见，当他以两面三刀的手法算计别人时，却早已落入被算计的套子中了。

明神宗朱翊钧即位时才十岁，朝廷大权由三个人分掌，宫内有太监冯保，宫外有内阁大学士高拱和张居正。其中数张居正最为诡计多端，为了独揽大权，他想出一条一石二鸟的毒计。他先与高拱套近乎，拉关系，称兄道弟。明代一开始便接受唐宋两代宦官乱政的教训，前期对太监限制很严，太监名声不佳。高拱见张居正与自己亲近，自然喜不自禁，视为知己，遇事都与张居正商议。

第一步成了，张居正就开始了第二步。他派一死党扮作太监模样，混进宫去，在上朝的半路上装作要刺杀神宗，众太监拿住刺客。但无论怎么审讯，那刺客都不讲谁是主使。冯保无奈，只好向张居正求教。

张居正装模作样地说:"这刺客扮作太监模样,分明是要嫁祸于您。权要大臣中,您与谁有过结呢?"冯保想了一下,权要大臣就是指张居正自己和高拱了。冯保想起高拱对自己轻蔑的眼光和与自己的几次争辩,分明是他想要整死自己,于是回去继续审问。

回去升堂,冯保对刺客说:"我已知是高拱派你来的了。只要你招

张居正

出高拱是主谋,我便不杀你,还保你做官。"刺客忙点头承认,画押写供。神宗见刺客招供,心中生气,但念高拱是前朝老臣,于是暗示他告老隐退了。

张居正又让刺客翻供,神宗听说刺客翻供,亲自审问。刺客说原先的供词是一太监审问时教给自己说的。他指一下站在神宗身旁的冯保说:"就是他!"神宗嫌冯保拿刺杀皇上的案子当儿戏,竟用来作打击政敌的圈套,心中生厌,自此也疏远了冯保。

张居正先造好了一个刺杀把柄,用离间计让冯保把它发在了高拱身上,搞倒高拱后又通过翻供,把把柄稍加修理又安在了冯保头上,实现了自己的夺权大计。

张居正这只"黄雀"的两面功夫显然比冯保又深了一层。

还有的人背后说人坏话可能只是有口无心,但话出口已入人耳便不是你有心无心的问题了,因为此时如果有人想利用你的"坏话",那你照样成为那只不知死之将至的螳螂。

特别是在人际关系复杂的单位里,要学会置身于各种矛盾之外。因为介入个人恩怨的"小圈子"里,对自己、对工作都无好处。

好谈他人短处的人,最易刺伤他人的自尊心,打击人家某方面的积极性,还会引起他人的讨厌;不小心谈到别人短处的人,虽无意刺伤他人,一般来说易引起别人的误解与不满。由此可见,我们在与他人的交谈中,应尽量避免掺和是非谈论别人的短处。

如果别人向我们谈起某人短处的时候,我们该何以应对呢?最好的办法是听了便罢,不要深信这种传言,不必将此记在心中,更不可做传声筒,传播流言蜚语。

总之,即使你有一千个理由想成为能捕蝉的螳螂,也要先看看自己背后有没有

俟机而动的黄雀。因为黄雀虽小,要一只螳螂的命足矣。

★用人绝不能容忍一味出轨者

十一月丙申,辅臣鳌拜以改拨圈地,诬奏大学士管户部尚书苏纳海、直隶总督朱昌祚、巡抚王登联等罪,逮下狱。四大臣之辅政也,皆以勋旧。索尼年老,遏必隆弱,苏克萨哈望浅,心非鳌拜所为而不能争。鳌拜横暴,叉宿将多战功,叙名在末,而遇事专横,屡兴大狱,虽同列亦侧目焉。

十二月丙寅,鳌拜矫旨杀苏纳海、朱昌祚、王登联。甲戌,祭太庙。

秋七月己酉,上亲政,御太和殿受贺,加恩中外,罪非殊死,咸赦除之。是日,始御乾清门听政。甲寅,命武职官一体引见。己未,辅臣鳌拜擅杀辅臣苏克萨哈及其子姓。癸亥,赐辅臣遏必隆、鳌拜加一等公。

——《清史稿·本纪六》

一山难容二虎,一国难容二君,帝王若无铁腕,怎能守得这一统江山?政坛险恶,觊觎大权者甚多,不早除大恶,岂能雄霸天下?

康熙能敏锐地发现威胁大局稳定的用人因素,并采取稳妥的措施予以解决,显示了一位用人高手的气魄和智慧。

出轨者也就是时时游离于用人者的控制范围边缘的人,对这样的人不能一味容忍,时机成熟时就要坚决地采取措施。

康熙七年(1668年)九月,内秘书院侍读熊赐履上疏。建议革除朝政积弊,并把矛头指向鳌拜。此疏深为康熙赞同,但康熙以为时机尚未成熟,不能打草惊蛇,便斥之"妄行冒奏,以沽虚名",声称要予以处罚,借以麻痹鳌拜。而暗地里,康熙却在悄悄部署捉拿鳌拜的各项准备工作。鉴于鳌拜在侍卫中影响较大,原有侍卫不足依靠,他特地以演练"搏击之戏"为名,选择一些忠实可靠的侍卫及拜唐阿(执事人)年少有力者,另组一支更为亲信的卫队善扑营,并请在上三旗侍卫中很有威望的已故首席辅政大臣索尼次子、一等侍卫索额图为首领。

鳌拜是康熙早年的四大辅臣之一,排位第四,但朝中大事往往是鳌拜说了算。以客观情理,鳌拜已是资深老臣,应予关心和保护,然而,康熙却要设计捕杀他,这要从康熙亲政伊始说起。康熙继承王位时仅有八岁,到康熙六年他十四岁亲政时,初登政治舞台的少年皇帝即给世人显示了他不凡的智慧。他机智果断地清除了自己身边的一股邪恶势力,整顿了朝纲,在成功统治国家的政治道路上迈出了第一步。

康熙帝的父亲顺治帝在死前遗诏四位辅政大臣帮助康熙治理朝政,尽管这四个人都宣誓过要"尽忠诚,共生死,辅佐政务,不结党羽,不受贿赂"等。但他们之间的矛盾很快就使誓言化为泡影,辅政大臣中形成了一股强大的私人势力,严重威胁到康熙王朝的政治前途,弄得不好,就会毁于乱世之中。

在这四名辅臣中,索尼年老早死,苏克萨哈与鳌拜之间有着不可调和的矛盾,而遏必隆偏偏又追随鳌拜。其中最危险的人物就是鳌拜,他在辅臣中虽然排在第四位,但他为人恃功自傲,盛气凌人。索尼一死,他便独揽辅臣大权,连年幼的康熙帝也不在他的眼里。鳌拜肆无忌惮地结党营私,安插心腹,随意打击迫害不合己意者,且不止一次罗织罪名,害死朝廷大臣。就在康熙亲政的同时,鳌拜制造了冤杀辅臣苏克萨哈的事件。平时的朝中大事皆由他说了算数。他经常当着康熙的面喝斥大臣,而且稍不顺意,就在康熙面前大吵大闹。康熙帝知道,任其下去,早晚要闹出个塌天的乱子来。当鳌拜提出要处死苏克萨哈时,康熙已清楚苏克萨哈是无辜受害,于是坚不允请,鳌拜竟然扯臂上前,直到逼得康熙不得不让步为止。

康熙亲政前就悉知鳌拜种种恶迹,他和孝庄皇太后都深深感到必须除掉这个擅权乱政的家伙,但鳌拜在朝中势力很大,尤其是长期以来,他在皇帝周围的重要职位上安插了不少亲戚子辈和心腹人物。比如其弟穆里玛是黄旗满洲都统,掌握军队。大学士班布尔善、吏部尚书阿思哈、兵部尚书噶诸哈、工部尚书马赛、一等侍卫河南达等都是他的党羽。在这种情势下,要想除掉鳌拜就需要十分慎重,如没有完全之策,一着不慎就会使天下大乱。机智沉着的康熙一面策略地抵制鳌拜的狂妄作为,一面暗中进行最后动手的准备。为了保证捉拿鳌拜行动的顺利进行,在行动之前,康熙还不露声色地将鳌拜党羽以各种名义先后派出京城,以削弱其势力。

康熙八年(1669年)五月中旬,一切安排就绪。康熙于十六日亲自向善扑营做动员部署,并当众宣布鳌拜的罪过。随即以议事为名将鳌拜宣召进宫擒拿。当时鳌拜全然没有觉察到异常情况,一如往常那样傲气十足地进得宫来,甚至于看到两旁站立的善扑营人员时也没有产生怀疑,因为在他看来,年轻的康熙不会也不敢把他怎么样,因而将善扑营人员聚集宫中看作是康熙迷恋摔跤游戏的一种表现,根本没有想到自己很快就要成为阶下囚。

康熙待拿下鳌拜等人后,亲自向议政诸王宣布了鳌拜的有关罪行:营私结党"以欺朕躬";御前随意呵斥大臣,目无君上;打击科道官员,闭塞言路;公事私议,"弃毁国典";排斥异己等。总之是"贪聚贿赂,奸党日甚,上违君父重托,下则残害生民,种种恶迹难以数举",要求议政王大臣会议勘问。

以康亲王杰书为代表的议政诸王,原本不满鳌拜的专横跋扈,现在见皇上已擒拿鳌拜并令其勘问议罪,所以很快就列出鳌拜欺君擅权、结党乱政等三十款大罪,议将其革职立斩,其族人有官职及在护军者,均革退,各鞭一百后披甲当差。

处理意见上报康熙后,康熙又亲自鞫问鳌拜等人,并于五月二十五日历数其"结党专权,紊乱朝政"等罪行后,宣布:鳌拜从宽免死,仍行圈禁;遏必隆免重罪,削去一应爵位;畏鳌拜权势或希图幸进而依附鳌拜的满汉文武大臣均免察处,并于六月七日降谕申明："此等嘱托行贿者尚多……俱从宽免"，从而有效地防止了株连，稳定了人心。凡受鳌拜迫害致死、革职、降职者均平反昭雪，已故辅政大臣苏克萨哈等人的世职爵位予以世袭。因而此案的处理颇得人心。

议处鳌拜、废除辅政大臣体制后，重要的批红大权收归皇帝之手，康熙从此便坚持自己批阅奏折，"断不假手于人"，即使年老之后也是如此，从而防止了大臣擅权。康熙还从鳌拜事件中吸取教训，严禁怀挟私仇相互陷害。

康熙智除鳌拜，一方面除去了自己亲政的最大障碍，同时对其他权臣起了震慑作用。整个事件的处理非常周密、完满、妥帖，充分显示了青年康熙在政治上的成熟。

★防止投机取巧之人

八月，常青免，命福康安为将军，赴台湾督办军务。辛亥，上幸木兰行围。

九月壬申，上回驻避暑山庄。庚辰，上回跸。壬午，调柴大纪为福建水师提督，以蔡攀龙为福建陆路提督，并授参赞。辛卯，以诸罗仍未解围，催福康安径剿大里贼，并分兵进大甲溪。

丙戌，福康安等奏克嗄勒拉、堆补木城卡，阿满泰、墨尔根保阵亡。成德等克利底、大山贼卡。戊子，福康安奏廓尔喀酋拉特纳巴都尔等乞降。上以其悔罪乞降，许之，命班师。丙申，赈陕西成宁等六州县旱灾。

九月丁酉，上还京师。己亥，论征廓尔喀功，赏福康安一等轻车都尉。晋海兰察二等公为一等，议叙孙士毅等各有差。丙午，上命福康安、孙士毅等会商西藏善后事宜。

——《清史稿·本纪十五》

做事有两种态度：一是求实，二是求巧。在乾隆看来，他最忌讳"不患不能事，但患取巧"。但是，在乾隆的用人实践中，既有用对人的神来之笔，也有被取巧之人蒙骗的历史教训。

名将岳钟琪，在康、雍年间多次平叛战争中屡建功勋，后因"失误军机"等罪，被雍正撤职下狱。乾隆即位后，立即将他赦免，放归乡里。由于岳钟琪在西南少数民族中颇有威信，于是在第一次平定金川的战争中，乾隆皇帝破格起用了岳钟琪。岳钟琪果然不负皇恩，对这次战争的胜利起了关键的作用。著名学者纪昀，字晓岚，博学多才，是《四库全书》的主编和总纂官。此次修书的一切体例，皆纪晓岚一手拟定，且历时十三载，始终其事，出力最多，是乾隆皇帝在文化方面的得力助手。但他不拘小节，一年夏天，天气很热，乾隆皇帝突然来馆看视，时纪昀正赤着上身，

国学经典文库

国学大智慧

《二十四史》智慧通解·图文珍藏版

一时来不及穿衣,急得躲进桌下,怕被皇帝看见。谁知乾隆早见此状,便故意坐在馆内不走。纪昀身体肥胖,缩在桌子底下热得满头大汗,等了一会儿不见动静,以为乾隆已经走了,便问道:"老头子走了吗?"周围的人不敢回答,纪昀便从桌下钻出,一看乾隆正端坐在自己的旁边,吓得面如土色,连忙磕头请罪。乾隆见纪昀竟敢称自己为"老头子",真是大不敬,厉声道:"你解释为什么称我为老头子,我便饶你。"纪昀不假思索,迅速而镇定地回答道:"皇帝称万寿无疆,是为老;皇帝为万民之首,是为头;皇帝称天子,是为子。老头子,是老百姓对皇上通俗而尊敬的称呼。"乾隆皇帝见他才思敏捷,说得有理,便转怒为喜,不但不治纪昀不敬之罪,而且更加信任和重用纪昀,使他在《四库全书》的编纂中充分发挥自己的作用。

福康安是标准的乾隆的外戚,而且此人也在许多方面表现出许多的长处,因而也就往往为乾隆所重用,只是此人的结局并不像应有的那样好。

福康安,字瑶林,满洲镶黄旗人。富察氏,大学士傅恒之子,孝贤皇后之侄。

乾隆三十二年,福康安迁满洲镶黄旗副都统,受命赴四川军中任平叛将领。第二年,福康安抵军营后,被阿桂授为领队大臣,不久,他以作战勇敢、带兵有方而闻名。四十一年金川平定后;乾隆将其封为三等嘉勇公,授户部左侍郎,旋调蒙古镶白旗任都统,将他同其他直接或间接参与平定金川有功将领的肖像,一起悬挂于中南海紫光阁。

乾隆四十二年至四十五年,福康安先后出任吉林将军与盛京将军。乾隆四十五年后,他又先后出任以

福康安

下各省总督:云贵总督、四川总督、陕甘总督、闽浙总督和两广总督。他任两广总督时,任职期最久,并由于当时广州外贸繁荣而大发不义之财。当时的记载几乎都对这位封疆大吏颇有微词。福康安利用职权谋取并挥霍钱财,致使声名狼藉,他的贪婪与放纵仅次于和坤。然而作为将领,福康安无疑被认为是清军中最有才干的统帅之一。在清朝的编年史中,对他的军事才能有着突出的记载。金川平定之后,福

康安的第一个重要军事使命是乾隆四十九年同阿桂一道去甘肃镇压一场严重的回民起义,也即马明心领导的贫苦回民起义。在经历数月的艰苦战斗后,起义被平定,福康安被晋封为侯爵。

乾隆五十一年,皇帝又令他同海兰察一起率军赴台湾镇压叛乱。同年末,他率军从福建出发渡海,以解救为义军包围的清军。经过数月战斗,起义被平息。乾隆皇帝论功行赏,又封福康安为一等嘉勇侯。

乾隆五十五年间,一支来自喜马拉雅山南尼泊尔的廓尔喀军队,侵入西藏,企图抢掠遍布各地喇嘛庙的财富,但被清朝中国驻军首脑劝说撤回。然而次年他们又以更大的规模入侵西藏,几乎未遇西藏地方或清军的抵抗,因而得以大肆掠夺。乾隆皇帝闻讯震怒,命福康安偕参赞大臣海兰察率军反击入侵者。乾隆五十七年清军到达西藏,在这次中国历史上震撼中外的战役中,清军连战皆捷,大败好战的廓尔喀人,最后,将其逐回喜马拉雅山南麓,几乎追到其国都大门,尼泊尔被迫乞和,按福康安提出的条件议和,其中规定廓尔喀每五年向北京进贡一次。按期进贡之例,一直持续到1908年。

乾隆

对廓尔喀作战,除巩固了中国在西藏的主权外,并无其他利益可图,但它却是中国人在陌生且远离北京三千公里的世界屋脊上,所取得的一次不寻常的军事胜利。作为对这次战功的褒奖,福康安被乾隆皇帝任命为大学士,加封一等轻车都尉世职,由其子德麟承袭。乾隆皇帝在加封时还声称,福康安若将尼泊尔彻底征服,将封他为王。后来,福康安虽未获此殊封,但仍于五十八年被乾隆加封为忠锐公。

颇堪玩味的是,在这场战争中,最终从廓尔喀获利的不是中国人而是英国的东印度公司。因为它在清朝中国同尼泊尔平淡而冷漠的关系中,打进了一个楔子。廓尔喀人在清军尚未打进来之前,已经感到形势不妙,随即向在孟加拉的东印度公司请求派兵援救。东印度公司因担心其在广东赚钱的贸易遭到损失,便拒绝了廓尔喀人的一再请求,但愿充当争端的调停人。廓尔喀同意此议,只是,当东印度公司的使者威科克巴提克于乾隆五十八年到达尼泊尔首都之前,战争已经结束,而尼泊尔同英帝国的联系遂从此有了开端。

乾隆六十二年，居住贵州、湖南、四川等省边境山区的苗民起义，攻占了数座城市，杀死或赶走清朝的地方官，掠夺并屠杀了大批汉人。乾隆皇帝得知这一严重局势，立即派遣云贵总督福康安与邻省总督和琳、毕沅一同前往镇压。尽管清军在数量与装备方面皆占优势，但因苗民坚守阵地，致使战争旷日持久。清军师劳无功是否应该归咎于那里的地势险峻，利于造反者而不利于清军，对此姑且不论，但有一点可以肯定，即战争是在无人过问的情况下进行的。

当时，统帅福康安以及在北京控制这场战争的和珅，利用每一个机会中饱私囊，他们假奏捷报，骗取老迈的乾隆皇帝的奖赏。由于战争旷日持久，统帅们个人的财富也随着不断拨出的大量军费而增加。福康安同样因假报战功而封为贝子，与同爵皇子享有一样的特权。

在清初，虽然曾有过汉人被封王、蒙古人也被封过各等王爵的事情，而他则是在宗室以外的外戚当中一个活着封此显爵的满人。

第十章 唯才是举,德才兼备

★既不能大才小用,也不可小才大用

> 贞观元年,太宗谓房玄龄等曰:"致治之本,惟在于审。量才授职,务省官员。故《书》称:'任官惟贤才。'又云:'官不必备,惟其人。'若得其善者,虽少亦足矣;其不善者,纵多亦奚为? 古人亦以官不得其才,比于画地作饼,不可食也。《诗》曰:'谋夫孔多,是用不就。'又孔子曰:'官事不摄,焉得俭?'且'千羊之皮,不如一狐之腋',此皆载在经典,不能具道。当须更并省官员,使得各当所任,则无为而治矣。卿宜详思此理,量定庶官员位。"
>
> ——《贞观政要·论择官》

选用人才能力固然是首要考虑的,但考察一个人的能力必须与相应的职位相结合。这里提出的适用原则,道出了正确使用能人的真谛。能人之能只能体现在某一方面,比如以文才敏捷见长者,任皇帝顾问当为不二人选,但如让他封疆任事,则不仅误事,也会误身。

唐太宗李世民也特别注意能力与职位的关系问题。他明确提出,要根据实际能力降职使用或提拔、根据能力加以任免,既不允许能力低下者长期混岗,也不容许大才小用、浪费人才的现象存在。

贞观八年(公元634年),中牟县丞皇甫德参上书犯颜,直谏李世民修建洛阳宫,李世民认为他忠直可嘉,加以优赐,特地拜他为监察御使。这可以说是从实践中发现下属的才德,根据才德将其提拔的一个实例。

贞观十四年(640年)十月,李世民要到同州去狩猎,县丞刘仁轨上书奏说:"今秋大稔,民收者十才一、二,使之供承猎事,治道茸桥,动费一二万实妨农事。愿留銮舆旬,俟其毕务,则公私俱济。"李世民闻言甚以为是,于是"赐玺书嘉纳之",并提拔他当新安县令。

贞观二十年(646年)二月,刑部侍郎缺人担任,李世民要执政大臣"妙择其人",执政大臣们提了几个都不能使其满意,于是他想起李道裕是一个敢于坚持实事求是的人——在处死张亮的问题上,李道裕力排众议,仗义执言,说:"亮反形未具,罪不当死。"这种不惧嫌疑的作为,证明了李道裕为人的原则性,于是甚有感触,委任李道裕为刑部侍郎。

贞观二十年六月,李世民欲赴灵州招抚敕越诸部,要太子随行,少詹事张行成上疏说:"皇太子从幸灵州,不若使之监国,接对百僚,明习庶政,为京师重镇,且示四方盛德,宜割私爱,俯从公道。"李世民甚觉妥贴,感"以其忠",提拔张行成担任了较高的职务。

此类事例,不胜枚举,这里有一个更具说服力的例子——

贞观十一年(公元637年),治书侍御史刘洎认为,尚书省左右丞两位人选应该特别注意精心选择,于是上书李世民,发表意见说:

尚书省是个日理万机的机构,它们是处理国家事务的关键部门,因此,寻求尚书省众官员的人选,授予官职,确实是件有难度的事情。作为文昌宫众星(文昌乃星宿名,这里把尚书省比作天上的文昌宫,把左右仆射、六部长官比作文昌宫的众星)的左右仆射、六部长官,作为"管辖"的左、右二丞,乃至各营郎(指尚书省的昕职官),都与天上的列宿相对应,此比是说尚书省的官员任用得合适与否,关系重大。这些职位如果被不称职的人占据了,那就会牵一发而动全身。

这位名叫刘洎的治书侍御史说,近来尚书省的诏敕总是拖延滞留,不能及时得到处理,公文也已经堆满在案桌上了。作为一个才资平庸的人,下臣还是请求陛下允许我叙述其根源。

刘洎指出:贞观初年,国家还没有设尚书令、左右仆射等官职时,尚书省的事务非常繁杂,比现在多出一倍以上。当时任左右丞的戴胄、魏征二人都很通晓官吏事务,他们本身胸怀坦荡,品性刚直,大凡遇到应该弹劾检举之事,无所回避,陛下又施予他们恩慈,百官懂得自我约束,朝中弥漫着一种庄重严肃的气氛,这都是因为用人得当的缘故。到杜正伦任右丞的时候,也比较能勉励下属。

说到这里,刘洎将话锋一转,切入时弊,指出:而到了近来,国家的一些重要法纪已不能正常执行了,这是因为什么呢?是因为功臣和国戚占据着要位,才不符职,而且彼此又依仗着功劳或权势相互倾轧。在职的官员,大都不遵循国家的法律准则,虽然有的也想奋发努力,但是一遇到逐毁讥谤就害怕得不行。

刘洎这里概括地揭露了贞观中期朝廷中的官场现象,同时指出:正是由于这种现象的存在,事情多由郎中(尚书省尚书、侍郎、丞之下的高级官员,分管各曹事务)定夺,只有遇到重要事件时才请求上级;而尚书又优柔寡断,不敢做出决定。有的弹劾一经上奏,故意给予拖延,案件的事理本来已经一目了然,但仍然向下级盘问。调查案件没有时限,即使迟延了也不受上级责备。公文一经出手,一般就得历经一年半载。有的办案官员把案子办完了,就不再去追究结论的是非。官员之间相互宽容,出了什么事相互庇护,如此等等。

刘洎认为,选拔众多的优秀人才并授予官职,必须非才莫举,君王代天行事,怎可妄委庸才以任。

刘洎总结说：长期堵塞贤路，实在是不应该的。为消除积弊，就应该精心选任尚书省的左右丞及左右郎中，如果这些重要职务的官员选任真正做到了才职相称，国家的法纪就会得以完善地实施。同时，还应当矫正小人争权夺利的风气。如果都这样做的话，那就不只是改变诏敕拖延停留现状那样简单的问题了！

李世民闻过则喜，奏章上奏不久，他就任命刘洎为尚书省左丞，全力地支持他。让他在那里放手工作，清理积弊。

让合适的人到合适的位置上，才能有效地发挥其作用。譬如唐太宗之用李道裕、刘洎，都据其性格特点而用，终使人尽其能。历史上的明君在用人的见识上何其一致！

★ 能统揽全局的是大才

五月丙辰朔，上驻跸拖陵布拉克。辛酉，次枯库车尔。壬戌，侦知噶尔丹所在，上率前锋先发，诸军张两翼而进，至燕图库列图驻营。其地素乏水。至是山泉涌出，上亲临视。癸亥，次克鲁伦河。上顾大臣曰："噶尔丹不知据河拒战，是无能为矣。"前哨中书阿必达探报噶尔丹不信六师猝至，登孟纳尔山，望见黄幄网城，大兵云屯，漫无涯际，大惊曰："何来之易耶！"弃其庐帐宵遁。验其马矢，似遁二日矣。上率轻骑追之。沿途什物、驼马、妇孺委弃甚众。上顾谓科尔沁王沙津曰："虏何仓皇至是？"沙津曰："为逃生耳。"喀尔喀王纳木扎尔曰："臣等当日逃难，即是如此。"上上书皇太后，备陈军况。并约期回京。追至拖纳阿林而还，令内大臣马思喀追之。戊辰，上班师。

——《清史稿·本纪七》

有的人文不能下笔千言，武不能跃马横刀，谋不能运筹帷幄，却也能成为比文、比武、比谋更重要的大才。汉高祖刘邦所用的丞相萧何就是这样一个似乎无所能，实则无所不能的大才。

中国古代有一些明相，对于人才的选拔、推荐与管理，总是以皇帝利益为重，以国家的长治久安为前提。如果发现一人才对治国有用，可以不惜一切将之力拔于卒伍之中；但一旦发现此人的存在与行为已经对皇帝或国家构成威胁，纵使他是天下奇才，也将其杀之而不痛惜。

楚汉战争中，汉相萧何恪尽职责，他从战争需要出发，特别注意为刘邦物色、访察、引荐贤能人才。历代传为美谈的"萧何月下追韩信"即是突出一例。因为萧何能总揽全局，处处以大局为重，使天下人才尽为所用的同时，他本人对于刘邦这个用人者来说也就成了一个不可多得的大才。

范文程也是一个萧何似的人才。

清初辅臣大学士范文程在清兵入关、挺进中原的过程中,特别注意延揽、招降明朝文武官员,早在天聪五年(1631年)大凌河之役,他就因招降明朝守将而立功。天聪七八年间,他曾受皇太极委派对来降明将孔有德、耿仲明、尚可喜等进行联络和安抚。崇德七年(1642年)二月,明朝大将洪承畴在松山战败被俘,清人极力劝其投降,但洪承畴誓死不降,骂不绝口,范文程前去劝降,"以善言抚之,因与谈论古今事",解除洪的思想顾虑。交谈中,时有梁上积尘飘落于洪承畴的衣襟之上,洪屡屡拂拭之。机敏的范文程见此情景,断定洪承畴必可说降,他即告皇太极:"承畴不死矣,其敝衣犹爱惜若此,况其身邪?"不久,又经过巧妙而耐心地劝说,一向表示要以死报国的洪承畴,果然如范文程所料,终于乖乖地降服了。

清军入京后,范文程为进一步争取汉族地主阶级的支持和合作,更是"安抚孑遗,举用废官,搜求隐逸"。故明尚书倪元璐的家人投牒范文程,请允请扶丧南归,范文程热心帮助,并遣骑兵持令箭护送,于是许多殉难诸臣之丧都次第南归。范文程此举赢得亡明官僚的感激,对以后汉族官僚入仕清朝起到了很大作用。

康熙在总结自己的用人经验时常说,一个人有天大的本事,也不可能独任所有的事情,只有与其他人互相配合,以大局为重,而不是只看重个人的或局部的利益,才能把事情办好。

晚年的时候,康熙用昭莫多战役的亲身经历来说明将领与将领之间应互相配合,团结一致,这样才能取得大的胜利。当时噶尔丹遇见康熙亲率的中路军后便连夜逃遁。此时的左右大臣都劝康熙撤回,康熙则觉得自己既然亲征前来,不见贼徒,如何就骤行撤去?便坚持不撤,认为自己留下来没准会有些其他方面的用途。果然,逃遁的噶尔丹不久就遇上了费扬古率领的西路大军,遭受惨败;接着西路军的粮饷也发生了不足,坚持不走的康熙就迅速派出人马,将中路军初次运到的粮食迅速调运到费扬古军中,又把第二次运到的米也送去了,第三次运到的粮食除了留有十八天的兵士口粮外,其余也都全部送去,使得西路军将士未遭饥饿,大胜而返。

对此,康熙谈及体会,认为多亏得自己未走,若听大臣等言,中途撤去,则两路兵丁怎么能立功奏凯而还呢?要是自己走了,谁能从大局出发,调度军粮和兵员、马匹等一应物资,集中力量打一场歼灭战呢?由此使康熙认识到,人才之间顾全大局、互相配合的素质非常重要。

大局观需要有高远的见识,也需要有宽广的、不计个人得失的胸怀。这种人才在任何时代都是十分难得的,也难怪康熙有昭莫多战役"幸亏自己未走"的感慨。

★保护正直是用人者的责任

后主皇后穆氏,名邪利,本斛律后从婢也。母名轻霄,本穆子伦婢也,转入侍中宋钦道家,奸私而生后,莫知氏族,或云后即钦道女子也。小字黄花,后字舍利。钦道妇妒,黥轻霄而为"宋"字。钦道伏诛,黄花因此入宫,有幸于后主,宫内称为舍利太监。女侍中陆太姬知其宠,养以为女,荐为弘德夫人。武平元年六月,生皇子恒。于时后主未有储嗣,陆阴结待,以监抚之任不可无主,时皇后斛律氏,丞相光之女也,虑其怀恨,先令母养之,立为皇太子。陆以国姓之重,穆、陆相对,又奏赐姓穆氏。胡庶人之废也,陆有助焉,故遂立为皇后,大赦。

——《北齐书·后主穆后传》

用人者明则下属多正直之士,用人者昏则门前必充斥奸佞之徒,因为正与奸从来都是势不两立的。我们观察康熙一朝,确实没有大奸大恶的人,而多的是正直的大臣。中国历代政治实践已经证明,这是一条颠扑不破的真理。

我们从北齐后主用斛律光与祖珽、穆婆提,唐玄宗用张九龄与李林甫而导致的不同结果,来直观地审视一下用人者用正直与用奸佞的不同,以及正直与奸佞的势不两立。

北齐宰相斛律光与齐后主佞臣祖珽、穆婆提进行了不屈的抗争,最后被他们陷害致死。斛律光,字明月,朔州(治今山西朔县)人,高车族,以武艺高强知名。英勇善战,屡立功勋,武平元年(570年),被封为右丞相,后又因战功拜左丞相,别封清河郡公。斛律光虽位极人臣,出将入相,但他生性节俭,不好声色,不贪权势,杜绝私贿,为朝臣所敬慕。

当时,齐后主佞幸之臣祖珽及穆婆提,势倾朝野内外,无所不为。斛律光与他们进行了坚决的斗争。穆婆提,为后主高纬的奶妈陆令萱之子。其父因犯谋反罪而被诛杀,陆令萱被贬为皇宫女仆,负责喂养高纬。她奸巧机变,取媚百端,深为胡后信爱。高纬继位后,封陆令萱为女侍中,后又尊号曰太姬,这是北齐皇后之母的位号。陆令萱又奏引其子穆婆提入侍后主。穆婆提朝夕侍奉于后主左右,整日嬉戏。胡作非为,其宠日隆,后被拜为录尚书事,封咸阳王。当时"令萱母子势倾内外矣,庸劣之徒皆重迹屏气焉,自外生杀予夺不可尽言"。

但是,正直的斛律光却从不阿附他们。一次,穆婆提看上了斛律光小女,欲娶为妻,遂上门提亲,被斛律光一口拒绝。后主想赐晋阳之田给穆婆提,斛律光说:"此田,神武帝以来常种禾,饲马数千匹,以拨寇难,今赐提婆,无乃缺军务也。"由此积怨于穆婆提。

后主另一位佞臣祖珽与穆婆提不同。他是一位文才出众的人，且神情机灵，天性聪明。"凡诸技艺，莫不措怀，文章之外，又善音律，解四夷语及阴阳占候，医药之术尤是所长。"但他"不能廉慎守道"。齐文宣帝时令直中书省，掌诏诰，因其行状，文宣帝每见他，常呼为"贼"。武成帝时，擢拜中书侍郎，天统三年（公元567年），因获罪被薰瞎双眼，流徙光州。后主即位后，拜其为海州刺史。他乘机攀附后主幸臣穆婆提和陆令萱。其母子因言于后主，劝其重用祖珽，祖珽由是升为秘书监。后又升为侍中、尚书左仆射，位至丞相。从此，他们狼狈为奸，势倾朝野。斛律光对他们深恶痛绝，窃骂道："多事乞索小人，欲行何计数！"并常对诸将说："边境消息，处分兵马，赵令常与吾等参论之，盲人掌机要以来，全不与吾辈语，止恐误他国家事。"对佞臣当权十分忧虑。

斛律光经常折辱祖珽。斛律光入朝堂，常常垂帘而坐。祖珽不知，一次乘马过其前，斛律光大怒，当众喝道："此人乃敢尔！"一次，祖珽在内省，对人高声谩语，被路过此地的斛律光听到，又将祖珽斥责一番。于是，祖珽私下贿赂斛律光的侍从，询问斛律光忿己之语，侍从回答说："自公用事。相王每夜抱膝叹曰'盲人入，国必破矣'。"因祖珽双目失明，斛律光称其盲人。斛律光的耿直不阿，为祖珽、穆婆提这些奸臣所不容，于是，他们便决计联手构陷斛律光，寻机置他于死地。

恰在此时，北周大将韦孝宽因斛律光勇敢善战，屡败北周军队，深为忧虑，便派间谍行反间计，在北齐邺都作谣言传唱："百升飞上天，明月照长安。"又有"高山不推自崩，槲树不扶自竖"。显而易见，"百升"即一"斛"，"明月"为斛律光字，"高山"指高氏政权，"槲树"指斛律光，意思是斛律光要取代后主自立为帝。祖珽、穆婆提认为这是陷害斛律光的大好时机，他们除了把街上传唱的童谣添枝加叶地向后主汇报外，还自编童谣："盲眼老公背上大斧，浇舌老母不得语。"对斛律光挟私陷害。陆令萱遂乘机向后主进谗道："斛律累世大将，明月声震关西，丰乐（光之子）威行突厥，女为皇后，男尚公主，谣言甚可畏也。"昏庸无道的后主信以为真，便以谋反罪名将他处死，并尽灭其族。他被杀掉后，朝野痛惜。北周武帝宇文邕闻斛律光死，大喜，赦其境内。后周武帝灭北齐，入邺都（今河北临漳西南），下诏追赠斛律光为上柱国、崇国公，并手指诏书说："此人若在，朕岂能至邺？"

唐玄宗时的张九龄是一骨鲠净臣，从不屈从于奸佞。至开元天宝年间，玄宗已做了数十年皇帝，他自以为天下太平，没有什么可担心的了，便渐肆奢欲，纵情声色，怠于政事。张九龄、韩休经常劝谏玄宗，弄得玄宗"戚戚无一日欢"。这时，善于献媚奉迎的李林甫乘机媚事皇帝左右，甚合帝意。玄宗想立李林甫为相，问宰相张九龄，张九龄直言相对："宰相系国安危，陛下相林甫，臣恐异日为庙社之忧。"不同意拜李林甫为相。但玄宗终究还是屈从个人意志，将这位奴颜媚骨者封为宰相。而从此他也将张九龄怀恨在心，总是"巧伺上意，日思所以中伤之"，而张九龄从未向他屈从过。

开元二十四年（736年），玄宗想从洛阳回长安，宰相张九龄、裴耀卿认为秋收未毕，恐怕沿路扰民，建议改期。李林甫深知上意，便装作跛足的样子，独在后面，待二相退出后，他却对玄宗说："臣非疾也，愿奏事。二都本帝王东西宫，车驾往幸，何所待时？假令妨农，独赦所过租赋可也。"玄宗听后十分高兴。张九龄知道李林甫在背后捣鬼，便再次力争，但玄宗厌烦不听。

张九龄以文学得官，守正持重，一向鄙视以谄佞得宠、素无学术

李林甫

的李林甫。李林甫对此十分嫉恨。李林甫曾引荐萧炅为户部侍郎。萧炅一向不学无术，一次在给中书侍郎严挺之念文章时，将人人皆知的"伏腊"读为"伏猎"，使人瞠目。"伏腊"，是古代人对夏天的伏日、冬天的腊日两个节日的合称。一个堂堂户部侍郎竟犯这种常识性错误，实令人啼笑皆非。于是严挺之不无讽刺地对张九龄说："省中岂容有'伏猎侍郎'！"张九龄知道后，立刻将萧炅出为地方官，因此李林甫十分没面子，十分怨恨张九龄，想借机陷害他。

开元二十四年，朔方节度使牛仙客因有治绩，玄宗欲为之加官尚书；张九龄不同意，说："不可，尚书，古之纳言，唐兴以来，唯旧相及扬历中外有德望者乃为之。仙客本河湟使典，今骤居清要，恐羞朝廷。"玄宗又要给牛仙客以实封，张九龄还是不同意，说："不可。封爵所以劝有功也。边将实仓库，修器械，乃常务耳，不足为功。陛下赏其勤，赐之金帛可也；裂土封之，恐非其宜。"玄宗听后默然不语，有不悦之色。李林甫窥视皇上脸色，便阿其所好，对皇帝说："仙客，宰相才也，何有于尚书！九龄书生，不达大礼。"听过这番话，玄宗的脸上才泛出笑容。次日，玄宗又提起给牛仙客实封之事，刚正的张九龄仍坚持如初，极力陈论。玄宗勃然大怒，叫道："事皆由卿邪？"张九龄顿首谢罪道："陛下不知臣愚，使待罪宰相，事有未允，臣不敢不尽言。"玄宗又问："卿嫌仙客寒微，如卿有何阀阅？"张九龄从容答道："臣岭海孤贱，不如仙客生于中华。然臣出入台阁，典司诰命有年矣。仙客边隅小吏，目不知书，若大任之，恐不惬众望。"退朝后，李林甫又扬言道："苟有才识，何必辞学！天子用人，有何不可！"于是唐玄宗认为张九龄太专横，他再也容不得这种骨鲠之臣聒噪盈耳的哓哓之言了，便罢其宰相职，而专任李林甫。"自是朝廷之士，皆容身保

位,无复直言。"

正直与奸佞是两种互不兼容的品性,用人者尚直则正风起,崇奸则佞风行。所以,用人者正与奸的选择实在是关系国家前途命运的大事。

★以孝行确定继承人

九月乙亥,上驻布尔哈苏台。丁丑,召集廷臣行宫,宣示皇太子胤礽罪状,命拘执之,送京幽禁。己丑,上还京。丁酉,废皇太子胤礽,颁示天下。

十一月乙酉,前福建提督蓝理狱上,应死。上念征台湾功,特原之。己亥,群臣以万寿六旬请上尊号,不许。丁未,以复废皇太子胤礽告庙,宣示天下。己酉,上谒陵,赐守陵大臣百金。

——《清史稿·本纪八》

孝是中国古代至高的道德标准,更构成了封建统治的道德基础,因此孝悌之道成了封建统治者选人用人的基本要求。

在这一点上,康熙不可能脱离他那个时代,而事实也证明,不孝的人无道德可言。康熙用人最容不得不忠不孝之徒,而他自己作为人君对祖母、养母都极尽孝道。正是因为以孝取人,养成了康熙一朝政治清明的浩然之气。

康熙对孝悌之行的重视,从他确立继承人的过程看得最明显。他对太子几废几立,多缘于对其孝行的评价,而最终立雍正继位很大程度上也因为孝悌二字。

康熙二十九年(1690年)七月二十三日,康熙在征噶尔丹途中,身体欠佳而发烧,于是从诸臣之请,即日回京,日行三十里。二十四日皇太子胤礽前来迎驾,无忧戚之感。皇帝看出太子不孝,绝无忠爱父君的意思,心情因而不乐,令太子先行回京。自此,康熙与太子之间出现裂痕,随着时光的推移,裂痕日益加深,甚至到了不可调和的程度。康熙痛感人间悲欢之苦,他对太子寄予过一定希望。

四十七年,康熙毅然决定废掉太子,而且劝阻无效,坚持到底。三十三年过去,弹指一挥间。是什么原因使康熙对皇太子由宠爱到不满,由不满到废掉呢?皇帝的训谕是最好的说明。九月四日,康熙在行猎途中,到布尔哈苏台驻地,召见诸王、大臣、侍卫及文武官员等人于行宫前,命令皇太子胤礽跪在地上,垂泪训曰:

"朕承太祖、太宗、世祖的弘业,四十八年至今,兢兢业业照顾官员,爱养百姓,唯以治安天下为己任。

今观胤礽不法祖德,不遵朕训。只知道在众人面前逞凶狂,暴虐淫乱,难以说出口。朕即位以来,诸事节俭,铺的是破旧褥子,盖的是旧被,穿的是布袜子。胤礽所用一切,远超过朕,还感到不满足。盗窃国库,干预政事,必然会败坏我们的国

国学经典文库

国学大智慧

· 史学智慧 ·

图文珍藏版

家,残害我们的万民而后止。如果用此不孝不仁之人为国君,对祖宗创业打下的江山会有什么结果?!"

康熙讲完上面大段话后,感到伤心难过,随之倒在地上,痛哭起来。诸大臣将皇上扶起。

皇上泪水未干,又接着说:

"太祖、太宗、世祖艰苦创业,与朕守成的太平天下,断不能交给此人。等回京后,昭告于天地宗庙,将皇太子胤礽废掉罢斥。命将胤礽拘留,并将其党羽之人俱行正汉,四人充发盛京。因此事关系天下万民,非常重要,趁朕身体健康,定此大事。你们诸王大臣、官员、军民等,就皇太子所行之事,是虚是实,可以各自秉公陈奏。"

由此不难看出,康熙为政治所需,虽然废掉皇太子,但废掉之后,难以割断父子之情。难过、愤恨、失望、惋惜、怜爱等多种心情交织在一起,使其一连六日睡不着觉。每对诸臣谈起便老泪横流,涕泣不止。

九月十六日,康熙回到北京。当天召见文武百官,齐集于午让(故宫正门)之内,宣谕拘留太子胤礽之事,并亲撰告祭文,于十八日告祭天地、太庙、社稷,将废掉的皇太子幽禁于威安宫,并于二十四日颁诏天下。

康熙废掉了皇太子,尝到了人间悲剧的苦果。事后他对皇子们说:在同一时间里发生皇十八子死和废掉皇太子两件事,使他伤心不已,要皇子们仰体他的苦心,不要再生事了。

据史料记载:"康熙病倒后,拒不服药,唯求速死。"由此可以想像康熙当时的郁闷情状。

这时,雍正和三阿哥胤祉表现出他们的过人之处。两人来到康熙的病榻前,苦苦相劝:"父皇圣容如此清减,不令医人诊视,进用药饵,徒自勉强耽延,万国何所依赖。"他们的意思是说:父皇你这么消瘦,又不看医生吃药,只这样耽搁下去,一国臣民百姓往后可依赖谁呢?

康熙被他们的话打动了,之后两人又进一步说:"臣等虽不知医理,愿冒死择

太子胤礽

医,令其日加调治。"这句话就带有强制性的意思了,意思是说我们虽然不通医术,却愿意冒着被杀的危险要请求您看病,这病你看也得看,不看也得看! 当然,这种强制是康熙最乐于接受的,因为他从中看到了雍正、胤祉的一番孝心。

恰恰就是这一份孝心,使雍正和胤祉受到康熙的赏识。

康熙病好后,立即为雍正和胤祉加官晋爵,并当着满朝文武表扬了他们。

不仅如此,雍正对自己的兄弟,表现出普度众生的胸怀,让康熙另眼相看。

胤礽第一次被废时,大阿哥胤禔、八阿哥胤禩是夺储派实力人物。在当时的情况下,雍正根本无力与老大、老八抗衡。同时,假如老大、老八中任何一人被立为太子,对雍正都是不利的。因为他们一旦被立为太子后,就再难被扳倒了。因此,雍正暗中采取支持胤礽的立场。

支持胤礽有两方面的好处:一是康熙是在盛怒之下废除胤礽的。因此,废除胤礽不久康熙就有了反悔之意。雍正摸透了康熙的心思,采取了支持胤礽的策略。这样,他就不露痕迹地获得了康熙的好感。另外,由于当时太子成了众矢之的,除雍正之外,几乎所有皇子都对胤礽落井下石。而雍正支持胤礽,必然会使胤礽感激备至。

事实果然如此,康熙在囚禁胤礽之后,开始着手起草"废太子告天文书",并将告天文书给被拘禁的胤礽观看。胤礽看后说:"我的太子位是父皇给的,父皇要废,何必告天?"

此时,大阿哥胤禔、九阿哥胤禟以及雍正负责看押胤礽,急于夺取储位的大阿哥当即就把胤礽的话回报了康熙,致使康熙大怒,并传口谕:"做皇帝乃是受天之命,如此大事,岂有不告天之理,胤礽悖逆,以后他的话不必奏闻了。"于是,胤禔将康熙谕旨传达给胤礽,胤礽担心被诸兄弟陷害,因此再三求告:"父皇若说我别样不是,事事皆有,唯弑君一事,我实无此心,须代我奏明。"

众皇子对胤礽的求告多半无动于衷,唯独雍正力排众议,极力坚持替胤礽回奏,而康熙听了回奏,非但没怪罪雍正,反而认为他这样做是顾念父子手足亲情,因此对雍正加深了一层好感。

其实,暗助胤礽,就有可能得罪其他兄弟,这样的傻事雍正是不会做的。

这就是雍正过人的心智,他既不像大阿哥胤禔、八阿哥胤禩公然地谋取储位,同时也不像三阿哥胤祉那样釜底抽薪拆老大、老八的台。相反,他表面上曾一度向大阿哥、八阿哥集团靠拢,另外,他也知道八阿哥胤禩等人企图行刺太子的事,但他也并没向康熙揭发这个阴谋。

正所谓螳螂捕蝉,黄雀在后。在当时诸子争位、互不相让的气氛中,雍正的这种大度作风,顾念父子手足亲情,再次让康熙感觉到雍正是深明大义、度量过人、注重手足亲情的皇子。

尽管雍正最后在众多竞争的兄弟们中脱颖而出有要弄权术的成分,但不能完全否认他对父亲的一片忠孝之心,而康熙看中的,也正是他的这片孝心。

国学经典文库

图文珍藏版

传承中华文明　弘扬国学精粹

国学大智慧

马肇基⊙主编

國學智慧

线装书局

目　录

子学智慧

第一篇　《墨子》智慧通解

第一章　亲贤用贤,驾御良才 …………………………………… (4)
　★人才是事业的根本 …………………………………………… (4)
　★驾御良才有方可循 …………………………………………… (6)

第二章　本不安者,无务丰末 …………………………………… (9)
　★傲慢于子不祥,谦虚必得后福 ……………………………… (9)
　★听人劝,吃饱饭 ……………………………………………… (11)
　★宽天下者,得天下 …………………………………………… (13)
　★言必信,行必果 ……………………………………………… (15)

第三章　兼爱天下,雄霸天下 …………………………………… (18)
　★像爱自己一样去爱别人 ……………………………………… (18)
　★送人玫瑰不求"手有余香" ………………………………… (20)
　★即使是敌人,也要有爱之心 ………………………………… (24)
　★爱心无功利 …………………………………………………… (26)
　★对下属要用真感情 …………………………………………… (27)

第四章　反对战争,不义无利 …………………………………… (31)
　★领导要有公德心 ……………………………………………… (31)
　★共生共赢是未来竞争的根底 ………………………………… (34)

第五章　俭节则昌,淫佚则亡 …………………………………… (37)
　★半丝半缕,恒念物力维艰 …………………………………… (37)
　★勤俭节约则昌 ………………………………………………… (39)
　★强本节用,摒弃铺张浪费恶陋 ……………………………… (40)

★节于身,诲于民 ……………………………………………… (42)

<h2>第二篇 《韩非子》智慧通解</h2>

第一章 小胜在智,大胜在德 …………………………………… (45)
　　★想赢一辈子,没有"德商"绝对不行 ………………… (45)
　　★不要忽视自己的领导魅力 …………………………… (47)
　　★以德性保证团队战斗力 ……………………………… (49)
　　★有德之人才能做成功者 ……………………………… (51)

第二章 驭人之术,权谋之道 …………………………………… (54)
　　★有权力,还要有威信 …………………………………… (54)
　　★避免"过度授权",以防大权旁落 …………………… (56)
　　★打好自己的根基 ……………………………………… (58)
　　★在权力问题上弄清公与私 …………………………… (60)
　　★驱赶近身的恶狗 ……………………………………… (62)

第三章 为人领导,识人为重 …………………………………… (65)
　　★为人领导,识人第一 …………………………………… (65)
　　★识人有度,上下同心 …………………………………… (67)
　　★明知故问,精确识人 …………………………………… (68)
　　★识人,先看其德 ……………………………………… (70)
　　★以貌识人不可取 ……………………………………… (72)
　　★不以个人好恶选才 …………………………………… (73)

第四章 量才适用,善于驾驭 …………………………………… (76)
　　★用人不疑,疑人不用 …………………………………… (76)
　　★因事用人,量才录用 …………………………………… (77)
　　★不能以自己的智慧取代属下的智慧 ………………… (79)
　　★循名而责实:使下属与职位相匹配 ………………… (81)

第五章 驾驭人才,为我所使 …………………………………… (83)
　　★"信赏尽能"才能收人心 ……………………………… (83)
　　★做领导必须耳目多 …………………………………… (85)
　　★不要让下属过于显贵 ………………………………… (87)
　　★用人上的"捉迷藏" …………………………………… (89)

第六章 集思广益,广开言路 …………………………………… (91)
　　★"低头跌架"又何妨 …………………………………… (91)

★懂得"忠言逆耳"的道理 ……………………………… （95）

★"良药"未必都"苦口" ………………………………… （97）

★上等的领导能发挥众人之智 ………………………… （98）

第七章 揣摩人性,把握人心 …………………………… （102）

★体恤"人情" …………………………………………… （102）

★直识人心 ……………………………………………… （103）

★一山不容二虎 ………………………………………… （105）

★把恶势力消灭在萌芽状态 …………………………… （108）

★恩威并施,推诚致用 ………………………………… （110）

第八章 保护自己,防备他人 …………………………… （113）

★人心隔肚皮不得不防 ………………………………… （113）

★提防吃"友谊"的亏 …………………………………… （115）

★防备他人先下手 ……………………………………… （116）

★别被小土堆绊倒 ……………………………………… （119）

第三篇 《荀子》智慧通解

第一章 识人用人,德才兼备 …………………………… （122）

★先识人才能用人 ……………………………………… （122）

★先看其德,后观其才 ………………………………… （125）

★不以貌取人,而以"时间"看人 ……………………… （126）

★用自己的切身经验体察人 …………………………… （128）

第二章 依事论才,按需任才 …………………………… （132）

★物尽其用,人尽其才 ………………………………… （132）

★依据性格特点对号入座 ……………………………… （134）

★提拔人不可太随意,要全面考虑 …………………… （137）

★多与下属沟通,发挥其才智 ………………………… （139）

第三章 量力而行,智取为上 …………………………… （141）

★领导者必须远离纷争 ………………………………… （141）

★善于借"力"者胜 ……………………………………… （144）

★权衡利弊,全面考虑问题 …………………………… （146）

★量力而行,是一个人行事的准则 …………………… （148）

第四章 付诸行动,成功在望 …………………………… （150）

★心动不如行动 ………………………………………… （150）

★行动才有可能成功 ……………………………………………（152）

★不凭一己之好恶行事 ……………………………………（153）

★抓大放小,绝不能事必躬亲 ……………………………（155）

第五章 临危不乱,把握分寸 …………………………………（159）

★做一个从容的领导 ………………………………………（159）

★防微杜渐以自保 …………………………………………（161）

★该屈就屈,该伸就伸 ……………………………………（163）

★把握屈伸的"分寸" ………………………………………（164）

第六章 真诚领导,受人欢迎 …………………………………（167）

★立身要高,做人宜让 ……………………………………（167）

★以真诚的情感塑造领导魅力 ……………………………（168）

★从谏如流,不能独断专行 ………………………………（171）

★敞开胸襟,包容待人 ……………………………………（173）

★做一个温柔敦厚的领导者 ………………………………（176）

第七章 沟通艺术,魅力口才 …………………………………（178）

★口才是良好人际关系的催化剂 …………………………（178）

★讲究分寸,切忌口不择言 ………………………………（180）

★晓之以理,动之以情 ……………………………………（181）

第四篇 《吕氏春秋》智慧通解

第一章 深得民心,统一天下 …………………………………（185）

★用义兵统一天下 …………………………………………（185）

★攻无道和伐不义 …………………………………………（188）

★义兵必胜 …………………………………………………（190）

第二章 识别人才,选贤任贤 …………………………………（194）

★要利民不要自利 …………………………………………（194）

★修养自身才能治理天下 …………………………………（195）

★把生命放在第一位的人才可以当天子 …………………（196）

★顺应自然和节制情欲 ……………………………………（197）

★君虚臣实,各司职守 ……………………………………（199）

★君主不要有具体见解,不做具体的事 …………………（200）

★君主的职责是了解和任用臣下 …………………………（201）

★静待时机,作出反应 ……………………………………（203）

★让臣下先说先做再表态 ……………………………………… (204)

★治理天下莫过于以德行义 ……………………………………… (205)

★以赏罚帮助教化 ……………………………………………… (207)

★不以一己爱憎决定赏罚 ………………………………………… (208)

诗学智慧

第一篇 《诗经》智慧通解

第一章 情为何物,生死相许 …………………………………… (214)

★周南·关雎 ……………………………………………………… (214)

★秦风·终南 ……………………………………………………… (218)

第二章 才下眉头,又上心头 …………………………………… (221)

★齐风·甫田 ……………………………………………………… (221)

★陈风·月出 ……………………………………………………… (224)

第三章 好事生险,英雄磨难 …………………………………… (228)

★郑风·将仲子 …………………………………………………… (228)

★鄘风·柏舟 ……………………………………………………… (232)

第四章 白首齐眉,鸳鸯比翼 …………………………………… (235)

★周南·桃夭 ……………………………………………………… (235)

★王风·君子阳阳 ………………………………………………… (237)

第五章 悲歌当泣,远望当归 …………………………………… (241)

★召南·殷其雷 …………………………………………………… (241)

★秦风·晨风 ……………………………………………………… (245)

第六章 红杏枝头,万般娇柔 …………………………………… (250)

★邶风·新台 ……………………………………………………… (250)

★鄘风·墙有茨 …………………………………………………… (257)

第二篇 《楚辞》智慧通解

离骚 ……………………………………………………………… (262)

九歌 ……………………………………………………………… (281)

卜居 ……………………………………………………………… (298)

渔父 ·· （300）

招隐士 ·· （302）

第三篇 《唐诗》智慧通解

第一章 金戈铁马，英雄坦荡 ·· （305）

　　★唐诗中的秦始皇 ··· （305）

　　★得意忘形的汉高祖 ·· （307）

　　★金屋藏娇话武帝 ··· （308）

　　★慎终如始 ·· （310）

　　★唐太宗的一面镜子（上） ··· （311）

　　★唐太宗的一面镜子（下） ··· （312）

　　★君主和他的众贤臣 ·· （313）

　　★女皇武则天（上） ·· （314）

　　★女皇武则天（中） ·· （316）

　　★女皇武则天（下） ·· （317）

第二章 豪放真挚，情深意浓 ·· （319）

　　★终南山——大唐诗人的理想王国 ······························ （319）

　　★杜审言——高傲自负的诗人 ····································· （326）

　　★温庭筠——蔑视宰相的怪秀才 ·································· （327）

　　★孟浩然——人如其名，浩然正气 ······························ （328）

　　★李白——我辈岂是蓬蒿人 ·· （330）

　　★杜甫——一览众山小 ·· （332）

　　★王维——我的上一辈子错当了诗人 ···························· （333）

第三章 怀才不遇，忧国忧民 ·· （337）

　　★风雨下的茅草屋 ··· （337）

　　★卖炭翁 ··· （338）

　　★石壕村的不眠之夜 ·· （339）

　　★新安泪 ··· （341）

　　★漫漫潼关道 ·· （343）

第四章 友情到深，留芳千古 ·· （345）

　　★李杜文章在，光焰万丈长 ·· （345）

　　★两为诗友长相思 ··· （346）

　　★洒泪赋诗 ·· （347）

国
学
经
典
文
库

国
学
大
智
慧

·
目
录
·

图
文
珍
藏
版

6

★依依惜别芙蓉楼 ······················ (349)

★郭子仪报恩救李白 ······················ (350)

第四篇 《宋词》智慧通解

第一章 气势峥嵘,豪迈奔放 ······················ (353)

★词人也是砥流柱 ······················ (353)

★怀古北固亭 ······················ (354)

★两阕《满江红》 ······················ (359)

★零落成泥香如故 ······················ (361)

第二章 古风词韵,趣味人生 ······················ (363)

★独具慧眼苏东坡 ······················ (363)

★为争气填《桂枝香》 ······················ (364)

★沉醉不知归路 ······················ (365)

★当风借力入高空 ······················ (367)

★恶作剧后悔不已 ······················ (368)

★《兰陵王》救周邦彦 ······················ (369)

★蔡京吟改《西江月》 ······················ (373)

第三章 抒发情感,借词消愁 ······················ (376)

★问君能有几多愁 ······················ (376)

★才子一生多愁怨 ······················ (377)

★借词发牢骚的沈唐 ······················ (378)

★白发簪花不解愁 ······················ (379)

★"山水郎"不慕功名 ······················ (380)

第四章 友情深厚,知己重逢 ······················ (383)

★苏东坡与"山抹微云君" ······················ (383)

★苏轼与道潜 ······················ (385)

★论词结友谊 ······················ (386)

★刘克庄送陈子华 ······················ (387)

★他乡遇知己 ······················ (388)

第五篇 《元曲》智慧通解

第一章 放情山水,借酒浇愁 ······················ (391)

★胸中一片山水情……………………………（391）

★放情山水解千愁……………………………（392）

★情寄山水的闲人……………………………（393）

★落雪的心绪…………………………………（395）

★庄园里的笑声………………………………（396）

★望月伤怀借酒消愁…………………………（397）

第二章　伸张正义，为民请命………………（399）

★为民请命不怕丢官…………………………（399）

★以笔作刀抱不平……………………………（400）

★都是民间疾苦声……………………………（401）

★窦娥冤………………………………………（402）

★包公智斩鲁斋郎……………………………（407）

★对项羽和刘邦的思索………………………（411）

★反思孔明的悲剧……………………………（412）

★赵氏孤儿……………………………………（414）

第三章　行侠仗义，曲魂永存………………（419）

★仗义疏财结英雄……………………………（419）

★爱情友情伴诗魂……………………………（420）

★出家人制曲答友人…………………………（421）

第四章　面冷心善，铁汉柔情………………（423）

★丑在面目美在心……………………………（423）

★雷霆击倒的运气……………………………（424）

★李铁拐成仙…………………………………（428）

★黑旋风大闹忠义堂…………………………（433）

国学经典文库

国学大智慧

·目录·

图文珍藏版

国学大智慧

子学智慧

马肇基⊙主编

线装书局

子学——诸子百家之学

先秦时代是子学时代,子学时代,是中国历史文化发展的一大精粹,先秦学术是诸子之学。

本篇通过中国古代杰出的子学思想家的言论,让您沉醉在撼动心灵,一读三叹的文字力量中,阅读、品尝、咀嚼、反思、沉淀,并撷取您人生中来不及深入的感动。

本篇的名言,典故,皆取自权谋重法的《韩非子》,循循善诱的《荀子》、《墨子》,以及《吕氏春秋》这些子学的代表著作,诸如韩非子的"举世有道,计入有计出"、"欲成其事,先败其事"、"不知而言,不智;知而不言,不忠",荀子的"非我而当者,吾师也;是我而当者,吾友也;诏谀我者,吾贼也"、"蓬生麻中,不扶而直;白沙在涅,与之俱黑"、"目不能两视而明,耳不能两听而聪等等,通过对这些名言、典故的剖析,从符合现代社会需要的宏观角度,深入浅出,完全呈现子学思想的积极意义,为时代注入安定的力量,为生活带来勃勃的生机。

本篇从子学的基本思想为出发点,在子学对天人的思考范畴上,对做人、做事、处世、言谈、交际、识人、用人等方面作了深入细致、又浅显易懂的探讨。希望在重读这些先哲智慧的同时,能给我们的领导以新的启发,那么我们的目的也就达到了。

第一篇 《墨子》智慧通解

导读

《墨子》是墨家学派的著作总结。学术界一般认为《墨子》是由墨子的弟子及其后学在不同时期记述编纂而成,反映了前期墨家和后期墨家的思想。

墨子虽然是两千多年前的人,但他的若干主张,不仅适用于战国时期,也适用于现代。他的兼爱、非攻、尚贤、尚同、节用等主张,不仅与现代生活不相违悖,而且还有启迪作用。

毋庸置疑,墨子是世界文明史上的巨人。胡适称之"也许是中国出现的最伟大的人物",鲁迅称之"是中国的脊梁",毛泽东称之"是比孔子高明的圣人"。无论是当时还是当今,墨子的思想都具有巨大的发掘研究价值和重要的现实意义。

第一章　亲贤用贤，驾御良才

★ 人才是事业的根本

墨子言曰："入国而不存其士，则亡国矣。"

——《墨子》

《墨子·亲士》篇中有：

"入国而不存其士，则亡国矣。见贤而不急，则缓其君矣。非贤无急，非士无与虑国，缓贤忘士而能以其国存者，未曾有也。"

意思是说，进入朝廷治理国家不恤问那些贤士，那么国家就会灭亡。发现了贤士不马上重用，那么他们就会怠慢君主。没有比重用贤士更着急的事了，假如没有贤士就没有同君主商量国家大事的人。如果不重用贤士想使自己的国家得到保全，这是不曾有的事。

正所谓"得贤则昌，失贤则亡"。得到贤人才能繁荣昌盛，失掉贤人就会走向衰亡。

古代著名的思想家范仲淹在《选任贤能论》中也指出"得贤杰而天下治，失贤杰而天下乱"。得到贤明和杰出的人才，国家就安定而有秩序；抛弃了贤明和杰出的人才，国家就会混乱。人才对于国家而言，就像利器对于高明的工匠、绳墨对于灵巧的木匠一样必不可少。

楚汉相争，实际上是人才之争。

陈平是一个从楚来的逃犯，刘邦与之谈话，见他很有才智，心中大喜，便任其为都尉，兼参乘，典护军，这虽非大官，但却是重要的官职，参乘是亲信侍卫，与刘邦同车出入，非心腹之人不能胜任，尽管诸将知道了都为之哗然，但并不能动摇刘邦对陈平的信任，反而更厚待陈平。

刘邦对陈平如此器重，足见他确是知人善任。而后来的事实证明，陈平确实是一个奇才。刘邦之所以能战胜项羽,处于危机能够转危为安,以及刘氏政权不被吕氏所夺,陈平出奇计起了重要的作用。除了陈平之外,刘邦还物色了韩信、英布、张良等奇人猛将为己所用。

项羽

项羽是叱咤风云的英雄人物,他深谙兵法,力可拔山举鼎,他"破釜沉舟",于巨鹿与秦主力决战,九战九胜,大破秦军,诸侯颤栗;楚汉相争,他屡战屡胜。他总结其一生的战绩时说:"吾起兵至今八岁,身七十余战,所当者破,所击者服,未尝败北。"

然而,这位盖世英雄最后却自刎乌江,其故安在?说到底还是识人用人的问题。项羽自恃勇冠三军,对韩信、陈平、英布等一干谋臣武将视而不见,致使后者纷纷离楚归汉。人才在身边不知任用,终把自己弄成孤家寡人。因此,在这场楚汉之争中,谁胜谁败,早成定局。

在《亲士》篇中,墨子举例"夏桀、商纣不正是不重用天下那些贤士吗?最终自身被杀而丢掉了天下"。他因此而提出了"送国宝,不如荐贤士"的名言。

贤人对于国家如此重要,对于竞争日趋激烈的企业,又何尝不是这样呢?可以毫不夸张地说:"人才决定着一个企业的命运。"君不见一些企业重视贤能人才,不惜重金吸引与聘用贤人,为企业注入高附加值的人力资本,为企业发展注入新的活力。

世界著名企业家艾柯卡在总结自己成功经验时,曾反复提到人才的重要性。他认为,身边围绕着一大批能干的专家是每一个企业管理者所必须做到的,因为人才是企业的根本,失去人才必然失去企业的生命力。

在美国微软公司,发现和选聘优秀的人才是其首要任务。比尔·盖茨认为,微软公司的成功是"聘用了一批精明强干的人"。

历史和现实均证明了墨子亲士思想的正确性与合理性。

古人云:"知能不举,则为失才。"乃是高明之见,谋求发展必须把人才作为根本,有才必举是顺理成章的事情,如果知道人才而不举荐,识了奸人而不贬斥,像寒蝉一样默不作声,那么一个国家就会没落,一个团队就不可能兴旺发达。因此,"在位者以求贤为务,受任者以进才为急"。

★ 驾御良才有方可循

墨子言曰:"良弓难张,然可以及高入深;良马难乘,然可以任重致远;良才难令,然可以致君见尊。"

——语出《墨子》

《墨子·亲士》篇中有:

"良弓难张,然可以及高入深;良马难乘,然可以任重致远;良才难令,然可以致君见尊。"

意思是说,良弓难以拉开,却能射得高入得深;良马难于骑乘,却能载着重任到达远方;良才难于驾御,却能使君主被尊敬。

在企业管理中,知识工作者常被人们称之为"最难管理的人",但正如墨子所说:"良才难令,然可以致君见尊。"因此,在你抱怨知识工作者不好管理的时候,请先问一问自己:我是否具备了管理知识工作者的能力? 我是否找到了管理知识工作者的有效方法?

知识工作者之所以被认为是"最难管理的人",其主要原因是:

在管理知识工作者的时候,管理者一方面迫切需要有创造力而且能独立思考的人,一方面又需要用一定的纪律来约束他们;一方面他们总的来说自我管理意识比较强,对被人"管着"很反感,可一方面又不能不去管理他们;一方面管理者经常需要他们做不易作出明确结论的工作,一方面又必须对他们的工作绩效给予明确的评估。由这些方面所构成的矛盾,即是管理知识工作者的难点之所在。因此,一个管理者能否有效地管理这些"最难管理的人",就看其是否能妥善处理这些矛盾。

在使用他们时,要辨其志,用其能

按社会心理学的性格论分析,知识工作者多属"理论志向型",他们擅长理性思维,对事物好坏的辨别一般比较敏锐,喜欢挑毛病,并且一旦看出来就会毫无情面地讲出来,常给人以"面子可丢,但理不可不明"的感觉;他们即使得到你某种程度的赞扬,也不像一般人那样受宠若惊,并对你感恩戴德;他们对事物一般不轻信,很少有盲目崇拜心理,更喜欢的是求实、较真、平等。

所以,要管理好知识工作者,首先管理者自己就应在某一领域或方面是个"行家",这可在心理上获得他们的认同。很难想象,一个无所专长的人会管理好一批专家,一个业务不精的人能领导好一批业务尖子。

其次以品学兼优、技有所专为基础,诚心诚意地对待他们,多为他们提供服务,多替他们着想,从思想上、工作上、生活上关心他们,维护他们的正当权益。在工作中即使偶有差错,在情况没弄明白之前,也要暂且将其视为"无辜",尽量多表扬,少埋怨;如果真的出了差错,即使责任都在他们身上,自己也要主动作出检讨,切不可幸灾乐祸,推过诿责,甚至抓他们的"小辫子"。

三是尊重他们的个性,不耻下问。知识工作者大都有他们独到的见解,自尊心较强,不喜随声附和,这就要求管理者应有良好的民主意识和开明作风,在作某一决策时,要尽可能地与他们多交流并虚心向他们咨询,尤其是在作某一决策时,要尽量发挥知识工作者的智能优势,大开言路,广征博采,不耻下问。尤其要注意尊重他们的首创精神,即使他们所提意见有所偏激或完全错误,也应采取积极的态度,耐心倾听后再作取舍,切不可不加分析,动辄予以"封杀"。

四是要根据他们的性格、专业、爱好等不同特点,将他们合理配置起来,以便使他们之间相互补充、相得益彰,以更好地发挥整体最佳效应。

在批评他们时,要顾于情,达于理

知识工作者大都对批评比较在意,他们很爱面子,一些人还有较强的虚荣心,这就要求管理者在必须批评他们的时候掌握一定的艺术。概而言之,一要点到为止,知识工作者一般都比较敏感,在很多情况下,批评他们只需"旁敲侧击"即可,而不必大呼小叫、指手画脚,这样往往适得其反。二要选择场合,批评最好在私下、单独的场合进行,切不可在大庭广众之下揭其短处,指其不足,这样只能增加他们对你的怨恨。三要语气缓和,最好用协商的口吻,摆事实,讲道理,拿出充分的依据来证明他的所作所为是不妥的,而不能暴跳如雷,生硬蛮横,这只会使他们从心眼里瞧不起你。

对于如何更得体地批评知识工作者,美国时代—沃纳公司前总编辑多诺万也提出过一个总的原则,他说:"成功地批评知识工作者必须包含三点意思:第一,你能干得更好。事实上有些工作你已经干得很好了,我只是希望你能将其余的工作干得同样出色;第二,对你的同事也是以同样的标准来衡量的;最后一条,对我本人,也希望你和其他人以这些标准来要求。"当然,对于大是大非问题、原则问题,也不排除"爆发式"或者"冷处理"的解决办法,此当别论。

在评价他们的工作时,要得之理,处之公

知识工作者的劳动成果有很多是不好明确衡量的,这与他们所从事的工作的性质有关,因此在评价他们的工作时要尽量注重公论,着眼实际,避免主观武断和偏颇,以使评价结果及过程科学公正,让他们口服心服。此外,在评价方法上也要有所讲究,一般地讲,采取民主与个人鉴定相结合、定性与定量相结合、研究成果与实际效果相结合等多方位、多侧面、多层次地进行考评,就非常有利于衡量知识工作者的工作成效。对作出重大贡献的知识工作者一定要予以重奖,因为他们受之无愧。

第二章 本不安者,无务丰末

★ 傲慢于子不祥,谦虚必得后福

其傲也出,于子不祥。

——《墨子》

墨子非常强调做人谦虚的重要性,在其他地方他也同样强调过。

每一个人都有强烈的自我表现欲,适当的对自己进行吹捧也无可厚非,但绝不能让这种吹捧成为一种固有的心态,为逞一时之快,盲目的进行吹嘘必会遭人所厌。吹嘘的心态每个人都有一些。在取得成绩时希望让人知道,最好能受到赞美,这种心理很正常。但是你要知道每个人都讨厌别人的吹嘘。有涵养的人会顾着你面子,假装微笑,假装欣赏,而你可千万别认为每个人都这么有涵养。大部分时候,你不会那么幸运。很多人会在你吹嘘自己的时候很冷静地刺你一下,把你自我吹嘘时不小心露出的漏洞给捅出来。

自吹自擂、善于吹嘘的人很容易给人不踏实的感觉,让别人觉得华而不实。如果你去面试,想得到一个好的工作,在短时间内不能把你的优点和成绩全告诉对方,拼命地显示自己的好,把自己大大吹嘘一下,那么经理会认为你这个人好大喜功,做事肯定不踏实。如果有这样的印象,那你肯定没戏了。

当罗斯福在白宫的时候,他曾这样承认——如果他每天有百分之七十五的时候是对的,那是到达到他最高程度的标准了。

如果你要纠正某人的错误,就不应该直率地告诉他;而要运用一种非常巧妙的方法,才不会把对方得罪了。

就像吉士爵士向他儿子说的:"我们要比人家聪明,可是你却不能告诉他,你比他聪明。"

人们的观念,是随时在改变的,二十年前我们认为对的事,现在看来却似乎是不对了。甚至当我们研读爱因斯坦的理论时,我们也开始存怀疑的态度。再过二十年,我们或许不相信自己在这本书上,所写下的东西。苏格拉底屡次跟他的门徒这样说："我所知道的只有一件事,那就是我什么也不知道。"

如果有人说了一句你认为错误的话,你知道他是说错了。若是用下面的口气来说,似乎比较好一些:"好吧,让我们来探讨一下,"或者是,"让我们看看究竟是怎么一回事?"

如果你想要知道,人与人之间如何相处,如何管理你自己,又如何改善你的人性、品格,你可以看一部《弗兰克林自传》。这是一部有趣味的传记,也是一部美国文学名著。在这部自传中,弗兰克林指出,他如何改造他自己好辩的恶习,使他成为美国历史上一个最能干、和蔼、善于外交的人物。

当弗兰克林还是一个经常犯错的年轻人时,一天,一位教友会里的老教友,把他叫到一边,结结实实地把他训了一顿。

"弗",这位老教友叫弗兰克林的名字,"你太不应该了。你打击跟你意见不合的人,现在已没有任何人会理你的意见。你的朋友发觉你不在场时,他们会获得更多的快乐。你知道得太多了,以致再也不会有人,告诉你任何事情……其实,你除了现在极有限度的知识外不会再知道其他更多了。"

弗兰克林之所以能成功,要归功于那位教友尖锐有力的教训。那时弗兰克林的年纪已不小,有足够的聪明来领悟其中的真理。他已深深知道,如果不痛改前非,将会遭到社会所唾弃。所以他把自己所有不切合实际的人生观,完全改了过来。

弗兰克林这样说:"我替自己订了一项规则,我不让自己在意念上,跟任何人有不相符的地方,我不固执肯定自己的见解……凡有肯定含意的字句,就像'当然的','无疑的'等话,我都改用'我推断','我揣测',或者是'我想象'等话来替代。当别人肯定地指出我的错误时,我放弃立刻就向对方反驳的意念,而是作婉转的回答……在某一种情形下,他所指的情形是对的,但是现在可能有点不同。

不久,我就感觉到,由于我态度改变所获得的益处……我参与任何一处谈话的时候,感到更融洽,更愉快了。我谦虚地提出自己的见解,他们会快速地接受,很少有反对的。当我给人们指出错误时,我并不感到懊恼。在我'对'的时候,我更容易劝阻他们放弃他们的错误,接受我的见解。

这种做法,起先我尝试时,'自我'很激烈地趋向敌对和反抗,后来很自然地形成习惯了。在过去五十年,可能已没有人听我说出一句武断的话来。在我看来,那是由于这种习惯的养成,使我每次提出一项建议时,得到人们热烈的支持。我不善于演讲,没有口才,用字艰涩,说出来的话也不得体,可是大部分有关我的见解,都能获得人们的赞同。"

所以即使你知识渊博,也应谦虚些,尊重别人的意见,而不能总是说"你错了"。时间会证明一切的。

有一份矜持，便有一份挫折；有一份谦逊，便有一份受益。骄傲往往使我们看不到自身的缺点，因而也就常常把别人的意见当作耳旁风。骄傲就像笼罩在人身上的一团臭气，赶走了给你良言的朋友。

作为一名领导者，面对一个使人难堪的批评时，你会不会静下心来，反思自己，虚心接受别人的批评？中国有句老话："谦受益、满招损。"因此，当你对别人的意见不以为然、自以为是时，你最好静下心来，反省自身。这样，你会变得虚心，变得更加成熟。

有一个成语叫"虚怀若谷"，意思是说，胸怀要像山谷一样宽阔，这是形容谦虚的一种很恰当的说法。只有空，才能容得下东西，而自满，除了你自己之外，容不下任何东西。

生活或工作之中，我们领导者常常不自觉地变作一个注满水的杯子，容不下其他的东西。因而，学会把自己的自满先放下来，以虚心的态度去倾听和学习，你会发现还有很多东西是你所不知道的。

俗话说："天外有天，人外有人。"保持一颗谦逊的心，你更能时刻前进。

★听人劝，吃饱饭

江河不恶小谷之满已也，故能大。圣人者，事无辞也，物无违也，故能为天下器。……江河之水，非一源之水也。千镒之裘，非一狐之白也。夫恶有同方取不取同而已者乎？

——《墨子》

墨子认为，江河不拒绝小溪流入，因此能让自己的水量不断增大。圣人能接受别人的意见，所以能成为天下的大才。

然而，2000多年后的今天，仍有很多人与墨子的观点背道而驰。

这些人往往喜欢沉浸在自己狭小的空间中，沾沾自喜，总认为自己是完美的。他们对别人的意见、建议、批评最直接的反应就是排斥、抵制和拒绝。这种以自我为中心的为人处世方式，显然阻碍了与别人的正常交流和沟通，不利于自己的进步和提高。这些人应该从墨子和他的弟子耕柱的一番对话中汲取教训。

耕柱是一代宗师墨子的得意门生，不过，他老是受到墨子的责骂。有一次，墨子又责备了耕柱，耕柱觉得自己非常委屈，因为在许多门生之中，自己被公认为最优秀的，但又偏偏遭到墨子的指责最多，让他感觉很没面子。

一天，耕柱愤愤不平地问墨子："老师，难道在这么多学生当中，我就是如此的差劲，以至于要时常遭您老人家责骂吗？"

墨子听后反问道："假设我现在要上太行山，依你看，我应该用良马来拉车，还是用老牛来拖车？"

耕柱回答说："再笨的人也知道要用良马来拉车。"

墨子又问："那么，为什么不用老牛呢？"

耕柱回答说："理由非常简单，因为良马足以担负重任，值得驱遣。"

墨子说："你答得很好，我之所以时常责骂你，也是因为你能够担负重任，值得我一再地教导与匡正你。"

以上墨子的这个故事，其实也是虚心接受别人意见的更进一步的要求，即变被动为主动，虚心向别人求教。

一个人在某些问题上处理不当时，如果有人向他指出他的缺陷和不足，不管这个人对此抱什么态度，接不接受，采不采纳，应该说这个人都是幸运的，因为至少他已经有了一个改正的机会。但当一个人犯错误，同时他周围的人任由他犯错误而不闻不问时，那么他是很不幸的，因为他正陶醉在自以为是的错误里而浑然不知。

因此，作为一名领导者，一方面，在有意见、建议和批评时，我们要正确面对，虚心接受和采纳，另一方面，其他人没有对我们提出相关的意见、建议甚至批评时，我们更应该主动去寻求别人的意见。仁者见仁，智者见智，博采百家之长，这样才有利于领导者正确地面对问题和处理问题。

三峡大坝截流成功时，记者向两院院士、三峡工程开发总公司技术委员会主任潘家铮提问："谁对三峡工程的贡献最大？"潘家铮回答说："那些反对三峡工程和提出了许多不同意见的人贡献最大。"潘家铮认为，持反对意见者从国力能否承受、移民如何安置、生态怎样保护、文物怎么保留等方面提出了一系列问题，使决策者不得不进行充分讨论，以解决一个又一个"不可行"问题。当这些"不可行"被一个个解决后，真正科学的决策也便产生了。"反对意见和不同意见"的价值和贡献也就在这里。

据介绍，在国外，为了避免工程留下遗憾，往往首先要对设计方案及规划进行批判，且由专业群体来操作。这种前置性批判，并不都是"全盘否定"，而是从各个角度提出质疑，使方案和规划更完善。反对性意见也好，不同意见也好，都是另一种判断，另一种思路，对主导性意见是有益补充。大量事实证明，好决策往往是以前置性冲突意见为基础，而不是从"众口一词"中来。三峡工程为此做了最好的诠释。

虚心使人进步，骄傲使人落后。伟人往往清楚地知道他们的优点，看出他们的过人之处,但他们绝不会因此就不谦虚。他们的过人之处越多,他们就越认识到自己的不足。当别人指出他们的不足时,他们都能谦虚地面对。这就是他们能不断提升自我,成就伟业的原因。

★宽天下者,得天下

天地不昭昭,大水不潦潦,大火不燎燎,王德不尧尧者,乃千人之长也。其直如矢,其平如砥,不足以覆万物。是故溪陕者速涸,逝浅者速竭,墝者其地不育。

——《墨子》

像箭一样直,像磨刀石一样平,那就不能覆盖万物了。所以狭隘的溪流干得快,平浅的川泽枯得早,坚薄的土地不长五谷。

墨子的话语很深刻,指出做人要有海洋的气魄,能容人,宽容别人。屠格涅夫说过:"不会宽容别人的人,不配受到别人宽容。"

宽容意味着理解和通融,是融合人际关系的催化剂,是友谊之桥的紧固剂,是书写精彩人生的画笔,是化解敌意的阳光。

宽容是处世做人的要点。一个以敌视的眼光看人,对周围的人戒备森严,心胸窄小,处处提防,不能宽大为怀的人,必然会因孤独而陷于忧郁和痛苦之中;而宽宏大量,与人为善,宽容待人,能主动为他人着想,肯关心和帮助别人的人,则讨人喜欢,被人接纳,受人尊重,具有魅力,因而能赢得更多人的喜欢。

宽以待人,就是在人际交往中有较强的相容度。人们往往把宽广的胸怀比作大海,能广纳百川之细流,也不惧暴雨和冰雹;也有人把忍耐性比作弹簧,能屈能伸。谁若想在困难时得到援助,就应在平时待人以宽。这就是说,相容接纳、团结更多的人,在顺利的时候共奋斗,在困难的时候共患难,进而增加成功的力量,创造更多的成功的机会。反之,斤斤计较,则会使人疏远,减少合作力量,人为地增加阻力。

古希腊神话中有一位大英雄叫海格里斯。一天他走在坎坷不平的山路上,发现脚边有个袋子似的东西很碍脚,海格里斯踩了那东西一脚,谁知那东西不但没有被踩破,反而膨胀起来,并且在加倍地扩大着。海格里斯恼羞成怒,操起一条碗口粗的木棒砸它,那东西竟然长大到把路堵死了。

正在这时,山中走出一位圣人,对海格里斯说:"朋友,快别动它,忘了它,离它远去吧!它叫仇恨袋,你不犯它,它便小如当初,你侵犯它,它就会膨胀起来,挡住你的路,与你敌对到底!"

我们在茫茫人世间,难免与别人产生误会、摩擦。如果不注意,在我们轻动仇恨之时,仇恨袋便会悄悄成长,最终会导致堵塞了人与人之间的交往之路。所以我们一定要记着善待仇恨,这样我们就会少一分烦恼,多一分机遇。宽容别人也就是宽容自己。

学会宽容,对于化解矛盾,赢得友谊,保持家庭和睦、婚姻美满,乃至事业的成功都是必要的。因此,在日常生活中,无论对子女、对配偶、对同事、对顾客等等都要有一颗宽容的爱心。

法国 19 世纪的文学大师雨果曾说过这样的一句话:"世界上最宽阔的是海洋,比海洋宽阔的是天空,比天空更宽阔的是人的胸怀。"此话虽然很浪漫,但具有现实意义。

拿破仑在长期的军旅生涯中养成宽容他人的美德。作为全军统帅,批评士兵的事经常发生,但每次他都不是盛气凌人的,他能很好地照顾士兵的情绪。士兵往往对他的批评欣然接受,而且充满了对他的热爱与感激之情,这大大增强了他的军队的战斗力和凝聚力,成为欧洲大陆一支劲旅。

在征服意大利的一次战斗中,士兵们都很辛苦。拿破仑夜间巡岗查哨。在巡岗过程中,他发现一名站岗士兵倚着大树睡着了。他没有喊醒士兵,而是拿起枪替他站起了岗,大约过了半个小时,哨兵从沉睡中醒来,他认出了自己的最高统帅,十分惶恐。

拿破仑却不恼怒,他和蔼地对这位开小差的哨兵说:"朋友,这是你的枪,你们艰苦作战,又走了那么长的路,你打瞌睡是可以谅解的,但是目前是关键时刻,一时的疏忽就可能断送全军。我正好不困,就替你站了一会儿,下次一定小心。"

拿破仑没有破口大骂,没有大声训斥士兵,没有摆出元帅的架子,而是语重心长、和风细雨地批评士兵的错误。有这样大度的元帅,士兵怎能不英勇作战呢?如果拿破仑不宽容士兵,那后果只能是增加士兵的反抗意识?丧失他本人在士兵中的威信,削弱军队的战斗力。

宽容是一种艺术,宽容别人,不是懦弱,更不是无奈的举措。在短暂的生命中学会宽容别人,能使生活中平添许多快乐,使人生更有意义。

领导者应当有广阔的胸怀,宏大的气度。大河里生活的鱼,不会因遇到一点风浪就惊慌失措;而小溪里的鱼就不同了,一感觉到有点异常动静,立刻四处逃窜。领导者也是这样的。胸襟坦荡宽广的领导者不是这样,他们不为犹如芝麻般的小事而忙得团团转,他们把目光投向生活的深度和广度,他们是做事稳重、态度从容不迫的人。

正因为有了宽容，我们的胸怀才能比天空还宽阔，才能尽容天下难容之事。

★言必信，行必果

言必信，行必果，使言行之合，犹合符节也，无言而不行也。

——《墨子》

墨子针对当时社会纷乱、国家之间互相攻伐的局面提出了"兼相爱、交相利"的主张，反对"交相恶"，并一再强调应"以兼易别"，兼，就是相爱，别，就是相恶。墨子倡导人们以相爱来取代相恶，认为厌恶别人的人，别人也会厌恶他，给别人带来伤害的人，别人也会反过来伤害他。

在《兼爱下》篇，墨子反复论证了"以兼易别"的重要性和可行性，他列举了许多种情况，指出有些人虽然口口声声反对"兼"（相爱），认为"兼"是不可能实现的，但如果让他来选择是把亲人托付给主张"兼"（相爱）的人，还是托付给主张"别"（相恶）的人，那么他肯定会选择前者。在这里墨子严厉批判了这些言行不合的人，因为在他看来，人们无论做什么事，都应该"言必信，行必果"、"无言而不行也"，而这些嘴上主张"别"（相恶）的人，实际上心里也是希望别人能"兼相爱"的。通过这种对比揭露，墨子进一步提出"兼相爱"是可以行得通的。"言必信，行必果，使言行之合，犹合符节也，无言而不行也"这句名言在《墨子·兼爱下》篇中主要是用来证明其"兼爱"理论的可行性，用的是这句话的本来意义。在今天这句名言的意义没有什么变化，仍是指人们为人处事要言行合一，这是对人们最基本的要求，人们都应该把"言必信，行必果"、"言行合一"作为一条人生准则来要求自己，完善自己。

守信，是中华民族的优秀文化传统之一，自古以来，中国人都十分注重讲信用，守信义。清代顾炎武曾赋诗言志："生来一诺比黄金，哪肯风尘负此心。"表达了自己坚守信用的处世态度和内在品格。因此，

顾炎武

中国人历来把守信作为为人处世,齐家治国的基本品质,言必信,行必果。中国古人有言:"君子以诚信为本,小人以趋利为务。"可见,处之本,在于诚信。为人处世决不能见利忘义,不讲信用。

做人最根本的一条是诚信。一个人如果时时、处处、事事讲信用,那么他的事业将会走向成功,人生将会亮丽多姿。

诚信乃做人之本,这是多少成功人士恪守的人生准则。人生向上的基础是诚、敬、信、行。诚是构成中国人文精神的特质,也是中国伦理哲学的标志。诚是率真心、真情感,诚是择善固执,诚是用理智抉择真理、以达到不疑之地。不疑才能断惑,所谓"不诚无物"就是这个道理。而"信"则是指智信,不是迷信、轻信,这种信依赖智慧的抉择,到达不疑,并且坚定地践行。

为人处事,信守诺言是非常重要的。那些受欢迎的人,常用各种不同的方式把他们的特点展现在人们面前,其中最显著的特点便是任何时候都有守信、遵约的美德。

东汉时,汝南郡的张劭和山阳郡的范式同在京城洛阳读书,学业结束,他们分别的时候,张劭站在路口,望着天空的大雁说:"今日一别,不知何年才能见面……"说着,流下泪来。范式拉着张劭的手,劝解道:"兄弟,不要伤悲。两年后的秋天,我一定去你家拜望老人,同你聚会。"

落叶萧萧,篱菊怒放,这正是两年后的秋天。张劭突然听见天空一声雁叫,牵动了情思,不由自言自语地说:"他快来了。"说完赶紧回到屋里,对母亲说:"妈妈,刚才我听见天空雁叫,范式快来了,我们准备准备吧!""傻孩子,山阳郡离这里一千多里路,范式怎会来呢?"他妈妈不相信,摇头叹息,"一千多里路啊!"张劭说:"范式为人正直、诚恳、极守信用,不会不来。"老妈妈只好说:"好好,他会来,我去备点酒。"其实,老人并不相信,只是怕儿子伤心,宽慰宽慰儿子而已。

约定的日期到了,范式果然风尘仆仆地赶来了。旧友重逢,亲热异常。老妈妈激动地站在一旁直抹眼泪,感叹地说:"天下真有这么讲信用的朋友!"范式重信守诺的故事一直为后人传为佳话。

在现实生活中讲信用,守信义,是立身处世之道,是一种高尚的品质和情操,它既体现了对人的尊敬,也表现了对己的尊重。但是,我们反对那种"言过其实"的许诺,也反对使人容易"寡信"的"轻诺";我们更反对"言而无信"、"背信弃义"的丑行!

天下没有一种广告能比诚实不欺,言行可靠的美誉更能获得他人的信任和好感。诚信之人一时可能会丢掉芝麻,但最终他会拾得西瓜。

在社会交往中,如果真能主动帮助朋友办点事,这种精神当然是可贵的。但是,办事要量力而行,说话要注意掌握分寸。因为,诺言的能否兑现不仅有个自己努力程度问题,还有一个客观条件的因素。有些在正常情况下是可以办到的事,后来由于客观条件起了变化,一时办不到,这种情况是有的,这就要求我们在朋友面前,不要轻率地许诺。有的事,明知办不到,就应向朋友说清楚,要相信朋友是通情达理的,是会原谅的,千万不要打肿脸充胖子,在朋友面前逞能,轻率许诺。这样,不但得不到友谊和信任,而且反而会失去朋友。

国学经典文库

国学大智慧

《墨子》智慧通解

图文珍藏版

第三章　兼爱天下，雄霸天下

★像爱自己一样去爱别人

若使天下兼相爱，爱人若爱其身，犹有不孝者。

——《墨子》

墨子指出，像爱自己一样去爱别人，这世界还会有战争，仇怨吗？爱人，并不是不爱自己，当然你更该的是去爱别人。光爱自己是远远不够的，也不是真正的有爱心，做人有爱心，最主要的还是要能爱别人，要有博爱之心，那怎样去爱人呢？这就要求我们要平等，己所不欲、勿施于人，像爱自己那样去爱别人。

战国时梁国与楚国相邻。两国颇有敌意，在边境上各设界亭（哨所）。两边的亭卒在各自的地界里都种西瓜。梁国的亭卒勤劳，锄草浇水，瓜秧长势良好；楚国的亭卒懒惰，不锄不浇，瓜秧又瘦又弱，目不忍睹。

人比人，气死人。楚亭的人觉得失了面子，在一天晚上，乘月黑风高，偷跑过去把梁亭的瓜秧全都拉断。梁亭的人第二天发现后，非常气愤，报告县令宋就，说我们要以牙还牙地过去把他们的瓜秧扯断！

宋就却说道："楚亭的人这种行为当然不对。别人不对，我们再跟着学就更不对，那样未免太狭隘、太小气了。你们照我的吩咐去做，从今开始，每晚去给他们的瓜秧浇水，让他们的瓜秧也长得好。而且，这样做一定不要让他们知道。"

梁亭的人听后觉得有理，就照办了。

楚亭的人发现自己的瓜秧长势一天比一天好起来，仔细观察，发现每天早上地都被人浇过，而且是梁亭的人在夜里悄悄为他们浇的。

楚国的县令听到亭卒的报告后，感到十分惭愧又十分敬佩，于是上报楚王。楚王深感梁国人修睦边邻的诚心，特备重礼送梁王以示歉意。结果这一对敌国成了友好邻邦。在矛盾面前，应该大事化小，小事化了，不要冤冤相报，没完没了，古人尚且知道这样的道理,你应该如何面对呢?不要抱怨别人对你不好,因为你用什么样的心态对待别人,别人就用什么样的心态对待你。不能友好示人的人,也终究只有敌人,而你的错也已经无可挽回了。

中国古代哲人有"以德报怨"这种做人方式,对于这一点我们当然不可能要求每一个人都做到,在当今这样一个物欲横流的时代,这种处世方式对年轻人来说是一种苛求了。但是,我们的老祖宗毕竟是高瞻远瞩的。做人也一样,如果凡事都像对待自己一样去对待别人,把敌人当成朋友,那么还有什么不可以平心静气地解决呢!

爱,是一个你中有我,我中有你的爱心圆。

韦利是一个患有先天性心脏病的小男孩,但他开朗活泼,和所有的人几乎都能成为朋友。正是因为他的乐观和快乐,很少有人知道他是一个可能随时离开人间的高危病人。

韦利有早起晨练的习惯。尽管医生不让他做高强度和激烈的运动,但是韦利还是愿意早起看看清晨看看太阳看看一天的开始是如何的美丽。那是一个薄雾和轻烟笼罩的早晨,韦利走到城市中央广场的时候,发现一个人倒在地上,身上洒落了露水,脸色发紫呼吸微弱,显然他正处在生命即将逝去的危险之中。韦利早已知道心脏病发作时的痛楚,他对这个陌生人的痛苦感同身受。四周很静,真正晨练的人一般不会来这里。韦利知道自己一个人无论如何也扶不起地上这个身材高大的人,怎么办?时间来不及了,韦利顾不上医生的警告俯身拉起他的衣服。就这样,十二岁的韦利用尽全身力气一点点地把这个人在地上拖行了二百米。终于有人发现了他们,韦利只说了一句"快送他去医院"便昏倒在地。

韦利醒来后看到的是陌生人一脸的关切和自责。他说自己因贪杯醉倒在街头,如果不是韦利救了他,医生说他会冻死在那里。陌生人愧疚地说:"对不起,医生告诉我说你的心脏病差一点就要了你的命,你是在拿你的命救我。真不知道该如何感谢你!"韦利笑了:"我现在没事了,你也没事了。这就是最好的感谢!"陌生人一定要报答韦利。韦利想了想说:"我真的不需要你对我有什么报答,只是希望你能像我救你一样,尽自己所能在需要的时候,去救助比自己的处境还要差上许多的陌生人,我想这就足够了。"

许多年过去了,韦利活过了比医生的预言长数倍的时间。他还是和以前一样乐观,并且真诚地对待每一个人,在需要的时候尽自己所能帮助别人。但是韦利的病终于在一个冬天的早晨击倒了他。当时韦利正在一个很偏僻的地方散步,忽然感到心口一阵剧烈的疼痛,韦利挣扎了几下终于支持不住倒在了地上。

韦利醒来时发现自己躺在医院里,身边站着一个十几岁的男孩,正瞪着一双大眼睛关切地看着他。韦利很感激地握住了男孩的手说:"谢谢你,孩子,你救了我。你是怎么发现我的?"男孩很开心的样子:"我早上要去爷爷家陪他,正好路过那个地方,看到你躺在地上,我就想起了爷爷说他年轻的时候被一个和我一样大的男孩救起来的事。我想我也一定能够做到,于是我就使出全身的力气拉你。幸好你还不算重,我成功了,回去后一定告诉爷爷,他告诉我要尽力帮助每一位需要帮助的陌生人,我今天做到了。"

韦利不知道该如何形容自己的心情,一次对人施以援手竟会带来一生受用不尽的恩惠。爱,真是一个同心圆,我中有你,你中有我。爱能产生人间一切的美德与奇迹。

韦利竭己所能地救了陌生人,不想在许多年后却又意外地被救于那个陌生人的孙子,而那孩子正是因为当年韦利救了他爷爷,才从爷爷那里得到了教诲:要尽力帮助需要帮助的人。于是韦利悟出了:爱是无止境的。

虽然韦利深知自己的能力有限,可他还是在需要时尽自己所能去帮助别人。尽管故事只提到了他救陌生人那一件事,但我们都能联想到,有许许多多的人也曾受到过韦利的援助。面对那些人,韦利从不接受任何报酬,只是希望他们也能像自己一样,在需要的时候尽自己所能去帮助别人。同样地,有似于故事中的陌生人,获救于韦利后,不仅自己铭记韦利的愿望,还将韦利的愿望传予他人……于是懂得"在需要的时候尽己所能去帮助别人"的人便越来越多,爱心圆在越来越浓的爱意中不断地扩大,爱也就无止境地延伸开了。

★送人玫瑰不求"手有余香"

无言而不信,无德而不报,投我以桃,报之以李。

——《墨子》

从墨子的话中我们可以感受到墨子知恩图报的高尚情操。而在现实社会中,有些人总是记得别人的回报,总是希望得到别人的感激,而他却没有真正牢记自己。

我们天天埋怨别人不知回报,不知我们有没有反思过自己的行为,到底该怪谁?是我们太了解人性,还是我们忽略了人性?帮助别人的目的不是为获得回报。如果我们偶尔得到别人的感激,的确是一件令人惊喜的事。如果没有,也不要为此伤感、抱怨不休。

假如你救了一个人的生命，你会期望他感激吗？你也许会。可是乔治在他当法官前曾是位有名的刑事律师，曾使78个罪犯免除了牢狱之灾。你猜猜看其中有多少人曾当面致谢，或至少寄张贺卡来？你可能猜对了：一个也没有。

耶稣在一个下午使十个瘫痪的人起立行走，可有几个人回来感谢他呢？只有一位。耶稣环顾门徒问道："其他九位呢？""他们都跑了，谢也不谢就跑得无影无踪！"那么，像你我这样的普通人，给了人一点小恩惠，凭什么就希望得到比耶稣还多的感恩呢？

如果这里面涉及金钱，那可就更难说了！查尔斯曾说，当一位银行职员挪用银行基金去炒股票而造成亏损，面临指控时，查尔斯帮他补足金额以免他吃上官司，这位银行职员是否感谢他呢？是感谢他，但只是那一阵子，后来这个人还跟曾经救他脱离牢狱之灾的人作对呢！

假如你送亲戚一百万美元，他就应该会感谢你吧？钢铁大王安德鲁·卡内基就资助过他的亲戚，不过如果安德鲁·卡内基重新活过来，一定会意想不到地发现这位亲戚正在诅咒他呢！为什么？因为，卡内基遗留了三亿多美元的慈善基金，但他只继承了一百万美元。

现实就是如此。人性就是人性，你千万别指望会有任何改观，何不干脆接受呢？

尼玛是一位住在纽约的妇女，她整天埋怨自己寂寞。没有一个亲戚愿意接近她。如果你去看望她，她一定会絮絮叨叨告诉你，她侄儿们小的时候，她是如何照看他们的。他们得了麻疹、腮腺炎、百日咳，都是她照看的，他们跟她生活了很久。她还资助一位侄子读完商业学校，一直到他结婚前，他都住在她家。

这些侄子会常回来看望她吗？噢！有的！有时候！完全是例行公事式的。他们都害怕回来看她，真正使他们受不了的是要坐几个小时听那些絮絮叨叨、无休无止的抱怨与自怜。当她终于发现无论如何也没法叫她的侄子们回来陪她时，她就拿出她的绝招——心脏病发作。这心脏病当然不是装出来的，医生也说她的心脏相当神经质，经常心悸。可是医生们也是无能为力，因为她的情绪往往是她病发的起因。

这位老妇人需要的是关爱，但她表现的却是需要"感恩"，可惜她可能永远也得不到她所设想的感激或敬爱了，因为她认为这是她应得的，她要求别人给她这些东西。

世界上有很多像她一样的人，认为别人都忘恩负义，他们渴望被爱，但是在这世上真正能得到爱的唯一方式，不是去索求，相反的，而是要不求回报的付出。

这是不是听起来太理想化、太不符合实际了？其实不是这样！这是追求幸福最好的一种方法。亚里士多德说："一个理想、完美的人会从施予中得到快乐。"

真正的快乐是你付出多少，别人得到了多少帮助，而不是你该得多少回报，否则你陷入了为索取回报而与别人斤斤计较的争论当中，又何谈快乐呢？

为人父母者一向抱怨子女不知感恩。甚至莎剧主人翁李尔王也不禁叫道："不知感恩的子女比毒蛇的利齿更吞噬人心。"可是如果我们不教育他们，为人子女者怎么会知道感恩呢？忘恩原是人的天性，它像随意生长的稗草。感恩有如花草，需要细心栽培及爱心的滋润，才能开出美丽的花作为回报。

要是子女们不知感恩，应该怪谁？也许该怪的就是为人父母的我们。如果我们从来不教导他们向别人表示感谢，怎么能希望他们来感谢我们？

让我们记住，孩子是我们造就的。

要想有知恩善报的子女，只有自己先成为感恩的人。让我们把这句话永远铭记于心。我们的言行非常重要。在孩子面前，千万不要诋毁别人的善意。也千万别说："看看表妹送的圣诞礼物，都是她自己做的，连一分钱也舍不得花！"这样对我们可能是随便说说而已，但是孩子们却听进心里去了。因此，我们最好这么说："表妹准备这份圣诞礼物，一定花费了不少时间和精力！她的心真好！我们得写信感谢她。"这样，我们的子女在无意中也学会了养成赞赏感激的好习惯。

请牢记，感恩是一种需要培养的品德。希望儿女们感恩，就必须训练他们成为感恩的人。

教师节那天，一大群孩子争着给他送来了鲜花、卡片、千纸鹤……一张张小脸蛋洋溢着快乐，好像过节的不是老师倒是他们。

一张用硬纸做成的礼物很特别，硬纸板上画着一双鞋。看得出纸是自己剪的——周边很粗糙，图是自己画的——图形很不规则，颜色是自己涂的——花花绿绿的，老师能穿这么花的鞋吗？

上面歪歪扭扭地写着："老师，这双皮鞋送给你穿。"看着署名像是一个女孩——这个班级他刚接手，一切都还不是很熟，从开学到教师节，也就是十天。

他把"鞋"认真地收起来，"礼轻情义重"啊！

节日很快就过去了，一天他在批改作文的时候，看到了这个女同学送给他的这双"鞋"的理由。

"别人都穿着皮鞋，老师穿的是布鞋，老师肯定很穷，我做了一双很漂亮的鞋子给他，不过那鞋不能穿，是画在纸上的，我希望将来老师能穿上真正的皮鞋。我没有钱，我有钱一定会买一双真皮鞋给老师穿的。"

这是一个不足十岁的小姑娘的心愿，他的心为之一动。但是，她怎么知道穿布鞋是穷人的标志?

　　他想问问她。

　　这是一个很明净的女孩子,一双眼睛清澈得没有任何杂质。当她站到他面前的时候,他似乎找到了答案。

　　他看见了她正穿着一双方口布鞋,鞋的周边开了花,这双布鞋显然与他脚上的这双布鞋不一样。

　　于是有了下面的问话。

　　爸爸在哪里上班?

　　爸爸在家,下岗了。

　　妈妈呢?

　　不知道……走了。

　　他再一次看了她脚上的布鞋,那一双开了花的布鞋。

　　他从抽屉里拿出那双"鞋"来。这时他感受出这双鞋的分量。

　　她问,老师你家里也穷吗? 他说,老师家里不穷。你家里也不穷。

　　同学都说我家里穷。她说。

　　他说,你家里不穷,你很富有,你知道关心别人,送了那么好的礼物给老师。老师很高兴,你高兴吗?

　　她笑了。

　　和老师穿一样的鞋子,高兴吗?

　　她用力地点点头。

　　他带着她来到教室,他问大家,老师为什么穿布鞋呢? 有的同学说,好看。有的说,透气,因为自己的奶奶也穿布鞋。有的同学说健身,因为自己的爷爷打拳的时候都穿布鞋。很奇怪没有人说他穷。他说穿布鞋是一种风格,透气,舒适,有益健康。

　　后来这位老师告诉同学们,脚上穿着布鞋心里却装着别人,是最让老师感到幸福的! 只有富有的人才能给予别人幸福,能给予就不贫穷。

　　在同学的眼光中,小女孩意识到自己是贫穷的,在强烈的物质对比下,她那颗敏感的心敏锐地得出一个结论:穿布鞋是穷人的标志。在她注意到老师也和自己一样穿布鞋后,她便在教师节时画了一双皮鞋送给老师。这个"脚上穿着布鞋心里却装着别人"的小女孩让我很感动,她是物质上的穷人,却是爱心上的真正富人,她小小年纪就懂得去关心他人,并把爱心给予他人。然而日常生活中,有的人凭着父母物质上的富有到处炫耀,一切以自我为中心,看不起比他穷的人,甚至嘲笑别人,这种人实际上是爱心的乞丐,是灵魂的穷人。

没有人能选择自己的出生,但是人人都有选择做爱心富人的权利,如果我们从现在起就选择做爱心富人,爱心的大门将随时为我们敞开,那么,我们所收获的,将不仅仅是别人的感激,而是更加富有的灵魂!

★即使是敌人,也要有爱之心

大人之爱小人也,薄于小人之爱大人也;其利小人也,厚于小人之利大人也。

——《墨子》

墨子的兼爱是一种无差等的爱,即使是你的敌人,也要有爱之心。

为什么神在开始的时候,不一下子就造出许多人,却只造出一个人来,让全人类自一个人而繁衍成许多人呢?

这是神为了告诉我们,谁夺取了一个人的生命,就等于杀害全人类。相对的,如果谁能救一个人的生命,那么他就等于拯救了全世界人的生命;同样地,爱上一个人时,也就等于爱上整个世界的人。

人非圣贤,要去爱我们的敌人也许真的有点强人所难;但出于自身的健康与幸福,学习宽恕敌人,甚至忘了所有的仇恨,也可以算是一种明智之举。有句名言说:"无论被虐待也好,被抢掠也好,只要忘掉就行了。"

在我们对我们的仇人心怀仇恨时,就等于给了他们制胜的力量:给他机会控制我们的睡眠、胃口、血压、健康,直至我们的心情。如果我们的仇人知道他带给我们这么多的烦恼,他一定要高兴得手舞足蹈!

憎恨伤不了对方一根毫毛,却把自己的日子弄得像地狱一般。

莎士比亚说过:"仇恨的烈焰会烧伤自己。"报复别人如何转移到伤及自己呢?《生活》杂志上曾载报复会毁了人的健康。它是这样说的:"高血压患者最主要的个性特征是容易仇恨,长期的愤恨造成慢性心脏疾病,导致高血压的形成。"

如今你该领悟耶稣所谓"爱你的敌人"不只是道德上的训诫,宣扬的也是一种养生之道了。当耶稣说"原谅他们 77 次",他无异是在告诉我们如何避免高血压、心脏病、胃溃疡以及过敏性疾病。

一份警方报告说:"一位咖啡店老板,因和厨师意见不合,一怒之下他竟抓起左轮手枪追杀厨师,结果造成自己心力衰竭倒地不起。验尸报告宣称:他因愤怒引发心脏病而死。"对于严重的心脏病人,医生总会告诫他不论发生任何情况都不能生气。医生了解心脏衰弱的人，一发脾气就可能丧命。

仇恨最容易损害一个人的容颜。相信都看过一些女士因为怨恨而脸生皱纹，由于悔恨而表情僵硬的情形。这时，再好的整形外科对她们容貌的改进远不及因宽恕、温柔和爱意所能改进的一半。

仇恨会让我们面对山珍海味也没有丝毫胃口。《圣经》上是这么说的："怀着爱心吃青菜要比带着愤怒吃海鲜强得多。"

如果我们的仇人知道因对他的仇恨而消耗我们的精力，使我们精疲力竭、社会关系老化，搞得我们心脏发病、未老先衰，难道他不会拍手称快吗？

就算我们没办法爱我们的敌人，起码也应该更多爱惜自己。我们应该爱自己不要让敌人控制我们的心情、左右我们的健康以及外表。

有人问艾森豪威尔将军的儿子，他父亲是否也曾憎恨过一些人。他当即回答："没有，我父亲从不浪费一分钟去想那些他不喜欢的人。"

有一句话说："不能生气的人是傻瓜，而不去生气的人才是智者。"

德国哲学家叔本华在《悲观论》中把生命比喻为痛苦的旅程，可是在绝望的深渊中他仍说："假如有可能的话，任何人都不应有怨恨的心理。"

没有任何人能干扰我们，除非我们自己允许。19 世纪前，艾比克泰德就曾指出，我们收获的就是我们曾播种的，命运总是很公平，它会要我们为自己的罪行付出代价，他说："从长远来看，每一个人都会为自己的错误付出代价。能将此铭记于心的人就不会跟人生气，不会跟人争吵，不会辱骂别人、责难别人、冒犯别人、恨别人。"

林肯大概是美国历史上最备受责难的人物了。但林肯从不以自己的喜恶来判断事情，不论是自己的朋友或对手，他都以公正的态度去处理。他很注意"唯才是用"，从不因对方是政敌或讨厌的人而存有偏见。

很多人借着批评林肯而获得地位，虽然林肯备受侮辱，却还是不改其不偏听偏信的信念。因为他认为人们的行为是他所处的环境、教育、习俗的产物，不能过分地要求他们。

林肯也许是对的。如果你我像我们的敌人一样承袭了同样的处境及心理特征，如果我们的人生完全相同，我们也许会作出跟他们完全相同的事，因为我们别无选择。让我们以印第安人的祈祷词提醒自己："伟大的神灵！在我穿上别人的鹿皮靴走上两星期路以前，请帮助我不要批评他人。"因此，与其恨我们的敌人，何不让我们同情他们，并感谢苍天没有让我们跟他们有同样的生活。与其诅咒、报复我们的敌人，何不给他们以谅解、同情、帮助、宽容和祝福。

"爱你的敌人，宽恕那些诅咒你的人，善待那些仇恨你的人，并为伤害你的人祝福。"耶稣的这段圣言,会赐给无数人内心的平安,然而,可悲的是这个世界上许多有权有势的人都无缘享受这样的平安。

领导者要培养内心的平安与快乐,就请记住:永远不要尝试去报复我们的敌人,那样对自己的伤害将大大超过给予他人的。决不要把时间浪费在仇恨上,哪怕一秒钟。

★爱心无功利

爱人非为誉也,其类在逆旅。

——《墨子》

墨子认为,有爱心是一种自然而然的生活观,它不是一种具有什么具体形状的实质,人有爱心并不是为了获取别人的感激、帮助或者别的什么东西,虽然这些在你付出爱心后会随之而来,有些人以金钱来衡量爱心,但金钱并不是万能,真正的爱心是发于真诚,救人于危难之中。

一个失去了双亲的小女孩与奶奶相依为命,住在楼上的一间卧室里。一天夜里,房子起火了,奶奶在抢救孙女时被火烧死了。大火迅速蔓延,一楼已是一片火海。

邻居已呼叫过火警,无可奈何地站在外面观望,火焰已经封住了所有的进出口。小女孩出现在楼上的一扇窗口,哭叫着救命,人群中传布着消息说:消防队员正在扑救另一场火灾,要晚几分钟以后才能起来。

突然,一个男人扛着梯子出现了,梯子架到墙上,人钻进火海之中。他再次出现时,手里抱着小女孩。孩子交给了下面迎接的人群,男人消失在夜色之中。

调查发现,这孩子在世上已经没有亲人了,几周后,镇政府召开群众集会,商议谁来收养这孩子。

一位教师愿意收养这孩子,说她能保证孩子受到良好的教育。一个农夫想收养这孩子,他说孩子在农场会生活得更加健康惬意。

其他人也纷纷发言,述说把孩子交给他们抚养的种种好处。

最后,本镇最富有的居民站起来说话了:"你们提到的所有好,我都能给她。并且能给她金钱和金钱能够买到的一切东西。"

从始至终,小女孩一直沉默不语,眼睛望着地板。"还有人要发言吗?"会议主持人问道。一个男人从大厅的后面走上前来。他步履缓慢,似乎在忍受着痛苦。他径直来到小女孩的面前,朝她张开了双臂。人群一片哗然。他的手上和胳膊上布满了可怕的伤疤。

孩子叫出声来:"这就是救我的那个人!"她一下子蹦起来,双手死命地抱住了男人的脖子,就像她遭难的那天夜里一样。她把脸埋进他的怀里,抽啼着哭泣了一会儿。然后,她抬起头,朝他笑了。

"现在休会。"会议主持人宣布道……

在我们的生活中处处充满了爱的阳光,将你感受到的爱讲给大家听,在人们的心上也增添了一份爱。比如:亲情之爱,慷慨之爱,社会之爱,诚挚之爱……

爱是一种付出,有付出自然有回报,这种回报可以有形可以无形,但是我们需要谨记回报不是爱的目的,我们也不能抱着这个目的去爱或者不爱。

当然在现今社会去奢求每个人都抱着这种爱的态度可能是困难的,所以我们在生活中做人一定要保持自己的爱心,不要为世俗利欲所熏染,要知道爱永远比任何东西都更珍贵。

★ 对下属要用真感情

墨子言曰:"爱人者必见爱也,而恶人者必见恶也。"

——《墨子》

在《墨子·兼爱下》中,墨子引《诗经·大雅》文字说:

"无言而不信,无德而不报。投我以桃,报之以李。"

意思是说,没有言辞不获得回应,没有恩德不得到报答。有人赠给我桃子,我会回敬他李子。

墨子把这样的诗句看作"兼爱"思想的"本原",从中引申出"爱人者必见爱也,而恶人者必见恶也",即以爱的态度待人,会得到爱的回报;以恶的态度待人,会得到恶的回报。在墨子看来,"兼爱"就犹如"投桃报李"。

"投我以桃,报之以李。"中国人素来讲求礼尚往来,所谓"滴水之恩,涌泉相报",说的就是这个道理。

《史记》中有信陵君窃符救赵的故事,他之所以能够顺利出城,与看守城门的一个小吏侯生的帮助是分不开的。侯生是一名隐士,他在放信陵君出城后引颈自杀。那他为什么会不顾性命帮助信陵君呢？原因就在于信陵君不顾侯生贫贱而与他结交，并与他同乘一辆马车同行过，使侯生产生了士为知己者死的念头。

在当今社会的用人实践中，也一定要有所付出，才能得到回报。在用人以报的投入中，不仅物质投入可以获得回报，情感的投入也可以收到意想不到的效果，正如墨子所说："爱人者必见爱也，而恶人者必见恶也。"实践也证明，在用人过程中，感情投入不可忽略。

其一，领导对员工的感情投资，可以有效地激发员工的潜在能力，使员工产生强大的使命感与奉献精神。得到领导的感情投资的员工，在内心深处会对领导心存感激，认为领导对自己有知遇之恩，因而"知恩图报"，愿意更加尽心尽力地工作。

其二，领导对员工的感情投资，会使员工产生"归属感"，而这种"归属感"正是员工愿意充分发挥自己能力的重要源泉之一。人人都不希望被排斥在领导的视线之外，更不希望自己有朝一日会成为被炒的对象，如果得到了来自领导的感情投资，员工的心理无疑会安稳、平静得多，所以更愿意付出自己的力量与智慧。

其三，领导对员工的感情投资，可以有效地激发员工的开拓意识和创新精神，鼓足勇气，不会"前怕狼后怕虎"，所以工作起来便无所担心。人的创新精神的发挥是有条件的，当人们心中存有疑虑时，便不敢创新，而是抱着"宁可不做，也不可做错"的心理，只求把分内的工作做好就行了。如果领导能够对员工进行感情投资，建立的信任感、亲密感越充分，就会越有效地消除员工心中的各种疑虑和担忧，员工就会更愿意把自己各方面的潜能都发挥出来。

这是领导对员工进行感情投资的最根本原因。不懂得对员工进行感情投资的领导，不可能成为成功的、卓越的领导。想让别人听从你的指挥，拼命为你工作，不能只靠强制和命令，还必须通过感情投资激发员工的巨大潜能。领导如何对员工进行感情投资呢？

（1）对员工要关爱

作为领导，要关心、爱护员工。只有关爱员工，才能获得员工的尊敬。在对员工的工作严格要求的同时，要为员工开展工作及创造业绩提供条件，还要在生活上关心员工。当员工在工作、生活中遇到困难时，要及时给予帮助；当员工工作不顺利、情绪低落时，要及时与其一起分析原因并给予鼓励；当员工身体不舒服时，要问寒问暖；当员工家庭成员及其亲属遇到困难时，也要尽可能给予帮助。

（2）尊重员工

每个人都有自尊心，都希望被人尊重。一旦被尊重，便会产生不辱使命的心理，工作意念与干劲格外高昂。一个人不论具有多大的才能，若无法满足其被尊重的欲望，便会削弱他的工作积极性。尊重员工，可以从以下几个方面入手：不强制工作,凡事先征得员工的同意;诚恳、友善对待员工;信赖员工;帮助员工升迁;遵守与部属约定的事项;尊重员工的自尊心,不要瞧不起员工;以员工的立场考虑事情。

所谓好的领导都是尊重人的领导,他并非以工作为重心而加以监督,而是以人为重心加以信赖。对下属从不以支配者自居,是一种懂得下属心情与立场的领导者。员工得到领导的尊重,心中就会有满足感,自然会尽心尽力做事。

(3)宽容下属

一般来说,领导者的工作能力和管理经验都要比下属略胜一筹,领导者居高临下很容易发现下属的不足之处,而且也容易向他们提出高标准严要求。

领导者应当清楚地了解下属的能力,而且要因材施用,不要总以自己的工作能力来衡量和要求下属。对员工进行严格要求是必要的,但严格要求与宽容之间并不矛盾。严格要求是指领导对下属制定高标准,而宽容则是当下属犯错误或由于某种原因而未能达到工作要求时,应该采取的态度。当宽容下属时,下属不会因此而散漫,反而会激发他的工作热情。如果一个领导总是挑下属的毛病,就会极大地削弱下属的工作热情,甚至会使他们产生反感。所以每一位领导都应该做到"严于律己,宽以待人"。

宽容也是一种重要的用人之道。作为一名领导必须想得开,看得远,从发展的角度考虑,从大局考虑,得饶人处且饶人,对员工要学会宽容。

(4)善于赞扬员工

领导的赞扬可以满足员工的荣誉感和成就感,使其在精神上受到鼓励。当员工做出成绩时,对其进行物质的激励是必要的,但物质激励具有很大的局限性。员工的优点和长处也不都适合用物质奖励。相比之下,对下属进行恰当的赞扬,不需要冒多大风险,也不需要多少本钱或代价,就很容易满足一个人的荣誉感和成就感。领导的赞扬可以使员工认识到自己在群体中的位置和价值,以及在领导心目中的形象。

人们都很在乎自己在领导心目中的形象,非常在乎领导对自己的看法。领导的表扬往往具有权威性,是员工确立自己在本单位的价值和位置的依据。员工很认真地完成了一项任务或做出一些成绩,从内心里盼望或期待着领导给予肯定。如果领导没有关注或给予不公正的表示,他就会产生"反正领导也看不见,干好干坏一个样"的想法。领导的赞扬不仅表明领导对员工的肯定和赏识,还表明领导很关注员工的事情,对他的一言一行都很关心。领导对员工的赞扬,还能够消除员工对领导的疑虑与隔阂,密切两者关系,有利于上下团结。

(5)利用待遇满足员工的物质需求

工资待遇是满足员工生存需要的重要手段。较高的工资收入,不仅是员工生活的保障,也是员工社会地位、角色扮演和个人成就的象征。

　　工资激励必须贯彻业绩挂钩、奖勤罚懒的原则。工资水平与劳动成果挂钩，使升了级的人满足，升不了级的人服气。奖金是超额劳动的报酬，设立奖金是为了激励人们超额劳动的积极性。在发挥奖金激励作用的实际操作中，要信守诺言，不能失信于职工。失信一次，会造成千百次重新激励的困难。不能搞平均主义，奖金如果平均发放，就起不到激励作用了。要使奖金的增长与企业的发展紧密相连，让员工体会到，只有企业兴旺发达，自己的奖金才能不断提高，而员工的这种认识就会收到同舟共济的效果。

　　（6）及时提升下属，并帮助下属进步

　　提升，是对下属卓越表现最具体、最有价值的肯定方式和奖励方式。提升得当，可以产生积极的导向作用，培养向优秀员工看齐和积极向上的企业精神，激励全体员工的士气。因此，领导要帮助员工在职务上进步，善于运用提升员工的权力。

　　（7）让员工分享自己的成功

　　作为一名领导，不但要成人之美，帮助员工进步，还要设法让员工分享你现有的成果。当你晋级晋职时，别忘了那些为集体勤奋贡献的员工，应设法让他们也有所晋升，让他们得到一些奖励，把他们推荐到更好的职位。让员工分享你的成功，也是自己再创佳绩的基础。

　　（8）与下属一起承担责任

　　教导下属正确做事是领导的职责之一。当下属犯错误时，主管领导即使没有直接责任，也有监督不力或委托不当之过。所以当员工闯祸时，要先冷静地检讨一下自己。如果完全是下属的疏忽，可与下属一起分析出现过错的原因，并帮助下属纠正过错，减少损失。要尊重下属，切忌向下属大发雷霆，尤其是在大庭广众之下。如果当众指责员工，会伤害员工的自尊心，使他觉得无地自容。要选择适当的方式，如私下里面对面对员工提出批评。在上司面前，也不能推卸责任，要有领导的风度——与部属一起承认过错。

　　总而言之，投桃报李，必须出自真心，切不可给人以虚情假意、矫揉造作之感。那种"平时不烧香，临时抱佛脚"的做法，是一种市场上买卖商品的做法，与用人以报的原则格格不入。

　　虚情假意的付出，只会招致别人的厌恶和痛恨，更别说会给予什么回报了。俗语云偷鸡不成反蚀一把米，便是此义。想当初孙吴想笼络刘备，不惜以联姻为诱饵让刘备上钩，这样的付出可谓多矣，但要害就在于其存心不善，因此不仅没有得到期望的回报，反而让刘备白得了一个娇妻。"周郎妙计安天下，赔了夫人又折兵"，成了千古笑谈，这一点用人者不可不察。

第四章　反对战争,不义无利

★领导要有公德心

墨子言曰:"苟亏人愈多,其不仁兹甚矣,罪益厚。"

——《墨子》

"非攻"即反对攻伐的意思,是墨家的代表理论之一。

墨子见当时诸侯间的兼并战争不断,人民流离失所,因而提出了"非攻"的主张。墨子认为,无论对战胜国还是战败国而言,战争都是天下的"巨害",它既不合于"圣王之道",也不合于"国家百姓之利"。

"非攻"是墨子学说中最重要的具体主张,"非攻"其实是实践"兼爱"的实务之一,"兼爱"是"非攻"理论上的依据。"兼爱"的目的在祛除个人心理的偏私,"非攻"则在消弭国家间的战争。

在《墨子·非攻上》中,墨子开篇提出了"苟亏人愈多,其不仁兹甚矣,罪益厚"的观点,即如果损害别人越多,他的不仁也就更进一步,罪恶也就更加深重。墨子举例说:

有一个人,他偷偷地进入别人家的果园,偷窃别人的桃子和李子。这个人如果被发现了,人们会指责他,官府也会逮捕他,并且处罚他。为什么呢?因为他损害别人而使自己得利。

假如这个人偷窃别人的鸡鸭猪狗,这种行为比进别人园子偷窃桃李更加不义。这是为什么?因为他损害别人更多,不仁也更加明显,罪恶也就更加深重。

假如这个人到别人的牛栏马厩里偷窃牛马,他的不仁不义比偷窃别人的鸡鸭猪狗更加明显。这是为什么?因为他损害别人更多。如果损害别人越多,不仁也就更进一步,罪恶也就越加深重。

假如这个人杀害无辜之人,夺取他的皮衣戈剑,这种不义又比进入别人的牛栏马厩偷别人的牛马更进一步。这是为什么？因为他损害别人更多。如果损害别人越多，他的不仁也就更进一步，罪恶也就更加深重。

墨子反复强调了"苟亏人愈多，其不仁兹甚矣，罪益厚"，可见，墨子反对"亏人自利"。"亏人自利"者为人所不耻，被人指责，遭人唾弃，而且会得到应有的惩罚。这也应该成为企业家自我警醒的至理名言。

如果一个企业"亏人自利"，即使得利于一时一事，但最终会丧失人心，害人害己，在激烈的竞争中不可能有生存和发展的机会。随着市场体制的逐渐完善，"亏人自利"的企业必将被逐出市场，"亏人自利"的代价将会愈加惨重。这警示我们的企业和企业家，任何时候，都要注意提高自己的道德层次，通过自省和自我约束建立信誉，赢得人心，最终获得应得到的正当利益，甚至超额利润。

企业和企业家摒弃"亏人自利"，建立信誉，赢得人心，在我看来，应该包括两大方面：一是对内赢得员工之心；二是对外赢得顾客和消费者之心，赢得合作者之心，赢得社会之心，甚至要以良好的竞争理念，赢得竞争者之心，令竞争者也心悦诚服。

员工是企业的主体。赢得员工之心，换来员工的积极性、主动性、创造性和奉献精神，是企业成功的根本。赢得员工之心主要靠什么？靠的就是言必信、行必果、诚实守信。因为报酬总是有限的，而双方的约定和契约才重如千金。作为一个企业领导，要诚实地面对员工，切不可只开空头支票却并不准备兑现。英国管理学家罗杰·福尔克就曾一针见血地指出："世界上最容易损害一个经理威信的莫过于被人发现在进行欺骗。"

赢得顾客之心，靠的是兑现在产品和服务方面的承诺。比如：

（1）文明礼貌服务

良好的顾客印象，是促成顾客购买行为的重要因素，是良好信誉的标志之一。企业销售部门及企业的工作人员，在接触顾客时，一定要语言文明，笑脸迎人，殷勤接待，服务迅速，百问不厌，百挑不烦，穿着整齐，尊重顾客，注意周围环境的清洁美观。如此才能给顾客留下美好的印象，建立和顾客间愉快而亲切的关系。

由于卖方市场转变为买方市场，而今服务领域的服务态度已有很大改观，但欺客现象仍然屡见不鲜。有的服务人员对顾客面目冰冷，令人望而生畏；有的对顾客横眉冷对，恶语相加；更有甚者，做"霸王生意"，强迫交易，漫天要价，敲诈勒索，动手打人。顾客进了店门，就如小媳妇见婆婆，惶惶然倍加小心，恂恂然挂着笑脸。胆小者对其门而不敢入，胆大者也不愿来此受气。许多商场、店铺就是以这种服务态度把顾客赶跑的。还有的企业人员，脸上虽挂着笑容，但诚信却大打折扣，一旦生意成交，便又是一副面孔。更有甚者，甜言蜜语是骗人的诱饵，笑脸的背后是陷阱。可以想到在一个骗局不断上演,失信司空见惯的环境中,顾客总是提心吊胆、生怕上当,怎会放心购物和消费?

(2)商品货真价实,而不是"假、冒、伪、劣"

制造一个好的"顾客印象",是成交的第一步,但赢得顾客的根本是靠物美价廉,货真价实。因为顾客购买行为的目标就在于此。俗话说:"好酒不怕巷子深","人叫人千呼不来,货叫人点首即到",从强调产品质量来说,这些话无可非议。一个企业,必须靠优质、廉价的产品,树立起自己的高大形象,去征服顾客和市场。如果产品、价格不能使顾客满意,甚至质次价高,以次充好,冒牌顶替,即使表面行为上能"取悦"顾客,亦属徒劳无功。

(3)真诚到永远,全心为顾客

全心全意为顾客着想,为顾客服务,不仅能赢得顾客之心,而且可以扩大企业的经营范围,增加企业的经营项目。因此,企业在经销中,要想顾客之所想,服务尽量周到;急顾客之所急,努力为顾客排忧解难。

海尔集团认为,世界上没有十全十美的产品,但可以有100%满意的服务。海尔员工践行"真诚到永远"的道德准则,一次次给顾客提供尽可能完美的服务。美国优质服务科学协会在全球范围内搜集用户对海尔产品的不满意见,最终的结果是零。于是海尔赢得了国际星级服务顶级荣誉奖——五星钻石奖,而这在亚洲是第一家也是唯一一家。正是靠真诚服务,以德谋势,海尔换来了顾客的忠诚和广阔的海内外市场。至于小企业、小商家,财微力薄,要想生存和发展,诚信待人、给顾客提供货真价实的产品和良好的服务更是不二法门。

(4)信守承诺,诚实不欺

中国有句谚语叫"种瓜得瓜,种豆得豆",这是一条屡试不爽的黄金法则。须知:没有耕耘,没有收获;没有付出,没有报偿;没有永远的真诚和良好的服务,就没有长久的生存和广阔的空间。有些企业和商家,搞产品欺骗、价格欺骗、服务欺骗,可能会获利于一时,但终究会受到应有的惩罚。

一个企业生于社会,长于社会,就应该诚实面对公众,真诚回报社会。美国福特公司的老福特说过:"商业的真正目的,在于供给人类之欲望,而并非获利;利润制度之所以产生,仅仅在于鼓励人从事商业而已。"可见,在老福特看来,"社会责任"才是目的,"获得利润"只是达到"社会责任"的手段。一个企业要有对公众对社会的高度责任感,一方面为社会提供优质产品和良好服务,同时还要以社会大家庭一员的姿态关心这个大家庭和家庭中的每一位成员,热心各项公益事业,积极参加各种公益活动,当社会出现危情,当某个成员遭遇困难时,付出自己的关爱,伸出援助之手,并把此当作自己理所当然的份内之事,毫不矫情和炫耀。

重视环境保护,关注生态平衡,已经是现代社会的普通共识。它不仅影响人们的生活质量和健康、寿命,而且是一个地区、一个国家可持续发展的重要约束条件。而现代工业三废、服务业所产生的生活三废以及各种噪音,是环境的主要污染源,这些都与企业和商家有关,如果企业和商家具有公德和责任感,就应诚心笃行地致力于污染治理和环境保护,而不能只讲求内部的经济性,以邻为壑,以社区为壑,以大自然为壑。

企业在生产经营中讲诚信、讲公德还有许多方面。比如与合作者之间要严守合同,全面履行合同规定的义务。当前,经济生活中违约行为不断发生,利用合同欺诈屡见不鲜,企业间三角债呈蔓延之势,逃债、金融诈骗现象常见诸报端,不仅影响金融体系乃至社会经济的稳定,而且增大了企业运行的社会成本,始作俑者最终也不会有好下场。再如企业对竞争者,也要讲公德、讲诚信、守法、遵德竞争,公平、公开、正当竞争,而不能损害竞争者的合法权益,扰乱社会经济秩序。

一个企业的良好信誉,是全体员工长期努力的结果,不能搞突击,不能一阵子。有时一次的不检点,就可能将多年的努力付诸流水。"胜敌者,一时之功也;全信者,万世之利也。"精明的企业家切不可"小利害信,小怒伤义",玷污企业的形象,有损企业的信誉。"巧诈不如拙诚",有时企业宁可暂时失去一笔生意,也不能弄虚作假,欺骗顾客,失去顾客的信任。

★共生共赢是未来竞争的根底

墨子言曰:"夫天下处攻伐久矣,譬若傅子之为马然。"

——《墨子》

墨方主张"非攻",儒家也反对战争。但儒家反对战争,专就义与不义的问题而言;墨家"非攻",在义与不义之外,还谈到了利与不利的问题。

战争,无论在物质,还是精神、性命等方面,都是极大的浪费。墨子说攻战的不利,有个很妙的比喻,墨子说:"夫天下处攻伐久矣,譬若傅子之为马然。"即天下处于攻伐的状态已经很久了,就像驿舍中传递信息的人对待他的马一样。墨子的意思是,长期的战争使人民劳累,就像驿舍中传递信息的人长途跋涉使马劳累一样。

对此,墨子在《耕柱》篇中,有一个更加生动的比喻。墨子说:"大国之攻小国,譬犹童子之为马也。"意思是说大国攻小国,就像小孩子骑竹马一样,用自己的腿跑，累的还是自己的腿。被攻的固然损失惨重。攻击者也一样讨不到便宜，损失也是无法估计的。虽然，每一场战争必有获胜的，然而循环往复，最后皆受其祸。所以，战争不仅不义，且亦无利。

对于企业而言，所谓"战争"，即"竞争"，似乎墨子"非攻"的思想并无借鉴的意义，其实不然。

有人认为，企业要生存就必须进行你死我活的竞争，最常见的态度是——"同行是冤家"。其实这种看法既不正确，也不科学，奉行这一信条的企业，通常的结果是"害人害己"。

其一，认为"同行是冤家"的企业，往往为了搞垮竞争对手而不择手段，很容易踏入"不正当竞争"的雷区，遭到法律的惩罚；

其二，认为"同行是冤家"的企业，在"仇人见面，分外眼红"这一心理的作用下，不可能想到与其他企业搞联合或合作，发挥集团作战优势，而总是孤军奋战，四面出击；

其三，认为"同行是冤家"的企业，很容易"急火攻心"，不顾盈亏，不顾市场价格，搞单纯的廉价销售，大打价格战，在"杀人"的同时也搞"自杀"。

总之，认为"同行是冤家"的企业，经常会大搞不正当竞争，其最终的结果只能是"杀敌一千，自伤八百"，弄得得不偿失。

企业必须抛弃"同行是冤家"这一陈腐、落伍、有害的经营思想和竞争观念，而应树立起"同行是冤家更是亲家"的观点，端正对竞争对手的态度。

无疑地，物质利益是竞争的真正核心，任何企业都想在竞争中获胜，取得"利润最大化"的效果；而竞争也是站在所有企业面前的最高权威，它"一手捧着桂冠，一手拿着棍棒"，赏罚分明地执行着"优胜劣汰"的铁律。

从这一方面来说，"同行是冤家"是不无道理的，所有企业也都应该对竞争对手保持必要的警惕：既要设法"吃掉"对手，也要防范被对手"吃掉"。

然而，从另一方面看，企业和竞争对手之间又是"亲家"，理由在于：

其一，竞争是企业发展的动力，可以促进企业提高效率和活力，保持战斗力。正当的竞争，能使企业锻炼出适应市场的能力，也能让企业焕发生机和朝气。

其二，竞争可以促进社会生产力的发展，把市场蛋糕变得越来越大，从而实现"双赢"的效果。没有竞争对手的存在，市场反而萎缩。

其三，不同竞争者的存在，可以使消费者有更多的选择余地，更乐意掏出腰包里的钞票，避免产生因产品单一而对市场逐渐冷淡、漠视的不良心理。

其四，不同竞争者的存在，可以使企业学习到自己欠缺的思想和行为，提高自身素质。

综上所述,企业不但不能怨恨竞争对手,反而应该感激这些对手。它们虽让我们跑得更累,但也让我们跑得更快。正如马歇尔在其名著《经济学原理》中提出的"树木原理"所揭示的那样,产业同树木一样有演进的过程,缺乏活力的产业最终会让位于充满青春活力的。此外,值得注意的是,虽然植物对阳光能源是有竞争性的,但在林区中多种植物聚生,却更有协作性。高大乔木是阳性植物,树冠在高空伸展以求多吸收阳光;耐阴性的灌木、草本或苔藓等植物则附于乔木树荫之下,既能吸收阳光,又不致被过强的阳光晒死。就整体而言,这样的林区对阳光这一能源的利用率显然高于单种植物区。

对于群聚于同一产业的多数企业而言,长期势均力敌的争斗,结果只会使自己的财力、物力枯竭,难于应付下一轮的竞争与创新。如今,那种你死我活、损人利己的竞争时代已经结束,为了竞争必须协作。企业如何在一个由多种共生关系组成的产业生态系统中各司其职,共存共生,企业如何有意识地利用生态学观念制定自己的竞争策略,鼓励多元企业文化的存在是摆在当前企业家面前的重大课题。

二十一世纪,企业面临以下更为严峻的产业生态环境:信息爆炸的压力,技术进步越来越快,高新技术的使用范围越来越广,市场和劳务竞争全球化,产品研发的难度越来越大,用户的要求越来越苛刻,行业界线将变得更加模糊,市场竞争更多地体现在速度的竞争、全球性技术运行和售后服务等等。

由此可见,在瞬息万变的全球市场中,任何一个企业,都不能完全做到自给自足。因此,协作是未来的价值,联营是未来的结构,共生共赢是未来竞争的根基。为此,现代企业应该用生态学的观念看待未来的竞争。

在生意上遇到精明、强劲的竞争对手,是用钱都买不到的"好事"。正如微软总裁比尔·盖茨所说:"没有对手竞争,也就没有压力。在竞争激烈的市场上,'突破性'是最大的推动力之一。企业要设法让自己稳固,保持竞争力。如果是较新的、基础尚未稳固的公司,必须有更多的创意性的发展机会,推出有新价值的产品,从而争取新客户。"

第五章 俭节则昌,淫佚则亡

★ 半丝半缕,恒念物力维艰

> 去无用之费,圣王之道,天下之大利也。
>
> ——《墨子》

古老的中华民族,节俭理念深入人心,节俭之风代代相传。西汉贾谊有言:"用之亡度,则物力必屈。"蜀汉三国诸葛亮说:"静以修身,俭以养德。"大唐李商隐写有"历览前贤国与家,成由勤俭破由奢"的著名诗句。明朝朱柏庐写道:"一粥一饭,当思来之不易;半丝半缕,恒念物力维艰。"

在百家争鸣的春秋战国时期,节俭更是墨家学说的核心内容。墨子有语:"俭节则昌,淫佚则亡。"

墨子认为,古代圣人治政,宫室、衣服、饮食、舟车只要适用就够了。而现在的统治者却在这些方面穷奢极欲,大量耗费百姓的民力财力,使人民生活陷于困境,甚至让很多男子过着独身生活。因此,他主张凡不利于实用,不能给百姓带来利益的东西,应一概取消。

技艺:凡天下百工,如制车轮的、造车子的、制皮革的、烧陶器的、冶炼金属的、当木匠的等,使各人从事自己擅长的技艺,足以满足民众的需要就可以了。

饮食:足以充饥增气,强壮手脚身体,使耳聪目明,就可以了。不极尽五味的调匀和香气的调和,不招致远方珍贵奇异的食物。

衣服:冬天穿青色的衣服,又轻又暖和;夏天穿细葛布或粗麻布,又轻便又凉爽,就可以了。

房屋:房屋四面可以抵御风寒,上面可以防御风霜雨露,房屋里面光明洁净,可以祭祀,墙壁足以使男女分别居住,就可以了。

丧葬:衣三件,足以使死者肉体朽烂在里面;棺木三寸厚,足以使死者骨头朽烂在里面;掘墓穴,要深但不通泉水,尸体的气味不发泄出来,死者既已埋葬,生者就不要长久因丧致哀。

铺张浪费则困,勤俭节约则昌,自古皆然。远古时期,物资匮乏,节用节俭便成为兴国利民的重要手段。因而,古时贤名的君主为提倡节俭,常制定出一些具体的规定,这些也是墨子认为当局的统治者应该学习的。

在古人的眼中,节俭,既是修身养性所必须,同时也与国家、民族的命运紧密相连。今天亦然。

"天育物有时,地生财有限。"节俭是长久国策,不是权宜之计。节俭,不仅仅是对人、财、物的节省或限制使用,而且还包含了如何使用才能更加合理、恰当和高效。地球上的资源在总量上是有限的,所以,无论是发达还是落后,富裕还是贫穷,都需要厉行节俭。

节俭是一种美德,是一种修养。节俭是对自身欲求有节制,对国家、民族、家庭、自我负责任。节俭是一种力量。节俭往往和进取、积极、奋斗、乐观向上的人生态度相关。一个人、一个企业、一个单位重视节俭,就能更有计划、有目标、有条理地去实现自己的追求。节俭体现的是一种忧患意识,一种可持续发展的深谋远虑,是为子孙后代着想的未雨绸缪之举。

节俭,对任何人来说都刻不容缓。

世界上最大的零售企业沃尔玛萨姆·沃尔顿说:"我从很小起就知道,用自己的双手挣取一美元是多么艰辛,而且也体会到,当你这样做了,就是值得的。有一件事我和爸爸妈妈的看法一致,即对钱的态度:决不乱花一分钱!"

萨姆的节俭确实是出了名的。有亿万家财的他却驾着一辆老旧的货车;戴着印有沃尔玛标志的棒球帽;去小镇街角的理发店理发;在自家的折扣百货店购买便宜的日常用品;公务外出时,总是尽可能与他人共住一个房间,而旅馆多为中档的;外出就餐,也只去家庭式小餐馆……

萨姆·沃尔顿出生在美国中西部小镇的普通农民家庭,成长于大萧条时期,这一切造就了他这种努力工作和节俭朴素的生活方式。

"我们就是这样长大的。当有一枚一便士硬币丢在街上时,有多少人会走过去把它捡起来? 我打赌我会,而我知道萨姆也会。"沃尔玛公司的一位经理这样说。

因为萨姆从小就体会到了每一分钱的价值,所以他亦深知沃尔玛的每一分钱都是辛苦赚来的,因此,他始终保持着相当简朴的生活,与一般中等收入家庭的水准没有太大差别。他坦言,并不指望自己的子孙将来为上学去打工,如果他们有追求奢侈生活而不努力工作的想法,即使百年之后,他也会从地底下爬出来找他们算账,所以,"他们最好现在就打消追求奢侈生活的念头"。

在很早的时候,萨姆的节俭就非常出名了。有一次,一名员工被萨姆派去租车,很快萨姆又叫他退租,原因很简单,因为他不愿租用任何一种比小型汽车更大的汽车。这位员工进一步解释了萨姆这一行为:不愿意让人看见他用的东西比他下属使用的更好,萨姆也不会住在比他下属所住的更好的旅馆里,也不到昂贵的饭店进食,也不会去开名牌的汽车。

萨姆搭乘飞机时,也只买二等舱。有一次萨姆要去南美,下属只买到了头等舱票,结果他很不高兴,但是也不得不去,因为这是最后一张票了。他的助手说:"这是我知道的他惟一一次坐头等舱的经历。"萨姆在自传中写到:

"当我已在世界上崭露头角,准备做出自己的一番事业时,我早已对一美元的价值怀有一种强烈的、根深蒂固的珍重态度。"

张瑞敏说过:不简单,就是将简单的事做千遍万遍做好;不容易,就是将容易的事做千遍万遍做对。平凡与不凡只一步之遥,从我做起,从节约一滴水、一度电、一克煤做起,从自身岗位做起,持之以恒,你我就是成功者,你我就是伟人。只要坚持从小事做起,并坚持下去,你很快就会发现一美元的真正意义。

★ 勤俭节约则昌

俭节则昌,淫佚则亡。

——《墨子》

关于节俭,宋儒司马光有过很精彩的论述。他认为当时"众人皆以奢靡为荣,吾心独以俭素为美。人皆嗤吾固随,吾不以为病,……古人以俭为美德,今人乃以俭相诟病。嘻,异哉!"

当时就有人讥笑司马光糊涂,不开化,但他坚持自己的看法,认为有道德的人都是由节俭而来的。人生活上俭,需求上就少,欲望少,就可直道而行;而多欲,则必贪富贵,想富贵,但钱不够用,这样在官则必贪,在民则必盗。

司马光的要义在崇俭鄙奢,以为俭乃古往今来中华民族的美德,弃俭而尚奢,无异于本末倒置,对于年轻人来说是十分有害的。

从老年人的角度视之,年青一代不知世事艰难,更不明"粱肉不企骄奢,而骄奢自来"的道理。且年轻人正在长知识、求进取之时,在物质享受上耽陷太多的精力,过于追求美食、鲜服,就会徒耗许多宝贵时间。其实这不仅仅是家庭和个人经济条件如何的问题,而是一个关于风气和修养的问题。司马光反对当时风俗侈靡,请客送礼,大肆铺张,坚持淳厚风俗、以俭为美。这使我们很自然地就联想起今天的情况来。商品经济日益发展,人们随着改革开放的不断深入,生活水平也逐渐提高了。年轻人讲享受,谈消费,与他们的父辈和祖辈在观念上完全不同了。司马光若能看到今天的情况,真不知该发何议论!或有人会说,时代不同了观念自然要变,对物质享受的要求也是会随之变化的,有何可非议的呢?其实,这里边有个作风的问题。过于吝啬自

司马光

然可笑,肆意铺张浪费则更属可恶。穿往于细事之中,礼尚往来之际,确有个修养问题。将物质文明孤立起来,抽掉了精神文明,无论如何总是一种缺憾。司马光"会数而礼勤,物薄而情厚"的说法就非常可取,无论朋友亲戚,常聚常会,年节假日纪念性或象征性的礼品相酬,彼此其乐融融。情厚不在礼重,反之,情薄而处利害中倒可能要以厚礼维系。那种以厚礼相交的友情不是很悲哀、很尴尬的事吗?

司马光还列举了大量正反两面的例子,说明了"由俭入奢易,由奢入俭难"的道理。"以俭立名,以侈自败",也是显而易见的。在我们今天的现实生活中,恐怕亦不乏实例,差不多人人都可以举出一些。说到底,俭是一种克制,奢是一种放纵,作为万物之灵的人,没有克制和自持,是不可想象的。明代姚舜牧说得好:"惟清修可胜富贵,虽富贵不可不清修。"洋人歌德说得亦好:"低等动物受它的器官的指导;人类则指导他的器官并且还控制着它们""毫无节制的活动,无论属于什么性质,最后必将一败涂地。"司马光文中历数了不少一败涂地者,这是很值得那些在物质欲望方面恶性膨胀之领导者深思的。

★强本节用,摒弃铺张浪费恶陋

欲其富而恶其贫。

——《墨子》

墨子认为富足能解放人性,而贫穷饥馑会使人性异化。《七患》言:"时年岁善,则民仁且良;时年岁凶,则民吝且恶。"在墨子看来,所谓的行"义政",要使国民

富足。

孔子被围困在陈国、蔡国之时，有一段时间混得只有野菜汤喝，非常狼狈。后来，实在憋不住了，孔子的徒弟子路不知从哪弄来了一头小猪，杀了给孔子打牙祭，孔子问都不问便大嚼起来。子路又抢了别人的衣服，用来换酒，孔子也不问酒从何来张口就饮。鼓吹礼教的老祖宗一点礼义廉耻的影儿都没有了。

后来孔子到了鲁国，鲁哀公久闻其大名，待为座上宾。在鲁哀公的欢迎宴上，筵席摆得不端正孔子不坐，割下的肉不方正孔子不吃。

子路颇为惊诧，上前问道：

"先生为什么跟在陈、蔡时的态度相反呀？"

孔子说：

"过来，让我告诉你。从前我们是苟且偷生，现在我们则是要获取道义。"

子路

饥饿困逼之时，则不惜妄取以求活命，礼义就被抛到九霄云外了；到了饱食有余之际，礼节规矩就来了。

如果礼义只在不饥不寒、生活富足的情况下才适用，那么，这种礼义就该打个问号了。要么是礼义本身是虚伪的，要么鼓吹礼义的人是虚伪的。

墨子要求执政者"兴天下之利"，这里所说的"利"，主要指使民"富庶"。如何做到这一点呢？墨子提出要增产节约"强本节用"，建设节约型社会。"因其国家，去其无用之费"指的是开发本国资源，再加上节俭。

节俭为何？墨子是一个实用主义者，而且还是一个以民众言论与利益判断是非利害的实用主义者。墨子"言必三表"的另外"两表"说得很明白。"有原之者"："下原察百姓耳目之实"，指的是倚重民声。"有用之者"："废以为刑政，观其中国家百姓人民之利"，指的是可否为民众带来实际利益。（参见《墨子·非命上》）

重要的是，墨子认为国俭才能民富，"强本节用"首要在于反对国家官员的铺张浪费。他的《节用》《节葬》《非乐》都把矛头直接对准当时的天子国君，《辞过》篇中也激烈批评"当今之主""暴夺、民衣食之财"造成"富贵者奢侈，孤寡者冻馁"。可以说墨子是中国历史上第一个提出反腐败理论的思想家。

在当时受儒家的厚葬观念影响，贫困的百姓往往因离世的家人一个葬礼被弄得倾家荡产，节葬可使百姓节省财力物力，王官贵族的隆重葬礼其背后是更变本加厉地剥削百姓，节葬更是反对王公贵族死后以活人殉葬，使百姓家破人亡，在今天，

依然有人不顾一切要厚葬的。一位乡村村长的母亲死了竟然发动全村搞了一个极其隆重的葬礼，又有一个村委人都还没死就花一百多万为自己建了一个高度华丽的坟墓。

节用对象只求实用不求华丽，吃饭只求吃饱和达到营养目的就够，不必吃得高档，街上许多辛勤的拾荒者要吃顿好饭都多么不容易，而一些人却能一餐吃上万块，还是用公款，饭菜非要吃剩一大半才叫有面子，才叫派头，买衣服一定要买最时尚的最流行的最名牌的，要是他们节省下来的钱能顺应天的意志去帮助有困难的人那多有意义啊，据说世界上最贵的数码产品，最名牌的服装，在我国的销量是最高的，许多追求时尚的人一年就换两三次手机，手机其实最重要的功能就是打电话和发短信，信号收得好就已经很足够了，这功能那功能其实又有多少是常用的。世界上石油能源非常大，也造成很大的浪费，又没做好环境保护，形势很不乐观，而且据绿色和平调查，按现在世界上这种开采的速度，地球的石油也只能开采 40 多年就完了。节用对于世界每一个人都是要学习的。

作为领导者，我们不一定要做到像墨家弟子那样以苦为极乐，但起码我们要学习墨家那种勤奋好学积极进取的人生观，学习墨家那种兴万民之利除天下之害的精神，就如后来陈仲和许行提出的"贤者与民同耕，反对不劳而食"。

★节于身，诲于民

节于身，诲于民，是以天下之民可得而治，财用可得而足。

——《墨子》

墨家讲的"节"，一般有两层涵义。在财富的使用上主张"节俭"；在道德行为上则要求有节制，能自律。故君子有"节"，首先是自身节制，能自律，然后教化于民，形成社会的节俭风气。对此，墨家是身体力行并积极提倡的。

墨子说："夫妇节而天地和，风雨节而五谷熟，衣服节而肌肤和。"视夫妇间之事亦依循阴阳之理，有所节制则天地亦可和顺；风雨调节寒暑协调，五谷就会丰收；穿衣适时有节，身体肌肤才会感到舒适。故有节，当是天地自然和社会人事上的普遍道理。因为天地自然、社会人事皆有别，有别就有分，有分则有序，有序当以节。这是对有"节"观念的合理性作了颇为充分的论证。

以此为据，墨家通过宫室、衣服、饮食、舟车、蓄私五方面的古今对照，尖锐地批评了"当今之主"的奢侈、淫佚的生活和行为,强烈要求去除这五方面的过失,并相应提出了五方面的节俭、节制的措施。

墨家认为,建宫室,高只要能避免潮湿,周边能抵御风寒,上足以遮雪霜雨露,墙足以别男女之礼,"谨此则止"。穿衣,只要"适身体,和肌肤,而足矣"。饮食,只要"足以增气充虚,强体养腹而已矣"。制舟车,只为"全固轻利,可以任重致运"。而上古至圣,虽有蓄私,必"不以伤行,故民无怨"。这些都体现了墨家的节俭精神。

节俭,不仅是一种经济措施,也是一项国家治理的原则。墨家相信:"是以其民俭而易治,其君用财节而易赡",则可以"兵革不顿,士民不劳,足以征不服,故霸王之业可行于天下矣"。

第二篇 《韩非子》智慧通解

导读

　　翻开当今的关于用人方面的论著,很少有超出《韩非子》所述的深度与广度的。即使是与以"权术专家"而闻名于世的马基雅维利相比,韩非先生理论的深度和大气也远超过之。而韩非却早马氏1800多年。

　　韩非从领导的角度去思想整个局面:他认为儒家的那些人是满口道德修养的空谈,没有真才实学,不能实际地解决当前社会的难题;而在他眼中,一般百姓又是无知的,因此他认为以严厉的"法家"来治理国家是必需的,也是最能收效的。

　　他认为只有像他那样的以法为本和有真才实学的人才会对国家有利,然而他也知道像他这样的法智之士,不是死于佞臣之手就是死于权臣之手,因为如果上级领导接纳了法智之士的建议去治国,一定会损害了那些人的利益,而且因着法智之士的直言,很多时候得不到君主的喜欢,他们的理想也因而得不到实现——不知道幸与不幸,他的结局确实断送在了自己的朋友兼政敌李斯的手上。

　　人虽死,神却存,韩非随着那一杯鸩酒在黄泉路上等候着一代又一代成功与不成功的用人英才,而他的这一本《韩非子》却还在21世纪发挥着巨大作用。

　　只有懂领导艺术的人方能成就大事业,这是每一个普通人都明白的道理,不过,究竟怎样才是优秀的用人之道,或许就连杰克·韦尔奇大师还不能说得太明白,因为用人中包含着太多太多的信息:制度、方式、权力……这些在人类历史上探讨了数千年的概念直到现在仍在受论于高级知识分子的书桌上、大型企业经理的讲座中或者专业学生的论文里,领导人真的好难。

　　不过,有些时候,当你腾出一些时间放松一下,回顾到我们传统文化之中,也许你会发现,在韩非的口中,所谓的"法、术、势"已经活灵活现地将管理要素呈现在你的面前;在韩非的嬉笑怒骂中,种种的案例早就深入到寻常中国百姓的心中,信手拈来便是一个人生绝学……

第一章　小胜在智，大胜在德

★想赢一辈子，没有"德商"绝对不行

> 杨子过于宋东之逆旅，有妾二人，其恶者贵，美者贱。杨子问其故，逆旅之父答曰："美者自美，吾不知其美也，恶者自恶，吾不知其恶也。"杨子谓弟子曰："行贤而去自贤之心，焉往而不美。"
>
> ——《韩非子·说林上》

韩非子讲："杨朱先生走过宋国东部的一个旅馆时，看到店老板有两个小老婆，其中令人奇怪的是，长得丑的被器重，美丽的反而被看不起。杨朱不由得追问起来，旅馆老板回答说：'长得美的自以为很美，我却不觉得她美；长得丑的自以为很丑，我倒不觉得她丑。'杨朱于是对学生们说：'行为贤德而又去掉自以为贤德的想法，到哪里不受到赞美呢？'"

故事里旅店老板的结论，大概是说，长得美的小老婆因为美所以就会自夸自傲，自然会引起别人的讨厌与轻视；而长得丑的那位因为丑而很谦虚，这很顺店老板的心意，所以很器重她，也就不觉得她丑了。

对于领导艺术来说，美丑其实不是我们讨论的重点，韩非子提醒领导者需要注意的是："行贤而去自贤之心"。你要用人，首先就要别人服你，征服了下属，以后的命令也能得到更好贯彻。一个领导者关键在于修炼内功，而修炼最有效的手段便是"以德

韩非子

服人"。这个方面修炼最为到家的也许一定要算得上蒙牛当家人牛根生了。

熟悉蒙牛的人都说,牛根生演绎了一个中国企业快速发展的传奇,而在这个掺杂着用人艺术和资本财富的故事中,牛根生的"修德"功夫也一次次地被大家提起。

"小胜凭智,大胜靠德",这是常挂在牛根生嘴边的话,因为"德"是制服人心的最佳利器。"想赢两三个回合,赢三年五年,有点智商就行;要想一辈子赢,没有'德商'绝对不行。"

牛根生在和林格尔所竖起的蒙牛大旗之所以是用人管人的范例,这与牛根生的"德商"有着最为直接的联系。

在伊利工作期间,因为业绩突出,公司曾奖励牛根生一笔钱,让他买一部好车,而牛根生却用这笔钱买了四辆面包车,此举使得其直接部下一人有了一部车;据接近牛根生的人介绍,当时牛根生还曾将自己的108万元年薪分给了大家。

这就是牛根生给部下的一种心理预期,这样的预期让他们知道,只要牛根生能走向成功,牛根生绝不会亏待跟自己一起打天下的部下。也正是因为这样的预期,曾经的老部下便义无反顾地投其麾下。就好像牛根生被迫离开伊利,卖掉伊利股票成立蒙牛时,原来跟随牛根生的兄弟便一起投奔到了牛根生的麾下。这几个人分别是:伊利原液态奶总经理杨文俊,伊利原总工程师邱连军,伊利原冷冻事业部总经理孙玉斌,伊利原广告策划部总经理孙先红。

人性很复杂,人心更是难以揣测,而牛根生却能自如地管理人心,也许这要源于牛根生"以德服人"的准则。牺牲自己,成全别人,听起来都像是不真实的歌颂之词,而牛根生做到了。

2005年1月12日,牛根生再次将自己的"德商"发挥到了极致,宣布将其个人所得股息的51%捐给"老牛基金会",49%留作个人支配;在他百年之后,将其所持股份全部捐给"老牛基金会",这部分股份的表决权授予其后任的集团董事长,家人不能继承其股权,每人只可领取不低于北京、上海、广州三地平均工资的月生活费。

与那些商学院科班出身的企业家相比,牛根生绝对称不上什么资本运作高手,事实上牛根生也反对这样的称呼,他甚至不愿意听到别人过多地提到"资本运作"这四个字。

牛根生对于资本有着自己最为朴素的理解,"如果我当初只用自己的100万块钱做事,肯定做不大,所以我想用1000万来做事,于是我就把别人的钱和自己的加起来。"

牛董事长的用人手段体现的正是"行贤而无自贤之心",他在外表上做出默默无闻的贡献,却在内心层面征服了自己所用或者将要使用的人,这样成功的保证正是体现了韩非用人思想的精髓：

首先，要"行贤"，行为贤德。但"行贤"又不能有"自贤之心"，不能有自以为贤德的想法。有了自以为贤德之念，就会自矜自夸，自以为是，少了谦和的美德，更不会追求更加完美。

一般来说，只有那些欺世盗名之徒，才会看重"自贤"，甚至并不贤德也自以为贤德。造舆论、搞宣传、炒名声，虽然这是当今商业圈中的惯用手法，但如果你仔细观察一下真正成功的管理精英，他们哪一个不是在自己的管理位置上默默完善自己呢？庄子说："圣人无名"，大概也就是这个意思吧。

★不要忽视自己的领导魅力

和氏之璧，不饰以五彩；隋侯之珠，不饰以银黄。其质至美，物不足以饰之。夫物之待饰而后行者，其质不美也。

——《韩非子·解老》

韩非子讲："和氏璧不用五种颜色来修饰，宝珠也不会用白银黄金装饰。因为它们的质地本身已经好到了极点，还需要其他的东西作为辅助性的修饰吗？那些需要借助外力才能发挥魅力的东西，它们的质地肯定也是不好的。"

玉璧是否值钱，关键在于其自身的质地；领导使用人才是否得当，关键在于自己的魅力。对于领导者来说，第一个被用的人无非就是你本身——一个项目的决策、一个公司的前进、一个团队的结合，没有一样事情的成功不需要你内心的魅力所决定，如果把韩非子的话换种说法，也就是："天助自助者"。

泰国曼谷东方饭店曾先后四次被美国《国际投资者》杂志评为"世界最佳饭店"。饭店管理的巨大成功与总经理库特·瓦赫特法伊特尔是密不可分的。

库特先生像管理一个大家庭那样来经营东方饭店，其管理饭店的秘诀就是"大家办饭店"，在他的眼中，用人就好像指挥家里自己人一样，自己得心应手，下属们也尽心尽力。库特先生除了有一套行之有效的管理措施之外，他的人格魅力也使他在管理这个世界著名饭店时得心应手。他虽然当了数十年的总经理，是主宰饭店一切的最高负责人，但却从不摆架子，对一般员工也是和蔼可亲。哪个员工有了困难或疑问，都可以直接找他面谈。他在泰国很有声望，在泰国企业界曾数度评为"本年度最佳经理"。

为了联络员工的感情，使大家为饭店效力，库特先生经常为员工及其家属举办各种活动，如生日舞会、运动会、佛教仪式等等。这些活动无形中缩小了部门之间、上下级之间的距离，对于提高员工的积极性、融洽相互之间的关系、改进饭店的工作起到了推动作用。在东方饭店，从看门人到出纳员，全体员工都有一个办好饭店的荣誉感。员工们除了有较丰厚的工资外，还享有许多福利待遇，如免费就餐、年终"红包"、紧急贷款、医疗费用、年终休假、职业保险等。这些对于员工来说无疑是一种促使他们积极为饭店效力的极其重要的措施。

与成功的库特一样，日本本田技研工业总公司的创始人本田宗一郎在用人之前总会先发挥自己的魅力，每当遇到棘手的事情时，总是自己率先去干，公司里的年轻人非常佩服他的这种身先士卒的垂范作风。

1950年的一天，为了谈一宗出口生意，本田宗一郎和同事藤泽武夫在滨松一家日本餐馆里招待一位外国商人。外国商人上厕所时，不小心弄掉了假牙。本田宗一郎二话没说，就跑到厕所，脱去上衣，用手在粪池内小心翼翼地慢慢打捞，终于找到了假牙。然后，他又反复冲洗干净，并作了严格的消毒处理。回到宴席上，本田宗一郎将假牙交给外商。用惯了这副牙齿的外商见假牙失而复得，高兴得手舞足蹈。这件事让那位外国人很受感动，生意自然获得了圆满的成功。

韩非子呼唤领导者重视榜样的力量，因为榜样可以起到明显的激励作用，从而推动各项工作的开展。什么是榜样激励的核心问题呢？就是领导者要以身作则。事实证明，企业领导的一举一动往往影响着员工的积极性，会给员工留下深刻的印象。在不少企业里，都开展评先进、树典型活动，为员工树立了榜样，使企业形成了一种积极向上的文化氛围。

很多领导者太过于依赖外部的修饰好让自己变得像个"经理"，然而他们忘了相信自己的真魅力。其实，你无需把自己关在阴暗的办公室独享那份寂寞，要知道你和杰克·韦尔奇拥有的是同一片蓝天，脚踩着的是同一方土地。

忽视自己的领导魅力意味着你总会有一些不自信，而这是成功用人最为忌讳的错误，我们建议你不要总是把自己忘记：你不比别人多，也不比别人少，我们不能总是极力推崇别人，而努力贬低自己。相信自己，不是不听别人劝告的我行我素，相信自己是你乘风破浪的勇气，是你傲霜凌雪的意志，是你绽放生命之花的土壤，是你勇往直前的信念。相信自己，使不可能变成可能，使可能变成现实。

相信自己，即使站在高楼上看风景，也一定要坚信：风景也自然地看着你。相信自己，你就是不需要装饰而散发魅力的美玉！

★以德性保证团队战斗力

齐伐鲁,索谗鼎,鲁以其雁往,齐人曰:"雁也。"鲁人曰:"真也。"齐曰:"使乐正子春来,吾将听子。"鲁君请乐正子春,乐正子春曰:"胡不以其真往也?"君曰:"我爱之。"答曰:"臣亦爱臣之信。"

——《韩非子·说林下》

韩非子讲:"齐伐鲁,索要鲁国的谗鼎,鲁国给齐国送去了一只假谗鼎。齐国人说是假的,鲁国人说是真的。怎么验证真假呢?齐国人说,让鲁国乐正子春来验证,我们会相信他的。鲁国国君要乐正子春去齐国,乐正子春说:'为什么不拿真的送给人家呢?'鲁国国君说:'我爱它。'乐正子春回答说:'我更爱惜我的信誉。'"

巧得很,西方古代也有一位老兄这么说:"我爱我师,我更爱真理。"你要领导一个团队,你要管理其他的人,自然会有无数的标准左右着你的判断。然而,最为基础的是什么呢? 韩非子回答说:是你的德性——以德服人的人才能走出自己的成功领导之路。

他曾经在广州睡过街头进过收容所;他曾经是最大中文 IT 网站的元老;他在获取投资短短两个月后,成功组建自己的团队,实现了网站上线;短短 3 个月后,权威机构 AL EXA 数据显示,其网站世界排名最高达到 275 名,国内 IT 网站排名前 5 名,而刚上线时它的位置是 6 万多名。

这就是 IT. COM. CN(IT 世界网)CEO 秦刚的经历,这些经历发生在短短的 6 年中。

看过秦刚简历的人都会感到一点惊讶,一个毕业于南航管理专业的高才生,怎么会"触电"玩起了 IT 呢? 而更令人惊讶的是,他不做则已,一做让专业人士也刮目相看。

1998 年,刚毕业的秦刚被分配到广西桂林机场,为了追随在广州的女朋友,他在上班的第一天便辞职了,可是当他飞身杀到广州的时候,等待他的,不仅仅是爱情。

刚到广州的前两月,秦刚没有找到工作,基本上是处于打零工状态。最惨的时候在广州睡过街头,甚至还被收容过一次。某个凌晨,秦刚在下班回住所的路上被警察叫住了,当时没带证件,身上也只有一元钱,于是被抓到车上,到了收容所说清楚才放出来。"从收容所出来的那一刻,我感觉到阳光从未如此灿烂。每当面临困难,我就想这缕阳光,它是我一生的财富。"

这期间,秦刚一次偶然进入网吧,由此进入了IT的世界。从1998年走到2004年,秦刚用了6年时间,完成了从一名IT"门外汉"到IT. COM. CN的CEO的质变。这6年里有5年,秦刚是在太平洋电脑集团度过的,从太平洋网的网站编辑、硬件栏目主编、网站总编,到太平洋电脑集团市场总监,他实现了蜕变。

但是太平洋的港资背景使已成为市场总监的秦刚感觉到,他已经到了事业的瓶颈期。2004年4月,秦刚遇到了一心打造数码连锁帝国的颐高数码集团。双方一见倾心,颐高倡导的创业文化给了秦刚足够的空间。而颐高看上的是秦刚丰富的操盘经验和独特的经营理念。

"我们的新网站要有不一样的东西,这就是文化。目前的IT网站,不缺产品,缺的是一种网络IT文化,一种用于凝聚网民的牵引力。我们必须重新认识IT,对它,不能俗化,也不能神化,而是以平常心待之。所以,我们对产品的介绍尽量不出现术语,最多三下,你就可以在我们的网站找到你想要的内容,这就是细节中的文化。"秦刚一直倡导的是:IT世界,轻松一点。

在谈到为什么IT. COM. CN在短短的两个月中实现了奇迹般的增长时,秦刚认为,他的优势一是有卖场的支持,另一个因素是人。

秦刚最为自豪的便是他如何管理他的豪华团队,但是在IT. COM. CN目前的100名左右的员工中,80%不是计算机行业毕业的,也没有从事过互联网工作,而其上海、广州的业务经理大部分是原来做保险的。"我的员工不讲究专业,很少有人拥有纯正的IT背景。"

秦刚说他有两个标准来打造这支豪华团队:一方面是德,道德,包括做事的职业道德。另外一个是才,不只是你学到什么东西,还有再学习的能力,因为互联网是一个发展非常快的行业,如果没有再学习的能力很容易被互联网淘汰。

"而且,IT行业发展时间不长,本身没有太多的沉淀,刚毕业的大学生有冲劲,有很灵活的思维,也比较容易跟我们这种创业型的公司结合起来,我们公司大部分新招的员工都是其他行业或者刚毕业的大学生。"

而让原来做保险的人来担任业务经理,则是因为秦刚的一位邻居恰好是做保险的,请来一用,效果显著。"这些保险业务经理手上都抓着上千个客户,他们本身与客户打交道的能力也非常强,具备更强的专业素质。"

通过秦刚的用人准则以及他的成功,我们更能理解韩非子的道理:人生当中可抛弃的有很多,但是我们却不能抛弃德。德是人的一种品性,与生俱来,但又必须谨防被世俗的虚伪所挤兑,我们应该给自己一个永恒的诺言——坚守自己的德。

在管理上,德性是一种态度,也是一种智慧。拥有它,我们对待事业就像太阳对待万物一样,不因风吹雨打而退却,不因黑夜弥漫而减弱信心,仍然普照着让它们充满生机;会全身心地投入,执着地追求,同时又能居高临下放眼成败,不因短暂的成功而骄傲,也不为一时的失败而气馁。从而,我们就会一步一个脚印地登上事业的高峰。

★有德之人才能做成功者

人无愚智,莫不有趋舍。恬淡平安,莫不知祸福之所由来。得于好恶,怵于淫物,而后变乱。

——《韩非子·解老》

韩非子讲:"无论是对聪明的人还是愚蠢的人来说,人生中总会有一定取舍。如果我们处在清心寡欲或者平静安逸的时候,就不会对来临的祸福一无所知。可是,一旦我们被好恶所支配,被奢侈的东西所诱惑,则会引起思想的混乱。"

古往今来,凡是善于领导的人,无不是首先保持自己的个人选择原则。只要是人,都有一定的追求和舍弃,但是一个领导者对待自己的取舍,更需要一种理性、一番智慧、一生德行。不要以为善于领导的人就必须风风火火、呼来喝去。韩非子向我们证明,但凡成功者,总是会把自己锻炼得"恬淡平安",只有这样才能清楚地认识何为"祸福",因为只有清心寡欲的时候,心中才最坦荡、最清醒,心神安宁、心智不乱,不为外面的变化迷惑,做到了这些,才能正确辨别不同的人才,才能保证用人的准确。

美利坚合众国第一任管理者乔治·华盛顿在领导独立战争和组织联邦政府的过程中,发挥了巨大的领导和协调作用。而这些作用的有效发挥,直接得益于他的德行修为所产生的巨大的感召和激励作用。

身高 6 英尺 2 英寸的华盛顿身材伟岸,重约 190 磅,棕色头发,灰蓝眼睛,天庭饱满,脸上带着一些雀斑和太阳的晒痕,当他微笑时,几颗有明显缺陷的牙齿显露无遗。他的外貌呈现出习惯于受人尊重和服从,但决不傲慢自大的男人形象。

"亲切"和"谦虚"是人们对他的评价。见过他的人们经常描述他眼里不时掠过的温柔。"要平易近人",他告诫他的军官们,"这是赢得尊重的必要条件。"除此之外,他还教育他的军官们,"要学会宽恕别人的错误,这是你赢得别人尊重的秘诀之一。"

当华盛顿还是一位上校的时候,他率领着部队驻守在弗吉尼亚州。在选举弗吉尼亚议会的议员时,有一个名叫威廉·佩恩的人反对华盛顿所支持的候选人。同时,在关于选举问题的某一点上,华盛顿与佩恩形成了对抗。华盛顿出言不逊,冒犯了佩恩。佩恩一怒之下,将华盛顿一拳打倒在地。华盛顿的部下闻讯,群情激愤,部队马上开了过来,准备教训一下佩恩。华盛顿当场加以阻止,并劝说他们返回营地,就这样一场干戈暂时避免了。

第二天一早,华盛顿派人送给佩恩一张便条,要求他尽快赶到当地的一家小酒店来。佩恩怀着凶多吉少的心情如约到来,他猜想华盛顿一定要和他进行一场决斗,然而出乎意料,华盛顿在那里摆开了丰盛的宴席。华盛顿见佩恩到来,立即站起来迎接他,并笑着伸过手来,说道:"佩恩先生,犯错误乃人之常情,纠正错误是件光荣的事。我相信昨天是我不对,你已经在某种程度上得到了满足。如果你认为到此可以解决的话,那么握住我的手,让我们交个朋友吧。"华盛顿热情洋溢的话语感动了佩恩。从此以后,佩恩成为一个热烈拥护华盛顿的人。

除了平易近人,宽恕别人,华盛顿还有其他品行让人赢得了无数的尊重:他目光远大、心地光明、坚定果断而又谦逊质朴,他一生的行事为人,处处让人体会到他的谦卑、真诚和执著。他功勋卓著却不贪恋权力,即使在处于权力巅峰、统率千军万马之时,他也从来没有自我膨胀,没有任何狂妄的野心。他作风平和,踏实认真,讲话不多,但他的每一次讲话都发自内心,真挚感人,能字字句句打入人的心坎。告别政坛之后,他毅然临危受命,再度应召为国服务,却断然拒绝了总统提名,他的每一次选择都证实了他纯洁无私的人格。

作为美利坚合众国的首位总统,他肩负起组建联邦政府机构的责任。他心胸宽广,把美国第一流的人物都纳入他的政府。为了确立政府的威信,他力求从人的才能和品德来判断选举人才。他对各部官员的选择有两个条件:第一要受到人们的欢迎和爱戴,第二要对人民有影响力,二者缺一不可。面对政府内阁中的党派之争,他总是冷静地用超人的智慧加以调解,对待联邦党人和共和党人的论争,他希望能不带偏见地将对美国有利的观点集中起来。他不想压制别人的意见。他对别人过人的才干,毫无卑劣的嫉妒之心,他把当代最伟大的政治家团结在自己周围,使之造福国家。他主张为人处世要襟怀坦白,光明磊落。

他虽然大权在握,却始终听从良知的召唤,谨慎谦卑地使用权力。后人可以从他身上看到,原来政治家还能够是这样一种形象。也正是他,用自己的言行,告诉世人,政治和道德可以良性结合到什么程度。华盛顿犹如一座政治人格的灯塔,时刻提醒着拥有或想拥有权力的人们,不要在权力的迷宫里晕头转向。

正是他的这种伟大品格,使他赢得了众人的信任和爱戴。所以才在独立战争期间,大陆会议决定授予他相当独断的军事指挥权,最终帮助美国获取了独立。而在联邦政府成立期间,他被一致推选为第一任总统。在宪政陷入争吵的时候,也正是凭借他的伟大人格,才有效地协调了各派的利益,把各种不同派别的人团结在自己的周围。他的伟大品格促成了他的丰功伟绩。

　　这个世界对于我们来说有太多需要谨慎对待的金钱名利、声色犬马;我们对于这个世界又有太多的个人好恶、七情六欲。所以我们在人生旅途中的每一步无不需要经过自己的深思熟虑以及潜移默化的修炼德行。按照韩非子的观点只有高贵如华盛顿那样的有德者,或许能被称为成功的领导者吧。

第二章 驭人之术,权谋之道

★有权力,还要有威信

爱多者则法不立,威寡者则下侵上。

——《韩非子·内储说上》

韩非子曰:"威寡者则下侵上。"

意思是说,威信不足,领导者就会被下属侵犯。

在韩非子看来,一个领导者仅掌握权力是远远不够的,还必须得为自己树立威信。威信和权力是一个领导者的左膀右臂,缺一不可。

那么,领导者该如何树立威信呢?

1. 领导者应懂得树立威信不可能一蹴而就

凡事不可强求,事情的成功是一个循序渐进的过程。领导者树立威信同样也不可能一蹴而就,它是一个长期的、一点一滴的、慢慢积累的过程,它建立在领导者如何处理每一件小事、如何对待每一个下属的基础之上。

2. 领导者要无私

无私才能无畏,无私才能有威。只有一心为公的人,才能受到下属的敬重,才能在处理问题上无所畏惧,才能在下属心目中树立威信。韩非子主张,任人唯贤,不避亲仇,赏罚分明,不徇私情,讲的都是领导者要无私。

3. 领导者要说话算数

韩非子非常注重信用,他认为人与人相处要有信誉,同样领导者与下属交往也要讲诚信。言必行,行必果。言行不一,说一套做一套的领导者不可能具有威信。

4. 领导者要有良好的决策能力

领导者所做的正确决策,可以使下属在做事前便"胸有成竹",做到目标明确、方向清楚、情况了然;也可以使下属在做事情时能"行动有力",做到任务到位,责任到人;再者,能使下属事半功倍,更好地完成既定目标。

领导者在做决策时,至少应该注意以下几点:多方征求意见,毫不吝惜地抛却枝节问题,充分掌握情况;对解决问题充满热情,注意决策的可行性,多种方案进行筛选;做事果断而有勇气,决策形成要快、方案实施要快、决策实施中的节奏要快。

　　5. 领导者要有不屈不挠的勇气和意志

　　毫无疑问,任何一项新的决策在执行过程中都会有或多或少的障碍和阻力,而作为领导者不能轻易放弃,要把自己的决心和勇气拿出来,不因为怕承担失败的责任而裹足不前,丧失信心。

　　6. 领导者要明白威信不是建立在简单的命令基础上的

　　简单的命令无助于领导者树立威信,领导者可以用提出问题的方法代替简单的命令。因为提出问题不仅比简单地下命令更容易使人接受,而且它还常常会激发一个人解决问题的积极性。

　　孙子,名武,是我国春秋战国时期伟大的军事家。

　　吴王想派兵攻打楚国,但顾虑到楚国兵多将广,而吴国人少兵微,心里一直犹豫不决。这时伍子胥说:"我向大王推荐一个人,一定可以打败楚国。"吴王赶紧问是谁,伍子胥说:"此人是吴国人,姓孙名武,精通兵法,有鬼神不测的机谋,自己编了一本兵法书。如果有了这个人的辅佐,我们必定天下无敌,请大王用重礼聘请。"

　　伍子胥请来孙武,见了吴王。吴王看了孙武著的兵书,大为叹服,就对孙武说:"先生真是神人,只可惜我国小兵少,不知先生有什

伍子胥

么办法?"孙武说:"我不但可以训练普通士兵,还可以训练女子。"吴王听了一点都不相信。孙武说:"大王不相信的话,就把后宫的嫔妃、宫女召来,让我训练。如果不成功,我甘愿受惩罚。"吴王就召集了 300 嫔妃、宫女,让他最宠爱的两个妃子右姬、左姬当队长,命孙武训练。

　　孙武说:"军队中,号令要严,赏罚要分明,虽然这是个试验,但也不能当儿戏。"于是,就把宫女分为左右两队,右姬管右队,左姬管左队。又找来一人当执法,几个人当牙将,看起来还真像个军队的样子。然后,孙武宣布了军法:一不许队伍混乱;二不许大声喧哗;三不许故意违反军令。

第二天，两个队长带着两队宫女来到教场，孙武亲自布阵，然后说："听到第一遍鼓声，两队都站好；听到第二遍鼓声，左队向右转，右队向左转；听到第三遍鼓声，两队人都拔剑准备格斗；听到鸣金，就收队退回原地。"

这些宫女听了，都嘻嘻哈哈的，不当一回事。第一遍鼓响后，宫女们有站着的、有坐着的，根本不成队形。孙武说："军令没有说清楚，这是我主将的责任。"然后把军令又讲了一遍。当孙武第二次敲鼓时，左姬、右姬和宫女都笑了起来。孙武大怒，喊道："执法的在哪里？"执法人赶快跑上前跪下，孙武问："军令宣告两次，而士兵不执行命令，该当什么罪？"执法人说："该斩！"孙武说："士兵不能全斩，就只斩两个队长，以示警告。"吴王一看连忙让孙武刀下留人，孙武说："军中无戏言，斩！"吴王干瞪眼没办法。

杀了左右二姬，宫女们一个个才怕了，让左转就左转，就右转就右转，整队训练井然有序。

通过这次训练宫女，吴王才真正了解到孙武的才能，于是封他为军师。后来，吴国果然所向披靡，成为当时的强国。

在领导下属时，领导者如果过于仁慈，那么很多规定就无法严格执行，如此，领导者也就失去了领导下属的能力。当然，领导者有点威严是必要的，但也不必过于冷酷。

★避免"过度授权"，以防大权旁落

六微，一曰权借在下。

——《韩非子》

在企业领导与管理的过程中，"分权"和"授权"是实现有效管理的重要手段。但是，领导人要避免"过度授权"，乃至造成大权旁落的局面。

在一个组织中，权力是将帅整合团队力量的手段和工具，掌握了它，领导人就可以如虎添翼，在管理中应变自如；反之，失去权力，就像蛟龙脱离了江河，任何伟大的商业计划都无从谈起。

在我国历史上，外戚和宦官专政一直是威胁统治秩序的不利因素。以西汉为例，从西汉初年的吕后专政到景帝时的窦婴、武帝时的田越权，以及霍光之后的史、许、王家，都是外戚干政的实例。

皇帝作为统治集团的领导人，如果自己的权力被分散、架空，权臣或宦官的势力庞大，往往会对皇权造成严重威胁。正因为这样，韩非子才鲜明地指出"六微，一曰权借在下"，意思是，六种危害君权的隐微手段，其中之一就是领导的权势转借给下属。

关于权力对领导人的重要性，一代名相诸葛亮也作了深刻的剖析。他在自己的兵法中这样说，"权力"尽管充满了权谋、斗争等，但是它对领导人来说是必要的；将帅掌握了兵权，才能施展自己的才华，大有作为。

现代商业活动是以企业这种组织形式开展的，领导人是这个组织的最高决策者，是掌握"管理权力"、"行政权力"的当家人。如果自己被董事会弃权，"内阁瓦解"，恐怕当事人只有壮志未酬的遗憾。

2003年，微软中国爆发了一场人事地震，陈永正重新"组阁"；唐骏大权旁落，不再负责微软中国区的市场、销售、财务及人事等诸项事务，转而负责微软设在上海和北京的技术中心工作，并直接向微软大中华区CEO陈永正汇报。

尽管微软中国公关部有关负责人把此次职权变动，解释为"更好地发挥唐骏技术特长"，但是其中的冷暖只有当事人最清楚。事实上，这是一家商业企业正常的人事变动，但是我们从中可以窥测到权力转移对领导人造成的巨大改变。

除了来自董事会等高层的任免，领导人的权力更多地受到团队内部成员的稀释。比如，领导人在分权的过程中被架空，失去了对关键事务的最终决策权，这不仅使自己的施政理念得不到有效贯彻，还可能造成组织运作失控、混乱的局面，带来难以估量的损失和危害。

1990年海湾战争时，美军曾经以迅雷不及掩耳之势击退了伊拉克军队。在战争这种综合人力、物力、财力和智力的较量行动中，最高决策者的权力行使和效力的充分发挥起着至关重要的作用。如果最高指挥权分散、军事情报不能及时反馈，战场上的失败就不可避免。

美军之所以能够取得胜利，总指挥官史瓦兹科夫将军的两个决定发挥了关键作用：陆、海、空三军精诚合作，统一指挥权；后勤补给的调度由一人负责，避免各自为政。我们可以看到，正是集权而不是分权，保证了美军在海湾战争中取得了关键性的胜利。简言之，史瓦兹科夫将军要求"统一指挥，分工授权"，如此一来，三军各个功能都有专人负责管理，体积虽庞大，但运转灵活，又因三军整合成功，整体战斗力得以发挥。难怪美军打了一场漂亮的胜仗，而史瓦兹科夫将军也因此战役而名噪一时。

由此可知，虽然现代组织领导讲分权，但不可讳言的是，身为领导人，有些权力不可轻易分配授权，例如《韩非子》里有一篇"二柄"，强调英明的国君用来控制臣子的，不过是两个权柄而已。两个权柄，指的是刑罚与赏赐。赏与罚的大权在握，国君才算拥有权力。

·《韩非子》智慧通解·

图文珍藏版

除了韩非子提到的赏罚权及人事权外,领导人还要掌握决策的权力。譬如,当前企业通行的"事业部制",这种组织结构具有"业务营运分权,政策管制集权"的特色。各事业部拥有相当的权限,分进合击,使事业体既保有恐龙的壮硕,又可避开恐龙的笨重。然而,这些事业部,从设立到裁并,从目标的制定到成果的考核,经营者必须亲自掌控、决定,不可放弃,不可假手他人。

事必躬亲,大小权力一把抓,不是组织的永续经营之道;过度授权,又隐含"尾大不掉"的风险。真正的授权,应该"如臂使指"般的自然。

总之,领导人只有控制住核心权力,才能带领团队在具有决定性的竞争中赢得胜利,否则一切都无从谈起。

我国历史上的"八王之乱"说到底是政治集团权力分散引发的政治危机,当时汝南王亮、楚王玮、赵王伦、齐王冏、河间王颙、成都王颖、长沙王乂和东海主越,纷纷争夺中央统治权,直接加速了西晋王朝的灭亡。"八王之乱"历时6年,这种混战的局面给社会发展带来了严重灾难。

在企业内部,如果领导人不能掌握人事权、决策权等核心部门,往往会使组织内部陷入严重的争斗,给企业发展带来消极影响。"分权"是许多企业领导人面对的一个重要课题,但是我们不能因此忽视必要的"集权"。事必躬亲、大小权力一把抓,不是有效的管理之道;授权是必要的,但不能过度。领导人要防止权力分散和被架空,不能把核心权借给别人;只有把主导权始终控制在自己手中,才是永续组织经营之道。

★打好自己的根基

树木有曼根,有直根。根者,书之所谓柢也。柢也者,木之所以建生也;曼根者,木之所以持生也。德也者,人之所以建生也;禄也者,人之所以持生也。今建于理者其持禄也久,故曰:"深其根。"体其道者,其生日长,故曰:"固其柢。"柢固则生长,根深则视久,故曰:"深其根,固其柢,长生久视之道也。"

——《韩非子·解老》

韩非子讲:"树木有须根,有主根。主根,就是《老子》书上所说的树根。树根,是树木建立生命的基础;须根,是树木用来维持生命的。德,是人建立生命的基础;禄位,是人用来维持生命的。今人建立在事理上的,保持禄位就能久远,所以《老子》上说:'加深它的须根。'能体会道理的,就能不断地生长,所以《老子》上说:'巩固它的主根。'主根巩固了,就能不断地生长;须根深了,就能活得长久,所以《老子》上说:'加深它的须根,巩固它的主根,是长生久活的道理。'"

根深蒂固是个比喻,对于所有的管理者来说,什么是"根"大概无须多费唇舌。权力,这个贯穿于管理整个过程的东西,正是韩非子强调的立身之根本。

曾经无比风光美国的产业现在正经历着和过去几十年旧倾向完全相反的转变。在传统旧倾向中可以看到,公司权力产生了高层经理和董事们。如果过去总裁(CEO)是国王的话,那个时代已经过去了。国王已经死去了,掌握大量股票的大型机构(像退休基金),活跃的股东们、董事会,甚至低层经理们,正在日益运用着先前几乎是总裁们实际控制的权力。

总裁们在向那些授予他们权力的组织汇报重要的变化和权力的使用。根据一项关于最大的美国公司中216名最高总裁的调查,从前有权力的总部职员在缩小规模,其权力也正在缩小。位于西雅图的华盛顿互助储蓄银行的总裁路易斯·佩珀说:"在某一点上说,总部的职员一直在表明这种情况。其权力被缩小了,以便容许更多的管理人员拥有权力。"再者公司的等级层次更少了,管理层次也减少了。这种结果是,推动了组织中低层次的决策制定。最终,关于总裁的大部分调查报告表明,中层管理权力扩大了。

比较了团队和他们的顾问间权力的大小之后,这些总裁说,顾问的权力正在增长。作为呼应,方正的这家电力设备制造公司的总裁杰里·斯特德说,公司进行了重组,使雇员们有更大的自由和权力来和客户打交道。此外,总裁们必须更多地听取其董事会的意见,而董事会则日益包括更多的外部代表。大多数总裁认为,他们的董事会比起五年前具有更多的权力。

总裁们一致认为,舆论赋予其管理风格以特征。和传统的、更独裁或更"帝王化"的总裁相比,这些总裁中,有74%把自己看作更具参考性,更有舆论导向,更依赖于沟通技巧而不是"命令和控制"技巧的总裁。罗尔工业公司的总裁哈里·托德说:"不再是听一人指挥了,我们完全是群体导向。"PPG工业公司的文森特·萨尔尼重复了这个话题,他把新式风格的成功总裁看作集体导向的和参与型的总裁。按照这种观点,总裁们应当设立一种战略方向,得到雇员赞同,给他们办法和权力,并让他们独立办事。

的确,这些有权力的公司领导人认为,个性和领导才能是今天的团队中权力的最重要源泉。控制的运用比起领导的实践来已经不那么重要了。柯尔盖特——帕尔莫利夫的总裁鲁本·马克把新的权力分享哲学总结为:"你拥有的权力越多,你使用的权力就越少。你要通过给别人权力来建立和巩固你的权力。"

权力是个社会性的叫法,即个人在同他人、群体的关系中是有力量的、或在团体或其他人群的关系上是有力量的,等等。

权力的概念赋予人们相互间作用的特征,而不是因为这一概念的运用所涉及某个个人。进一步说,权力绝非是绝对的或一成不变的。它是随环境与个人的变动而变动的动态关系。例如,一个经理可能会有力地影响一个下属职员的行为。但同时,只在边缘上影响其他人。经理们对于他们自己的属下也许是有权力的,但是不能影响其他部门雇员的行为。此外,关系会随时间变化。上个月成功的影响尝试,也许今天会失败,即使同样的人处于两种不同的情况下,也可能如此。

★ 在权力问题上弄清公与私

古者苍颉之作书也,自环者谓之私,背私谓之公,公私之相背也,乃苍颉固以知之矣。今以为同利者,不察之患也。

——《韩非子·五蠹》

韩非子讲:"最早造字的仓颉就是按照'公'与'私'相对立的意思造这两个字的。最早的'私'字,没有现在的'禾'字旁,只有另一半'厶',即以个人为起点向左画一个小圈圈。而'公'是在'厶'的头上加一个'八'。这个'八'字,在古代有相背、相反的意思。现在还认为公私的利益相同,这就是不明察的毛病。"

运用权力最怕被人抓住自己的"小辫子",一旦自己不小心栽在人家那里,自己那份用人管人的荣耀就会变成被别人利用的耻辱,甚至这种状态还会把你推向万劫不复的境地。所以,韩非子很重视在权力问题上弄清"公私"。

周恩来同志是一位伟大的用人者,即使在逝世多年以后,人民依然怀念这位人民总理,那么他为何有如此巨大的魅力博得被用者的颗颗爱心?

这是因为,一方面,他在缔造和建设新中国的伟大历史进程中,为党和人民建树了不可磨灭的丰功伟绩;另一方面,他毕生严于律己,清正廉洁,不求索取,但求奉献,把一切献给了党和人民,连自己的骨灰都撒到中华大地,完全彻底地实践了他"活着为人民服务,死后也要为人民服务"的宏愿。正是这两个方面的有机结合,构成了周恩来特有的纯真的人格魅力,从而赢得了人民衷心的爱戴和钦佩,甚至连他的一些国内外政敌也不得不为之折服。

周恩来廉洁自律的表现是多方面的,也是一贯的。在此,仅就同当前对领导干部廉洁自律要求相关的一些方面,列举一些具体事例。这样,难免挂一漏万,不过可以从细微处见精神。

在人们的印象中,周恩来总是那样衣冠楚楚,风度翩翩。殊不知,他仅有的几套料子服装,大都穿了几十年,有的破损了,精心织补后继续穿。有一次,他穿织补过的衣服接待外宾,身边工作人员说这套"礼服"早该换换啦。他笑笑说:"穿补丁衣服照样可以接待外宾。""织补的那块有点痕迹也不要紧,别人看着也没关系。丢掉艰苦奋斗的传统才难看呢!"他的衬衣磨破了,换上新的领口和袖口照旧穿。1963年,他出访亚非欧14国,到了开罗,他换下缝补多次的衬衣,随行工作人员不便拿给外国宾馆去洗,只好请我驻埃及使馆的同志帮忙,并叮嘱洗时不要用力,以免搓破。大使夫人看到后,感动得边洗边流泪。至于他穿用了几十年破旧的睡衣、皮凉鞋和第一代上海牌国产手表等,已作为珍贵文物,存放在中国历史博物馆。

周恩来的家常饭菜很简单,主食经常吃些粗粮,副食一般是一荤一素一汤。他规定的工作餐标准是四菜一汤的家常饭菜。他说:"四菜一汤既经济又实惠。"他在外地视察或主持会议,同大家吃一样的饭菜,不搞特殊,离开时一定付清钱和粮票。他不仅自己这样做,还要求其他领导干部也这样做。有一次,他出差到上海,听说有的领导同志带着夫人、孩子到地方去,所有的食宿费用都由地方开支,非常生气。回北京后,他在全国第三次接待工作会议上向各省市代表提出:"今后无论哪个领导到省里去,吃住行等所有开支,地方一概不要负担,都要给客人出具账单,由本人自付。这要形成一种制度。"一位专机机长的回忆,颇为传神地反映了他在饮食方面的律己要求。有一次,这位机长看他吃饭,掉了个饭粒在桌上,他连夹两次才夹住放进嘴里,笑着吃了。看到这种情景,这位机长后来感慨地说:"我心里不禁百感交集。什么叫廉洁,看看总理就知道了。"

建国初期,周恩来搬进了中南海西花厅,一住就是26年,直到他去世。西花厅是清朝乾隆年间修建的老式平房,潮湿阴冷。身边工作人员于心不安,多次提出修缮,但他坚决不同意。1959年底,趁他和邓颖超出差外地时间较长,对西花厅进行了保护性维修。他回京一进门就惊讶地问:"这是怎么回事?谁叫你们修的?!"他还说:"我身为总理,带一个好头,影响一大片;带一个坏头,也影响一大片。所以,我必须严格要求自己。"按照他的要求,撤掉了新添置的地毯、沙发、窗帘、吊灯等陈设。事后,对这次"修房风波",他主动在国务院会议上作了三次检讨,向到会的副总理和部长们说:"你们千万不要重复我的这个错误。"

周恩来对自己乘坐的轿车没有什么特殊要求,后来他经常乘坐的专车是红旗轿车。他说:"别人不坐我坐,我喜欢国产车。"国家进口了一批高级奔驰车后,有关部门想给他换一辆。他不同意,严肃地说:"那个奔驰车谁喜欢坐谁坐去,我不喜欢,我就坐'红旗'。"在用车问题上,他公私分明,毫不含糊。他去理发,医院看病,探亲访友,看戏等,都算作私人用车,总要叮嘱身边工作人员照章付费,从工资中扣交。

周恩来的基本生活要素,衣食住行的俭朴作风,受到了长期在他身边工作的人员交口称赞。有位秘书说:"总理除了工作,个人一生无所他求。特别是生活的俭朴,更是众口皆碑。"不是亲眼所见是很难想像到了什么程度。

同周恩来接触较多的一些知名人士,对他廉洁俭朴的生活作风也是赞不绝口。宋庆龄说:"周总理在个人生活和作风上,和他在政治上一样,是一个真正的共产主义者。"

如果你成为一个政府用人者,或许公私分明的权力问题更值得学习,现在人们都在提倡自己与团队的融合,殊不知韩非早就指出,自打"公"、"私"二字造出来两者便是矛盾的。

在公私面前保持清醒的头脑,这是廉洁从政的基本前提。权力可以使人高尚,也可以使人堕落;可以用来为人民谋利益,也可以用来为个人沽名渔利。一个用人者的用权到底为公还是为私,这是对他最严格的考验,而且最容易碰到,也最容易考验出这个人的品德。

★驱赶近身的恶狗

韩非子曰:"宋人有酤酒者,升概甚平,遇客甚谨,为酒甚美,悬帜甚高,着然不售,酒酸,怪其故,问其所知,问长者杨倩,倩曰:'汝狗猛耶。'曰:'狗猛则酒何故而不售?'曰:'人畏焉。或令孺子怀钱挈壶瓮而往酤,而狗迓而龁之,此酒所以酸而不售也。'夫国亦有狗,有道之士怀其术而欲以明万乘之主,大臣为猛狗迎而龁之,此人主之所以蔽胁,而有道之士所以不用也。"

——《韩非子·外储说右上》

韩非子讲:"宋国有个卖酒的。给的量很足,待客殷勤,酒又酿得香醇,而且店铺门前高悬酒幌,但是酒却卖不出去,变质发酸了。他感到很奇怪,就向知道(道理很多)的邻人杨倩老人请教。杨倩说:'你店铺里狗很凶恶吧?'他不解地问:'狗凶,酒为什么卖不出去?'杨倩说:'人们都害怕呀!有的人打发自己的小孩,装上钱,拿上壶,去打酒。而你的狗咬龇牙咧嘴窜出来咬人,谁还敢到你这里来买酒呢?这就是你的酒卖不掉变酸的原因。'"

"国家也有这样的恶狗呀,有才能的人怀着治国之术想要把它献给君王,那些大臣像恶狗一样龇牙咧嘴地窜出来咬人,这就是君王很少有人帮助,而那些有才能的人不能得到重用的原因啊。"

如果你正在为自己的事业缺少帮手而苦恼,如果你正因为没有人才打开公司局面,那么,你需要审视一下自己的周围,看看那些你颇为信赖的"高层"中有没有如韩非子厌恶的那条恶狗。毕竟,在这个知识爆炸的时代,人才只会层出不穷,妨碍你寻找人才雄心的或许就在于恶狗的驱赶吧。

最好的解决方法?驱赶恶狗。

开元末年,大唐帝国迎来了我国历史上少有的盛世局面,民丰物阜,四方臣服。唐玄宗李隆基做了二十多年太平天子,渐渐滋长了骄傲怠惰的情绪。他不再像以前那样励精图治、纳谏如流,开始满足于已经取得的成绩,贪图享乐。宰相张九龄看到这种情况,心里十分着急,常常给唐玄宗提意见。唐玄宗本来很尊重张九龄,但是到了后来,对张九龄的意见也听不进去了。

此时,玄宗喜欢大臣对他歌功颂德、阿谀奉承,一时间,奸佞小人猖獗起来,唐代有名的奸相李林甫就是这时起家的。李林甫本是一个不学无术、胸无点墨的市井无赖,他什么事都不会,专学了一套奉承拍马的本领。他和宫内的宦官、妃子勾结,探听宫内的动静。唐玄宗在宫里说些什么,想些什么,他都先摸了底。等到唐玄宗找他商量什么事,他都对答如流,简直跟唐玄宗想的一样。唐玄宗听了很舒服,觉得李林甫又能干又听话,比张九龄强多了。

唐玄宗

唐玄宗想把李林甫提为宰相,跟张九龄商量。张九龄看出李林甫不是正路人,就直截了当地说:"宰相的地位,关系到国家的安危。陛下如果拜李林甫为相,只怕将来国家要遭到灾难。"这些话传到李林甫那里,李林甫把张九龄恨得咬牙切齿。

朔方(今宁夏灵武)守将牛仙客,目不识丁,但是在理财方面,很有点办法。唐玄宗想提拔牛仙客,张九龄没有同意。李林甫在唐玄宗面前说:"像牛仙客这样的人,才是宰相的人选;张九龄是个书呆子,不识大体。"

有一次,唐玄宗又找张九龄商量提拔牛仙客的事。张九龄还是不同意。唐玄宗发火了,厉声说:"难道什么事都得由你做主吗!"唐玄宗越来越讨厌张九龄,加上听信了李林甫的诽谤,终于找了个机会撤掉张九龄的职,让李林甫当宰相。

李林甫一当上宰相,第一件事就是要把唐玄宗和百官隔绝,不许大家在玄宗面前提意见。有一次,他把谏官召集起来,公开宣布说:"现在皇上圣明,做臣下的只要按皇上的意旨办事,用不着大家七嘴八舌。你们没看到立仗马(一种在皇宫前作仪仗用的马)吗? 它们吃的饲料相当于三品官的待遇,但是哪一匹马要是叫了一声,就被拉出去不用,后悔也来不及了。"有一个谏官不听李林甫的话,上奏本给唐玄宗提建议。第二天,就接到命令,被降职到外地去做县令。大家知道这是李林甫的意思,以后谁也不敢向玄宗提意见了。

李林甫知道自己在朝廷中的名声不好。凡是大臣中能力比他强的,他就千方百计地把他们排挤掉。他要排挤一个人,表面上不动声色,笑脸相待,却在背地里暗箭伤人。有一次,唐玄宗在勤政楼上隔着帘子眺望,兵部侍郎卢绚骑马经过楼下。唐玄宗看到卢绚风度很好,随口赞赏几句。第二天,李林甫得知这件事,就把卢绚降职为华州刺史。卢绚到任不久,又诬说他身体不好,不称职,再一次降了他的职。

有一个官员严挺之,被李林甫排挤在外地当刺史。后来,唐玄宗想起他跟李林甫说:"严挺之还在吗? 这个人很有才能,还可以用呢。"李林甫说:"陛下既然想念他,我去打听一下。"退了朝,李林甫连忙把严挺之的弟弟叫来,说:"你哥哥不是很想回京城见皇上吗,我倒有一个办法。"严挺之的弟弟见李林甫这样关心他哥哥,当然很感激,连忙请教该怎么办。李林甫说:"只要叫你哥哥上一道奏章,就说他得了病,请求回京城来看病。"

严挺之接到他弟弟的信,真的上了一道奏章,请求回京城看病。李林甫就拿着奏章去见唐玄宗,说:"真太可惜,严挺之现在得了重病,不能干大事了。"唐玄宗惋惜地叹了口气,也就算了。

像严挺之这样上当受骗的人还真不少。但是,不管李林甫装扮得怎么巧妙,他的阴谋诡计到底还是被人们识破。人们都说李林甫这个人是"嘴上像蜜甜,肚里藏着剑",成语"口蜜腹剑"就是这样来的。

不说别的,韩非子自己的遭遇不也同样证明了他的这番话吗? 当眼看着秦王就要重用韩非的时候,秦王身边的"恶狗"李斯狠下毒手,既讲韩非出身韩国不会真心实意帮助秦国,又强调不能放韩非回去,搞得最后一杯毒酒成了这一位旷古大师的最后结局。

尽管知道国有猛狗的道理,韩非最后还是没有逃脱命运的悲惨,而对于领导者来说,身边如果确实有李斯那么一般的"恶狗",你又怎么能吸引更多的人才为我所用,创造一个更美好的明天呢?

第三章 为人领导，识人为重

★为人领导，识人第一

为人主者，诚明于臣之所言，则虽羃弋驰骋，撞钟舞女，国犹且存也。不明臣之所言，虽节俭勤劳，布衣恶食，国犹自亡也。

——《韩非子·说疑》

作为领导者，若真正了解下属的意向，那即便是经常打猎骑马，沉溺于歌舞女色，国家还可能存在；假如不了解下属的意向，即便是勤劳节俭，布衣粗食，国家自然还是要灭亡的。

晋国的君主晋献公想去攻打虢国，但自己本国与虢国并不接壤，只好向当时居于两国之间的虞国借道。

晋献公怕虞国不肯借道给自己，很是苦恼。晋大夫荀息就为晋献公出主意说："君王如果能用垂棘出的玉璧和屈地产的宝马这两件宝物去贿赂虞公，请他借道给我们，他一定会答应的。"

晋献公心里又不舍得自己的宝贝，就说："垂棘玉璧是我们晋国祖先留下来的传家宝，屈地宝马是寡人心爱的坐骑。假如虞公拿了我这两件好东西之后，又不肯把道借给我，那可怎么办？"

荀息诡秘地笑了笑说："他如果不肯借道给我们，他就不敢接受我们的东西，他如果肯借道给我们，那我们送给他的东西终究还会是我们的。就等于把玉璧从内府的仓库暂时存到外府的仓库，把宝马从内府的马厩暂时牵到外府的马厩而已。君王大可不必担忧。"

晋献公

晋献公明白了荀息的意思，就让他带着两种宝物去见虞公，请他借道给晋国。

虞公是个贪图小利的人，见了垂棘玉璧和屈地宝马这两件稀世之宝，就满口答应要借道给晋国。

虞国大夫宫之奇是个头脑清醒的人，赶紧劝谏道："不能答应啊！他们借道是要去攻打虢国。而虢国与我们虞国是唇齿相依的邻邦，唇亡齿寒啊，虢国如果灭亡了，我们虞国的灭亡也就是早晚的事了！所以借道之事，主公千万不能答应！"

可是虞公哪里听得进去？他还是把道借给了晋国。荀息借了道便去攻打虢国，不久，就把虢国给灭了。三年之后，晋国又发兵攻打虞国，把虞国打得落花流水，灭了虞国。那垂棘玉璧和屈地宝马当然也就被荀息取了回来，交还给了晋献公。

晋献公抚摩着两件宝物得意地说："这垂棘玉璧嘛，还是原先的模样；这屈地宝马嘛，就是马齿多出来一点。"

虞公为什么会吃败仗使虞国灭亡？就是因为他贪图小利不顾其危害啊！所以说，只顾眼前小利，往往要损害大利。

虞国君主不懂明臣的意思，最终落得身败国亡的下场。这说明领导者最重要的能力是善于识人，如果这点做不到的话，那就算再如何的精明能干，也恐怕是枉然！善于识人的领导者，对于下属的一切举动自然是"摸得清、握得住"，既然是如此，那他自然可以放心地把事情交由下属们处理，只要按部就班，那他根本就不用亲自为这些大大小小的事情烦恼。因为所有的事都有着专门的人去处理了，而领导者只要做一件事：好好地观察这些下属有没有尽责，其他的就是自己的时间。

赵敬侯在位时，生活不算检点，冬日狩猎，夏季乘船，且爱好女色、游乐，对于臣子很不严肃，没有什么节制。然而他在位的数十年间，军队从来没输过，也没有乱臣贼子的危害，邻国都无法侵扰，这是因为敬侯很懂得任用臣子的缘故。而燕国君王子哙，他的土地千里之广，军队数十万之众，子哙本人很洁身自爱，不仅节俭，也很体恤百姓，鲜少有君王能超越他的。但是他后来遭到亡国夺政的结果，就是因为他不会识人。

从以上的例子就可以明白：领导者如何识人而用人是最大的关键！刘邦与项羽互相比较的话，一定是项羽优秀，但楚汉相争时，为何会是刘邦赢得天下？就是项羽输在不会用人，所以遭到挫败。

★识人有度,上下同心

夫物者有所宜,材者有所施,各处其宜,故上下无为。

——《韩非子·扬权》

万物各有适合的用处,才能有施展的地方,各处在自己的位置上,领导者就可以无为了。

齐桓公准备立管仲为相,想了解一下大臣们的意见,就对群臣下令道:"寡人将立管仲为相,并尊为'仲父'。现在想征求你们的意见,同意的进门后站在左边,不同意的进门后站在右边。"

可是东郭牙进了门,既不往左,也不往右,而是站在大厅中间。齐桓公问道:"我说了;同意的往左,不同意的往右。你站在当中,算是怎么回事?"

东郭牙说:"凭管仲的智慧,是不是能谋划天下大事?"

"当然!"齐桓公回答道。

东郭牙又说:"凭他的果敢决断,他是不是敢于做出惊人的事情?"

齐桓公说:"他有这个胆量!"

东郭牙说:"既然他的智慧足以谋划天下大事,他的胆量又足以干一番大事,君王把国家大权完全交给他一个人,那么凭着他的能力,借助君王的权势来统治齐国,君王您的地位岂不就很危险了吗?"

齐桓公觉得东郭牙说的话很有道理,后来就让隰朋治理内务,让管仲治理外事,两人互相制约、互相监督。

晋文公当年在外流亡的时候,箕郑提着水和食物跟随在后面。有一次迷了路,两人在路上走失了。箕郑当时年龄还小,饿得直哭,可就是不敢吃提在自己手上的水和食物。

晋文公回国登上君位后,攻克了原城,原城需要委派一名新的地方官,派谁呢?晋文公就想到了箕郑。他认为:"箕郑当年能忍饥挨饿,为我守着提在自己手上的水和食物,这种人担任原城的地方官我放心,他绝不会背叛我!"于是举拔箕郑为原城的行政首长。

齐桓公

大夫浑轩得知此事,却大不以为然,他认为:"就凭守着一壶水一兜饭的小忠诚,就指望他永远不会背叛,岂不是太草率了!"

所以,英明的君主,不依靠别人不背叛我,而依靠我的不可背叛;不依靠别人不欺骗我,而依靠我的不可被欺骗。

每样事物都有它独特的特性,它的独特也就是展现其用处的地方。像某些植物的叶子是针状,其用处就是防止水分由叶子快速蒸发,所以这些植物可以非常耐旱或耐寒。如果将榕树或椰子树移植到寒冷又少雨区,那不出几日,这两种植物就会死亡。因为环境与特性搭配不起来的缘故。人也是如此,每个人都有适合他的环境才能展现其特长。

一个人如果用对地方,那成效是以数倍计算的。同时,在上位者也就可以"无为"! 韩信与刘邦的例子正是最佳诠释。

"无为"并不是啥事都不做、不管,而是说:该做的去做,不该做的就不必做。领导者该做的是什么? 当然是好好地监督属下所做的进度。试想:如果身为领导者,又像刘邦会识人用人的话,那是不是上上下下都会很轻松,事情也会加速进展? 所以,了解每个人的特性,好好地利用这种特性,不但人人会胜任愉快,连领导者也会愉快起来!

关于辨别臣子的忠信,韩非子说:英明的君主,不依靠别人不背叛我,而依靠我的不可背叛,不依靠别人不欺骗我,而依靠我的不可被欺骗。

的确如此,君主应当依靠掌握在自己手中的权势和法术,使群臣不得不为自己卖力,而不能指望群臣有很高的道德水准,依赖群臣道德上的诚信可靠。大臣聪明狡猾有能力多计谋并不可怕,关键看君主有没有办法控制他,使他不敢背叛,无法要奸。

★明知故问,精确识人

挟知而问。

——《韩非子》

在面试招聘的时候,主考官会提出种种问题请面试人回答。其中,主考官往往知晓各种答案或明确自己希望得到的回答,所以是一种"明知故问"的考察。事实上,这种考察方式不仅可以用在招聘时,也可以贯彻到日常对员工忠诚度的测试。

有一天，朝昭侯故意把一片剪下的指甲握在手中而假装遗失，然后严厉地命令："剪下的指甲如果丢失是不吉利的征兆，无论如何也要给我找到！"

身边的近侍顿时乱作一团，纷纷四处搜寻房间的每一个角落，但是查找了几遍始终一无所获。朝昭侯站在一旁催促道："绝对不能丢失，你们一定要给我找到，否则就要接受处罚！"这时一名近侍悄悄地把自己的指甲剪下来，然后惊喜地喊起来："找到了，我找到了，在这儿！"韩昭侯立刻断定这名近侍是一个喜欢说谎的人，马上把他辞退了。

以"明知故问"的方式考察下属的忠诚度，这是《韩非子》倡导的"挟知而问"原则："挟智而问，则不智者至；深智一物，众隐皆变。"意思是，佯作不知而询问，就会明白自己不知道的事情；熟知一件事情，就可以明白其他隐晦的事情。

随着现代经济活动的日益频繁，员工外出从事各种业务活动的机会大幅增加，这为领导人如何有效统帅部属提出了严峻的挑战。如果员工远在千里之外，你如何知晓他的行踪呢？对方是否在尽职尽责地履行自己的使命？

这时，领导者可以借助各种手段以"明知故"的方式考察员工的忠诚度，进而实现有效的控制。比如，可以让员工用当地的长途电话给自己打电话，通过"来电显示"判断对方所言是否属实。在这里，"明知"的是员工在某个地方办公，但是不确定是否属实，所以"故问"来加以验证。因此，"挟知而问"不仅是对员工忠诚度的考察，更是对员工统御的有效手段。

三国时期，曹操争雄天下。尽管当时刘备没有自己的势力，但是仍然不能让曹操放心。为此，曹操宴请刘备参加酒会，这就是著名的"青梅煮酒论英雄"。

两人一边喝酒，一边交谈。曹操问刘备："你认为当今天下的英雄是谁呢？"刘备列举出了当时的各路诸侯，比如刘表、袁绍、袁术等人；但是曹操连连摇头，忽然说："天下的英雄，只有我和你两个人！"

刘备正处在曹操控制之下，竭力收敛自己的锋芒，以整日饮酒种菜消磨时光，今天听了曹操的话不禁惊慌失措，吓得手中的筷子也掉落在地下。恰巧一阵雷声传来，刘备急忙遮掩，曹操只以为是雷声所致，并不放在心上。

曹操问刘备对"天下英雄"的看法，并将自己和对方列为天下英雄的行列，是在故意考察对方的野心、志气。但是颇有心机的刘备瞒过了对方，得以明哲保身。

在纷繁复杂的企业管理事务过程中，领导者不可能事无巨细地一一加以辨析，但是可以通过"挟知而问"的方式时时考察员工的忠诚度，用已经知道的情况询问员工，可以通过局部的考察了解员工的工作状态，对自己获得的信息准确性进行科学的评估。通过判断信息的有效性和真实性，可以从全局的高度把握企业整体发展状况。

在现代商业管理教育中,对人才的考察已经被列为一项重要的课程。比如,美国哈佛大学就最早设立了"观人学",并把它定为优秀学生的必修课程。深入研究中国古代管理文化可以发现,"观人学"从始至终都是一个重要的命题。文王识才法、庄子识才法、诸葛亮识才法、刘邵选才法、刘向选才法、曾国藩选才法等考察人才的方法,令人眼花缭乱。

对今天的企业领导者来说,从古代经验中吸取有益的东西,把握"挟知而问"等识人原则对我们出色完成领导与管理工作是很有帮助的。比如,"挟知而问"是一种由点到面的管理策略,可以帮助我们核实员工的忠诚性,确保信息的准确性,从而达到明辨是非的目的。这种传统管理思想的价值在今天看来丝毫没有减弱。

★识人,先看其德

韩非子曰:"德者,内也;得者,外也。"

——《韩非子·解老》

韩非子曰:"德者,内也;得者,外也。"意思是说,道德,是人内部存在的东西;而得到,是人从外部得到的。因此,外取决于内的道理,也就不言而喻了。

在韩非子看来,道德是一个人必须确立的内在标准,没有这个内在标准,人生之路就会失去支撑,最后必将导致失败。因此,做人必须"以德立身"。

"以德立身"贯穿于每个人人生的全过程,在人生的不同阶段,道德对人的要求会有着不同的变化,每个人体验和经历的内容也不一样,但是,"以德立身"的人生支柱是不变的,它对每个人人生大厦起着支撑作用的定律是不变的。

"德"是指一个人的品性、德行。我们很难想象,一个品行不端的人能结识真正的朋友,获得长久的事业成功。这样的人很难令人与之长期合作,因为这种人不是搞一锤子买卖,就是过河拆桥;他们甚至还可能受某种利益的驱使,铤而走险,落入法网……

韩非子提醒我们领导者,德乃人生事业的基础,是个人才能的统帅和主心骨。反之,离开了道德的建树,事业也就失去了稳固的基础,如艳丽一时而不可长存的花朵;缺乏道德的约束,个人的卓越才能就有走向反面的可能。

那么,如何"以德立身"呢?

韩非子回答说,就是要解决好"德"与"得"的关系,做到不因"得"而丧"德"。换言之,就是舍利而取道。利,即利益;道,即道义。使自己在主观上无愧于自己的良知,在客观上昂扬了社会的正气。

在此,韩非子也提醒领导者,选贤用能必须坚持一个标准:德才兼备。并且德更为重要,因为德与才是统帅和被统帅的关系。

所以,领导者在用人时,一定要先看其德,再看其才。只有这样,才能选出真正适合的人。

有一天,西域来了一个商人将珠宝拿到集市上出售。这些珠宝琳琅满目,全都价格不菲。特别是其中有一颗名叫"珊"的宝珠更是引人注目。它的颜色纯正赤红,就像是朱红色的樱桃一般,直径有一寸,价格高达数十万,引来了许多人围观,大家都啧啧称奇,赞叹道:"这可真是宝贝啊!"

恰好龙门子这天也来逛集市,见了好多人围着什么议论纷纷,便也带着弟子挤进了人群。龙门子仔仔细细地瞧了瞧宝珠,开口问道:"珊可以拿来填饱肚子吗?"

商人回答说:"不能。"龙门子又问:"那它可以治病吗?"

商人又回答说:"不能。"

龙门子接着问:"那能够驱除灾祸吗?"

商人还是回答:"不能。""那能使人孝悌吗?"

回答仍是"不能"。

龙门子说道:"真奇怪,这颗珠子什么用都没有,价钱却要数十万,这是为什么呢?"

商人告诉他:"这是因为它产在很远很远没有人烟的地方,要动用大量的人力物力,历经不少艰险,吃不少苦头,很不容易才能得到的,它是非常稀罕的宝贝啊!"

龙门子听了,只是笑了一笑,什么也没说便离开了。

龙门子的弟子郑渊对老师的问话很不解,不禁向他请教。龙门子便教导他说:"古人曾经说过,黄金虽然是贵重,但是人吞了它就会死,就是它的粉末掉进入的眼睛里也会致瞎。我已经很久不去追求这些宝贝了,但是我身上也有贵重的宝贝,它的价值绝不止值数十万,而且水不能淹没它,火也烧毁不了它,风吹日晒全都丝毫无法损坏它。用它可以使天下安定;不用它则可以使我自身舒适安然。人们对这样的至宝不知道朝夕去追求,却把寻求珠宝当作唯一要紧的事,这岂不是舍近求远吗? 看来人心已死了很久了!"

龙门子所说的"至宝",就是指人们自身的美德。

《左传》说"君子三立":立德、立功、立言。在这三项不朽的事业中,立德居于首位。《菜根谭》中有:"富贵名誉自道德来者,如山林中花,自是舒徐繁衍;自功业来者,如盆槛中花,便有迁徙废兴;若以权力得者,其根不植,其萎可立而待矣。"即告诉我们,只要一个人的荣誉富贵是建立在道德的基础上的,那么,一切就如山林中自然盛开之花，繁衍不息，是建立在功业或权力基础上的富贵名誉所不可企及的。

★以貌识人不可取

韩非子曰："观容服，听辞言，仲尼不能以必士。"

——《韩非子·显学》

韩非子认为，以貌取人，是没有丝毫的科学依据的，这样做只会埋没人才。

在《韩非子·显学》中，韩非子有非常精彩的论述：

"只看制剑时加的锡和剑的成色，就是善于铸剑的区冶也不能断定剑的质量。"

"开马口，观马齿，端详马的外表，就是善于相马的伯乐也难以判定马的优劣。"

"仅看一个人的容貌、服装，仅听他的言谈论说，就是孔丘也不能断定他是否能干。"

识人不能以相貌为标准，这是因为相貌不能反映人的实际情况。奸诈的人，虽对人暗藏杀机，却以笑脸相迎；善良的人，虽有菩萨心肠，对人也可能怒目相向。一个长得丑陋的人，或许是一个至善至诚的人；而一个艳丽无比的美人，心肠可能比蛇蝎还毒。

人的外貌和内心的关系正如现象与本质的关系。尽管现象是本质的表现，两者相互关联，但现象不是本质。人的外貌有时是其内心的反映和表现，如人内心的喜怒哀乐，常常能从人的表情中显露出来。所谓"察言观色"，就是通过对人的语言和表情的观察和分析，来揣摩人的内心世界。但是，并非人人如此，有的人喜怒不形于色；还有些人心里一套，表现出来的又是一套。后者，表里不一，城府很深，他们善于隐藏自己的情绪，常常使人上当受骗。

那么，又该如何鉴别人才呢？

韩非子说："用剑在水上击杀鹄雁，在陆地上砍断马匹，就是奴婢也能分辨出剑的利钝。"

"把马套在车上驾驭它奔跑，看它最终跑到哪里，就是奴婢也能分辨出马的优劣。"

"一个人只要让他担任一定的官职来试用他，责成他做出一定的功绩，就是普通人也能毫不怀疑地分辨出这个人是愚蠢还是聪明能干。"

总之,仅凭外貌难以判断一个人是否是真正的人才,但如果到实践中检验,就很容易作出正确的判断。

韩非子主张不以貌取人,因为人的长相如何,跟他有无真才实学没有必然的联系。有的人相貌堂堂,腹中却空空如也;有的人长得丑陋,却满腹经纶。就用人之道而言,相貌堂堂而又满腹才略者当然再好不过,相貌丑陋却才华横溢者也与大局无碍。

★不以个人好恶选才

韩非子曰:"任人以事,存亡治乱之机也,无术以任人,无所任而不败。"

——《韩非子·八说》

在《韩非子·显学》中,韩非子主张不以貌取才。

而在《韩非子·有度》中,韩非子又提出不能凭个人的好恶选才。

韩非子曰:"明主使法择人,不自举也。"

意思是说,贤明的君主以法择人,不凭自己的好恶选拔。

在韩非子看来,以个人好恶为标准选择人才,实际上是私心在作怪。合乎自己心意者就是人才,不合乎者就是庸才。

一个领导者,是否坚持公道正派,是关系人才命运的大问题。事实上,凭个人好恶选人用人的情况很多。有人喜欢听奉承话,把喜欢吹牛拍马者当成人才;有人热心于搞派系,对臭味相投的人倍加青睐;有人看重个人恩怨,对自己有恩惠的,则想方设法加以提拔,即使有斑斑劣迹也给他涂脂抹粉。以上情况的存在,一方面使某些德才平庸、投机取巧的人,甚至有严重问题的人得到重用;另一方面又必然使一些德才兼备的人被埋没,甚至遭受不该有的打击。

韩非子提醒,彻底丢弃以个人好恶选才的观念,不拘一格选出真正的有才能的人,是一个领导者义不容辞的责任,也是事业取得成功的根本保证。

除此之外,领导者选贤用能还应避免以下几个误区:

1. 勿要任人唯亲

任人唯亲,即任用人不管德才如何,只选择与自己关系密切的。任人唯亲,实际上是一种"小农意识"。正所谓"肥水不流外人田",任人唯亲的领导者一旦形成了这种错误的意识,就会在心理上排斥外来的力量、排斥那些出类拔萃的人才,用而不举,罚而不赏,终使优秀的人丧失斗志,跳槽他处也极为正常。人才流失实为可惜,而组织没有新鲜血液的注入,就会不断老化,再加上一些不具备领导能力的亲人加入,管理不善,职务上只升不降,腐败滋生,就更是雪上加霜,使组织走向衰亡。

因此,领导者必须从观念上、行动上,彻底摆脱任人唯亲思想的影响,只有任人唯贤,做到不偏不倚,组织才会越发活力四射、生机盎然。

2. 勿以出身选才

"梅花香自苦寒来",温室虽好,但培育不出苍松翠柏。出身低微的人未必就没有大才大德。以出身定终生,是选才的大忌。

在中国古代历史上有"相马失之瘦,相士失之贫"的说法。其实,除了一些生长在富贵人家的人之外,有真才实学者,在他们未被发现或未成名之前,往往都处于社会的底层,甚至处于食不果腹的贫困境地。

因此,贫困或低微不能说明人是否有才能。以出身来识人,有才也会被看成是无才。魏惠王就是那种凭出身看人识人的人,所以就看不起公孙鞅,有大才也不知用,将他"输送"到秦国,最终自食其果。

3. 勿以年龄选才

年轻,未必不堪重任。其实,只要有才智,年纪轻轻委以重任是完全可以的。

现实生活中,有些领导者选拔人才缩手缩脚,不敢起用年轻人,总认为还稚嫩,缺乏经验和阅历,挑不起大梁,总是说:"再考察考察吧!"一搁就是好几年。殊不知,在激烈的市场竞争中,人才是等不起的,市场的竞争实质就是人才的争夺。

4. 勿以资历选才

古往今来,资历这把软刀子,不知扼杀了多少有用之才。任人只看资历,只看过去的业绩,依仗特权论资排辈,在我国古代几乎代代相传。时至今日,许多企业的领导者在选择人才时,也不自觉地戴上了"有色眼镜",以资历来评选人才,使有识之士不被提拔和任用,这不能不说是这些领导者在选才的观念上还带有封建士大夫的色彩。

一个组织,"用人唯资",就会僵化和凝固,就会失去朝气蓬勃的生命力,从而止步不前。

其实,选贤用能困难吗?

韩非子告诉我们,选贤用能并不困难,只要你不拒绝人才,自然能选择到真正的人才。

美国 M 公司的兴起与衰败好似一个传奇故事,故事的主人 M 是闯荡了几十年的电脑英雄。他用自己的铁掌控制公司长达 40 年之久。在晚年,他在家庭与企业的发展之间,更注重前者。

从某种意义上讲,M 就是公司,公司就是 M。只要了解了他本人,就等于了解了他的公司。与 20 世纪 80 年代其他许多相关企业的各式各样的故事相比,M 及其公司的故事要特别多。那些企业不是严重腐化,就是暴露无遗的贪婪。但 M 公司的衰落不是因为他的贪婪,而是 M 自始至终抱有他一人或一家控制公司的幻想。M 总是一再强调,他绝不愿丧失对公司的控制权,不愿意让外人来管理自己多年苦心经营的公司。M 说过,"因为我是公司创始人,我要保持我对公司的完全控制权,使我的子女有机会证明他们有没有经营公司的能力。"从这些话中可见 M 的"家庭观念"根深蒂固。

1986 年 3 月,M 任命 36 岁的儿子为公司的总裁后,董事会的成员们就担心后继者缺乏领导公司的经验。80 年代中期以后,董事们曾多次劝说 M 招聘一位专业管理人员,如果需要可以给他的儿子一个让人得以留下深刻印象的头衔,但应避免让他儿子这样缺乏经验的年轻人来管理这个在全球竞争最激烈的行业中生存的公司。M 却说:"他是我的儿子,他能够胜任。"可是,这个儿子竟不争气,在一年之内让公司亏损了 4.1 亿美元,并使公司的股票三年内下跌了 90%。与其说 M 的儿子让 M 失败了,不如说这种"家庭观念"让 M 失败了。

一系列的错误决策,接班人选择的不当和 M 根深蒂固的"家庭观念",使层层危机环绕着 M 公司。在使用融资和其他解救方法无效后,M 公司不得不于 1992 年申请破产。

"井底之蛙"选不出人才。选才不能犯"说你行,你就行,不行也行;说你不行,就不行,行也不行"的错误。不拘一格降人才,唯贤是举,唯才是用,是每一个管理者都应该做到的。

第四章 量才适用,善于驾驭

★用人不疑,疑人不用

韩非子曰:"人主之过,在已任在臣矣,又必反与其所不任者备之。此其说必与其所任者为雠,而主反制于其所不任者。"

——《韩非子·南面》

韩非子认为,一个国家的大小事务如果都由君主一个人去做的话,君主即使有三头六臂也无可奈何。贤明的君主,懂得运用下属的智慧去建功立业。因此,君主就必须要把一部分任务和责任交予下属去完成,这就涉及信任的问题。

韩非子说:"君主的过错,在于已经任用了臣子,又一定要和没有被任用的人一起去防备他。"

韩非子主张,用人不疑。也就是说,君主一旦把一项任务交给下属,就不要疑神疑鬼,更不要偷偷地派人到下属身边做"监工"。因为,一旦下属知道后,就会对其产生极大的反感,就不会再信任君主,自然也就不会全心全意地去完成任务。

韩非子所说的用人不疑,应该是所有领导者用人的准则。

现实生活中,有的领导把任务交给下属后,依然喜欢事无巨细地干涉和盘问,使得下属处于非常为难的境地,左也不是,右也不是。更有甚者,暗中派人监督,搞得人心惶惶,使下属无法安心工作。有的领导则在提出办事的原则后,对具体操作不加干涉,而是完全交给下属去完成。在做的过程中,与下属保持适当的沟通,通过沟通与下属的汇报来了解工作的进展。对比这两种不同的方法,很显然,第二种要高明得多。它可以促进上级与下级之间形成一种和谐信任的关系,也充分调动了下属的积极性,能够更好地检验一个人的能力。

那些不信任下属的领导,无异于在下属的腿上拴了一条绳子,看他们走偏一点,就把绳子收得紧紧的,把他们拉回来,长久如此,下属自然不敢再走路,从而就把他们的创造性、主动性抹杀了。试想，做领导的对下属这点信任都不给，下属又怎能信任这个领导呢？信任的力量是无穷的，领导者应充分信任下属的能力，否则，纵然累死也难有大的发展。

因此，领导者只应决定事情的大概，其他细节和过程就交给下属去处理，其实，往往下属在细节方面比领导了解得多。

但是，韩非子讲用人不疑，并不是指胡乱用人，而是必须以疑人不用为前提。也就是说，在用人之前要对所用之人进行考核，看其道德品质，以及能力是否能胜任这件事情等。所以，领导者不能把一项重任交给未通过"信任度"考验的下属。如果领导者将任务交给可信之人，就不要再有什么疑虑了。

有一个生产服装的小企业，原是美国某著名品牌的代理商，后见市场很大，遂投资建了一个一百多人的工厂。厂长、人事经理、生产部主管、采购主管等都是由当年一同打天下的亲戚朋友担任。但工厂运作了一段时间之后亏损严重，领导者左思右想，觉得还是人才方面的问题，于是，决定在人才市场上进行招聘。

果然，企业很快地就走出了低谷。但令人遗憾的是，领导者顶不住那些亲戚朋友的压力，并没有把原班人马全撤换掉。面对新老两帮人马，领导者竟想出这样的办法，利用"老人"监视"新人"，又利用"新人"监视"老人"。于是新老两帮人马为了争取领导者的信任，都充当领导者的"警察"。领导者沾沾自喜，以为所有的人都在他的眼皮子底下。但这样做的最终结果是领导者人心尽失，企业陷入瘫痪的绝境。

一个明智的领导者一旦把一个任务交给下属后，就不会再疑神疑鬼。倘若领导有时间，则可以光明正大地到他们中间去走走，关心他们，帮助他们解决存在的困难，他们也就会乐意把工作的情况和进展向领导汇报。

★因事用人，量才录用

> 计功而行赏，程能而授事，察端而观失，有过者罪，有能者得，故愚者不任事。
>
> ——《韩非子·八说》

"得人者昌，失人者亡"，人才事关企业发展的成败，这已经成为一个不辩自明的真理。但是如何选拔人才，怎样获得合适的人才，一直是组织领导者关切的问题。

国学大智慧

·《韩非子》智慧通解·

图文珍藏版

买鞋子首先要确定尺寸大小，然后再看花色和款式，以及场合需要。选拔人才也是这样，必须明确人力资源需求，才能依照具体目标确定招收的人数、所需的技能、职位的性质等。

作为一家科技公司，贝尔坚持"拾级而上有效沟通"的用人标准。比如，在录用新员工时，要由部门经理与他进行一次深入的长谈，其中涉及个人发展计划、短期目标以及未来规划等。这与科技企业技术周期长等经营特点密切相关。而爱立信则秉承"只选最适合的"用人标准，提倡"终身学习"，把目光瞄准具备潜能的人。

由此可见，企业要确立科学的用人标准，是结合自身行业特色与岗位需求而进行的，也就是我们通常所说的"因事用人"。

春秋时期，杨朱和弟子路过宋国边境的一个客栈，发现店主漂亮的老婆端茶送水，相貌平平的老婆却悠闲地坐在一边管理账目。杨朱大惑不解，问店主其中的原因。店主微笑着说："漂亮的老婆举止傲慢，所以让她干无关紧要的事情；而相貌平平的老婆谦虚谨慎，所以我让她管理财务。"

端茶送水与管理财务，有不同的要求，这决定了相应人才标准。店主根据职位需要与个人能力，而不是根据相貌选用人才，是一种高明的做法。

韩非子说："计功而行赏，程能而授事，察端而观失，有过者罪，有能者得，故愚者不任事。"意思是，论功行赏，根据能力而授予官职，有罪就罚，有能力就任用。

唐代的吴兢在《贞观政要·任贤》中也曾经指出："不以求备取人，不以己长格物，随能收叙，无隔疏贱。"选拔人才，不以完美的标准选取人，不以自己的长处衡量人，根据对方的才能合理使用，也不依据关系的疏远或地位的低贱来作为判断标准。这些古老的用人智慧值得今天的企业领导人深刻理解、用心铭记。

作为"康乾盛世"的衔接者，雍正始终坚持"治天下之道唯用人，除此皆末节也"的原则，有效提升了国力、促进了社会发展。在官员选聘上，雍正除了考察对方是否清廉、忠诚外，形成了自己高效的用人标准。

在雍正看来，"人才"必须具备相当的才干，因此他拒绝平庸的"木偶"。在一个职位上，即使当事者再清廉，人品再好，如果不干事或干不了事也无济于事，这种摆设还是不要为好。所以，雍正坚持"去庸人而用才干"的官吏选拔标准。

根据史料记载，当时的直隶吴桥知县常三乐廉洁安分，在职位上没有过错。但是他胆小怕事，结果许多重要的事务不能有效解决，地方治理没有什么起色。为此，直隶巡抚准备把常三乐调离县令的职位，但是吏部却以常三乐没有劣迹为由，不予批准。雍正听说这件事后，立即作出指示：常三乐为官暗弱无能，与失职无异，应当免去官职。

在一个岗位上做不出成绩，不能有所作为，本身就是失职的表现。因为这样一来,组织工作就不能有丝毫的进展,根据不进则退的道理,这种损失是相当严重的。所以,领导人坚持量才录用的标准,才能保证公司业务不断推进。

人力资源管理在企业发展过程中发挥着越来越重要的作用,手中握有重大用人权力的领导人想要过好"用人"这一关,需要确立科学的用人标准,量才用人,避免"关系"制约。

与自己亲近的朋友和家人是我们生活与工作中的朋友,但是在关系组织生死存亡的"用人"这件事上,我们却不能以此为参照。林肯当上总统的最初阶段,十分重视与自己较为亲近的朋友。后来,他发现以这种思路治理国家是很难有所作为的,于是刻意与当时的高官和亲近朋友保持一定的距离,以国家利益为重,最终成为美国历史上一位卓越的领导人。

坚持组织利益为重、量才用人,并非冷酷无情,漠视人际关系的重要性,而是专注于建立高效合作的团队,避免企业丧失商业机会、工作中出现失误。毛泽东深刻地指出:"政治路线确定以后,干部就是决定的因素。"

《资治通鉴·唐纪》记载:"为官择人,唯才是与。苟或不才,虽亲不用。"意思是,应该确立严格的标准,按照才能选举人才,如果没有才能,即使是亲朋都不能任用。

今天微软帝国的成功,离不开它稳定、充满智慧和激情的员工队伍。而为了打造这样一支优秀团队,公司人力资源部门经常要从上万份的个人简历中选择,并举行上千次的测试,访问上百所大学。这种科学而严密的用人标准,为微软的发展和壮大源源不断地提供了所需的人才。

★ 不能以自己的智慧取代属下的智慧

韩非子曰:"明君之道,使智者尽其虑而君因以断事,故君不穷于智;贤者敕其材,君因而任之,故君不穷于能。"

——《韩非子·主道》

韩非子曰:"明君之道,使智者尽其虑,而君因以断事,故君不穷于智;贤者敕其材,君因而任之,故君不穷于能。"意思是说,英明君主的治国之道,就是使有智慧的人竭尽他们的谋虑,君主凭借他们的谋虑来决断政事,所以君主有用不完的智慧;使有才能的人尽力发挥他们的能力,君主凭借他们的才能来任用他们,所以君主有用不完的才能。

韩非子认为,君主的智慧不在于事必躬亲,而在于善于运用群臣的智慧,以达到"有功则君有其贤,有过则臣任其罪"的效果。

事实也的确如此,一个高明的领导者,他的才能就在于善于运用他人的才智来完成自己的事业;一个事事喜欢亲力亲为的领导者,必定是一个拙劣的领导者。

领导者领导下属,不能以自己的智慧取代下属的智慧,否则,下属始终处于被动地位。这样就会使下属失去个性,没有了积极性。领导者事必躬亲,也必定会使自己心力交瘁。

聪明的领导者懂得充分调动下属的智慧。使他们竭尽自己的思虑,出谋划策;尽力发挥他们的才能,办好事情。这便是"将将"的本领。

说到"将将",不免让人想起楚汉相争的刘邦和项羽。

刘邦的才智、能力有限,但他重视人才,知人善任,在他的身边有韩信、英布、张良、陈平等奇才猛将为其所用。项羽是叱咤风云的英雄,他深谙兵法,力可拔山举鼎,然而,这位盖世英雄却最终自刎于乌江。原因何在?说到底还是用人的问题。项羽自恃勇冠三军,对韩信、英布、陈平等一干谋臣武将视而不用,导致他们纷纷离楚归汉。人才在身边不知任用,终把自己弄成了孤家寡人。因此,这场楚汉之争,谁胜谁败,早成定局。

韩非子曰:"不贤而为贤者师,不智而为智者正。臣有其劳,君有其功,此之谓贤主之经也。"君主不贤能却成为贤能者的老师,君主不聪明却成为聪明者的师长。大臣付出了他们的辛劳,君主则享受成就,这就是英明君主的治国之道。

换言之,领导者即使自己才智有限、能力不足,也不必沮丧,只要懂得人才的重要性,善于运用下属的聪明智慧,使人尽其能,物尽其用,也必将有所作为。

燕昭王即位时,燕国由于内忧外患而衰败。昭王发奋图强,决心复兴燕国。他知道,要把国家治理好,首先是要有各方面的优秀人才,因此,他放下君王的架子,亲自登门向贤者郭隗请教招贤之策。

郭隗告诉他说:"成帝业的国君,以贤者为师而与之相处;成王业的国君,以贤者为友而与之相处;成霸业的国君,以贤者为臣而与之相处;连国家也保不住的国君,则待贤者如仆役。越是贤明的国君,对待贤者的态度越应该尊敬才是。"

昭王说:"寡人我倒是愿意向所有的人学习,只是苦于没有好的老师。"

郭隗说:"我听说这样一个故事:从前有个国君,用千金去买千里马,三年未能如愿以偿。身边的侍从对国君说:'请让我来完成此项任务。'国君就打发他去了。结果那侍从花500金买了一堆死马骨头回来。国君大怒道:'我要的是活马,死的有什么用?竟花掉那么多钱!'侍从回答说:'死马尚且用500金来买,更何况是活马呢?可见活马价格必不止此数。于是天下的人必然都以为国君肯出高价买马,因此千里马肯定会送上门来。'果然不出侍从所料，不到一年的时间，就得到3匹千里马。如今您真的想招徕天下的贤士做老师，那就请从我郭隗开始，把我当成骏马的骨头对待吧。我郭隗尚且受到敬重，比我贤能的人就会不远千里而来。"

于是，燕昭王依计而行，为郭隗修建华美住宅，并以师礼事之，对他特别优待。不到3年，就有赵国的名将乐毅、齐国著名的学者邹衍、谋士剧辛纷纷从四面八方来到燕国。真可谓群贤毕至，人才济济。有了贤人的辅佐，再加上昭王能够和百姓同甘共苦，燕国很快就富强起来了。

古人云："知能不举，则为失才。"乃是高明之见，谋求发展必须把人才作为根本，有才必举是顺理成章的事情，如果知道人才而不举荐，识了奸人而不贬斥，像寒蝉一样默不作声，那么一个国家就不可能兴旺发达，一个团队就不可能长足进步。因此，"在位者以求贤为务，受任者以进才为急"。

★循名而责实：使下属与职位相匹配

韩非子曰："人臣皆宜其能，胜其官，轻其任，而莫怀余力于心，莫负兼官之责于君。故内无忧怨之乱，外无马服之患。"

——《韩非子·用人》

韩非子认为，用人就是"循名而责实"。"名"，即组织中的某一职务、头衔；"实"，即担任这一职务人的能力。"循名而责实"，就是说在组织中担任某一职务的人，要有担任这一职务相应的能力。

韩非子曰："见能于官以受职。"因为在官位上表现出才能而得到职务。

在韩非子看来，人才与职位必须相称，从而合理分工，各尽所能，将每个人置于最适合的岗位上，这样才能使组织利益最大化。

现实生活中，领导者用人也一定要量体裁衣。既不能让统率千军的将帅之才去做伙头军，也不能让县衙之才去当宰相；既不能让温文尔雅、坐谈天下大事的文官去战场上驰骋，也不能让叱咤风云、金戈铁马的武将成天待在宫廷内议事。而应该辨清各自的特长，派其到合适的地方、授予相应的职位。

韩非子告诉我们，不当其位、大材小用和小材大用都是用人的失败之处。不当其位，当然就无法发挥人才的长处，空有满腹经纶却无处施展；大材小用，造成人才的极大浪费，必定挫伤人才的积极性，使其远走高飞，另谋高就；小材大用，只会把原来的局面越弄越糟,使人成为组织发展的绊脚石。"用人必考其终,授任必求其当",古人早已给现代领导们做了榜样。

在考虑能当其位的过程中,领导者不能仅仅以人才能力的高低来衡量,还必须考虑人才的性格、品行。如果此人性格懦弱、不善言辞,则不宜让他担任公关之类的任务;如果他处事随意,且常有一些小错,不拘小节,就不应任用他做财务方面的工作;如果他品行不太端正,爱占小便宜,且比较自私,对这种人尤其要小心任用,最好不要委以重任,而应使其处于众人的监督之下,不至于危害大局,一旦发现其恶劣行径,立即严惩不贷,绝不心慈手轻。所以,领导者在用人时,一定要就人才的能力、性格、品行等方面综合考虑,再授予一个适当的职任。

韩非子曰:"人臣皆宜其能,胜其官,轻其任。"大臣们在合适的岗位上都能发挥他们的才能,胜任他们的官职,轻松地完成任务。

换言之,只有人才与职务相称,人才才能充分发挥自己的聪明才智,也才能轻松地完成工作。

狄仁杰就是一位善于任人的官吏。

有一天,武则天问狄仁杰:"朕欲得一贤士,你看谁能行呢?"

狄仁杰说:"不知陛下欲要什么样的人才?"

武则天说:"朕欲要将相之才。"

狄仁杰说:"文学之士温藉,还有李峤等,都可以选用;如果要选用卓异奇才,荆州长史张柬之是大才,可以任用。"

武则天于是擢升张柬之为洛州司马。

过了几天,武则天又问贤,狄仁杰说:"臣已推荐张柬之,怎么没任用?"

武则天说:"朕已提拔他做洛州司马。"

狄仁杰说:"臣向陛下推荐的是宰相之才,而非司马之才!"

狄仁杰

武则天于是又把张柬之升迁为侍郎,后来又任他为宰相。

事实证明,张柬之没有辜负重任。可见,狄仁杰多么懂得任人应当适其位的道理!

只有使人才与职务相匹配,才能让你得到一位有胜任能力的部属。否则,轻则影响人才能力的发挥,重则造成人才流失,甚至使组织元气大伤。

第五章 驾驭人才,为我所使

★"信赏尽能"才能收人心

信赏尽能。

——《韩非子·内储说上》

"在商言商",而言"商"就是言"利"。现代商业世界是建立在物质利益这一基础上的,我们不能否认,企业是以获取最大利润为目标的。而对员工来说,获得更多的物质奖励,不仅是提高生活水平的重要手段,也是赢得成就感的标尺。

司马迁在《史记》中深刻地指出:"天下熙熙,皆为利来;天下攘攘,皆为利往。"我国古代也有"重赏之下,必有勇夫"的说法,所以,企业领导人在激励方面一定要信守承诺,才能带动员工再接再厉,进而吸引有才能的人加入自己的团队。

春秋时期,曾子的妻子准备上街买东西,这时儿子哭喊着要一起去。于是妻子哄着孩子说:"不要跟我去,等我回来杀猪给你吃。"就这样,孩子顺从地和曾子待在家里。

妻子从街上回来后,曾子转身就捉住一头猪,准备杀掉给孩子吃。妻子十分生气地说:"刚才我在哄孩子,你怎么能真的杀猪呢?"曾子认真地说:"我们不能和小孩说笑,他们从小都在听从父母的教导,向父母学习。如果我们欺骗他,就会失去基本的信任。"说完,曾子遵照妻子的承诺杀了猪,然后煮肉给儿子吃。

按照通常的理解,韩非子谈统治,谈管理,谈掌控,讲的是权谋,说的是尔虞我诈,照理不会强调什么"诚信"这种好像很儒家、很有道德意味的东西,其实不然。愈是谈统御,愈会强调"诚信"。在韩非子的理念里,守信其实也是统治术的一种。

春秋时代的霸主晋文公,攻打梵城,和将士们讲好出征 10 天,只带 10 天的粮食。打了 10 天,梵城仍攻不下来,晋文公下令撤军。

就在此时,梵城有人出城,并通风报信说:"梵城撑不了太久,再有 3 天就会投降。"

晋国将领纷纷劝晋文公稍等几天再退兵。

然而,晋文公仍旧坚持退兵,他表示:"我和将士约定只打10天的仗,若不撤兵,便是失信,为了攻得梵城而失信,我不愿意。"

晋军如原定计划退兵,而梵城的人被晋文公的诚信所感动,随后也投降了。

一般指挥官一定秉于兵不厌诈的原则,不在乎原先对官兵的承诺,然而晋文公认为失去信用,未来如何取信于部众,又如何领导?这便是领导的艺术。

如何做到让别人相信自己呢?韩非子说:"小信成则大信立。"什么意思呢?小信用能够兑现,大的信用才能建立。这和一些人认为的"小谎可以撒,大谎不要撒就好"的说法不同。关键在于:小谎说多了,小信用破产,彼此却互信基础没了,大的承诺人家便不相信了。

韩非子又说:"赏罚不信,则禁令不行。"由此可见,讲信用是为了求纪律。该赏就赏,该罚就罚,法令规章才有约束力,秩序才能正常运作。韩非子的"信赏尽能",意思是,对有功者的赏赐一定要兑现,使下属充分发挥才能。曾子的做法令人称道,这提醒企业领导人,在物质激励方面对员工许下诺言,就一定要努力实现。

有一天,通用公司的一位员工领取工资,发现少了一次加班费。于是,他马上找到上司要求补足薪水,但这位上司表示无能为力。员工没有停止行动,接着他立即给公司总裁斯通写信,抱怨薪水计算错误的问题,而且说明这种情况已经使一大批优秀人才感到失望。

看到员工的来信以后,斯通马上责成最高管理部门妥善处理此事。最后,不但这位员工获得了补偿,而且通用还确立了"奖赏守信"的管理原则,极大地调动了员工的积极性。

有智慧的领导人总是善于发挥激励的功效,吸引优秀的人才加入自己的团队。在这里,"奖赏守信"不仅仅是为了建立彼此的信任,更重要的目标是发挥示范作用,使有才能的人团结在自己周围。

现代人才竞争不再是一时的得失,而是基于行业人力资源库的建立。作为一个技术性的跨国企业,日本丰田公司为了占领行业技术制高点,设立了"员工合理化建议奖",以此鼓励员工提出有价值的建议。更重要的是,无论这些建议是否被采纳,都会得到必要的奖励。

结果,丰田公司的员工都把提出合理化建议作为一项重要的日常功课,使公司的技术水平获得突飞猛进的发展,管理效率也有极大提升,公司利润滚滚而来。此外,丰田公司的这种企业文化吸引了世界各地的优秀人才,反过来为企业发展提供了动力。

国学经典文库

国学大智慧

·子学智慧·

图文珍藏版

著名心理学家赫茨伯格提出了著名的"双因素论"——"保健因素"可以使员工不产生抵触情绪，保持积极性；而"激励因素"则增强员工进取心、责任感，让人们具有最佳的表现。因此，领导人想要有效地调动员工的积极性，不仅要善于使用激励手段，更重要的是"信赏尽能"，在奖励方面"守信"。

很显然，当员工达到某一目标后，如果发现自己的努力没有得到回报，就会认为这种付出不值得。于是满意度降低、积极性减弱，自然不会在以后工作中付出更大的努力。如果企业领导人看不到这种情况，只想最大限度地减少成本以保证利润最大化，那么员工就会不断抱怨，最好的员工可能会因此而流失，这对企业是得不偿失的。

因此，领导人在奖励方面一定要守信用，不能失信于员工——失信一次，会造成千百次重新激励的困难。更重要的，"信赏尽能"才能鼓励有才能的人加入自己的团队，换来丰厚无比的利润。

★ 做领导必须耳目多

> 观听不参，则诚不闻，听有门户，则臣壅塞。
>
> ——《韩非子·内储说》

韩非子讲："观察听说而不加以参验比较，就不了解实情，只听一方面的意见就会被臣下蒙蔽。"

领导者需要耳聪目明，这不仅是保护自己的必要手段，而且也是保证了解被用者并且充分发挥他们能量的措施。韩非子赞成通过不同渠道来全面考察属下是每一个用人者需要掌握的技能。

明太祖朱元璋戎马征战十几年，终于建立了大明政权。但是，他总不放心那些帮助他开创基业的功臣，总是在心里暗想："你今天没有谋反的心，难道能够保证日后也不会生出谋反的心吗？与其让你日后有谋反的机会，还不如今日就将你杀了。"皇帝有了这种心思，难免会整日疑神疑鬼，为了监视臣工，他就设立了一个叫"锦衣卫"的特务机构，专门监视、侦察大臣的活动。

最初，这锦衣卫不过是皇帝的护卫亲军，负责掌管皇帝出行的仪式。后来，朱元璋赋予它更大的权力，可以不经通报直接查办各种案件，也可以不经任何手续任意逮捕、审讯和杀人，根本不必遵守太祖亲手定下的大明律例。锦衣卫直接隶属于皇帝,不听其他任何人的命令,皇帝派自己的心腹大臣担任指挥使的最高职务,下面设有官校,专司侦察。大臣在外面或家里有什么动静,他们都打听的一清二楚。一旦谁被他们发现有什么嫌疑,就会马上被抓进监狱,甚至杀头。这一下,虽然大臣们每天都过的战战兢兢,但是皇帝却可以高枕无忧了。

后来,明成祖朱棣连一个大臣也不敢相信,就用身边的太监为提督,建立了一个新的特务组织,叫做东厂。这个机构不但负责检查百官,甚至是一般的贫民百姓的家长里短也一并监视。宪宗时又设立了与东厂相对的西厂,人数比东厂多一倍,他们的侦察范围,除京师之外,更是扩展到全国各地,甚

朱元璋

至是民间的斗鸡骂狗一类的小事,都在他们的缉拿之列。本来这三个机构互相牵制,互相制约,就已经很复杂,但皇帝为了更加稳妥起见,又专门设立了一个内厂,也由皇帝身边的亲信太监直接指挥,除了监视臣民之外,还监视着锦衣卫和东、西厂的活动。

锦衣卫、东厂、西厂和内厂组成了明代的四大特务机构体系,成为皇帝控制、镇压臣民的有力工具。随着时间的推移,厂卫的权力越来越大,特务多如牛毛,遍布全国各地、大街小巷,严密的监视着朝野官员、士绅、百姓的一举一动,人们防不胜防,整日都提心吊胆的过日子。恐怕那时天下唯一能够睡一个安稳觉,而不必担心因为夜里说了什么梦话就被抓进大牢的人就是皇帝本人了。

建国之初,太子的老师宋濂是全国有名的大学者,他已经跟随了朱元璋十几年了,但是朱元璋对他还是不放心,常常派人在暗处监视他。有一天宋濂在家中宴请客人,边吃边聊,十分高兴。第二天一大早上朝,见了面,皇帝第一句话就问他昨天请了什么人,吃了什么菜,聊了些什么话。宋濂一向诚实,认认真真的回答了皇帝的问题。朱元璋听了十分高兴,对宋濂大加赞扬,还说"宋濂跟了我十几年,从没有对我说过一句假话,真是一个大大的忠臣啊!"就是这样一个忠臣,后来也险些死在他的强烈猜疑之下。

有一次,一个叫钱宰的大臣在家闲来无事,吟诗自乐,作了一首诗叫"四鼓咚咚起着衣,午门朝见尚嫌迟。何时得遂田园乐,睡到人间饭熟时",主要在描写每日晨

起上朝的辛苦。第二天见了朱元璋，皇帝直截了当地说："你昨天吟的那首诗似乎有一个字不妥吧？把'嫌'字改为'忧'字怎么样啊？"钱宰一听，当时就吓出一身冷汗，连忙跪下请罪，幸亏朱元璋这天心情还不错，没有再追究，否则恐怕这钱宰往后的日子就要不好过了。还有一次，朱元璋忽然在朝上问起一个大臣说："你昨日为什么事生气啊？"这个大臣觉得很莫名其妙，仔细想了半天，忽然想起来一件事，马上回答说："昨天有一个仆人打碎了我一件心爱的茶具，所以我发怒责骂了他一顿。"答完还奇怪地问皇帝是从何而知。朱元璋笑眯眯的没有回答，只是让人拿来一幅画，这个大臣接过来一看，不禁大吃一惊，原来画上画的正是昨天他生气发怒的样子。等他下了朝回到家里，才发现自己的衣服都已经湿透了。

宋濂

"兼听则明，偏信则暗"，这句话至今还被我们经常引用，殊不知，这正是当年魏征用来规劝唐太宗李世铭纳谏的语言，而基本上同样的意思，在韩非先生的思想中，就有了不一样的意味。当时，唐太宗就将魏征的这句忠言牢记在心，有了好的指导思想，纳谏也就有了良好的基础和前提；而在明太祖朱元璋那里，则变成了控制属下的一个重要指导思想。

其实，如果一个领导者所做的"兼听"工作没有明王朝那么极端的话，仍然是值得借鉴的，韩非子在书中讲的"三人成虎"的故事就说明，作为领导者，如果自己的耳目太少、信息渠道不够畅通的话，无论如何也不可能使自己的人才管理达到优秀水平的。

★不要让下属过于显贵

有道之君，不贵其臣；贵之富之，备将代之。

——《韩非子·扬权》

懂得管理的领导者，决不会使他的属下过于显贵，如果属下过于显贵，他们就会取而代之。

一天，楚王对大臣干象说："我打算以楚国的力量扶持甘茂在秦国做国相，你看如何？"

干象连连摇头说："不可不可！"

楚王问："为何不可？"

干象说："甘茂这个人可了不得。他那么年轻的时候就侍奉史举先生。史举这个人可不好侍候，他本是上蔡这个地方的一个守门人，后来修炼得道，架子很大，天子诸侯都不在他眼里，对父母亲人也不买账，为人刻薄，待人苛刻，天下无人不知。可是甘茂在他身边做事，却能把他服侍得服服帖帖。秦惠王算是明察善断的了，张仪算是老奸巨猾的了，可是甘茂在他们手下做事，先后担任了十个官职，却没有犯一点错误。甘茂的确是个人才！怎么能扶持他做秦国的相呢？"

楚王说："你的意思是说，为别国寻找国相，不能树有才能的贤人？这又是为什么呢？"

干象说："以前大王把邵滑推荐到越国去做官，五年之后就把越国给搞垮了。为什么会是这样？就因为邵滑是个蠢材，把越国搞得一团糟，而楚国却被贤才治理得井井有条，所以楚国能战胜越国。大王对越国知道用这个道理，为什么现在对秦国就不会用了呢？"

楚王问："那你认为，我应该怎么做呢？"

干象说："我看，大王不如设法扶持秦国的公子共立。"

楚王又问："共立这个人可以做国相吗？为什么呢？"

干象说："共立是秦国的一个纨绔子弟，从小受到宠爱，长大后地位尊贵。他可以披着秦王的衣服，嘴里嚼着香草，手上玩着玉镯在朝廷上办公。这样的人担任秦国的相，足以把秦国搞乱，那对我们是有利的！"

对手强大了，对于自己来说一定不是好事，所以楚国向别国推荐的总是庸才。这说明了一个道理：不能重用或绝对信任对手为你举荐的"人才"。当然，在春秋战国那样动乱的时代，权臣巨富勾结外国，君权不力的情况下，有些事情不得不相互妥协地来处理。但权臣巨富都有好下场吗？也未必。

在历朝历代上，许多显贵一时的家族，很难逃脱被抄家的命运，这是因为正常的执政者无法忍受属下的权位、财势能够比拟皇家。所以晋朝的巨富石崇，清朝掌管江南织造的曹家等，均是下场悲凉。然而也有不少显贵的大臣，就顺势得到天下，如西汉王莽、曹魏的司马氏。

★用人上的"捉迷藏"

上明见,人备之;其不明见,人惑之。其知见,人饰之;不知见,人匿之。其无欲见,人司之;其有欲见,人饵之。故曰:吾无从知之,惟无为可以规之。

——《韩非子·外储说右上》

韩非子讲:"君主的明察显露出来,臣下就会防备他;君主的糊涂显露出来,臣下就会被欺惑。君主的智慧暴露出来,臣下就会掩饰真情;君主的愚昧暴露出来,臣下就会隐藏真情。君主没有欲望表现出来,臣下就会窥测试探他;君主有欲望表现出来,臣下就会想办法引诱他。所以说,我无从了解臣下,只有用无所作为的方法去窥测臣下的动向。"

做人要懂得适可而止,保持一种适中的人生态度十分必要,更何况与人打交道的用人管人的敏感问题?许多事情坏就坏在不能把握一个分寸,坏就坏在走了极端。要防止这种极端的弊处,韩非子要我们不妨学会"捉迷藏",把自己的态度掩藏起来。

西汉有位杨恽,重仁义轻财物,为官廉洁奉法,大公无私。只可惜好人很难一路平安,他正官运亨通,春风得意的时候,有人在皇帝面前告了他一状,大概是说他对皇帝陛下心怀不满,表现得那么出色是为了笼络人心,图谋不轨。

皇帝当然不喜欢贪官,但更厌恶有人和他唱对台戏,哪怕是你才干再好,品德再好,你如果对他稍有异议,便会招来灾祸。经人这么一告发,皇帝就把杨恽贬为平民。没有让他身首离异,就已经是宽大为怀了。

杨恽原先做官时,添置家产多有不便。现在下野了,添置一些家当,与廉政无关,谁也抓不到什么把柄。他以置办财产为乐,在每天忙忙碌碌的劳动中得到快慰。

他的好朋友孙会宗听说这件事,感到可能会闹出大事来,就写了一封信给杨恽,信里说,"大臣被免掉了,应该关起门来表示心怀惶恐,装出可怜的样子,免得人家怀疑。你不应该置办家产,搞公共关系,这样容易引起人们的非议。让皇帝知道了,不会轻易放过你的。"

杨恽很不服气,回信给老朋友说:"我自己认为确实有很大的过错,德行也有很大的污点。理应一辈子做农夫。农夫很辛苦,没有什么快乐,但在过年过节杀牛宰羊,喝喝酒,唱唱歌,来慰劳自己,总不会犯法吧?"

难怪杨恽做不好官,他连"欲加之罪,何患无辞"的常识也不懂。有人把他视为眼中钉、肉中刺,向皇帝告发说:杨恽被免官后,不思悔改,生活腐化。而且,最近出现一次不吉利的日蚀,也是由他造成的。皇帝命令迅速将杨恽缉拿归案,以大逆不道的罪名将他腰斩,还把他的妻儿子女流放到酒泉。

杨恽以不满皇帝而戴罪免官之后,本来应该学乖点,接受友人的劝告,装出一副堪于忍受损害与伤辱、逆来顺受的可怜样子,说不定皇帝和敌人还会放过他。即使是最凶恶的老虎,看到羔羊已经表示屈服,不会再穷追不舍。杨恽没有接受教训,他还要置家产,交朋友,这不是明摆着对自己被贬不满吗?好吧,治你一个大逆名,杀了你还能不满吗?不能压住自己的不满情绪,不会提防皇帝和敌人抓住自己不满的把柄,终于酿成了自己被杀、家人遭流放的悲剧。

人,尽管有理性,能够在清醒的时候分清是非好坏,但是,作为有情感的人,却常常容易一叶障目,为一时的冲动和得意而忘乎所以。即便是在理性的指导下,也往往会由于过分地钻牛角尖,在一些事情上陷于难以自拔的地步,而中庸便是克服这样一种行为方式。

"水满则盈","过犹不及",都是中国的先哲们早已总结出来的经验。它告诉我们,哪怕自己可以争取到的东西,最好也是留点分寸,留点余地,以便在万一出现什么情况时,能有一个回旋的余地。这不仅是一个自我谦让的问题,而且也有一种客观的必要性。因为,就人来说,一旦处于非常极端的地步或状态,往往会使自己处于比较被动的境地。

任何人在工作中都必须与他人打交道和别人合作,在这个过程中,少不了有合脾性的、对口味的伙伴与朋友,以及与难免会有一些在性格、气质,甚至于行为方式上都显得格格不入的人相处。在这种情况下,如果单纯地凭自己的好恶,近前者,远后者,甚至于表现出一种明显的态度,其结果往往是容易给自己的工作、生活带来诸多不便。对那些自认为合不来的人也应在工作中采取接近和合作的态度,对那些似乎是很要好的人,也应该适当地保持一种距离。这样,不仅可以真正地团结一切可以团结的人,得到各种人的帮助,而且也还可以保持朋友间长久的友爱和交往。

韩非子告诉你:学好"捉迷藏"不但是了解他人的手段,同时也是保全自己之道。当灾难降临的时候,导火索其实往往并不重要,也许连你表现得十分出色也会成为你获罪的理由。

第六章 集思广益，广开言路

★ "低头跌架"又何妨

> 古之人目短于自见，故以镜观面；智短于自知，故以道正己。故镜无见疵之罪，道无明过之恶。目失镜，则无以正须眉；身失道，则无以知迷惑。西门豹之性急，故佩韦以缓己；董安于之心缓，故弦统以自急。故以有余补不足，以长绩短，之谓明主。
>
> ——《韩非子·观行》

韩非子讲："古代的人因为自己的眼睛不能看见自己的面容，所以用镜子来照自己的面孔；因为自己的智力不能发觉自己的过失，所以用法术来端正自己的行为。所以，镜子没有照出毛病的罪过，法术不应因暴露过失而遭到怨恨。眼睛失去了镜子，就没有办法来修整面容；立身处世失去了法术，就没有办法发觉自己的迷惑。西门豹的性情急躁，所以佩戴柔韧的熟牛皮带来提醒自己从容沉着；董安于的性情迟缓，所以佩戴绷紧的弓弦来鞭策自己明快敏捷。所以能够以多余来补充不足的，用长的来接短的，就叫做英明的君主。"

人在高处不胜寒，这是每一个领导者都会尝到的滋味，不过，好的领导者却能在高位上拒绝孤独。全球首富沃尔玛的老板就是韩非子领导术的楷模。

沃尔玛公司虽然仅有 50 多年的历史，但一直非常重视企业文化的作用，充分发挥企业文化对形成企业良好机制的促进和保障作用，增强企业的凝聚力和战斗力。沃尔玛公司创始人萨姆·沃尔顿，为公司制定了三条座右铭："顾客是上帝"、"尊重每一个员工"、"每天追求卓越"，这也可以说是沃尔玛企业文化的精华。

为了给消费者提供物美价廉的商品，沃尔玛公司不仅通过连锁经营的组织形式、高新技术的管理手段，努力降低经营费用，让利于消费者，而且从各个方面千方百计节约开支。

沃尔玛公司重视对员工的精神鼓励。总部和各个商店的橱窗中，都悬挂着先进员工的照片。各个商店都安排一些退休的老员工，身穿沃尔玛工作服，佩戴沃尔玛标志,站在店门口迎接顾客,不时有好奇的顾客同其合影留念。这不但起到了保安员的作用,而且也是对老员工的一种精神慰藉。公司还对特别优秀的管理人员,授予"萨姆·沃尔顿企业家"的称号。公司以沃尔玛的每个字母打头,编了一套口号,内容是鼓励员工时刻争取第一。公司每次召开股东大会、区域经理会议和其他重要会议时,每个商店每天开门营业前,都要全体高呼这些口号,并配有动作,以振奋精神,鼓舞士气。

萨姆非常重视人的作用,他说:"这些高科技的设备离开了我们合适的管理人员,以及为整个系统尽心尽力的员工都是完全没有价值的。"他一直致力于建立与员工的合伙关系,并使沃尔玛的40万名员工团结起来,将整体利益置于个人利益之上,共同推动沃尔玛向前发展。

萨姆将"员工是合伙人"这一概念具体化的政策是三个计划:利润分享计划、雇员购股计划、损耗奖励计划。

1971年,萨姆开始实施第一个计划,保证每个在沃尔玛公司工作了一年以上,以及每年至少工作1000个小时的员工都有资格分享公司利润。萨姆运用一个与利润增长相关的公式,把每个够格的员工工资的一定百分比归入这个计划,员工们离开公司时可以取走这个份额或以现金方式,或以沃尔玛股票方式。雇员购股计划的内容就是让员工通过工资扣除的方式,以低于市值15%的价格购买股票,现在,沃尔玛已有80%以上的员工借助这两个计划拥有了沃尔玛公司的股票,而其他的20%员工基本上都是不够资格参与利润分享。损耗奖励计划的目的就是通过与员工共享公司因减少损耗而获得的盈利来控制偷窃的发生。损耗,或者说偷窃是零售业的大敌,萨姆对有效控制损耗的分店进行奖励,使得沃尔玛的损耗率降至零售业平均水平的一半。

"萨姆可以称得上是本世纪最伟大的企业家。他所建立起来的沃尔玛企业文化是一切成功的关键,是无人可以比拟的。"——美国Kmart连锁店创始人哈里·康宁汉这样评论他的竞争对手萨姆·沃尔顿。

无论是到世界各地的任何一间沃尔玛连锁店中,你都会感受到一种强烈的震动。这是长期以来形成的企业文化,是沃尔玛精神——勤恳、节俭、活跃、创新。正因为此,每一位公司同仁都热爱着沃尔玛,默默地为顾客服务的事业而奉献。

长期以来,沃尔玛的企业文化使沃尔玛公司的同仁紧紧团结在一起,他们朝气蓬勃,团结友爱。下面是沃尔玛公司特有的欢呼口号,从中可以感受到一种强烈的荣誉感和责任心。

"来一个W!来一个M!我们就是沃尔玛!来一个A!来一个A!顾客第一沃尔玛!来一个L!来一个R!天天平价沃尔玛!我们跺跺脚!来一个T!沃尔

玛,沃尔玛!呼—呼—呼!"

沃尔玛的员工总是设法让生活变得有趣及充满意外,他们经常会作出近似疯狂的行为来吸引同仁的注意,让顾客和同仁觉得趣味横生。萨姆·沃尔顿可称为典型代表,有一次他答应如果公司业绩出现飞跃,他会穿上草裙和夏威夷衫在华尔街上跳草裙舞。当年公司营业额的确超出了他的预料,于是他真的在美国金融之都华尔街上跳起了欢快的草裙舞,当时被报界大肆曝光。公司副董事长曾穿着粉红色裤袜、戴上金色假发,骑着白马在本特维拉闹市区招摇过市。

尽管有些人认为沃尔玛有一群疯疯癫癫的人,但了解沃尔玛文化的人会懂得它的用意旨在鼓励人们打破陈规和单调生活,去努力创新。"为了工作更有趣。"这就是萨姆·沃尔顿的"吹口哨工作"哲学。

通过这些有趣的游戏,不仅使沃尔玛员工和领导人员之间更加亲切,使他们觉得情趣盎然,而且还是一种最好的宣传公司和促销的手段。沃尔玛的企业文化是在小镇上发展时就逐渐形成的。公司成长之后,沃尔玛仍然不忘鼓励人们在店里制造欢乐气氛,共同为社区增添生活的乐趣。培养团队意识,即使有时与宣传和促销商品没有关系。

沃尔玛的"周六例会"最能体现其企业文化。每周六早上七点半钟,公司高级主管、分店经理和各级同仁近千人集合在一起,由公司总裁带领喊口号,然后大家就公司经营理念和管理策略畅所欲言、集思广益。做出优良成绩的员工也会被请到本特维拉总部并当众表扬。这一周一次的晨间例会被视为沃尔玛企业文化的核心。参加会议的人个个喜笑颜开,在轻松的气氛中彼此间的距离被缩短了,沟通再不是一件难事,公司各级同仁也了解到了各分公司和各部门的最新进展。

在星期六的晨间例会上,与会者通常会花上一些时间来讲述一些似乎不可能达成的创新构想,大家不会马上否决这些构想,而是先认真思考如何让不可能的事情变为可能。一位公司的管理人员阿尔·迈尔斯说:"周六晨间会议的真正价值在于它的不可预期性。"

一次,阿尔巴马州奥尼安塔分店的一位助理经理订货时出了问题,多订了四、五倍的圆月饼,为了把圆月饼在坏掉之前全部销出,他想出了吃圆月饼比赛的主意。这个主意不仅使助理经理达到了目的,而且将功补过,从此每年十月的第二个星期六,沃尔玛公司都会在奥尼安塔分店的停车场举行这项竞赛,吸引了不少来自其他州的顾客来参加和观看,甚至新闻媒体采访报道,沃尔玛的名气更大了。

沃尔玛一年一度的股东大会也同样生动有趣,有点像规模扩大的周六例会。在沃尔玛公开上市股票时,他们曾让华尔街的证券分析家和股东们在溪流上泛舟或在湖畔露营。后来沃尔玛股东大会就成了全球规模最大的股东会议,每年大约有一万多人出席。

独特的企业文化,使每一位员工有一家人的亲切感。为共同目标奋斗,使沃尔玛保持着强劲的竞争能力和旺盛的斗志。这种企业文化的建立充分展示了沃尔顿领导网络的艺术。

沃尔玛的经营者在不断的探索中,领悟到人才对于企业成功的重要性。如果想要发展,就必须引进受过教育的人才并给予他们进一步培训的机会。

沃尔玛公司把如何培养人才、引进人才以及对既有人才的培训和安置看成一项首要任务。沃尔顿先生和妻子海伦在阿肯色大学专门成立了沃尔顿学院,使一些早年没有机会受到高等教育的经理有一个进修充电的机会。沃尔玛为员工制定培训与发展计划,让员工们更好地理解他们的工作职责,并鼓励他们勇于迎接工作中的挑战。

公司对合乎条件的员工进行横向培训和实习管理培训。横向培训是一个持久的计划,沃尔玛十分重视在工作态度及办事能力上有特殊表现的员工,他们会被挑选去参加横向培训。例如收银员有机会参加收银主管的培训。为了让有领导潜力的员工有机会加入领导岗位,沃尔玛还设立了管理人员培训课程,符合条件的员工被派往其他部门接受业务及管理上的培训。

此外,沃尔玛还通过培训加强了企业与员工之间的沟通。培训不仅是员工提高的途径,也是他们了解公司的一种方法。沃尔玛公司设立培训图书馆,让员工有机会了解公司资料和其他部门的情况。所有员工进入沃尔玛公司后,经过岗位培训,员工对公司的背景、福利制度以及规章制度等都会有更多的了解和体会。沃尔顿这位出色的领导者始终坚信员工是推动企业发展的原动力,并把这个道理传授给沃尔玛现在和未来的经营者,推广至世界各地的沃尔玛。

一个人要想孤立自己并不难,只要自视高人一等就足以奏效。昂起高傲的头,让别人"仰着脸"说话,感觉上固然有些飘飘然,但从此也不再为人所看重,所欣赏,所亲近。特别是作为位高权重的领导者,你的"低头跌架"必然会使下属受宠若惊,使下属甘心效力。

玛格丽特·杜鲁门在写她父亲杜鲁门总统传记时也曾多次提到她的父亲谦逊待人的感人故事:

"父亲不愿意用他办公桌上的铃声下命令,来传唤别人,十有九次都是他亲自到助手的办公室去,在偶尔传唤别人的时候,他都会到他的橡树厅门口去接……

父亲在处理白宫日常事务时,总是这样体贴别人,一点也不以尊者自居。他之所以能够使周围的人对他忠心耿耿,其真正的原因即在于此。"

★懂得"忠言逆耳"的道理

故度量虽正,未必听也;义理虽全,未必用也。

——《韩非子·难言》

原则虽然正确,但人未必会听取;道理虽然完美,人也不一定采用。

夏朝最后一个王是夏桀,他是中国历史上有名的暴君。

商是黄河下游一个部落,在首领汤的率领下,势力渐渐发展壮大起来,但苦于人才缺乏。这时,商汤妻子带来的陪嫁奴隶中,有一个名叫伊尹的人,脱颖而出,走上了历史舞台。

伊尹原名伊挚,据说他的母亲有一次外出采桑时生下了他。因当时母亲住在伊水之滨,他便以"伊"为姓。伊挚自幼被卖给有莘国君主为奴隶。他聪明机敏,酷爱学习,知识渊博。因烧得一手好饭菜,得到有莘国君的赏识,便让他担任招待宾客的厨师,地位在一般奴仆之上。然而,伊尹对此并不满足,他有远大的志向,希望有朝一日能够成就一番轰轰烈烈的事业。于是他借迎来送往、招待宾客之机,从宾客们口中了解天下大事。

夏桀

当他了解到商的发展和商汤的种种"贤德仁义"的举措以及雄心壮志之后,在内心便对商十分向往,非常希望成为商的臣民,也好成就一番大事业。

一次,商的左相因公事从有莘国过境,在有莘国逗留数日。伊尹借招待他的机会,多次与他接触。交谈中,左相发现伊尹是个难得的人才,不禁喜出望外。返回商国后,他便将伊尹的详情禀告了商汤。

不久,商与有莘国结亲。左相便趁机向有莘国提出让伊尹作为陪嫁的奴隶,得到了有莘国君的同意。于是,伊尹便随着有莘国君的女儿陪嫁到商汤家中。初到商汤家中时,伊尹并未引起商汤注意,商汤听说他烹饪技术高超,便打发他到厨房干活。伊尹身为厨师,便趁机接近商汤,常常利用饭菜作比喻向商汤陈说自己的政治见解,先后达 70 次,但商汤均不为之所动,而伊尹也并不灰心。

一天,伊尹故意将几样菜或做得淡而无味,或做得咸不入口,一同献给商汤。商汤果然大为不满,立刻召伊尹前来问话。伊尹对商汤说:"大王,烧菜既不能过咸,也不能太淡。过咸则难于下咽,太淡则无滋味。治理国家也是同样的道理啊!既不能操之过急,急则生乱;又不能松弛懈怠,懈怠必然导致国事荒疏。"

商汤点头称是。

伊尹停了一下,见商汤正聚精会神地听,便继续说道:"如今,夏王桀荒淫无度,昏庸暴虐,民心尽失,天下纷乱,黎明百姓饱受其苦,恨之入骨。而大王您以仁德治国,伸张正义,取信于民,已是众望所归,为今天下唯一贤明的君主。大王应适时起兵,伐夏救国,拯救万民于水火之中,成就惊天动地的伟业。伊尹虽为卑下的奴仆,却早有追随大王之心,如大王不鄙视我,愿跟随大王全力效劳。"随后,伊尹详尽分析了天下大势,论述了消灭夏朝的具体步骤和策略。

伊尹

商汤听得怦然心动,发现自己厨房中的奴隶竟是如此出色的人才,便当即发布命令,解除伊尹的奴隶身份,并任命他为"尹",即右相,与左相一同辅佐朝政,共同筹划灭夏大计。从此,人们便叫他伊尹。

此后,在伊尹的策划下,商汤大力推行德政,体恤百姓,发展生产,招兵买马,扩大势力,国力迅速增强。最终,推翻了夏王朝,建立了商朝。

通过故事我们知道:无论是身为圣王或是暴君,对于好的意见或劝告都不会轻易接纳。多数人都喜欢听好听的言语,但好听的言语不就是甜言蜜语吗?既然是甜言蜜语也多言不由衷,这种话明知不该听,但听多了心里面总会飘飘然,久了也就信了,这时也已经进入了他人的圈套,任人摆布。

如果今天遇到了一个肯对你说实在话的人,那就是你的福气!每个人都是凡人,没有一生下来就是完美的圣人,孔子如此,尧、舜等人也是如此!所以要不断地修正自己的言行举止。要修正自己,就要多听昕别人的意见,尤其是能使你导之以正的意见,那就是好的意见,但那绝不会是甜言蜜语。

虽然最恳切的话语总是逆耳不顺心的,但是越是如此,就越要感到高兴,一方面要提醒修正自己的言行,另一方面也要感谢身边有一位这样的人正在关心着你呢。

★"良药"未必都"苦口"

国学经典文库

夫良药苦于口,而智者劝而饮之,知其入而已己疾也。

——《韩非子·外储说左上》

韩非子曰:"夫良药苦于口,而智者劝而饮之,知其人而已己疾也。忠言拂于耳,而明主听之,知其可以致功也。"

意思是说,良药往往是苦口的,而聪明的人知道竭力去喝下它,因为他知道只有这样才能治好自己的病。中肯的言语往往使听者不舒服,可是英明的君主却尽量听取,因为他知道只有这样才可以成就他的功业。

韩非子认为,睿智的君王不会闭目塞听,而是善于听取臣下的意见。

韩非子的这一见解,是从历史的经验和教训中得来的。

历史上直言劝谏的大臣不少,但真正虚心纳谏的君主却屈指可数。许多君主听不得大臣的谏言,甚至因此而杀戮大臣,终使国家灭亡。

殷代的贤臣比干,因为对纣王的荒淫无道进谏而被杀。

春秋时,吴国的贤臣伍子胥因为屡谏吴王夫差,夫差恼羞成怒,逼伍子胥自杀,抛尸江中。

韩非子正是看到历史上许多君王的这一弊端,所以大胆劝谏。

在韩非子看来,不能对君王直言劝谏的大臣,不是贤明的大臣;而不能虚心接受大臣劝谏的君王,也不是贤明的君王。

良药苦口利于病,忠言逆耳利于行。对于君王如此,对于领导者如此,对于我们普通人亦是如此。

然而,尽管许多人明白其中的道理,但都厌恶他人的忠言,因为忠言听起来总不那么顺耳。究其原因,在于一般人容易受感情的支配,即使心中有理性的认识,但仍然受反感情绪的影响而难以接纳别人的忠言。

比干

国学大智慧 ·《韩非子》智慧通解· 图文珍藏版

只有那些勇于接受别人的意见,对任何事情都抱有客观态度的人,在生活中才会少走弯路,也才会有更大的成就。

一般人常因他人的逆耳之言而愤怒,有智慧的人却会想办法从中学习。或许批评我们的人居心不良,但他所批评的事情却可能是真实的。这时,如果他们的批评能使我们改进,对我们来说反而是一件好事;如果他们的批评毫无根据,纯粹是一种诬蔑,我们大可不必和他们争辩,一笑置之,会让你明白什么叫"此时无声胜有声",也让他们明白什么叫真正的修养。

战国时期,魏文侯派大将乐羊攻伐中山,取得了胜利。魏文侯把中山分封给自己的儿子。这时,魏文侯问群臣:"我是怎样的君主?"君臣几乎异口同声地说:"您是仁义的君主。"魏文侯听了,心里美滋滋的。文侯让群臣一个个进言,轮到任座了,任座说:"您是个不肖的君主。得到中山国,不把它封给您的弟弟,却把它封给您的儿子,因此知道您不肖。"

文侯听了很不高兴,在脸上表现了出来,任座快步走了出去。按次序轮到翟璜,翟璜说:"您是个贤君。我听说君主贤明的,他的臣子言语就直率,现在任座的言语直率,因此我知道您贤明。"文侯很高兴,说:"你能让他回来吗?"翟璜回答说:"怎么不能?我听说忠臣竭尽自己的忠心,即使因此获得死罪也不会躲避,任座恐怕还在门口。"

魏文侯

翟璜出去一看,任座当真还在门口。翟璜就以君主的命令叫他进去。任座进来了,文侯走下台阶来迎接他,从此以后,始终都对任座十分尊重。

表扬与批评是对立的、相反的,但又是可以转化的。严厉尖锐的批评,可以通过表扬、称赞的方式表现,"忠言"可以做到"不逆耳",正如"良药"未必都"苦口"。

★上等的领导能发挥众人之智

力不敌众,智不尽物。与其用一人,不如用一国。故智力敌而群物胜,揣中则私劳,不中则在过。下君尽已之能,中君尽人之力,上君尽人之智。

——《韩非子·八经》

韩非子讲："一个人的力量敌不过众人,一个人的智慧不能尽知万物;与其使用一个人的力量和智慧,不如使用一国人的力量和智慧,所以,君主如果靠一己之智力去与群臣万民较量,那么群臣万民一定胜过君主;君主凭借一己之智力,即使能将事物估计正确,但自己也会身心交瘁,如果估计失当,那么决策就会出现失误。下等的君主只是接近一己之能,中等的君主之能利用众人的力量,上等的君主却能发挥众人的智慧。"

用人者的任务在于运用每个人的长处,把每个人的长处作为共同绩效的建筑材料来建成组织的大厦,这几乎是人之常识。试想一下,哪个企业的绩效不是各个成员发挥各自的长处共同做出来的? 因此,韩非子劝用人者:要首先把着眼点放在人的长处上,弄清这个人有什么长处,如何用他的长处。唐太宗李世民曾说:"我成功的原因只有五条:……第二,一个人做事,不能样样都会,我用人总是用他的长处,避免用他的短处。"

唐太宗登基后,唐朝内因开国不久,整个朝廷的结构都在建设与调整之中,把手下的有才之人分别放在什么位置上才能够成为一个最合理、最有效的组织结构呢?

房玄龄处理国事总是孜孜不倦,知道了就没有不办的,于是太宗任用房玄龄为中书令。中书令的职责是:掌管国家的军令、政令,阐明帝事,调和天人。入宫禀告皇帝,出宫侍奉皇帝,管理万邦,处理百事,辅佐天子而执大政,这正适合房玄龄"孜孜不倦"的特性。

魏征常把谏诤之事放在心中,耻于国君赶不上尧舜,于是唐太宗任用魏征为谏议大夫。谏议大夫的职责是专门向皇帝提意见,这是个很奇特的官,其既无足轻重,又重要无比;其既无尺寸之柄,但又权力很大,而这一切都取决于谏议大夫的意见皇帝是听还是不听,像魏征这样敢于直谏的人是再合适不过了。

李靖文才武略兼备,出去能带兵,入朝能为相,太宗就任用李靖为刑部尚书兼检校中书令。刑部尚书的职责是:掌管全国刑法和徒隶、勾覆、关禁的政令,这些都正适合李靖才能的发挥。

房玄龄、魏征、李靖共同主持朝政,取长补短,发挥了各自的优势,共同构建起

李靖

大唐的上层组织。

除此之外,唐太宗还把房玄龄和杜如晦合理地搭配起来。李世民在房玄龄研究安邦安国时,发现房玄龄能提出许多精辟的见解和具体的办法来。但是,房玄龄却对自己的想法和建议不善于整理。他的许多精辟见解,很难决定颁布哪一条。而杜如晦,虽不善于想事,但却善于对别人提出的意见做周密的分析,精于决断,什么事经他一审视,很快就能变成一项决策、律令提到唐太宗面前。于是,唐太宗就重用了他二人,把他们俩搭配起来,密切合作,组成合力,辅佐自己,从而形成了历史上著名的"房(玄龄)谋杜(如晦)断"的人才结构。

唐太宗的"房谋杜断"的用人搭配体系是非常高明的。用人不仅表现在人的量的多少,而且还在于其人才的合理搭配,数量则既取决于其规模,又取决于结构合理,并且后者更高于前者。在一个众多人才的群体中,不仅要有个体的优势,更需要有最佳的群体结构。"全才"是极少有的,"偏才"是绝大多数,但"偏才"组合得好,就可以构成更大的"全才"。优秀的管理者不苛求全才,他们尽力去做的是将一个有效的人才群体,通过合理的结构组合,让它迸发出新的巨大的集体力量。

同样的道理也实践于一家生产降落伞的工厂,他们制造出来的产品从来都没有瑕疵,也就是说他们生产的降落伞从来没在空中打不开的不良记录。其品质无与伦比,驰名中外。

有一位记者非常的好奇,他觉得怎么有可能工厂生产的降落伞完全没有任何的疏失或破损,在他千辛万苦的打听下,他终于找到这家工厂的负责人,希望能够借采访,打探出生产零缺点降落伞的秘诀。

记者首先恭维老板的英明领导与经营有方,随后简明扼要地说明来意,老板先是口沫横飞地说:"要求降落伞品质零缺点是本公司一贯的政策,想想看,在离地面几千英尺的高空上,万一降落伞有破损或打不开的话,那么使用者在高空跳落过程中岂不是魂飞魄散,且叫天天不应,叫地地不灵,人命根本就没有受到应有的重视!"话毕,老板只是漫不经心地说:"生产这类产品其实并没有所谓的奥秘!"

老板的话令记者一脸狐疑,他仍不死心地追问:"老板您客气了,我想其中一定有诀窍,否则贵工厂怎么有可能维持这么高的品质?"

这个时候,老板嘴角露出一抹微笑,他淡淡地说:"哦,要保持降落伞零缺点的品质,其实是很简单的,根本就不是什么艰深难懂的大道理。我们只是强烈要求,在每一批降落伞要出厂前,一定要从整批的货品中随机抽取几件,将它们交给负责制造该产品的工人,然后让这些工人拿着自己生产的降落伞到高空进行品质测试的工作……"

清代学者魏源曾说:"不知人之短,不知人之长,不知人长中之短,不知人短之长,则不可以用人。"作为用人者首先要知道每个干部的长处和短处,并且识长中之短,短中之长,这样才能做到知人善任。

要知人之长和短,一是用辩证的观点看人。要看到人的长与短是相互储存、相互渗透的,同时又是相对社会需要而言的。如果一位下属适应自己从事的工作,并作出了极大的贡献,为社会所承认,那么便是发挥了"长"处。反之,长期激发不起工作热情,表现平平庸庸,那么可以说他的"短"处抑制或掩盖了他的长处。

二是要用发展的观点看人。古人云:士别三日,当刮目相看。领导者识人之长短,还应看到,每个人的"长"与"短"不是一成不变的,它们不仅发展变化,而且在一定条件下,两者还互相转化。清代一位诗人说过:"骏马能历险,犁田莫如牛;坚车能载重,渡河不如舟。"这就是说,每个人都有自己的可用之才,只看是否用得适当,是否用其所长,扬其所长。

人无完人,一个人不可能面面俱到,即使是我们常说的"全才",那也是相对的。任何人才作用的发挥,离不开人才群体的整体效能。人才不是孤立的,只能在群众中发挥自己的作用。因此韩非子说,建立合理的人才结构,是发挥每一个人才应有作用的关键。优秀的管理者不仅要看到单个人才的能力和作用,更重要的是要组织一个结构合理的人才群体,要将不同类型的人才进行合理的搭配,并把他们放在最合适的地方,互补互足,相互启发形成一个有机的整体,相互协作,通过这样合理的组织结构来弥补人才的不足,以求达到人才的最佳效能。

第七章 揣摩人性，把握人心

★ 体恤"人情"

> 凡治天下，必因人情。人情者，有好恶，故赏罚可用；赏罚可用则禁令可立而治道具矣。君执柄以处势，故令行禁止。
>
> ——《韩非子·八经》

韩非子讲："凡事要治理好天下，必须凭借人之常情。人之常情有好有恶，所以赏罚才有其效用；赏罚有其效用，禁令才能建立起来，而治理国家的办法也就完备了。君主掌握了赏罚的权柄而又处于居高临下的尊位，于是能令行禁止。"

用人是一门艺术，科学地采用适合于彼此的工作方法进行工作，处理人事关系，可以避免简单生硬和感情用事，避免不必要的误解和纠纷，扬长避短、因势利导，进而赢得同事的支持与配合，造就一个协同作战的班子，并且能更迅速、更顺利地制定和贯彻各种决策，实施更有效的管理。

美国 IBM 公司的总裁沃森特特用人的特点是"用人才不用奴才"。

有一天，一位中年人闯进小沃森特的办公室，大声嚷嚷道："我还有什么盼头！销售总经理的差事丢了，现在干着因人设事的闲差，有什么意思？"

这个人叫伯肯斯托克，是 IBM 公司"未来需求部"的负责人，他是刚刚去世不久的 IBM 公司第二把手柯克的好友。由于柯克与小沃森特是对头，所以伯肯斯托克认为，柯克一死，小沃森特定会收拾他。于是决定破罐破摔，打算辞职。

沃森特父子以脾气暴躁而闻名，但面对故意找茬的伯肯斯托克，小沃森特并没有发火，他了解他的心理。小沃森特觉得，伯肯斯托克是个难得的人才，甚至比刚去世的柯克还精明。虽说此人是已故对手的下属，性格又桀骜不驯，但为了公司的前途，小沃森特决定尽力挽留他。

小沃森特对伯肯斯托克说："如果你真行，那么，不仅在柯克手下，在我、我父亲手下都能成功。如果你认为我不公平,那你就走,否则,你应该留下,因为这里有许多的机遇。"

后来,事实证明留下伯肯斯托克是极其正确的,因为在促使IBM做起计算机生意方面,伯肯斯托克的贡献最大。当小沃森特极力劝说老沃森特及IBM其他高级负责人尽快投入计算机行业时,公司总部响应者很少,而伯肯斯托克却全力支持他。正是由于他们俩的携手努力,才使IBM免于灭顶之灾,并走向更辉煌的成功之路。

后来,小沃森特在他的回忆录中,说了这样一句话:"在柯克死后挽留伯肯斯托克,是我有史以来所采取的最出色的行动之一。"

小沃森特不仅挽留了伯肯斯托克,而且提拔了一批他并不喜欢,但却有真才实学的人。他在回忆录中写道:"我总是毫不犹豫地提拔我不喜欢的人。那种讨人喜欢的助手,喜欢与你一道外出钓鱼的好友,则是管理中的陷阱。相反,我总是寻找精明能干、爱挑毛病、语言尖刻、几乎令人生厌的人,他们能对你推心置腹。如果你能把这些人安排在你周围工作,耐心听取他们的意见,那么,你能取得的成就将是无限的。"

韩非子看来,一个贤明的领导者,不仅应该细心研究自己及周围人员的性格特点、工作作风以及心理状态,更应做到因地制宜、对症下药,这样工作起来才能得心应手,事半功倍。对于表现型的人,务必注意在工作的各个细节上都为其制定具体的计划(一定用书面形式),否则,他们很容易偏离工作目标。

要以同情的态度倾听他们的述说,不要急于反驳和争辩,当他们安静下来时,再提出明确的、令人信服的意见和办法。对他们的成绩要及时给予公开表扬,同时也要多提醒他们冷静地思考问题。

★ 直识人心

慧子曰:"狂者东走,逐者亦东走。其东走则同,其所以东走之为则异。故曰:同事之人,不可不审察也。"

——《韩非子·说林上》

韩非子讲:"慧子说:'发疯的人向东逃走,追他的人也向东跑,他们向东跑的行为是一样的,可是他们向东跑的原因是不一样的。所以说,做同样的事情的人,

（对他们）不可以不仔细审视观察。'"

中国古代，大将出征，皇帝往往要派一个监军随队。这个监军的任务是监督军队按照朝廷的旨意行动，于是就会出现将军与监军意见相左，你要往东，他坚持往西的局面。这种局面也往往出于部下特别是副手的不听将令，任意妄为。还有一种情况，是将军出征后，或打了胜仗，或吃了败仗，都可能有一些虽不相干，但却颇能左右上司看法的人说三道四，致使将军在对敌作战时时时有后顾之忧。所以韩非子认为在这种情况下，用人者的完全信赖与专任，显得十分重要。

在淮河流域一带，西周时还是中国的落后地区，居住着被称为淮夷的少数民族。

西周初年，成王就攻占了这块土地，淮夷成为周室统治下的少数民族。一直平安无事。

当西周衰落时，淮夷也在贵族煽动下不断闹事，要摆脱周人的统治。淮河流域一带动乱不已，人民都渴望早日过上安定的生活。

周宣王是位有作为的国君。他即位后，立刻计划征讨淮夷，并派召公虎统帅大军执行任务。

召公虎率领大军，数日之间，就到达了淮夷居住的地区。随后，就开始部署作战的方案，决心尽快消灭叛乱的贵族。

他手下的一位谋士见了，担心地对召公虎说："主人啊！你如果这样做，不怕引起朝中大臣的嫉妒吗？如若朝中大臣再在宣王面前说你坏话，难道不是很危险吗？"

召公虎听了，觉得很有道理。但又想起宣王在临行前的嘱托，一片诚信的态度，就马上打消了顾虑，率军展开了战斗。

淮夷贵族的军队根本不是召公虎的对手，双方交战一个月，淮夷贵族的军队就接连打了三个败仗，损伤不少人马。

周宣王

召公虎在战场节节胜利的捷报，不断传到京城里。开始，大臣们都夸奖召公虎的战功赫赫；不久，谁也不再说召公虎的好话了，倒出现了不少流言。

"召公虎兵权在握，人又在外，值得小心提防啊！"

"召公虎哪会打那么多胜仗，恐怕是编造出来的吧？"

"他编造这么多战功，造那么多舆论，不知要干什么？"

这些话传到周宣王那里，他听了十分气愤。在一次早朝上，周宣王发火地对大臣们说：

"召公虎在外带兵打仗，时刻有性命之忧，人家打了胜仗，有些人不仅不为他高兴，还四处散布谎言。说召公虎居心不良，我看他才居心不良。谁敢再散布谣言，一经查实，定斩不饶。"

听了周宣王的训斥，那些造谣的大臣吓得面面相觑，再也不敢私下造谣生事了。

这些谣言也传到了召公虎那里，这下子召公虎真正担心起来：要是宣王听信了这些谣言，我还能活命吗？召公虎开始后悔没听那位谋士的话，领兵打仗也显得畏缩起来。

好在几天以后，宣王派来一位大臣，向他通报了宣王训斥传播谣言者的情况，召公虎这才放下心来。

接着，召公虎又接到了宣王的两道诏命，第一道赏赐圭瓒给召公虎，奖励他作战有功，统军有方；第二道赏赐美酒给召公虎，同样是对他的战功的奖赏。

有了宣王的信任与奖励，召公虎再也没有顾忌了，于是率领大军奋力杀敌，很快就平定了淮夷贵族的叛乱，班师回朝。

回到京师，宣王率文武百官出城三里相迎，又在庆功会上颁下第三道诏令，赏赐给召公虎大片的小川田地。

认识一个人的才能可以从他的表现或者声誉考量，但如果真正要认识它的忠奸，如果不直接考察其内心，就无法在关键的时候相信由内心所反映的信息，从而影响到管理的全局。

自古以来，将军事军打仗，能否立下战功并得到应有的封赏，无不与上司或帝王的信任有关。就召公虎来说，如果宣王听信谣言，被胡乱插入的第三只手所惑乱，那么召公虎不可能平定叛乱；只因宣王对召公虎信任专一，并竭力打击谣传，树立召公虎的权威，这才有了平叛的胜利。

★ 一山不容二虎

一家二贵，事乃无功。夫妻持政，子无适从。

——《韩非子·杨权》

韩非子讲："一个家庭中有两个主管，做事就不能成功。夫妻共同当家，儿子就会无所适从。"

人与人,总会有高下之别,也许你可能会容忍他人,可别人不见得就能对你处处忍让,毕竟在权和利的面前,往往只能有一个胜利者。就好像在公路上驾驶汽车,你不撞别人,也需要提防别人撞你。

当微软公司在最初的广告攻势中宣传自己无所不能的编程能力时,任何不明就里的人看到这个广告都会以为这是一家很大的公司,其实这个大名鼎鼎的微软公司实际上只是一个 4 人店,差不多都是哈佛的或者是湖滨中学的那一帮子计算机迷。其中,很长一段时间公司里仅有两名雇佣员工是长驻的。他们住在阿尔伯克基一个没有什么家具的房子里,另外两个中盖茨在跑来跑去地上学,艾伦则服务于微型仪器公司。

但是正是这个简单的公司却赢得了 IBM、苹果电脑等当时大型的电脑制造商的青睐,并逐渐确立了在软件行业的领袖地位。这一切成就的得来,并不单单属于盖茨一个人,在盖茨的光芒之下,还站着他创业中不可或缺的团队成员。

在盖茨的创业团队中,最不应该忽视的就是保罗·艾伦。这个因与盖茨一同创立微软而成为亿万富翁的依然过着极尽奢华的生活。他投资屡屡失手,投资的公司可谓一片狼藉。但这并不影响他一如既往地邀请亲朋故旧和娱乐及 IT 圈的名流来到他耗资数千万美元的游艇上享受声色之娱。而由他赞助进行的由私人企业进行的载人太空飞行已经在 2004 获得成功,也意味着这位昔日的创业者将成为最早遨游太空的商人。

艾伦是盖茨在湖滨中学的同学。其父亲当过 20 多年的助理管理员,因此从小博览群书。1968 年,与盖茨在湖滨中学相遇时,比盖茨年长两岁的艾伦以其丰富的知识折服了盖茨,而盖茨的计算机天分,又使艾伦倾慕不已。两人成了好朋友,一同迈进了计算机王国,掀起一场软件革命。

在谈到他们之间的友谊时,盖茨回忆说:"他读了 4 倍于我的科幻小说,另外,他还有许多解释自然之奥秘的书,所以,我就问他有关'枪炮工作原理'和'原子反应堆'之类的问题,保罗把这些都讲解得头头是道。后来,我们经常在一起做数学和物理作业,这就是我们何以会成朋友的原因。"

艾伦的特点是说起话来柔声柔气,为人很谦虚。这一点在最初的公司业务开展中起了很大的作用。在与罗伯茨合作改进 BASIC 程序的过程中,罗伯茨虽然敬重盖茨的技术能力,但非常不喜欢他的对抗方式。罗伯茨说:"盖茨是一个被宠坏了的孩子,这就是问题的所在。艾伦比盖茨更富于创造性,盖茨和我争来争去,但是一个好办法也拿不出来,可是艾伦能。他对我们公司还是有一些帮助,而盖茨只能是添乱。"有了艾伦从中斡旋,最初的合作才不致于破裂。

艾伦是一个喜欢技术的人,所以他专注于微软新技术和新理念。盖茨则以商业为主,销售员、技术负责人、律师、商务谈判员及总裁一人全揽了,两位创始人配合默契。艾伦在研发 BASIC 语言和操作系统方面显示了充分的远见。正是对于技术上的敏感,艾伦才不断地向盖茨提出创办公司的要求,并一再鼓动盖茨退学创业。

因为艾伦的谦让性格使然,微软公司开办之初,盖茨在合作协定中获得了微软公司大部分的权益。在公司股份中,盖茨占 60%,艾伦占 40%。因为盖茨可以证明他在 Basic 语言的最初开发中做了更多,而艾伦也认可这一点。不久以后,这种比例又进一步调整为 64 比 36。但是,从股份的多少不能划分的是,盖茨和艾伦这个精干的创业团队,缺一不可。

艾伦为盖茨制定了"先赢得客户,再提供技术"的公司发展战略。1981 年,IBM 的个人 PC 问世,急需一个配套操作系统。又是艾伦从西雅图计算机公司搞到了 SCP - DOS 程序的使用权,两人对该软件程序作了扩展改编,重新命名为 MS - DOS,再反销给 IBM。MS - DOS 是微软开始走向世界软件业第一品牌的发家宝。

可以说艾伦是盖茨创业道路上最大的推动力。正是他拿着登有微型计算机研制成功的消息的杂志,去找盖茨,成功地说服了盖茨少打一些牌,而干点正经事。也正是艾伦对技术的痴迷使得全新的 BASIC 语言最终得以出现,使微软最终成为软件领域的巨人。也正是艾伦和盖茨研发的操作系统逼迫 IBM 后来不得不加入到个人电脑的战团中来。

"艾伦不是一个好的管理者,因为他优先考虑的不是业务,而是对技术本身的痴迷。"美国著名传记作家劳拉·里奇在这一点上也承认艾伦的重要作用:"微软之所以能够被载入商业史册就是因为其操作系统的成功。"一山不容二虎,说的是一座山上,不能同时容纳两头老虎的存在,因为它们会为霸占山头而殊死搏斗,而最终的结果势必是两败俱伤。这成语很简单,不难理解。

成功的用人者当然需要别人为自己所用,但却必须保证这个人不会危及到你的权威,就好像盖茨跟艾伦,一个断,一个谋;一个继续创业,一个花钱消费。虽然艾伦对盖茨那么重要,但我们相信,他的地位一定不会与盖茨平起平坐,否则,微软也许会大伤元气。

韩非子问:当一件事情我们有了分歧,那么到底该听谁的呢?当然是听领导者的。因为领导者是一个指挥者,他负的是全局成败的责任。不管是他指挥失当,还是用人失当,只要最后结果是失败的,他就要全部负责。

国学大智慧

·《韩非子》智慧通解·

图文珍藏版

★把恶势力消灭在萌芽状态

凡奸者,行久而成积,积成而力多,力多而能杀,故明主蚤绝之。

——《韩非子·外储说右上》

韩非子讲:"凡事作乱犯上的人,都早有奸心,日久成势,势成而力量增大,力量一大就会动杀机,所以英明的君主及早地要把这些恶势力消灭在萌芽状态。"

凡是用人者,手中的人才自然不全是忠诚用力之辈,很多时候,说不定别有居心的家伙还会直接威胁到你的地位。韩非子建议:面对这样的人,你大可举起杀手铜,将可能威胁到团队或者事业的害群之马清除出去。

现在中国本土首富,国美老总黄光裕可谓是消除威胁隐患的高手,其整顿人事的出发点是因为,黄不相信任何一个人,他不能容忍经理们建立起自己的地方势力。这种调整在内部人员看来,变革的实质不是为了强化管理流程,似乎更是为了进行人事斗争。

和"价格杀手"的称号类似,国美人事变动之频繁同样闻名于业界。在国美,机构调整几乎每半年就要来一次,国美的中高层是一个黄可以随时任免的位置。黄自己透露,不光二级公司,各三级公司的总经理,也均由其亲自任免,"对于每一个我看重的人,我都会调他到我的身边工作一段时间,可以互相熟悉。"这句话的另一面是:对于每一个我不再看重的人,我就会把他"雪藏",或者将他"赶尽杀绝"。

原国美北京公司总经理张志铭早年是黄的司机,后来与黄的妹妹黄燕虹结婚。黄看他踏实肯干,日渐"委以重任",张曾被称为国美的第二号人物,但是他在国美频繁的人事调整中已经"不止五起五落",因此有媒体说"他的名字比他在国美的职位更便于记忆。"最近的一次变化是在今年2月底,国美发布公告称,"张志铭将从2月28日起辞去国美电器董事的职务",转而负责国美地产的项目。

何炬,原国美副总裁,北京大学法律系的高材生,1993年加入国美,在为国美效力的10余年中,作为黄光裕曾经的得力干将之一,在国美的全国扩张中立下了汗马功劳。

他先后担任过常务副总经理、国美集团总经理等职,即便位高如他者,也"必须学会适应被随意地搬来搬去,你必须把这种情况看成合理——你与公司之间只是简单的雇佣关系。"2004年夏天,因为不满新一轮人事变动中的安排,何炬辞职南下，转投中国建材集团投资的易好家商业连锁有限公司，出任总经理。对于何炬的离职，黄光裕着实恼火，甚至在易好家开张前3天，不惜给各大厂商发出《通函》，威胁合作厂商们"不得直接和间接地与易好家发生任何业务关系"。

个别高管人员的变动也许不足为奇，但整个管理层被撤换的事情在国美也是时常有之。2003年6月，哈尔滨分公司因为分公司经理有"不听从黄的指令"的嫌疑，整个分公司从总经理到副总经理等十多人都被"悉数拿下"，全部换血。这种情况早在深圳分公司也上演过。

最近一次的"人事流血"是在2004年10月，几乎所有在总务部门工作过的人员都被撤换，人事变动涉及全国30多个分部。起因是黄光裕发现有些在总务部门工作的人员有吃拿卡要现象，他因此"认为所有在总务部门工作过的都有可能损害过公司利益。"

"对于国美这样一个大摊子，我们必须加强中央集权控制。也许会因为缺少灵活性而丧失一些机会，但这比因失去控制而让企业冒更大风险要好。"一位曾经亲自操作过"换人风波"的国美高层对记者解释黄的出发点。

"黄是一个行动快速的人，有想法马上做，发现不对马上改。做得好，马上赏，做不好马上罚。"一位在国美工作多年的人告诉记者。黄自己也承认说："我是要求速度的，尽快实施，我不会说花三个月来谋划，把这个规划书标点符号我都给它改清楚了，然后再去做这件事情，我不会。我是边实施边做边修正。只要有三分把握的事，我就敢去做。"

2002年下半年，"为了让采购与销售更专业化"，国美实行采购与销售脱钩制，但后来在实际运营过程中，造成了采购与销售互相对立、互相推卸责任的弊病。坚持到2004年8月，采、销中心又最终合并。2003年，黄光裕亲自操刀，将全国销售区域分为南北两个大区，本来是想通过内部竞争而扩张，但事实是人为地把国美的规模优势一分为二了。5个月之后，不得不重新恢复成原来的格局。2004年底2005年初，黄再次调整国美高层，将国美分成东北、华中、华北一、华北二、华东、西南、华南七个大区，同时将总经理人选进行了一次"八大军区司令大对调"。

"公司在不同的发展阶段需要有不同的管理方案，只要有必要，就会马上调整，找出最佳方案。以后如果需要，我还会继续调整。"黄光裕对于变革持肯定态度，但是在他的下属们看来，这种变化过于随意，"每一次变阵之前都没有经过充分论证，也没有岗位责任的重新设置，更没有业务流程的重新设计，所以每一次变动都会带来很长时间的混乱。"在这种频繁的组织调整中，很多员工离开了国美，包括原总经理何炬这样的高层。"这种随意的人事调整，不考虑你个人意愿的做法，作为一个有尊严要求的人，你会觉得自己毫无尊严可言，这是难以忍受的。"一位最终离开国美的员工说。

黄光裕之所以能毫无顾忌地"换人如换刀",主观原因是,黄不相信任何一个人,他不能容忍经理们建立起自己的地方势力。这种调整在内部人员看来,变革的实质不是为了强化管理流程,似乎更是为了进行人事斗争。客观原因是因为国美还是一种粗放型管理,对渠道的倚重强于对人才的倚重,"管理人员的可替代性很强,换个人熟悉一段时间也能胜任。"某业内人士分析说。

国美老总的成功之道说明,要做一个有作为的领导者,就必须维护自己的正当权力,勇敢地与"第三只手"展开斗争。如果"第三只手"坚持插入自己的事而不肯缩回,必要时可以果断地斩断它。

大诗人恒利曾写下了有警世意味的名句:"我是自己命运的主宰,我是自己灵魂的船长。"他想必是希望让我们知道,我们是自己命运的主宰,也是自己灵魂的船长,因为我们有控制自己思想的能力。而主宰自己的命运,当自己灵魂的船长,斩断"第三只手",正是题中之义。

★恩威并施,推诚致用

人主不可佯爱,一日不可复憎;不可以佯憎人,一日不可复爱也。故佯憎佯爱之征见,则谀者因资而毁誉之。虽有明主,不能复收况于以诚借人也!

——《韩非子·外储说右下》

韩非子讲:"君主不可以假装宠爱人,因为以后就不能再憎恶他了;也不可以假装憎恶人,因为以后就不能再宠爱他了。假装憎恶或假装宠爱的迹象一旦表现出来,那么阿谀之徒就会借此去诋毁或夸誉这个人,即使是英明的君主也难以把它收回来,更何况是把真实的爱憎表露给别人?"

作为一个领导者,应该仔细思考以下几个问题:为什么总有一批人为你所设定的目标全力冲刺?为什么有许多人在没有加班费的情况下,仍然愿意辛勤加班?为什么总有一批人为你毫不保留地奉献他所有的才智?为什么所有的人都服从你的管理?韩非子的回答是:是威信在发挥神奇的作用。而这种威信取决于你对下属的爱憎自知。

明朝永乐年间,臣僚勤于职守,出现了许多能臣和名臣,这与明成祖爱憎自知的管理方式是分不开的。明成祖朱棣用人不突出宠爱与憎恶,赏罚分明,量才适用，不拘品级，且能以诚待人。他鼓励臣下直言，但大事皆由个人决断。这是他事业取得成功的一个极为重要的因素。

　　明成祖即位后，重用了一批藩府旧人。这些人随明成祖起兵靖难，出生入死，胜利后身居高位，但仍不敢骄横。明成祖即位不久，就告诫这些旧臣"当思自保，凡人致富贵难，保富贵尤难。尔等从朕数年，万死一生，今皆身有封爵，禄及子孙，但当思保之。夫有功则赏，有罪则罚……"后来，明成祖在授予薛禄等靖难功臣铁券时，又诫谕他们说："位高易骄，禄厚易侈，宜思得之不易，保之惟艰。则安荣始终，传及后嗣，勉之勉之！"他经常教导这些旧日功臣，要他们擅自保全，不要重蹈历史上经常见到的骄横致祸的覆辙。

　　明成祖执法严厉，对那些失职造成恶果的，轻则降级或免职，重则下狱或处死。监察御史王愈和刑部、锦衣卫官4人，误杀无罪者4人。明成祖知道后，立命刑部将王愈等4人逮捕，处以重刑。

　　明成祖对臣下不只是有威的一面，还有颇具人情味的一面，这也就是所谓的"恩威并施"吧。例如，解缙和胡广是同乡，又是同学，在朝又同为内阁学士，明成祖居然为他们两家的子女做起媒来。后来，解缙虽下狱致死，但他的儿子仍娶了胡广的女儿。

　　永乐七年正月，明成祖下令，自正月十一日到二十日放假10天，让臣民一起欢度元宵佳节。在这10天当中，"百官朝参不奏事，听军民张灯饮酒为乐。"明清时期元宵节放假就是从这时开始，这也是明成祖关心臣民生活细事的一个举动。是年十月，明成祖因北京寒冷，怕群臣早朝奏事时冻伤，便将早朝改在偏殿，诸臣有事依次入奏，无事回衙门管事，免得挨冻。

明成祖

　　明成祖对臣下的升降十分慎重，他曾对身边的大臣说："人君进一人退一人，皆不可苟，必须服众心。若进一人而天下皆知其善，则谁不为善？退一人而天下皆知其恶，则谁敢为恶？无善而进，是出私爱；无恶而退，是出私恶。徇私而行，将何以服天下？"

　　明成祖的这段话并不深奥，但真正能做到这一点的人并不很多。即使在今天看来，这段话也仍然闪耀着不可磨灭的光辉。明成祖懂得这一点，并这样去做了，这使他成为中国历史上较为成功的一个帝王。

明成祖威柄独操，又能对大臣恩威并济，所以终其一朝，大臣都兢兢业业，小心谨慎，无一敢飞扬跋扈。这对当代的领导来说，十分具有借鉴意义。对部下要恩威并济，对下属不对的地方，固然应当责备；而对其表现优越的地方，更不可抹杀，要给予适当的奖励，那么部属的内心才能得到平衡。

会管理人的领导，个人威信远远超过权力行使。用人者是把威信发挥到极致，影响他人，从而实现目标的一种人。曾有一位员工这样推崇他的上司："和他在一起呆上一分钟，就能感受到他浑身散发出来的光和热，我之所以卖命努力，是因为他的威信深深吸引我。"我们不得不承认，威信远远胜过权利。做一位实权在手的领导者，不如做一位威信服人的领导者。

一个真正具有威信的领导必须和下属保持一定的距离，不能让下属对你如避瘟神，也不能让下属在你面前举止轻浮，不听指挥。身为领导者在注重感情投资的同时，也要该唱黑脸就唱黑脸，不可心慈手软。在执行中讲究恩威并济，推诚致用，才是用人的无上妙诀。

第八章　保护自己,防备他人

★ 人心隔肚皮不得不防

其心难知,喜怒难中。

——《韩非子·用人》

韩非子讲:"人们心思难以了解,人的喜怒难以猜中。"

人生在世,能否正确识人是事业成败的关键,用人、管人的基础在于识人,失去了这个基础,一切都无从谈起。可是,面对各种各样的人,经历过各种各样的事后,连韩非子本人也要不禁感叹生活在这个世界不容易,因为"人心隔肚皮"、"知人知面不知心"。

东海龙宫里,龙王正跪在地上,接听玉帝派来的钦差宣读圣旨。圣旨的大意是说,人间每年都有旱情,命东海龙王考察一下今年是否仍存在旱情,如果有,立即施雨。

龙王不敢怠慢,送走钦差后,立刻召集文武大臣们商议,最后决定派龟将军化作人形到民间考察,如发现哪里有旱情,即刻上报,不得有误。龟将军接令后马上启程,第一站便来到了素有"人间天堂"之称的杭州,游遍了这里的美景后,记录下了西湖的水量。

第二站它又来到了素有"鱼米之乡"之称的洪湖,仍然是游历了一番美景之后,记下了洪湖的水量。接着它又走访了太湖、洞庭湖、鄱阳湖、长江和珠江等地,都是同一个程序,游完美景,记下水量。

龟将军此时觉得人间实在是太美了,比在龙宫里好玩多了,真有点流连忘返了,可是它出来的时间已经不短,应该回去交差了,这才恋恋不舍地踏上了归程。

龟将军回到龙宫后,没做任何歇息,立刻找龙王上报考察结果。龙王翻开它的记录一看,全都符合标准,可以认定,今年人间没有出现旱情。

国学经典文库

国学大智慧

·《韩非子》智慧通解·

图文珍藏版

此时,龟将军凑到龙王跟前,低声说:"全靠大王的精心呵护,今年人间没有发生旱情,大王的恩泽遍布四海,实乃人间之幸,百姓之幸啊。"

听完这番话,龙王哈哈大笑,连连夸奖龟将军办事得力,立刻封龟将军为丞相。

从那以后,龙宫里少了一位龟将军,多了一位龟丞相。

"龟将军"在全国公费旅游了一大圈儿,本来是考察人间的旱情去的,可是它专挑水多的地方去,一点正经事儿没办,倒是大饱了眼福,回来后还连升三级,成了"龟丞相",只能用一个"爽"字来形容。问题并不是全出在"龟将军"身上,龙王的失察,是难辞其咎的。

不可否认,很多企业中都存在着阳奉阴违的下属。这样的下属有着他们共同的手段,那就是善于给用人者戴"高帽",能把用人者捧到云里雾里。

他们有着同一个目的,就是损公肥私,为了达到一己的私利,不惜损害公司的利益乃至信誉。

这样的被用者如同蛀虫一样,在一天天、一月月、一年年地腐蚀着公司,随着时间的推移,公司将因他们而陷入困境。

这样的被用者还有一个特点,都是"讲故事"的高手,无论是什么样的事情,他们都能编得天花乱坠,甚至是无中生有,他们的谎言能让人达到"如痴如醉"的境地。企业如果不清除这样的被用者,发展中就会步履维艰。

那么,是什么样的土壤在滋生着这样的蛀虫呢?其中一个重要的原因就是他们的用人者盲目听信其谎言的结果。

为什么用人者会很容易受阳奉阴违的被用者的蒙蔽呢?归根到底,此类用人者大多都有"以我为中心"的思想,喜欢标榜自己,爱慕虚荣,直至几顶大"帽子"压得他们忘乎所以。这样的用人者在下属的吹捧面前,很容易失去他应有的判断力,因而对他们言听计从,此时他们已落入到"陷阱"之中,还欣欣然陶醉在"马屁"当中。

好大喜功的用人者便是此类阳奉阴违的下属滋生的土壤。他们是互为依托的。企业中如果有这样的用人者和这样的被用者,实属不幸!

要做一个优秀的用人者,必须要具备一双慧眼,要能识人,撕开丑恶小人的嘴脸,揭穿他们的谎言,让其没有要弄手段的环境,他们也就失去了生存的条件。如何才能做到这些呢?以下三点原则仅供参考:

用眼。不轻信下属的话,多观察,从下属平时的行动看,因为有时人的很小一点举动可以暴露出他的本性。这需要用人者要具备一双敏锐的眼光,善于洞察一切"蛛丝马迹"。

用脑。把通过用眼观察到的信息,加以分析,给自己的下属做一个定位,什么是忠?什么是奸?什么是滑?这些都要事先在用人者心里有一个标准,然后再对被用者分析、打分、归类,做到心中有数,用来决定将什么样的任务分派给什么样的人。

多行动。自己给被用者做定位,难免会受个人的主观思维影响。多从侧面了解,打听被考察被用者的情况,多听听其他人的看法。这并不是对被用者的不信任,相反,这是对被用者负责的一种态度,同时也是对自己负责的一种行为。还有,这是对企业负责的一种手段,只要掌握住一定的火候,被用者还是可以理解的。

一个企业的腾飞,离不开被用者的努力,更离不开用人者的指挥。所以,去伪存真,清除企业内的蛀虫,是当务之急的事情。不可不察!

★提防吃"友谊"的亏

火形严,故人鲜灼;水形懦,人多溺。

——《韩非子·内储说上》

韩非子讲:"火的样子很吓人,人们因而很少被烧伤;水的样子懦弱,人们因而多被淹死。"

用人者会遇到不同的危险,明刀明枪或许令你忙于奔波,但是你绝对不会心里慌张、不知深浅,毕竟患难在你的心里有一个预期;不过最可能让你遭受沉重打击的却是暗箭黑手,还有那看似"温柔",实则伤人的险恶伎俩。历经宦海的韩非子就得出如此的结论:只有笑里藏刀的人才是真正具有威胁的人,而你"友善"的朋友们很可能在这些人群之中。

出生于美国纽约的托马斯在年轻的时候,独自一人来到法罗,希望能找到一份按佣金付酬金的销售工作。

当时正赶上经济萧条,城里工作也不好找。两个月过去了,托马斯才进了一家公司当上推销缝纫机的推销员。后来,他又推销股票,好不容易积攒一笔钱,开了一家肉铺。可惜人心难测,他的合伙人在一个早上把他的全部资金席卷一空逃之夭夭了。托马斯破产了,他只好重返老本行搞推销,在国民收银机公司当一名推销员。在收银机公司,托马斯如鱼得水,大展身手。仅仅3年,托马斯就成为公司业绩最好的推销员,其佣金破纪录地达到一星期200美元。

3年后,托马斯被提升为分公司经理。到第四年,他已经成为公司里的第二号人物,地位仅次于公司总裁。但在那以后,厄运又一次向他袭来。

公司总裁性格专横,总是解雇有功绩但可能对他造成威胁的下属。有一年夏天,总裁听信谗言,认为托马斯拉帮结派、扶植亲信,便决定要辞退他。托马斯努力为自己申辩,但毫无结果。无奈于次年4月愤而辞职。他在走出公司办公大厦时大声对一位好友说:"这里的全部大楼都是我协助筹建的。现在我要另外去创建一个企业,一定要比这里的还要大!"

可是,创业谈何容易?虽然他获得了5万美元的"分手费",但他失去了工作,丢了饭碗,年龄也快40岁了。他只好带着新婚不久的妻子和一个嗷嗷待哺的孩子,回到纽约寻找机会。

两个月后,托马斯贷款购买了一家濒临破产的小公司,托马斯这次汲取了"商业中没有永远朋友"的教训,在经营中把利益放在首位,经过20年的努力,这家小公司终于发展壮大成为全美的大公司之一。

托马斯吃亏的主要原因是他太相信朋友了,假如他多长个心眼,自己也掌握一部分钱财,合伙人能卷走全部资金吗?

但是商场中总是利益在先,朋友在后,许多商人为自己的利益,是不惜把有损他利益的人"去除"的,包括他朋友在内。他们有一门功课运用得特别娴熟,那就是"厚黑学"。

例如,早期机械制造业的巨头们在竞争中就经常扰乱市场价格,只要有合适的机会,他们就会不讲情面地向原材料供应商杀价。所以这些原材料供应商们都知道和制造业巨头们做生意非常不容易,但是为了争取到这笔生意却又不得不与他们打交道。

从这个意义上来说,只会一团和气的性格是不适合于创业的,在"你好我好"观念熏陶下,容易被别有用心的人钻空子。韩非子要特别地告诫你:商海中没有永远的朋友,只有永远的利益,任何时候都要小心提防吃"友谊"的亏!

★防备他人先下手

夫龙之为虫,柔可狎而骑也;然其喉下有逆鳞径尺,若人有婴之者,则必杀人。

——《韩非子·说难》

韩非子讲:"龙作为一种动物,在他和顺驯服的时候可以随便戏弄和骑着玩;但它的喉部下面长着的长一尺左右的鳞片,如果有人触及这块鳞片,那么龙就会大开杀戒。"

领导者也有同事、上司，你的不会说话说不定就会触及他们的"命门"，从而与你结怨；即使地位比你低下的被用者，他们的能量也不能小视，如果没有顺着他们的意思，说不定明天他们就可以通过不同的路子报复你。所以韩非子说，作为一个明哲保身的领导者，了解他人的心意，说话做事"顺龙鳞"乃是自保正道。

小陈辞职了，只说干得不顺心，小陈进他那公司才半年多，而且他舅舅是他那个部门经理，怎么会让小陈受委屈？事情原来是这样的。

小陈大学毕业后，进了舅舅所在那家公司分在销售部干，新人加盟，销售部晚上设宴欢迎，酒过三巡之后，大家都有三分醉意，赵主任脱去外衣说："在咱们这圈子，有个著名的王老虎。"赵主任把眼睛瞪得像老虎似的，将一桌人扫视了一圈。

小陈一惊，赵主任说的正是自己的舅舅，心想："赵主任大概不知道，我就是鼎鼎大名的王老虎的外甥。"也就装作不认识，听听赵主任下面要说什么。

"你们都不知道王老虎吧！因为你们是新人。等混一阵子就知道了。"赵主任一仰头，干了杯，眉头一扬，眼睛又一瞪，用食指往桌子上狠狠敲了一下："他妈的！王老虎哪里是老虎，根本是王老鼠，他是空有其名、欺软怕硬，年轻的时候，专门给上面提皮包，提出来的！"指指天花板，干笑了几声，"只怕还擦过屁股呢！来来来！大家干杯！"

一桌全笑了，纷纷举杯，只有小陈喝得不是滋味，要不是王老虎下条子，小陈今天也不可能坐在这儿，当然这件事只有董事长知道。

董事长跟小陈的舅舅是小学同班同学，以前一起掏蛋，一起罚跪，现在则一起做生意。据说许多商场的小道消息，都是"王老虎"提供的，他们还打算把两家公司合并呢！

果然，吃完饭没多久，就传出现任总经理请辞，由王老虎接任。

"这下好了！"小陈暗自兴奋，"看你赵主任，还敢不敢骂王老虎？你要是再骂，我就去告诉我舅舅。"

那赵主任想必也听说了陈的"关系"，最近看陈的脸色都不一样了。不过，倒非谄媚或拍马的眼神，而是一种冷冷的、恨恨的态度。

所幸王老虎很快就上任了，而且到任没多久，就把小陈叫了上去。小陈接到总经理秘书的电话，真是得意万分，故意大声说：

"是的！是的！请告诉总经理，我马上到。"当他走出办公室的时候，可以感觉一屋子的同事，都在向他行注目礼。当然，还有赵主任，他一定紧张死了。

"坐！"王老虎就是王老虎。就算亲人，也自有那份威仪，"你来半年多了，做得怎么样？好好学，不要搞小圈子。"

"搞小圈子？"小陈一怔。

"听说你跟赵主任处得不太好,他是行家,在这圈子十多年了,办事又认真。我接管之后,好几件事,都是他抢着办的,又快、又好!他说你靠着我的关系,对他不太客气,这可是我听了要不高兴的。"王老虎满面寒霜,"这件事用不着我跟你妈说了,你自己好自为之。以后赵主任说什么是什么,不准唱反调!"

小陈一头狗血,也一头雾水地走出总经理办公室,正碰上赵主任,抱着一落卷宗进来。

"小陈哪,"赵主任故作亲切,"下次我要是说错话,你千万要担待,而且早早指点,我会感激不尽的!"

看完这个故事,你可能很奇怪,为什么"说错话"的赵主任成了赢家。而那关系特殊,又有口德,没把赵主任的话传给自己舅舅的小陈,反而输了。

他输在什么地方?输在他没有在赵主任未开口批评王老虎之前,先表明自己是王老虎的外甥。于是,批评的人肆无忌惮地开了口,也驷马难追地让自己的把柄,落在小陈的手上。

当赵主任知道小陈的"关系"之后,能不紧张吗?他能不假设小陈会去告状吗?当小陈告了他之后,他能不倒霉吗?他唯一应付的方法,就是先下手为强——恶人先告状。

于是,他努力地表现,好好的巴结,再制造有意无意的机会,说小陈跟他之间的摩擦。

赵主任这样做之后,就算小陈再去告状,王老虎也不会听。因为事实摆在眼前,赵主任是很认真、很效忠,小陈说负面的话,不但不可能产生杀伤力,只怕还要引得自己舅舅反感。因为王老虎会假设,小陈利用自己的关系。

就这样,小陈输了!问题是,在这个社会上,我们处处看见人们演出这样的戏。

记住,这世界上许多人会问你对第三者的看法。他的目的,可以是调查,也可能是"套你的话"。当你发现别人来套话的时候,一个字也不能说。

至于在一般闲谈间,如果你发现对方要批评与你相关的人,最好的方法,就是及时把话题带开,或暗示对方,你的"关系"。

否则,对方的批评一出,如故事中的,那许许多多的副作用就会产生了。

总之,能不传话,最好不要传话;能不套话,最好不要套话。能不涉入"背后的批评",最好不要涉入。让自己像沙滩,多大的浪来了,也是轻抚着沙滩,一波波地退去。而不要像岩石,使小小的浪,也激起高高的水花。

★别被小土堆绊倒

国学经典文库

国学大智慧

·《韩非子》智慧通解·

图文珍藏版

先圣有谚曰:"不踬于山,而踬于垤。"山者大,故人顺之;垤微小,故人易之。

——《韩非子·六反》

韩非子讲:"以前的圣人说:'人不会被高山绊倒,却会被小土堆绊倒。'山高大,所以人们对它谨慎留心;土堆微小,所以人们忽略了它。"

人都有善恶之分。荀子在论人性时说:"人之性恶,其善者伪也。"意思是说:人的性质如果看来是善的,那是他努力装扮成这样的,人性本来就是恶的。人性究竟是善还是恶,绝非三言两语能够说清楚。但是,在现实生活中的确要在与同事打交道时谨慎小心,特别是对那些难相处的同事,你不妨把他看成是防范的对象,而多考虑一些防患对策,以防万一,否则,待事情发展到糟糕程度时就为时晚矣。

一般人都不喜欢谋略意识强烈的人,也就是心眼太多的同事。然而,在现实生活中,欺骗、狡诈的同事大有人在。因此,与其说欺瞒他人是不正当的行为,倒不如说你吃亏上当是因太单纯,大意失荆州了。

作为荀子的北子,韩非当然认为人生从某种角度看也是一场战争中,为了求生存,必须要有慎重的生活方式和态度,这样才不至于上某些难相处同事的当,吃大亏。当然,为人并不需要自己去欺骗别人,但是,对善于到处设陷阱、圈套利用他人的难相处的同事,你必须小心提防。

我们不主张整日与难相处同事对峙,做"好战"之徒。但是,要干点事,就要有点防身之术,而且应该常备不懈、秣马厉兵,一旦有难相处同事侵害自己的正当利益,妨碍自己的事业,在警示无效的情况下沉着应战时,千万注意,莫忘防身。

中国人喜欢说:"害人之心不可有,防人之心不可无。"这句话固然有其狭隘的地方,会使人变得谨小慎微、毫无磊落气度。但这句话也并非毫无道理。与难相处同事交往,不可无防人之心。

陈主任在这方面有过很沉痛的教训。

数年之前,有个大学生分配进厂,陈主任是个爱才人,便对他另眼相看。那大学生也对他热情有加。时间一长,两人几乎成了推心置腹的朋友。陈主任什么都不瞒他,甚至连自己和副主任之间的龃龉也和盘托出。

后来,他渐渐感到,副主任与自己的矛盾日益加深,关系越来越僵,甚至时常当面进行顶撞,最后,发展到双方恶语相对,大闹一场。事后,两人都受了处分,并被调离领导岗位。

陈主任和副主任矛盾本是因为工作而起,既不当头头,矛盾也就少了。

日子一长,两人渐渐消除了旧怨,重新搭话,意外地发现,副主任当初对他敌意陡增、态度突变全是因为大学生在里面传话,为了有利于自己,传话中,不时说了许多双方互相指责的话,来从中挑起他们的争端。

陈主任这才如梦初醒,大喊上当。愤愤然去找那位大学生。大学生道:"我既没有造谣,也没有诽谤。我是人,总有表达我自己的观点的权力吧?你可以想想,我在你面前是否说过副主任的坏话,如果没有,那也不能是挑拨离间。"陈主任哑然。痛定思痛,陈主任发现自己犯了无防人之心的错误。当你在领导岗位上时,别人对你总有几分敬意。

你说话时,别人常会喏喏连声,但千万不能就此认为别人和你的想法是一致的。尤其是不该让下属知道的事(比如,领导与领导之间的矛盾),即使关系相当好,也绝不能透露。

如果有怨气,宁可找一个不相干的朋友诉说。在这方面存在一点防人之心,是不算过分的。

有防人之心不等于对人一概存有猜忌、怀疑之心。

所谓的"防",就是不说不该说的话,不说不利于同事之间团结的话;不做不该做的事,不做不利于同事团结的事。

有些难相处的同事处处为自己的利益着想,他有时可能会把自己得来的不正当的利益分一部分给你,但当他的不当行为被发现之后,就把你抛出去当替罪羊。应特别警惕。也有的难相处的同事,总会利用你,假装跟你套近乎、拉关系,以表示他对你的信任,而你有可能以为碰上了好同事而心存感激,无所防范而他们却借与你接近之机收集你的隐私,造成你和他人之间的各种矛盾。对此不可不防。

第三篇 《荀子》智慧通解

导读

《荀子》,作者荀况,是春秋战国"百家争鸣"的集大成者,也是先秦儒家的最后一位大师。《荀子》一书是荀子弟子记录的荀子言行以及荀子及弟子所引记传杂事,思想偏向经验以及人事方面,是从社会脉络方面出发,重视社会秩序,反对神秘主义的思想,重视人为的努力。

清末学者谭嗣同,在他的《仁学》中这样评价"(中国)二千年来之学,荀学也,皆乡愿也。"梁启超也认为:"自秦汉以后,政治学术,皆出于荀子。"不管这些评价是否过头,但至少有一点确信无疑,这就是说,作为一个炎黄子孙,要了解中国的传统文化,要把握住我们的民族精神,就不能不读《荀子》。

第一章 识人用人，德才兼备

★先识人才能用人

> 身不能，知恐惧而求能者，如是者强。身不能，不知恐惧而求能者，安唯便僻左右亲比己者之用，如是者危削。
>
> ——《荀子》

用人就像用马，如果得到千里马却不认识，或者即使认识了，却不能充分发挥它的能力，那就会产生误区。

"办事不外用人，用人必先知人"，"收之欲其广，用之欲其慎"。凡是具一技之长的人都要广为延揽，而在使用时则小心谨慎，尽可能使人尽其才，才尽其用，量才录用，扬长避短。

慎用人才的一个基本内容是量材器使，才尽其用。要真正做到量材器使，首先就得去认识人。"窃疑古人论将，神明变幻，不可方物，几于百长并集，一短难容，恐亦史册追崇之辞，初非当日预定之品。"在这里，把有一定能力或有一定成就的人誉为"百长并集，一短难容"，甚至神化，无疑是认识人才上的一种片面性。因此，衡量人才要不拘一格，判断事情要不苛求，不因木材腐朽就弃置不用，不频繁撒网不会有捕抓大鱼的机会。重要的是善于去认识。金无足赤，人无完人，不可苛求全才，"不可因微瑕而弃有用之才"。有材不用，是浪费；大材小用，也有损于事业；小材大用，则危害事业。古人说："虽有良药，苟不当于病，不逮下品；虽有贤才，苟不适于用，不逮庸流。梁丽可以冲城而不可以窒穴，犛牛不可以捕鼠；骐骥不可以守阁；千金之剑，以之斩薪，则不如斧；三代之鼎，以之垦田，则不如耜。故世不患无才，患有才者不能器使而适用也。"以良药不适于病，梁丽之材用于窒穴，犛牛捕鼠、良马守门等比喻，批评用人不当，指出对于人才必须"器使而适用"，使其特长得到充分发挥。而造成这些情况最根本的原因就是识人不够透彻。

据说，每有赴军营投效者，曾国藩先发给少量薪资以安其心，然后亲自接见，一一观察：有胆气血性者令其领兵打仗，胆小谨慎者令其筹办粮饷，文学优长者办理文案，讲习性理者采访忠义，学问渊博者校勘书籍。在幕中经过较长时间的观察使用，感到了解较深，确有把握时，再根据具体情况，保以官职，委以重任。为了使贤才学用一致，他十分重视幕僚的工作安排。对长于治军者，便安置到营务处，使其历练军务以为他日将才之备；对精于综合者，便安置到粮台、转运局、筹饷局等机关，使其学习筹饷理财、运输的工作；对善于创造者，便安置到制造局，做造舰制炮工作，务使人人能尽其用，用尽其才。

识人、知人是对人才实施科学管理的重要环节，识人是做到人尽其才、才尽其用的必不可少的环节，同时也是激励人才奋发进取的有效措施。

《史记·陈丞相世家》记载：陈平，阳武（今河南省阳武县）人。家境清贫，好读书，初事魏咎，继事项羽后归汉。他通过魏无知推荐得见刘邦。刘邦跟他谈话，见他有才智很高兴，问："子之居楚何官？"陈平答："为都尉。"当天，刘邦就任陈平为都尉，使为参乘，典护军。诸将知道了都为之哗然，说："大王一旦得楚之亡卒，未知其高下，而即与同载，反使监护军长者。"刘邦听了，更加厚待陈平。

过了一段时间，周勃、灌婴等大将也对陈平有意见，认为刘邦如此信任陈平不当，都谗毁陈平说："平虽美丈夫，如冠玉耳，其中未必有也。臣闻平居家时，盗其嫂，事魏不容，亡归楚；归楚不中，又亡归汉。今日大王等官之令护军。臣闻平受诸将金，金多者得善处，金少者得恶处。平，反覆乱臣也，愿王察之。"刘邦听了也起疑，便叫魏无知来，责备他为何推荐陈平这样的人，无知说："臣所言者，能也；陛下所问者行也。今有尾生、孝己之行而无益处于胜负之数，陛下何暇用之乎？楚汉相拒，臣进奇谋之士，顾其计诚足以利国家不耳。且盗嫂受金又何足疑乎？"刘邦也叫陈平责备他说："先生事魏不中，遂事楚而去，今又从吾游，信固多心乎？"平答道："臣事魏王，魏王不能用臣说，故去事项王；项王不能信人，其所任爱，非诸项即妻之昆弟，虽有奇士不能用，平乃去楚。闻汉王之能用人，故归大王。巨禄身来，不受金无以为资，诚巨画有可中者，愿大王用之，使无可用者，金具在，请封输官，得请骸骨。"刘邦见他说得有道理，便向他道歉，厚加赏赐，擢升为护军中尉，监察全体官兵。从此，诸将不敢再谗毁陈平。

刘邦能取得天下最关键的因素是善于知人用人，敢于从基层中提拔人。在楚汉相争中，刘邦为何能用人之

刘邦

长,而项羽则不能? 这是因为刘邦没有满足于自己的长处,也不认为自己的计谋超过人,更不以为自己有军事天才,正因他有自知之明,故能虚心听取张良、陈平等的奇谋深策,放手让韩信、英布、彭越等猛将去独当一面各自作战,也就是说他能用谋臣武将之所长,为他打天下。项羽则自恃深懂兵法,又有力可拔山举鼎之勇力,认为比谋臣武将都高一等,也就不能用他们的长处,既不听谋主范增的计谋,对于韩信、陈平的献策也不屑一顾;有猛将也视而不见,有也不信任,致使范增气得辞职,韩信、陈平等天下奇才和猛将英布离楚归汉。结果是:刘邦能用众人之长成己之长,项羽不能用人之长而致成己之短,谁胜谁败,大局则定。

"不知人之短,不知人之长,不知人长中之短,不知人短中之长,则不可以用人,不可以教人。用人者,取人之长,避人之短;教人者,成人之长,去人之短也。惟尽知己之所短而能去人之短,惟不恃己之所长而后能收人之长。"

在这里,魏源辩证地论述了用人的长短关系,把能否识人之长短作为能否用人的决定性因素,尤其是他强调"惟不恃己之所长而后能收人之长",是很有见地的,他揭示了能否识人和善于用人的关系。

在汉朝开国不久,刘邦和韩信等群臣曾经议论过各位将领的才能。刘邦问韩信说:"你看我能不能统率百万大军呢?"韩信说:"不能。"刘邦又问:"那能否统率十万大军呢?"韩信说:"不能。"刘邦生气地问道:"依你说,你能带多少兵呢?"韩信毫不客气地回答说:"至于我么,带得越多越好(韩信将兵,多多益善)。"刘邦既不解又气愤地问:"那为什么我做皇帝,你只能做将军呢?"韩信又回答说:"陛下虽不善将兵,却善将将。"

的确,"运筹帷幄之中,决胜千里之外",刘邦不如张良;输粮草、保供给,治国安民,刘邦又不如萧何;亲临前线,挥兵杀敌,刘邦又不如韩信。但刘邦的长处就是能把这些人聚拢起来,让他们发挥各自的能力和长处,为自己服务。

刘邦确实是一个善于"将将"的人。韩信明知刘邦是这样一个人,却也逃不出刘邦的手掌。

唐太宗能用别人之长,隋炀帝则不能,其原因也如此。唐太宗是个文武全才的英明之主,但他不满足于己之所长,不认为自己无所不知,故能虚心听谏纳谏,用人之所长以补己之不足。故其身边,有所长的人才济济,能成就大业。而隋炀帝自恃其才高过人,他说的话都是对的,不容许别人反驳;他做的事都是对的,不允许别人违背。而顺之者则可升,违之者则杀头,故不能用人之所长,只能用人之所短,即不能用有才能的忠直之臣,只能用一些阿谀奉承的佞臣,结果,众叛亲离,最后被他身边的"心腹"之臣所缢死。

毛泽东也是一位识人、知人的能者,在革命战争中识人、知人、用人,在和平年代中也择人善用。

毛泽东十分强调知人，首先在于他相信人民群众的力量，重视人才，因而能够吸引五湖四海的俊才。其次他不要求"完人"和"全人"，他善于抓住人的品质个性的优点，根据每个人的专长，安排干部的工作，做到人尽其才。所以，在毛泽东的领导下，许多有用之才总是脱颖而出。

毛泽东在选才用人中，还提倡毛遂自荐，反对唯文凭选才，反对论资排辈，而主张不拘一格，这同他本人自学成才、积极进取、奋斗成功的经历不无关系，但从根本上来说，与他具有战略眼光的领导艺术是分不开的。

★ 先看其德，后观其才

故士不揣长，不揳大，不权轻重，亦将志乎尔。

——《荀子》

无才有德者本质好，虽不能委以重任，但仍有其可用之处，这种人勤恳、诚实，能够知恩必报，尽心尽力，任劳任怨。而多才缺德的人本质坏，犹如传染病，不仅使自己烂掉，而且会使周围的人也烂掉。其实，后一种的才多用在歪路上，在没有驾驭这种人的把握的情况下，还是避而远之的好。

陈先生的公司来了两位女士，一位张某，一位李某。张某性格内向，沉默寡言，给人一种愚蠢的感觉。而李某，美貌出众，活泼可爱，让人看上去就觉得她才华横溢。

通过两个月的工作实践，李某初绽头角，以出色的公关才能，给单位带来不少利润。于是她得到同事的羡慕以及老板的赏识。老板多次在会上表扬她，并在第二季度给她颁发了头等奖。可是慢慢的，她原来的德性就开始暴露出来。她目空一切，自高自大，说东道西，挑拨离间，无事生非，有些同事在她的挑拨下反目为仇；也有些年轻的男同事在她的调唆下，争风吃醋，大打出手。好端端的单位变得乱如一团麻，打架的、闹情绪的，还有一位青年因追求李某未遂，并受到李某的严词侮辱而对爱情丧失信心，心灰意冷离家出走。

老板对这些事非常重视，经过详细调查，终于弄明白是李某一手造成的。于是公司开大会，会上点名批评了她。李某不思悔改，两个月后，她煽动老乡合伙贪污公款，公司为此对她进行了严肃的批评教育。

在批评后的第一个月里,她表现还不错。一来闲话已没人听,人们都躲她躲得远远的,二来刚挨批评,她不敢再贸然活动。但到了第二个月,她的恶习又暴露出来,连续贪污三次公款,先后煽动三个同乡潜逃。公司经理对她彻底绝望,断然把她开除。

同来的张某虽没有李某的公关才能,但她勤恳老实,任劳任怨,在同事中享有较高的威信。部门主管把她安排在办公室内做勤杂工,她不但把自己的本职工作干得很好,而且还经常帮助有困难的同事,单位人员提起张某的为人,无不伸出拇指大加赞赏。后来老板认为她大公无私,坦诚可靠,就把她提升为会计,她上任后将工作干得井井有条。

所以,用人时先看其德,后观其才。否则纵有精明头脑,超人才能,也是不能委以重任的,因为任用这样的人,只能得不偿失。

"道德常常能填补智慧的缺陷,而智慧永远填补不了道德的缺陷。"非常有力地揭示出了"才德"两者之间的不可替代性,也可以作为领导者选取人才时的一个警示。

★不以貌取人,而以"时间"看人

长短、大小、善恶形相,非吉凶也。

——《荀子》

"识人"就不能被对方的外表所迷惑,而应由表及里,抓住他的实质,看准对方的"庐山真面目"。

看人是一门很高深的学问,据说有的人从走路方式和表情,即可判定一个人的性情。但如何择友用人这里头还真是有门道的。

如果你也有这种功夫,那么就不怕碰上心术不正的"坏人"了,不过那种看人的功夫不是谁都能学得到的,也不是几天就能学得到的,而且,你还不一定会有耐心去学。可是我们每天都要和许多不同性情的人共事、交往、合作,对"看人"没有一点能力还真是不可以的。

那么我们要如何来看人呢?

有位专家和我谈到这个问题时,向我提出这样的建议:用"时间"来看人。

所谓用"时间"来看人,就是指通过长期观察,而不是在见面之初就对一个人的好坏下结论,因为太快下结论,会因你个人的好恶而发生偏差,从而影响你们的交往。另外,人为了生存和利益,大部分都会戴着假面具,你所见到的是戴着假面具的"他",而并不是真正的"他"。这是一种有意识的行为,这些假面具有可能只为你而戴,而扮演的正是你喜欢的角色,如果你据此判断一个人的好坏,并进而决定和他交往的程度,那就有可能吃亏上当或气个半死。用"时间"来看人,就是在初次见面后,不管你和他是"一见如故"还是"话不投机",都要保留一些空间,而且不掺杂主观好恶的感情因素,然后冷静地观察对方的行为。

一般来说,人再怎么隐藏本性,终究要露出真面目的,因为戴面具是有意识的行为,时间久了自己也会觉得累,于是在不知不觉中会将假面具拿下来,就像前台演员一样,一到后台便把面具拿下来。假面具一拿下来,真性情就出现了,可是他绝对不会想到你会在一旁观察他。

用"时间"来看人,你的同事、伙伴、朋友,一个个都会"现出原形"。你不必去揭下他的假面具,他自己自然会揭下来向你呈现真面目,展现真实自我的。

所谓"路遥知马力,日久见人心",用"时间"来看人,对方真是无所遁逃。

用"时间"特别容易看出以下几种人:

不诚恳的人。因为他不诚恳,所以对人、对事会先热后冷,先密后疏,用"时间"来看,可以看出这种变化。

说谎的人。这种人常常要用更大的谎言去圆前面所说的谎话,而谎话一旦说久了,就会露出首尾不能兼顾的破绽,而"时间"正是检验这些谎言的利器。

言行不一的人。这种人说的和做的是两回事,但通过"时间",便可发现他的言行不一。

事实上,用"时间"可以看出任何类型的人,包括小人和君子,因为这是让对方不自觉的"检验师",最为有效。

至于多久的时间才能看出一个人的真性情真本质,如果是许多年,这似乎是长了些,但如果说就一个月又短了些。那么到底多长的时间才算"标准"? 这并不能作出规定,完全因情况而异,也就是说,有人可能第二天就被你识破,而有人两三年了却还"云深不知处",让你摸不清楚。因此与人交往,千万别一头热,先要后退几步,并给自己一些时间来观察,这是最起码的保护自己的方法。

在识人的实际过程中,有些领导者往往被下属的外表和漂亮的言辞所欺骗,委以重任,结果是"一块烂肉惹得满锅腥"。因此,不以外表取人,而以才用人是每个领导者必须掌握的识人原则,否则你自己也是庸人一个。

不能以貌识人,难道就没别的方式可循了吗? 下面提供几条正确的识人的方式。

1. 听其言识其心志

潜在的人才大多尚未得志,他们在公开场合说官话、假话的机会极少,他们的话,绝大多数是在自由场合下直抒胸臆的肺腑之言,是不带"颜色"的本质之言,因而就更能真实地反映和表达他们内心真实的思想感情。

2. 观其行看其追求

一个人的行为,体现着一个人的追求。任何一个人,一旦进入了自己希望进入的角色,就会为了扮演这个角色而多多少少地带点"装扮相",只有那些尚未得志的人才,他们既无失去角色的担心,又不刻意寻觅表现自己的机会,所以,他们一切言行都比较质朴自然。领导者若能在一个人才毫无装扮的情况下透视出他的"真迹",而且这种"真迹"又包含和表现出某种可贵之处,那么大胆起用这种人才,十有八九是可靠的。

3. 析其能辨其才华

潜在的人才虽处于成长发展阶段,有的甚至处在成才的初始阶段期,但并不会因此而掩盖人才的真实才华。他们或有初生牛犊不怕虎的胆略,或有出淤泥而不染的可贵品格,总之,既是人才,就必然有不同常人之处,否则就称不上人才。一位善识人才的"伯乐",正是要在"千里马"无处施展腿脚之时识别出它与一般马匹的不同,若是"千里马"早已在驰骋腾越之中显出英姿,又何须"伯乐"识别?

4. 闻其誉察其品行

善识人才者,应时刻保持头脑清醒,有自己的独立见解,不受"语浪言潮"所左右。对于已成名的人才,不要一味地跟在吹捧赞扬声的后面唱赞歌,反而应多听一听负面意见;对于未成名的潜在的人才所受到的赞誉,则应留心在意。这是因为,人们大多有"马太效应"心理,人云亦云者居多,大家说好,说好的人越发多起来,大家说孬,说孬的人也会随波逐流。所以,人们对潜在的人才的称赞是发自内心的,所以用人者如果听到大家对一位普通人进行赞扬时,一定要引起注意。

★用自己的切身经验体察人

圣人何以不可欺? 曰:圣人者,以己度者也。

——《荀子》

知人是最难的。因为你只能看到人的外表,而看不到他的内心。但不知人就不能用人,所以,要学会从人的语言、行为、举止上判断人。荀子认为,圣人为什么不可被欺骗呢?回答是:圣人能根据自己的切身体验去揣测、考虑事物。根据自己的切身经验体察人,就能很好的识别人才而不至于被蒙骗。

通常一个人的言谈、举止和行为都能反映出这个人的品质,都能影射出他是否是可用之才。

古人一般用"观诚"的方法来识人:"当一个人受到宠爱时,要看他是否专横跋扈、骄奢淫逸;当他不再受宠,被疏远、废置时,要看他是否会背叛原主或采取什么越轨行动;享有荣华富贵,仕途发达的人,要看他是否自傲自大;不善言辞、沉默的人,要看他是否胆小怕事,有所畏惧;年纪小的人要看他是否尊老懂礼、上进好学,能否与兄弟姐妹友好相处;壮年人要看他是否廉洁自律,诚实肯干,斤斤计较;老年人要看他是否能深思熟虑,是否即使做了力不能及的事也不逾越规矩。父子之间,看他们父亲是否慈爱、子女是否孝顺;兄弟之间看他们是否亲善友好;邻里之间要看他们是否讲信守义,互相礼让;君臣之间看君王是否仁爱,大臣是否忠心诚实。"

《人物志》说:"骨骼坚硬而柔韧,叫做'弘毅',弘毅是仁爱的本质;气质清朗而高洁,叫做'文理',文理是礼的根本;筋脉强而纯,叫做'勇敢',勇敢是义的前提;态度平和而爽快,叫做'通微',通微是智慧的本质。人的五种本性是不变的,所以称之为五常。"

因此可以说:"劲直有余缺少柔软就是僵直;强劲有力却不精纯就是徒有蛮力;顽固不化但不端正就是愚钝;血气方刚但不精纯就难免冲动;性格开朗但心浮气躁就是放荡。可见,一个人的精神决定着其性情是坦荡还是猥琐;一个人的内心决定着他是聪明还是愚昧;一个人的筋脉决定着他是懦弱还是勇敢。坚强或懦弱的根源在于骨质;急躁还是宁静取决于气质;一个人的喜怒哀乐通过面部表情就可以看出来;一个人是轻浮还是严肃从其仪表上就能反映出来;一个人脸上的神态可以表现出其态度,言谈可以流露出一个人的情绪是否急躁。如果一个人能够做到心性质朴纯洁,内心聪慧,外表开朗,精力充沛,声音清雅,颜色和悦,仪表高洁,容颜端方,那么他就是一个具有纯粹之品德的人。"

要正确识别一个人,古人还总结了"听气"、"察色"、"考志"、"侧隐"、"揆德"之法。

人是万物之灵,是有精气的,通过观察一个人表现出来的精气,就可以认识一个人。一个人的精气大都可以通过其言论举止表现出来:心气粗糙不细腻的人,说话的声音大都沉重散漫;心思缜密的人,说话的声音有理有据,平和亲近;心气卑劣,脾气乖戾的人,说话的声音粗犷;心气宽缓,性情柔弱的人,声音温和谦逊,圆润入耳;讲诚信的人心气平易而柔和;重义气的人心气洒脱而从容;安详平和的人心气自然而随和;勇敢无畏的人心气雄壮。这就是"听气"之法,听其心气,就可深知其人。

"察色"之法,顾名思义就是通过观察其脸色来认识。真正聪明的人说话时会表现出一言难尽的神色;真正仁爱宽厚的人神色令人尊敬;勇敢英勇的人面带威慑之色;忠诚老实的人一副令人敬重的神态;真正高洁之人一定会表现出难以玷污的神色;讲求操守的人神色让人信任。质朴的神色自然流露,充满凛然浩气,坚强而稳固;伪饰的神色造作虚假,游移散乱不定,让人烦躁不安。通过"察色",可对这个人了解个大概。

"考志"之法就是通过与对方谈话来观察他的心志。说话的语气柔和舒缓,有张有弛,神色虔诚但不谄媚,先礼后言,言之有礼,只表露自己的不足之处,不伤及对方的颜面,这样的人可以重用,他可以给你带来利益。反之,说话趾高气扬,高谈阔论,想方设法掩饰自己的不足和无能的人,则不可重用,他只会使你遭受损失。质朴之人,其神情坦率而不轻率;言语中正而不偏袒,既不故意谦虚掩饰自己的美德,也不虚伪隐藏自己的短处,不为自己的过失做防备,也不对他人设防。虚伪之人,神态献媚,总是从言语上想方设法讨好别人,善于阿谀奉承和做表面文章,把自己微不足道的好处夸大其词,还因此而自鸣得意。喜怒而不形于色,悲欢而不乱心志,遇琐事而不乱其性情,厚利不为其所动,强权不被其所欺,始终如一,这样的人心态平静,坚守节操。如果因外在的变化而喜怒无常,因事情繁杂而烦躁不安,不能平静,见了蝇头小利就动心前往,见到强权就趋炎附势,这样的人是心性鄙陋而没有品格的人。无论怎样复杂的环境都能果断地处理事情,面对突如其来的变化也能快速应变,即使学识不深,仍然能表现出智慧,这样的人是有头脑的人。如果一个人固执己见不知变通,不能适应环境的变化,又不听取别人的劝告,表明其是个愚钝且刚愎自用的人;如果一个人既听不进别人的劝告,还自私自利,明知自己不对,却还强词夺理,不加掩饰,这样的人是好诬陷、嫉妒他人的人。

西晋时期的傅嘏是个很有见地的人,很多人都想与他交好,其中包括何晏、夏侯玄和邓扬等,这些人都学识颇丰,但却遭到了傅嘏的拒绝,令人很是奇怪,于是就问傅嘏为什么不与这三个人交往,傅嘏说:"夏侯玄虽然志向远大但才识不足,有其名而无实;何晏说话玄虚邈远,表明他急功近利,善与人辩论说明他争强好胜,况且他并没有诚意与我交好,他是个清谈误国之人;邓扬看上去好像很有作为,其实他做事有始无终,追逐名利,内心不能自我约束。谁与其意见相同就抬高谁,不同就厌恶,整日夸夸其谈,不能容纳贤能之人。言多必失,话多易起争端,嫉贤就会失去亲近的人。在我看来他们都是些道德败坏的人,躲还来不及,何况与之亲近呢!"后来这三个人都没有得到好下场,而傅嘏却能得以善终,这都是得缘于他善于识人啊！。

"恻隐"之法，也就是用隐秘的方法来达到自己的目的。这种人都善于伪装自己。

如果一个人总是吃小亏而贪大便宜，让小利而争大利益，为了装成老实的样子故意说话恭敬；为了表现出忠实的样子假装慈爱，用夸大自己的行为以博取好名声，这就是用仁爱来伪装自己。

如果一个人对别人的提问不予回答，当别人进一步细问还含糊其辞，装作很有学识的样子，打着传道的幌子四处招摇，这是借学识来伪装自己。

如果一个人总是在嘴上声称自己廉洁，表面上雷厉风行，给人正直勇敢的印象，而内心却充满恐惧，胆怯而懦弱，总是虚张声势，浮夸自大，摆出一副盛气凌人的样子，这是用廉正和英勇来掩饰自己。

某些人在他人面前炫耀自己的忠诚和孝顺，只做表面文章，其实缺少真正的诚心，不管是孝敬父母还是忠于职守，都是为了博取好名声，这是用忠孝来伪装自己。

对于那些言行不一，表里不一，做事有始无终，利用名节来迷惑他人的人，我们称他们为毁志之人。

而对于那些与别人因吃喝而关系亲近，因行贿送礼而互相交识，损人利己，贪于物欲的人，我们称之为贪婪而卑鄙之人。

善耍小聪明而没有真本事，只有些小能耐而办不成大事，只贪图小利而不明白大道理的人，我们把他们叫做浮夸之人。

这些人都善于伪装，不足以亲近。

"揆德"之法，就是通过人的品德来评判这个人。那些说话诚实，行为稳重，无私奉献，内心淳厚而明察，做好事不求回报的人是仁心之人；当身处困境时能激励自己进取向上，当遇到突发变故能迅速果断处理，当进身立功时能够如愿，是聪明的人；自己富贵了还能帮助他人，自己官达威严但不骄横无理，是仁德之人；清贫简陋时刚强无畏，富足安乐时亦能不奢华无度，与人性情不和也不背弃信义，始终如一，乃是忠孝之人。这是用"揆德"之法识人的真正含义。

第二章　依事论才,按需任才

★物尽其用,人尽其才

> 能当一人而天下取,失当一人而社稷危。
>
> ——《荀子》

用人得当,工作就一帆风顺,反之,就会举步维艰。大才有大用,小才有小用,一个领导者,就要善于使部属人尽其才,物尽其用。

齐国有个叫闾丘邛的人,年方十八,他求见齐宣王,希望在朝廷谋个职位。

宣王说:"你年龄太小,不能任用。"

闾丘邛说:"你这样说就不对了,古有颛顼,行年十二有治天下,秦项橐七岁,为圣人师。由此可见,你只能说我没有本事而不用,不能说我年纪太小而不用。"

宣王说:"没有见过小马驹载重运行,同样,人也需要等到成熟以后方能为国所用。"

闾丘邛说:"你说得不对。寸有所长,尺有所短。骅骝骐骥,天下骏马,让它们与狸鼬在炉灶间赛跑,骏马的速度未必能超过狸鼬。黄鹄白鹤,一举千里,让它们与燕子、蝙蝠在堂屋间比飞,鹄鹤未必能有燕子、蝙蝠的灵便;辟闾巨阙,天下利器,击石不缺,刺石不锉,但要扫出眼中的灰尘,它未必抵得上麦芒钢草,由此看来,年长的人与我何异?"

宣王说:"你说得好! 你为什么这么晚才来见我呢?"于是授他以官职。

可见,人才的高低并不能以年龄的大小来做判断,每个人都有他的长处,因此企业领导者要做到"善任",可先从发挥人的作用入手。按需任才,人事相宜。因为用人的目的,是为了让他出色地去完成某项任务。如果我们丢开了要他去做的具体任务,而把注意力放在计较人的缺点,特别是过多地去议论那些与要求完成的工作并无多大关系的缺点,这样就使任用人的标准失去合理的依据,如果把一些与工作无关的次要因素上升为衡量人才的标准，甚至可能使这些"附加条件"成为可以按个人好恶任意伸缩的框框，限制或埋没了许多可以出色完成任务的人才。

所以，领导者要善任就绝不能依人论人，而必须依事论才、按需任才。

领导者在用人之前，首先应根据所需完成的任务的性质、责任、权限及完成这项任务的人员所必须具备的基本条件等因素，认真加以分析，提出明确的要求。然后，根据下属的特点和长处，分别加以任用。

有关知人善用，曾国藩重用容闳就是一个很好的例子。

曾国藩曾重用并委派容闳赴欧美采购机器。容闳是广东香山县人，自幼接受西方教育，早年留学美国耶鲁大学，后入美国籍。李善兰、华蘅芳、徐寿等人都向曾国藩举荐过他。尽管容闳曾向太平天国的干王洪仁玕上书过，提出过发展资本主义和七项建议，以后又与太平天国多次做过茶叶生意，但曾国藩对此却并不怪罪。

曾国藩接连三次发出邀请。35 岁的容闳初次登上总督衙署大门，次日便受到了曾国藩的接见。曾国藩在了解容闳的经历和学识以后，认为他确是个既了解西方又有胆识的人才。在问及当前对中国最有益、最重要的事情当从何处着手的问题时，容闳答以莫过于仿照洋人建机器厂，尤需先办制造工作母机的工厂。

曾国藩十分赞许，及时拨发巨款，委派他赴欧美采购机器。多年来一直在异国他乡做着中国富强之梦的容闳，受命之日，十分感奋。一年后他从美国采购来的

曾国藩

机器，就安装在当时中国最大的军事企业——江南机器制造局中，为发展中国的资本主义起了一定的促进作用。

事业为本，人才为重。领导者要真正做到"善任"，首先应该从事业的全局出发，充分考虑人才的具体特点，把他放在合适的岗位上，假如不把人的才能用到最能发挥其作用的地方去，那对人才是一个压制，对事业是一种极大的损失。

美国有位女专家叫波特夫人，她善用、巧用人之缺点，从而使她的领导和管理系统化、科学化。她曾派一位社会学家和一位心理学家，对其手下进行智力调查。社会学家向她汇报说：你这儿的人有两种，一种是线性思考的人，一种则是系统思考的人。线性思考的人直来直去，领导叫干什么就干什么；系统思考的人能全面地看问题，很快就能抓住问题的要害，决定自己的行动。而心理学家向她汇报说：你

手下的人有两种,一种是热情的人,一种是吹毛求疵的人。波特夫人综合两人的意见,做出了这样的人事安排:线性思维又热情的人,去做技术培训教师,他一定会乐于教书;线性思维而又爱挑毛病的人,去当警察,他一定会爱管闲事;系统思维而又热情的人,请他当领导、顾问,他一定既高瞻远瞩又埋头苦干;系统思维而又爱挑毛病的人,请他去做监理,谁干得怎样,他会一目了然。这样,就做到了各得其所,各避所短。在一般人眼里,直来直去、吹毛求疵,也许都是缺点、短处,但是在波特夫人眼里,这些缺点和毛病同时也是长处和优势,关键在于善用、巧用这些缺点和毛病,使之恰到好处。

每个人的长处和才能都有其特定类型。有的擅长分析,有的精通理财,有的善于交际。特定类型的才能应与特定的工作性质相适应。工作对人的要求不同,才能与职务相称。

当然,用人所长,并不是对人的短处视而不见,更不是任其发挥,而是应做到具体分析,具体对待。有些人的短处,说是缺点其实并非完全确切,因为它天然就是和某些长处相伴而生的,它是长处的一个侧面。这类"短处"不能简单地用"减去"消除,只能暂时避开,关键在于怎样利用它。用的得当,"短"亦即长。

★依据性格特点对号入座

人臣之论:有态臣者,有篡臣者,有功臣者,有圣臣者。

——《荀子》

在荀子看来,四类臣子,皆由其性格所决定。《人物志》中总结了十二种人的性格特点,以及不同性格的优劣,把这些性格按部就班地套用在自己的下属身上,领导者就可以对号入座,为他安排适合的职位。

1.刚正、严厉的人

疾恶如仇是他们最大的优点,也是最大的缺点。因为其性格坚强刚毅,凶狠强硬,所以他们大都很偏激,很难与人和睦相处。这种人在为人处世时,总是不能克服自己个性太刚强而冒失莽撞的不足,并且认为温和顺从就是屈从,从而变本加厉地加强他的过火行为。所以这样的人可以不让他处理具体事务,他适合制定法则。

2.性情柔和温顺的人

这种人大都具有宽容大度的优点,而这种优点走到极端就成了优柔寡断。这种性格的人,在处理事情时总是犹豫不决,遇到该决断的问题时拖泥带水,拿不起放不下。他们认为意气风发、泼辣爽直太伤人，以此当做自己行为拖拉的借口。这种人最适合做循规蹈矩、一成不变的工作，而不能让他裁决疑难问题。

3. 精力健旺、体格英勇剽悍的人

这种性格的人具备肝胆照人、性情刚烈的优点，但他们往往不太顾忌别人的情面或事情的后果，缺乏前思后想的缜密性。雄健剽悍的人的特点就是意气风发，敢作敢当，从不警惕自己勇往直前的做法可能会使自己遭受挫折甚至灭亡的危险，反而把温顺礼让当做胆小怕事、软弱无能，他们做什么事总要把自己的精

荀子

力使尽才罢休，这样的人适合处理充满艰难险阻的事，不适合让他完成忍辱负重的任务，尤其是在情况恶劣的环境下，他们很难坚持到底。

4. 精明能干、谨小慎微、胆小懦弱的人

这种性格的人能够做到对人恭敬谨慎，但他们在做事时却总是疑虑重重，患得患失，不够武断。过于谨慎的人，瞻前顾后，疑虑重重，认为敢想敢做是无理取闹，导致他们的心思更加谨慎，性格也更加懦弱。这样的人，可以守业，但却不能开创局面。

5. 坚强遒劲、干劲冲天的人

这种人的优点在于能起骨干作用，缺点是顽固自负，刚愎自用。坚强劲直的人百折不挠，意志坚定，如果他不能克服自己固执己见的缺点，不正确分析事情的是非曲直，他将一叶障目，越来越专断，不利于事业的发展。用这种人去主持正义会比让他去团结群众更出色得多。

6. 善于论证辩驳、推理分析的人

其最明显的长处在于能为他人解惑说理，但却容易流于夸夸其谈、空话连篇的境地。博学善辩的人，大都思维敏捷，条理清楚，但如果他不克服自己浮华不实的缺点，有意识地严格要求自己，那么他们会很容易使自己放任自流。因此，这种人可以和他进行热烈的讨论，但不能和他有什么约定，因为这种人缺少诚意。

7. 好善乐施、博爱之人

这种性格之人能够造福百姓，救人于水火之中，但容易善恶不辨，胡施乱予。心地善良之人，往往交友广泛，不能区分其中的良莠，反而认为耿直率性是脾气倔犟，导致交往的人鱼龙混杂。这种人最合适去做群众性工作，不能让他去纠正不良

的社会风气。

8. 清高耿直、廉洁奉公的人

这种人具有艰苦节约、朴实无华、不为贫贱所移的优点，但难免被繁文缛节、条条框框所局限。耿直偏窄的性格使他们疾恶如仇，对自己要求严格，从不随波逐流。在他们的意识里他们不认为自己遗世孤立，是因为性格上偏激狭隘所致，反而认为广交朋友有辱清名，会降低自己的身份，结果变得越来越孤僻。如果有无损人格、气节的工作，他们肯定能够完成的很好，但他们不适合去做灵活变通的工作。

9. 注重行动、才能卓著的人

志在攀登高峰、超越同行是其长处，不足之处是好高骛远，根基不稳。注重行动，因而羡慕那些凡事能打头领先的人，而且要立志超过他们。他不警惕自己做事马马虎虎的毛病，反而认为沉静就是拖泥带水。这种人可以让他开拓进取，不适于从事打基础的工作。

10. 沉着老练、思想缜密的人

这种人的优点在于对细微奥秘的事情很精通。缺点就是遇事迟疑怯懦，不够果断，欠缺勇气。冷静周密的人，做事之前总要反复推敲，深思熟虑，生怕有所疏漏，常因此而耽误了办事的最佳时机。如果他不克服自己因冷静沉着造成的良机贻误，坚持认为迅速采取行动是粗心大意的表现，他很难成就一番事业。这种人可以做深思熟虑的细腻工作，不能交给他执行雷厉风行的任务。

11. 质朴坦率、一览无余的人

这种性格的人具有忠诚老实的品质，缺点是胸无城府，容易泄密。坦率质朴的人，即使心有疑惑也不愿意相信是真的，他不克服自己由于性格朴实而造成的粗犷直露的缺点，反而认为讲究谋略是虚伪之人的做法，为人处世一味无原则的坦诚相见。这种人可以去完成讲求信义的任务，不能让他做保密工作。

12. 智勇多谋的人

这种人的优点是行事老谋深算，但他们大都老奸巨猾，办事模棱两可，左右逢源。计谋太多的人做任何事都要审时度势，把事情做到让自己心满意足，他们从不考虑所使用的计谋是否正当，所采用的策略是否合理，通常认为坦诚是愚蠢的表现，只推崇自己的神机妙算。面对这种人应当让他去做扬善积德的事情，千万不能委派他做查处违法乱纪的事务，以免适得其反。

以上列举的这十二种人，有以偏概全之处，难免有失偏颇。但也不乏可利用之妙，领导者如果能准确地根据各种人的性格特点委以官职，让适合的人做适合的工作，他们能够协助领导者建立一番事业。

★提拔人不可太随意，要全面考虑

尚贤使能，而等位不遗。

——《荀子》

在荀子看来，没有德行的人不能使他有显贵的地位，没有才能的人不能授予他官职，没有功劳的人不能给予奖赏，没有犯罪的人不能施加刑罚，朝廷里没有靠侥幸得到官职的人，老百姓没有靠侥幸得过且过的人。论功行赏乃天经地义的事情，一个有能力的人，一个有成就的人，是应该得到快速升迁机会的。但是请别忘记，人与人是相互影响的，提拔一个人往往会影响到其他人，若提拔不当，就会破坏公司人事关系的稳定，得罪公司其他员工，还可能因此而失去受提拔者。因此，在提拔一个人时，要慎重考虑以什么样的速度提拔，提拔到哪一个位置，方不影响其他人的情绪。

法国有一家公司在提拔一个年轻人时就处理得极为艺术。这位年轻人才干非凡，刚来公司几个月其才华与能力就得以凸显，使其上司显得黯然失色。这样的年轻人显然应得到提升。但是，如果将他提升至他上司的位置或超过这一位置，很可能会引起争议，造成不好的影响，但如果不提拔，又可能使这个青年的才华不能更好的展示。公司经过讨论决定将这位年轻人调至远离总部的某个驻外国代表处任主任。这实际上连升了三级，但公司内却没有人太注意，从而也没有反感与牢骚，年轻人如鱼得水，聪明才智得到极大的发挥。

不同的人有不同的眼光，有些人比较急功近利，往往只顾眼前利益，这种人目光短浅，虽然会暂时表现得相当出色，但是却缺少一种对未来的把握和规划能力，做事只停留在现有的水平上。如果老板本身是目光远大的人，对自己的公司发展有一个明确的定位，并且需要助手，那么这种人倒是很好的选择，因为这类人最适合于被老板指挥运用，以发挥他的长处。

一个能共谋大事的合作者往往能在某些重大问题上提出卓有成效的见地，这样的人是老板的"宰相"和"谋士"，而不仅仅是助手，如果老板能找到这样的人，那么对事业的发展无疑是如虎添翼。

心思缜密的人往往能居安思危，能考虑到可能发生的各种情况和结果，而且很明白自己的所作所为；这种人往往也很有责任感，会自我反省，善于总结各种经验教训,他的工作一般是越做越好,因为他总能看到每一次工作中的不足,以便于日后改进。如此精益求精,成绩自然突出。虽然有时候这类人会表现得优柔寡断,但这正是一种负责任的表现,所以作为一个老板,大可放心地把一些重任交给他。

协调一个公司就像协调一支球队一样,有相互合作,也有明确的分工。有的人对于本职工作干得兢兢业业,不辞劳苦,但是老板却不能把重大的任务交给他们,这是为什么呢?

这就是领导者必须明白的:有些人只能做一些小事而不能期望他们做大事情。因为这些人往往偏重于某一技术长处,却缺乏一种统御全局的才能,所以绝不能因为小事办得出色而把大事也交给他来做。善于做大事的人行事果断而犀利,安排各种工作游刃有余,能起到核心作用,受到人们的尊敬。善于做大事的人不一定能做小事,而小事做得出色的人也不一定能做大事,作为老板一定要明辨这两类人,让他们各司其职,分工协作,才能取得最大的效益。

有的人有些小聪明,往往能想出一些小点子把事情点缀得更完美,这类人看上去思维敏捷,反应灵敏,也的确讨人喜欢,但老板对其不能完全放权,因为一旦放任他的小聪明就有可能聪明反被聪明误。但是也有另一些人,表面上看并不聪明,甚至有点傻的样子,却往往能大器晚成。对于这类大智若愚的人,老板一定要有足够的耐心和信心,绝不能由于一时的无为而冷落他甚至遗弃他,因为这类人往往能预测未来,注重追求长远的利益。既然是长远的利益,也就不是一朝一夕所能达到的。信任他并给予重任,而不能让这类宝贵的人才流失。

口若悬河、滔滔不绝的人未必就是能担当大任的人,而且这种人常常并没有什么真才实能。他们只能通过口头的表演来取信别人,抬高自己。

真正有能力的人,只讲一些必要的言语,而且一开口就常常切中问题的要害,这种人往往谨慎小心,没有草率的作风,观察问题也比较深入细致、客观全面,作出的决定也实际可靠,获得的成果也就实实在在。所谓"真人不露相,露相非真人"讲的就是这个道理。

所以一个领导者应该注意一些少言寡语的人,因为他们的话语往往最有参考价值。切不可被一些天花乱坠的言语所迷惑,这也是一个成功的老板所应该具有的鉴别力。

因此,在提拔一个人时,要慎重考虑以什么样的速度提拔,提拔到哪一个位置,方不影响其他人的情绪,这才是正确的用人方式。

★多与下属沟通，发挥其才智

信而不见敬者，好专行也。

——《荀子》

作为一个领导者要善于征求和采纳别人的意见，独断专行是用人之忌。一个领导者能力的强弱，关键在于他是否能够与下属很好的合作，调动他们的积极性，让他们为你贡献意见，并能从中听取这些意见，得到益处。征求意见的能力，是成功领导者的一个显著的特征。关于这一点，美国的钢铁公司总经理加利说得很直截了当："我乐于听取别人的意见，尤其喜欢听反面意见，在这一点超过别人很多。"

作为领导者，千万不要认为作为一个领导者应该摆摆架子，认为自己很能干就应该不要别人的帮助，不听别人的话。要知道，作为领导者，你的优势就是可以无偿地从四周许多人那里得到帮助，如果你蔑视了此种机会，结果肯定是自己损失多多。

对于领导者来说，有效地与下属进行沟通是非常关键的工作。任用、激励、授权等多项重要工作的顺利展开，无不有赖于上下沟通顺畅。

良好的沟通还是管理者与员工之间感情联络的有效途径，沟通的好与坏，直接影响着员工的使命感和积极性，同样也直接影响着企业的经济效益。只有保持沟通的顺畅，企业的管理者才能及时听取员工的意见，并及时解决上下层之间的矛盾，增强企业的凝聚力。

作为现代企业的管理人员，麦当劳的领导层意识到上下沟通的好与坏，直接影响公司的经济效益。虽然麦当劳的"利益驱动"起了很大的刺激作用，但麦当劳内部最大的团结力完全不在于以金钱为后盾，而在于所有员工对麦当劳的忠诚度和对快餐事业的使命感。忠诚度和使命感来源于麦当劳几代高层领导体恤下情、与员工同甘苦的管理品质和管理素质及难以抵挡的个人魅力。他们通过频繁的走动管理，既获得了丰富的管理资料，又可通过与数百人以私人朋友交际，达到很好的沟通效果。

在克罗克退休以后，由于麦当劳的事业迅速壮大，属下员工数也越来越多，企业高层忙于决策管理，一定程度上忽视了上下的沟通，致使美国麦当劳公司内部的劳资关系越来越紧张，以致爆发了劳工游行示威，抗议工资太低。示威活动对麦当劳公司的高级经理们构成了巨大的冲击,令他们重新认识到加强上下沟通,提高员工使命感和积极性的重要性。

针对员工中不断增长的不满情绪,麦当劳公司经过研讨形成了一整套缓解压力的"沟通"和"鼓舞士气"的制度。麦当劳认为与服务员的沟通是极其重要的,它可以缓和管理者与被管理者之间的冲突,提高工作人员的积极性。而如果忽视了与员工的沟通,不管有什么理由,都会阻碍企业命脉的畅通,使企业不知不觉陷入麻痹而失去许多机能。

于是麦当劳任命汉堡大学的寇格博士解决沟通的理论问题,而擅长公共关系的凯尼尔为公司解决实际操作问题。他们很快就有了成果。凯尼尔请约翰·库克及其助手金·古恩设计的"员工意见发表会"变成了麦当劳的"临时座谈会"制度。这种形式在解决同员工的沟通问题上起着特别重要的作用。

临时座谈会的目的是为了增强与员工的感情联络。会议不拘形式,以自由讨论为主要形式,虽以业务项目为主要讨论内容,但也鼓励员工畅所欲言甚至倾吐心中不快。工作人员可以利用这个机会指责他们的任何上司,把心中的不满、意见和希望表达出来。所有服务员都抱着很高的积极性参加座谈会。实践证明,这种沟通方法比一对一的交流更加有效。

听取别人的意见并不是一件难事,他们提供给你意见,你疑心他们有什么用意吗?如果你要从别人意见里得到最大的益处,就不可退缩、急躁、多疑。要养成利用别人意见的习惯,要懂得用别人的脑子办事。他们已经在他们的意见上花了很大的代价,如果他们愿意告诉你,你为什么不接受呢?要想成为一个英明的领导者,千万不要自以为是,独断专行,而要多与下属沟通。

第三章　量力而行，智取为上

★领导者必须远离纷争

荀子曰："人生而有欲，欲而不得，则不能无求，求而无度量分界，则不能不争。"

——《荀子》

荀子说："人生而有欲，欲而不得，则不能无求，求而无度量分界，则不能不争。争则乱，乱则穷。"

人一生下来就有欲望，有了欲望不能满足，就要去争取、追求，追求过分了而没有一定的限度和界限，就势必要发生争执。只要发生了争斗就会造成混乱，混乱就会造成穷困。

荀子十分形象地说明了纷争的由来。

人们之所以产生纷争，是由于欲望过于强烈，过于看重财利和地位。其实这些都是身外之物，争到与争不到又有多大关系？

得到了不一定是福，失去了未必是祸，要用辩证的思想去对待名利和地位。无休止地争夺，是引起纠纷和祸害的根源。

对于纷争，古人提倡要克制这种心理和行为。

贾谊《鹏鸟赋》中说："豁达的人很达观，无所求。而贪婪的人为利而死，烈士为名而亡。"

许名奎在《忍经》中说："好权的人争权于朝廷，好利的人争利于市场，争来争去永无休止，就

贾谊

好像杀人夺物之人逞强而不怕死。钱财能给人带来好处,同样也能坑害人。人们一直没有想明白,因此而丧失生命。权势能使人得到宠爱,也能使人备受侮辱。人们为什么对此不好好深思,而最终被诛呢?"

荀子对纷争则更加鄙视,他在《荀子·性恶》中说:"一味地争夺,不怕死亡受伤,不怕对方势力强大,只要看见有利可图就贪得无厌,这是和猪狗一样的勇敢啊!"

荀子告诉领导者,智者有深远的见解,不去争夺外物,把利看成污浊的粪土,把权利看得轻如鸿毛。认为污浊的东西,自然就能比较容易避开;轻视一样东西,也能很容易地抛开它。避开了利则能使人无恨,抛开了权则能让自己轻松。其实,还有什么比知足常乐更让人快乐的呢?

要知道,在日常的生活和经营过程中,利益是创造出来的,是以诚实劳动作为基础的,不是靠争。争来争去,双方失和,谁也不见得能够获得更多和更大的利益,何必争呢?

荀子提醒领导者,不争才能无祸,不争才是更高明的做法。

战国时,齐国有三个大力士,一个叫公孙捷,一个叫田开疆,一个叫古治子,号称"齐国三杰"。他们勇猛异常,仗着齐景公的宠爱,为所欲为。当时,齐国的田氏势力越来越大,他联合国内几家大贵族,打败了掌握实权的栾氏和高氏,威望越来越高,直接威胁着国君的统治。田开疆正属于田氏一族,齐相晏子很担心"三杰"为田氏效力,危害国家,想把他们除掉,又怕国君不听,反倒坏了事。于是心里暗暗拿定了主意:用计谋除掉他们。

一天,鲁昭公来齐国访问。齐景公设宴招待他们。鲁国是叔孙大夫执行礼仪,齐国是晏子执行礼仪。君臣四人坐在堂上,"三杰"佩剑立于堂下,态度十分傲慢。正当两位国君喝得半醉的时候,晏子说:"园中的金桃已经熟了,摘几个来请二位国君尝尝鲜吧!"齐景公传令派人去摘。晏子说:"金桃很难得,我应当亲自去摘。"不一会儿,晏子领着园吏,端着玉盘献上6个桃子。景公问:"就这几个吗?"晏子说:"还有几个,没太熟,只摘了这6个。"说完就恭恭敬敬地献给鲁昭公、齐景公每个人一个金桃。鲁昭公边吃边夸金桃味道甘美,齐景公说:"这金桃不易得到,叔孙大夫天下闻名,应该吃一个。"叔孙大

晏子

夫说:"我哪里赶得上晏相国呢!这个桃应当请相国吃。"齐景公说:"既然叔孙大夫推让相国,就请你们二位每人吃一个金桃吧!"两位大臣谢过景公。晏子说:"盘中还剩下两个金桃,请君王传令各位臣子,让他们都说一说自己的功劳,谁功劳大,就赏给谁吃。"齐景公说:"这样很好。"便传令下去。

话音未落,公孙捷走了过来,得意洋洋地说:"我曾跟着主公上山打猎,忽然一只吊睛大虎向主公扑来,我用尽全力将老虎打死,救了主公性命,如此大功,还不该吃个桃吗?"晏子说:"冒死救主,功比泰山,应该吃一个桃。"公孙捷接过桃子就走。

古治子喊着:"打死一只虎有什么稀奇!我护送主公过黄河的时候,有一只鼋咬住了主公的马腿,一下子就把马拖到急流中去了。我跳到河里把鼋杀死,救了主公,像这样大的功劳,该不该吃个桃?"

景公说:"那时候黄河波涛汹涌,要不是将军除鼋斩怪,我的命就保不住了。这是盖世奇功,理应吃个桃。"晏子急忙给古治子一个金桃。

田开疆眼看金桃分完了,急得跳起来大喊:"我曾奉命讨伐徐国,杀了他们的主将,抓了500多俘虏,吓得徐国国君称臣纳贡,邻近几个小国也纷纷归附咱们齐国,这样的大功,难道就不能吃个桃子吗?"晏子忙说:"田将军的功劳比公孙将军和古治将军大10倍,可是金桃已经分完,请喝一杯酒吧!等树上的金桃熟了,先请您吃。"齐景公也说:"你的功劳最大,可惜说晚了。"田开疆手按剑把,气呼呼地说:"杀鼋打虎有什么了不起!我跋涉千里,出生入死,反而吃不到桃,在两国君主面前受到这样的羞辱,我还有什么脸活着呢?"说着竟挥剑自刎了。公孙捷大吃一惊,拔出剑来说:"我的功小而吃桃子,真没脸活了。"说完也自杀了。古治子沉不住气说:"我们三人是兄弟之交,他们都死了,我怎能一个人活着?"说完也拔剑自刎了。人们要阻止已经来不及了。

鲁昭公看到这个场面无限惋惜地说:"我听说三位将军都有万夫不当之勇,可惜为了一个桃子都死了。"

为了一个桃子竟然连丢三命,这便是纷争的结果。老子在《道德经》中说:"只要不与别人相争,天下就没有人能与你争。"纷争有害而无益,因此领导者必须远离纷争。

国学大智慧

·《荀子》智慧通解·

图文珍藏版

★善于借"力"者胜

君子生非异也,善假于物也。

——《荀子》

人的力量是有限的,快不过马,飞不过鸟,眼锐不及鹰,嗅灵不过犬,但聪明的人善于利用外物、借助外物,从而使自己的力量百倍千倍地延伸。

世界上有三借:借人、借势和借钱。这都是成事之道。借人、借势是聪明人常用的一种成事之道,它可以利用对方的优势来弥补自己的不足,至少可以弥补自己的才智、人力之不足。

俗语说,"一个好汉三个帮","多个朋友多条路"。"朋友"在中国传统中是两弯相映的明月,讲究一个肝胆相照、义字当先。朋友在竞争激烈的现代社会里显得日益重要,善于利用朋友关系往往使你的生活自在快乐,而且会有更多机遇。因此,培养一种利用朋友关系的习惯,实际上就等于成功有了希望。

在古代一些成大事的政治人物中,他们会对矛盾相互利用,在中国古代封建政治格局中就经常出现,原属于腐朽封建官僚之间相互利用、尔虞我诈的一种政治权术。

三国赤壁大战之时,不习水战的曹操大军,由于重用了熟悉水战的荆州降将蔡瑁、张允,使曹军的水战能力有了很大提高;当周瑜乘船察看时,发现曹军设置水寨,竟然"深得水军之妙"。于是,周瑜暗下决心,"吾必计先除此二人,然后可以破曹"。

真是无巧不成书,正在周瑜绞尽脑汁谋定策略之时,曹操手下的谋士、周瑜的故友蒋干来访,周瑜一眼就看出蒋干的来意,一是说降,二是刺探军情。于是,他就想出了一条利用"朋友"的妙计。

周瑜当晚大摆筵席,盛情款待蒋干。席间,周瑜大笑畅饮。夜间,周瑜佯作大醉之状,挽住蒋干的手说:"久不与子翼(蒋干的字)同榻,今宵抵足而眠。"当军中打过二更,蒋干起身,见残灯尚明,周瑜却鼻鼾如雷。在桌上堆着的一叠来往书信中,蒋干发现了"蔡瑁、张允谨封"等信,蒋干大吃一惊,急忙取出偷看。其中写道:"某等降曹,非图仁禄,迫于势耳。今已赚北军困于寨中,但得其便,即将操贼之首,献于麾下,早晚人到,便有关报。"蒋干寻思,原来蔡瑁、张允竟然暗结东吴,于是将书信藏在衣内,到床上假装睡觉。

大约在四更时分,有人入帐低声呼唤周瑜,周瑜故作"忽觉之状"。那人说:"江北有人到此。"周瑜喝道:"低声!"又转过头来冲着蒋干喊了两声,蒋干佯装熟睡没有作声。于是,周瑜偷偷走出营帐,蒋干赶紧爬起来偷听,只听得外面有人说:"张、蔡二都督道,'急切间不得下手'……"后面的话声音更低,什么也听不清楚,不一会,周瑜回到帐内又睡了起来。

蒋干在五更时分,趁着周瑜熟睡未醒,悄悄离开,溜回江北,向曹操报告了所见,并交上那封伪造的书信。曹操勃然大怒,立即下令斩了蔡瑁和张允,当两颗血淋淋的人头献上之时,曹操方才恍然大悟说:"吾中计矣!"

周瑜利用蒋干这个老朋友,巧妙地借曹操之手,一举除掉了两个最大的隐患。这样,才有了流传至今的赤壁大战火烧曹营的壮举。

在现代商战中,内忧外患始终存在,运用"借力除忧患"的谋略,利用别人的力量达到战胜对手或占领市场的目的,保存或少消耗自己的实力,不失为高明之举。

干式复印机在今天已经是很平常的办公用品。然而,美国塞洛克斯公司当年将干式复印机推向和占领市场,却费了一番心思。

20世纪40年代前,市面上使用的复印机都是湿式的,这种复印机必须用专门的涂过感光材料的复印纸,印出的也是湿漉漉的文件,要等晾干后才能取走,极为麻烦。塞洛克斯公司经过反复研制,终于生产出干式复印机——塞914型。与湿式复印机相比,干式复印机有诸多优越性。塞洛克斯公司老板威尔逊决定把此产品隆重推出。

起先,威尔逊打算把首批产品以成本价推销出去,借以开拓市场。但是,律师提醒他:这是倾销,是法律不允许的。于是威尔逊走向另一个极端,给复印机定了一个高于成本10多倍的高价:2.95万美元。这种高价暴利出售商品,也是为法律所禁止的。然而,威尔逊却漫不经心地说:"不让我出售成品,我就出售品质和服务吧。"

果然不出所料,新型复印机因定价过高被禁止销售。可是,由于展销中人们已经了解到干式复印机的独特性能,消费者都渴望能用上这一奇特的机器。干式复印机早已获得专利,只此一家,别无分店。威尔逊这时便以出租服务的形式重新推出新型复印机,顾客蜂拥而至。尽管出租服务的租金定得并不低,但由于前面整机出售定价定得高,人们计算了一下,仍认为租用值得。

到1960年,干式复印机流行开来,由于产品为独家垄断,再加上已有的高额租金,所以塞洛克斯914型复印机以较高价格出售,仍供不应求,利润滚滚而来。1960年,公司营业额达3.3亿美元;5年以后,上升到近4亿美元,到1966年,公司年营业额达 5.3 亿美元。塞洛克斯公司成为美国 10 年内发展最快的公司之一,迈入巨型企业的行业。

威尔逊的成功在于善于借"力",推销产品,占领市场。先是借法律禁止高价销售之"力",封死消费者购买之门,逼其走上租借之路;接着用高定价之"力",逼消费者付出高租金;后来又用高租金"力",促使消费者购买整机,从而为高价出售新型复印机铺平了道路。

★权衡利弊,全面考虑问题

见其可欲也,则必前后虑其可恶也者;见其可利也,则必前后虑其可害也者;而兼权之,熟计之,然后定其欲恶取舍,如是,则常不失陷矣。

——《荀子》

可欲与可恶、利与害,都是相互对立的关系。如果只看到其中一面就是"偏激",所以要"兼陈万物而中悬衡焉",才能"众异不得相蔽以乱其伦也"。所谓"兼陈万物",就要在为人做事处世的时候,看到问题的每一个方面,然后"兼权""熟计"之,做出正确的判断,从而不会被矛盾的表现所迷惑。荀子要求看到事物的正反两面,也就是符合"中庸"思想的不偏不倚的比较、鉴别的方法,都是符合辩证法的。

一个人如果不能全面地看问题,做人做事都只能看到对自己有利的一面而考虑不到其中隐藏着的危险,那就会偏激,就会走上极端。大家都知道商鞅变法,它促成了秦国的强大,但是商鞅的手段过于残酷,只为了自己的利益,只看到变法带来的好处,而忽略了变法带来的负面影响,致使商鞅自己也丧命在自己制定的法令之下。

明代的于谦因为对人太苛刻,做事好走极端,违背中庸思想行事而最终被奸人所害。现在看来,于谦的所作所为,无疑都是为正义、为人民的,但在当时的人际环境中,他不仅不被人理解,反而成为招致怨恨的主要因素。

于谦的主要功业就在与明朝的两次重大事件:土木之变和夺门之变。土木事变之后,让于谦成为民族和国家英雄,举国上下一致拥戴;而夺门事变则让他身败名裂,命丧刑场。大家可能都会感到困惑,于谦一身正气,为什么那些之前与他同仇敌忾的人会倒戈相向呢?

土木之变,使明英宗沦为瓦剌军队的阶下囚,致使整座京城岌岌可危。就在这为难之际,掌管兵部的于谦挺身而出,排除外界各种干扰,率领各方面力量,顽强战斗,击退了瓦剌军。与此同时,他还同一班文武大臣拥立朱祁钰称帝,重新建立明朝政权。本来想要挟明朝的瓦剌部族首领见到这种情景,只好被迫放回明英宗。

从这里看来,于谦不是功不可没吗?怎么说他对人苛刻呢?接着往下看就明白了。当时明朝有一个文臣叫徐有贞,因为在瓦剌军队进攻京城的时候,率先提出"南迁"的主张而遭到于谦的严正驳斥,为此,徐有贞经常遭到别人的嘲笑,也因此一直得不到提拔。他多次请求于谦举荐,希望谋取国子监祭酒一职。于谦也曾经在明景帝面前提过这件事,但是明景帝认为徐有贞在国家危急关头要"南迁",造成极坏的影响,就不同意提升他。而徐有贞并不知道其中缘故,反而怀疑是于谦从中作梗,影响了自己的前程,因而对于谦恨之入骨。

而当时明朝还有一名武将叫石亨,掌管着京师驻军的兵权,因为刚开始与瓦剌军队作战遭败而被贬。但是不久在于谦的保荐下,石亨又官复原职,并且在于谦的领导下,扭转败局,立下大功,石亨也因此被封为世侯。如此优厚的封赐使石亨受宠若惊,为了表达对于谦的知遇之恩,因此他向皇帝请求封赏于谦的儿子于冕。可谁也想不到,于谦为此在朝廷上义正词严地拒绝了,还当着众人的面指责石亨徇私。于是,石亨和于谦二人的关系就此破裂,积怨日深。

由于处理事情不善于婉转,说话直露,也不知道给人留面子,因此于谦得罪了本可以不得罪的人。就这样,文臣武将联合起来,形成了一股"倒谦"势力。经过一番密谋之后,以徐有贞为行动的策划者,石亨等人为行动的执行者,他们趁明景帝病重之际,猝然发动宫廷政变,夺门成功,把原来的老皇帝明英宗又送上了皇位,而于谦的性命也就在这场事变中不明不白丢了。

可见,一个人不管做什么事都要做全面的考虑。孟子说:"权,然后知轻重;度,然后知长短;物皆然,心为甚。"而像于谦那样,本身是正直无私的,但为人过于偏激,不能分辨其中的利害关系,而最终付出了生命的代价,是不值得的。这一点,在现实生活中,也值得领导者注意。

于谦

★量力而行,是一个人行事的准则

荀子曰:"孔子曰:'能之曰能之,不能曰不能,行之至也。'"

——《荀子》

荀子认为,人贵有自知之明。自知的人,知道自己能力的大小,他们懂得量力而行。

所谓"量力而行",即正确估量自己的能力,不做力不能及的事情。

《庄子·人世间》中有这样一个故事:

鲁国的名士颜阖来到卫国游历,卫灵公听说他很有才学,便打算聘请他当自己长子蒯瞆的老师。

颜阖听闻蒯瞆非常凶暴,任意杀人,卫国的人对他十分惧怕。对这样的人是否可以教导,他吃不准,因此去请教卫国的贤人蘧伯玉。

颜阖把自己对蒯瞆的了解告诉了蘧伯玉,然后说道:"如今大王要我当他长子的老师,我要是同意了,会很难办的;如果放任他而不引导他走正路,他一定会继续残害国人,给国家带来危难;如果对他严加管束,制止他胡作非为,他就会来害我。我该怎么办呢?"

蘧伯玉回答说:"你想用自己的才能去教育蒯瞆,是很困难的。如果真的当他老师,应该处处谨慎,不能轻易地去触犯他,否则便会惹来杀身之祸。就像有个人太爱自己的马了,见有虫咬马,便赶紧猛力拍打。结果惊了马,自己也被马踢死。"

蘧伯玉见颜阖不住地点头,便又举了一个例子:"你知道螳螂吗? 一次我乘马车外出,看到路上有只螳螂,不顾车轮正在朝它滚去,却奋力举起两条前腿走来,想挡住车轮行进。它不知道自己的力量根本不能担此重任,结果当然被车轮辗得粉身碎骨。螳螂之所以被碾死,是因为它不自量力。如果你也不自量力,想去触犯蒯瞆,恐怕也要落得个与螳臂当车一样的下场。"

蘧伯玉

颜阖听了，决定不去触犯蒯聩，尽快离开卫国。后来，蒯聩因闹事而被人杀死。

在《荀子·子道》中，荀子借用孔子的话告诫我们："能做到的就说能做到，不能做到的就说不能做到，这是行为的准则。"

在荀子看来，量力而行，是一个人行事的准则。

一个人的能力是有限的，不知道这一点，打肿脸充胖子，硬是挺着去承担重大的责任和使命，这显然是出力不讨好。

不能量力而行，即力微负重，自身能力弱小，却承担自己力不能及的事情，如明明自己做不到却答应别人某事，明明自己能力不足却处于某一位置等，这样超出自己的能力范围，轻则损己，重则损人、损国。

凡事一定要量力而行，绝不能力微负重，否则，会给自己带来不幸。

孔子分别到子路和颜回家吃饭。

子路家家道殷实，招待孔子，山珍海味弄了好几十道菜，孔子吃完回去，学生们问他吃的什么，孔子说："一顿家常便饭而已！"

到颜回家吃饭时，颜回的母亲只做了一个野菜豆腐，孔子却吃得津津有味，赞不绝口。从颜回家回来，学生们又问他吃的什么，孔子说："难得的山珍海味！"

学生们对比子路和颜回两家的经济状况，觉得不对劲，继续追问老师，愿闻其详。

孔子说："饥时甜如蜜，饱时蜜不甜，吃饭能填饱肚子就行了。吃饭也是件接受心意的事，对方恰如其分、量力而行地表达出心意就行了。子路家的生活，没有因为我前去而造成被动，所以我说吃的是家常便饭。但颜回家就不同了，他们母子平日里几乎靠野菜充饥，为了我，颜回的母亲到田里捡豆子，到山上专挑刚发芽的野菜挖，其诚意让我难忘，其情分让我感动，其饭也确实比山珍海味贵重。我受之有愧，欠下了他们母子的人情。"

人与人的交往，免不了物质互赠，物语亲情和友情。但今人的人情往来，却不如古人的开明。现时的人情债，牵扯了人们太多的精力，也使许多人互相攀比、盲目跟风。其实，礼尚往来，也需量力而行。

国学经典文库

国学大智慧

·《荀子》智慧通解·

图文珍藏版

第四章　付诸行动,成功在望

★心动不如行动

荀子曰:"道虽小,不行不至;事虽小,不为不成。"

——《荀子》

人有两种能力,思维能力和行动能力,没有达到自己的目标,往往不是因为思维能力差,而是因为行动能力弱。

荀子曰:"道虽小,不行不至;事虽小,不为不成。"路途虽然很近,但不走就不会到达;事情虽然很小,但不做就不会成功。

这个看似人人皆知的道理,在许多人身上并没有引起足够的重视。他们常常把失败归于外部因素,而不是从自身找原因。其中很重要的一条是:这些人常常是幻想大师,面对那些看不见、摸不着的东西心动不已,总以为光凭自己的意愿就能实现人生理想,就能过上自己想过的生活,就能成为一个被人羡慕的人。归根结底,他们之所以没有成功,就在于他们都是"心动专家",而不是"行动大师"。

有这样一个有趣的故事:

古时,在四川的偏远地区有两个和尚,一个贫穷,一个富裕。

有一天,穷和尚对富和尚说:"我想到南海去,你看怎么样?"

富和尚说:"你凭什么去呢?"

穷和尚说:"我一个水瓶、一个饭钵就足够了。"

富和尚说:"我多年来就想租条船沿着长江而下,现在还没做到呢,你怎么能做到?"

第二年,穷和尚从南海归来,把到过南海的事告诉富和尚,富和尚深感惭愧。

穷和尚和富和尚的故事,说明了一个简单的道理:说一尺不如行一寸。

其实,心动并没有错,错的是许多人只有心动而没有行动,因此常常是竹篮打水一场空。当然,也有些人是想得多干得少,这些人只比那些纯粹的"心动专家"强一点而已。

在荀子看来,一百次心动,不如一次行动。行动才会出结果,行动才有可能成功。任何目标、计划,唯有付诸行动才有意义。

一年夏天,一位来自马塞诸塞州的乡下小伙子登门拜访年事已高的爱默生。小伙子自称是一个诗歌爱好者,从 7 岁起就开始进行诗歌创作,但由于居所偏僻,一直得不到名师的指点,因仰慕爱默生的大名,故千里迢迢前来寻求文学上的指导。

这位青年诗人虽然出身贫寒,但谈吐优雅、气度不凡。老少两位诗人谈得非常融洽,爱默生对他非常欣赏。

临走时,青年诗人留下了薄薄的几页诗稿。

爱默生读了这几页诗稿后,认定这位乡下小伙子在文学上将会前途无量,决定凭借自己在文学界的影响大力提携他。

爱默生将那些诗稿推荐给文学刊物发表,但反响不大。他希望这位青年诗人继续将自己的作品寄给他。于是,老少两位诗人开始了频繁的书信来往。

青年诗人的信一写就长达几页,大谈特谈文学问题,激情洋溢、才思敏捷,表明他的确是个天才诗人。爱默生对他的才华大为赞赏,在与友人的交谈中经常提起这位诗人。青年诗人很快就在文坛有了一点名气。

但是,这位青年诗人以后再也没有给爱默生寄来诗稿,信却越写越长,奇思异想层出不穷,言语中开始以著名诗人自居,语气也越来越傲慢。

爱默生开始感到了不安。凭他对人性的深刻洞察,他发现这位年轻人身上出现了一种危险的倾向。

通信一直在继续。爱默生的态度逐渐变得冷淡,成了一个倾听者。

很快,秋天到了。

爱默生去信邀请这位青年诗人前来参加一个文学聚会。他如期而至。

在这位老作家的书房里,两人有一番对话:

"后来为什么不给我寄稿子了?"

"我在写一部长篇史诗。"

"你的抒情诗写得很出色,为什么要中断呢?"

"要成为一个大诗人就必须写长篇史诗,小打小闹是毫无意义的。"

"你认为你以前的那些作品都是小打小闹吗?"

"是的,我是个大诗人,我必须写大作品。"

"也许你是对的。你是个很有才华的人,我希望能尽早读到你的大作。"

"谢谢！我相信我的作品很快就会公之于世。"

文学聚会上，这位被爱默生所欣赏的青年诗人大出风头。他逢人便谈他的伟大作品，表现得才华横溢、锋芒毕露。虽然谁也没有拜读过他的大作，即便是他那几首由爱默生推荐发表的小诗也很少有人拜读过，但几乎每个人都认为这位年轻人必将成大器。否则，大作家爱默生能如此欣赏他吗？

转眼间，冬天到了。

青年诗人继续给爱默生写信，但从不提起他的作品。信越写越短，语气也越来越沮丧，直到有一天，他终于在信中承认，长时间以来他什么都没写。以前所谓的大作品根本就是子虚乌有之事，完全是他的空想。

从此以后，爱默生就再也没有收到这位青年诗人的来信了。

拿破仑说："想得好是聪明，计划得好更聪明，做得好是最聪明又最好。"成功要有明确的目标，这没有错，但这只相当于给你的汽车加满了油，弄清了前进的方向和线路，要想抵达目的地，还得把车开动起来，并保持足够的动力。

★行动才有可能成功

道虽小，不行不至；事虽小，不为不成。

——《荀子》

现实生活中，许多人常把失败归于外部因素，而不从自身找原因。很重要的原因就是：这些人的思维只停留在幻想上，面对那些看不见、摸不着的东西总是心动不已，总以为光凭自己的意愿就能实现人生理想，就能过上自己想要的生活。归根结底，他们之所以没有成功，就是因为他们不曾采取行动。

在洛克菲勒还是少年时，他得到平生的第一份工作，是在烈日下帮人锄马铃薯，他的酬劳是每小时4美分。他还帮自己的母亲养过火鸡，也干过农场的苦工。那时，他每天的工资是3角7分。

他尝试过很多职业，后来进入了石油公司工作。他的工作是石油公司最简单的岗位，每天巡视石油罐盖有没有自动焊接好。没办法，他实在是没有任何技能。

他每天都要盯着焊接剂自动滴下，环绕油罐盖子一圈后，油罐被自动输送带带走。

这个工作太简单了，对于年轻的洛克菲勒来说，简直是枯燥至极！在他干了不满 10 天后,他就申请调往别的部门工作,因为他实在厌恶这个岗位。

他的申请被驳回,理由很简单,他没有技能可以胜任别的职位。年轻的洛克菲勒非常失望,他想尽快改变自己处境的计划被搁置了。不过,他很快平静下来。在此之前,他干过各种极为平凡和微不足道的工作,这种最初的磨炼使他有了一个良好的心态,那就是做自己应该做的事,并将注意力集中在当前的工作上,放弃所有超过自己能力的期望与幻想,从最简单的工作做起。毕竟,这对他来说也是一种工作乐趣。当时,石油公司正在推进一项节约计划,经过仔细的观察和研究,洛克菲勒发现,他可以在改进自动焊接机上有所作为。他仔细计算,发现每焊好一个油罐盖子,需要的焊接剂是 39 滴,而精确运算得出的数字是 37 滴焊接剂就可以焊好一个盖子。但这只是一个理想状态的数字,要做到节约 2 滴焊接剂,其实并不容易。

这个发现使洛克菲勒有了工作的兴趣与目标,一种前所未有的热情使他无法停止研究的冲动。他学习所有与此有关的知识,反复试验,想尽办法朝自己的目标迈进。

最终,他设计出了 38 滴焊接机,也就是说,他的焊接机每焊接一个油罐盖子,可以为公司节约一滴焊接剂。

可别小看这一滴焊接剂,一年下来它可以为石油公司节约 500 万美元的开销!

对于石油公司来说,这可是一笔不小的数目——当洛克菲勒为公司创造了价值的时候,他也提升了自己的价值,他的命运也随之一步步改变了。

当洛克菲勒决定在这微不足道的小事情上有所作为时,他并没有想到要得到主管的称赞,他最初的想法是,这是我应该做的事情。

洛克菲勒把他的想法付诸行动,最终取得了成功。

一百次心动,不如一次行动。行动才会产生结果,行动才有可能成功。任何目标、计划,唯有付诸行动才有意义。

★ 不凭一己之好恶行事

荀子曰:"行而供冀,非渍淖也;行而俯项,非击戾也。
偶视而先俯,非恐惧也。然夫士欲独修其身,不以得罪于比俗之人也。"

——《荀子》

荀子曰:"君子之能以公义胜私欲也。"君子能用公义战胜私欲。

那么,君子是如何做的呢?

荀子借用《尚书·洪范》中的一句话说:"不凭自己的爱好行事,要按君王制定的礼法去做;不凭自己的憎恶行事,要按君王制定的礼法去做。"

1. 不凭自己的爱好行事

古人云:"好酒好财好琴好笛好马好鹅好锻好屦,凡此众好,各有一失。"即嗜好酒、财、琴、笛、马、鹅、锻造、鞋子等,爱好这些的人,都有所失。

人皆有爱好,爱好有低俗和高雅之分。低俗的爱好,如好酒、好财、好色等;高雅的爱好,如好琴、好笛、好棋等。低俗的爱好会给自己带来灾祸,这很容易理解。而高雅的爱好为什么会给自己带来损失呢? 原因在于玩物丧志。

例如,鹤本是一种珍禽,它形态高洁,鸣声清悦,一直是福寿的象征,也为历代名人雅士所喜爱。春秋时,卫国国君卫懿公爱鹤,本不失为一种高雅的行为,但作为一国之君,他爱鹤甚于爱民,是非不分,人物两忘,乃至于政务废弛,民众离心,最后竟导致亡国丧身。可见,再高雅的爱好,若爱之过甚,也会招来灾祸。

爱好本身并不是坏事,坏就坏在爱好过了头,失去了分寸,甚至沉醉其中,走火入魔。不凭自己的爱好行事,即要理智地对待自己的爱好,做自己爱好的主人,而不被自己的爱好所奴役。

2. 不凭自己的憎恶行事

憎恶,常常是指憎恶某人。

我们憎恶一个人,或因其品行不端,有违我们认可的道德规范;或是触犯了我们自身的利益,冒犯了我们。

古人云:"道不同不相为谋。"这是对的。但是,道不同则冷眼相对或老死不相往来,就有失厚道了。

吴国大将吕蒙年少时未读过书,每陈大事,只有以口代笔。江夏太守蔡遗因此很看不起他,并经常在孙权面前说吕蒙的坏话。等到孙权要吕蒙推荐优秀官员时,吕蒙却推荐了蔡遗。

吕蒙便是不凭自己的憎恶行事的典范,孙权说吕蒙不是一勇之夫,而是一个国士。

以公正之心憎恶他人的人,定是仁者;出于私心而憎恶他人的人,一定会被他人仇恨。

再者,即使你出于公正之心憎恶他人,也得注意分寸,如果憎恶过度,使他无地自容,迫不得已,他就会酿成大祸。如此说来,与其憎恨他人,倒不如原谅他、尊敬他。你今天对他表示善意,也就有可能免去他对许多人的伤害,更可能因此而影响他和改变他。

国学经典文库

国学大智慧

·子学智慧·

图文珍藏版

三国时，有两个人是孙权很不喜欢的。一个是张昭，一个是虞翻。

孙权虽然不喜欢这两个人，却并不因此而抹杀他们的优点。在能发挥他们长处的时候，他立即想起他们，并把他们放到适当的位置上。

张昭性情刚硬，常常倚老卖老，当众与孙权抗争，"辞气壮厉，义形于色"，使孙权下不了台。所以，一段时间孙权没有让他上朝。

孙权

一天，蜀国有使者来，当朝夸耀蜀国的功德，当时群臣之中却没有一个人能够出来与他抗议争辩的。于是孙权感叹说："如果张公在这里，这人即使不屈服也会感到垂头丧气，哪里还能自我夸耀呢？"第二天，孙权就派人慰问张昭，并亲自请张昭入朝。

虞翻自恃有才，狂放不羁，屡次对孙权无礼。孙权忍无可忍，将他流放到交州。

后来，孙权派兵往辽东作战，因海风袭击，损伤严重。他很后悔这一决策，于是在命令中说："古时赵简子称，诸君之唯唯诺诺，不如周舍的有话直说。虞翻忠贞正直，善于把想说的话说出来，是我国的周舍。如果他在这里，就一定能说服我取消这次出征。"于是，孙权派人去交州慰问虞翻，并指示说，虞翻如果还活着，就让他坐船回都城；如果虞翻已经逝世，就送丧回他家，让他的儿子入朝为官。

孙权是有肚量、能容人的人，不以一己之好恶而放弃人才。相比之下，现在的许多领导者，恐怕还不具备孙权的这种雅量。

★抓大放小，绝不能事必躬亲

为之者，役夫之道也，墨子之说也。

——《荀子》

在日常工作中，有很多领导者习惯于事必躬亲，他们被那些烦琐细节所淹没，从而提早进入失败的坟墓。

一说到"事必躬亲",我们有许多人想到《三国演义》中那个"鞠躬尽瘁,死而后已"的军师诸葛亮。这个为了帮助刘备以及刘备的儿子恢复汉室的丞相诸葛亮,在刘备死后,为了使摇摇欲坠的蜀政权不至于加速灭亡,可以说做到了"事必躬亲"。

可惜的是,诸葛亮的本事再大,也没能力挽狂澜,最后只好抱病死在了五丈原。不过,诸葛亮与其说是病死的,倒不如说是累死的,他就是让"事必躬亲"活活地累死了。

所以说,诸葛亮是聪明了一世,也糊涂了一世。他的聪明我们已熟知,而他的糊涂就在于太相信自己,而没有将别人也可以做的事情让别人去做,没有充分"放权"。因为你诸葛亮的能耐再大,也不可能将所有的事情都做了。

在现代社会,随着社会分工越来越细,做领导的,也需要"抓大放小",给你的下属以充分的发展空间。

人的确有着巨大的潜能,人也有着无限的可能性,但是,人毕竟是人,而不是万能的上帝。所以,你不可能懂得天下所有的知识,你也不可能熟练地掌握天下所有的技艺,你更不可能做完天下所有的事情。了解了这一点,你也就了解了我们的社会为什么会有各行各业的分工,你也就了解了一个成功人士要走向成功绝不会仅仅靠他一个人单枪匹马地去冲锋陷阵。

曾经有一位医生在替一位实业家进行诊疗时,劝他多休息。这位病人愤怒地抗议说:"我每天承担巨大的工作量,没有一个人可以分担一丁点的业务。大夫,您知道吗?我每天都得提一个沉重的手提包回家,里面装的是满满的文件呀!"

"为什么晚上还要批那么多文件呢?"医生惊异地问道。

"这些都是必须处理的急件。"病人不耐烦地回答。

"难道没有人可以帮你忙吗?助手呢?"医生问。

"不行呀!只有我才能正确地指示呀!而且我还必须尽快处理完,要不然公司怎么办呢?"

"这样吧!现在我开一个处方给你,你能否照着做呢?"医生问道。

这病人听完医生的话,读一读处方——每天散步两小时;每星期空出半天的时间到墓地一趟。

病人奇怪地问道:"为什么要在墓地待上半天呢?"

"因为……"医生不慌不忙地回答:"我是希望你四处走一走,瞧一瞧那些与世长辞的人的墓碑。你仔细思考一下。他们生前也与你一般,认为全世界的事都得扛在双肩上,如今他们全都沉眠于黄土之中,也许将来有一天你也会加入他们的行列,然而,整个地球的活动还是永恒不断地进行着,而其他世人则仍是如你一般继续工作。我建议你站在墓碑前好好地想一想这些摆在眼前的事实。"医生这番苦口婆心的劝谏终于敲醒了病人,他依照医生的指示,释缓生活的步调,并转移一部分职责。他知道生命的真义不在急躁或焦虑,他的心已经得到和平,也可以说他比以前活得更好,当然事业也蒸蒸日上。

这位实业家在医生的劝导下,最终把自己肩负的过重的职责,转移了一部分,从而使得疾病减轻,生活轻松自在了,事业上也有了巨大的发展。

实际上,我们每个人都有这种习惯,觉得事情让别人去做,自己总是不放心,恐怕别人干不好,故不愿假手于人。

现代社会生产的一个突出特点,也就是它不同于古代作坊式生产的地方,就是它是以流水线式的生产为基本模式,即集体的力量越来越重要,甚至,任何一个产品,单是依靠一个人的力量根本是无法生产的。比如电视机,除了发明电视机者,还应有设计师以及每个零件的生产者、安装师,等等,如果一个人想造出一台电视机,而且每个部件都是自己设计、生产的话,也不知道到猴年马月才能生产出来,如果能生产出来的话。

学会授权给别人虽然是困难的,但身为主管的人还是得学会如何恰当地转移责职,否则永远免不了疲于奔命,因为你终究只是一个人!

俗语说得好,浑身是铁能碾几个钉子? 一个人的精力必然有限,凡事都要自己去做,那终将被事务压垮。要学会相信别人,自己能做好的事情,相信别人也能做好,因为人人都有责任心,也许某些事情放在别人那里去做会比自己干得更出色呢!

充分授权给你的下属。在"抓大放小"的前提下,你要把本来属于下属的工作或者适合下属的工作以及完成这项工作所需要的权威坚决地交给下属。这样不但可以将你从繁忙的事务中解脱出来,同时对下属也是一个很好的锻炼机会。

当然,这里还有另外一个忠告:把你或任何人都不要做的事情交给下属去做并不是授权,而是派定任务。适当地这么做一两次可能是必要的,但是这无助于增长他们的荣誉,也并非在鼓励他们,而是增加了他们的负担。古人云"己所不欲,勿施于人"恐怕就是为了说明这个道理。

所以,为了能把你真正地解放出来,你因此要学会把具有挑战性的工作,甚至是决策性的工作,还有使下属有所收益的工作授权给他们。这首先建立在你充分信任你的某些下属的基础上,"用人不疑,疑人不用",这其中的道理,你可能比谁都清楚。因此,在你授权的时候,别忘了把整个事情都托付给对方,同时交付足够的权力好让他做必要的决定。

领导阶层,一般都会事务缠身,只要放开手脚,大胆用人,讲求工作策略,就能做到为官也能一身轻。若不懂得组织、授权与督导,你就终将被工作中的繁重事务拖垮。

　　还有,如果下属习惯把所有的决定留给你做,那可能是因为你有意或无意地强迫他们这样去做。你要问问自己是不是在给下属安排工作时,也将做事的权力给了他们。如果没有,你就不能因为他们把只解决一半的问题推回来给你而责备他们。

　　请记住:一位优秀的经理如有一副忧烦的面孔时,那忧烦应在其助手脸上。

　　现在太多的经理要享有决定一切大小事务的那种万能权力。这不仅不能很好利用自己的时间,而且也阻碍了下属去发挥创意并自我成长。

　　即使你不是一个公司的高级经理,也需要懂得授权。如果父母不把家庭杂务授权给子女去做一些,这对他们和子女都没有好处。志愿组织的干部对他们和组织来说,都应该把能参与的益处尽量让许多人分享。如果你想什么事情都由你自己来做,那你管理一小队童子军,也会像管理通用汽车公司一样要花很多时间。

　　这里我们还要提出一点忠告:把你或任何人都不想做的事情给下属去做,这不是授权,而是派定任务或推卸责任。有时这固然是必须的,但这样无助于增长他们的荣誉,鼓励他们成长,或使他们能够担任进行决策的角色,好让你有更多的时间去处理其他事情。因此你要学会把具有挑战性和有所收益的工作授权给别人。

　　给下属授权,同时又控制他们付诸实施,这只能是自找失败。例如,如果你要某一个人去做一本小册子,你就不必再交代一些有关形式、封面以及附图说明等的详细意见。如果让他自己去选择,他会把工作做得很好,而且会引以为荣。

　　授权的要诀在于"信任"这两个字。在你授权的时候,你要把整个事情托付给对方,同时赋予足够的权力让他做必要的决定。这与说"只要照着我告诉你的话去做"完全是两回事。

第五章 临危不乱，把握分寸

★ 做一个从容的领导

荀子曰："有通士者……上则能尊君，下则能爱民，物至而应，事起而辨，若是则可谓通士矣。"

——《荀子》

荀子曰："物至而应，事起而辨。"

意思是说，事情来了能应对自如，事情发生了能妥善处理。

生活中，我们领导者不可避免地会遇到一些突发事件，当你遇到紧急事情时，是否能像荀子所说的那样，做到临危不乱、随机应变呢？

事实上，我们大多数人都做不到这一点，即使是芝麻大点儿的小事，也慌慌张张、冒冒失失，就像天要塌下来似的。

完全没有必要这样，任何时候都不能够乱了阵脚，你越紧张就越想不出办法，反而会让问题变得更加复杂，甚至衍生出更多不必要的麻烦。

在荀子看来，面对突如其来的事情，我们要做的第一件事，便是将情绪稳定下来，这样才能镇定地想出解决的方法。

毋庸置疑，临危不乱、处变不惊，是一种能力的表现，是一种智慧与博学的体现，是一种儒雅的大将风度。在任何时候，我们都应该以一种平和的心态来面对各种紧急情况，只有这样，我们才能够把事情处理得妥当圆满。

一个临危不乱、处变不惊的领导者，在遇到变乱时会勇敢地面对现实，从容不迫地接受一切，而不是丧失斗志、听天由命。

荀子反对"天命论"，主张"人定胜天"。他认为，人那种悠闲镇定的心态和行为，并不是天生就有的，而是后天修养的结果。缺少了这种修养，遇变乱之事，就会

国学经典文库

国学大智慧

《荀子》智慧通解

图文珍藏版

一败涂地；拥有了这种修养，则会镇定自若地处事应变。

荀子还具有长远的眼光，他认为，在无变乱时，就要有提防之心，居安思危，如此，才能防止意外变故的发生。

东晋时期，前秦的苻坚率领百万之师，踌躇满志地声称投鞭可以断流，挥师南下，欲一举灭晋。

在这股强大军事势力的逼迫下，东晋的许多将领相继败退，大家多心存畏惧。

此时，唯宰相谢安处变不惊，他派侄子谢玄率8万晋军去迎敌。当谢玄向谢安问计时，谢安镇定自若地说了一句："一切均已做了安排。"

谢玄不敢多问。回去后，仍然不放心，于是又派张玄再次前往谢安处问计。

谢安见到张玄，依然不谈军事，要张玄陪他下棋，并以一座房子作为赌注。平日里下棋，是谢安输给张玄的多，但当时张玄为军情而忧惧，心神不定，很快就输给了谢安。

棋毕，谢安就外出游玩，至夜方归，然后召集众将领，分派任务，面授机宜。

正因为谢安的镇定自若与从容应对，极大地稳住了东晋的军心，再加上军事布置得当，用计正确。于是，在其后的淝水之战中，晋军以少胜多，终使前秦官兵陷入了"风声鹤唳，草木皆兵"的崩溃境地。

谢玄

谢玄率军打败了前秦军队后，捷报很快就送到了谢安的手中。当时，谢安正与宾客下棋，他看了捷报后，并没有露出任何的喜色，只是继续下棋。宾客问他发生了何事，他才慢慢地答道："小伙子们已经打败了贼军。"

从谢安两次安然下棋的场景中，不难看出他是一个胆识过人的人。临危不乱、处变不惊，同时又能审时度势、运筹帷幄、泰然自若，这样便能处理好所面临的棘手问题。

★防微杜渐以自保

荀子曰："祸之所由生也,生自纤纤也。"

——《荀子》

荀子在《劝学》中说:"积土成山,风雨兴焉;积水成渊,蛟龙生焉;积善成德,而神明自得,圣心备焉。故不积跬步,无以至千里;不积小流,无以成江海。"

意思是说,将土堆积起来能形成高山,风雨就会在那里兴起;将水汇聚起来形成深渊,蛟龙就会在那里诞生。累积好的行为可以形成美好的品德,就会聪颖睿智,圣贤的思想境界便具备了。因此,不从一步一步的路程开始积累,就不能到达千里以外的地方;不汇聚小流,就没有办法形成江河及大海。

一切事物都是由小到大发展而来,都有一个由量的积累到质的变化的过程。因此,不能对小事情有所疏忽,应该慎对微小的变化。

荀子在《大略》中进一步说道:"祸之所由生也,生自纤纤也。是故君子蚤绝之。"灾祸产生的地方,往往是细微之处。所以,君子要及早地消除它产生的原因。

在荀子看来,要想远离灾祸,就必须做到防微杜渐。

涓涓细流可以穿透岩石,参天大树是由嫩芽小树逐渐长成。人们常因忽略微小的细节,而造成祸患。如果从小的方面着手,在祸患还在萌芽时注意防止并消除它,就能够安定,情况就会好转。

概括而言,荀子所说的"防微杜渐"表达了两层含义:其一是防止对微小的忽略,其二是杜绝在渐渐中演变。"微"即细小,就像蝼蚁洞穴很小,一般不引人注意。但是,蚁穴的危害却极大。在河水上涨时,因蚁穴会发生管涌,堤堰内部被掏空而发生溃决事故。"渐"即慢慢的,是一种从量变到质变的过程,这种过程慢得不易使自己感知,也不易使别人察觉。但"渐"是一种足以致命的慢性病,初始阶段并无疼痛,但等达到一定程度时,往往已病入膏肓,回天乏术,后悔晚矣!

防微杜渐不易做到,但只要保持谨慎,正如《易经》所说:"君子乾乾,夕惕若,厉无咎。"那么,即使在厄难中也能自保无虞。

《史记·扁鹊传》中有这样一个故事:

扁鹊,战国时勃海郡郑地人,原名秦越人。"扁鹊"一词原本为古代传说中能为人解除病痛的一种鸟，秦越人医术高超，百姓敬他为神医，便称他为"扁鹊"，渐渐的，就把这个名字用在秦越人的身上了。

扁鹊云游各国，为君侯看病，也为百姓除疾，名扬天下。他的医术十分全面，无所不通。在邯郸听说当地人很尊重妇女，他便做了妇科医生；在洛阳，因为那里的人很尊重老人，他就做了专治老年病的医生；秦国人最爱儿童，他又在那里做了儿科大夫。无论在哪里，他都因高超的医术深受人们的欢迎。

有一次，扁鹊来到齐国，蔡桓公知道他名声很大，便宴请扁鹊。

扁鹊 扁鹊

扁鹊见到蔡桓公后，说："大王有病，就在肌肤之间，不治会加重的。"蔡桓公不相信，而且很不高兴。

五天后，扁鹊再去见他，说道："大王的病已经到了血脉，不治会加重的。"蔡桓公仍不信，而且更加不悦。

又过了五天，扁鹊又见到蔡桓公时说："大王的病已到了肠胃，不治会更重。"蔡桓公十分生气，转头便走。

五天又过去了，这次扁鹊一见到蔡桓公，就赶快避开了。蔡桓公十分纳闷，便派人去问。扁鹊说："病在肌肤之间时，可用熨药治愈；在血脉，可用针刺、砭石的方法达到治疗效果；在肠胃时，借助火剂汤的力量也能达到治疗效果。可病到了骨髓，就无法医治了。现在大王的病已在骨髓，我无能为力了。"

果然，五天后，蔡桓公身患重病，忙派人去找扁鹊，而扁鹊已经离开了齐国。不久，蔡桓公便病死了。

"扁鹊见蔡桓公"的故事告诉我们领导者，凡事都应防微杜渐，把问题消灭于萌芽之中。否则，当问题变得不可收拾的时候，只能追悔莫及。

★ 该屈就屈,该伸就伸

国学经典文库

国学大智慧

·《荀子》智慧通解·

图文珍藏版

荀子曰:"君子与时屈伸,柔从若蒲苇,非慑怯也。"

——《荀子》

荀子十分赞赏宁武子,认为他那种聪明的表现别人还能做到,而他在乱世中为人处世的那种包藏心机的愚笨表现则是别人难以做到的。

宁武子是春秋时卫国有名的大夫,姓宁,名俞,武是他的谥号。

宁武子经历了卫国两代的变动,由卫文公到卫成公,两个朝代国家局势完全不同,他却安然做了两朝元老。

卫文公时,国家安定、政治清明,他把自己的才智能力全都发挥了出来,是个智者。

卫成公时,政治黑暗、社会动乱,他仍然在朝中做官,却表现得十分愚蠢鲁钝,好像什么都不懂。但就在这愚笨外表的掩饰下,他为国家做了不少事情。

荀子曾不止一次赞叹宁武子的那种不惜装愚来做利国利民之事的智慧。从这个意义上讲,宁武子是不折不扣的为人处世的高手。

荀子曰:"君子与时屈伸,柔从若蒲苇,非慑怯也。"君子适应时势能屈能伸,柔顺得像蒲苇一样,这不是出于胆小怕事。

人应根据时势,需要屈时就屈,需要伸时就伸。屈于应当屈的时候,是智慧;伸于应当伸的时候,也是智慧。屈是保存力量,伸是光大力量;屈是隐匿自我,伸是高扬自我。屈伸之道是一种智者的处世智慧,没有一定的修养是难以做到的。

当然,荀子提醒我们在恶劣的环境里柔顺得像蒲苇一样,不是向环境屈服,不是真的浑浑噩噩,更不是改变自己的信念和操守,而是以退为进、以愚守智,不去做无谓的牺牲,不去授人以柄,而是麻痹对方、养精蓄锐、等待时机。

在现实生活中,大的政治环境、社会环境是正常的、清明的,但也难免遇到小环境不好的情况。比如,有的单位人际关系很复杂。在这种情况下,你不妨"愚钝"一些,不去说三道四、不锋芒毕露、不四处树敌,不卷入人际关系的是非之中。如果实在不行,三十六计,走为上计。再如,生活中发现了坏人坏事,不要鲁莽地硬碰硬,而是要冷静以对,通过有利于保护自己的渠道与坏人坏事作斗争。

事实上，荀子并不是教我们耍诈，而是教我们在恶劣的环境中如何既坚持正义，又保护自己。

荀子借用《诗经》中的话总结说："左之左之，君子宜之；右之右之，君子有之。"该向左就向左，君子能适应它；该向右就向右，君子也能适应它。荀子说，为人处世达到这样的境界，也就掌握了与时屈伸的处世之道了。

有一位图书分类专业毕业的硕士研究生，被分到上海的一家研究所工作，从事标准化文献的分类编目工作。他认为自己是学这个专业的，自认为比那些原班人马懂得多，刚上班时，领导也摆出一副"请提意见"的派头，这种气度让他受宠若惊，于是工作伊始，他便提出了不少意见，上至单位领导的工作作风与方法，下至单位的工作程序、机制与发展规划，都一一综列了现存的问题与弊端，提出了周详的改进意见，领导点头称是，群众也不反驳。

可结果呢，不但没有一点儿改变，他反倒成了一个处处惹人嫌的人，被单位掌握实权的某个领导视为狂妄、骄傲乃至神经病，一年多竟没有安排他具体做什么事。

后来，一位同情他的老太太悄悄对他说："小刘哇，我当初也同你一样，使我一辈子抬不起头，你还是换个单位吧，在这儿你把所有的人都得罪了，别想有出息。"

于是，这位研究生只好炒领导的鱿鱼，跳槽了。

临走时，领导拍着他的肩膀说："太可惜了！我真不想让你走，还准备培养你当我的接班人哩！"那位研究生一边玩味着"太可惜"三个字，一边苦笑着离开了。

大巧若拙，大勇若怯，为人处世善于隐藏者，比之锋芒毕露者，不知高明多少倍。故事中的青年，正是由于不懂得屈伸之道，才忘记了谦逊和隐藏锋芒，最终自己害了自己。

★把握屈伸的"分寸"

君子崇人之德，扬人之美，非谄谀也；正议直指，单人之过，非毁疵也；言己之光美，拟于舜、禹，参于天地，非夸诞也；与时屈伸，柔从若蒲苇，非慑怯也；刚强猛毅，靡所不信，非骄暴也。以义变应，知当曲直故也。

——《荀子》

虽说坚守"中庸"的根本原则是不会变的,但对于每一个人在某个特定的时间、地点或事情的不同而做出相应的理解和运用,在某一场合认为是顺应"中庸之道"的,但当它的外在条件或其执行者的不同,那就不能称之为"时中"了,所以,真正的智者应当根据不断变化的条件去选择和执行自己的行事准则。《诗经》中说:"往左往左,君子能适应;往右往右,君子也能适应。"这就是君子之所以能按中庸屈伸,做出相应的变化。

荀子说:真正的君子推崇他人的德行、赞扬他人的美德,这并非是阿谀奉承;正直地议论和指出他人的过错,这并非是出于毁谤和挑剔;客观地表现自己的优点,可以与舜、禹相比,可以与天地相参合,这并非是虚夸狂妄。正直的君子能够随时势屈伸,柔顺如同蒲席,可卷可张,这并非是出于胆小怕事;刚强勇敢,从来不会屈服于别人,这并非是出于骄傲和暴戾。所以,真正的君子会用"义"来应对各种变化,知道什么时候应该"屈",什么时候应该"伸"。

屈,无疑是一种保全自身的智慧;伸,当然也是一种光大自己的智慧。屈于当屈之时,伸于当伸之机,这才是真正的君子应该做的。现实生活中只有把握其中的分寸,才能不失软弱,又不失狂傲。

我们常常会在电影或小说中看到这样的情节。两个男孩同时喜欢一个女孩,而她与两个男孩都非常要好,甚至是青梅竹马,而两个男孩之间也如同兄弟手足,朝夕相处、共进共退。在这种情况下,姑娘更喜欢甲,可是甲碍于兄弟的情面,从来不敢向姑娘表达自己的爱意,当他知道乙也喜欢姑娘时,一种兄弟之间的情谊和男女之间的情谊不断地在他的脑袋里冲突,也不断地在折磨他。最后,故事的发展常常是甲"忍"住了自己对姑娘的情谊,毅然决然地把姑娘"让"给兄弟乙,自己或是不辞而别,或是断然拒绝姑娘的爱意。

我们或许都会为这样的故事而感叹,的确,甲的做法虽然对于他的兄弟乙来说,无疑是一种忍让,是一种成全别人的"屈",但反过来说,甲不仅不尊重自己,也不尊重女方。这就不是一种高尚,它只是一种虚伪、可耻。"生命诚可贵,爱情价更高",如果从这个方面来说,男女之间的爱情是重要的,为了追求自己的爱情和幸福,应当仁不让。没有分寸的"屈让",或是因为外界的因素而改变自己的追求,那岂不是令自己抱憾终生?

日常生活中,人们常说"大丈夫能屈能伸",也就是应当把握"屈"与"伸"之间的分寸,做到"与时屈伸"。朱熹编撰的《河南程氏遗书》中有这样一个形象的比喻:当天气刚冷的时候穿上薄裘衣就可以称为"中",而到了三九天极冷的时候,再穿刚冷时穿的薄裘衣就不符合"中"了。

过度的"屈让"只会让自己受气,也会让人觉得你软弱可欺,这是绝对要不得的。在某大学的一个班集体里面,有一位同学比较胆小怕事,遇到什么事他都过分地忍让,虽然班级里的其他同学对他并无恶意,但在他们的头脑中就自然而然地形成了就应该"牺牲"他的利益的思想。由于他过分软弱和极度忍耐,这种情况一直持续了很久。终于有一天他忍无可忍了,原来一场十分精彩的演出又没有他的票,他脸色铁青,激动的声音令在场的人都震撼了。爆发过后,他拿走了属于他的票,摔门而去。同学们在惊讶之余,似乎也领悟到了什么。在以后的日子里,大家对他的态度不再像从前那样了,也不敢未经他的同意而随便拿他的东西了。

所以说,只有把握"屈伸"的分寸,不能过分忍让,也不能过于张扬,一切都应当"适中","与时屈伸",才可以避免受人欺辱或遭人嫉恨。

第六章 真诚领导,受人欢迎

★立身要高,做人宜让

彼求之而后得,为之而后成,积之而后高,尽之而后圣。

——《荀子》

真正聪明的领导者,在为人处世中是能坚守"中庸"之道的。而为人处世又直接取决于个人的"内"与"外","内"就是个人内在的基本素养,包括思想、道德、学识,等等;"外"也即个人内在素养的"外显",是个人为人处世的姿态和方法。

《菜根谭》中有这样一句话:"立身不高一步立,如尘里振衣,泥中濯足,如何超达? 处世不退一步处,如飞蛾投烛,羝羊触藩,如何安乐?"也就是说,为人处世要能洞察时事,在"立高"自身的同时,要学会适时地"退让",才不至于招来不必要的麻烦。

春秋时期,有一个叫孟简子的人,他在梁、卫两国为相,因获罪而逃到齐国。管仲就出来迎接他,问他:"你在梁、卫两国的时候,手下有多少人啊?"孟简子回答说:"三千人。"管仲又问:"那今天陪你一同来的有多少呢?"孟简子答道:"三人。"管仲说:"都是些什么人呢?"孟简子回答说:"其中一个人的父亲死了,因为他无力安葬,我帮他安葬了;一个人的母亲死了,我也帮他安葬了;另一个人的兄长不幸被捕关进大牢,我把他释放了。就是这三个人与我一起来的。"管仲把孟简子迎上车,说:"我也一定有困窘的时候,我不能以春风风人,不能以夏雨雨人。我也一定会有困窘的时候啊。"

孟简子当然就是一个"立身"高尚的人,他能够为自己的下人们做到这些,可谓是"恩重如山",下人们也定当以"涌泉"相报了。其实,这里所说的"立身"不仅仅只是帮助有困难的人,而且还需要用自己的思想和实际行动去感召别人,能够让每个人都能有"仁爱之心"、"恻隐之心"、"辞让之心"、"是非之心",等等,其目的就是要做到无愧于己、无愧于人,这才是真正"立身"的人。

战国时候,梁国与楚国邻接,两国在边境也设有界亭,管理双方的人员进出。而两边界亭里的人也都在各自的地界里种西瓜。梁亭的人很勤劳,经常锄草浇水,因此瓜苗长得很好,而对面的楚亭里的人,十分懒惰,就让地里的瓜苗自生自灭,从来不过问,当然瓜苗长得就很瘦弱了。看到梁亭那边的瓜苗长得那么好,再看看自己这边的,楚亭的人就觉得很没面子,于是趁有天夜里没有月亮,就偷偷跑过去把梁亭的瓜苗全给扯断了。梁亭的人第二天浇水的时候,发现瓜苗都蔫了,大家都很气愤,于是把这件事报告给边县的县令宋就,说我们也过去把他们的扯断!宋就说:"这样做显然是很卑鄙的,可是我们明明知道他们扯断我们的瓜苗,那为什么再反过去扯断人家的瓜苗呢?别人不对,我们再跟着学,那不是知错犯错吗?你们听我的话,从现在开始,你们每天去给他们的瓜苗浇水,让他们的瓜苗长得好。但你们这样做,一定不可以让他们知道。"

梁亭的人就按照宋就的话去做了。楚亭的人发现自己的瓜苗一天比一天长得好,经过仔细观察,才发现每天早上都是梁亭的人在帮他们浇水。楚国的边县县令知道这个情况以后,感到很惭愧,于是就把这件事报告了楚王,楚王听说以后,很感动,就马上叫人备重礼送给梁王,既以示自责,也表示感谢,结果这一对敌国成了友好的邻国。

这个故事中主要人物是宋就,他深知"中庸"、"己所不欲,勿施于人"的"恕"道,所谓"反求诸己"、"推己及人",这样做的结果不仅可以使自己无害于人,反而让那些"作恶"的人无地自容。而那些自私自利的领导者,往往不懂得其中的道理,从不顾及别人的利益,把自己的利益建立在损人的基础上,这种人无疑是可耻的。所以,为人处世,首先要立正领导者自身,能退让的时候就退让,只要不违反自己为人处世的原则。

★以真诚的情感塑造领导魅力

临事接民而以义,变应宽裕而多容,恭敬以先之,政之始也;然后中和察断以辅之,政之隆也,然后进退诛赏之,政之终也。

——《荀子》

齐宣王问孟子,称王于天下的仁政是什么？孟子回答："男人没有妻子的叫鳏,女人没有丈夫的叫寡,老人无子女的叫独,幼时无父的叫孤。这四种人,是天下最贫困而没有援助的人。文王发布政令而施行仁政,首先考虑的就是这四种人。"齐宣王听后,点头道："你说得太好了！"

一个领导者要受到人们的拥护,就得真诚地为人们做些实事,实现情感的交融。管理学的研究者曾做过这样一个实验:请一位不为人们喜欢但具有丰富知识的人当众阐明一些事实。实验者发现,该人所说的事实并没有立刻被他人所接受。但随着时间的推移,人们渐渐忘记了该事实是谁说出的,却没有忘记他说的内容。这时,人们开始受到他所说的话的影响。这种影响的滞后

孟子

效应被称为"睡眠者效应"。但是,当提醒人们这些话是曾经由谁说出的时候,人们对这些话的抵制便又重新恢复。

在这个实验中,涉及一个人的人格与知识是如何对他人产生影响的？从领导学的角度说,领导者影响他人的能力,就是他的权力。如果一个领导者具有相当的人格魅力,成为他人敬仰和模仿的对象,他就具有影响他人的"参照权";如果一个领导者拥有丰富的专业知识,他就拥有了影响他人的"专家权"。但"睡眠者效应"告诉我们:如果领导者只具有专家权,而缺乏参照权,那么便会影响专家权对被领导者产生作用。被领导者可能因为一个事实是由他不敬服的领导者说出,就在心理上抵制他,拒绝相信他。

领导者要影响的不仅仅是被领导者的具体行为,而且要影响被领导者的价值倾向和思想观念。这种影响的有效产生,不仅依赖领导者所具有的职位权力,如奖酬权、强制权和合法权,而且更依赖他所具有的个人权力。参照权和专家权就是两种最基本的个人权力。凭借这种个人权力,领导者不仅可以以组织的名义对被领导者提出工作要求,而且还可以以个人名义对被领导者的思想和行为产生积极的影响。但是,当领导者只有专家权而缺乏参照权时,他对被领导者的个人影响力就会大大减弱。反之,如果领导者深受人们的喜爱,那么即使他在知识方面有所缺陷,人们还是会热心支持他。

被称为"乔治王"的足球明星乔治·维阿,在利比里亚经历了14年战乱后,宣布要竞选总统。乔治·维阿在这个喜爱足球的国家深受人们的爱戴,因为他曾在1995年一年内接连赢得"欧洲足球先生"、"非洲足球先生"、"世界足球先生"三项

桂冠。在利比里亚国家足球队 1995 年因没有付费而面临国际足联的停赛处罚时，维阿自己掏出 5000 美元补足了欠款。在第二年的非洲国家杯比赛时，他还为球队运动员和管理人员购买了设备、服装和机票。2002 年，他批评了前统治者泰勒，结果住宅被纵火，家人也受到了袭击。他是联合国儿童基金会的亲善大使，他所做的人道主义工作赢得了世界范围的称赞。

尽管人们怀疑这个文化程度不高并缺乏政治经验的球星是否有足够的能力管理这个国家，但利比里亚的许多民众还是期望他能参选。

一家地方报纸称："经过了多年的流血和战争，利比里亚满目疮痍，利比里亚人需要一个真正的爱国者、一个人道主义者，而乔治·维阿有潜力让利比里亚人重新团结起来挽救这个国家。"

一个具有魅力的领导者，他知道感情投入的重要，他还知道感情投入的方式是多样的，例如让出功劳、承担过错等也是一种感情投入的方式。

人们做事都希望得到别人的肯定，即使有时未能成功，但始终是卖了力的，也不希望被别人忽视。一个人付出了却得不到肯定，这是在打击他的自信心。所以，作为领导者，切勿忽视别人参与的价值。

据《左传》记载，成公二年，鲁国和卫国十分害怕齐国的侵略和征讨，于是跑到晋国求援，请求出师讨齐。晋国大将郤克带领着中军，以士燮为上军主将的辅佐，栾书为下军主将，大举兴师讨伐齐军，解救鲁国和卫国之危，在华泉大败齐国的军队，齐国的车右逢丑父也被晋军活捉了。取得战争的胜利后，晋景公亲临校场慰问几位大将说："这都是你们的功劳啊。"郤克回答说："这是您的教导发挥了作用，也是将士们奋战得来的结果，我哪有什么功劳可言呢？"士燮回答说："是荀庚卓越的指挥，郤克的运筹帷幄、控制全局，我没有出什么力。"栾书回答说："是士燮的命令如山，是士兵的顽强搏斗，我也没多出力。"作为领导军队作战的统帅，能如此谦逊，不居功自傲，三军将士听到了，纷纷赞颂他们的领导英明。

因此，不论如何完美的名誉和节操，不要一个人独占，必须分一些给旁人，才不会惹起他人忌恨招来灾害；不论如何，耻辱的行为和名声，不可以完全推到别人身上，要自己承担下来，只有这样才能多做一些品德修养。把功劳推让给别人，把过错一个人揽下来，不仅仅是一种修养，更是一种明智。

"不能正其身，如何正人？"高明的领导者，不但会与下属一起分享功劳，有时还会故意把本属于自己的那份功劳让给下属。这样，还有哪个下属不肯全心全意地工作？这是最高级的用人术。领导者有必要将自己的功劳让给下属，或许你会认为这样损失太大而不愿意。但如若你本身实力雄厚，足以建功立业，即使想吃亏也是不可能的。

★从谏如流，不能独断专行

无稽之言，不见之行，不闻之谋，君子慎之。

——《荀子》

鲁国国君想让乐正子主持政务。孟子说："我听到这个消息，高兴得睡不着觉。"公孙丑说："乐正子刚强吗？"孟子说："不是的。"公孙丑说："他有智谋吗？"孟子说："没有。"公孙丑说："他的见识广博吗？"孟子说："没有。"公孙丑说："那么你怎么高兴得睡不着觉？"孟子说；"他的为人善于听取有益的话。"公孙丑说："善于听取有益的话就足够了吗？"孟子说："善于听取有益的话，就能胜任治理天下，何况只是一个鲁国呢？善于听取有益的意见，天下的人就都会不远千里而来说些有益的意见；不高兴听取有益的意见，人们就会说：'哎哎！这个我早就知道了。'这样哎哎声调显得神气傲慢，拒人于千里之外。有见识的人被拒绝在千里之外，挑拨离间、阿谀迎奉的人就到了。与那些挑拨离间、阿谀迎奉的人居住在一起，国家想得到治理，可以吗？"

所以，作为领导者，需要善于听取下属或员工的意见，综合出对团体有益的建议，做最后的拍板决断。

美国前总统林肯上任不久，有一次将六个幕僚召集在一起开会。林肯提出了一个重要法案，可幕僚们的看法并不统一，于是七个人便激烈地争论起来。林肯在仔细听了其他六个人的意见后，仍感到自己是正确的。在最后决策的时候，六个幕僚一致反对林肯的意见，但林肯仍固执己见，他说："虽然只有我一个人赞成但我仍要宣布，这个法案通过了。"

这里林肯并不是独断专行，而是仔细地了解了其他六个人的看法并经过深思熟虑，认定自己的方案最为合理。而其他六个人持反对意见，只是一个条件反射，有的人甚至是人云亦云，根本就没有认真考虑过这个方案。既然如此，就应该力排众议、坚持己见。因为，所谓讨论，无非就是从各种不同的意见中选择出一个最合理的。既然自己是对的，那还有什么可犹豫的呢？

决断，不是由多数人做出的，多数人的意见要听，但做出决断的是领导一个人。

为什么孔子喜欢"敏于行而讷于言"的人呢？因为"无多言，多言多败"。唐太宗李世民曾感叹道："言语者君子之枢机，谈何容易。"他注重听取臣僚们的言语，但他又意识到如果只听而不审察，就会傍人门户，就会偏听则暗，其坏处与堵塞群言一样大。

不少领导都有一意孤行的癖好，除了自己的意见外，根本就听不进别人任何有益的进言。而当别人有意见的时候，他们也常常命令别人保持沉默。对组织团体有质疑的时候，出面质疑的人就很有可能被贴上"不忠"的标签，甚至被视为是制造麻烦的人。到底什么才是判断反对和不同意见的最佳方式？应当鼓励持异议的人勇于发表不同意见甚至是反对意见，并要认真倾听。

战国时期，一位君王曾下过一道求谏令："群臣和百姓能当面指责寡人之过的，受上赏；上书规劝寡人的，受中赏；能在公共场合议论寡人的过失而被我听到的，受下赏。"此令一下，收到了极好的效果。这个国家在很长一段时间内，国泰民安、社会稳定。

自古以来，一意孤行、刚愎自用的领导人必定要垮台。这是历史经验的总结。

关羽守卫荆州时，东吴吕蒙做了大都督，吕蒙早就有抢回被刘备骗去的荆州的打算，但他知道强攻硬取只会使自己吃亏，于是想办法从关羽的弱点上开刀。当时，关羽不在荆州，正在外面带兵攻打樊城。吕蒙见此机会难得，表面上主动与关羽搞好关系，暗中用计蒙蔽关羽。他诈称有病，让东吴书生陆逊代替自己都督的职位。陆逊一上任，就用友好的言辞写了一封信，并备了厚礼，遣使拜见关羽。此后关羽放松了警惕，他嘲笑孙权说："孙权见识短浅，竟用孺子为将！"他丝毫没把陆逊放在眼里，认为陆逊奈何荆州不得，反而把荆州守兵抽出攻打樊城。关羽的副将司马王甫、赵累却认为东吴此举必有阴谋，苦劝关羽不要轻易撤走荆州守兵。而关羽对东吴近日一系列的行动与迹象没有认真分析、研究，狂妄地认为东吴胆怯，放心大胆地撤走了荆州守兵。但后来事实是，东吴军队渡江夺取了荆州城。

与此同时，关羽对荆州已失守的消息却仍不相信，当军中有人私下传言荆州失守时，他听到后愤怒地制止道："此是敌方讹言，以乱我军心！东吴吕蒙病危，孺子陆逊代都督之职，不足为虑！"此时的关羽仍是这等自负、目空一切。后来，探马报知实情后，他才相信荆州是真的丢失了。他大惊失色，不得已投奔荆州属地公安，岂知公安也已被吕蒙夺取了。在这进退无路之时，关羽似乎有一丝觉醒，他对身边的司马王甫深深叹道："悔不听足下之言，今日果有此事！"

如果说，荆州是由于关羽的大意丢失的话，那么，关羽败走麦城则是因他不听取下属的建议所致。当蜀军困守麦城，内无粮草，外无援兵之际，关羽决定离弃麦城,突围去西川。对于如何取道去西川,他又拒绝了司马王甫的正确建议。去西川有两条路,一条是大路,一条是偏僻小路,关羽打算从小路去西川,可司马王甫担心吴魏在小路设下埋伏,建议部队走大路。这时,关羽又犯了一意孤行的毛病,固执地不听司马王甫的话,还扬言说:"纵有埋伏,有何惧哉!"他坚定不移地要走小路。司马王甫料定关羽此去凶多吉少,他百般劝阻仍无济于事,结果父子双双被擒。一代英雄豪杰因不能兼听不同的意见而酿成重大的历史悲剧。

关羽

作为领导,应该具有从谏如流的雅量,能够听取不同意见,并鼓励下属敢于提出不同意见。正所谓"君子和而不同,小人同而不和"。领导者能经常听到不同意见,于己于人都有好处。

唐太宗问魏征:"历史上的国君,为什么有的明智,有的昏庸?"魏征回答说:"兼听则明,偏信则暗。"接着,他列举历史上的人与事说:"秦二世只听赵高的,隋炀帝偏信虞世基,结果耳目闭塞,导致国家灭亡。国君如果能多听各方面的意见,采纳下面的正确主张,下情上达,就会明智;如果只听单方面的话,就被蒙蔽,就会昏庸。"唐太宗听了魏征的话,连连点头称好:"明主思短而益善,暗主护短而永愚。"

★敞开胸襟,包容待人

荀子曰:"君子贤而能容罢,知而能容愚,博而能容浅,粹而能容杂,夫是之谓兼术。"

——《荀子》

荀子曰:"君子贤而能容罢,知而能容愚,博而能容浅,粹而能容杂。"

君子贤能而能包容无能的人,聪慧而能包容愚昧的人,知识渊博而能包容知识浅薄的人,思想纯洁而能包容思想复杂的人。

包容是一种智慧。

与人交往,重要的是学习他人的长处。而对他人的短处,应持包容的态度。如果因为别人某一方面不如自己,就不与他交往,那么永远也处理不好人际关系。

包容是一种气度。

包容他人的过失,也就给了他一次改过自新的机会。"廉颇与蔺相如"的故事告诉我们,包容有化干戈为玉帛的奇妙效果。

包容是一种修养、一种境界。面对他人的过错,耿耿于怀、睚眦必报,带来的是心灵的负累,真正的智者会选择一份包容、一份泰然。越王勾践"十年生聚,十年教训",终于能够兴师复仇,一雪前耻。他可以忍受卧薪尝胆的苦楚,却在灭吴后下令诛尽吴国宗室。他懂得隐忍,却不懂得包容。齐王韩信未发迹时受过"胯下之辱",却在功成名就之后,见到当初侮辱自己的无赖,能不计前嫌任命他为巡城校尉。从这个角度而言,韩信的人格要比勾践的更高尚。

包容可以赢得人缘。

学会包容他人,就是学会了包容自己。包容他人对自己有意无意的伤害,是令人钦佩的气概;包容他人对自己的敌视、仇恨,是人格至高的袒露。

总之,我们应学会包容。对一般人也好,对亲人朋友也罢,每个人都应善待他人、包容他人,这样,人与人之间就会呈现出一派和谐美好的景象。

荀子曰:"荡荡乎,其有以殊于世也。"君子的胸怀多么宽广啊!这就有了与世人的不同之处。

是否做到包容,是君子与普通人最大的区别之一。

当然,荀子所说的包容,不是无是非、无原则,不是姑息、纵容,而是使人摆脱斤斤计较的心态,开阔凡事耿耿于怀的心胸。

赵惠文王时,蔺相如为赵国丞相,廉颇为赵国将军。

廉颇对蔺相如很不服气,心想:他蔺相如仅凭一张嘴,官职竟比我还高。而我廉颇戎马一生,攻城拔寨、英勇无敌、战功赫赫。他凭什么做相国呢?我一定要找机会羞辱他一番。

廉颇要羞辱蔺相如的话传了出去,并且传到了蔺相如耳中。蔺相如不但没有生气,反而处处躲着廉颇,有时上朝也称病不去,以免和廉颇见面。

廉颇得知此事后,很是得意洋洋。

一次蔺相如带门客出去，看见廉颇的马车过来，忙命驾车之人把自己的马车退回来。蔺相如的门客实在忍无可忍，便对蔺相如说："我们舍身相陪相国，不图名利，只因相国为人忠厚、贤能，可如今相国如此胆小怕事，见到廉颇就躲起来，这种做法连百姓都感到耻辱，何况您一位堂堂的相国呢？我等不才，请求离开！"

蔺相如赶紧摆手，对门客说："你们说廉将军与秦王比，谁厉害？"

门客说："当然是秦王厉害了！"

蔺相如说："天下诸侯都怕秦王，而我却敢当面指责他，和他分庭抗礼。我连秦王都不怕，能怕廉将军吗？我之所以这样做，是因为我知道秦国不敢侵犯赵国，是因为有廉将军和我二人同在。若两虎相斗，必有一伤，秦国必然会乘机攻打我们，我之所以忍让廉将军，是为了赵国啊！"

门客们这才恍然大悟，更加敬佩蔺相如了。

后来，这些话传到了廉颇耳里，廉颇想：蔺相如这般深明大义，为了国家安危，不和我斤斤计较。而我却三番五次要找机会羞辱他，只贪图一时快慰，不顾赵国江山社稷。我和蔺相如相比，真是天壤之别啊！

一天，蔺相如正在房中读书，一门客匆匆跑来，说道："廉将军来了！"

蔺相如不知廉颇有何事，便起身相迎。

到了外边，蔺相如愣住了。只见廉颇上身赤裸着，背上绑一根荆条，见到蔺相如倒身便拜，说道："我廉颇心胸狭隘，不知相国待人如此宽宏大量，自愧不如，今日特来负荆请罪，请相国处置。"

蔺相如赶忙用手相扶，说道："廉将军，快快请起，快快请起。"

从此，廉颇与蔺相如成了刎颈之交。二人一文一武，将相并携，共同辅佐赵王治理天下。

将相和

古人云："唯宽可以容人，唯厚可以载物。"是告诉我们领导者，做人要学会包容。包容，就是要做到宽宏而有气度，不计较、不追究。包容是一种发自心灵深处的内在修养，是一种良好习惯的自然表露。领导者只有真正敞开胸襟，做到包容待人，才能够获得更多真情，拥有更多快乐。

荀子曰:"君子行不贵苟难,说不贵苟察,名不贵苟传,唯其当之为贵。"

——《荀子》

早在《诗经》、《尚书》、《论语》等先秦典籍中,就有关于君子温柔敦厚品德的论述。

荀子继承了这一思想,认为温柔敦厚是君子人格的主要特征。荀子在说明天子的品格和作为时,就曾引用《诗经·大雅·抑》中的话:"《诗》曰:'温温恭人,维德之基。'"认为温柔敦厚是道德的根本和基础。

在荀子看来,作为道德和理想人格的一个重要标准,君子应该将温柔敦厚作为自己的内在品质。

那么,温柔敦厚的品德又是怎样的呢?

荀子在《不苟》中说:"君子宽而不慢,廉而不刿,辩而不争,察而不激,直立而不胜,坚强而不暴,柔从而不流,恭敬谨慎而容。"

意思是说,君子宽和却不怠慢,有棱角却不刺伤人,善于论辩却不强词夺理,明察却不偏激,正直却不盛气凌人,坚强却不残暴,温顺却不随波逐流,恭敬谨慎却大度。

荀子在《不苟》中又说:"君子大心则敬天而道,小心则畏义而节;知则明通而类,愚则端悫而法;见由则恭而止,见闭则敬而齐;喜则和而理,忧则静而违;通则文而明,穷则约而详。"

也就是说,君子志向远大时就要顺应天地的自然规律,志向小的时候就要谨慎地遵守礼义的约束;聪明而且处事精明、触类旁通,愚笨就能端正忠厚而且守法;受到重用就能做到谨慎地进退,不被重用就会遵守礼义而且自爱;高兴时能和顺而且守礼义,忧愁时能默默地回避;显达时谈吐高雅而且精明,穷困时能语言简约而详尽。

荀子认为,在顺境时,君子能恭恭敬敬而不轻举妄动;在逆境中,君子能警惕庄重,恬静守理。

荀子还指出,君子应该爱憎分明,即"隆师而亲友,以致恶其贼",应该光明磊落,铮铮铁骨,即"君子崇人之德,扬人之美,非谄谀也;正义直指,举人之过,非毁疵也……刚强猛毅,靡所不信,非骄暴也"。

此外,荀子认为,君子能够"与时屈伸,柔以若蒲苇",能够兼收并蓄,"君子贤而能容罢,知而能容愚,博而能容浅,粹而能容杂"。

总之,做人必须培养自己温和敦厚的品德。具备了这一品德,才能在顺境、逆境之中没有忧愁;才能凡事顺利没有阻碍;才能一生幸福没有灾祸。

1835年,摩根先生成为一家名叫"伊特纳火灾"的小保险公司的股东,因为这家公司不用马上拿出现金,只需在股东名册上签上名字就可成为股东。这正符合当时摩根先生没有现金却想获得收益的情况。

很快,有一家在伊特纳火灾保险公司投保的客户发生了火灾。按照规定,如果完全付清赔偿金,保险公司就会破产。股东们一个个惊慌失措,纷纷要求退股。

摩根先生斟酌再三,认为自己的信誉比金钱更重要,他四处筹款并卖掉了自己的住房,低价收购了所有要求退股的股份。然后他将赔偿金如数付给了投保的客户。

一时间,伊特纳火灾保险公司声名鹊起。

已经身无分文的摩根先生成为保险公司的所有者,但保险公司已经濒临破产。无奈之下他打出广告,凡是再到伊特纳火灾保险公司投保的客户,保险金一律加倍收取。

不料客户很快蜂拥而至。原来在很多人的心目中,伊特纳火灾保险公司是最讲信誉的保险公司,这一点使它比许多有名的大保险公司更受欢迎。伊特纳火灾保险公司从此崛起。

许多年后,摩根成了美国华尔街的金融大亨。

成就摩根家族的并不仅仅是一场火灾,而是比金钱更宝贵的信誉。信誉是纯朴厚道之人自然的表现之一。纯朴厚道是一个人宝贵的德行。纯朴厚道的人会得到别人的信任,纯朴厚道的人少有灾难,即使遇到不可抗拒的灾害,他也会因为自己的纯朴厚道而遇难呈祥。

第七章 沟通艺术,魅力口才

★口才是良好人际关系的催化剂

凡事行,有益于理者立之,无益于理者废之,夫是之谓中事。凡知说,有益于理者为之,无益于理者舍之,夫是之谓中说。事行失中谓之奸事,知说失中谓之奸道。

——《荀子》

人与人之间的社会交往,首先是通过语言交流开始的。离开了语言,人与人之间的信息交流就失去了基础,人们就失去了沟通的桥梁。古人云:"三寸之舌,强于百万之师。"可见,出色的语言能力在交际中的威力和功效。

成功的社会交往离不开一副好口才,然而口才并不是简单的动动嘴皮子,它需要个人能够在与人交往中有语言的突破,好口才体现的是语言魅力和个人的综合品质。尽管每个人都能把话说得巧妙悦耳,说得鲜活生动,但真正的好口才是需要下一番工夫的。同样的一句话,有的人说出来,可以让人捧腹开怀,有的却令人心生讨厌甚至是气愤恼怒,这其中的关键,就是如何掌握好交谈的分寸和技巧,既不过分也不是一味的不着边际,遇到这两个极端,就需要运用"中庸"思想了,说话做事顺应"中"道,都是恰到好处,口才在交际中的魅力也就在此了。

人际交往中,如果一个人不善于沟通,那实在是一个相当尴尬的场面。所以,在与人交谈中找准话题至关重要。假如你在码头见到一个熟人,大家一起上船,一时没有话说。这时最简单的一个办法就是从眼前的事物中寻找话题。比如说"嗨,你看那广告牌,你觉得怎么样?""对面那个人的衣服挺新潮的,我觉得你穿上也很不错。"如果他手中正翻着一份报纸,看到头条新闻,你可以问他对当今时局的看法,等等,只要你愿意和对方交谈,就地取材,不可能没有话题。

有的人会时常觉得自己要说的话题,他人不感兴趣,这也是很尴尬的,这个时候如果不知道转换话题,自己还津津有味地说个不停,那别人就会觉得你这个人真烦。所以,交谈中要找双方都感兴趣的话题也十分重要。你大可以从脑海中思索,甚至可以联想,譬如说看到一盏灯,我们就可以从"灯"出发,灯是谁发明的呢?是爱迪生,由爱迪生我们又可以联想到电影《爱迪生传》,由影片我们又可以联想到最近的新电影,或是联想到哪位明星……这样,双方就会找到很多的话题。

另外,在交谈中要机智敏捷,能够用准确的措辞,不能天南地北地乱说一气,别人都还不知道你想说什么。著名的谈话艺术家德川梦声说:"我们日常与人谈话的目的,不外乎以下几种:基于意志的;基于感情的;基于求知的。"找准目的之后,措辞就很重要了,同一句话,即使措辞略有不同,他人的理解和回答也不同。例如:"你知道保龄球馆在哪里?"和"在哪里有保龄球馆?"便有不同的答案。注意了这差异性之后,与人交谈要措辞得当,不能说了半天,别人都还不知道你想要表达什么意思,那你就需要换个话题了。

一副好口才不是天生的,而是在后天学习和实践中取得的。好的口才也表现出一个人的机智和心态。有一次,一位英国记者采访作家梁晓声。记者走到梁晓声面前说:"梁先生,下一个问题,请您做到毫不迟疑地用'是'与'否'来回答。"梁晓声点头答应。"没有文化大革命,可能也不会产生你们这一代青年作家,那么文化大革命在你们看来究竟是好是坏呢?"梁晓声一怔,问题竟如此刁钻,他灵机一动回答说:"没有第二次世界大战,就没有以反映二战而著名的作家,那么您认为第二次世界大战是好是坏呢?"回答得如此巧妙,这位英国记者一愣,摄像机也立即停止了拍摄。

现实生活中。我们也可能会遇到这种情况:"你喜欢他吗?""你真的讨厌他吗?"回答者如果直接回答必定会带有个人的感情色彩,双方也有可能不欢而散。其实你不妨这样问:"你对他的印象如何?"既不让对方不好回答,也可以达到自己问话的目的。

口才是取得良好人际关系的催化剂。一副好口才,可以缩短双方的距离。这中间需要注意的是并不是说尽拣别人喜欢听的说,也不是奉承别人的话,而是在事实的基础上利用语言的魅力和技巧,将自己的意见或建议表达得恰到好处,而不让对方感到压力或紧迫感,这才是真正的好口才。如果天花乱坠、不着边际,尽说些空话、大话、废话,即使你说得再精彩、再吸引人,别人当面不说你是个不切实际的人,背后也会说你这个人不够好,那么你不可能与别人相处得融洽。

★讲究分寸，切忌口不择言

利而不流，贵公正而贱鄙争，是士君子之辩说也。

——《荀子》

善于说话的人不会口不择言，胡乱说话。

"你会说话吗？"这样问你，你一定觉得可笑，只要是正常人，说话谁不会？实际上，问题并没有那么简单。谁都会说话，但有人说话总是没有分寸，口不择言，像机关枪，一阵狂扫，只顾自己快活，不顾别人死活。

我们还是先看几个笑话：

一剃头师傅家被劫。第二天，剃头师傅到主顾家剃头，愁容满面。主顾问他为何发愁，师傅答道："昨夜强盗将我一年的积蓄劫去，仔细想来，只当替强盗剃了一年的头。"主人怒而逐之，另换一剃头师傅。这师傅问："先前有一师傅服侍您，为何另换小人？"主人就把前面发生的事细说了一遍。这师傅听了，点头道："像这样不会说话的剃头人，真是砸自己的饭碗。"

在寿宴上，客人同说"寿"字酒令。一人说"寿高彭祖"，一人说"寿比南山"，一人说"受福如受罪"。众客道："这话不但不吉利，且'受'字也不是'寿'字，该罚酒三杯，另说好的。"这人喝了酒，又说道："寿夭莫非命。"众人生气地说："生日寿诞，岂可说此不吉利话？"这人自悔道："该死了，该死了。"

有一人请客，四位客人有三位先到。这人等得焦急，自言自语道："咳，该来的还没来。"一客人听了，心中不快："这么说，我就是不该来的来了？"告辞走了。主人着急，说："不该走的又走了。"另一客人也不高兴了："难道我就是那该走又赖着不走的？"一生气，站起身也走了。主人苦笑着对剩下的一位客人说："他们误会了，其实我不是说他们……"最后一位客人想："不是说他们就是说我了。"主人的话未完，最后一位客人也走了。

由此看来，如果我们说话时不加检点，就可能伤人败兴，引起误解，惹怨招忧。因此，说话时尤要注意说话的场合、对象、气氛，不要口不择言、想说就说。像有些人去菜市场，问卖肉的："师傅，你的肉多少钱一斤？"或饭馆服务员上一盘香肠，说："先生，这是你的肠子。"这类生活中的笑话，我们要注意避免。

生活中见人说人话,见鬼说鬼话的实在太多了。明明是这么回事,有人偏偏说成那么回事。刚才还这样讲,一转脸又那样讲了。这样随风转舵、看人下菜碟、言不由衷、自欺欺人,活得多累,又多没意思。俄国作家契诃夫笔下的"变色龙",就是这样很"累"地不断自打嘴巴。我们做人可不能这样。

说话难,但也不能就此闭口不言,学会怎样说话就是很重要的事了。

技巧是要学习,但这并不意味着我们可以放弃原则,指鹿为马,曲意逢迎。如果违心地说话,那技巧就变成了恶行。崔永元说得好:"也许有一天我们会讨论技巧,我们用酒精泡出了经验,我们得意地欣赏属于自己的一份娴熟时,发现我们丢了许多东西,那东西对我们很重要。"

说话不坚持原则,丢掉的就是人格。

说话这事,孩子们的词典里还没有许多词汇。怎么想就怎么说。只有大人们觉得是道难题。大人们知道左顾右盼、思前想后,知道掂量和玩味。那么,如果我们实在想说,如鲠在喉,不吐不快,又不知道该怎么说时,怎么办?那就像来自德国的教练施拉普纳对中国足球运动员说的:"当你不知道该把球往哪儿踢时,就往对方球门里踢!"

这是解决说话难的最终办法,曲意逢迎只能避开一时的麻烦,得到的是良心上的永久不安。但是切忌口不择言,讲究一下分寸,实在不能说,宁可保持沉默。

★晓之以理,动之以情

矜庄以莅之,端诚以处之,坚强以持之,譬称以喻之,分别以明之。

——《荀子》

说服别人最基本的要点之一,就是巧妙地诱导对方的心理或感情,以使他人就范。如果说服的一方特别强调自己的优点,企图使自己占上风,对方反而会加强防范,所以应该注意先点破自己的缺点或错误,暂时使对方产生优越感,而且注意不要以一本正经的态度表达,才不会让对方乘虚而入。

在沟通交流时,要说服对方,也要坚持自己的原则,让对方理解你的行为,来达到说服的目的。要说服他人,首先要让他知道他的观点是错的,一定要使他的思路回到正确的方向,不然,他永远都是错的,你也不能说服他。

有一患者的姐姐来到办公室,想请求护士长特许妹妹使用自备的微波炉:"护士长,我妹妹病得好可怜,她想吃点热饭热菜,我把微波炉带来了,请您允许我使用!"

护士长说:"我也很同情你妹妹,但病房是不允许使用电器的!很容易发生事故。你看,我办公室用的微波炉也需用电许可证才能使用,这样吧,你妹妹的饭菜拿到我办公室来热,这样也可以吧?"

患者的姐姐:"我已经把微波炉带来了,你就允许吧!"

护士长:"不好意思,我真的不能违背原则!"

患者的姐姐:"那就麻烦你了!"

护士长:"没关系!应该的!"

护士长在说服患者家属时,通过与其交流,既说服对方遵守规章制度,坚持了自己的原则,又解决了患者的实际困难。

举例来说:有某个住户到管理处,要求在自己家里装防盗网,作为管理处负责人,你首先要礼貌地接待住户,其次要认真倾听他的意见、申请的内容,最后,虽然他的做法是不对的,但在回复住户时,不要直截了当地地说:"不行,这是我们公司的规定。"难免引起住户的反感,你这时应该平静、温和地说:"先生(小姐)实在很抱歉,对于这个问题,我们以前已认真地讨论过。目前政府已明确规定不允许在外墙安装防盗网。"然后再让他从外观上考虑如果每家每户都安装防盗网,会造成整个大厦外面不好看,另外要让他相信,你们会把这个大厦的治安做好,请他放心。这样不但从道理上让他理解,同时也给他一个信心上的保证,这样多数人都不会再坚持原来的想法了。

从以上事例来看:在说服人时,除了技巧外,还需要以理服人,以事喻理,用事实说话,用事例佐证,避免说大话、空话。讲理要注意层次的高低和深浅,不可跨越别人的思想范畴,不着边际地大话连篇。

讲道理时,要善于用商量的语气来引发听者思考,使别人感到不是强迫他接受你的意见,只是在共同探讨、解决问题而已。

用道理说服人,不要反反复复,唠叨个不停。否则,一定会让人听了厌烦,甚至听不进去,也不会达到说服的效果,点到即可。

美国著名政治家富兰克林有一段经验之谈,他说:"我立下一条规矩,我在说服他人时,绝不正面反对别人的意见,也不准太武断,我甚至不允许自己在文字和语言上措辞太肯定。我将'当然'、'一定'、'无疑'改用'我想、假设说',一件事该这样或那样,或者'目前我认为如果……'当别人陈述我不以为然的事时,我不会打断他,也不会立即驳斥他,或立即指正他的错误。我在回答的时候,先表达他的意见在某些条件下没有错,再说出目前稍有不同,等等。这样,谈话的气氛就会很融洽。以谦虚的态度来表达自己的意见,不但容易被接受,更能减少一些冲突,这样即使我有错也不会有难堪的场面。而如果我是对的,别人也较容易赞同我。"

在说服、劝导别人时,要注意环境和气氛,以加强说服的效果。

例如,1890年,美国著名的幽默作家马克·吐温等一行20来人参加道奇夫人的家宴。不一会儿,就出了大宴会经常发生的情况:人人都在跟旁边的人谈话,而且同一时间讲话,慢慢的,大家便把嗓音越提越高,拼命想叫对方听见。

马克·吐温觉得有伤大雅,太不文明了。而如果这一时间大叫一声,让人们都安静下来,其结果肯定会惹人生气,甚至闹得不欢而散。怎么办呢?

马克·吐温心生一计。便对邻座的一位太太说:"我要把这场骚乱镇下去。我要让这场吵闹静下来,法子只有一个,可是我懂得其中奥妙。您把头歪到我这边来,仿佛对我讲的话非常好奇。我就这样低声说话。这样,旁边的人因为听不到我说的话,就会想听我的话。

"我只要叽叽咕咕一阵子,你就会看到,谈话会一个个停下来,便会一片寂静,除了我叽叽咕咕的声音外,其他什么声音也没有。"

接着,他就低声讲了起来:"11年前,我到芝加哥去参加欢迎格兰特的庆祝活动时,第一个晚上设了盛大的宴会,到场的退伍军人有600多人。坐在我旁边的是某某先生,他耳朵很不灵便,有着聋子通常有的习惯,不是好好地说话,而是大声地吼叫。他有时候手拿刀叉沉思五六分钟,然后突然一声吼叫,会吓你一跳。"

说到这里,道奇夫人那边桌子上闹哄哄的声音小下来了,然后寂静沿着长桌,一对对一双双蔓延开来,马克·吐温用更轻的声音一本正经地讲下去:

"在某某先生不做声时,坐在我对面的一个人对他邻座讲的事快讲完了……说时迟,那时快,他一把揪住她的长头发,她尖声地叫唤,哀求着,他把她的脖子按在他的膝盖上,然后用刺刀可怕地猛然一划……"

到这时候,马克·吐温的叽叽咕咕声已经达到了目的,餐厅里一片寂静。马克·吐温见时机已到,便开口说明为什么他要玩这个游戏,是请他们讲些礼貌,顾念大家,不要一大伙人同声尖叫,让一个人好好地讲话,其余的人好生听着。

他们同意了马克·吐温的意见,晚上其余时间里,大家都是高高兴兴的。

第四篇 《吕氏春秋》智慧通解

导读

为什么吕不韦成为"失败的胜利者"？原因在于他的主张能够兼容并蓄、博采众长，符合社会发展的需要。

春秋战国时期，是百家争鸣、学术繁荣的时期，也是中国历史上文化最辉煌、影响最深远的时期。先秦各家互相排斥、不断争论，同时也在自觉不自觉地吸取对方的某些观点。《吕氏春秋》不标榜自己属于哪一家，而是公开地兼容并蓄，吸取各家之长，创造出新的思想。比如：道家以"道"作为宇宙的本源，《吕氏春秋》采取了这一观点，但它用"精气"（宋尹学派）来充实"道"。道家主张"无为"，《吕氏春秋》采取这一主张，但把它限制在"君道"上，主张"君道无为"。道家的社会政治理想是原始的"小国寡民"，而《吕氏春秋》则主张建立大帝国。对于儒家，《吕氏春秋》也有选择地吸取不少观点和主张。例如它吸取儒家的"仁"，但提出"仁乎其类"，即主张对自己的同类都"仁"，去除儒家强调等级、亲疏的观点，接近墨子的"兼爱"。《吕氏春秋》的"民本"思想，重视人民力量的观点，显然是受到孟子"民贵君轻"等思想观点的深刻影响。同样，对法家、墨家、名家等各家的观点，《吕氏春秋》都不同程度地采取和改造，从而形成自己的思想体系，被后人称为"杂家"。

第一章　深得民心，统一天下

★用义兵统一天下

当今之世，浊甚矣，黔首之苦，不可以加矣。天子既绝，贤者废伏，世主恣行，与民相离，黔首无所告愬。

——《吕氏春秋》

《吕氏春秋》产生的时代，面临的最大的问题是统一。经过春秋战国的长期战乱，有识之士都认识到这种局面不能再继续下去，只有统一才能结束战乱。《吕氏春秋》对此作了多方面的论述。《振乱》篇说：

社会已经极端混浊，没有天子，贤人不当政，昏乱的国君任意胡为，老百姓连投诉的地方也没有。

《先已》篇说：

当今之世，巧谋并行，诈术递用，攻战不休，亡国辱主愈众，所事者末也。

这是从统治者的地位出发，指出战争不断进行，亡国的君主也越来越多，战乱甚至对他们也不利。

《谨听》篇说：

乱莫大于无天子，无天子则强者胜弱，众者暴寡，以兵相残，不得休息，今之世当之矣。

这里指出，战乱的原因、社会不良现象产生的原因，在于没有天子，亦即没有人

吕不韦

统一天下。

《功名》篇更说：

今之世，至寒矣，至热矣，而民无走者，取则行钧也。欲为天子，所以示民，不可不异也。

这是说，当时的世道水深火热，老百姓不趋向谁，是因为到处都一样坏。要想统一天下，当天子，就应当在行动上不同于那些统治者。

义兵说，就是既要以兵力统一天下，又要示民以义，以争取百姓。

效果不彰的弭兵会

《老子》一书也是反对战争的，它说："夫佳兵者不祥之器"，"师之所处荆棘生焉，大军之后，必有凶年"，主张"天下有道，却走马以粪"。认为战争会带来种种灾祸，应该把战马用于耕作，即废止战争。此外，还有公孙龙主张"偃兵"的记载。

思想家们提出的种种偃兵的学说和方案，都被历史所否定。历史的进程告诉我们，在当时的条件下，永久的弭兵只能是空想，甚至一个时期的和平也不可能。只有全国统一，才能结束各诸侯国不断进行的兼并战争。

孟子已经看到这一点，他说："天下乌乎定？定于一。"他主张实行仁政，认为那样老百姓就会纷纷来归，达到统一天下的目的。这种用王道统一天下的主张，有积极的一面，但过于迂阔，自然行不通。法家也主张统一天下。他们提倡耕战，主张纯用武力，甚至以首级计功。

《吕氏春秋》的义兵说，就是在上述历史背景和思想家们公布了种种学说、方案的情况下产生的。它不同于以上各种学说，主张以义兵统一天下。

有义兵而无偃兵

义兵说首先强烈地反对偃兵的主张。在谈义兵问题的第一篇文章《荡兵》篇中，第一句话就是："古圣王有义兵而无偃兵。"

《吕氏春秋》全书，大都正面提出和论述自己的论点，对于未加吸取的不同意的思想或论点，绝少直接批评。《荡兵》等篇尖锐地批评偃兵和非攻，是个例外。这表明，《吕氏春秋》对统一天下的问题，十分重视，有意鲜明地把自己的观点表述出来。

《荡兵》篇对"有义兵而无偃兵"的命题，作了种种论证。

《荡兵》篇为了论证偃兵行不通，把"兵"归之于"天性"。《吕氏春秋》中的"天"指自然，"天性"即自然之性。它认为，战争是源于人类的自然之性，是无法改变的。它说：人们说蚩尤"作兵"，制造兵器，开始有战争，其实蚩尤制造兵器，不过是使兵器更锋利而已,在这之前,人们已经砍下林木作武器打仗了。它进一步指出:天子、君、长的产生,都是由于人群的战争。原始人群的战争,"胜者为长","长"相当于我们现在说的部落首领。首领还不能治理好天下,于是产生君主;只有君主仍不能治理好天下,所以产生天子。天子、君、长的产生,根源都是由于人们有争斗。因此,古代的圣王从来主张正义的战争,不说废止战争。

《吕氏春秋》的上述看法,自然是不确切的。原始的人群之间的械斗与人类文明社会的战争不同,人与人之间的争斗更不是战争。但是,它无意中接触到一个历史的真实,即天子、国君的产生,的确是与战争分不开的。它包含着一定的真理性:存在不同的统治者的利益集团,就存在战争的因素。

为了论证"兵"不可"偃",《荡兵》篇进一步把人与人之间各种形式的争斗,都说成是"兵"。它说:

在心而未发,兵也;疾视,兵也;作色,兵也;傲言,兵也;援推,兵也;连反,兵也;侈斗,兵也;三军攻战,兵也。此八者皆兵也,微巨之争也。

这里,不仅把打架、斗殴说成战争,而且把言辞傲慢,怒目相视,甚至只是心里嫉恨,与"三军攻战"一样看成战争,认为它们的差别只是大小不同。这显然是荒谬地混淆了事情的质的差别,以此论证"圣王有义兵而无偃兵"是无力的。

论证虽然并不成功,但这个命题的合理性和进步性不容忽视。

偃兵,即废止战争,是善良人们的共同愿望。几千年来思想家对此提出过许许多多论述和主张。然而,直到现在,世界还只存在着均势下的和平,核恐怖下的和平,小战争不断,谁也不敢说战争能够永远废止。而在战国末期,这种美好的愿望更是不能实现的。偃兵论者,往往只讲应否偃兵,而没有论证能否偃兵,可以说,它一开始就脱离了历史的实际。"有义兵而无偃兵"的主张则不然,它把问题从要不要偃兵,转到现实社会能不能偃兵。这表明《吕氏春秋》充分重视历史的经验教训,从而更为理智地探讨这一问题,提出可行的主张。

"有义兵而无偃兵"的命题,显然与孟子的思想有着继承关系。孟子认为"仁者无敌",提过"仁义之师",很赞成周武王伐纣的义举等等。但孟子的主张比较迂阔,他始终幻想实行王道,着重通过政治影响统一天下。义兵说虽然也注意政治影响,但认为义兵是"天下之良药",用以"诛暴君而振苦民",是必需的,非用不可的。可以说,它比孟子的学说更现实,更具有可行性。

"有义兵而无偃兵"的主要锋芒是对准偃兵论的。但同时,它也反对法家纯靠武力统一天下的主张。与法家急功近利的主张相比,义兵说更着眼于统一后的长治久安。

★攻无道和伐不义

取攻伐者不可,非攻伐不可;取救守不可,非救守不可;取惟义兵为可。兵苟义,攻伐亦可,救守亦可。兵不义,攻伐不可,救守不可。

——《吕氏春秋》

义兵说批评的第二个论点是非攻和救守。

非攻、救守是墨家的论点。非攻即反对攻伐,救守即救援防守的一方。《墨子》一书有《非攻》篇阐发他这方面的主张;《公输》、《鲁问》等篇,记载了墨子救守的言行;《备城门》以下诸篇,则专讲守备的方法。

非攻和救守

非攻的理论基础是"兼爱"。墨子主张人们"兼相爱"、"交相利",反对人们"相恶相贼"。他认为攻伐和盗窃一样,都是由于人们"不相爱",而攻伐对人们伤害最深,因此是最大的不义。他针对当时只反对盗窃而不反对攻伐,甚至赞扬攻伐的现象,质问道:"今至大为攻国,则弗知非,从而誉之,谓之义,此可谓知义与不义之别乎?"这个议论,揭露了社会的不合理现象。

庄子也揭露过这种不合理现象,说:"窃钩者诛,窃国者为诸侯。"偷窃腰带钩这类小东西的被诛杀,而偷窃国家的反而成诸侯。墨家不像庄子那样,对于不合理现象,一味地消极退缩,而是积极地起来反对。墨子及其徒属,不仅宣传非攻、救守的理论,而且身体力行。

《墨子·公输》篇记载墨子"止楚攻宋"的著名故事,充分表现了墨子不辞辛苦、不怕危险,"摩顶放踵"以利天下的精神。墨子的徒属也继承这种精神,帮助弱小,以身赴义。《吕氏春秋·上德》篇,记载了墨家的孟胜及其徒众为阳城君守城,一百八十余人死难的故事。这类事情必定不止一件。《墨子·备城门》等十一篇,详细记载了许多守备的方法,没有丰富的实际经验,这样的篇章是写不出来的。

墨家的非攻、救守,反映了当时人们要和平的正义愿望,揭露和谴责了兼并战争的不义,并且用行动来抵抗它。墨家为实现其理想不惜牺牲生命,精神可佩,也收到一些实际效果。他们的理论和行动,包含着以战止战合理的因素。这些,比之于偃兵论者把希望完全寄托在当权者发善心,把成败之柄完全交给各诸侯国的统治者，无疑是前进了一步。

但是，非攻、救守，同它的理论基础兼爱一样，在当时是一种不能实现的幻想，它并不能止息兼并战争。它虽然反映了广大民众的善良愿望，但又把这一愿望引导到维持各诸侯国割据争霸局面的框子里。如果说，在墨子生活的春秋时期，周天子还有残存的威信，因而提出非攻、救守，维持已有的局面以反对战争，还存在一点薄弱的根据，那么，到战国以后，周天子从不起作用到不存在，这点薄弱的根据也已经不存在了。维持已有局面，客观上只能阻碍全国统一，从而使兼并战争长期继续下去。《吕氏春秋》正是在这样的历史条件下对它进行抨击的。

以铲除暴虐为目的

《吕氏春秋》认为，当时是"黔首之苦不可以加"的"浊世"，老百姓苦到不能再苦了。只有兴义兵，除掉暴虐之主，才能拯百姓于水火。如果只讲非攻、救守，就不能消除暴虐，惩罚不义，这对老百姓为害极大。

《禁塞》篇说：

取攻伐者不可，非攻伐不可；取救守不可，非救守不可；取惟义兵为可。兵苟义，攻伐亦可，救守亦可。兵不义，攻伐不可，救守不可。

这是说，主张攻伐或反对攻伐，主张救守或反对救守，都不对。只有主张义兵才对。如果是义兵，攻伐对，救守也对，如果不是义兵，攻伐不对，救守也不对。

可见，《吕氏春秋》抨击非攻和救守，并非完全否定，只是反对把它们放在第一位。它认为，"攻无道而伐不义"，对老百姓是极大的好事，如果一味主张非攻、救守，实际上是反对义，保护不义，所以，它在《振乱》篇中指斥非攻、救守是"乱天下、害黔首"的理论。这样，问题从是否攻伐转到是否兴义兵，从理论上说是深了一层。同时，也反映了战国时期统一的条件成熟，就会有一种新的、有利于统一的理论出现。《吕氏春秋》正是根据当时的社会历史条件，对非攻和救守的主张层层批驳。

《吕氏春秋·振乱》指出，墨家的非攻和救守，是为了反对不义，为了有利于百姓。但是，春秋战国许多暴虐之君，"残杀无罪之民"，尸骨堆起来像山丘一样，在这种情况下还主张非攻、救守，岂不同原来的意愿相反吗？本来要利于百姓，使百姓平安，结果是对百姓不利，使百姓危险。所以这种主张对百姓为害最深。

《吕氏春秋》还指出，非攻、救守达不到避免战争、创立和平的目的。因为，坚持这种主张，不外两种办法，首先用言词，如果无济于事，只好用兵，而用兵就必定杀人。在墨子那里，"杀一人谓之不义"，而非攻、救守用兵会杀许多人，岂不是为了义陷入不义，要避免战争而打仗吗？这是抓住非攻、救守实行中的困难而加以揭露。

《吕氏春秋》懂得"兵凶战危"的道理,《论威》篇说:"兵,天下之凶器也;勇,天下之凶德也。"但它并不因此而完全反对用兵。它认为,"举凶器,行凶德,犹不得已也"。为什么不得已?因为这样才能"慑敌"、"生民"。当时广大百姓处于死亡边缘,只有兴义兵,慑服凶残的敌人,才能使垂死的百姓得到活命,所以《吕氏春秋》的《怀宠》篇说:"义兵之生人亦多矣。"而这,正是它必须坚决反对非攻、救守的原因。

现在看来,非攻反对首先发动进攻,亦即反对侵略,用以维持国与国之间的和平,不失为一种正确的主张。但是,在全国亟须统一的条件下,在反对暴虐的统治以解救百姓的情况下,非攻的确只会有利于残暴的统治者,阻碍统一,起着不良的作用。在这种条件下,义兵说无疑具有更多的合理性。所以,非攻说与义兵说,在不同条件下都具有其合理性与进步性。

★ 义兵必胜

"义也者,……治乱安危过胜之所在也。"

——《吕氏春秋》

战国末期,秦国的兵强是世所公认的。《荀子·议兵》篇曾说:"齐之技击不可遇魏之武卒,魏之武卒不可遇秦之锐士。"技击、武卒、锐士,都是经过训练的武士的不同名称,比较起来秦国最强。

《吕氏春秋》站在秦国的立场,主张统一天下,反对偃兵和非攻。但它所着重的,不是军队的强大和士卒的精锐,而是义。《论威》篇说:"义也者,……治乱安危过胜之所在也。"义不仅关系到战争的胜败,而且关系到治乱安危,亦即关系到战争胜利之后国家社会是否稳定、发展。这种不仅从胜败的角度来审视战争,而是联系到长远的政治、经济问题来考虑战争,思想是深刻的、卓越的。

义为兵之本

《吕氏春秋》从各个角度论证义兵必胜。

《吕氏春秋》认为,战争胜败的关键在自己这一方。我方是义兵,就能使三军一心,就可以无敌。从敌方来说,我方是义兵,敌方不义,就必定"孤独",致使其内部不能团结一致,甚至发生内乱。这样,还没有交锋,可以说胜败之势已定。"先胜于此则必胜于彼矣"，"才民未合，而威已谕矣，敌已服矣，岂必用袍鼓干戈哉！"《孙子兵法》说："不战而屈人之兵，善之善者也。"《吕氏春秋》继承了这一观点，而且有具体的阐发。把战争的胜败，最后归结为人心的向背，更是合理的、进步的。

《吕氏春秋》懂得，战争的胜败，要靠智和勇。但是，它不孤立地看待智、勇，而是把智、勇摆在适当的地位。它说："夫兵有本干，必义，必智，必勇。"根本的因素是义，智和勇是枝干，是义派生的。它议论说：勇必定战胜怯，但勇和怯又不是固定不变的，"民无常勇，亦无常怯"。变化的原因在于"有气"或"无气"。"有气则实，实则勇，无气则虚，虚则怯。"而有气与否，又在于是否义。义兵就气壮，气壮就勇，大河大山之险也拦不住。相反，不义之兵是虚怯的，即使有险要的山川也守不住，有锋利的武器也用不了。这些议论，可以用来说明历史上许多战争为什么以弱胜强，以少胜众。历史上许多貌似强大的军队，正是由于不义而迅速失败。

《吕氏春秋》虽然强调义是本，但不轻视其他因素，这是它比孟子高明之处。孟子认为仁义之师必胜，但他过分轻视物质条件，认为施行仁义，"不使制梃以挞秦楚之坚甲利兵"，即用临时制造的木棒，也可以战胜具有坚实铠甲和锐利刀枪的秦楚军队。《吕氏春秋·简选》不点名地批评说：有人以为，驱使百姓可以战胜受过训练的士兵，老弱的普通人可以战胜精练的武士，没有纪律的囚徒可以战胜列阵严整的军队，锄头木棒可以战胜长矛利刃。这些，都是不懂打仗的人的言论。

它认为，用兵打仗，要懂得利用地形，讲究兵器，训练士卒，精选将校。它把这四个方面称为"义兵之助"。它举例说，商汤伐夏桀，周武伐殷纣，都是举义兵，同时也有精良的战车，武勇的甲士，所以取得战争的胜利，被百姓举为天子。可见，《吕氏春秋》的义兵，虽然吸取孟子的思想，但避免了孟子的偏颇和迂阔。它吸取了《孙子兵法》等兵家思想，如部队的训练，地形的利用等，以纠正孟子的偏颇。同时，又把这些作为义兵之助，放在恰当的地位。

兴义兵能争取民心

在《吕氏春秋》看来，义兵的重要性，不仅在于它能够克敌制胜，更在于它关系到"治乱安危"。

义兵是统一天下必经之路，而统一和治理天下才是长远目标。也可以说，义兵是统一天下、治理天下不可分割的一部分。因此，义兵说的目光，并不专注于战争的胜败，目的也不仅仅是统一天下，而是同时注视着治理天下的问题。换言之，义兵说讲的用兵打仗，已经考虑到对于打仗胜利之后治理天下的影响。所以，《吕氏春秋》主张的义兵，在战争之前和战争之中，都有种种考虑和措施。

《吕氏春秋·顺民》说："凡举事，必先审民心而后可举。"这是说，在准备举兵征伐不义时,也要先考察民心,然后作出决定。考察民心,决定征伐之后,还要继续做争取民心的工作:"先发声出号曰,兵之来也,以救民之死。……将以诛不当为君者也,以除民之仇而顺天之道也",声明出兵是为了救百姓,诛暴君。

打入敌境之后,义兵不危害五谷、掠夺六畜,不砍树木,不烧房舍,不挖坟墓,而且要释放俘虏,以此争取民众。义兵只对准敌方的统治者,不是对着老百姓的,"克其国,不及其民",只杀少数应当杀的人。战胜之后,还要采取种种措施来镇抚百姓,比如,尊显贤良,敬重老人,赈恤孤寡,救济穷困。这样的义兵,人人欢迎,《怀宠》篇形容说:

故义兵至,则邻国之民归之若流水,诛国之民望之若父母,行地滋远,得民滋众,兵不接刃而民服若化。

这里的"行地滋远,得民滋众",暗含着统一天下之意,而"民服若化"则包含统一之后安宁、稳固的意思。

上面这些对于义兵的论述,当然是理想化了的,也是不可能完全做到的。但是,这些论述决不因为难以完全实现而失去意义。如果说,义兵说的反对偃兵、非攻,是解决要不要统一的问题;那么,上述义兵的界说与规定,则解决的是用什么政策来统一的问题。它的锋芒所指,是反对秦国传统的纯用武力的政策。

动兵时就要想到长治久安

秦国的传统政策,在战国末期已经大见成效,有统一天下之势。然而,一味使用严酷的耕战、刑赏政策,统治是否能够巩固?有识之士已经作了深入的议论。

荀子在《议兵》篇中指出:秦国奉行法家政策,兵力最强,"四世有胜",不是偶然的。但是,这是"末世之兵,未有本统",即没有稳固的根本。他还指出,兼并容易,"坚凝"困难。比如燕国战胜和兼并了齐国,但不能坚凝,所以田单能够迅速恢复齐国。他主张兴"仁义之兵","凝士之礼,凝民以政",这样才能像商汤、周武那样真正统一天下。这暗示秦国不能像商、周一样,统一天下并长治久安。

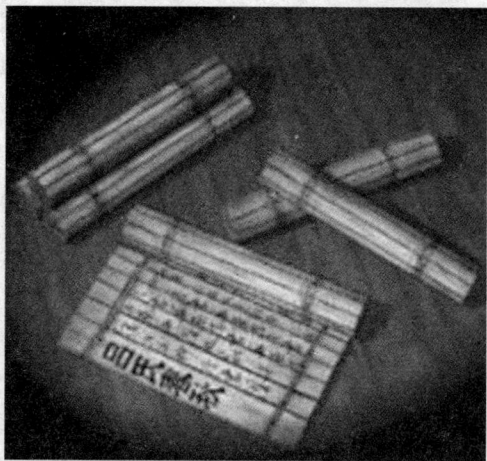

竹简版《吕氏春秋》

《吕氏春秋》的义兵说，显然是顺着荀子的思路来的。由于吕不韦是秦国的当权者，更加强烈地谋划统一天下，所以对于偃兵、非攻大力抨击。然而，他更重视统一后的坚凝问题。可以认为，整个义兵说关注的中心就是坚凝问题。《吕氏春秋》虽然没有明白提出坚凝二字，没有明白指出"凝士以礼，凝民以政"之类的话，但它强调义兵是"顺天之道"的，是为了"救民之死"、"除民之仇"，以及前述贯串用兵前后的种种措施，无一不是为了坚凝的。很明显，这是不指名地批评了秦国的传统，并希冀改变这一传统，以便统一天下和长治久安。

　　历史的进程，没有按《吕氏春秋》的义兵统一天下，而是秦始皇按秦国的传统以严酷的武力统一天下。但确如荀子所预言的，兼并易，坚凝难，二世而亡。这固然与统一后的政策措施不当有关，追溯上去，兼并战争中用兵的残暴已经种下祸根。

　　秦以首级计功，坑降卒、屠城等事，史不绝书。《史记·项羽本纪》记载有"楚虽三户，亡秦必楚"之类的誓词，反映了六国被兼并过程中苦难深重。因此，陈胜一呼，天下响应，貌似强大的秦帝国，迅速土崩瓦解。其后，项羽兵力最强，以西楚霸王的名义宰割天下。他虽战无不胜，攻无不取，但同秦兵一样残暴，坑降卒、屠城，大失民心，最后也归于失败。相反，刘邦虽然兵力较弱，但他的用兵，与义兵说颇多暗合之处。所以在楚汉之争中，能够屡败屡起，最后战胜项羽。历史证明，义兵说富于远见卓识，是符合历史潮流的进步理论。

　　战争是困扰人类的怪物。几千年来，人们向往和平，却无法摆脱战争。一般说来，要求和平，反对战争，无疑是正确的。但是，在战争不可避免的条件下，站在正义的一方，无疑也是正确的。义兵说的积极意义正在于此。

　　狭义地说，战争是政治的延续；广义言之，战争也是政治。为了什么而战以及如何进行战争，每一个环节都是政治。义兵说没有明确提出战争与政治的关系问题，然而，它十分重视战争的政治问题，或者说，它是从政治的角度来审视战争的各个方面和环节的。这就是它的特别卓越之处。

第二章　识别人才,选贤任贤

★要利民不要自利

昔先圣王之治天下也,必先公,公则天下平矣。

——《吕氏春秋》

《吕氏春秋》有《贵公》、《去私》等篇,专门讲"公"的重要性。《贵公》篇说:
昔先圣王之治天下也,必先公,公则天下平矣。

这是把公作为治理天下首要原则,有公才能平。它总结历史,指出得天下的必定公,失天下的必定不公。它认为,圣王用公治理天下,是效法自然的。《去私》篇说:"天无私覆也,地无私载也,日月无私烛也,四时无私行也,行其德而万物遂长焉。"天地、日月、四时,都是无私的,万物因此生长。所以,天子要"全天为故",顺应和效法自然,首先就要像天地、日月那样公而不私。它从贵公去私的原则出发,在《贵公》篇中进而提出:

天下非一人之天下也,天下之天下也。阴阳之和,不长一类;甘露时雨,不私一物;万民之主,不阿一人。

这段话讲得多么好啊! 天下不是哪一个人的天下,而是天下人的天下。自然的阴气和阳气相配,产生出不止一种品类;良好的气候、雨水,受益的不仅仅是一种物类;万民之主,不偏私一个人。《吕氏春秋》的顺应自然,"全天为故",导致出"天下非一人之天下"贵公去私的结论。

怎样才算是公,或者说,公有什么样的界说呢?《贵公》篇引周公的话作解释:"利而勿利也"。用今天的话说,就是要利民不要自利。可以认为,这是贵公的中心思想。

用"利而勿利"解释公十分重要。因为,专制君主往往把自己一人或一姓的私利，称为公。要臣民为他的一家一姓出力卖命，把这称为"公而忘私"。《吕氏春秋》以利民为公，就堵塞了这种曲解。

贵公、去私的要求，主要是对君主说的，但也适用于别的人。这在《去私》篇的举例中有明确的表述。

例一、尧有十个儿子，不把天下传给他们而传给舜；舜有九个儿子，不把天下传给他们而传给禹。《去私》篇称赞说这是"至公"。换言之，《吕氏春秋》否定家天下，以禅让制为最高程度的公。

例二、叙述晋国的祁黄羊向晋平公推荐他的仇人解狐为南阳令，后又推他的儿子午为国尉，孔子说祁黄羊"外举不避仇，内举不避亲"。《去私》篇称许他公。

例三、墨家巨子腹䐡居秦，其子杀人。秦王考虑到腹䐡年纪大，又是独子，打算赦免。腹䐡说，墨家的主张是"杀人者死，伤人者刑"，不能违背。秦王没有办法，只好处死他的儿子。《去私》说腹䐡"忍其所私而行大义"，是公。

《吕氏春秋》为天下的长治久安而提出贵公、去私，虽然不免有时代的局限性，但它反对家天下，反对以个人的亲疏、好恶来决定人员的任用，反对以私情损害大义，却有进步意义和普遍意义，因而直到现在，上面这几个故事还经常被人引用。

★修养自身才能治理天下

无为之道曰胜天，义曰利身，君曰勿身。勿身督听，利身平静，胜天顺性。顺性则聪明寿长，平静则业进乐乡，督听则奸塞不皇。

——《吕氏春秋》

《吕氏春秋》不是主张天子要去私吗？为什么又主张天子贵生、重己呢？这是不是有些矛盾呢？不。在《吕氏春秋》中，二者不仅不矛盾，而且互相补充，是在君道无为的原则下互为补充。

在《吕氏春秋》看来，对天子而言，治身是治天下的根本。比如形体与影子，要改善影子必须改善形体。所以它说："昔者先圣王成其身而天下成，治其身而天下治。"它认为体现"道"，自身就能完善；行为合宜，人们都能完善；全面实现君道，百官就已经治理好了，百姓就已经得利了。怎样才能治理好自身和天下呢？都必须遵循无为的原则。《先己》篇解释说：

无为之道曰胜天,义曰利身,君曰勿身。勿身督听,利身平静,胜天顺性。顺性则聪明寿长,平静则业进乐乡,督听则奸塞不皇。

无为之道是顺应自然,无为之义是修养自身,无为之君是不亲自做具体的事。不做具体的事就能公正地听取意见,修养自身就能平和清静,顺应自然就不会违反天性。不违反天性就聪明长寿,平和安静就能事业日进、百姓乐于归化,公正地听取意见就能杜绝奸邪而不致惶惑。

可见,《吕氏春秋》的贵生、重己,与它的贵公、去私一样,都是君道无为的具体表现,目的也一样,都是为了达到无为而治。前面讲过贵公的要旨是"利而勿利",即利民而不自利。这里的贵生、重己,也不是自私自利,而是从自身体现无为,从而达到"乐备君道而百官已治矣,万民已利矣",亦即达到"利而勿利"的目标。

所以,贵生、重己的理论,在《吕氏春秋》中,已经不是"不以天下大利易其一毛"的杨朱学说,而是用来作为君道无为的一部分,用来作为天子达到"利而勿利"目标的桥梁。换言之,天子如果不能贵生、重己,而放纵情欲,贪恋权势,那就不能完善自身,不能公正听取意见,会受物欲的引诱,奸邪的蒙蔽,而不能治理好天下。

★把生命放在第一位的人才可以当天子

故曰:道之真,以持身;其绪余,以为国家;其土苴(音居),以治天下。

——《吕氏春秋》

天子必须贵生、重己的一个理论根据是:"惟不以天下害其生者也,可以托天下。"只有不把天下看得比生命还要重要的人,才可以把天下托付给他。这是因为,把自己的生命放在第一位,不把天子的地位看得那么重要,也就不会在当了天子之后把天下当成自己的私有财产了。

《贵生》篇举例说:尧把天下让给叫子州支父的人。子州支父说,让我做天子可以。但是,我现在有病,正在治疗,没有时间来管天下。这是因为要治病而拒绝当天子。第二个例子:越国人连续三代杀了他们的国君。王子搜很害怕当国君,躲避到山洞里。越国没有国君,找王子搜,一直找到山洞。王子搜不肯出来,越国人点燃艾草熏他出来,让他乘坐国君的车子。王子搜仰天大呼说:国君啊,国君啊!你们为什么非要我做国君不可呢! 这是怕做国君危及生命而不愿意的例子。《吕氏春秋》认为，只有像这样把生命放在第一位的人，才能当国君。

《吕氏春秋》认为，生命比权位更重要。《重己》篇议论说：巧匠倕的指头，是最巧的指头，然而人人都爱惜自己的指头超过爱倕的指头，这是因为自己的指头对自己最有利。而生命，对自己来说，是最大的利。一旦失去就不可再得，贵为天子富有天下，都不能同它相比。《贵生》篇中引用成语作为结论说："故曰：道之真，以持身；其绪余，以为国家；其土苴（音居），以治天下。"道的真谛，是首先保持自身，其次才是治理国家和天下，它认为，懂得这个道理，就不会迷恋权位，才可以托天下。

需要说明的是，《吕氏春秋》的《贵生》篇，与《庄子》一书的《让王》篇，颇为相似。《让王》篇也有上述内容，也从子州支父的例子中引出"不以天下害其生者可以托天下"的话。但是，两书的思想倾向是不同的。《庄子》的思想是逃避现实的，它反对任何积极的行为，以换取精神上的超脱与"自由"。《吕氏春秋》的思想是面对现实的，引出的结论是天子贵生才能不私天下，做到利民而勿自利。所以，在这一点上《吕氏春秋》又是继承《庄子》也改造了《庄子》。

《吕氏春秋》贵生、重己，但并不主张苟且偷生。它引用子华子的话："全生为上，亏生次之，死次之，迫生为下。"并解释说，它主张的尊贵生命，指的是"六欲皆得其宜"的"全生"；六欲部分得宜，是"亏生"；最次的是六欲莫得其宜的"迫生"。六欲指耳、目、口、鼻、生、死。"迫生"是指不仅吃不了、看不上，而且求生不得、求死不能。在《吕氏春秋》看来，这种受侮辱、受损害的"迫生"，比死更糟。可见《吕氏春秋》的贵生是有条件的，条件是要活得像个人。这与为了活下去而不顾一切的苟且求活，是完全不同的。

★ 顺应自然和节制情欲

六欲皆得其宜。

——《吕氏春秋》

《吕氏春秋》主张"六欲皆得其宜"，也不是主张放纵情欲，尽情享乐。在情欲问题上，它主张节欲。它承认情欲是与生俱来的，也不认为情欲本身就坏。它认为，耳朵爱听音乐，眼睛爱看美色，嘴巴喜欢美味，是人人相同的，圣王黄帝和桀纣都一样。不同的是，"俗主"不懂贵生的道理，无限制地追求和放纵情欲，必然使生命受到亏损。另一方面,他们使弄权术,心怀欺诈,不顾正义,追逐私利,也必然招致百姓的怨恨,没有好下场。圣王懂得贵生的道理,顺应自然,节制情欲,能够"天全神和",耳聪目明,处理事情也能像天地那样"不谋而当,不虑而得"。

针对当时许多君王生活骄奢淫逸,《吕氏春秋》指出:肥肉美酒,是"烂肠之食";明眸皓齿,是"伐性之斧",只坐车轿,会招致足疾。在君主的衣食住行方面,它也主张适度。它说:古代圣王修建园林,只要能够活动身体就行了;建筑宫室楼台,只要足以避开燥热和潮湿就行了;制作车马衣裳,只要能安身暖体就行了;置备饮食,只要合口味饱腹就行了,音乐歌舞,只要能使自己得到娱乐就行了。这些要求,既符合个人的卫生之道,也是治天下所必需,是"治其身而天下治"的具体体现。

在春秋战国时期,许多学派都探讨了情欲问题。粗略地说来,道家主张"无欲"。《老子》说:"无欲以静,天下将自定","不见可欲,使民心不乱"。从根本上反对耳目感官之欲的正当性。墨家一派,不否认情欲,但偏重于禁欲。墨子"胼手胝足","日夜不休,以自苦为极"。它嚣、魏牟大约是纵欲的主张者,《荀子·非十二子》说他们"纵情欲,安恣睢,禽兽行",但没有著作传下来。儒家主张节欲,承认情欲但主张加以节制。孟子主张"寡欲",说"养心莫善于寡欲"。荀子主张节欲。他说:"欲虽不可去,求可节也。"他主张用礼来界定和节制情欲。

《吕氏春秋》崇尚自然,是取之于道家的。但他不同于道家的无欲说,认为人生而有欲,顺应自然就不能绝欲、无欲。它反对纵欲,认为那都是违反自然,有损健康的。它的见解最接近于荀子,承认情欲是天生的,主张有节制地顺应它。但是,荀子认为人性恶,所以需要礼义加以节制。《吕氏春秋》在人性问题上,没有明确的主张,大约是近于告子的不善不恶。它的主张节欲,本身也是顺应自然。这是二者的区别。

《吕氏春秋》的主张,较荀子更接近事实。人性无所谓善恶,这种理论也避免了更大的错误。宋明理学家,就是把人欲看作恶,而主张"灭人欲",提出扼杀人性的主张。《吕氏春秋》上述主张,也比较符合卫生之道。《吕氏春秋》有关情欲的论述,对君主而言,是为了保持其良好的身体和精神,以成为"精通乎天地,神覆乎宇宙"的"全德之人"。对百姓而言,则可以利用人有情欲去驱使他们。

荀子

君主贵生而轻视权位，节制情欲，在历史的现实中很难找到。巨大的权力是一种巨大的腐蚀剂。那些君主和准君主们，为了争权夺利，父子相残，兄弟相杀，史不绝书。有了君主的巨大权势，而能节制情欲的，历史上也不多见。长于深宫之中的皇子，长大了世袭而成皇帝，几乎没有不骄奢淫逸的，即使懂得民间疾苦的开国之君，当上皇帝或还没有坐稳帝位就开始腐化，也不在少数。这些由于君主制度而产生的弊病，《吕氏春秋》希冀用贵公、贵生的说教来解决，显然是无力的。然而，这种理论比之于君权天授，认为君主总是神圣而正确的理论，并从而导致君主的暴虐与骄奢，显然大异其趣。《吕氏春秋》的君道无为，贵公、贵生的理论，虽然不能完全实现，然而相对的实现，却是有的。历史上的文景之治就是例子。而文景之治与秦始皇的差别，就是上述两种君主理论的差别。

★君虚臣实，各司职守

夫君也者，处虚素服而无智，故能使众智也；智反无能，故能使众能也；能执无为，故能使众为也。

——《吕氏春秋》

这段话的意思是说，君主要发挥和使用众人的智慧和才能，使众人努力干事，就要使自己"无智、无能、无为"，亦即使自己没有智慧、没有才能，不做具体的事。而要做到这一点，就必须"处虚素服"。

所谓"处虚素服"，就是使自己清虚、朴素。《圜道》篇有一段话，可以看作"处虚素服"的具体阐释。它说："天道圜（同圆字），地道方。"何以说"天道圜"呢？"精气一上一下，圜周复匝，无所稽留，故曰天道圜。"在《吕氏春秋》中，精气是指一种流动不居、无所不在的极细微的物质（说详后），它一上一下，循环往复，看不见、摸不到，却到处起着根本性的作用，所以说"天道圜"。"全天为故"的君道，应该效法这样的天道。它是虚的，却无所不在；它朴素得无色无形，却是形形色色万物万事的根本。君主效法天道就是"处虚素服"。

《吕氏春秋·圜道》认为，"君执圜，臣处方，方圜不易，其国乃昌"。君主应该效法"天道圜"，臣下应该效法"地道方"，君臣各司职守，国家才能繁荣昌盛。《序意》篇说："爰有大圜在上，大矩在下，汝为法之，为民父母。"讲的是同一意思。在这里，君虚臣实，或君圜臣方，都是一个意思。《分职》篇说："君者固无任，而以职受任。"君主没有具体的职责，而以职责给臣下。这是君虚臣实的具体说明。

在《吕氏春秋》看来，君虚臣实的格局中，君虚是主导的、决定的方面。君主没有固定的职责，才能把具体的职责给臣下。《吕氏春秋》有《审分》一篇，专讲必须明察君主和臣下各自的职分。它说："凡人主必审分，然后治可以至，"反之，会招致祸乱。它比喻说，人和好马赛跑，人比不过马；如果人在车上驾马，马就比不过人了。所以，君主必须像驾车人一样坐在车上，考察臣下的好坏，这就是"审分"。这样，优良的臣下会竭尽能力，邪恶谄媚之徒就不能售其奸了。

★君主不要有具体见解，不做具体的事

君也者，以无当为当，以无得为得者也。当与得不在于君，而在于臣。故善为君者无识，其次无事。有识则有不备矣，有事则有不恢矣。不备不恢，此官之所以疑，而邪之所从来也。

——《吕氏春秋》

《吕氏春秋》进一步提出君主"以无当为当，以无得为得"的原则。《君守》篇说：

君也者，以无当为当，以无得为得者也。当与得不在于君，而在于臣。故善为君者无识，其次无事。有识则有不备矣，有事则有不恢矣。不备不恢，此官之所以疑，而邪之所从来也。

这里，"以无当为当，以无得为得"，不是说只有做不得当的事才是得当，做不得体的事才是得体；而是指以不做得当的事为得当，以不做得体的事为得体。因为，做事得当与否、得体与否，都是臣下的事。对君主来说，做臣下应做的事，即使做得得当也是不得当，做得得体也是不得体。所以，《君守》篇提出：善于做君主的人最好不要有具体的见解，不要做具体的事。君主有某种具体的见解，就会使认识不完备，做具体的事就会照顾不周全。这样，还会出现混乱和歪门邪道的事。君主发表了自己的具体见解和做了具体的事，那些奸险的臣下，会由此窥测到君主喜欢什么、讨厌什么，从而放弃自己应有的职责而去做君主喜欢的事。这样，自然会引起祸乱。

在这个意义上，《君守》篇说："有以知君主之狂也，以其言之当也，有以知君

之惑也，以其言之得也。"有办法知道君主的痴癫，根据是他说话恰当；有办法知道君主昏乱，根据是他说话得体。这种看起来矛盾或不合理的话，用于君主，的确包含着真理性。君主集大权于一身，免不了臣下的窥探和迎合。从而产生种种弊端。《吕氏春秋》对此是有深刻了解的，才提出"以无当为当，以无得为得"的原则。

为了加强上述观点的理论性，《吕氏春秋·君守》引《老子》的话作论据："故曰：不出于户而知天下，不窥于牖而知天道，其出弥远者，其知弥少。"《老子》这段话主要是说，不出门能知道天下，不从窗户往外看能了解"天"的规律，同外界接触得越多，知道的东西越少。从认识论方面看，《老子》主张直接体会世界的本体——道，反对认识外物，认为那会妨碍对于道的认识。《吕氏春秋》引用这段话，作为君道不应该有具体的见解的理论根据，显然不完全是《老子》原来的意义了。

《吕氏春秋·君守》认为，君主这样做，是效法自然的："天无形，而万物以成；至精无象，而万物以化；大圣无事，而千官尽能。"天没有形体，万物靠它生成，最细微的精气没有形状，万物靠它化育；圣王不做任何事，官吏们才能竭尽能力。这就是"不为者，所以为之也"，也就是"无为而无不为"。

★君主的职责是了解和任用臣下

故古之善为君者，劳于论人而佚于官事，得其经也。

——《吕氏春秋》

君主无为，照上面所说做到无识、无事，是不是什么事情也不做，或什么也不懂得呢？不。君主虽然不应做具体的事，不应与臣下争职，但发现、了解和任用臣下，却是他的重要职责。《吕氏春秋·当染》说：

故古之善为君者，劳于论人而佚于官事，得其经也。

"佚于官事"，就是不要做臣下的事；"劳于论人"，是努力去识别人才，选贤任贤。这是不可分割的两个方面，是做君主的要点。

怎样识别人才呢？《吕氏春秋》有《论人》篇，专门谈这方面的问题，提出了"八观"、"六验"、"六戚"、"四隐"，可以说，是当时有关经验的总结。

所谓八观，就是从八个方面来观察人。这八个方面是：通达时，看他尊敬什么人；贵显时，看他推荐什么人；富有时，看他赡养、接济什么人；君主听信时，看他的行动、作为;闲居时,看他爱好什么;穷困时,看他不接受什么;贫贱时,看他不做什么。八观,是从人的不同境遇中观察他的行为,从而了解他的素质。

所谓六验,是指六个方面的检验。这六个方面是:使他高兴,以检验其操守;使他欢乐,以检验其邪辟与否;使他生气,以检验其节制的能力;使他恐惧,以检验其是否坚持原则;使他悲哀,以检验其仁爱之心;使他困苦,以检验其意志。六验,是从不同情绪的反应中,检验一个人的好坏和特点。

六戚指父、母、兄、弟、妻、子,四隐指朋友、故旧、邻居和亲近的人。《论人》篇认为:除了八观、六验外,还要从种种社会关系,即六戚、四隐来考察人。这样,才能真正了解一个人的真伪和好坏。

应当承认,《吕氏春秋》上述论人的方法,是客观的,也比较全面、严密、深入。可见,君主的"劳于论人",并非泛泛之论。

更值得注意的是,《论人》篇在讲八观、六验、六戚、四隐之前,强调了君主要"适耳目,节嗜欲,释智谋,去巧故,而游意乎无穷之次,事心乎自然之途"。这一系列比较玄远的词句,主旨就是前面讲的"处虚素服","全天为故"。这也不是空泛的联系。如果一个君主,不处虚素服,不贵公、去私,凭一己的好恶来任用人,他必定不可能用八观、六验等客观的方法来观察、考验人。

两千多年之后,政治制度和许多条件都不同了。但上述论人的原则和方法,看来仍然没有完全过时,仍然具有一定的参考价值。

周武王

《吕氏春秋》认为,君主"处虚素服",就是"通乎君道";这样才能知贤、任贤,成其功名。它举例说:周武王有周公、召公、太公等五个著名的大臣辅佐他。周武王做不了这五位大臣所做的工作,但是他"通乎君道",所以能够发挥臣下的智慧和才能,成就了大功大名。反之,君主不能"处虚素服",而"自骄"、"自智"、"轻物",必然败亡。因为,骄傲自满必定简慢贤士,自以为聪明必定专行独断,轻视事物必定缺乏准备,这样,就会招致祸乱。

★静待时机，作出反应

> 凡应之理，清净公素，而正卒始。
>
> ——《吕氏春秋》

作为君术的"因"，特点是"无言无思，静以待时，时至而应"。没有言语和思虑，静静地等待时机，时机到了就作出反应。而这样做，主观上必须"清净公素"。《任数》篇说："凡应之理，清净公素，而正卒始。"这是说，"因应"的准则，是纯洁、公正、朴素，自始至终遵循不变。"清净公素"与"处虚素服"同义。所以，静因之术，也就是主观方面"处虚素服"，顺应客观趋势作出反应。所以可以说，静因之术是接着"处虚素服"讲的。

《吕氏春秋》从不同角度说明"因"的重要性、必要性，论证"因则功"、"因则无敌"。《吕氏春秋》的"因"，含义广泛。概括地说：对于客观事物和形势而言，"因"是顺应的意思；对于主观作用于客观而言，又有凭借的意思。

《贵因》篇说："三代所宝莫如因，因则无敌。"它举例说，大禹治水，疏通三江五湖，凿开伊阙，使洪水注入东海，是"因水之力"。舜三次迁徙，第一次迁徙建立小城，第二次迁徙建立大城，第三次迁徙形成国家，结果尧把天子之位禅让给舜，这是"因人之心"。商汤、周武，以一个小的诸侯国，制服了夏和商，是"因人之欲"。去秦国站在车中就可以到达，去越国坐在船中就可以到达，这都是"因其械也"。观察群星、月亮，而推定四时、晦朔，是凭借自然规律的"因"。大禹到裸国去不穿衣服，以节用著称的墨子到楚国去却穿上了丝绸衣服，这都是顺应风俗习惯的"因"。顺应、凭借自然的力量或社会的形势，就能取得成功。

前面已经讲到，《吕氏春秋》非常重视顺应自然，但也不完全否定了人的主观作用。这里的"因"，就是在顺应自然的前提下，讲一点主观的作用。《尽数》篇说："圣人察阴阳之宜，辨万物之利以便生。"这里讲的是顺应自然，但有"察"和"辨"，就包含有选择的意思，和"因"的意思是相通的。当然，这里的主观作用，不能丝毫违反顺应自然的原则。

《贵因》篇讲了一个故事，说明"因"包含有选择时机的意思。周武王准备伐商，派人去商的都城刺探情况。探子回报说，殷商要混乱了，邪恶的人胜过忠良的人。武王说还没有到时候。探子二次回报说，殷商的混乱加重了，贤人出走了。武王仍说，还没有到时候。探子第三次回报说，殷商混乱得很厉害了，老百姓连不满的话也不敢讲了。武王说，赶快告诉太公。于是起兵伐商，获得成功。这说明，行动要选择时机，要"静以待时，时至而应"。

君主"静因"之术，在《吕氏春秋》的许多篇章中都有所表述，最显著的是十二纪。可以说，十二纪都是在讲天子如何"察阴阳之宜，辨万物之利以便生"的。"十二纪"根据季节变化的自然现象，采用阴阳五行的学说，规定天子在十二个月中每个月应该做什么和不应该做什么。天子的政事活动与个人活动，都要与物候相因应。都要在这个原则下进行选择和活动。

★让臣下先说先做再表态

人主出声应容，不可不审。凡主有识，言不欲先。人唱我和，人先我随，以其出为之入，以其言为之名，取其实以责其名，则说者不敢妄言，而入主之所执其要矣。

——《吕氏春秋》

静因之术的一个重要方面，是君主用它来对待臣下。《吕氏春秋·审应》说：

人主出声应容，不可不审。凡主有识，言不欲先。人唱我和，人先我随，以其出为之入，以其言为之名，取其实以责其名，则说者不敢妄言，而入主之所执其要矣。

这是说，君主对于臣下，说话乃至表情，都不能不审慎。君主有见解也不宜先说出来，而应让臣下先说或先做，然后表态。并根据臣下言词和行动，加以考察。这样，臣下就不敢随便游说，君主就掌握到做君主的要点了。《重言》称赞传说中的殷高宗即位后三年不说一句话，认为这是"古之天子，其重言也如此，故言无遗者。"这些，就是静因之术的具体运用。

君主对臣下，为什么要这样做？这是为了去掉主观方面的局限和蒙蔽。《去尤》说："世之听者，多有所尤。多有所尤则听必悖矣。所以尤者多故，其要必因人所喜与因人所恶。""尤"，是蒙蔽、局限的意思。这是说，人们认识上往往有局限和蒙蔽，这就会得出错误的判断。局限和蒙蔽原因很多，主要由于主观上有好恶。静因，就能去掉主观上的好恶，到时候就顺应形势，作出反应，取得好的效果。君主这样做，就像自然界那样，"因冬为寒，因夏为热"，冬天来了就冷，夏天来了就热，顺应自然，不有意做什么，而万物得益。

反之，如果君主不用静因之术，认为自己比臣下高明，什么都要自己去做，那么，事情一定弄坏。因为，君主"自智而愚人，自巧而拙人"，好发指示，臣下必定请他发指示。君主发的指示越多，臣下的请示也会更多，一直到没有一件事不请示（"诏多则请者愈多矣，请者愈多，且无不请也"）。事实上，君主不可能无所不知，而要他对什么事情都发指示，事情肯定办不好。而且，这样的君主必定越来越自以为是，自高自大。《吕氏春秋·知度》称这样的君主是"重塞之主"，即双重阻塞的君主。这样的君主必定使国家危亡。这些观点当是事实的总结，是颇有见地的。

《知度》又说：

有道之主，因而不为，责而不诏，去想去意，静虚以待，不伐之言，不夺之事，督名审实，官使自司，以不知为道，以奈何为宝。

"因而不为"，指依靠臣下做事而不自己动手去做；"责而不诏"，指督促臣下处理事情而不要自己发指示。对具体问题，不要猜度和思虑，形成某种固定的看法，而要以"静虚"的态度对待。官府的事让官吏自己去办，不代替他们说话，不代替他们办事，要求臣下各自履行其职责，君主只是"督名责实"，考察和要求臣下名实相符，言行一致。以不知具体的事为做君主之道，以询问臣下如何办为处理事情之宝。

就君、臣分职的角度讲静因之术，上面这段话最全面完整。《吕氏春秋》主张静因之术，重要的根据之一，就是使君臣分职，特别是要求君主不要去侵犯臣下职权范围内的事，以便任用贤能，使之充分发挥智能。

★ 治理天下莫过于以德行义

为天下及国，莫如以德，莫如行义。以德以义，不赏而民劝，不罚而邪止。……故古之王者，德回乎天地，澹乎四海，东西南北，极日月之所烛，天覆地载，爱恶不臧，虚素以公，小民皆之，其之敌而不知其所以然，此之谓顺天。

——《吕氏春秋》

《吕氏春秋》的"德"与"道"相通，有时是同一意思。德是内在的，用之于外就是义。义是"宜"的意思。以德来对待、处理事物，就是行义，亦即处理得当、相宜。这里说，君主治理天下，莫过于"以德"，莫过于"行义"。它认为，古代的圣王是楷

模,他们的德充满天地,无所不在。无论是他们喜爱的还是厌恶的,都同样用德去覆盖,像天地对待万物一样。有德的圣王,恬淡朴素,处事公正,人民也随着他们的样子变化而不知道所以然,这就叫顺应自然。可见,这里讲的德,与前面讲的"处虚素服"相通,而行义,则是以德来治理天下、对待百姓。以德行义,体现了君道的"无为而无不为"。

以德也就是"由道"。《吕氏春秋·功名》说:"由其道,功名之不可逃,犹表之与影,若呼之与响。"只要以德、由道,就一定取得功名,犹如有标竿一定有影子、呼叫一定有声音一样。它强调:"圣王不务归之者,而务其所以归。"圣王不致力于使人归顺他,而尽力于创造使人归顺的条件。德厚,远近的人都服他;主贤,四方豪杰都归顺他。君主要务德、务贤,就是"务其所以归",抓住了根本。

君主治国"以德",就要以"爱利"为心,重视民心的趋向。《吕氏春秋·听言》:"故当今之世,有能分善不善者,其王不难矣。善不善,本于利,本于爱。爱利之为道大矣。"这与前述天子要"利而勿利",要利民而勿自利是一致的。《适威》篇说:

古之君民者,仁义以治之,爱利以安之,忠信以导之,务除其灾,思致其福。

这是很具杂家特色的话。在君道无为、为君以德的前提下,用仁、义治理百姓,用爱、利安定百姓,用忠、信引导百姓,致力于为民去除灾害,谋求福利。道家的无为,儒家的仁义,墨家的爱利,融合在一起,这样,它们都已经不完全是原来的意义了。

《吕氏春秋》特别强调为百姓兴利除弊或兴利除暴的思想,这与吕不韦统一天下的目标相一致。《功名》篇说:

大寒既至,民暖是利;大热在上,民清是走。是故民无常处,见利之聚,无之去。欲为天子,民之所走,不可不察。今之世,至寒矣,至热矣,而民无走者,取则行钧也。欲为天子,所以示民,不可不异也。

《吕氏春秋》认为,当时是老百姓极端困苦的时代,但各国一样,百姓无法逃避。百姓总是往于己有利的地方去。要统一天下,就必须明察百姓的趋向,并且表现得不同于那些荒淫凶暴的国君。前面讲的"仁义以治之,爱利以安之……"等等,都是"示民"以"异",而"爱民之利"与"除民之害",则包含着广泛的内容,也包括前面讲到过的义兵。

当然,《吕氏春秋》的主张,不是专为统一天下而发,或者说,其重点仍在天下统一之后的长治久安。例如《勿躬》篇说:"故善为君者,矜服性命之情,而百官已治矣,黔首已亲矣,名号已章矣。"《上德》篇说:"以德以义,不赏而民劝,不罚而邪止。"这都是说,君主无为,或以德治天下,就能够无不为,使百官各司其职,百姓受益,天下安定。

★以赏罚帮助教化

赏罚之柄,此上之所以使也。其所以加者义,则忠信亲爱之道彰。久彰而愈长,民之安之若性,此之谓教成。

——《吕氏春秋》

《吕氏春秋》尚德行义,也讲赏罚,但把赏罚放在次要的地位,作为德、义的补充。《义赏》篇说:

赏罚之柄,此上之所以使也。其所以加者义,则忠信亲爱之道彰。久彰而愈长,民之安之若性,此之谓教成。

这是说,赏罚的权柄,是君主掌握的。如果施加赏罚符合道义,那么,忠诚、信守、相亲相爱的原则就会彰明。彰明的时间长了,这些就会像人们的本性一样,这就是教化成功。可见,赏罚是在符合道义的原则下使用的,是用来帮助德化的。

赏罚能帮助教化、驱使人们向善的理论根据,是承认人都有欲。《吕氏春秋》认为,欲是天生的、自然的,而且本身无所谓善恶,因此,主张顺应它、利用它。而赏罚便是利用欲的手段。《为欲》篇说:

使民无欲,上虽贤,犹不能用。

故古之圣王,审顺其天而以行欲,则民无不令矣,功无不立矣。

这是说,如果民众没有欲,即使君主贤明,也不能使用他们。圣王顺应自然的天性,满足人们的欲望,因此民众没有不听从的,功业没有不能建立的。它还指出,善于当君主的人,能够使人们不断地满足欲望,这样,人们就能不断被驱使。

《吕氏春秋·用民》认为:人们都"欲荣利,恶辱害",君主用赏赐满足"荣利",用刑罚实现"辱害",就能够驱使人民。它也主张信赏必罚,《贵信》篇提出:

赏罚不信,则民易犯法,不可使令。

《吕氏春秋》很重视"信",把它提到自然规律的高度,它说:"天行不信,不能成岁;地行不信,草木不大。春之德风,风不信,其华不盛,华不盛则果实不生,……天地之大,四时之化,而犹不能以不信成物,又况于人事!"这是认为,不"信",什么事都办不成,天地四时是这样,人也不例外。它举了正反两面的例子,说明赏罚必信

国学经典文库

国学大智慧

·《吕氏春秋》智慧通解·

图文珍藏版

的道理。应当承认，这是经验的总结。

★不以一己爱憎决定赏罚

民无道知天，民以四时寒暑日月星辰之行知天。……人臣亦无道知主，人主以赏罚爵禄之所加知主。主之赏罚爵禄之所加者宜，则亲疏远近贤不肖皆尽其力而以为用矣。

——《吕氏春秋》

《吕氏春秋》认为，赏罚得当，可以使君主和臣下之间互相了解，《当赏》篇说："民无道知天，民以四时寒暑日月星辰之行知天。……人臣亦无道知主，人主以赏罚爵禄之所加知主。主之赏罚爵禄之所加者宜，则亲疏远近贤不肖皆尽其力而以为用矣。"君主的赏罚，是用具体的行为表示他的意见和主张，臣下从这里得到的了解，更广泛、更实在。所以，赏罚得当影响很大，亲疏、远近、贤不肖都知道，都会听从驱使。

君主使用赏罚，不能凭一己的爱憎来决定，应从效果、影响来考虑："凡赏非以爱之也，罚非以恶之也，用观归也。所归善，虽恶之，赏，所归不善，虽爱之，罚。此先王之所以治乱安危也。""所归善"，指效果或影响好，"所归不善"，指效果或影响不好。这是主张君主客观地从整体利益考虑效果，不要凭一己的爱憎决定赏罚。这种主张近于法家。在君主大都凭爱憎好恶决定赏罚的情况下，这种主张是比较合理的。但是，包括先秦法家在内，并没有近代这样的法律，并非依据明确的、客观的法律办事，这是古代与近代的巨大差别。《吕氏春秋》提出的效果和影响好不好，虽然可以促使君主考虑和决定赏罚时能够比较客观和冷静，但与近代的法治，毕竟是本质不同的两回事。

《吕氏春秋》虽然也很重视赏罚，但总是把它放在第二位，作为德、义的附属品和补充。《用民》篇说："凡用民，太上以义，其次以赏罚。"赏罚只是天子"用民"的次要手段。为什么要用这种手段？因为人有贤和不肖之分，贤者用德义可以有效，不肖者则必须用赏罚才能驱使，所以，二者并用，君主才能驱使所有的臣下。这种区分，当然不够科学。但从历史上看，德义和赏罚并用，确实比纯用仁德教化或纯以赏罚役使，要有效得多。

由于赏罚只是第二位的辅助手段，所以《吕氏春秋》反对"严罚厚赏"，认为这是"衰世之政"。从这里看，《吕氏春秋》虽然也不同意儒家只用王道、仁政，但更反对法家的严刑峻法。而它说的"今世之言治，多言严罚厚赏"，分明是对秦的传统表示不满。

以上讲君道无为而无不为的三个方面，处虚素服、静因和尚德行义，都是从不同角度讲的一个东西，即"全天为故"。如上所述，《吕氏春秋》的这些论述，颇多合理、进步的因素。但也应看到，由于《吕氏春秋》上述理论以圣王为中心，由于《吕氏春秋》哲学思想上的缺点（详后），某些地方把这种君道讲得神乎其神，无所不知、无所不能，似乎一旦得到这种道，就变为万能的上帝了。比如《勿躬》篇说：

是故圣王之德，融乎若月之始出，极烛六合，而无所穷屈；昭乎若日之光，变化万物，而无所不行。神合乎太一，生无所屈，而意不可障；精通乎鬼神，深微玄妙，而莫见其形。今日南面，百邪自正，而天下皆反其情，黔首毕乐其志，安育其性，而莫为不成。

如果说，用日月来形容圣王之德，只是形象的比喻，还勉强说得过去；那么，说精神与太一（即道）符合，就一切邪恶自然得到匡正，老百姓都高兴地培养善性，什么事都能做好，显然是主观的任意夸大了。这种缺点或局限，是古代思想很难避免的，是时代给予的、决定的。我们既不要苛责古人，也应从中吸取应有的理论教训。

国学大智慧

诗学智慧

马肇基⊙主编

线装书局

诗学——领略古词诗韵中的智慧

　　我国诗歌源远流长，从第一部诗歌总集《诗经》算起，至今也有 2500 多年历史了。孔子曰："不学诗，无以言。""诗可以兴，可以观，可以群，可以怨。迩之事父，远之事君；多识于鸟兽草木之名。"唐朝出了个诗圣还不算，配享的还有诗仙、诗佛、诗豪、诗鬼等等，故清朝蘅塘退士孙洙说："熟读唐诗三百首，不会吟诗也会吟。"自《诗经》开始，中国人把诗歌和诗人抬至极高的位置，也把诗歌做到了极致，相应地，中国人的古典诗歌情结也如同中国结一样，九曲回肠，精致玲珑，鲜艳得如一簇火焰，照亮了中国人的心灵。

　　如今，中国人对古典诗歌是"心似双丝网，中有千千结"。看天下的父母，谁不给自己的子女买几本"唐诗宋词"？谁不逼着儿女背诵几十首？毛爷爷的古典诗词做得多好，那个时代谁不能像背"老三篇"一样倒背如流？外国人培根不是也说"诗歌使人巧慧"吗？人们相信，知识就是力量，诗歌既然有那么多功用，那么高的知识含量，学诗就最好自蒙童开始。于是，在这种集体无意识中，中国人的古典诗歌情结不只是表露出"望子成龙"的热望，它似乎还隐藏着一个民族的期待：我们民族的未来需要诗人和诗歌。

第一篇 《诗经》智慧通解

导读

　　爱情，饱含着人间真情的至善至美。它的生命流程与人类历史一样深厚、一样悠久。只要人类还在不断发展延续，爱情就将生生不息，连绵无绝。古往今来，爱情令多少人幸福欢畅，又使多少人为之痴癫、痛苦、悲伤，因而也就成了千百年来古今中外名人雅士争相吟诵的主题。爱情诗和爱情本身一样，青春永驻，万古常新，如我国最早的一部诗歌总集《诗经》就是以爱情诗为其最重要组成部分的。《诗经》成书于春秋时期，距今约3000年了，它包括风、雅、颂三部分，共305篇，其中爱情诗就有80篇左右。

　　在《诗经》那个时代，礼教已经开始萌芽，婚姻大事不再是完全自由的了，现实开始给人们的感情增加束缚。虽然这些少男少女懂礼、知礼，但为了真爱，他们可以不顾"父母之命，媒妁之言"，他们要拒绝无理的要求，反抗强制的安排，甚至叛离家门，去追求真正的幸福！他们在《诗经》里悲叹着，反抗着，表现得刚强而果断。

　　有热恋的甜蜜，就免不了有失恋的苦涩。在《诗经》里也不乏爱情路上的失意人。他们遗憾，他们怨恨，但他们不屑于在谁是谁非中纠缠不休，错过了就错过了吧，他们不想去伤害哪个人，他们要自己学着忘记那些缠缠绵绵和恩恩怨怨，既然爱已成往事，情已错过，又何必在心底苦守那一地阑珊？

　　《诗经》中的男女，不管是一见钟情，还是日久生情，最终的目的都只有一个，那就是携手步入婚姻的殿堂。既然相爱，那么就握紧对方的手，别在茫茫的红尘中丢了彼此，就这样一直走下去，走到天荒地老，走到岁月的尽头。

　　相爱的人因爱而结合，因结合而幸福，可是月有阴晴圆缺，人有悲欢离合，既然相守是快乐的，分离就必然是痛苦的，相思的几多辛酸，几多痛苦，几多寂寞，几多忐忑……是那样的让人黯然神伤。家是事业的基础，让我们从《诗经》中找到美好的爱情和婚姻。

第一章　情为何物,生死相许

爱情是美妙的,对爱情充满憧憬是人的本能。

异性互相被对方的美丽和热情所打动,就必然会撞击出爱的火花。当爱情的精灵最初来到身边的时候,就像春风吹遍大地、万物复苏、蓓蕾绽开、鲜花怒放一样。初恋的爱情就是这样的神秘:分明已觉察到,却又不够真切,就像高空飘忽的云,无论你是处在一种"所谓伊人,在水一方"的向往期待,或是处在"盈盈一水间,默默不得语"的空灵境界,爱情都会在倾慕的渴望中,使你感到神秘莫测,咫尺天涯。

青春岁月的少男少女,各自有着美妙的爱情梦:相思的梦是缠绵的,失落的梦是惆怅的,温存的梦是甜蜜的,欢娱的梦是醉人的。有的梦晶莹剔透,有的梦五彩缤纷,有的梦朦胧迷离却曙光乍现……萌动的爱情,也许只是一个微弱的火星,但可以燃起爱情的璀璨焰火;也许只是一棵孱弱的幼芽,但可以长成长青的爱情之树,结出甜美的爱情之果;哪怕它只是昙花一现,也会绽放出无限的美丽来。

★ 周南·关雎

《诗经》本是诗、乐、舞结合的,后来乐、舞失传,今天只剩下诗了。按作品性质和乐调不同,分为"风"、"雅"、"颂"三类。"风"指十五国风,是各地土乐、民歌,有诗 160 篇。"雅"是周王畿的乐歌,分小雅、大雅,大部分为贵族作品,有诗 105 篇。"颂"是朝廷祭祀颂赞的乐歌,乐调较为舒缓,分为"周颂"、"鲁颂"、"商颂",共计 40 篇。《诗经》作品的表现手法有"赋"、"比"、"兴"三种。"赋"是铺叙,"比"是比喻、比拟,"兴"是先言他物,以引出所喻之词。

《关雎》是《诗经·国风·周南》中的第一首诗。"周南"是十五国风第一风。周,周文王诸侯国;南,这里主要指豫鄂江淮间的南方诸侯国;周南,即指周的礼乐文化对南方诸侯国的影响和教化。古人把《关雎》冠于三百篇之首,对它评价很高。《关雎》有各种不同的解说,有人说它是歌颂后妃之德,有人说它是讽刺康王等等,而从《关雎》的具体表现看,它确是男女言情之作,是写一个男子对女子的爱情追求。其声、情、文、义俱佳,足以为《风》之始,三百篇之冠。孔子说:"《关雎》乐而不淫,哀而不伤。"篇名取自诗的开头。

关关雎鸠,在河之洲。窈窕淑女,君子好逑。

参差荇菜,左右流之。窈窕淑女,寤寐求之。

求之不得,寤寐思服。悠哉悠哉,辗转反侧。

参差荇菜,左右采之。窈窕淑女,琴瑟友之。

参差荇菜,左右芼之。窈窕淑女,钟鼓乐之。

此情可待成追忆,只是当时已惘然

这首爱情诗写一个男子爱上了一个美丽善良的姑娘,思恋不已,却又追求不到。相思至极,便产生幻觉,仿佛已经同那姑娘结为夫妻,享受着快乐的生活。

雎鸠关关相对唱,双栖河中小岛上。美丽善良的姑娘啊,是我心目中的好配偶。长短不齐的鲜荇菜,顺着水流去捞采。美丽善良的姑娘啊,让我醒着相思梦中追求。追求她的梦想难实现,日日夜夜我都在思念。长夜漫漫难天明,翻来覆去不成眠。长短不齐的鲜荇菜,左手采来右手摘。美丽善良的姑娘啊,我弹琴鼓瑟表爱怜。长短不齐的鲜荇菜,左手挑来右手选。美丽善良的姑娘啊,我敲钟打鼓迎娶她。

诗歌一开始就写成双成对的雎鸠就像恩爱的情侣,它们的阵阵鸣叫诱动了小伙子的痴情,看着它们在河中小岛上相依相和的融融之景,小伙子的目光被美丽贤淑的采荇女吸引,于是沉醉在对姑娘的一往情深之中。是的,淑女不正是青春年少的小伙子们心目中的偶像吗?只有花容月貌的女子是美女,心灵美、才华出众的女子是才女,而两者兼备的女子才是淑女。美女好求,才女次之,而求淑女最难,有时是可遇而不可求,有时却连遇也遇不得!现在,自己这么幸运地遇到了,怎能不狂热地爱上她呢?

正是由于爱恋的深切,这位少女的形象反复在他脑中出现,使他不安,使他难以忘却。可是无奈"求之不得",因此心中弥漫着无穷无尽的痛苦与哀叹,以至于日日夜夜思念着她,翻来覆去睡不着。此时此刻,小伙子和所有陷入热恋中的纯情少年一样,心中渴望与失望交错,幸福与煎熬并存。

对淑女求的爱虽然失败,可是小伙子仍旧痴心不改,在经历了漫长的追求过程,品尝了相思的痛苦、失眠的无奈后,小伙子幻想着终有一天,能在欢庆的乐鼓声中与这位少女结为永好,那么自己一定会让她心中溢满幸福和快乐,两人从此过上和谐美满的生活。

这是一首创作于两千多年前的古老、质朴、率真的民间恋歌,表达了作者那坦诚炽热的感情,诗中娓娓细述了作者的单相思,他的倾慕、爱恋与渴望,具有打动人心的力量,而这正是亘古以来每一个人心中对爱情最深的企盼。这就使得"关雎"在数千年后的今天读起来,还是那么清新动人,无愧于三百篇之首。

这首爱情诗突出了情窦初开的青年男女对爱情的憧憬和向往,诗中的相思之情是坦率的、大胆的,诗人毫不隐埋自己的感情,也毫不掩饰自己的愿望。这种浓烈的感情和大胆的表白,正是生命欲望和生性本能的自然显露。

爱情对情窦初开的人来说是新奇的,它是他第一次对异性爱的体验,充满着新鲜感;爱情对情窦初开的人来说是美妙的,它是青春的伴侣;爱情对情窦初开的人来说是纯洁的,它是初放的花蕾,素雅、清新、醉人;爱情对情窦初开的人来说是神秘的,它是一座令人向往,但又一时难识"庐山真面目"的迷宫;爱情对情窦初开的人来说是痛并快乐着的,怀着一颗圣洁的心,在对异性思念、亲近、倾慕、试探或追求中,却得不到对方相同的反应,这种滋味是苦涩、惆怅但却又夹杂着甜蜜的忧伤的,是令人回味、咀嚼,让人铭记终生而不能忘怀的。

五代文人韦庄的《思帝乡》就以白描的手法,勾勒出一位情窦初开的少女,对爱情的憧憬和追求:"春日游,杏花吹满头,陌上谁家年少,足风流。妾拟将身嫁与,一生休,纵被无情弃,不能羞。"翻译成白话文意思就是:在阳光明媚的春天去郊游,头上落满了杏花的花瓣,路上遇到一位小伙子,长得英俊潇洒,风度翩翩。如果我能和他结为夫妻,一生一世永相随,该有多好啊!即使不能白头到老,中途被他抛弃,我也绝不会后悔。

词中少女在郊游途中迸发出的对爱情的炽热向往,令人感动,她的不求天长地久,但求曾经拥有的爱情理念,酣恣淋漓地昭示着爱情无上的魅力。

难能可贵的是,在那遥远的年代,《关雎》的作者在择偶时,也不是只注重外表美,忽视心灵美,而是内外兼顾。诗人之所以强烈地爱上了那位采摘荇菜的女子,是因为她不但美丽而且善良。男女相互的吸引,爱情的产生,要建立在对方外在美和内在美相结合的基础上,这在古今中外是一致的。可是与女性相比,男性更容易为美丽而动情。外表美丽的女子总能引得陌生男子驻足。女子外貌的美使男子赏心悦目,并使他把这种美通过联想扩展到她的道德、性格等各个方面。伟大的俄国诗人亚历山大·普希金尚且如此,更何况我们这些凡夫俗子呢?

1830年,俄罗斯著名诗人普希金已经32岁了,仍孤身一人,没有成家。在9月里的一次舞会上,他第一次见到了"彼得堡第一美人"、芳龄18的娜塔丽娅。他顿时为她的美丽所倾倒,决心娶她为妻。在此之前,有很多女孩迷恋他,但没有一位像娜塔丽娅那样令他魂不守舍。

娜塔丽娅到底有多美？普希金的一位好友曾这样描述："一生中我见过许多漂亮女人，遇到过比娜塔丽娅更迷人的女人。但从未见过像她那样将古典端庄的脸型与匀称的身段如此美妙地结合在一起的。高挑的身材，神话般纤细的腰……这是真正的美人。无怪乎，甚至是从最靓丽的女人中挑选出来的女人在她的面前也要黯然失色……必须承认，当时，彼得堡没有一个年轻人不对娜塔丽娅暗怀恋慕。她那灿烂的美和魔力般的名字，让人们陶醉。我认识一些年轻人，他们非常自信地确定自己爱上了娜塔丽娅。不仅是那些仅与其见过一面的人，还有那些根本就没见过娜塔丽娅的年轻人。"从这一段描述中可以看出，娜塔丽娅的确很漂亮，她那美丽的姿色具有极大的魅力。

　　俗语说：英雄难过美人关。普希金虽是一位大诗人，但却也没能幸免于拜倒在娜塔丽娅的石榴裙下。1828 年他第一次向她求婚遭到拒绝，1830 年他再次求婚。虽然普希金身高仅 1.68 米，比娜塔丽娅还矮了 8 厘米，但他是伟大的俄罗斯民族诗人，俄罗斯文学语言的创建者和俄罗斯近代文学的奠基人，被誉为"俄国文学之父"，娜塔丽娅终于为普希金的名气所吸引，答应了他的求婚，两人走进了婚姻的殿堂。

　　新婚伊始，普希金对娜塔丽娅倍加呵护，他为能娶到这样一个美人为妻感到骄傲和自豪。他凭借自己天才诗人的名声，将自己的妻子介绍给朋友，引见给沙皇和皇后，将她带进彼得堡的上流社会，进入交际圈。娜塔丽娅借着普希金的大名与达官显贵们结识，享受着"第一诗人夫人"的荣誉，不久，她那魅力的光环已经超过了丈夫的声誉。在各种舞会上，人们谈论的话题大多是她的美丽，男人们喜欢她，仰慕她，热恋她，甚至渴望得到她，而娜塔丽娅则开始晕头转向。她不拒绝男人们的殷勤，甚至当着丈夫的面与他们打情骂俏。特别是当一位名叫丹特士的法国军官来到彼得堡，被沙皇任命为骑兵近卫队的一个军官后，普希金和娜塔丽娅的婚姻生活开始急剧降温。

　　丹特士不但潇洒、英俊，而且学识丰富，聪慧机敏。尽管娜塔丽娅当时已是三个孩子的母亲，但她毕竟是圣彼得堡的美丽天鹅，丹特士仍然疯狂地爱上了她。而遇到丹特士后，娜塔丽娅那不检点的行为举止更加明显，有时甚至达到了放肆的地步。很快，丹特士成了普希金家的常客，他经常陪伴娜塔丽娅出游。1835 年夏，外界盛传丹特士与娜塔丽娅有染。甚至还有人给诗人送匿名信，"祝贺"他由御前初级侍卫荣升"绿巾骑士"。

　　自从收到匿名信之后，普希金坐卧不安。为了捍卫自己的尊严和荣誉，他毅然决定向丹特士发起挑战——决斗。对于普希金来说，荣誉高于一切。后来，虽然有人出面给以调解，但是娜塔丽娅和丹特士仍然没有收敛的迹象。当时在普希金看来,除了决斗,他毫无选择了! 于是,他再次发起决斗挑战,并提出了极其残酷的条件:双方射击的距离只有十步,并且在第一次双方都没有击中对方之后,决斗再重新开始,直到有一方倒地为止。看来,普希金真的拼命了。

1937 年 1 月 27 日,决斗在离彼得堡不远的黑山进行,丹特士先开了枪,普希金受了致命的重伤,两天后这位还不到 40 岁的天才诗人就离开了人世。长久以来,人们大多认为普希金成了娜塔丽娅美丽姿色和轻佻行为的牺牲品。

可见,爱情的内容并不是对某个人的单纯知觉,最初的一瞥往往只是一颗火星,经过长期地观察、深刻地了解才能燃起爱情火焰。

被爱的女人都是美丽的,因为"情人眼里出西施",而对于女人来说,真正的美是由内而外散发的。

《关雎》全诗充满着男子的浪漫情怀,它写思慕,写追求,写向往,深刻细微而不失理性平和,感情热烈又不陷于难以自拔的痛苦呻吟。千百年来,《关雎》一直在河边的沙洲上被深情地吟唱着,而踏着水鸟的鸣声行来的人却换了无数。吟唱着相思之曲沿着白色沙洲迤逦行来的他们,一径在那沙洲边望着远方的倩影低吟歌唱,却始终不把那满载月光的船划向对方。在那些老去的岁月里,他们的故事一如既往。他们都是《关雎》中的主角,和着水鸟的鸣唱与水草的鲜绿,他们前赴后继,从那时,走到了现在。那以后不知尽头的岁月啊,相信一样会回响着后来者穿越岁月的歌,因为古往今来相思之苦是相通的,都是一样的酸楚和甜蜜,一样的折磨人,但是也让人享受。

★秦风·终南

《诗经》的作者成分很复杂,产生的地域也很广。除了周王朝乐官制作的乐歌,公卿、列士进献的乐歌,还有许多原来流传于民间的歌谣。这些各个时代从各个地区搜集来的民间乐歌,由官方搜集和整理,并对作品进行过加工,制作乐歌。

秦风就是当年流传于秦国的民间歌谣,古秦国原址在犬戎(今陕西兴平东南),东周初期,因秦襄公护送周平王东迁有功,开始列为诸侯,改建都于雍(今陕西凤翔),从此逐渐强大起来。统治区域大致包括今陕西中部和甘肃东南部。

　　终南何有? 有楘有梅。君子至止,锦衣狐裘。颜如渥丹,其君也哉。

　　终南何有? 有纪有堂。君子至止,黻衣绣裳。佩玉将将,寿考不忘。

只愿君心似我心，定不负相思意

这首诗歌表达了终南山的姑娘对进山青年的热烈爱慕之情，她欣喜于他的到来，并且赞美他的容貌俊朗，风度翩然，表示她心目中的偶像正是这样的形象：

终南山上有什么？有山楸来有梅树。有位君子到此地，锦绣衣衫狐裘服。脸儿红红像涂丹，威风凛凛貌堂堂！

终南山上有什么？有棱有角地宽敞。有位君子到此地，青黑上衣五彩裳。身上佩玉响叮当，富贵寿高莫相忘。

两节诗都对"君子"的来到表示出敬仰和赞叹的态势。那君子的面容红润丰泽，大有福相。那诸侯的礼服，内里狐白裘，外罩织锦衣，还有青白相间斧形上装和五色斑斓的下裳，无不显得精美华贵，熠熠生辉。诗中对青年的衣着有着一种新鲜感，不像是司空见惯习以为常的感觉，而青年也像是在炫耀华服似的。

除了服装外，诗还写到了饰物的佩声锵锵，那身上琳琅的美玉挂件叮当作响，音韵悦耳。这就显出诗所描摹的形象是动态的，仿佛让人感觉到青年步履雍容来到终南山祭祀行礼。诗通过视觉、听觉形象的勾勒，至少在外观上透出富贵气派和令人敬仰的感觉。

哪个少男不钟情，哪个少女不怀春，好男儿见到好姑娘怦然心动，好姑娘见到好男儿倾慕不已，这是最合乎自然，最合乎人性的冲动。

《终南》里的女主人公爱上豪门贵族，是一种由衷的仰慕，一种发自内心的对威严与英雄气概的崇拜，她那率真的赞美和衷心的祈祷，使我们看到一个情窦初开、天真淳朴的怀春少女，而绝不是一个工于心计，一心想攀附权贵的势利女人。爱和地位无关，爱是心灵的盛宴，怎么可以因为地位而撤掉情感的佳肴？姑娘是勇敢的，是应该得到真诚祝福的。

贵族青年的风流倜傥、凛凛威风自古就是吸引少女芳心的有力武器，在古代文学作品中，美女爱富贵男子的不在少数，比如宋代作家晏几道就有一首词《生查子》：

金鞍美少年，去跃青骢马。紫系玉楼人，绣被春寒夜；消息未归来，寒食梨花谢。无处说相思，背面秋千下。

起首两句描绘的"金鞍美少年"形象，正是女主人公思念的对象。能坐在千里马的描金鞍子上的，一定是富家子弟无疑。他的倏然离去，让女主人公孤灯独眠，魂牵梦萦天天盼，月月盼，寒食节过去了，梨花开了又谢，一次次的等待，始终没有等到他的音信，随之而来的，只是一次次的失望！最后她在秋千架下背面痴痴地站着，默默地承受着相思之苦，无处诉说，也不想对人诉说。

可是男人要富且贵，势必不能有大把的时光抛洒给女人，因此为之付出爱的女人要有心理准备。被誉为盛唐"七绝圣手"的王昌龄的《闺怨》中就有"悔教夫婿觅封侯"的名句，写独守空房的女子备感寂寞、孤独，悔恨当初不该让丈夫去立功封侯。

可是，在现实生活中太多的少男少女往往是即便一开始就知道注定是段错恋也要勇敢地去爱，哪怕为了这爱，放弃太多，改变太多。只因为太爱对方，所以觉得这样的牺牲虽然代价昂贵，却也是值得的，至于失去对方的爱有多痛，他们真的不想去感受，可是他们不明白，有些时候，爱是不在自己的掌控之下的，例如英国王妃黛安娜那段令人惋惜的失败婚姻。

在1981年那场全球瞩目的世纪婚礼上，19岁的戴安娜身穿雪白的席地婚纱，与查尔斯王子并肩缓缓走过。喧闹的人群、女王的祝福、戴安娜的微笑、查尔斯甜蜜的吻，掩盖了令人伤心的事实：灰姑娘要嫁的王子，心里早有了别的女人——与王子青梅竹马的卡米拉。新婚伊始，戴安娜还自信满满，以为凭着自己的魅力能将王子的心从卡米拉那儿夺过来。在世人眼中，卡米拉怎能与戴安娜相比？戴安娜年轻漂亮、聪明和善，而卡米拉不但貌不出众，而且比查尔斯王子还要年长，更重要的是她已经有了丈夫。然而，在这场感情的拉锯战中，戴安娜还是输给了这个表面看起来不如她的女人，最后堕入绝望的深渊。她情绪时常处于抑郁之中，多次企图自杀，之后又频频传出绯闻。或许背叛也是一种疗伤的方式。这一出童话式的婚姻于1996年正式结束，15年的王室生活对于戴安娜就像一场噩梦。

灰姑娘与王子的美丽童话有哪个女孩子不向往？然而王子没有灰姑娘，他还是王子；灰姑娘若没有王子，就永远是灰姑娘。童话是美好的，现实是残酷的，但是童话真正打动人心的正是这种美好，这种美给了大多数女孩子一个灰姑娘般的梦想，我们无须计较灰姑娘和王子婚后究竟能走多远，只要他们的感情曾经够美，够浪漫，能让我们的心情在阳光中慢慢渗透，就已足够。

第二章　才下眉头，又上心头

恋爱中的人都有这样的感觉，即使每天朝朝暮暮，相依相守，仍觉得两个人在一起的时间不够，恨不得片刻不能分离。然而，分离又偏偏是我们不能掌控的。和情人分离的时候，心里往往会涌起惆怅迷茫，深刻的感觉到彼此切肤的思念和牵挂。

思念是痛苦的，是揪心的，夹杂着对相守时光的无限怀念。夜阑人静，孤灯只影，或许对自己茶饭不思的状态毫无感应，却对情人热烈的目光和温柔的耳语念念不忘，时常回想。可越回想，越感伤，不觉思念的线正零乱繁复地缠绕心房，思念的痛已渗入皮肤，刻划出新的情伤……

分离哪怕短暂，思念却是无比清晰。在分离中体会到爱之深，情之切，心之耽……体会到原来恋人的一颦一笑，一举一动都已渗入自己的骨血，不能分离。

我们在分离中看清自己，也看清对方，用心聆听感情的私语。慢慢懂得拥有，懂得呵护，懂得珍惜，然后共同感悟厮守一生的情爱真谛。

★齐风·甫田

对这首诗主旨的看法历来分歧较大，《诗说》认为是讽刺齐景公的，也有人认为这首诗是文姜在齐思念其子鲁庄公，归鲁相见之后所作，但有人对此提出质疑，因为鲁庄公生于桓公六年，即位时年十三，庄公尚未成年，与诗中的"突而弁兮"相背。又有人认为是写妻子对远方丈夫的思念等等，相对而言，应该说这首诗还是应该属于少女对青梅竹马的少男的思念，两人长时间不得相见，等到相见，男的已由孩子变为成人。

> 无田甫田，维莠骄骄。
>
> 无思远人，劳心忉忉。
>
> 无田甫田，维莠桀桀。
>
> 无思远人，劳心怛怛。
>
> 婉兮娈兮，总角丱兮。

多情自古伤离别，更哪堪冷落清秋节

这首诗前两节写了对远离自己的恋人的强烈思念：不要耕种大块田，那里杂草长得高又密。不要思念远行人，思念起来太忧伤。不要耕种大块田，杂草长得密麻麻。不要思念远行人，思念起来心伤悲。

这两节用的是重叠格式，两节内容基本相同，只是换了两对词，而所换的两对词"骄骄"与"桀桀"、"忉忉"与"怛怛"的意思又差不多。这两节的第一、二句是起兴，主要是为了引出这两节的第三、四句，第三、四句本是说少女思念恋人心切，随着时光的流逝，这种思念越来越强烈，以至于使自己整天萎靡不振，但是作者在这里却正话反说，本来思念无法抑制，但作者却说，切莫挂念他了，其实越是这样说，说明她牵挂得越是强烈。

在这里，诗人是明知不可为而为之，明知抛不开却强抛之，以强制的方式表达的却是深沉的思念和牵挂。这种强装出来的豁达，同真正的豁达有着明显的区别。彻底豁达，如释迦牟尼由王子出家，在菩提树下悟道成佛，自然是人生至高境界，可惜凡人肉胎难以做到。强装出来的豁达，只是进一步证明和强化了放不下和有所谓，比如失恋之后故作坦然地对人说："无所谓，天涯何处无芳草。"

有时我们的确需要强装豁达，这比强装忧愁要真诚和坚强得多。正因为思之切、忧之深，才有强忍忧愁作笑脸，表面上痛苦似乎化解了，实际上却沉入了心底深处。

而第三节则是描写作者无法摆脱刻骨的相思，于是在梦中实现了自己的心愿——见到了自己的心上人。分别多年的人意外出现，惊喜的同时，她发现他已经由活泼漂亮的少年长成了高大英俊的男子汉："当初年少多秀美，小辫翘起像牛角。几年没见他的面，转眼成人戴上帽。"第三节，寥寥数语，就使得相见的激动情景和两人欢乐的心情跃然纸上。可是梦毕竟是梦，梦醒之后，梦中美好的一切都了无痕迹，梦中的欢乐不过是镜中花，水中月，虽诱人但虚无，空留惆怅。

思念，是一种感人的情怀，是一种珍藏于内心的甜蜜，更是一种深沉的渴望。迷醉是它的色彩，倾心是它的芳香，甜蜜是它的诱惑，痛苦是它的魔力。

宋代著名词人柳永的《蝶恋花》就是一首怀人之作：

伫倚危楼风细细，望极春愁，黯黯生天际。草色烟光残照里，无言谁会凭阑意？拟把疏狂图一醉，对酒当歌，强乐还无味。衣带渐宽终不悔，为伊消得人憔悴。

词人把漂泊异乡的落魄感受，同怀念意中人的缠绵情思结合在一起，借景抒情，感情真挚。上阕写在一个春风吹拂的日子里，词人登高望远，离愁油然而生。可是见不到伊人，心中即便有再多的愁苦也是衷肠无处可诉啊。下阕写主人公为消释离愁，决意痛饮狂歌，可是借酒浇愁愁更愁，强颜欢笑终无味，最后两句终于点明，所有的痛苦都是为了那个心爱的女子，为了她，纵然消瘦憔悴了，也心甘情愿。"终不悔"三个字表现了主人公爱之深，爱之切！

"白杨苍发春正美，黄鹄帘低垂，燕子双去复双来，将雏成旧垒，秋风忽夜起，相呼度江水；风高江浪危，拆散东西飞！经径紫陌芳情断，朱户琼窗侣梦违。憔悴卫佳人，年年愁独归。"这首表达相思之苦的诗作出自宋末元初时期的才女张玉娘之手。

张玉娘，字若琼，号一贞居士，浙江松阳人，富有文才，尤擅诗词，时人以汉班昭比之，与李清照、朱淑贞、薛涛并称宋代四大女词人，著《兰雪集》一卷。

张玉娘出身仕官世家，自幼饱学，敏慧绝伦，不独熟悉女红，而且能写文章，她的爱情故事更是真切感人。

玉娘15岁时和与她同庚的书生沈佺订婚。沈佺是宋徽宗时状元沈晦的七世孙，才思俊逸，不同于一般的纨绔子弟，而且沈、张两家有中表之亲。玉娘和沈佺青梅竹马，当一个长成貌美而又颇有文采的妙龄少女，一个长成才思俊逸的翩翩少年时，两人不由得互生爱慕之情，两家的父母也觉得这是一桩门当户对的婚事，于是便订下了这门百年之好。订婚后，两人更加恩爱，经常互赠诗物。

谁知好景不长，沈家日趋没落，沈佺又无意功名，玉娘的父亲便有了悔婚之意，称"欲为佳婿，必待乘龙"。迫不得已，沈佺离乡别土赴京应试，但玉娘的父亲还是取消了这门婚事。两人当时鱼雁沉浮，消息断绝，玉娘很是痛苦，遂写出这首《双燕离》。后来，沈佺虽然高中榜眼，但由于爱情受挫而终日落落寡欢的他，因忧郁过度，又外感寒疾，终于一病不起。玉娘闻讯后，悲

玉娘梳妆图

痛欲绝，一面瞒着父母偷偷遣使问候，一面递信赠诗，以死相誓："毂不偶于君，死愿以同穴！"玉娘悲痛欲绝，长歌当哭，赋诗一首以明心志："中路怜长别，无因复见

闻。愿将今日意,化作阳台云。"她决意终身不嫁,发誓要像阳台云那样永远围绕着沈佺。

从此,玉娘陷入巨大的哀伤和无尽的思念之中。父母见她终日寡欢,欲给她另觅佳偶,她坚决拒绝了这一做法,对父母说:"我之所以活到现在不死,只是由于有二位双亲在啊!"在守情五年后,这年元宵之夜,家人皆去观灯,独玉娘托病坐于灯下。恍惚中,她发现沈佺站在面前。玉娘又惊又喜,去抓他衣服,却若即若离,不禁凄然泪下。又一晚,她梦见沈佺驾车相迎,醒来披衣而坐,对侍女说:"我心已定!"于是绝食而亡,死时才 28 岁。

她父母得知女儿殉情而去,征得沈家同意后,特将玉娘与沈佺合葬一处,在人世间他们不能比翼齐飞,在阴间他们终于可以成双成对了。

两地相思最是痛苦无奈,它要求双方付出更大努力,且需更多耐心和更强毅力。月圆的时候,你只能独自一人,形影相吊地对月吟唱:"但愿人长久,千里共婵娟!"那份孤独、那份寂寞,一同融进了月色中。

思念,是心绪不宁时勾起的记忆中的点点滴滴,是满怀激情而无人倾诉时对月儿的喃喃低语;思念更是一种焦虑的等待。

对古人而言,由于通讯技术的不发达,他们思念的空间和时间似乎被拉长了千万倍,但又正是因为这似乎是被拉长了的空间和时间使得古人的思念更加的望穿秋水,恰似一瓶陈年老酿,既有浓郁宜人的幽香,又有沁人肺腑的苦楚,令人回味无穷啊!那苦苦的守候和期待是如此的美丽动人!古人的思念是一笔浓墨写就的诗意山水画卷,让人百看不厌!我们常常感动于古人的爱情,忆及古人,便有许多敬重在心头!

★陈风·月出

这首诗大约是用陈国方言创作的,诗中的一些词语在《诗经》别的篇目中并不常见。在中国文学史上,它第一次将远在天边的月亮拉到了我们的眼前,第一次从貌似冰冷的月亮中发现了无尽的柔情。

> 月出皎兮,佼人僚兮。舒窈纠兮,劳心悄兮。
>
> 月出皓兮,佼人懰兮。舒忧受兮,劳心慅兮。
>
> 月出照兮,佼人燎兮。舒夭绍兮,劳心惨兮。

衣带渐宽终不悔，为伊消得人憔悴

这是一首月下怀念爱人的诗。高悬的明月，可以千里同照，而清澈幽冷的月色，又常给人一种静谧孤寂的感觉，因此在月下是最容易勾起思乡怀人之情的。这首诗的作者就是如此，他在皎洁的月光下，想起了自己那位漂亮的爱人，于是心中骚动，惶惶然不能自己，以至陷于深沉的痛苦之中：月亮出来多明亮呀，美人的仪容多俊俏呀，姗姗而来多苗条呀，使我心头好烦恼呀。月亮出来多明晃呀，美人的脸庞多美丽呀，施施而来多婀娜呀，使我心头好苦恼呀。月亮出来多皎洁呀，美人脸上泛银光呀，缓步而来多妖娆呀，使我心头好焦躁呀。

"月出皎兮，佼人僚兮。"月光银影下的妙龄少女，那曼妙动人的曲线，轻盈多情的体态，缓缓地，宽舒地，仿佛天上仙女下凡来。"舒窈纠兮，劳心悄兮。"情影娇媚，顾盼生姿，撩拨了年轻后生那敏感易颤的心弦，禁不住心生激荡，柔情乍起，思绪轻扬。一亲芳泽的渴望，获取伊人芳心的期盼，有千缕万缕的情丝飘动。"乱我心者今日之日多烦忧"，只思量何时才能瑶台月下日日逢，心中陡生淡淡的忧愁，似有不胜轻挥的哀怨，心随月色而去，佼人何在？作者似乎在无意中道出了人类心灵最柔软的体验。

诗中的美人，若真若幻，似梦非梦，惝恍迷离，究竟是作者心中的幻觉？还是现实中真实的场景呢？似乎没人能说得清楚，也无需说清楚。女人如花，或如牡丹国色天香，或如丁香淡雅清逸，或如玫瑰灿烂妖娆，或如水仙空灵脱俗……巧笑倩兮、美目盼兮；瑰姿艳逸、仪静体闲，可谓秀而不媚、清而不寒。她们有花一样的娇美的容颜，花一样的高雅的气质，花一样质朴的情怀，花一样的无私的精神。她们的馨香芬芳了家庭和社会，她们的美丽愉悦着人们的眼眸和心灵。女人如月，男人激情如火豪情万丈，自诩是光芒四射的恒久星座，而纤尘不染的一轮皎月却让他们黯然失色，那月就是女人。女人让这世俗的人间有了一种纯净，女人也让这喧嚣的世界有了一时静谧。月上柳梢，女人的情愫演绎着人间的喜怒哀乐；月下吹箫，女人的风姿美丽着古老的经典；月洒银辉，素影迷离，佳人婀娜，直让《月出》的作者想得心焦如火，瞪着眼睛对月抒情，淳朴、憨厚得着实可以。

有人说："中国的月亮是从《诗经》中升起的。"指的就是这首诗，这皎洁的歌声传唱在陈国的月夜里。从此，我们的民族情怀里就添了一缕月光的浪漫，我们的文化长河里就荡漾着一片浪漫的月光。明媚的月光不但与人世间的男情女爱相随，还抚慰着生活的各个层面，在人们生死别离、喜怒哀乐的棱棱角角上，镀上闪亮的光泽，让芸芸众生原本暗淡无光的日子有了钻石般的光彩，在历史的长河里漾起璀璨的波光。

古人笔下的月亮，素雅、宁静、温柔、神秘。李白曾说："人攀明月不可得"，因此为那只辛勤捣药的兔子和形单影只的嫦娥叹息。臆想和幻觉是美丽的，许多诗人，或者普通人，把许许多多世间装不下、载不动的情愫寄存到那座冰清玉洁的天上宫阙，使之成为人类文化永久的收藏。时至今天，我们明明知道月亮是一颗行星，是一个既无氧气，又无流水的荒凉星球，而顽固地鲜活在我们心头的仍是古人的那轮月亮——玉兔和嫦娥依然编织着我们银色的梦境。

但是，今日毕竟不同于往昔了，当如豆的油灯被闪烁的霓虹灯取代，夜晚的都市绽放异彩，纯白的月色终于被人造的风景取代。电视、网吧、酒吧、歌厅、美容院、瘦身房、交友会所、星级宾馆占据了城市的漫漫长夜，步履匆匆的人们已经没有抬头的闲暇。他们的目光被锁定在声光色电中，月亮逐渐退出我们的视野，恍惚迷离，凄凉地退返古时。"月出皎兮，佼人僚兮。舒窈纠兮，劳心悄兮……"这些情义绵长的诗句渐行渐远，也带走了时光深处的祈盼流连。然而不管时代如何变化，我们都应该相信爱情的意义，虽然我们不能保证爱情是永恒的，但是正如琼瑶所说："要是没有那么一个人，想着，念着，恨着，那这一生该是多么的无趣。"将来的事情也许我们无法预料，但是豆蔻年华之后，我们就应该有一个在心里想着、念着的人，我们无需怀疑爱情的存在。

能够相敬如宾、水到渠成、顺理成章地"与子偕老"当然是一种美好的境界，然而，爱情路上充满酸甜和苦辣，有荆棘有羁绊，一路磕磕绊绊地走来，最后终于执手，也许这样的爱情更富有一些刻骨铭心的味道，所以有情人月光下的焦灼与怅惘、相思与痛苦，都会成为我们生命履历中值得回味的篇节。

西汉才女卓文君就曾用一首《白头吟》来表达自己对爱情的捍卫和执著，诗中借山上的白雪和云中的明月来比喻自己的坚贞心志："皑如天上雪，皎若云间月。闻君有两意，故来相决绝……"

卓文君是临邛大富商卓王孙的女儿，美丽聪明，精诗文，善弹琴。传说当时的文君寡居在家，而司马相如则是蜀郡（今四川成都）人，少年时代喜欢读书练剑，20多岁就做了汉景帝的"武骑常侍"，也就是读书侍从，但他并不受重用。后来他辞官投靠梁孝王，梁孝王死后他不得不返回故乡，因家中贫穷，他只好投靠好友临邛令王吉。一天，王吉带他一起到当地富豪卓王孙家赴宴，正当酒酣耳熟的时候，王吉请司马相如弹一曲助兴。司马相如早就听说卓王孙有个新寡在家的女儿叫卓文君，不但长得很美，而且非常喜欢音乐，于是司马相如便弹了一首自己创作的《凤求凰》，大胆的表白更使隔帘听曲的卓文君为之倾倒。后来司马相如买通卓府下人，与卓文君开始了幽会，两个人你有情，我有意，非常甜蜜，但两个人的爱情受到了卓王孙的强烈阻挠，于是一天夜里，卓文君收拾好了自己的首饰，偷偷溜出家门，与早已等在门外的司马相如一起逃到了司马相如的老家成都。

可是司马相如家一贫如洗，这种日子两个人实在过不下去了，只得回到临邛，为了逼迫卓王孙"就范"，两个人就在卓王孙家对面开了一家酒店，文君坐柜台打酒，相如穿上围裙，当起了跑堂，目的只有一个：寒碜卓王孙。果然，当地的人们一听首富家的千金小姐竟当垆卖酒，都纷纷来看热闹，这让卓王孙觉得颜面大失，出于无奈，他"不得已"地屈服了，给了司马相如一大笔钱，让他俩赶快离开。于是司马相如揣了钱，带了人，返回了成都，"买田宅，为富人"。

后来，他当年为梁孝王写的一篇"子虚赋"受到汉武帝赞赏，被召进京城，封为侍从郎，他一去五年，杳无音信。卓文君在蜀中望穿泪眼，不料有一天却突然接到丈夫仅写着"一二三四五六七八九十百千万"十三个大字的家书，此表"无亿"即"无意"。原来才子自古多风流，久居京城的司马相

司马相如雕像

如已经将心游移在别的女子身上，想另娶名门千金了。卓文君十分伤心，想着自己如此深爱对方，对方竟然忘了昔日月夜琴挑的美丽往事，于是挥毫疾书了这首著名的数字诗：

一别之后，二地相思，只说三四月，谁知五六年，七弦琴无心弹，八行书无可传，九连环从中折断，十里长亭望眼欲穿，百思想，千系念，万般无奈把郎怨。万语千言说不完，百般无聊，十倚栏，重九登高看孤雁，八月中秋月圆人不圆，七月半焚香秉烛问苍天，六月伏天人人摇扇我心寒，五月榴红似火，偏遇阵阵冷雨浇花端，四月枇杷色未黄，我欲对镜心意乱，忽匆匆，三月桃花随水转，飘零零，二月风筝线儿断，噫，郎呀郎，巴不得下一世你为女来我为男。

后来她又加上了那首写得不卑不亢、情真意切的《白头吟》，诗中发出了铿锵有力的呼唤："愿得一人心，终老不相负！"一个女子的坚定和隐忍尽在其中，也为他们的爱情故事平添了几分美丽的忧伤。

据传司马相如看了这首诗后，被妻子的才思和深情所打动，于是打消了休妻的念头，羞愧交加地亲自回乡，用驷马高车接妻子返回长安，并从此杜绝声色犬马，兢兢业业做学问，终成辞赋一大家。文君是聪明的，她用自己的智慧挽回了丈夫蠢蠢欲逃的心；文君也是幸福的，司马相如最终没有背弃最初的信誓。

第三章 好事生险,英雄磨难

爱情本是一只自由的鸟,它该生活在广袤的森林里和辽阔的蓝天下,可是却常常被关进笼子。那么互相爱着的人为了争取爱情的自由解放,不得不"逼上梁山",不得不以各种方式去抗争。在这种状态下燃烧的爱,就是一团扑不灭的火,有着敢于冲破一切罗网的野性,它粗犷豪迈、不拘约束,不循旧规,不守礼法。不惜付出任何代价大胆无畏地去爱,是一种野性美。

绝大部分的爱情阻碍,竟是来自最亲最爱的父母或家人的反对,然而父母家人不会永远都那么固执,只要坚持自己的想法,不后悔,不放弃,就终会有幸福的那天。毕竟那是自己的选择,无论结果怎样,起码自己不会后悔当初。生活中如果不能去追求自己想要的东西,那么活着就成了别人的附属品了。

"有情人终成眷属",不该只是对伴侣的祝福,更应该是一种成全的胸襟与实质的协助,作为父母亲人不要将自己的儿女兄妹逼入绝境,不能成全的爱,就是悲剧:两个备受相思之苦却因外力无法在一起的人,要么是奋起抗争,令亲情元气大伤;要么是肝肠寸断,劳燕分飞;要么是万般无奈,以身殉情……总之,阻力让爱情走得曲折也走得更远,经历过愁肠百结、撕心裂肺之后,究竟是大团圆还是分手,全在于人为努力的程度。

★郑风·将仲子

春秋之际,郑国人民创造了一种具有地方色彩的新曲调,激越活泼,抒情细腻,较之迟缓凝重的"雅乐",无疑是一个进步。孔子责备"郑声淫",要"放郑声",就是害怕郑国这一"激越活泼"的新声,会取代周王朝的正乐。

《郑风》中绝大部分是情诗,这虽同郑国有溱水、洧水便于男女游览聚会有关,但更主要的是同郑国的风俗习惯密不可分。

将仲子兮,无逾我里,无折我树杞。岂敢爱之,畏我父母。

仲可怀也,父母之言,亦可畏也。

将仲子兮,无逾我墙,无折我树桑。岂敢爱之,畏我诸兄。

仲可怀也，诸兄之言，亦可畏也。

将仲子兮，无逾我园，无折我树檀。岂敢爱之，畏人之多言。

仲可怀也，人之多言，亦可畏也。

最恨无情芳草路，匿兰含蕙各西东

这首诗写一个女子在旧礼教的压迫下，忍痛拒绝情人前来幽会：

求求你，我的小二哥，别翻越我家的院墙，不要攀折我种的杞树的树枝。我哪里是舍不得杞树啊，我是害怕我的父母。小二哥啊，我虽然很想你，但父母的话，真的让我很害怕。求求你，我的小二哥，别翻越我家的围墙，不要攀折我种的桑树的树枝。我哪里是舍不得桑树啊，我是害怕我的兄长。小二哥啊，我虽然很想你，但兄长的话，真的让我很害怕。求求你，我的小二哥，别翻越我家的园子，不要攀折我种的檀树的树枝。我哪里是舍不得檀树啊，我是害怕邻居的流言蜚语。小二哥啊，我虽然想你，但邻居的流言蜚语，真的让我很害怕。

诗以委婉的语言，真实细腻地表达了这个女子的内心矛盾和痛苦心境，她一方面在父母、兄长、外人等各种势力的干涉下，不敢同情人接近，另一方面又确实想念情人，欲拒心不忍，最后只得向对方说明自己的苦衷。

"将"在古代汉语里有"请求"的意思，"仲子"是诗中女主人公的男朋友，中国古代的排行所说"伯、仲、叔、季"是指"老大、老二、老三、老四"。所以仲子就是排行第二的人，所以要把这句翻成白话，就是说"我的小二哥呀"。这个仲子呢，常常跳墙，翻进去跟这个女子幽会。所以这个女子就说"仲子哥你不要老翻我们家那个墙啊，不要把我们墙旁边那个杞树的树枝都折断了"，这是一个拒绝，可是拒绝是很伤感情的，所以诗中由此跳出了一句绝妙的内心表白："岂敢爱之？"这一句反问显出了女主人公的细心，她惟恐自己的求告，会被心上人误会，所以又赶紧声明："岂敢爱之？畏我父母。"——意思是说"我不是爱那棵树，我难道爱树甚于爱你吗？只因为害怕我父母啊！"我虽然爱着你，却不能让你翻墙折杞前来，实在是迫不得已啊。一个"畏"字，既吐露了她对父母的斥责，也表现了她的胆战心惊！为了进一步抚慰心上人那颗受伤的心，可怜的女主人公又给了心上人以温言软语的安慰："仲可怀也，父母之言，亦可畏也。"意思是说："我实在是天天想着你呀，只是父母的斥骂，也实在让我害怕呀……"这似乎是安慰，又似乎是求助，活脱脱刻画出了热恋中少女那既痴情又担忧的情态。

后边两节在重复第一节的基础上，将"畏我父母"，换成"畏我诸兄"和"畏人之多言"，意思是说害怕兄弟们的责怪和邻居们的流言蜚语。这说明当时的婚姻制度已较严格,这种不是明媒正娶的"私情"受到社会的强大压力。这种不准青年男女恋爱、私会的礼法似乎是一张无形的大网,从家庭一直布向社会,谁也无法挣脱它,这张网被"父母"、"兄弟"和"乡邻"们张开着,将怀春少女重重围裹,在少女看来它是那样森严和恐怖。由此我们可以品味到女主人公的焦灼和畏惧——她实在孤立无助,难于面对这众口铄金的舆论压力啊!

诗中的女主人公为什么要怕父母和兄长呢?这是因为在农业社会中婚姻很多时候表现为"财产式婚姻"——婚姻是双方家庭之间的财产交换,因此当事人无权选择。财产式婚姻本身就是一种以婚姻换取利益的买卖。因而女性不但对丈夫来说是购得的财产,对自己的父母来说,也成为待价而沽的商品。这是女性的悲哀,自古以来,中国历史上因为父母、兄弟的干涉而造成的爱情或婚姻悲剧举不胜举。

南宋时期伟大的爱国词人陆游20岁左右时与表妹唐婉结婚。唐婉是一个很有才华的大家闺秀,结婚后,他们夫妻情浓意蜜,非常恩爱。然而,唐婉的才华横溢及与陆游的亲密感情,引起了陆母的不满,以至最后发展到强迫陆游和她离婚。陆游和唐婉的感情很深,不愿分离,他一次又一次地向母亲恳求,都遭到了母亲的责骂。最后在封建礼教的压制下,这对结婚只有两年左右的恩爱夫妻便被强行拆散了,两人只好洒泪诀别。后来唐婉改嫁赵士程,陆游也再娶王氏。

然而这段情意铭心刻骨,令两人始终难以忘怀。陆游30多岁时,在一个春意盎然的日子里,出游沈园,与离别多年的前妻唐婉及其后夫赵士程不期而遇。唐婉遣人送酒致意。看到魂牵梦萦的前妻憔悴的容颜,隐含忧愁的神态,陆游无限感伤,压抑不住内心的感情冲动,在园壁上挥笔题下了一阕脍炙人口的名篇《钗头凤》:

红酥手,黄藤酒,满城春色宫墙柳。东风恶,欢情薄。一怀愁绪,几年离索。错!错!错!春如旧,人空瘦,泪痕红浥鲛绡透。桃花落,闲池阁。山盟虽在,锦书难托。莫!莫!莫!

起首三句,为回忆往昔与唐婉偕游沈园的美好情景。遥想当时,唐婉用红润的双手,把尘封的黄酒斟满,柔情似蜜地端坐在陆游前面,满城春色,夫妻沉醉在美满幸福中。

东风恶等数句,说的是恶风作践了美好春景,指的是封建恶势力拆散了他们的幸福婚姻。恩爱夫妻被迫分离,使他们感情上蒙受巨大的折磨。一怀愁绪,折磨几年,至今仍受熬煎,只能沉痛地感叹"错,错,错"!

下阕写这次沈园重逢,春天如旧,和上次一样,但人却今非昔比,她憔悴了,消瘦了,可想而知她受的折磨和熬煎。她流的泪,把鲛绡浸透了。桃花凋谢,园林冷落,东风无力百花残,自然规律和社会势力都是不可抗拒的。山盟海誓虽在,但无法寄托,不能表达——表达又有何用? 只好认命了,感叹"莫,莫,莫"!

当时唐婉读了这首词后十分伤感,不禁也和了一首《钗头凤》:

世情薄,人情恶,雨送黄昏花易落。晓风干,泪痕残。欲笺心事,独语斜阑。难! 难! 难! 人成各,今非昨,病魂常似秋千索。角声寒,夜阑珊。怕人寻问,咽泪装欢。瞒! 瞒! 瞒!

陆游在词中倾吐了内心的深沉隐哀和对唐婉的无限怜惜、思念和负疚之情,同时对封建礼教提出了强烈的抗议;唐婉则在泣诉了别后对陆游的缠绵的思念之情,自己内心的痛苦和尴尬处境的同时,也流露出对爱情悲剧制造者的不满情绪。陆词沉痛而唐词凄婉,都是血泪凝成的不朽之作。

据说沈园相会后,唐婉便抑郁成病,不久就玉殒香消。这给陆游的心灵造成了难以弥合的创伤。从此他陷入了深深的追念和痛悔之中,而沈园也成了陆游的伤心断肠之地。每游沈园甚至是梦游,几乎都会有伤心断肠的哀曲从他心底自然流出。他67岁的时候,重游沈园,看到当年题《钗头凤》的半面破壁,事隔40年字迹虽然已经模糊,他还是泪落沾襟,写一首诗以记此事,在诗中哀悼唐婉:"泉路凭谁说断肠? 断云幽梦事茫茫。"后陆游住在沈园的附近,"每入城,必登寺眺望,不能胜情",写下绝句

陆游

《沈园》:"梦断香消四十年,沈园柳老不吹绵。此身行作稽山土,尤吊遗踪一泫然。"就在陆游去世的前一年,他还写诗怀念:"沈家园里花如锦,半是当年识放翁。也信美人终作土,不堪幽梦太匆匆!"这一首首爱情诗,情深意长,哀怨沉痛,字字句句,都是对吃人的封建礼教的控诉。

这真是一段深挚无告,令人窒息的爱情。爱情的悲剧,让人心痛;爱情的浪漫,让人心动……对唐婉来说能在死后60年里仍然被人真心悼念,大概也可以说是不幸中的一种幸福吧!

陆游面对严厉母亲的威势,选择了妥协,而《将仲子》中的女主人公则在压力面前,欲爱不成,欲罢不忍,陷入两难处境之中。现实的处境决定了她的选择只有妥协或者反抗,除此以外,无路可走。

选择是艰难的,更是痛苦的,其实又何止是爱情呢? 应当说两难处境是我们不得不经常面对的一种生活状态。这时,你只能选择是或不是,毋庸解释,不容模棱

国学经典文库

国学大智慧

《诗经》智慧通解

图文珍藏版

两可,这是非常残酷的。或者妥协,或者反抗;或者生存,或者死亡。你没有退路,也没有回旋的余地。而事实上,大多数的人面对选择,是屈从于压力,违背自己的意愿,站在了妥协的那一边。

现代人常常喟叹自己活得太累,这种累不是来自于身体,而是来自于心理。其实累不累的控制权掌握在我们自己手中,真正豁达的人,是不会屈从外在压力,不会屈从别人的意志的。他有自己的主见,自由的意志,独立的人格。也许这在《将仲子》的时代是不可想像的,但如今,这已经不是天方夜谭了。

当然,也有人认为《将仲子》里的女主人公根本就不爱她的小二哥,而"父母、兄弟、人之多言"只不过是她拒绝对方求爱的一种借口罢了,这个借口找得很艺术:虽然我爱你,可我父母不同意,你说怎么办?总不能让我不要父母吧?那可是大不孝。如果这样理解这首诗歌有道理的话,那我们的先人真的是太聪明了,因为5000多年后的今天,我们还在恶补该如何说"不"!

★ 鄘风·柏舟

这是一首反抗父母之命、争取婚姻自主的爱情诗,出自《鄘风》。

泛彼柏舟,在彼中河。髧彼两髦,实维我仪。之死矢靡它。母也天只,不谅人只。

泛彼柏舟,在彼河侧。髧彼两髦,实维我特。之死矢靡慝。母也天只,不谅人只。

最恨粉墙高几许,蓬莱弱水隔千重

"最恨粉墙高几许,蓬莱弱水隔千重"出自宋代黄氏女的《感怀(二首)》其二:"自从闻笛苦匆匆,魄散魂飞似梦中。最恨粉墙高几许,蓬莱弱水隔千重。"

据传,当时一位名叫潘用中的书生住在黄氏女家对面的旅店里,他经常吹笛子自娱自乐。有一次他去春游时与黄氏女相遇,两人一见钟情。从此,两人隔街相望,并且各自在手帕上题完诗后,互相抛掷给对方,借此传情。不料,有一次,抛掷时失手,手帕落到了旅馆老板娘的手中,潘用中只得向老板娘坦白了这段感情,并且恳求老板娘代为传书送信。后来潘用中随着他父亲一起搬到别处,见不到黄氏女的他,难以忍受思念之苦,就请求父亲为自己向黄家求婚,可是他父亲认为黄氏女的祖父在朝中为官,两家门不当户不对的,肯定是一场无望的姻缘,即使去了也必然是碰一鼻子灰回来,因此就把这件事搁置了下来。没过多久,当初那家旅店的老板娘找来了,她告诉潘用中,自从他搬走之后,黄氏女相思成疾,卧床不起。她母亲一再探问她后,得知她害的是相思病,又看了潘用中为黄氏女题在手帕上的诗,被他的真情和才华所打动,同意了这门婚事。喜出望外的潘用中父子赶忙托人前去求婚,黄氏女的病顿时痊愈,两人共结连理。

而下面这首《柏舟》同样描写了一个姑娘爱上了一个垂着双髻的小伙子,母亲的横加干涉激起姑娘的怨愤与反抗,她发誓要和母亲对抗到底:

"轻轻摇荡着的柏木舟,在那河中慢慢游。那头发垂分的美少年,实在让我好喜欢,誓死不会违心意,我的母亲我的天,为何不体谅我的心!

轻轻摇荡着的柏木舟,在那河边慢慢游。那头发垂分的美少年,实在让我好动心。发誓永远不变心! 我的母亲我的天,为何不体谅我的心!"

这是一首反抗家庭干预,追求婚姻自主的民歌。姑娘望着行驶在河中的柏舟,怀念着自己心中的恋人,誓死不改变自己的主意。作者直抒胸臆,感情强烈,读来如见其人,如闻其声。它反映了《诗经》时代民间婚恋的现实状况:一方面青年男女们在政令许可的范围内享有较大程度上的恋爱自由,另一方面已经出现了婚姻必须听从"父母之命"、"媒妁之言"的情况,礼教已经通过婚俗和舆论来干预生活了。

古今中外,在婚姻爱情方面,父母与儿女最容易发生冲突和矛盾,儿女相中的,父母不屑一顾;父母看上的,儿女却很不感冒,这其实是两种不同观念的背离和交锋。冲突双方往往各自坚持自己的价值准则,互不相让,父母经历了岁月的磨炼,比儿女多了世故,少了纯真;多了功利,少了热情;多了理智,少了激情⋯⋯在父母看来,儿女幼稚,感情用事,可是爱情婚姻是一辈子的大事,由不得他们胡来,于是横加干涉。这样的父母总以自己和自己的生活经验作为参照,而不能设身处地地站在子女的立场上思考问题。

西方的罗密欧与朱丽叶,中国的《孔雀东南飞》⋯⋯太多的爱情悲剧都源于父母的阻拦。面对巨大的阻力,要想捍卫爱情,需要坚强的意志,需要痴癫的傻气,更需要对抗压力和寂寞的勇气。说到这一点,人们常常会想到梁山伯与祝英台的凄美的爱情故事。

从前有个姓祝的地主,人称祝员外,他的女儿祝英台不仅美丽大方,而且非常的聪明好学。但由于古时候女子不能进学堂读书,祝英台只好恳求父母同意,女扮男装,去杭州求学。途中遇到同是到杭州求学的梁山伯,俩人"结为八拜之交",还成为了同窗。

一晃三年过去了,学年期满,该是打点行装、拜别老师、返回家乡的时候了。同窗共读整三载,祝英台已经深深爱上了她的梁兄,而梁山伯却不知祝英台的真实身份。祝英台对梁山伯讲家中有一个小妹,人唤祝九妹。相貌与自己甚为相像且知书达理,尚未婚配,希望梁山伯能来提亲。几个月后,梁山伯前往祝家拜访,结果令他又惊又喜。原来英台便是祝九妹。再见的那一刻,他们都明白了彼此之间的感情,早已是心心相印。此后,梁山伯请人到祝家去求亲。可祝员外哪会看得上这穷书生呢,他早已把女儿许配给了有钱人家的少爷马文才。梁山伯顿觉万念俱灰,一病不起,没多久就死去了。

听到梁山伯去世的消息,一直在与父母抗争以反对包办婚姻的祝英台反而突然变得异常镇静。她套上红衣红裙,走进了迎亲的花轿。迎亲的队伍一路敲锣打鼓,好不热闹!路过梁山伯的坟前时,忽然间飞沙走石,花轿不得不停了下来。只见祝英台走出轿来,脱去红装,一身素服,缓缓地走到坟前,跪下来放声大哭,霎时间风雨飘摇,雷声大作,"轰"的一声,坟墓裂开了,祝英台似乎又见到了她的梁兄那温柔的面庞,她微笑着纵身跳了进去。接着又是一声巨响,坟墓合上了。这时风消云散,雨过天晴,烂漫野花在风中轻柔地摇曳,一对美丽的蝴蝶从坟头飞出来,在阳光下自由地翩翩起舞。

生死之恋总是令人感怀不已。梁祝的故事不仅感动了一代代少男少女,也令许多多情的成年人伤怀。如今人们已经习惯将这个故事界定为"悲剧",称其为中国的"罗密欧与朱丽叶"。

年轻人为爱情而逝,白发人送黑发人,让人备感生命的脆弱。其实,死并不是面对阻力的唯一选择,反而却是最懦弱的选择。只要你爱得够坚定,爱得够投入,来自外界阻挡的理由统统都不成为理由,没有什么比爱更有力量,只要两个人真心相爱,只要你有勇气冲破内心的藩篱,那么任何人和事都不能牵绊你爱的步伐。无论压力、贫穷、疾病、离别甚至死亡,只要相爱,世界上就没有克服不了的困难。无论如何都不要说:"我别无选择,只能选择放弃。"这些人通常会为自己的懦弱选择一个"伟大"的借口——为了彼此不受到伤害而退却。而他们却忘记了放弃才是对彼此最大的伤害。

婚姻归根结底是两个人的事情,当然父母考虑的可能更多的是孩子的前途问题,其实这种事情最好是好好和家人沟通,也只有沟通才可以解决问题。如果父母不同意即使是结婚了,以后的生活也不会完美。用耐心和努力去说服家人,用爱说话,让家人相信,你们在一起是幸福的,才是明智之举。

在现代这个社会中,爱情基本上是不存在门第阻力的。因为这种观念在人们的心目中已经逐渐淡化了。在这个社会急剧动荡的时代里,各种物欲的大潮使得纯真的爱情几乎像出土文物那样珍贵。这个时候,我们是不是更应该呼唤还爱情以纯真呢?

第四章　白首齐眉，鸳鸯比翼

再多的恩爱，若不用婚姻来装载，也终如流沙般一点点流散，因此爱情最美好的结局莫过于牵手走进婚姻殿堂——"执子之手，与子偕老"，所以"洞房花烛夜，金榜题名时"也就成为永久传诵的经典语句。

沉浸于美妙爱情中的男女，有一天，忽然听到心里有个声音对他们说："你们应该结婚了"，于是他们开始为婚礼而忙碌。结婚是件大事，婚礼则成为结婚最直接的表现形式，在这一生中最美丽、最浪漫的时刻，伴着悠扬的婚礼进行曲，新娘与新郎在亲朋好友的祝福声中走进了神圣的婚姻殿堂，从此，一个男人和一个女人的生命就紧紧地连在了一起。不管婚礼让人多么激动和难忘，接下来的日子都是平凡的，不管你愿不愿意，你都告别了单身生活，不能再天马行空般毫无牵挂地独来独往，不能再任性地想怎么样就怎么样，你必须每日面对柴米油盐之类的琐事，然而这正是婚姻的魅力所在，爱情的幸福与恒久，在于婚姻。而婚姻的幸福与恒久，在于它的烟火气。两个人在一个屋檐下一个锅里搅勺子，爱情才真正入了味，酸甜苦辣咸，五味俱全，融入彼此的生命里，和着血液一起流，成就着凡俗里的地老天荒。

朝夕相处的日子里，你会发现枯燥的日子竟也充满无限魅力，从此你的喜与乐，悲与苦，都有人与你同享，为你分担，而且彼此牵挂；在你夜归的时候，永远有一盏灯为你亮着，从此家成了最温馨的避风港，在家中你尽可卸下面具，还原一个真实的你，你将获得轻松、真实，丝毫感受不到做人的疲累。

★周南·桃夭

《诗序》认为这是"美后妃之德"的作品，可是遭到很多人的质疑，人们通常认为这是一首庆贺年轻女子出嫁的诗，据《周礼》中记载："仲春，令会男女。"朱熹《诗集传》中说："然则桃之有华（花），正婚姻之时也。"可见周代往往把结婚吉日选在春光明媚桃花盛开的时候，而人们也常常以桃花起兴，祝福和赞美新娘。

> 桃之夭夭，灼灼其华。之子于归，宜其室家。
> 桃之夭夭，有蕡其实。之子于归，宜其家室。

国学大智慧 ·《诗经》智慧通解· 图文珍藏版

桃之夭夭,其叶蓁蓁。之子于归,宜其家人。

皓齿复明眉,妆成为阿谁

这首诗着重表现的是对新婚女子美丽、纯洁的歌颂和对她幸福婚姻的无限祝福:桃花怒放美如画,色彩鲜艳多华贵。花样美女要出嫁,喜气洋洋到夫家。桃花怒放美如画,果实累累多肥硕。花样美女要出嫁,早生贵子后嗣旺。桃花怒放美如画,碧叶青青多茂盛。花样美女要出嫁,同心同德合家睦。

这是一首洋溢着欢乐气氛的诗,沃野绵延千里,桃花一齐盛开,璀璨艳丽,芬芳耀目,多么美好的盛景,多么热闹的场景,而恰恰在这时,有一个姑娘要出嫁了,多么让人兴奋的一件事啊!

全诗共分三节,用复沓的形式反复吟咏着对新娘子的赞美和祝福,作品情景交融,用盛开的桃花来比喻大喜之日因兴奋羞涩而两颊飞红的新娘,生动而形象,营造出了人面桃花两辉映的艺术效果,开创了我国文学史上用花来比喻美女的先河。这个生动的比喻给全诗带来了无限的光辉,使得新娘子的形象生动传神。读过这样的名句之后,我们的眼前顿时会浮现出一个像桃花一样鲜艳,像桃树一样充满青春气息的少女形象,尤其是"夭夭"和"灼灼"四个字,真给人以照眼欲明的感觉,传达出一种喜气洋洋的气氛。

这首诗歌对新人的祝福也别具一格,它由桃树繁花落尽子满枝和桃叶的茂密成荫,联想到女子成婚之后,早生多育,儿女满堂的幸福生活,密密麻麻的桃子,郁郁葱葱的桃叶,真是一派兴旺景象啊!这样的祝愿,反映了普通劳动人民对生活的热爱,对幸福和美好家庭的追求。这首诗,不像一般贺人新婚的诗那样,或者夸耀男方家世如何显赫,或者显示女方嫁妆如何丰盛,而是反复地强调"宜其家人",祝福家庭和美,确实独辟蹊径,极具感染力。可见在当时人的思想观念中,艳如桃花、照眼欲明,只不过是"目观"之美,这还只是"尽美矣,未尽善也",只有具备了"宜其室家"的品德,才能算得上是美丽的少女,合格的新娘。

芸娘的故事见于她的丈夫沈复的《浮生六记》,故事很简单,不过是些日常琐事,文笔也很淳朴,绝无煽情笔调,但却感动了很多人。

芸娘虽然自幼丧父,但因生性聪颖,自学成才,不仅写得一手好诗文,还擅女红。而沈复只是一个贫寒的读书人,做过幕僚,经过商,平时写写诗,赏赏画。芸娘对沈复的体贴真是没的说,譬如开篇"留粥"的故事,写的是沈复在与芸娘未成婚的时候,到芸娘家做客,帮忙送客晚归,想要吃点东西,却只有糕饼甜食。一向不爱甜食的沈复正在犹豫时,芸娘悄悄拉了拉他的袖子,原来早已帮他留着清粥小菜,多么的体贴可爱。结婚以后他们一同讨论诗文、赏花玩石。可是芸娘因为女扮男装随夫一同夜访水仙庙庙会，同游太湖与舟子击碟而歌，而失去了公婆的欢心，乃至于闹到分家，也就是逐出家门。好在夫妻感情甚笃，苦中作乐，依然和和美美，芸娘用一双巧手将狭小的屋子布置得很温馨，在炎热的夏季用爬藤植物制作活花屏，使丈夫不觉天热，从柴米油盐中袅袅升腾出芸娘的贤惠和温柔，难怪林语堂说，芸娘是中国文学中最可爱的女人。

但是芸娘之所以为人称道，更重要的一个原因是，她实在太大度了，大度到非要绞尽脑汁给沈复纳一个美而有韵的小妾，尽管被沈复谢绝，但她依然物色着。结果好不容易物色到了一个，却又被有权有势者夺去，芸娘便大病一场，飘然而逝。芸娘的举动感动了不少人，恐怕这其中绝大多数是男人吧。女人大都不会理解她的这种"非常壮举"，但芸娘的温柔和贤惠还是值得我们今天众多的"野蛮女友"和"强悍妻子"学习的。婚姻的烦琐与平淡让崇尚浪漫与激情的现代男女产生很大的心理落差，他们的山盟海誓在一次次的撞击中渐渐褪去了颜色。他们就像两只斗鸡，在彼此的交锋中谁也不肯做出丝毫让步，以至于把古人心目中的家——"最幸福的港湾"变成了今人口中的家——"围城"或"爱情的坟墓"。

《桃夭》这首简单朴实的诗歌，唱出了亲朋好友对出嫁女子的赞美和祝福，无限的深情蕴含其中，歌中没有浓墨重彩，没有夸张铺垫，平平淡淡，却感人至深，这是因为简单是质朴，是真实，是实在，是亲切，是萦绕心间不能忘却的情思。新娘子的亲人给予她的"宜其室家"的希冀和祝福应该说是送给她的最宝贵的嫁妆。

★ 王风·君子阳阳

东迁后的周王朝国力大减，失去了原来的宗主地位，对诸侯国非但无力控制，而且还受到强大诸侯国的欺凌，领土日见削减。然而在春秋之初，周王朝还不免要摆出一副天子的架势，对所谓"无礼"的诸侯国进行征伐，但可悲的是，征伐总是以失败告终。

正因为东周王朝前期征伐频繁，又加上大贵族集中，生活奢侈，所以不得不加重对自己统治区人民的压迫和剥削。沉重的兵役、劳役和经济的负担，造成不少旷夫怨女流离失所。这首诗写了一对贫贱夫妻的苦中作乐。

君子阳阳，左执簧，右招我由房，其乐只且！
君子陶陶，左执翿，右招我由敖，其乐只且！

宅中清歌日日新，一声留得满城春

这是描写一对夫妻共同歌舞的诗，诗中描写了夫妻二人在家自娱的欢快情景：

夫君得意喜洋洋，左手拿簧高声唱。右手招我去游乐，尽情欢爱真快乐。夫君乐陶陶，左手拿翿把舞跳。右手招我去游玩，尽情欢爱真快乐。

丈夫先奏起乐来，然后招呼妻子一起来歌唱；丈夫又拿起舞具来，邀请妻子一起来跳舞。作者用极具生活气息的语言生动地描绘出了这对感情融洽的夫妻日常生活中追求精神享受的情形。这让人不由得想到了南宋著名词人李清照和丈夫赵明诚志趣相投、诗词唱和的那段美好日子。一代才女李清照18岁与太学生赵明诚结婚，李清照这位女中豪杰，胸襟阔达，目光远大，虽然丈夫学识渊博，而且贵为宰相之子，但她并不注重丈夫的地位和财富，在乎的只是夫妻的恩爱。赵明诚博览群书，酷好书画，尤其擅长金石鉴赏。于是婚后夫妻二人时常诗词唱和，共同研究金石书画，有着说不尽的欢悦。结婚时，因赵明诚在太学读书，还领不到俸禄，但一旦发现难得的古玩、书籍或字画时，夫妻俩一定会想方设法买到手，常常因囊中羞涩，不得不靠典当质衣来换取，但二人毫不在意，总是拿到宝物就立刻回家，夫妻对坐，共同把赏，谈笑风生。而更多的时候，则是夫妻二人一起赏花赋诗，倾心而谈。他们常常斟上香茶，随意说出某个典故，让对方猜其出处，猜中者饮茶，不中者不得饮。每次比赛，李清照总是赢，当赵明诚抽书查证时，李清照已满怀自信地举杯在手，开怀大笑……这就是二人琴瑟和鸣、情投意合、浪漫高雅的婚后生活。赵明诚英年早逝后，李清照顿时感到似生命的支柱坍塌了一般，从此生活在悲伤之中，无法自拔。

《君子阳阳》这首诗中的女子对丈夫一往情深，看到心爱的丈夫拿着管簧羽扇招呼自己，便心花怒放地随他一起歌舞，作者用短小精炼的言句表达了深厚真切的情感。在古代诗歌中表现夫妻恩爱、歌舞自娱内容的作品并不多，多的是征夫闺怨诗，因此《君子阳阳》应该说是独辟蹊径之作。

贫贱夫妻百事哀，艰难的处境中能够相濡以沫，同甘共苦已经难能可贵了，而在沉重的生活压力之下，日出而作、日落而息的夫妻尚能够歌舞自娱，则非常人所能及。所以说，并不是每个女人都是金钱和权势的奴隶，有的人找恋人、找丈夫，找的就是诗中这样的君子，一脸阳光，满面快乐。他追求她，即使没有鲜花，没有巧克力，就凭那张阳光朝气的笑脸，她就乐于跟他走。

当今的人们忙于事业，急于成功，心态浮躁到了极点，没有浪漫，没有雅兴，也没有时间谈恋爱。女的嫁给了工作，男的迎娶了事业，一路上他们匆匆而来，急急而去，与他人擦肩而过时，无暇瞄上一眼，更别提停下脚步了。所以即便有幸相遇，彼此仍旧还是陌路人。"连睡觉的时间都不够，哪有精力谈婚论嫁！"是他们的口头禅。男人和女人的关系在他们心目中不再是树和藤的形象，而要变为职场中肩并肩、背靠背打拼的兄弟。

"事业第一还是爱情至上？"成了当今人们争论不休的话题，往往是年轻的时候把事业视为人生第一目标，直到把一段美好的爱情弄丢了后才醒悟：如果时光可以倒流，我一定选择爱情而不是事业。因为年轻，常常不懂得珍惜"千年等一回"的真爱，可是事业成功之后，爱情已经跑得无影无踪了。

有人说，人生在世没有什么会比功成名就更重要，人过留名，雁过留声嘛。所以为了芳名能够载入史册，哪怕是放弃一切也在所不辞，爱情只不过是过眼云烟，完全可以置之度外！

唐代诗人李商隐的《为有》诗："为有云屏无限娇，凤城寒尽怕春宵。无端嫁得金龟婿，辜负香衾事早朝。"就是描写了冬去春来之时，一位身居高官的丈夫因为要赴早朝而辜负了一刻千金的春宵，从而让受了冷落的妻子备感委屈和怨尤的情形。其实这位妻子还算不上有多么凄惨，比起那些被丈夫以事业的名义夺去了生命的女性，她还应该为自己感到庆幸。一提起吴起这位历史上的名将，大家肯定是耳熟能详，可是你能想到吗？当初就是因为他的妻子是齐国人，鲁国怕他受齐国人的影响而不肯给他官做，情急之下，他手起刀落，砍掉了妻子的脑袋。无独有偶，历史上，另一位大名鼎鼎的人物张巡，当安禄山大军南下时，他奉命把守睢阳，粮草告尽之时，也把心爱的妻子拉出杀掉以飨将士。这样的男人一旦事业心高涨，什么可怕的事都做得出来，真是恐怖至极！

因为事业而放弃爱情不只可惜，简直就是有点儿愚蠢了。其实事业和爱情并不是对立的，而是相辅相成的，事业是爱情的基础，爱情是事业的动力，几乎所有成功男人的背后都站着一位伟大的女人。著名科学家达尔文就曾经说过："我的妻子是世界上最好最善良的妻子，她的价值比黄金还要宝贵。"

达尔文的妻子叫埃玛，两人在孩童时代就认识，常在一起诵诗、钓鱼、玩游戏。1838年，已经在科学界崭露头角的达尔文和埃玛结婚了。当时他们住在一所简朴的伦敦式房屋里，日子过得比较清贫，达尔文把全部精力倾注在科学研究上面，埃玛不但细心地照顾他的生活起居，而且成了他最坚强的精神后盾。后来达尔文的名声越来越大，成了声誉显赫的英国皇家学会的会员之一，前来拜访的人络绎不绝，使他应接不暇。这个时候，埃玛承担起了接待客人的重要任务，大大减轻了达尔文的压力。当达尔文静下心来进行科学研究时，埃玛会想尽一切办法使他不受到任何干扰，即便是和父亲感情非常好的孩子们也被强制不准进父亲的书斋。

超负荷的工作,使达尔文的身体健康出现了问题,细心体贴的埃玛建议他远离繁华的都市,僻静的乡村生活会给他带来益处,于是他们全家搬到了乡下。埃玛无微不至地照顾着达尔文,每当达尔文患病,变得焦躁烦恼时,她就安慰他,为他弹钢琴、读小说,陪他散步,与他一起到海滨疗养。有时,她还有意与他讨论他所钟爱的科学问题。达尔文长期失眠,特别是在写《物种起源》时,被严重的神经衰弱折磨得痛苦不堪,埃玛尝试着用各种办法来帮助他度过了那段难捱的时光。

在人生历程中,爱情与事业无数次的碰撞,撞击出的那些火花,给生活增添了无限的璀璨。我们不必舍弃二者中的任何一方,我们完全可以智慧地鱼与熊掌兼得,赢得事业,守住真爱,这才是完整的人生。

第五章　悲歌当泣，远望当归

　　人有悲欢离合，月有阴晴圆缺，此事古难全。离别的忧思，相聚的喜悦，以想象为心灵的慰藉，应当是人世间永恒的主题，也是人类永恒的生存状态，它为我们提供了感怀创作的不竭源泉。

　　小别胜新婚，久别盼重逢。长相厮守，日月淡如水；离别重逢，平静中泛起层层波澜。平淡如水，可以长久永恒；波澜起伏，可以激情澎湃。这是不可相互替代的两种互补的生存状态。

　　平平淡淡是真实，是踏实，是实在；但平平淡淡又容易枯燥乏味，沉闷琐碎。激情澎湃是浪漫，是热烈，是冲动；但激情澎湃又难以持久，难以稳定，也充满危险。枯燥的平淡和危险的浪漫，形式不同，却一样使人心绪不宁。

　　尽善尽美的境界，大概只存在于想象之中。二人世界的完美境界，大概是有分有合，有平淡真实也有激情浪漫，有油盐酱醋锅碗瓢盆的细碎，也有潇洒旷达热情奔放的豪迈。这种境界难于企及，正因如此，也就更显可贵。

　　难以企及的理想境界存在的价值，在于它为我们提供了一个坐标，指出了一个方向。这样，即使地域阻隔、两相分离、思念绵绵，即便平淡琐碎、沉闷乏味、充满烟火气息，心灵也有了依靠，有了寄托。心中踏实，就不畏道路的坎坷和生活的艰辛。

★召南·殷其雷

　　这是一首思妇诗。关于"周南"、"召南"两部分诗。除了来自江汉之间的一些小国，还有少量诗篇也远及原来周公旦和召公奭分治的地区（今河南洛阳一带）。因此"二南"诗的产地大致说来，包括今河南洛阳、南阳和湖北的郧阳、襄阳等地。

　　"南"原来是一种很古老的乐器名称，后来才演变为一种地方曲调的专名，称"南音"。这种曲调最初盛行于江汉流域，以后逐步影响到北方的地区，"二南"中的诗就是用"南音"演唱的歌词。自汉以来，虽然"声"渐渐失传了，但是"南"这个名称仍然保留了下来。

殷其雷,在南山之阳。何斯违斯,莫敢或遑! 振振君子,归哉归哉!
殷其雷,在南山之侧。何斯违斯,莫敢遑息! 振振君子,归哉归哉!

晓来谁染霜林醉,总是离人泪

殷其雷,在南山之下。何斯违斯,莫与遑处! 振振君子,归哉归哉!

这首诗以重章复叠的形式唱出了妻子对丈夫的思念之情。三节的开头都以雷声起兴,这震耳欲聋的雷声此起彼伏,一会儿在山的南坡炸响,一会儿在山的旁边轰鸣,一会儿又在山脚下发威,天气是如此的恶劣,不由得让诗人为在外奔波的丈夫担起心来:隆隆的雷声,在南山的阳坡炸响,怎么这样的季节你仍在外漂泊? 你不敢有些许的懈怠,勤奋上进的君子呀,快点回家吧,快点回家! 隆隆的雷声,在南山的边上轰鸣,怎么这样的季节你仍在外漂泊? 你不敢有片刻的歇息,奋发向上的君子呀,快点回家吧,快点回家! 隆隆的雷声,在南山的脚下响起,怎么这样的季节你仍在外漂泊? 你不敢有些许的休憩,努力进取的君子呀,快点回家吧,快点回家!

而这首《殷其雷》中雷声的飘忽不定,既表现了天气的极度恶劣,更暗示了丈夫行踪无定的漂泊生活,妻子在牵肠挂肚的思念与担心之余,一想到丈夫是为事业在不停地打拼,便衷心地赞美丈夫是勤奋上进的好男人,表现了她对丈夫的钦佩和赞美。尽管如此,作为妻子她还是迫切地希望丈夫能够早日归来。这表现了诗人心中情与理的矛盾与冲突,这样的冲突更加折射出妻子对丈夫的感情之深。

由于丈夫在外服徭役或兵役,或在外任职、经商等,使得夫妻长期分居,不能团聚,这就必然会引起夫妻的相互思念之情。这样的作品在《诗经》里比比皆是,而在《诗经》之后的诗坛更是蓬勃发展,如《古诗十九首》中的《明月何皎皎》:"明月何皎皎,照我罗床帏。忧愁不能寐,揽衣起徘徊。客行虽云乐,不如早旋归。出户独彷徨,愁思当告谁? 引领还入房,泪下沾裳衣。"这首诗中刻画了一个久客异乡、愁思辗转、夜不能寐的游子形象。他的乡愁是由皎皎明月引起的。夜深人静,明亮的月光最易勾引起游子的离愁。他辗转反侧,难以入眠,便索性"揽衣"而"起",在室内"徘徊"起来。"看月"、"失眠"、"揽衣"、"起床"、"徘徊"这一连串的动作,说明他实在无法入睡,同时也说明他心中忧愁很深。

"客行虽云乐,不如早旋归。"画龙点睛,点明主题。追求功名的兴奋哪里比得上合家团圆所带来的喜悦呢? 尽管如此,因为各种原因,还是无法踏上归程,想归而不得归,该是多么的无奈啊! 因为内心堆满无法排遣的烦闷,于是他走出户外,独自在月下彷徨,不由得向千里之外的故乡望去,痛苦更加难以忍受,只得又回到了室内。从"出户"到"入房",这一出一入,把游子心中翻腾的愁情推向顶点,以至

国学经典文库

国学大智慧

·诗学智慧·

图文珍藏版

禁不住"泪下沾裳衣"了。

再如王昌龄的《闺怨》一诗:"闺中少妇不曾愁,春日凝妆上翠楼。忽见陌头杨柳色,悔教夫婿觅封侯。"这首诗讲述了这样一个故事:

一个春天的早晨,这位少妇经过一番精心的打扮后,登上了自家的高楼,不经意间看到了原野上那青青的杨柳,竟勾起她许多的感触与联想:又一个春天来临了,生命短暂,青春易逝,功名利禄都是身外之物;当年与丈夫的折柳赠别,物是人非,当年的执手相看泪眼,变成了今日的千里相隔,这一切,都促使她从内心深处冒出以前从未明确意识到过的念头——悔教夫婿觅封侯。

这首闺怨诗细致而生动地刻画了一位闺中少妇的心理状态,抒发了追求世俗荣华不如朝夕相爱的感情。

夫妻两地分居现象由来已久,中国早就有"牛郎织女"的动人传说。可是对于天底下所有的妻子来说,分离带来的痛苦是最难以忍受的,思念让她们觉得自己的心像被对方带走了一样,空空的,酸酸的。思念让她们更加深刻地体会到,自己是那么爱他,那么依恋他,这种感觉,让人幸福,也让人痛苦。

明宪宗时期,秦淮河畔名妓杨玉香以诗文弹唱酬客。她深居简出,喜好诗书,不苟言笑,因色艺绝伦,吸引了不少有才有胆的客人。当时有个叫林景清的闽县世家公子奉命送贡品入朝,在返回途中,路过金陵,与杨玉香相识,两人互生爱慕之情,不久就恩恩爱爱,俨然一对伉俪。可是美好的时光总是过得那么快,几个月之后,林景清所带盘缠用尽,又加上他父亲捎信来催他返家,于是他不得不离开金陵回一趟闽县。虽然这时他与杨玉香已经情同夫妻,但毕竟尚未经父母同意,没有明媒正娶,因而不便带她一起返回故里。他打算回家禀明父母后,马上回头来迎娶她。

临行前,两个人免不了要海誓山盟一番。自从林景清离开金陵之后,杨玉香洗尽铅华,闭门谢客,一心等待着林景清回来接她。可是光阴荏苒,林景清始终杳无音信。种种疑问和猜测填塞在她心头,在煎熬中度过了两年之后,她感到有些绝望了,于是开始念经拜佛,借以寄托自己孤寂的心灵。

林景清为何违背自己的诺言,久久不归呢?原来当时明朝廷无能,宦官乱政,国家陷入混乱,东海倭寇乘虚而入,在闽浙沿海一带烧杀抢掠。而林景清家乡一带正是倭寇出没频繁的地方,路途行人罕见,充满危险。林景清本想冒险北行,无奈父母坚决反对,直到六年之后,倭寇被平息,林景清才得以北上。他一路上心急如焚,日夜兼程。可哪想到,等待他的却是杨玉香魂归九泉的噩耗。原来日日苦守空房的杨玉香,因思念太甚,以至身体虚弱染病,最后郁郁而终。闻此消息,林景清顿觉五雷轰顶,他抚棺恸哭不已,竟至气息全无,阴魂追随杨玉香而去。

《诗经》智慧通解·

图文珍藏版

爱情是神圣的，距离是现实的，爱情如何敌得过距离的考验？那是需要人们克服很多人性弱点的，否则爱情就是一场悲剧。

传说，唐懿宗时期朝中宰相王允的三女儿王宝钏长得如花似玉，一天，王宝钏带着自己的丫头到长安城南一带踏青，路遇一个风流的公子哥儿对其纠缠不休，这时一位素不相识的书生出手相救，打跑了那个公子哥儿，这位名叫薛平贵的书生就此赢得了王宝钏的一颗芳心，两个人开始了甜蜜的恋情。

这份"门不当户不对"的姻缘，立刻遭到王允的强烈反对，但王宝钏誓死捍卫自己的爱情，最后气得王允竟跟她断绝了父女关系。王宝钏毅然走出豪门，嫁进贫寒的薛家。婚后，他们夫妻俩搬进了武家坡上的一处旧窑洞，过着清苦的日子，虽然经济十分拮据，但两个人的感情生活却非常甜蜜。

爱情永远是女人的事业，却不会是男人生命的全部，王宝钏留不住薛平贵追求功名利禄的脚步，后来薛平贵参加了沙陀的部队，走上了战场，王宝钏则继续生活在旧窑洞里等着薛平贵回来。有一次，春花公主的马突然受惊眼看就要冲下悬崖了，危急关头，薛平贵再次英雄救美，也再次赢得了美女的青睐，春花公主对救命恩人一见钟情。薛平贵为了攀附权贵，竟置糟糠之妻王宝钏于不顾，跟春花公主结成了夫妻。

几年的时光一晃而过，薛平贵随军来到长安。因沙陀军战功辉煌，薛平贵也被朝廷冠以重职，这时功成名就的薛平贵来到武家坡的旧窑洞。王宝钏终于等来了心爱的薛郎。她原本以为自己虽然耗尽了生命中最璀璨的时光，但毕竟迎来了丈夫功成名就、衣锦还乡的美好结局。然而，她没有想到跟他一起来到的，还有他年轻貌美的妻子春花公主。虽然薛平贵把王宝钏接进了他的府邸，让两位夫人平起平坐，共享荣华富贵，虽然王宝钏从她苦苦守候了18年的寒窑走进了金碧辉煌的华屋，虽然她表面上笑颜绽放，看似风光无限，衣食无忧，但她的心中盛满难言的苦涩，因为她发现了一个让她无法接受的现实——薛平贵其实早已不爱她了，自己18年的等待毫无价值，18年来自己不过是生活在幻想的梦境里，在那个梦境中，他一如既往地把自己当成手心里的宝。可是实际上，她只不过是他眼里的一块鸡肋而已。梦碎之后，一切颓然倒下，曾经万般坚强的她在住进豪宅18天后死去了，18年的凄惨，18天的荣华，多么不对等，多么令人心酸。

多少年来，等待，仿佛成了中国女性的习惯，在那渐渐枯萎的青春里，等待着她们无法预知的爱情结局和命运安排，却全然不去思考这种等待是否有价值，那个人是否还值得自己如此苦心守候。很多时候，这种等待，从开始那一刻起，就让她们无力地臣服于自己的命运了。

当然，我们并不否认大多数的爱、大多数的人值得等待，值得守候，真心真意的爱可以战胜孤独和寂寞。所以对两地分离的爱人来说,困难的不是空间的距离,而是心的距离。如果两个人足够相爱,再远的距离也是微不足道的。家不一定非得是固定的理念,不一定非得是特定的空间,两个人即使不在一起,只要心心相印,息息相通,就能找到家的感觉。

君不见随着时代的变迁,原本可以亲密无间地生活在一起的夫妻今天非要折腾着"两地分居"不可,于是"周末夫妻"等新的名词、新的生活方式应运而生。其实不管是"牛郎织女"天各一方备受煎熬的时代,还是刻意营造距离的"周末夫妻"的时代,只要心在一起,人就在一起了,因为家就在心中,彼此都住在对方的心里。也许正如秦观的《鹊桥仙》所吟唱的:"纤云弄巧,飞星传恨,银汉迢迢暗度。金风玉露一相逢,便胜却人间无数。柔情似水,佳期如梦,忍顾鹊桥归路。两情若是久长时,又岂在朝朝暮暮。"秦观这是在借牛郎织女的传说歌颂坚贞的爱情。尤其是"两情若是久长时,又岂在朝朝暮暮"千百年来给人多少激励,多少启发! 能够花前月下朝夕厮守的爱情固然很美好,但如果双方貌合神离,那么即使朝夕相处,又有多少幸福可言? 有时,倒是由距离酿出的爱情美酒愈发浓烈醇厚。

★秦风·晨风

秦风产生的时代,大致说来是自春秋初至秦穆公(死于公元前 622 年)这一百五六十年间。

> 鴥彼晨风,郁彼北林。未见君子,忧心钦钦。如何如何? 忘我实多!
> 山有苞栎,隰有六驳。未见君子,忧心靡乐。如何如何? 忘我实多!
> 山有苞棣,隰有树檖。未见君子,忧心如醉。如何如何? 忘我实多!

知我者谓我心忧,不知我者谓我何求

这首诗写妇女担心外出的丈夫已将她遗忘和抛弃:鹯鸟飞得快如风,瞬间没入北边密林中。见不到君子你的面,我的心里真烦忧,怎么办啊怎么办,你真的把我干干净净地忘记了! 山坡栎树丛丛生,低洼之处梓榆长。见不到君子你的影,我的心里好郁闷,怎么办啊怎么办,你真的把我彻彻底底地忘记了! 山坡唐棣郁郁长,低洼地儿山梨生,见不到君子你的面,我的心里好迷惘,怎么办啊怎么办,你真的把我完完全全地忘记了!

这位妇人的丈夫也许是个征夫,也许是个商人,又或许是个在外做官之人,总

之很长时间没有回家了。她终日牵挂着他，愁肠百结，一日复一日地漫长等待，让她患得患失，疑心丈夫是把她忘了，或是把她遗弃了。

全诗共三节，通过重吟迭唱，表达了主人公因见不到丈夫而产生的无限哀怨之情。第一节用鹢鸟归林起兴，说鸟飞累了，还会回到自己的巢里，而人却忘了家。带着这种哀怨，她极目远眺，可是收入眼底的尽是远处苍茫的山头、葱茏的树木，哪里有丈夫的身影？失望之余，忧伤苦涩涌上心头，莫非真的应验了当初他走时自己对他撒娇说的那句话："你一定会把我忘了的！"难道你真的忘了我吗？质朴的语言，表达的却是真挚的情感，女主人公的痴情、纯真的形象栩栩如生地浮现在我们眼前，使我们如闻其声，如窥其心。一句"如何如何？忘我实多！"反映出了当年两人曾有过无比甜蜜的时光，妻子对丈夫的撒娇，足以说明当年的恩爱。

第二节和第三节的开头，用起兴的句子，通过描写不同的树木各有适宜其生长的土地，说明万物各得其所，独有自己无所适从，那份惆怅和凄凉可想而知。分离带给恩爱夫妻的是难以言表的痛楚，晋初著名诗人张华的《情诗》五首之一："游目四野外，逍遥独延伫。兰蕙缘清渠，繁华荫绿渚。佳人不在兹，取此欲谁与？巢居知风寒，穴处识阴雨。不曾远别离，安知慕俦侣？"写情真实动人，表现上也较朴实：极目远眺辽阔四野，心绪茫然地良久伫立。水渠边美丽的兰花和蕙草在茁壮地生长着，水中沙洲被盛开的繁花覆盖着。可是娇妻不在眼前，即便是采摘了兰蕙又有谁可以相赠呢？飞鸟尚且懂得在寒冷的天气躲进巢里御寒，蚂虫也明白在下雨的时候藏在洞穴里避雨，没有体验过夫妻生离死别的人是不可能知道漂泊在外的人的思家之情有多深的！

不能长相厮守的爱情就如同一架负载超重的飞机，背负那样的负担，爱情需要有多大的勇气才能毅然决然地冲向蓝天；无法长相聚的爱情仿佛是一座迷宫，身陷其中的人，为了寻找出口，常常会碰壁。分离的时光中，恩爱的双方每时每刻都在思念着，猜测着，生怕对方的心已经从自己身上飞走了，这种内心的不安又岂是忐忑两个字可以形容的！爱情之所以让人容易患得患失，就是因为爱得深，爱得切，所以才会那么担心失去。爱情是专一的，也是自私的，谁不想把爱人紧紧抓住让其只属于自己一个人？可是自古以来因时间和空间距离造成的爱情悲剧太多了，谁又能担保自己的爱情是坚不可摧的呢？

离别让亲朋黯然神伤，离别让夫妻心折骨凉，丈夫的离家远去，留给妻子的是绵绵无尽的相思和愁苦，古代有许多文人都描写了思念丈夫的女人复杂而痛苦的内心世界，如欧阳修的《玉楼春》："别后不知君远近，触目凄凉多少闷。渐行渐远渐无书，水阔鱼沉何处问。夜深风竹敲秋韵，万叶千声皆是恨。故欹单枕梦中寻，梦又不成灯又烬。"这首小令上阕描写了思妇别后的孤凄苦闷和对离家丈夫的深切怀念之情:自从分别之后,不知你身在何处,每当看到凄凉的景色,都会触动我内心无限的愁闷,你越行越远,我得不到你的半点音信,传书的鱼儿都沉在了水底,叫我到哪里去探知你的消息呢?下阕描写思妇秋夜难眠,独伴孤灯的愁苦:深夜秋风吹动着竹叶,那凄凉的"飒飒"声,激起我心头多少的离愁别恨。我多么渴望能够在梦中与你相会,可是灯油已经燃尽了,我仍然无法入睡。

然而也有不被时空距离所离散的爱情,比如百里奚认妻的故事:当年,百里奚饱读诗书,才学过人,可是却怀才不遇。百里奚的妻子杜氏是个非常有远见的女子,她深信自己的丈夫终会有出人头地的那一天,因此她鼓励百里奚:"大丈夫志在四方,你应当出去闯荡闯荡,老人和孩子有我照顾呢。"在妻子的一再鼓励下,百里奚终于下定了离家创业的决心。当时百里奚家里非常贫穷,为了给他饯行,杜氏不但把家中仅剩的两升粟米煮成了干饭,而且不顾百里奚的阻拦,将家中唯一的母鸡宰杀了。柴草不够,她就把门闩卸下来烧掉,煨出一瓦罐金黄的鸡汤,分别时,杜氏叮嘱百里奚道:"你日后富贵了,可别忘了今日的门闩煮鸡啊!"

离开家乡的百里奚虽然历经坎坷,却始终不得志,当有一天他风餐露宿地回到家乡时,却不见了妻儿老母,原来,自百里奚走后,家中的光景更加凄惨,不久他母亲就在贫寒中过世了,杜氏掩埋了婆婆后,只好带着儿子逃荒去了。到处打听都没有妻儿的消息,万般无奈,百里奚只得独自呆了下来,靠给别人养牛为生,直到秦穆公派人拿五张公羊皮将他换到了秦国。百里奚成了秦国丞相之后,生日那天,他在宰相府举行盛大的生日宴会,正当高朋满座,觥筹交错之时,突然,一阵琴声传来,百里奚侧耳一听,心中一惊,忙问手下是何人在弹琴,总管回答说是府中一个贱役。百里奚赶紧命令请她进来。进来的是一个憔悴瘦弱的妇人,百里奚对她说:"今天是我的生日,请你在筵前演奏演奏,助助兴。"于是这位妇人边弹琴,边唱道:"百里奚,五羖皮。忆别时,烹伏雌,炊扊扅(意即为门闩)。今日富贵忘我为?百里奚,百里奚!母已死,葬南溪;坟以瓦,覆为柴。春黄齑,扼伏鸡。西入秦,五羖皮。今日富贵捐我为?"

意思是说:百里奚是用五张羊皮换来的,想到当年我与他分别时,我为他烧门闩,煮母鸡,为他饯行,十分凄凉。莫非今日他富贵了,就忘记了我?

百里奚一听,立刻明白了:眼前的这个妇人正是自己失散了几十年的结发之妻!原来,逃荒的日子里,杜氏也在四处打探百里奚的消息。后来她得知百里奚做了秦国的宰相,就设法进相府当了女仆,希望找机会认亲。今天终于实现了心愿,一对历经坎坷的夫妻终于团圆了,秦穆公听说这件事后,特别重赏了这对夫妻,从此,百里奚和杜氏过上了恩爱幸福的生活。

有人说,爱一个人就是全心全意跟他一起过日子,直到天老地荒;爱一个人就是一边怨恨他,一边思念他,万水千山走过之后,赫然发现爱情有时就是这样执著,坚持到底两个人的泪就都会成为了幸福的回味。

柳摇金是唐玄宗天宝年间长安富商李宏家中的歌姬,不但有着沉鱼落雁之美,而且精通琴棋书画之艺,深得李宏之宠。当时南阳郡人韩翃非常有才华,从家乡来长安谋求发展,一个偶然的机会结识了李宏,两人随即结为好友,而且韩翃还寄居在李宏家中,等待着进入仕途的机会。

因为李宏经常在柳摇金的面前称赞韩翃的聪慧,使得柳摇金对韩翃渐渐产生了好感。而韩翃也渐渐爱上了柳摇金,然而两人碍于道义,谁也不便明确表示什么。但随着时间的流逝,李宏还是看出了端倪。于是他慨然把柳摇金赠给了韩翃,而且还给他们置了房子,让他们组成了一个美满的小家庭。

红袖添香夜读书。在柳摇金的陪伴下,韩翃埋头苦读,终于在天宝十三年考取进士。接下来就是等待朝廷委派官职,这中间有一段空闲时间,韩翃想趁此时机回乡省亲,了却自己满怀的思乡之情。路途遥远,再加上长安家中也需人照管,所以不便携柳摇金同往。夫妻俩缠绵恩爱,难舍难分,一直拖到天宝十四年秋天,韩翃才依依不舍地告别爱妻,踏上回乡的路。

衣锦还乡的韩翃在家乡大宴亲友、拜访故旧、祭祖扫墓,着实风光了好一阵子。远在长安的柳摇金独坐空帏,朝思暮想,闭门不出,静等丈夫归来。转眼秋去冬来,几番寒风冷雨过后,长安街头瑞雪纷飞。就在这时,安史之乱爆发了。中原一带战火连天,长安、洛阳两京,人心惶惶。由于战乱阻隔了道路,远隔千里的丈夫不知何时才能回到自己身边,柳摇金忧心如焚,彷徨无计。

后来,潼关失守,唐玄宗率宗室百官仓皇离开长安,逃往西蜀,长安城陷入一片混乱之中。为了保全自己的清白之身,柳摇金在脸上涂了烟灰,换上破旧衣衫,随人流逃到郊外,寄居在法灵寺中避难数月。唐肃宗至德二年战乱平息。

柳摇金满身疲惫地回到了长安节台的宅院。经过一年多的兵荒马乱,长安街市上到处是一片萧条景象,柳摇金的生活也陷入艰难困苦之中。

战乱中,韩翃无法奔回长安,因而就近辗转投奔节度使侯希夷军中担任主簿,随军征战,戎马倥偬。两京虽然收复,各地战争仍在延续,韩翃所在的军队还要继续作战,一时之间尚无法返回长安与妻子团聚。正当韩翃在战场上扫荡贼兵残余势力之时,已经日渐恢复繁荣的长安市里,一批帮助唐军平定叛乱的回纥番将,凭着他们的战功,趾高气扬,横行霸道。柳摇金因出众的美貌,被番将沙叱利看中,在求亲遭到拒绝后,沙叱利派人强行把柳摇金抢入府中占为己有,从此柳摇金天天过着以泪洗面的日子。

等韩翃回到长安自己那熟悉的家院时,不料却是人去楼空,巨大的打击使他终日失神落魄。后来他虽然打听到爱妻是被沙叱利所抢,但无奈撼动不了这名番将,韩翃几乎绝望了。后来,韩翃的一位好朋友冲进沙叱利府抢出柳摇金,夫妻终于得以团圆。经过一番斡旋,沙叱利终于答应不再追究。

柳摇金和韩翃经过这番变乱,对京城已无留恋,于是韩翃辞去官职,携带爱妻返回老家南阳,从此过着男耕女织的田园生活,虽然清贫,但却十分美满。后来韩翃的诗名传遍天下,被列为当时全国的"十大才子"之一。

虽然爱情有时很脆弱,但爱过、浪漫过、哭过、伤过、累过、痛过、到最后还是不能离弃,那这份爱便已被两颗真心磨砺得坚若磐石了。百里奚认妻不就是很好的例证吗? 所以爱了就不要轻言放弃,爱一个人虽然很难,但能与一个相爱的人在一起却是那么的幸福,那份甜蜜是那样的让人留恋。

第六章　红杏枝头，万般娇柔

爱情是热烈的，但又是疯狂的，正如莎士比亚的名言：诗人、情人都是疯子。热烈而又疯狂的爱情不仅会冲破各种世俗偏见，而且会使人失去理智，乃至突破人的伦理道德底线，演变成疯狂的情欲之火，从而失去爱情的美好而成为人们抨击、讽刺，乃至诅咒的对象。《邶风·新台》说卫宣公本为他儿子伋到齐国去迎娶儿媳妇，因为新娘长得美，他就自己霸占了，还不知羞耻地筑造新台来作乐。所以毛诗说："国人恶之，而作是诗也。"同样在《鄘风·墙有茨》中写卫宣公死后，惠公初登王座，其庶兄顽与宣姜苟合。诗人看到这种丑恶，真是难以说出口。这样的行为不止为人们所厌恶，连宋朱熹也不能不蹬足大骂："人道尽，天理灭矣！"

那时同姓不得通婚，更何况五服之内，乃至亲兄妹。但有些贵族就是能做出来，《齐风》中的《南山》、《敝笱》、《载驱》三篇对鲁桓公夫人文姜和她亲哥哥齐襄公私通的事，做了无情的揭露，给以极大的蔑视。这样的史实在《春秋》、《左传》中都有记载。

★邶风·新台

这首诗大约出现在公元前718年。诗中辛辣地讽刺了卫宣公霸占儿媳的丑恶行为，无情揭露了剥削阶级伦理道德的虚伪和腐朽。据记载，卫宣公爱夫人夷姜，生子伋，立为太子，后来卫宣公托人在齐国替伋定了一门亲。可是当伋妻从齐国来嫁伋时，尚未到达卫国，宣公听说儿媳妇很是貌美，顿时淫心大发，欲夺为己有。由于担心儿媳妇不从，他派人在她赴卫必经的黄河之滨筑了一座豪华的行宫，这就是新台。他把新台作为藏娇之地，等儿媳妇抵达这里时，卫宣公就将她诱入新台，让她做了自己的老婆，她就是后来的卫宣公夫人宣姜。卫国人民对卫宣公这一荒淫无耻的行径非常愤慨，便以歌谣为武器，对他进行鞭挞。

新台有泚，河水弥弥。燕婉之求，蘧篨不鲜。

新台有洒，河水浼浼。燕婉之求，蘧篨不殄。

鱼网之设，鸿则离之。燕婉之求，得此戚施。

霜禽欲下先偷眼，粉蝶如知合断魂

这首诗假托齐女的口吻，诉说自己的不幸和对宣公的厌恶：新台建起高又高，堂皇富丽又灿烂，河水上涨浪滔滔。出嫁时说是将要嫁给一位美少年，谁知到头来嫁的却是一个矮胖丑陋丑八怪！黄河水上的新台啊，空自光耀绚丽，黄河水呀，你就像滔滔不尽的泪水。只说嫁个美少年，没想到最后嫁的却是一只癞蛤蟆！张起鱼网想打鱼，谁知网到的却是癞蛤蟆！只说嫁个美少年，谁知最终却嫁给了一个弯腰驼背的丑老公！

这首诗以一个女子的口吻抒发了自己爱情婚姻受骗的不幸与痛苦，同时还揭穿了一个被刻意掩盖的谎言与阴谋。这位不幸的女子就是齐国国君齐僖公的大女儿宣姜。齐国姜氏以出美女著称，当时的上流社会男子，都以迎娶齐国姜家女子为人生乐事。最出名的姜家女儿名庄姜，《诗经》中曾这样赞颂她的绝世容姿："手如柔荑，肤如凝脂，领如蝤蛴，齿如瓠犀，螓首蛾眉，巧笑倩兮，美目盼兮……"庄姜不仅美丽，而且品行、操守无可挑剔，正所谓"窈窕淑女，君子好逑"，令许多优秀的男子竞折腰，可是继她之后的姜家女儿虽然美丽依旧，操行却似乎每况愈下，甚至还因此惹出许多天大的祸事。公元前7世纪初，齐鲁大地上，就有一对犹如罂粟花般妖艳美丽的公主姐妹花，她们就是齐僖公的女儿。她们在历史上都没有留下真正的名字。姐姐因为嫁给了卫宣公，被称为宣姜；妹妹因为嫁给了鲁桓公，被称为文姜。

按说，她们嫁得门当户对，理应像童话中的公主与王子过着幸福无比的神仙般的日子，事实却恰恰相反，她们不仅没有享受到爱情婚姻的甜蜜与幸福，反而她们的人生悲剧，就是从出嫁开始的，尤其是姐姐宣姜。而她们的婚姻悲剧，又影响了公元前7世纪初的东周历史。她们不幸被卷进了历史的漩涡，在历史的长河中泛起几朵不知是应当被称赞还是被鞭挞的浪花，反正后世有人是这样评价她们的："妖艳春秋首二姜，致令齐卫紊纲常。天生尤物殃人国，不及无盐佐伯王！"

而有关宣姜的沸沸扬扬的爱情谎言与阴谋的制造者就是"大名鼎鼎"的卫宣公。这位卫宣公在这之前就已经"臭名远扬"了，他大概算得上是春秋时期，乃至整个中国历史上最为不堪的老流氓之一了。当他还是太子的时候，就荒淫不堪，与自己父亲庄公的妃子，亦即自己的庶母夷姜私通，并生下了一个儿子，取名伋，偷养在宫外。也有人说，伋念作"急"，意思是"急急而来的儿子"。当宣公终于继位为王的时候，元配邢妃失宠，他正式将夷姜纳入自己的后宫，并立夷姜与自己的儿子伋为太子。

公元前718年,年方15岁的宣姜正是情窦初开的年纪。夏天,卫国派来了使者,代太子伋向宣姜公主求婚。伋这年不过十六七岁,和公主的美貌闻名于世一样,太子的俊美儒雅,在诸国间也赫赫有名。虽然他的身世方面有些避讳的问题,但并不妨碍他的未来国君身份。齐僖公自然立刻答应了这桩看起来十全十美的婚事。

可惜卫国"人才"辈出啊,为太子求婚的使臣就是其中的佼佼者。回到国内,这个家伙立即向国君卫宣公禀报:公主倾国倾城,貌比天仙,简直比花儿还诱人,主公啊,这样的绝色美女,您老人家不如自己摘了吧。当然,臣子我的如此忠心,您可不要忘记喽。

老色鬼卫宣公当年无权无势时,就敢在父王的眼皮底下勾引庶母,德行之劣和色胆之大可见一斑,如今已大权在握,更是百无禁忌,立即就对还没过门的儿媳妇垂涎三尺了,但又觉得事关国家社稷的形象和承传,必须小心从事。君臣两个于是连忙进行了一番密谋,力争把骗婚计划安排得天衣无缝。先是怕公主不从,就使人在她赴卫必经的黄河之滨赶建了一座豪华的行宫——新台,作为金屋藏娇之所,然后又在迎娶公主的前夕,把正一心期待着迎娶心上人的太子支到国外,自己跑到新台那里去迎亲。

公主抵达新台当天,卫宣公就迫不及待地举行了婚礼。这样小公主盖着盖头,糊里糊涂地和老东西卫宣公行了婚礼。直到进入洞房,小公主才赫然发现,当初来相亲的俏郎君一下变成了胡子花白的糟老头儿,而且是一个又老又丑,荒淫无耻的家伙。

等到太子回国后,宣姜公主已由妻子变成庶母了。而宣姜公主呢?在离开齐国的时候,一路上都在憧憬着"桃之夭夭,灼灼其华,之子于归,宜其室家"的新生活,幻想着自己的丈夫将是一位"有匪君子,如切如磋,如琢如磨,瑟兮僴兮。有匪君子,终不可谖兮"的郎君。看到丈夫一下子从梦想中的白马王子变成了丑八怪,这在宣姜少女的心里会是怎样大的一个打击,会造成怎样大的伤害,这种伤害最后甚至能完完全全改变一个人。她的内心的失望和懊恼是可想而知的,但在别人的地盘上,在那个婚姻不能自己做主的年代,即使她有什么想法,又能怎么样呢?更何况木已成舟,生米已经煮成了熟饭呢?

她唯一能做的就是发发牢骚罢了,于是就有了《新台》这首诗,诗中通过诉说自己可怜而又无奈的婚姻悲剧,表达了自己爱情婚姻的不幸和对宣公的厌恶。诗共有三节,每节四句。诗名《新台》,便从新台豪华高敞的样子和黄河水的洋洋大观说起。正是春水方生,新台方就的时节,一切都富有勃勃生机和新意,也正当新婚之时。这是即将与太子成婚的齐公主入卫时,极目所见的美好景象。这个印象中融入了她内心的喜悦。

正当公主满心欢喜，充满了对未来丈夫美好想像和新婚生活幸福憧憬的时候，不想遭到了当头一棒。此时，诗意也突然来了一个大转折——本来是要嫁给太子的，谁想到来迎亲的老公公最后竟然成了自己的丈夫，你看他满脸的褶子，挺着个大肚子，整个一癞蛤蟆形象！三、四两句直接抒发了齐公主的极度失望的心情，并以形象的比喻揭示自己内心的感情转折和抑制不住的失望：一路上实指望匹配个才貌相当的如意郎，到头来却中了"调包计"，调出来一个又老又丑的癞蛤蟆！

头二句写河畔之景，景中蕴含齐公主向往幸福之情。三、四句写失望之情，此情中折射出癞蛤蟆的丑恶之景。这两节由景及情，在强烈的对比中，反衬出齐公主的失望和卫宣公的丑恶。

第三节的头两句采用了比兴的手法。《诗经》时代，人们习惯以张网捕鱼比喻寻求佳偶。张设鱼网本来是想捕条鲜鱼的，结果鲜鱼没捕着，反而网得个令人厌恶的癞蛤蟆。诗人用这个所得非所求的著名比喻，比兴起齐公主原想与太子白首偕老，结果却落入老丑不堪的卫宣公之手，成了卫宣公砧板上的刀俎鱼肉。新娘子恐怕做梦也不会想到婚礼竟会有这样的变故：未婚夫变继子，老公公变老公。新娘子真是希望有多大，失望就有多大，平白地辈份高了一级，可能连哭都来不及了。这里使用的仍是一正一反、相辅相成的写法，进一步加深了前两节的艺术效果。

这首《新台》用癞蛤蟆、戚施（驼子）来比喻卫宣公，是再贴切不过了，它活脱脱地刻画出卫宣公臃肿狼狈、不能俯仰的丑恶形象。诗人在头两节中一再点明新台和河水，豪华的新台是卫宣公满足其淫昏兽行的场所，现在正好成为他乱伦逆理罪恶的见证。河水是新台台址所在的环境，滔滔的黄河水也不可能冲刷干净卫宣公的秽行。这首《新台》就把卫宣公这个衣冠禽兽永远钉在历史的耻辱桩上了。

那位"调包计"中可怜的太子呢？老色鬼卫宣公在自己的后宫里，挑了几个女人，送去给儿子，并将其中的一个指定为太子妃。

太子失去了一见钟情的意中人，娶进门的是父亲的侍妾。作为一个男人，他的心情可想而知了。根据史书上记载，从此以后，太子伋就经常发呆，木讷无语。然而太子伋终究是个老实人，对父亲更是敬若神明。他没有公开表示任何不满，只是默默地接受了这一屈辱的安排。

对于齐僖公来说，刚听到这一消息时，当然着实愤怒了好一阵子。不过他毕竟是个政治上的老狐狸，女儿提前嫁给了国王，对自己的好处更是大大的，所以他也就笑纳了这个比自己小不了多少的女婿。

在失望懊恼之后，宣姜跟那些势利的女人一样，只要能掌握眼前的富贵，也就自欺欺人地图个快活，而且一连生了两个儿子：卫寿和卫朔。于是一场新的悲剧，就要在从前的情人，也是"调包计"中一对可怜的受害者之间上演了。

女人可以不爱男人，却不可以不爱儿女。这两个血肉相连的儿子寿与朔，就是宣姜全部的寄托和希望。15 年过去了，宣姜的两个儿子都长大了。老色鬼卫宣公也日渐老态龙钟了。看着一天天衰老的卫宣公，宣姜不得不开始认真考虑自己和孩子的未来，同时，也无时无刻不在为老头子死后自己和孩子们的前途担忧。慢慢地，她心中对先前的未婚夫太子伋温柔美好的记忆消失了，取而代之的是深深的恐惧，并深刻意识到她的前任未婚夫是亲生儿子以后称孤道寡的绊脚石，必须搬除。当然，她的恐惧还有另一层缘故：既然封建社会把女性不当作人，也不允许女性成为"人"，那么女性唯一的出路就是自己也不把自己当成"人"，要么把自己改造成《列女传》上那些节妇烈女，再立上一块贞节牌坊，要么就把自己异化成另一种人，为正人君子、道学先生们所不齿的那种"荡妇"、"祸水"。深宫就像是一口噬人的枯井，"五陵豪族，充选掖庭，四姓良家，驰名永巷"，但是这些"自号娇娥""曾名巧笑"的少女们整日里盼望的，也是正人君子们规定应该盼望的，只不过是"而望幸焉"（这个"幸"其实应该翻译成"玩弄"）。更何况，"有不得见者三十六年"，整日里唯有望着"昭阳日影"、"中宫之缓箭"，便从十六望到了六十，"白头宫女在，闲坐说玄宗"了。从这个意义上说，深宫真是一处把"人"变成"非人"的"好地方"，正是多年的后宫生活磨砺，使早年那个纯洁的豆蔻少女变成了后来狠毒的"荡妇"宣姜。

宣姜的长子寿，是一个清秀善良的少年，可是他的弟弟朔，却是一个小阴谋家。终于有一天，朔向母亲告密，说大哥从来就没有忘记过夺妻之恨，甚至还发誓在继位之后，要将他母子铲除干净。事情的原委是这样的：

一天，宣姜的长子寿为太子伋举行生日宴会，他的弟弟朔也参加了。席间太子伋与寿两个人谈笑风生，关系十分融洽。朔插不上嘴，就托病先离开了。回来后，他直接跑到母亲那里，双眼垂泪，扯了一个大谎，造谣说："孩儿好意同哥哥为太子过生日，没想到太子饮酒正浓时，戏谑之间，呼孩儿为儿子。孩儿心中不平，说他几句。他就说：'你母亲原是我的妻子，你便称我为父，于理应该。'孩儿再待开口，他便要打我。幸亏哥哥劝住了，孩儿才得以逃席回来。受此大辱，希望母亲一定禀知父王，为孩儿做主！"

没有哪个母亲不相信自己的儿子的。宣姜闻言大惊失色，马上带着朔去找丈夫卫宣公，让卫宣公为自己和自己的亲生儿子做主。老头根本不觉得这件事的祸根就在自己身上，反而把太子伋的生母夷姜喊来，痛骂她教子无方。夷姜，怨气填胸，无处申诉，当天就在夜里自缢了。

对夷姜的死，卫国舆论都是漠然的，就连她的亲生儿子太子，也把"节哀顺变"

这几个字"表达"得极好,照样地温良恭俭,让他红了眼的老子兄弟一时找不到下手的借口。

但他即使这样,也挡不住老色鬼卫宣公斩草除根之意。因为这些年卫宣公在儿子面前多少有点不好意思,如果能够永远见不到这个儿子就可免去这许多尴尬;更何况如今他已经老了,他担心自己会死在正值盛年的长子手里。有了这些因素,他的兽性再度发作。人们常说"虎毒不食子",但实际上在权力与亲情的天平上,天平是经常向权力倾斜的,尤其是对于站在权力顶峰的人来说,为了权力之争,是经常会有如此野蛮的行径的。于是卫宣公决定再搞一个阴谋,杀掉太子,彻底摆平此事。

恰巧齐国要进攻纪国,请求卫国出兵相助,卫宣公就一面命太子前往齐国约定会师日期,并让太子在乘坐的船上使用一面特别的旌旗——白色牛尾旗(一种代表封国使节的标志),一面暗地里派出杀手,伪装成强盗埋伏在半道上,命令他们"看见悬挂白色牛尾旗标志的船,就将船上的人都杀掉"。

这个阴谋本来是高度机密的,不想却被宣姜的大儿子寿探听到了。寿是一个有良心有道义的君子,他对邪恶的爹娘无可奈何,无法劝说他们收回成命,只好把阴谋告知长兄。哪知这个太子伋居然是一个忠孝节义到可以不顾是非地步的人,他不仅不相信自己的亲爹会对自己痛下杀手,而且居然说出"既然是父亲让我死,我怎么可以违背父命苟且偷生"这样的话,坚持要出发。

寿不得已,决心为弟弟赎罪,就设宴为长兄饯行,在宴席上把他灌醉,留下一张字条:"我已代你前往,你赶快逃命。"然后拿着白色牛尾旗出发了,到了埋伏地点,"强盗"只认旗不认人,不由分说就把他杀掉了。

太子伋醒来,找不到寿,终于明白了事情的真相,连忙去追赶弟弟。他赶到河边的时候,跟那帮杀手打听:"请问,刚才看见拿白色牛尾旗的人了吗?""看见了,不过我们已经把他杀了。"太子一听,一面为寿的死痛哭流涕,一面对那些杀手说:"你们杀错了,我才是你们要杀的那个人。"醒过神来的杀手一不做二不休,把他也乱刀砍死了。

宣姜闻听这个消息,顿时昏死过去。当天,卫宣公的桌上摆上两个儿子的人头,两个孩子的人头,像两个祝寿的寿桃。卫宣公也不知道是该乐还是该哭?从此他白日见鬼,一闭眼就做噩梦,白天抽风,晚上颤得更厉害,连宫殿都跟着颤,没半个月也就归西了。

卫宣公的一生可以说是荒淫的一生,也是无耻的一生,家庭关系极为混乱。他的大儿子太子伋,是他当初和父亲的侍姬夷姜私通所生,而二儿子寿和朔则是霸占的儿媳妇宣姜所生。在宣公的老婆群中既有自己的继母,也有自己的儿媳。太子仅的母亲既是自己的祖母，又是自己的母亲。

对于卫宣公的故事，唐玄宗自然是知道的，或许当初也在回味这个故事的时候暗暗发笑过。可是，他见到自己的儿媳妇杨玉环后，其卑劣行径一点也不比卫宣公逊色。但一曲《长恨歌》，却将李隆基的荒唐演绎成了千古爱情绝唱，甚至还博得了很多人的同情与赞赏。事情的经过是这样的：

公元736年，唐玄宗宠爱的妃子武惠妃病死，玄宗日夜寝食不安。他的心腹宦官高力士就告诉他：玄宗和武惠妃的儿子——寿王李瑁的妃子杨玉环美貌绝伦，艳丽无双。于是玄宗不顾什么礼节，就将她招进宫里。为了掩盖自己夺儿媳的丑恶行径，唐玄宗让杨玉环自己请求进宫做女官，住进南宫，又赐号太真。为了安慰儿子寿王，唐玄宗又给他娶了个妃子作为补偿。于是"父夺子妻"，就成了唐朝宫闱的一大丑闻。后来，唐玄宗封杨玉环为贵妃，这就是历史上有名的杨贵妃。贵妃的地位仅次于皇后，但这时候没有皇后，所以杨贵妃实际上就是唐玄宗的皇后了。

杨玉环不仅容貌出众，更具有高超的音乐、舞蹈艺术修养，精通音律，擅长歌舞。而玄宗也是自幼喜爱音乐，会作曲，能舞蹈。因此，唐玄宗与杨玉环两人颇有琴瑟相和，夫唱妇随的味道。古书记载：有一次，玄宗倡议用内地的乐器配合西域传来的5种乐器开一场演奏会，当时玄宗兴致勃勃，手持羯鼓，杨玉环弹奏琵琶，轻歌曼舞，昼夜不息。还传，有年深秋，玄宗带贵妃在大明宫太液池观看娇美的白莲花时，指着贵妃说："莲花虽美，有形无神，又怎比得上吾这解语之花啊！""解语花"遂成为后世赞美佳丽的成语了。

贵妃因受宠，连带家族也都受到封赏。她的三个姐姐都被封为国夫人，同族兄弟也都做了大官，特别是杨国忠被封为右丞相，总揽国政大权。唐玄宗沉溺于酒色，政治越来越腐败，导致矛盾日益激化，终于爆发了"安史之乱"。唐玄宗仓皇逃往四川避难，行至马嵬坡，军士哗变，杀死了民愤极大的杨国忠，又逼唐玄宗杀死杨贵妃。玄宗无奈，便命高力士赐她自尽，最后她被勒死在驿站佛堂前的梨树下，死时年仅38岁。

杨玉环

贵妃死后，玄宗极为痛苦。白居易在《长恨歌》中对此进行了着力渲染：

黄埃散漫风萧索，云栈萦纡登剑阁。峨眉山下少人行，旌旗无光日色薄。蜀江水碧蜀山青，圣主朝朝暮暮情。行宫见月伤心色，夜雨闻铃肠断声。……马嵬坡下泥土中，不见玉颜空死处。君臣相顾尽沾衣，东望都门信马归。归来池苑皆依旧，太液芙蓉未央柳。芙蓉如面柳如眉，对此如何不泪垂。春风桃李花开日，秋雨梧桐叶落时。西宫南内多秋草，落叶满阶红不扫。梨园弟子白发新，椒房阿监青娥老。夕殿萤飞思悄然，孤灯挑尽未成眠。迟迟钟鼓初长夜，耿耿星河欲曙天。鸳鸯瓦冷霜华重，翡翠衾寒谁与共。

玄宗在逃往四川的路上，四处是黄尘、栈道、高山，日色暗淡、旌旗无光、秋景凄凉。这是以悲凉的秋景来烘托人物的悲思。在蜀地，面对着青山绿水，唐玄宗还是朝夕不能忘情，蜀中的山山水水原是很美的，但是在寂寞悲哀的眼中，那山的"青"，水的"碧"，也都惹人伤心。大自然的美应该有恬静的心境才能享受，他却没有，所以就更增加了内心的痛苦。行宫中的月色，雨夜里的铃声，本来就很撩人意绪，诗人抓住这些寻常但是富有特征的事物，把人带入伤心、断肠的境界。再加上那一见一闻，一色一声，互相交错，更表现出玄宗内心的愁苦。回京城的路上，本来是高兴的事，但路经马嵬坡时，玉颜不见，玄宗不由伤心泪下。回长安后，白昼里，由于环境和景物的触发，从景物联想到人，景物依旧，人却不在了，玄宗禁不住就潸然泪下，从太液池的芙蓉花和未央宫的垂柳中仿佛看到了杨贵妃的容貌。这种苦苦的思恋，"春风桃李花开日"是这样，"秋雨梧桐叶落时"也是这样。看到当年的"梨园弟子"、"阿监青娥"都已发白颜衰，更勾引起玄宗对往日欢娱的思念，自是黯然神伤。从黄埃散漫到蜀山青青，从行宫夜雨到凯旋回归，从白昼到黑夜，从春天到秋天，处处触景伤情，时时睹物思人，从各个方面反复渲染了玄宗的苦苦追求和寻觅。

★鄘风·墙有茨

这首诗讽刺了公子顽与他的后母宣姜苟合的事，大约出现于闵公二年。据《左传》记载：卫宣公死后，惠公即位，惠公异母兄公子顽在齐襄公的怂恿下，与惠公母亲宣姜苟合，并生了好几个儿女。卫国人民对这种母子乱伦行为非常厌恶，便作了这首诗来讽刺。

墙有茨，不可扫也。中冓之言，不可道也。所可道也，言之丑也。
墙有茨，不可襄也。中冓之言，不可详也。所可详也，言之长也。

墙有茨,不可束也。中冓之言,不可读也。所可读也,言之辱也。

樱桃落尽春归去,蝶翻金粉双飞

这首诗的意思十分简单明,说的是:墙头上的蒺藜长满了刺,紧贴墙上无法扫。墙内宫室的艳事,不可向外对人说!如果真的说出了这些事儿,那可就太丢人了!

墙头的蒺藜长又长,不能将它们来攘除啊,宫室里的那些话,不能详细地去说呀,如果详细说出来,千言万语也讲不完!

墙头蒺藜长蔓蔓,不可捆扎而除之,宫室的艳事,不可向外去张扬。如果公开去传播,让人听了觉羞耻!

这首讽刺诗写的很有特色。一开始,诗人从正面提出自己的看法,认为"中冓之言不可道",它就像墙上的茨草一样,谁"扫"扎谁的手,谁"襄"谁倒霉,谁"束"谁吃亏。这种姿态给人的印象是,仿佛他已看透世事,不愿招惹是非。谁料到,这位诗人的"不可道"、"不可详"、"不可读"是要造成一种悬念,把人们的胃口吊足。"所可道也"是具转折作用的重要一笔,它半遮半掩地将真相露出一个边,使人的好奇心大大膨胀起来。然而真相到底是什么?他又闭口不言,只是继续"折磨"读者,"你要详知内情吗?说起来话长!""你要获得真相吗?太难为情了!"真是把真真假假玩了个不亦乐乎!其实,话根本不用说透,点到就行。哪一个读者读后不心领神会?

宫中的丑事说不得,就像墙上的蒺藜一样,要遮得严严实实的,烂也要烂在里面,让你即使闻到了臭,也不知道是怎么一回事。在前文《邶风·新台》背后的整个事件中,唯一的胜利者就是朔。这小子躲在暗处,狂笑不已:杀手们真是了不起啊,一下子铲除了我两个对手!卫宣公一命呜呼后,朔如愿以偿,继了位,欢天喜地当上了卫惠公。但还没开始过瘾,卫国的贵族们由于不能接受他这个坏蛋当国王,就发动了政变。朔不得已,只好逃到齐国他姥姥家搬救兵去了。逃跑的时候,他压根就忘了还有他母亲存在。

宣姜落在了卫国左公子的手里,她请求左公子杀了她。但是卫国的贵族们并不想得罪齐国,于是饶了她。

当时齐国正值宣姜的哥哥襄公在位,对外甥的求救,他本想予以相助,可是襄公正向周王室求婚,而卫国新君黔牟亦同是周天子之婿,不便兵戎相见。另一方面,襄公也为防卫国臣民因恼怒杀掉宣姜,就想出了一个自认为妙不可言的好办法:让死去的太子伋的同母弟弟——公子顽,迎娶宣姜,以完齐僖公的心愿。这样一来,既安慰了亡灵,又巩固了两国交好。

宣姜虽然名为公主,但实际上只不过国家间的联系工具,宣姜在茫然中不得已接受了命运的安排。而卫国贵族得此消息,心想能借此贬宣姜名号,也都觉得这真是一个好主意。只有公子顽顾念父子伦理,拒不服从。

公子职见公子顽不从,担心齐国一旦怪罪下来,会使两国关系破裂,于是心生一计,借口邀公子顽赴宴,然后灌醉他,再将他移至宣姜的寝室。公子顽酒醒后,见事已至此,后悔亦太迟了,只好纳宣姜为夫人,此后育有三男二女,长男齐子早卒,次子戴公申,幼子元公毁,两个女儿分别嫁予宋桓公、许穆公为妻,是为宋桓夫人、许穆夫人。这两位女性后来都青史留名,在历史上留下了一番丰功伟绩。

而她们的母亲宣姜,由于在其身上发生了那么多的荒唐的婚恋故事,因此,在历史上是作为一个"荡妇"的角色出现的。诗经里有五首诗涉及宣姜,分别是邶风的《新台》、《二子乘舟》,鄘风的《墙有茨》、《君子偕老》、《鹑之奔奔》,其中有三首是对宣姜进行批判讽刺的。如果说《新台》假托宣姜的口吻,在嘲讽卫宣公的同时,还对宣姜的不幸表达了一定的同情的话,那么《墙有茨》、《君子偕老》、《鹑之奔奔》则毫不留情地对其进行了斥责和嘲笑。《墙有茨》是最具有代表性的。宣姜与继子顽这样的事情是逃不过众人雪亮的眼睛的,于是民间歌手就将他们成婚,并生儿育女的丑闻编成歌谣,广为流传,使其成为千古笑柄。

另一首《君子偕老》则委婉地讽刺了宣姜的品德,认为她是一个有貌无德之人:

君子偕老,副笄六珈。委委佗佗,如山如河。象服是宜。子之不淑,云如之何?

玼兮玼兮,其之翟也。鬒发如云,不屑髢也。玉之瑱也,象之揥也。扬且之皙也,胡然而天也?胡然而帝也?

瑳兮瑳兮,其之展也,蒙彼绉𫄨,是绁袢也。子之清扬,扬且之颜也,展如之人兮,邦之媛也!

再如《鹑之奔奔》:

鹑之奔奔,鹊之疆疆。人之无良,我以为兄?

鹊之疆疆,鹑之奔奔。人之无良,我以为君?

这首诗讽刺宣姜先嫁卫宣公,后又与公子顽通奸,禽兽不如。全诗意思是说,鹌鹑家居常匹配,喜鹊双飞紧相随。人君不端无德行,何必称他为兄台?喜鹊家居常匹配,鹌鹑双飞紧相随。女人不贞无德行,何必视她为知音?

宣姜的悲剧也不能完全归咎于她自己。这里既有时代的客观因素,也有人们的偏见。实际上整个春秋时代,男女淫乱,君臣相残,同室操戈,父子反目,各种非礼的事是擢发难数。有人甚至说乱伦似乎是春秋时代淫乱行为的主旋律,几乎贯穿整个250年的历史,涉及到各诸侯国的王侯将相,乃至臣仆庶民。或许,这也许是多妻制的产物:年迈老父娶几个和儿子年龄相仿的女子,为乱伦提供了条件和机会。

而在封建礼教的重重枷锁下，女性的身心更是备受戕害，自由被剥夺，人性被扭曲，女性没有真正的爱情、真正的婚姻、真正的幸福和快乐。这股强大的暗流一直流淌了几千年，甚至仍有分流残支，继续腐蚀着女性的身心。从某种程度上讲，女性的柔、顺、美给自身招来了灾祸，"红颜薄命"是最恰当的概括。女性像玩物一样被男性争来抢去，在其间失去了女性的权力、人格、尊严。她们成了用来发泄性欲的工具、繁衍子息的机器。

宣姜

因此，"女乱"中的妇女大多数是由于被逼无奈而卷入祸乱的。只有极少数妇女本身淫荡之极，行径又令人发指。如骊姬、夏姬等人，虽有其恶的一面，但这也是封建社会对妇女重压下的畸形产物，含有反抗精神的变异因素。

另一方面，中国的封建社会是不把人当人看的，尤其是不把女性当人看的。所以，褒姒是亡国的祸水，而不是那个身世坎坷的少女。褒姒的母亲原是王宫的一个童妾，"未及笄而孕，无夫而生子"，因此被那些忠臣明君们认为是国之妖孽。褒姒刚一出生便被弃于道上，被一对"有罪"的夫妇收养并且带到褒国。后来不知道是褒人主动献出了褒姒，还是周幽王慕褒姒之色而"求"来的，总之，褒姒从此入了深宫。褒姒或者是因为童年生活的艰辛，或者是因为年少命途的多舛，或许是悲嗟上天的不公，那忧郁过早地堆上了少女的眉头。偏偏那个"多情"的周幽王不喜欢忧郁美，挖空心思想出了"烽火戏诸侯"的游戏来逗她发笑，而褒姒只不过是笑了一下，便从此给钉在了历史的耻辱柱上。

第二篇 《楚辞》智慧通解

导读

《楚辞》是中国文学史上继《诗经》之后又一部影响深远的巨著。诗、骚并举，成为中华文明史上形态各异，相辅相成的"诗学原始"。梁启超说："吾以为凡为中国人者，须获有欣赏楚辞之能力，乃为不虚生此国。"

《楚辞》的主要作者屈原，生活于战国中期的楚国。他名平，字原，出身楚国贵族。曾在楚怀王时担任过三闾大夫、左徒等重要官职。

他是一个爱国主义者，同时也是一个人格完美主义者，这两者在他，是自觉地结合在一起的，而这也就是将楚国的命运和自己个人的命运系结在了一起。他的一切思想作为，都和对楚民族及其文化历史的热爱分不开。他生当末世，目睹了楚国朝廷中的种种腐败和不可为，预感到国家危难的来临而回天乏力，最后，只能以人格的坚守和以死殉国，来表达他一腔的热忱和忠贞，这样一种悲剧性的命运，不能不感人至深。屈子沉江，已成了一种符号，一种价值典型，他从个体的死亡中，升华出神圣感，升华出新的生命价值认知。

屈原对楚国的热爱，是和他对楚文化的深深了解联系在一起的。源远流长，深厚博大的楚文化，在他的笔下绽放出了一朵朵艺术奇葩。

屈原之后，最著名的楚辞作者是宋玉。

杜甫说："摇落深知宋玉悲，风流儒雅是吾师。"中国文学史一向以屈宋并称，虽然宋玉的成就不能与屈原比肩，但仅就杜甫这两句诗，我们也可窥见他的影响之一斑。

本篇选取的楚辞作品，以屈原为主，除选取他的主要作品外，还选了宋玉的《九辩》和淮南小山的《招隐士》，读完这些作品，读者当可对楚辞有一个初步的了解。同时对我们如何为人、处世也有一定的启示。

离骚

屈原

　　《离骚》是屈原的代表作,也是我国古代最著名的一首抒情长诗。关于"离骚"一词的含义,自汉代以来就存在着不同的说法,司马迁在《史记·屈原列传》里说:

屈原

"离骚者,犹离忧也。"班固《离骚赞序》说:"离,犹遭也;骚,忧也。叫已遭忧作辞也。"王逸《离骚经章句序》说:"离,别也;骚,愁也。"近人游国恩认为,"离骚"是一个连绵词,是楚国古典《劳商》的声转,同时义有牢骚不平的语义(《楚辞概论》)。钱钟书则认为"离骚"是"欲摆脱忧愁而遁避之"之意(《管锥编》第二册)。这就是说,"离骚"是一个具有复杂语义的词语。从《离骚》本文对"离"字的应用,可以看出,它确实具有"遭"与"别"两种不同的语义,这就形成了"离骚"的双义性悖论,而这种悖论,也就"造成了一种内在的骚动不安的审美活力,倾泄着诗人遭遇现实困境而想抛离忧愁,却在抛离忧愁的求索中遭遇到更加痛苦的精神困境"。

据史书记载,屈原在楚怀王时代曾经做过左徒、三闾大夫等官职,一度颇得楚怀王重用,对改革楚国政治,促使楚人发愤图强很有一些抱负。后来怀王听信他人谗言,疏远了他,《离骚》的创作,就是在他被疏之后。

读《离骚》,我们可以感受到一个铮铮铁骨的屈原。他那强烈的爱国主义精神和完美的人格必将感染一代又一代人。

> 帝高阳之苗裔兮,朕皇考曰伯庸。
> 摄提贞于孟陬兮,惟庚寅吾以降。
> 皇览揆余初度兮,肇锡余以嘉名:
> 名余曰正则兮,字余曰灵均。
> 纷吾既有此内美兮,又重之以修能。
> 扈江离与辟芷兮,纫秋兰以为佩。
> 汩余若将不及兮,恐年岁之不吾与。
> 朝搴阰之木兰兮,夕揽洲之宿莽。
> 日月忽其不淹兮,春与秋其代序。
> 惟草木之零落兮,恐美人之迟暮。
> 不抚壮而弃秽兮,何不改乎此度?
> 乘骐骥以驰骋兮,来吾道夫先路!

这是《离骚》的第一节。屈原自述生平,表明心志。诗句大意如下:

古帝高阳氏的后代子孙啊,我那显赫的先祖叫伯庸。岁星正当摄提格的那年孟春正月,庚寅日我出生到了人间。父亲审察我初生时的情形,显示神兆赐给我好名字,给我起名叫正则,给我表字叫灵均。我既有如此多的天赋美德,又加上讲究仪容体态,身披着芬芳的江离与辟芷,又将秋兰联缀成串做佩饰。

时光如水一般流逝,我时常担心赶不及,恐怕年岁不会等待我。早晨摘取山坡上的木兰花,晚上采摘沙洲边的宿莽。日月行进匆匆从不停留,春天与秋天不断地轮替。想起草木的凋零啊,就担心美人的年老。何不趁着壮年抛弃那些污浊的东西,何不改变现在的法度?跨上骏马向前飞奔呀,来吧,让我做一个先驱在前引导。

开篇第一节,先从自己的出生写起,这是一种回到"人之初"的精神原点的写法。"帝高阳之苗裔"的说法,表现的不仅是血统的高贵,而且,也显示出一种民族文化认同。高阳,即颛顼,黄帝之孙,中华古史传说中著名的五帝之一。说是高阳氏的后裔，即是自觉将自己生命的意义，和楚宗族，和中华文明的命运密不可分地系结在一起，这是屈原的爱国主义和他守正不阿人格的重要基础之一。接着写到的出生日期和命名经过，则进一步从信仰的角度，强调了自己天赋的纯正和家庭期待的统一。"正则"、"灵均"这两个名字，既可以看作是对他名"平"字"原"来历的说明，也可以看作是对一种家族期待和生命原则的阐释，这是他一切生命活动的出发点，也就是诗中所说的"内美"的最初根源，再接下去写到的"扈江离与辟芷兮，纫秋兰以为佩"，以及后面反复出现的同类描写，则是对所谓"修能"的强调。在申明了这一切之后，屈原所表达的最强烈的生命体验，是一种时光流逝水不停留的匆促感。"日月忽其不淹兮，春与秋其代序，惟草木之零落兮，恐美人之迟暮"，正是这样一种强烈的时间意识，决定了屈原的生命始终处于一种无法遏止的焦虑之中"汩余若将不及兮，恐年岁之不吾与"，在这短暂的生命时光中，人应该有所作为，而这作为在他，就是"抚壮而弃秽"，改变楚国朝廷中所有那些迁延无为、腐败荒废的一切。"乘骐骥以驰骋兮，来吾道夫先路"，既可以看作是对楚王的劝导，也可以看作是作者对自己的鞭策和鼓励。

> 昔三后之纯粹兮，固众芳之所在。
>
> 杂申椒与菌桂兮，岂维纫夫蕙茝！
>
> 彼尧、舜之耿介兮，既遵道而得路。
>
> 何桀纣之昌披兮，夫唯捷径以窘步。
>
> 惟党人之偷乐兮，路幽昧以险隘。
>
> 岂余身之惮殃兮，恐皇舆之败绩！
>
> 忽奔走以先后兮，及前王之踵武。
>
> 荃不揆余之中情兮，反信谗而齌怒。
>
> 余固知謇謇之为患兮，忍而不能舍也。
>
> 指九天以为正兮，夫唯灵修之故也。
>
> 初既与余成言兮，后悔遁而有他。
>
> 余既不难夫离别兮，伤灵修之数化。

第二节从追述前王踵武，总结历史教训，到批判现实丑恶，倾诉政治生活苦闷，贯穿其间的主要是有关立身用人和道路选择问题上的焦虑。诗句大意如下：

从前三王的德行多么纯正啊，那里本该就是众芳的所在。到处都散发着申椒和菌桂的香气啊，岂止是联缀起蕙草和白芷！那唐尧虞舜多么正直啊，他们遵循大道，就找到了正确的道路。夏桀商纣又是多么狂妄啊，一味寻求捷径却陷入了困境。一想到那结党营私者的苟且偷乐啊，就觉得道路昏暗而险窄。哪里是我自己害怕灾祸啊，担心的是君王车子的倾覆。

国学经典文库

国学大智慧

·诗学智慧·

图文珍藏版

急急忙忙前后奔走,追踪前代君王走过的脚迹。君王您不体谅我的一片苦心啊,反而听信谗言大发脾气。我本来知道反复申说逆耳忠言的危险啊,还是忍也忍不住。指着高高的天空为我作证,这一切只是为了神圣的君王之故。开头已经与我有了约定,后来又后悔逃避有了别的想法。我已是不怕离别远去,伤感的只是君王的一再变化。

承接上节末尾的"来吾道夫先路",第二节围绕道路选择问题,正面展开了作者在政治生活中面临的矛盾和斗争。"路"的象征意味充分显现,而对它的选择直接关涉到不同的道德人格。"三后"与"桀纣"所代表的历史经验,在这里化成了一种无法测知的现实对立,申椒、菌桂、蕙这类香花香草,也直接化成了一种人格形象。特别值得注意的是这里提到的"党人"形象,虽然不详具体所指,但这显然是屈原在政治上的最主要对立面,对于他们的作为,屈原只用了一个词"偷乐",但仅此也就可以想见当时楚国朝廷里的那种腐败风气了。"党人"的路,就是"桀纣"的路;屈原要走的路,是"三后"的路。为了避免"皇舆之败绩",走上"前王"走过的正确道路,他前后奔走,不惮劳累,结果却是楚王的"信谗而斋怒"。从这里我们还可以知道,楚王曾经与屈原有过某种政治上的计划,但终因听信谗言而改变了原定的做法,这就使一个强烈地意识到历史危机的诗人,不能不既感伤,又焦虑、委屈。而这些还是次要的,最使他感觉揪心的,还是那种对于危败的预感和恐惧。这就让我们深刻感觉到在历史转折时期一个先知者的悲剧。

> 余既滋兰之九畹兮,又树蕙之百亩。
> 畦留夷与揭车兮,杂杜衡与芳芷。
> 冀枝叶之峻茂兮,愿俟时乎吾将刈。
> 虽萎绝其亦何伤兮,哀众芳之芜秽。
> 众皆竞进以贪婪兮,凭不厌乎求索。
> 羌内恕己以量人兮,各兴心而嫉妒。
> 忽驰骛以追逐兮,非余心之所急。
> 老冉冉其将至兮,恐修名之不立。
> 朝饮木兰之坠露兮,夕餐秋菊之落英。
> 苟余情其信姱以练要兮,长顑颔亦何伤。
> 揽木根以结茝兮,贯薜荔之落蕊。
> 矫菌桂以纫蕙兮,索胡绳之纚纚。
> 謇吾法夫前修兮,非世俗之所服。
> 虽不周于今之人兮,愿依彭咸之遗则。

第三节大意如下:

我既已培育了九畹的兰草，又种下了百亩的蕙草。一畦畦地栽植留夷与揭车，又夹杂着一些杜蘅和白芷。希望它们枝叶茂盛啊，到时节我将收割鲜艳的花枝。虽然它们枯萎凋落了也没有什么，伤痛的是众芳荒芜丛杂而又变质。

大家都竞相追逐钻营以贪求私利啊，全然不知满足。根据自己的私心推测别人的行为啊，各自都动起嫉妒别人的念头。急急忙忙地奔走追逐，不是我所着急的问题。人生的暮年一点点迫近着，我担心的是美名不能树立。清晨饮一杯木兰上滴落的露水啊，傍晚吃一口秋菊才放的鲜花。假如我的情志真的是美好而切要，就算总是面黄肌瘦又何妨。

手持木根缠绕上香草，串起薜荔刚开的花蕊，高举起桂树的枝条缠绕上蕙草，用胡绳草搓成一串串的环缀。我效法前代的高人，不取世俗之人的服用。虽然不能让今天的人们都满意，我还是愿意遵从彭咸留下来的原则。

第三节话题转向屈原自己为实现理想曾做过的努力。在这里"芳草喻"，仍然直接暗示着某种人格。滋兰树蕙隐喻着对人才的培养，而它们的萎绝芜秽，则暗示出屈原在这一问题上遇到的挫折。在这里，对立的因海西不再是"党人"，而是"众"、"俗"，是社会性的物质欲、望对人心的腐蚀。在"众皆竞进以贪婪兮，凭不厌乎求索"的社会诱惑，与"朝饮木兰之坠露兮，夕餐秋菊之落英"的清寒孤傲面前，有什么能阻止"兰蕙"的芜秽呢？支持着屈原的只是一种历史价值，那就是可以长存于时间中的"修名"，再就是那种自信真理在握的信念："苟余情其信姱以练要兮，长顾颔亦何伤"。选择了"修名"，选择了真理的同时，屈原也就明白了自己命运的悲剧性："虽不周于今之人兮，愿依彭咸之遗则。"彭咸，这个一再出现在屈原作品中，而为他奉为榜样的人，究竟做过些什么，我们已不得而知，王逸说他是"殷贤大火，谏其君不听，自投水死"，这一说法早已遭到后人的怀疑，但通过他，屈原为自己竖立起来的显然是一种历史的尺度。

长太息以掩涕兮，哀民生之多艰。

余虽好修姱以鞿羁兮，謇朝谇而夕替。

既替余以蕙纕兮，又申之以揽茝。

亦余心之所善兮，虽九死其犹未悔。

怨灵修之浩荡兮，终不察夫民心。

众女嫉余之蛾眉兮，谣诼谓余以善淫。

固时俗之工巧兮，偭规矩而改错。

背绳墨以追曲兮，竞周容以为度。

忳郁邑余侘傺兮，吾独穷困乎此时也。

宁溘死以流亡兮，余不忍为此态也。

鸷鸟之不群兮，自前世而固然。

何方圜之能周兮，夫孰异道而相安？

屈心而抑志兮，忍尤而攘诟。

伏清白以死直兮，固前圣之所厚。

众女嫉余之蛾眉兮，谣诼谓余以善淫

第四节大意如下：

长长地叹息一声擦去眼角的泪水，哀怜人民的生活有着多少的艰难。我虽然喜欢修洁美好却受到种种的牵绊，早晨受到斥责晚上就被撤换。既因以蕙草作带撤换我，又加上摘收白芷。这也就是我心里所爱慕的啊，即便是为它死九次我也不后悔。

可恨的是君王的糊涂啊，到底也不能体察民心的要求。众女嫉妒我的美貌，造谣说我善淫。时俗本来就盛行投机取巧啊，背离规矩随意改变措置。撤开绳墨追随邪曲，竞相苟合取容成了立身处世的法度。

郁郁闷闷怅然而立，只有我穷困在这样的时候。宁肯忽然死去或者流离此故土，我也不忍做出那样的姿态。猛禽的不与凡鸟同群，自前世以来本就如此。方与圆怎么能密合在一起？选择不同道路的人怎么能彼此相安？委屈心灵，压抑情志，忍受罪过,招取侮辱。做清清白白的事坚守正道而死,前圣所看重的本就是这些。

在第四节的义字中,接连出现了三次"死"字。第一次在他因爱好香洁而遭斥逐时,他的回答无怨无悔:"亦余心之所善兮,虽九死其犹未悔"。第二次在他遭到中伤,时俗提示他"背绳墨以追曲兮,竞周容以为度"时,他的反应坚决果断:"宁溘死以流亡兮,余不忍为此态也"。第三次在他清楚地意识到自己的与众不同,同时感觉到自己生活的"屈心而抑志兮,忍尤而攘诟"时,他的表现坦然自若:"伏清白以死直兮,固前圣之所厚"。死亡在这里,是在对一种生存原则的坚定维护意义上出现的,死在这里不是生命的毁灭,而是它的永存,是对生命之清白、高洁,以及追求之不同凡响的有力证明。同时,从这段文字中一再提到的"民生"、"民心"等语来看,这里的死亡意识,还有一种为民请命的意味。"长太息以掩涕兮,哀民生之多艰",随着一声慨然长叹,让我们更清楚地看到了屈原政治追求的深层含义。

> 悔相道之小察兮,延伫乎吾将反。
>
> 回朕车以复路兮,及行迷之未远。
>
> 步余马于兰皋兮,驰椒丘且焉止息。
>
> 进不入以离尤兮,退将复修吾初服。
>
> 制芰荷以为衣兮,集芙蓉以为裳。
>
> 不吾知其亦已兮,苟余情其信芳。
>
> 高余冠之岌岌兮,长余佩之陆离。
>
> 芳与泽其杂糅兮,唯昭质其犹未亏。
>
> 忽反顾以游目兮,将往观乎四荒。
>
> 佩缤纷其繁饰兮,芳菲菲其弥章。
>
> 民生各有所乐兮,余独好修以为常。
>
> 虽体解吾犹未变兮,岂余心之可惩。

第五节大意如下:

懊悔当初选择道路时看得不够清晰,停下来久久地伫立,想返回出发之地。调转我的车子又走上来时的路途,趁着走入迷途未远的时候。让我的马儿在长满兰草的山坡边徐徐行走,奔上长着花椒树的山丘,暂且在这儿休息。进不能得到接纳而遭受罪责,退下来我再来修整当初的衣饰。

用荷叶制成上衣,联缀荷花作成下裳。不了解我也就算了吧,只要我的情志真的芬芳。让我的帽子高高地耸起,让我的佩饰长长地飘曳。花气的芳香和佩玉的光泽交织在一起,我洁净光明的本质没有受到一点亏损。

忽然回头游目四望,我将远去游观荒远的四方。佩饰缤纷装点繁丽啊,香气菲菲更加袭人。人生各有所乐啊,我独爱美而成习。即使是体解形消也一仍其旧啊,我的心难道会因受惩戒而改变？

　　第五节的开头，话题又一次回到了"道路"问题上，但这里的"道路"，已不是根本的原则，而是具体的方法，屈原在这里又一次表现出了知识分子的善于自我反省。"回朕车以复路兮，及行迷之未远"，这里的"复路"，这里的"行迷"指的是什么呢？是对自己劝导楚王方法的恰当与否的怀疑，还是对自己政治生涯的厌倦？后面"退将复修吾初服"的话，很让人想起陶渊明《归去来兮辞》里的一些语言，"步余马于兰皋兮，驰椒丘且焉止息"，"制芰荷以为衣兮，集芙蓉以为裳"，"高余冠之岌岌兮，长余佩之陆离"一类的诗句，给人的感觉也真像是"久在樊笼里，复得返自然"，从某种社会性的苦恼中解脱出来，屈原似乎是要在楚国的山林水泽间归返到他的精神家园。然而，就是在这样的时刻，他还是不能忘记对自己生存原则的维护："民生各有所乐兮，余独好修以为常。虽体解吾犹未变兮，岂余心之可惩"。这就为下面篇章的开展做出了必要的铺垫。

　　　　　女媭之婵媛兮，申申其詈予。

　　　　　曰："鲧婞直以亡身兮，终然殀乎羽之野。

　　　　　汝何博謇而好修兮，纷独有此姱节？

　　　　　薋菉葹以盈室兮，判独离而不服。

　　　　　众不可户说兮，孰云察余之中情？

　　　　　世并举而好朋兮，夫何茕独而不予听？"

　　　　　依前圣以节中兮，喟凭心而历兹。

　　　　　济沅湘以南征兮，就重华而陈词：

　　　　　"启《九辩》与《九歌》兮，夏康娱以自纵。

　　　　　不顾难以图后兮，五子用失乎家巷。

　　　　　羿淫游以佚畋兮，又好射夫封狐。

　　　　　固乱流其鲜终兮，浞又贪夫厥家。

　　　　　浇身被服强圉兮，纵欲而不忍。

　　　　　日康娱而自忘兮，厥首用夫颠陨。

　　　　　夏桀之常违兮，乃遂焉而逢殃。

　　　　　后辛之菹醢兮，殷宗用而不长。

　　　　　汤、禹俨而祗敬兮，周论道而莫差。

　　　　　举贤而授能兮，循绳墨而不颇。

　　　　　皇天无私阿兮，览民德焉错辅。

　　　　　夫维圣哲以茂行兮，苟得用此下土。

　　　　　瞻前而顾后兮，相观民之计极。

夫孰非义而可用兮？孰非善而可服？

阽余身而危死兮，览余初其犹未悔。

不量凿而正枘兮，固前修以菹醢。"

曾歔欷余郁邑兮，哀朕时之不当。

揽茹蕙以掩涕兮，沾余襟之浪浪。

第六节大意如下：

女嬃气喘吁吁多么愤怒啊，她翻来覆去地数落着我。说："鲧为人刚直奋不顾身啊，终于被杀死在羽之野。你为什么要那么忠直而洁身自好，独独有这么多的好节操？满屋子堆的都是杂草啊，你偏偏脱离群众不肯佩带。众人不是可以一家一户地去向他们解说的，谁会来体察我们的内情？世人都喜欢结党以营私啊，你为什么总要一个人孤零零而不听我的劝说。"

依从前代圣人的标准，不偏不倚地处理人和事，慨叹我满怀愤懑地经受了的这一切，渡过沅水、湘江向南进发啊，去向虞舜诉说我的委曲：

夏启从上天偷取了《九辩》和《九歌》，从此寻欢作乐放纵自己。不考虑危难为未来做打算，五辞，也是从历史的经验出发，寻找行为的尺度和准则。"皇天无私阿兮，览民德焉错辅。夫维圣哲以茂行兮，苟得用此下土。瞻前而顾后兮，相观民之计极。夫孰非义而可用兮？孰非善而可服？"这就是通过总结历史经验，他最后得出的民本主义的政治哲学。他始终自信真理在握，即便身近"危死"，也无怨无悔，就是因为在他的内心里有着这样的道义上的支持。女嬃的指责和向舜帝倾诉，展示了在高洁人格追求和持守中，家庭责任和历史价值的冲突，是精神探索的深化，把内在的分裂作了戏剧化的表达。

跪敷衽以陈辞兮，耿吾既得此中正。

驷玉虬以乘鹥兮，溘埃风余上征。

朝发轫于苍梧兮，夕余至乎县圃。

欲少留此灵琐兮，日忽忽其将暮。

吾令羲和弭节兮，望崦嵫而勿迫。

路曼曼其修远兮，吾将上下而求索。

饮余马于咸池兮，总余辔乎扶桑。

折若木以拂日兮，聊逍遥以相羊。

前望舒使先驱兮，后飞廉使奔属。

鸾皇为余先戒兮，雷师告余以未具。

吾令凤鸟飞腾兮，继之以日夜。

飘风屯其相离兮，帅云霓而来御。

屈原

纷总总其离合兮，斑陆离其上下。

吾令帝阍开关兮，倚阊阖而望予。

时暧暧其将罢兮，结幽兰而延伫。

世溷浊而不分兮，好蔽美而嫉妒。

朝吾将济于白水兮，登阆风而绁马。

忽反顾以流涕兮，哀高丘之无女。

溘吾游此春宫兮，折琼枝以继佩。

及荣华之未落兮，相下女之可诒。

吾令丰隆乘云兮，求宓妃之所在。

解佩纕以结言兮，吾令蹇修以为理。

纷总总其离合兮，忽纬繣其难迁。

夕归次于穷石兮，朝濯发乎洧盘。

保厥美以骄傲兮，日康娱以淫游。

溘吾游此春宫兮,折琼枝以继佩

虽信美而无礼兮,来违弃而改求。

览相观于四极兮,周流乎天余乃下。

望瑶台之偃蹇兮,见有娀之佚女。

吾令鸩为媒兮,鸩告余以不好。

雄鸠之鸣逝兮,余犹恶其佻巧。

心犹豫而狐疑兮,欲自适而不可。

凤皇既受诒兮,恐高辛之先我。

欲远集而无所止兮,聊浮游以逍遥。

及少康之未家兮,留有虞之二姚。

理弱而媒拙兮,恐导言之不固。

世溷浊而嫉贤兮,好蔽美而称恶。

闺中既以邃远兮,哲王又不寤。

怀朕情而不发兮,余焉能忍而与此终古?

第七节大意如下:

摊开衣襟跪在地,说完这番话,我心里一片明亮,确认自己已经得到了中正的至理。驾起四匹玉龙的车子,乘上凤鸟,忽然卷起一阵夹着尘埃的大风,我向上天

望瑶台之偃蹇兮，见有娀之佚女

飞去。

　　早晨从苍梧出发，傍晚就到了昆仑山中的县圃。想稍稍在这神灵的门前停留一下啊，太阳看看就要下山已近黄昏了。我命令羲和放慢车速，望着崦嵫山不要靠近。路途漫漫多么遥远啊，我还将去上下四方以寻求。

　　在咸池边饮饮我的马儿啊，在扶桑下整整我的马缰。折一枝若木拂拭拂拭将落的太阳啊，姑且就这样逍遥而徜徉。让月神望舒在前开路，让风神飞廉在后奔随。让凤凰替我先行警戒，雷师告诉我行装尚未齐备。我命令凤鸟飞腾啊，夜以继日向前飞去。旋风翻卷着靠向我的车子，率领着云霞来迎。云朵纷乱忽聚忽散，霞光斑驳上下闪灿。

　　我命令天帝的守门人打开门闩，他却只是靠着天门冷漠地看着我。时光昏暗一天就要结束了，手里编结着幽兰，我只能滞留在天门前久久地伫立。世界混浊不分好坏啊，总是喜欢掩盖他人的美好而嫉妒。

　　早晨我将渡过白水，登上阆风山系住我的马。忽然回头一望，泪水就流了下来，悲叹高丘之上无美女。

忽然我就到这春神的宫殿里来游玩,折下玉树的枝条增添佩饰。趁着这美丽的荣华未凋谢,看看下界有什么好女子可赠予。

我命令丰隆乘云而去,寻找宓妃的所在。解下佩带与她订约啊,我让蹇修去做媒。事情像云朵一般纷乱忽聚忽散啊,忽然间她就耍脾气改变了主意。她傍晚回来住宿在穷石,早晨就在洧盘洗她的长发。仗着自己的美貌无比骄傲,一天天贪图享乐过度地游玩。虽然真的美丽却不懂礼节,来吧,让我们撇开她另找别人。

看啊看啊看啊,看遍了四方最远的边际,走遍天空我才下来。望见瑶台高高地耸起,望见了有娀氏的美女。我让鸩鸟为我做媒,鸩鸟却告诉我那女子不好。雄鸩也鸣叫着飞走了,我还讨厌它说话轻薄巧辩。心中犹豫,狐疑不定,想自己去又不可以。凤凰既已受人之托带去了聘礼,恐怕高辛氏要赶在我前头娶到有娀氏的女儿。

想远去别处却找不到停留之地啊,姑且就这样飘荡而逍遥。趁着少康还没成家啊,留住有虞氏的二姚。媒人无能说辞笨拙啊,恐怕说合的话也不牢靠。世间混浊妒贤嫉能啊,总是喜欢隐人之美扬人之恶。

闺中既是那样深远啊,明君又不醒悟。心怀着这样的至情而无从抒发,我怎能忍受这种情形永远这样下去。

从对帝舜的一番诉说中理清了自己的思想,也仿佛印证了自己行为的正确性,这就使他从一种现实的紧张中暂时解脱了出来,而开始了自我精神的求索。这一节有关神话世界游历的描写,闪射着绮丽的光芒。诗人在这里乘龙驭凤,行踪从昆仑县圃、咸池扶桑,直到天帝的门前,继而又转道白水阆风,漫游春宫。一路伴随着风云雷电,声势浩大,空间广阔,光彩斑斓。表面看仿佛摆脱了人世生活的种种羁绊,然而仔细察看就能发现,真正伴随着他的,仍是那种时光的匆促感,人事的阻隔感,和精神的孤独感。就是这种孤独感,催迫着他寻找精神上的相知,这就是《离骚》中"求女"的真正意义。然而,三次追求三次失败,原因既在对物件性情的不完全了解,更在"理弱而媒拙"和"世溷浊而嫉贤兮,好蔽美而称恶"。"媒"的问题,实际上是一个沟通和表达问题,屈原在这里触及的,是又一个普遍的人生困境。以神游写充满辉煌、又充满失落的精神求索,是屈原诗性思维的一大创造。它把天地风云神灵与人的精神焦虑驰逐相交织而浑融,展示了一个既是神话的、又是深度精神性的光色绚丽的非世界的世界。

> 索藑茅以筳篿兮,命灵氛为余占之。
> 曰:"两美其必合兮,孰信修而慕之?
> 思九州之博大兮,岂惟是其有女?"
> 曰:"勉远逝而无狐疑兮,孰求美而释女?

何所独无芳草兮，尔何怀乎故宇？"
世幽昧以眩曜兮，孰云察余之善恶坦？
民好恶其不同兮，惟此党人其独异！
户服艾以盈要兮，谓幽兰其不可佩。
览察草木其犹未得兮，岂珵美之能当？
苏粪壤以充帏兮，谓申椒其不芳。
欲从灵氛之吉占兮，心犹豫而狐疑。
巫咸将夕降兮，怀椒糈而要之。
百神翳其备降兮，九疑缤其并迎。
皇剡剡其扬灵兮，告余以吉故。
曰："勉升降以上下兮，求矩矱之所同。
汤、禹严而求合兮，挚、咎繇而能调。
苟中情其好修兮，又何必用夫行媒？
说操筑于傅岩兮，武丁用而不疑。
吕望之鼓刀兮，遭周文而得举。
宁戚之讴歌兮，齐桓闻以该辅船。
及年岁之未晏兮，时亦犹其未央。
恐鹈鴂之先鸣兮，使夫百草为之不芳。"
何琼佩之偃蹇兮，众爱然而蔽之。
惟此党人之不谅兮，恐嫉妒而折之。
时缤纷其变易兮，又何可以淹留？
兰芷变而不芳兮，荃蕙化而为茅。
何昔日之芳草兮，今直为此萧艾也？
岂其有他故兮，莫好修之害也！
余以兰为可恃兮，羌无实而容长。
委厥美以从俗兮，苟得列乎众芳。
椒专佞以慢慆兮，樧又欲充夫佩帏。
既干进而务入兮，又何芳之能祗？
固时俗之流从兮，又孰能无变化？
览椒兰其若兹兮，又况揭车与江离？
惟兹佩之可贵兮，委厥美而历兹。
芳菲菲而难亏兮，芬至今犹未沬。
和调度以自娱兮，聊浮游而求女。

惟此党人之不谅兮,恐嫉妒而折之

及余饰之方壮兮,周流观乎上下。

第八节大意如下:

索取蔓茅和竹片,命令灵氛为我占卜。问他说:"两美一定会遇合,但谁又是真正美好而值得我爱慕的人呢?想九州之大,难道只是这里才有美女?"

灵氛说:"勉力远去,不要再狐疑,谁人求美而能放过你呢?何处没有芳草呀,你为什么只是留恋着故居?世界昏暗而又使人迷乱,谁还体察我们的善恶?人们的好恶本来就不同,那些结党营私的人只是更加特别。家家户户佩戴艾蒿满腰,却说幽兰不可佩戴。观察草木都不能辨清好坏,鉴别美玉怎能得当?他们取来粪土填满香袋,却说花椒不芬芳。"

想听从灵氛的吉占,内心不免还是犹豫狐疑。巫成将在晚上降神,我带了花椒和精米去迎接。

天上的百神蔽空齐下,九嶷山的众神纷纷来迎。光芒四射诸神显灵,告诉我一些吉利的故事。说:"努力上下求索,寻求与自己价值尺度相同的人吧。商汤、夏禹诚心寻求志趣相投者,就有伊尹、皋陶能与他们协调。假如内心真的喜欢美好,又何必要媒人来说合。傅说在傅岩为人筑墙,武丁也对他用之不疑。吕望曾是操刀的屠夫,遇到周文王得到拔举。甯戚边牧牛边唱歌,齐桓公听见就任用他为辅佐。趁着年岁还不太晚,时间也没有花光,努力有所作为吧,恐怕的是杜鹃鸟先一叫,百草就不再散发芬芳。"

我的佩玉是多么高清啊,人们却遮遮掩掩往暗处藏掖。这些结党营私的人不讲信义啊,恐怕只会出于嫉妒而摧毁这佩玉。时世纷纭变化不定,又怎么能长久在此停留?兰草白芷变得不再芬芳,昌蒲蕙花变成了茅草。怎么从前的芳草,今天都变成了青蒿艾蒿?难道还有别的什么缘故?都是不自爱美害的。我原以为兰是可靠的,岂料它并无实质只是外表美好而已。放弃它本来的美好而去顺随世俗,苟且得到"芳草"的美名。椒专横谄媚而又傲慢,栎又想钻进香袋冒充芳馨。既求进用而投机钻营,又怎么能对芬芳真的心存敬意?世俗本就是随波逐流的啊,有谁能不随之变化呢?看看椒兰都是这样子,又何况揭车与江离?只有我这些佩饰可贵啊,美好虽被抛弃却经受住了这一切,香气扑鼻味儿一点没减少,芬芳至今很浓郁。

调整好佩玉的节奏和步伐以自得其乐,姑且就这样到处飘流,去寻找我心目中的美女。趁着我的佩饰正盛的时节,走遍四方上下去寻觅。

精神世界里的远行求索和"求女"屡屡受挫之后,诗人又回到现实之中。这时,对于他来说,还有另一种生活的可能造成精神的痛苦,那就是离去,离开楚国。灵氛的占卜和巫成的降神,其实都是诗人内心矛盾的一种展现方式,是精神深度裂变而采取的诗的戏剧化表述方式。战国时期,中华文明圈正面临着一次新的整合,在本国找不到发展机会的"士",在他国常可找到实现他人生价值的机遇,楚才晋用,朝秦暮楚已是士生活的常态,屈原不是不知道这种事实。"党人"的倒行逆施,世俗风气的堕落,似乎都在逼他离开这里,去寻找另外的机遇,然而他却深深地怀恋着自己的"故宇"。虽然灵氛告诉他"两美其必合",劝他"远逝而无孤疑",但他还是免不了"心犹豫而狐疑"。借巫成之口说出的话,与其说是神意,不如说是诗人自己思想中的另一种考虑。在这里,他试图摆脱对"行媒"的依赖,寻求君臣遇合的更直接的路径,姜尚遇周文王等许多这类历史佳话似乎在鼓励着他,这里似乎透露出了屈原对朝廷中某些自己曾寄予希望的人的极度失望。时间再一次成为他思考问题的一个焦点,但它的意义已不仅是生命的匆促,而且也有对于变易的疑惧,"何昔日之芳草兮,今直为此萧艾也",这样的感慨或许有具体的所指,但何尝又没有表现出一种有普遍意义的生命困惑?在这样的变易中,更显出了那种坚定人格的可贵:"芳菲菲而难亏兮,芬至今犹未沬。"这就是屈原自我精神的赞歌。

> 灵氛既告余以吉占兮,历吉日乎吾将行。
>
> 折琼枝以为羞兮,精琼靡以为粻。
>
> 为余驾飞龙兮,杂瑶象以为车。

何离心之可同兮？吾将远逝以自疏。

邅吾道夫昆仑兮，路修远以周流。

扬云霓之腌蔼兮，鸣玉鸾之啾啾。

朝发轫于天津兮，夕余至乎西极。

凤皇翼其承旂兮，高翔翔之翼翼。

忽吾行此流沙兮，遵赤水而容与。

麾蛟龙使梁津兮，诏西皇使涉予。

路修远以多艰兮，腾众车使径待。

路不周以左转兮，指西海以为期。

屯余车其千乘兮，齐玉轪而并驰。

驾八龙之婉婉兮，载云旗之委蛇。

抑志而弭节兮，神高驰之邈邈。

奏《九歌》而舞《韶》兮，聊假日以媮乐。

陟升皇之赫戏兮，忽临睨夫旧乡。

仆夫悲余马怀兮，蜷局顾而不行。

第九节大意如下：

灵氛既已告诉我吉利的占辞，选个好日子我将远行。折下玉树的枝条做美味，舂细玉屑作干粮。为我驾起飞龙，用美玉和象牙镶嵌起我的车子，心思不同怎能合到一起呢，我将远远地离去，主动与他们拉开距离。

掉转车子朝昆仑山驶去，道路漫长，我将周游四方。扬起云霞的旗帜遮蔽白日，让车前的铃铛啾啾响个不停。早晨从天河的渡口出发，傍晚到达西方的边际，凤凰展翅托起绘有蛟龙的云旗，在天空高处从容地翱翔。忽然我就行到了这流沙地带，沿着赤水河缓缓地前进。指挥蛟龙在渡口架起桥梁，命令西皇渡我过赤水。路途遥远义多艰险，飞腾起众车在前面保护我的车骑。取道不周山向左行驶，指定两海为我们约聚之地。聚起我们千乘的擎辆，对齐了车轴一起前进。驾御起八条婉蜒曲伸着的飞龙，车载的云旗随风翻卷飘动不停。控制住自己激动的心情，让车子停止前进，我神思飞扬，思绪飞向很远很远的地方。奏起《九歌》舞起《韶》，暂且借这一点时光愉乐一下自己。

升上光辉灿烂的高空，忽然低头瞥见了故乡，我的仆从悲伤起来，马儿也心怀眷恋，弓起身子再也不肯前行。

经过一番思想斗争，屈原似乎打定了主意要"远逝以自疏"，但这仍然只发生在精神的世界里，是一次精神上的突围尝试。在想象中，他又一次驾起了飞龙的车子，转道奔向了昆仑，在神话的世界里四处奔波，在经历了路途的修远与艰难以后，

远逝以自疏

在一片天庭的乐舞声中,他想象的车骑升上了一个光明的高度。然而,就是在这时候,忽然看到了家乡,"仆夫悲余马怀兮,蜷局顾而不行",仆从和马匹都因离乡而痛苦,这一番神游最后留下的竟是一个蜷局回望的姿态。昆仑高举与旧乡情结,成为《离骚》充满超越感和责任感的终极关怀所系,在一派飞翔、歌舞和光明之中,升华出震撼人心的精神力量。至此,我们才能真正明白《离骚》开头那一句"帝高阳之苗裔",对他来说真正意味着些什么,它在述诉着人生根本之所在。

　　　　乱曰:已矣哉! 国无人莫我知兮,

　　　　又何怀乎故都! 既莫足与为美政兮,

　　　　吾将从彭咸之所居!

　　乱辞大意如下:

　　算了吧,国内没有人能了解我啊,我又何必怀恋这故国之都。既然不足以实现理想的政治,我将去追随彭咸所过的生活。

　　在经历了许多的矛盾痛苦,许多的期望失落,以及想像中的洒脱热闹之后,《离骚》临近了它的尾声。但笼罩在这里的,却是一派绝望:"国无人莫我知兮,又何怀乎故都!"留又留不得,走又走不成。"既莫足与为美政兮,吾将从彭咸之所居。"彭咸,这个音影模糊的人物,又一次出现在这里,我们虽不知他究竟做过些什么,但他却无异是屈原心目中的人格典范。从彭咸之所居,也就是像他那样地生活。就是到最后,屈原也不肯放弃他做人的原则。这就是他的曲终返本,即是说,《离骚》是始于本,终于本的。

　　楚辞中的"乱"辞,就像是乐章中的尾歌。篇幅虽然短小,但包含丰富,仿佛凝缩无限的感慨于一声叹息,现实人生的无奈与命运的悲剧感在这里交集,言有尽而意无穷,即便掩卷,仍有一种余音绕梁,袅袅不尽的悲怆韵致,剪不断,理还乱,搅扰着两千多年中国文人的魂梦,催迫着他们不断去思考求索。

九歌

屈原

　　《九歌》原是流行于楚国南部沅、湘之间的古老巫歌。东汉王逸《楚辞章句》说："《九歌》者,屈原之所作也。昔楚国南郢之邑,沅湘之间,其俗信鬼而好祠。其祠,必作歌乐鼓舞以乐诸神。屈原放逐,窜伏其域,怀忧苦毒,愁思沸郁。出见俗人祭祀之礼,歌舞之乐,其词鄙陋。因为作《九歌》之曲,上陈事神之敬,下见己之冤结,托之以风谏。故其文意不同,章句杂错,而广异义焉。"根据这种说法,屈原是在流放期间,接触到了一些属于民间宗教的歌舞,在它们的基础上,糅进了自己的思想和想像,加工点染,创作出了这些散发着浓郁的楚文化气息的芬美诗篇。这是巫歌诗人化的带有里程碑性质的艺术精品。

　　《九歌》的表现物件,是一个神人杂糅的世界,这里的所有场面,无一不带有巫文化的色彩。巫在这里扮演着一个最为重要的角色,她(他)们常常一身数任,可以同时既是迎神者,又是神灵附体者;既是表演者,又是叙述者。这就给《九歌》的艺术表现带来了意味丰富的多视角、多声部特点,许多场面都带有朦胧幽艳的戏剧性。

东皇太一

吉日兮辰良,穆将愉兮上皇。

抚长剑兮玉珥,璆锵鸣兮琳琅。

瑶席兮玉瑱,盍将把兮琼芳。

蕙肴蒸兮兰藉,奠桂酒兮椒浆。

扬枹兮拊鼓,疏缓节兮安歌,

陈竽瑟兮浩倡。

灵偃蹇兮姣服,芳菲菲兮满堂。

五音纷兮繁会,君欣欣兮乐康

　　《东皇太一》是《九歌》的第一首,祭祀的是楚人心目中的最高天神。歌词大意

东皇太一

如下：

在一个吉日良辰，恭敬虔诚的人们将举行仪式以取悦东皇太一。主祭的巫师手握镶玉的长剑，身佩的玉饰相撞叮当作响。美玉般光洁的坐席用玉石的镇席压着边角，双手供上美玉般的花朵蕙草包裹着肴蒸，下面垫着兰草，祭献上香美的桂酒和椒浆。扬起鼓槌敲击大鼓，奏起舒缓的音乐悠然歌唱，陈列在堂前的竽啊瑟啊一类的器乐热烈地相互应和。扮成神灵的巫师仪容尊贵，服饰漂亮，香气弥散，充满着整个厅堂。各种各样的音乐交相奏鸣，祝愿东皇太一快乐而安康。

这是一出庄严肃穆的祭神曲。由于所祭之神的尊贵，整个仪式显得庄重严谨，乐歌的节奏也舒缓悠扬。精美的器具，香洁的供品，端庄的人物，曼妙的歌舞，共同创造了一个华美高贵，热诚炽烈的人神交接场面。

云中君

浴兰汤兮沐芳，华采衣兮若英。

灵连蜷兮既留，烂昭昭兮未央。

謇将憺兮寿宫，与日月兮齐光。

龙驾兮帝服，聊翱游兮周章。

灵皇皇兮既降，猋远举兮云中。

览冀州兮有馀，横四海兮焉穷。

思夫君兮太息，极劳心兮忡忡。

《云中君》是祭祀云神的乐歌，可分三个层次，分别表现降神、扮神和送神的过程。这首祭歌的表现主体是云神，表现者是祭神的女巫，她既是迎神者，又是神的代表，因而乐歌的视角和口吻不停地变换。一开始是迎神的场面和巫女的自述，接着是对神灵降下情形的描绘，再接下去，是神灵附体后的代神言说，然后是神灵离去后祭神者的想像和怀恋之情。歌词大意如下：

（祭神的巫女）用散发着兰花香气的热水沐浴，身穿如花美丽的彩衣。神灵如云霞翻卷而下，光芒灿烂照射无边。

（巫女代神歌唱）将安居于神堂，像日月一样放射光芒。驾着飞龙的车子，穿着天帝的服饰，暂且在这儿盘旋飞翔。

（巫女唱）神灵光芒耀眼地降下，忽然又远远地飞向云中。他的目光扫视到中国之外，他的行踪横绝四海哪见个尽头？思念神君呀长长地叹息，心儿怦怦啊最是让人劳想。

云神不像东皇太一那样尊贵，但他与人们生活的关系更为切近，云的流动变换带来的是雨水或阳光，这都是人类最需要的东西。巫女对云神的期待和思念，表现出的是原始时代人们对于雨水和阳光的期盼，因而取悦云神也是一件十分重要的宗教仪式。出现在这首诗中的云神，既带有云的自然形象的特点，又带有神话人物的某种意气。他忽而"连蜷既留"，"謇将憺兮寿宫"，忽而"猋远举兮云中"，来去自如，捉摸不定。他出现时，光芒灿烂——"烂昭昭兮未央"，驾着飞龙的车子，穿着天帝的服饰，在神堂之上盘旋飞翔；他离去时，飘然远举，"览冀州兮有馀，横四海兮焉穷"，不知消失在什么地方。这样的描写，自始至终以巫女对他的迎候、想念贯穿起来，使整首诗的情绪气氛显得相当错综多变而又活泼生动。

湘君

君不行兮夷犹，蹇谁留兮中洲？

美要眇兮宜修，沛吾乘兮桂舟。

令沅、湘兮无波，使江水兮安流。

望夫君兮未来，吹参差兮谁思？

驾飞龙兮北征，邅吾道兮洞庭。

薜荔柏兮蕙绸，荪桡兮兰旌。

望涔阳兮极浦，横大江兮扬灵。

扬灵兮未极，女婵媛兮为余太息！

横流涕兮潺湲，隐思君兮悱恻。

桂棹兮兰枻，斲冰兮积雪。

采薜荔兮水中，搴芙蓉兮木末。

心不同兮媒劳，恩不甚兮轻绝。

石濑兮浅浅，飞龙兮翩翩。

交不忠兮怨长，期不信兮告余以不闲。

朝骋骛兮江皋，夕弭节兮北渚。

鸟次兮屋上，水周兮堂下。

捐余玦兮江中，遗余佩兮澧浦。

采芳洲兮杜若，将以遗兮下女。

时不可兮再得，聊逍遥兮容与。

湘君

　　此篇所祭的湘君和下篇的湘夫人，都是湘水的神灵。相传舜帝南巡死于苍梧之野，他的两个妃子娥皇、女英寻到洞庭湖边，听说死讯后，南望痛哭，投湘水自杀，后人就以她们为湘水的女神。《九歌》里的湘君、湘夫人是一对配偶神，在他们的故事中显然渗入了娥皇、女英的传说，但湘君、湘夫人却不一定就是舜及他的二妃，他们更像是一对自然的神灵。民间传说本来就是一种在不断添加叠合中丰富着的东西，传说故事渗入自然神灵的崇拜后，更为它增添了一重扑朔迷离的魅力。

　　《湘君》、《湘夫人》二篇，相对为歌，表现一对恋人间的深深思慕。《湘君》是思恋湘君的歌，可能由装饰成湘夫人的巫女来演唱。歌词大意如下：

　　你犹犹豫豫不行走，为谁滞留在水中的沙洲？我打扮得体，神态动人，浩浩荡荡驾乘起桂木舟。命令沅湘不要起波浪，让长江平稳地流。盼望着你啊，你却没有来，吹起悠扬的排箫啊还能思念谁呢！

　　驾着飞龙之舟啊北行，拨转我的航向啊向着洞庭。薜荔装饰着舱壁啊蕙草缠绕，荪草饰桨啊兰草饰旗。远望着涔阳遥远的水边，横渡大江而显灵。显灵还没有完呢，就听见那个女子激动地为我叹息。

　　泪水横流啊潺湲不断，心疼地想你啊悲苦不已。挥动桂木的长桨啊举起兰木的短楫，击打着如冰的水面啊扬起浪花如雪。（但这就像是）在水中采摘薜荔，上树梢折取荷花。两心不同啊媒人徒然劳累，恩爱不深啊轻易就将我抛弃。乱石间的激流啊水花飞溅，飞龙之舟啊船行翩翩。相交不忠啊怨思深长，相约不信啊却对我说没有空闲。

　　早晨我奔走在江边，傍晚停留在北边的洲渚。鸟儿栖息在屋上，流水环绕在

湘君驾飞龙

堂下。

　　将我的玉块抛到江中,将我的佩饰留在澧浦。采来芳洲的杜若,将要把它送给下女。时光一去啊就不回来,暂且逍遥啊徘徊在这里。

　　这是一曲神的恋歌,但充溢其中的仍是人间爱的间阻和疑虑。说屈原借《九歌》表达了自己久积心中的情愫,应该说不为无据,要不然,《九歌》中为什么会有这么多的"不遇"?在《湘君》的一开始,湘夫人就因候人不来而心生疑虑,带着这种疑虑,她开始了沿着江流的寻求。从后面的表现看,湘君并没有为谁而滞留在什么地方,造成阻隔的只是一种带点命运意味的路途上的错失。湘君和湘夫人始终在相互寻找,却到诗篇结束也没有相互找得到。这种思念、追求、错失、等待,形成了一种诗意的张力,爱情大约本来就是这样美好而又这样恼人。《湘君》和《湘夫人》的表现方式,带有沅湘民间情歌对唱的特点,不仅两篇之间存在着这种相对的关系,每篇的内部也存在着不同的声音。另外,由于思念的强烈,唱歌者常常处于一种迷幻的状态,这就常常使我们分不清其中的一些诗句,是湘君的答歌,还是只是湘夫人的想像。但这同时也就为我们提供了更丰富的想像天地,不同的解读,并不影响到整体诗意的完美,相反倒造成一种扑朔迷离,似真似幻的效果,更增加了这一曲神的恋歌的奇异。

湘夫人

帝子降兮北渚,目眇眇兮愁予。

袅袅兮秋风,洞庭波兮木叶下。

登白𬞟兮骋望,与佳期兮夕张。

鸟何萃兮𬞟中?罾何为兮木上?

沅有芷兮澧有兰,思公子兮未敢言。

荒忽兮远望,观流水兮潺湲。

麋何食兮庭中?蛟何为兮水裔?

朝驰余马兮江皋,夕济兮西澨。

闻佳人兮召予,将腾驾兮偕逝。

筑室兮水中,葺之兮荷盖。

荪壁兮紫坛,播芳椒兮成堂。

桂栋兮兰橑,辛夷楣兮药房。

罔薜荔兮为帷,擗蕙楄兮既张。

白玉兮为镇,疏石兰兮为芳。

芷葺兮荷屋,缭之兮杜衡。

合百草兮实庭,建芳馨兮庑门。

九嶷缤兮并迎,灵之来兮如云。

捐余袂兮江中,遗余褋兮澧浦。

搴汀洲兮杜若,将以遗兮远者。

时不可兮骤得,聊逍遥兮容与。

这是湘君思念湘夫人的歌,大概由扮成湘君的男巫演唱。大意如下:

那个天帝的女儿啊降落到了北渚,远望不清啊使我愁郁。袅袅的秋风吹过,洞庭湖泛起波浪,树上的叶子纷纷飘落。

登上长满白𬞟的山坡纵目远望,与佳人相约啊从傍晚就开始张罗。鸟儿为什么聚集在水草间?鱼网为什么挂在树梢上?沅水边有芷草啊澧水边有兰,思念着她啊未敢开言。恍恍惚惚远望不见啊,低头观看流水潺湲。

麋鹿为什么来庭中吃草?蛟龙为什么来到水边?早晨我放马信步在江边,傍晚渡过到水的西岸。听说佳人在召唤我啊,将和我驾起车子一同远去。

图文珍藏版

在水中修一座房子,用荷叶铺成屋顶。荪草的墙壁,紫贝的庭院,播撒花椒砌成厅堂。桂木的梁栋,兰木的屋椽,辛夷木的门楣,白芷装饰的卧房。编结薜荔制成帷帐,撕开蕙草做成的屋檐板已经铺张。白玉做的镇席,摆放四处的石兰花散发着芬芳。荷叶的屋顶覆盖上白芷,又在周围缠绕上杜衡。汇集百草啊布满庭院,散放着香气的物品堆满门庭。九嶷山的神灵一起来欢迎,神灵缤纷如彩云。

湘夫人

将我衣袖丢到江中,将我的单衣留在澧浦。采来汀洲上的杜若,将要把它送给远方的人儿。时机不可能突然得到,就让我暂且在这里徘徊逍遥。

仍然是等待,仍然是期盼,仍然是遥遥的望眼。秋风袅袅而起,黄叶飘落,洞庭湖泛着微波。"袅袅兮秋风,洞庭波兮木叶下",成为融情于景的千古名句。湘君仿佛远远望见湘夫人降到了水中的洲渚,是耶非耶? 始终不太分明。折磨过湘夫人的那种错位感,同样在折磨着湘君,"鸟何萃兮蘋中,罾何为兮木上?"与前篇的"采薜荔兮水中,搴芙蓉兮木末",在构思上何其相像!"沅有芷兮澧有兰,思公子兮未敢言",爱情的表达难道总是这么困难? 仍然是奔走,仍然是仿徨,仍然是幸福的想像,仍然是欲罢不能的牵挂。"筑室兮水中,葺之兮荷盖。荪壁兮紫坛……"这是一座水神的新房,没有龙宫式的富贵华丽,有的只是超尘脱俗的清净、芬芳,这里体现的不正是屈子的美学?

大司命

广开兮天门,纷吾乘兮玄云。

令飘风兮先驱,使冻雨兮洒尘。

君回翔兮以下,逾空桑兮从女。

纷总总兮九州,何寿夭兮在予!

高飞兮安翔,乘清气兮御阴阳。

吾与君兮斋速,导帝之兮九坑。

灵衣兮被被,玉佩兮陆离。

一阴兮一阳，众莫知兮余所为。

折疏麻兮瑶华，将以遗兮离居。

老冉冉兮既极，不寖近兮愈疏。

乘龙兮辚辚，高驰兮冲天。

结桂枝兮延伫，羌愈思兮愁人。

愁人兮奈何！愿若今兮无亏。

固人命兮有当，孰离合兮可为？

乘龙兮辚辚，高驰兮冲天

大司命是掌管人的生死寿夭的神灵。歌词大意如下：

（主巫扮成大司命唱）大开天门，我乘着纷飞的黑云。令旋风在前开路，让暴雨洒水乐尘。

（巫唱）您盘旋飞翔而下啊，我们追随您越过空桑。（大司命唱）纷纭的九州众乍啊，为何寿夭生死都要由我来定？

（巫唱）高高地飞啊悠悠地翔，乘着天地的清气啊驾驭着阴阳。我恭谨虔诚地跟从着您啊，引导天帝到九州的山冈。

（大司命唱）我的神衣飘飘垂垂，玉佩的光彩斑驳陆离。天地间的一阴一阳变化无常，没有人能懂得啊都是我的作为。

（巫唱）折一枝疏麻啊采一朵瑶华，将要赠它啊给离开的人们。老境渐渐啊已经来临,不与他亲近啊越来越生疏。

(巫唱)乘着辚辚的龙车,高高地飞驰啊冲天而去。扎一束桂枝啊久久地伫立,更加思念他啊使人忧愁。

(巫唱)使人忧愁啊又能怎么办呢?但愿像今日啊平安无损。人的寿命本来就有一定,谁又能对司命之神的离合有所作为?

大司命是主宰人的寿夭生死的神灵,他的出场就带着一种逼人的气势,说话的口吻也与其他神灵不同。天门大开,黑云滚滚,旋风开道,暴雨洒尘,表现出的都是一个主宰者的气概,但"纷总总兮九州,何寿夭兮在予"一句,于自负里却又透露出一丝迷惘,"一阴兮一阳,众莫知兮余所为",人的生死寿夭竟取决于一位天神偶然的意志,似乎连大司命也感到有些不可思议。祭神是为了取悦于神,也就是为了延长人的生命,但这个神的意志是不可揣测的,他的来去也没有人能掌握,因而祭歌的最后还是归结于一种无可奈何的怅惘,承认"固人命兮有当",大司命的眷顾既然无人能够掌握,一切就还只能听任命运的安排了。

少司命

秋兰兮麋芜,罗生兮堂下。

绿叶兮素枝,芳菲菲兮袭予。

夫人自有兮美子,荪何以兮愁苦?

秋兰兮青青,绿叶兮紫茎。

满堂兮美人,忽独与余兮目成。

入不言兮出不辞,乘回风兮载云旗。

悲莫悲兮生别离,乐莫乐兮新相知。

荷衣兮蕙带,倏而来兮忽而逝。

夕宿兮帝郊,君谁须兮云之际?

与女沐兮咸池,晞女发兮阳之阿。

望美人兮未来,临风恍兮浩歌。

孔盖兮翠旍,登九天兮抚彗星。

竦长剑兮拥幼艾,荪独宜兮为民正。

少司命是掌管子嗣和儿童命运的神灵。歌词大意如下:

秋兰、蘼芜,遍生堂下,绿色的叶白色花,香气菲菲啊沁人肺腑。人们自会有好儿女,你为什么还要为他们而愁苦?

秋兰青青,绿色的叶,紫色的茎。满堂都是美人啊,忽然独对我以目传情。

进门不说话啊出门不告辞，乘着旋风啊载着云旗，悲莫悲啊生别离，乐莫乐啊新相知。

穿荷衣啊佩蕙带，突然就来了，忽然又走了。傍晚歇息在天帝的城外，你在等待着谁啊在那云之际？

和你一起在咸池洗头，晾晒你的头发在向阳的山阿。望美人啊她却没有来，迎风怅惘啊放声高歌。

孔雀翎毛的车盖啊，翠鸟羽毛的旌旗，登上九天啊手把彗星。手持长剑啊怀抱婴孩，独有你最当得起为民做主的人。

大约所有的原始宗教都曾有过祈求子嗣的仪式，也都有它们掌管生育和儿童健康的神灵，《九歌》中的少司命，就是这样一位带给人们幸福的神灵。怎样才能获得他的眷顾呢？那些希望怀孕生子的妇女可得动些脑筋。《少司命》一开头提到的秋兰蘼芜，表面看去似乎只是对神堂环境的描写，实际却已隐含着一种寓意。蘼芜又名芎䓖，据古籍记载，"芎䓖味辛温，主……妇人血闭无子"。"兰有囷香，人服媚之，古以为生子之祥"。由此可见，《少司命》中的歌舞，其主要目的在"媚"神，因而，这就是一曲人与神的恋歌。"夫人自有兮美子，荪何以兮愁苦？""满堂兮美人，忽独与余兮目成"，都是要将少司命的注意力吸引到自己的身上来。在迷幻恍惚中，求子者仿佛看到了少司命对自己的注目，看到了他的忽来忽去，甚至听到他的邀请"与女沐兮咸池，晞女发兮阳之阿"。虽然只是祭神求子仪式上的歌谣，但这种人神之恋中其实已渗入了真实的爱情经验与想象，"悲莫悲兮生别离，乐莫乐兮新相知"，这样深挚的感情表达，谁又能分得清是在对神诉说衷情，还是在表达着另一些更为具体的情感生活体验？《九歌》中的神神之恋，人神之恋，之所以特别动人，都因为它所表达的不止是一种宗教情感。甚至可以说，它把原始宗教仪式人情化，或把人情神圣化了。

东君

暾将出兮东方，照吾槛兮扶桑。

抚余马兮安驱，夜皎皎兮既明。

驾龙辀兮乘雷，载云旗兮委蛇。

长太息兮将上，心低徊兮顾怀。

羌声色兮娱人，观者憺兮忘归。

緪瑟兮交鼓，箫钟兮瑶簴。

鸣篪兮吹竽竹，思灵保兮贤姱。

翾飞兮翠曾,展诗兮会舞。

应律兮合节,灵之来兮蔽日。

青云衣兮白霓裳,举长矢兮射天狼。

操余弧兮反沦降,援北斗兮酌桂浆。

撰余辔兮高驰翔,杳冥冥兮以东行。

《东君》是祭太阳神的乐歌。开头一节写日升,中间写祭神的歌舞,最后写日落。歌词大意如下:

朝阳将升啊东方,照在我的栏杆上啊照亮高高的扶桑。轻拍着我的马儿啊缓缓出游,夜色皎皎啊天已放亮。

驾龙辀兮乘雷,载云旗兮委蛇

驾起龙拉的车子，乘着滚滚的雷声，载着满天云霞翻卷的旗子，长叹一声将要升上高空，心里留恋啊顾念徘徊。声色迷人啊，看的人都忘回来。

绷紧瑟弦啊相对击鼓，猛烈敲钟啊钟架晃动。吹起篪，吹起竽，思恋神君啊贤良美好。舞姿轻妙啊像翠鸟翻飞，展诵诗章啊一起跳舞。应着旋律啊合着节拍，神灵降临啊遮天蔽日。

青云衣啊白霓裳，举长箭啊射天狼。操着我的小弓啊回身向下降，拿起北斗啊饮酒浆。抓住我的马缰啊高高地飞翔，乘着幽暗的夜色啊返回东方的扶桑。

太阳的东升西降是自然界最壮丽的景观，太阳的温热和光明也最和人们的生活相关，祭祀太阳神的仪式自然应该格外隆重庄严。

《东君》一开篇，先从太阳的上升写起："暾将出兮东方，照吾槛兮扶桑"，朝阳从东方升起来了，它的光线最先照到的，却是太阳神自己的屋门和他门前的扶桑树。这是一个神话的境界，但透映的却是人间生活，那门前温暖的阳光，扶桑树梢头明亮的光线，不就是人们日常所见到的东西吗？"抚余马兮安驱，夜皎皎兮既明"，一种平和安详的节奏，暗示出人们对和平安定生活的向往。"驾龙辀兮乘雷，载云旗兮委蛇"，第二节的描写更多了一些神奇的色彩，从满天云霞翻卷的旗子中，我们看到了太阳的自然形态和他的神格的一种交融。作为神的太阳也是有意志，有感情的，它仿佛也在留恋着人间的欢乐，娱神的歌舞使他流连忘返，"长太息兮将上，心低徊兮顾怀。羌声色兮娱人，观者憺兮忘归。"还未看到歌舞的场面，我们就看到了一种效果，这不就是祭神者所要追求的吗？太阳的行进也就是时间的行进，留住太阳也就是留住时间，留住生命，屈原的作品中多次写到"时不可以淹"，在祭东君的这种场面中，是否也有一些对于生命永恒的期盼，很值得仔细回味。

诗的第三节写歌舞的热烈场面。第四节又回到太阳的运行，但充满了神话意味，天狼、弧矢、北斗，这些天上的星名，都化成了真实的形象，而太阳神的一举一动，也充满了英雄般的阳刚之气。这种神话想象，深远地影响了后世借天象抒情的诗词想像。

河伯

与女游兮九河，冲风起兮横波。
乘水车兮荷盖，驾两龙兮骖螭。
登昆仑兮四望，心飞扬兮浩荡。
日将暮兮怅忘归，惟极浦兮寤怀。
鱼鳞屋兮龙堂，紫贝阙兮朱宫。

河伯

灵何为兮水中？乘白鼋兮逐文鱼，

与女游兮河之渚，流澌纷兮将来下。

子交手兮东行，送美人兮南浦。

波滔滔兮来迎，鱼邻邻兮媵予。

《河伯》祭祀的是黄河的水神。歌词大意如下：

和你一同畅游啊九流归海的黄河，暴风吹起啊水扬横波。乘着行驶水中的车子啊荷叶作成车盖，驾驭着两条龙啊骖马用螭。

登上昆仑啊放眼四望，意气飞扬啊情思浩荡。白日将暮啊惆怅忘归，思念那遥远的水边啊醒里梦里都不忘怀。

鱼鳞盖成的屋子啊龙鳞的厅堂，紫贝的门楼啊红色的宫墙。神灵在水中都做些什么？乘着白鼋啊追逐着五彩斑斓的鱼。与你一同畅游啊河中的沙渚，解冻的冰水啊将要流下来。

和你拉着手儿向东行，送别美人啊在南浦。波浪滔滔啊来迎接，鱼儿挨挨挤挤啊陪送着我。

在《九歌》各篇中，《河伯》的恋爱，气氛较为欢快。"与女游兮九河，冲风起兮横波"，诗篇一开始，恋人们就在享受畅游的快乐。迎着暴风，乘着汹涌的波涛，驾着行驶水上的龙车，他们一直来到传说中的黄河源头，"登昆仑兮四望，心飞扬兮浩荡"，游兴淋漓处又暗暗生出一丝怅惘，"日将暮兮怅忘归，惟极浦兮寤怀"。身在河源，又想象着那遥远的水边——那或许是黄河入海的地方吧。接下去的描写直

国学经典文库

国学大智慧

《楚辞》智慧通解

图文珍藏版

到篇末,不时让我们感觉,仿佛走进了现代海洋馆的某个地方,那鱼鳞的屋子、龙鳞的厅堂、紫贝的门楼、红色的宫墙、嬉逐的白鼋、五彩的游鱼,还有鱼儿们成群结队的样子,都仿佛是我们透过一堵玻璃墙看到的热带水底世界。

山鬼

若有人兮山之阿,被薜荔兮带女萝。

既含睇兮又宜笑,子慕予兮善窈窕。

乘赤豹兮从文狸,辛夷车兮结桂旗。

被石兰兮带杜衡,折芳馨兮遗所思。

余处幽篁兮终不见天,路险难兮独后来。

表独立兮山之上,云容容兮而在下。

杳冥冥兮羌昼晦,东风飘兮神灵雨。

留灵修兮憺忘归,岁既晏兮孰华予?

采三秀兮于山间,石磊磊兮葛蔓蔓。

怨公子兮怅忘归,君思我兮不得闲。

山中人兮芳杜若,饮石泉兮荫松柏。

君思我兮然疑作。

雷填填兮雨冥冥,猨啾啾兮狖夜鸣。

风飒飒兮木萧萧,思公子兮徒离忧。

《山鬼》祭祀的是山间的神灵。歌词大意如下:

恍惚有个人啊在那山湾里,披挂着薜荔啊缠带着女萝。美目含情啊笑貌迷人,你恋慕着我啊姿态姣好。

乘着赤豹啊跟着花狸,辛夷木的香车啊桂枝的旗。披挂着石兰啊佩戴着杜衡,折一枝香花啊送给思念中的人。我住在深深的竹林里啊总见不着天空,道路险难啊独自来迟。

醒目地站立在高山之上,流云容容啊在我之下。天色深幽啊白日昏暗,东风飘送啊神灵下雨。等待着我的心上人啊忘记了回去,年岁已晚啊谁能给我再一次青春美丽。

采摘芝草啊在山间,乱石磊磊啊葛藤蔓蔓。心怨公子啊怅然忘归,你思念着我啊难道总没空闲?山中的人啊芬美像杜若,饮的是清泉啊遮荫的是松柏。说是你想念着我啊,禁不住又生疑。

雷声隆隆啊阴雨冥冥,猿声啾啾啊深夜抗鸣。风声飒飒啊树木萧萧,思念公子啊徒然忧愁。

　　山鬼是什么神，现在已没有什么人能完全说得清，从诗里看，她只是一个居住在山间的精灵，地位似乎并不怎么高贵，却格外美丽多情。诗人在这里要表现的，与其说是诸神威慑人间的神圣感，不如说是缠绵悱恻的人情味，以及清新直率的民俗野性活力。从山鬼的出场和她居住的环境看，她的存在应该是带有原始意味的山林神秘的一部分。"若有人兮山之阿"，迷离恍惚，若有若无，像希腊神话中的林泽仙女，她的踪迹总是透着一些神秘。她的服饰仪从，也带有自然神灵的明显特征："……被薜荔兮带女萝……乘赤豹兮从文狸……"但林泽仙女们似乎总是成群地出现，快乐地舞蹈，而我们的山鬼，生活中更多一些孤寂。她住在山林的最幽深处，而且也没有什么同伴，"余处幽篁兮终不见天，路险难兮独后来"。正因如此，她也就更加向往人间的爱情和欢乐。但她又似乎总是处于爱情的等待之中，就是在这种等待中，她的青春年华悄悄流逝，她的心境也更苦恼寂寞。

国殇

　　　　　操吴戈兮被犀甲，车错毂兮短兵接。
　　　　　旌蔽日兮敌若云，矢交坠兮士争先。
　　　　　凌余阵兮躐余行，左骖殪兮右刃伤。
　　　　　霾两轮兮絷四马，援玉枹兮击鸣鼓。
　　　　　天时坠兮威灵怒，严杀尽兮弃原野。
　　　　　出不入兮往不反，平原忽兮路超远。
　　　　　带长剑兮挟秦弓，首身离兮心不惩。
　　　　　诚既勇兮又以武，终刚强兮不可凌。
　　　　　身既死兮神以灵，子魂魄兮为鬼雄。

　　《国殇》祭祀的是为国捐躯的战士。歌词大意如下：

　　手持吴戈啊身披犀甲，战车交错啊短兵相接。旌旗蔽日啊敌兵若云，箭矢交坠啊士卒争先。敌人侵入了我们的战阵啊践踏着我们的行列，左边的骖马死了啊右边的又受了刀伤。埋住两轮啊绊住四马，拿起嵌玉的鼓槌啊击起响亮的战鼓。上天怨愤啊神灵发怒，严酷地杀尽啊弃于原野。

　　出门不入啊去而不返，平原茫茫啊路途遥远。身带长剑啊臂挟秦弓，首身分离啊心无悔恨。真正是既勇敢啊又英武，至死刚强啊不可欺凌。肉体虽已死去啊精神永存，你的魂魄啊是鬼中的英雄。

　　《国殇》歌颂的是为国捐躯的战士，因而它的风格也与《九歌》其他各篇绝然不同，一扫前面各篇恋歌的缠绵怨悱的气息，它的格调变得悲壮激烈。作品一开始就描绘出一幅惨烈的战争场面："操吴戈兮被犀甲，车错毂兮短兵接。旌蔽日兮敌若云，矢交坠兮士争先。"但战争的形势并不利于我方，敌人很快就突破了我们的防线，一场殊死搏斗的结果，是原野上留下了一片战死者的遗骸。作品的后半，抒情语气加重，开始对战死者的凭吊，英雄们虽然死了，但他们的精神却永远感动着人们，他们的气概也不因首身分离而减损分毫。因此，此诗当得一篇坚毅勇武的战魂颂。

礼魂

　　　成礼兮会鼓，传芭兮代舞。
　　　姱女倡兮容与。
　　　春兰兮秋菊，长无绝兮终古。

　　《礼魂》是《九歌》的最后一曲，也是祭祀活动临近结束时的送神曲。诗意大体如下：

　　祭礼告成啊一齐击鼓，传递着鲜花啊轮流跳舞。美丽的巫女领唱啊有着从容的风度。春天的兰花啊秋天的菊，长相供养啊永无绝。

美丽的巫女

国学经典文库

国学大智慧

· 诗学智慧 ·

图文珍藏版

祭礼既完，送神的歌舞就无须太长。《礼魂》只是简简单单描绘了一下鼓乐、舞蹈与祭神者的意愿，它的句式也比前面各诗变得更为简单。"成礼兮会鼓，传芭兮代舞"，两字一顿的节奏，本身就像仪式结束时的鼓点，铿锵、明快。"姱女倡兮容与"，从句式到语意都更显悠徐。"春兰兮秋菊，长无绝兮终古"，所有的祭礼都完成了，歌舞也结束了，但仍有一种绵延不绝的余韵，萦回在亘古的时空里。

国学经典文库

国学大智慧

·《楚辞》智慧通解·

图文珍藏版

卜居

屈原

　　屈原既放,三年不得复见,竭知尽忠,而蔽鄣于谗,心烦虑乱,不知所从。乃往见太卜郑詹尹曰:"余有所疑,愿因先生决之。"詹尹乃端策拂龟曰:"君将何以教之?"

卜居

　　屈原曰;"吾宁悃悃款款,朴以忠乎? 将送往劳来,斯无穷乎? 宁诛锄草茅,以力耕乎? 将游大人,以成名乎? 宁正言不讳,以危身乎? 将从俗富贵,以媮生乎? 宁超然高举,以保真乎? 将哫訾栗斯,喔咿儒儿,以事妇人乎? 宁廉洁正直,以自清乎? 将突梯滑稽,如脂如韦,以絜楹乎? 宁昂昂若千里之驹乎? 将泛泛若水中之凫乎? 与波上下,偷以全吾躯乎? 宁与骐骥亢轭乎? 将随驽马之迹乎? 宁与黄鹄比翼乎? 将与鸡鹜争食乎? 此孰吉孰凶? 何去何从? 世溷浊而不清,蝉翼为重,千钧为轻;黄钟毁弃,瓦釜雷鸣;谗人高张,贤士无名。吁嗟默默兮,谁知吾之廉贞?"

詹尹乃释策而谢曰:"夫尺有所短,寸有所长,物有所不足,智有所不明,数有所不逮,神有所不通。用君之心,行君之意。龟策诚不能知此事。"

屈原已经被放逐,三年没能再见到楚王。他竭尽心智,用尽忠心,却被谗言阻隔。心情烦闷,思虑纷乱,不知该怎样做。于是去见太卜郑詹尹,对他说:"我有一些疑惑,想借先生的帮助来做出决定。"于是,郑詹尹摆正蓍草,拭净龟壳,对他说:"您将有何见教?"

屈原说:"我是宁可诚诚恳恳,朴朴实实以尽忠呢?还是整天送往迎来,就这样不断地做下去呢?我是宁可铲除茅草尽力耕作呢?还是去游说大人物以求出名呢?我是宁可直言不讳给自己带来危害呢?还是顺随世俗贪图富贵苟且偷生呢?我是宁可超然高举保持自己的本性呢?还是忸怩小心,支吾柔顺,讨好女人呢?我是宁可廉洁正直以保持自身的高洁呢?还是油滑圆转,像油脂,像熟牛皮,周旋应酬呢?我是宁可志气昂昂像千里马呢?还是像水中漂浮的野鸭,随波上下,苟且偷生以保全自己呢?我是宁可同骐骥一道驾辕呢?还是跟随驽马的足迹呢?我是宁可与黄鹄比翼飞翔呢?还是和鸡鸭在一起争食呢?这些做法哪个吉哪个凶?我该何去何从呢?世间混乱污浊而分不清是非,蝉翼被当作重东西,千钧却被说成轻。黄钟被毁弃,瓦锅却响声如雷。谗人身居高位,趾高气扬,贤士却没有声名。唉声叹气、沉默无言啊,谁又知道我的廉洁、正直?"

郑詹尹放下蓍草辞谢说:"尺有所短,寸有所长,事物有不足,智慧有不明,数理有不能及,神明有不能通。按您的心思去想,按您的意思去做吧,这样的问题,龟壳与蓍草实在不能知道。"

卜居的意思,说白了就是求问处身之道。在古人,龟策本来是用来决疑的,但遇到屈原这样的问题,占卜者却只能逊谢龟策的无能。屈原在这里揭示的世态人心与生活矛盾,其是非并不难判明,他的提问方式本身,其实已包含着鲜明的价值判断,那样一种愤激的情绪,也已再清楚不过地表明了他的选择。然而,明白了事理不等于就解决了矛盾,作为一个难题,他所提出的一切,真正困扰人之处,却在生活实践的层面。自古至今,这样的问题从来就存在,也从来没有得到真正的解决。《卜居》的意义,正在于表现出了这样一种普遍的人生困境和生存体验。

在写法上,《卜居》也很独特,这是一种近乎散文诗的写法。它所开创的主客问答结构和反讽语调,对后世文学,尤其是汉赋产生了很大的影响。

渔父

屈原

　　屈原既放，游于江潭，行吟泽畔，颜色憔悴，形容枯槁。渔父见而问之曰："子非三闾大夫与？何故至于斯？"

　　屈原曰："举世皆浊我独清，众人皆醉我独醒，是以见放。"

　　渔父曰："圣人不凝滞于物，而能与世推移。世人皆浊，何不淈其泥而扬其波？众人皆醉，何不哺其糟而歠其醨？何故深思高举，自令放为？"

　　屈原曰："吾闻之。新沐者必弹冠，新浴者必振衣；安能以身之察察，受物之汶汶者乎？宁赴湘流，葬于江鱼之腹中。安能以皓皓之白，而蒙世俗之尘埃乎？"

　　渔父莞尔而笑，鼓枻而去，乃歌曰："沧浪之水清兮，可以濯吾缨。沧浪之水浊兮，可以濯吾足。"遂去不复与言。

　　屈原已被放逐，漫游在江河湖泊之间，沿着水边边走边吟。面色憔悴，形貌干枯瘦弱。渔翁见了，问他说："您不是三闾大夫吗？什么原因让你变成这个样子？"

　　屈原说："整个世间一片浑浊惟独我清明，众人都醉着唯独我清醒。所以我被放逐。"

　　渔翁说："圣人不胶着于外物，而能随着世情改变自己。世人都浑浊，你何不也搅浑泥沙而扬起水波？众人都醉着，你何不也吃一些酒糟饮一点薄酒？为什么要想得那么深，行为那么高洁，自己让自己遭受放逐呢？

　　屈原说："我听说，新洗了头的人一定要弹一弹帽子，新洗完澡的人一定要抖一抖衣服。怎么能以身体的干干净净，去蒙受衣物的晦暗不洁？我宁愿投身江流，葬身江鱼腹中。又怎能以洁白的情操，去蒙受世俗的尘埃呢？"

　　渔翁莞尔而笑，挥动船桨远离而去。放声唱歌道："沧浪之水清啊，可以洗我的帽缨。沧浪之水浊啊，可以洗我的脚。"就这样离去了，不再说什么。

　　不必真有一个渔父，这故事颇似《庄子》中那些以庄周为主角的寓言，它很可能只是一种艺术的虚构，但却深刻地抒写出了作者的内心真实。两千多年前的屈原，面对的其实是一对具有永恒意味的矛盾：个体人格与不适于这种人格存在的社会环境之间的冲突。屈原的身世际遇，将他推逼到这样一种抉择面前，要么保持人格的清白与独立，要么顺随环境，同流合污，前者的后果无疑是悲剧性的，对屈原来说，它意味着放逐，意味着苦难，甚至意味着现实生存可能的失去；后者的结果也是悲剧性的，而且是更深刻的悲剧，个体人格的丧失，也就意味着灵魂，亦即决定一个人之所以为人的东西的丧失。"渔父"的说辞，看上去颇有几分道理，但是，"向一个人建议他应当成为其他的某些人，这就好像是向他建议说他应该停止成为他自己"（乌纳穆诺《生命的悲剧意识》）。《渔父》中的对答，可以看作屈原内心两种倾向的对搏，个体人格在这里获得了胜利，但问题似乎并没有被解决，莞尔而笑，鼓枻而去的渔父最后所唱的歌似乎在暗示着另一种可能的合理，屈原在这里是被自己肯定着呢，还是怀疑着？

招隐士

淮南小山

桂树丛生兮山之幽，偃蹇连蜷兮枝相缭。

山气茏葱兮石嵯峨，溪谷崭岩兮水曾波。

猿狖群啸兮虎豹嗥，攀援桂枝兮聊淹留。

王孙游兮不归，春草生兮萋萋。

岁暮兮不自聊，蟪蛄鸣兮啾啾。

坱兮轧，山曲岪，

心淹留兮恫慌忽。

罔兮沕，憭兮栗，

虎豹穴。

丛薄深林兮人上栗。

嵚岑碕碗兮碅磳魂硊，树轮相纠兮林木茷骫。

青莎杂树兮薠草靃靡，白鹿麏麚兮或腾或倚。

状貌崟崟兮峨峨，凄凄兮漇漇。

猕猴兮熊罴，慕类兮以悲。

攀援桂枝兮聊淹留。

虎豹斗兮熊罴咆，禽兽骇兮亡其曹。

王孙兮归来，山中兮不可以久留。

西汉初年，淮南王刘安喜好辞赋，他的门下招罗了不少的宾客。这些人的著作被编集起来的时候，有的标为"大山"，有的标为"小山"。具体写了《招隐士》的人是谁，现在已无法确知。他为什么要写这样一篇作品，后人也有不同的推断。有说是招屈原的，有说是劝谏刘安的，因为刘安常去长安朝见皇帝，他的宾客们担心他的安危，所以写了这篇作品提醒他留心朝中的险恶。但这些说法都无法从作品本文看出，因而我们宁肯将它理解为一般性地招唤山中的隐士。全篇大意如下：

桂树丛生啊山谷幽深处，弯弯曲曲啊枝柯缠绕。山间的云雾四起啊巨石高耸，溪谷险峻啊水波层层。猿猴群啸啊虎豹吼，手牵着桂树的枝条啊暂且居留。

王孙出游啊至今未归，春草萌生啊萋萋茂盛。一年将尽啊情无所寄，蟪蛄鸣叫啊啾啾不停。

山路崎岖啊，曲折难行，心要留在这里啊恐惧恍惚。迷惘啊消沉，恐惧啊战栗，虎豹穴居，草木丛生的深林啊人走到这儿止不住战栗。

山势险峻乱石高低啊怪异峥嵘，大树盘结缠绕啊枝柯稠密交接。青青的莎草丛生树间啊，蕨草随风摇晃。白鹿獐子啊，有的跳跃，有的站立。山势到处巍巍峨峨，林木凄凄啊草坡潮湿。猕猴啊熊罴，思慕着同类啊悲声呼引。

手牵着桂枝啊暂且居留，虎豹相斗啊熊罴怒吼，禽兽惊惧啊逃散离群。王孙啊归来，山中啊不可以久留。

汉代初年，战乱渐平，社会趋于安定，统治者开始有意识地从民间网罗人才。一些曾经隐居的人，受招请陆续回到了朝中，所谓"商山四皓"就是著名的一例。《招隐士》的出现，无疑与这样一种时代背景有关。

因为意在召唤山中人的归来，作品着力渲染的，就是山林的幽深险恶。这首诗在描写山间景物、渲染恐惧气氛上很有表现力。这样一种对于山林的描写，既带有明显的主体意向，又透露出当时人与自然关系上的一种现实状况，具有很高的审美价值。"王孙兮归来，山中兮不可以久留"，这一声深沉的召唤，声音直穿透千年的时空，唐诗人王维在《山居秋暝》的结尾说"随意春芳歇，王孙自可留"，就似乎在直接回应着淮南小山的这声呼唤。对比后者"明月松间照，清泉石上流"的山中景物描写，和这里的"虎豹斗兮熊罴咆，禽兽骇兮亡其曹"，是一件饶有意味的事。尽管主体意向的不同是造成它们差异的一个重要原因，但我们从汉代的粗犷到后世的温润，还是能分明地感受出，随着农耕文明的发展，人与自然的关系发生了怎样的改变。不过此篇用语艰涩，已趋向汉赋捧着字典措词的套数，这也意味着楚辞文体已到了尾声。

第三篇 《唐诗》智慧通解

导读

　　唐诗,千百年来一直闪烁着耀眼的光辉,它的许多诗句优美流畅,脍炙人口,至今仍使人们从中得到无尽的艺术享受。诗中有反映诗人颠沛流离、喜怒哀乐的生活片段;有描写生活在水深火热中广大劳动人民的疾苦;有描写封建社会帝王将相花天酒地、醉生梦死的奢侈生活;也有反映人们向往美好生活、美好爱情的民间故事……总之,故事颂扬真善美、赞扬劳动人民勤劳勇敢的优秀品质;鞭挞假恶丑,揭露封建制度及贪官污吏的腐朽和荒淫。本篇集历史性、知识性和趣味性于一体,也从不同侧面、不同角度反映了唐朝的社会状况。

　　读诗如读史,在"以史为鉴"中,我们将能领会更深的含义。

第一章　金戈铁马，英雄坦荡

★唐诗中的秦始皇

焚书坑儒

章碣

竹帛烟消帝业虚，关河空锁祖龙居。

坑灰未冷山东乱，刘项原来不读书。

烧过的竹帛硝烟刚散，秦王朝也很快垮台了，险关和黄河也保护不了秦朝都城，焚书坑的灰还未凉，山那边的农民揭竿而起，那农民起义的领袖刘邦和项羽原来都不是读书之人。

秦始皇统一中国后，统一了文字和度量衡，确实做出过许多有利于历史发展的举措，但他也制定了许多残暴的愚昧政策。唐人章碣诗中就是写秦始皇"焚书坑儒"典型的高压手段和残暴的愚民政策。秦始皇还不惜民力财力，大兴土木修筑宫殿，其中工程最大，耗费人力财力最多的就是豪华宏伟的建筑阿房宫。唐代诗人胡曾写下了这样一首诗：

咏史·阿房宫

新建阿房壁未干，

沛公兵已入长安。

帝王苦竭生灵力，

大业沙崩固不难。

诗中说："新建的阿房宫墙壁还没有干，沛公刘邦的军队就攻进了秦的首都。帝王们榨干了百姓的血汗，但他们的政权就像沙漠中的宫殿很快就会倒塌。"

秦始皇享尽了人间的荣华富贵，难怪他成了中国历史上第一个求长生不死的

阿房宫

皇帝。他四处求仙寻求长生不老药,结果上当受骗,其中最有名的骗子就是方士徐福。

传说公元前219年,方士徐福上书秦始皇,谎称海中有三座大山,名叫蓬莱、方丈、瀛洲,山上有神仙居住,长有长生不老草。秦始皇居然相信此事,并要派人去海中求药,徐福这下惊慌失措,怕秦始皇派自己去,于是谎说海中有鲛鱼作怪,船无法行走。始皇下令派一批弓箭手前去射鲛鱼,射手们在山东一带真的射死一条大鱼,秦始皇更深信不疑。徐福见实在无法推辞,便准备了船队,载了童男童女各3000人,装了许多淡水和食品向东海进发。但东海哪里有什么蓬莱山,更没有什么长生不老草,他们来到日本岛在这里居住下来。

唐代诗人熊皦曾写下一首诗讽刺秦始皇这一愚蠢的幻想。

祖龙词

并吞六国更何求,童男童女问十洲。

沧海不回应怅望,始知徐福解风流。

诗意是:秦始皇灭掉六国统一天下,享受人间快乐,他还有什么要求呢?原来他想长生不死,于是派徐福带上童男童女各三千漂洋过海求仙取药,但这一去再也没有回来,他很惆怅。徐福这个人也算是当时的风流人物了吧!

秦始皇的残暴统治和愚昧无知注定了他的最终灭亡。

公元前210年,他东游巡视,当时的项羽见大队人马不可一世的场面,愤愤地说:"总有一天我要取而代之!"

他的叔叔项梁忙堵住他的嘴吓得一身冷汗:"若是被皇上听见了,是要被灭

国学经典文库

国学大智慧

· 诗学智慧 ·

图文珍藏版

族的。"

刘邦也曾目睹秦始皇东游巡视，也说过："大丈夫就应如此，总有一天我也会同他一样。"

果然很快爆发了秦末农民战争，最后项羽同刘邦争夺天下，秦王朝在疾风暴雨中被彻底摧垮了。

★得意忘形的汉高祖

奉和幸长安故城未央宫应制

汉皇未息战，萧相乃营宫。
壮丽一朝尽，威灵千载空。
皇明帐前迹，置酒宴群公。
寒轻彩仗外，春发慢城中。
乐思回斜月，歌诗继大风。
今朝天子贵，不假叔孙通。

诗意是：汉高祖征战还没停止，萧丞相便开始修建宫殿。未央宫非常壮观华丽，千百年都能保持它的壮美和威严。皇上感叹之余，设宴款待众大臣。外面寒意尚未消尽，屋内却春意融融。晚宴多快乐，但天气已晚，真想使太阳再退回来。群臣饮酒赋诗，正是继承汉高祖的大风歌。今天唐朝的天子尊贵，不用叔孙通的一些礼节了。

唐朝大诗人宋之问在《奉和幸长安故城未央宫应制》一诗中，介绍了汉朝建宫的故事。

据《汉书》记载，公元前200年，曾转战南北的汉高祖刘邦由前线返回长安。见一座规模宏大的宫殿拔地而起，而且修建得十分壮美华丽，便很不高兴地转过头问身

萧何

边的萧何："这是建的什么宫殿？"

萧何忙答道："取名未央宫，不知是否合适，将来专供皇帝同群臣们举行宴会。"

刘邦沉思了片刻说："如今天下大乱，能否统一天下还很难预测，修这样好的宫殿做什么？"

萧何忙解释说："天子转战南北四海为家，回此地也有个安身之处，再说统一天下大势所趋，以后历代宫殿都很难超过此宅。"

刘邦听后也觉得有道理，便高兴地同意了。

诗中的末两句："今朝天子贵，不假叔孙通。"流传着这样一个故事：

汉高祖刘邦进入关中称帝，他废除了秦朝的一整套礼仪制度，结果引起了宫内无礼节的混乱，百官入朝无礼仪可循，乱七八糟，吵吵嚷嚷，这使他大为不满。后来，他采纳了大臣叔孙通上奏的新的礼仪制度，文武百官入朝要列队，按官位的大小确定站立的位置，由御史监督，对不按礼仪行事的官轻则斥责，重则驱出。从此上朝时文武百官井然有序，彬彬有礼，对皇帝更是毕恭毕敬。

刘邦曾高兴地当众说："我现今才感到做皇帝的威严！"

从此，他有些得意洋洋，在一次宴会上，他举杯给父亲敬酒时说："从前父亲大人说我是无赖，不肯下功夫读书，不肯吃苦，不如二哥那样尽力挣家业，而如今我挣的这份家业，比二哥如何？"

将父亲问得无语回答。

诗中"乐思回斜月"引用的是古代的一个神话故事。

据《淮南子》记载，鲁阳公与韩搆对战，两个人打了上百个回合，还是难分胜败，眼看天色已晚，太阳就要落山了。鲁阳公挥戈向天舞动，这时太阳又倒退了90公里，直到鲁阳公将敌方打下了马，太阳才落下山来。

★金屋藏娇话武帝

阿娇是汉武帝的第一位皇后。关于他们的传说，史书上曾有过许多这方面的记载。

汉武帝小的时候便十分受宠，一次，他姑妈长公主将他叫到跟前开玩笑："告诉姑妈你想要妻子吗？"

小武帝眨着眼竟毫不犹豫地答道："想要！"

姑妈又将他抱起来放到膝盖上继续问："那你想要娶个什么样的呢？"

小武帝瞪着眼睛不回答。

姑妈指遍了周围的侍女问他要哪一个做妻子,他都摇头说不要。最后姑妈指着自己的女儿陈阿娇问:"你喜欢阿娇吗?"

小武帝爽快地回答:"喜欢!"

引起堂内的人一阵大笑。

小武帝认真地说:"若能娶阿娇为妻子,我要修一座漂亮的金屋给她住。"

10年后,小武帝果然被立为太子并继承了皇位,而陈阿娇也真的嫁给武帝做了皇后。根据这个历史故事,后人将"金屋藏娇"延续下来变成了今天的成语。

武帝即位后,由于专宠陈阿娇,姑妈长公主认为自己功德显著而沾沾自喜,对武帝的要求特别多,而且从不满足,令武帝很厌烦。时间长了,陈阿娇的美貌渐逝,武帝对她的宠爱也淡漠了,甚至有意疏远她去别的妃子处,这使阿娇十分嫉妒,为了继续得到皇上的宠爱,她叫来女巫做妖术,武帝知道后非常气愤,下令将阿娇打入了冷宫。

陈阿娇在长门宫十分痛苦,她听说司马相如的文章写得非常好,便以重金相求为她写下一篇《长门赋》并呈给了皇上,武帝读后大为感动,阿娇因而又得到了皇上的宠爱。

但史书上记载,武帝看过《长门赋》是很激动,但并没有起多大作用,他所宠爱的已不再是阿娇了。大诗人李白据此写下了一首五言律诗:

妾薄命

汉帝宠阿娇,贮之黄金屋。

咳唾落九天,随风生珠玉。

宠极爱还歇,妒深情却疏。

长门一步地,不肯暂回车。

雨落不上天,水覆难再收。

君情与妾意,各自东西流。

昔日芙蓉花,今成断根草。

以色事他人,能得几时好?

这首诗的意思是讲:汉武帝宠爱阿娇,想造一座金屋供她居住,她吐口唾沫也像似从天空飞来随风化成的珠玉。但宠爱到了极点,感情便逐渐淡漠,她越是嫉妒,皇帝越是疏远她。长门宫虽然很近,但武帝也不愿看她一眼。雨是不会朝天上下的,泼出去的水不能再收回。武帝同阿娇的感情从此像流水一样各奔东西,再也不能融在一起。过去的阿娇像芙蓉花一样受人宠爱,如今却像断根草一样无人理眯。靠美貌来博得人的喜欢,时间是不会长久的。

★ 慎终如始

行次昭陵

旧俗疲庸主,群雄问独夫。

谶归龙凤质,威定虎狼都。

天属尊尧典,神功协禹谟。

风云随绝足,日月继高衢。

文物多师古,朝廷半老儒。

直词宁戮辱,贤路不崎岖。

在唐朝之前,昏君庸帝统治着历朝历代,到了隋朝,天下群雄并起,讨伐隋炀帝这个害民独夫。有龙凤之气的太宗皇帝是天命所归,攻打下隋朝都城。先是李渊称帝,然后太宗继位。他治理国家的功德可以同大禹相比,他的群臣贤明如龙虎,建立了无比的功绩,并采取古代的规章制度,朝廷中多半任用老儒生,犯颜直谏不但不会遭受杀身之祸,还要受到鼓励,贤能之士都能被重用,施展他们的才干。

唐太宗登基后,能够任用贤才,使一些有才华的大臣献计献策,对他忠心耿耿,尽力报效国家,使唐朝国泰民安,经济日益发展,出现了历史上繁荣昌盛的时期。

贞观十七年,太宗最信任的大臣魏征病逝,他非常悲痛地说:"我失去了一面镜子。"并为他的墓碑亲自书写碑文。

可后来一位奸臣对太宗说:"魏征将每次劝谏皇帝过失的奏章都抄下来给群臣看,意在贬低皇上,抬高自己,名留史册。"

太宗一听很生气,于是下令将魏征的墓碑推倒。他在以后处理朝政事务和对外的战争中屡遭失败,便又想起了魏征,并遗憾地说:"如果魏征还活着,一定不会让我有这样多的失误。"

贞观二年,一天,唐太宗对侍臣说:"神仙本是虚无的,秦始皇求仙长生,被方士给骗了,方士率童男童女数千人入海求长生不死药,方士找不到药不敢回来见他,但秦王还是在痴心地等待他的归来。到了汉代,武帝为求长生不死,将女儿嫁给了方士。最后,方士的骗术被揭穿,武帝将女婿给杀了。以上说明,神仙是虚无的,长生不死是不可能的。"

这是三十几岁的唐太宗的一席话，但他晚年享乐的欲望太甚，忘记了当初治国安民慎终如始的座右铭，违背了以前反对求仙服长生不老药的做法，干出了比秦始皇和汉武帝更为愚蠢的事。

贞观二十二年，唐大将王玄策对外作战取得胜利。唐太宗听说被抓获的战俘中有一个和尚叫那罗迩娑婆，仙术高明，对此便耿耿在心，大为信任，并下令请他给配制长生不老药。

一年后，药配制好了，唐太宗非常兴奋，毫不迟疑地将药全吃了下去，后中毒身亡。这时，他52岁，是历史上被"长生药"毒死的第一个皇帝。就这样，他不能慎终如始，糊里糊涂地死了。

但历史公正地证实，唐太宗在中国历史上也算是贤明皇帝，特别是唐初时期，出现了历史上罕见的繁荣鼎盛时期，"贞观之治"的明举将永远记在后人心中。

★唐太宗的一面镜子（上）

述怀

中原初逐鹿，投笔事戎轩。
纵横计不就，慷慨志犹存。
杖策谒天子，驱马出关门。
请缨系南越，凭轼下东藩。
郁纡陟高岫，出没望平原。
古木鸣寒鸟，空山啼夜猿。
既伤千里目，还惊九逝魂。
岂不惮艰险？深怀国士恩。
季布无二诺，侯嬴重一言。
人生感意气，功名谁复论。

此诗的大意是隋末群雄争夺天下，我也投笔参加了。可惜李密不肯采用我的计策而失败，但是我远大的志向却没有改变。我骑着马投奔了唐天子，又奉命出潼关，并说服了南越王，使其成为大唐的东部藩属。沿着曲折的山路攀登，山下的平原时隐时现。古树上孤独的鸟在鸣叫，空谷中听见猿猴在哀鸣，远处眺望使人担心我能平安归来吗？这次出使远行，由于怀念故国，夜里睡觉常常突然惊醒。皇上以国士待我，我就要报答他的恩典。守信的季布对诺言不说第二遍，侯嬴说话也是一言为定。人生应当看重意气，功名又算得上什么呢？

魏征不仅是唐代杰出的政治家，也是著名的诗人。他的这首五言诗《述怀》充满了慷慨激昂之气，言明了自己的远大志向，对自己投笔从戎感到自豪，表现出他在政治上的卓越才干。

隋末群雄并起争夺天下，当时他在李密手下不得志，便投奔李世民的哥哥李建成。这位28岁的皇帝唐太宗李世民想起隋炀帝灭亡的教训，害怕重蹈覆辙，便将大臣魏征叫来问道："国家兴衰在于国君，怎样才能做一个英明的帝王呢？"

魏征思忖了一下回答说："兼听则明，偏听则暗。"

这使唐太宗很受启发，这8个字成了他日后处理国家大事的座右铭。唐太宗有两个治理国家的主要措施，那就是纳谏和用人。

纳谏就是倾听不同的意见，而且能够选择采纳。

在大臣中，魏征的犯颜直谏尤为突出，经常在朝堂上当着众大臣的面指出唐太宗的过失，这使皇上下不来台。虽然皇上经常大发脾气，但魏征据理力争，他先后上书建议200余次，对"贞观之治"的形成起到了很大的作用。

一天，唐太宗把大臣萧瑀叫来对他说："我从小就喜欢弓箭，以为熟知它的好坏，我手里有许多弓箭，并认为不会有比这些更好的了。后来制弓的工匠告诉我，这些都不算很好，弓虽很坚硬，但木纹不直，射出去要有偏差。我还没有真正懂得弓箭，更是不懂处理天下的事务了。"

果然，唐太宗即位不久，便经常召集群臣商议国家大事。

★ 唐太宗的一面镜子（下）

一天，唐太宗和群臣讨论如何治国安民。

他对群臣说："现在战乱刚结束，要治理国家安定民心很困难。"

魏征却不同意他的意见："民众正因长期受战乱之苦，才很容易安定，就好像饿得要死的人得到了一杯清水。"

而另一位大臣封德彝却对魏征的意见反驳说："从有人类以来，人们的心里越变越坏，所以秦王用严酷的刑法统治天下，汉代也用繁重的苛捐杂税来治理。魏征所言是书生之谈，不可相信，否则会引起天下恐乱。"

魏征气愤地反驳道："如果说远古以来，人们愈来愈坏，天下岂不都变成鬼怪，我们这些也都变成了坏人，那天下还需要治理吗？"

封德彝无言回答。

最后，唐太宗采纳了魏征的意见，仁义治国，发展生产，所以几年以后，唐代经济繁荣，社会安定，东至海边，南过南岭，人心安定，夜不闭户。

但是，大臣封德彝早已离开了人世，唐太宗对群臣说："今天国家的昌盛，都是魏征劝我仁义之道啊！如果封德彝还活着，我定要让他看看谁是谁非？"

贞观十七年魏征病逝，唐太宗也失去了一位贤臣。他曾悲伤地对群臣说："镜子可使人衣冠整洁，而用历史做镜子，可以知道国家的兴衰；但用人做镜子，可以照出自己的过失，魏征的死，使我失去了一面镜子。"

时间过去了100多年，唐宪宗对贞观年间的政绩很是赞赏，更是钦佩魏征这样的明贤之臣，所以不惜重金买回了魏征的故居，赏给了魏征的后代。

诗人杜牧在此后不久路过魏征故居，想起往事，写下了这样一首七绝诗。

过魏文贞公宅

蟪蛄宁与雪霜期，贤哲难教俗士知。

可怜贞观太平后，天且不留封德彝。

意思是说：蝉这种昆虫哪能知道霜雪呢？目光短浅的俗士又怎能知道眼光远大的明贤之士。可惜呀！贞观年间国泰民安，天下繁荣，但却没留住封德彝，让他看魏征的建议是多么的正确啊！

由于唐太宗采纳了魏征的"兼听"、"让百姓休养生息"等正确的主张，同时能够任用贤才，使得贞观年间唐代的文治武功都达到了空前的盛况。"贞观之治"成为我国封建时代的典范，成为后世历代君臣们学习的榜样。

★君主和他的众贤臣

塞上曲

大汉无中策，匈奴犯渭桥。

五原秋草绿，胡马一何骄。

命将征西极，横行阴山侧。

燕支落汉家，妇女无花色。

转战渡黄河，休兵乐事多。

萧条清万里,翰海寂无波。

公元626年,李世民继位,第二次改年号贞观元年。

当时战乱刚结束,又是连年灾荒,第二年闹蝗虫,第三年黄河泛滥成灾。突厥20万大军又盘踞在渭河一带,经常骚扰北部居民,老百姓深受其害,苦不堪言。

贞观三年,唐太宗派李靖征讨突厥,几乎全部俘获了突厥的人口和牲畜,活捉了突厥的首领。李白写下了这首塞上曲,赞颂唐太宗的功绩。

诗意是:大唐初年对外患没有良策,以致突厥进犯渭桥。五原绿草茂盛,但胡人的兵马却骄纵横行。皇上派将士们西征并消灭了他们,这里的土地归属大唐,使匈奴妇女们都失去了往日的美貌,将士们战后渡过黄河,在这里休整,取得了胜利是多么的高兴,在辽阔的边境大漠上,再也见不到匈奴军队的踪影。

唐太宗治理国家采用了大臣魏征的忠言:"兼听则明,偏听则暗。"使唐朝政治稳定,经济繁荣。他鼓励群臣犯颜直谏,听取意见。

贞观四年,太宗下令修洛阳乾元殿,大臣张玄季直谏道:"现在国家刚刚稳定,这种大的工程要劳民伤财,况且百姓生活疾苦,这样做都不及隋炀帝。"

唐太宗一听大怒:"这么说我都比不上隋炀帝?"

张玄季毫不畏惧,耐心地解释说:"如果皇上硬要大兴土木,闹得天下大乱,百姓不满,这是走隋炀帝的老路。"

太宗醒悟了,并下令停工,称赞张玄季忠直。

在群臣中,最忠直的要数魏征,他经常当着群臣的面指出唐太宗的过失,也时常引起唐太宗的大怒,但他据理力争。一次,唐太宗下朝回来怒气未消,大声骂道:"这个狗东西,总有一天我会杀了他!"皇后问他要杀谁? 他气冲冲地说:"魏征经常在群臣面前使我下不来台。"

皇后听后进屋穿上礼服,给他行大礼。

唐太宗不解地问:"这是为什么?"

皇后说:"为皇上祝贺。"

他更感到奇怪。皇后告诉他说:"皇上为国定能立下大业,因为有皇上这样的英明之主,又有一群正直的贤臣。"

唐太宗明白了,气也消了。

唐太宗一生的英明之举,一是鼓励群臣直谏,二是任用贤才。

★女皇武则天(上)

天授二年(公元691年)冬天,武则天忽然兴致大发,要游览皇家花园上苑。当时因严冬白雪遍地,树木凋零。有人给她出了一个主意,让她下一道圣旨,命令花神第二天上午园中百花齐放。于是武则天写了一首五言诗作为诏书:

腊日宣诏幸上苑

明朝游上范,火速报春知。

花须连夜发,莫待晓风吹。

写完后,武则天派人去园中焚烧,以报知花神。传说第二天一清早,在园中寒冷的雪地中真的五颜六色,百花齐放。可就是牡丹花不开。武则天一见大怒,命令用火烧牡丹的茎以示惩罚,可花茎烧焦了也不开,武则天乃下令将牡丹贬到了洛阳。从此牡丹花在洛阳极其繁盛,著名品种层出不穷,传说那个被火烧焦的牡丹变成了新品种,这就是焦骨牡丹。

武则天自幼聪明过人,14岁时因貌美被选进唐太宗的后宫,封为才人。据说她同太宗的儿子李治(后来的唐高宗)有私情。当时李治被立为太子,太宗皇帝对他要求非常严格,每天让他读书,建议国家大事,以后料理朝政,继承皇位。可李治贪图享乐,整天不务正业,使太宗非常生气。

一天,太宗检查太子李治的读书情况,他读了几句文章说:"太子说出文章所讲的内容,说出文章是哪朝哪代何人所作?"

李治答不上来,急得满头大汗。这时在一旁的武则天趁太宗不注意偷偷地告诉了李治,唐太宗发现后大怒,不久,太宗皇帝又发现了武则天同儿子李治的私情,将武则天贬出宫外做了尼姑。

武则天是一位很有才干和见识的政治家,为人十分严厉而狠毒。唐高宗即位后,一次他到寺院祭祀,偶然中被武则天发现,旧情复发,唐高宗李治便偷偷地常来院中同当时的尼姑武则天私通。后来,武则天怀有身孕,被高宗皇帝召进宫中,立为昭仪。武则天阴谋夺皇后之位,宫廷里的皇后和皇妃们早有察觉,皇后和淑妃窜通一气,准备对武则天家法葬毙,此事被武则天知道后,她先下手为强,准备致皇后于死地,于是策划了一场悲剧。

皇后对武则天被召进宫中和怀上孩子非常嫉妒。武则天生下小公主后,皇后虽然不高兴,但又不能不来看望,当外面传来"皇后驾到"的传令时,武则天从窗子望见是皇后一人,便狠下心含泪将女儿活活勒死后躲了出去。皇后进屋后见无人,以为小公主睡觉,便轻轻打开襁褓,只见小公主嘴角流出了鲜血,便惊叫着喊来了人,等皇帝赶来见公主已经死了。皇帝和部分大臣认为是皇后杀死了公主,武则天又哭又闹要家法处治皇后,因此高宗废王皇后为平民,终身监禁,并且立武则天为后,王皇后监禁中被武则天偷偷处死。后又将同她作对的淑妃打入冷宫,终身监禁。

★女皇武则天(中)

　　武则天被立为皇后以后,她的儿子李弘立为太子,太子天性仁爱,而且非常能干,在很多事情上与母亲有分歧,武则天想自己专权,所以对他很不放心,怕他当皇帝后自己控制不了,于是在李弘20岁那天,用毒酒将他害死。李弘死后,武则天又立第二个亲生儿子李贤为太子。

　　李贤是个非常聪明又有才干的人,在帮助父皇高宗处理政务上很有办法,在群臣中享有较高的威望。他博学多才,诗文写得很好,写了许多著名的文章,《后汉书》就是他注释的。

　　当时武则天阴谋夺权,她感到太子对她的威胁很大,就想尽办法准备搬掉绊脚石李贤,但始终没找到合适的机会。太子李贤也看出

武则天

了母后夺权的野心后,预感到了自己今后不会有什么好下场,于是做了一首诗《黄台瓜辞》,让乐工练习后在宫中演唱,希望武则天听了之后有所感悟。原诗是这样的:

黄台瓜辞

　　　　种瓜黄台下,瓜熟子离离。
　　　　一摘使瓜好,再摘使瓜稀。
　　　　三摘尚自可,摘绝抱蔓归。

　　这首诗从字面上讲意思很简单,实际的含意是将武则天的四个亲生儿子比做瓜。诗中的瓜熟子离离讲的是您的孩子们都长大了,一摘使瓜好的意思是您杀了大儿子,会使其余的孩子们有所警惕,他们都会学好不敢胡作非为,如果杀死两个那余下的就太少了,杀光了话就只会剩下您孤零零的一个人了。

　　武则天是个铁石心肠的人,这首诗歌很难打动她的心。唐高宗调露二年(公元

680 年),李贤被贬为庶人,并且让他到巴州(今四川巴中县)居住。李贤临行前要求见上母后一面,也好当面向母亲讲个明白,祈求武则天大仁大慈,不让儿臣流落在外,但武则天坚决不肯见儿子李贤,并下令让他马上离开长安。李贤在走出宫庭流下眼泪大声呼喊:"狠心的母后,你为何要这样做?"然后一句句哭诉这首《黄台瓜辞》的诗走出长安城门。李贤被流放出京城后,有的大臣对此事不满,认为李贤德才兼备,立太子将来继承皇位理所当然。武则天对此事绝不善罢甘休,派人来巴州逼令李贤自杀,李贤含泪大声斥责武则天的残暴:"狠心的母后,你为何这般残忍狠毒?"然后反复吟诵自己所作的《黄台瓜辞》悬梁自尽,时年 31 岁。武则天的第三个儿子李哲和第四个儿子李旦,都是昏庸的糊涂虫,对皇后的话句句照办,百依百顺。也就是因为这样,武则天感到他们容易控制,所以才保住了性命。李贤死后,武则天立李哲为太子。公元 683 年,唐高宗病死,李哲即位唐中宗。不到一年的时间,武则天废中宗庐陵王,又立四子李旦为皇帝,即唐睿宗,实际上大权一直在武则天手中,皇帝始终处于被软禁地位。

公元 690 年,武则天终于亲自登上了皇帝的宝座,将国号由唐改为周。

★女皇武则天(下)

武则天称皇帝后,在治理国家上,她很有胆识和才干。她善于选拔人才,委以重任,她能将反对过自己的人重新拉过来。

武则天篡夺皇位,曾经遭到一些人的反对,当时有个叫徐敬业的人起兵反对她,任用著名诗人骆宾王写了一篇《讨武曌檄》流传天下。文中揭露了武则天入宫后以色惑君,残害忠良,篡夺皇位等罪行。当时,武则天在宫中正患感冒卧床不起,读罢骆宾王骂她文章,不知是害怕还是生气,出了一身的冷汗,病顿时好了大半。

不久,诗人骆宾王被捕入牢,他在狱中写了一首《咏蝉》诗,流传至今。

咏蝉

西陆蝉声唱,南冠客思深。

不堪玄鬓影,来对白头吟。

露重飞难进,风多响易沉。

无人信高洁,谁为表予心。

诗的一开始点出秋蝉高唱,触耳惊心。接下来就说出了他在狱中深深怀念家乡的思恋之情。这大好的青春,经历了多次的政治磨难已经消逝,头上增添了许多白发,如今只有在这狱中听着窗外的蝉鸣而独自悲伤了,这环境的压力,政治上的不得志,蝉如此,我也如此,秋蝉高居树上,餐风饮露,有谁相信它不食人间烟火呢?

武则天得知骆宾王被抓进监牢,立即叫来了宰相及群臣。宰相问:"皇帝陛下,贼寇骆宾王押在大牢,将对他如何处治。"

武则天拿出骆宾王的那篇《讨武曌檄》说:"骆宾王辱骂圣上,罪该万死,理应斩首示众,但群臣中有哪个能写出这样好的文章?这样有才华的人不委以重任,而让他流落在外,误入贼寇门下,岂不是你们的过错。"

宰相和群臣听罢大吃一惊,事后,骆宾王被放了出来,武则天让他为朝廷做事,他不肯,便返回家乡。骆宾王对自己的遭遇愤愤不平,对武则天的统治深为不满,总想为匡复李唐王朝干出一番事业,但对于武则天的不杀之恩又牢记在心,这种沉沦压抑的境遇,更使得诗人陷入彷徨苦闷之中。他的《于易水送人一绝》就曲折地反映了他的这种心境。

于易水送人一绝

此地别燕丹,壮士发冲冠。

昔时人已没,今日水犹寒。

诗人在易水送别友人,想起了历史上荆轲为燕太子丹复仇,"风萧萧兮易水寒,壮士一去兮不复还"的悲壮故事。把昔日荆轲易水壮别和今日易水送人融为一体,有力地抒发了抑郁难耐的悲痛心情。

总之,武则天心胸宽广,能听人劝告,在她统治时期,唐王朝继续向上发展,广大百姓还是能安居乐业的。

公元705年,武则天已高龄82岁,当时的宰相张柬之乘她年迈体弱发动政变,拥唐中宗复位,恢复国号为唐,不久武则天病重去世。

第二章　豪放真挚，情深意浓

★终南山——大唐诗人的理想王国

终南山

太乙近天都，连山接海隅。

白云回望合，青霭入看无。

分野中峰变，阴晴众壑殊。

欲投人处宿，隔水问樵夫。

——王维

　　唐代诗人喜欢云游四方，交友求学，足迹遍及中华大地，留下了不少流传千古的名篇佳作。在这些名胜古迹里，有一座山与许多诗人发生了密切的关系，这就是终南山。

　　终南山，又名太一山、中南山，是秦岭山脉的一段，靠近长安都城，西起陕西武功，东至陕西蓝田，千峰叠翠，景色优美，素有"仙都"、"洞天之冠"的美称。谚语里的"寿比南山不老松"中的南山指的就是此山。据说，当年老子骑青牛出关，应函谷关尹喜之请在终南山的楼观上讲授《道德经》五千言，然后飘然而去。从此，终南山成为道教发祥地之一，历代统治者都曾在此地修建道观殿宇。唐朝时，因唐代君主认道教始祖老子为圣祖，更是极力推崇道教，终南山的楼

终南山

观又被重新修茸,规模气势宏大。

唐代诗人都有一种"终南山情结",因此我们在很多诗歌中都可以看到终南山的影子。这种情结产生的原因主要有两种:一种是陶醉于终南山的自然和人文景观,开阔个人心胸;一种则是借隐居终南山来实现入仕的政治目的。

开元二十九年,王维隐居终南山。目睹终南山钟灵毓秀的自然风光,诗人情不自禁赋诗一首,这就是我们在本文开始引用的《终南山》。这首诗歌大意是:遥看终南山,气势恢宏,太乙峰仿佛与天上的宫殿相毗邻,连绵不绝的山脉仿佛一直通到海边。走在这层峦叠嶂的终南山里,向前看,白云弥漫,朦朦胧胧;走过去,白云纷纷让路;向后看,白云又纷纷合拢,人就徜徉于茫茫云海之中。走出这茫茫云海,前面又是蒙蒙雾气,走上去却又消失了,摸也摸不着;回过头去看,雾气却又合拢起来,似茫茫雾海。站在中峰远眺四周景象,各个山谷阴晴不同,风光各异。真是个好地方,让人流连忘返。眼看着天就黑了,还是找个地方借宿一晚吧,明天接着欣赏。你看,对面的小溪旁,不是正有一个背着柴的樵夫在喝水么,还是去向他打听打听吧。

王维不愧是著名的山水诗人,全诗妙在动静结合,人山互融,传递出了终南山云山雾海、层峦叠嶂的神奇画面,正所谓"诗中有画,画中有诗",这首诗也被后人公推为描写终南山诗歌的最佳之作。

晚唐的诗人林宽写过一首同名诗歌:

终南山

标奇耸峻壮长安,影入千门万户寒。

徒自倚天生气色,尘中谁为举头看。

诗歌大意是:终南山气势恢宏,山势奇峻,给京城长安增添了几分壮观之色。庞大的山影遮住了千家万户,令人感到深深的寒意。终南山呀终南山,你高耸入云,景色雄奇,可是追逐名利的世俗之人谁会抬头来欣赏你呢?

本诗与王维的诗歌意境差异很大,诗人林宽从终南山看到的是一种寒意,一种对世俗人生的无奈。终南山何曾观照这世俗人间的喧嚣呢?沉默的终南山,只是无言地见证着历史的迁徙和文人的慨叹。

其实这种情绪在大诗人白居易的笔下也有相似的表达,其诗云:

过天门街

雪尽终南又欲春,遥怜翠色对红尘。

千车万马九衢上，回首看山无一人。

这天，白居易走在天门街上，遥看着终南山，山上的雪已经开始融化，春天不远了，惹人怜爱的青翠山色在目光的照耀下粼粼发光，真是让人心旷神怡呀。看看身边，唉，这天门街上熙熙攘攘，尘埃漫天，人们为了世俗功利四处奔波，谁也没有想到回头看看那奇妙的终南山色呀。

林宽和白居易这两位诗人都感叹世人整天钻在世俗红尘之中，不知道使自己的心安静，去欣赏这自然奇观。不过两首诗之间也有些差异：林宽突出的是"寒"，一种冷色调；而白居易突出的是"春"、"翠"，是自然生命的气息，是一种暖色调。《终南山》给人一种压抑沉重的感觉，《过天门街》则给人一种温暖新生的感觉。

终南山不仅是诗人们青睐的地方，也是官方极力尊崇的地方。唐玄宗开元十二年，科举考试的试题就叫《终南望余雪》，终南山成为唐代文化教育部门考察读书人的一个重要内容。当时有一个年轻的诗人，叫祖咏，风尘仆仆地赶到京城来参加科举考试。当他拿到这个富有诗意的试题后，不由得想到了自己来时经过终南山所看到的一番景象，心有所感，遂提笔写下了四句：

终南望余雪

终南阴岭秀，积雪浮云端。

林表明霁色，城中增暮寒。

诗歌的大意是：你看，终南山北岭的景色是如此的秀丽，洁白的积雪好像漂浮在云端之上。初晴的阳光照在树林末梢，傍晚的长安城又增添了几分寒意。这首诗妙在冷暖色调和谐互融，没有给人留下严寒酷冷的感觉，反而让人觉得心胸开阔。短短四句，言已尽而意无穷。

祖咏写完这四句后，就不想写了，他认为再写的话就是画蛇添足。可是有一个很大的问题困扰着他，因为这是试帖诗，有自己的体例要求，规定必须是十二句。祖咏琢磨了半天，还是交卷了。主考官一看他只写了四句，就告诫他时间还长，让他把诗歌写完整。祖咏拱手道："大人，这个试题我四句就足够，何必再画蛇添足呢？"说完就走了。

祖咏回到客栈，收拾收拾包袱，打算过两天就回去，准备下次的科举考试，因为他想这次肯定是没戏了，且不论诗歌内容到底如何，单就破坏考试规矩而言，马上就要被主考官毙掉。

不久，到了放榜的日子，祖咏正准备交付房租离开。忽然，外面鞭炮齐鸣，哒哒的马蹄声疾驰而来，只听得有人在不停地高喊："洛阳士子祖咏高中进士了！洛阳士子祖咏高中进士了!"祖咏一听,当时就呆了,周围的人纷纷向他道贺,好久他才回过神来。

原来这个主考官见祖咏气度不凡,看了祖咏的四句诗后更是啧啧称赞:的确是好诗,短短四句而意味无穷。主考官就将试卷呈献给玄宗,极力推荐。玄宗经常与李白、王维这些大诗人在一起,耳濡目染,也是懂些诗文的,一看的确是首好诗,就提起朱笔打了个勾,意思是破格录取。

终南山风光秀丽,环境幽雅,适合隐居,所以有不少人都在此隐逸修道,是为隐士。当然,这隐士也分真隐士、假隐士。所谓真隐士,就是淡泊名利,一心想在山里修道终老一生,不屑于世俗事务,即便有人邀请出山入仕,也是不愿意放弃这神仙美景的。所谓假隐士,就是本心在于入仕做官,只是由于找不到合适的机会,很难被当权者所赏识,只好跑到某个山里修道,但不是真的修道,而是遍邀文人吟诗作赋,借此提高自己的声誉和名望。朝廷重视人才,尤其是这种身在民间的隐逸之士,隐士之名一旦传到当权者的耳朵中,就会召见并委以重用,也就不需要去参加严格的科举考试了。

初唐时期,有个道士司马承祯,精通道家法术,博学多才,书画皆通,在民间和官方都极负盛名,曾经受到过武则天、唐睿宗、唐玄宗三代帝王的召见,并且都要封个大官给他做,可是此人生性淡泊,鄙弃名利,根本就不愿出仕做官,是个真正的隐士。

睿宗景云二年,睿宗亲派特使前去天台山寻找司马承祯,请他入宫说话。睿宗的诏书写得极为诚恳,高度赞扬了司马承祯的高尚情操,表达了自己作为一代君王对司马承祯的敬慕之心,希望他能够赐教治国之道。司马承祯也不好拒绝,就随着使者来到了长安。当天,睿宗就和司马承祯彻夜长谈,获益良多,尤其是司马承祯的"无为治国"思想深受睿宗的认同。睿宗为司马承祯的学识和品行所折服,再三请求他留下来辅佐自己。但是司马承祯坚决不接受,说自己已经献身道教,只想过清静无为的生活,恳请睿宗放他回去继续修道。

睿宗一看没辙,只好放他回天台山,还特命左拾遗卢藏用去送行。送到十里长亭时,两个人就必须告别了。卢藏用拱手道:"道长,皇上是真想把道长您留在身边呀。今天临行时我都看见皇上郁郁寡欢的。道长您看,这终南山,环境幽雅,风景秀丽,道长也可以在这里修道呀。何必舍近求远呢?"

司马承祯微微一笑,指着终南山说:"卢大人说的没错。不过在贫道看来,这里不仅仅环境幽雅,风景秀丽,更是通向做官的捷径呀。"

这话一说出来,把卢藏用闹了个大红脸。只见卢藏用连连说道:"惭愧惭愧,让道长见笑了。"

司马承祯哈哈大笑,飘然而去。卢藏用怔怔地呆在那儿,神情十分尴尬。原来当初卢藏用考中进士后一直得不到皇帝的重用,很是郁闷。有一天得高人指点,告诉了他一个为官的捷径。第二天,他就跑到终南山隐居。隐居期间也不闲着,通过各种途径传播自己的名声。终南山离皇帝的寝宫很近呀,所以玄宗很快就得知了有卢藏用这么一个人,召见了他并且让他做了左拾遗。卢藏用通过假隐居这种方式得到了重用,后来官运亨通,中宗期间做过中书舍人、黄门侍郎等官职。大凡知识分子,都还有那么一点清高,他这样假隐真出的做法有违知识分子的清高,所以最怕别人揭他的短。现在司马承祯说出终南捷径这样一句话,正好戳中了卢藏用的心思,自然尴尬万分。"终南捷径"这种说法就是这个时候产生的。

晚唐有个诗僧齐己,他写过一首五律《题终南山隐者室》,就委婉地提到过这种说法。诗云:

题终南山隐者室

终南山北面,直下是长安。
自扫青苔室,闲欹白石看。
风吹窗树老,日晒窦云干。
时向圭峰宿,僧房瀑布寒。

诗歌的大致意思是:终南山的北面就是豪华的长安城。你在山中隐居,每天自己清扫长满青苔的房舍,闲暇时倚着山石眺望长安城。山风吹着窗前的老树,太阳晒着山洞上的白云。经常到圭峰的寺中住宿,在僧房听那寒夜里瀑布飞溅的声音。

诗歌从表面来看,没有提到终南捷径,但是"自扫青苔室,闲欹白石看"一句已经暗含了隐居者对世俗功名生活的一种向往,所以看到山中的景色也并不怡人,"风吹窗树老,日晒窦云干",充满了衰败与残破的气息。隐居者无以摆脱那种孤独,只有寒夜里的瀑布声可以为伍。诗僧其实已经把假隐士那种孤独寂寞、苦闷焦灼的心态揭示得十分透彻。可贵之处在于,此诗全用景语,含蓄蕴藉,非一般人不能看出其中的深刻内涵。

除了诗僧齐己之外,大诗人王维还曾经写过一首五言诗表达类似的意思,诗云:

送别

下马饮君酒,问君何所之。

君言不得意,归卧南山陲。

但去莫复问,白云无尽时。

这是一首诗人送友人时宽慰友人的诗歌,大致意思是:朋友,下马来我请你喝酒。你准备到哪里去呀?你说你在长安混不下去了,准备到终南山去隐居。那很好呀,也不要乱想什么了,山上的白云悠悠,时光无限好,好好地过吧。

由此可知,当时的人之所以到终南山隐居,都是因为在长安城混不下去了,受不到重用,迫不得已才选择的这条路。待在终南山,就有可能像卢藏用一样有机会东山再起,重出江湖,名播天下。其实,唐朝有很多人都在利用"终南捷径"这条道路,卢藏用仅仅是我们提到的一个范例罢了。

除了这种"终南捷径"以外,有的诗人隐居终南山,是为了排遣心中不得意的忧愁与焦灼,倒不是为了传播自己的名声。玄宗天宝十年,岑参从西域边疆回到了长安城,不过也没有得到什么重用,只是做了一个小官,有些失落,觉得没什么意思,就跑到终南山自己筑起了一个小茅屋,没事的时候就住在这小茅屋里,过起了一种半官半隐的生活。诗人曾经写作一首五言长诗表达自己在终南山隐居的日子和感受:

终南双峰草堂作

敛迹归山田,息心谢时辈。

昼还草堂卧,但与双峰对。

兴来恣佳游,事惬符胜概。

著书高窗下,日夕见城内。

囊为世人误,遂负平生爱。

久与林壑辞,及来松杉大。

偶兹近精庐,屡得名僧会。

有时逐樵渔,尽日不冠带。

崖口上新月,石门破苍霭。

色向群木深,光摇一潭碎。

缅怀郑生谷,颇忆严子濑。

胜事犹可追,斯人邈千载。

诗人说:辞谢友人的关心,我来到了终南山,决心在此隐居。白天回来躺在茅屋里,还能看见外面相对的山峰。在这里生活十分宁静惬意,并无世俗事务的干扰。当我在窗旁写诗时,还能看到山下长安城里忙碌的人群。以前都是被这些世俗名利所累，辜负了这美好的山林隐居生活。在这里，我还能经常参加高僧们的法会，聆听佛家教诲；也可以随意地与山间的百姓交谈，不必理会什么官场礼仪。你看，一轮新月在山崖口升起，屹立的石门直指天空，仿佛刺破了这苍茫的云雾。新月无言，清淡的月色下，树林显得更加深邃；徐风吹过，摇碎了一池的宁静，水底的月影也在荡漾着。想当初，郑朴和严子陵两位隐士，痴情于山水，谁也不肯涉足世俗人间，情操是多么高尚！我想追随他们的足迹，只是斯人已去很多年了，不由得让人慨叹不已。

还有一次，岑参去云际精舍拜访高僧法澄，不巧高僧出去了。他回来后写了一首诗：

> 昨夜云际宿，旦从西峰回。
>
> 不见林中僧，微雨潭上来。
>
> 诸峰皆青翠，秦岭独不开。
>
> 石鼓有时鸣，秦王安在哉。
>
> 东南云开处，突兀狝猴台。
>
> 崖口悬瀑流，半空白皑皑。
>
> 喷壁四时雨，傍村终日雷。
>
> 北瞻长安道，日夕生尘埃。

这首诗描写诗人在回来的路上所目睹的终南山的怡人山色。值得注意的是最后一句"北瞻长安道，日夕生尘埃"，意思是说：你看那长安路上，每天都是漫漫尘埃，怎比得了这山清水秀的终南山呢？我摆脱这世俗尘埃，在终南山隐居，真是惬意呀。

细心的读者由上面两首诗都不难发现一个问题：岑参虽然隐居在终南山，其实还有着浓厚的世俗情怀。身在山中，但老是把山中生活与世俗生活相比较，说明诗人根本就没有把世俗之心放下，还没有达到王维"明月松间照，清泉石上流"的境界。究其根由，诗人一心想报效国家，可是位卑官微，无施展之地，有些心灰意冷了才寄情于终南山，企图以此来摆脱心中的忧愁和焦灼。可是一旦有机会一展抱负，就会离开终南山重返滚滚红尘的。事实也证明了这一点。

唐肃宗至德二年，因安史之乱肃宗被迫从灵武迁到凤翔。听到这个消息后，岑参风尘仆仆地赶到凤翔。经由杜甫等人的推荐，岑参担任了肃宗的右补阙。

岑参是一个忧国忧民的大诗人，终南山怎能容得下他深沉的忧患意识和报国情怀呢？但是，终南山毕竟给了他很多美好的回忆，也给了唐代不少文人士子心灵的慰藉。

白云悠悠，青山依旧。终南山，是大唐诗人心目中的理想王国。

★杜审言——高傲自负的诗人

杜审言(公元 645 ~ 689 年)是杜甫的祖父。年轻时与李峤、崔融、苏味道齐名,号称"文章四友"。

唐高宗咸亨元年(公元 670 年)中进士,仕途失意,一直充任县丞、县尉之类的小官。到了永昌元年,诗名大震,但官还是那么大,他心里很不高兴。

江南早春时节,他和朋友们游览风景,本是赏心乐事,他却赏心而不乐,于是写下了一首五言律诗:

和晋陵陆丞早春游望

独有宦游人,偏惊物候新。

云霞出海曙,梅柳渡江春。

淑气催黄鸟,晴光转绿蘋。

忽闻歌古调,归思欲沾襟。

诗人感慨地说:"只有离别家乡、奔走仕途的游子,才会对异乡的气候感到新奇而大惊小怪。江南春光同东方大海中的太阳一起升上天空,像曙光一样映照满天云霞。梅柳渡过江来,江南就完全变成了绿色的春天了。春天气候温暖,江南黄莺叫得更欢,这时忽然听到一曲古时的调子,本来思乡情切,所以一经触发,便伤心落泪。"

杜审言的诗在"文章四友"中是最出色的,尤其是五言律诗格律谨严,当代称著。但他非常自负,高傲自大,甚至有些狂妄自大。

有一天,他刚刚编好一集诗文,便哈哈大笑起来。

下官问他:"先生为何发笑?"

他回答说:"这下苏味道知道一定要死的。"

下官一惊忙问:"先生怎么知道?"

杜审言指着那集诗文说:"他看到我这本诗集,还不羞死他吗?"

接着,杜审言站起来,昂起头,用手捋着长须高傲地说:"我的诗文,我的书法,应让屈原和王羲之前来膜拜!"

杜审言虽然狂妄自大,但他的诗确实很有特色。

他在唐中宗时被贬到南方偏远的峰州去,当他渡湘江时,正值春归大地、花鸟宜人的时节,看到滔滔江水朝他行进的相反的方向流去,想起自己的遭遇,追思昔日,怀念京国,悲思愁绪一触而发,于是写下了这首诗:

渡湘江

迟日园林悲昔游,今春花鸟作边愁。

独怜京国人南窜,不似湘江水北流。

春日迟迟,园林秀美,今天想起被贬外地,处境可悲。虽然春风徐徐,鲜花盛开,群鸟齐唱,但还是愁闷和哀伤。可怜我离开京国被贬南方,不能像这湘江水滚滚朝北方流去。

这首诗最大的特色是诗中今昔、哀乐、人物、南北都形成对比和反衬,有很高的欣赏价值。

尽管他的诗很有艺术特色,也不可能同大诗人屈原、大书法家王羲之媲美。

他临死前也没有改了高傲自大的坏毛病。据说,他临死前对去看望他的大诗人宋之问说:"我活着时,我的诗文压得你们抬不起头,但我要死了,你们可以抬起头轻松一下了,可还是没有来继承我的人。"

★温庭筠——蔑视宰相的怪秀才

温庭筠(公元812~870年),字飞卿,山西太原人,晚唐著名诗人。

他一生政治上不得意,好几次考进士不中,在当时的社会条件下,他生活颓废,私生活放荡,经常与一些纨袴子弟喝得酩酊大醉,爱和歌妓们厮混在一起,所以写下的诗多半与歌妓们有关。他又是一个多才多艺之人,据说他音乐修养很高,有孔即吹,有弦即弹,总以为自己的才学高,艺术修养深而瞧不起别人。

相传唐宣宗非常喜欢听唱温庭筠的《菩萨蛮》:

水晶帘里颇藜枕,暖香惹梦鸳鸯锦。江上柳如烟,雁飞残月天。藕丝秋色浅,人胜参差剪。双鬓隔香红,玉钗头上风。

屋里的窗帘水晶一般的明净,枕头玻璃般洁白,她躺在温暖芳香绣有鸳鸯的锦被中,慢慢地进入了梦境。江山绿柳如烟,残月下的孤雁向西边天际飞去。她身穿色泽鲜艳的服装,两鬓簪着香红的鲜花,插在玉钗上的幡胜随风飘拂。

唐宣宗非常喜欢这首《菩萨蛮》词,还以为是宰相令狐绹所做,其实都是温庭筠代写的。

温庭筠

据讲温庭筠同令狐绹私下交往很多。令狐绹为了讨好皇上，经常向唐宣宗献上他最爱听的《菩萨蛮》词，以讨得皇上的欢心。可他自己又写不好，便暗下叫温庭筠代作，同时也提醒温不要将此事告诉别人，可温庭筠不听他那一套，因为他瞧不起这个无才无德，只靠巴结皇上而爬上去的宰相。在一次酒后闲谈中说出了此事，令令狐绹耿耿于怀，对此事记恨在心，但又不敢当面得罪他，因为以后还要求他帮忙写词。

有一次，令狐绹拿来一首诗词问温庭筠："你可知诗中的典故从何而来？"

温庭筠轻蔑地看着他回答说："这个典故是引用《庄子》一书，这种书非常多，也很简单，只是大人平时只知道怎样才能使得皇上开心，而无暇顾及这些，所以才会变得这样无知。"

令狐绹听后勃然大怒，并大声吼道："你竟敢诬蔑当朝宰相，真是胆大包天，你虽然有点学问，但也太缺少品德啦！"

温庭筠不甘示弱，讥讽他无才又无德，令狐绹对他无可奈何。

在唐代诗词中，有关宣宗皇上喜欢听的《菩萨蛮》还流传这样一首也是温庭筠所作。

小山重叠金明灭，鬓云欲度香腮雪。懒起画蛾眉，弄妆梳洗迟。照花前后镜，花面交相映。新贴绣罗襦，双双金鹧鸪。

灿烂的阳光映照着色彩斑斓的屏风，她鬓发缭乱，脸庞飘香洁白如玉。醒来后，懒得起来梳妆打扮，描画秀眉。她前后都有一面镜子，照出窈窕的身段和美丽的面容，在她崭新的绣花内衣上，绣着一双金闪闪的鹧鸪图案。

★孟浩然——人如其名，浩然正气

据唐史记载，著名诗人孟浩然游历京都长安，并参加了进士应试。在当朝官吏王维官衙内巧遇皇帝唐玄宗，因为给皇上吟颂一首《岁暮归南山》诗，触怒了皇帝，被放回南山。他回归故乡，隐居南山破旧的茅草屋内，写下了许多不朽的流传千古的著名诗篇。

唐玄宗开元二十一年（公元733年），孟浩然再度西游长安，并带去一首诗赠给了当时在位的宰相张九龄，这首诗是他游览洞庭湖时写下的。

那是在盛夏时节，洞庭湖水涨船高，一片浓雾笼罩湖面。孟浩然站立船头望着这朦胧景色，浮想联翩。当今的朝廷正像这洞庭湖水，不是清澈见底，而是被一层雾遮掩着。当年的王维和多次引见他入朝做官的宰相张九龄都在这雾气朦朦的湖面上时隐时现，他很想见到他们，诉说一下几年来郁积心中的沉闷。这首诗是这样写的：

望洞庭湖赠张丞相

八月湖水平，涵虚混太清。
气蒸云梦泽，波撼岳阳城。
欲济无舟楫，端居耻圣明。
坐观垂钓者，徒有羡鱼情。

八月的洞庭湖水涨得满满的，和岸上几乎相连，水和天已混成一体，水气笼罩着整个云梦泽（湖的一部分），浪波撼动了湖岸边的岳阳城。我面对烟波浩淼的湖面，真想渡过去，如果一直过隐居的生活，那可太对不起这个时代了。当我看到湖面垂钓的人，真羡慕他能钓到鱼的心情，但这也是一场空想。

后两句的诗意是说，我有参政的想法，可找不到门路，希望能借助张丞相，不想使愿望落空。

看罢这首诗，似乎同诗人当时在皇帝面前吟诵的那首《岁暮归南山》诗相互矛盾。但从孟浩然一生的经历和他身边的友人及当时的社会现状来看，又不难理解。他想施展才华，报效国家，但又蔑视权势，厌烦朝中的尔虞我诈；他想隐居南山，与世无争，但看朋友们在朝中当官，又不想埋没自己，所以此一时，彼一时，一生始终处于矛盾的心理状态之中。

孟浩然

当年他在故园同朝中很有实权的采访使韩朝宗相遇时，充分表现出了那种复杂矛盾的心理状态。韩朝宗问他："你的才能应在晚年得到施展，这次同我回长安寻官。"

孟浩然茫然地说："我曾得罪过皇上，怕是这辈子也不能进京在朝中做官了。"

韩出主意："你进宫拜见皇上，请求皇上恕罪，也许皇帝能开恩，赐你官做。"

孟浩然当时答应了，并约好了进京的时间。可就在那一天，孟浩然的一位朋友

国学经典文库

国学大智慧

·《唐诗》智慧通解·

图文珍藏版

来看望他,两个人开怀畅饮,一醉方休。当时有人来催他:"先生约好同韩大人一同启程进京,今天可是出发的日期。"

孟浩然不以为然地说:"今天喝酒很高兴,顾不上这些了。"

韩朝宗在约定的地方等孟浩然不到,非常生气地说:"今生不同孟浩然谈及进京做官一事!"

后来韩朝宗独自返回了京城长安。

★李白——我辈岂是蓬蒿人

南陵别儿童入京

白酒新熟山中归,黄鸡啄黍秋正肥。
呼童烹鸡酌白酒,儿女嬉笑牵人衣。
高歌取醉欲自慰,起舞落日争光辉。
游说万乘苦不早,著鞭跨马涉远道。
会稽愚妇轻买臣,余亦辞家西入秦。
仰天大笑出门去,我辈岂是蓬蒿人。

天宝元年(公元742年),李白与道士吴筠共同隐居浙江的剡中,并结识了当时出家为道士的唐玄宗的妹妹玉真公主,吴筠和玉真公主都非常赏识李白的诗才,玉真公主多次在哥哥面前夸耀李白文章写得好,于是唐玄宗下诏书召李白入京在他身边做事。李白非常兴奋,自认为施展自己政治抱负的时机来了,在南陵(安徽省南陵县)与家中妻儿告别时,写下了这首《南陵别儿童入京》七言诗。

诗的大意是:我刚从山中回来知道家乡又酿出了新酒,正在啄食的黄鸡长得多么的肥,叫孩子们杀鸡烹熟了再备上新酿的酒,儿女们高兴地牵着我的衣裳边唱边跳,酒兴正浓便起身舞剑,剑光与落日争辉,只怨我被皇帝发现得太晚了,如今我就要跨马扬鞭远道而行了。

李白

朱买臣的愚妻嫌家贫而离开了他,我是告别家乡西去长安。出门前我仰天大笑,我李白岂是在草野上默默无闻过上一辈子的人?

一次,唐玄宗正在欣赏歌舞,高力士凑上前去说:"在此美好的时候,再有高才诗人的作诗吟颂岂不更好。"

唐玄宗忙赞同地说:"快召李白进宫作诗。"

这时李白正同玄宗的哥哥宁王在饮酒,并且喝得酩酊大醉,被人搀扶来到皇帝面前,唐玄宗有些生气地说:"喝得如此大醉,怎能为皇上作诗?"

李白醉态百出,连礼都行不出来了,拉着长声说:"臣已喝多了,希望皇上赐罪。"

唐玄宗说:"如能作出好文章,皇上决不怪罪于你!"

于是两个太监磨墨濡笔,李白构思了片刻,然后提笔疾书,10首诗便写好了。其中的两首诗是:

宫中行乐词二首

(一)

卢桔为秦树,葡萄出汉宫。
烟花宜落日,丝管醉春风。
笛奏龙鸣水,箫吟凤下空。
君王多乐事,还与万方同。

(二)

柳色黄金嫩,梨花白雪香。
玉楼巢翡翠,金殿锁鸳鸯。
选妓随雕辇,微歌出洞房。
宫中谁第一,飞燕在昭阳。

诗意如下:卢桔成为秦地的树木,葡萄栽在汉代的宫苑中,落日下的烟花分外艳丽,管弦的音乐声在春风中令人陶醉。笛子吹得犹如龙在水中鸣叫,箫声引下了空中的凤凰,皇帝多么开心,还需与万民同乐呀!

嫩嫩的柳条如黄金般,梨花芳香如白雪,美丽的玉楼上翡翠鸟在筑巢,金殿里还关养着鸳鸯。歌妓们随着皇帝坐在雕辇之上,优美的歌声传出洞房,这宫中的女人谁最美,当然是住在昭阳殿的杨贵妃。

唐玄宗听罢太监为李白诵读出来的诗后,又拿过李白的诗稿,看到上面那龙飞凤舞的墨迹,不觉龙心大悦,夸奖李白是天下奇才。

★杜甫——一览众山小

望岳

岱宗夫如何?齐鲁青未了。

造化钟神秀,阴阳割昏晓。

荡胸生层云,决眦入归鸟。

会当凌绝顶,一览众山小。

泰山别名东岳,是五岳之首,所以称之为岱宗。杜甫见到泰山,惊奇地叹道:泰山啊,你到底怎么样呢?你莽莽苍苍,郁郁葱葱,耸立在望不到头的齐鲁大地上。大自然造化了泰山的神奇秀丽,又把它的景色在傍晚和早晨分割开来,只见山中云气迷漫,看后觉得胸襟激荡开阔,久久凝望后眼睛疼得受不了,但还是不愿离去,一直到傍晚归鸟入林宿息。杜甫下了决心:明天一定登上泰山顶峰,那时再看周围的山峰,显得又矮又小了。

这是唐代大诗人杜甫游山东时写下的一首生气勃勃的遥望东岳泰山诗。

杜甫3岁那年母亲便去世了,他被寄养在洛阳的二姑母家里,姑母一家人都非常喜欢他,他们不但从生活上关心照顾杜甫,对他的读书学习也要求的特别严格。

在大人的正确引导和耐心帮助下,杜甫从小便养成了刻苦读书、勤奋学习的好习惯,而且进步很快,他7岁便能作诗。有一天,杜甫坐在家里的小板凳上朗朗读诗,在屋外作活的二姑母听到这悦耳动听的诗句,忙放下手中的活儿大声问:"侄儿,今天你在读谁的诗呢?"杜甫高兴地说:"二姑母我在读自己作的诗。"

二姑母忙走进屋里,拿过杜甫读的诗稿,这是一首叫《凤凰》的诗。二姑母也高兴地同他大声朗读起来。读完后,她兴致勃勃地说:"凤凰是百鸟之王,嗓子清脆,唱出的歌最动听了,你将来一定能做诗国中的凤凰,比任何诗人唱得都好听!"杜甫受到了表扬,读书的兴趣更浓了,写诗的劲头也更足了,他每天写呀读呀从不间断。

14岁那年,二姑夫把他推荐给了当时洛阳城里诗文非常有名望的地方官崔尚和魏启心。杜甫经常登门求教,同他们互相往来谈论诗文,崔尚和魏启心虽年龄比杜甫大二三十岁,但他们都非常欣赏杜甫的才华,尊重这位有才华的小诗人,并同他结成了忘年之交。

杜甫从不自满,学习写诗更加刻苦。他通过自己刻苦读书的感受写下了"读书破万卷,下笔如有神"的千古绝句。他决心像著名文学家、史学家司马迁那样,行万里路去开阔眼界,增长见识,提高文学修养。从 20 岁起,他便漫游祖国的大好河山,24 岁那年他来到齐鲁大地上,刚一到泰山,望见莽莽苍苍一眼望不到头的岳岭群峰,顿感诗兴大发。第二天,当他兴致勃勃气喘嘘嘘地登上山顶,高兴得不知道怎样形容才好,他揩擦了满脸的汗水,又认真地揣摹了片刻,便大声地吟出了那两句流传至今的绝唱:"会当凌绝顶,一览众山小。"

★ 王维——我的上一辈子错当了诗人

九月九日忆山东兄弟

独在异乡为异客,每逢佳节倍思亲。
遥知兄弟登高处,遍插茱萸少一人。

——王维

在我国,一个身在异乡的人,每到佳节时,就会想起一句极其著名的俗语"每逢佳节倍思亲",这句话来自唐代大诗人王维的一首七绝诗。

王维的老家原在山西太原祁县,到他父亲这一辈,迁居于今天的山西永济县。王维多才多艺,在少年时代就很有名气,十七岁时离家来到当时著名的长安、洛阳等地游学,城里商业的繁华,文化的丰富,给年少的王维带来了很多收获。他在街头巷尾漫步,在酒肆楼台与文友相聚,愉快的时光过得飞逝,转眼间就到重阳节了,家家户户都在忙着过节,人们按照节日的习俗,插茱萸,饮菊花酒,并登高游览。

看见别人忙着过节,王维这时感到了孤独,心里更加怀念家乡的亲人,想到家人一定也在想念自己。他想回去,但路途遥远,一股思乡之情化作一首流畅的诗句在他的心中流淌,他一气呵成写成了这首流传千古的佳作《九月九日忆山东兄弟》。

这首诗感情浓烈,朗朗上口。诗的意思是说,我一个人身在他乡,每逢佳节,总会加倍思念我的亲人,在这遥远的他乡,想我的兄弟们登高时,一个个地插着茱萸,可是就少了我一人。

游历和求学使王维的学识更加成熟。到了唐开元九年,王维决定参加进士考

国学经典文库

国学大智慧

《唐诗》智慧通解

图文珍藏版

试,他准备了好久,也对自己的学问有足够的信心,他年轻气盛决心要取头名。可正当他雄心勃勃准备迎考时,却听到另一个叫张九泉的人,已托熟人走了权势显赫的公主的门路,被京兆试官内定为头名进士。王维心里十分郁闷,于是就通过别人的引见,拜访了岐王,想请他帮忙从中找一条路子。岐王名李范,是唐玄宗的弟弟,岐王听了王维的叙说后,要他回去耐心等待。

有一次公主举行宴会,也邀请了岐王参加,岐王喊来王维,把他打扮成伶人的模样,一同前往赴宴。王维年轻英俊,风姿潇洒,在宴会上一出现,就引起了公主的注意,岐王趁机提出让王维演奏自制的琵琶曲,王维会心地弹了起来,音乐声在大厅里回旋起伏,打破了以往陈旧的曲调,使人耳目一新,公主听了赞不绝口。

王维

岐王又让王维将平日所作的诗文呈献给公主,公主展诵后,更是赞叹,忙令王维更衣,坐上贵宾席位。岐王见时机成熟,便向公主提出让王维参加进士考试,公主在欣喜之余满口答应,并派人把京兆试官召至府上,让宫婢告诉他,必须以头名录取王维。这年王维果然中了头名进士。

王维运气不好,他刚走上仕途不久,唐朝就发生了安史之乱。唐肃宗至德元年,安禄山在洛阳登基称帝,国号大燕,自称雄武皇帝。安禄山攻破长安后,将皇宫内的金银珠宝、珍奇古玩、后宫美女、图书典籍等都抢到了洛阳。

安史之乱发生后,许多文人都随唐玄宗逃往蜀地,没有逃走的文人,都被安禄山看押起来,然后逼他们出来任职。当时王维也被安禄山的军队拘禁在菩提寺中,他没有办法逃走,便心生一计,每天服下药剂,让自己变得病快快的,想以此来麻痹安禄山,放他出去。

一天,他的好友裴迪冒着生命危险来寺中看望他,两人久别重逢十分高兴,王维向他打听一些外面的情况,裴迪给他说了许多,其中说到,安禄山把玄宗的乐师也掳走了,有一天,安禄山在凝碧池畔大宴手下,并且下令把这些乐师召来,让他们吹奏弹唱,为酒宴助兴,有不少乐师相视泪下,不愿演奏,士兵恼羞成怒。拔出刀剑相威胁,有个叫雷海青的乐师再也忍不住了,他将手中的乐器摔得粉碎,然后扑在地上,向玄宗逃去的方向哭泣。安禄山大怒,下令将他吊在台子上,肢解而死。

王维听了长叹良久,愤怒加上感慨,立即写下了一首诗:

凝碧池

万户伤心生野烟,百官何日更朝天。

秋槐叶落空官里,凝碧池头奏管弦。

这首诗可以说是为乐师雷海青写的一首悼诗和对安禄山伤残百姓的谴责。

王维除了诗写得好,他在音乐上的造诣几乎可以和诗歌相提并论,因此,他的诗赋有韵律,每首都能吟唱。

有一次,在安史之乱中逃走的著名音乐家李龟年辗转到了湘潭,在湘中采访使举行的一次宴会上,应采访使的邀请,李龟年唱了两首王维的名作:

相思

红豆生南国,秋来发几枝。

劝君多采撷,此物最相思。

伊州歌

清风明月苦相思,荡子从戎十载馀。

征人去日殷勤嘱,归雁来时数附书。

李龟年在宴席上唱罢,满座的宾客都为之欷歔流泪,遥望远在成都的玄宗皇帝的方向悲伤叹息。

传说李龟年唱罢不久,忽然昏倒在地,连呼吸也停止了,家人摸了他的左胸还有热气,不忍心将他装入棺材。四天之后,他居然醒了,对妻子说:"是湘江的水神湘君和湘夫人召我去教她们的侍女兰苕唱王维的这两首歌,并告诉我,皇上不久将返回长安。"可见王维的诗被吟唱后所引起的反响。

王维的诗在唐朝受到如此的喜爱,是不争的事实,可他在晚年,却打趣地说自己错当了诗人,他曾写过一首诗:

偶然作六首

老来懒赋诗,唯有老相随。

宿世谬词客,前身应画师。

不能舍余习,偶被世人知。

此诗的意思是，我老来变得疏懒了，久不作诗，只有衰老与我相伴随，我的上一辈子错当了一个诗人，其实应该是一个画师的，这一生不能抛弃前生带来的习惯，因此才以诗和画著名，虽然诗人和画家的名声我原来皆有，可我并不认为自己真是诗人和画家。

其实，王维除了诗歌对后人产生了深远的影响外，王维的画也是国宝级的。

王维的画富于田园风味，如陡峻的山、栈道、村庄、捕鱼、雪景及各种植物。由于他具有高深的文学修养，因此所绘的画诗味很浓，具有耐人寻味的意境，也产生了许多神奇的传说。

据说有一次，王维为岐王画了一幅《巨石图》，图中没有其他东西，只有一块巨石卧在那里，巨石也是王维随意涂抹而成的，侍人去给岐王送画时，心里直嘀咕，画什么不好，画一块大石头岐王会喜欢吗？岐王是皇帝的弟弟可得罪不起啊。岐王接到画时，看着画上的石头，完全像天然的真石一样，岐王越看越喜欢，高兴地收了下来。

岐王把这幅《巨石图》挂在墙上，经常独自坐在画前沉思，想象着自己进入了画中，在巨石旁欣赏游览。这样过了几年，有一天突然来了暴风雨，外面电闪雷鸣，岐王坐在家中，只听到一声巨响，觉得有东西冲破屋顶，岐王赶紧过来查看，屋里的东西还是原来的陈设，一件不少，岐王觉得有点奇怪，最后却发现《巨石图》只剩下一个空轴，上面画的巨石不见了，岐王才知道刚才的巨响是画上的巨石飞走了。

过了许多年后，高丽（今朝鲜）的使者来访，说有一年，一天狂风暴雨，高丽的神嵩山上飞来一块奇石。消息传开了，大家都上山去看，见这块石头上有王维的名字和印章，知道这东西是中国的，高丽国王不敢留下，便派使者专程送来。皇帝听了后，下令将王维原画的空轴拿来和石头相对比，发现正是从画上飞去的那块石头。

另外，根据记载，宋哲宗元祐二年，著名诗人秦观在汝南任学官，这年夏天，他患肠炎久不痊愈，只好卧床休息。一天，他的好友高符仲来看他，带来了王维的名画《辋川图》，他对秦观说，欣赏这幅画，你的病就会好了。秦观见图后非常高兴，让两个孩子在他的病床前拉开给他看，不知不觉，仿佛自己真的随王维来到了辋川，游历了各处的风景，呼吸着新鲜的空气，并下棋饮茶，分韵赋诗，于是他的精神为之一爽，完全忘记自己还躺在床上，几天之后，病果然好了。不久，高符仲来取回此图，秦观便将这一段经过写在此图的后面。

王维画的真迹，流传到现在已极其罕见，有两幅真迹都在早年流入了日本。

第三章 怀才不遇，忧国忧民

★风雨下的茅草屋

乾元三年（公元760年）的春天。年近5旬，历尽沧桑的诗人杜甫，求亲拜友，在四川成都浣花溪边盖起了一座茅草屋，总算有了一个安身的栖所。

到了八月，秋高气爽，狂风怒号，阵阵秋风卷走了屋顶的茅草。茅草翻飞，洒满了江边，有的挂在了树梢上，有的落在低洼的池塘里。

南村的一群顽童欺负杜甫年老无力，居然当面偷盗房上刮下的茅草。

杜甫焦急地在一旁呼喊："孩子们，快放下！"

尽管他口干舌燥地大声呼喊，孩子们也不听他的话，顽皮地朝杜甫做着鬼脸跑进了竹林。

杜甫见玩童消失在竹林中，垂头丧气地倚着拐杖独自站在那里叹息。

杜甫

过了一会儿风停了，但一片片乌云遮盖住了天空，夜色已经降临了。

屋里油灯的火苗跳动着，散发着微弱的光亮，屋外淅淅沥沥下起了小雨。

妻子在灯下缝补着衣裳，孩子睡觉很不老实，把那多年的破被都蹬破了。这时屋顶漏雨了，老两口忙把孩子抱到干爽的地方。外面的雨还在下个不停，不一会儿整个屋里没有干的地方了。

自从安史之乱后，兵荒马乱给广大穷苦百姓带来了不尽的灾难。杜甫为国家担忧，为百姓发愁，晚上睡得很少，今天在这秋雨绵绵的夜晚，床上到处湿漉漉的，就更难以入睡了。这样的漫漫长夜何时才能挨到天亮啊！

杜甫在这雨夜，从这痛苦的生活体验中迸发出了奔放的激情和火热的希望，一

种炽热的忧国忧民的情感从黑暗的现实升华到崇高的理想,他站起来从内心呼喊道:"什么时候才能得到千万间宽大的房子,让天下所有的穷苦人都能住上而发出欢乐的笑声,即使是暴风骤雨也能安稳如山!"

杜甫长叹一声:"唉!如果眼前真的见到了这些高大宽敞的房子,贫穷的读书人都住进去,我的茅草屋即使被狂风吹倒,被冻死在这里也是心甘情愿啊!"

天亮了,雨停了。

杜甫坐在那里把昨夜的遭遇和美好的愿望都写在了纸上。这就是千古传诵的一首名作。

茅屋为秋风所破歌

八月秋高风怒号,卷我屋上三重茅。茅飞渡江洒江郊,高者挂罥长林梢,下者飘转沉塘坳。南村群童欺我老无力,忍能对面为盗贼。公然抱茅入竹去,唇焦口燥呼不得,归来倚杖自叹息。俄顷风定云墨色,秋天漠漠向昏黑。布衾多年冷似铁,骄儿恶卧踏里裂。床头屋漏无干处,雨脚如麻未断绝。自经丧乱少睡眠,长夜沾湿何由彻!安得广厦千万间,大庇天下寒士俱欢颜,风雨不动安如山!呜呼,何时眼前突兀见此屋,吾庐独破受冻死亦足。

★卖炭翁

唐朝有这样的制度,宫廷里买东西,要有专门的官吏去市场上购买,价格要与卖主共同商量,平等交易。可到了唐德宗年间,却派皇宫的宦官直接选购。他们看好了什么就声称这是皇上要买的,并让卖主亲自送进宫内,付的价格也不过货物的十分之一,市民们非常气愤,说这等于强抢,但这是皇上要的东西,白白拿走也是没有办法的。也有的人不畏强权,奋起抗争,反抗这不合理的剥削制度。

这天,有一个农民进城卖柴,一个宦官要将这一车柴买下,只付给他几尺绢,还要农民赶着毛驴车把柴送进宫内,进宫还要付进门钱。农民哭泣哀求,愿将这车柴白送,几尺绢不要了,但不付进门钱。宦官不但不答应,还动手打人。农民说:"我上有父母,下有孩子,整天连饭都吃不饱,哪来的进门钱?求求你,别难为我了,要我命也拿不出钱来。"

宦官非常恼火,还不停地用车上的柴条抽打着农民。这个年轻的小伙子气急了,奋起反抗,并把这个宦官打翻在地。

天气渐渐冷了起来。宫内需要大量的木炭取暖,宦官纷纷来到街头抢购木炭。

这天上午,有一个白发苍苍的老人赶着牛车来到街头卖炭。他满脸尘土,烟熏火燎的双手黑黔黔的。

这时,前面来了两个骑着马的人,一个穿黄色绸缎的,一个穿白色绸缎的。两人走到老人面前停了下来,并拿出一张纸说:"老头,这车炭皇上要买下了。"

老头高兴地问:"大人给多少钱?"

宦官回答说:"给你些红纱和绫。"

老头急忙哀求说:"大人,我是在南山砍木烧成的炭,天气这样冷,路又这么远,城外的雪足有一尺厚,天还没有亮我就赶着牛车上路。这会牛累了,我也饿了,我们一家子人都等着我卖了炭钱好买粮。大人,行行好,给些钱吧!"

两个官人厉声吼道:"少啰唆,快赶车进宫送炭!"

老人没有办法,只好胆怯怯地赶着牛车跟着他们进宫送炭去了。

回来时,宦官只给了他半匹红纱和一丈绫,算是给老人充了炭钱。

老人流着泪牵着牛车边走边说:"一车炭,足有一千多斤,只给了这么点东西,太不值了。"

白居易目睹了这一情景,问明了这里发生的一切,于是写下了这首不朽名作。

卖炭翁

卖炭翁,伐薪烧炭南山中。满面尘灰烟火色,两鬓苍苍十指黑。卖炭得钱何所营?身上衣裳口中食。可怜身上衣正单,心忧炭贱愿天寒。夜来城外一尺雪,晓驾炭车辗冰辙,牛困人饥日已高,市南门外泥中歇。翩翩两骑来是谁?黄衣使者白衫儿。手把文书口称敕,回车叱牛牵向北,一车炭,千余斤,宫使驱将惜不得。半匹红纱一丈绫,系向牛头充炭值。

★石壕村的不眠之夜

唐肃宗乾元二年(公元759年)春,唐朝大将郭子仪等9位节度使60万大军由于指挥不统一,被安史叛军打得落花流水。唐王朝为了补充兵力,继续围剿叛军,使在洛阳以西至潼关一带,强行抓人当兵,穷苦百姓苦不堪言。这时,杜甫正由洛阳经过潼关,赶回华州任所。

傍晚,天色灰暗,夜幕降临。诗人杜甫行至到一个叫石壕村的地方,见天黑下来，便投宿在这里。

夜深了，他睡意正酣，突然被一阵阵吵吵闹闹的声音惊醒。他忙爬起来披上衣服，走到窗前向外观望着，仔细听着外面的动静，窗外一片漆黑，什么也看不见。这时，又一阵吵闹声传到了他的耳边："快走！到那边去集合。"

杜甫听了半天才明白，原来是官吏趁夜深人静时又在出来抓人。他心情沉重，想起了"安史之乱"给广大穷苦百姓带来了多少痛苦，许多青壮年战死沙场，血流成河，许多家庭妻离子散，家破人亡，又有多少田地荒芜，不产粮食。家家户户的青壮年几乎都抓没了，剩下的少数也是躲躲藏藏，他们知道，当兵就是丢下妻儿老小去送死。杜甫想着想着，不觉长长地叹息着。

他悄悄地披上衣服，轻轻地打开房门来到院子里。这时院东那家大门被敲响，发出砰砰的声音，外边的官吏还在不停地大声叫喊："开门！快把门打开！"

杜甫忙躲藏在黑暗处仔细地观察着。这时，房东的屋门悄悄地打开了。一个黑影从屋内闪了出来，原来是那家的老头慌忙跑出来翻墙逃跑了，很快消失在黑夜中。

房东的屋里闪起了油灯光，那家的老妇人害怕地伸出头来偷偷地望着老头翻墙逃走后，才慌慌张张地准备出去开大门，这时大门已经被官吏给撞开了。

几个官吏冲进来气势汹汹地朝老妇人大声吼道："老婆子，为什么不开门？"

老妇人战战兢兢地回答："家里没有男人，所以不敢出来。"

官吏嚷道："家里没有男人，男人哪去了？"

老妇吓得躲到了一边。

官吏们又冲进屋里四处搜寻，也没有找到人，于是冲老妇人厉声喝道："你家的男人都躲到哪去了，快交出来！"

老妇人哭哭泣泣地说道："三个儿子都当兵去守护邺城了，一个儿子刚刚捎来了一封信，我那两个儿子都已经战死了，只有我一个老婆子还勉强地活着。"

说着，她又呜呜地哭了起来。

杜甫躲在暗处听着、看着。

他虽然看不清楚老妇人的面孔，但从她的哭泣中可以想象，老人家一定是泪流满面。杜甫心里一阵阵的疼痛，他很想过去帮助老人家，可他这老弱多病的老头子又能帮她什么忙呢？

老妇人的一番话不但没有打动官吏，反而使他们大发雷霆："别说那么多废话，难道你家里真的再没有别的人了吗？"

这时，里屋传来孩子受到惊吓后的哭声。

官吏气呼呼地大喊，"你老婆子竟敢撒谎，房子里不是有孩子在哭吗？"说着就要往屋里闯。

老妇人忙拦住他说："那是我的小孙子,他还在吃奶呢,小得很!"官吏又嚷道:"孩子小,在吃奶,是谁的奶,一定是孩子妈吧!把她给我交出来!"

老妇人担心的事终于发生了,她只好央求道:"我那可怜的儿媳妇,她的丈夫不久前在邺城战死了,这么年轻就成了寡妇,因为孩子小要吃奶,所以没有离开这个家去改嫁。可怜她衣不遮体不敢出门,怎么能出来见官人呢?请官府老爷行行好快放过她吧!"

老妇人又哭了起来,可恶的官吏还是不肯罢休,继续说:"我们没有带回去人,怎么向当官的交差呀!你和你儿媳妇必须跟我们走一个!"

老妇人吓得慌忙问道:"跟你们去做什么?"

官吏不耐烦地回答:"女人家还能做什么,去兵营里生火做饭。"

老妇人怕守寡的儿媳妇被他们带去,便挺身而出,跟着官吏们走了。

看到这里,杜甫虽心如刀绞,但也没有什么办法。这时,那屋里又传来媳妇呜呜地哭声,那声音令人心碎,那声音在这漫漫长夜的空中久久地回荡着。

清晨,东方天际出现了一丝鱼肚白。一夜没有睡觉的杜甫还在院子里踱着步子,这时,房东那家逃跑的老头又偷偷地跑了回来。老人家同杜甫诉说着一家人的不幸,他实在不忍心继续听下去,便同老人家握手道别,匆匆地上路了。

离开这里,诗人杜甫的心久久不能平静,石壕村发生的那一切历历在目,那哭声还在耳边回荡。回去后,杜甫在悲愤中挥笔写下了一首反映穷苦百姓疾苦的著名诗篇。

石壕吏

暮投石壕村,有吏夜捉人。老翁逾墙走,老妇出门看。吏呼一何怒!妇啼一何苦!听妇前致词:"三男邺城戍。一男附书至,二男新战死。存者且偷生,死者长已矣!室中更无人,惟有乳下孙。有孙母未去,出入无完裙。老妪力虽衰,请从吏夜归。急应河阳役,犹得备晨炊。"夜久语声绝,如闻泣幽咽。天明登前途,独与老翁别。

★新安泪

唐肃宗乾元元年(公元758年)冬,唐朝大将郭子仪率军打败叛军,并同李光弼、王思礼等 9 位节度使乘胜追击,以 20 万的兵力在邺郡(河南安阳)包围了安庆绪的叛军。然而昏庸君主唐肃宗对郭子仪等将帅不信任,又派鱼朝恩为观军容宣慰处置使,这样诸军不相统属,又加上粮食不足,士兵情绪低落,两军一直相持到次年春天。这时史思明派大批援军赶到这里,同唐朝军队展开了大战,唐军在邺城大败,郭子仪退守东都洛阳,唐朝为了扩充军队大肆抽丁拉夫。

　　诗人杜甫从洛阳到华州途中,经过新安这个地方,遇见了当时充军时的情景。

　　刚到新安这地方,就听见官吏吵吵闹闹地在点兵。杜甫忙走过去问:"官人,新安这地方不是充过军了吗?"

　　这个官吏上下打量了一下他说,"新安县太小,22 岁的壮丁全抽完了,可昨夜上面又下了征兵的文书,让不足龄的中男从军。"

　　杜甫不解地问:"中男才 18 岁,个子那样矮小,怎么能去守城打仗呢?"

　　官吏不耐烦地说了声:"你怎么这么多事?"

　　杜甫望着那些刚征调来的中男,其中有一个胖一点儿的,他的母亲流着眼泪来为他送行,一个人瘦瘦的孤伶伶的站在那里,他们就要出发了,这时前来送行的亲人们像似要同自己的亲人绝别,那哭声就像奔流不断的河水,就连青山都为之伤心落泪。

　　杜甫从心里安慰他们:"从军的孩子们,前来送行的乡亲们!你们快别哭了,即使哭坏了眼睛,也不会有人来怜悯你们。我们的军队围攻相州,就是希望早日消灭叛军,可谁能料到,叛军是那样的狡猾,我军被打得军营散乱。为了军粮供应的方便退到旧营地,这次你们就去洛阳附近训练。新入军的孩子们,你们放心的去吧!挖战壕不会有水深的地方,放马的活不算很累。何况我们的军队是正义之师,对士兵的照顾也是比较周到的。送行的父老乡亲!别再伤心地哭了,孩子们的将领,那位尚书左仆射郭子仪治军宽厚,他会像父兄一样照顾他们的。"

　　新安县的征兵充军,震撼了诗人杜甫,为此他写下了一首反映人民群众在战乱蒙受痛苦的不朽诗篇。

新安吏

　　客行新安道,喧呼闻点兵。借问新安吏:"县小更无丁?""府帖昨夜下,次选中男行。""中男绝短小,何以守王城?"肥男有母送,瘦男独伶俜。白水暮东流,青山犹哭声。"莫自使眼枯,收汝泪纵横。眼枯即见骨,天地终无情!我军取相州,日夕望其平。岂意贼难料,归军星散营。就粮近故垒,练卒依旧京。掘壕不到水,牧马役亦轻。况乃王师顺,抚养甚分明。送行勿泣血,仆射如父兄。"

★漫漫潼关道

唐玄宗天宝十四年(公元755年)十一月,蓄谋已久的安禄山叛变了。他率领15万大军从范阳长驱南下,向唐朝的统治中心洛阳和长安大举进攻。唐朝军队百年没有战争,又在毫不准备的情况下突然遭受进攻,加上朝政腐败,不少军官和地方官贪生怕死,结果叛军没有遇到大的阻碍,不到一个月就渡过黄河攻占了洛阳。

当时唐玄宗非常器重安禄山,先以为是谣言,得到证实后,惊恐万状,派封常清和高仙芝两位大将前去迎战。两位是唐朝有名的战将,足智多谋,能征善战,但手下是临时招凑的几万人的乌合之众,和叛军一触即败,被迫放弃洛阳退守潼关。

唐玄宗对二将不放心,又派边令诚当监军,监督二将作战。边令诚和二将有私仇,乘这次战败向玄宗谗言:"两位将军同安禄山从前有过很深的私交,这次战败是二人故意退却,很可能同叛军同谋。"

唐玄宗听后大怒:"传旨,杀掉这两个逆贼!"二将军临死前大声呼喊:"请皇上明察,天在上,地在下,说我们与叛军勾结实属冤枉!"

玄宗在奸贼的谗言下哪管他们的喊冤,终于替敌人办了一件想办而办不到的事情。接着他又派哥舒翰镇守潼关,哥舒翰也是身经百战大将,他曾多次打败吐蕃,收复西北大片国土,当地百姓流传这样一首歌谣《哥舒歌》:

> 北斗七星高,哥舒夜带刀。
> 至今窥牧马,不敢过临洮。

诗中赞扬哥舒翰夜间带刀巡视,像北斗七星高照,敌人看见他就不敢过临洮到内地来骚扰了。

哥舒翰吸取封常清和高仙芝惨败的教训,当时他重病在身,加上手下军队又是新招的,没经过训练,此时不宜和叛军硬拼,所以固守潼关天险。安禄山的叛军无法向西前进,每天晚上哥舒翰军队在潼关点燃烽火,一座座烽火西传,在长安都能望得见,唐玄宗望见烽火就可以继续安心寻欢作乐了,可他听从奸贼宰相杨国忠的谗言:"哥舒翰按兵不动,消极厌战。"

唐玄宗当即传旨"令哥舒翰率兵出击,将叛军打退黄河以东"。

皇帝的圣旨,哥舒翰不敢违抗,他本知道这样盲从出击,定会凶多吉少,被叛军消灭,但他还是下达了出击的命令,经过近一天的鏖战,他的军队全部被叛军消灭,他本人也被叛军俘虏。这天晚上,长安城再也望不见潼关的烽火,因为叛军已经打过了潼关天险。这时,长安城内的宫庭乱作一团,唐玄宗带上杨贵妃姊妹和杨国忠

国学经典文库

国学大智慧

《唐诗》智慧通解

图文珍藏版

等少数亲信仓皇西逃。

诗人杜甫曾到过潼关。

这天，天气特别清朗，湛蓝的天空飘浮着几朵白云，白云下群山起伏，潼关险道蜿蜒伸向远方。诗人杜甫路过这里，见无数士兵紧张备战的情景。漫漫潼关道上，士兵们有的挥镐，有的扬锹，有的在搬运着石头修筑城墙，他们个个挥汗如雨地加固潼关工事。站在这里放眼望去，沿着起伏的山势而筑起的大小城墙，既高峻又牢固，显出一种威武的雄姿。

这时，修筑城墙的士兵们停下来休息，杜甫走近一个正在喝水的士兵面前问道："修工事干什么？"

士兵上下打量着这位不速来客，有些不解地说："这你都不知道，是为了防止胡人的再次进攻！"

这位士兵有些生气地拉过杜甫地手说："你过来望一望！"他指着远处的山峰说："你瞧一瞧！那高耸的山峦，那层层的战栅，是那样的高，高的连接了云天，就连飞鸟也很难从这里飞过。敌人来了，来多少就让他们留下多少，只要坚持固守，敌人怎么能够从这里越过呢？何必要担心长安城的安危呢？"

他的语气是那样的坚决，对战胜叛军的信心又是那样坚定，紧接着他又指着远处说："你跟我来，再望一望那山口的要冲，那里狭窄得只能容单车通过，真是一夫当关，万夫莫开！"

杜甫望见了这一切，又看了看这些士气十足的士兵，他也深受鼓舞。这里的将士那种坚忍不拔、英勇顽强的抗敌斗志深深地感动着他，杜甫激动地望着这一切，沉思了片刻说："当年哥舒翰兵败桃林，上万军队败给了叛军，真令人痛心，是什么原因呢？就因为他们不坚守这潼关天险，盲目出击，结果是惨痛的失败。请转告守军的将士们，千万不要学他的鲁莽轻率啊！"这次途经潼关，这里的将士，这里的城防工事给杜甫留下了深刻的印象，感慨之余他写下了这首著名的诗篇《潼关吏》。

潼关吏

士卒何草草，筑城潼关道。大城铁不如，小城万丈余。借问潼关吏："修关还备胡？"要我下马行，为我指山隅："连云列战格，飞鸟不能逾。胡来但自守，岂复忧西都。丈人视要处，窄狭容单车。艰难奋长戟，万古用一夫。""哀哉桃林战，百万化为鱼。请嘱防关将，慎勿学哥舒！"

第四章　友情至深，留芳千古

★李杜文章在，光焰万丈长

唐代诗人李白和杜甫，给后人留下了无数的诗篇，被人们称为诗仙和诗圣，他们的诗备受人们的喜爱。可在唐朝，有一些人对李白和杜甫的诗进行攻击和贬低。在诗人们去世数十年以后，著名诗人韩愈写了一首五言古诗《调张籍》，严厉驳斥了某些人的荒谬看法，高度赞扬了李白和杜甫这两位诗人在诗歌著作上的成就，在诗中表达了他对这两位前辈诗人的钦佩和敬仰。

这天晚上，韩愈在家刚吃过晚饭，他的一位友人，在朝中任水部员外郎的张籍来到家里，张员外非常敬佩韩愈的才华，经常来向他学习写诗，有时也一起议论时务。张籍谈话中问韩愈："先生十分崇尚李白杜甫的诗文，为什么会有那么多人攻击他们、贬低他们的诗文呢？"

韩愈生气地说："都是些不学无术的小人在嫉妒他们罢了。"

张籍说："先生一定读过很多他们的诗。"

韩愈告诉他说："只有多读他们的诗，才知道他们的诗好在哪里，才知道那些小人为什么要攻击诽谤他们。"

晚上，韩愈坐在桌前挥笔写下了一首五言律诗：

调　张　籍

李杜文章在，光焰万丈长。伊我生其后，举颈遥相望。想当施手时，巨刃磨天扬。帝欲长吟哦，故遣起且僵。仙官敕六丁，雷电下取将。精诚忽交通，百怪入我肠。不知群儿愚，那用故谤伤！夜梦多见之，尽思反微茫。垠崖划崩豁，乾坤摆雷硠。剪翎送笼中，使看百鸟翔。流落人间者，太山一毫芒。刺手拔鲸牙，举瓢酌天浆。蚍蜉撼大树，可笑不自量。徒观斧凿痕，不瞩治水航。惟此两夫子，家居率荒凉。平生千万篇，金薤垂琳琅。我愿生两翅，捕逐出八荒。腾身跨汗漫，不着织女

国学经典文库

国学大智慧

·《唐诗》智慧通解·

图文珍藏版

襄。顾语地上友:经营无太忙! 乞君飞霞佩,与我高颉颃!

全诗的意思是:李白和杜甫的文章,光芒万丈。那些小人们太愚笨,他们的诽谤就像蚂蚁想摇大树一样,真是不知自量。我生在李杜之后,伸长脖子遥遥相望,晚上常常梦见他们,可白天回想梦境,反而感到渺茫。他们的精美诗篇,好像夏禹治水,只能看见斧凿开河痕迹,见不到治水的航线(只见到李杜的诗,见不到构思的过程)。看来他们写诗也像夏禹开山,挥舞巨斧擦天而过,悬崖被劈开,天地间震响着雷鸣般的声响。李杜二人生平都不得意,这是上帝想让他们写出好诗而故意使他们经受磨难,剪去他们的翎毛锁在笼中,看着外面百鸟飞翔。李杜一生写下千万首诗,像金玉珠宝琳琅满目,仙宫里命令天将,将他们诗收归天上。流传在人间的是极少一部分。我愿长出双翅,飞向四面八方去追逐李杜诗歌的精华。由于我的诚心,思想忽然与李杜诗歌神韵相通,许多新奇的构思都涌上了心头,我转手能拔下鲸鱼的牙齿,举瓢能舀天上的酒浆,飞身太空,连织女织的衣裳也不穿。我那地上的朋友张籍啊! 不要匆忙跟我学写诗,还是同我一起到云霞中飞翔吧(意思是开阔思路和我一同学习李杜的诗吧)!

★两为诗友长相思

天宝三年(公元 744 年),李白离开长安来到洛阳。这一年,中国文学史记下了值得纪念的大事件,诗仙李白与诗圣杜甫在洛阳见面了。当时杜甫 33 岁,李白 44 岁,杜甫对经历丰富的李白非常敬佩,李白对杜甫的诗也十分欣赏。两个人成了好朋友,他们一起游历,一起饮酒,一起谈论诗文,他们先后到过梁(今开封)、宋(河南商丘)、齐州(今济南),游览中杜甫曾赋诗一首赠送李白。

赠 李 白

秋来相顾尚飘蓬,未就丹砂愧葛洪。

痛饮狂歌空度日,飞扬跋扈为谁雄。

秋天到了,我们还像满地随风的蓬草在外流浪,李白呀! 你的长生丹药没炼成,真是愧对炼丹的祖师葛洪。每天只有痛饮狂歌打发日子,这样飞扬跋扈到底是为了什么?

这首诗充分表现出两位诗人怀才不遇,无可奈何终日痛饮狂歌的烦闷心情。一日,诗仙与诗圣又在一起谈论诗文,杜甫说:"太白兄能入朝廷为皇帝做事,又周游各地,不仅经历多,见识广,而且写出许多好文章。"

李白喝得有几分醉意:"那些都是一挥而就的文章,写诗就应提笔成文、出口成章。"

杜甫接过话题:"写诗各有各的写法,我以为要反复吟诵,多次推敲,才出佳作。"

李白笑着说:"你近来身体不算太好,一定是近来作诗太辛苦了,不要过于劳累,要保重身体。"

随后李白写了首七绝诗送给了杜甫。

戏赠杜甫

饭颗山前逢杜甫,头戴笠子日卓午。

借问别来太瘦生,总为从前作诗苦。

在饭颗山前遇到了好友杜甫,头戴斗笠时间是正午。近来他为什么这样瘦,是因为他作诗过分地辛苦。

这年秋天,两个人就要分别了,他们在石门(今山东曲阜县)分别,李白写了首诗赠别杜甫。

鲁郡东石门送杜甫

醉别复几日,登临遍地台。

何时石门路,重有金樽开。

秋波落泗水,海色明徂徕。

飞蓬各自远,且尽手中杯。

再过几天就要分别了,我们已经游遍了附近的山水楼台。这次石门分别,不知要等到什么时候才能再开酒樽痛饮?在这深秋时节,泗水低落,徂徕山在迷茫中时隐时现,你我像蓬草一样被狂风吹得各奔远方,还是先干了杯中的酒吧!

杜甫与李白分别后,经常思念这位性格豪爽的朋友,他先后为李白写了十几首诗。

★洒泪赋诗

永贞元年(公元805年),柳宗元、刘禹锡等对朝政进行大刀阔斧地改革,革新失败后,他们被贬外地,10年后,当朝宰相赏识他们的才干,又将他们召回长安。刘禹锡在观赏桃花时写下了一首《元和十年自朗州承召至京戏赠看花诸君子》的七绝诗,在当时流传很广,平日嫉妒他诗才的人将诗抄给当时宰相看,并加油添醋说刘对朝廷有怨气。

几天后,刘禹锡就接到命令让他外放去做刺史,当时柳宗元也要流放外地,于是两个人准备结伴上路。他们渡过湘江到衡阳,两人就要在这里分手了,他们恋恋不舍,想在一起倾吐衷肠却又相对无言。柳宗元写了一首七律《衡阳与梦得分路赠别》送给了刘禹锡。

衡阳与梦得分路赠别

十年憔悴到秦京,谁料翻为岭外行。

伏波故道风烟在,翁仲遗墟草树平。

直以慵疏招物议,休将文字占时名。

今朝不用临河别,垂泪千行便濯缨。

这首诗实际上是诗人柳宗元内心的一段独白:你和我在外地一同过了十年艰难困苦的被贬谪生活,十年后又一同调回长安,谁知现在我们又要到遥远的五岭以外去赴任,现在我们的车马慢步走在旧路上,古代的风烟景色依旧,湘水西边是一片废墟,只剩下石人埋没在草木之中。由于懒散粗疏遭到别人的议论,不要再用诗文去争自己的声名了。要分别了,当年李陵和苏武在河边分别,临水洗帽缨,今天我们的千行泪水是超过那滔滔的江水啊!

刘禹锡读罢诗后,两行泪水滴落下来,他也写了一首七律诗《再授连州至衡阳酬柳柳州赠别》作为酬答,表示一下内心的独白。

再授连州至衡阳酬柳柳州赠别

去国十年同赴召,渡湘千里又分歧。

重临事异黄丞相,三黜名渐柳士师。

归目并随回雁尽,愁肠正遇断猿时。

桂江东过连山下,相望长吟有所思。

刘禹锡内心是说:你我离开后十年一同召还,今天在千里之外渡过湘江又要分别了。我虽然两次到连州,但情况和汉丞相黄霸两度任颍川太守大不相同,黄霸是汉宣帝重用的人,颍川也受黄霸器重,而我是皇帝厌恶的人,因而两次被贬在外。

我虽然也是三次被黜，可比起春秋时柳下惠的三次被黜深感惭愧。北望长安的目光，随着归雁消逝在天边，悲凄的断续猿啼再使人愁肠百结。那桂江的水啊！它将流过我所在的连山下，愿我们两地吟唱，相望相思。

柳宗元读罢这首诗，激动得也流下了眼泪。

刘禹锡这首诗的第四句"柳士师"指的是春秋时期的柳下惠。柳下惠当时任司法官，三次受到降职和免官。有人劝他说："你在这里不顺心，可以到别的国家去嘛，何必在这里受气。"

柳下惠回答说："我办事公道，到哪里都会有这样的下场，但我不能昧着良心去治理国家呀！"

刘禹锡在诗中说自己名渐柳士师是语意双关，一方面说自己不如他，另一方面说自己同他一样，所以才多次被贬。

★依依惜别芙蓉楼

芙蓉楼送辛渐

寒雨连江夜入吴，平明送客楚山孤。

洛阳亲友如相问，一片冰心在玉壶。

芙蓉楼原名西北楼，在润州（江苏镇江）西北。

王昌龄这首诗写于约唐朝开元二十九年之后。

这天，芙蓉楼来了两位士人，一位是大诗人王昌龄，另一位便是他的朋友辛渐。原来，辛渐要在这里渡江，取道扬州到洛阳去，船已停在岸边了。

迷蒙的烟雨笼罩着吴地江天，织成了无边无际的愁网，两位好友站在芙蓉楼上，俯视楼下滚滚东去的江水，王昌龄慢慢抬起头来，望着西北面的楚山，不无伤感地说："辛兄，此次一别，何日再能相见啊！"

辛渐沉默不语，仍然凝视着流淌着的长江，心情沉重地说："这几年，只因你不拘小节，不受束缚，总是发泄心里的愤懑和不满，所以受到许多人无中生有的诽谤。"

王昌龄感慨万端："是啊，几年来多次被贬官，先到岭南，后又到这里，贬来贬去，还是屈居下级官吏行列。"

辛渐接下来又说："但你还是这样淡然处之的态度，像似过惯了被别人诽谤、指责的生活。"

王昌龄停了停说："我在洛阳有不少好友,他们也一定听到了许多小人对我的谗言,请你转告他们,我仍然不会被功名利禄和谗言所左右。"

辛渐关心地说："昌龄兄为人忠厚,性格豪爽,昨天你为我设宴饯行,今天又送我来江边,情意深长,我不知道将来怎么感谢你。我走后,你要放开胸怀,好好保重自己!"

王昌龄很受感动,他久久地望着浩浩江水,吟出了《芙蓉楼送辛渐》这首诗。

诗的大意是:昨夜下了一场寒雨,吴地又增添了萧瑟的秋意。清晨,天色已明,来到江岸为好友送行,自己却要孤零零地站在这里遥望楚山。如果你到了洛阳,有亲友问起我,告诉他们,我的心像玉壶里的一片冰凌那样纯洁无瑕。

辛渐被王昌龄的诗打动了,连连高声赞叹道："好诗!'一片冰心在玉壶'这句诗表明了你始终坚持自己清白自守的节操,像荷花一样,出污泥而不染,多么高尚,实在令人敬佩。我很高兴,因为我听到了你的心声,看到了你的灵魂,你的大作我定能牢记心中。"

两位朋友再次珍重道别,辛渐一步一回头,登上了船,小船悠悠,慢慢驶向远方。

这时的王昌龄还久久地站在江岸,望着远去的帆影,他回转头来,又向远处矗立的楚山望去,真像诗中所说的只剩下自己一个人孤零零地面对楚山了。

★郭子仪报恩救李白

流夜郎赠辛判官

昔在长安醉花柳,五侯七贵同杯酒。气岸遥凌豪士前,风流肯落他人后?夫子红颜我少年,章台走马著金鞭。文章献纳麒麟殿,歌舞淹留玳瑁筵。与君自谓长如此,宁知草动风尘起?函谷忽惊胡马来,秦宫桃李向明开。我愁远谪夜郎去,何日金鸡放赦回。

过去在长安时沉醉于花前月下,与当朝的权贵们同饮一杯酒,那傲岸的气概使豪杰之士折服,放荡风流从不落在他人后面。当时我年轻气盛,挥着金鞭奔驰在长安的章台街上。在宫中曾向皇帝献上华美的文章,久久地留在珍贵筵席上欣赏歌舞。总觉得可以长久这样下去,谁知会爆发了安史之乱。函谷关被胡人骑兵攻破,许多人才像桃李向阳一样，得到朝廷的重用。而我却被远远地流放夜郎，何日才能遇到金鸡大赦，使我回还（唐代制度，大赦之日，在七尺高的长竿上，树起四尺高的金鸡，用黄金饰鸡头，并以红幡红绳装饰）。

安史之乱爆发后，李白受到李璘牵连，关在浔阳监狱中。经过当时的宣慰大使崔涣和御史中丞宋若思的大力营救，才免去杀头之罪，可唐肃宗李亨还不肯赦免他，要办他的罪。这件事被当时任天下兵马副元帅的郭子仪知道了，他非常着急地说："李白曾救过我一命，他现在遭难，我岂有不救之理？"

于是他上书唐肃宗，愿用自己的官爵为李白赎罪。这样，李白算是出了牢狱，肃宗皇帝下令从轻发落。在乾元元年，即永王兵败的第二年春天，李白受到流放夜郎（今贵州桐梓一带）的处分。诗人这时已58岁了，在流放起程的前几天，写下了这首《流夜郎赠辛判官》七言诗。

李白何时救过当时天下兵马副元帅郭子仪的命，那还是他被唐玄宗任命为翰林侍诏时的事。

传说李白一次出长安漫游，见一辆囚车飞奔而来，车中囚着一个雄伟的汉子。李白跳下马问押车的士兵："车上的囚犯叫什么名字？"

一个小头目回答说："叫郭子仪。"

"他犯了什么罪？"李白又问。

小头目又回答说："他在大将哥舒翰部下带兵，他的手下不慎失火烧了军粮，罪应当斩。"

李白起了爱惜之心，走过去同郭子仪谈了几句，又问了他一些兵法，郭子仪谈吐不凡，对答如流。

李白说："他的手下犯罪不应治他死罪，待我去见哥舒翰。"

哥舒翰久闻李学士大名，谈到放郭子仪时，他为难地说："我治军一向赏罚严明，郭子仪按法该斩，不敢擅放，须上奏皇帝决定。"

李白说："请暂缓用罚，我也附书一封请一并上奏天子。"

不久圣旨下，准了李白的奏章，赦免郭子仪准他戴罪立功。后来郭子仪成为平定安史之乱及抵御外患的主要将领，也成了李白的好朋友。

第四篇 《宋词》智慧通解

导读

在我国蕴藏极富的文学宝库中,宋词是一株光耀千古的奇葩,是一块无比珍贵的珠宝。千百年来,它随着时光的流逝愈发显出它的不朽。

宋词之所以有千古不衰的魅力,是由于词人们在创作中倾注了自己满腔的才情与心血,凝入了爱的欢乐与恨的悲怆。

宋词中,篇什短小的小令,清隽旷远,优美明快,别有韵致;长调则倾荡磊落,雄奇清旷,如无风海雨,横放杰出,别具一格。

宋词素有婉约与豪放之说。婉约词秀雅飘逸,自然真挚,寄情无限;豪放词体制恢弘,风格多样,有"横绝六合,扫空万古"的气势。

放眼宋代词坛,华彩纷呈,百卉竞妍,《全宋词》中那一万九千九百余首词,为我们后世耸起了一座奇崛的艺术丰碑。

本编所收宋词,从四个方面分章,以"壮志""情趣""解忧""交友"为题,更能贴近生活,感染读者。

第一章　气势峥嵘,豪迈奔放

★ 词人也是砥流柱

宋神宗熙宁十年(公元 1078 年),中秋节刚刚过去,徐州便发生大水灾。

刹时黄河决口,河水淹没了钜野,直抵徐州城下。异常凶猛的水势,淹田达 30 万亩。此时急坏了徐州知州苏东坡,他见此情景心忧如焚,站在徐州城头,一刻也不敢离开。

对于此次大洪水,苏东坡早已有所准备。他事先组织百姓准备工具,积蓄土石,修补堤坝,采取了一系列的防洪措施。然而,苏东坡无论如何也没有料到,这次洪水会如此之大。这时他接到监测官的报告,说徐州城外的水深已达到两丈,水面高出城中平均高度一丈有余,城墙随时都有被冲垮的危险。

这时,天上的乌云越来越厚了,一阵闪电响雷之后,大雨如注,洪水猛涨,大水倒灌城中,苏东坡不禁大惊。

但苏东坡却惊而不惧,他站在城头的席棚中,镇定地指挥军民万余人堵住被洪水冲坏的城墙。随着天色逐渐地暗下来,雨势更加猛了,雷电闪过,苏东坡看到城外洪水中漂过一个个茅草房顶和大树。

苏东坡心里清楚,形势已非常危急了。他不敢有半点怠慢,在城上加紧巡查督责,一夜没有走进席棚一步。军民们看到苏东坡在大雨中镇定自若,不辞辛劳,干劲倍增,同心同德,誓死护城。众志成城,此时徐州城竟成了铜墙铁壁,再凶的洪水也无法打开缺口了。

一夜在拼搏中过去了。第二天,雨势有所减弱。这时,有一位叫应言的和尚找到苏东坡,他建议苏东坡采取疏导的办法治水,选派精兵强将把清冷口那里凿开,将大水导入古废河,使水顺东北方向排入大海。

苏东坡

国学经典文库

国学大智慧

·《宋词》智慧通解·

图文珍藏版

苏东坡听从了他的建议,果然使水势稍退了。

可是,好景不长,没过几天,老天又阴了起来,并刮起了大风。苏东坡登城一看,只见巨浪拍城,大有吞下徐州城之势。全城人又都大吃一惊。

这天夜里,阴风怒号,直刮得天摇地动,吹得全城人提心吊胆。这时,忽然听到监测官在街上大喊:

"水退了!水退了!"

大水退后,苏东坡抓住时机,发动军民依地势修筑长堤十余里,又改筑外城,在城东门上建了一座黄楼,以镇水邪。

这座黄楼高十丈,竣工时,苏东坡在黄楼上大宴宾客,命人鼓乐欢庆。苏东坡想起一万余军民大战洪水,欣然提笔写下一首《满江红》词:

东武城南,新堤固,连漪初溢。隐隐遍,长林高阜,卧红堆碧。枝上残花吹尽也,与君更向江边觅。问向前,犹有几多春?三之一。　　官里事,何时毕?风雨外,无多日。相将泛曲水,满城争出。君不见兰亭修禊事,当时座上皆豪逸。到而今,修竹满山阴,空陈迹。

写罢,命歌女演唱,宴会沉浸在一片欢乐之中。

★ 怀古北固亭

宋宁宗嘉泰三年(公元1203年)的春天虽然姗姗来迟,但它毕竟是降临了。

温暖的阳光照耀着雨后初晴的大地,麦田、树林、旷野、山岗,到处是一片嫩绿。

此时辛弃疾已经64岁了,他被窗外的鸟语吸引着,在家待不住了,于是换上一身春装,兴致勃勃地向村外走去。

这几天,辛弃疾不仅为春光所感染,而且还为政治形势的变化有些许激动。因为,最近从临安传来消息,说当今皇上宋宁宗赵扩的叔岳韩侂胄执掌了朝政,他准备起用一批老臣,说不定自己还有再度出山、轰轰烈烈做一番事业的机会呢。

想到这里,辛弃疾忍不住兴冲冲地抬腿伸臂,亮出了一个招式。好啊,腿脚灵便,还不减当年!顿时,曹操"老骥伏枥,志在千里;烈士暮年,壮心不已"的诗句,又在他心底响起。他抬起头来,仰望长空,只见一只苍鹰从远处山岗后冲天而上,搏击着高天的飙风,翻动着舒卷的白云……

忽然,一阵"得得"的马蹄声传入他的耳鼓。他没有回头,仍然凝视着翱翔蓝天的雄鹰,好像要从它那儿获得更多的力量。

马蹄声在辛弃疾不远处戛然而止。骑马人高声问道:

"请问老大爷,辛公弃疾的府上在哪里?"

辛弃疾猛然一惊,反问道:

"你找他干什么?"

"有圣旨到。"

辛弃疾怔了一下,自我介绍说:

"我就是辛弃疾。"

来人一听,高兴地说:

"辛公,请原谅我的失礼。恭喜您,皇上有旨任命您担任浙江东路安抚使,请赶快收拾入朝吧!"

辛弃疾向前一指,说道:

"既是圣旨到,请到我屋里坐。"

来人随辛弃疾来到家中,宣读了圣旨后,便催促道:

"公事急迫,就请准备起程!"

辛弃疾笑道:

"这么急迫?"

"眼下韩相公执掌朝政,求贤若渴。辛公是前朝老臣,德高望重,所以特地敦请您出山参政,共商军国大计。"

辛弃疾兴奋地说道:

"既然韩相公看得起我,我一定竭尽全力为国效劳。"

这时,辛弃疾想起了志同道合的挚友陈亮。陈亮雪夜来访,已过去了15年,而陈亮也已在七年前不幸病逝了。如果陈亮地下有灵,知道我辛弃疾又要出山为收复中原去努力实现我们共同的目标了,他在九泉之下一定会笑逐颜开。

辛弃疾在心中暗暗发誓:

"同甫啊同甫,只要我一息尚存,我就要尽一切努力,实现咱们恢复中原的壮志。"

这一年的夏天,辛弃疾正式被任命为绍兴府(现在的浙江省绍兴)知府兼浙江东路安抚使。

到了第二年的正月,宋宁宗赵扩在便殿召见了辛弃疾,太师韩侂胄也在场。

赐坐以后,赵扩开口说:

"今天召卿前来,不为别的事。韩太师准备兴师北伐,以雪本朝近百年的奇耻大辱。卿是力主抗战的元老,在这个时候,必须贡献良策,不负朕望。"

辛弃疾说道:

"金兵与我朝有不共戴天之仇,出师北伐,这是理所当然的事情。据臣所知,金邦内部相互争权夺利,中原赤地千里,百姓无衣无食。由此可见,金邦的失败是指日可待的。希望陛下召集所有主战派的元老大臣,把这一重任托付给他们,做好一切准备,一旦时机成熟,收复中原,统一全国!"

韩侂胄一听大喜道:

"金邦年来被蒙古族所扰,屡战屡败,兵力日衰,财库日竭,这正是咱们大举北伐的极好机会。刚才辛侯的意见,和我不约而同。北伐大计,就在今天决定下来了。"

韩侂胄决心北伐,辛弃疾是完全赞同的。但是,辛弃疾也听到一些同僚说,韩侂胄急于北伐,带有巩固自己权力的动机。因为韩是外戚,按照宋朝祖宗的家法,是不允许外戚专擅军国大权的,况且,韩比较年轻,又没有什么功绩,在朝廷上下威望不高。

辛弃疾觉得,韩侂胄想通过北伐来提高自己的威望,这也是情理之中的事,所以他并未因此而放弃对韩的支持。但是,韩侂胄毕竟太缺乏经验了,因而对他能否主持北伐大业,抱有怀疑。于是试探地说道:

"机不可失,失不再来,这的确是至理名言,但据我了解,金邦虽然年年内忧外患,兵马仍然不弱,咱们倘若准备不足,仓促出兵,恐怕未必一定能取胜呢!"

韩侂胄哈哈大笑说:

"辛侯所见极是。《孙子兵法》上说过,'知己知彼,百战不殆'。八年以前,我曾出使金邦,对于他们内部的混乱情况略有所知。从那以后,每年每次出使归来的人,都认为他们内忧外患,天灾人祸,力量正一天天削弱下去。至于咱们,自去年开始,我已下令聚财募卒,厉兵秣马,打造战船,在军事上做好了准备。为了激励人心,鼓舞士气,我还打算追封岳飞为'鄂王',改谥秦桧为'缪丑'。有了这种种准备,我敢说,一旦出兵,必然势如破竹!"

辛弃疾争辩说:

"本朝长期积弱,需要花相当时间奋发努力,才能使国力强盛,准备充足。如果贸然兴兵,我很担心不一定有必然取胜的把握。"

辛弃疾接着又说:

"太师对北伐考虑的确实十分周到,而且还有百折不回的意志,我一定要在相公的麾下,竭尽全力,为国效劳!"

辛弃疾对北伐准备不足的委婉批评,使韩侂胄有些不高兴,但他深知辛弃疾在大臣中的影响,便建议皇上委以重任。

于是,这年的三月,朝廷又正式任命辛弃疾为镇江知府,要他坐镇镇江这个军事重镇。

三月的长江,白浪滔天,一泻千里。辛弃疾精神抖擞地带着下属在江边巡视。

江风吹着他银白色的长须,给他带来了江南暮春的气息,使他感到春天就要过去,炎夏马上就来临了。

前面是北固山,山并不算高,但形势非常险要。它从平地拔起,紧临大江,悬崖壁立,给人一种"一夫当关,万夫莫开"的感觉。辛弃疾抬头望了一望,把手一挥,兴奋地说:

"咱们上去看看。"

一个下属关心地说:

"辛帅年事已高,还是乘轿子上去吧!"

辛弃疾大笑道:

"这么一座山都爬不上去的话,还谈什么疆场杀敌!别看我老了,咱们不妨比试一下,看谁第一个登上山顶!"说罢,甩开大步,冲上山去。不到一炷香的功夫,辛弃疾和一个叫岳珂的年轻下属首先到达山顶。

站在北固山上,万里长江尽收眼底。浩翰的江面上,飘动着点点风帆。金山和焦山从水面跃出,恰似两名刚勇的卫士,扼守着大江的咽喉,背后三面山峦环峙,又仿佛是列成战阵的士兵,只要一声令下。就可立即出击。辛弃疾望着镇江的雄伟景色,不觉豪情满怀。

辛弃疾指点着江山,激动地追忆道:

"陈亮对我说过,他曾经特地到这里来观察形势,说镇江三面是山,前临大江,它的形势就如猛虎出洞,而并不像洞里藏虎,因此决不应该据江自守,苟且偷安。今天登临此山,觉得陈亮当年所说,确是很有见地。如果他今天还在。在这次北伐中,他定能做出极大的贡献。"

说到这里,辛弃疾回过头问一个下属:

"军服和募兵的事情进行得怎样了?"

下属回答道:

"订做的一万套军服,已经开始制做了,招募江淮之间一万名士兵的事情,也已派人分头进行,大约需要一年才能招齐训练。"

辛弃疾嘱咐道:

"募兵的事情还得抓紧,必须赶在北伐前训练完毕。要知道朝廷的禁军由于长期骄惰,有事不肯上前,有功相互争夺,只能把他们分布在大江沿岸,摆摆样子,要是渡过淮水迎击敌人,左右应援,就非得依靠江边一带的民兵不可。他们从小就走马弯弓,无时不在警惕金兵的侵扰,对于敌人的情况也比较熟悉,一旦临阵,他们绝不会像禁军那样怯懦。"

辛弃疾站在山顶对下属侃侃而谈,越谈兴致越高。

众下属都点头称是。

北固山的山顶有一座亭子,叫北固亭,人们又称它北固楼。辛弃疾带领下属们登上楼头,凭栏四望,视野更加辽阔。

"你们知道吗?"辛弃疾说道,"这里就是三国时孙权创业的基地。他在19岁那年,继承了父兄的基业,统治了江东。后来又率领千军万马,同魏、蜀争夺天下,造成了三国鼎立的局面。如今江山依旧,可是,当年的舞榭歌台与英雄人物,却都成了历史陈迹,一去不复返了。"

他又指指山下鳞次栉比的房屋说:

"你们看,在斜阳草树掩映下的那条街巷,看起来是那么普通,人们都说,刘裕就曾经在那里住过。他是南朝刘宋的开国君主,小名叫'寄奴'。当年,他挥舞金戈,骑着铁马,伐鲜卑、灭南燕、亡后秦,真像猛虎一样,气吞万里。后来,他的后代宋文帝,企图建立像汉代霍去病战胜匈奴、封狼居胥山那样的丰功伟绩,在元嘉年间仓促北伐,终因准备不足,落了个敌人南侵、自己狼狈败退的结局。这是多么沉痛的历史教训啊!"

辛弃疾说到这里,岳珂插嘴说道:

"辛帅认为目前北伐的准备工作做得还不足,是吗?"

"我有这样的担心。"辛弃疾点点头,接着说道:

"不过,咱们不能再坐等下去了。记得43年以前,我从北方南归,那时完颜亮南侵刚刚失败,扬州一路,烽火连天,到处是残破的景象。而现在,听说在对江瓜州佛狸的祠堂前面,人们都在击鼓烧香,迎神赛会,乌鸦翻舞,一片太平,好像忘却了国家的深仇大恨,这真令人不堪设想啊!你们想想,再苟且偷安下去,还得了吗?"

岳珂笑道:

"此次北伐,辛帅有了用武之地了。"

辛弃疾叹息道:

"看来有些人以为我年纪大了,不会让我亲率大军北伐了。这倒使我想起了战国时赵国的名将廉颇,他被人陷害,出奔魏国,后来赵国想重新起用他,却又遭仇人的谗言,说他已经老了,虽然饭量很好,但精力已经很差,结果没有再用他。"

辛弃疾说罢此话,不禁拔剑在手,在北固楼上舞起剑来。

只见他那矫捷的身躯、精湛的剑术,丝毫不减当年,下属们看了,都非常惊异,不禁齐声赞叹。

舞罢剑,辛弃疾心潮澎湃,让下属们取来笔墨纸砚,乘兴写下了一首《永遇乐》词:

千古江山,英雄无觅,孙仲谋处。舞榭歌台,风流总被,雨打风吹去。斜阳草树,寻常巷陌,人道寄奴曾住。想当年,金戈铁马,气吞万里如虎。 元嘉草草,封狼居胥,赢得仓皇北顾。四十三年,望中犹记,烽火扬州路。可堪回首,佛狸祠下,一片神鸦社鼓!凭谁问:廉颇老矣,尚能饭否?

辛弃疾写罢置笔于地,激动地说:

"希望在座诸公,同心同德,不负朝廷重托,早日收复中原!"

★两阕《满江红》

到宋恭宗德祐二年(公元1276年)时,南宋王朝已是岌岌可危。这一年,元朝的淮安王伯颜亲率大军进逼南宋都城临安,经过数日激战,临安被元兵攻破,南宋小朝廷遭到了灭顶之灾。

宋人成了亡国奴,宋宫中的皇后、女官、宫女全都成了元兵的俘虏,在元兵的铁蹄看守下被掠往元朝的都城。

在这些人中有一位叫王清惠的女官。她是一位非常有血性的女子,虽然成了元兵手中的羔羊,但她却始终傲然不屈,没有半点奴颜媚骨。她在被押解的路上,萦绕在脑海中的只有这样一个念头,好端端的一个国家,竟败在那些须眉浊物的手中,真是可叹可恨,如果自己是个男子,一定要拼死疆场,杀敌报国,守土保民,为国立功。

步步向北,王清惠一步一回头,思念陷落了的故国家园。

这一天,她们被押到汴京的夷山驿中。住在这里,四面全部有凶残的元兵把守着,他们不时地来欺凌这些不幸的女人。王清惠以绝食来表示自己不屈服的意志,已经有好些天滴水不进了。她暗自下定决心:生为大宋人,死为大宋鬼,决不做亡国奴,所以她决心以一死明志。

连日来,王清惠遥望南天,痛哭不已。看到她这样,那些后妃宫娥都来劝她说:

"现已国破家亡,伤心也没有什么用了,不如保重自己,留得青山在,不怕没柴烧!"

王清惠听了她们的话,怒不可遏,愤愤地说道:

"这是什么话,国破家亡,还能留得什么'青山'!我早已下定必死的决心,你们不必多言!"

说完,又面向南方大哭不止。

当天晚上,月光如水,冷风清凄,在万分的悲愤中,王清惠昏昏入梦。

在梦中,她又见到了巍峨辉煌的宋室宫殿,那里还是那样一片繁荣、升平的景象:熙熙攘攘的街市,车水马龙的都城,安居乐业的人民。忽然间,铁蹄踏来,如狼似虎的元兵,随着动地的战鼓杀了过来,刹时间,烽烟滚滚,黄尘蔽日。自己多想提刀跃马,驰骋疆场去斩杀元兵,哪怕是马革裹尸,战死沙场,也在所不惜。

如今家亡国破,黎民百姓遭此奇耻大辱,而那些身受朝廷恩禄的文臣武将,却都不知逃到何方去了。在极度的悲愤中,她手执利刃,决心与元兵拼个鱼死网破。不料元兵已把她团团围住,容不得她半点施展。

她大吼一声,想杀出重围,可是不知怎么的,她的双手已被元兵牢牢地捆住了。她更加怒不可遏,恨不能冲上去用嘴把元兵身上的肉咬下来。她看准时机,趁元兵不备,挣脱绳索,拼命朝前奔去。

追兵潮水般涌来,向她步步近逼。横在她前面的是一座高山,她飞一般地向上攀登着。来到山顶之上,她极目远眺,只见遍地狼烟烽火,到处都是元兵。国亡家破,一切都没有希望了,她大喊一声,纵身朝万丈深渊跳了下去……

原来是在梦中。王清惠醒来,涕泪满巾。这亡国的千古之恨,使她痛心裂肺,于是挥笔在驿馆的墙壁上题下了一首《满江红》词:

太液芙蓉,浑不似,旧时颜色。曾记得,春风雨露,玉楼金阙。名插兰馨妃后里,晕潮莲脸君王侧。忽一声,鼙鼓揭天来,繁华歇。 龙虎散,风云灭。千古恨,凭谁说?对山河百二,泪盈襟血。驿馆夜惊尘土梦,宫东晓碾关山月。问姮娥,于我肯从容,同圆缺。

在这首《满江红》词中,王清惠以今昔对比的手法,写出了宋宫室往日的繁荣、欢乐,被俘后的凄惨与愁苦。词中将悲惨的现实情景,沉痛的历史回顾与不甘屈辱、渴望自由等熔铸于一炉,议论纵横、慷慨淋漓。词的最后三句采用疑问句式表达了自己的不向元朝低头,渴望脱离苦难人世的思想。

次日,王清惠又与后妃宫娥们在元兵的看押下,日夜兼程地继续北上。来到元朝的都城,在元兵的百般威逼下,王清惠至死不降,元人无奈,便让她出家做了女道士。不久,王清惠便在郁愤之中离开了这个世界。

说来极巧,文天祥在第二次被元兵俘虏后,押到汴京,被囚在一个驿馆中。他如猛狮被困,在被囚中无法抒发自己的一腔报国之情。

突然,他发现墙壁上题有一阕《满江红》词,这首词正是王清惠留下的。

此时,王清惠早已以身殉国,魂归九泉。但她的这一阕词,却已南传北诵深深地留在人们的心目中。文天祥虽早就听说过此词,但今天读完仍激动不已。可是慢吟细品,却觉得结尾:"问姮娥,于我肯从容,同圆缺",似可斟酌,字里行间流露出一种无可奈何、俯仰由人的幸免苟安之意,文天祥不禁叹道:

"惜哉！夫人于此欠商量。"

于是，他便仿王清惠的口吻，"代夫人"另写下了一首《满江红》词：

试问琵琶，胡沙外，怎生风色！最苦是，姚黄一朵，移根仙阙。王母欢阑琼宴罢，仙人泪满金盘侧。听行宫，半夜雨淋铃，声声歇。　　彩云散，香尘灭。铜驼恨，那堪说！想男儿慷慨，嚼穿龈血。回首昭阳离落日，伤心铜雀迎秋月。算妾身，不愿似天家，金瓯缺。

文天祥不愧为爱国诗人与民族英雄，他这一改作，格调比王清惠原词高了许多，词中道出了王夫人"不愿似天家，金瓯缺"的节操，同时体现了文天祥的浩然正气。

★零落成泥香如故

由于积极主张抗金，反对妥协投降，朝廷中的投降派对陆游进行了打击报复。

本来，朝廷要将陆游调任嘉州知府，现在，那些主张投降的官员就乘机进行造谣污蔑，给陆游加上了"不拘礼法""宴饮颓放"等罪名。于是，陆游受到了罢免嘉州知府的处分，而只给了他一个主管道观的名义，领取一点薪俸。

受到这次打击后，陆游心中十分愁闷，也很悲观。他想找老朋友们聊一聊，排解一下心中的不快，但又一想，事已至此，也只有这样了。在孤独、失望中，陆游却又觉得自己的人格是高尚的、清白的。

一天黄昏，天色灰灰，细雨迷蒙。陆游漫步在一座驿站的旁边。这座驿站因年久失修，早已破败不堪。陆游在细雨中望着这凄冷冷的景象，觉得与自己现在寂寞的心境互相适宜。

正在他独自发愁的当儿，忽然看到驿站外面断残的小桥旁盛开一株梅花。那株梅花孤独地挺立在那里，显得格外冷清。

陆游十分喜爱梅花，在他的一生中曾写下过100余首咏梅的诗词。在他的眼中，梅花性格刚劲、坚毅，不畏风吹雨打，不惧冰雪严寒，所以，他赞美梅花是"花中气节最高坚"。

可是，眼前这株梅花呢？冷冷清清地在这里饱经风雨的吹打，却没有人来过问，真是"开尽人不知"。然而，尽管是这样的遭遇，梅花依然独自吐着芬芳，散发出一阵阵幽香。这不正是自己遭受投降派嫉妒、排挤和打击的命运的写照吗？这不正是自己寂寞愁苦而又坚贞不屈、孤芳自赏的性格的象征吗？

想到这里，陆游不禁心潮翻滚，久久无法平静。在蒙蒙的细雨中，陆游转身朝

自己的住处走去。在当天夜里,陆游打开笔砚,在淡淡的灯光下,俯案写下了一首《卜算子》词:

　　驿外断桥边,寂寞开无主。已是黄昏独自愁,更著风和雨。　　　无意苦争春,一任群芳妒。零落成泥碾作尘,只有香如故。

　　词写好了,陆游放下手中的笔,拿起那张词稿,反复地看了几遍,他觉得这首《卜算子》小词,寄寓了自己的深情,与自己写的其他咏梅的诗词比较,别具一格。

　　接着,陆游情不自禁地吟咏起这首小词来。

　　窗外风雨如注,屋内灯影摇曳,灯光只照在了案头上,周围是无边的黑暗。

　　陆游吟咏着,越读他越感到孤独、悲凉和激愤,郁积在心头的愁闷好像人的影子那样始终无法摆脱。但陆游认定,就是"零落成泥碾作尘",他依然要永吐芬芳。

第二章 古风词韵，趣味人生

★独具慧眼苏东坡

水光潋滟晴方好，山色空濛雨亦奇。

欲把西湖比西子，淡妆浓抹总相宜。

这是北宋大诗人苏东坡任杭州通判时写下的一首《饮湖上初晴后雨》诗。这首诗以我国古代美人西施来比西湖，传诵千古，脍炙人口，堪称歌咏西湖的绝唱。

苏东坡对杭州、对西湖有着特殊的感情，他曾先后两次到杭州做官。

第一次是在宋神宗熙宁四年(公元1089年)七月，来杭州任知州之职。第一次出任杭州时，苏东坡仅39岁，正是年富力强，但第二次再来时，却已是50岁开外了。他自己曾说："居杭积五岁，自忆本杭人"，这可见他与杭州关系的深厚了。

作为杭州的地方长官，他为杭州人做了许多好事。特别是整修西湖，更为后人所称道。

他向朝廷上呈《乞开杭州西湖状》，提出西湖不可荒废的五点理由。他以工代赈，雇工开捞，从夏到秋，花了20万人工，把西湖中的葑草打捞干净。从此，西湖烟水渺渺，绿波盈盈。他还命人用葑草和淤泥，筑成一条长堤，自南到北，横贯湖面。并在堤上建了云桥九亭，遍植桃柳、芙蓉。这就是著名的苏堤。他还在西湖中立三座石塔，石塔以内湖面不准种植菱藕，以免再次湮塞。这三座石塔，便是西湖十景之一的"三潭印月"。

一天，苏东坡与两位客人来到西湖孤山的临湖亭上吟风啸月。

突然，湖上有一叶彩舟翩然而至。只见彩舟上有几位女子，她们淡妆轻抹，罗衣飘然，其中一位虽已年过30，但却是位风韵娴雅的女子，在她将要动手鼓筝的一瞬间，早已显示出她那动人的姿态了。

此时，坐在亭子里的那两位客人都看得直了眼睛。然而筝乐还没有演奏完，彩舟却翩然而去了。苏东坡是位有心人，他不仅为眼前的湖光山色所陶醉，更把刚才的一切都看在了眼里，听在了耳里，记在了心上。

苏东坡的那双眼和那对耳朵,非同一般,能见常人所不能见,也能听常人所不能听。

不信,请来看看他是如何描述刚才湖上发生的事情的:

凤凰山下雨初晴,水风清,晚霞明。一朵芙蓉,开过尚盈盈。何处飞来双白鹭,如有意,慕娉婷。　　忽闻江上弄哀筝,若含情,遣谁听!烟敛云收,依约是湘灵。欲待曲终寻问取,人不见,数峰青。

这是首《江城子》词。这样的写景、写人、又写情的绝妙好词,可不是谁都能写出来的。不信,你看临湖亭上的那两位客人(即词中所谓"双白鹭")是绝对写不出来的,因为他们只顾看那美人了。

★ 为争气填《桂枝香》

这一天,王安石送走来作客的苏东坡之后,一个人独坐在自己的半山园中,觉得十分寂寞。

他与苏东坡尽管在政见上不和,但在诗词歌赋方面却十分谈得拢。他们都是文坛的高手,特别是苏东坡,更是志大才高,王安石向来不敢轻视他。

当时,王安石已经不在相位,于是便在这南京城里选了个好地方,建成了"半山园"。他之所以将园子取此名,是因为它距金陵城七里,又距紫金山七里。

每天,王安石都要出去走一走,或骑驴,或登舟,放怀湖山,吟风啸月。

可是,自从苏东坡来访之后,他的这些兴致不知为什么都跑得无影无踪了。到底是什么原因呢?原来是这位王安石争强好胜之心太强了。

苏东坡来他的半山园作客,谈得最多的是诗歌,而苏东坡在当时的词坛上,又是大名鼎鼎的人物,这一点王安石心中是十分清楚的。可是王安石一生做大官,在任何方面都自视很高,所以在诗词创作上也不想落在苏东坡之后。他决心写出一首绝好的词来,把苏东坡这位天纵之才比下去。

于是,王安石这几天几乎是足不出户,静坐于半山园中,苦思冥想。这一天,他澄心静虑地坐了一会儿,使全身心都进入了创作的最佳状态。他调动起毕生的功力,将那万千气象点染生化,然后倾注笔端,一挥而就,写出了一首《桂枝香》词:

登临远目,正故国晚秋,天气初肃。千里澄江似练,翠峰如簇。征帆去掉残阳里,背西风、酒旗斜矗。彩舟云淡,星河鹭起,画图难足。　　念往昔、繁华竞逐,叹门外楼头,悲恨相续。千古凭高对此,漫嗟荣辱。六朝旧事随流水,但寒烟衰草凝绿。至今商女,时时犹唱,《后庭》遗曲。

这首《桂枝香》词,上阕写山川,气象开阔;下阕写人事,感叹六朝时期金陵(六朝之都)的表面虚荣繁华。细读这首词,直觉风骨清肃,没有半点绮罗香泽之气。

王安石写罢,为了慎重,他没有把词马上拿出来,过了两天,取出再细看,觉得更好。心中暗想,这一定能让苏东坡大吃一惊,于是便动手抄了一份给苏东坡寄去了。

苏东坡接到王安石的来信,便想起了王安石陪他畅游金陵名山胜水的情景。当时,王安石已对金陵的山水十分熟悉,于是他为苏东坡做向导,几天之中游遍了金陵人迹罕至的绝妙去处。现在有信来,苏东坡想一定与游玩有关。

他打开信看到是一首词,便朗读起来。当时有几位文友在场,他们一听都赞不绝口,但苏东坡的称赞却独具特色。他说:"王安石这老东西真是个野狐狸精呀!"

由于他的称赞与众不同,便被人们记载下来,流传到现在。

★ 沉醉不知归路

宋代婉约派著名女词人李清照,与金石考据家赵明诚结为秦晋之好不久,住在汴梁。那时,他们都正当年,特别富于感情,又值新婚燕尔,自然生活得格外快乐。

七月中旬的一天,李清照与赵明诚兴致冲冲地带着美酒、佳肴与文房四宝外出郊游。出去没有多久,太阳便从东方冉冉地升了起来,于是,空气仿佛突然透明了,他们朝前望去,一条文静幽美的河横卧在他们的面前。

看到那条小河,他们像两个孩子似的,争抢着跑到船上,把船桨操在手中,同心协力地向前划去。船桨一下下地挥入水中,溅起朵朵浪花,如同他们心中的喜悦闪烁在晨光中。

上岸后,他们携手来到一条小溪边的亭子里歇息。

太阳高高地升起来了,夏日的风清爽地吹来……整整的一天,他们几乎都是在迷离恍惚的幸福中度过的。他们不是开怀畅饮,就是联句赋诗,要么就互相比赛背诗、解句。他们笑着、乐着,一直到颇有些醉意了,才在暮色苍茫的时候寻路回家。

大概是因为醉了,他们无论怎样努力也找不到来时的渡口了,赵明诚有些焦急了:"这怎么办呢?"最后,好不容易才在水草丛中找到一只小船,他们醉眼惺忪地踏上船,又争抢着划起桨来。

小船划过一带水草萋萋的地方,水面豁然开朗了。河水是碧绿的,在苍茫的暮色中绿得发暗,显得是那样的宁静而又平和,犹如一面翠绿、巨大而又平滑的宝镜。

没有了城市的喧嚣,没有了车马的烦闹,没有了凡世俗人的纷扰,一切宁静得像春天的梦那样令人迷恋。

在酒的微醉中,李清照与赵明诚相依偎着,四目相望,彼此倾注了无限的深情。此时,一切语言都成了多余。他们沉醉在一片澄明中,有晚归的水鸟飞来,它们轻轻地扇动翅膀,悄悄地落下,生怕惊动这一对幸福的人儿。

而当小船划破平静的水面默默无声地穿过去的时候,在微弱的落日余晖中,他们两人的身影便倒映在水中轻轻地晃动起来。

李清照深情地看着赵明诚,赵明诚以更加深情的目光回报。他们彼此看着看着,都会心地笑了。

小船刚一转弯,赵明诚突然大叫了起来:

"啊哟,易安,你看我们究竟闯到了哪里来了!"

李清照吃惊地抬眼望去,啊,原来是一处藕花茂密的地方。

只见白色、粉红色的荷花衬托着碧绿宽大的叶子,正在晚风轻轻的吹拂中摇曳着。

此时,小船在花丛中穿过,使得一群鸥鹭突然从藕花深处惊飞起来,随之,发出嘎嘎的长鸣声。李清照看到这一切,发出银铃般的笑声,她大声地称赞说:

"这里不正是一个最有诗意的地方吗? 明诚,我一定会写出一首最清新的小词来。"

赵明诚此时却有些焦急,对李清照说:

"易安,我当然相信你会的,可是,我们还得在天黑之前找到回家的路啊!"

天越来越黑了,他们努力地划着桨,渐渐地穿过了这片藕花,前面不远处就是河岸了。此时,月亮已升起来了,洒下一片银辉,晚风更加清爽了,他们相互搀扶着上岸,趁着皎皎月色走回家去。

两个月后的一天,赵明诚正在书房读书,李清照走进来递给他一篇词稿。赵明诚细细地读了起来。

这是李清照新填的一首小令,词牌为《如梦令》:

常记溪亭日暮,沉醉不知归路。兴尽晚归舟,误入藕花深处。争渡,争渡,惊起一滩鸥鹭。

赵明诚不读便罢,一读竟不忍放手,他吟诵了许久,才颇为感慨地对李清照说:

"易安,我太佩服你的才能了,这首词填得是多么出色啊! '常记'点出了这段有趣的、值得回忆的生活片断;'溪亭日暮',点出了时间地点;'不知归路','误入藕花深处',自然都是由沉醉引起的了。你瞧,你把那天的情景描绘得多么生动。特别有意思的是,你简直把我带进了一个'临源挹清波'的隐居的环境中去了。"

赵明诚说到这里,竟一下子严肃了起来,仿佛不再像一个年轻人了,他接着说道：

"易安，你看，自元符年以来，时局动荡，党争异常激烈，内忧外患不断袭来。作为我们这些人，只希望能有一个好一点儿的环境，使我们真正地安下心来，认认真真地去做点学问。如果有一个地方可以供我们借隐，我也就满足了。你在这首《如梦令》中不就为我们提供了一个可以借隐的环境吗？你在这首词中流露出的想法与我心底的想法是多么的一致啊，我是深深地感激你的！"

这首《如梦令》从日暮饮酒，兴尽晚归，迷途误入，到争渡惊鸥，结构浑然一体，环环相扣，表现了李清照闺阁生活自在闲适及潇洒风雅的生活情趣。

但就是这首词，引发了赵明诚的一番议论。听了这番议论，李清照笑而未语，因为，她的心是与丈夫赵明诚相印的。

★ 当风借力入高空

北宋时，山东有个叫侯蒙的人，他自幼聪颖，而且读书非常刻苦，真是到了头悬梁锥刺股的地步。由于勤于读书，他对《五经》、《四书》、诗、词、歌赋都十分精通。

但令人遗憾的是，这位侯蒙却屡考屡败，直到 31 岁时，才被地方上推荐去考进士。

来到考场上，侯蒙一看，在座的都是年轻英俊的后生，只有自己是 30 多岁的人，但他却没有因此而灰心。

可是，考场上的考生们一见到侯蒙都对他不大尊敬。因为侯蒙生得又丑又老：突出的眼珠，很大的鼻头，斜斜的眼角，再加上一脑袋花白头发，使年轻的后生们怎么看他都不顺眼。

考完试出来，一个泼皮无赖看见了侯蒙的这副尊容，便想捉弄他一下。于是，他把侯蒙的头像画到了自己放的风筝上，接着又把风筝高高地放到了空中，以供人们取笑。

如果是一般人看到有人这样戏弄自己，怕是都要恼火了，但侯蒙却没有那样，他不但没有觉得难堪，反而仰天大笑，然后对那个泼皮无赖说：

"谢谢你，这是我要平步青云的好征兆啊！"

说着，侯蒙又掏出钱来赏给那个泼皮无赖，并接过泼皮无赖手中的风筝，找来笔墨，在风筝上题下了一首词：

未遇行藏谁肯信，如今方表名踪。无端良匠画形容，当风轻借力，一举入高空。

才得吹嘘身渐稳，只疑远赴蟾宫。雨余时候夕阳红，几人平地上，看我碧霄中。

这是一首寄情《临江仙》的词。侯蒙在这首词中说道：没有施展才能的机会，有谁会相信我是个有真正本事的人呢？我现在能登高露脸，多谢有人来吹捧我啊。那风筝放得又高又稳，简直要把我带到蟾宫里去了。

你知道蟾宫是什么地方吗？那时候，人们是以蟾宫折桂比喻考试中举的。到了蟾宫，谁又不去折桂呢？侯蒙苦求到31岁，不就是为了这个吗？

这一次可真让侯蒙说对了，就是在这次考试中，侯蒙果然考中了进士。

人们听说侯蒙考中了进士，都纷纷前来祝贺，其中也有那位泼皮无赖。侯蒙见到他，非但没有责备他，反倒把他视为座上宾，好酒好菜地把他款待了一番。

过去那些看不起侯蒙，嫌他又丑又老的年轻后生们，现在对他则刮目相看了。

侯蒙从此步步高升，累迁御史中丞，刑部、户部尚书，又拜同知枢密院事、进尚书左丞、中书侍郎，整天与皇帝策划国家大事。就是招降宋江、讨伐方腊这样的大事情，他都为皇帝出过谋划过策。

这一纸风筝，真把侯蒙送上了碧霄。

★ 恶作剧后悔不已

姜夔是南宋时著名的词人。年轻时，他曾在吴兴的好朋友张仲远的家中住过一段时间。

姜夔的这位好朋友是位大忙人，经常出门去办事。张的妻子虽然是位比较善良、知书达礼的人，但她也有一点不足，那就是疑心太重，好猜测别人。

特别是每当家中有客人来时，她总是要反反复复地三番五次地盘问；别人写给她丈夫的书信，她总是要先偷偷地看完以后，再交给丈夫。

姜夔很早就听说过张仲远妻子的这种心理，便总想寻找个机会"帮助帮助"她。

于是，当他在张仲远家住了一段时间回去后，便以一个女子的口吻，偷偷地写了一封信寄给了张仲远。

恰巧，这封信又落在了张仲远妻子的手

姜夔

国学经典文库

国学大智慧

·诗学智慧·

图文珍藏版

中。看到信封上几行清秀的字,她心中有些急了,迫不及待撕开信封,展开信笺一看,只见信上是一首《眉妩》(亦称《百宜娇》)词,词中写道:

看垂杨连苑,杜若侵沙,愁损未归眼。信马青楼去,垂帘下,娉婷人妙飞燕。翠尊共款。听艳歌,郎意先感。便携手,月地云阶里,爱民夜微暖。　　　　无限。风浪疏散。有暗藏弓履,偷寄香翰。明日闻津鼓,湘江上,催人还解春缆。乱红万点,怅断魂,烟水遥远。又争似相携,乘一舸,镇长见。

张仲远的妻子看完这首词,不禁妒火中烧,她知道写的是一位女子与张仲远相会的情景。

这还了得,这个张仲远真是无法无天了。于是,她怒气冲冲地坐在家中,单等张仲远回来与他算账。

没过多久,张仲远回来了,他刚一进门,还没等坐下,妻子便怒气冲天地把那封信扔了过去,大声叫道:

"你干的好事,看你还有什么话要说!"

张仲远看妻子大发雷霆,不知其中的原故,便拾起那封信来看,看完那首词,心想:自己并没有与哪个女子相会过,怎么会有位女子给自己写词呢?看看这词的风格很像姜夔的,但这位姜老弟从来不和我开玩笑。

张仲远看过词,支支吾吾地不知如何解释。

他妻子一看他不说话,便认为张仲远一定干了亏心事,立即赶上前来对张仲远大打出手。张仲远躲闪不及,脸上竟被抓出了伤痕。

此时,姜夔在家中想:张仲远一定能看出是我写的,他肯定会上门来找我,我就等着看笑话了。

可是,几天过去了,仍不见张仲远的到来。后来,姜夔偷偷地一打听,才知道张仲远被妻子抓破了脸,已经好多天没有出门了。

姜夔本想治治张仲远妻子的多疑,谁想竟害苦了朋友。

后悔,后悔,姜夔真是后悔不迭。

★《兰陵王》救周邦彦

周邦彦是北宋时的大词人。

他不仅写得一手好词,而且还精于作曲,他常常把自己创作的精美的词配上优美的曲子。这些词曲一经传出,便为人们争相传唱,所以歌妓、舞妓都知道周邦彦的大名。

那时，有才气的人都时常出入娼楼妓馆，而这周邦彦更是这样的人。特别是开封的名妓李师师，与周邦彦更有交情。

那名妓李师师色艺双绝，最爱唱的就是周邦彦的作品。他们两人情好日密，周邦彦也就经常住在李师师那里，久而久之，竟到了难以自拔的地步。

周邦彦身为朝廷命官，却整天泡在歌妓那里，免不了要遭到人们的非议。于是他只得趁人不注意时去与李师师幽会，而平时，他就装作与李师师关系极一般的样子。

但是，生性风流的周邦彦无论怎样也是管不住自己的，便常常倚在柳树下的亭栏上，愁闷不已，想起李师师与他分别时那种依依不舍、泪眼汪汪的样子，十分难过，便作了一首词，放在信封里，差心腹人送给李师师。

李师师也一直思念着周邦彦，打开他的信，一看是一首《洛阳春》词，便有滋有味地读了起来：

眉共春山争秀，可怜长敛。莫将清泪湿花枝，恐花也、如人瘦。　　清润玉箫闲久，知音稀有。欲知日日倚栏愁，但问取、亭前柳。

读着读着，李师师不禁感动得流下了眼泪，因为她看到在词中周邦彦把自己看成了知己。她想，周邦彦这样真心待她，不如干脆嫁他为妻，也省得别人瓜田李下地胡乱议论，闲扯是非。

谁料，好事多磨，事与愿违，当李师师下决心要嫁给周邦彦时，一件出乎意料的事情，使他们的这段姻缘划上了一个句号。

这年的正月十五闹花灯，京都开封格外热闹。这一天，男人们自不必说，观灯、饮酒尽兴地欢乐。就是那些平时大门不出二门不迈的大姑娘们，也呼朋唤友，成群结队地来到热闹非凡的街头巷尾，观灯游玩。

在观灯的人潮中，有一位十分特殊的人，他虽然穿着一身普通的衣服，但却气度非凡，他就是微服出游的当今皇上宋徽宗。

徽宗领着几个身着便服的亲信挤在熙来攘往的人群中观赏花灯，偶然经过李师师家的门口。其中一位亲信知道里面住的是李师师，便建议皇帝进去玩一玩，可另一位亲信觉得皇帝到这种地方是不应该的，可是徽宗偏要进去见识一下。

这一去可不要紧，整整一夜过去了，也没有见徽宗皇帝出来，原来皇帝被李师师的美色给迷住了。从此，一有空闲，皇帝就跑到李师师的家里去寻欢作乐。

这事不久便被周邦彦知道了。他想，皇帝一朝天子都到那种地方去，妨碍了他的事，心中十分懊恼，但又无可奈何，只能在与李师师幽会时更加谨慎。

好事不出门，坏事传千里。宋徽宗与李师师的风流事儿，很快便传遍了整个京城开封。

宋徽宗觉得事情已传开了，如果再到李师师那里，容易被人们发现，便有心要把李师师接到宫里来，但这又不合礼法。

想来想去，他便想到了这样一个办法，命人从宫中挖通一条地道，直通李师师的家中。这样一来，到李师师家中去可就方便了，宋徽宗有了这条通道，便有空就往李师师家跑。

这样一来，周邦彦去李师师家的机会就少了。有一天，周邦彦估计皇上不在李师师那里，便偷偷地来找李师师。正要上前亲热亲热，忽听徽宗皇帝从地道里上来了，这把周邦彦吓得大惊失色，不知如何是好。

但机灵的李师师却异常镇静，她马上让周邦彦藏起来。当徽宗皇帝推开地道门时候，李师师恰好转身去迎接，装作好像什么事也没有发生过一样。此时，周邦彦暗自庆幸。

却说徽宗皇帝从地道上来后，便与李师师寒暄了一番。这时使女拿来了取暖用的温水包，放在锦缎子被里温着，李师师又往兽形的香炉里加了些香料，于是屋中顿时香气缭绕。

徽宗皇帝见一切都安排妥当，便从怀中掏出一个新从江南进贡来的橙子，笑着让李师师品尝。那李师师是一代名妓，就连吃橙子都十分讲究，她特意取来一柄又薄又亮的并州特产小刀，把橙子轻轻地切开，又往碗里撒了一点吴地产的雪白的精盐，用凉开水冲化，然后把切好的橙子放在盐水中蘸着吃。

李师师边吃边与徽宗皇帝嬉笑着，接着他们又吹了一会儿笙，说了些温存的话，这时夜就很深了。

却说躲在一旁的周邦彦，把刚才发生的一切都看在了眼里，听到了耳中。对于这一切，他本应该是守口如瓶，绝对不能说出去的。可是作为文人的周邦彦无论如何也按捺不住创作的冲动，并把自己看到听到的徽宗皇帝与李师师的一夜风流韵事，写成了一首《少年游》词：

并刀如水，吴盐胜雪，纤手破新橙。锦幄初温，兽烟不断，相对坐吹笙。 低声问：向谁行宿？城上已三更。马滑霜浓，不如休去，直是少人行。

周邦彦写完这首词仍不罢休，又教给李师师去演唱。

有一天，徽宗皇帝又来到李师师家，听到李师师唱起这首《少年游》，便有些恼火地问是谁作的。李师师说是周邦彦作的。徽宗皇帝一听，怒火上窜，回到宫中，立即把宰相蔡京招了来。他对蔡京说：

"那个监税官周邦彦征税不利，为何不治他的罪？"

蔡京不知其中的奥妙，只好说回去查一下。不久，周邦彦便背着荒废公务的罪名，被贬到外地做小官去了。

处理完了周邦彦，徽宗皇帝心头的怒气也渐渐地消了。

第二天，他又迫不及待地从地道赶来找李师师，可是来到屋中一看，李师师根本不在。

没见到李师师，徽宗皇帝怎么肯离开呢？便在房里耐下性子，百无聊赖地等呀，等呀。一下午过去了，直等到半夜时分，李师师才无精打彩地回来了。

进到房来，李师师十分勉强地与徽宗皇帝打了个招呼，往日的那股殷勤劲儿不知早跑到什么地方去了。

一看这种情况，本来就已等得十分不耐烦的徽宗皇帝，便有些发火地问道：

"朕在这里等了这么长时间，你究竟到哪里去了？"

李师师一看徽宗皇帝有些发火，便眼含热泪，非常委屈地说：

"周邦彦得罪了皇帝，现在被贬到外地去了。我与他是至交朋友，他要走了，我便备了些薄酒素菜，去给他饯行，以表旧日之谊。因为不知皇帝您的到来，所以回来晚了。"

徽宗皇帝一看，心先软了一半，便问李师师说：

"周邦彦是被贬到外地去了，他与你告别时又填什么新词了吗？"

李师师马上回答说：

"他填了一首《兰陵王》。"

徽宗皇帝一听，便来了兴趣，立即说：

"来来，快唱给我听听！"

那李师师可不是一般的风尘女子，她是何等地聪明。一看徽宗皇帝有了兴趣，她知道这是解救周邦彦的千载难逢的好机会。于是，轻盈地来到徽宗皇帝的跟前，依偎在他的身边，回手又为他倒上了一杯美酒，然后娇滴滴地说：

"请让我以这首歌祝皇帝您万寿无疆！"

说完，李师师起身取来唱词用的檀板，轻启朱唇，展开婉转的歌喉唱道：

柳阴直，烟里丝丝弄碧。隋堤上，曾见几番，拂水飘绵送行色。登临望故国。谁识京华倦客？长亭路，年去岁来，应折柔条过千尺。　　闲寻旧踪迹。又酒趁哀弦，灯照离席。梨花榆火催寒食。愁一箭风快，半篙波暖，回头迢递便数驿，望人在天北。　　凄恻，恨堆积！渐别浦萦回，津堠岑寂。斜阳冉冉春无极。念月榭携手，露桥闻笛。沉思前事，似梦里，泪暗滴。

周邦彦的这首《兰陵王》的题目是咏"柳"，实际上他是借柳话别，寄托自己的离别之情。

那徽宗皇帝，颇识辞旨艺境，他看这首词萦回曲折，似浅实深，有吐不尽的心事流荡其中。词中无论景语、情语，都耐人寻味。这高妙的文笔，再加上李师师圆润婉转的歌喉,立即使徽宗皇帝陶醉了。

他听完这首《兰陵王》,不仅气消了,还大为感动,于是又下令赦免了周邦彦,令他官复原职。

★蔡京吟改《西江月》

在宋代的历史上,有一个臭名远扬的人物,他就是遭万人唾骂的太师蔡京。

我国有句俗话说是:恶有恶报,善有善报。这前半句用在蔡京的身上可是再恰如其分不过了。

蔡京在宋徽宗时极受宠幸,成为炙手可热的权倾天下的重臣。于是,他仗着徽宗皇帝给他撑腰,勾结宦官大头目童贯,祸国殃民,为非作歹。

徽宗皇帝退位之后,宋钦宗登基作了皇帝。这个新皇帝还算有些头脑,比他昏庸的老子强一些。初登大宝,贵为九鼎之尊,他也十分勤勉,能临朝办几件像样的公务。

就在他登基的第二天,他就看到案头上已堆起了足足有三尺高的文书。随手翻开一看,竟全都是来自全国各地揭发蔡京一伙不法行为的文书。

这钦宗皇帝当太子的时候,便对蔡京的所作所为极为不满,现在大权在握,不除掉这条老狗,更待何时?

你想那蔡京也不是等闲之辈,他的嗅觉比谁都灵,徽宗皇帝一退位,他就预感到了自己末日的来临,便惶惶不可终日。

这一天,他突然举家南迁,逃亡他处。钦宗皇帝得知消息,一看时机已到,一道圣旨下来,便把这个老奸巨猾、作恶多端的蔡京,一下子罚到了数千里之遥的边远儋州。

偏远蛮荒的儋州也是不会欢迎这个老家伙的,到了那里也会够他受的。

蔡京被押解着起程了。在去儋州的途中,人们听说那披枷带锁的老头儿就是老贼蔡京,无不义愤填膺指名痛骂他,就连路边的酒家和客栈,也都不肯卖东西给他吃。

见此情景,蔡京仰天长叹道:

"想不到我堂堂蔡京,丧失天下人心,竟到了这般地步。可叹,可叹!"

押解蔡京的差官,怕他半路上被饿死,到儋州时交不了差,便买些东西给他吃,但却不让他吃饱。

一路上,蔡京遭人唾骂,困饿交加,真是狼狈至极。这一天,他们来到了潭州地界。此时,这位曾神气十足,权倾天下的蔡京,早是衣衫褴褛、蓬头垢面变成了一个穷叫花子。

突然,人们见他猛地向前抢了几步,面对苍天,眉头紧锁,高声唱起了一首《西江月》词:

八十一年住世,四千里外无家。如今流落向天涯,梦到瑶池阙下。　　玉殿五回命相,彤庭几度宣麻。只因贪恋此荣华,便有如今事也。

蔡京在被贬奔赴儋州的路上,到此地实际才只走了几个月,但在他已觉得走了一年了。

那一年他刚好80岁,而他却以为自己已经81岁了,所以他在《西江月》中称自己是"八十一年住世"。

唱罢《西江月》,他们继续赶路,到了晚上,找家客栈住了下来。

蔡京静下心来,仔细地想了想自己白天唱得那首《西江月》,觉得有些地方不对头,自己明明是80岁,竟然误以为是81岁了。这也难怪,那词是在自己狼狈得一塌糊涂的时候,顺嘴吟出来的。不过,在这种情况下能吟出词来,他心中也不无得意。

现在歇下来了,蔡京便把《西江月》词加以增删润色,于是便成了这个样子:

八十衰年初谢,三千里外无家。孤行骨肉各天涯,遥望神京泣下。

金殿五曾拜相,玉堂十度宣麻。追思往日谩繁华,到此番成梦话。

蔡京在词中说:我,堂堂蔡京,80岁上,刚刚向皇帝谢了恩,就向三千里外的蛮荒之地进发了。所到之处,无不遭人唾骂,天下之大,竟无我蔡京的容身之地,哪里才有我的家啊!我的亲人骨肉,全都被发配到边远地区去受罪,多么可怜啊!遥望那昔日居住的京都,不觉老泪横流。想当年,我曾经五次拜相,在金殿上,我曾经十次荣幸地听到皇帝宣诏,每次都得到奖励和提拔。追思往昔,整天为功名富贵而忙碌奔波,现在想来,哎,那才真是白忙活呢,面对这一切,再去说那些,都是梦话啊!

改完这首《西江月》词,蔡京站在窗前,久久沉思,直到夜很深了,也无半点睡意。

第二天继续赶路。从此,蔡京沉默无语,没有几天,便在郁闷和人们的唾骂声中死去了。

却说这押解蔡京的差官,是负有监督蔡京责任的。那天蔡京在路上高唱《西江月》词时,那首词早被其中的一位差官记了下来。

由于蔡京是朝廷的要犯,他的一言一行都不能轻意放过,都要记录下来上报给皇帝。那位差官记下词来,哪里敢怠慢,马上命潭州的驿使快马报告给朝廷。

可是他哪里料到,到了晚上,蔡京把词又给改了,改完后,蔡京低声吟唱了一遍,这时却被另一位差官听见,又把改后的词记录了下来。

当朝廷接到老蔡京白天吟唱的《西江月》时,马上记录在案,于是,它便成了经官方审查过的,具有权威性的定稿。

而老蔡京晚上改过,又低声吟唱的《西江月》,不久也被送到朝廷,交到了有关人员的手里,但这事可就有些不好办了。

此时,分管案卷的那位官员想,如今蔡京这老东西被贬儋州,走在路上还如此啰唆,今天写词,明天唱曲的,谁愿意听他的聒噪呢,谁有耐心伺候他。于是,顺手在后报来的《西江月》词上写下了"不足为信"四个字。

但是有心人为了保留历史真实,把这件事记在了《大宋宣和遗事》中了。

第三章　抒发情感，借词消愁

★问君能有几多愁

南唐后主李煜是一位只会风花雪月，而无济世之才的亡国之君。他在向宋称臣之前多写些宫廷生活之类的风格柔靡之作，后期的作品多抒发亡国之痛和怀旧伤今之情。作品语言清丽明净，形象鲜明生动，意境深远，感情真挚并富有极强的感染力，在五代、宋初词中具有很高的艺术成就。

宋兵攻破金陵（现南京）之后，李煜被迫投降，过了两年如同囚犯的生活。

有一天，宋太宗（赵光义）闲暇无事，心血来潮，忽然想起李煜来，命人召李煜的旧臣徐铉前来询问道："近来可否见到后主李煜？"徐铉叩礼答道："没有圣主之命，小人怎敢私自前去探望。"宋太宗虚情假意地说："你们君臣一场，应该前去探望才是啊！"

于是，徐铉于第二天专程前往李煜的住所，见到了面容憔悴、身穿道袍的后主。李煜此刻正坐在书案前，两眼露着哀伤、悲凄之光，不知在想什么心事。徐铉上前叩拜君臣之礼

李煜

后说道："臣此次前来，是为我主请安、叙旧的。"李煜见到昔日的老臣，面带愁容的脸上，立刻增加了几分悦色，忙请徐铉落座后，长长地叹了一口气，接着无限感慨地说："我真恨自己呀！当初不听你们的劝阻，只知享乐，误国误民、错杀忠良，给国家带来灾祸啊！"徐铉听了这话，万分紧张，害怕扯到国家政事，引来灾祸，忙用话岔开，说道："我主近来有什么新作吗？"李煜又是一声长叹说："唉，春去秋来，秋去春至，我实在是度日如年啊！"此刻，说话声已有些哽咽。过了一会儿，他拿出一张素笺，十分凄切地说："我近来靠填词度日，写了一首《虞美人》。"接着，又非常动情地

给徐铉念了起来：

　　春花秋月何时了？往事知多少！小楼昨夜又东风，故国不堪回首月明中。

　　雕阑玉砌应犹在，只是朱颜改。问君能有几多愁？恰似一江春水向东流！

　　这首词不仅写出了他个人的愁苦，而且有极大的概括性，它概括了所有遭受亡国之痛的人的痛苦之情。尤其是最后两句"问君能有几多愁？恰似一江春水向东流！"已成为千古名句，用长江春水比喻愁绪之多，把满腔的愁苦之情一泻而出，充分地表现了对故国之思。

　　李煜读罢此词后，竟失声痛哭起来，徐铉也长叹几声，觉得此地不可多待，忙说了几句安慰之话，慌张而去。

　　不久，这首词终于传到了宋太宗的耳朵里，他很愤恨地说："这首词写得很有艺术特色，不过可以看出，李煜的亡国之心不死啊！"

　　几天后，一个风高雨骤的夜里，李煜被太宗"赐酒"毒死，死时41岁。

★才子一生多愁怨

　　晏几道虽身为两朝宰相之子，而且十几岁便受到仁宗皇帝的赏识，但他却是一生落寞，还吃过官司，坐过监狱。特别是到了晚年，更是不幸，几乎到了衣食不继、生活无着落的地步。

　　晏几道为什么会落到如此的境地呢？宋代诗人黄庭坚说，晏几道平生有"四痴"，这使得他一生境况不佳。

　　这"四痴"都是什么呢？

　　"仕宦连蹇而不能依傍贵人之门，是一痴也；论文自有体，不肯作一新进士语，又一痴也；费资千百万，家人饥寒，而面有孺子之色，此又一痴也；人百负之而不恨，已信人终不疑其欺己，此又一痴也。"黄庭坚所说的"四痴"，反映出了晏几道这位贵公子性格的天真与耿直；更反映出他的生活作风，坚持自己的独立人格，不依傍权贵和磊落的思想。

晏几道

　　试想，这样一位既单纯而又天真的词人，亲身经历了盛衰不同的历程，尝尽了世态的炎凉、人情的冷暖，但仍不改自己的秉性，在现实生活中，他能不处处碰壁吗？

那时他在颖昌府中许田镇(现在的河南许田镇)做官时,曾写下诗词,呈给府帅韩维。韩维看过他的诗词后,在写给他的信中说:

"得新词盈卷,盖才有余而德不足者,愿郎君捐有余之才,补不足之德,不胜门下老吏之望。"

这位韩维府帅把晏几道看成"才有余而德不足",这使得晏几道非常厌恶腐败的官场,更不愿去攀权附贵,甚至使他还未到退休的年龄,便自己提出离开官场,"退居京城赐第,不践诸贵之门"。宋元祐三年(公元1088年),大诗人苏东坡经黄庭坚介绍,想拜访一下他,他也婉言谢绝,对人说:

"现在政事堂中的那些人,大都是我家以前的客人,我都没有功夫去见呢!"

这一天,晏几道的心情十分悲凉,虽不为"春花秋月何时了"而哀叹,但也无法排遣生活中"无处话凄凉"的苦闷,只好借酒浇愁。他坐在家中自斟自饮,越喝越觉心头苦闷。心中郁积的不快向哪里去倾诉,生活为什么对自己如此不平?

晏几道一杯接一杯,直喝得酩酊大醉。在醉梦中,一切都离他远去了:人世的不平,难以排遣的烦恼……可是,酒醒以后呢?

酒醒了,但向晏几道袭来是更加难解的迷惘,重重围困他的仍是悲愁的罗网,何以排遣,他伏在案边,写下了一首《蝶恋花》词:

醉别西楼醒不记,春梦秋云,聚散真容易。斜月半窗还少睡,画屏闲展吴山翠。

衣上酒痕诗里字,点点行行,总是凄凉意。红烛自怜无好计,夜寒空替人垂泪。

啊,看天外一弯新月,渐渐落下去了,尽管还是照着半个窗口,但人已无眠。抬头望那房中的画屏,画上的吴山空自翠色生辉,也难解人间愁苦,可怜红烛也"自怜无好计",为人悲愤而落泪。

★借词发牢骚的沈唐

沈唐在楚州当差时,有一年闹蝗虫,胡楷知府让沈唐具体负责消灭蝗虫的事。

这沈唐是位文弱书生,平时心高气傲,对胡知府的这种安排十分不满,认为是知府有意让他受罪,便牢骚满腹地写下了一首《蝗虫之叠》以解闷,其中写道:

"不是这下辈无礼,都缘我自家遭逢。"

谁料这词传到了胡知府的耳朵里。这可把胡知府气坏了。他判了沈唐一个"带禁写随行"的罪名,让沈唐从此吃了30年的冤枉。

过了一些年,担任通判的韩琦了解到这件事,认为沈唐是被冤枉了,便为他翻了案,并让沈唐做了大名府的签判。

照礼说，沈唐被平了反，又做了签判这样的官，本该知足了。但他却不是，总抱怨自己是大材小用了。他觉得现在的他不是春风得意，而是面临寒冬，于是他呼唤东君（司春之神）早日到来。怎样才能把自己心中的想法说出来呢？他写下了一首《霜叶飞》词：

霜林凋晚，危楼回，登楼无限秋思。望中闲想，洞庭波面，乱红初坠。更肃索，风吹渭水。长安飞舞千门里。变景催芳榭，唯有兰衰暮丛，菊残余蕊。　　回念花满华堂，美人一去，镇掩香闺经岁。又观露珠，碎点苍苔，败梧飘砌。谩赢得，相思泪眼，东君早作归来计。便莫惜丹青手，重与芳菲，万红千翠。

谁料该沈唐倒霉，他的这首《霜叶飞》词被来这里视察的王安石看到了。

王安石与韩琦历来政见不和，他正有对韩琦的气无处撒，这会儿找到了出气筒，于是便把气全出在了沈唐的身上。

王安石抓住沈唐《霜叶飞》词中的"东君早作归来计"一句，把沈唐招去，狠狠地臭骂一顿。

事过不久，黄河决堤，给百姓带来很大苦难。众官员们事先都有所准备，在防洪和疏通上级官员上大卖力气，于是都没有受到什么责难，惟有沈唐受到了降职的处分。

幸好他有位叫王广渊的同乡在朝廷里做大官，便把他派到渭州去做签判。可沈唐又嫌那里太远，就写了一首《雨中花》发牢骚，词中写道：

"有谁念我，如今霜鬓，远赴边堠"，并把词交给歌女去唱。

说来也是沈唐倒霉上加倒霉，这首《雨中花》又被王广渊听到了，心想，这个沈唐也太不识抬举，但他不好意思当着歌女的面骂沈唐，便骂那个歌女：

"该死，谁教你唱的？"

沈唐一听，明知是在骂他，哪里敢说半个不字，于是乖乖地到渭州上任去了。

到渭州后，沈唐一直把火憋在心里，从此再也不敢写词发牢骚了。

★白发簪花不解愁

宋徽宗建中靖国元年（公元1101年）春天，年已56岁的著名诗人黄庭坚，两次辞谢了朝廷的委任，从四川东下，历游两湖各地。

到洞庭湖登览岳阳楼时，他写下了《雨中登岳阳楼望君山》诗二首，其中一首写道：

投荒万死鬓毛斑，生入瞿塘滟滪滪。

未到江南先一笑，岳阳楼上对君山。

在诗中，诗人用"万死"、"生入"四字，写出了自己仕途的失意，抒写了自己从被贬到召回的种种坎坷和无限感慨。

宋徽宗崇宁元年（公元1102年），朝中奸臣蔡京专权，黄庭坚恳请出任太平州知府，但到任仅仅9天便遭罢免。随即检察洪州玉隆观，居住在鄂州。谁料，第二年有人告发说他在荆州时写的《江陵府承天禅院塔记》中有"幸灾谤国""讪谤侵陵"之句，于是他被除名，并被送往宜州羁管。

到了崇宁三年（公元1104年），黄庭坚经洞庭湖南下，在一首《过洞庭青草湖》诗中，他倾吐了连遭贬斥的悲愤之情，并表明了自己漠然处之的态度。路过零陵时，他把家眷寄居在朋友家中，自己独赴任所。

时值夏天，他才到了宜州。在宜州时，他的生活非常艰苦，许多人怕受牵连都不敢接触他，至于帮助他，那更是谁都不敢的了。那时他居住在宜州城小南门的戍楼之上，沐雨招风，人皆苦不堪言，他却一如既往地读书赋诗。

崇宁四年（公元1105年），此时的黄庭坚已是61岁的老人了，他又被改调永州。九月，朝命还没到达，他于重阳这日登上郡城之楼，放眼远处高山起伏，道路崎岖，联想起自己坎坷的一生，不禁感慨万端。于是，在城楼之上，他旁若无人地凭栏高歌，吟出一首《南乡子》：

诸将说封侯，短笛长歌独倚楼。万事尽随风雨去，休休，戏马台南金络头。

催酒莫迟留，酒味今秋似去秋。花向老人头上笑，羞羞，白发簪花不解愁。

在这首《南乡子》词中，黄庭坚把一生中的不幸全部一倾而出。最后他想到"万事尽随风雨去，休休"。酒味虽然没有变，但自己已是白发皓然的老人了。这有何妨，把花插在白头发上，以此自娱，可是这花怎能解尽心头的苦闷与闲愁呢？

这次重阳日登高之后，黄庭坚的心情更加忧郁，到了这个月的三十日，他竟一病而逝了。

这位在宋代颇有影响，开创了江西诗派的著名诗人，逝世之时，竟无一子弟、亲人在身边。最后是零陵的蒋讳为他办理了后事，后来又将他的棺木归韩祖茔。

★"山水郎"不慕功名

朱敦儒在宋代的词坛上，虽不是一流的大家，却也是有着相当名气的人物。

朱敦儒出身仕宦人家，他的父亲朱勃曾于宋哲宗绍圣年间做过谏官。那时的北宋王朝还是一派安定繁荣，到处是太平景象，这就使得朝野上下滋生了一种优游享乐之风。此风一兴，人们争相享乐，把国家社稷统统都丢到了脑后。

朱敦儒就生活在这种社会环境中，自然身上也沾染上了这种社会风气。于是，年纪轻轻便整天过着裘马轻狂、寻欢逐乐的生活。但他与那些花花公子还有所不同，他没有把自己的青春时光全都消磨在红袖青楼的荒唐中，去追求醉生梦死，他还留有一分清醒，去认真地读书学习。

对于诗词歌赋，朱敦儒有一种炽烈的情感，于是他热心于学习、揣摩前人留下的优秀作品，并以此砥砺自己的品行、德性。功夫不负有心人，在岁月的流逝中，他不断地学习，到中年时，朱敦儒已被人们称誉为"志行高洁"的人了。此时他虽未考取功名，只是一个布衣，但在朝野上下都有了一定的声望。

在安定繁荣中潜伏的危机一步步地逼近了。北宋末年，金兵大举南侵的战事虽未发生，但他们已蠢蠢欲动，随时都有南侵的可能。这时，在朋友的引荐下，朱敦儒被朝廷召到京城，准备任命他为学官，但他无心为官，十分坚决地推辞掉了。

他自我表白说自己是"麋鹿之性，自乐闲旷，爵非所愿也"。功名利禄在朱敦儒的眼中无足轻重，他根本没有把做官当成一回事。他在赠给友人的一首《鹧鸪天》词中是这样说的：

我是清都山水郎，天教分付与疏狂。曾批给雨支风券，累上留云借月章。诗万首，酒千觞。几曾着眼看侯王？玉楼金阙慵归去，且插梅花醉洛阳。

在词中，朱敦儒将自己描绘成了一个"斜插梅花，傲视侯王"的"山水郎"，给人留下极为深刻的印象。

朱敦儒的这种性格，在北宋末年"靖康之难"发生以后的很长一段时间里也不曾改变。

金兵入侵中原，烧杀掠抢，无所不为。朱敦儒与当时的朝官、名流、绅士们一道携家南逃，先来到淮海地区，以后又渡过长江，来到金陵。

这时，宋高宗赵构也逃到了金陵，正在那里筹建南宋政权，广招"草泽才德之士"，拟量才录用，授以官职。由于朱敦儒久有名望，便有人向朝廷推荐朱敦儒为"文武之才"，建议朝廷对他提拔重用。

可是，朱敦儒还没有改变"山水郎"的初衷，始终不肯赴召，便从金陵沿长江溯流而上，经江西南下，一路观山赏水，避难到广东的雄州去了。

宋高宗绍兴二年（公元1132年），正是南宋王朝用人之际，此时又有人推荐朱敦儒到朝廷做官。

但他听到这个消息，只是淡淡地一笑便丢在了脑后。第二年，宋高宗正式颁下诏令，任命朱敦儒为迪功郎。可是他不赴任。朝廷有些急了，命肇庆府督促他立即上任。就在这种情况下，朱敦儒还是迟迟不想赴召。朋友们看到他如此固执，都来相劝。这才使他翻然而起,从岭南赶赴临安。

朱敦儒一来到京城,宋高宗立即在便殿召见了他,听了他明畅通达的议论、旷达疏放的对策,心中十分高兴,认为朱敦儒是个不可多得的人才。于是赐他进士出身,为秘书省正字,兼任兵部郎官,不久又调任两浙东路提典刑狱。

功名利禄非所愿的朱敦儒,现在无奈也得做官了。

朱敦儒的不愿为官,并不是一味地为了闲适自娱。此时的朱敦儒,由于时代的影响,个人生活的变化,早年的那种恬淡心情减少了,诗酒轻狂的情趣也逐渐消失了。这正如他在《苏武慢》一词中所写的那样:

谁信得,旧日风流,如今憔悴,换却王陵年少。逢花倒躲,遇酒坚辞,常是懒慵笑。……

此时朱敦儒的心境,也如其他爱国并有正义感的文人一样,转而关心国事,念乱忧时,忠愤之致。这期间,他经常是"北客相逢弹泪坐""回首中原泪满巾"。正是有了这种忧国忧民的思想感情,才有了朱敦儒的应召"出山"。

但正当朱敦儒要为报效国家做番事业时,有人弹劾他"喜立异论",与主战派大臣李光来往密切,便被免去官职。

宋高宗绍兴十九年(公元1149年),朱敦儒上疏请求退居嘉禾。到了晚年的时候,他的儿子与秦桧的儿子颇有些诗酒之交,这使得他又被重新起用。不久,秦桧死去,他又被罢免了。

从临安任职到宋高宗绍兴二十九年(公元1159年)他去世,朱敦儒一方面追求放怀纵心,闲适安静,另一方面也时常把国事放在心上。特别是在退居嘉禾时,他的词一扫绮丽华美的词风,语言清新,明白如话,这首《感皇恩》就是这类作品:

一个小园儿,两三亩地。花竹随宜旋装缀。槿篱茅舍,便有山家风味。等闲池上饮,林间醉。 都为自家,胸中无事。风景争来趁游戏。称心如意,剩活人间几岁。洞天谁道在,尘寰外。

如此的语言、风格,在唐以来的文人词中是极为罕见的。朱敦儒之所以有这样的情趣,其中也透出了他的无可奈何。

朱敦儒晚年的另一首词《忆帝京》更是别开生面:

元来老子曾垂教,挫锐和光为妙。因甚不听他,强要争工巧? 只为忮惺惺,惹尽闲烦恼。你但莫多愁早老,你但且不分不晓。第一个随便倒拖,第二君言亦大好。管取没人嫌,便总道,先生俏。

词中说不要有棱角,不要逞精明争是非,学点聪明,顺风转舵,迎合别人只管说好。这看似劝人学之说,其实正是激愤之辞,以讽刺的笔调投向现实社会,投向那种喜欢别人吹捧、阿谀的势利人物和善于吹拍捧的狡黠之徒。

第四章 友情深厚，知己重逢

★苏东坡与"山抹微云君"

苏东坡的名气令许多人仰慕，而秦观就是其中的一个，但在很长一段时间里，他却无缘与苏东坡见面。

有一天，秦观听说苏东坡路经扬州，他便有了主意：模仿苏东坡的风格和笔迹，写了几首诗，预先题写在扬州一座有名寺庙的墙壁上。

为什么要这样做呢？因为秦观知道，苏东坡非常爱好游览，每到一地必访名山大川和名胜古迹，扬州的寺院十分有名，这是他的必游之地。可是，一说来也是缘分，扬州名寺古刹实在不少，苏东坡就偏偏来到了秦观预先题写的那座古寺。

走进这座寺院，苏东坡各处观赏流连。大雄宝殿的雄伟，钟鼓楼的巍峨，松柏深深的庙院，琳琅满目的碑刻，但最吸引苏东坡的还是墙壁上文人墨客们的题诗。

看来看去，大都是些俗不可耐的平庸之作。可是，当有几首诗跳入他的眼帘时，他不觉有些诧异。看那诗，看那字，明明是自己的，但仔细地想来，自己是第一次来扬州，更是第一次来这座寺院。再仔细看看、读读，他不仅暗暗吃惊，是谁竟有如此的能耐呢？带着满腹疑惑，苏东坡离开了这里。

不久，他到一位朋友家去做客，在那里看到秦观的数百首诗词。苏东坡不读则已，一读竟不肯放手，读着读着不禁拍案称绝，大加赞赏。这时，他突然想起了扬州那座寺院墙壁上的几首诗。经过仔细地琢磨，苏东坡断定，寺院墙壁上的诗就是这位叫秦观的人写的。只可惜的是，秦观没有在这里，他们无缘在此相见，于是便开始了"神交"。

春去秋来，过了很长一段时间，大名鼎鼎的苏东坡终于与对他万分仰慕的秦观在徐州相会了。他们两人一见如故，真是相见恨晚。从此，他们形影不离。

苏东坡认为秦观是很不可轻视的文坛后起之秀，所以对秦观十分关心。他们每每在一起攀谈创作体会，谈诗论词，研文挥毫。同时，苏东坡还劝秦观要参加科举考试，求取功名，以便能为百姓做点实实在在的事情。

国学经典文库

国学大智慧

《宋词》智慧通解

图文珍藏版

在苏东坡的劝导下,不久秦观便参加了乡员考试,但可惜的是没有考中。可是,秦观并没有灰心,而回到高邮老家闭门苦读。

过了一段时间,秦观在去会稽亲戚家串门时,恰巧在路上遇到了要去湖州赴任的苏东坡。两人相见,格外高兴,于是他俩携手同行。一路上,他们朝夕相处,时时交心,处处相互照顾,谈诗论词是他们最主要的话题。

他们一路行来,游无锡的惠山,观吴江的垂虹桥,赏湖州的寺院……玩得非常开心,特别是秦观从苏东坡那里学到了许许多多的东西。

要分手了,他们依依不舍,最后,还是洒泪而别。

秦观在会稽的亲戚家中住了一些日子,有一天,他突然听说苏东坡被人弹劾,朝廷下令把他逮了起来。

这一消息非同小可,秦观听后立即乘船渡过钱塘江,急忙赶到湖州探听有关的详情,希望能为苏东坡的事出些力气。可是,秦观费了好大劲儿,先后找了许多人也没能问出个究竟,因为苏东坡的许多朋友怕受到株连都远远地离开了他。有的甚至把他们之间来往的信件和唱和的诗词全都烧掉了,更不愿为秦观送消息。但秦观却不管这些,不怕涉嫌,仍然不停地为苏东坡的事奔走,可见他对苏东坡的感情之深。

秦观在苏东坡的教诲与熏陶下,诗词创作有了长足的提高。当他要离开会稽时,曾写下了一首《满庭芳》词,这在当时的词坛引起了很大的轰动。他在词中写道:

山抹微云,天黏衰草,画角声断谯门。暂停征棹,聊共引离尊。多少蓬莱旧事,空回首,烟霭纷纷。斜阳外,寒鸦万点,流水绕孤村。 销魂,当此际,香囊暗解,罗带轻分。谩赢得青楼,薄幸名存。此去何时见也?襟袖上、空惹啼痕。伤情处,高城望断,灯火已黄昏。

这首《满庭芳》是秦观在会稽蓬莱阁的告别宴会上写的。人们都认为它风格和婉平易,余韵袅袅,尤其是"山抹微云"一句,堪称千古绝唱。此词传到苏东坡的手中,他认为全词在气势与格调上稍有不足,但"山抹微云"句确是极佳。于是,他便戏称秦观为"山抹微云君"。

不久,秦观在京城又遇到了苏东坡,一见面,苏东坡二话不说,张口便与秦观谈词。苏东坡已看准秦观是个人才,便对他格外严格。苏东坡让小妾王朝云给这位"山抹微云君"泡上一碗密云笼茶,然后手捋长髯,不无敬佩地对秦观说:

"现在京城里到处都在传唱你的'山抹微云'呢。"

秦观听后谦虚地笑了笑。接着苏东坡口气一转说道:

"没想到我们分手后,你写词竟模仿柳永,而且还让人看不出痕迹来。"

秦观一听马上强辩说:

"秦某虽无才,也不至此,先生之言怕是过分了。"

苏东坡是何等人,在文学上他有天纵之才,对于文学作品有着超常的鉴赏力,于是他一针见血地对秦观说:

"你词中的'销魂,当此际'难道不是学柳永的句法吗?"

苏东坡批评秦观受柳永词的影响太深。秦观听了苏东坡的这番话,真是又钦佩,又惭愧,只是连连点头称是。

秦观接受了苏东坡的批评,在词的创作上大有长进。只是那首《满庭芳》已经传开,不好再改了,但秦观也因此词而名声大振。

★苏轼与道潜

有情风万里卷潮来,无情送潮归。问钱塘江上,西兴浦口。几度斜晖?不用思量今古,俯仰昔人非。谁似东坡老,白首忘机? 记取西湖西畔,正春山好处,空翠烟霏。算诗人相得,如我与君稀。约他年东还海道,愿谢公雅志莫相违。西州路,不应回首,为我沾衣。

这首《八声甘州》(寄参寥子)词作于宋哲宗元祐六年(公元1091年),此时,苏轼由杭州太守被召为翰林学士。当他准备离开杭州时,写下这首词送给参寥。

你道参寥是谁?他就是道潜和尚,参寥是他的字。这位道潜和尚不但精通道义,而且在诗歌创作上很具特色,以清新脱俗著称,所以为苏轼称赏。最初,苏轼与道潜和尚相识于徐州。那时他们经常在一起论道义,谈诗歌,两人情好日密。

当苏轼因祸被贬到黄州时,道潜和尚不辞辛苦,不远千里赶到黄州,在那里追随苏轼好几年。在这几年中,苏轼虽是位豁达之人,但由于仕途与生活上的种种不幸,难免有许多苦恼,而正是道潜和尚常随其左右,或谈天说地,或棋琴书画,为苏轼解去了许多不快。

当苏轼被贬海南,许多曾围在他身边的旧故避之唯恐不及,而又是这位道潜和尚几次千方百计地捎去书信,并要过海去看望苏轼。在道潜和尚的眼中,风高浪险的大海算得了什么,他与苏轼间的感情是任何艰难险阻都无法阻挡的。苏轼收到他的信,马上托人捎去书信,才劝止了他。

就是这样肝胆相照莫逆之交的朋友,苏轼终生难忘,在这首《八声甘州》中,苏轼充分地表达了深厚的情谊。

在词中,苏轼以钱塘江潮喻人世间的聚散分合,充分表现了词人的豪情。地下水无情而归,天上夕阳无情而下,则是天地无情,自然万物无情。"俯仰昔人非",写人生社会的无情。但对此无情的人生,词人的态度怎样呢?是高度乐观的。不必为古人伤心,也不必为现实忧虑,他能超脱时俗,"白首忘机"。词人俯仰天地,纵观古今,得出的结论是"一切无情"。可见,他的"忘机"有深刻的悟性。

既然看穿了古今万物,所以无意去名利场上角逐。但词人并没有完全忘世,更没有忘情,词接下来写与道潜和尚的友情。

回想起在西子湖畔与道潜和尚和诗饮酒,饱览春山美景,谈禅说理,流连忘返的日日夜夜,词人不禁从心灵深处对他以知己许之——"算诗人相得,如我与君稀"。可见苏轼对道潜和尚的欣赏。在诗歌创作上的共同兴趣,是他们友谊的一个重要基础。

接下来"约他年东还海道"以下五句,则表现出词人不愿再在仕途上跋涉,决定归隐的决心,并写出,我一定不会像谢安一样雅志相违,使老朋友恸哭于西州门下,表现出了他们情谊的深切。

★ 论词结友谊

北固亭怀古不久,辛弃疾举行了一次宴会。

在这次宴会上,他与下属们谈论北伐,饮酒填词,又请来歌女们演唱词作。

歌女们演唱了辛弃疾的旧作《贺新郎·甚矣吾衰老》和新作《永遇乐·千古江山》以后,客人们都齐声称赞。辛弃疾更是兴致勃发,唱起了他这两首词中的得意句子来。

他先唱《贺新郎》中的警句:

"我见青山多妩媚,料青山见我应如是";"不恨古人吾不见,恨古人不见吾狂耳"。

接着他又唱出《永遇乐》中的警句:

"千古江山,英雄无觅,孙仲谋处";"寻常巷陌,人道寄奴曾住";"可堪回首,佛狸祠下,一片神鸦社鼓";"凭谁问,廉颇老矣,尚能饭否?"

辛弃疾一边唱,一边用手击着桌子打节拍,由于感情激动,额上的皱纹显得更加分明,脸颊有些涨红,颔下的花白胡须也随着头部的不住摇动而飘拂起来。

他那豪迈的词句、苍凉的腔调,配合着激动的神情、有力的手势,使所有的客人都深深地受到了感染。

辛弃疾刚一唱完,客厅里便响起了一片热烈的叫好声。但他马上十分谦虚地请客人们提意见：

"请诸位不要顾虑，坦率地指出我这两首词的不足之处。"

客人们异口同声地说道：

"写得好，写得好！"

但辛弃疾却不罢休，一定要人们提点缺点。当他问到岳飞的后辈岳珂时，他见辛弃疾确实是诚恳征求意见，便坦率地说：

"辛帅的词，雄视千古，不落熟套，自成一家，晚生何知，岂敢妄言？不过，老先生要像范仲淹那样，用千金来征求把《严子陵先生祠堂记》改动一个字，晚生不才，也不是挑不出一点毛病的。"

辛弃疾听了十分高兴，连忙把坐椅移向岳珂，鼓励地说："请你把话说完。"

岳珂见辛弃疾毫无见怪之意，也就放胆直言：

"前一首《贺新郎》，慷慨激昂，写得很有气魄，但前面的'我见青山多妩媚，料青山见我应如是'，与后面的'不恨古人吾不见，恨古人不见吾狂耳'两句，显得有些雷同。后一首《永遇乐》，一连用了吴大帝孙权、宋武帝刘裕、宋文帝刘义隆、赵国大将廉颇等四个典故，不熟悉史实的人，怎能听得懂呢？"

辛弃疾刚一听完，便满脸笑容地站了起来，对客人们说："岳公子这话正好抓准了我的毛病，我就是爱用典故啊！"说完，辛弃疾满斟了一杯酒，双手递到岳珂的手中，表示谢意，并满怀感激地说：

"请岳公子满饮此杯！"

客人们也都端起酒杯一饮而尽。

从此，辛弃疾与晚辈岳珂结下了深厚的友谊。

★ 刘克庄送陈子华

宋高宗建炎元年（公元 1127 年），赵构在应天府登基做了大宋的皇帝。他命老将军宗泽为开封尹，兼任东京留守。

那时，已沦陷了的山东、河北等地的人民不甘心忍受金兵的奴役，纷纷揭竿而起，组织队伍与金兵对抗。这其中最有名的是由王善领导的一支有七万人马的队伍。宗泽非常重视这支力量，便亲自劝他们为国家出力，报效朝廷；另外还有一支人马则是岳飞曾经隶属过的王彦的部队。这位王彦原是宋朝军队中的一名都统制，金兵南侵以后，他便率众聚兵太行山。他手下的人脸上都刺有"赤心报国，誓杀金贼"八个字，因此人们称他们为"八字军"。这些抗金爱国队伍为了联合打击金兵,都自动接受宗泽的指挥,伺机以给金兵沉重地打击。

可是,不久不幸的事情发生了。建炎二年(公元1128年),宗泽老将军病故。朝廷又派了一名叫杜充的人接替宗泽。此人不但没能继承宗泽的遗志,反而制造摩擦,千方百计地消灭异己,攻击反军,这使山东、河北的民众抗金武装陷于自生自灭的地步。

这时,南宋初年的词人刘克庄有位叫陈子华的朋友到真州去为官。他想到宗泽组织民众抗金的壮志未酬,便鼓励陈子华加强同北方民众武装的联系。在送陈子华成行之时,刘克庄写下了《贺新郎》(送陈真州子华)一词:

北望神州路,试平章、这场公事,怎生分付?记得太行山百万,曾入宗爷驾驭。今把作握蛇骑虎。君去京东豪杰喜,想投戈下拜真吾父。谈笑里,定齐鲁。　　两河萧瑟惟狐兔。问当年、祖生去后,有人来否?多少新亭挥泪客,谁梦中原块土?算事业须由人做。应笑书生心胆怯,向车中、闭置如新妇。空目送,塞鸿去。

刘克庄在诗中愿陈子华"君去京东豪杰喜",这样就能进一步"谈笑里,定齐鲁",愿他为收复中原失地奠定坚实的基础。

他这样落笔,可以说建立了"堂堂之阵,正正之旗",紧紧地掌握了群众的愿望,发出了时代的最强音。

接下来,他又以东晋祖逖的故事去鼓励陈子华百般振作,去做一番大事业。他问道:

"两河萧瑟惟狐兔。问当年、祖生去后,有人来否?"

接着他又问道:

"多少新亭挥泪客,谁梦中原块土?"严厉地鞭挞了只求保住半壁江山的南宋群臣,又进一步指出:"算事业须由人做",希望陈子华看准时机,干出一番事业来。

老将军宗泽临死时,手指北方,大喊"渡河"。"子华老弟啊,你慷慨北行吧,我盼你报来佳音!"

刘克庄以一首《贺新郎》词送走了陈子华。

★他乡遇知己

宋末元初,有一位叫李生的读书人,由于战乱被迫流落到了元大都,住在一家不大的客店里。

这一天晚上,风清月朗,使人格外舒畅,但独在异乡的李生却感觉不到这些,一种孤独、失落感重重地压在他的心头,此时对着明月,他心底油然而生的只是对故国和过去生活的无限怀念。

在百无聊赖中,他举步走出小旅店,来到门外,对天吟道:

> 万里倦行役,秋来瘦几分。
> 因看河北月,忽忆海东云。

他刚吟诵完,忽听邻近的人家传来一阵妇女的哭声。那哭声哀怨凄惨,李生听了感到非常吃惊。

第二天早上,一大早他便到邻屋去敲门,出来开门的果然是一位妇人。

李生一看这位妇女,穿着十分朴素,脸上虽然略施脂粉,但也隐藏不住眼中淡淡的哀愁。还没等李生开口,那妇人便先问道:

"你就是昨天晚上吟诗的那个人吧,那首诗写得太好了。"

李生忙说:

"昨晚是我吟诗,但那诗却不是我写的,是我来大都时在船上听一位同船人吟诵的。因为我很喜欢,便把它记在了心中。冒昧问一句,不知你是何人?"

那位妇人听到李生问他,便对他说:

"我本是宋朝昭仪王清惠的一位宫女,名叫金德淑。大宋被元灭后,我被迫沦为歌女,在这里谋生。你昨夜吟诵的那首诗,是亡宋昭仪王清惠寄给汪元星先生的一首诗,昨夜听你吟诵,勾起了无限的伤心往事,所以听完我就哭了。"

李生听完金德淑的一番话,心中不禁涌起了敬佩之情,同时也非常同情她的遭遇。

"同是天涯沦落人,相逢何必曾相识",于是李生也把自己在战乱中家破人亡,被迫流落到这里,举目无亲的遭遇,特别是身在异乡的孤独、寂寥与无奈告诉了金德淑。相同的遭遇,同样的命运,一下子拉近了他们之间的距离,尤其是彼此初次见面便能这样非常倾心地交谈,更使他们感到非常亲切。于是,金德淑给李生吟了一首她自己写的《望江南》词:

> 春睡起,积雪满燕山。万里长城横玉带,六街灯火已阑珊。人立蓟楼间。
> 空懊恼,独客此时还。辔压马头金错落,鞍笼驼背锦斓斑。肠断唱阳关。

吟完这首《望江南》,金德淑眼中又含满了泪花儿,而李生也在掩面流泪。

他们泪眼相对,半晌两人才又谈论起这首词,李生非常赞赏这首词,认为金德淑十分有才华。接着他们又谈起灭亡了的大宋,最后又谈到今后各自的打算。

后来他们一起离开了这里,回到李生的家乡,结为夫妇,去过平安的日子去了。

第五篇 《元曲》智慧通解

导读

　　在中华民族灿烂文化宝库中，元曲是一朵奇葩，它和唐诗宋词鼎足并举，成为我国文学史上三座重要的里程碑。

　　相比于唐诗、宋词而言，元曲有着它独特的魅力：一方面，元曲继承了诗词的清丽婉转；一方面，元代社会使读书人位于"八娼九儒十丐"的地位，政治专权，社会黑暗，因而使元曲放射出极为夺目的战斗的光彩，透出反抗的情绪；锋芒直指社会弊端，直斥"不读书最高，不识字最好，不晓事倒有人夸俏"的社会，直指"人皆嫌命窘，谁不见钱亲"的世风。元曲中描写爱情的作品也比历代诗词来得泼辣，大胆。这些均足以使元曲永葆其艺术魅力。

　　蔚为一文学之盛的元曲的兴起对于我国民族诗歌的发展、文化的繁荣有着深远的影响和卓越的贡献，元曲一出现就同其他艺术之花一样，立即显示出旺盛的生命力，它不仅是文人咏志抒怀得心应手的工具，而且为反映元代社会生活提供了人民群众喜闻乐见的崭新的艺术形式。

第一章　放情山水，借酒浇愁

★胸中一片山水情

刘秉忠年近50岁时还没有结婚，他辅佐忽必烈制定朝纲，参与中枢机密决策，有宰相之实而无任何职务，当然也不能穿蒙古官服。

翰林院学士承旨（专门为皇帝起草圣旨的专职官员）王鹗为此上奏忽必烈，建议给刘秉忠授职，劝刘秉忠娶妻。忽必烈欣然采纳，并下诏书，将翰林院侍读学士窦默的女儿嫁刘秉忠为妻。刘秉忠早年为僧，无意功名，更没有建立家庭的想法，迫于皇帝旨意，不能公然对抗，只好委屈自己勉强从命。婚后10年，刘秉忠不置产业，公务之余焚香默坐，偶有余兴也只是像陶渊明那样观赏自家栽种的菊花。他还特别喜欢冬雪的晶莹洁白，每到北风乍起，大雪初停，他总是骑一只小毛驴到野外踏雪自娱。谁也想不到，这个衣着俭朴的骑驴小老头竟是当朝堂堂一品的宰相。

刘秉忠这种不奢侈、不作福威的生活方式很让当时的官僚们不解。在他们看来刘秉忠是个傻瓜，或者是不近人情的书呆子。有人出于好心，将这种议论说给刘秉忠，劝他迎合时尚，不要特立独行。刘秉忠听了置之一笑，吟出两曲[折桂令]：

一

梧桐一叶初凋。

菊绽东篱，佳节登高。

金风飒飒，寒雁呀呀，促织叨叨。

满目黄花衰草，一川红叶飘飘。

秋景萧萧。

赏菊陶潜，散诞逍遥。

二

朔风瑞雪飘飘。

国学经典文库

国学大智慧

·《元曲》智慧通解·

图文珍藏版

暖阁红炉,酒泛羊羔。

如飞柳絮,似舞蝴蝶,乱剪鹅毛。

银砌就楼台殿阁,粉妆成野外荒郊。

冬景寂寥。

浩然踏雪,散诞逍遥。

曲中所说的陶潜就是东晋末年不为五斗米向权贵弯腰低头的隐逸诗人陶渊明。浩然指的是与王维齐名,让李白十分钦佩的诗人孟浩然。这两位诗人久享盛名,不仅诗作清逸淡远,意味悠长,而且性格高洁,不肯与世俗同流合污。

刘秉忠写秋景的萧疏衰飒,冬景的寂寞辽阔,在歌颂他心中所推崇的古人的同时,也向他的朋友表明了他的散诞心怀和清高的情致。

刘秉忠做过高官,但他既不谋利,又不贪名,只是尽自己能力为人民切切实实地做些好事,这样的古代贤哲实在是令人怀想追念。

★ 放情山水解千愁

马致远(约1250～约1321),号东篱,大都(今北京市)人。一度任江浙行省务官,不久即辞职,专门从事杂剧、散曲写作。与关汉卿、郑光祖、王实甫齐名,并称为元曲四大家,所撰《汉宫秋》尤为后人称道。其词"典雅清丽,若神凤鸣于九霄",应列群英之上。

马致远在做官以前,部分时间在乡间度过。每日里读书饮酒,品茶制曲,也有时与樵夫、渔父闲话古今。无忧无虑,十分快活。这期间,有两首小令,大体反映了隐居山林的散诞逍遥,如:

[清江引]

野兴

樵夫觉来山月低,钓叟来寻觅。

你把柴斧抛,我把渔船弃。

寻个稳便处闲坐地。

西村日长人事少,一个新蝉噪。

恰待葵花开,又早蜂儿闹。

高枕上梦随蝶去了。

国学经典文库

国学大智慧

·诗学智慧·

图文珍藏版

品味词意，可以看出作者的心态十分恬淡逍闲，所以笔下的樵夫、渔夫的身上都透出一种隐士的风度。你看，樵夫扔掉了砍柴的斧头，渔人离开了打鱼的小船，坐在一起闲聊，完全没有功利思想。作者自己也在夏日长天的白昼里，任凭蝉鸣树林，蜂舞花间的热闹，却独自拥枕高卧，像庄周一样，梦魂无拘无束，忘却人间烦恼。

　　马致远后来被派到江浙做官，不过这官做得很不舒心，胸中浩气无从施展。这时他想起了家乡，于是提笔写道：

［落梅风］

潇湘夜雨

渔灯暗，客梦回，一声声滴人心碎。

孤舟五更家万里，是离人几行情泪。

　　客居在外的心绪可远不如在家闲居的闲适，连充满诗情画意的雨声，听来都让人心碎。

　　马致远回到家，想想官场的污浊，自己的壮志难酬，觉自己太好笑，他嘲笑自己，写道：

［四块玉］

恬退

酒旋沽，鱼新买，满眼云山画图开。

清风明月还诗债。

本是懒散人，又无甚经济才，

归去来。

　　喝着新买的酒，品尝刚出水的鱼，对着那如画江山，正话反说"无甚经济才"，更耐人寻味，可以看出当时的黑暗。

★情寄山水的闲人

　　贯云石20岁时就任两淮万户府达鲁花赤。当时的地方官主要职责是完成赋税，调派人役为当局做无偿劳动。这件事认真办起来，对百姓干扰十分严重，甚至把许多家庭逼得家败人亡，但完不成任务则必受到朝廷责罚。贯云石不忍过分扰民，又不能公然对抗朝廷命令，情急之下，将黄金虎符交付给他弟弟忽都海涯，他则只身来到北京,拜姚燧为师,学习古文。

　　姚燧当时任翰林院学士承旨,见贯云石的古文很有法度,散曲慷慨激烈,立即表奏他为翰林院侍读学士同修国史。这个职务对文人说来十分尊崇,无奈贯云石与同僚的作风格格不入,他看别人龃龉,别人看他孤傲。弄得贯云石在翰林院十分孤立,心绪非常抑郁。当时,姚燧仍在翰林院供职,贯云石觉得尚可忍耐。不久姚燧告病辞官,朝政日益紊乱,贯云石终于耐不住性子,也辞官不做,息影山林。隐居后,他以《清江引》的曲牌写下二十几首小令,其中,有四首最能表明他当时的心态:

<blockquote>
弃微名去来心快哉,

一笑白云外。

知音三五人,

痛饮何妨碍?

醉袍袖舞嫌天地窄。

觑功名有如车下坡,

惊险谁参破。

昨日玉堂臣,

今日遭残祸。

争如我避风波走在安乐窝。

避风波走入安乐窝,

就里乾坤大。

醒了醉还醒,

卧了重还卧。

似这般的清闲谁似我。

荣枯自天休觊图,

且尽杯中物。

莫言李白仙,

休说刘伶墓,

酒不到他坟上土。
</blockquote>

　　这几首小令写得言浅意深,痛快淋漓。他把追名逐利喻为车下陡坡,危险至极。他认为闲来无事,邀上三五知己,醉后狂舞,连天地都显得狭窄,这种豪情真如李白在世。

　　最后一首是说,得意、失志自有天定,人大不必存非分之想(荣枯自天休觊图),还是像李白、刘伶那样长在醉乡为妙。这种人生态度,现在看来似不足取,但在当时却有积极意义。

★落雪的心绪

　　鲜于必仁，出身于官宦世家，其父名枢，做过太常寺典簿。鲜于必仁一生没有做官，与海盐杨梓的儿子国材交好。杨氏乃浙右望族，家中僮仆千人，个个善歌南北曲。鲜于必仁受其熏陶，精通音律，尤长于度曲，成为海内名家。

　　他的散曲主要有三大部分构成，即写景、咏物、怀古，通过这三种形式反映自身的生活经历、感受和思想。他的作品多用白描，不常用典，但感情非常真实，富有艺术魅力。他曾用《普天乐》的曲牌写过潇湘八景，把山川草木、碧水烟云写得历历如画。下面，我们欣赏其中的两首：

［烟寺晚钟］

树藏山，山藏寺，
藤阴杳杳，
云影差差。
疏钟送落晖，
倦鸟催归翅。
一抹烟岚寒光渍，
问胡僧月下何之。
逐朝夜时，
扶筇到此，
散步寻诗。

［江天暮雪］

晚天昏，寒江暗，
雪花飐飐。
云叶毵毵。
渔翁倦欲归，
久客愁多憾。
浩浩汀洲船着缆，
玉蓑衣不换青衫。

国学经典文库

国学大智慧

·《元曲》智慧通解·

图文珍藏版

闲情饱惜，

高眠醉酣，

世事休参。

第一首曲子写的是山上古树葱茏，山中有座寺院，黄昏时分，云影游移，把藤阴模糊得若有若无，疏疏落落的钟声送走了夕阳余晖，宿鸟归巢，如纱似雾的一抹山岚围绕青山。和尚奇怪诗人何以黄昏出游，诗人表示每天这个时候都出来寻找诗意。通首小令写得超尘拔俗，几乎不见人间烟火。

第二首小令写的是日落时候，雪花飞舞，黄叶飘飘，渔翁傍晚归来把船缆在浩浩的江面上，披着蓑衣回家。渔翁看来很辛苦，但他不肯出去做官，其中的原因就是世情险恶，不愿在官场的是是非非中出惊入险。这里写的渔翁，实则是作者的自我写照。

整首小令写得幽静凄清，作者不满现实自甘淡泊的襟怀表现得十分自然，极易引起读者的共鸣。

★庄园里的笑声

彭寿之家环境分外幽雅，几间茅屋背靠青山，房前一座宽敞的园子，绿树环绕，中间却栽满了菊花。园外一条小河，清澈见底，河上架起一座拱形木桥，为田家风光增添了几分韵致。

阿里耀卿不带僮仆，单身骑着一头小黑驴来到彭寿之家。彭寿之将阿里耀卿迎到草堂落座，吩咐小书僮摆上酒菜，二人边饮边聊。阿里耀卿见满园菊花开得金灿灿的一片，不觉心旷神怡说："老兄昨日曾说有佳作新成，何不让小弟拜读一番，长些见识。"

彭寿之哈哈一笑说："哪有什么佳作，陈词滥调而已，不那样说，你老兄如何肯光顾我这茅栏草舍。说来说去，无非想与老兄饮酒叙旧罢了。"

阿里耀卿道："既然不肯赐教，须罚三大杯，以惩诓骗之罪。"

彭寿之道："有几曲新词，听我诵与老兄。"说罢朗吟道：

驿尘红、荔枝风，

吹断繁华一梦空。

玉辇不来宫殿闭，

青山依旧御墙中。

乱横戈，奈君何，

扈从人稀北去多。

尘土已消红粉艳，

荔枝犹到马嵬坡。

音信沉，泪沾巾，

秋雨铃声阁道深。

人到愁来无会处，

不关情处也伤心。

　　阿里耀卿手擎着酒杯，慢慢饮了一口，说："老兄腹笥深厚，人所不及，咏史寄意，犹见功力。前两首分明隐括《长恨歌》，然词浅意深，更得讽劝之旨。想那杨贵妃受宠之时，偏嗜荔枝，玄宗皇帝不惜军力，竟命人从四川用快马运至长安，人困马乏，不过为了饱一人的口腹。后来长安失陷，宫殿紧闭，惟见青山依旧，贵妃被迫自缢在马嵬坡，昔日繁华，顿成春梦，正是'不关情处也伤心''含不尽之意见于言外'，老兄当之无愧。"

　　彭寿之笑笑说："词是好词，你眼光不低，说到了妙处，只可惜，白白恭维了我一番。"

　　阿里耀卿吃了一惊，问："此话怎讲？"

　　彭寿之说："作者是王恽，不是我呀。"

　　两人哈哈一笑，当晚尽欢而散。

★ 望月伤怀借酒消愁

　　阿里耀卿虽然是少数民族，但由于长期居住中原，深受汉文化的熏陶，除了姓氏而外，完全变成了汉族知识分子的形象。他早年做过官，不久，因为性格刚正，看不惯宦海之中尔虞我诈、明争暗斗，一气之下回乡隐居去了。

　　元代知识分子在政治抱负不能实现时，多半沉溺于享乐，在醇酒与美人中寻求安慰，阿里耀卿也莫能例外。他居官时，曾结识一位色艺双绝的名妓，两个人一见倾心，引为知己。后来好景不长，名妓被权臣抢入府中，阿里耀卿爱莫能助，只好望风怀想，对月伤情。每至风生小院，月上蕉窗，他常常低吟："侯门一去深如海，从此萧郎是路人。"

有一次，他登楼远望，遥遥看到一位女郎在水榭上低回垂泪，身材举止酷似自己的意中人。阿里耀卿觉得心中一动，顿时勾起前尘影事，难以自制，回到书房，铺开纸笔，写下一首小令：

［醉太平］

寒生玉壶，香烬金炉，

晚来庭院景消疏。

闲愁万缕，

蝴蝶归梦迷溪路，

子规叫月啼芳树，

玉人垂泪滴珍珠，

似梨花暮雨。

曲中写的是黄昏日落的凄凉寂寞的景象。手扶玉壶，微感凉意。金炉香火已然熄灭，院中显得幽静消琼，蝴蝶在花丛间飞上飞下，杜鹃在树上发出悲哀的鸣叫，听来让人倍感黯然神伤。阿里耀卿想起垂泪的美人，正如满树梨花在雨中零落，哀艳凄迷，让诗人心旌摇动。

阿里耀卿微微叹口气，放下笔，想起往事如烟，似梦非梦，站起身，拿起酒壶。满满斟了一大杯，一饮而尽，心绪觉得豁然开朗。正在这时，他的好友彭寿之推门而入，见了阿里耀卿，说道："阿公好雅兴，自斟自饮，自得其乐。"

耀卿请客人入座，又拿来一只酒杯。彭寿之不喝酒，拿起小令来玩味，沉吟一会说："老兄不但曲精词妙，且真情可感，只是太痴迷了。"

阿里耀卿却说："我辈所不能忘者，惟一个'情'字耳，若能忘情，真成神仙矣。便是老兄，果能忘情否？"

彭寿之说："我有几首小令，正要请教，务请明日过寒舍一叙。"

二人聊了一会，拱手道别。

第二章　伸张正义，为民请命

★ 为民请命不怕丢官

邓玉斌30岁中进士，榜下即用，出任南皮县令，到48岁时历任河间、房山、平谷、吴桥诸县知县，官不升一品，人不出河北，直至49岁时才调升正定府同知。官升了两级，但却成了副职，不再独当一面。

同知是知府的副手，无权决定事情，但府里下行的文书必须由同知签署才能生效，因此，知府对同知的态度多半礼貌相待，不敢视为下级。

邓玉斌到任不久，高阳县呈报一件命案。知府大笔一挥，立刻批准。邓玉斌觉得人命关天，必须慎审，而且指出许多证据不足的疑点。他拒绝签署，要求将案卷调到府衙复审，知府为此老大不高兴。高阳知县见申文久不批复，竟然捏造流言，说邓玉斌受了案犯的贿赂，有意为案犯开脱。

邓玉斌听到流言大为恼怒，一气之下，自动辞职，离开是非漩涡。

知府见邓玉斌含怒辞职，担心邓玉斌不肯就此罢手，将此案闹到上司衙门，便假惺惺挽留，说："老兄清廉人所共知，何必为这点小事大动肝火。"

邓玉斌知道知府是虚情假意，更清楚对方的不安心理，他也不便说破，便将平时写下的散曲抄了两首。其一是：

[快活三]

一个韩昌黎贬到水潮。

一个苏东坡置到白鹤。

一个柳宗元万里窜三苗。

一个张九龄行西岳。

[么]

俺只会春来种草，

秋间跑药，挽下藤花，班下竹笋，採下茶苗。

化下道粮，馈下菜蔬，蒲团闲靠。

则待倚南窗和世人相傲。

第一首小令提到四位古人。韩昌黎即韩愈，唐代散文家、诗人，与柳宗元都是唐宋八大家之一。韩愈因反对唐宪宗迎佛骨，由侍郎贬为潮州刺使。柳宗元因参加王叔文革新集团被降职为永州司马。苏东坡，名轼，字子瞻，是宋代诗人、词人、散文家、政论家，因反对新法外放杭州太守，贬官海南。张九龄曾任唐玄宗宰相，后披李林甫排挤去职。邓玉斌借用这四位古人暗示给知府，不必担心，表示自己只是喜欢侍弄花花草草的读书人，绝不搞权谋。

知府是个聪明人，当然明白邓玉斌的态度，当下向邓玉斌致歉。

邓玉斌辞职归田，体验到了从来没有过的轻松自在，心情十分愉悦。

★以笔作刀抱不平

关汉卿，大都（今北京市）人，号斋叟，名失考，曾为太医院尹，后辞职，专门编戏制曲成为职业剧作家。

他依据实事创作了名剧《六月雪》又名《窦娥冤》。在剧中借主人公窦娥之口指责天地失聪，暗昧不明，窦娥临刑前，愤怒唱道："地也，你不分好歹何为地？天也，你错勘贤愚枉做天！"

这出戏演出后非常轰动，老百姓赞不绝口。由于剧情揭示了官吏的贪鄙愚蠢，引起朝中权贵的强烈不满，立即责令停演，并将演员抓入监牢，甚至威胁，要对关汉卿进行责处。

京中的文人学士一方面四处奔走，消弥此事，一方面劝关汉卿暂时出京避祸。

关汉卿听说此事，嘿嘿冷笑，激愤之下，写了一套[南吕·一枝花·不伏老]，表明心志。这套散曲由四首组成，在最后一曲[尾声]中，他写道：

我是个蒸不熟、煮不烂、捶不扁、炒不爆响珰珰一粒铜豌豆，凭子弟每教钻入他锄不断、斫不下、解不开、顿不脱慢腾腾千层锦套头。我玩的是梁园月，饮的是东京酒，赏的是洛阳花，插的是章台柳。我也会围棋，会蹴鞠，会打围，会插科，会歌舞，会吹弹,会咽作,会吟诗,会双陆。你便是落了我牙,歪了我嘴,瘸了我腿,折了我手,天赐与我这几般儿歹症侯,尚兀自不肯休。则除是阎王亲自唤,神鬼自来勾,三魂归地府,七魄丧冥幽,天哪!那其间才不向烟花路儿上走。

朋友们看了这一套宣言式的自白,知道关汉卿生性倔强,既不肯低头,更不会出走,不由摇头叹惜,深恐他身遭不测。

正在这时朝中大局出现一股暗潮,几派之间为争夺中枢大权几乎火拼。权贵们顾不得关汉卿这样的小人物,一场风波有惊无险,平安度过,朋友们才为关汉卿松了一口气。

几天后,由关汉卿做东,在京都酒楼宴会。名优珠帘秀从狱中出来,淡扫蛾眉,浓妆行酒。关汉卿粉墨登场,唱了一出《关云长单刀赴会》,歌声苍凉,满座喝彩,度过一个良宵,然后尽醉而归。

★ 都是民间疾苦声

公元1329年,元朝皇帝明宗在位,历史上称天历二年。按历史惯例,新皇帝即位都另立年号,明宗却例外地沿袭了文宗的年号。

明宗很短命,在位时间仅一年便不明不白地被毒死。当时朝政日益败坏,纲常紊乱,各级官职标价出售,贪官污吏横征暴敛,百姓生活苦不堪言。就在这一年,偏巧老天爷也来凑趣,关中一带数十日滴雨不落,禾苗枯黄、土地龟裂,草根树皮被吞食一空,吃人的惨剧屡屡发生。消息传到京城,再昏愦的朝廷也不能置之不理,急急忙忙选派大臣到关中赈灾。大臣们在京城养尊处优安逸得太久,谁都不情愿跑这趟苦差。当时任中书省参政的张养浩自愿请行,被任命为陕西行台中丞,到关中赈灾。

张养浩当时已年满60高龄,想到百姓生死交关,顾不得满头白发,立即登车上路。一路风尘仆仆来到关中地面,沿途看到面黄饥瘦的灾民络绎不绝到外地乞食。张养浩立即命部下筹集粮食,赈济灾民,对于已经饿死的饥民则命人就地埋葬。

张养浩一边救济灾民,一边祈雨,果然普降甘霖。风雨中,一日车马来到潼关,他望着东临崤山、北对中条山、西接华岳三峰的潼关险隘,不由感慨交集,一股悲天悯人的激愤之情油然而生,遂援笔写下了调寄[山坡羊]的散曲《潼关怀古》的千秋绝唱:

峰峦如聚,波涛如怒,

山河表里潼关路。

望西都,意踟蹰。

伤心秦汉经行处,

宫阙万间都做了土。

兴,百姓苦;

亡,百姓苦。

在诗人眼中,山山水水,万阙宫殿都浓浓地涂上了一层为百姓苦难而不平的感情色彩,至今读来仍觉惊心动魄。

怀古之作充斥唐诗、宋词、元曲,但立意多半为一朝一代的兴亡而嗟叹、惋惜,间或寄托自己的怀才不遇。像张养浩这首小令,不以一家一姓的王朝更迭为意,直接道出人民心声的作品,可以说是卷帙浩繁的古代文学作品中惟一的一首。

小令字数寥寥,笔笔精悍,字字珠玑,大气磅礴,令人叹为观止,为官如此,可以说是百代楷模了。

★ 窦娥冤

本篇介绍的是关汉卿的著名杂剧《窦娥冤》的故事。

楚州秀才窦天章,妻子早年亡故,膝下只有一女名唤窦娥,年方7岁。窦天章欠下蔡婆婆20两纹银,多年不还,连本带利欠到了40两之多。这一年,窦天章准备赴京应试,想起女儿无人照料,决定将窦娥送给蔡婆婆作童养媳抵债。他带着女儿来到蔡婆婆家,说明来意,蔡婆婆欣然同意,留下窦娥,将借据烧掉,另外送了十两银子给窦天章作路费。窦天章感谢不尽,他带着银子走出蔡家,心里很是难过,叹息道:

[赏花时]

我只为无计营生四壁贫,

因此上割舍亲儿在两处分。

从今日远践洛阳尘,

又不知归期定准,

则落得无语暗消魂。

他想自己远去洛阳应试,不知何年才能归家与女儿团聚,这种骨肉离别之苦真让他倍感伤神。

窦天章一去10年没有音讯,窦娥长到17岁,蔡婆婆的儿子却死了,只剩下婆媳二人相依为命。城外有个名叫赛卢医的医生,他的医道很不高明,生意十分清淡,为了维持生计,借了蔡婆婆20两银子。蔡婆婆为了讨债,不知跑了多少次,赛卢医无力还钱,心生歹意,决计在蔡婆婆讨债回家的路上,寻个僻静处将蔡婆婆杀死,了却身边的债务。

窦娥

有一天,蔡婆婆又为讨债,赛卢医好说歹说将蔡婆婆哄走,答应过几天亲自奉上。蔡婆婆走后,赛卢医悄悄跟在身后。在一片树林外,赛卢医左右看看,没发现有过往行人,赛卢医拿起绳子就勒住蔡婆婆的脖子,蔡婆婆拼命挣扎。正在危难之机,从树林里跑出两个人,救了蔡婆婆。

这两个人是父子,儿子叫张驴儿。张驴儿问明了赛卢医的身份和住处,觉得没大油水可捞,就把他放了。后来听说蔡婆婆只有婆媳两人过日子,便对蔡婆婆说:"这样正好,你嫁给我父亲,我娶你儿媳妇,你也不必谢什么救命之恩了。"

蔡婆婆说:"这件事使不得,我的儿媳非常刚烈,她不会答应的,我还是给你们些钱,救命之恩不能不报。"

张驴儿说:"我不要钱,你答应了,咱们是一家人,不答应,这有现成的绳子,我送你上西天。"

蔡婆婆无可奈何,只好将张驴儿爷俩带回家中。

窦娥见婆婆将一老一少两个男人带回家中,心中不解,问:"这两个人是怎么回事?"

蔡婆婆说:"在路上,我险些被人勒死,是这父子俩救了我。那个年老的娶我,年轻的要娶你,两家人并作一家人。"

窦娥见张驴儿父子生得獐头鼠目,举止委琐不堪,心中十分生气道:

[青哥儿]

你虽然得他营救,

须不是笋条年幼，

划的便巧画娥眉成配偶。

想当初你夫主遗留，

替你图谋、置下田畴，

早晚美粥、寒暑衣裳。

满望鳏寡孤独、无挨无靠，

母子每到白头。

公公也，则落得干生受。

蔡婆婆被窦娥一顿抢白，满心委屈说："我不是像竹笋那样细嫩的小孩，更不想嫁人，无奈受了人家救命之恩，不能不报。咱家不缺钱，给钱他们不要，你说怎么办。"

窦娥赌气说："我不知道怎么办，反正我绝不能嫁。"

蔡婆婆回头对张驴儿说："我的儿媳刚烈，待我慢慢劝她回心转意，你可先给我作儿子，住在这里，往后的事从长计议。"

张驴儿见窦娥生得千娇百媚，不由垂涎三尺，拉住窦娥的手，就要亲近。窦娥气急，把张驴儿推倒在地，转身回到自己房中。

张驴儿见一时不能得手，只好耐定性子住下来，等待窦娥改变主意。好好的一家人，平空添了两个无赖，窦娥整日阴沉着脸，蔡婆婆心头郁闷，渐渐病了。窦娥每天衣不解带在床头侍候，张驴儿见有机可乘，从赛卢医手中买来毒药，准备将蔡婆婆毒死，只是没有机会。

有一天，蔡婆婆要喝羊肚汤，窦娥做好了，蔡婆婆病久了，喝起来觉得味不够浓，让窦娥加些盐醋。张驴儿趁窦娥不在之际，将毒药放进汤内，然后溜掉。正这时，张驴儿的爹走了进来，闻到汤味十分鲜美，拿起来，喝了个精光，不一会七窍流血而死。

窦娥回来，见死了人，大叫起来。张驴儿闻声赶到，心中大惊，却故意诬赖窦娥下毒。他对窦娥提出，只要私了，窦娥嫁他，则万事皆休，不然就去打官司。

窦娥心中不做亏心事，便同意公堂相见。

楚州太守姚杌是个十分贪婪的糊涂官，他自称："我做官人胜别人，告状来的要金银。若是上司当刷卷，在家推病不出门。"

就这样一个只知贪赃枉法、不问是非曲直的地方官收了张驴儿的贿赂，审理命案。他以儿子不可能毒死老子为由，动用酷刑让窦娥承认毒死公爹的罪名。窦娥义正词严说明事实，无奈太守得了贿赂，连半句都听不进去。窦娥被折磨得死去活来，仍然不肯承认。

姚杌见窦娥不招，便喝令衙役们给蔡婆婆用刑。窦娥心疼婆婆，只得含冤负屈地招供，姚杌大笔一挥，将窦娥判了死罪，只待上司批文一到，即刻开刀问斩。窦娥悲愤抗议道：

［滚绣球］

　　有日月朝暮悬，
　　有鬼神掌着生死权。
　　天地也只合把清浊分辨，
　　可怎生糊涂了盗跖、颜渊。
　　为善的受贫穷更命短，
　　造恶的享富贵又寿延。
　　天地也作得个怕硬欺软，
　　却原来也这般顺水推船。
　　地也，你不分好歹何为地？
　　天也，你错勘贤愚枉作天。
　　哎！只落得两泪涟涟。

　　封建社会中，天、地、皇帝、父母、老师，简称为天、地、君、亲、师，是冒犯不得的，稍有不敬，便是大逆不道。皇帝自称天子，骂天等于骂皇帝。窦娥斥天、地昏庸糊涂，不辨是非，连著名大盗盗跖与大贤人颜渊，谁善谁恶都分不清楚，可见愚蠢到了顶点。行善的人受穷短命，作恶的人却长寿富贵，整个世界完全弄得颠颠倒倒，一塌糊涂。

　　太守得了钱，并不计较窦娥的强烈抗议，他坚持把窦娥定为死罪。行刑之际，监斩官问窦娥还有什么要求。

　　窦娥说："我死得太冤，不能下跪，要站立受刑，在头上悬三尺白绫，我死得冤了，满腔碧血点滴不会落到尘埃，一定全喷到白绫上。还有，我死后，天将降三尺瑞雪掩埋我的尸体，楚州要大旱三年，让天地证明我的冤屈。"

　　监斩官例外答应了窦娥的请求。他认为，窦娥即便冤屈，也不会在六月三伏天下雪。却不料，刽子手斩落人头，窦娥一腔鲜血全部喷到白绫上，地上连一滴都没有。窦娥身体倒地，突然阴云四合，刮起北风，接着便下起纷纷的鹅毛大雪。监斩官这才知道窦娥太冤枉了，围观的人们也叹息不止。

　　窦天章将女儿窦娥托付给蔡婆婆，来至京师赴考，一举成名，做官以后，曾差人巡访女儿，不料蔡婆婆举家迁徙，从此失去音讯。

十几年来，窦天章沉浮宦海，辗转升为两淮肃政廉访使，这一年奉了王命出京巡行天下。途中，他听说楚州连旱三年，赤地千里，心中惊疑不止。窦天章谙熟经史，他知道汉朝时期，东海孝妇蒙冤而死，苍天震怒使东海郡大旱三年。他认定楚州必有旷古奇冤，遂下令到楚州驻节，将历年案卷调到廉访使衙门重新审理。

却说窦娥屈死之后，一缕冤魂不散，终日在望乡台上等候冤案昭雪。当她得知父亲窦天章官至廉访使来到楚州查办案件，便在夜间托梦给他父亲，诉说冤情。

窦天章翻阅案卷时，看到有一窦姓女子毒杀公公一案，心中震怒，以为这是件十恶不赦的大罪，不以为疑。便将案卷投抽出来，压在最后，他觉得有些困倦，伏在案上蒙眬睡去，梦寐中他听到有人喊冤。窦天章抬起头来问道："你是何人？有何冤情？慢慢道来，本官为你作主。"

窦娥说："我是你的女儿窦娥，被人冤杀了。"

窦天章听了窦娥的叙述，叹息说："你既冤屈，何必招认。"

窦娥悲愤道：

［梅花酒］

你道是咱不该，
这招状写得明白。
本一点孝顺的心怀，
倒作了惹祸的胚胎。
我只道官吏每还复勘，
怎将咱屈斩首在长街。
第一要素旗枪鲜血洒，
第二要三尺雪将死尸埋，
第三要三年旱示天灾。
咱誓愿委实大。

窦天章听了窦娥的哭诉，说："我的好女儿，原来你受了这般委屈，才发下这样的毒誓，你且退去，待为父明日早衙为你昭雪冤情，严办恶徒。"

第二天，窦天章调齐案卷、人犯，重新宣判：将张驴儿判了剐刑，赛卢医边远充军发配，楚州太守姚杌脊杖一百，革去官职，永不录用。

窦娥请求窦天章收养蔡婆婆，窦天章爽快地答应了。

沉埋三年的冤案至此方得昭雪，突然一阵南风吹过，阴云四合，又是一阵雷鸣电闪，紧接着普降甘霖，楚州旱情解除，迎来一个丰收的年景。

★包公智斩鲁斋郎

本篇讲的是关汉卿又一部剧作《包待制智斩鲁斋郎》的故事。

宋朝仁宗年间，郑州城住了一个花花太岁叫作鲁斋郎。其人深受皇帝宠爱，一味地胡作非为，见人家的器物好便强行索要，看谁家的坐骑神骏便不问主人同意与否，骑了就走，简直是一颗灾星，走到哪里便给哪里的百姓带来灾难。不仅寻常百姓对他切齿而怒，只是无奈他有当今皇帝撑腰，人们毫无办法，只能敢怒而不敢言。

有一天，鲁斋郎闲极无聊，带着手下恶奴来到徐州沿街驰马飞奔，吓得行人奔走躲避，店铺纷纷关门。李四在临街开了一家加工金银首饰的铺面，见鲁斋郎飞马而来，急忙招呼妻子帮忙关门。李四的妻子有几分姿色，不巧被鲁斋郎经过时瞧见，只因马走得太快，看不真切。鲁斋郎即命恶奴打探明白，那银铺是何人所开，那美妇人是谁人的妻子。

鲁斋郎听了恶奴的回话，当时调转马头，带着十数名如狼似虎的家奴闯入银匠铺。李四见是鲁斋郎，吓得心惊胆战，小心翼翼上前回话。

鲁斋郎斜视李四一眼，大咧咧地说："你不必害怕，唤你妻子出来见我。"

包公

李四哪敢说个"不"字，乖乖地将妻子唤出。鲁斋郎见李四的妻子生得貌美，便命奴仆放下10两银子，然后对李四说："我把你的妻子带回家中，服侍我，与你十两银子作路费，你心中不服，可拣哪个衙门告我去。"说完一挥手，奴仆驾起李四的妻子，呼啸而去。

李四家中尚有一儿一女，失去妻子，家中无人照料，顿时气得七窍生烟，顾不得儿女，打算寻到郑州有司衙门状告鲁斋郎强抢民女。

李四初到郑州，不知路径，走得又饥又渴，更兼心头如火，竟昏倒在一家门首，引得行人驻足围观。这家主人是六案孔目，名唤张珪。张珪将李四救醒，得知要告鲁斋郎，立时吓得六神无主，道：

［幺篇］

你不如休和他争，忍气吞声罢；

别寻个家中宝,省力的浑家。
说那鲁斋郎胆有天来大,
他为臣不守法,将官府敢欺压,
将妻女敢夺拿,将百姓敢踮踏,
赤紧的他官职大的忒稀诧。

李四这时方知官府也怕鲁斋郎,难怪张珪劝他忍下窝囊气,另外娶个妻子。李四望着张珪,不觉泪流满面。

张珪见李四可怜,将李四让到家中。张珪的妻子姓李,觉得李四遭遇悲惨,便认李四作了弟弟。李四惦念家中儿女,便辞别张珪夫妇,赶回徐州老家。

却说鲁斋郎将李四的妻子抢回家中,玩了十数天便觉得兴味索然,不觉又动了喜新厌旧的念头。这天刚好是清明节,鲁斋郎心想:清明节家家上坟祭祖,妇人女子大都要借机出门,或者看到绝色女子,正好趁机抢入家中,供他淫乐。想到这,他立刻呼唤恶奴随他出门去渔猎美女。他们一行人来到郊外,发现一围高墙圈着一座坟田,青枝绿叶露出墙头,枝头落着两只黄鹂在跳跃啼鸣,鲁斋郎拿起弹弓射向黄鹂。

张珪带着妻子李氏和两个孩子在自家的坟田焚香祭祖,不防弹子落到孩子的头上,打得孩子哇哇大叫。张珪边骂边走出来,一见是鲁斋郎,登时吓得跪地磕头求饶。

鲁斋郎说:"你不知是我打的弹子,若知道是我,谅你也不敢骂,我到你家坟田略坐一坐吧。"

鲁斋郎到了坟田,看到了李氏,他觉得李氏生得光彩照人,不禁动了歹念,对张珪说:"把你的妻子明日送到我府上,不然,两罪并罚。"

鲁斋郎说完,扬长而去。张珪回到家中,又悲又气,恨恨地骂道:

[一枝花]

全失了人伦天地心,
倚仗着恶党凶徒势,
活支刺娘儿双拆散,
生各扎夫妇两分离。
从来有日月交蚀,
几曾见夫主婚、妻招婿?
今日个妻嫁人、夫作媒,

自取些查房断送陪随，

那里也羊酒、花红、缎匹。

李氏两泪交流哭道:"那鲁斋郎简直是没人味的畜牲,倚仗权势活生生拆散人家夫妻。日月无光,从来少见,更不曾听说丈夫为妻子作媒,另招夫婿,还要陪送嫁妆。这算什么混帐世道,还有人的活路吗?"

张珪说:"我也舍不得你,只是怕惹恼了鲁斋郎,他会把你抢入府中,还要害了我与孩子的性命,为了孩子,你还是去吧。"

李氏想想,别无生路,只好忍痛含恨跟随张珪来到鲁斋郎家。

鲁斋郎留下李氏,却把李四的妻子送与张珪为妻。张珪不敢拒绝,委委屈屈将李四的妻子带回家中。

李四赶回徐州,意外发现一儿一女不在家中。他急急忙忙向左右邻居询问,才知道孩子在他出门以后便离开家,出门寻找父母去了。李四心中没有主张,决定到郑州寻访张珪,然后再作计议。

张珪见了李四,叹口气说:"咱们兄弟的命运忒不济,你姐姐也被鲁斋郎那厮抢入府中去了。我比你略强些,鲁斋郎给了我一个女人作妻子,这女人模样不及你姐姐,好在脾气还柔顺,对孩子也好,你们不妨见一见,日后好往来走动。"

张珪说完,将李四的妻子唤出来与李四相见。两个人见了面,心中都分外惊奇,面上露出异样的神情,似乎都有万语千言,一时不知从何说起。

张珪见二人神态有异,心中深感奇怪,但又不便询问,自言自语道:

［红绣鞋］

他两个眉来眼去,

不由我不暗暗踌躇,

似这般哑谜教咱怎猜做?

那一个心犹豫,

那一个口支吾,

莫不是你两个有些面熟?

张珪不知他们二人原是结发夫妻,他只是看出来这二人关系不似寻常,相互眉来眼去,用目光传情,一个心怀犹豫,开口不得,另一个则口中嗫嚅,却又说不出话来。

正在这时,衙门里来人,让张珪去办理文书。张珪从衙门赶回来时,惊奇地发现他二人正抱头痛哭。

李四见张回来，立刻与妻子跪在地上，向张珪说明，他们原来本是夫妇，所以情不自禁互叙别情。

张珪对李四说："既然你们是夫妻，还是回家团圆去吧。"

李四说，"我们夫妻团聚了，你的孩子却无人照应。"

张珪这才想起孩子，却发现孩子并不在家中，听李四夫妇说孩子到衙门寻找张珪去了。张珪急忙出门寻找，找遍了三街六巷，哪里见孩子的踪影，到黄昏时分才垂头丧气地回家。

张珪一夜不曾合眼，一会想起娇妻，一会思念幼子，思前想后，万念俱灰。第二天醒来，唤过李四夫妻，说："我已没了家小，决计到华山云台观出家，你们夫妇就留在这里过活吧，我的家产尽够你们一生享用了。"

李四夫妇苦苦劝说，无奈张珪去意已决，只得顺从。

当天，张珪与李四夫妇作别，收拾了琴剑书囊，飘然离家，奔赴华山。

开封府包拯奉王命出京，观察民风，审理积案。在徐州，他收留了李四走失的儿女，一个是喜童，另一个叫娇儿。这一双小儿女向包拯哭诉了冤情，说母亲被鲁斋郎抢走，父亲出门不知去向，因此无家可归。

包拯带着喜童、娇儿来到郑州又收留了张珪的一双儿女，名唤金郎、玉姐。包拯一问，他们的母亲也是被鲁斋郎强抢入府。鲁斋郎的种种罪恶气得包拯浑身乱颤。包拯深知鲁斋郎是皇帝的宠臣，所以才敢无法无天，当时心生一计。在奏章中将鲁斋郎写成"鱼齐即"言道恶霸鱼齐即一贯强抢民女，罪恶昭彰，请旨处斩。皇帝不知鱼齐即是鲁斋郎，当下准奏。

包拯接到圣旨，将"鱼齐即"改成鲁斋郎，立即斩首示众，郑州百姓无不拍手称快。

转眼15年过去，包拯带着四个孩子来到华山云台观行香，打算顺便代孩子们寻访父母。

却说李四夫妇这天来到云台观，向观主说明，要为张珪送些钱粮，恰巧包拯与他们夫妻相遇。包拯听说他们认识张珪，便问起姓名，这才知道这二人原来就是李四夫妇，系喜童和娇儿的生身父母，包拯忙唤过喜童、娇儿与父母团聚。

李四夫妇抱着两个孩子又悲又喜，免不了痛哭一番，然后叙说别情。他们正说着话，走来一位道姑，也是寻访张珪。李四定睛一看，来者竟是张的妻子李氏。原来鲁斋郎被处斩后，李氏也出家当了道姑。

包拯知道李氏是金郎、玉姐的母亲，当下也让她们母女团圆。于是一行人等一起巡访张珪。正在这时，张珪一副道家妆束向他们走来，李氏一眼认出了丈夫，张珪也认出了妻子及李四夫妇，却不知包拯和四个孩子是何人。李四向张珪说明事

情的来龙去脉,张珪才知道包拯杀了鲁斋郎,孩子已长大成人,当时感激道:

[得胜令]

今日个天理竟如何?

黎庶尽讴歌。

再不言宋天子英明甚,

只说包龙图智慧多。

鲁斋郎哥哥,自惹下亡身祸,

我舍了个娇娥,早先寻安乐窝。

李四夫妇说:"幸尔包大人杀了鲁斋郎,百姓开怀歌唱,我等才得全家完聚,我们叩谢包大人。"

包拯眼噙热泪,开心地笑了。

★对项羽和刘邦的思索

王伯成,涿州(今河北涿县)人。关于他的生卒年已经很难考据,只知道他是马致远的忘年交,大约小于马致远二十岁左右。他的杂剧作品有《天宝遗事》、《贬夜郎》、《兴项灭刘》等。《天宝遗事》写唐玄宗与杨贵妃的爱情故事,《贬夜郎》写的是李白贬谪夜郎的原始要终,《兴项灭刘》则反映楚汉相争的过程,三个剧本的素材皆源于史实,加以艺术处理而成。

王伯成生性豪爽,酷爱历史,钟情山水。他的一生可以概括为十四个字,即"奇峰碧水留足迹,青史兴亡寄丹心"。

王伯成读了《史记》中的《项羽本纪》及《高祖本纪》后,便决心创作《兴项灭刘》杂剧,寄托他对历史的思考。为此,他从家乡出发,沿楚汉决战的路线从江苏到安徽,行至乌江时,见江水滔滔,怦然心动。信口吟出:

[哨遍]

乌江自刎

虎视鲸吞相并,

灭强秦已换炎刘姓。

数年逐鹿走中原,

创图基祚隆兴,各驰骋。

布衣学剑,陇亩兴师,霸业特

昌盛。

今日悉皆扫荡,上合天统,下应

民情。

睢河岸外勇难施,广武山前血

犹腥。

恨错放高皇,懊失追韩信,

悔不从范增。

整首曲子深切寄寓了作者对项羽的崇敬和因失策而败亡的惋惜。韩信原是项羽的部下,后为刘邦所用,是兴汉吞楚的关键人物。范增是项羽惟一的谋臣,无奈项羽并不重视他的意见,最终败死乌江。

就个人品格而言,项羽比刘邦要可敬得多。刘邦是个洞悉利害的成熟的政治家,但同时又是个不讲信义的无赖。

王伯成路经刘邦起义的砀山,想到刘邦推翻暴秦,忽觉得刘邦也是英雄。他拿出酒葫芦倒出一些酒,吟道:

汉祖胜乘威势,上苍助显号令。

田野布层阴重,六花飞万片轻。

不添和气报丰年,特逞凶兆害生灵。

王伯成吟到此处,忽觉得兴亡都成陈迹,想起马致远的"项废东吴,刘兴西蜀,梦说南柯⋯⋯"几句散曲,顿感豪情已尽,慢慢踱下山来。

马致远的散曲是在说项羽在乌江失败,刘邦在西蜀兴起,至今说来不过都是南柯一梦。自古兴亡原是定数,后人无须自作多情为古人叹惋。

★反思孔明的悲剧

元代中叶,农民起义风起云涌,各地告急文书雪片似地涌向京城,朝庭大为震动,急忙下诏命阿不花为行营总管,统兵前往征讨。阿不花需要一位文思敏捷、才识渊博的文人为他掌管军中文书,有人推荐了鲜于必仁。

阿不花问:"此人才学如何?"

推荐人马上开口背诵了几句鲜于必仁的散曲,当吟到"五花马三春帝乡,千金裘万丈文光。才压班杨,草诏归来,两袖天香"几句时,阿不花颔首,表示称赞,决定派人持军令,征鲜于必仁速赴军营听候差遣。

军中有人是鲜于必仁的朋友,拿出他的《折桂令》,请阿不花过目。阿不花展开一看,见写的是:

> 傲中兴百二山河,
>
> 拂袖归来,税驾岩阿。
>
> 物外闲身,云边老树,烟际沧波。
>
> 犯帝座星明凤阁,
>
> 钓桐江月冷渔蓑,
>
> 富贵如何。
>
> 万古清风,岂易消磨!

阿不花看完,抬起头问:"这是何意?"那人解释说:"这首曲子是倾慕汉代大隐士严光所作。严光,字陵,是光武帝刘秀的布衣之交。他帮助刘秀中兴了汉室江山,但他却功成身退,跑到桐江垂钓,是个皇帝得为友不能为臣的人,只怕鲜于必仁不肯奉命。"

阿不花说:"谅他不敢不来。"

鲜于必仁忽然收到朋友的信,信中说:"肯从军速来,不肯则速逃。"

鲜于必仁情知军命难违,只好离家避祸。他行经五丈原时,触动心事,信口吟成又一首《折桂令》:

> 草庐当日楼桑,
>
> 任虎战中原,龙卧南阳。
>
> 八阵图成,三分国峙,乃古鹰扬。
>
> 出师表谋谟庙堂,
>
> 梁甫吟感叹岩廊。
>
> 成败难量。
>
> 五丈秋风,落日苍茫。

这首小令用赞美怀念的语气概括了诸葛亮的生平业绩。先说汉末大乱,诸葛隐居南阳,后来未出茅庐即论定了三分天下。出山以后,辅佐刘备奠定蜀汉基业,用八阵图的方式吓退东吴陆逊的追兵。可惜六出祁山,未能取胜,在五丈原病逝军中,至今落日苍茫,像是为诸葛亮赍志而没的悲剧在无言叹息。

这首小令通篇写景,不着议论,但作者对古代贤人的崇敬惋惜心情却跃然纸上,感人至深。

★赵氏孤儿

纪君祥,元剧作家,平生籍贯不详,所著《赵氏孤儿》800余年以来脍炙人口,下面介绍这部剧的故事。

春秋时期,晋国灵公在位期间,相国赵盾和大将军屠岸贾同理朝政。屠岸贾兵权在握,久怀篡逆,只是碍着赵盾立朝有声,威望素著,朝野倾心,屠岸贾才不得下手,因此将赵盾视为宿敌,必欲置之死地而后快。

为了杀害赵盾,屠岸贾用尽了心机,他养了一条西戎进贡来的猛犬,名叫神獒。他每隔三五天才给一次饮食。喂食时,他扎个草人,穿戴和赵盾一样,在草人的心脏部位悬挂一串羊肺,令猛犬扑食。如此训练百日,屠岸贾对晋灵公说:"臣饲一猛犬,善能分辨忠奸,只要是奸臣,猛犬就会将他扑杀。"

灵公信以为真,次日在朝堂会齐百官,让猛犬分辨。猛犬见了赵盾,立刻猛扑,吓得赵盾绕柱逃命。殿前太尉提弥明见状大怒,一锤将猛犬打翻,然后将猛犬劈为两半。赵盾逃席而去,不料所乘的车子被屠岸贾预先摘掉一个轮子,四匹马剩了两匹。赵盾正在惶急,从路旁飞奔出一位壮士,一手扶轮,一手策马,将赵盾救出绝地。这位壮士名叫灵辄,曾饿昏在桑树之下,被赵盾救活,此次见赵盾危机,特来报恩。

屠岸贾一计不成,又生二计,他对灵公说:"赵盾是个叛国的奸臣,如不早除,必生后患。"

灵公大怒,立即下令将赵盾满门三百余口尽数斩首。赵盾的儿子赵朔娶公主为妻,屠岸贾不便擅杀,便假传灵公之命,派人给赵朔送去短刀、弓弦、毒酒,迫令自尽。

赵朔自尽之前对公主叮嘱说:"你将来生下孩子,如是女儿,则无话可说,如是男孩,就叫他赵氏孤儿,你千万将他抚养成人,为我赵氏一门报仇雪恨。"

公主含泪答应,赵朔仰天叹道:

［赏花时］

枉了我报主的忠良一旦休，

只他那蠹国的奸臣权在手。

平白地使机谋，

将俺云阳市斩首，

兀的是出气力的下场头。

赵朔想起一门忠良在云阳刑场一日全惨遭杀害，都是奸贼屠岸贾设计相害，今日又凭借权势迫令自己自杀，不觉悲愤交集，饮恨用短刀自刎。

公主见丈夫已死，哭个死去活来，却没料到更大的灾祸已向她逼来。

屠岸贾为了斩草除根，命将军韩厥率兵将公主府第严密封锁，待公主生下男孩，便将男孩杀死，将公主永远圈禁。

一个月后，公主生下一子，她委托惟一能出入府门的医生程婴将孤儿带出府门。程婴将孤儿藏在药箱内，却被守卫的韩厥发现。韩厥将军士调开，将程婴放走。韩厥见程婴对他不很放心，似乎是担心他会假放程婴，之后到屠岸贾处告密。韩厥为了彻底消除程婴的疑虑，当场自刎身死。守卫的兵士急忙报告屠岸贾，说："韩将军与公主均自杀身亡，孤儿不知去向。"

屠岸贾当时残忍地下令，将全国新出生两个月以下的婴儿全部杀死。

却说程婴带着婴儿回到家中，恰恰他的妻子也为他生了个儿子。程婴顾不得高兴，带着赵氏孤儿来到太平庄，找到做过宰辅又与赵盾交好的公孙杵臼说："万望老宰辅念在赵氏一门忠良，只此一点骨血的分上收养赵氏孤儿。我将我新出生的儿子献与屠岸贾，这样既保存了赵氏的后裔，又救了晋国所有的婴儿，老宰辅一生忠义，定不能推却。"

公孙杵臼说："我已经老了，不堪任重，难的事情你去办吧。我今年已经七旬，20年后赵氏孤儿才能长大成人，我能活到90岁吗？还是把你的儿子交付我，你抚养赵氏孤儿。然后你去报告屠岸贾，说我窝藏了赵氏孤儿，你必须让奸贼答应，杀了赵氏孤儿，放过你的儿子和晋国所有婴儿。"

程婴想想，除此以外别无良策，只好忍痛答应，临别时公孙杵臼道：

[鸳鸯煞]

我七旬死后偏何老,

这孩儿一岁死后偏知小。

俺两个一处身亡,

落的个万代名标。

我嘱咐你个后死的程婴,

休别了横亡的赵朔。

畅道是光阴过去的疾,

冤仇报复得早,

将那厮万剐千刀,

莫要轻轻地素放了。

程婴叹息说:"老义士放心,您一定青史留名,我绝不会像赵朔那样自杀。待赵氏孤儿长大成人一定为赵家报仇,为您和我儿子雪恨,把屠岸贾那奸贼万剐凌迟。"

二人说罢,洒泪含恨而别,程婴按照公孙杵臼的意见去办理一切事宜。屠贾果然杀了公孙杵臼及孤儿,放过了程婴和他的儿子。

程婴被屠岸贾留在府中,赵氏孤儿改名叫程勃,屠岸贾见程勃自幼聪慧勇武,顿生喜爱,将程勃认为义子,命名叫屠成。

程婴却苍老许多,他亲眼看见屠岸贾将他的亲生儿子当作赵氏孤儿杀掉,公孙杵臼碰壁而死。每当他想起公孙杵臼临终前对他充满期待的目光,便有一股刻骨铭心的刺痛袭上心头。

为了使赵氏孤儿在将来容易了解自己的身世,程婴将赵氏一门受害的经过画成图画,从赵盾被猛犬追咬开始,到程婴如何牺牲亲子代替赵氏孤儿,及公孙杵臼因隐藏赵氏孤儿被迫身亡而止。

整整20年过去了,一次程婴将图画放在程勃容易看到的地方,等待程勃提出疑问。程勃看图画,十分不解,走来问程婴:"父亲,这些图,画的谁家故事,那条狗追那个当官的干什么? 还有,那个将军为何自杀? 还有一个老头碰壁而死,连婴儿都被杀害了。您能给我说说么?"

程婴说:"我早就想告诉你。那个被狗追咬的老头名叫赵盾,是前朝相国。自杀的将军是赵盾儿子名叫赵朔,还是个驸马爷呢。赵家一门忠良,只为得罪了权臣屠岸贾,便满门被杀。赵朔的儿子被程婴救走。屠岸贾为了杀掉赵氏孤儿,竟下令捕杀当时晋国所有婴儿,程婴为了保存赵氏血肉,将亲生子冒作赵氏孤儿托付给公孙杵臼,然后又告发公孙杵臼。公孙杵臼因窝藏赵氏孤儿被杀害,而程婴将赵氏孤儿认为己子,抚养至今。"

程勃问:"那么你就是救孤儿的程婴,我则是赵氏孤儿了,对么?"

程婴老泪纵横地点点头。

程勃悲愤道:

[普天乐]

听的你说从初,
才使我知缘故。
空长了我这二十年的岁月,
生了我这七尺的身躯。
原来自刎的父亲,
自缢的是咱老母。
说到凄凉伤心处,
便是那铁石人也放声啼哭。
我拼着生擒那个老匹夫,
只教他偿还一朝的臣宰,
更和那合宅的家属。

程婴说:"你明白了自己的身世就好,那屠岸贾老贼绝不是你的什么义父,正是害你全家三百余口的元凶巨恶,报仇之事还需谨慎。"

程勃双眼喷火,默默沉思。

良久,程勃跪在程婴面前感激地哭道:

[上小楼]

若不是爹爹照觑,
把您孩儿抬举,
可可的二十年前,早撄锋刃,
久丧沟渠。
恨只恨屠岸贾那老匹夫,
寻根拔树,险些送的俺一家灭门绝户。

程婴说:"自然,没有我你早死了。不过现在不是说这个话的时候,我舍了亲生子,不仅是为了你,而是为你赵家留一忠良后代,你要记清了。"

不久,灵公病死,悼公继位。上将军魏绛将赵氏冤狱向悼公秘密陈奏。悼公对屠岸贾早就心怀戒惧,担心他谋逆造反,想了想,对魏绛说:"你传密诏给赵氏孤儿,让他将屠岸贾暗暗捉获,之后明正典刑,你可带兵接应,必求一鼓擒获,免得打虎不成,反被虎伤。"

魏绛向程勃传了密诏,另外拨数百名亲兵暗中相助。屠岸贾有一天从校军场点兵回府,身边只几名心腹跟随。程勃率五百亲兵候在半路,见屠岸贾车马过来,发声喊叫,一齐涌出,屠岸贾还没等弄清是怎么事,便已被结结实实绑缚起来,扔到地上。

屠岸贾十分恼怒地问程勃说:"我的儿,我一向待你不薄,你因何如此对待我?"

程勃戟指屠岸贾的脑门说:"你当我是谁? 我就是你20年前必欲追杀的赵氏孤儿。"

屠岸贾说:"赵氏孤儿早被我砍为三段,你分明是程婴之子。"

程勃说:"你杀的才是程老伯的亲生儿子,我正是赵氏孤儿。"

程婴愤怒对屠岸贾说:"老贼子,今日被擒,有何话说?"

屠岸贾气哼哼说:"成则为王,败则为贼,今日被擒,只求速死。"

程婴哈哈大笑说:"你这老贼,枉杀了多少人! 赵氏一门三百余口,还有韩厥将军、公孙相辅及我的儿子,你还妄求速死,岂非作梦。今已奏准主公,要千刀将你凌迟处死,不如此,何以消天下之恨。"

第二天,悼公下令,剐了屠岸贾,为乱臣贼子之戒,程勃认祖归宗,改名赵武,封大将军。公孙杵臼为保护忠良,含恨而死,追赠上大夫,建墓立碑,永享典祀。韩厥追复上将军,依礼重新下葬,程婴年老,不宜为官,赐良田千顷供养老之资。正是"善恶到头终有报,只争来早与来迟"。

第三章 行侠仗义,曲魂永存

★仗义疏财结英雄

早春二月,正是北京蔬菜青黄不接的时候,被文人雅谑为"红咀绿鹦哥"的菠菜都很难见到。这天清晨,集市上来了一位卖菠菜的,菠菜青葱翠绿,水灵灵分外喜人,但要价也太高,几乎与肉价相等。这种菜小民买不起,只有富贵人家才能问津。

权臣阿里那花的厨子领着几个帮工到市上买菜,看到菠菜很好,十分中意,有心要买,又舍不得钱,卖菜的偏不肯降价,争执起来。厨子倚仗主子的势力,蛮横不讲理,招呼帮工抢了菠菜,还把卖菜人一顿毒打。正这时,走过来一位书生,轻描淡写地横扫一腿便把厨子和几个帮工打倒在地。书生用手指着厨子,喝令交钱,厨子满腔怒火也不敢发作,只好乖乖听命。临行时,厨子恶狠狠地对书生说:"有种的等在这,爷一会儿回来给你找个吃饭不要钱的地方!"

书生冷笑两声,说:"爷生来就痛恨蛮不讲理,下次相逢,你再不悔改,爷还教训你。"

书生刚要离开,被一位中年人叫住。这位中年人就是刚由江南廉访使任上奉调入京的徐琰。徐琰说:"老兄拳脚不俗,文而兼武,路见不平尤见肝胆,可否同饮三杯,略表敬慕。"

书生毫不推辞,二人来到酒楼,互相问过姓名,倾谈之后大有相识恨晚之感。书生善饮,数十杯酒下肚毫无醉意。徐琰将身边的散碎银两悉数交给酒保,让好酒侍候。二人只喝到夕阳衔山才依依分手,以后遂成为挚交。

过了几天,徐琰被任命为翰林院承旨学士,专为皇帝起草圣旨,系天子近臣,品级十分尊崇,连丞相都不敢小视他。徐琰气度宽宏,为人随和,公务之外常常被达官贵人邀去饮酒。

一次徐琰被一位权贵请去饮酒,饮酒中间,女乐上来献舞,一个油头粉面的男子吹箫伴奏。这个吹箫者很受权贵宠爱,权贵请徐琰为吹箫者写首曲。徐琰略加

思索,援笔而写:

沉醉东风

赠歌者吹箫

御食饱清茶漱口。锦衣身翠袖梳头。

有几个省部交、朝廷友,樽席上玉盏金瓯。

封却公男伯子侯,也强如不识字烟波叟。

曲中讥讽之意十分明显,嘲笑吹箫者攀高结贵,享受公侯一样的生活。

徐琰想起了菜市场的可恶情景,放下笔,心里很不是滋味。

★爱情友情伴诗魂

卢挚(1235～1314以后),字处道,又字莘老,号疏斋,又号嵩翁,涿郡(今河北涿县)人。他出仕很晚,51岁时才考中进士,官少大夫、中大夫,出任河南总管,后入京任集贤院学士大中大夫。

珠帘秀是当时杂剧舞台的红星,兰心蕙质、冰肌玉骨,不仅生得娇艳绝丽,而且演技出类拔萃,很受文人学士的垂青。关汉卿创作的名剧《窦娥冤》当时在北京十分轰动,主要人物窦娥即由她扮演。卢挚在京城居官其间经常出入舞榭歌台,观看珠帘秀的演出,日子久了二人结下了很深的情谊,花前月下浅斟低唱,难舍难分。然而,好景不长,卢挚突然奉调出任湖南廉访使。赴任之际,珠帘秀前来送行,二人泪眼相看,依依难分,卢挚从袖中取出夜里写下的小令交给珠帘秀。珠帘秀展开一看,写的是:

[寿阳曲]

别珠帘秀

才欢悦,早间别,

痛煞煞好难割舍。

画船儿载将春去也,

空留下半江明月。

卢挚这首小令写得非常凝练,将离愁万种尽熔铸其中,曲中意境凄凉悲苦,画船将去,情人渐远,空留江中月影启人愁思。

珠帘秀将小令珍藏起来，二人挥泪而别。

卢挚到了湖南，把满怀离情别绪暂时抛开，埋头公务。不过闲下来时难免想起京中往事。卢挚诗与刘因齐名，文与姚燧比肩，朝臣对他十分推许，认为他应该在朝廷"弘文佐理"。他也以此自许，不料偏偏屡任地方官。卢挚想起平生抱负，追忆与珠帘秀的缠绵情怀，不禁黯然神伤。

一日，卢挚觉得寂寞难挨，命小书僮带上酒葫芦到郊外散心。卢挚先喝了一葫芦，将另一葫芦挂到花枝梢上。自觉得自己像晋朝的山简一样，放浪形骸之外，又像列子一样，能乘风来去，只可惜眼前没人与他共享这种雅兴。沉醉之余，援笔写了一首小令：

[殿前欢]

酒杯浓

酒杯浓，一葫芦春色醉山翁，
一葫芦酒压花梢重。
随我奚童，葫芦干，兴不穷，谁人共？
一带青山送。乘风列子，列子乘风。

小令写醉态栩栩传神，一股无可排遣的寂寞情绪抒发得酣畅淋漓，因为卢挚又想起了似梦非梦的京华烟云。

★出家人制曲答友人

翰林承旨学士徐钰面见丞相，请求辞职。丞相很为难地表示说："朝廷正借重老兄大才，老兄归田，谁可替代？"

徐钰说："集贤院学士滕斌文思敏捷，词采富赡可以继任。"徐钰说完拿出滕斌写给他的书信，请丞相过目。丞相看到信中有"贾谊方肆于文才，诸老或忌其少；阮生稍宽于礼法，众人已谓之狂"的句子说："此人既以贾谊、阮籍自况，文章必非凡品，待明日奏过圣上，即可下诏，你老兄从此可以息肩林下，笑傲山水矣。"

贾谊是西汉时的政论家，以文章名世。阮籍是西晋时人，竹林七贤之一，是魏晋南北朝期间很有个性的诗人。滕斌佩服贾谊、阮籍的学识，更欣赏他们二人的性格。滕斌到了翰林院，除了起草诏书之外，常常超越本职工作议论朝政。长此一来弄得丞相很不开心，连皇帝也怪滕斌多事，滕斌公务之暇，喜欢便衣到民间访问，遇到审理欠妥的案件就直找到有关衙门要求重审。这种越俎代庖的做法历来是官场大忌。有人上表弹劾滕斌恣意妄为，扰乱司法。于是滕斌被降为大理寺评事。这一纸降调令等于给滕斌兜头一盆凉水，把满以为做番利国利民大业的滕斌浇个心灰意冷。从此，滕斌像许多失意文人一样沉湎酒色之中，借以排遣心中的忧郁。

不久，滕斌的两个侍妾先后死亡。面对正值豆蔻年华又花容月貌的美人骤然谢世，滕斌顿感人生无常，他觉得只有遁迹空门才能心定神闲、潇洒终老。滕斌来到天台山清虚观为道士。事后，亲友们赶到天台山，劝说滕斌还俗，滕斌拿出两首小令，亲友见写的是：

［普天乐］

百年身，千年债。

叹愚夫痴绝，云雨阳台。

人易老，心犹在，独倚阑干春风外。

算人间少甚花开。

春光过也，风偬雨偬，一叶秋来。

亲友们品味曲意，也觉得人生不过如此，昔日凤阁龙楼，今朝断井颓垣。曾经花团锦簇，霎时水流花谢，彩云易逝，盛景难留，只好与滕斌拱手道别。

滕斌出家为道士，将身外余财悉数散给穷人，穷人对他感恩戴德，他却笑笑说："自家饱暖，众人冻馁，我于心不安。出家人慈悲为怀，君等不必挂心。"

第四章 面冷心善，铁汉柔情

★丑在面目美在心

钟嗣成，元朝时代人，他用了15年时间，写成一部书，名为《录鬼簿》。这部书为元代“门第卑微，职务不振，高才博识”的文人立了传。《录鬼簿》为《元史》补阙拾遗，给后人留下弥足珍贵的史料。后人通过这部书才得了解大剧作家关汉卿、王实甫、马致远等人的生平及著作情况。如没有这部书，也许到今天我们都无从得知王实甫写过《西厢记》，关汉卿会有许多剧作。

然而，关于钟嗣成本人，却没有别人为他留下那怕是只言片语的记载。幸尔，他本人填了一套[南目·一枝花]《自叙丑斋》的散曲，为我们大写意地勾勒出了他一生的穷困潦倒。

他在第一只曲[梁州]中自我写照说：

于为外貌儿不中抬举，
因此内才儿不得便宜。
半生未得文章力，
空自脚藏锦绣，口唾珠玑。
争奈灰容土貌，缺齿重频，
更兼着细眼单眉，人中短髭鬓稀稀。
那里取陈平般冠玉精神，
何宴般风流面皮，
那里取潘安般俊巧容仪。
自知就里，清晨倦把青鸾对，
恨杀爷娘不争气。
有一日黄榜招收丑陋的，准拟夺魁。

因为容貌丑陋，当然比不上西汉谋臣陈平的美玉般仪态，更没有晋朝文人何宴、潘安靠嘴脸漂亮而受人青睐的幸运。甚至丑得惨不忍睹，连自己都不敢正视。

"青鸾"是镜子的别名,不敢照镜子,看来确乎丑出了水平。如丑得仅此而已,人们还不至于不敢领教。钟嗣成继续自嘲道:

　　　　倦闲游出塞临池,
　　　　临池鱼恐坠,出塞雁惊飞,
　　　　入园林宿鸟应回避。
　　　　生前难入画,死后不留题。

丑到把游鱼、飞雁都吓得避之惟恐不及,应该承认,是丑到了极点。

作者半生潦倒,一世无名并非因为丑,更不是缺乏才气,所以他写道:

　　　　饶你有拿雾艺冲天计,
　　　　诛龙局段打凤机,
　　　　近来论世态,世态有高低。
　　　　有钱的高贵,无钱的低微。

能冲天销雾、入海擒龙、攀云捕风,本领可谓不小,但苦贫穷,即沦低贱,令人无可奈何。

钟嗣成在这套曲中以嘻笑怒骂的语气自我嘲笑,另方面也极为形象地描绘出了蒙古贵族统治下的残酷与黑暗。这套曲与其说是自画像,莫如看作是社会画卷更为适宜。

★雷霆击倒的运气

这篇介绍的是马致远所作杂剧《半夜雷轰荐福碑》的故事。

宋仁宗年间,天章阁学士范仲淹奉王命到江南寻访贤才俊士来辅佐朝政。他的朋友宋公序被任命为扬州太守,二人同日离京,分手之际,宋公序委托范仲淹为他的女儿选一佳婿。范仲淹想起了他的同窗好友张镐,便对宋公序说:"我的朋友张镐博学多才,与你家小姐十分匹配,我到江南就是为了寻访他。如他寻到你时,呈上我的书信,你就可以招为女婿,此人将来必能大展鸿图。"

张镐

二人说完即各自登程。

张镐,字邦彦,汴京人,自幼颖异,读书刻苦,学得满腹经纶,笔下十分来得,无耐文通运不通,多年科举不第,书剑飘零。后来流落到潞州长子县,在一个土财主家教几个村童,勉强糊口。这个土财主名叫张浩,与张镐的名字音同字不同,名字叫起来一样,学问却有天壤之别。

张镐教读之余,想起自己的前程免不了暗自嗟叹道:

[点绛唇]

> 我本是一介寒儒,
> 半生埋没红尘路。
> 则我这七尺身躯,
> 可怎生无一个安身处!

他想起自己满腹文章,飘零半世,埋没在人间,竟连一个安身立命的地方都没有,禁不住有些感慨。

再说范仲淹一路寻访,得知张镐被困潞州,在一个大户人家教读,便按迹寻踪,找到张镐。张镐见做了高官的平生挚交范仲淹来到,高兴得几乎流泪。二人坐下,谈起离别后情形,范仲淹问:"兄弟这几年学问必大有长进,一向读些什么书?"

张镐说:"总是在残篇断简中寻生活罢了,《六经》倒是读了几遍,什么《论语》、《孟子》、《毛诗注疏》、《尚书》、《周易》、《春秋三传》,可是这此却救不得饥寒,怎么可好?"

范仲淹问:"兄弟可写过什么文章?"

张镐将新近写的《万言策》拿给范仲淹过目。范仲淹看过之后说:"兄弟的文章切中时弊,词雄理辩,我面呈圣上,必有佳音。我送你3封书信,是写给柳员外、刘副使和宋太守的,地址在信中已写明。你投奔他们好歹有个安身之处,静候佳音即可,我这就进京面圣去,兄弟宽心等待。"

张镐送走范仲淹,立即收拾行李,赶奔洛阳,投奔柳员外去了。

张镐赶到洛阳,天色已经晚了,他先将书信投到柳员外家,然后寻家客栈安顿下来,准备第二天听候回报。第二天,张镐来到柳员外家门首,却看到门上挂着纸钱。门上人告诉他,柳员外昨天夜里突然暴病身亡。听到这个消息,把张镐惊得目瞪口呆,半晌说不出话来,他自怪运气不佳,只好到黄州投奔团练副使刘仕林。

张镐一路风霜赶到黄州,寻到团练副使衙门,远远听到悠悠的丧钟从副使衙门传了出来,他走近前一问,才知道刘副使昨天夜里突然病故。张镐忽然觉得天旋地转,像兜头一盆凉水,怀里抱着冰,直冷透了五脏。他觉得自己的命运太不济了,真似靠山山崩,靠水水流,连续地打击使他丧失了到扬州投递第三封信的勇气,他决定返回潞州张浩家暂时住下来,再作打算。

他走到潞州附近,对面传来鸣锣开道的声音。听行人说:"张浩新近被授为吉阳县令。"张镐以为天下同名同姓的人尽多,根本没放在心上,便站在路边回避。

原来这个张浩不是别人,正是他原来教读的东家,张镐哪里知道这件事的来龙去脉。原来范仲淹向皇帝推荐张镐才可大用,皇帝看了万言策立即任命张镐为吉阳县令,传令的人来到潞州,以为张浩就是张镐,把官诰送给张浩,张浩昧着良心,白拣个七品官,便兴冲冲走马上任。

张浩在轿中发现了张镐,他深恐事情败露,吩咐衙役赵实将张镐杀掉。赵实不敢违令,跟在张镐身后,寻个冷僻处准备下手。

张镐正在行走,突然见来个穿公服的人要杀他。张镐大为奇怪,问起原因,赵实说:"是新任县令让我杀你。"

张镐问知新任县令的名姓和住处,恍然明白了真相。他向赵实说明白,该当县令的是张镐,不是那个张浩。赵实听了很同情张镐的不幸,憎恶张浩的残忍,便不忍动手,只是割下张镐的衣角,作为证据,回去复命。

张镐感动地唱道:

[煞尾]

我将你的画像明烛照,
早晚一炉香,一直供到老。

赵实说:"我是个小人物,当不起你给我供长生禄位牌,又是点烛,又是烧香,你快逃命去吧。"

张镐拜别赵实,凄凄惶惶离开潞州,另寻安身之处去了。

张镐听说范仲淹新近在饶州任刺使,他便风尘仆仆赶到饶州,不料范仲淹又调回京里。张镐身边已经一文不名,便寄食在荐福寺。幸尔寺中的长老十分和善,他知道张镐的名声,又知道张镐是范仲淹的朋友,因此对张镐分外客气。

有一天,长老将张镐请到方丈室闲谈。长老说:"老僧与范相公乃是方外之交,我已让人寄信给范相公,言明你住在这里。只是老僧有些不解,在我看来,秀才你文章盖世,腹有良谋,取功名应如拾草芥,为何不进京考取功名?"

张镐叹口气说:"长老不问,张镐自不便表白,我曾被保举为吉阳县令,不料被另一个人冒充了,原想进京考取功名,无奈囊中羞涩,怎生到京,说来令人惭愧。"

长老说:"如此说并不要紧。小寺有座石碑,名为荐福碑,乃唐人颜真卿所书,至为名贵。明日让小沙弥为你拓上几百幅,每幅值一贯钱,足够先生赴京之用,你看如何?"

张镐自然感恩不尽,叹息唱道:

[普天乐]

谢吾师倾心爱,

有田文义气、赵胜的胸怀。

打一统法贴碑,

骈向京师卖。

到处里书生都相待,

谁肯学有朋自远方来。

那里取鸣时凤麟,

则别些个喧檐的燕雀,

当路的狼豺。

长老说:"我是个出家人,怎比得孟尝君的义气、平原君的胸怀,人家是战国有名的四公子。只要先生此一去,春风得意,造福百姓,便是老僧积下的阴功。至于世人,多无识见,但也不是燕雀,更非豺狼,先生万不可如此看世人。"

张镐认为长老的话十分有理,不再发牢骚,回到住处,静等长老的帮忙。

夜里,突然阴云四合,顷刻之间落下骤雨,雨声中沉雷滚滚。第二天风停雨霁,长老听说荐福碑已被夜里的沉雷击个粉碎,碑文无论如何拓不成了,长老也叹息张镐的命运多蹇。

张镐站在槐树下,听长老说,荐福碑已被雷击砑了,他顿时感到绝望,一头向槐树撞去。头还没有触到槐树,却被一个人在身后拦腰抱住。张镐回过头来,见是范仲淹,又惊又喜。他只是奇怪,何以不迟不早,范仲淹偏偏在这个时候赶到。

张镐见了范仲淹大喜问道:"原来是哥哥,你想杀兄弟也。难道是鬼使神差,特让你来救小弟性命的么?"

范仲淹说:"是兄弟时来运转了也。我奉了公干来此州,事先得知兄弟在这里。昨夜方赶到,今早就来探望兄弟,你如何要寻短见?"

长老在一旁说了原因。范仲淹说:"此间公务一了,兄弟与我一道进京去。以兄弟之才,何愁龙虎榜上无名。蝼蚁尚且贪生,你前途似锦,怎可灰心意冷。"

张镐随范仲淹到了京师,正值春季开科,选取天下英才。张镐三场文字作得字字珠玑,一举夺得状元,在授职之前住在京城的驿馆,范仲淹时时过来与他饮酒论文。

荐福寺的长老听说张镐中了状元,也赶到京师祝贺。张镐想起在荐福寺多承长老关照,才有今日之福,感激地唱道:

[落梅风]

当日个荐福碑,

多谢你老禅师,

倒赔了纸墨。

不想那避乖龙肯分的上起,

可早霹雳做粉零麻碎。

长老说:"那原是小事,不足挂齿。便是雷轰荐福碑也非坏事,正是龙王成就你个新科状元呢。"

他们正在叙话,忽听门上人来报说:"扬州太守宋公序在门外求见。"

张镐不知道宋公序为什么来看他,范仲淹却知道,他们将宋公序接进客厅坐下,范仲淹为张镐和宋公序作了介绍。

宋公序说:"那个冒充张镐的张浩被我拿获了。"

范仲淹说:"把那张浩带上来,审问明白,即明正典刑。"

张镐问:"捉住了张浩。那赵实今在何处?"

宋公序说:"赵实也在门外,你问他做什么?"

张镐说:"那是我的救命恩人,张浩让他杀我,他却救了我。"

宋公序听了非常生气,他立即判决说:"张浩居心不良,假冒县令已罪在不赦,更有杀人灭口之罪,着即斩首。赵实深明大义,救危扶困,即任为吉阳县令。"

宣判已毕,范仲淹说起宋公序女儿的婚事,当场为张镐作媒。宋公序见张镐一表人才,非常高兴,张镐也喜不自胜,两家遂结为姻亲。荐福寺长老也留在京城,加封为紫衣大师。

★李铁拐成仙

岳伯川,元代剧作家,济南人,又云镇江人,生平无考。《曲海总目提要》收其所作杂剧一种,即《铁拐李》。本篇讲述的是铁拐李成仙的故事。

仙人吕洞宾在云床上打坐，忽然心念一动，觉得郑州奉宁郡六案都孔目岳寿有成仙缘分。吕洞宾惟恐岳寿陷于名利场中，迷失本性，误入歧途，决定度化岳寿早列仙班，永离生死轮回之苦。想到这，吕洞宾化作游方道士，来到岳寿家门前。岳寿刚好到衙门公干，家中只有妻子和孩子在家。吕洞宾骂岳寿的儿子是没爹的孽种，骂岳寿的妻子是克夫的寡妇。岳寿的妻子听了十分生气，决心等丈夫归来时惩治吕洞宾。

魏国公韩琦奉圣命，带着金剑铜牌来郑州查办案件，有先斩后奏生杀大权。郑州的贪官污吏风闻韩国公离京，吓得纷纷弃官而逃，奉宁郡只有六案都孔目岳寿还照旧上衙门办公。奉宁郡的属县解来一伙强盗，县官受了强盗头的贿赂，将主犯改成从犯。岳寿看了案卷，深知其中有弊，迟迟不敢决断。有人问岳寿："这等人命关在的大事，为何不能依法而断。"

岳寿叹息道：

［混江龙］

想前日解来的强盗，

都只为昧心钱买转了这管紫霜毫。

减一笔教当刑的责断，

添一笔教为从的该敲。

这一管扭曲作直取状笔，

更狠似图财害命杀人刀。

出来的都关来节去、私多公少，

可曾有一件合天道。

他每都指山卖磨，

将百姓划地为牢。

对方听了岳寿的话，点点头说："看来公门中人手握的紫毫毛笔并不公道，只要受了贿赂，便可以任意增添案卷，颠倒黑白。当官的信口雌黄，老百姓被拘管得如同坐牢，简直没有天理。"

岳寿说："我们做吏的管不了这许多，还是回家去吧。"

岳寿和他的朋友张千回到家中准备饮酒，吕洞宾正在门口。岳寿的妻子将吕洞宾骂人的话说给丈夫，岳寿也很生气，不料吕洞宾却指着岳寿说："你这无头鬼，死在眼前，还抖什么威风？"

岳寿恼羞成怒，命张千将吕洞宾绑起来吊在门外，准备吃过饭将吕洞宾关入大牢严加惩办，吕洞宾被吊在门首却哈哈大笑不止。

岳寿坐在二堂慢慢品茶，消解胸中的怒气，张千进来对他说："那个疯道士不过骂了你几句，又没什么大罪过，你看在兄弟的薄面，不如放了他。我借机向他讨些酒钱，岂不是好。"

岳寿想想这不是什么大事，就答应了。张千走到门首一看，吕洞宾已经好好地站在地上，旁边站着个衣着十分普通的老者。张千问吕洞宾："谁把你放下来的。"

吕洞宾笑吟吟地不予回答，那位老者却大模大样地说："是我老人家看着不忍心，把他放下的，你是什么东西，敢私自将人绑吊起来？还有王法没有？"

张千看看老者，冷笑说："你是盆？还是罐？"

老者很生气地说："我自是个人，怎么会是盆儿，是罐儿的？"

张千说："我说你连罐儿都不如，罐儿还有耳朵，你怎么连耳朵都没有。这是六案都孔目岳寿的家，岳孔目说的话就是王法。"

老者说："不过是个区区孔目，未入流的小吏，怎敢如此蛮横？"

张千说："岳寿的绰号叫大鹏金翅雕，惹烦了我们，把你缚到大牢里，管要了你的老命。识相些，拿些银钱出来，你自走路，孔目那里我自担待。"

老者十分生气说："难怪人们说郑州城内无好官，小小吏目竟敢如此胡为，那些做官的更可想而知了。老夫是韩国公，带着尚方宝剑来郑州办案。你去对岳寿说，让他洗净了脖子，明日到州衙来试剑。"韩国公说完，怒怒冲冲径回衙门去了。

张千吓得六神无主，气急败坏地向岳寿报告了事情发生的前后经过。岳寿听说韩国公来到了郑州，微服私访了解了他的罪恶，而且要拿他斩首立威，吓得绝望地叹息道：

［倘秀才］

他那擎天柱官人每得权，
俺拖地曹司又爱钱。
你知我六案间峥嵘了这几年，
也曾在饥喉中夺饭，
冻尸上剥衣穿。
便早死呵，不敢怨天。

岳寿自知罪孽深重，在做孔目期间徇私枉法，收受贿赂，几乎等于在饥汉口中夺食，冻尸身上剥衣。他知道碰上韩国公凶多吉少，一时急火攻心，竟卧病不起，而且日渐沉重。于是他把妻子、孩儿叫到床头，嘱托后事，委托朋友张千照顾他的妻儿老小。

　　韩国公回到衙门披阅文书，意外发现六案都孔目岳寿经手的案卷居然条分缕析，无半点差错，顿时觉得错怪了岳寿，当即唤过吏目孙福，吩咐说："这个岳寿是个能干的吏员，我私访时错怪了他，要拿他试剑。听说把他吓病了，你拿上我的俸银10两去看他，让他安心养病，病好了依旧做他的六案都孔目，10两银子权作药资。"

　　岳寿嘱托完后事，正倚在床头闭目养神，见孙福到来，忙挣扎起身，听了孙福的话，惨然一笑，没说几句话，便一命呜呼了。孙福见岳寿已死，便急急忙忙赶回去，向韩国公复命。

　　却说岳寿刚刚咽气，真魂便被几个鬼卒用铁锁锁了，一径带到森罗宝殿。阎王高居上坐，旁边立着虬髯判官，廊下牛头马面两厢肃立，气势分外威严。

　　阎王命令鬼卒架起油鼎，用烈火将鼎中的油烧得翻滚，然后丢下一文钱到鼎中，命令岳寿从油鼎中将钱取出来。

　　岳寿见油鼎在前，鬼卒居侧，吓得惊慌失措，又惊又怕道：

［赏花时］

> 火坑里消息我敢踏，
> 油镬内钱财我敢拿，
> 则为我跳塔快轮铡。
> 今日向阴司折罚，
> 望着番滚滚热油叉。

　　到这时，岳寿方意识到在人间勒索脏钱，就如同是在烈火中贪财，油锅中取利。他后悔像铡刀切草一样，无情地榨取民脂民膏，才落得到在阴司受罚的下场。岳寿正在惶急之间，忽看到曾被他吊打的吕洞宾笑吟吟地走来，一派仙风道骨，潇洒飘逸。阎王见了吕洞宾，急忙离坐施礼。岳寿见状，才知道吕洞宾乃是上界仙人，他大叫："师父救我！"

　　吕洞宾说："只要你肯跟我出家，救你又有何难。"

　　岳寿说："弟子情愿出家。"

　　吕洞宾对阎王说："此人夙有仙缘，你让他随我去吧。"

　　阎王不敢违命，同意岳寿还阳，立即让鬼卒办理。鬼卒向阎王报告，岳寿的尸体已经火化，还有一个屠户的儿子小李屠刚死了3天，只能让岳寿借小李屠的尸体还魂才能回到阳间。小李屠跛了一条腿，请岳寿不要挑剔才好。

　　事已至此，吕洞宾也无力挽回，岳寿只好勉强同意。

却说小李屠死了 3 天,忽起坐了起来,他的父母非常高兴。

岳寿借着小李屠的尸体回转人间,睁眼一看,前面站着一对老夫妻,口口声声呼他为儿子。岳寿认不出他们是谁,四周看了一眼,又觉得十分陌生,惊慌不定,自言自语道:

[太平令]

依旧有青天白日,
则不见了幼子娇妻。
我才离了三朝五日,儿也,
这其间哭的你一丝两气。
我如今在这里,
不知他在哪里?
几时得父子夫妻完备。

岳寿奇怪周围的变化,他觉得离开家不过才三五天的光景,眼前却不见了妻子孩儿。他不知自己身在何处,更不知家里人生活怎样,心中急切盼望与家中亲人团聚。他冷静一想,忽然记起了往事,知道自己是借尸还魂,便对面前的老夫妻说:"我有三个魂,现在丢了一个,因此认不出你们。待我到城隍庙将丢失的魂寻回来,再与你们相认。"

岳寿说着走出门外,径奔自己家而来。李屠户不放心自己的儿子,便悄悄尾随在身后。岳寿的妻子正在家里伤心,见进来一个跛腿的后生,自称是岳寿。岳寿的妻子哪里肯认,生气地让岳寿滚出去。

岳寿说:"我真的是岳寿,如今是借小李屠的尸体回到人间,你不必害怕。"

他的妻子依然不肯相信,岳寿将家中几天发生的事情细说一遍,又重点说出被韩国公吓死的原因,其中还提及朋友张千和衙门中的同事孙福。说清这一切,不由他妻子不信。他妻子急忙请来张千和孙福。岳寿又向他们说起在衙门共事的细节,张千、孙福也信以为真,并为岳寿的新生感到高兴。岳寿的妻子高兴地为他们置办酒席,祝贺丈夫从阴曹地府生还。

李屠户等在门外,不见儿子出来,便气势汹汹闯了进去,扯定岳寿,要岳寿与自己还家。岳寿不肯,他的妻子及朋友也来劝解。李屠户哪里肯信,抓住岳寿到州衙去打官司。韩国公升堂,听了两方的供词,深感过于蹊跷,难以决断。正在这时,吕洞宾来到大堂,大声斥责岳寿不该再恋人间繁华。

岳寿此时猛然醒悟,忆起阎王殿的可怕经历,立即给吕洞宾磕头拜师毅然跟着吕洞宾出家而去。

公堂上的诸人得知真仙临凡无不感到三生有幸,从此不再敢做半点坏事。

★黑旋风大闹忠义堂

康进之,棣州人,生平事迹失考,元代散曲家、剧作家,著有《李逵负荆》。本篇介绍《李逵负荆》的故事。

梁山泊都头领及时雨宋江最看重两个节日,一个是九月九日重阳节登高怀远,另一个是清明节祭奠亡灵。清明这天,例行放假三日,众好汉纷纷下山,或者祭祀先人,或观赏春景。宋江、吴用、鲁智深结伴同游,黑旋风李逵不喜拘束,单独下山。

梁山泊附近有家名为杏花村的小酒店,店主王林领着女儿满堂娇居家度日,尚可温饱。小店不远处,还有两个专门打家劫舍的强盗,一个叫宋刚,另一个叫鲁智恩。清明节这天,宋刚、鲁智恩闲极无聊来到酒店,他们分别冒充宋江和鲁智深的名字在店中饮酒。店主王林久闻宋江、鲁智深二人生平行侠仗义、济困扶危,对他们二人招待得分外殷勤,为了表示敬重、特意让女儿满堂娇出来为二人斟酒。

李逵

宋刚见满堂娇正值青春年少,又生得千娇百媚,一颦一笑,楚楚动人,不觉起了歹心,让鲁智恩作媒,强行把满堂娇娶回山寨作押寨夫人,临行之际,答应三天以后送满堂娇回家与王林团聚。王林不敢违拗,只好委屈从命。

二个强盗走后,王林孤孤单单一个人,顿觉冷落伤心,又十分惦念女儿。

李逵踏春归来,见沿途春色醉人,不禁豪兴大发,喜孜孜唱道:

［混江龙］

可正是清明时候，

却言风雨替花愁，

和风渐起、暮雨初收，

我则见杨柳半藏沽酒市，

桃花深映钓鱼舟，

更和这碧粼粼春水波纹绉，

往来社燕、远近沙鸥。

李逵的心绪特好，在他看来和风微起，夜雨乍停，杨柳格外青翠，河水漂着桃花，万红点点，一叶渔舟平添不少意趣，春水清波荡漾，燕子飞去，沙鸥翔来，一派明媚春光。李逵突然想起喝酒，大步来到酒店，店主王林愁眉苦脸为他打酒，李逵深觉奇怪，询问之下，方知宋江、鲁智深二人掳走了店主的女儿，不觉气冲牛斗，放下酒杯立即返回梁山泊，他打算杀了宋江，救出满堂娇。

梁山众好汉早已回到山寨，聚在忠义堂饮酒欢会。小喽啰来报说："黑旋风李头领回到山寨。"

军师吴用急忙迎出门外，李逵进了忠义堂，见了宋江，弦外有音地说："听说大头领新娶了个押寨夫人，想来一定生得天香国色，不然也入不了哥哥您的法眼，何不请出来与众弟兄见个面，难道还学那汉武帝金屋藏娇不成？"

宋江听了李逵没头没脑的一席话，如坠五里云雾，觉得莫名其妙，便回答说："你说的是什么鬼话，我几时娶过什么夫人？你在哪吃得酒醉，回到山寨胡闹。须知山寨也有山寨的法度，这次不与你计较，且回你房中安歇，有什么话，明日再议不迟。"

李逵怒目圆睁，生气地吼道："你倒说得轻松，你不与我计较，我却要与你计较，我虽吃了酒，却还没醉，今日的话，非今天说了不可。"

宋江也有些生气，说："你这黑厮到底想说什么？"

李逵指责道：

［倘秀才］

不争你抢了她花朵般青春艳质，

这期间哭杀那草桥店白头老的，

冤屈事谁人与他作主意，

每日家泪悲啼，

他其实怨你。

宋江说："你这话从何说起，我抢了谁家的女儿，哪个白头老人在为女儿痛哭，他凭什么怨我？你到底听了些什么没根由的闲言碎语，当着众弟兄的面前这般折辱我！"

李逵说："折辱你还是好的，我还想杀了你。要想人不知，除非己莫为，是那秃驴鲁智深与你作的好媒，强娶了杏花村酒店王林老汉的女儿，当时言明三日送还，我让你今日便送回去。"

鲁智深听了勃然大怒，骂道："你这黑碳团，几时听说过花和尚会作媒？"

宋江说："我与鲁智深、吴用在一起，吴先生说句公道话，我可曾抢过人家的女儿？"

李逵说："吴用号称智多星，又是你的心腹，当然要为你遮丑，他的话须作不得准。"

宋江说："我也不与你争执，今日便和鲁智深跟你下山，让店主相认。若店主确认我抢了他们女儿，这颗头输与你，如店主说不是我，你却如何？"

李逵说："我摆一桌酒席与你赔情就是了。"

宋江冷笑一声说："人说黑旋风天真无邪，我看却是刁钻得很。你倒会做生意，赢了是颗人头，输了却是一桌酒席，我不与你做这赔钱的生意。"

李逵说："依你说，便如何？"

宋江道："你若输了，我只要你那黑驴头，不稀罕什么鸟酒席。"

鲁智深在一旁说："便是我这颗秃头也加上，若是宋哥哥真抢了什么鸟女人，我脱不了关系，这人头也输与你。"

李逵说："不怕你这秃驴无赖，我与你们赌人头便了。"

三个人说完，立即动身往杏花村酒店而来。进了店门，李逵对店主王林说："我带来两个兄弟，短黑汉子便是及时雨宋江，胖大和尚却是花和尚鲁智深。你来看，可是这两个人抢了你的女儿？你不必怕，一切有黑旋风担待。"

王林听说李逵将二人领到店中，吓得心惊胆颤，不敢正眼瞅宋江、鲁智深二人。

李逵知道王林心中恐惧，便气哼哼对宋江道：

［幺篇］

你则合低头就坐来，
谁着你睁眼先去瞧。
则你宋江威势怎生豪，
刚一瞧，早将他魂灵吓掉了。
这便是你替天行道，
则俺那无情板斧肯担饶。

宋江说："全依你，我不看店主就是，免得你说我的威风把老汉吓了，你尽管请他近前辨认就是。"

王林走近一看，眼前的宋江和鲁智深与三天前掳走他女儿的两个人形貌差得太远。便对李逵说："这两个头领我是初次相见，与抢我女儿的人生得大不相同。抢我女儿的宋江是个长大汉子，这人却矮胖；你领来的鲁智深是个没头发的和尚，那日作媒的却是个长发俗人，不是这二人。"

王林说完话，宋江、鲁智深开心地笑了，李逵却直愣愣呆在那里。宋江对鲁智深说："既然不是我们，还呆在这儿干嘛，咱们且回山寨，看他黑旋风怎生回去。"

李逵这时才知道有人冒充梁山好汉，也垂头丧气往山寨走去。

却说两个强盗在宋江走后，真的把满堂娇送回酒店。王林自知认错了人，心中惶愧，一番假热情将两个强盗灌个烂醉如泥，然后飞奔梁山泊报信去了。

李逵没精打采，一步步往山寨走去，来到碧湛崖边向谷底望去，打算跳下去，了此残生，又有些犹豫，觉得难割舍众兄弟的情怀，不由慨叹道：

［驻马听］

有心待顾不得形骸，
两三番自投碧湛涯，敬临山寨，
行一步如上吓魂台。
我死后墓顶头谁定远乡牌，
灵位边谁咒生天界。
怎孽划，得个全尸首，
便是十分采。

他想跳下去，又担心没人知道他死在这里，没人为他立碑，更没人替他念往生咒，将灵魂超度到天界，他甚至想能够落个全尸就心满意足了。正在拿不定主意的时候，军师吴用走过来对李逵说："我特来救你。你可以学廉颇负荆的故事，你脱去上衣，将自己绑了，背上插根荆条，请宋江、鲁智深责打于你。不论他们打不打，你都能得到宽恕，万万不可自寻短见。"

李逵觉得吴用的办法不错，立即照办了。他将自己绑了，背插荆条来到忠义堂。

宋江见李逵怪模怪样跪在面前，心中觉得好笑，嘴上却说："谁教你的这个主意，学着古人的样子来负荆请罪。须知我不是蔺相如，你也不是大将廉颇，我也不打你，当初赌的人头，我只要你这黑厮的脑袋，不耐烦费力气打你。"

李逵说："是兄弟一时莽撞，错怪了你与鲁智深。今日之事，哥哥您打也打得，骂也骂得，只请饶恕这一回，兄弟下次绝不敢再任性胡为了。"

宋江虎着脸说："我本有心饶恕你，无奈立了军令状，如不杀你，只恐山寨众头领不服。"

正在这时，王林赶到山寨，口中大喊"刀下留人"。

李逵生气地对他说："你又来报什么谎信，害我一个还嫌不够吗！"

王林气喘吁吁地说："前些天抢我女儿的两个强盗又来到酒店，被我灌醉了。这两个该死的东西坏了好汉爷的名头，特来报知。"

宋江说："如此很好，黑旋风你去将两个强盗捉来，听我发落。捉得来时，将功折罪，捉不来，也休回来见我。"

李逵欣然领命而去，吴用担心强盗逃掉一个，便命鲁智深一同下山。

两个强盗刚刚醒过酒来，李逵、鲁智深恰好赶到。经过一场恶斗，两个强盗双双被擒，李逵将功补过免去一死。

国学
经典
文库

图文珍藏版

传承中华文明　弘扬国学精粹

国学大智慧

马肇基◎主编

国学智慧

线装书局

目 录

蒙学智慧

第一篇 《三字经》智慧通解

第一章 学做父母，手足情深 ……………………………… (4)

★人与人的不同不是天生的 …………………………… (4)

★树大不能自然直 ……………………………………… (7)

★给孩子创造好的学习环境 …………………………… (9)

★严谨的家规有助于孩子的成材 ……………………… (12)

★父母和老师是引导孩子成功的人 …………………… (14)

★不要错过对孩子的教育 ……………………………… (16)

★严爱才是爱 …………………………………………… (18)

★近朱者赤，近墨者黑 ………………………………… (21)

★懂得什么是真正的孝 ………………………………… (23)

★手足同胞之间要讲亲情 ……………………………… (26)

第二章 识物学礼，认知做人 ……………………………… (29)

★学礼第一，读书第二 ………………………………… (29)

★简单的数字里有复杂的道理 ………………………… (31)

★认识天、地与人的由来 ……………………………… (33)

★认知做人的准则 ……………………………………… (36)

★认识四季 ……………………………………………… (38)

★认识方向 ……………………………………………… (40)

★认知五行 ……………………………………………… (42)

★认知五常 ……………………………………………… (44)

★认识六谷 ……………………………………………… (45)

★认识六畜 ……………………………………………… (48)

★认知人的情绪 ………………………………………… (50)

★认识音乐 ……………………………………………… (53)

★认知人伦 ······························· (55)

★认知义理 ······························· (58)

第三章　为学日益，为道日损 ······· (61)

★孩子要接受正规的启蒙教育 ······· (61)

★先学会一本关于礼仪的书 ········· (64)

★跟着孔子学《论语》 ················· (66)

★向孟子学习仁义道德 ··············· (67)

★不偏不倚才是中庸之道 ············ (70)

★在《大学》里找到做人的标准 ······ (72)

★《孝经》中的"百善孝为先" ········· (75)

★接触不同的书，选择喜欢的路 ····· (77)

★《易经》是科学不是迷信 ··········· (79)

★历史是真实发生过的事情 ·········· (81)

★法律是必须遵守的准则 ············ (83)

★字字千金的《礼记》 ················· (85)

★通过诗歌奠定语言基础 ············ (87)

★《春秋》是历史的镜子 ··············· (90)

★"三传"是《春秋》的辞典 ············ (92)

第二篇　《百家姓》智慧通解

赵 ··· (94)

钱 ··· (96)

孙 ··· (97)

李 ··· (98)

周 ··· (99)

吴 ··· (101)

郑 ··· (102)

王 ··· (103)

冯 ··· (104)

陈 ··· (105)

卫 ··· (106)

蒋 ··· (107)

沈 ··· (108)

韩 ··· (109)

杨 ··· (110)

朱 ··· (111)

秦 ··· (113)

许 ··· (114)

国学经典文库

国学大智慧

·目　录·

图文珍藏版

何……………………………………………………（115）
吕……………………………………………………（116）
张……………………………………………………（117）
孔……………………………………………………（118）
曹……………………………………………………（119）
严……………………………………………………（120）
金……………………………………………………（121）
魏……………………………………………………（122）
陶……………………………………………………（123）
姜……………………………………………………（124）
谢……………………………………………………（125）
邹……………………………………………………（126）
窦……………………………………………………（127）
章……………………………………………………（128）
苏……………………………………………………（129）
潘……………………………………………………（130）
范……………………………………………………（131）
彭……………………………………………………（132）
鲁……………………………………………………（133）
马……………………………………………………（134）
方……………………………………………………（135）
俞……………………………………………………（136）
袁……………………………………………………（137）
柳……………………………………………………（138）
史……………………………………………………（139）
唐……………………………………………………（140）
薛……………………………………………………（141）
雷……………………………………………………（142）
倪……………………………………………………（143）
汤……………………………………………………（144）
罗……………………………………………………（145）
毕……………………………………………………（146）
安……………………………………………………（147）
常……………………………………………………（148）
乐……………………………………………………（149）
于……………………………………………………（149）
傅……………………………………………………（150）
皮……………………………………………………（151）
康……………………………………………………（152）

国学经典文库

国学大智慧

· 目　录 ·

图文珍藏版

齐 ··· （153）
伍 ··· （154）
元 ··· （155）
顾 ··· （156）
孟 ··· （158）
黄 ··· （159）
萧 ··· （160）
邵 ··· （161）
汪 ··· （162）
毛 ··· （163）
戴 ··· （163）
宋 ··· （164）
纪 ··· （165）
祝 ··· （166）
项 ··· （167）
董 ··· （168）
梁 ··· （169）
杜 ··· （170）
季 ··· （171）
贾 ··· （172）
江 ··· （173）
郭 ··· （173）
林 ··· （174）
钟 ··· （175）
徐 ··· （176）
高 ··· （177）
蔡 ··· （178）
田 ··· （179）
胡 ··· （180）
万 ··· （181）
管 ··· （182）
卢 ··· （183）
房 ··· （184）
丁 ··· （184）
邓 ··· （185）
左 ··· （186）
石 ··· （187）
崔 ··· （188）
程 ··· （189）

国学经典文库

国学大智慧

·目　录·

图文珍藏版

邢··(190)
陆··(191)
翁··(192)
段··(192)
侯··(193)
武··(194)
刘··(195)
景··(196)
叶··(197)
白··(198)
池··(199)
谭··(200)
姬··(200)
牛··(201)
庄··(202)
晏··(203)
柴··(204)
廖··(205)
曾··(205)
岳··(206)
游··(207)
司马··(208)
上官··(209)
欧阳··(210)
诸葛··(211)

第三篇　《千字文》智慧通解

★天地玄黄,宇宙洪荒 ································(213)
★日月盈昃,辰宿列张 ································(213)
★寒来暑往,秋收冬藏 ································(214)
★闰余成岁,律吕调阳 ································(214)
★云腾致雨,露结为霜 ································(215)
★金生丽水,玉出昆冈 ································(215)
★剑号巨阙,珠称夜光 ································(216)
★果珍李柰,菜重芥姜 ································(216)
★海咸河淡,鳞潜羽翔 ································(217)
★龙师火帝,鸟官人皇 ································(217)
★始制文字,乃服衣裳 ································(218)

国学经典文库

国学大智慧

·目录·

图文珍藏版

5

★推位让国,有虞陶唐 ……………………………………… (218)

★吊民伐罪,周发殷汤 ……………………………………… (219)

★坐朝问道,垂拱平章 ……………………………………… (219)

★爱育黎首,臣伏戎羌 ……………………………………… (220)

★遐迩一体,率宾归王 ……………………………………… (220)

★鸣凤在竹,白驹食场 ……………………………………… (220)

★化被草木,赖及万方 ……………………………………… (221)

★盖此身发,四大五常 ……………………………………… (221)

★恭惟鞠养,岂敢毁伤 ……………………………………… (222)

★女慕贞洁,男效才良 ……………………………………… (222)

★知过必改,得能莫忘 ……………………………………… (222)

★罔谈彼短,靡恃己长 ……………………………………… (223)

★信使可复,器欲难量 ……………………………………… (223)

★墨悲丝染,诗赞羔羊 ……………………………………… (224)

★景行维贤,克念作圣 ……………………………………… (224)

★德建名立,形端表正 ……………………………………… (224)

★空谷传声,虚堂习听 ……………………………………… (225)

★祸因恶积,福缘善庆 ……………………………………… (225)

★尺璧非宝,寸阴是竞 ……………………………………… (226)

★资父事君,曰严与敬 ……………………………………… (226)

★孝当竭力,忠则尽命 ……………………………………… (226)

★临深履薄,夙兴温清 ……………………………………… (227)

★似兰斯馨,如松之盛 ……………………………………… (227)

★川流不息,渊澄取映 ……………………………………… (227)

★容止若思,言辞安定 ……………………………………… (228)

★笃初诚美,慎终宜令 ……………………………………… (228)

★荣业所基,籍甚无竟 ……………………………………… (228)

★学优登仕,摄职从政 ……………………………………… (229)

★存以甘棠,去而益咏 ……………………………………… (229)

★乐殊贵贱,礼别尊卑 ……………………………………… (229)

★上和下睦,夫唱妇随 ……………………………………… (230)

★外受傅训,入奉母仪 ……………………………………… (230)

★诸姑伯叔,犹子比儿 ……………………………………… (230)

★孔怀兄弟,同气连枝 ……………………………………… (231)

★交友投分,切磨箴规 ……………………………………… (231)

★仁慈隐恻,造次弗离 ……………………………………… (231)

★节义廉退,颠沛匪亏 ……………………………………… (232)

★性静情逸,心动神疲 ……………………………………… (232)

★守真志满,逐物意移 ……………………………………… (232)

★坚持雅操,好爵自縻 ················(233)

★都邑华夏,东西二京 ················(233)

★背邙面洛,浮渭据泾 ················(234)

★宫殿盘郁,楼观飞惊 ················(234)

★图写禽兽,画彩仙灵 ················(234)

★丙舍傍启,甲帐对楹 ················(235)

★肆筵设席,鼓瑟吹笙 ················(235)

★升阶纳陛,弁转疑星 ················(235)

★右通广内,左达承明 ················(236)

★既集坟典,亦聚群英 ················(236)

★杜稿钟隶,漆书壁经 ················(236)

★府罗将相,路侠槐卿 ················(237)

★户封八县,家给千兵 ················(237)

★高冠陪辇,驱毂振缨 ················(237)

★世禄侈富,车驾肥轻 ················(238)

★策功茂实,勒碑刻铭 ················(238)

★磻溪伊尹,佐时阿衡 ················(238)

★奄宅曲阜,微旦孰营 ················(239)

★桓公匡合,济弱扶倾 ················(239)

★绮回汉惠,说感武丁 ················(239)

★俊乂密勿,多士寔宁 ················(240)

★晋楚更霸,赵魏困横 ················(240)

★假途灭虢,践土会盟 ················(241)

★何遵约法,韩弊烦刑 ················(241)

★起翦颇牧,用军最精 ················(241)

★宣威沙漠,驰誉丹青 ················(242)

★九州禹迹,百郡秦并 ················(242)

★岳宗泰岱,禅主云亭 ················(242)

★雁门紫塞,鸡田赤城 ················(243)

★昆池碣石,巨野洞庭 ················(243)

★旷远绵邈,岩岫杳冥 ················(244)

★治本于农,务兹稼穑 ················(244)

★俶载南亩,我艺黍稷 ················(244)

★税熟贡新,劝赏黜陟 ················(245)

★孟轲敦素,史鱼秉直 ················(245)

★庶几中庸,劳谦谨敕 ················(245)

★聆音察理,鉴貌辨色 ················(246)

★贻厥嘉猷,勉其祇植 ················(246)

★省躬讥诫,宠增抗极 ················(247)

国学经典文库

国学大智慧

·目录·

图文珍藏版

7

★殆辱近耻,林皋幸即 ………………………………… (247)
★两疏见机,解组谁逼 ………………………………… (247)
★索居闲处,沉默寂寥 ………………………………… (248)
★求古寻论,散虑逍遥 ………………………………… (248)
★欣奏累遣,戚谢欢招 ………………………………… (248)
★渠荷的砺,园莽抽条 ………………………………… (249)
★枇杷晚翠,梧桐蚤凋 ………………………………… (249)
★陈根委翳,落叶飘摇 ………………………………… (249)
★游鹍独运,凌摩绛霄 ………………………………… (250)
★耽读玩市,寓目囊箱 ………………………………… (250)
★易辎攸畏,属耳垣墙 ………………………………… (250)
★具膳餐饭,适口充肠 ………………………………… (251)
★饱饫烹宰,饥厌糟糠 ………………………………… (251)
★亲戚故旧,老少异粮 ………………………………… (252)
★妾御绩纺,侍巾帷房 ………………………………… (252)
★纨扇圆洁,银烛炜煌 ………………………………… (252)
★昼眠夕寐,蓝笋象床 ………………………………… (253)
★弦歌酒宴,接杯举觞 ………………………………… (253)
★矫手顿足,悦豫且康 ………………………………… (254)
★嫡后嗣续,祭祀烝尝 ………………………………… (254)
★稽颡再拜,悚惧恐惶 ………………………………… (254)
★笺牒简要,顾答审详 ………………………………… (255)
★骸垢想浴,执热愿凉 ………………………………… (255)
★驴骡犊特,骇跃超骧 ………………………………… (255)
★诛斩贼盗,捕获叛亡 ………………………………… (256)
★布射僚丸,嵇琴阮啸 ………………………………… (256)
★恬笔伦纸,钧巧任钓 ………………………………… (257)
★释纷利俗,并皆佳妙 ………………………………… (257)
★毛施淑姿,工颦妍笑 ………………………………… (257)
★年矢每催,曦晖朗曜 ………………………………… (258)
★璇玑悬斡,晦魄环照 ………………………………… (258)
★指薪修祜,永绥吉劭 ………………………………… (259)
★矩步引领,俯仰廊庙 ………………………………… (259)
★束带矜庄,徘徊瞻眺 ………………………………… (260)
★孤陋寡闻,愚蒙等诮 ………………………………… (260)
★谓语助者,焉哉乎也 ………………………………… (261)

国学经典文库

国学大智慧

·目 录·

图文珍藏版

第四篇 《弟子规》智慧通解

★总 序 …………………………………………………………… (263)
★谨而信 …………………………………………………………… (265)
★泛爱众而亲仁 …………………………………………………… (268)
★行有馀力,则以学文 …………………………………………… (269)

养生智慧

第一篇 《黄帝内经》养生智慧

第一章 养生原则 ………………………………………………… (274)
　　★协调阴阳,保阳益阴 ……………………………………… (274)
　　★五脏坚固,脾肾为本 ……………………………………… (278)
　　★畅通经络,和于术数 ……………………………………… (280)
第二章 四季养生 ………………………………………………… (290)
　　★万物荣生之春季养生 ……………………………………… (290)
　　★天地气交之夏季养生 ……………………………………… (293)
　　★敛气宁志之秋季养生 ……………………………………… (298)
　　★去寒就温之冬季养生 ……………………………………… (302)
第三章 饮食养生 ………………………………………………… (307)
　　★《内经》论食养 …………………………………………… (307)
　　★《内经》论食疗 …………………………………………… (326)
　　★《内经》论食补 …………………………………………… (345)
　　★《内经》论食忌 …………………………………………… (351)
第四章 起居养生 ………………………………………………… (373)
　　★道法需自然,佳居重有常 ………………………………… (373)
　　★循五行之生克,因地养生 ………………………………… (377)
　　★切勿妄劳作,劳逸要结合 ………………………………… (381)
　　★房事讲求术,损益需有数 ………………………………… (383)
第五章 运动养生 ………………………………………………… (389)
　　★中医养生之五禽戏 ………………………………………… (389)
　　★中医养生之太极拳 ………………………………………… (390)
　　★中医养生之八段锦 ………………………………………… (392)
　　★中医养生之易筋经 ………………………………………… (394)
　　★运动养生的原则 …………………………………………… (395)
　　★运动时间,因时制宜 ……………………………………… (397)

★运动项目，因人制宜 ……………………………………… （399）

第二篇　《本草纲目》养生智慧

第一章　食物本草，先天之本 ……………………………… （402）
　★大补元气的尊贵"霸主"：人参 …………………………… （402）
　★强壮机体、生精补髓当属鹿茸 …………………………… （404）
　★阴阳兼治的"五行之精"：五味子 ………………………… （405）
　★益气补脾，山药当仁不让 ………………………………… （406）
　★补肝益肾、滋阴养血的何首乌 …………………………… （406）
　★枸杞——补肾益肝的"东方神草" ………………………… （408）
　★黑芝麻——补肝肾之佳谷 ………………………………… （410）
　★南瓜能补中益气、益心敛肺 ……………………………… （411）
　★多食卷心菜，补肾壮骨通经络 …………………………… （412）
　★当归——补血活血的"有情之药" ………………………… （413）
　★菠菜、小米最能滋阴补血 ………………………………… （414）
第二章　四季养生食谱 …………………………………… （416）
　★春天吃韭菜，助阳气生发 ………………………………… （416）
　★春天吃荠菜与春捂秋冻的不解之缘 ……………………… （417）
　★夏天一碗绿豆汤，解毒去暑赛仙方 ……………………… （418）
　★夏季消暑佳蔬当属"君子菜"苦瓜 ………………………… （420）
　★夏日吃西瓜，药物不用抓 ………………………………… （421）
　★秋天养身体，一定要吃梨 ………………………………… （422）
　★秋令时节，新采嫩藕胜太医 ……………………………… （423）
　★"菜中之王"大白菜让你健康快乐过寒冬 ………………… （425）
　★鲫鱼——"冬月肉厚子多，其味尤美" …………………… （426）
第三章　本草治病，养年延寿 …………………………… （428）
　★防治糖尿病，南瓜最管用 ………………………………… （428）
　★胃及十二指肠溃疡患者应每日服用蜂蜜 ………………… （429）
　★无花果、蜂蜜轻松治便秘 ………………………………… （430）
　★葡萄——破解神经衰弱的密码 …………………………… （430）
　★痔疮作祟，柿子帮你解除"难言之隐" …………………… （431）
　★肺病食茼蒿，润肺消痰避浊秽 …………………………… （432）
　★"菇中之王"香菇可防治小儿佝偻 ………………………… （433）
　★莴笋可谓治疗便秘的灵丹妙药 …………………………… （434）
　★枇杷——生津、润肺、止咳的良药 ……………………… （435）

国学经典文库

国学大智慧

·目录·

图文珍藏版

国学大智慧

蒙学智慧

马肇基⊙主编

线装书局

蒙学——人生开启智慧的第一步

中华民族之所以历经磨难而不衰，其重要一点是，源于由蒙学而产生的民族向心力和人文精神，它的精华被世界誉为中华美德。

"蒙学"又称"蒙馆"，是中国封建时代对儿童进行启蒙教育的学校，是人生开启智慧的第一步。一个人一生的路是否走得正直走得顺畅，第一步非常关键。可以说，传统蒙学犹如一把启智的钥匙，它既可教你识字，又可教你做人。

蒙学所使用的教材一般为《蒙求》、《千字文》、《百家姓》、《三字经》、《四书》以及《苍颉篇》、《千家诗》、《幼学琼林》、《格诗联璧》、《龙文鞭影》、《弟子归》、《女儿经》、《增广贤文》等等。这些蒙学读物经过上百年乃至千余年的时间检验，有些已消亡，有些则流传至今，并深受人们喜爱，用今天的眼光来重新审视这些读物，其中不乏封建落后的一面，但大部分内容则积极向上，劝人行善积德，蕴藏着前人丰富的智慧，值得我们借鉴和吸取。

本篇是传统文化教育中蒙学的精华选本。书中对《三字经》、《百家姓》、《千字文》、《弟子归》这四部经典蒙学读本进行了细致而又恰当的注释和点评。其文辞平仄有致，朗朗上口。在今天，它们仍然具有其他传统文化教育所不可替代的重要作用。

第一篇 《三字经》智慧通解

导读

《三字经》一般认为是宋代学者王应麟所撰。王应麟，字伯厚，号深宁居士，南宋淳祐年进士，曾任礼部尚书。现在通行的版本经过后人多次增删。

《三字经》被学者称为"袖里通鉴纲目"、"千古一奇书"、"若能句句知诠解，子史经书一贯通"。全书虽只有一千多字，但却包含了极其丰富的内容，大致可以分为以下六个部分：

一，讲教与学的重要性；二，讲礼仪规范；三，介绍天象、四时、五谷、六畜等基本名物；四，介绍《小学》、《四书》、"五子"、"六经"等学问常识；五，介绍中国历史。短短三百多字便概括了中华五千年历史的变迁；六，最后介绍历史上发奋读书，终成大器的人物故事。

如何教子女，如何齐家，从《三字经》中能得到很好的启示。

第一章　学做父母，手足情深

★人与人的不同不是天生的

——乞丐命和状元命

人之初,性本善,性相近,习相远。

——《三字经》

人生下来的时候,本性都是善良的,彼此的性情都很接近,只是由于后天的学习和生活的环境不一样,导致了彼此之间的差异越来越大。

从前,有一家兄弟两个,父母去世后,由于两兄弟感情好,因此他们没有分家,还是在一起生活,他们同时娶了妻子,又各自有了一个儿子,哥哥的孩子比弟弟的孩子大一天。

刚出生的两个小兄弟虽然不在一间屋子里,但是却好像是互相商量好了一样,这个尿了,那个肯定也尿了;这个哭了,那边肯定也会传来哭声。他们的爸爸妈妈看在眼里,喜在心上,哥哥还说,这两个孩子真像是一母所生的,以后肯定也像我们兄弟一样感情好。

两个孩子满月的时候,兄弟俩一起给孩子办满月酒,请了许多的亲朋好友来庆祝。酒过三巡之后,有人提议要请周老先生给两位小少爷看看相,算上一卦。

这个周老先生是两兄弟的父亲生前的好友,由于平时喜欢研究一些相术,因此也喜欢卖弄。兄弟两个想,今天是个好日子,不妨让老先生算上一卦,讨个吉利。于是就让奶妈把两个孩子抱到了周老先生面前。

这周老先生眯着眼,问清了两个孩子的生辰八字,又闭上眼,掐着手指头,嘴里叨咕了半天,然后又睁开眼,拿着两个孩子的小手翻过来倒过去地看,又瞅着孩子端详了半天，然后点了点头，又摇了摇头，最后拉着哥哥的儿子的手说："这个大的孩子的命好，这个孩子是文曲星下凡，将来必将高中状元，是个状元命啊！不过，这个小的嘛，唉，这孩子，将来必定穷困潦倒，他，是个乞丐命啊！"

就因为周老先生的这两句话，这两个小孩子的命运可就开始改变了。

从这以后，兄弟两个开始不和睦了，弟弟的儿子成了乞丐命，哥哥两口子就犯了嘀咕了，这挺好的一个家，怎么出了这么个孩子，真是给祖宗丢人！这孩子这命这么不好，将来这家产还不得让他败没了？

弟弟因为这件事情，觉得自己没脸再在家里待下去了，于是就离开家走了，再也没有回来。他这一走，他的媳妇和孩子可就遭殃了。

哥哥一家都非常的痛恨弟弟的媳妇，认为全都是因为她生了一个乞丐孩子才把一家人弄成这样的，于是他们让弟媳母子两个住到荒弃的小院里，并且一个仆人都不给他们派，什么事情都是弟媳自己干。

大人们知道的这些事情，小孩子们可是不知道。两个孩子偶尔碰面的时候，都高兴得张着小手互相往一起用力，想要到一起玩儿。可是每当这个时候，小哥哥都会被赶快地领回去，因为家里面已经规定了，不许两个孩子在一起玩儿。

后来，两个孩子渐渐地长大一些了，会走了，再偶尔遇到的时候，就会挣脱大人的手，跑到一起，又抱又亲，然后，就又会被大人强行分开。

在两个孩子三岁的时候，有一天，弟媳坐在井边洗衣服，孩子就在旁边的草地上玩儿，这个时候，哥哥家的奶妈带着孩子也路过这里，小哥哥看到弟弟，用力地挣脱了奶妈的手，使劲地往弟弟这里跑，一边跑一边喊："弟弟，弟弟。"眼看着快要跑到井边了，奶妈冲过来，一把抱起了他。

没能和弟弟一起玩儿的小哥哥被强行抱回了家，一路上大哭不止。他的妈妈知道了这件事情，特意跑过来把弟媳娘俩骂了一顿，并警告说以后不准再让两个孩子到一起，别把自己的儿给害死。

小哥哥也被妈妈训了一顿，小孩子不服气呀，就对妈妈喊："为什么不让我跟弟弟玩儿，妈妈为什么骂婶婶？妈妈坏！"这时，他的妈妈说："以后不准和他玩儿，他是个乞丐，你以后要当状元的，不能和乞丐在一块儿，他会害死你的！"

在两个孩子六岁的时候，因为弟弟始终没有回家，哥哥和嫂嫂就在院外给弟媳娘俩找了一间破旧的房子，一分钱都没有给她们，就不管她们了。

哥哥的儿子因为被算出了状元命，因此从小受到了状元教育，当然，他的父母不是教育孩子学习状元应该掌握的知识，而是教育孩子怎么享受状元的待遇。他们给孩子吃最好的，穿最好的，弄好几个仆人伺候着，孩子都好几岁了都不会自己吃饭，要什么给什么，稍不如意，连爸妈都敢打上几巴掌，可是爸妈还不还手，他们觉得，孩子将来可是要当状元的，现在还手了，将来他当了状元，可就了不得了。

最早的时候，小哥哥对于弟弟所受的待遇还有些不满，还很想让弟弟和他一起享受这些好处，可是弟弟走了之后，家里就剩下他一个孩子了，他也逐渐地把这些享受当作了理所当然的事情。该读书的时候，爸爸妈妈也不让他读书。状元命嘛，总知命中注定是状元的，还读什么书啊！

弟媳这么多年来受了许多苦，可她就是想不通，好好的一个孩子，怎么就成了一个乞丐命呢？她偏偏不信这个邪，于是她苦心教育自己的孩子，教他读书、写字，她拼命地干活儿换钱，又去求学堂的先生让孩子念书。孩子也争气，读起书来非常用功，破旧的房子里，常常传出孩子朗朗的读书声。

再后来孩子们长大了，哥哥的孩子长得五大三粗，每天吃喝玩乐，就知道花钱享受，好好的一大份家产，被他挥霍一空，哥哥两口子没能见着儿子当状元，反倒挨了孩子不少的打，没多久，相继地死了。这个孩子终于把房子和地卖了个精光，最后分文没有了，只好穿着破衣烂衫，成了乞丐。

弟弟的孩子呢？因为他用功学习，先生和同学们帮他凑了一些钱，又带上母亲多年积攒的一些薄资，进京赶了考，竟然高中状元，披红挂彩，骑着高头大马，回乡来接他的母亲了。

在路上，一个乞丐冲撞了他的队伍，被差人一脚踢到了一边，状元连忙制止了，这个乞丐无意间一抬跟，看到了骑在马上的状元，状元正好也看到了乞丐，状元看着看着，突然跳下马来，一把扶住乞丐，"哥哥，你怎么成了这副样子？"乞丐听到状元喊他"哥哥"，他也认出了自己的弟弟，羞愧得差点把头钻到地缝里去。

这两个兄弟，本来是出生在同一个家庭的两个同样可爱的孩子，他们互相想念，也想互相照顾，可是偏偏因为一句"状元命"和"乞丐命"，使这两个好兄弟被从小分隔开了。他们一个被泡进了蜜罐里，一个被扔进了寒窑里，结果到了最后，本来以为是状元的那个孩子成了乞丐，本来以为是乞丐的孩子却成了状元。

其实，根本没有命中注定的事情，人与人之间的不同，不是与生俱来的。因为孩子从小都是一样的，都是非常善良的好孩子。只不过是在他们长大的过程中，由于他们受到了不同的教育，才使他们有了不一样的人生。

★树大不能自然直

——恶儿恨母、小儿学棋

苟不教,性乃迁,教之道,贵以专。

——《三字经》

如果不进行教育,人的善良本性就会随环境的影响而改变。而教育孩子的方法,最重要的就是要持之以恒地教育孩子专心做事。

古时候有一对老夫妇,他们一直到晚年才有了一个宝贝儿子,所以把儿子看得非常的珍贵。他们的儿子从小就聪明伶俐,老两口是含在嘴里怕化了,捧在手里怕吓着,都不知道怎么疼他好了,对于孩子的要求,他们没有一样不满足他的,孩子犯了错误,他们也舍不得骂,更舍不得打,一切全由着孩子的性子来,他们相信"树大自直",觉得孩子长大了就自然会懂道理了,根本用不着特意教育他。

有一天,孩子在邻居家玩儿,回来的时候从邻居家拿回一根针来,交给了妈妈,他的妈妈也没有问问孩子从哪里来的这根针,只是高兴地说:"我儿真是聪明,知道把东西给妈妈呢!"孩子看到妈妈这么高兴,于是常常从外面拿点小东西回来,只告诉妈妈说是捡的,妈妈每次都很高兴,于是儿子也很高兴,以后更加乐此不疲了。

后来儿子长成了大人,有一天,儿子从外面牵回了一头牛,他的爸爸妈妈竟然也没有问孩子这头牛是哪里来的,还以为是儿子有本事赚了钱买回来的呢!谁知道没过几天,一个邻居发现自己的牛被偷了,便到处找,找到这对老夫妇家的时候终于发现了自家的牛,于是就要去到官府告状,老夫妇的儿子一听人家要告他,扬起手就打人家,结果一失手,把这个丢牛的邻居给打死了。这下事情可闹大了,当地的人把儿子扭送到了官府,县官当场判决,秋后杀头。

儿子临上刑场的时候,县官问他有什么要求,他说想见见妈妈。

他的老妈妈拎着儿子爱吃的饭菜来给儿子送行,儿子跪到母亲面前哭着说:"儿子受母养育之恩,在临死之前只想再吃一口母亲的奶,儿子就是死了也安心了。"没想到老妈妈刚刚解开衣服,儿子便一头冲过去,一口咬下了妈妈的乳头,然后咬牙切齿地说:"我今天受的惩罚,这都是你的错,都是因为我小的时候你不教育我所造成的。"

老妈妈听到儿子的话,大叫了一声,晕了过去。

这个故事里的儿子"幼时偷针",看上去是一件很小的事情,可是他的爸爸妈妈没有问清东西的来源,反而对孩子进行表扬,结果孩子养成了偷东西的习惯,最后因为偷东西被人发现,把人打死了,自己也被处死,后果变得不可收拾。所以说,受不到约束的孩子很容易学到不好的习惯,如果爸爸妈妈放松了对孩子的教育,孩子就有可能向着不好的方向成长。

爸爸妈妈教孩子学习知识,学习道理,首先要教会孩子专心致志的学习态度。

古时候有一个棋艺高手,因为技术高超,很多人都想向他学习棋艺。于是,他从许多前来拜他为师的孩子中,选了两个做自己的学生。

有一天,他正在为两个学生授课,忽然,他发现有一个学生抬头望了望天,他注意到,天边,刚刚飞过一群大雁。另一个学生却根本没有抬头。

在接下来的授课过程中,那个没有抬头的学生继续聚精会神地听他讲解下棋的技巧,而另一个学生,眼望天空,一只手放在身后,思想早就飞出很远,根本注意不到他的授课。

课讲完了,他叫两个学生对下一盘棋,说以此来巩固讲课的效果。可是,刚刚开局不久,胜负便已见分晓了。那个认真听讲的学生下棋的技巧比那个不认真听讲的学生高明许多,转眼之间便取了胜。

这件事传到了学生父母的耳朵里,那个输了棋的学生的家长不高兴了,领着自家的孩子便找上了门来,用埋怨的语气对他说:"您也是远近闻名的高人了,怎么教授学生还有偏向啊,我的孩子也不比别人家的孩子笨,我们也没有对您不恭敬,为什么您为别的孩子单独授课,却对我的孩子那么保守? 难道您也是吝啬的人吗? 还是您觉得我们亏待了您呢?"

他淡然一笑,叫过那个赢了棋的孩子,说:"你说一下,为什么你会赢了这盘棋呢?"那孩子说:"上课的时候,先生讲授什么,我就认真听什么,一个字也不敢漏下,就是发生了天大的事情,也不敢分心,下棋的时候,我把先生教授的棋艺用上,果真有效。"

那家长还不放过,追问道:"先生没给你单独上课?"那个孩子说:"我们每天一起上学,一起放学,多一分钟都没有在先生家里啊!"

听了这个孩子的话,那个输棋的孩子低下了头,他悄悄地用手拉家长的衣襟,见家长还在和先生理论,便使劲地把家长拉回了家。

第二天,先生吩咐两个学生把家长请来同听一天课。两个家长于是领着孩子一起来到先生家。这一回先生在讲课的时候,那个不太用心的孩子也不敢不听课了,等先生讲完了,再让两个孩子对下一盘的,开始的时候两个孩子比得不分胜负,可是最后，那个孩子还是输了。

先生对那个赢了棋的孩子说："你说一下，你今天赢在哪里呢？"那孩子说："就是上次比赛的那天先生讲的技巧。"

回到家以后，输棋的孩子家长问自己的孩子："上次比赛的那天，先生讲的技巧是什么？"孩子支吾着说不出话来。家长一看便明白了，他问孩子："上次先生讲课，你是不是没有认真听讲？"孩子低下头说："是。"

"那你在想什么？"

"天边飞来了一群大雁，我在想，要是大雁再飞过来，我就抽出箭来射它。"

听了孩子的话，他的家长终于明白了原因。于是第二天，他亲自来到了先生家，给先生道了歉，并对孩子说："不认真听讲，不专心学习，先生讲的技艺当然学不会了，你一定得克服不专心的毛病，否则，跟棋艺再高的先生学习，你也学不到真正的本领。"

一样的老师，一样的授课方法，之所以教出的学生各有不同，都是因为没有专心学习的缘故。可见，"专心"的学习态度对于学生来讲是十分重要的。

所以说，父母对孩子不教育不行，教育不对路也不行。每一棵参天大树的长成，都要有足够的阳光和水分的滋养，还要经过不停的修剪才行，如果任由孩子自行发展，或者在教育孩子的过程中不懂得重点，都不可能教育出一个成功的孩子来。

★给孩子创造好的学习环境

——孟母三迁、断机劝子

昔孟母，择邻处，子不学，断机杼。

——《三字经》

战国时，孟子的母亲为了使孟子有个好的学习环境，曾经搬了三次家。一次孟子逃学，孟母就割断织机的布来教育他。

孟子是古代著名的思想家。他的父亲去世得早，家里面只有他和母亲。孟子小的时候非常的调皮，他的母亲为了让他受到良好的教育，费了好多的心思。

孟子的家最早的时候是在一个小村庄里，村庄的旁边有一片坟地，那里经常会

国学经典文库

国学大智慧

· 蒙学智慧 ·

图文珍藏版

举行送葬出殡的仪式，孟子和邻居的小孩子们没事的时候，就喜欢学着玩儿这些出殡的游戏，又是跪拜又是打幡，还要嚎哭祭拜。孟子的母亲看到孩子的这些举动，非常的担忧。她想："小孩子从小就只能接触这些事情，长大以后还能学得出什么呢？不行！不能让我的孩子在这里长大！"于是，他的母亲就决定从这里搬走，让孟子离开这个环境。

孟子跟随母亲把家迁到了一个大市集的旁边。孟母想："这里比原来的地方人要多，孩子也能长些见识，开阔眼界，对他的求学有好处。"可是让孟母没想到的是，这个地方十天赶两个集场，非常的热闹，孟子的注意力又被这些事吸引了，没事的时候，他就和邻居家的小朋友玩做生意的游戏，要么弄两块石头玩儿卖菜，要么弄个棍子学屠户杀猪，还学着鞠躬迎客，相互讨价还价。孟子的母亲这下又担忧了起来。她想："看来，这里并不能让我的孩子长到有益的见识，孩子每天接触这些事情，是没有办法认真求学的，我们还是不能住在这里。"于是，她带着孟子又搬走了。

孟子

这一次，孟母带着孟子搬到了一个学堂的旁边，周围住的全都是些读书人。孟子每天见到的都是知书达理的人，于是，他也学着人家读书演礼，慢慢地，孟子变成了一个喜欢读书的、懂礼貌的孩子。孟子的母亲看到孩子的变化，觉得非常欣慰，认为这一次终于找到了适合孩子居住的地方。

这就是历史上著名的"孟母三迁"的故事。《三字经》中"昔孟母，择邻处"这句话，就是由这个故事而来的。孟子的家境贫寒，搬家对于他们来说不是一件简单的事情，但是他的母亲为了让他在一个能够学习圣贤的环境中长大，不惜搬了三次家。真是不愧为一位贤母。

关于孟子的母亲，历史上还流传着一个"孟母断机杼"的故事。说的是孟母把家搬到了学堂旁边以后发生的一件事。

孟子的母亲把孟子送进了学堂去读书。孟子是一个非常聪明的孩子，接受能力非常的强，先生讲的知识一听就会，于是渐渐地，他就有些厌烦了，他想："这么简单的东西，先生每天不停地讲，学习这么枯燥，多没意思啊，还不如出去玩儿呢。可是如果不去上学的话，母亲也不同意呀！这怎么办呢?"

孟子想出了一个好办法。他每天早上按时出门，告诉母亲自己去上学了，然后他就跑到小林子里去玩儿，等到太阳快下山了，他就准时地回家，一连三天，母亲都没有发现。孟子很高兴，认为自己找到了一个好主意。

但是孟子三天没去学堂，老师担心他出了什么事，就派了一个学生到他家里面去看看，这个学生一去不要紧，孟子逃学的事情露了馅。

下午孟子回来的时候，母亲问他："为什么逃学?"孟子支支吾吾地说："学习这么简单还这么枯燥，一点儿意思都没有。"孟子的母亲听他说了这话，转身把织布机上的布剪断，并把织布机的梭子弄断扔在了地上。孟子一看害怕了。

孟子的家里很穷，全靠母亲纺线织布为生，织布机是他们维持生计的唯一的一件东西，现在母亲把织布机的梭子弄断了，可见母亲生了很大的气。孟子吓得扑通一下跪倒在地上，拉着母亲的手说："孩儿逃学不对，已经知道错了，母亲不要这么生气。"

孟子的母亲对他说："我不是生气，我是想让你知道，纺线织布，必须积丝成寸，积寸成尺，积尺成匹，这样才能织成可以做衣的布匹。你学习也是一样，要日积月累，由易到难，不断地丰富自己的学识，这样才能成就大事。现在我把这匹布从中间剪断了，这匹布就成了一块无用的废布，我的昼夜劳苦便没有了意义，即使是把这千丝万线都接上了，继续把它织成布匹，满是疙瘩的布有谁会要呢? 就像你现在学习半途而废，以前所学的东西和以前所用的功就全都白费了，这是自己放弃自己呀！我把织布机的梭子弄断了，以后想织布都不行了，我们就连生计都维持不了了，跟你现在贪玩逃学，不珍惜学业，荒废时光一样，将来成了一个无用的人，给祖宗脸上抹黑，后悔都晚了。这里面的道理全都是一样的啊！"

孟子听了母亲的话，感到非常的羞愧，于是痛下决心，不分昼夜刻苦学习，再也不贪玩儿了。后来，孟子终于成为了一个道德高尚、学识渊博的思想家，他的著作和他的学说一直到几千年后的今天都能给我们很大的启迪。这便是《三字经》中"子不学，断机杼"这句话的由来。孟子的母亲为了让孟子认识到学习的重要性，不惜毁掉了家里面谋生的工具，用来劝孩子读书，真是一位伟大的母亲。

人在小的时候，学习能力非常强，因而模仿能力就非常的高，接触什么样的人和事，就容易学习什么样的人和事。所以说，为了让孩子成为一个有知识的、受人尊敬的人，父母从孩子小的时候就要尽量地让孩子多接触生活中那些讲学识和礼貌的人和事物，不仅如此，在学习知识的过程中，父母也要教会孩子"做事不能半途而废"的道理，一心二用、三心二意地学习是不可能体会到学习乐趣的，也不可能让知识在我们的头脑中积少成多。"书到用时方恨少"，到了"恨"的时候再知道学习的重要性,可就虚度了太多的时光了。

让孩子在好的气氛中读书,让孩子在父母的正确引导下读书,孩子才算是真正地有了一个好的学习环境,这个道理,爸爸妈妈是应该铭记在心的。

★严谨的家规有助于孩子的成材

——五子登科

窦燕山,有义方,教五子,名俱扬。

——《三字经》

燕山人窦禹钧教育儿子很有方法,他教育的五个儿子都很有成就,同时科举成名。

五代后晋时期,有一个名字叫窦禹钧的燕国人,他出生在有钱的人家,年轻的时候靠做生意为生,但是他不学好,常常欺行霸市,缺斤短两,赚昧心钱,有的贫苦人家找他家借粮食的时候,他用小斗量自己的米,可是人家还粮食的时候,他却用大斗称人家的米,大家都说他缺德。

窦禹钧虽然靠着做缺德事赚了不少钱,但是他还是非常的不开心,因为他已经三十岁了,还没有一个自己的孩子,他着急得不得了。

有一天夜里,他梦到了自己的父亲,父亲对他说:"孩子啊,你不学无术,恶名远扬,做了无数的昧心事,你这一辈子肯定是没有孩子的了,而且你也活不了多少年了。如果你不想这样,就赶快学好吧,多做好事,多积些好的德行,也许还能把不好的命运改变过来。否则,你就彻底完了。"说完就不见了。

窦禹钧被这个梦惊醒了,醒来后发现衣服已经被冷汗浸湿了。他仔细地想了梦中的事情,又回忆了自己这些年的所作所为,感到特别的羞愧。于是他痛下决心,一定要改邪归正,再也不做恶事了。

从那以后,窦禹钧真的变了,他再也不做缺德事了,处处注意帮助别人。对于因为贫困而没有办法生活的人,他借钱给他们去做生意。对于家里死了亲人却没有钱买棺木的人,他出钱帮着办理丧事。对于因为家里贫寒,没有钱为女儿置办嫁妆的人,他主动替人家买嫁妆嫁女儿。对于因为没有钱娶媳妇的男子,他慷慨解囊帮助人家娶亲。各地的穷苦人,由于得到了他的帮助而维持生活的数都数不过来。

有一次,他拾到了一个包裹,里面装了不少的金银,他想,这一定是有人丢失的,这么一大笔钱,失主不定有多着急呢!于是他就守在原地等了整整的一天,最后终于等来了一个找包裹的人。原来,这个人的父亲因为犯了罪,将要被发配到很远的地方去,他好不容易才凑了这一包金银,想要去为父亲赎罪,没想到却丢了,要是没有了这些钱,他这一辈子就有可能见不到父亲了。窦禹钧听说了这个人的事情以后,不但把钱还给了他,还另外又赠给他许多的财物,让他去救父亲。

窦禹钧家有一个仆人,因为偷了他的钱,怕被他发现后受到惩罚,可是自己又没有钱还给他,于是就连夜逃走了。临走前,这个仆人把自己的女儿留在他的家里,并给他留了一张字条,字条上说明了自己偷钱的事情,并说把这个孩子给他了,就算是还债了。

窦禹钧知道了这件事情以后,不但没有怪罪这个仆人,反而非常的可怜这个小女孩,于是他把这个孩子收留下来,并当做自己的孩子一样抚养成人,这个孩子长大以后,该出嫁了,他又为她选择了一位非常贤德的丈夫。

当年逃走的仆人听说了这件事,非常的感动,于是赶了回来,哭着给他认罪,并向他忏悔。窦禹钧没有追究过去的事情,还反过来安慰他。仆人非常的感动,他找人画了一张窦禹钧的像挂了家里,早晚上香供奉,以表感谢之情。

窦禹钧不但常常帮助别人,还在自己的家里办理了学堂。他建了四十间书院,购买了几千卷的书籍,请来了一些品学兼优的老师。他把附近没钱读书的孩子全接到私塾里来,一分钱不收,让他们免费学习。他的书院在当时培养了许多有知识又品德高尚的人才,使当时的许多孩子有了很好的前途,为国家做出了很大的贡献。

窦禹钧对待别人从来不吝啬金钱,但是自己的生活却过得十分节俭,他把赚来的钱,只留下了够家里支出的一部分,其他的都用来接济穷苦之人。

几年之后的一个夜里,他又做了一个梦,又梦见了他的父亲,这回父亲对他说:"这些年你诚心改过,做了许多好事,积累了许多的德行,你的命运从此可以改变了,日后你不但可以长寿,还会有五个孩子,希望你好好地教育他们,将来他们都会有出息的。也希望你以后继续做善事,否则的话,一切不好的事情还是会发生的。"

从此以后,窦禹钧更加尽心尽力地做善事,帮助别人。果然,没过多久,窦禹钧的妻子就为他生了一个儿子,接下去的几年,窦禹钧一共有了五个儿子。

为了让五个孩子将来都有出息,他制定了严格的家规,在他的家规上有这样的规定:"家庭之礼,俨如君臣;内外之礼,俨如宫禁。男不乱入,女不乱出;男务耕读,女勤织纺。和睦雍熙,孝顺满门。"

当时,国家正处在混乱时期,老百姓的生活十分穷苦,根本没有心思去考虑更多的事情,可是窦禹钧教育他的孩子说:"国家动荡不安,但你们不能松懈了学习,只有现在刻苦学习知识和做人的道理,将来才能成为对国家有用的人,为国家社稷做贡献。"

由于家教严格,窦禹钧又注意以身作则,用自己的行动来影响孩子,他的五个孩子都非常的知书答理,孝顺父母。后来,五个孩子都先后在科举考试中金榜题名,成为了朝廷的栋梁之材。他的大儿子窦仪官至尚书,二儿子窦俨做了翰林学士,三儿子窦偁任参知政事,四儿窦侃任起居郎,五儿子窦僖做了左补阙。窦禹钧教育五个儿子成材的这段经历,成就了流传后世的"五子登科"的美谈。

当时有一位侍郎冯道曾为他写了一首诗:

> 燕山窦十郎,
>
> 教子有义方,
>
> 灵椿一株老,
>
> 丹桂五枝芳。

窦禹钧由于多做善事,自己也做到了谏议大夫的官职。再后来,窦禹钧又有了八个孙子,长大以后也都成了有用的人才。窦禹钧最后活了八十二岁才去世,即使在今天,也算是长寿的人了。

由于窦禹钧的家属于燕山一带,因此后世之人都称他为"窦燕山",这个故事,就是《三字经》中"窦燕山,有义方。教五子,名俱扬"二句的由来。

每个人的命运都掌握在自己的手中,多做好事,才能受到别人的拥戴,才能有幸福的人生。而作为孩子的父母,如果想让自己的孩子学习到正确的做人的道理,长大以后成为有用的人才,就必须为孩子创造一个有规矩的家庭风气,创造一个良好的成长环境,用自己的行为为孩子做出最好的榜样。

★父母和老师是引导孩子成功的人

——养子不教、为师不勤

养不教,父之过,教不严,师之惰。

——《三字经》

仅仅是供养儿女吃穿,而不好好教育,是父母的过错。只是教育,但不严格要求就是做老师的懒惰了。

公孙贺是西汉人，由于他勤奋谨慎、老实本分，又参加了许多次做战，立有许多军功，因此在公元前103年被汉武帝任命为丞相。

他的儿子叫公孙敬声，由于父亲是当朝的丞相，母亲又是皇后的姐姐，所以他的姨夫汉武帝封公孙敬声做了太仆，也就是自己车队的队长，这也是一个不小的官职呢！这样，公孙贺父子两个人都成为了高官。

公孙贺从儿子小的时候起就对他非常的溺爱，平日里娇生惯养，做了什么错事也不进行管束，结果公孙敬声长大后成为了一个不学无术的人，虽然做了官，还是经常和一些江洋大盗混在一起，做一些目无法纪的事情。对于这些，公孙贺虽然心知肚明，但是他总认为儿子犯的都是一些小错，出不了大问题，因此始终对这些事不闻不问，听之任之。

后来，这个公孙敬声终于犯了大错，他贪污了许多的军费以后，和一帮狐朋狗友一块吃喝玩乐给挥霍了。这件事情败露以后，汉武帝一怒之下把他抓进了大牢。

公孙贺眼见着自己的儿子马上就要没命了，急得不得了。正好当时朝廷正在追捕一个叫朱世安的人，于是他请求汉武帝让他去抓这个人，为儿子赎死罪，汉武帝念在亲戚的面子上，同意了他的请求。

没想到，当公孙贺利用一切方法，历尽了千辛万苦把朱世安抓回来后，却又发生了更可怕的事情。

原来这个朱世安也是以前常和公孙敬声一起鬼混的人，他知道公孙敬声做的许多坏事，如今一看是公孙敬声的父亲亲手把他捉进了大牢，气得牙根直痒，他在牢里给汉武帝写了一封信，把公孙敬声干的坏事全都抖了出来，其中也包括公孙敬声在汉武帝专用的御道上埋了个木人以诅咒他的事情，结果汉武帝看了以后暴怒，不但没放公孙敬声，把公孙贺也抓了起来。

由于公孙敬声的罪不可恕，公元前91年，公孙贺父子两个连同整个家族都被汉武帝处死了。

公孙贺做了十多年的丞相，一直勤勤恳恳，小心谨慎，对待汉武帝也忠心耿耿，但就是由于他的溺爱，导致孩子从小就没有受到正确的引导，最终成为了一个恶人，酿成了灭族的惨祸，不但连累了自己，还连累了整个家族的无辜亲人，因此这件事情上最大的罪人，恰恰是作为父亲的公孙贺，而不是惹了事的公孙敬声。这就是养子不教所造成的恶果。所以说在孩子小的时候，父母对孩子的教育一丝一毫也不能放松，这是为人父母的责任。

爸爸妈妈虽然是孩子最早的老师，但是孩子到了求学的年纪，都得到学校去读书，从这个时候开始，孩子们就开始从老师那里学习文化知识，学习做人处世的道理了。

有这样一位老师，他在给学生上课的时候，常说这样一句话："我该向你们传授的知识，我一字不落地全会讲给你们，但是听不听在你们自己，我讲课的时候你们喜欢听就听，不喜欢听就不听，想干什么就干什么，你们自己看着办吧。"于是，在他的课堂上，一些懒惰的学生就堂而皇之地不听课，有的玩儿玩具，有的钻到桌子底下做小动作，还有的窃窃私语，那位老师呢？根本不管学生们都在干什么，只顾着自己旁若无人的讲课，就像对牛弹琴一样。

开始的时候，孩子们都非常喜欢这位老师，因为他们觉得不用再害怕老师教训，可以为所欲为了。可是后来，这些孩子们的学习成绩引起了家长们的注意，在问明情况以后，家长们纷纷向校长抗议，把这位老师赶走了。

古人有这样一句话："一日为师，终身为父。"老师对待学生，应该像对待自己的孩子一样严格要求，这样孩子们才能成为一个有知识懂礼数的人，如果对学生不进行纪律上的约束，实际上便是误人子弟，会耽误很多孩子的前途。

作为一个学生，也不应该认为这样的"好好"老师就真的是好老师，因为这种懒惰的老师不会教学生学到真正的知识和道理，根本就不是一个合格的老师。

★不要错过对孩子的教育

——少壮不努力，老大徒伤悲

子不学，非所宜，幼不学，老何为？

——《三字经》

小孩子不肯好好学习，是很不应该的。一个人倘若小的时候不好好学习，到老的时候既不懂做人的道理，又无知识，能有什么用呢？

从前有一个老汉，他没有自己的孩子，也没有自己的田地，全靠每天到山上拾柴换些钱生活。

他小的时候，他的爸爸妈妈非常希望他做一个有学问的人，于是就把他送到当地最有名气的一位先生家里学习。

先生有一把长长的戒尺，对于不专心听讲的学生，先生就用那把戒尺打手心，学生们都害怕先生的戒尺，所以每天都乖乖地读书，不敢偷懒。

老汉小的时候非常的淘气，突然被送进了严厉的先生家里，很是不习惯，因为常常悄悄地背着先生溜出去玩儿，所以他的小手经常被先生打得肿起来，于是他就跑回了家。

他的爸爸妈妈看到他的小手，非常的心疼，但还是忍着对他说："先生打你，是因为你没有认真读书，不认真读书的话，你又怎么能学到真正的学问呢？"于是第二天，爸爸妈妈又一起拉着他的手，把他送了回去。

他在先生那里规规矩矩地学了几天，就又挺不住了，一天趁先生不注意，他又溜了出去，跑到外面玩儿了个够，等他回来的时候，先生又打了他的手，并且对他说："你这样不用功，怎么对得起你的父母呢？"

听了先生的话，他又乖了几天，可是他还是坚持不住，他想，"每天就这么坐在这里学习，哪有外面轻松？"于是，他又跑回了家。

这一回，任凭父母磨破了嘴，他坚决不再去先生家里了。

没办法，父母一想，孩子不愿意读书，以后还能有什么前途呢？不然，就让他去学习一门手艺吧。于是，便又把他送到了当地最有名的木匠家里，让他跟着木匠师傅学习做木工的手艺。

可是没过几天，他又回来了，说是木匠师傅比先生管得还严，学木匠活儿一点儿都不好。这回他的父亲生气了，把他狠狠地教训了一顿，一定要他继续回去学手艺。

拗不过父亲，他又去了木匠师傅家里。为了不再回来，他更加不认真，还常常故意惹师傅生气，最后，师傅把他的父母叫来，告诉他的父母说自己教不了这个孩子，让父母把他领回去了。

后来，父母又送他去学过很多的手艺，可是他没有一次能学下去，每次都是到了中途便放弃了。到了十几岁，当年和他一起学习的孩子都已经快学成了，他还是什么也不会。父母很着急，愁得头发都白了，可他却不以为然，他觉得，学东西太辛苦，还不如自由自在地好些。

又过了些年，父母相继去世了，以前还可以靠父母养活，可是现在不行了。父母原本就是做小买卖为生的，为了送他学本事，又求先生又交学费，日子本来就过得不富裕，根本没有给他留下什么钱财。所以父母去世不久，他的生活就没有着落了，而这个时候，曾经和他一起学习的伙伴，都已经能凭自己的手艺养家糊口了，有的都已经小有名气了，甚至还有的已经学业有成。

怎么办呢？没有知识，又没有手艺，他什么也做不了，没有办法，只好出去卖力气。趁着年轻，他做过很多的苦力活儿，虽然受了很多的累，却没赚到几个钱，日子过得捉襟见肘，连个媳妇都没娶到。

一年又一年,因为小时候的同伴一个比一个的有出息,而他却连出头之日都看不到,使他觉得非常难堪,于是他变卖了家里的房子,背井离乡到了别的地方谋生。可是无论他走到哪里,他都只能靠做苦力吃饭,卖房子的钱早早地就用完了,他一天不做工,就一天没有饭吃。

几十年过后,他老了,没有办法做苦力赚钱了,为了能有一口饭吃,他不得不到山上去捡柴,捡一点就到集市上去卖,然后买上一点吃的,就算是过了一天。连他自己都不知道,自己捡柴还能捡多久。

当他在集市上卖柴的时候,看到那些拿着书本去读书的小孩子,他就想起自己小的时候,父母怎样苦口婆心地劝自己不要贪玩儿,要努力地学些知识,学些本事,可是自己总是不听,现在老了,受了一辈子的苦,终于明白了这里面的道理,却一切都晚了,想到这些,总是禁不住伤心。

一个人在小的时候因为贪玩儿而不爱学习,是非常不应该的;年少的时候是人一生中学习的黄金时刻,在这个时候如果认真学习,是最能掌握丰富的知识的,如果在年少的时候不用功,把大好的时间都用在了玩儿上,那么等到长大了,就会连自己的生活都保证不了,更别提有所作为了。到那个时候,肯定是会后悔的,但是到那个时候再后悔,可就来不及了。所以小孩子必须要趁着年幼努力读书。而孩子的父母也应该认识到这件事的重要性,无论如何不能让孩子错过学习的最佳年龄,如果在这个时候错过了对孩子的教育,那么将会给孩子留下终生的遗憾。

★严爱才是爱

—— 和氏献璧、岳飞教子

玉不琢,不成器,人不学,不知义。

——《三字经》

一块玉石,如果不去雕琢,就不能成为有用的器具;人也是一样,如果不透过学习,就无法明白做人处事的道理,不知道那些事合不合乎义理,应不应该做。

从前,有一个叫卞和的楚国人,有一天,他在山里找到了一块玉璞,非常的高兴,于是便拿着这块玉璞去献给楚厉王,告诉厉王说这里面有宝玉。

楚厉王不懂得玉璞中含有宝玉的道理,于是就把这里的玉匠叫来进行鉴定,结果那玉匠看到了卞和献来的宝玉后,对楚厉王说:"这不是玉,这只是块石头。"

听了玉匠的话,楚厉王勃然大怒,于是斥责道:"大胆的卞和,竟然敢用石头冒充宝玉来骗我!推出去,把他的左脚砍了,看他还敢不敢无礼!"

就这样,卞和被砍了左脚,拖着残缺的身体回了家。

后来,厉王死了,武王继了位,卞和又拿着这块璞玉来献给武王,武王也不懂得这里面是否有宝玉,于是也叫了一位宫中的玉匠来鉴定,结果这个工匠看过之后,也说了一句:"这不是宝玉,这只是一块石头。"武王听了,恼羞成怒,大喝道:"大胆的卞和,你先是骗了先王,现在又来骗我,你难道不怕死吗?推出去,把他的右脚也砍了,看他悔不悔改!"

这一回,卞和又失去了他的右脚,连走路都不行了。

再后来,武王也死了,文王继了位。卞和带着那块玉璞,来到了楚山脚下,痛哭了三天三夜,把眼泪都哭干了,他还继续哭,最后眼睛里哭得出了血。附近的人和过路的行人见到了,都感到十分的凄惨,于是一传十,十传百,传得尽人皆知,连文王都听说了这件事情。

于是,文王派了一个差官到楚山去看个究竟,那差官到了楚山后,果真见到了卞和抱着块石头坐在那里哭,于是他走上前问他:"普天之下,有那么多受了砍脚之刑的人,怎么只有你悲伤了这么长时间呢?"

卞和回答说:"你以为我是因为脚被砍断才这么伤心的吗?不是的。我伤心的是,这么好的一块宝玉,为什么就没有人认识它,为什么就会被人说成是一块普通的石头呢?我是一个诚实的人,我忠于我们的大王,我发现了宝物,诚心诚意地想把它奉献给大王,可是我竟然被人说成是一个可耻的骗子,我怎么能不伤心呢?"

差官回官后向文王汇报了卞和的话,文王觉得非常的诧异,他觉得,应该验证一下卞和所说的话的真假,于是便把卞和叫来,命令宫中的玉匠把玉璞拿去仔细地琢磨,玉匠把玉璞的表层小心地敲掉以后,这块被称为石头的玉璞里果真露出了一块稀世美玉。

文王非常高兴,于是给这块宝玉起了个名字,叫做和氏璧,还给了卞和丰厚的赏赐,用来表彰他的忠诚。

许多许多年以后,秦始皇得到了这块和氏璧,命工匠把它雕刻成了一块传国的玉玺,给这块宝玉赋予了更重要的意义。

这就是著名的"和氏璧"的故事。在这个故事中,我们可以看出,一块宝玉,如果不经过工匠的精心打造,在别人的眼中,它就只能是一块石头,是不可能显现出它的实际价值的。

对于孩子的教育也是这样的道理。只有让孩子受到了良好的教育,他们才会

国学经典文库

国学大智慧

·《三字经》智慧通解·

图文珍藏版

懂得做人处世的道理,知道什么事情是应该做的,什么事情是不应该做的,也会知道做一个人最重要的意义在哪里。

在我国历史上有一位著名民族英雄,他就是宋朝的抗金将领名岳飞。岳飞严格律子的故事,已成为千古美谈。

岳飞的一生共有五个儿子,他对五个儿子的要求都非常严格。以岳飞的身份,孩子们本应理所当然地享受好的吃穿,但是岳飞却要求孩子们只许穿麻布衣,不许穿丝绸的衣服;只能吃普通的饭菜,不许吃酒肉。不仅如此,他还让孩子们都到军营里面去接受训练,掌握实际的本领,教育孩子大丈夫要报效国家,将来要为国尽忠。

他的大儿子岳云在十二岁的时候就被编入了部将张宪的队伍里,成为了一名小军士,同大人一样,披重铠,跨战马。有一次,岳云在练习骑马下坡的时候,没注意坡度,结果连人带马都翻了过去,岳飞见了,非常生气,坚决将岳云打了一百军棍,目的是让岳云记住,即使是在练习的时候,也要当做是在真的战场上,一丝一毫也不能

岳母刺字

松懈。在岳飞的严格要求下,岳云没有辜负父亲的期望,苦练本领,成为了一名武功高强的小将。在岳家军的一次北伐中,十六岁的岳云参加了战斗,挥舞着八十斤重的铁锤,勇冠三军,率先登城。

又有一次,岳家军被金兵围困,岳云奉父命突围,临出发前,岳飞严厉地对岳云说:"不取得胜利,就先斩了你。"岳云不负父望,果真以少胜多,取得胜利。由于岳云作战勇敢,手下士兵士气高涨,所向披靡,令金兵闻风丧胆。

岳飞作为一名将军,历来对部下赏罚分明,但是对于自己的儿子,他却有功不赏,有过必罚,他深深地知道,作为父亲,他只有严格地教育自己的孩子,才会使孩子将来有所成就,能够为国出力。他用这种严厉的方法,表达着他对孩子的爱。

父母对孩子的爱,有大爱和小爱之分。所谓小爱,就是让孩子吃饱,穿暖,不受教训,心情舒畅,为所欲为,满足孩子的一切要求,但是这种小爱是无法换来一个懂义理的孩子;相反,在这种小爱下长大的孩子会变得骄横无理,不懂礼数,一事无成。而所谓大爱,就是要对孩子进行严格的教育,不注重眼前孩子的安乐,为孩子

的长远打算,精心地培养他,让他懂得做人处世的道理,懂得与人融洽地相处,懂得感恩与报恩,也会懂得学习,懂得认真地对待他所该做的每一件事,这样长大的孩子,将来才会有远大的前程,才会为他人,为国家做出贡献。这种用"大爱"来爱孩子的父母,才是可敬的。

★近朱者赤,近墨者黑

—— 小子学礼、割席断交

为人子,方少时,亲师友,习礼仪。

——《三字经》

做人子弟的,从小时候就要亲近良师益友,并从他们那里学习到待人处事的礼节和知识。

从前,有一个非常不懂礼貌的孩子,他的父母让他拜一位德高望重的先生为师,跟随先生学习知识和礼数。

有一次,有位客人来拜望先生,他见有人来了,马上跟着进了正厅,不管不顾地坐到了椅子上。先生与客人寒暄,刚刚问了一句"从哪里来",他就抢先说:"肯定是去过乡下了,鞋子上全是泥,把地都弄脏了。"客人听了,脸色非常不好。先生看了他一眼,没有说话。

先生与客人闲谈了一会儿,便开始说正事了,可是他用手托着下巴,歪着身子坐在椅子上,始终不肯离开。先生又看了看他,对他说:"你去吩咐为客人准备一下午饭。"他这才恋恋不舍地离开。

该到吃饭的时候了,饭菜全都摆好了,他一溜小跑来到正厅,扔下一句:"先生吃饭了。"然后扭头就跑到了饭桌旁,拿起碗就开始吃饭。

先生生气地对他说:"怎么这么没有礼貌,客人还没有落座,你怎么能先吃饭呢?现在你去隔壁把李老先生请过来,和我们一同吃饭。一定要注意恭敬,不得无礼,否则我不轻饶你。"

客人见先生派他去请李老先生,非常诧异地说:"这个弟子面生得很,是新收的吧?不怕您生气,我看您这个学生啊,实在是没有礼貌。您的学生也不止这一个,李老先生是讲礼数的人,您为什么不派一个懂礼貌的学生去请李老先生呢?"

先生笑了笑，回答说："就是因为他不懂得礼貌，我才安排他去请李老先生，多与懂礼数的人接触，对他有好处。这是我新收的一个学生，我会慢慢教导于他，今天他对几位不恭敬，看在我的面子上，多原谅他吧。"客人们听了，笑着说："您不用客气，小孩子学礼数学得快，有您这样一位老师，他一定会有出息的。"说罢，几个人笑了起来。

后来，先生对这个孩子用心地教导，时常安排他与一些讲礼仪的人接触，并把平时招待客人的任务规定由他来做，而先生的客人多是德才兼备之人，所以他逐渐地被影响得谦虚有礼了，他的父母见到了孩子的巨大转变，感到非常的欣慰。

孩子学习知识和礼数，离不开老师的教导，关在家里是没有办法学到人生所需的全部知识和礼仪的，只有走出家门，多亲近品学俱佳的人，才能学到知识和为人处世的道理。

小孩子在成长的过程中，父母不但要为孩子选择有修养的师长，还要教会孩子结交品德高尚的朋友。

管宁和华歆从小就是非常要好的朋友，他们俩每天形影不离，同吃同住，一起学习。但是后来，管宁还是离开了华歆，这是为什么呢？

原来，管宁从小就非常以学修身，不爱名利，可是他通过一些小事发现，华歆的志向与自己不一样，所以才做出了这样的决定。

有一次，两个人一起在菜地里锄草。管宁一锄下去，碰到了一个硬东西，挖出来一看，竟然是一块金子，他自言自语，"我当是什么呢，原来是块金子。"接着，他把金子扔到了一边，继续锄草。可是不远处的华歆听到了这句话，赶忙奔了过来，把金子捡到了手中。

管宁见了，一边干活一边责备华歆说："一个有道德的人是不可以贪图不劳而获的财物的，钱财应该是靠自己的辛勤劳动去获得。"

华歆听了，口里说："我知道。"手里却还捧着金子舍不得放下，管宁就一直盯着他，后来，华歆被管宁盯得实在不自在了，这才极不情愿地丢下金子回去干活了。但他心里还在惦记着这块金子，所以干起活来也不卖力了。管宁见到他的样子，心里头很不高兴。

又有一次，他们俩人坐在一张席子上读书。正看得入神，忽然外面传来一片鼓乐之声，于是两个人就走到窗前去，看看到底发生了什么事。

原来，有一位大官正乘车从街上经过，一大队人马，威风凛凛。而他的车子更是豪华：车身雕刻着精巧美丽的图案，车上蒙着的车帘是用五彩绸缎制成，四周装饰着金线，车顶还镶了一大块翡翠，显得富贵逼人。

管宁看了看，又回到原处捧起书专心致志地读起来，对外面的喧闹完全充耳不闻。华歆却不是这样，他完全被这种张扬的声势和豪华的排场吸引住了。他嫌在屋里看不清楚，还特意放下书跑到了街上，尾随着车队走出了很远。

管宁看到了华歆的行为，非常的生气，也非常的失望。等华歆回来后，他当着华歆的面把两个人刚刚坐过的席子用刀割成两半，然后对华歆说："我们两个人的志向不一样，是不能做朋友的，从今天开始，咱们不再是朋友了。"

后来，管宁决定到另外一个地方去读书，虽然他已经和华歆断交，但是在临走之前，他还是前去劝华歆，让他不要太重视那些金钱和名利，但是华歆不听。

最后，华歆终于做了官，却因为做了赃官而被杀了，而管宁在辽东地区住下来，用他所学到的知识和仁德，使得当地的百姓和睦相处，受到了百姓的爱戴。这就是"割席断交"的故事。

人要和与自己有同样志向的人交朋友，两个人互相地学习对方的优点，并且用自己所懂得的礼仪去影响对方，这样才可以共同进步。

所以说，孩子们在小的时候起，就要学会亲近好的老师和好的朋友，并从他们身上学到能使自己终生受益的知识和经验，不断地取人之长补己之短，这样才能不断地丰富自己的头脑，提高自己的道德素质，成为一个德才兼备的人，而父母，更是应该在这方面，对孩子做出好的榜样与引导。

★懂得什么是真正的孝

——黄香温衾、汉帝尝汤

香九龄，能温席，孝于亲，所当执。

——《三字经》

小黄香九岁就知道为父亲温席，这是侍奉父母所应该做的。

在中国古代的《二十四孝》中，收录了黄香"扇枕温衾"的事迹。

黄香是东汉时期的江夏人，他的母亲在他九岁的时候就去世了，只靠父亲一个人养育他。

黄香非常的思念母亲，也体谅父亲的辛苦，母亲去世后，他对父亲愈加的孝顺。为了不让父亲太过劳累，他把家里所有的家务活儿都承担下来，父亲一回到家里，黄香就请父亲去休息，而他则为父亲洗衣做饭，尽心尽力地侍奉父亲。

夏天的时候，天气炎热，为了让劳累一天的父亲能够睡一个又凉快又舒适的好觉，每到晚上，黄香便请父亲到院子里乘凉，而他则拿一把大扇子站到父亲的床边不停地扇，直到把父亲睡觉的席子扇凉了，才请父亲上床睡觉。

冬天的时候，天气寒冷，为了让父亲能够暖暖和和地入睡。每次睡觉前，他都先脱光了，钻进冰冷的被窝里，用体温把被窝暖热之后，再请父亲躺下睡觉。

就这样年复一年，黄香始终如一地对待父亲。后来，黄香的孝行传遍了整个县城，大家都夸黄香是个孝顺的孩子，对他非常的钦佩。

黄香九岁扇枕罩

在黄香十二岁的时候，江夏太守刘户知道了他的事迹，便把他召到署门之下，称赞他是"至孝"。刘户还上书给皇帝请求褒奖他的孝行，在书中称他为"门下孝子"。皇帝看到了刘户的上书，也非常的赏识黄香，特意颁旨嘉奖了他。

由于投入了太守的门下，他得以用功地读书，后来成为了一个非常有学问的少年。长大后，他成为了一个品学兼优的人，当时的人们称赞他"天下无双，江夏黄香"。

由于皇帝赏识他，封他做了官，还特许他到皇宫里去读书，因此，他读到了许多许多常人难以读到的珍贵的书籍，更加深了自己的学识。

他品德高尚，对待百姓也非常的仁慈，当他所管理的区域发生了水灾的时候，他把自己全部积蓄，连同皇上的赏赐都捐给了灾民，当地的有钱人都纷纷效仿，因此百姓非常的爱戴他，为了称赞他的美德，人们还特意为他写了一首诗："冬月温衾暖，炎天扇枕凉。儿童知子职，千古一黄香。"

黄香之所以成为一名孝子，是因为他能处处替父亲着想，能够用心对待父亲，能够去思考父亲需要什么样的照顾，能够体贴父亲，他的行为非常值得小孩子学习。

在《二十四史》中，还记录了汉文帝"亲尝药汤"的故事。

汉文帝刘恒是汉高祖的第三个儿子,他的母亲薄太后年老以后,患病三年,在这三年间,身为皇帝的汉文帝经常亲自来精心地侍奉母亲,他随时观察母亲的状况,甚至到了眼睛都不眨一下的地步,他常常整夜都不脱衣服地守护在母亲的床边。

在我国古时候,为了保证皇帝的安全,避免有人下毒药来毒害皇帝,每次皇帝吃喝入口之前,都要由别人先尝过才行。可是对于母亲所服的汤药,他却一连三年,坚持亲口尝过之后才放心地让母亲服用,这在当时的风气之下,是非常难得的。由于他的孝行,使得他以仁孝皇帝的名声闻名于天下。

汉文帝

他在位的二十四年间,非常重视以德治国,尊崇礼仪,注意发展农业,使西汉社会稳定,人丁兴旺,经济得到恢复和发展,他与汉景帝的统治时期被誉为"文景之治"。

汉文帝的孝行也是出于为母亲着想,感恩于母亲而为的。他与黄香的经历告诉我们,无论是皇帝还是平民百姓,只要是一个真心实意孝顺父母的人,都会受到他人的拥戴。

中国有句古话,叫做"百善孝为先",孝敬父母是中国人的传统美德,更是做人的准则。爸爸妈妈在对孩子进行中国传统美德教育时,除了以身作则以外,最好的办法就是经常地给孩子讲这样一些古代孝子的故事,让孩子从古人的故事中明白孝敬父母的道理,明白儿女侍奉父母所应尽的本分。让孩子知道,爸爸妈妈将孩子带到世界上来,为了让孩子健康幸福地长大,为了让孩子受到良好的教育,花费了许多的心血,却从来都不想要孩子回报。也要让孩子知道,自己应该体谅父母的辛苦,凡事多替父母着想,不但在家里面要孝顺父母,在外面无论是说话还是做事,都不能有违背父母的教导,给父母脸上抹黑,这才是真正的孝敬。

用真实的故事感染孩子,用真实的故事教育孩子,才能让孩子形象而生动地体会孝敬父母的重要性和其意义所在。

国学经典文库

国学大智慧

·《三字经》智慧通解·

图文珍藏版

★手足同胞之间要讲亲情

——孔融让梨、兄弟争死

融四岁,能让梨,弟于长,宜先知。

——《三字经》

东汉末年的孔融,才四岁的时候,就晓得礼让兄长,将大的梨子让兄长吃,自己选择较小的。这种尊敬兄长、友爱兄弟的美德,应当及早教育培养。

被列为"建安七子"之一的孔融是东汉末年的文学家,他从小就是一个有才气的孩子。

在他十三岁的时候,曾经跟随父亲到京城拜访朋友。当时的河南尹李膺是一个很有架子的人,除了当世的名人以外,什么人都不接待。对于这个人,孔融感到非常的好奇,他一心想看看这个只见名人的李膺究竟长得什么模样,于是就一个人来到了李膺家门前,对看门的人说:"请您禀报李大人,我是李大人的通家弟子,有重要的事情要求见他!"

看门人一听,不敢怠慢,赶忙回去禀告了李膺。这位李大人想了半天,也想不起来这个通家弟子是哪一位老友的后人,于是就派人请孔融进府面谈。

李大人见了孔融后问他:"请问您的祖父与我有旧交情吗?"孔融回答说:"是的,我的先祖孔子与您的先祖老子互为师友,所以说我孔融和您李老先生算起来,当然是世交了!"老子的名字叫李聃,孔融用了两位古人的姓氏来做比喻,利用孔子和老子的师友关系,巧妙地把他和李老先生这两个毫无交往的人比喻成了世交,听了他的话,在座的宾客都深表叹服。

这时,太中大夫陈炜走了进来,他听了孔融的这番话,不疼不痒地说:"哼,小时候聪明,长大了未必就能成气候。"孔融不动声色地说:"这么说,您这位老先生小的时候一定是非常聪明的了。"在座的宾客都听出来了,这是孔融在反驳陈炜的轻视,用陈炜自己的话来讽刺他。

只见名人的李膺听了孔融的话,哈哈大笑了起来,他说:"这个孩子这么聪明,反应灵敏,将来肯定会成大气候的!"后来,孔融果然做了大官。

不过,孔融之所以千古留名,不仅仅是因为他的才学,还有他从小就显示出来的高尚的品德，成为人们引以为豪的佳话。

孔融家里一共兄弟七人，他排行第六。在他四岁的时候，就已经懂得了谦让之礼。

有一天，邻居给他家送来了一筐梨，父亲把他们七个兄弟都叫来，让他们一人拿一个梨吃。听了父亲的话，孔融的一个哥哥立刻跑过去，挑了一个最大的梨子拿到了手里，父亲严厉地看了他一眼，吓得他一缩手，大梨子掉到了地上。

这时，父亲对孔融说："你来给兄弟们分配一下吧。"只见孔融从地上捡起那个大梨子放回筐里，然后从里面选了一个最小的给自己，然后又把其他的大梨子分给了哥哥和弟弟。父亲见了很高兴，问他："为什么你自己留了一个小的，把大的分给别人呢？"孔融说："因为我的年纪小，哥哥们都比我大，当然我吃小的，哥哥们吃大的了。"父亲又问："弟弟也比你小，为什么也吃大的呢？"孔融又说："我比弟弟大，我是哥哥啊，我应该疼爱自己的弟弟，把大的给弟弟吃，也是应该的。"

孔融的这种前后有礼的回答让父亲很是欣慰，他的那些哥哥们也羞愧地低下了头。

这就是孔融让梨的故事。在历史上，还流传着另外一个孔融友爱兄长的故事，那就是"兄弟争死"的故事。

在孔融十五岁的时候，朝廷里有一个叫张俭的官员，因为揭发了一些官员的罪恶，受到了陷害，官府要抓他治罪，于是，他便逃到了孔融家。

孔融的哥哥孔褒是张俭的好友，所以孔融对张俭一直很尊敬。张俭来到他家的时候，孔褒正好不在家，孔融见张俭神色紧张，就说："我哥哥虽然不在家，但您是他的好友，就像我的兄长一样，您有什么难处，就请告诉我吧。"张俭这才把事情说了出来，孔融于是自己做主，收留了张俭，哥哥回来之后，两兄弟又找了个机会，帮张俭安全地逃走了。

后来，有人知道了这件事情，就向官府告发了这件事。官府本来就为抓不到张俭而头疼，一听说张俭是从孔家逃走的，立刻把孔融和他的哥哥孔褒抓了起来。

孔融

审问他们的官员对他们说："你们难道不知道放走了朝廷的要犯是要杀头的吗？说,你们两个究竟是谁把张俭放走的？"

听了这些话,孔融想,哥哥和张俭是好朋友,一定会受到这件事情的牵连的,那样一定会没命的。于是他对审官说："是我收留的张俭,我哥哥当时不在家,你要治罪就治我的罪吧。"

听到弟弟把罪责都承担了下来,孔褒急了,忙喊到："不,不是这样的,张俭是来投奔我的,是我把他放的,不关我弟弟的事,他还是个孩子,哪懂那么多事。要杀,你们就杀了我吧!"

结果,孔融和孔褒在堂上争了起来,争得面红耳赤,互不相让,都说是自己放了张俭,自己应该被治罪。

审官看看这个,又看看那个,不由得呆坐在那里,没有了主见。他想,从来都是互相推卸罪名,怎么今天这兄弟两个互相抢上罪名了呢？这可怎么办呢？

没办法,只好层层上报,让上司去拿主意。最后,一直报到了皇帝那里。后来,皇帝定了孔褒的罪,处死了孔褒,把孔融放回了家。

孔融虽然没能救得了自己的哥哥,但是他冒死友爱兄长的事迹,却一直流传到了今天。

孔融在四岁的时候,就懂得礼让,恭敬兄长,爱护弟弟,能与兄弟和睦相处,一团和气,是非常难得的。他在十几岁的时候,敢于伸张正义,兄弟俩为了保护对方,甚至敢于相互争死,给后世的许多人做出了榜样。

家长在教育孩子懂得兄弟和睦、手足团结的时候,应该充分注意到榜样的力量,用这些值得敬佩的古代孩子做为榜样,教育自己的孩子向他们学习,手足之间应该相互谦让,一团和气,不能计较个人的得失,让孩子明白,这种手足同胞的亲情是每个人都必须具备的。

第二章 识物学礼，认知做人

★学礼第一，读书第二

——王祥孝母、小儿学字

首孝悌，次见闻，知某数，识某文。

——《三字经》

做人第一重要的是孝顺父母，友爱兄弟，其次才是增长见闻，通过学习数字的变化，研究古人的文章来修养自己。

我国古代有一个叫王祥的人，他的亲生母亲在他很小的时候就去世了，而他的继母又对他非常的不好，可是他对继母朱氏却非常的孝顺。

有一年冬天，他的继母想要为难他，于是对他提出要吃活鱼。当时天气非常的冷，河面上都结了冰，根本打不到活鱼，可是为了满足母亲，王祥就跑到河边，脱下衣服，光着身子躺到了冰面上，想用体温把冰焐化，为母亲打鱼。这个时候，冰块忽然自己裂开了，从里面跃出两条活蹦乱跳的鲤鱼来，王祥一见，赶忙把鱼抓住，高兴地带回了家，做好了给母亲吃。当时的人们都说，谁也没见过能在大冬天能有人凿开这么厚的冰河捕活鱼的，这是因为王祥的孝心感动了天上的神仙啊！于是，在民间，便留下了"卧冰求鱼"的美谈，王祥的孝行也被收进了《二十四孝》之中。

继母朱氏不但经常刁难王祥，还经常在他的父亲面前说他的坏话，导致父亲也开始不喜欢他，和继母一起把他当奴仆使唤，可是王祥出于对父母的孝心，从不叫苦叫累，对待父母从来都是恭恭敬敬的，如果父母生了病，他还整天衣不解带地左右伺候，汤药熬好了，他必定先亲口尝一尝温度，然后才服侍父母吃药。

王祥的弟弟王览是继母朱氏亲生的儿子，由于哥哥的影响，他从小便很懂事，每次母亲打哥哥的时候,他就抱着哥哥哭,不让母亲打哥哥。等他长大些了,他就对母亲说哥哥的种种好处,让母亲对哥哥好些。可是,继母却依然对王祥不好。为了让哥哥少受点委屈,母亲再刁难哥哥的时候,王览就和哥哥一起干这干那。兄弟俩娶了妻后,朱氏又常常虐待王祥的妻子,于是王览又告诉自己的妻子,不论母亲让嫂子干什么活儿,她都必须得跟着嫂子一起干。朱氏见王览夫妇和王祥的夫妇总是同甘共苦,自己为难了王祥夫妇,自己的亲儿子和媳妇就会跟着受罪,所以才有所收敛了。

后来,他们的父亲去世了。而王祥由于品德和学识都高于弟弟,所以在社会上越来越有名气,朱氏怀恨在心,于是决定把王祥害死。有一次,她悄悄地在酒中下了毒,然后把酒拿给王祥喝。王览见母亲对哥哥突然变好了,知道酒里肯定有问题,于是便去抢,王祥一看弟弟去抢,也知道酒肯定有问题,于是也去抢。后来,朱氏一把抢过了酒壶,这件事才算了结。从此以后,朱氏再给王祥吃的,王览就先拿过来尝过了再给哥哥,朱氏怕毒死自己的亲儿子,就不敢下毒了。

但是朱氏还是想杀死王祥,有一次,她见王祥一个人睡在书房的床上,就半夜拿了一把刀摸到了王祥的床边,向着床上狠狠地砍了几刀,没想到王祥正好出去上厕所,回来后,看到被砍破的被褥,知道是继母做的事,于是他就跑到朱氏面前跪下,对朱氏说:"母亲,如果您真的厌恶孩儿,痛恨孩儿的话,就把孩儿处死吧。"听到王祥甚至为了自己错误的想法愿意去死,朱氏这才醒悟了过来,从此以后,她就像对亲生儿子一样对待王祥,一家人的日子这才变得和睦了起来。王祥一直都尽心尽力地赡养继母,直到继母去世了,他才出去做官,后来他受到了皇帝的赏识,官做得很大。

孝敬父母,尊敬兄长,是我们中华民族几千年来的传统美德,也是做人的最基本的原则,如果连这种品德都不具备,即使掌握了再多的知识,也没有办法成为一个真正德才兼备的人,这一点,王祥和他的弟弟王览都做到了。

做人的第二件重要的事情,就是要学习知识,下面,我们就来讲一个有关于学习的故事。

古时候有一个地主的儿子,他小的时候,父亲请来了一位先生教他识字,先生教他写"一",他马上学会了,又教他写"二",他也马上学会了,等到他学会了写"三"以后,他就说:"原来写字这么简单,这根本不用先生教,我自己就会写。"于是他扔了笔,跑去对父亲说:"我不要先生教了,先生会的我也会,没有什么了不起的。"

他的父亲说:"真的吗?"他说:"那当然,不然,你考考我。"父亲说:"好吧,那么,你给我写三个字。"他问:"是什么?"父亲说:"千、百、万。"他扑哧一下笑了,说:

"这有什么难的，你等着。"然后就一溜烟地跑进了书房。

他拿起笔，一道一道地在纸上画，由于他连数都不会数，也根本不知道这"千、百、万"得划多少道才行，于是就叫来一个仆人帮他数着，他画呀画呀，一边画，一边不时地问仆人："够了吗？"仆人不停地说："不够不够。"

画了整整三天之后，他还是没有画完"千、百、万"，于是他一气之下跑到父亲面前，指责道："父亲真是狠心，考什么字不好，偏要考个'千、百、万'，写得我手都不会动了，也没有写完！"

学习知识，必须要从识数、识字开始，这样才能逐渐地懂得深奥的事理，读懂天下的文章，如果刚刚学了个开始就觉得学会了整个的世界，是根本不可能成为一个有学问的人的。

★简单的数字里有复杂的道理

——空中楼阁、仓颉造字

一而十，十而百，百而千，千而万。

——《三字经》

一是数字的开始，十个十是一百，十个百是一千，十个千是一万。

在数字和文字没有被发明以前，人们记录事情全靠在绳子上打结来完成。每天晚上，当家中所饲养的马、牛、鸡、鸭回圈的时候，人们就拿着一根绳子站在门边，每一只回圈，就在绳子上打一个结，全部结束之后，就拿着这根绳子去和昨天的那根绳上的结对比，以此来知道多少。后来，人们又开始用绳结的不同来代表不同的事情，这就是最原始的"结绳记事"。

再后来，人们逐渐地发明了由一到十，再到百、千、万的数字，并根据人有十个手指，发明了以十进位的算术，这样，才逐渐地发展到有了今天广奥的算术领域。

从前，有一个愚蠢的富翁，有一次他到另外一个富翁的家里去做客，看见这个富翁家里有一座三层的楼房，富丽堂皇，宽敞明亮，非常的羡慕，尤其是那第三层，高高在上，越发的显得有气派，他就想，我也是一个有钱人，我为什么就不能住在那高高的房子里呢？

于是他找来了一个木匠，对他说："你能建造楼房吗？"木匠说："当然了，那位富翁的楼房就是我建的。"听了木匠的话,他说:"太好了,你现在就为我建造同样的一座楼吧。"

第二天,木匠就来到了他家,开始量地基,垒砖了。这位富翁见了,制止了他,说:"你在干嘛呢?"木匠说:"建楼啊。"他又问:"那你垒砖干嘛?"木匠说:"打地基,开始建第一层啊。"富翁说:"啊呀,不用这么麻烦,我不要下面的两层,我就喜欢最上面的那层,你就给我建最上面的那层就行了。"

木匠说:"哪有这样的事。不造第一层,哪有第二层,没有下面的两层,哪有第三层呢?"

富翁不听,坚持要木匠给他只建第三层楼。木匠说:"这样的楼我没法建。"于是扔下砖,走了。

后来,木匠把这件事传了出去,人们都笑话这位富翁。有一首诗这样讽刺他:"无基不为楼,事无侥幸成。欲证如来果,当把根本修。"

对于现在的小孩子来说,数数谁都会,都觉得算数是一件简单的事情,但是这简单的事情,却不仅仅是数字的递增那么简单的,这里面所蕴含的道理是十分丰富的。

数字像宇宙一样博大,小到无限小,大到无穷尽,但是没有小就没有大,正是因为有了无穷无尽的小,才会积累出无穷无尽的大。任何事物也像数字一样,都是由简到繁,都是从基础而起,一步一步积累而成的。像故事中的这种"空中楼阁"的事情,是根本不存在的,违背了这个规律,是难以成功的,这就是数字告诉我们的意义。

在黄帝的时候有一个叫仓颉的史官,他负责管理国家的各种需要记数的事物。他工作得非常认真,开始的时候,他靠在绳子上打结来记数,后来,他又在绳子上打圈,然后在圈里挂上不同的东西来记事。但是需要记录的太多了,所有的办法都难以满足他的需要,于是,他决心创造一种符号,以此来记录这些事情。

传说有一次,仓颉到南方打猎,在水边,他看到了一只大龟,龟背上有许多的花纹,他觉得非常的稀奇,于是就仔细地研究,后来,他发现这些花纹竟然是有意义的,于是他就想,如果发明一种有规律的符号,不就能用来记录各种事情了吗?

于是他开始细心地研究天上的星宿分布、地上的山川河流的去向,鸟兽鱼虫的斑纹,以及各种器具的形状,还有人类和动物活动的姿态,反复地揣摩,最后,他终于创造出了各种各样不同的符号,并且给每个符号都定了意义。他还把各种符号互相拼凑,形成新的符号。当他把这些符号拿给人看,并向人们解说其中的规律,人们竟然能看得明明白白,于是,最早的文字便产生了。

黄帝听说后,很高兴,命他到各个部落去传授这种方法,没多久,文字就普及开来了。

可是，随着他的名气越来越大，仓颉开始变得骄傲起来了，造字也变得马虎了。于是，黄帝便派一位长者去教育他。

这位长者对仓颉说："仓颉啊，你造的字现在大家都认同了，可是我年纪大了，有几个字不明白，你能不能单独教教我啊？"

仓颉一看这么大年纪的人还这么尊敬他，高兴极了，就说："好啊！"

老人问："你造的字，都是和实际的东西长得挺像的，可是你造的'牛'和'鱼'字，我就不太懂。牛有四条腿，可是你造的'牛'字却只有一条腿；鱼只有一条尾巴，可是你造的"鱼"字却有四条腿，这是为什么呢？还有'重'字，是千和里合在一起，走出千里之远，应该念'出'啊，怎么念重呢？还有你造的'出'字，两座大山堆在一起，这是何等的分量啊，这才应该念重啊，这里边难道有别的说法吗？我想了很久也想不通，所以向你来请教。"

仓颉

仓颉一听，连忙跪倒，痛哭流涕地说："您能看出我造字的初衷，真是让我感动，可是我因为骄傲，在教大家学字的时候马虎大意，把字教反了，已经铸成了大错，现在我知道错了啊，以后再也不会这样了。"

从此以后，仓颉又恢复了谨慎的态度，再也不粗心了，每造一个字，都广泛地征求别人的意见才肯向大家传达。

做事情本来就应该一丝不苟，认真谨慎。这也是数字带给我们的另一个意义。也就是说，任何事物都像数字一样，一就是一，二就是二，无论什么都改变不了这个根本，所以我们无论是学习，还是做事，认真谨慎的态度是必不可少的。

★认识天、地与人的由来

——盘古开天、女娲造人

三才者，天地人。三光者，日月星。

——《三字经》

三才指的是天、地、人。三光指的就是太阳、月亮、星星。

传说在很久很久以前，天和地是合在一起的，混混沌沌的一团，没有光亮，也没有声音，就像一个大蛋，盘古就睡在这个大蛋里边。

有一天，盘古睡醒了，看着周围一团混沌，感到非常的憋闷，便顺手拿一把大斧向这团混沌劈去，于是这个大蛋的壳被劈开了。清的气上升，变成了天；浊的气下降，变成了地。盘古为了不让天和地变成原来的样子，就站在天地之间，用手撑天，用脚踩地，于是天每长一丈，地也就增厚一丈，盘古的身体也跟着长高一丈。

就这样过了两万年，天变得很高很高，地变得很厚很厚，而可怜的盘古却累得筋疲力尽，倒下，死了。他死后，他的眼睛变成了星星和月亮，他最后的声音变成了雷和闪电，他最后的呼吸变成了风，他的汗水变成了雨雾，他的血液变成了江河，他的四肢变成了山脉，头发和胡子变成了花草树木，他的牙齿和骨骼变成了丰富的地下宝藏。从此，便有了日月星辰和世间万物。

盘古开天辟地后，有一位人身龙尾的女神便开始在天地之间到处游历，她被天地之间这种种美好的事物所感动，天地间的生灵让她感到亲切和友善，这位女神就是女娲娘娘。

可是，女娲娘娘总觉得盘古用生命所开辟的天地间总是缺少点什么，后来她终于明白了，这美丽的天地之间，还缺一个主宰者，于是，她决定创造一种超越天地万物的生灵。可是，这种生灵究竟应该创造成什么样子呢？

一万八千年后的一天，女娲娘娘沿着黄河前行，一低头，看到水中映出了自己美丽的身影，她不禁灵机一动，然后兴奋起来。

她下降到了黄河道上，用河床

盘古开天地

上的泥按照自己的样貌捏起泥人来，为了和自己区分开来，她没有给这些泥人捏上和自己一样的龙尾巴，而是给他们捏了能走路的双腿。

女娲娘娘心灵手巧，不一会儿，便捏了许多泥人，她朝这些小泥人吹了一口气，这些小泥人便被灌注了力,变成了一群能直立行走的、会说话的聪明的小东西。于是女娲娘娘便给他们取了个名字,叫"人类"。

后来,女娲娘娘又认为,这些人长得全都是一个样子,根本没有一点区别,就又给一些人身上注入了一些好斗的阳气,又给另外一些人身上注入了柔顺的阴气,于是他们便变成了男人和女人,这些男人和女人给大地带来了勃勃的生机。

女娲娘娘本想让人类遍布整个大地,可是她做得太累了,也做得越来越慢了,离她的目标相差得还很远很远。最后,女娲娘娘干脆不再捏泥人了,她顺手拿起一根草绳,放进河底的淤泥里转动,等到草绳上沾满了泥浆之后,她便拿起草绳向地面上一甩,然后又向着降落的泥点吹了一口气,那些泥点就变成了一个个的小人,很快,人类便遍布了整个的大地。

这就是传说中的"盘古开天地"和"女娲造人"的故事。

当然,这不过是些美妙的传说。实际上,宇宙是在150亿年前的一次大爆炸后形成的。那时候,宇宙内的所有的物质和能量都聚集到一起,并浓缩成了很小的一团,由于温度越来越高,而这些物质和能量却越抱越紧,就发生了大爆炸。这次的大爆炸使这些物质和能量迅速分散,宇宙的空间不断地扩大,温度也便降了下来。今天宇宙中的所有事物,包括生命,都逐渐地在这种过程中形成。而我们人类,真正的起源并不是女娲娘娘捏的小泥人或者是她甩出的小泥点,是从古猿类不断地进化而成今天的样子的,今天我们常在动物园里和电视上看到的黑猩猩、猩猩、大猩猩和长臂猿等动物,和我们人类一样,都是由古猿类进化来的,我们的祖先是一样的。

总知,天和地是世间万物生存的环境,包括日月星辰、昼夜变化、黑暗与光明。还有寒暑阴雨的气候变化、四季的交替以及动物、植物等各种生灵和丰富的物产资源。我们人类是生活在天地之间的最有灵性的生物,我们俱备着其他生物所没有的能力,就是我们可以用我们所学的知识去改变世界。

天、地和人构成了宇宙间的根本,这三种要素相互配合,才有了生生不息的世间文明。而日、月、星辰则是宇宙构成的一分子,它们普照万物,给大地带来光明,使万物在光明中,自由而快乐地生存。这些自然和地理知识,也是孩子们从小就要知道的事物。孩子们只有从小就努力地学习知识,掌握本领,将来才能用自己的能力去改变整个世界,使它变得越来越好。

★认知做人的准则

——楚将报恩、夫妻教子

三纲者,君臣义。父子亲,夫妇顺。

——《三字经》

三纲就是君王与臣子的言行要合乎义理,父母子女之间相亲相爱,夫妻之间和顺相处。

春秋时期,楚国在一场战争中获胜,为了庆祝胜利,楚庄王和王妃请大臣们喝酒,刚刚喝到一半,烛火突然熄灭了,黑暗中,只听王妃大叫了一声,吓了大家一跳。楚庄王忙问王妃发生了什么事,王妃告诉楚庄王,有人竟然胆敢趁着黑暗拉了她一下,慌忙中,她扯下了那个人帽上的红缨。

大臣们为了证明自己的清白,忙说:"这个人身为臣子,竟然敢对王妃无礼,请求大王命人点亮烛火,立刻查找那个帽上没有红缨的人,并严厉地惩罚他。"

可是楚庄王却说:"哎,这都是我的过错啊,如果我不请大家喝酒,又怎么会发生这种事情呢?这个人肯定是喝多了才无意之间触到了王妃,我怎么能因为别人无意间的过错就惩罚他呢?现在,大家都把帽上的红缨解下来吧,来人,把烛火点上,我们继续喝酒。"

烛火重新点亮了,在座的每个大臣,没有一个人的帽子上有红缨的,王妃虽然满腹的委屈,可是也无从查起了,只好作罢。

几年之后,楚国与郑国展开了一场大战,楚国的将军唐狡冲锋在前,勇猛无比,立下了许多战功。

战胜后,楚庄王立刻召见唐狡,要赏赐给他厚礼,以表扬他的勇敢,可是唐狡却说:"臣受大王的赏赐已经足够丰厚了,今天我所做的一切,不过是为了报答大王的恩德,怎么还敢再领赏赐呢?"

楚庄王惊讶地说:"寡人从来没有记得赏赐过你呀!"

唐狡含泪回答说:"多年之前,大王宴请群臣,烛火突然灭了,那个在黑暗中拉扯王妃,并被王妃拉下帽上红缨的人,就是我啊。多亏大王贤德,不但没有治我的罪,将我杀头,反而命群臣都把红缨解下,保全了我的名声,这种大恩大德,怎能不令我舍命报答呢?"

楚庄王不禁感慨地说:"都过去了,我并不怪你,如今我们君臣情深,才是最可贵的啊!"

这是我国古代非常有名的"绝缨会"的故事,他们这种君臣之义,确实让人由衷钦佩。在这个故事中,君臣间的宽容和尊重,给了后代做皇帝和臣子的人很大的启迪。

祖国是个大家庭,我们和父母所组成的家庭是个小家庭,在这个小家庭里,同样需要彼此之间相互尊敬,和睦相处。

从前有一对知书达理的夫妻,感情非常的融洽,由于两个人都喜欢自然,不喜欢市集之中的嘈杂,就把家搬到了山里,两个人自己种地,自己收获,每天早晨一起出去劳动,晚上一起回家做饭,日子过得虽然不富裕,但是很快乐。

后来,他们的儿子出生了,两个人非常的高兴。从孩子小的时候起,他们就教孩子读书识字,还带着孩子一起下地干活儿,让孩子体会劳动的辛苦。孩子犯了错,父母总是轻声慢语地教导他,家里面从来都没有人高声地喊叫过。

有一次,有一位父亲的好友来看父亲,临离开前,对孩子的父亲说,你们两个在这里隐居就算了,可是现在有了孩子,你们得领着孩子到外面去看看啊,不然他长大了,怎么到外面去闯荡呢?

这位好友走后,父亲想了很久,对妻子说:"朋友说得对,孩子长大了,不一定会做和我们一样的选择,我们也得领孩子去看看外面的世界啊。"

于是,两个人带着孩子,又回到了以前生活的地方,靠卖字画为生,赚钱供全家的生活,供孩子读书,日子仍然不富裕,但是两个人还是每天早晨一起去集上,晚上一起回家,还是很快乐。

孩子聪明伶俐,对待父母百般孝顺,小小的年纪,就知道礼让父母,令父母感到十分的欣慰。进了学堂以后,先生非常的喜欢他,尤其让先生感觉难得的是,这个从山里来的孩子竟然懂得许多别的孩子不懂的知识,而且对老师特别的有礼貌。先生问他:"你在山里面的时候,跟哪位老师学习这些知识和礼节呢?"孩子说:"是我爹娘教我的。爹娘说,要懂得尊敬长辈,要努力读书,长大才能有所作为。"先生听了感慨地对其他的孩子说:"你们得多多学习啊!"

慢慢地,孩子长大了,成为了远近闻名的才子,一家人仍然其乐融融地过着清贫的日子。后来,孩子对父母说,自己想要求取功名,进朝做官,为百姓做好事。夫妻两个同意了孩子的决定,并送孩子进京赶考。孩子果然考中了,做了官,接了父母上任去了。

在这个孩子为官的半生中,他始终爱民如子,体恤百姓疾苦,从来没有在百姓身上搜刮过一点银子，这使得他管辖的百姓过了好多年平安的日子。百姓感激他，把他称为"清官"，百姓说他是个清明的官，也是个清贫的官。他的父母和睦相处，并用实际行动影响、教育出了一位爱民如子的好官的故事，成为了许多家庭学习的榜样。

在讲究"男尊女卑"，讲究"棍棒底下出孝子"的古代社会，能有这么开明的夫妻，能够相互扶持，能够用自己的和睦影响孩子，并且为孩子着想，不用自己的想法决定孩子的人生，不但成就了家庭的美满，还成就了一个为国尽忠的贤臣，是非常难得的。对于今天的父母和孩子来讲，这也是一个值得学习的榜样。

不仅仅是在君臣之间或者是家庭成员之间，在与任何人接触的时候，都要懂得尊重别人，懂得理解别人，这样才能受到别人的尊重。

★ 认识四季

——灿烂女神、四季风光

日春夏，日秋冬，此四时，运不穷。

——《三字经》

一年有春、夏、秋、冬四个季节。这四个季节不断变化，循环往复，永不停止。

在希腊的神话中有这样一个故事。在很久很久以前，天地间并没有季节的变化，每一天都温暖如春，天空蔚蓝，大地翠绿，花朵鲜艳，人们的生活幸福、安康。

人间的谷物之神有一个美丽的独生女儿，她就是春天的灿烂女神瑟芬妮，她所走过的地方，都会开出鲜艳的花朵，她每天在花丛中快乐地嬉戏。

有一天，她正和同伴们在山谷中采花，一朵美丽的花吸引了它，她惊呼了一声跑了过去，伸出手刚要摘那朵花儿，突然，地裂开了一个大洞，两辆黑马拉着一辆马车冲出地面。原来，是管理地府的冥王哈迪。

哈迪早就喜欢上了这个漂亮的女孩，他想要这个女孩和他生活在一起，于是特意变成一朵美丽的花把她吸引了过来。还没等瑟芬妮回过神来，哈迪一把把她拉上了马车，返回了地府。

瑟芬妮大声地呼救，她的声音传遍了整个山谷和海洋，传到了母亲的耳中。谷物女神非常的悲伤，她扔下了谷物，飞奔过去寻找女儿。

可是，哈迪不同意把女儿还给她。没有办法，她只好去求众神之王宙斯帮她救回女儿。

人间没有了谷物之母，种子不再发芽，土地颗粒无收，人类马上就要饿死了，众神之王宙斯于是召见了哈迪，命他把瑟芬妮还给她的母亲。哈迪没有办法，只好照办。

可是，瑟芬妮在地府已经吃过了哈迪给她的食物，她已经不能完全地回到阳间了。宙斯也没有办法，只能规定让瑟芬妮每年有一半的时间回到阳间和母亲在一起，另一半的时间去地府和哈迪在一起。

从此以后，天地间出现了春、夏、秋、冬的四季变化。每当万物生长，春暖花开，百花争艳的时候，人们就知道，这是瑟芬妮又回到了母亲身边；而每当万物凋零，大地冰冻，寸草不生的时候，人们就知道，春天的灿烂女神的悲伤遍布了大地，因为不得不去地府和哈迪在一起。

这是一个令人悲伤的传说，事实上，真正的四季并不是由此而来的。科学家们经过研究发现，地球除了围绕着太阳运转之外，自身也在运转，当它围着太阳运转时，有时面向太阳，有时背向太阳，有时斜向太阳，因此才产生了地球上的温度差异，从而出现了春、夏、秋、冬的四季变化。

春天是万物复苏的季节，花草树木慢慢地开始发芽、开花。蜜蜂、蝴蝶也不知道从哪里钻了出来，在花草间飞来飞去。这个时候，鸟儿开始鸣叫，山里的牧童也开始坐在牛背上，吹起了短笛。细细密密的小雨洗亮了石板路，大地万物都仿佛从沉睡中醒过来了。春天还是播种的季节，在这个季节，农民伯伯把种子洒到土里，到了秋天，就可以有沉甸甸的收获了。这个时候，小朋友们就逐渐地不用再穿着厚重的棉衣外出了，换上春装，可以随意地到户外玩耍。

夏天的时候，稻田金黄，树叶油绿，蝉鸣声声。清晨，气候清爽，草上含着晶莹的露珠，农民伯伯拿着锄头到地里去，开始了一整天的劳作。午后，气候炎热，花儿都被晒得垂下了头，到了傍晚，热气慢慢消散，人们常常坐在户外纳凉，孩子们来回地嬉戏。有的时候天昏地暗，憋了许久，一阵大雨倾盆而下，非常的畅快。

秋天是收获的季节，这个时候，谷穗沉得低了头，累累的硕果已经成熟，农民们忙着收割、采摘，到处是一番忙碌的景象。慢慢地，树叶落了，草儿黄了，一场一场的秋雨使得气候一天比一天凉，冬天就要来了。

冬天到了，候鸟南飞，小熊和蛇都准备好了过冬的粮食，然后躲进洞里，开始睡觉了。北方的冬天，人们也会忙着贮存过冬的蔬菜呢！树上光秃秃的，已经没有了树叶，河面的水也冻成了冰，潺潺的流水声听不到了。孩子们身上的衣服越来越厚，小脸被冻得越来越红。一觉醒来，满世界的洁白，原来是下雪了啊！孩子们穿着冬装冲出家门,在雪地里堆雪人、打雪仗,小手通红也顾不得了,直到玩儿得满头满身都是雪,才恋恋不舍地被爸爸妈妈捉回了家。

春、夏、秋、冬四季各有特色,一年一年循环不息。勤劳的人们,也年复一年地重复着春耕、夏耘、秋收、冬藏的过程。就这样,日子便一年一年地过去了。这是自然发展的规律,小孩子从小也要明白这个道理。

★ 认识方向

——磁石指南、黄帝战车、南辕北辙

日南北,曰西东,此四方,应乎中。

——《三字经》

说到东、南、西、北,这叫做"四方",是指各个方向的位置。这四个方位,必须有个中央位置对应,才能把各个方位定出来。

早在两千多年前,有人在山上发现了一种长条形的、具有吸铁功能的神奇的石头,这种石头还有另外一个神奇的特性,那就是能指南北,人们给这种石头起了一个名字,叫磁石。

后来,有一些能工巧匠把这种能指方向的石头磨成一个勺子的形状,指南的一端磨成勺柄,指北的一端磨成勺口,他们又用青铜制做了一个光滑的底盘,在上面雕上代表方向的纹路,然后把磨好的勺子放到底盘的正中,这样,一件能指方向的器具便做成了。用手转动磁勺,当磁勺停止转动时,它的勺柄所指的方向,肯定是正南方,而勺口所指的方向,肯定是正北方。人们给这种器具起了个名字,叫做司南。

由于司南在指明方向上存在着一些不足之处,后来的许多代人不断地根据它的原理进行研究,终于在北宋时期发明了指南针。这项重大的发明被收进了我国的四大发明之中。

在我国的古代,还有一个有关于指南车的传说。

传说在黄帝时期,东方有一个部落,部落的首领叫蚩尤,他非常不愿意服从黄帝的指挥,使黄帝非常生气,于是决定率兵去攻打他。

蚩尤是一个非常勇敢善战的人,而且他的部落在武器上也比较先进,已经能用铜制造武器了。蚩尤知道了黄帝要来攻打他，就联合了他的八十一个弟弟，带着他们分别掌管的八十一个部落，和他的部落一起与黄帝展开了大战。蚩尤和他的八十一个兄弟团结一心，共同使出自己最拿手的做战方法来对付黄帝。

面对着八十二个抱成一团的顽强的对手，黄帝感觉到了这一战的艰难，于是他绞尽脑汁，想尽各种办法来对付蚩尤和他的兄弟们，这个时候，他发明了好几种兵器，其中就包括弓箭。

由于北方的风沙大，刮起大风来的时候常常黄沙满天，稍远一点连人都分辨不清，更不用提辨别方向了，为了自己的兵士不至于迷失了方向，黄帝又想出了一个绝好的方法，发明了一种叫做"指南车"的指路工具。这辆指南车上有一个用铁做的小人，这个小人的手直伸着，不论车向哪个地方转，小人的手所指的方向肯定是南方。

在最后一次攻打蚩尤的时候，战场上没有刮风，但是却下起了大雾，整个战场很快便被浓雾包围了，这个时候，蚩尤的兵士们即使有再多的力气，但是分不清东南西北，根本没有办法作战。而黄帝的兵士们却因为有了指南车，能很快地辨明方向，所以很快就打败了南北不分的蚩尤，取得了战争的胜利。

方向也是人们从小就要具备的基本概念，如果没有方向感，连东南西北都辨不清，那么就连到街上走都困难了。

在我国的春秋时期，有一个人赶着马车在魏国的路上飞奔，有人问他："你去哪儿啊？"他说："我要到楚国去。"

问他的人惊诧地说："楚国在南方，你为什么向北走呢？"他说："不，向北走是可以到楚国的，我去过。不要紧的，我的马跑得很快。"问他的人说："跑得快也不行啊，楚国就是在我们国家的南方啊，跑得越快离楚国越远啊。"他又说："不要紧的，我带了足够的钱。"那人说："那也不行啊，有再多的钱，也不能把你带到楚国去啊。"他又说："不要紧的，我的车夫经验丰富，有他在，没有什么好担心的。多谢你了。"说完，他便抛下问他的人，赶着马车继续向北方飞奔而去了。

故事中的这个人说，他曾经向北走到过楚国，可是他没有考虑到他当时所处的位置和魏国处于楚国的位置是两个不同的方向，也就是说，那一次他所处的位置和这一次是不同的，那么，分辨方向的中心点也就不一样，如果他还按照上次所指的方向去走，那肯定是无法走到楚国的。

东南西北这四个方向，是四个最基本的方位，在地图上标明的方向规律通常是"上北下南左西右东"。但是，我们必须知道，东南西北这四个方向，肯定是针对着一个中心点所说的，中心点不同，它的东南西北方向所指的事物也会不同。

对于小孩子来说，不但要认清方位，还要知道方位之中所包含的道理。也就是说,人在年轻的时候就要为自己定下远大的目标,找准自己努力的方向,并在成长的过程中,向着这个目标不断地进取,这样才会有动力。如果心中没有这个奋斗的方向,人就会像迷了路一样,不知道自己该做什么。

★认知五行

——孙悟空被压五行山

曰水火,木金土,此五行,本乎数。

——《三字经》

说到"五行",那就是金、木、水、火、土。宇宙各种事物的抽象概念,是根据一、二、三、四、五这五个数字和组合变化而产生的。

在我国的古典名著《西游记》里,有一位勇保唐僧西天取经的功臣,他就是孙悟空。

据《西游记》中说,孙悟空本来是天地间的一块巨石崩裂后生出的石猴,因为他敢于探入水帘洞,于是被猴子们拥护为大王。

后来,他跟仙人学到了七十二般变化的本事,骄傲得不可一世,到龙宫里抢了定海神针做了自己的兵器,又到阎罗殿里把猴子的生死簿画了个乱七八糟,玉帝派太白金星召他上天,封他做了弼马温,他嫌官小,跑回了花果山,自己封自己做了个齐天大圣。

玉帝为了不让他闹事,又派太白金星把他请上天,还给他建了府第,并派他管理蟠桃园。可是他不好好地看着园子,却偷偷地把好不容易成熟的蟠桃给偷吃了许多。后来,他听说王母娘娘要开蟠桃宴,却没有请他,气得大闹蟠桃盛会,又反下了天去。

他犯下了这么大的过错,玉帝气得派天兵天将讨伐他,可是他武艺高强,善于变化,又有如意金箍棒做武器,天兵天将纷纷败下阵去,最后,观音菩萨向玉帝保举了二郎神,这才把孙悟空给捉住了。

玉帝派天兵把他押到斩妖台下,绑在降妖柱上,可是众天兵无论刀剁斧砍,就是伤不到孙悟空一根毫毛。后来,太上老君把他投入炼丹炉里,想把他烧化,可是孙悟空不但没被烧化,还被烧出了能辨妖魔鬼怪的火眼金睛。

跳出炼丹炉后，他一脚踢翻了炼丹炉，然后冲入天庭，大闹天宫，把玉皇大帝的宫殿砸了个稀巴烂。玉皇大帝见没有天兵天将能制服得了他，赶忙命天兵去请来了如来佛祖。

如来佛问孙悟空有什么要求，孙悟空说："我想让玉皇大帝搬到别的地方去，我来做他的位子。"如来佛祖说："我和你打个赌，你如果赢了，我就让玉帝搬走。"孙悟空觉得自己的本事大得不得了，根本不把如来佛祖放在眼里。他说："好吧，你说吧。"如来佛祖伸出一只手，对他说，听说你一个筋斗能翻十万八千里，我却不信，现在咱们来打一个赌，我赌你不能翻出我的手掌心，如果我输了，我就让玉帝搬家。"孙悟空一听，说了一句"好吧，我走了"，然后一个筋斗就翻没了影。

孙悟空一个筋斗翻过来，看到眼前出现了五根柱子，他想，这莫不是到了天的尽头了？这五根柱子，该不会是擎天的柱子吧？我还是下去吧，可别翻到了天外去。于是他降落在柱子脚下，用手碰了一下柱子，他发现柱子是活动的，他想，我可得小心点，别把这柱子碰倒了，天塌下来，砸了我的头，我还是回去吧，告诉如来，我赢了。

他转身刚要走，忽然想到，我得在这留个记号呀，免得如来不相信我，于是他变了一支笔，在一根柱子上写了"孙悟空到此一游"几个字，临走，还在柱子脚下撒了一泡尿。

然后，他一个筋斗又翻回到了如来的面前。

他对如来说："我已经到了天边了，我赢了。我还在天边做了记号呢！"如来笑着说："你这爱撒尿的猴子，回头看看，那是什么。"孙悟空回头一看，如来佛祖的手指上写着"孙悟空到此一游"几个字，手指缝里还有一滩尿渍，心里边不由得犯了嘀咕。

这时，如来佛祖手掌一翻，孙悟空立刻坠落凡间，随之而下的巨石压在他的身上，堆积成了如来佛祖五指的形状的五座山峰。

孙悟空很不服气，他用力地向上挣扎，五指山马上就要被他掀翻了，这时，如来佛祖将一道写有六字真言的帖子压在了五指山上，孙悟空才算彻底被压住，再也挣扎不起来了。

孙悟空在这座五指山下被压了五百年，才受了观音菩萨的点化，被唐僧救出了五指山，并保着唐僧成功地到西天取回了真经，修成了正果。

据说当年如来佛祖离开天宫后，动了慈悲之心，于是他念动真言咒语，把构成万物的五行——"金、木、水、火、土"的意义赋予了五座山峰，然后把五位星君招到面前，命他们在这里看守孙悟空，饿了就给他铁丸子吃，渴了就给他溶化的铜汁喝，等他的灾祸期满了，自会有人来救他。这五指山，因此也被称为五行山。

《西游记》是一部神话故事,并不是真正的历史,但是故事中所提到的"金、木、水、火、土"这五行,却是构成天地间万事万物的基础。五行之间互相滋助,互相促进,也互相排斥,互相约束,这就是人们常说的"金生水,水生木,木生火,火生土,土生金;金克木,木克土,土克水,水克火,火克金",它们之间的这种相生相克的关系,维系着事物的正常生长和协调发展。

"五行"之中包含着十分复杂的哲学道理,小孩子从小只要知道一些就可以了。如果想知道其中所蕴含的更深奥的知识,就得靠长大以后,自己去进行研究了。

★认知五常

——千古一朋、最好的朋友

日仁义,礼智信,此五常,不容紊。

——《三字经》

说到仁、义、礼、智、信,这是做人处世的五种不变的法则,每个人都必须遵守,不可怠慢。

在我国的东汉时期,有一个叫朱晖的南阳人,由于他品德高尚,乐于助人,受到了大家的称赞。

朱晖与当时的一位叫张堪的大官是同乡。这位张大人是一位德高望重的前辈,他非常地器重朱晖的才学,可是朱晖认为自己只是一个太学生,与德高望重的张大人交往,会使人对张大人有意见,于是便刻意不与张堪交往过密。

有一天,张堪突然对朱晖说,你是一个懂得道理,懂得把握自己的人,是个值得依赖的人,我愿意把家小托付于你。由于不知道张大人因为什么事情说出了这番话,朱晖只好恭敬地拱手相应,没敢问明其中的道理。

后来,朱晖许久没有和张堪互通音信,有一天,竟然听说张堪去世了,他这才明白了张堪当时那番话的原意,便立刻奔往张堪家中。

张堪是一名清官,虽然官职不低,却没有给家人留下什么遗产,家人的日子过得非常的清贫。朱晖出于对张堪知遇之恩的感激,也为了履行当初在不知情的情况下所答应的张堪的托付,他常常千方百济地给他的家人接济钱粮,并照顾他的家人。

朱晖还有一个一起读书长大的朋友叫陈揖，他们两个志同道合，是名副其实的知己。可惜的是，陈揖的妻子刚刚怀孕不久，陈揖就生病死了。

陈揖的儿子陈友出生后，母亲一个人抚养他，生活非常的艰苦。朱晖把陈揖的儿子当作自己的亲生儿子对待，又接济钱粮，又教他读书学义，没过几年，陈友便才识过人，品学兼优。

多年以后，陈晖的好友南阳太守有意提拔朱晖的儿子到府中做官，朱晖没有派自己的儿子去投奔南阳太守，却向他推荐了德才俱佳的陈友。

南阳太守看到朱晖没有让自己的儿子来做官，却向自己推荐了另一位贤才，于是便召见了陈友，果然，陈友的学识和朱晖所说的一样，太守很高兴，马上给陈友安排了职务。陈友在工作中十分努力廉洁，太守非常赏识他。

陈晖的种种义举感动了世人，人们夸他是一个古往今来难得的好朋友，后人称他为"千古一朋"。为人处世的"礼、义、仁、智、信"的准则，陈晖样样俱占，可见后世之人的评价并不夸张。

五常中的"礼"是遵守礼仪和规范的意思，"义"的意思是道义，"仁"的意思是仁爱、仁德，"智"的意思是才识和道理，"信"指的是守信、遵守诺言。小孩子从小就要懂得这五项做人的基本准则，千万不能做一个无礼无智、不仁不义、不讲信用的人。

★认识六谷

——五谷起源、稻米传说

稻粱菽，麦黍稷，此六谷，人所食。

——《三字经》

稻米、高粱、黄豆、麦、小米、稷这六种谷物是供人类所食用的主食。

神农氏就是炎帝，他是我们国家农业的创始人。神农氏发明了许许多多的农业生产工具和生活用品。

在他生活的原始社会，人们靠狩猎为生，主要的食物就是野兽的肉，可是，随着人口的一天天增加和野兽的一天天减少，神农氏开始担心了：等到有一天没有野兽了，人们吃什么呢？所以他就开始努力地寻找能代替兽肉的食物。

在寻找的过程中，他发现了许多植物的种子是可以吃的，于是他就在土地上播种下这些种子，不停地试验，最后，他发现谷物年年可以种植，年年可以收获，于是，他就从中选出了粱、菽、麦、黍、稷这五种最容易成熟，味道也好的谷物，教给人们大面积地种植，后来，"五谷"就代替兽肉，成为了人们的主要粮食。

五谷里面，不包括稻，关于稻谷的来历，在我国古代，有这样一个传说。

传说在很久很久以前，地面根本没有房屋，也没有农田，到处都是荒野和野兽。人类每天捉野生的动物吃肉，或者吃野果。可是，一场下了很长时间的大雨使地面上发生了水灾，所有可以捉住的动物都被淹死了，野果也被水泡烂了，人们和一些猛的野兽一起抢食物吃，可是根本抢不过它们，都快要饿死了。

神农氏

天上的神仙看到人们可怜的样子，非常的同情，就聚到一起商量怎么样帮助人类。这时，神农氏说："教人类种稻谷吧，只要人类勤劳地种植，每年都能有收获，这样就不用跟野兽去抢食物了。"大家都很赞成他的想法。

这时伏羲说："那我们就再给人类派些助手去帮助他们的生活吧。"大家认为他的意见很好，于是就商定派马、牛、羊、鸡、狗、猪这六种动物到人间去。让牛和马帮人类耕田、拉车，让羊给人类奉献乳汁，让鸡每天高声叫提醒大家早起干活儿，让狗为人类看家，猪没有什么本事，就让它把肉奉献给人类食用。

可是大家遇到了一个难题，从天神所在的地方到人间去，需要经过一片汪洋大海，而稻米是密密麻麻地长在一根稻秆上的，成熟以后的稻谷一不小心就会从稻秆上脱落下来，如果想把稻谷带到人间去，只能是把稻谷从稻秆上剥落以后，粘在谁的身上送过去，可是，如果粘在身上，又怎么越过大海呢？天神们想不出更好的办法，就问那六种动物，谁愿意做这项艰苦的工作。

牛说："我个子大，只会用力气，这小心的活儿我可干不了，还是让马来吧。"

马一听赶紧说:"我这身上滑,根本粘不住稻谷,还是鸡的毛多,让他来吧。"

鸡听了很不高兴地说:"我可不行,我这么小,能带几粒米?再说,我的毛爱掉,不是连稻米也要掉了吗?"

听了它们三个的话,猪和羊都找了个理由,说自己做不了这件事。

轮到狗说话了,狗本来也不想做,可是一想到人类的痛苦,它的心就软了下来,"那就我来吧,人类太需要帮助了。"

天神们很高兴,于是赶快着手,把狗的身上沾满了稻谷,临送动物们出发前,天神们严肃地对狗说:"你一定要小心,尽量不要让稻谷落下去,因为你身上剩下多少稻谷,以后人类种出的稻秆上就会结多少谷子,一定要尽量保住这些稻谷。"

动物们出发了,它们冲进了大海,努力地向人间游。狗本来是游泳高手,可是它得小心着身上的稻谷,所以根本没有办法全心全力地游泳,即使这样,它还是被忙得团团转,这时,一个大浪打来,把狗身上的稻谷冲走了大半,狗急得大叫了一声。

由于记着天神说的话,在剩下的路程里,狗更加小心了,它把身体高高地拱起来,慢慢地向前游。海浪一个比一个大,很快就将它身上的稻谷全都冲走了,只有它高高翘起的尾巴上的稻谷还没有被冲走。狗想:"为了人类,我一定得保住这最后的稻谷。"于是它一边游,一边把尾巴伸得又高又直,不让海浪打到,狗被累得伸出红红的舌头,上气不接下气。可是,即使再累,它还是坚持着。

狗终于游到了岸边,这时,其他的同伴已经等了它很久了,累得头昏眼花的狗用尽了力气上了岸,把尾巴顶端仅剩的谷粒交给了人类。

由于只有狗尾巴尖上的一点稻谷送达了人间,所以人类种出的稻谷便只长在稻秆顶端。人们有了稻谷,就有了米饭吃,不用在外面和野兽打斗了。

狗的行为,使它成了人类最忠实的朋友,人们常常喂他吃稻米饭,而其他的动物,可就吃不上了。

这是一个有关稻谷和家畜到达人间的传说。在中国,真正的开始稻谷种植是在唐朝,那个时候,有人从南方古城国引进了水稻,并在唐朝大地上种植成功,稻米也成为了人们的主食,与神农时代发现的五谷一起,被人们称为"六谷"。

这就是"六谷"的来历。一直到今天,我们所吃的主要食物还是这六谷。

六谷成为了我们的主要食物来源,它们是农民伯伯用辛勤的汗水换来的。唐朝的诗人李绅写过一首诗:

> 锄禾日当午,
>
> 汗滴禾下土,
>
> 谁知盘中餐,

粒粒皆辛苦。

这首诗的意思是说,在中午的时候,火辣辣的太阳挂在天上,农民仍旧顶着烈日在田里挥动着锄头干活儿,汗水流下来也顾不得擦,一滴一滴地落在地上,我们每天所吃的粮食,每一粒都是农民们用辛苦的劳动换来的。

夏天的中午,天气就像下了火一样的热,我们都躲在屋子里乘凉,或者睡午觉,根本不愿意到屋子外面去,可是农民伯伯却在一点遮挡都没有的田里辛苦地劳动,他们的汗水像雨一样往下流,皮肤都被太阳晒得黑黑的。如果他们在这个时候也像我们躲在屋子里,没有人在太阳底下锄庄稼的话,那么我们的粮食从哪里来呢?

农民伯伯种植粮食,从种到收要用一年的时间,等到收割之后,还要经过加工,加工出来的干净的米面才会出现在商店里,这是许多许多人共同的劳动换来的。如果我们不知道珍惜他们的劳动成果,就是对他们的不尊敬。

我们现在有许多小朋友,不懂得珍惜粮食,吃饭吃不了就扔掉,白白的馒头和米饭都被浪费掉了。所以说小孩子都应该学会《悯农》这首诗,知道粮食是怎么来的,知道尊重农民的劳动,做一个节约粮食的好孩子。

★认识六畜

——六畜起源、义犬救主、老马识途

马牛羊,鸡犬豕,此六畜,人所饲。

——《三字经》

马、牛、羊、鸡、狗、猪,这六种动物是人类所畜养的。

原始社会时期,人们都是靠捕杀动物为生的,可是有的时候天气不好,野兽都躲起来了,人们就没有办法去捕捉它们,只能饿肚子了。

这时,部落首领伏羲想出了一个好办法,他让人们在好天气的时候,多捕些动物,把活的留下来,养在部落里,等到天气不好的时候,再杀了吃肉。

慢慢地,人们发现,马和牛非常的有力气,能干活儿,还能驮着人到处走;而猪和羊的肉味很好,羊还能挤奶给人们喝;而狗非常的忠实,可以看家;公鸡能报晓,母鸡能下蛋。有了这些动物,不但多了许多吃的,还能帮助人们做不少的事情。于是,饲养六畜的习惯就一直延续到了今天。

动物也是有生命、有灵性的,在人们饲养家畜的过程中,和动物建立了深厚的感情。

三国时期有一个叫李信纯的人,他养了一只狗,名字叫"黑龙"。李信纯非常喜爱这只狗,每天和它形影不离,每次吃东西的时候,都要分给黑龙吃。

有一天,李信纯带着黑龙进城会朋友,和朋友在一起喝了酒,喝醉了才回家。

在回家的路上,李信纯因为酒醉走不动路,躺倒在草地上,睡着了。

襄阳太守郑瑕出门打猎,正好来到这片草地旁,由于杂草丛生,根本看不清哪里有猎物,郑瑕一时兴起,命人点火烧荒,要把这片草地烧掉。

郑瑕并不知道,这时候草地里还躺着一个醉了酒的李信纯,当时的风很大,火借着风势越烧越大,没有多大一会儿就蔓延到了李信纯的身边,而李信纯正在昏睡之中,根本不知道。

这时候,黑龙急了,它赶忙在李信纯身边又叫又咬,可是李信纯就是不醒,黑龙又叨着他的衣服使劲地把他往外拖,可是黑龙毕竟只是一条狗,根本拖不动李信纯。

黑龙见救不走主人,急得团团转。这时候,它发现不远处有一条小溪,于是便飞奔过去,把身体整个浸入水里,然后再跑到主人身边,用力地抖动身体,将身上的水抖在主人的衣服和身旁的草地上,抖完了,就再跑到小溪里去往身上浸水,然后再跑回来。

也不知道黑龙到底跑了多少趟,熟睡中的李信纯终于被水淋醒了,而黑龙却因为劳累过度,倒在了李信纯身边,死了。

李信纯看到自己满身是水和身边燃烧的大火,再看了看倒在身边的黑龙,终于明白了是怎么回事,他抱着黑龙,大哭起来。

李信纯的哭声惊动了狩猎的太守,他这才知道,草地上原来还有人,于是赶忙派人来救李信纯。

知道了黑龙救主人的经过后,太守非常的感动,于是下令为黑龙准备了棺木和衣被,厚葬了它。太守为黑龙建的坟高十几丈,人们都将这座坟称为"义犬冢"。

动物助人的故事有很多,下面,我们再来讲一个"老马识途"的故事。

战国时期,齐桓公和丞相管仲去讨伐另外一个国家,打了胜仗返回的时候,却找不到回国的路了。原来,齐国的军队是春天的时候出发的,现在已经到了冬天,草木光秃秃的,和来时有了很大不同。后来,军队走到了一个山谷里,却无论如何也出不了山谷。

管仲派了许多人出去探路,但是这些人全都无功而返,这时,齐桓公和管仲都着了急,如果再不找到出去的路,大军被困在山谷里的时间长了,粮食吃光了,整个军队的兵马就会全被饿死，这可怎么办？

管仲皱着眉头绞尽脑汁地思索，忽然，他的脑海中产生了一个想法。于是，他对齐桓公说："大王，我知道狗即使离家很远也能找到回家的路，那么马应该也具备这种能力。我觉得，年龄比较大的老马识路的能力应该更强，我们不妨挑几匹老马，解开缰绳，任由它们在前面走，我们就在它们的后面跟着，这样，我们不就能走出山谷了吗？"

齐桓公听了，觉得也没有别的办法，试一试也好。于是就派人挑了几匹马放开，结果令人奇怪的事情发生了。那些没了束缚的老马全都向着一个方向走了。齐桓公马上派管仲命令军队紧紧地跟在老马后面，结果，这些老马真的把齐国的军队引出了山谷，并且引到了通向齐国的路上。从此，便有了"老马识途"这个成语。

古往今来，动物就这样和人们生活在一起，为我们人类做出了许多的贡献。马、牛、羊、鸡、狗、猪这六畜，是人们日常所饲养的最基本的几种动物，它们不但帮了我们许多忙，他们的精神也非常的值得我们学习。比如马又勤劳又有上进心；牛能忍辱负重；羊羔跪乳所表现的孝心；还有狗的忠诚；鸡不但不吃独食，还能每天按时报晓，面对强敌的时候也很勇敢；猪虽然没有什么本事，但是现在，医生们发现了猪对我们还有一个很大的用处，那就是它的器官能够为人类移植，能挽救许多人的生命呢！

对于现在城里的孩子来说，除了在电视上，很难见得到这些家畜可爱的模样，所以爸爸妈妈如果方便的话，应该带孩子们到乡下去，亲眼看看这些家畜，仔细地观察、了解一下这些在许久以前就与我们生活在一起的动物们，不要让孩子们成为六谷、六畜不分的一代人。

★ 认知人的情绪

——曹操败走华容道

日喜怒，日哀惧，爱恶欲，七情具。

——《三字经》

高兴叫作喜，生气叫作哀，害怕叫作惧，心里喜欢叫爱，讨厌叫恶，内心很贪恋叫作欲，合起来叫七情。

在我国古代四大名著之一的《三国演义》中，有一个"曹操败走华容道"的故事。

曹操在赤壁之战中，上了诸葛亮和周瑜的当，打了败仗，于是自己烧了剩余的战船，带着剩下的兵士向华容道狂奔。

当他逃到乌林的时候，发现这儿的地形非常复杂，忽然哈哈大笑起来，手下的将士们很纳闷，心里都想，已经失败到这步田地了，还有什么好笑的呢？

这时，曹操说："我笑诸葛亮，他还是不聪明，这么复杂的地方，要是他能事先埋伏一支人马，那他才算厉害呢！"

他哪想到，他哈哈笑的嘴还没有闭上，忽然从树丛中杀出了一支兵马，领头的就是赵云。赵云说："谁说没有，丞相早就派我在这里等你了！"

曹操

曹操吓得魂飞魄散，差点从马上掉下来。他赶忙派手下的徐晃和张合挡住赵云，自己带着人落荒而逃。

曹操带着人逃到了葫芦口的时候，将士们实在是跑不动了，肚子饿得发慌，连马都走不动了。曹操一看，得让将士们歇息一下了，于是就令人埋锅做饭。

安排完了，曹操四处一看，又哈哈地大笑起来。将士们想，这又是笑什么呢？

曹操边笑边说："我笑那诸葛亮和周瑜啊，那么聪明，怎么不知道在这里也埋伏一队人马呢？要是那样的话，我们还能逃得了？"

他这一笑不要紧，只听耳旁一声大吼，张飞带着一队人马不知从哪儿杀了过来。

这一回，又把曹操吓了个半死。曹操的将士们本来就害怕张飞。这回一看张飞来了，一个个吓得胆战心惊。

为了保护曹操，许褚、张辽、徐晃三个人一起来打张飞，曹操赶忙又带人逃走了。

曹操带人跑着跑着，前面出现了一个十字路口，探路的就来问曹操向哪边走好，曹操想，小路道路崎岖，不好藏人，这里肯定不能埋伏着诸葛亮和周瑜的人。于是就传令说："走小路。"

沿着小路跑了半天，眼前的路渐渐地平坦起来了，这时，曹操又哈哈地笑了起来。众将士一听，知道他又在嘲笑诸葛亮和周瑜了，心里都想，您可别笑了，一会儿再让您笑出一个人来可怎么办！

果然，曹操笑声刚落，只听一声炮响，关羽带着人马拦住了他们的去路。

这一回曹兵害怕也没有用了，因为大家实在是太累了，别说打仗了，连走都要走不动了。眼看着没有人能出战了，曹操的谋士程昱给曹操提了一个建议，让曹操亲自去向关羽求个情，没准会同意曹操的请求，放曹军过去。

没办法，曹操这回笑不起来了，硬着头皮去求关羽。关羽一看曹军剩下的这些人，一个个丢盔卸甲，浑身是泥，又想起曹操过去对自己有恩，实在下不了手去打曹操，于是叹了一口气，转过身子，让他们走了。

曹军刚刚过去，关羽忽然想起来，自己是在军师那里立了军令状的，要是放走了曹操，自己是要被杀头的，于是又向着曹军大喝一声："你们站住，哪里走！"

曹军一听关羽反悔了，知道大事不好，吓得一个个滚下马来，跪在地上求关羽放他们一条生路，关羽狠了好几次心，到底还是念及曹操的恩情，不忍杀他们，把他们放走了。

等到曹操带人走出华容道，与家中赶来的救兵相遇的时候，身边只剩下狼狈不堪的二十七个人了。这时，曹操忽然哇的一声哭了起来。

将士们感到非常纳闷，逃跑的时候总是哈哈大笑，现在安全了，怎么还哭了起来呢？曹操说："我是想念我的谋士郭嘉啊，如果他不是那么早地病死，一定会为我想出好的计策来对付周瑜和诸葛亮，那样的话，我怎么会打这么大的一场败仗啊！"曹操手下的谋士一听，知道这是曹操在怪他们计谋不高，都臊了一个大红脸。

关羽放了曹操，诸葛亮当然不会饶他，命人把他推出去斩首，最后，蜀王刘备亲自找诸葛亮求情，说了关羽许多的好处，请诸葛亮念在关羽过去所立的大功的份上，饶他一次，诸葛亮这才放了他。

曹操在逃跑的过程中，几次大笑，又几次受惊，最后还大哭了一场。高兴、害怕和悲伤这几种情绪，在不同的情况下，出现了好几次。

高兴、生气、悲伤、害怕、喜欢、厌恶、贪恋这七种情绪是人生下来就有的七种感情，人在不同的心情之下，这几种情绪就会相应地表现出来，这是人的本性所在。

★认识音乐

——滥竽充数、高山流水遇知音

国学经典文库

国学大智慧

《三字经》智慧通解

图文珍藏版

53

匏土革,木石金,与丝竹,乃八音。

——《三字经》

匏瓜、黏土、皮革、木块、石头、金属、丝线与竹子是制造乐器的材料,称为"八音"。

战国时候,齐国的国王齐宣王非常喜欢音乐,尤其喜欢听吹竽。齐宣王是一个非常喜欢热闹的人,于是他从全国聚集了三百多个吹竽的高手,组织成了一个乐队。一有时间,他就让这三百人一起给他吹竽解闷。

有一个南郭先生,什么也不会,又不热爱劳动,却总是想着坐享其成,盼着什么也不干就能赚钱。他听说了齐宣王的这个爱好之后,就跑到齐宣王面前对他说:"大王啊,我是一个有名的乐师,尤其擅长吹竽,我吹竽的声音非常的优美,连花草都爱听我的竽声。您是一个热爱音乐的人,能够使全国这么多高手为您演奏,可以知道您是一位仁德的大王,我希望您能把我收下,让我把我的绝技奉献给您。"齐宣王听了南郭先生的恭维,高兴得心花怒放,也没考察一下,就把南郭先生收下了,编入了他的竽乐队。

从此以后,南郭先生就混进了这三百个乐师之间。其实,他根本不会吹竽,每次演奏的时候,他就学着别人的样子,捧着竽假装鼓着腮帮子吹,别人摆头他也摆头,别人摇晃身体他也摇晃身体,脸上还装出自我陶醉的表情。就这样,他每天和别人一样,吃好的、喝好的、穿好的、用好的,每个月还拿很多的钱,一混就是好几年,心里得意极了。

可是几年以后,齐宣王死了,他的儿子齐湣王继了位。巧的是,这位齐湣王也喜欢音乐,也爱听吹竽,可是听乐队吹了几天,齐湣王就受不了了。

原来,齐湣王和他父亲有个不同的地方,他喜欢听独奏,不喜欢听合奏,在他看来,三百个人一块儿吹,实在是太吵了。于是,他就发布了一个命令,要这些乐师好好准备,然后一个一个地轮流吹竽给他听。

这些乐师本来都是高手,自从进了宫之后,和大家一起吹了好几年,谁的水平也显露不出来,本来就有些着急,这次看到大王的旨意,高兴极了,都没日没夜地加紧练习,准备在大王面前好好显露一下自己的水平。

可是南郭先生却傻眼了,他根本不会吹竽,怎么能给大王去吹竽呢?要是被发现了,是会被处死的。南郭先生急得像热锅上的蚂蚁一样转来转去。

后来他想,这回想混也混不下去了,为了保住脑袋,还是快跑吧。于是,他在一个夜里,收拾了自己的东西,摸着黑逃走了。

这个故事的名字叫"滥竽充数",这个故事的原意是告诉我们,做人要凭本事做事,不能用虚假的方式混日子,靠骗人生活。在这个故事中,乐师们所用的乐器叫做"竽"。竽,就是用八音之一的匏瓜制成的。

我国人民从古时候起就喜欢音乐,人们用匏瓜、黏土、皮革、木块、石头、金属、丝线与竹子这八种原料来制做乐器,并把这八种材料称为"八音"。古代的时候,人们在不同的场合都要演奏不同的乐曲,大家按着音乐来行礼,一切都显得很有规矩。一直到今天,我们所使用的绝大多数乐器,还是用这"八音"制做而成的。

俞伯牙

春秋时期,有一个叫俞伯牙的人,他是当时著名的音乐家,琴艺高超。他年轻时曾经跟一位名师学琴,虽然水平一天比一天高,但他总觉得不满足,总是认为自己的琴声中缺少对各种事物的感觉。于是,他的老师便带他来到了东海的蓬莱仙岛,让他在大自然中感受声音和景物的妙趣。

俞伯牙在蓬莱岛上,听着海浪的声音和虫鸟的鸣叫,看着飞溅的浪花和茂密的丛林,感觉自己像处于仙境之中,于是终于悟出了音乐的真谛,情不自禁地抚动了琴弦,把美丽的大自然都融进了琴声之中。老师听了他的琴声,不由得说:"你终于找到了你想要的东西!"

有一天晚上,俞伯牙坐在船上,看着身边平静的风景,心中涌起了很多的思绪,于是又弹起琴来，就在俞伯牙沉浸在琴声之中的时候，突然，琴弦断了。俞伯牙抬起头来，只见一个樵夫模样的人站在岸边，正定睛看着他，见他抬眼望到了自己，便对着他拍手叫绝，这个人，就是钟子期。

俞伯牙知道自己遇到了知音，于是把钟子期请到船上，接好琴弦，为他演奏了起来。

当俞伯牙弹到自己创作的《高山》时，钟子期说："我好像看到了雄伟的泰山，高耸入云。"当俞伯牙弹到自己创作的《流水》时，钟子期说："啊！就像是看到了无边的大海，浩浩荡荡，奔流不息。"就这样，无论俞伯牙弹到哪一首乐曲，钟子期都能准确地说出音乐中的意境，俞伯牙由衷地说："你真是我的知音啊！"

两个人依依不舍，相见恨晚，拉着手，说了很久的话。后来，两个人便结拜为兄弟。

没过多久，俞伯牙要离开这个地方了，于是便和钟子期约定，明年的今天还到这里来相见，一起研究乐理。

可是，当第二年俞伯牙故地重游时，却听说钟子期已经病逝了。俞伯牙万分悲痛，来到钟子期的坟前，大声地哭道："你走了，从此我弹琴给谁听呢？这个世界上，再也没有像你一样的知音，再也没有值得我抚琴的人了！"说完，俞伯牙用力地把琴扔在了地上，琴摔成了两截。从此以后，俞伯牙一直到死，也没有碰过琴弦。

这个故事，就是从我国古代流传至今的"高山流水遇知音"。

好的音乐可以调节人的情绪，减轻人们体力上和精神上的劳累，还能催人奋进、表达人的各种不同的心情，喜欢音乐的人往往容易沉浸其中。可是，也有一些音乐，让人听上去无精打采，什么心情都没有，或者让人听上去，头脑昏昏沉沉。小孩子正是长知识，求进取的时候，一定要听一些积极健康的音乐，不要去听这些让人没有进取心的音乐。

★认知人伦

——李密尽孝、九代同堂

高曾祖，父而身，身而子，子而孙。

——《三字经》

由高祖父生曾祖父,曾祖父生父亲,父亲生我本身,我生儿子,儿子再生孙子。

古时候有一个叫李密的人,在他只有六个月大的时候,父亲就去世了,除了祖母和母亲,他已经没有别的亲人了。

在李密四岁的时候,母亲离开了家,嫁到了很远的地方去,从此,就只有祖母一个人带着他艰难的生活。

李密的祖母身体很不好,但是为了把李密抚养长大,她每天都拖着有病的身体,上山砍柴,下田耕耘,她最大的希望,就是盼着李密快点长大。

李密从小就体弱多病,到了九岁还不会走路。但是李密是个聪明的孩子,读书过目不忘,而且非常体谅祖母的辛苦,对于祖母非常的孝顺。长大以后,李密白天劳动,晚上读书,什么活儿也不让祖母做。祖母年纪大了,身体越来越不好,于是李密就愈加周到地服侍祖母,他每天晚上连衣服都不脱地睡在祖母身边,随时准备在祖母需要的时候起来照顾祖母。给祖母喂药,喂饭,喝水,他都先尝尝凉热,温度适口以后才喂祖母,他的孝心,远近的人们都听说了,都对他交口称赞。

李密

在李密四十四岁的时候,他的祖母已经九十六岁的高龄了。当时的皇帝听说李密才高八斗,又因为孝顺而闻名于世,便下旨召他进京做官。可是,由于祖母年世已高,身体又不好,如果他走了,将无人奉养祖母。于是,他给皇上写了一封《陈情表》,说明了自己的困难,拒绝了皇帝。

他在《陈情表》中说:"我如果没有祖母,不可能活到今天;如果祖母没有了我,就没有人侍奉她度过晚年。我们祖孙两个相依为命,感情深厚,我无论如何也没有办法抛开她,到遥远的地方去做官。我为您尽忠的日子还长得很,可是我的祖母已经九十六岁了,我只求您能让我为她养老送终。"

皇帝看了他的《陈情表》,被他的孝心感动了,于是同意暂时不让他进京去做官。李密的孝心不仅感动了世人,更感动了皇帝,他能够放弃自己的前途留在家里照顾祖母，对于当时想靠做官一步登天的人来说，是很难得做到的。

祖母，也就是我们今天所称呼的"奶奶"，就是祖父的妻子。祖父就是我们的爷爷，也是我们爸爸的父亲。祖父的爸爸是我们的曾祖父，曾祖父的爸爸，我们要称呼高祖父。我们是爸爸的儿女，等到我们长大了有了孩子，就是我们的儿女，我们的孩子长大了再有了孩子，就是我们的孙子或者孙女。这些亲属关系，小孩子从小就要知道。我们人类，就是这样一代接着一代地繁衍，永无休止地延续生命，才一代一代地走到了今天，而且还会一直延续下去。

据说在唐朝的时候，有一个九世同堂的大家族，九代人生活在一起，大家相处得十分融洽，唐高宗李治听说后，非常的惊奇，便亲自去了他家看望他们，果然，一家人过得其乐融融，做事井然有序，唐高宗不由得连连称赞。要知道，皇帝家里一向都是明争暗斗，勾心斗角，兄弟们都互相残害，争权夺势，一代人都相处不好，哪见过九代人这样和睦相处的呢？

在闲谈的时候，唐高宗向他们家族中辈分最高的长者请教大家庭融洽相处的秘诀，这位名叫张公艺的老人露出了慈祥的笑容，他兴致盎然地挥笔写下了一百个"忍"字，并给唐高宗具体地讲述了百忍的内容，他说："不忍小事变大事，不忍善事终成恨；父子不忍失慈孝，兄弟不忍失爱敬；朋友不忍失义气，夫妇不忍多争竞……"

唐高宗听了，终于明白这九世同堂的秘诀就在于相互之间宽容忍让，相亲相爱。他非常的感动，当场就为张公艺和他的长子封了官职，还下令修了百忍义门，唐高宗李治亲笔写下了"百忍义门"四个大字。

后来，张公艺老人去世了，后人为了纪念这位以"忍"治家的贤德的老者，特意为他修建了一座"百忍堂"。

从我们自己向上到我们的高祖父，是五代人，我们下面的第四代人，就到了我们的孙子的孙子那一代，这样才算是九代人，唐代的张公艺老人能九代人一同生活确实令人称奇，而他们的九代人能够在一起和睦地相处，更令我们称奇。所以说，我们也要学着这个和睦的大家庭的样子，和我们的家人相互地宽容，不要为一点小事就没完没了地抱怨，一定要相互地谦让，这样才能生活得幸福。

★ 认知义理

——善应孝母、赵孝争死

父子恩，夫妇从，兄则友，弟则恭。

——《三字经》

父亲与儿子之间要注重相互的恩情，夫妻之间的感情要和顺，哥哥对弟弟要友爱，弟弟对哥哥要尊敬。

赵善应是南宋时期的名人，他做过大官，还为我们留下了许多的诗词作品。他不但有很高的才学，而且还是一个非常孝顺的人。

有一天，他的母亲突然患了重病，赵善应赶忙去请医生。医生看了老人的病状后，留下两包草药就走了。

可是，母亲服了药以后，病情不但不好转，反而一天一天地加重了。赵善应非常着急，又去请那位医生，医生却说："你母亲的病，我看不明白，你还是找别人去看吧。"

赵善应听了心情非常难过，他哭着央求医生再给看一看，可是医生说什么也不肯再去为他母亲看病。

于是，赵善应就到处打听名医，名医请了十多个，母亲的病情还是不见好转。赵善应一时没了主意。

后来，有人提醒他说："还是想办法请御医来看一看吧。"赵善应如梦方醒。

赵善应是宋太祖的第七代孙，是皇室宗族，跟皇帝有亲戚关系，请御医为母亲看病不是一件难事。

御医为母亲诊视以后，开了个方子交给赵善应说："你照这个方子服用，三服药以后，病情就会好转，但是这服药和别的药不一样，必须用人血和药，才能有效。"

赵善应接过方子，二话没说，马上买了三服药，然后取刀刺破了自己的手臂，用自己的鲜血和药，给母亲服用了。看到赵善应用自己的血给母亲和药，弟弟看不过去了，说什么也不让赵善应再用刀刺自己的手臂取血了，坚决要求自己刺臂取血，可是赵善应无论如何也不答应。说也奇怪，赵善应的母亲服用了几服鲜血和药以后，病就好了。赵善应见了，非常高兴。

但是，母亲的病虽然好了，却落下个心悸的病根，一听打雷或什么响动就害怕，心就跳成一团。

有一天夜里，阴云密布，一道闪电过后，响起一个大炸雷，母亲突然惊叫一声，晕了过去。正在熟睡的赵善应被母亲的惊叫声惊醒了，赶忙跑过去叫醒母亲，然后陪在母亲床边，一直到天亮。从此以后，每到有雷雨的天气，赵善应都整夜地在母亲的房间里陪伴母亲。

有一次，赵善应有事要出远门，在临走前他特意嘱咐妻子，一定要好好照看婆婆，遇到雷雨天一定要陪婆婆一起睡觉。他的妻子非常的贤德，听到丈夫的吩咐，高兴地答应了，赵善应这才放心地走了。

赵善应从远处回来的时候，已经是冬天了，天气寒冷，又正好是晚上。和他同行的人一看到家了，非常高兴，上前就要敲门，可是赵善应连忙制止说："不要敲门，不要敲门，我的母亲年纪大了，别惊吓了她。"

同行的人赶紧把伸出去的手缩回来，问他："现在深更半夜的，天气又这么冷，不敲门，我们上哪儿去住呀？"赵善应说："没有地方住，也不能敲门。我们就坐在房檐下挨冷受冻，也不能让我母亲受到惊吓。"同行的人听了，很受感动，就和赵善应一起在大门外忍着寒冷坐了一宿。

天亮以后，赵善应家的仆人打开大门，发现门口坐着两个冻得浑身发抖的人，仔细一看，才知道是自家的"老爷"回来了。

身教胜于言教，在赵善应的带动下，全家都十分友孝，相处和睦。

赵善应的儿子是南宋有名的大臣赵汝愚，也是一个大孝子。赵汝愚是南宋皇室宗族中唯一一个做了宰相的人，宋代人在评价他们父子的时候说，正是由于赵善应的高尚品质影响了他的儿子，所以赵汝愚才能因为品德高尚而闻名于世。就连皇帝都说他的品德是他的父亲身教的结果。

从赵善应一家人的身上，我们可以看到中国家庭所有的传统美德，比如说尽心尽力地孝敬老人，兄弟之间相互关心，夫妻之间相互帮助，孩子子承父德也同样地孝敬长辈，这些都是他们一家人和睦相处的根本。

由于我国的古人非常重视对后代的礼、义教育，所以出现了许多尽忠尽孝、兄弟友爱的人。

在汉朝的时候，有一对兄弟，哥哥叫赵孝，弟弟叫赵礼。他们两兄弟相处得十分友爱。

有一年，全国的庄稼收成都不好，饥荒很严重，社会治安也很乱。更可怕的是，许多人做了强盗，抢不到粮食，他们就把人杀了吃掉。

一天，一伙强盗来到了兄弟俩所住的村子，村民们都藏了起来。强盗们翻遍了整个村子,也没找到一点值钱的东西,更没找到一口吃的。这时,他们恰好发现了赵孝的弟弟赵礼,于是就把他给捉走了。

他们把赵礼绑在树上,然后就架了一口锅,开始烧水,想要把赵礼煮了吃掉。

赵孝找不到弟弟,心急如焚,有人告诉他,赵礼被强盗捉走了,就要被放进锅里煮掉。赵礼急了,他想:“要是弟弟死了,我怎么对得起父母呢? 弟弟是我的同胞骨肉啊,就是我死,也不能让弟弟死啊!”

想到这里,赵孝便顺着强盗走的方向追了过去,很快就赶到了强盗那里。赵礼见哥哥来了,又惊又喜,可是他又马上哭了起来。他说:“哥哥快走啊,不要过来送死!”

这时赵孝顾不上弟弟了,他冲到强盗面前,跪在地上哀求道:“我弟弟有病,还那么瘦,他的肉根本不好吃,你们放了他吧!”

强盗生气了,瞪着眼喝道:“放了他,我们吃什么? 不能放!”

赵孝赶紧说:“我知道,现在年景不好,大家都很饿。这样好不好,你们如果要吃的话,就吃我吧,我的身体好,也比他胖。”

旁边的赵礼听了,大哭起来,“不行,不能吃我哥哥,我哥哥又没有什么罪,你们捉的是我,不要吃我哥哥!”

赵孝一下子扑到弟弟面前,抱住了弟弟,两兄弟抱头痛哭,都要自己送死。

强盗们看着他们兄弟两个,都哭了,他们没想到,在这个世界上,还有这么友爱的兄弟,为了救对方的命,竟然争着送死。他们又想想自己,竟然为了填饱肚子,连这么恶毒的事情都做得出来,这哪里是人做的事啊!

于是,强盗们谁也没有杀,把他们兄弟两个都放走了。

后来,皇帝知道了这件事情,也非常感动。皇帝想,这么仁义的兄弟两个,对待百姓肯定也会非常仁义,于是给他们兄弟两个都封了官职,还把他们的事情昭示天下,让全国的百姓都学习他们的品德。

兄弟都是父母的骨肉,就像手和脚一样,都是父母身体的一部分,任何一个受到了伤害,都是身体受了伤,所以说必须互相保护,互相依靠。

我们中国人向来就讲究亲情,讲究父子亲情、夫妻亲情和手足兄弟之间的亲情,小孩子从小的时候起,就要知道只有家人之间以礼相待、互相关心、和睦相处,才能家庭幸福的道理。也要知道,只有家庭幸福了,我们的国家才会安定富强。这种父子亲情、夫妻亲情和兄弟亲情是做人应该懂得的义理。

第三章　为学日益，为道日损

★孩子要接受正规的启蒙教育

——白字先生、书生断句

凡训蒙，须讲究。详训诂，明句读。

——《三字经》

凡是对学生进行启蒙教育的老师，必须把每个字都讲清楚，每句话都要解释明白，并且使学生读书时懂得断句。

从前有一个教书先生，因为识字不多，总读白字，所以只敢教一个字还没有学过的小孩子，但即使这样，他还是总被东家辞退。

有一次，他又到了一户人家教小孩子读书，东家怕他不用心，于是和他商定，每年给他三石谷子，四千钱的工钱，但是如果教一个白字，就罚一石谷子，如果教一句白字，就罚两千钱。先生听了暗暗叫苦，硬着头皮答应下来。

有一天，他和东家一起在街上闲走，见到有一块石头上刻着"泰山石敢当"几个字，便随口念道："秦川右取当。"东家一听，生气地说："全是白字，罚谷一石。"

先生一路垂头丧气地跟在东家后面，恨不得扇自己几记耳光。回到书馆后，他暗暗提醒自己："一定要小心，一定要小心。"

这一天的课是教东家的儿子读《论语》，结果他把"曾子曰"读成了"曹子曰"，又把"卿大夫"读成了"乡大夫"。东家正好听到了，于是说："又是两个白字，再罚两石谷。三石谷全没了。"先生听了，心疼得差点晕过去。

第二天，他又教东家的儿子读书，东家特意来陪读，先生拼命地提醒自己："别读白字,别读白字。"可是,他还是把"季康子"读成了"李麻子",把"王日叟"读成了"王四嫂",这回,东家说:"这回读了两句白字,全年的伙食四千钱,全都扣除。"先生痛惜不已。东家又说:"像你这样教孩子读书,纯属误人子弟,你算得什么先生啊!你还是走吧!"

先生无奈,只好叹了一口气,做诗一首:

　　"三石租谷苦教徒,

　　先被'秦川右'取乎。

　　一石输在'曹子日',

　　一石送与'乡大夫'。

　　四千伙食不为少,

　　可惜四季全扣了;

　　二千赠与'李麻子',

　　二千给予'王四嫂'。"

做完这首诗以后,先生无精打采地收拾了行李,离开了东家的家。

这个故事的名字叫"白字先生"。故事里的东家说得一点都不错,这样的教书先生只能是误人子弟。

刚刚开始读书识字的小孩子,正是为一生的学习打基础的时候,对每一个字都需要知道它的正确读音和它的正确的意思,一点儿也马虎不得。如果这点基本的条件都不具备,那么就不可能为以后的学习打下坚实的基础,所以说,在这个时候,尤其需要跟随一位认真负责的老师学习。而小孩子自己在学习的过程中,也一定要注意认真听老师的讲课,把老师讲课的内容参悟明白,千万不要一知半解,以后成为像"白字先生"这样的人。

我国古代的书籍都是不写标点符号的,所以文章的句与句之间没有间隔。古代的教书先生不但要教孩子们认字,还要教孩子们应该在哪里停顿,在哪里断句,并给孩子传授其中的规律。

明代曾发生过一个关于标点符号的趣事。有一天,江南才子徐文长外出时,正赶上梅雨天气,雨下起来没完没了,无法向前赶路,于是徐文长只好吃住在朋友家里,等雨停了再走。

谁知这一等就是好几天,雨一直都不停。徐文长每天在这里吃住,朋友有些不愿意了,可是又不好意思开口赶他走,于是就想了一个办法。

一天早上,徐文长和朋友一家吃饭的中途,朋友借故离开了,悄悄走进徐文长住的房间,写了一张字条放在桌上,希望徐文长看了以后,能知趣地离开。

徐文长吃过早饭回到房间之后,发现了这张字条,拿起来一看,只见上面写了一句话:下雨天留客天留我不留。

徐文长知道,朋友的意思是:下雨天留客,天留,我不留。这是朋友想赶他走了。他心里很是生气,心想,这算是什么朋友啊,我有了困难,他竟然想赶我走! 可是他气着气着,忽然从脑子里冒出一个好主意来。只见徐文长提起笔,刷刷地在那纸条上点了几下,然后就把它放回了原处。

第二天,朋友发现徐文长还没有要走的意思,于是又借故去了他的房间。朋友发现,他写的那张字条还摆在桌上,好像没被动过一样,展开字条一看,只见徐文长在他写的字条上加了几个标点符号,字条变成了:下雨天留客,留我不? 留。

徐文长

朋友叹了一口气说:"唉,天意如此啊!"于是就打消了赶走徐文长的意思。最后,徐文长一直在朋友家住到雨停了、天放晴了才离开。

徐文长巧妙地用了不同的断句方法,靠几个小小的标点符号,打消了朋友想赶他走的企图。看来,是标点符号帮了他的大忙啊。

断句方法的不同,标点符号所处的位置不同,同样的一句话所表达出来的意思是完全不一样的,所以标点符号是不能乱用的。

我们现在的小孩子学习起来非常的方便,可以通过学习汉语拼音来学习认字,我们的课文都分好了课次和段落,对于生字生词书上还有特别的解释。可是古时候的人就没有我们这么幸福了,他们所读的书没有段落,没有标点,没有注音,一切都要老师来教,都需要自己按照学习和理解去处理。所以我们应该从小就珍惜我们所拥有的便利条件,用更加认真的态度去对待我们的学习,为以后的学习和工作打下坚实的基础。

★先学会一本关于礼仪的书

——庭训

为学者，必有初。小学终，至四书。

——《三字经》

凡是要研究学问的人，都要有一个好的开始。先要把《小学》的内容读熟了，才能读《论语》、《孟子》、《中庸》、《大学》这四部书。

我们今天的好多爸爸妈妈，都已经知道了要让孩子多读书的道理，所以从孩子小的时候就非常重视教孩子学习。可是，他们教育孩子学习的内容，往往都是学写字，学背唐诗宋词，学美术，学音乐，每天带着孩子左一个学习班、右一个学习班地奔波。相反的，对于孩子的品德教育却没有这么大的劲头，孩子想要什么，就想方设法地给什么，孩子有了错误，也舍不得批评。实际上，在古代，重视教育孩子的人可不是这么做的。

有一天，孔子正站在庭院里，他的儿子孔鲤从他面前恭恭敬敬地走了过去，他把孔鲤叫住，问他："今天学诗了吗？"孔鲤回答说："没有。"孔子说："不学诗，你怎么能把话说明白呢？"孔鲤说："是。"然后从父亲面前恭恭敬敬地退回了自己的房间学诗去了。

又有一天，孔子又站在庭院里，孔鲤又恭恭敬敬地从他面前走了过去，他又把孔鲤叫住，问他："你学礼了吗？"孔鲤回答说："没有。"孔子说："不学礼，你怎么能学会做人呢？"孔鲤说："是。"然后，又从父亲面前恭恭敬敬地退回了自己的房间，学礼去了。

孔子有一个弟子对于孔子教育孩子

孔子

的方法很好奇,于是就问孔鲤,"你父亲平时都私下里教你些什么呢?"孔鲤说:"没有啊,父亲从来没有单独教过我。"那个弟子不死心,又接着问:"那你父亲平时都对你说过什么呢?"孔鲤想了想说:"就是有一次他要我回去读诗,说如果不学诗,就不能把话说明白。还有一次,他要我回去读礼,他说如果不学礼,我将来就学不会做人。"那个弟子听了终于恍然大悟。

这就是论语中的"庭训"的故事,孔子的两次问话,被称为"过庭语"。

古人非常重视对孩子的教育,让孩子从小就知道学诗和学礼的重要性,让他们打好学习的基础,懂得做人的道理。

我国南宋有一位名叫朱熹的哲学家,由于他的名声很大,后来元朝的朱元璋都差一点认他做了自己的祖宗。他和他的弟子刘清之合编了一本书,书名叫《小学》,这本书后来成为了小孩子启蒙教育的教材,古人认为,小孩子只有把《小学》这本书学透了,才能去读四书五经。

那么,《小学》是一本什么样的书呢? 用朱熹的原话说:"后生初学,且看《小学》书,那个是做人的样子。"这句话的意思是说,刚刚读书的小孩子,应该先学学《小学》,做人就应该按照这本书里所说的标准来做。

在这本书里,对于做人的标准进行了非常简单明了的介绍,甚至于连怎样洒水、扫地和什么时候要快走什么时候要慢走的道理都在里面,涉及的范围非常的广。

这本书的主要内容就是教小孩子要懂得父子之亲、君臣之义、夫妇之别、长幼之序、朋友之信,强调说如果不明白这些道理,就会把人与人之间的关系弄乱了;另外,还要从行为上和思想上提高自己的修养,不要说不好的话,不要做不好的事。

这本书里面还有一个很重要的内容,就是要让孩子们学习古今的历史,在历史的成败中总结做人的准则。

因为当时是处在封建社会,所以这本书也在向孩子们灌输当时的封建思想,但是这本书里面的要人讲气节、重品德、懂节制、要立志等等内容,一直到今天也是适用的。

古人教育自己的孩子,先要让他明白做人的道理,然后才会让他去学习读书识字。古人认为,一个人只有首先学会了做人的道理,才算是有了一个好的人生的开始。这个道理,我们直到今天都是赞同的,所以孩子的爸爸妈妈应该引起充分的重视。

当然,今天的孩子想要学到做人的道理并不一定非得要去看这部《小学》,但是无论如何,做一个正直的人,做一个能和别人、更能和家人和睦相处的人才是一个真正的人。在生活中处处可以学到这种学问,爸爸妈妈们一定要对孩子多多进行教育。

★跟着孔子学《论语》

——孔子与《论语》

论语者,二十篇,群弟子,记善言。

——《三字经》

《论语》这本书共有二十篇,是孔子的弟子们以及弟子的弟子们,记载的有关孔子言论的一部书。

孔子的名字叫孔丘,字仲尼,是春秋时期的鲁国人,他的故乡在我们今天的山东。孔子的父亲在他三岁的时候就去世了,只有他和母亲相依为命,家里面非常的贫穷。但是孔子从小就非常地喜欢读书,也非常地喜欢学习礼教。

孔子是我国古时候非常著名的教育家和思想家。他非常地重视对人进行教育。在他生活的年代,除了有权势的人,普通的老百姓根本受不到教育,国家的君主也认识不到让百姓受教育的重要性。但是孔子却主张让每个人都有机会接受教育。孔子一生一共收了三千个学生,其中有七十二个人有了很大的成就,为文化的发展做出了非常大的贡献。

孔子曾经做过官,他非常的重视教育百姓,他教人们学习礼仪,还用自己的仁慈影响百姓的想法,在他的带动下,鲁国的社会风气非常好,人人都懂礼貌,互相之间都知道忍让。在那个时候,如果有人丢了东西,不论过多久去找,都能找得到,根本没有人把它拿走。晚上,家家都不用关门,也没有小偷去偷东西,真正是"路不拾遗、夜不闭户"。

可是后来,鲁国的国王不务正业,不管理国家大事,孔子见了非常的生气,于是就辞了官,带着自己的学生周游列国去了。

孔子带着学生们去了卫国、晋国、宋国、陈国、楚国等好几个国家,每到一处,他都把自己的主张告诉那个国家的国君,告诉他们只有用仁德的心对待百姓,让百姓都有生活的保障,才能让百姓安居乐业,才能把国家治理好,并希望他们能够采纳自己的思想。

就这样,孔子在外面一直奔波了十几年,可是,这十几年来,他到过的所有家的国君都不能接受他用仁爱治国的主张。人们还讥笑他,说他是"明知道不能做还硬要做的孔丘"。后来孔子对于这些国君失望透了,他知道自己的主张根本不可能受到这些国君的重视,更不可能用来对待百姓,所以他停止了周游列国,又带着弟子们回到了鲁国。

回国后,孔子他再也不去想治理国家的事情了,静下心来,开始专心致志地做两件事:一件是培养自己的学生,另一件就是写书。他要把自己的想法全都写到书里去,《春秋》这部书就是孔子写的,他在里面详细地记录了以前的历史,并对国君的功过进行了记录,当时一些国家的国君,就是害怕孔子把他们写进历史,所以才不敢过于争斗。除了《春秋》之外,孔子还整理了《六经》,这都是我国从古代一直到现在非常有影响的书籍。

令孔子高兴的是,他的学生们都非常的争气,尤其是其中的七十二位有成就的学生,他们把孔子的思想向世人传播,终于独创一派,就是我们今天所说的儒家学派。自然,他们的老师孔子,就成为了儒家学派的创始人。

由于孔子非常重视教育,平时对学生们所说的话,学生们都牢记在心,所以在孔子去世后,他的学生们把他平时对他们所说过的话编成了一部书,这就是"四书"之一的《论语》。论语里边有许多的故事和道理,都是教育人们如何做人,如何处世的良言。

虽然孔子活着的时候,没有一个国君欣赏他,他的思想一直没能再次地用于国家的治理,但是在他去世以后,慢慢地有许多人开始从他的著作和这部《论语》里面发现了他的思想的重要性。

《论语》这部书是古代的读书人从小的时候起就必须要读的一本书,因为它的语言简捷,内容丰富,所讲的道理很深刻,也很容易就能让人明白,比如孔子说:"学而时习之,不亦说乎。有朋自远方来,不亦乐乎?人不知,而不愠,不亦君子乎?"这句话的意思是说:"学习以后时常的练习,不是很快乐吗?有志同道合的朋友从远方来,不是很高兴的事吗?别人不懂我,我也不恨他,不也是一个有德的君子吗?"这些用比较浅的语言讲述的道理,也很适合小孩子阅读。如果有机会的话,小孩子也应该学习一下这部作品。

★向孟子学习仁义道德

——孟子与《孟子》

孟子者,七篇止,讲道德,说仁义。

——《三字经》

《孟子》这本书共分七篇。内容是有关品行修养、发扬道德仁义等优良德行的言论。

孟子的名字叫孟轲,是战国人,他是孔子的孙子子思的学生。他和孔子一样,都是我们国家古代著名的思想家和教育家,也主张仁义道德。

孟子小的时候,他的母亲非常重视对他的教育,我们所知道的"孟母三迁"和"断机教子"的故事,就发生在孟子和他的母亲身上。

孟子读书非常的用功,他长大以后,被孔子的儒家思想深深的吸引了,于是他离开了故乡,到孔子的祖国鲁国去求学。他的老师就是孔子的孙子子思。通过向老师学习儒家思想,他越来越认为孔子是有史以来最伟大的一个人,于是就确定了自己的理想,那就是一定要把孔子的思想发扬光大。

后来,孟子终于有了很大的名气,他的祖国和孔子祖国的国君都经常向他请教如何治国。可是,这两个国家都很小,他的以仁德治国的思想很难实现。所以,他就带着弟子们去了当时最大的一个国家齐国。

齐国当时的国君是齐威王。孟子在齐国的时候,得不到齐威王的赏识,他很不高兴,于是带着弟子离开了。离开齐国以后,孟子还去过宋国,在宋国的时候又认识了滕国的太子,滕国的太子非常的欣赏孟子的思想。由于在宋国也没有能够实现他的想法,他只好带着弟子回到了自己的祖国邹国。

孟子

滕国的太子做了皇帝以后,孟子来到了滕国,在滕国开始实行自己所主张的用仁德的方法治理国家的思想。但是滕国实在是太小了,随时都有可能被别的国家吞并,想要使他的治国思想传遍天下很难,于是他又离开了滕国。这个时候,孟子已经五十三岁了。

离开滕国以后,孟子又去了魏国,然后又去了梁国,孟子告诉梁惠王说:"有仁德的人,没有人能够胜得过他,用仁德治理国家,就会把国家治理得比任何一个国家都强大。"可是梁惠王不听。梁惠王死后,梁襄王继位,孟子对梁襄王的印象很坏,他觉得他不像个国君,不愿意辅佐他。所以他就又去了齐国。

这个时候,齐威王已经死了,齐宣王做了国君。齐宣王见了孟子以后问他:"商汤流放了夏桀,而周武王去攻打商纣王。桀和纣都是国君,而商汤和武王是臣子,臣子都杀了君主,他们这样做对吗?"孟子回答说:"破坏仁道和毁掉义道暴君是众叛亲离的人,人人都可以杀他,更何况圣明高尚的人呢?"齐宣王听了孟子的话,非常的尊敬他,于是拜他为客卿。孟子终于受到了这个最大的国家的重视,非常的高兴,迫切地想要在齐国实行他的以仁德治国的思想,可是,齐宣王只是把他当做一位德高望重的学者来尊敬,对于他的以仁德治国的思想却不想实行。孟子的主张是要国君仁慈地对待百姓,让百姓都有田地耕种,生活平安,但当时每个国家都在忙着打仗,齐国也不例外。齐宣王认为,练兵比推广仁德重要。因为这个原因,孟子对齐国死了心,再一次离开了。

离开齐国以后,孟子又去了一次宋国,可是他还是觉得没有希望,只好带着弟子回到了孔子的祖国鲁国。鲁国的国君鲁平公听说孟子回来了,想要去拜访孟子,可是他的一个宠臣在他面前说了孟子的坏话,鲁平公于是打消了去拜访孟子的想法。后来,孟子的学生把这件事告诉了孟子,孟子对于这些国君彻底失望了,决定再也不出游了。他带着学生回了自己的祖国邹国,像孔子一样,回去教育学生和写书去了。这时,孟子已经六十多岁了。

像孔子一样,孟子也非常热爱教育。他觉得,天下最快乐的事情就是能教育一些有贤能的学生。孟子的学生也很多,其中万章、公孙丑、乐正子、公都子、屋庐子、孟仲子等弟子都非常的有成就。

《孟子》这本书一共有七篇,是孟子和他的学生万章、公孙丑等人所记载的他平时的言行,里面讲的也全是有关于仁义道德的事情。

孟子学说的中心思想就是"行善"这两个字。他曾经说过:"如果一个孩子快要跌到井里去,不管认识或不认识的人看了,都会有不忍之心,可见人性是善良的,人人都应该以善相待相行。在家里,要父慈子孝,兄友弟恭,敦亲睦邻;在政治上,执政者应爱护人民,即是'仁政'。"

孟子还有一个和孔子相似的地方,那就是他也是在去世以后才得到别人的重视的。我国古代直到宋代以后,人们才开始重视孟子,他的思想对宋代有着很大的影响。《孟子》这本书后来还成为了考试时的一个必须要考的科目,后来又被称为儒家经典,成为"四书"之一。

孟子从小的时候起就在母亲的教导之下努力地读书,他求学认真,孝顺母亲,还是一个仁义的人。由于孟子在我国古代文化思想上的地位仅次于孔子,所以后世的人都尊称他为"亚圣"。

《孟子》这一部书也是古代的孩子从小就必学的功课之一,对于孩子们思想的成长是非常重要的。即使是在今天,这部书所宣扬的善良与忍让,都是我们做人所必须具备的品德,所以说也非常值得孩子们进行学习。

★不偏不倚才是中庸之道

——子思与《中庸》、李时珍与《本草纲目》

作中庸,子思笔,中不偏,庸不易。

——《三字经》

作《中庸》这本书的是孔伋,"中"是不偏的意思,"庸"是不变的意思。

子思就是孔伋,他是春秋战国时期著名的思想家。子思是孔子的孙子,他的父亲孔鲤在他出生以后不久就去世了。子思的老师是孔子的学生曾子。子思在曾子那里学到了祖父孔子的儒家思想,后来,他又把儒家思想的真谛传给了孟子。

由于子思的父亲去世得早,所以他并没有从父亲那里学到什么知识,关于他的父亲,在历史上也只记载了几件小事,其中最著名的就是他曾说过的两句话。据说子思的父亲曾经对自己的父亲孔子说:"你的儿子不如我的儿子。"他还对自己的儿子子思说:"你的父亲不如我的父亲。"这两句话都是在贬低他自己,可是在贬低他自己的时候,又显示出了他为了自己的父亲和儿子而自豪的那种喜悦。

子思小的时候,受到了祖父孔子的教诲,孔子对于自己唯一的孙子也非常的喜欢。

有一次,子思看见祖父正一个人闷闷不乐,于是就问祖父,"您是在担心子孙们不好好做人,将来对不起祖宗呢?还是在担心子孙们羡慕尧、舜这些有大成就的人,而又恨自己做不到呢?"孔子回答说:"你还是个小孩子,哪里能懂得我的想

子思

法呢。"子思说:"我曾经听过祖父的教导,现在正在不懈地努力呢!"孔子听到孙子的话,高兴极了。

子思曾经搬到卫国去居住。那时候,他的生活很穷困,穿着乱麻絮成的袍子,连罩衣也没有,还常常吃不饱饭,最惨的时候,二十天才吃了九顿饭。

卫国的田方子知道了这件事以后,派人给他送来了一件精美的白狐裘衣。在派去的人临走之前,田方子想,子思不喜欢接受别人的馈赠,肯定不会接受的,只有找一个借口,才会让他收下这件白狐裘衣。于是,田方子嘱咐派去的人告诉子思,他借给别人东西常常记不得,送给别人就像扔掉一样,也并不希望能再拿回来,所以就请子思收下,不用想着还给他。

可是没想到,子思听了这话以后,更加坚决地不肯接受,他说:"我听说过,随便给人东西,还不如把它扔到山沟里去好些。我虽然穷,但是我也不希望自己变成山沟,总是收别人不想要的东西,所以我不能接受。"

后来,子思离开了卫国,搬到了宋国去居住,一直到了老年的时候,才回到自己的祖国——鲁国。

子思回鲁国以后,鲁国的国君鲁缪公去求见他很多次,还经常派使者去给他送许多礼物,一心想请他做相国,可是子思不喜欢做官,所以总是拒绝。

子思的一生都在授徒和写书,他写了许多的著作,还把儒家思想的核心——"中庸"思想总结起来,形成了自己的学说,写下了流传至今的《中庸》。由于子思一生都在写书著述,所以后世的人都非常的敬仰他。在元朝和明朝的时候,皇帝都追封他为"述圣"。

《中庸》这本书里所说的道理就是:天下的事情都不是偏于一方永不改变的。比如说我们做人,不能太谦虚,也不能不谦虚;不能没有自己的主见,也不能自以为是。

孔子有一次正在与人探讨学问,有一个弟子进来向他请教自己是不是应该去做一件事,孔子说:"无论做什么事,都要与父母商量,不能自己做决定。"过了一会儿,又

《中庸》书影

有一个弟子来问同样的事情,孔子对他说:"不要什么事情都让别人决定,按照自己的想法办吧。"后来,与孔子探讨学问的人问他:"刚才您的两个弟子问的是同一个问题,您为什么却是两种回答呢?"孔子说:"这两个弟子的性格不一样,先来的弟子性子很急、爱冲动,我让他凡事与父母商量,是为了让他多听听别人的意见,不要

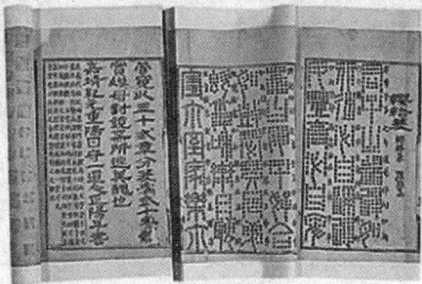

自以为是。后来的弟子性格比较软弱，不能相信自己，我让他按照自己的想法去做，是为了鼓励他，让他相信自己。"客人听了，点头称是。

太自大了不好，太不自信了也不好。太自大的人容易犯冲动的错误，而太不自信的人容易什么事情也不敢做。如果能头脑冷静地按照自己的能力去做事，才能做成大事业。两个方向都不过分，就叫做中庸。

《中庸》这本书中的知识对于我们以后做人、做学问都有很大的帮助，是古人留给我们的一部意义非常深刻的作品。它告诉我们凡事都有不变的宗旨，因此不能太过，也不能不足的道理，只有不偏不易才是中庸之道。

★ 在《大学》里找到做人的标准

——曾子与《大学》、曾子杀猪、商鞅执法

作大学，乃曾子，自修齐，至平治。

——《三字经》

作《大学》这本书的是曾参，他提出了"修身齐家治国平天下"的主张。

曾子的名字叫曾参，是春秋末期的鲁国人，他的父亲曾点和他都是孔子的学生。

曾子的父亲非常的严厉，在曾子六七岁时，父亲就开始教他读书识字。等到曾子年龄稍长，曾点就把自己从孔子那里学来的知识传授给他。曾子学习非常的用功，每天除了父亲为他安排的功课以外，他还坚持多读有益的书籍，每天都学习到深夜。

在曾子十七岁时候，他的父亲把自己的所学已经几乎全都教给了儿子，所以他决定派儿子去向自己的老师孔子学习更深的道理。孔子刚刚见到曾子的时候，觉得曾子是一个非常质朴、憨厚的年轻人。

曾子

曾子不是一个很聪明的人，但是学会提出自己的疑问，所以孔子非常的器重他，师兄弟们也非常的敬佩他。

孔子把自己在儒学方面的心法都传授给了曾子，希望他能够继承自己的事业。

孔子评价他说:"孝顺父母是道德的开始,敬爱兄长是道德的延续,信用是道德的深化,忠诚是道德的主旨。曾参是符合这四种道德要求的人啊!"

曾子也曾经出游,到各个国家去推行自己的学说,他最早去的是齐国,可是齐国并没有接纳他,所以他又回到了鲁国。

不久以后,曾子再次出游,这次他去了楚国。楚国的国君热情地接待了他,还封他做了很大的官。曾子原本想在楚国有所作为,没想到楚国的国君经常与他意见不合,于是他在楚国住了不到一年就辞了官,回到了鲁国。

在曾子三十七岁的时候,他又被费国国君请去,可是他在费国住了一段时间以后,发现费国也很难实现自己的主张,所以他就又回到了自己的祖国,从此专门授徒写书,再也不出去做官了。

曾子教育学生非常讲究方法,他不但能和学生平等相处,还能和学生共同探讨一些道理,所以他的学生非常多。在曾子三十多岁的时候,就已经有了七十多名学生了。他的学生中有成就的人也非常多,比如子思、乐正子春、公明仪、吴起等人都是他的学生。

曾子的著作有很多,《大学》就是他和学生们一起编写的。《大学》这部书中全是教人如何做提高自己的道德修养、如何管理好自己的家庭、如何为国家做贡献的大道理。

曾子认为一个人如果想要有大的成就,就得先从自己本身做起,注意自己的道德素质。他曾经说过:"我每天要反省自己很多次,回忆自己今天所作的事情,发现自己的缺点,改正自己的错误。"这就是我们都知道的"日三省吾身"的意思。

有一次,曾子的妻子要去集市上买菜,可是曾子的儿子非得要和母亲一起去,母亲不同意,他就哭哭啼啼地拦着母亲。

为了让儿子听话,曾子的妻子对儿子说:"元儿,乖,你在家里玩儿吧,母亲去集市上买东西,回来给你杀猪吃猪肉怎么样?"

在古时候,猪可是普通家庭里面很重要的一个财产,只有养到过年的时候才杀,想要吃肉,得盼上一年的时间。如今还没到过年,母亲竟然要杀猪给自己吃,儿子高兴极了,就同意了母亲的话,不再吵着和母亲到集市上去了。

曾子的妻子从集市上回来,看到曾子把猪已经捆上了手脚,正挽起衣袖,拿着一把刀要把猪杀掉,赶忙制止他问:"你这是要干什么?我那是和孩子开个玩笑,哄着他玩儿的,你干嘛当真呀?现在不过年不过节的,哪能把猪杀掉呢?"

曾子非常严肃地说:"我们做父母的,怎么能用撒谎来骗孩子呢?做人得守信用,父母的身教胜于言教,如今我们欺骗他,就说明我们就是不守信用的人,又怎么教育孩子将来成才呢?"

国学经典文库

国学大智慧

·《三字经》智慧通解·

图文珍藏版

他的妻子听了，很是羞愧，于是同意曾子把猪杀掉，他们的儿子高高兴兴地吃上了猪肉。曾子的孩子长大以后，果真像父亲所希望的那样，继承了父亲的许多优秀的品格。

《大学》告诉了我们许多有关于治国平天下的道理，而治国平天下的人，首先得要能够分清什么是善恶，坚持用正义去约束不好的行为。

战国时期的秦国在推行了商鞅变法之后，有一些人怕新的法令对自己不好，便说这个法令对国家不利，所以商鞅变法的效果始终发挥不出来。

有一次，太子违反了新法。商鞅作为法令的执行者，在怎么样处罚太子的事情上考虑了很多。他想，现在新法不能在全国实行，就是因为有很多人不支持，知法犯法。一定得让人们都看到犯法的人受惩罚才行，即使是太子也不能例外。可是，在古代，太子将来是要当国君的，如果惩罚了太子，对于国君的威严是不好的，所以他说："太子没有做到国家的表率，是因为他的老师没有对他进行好的指导，是太子老师的过错。"

在我国古代，一个人如果犯了错，他的老师是逃脱不了关系的，所以商鞅狠狠地惩罚了太子的老师公孙贾。那些不支持新法令的人一看国家对于执行新法令这么严厉，连太子也不放过，从那以后，都不敢再违抗法令了。慢慢地，百姓也适应了新的法令，都能够按照新法令办事了。

过了些年，秦国的社会风气大好，人们的生活也安定下来了，国家也就强大了。后来，秦国终于吞并了当时共存的其他六个国家，统一了全天下。

我们现在的社会，已经不再像古代那样会有权位大的人享有不受惩罚的特权，让别人去当替罪羊了。现在，任何人不论官职有多大、成就有多高，只要触犯了法律，就一定会受到法律的惩罚，所以做一个遵纪守法的人，是非常重要的。

《大学》这部书中的道理能适合所有身份的人，不论是小孩子，还是大人，不论是做父母，还是做子女，不论是做官，还是做普通的百姓，都能从这部作品里找到相关的道德标准。所以说做父母的应该在孩子的少年时候，就引导孩子学一学这些古代的书籍，只要把其中不适合现代社会的部分向孩子解释清楚就可以了，无论到了什么时候，这部书所教我们的修身、治家、平天下的道理都是值得人们研究和学习的。

前面我们所知道的《论语》、《孟子》、《中庸》、《大学》就是我们常说的"四书"，是古代人在经受过启蒙教育以后，必须要学到的教材。

★《孝经》中的"百善孝为先"

——啮指痛心、文王孝亲、思母吐鱼

孝经通,四书熟,如六经,始可读。

——《三字经》

把四书读熟了,孝经的道理弄明白了,才可以去读六经这样深奥的书。

孔子曾经说过:"我们的身体,甚至我们的头发和皮肤都是父母给我们的,所以我们一定要保护好自己,不要轻易地让自己受到伤害,否则就是对父母的不孝敬。"他的这种思想对曾子的影响很大,《孝经》这部书就是由曾子根据孔子所传授给他的"孝道"编写而成的。曾子的思想里面,"孝道"占有很重要的位置。曾子主张人必须要讲究孝道,懂得孝敬父母,否则,是很难有大成就的。

曾子认为父母和孩子之间是有心灵感应的。据说,有一次曾子去野外打柴,忽然有一个朋友来家里拜访他,曾子的母亲说:"我儿子去野外打柴了,您等候一会儿,我马上让他回来。"

曾子的朋友想,曾子在野外打柴,他的母亲年纪这么大了,还要到野外去找他,这太劳烦老人家了,于是就说:"不要紧,我改天再来。"

可是他的母亲说:"您来一次不容易,还是见见我儿再走吧。"说完,曾子的母亲把自己的食指放进嘴里,用牙齿咬破了。

没过多久,曾子推门而入,扑到母亲身边说:"母亲,儿在外打柴的时候,突然觉得心口疼得厉害。母亲,您没有事吧?"

母亲说:"我没事,是我故意咬破了手。你的朋友来看望我们,我想要你马上回来。"

曾子听了母亲的话,这才转过身来和朋友施礼交谈。曾子的朋友后来把这件事情传了出去,人们都感叹说:"真是母子连心。父母和孩子之间,确实是心意相通啊!"

《孝经》中讲述了不同身份的人应该如何孝敬父母,从国家元首到平民百姓,每个身份的人都要根据自己的实际情况尽孝道。

古代的圣贤帝王在这一点上为我们做出了榜样。周文王在当皇帝之前,每天早午晚向父母问候三次，对于父母的饮食与饭量的大小都事无巨细地进行关照；如果父母感觉身体不适，他会非常的担忧，并且尽心尽力地服侍父母；如果父母的心情不好，他也会想方设法地帮父母分忧。做了皇帝以后，他以德治国，受到了全国百姓的拥戴，开创了周朝八百年的基业，所以人们都把他称为"圣人"。

古代的人对于父母亲的孝敬，不止是在父母在世的时候，即使是父母已经过世了，他们的心里也时刻都想着父母。

曾子很爱吃生鱼，有一次，他的妻子精心地做了两条生鱼，孩子们闻着香味高兴极了，赶忙喊父亲来吃。

曾子听到妻子做了鱼也很高兴，他坐到饭桌前，拿起筷子夹了一块鱼放进汤锅里涮了涮，然后蘸了作料放进了嘴里，可是，还没等下咽，他又把鱼吐了出来，眼里流出了泪水。

他的妻子吃惊地问："是鱼做得不好吃吗？"

曾子说："不是，鱼的味道好极了，可是就因为你做的鱼味道太好了，让我想起了母亲，她生前的时候从来没有吃到过这么好吃的生鱼，现在我却一个人品尝这种美味，我真是不孝啊！"

从这以后，曾子一辈子都没有再吃生鱼。

《孝经》这部书告诉了我们"百善孝为先"的道理，认为做一个人，首先要学会孝道，学会孝敬父母，听父母的教导，不让父母担心，不给父母脸上抹黑。只有学会了什么是"孝"，才能去学其他的道理和知识，如果连"孝"都做不到，那么即使学到了再多的知识，也不可能成为一个有德行的人。正是因为曾子本身是这样的一个人，他心中时常想着父母，父母在世的时候孝敬父母，父母过世以后思念父母，所以他才会有许多以德行治国平天下的道理流传到今天。

古人讲究处世先学做人，学做人先要学会"孝"，这个道理一直到今天都不过时，并且永远也不会过时。所以古人在对孩子进行启蒙教育的时候，都是让孩子在识字以后，先学习《孝经》，学完了《孝经》中的道理才去研究四书等更深一些的作品。

我们现在的一些小孩子，受到父母无微不至的照顾，却从来不体谅父母的辛苦，有的人还对父母态度蛮横，甚至更严重，这都是非常不孝的行为。有一些做父母的本身就没有孝敬自己的父母，给孩子做了一个坏榜样，这对于孩子以后的心理成长也是不利的，所以不论是孩子还是父母，都应该从《孝经》的思想中，学到其中的道理，知道自己该怎样去做。

★接触不同的书，选择喜欢的路

——学习"六经"

诗书易，礼春秋，号六经，当讲求。

——《三字经》

《诗》、《书》、《易》、《礼》、《春秋》，再加上《乐》称六经，这是中国古代儒家的重要经典，应当仔细阅读。

《诗经》、《书经》、《易经》、《礼记》、《乐经》、《春秋》这六部作品被称为"六经"。

《诗经》是我国的第一部诗歌总集；《书经》就是《尚书》，是我国的第一部讲述古代政治的作品；《易经》是我国的第一部讲述天理和哲学的经典；《礼记》是我国的第一部讨论礼仪的文化资料；《乐经》是一部记录礼乐的作品，可惜现在已经失传了；《春秋》是我国的第一部编年体的史书。这六部作品涉及到了文学、政治、哲学、礼仪、艺术和历史等各个方面的内容，和我们现在的生活都有着很大的关系。

古时候的人在学过了《孝经》和"四书"之后，都要开始研究这"六经"。了解这八个方面的内容，会增加人所掌握的知识量，使自己对国家的各个方面都有所了解，并且从中确定出自己最感兴趣的内容，为以后选择努力的方向打下基础。

《诗经》是我们国家第一部诗歌总集，里面一共收录了从西周到春秋大约五百多年的诗歌总计三百零五篇。有的诗歌是民间流传的，有的是批评或者歌颂社会现象的，有的是讽刺统治者的恶行的。它的诗写作手法对今天的文人们都有很多的影响。还有许多的故事融合在诗歌里，所以又给今天的人提供了许多的写作素材。学诗固然是好事，但是不能只学着咬文嚼字，写文章、写诗都要有自己的方法，古人的风格只能用做参考。

《书经》就是《尚书》，是我国历史上现存的最早的史书，它记录的内容从上古时期的尧舜到春秋时期的秦穆公，包括了夏、商、周三代的历史。对于我们今天研究古代的思想和政治起到了很大的作用。古人说"疏通知远，书教也"，也就是说，读《书经》，知历史，才会懂得什么是人生、什么是政治，知道了过去发生的事情，就能够使人了解世故人情，能够看到历史的意义和弊端，然后知道该如何去面向未来。但是,历史上有许多的东西,并不是当时的人记录下来的,后世的人记录历史的时候就难免有偏差,所以要研究历史,必须要学会综合各类历史书籍,分辨其中的真伪。

《易经》被推为群经之首,它原是上古时期的一种占卜的学术,但是经过周文王的整理和注述,成为了研究人与上天关系的一本著作,到了春秋时期,孔子又对这本书做了详细的注释,让这本书逐渐地被大多数的人所接受。古人说"洁静精微,易教也。"这句话是说易经里面有圣洁的哲学和宗教,也有精微的科学性和严密的逻辑性,是一门很深奥的学科。但是,有的人学了易经以后,就以为自己可以未卜先知,动不动就掐着指头卖弄,这是不应该的。

《礼经》就是《礼记》。中华民族是礼仪之邦,在历史上尤其讲究"礼数",《礼记》所记录的是就是古人讨论礼数、礼节、典礼等内容的文章。古人说"恭俭庄敬,礼教也"。礼教是对培养人的修养、熏陶人的品格的重要条件。懂礼貌、讲礼节是做人非常重要的一种素质,但是也要区分场合、区分对象,礼节恰到好处才好,如果太过分了,就会把人和事变得太拘谨了。

《乐经》是记录礼乐的作品,可惜在秦始皇焚书坑儒以后就失传了。礼乐就是在举行重大仪式的时候,用音乐做背景,让人依着音乐来行礼,又自然,又不约束,还显得非常有规矩。古人说"广博易良,乐教也"。"易良"是由坏变好,也就是说,音乐能改变人的情绪,使不好的情绪变好,变得平和而善良。但是,选择音乐要用心,不要选择那些很不上进的音乐,那会使人的情绪越来越低落,对人的性格和精神没有任何好处。

《春秋》是我国最早的编年体的历史书。古人说"属辞比事,《春秋》教也"。"属辞"是研究历史资料,"比事"是对比现在的人和事。也就是说通过了解历史,并且和现在的一些事物进行对比,可以让我们得到许多做人、处世、治理国家、发展经济的经验。我们的中华文化有几千年的文明历史,荣辱成败尽在其中,有太多的经验可以借鉴。但是需要注意的是,我们在历史中学到的东西应该用来借鉴,吸取好的,抛弃不好的,不要只从历史里面学那些阴谋诡计,学那些不学无术的东西。

古人认为"经"都是圣人的作品,"经"中的每一个字都是千古不变的道理,是无所不知的圣人根据人情世故来写的,对任何人都有作用。因为人们认为这六部作品都是圣人而作的,所以把它们统称为"六经"。古人将"经"定义为"雅言",认为读"经"能让人举止、言辞变得高雅,使人的思想纯净。古人把除乐经外的五经都起了高雅的名字,比如把《诗经》叫葩经,《书经》叫壁经,《易经》叫羲经,《礼记》叫戴经,《春秋》叫麟经。

这六部作品,代表着文学、政治、哲学、礼仪、艺术和历史等六门学科,古时候要求每一个求学的人都要研读其中的意思,求学的人在学习这六经的时候,也会在其中发现自己最感兴趣的内容,这就找到了自己日后求学的方向。

我们现在的学校也开设了许多的课程,目的就是要让孩子们从小就受到比较全面的教育,孩子们在学习的过程中,对于这些课程一门也不能松懈,因为这些课程是要让我们知道每一个学科的基础知识,并且在学习的过程中,找到我们自己学习的方向。即使我们的选择只有一个,也不能用偏科的方法来对待其他的学科,因为对各种学科都是相通的,任何一个学科都会用到其他学科的知识,对所有的学科都有所了解,才会做到胸有成竹,将来才会成为一个学识渊博的人。

★《易经》是科学不是迷信

——袁天罡相面、《易经》的由来

有连山,有归藏,有周易,三易详。

——《三字经》

《连山》、《归藏》、《周易》,是我国古代的三部书,这三部书合称"三易","三易"是用"卦"的形式来说明宇宙间万事万物循环变化的道理的书籍。

《连山》、《归藏》、《周易》这三部易书,留传下来的只有《周易》,其他的两部书都已经失传了。

在我国古代,有一位星象预测大师,他的名字叫袁天罡。袁天罡对于易经的研究很深,并且善于在星象的变化中发现宇宙的奥秘,从而预测出即将发生的事情。他还能根据人的相貌,预测出人将会遇到的事情。

据说他在任隋朝的盐官令时,曾经给洛阳的杜淹、王珪、韦挺三个人相过面,他说杜淹将来会因为文采而天下闻名,王珪在十年之内会做五品官,韦挺会做武官,还说三个人将来都会被皇帝怪罪,然后被贬官职,到那个时候他们四个人还能再见面。

后来,杜淹果然入选了天策学士,王珪也当上了五品太子中允,韦挺做了左卫率。可是,就在三个人在各自的职位上发展的时候,突然宫廷发生了政变,三个人一起受到牵连,被皇帝贬到了隽州,并在这里又遇到了袁天罡。

这一次,袁天罡又给他们三个人相面,说他们三个人以后肯定都要做到三品官,不会走下坡路的,过了些年,三个人果然像他说的那样,做了三品官,并且结局都很理想。

唐太宗李世民听说袁天罡预测能力特别强,于是就召见了他,夸赞了他一番以后,唐太宗问:"古时候严君平的相术高明,但是也没有什么太大的成就,现在如果你来辅佐我,会怎么样呢?"袁天罡说:"严君平生不逢时,我要比他强得多。"后来,唐太宗便让袁天罡给朝廷重臣们看相,袁天罡所说的事情最后都经过了证明。

据说袁天罡还给武则天看过相。武则天小的时候,袁天罡见到了武则天的母亲杨氏以后吃惊地说:"夫人的孩子将来不会是一般人啊。"夫人听了,便把两个儿子叫出来让他看,可是袁天罡看了,却失望地说:"最多只能做到三品官吧,不算大贵人。"夫人又派人把武则天抱了出来,武则天当时穿着男孩子的衣服,袁天罡一看又吃了一惊,他说:"可惜是个男孩子,如果是女孩子的话,肯定会当皇帝。"当时武则天的母亲还说:"女孩子怎么能当皇帝呢?"可是后来,武则天果真成为了中国历史上的第一位女皇帝。袁天罡的预测又被证实了。

关于袁天罡的历史故事还有很多,民间流传的故事更多。有的人说袁天罡是神仙下凡,所以才能未卜先知,实际上这是不正确的。宇宙间的事物本来就是有规律的,袁天罡是通过对这些规律的观察和对前人留下的知识的研究,综合起来判断出的结果。

据说在五千前年,伏羲发现了许多宇宙的奥秘,他根据对大自然的想象,画出了先天八卦,后来,周文王又根据伏羲的坐标,创立了后天八卦,并推算出了六十四卦,还为每一卦都写了卦辞,这就是《周易》,也是最早的《易经》。

(左)袁天罡　(右)李淳风

孔子在五十岁的时候开始学习《周易》,他觉得易经讲述的都是宇宙中的真理,所以就对其开始进行深入的研究,最后对《周易》进行了详细的解说,他的解说作品就是《易传》,也被称为《十翼》,一直流传到了今天。由于它的流传时间最长,所以被称为"群经之首"和"中华第一经"。

易经里面不仅解释了宇宙万物变化的规律，更包含着一门微妙的占筮学，它可以通过将八卦、五行、天干地支与自然现象及各类事物甚至灾害结合起来，预测将会发生的事情。

因为易经认为，万事都是永恒的，总有规律在里面。

我们现在也能看到一些人，说自己未卜先知，能知前世今生，其实，这些都是不能轻易相信的事情。真正像袁天罡那样的人太少了，不对古代的易经进行详细的钻研，不会观察世间的各种现象，是根本无法一夜之间拥有预测本领的。

所以家长们不能做一个迷信的人，去相信那些仙夫或者巫婆，一定要教育孩子靠自己的本领打拼自己的未来，因为不论是作出易经的人，还是袁天罡，都是经过对易经的刻苦学习，才在自己所有兴趣的领域里获得了成功，想要好的前程，不努力是不行的，一切都得靠自己。《易经》是我国的一部历史瑰宝，如果孩子们长大了对它产生兴趣的话，再去具体地研究也不晚。

★历史是真实发生过的事情

——《尚书》的经历

有典谟，有训诰，有誓命，书之奥。

——《三字经》

《书经》之中包含典、谟、训、诰、誓、命等六篇文书，这些都是书经中的奥妙之所在。

《书经》就是《尚书》，是我国的第一部历史典籍，记录了从尧舜时代一直到春秋时期的历史。

《尚书》这部书中收录的所有文章，一共分为六种文体，那就是：典、谟、训、诰、誓、命。其中的"典"是君王登基的证明书；"谟"是大臣们为君王献上的计策；"训"是大臣们为君王提的意见；"诰"是君王向天下百姓颁发的命令；"誓"是国家对一些决定的解释；"命"是君王对大臣们发布的命令。所以自古以来，这部书都被视为政治哲学的经典，帝王读了它会学会如何做皇帝，贵族子弟和大臣们读了它会学会如何规范自己的行为，其在历史上的影响非常大。

国学经典文库

国学大智慧

·《三字经》智慧通解·

图文珍藏版

孔子对这部书进行过修删，他把其中的一些已经不能判断真伪的内容删掉了，把一些私人之间的诰命只留下了重要的部分，其他的也删掉了。他把重要的留下来，合成了百篇，并分成了虞书、夏书、商书、周书四个部分。孔子做学问非常的认真，对于尧舜以前的历史，他没有轻易下结论，因为上古时候留下的资料太少了，他不能确定资料中所说的事情到底是不是事实。孔子的这种做学问的态度，是非常值得我们学习的。

秦朝的时候，秦始皇为了控制百姓的思想，展开了大规模的焚书坑儒运动，作为儒家经典的《尚书》当然难逃厄运，全国的《尚书》都被收集起来烧掉了。到了汉朝的时候，汉文帝下诏令，要在全国范围内征集书籍，可是却无论如何也找不到一部《尚书》。这时候，有一位名叫伏生的九十多岁的老者说："我从小就读尚书，我能背得下整部的尚书。"于是汉文帝赶忙派人跟随老者，让这位老者把记忆中的《尚书》背诵下来，让跟随的人用笔记录，伏生老人总计背下了五十八篇《尚书》，所以当时汉文帝得到的便只有这样一本口授的《尚书》了。

到了汉景帝的时候，有一位鲁恭王想要扩建自己的宫殿，孔子老家的房子正好和他的宅院相邻，于是他便去拆毁孔子家的房子。没想到在拆毁墙壁的时候，竟然发现墙壁中藏了数十篇经文，其中有一部就是《尚书》。鲁恭王看后不禁对孔子肃然起敬，所以就没有再继续拆房子，而是把这些书还给了孔子的后人。

后来，有人把墙壁中的这部《尚书》和伏生老人口授的《尚书》拿来进行对比，竟然发现没有什么差别。父母和孩子们应该从伏生老人的这件事中看出，一个人在小的时候所学到的知识，是一生都不会忘记的。小孩子求学的阶段，是人的一生中记忆的黄金时期，一定不能荒废呀。

《尚书》作为一部政治书籍，曾经作过很多古代帝王决策的依据。古时候，晋国曾威胁魏国说，如果不给他所想要的土地，他就会进攻魏国。魏国的国君并不想给晋国土地，因为晋国的要求是非常可耻的。可是他想到《尚书》上说："要想打败他必须暂且辅助他；想要夺取他，必须暂时给予他。"于是他便思索了一番，他认为，如果自己单独和晋国对抗，肯定会因为势力弱被他给灭掉，如果自己把土地给他，他就会以为小国会怕他，就会向别的国家索要土地，这样的话，别的国家都会感到担心，也会感到很生气，如果到那个时候，我再去联合这些国家报仇，肯定会成功的。于是，他便把晋国想要的土地划给了他。

结果果真像他想的那样，晋国得到了魏国的土地以后，得寸进尺地又去向赵国要土地，赵国不给他，他就派兵去打赵国，这时候，魏国的国君走出来，联合了韩国，配合赵国一起把晋国给灭掉了，自己的国土又回来了。

如果当初魏国国君没有考虑到《尚书》中的"欲先取之，必先予之"的道理，恐怕魏国早就不存在了。

《尚书》的名气大，由于受到过彻底的销毁，所以后代存下来的只是一部分，因此引来了许多的人伪造它的原本，甚至连孔子的后人都曾经伪造过，但是不管怎样，真的就是真的，假的就是假的，总会被历史判定的。历史是真实发生过的事情，没有任何人能把他改变。

★法律是必须遵守的准则

——周公、《周礼》

我周公，作周礼，著六官，存治体。

——《三字经》

周公叔旦作了《周礼》，其中记载着当时六官的官制以及国家的组成情况。

周公名叫叔旦，是周文王的第四个儿子，周武王的弟弟。他是西周的时候非常杰出的政治家和军事家，因为他的封地在周，所以历史上把他叫做周公。

周公是一个很孝顺的人，也是一个有仁爱之心的人。周武王讨伐商纣王的时候，他辅佐着哥哥成就了大业，并且在封侯的时候没有选择离哥哥很远的领地，而是留在了哥哥身边，帮助哥哥安定社会，制定制度。后来，武王去世了，武王的儿子成王才十三岁，不能独立治理朝政，于是周公只能暂时帮助自己的侄子治理国家。他平定了商朝旧族的叛乱，灭了五十国，稳定了周国的局势。

周公是一个求贤若渴的人，从来不怠慢一位贤士，即使是在洗头发的时候都频频地握住头发回头望，如果在吃饭的时候有贤士来访，他把饭咽都不咽，吃进嘴里的直接吐出来，赶忙去接待贤士。这就是"握发吐哺"这句成语的由来。

周公

有人曾经在他的侄子成王面前说他的坏话，诬陷他要取代成王，周公只好躲到了楚地。可是后来，成王在翻阅国家收藏的文书的时候，发现了在自己生病的时候周公的祷辞，所以感动得哭了，并把周公接了回来。原来，成王在年幼的时候曾经患过一次重病，周公焦急得不得了，他跑到河边，剪下自己的指甲扔到河里，面对大河祷告说："成王还不懂事，如果有了什么不对的地方，都是我的不好，我没有教育好他，我也没有帮他治理好国家，如果上天一定要惩罚的话，就惩罚我吧，让我替他去死吧。"后来，成王的病果然奇迹般的好了，跟随周公的人把周公的祷辞记录了下来。成王从这篇祷辞中看到了叔叔的真心，所以从此以后，再也没有怀疑过周公。

成王继位七年以后，已经是二十岁的成年人了，周公看到成王长大了，便把政权还给了他，自己还是做大臣。在他还政之前，他作了一篇《无逸》献给成王，要成王以殷商的灭亡为前车借鉴，不要贪图声色和安逸，要知道百姓的疾苦，这样才能做好皇帝。

周公退位以后，专心进行制礼作乐，继续完善各种典章法规。周公所制定的法典中，最有名的就是我们后来所知道的《周礼》。

在周公治理国家的时候，他为了让后代子孙有遵循的依据，周到地考虑了各种人情世故，完整地制定了国家的体制。

周公把国家的机构设为六部，并规定了他们的职责范围。这六部分别是天、地、春、夏、秋、冬。

天部就是吏部，相当于今天的组织部、人事部。天官的官名是大冢宰，他负责掌管朝廷官吏的人事档案和人员的升迁降调。

地部就是户部，相当于今天的财政部和户籍管理部门。地官的官名是大司徒，他负责掌管国家的财政和税收。

春部就是礼部，相当于今天的外交部、组织部和文化部。春官的官名是大宗伯，他负责掌握国家的礼制和学校的考试。

夏部就是兵部，相当于今天的国防部。夏官的官名叫大司马，他负责掌管军事、操练军队。

秋部就是刑部，相当于今天的司法部和公安部。秋官的官名叫大司寇，他负责掌管刑罚，负责对罪犯进行处理。

冬部就是工部，相当于今天的建设部、农业部、贸易部。冬官的官名叫大司空，他负责掌管各种技术，教百姓在农闲的时候多学一些手艺，或者从事一些其他的活动。

这六个部门各有分管的内容，六个部门的官员各司其职，在这六个部门的官员下面，还有其他的不同的官职，每一个职务都有具体的工作内容，每一层的领导都只需要指挥下属按照条令做事，君主便是做总领导，调遣这六个部门就可以了，根本不用事无巨细地全都亲自处理。这就奠定了中国最早的政治体制和行政体系。

这六部的体系一直到今天,在我们现代的中国都在沿用。所以说周公的这部《周礼》,为后世做的贡献是非常长久的。当时的周国在周公的治理下,一切都井井有条,天下太平,人民礼让,为周朝八百多年的江山打下了良好的基础。

虽然周公被后人称为圣人,但是他的这部《周礼》却并没有被收入六经之中。这是因为《周礼》中有一句话——礼不下庶人,刑不上大夫。这句话的原意是:礼仪不排斥庶人,刑法不优待大夫。也就是说,平民百姓也要讲礼仪,朝廷的大官也要受法律的约束,而总结六经时期的一些官员和诸侯,谁都有不遵守法律的行为,所以谁也不敢按照《周礼》来衡量自己的行为。于是《周礼》便没有被收入六经之中。而那些不遵守法律、不懂得约束自己的人,也没有得到什么好的下场。

不论是做平民百姓还是做官,人的行为必须要受到法律的约束,如果为所欲为,就会使人的行为失去控制,这个道理,孩子们也是要从小知道的。

★字字千金的《礼记》

——大小戴、礼尚往来

大小戴,注礼记,述圣言,礼乐备。

——《三字经》

戴德和戴圣整理并且注释了《礼记》,传述了圣贤的著作,让后代人知道了前代的典章制度和礼乐制度。

孔子曾经说过:"不学礼,无以立。"他的意思是说,人如果不学礼,就根本无法成为一个有着高尚人格的人。孔子还说:"君子博学于文,约之以礼。"也就是说一个人读书只能知道广博的知识,但是一个知识再广博的人,也必须要用礼来自我约束。

儒家关于礼学的典籍有"三礼"——《周礼》、《仪礼》和《礼记》。《周礼》是研究古代政治制度的书籍;《仪礼》据说是孔子根据周代残留的资料汇编而成的,包括冠、婚、丧、祭、射、乡、朝聘等基本礼仪,为后代的帝王制定国家的礼法提供了依据;《礼记》是一部资料汇编性质的书,是孔子的学生们所记录的,所以书中大多是孔子关于礼制方面的言论。这本书是中国文化的精髓所在,我们知道的"四书"中的《中庸》和《大学》就是《礼记》里面的两篇文章。

汉文宣帝的时候,有一位叫后苍,他曾经在曲台殿讲礼记,他总结的礼记文章有近两百篇,叫做《曲台记》。

大戴是戴德,他是汉代的礼学家,是"大戴学"的开创者,并且是西汉的经学家后苍的弟子。他把老师的曲台记进行了删减,编成了《大戴礼记》。

小戴的名字叫戴圣,他是戴德的侄子,曾做过九江太守,他也是后苍的弟子,因为他的叔叔被称为"大戴",所以他被称为"小戴",他是"小戴学"的开创者。小戴热衷于研究儒家经典,其中最有兴趣的就是礼学。他曾经与自己的老师和叔叔共同钻研礼学,三个人都各有成就,使得礼学兴盛一时。他把叔叔的《大戴礼记》又进行了一番删减,编成了《小戴礼记》,也就是后来被编入六经之中的《礼记》。

戴圣一生都致力于授徒和著述。他的徒弟们有成就的很多,比如桥仁、杨荣等,这些人也各有礼教方面的作品,也各自教授了不少的学生,为中华礼仪的发展做出了不少的贡献。小戴对礼学的传播立有大功,他的《小戴礼记》也被列为儒家经典,在唐朝的时候还曾经被称为"大经"。《礼记》里面全都是通过散文或者小故事来说明一些道理的。它传述了圣人的言论,并说明了礼的意义。此外,中国古代的各种礼乐制度也包含其中。

《礼记》中有一句话叫做"礼尚往来。往而不来,非礼也;来而不往,亦非礼也"。这句话的意思是说,礼节重在相互往来:有往无来,不符合礼节;有来无往,也不符合礼节。中国传统礼节中都讲究要礼尚往来。别人送你礼物,你也要回赠别人礼物,别人礼貌地待你,你也要礼貌地对待别人。这样和大家相处起来才会融洽。

从前有这样一个小孩子,他的父亲生病了,不能到集上去卖柴,于是便派他担着柴到集上去卖。小孩子第一次担任这么重要的任务,可是他从来也没有去过集上,虽然父亲已经告诉了他路线,可他还是转了好几个圈也没有找到,这时候,他看到前边的一位老大爷正在赶路,于是就赶忙喊:"嗨,老头,老头,我问你,到集上怎么走?"前面的老大爷像没有听见一样,头也不回,继续赶他的路。那孩子追过去,拦在老大爷面前问:"嘿,老头,我问你呢,上集上怎么走?"老大爷看了他一眼,冷冷地说:"不知道!"然后头也不回地就赶路了。

这孩子没有走到集上去,只好回了家,回家以后和父亲讲了这件事情的经过,父亲说:"你对人这么没有礼貌,怎么能让别人理你呢?"第二天,小孩子的父亲还是没有跟他一起去集上,这孩子一个人挑着担子又出门了。他临出门前,父亲告诉他:"路要靠自己走,通往集上的路并不难,你自己想办法吧。记着,和别人说话一定要有礼貌。"他在外面又转了好几圈,还是没有找到路,于是他便又想向别人打听路了。

他看到前面走着一位农民模样的人,于是快步赶到农民身边,对着农民深施一礼,问道:"伯伯,请问您,我想到集上去,该怎么走呢?"农夫见了,摸着他的头说:"呵呵,这个孩子可真是懂事,集市很好走,顺着这条胡同过去,就快要到了。"小孩子高兴地对着农夫鞠了个躬,对农夫说:"谢谢伯伯,那我走了。"

这个故事里的孩子开始的时候就没有弄清楚一个道理,那就是人不可能对无理的人表现出赞同,所以他对别人没有礼貌,别人自然不愿意理他。而这回对路人礼貌有加,所以那个人才会热心地为他指路。

所以说,我们平时在与朋友、家人,甚至陌生人相处的时候,都要懂得礼数的重要性,因为一个人是不是懂得礼数,会在别人的心目中树立不同的形象,而相互之间的沟通是双方面的,有一方不满意,另一方也进行不下去。

只这一句话,便教会了我们做人要懂得的基本礼节。《礼记》中那么多的道理,真是字字千金啊。

★通过诗歌奠定语言基础

——《诗经》、诗歌

日国风,日雅颂,号四诗,当讽咏。

——《三字经》

《国风》、《大雅》、《小雅》、《颂》,合称为四诗,它是一种内容丰富、感情深切的诗歌,实在是值得我们去朗诵的。

《诗经》是我国第一部诗歌总集。它的体裁有四种——国风、大雅、小雅、颂。这四种体裁被称为"四诗"。

国风是各诸侯国的民俗歌谣;大雅是诸侯国进见国君时的诗歌;小雅是君主宴请宾客时的诗歌;颂是祭祀时的乐歌。

孔子对《诗经》进行了删修,经过他删修的《诗经》,既通俗易懂,又包含着许多的哲理与义理,能让人生善心、弃恶念,还能让人说话有条理,善于打动人。所以诗歌还是改变人的气质的一种艺术。

《诗经》总计有三百零五篇,里面最著名的内容就是一些反映普通百姓生活状况和思想变化的诗歌。

比如有一首《硕鼠》是这样写的：

硕鼠硕鼠，无食我黍！

三岁贯女，莫我肯顾。

逝将去女，适彼乐土。

乐土乐土，爰得我所。

硕鼠硕鼠，无食我黍！

三岁贯女，莫我肯德。

逝将去女，适彼乐国。

乐国乐国，爰得我直。

硕鼠硕鼠，无食我苗！

三岁贯女，莫我肯劳。

逝将去女，适彼乐郊。

乐郊乐郊，谁之永号。

这首诗歌用今天的话说是这样的：

大老鼠呀大老鼠，不要吃我种的黍！

多年辛苦养活你，我的生活你不顾。

发誓从此离开你，到那理想新乐土。

新乐土呀新乐土，才是安居好去处！

大老鼠呀大老鼠，不要吃我大麦粒！

多年辛苦养活你，拼死拼活谁感激。

发誓从此离开你，到那理想新乐邑。

新乐邑呀新乐邑，劳动价值归自己！

大老鼠呀大老鼠，不要吃我种的苗！

多年辛苦养活你，流血流汗谁慰劳。

发誓从此离开你，到那理想新乐郊。

新乐郊呀新乐郊，有谁去过徒长叹！

这首诗歌反应的就是普通的百姓对统治者的不满。他们把统治者比做一只大老鼠，指责统治者不顾百姓死活，只知道搜刮百姓，甚至于让百姓产生了想要离开统治者的苛政，去寻找一个没有苛政的乐土的愿望。

还有一首诗歌名字叫《伐檀》，更是指责了一些朝廷官吏的恶行。原文是这样写的：

"坎坎伐檀兮，置之河之干兮，河水清且涟猗。不稼不穑，胡取禾三百廛兮？不狩不猎，胡瞻尔庭有县貊兮？彼君子兮，不素餐兮！

坎坎伐辐兮,置之河之侧兮,河水清且直猗。不稼不穑,胡取禾三百亿兮？不狩不猎,胡瞻尔庭有县特兮？彼君子兮,不素食兮!

坎坎伐轮兮,置之河之漘兮,河水清且沦猗。不稼不穑,胡取禾三百囷兮？不狩不猎,胡瞻尔庭有县鹑兮？彼君子兮,不素飧兮!"

这首诗用今天的话说是这样的:

"砍伐檀树响叮当,放在河边两岸上,河水清清起波浪。不种田又不拿镰,为啥粮仓三百间？不出狩又不打猎,为啥猎獾挂你院？那些大人老爷们,不是白白吃闲饭!

叮叮当当砍檀树,放在河边做车辐,河水清清波浪舒。不种田又不拿镰,为啥聚谷百亿万？不出狩又不打猎,为啥大兽挂你院？那些大人老爷们,不是白白吃闲饭!

砍伐檀树响声震,放在河边做车轮,河水清清起波纹。不种田又不拿镰,为啥粮仓间涧满？不出狩又不打猎,为啥鹌鹑挂你院？那些大人老爷们,不是白白吃闲饭!

这首诗的意思就更直接了,就是质问那些官老爷们:"你们每天什么活儿也不干,凭什么就能吃喝玩乐、白享清福呢？"

古时候不像现在一样,有公路、铁路,还有电视、报纸,不用出门便能知道国家大事。那个时候想要走遍全国很难,所以君主了解各地的风土人情和政治的兴衰,最好的途径就是采集各地的民歌,因为劳动人民常常用诗歌来抒发自己的感情。君主通过这些诗歌,才可以了解到当地的百姓思想上的变化,以此来判断当地的官员是否有好的政绩。像上面的这两首诗歌,肯定不是心情舒畅的百姓写出来的,所以这两首诗歌出现的时期,百姓肯定是过着受压榨的生活。

在"庭训"的故事中,孔子曾经问自己的儿子孔鲤:"今天有没有读诗？"孔鲤说:"还没有。"孔子说:"不学诗你怎么能把话说恰当呢？"可见古人对诗是非常重视的。古人认为,要提高人的学识,必须要先学诗,把诗学好了,读书的基本功才会练扎实。在诗的境界里,能抒发感情、记录事物、描绘景物、发表看法,能陶冶人的情操,还能使人的性格敦厚。

诗歌读起来朗朗上口,内容通俗易懂。到了唐代,更是进入了诗的兴盛时期,出现了很多著名的诗人。这些诗人通过对诗的学习增长了学识,抒发了感情,他们的诗作一直流传到今天,仍然让人百读不厌。所以小孩子小的时候首先要学些诗歌,多背些古诗,能奠定一生的语言基础,这对于以后的做人、求学、了解国家历史都是有好处的。

★《春秋》是历史的镜子

——孔子写《春秋》

诗既亡,春秋作,寓褒贬,别善恶。

——《三字经》

诗经在流传的过程中丢失了不少,作诗的风气也逐渐地衰退了,于是孔子写出了一本《春秋》,用来褒扬善行和好事,贬抑恶行和坏事。

东周时期,周平王迁都到了洛阳,当时君王的势力减弱,而各诸侯国的势力却逐渐加强,五霸、七雄各据一方,天下更显得混乱。东周时期的前两百四十二年,一共有三十六名君主被杀,五十二个诸侯国被灭,发生大小战事近五百起,诸侯的朝聘和盟会也达到了四百五十多次。

当时的东周皇帝已经没有了号令天下的能力,所以民间的诗歌采集活动就中止了,这样"国风"就渐渐没有了。由于已经没有诸侯国来进见国君,所以"大雅"也逐渐地没有了。这个时候,国君也根本不可能再宴请诸侯,所以"小雅"也渐渐地没有了。天子祭祀的时候,诸侯也不来助祭,也就没有必要再奏乐歌,所以"颂"也没有了。受国家形势的影响,四诗都没落了,君王的功业也便没有办法记录给后世了。

东周的时候,有一位大政治家孔子,为了弥补没有四诗的不足,编写了一部《春秋》。《春秋》是一部编年史,它记录了孔子编写之前的鲁国历史,内容涉及政治、经济、文化等许多方面,这本书的历史价值非常高,是儒家的经典之一。这本书之所以取名为《春秋》,是因为在中国的上古时期,春秋代表一年四季,而这本书恰恰就是写一年四季中发生的故事。

孔子为了编写《春秋》,曾经到各国收集过史料,孔子说过:"有些人什么事情也不知道就敢写,我不能这么做,我要多听听多看看,选择最重要的写下来。"

孔子在编《春秋》的时候,由于资料不足,也曾经给他造成过很大的困难,为了能够把真正发生过的历史写出来,孔子曾经求教于老子。老子比他的年龄大,所以经验比他丰富,接触过的资料也比他多。孔子向老子请教了许多的问题,在老子那里也获得了许多宝贵的知识,并把这些知识用到了《春秋》之中。这就是历史上著名的"孔子修春秋问礼于老子"的故事。

孔子时期的东周已经处于了五霸并立时期，但是，由于害怕被孔子把恶行记入历史，所以一些想要把天下搞乱的势力不敢造次。这本书对于当时的国家局面起到了很大的控制作用。

《春秋》里面记载了这样一则故事。鲁定公带着孔子一起出使齐国的时候，齐国的国君为了得到他们的赞赏，为他们准备了一个非常盛大的欢迎宴会。为了显示国家的强大，齐王在宴会上命人为鲁定公和孔子表演兵器舞，哪知道孔子看了以后指责他说："在宴会上耍弄兵器，太不友善了。"齐王听后一愣，赶忙让表演的人停下，换上一群小丑来演出。结果孔子又说："弄这些粗俗无礼的小丑来戏弄我们吗？"齐王本来想弄个排场讨好孔子，没想到却碰了一鼻子灰，赶忙停止了表演。

《春秋》这部作品文字语言简练，逐年逐月地记录了历史上所发生的事件。由于孔子在这部书中记录的事件完全是以事实为依据，赏罚分明，所以当时的官员们都以在这部书中受到褒扬为荣，也都以在这部书中受到批评为耻辱，而这种荣辱观念的程度，甚至高于受到天子的赏赐或者惩罚。当时的国君们也怕孔子在《春秋》中给自己记下不好的评语，所以对孔子都是毕恭毕敬的。

可是有一年，有人捉住了一只麒麟，由于不知道是什么，便把它打死了。他觉得孔子见多识广，所以拿来给孔子看，孔子看到了以后哭着说："这是，这是麒麟啊！麒麟是祥瑞之物，现在降到了乱世之中，又死在了乱世之中，看来，周朝的天下不保了。"当时孔子正在作《春秋》，可是当他看到了麒麟之后，便对周朝的未来感到了绝望，所以便不再记录历史，《春秋》便就此搁笔了。

由于孔子在《春秋》中记录了详尽的历史事件，所以东周的上半个时期，便被后人称为春秋时期。孔子绝笔以后，那些想要争夺天下的人都觉得已经没有什么可怕的了，于是各国便开始急剧地扩张势力，发动战争，经过了一系列的争斗之后，七个国家脱颖而出，并存于东周的土地上，这就是战国七雄——齐、楚、燕、韩、赵、魏、秦。《春秋》这部书被列为六经之一，对于后人详细地了解春秋时期的历史起到了不可磨灭的贡献。

孔子能用一枝笔镇住一个国家，这确实是一个圣人才能做到的事情。但是为什么一个国家会被一枝笔镇住呢？这是因为做了亏心事的人太多了，他们知道自己的行为是没有办法用历史的镜子来照的。所以说，小孩子们也要从这些事情中吸取教训，一定要从小就做一个问心无愧的人，不要去做那些伤害别人的事情，如果《春秋》是一面镜子，那么这面镜子也要放在我们的心里，时常提醒我们要做一个正直的人，不要成为一个被留在耻辱的史册上的人。

★"三传"是《春秋》的辞典

——唇亡齿寒、"左传"

三传者,有公羊,有左氏,有谷梁。

——《三字经》

三传就是羊高所著的《公羊传》,左丘明所著的《左传》和谷梁赤所著的《谷梁传》,它们都是解释《春秋》的书。

春秋时期,晋国向虞国借道去攻打了虢国,结果占领了虢国的一座很大的城池。过了三年,晋国又向虞国提出了从虞国穿过去攻打虢国的请求,还给虞国送来很多的珍宝。

虞国有一个叫宫之奇的大臣,在听说了晋国的请求后就去求见国君。他对虞公说:"绝不能再让晋国借用我们国家的道路去攻打虢国了,要不然,咱们虞国也要灭亡了。"虞公不以为然地说:"晋国国君和我都是周朝的后代,我们是一个家族的兄弟,他才不会消灭我的国家呢。"

宫之奇说:"这种事情在历史上见得多了,要小心啊。虢国的开国君主是您父王的弟弟,是周朝的开国功臣。但是一百多年前,周朝皇室的郑武公还是把虢国吞并了,当时的国君根本没为了这件事责备他,照样把郑武公当做忠臣,周朝兄弟相残的事情是有历史的啊。现在晋国的国君是一个暴君,为了一个妃子的谗言,把自己的太子逼得自杀了,还把另外两个儿子逼得离开了他,就是对自己兄弟的孩子,他也很残忍,就因为他怕侄子们将来对他不利,他把自己兄弟的孩子全杀光了。您想,他虽然和您一样是同一个家族的兄弟,但是还能比得过他和儿子亲近吗?能比得过他和他的亲兄弟的孩子亲近吗?一个连自己的儿子和侄子都杀的人,能念及只是同一个家族的您吗?我们不能相信他会信守诺言啊。"

宫之奇还说:"晋国去讨伐虢国,假意说是要报仇,实际上他是想吞并虢国,扩张领土。要是他真的灭了虢国,那么是不会放过我们的,因为我们的土地就隔在晋国和虢国中间,所以说在晋国面前,我们和虢国的命运是相连的,就像人的嘴唇和牙齿一样,如果在暴力打击下,一个人失去了嘴唇,那么他的牙齿还能不受伤害吗?这就叫做唇齿相依,唇亡齿寒啊。虢国的存亡关系到虞国的安危,我们不能帮助他啊。"

宫之奇又说："一个人就是再渴也不会喝有毒的酒,因为人知道喝了酒会死掉。要是我们贪图他这点珍宝,最后使自己的国家灭亡了,那损失就太大了。"

可是,无论宫之奇怎么劝虞公,虞公就是不听,他就想着能讨好晋国,让晋国以为他很友好。他想,要是晋国把虢国灭了,怎么样也得分给自己些土地。所以他答应了晋国的请求,甚至一点都不进行提防。宫之奇一看实在挽回不了大局了,便带着族人到别的国家去了。

后来,晋军从虞国穿过,灭了虢国,在返回的途中再从虞国穿过的时候,果真顺手灭掉了虞国,虞国的国君做了俘虏,他恨透了自己。如果当时他能听宫之奇的话,又哪至于如此啊,他到这个时候才懂得了唇亡齿寒的道理。

上面是《左传》中所记载的一个故事,这个故事的名字叫"唇亡齿寒"。《左传》据说是和孔子生活在同一个时期的左丘明的著作,是为了给孔子的《春秋》做注解所作的。

左丘明是鲁国的太史官,他是一个非常贤能的人,孔子非常的赞赏他。孔子曾经说过:"左丘明觉得,只说别人喜欢的话,对人太过恭敬,是非常可耻的,我也这么觉得。左丘明认为,如果心里头不喜欢某个人,表面上还和这个人做朋友,也是非常可耻的,我也是这么认为的。"

孔子的《春秋》虽然语言简练,但是普通人却不容易看懂,而孔子还没有来得及给《春秋》做出详细的解释就去世了,所以后来出现了许多为《春秋》做注解的书。"三传"是其中比较优秀的注解,分别是鲁国公羊高写的《公羊传》、左丘明写的《左传》、汉人谷梁赤写的《谷梁传》,其中最令人称道的是左丘明所写的《左传》即《左氏春秋》。

传是解释"经"的书,因为孔子的《春秋》被称为"经",所以解释《春秋》的书也便被称为"传"。"三传"对于《春秋》来说,就像是我们平时读书时所用的词典一样,《春秋》中所有令人难以理解的语言都在这三传中有着通俗易懂的解释,有了这些"传"做注解,研究起孔子的《春秋》来,便容易了很多。

我们平时读书的时候,如果遇到了不懂的字词,也要多多地查一查字典或者词典,弄懂其中的准确意思,不要用马虎的态度对待知识。

第二篇 《百家姓》智慧通解

导读

　　据南宋学者王明清考证,《百家姓》"似是两浙钱氏有国时小民所著"。所谓"有国"据史书记载。吴越在宋太祖开国后,还存在一段时间。至宋太宗兴国二年才率土归降。从中可知,《百家姓》一书是北宋初年问世的。相传,北宋初年钱塘(杭州)有一个书生编撰了一本蒙学读物,他将常见的姓氏编成四字一句的韵文,像一首四言诗,便于诵读和记忆,这便是《百家姓》。

　　《百家姓》采用四言体例,句句押韵,读来顺口,易学好记,与《三字经》、《千字文》、《弟子规》相配合,成为我国古代蒙学中的固定教材。

　　在本篇中,我们可以看到各个时期、各个不同人物的不同方面。从皇帝到平民,从名人到凡人,在他们的身上我们能够了解到朝代的更替、历史的变迁、文化的积淀。从而能够启迪我们的心灵,开发我们的智慧,使我们懂得应该珍惜什么、追求什么、把握什么。

赵

【姓氏来历】

　　赵姓最初源于嬴姓,形成于西周,祖先是伯益。伯益为颛顼帝裔孙,被舜赐姓为嬴。伯益的十三世孙造父,由于善于驾车,后来成为周穆王的车御。传说造父曾选了8匹千里马献给周穆王。

　　周穆王是个特别爱玩的君王,时常坐着造父驾驶的马车四处打猎、游玩。有一次,穆王西行至昆仑山,西王母在瑶池设宴招待他。这时在江淮一带的徐君偃乘机率众造反,穆王闻讯,坐着造父驾驶的由8匹千里马牵引的马车,一天一夜就从千里之外赶了回来,打乱了徐君偃的步骤,平息了叛乱。周穆王论功行赏,以造父有首功,就把赵城(今山西赵城县西南)封给造父做食邑(封地)。造父的后代即以封地为姓,就是赵氏,奉造父为赵姓始祖。

【姓氏分布】

战国时期赵姓主要在山西及河北等一些地区发展。秦朝后,逐渐发展到了甘肃、河南、陕西、山东等地区;汉以后,赵姓人向福建、四川、江苏、江西等地迁移;赵姓南迁始于三国之时,由涿郡赵匡胤建立的北宋,使赵姓人口得到了空前的发展;由赵构建立的南宋,使得赵氏在江南地区得到了大举发展繁衍;与此同时,北方的赵姓也在东北地区得到了播迁;到了清代,福建、广东地区的赵姓陆续有人迁居到台湾,后来有很多人移居到了欧美及东南亚一些国家和地区。

【姓氏名人】

赵武灵王:名雍,战国时赵国的第六位国君,改革赵军传统装束,实行"胡服骑射",这样大大提高了赵军战斗力,使赵国成为战国后期一度能与秦国抗衡的军事强国。

赵云:字子龙,三国时常山(今河北正定)人,三国时蜀名将,勇武果敢,刘备曾赞誉他一身是胆。封永昌亭侯,累迁镇军将军,卒谥顺平。

赵匡胤:宋朝第一位皇帝,即宋太祖。948年,他投后汉枢密使郭威幕下,屡立战功。951年郭威称帝,赵匡胤任禁军军官。郭威死后,周世宗即位,奉赵匡胤为殿前都点检。周世宗死后,周恭帝即位,这时赵匡胤发动了"陈桥兵变",到了960年称帝,建立了宋朝。

赵之谦:字益甫,号悲盦,会稽(今浙江绍兴)人,清代杰出书画家、篆刻家,其书、画、篆刻对后世都产生了一定的影响,他与任伯年、吴昌硕并称为清末三大画家。著有《悲盦居士文集》、《勇庐闲诘》、《六朝别字记》等。

赵树理:原名赵树礼,山西省沁水县人,现代著名作家。著有《三里湾》、《李有才板话》、《小二黑结婚》等,其语言朴实生动,多反映当时新农村的生活。

钱

【姓氏来历】

钱姓主要以官名为姓氏,源于彭姓。据《史记·楚世家》记载,颛顼帝高阳氏的曾孙彭祖,自尧时举用,因经常吃桂芝,善引导之术,历经夏、商朝,活了800多岁,是传说中有名的大寿星。到西周时,彭祖有一个孙子叫彭孚,担任周王朝金库的主管,专门管理朝廷的钱币,称"钱府上士"。后来彭孚就以自己的官职为姓氏,为钱氏,其子孙奉其为钱姓始祖。这就是钱姓的由来,也说明了姓钱的人之所以姓钱,的确是跟"钱"有不解之缘。

【姓氏分布】

早期钱氏除部分分布于今山东、河南等省外,主要是在江南地区发展繁衍。唐初,光州固始人陈政、陈元光父子入闽开辟漳州,中原钱姓将佐随往,在福建安家落户;宋元时期,钱氏发展到今广东、四川、安徽、湖南等省;到了明清时期,在今上海、湖北、云南等省市也有很多钱氏的聚居点;从清代开始,居住在福建、广东及沿海城市的钱氏陆续有人迁至台湾地区及海外一些国家。

【姓氏名人】

钱乐之:我国古代律历学家,曾任南朝宋的太史令。元嘉中奉诏铸造原为东汉张衡创制的浑天仪,后又作"小浑天仪"。

钱一本:字国瑞,号启新,江苏省常州人,明朝学者。官至征御史,因触怒明神宗,被斥革为民。他研究河洛书、六经,尤精于"易",曾和顾宪成在东林学院讲学。

钱学森:世界著名火箭专家,有"导弹之父"之称,我国著名的科学家,是我国近代力学事业的奠基人之一。

钱其琛:上海嘉定人,原中华人民共和国国务院副总理、外交部长,是中华人民共和国开国以来最称职的外交部长之一。他通晓俄语、英语,略通法语。

钱钟书:字默存,号槐聚,江苏省无锡人,我国现代著名的作家、教授。著有《谈艺录》、《管锥编》、《旧文四篇》、《人兽鬼》、《围城》、《宋诗选注》等。

孙

【姓氏来历】

孙姓是一个历史悠久、姓源较多的姓氏,其中有两个最重要的来源。据《新唐书·宰相世系》记载,孙姓一支出自姬姓,是周文王姬昌的后代。西周初年,周文王之子康叔受封于卫,建立了卫国。春秋时,康叔的世孙姬和因为辅佐周朝讨伐西戎有功,被周平王赐为公爵,史称卫武公。卫武公有个儿子叫惠孙,惠孙有个孙子乙,字武仲,他以祖父的字命氏,就是孙氏。因此武仲又称孙仲,他的后代便以孙为姓。

另一支出于春秋时齐景公的大夫田桓子。田桓子本是陈厉公的后代,流入齐国任大夫之职,后来其子田书在征伐莒国的战争中立了大功,齐桓公就赐他姓孙,改叫孙田书,封在乐安(今山东省惠民县),后因乱,孙田书又到达吴国,他的孙子叫武,就是我国历史上著名的军事家孙武,孙田书就成为孙姓的另一支的始祖。

【姓氏分布】

出自姬姓的孙氏,世居吴郡。出自安乐的孙氏,至孙武时逃至吴国,并发展到了顶峰,其后裔一支留居太原,一支徙居清河和汝州郏城。在魏晋南北朝时,北方、中原和江南的孙氏都得到了迅速发展,出现一批孙氏名家大族;在唐宋时期孙氏曾先后世居河南陈留和江西宁郡;明末清初,又有很多人迁至台湾;据资料记载,迁居台湾的孙氏来自福建泉州。今日孙姓以山东、江苏、安徽、河南、河北、辽宁、黑龙江和吉林等省分布最多。

【姓氏名人】

孙武:字长卿,即孙子,齐国人,春秋末期著名的军事家。他运用五行相生相克的原理,编撰成《孙子兵法》,此书历来受到兵家的重视,据说拿破仑战败后还曾为没有早日得到此书而后悔。

孙膑:战国时期军事家,齐国阿(今山东阳谷)人,是孙武的后裔。曾受庞涓暗害,受膑刑,故称孙膑,著有《孙膑兵法》。

孙权:字仲谋,是三国时期吴国的建立者,具有雄才大略,骁勇无比,后人有"生子当如孙仲谋"之说。

孙思邈:京兆华原(今陕西耀县)人,唐初著名的医学家。著有《千金药方》、《千金翼方》,后人尊其为"药王"。

孙中山:广东香山人,号逸仙,人称中山,尊称中山先生。他是伟大的民主主义先行者,曾学医和行医,并留日。后组织同盟会,领导资产阶级民主革命,即辛亥革命,推翻清朝专制统治,建立中华民国。著有《孙中山全集》。

李

【姓氏来历】

据《姓纂》记载,李姓为颛顼帝高阳氏的直系后裔。颛顼生大业,大业生女华,到了女华之子皋陶之时,他做了尧帝专管司法的士师(相当于现在的法官)。据说他是中国刑律的创始人,是他制定了中国第一部刑律。其后子孙历三代世袭士师职务,士师后改称大理,所以人称理氏。

到商封王时,理氏后人理征因执法公正不阿,触怒了商封王,被封王处死。理征的妻子契和氏带着幼小的儿子利贞逃往古伊国避难。就在母子俩面临饿死的困境时,在一处山谷中发现了几棵李子树,理利贞母子俩便以李子充饥,才保住了性命。后来,理利贞在周朝为官时,为了感谢果树的救命之恩,又借"理"字的谐音,把这种果树命名为"李树",并以此为姓,李利贞也成为李姓的始祖。

【姓氏分布】

李氏自商末至东周200年间一直居住在豫东。西汉时,李氏有一支迁往今山东境内;大约自东汉开始,有李氏族人陆续徙往西南,分布于川、滇一带;唐代李氏南迁主要有三次:第一次是在唐朝初期,李氏部分人南迁,其中河南的李氏有的于唐高宗时随陈政、陈元光父子入闽开辟漳州。第二次是"安史之乱"时,有不少李氏子孙迁往南方。第三次是五代时,因动乱,李氏有迁往福建、莆田、晋江等地定居的;明末清初,广东及福建李氏陆续有人移居台湾及海外地区。如今,李姓在全国形成了渤海湾、四川、东北三大块李姓高密度聚居区。

【姓氏名人】

李冰:战国时期的水利家,对天文地理也有研究,曾被后世奉为"川神"。他依法治水,修建了驰名中外的水利工程都江堰,为中国农业的生产、水利工程作出了很大的贡献。

李世民:唐朝的第二位皇帝,史称唐太宗,他是中国最有作为的皇帝之一,并开创了中国历史上经济最繁荣、国力最强大的大唐帝国。后人称他在贞观年间的统治为"贞观之治"。

李白：字太白，号青莲居士，陇西成纪（今甘肃省秦安县）人，唐代伟大的浪漫主义诗人，有"诗仙"之称。他在中国文学史上占着极其重要的地位。其代表作有《蜀道难》、《梦游天姥吟留别》、《静夜思》等。其诗想象丰富，构思奇特，气势雄浑瑰丽，风格豪迈潇洒。

李清照：南宋著名女词人。她所作的词，前期多写悠闲生活，后期多悲叹身世，情调忧伤，有的也流露出对中原的怀念。她的词强调音律，崇尚典雅、情致，提出词"别是一家"之说。

李时珍：字东璧，号濒湖，湖北蕲州（今湖北省蕲春县蕲州镇）人，明代杰出医药学家。著有《本草纲目》，闻名于世。另著有《濒湖脉学》、《奇经八脉考》等书。

李白

李鸿章：字少荃，安徽合肥人，清代著名政治家。平定捻匪及太平天国有功，历任直隶、湖广、两广总督。尤善外交，曾多次代表清廷与外国签订条约。后因积劳呕血而死，晋封一等侯，卒谥文忠。

周

【姓氏来历】

相传周姓人的一支是由周朝来的，但周朝的天子姓姬，周天子的后代怎么又姓周了呢？原来这里面还有一段故事。传说周族人的女祖先姜嫄在一次外出游玩时踩到了熊的足印上，回来后便有了身孕，经过十月怀胎还生了个儿子。姜嫄觉得儿子来得古怪，便决定把他遗弃。说也奇怪，孩子被抛在草原上，牛羊都来保护他。姜嫄又把孩子丢到山林里，结果被打柴人救了起来。最后姜嫄把孩子丢到结了冰的河上，又有大鸟飞来保护他。

这时姜嫄发现孩子身上有某种神异之处，认为是上天有意让她养育的，这才把他抱回家。因为有过一再把他抛弃的经历，就给他起名"弃"。弃从小喜爱农业，后来成为周族的农神，被称为后稷，也是周族的一位重要祖先。后来，后稷的后代以"姬"为姓，因为长期居住在岐山下的周原，于是又以周为号。到了周武王时，周部落灭掉了商朝，建立了一个新的王朝，名称也是周，这就是周朝的来源。东周末年，周王朝被秦国灭掉，王室的后代为了不忘故国，便改姬姓为周姓。

国学大智慧

《百家姓》智慧通解

图文珍藏版

当然周姓还有其他来源。如有一支相传出自黄帝时的大将周昌,另一支出自商代太史周苌,还有几支出自北朝时期的少数民族。但根据一些专家的研究,在目前所知的周姓十大来源中,最为重要的四支都与姬姓和周朝有关,也就是说,出自姬姓和周朝王室之后的周姓人应是当今周姓人的主体。

【姓氏分布】

周姓早期主要在河南、陕西两地繁衍发展。据史料记载从东汉末年到晋代,都有中原周氏南迁;西汉时,有河南叶县周姓人迁往河南平舆县;魏晋南北朝时期,由于战乱频繁,大部分周姓人迁到了湖北、江西、江苏等地;唐初,随着陈政、陈元光父子俩入闽开辟福建漳州,周姓族人有加入者,此为周姓最初入闽者;宋元时期,大部分周姓人仍是南迁;明清时期,周姓发展到了福建、广东及台湾等地。如今,周姓主要分布在北京、河北、山东、江西、贵州、云南等省。

【姓氏名人】

周勃:江苏沛县人,西汉时开国武侯,被刘邦赐列侯的爵位,时称"绛侯"。

周瑜:字公瑾,庐江舒县(今安徽庐江西南)人,三国时吴国名将。曾联合刘备共同抵抗曹操数十万大军,火烧赤壁,大败曹军。

周璇:上海人,一代影后,有"金嗓子"雅号,曾拍摄过《喜盈门》、《歌女之歌》、《忆江南》等影片。

周树人:原名周樟寿,笔名鲁迅,字豫才,浙江绍兴人,中国现代小说家,中国现代文学的奠基人之一。他的作品思想深刻,具体反映了中国20世纪30年代的社会状况。小说集有《呐喊》、《彷徨》、《狂人日记》、《阿Q正传》,散文集《朝花夕拾》。

周勃

周恩来:祖籍浙江绍兴,生于江苏省淮安,中国共产党早期党员,中国人民解放军的创建者之一,杰出的革命家、政治家、军事家、外交家,中华人民共和国第一任总理。他为了党和人民的事业,鞠躬尽瘁,无私地献出自己的一切,建立了丰功伟绩,赢得了中国人民和世界人民的爱戴和尊敬。

吴

【姓氏来历】

吴姓源出于姬姓,以国号为姓,是黄帝轩辕氏的直系后裔。商朝时,黄帝的十二世孙古公亶父(周太王)建立了周部落。古公亶父有 3 个儿子,老大叫太伯,老二叫仲雍,老三叫季历。季历有个儿子叫姬昌。

姬昌不但聪明有智,而且为人正直又有远见。所以太王很想让姬昌接位。太王的大儿子和二儿子知道了父王的意思是先传位给季历,再传位给姬昌,就决定自动引退,便一起南下到江南生活。当时的江南尚未开发,太伯和仲雍带来了中原先进的文化,被当地人推为君长,在今江苏苏州一带建立了吴国。

春秋后期,吴王阖闾任用伍子胥为相,孙武为将,使吴成为强大的国家。后来,吴王夫差骄傲了,不听伍子胥的忠言,结果被越王勾践打败,国灭身亡。夫差的子孙以国为氏,称为吴氏。

【姓氏分布】

吴氏发源于江南,成长于江南,历史上吴氏是我国一个比较典型的江南大姓。秦汉及魏晋隋唐时期,吴姓族人在南北方得到了巨大的发展;魏晋以后,由于北方常年战乱,吴氏族人在北方繁衍减缓,在南方繁衍发展迅速;明代以后,吴姓还有人移民南洋,迁至马来西亚、菲律宾、印尼、泰国、缅甸等国。如今,吴姓主要分布在安徽、山东等地。

【姓氏名人】

吴起:战国时卫国著名军事家。初为鲁将,继为魏将,后奔楚国,任令尹,主持变法,后被杀。

吴道子:唐代著名画家,被后世尊称为"画圣",被民间画工尊为祖师。其画线条遒劲雄放,变化丰富,一变古来沿袭的高古游丝描的细笔,发展了线描的艺术方法,故表现出来的物象富有运动感、节奏感,被人们称为"吴带当风"。

吴承恩:字汝忠,号射阳山人,淮安府山阳县(今江苏省淮安市楚州区)人,明代著名小说家,四大名著之一《西游记》便是其传世之作。

吴敬梓:字敏轩,一字文木,安徽省全椒人,清代著名小说家。受博学鸿词荐,不赴。从此不应科举。著有长篇小说《儒林外史》。

吴其浚：字瀹斋，号吉兰，别号雩娄农，河南省固始县城关镇人，清代著名政治家、科学家。著有被誉为"19世纪中国重要的植物学著作"《植物名实图考长编》22卷及《植物名实图考》38卷。

郑

【姓氏来历】

郑姓源出于姬姓，以国名为氏。据《通志》记载，周宣王姬静即位以后，把幼弟友封在郑地即郑桓公。郑桓公之后，其子郑武公迁都于新郑，为春秋时的郑国。公元前375年郑国被韩国灭掉之后，其遗族散居到淮阳及商丘一带，以原国名郑为姓，称郑氏，从此就开始有了郑姓。

【姓氏分布】

郑姓最早发源于今河南省的新郑县。战国时被韩灭后，便散迁到河南东部及山东、安徽等地；秦汉时期，郑姓已迁入邻近地区，主要分布在安徽、陕西、山东、山西等地；西晋永嘉年郑姓大部分南迁；唐初，河南郑氏又有随陈政、陈元光父子移居福建；唐末，又有河南故始郑氏随王潮、王审知入闽；明清之际郑氏播迁至台湾及海外一些地区。如今，郑姓在全国的分布主要集中于福建、河南、浙江三省。

【姓氏名人】

郑旦：春秋晚期吴越时的巾帼人物。郑旦即西施，经过训练，送到吴国做内应，越王勾践卧薪尝胆，得以"十年生聚，十年教训"，终于灭吴。

郑道昭：字僖伯，荥阳开封（今属河南）人，北朝魏诗人、书法家。曾任国子祭酒，工文词书法，其书法笔力雄健，兼有隶意，被后人推崇为"魏碑之宗"。

郑光祖：字德辉，平阳襄陵（今山西襄汾县）人，元朝著名剧作家，他和关汉卿、马致远、白朴被誉为"元曲四大家"。其主要代表作为《倩女幽魂》。

郑成功：字明俨，号大木，福建省南安市石井镇人，明清之际民族英雄。后来，唐王为其赐姓朱名成功，授总统使、诏讨大将军。时人称"国姓爷"。

郑板桥：字克柔，号板桥，江苏兴化人，清朝著名书画家。善画兰竹，其作品秀丽苍劲，此外他还善于书法，所创"板桥体"独具风格，是"扬州八怪"之一。

王

【姓氏来历】

王姓是中国各大姓中来源较为复杂的一个姓氏。《通志·氏族略》记载,周文王的第十五子毕公高的后代子孙因故散居京兆、河间一带,以本为王族之故,自称为王姓。又如商代的王子比干、周朝的王子晋、战国时魏国信陵君王子无忌,他们都有子孙称为王氏。后世沿袭未改,渐成大姓。还有战国末年西周桓公揭之后人,为纪念被秦灭后的原居住地王城,分别改姓王。

还有其他改姓为王氏的。汉代燕王丹的玄孙嘉,王莽时因献符命,被赐姓王;隋代有个王世充,本为西域胡支姓,入中原后也改为王姓;明朝都御史王一鹗原本姓杨、大理评事王大崇原本姓孙,他们都改王姓。

这些都说明了王姓的来源的确很复杂,后来还有一些外族,如契丹族、女真族、匈奴族等也有很多人改为王姓。这么一来,姓王的人想要从姓氏上去追溯自己的血统,真是难上加难了。

【姓氏分布】

王姓最初主要以今山西和山东、河南省境为其繁衍的地区。此后,王姓发展迅速,在西晋末年后逐渐迁往江南。唐朝时王姓主要迁往福建,也有迁往四川、安徽、江西的;北宋时期,中原人多次大规模南流,其中不少王氏族人迁往江苏、浙江一带;宋末元初,居住在福建的王姓迁往福建、广东等地;明末开始,王姓陆续有人迁往台湾。如今,王姓主要分布在湖南、四川、广西、江西等省。

【姓氏名人】

王莽:字巨君,魏郡元城(河北大名县东)人,汉元帝皇后侄,新朝的建立者。公元8年称帝,国号新,公元23年在绿林军攻入长安时被杀。

王羲之:字逸少,号澹斋,原籍琅琊临沂(今属山东)人,东晋著名的书法家,独创圆转流利的书法风格,被后人奉为"书圣"。代表作品有行楷《兰亭序》、楷书《乐毅论》、草书《十七帖》、行书《姨母帖》等。

王昭君:名嫱,南郡秭归(今湖北省兴山县)人,与西施、貂蝉、杨玉环并称为中国古代四大美女。她为人正直贤惠,因不愿贿赂画工毛延寿,入宫数年不见帝,竟宁元年请嫁出塞,与匈奴和亲。

王勃:字子安,绛州龙门(今山西河津)人,唐代诗人,为"初唐四杰"之一。其成就最高以一篇《滕王阁序》露绝世才华。

王安石:字介甫,晚号半山,江西抚州人,北宋著名政治家、思想家、文学家,"唐宋八大家"之一。他主张"变风俗,立法度"实行变法。其散文以雄健峭拔著称。

王实甫:名德信,元代著名戏剧家,其最杰出的作品《西厢记》在中国戏曲史上占有极其重要的地位。

冯

【姓氏来历】

冯姓在中国是一个大姓。冯姓最早曾在东周时期就已经出现。据《元和姓纂》记载,冯姓是周文王之后,他们的祖先可追溯到周文王的第十五子毕高公,他的后代封在魏地,其后子孙以邑为姓氏,称冯姓。

记载姓氏的最早典籍《世本·氏姓篇》说,春秋时郑国有一个大夫叫冯简子,因封地在冯城(河南省荥阳县东部)而得氏。后来,冯简子的后人就以封地为姓。

【姓氏分布】

冯姓族人自得姓以来,历经繁衍发展而不断壮大。到先秦时代,冯氏已有徙居今山东者;三国以前,冯氏还有迁至今四川及湖北等地;东晋末,冯氏又有徙居和龙(今辽宁朝阳)等地;到了汉唐时期,冯氏从原来的发源地陕西,发展到了今天的河南、河北、山西、福建等地;宋代冯氏有的又南迁至广东;清初明末,广东、福建地区的冯氏有数支移居台湾及海外地区。如今,冯姓主要分布于广东、河南、河北、江苏、山东和云南等地。

【姓氏名人】

冯道:字可道,自号"长乐老",五代瀛洲景城(今河北交河东北)人,五代时历任四朝宰相,在位20多年。他在后唐任宰相期间,倡议由田敏等人在国子监校定《九经》文字,并组织刻工雕印,至后周完成,后世称"五代监本"。

冯子材:字南干,号萃亭,广东钦州(今属广西)人,清末著名的大将军。在年近70岁时,他曾在广西镇南关、谅山等地大败法国军队,取得镇南关大捷,其威名显赫。

冯嫽:中国第一位女政治家、女外交家。公元前101年,随汉朝解忧公主远嫁和亲到了乌孙国。她在协助公主加强汉朝同西域诸国之间的友好关系方面作出了很大贡献,深得西域各国的敬佩。

冯玉祥:原名基善,字焕章,安徽巢县(今巢湖市)人,近代爱国将领。任抗日同盟军总司令,多次击败日寇,收复许多失地。抗日战争胜利后,由苏俄回国时,在黑海上轮船发生火灾遇难。

陈

【姓氏来历】

据《通志·氏族略》记载,陈姓最早出自妫姓,其始祖为妫满,也是虞舜的后裔。周武王灭掉商朝以后,追封前代圣王的后人妫满于陈(今河南淮阳),妫满为陈侯,称胡公满。胡公满传至十世孙妫完,因陈国内乱,于是就逃到了齐国,改姓田氏。后来妫完的世孙田和建立了田氏齐国。战国末年,秦国灭掉了齐国。齐王的子孙纷纷改姓,三子田轸逃至河南颍川地方封为颍川侯,恢复陈姓。

陈姓还有一支是少数民族改姓,也出自河南。陈姓的大发展是在公元 557 年,陈霸先在江苏南京称帝,国号陈,此时,陈国封了许多陈姓王,使陈姓子孙遍及长江和珠江之间。

【姓氏分布】

陈姓的繁衍大体上分为两大时期,秦汉之际,主要集中于我国北方广大地区;魏晋南北朝之时,陈姓便开始大举向南推进;唐时,中原陈氏有两次南迁福建;南宋时期,陈氏迁到广东;明朝末期,福建同安人陈永华于明末随郑成功入台湾;明清以后,居住在福建、广东等沿海地区的陈氏,迁居到马来西亚、泰国、菲律宾、澳大利亚等国家。如今,陈姓主要分布在福建、广东、浙江、江西、云南等省。

【姓氏名人】

陈胜:字涉,阳城(今河南商水西南)人,秦末农民起义领袖。陈胜早年为人佣耕。秦二世元年七月,与吴广在大泽乡(今安徽宿县东南)发动戍卒起义,后自立为楚王,势力庞大,最终起义失败,为其部下庄贾所杀。

陈寿:字承祚,西晋巴西安汉(今四川南充)人,西晋著名史学家。著有《三国志》65 卷。同时还著有《古国志》、《益部耆旧传》,编辑整理了《蜀相诸葛亮集》等。

陈子昂:字伯玉,四川人,唐代文学家,初唐诗文革新人物之一。其文学理论对当时影响很大，著有《陈伯玉集》。

陈抟：字图南，号扶摇子，河南鹿邑县人，宋初著名道士。他是中国思想史上的重要人物，著有《无极图》、《指玄篇》、《钓潭集》、《易龙图》等。

陈毅：字仲弘，四川乐至人。中国无产阶级革命家、军事家、政治家，中国人民解放军创建人和领导人之一，中华人民共和国元帅。

卫

【姓氏来历】

卫姓始祖是周文王的第九个儿子康叔。据《姓纂》的考证，上古时代康叔被封于卫，接管了上古时代的旧殷都朝歌。商朝已为周朝代替，原商朝的遗民，有七族归康叔管理，于是康叔建立了卫国(今河南省淇县)，并在卫地繁衍了40余代。直到春秋战国末期，卫国被秦国兼并。周灭亡后，卫国公族子孙就以故国的名字为姓，子孙都姓卫，称为卫氏。卫姓不仅仅是康叔的后代，在中国古代少数民族鲜卑族也有姓卫的人出现。据《后燕录》载：昌黎(今河北省昌黎县)鲜卑为卫姓。

【姓氏分布】

卫姓主要发源地为河南，后来逐渐从河南向外地发展，有一支逐步迁移到望居河东郡(秦代初置，今天山西省黄河以东、夏县一带)，发展成为一个很大的姓氏家族。另一支迁移到了陈留郡(秦始皇置陈留县，汉代改置陈留郡，在今天河南省开封地区)。

【姓氏名人】

卫青：字仲卿，另曰仲青，河东平阳(今山西省临汾市西南)人，西汉时期重臣、军事家。他曾先后七征匈奴，多次立战功，威震沙漠，封长平侯，是历史上出身最低，功劳最大，官位最高的代表人物。

卫夫人：名铄，字茂猗，河东安邑(今山西夏县)人，东晋女书法家，汝阴太守李矩之妻，世称卫夫人。其书法入妙，师从钟繇，擅隶书及正书。有《名姬帖》、《卫氏和南帖》传世。

卫恒：字巨山，河东安邑(今山西夏县)人，西晋著名书法家。他出身于书法世家，祖父卫觊、父亲卫瓘都是书法名家，他擅长草书、章草、隶及散隶等书体。代表作品有《书断》、《晋书本传》、《梦英十八体书》等。

国学经典文库

国学大智慧

·蒙学智慧·

图文珍藏版

卫富益：自号耕读居士，崇德（今浙江余杭东北）人，南宋著名学者。代表作品有《易说》、《四书考证》、《性理集义》、《读史纂要》、《耕读怡情录》等。

蒋

【姓氏来历】

"天下无二蒋"，蒋姓来源比较单一和纯正。据《左传》记载，西周初期，周公姬旦的第三个儿子叫伯龄，因功被封在蒋为君，建立蒋国（今河南省固始县西北的蒋乡），那时的蒋国只是周朝的一个小国。春秋后期，蒋国被楚国灭掉，伯龄的后代子孙就以国名为姓，就是蒋氏。

【姓氏分布】

蒋姓最初主要在其发源地河南发展。秦汉之际，有蒋姓西迁陕西，东迁山东，其中在山东博兴、寿光的蒋姓繁衍最为旺盛；唐初，固始陈政、陈元光父子入闽开辟漳州，蒋姓将佐随从前往，在福建安家落户；五代辽宋夏金时期，由于乱世及宋室南迁，大部分在朝为官的蒋姓人迁到了江苏、浙江地区；元明时期，蒋姓人仍持续辉煌在江苏、浙江一带；清时，有广东、福建地区的蒋姓移居海外。如今，蒋姓已分布天下，尤以江苏、四川、浙江、湖南等省居多。

【姓氏名人】

蒋琬：字公琰，东汉末年零陵郡（今属湖南永州零陵）人，三国时蜀汉著名大将军。初随刘备入蜀，后为诸葛亮所重用，任丞相长史。曾代诸葛亮执政，任大将军、录尚书事等职。

蒋防：字子微，一作子徽，义兴（今江苏省宜兴）人，唐代文学家、翰林学士。其代表作有传奇小说《霍小玉传》。

蒋仁：别号吉罗居士、女状山民，浙江仁和（今浙江杭州）人，清代著名篆刻家、书法家。被誉为"西泠八篆"之一的蒋仁，其篆刻以丁敬为宗而能自出新意，别具情趣，因性情耿介，不轻易为人奏刀，流传作品不多。

蒋介石：名中正，浙江省奉化县人，中国国民党当政时期的党、政、军主要领导人。早年入保定军校学习，后留学日本，加入同盟会。辛亥革命时，依附沪军都督陈其美。后在上海经营交易所失败，投靠孙中山。后任大本营参谋长、黄埔军官学校校长。1928年被推为国民政府主席；1948年，被推选为总统；1949年败退台湾，后建设台湾;1975 年在台北病逝。

蒋筑英:浙江省杭州人,我国著名光学科学家,全国劳动模范,毕业于北大物理系。他为"四化"建设鞠躬尽瘁,死而后已,被奉为新时期知识分子的楷模。

沈

【姓氏来历】

沈姓是由国名和封邑(领地)得来的姓氏。西周初期,周武王分封的姬姓诸侯国中,有一个沈国,称为沈子国。公元前 506 年,沈子国被当时的蔡国所灭,他们的后代就以原国名为姓氏,也就是沈氏。周朝时还有另一个沈国,其地在安徽省,春秋时被晋国灭掉,子孙以国名为姓氏,也姓沈。春秋末期,楚庄王之子公子贞被封在沈邑,其后人有的以封邑名为姓,称为沈氏。

【姓氏分布】

沈姓起源于今河南、安徽两省间地。春秋战国时期,沈氏主要是在今天河南南部和湖北北部发展繁衍;唐初,沈姓已散居今江苏、浙江、湖北、四川等地;宋初大部分人散居到了长汀、延平、上杭等地,其后又有人徙居广东的大埔、梅州等地;明末清初,福建漳州、泉州及广东沈氏,又有多支迁往台湾地区,进而移居到海外。沈姓历代也是一个比较典型的南方姓氏,如今主要分布在福建、广东、浙江、湖南等省。

【姓氏名人】

沈括:字存中,杭州钱塘(今浙江杭州)人,北宋著名科学家、政治家,仁宗嘉祐八年进士。他博学多才,兼通天文、律历、音乐、医药、算数等。著有《梦溪笔谈》、《长兴集》等书。

沈仕:字懋学,又字子登,号青门山人,浙江省仁和人,明代著名散曲家、画家。一生爱好诗书,多蓄法帖名画。著有《明画录》、《无声诗史》、《图绘宝鉴续纂》、《唾窗绒》等。

沈周:字启南,号石田,又号白石翁等,明长洲(今江苏省吴县)人,明代杰出画家。他博综典籍,诗文俱佳,尤工于画。其代表作品有《卒夷图》、《仿董巨山水图》、《烟江叠嶂图》、《石田集》、《石田诗钞》等。

沈雁冰:笔名茅盾,浙江桐乡人,我国著名革命文学家。他先后创作了《子夜》、《蚀》、《虹》、《春蚕》、《林家铺子》、《霜叶红似二月花》等杰出的文学作品。

沈从文:现代著名文学家,湖南湘西凤凰县人,是 20 世纪 30 年代京派小说的领衔者。其小说在艺术上的最大贡献是为我们提供了古朴、优美的湘西生活画卷。代表作品主要有《边城》以及散文集《湘行散记》等。

韩

【姓氏来历】

韩姓以封地为姓,与周王室同宗,源出于姬姓。据《风俗通》的记载,春秋时期,周文王后裔韩武子住在晋国,因多次立功被晋献公封于韩城(今陕西省韩城县南边),成为晋公族中的大族。战国初期,开国君主韩武子的后代韩虔,与当时的两个大族——魏族的魏斯和赵族的赵藉一起瓜分了晋国并成为战国七雄之一。直到战国末期,被秦始皇灭掉。共历 11 世,立国 174 年。韩国王族子弟失国后,即以国为姓,就是韩氏。

【姓氏分布】

韩姓最早活动在春秋时的晋国,随着韩虔建立韩国并建都平阳(今山西省临汾),又两次迁都到阳翟(今河南省禹州)和新郑(今河南省新郑县)。秦汉时期,韩氏播迁于今浙江、四川、北京及东北一些地方;东汉、西晋末年及南北朝时,中原人为避战乱,韩姓迁往西北、东北、西南、江南地区;唐时,河南固始韩氏随王潮、王审知入闽,在福建安家落户;南宋时,居于北方和中原的韩姓人迁到了江苏、浙江、广东等地;元明清时期,江浙一带的韩姓人大规模南迁到台湾、菲律宾、马来西亚等地。如今,韩姓主要分布在河北、山西、辽宁、安徽等省。

【姓氏名人】

韩信:字重言,江苏淮阴(今江苏省淮安市)人,中国历史上伟大军事家、战略家、统帅和军事理论家。他文武双全,治军严明,辅佐刘邦平定天下,屡建奇功,并著有《兵法》3 篇。

韩非:也称韩非子,战国末期韩国人(今河南新郑),战国时韩国的诸公子之一。他为人口吃而不能流利地辩说,但文章出众。他的著作很多,主要收集在《韩非子》一书中。

韩愈:字退之,河南河阳(今河南省孟州市)人,郡望昌黎,世称韩昌黎。因官职为吏部侍郎,又称韩吏部。谥号"文",又称韩文公。唐朝文学家,"唐宋八大家"

之首,首开宋明理学之先河。他还是古文运动的倡导者,被称为"百代文宗"。

韩湘子:唐朝韩愈的侄子。生性放荡不拘,不好读书,只好饮酒,世传其学道成仙,为八仙之一。在初冬季节令牡丹开花数色,又尝令聚盆覆土,顷刻开花。

韩世忠:字良臣,今陕西省绥德县砭上村人,南宋抗金名将,曾重创金兵于建康黄天荡,主战派之一。

杨

【姓氏来历】

杨姓也是一个古老的姓氏。不过,关于杨姓的来源,众说不一,有说是因官得姓的,也有说是以地命氏的,很难找到头绪。然而,有一个被公认的事实——杨姓也是出自姬姓。

据《元和姓纂》所记载,周武王之子姬叔虞,字子于。周灭唐(今山西翼城西)后,把唐封地给他,人们又称他为唐叔虞。唐叔虞的儿子燮继位后,因为唐地也有晋水,就改称晋侯。这样,叔虞就成了周代晋国的始祖。叔虞的后裔封于杨(在今山西洪洞、沁县一带),建立杨国,国君称为杨侯,后杨国被晋国所吞并,杨侯的子孙便以杨为姓。

【姓氏分布】

杨姓的发源地在今山西省境内。春秋战国时,已有杨姓南迁到今湖北潜江一带,后因楚国势力不断加强,迫使他们再向东南迁至江西;汉时,杨姓已广泛分布于我国北方大部分地区;晋、唐这一时期,是杨姓南北方繁衍的重要时期,尤其以南方的繁衍最为突出;到了宋代起,杨姓已广泛分布于江南地区;明清时期,杨姓仍由北方向南方播迁,海外则以东南亚为主。如今,杨姓在我国分布极为广泛,尤其四川、陕西、湖南、安徽、江苏等地区最多。

【姓氏名人】

杨震:字伯起,东汉弘农华阴人,是名声最大的古代杨姓名宦。杨震从少年起就特别聪明好学,他为了通晓今文经学的深刻含义,深钻细研《欧阳尚书》。后自费设塾授徒,讲学将近十多年,弟子多达数千人,完全可以同孔子有三千弟子相媲美。所以,当时人们就称杨震为"关西孔子"。

杨炯:弘农华阴(今陕西华阴县)人,唐代著名诗人。杨炯幼年聪敏好学,10岁就被选为神童,待制弘文馆。27岁应制举,补校书郎,官至崇文馆学士。与王勃、骆宾王、卢照邻齐名,称"初唐四杰"。其代表作有《出塞》、《从军行》、《战城南》等。

杨业:本名重贵,北宋抗辽英雄。其祖上世代为麟州(今陕西神木北)地方势力首领,居太原,曾赐姓刘,归宋后复姓称杨业。任知代州(今山西代县)兼三交驻泊兵马部署。曾因大败辽军,被称为"杨无敌"。太宗雍熙三年,第二次北伐时任西路军副统帅,东路军兵败后护送云、应等四州百姓内迁,孤军奋战,受伤被俘后绝食而亡。其事迹后被演为"杨家将"故事。

杨炯

杨秀清:原名嗣龙,清朝广东嘉应州(今梅县)人,太平军著名的军事家。因与洪秀全结为兄弟,故改名秀清,后为韦昌辉所杀。

杨虎城:原名忠祥,号虎臣,后改为虎城,陕西蒲城人,国民党最著名的爱国将领。1911年辛亥革命时率队加入陕西国民军,先后任营长、游击支队司令、国民联军第十路总司令等职务。曾与张学良一起发动"西安事变",对蒋介石"兵谏",促成了国内和平。1949年9月17日被蒋介石杀害。

朱

【姓氏来历】

朱姓的来源十分广泛,其中有一支是源于曹姓,为颛顼帝的后裔。传说上古时五帝之一颛顼帝的玄孙陆终,娶鬼方国君之女为妻,怀孕11年也没有生子,陆终就剖开她的左胁生下3个儿子,剖开右胁又生下3个儿子。这6个儿子后来发展演化出不少姓氏,其中第五子叫安,被大禹赐姓曹。

到了周王朝建立后,周武王分封诸侯,对前代圣贤或帝王之后也进行了封侯。其中就有曹安的后代曹挟,武王将他封于邾国(在今山东境内),人们便称叫邾子侠。春秋时,邾国被楚国灭掉,邾国的贵族便以国为姓,就是邾姓,这个邾字有右耳旁,后来将耳旁去掉后,就形成了朱姓。

【姓氏分布】

朱姓主要发源于河南、安徽,以及江苏省境内。其中江苏省境的这一支朱姓,成为了我国南方朱姓家族的主要来源。秦汉时期,朱姓得以较快发展,名人不断涌现,先后出现了朱氏三大家族,使朱姓得以巨大发展;魏晋南北朝时,朱姓已繁衍到北方河南、山东等地;隋唐五代时期,朱姓广布于安徽、广东、湖南等地区;宋元时期,居于朱姓繁衍于浙江、河南、河北、安徽等地;明清时期,朱姓成为皇姓,族大势盛,在各地均出现名门望族。今日,朱姓主要分布在江苏、浙江、广东、河南等省。

【姓氏名人】

朱熹:字元晦,号晦庵,别号紫阳,祖籍徽州婺源(今江西),南宋著名哲学家、诗人、文学评论家。其学识渊博,善诗词。据考证,为程朱学派的主要代表人物。哲学著作有《四书集注》、《通书解》、《易学启蒙》等;诗有《春日》和《观书有感》;词代表作有《菩萨蛮》、《南乡子》等。

朱元璋:原名重八,后取名兴宗,字国瑞,濠州(今安徽凤阳县东)钟离太平乡人,为明朝开国皇帝。1368 年,他率军攻克大都(北京),推翻元朝,建立明朝,号称明太祖。

朱自清:原名自华,号秋实,后改名自清,字佩弦,浙江省绍兴人。现代著名作家、散文家、诗人,其散文以语言精练,文笔秀丽著称。著有诗文集《踪迹》,散文集《背影》、《欧游杂记》等。

朱德:字玉阶,四川仪陇人,我国杰出的无产阶级革命家、政治家和军事家,是中国共产党和中华人民共和国的主要领导人之一,中华人民共和国元帅,曾任中华人民共和国全国人民代表大会常务委员会委员长。

朱元璋

秦

【姓氏来历】

据《广韵》记载,秦姓最早出自嬴姓,以国名为氏,是颛顼帝的后代。相传颛顼帝有个孙女叫女修,有一天,她到野外去玩捡到了一只燕子蛋。她毫不犹豫地把蛋吃了下去,她吃下去后就怀孕了,生下了儿子大业。后来大业之子大费(伯益)因辅佐大禹治水有功,舜帝赐他姓嬴。

伯益的后人有个叫大骆的,他的侍从非子因善于畜牧而出名。后来,周孝王命非子养育良种马,由于马群繁殖很快,所以非子很快就得到了周孝王的赏识,封他在秦谷(今甘肃省天水西南)为附庸国的君主,让他恢复嬴姓,称为秦嬴。战国时,秦国的国力富强,成为七雄之首。秦王政攻灭六国统一天下。秦灭后,王族子孙以国名为姓氏,称为秦氏。

【姓氏分布】

秦姓发源于甘肃省天水、河南范县及山东曲阜一带。战国时期,秦姓族人北上发展到今天的河北省境内;先秦时期,秦姓已分布于河南、陕西、山东、河北等地;西汉初年,秦姓迁入甘肃、江苏、四川、北京等地;三国时期,秦姓迁入山西,后形成一大郡望,即太原郡;魏晋南北朝时,由于北方连年战乱,秦姓便再次南迁;宋元明时期,秦姓有迁至广西、贵州、福建等省。清至近现代,秦姓已遍布于全国各地,而且还有不少移居海外地区。

【姓氏名人】

秦越人:即扁鹊,原姓秦,渤海鄚(今河北任丘)人,战国时著名的医学家。他在医学上的贡献首先是科学诊断,他把切脉、望色、听声、问病这四种诊断方式发展得相当完整。其次,扁鹊的治疗方法有砭法、针灸、按摩、手术等。可以说扁鹊是中国传统医学的鼻祖,对中医药学的发展有着特殊的贡献。

秦琼:字叔宝,齐州历城(今山东济南)人,唐朝名将。他骁勇善战,常为先锋,征战屡建奇功,经大小二百余阵,以旌战之功封翼国公,拜左武卫

秦越人

大将军。后被民间奉为"门神"之一。

秦观:字少游,号淮海居士,江苏高邮人,北宋著名文学家。他与黄庭坚、晁无咎、张耒并称"苏门四学士"。其代表作有《满庭芳》、《淮海集》、《劝善录》、《淮海居士长短句》等。其所著的《蚕书》,是我国现存最早的一部蚕桑专著。

秦良玉:字贞素,四川忠州(今属重庆忠县)人,明朝末期巴渝战功卓著的女将军、女军事家。其夫石砫宣抚使马千乘死后,她继任丈夫之职代领其兵,所部号"白杆军"。因屡立战功,被封为"忠贞侯"。

许

【姓氏来历】

相传在上古唐尧时期,有一个名叫许由的高士,很有才能,但他为人淡泊名利。唐尧曾多次要把部落首领的位子禅让给他,可是都被他婉言谢绝了。唐尧又请许由出来担任九州岛长这个官职,许由还是不肯,宁愿过着隐居的生活。他甚至认为唐尧的话玷污了自己的圣洁,就跑到颍水河边去洗耳朵。后世成语"洗耳恭听"中的"洗耳"就是从这个故事中来的。后来他被奉为隐士的鼻祖。

唐尧见许由执意不肯出山,只好把大位传给了虞舜。后人为了纪念许由,就把他隐居的地方称为"许",他的后代也以"许"为姓。

【姓氏分布】

许姓发源于今河南省许昌东。秦汉时期,许姓主要分布在河南、河北两省的绝大部分地区;三国两晋南北朝时期,由于北方连年战乱,许姓迁居到了今江苏、浙江、湖北、广东等地;隋唐时期,居于南北方的许姓,都得到了相当的发展,许姓人口日益增长;宋元明清之际,许姓主要特点为南迁及移居海外。如今,许姓以江苏、山东、云南、广东、河南、安徽、浙江等省居多。

【姓氏名人】

许慎:字叔重,汝南召陵(今河南郾城县)人,东汉著名经学家、文字学家、语言学家,中国文字学的开拓者。所著《说文解字》是中国第一部系统分析字形和考究字源的专著,不但过去对汉字研究发生了巨大的影响,对现在和将来的汉字研究仍有很大的影响。

许道宁:长安(今陕西西安)人,宋代著名画家。以擅写林木、平远、野水三景闻名。代表作品有《秋山萧寺图》、《秋江渔艇图》、《关山密雪图》等流传至今。

许衡:字仲平,怀州河内李封(今河南省焦作市中站区李封村)人,元朝思想家、教育家和天文历法学家。许衡是我国元代一位百科全书式的通儒和学术大师,"儒学君子"位居相位者,古今仅有许衡一人。著有《鲁斋集》、《授时历经》、《读易私言》等。

许自昌:字玄佑,明代吴县(今江苏省苏州)人,好奇文异书,传奇著作有《水浒记》、《灵犀佩》、《弄珠楼》等,另有《诗钞》、《樗斋诗钞》、《捧腹编》等书籍传于世。

何

【姓氏来历】

何姓是由韩姓转音而来,最初源于姬姓。据《广韵》记载,周武王之弟叔虞封于韩(今河北省固安县东南)。春秋后期,晋国公族中的韩氏成为晋国三大姓氏之一;到战国时与魏、赵氏分割晋国,成为战国七雄之一。秦始皇统一中国后,韩姓子孙分散到各地,其中有一支居江淮一带,当地语音"韩"与"何"相近,后来因音而转为何,子孙沿用下来,于是成为何姓,其祖叔虞便成为何姓的始祖。

【姓氏分布】

何姓发源应当在江淮流域的江苏、安徽两地,而这两个地方的邻省山东、河南境内的何姓人家也很多。两汉至魏晋南北朝时期,何姓由江淮迁入山东、河南、陕西、四川等地,从而形成以我国北方为主要繁衍地带的局面;隋唐时期,何姓尤以南方各地繁衍为盛;宋元时期,何姓由于身处南方且南方经济持续发展,从而成为当时更大的望族。明清至近代,何姓的发展自北向南大规模快速推进,从而遍布全国各地。

【姓氏名人】

何休:字邵公,为董仲舒四传弟子,任城樊(今山东滋阳)人,东汉著名的经学家。他为了编撰《春秋公羊传解诂》12卷,曾闭门不出,用功17年,后来此书成为现代经学家议政的主要依据。另著有《孝经》、《春秋汉议》、《谷梁废疾》等。

何逊:字仲言,东海郯(今山东郯城)人,南朝梁诗人。少时为天才,8岁时能写诗,20岁左右被举秀才,官至尚书水部郎。

何承天:东海郯人,南朝宋天文学家。承天博通经史,精天文律历,曾奏请改历,称元嘉历,对后世历法影响很大。著作有《报应问》、《答颜光禄》等。

何应钦:字敬之,贵州兴义人,毕业于日本陆军士官学校,回国后历任贵州讲武学校校长、黄埔军校总教官、国民政府军政部;抗战时历任总参谋长、中国战区陆军总司令、国防部长、行政院长。

吕

【姓氏来历】

吕姓主要源于姜姓,以国名为姓。据《吕氏世系表》记载,上古部族首领神农氏炎帝,因居住在姜水流域,并以之为姓,称为姜姓。后来,炎帝的世孙伯夷因代替尧持撑四岳(指尧舜时的四方部族首领)有功,又因他是圣君大舜的重要臣子,所以被封为吕侯,建姜姓诸侯国吕国(今河南省南阳市)。春秋时,吕国被楚国灭掉,其后子孙就以国名为姓。

【姓氏分布】

吕姓发源地在今河南南阳西一带。秦时,吕姓迁播方向主要为陕西、甘肃一带;汉时,吕姓分布于河南、陕西、内蒙古、甘肃、安徽等地;唐代,出现了历史上少有的盛世,这一时期吕姓的郡望规模、人口数量也逐渐上升;明清之际,吕姓发展再度出现新特点,除全国大部分地区广布吕姓外,还有移民到新加坡、菲律宾、马来西亚、泰国、越南、美国、加拿大等海外一些国家。现在,吕姓主要居住山东、河南、浙江、福建、陕西、江西等省。

【姓氏名人】

吕不韦:原籍阳翟(今河南禹州),战国时秦丞相,被封为文信侯,称为"仲父"。居相位时,门下曾有三千宾客,并让他们编著《吕氏春秋》一书。

吕布:字奉先,五原郡九原(今内蒙古包头)人,东汉末年名将,武艺超群,有"飞将"之称,为一代枭雄。

吕蒙:字子明,汝南富陂(今安徽阜阳东南)人,三国时吴国著名军事家。吕蒙是个文武双全的人物,在东吴堪称战功赫赫,后被封南郡太守、孱陵侯。

张

【姓氏来历】

张姓是一个很古老的姓氏,约有五千年的历史。据《元和姓纂》所载,在人文初祖黄帝时代,黄帝的世孙挥(一说挥是黄帝的儿子)自幼聪明过人,爱动脑筋。有一次,他在晚上观看星空,后来他从星星的组合中得到启发,经过研究,发明了弓。弓的发明为那时的人类狩猎带来了很大的用处,于是黄帝封挥为专门制造弓的官叫"弓长",之后又将官名合二为一赐张姓。挥死后,他的后裔就以张作为自己的姓氏。

另据《通志·氏族略》记载,张姓出自黄帝姬姓的后代。春秋时,晋国有个大夫名解张,字张侯,其后裔就以字命氏,称张氏。又载,在三国时被蜀相诸葛亮赐南蛮酋长龙佑那姓张,其后裔便以张为氏。

【姓氏分布】

张姓最早发源于尹城国的青阳(今山西省太原市西南晋祠附近),其后望族也出于这一带。北宋末年,随着金兵占领黄河南北及蒙古军队的南下,为躲避战乱,张姓又一次大举南迁;宋至元明清时期张姓分布于大江南北各个区域,形成了一支支庞大的族系。今日张姓分布北方地区多于南方,主要是以山东、河南、四川、河北四省居多。

【姓氏名人】

张飞:字冀德,涿郡涿县(今河北涿州)人,三国时名将。为蜀国五虎上将,战长坂名震于时。传与刘备、关羽结义于桃园,世称"桃园三结义"。公元221年被部将张达、范疆所刺杀。

张仲景:名机,史称医圣,南阳郡涅阳(今河南省邓县)人,东汉著名医学家,为后人尊为"医圣"。勤求古训,博采众方,著有《伤寒杂病论》。

张择端:字正道,又字文友,东武(今山东省诸城)人,北宋著名画家。他擅长"界画",尤善画舟车、街道、桥梁。他的代表作有《烟雨风雪图》、《金明池争标

张飞

张大千:原名张正权,又名爱,字季爱,号大千,别号大千居士,四川省内江市人,当代中国画坛最为传奇的国画大师。他一生作画无数,遗作甚多,与齐白石并称"南张北齐"。1983年,85岁的张大千病逝于台北。

张学良:字汉卿,号毅庵,今辽宁海城人,为张作霖的长子,是中国伟大的爱国者,国民党军陆军一级上将,西安事变的组织者,为促进国共两党合作及民族解放事业作出了不朽贡献。

孔

【姓氏来历】

据《元和姓纂》所记载,周灭商后,因商纣王的哥哥微子为人正直贤明,周公旦封他到宋地,主持祭祀商族祖先。微子的后代中有一个名叫嘉的,史称孔父嘉,在宋国任大司马,因战乱被杀。当时孔父嘉的儿子木金父年纪很小,由家人带着逃到鲁国。木金父长大了就以父亲的字为姓,称为孔氏,从此定居鲁国。木金父的五世孙叔梁纥是鲁国有名的大力士。

有一次,叔梁纥随军攻打偪阳(今山东省枣庄市南),敌人先打开外城门放进部分鲁军,然后放下一道沉重的闸门,想把鲁军关在内外城门之间的夹道里。这时只见叔梁纥冲上前去托起闸门,把大家都救了出来。叔梁纥晚年娶颜氏女为妻,生下了大思想家、教育家孔子。

孔姓的另一重要来源出自于子姓。据《广韵》记载,黄帝的孙子契是商族的始祖,为子姓,历经十四代,到了夏朝末期,商族的首领成汤,灭夏建立了商王朝,因为成汤名履,字天乙,其子孙中有一支以商族的子姓和汤天乙的乙字组合起来,即为孔字,这是孔姓另一支来源。

【姓氏分布】

孔姓最初的发源地应该在今天的河南商丘一带。三国两晋南北朝时,北方连年战乱,孔姓族人大规模南迁到浙江、安徽等地;唐时,孔姓逐渐分居于江苏、浙江、江西等江南各地;元、明两代,孔姓族人又广播于今湖北、江西、江苏、安徽等地;清初,孔姓又入迁福建、广东、贵州、云南一带。当今孔姓尤以山东、江苏、吉林居多。

【姓氏名人】

孔子:名丘,字仲尼,春秋后期鲁国人,我国著名的思想家、教育家,儒家思想的创始人。他一生从事教育,有3000多个弟子,身通六艺者72人,开创平民教育先河,后世尊为至圣先师,亦称为孔子。他的思想及学说对后世产生了极其深远的影响。

孔融:字文举,鲁国(今山东曲阜)人,孔子二十世孙。有俊才,为建安七子之一,汉献帝时为北海相,世称孔北海;立学校,表儒术,后拜大中大夫,在建安十三年被曹操所杀。

孔尚任:字聘之,又字季重,号东塘,别号岸堂,山东曲阜人,孔子六十四代孙,清代著名诗人、戏曲作家。诗文集有《长留集》、《湖海集》、《岸堂文集》等,其著名昆曲作品《桃花扇》称著于世。

孔祥熙:字庸之,号子渊,山西太谷人,早年留学美国,曾历任国民政府实业部长、财政部长、行政院长、中央银行总裁等职。

曹

【姓氏来历】

曹姓出自黄帝姬姓后代,一支以封国命氏,另一支是由邾姓所改。

周文王有一个儿子名叔振铎,武王时封于曹邑,建立了曹国(今山东定陶西南),定都于陶丘。后来曹国被宋国所灭,原曹国君主族人便以国为姓。

另一支由邾姓所改,也是出自黄帝的后裔。黄帝的世孙颛顼的玄孙陆终有6个儿子,他的第四子名安,曾辅佐大禹治水有功劳,禹赐其姓曹,其后人在周武王时受封于邾,建立了邾国(今山东邹县一带)。后楚国灭掉了邾国,安的子孙散居各地,一部分改姓朱,一部分则改姓曹。

【姓氏分布】

曹氏发源于山东,长期在山东居住和繁衍。秦汉时期,曹姓已经广布于北方及安徽等地;魏晋南北朝之际,因北方连年战乱,曹姓开始南迁;隋唐时期,曹姓在规模、数量上又有大的发展,广东、福建等地始有曹姓人居;宋元至明清时期,曹姓已广布我国各地。今日曹姓以黄淮流域分布最为集中,尤以四川、河北、河南、湖北等地居多。

【姓氏名人】

曹参:字敬伯,沛(今江苏沛县)人,西汉名将大臣。汉朝建立后,他被封为平阳侯,曾任齐国宰相九年。曾协助高祖平定陈豨、英布等异姓诸侯王的叛乱。

曹操:字孟德,小名吉利、阿瞒,沛国谯县(今安徽亳州)人,三国时著名政治家、军事家、诗人。建安元年,曹操统一了中国北部。其子曹丕称帝,追尊曹操为武帝。文化方面,在曹操父子的推动下形成了以曹氏父子(曹操、曹丕、曹植)为代表的建安文学,史称建安风骨。

曹植:三国时曹操第三子,著名诗人。他以诗文著称于世,他的《七步诗》时至今日仍广为流传。

曹雪芹:名霑,字梦阮,号雪芹,又号芹溪、芹圃,祖籍辽宁辽阳,清代著名小说家。他所著的《红楼梦》为中华民族留下了一部宝贵的遗产。他不仅是后人推崇备至的曹姓名人,更是中华民族的骄傲。

严

【姓氏来历】

严姓最初是由庄姓而来。据《元和姓纂》记载,东汉初年,汉明帝姓刘名庄,按当时制度,皇帝的名字臣民是不能用的。因此一些本来姓庄的人,为了避讳天子的名字必须改为他姓。但放弃自己的祖姓,无疑是辱没祖先。

这时,有一个叫庄严的人,大胆上书皇帝,恳求汉明帝收回成命。可是却遭到了杀身之祸。后来,庄姓人为了纪念这位同族,就改为严姓。直到魏晋时期,严姓中的有一部分人恢复了原来的庄姓,而更多的人则以严姓传后,他们奉庄严为严姓的始祖。这样,就出现了庄、严两姓并存于世的情况。因此后来就有了"庄严本一宗,同姓不可婚"之说。

【姓氏分布】

严姓的发源地在今天的甘肃天水和陕西冯翊、华阴。东汉时,严姓多居山东、湖北、安徽、浙江、四川、云南、贵州一带;魏晋时,严姓多居于陕西、山西、河南、甘肃等北方地区,其中以陕西、甘肃严姓最旺;唐至元明清时期,严姓多居于安徽、江苏、浙江、福建沿海一线。今日严姓主要分布在湖北、浙江、江苏等省。

【姓氏名人】

严羽:字丹丘,一字仪卿,自号沧浪逋客,邵武(今属福建)人,宋代文学理论家。著有《沧浪集》2卷,现传世作品有《沧浪诗话》1卷。

严澄:号天池,字道澈,常熟(今属江苏)人,明代著名音乐家,其演奏风格清微淡远,所著的《松弦馆琴谱》一度被琴界奉为正宗,在琴界产生了很大的影响。

严可均:字铁桥,浙江乌程(今湖州)人,清代文字学家,嘉庆年间举人。撰有《说文声类》、《铁桥漫稿》、《说文校义》等。

严复:原名宗光,字又陵,后改名复,字几道,福建福州人,近代中国著名的启蒙思想家、翻译家,中国近代史上向西方国家寻找真理的"先进的中国人"之一。曾任北洋海军学堂教授、京师大学校长等职。翻译《群学肄言》、《穆勒名学》、《法意》、《名学浅说》等书,译著有《天演论》、《中国教育议》及《严译名著丛刊》、《侯官严氏丛刊》等。

金

【姓氏来历】

金姓的来源很多,但最主要的有两支:一支源出少昊金天氏;另一支源出匈奴休屠王子金日磾。

少昊氏是上古五帝之一。相传少昊是黄帝和西陵嫘祖所生的儿子。据《史记·五帝本纪》记载:"黄帝居轩辕之丘,而娶于西陵之女,是为嫘祖。嫘祖为黄帝正妃,生二子,其后皆有天下:其一曰玄嚣。"玄嚣即少昊。按照古人的五行学说,西方属金,所以少昊有"金天氏"之称。在少昊后代中,有一支以金为姓,后人奉少昊为金姓始祖。

另一支金姓源出于匈奴,得姓则晚得多。这一支金姓出自匈奴休屠王太子金日磾之后。在汉武帝时,匈奴休屠王的儿子日磾,在汉朝为官,先是当马监,因其形貌奇伟,被汉武帝升为侍中,在武帝左右数十年而无过错,深为汉武帝喜爱,后又升为车骑将军。汉武帝晚年,莽罗何谋反,企图刺杀汉武帝,被日磾发觉并将其生擒,因功封为侯。汉武帝临死时,任命他为顾命大臣,因为他曾为汉武帝铸铜人像(又称金人)祭天,所以武帝赐他姓金,称金日磾,成为金姓的另一始祖。

【姓氏分布】

金姓姓源较多,发源地主要有山东和陕西及浙江、江苏等地。南北朝时,甘肃等地有金姓足迹;唐时金姓主要发展于今四川及山西两地;宋元之际,北方金姓有躲避兵祸而南迁者;明清开始,广东、浙江金姓陆续有人居住到台湾及海外地区。今日金姓分布以河南、浙江、江苏、湖北、四川和上海等地居多。

【姓氏名人】

金刚智:南印度人,唐朝佛教密宗僧徒。10 岁出家,精通显、密教典,专修密法,因应南天竺国王之请,到中国传教,曾译《金刚顶经》、《瑜伽念诵法》、《观自在瑜伽法》等 8 部 11 卷。

金銮:字在衡,号白屿,陇西(今属甘肃省)人,明代著名的散曲家。通音律,工乐府,长于讽喻。著有《广陵夜泊》、《余白屿集》、《萧爽斋乐府》等。

金农:字寿门,号冬心,又号稽留山民、曲江外史等,原籍浙江仁和(今浙江杭州),清朝著名书画家兼诗人。书法创扁笔书体,兼有楷、隶体势,时称"漆书"。其画造型奇古,为"扬州八怪"之一。其代表作品有《玉蝶清标图》、《腊梅初绽图》、《琼姿俟赏图》等。传世书迹有《度量如海帖》,今已流入国外。

金德辉:字子石,江苏省苏州人,清代著名昆曲演员,其擅演《牡丹亭·寻梦》等剧。

魏

【姓氏来历】

魏姓出自姬姓,是周文王裔孙毕万的后代,以邑或国名为氏。据《史记·魏世家》记载,周文王有庶子毕公高,在西周初年受封于毕(今陕西西安西北),子孙以毕为姓。后来,毕国被西戎攻灭后,毕公高的孙子毕万,投奔到晋国,成为大夫。公元 661 年,他与赵夙一起率兵讨灭了霍、耿、魏三国。事后,献公便把魏(今山西芮城北)封给了他。此后,其子孙以邑为氏,称为魏氏。公元前 445 年毕万的后代魏斯建立魏国,到了公元前 225 年,魏国被秦所灭。魏国灭亡后,魏国公族大多以国名为姓氏,姓魏。此外,秦国穰侯魏冉本姓芈,南宋学者魏了翁本姓高,他们和后代也都改姓魏。

【姓氏分布】

魏姓最早发源于今河南省北部及山西省南部一带。秦汉时期,魏姓有部分迁至陕西、江苏、浙江、甘肃等地;三国两晋南北朝时期,军阀割据,社会动荡,加上西晋末年的"永嘉之乱"，魏姓大举南迁至四川、江西、福建等地，在当地安居繁衍，发展壮大；唐时，魏姓有部分族人随陈政、陈元光父子入闽开辟漳州，于福建、广东等地安家；宋末，魏姓人已遍布江南广大地区，繁衍于全国各地，从而使魏姓成为我国一大姓氏；元明清时期至今，魏姓除分布我国大部分地区之外，已远播于台湾及海外地区。

【姓氏名人】

魏无忌：战国时期魏国著名的军事家。公元前276年，被封于信陵（今河南宁陵县），后世称为信陵君，有食客三千人，与齐之孟尝君、赵之平原君、楚之春申君并称"战国四公子"。

魏征：即魏郑公，字玄成，巨鹿（今河北巨鹿）人，唐朝著名政治家、史学家。著有《魏郑公文集》、《魏郑公诗集》、《全唐诗》等。

魏源：字文渊，江西建昌（今永修县）三溪桥人，近代著名思想家、文学家、史学家，与龚自珍齐名，时称"龚魏"。他主张学习西方，提出"师夷长技以制夷"，倡导变革。除著有《圣武记》、《海国图志》等巨著外，还著有《古微堂诗集》、《清夜斋诗稿》等。

陶

【姓氏来历】

陶姓出自尧的后裔，与职业技艺有很大的关系。据《辞源》记载，尧担任部落首领以前，曾居住在陶丘（今山东定陶县西北），以市面上做陶器为职业，其后尧的子孙以地名为姓。

另一支是以官名为姓，源于虞姓。据《风俗通义》记载，相传舜把部落首领君位禅让给禹后，他的儿子商均被禹封到了虞（今河南省虞城县）。商均的世孙虞阏当了管理制陶业的陶正（管理陶质器物制作的官职）。后来，他的子孙以他的官名命姓为陶氏。

【姓氏分布】

陶姓最初以山东定陶为发源地。春秋战国时期，陶姓逐渐南移到今河南兰考一带；两汉时期，陶姓人南迁于江苏、安徽一带；魏晋南北朝时，中原陶姓大举南迁到江苏、浙江、江西等地；宋代时，陶姓在北方得以发展；明初，陶姓作为明朝洪洞大槐树迁民姓氏之一，被分迁于江苏、安徽、山东、四川等地；清时，陶姓已广布全国，并有移居到台湾及海外地区。如今，陶姓分布以江苏、上海、浙江三省为多。

【姓氏名人】

陶弘景：字通明，晚年号华阳隐居，秣陵人（今江苏南京），南朝著名的齐、梁两朝道教思想家、科学家、医学家。著有《真灵位业图》、《补阙肘后百一方》、《陶氏效验方》等。

陶渊明：字元亮，名潜，世称靖节先生，自称五柳先生，浔阳柴桑（今江西九江西南）人，东晋著名诗人、文学家，是我国第一位田园诗人。著有诗歌《归园田居》、《读山海经》、《咏荆轲》，散文有著名的《桃花源记》，辞赋有《归去来辞》等。

陶渊明

陶澍：字子霖，号云汀，安化县人，清朝著名两江总督。陶澍为官期间，在兴办教育，培养人才上作出了很大的贡献。另著有《奏议》、《印心石屋诗抄》、《陶文毅公全集》等。

陶行知：安徽歙县人，是中国历史上伟大的人民教育家。其代表作有《中国教育改造》、《斋夫自由谈》、《行知书信》、《行知诗歌集》等。

姜

【姓氏来历】

姜姓是我国最古老的姓氏之一，源于远古的炎帝神农氏。神农氏是少典的儿子，少时名叫石年。据说其母因梦神龙入怀而生他于烈山的石室之中，生下后身似龙形，以火德王，所以即位后称为炎帝。炎帝神农氏出生的地方有条河叫姜河（即岐承，在今陕西岐山县西），他就以河名为姓，成为姜姓的始祖。商周时的申吕等国都是姜姓的封国，吕尚也就是姜子牙，是炎帝的后裔，伯夷之后，因掌四岳有功，封之于吕，子孙从其封姓。所以炎帝并非姜氏一姓的始祖。

【姓氏分布】

据史书记载，早在春秋时期，西戎也有以姜为姓的，故称姜戎，原在瓜州（今甘肃敦煌西）；汉时，姜姓已有徙居到今江苏、四川者；唐宋时期，姜姓分布于今河北、河南、浙江、江西、山东等地；明清时期，姜姓有的居住到今山西、陕西、湖南、贵州、湖北等地。如今，姜姓在全国分布广泛，北方为其主要分布地，尤以山东省为多。

【姓氏名人】

姜尚：名望，吕氏，字子牙，号飞熊，商东海上（今临泉县姜寨）人，后封于吕。子孙从其封为氏，故又名吕尚。年届七十时与文王相遇，立为太师，辅佐周文王、武王灭商建立周朝。著有《六韬》一书。

姜维：字伯约，三国蜀汉天水冀县人。本为魏将，后归附蜀，为诸葛亮重用，任征西将军。诸葛亮死后，继领其军。在魏攻蜀，被迫投降，后欲谋复国时被乱军所杀。

姜夔：字尧章，饶州鄱阳（今属江西省）人，南宋词人、诗人。著有《白石道人歌曲》、《琴瑟考古图》、《诗说》、《白石道人诗集》等。

姜彭：江苏省扬州人，清初著名书画家，他所画的翎毛当时盛称第一。

姜宸英：字西溟，号湛园，又号苇间，浙江慈溪人，清初书画家、文学家，为江南三布衣之一。著有《湛园文稿》、《苇间诗集》等，后人辑有《姜先生全集》。

谢

【姓氏来历】

谢姓以国名为姓氏，最初源于任姓。据《世本》所载，黄帝之后任姓中有 10 个小国，其中谢国为诸侯国中之一。谢姓失国后，其子孙逃亡到四面八方，后来他们便以国名谢为姓，形成了此支谢氏。

另据《元和姓纂》所载，谢姓出自姜姓，为伯夷的后裔申侯（又称申伯）之后，以国名为氏。伯夷后裔申侯，被周宣王封于谢国，谢国灭亡后，其子孙也按照当时的习惯，以国为氏而统统姓了谢。

【姓氏分布】

谢姓主要发源于河南境内。两晋南北朝时期，谢姓人从北方渡江南下到江西、浙江、云南等地；宋至元明时，南方各省的谢姓人，发展势头远远超过北方；清时，谢姓人迁居到菲律宾等东南亚地区。如今，谢姓人在全国分布广泛，尤以四川、广东、湖南、江西等省居多。

【姓氏名人】

谢朓:陈郡夏阳人,南齐著名诗人,曾在朝廷任职,其诗多描写自然景色,为李白所推许,是永明体作家中成就最高的诗人。其代表作有《高斋视事》、《高斋闲望》、《后斋回望》。

谢赫:南齐著名画家,善于作风俗画及人物画,他所著有的《古画品录》是我国绘画史上第一部完整的绘画理论著作。

谢灵运:陈郡阳夏(今河南太康)人,南朝著名画家、文学家。其诗歌创作开创了新风,开创了文学史上的山水诗派,许多佳句为后人所传诵。

谢婉莹:笔名冰心,福建省长乐人,我国现代著名小说家、散文家、诗人。曾出版过小说集《超人》,诗集《春水》、《繁星》等。她所发表的《寄小读者》,至今仍然声誉不衰。

邹

【姓氏来历】

邹姓主要有两个来源,一是源自春秋时代的邾娄国。据《说文解字》所载,上古时有个邾娄国为颛顼帝后裔曹挟所建,战国时鲁穆公改邾娄国为邹国(今山东省邹平县)。邹国后来被楚国所灭,颛顼的子孙散居各地,后来他们就以故国的名称为氏,就有了邹姓。

另一支来源于宋国,据《史记·殷本记》的记载,是商纣王之兄微子的后代,纣王亡国之后,周武王把商的周围地区封给殷纣王庶兄微子,创建宋国,定都商丘,以供奉商汤的宗祀。后来宋愍公的后代正考父食采于邹邑(今山东曲阜),后传到世孙叔梁纥的时候,就以国为氏,是为邹姓。

【姓氏分布】

据有关资料记载,邹姓早期主要在其发源地即今山东境内发展繁衍。秦汉时期,他们中的一支迁至范阳,发展成为望族;东晋十六国时,由于战乱,中原邹姓大举南迁到江苏、浙江、安徽、江西的一些地方;唐宋时期邹姓发展繁衍于江西、广东、广西等地;现在台湾地区的邹姓人及侨居新加坡等国的邹姓华侨,主要是从广东、福建迁去的。

【姓氏名人】

邹忌:战国时期邹氏家族中很有名的人物,以鼓琴游说齐威王,被任为宰相。他曾劝说齐威王奖励群臣吏民进谏,主张革新政治,修订法律,选拔人才,奖励贤臣等,使齐国实力加强。

邹守益:字谦之,号东郭,安福人,明朝著名学者。主要著作有《东郭集》。

邹伯奇:字一鹗,又字特夫,广东南海人,中国清代科学家。他精通天文、历法、数学,善于将数学应用于实际。曾测绘广东省地图,制造过望远镜、显微镜、照相机、浑球仪和七政仪等仪器。著有《格术补》、《赤道星图》、《黄道星图》等。

邹一桂:字原褒,号小山,晚号二知老人,江苏省无锡人,清代大臣、画家,曾官至礼部尚书。善于花卉及山水画。著有《藤花芍药图》、《古干梅花图》、《小山画谱》等。

窦

【姓氏来历】

窦姓源于姒姓,是上古时夏代康王的后裔。相传在 4000 多年前,大禹之子启的重孙相做了夏国的国王,相懦弱无能。当时有个叫后羿的诸侯,力大无比,善于强弓远射,神话中的"后羿射日"就是以他为原型的。他利用夏朝臣民对国君的不满,发动了政变,杀死了相。当时相有一个妃子正身怀六甲,她在混乱中从自"窦(洞穴)"里逃了出来,逃到娘家有仍氏部落避难。不久,她生下一男孩,这就是少康。少康长大后知道了自己的身世,就下决心复仇兴国。

后羿取得了政权后不久就被其部下寒浞杀害了。这样,寒浞取代了后羿。此时,在夏旧部支持下的少康,力量一天天强大起来。有一天,少康打败了寒浞,恢复了夏朝的政权,这就是历史上有名的"少康中兴"。当年,少康的母亲是从"窦"里逃生的,因此后人为了纪念这个事件,就把姓氏姒姓改为窦姓。

【姓氏分布】

窦姓最初起源于古老的夏朝。在汉朝时,窦姓在发展过程中,逐渐形成了扶风(今陕西省长安县以西)、河南(今河南省洛阳市一带)两大郡望,在当地发展成为望族。如今,窦姓在全国分布较广,主要分布在河北省清河及山东省临清一带。

【姓氏名人】

窦太后：名漪，河北清河郡观津（今河北清河）人，黄老学派的最后一个代表人物。她信奉黄老之学，黄指黄帝，老指老子，主张无为而治，宽政待民。在她的影响下，汉景帝刘启以黄老治国，在以后的日子里黄老思想成为治世的主流思想直到窦太后逝世为止，历经文、景二朝。

窦汉卿：名默，广平肥乡人，金代医学家。他精针灸八脉穴法，著有《针经指南》、《标幽赋》，因行文典雅，论理精湛，元明诸名家皆宗之。

窦汉卿

章

【姓氏来历】

章姓源于妊姓，为黄帝赐封的 12 个基本姓氏之一。据《左传》记载，黄帝二十五子，其中得姓十二，其中有妊，而谢、章、薛、舒、吕、终、泉、毕、过、祝这十姓，都出自最初的妊姓。可见，章姓推溯起来也是黄帝的后裔，也是一个具有悠久历史的古老姓氏。

《古今姓氏书辨证》对章姓的来源是这样介绍的：章姓源于姜姓。上古周朝的开国功臣姜子牙的后代被封在鄣国（在今山东章丘县）。春秋初期，鄣国被齐国所灭，其后人为纪念故国而去邑为章，成为了今天的章姓。

【姓氏分布】

公元前 664 年，鄣国被其同宗齐国消灭，章姓便散居齐地。秦汉之际，章姓搬迁到蒙古、陕西、广东等地；魏晋南北朝时期，姜太公的后裔，在南昌一带繁衍成为大族；隋唐之际，章姓人落籍到四川、江苏、浙江、安徽等地；两宋时，由于北方动荡，此际章姓迁徙以南方为主；明清之际，章姓分布更广，并有沿海之章姓迁居台湾以及东南亚和欧美等地。如今，章姓在全国分布较广，尤以湖北、浙江、江西等省居多。

【姓氏名人】

章邯:字少荣,秦朝将领,曾镇压过陈胜、项梁起义军,立战功显赫,后投降项羽,被封为雍王,建都废丘(今陕西省兴平南),后被韩信击败自杀。

章煦:钱塘(今浙江省杭州)人,乾隆年间进士,曾历任内阁中书、陕甘学政、湖北布政使、湖北巡抚、礼部尚书等职。

章学诚:字实斋,清会稽(今浙江省绍兴县)人,清代著名史学家、思想家、方志学家,乾隆进士。精于史学,编纂《续资治通鉴》等书。著有《文史通义》、《校仇通义》、《史籍考》、《湖北通志》等。

章炳麟:初名学乘,字枚叔,号太炎,浙江省余杭人,近代民主革命家和著名学者。曾参加维新运动、二次革命和护法运动。对中国近代哲学、文学、历史学和语言学均有较高的建树。他的个人主要著作由后人编入《章氏丛书三编》、《章氏丛书》、《章氏丛书续编》等。

苏

【姓氏来历】

据《苏洵族谱·后录》所载,苏姓以封地命氏。颛帝子孙重黎是上古时期帝喾的火正(管火的官),重黎的子孙昆吾被封于苏,建立了苏国(今河南省温县西南)。后来,昆吾的子孙后代就以封地为姓,称为苏氏。

另据《元和姓纂》所载,苏氏以封国命氏。周武王时,有一个叫忿生的大臣受封于苏国,后迁于温(今河南温县西南),称为苏忿生。春秋时,苏国被狄族部落(北方少数民族的统称)所灭,其后子孙就以原来的国名为姓氏。

【姓氏分布】

苏姓发源于今河南省温县西南。先秦时期,苏姓移居今湖南、湖北境内;东晋十六国中原苏姓大举南迁;唐宋时期,苏姓迁居到广西、广东、云南及越南、老挝、泰国等地。如今,苏姓主要分布在上海、浙江、福建、广东、海南、广西、湖南、湖北、四川及重庆等一些地区。

【姓氏名人】

苏洵:字明允,眉州眉山人,北宋著名散文家。与其子苏轼、苏辙合称"三苏",

均被列入"唐宋八大家"。他所著的《权书》、《衡论》、《几策》等文章深得世人喜爱。

苏颂：字子容，福建同安人，北宋天文学家、政治家、药学家。他撰写了《本草图经》21卷，记载药物780种，是世界药物史上的杰作之一。

苏轼：字子瞻，号东坡居士，眉州眉山人，北宋文学家，"唐宋八大家"之一。著有《东坡乐府》、《东坡七集》、《东坡书传》、《东坡易传》等。

苏兆征：广东香山人（今广东中山），著名工人运动领袖之一、中国共产党杰出的无产阶级革命家。他为中华民族的解放和无产阶级的革命事业作出了重大贡献。曾任中央委员、中央政治局委员、中央政治局常务委员等职。

潘

【姓氏来历】

有关潘姓起源的说法很多，其中以郑樵在《通志·氏族略三》中"芈姓，楚之公族，以字为氏，潘崇之先"之说最为普遍。相传，颛顼后裔陆终生有6个儿子，第六子名季连，赐姓芈。周成王时，封其后裔熊绎在荆山建立荆国，公元前740年，荆国国君熊通自封为武王，他的儿子于公元前689年改国号为楚，称楚文王。据《史记·楚世家》记载，公族子弟潘崇氏助楚穆王继位有功，被封为太师，从此潘姓成为楚国的名门望族。《中国名人大辞典》将潘崇列为潘姓人物。由于《史记》载有潘崇事迹，因此现在的潘氏大多以潘崇为始祖。

【姓氏分布】

春秋战国时，潘姓主要在今湖北省境内发展，此后，有向山东、湖南迁徙的少数潘姓人。自东汉末至唐朝，潘姓发展繁衍于河南洛阳、内蒙古、陕西、甘肃等地；宋至元明清时，潘姓已分布于全国各地。如今，潘姓人主要分布在江苏、广东、安徽、内蒙古、河南、四川、湖北、浙江等省。

【姓氏名人】

潘岳：字安仁，荥阳中牟人（今河南中牟），西晋著名文学家、名臣。其《悼亡诗》为世人传诵，明人辑有《潘黄门集》。

潘季驯：字时良，号印川，浙江省乌程（今吴兴）人，明代著名水利家。嘉靖年间进士，曾四任总理河道，先后达27年，他习知地形险易，成绩显著。著有《河防览》、《两河管见》、《宸断大工录》等。

潘之恒：字景升，一字庚生，歙县（今属安徽省）人，明代文学家。撰有《吴剧》、《叙曲》等剧评，另著有诗集《涉江集》。

潘天寿：原名天授，字太颐，号寿者，浙江省宁海人，现代画家、美术教育家。他擅长写意花鸟及山水画，笔墨有金石味，朴厚劲挺、气势雄阔，融诗、书、画、印于一体。他的指画也可谓别具一格，成就极为突出。其代表作有《梅花芭蕉》、《耕罢》、《中国绘画史》、《治印谈丛》等。

范

【姓氏来历】

范氏的始祖，可以追溯到4000多年以前的圣君唐尧。帝尧裔孙刘累之后，在周为唐杜氏。入周被改封于杜（今陕西西安东南），时称杜伯。入周不久，杜伯就被周宣王无辜杀害，他的儿子隰叔逃奔晋国担任士师（法官）。隰叔的曾孙士会，因战功升为晋国中军元帅，并封于范（今河南省范县），其后子孙遂以邑为氏，称范氏。

【姓氏分布】

范姓以河南范县为发源地。唐时，由于中原战乱，河南范县迁居到了浙江、江苏、福建等地；宋时，范姓除在闽南一带发展繁衍外，又分出广东海阳、梅州、陆丰、饶平等许多支派；从明末开始，福建、广东范姓陆续有人移居台湾，后来有的又迁至海外。如今，范姓在全国分布厂泛，尤以江苏、河南、四川、山东、辽宁、黑龙江、湖南等省多此姓。

【姓氏名人】

范蠡：字少伯，楚国宛（今河南省南阳）人，春秋后期越国政治家、军事家和经济学家。曾献计于勾践，一举灭吴，越国立事后则急流勇退，于山东定陶经商，资产千万，称"陶朱公"。

范雎：字叔，战国时魏人，著名政治家、军事谋略家。他曾游说秦昭王，主

范仲淹

张远交近攻,歼灭敌国力量,终使嬴政吞并六国而统一天下。

范仲淹:字希文,北宋名臣、政治家、文学家。他在其代表作《岳阳楼记》中所写的"先天下之忧而忧,后天下之乐而乐",成为千古名句。

范文澜:初字芸台,后改字仲澐,浙江省绍兴人,著名的马克思主义历史学家。曾担任中国科学院中国近代史研究所所长、中国史学会副会长、全国人大常委会委员等职务。他精通文学、经学、史学,著有《正史考略》、《文心雕龙讲疏》、《唐代佛教》等,其中《中国通史简编》和《中国近代史》上册是他的两部重要著作。

彭

【姓氏来历】

彭姓以国名为氏,为颛顼帝玄孙陆终第三子铿之后。据《姓氏寻源》所载,颛顼帝有个玄孙名叫陆终,陆终第三子名铿,后来被封在彭地(今江苏省徐州),为商朝时的诸侯国之一,建立彭国。据说,彭铿是一位有名的老寿星,他经历了夏、商两代,活了800多岁,所以人们又尊称他为"彭祖"。由于受封于大彭,所以他的子孙就按照当时以国命姓习惯,称为彭姓。

【姓氏分布】

今天的江苏徐州铜山境内(殷商时诸侯国大彭)是彭姓的发源地,其后彭姓的繁衍播迁,均是出自此支。晋代,由于战乱及官职周迁等原因,彭姓又有播迁于今山东、陕西、甘肃、江西、四川、福建等省;唐玄宗时,为避安史之乱,彭姓迁居今江西一带;自清代开始,居住在广东及福建的彭姓有部分移居到了台湾地区以及东南亚和欧美等地。如今,彭姓分布最多的地区在湖北、湖南、四川等省。

【姓氏名人】

彭越:字仲,昌邑(今山东巨野县)人,西汉大将。曾先后在汉高祖刘邦收魏、定梁、灭楚的战事中建立奇功,后被封为梁王。当时他与韩信、英布被称为"三王"。

彭俞:宜春(今属江西)人,少年时隐于集云峰,学邃于易,官至终朝散郎。有《君子传》、《循吏龟鉴》等传世。

彭真:原名傅懋恭,山西曲沃人,中国政治家。他曾是中国共产党、中华人民共和国的重要领导人。1997年4月26日因病在北京逝世,享年95岁。

彭德怀:原名彭德华,号石穿,湖南湘潭人,中国共产党著名军事家,中华人民共和国元帅之一。曾任前国务院副总理兼国防部长，中共第六至八届中央政治局委员，中共中央军事委员会副主席。1974 年 11 月 29 日病逝于北京，享年 76 岁。

鲁

【姓氏来历】

鲁姓源于姬姓，以国名为氏。据《姓谱》记载，西周初年，周武王的弟弟旦有封地在周，称为周公。周公当初被封在东方的鲁国，但是他要留在周都辅佐周王，就派儿子伯禽去了鲁国（今山东省济宁曲阜）。伯禽到鲁国后，继续征伐周围的淮夷、徐夷，使鲁国成为当时的东方大国。几年后，他兴致勃勃地回京城向周公汇报治理的结果时，周公却忧心忡忡地说："你为政如此烦琐，这不是件好事，你花了几年才治理各国，而和你同时前往封国的太公（指姜子牙）只花了几个月，因为他凡事化简，看来将来鲁国要向齐国称臣了。"

后来事实证明，由于鲁国讲究那一套烦琐的礼节，国势日弱，而齐国却日渐强大，到齐桓公时，齐国终成春秋霸主。战国时，鲁国被楚国灭掉，其公族子弟迁到下邑（今江苏省杨山县东）。失国后的鲁国公族后代，以国名为姓，就是鲁氏。

【姓氏分布】

鲁姓发源于鲁国（山东省济宁曲阜市）。隋唐以前，鲁姓已广布江东一带；宋元之际，居江苏、江西、安徽、浙江一带的鲁姓为避兵祸南迁入福建及广东，西迁入湖北；明时，鲁姓作为山西洪洞大槐树迁民姓氏之一，被分迁于山东、河南、江苏、湖南等地；清初，山东鲁姓发展迅速，并随闯关东之风潮到东北谋生，还播迁到台湾及海外地区。如今，鲁姓在全国分布的地区比较广泛，尤以山东、安徽两省鲁姓最多。

【姓氏名人】

鲁班：春秋时鲁国人，本公输氏，名般，因"般"和"班"同音，古时通用，故人们常称他为鲁班。他是我国古代著名的建筑工匠、建筑家。他所作出的贡献，对后世影响很大。几千年来，一直被奉为木工、石工、泥瓦匠等工艺部门的共同祖师，称为"鲁班爷"。

鲁贞：字起元，号桐山老农，浙江开化人。元统年间举人，隐居不仕，其精通理学，胸怀平和旷达，著有《易注》、《中庸解》、《春秋按断》等。

鲁得之：字孔孙，号千岩，钱塘（今杭州）人，明代书画家。著有《竹史》、《墨君题语》、《细香居集》。

马

【姓氏来历】

据《元和姓纂》所载,马姓源于赵姓。春秋战国时期,赵氏建国后,赵姓逐渐繁衍成了中华民族之大姓。赵姓中,由于采邑、封号、居地等原因,又分出了一些支裔姓氏。其中,马姓也在其中。

马姓始祖为赵奢,是帝颛顼裔孙伯益的后代。赵奢当时只是一个不知名的田税官。有一次,平原君的家里拒交租税,赵奢毫不犹豫地把平原君家有关的几个人杀了。平原君知道后大怒,要杀他。赵奢理直气壮地对平原君说:"你是赵国最有影响的人,又是国君的弟弟,连你家都不守法,法还有什么用?国家没有法就要灭亡,国灭还有你平原君吗?"

平原君大悟,把他推荐给赵王当管理全国田赋的官。赵奢上任后严格管理,很快使国库充盈起来。后来秦军攻打韩国,韩王向赵国求救,赵国大将廉颇和名相蔺相如认为道路狭窄难以进兵,赵奢却认为道路狭窄对两军都不利,就像老鼠钻进洞里,谁勇敢谁就胜。赵王很欣赏他的话,就让他带兵救韩,他一面采取麻痹敌人的办法,一面又出奇兵袭击秦军,终于大获全胜。后来他又打了不少大胜仗,成为继廉颇之后赵国的又一名将,被赵惠文王封于马服(今河南邯郸),称为马服君。赵奢死后,其子孙后代,最初以"马服"两个字为姓氏,后来他们省去"服"字,改为单姓马。

【姓氏分布】

马姓最初发源于河北省邯郸市一带。两汉至南北朝时期,马姓分布于今河北、山东、四川、甘肃、浙江等地;唐朝末年,马姓在福建省发展成望族;宋元明以后,江西、广东地区马姓逐渐增多;至清代,马姓开始有些移居于台湾地区、东南亚和欧美等地。现今,马姓主要分布在我国北方的辽宁、西北地区的陕西、甘肃等省。马姓不仅是汉族大姓,在回族中也是一大姓氏。

【姓氏名人】

马融:字季长,右扶风茂陵(今陕西兴平东北)人,东汉儒家学者,著名经学家,尤长于古文经学。一生注群经外,兼注《离骚》、《尚书》、《论语》、《老子》、《淮南子》等。

马超:字孟起,三国扶风茂陵(今陕西兴平东北)人。东汉末随其父马腾起兵,后归刘备。蜀汉建立时任骠骑大将军。

马瑞临:今江西省乐平人,宋元之际著名史学家。他一生博览群书,历经20年著成《文献通考》,为记述我国历代典章制度的重要著作。

马致远:元代著名杂剧和散曲作家,与关汉卿、白朴、郑光祖并称"元曲四大家"。其杂剧作品有《岳阳楼》、《汉宫秋》、《马丹阳三度任风子》、《江州司马青衫泪》等。散曲有辑本《东篱乐府》。

马琬:字文璧,号鲁钝生,江宁(今江苏省南京市)人,元末明初画家,曾官至抚州巡府。擅长山水画,兼工书法,能诗文。其代表作品有《春山清霁图》、《乔岫幽居图》、《雪岗渡关图》等传世,另著有《灌园集》。

方

【姓氏来历】

方姓源出有两支。一支是以封地为姓。据《世本》所载,相传上古黄帝神农氏之裔孙雷,因黄帝伐蚩尤时,帮助黄帝打败蚩尤立下了大功。后来,黄帝论功行赏,雷被封于方山(今陕西省陇县西南)。后人以封地为姓,称为方氏。

另一支是以祖辈名字皇上赐姓,源出于姬姓。周宣王时,南方有荆人不听从号令,周宣王便派大臣方叔领军征伐。方叔姓姬,名寰,字方叔,是周朝的元老大臣。他还曾领兵打退过北方民族猃狁的侵扰。这一次他率领3000乘战车进攻荆国,很快就迫使荆人投降,平息了南方的叛乱。因多次立功,周宣王赐他的子孙以方为姓,称为方氏。

【姓氏分布】

方姓以河南省为发源地,后来南方各地出现的方姓有些成为望族,均是河南方姓向南播迁的结果。隋唐以前,今山东、山西一带及北方的一些地区,也都有方姓居民;唐初,有河南方姓随陈政、陈元光父子入闽开漳并落籍漳州;明初,方姓作为明朝洪洞大槐树迁民姓氏之一,被分迁至河南、河北、安徽、陕西等地;清初,广东及福建地区的方姓人也有迁居到台湾及海外地区的。如今,方姓在全国分布广泛,辽宁、江苏、浙江、云南、福建多此姓。

【姓氏名人】

方信孺:字孚若,号好庵,莆田(今属福建)人,宋代优秀外交家。著有《观我轩集》、《方信孺词选》、《南海百咏》等。

方岳:字巨山,号秋崖,祁门(今属安徽)人,南宋后期著名爱国诗人。著有《秋崖先生小稿》、《方秋崖先生全集》83卷。

方世玉:广东肇庆人,清代武林高手。此人除精通拳脚外,擅使花刀;为人侠肝义胆,疾恶如仇,其英雄事迹在中国民间家喻户晓,被称为少年英雄,与兄弟方孝玉和方美玉同被称为"少林十虎"。

方东美:原名王旬,字东美,安徽桐城人,中国现代哲学家,被海内外誉为民国以来我国在哲学上真正学贯中西的第一人。著有《生命情调与情感》、《人生哲学总论》、《中国人生哲学精义》、《方东美先生全集》等。

俞

【姓氏来历】

俞姓的来源只有一种说法。相传很早以前,中国的杏林之祖俞跗跟神农学尝百草,后来自己能熟知各种药草性能,因此被视为神医。有一次,黄帝的小儿子禺阳病了,而且很严重,黄帝请俞跗去治疗,可等他到了之后禺阳也快断气了。黄帝深爱此子,见状十分悲痛。跗就剖开禺阳的肚子,将其内脏清洗干净,最终使禺阳起死回生。

后来有人问他:"快死的人了,你剖开他肚子,万一救不活那不是要承担罪责吗?"俞跗却说:"医生的首要条件,就是忘掉自己,只有忘掉自己,才能把心放在患者身上。"由于他医术高超,治什么病都能痊愈,人们就叫他愈跗。"俞"与"愈"同音,后来又称他为俞跗,他的后人就以俞为姓,就是俞氏。

【姓氏分布】

俞姓发源于五千年以前的黄帝时代,后又有春秋时郑国、楚国公族加入俞姓。在隋唐之际或隋唐以前,俞姓曾长期生活在今山西、河南、河北、湖北等省;宋代以后,俞姓主要分布在今浙江、安徽、江西等地;明初,俞姓作为明朝洪洞大槐树迁民姓氏之一,被分迁于陕西、甘肃、河北、天津等地;到了清代,俞姓仍以华东之地为众。如今,俞姓在全国分布甚广,主要分布在安徽、浙江、江苏等省。

俞桂:字晞郤,仁和(今浙江省杭州)人,宋代官吏、诗人。曾驻守海滨,平时也不忘吟诗作赋。著有《渔溪诗稿》2卷、《渔溪乙稿》1卷。

俞琰:字玉吾,号全阳子,林屋山人,石涧道人,吴郡(今江苏省苏州)人,宋末元初著名思想家、文学家。以词赋闻名,精通《周易》,著有《易外别传》、《阴符经注》、《周易集说》、《易图纂要》、《席上腐谈》、《书斋夜话》、《林屋山人集》等。

俞山:初名墓,字积之,号梅庄,秀水(今浙江嘉兴)人,明代大臣。工于诗,善大篆,亦精墨梅。作品有《梅庄集》。

俞樾:字荫甫,自号曲园居士,浙江德清人,清代著名学者。道光年间进士,历任翰林院编修、河南学政。罢职后,一意治经。著有《宾萌集》、《诸子平议》、《群经平议》、《茶香室丛钞》、《春在堂诗编》等。

俞宗礼:字人仪,号凡在,一作东凡,今江苏苏州人,清代著名画家。俞宗礼工于山水及写真,尤善白描人物,笔墨精细,有"龙眼复生"的美誉。

袁

【姓氏来历】

袁姓溯源主要是以祖辈名字为姓氏,是从陈姓中分化出来的分支,源于妫姓。周初,周武王仿效尧以二女嫁舜的做法,把大女儿嫁给舜的后人胡公妫满,并封为陈侯,就是陈姓。陈胡公的第九世孙名诸,字伯爰。伯爰的孙子爰涛涂被封在阳夏,他以祖父名字为姓,后代就是爰氏。古时爰、袁、援、辕等字同音,上古时同音通用,到了汉代,多以袁为姓,爰、辕反倒少见了。

【姓氏分布】

袁姓早期主要是在其发源地河南发展繁衍,其发展中心为陈郡,尤其是汝南。秦汉时期袁姓传播到江苏、山西、河北、陕西等部分地区;南宋以前,已有袁氏徙居福建;清代福建、广东地区的袁姓陆续有人移居台湾地区以及新加坡、印尼等国家。如今,袁姓在全国分布广泛,尤以河南、河北、四川、江苏、江西、浙江等省多此姓。

【姓氏名人】

袁山松:字桥孙,陈郡阳夏(今河南太康)人,西晋吴郡太守。他性情秀远,擅长音乐,其歌《行路难》,听者无不落泪,与羊昙之唱乐、桓伊之挽歌,并称"三绝"。著有《后汉书》百篇,今遗失。

袁江:字文涛。江都(今江苏扬州)人,清朝著名画家。工画山水、楼台,景物曲折有致,笔墨严整。代表作有《东园胜概图》、《汉宫秋月图》等。

袁枚:字子才,号简斋,晚年自号苍山居士,钱塘(今浙江杭州)人,清代著名文学家。著有《随园诗话》、《小仓山房集》、《随园随笔》等书,散文代表作《祭妹文》,哀婉真挚,流传至今。

袁世凯:字慰庭,号容庵,是中国近代史上赫赫有名的北洋军阀鼻祖、中华民国大总统,风云一时,叱咤中国政坛。1915年12月袁世凯宣布恢复帝制,建立中华帝国,并改元洪宪。1916年6月6日,袁世凯因尿毒症不治,死于北京,时年57岁。同年8月24日正式归葬于河南安阳。

袁世凯

袁隆平:江西省九江市德安县人。我国杂交水稻研究创始人,被誉为"米神"、"杂交水稻之父"、"当代神农"等。

柳

【姓氏来历】

柳姓源于姬姓,为春秋时鲁国展禽之后,以邑名为氏。据《元和姓纂》所载,周公的裔孙鲁孝公的儿子叫展,展的孙子无骇以祖父的名字为姓,称为展氏,后传至无骇的儿子展禽这一代。

据说,有一年冬天,展禽路遇一位冻倒在地的女子,于是他便用自己的身体为其取暖,自己不动一点邪念。所以后人用"坐怀不乱"来形容正人君子。展禽死后,他的门人就给起个谥号"惠"。由于他封邑在柳下,史家称他为"柳下惠",他的后人便以柳为姓,奉他为柳姓始祖。

【姓氏分布】

柳姓最早的繁衍之地在今河南北部和山东西部一带。秦时,原居鲁国的柳氏后人迁居到河东,子孙世代绵延,终于成了河东的望族;唐时,柳姓已入居四川、广西、福建等地;宋元明时期,柳姓名人多出自江苏、安徽、浙江、福建等南方之地;到了清代,居住在广东及福建之地的柳姓有的迁居到台湾及新加坡等地。今日柳姓尤以山东、四川、湖北、湖南等省居多。

【姓氏名人】

柳宗元:字子厚,唐代河东(今山西省永济市)人,著名的文学家和哲学家,为唐宋八大家之一。与韩愈共同倡导唐代古文运动,并称韩柳。尤擅长散文,峭拔矫健,寓意深刻。他一生留诗文作品达600余篇,其文的成就大于诗。传世有《柳河东集》,也称《唐柳先生集》。

柳永:原名三变,字景庄,后改名永,字耆卿,排行第七,又称柳七。崇安(今属福建)人,北宋词人,婉约派创始人。其词作流传极广,"凡有井水饮处,皆能歌柳词"。著有《乐章集》。

柳公权:字诚悬,唐朝京兆华原人,著名书法家。柳公权擅长楷书,结体劲媚,法度谨严。著有《送梨帖跋》、《玄秘塔》、《金刚经》、《神策军碑》。

柳如是:字如是,号河东君,又号蘼芜君,吴江(今属江苏省)人,清初女诗人、画家。其善画,白描花卉,雅秀绝伦,山水石竹,淡墨淋漓。著有《戊寅草》、《柳如是诗》等。

柳宗元

史

【姓氏来历】

据《唐书·宰相世系表》所载,史姓以官名(世职)为姓氏,出自周太史佚之后。

我国古代即有史官制度,史官在王左右,他的责任是记录帝王的言行和史实,管理宫中典籍。夏、商、周三代称为太史。西周初年,由于继位的成王年幼,因此由周初四圣辅政,即太公、周公、召公、尹佚。太史尹佚为人严正,他不但要完成史官的责任,还要把成王的言行和古代圣贤对照,使成王知道哪是对,哪是错。尹佚被史家称为史官的典范,由于他终身在周任太史,后称史佚。因此他的后人就以官名为姓,就是史氏。

春秋战国时期,史氏相当广泛地分布于全国各地;汉时,史姓繁衍发展到山东、江苏、甘肃、陕西、广西、四川等地;唐五代至宋时,今湖南、浙江、山西、江西、河北等省有史氏;到了明清时期,史氏还分布于今安徽、湖北、福建、广东、云南以及海外地区。如今,史姓尤以湖南、山东较多。

【姓氏名人】

史墨:春秋时期晋国大夫,长于天文,熟悉各诸侯国内政。他认为"社稷无常奉,君臣无常位,自古以然",还提出"物生有两"的辩证法。

史鱼:字子鱼,名佗,卫灵公时任祝史,故称祝佗,春秋时卫国史官,以正直著称。临死时,他还劝卫灵公进贤(蘧伯玉)去佞(弥子瑕),后人称为"尸谏"。他秉笔直书,堪称史家楷模。

史可法:字宪之,又字道邻,祥符(今河南开封)人,明末政治家、军事家,中国民族英雄。顺治二年兵困扬州时,他拒降固守,奋战到底,英勇就义。

史孟麟:字际明,号玉池,宜城人,明朝理学家。他主张以理学为"国本",以名节相砥砺,同时参与东林书院讲学。著有《望来台记》。

唐

【姓氏来历】

据《姓源》所载,唐姓是以国名为姓,是圣君帝尧的后代。传说上古时喾帝有4个孩子。元妃姜源生神农后稷,次妃庆都生圣帝尧,三妃简狄生商族始祖契,四妃常仪生挚。喾去世后挚继位,因其荒淫无度,九年后被各路诸侯废掉。诸侯共举年仅18岁的尧继位,据说他做了一百年天子,后来禅位给舜。尧死后,舜封他的儿子丹朱为唐侯。此后,这一侯国累世相传,经历夏商两代,直到西周初年才被周公灭掉。从此,唐侯的裔孙中开始有人以唐为姓。

【姓氏分布】

唐姓发源于陕西、山西、豫鲁(今河南、山东间地)、湖北。汉时,唐姓分布于江苏、安徽、甘肃、山西等地;南北朝时期唐姓已相当广泛地分布于大江南北的许多地方;唐朝时有河南固始唐姓移居福建;宋代有晋昌唐姓随宋室南渡,定居江西、广东、广西等地;到了清代,福建、广东的唐姓有移居至台湾及海外。如今,唐姓尤以四川、湖南、贵州、山东、安徽、广西等省区居多。

【姓氏名人】

唐举:战国时期梁国(今陕西韩城南)人,相术家,以善相术著名。相人之形状、颜色而知其吉凶、妖祥。

唐慎微:字审元,蜀州晋阳(今四川崇庆)人,宋代著名医药学家。编有《经史证类备急本草》,总结了宋以前的药物学成就,流传很广。

唐赛儿:蒲台县西关(今滨州市蒲城乡)人,明末山东农民起义军女首领。

唐英:字隽公、叔子,号蜗寄居士,奉天(今辽宁)人,清代戏曲作家、陶瓷家。擅作戏曲,能诗工书,善画山水人物。著有杂剧《转天心》、《面缸笑》、《十字坡》等17种,合为《古柏堂传奇》。

薛

【姓氏来历】

据《元和姓纂》记载,薛姓以国名为氏,源于任姓。任姓为我国较古老的姓氏。相传黄帝的小儿子禺阳封在任国,得任姓,他的十二世孙奚仲在夏禹时任车正,被封为薛侯,定都于薛(今山东滕县)。商汤时,奚仲的十二世孙薛侯仲虺在任左相。商末时,周伯季历娶薛侯女儿大任为妻,生下姬昌,就是周文王。后来薛被楚国吞并,失国的薛侯子孙便以国为姓。

【姓氏分布】

薛姓发源于今山东,后又迁至江苏邳州。战国时薛氏已播迁于今湖北、湖南、江苏、河南、河北省境内;三国时已有薛姓徙居今甘肃境内;西晋末年出现永嘉之乱,中原薛姓随晋室南渡,河东人薛推迁至江南及福建晋安;唐宋时期,福建薛姓又分衍出广东海阳、五华、兴宁、梅州等支派;到了清代,福建及广东的薛姓陆续有迁入台湾及海外地区。如今,薛姓分布以江苏、山西、河北、福建等省为多。

【姓氏名人】

薛道衡:字玄卿,河东汾阴(今山西万荣)人,隋代名臣、著名诗人。其诗辞藻华艳,多数边塞诗比较雄壮。《昔昔盐》中的"空梁落燕泥"句,为后人广为传诵。

薛仁贵:唐朝名将,善于骑射。唐太宗时,应募从军,多次立战功,后又率军大败突厥于天山,军中有"将军三箭定天山"的赞歌。

薛稷:字嗣通,蒲州汾阴(今山西万荣)人,唐朝大臣、书法家。他善画人物、鸟兽。他与欧阳询、虞世南、褚遂良并称"唐初书法四大家"。

薛涛:字洪度,唐朝长安(今陕西省西安市)人,著名女诗人。因为从小家贫,沦为歌妓,善歌舞,工诗词。创制深红小笺写诗,人称"薛涛笺"。其代表作有《锦江集》,共5卷,诗500余首,但未有流传。

雷

【姓氏来历】

据史料记载,雷姓是以部落名为姓,源于上古黄帝时期。传说上古有个部落叫方雷氏,方雷氏首领的女儿便是黄帝的第二个妃子,后来生下儿子青阳氏。当时方雷氏的首领人称其为雷公。他是个名医,深通医道,是我国古代医学之祖。他的后人即以部落名为姓,就是雷氏。

另据《元和姓纂》所载,雷姓以国名为氏,源自炎帝神农氏的九世孙方雷之后。传说方雷氏因屡获战功被黄帝封于方山(今河南省中北部一带),后建立诸侯国。其后人就以国名为氏,为方雷氏。后又分为两支,一支姓方氏,一支姓雷氏。

【姓氏分布】

雷姓最初在中原繁衍发展。汉时,雷姓迁居于江西、湖北、四川等地;魏晋南北朝时期,雷姓在南北方都有新的发展;唐宋以后,雷姓分布更加广泛,如内蒙古、广东、陕西等省均有雷姓;明初,雷姓作为明朝洪洞大槐树迁民姓氏之一,被分迁于陕西、甘肃、河南、河北等地;到了清代,雷姓分布更为广泛,而且有部分人移居海外。如今,雷姓尤以四川、湖北、陕西等省居多。

【姓氏名人】

雷敩:南朝著名药物学家,以著《雷公炮炙论》而著称。其中有的制药法,至今仍被沿用。还著有《论合药分剂料理法则》等。

雷万春:唐朝张巡偏将。安禄山部将围攻雍丘时,他在城上面中六箭,坚守不动。后随张巡守睢阳(属今河南商丘),坚守不屈。城陷后,与张巡同时遇害。

雷锋:原名雷正兴,湖南省长沙人,伟大的共产主义战士。在辽宁抚顺服役时,荣立过二、三等功各一次。1962 年 8 月 15 日因公殉职,年仅 22 岁。

倪

【姓氏来历】

倪姓以国名为姓,为黄帝后裔邾武公次子之后。据《通志》载,春秋时期,邾武公将次子肥封于郳(今山东省滕州境内),建立了郳国,为邾国附庸。子孙以国名为姓,称为郳氏。春秋战国时郳国被楚国所灭,亡国后子孙为避仇便改"郳"为"倪"。

【姓氏分布】

现在,山东省的滕州和枣庄两地都有叫做郳城的地方。根据考证,这两处地方是倪姓的最初发源地。战国时,有倪姓人在河南落籍;两汉时,倪姓繁衍于山东、安徽一带;隋唐之际,倪姓在北方的分布渐广,今河北、河南、山西等境均有倪姓;宋时,倪姓渐分衍于湖北、广东、广西等地;明初,倪姓作为明朝洪洞大槐树迁民姓氏之一,被分迁于今山东、河南、安徽等地;清代,广东、福建两地倪姓迁居到海外。如今,倪姓尤以江苏、湖北等省为多。

【姓氏名人】

倪良:战国时代的军事家,曾统领六国军队。幼年时家境贫寒,每次去田里劳动时,总是把《五经》挂在锄钩上,有空即读,后来"带经而锄"的故事广为流传。

倪思:字正甫,湖州归安(今浙江吴兴)人,宋朝学者。干道二年中进士,历任礼部侍郎、礼部尚书,以直谏著称。此人博学多才,著有《兼山集》、《齐山甲乙稿》等。

倪瓒:初名"珽",字泰宇,后字元镇,号云林,元代画家、诗人。他的诗文造语自然秀拔,清隽淡雅,不雕琢。著有《清閟阁集》15 卷。

倪元璐:字玉汝,号鸿宝,浙江上虞人,是明代的忠臣。能诗文,工行草,善画山水竹石。为人正直廉明,不畏强权,官至户部尚书。李自成攻陷京城时,自缢而亡,谥文正,清代时追谥文贞。有《倪文贞集》传世。

倪稻孙:字米楼,仁和(今浙江杭州)人,清代书画家、词家。少年时工于填词,游吴公之门,名播吴越。精篆隶,善画兰,笔疏墨淡,饶有逸情。

汤

【姓氏来历】

商汤是殷商的开国之主成汤拥有天下之后的号。据《通志·氏族略》所载,成汤,帝喾之子契的十四世孙,姓子,名履,又名天乙。他是夏朝末年商族部落的首领,他本是夏朝的方伯(专管征伐之事的一职位)。

夏朝末期,帝桀为君,残暴无道,国内日趋动荡不安,履见其形势,便产生了代夏之心。后来他与另一强大部落有莘氏联合灭夏,把夏桀放逐到南巢(今安徽省巢县西南),这样,履就建立了中国历史上第二个奴隶制国家——商朝,定都于亳(今河南商丘)。之后,其后代子孙有一支为纪念这位开国君主,就以其谥号命氏,称为汤姓,奉成汤为汤姓得姓始祖。

【姓氏分布】

汤姓最早发源地是今河南省境内。秦汉时期,汤姓尤以河北一带繁衍发展较快;魏晋南北朝时,由于战乱,汤姓主要向东、南两个方向避乱;唐末五代时,中原汤姓再度南迁到湖南、江苏、浙江等地;宋代以后,汤姓分布于江苏、安徽、浙江、湖南等地;明代,汤姓作为大槐树移民姓氏之一,分迁于河北、山东、陕西、湖北等地;清代,广东汤姓陆续有人入居台湾及东南亚一带。今日汤姓主要分布在湖南、江苏、福建等地。

【姓氏名人】

汤正仲:字叔雅,号闲庵,黄岩(今浙江黄岩)人,宋代著名画家。善画梅、竹、松、石,清雅如傅粉之色。其作品别具新意,享誉画坛。其代表作品有《梅鹊图》、《霜入千林图》等。

汤世树:江苏省武进人,清代诗书画家。书学米芾,题识精美,写生鲜丽,为江南赋色家一大宗,时称"三绝"。

汤天池:名鹏,江苏溧水人,清代铁画家。铁画是用铁铸成线条,再焊接而成的一种美术作品。主要是借鉴国画的水墨、章法、布局,线条简明有力,苍劲古朴。相传,他受邻居萧云从的影响比较大,是铁画的鼻祖。

罗

【姓氏来历】

罗姓其中最重要的一支出自妘姓,是颛顼帝之孙祝融氏之后裔。祝融是帝喾时期的火官(掌管民事),因他有功,能光融天下,帝喾便命他为祝融,被后人称为"火神"。祝融的后裔分为八姓,即己、董、彭、秃、妘、曹、斟、芈等,史称"祝融八姓"。周朝时,有子孙被封在宜城(今湖北省宜城县),称为罗国。后来,罗国被楚国所灭,祝融子孙逐渐向南迁移,为不忘亡国之恨,遂以原国名为姓,尊颛顼为罗姓始祖。

【姓氏分布】

罗姓最早起源于我国中原地区。唐时,罗姓迁居到江西、广东两省;元明时期,罗姓迁往到四川、贵州等地;隋唐时期,罗姓分布于今山西、河北、安徽、江苏等地;清代开始,居住在广东及福建等地的罗姓,迁居到台湾地区及印尼等国家。如今,罗姓主要分布地区在四川、广东、湖南、江西、贵州和湖北等省。

【姓氏名人】

罗贯中:名本,以字行,号湖海散人,元末太原人,是中国章回小说的鼻祖。《三国演义》为其代表作。

罗聘:字遁夫,号两峰,安徽歙县人,清代著名画家。其笔调奇创,超逸不群,别具一格,为"扬州八怪"之一。其子允绍、允缵,均善画梅,人称"罗家梅派"。

罗瑞卿:四川省南充人,是中国人民解放军早期著名领导人之一,多次参加并领导著名战役,战功卓著,建国后被授予"大将"军衔。

罗荣桓:原名慎镇,字雅怀,湖南衡山寒水乡南湾村(今湖南衡东)人,著名的军事家、政治家。他是中华人民共和国元帅之一,是中国人民解放军创建人和领导人之一。

罗贯中

国学经典文库

国学大智慧

《百家姓》智慧通解

图文珍藏版

毕

【姓氏来历】

毕姓的始祖是周文王15子毕公高。据《左传》所载,商朝末年,周文王15子名高,随周武王一起伐商,立了不少大功。西周建立后,他负责处理被商纣王关押的犯人。他采取了宽大政策,平反了不少冤案,表彰了因直谏而受害的忠臣,因而在百姓中享有很高的声誉,成为"周初四圣"之一。他被周武王封在陕西咸阳东北的毕国,人称毕公高。他的后人就以国为姓,称为毕姓,他们奉毕公高为毕姓始祖。

【姓氏分布】

毕姓的发源地在今陕西长安、咸阳两地之北,也就是渭水的南北两岸。战国时,毕姓已进入山东;先秦时期,毕姓主要繁衍于河南、山西等地;西汉时,毕姓扩展于河北及广西两地;魏晋南北朝时期,居于山东的毕姓繁衍日盛;唐宋时期,毕姓人迁居到湖南、江西、安徽等地;明初,山西毕姓人作为明朝洪洞大槐树迁民姓氏之一,被分迁于陕西、山东、河北等地;清代,河南、山东的毕姓人,入迁东北三省。如今,毕姓尤以山东、河南、黑龙江等省居多。

【姓氏名人】

毕宏:唐朝京光人,寓居于蜀。善画山水、古松、奇石。杜甫《戏韦偃为双松图歌》中有"天下几人画古松,毕宏已会韦偃少"的诗句。

毕昇:淮南路蕲州蕲水县(今湖北省英山县)人,北宋布衣,活字印刷术的发明者。他还研究过木活字版,活字可以多次使用,是世界上最早的活字印刷。

毕沅:字秋帆,又字梁蘅,自号灵岩山人,江苏省镇江(今太仓)人,清代大臣、学者。乾隆二十五年官至湖广总督。经史子学金石地理之学,无所不通。其代表作有《传经表》、《经典辨正》、《灵岩山人诗文集》等。

毕道远:字仲任,号东河,山东淄川(今淄博市)人。清代道光二十一年中进士,光绪八年授都御史,历官至礼部尚书。

安

【姓氏来历】

安姓源于姬姓。传说远古黄帝有个儿子叫昌意,昌意次子叫安,后居住西方,成为西方众部落的首领,不久便建立安息国(今伊朗)。到了东汉时期,张骞出使西域,安息国与中原来往增多,到中原来经商,宣扬佛教,有些人就在中原定居,繁衍后代。

在这些人当中,有一个叫清的王太子也来中国传播佛教,此人博学多才,对佛经很有研究,又修习过禅定。他放弃了王位,出家修行,先在西域一带游化,以后又辗转中原,于公元148年到达河南洛阳。他很快就通晓华语,还取华语名为"世高",以国名为姓,称安世高。后来,安息人来中原不归者便像他一样也以安为姓,尊奉世高为安姓始祖。

【姓氏分布】

安息国的安姓自入居中原后,分居于河南、湖南、甘肃等地,其中尤以甘肃、湖南二省安姓繁衍迅速。三国两晋南北朝时,北方战乱频繁,中原安姓大举南迁;唐宋元时期,安姓迁居到安徽、江苏、浙江等地;明初,安姓作为大槐树迁民姓氏之一,被分迁于山东、安徽、浙江等地;清代有广东、福建沿海之地安姓迁居到台湾地区及海外国家。如今,安姓主要分布在河北、安徽、河南等地。

【姓氏名人】

安重荣:字铁胡,五代后晋朔州人,后唐时任振武巡边指挥使。后归附后晋石敬瑭,任成德军节度使。石敬瑭投降契丹后,安重荣起兵反之,次年战败被杀。他这种民族气节,得到了后人的景仰。

安维峻:字晓峰,号盘阿道人,甘肃秦安县人,清代著名的谏官。光绪年间进士,授编修。安维峻直言敢谏,曾被慈禧革职,后又重新启用,任京师大学堂总教习。著有《诗文集》、《四书讲义》。

安文钦:陕西省绥德人,抗战时期积极与八路军合作。新中国建立后,历任陕西省人民政府委员,全国人民代表大会代表,被称为"陕西四老"之一。著有《满腹牢骚记》等。

常

【姓氏来历】

相传在远古黄帝时代,以常为姓的古人相当多。当时黄帝有两个大臣,是兄弟二人。一个叫常仪,黄帝命他占月。他根据日月星辰的变化制定了中国第一部历法,称为黄历,是我国历法始祖。另一个叫常先,黄帝命他为大司空,和风后一起主管猎牧。他们使我们的祖先由猎牧转为畜牧,是开创我国畜牧业的始祖。他们的后代就以他们的名字为姓,奉二人为常姓始祖。

另一来源认为,常姓是以封地为姓。《元和姓纂》记载,周武王灭商后,封其弟(文王幼子)于康邑,世称康叔封,亦称康叔。后来武王之弟周公又将原来商都周围地区和殷民七族封给康叔,建立了卫国(今河南、河北一带)。周初,周公大肆分封诸侯,诸侯又有封地之制,卫康叔有一子封于常(今山东滕县东南)。后来,秦国灭卫,其后裔有以国为氏姓卫,也有以封地为氏姓常的。

【姓氏分布】

常姓早期发源地是江苏、山东两地。魏晋南北朝时期,河南、甘肃常姓繁衍茂盛;隋唐时期,常姓分布陕西、福建两地;宋代,常姓迁徙于浙江、湖北等地;明代有山西常姓被迫迁周边省份之人烟稀疏之地;清代常姓迁居到台湾地区及新加坡等地。今日常姓以黑龙江、吉林、河南、河北、山西等省居多。

【姓氏名人】

常骞:三国江原人,以清尚知名。学识渊博,为人清尚,名噪一时。

常伦:字明卿,号楼居子,明代散曲家。曾官至大理寺评事。其代表作品有《写情集》、《常评事集》等。

常志美:字蕴华,清朝时期杰出的伊斯兰教学者和经师。他精通波斯文,潜心研究宗教哲学。后来由他开创的学派发展成中国伊斯兰教寺院经堂教育中的山东学派,对后世的影响很大。

常任侠:乳名复生,原名家选,字季青,安徽颖上人,现代著名美术史家、作家。著有《汉画艺术研究》、《中国古典艺术》、《中国舞蹈史》、《中国木偶皮影艺术史》等著作。

乐

【姓氏来历】

乐姓源于春秋时的宋国,是宋国王族的后裔,发源于河南商丘。当时的宋国,是由殷商纣王的长兄微子所建立,本来这个地方是封给武庚的,但是由于武庚叛变,后来被讨伐,周成王就把河南商丘封给了微子,并且封他为宋公。后来,宋戴公之子公子衍(字乐父)的后代,又以公子衍的字为氏,于是就出现了"乐"这个姓氏。公元前 286 年宋国被齐、魏、楚三国所灭,后人奉公子衍为乐姓的始祖。

【姓氏分布】

乐氏源于春秋时的宋国,跟后世以宋为姓的人,算起来是血脉相同的一家人。南北朝至隋唐五代十国时,乐姓始大批南迁到湖南、浙江、安徽、江西等地;明初,山西乐姓作为洪洞大槐树迁民姓氏之一,被分迁于陕西、甘肃、宁夏等地;到了清代,乐姓除进入西南外,还迁居到台湾及东南亚等地。如今,乐姓尤以浙江、河南两省居多。

【姓氏名人】

乐毅:战国时赵国灵寿人(今河北省灵寿县西北)人,战国后期杰出的军事家。公元前 284 年,他统帅燕国等五国联军攻打齐国,攻下 70 余城,创造了中国古代战争史上以弱胜强的著名战例。

乐进:字文谦,阳平卫国(今河南清丰)人,三国时魏国曹操名将。擅打仗,最早投奔曹操,为帐前吏。后跟随曹操讨吕布,攻张绣,战袁绍,多次立战功。后来曹操以乐进数有军功,迁右将军。

乐韶凤:字舜仪,明代全椒人。博学能文,谒太祖于和阳,从渡江,参军事。洪武三年授起居注,累迁至兵部尚书,与中书省、御史台、都督府定教练军士法。撰有《回銮乐歌》39 章,《洪武王韵》16 卷等。

于

【姓氏来历】

于姓有两个主要的来源,一支源自周文王的姬姓,为周武王姬发的后代,以国为氏。据《广韵》记载,周初,周武王大举分封诸侯,把自己的儿子姬衍叔封于衍国(今河南省沁阳县北部)。后来,衍叔的子孙就以国为氏,有的人姓了衍,有的人则去邑旁姓于,称为于姓。

另一支源于北魏时的万忸于氏。据《路史》所载,鲜卑族的万忸于氏原为山东于姓人,后随鲜卑改之,又复于姓。

【姓氏分布】

河南泌阳县北部一带原是古代衍国所在地,当然也是于姓的发源地。秦汉时期,于姓人开始以河南为中心缓慢播迁到山西、安徽、陕西等地;魏晋南北朝时期,长期的军阀纷争割据,于姓大举南迁于东南广大地区;隋唐时期,于姓相继在北方形成了望族;宋时,于姓开始由浙入闽,由闽入粤;到了清代,于姓主要分布在河南、河北、山东等地。如今,于姓尤以湖南、陕西、辽宁等省居多。

【姓氏名人】

于公:汉代东海郯(今山东省郯城北)人,曾官廷尉,为县狱史。执法公允,凡犯法者,于公所决皆不恨。他所洗雪的"东海孝妇"一案,以善于决狱而成名,更是千古美谈。

于吉:一作干吉,琅琊人(今山东胶南),东汉末期的著名道士。所著的《太平清领书》传世。

于志宁:字仲谧,京兆高陵(今属陕西省)人,唐代官吏。贞观中为太子右庶子,高宗时拜太子太师,同中书门下三品,并封燕国公,以华州刺史致仕。

于谦:字廷益,钱塘人(今浙江杭州),明朝著名军事家、政治家。永乐19年,于谦考中了进士。曾任御史、兵部右侍郎、兵部左侍郎等职。

傅

【姓氏来历】

傅姓是以地名为姓氏,源于傅说。传说自从盘庚把商都迁到殷墟以后,商朝只是兴旺了一个很短的时期。盘庚之后的两个商王都是庸人,商朝又衰落了。等到商高宗武丁即位的时候,国势衰微。武丁即位后他雄心勃勃决心治理好商朝。平时他很少说话,有一天晚上他做了一个梦,梦见了一位圣人,圣人说赐给他一个佐政贤臣叫说(音同越),让贤臣代他说话。这位圣人还介绍了那位贤臣的面貌特征。

梦醒来后,武丁请人画了说的图像,命令群臣四处寻访。大家找了许久,终于在傅岩(在山西平陆县东南)的地方找到这个叫说的人。臣子把说请到殷都,武丁一看,果真是梦中圣人所说的那个人。武丁同说关门长谈三天三夜,二人极为投机。后来武丁拜他为相,让他代自己管理天下。因这人是在傅岩找到的,后又代天子说话,所以人称他傅说。傅说执政以后,殷商又兴旺起来,武丁也成了"中兴明主",傅说成为古代有名的贤相,傅说的后代就以其傅为姓,奉傅说为傅姓始祖。

【姓氏分布】

虽然傅说出生地在今山西平陆县以东之地,但是其得姓则在商的都城殷,故我国傅姓最早的发源地应当是在今河南安阳小屯村。汉晋之际,傅姓人是以陕西、甘肃、宁夏等地为迁居地,之后便东迁移居河北、山东等地;魏晋南北朝之际,傅姓大举南迁;唐宋时期,傅姓迁入到福建、广东等地。如今,傅姓主要分布在山东、湖南等省。

【姓氏名人】

傅毅:字武仲,扶风茂陵(今陕西省兴平东北)人,东汉文学家。朝廷求贤不诚,士多隐居,著有《七激》、《迪志》、《舞赋》等作品。

傅山:字青主,别号有公它、公之它等,阳曲人,明清文学家。他不但博通经史诸子和佛道之学,并兼工诗文、书画、金石,又精医学。其著作有《霜红龛集》、《荀子评注》等,医学上有《傅青主女科》和《傅青主男科》等书。

傅善祥:金陵(今南京市)人,太平天国三年女状元,仕至丞相。她是太平天国时期的女状元,也是中国历史上第一位女状元,为东王杨秀清政务上的得力助手。

皮

【姓氏来历】

皮姓是一个发源于我国北方的古老姓氏,他们是以祖辈名字为姓,源出于樊氏。据《风俗通义》记载,春秋时期,周宣王经过重重磨难才得以即位,他深知民间疾苦,即位后采取了一些有力措施,任用贤臣,使周王朝越来越繁荣,史称"宣王中兴"。他的贤臣中有个太宰仲山甫,封在樊国,爵位为侯,他的后代子孙,也按照当时的习俗,纷纷以国为氏。

那么,这位仲山甫既然是樊姓的始祖,又怎么会跟皮氏有关系呢?据《姓纂》

记载,皮氏是周王室的大夫樊仲皮之后,这位樊仲皮正是建立樊国的仲山甫的后裔,樊仲皮是周王室的大夫,也是历史上有名的贤臣。樊仲皮在周代实施的分封制度之下,被封在皮氏邑(山西省的河津县一带)。后来,樊仲皮的子孙就以他的名皮为姓,奉樊仲皮为皮姓始祖。

【姓氏分布】

最初皮氏所居的皮氏邑,虽然是在今山西省境内,但是他们的最早发源地可以推溯到河南的济源地方。如今,皮氏主要分布在江苏邳县下邳故城、甘肃天水、陇西以东地区。

【姓氏名人】

皮日休:字袭美,自号鹿门子,又号醉士、酒民、醉吟先生,襄阳人(今湖北襄樊襄阳区),唐朝著名文学家。著有《桃花赋》、《九讽》、《农夫谣》、《鹿门隐书》等。

皮锡瑞:字鹿门,一字麓云。湖南最著名的今文经学家之一,也是晚清经学大家之一。著有《师伏堂丛书》、《师伏堂笔记》、《师伏堂日记》等。

皮定钧:安徽金寨人。抗日战争爆发后,随八路军一二九师到山西前线,转战太行山区。建国后,曾任兰州军区司令员、福州军区司令员、中共中央军委委员等职。1976年在福建前线因公殉职。

皮宗敢:字君三,湖南长沙人,著名国民革命军陆军中将,台湾陆军参谋大学校长。1984年,72岁的皮宗敢病逝于台北。

康

【姓氏来历】

康姓以国名为姓氏,源于康居国。据《梁书·康绚传》记载,汉朝时,西域归附后,建立了康居国(今新疆北部)。后来康居国中有的人留居在河西(河西走廊与湟水流域一带),其后人就以国名康为姓。这是康姓的一种由来。

另据《姓苑》记载,康姓以谥号为姓氏,源于姬姓。周初,周公旦平定武庚叛乱以后,封九弟叔为卫侯(在殷墟一带),让他管辖那里的商朝遗民七族。叔即位后,谨慎治国,将卫国治理得井井有条,对稳定西周政权起了很大的作用。于是周成王又任命他为王室的司寇。他死后,周王室给他谥号为"康",即"使民安乐"的意思,史称康叔。康叔的子孙,就以谥号为姓氏,称为康氏,奉康叔为康姓始祖。

【姓氏分布】

康姓最早发源于今河南东部、山东西部、河北西南部一带。秦时,康姓主要迁入陕西、山东两地;魏晋南北朝时期,甘肃康姓为避战乱,迁居到陕西省蓝田西灞河西岸;唐代,康姓主要迁居到江浙一带;宋元明时期,康姓分布于河南、山东、安徽、湖北等地;到了清代,广东及福建康姓陆续有人迁至台湾及海外地区。今日康姓尤以安徽、四川、山东等省居多。

【姓氏名人】

康昆仑:西域康国人(今中亚撒弥罕附近),唐代著名琵琶演奏家,有"长安第一手"之称。善弹《道调凉州》、《羽调录要》等曲。

康与之:字伯可,一字叔闻,号退轩,滑州(今河南省滑县东)人,南宋著名学者。曾上书"中兴十策",表现出其渴望公平合理的乌托邦思想。著有《昨梦录》等。

康海:字德涵,号对山、浒西山人、沜东渔夫,陕西省武功人,明代文学家。所作杂剧、散曲、诗文集多种。作品主要有杂剧《中山狼》、散曲集《沜东乐府》、诗文集《对山集》等。

康有为:广东南海人,近代资产阶级改良派代表人物之一。著作有《新学伪经考》、《孔子改制考》、《春秋笔修大义微言考》、《大同书》、《中庸注》等,颇受近代学术界的重视。

齐

【姓氏来历】

齐姓来源于姜姓,以国名为氏。《通志·氏族略》记载,齐姓始祖姜子牙辅佐周武王推翻了商朝,建立了周朝。由于姜子牙的功劳最大,被周武王封在东方的齐国(今山东省淄博市临淄区),时人称姜子牙为齐太公。

春秋初期,齐国的齐桓公任用管仲进行改革,国力富强,称为霸主。公元前567年,齐灵公灭掉蔡国之后,齐国的领土扩展到山东东部,西到黄河,南到泰山,北到无棣水,东到大海,尽属齐国。到了春秋末年,齐国国势衰危,至此,齐国姜姓的江山被权臣田氏取代,史称"田氏代齐"。因"田氏代齐"属于一种和平演变,后来,原齐国王族仍以国为氏,称为齐氏。

【姓氏分布】

齐姓源起于周代的齐国。春秋后期,齐姓开始向河南、河北等地播迁;秦汉之际,齐姓在北方的分布之地更多;魏晋南北朝时期,由于战乱齐姓大举南迁;唐代,齐姓繁衍尤为昌盛;明初,山西齐姓作为洪洞大槐树迁民姓氏之一,被分迁于河北、北京、天津等地;到了清代,有少数齐姓迁居到海外。如今,齐姓尤以河北、河南、东北三省为多。

【姓氏名人】

齐唐:会稽郡(今浙江省绍兴)人,宋代官吏、学者。少贫苦学,殿试中头名状元,官至职方员外郎。著有《少微集》、《学苑精英》等。

齐德之:元代著名的医学家。曾任医学博士,充御药院外科太医。结合自己多年外科疮肿诊治之临床经验,编著《外科精义》3卷,为后世医家所重视。

齐彦槐:字梦树,号梅麓,江西婺源人,清代官吏、学者。嘉庆进士,曾任江苏金匮知县。以诗文书法知名于世,精鉴赏。著有《梅麓联存》等。

齐白石:原名纯芝,字渭清,后改名璜,改字濒生,号白石,湖南湘潭人,20世纪中国画艺术大师、十大书法家之一。著有《白石诗草》、《白石老人自传》、《借山吟馆诗草》等。出版有《齐白石全集》等各种画集近百种。

伍

【姓氏来历】

伍姓的姓源,可以追溯到五千年前的黄帝时代。据《姓氏考略》载,黄帝为部落首领时,其下有大臣名伍胥,他是后来成为楚国望族的伍姓的始祖。

公元前597年,楚庄王北上与晋国争霸。他先出兵讨伐郑国,晋国派荀林父为大将率兵救郑,晋军将到,郑国已被楚兵打败投降。在与晋军战与和的问题上,楚军的内部意见不一。楚令尹孙叔敖见晋军势力强大,主张撤军,楚庄王也同意。这时,庄王身边一个臣子叫参,却提出了不同看法。参是伍胥的后裔,他认为楚军可乘晋内部不和之机打败他。

孙叔敖很不高兴,生气地说:"如果战而不胜,就是吃你的肉也不足以抵罪。"参说:"如果打胜了,说明你无谋;如果打败了,我的肉将被晋军吃掉,哪还轮得到你吃?"参最终说服楚庄王出战,结果楚军大获全胜。参因功,楚庄王将伍邑封给他,人称伍参,又任命他为大夫。伍参的子孙就以封地为姓,就是伍氏,奉伍参为伍姓始祖。春秋名将伍子胥即为伍参的曾孙。

【姓氏分布】

伍氏家族自古以来最早的发源地在湖南常德。在湘西地区苗族也有姓伍的人。伍姓是当今较常见的姓氏,分布较广,尤以湖北、湖南、广东多此姓。

【姓氏名人】

伍子胥:名员,字子胥,因封于申地,又称申胥,春秋末期吴国大夫,著名的军事家、谋略家。

伍乔:唐末宋初安徽省庐江人,五代十国南唐保大年间状元,也是庐江县历史上唯一的一名状元。伍乔善诗文,诗多七律且多送别、寄游、题赠之作。《南唐书》、《全唐诗》、《十国春秋》、《冬日道中》、《补五代史艺文志》等诗文集均收有伍乔诗作。

伍庭芳:字文爵,号秩庸,广东省新会人。曾创建了中外新报,为中国有日报之始。他还到英国学习法律,开中国法律新纪元。

伍子胥

伍修权:曾用名吴寿泉,湖北武汉人,中国人民解放军高级指挥员、开国上将、中华人民共和国外交部副部长。著有《往事沧桑》、《我的历程》、《回忆与怀念》、《在外交部八年的经历》等。

元

【姓氏来历】

据说,商朝末年,纣王的父亲帝乙在当太子时,他的妃子生了个儿子叫微子,名启。帝乙继位后,微子的母亲被立为王后,不久又生了个儿子,取名受辛。受辛长大后,既聪明口才又好,且力大无穷,仅凭双手就可以击死猛兽,因此深得帝乙的喜爱。帝乙想立他为太子,可想到他的大儿子微子在前,立之无名。

太史元铣知道后，就对帝乙说："按古法，王后有子，就不能立妃之子。微子与受辛虽是一母所生，但微子生时，其母尚未立后，所以只能立受辛为太子。"帝乙大喜，就立受辛为太子。帝乙死后，受辛继位，就是商纣王。元铣因有迎立之功，成为商末重臣。其子孙就以他的名为姓，就是元氏，奉元铣为元姓始祖。

另外，北魏时，皇族本姓拓跋，为胡人，后入主中原建立北魏皇朝。传到孝文帝时，因古文中，元有开始、始祖之意，即改拓跋为元，意思是天下第一姓，成为另一支元氏。

【姓氏分布】

我国的元氏虽然来源众多，但仍可归划为两大主流：一支为汉族的周文王之后，一支则为后来融入汉族的鲜卑族拓跋氏之后，如纥骨氏、是云氏这两支鲜卑族人均改为元氏，后来繁衍的人数比较少，主要活动于我国北方。他们最初的活动地区，都是在黄河流域的河南和河北一带。如今，元姓主要分布在河南省洛阳市。

【姓氏名人】

元勰：本名拓拔勰，别名彦和，北魏著名诗人。太和九年封为始平王，后转中书令，改封彭城王。宣武永平元年被迫自杀，死后追赠使持节、侍中、都督中外诸军事太师领司徒公，谥号武宣王。

元稹：字微之，唐朝时河南洛阳人。元稹的创作，以诗成就最大。与白居易为好友，他们二人共同提倡新乐府，时称"元白"。著有《元氏长庆集》100卷，今存60卷。所著的《会真记》，记张生与崔莺莺爱情悲剧故事，为后来《西厢记》蓝本。

元好问：字裕之，号遗山，金代秀容（今山西省忻县）人，世称遗山先生。他是我国金朝最有成就的作家和历史学家，是宋金对峙时期北方文学的主要代表之一。著有《中州集》、《遗山集》、《遗山乐府》等。

顾

【姓氏来历】

顾姓是以邑为姓。传说上古五帝之一的颛顼帝的玄孙陆终，有6个儿子，其长子樊继父为帝。樊的子孙中有一支封于顾国（今河南范县东南），称顾伯。到了夏朝末期，顾国被商汤攻灭，散居到各地的顾伯子孙便以国为姓。

另据《元和姓纂》所载，顾姓以封地为姓，源于姒姓。战国末期，越王勾践的七世孙瑶因助刘邦灭项羽有功,西汉建立后,高祖刘邦封瑶继祖业为越王,瑶的儿子余被封于顾,人称顾余侯。汉武帝时,越国又被灭,顾余侯的子孙留居会稽(在今浙江省绍兴市),以顾为姓。

【姓氏分布】

顾姓分为两支,一为北顾,发源于河南省范县的顾伯后裔;另一为南顾,发源于浙江省绍兴的顾瑶后裔。春秋战国时期,两支顾姓发展缓慢;三国至唐代,顾姓一直是江东四大姓之一;明初,顾姓作为洪洞大槐树迁民姓氏之一,被分迁于河北、山东、安徽、江苏等地;到了清代,在福建及广东居住的顾姓有迁居到台湾及海外。如今,顾姓尤以江苏、浙江等省为多。

【姓氏名人】

顾恺之:字长康,晋陵(今江苏无锡)人,晋代著名画家。其工诗赋、书法,尤精绘画,著有《论画》、《凫雁水鸟图》、《列女仁智图》、《魏晋胜流画赞》等,对中国画的发展有很大影响。

顾野王:字希冯,南朝陈吴(今江苏苏州市)人,当时著名的文字训诂学家、史学家。著有《通史要略》、《南史》等。所著有的《玉篇》,为我国文字训诂学重要著作,也是我国现存最早的一部楷书字典。

顾恺之

顾璘:字华玉,号东桥,长洲(今江苏省吴县)人,明朝著名官吏、文学家。少有才名,以诗风调胜,与同里陈沂、王韦号为"金陵三俊"。著有《浮湘集》、《山中集》、《息园诗文稿》等。另著有《顾尚书书目》,今已遗失。

顾炎武:明末清初人,他学识渊博,对音韵训诂颇有研究。著有《日知录》、《音学五书》等,是我国历史上最受尊崇的学者之一。

顾贞观:字华峰,亦作华封,又字远平,号梁汾,初名华文,江苏无锡人,清朝著名词人。著有《弹指词》等。

孟

【姓氏来历】

中国的孟氏，发源于春秋的鲁国公族。鲁国的开国君主是周公旦的长子伯禽，周公旦是周武王之弟，那么孟氏应该是周文王的姬姓子孙。

春秋时，鲁庄公的弟弟公子庆父连续杀死两个鲁君，这激怒了鲁国臣民，庆父逃往莒国的汶水边。鲁庄公的同胞弟季友扶立僖公继位，这时，庆父派公子渔向季友请求宽恕，季友对公子渔说："如果庆父自杀，那么我可以让他的子孙继承他的禄位，否则就要把他全家都赶出鲁国。"公子渔一路哭着回来，庆父远远听到他的哭声，知道已无希望，就在树上吊死了。

季友遵守诺言，向僖公建议，封庆父长子公孙敖于成，号孟孙氏，与叔牙的后代叔孙氏、季友的后代季孙氏三足鼎立、并执鲁政，史称"三桓"。后来，孟孙氏的后代简称为孟氏，奉公孙敖为孟姓始祖。

【姓氏分布】

孟氏早期主要是在其发源地山东、河南及其近邻的河北发展和繁衍。三国时期，孟姓分布于湖北、云南、甘肃、湖北等地；五代后晋时期，孟姓分布于四川、福建等地。今日孟姓主要分布在山东，此外在河南、河北、辽宁、黑龙江、吉林等省亦多此姓。

【姓氏名人】

孟子：名轲，字子舆，邹县（今山东邹县东南）人，是战国时期的思想家、政治家和教育家，有"亚圣"的称号。他的学说对后来宋儒有很大影响。

孟浩然：本名浩，字浩然，襄州襄阳（今湖北襄樊）人，唐代诗人。其诗多写山水田园的幽清境界，却不时流露出一种失意情绪，所以诗虽冲淡而有壮逸之气，为当世诗坛所推崇。著有《孟浩然集》。

孟称舜：字子塞、子若、子适，号卧云子、花屿仙史，山阴（今绍兴）人，明末清初戏曲作家。他的诗文多已散佚，有杂剧和传奇10种，现存8种，其中成就较高的有杂剧《死里逃生》、《桃花人面》、《英雄成败》等。杂剧有《柳枝集》、《酹江集》等。

黄

【姓氏来历】

据《说文解字》记载，汾水之黄的少昊为黄姓始祖。少昊称"白帝"，其母"女节"，又称"皇娥"。传说皇娥来到一个叫穷桑的小镇，遇到了太白星化身的俊美少年。两人一见钟情，后来皇娥怀有身孕，生下圣子少昊挚。少昊挚长大后，当上东夷部落联盟首领，迁都曲阜。

金天氏少昊的后裔台骀，在颛顼时受封于汾川，做了一个水官，后世尊为汾水之神。春秋时，台骀的后人曾建立沈、姒、蓐、黄诸国，春秋中期都被晋国灭掉。其中黄国公族子孙以国为姓，称为黄姓。

【姓氏分布】

黄姓最早发源于今河南省潢川县西部一带。秦汉之时，黄姓已兴盛于长江中游及河南、安徽等地；魏晋至隋唐时期的不断迁徙和繁衍，黄姓形成了河南、湖北、四川、广西等地望族；宋元时期，黄姓在福建、广东地区发展成为望族；明末清初，开始移居台湾，后来又有不少人播迁至海外。现今，黄姓分布尤以广西、四川、湖南和江苏等地居多。

【姓氏名人】

黄盖：字公覆，零陵泉陵（今湖南省零陵）人，南阳太守黄子廉之后，三国时期吴国著名将领、郡守、偏将军。

黄庭坚：字鲁直，号山谷道人，又号涪翁，宋代分宁（今江西修水县）人，北宋著名诗人、词人、书法家，为盛极一时的江西诗派开山之祖。著有《山谷内集》、《外集》、《别集》、《山谷词》等。

黄道婆：为元朝时善于纺织技术的女工艺家。曾随崖州黎族学习纺织技术，学成后返乡从事纺织工作，促成棉纺织业的进步，使元明以后的松江细布闻名于四方。纺织业者遂立祠祭之，以感其功，亦称为黄婆。

黄慎：清朝著名画家。善画人物，兼工花鸟，山水，为"扬州八怪"之一。

萧

【姓氏来历】

萧姓是以国名为姓氏,源于子姓。据《元和姓纂》记载,春秋时期,宋国有一个十分勇猛的大将叫南宫长万,曾被鲁国俘虏过,宋闵公多次以俘虏的事取笑南宫长万。公元前682年秋的一天,宋闵公在后宫时再次嘲笑了南宫长万。恼羞成怒的南宫长万,一拳就把宋闵公打死了。接着他又杀死大夫仇牧和太宰华督,另立公子游为君。宋国公子纷纷逃往萧邑(今安徽萧县)。

萧邑大夫是宋国的公族弟子,名叫大心。大心率王族子弟,逐杀了南宫长万及其同党,平息了这次内乱。闵公的弟弟宋桓公即位后,就把大心封在萧为附庸国,称为萧叔。后来,萧国被楚国所灭,萧叔的子孙就以国为姓,奉萧叔为萧姓始祖。

【姓氏分布】

萧姓最早发源于今山东省。秦汉时期,萧姓进入第一个发展迁徙时期;三国魏晋时期,战乱频繁,萧姓大举南迁;唐宋时期,萧姓已广布于山东、河北、安徽、福建等地;元明清时期,萧姓徙居于四川、湖南、江西等地。今日萧姓在我国分布较广,尤以湖南、江西、湖北、四川、广东、山东等省多此姓。

【姓氏名人】

萧何:沛(今属江苏沛县)人,西汉初期政治家,汉初三杰之一。他是汉高祖刘邦的重要谋臣。

萧统:字德施,南兰陵人,南朝梁著名的文学家,梁武帝之子。少时遍读儒家经典,善词赋,编辑成《文选》30卷,为我国现存最早的文章总集。

萧朝贵:武宣县河马乡人,太平天国将领,金田起义的核心领导人之一,后被封为西王。

萧良有:明代汉阳(今湖北省武汉)人,少时聪颖异常,被人称为"神童",万历中会试第一。著有《玉堂遗稿》。

萧太后:名绰,字燕燕,契丹人,历史上被称为"承天太后",辽史上著名的女政治家、军事家。

邵

【姓氏来历】

邵姓主要以封地为姓氏，出自姬姓。据《通志·氏族略》所载，周文王之子召公奭，封邑于召（今陕西省东岐山西南），称为召公，后又封于燕国（今河北北部）。他派长子去管理燕国，自己留在镐京（今陕西省长安县）任太保。在整个周王朝时代，召公的子孙在周王室中地位一直十分显赫。公元前 222 年，秦国灭掉了燕国，于是召公的后裔就以原封地"召"为姓。汉代以后，召姓后裔又把"召"改成"邵"，从此诞生了邵姓。

【姓氏分布】

据有关史籍记载，燕国灭亡后，其王族子孙主要散居在中原地区，包括今河北南部、河南、安徽西部；三国魏晋时，邵姓主要聚居于河北安平及河南安阳、汝南一带；唐宋时期，浙江、安徽、福建多有邵姓居住；明初，邵姓作为洪洞大槐树迁民姓氏之一，被分迁于安徽、浙江、山东等地；清朝开始，有邵姓迁至台湾及海外地区。如今，邵姓主要分布在甘肃、江苏、安徽等省。

【姓氏名人】

邵雍：字尧夫，谥康节，范阳（今河北省涿州）人，北宋著名哲学家。精研周易，创立象数之学。著有《宋史》、《皇极经世》、《伊川击壤集》等。

邵光祖：字弘道，河南人，元朝著名学者。好儒学，非圣贤之书不读。吴中学者称其为"五经师"。

邵普涵：浙江余姚人，清代著名经学家、历史学家。他还擅长经学，撰有《尔雅正义》，成为训诂学的重要著作。他还曾参与纂修《继三通》、《八旗通志》等书。今天的《四库全书》史部典籍，多出自他手。

邵飘萍：浙江金华人，近现代著名记者、报人。曾因反袁流亡日本，后加入中国共产党，1926 年被奉系军阀杀害。著有《新闻学总论》、《实际应用新闻学》等，是我国最早的一批新闻理论著作。

汪

【姓氏来历】

汪姓最早源于商代汪芒氏之后。传说上古时大禹治水成功后,舜就把皇位让给了大禹。有一次,大禹出巡时,见路上有一队囚犯。他下车询问,了解事情的经过后,自己流下了眼泪。左右人员问他:"罪人不守法,你为什么哭呢?"大禹说:"尧、舜是圣人,他们管理天下时,百姓都向他学习,所以天下没有犯人。现在到了我的手下,百姓却各人只管各人,所以犯法,我能不痛心吗?"

后来,他在会稽召集天下诸侯研究天下大势,各路诸侯都到了,唯独汪芒国国君防风氏没有来。这个部落是一个巨人部落,每个族人都身高三丈有余,且个个力大无穷,所以防风氏恃勇而骄,不把大禹的命令放在眼里。

最后防风氏才姗姗而来,并且口出狂言,大禹就把他处死了。后来他的子孙逃亡到湖州汪芒山里躲了起来,改称汪芒氏。战国时期,楚国灭越,汪芒氏也被攻破,他们的后代又逃到安徽南部的歙县一带,改称汪氏,至此就有了汪姓。

【姓氏分布】

汪姓发源地为山东、安徽歙县和浙江武康等地。唐代以后的江西、贵州、福建、广东、广西等地的汪姓,大多是从安徽迁徙过去的;两宋时,汪姓继往开来之昌盛,并已成为全国大姓之一;元末明初,汪姓作为洪洞大槐树的迁民姓氏之一,被分迁于湖北、河南、东北等地;到了清代,福建及广东地区的汪姓陆续有人移民台湾及海外。如今,汪姓分布很广,主要分布于安徽、湖北、江苏、浙江等省。

【姓氏名人】

汪伦:又名凤林,唐开元间任泾县令。卸任后,他搬到了泾县的桃花潭畔居住。大诗人李白游泾县桃花潭时,还为其提诗《赠汪伦》。

汪元量:字大有,号水云,晚号楚狂,钱塘(今浙江杭州)人,南宋著名诗人。著有《醉歌》、《湖州歌》、《越州歌》等。

汪中:字容甫,江都(今江苏扬州)人,清代学者、骈文家,对经学、方志学等均有著述,尤精于先秦诸子之学,著有《述学》、《广陵通典》、《容甫先生遗诗》等。

汪文升:长洲(今江苏苏州)人,清代诗人、书法家。康熙年间进士,工诗、古文,尤善书法,与两兄一弟合称"吴门四汪",著述甚丰。

毛

【姓氏来历】

毛姓以国名为姓氏,源出于嬴姓。据《通志·氏族略》所载,周武王灭商以后,封八弟叔郑于毛国(今陕西扶风一带),人们便称叔郑为"毛伯"。毛伯在周成王时曾任司空,又称毛公。后来,毛伯的子孙就以国为姓,就是毛氏,奉毛伯为毛氏的始祖。

【姓氏分布】

毛姓早期主要是在北方发展繁衍。春秋时期,由于发生内乱,毛姓大举南迁;唐末五代以后,毛姓多居于河南、河北、山东、甘肃等地。如今,毛姓主要分布在我国南方的浙江、江苏、安徽、江西、湖南、广西、四川等地。

【姓氏名人】

毛遂:战国时赵公子平原君的门下食客。他曾自荐求助于楚国,后获得了"三寸之舌,强于百万之师"的美誉。

毛亨:鲁人(今山东曲阜),西汉时期著名学者,也是"毛诗学"的开创者,曾作《毛诗训诂传》,世称"毛诗",流传千古的典籍《诗经》就是由《毛诗》传下来的。

毛晋:原名凤苞,字子晋,常熟人,明朝著名学者。他博学多识,传刻古书,流布天下。著有《苏米志林》、《明诗纪事》、《毛诗陆疏广要》、《海虞古今文苑》等。

毛庚:原名雕,字西堂,钱塘(今杭州)人,清朝著名书法家、篆刻家。

毛泽东:字润之,湖南湘潭韶山人,中国共产党、中国人民解放军和中华人民共和国的主要缔造者和领导者。1976年9月9日,83岁的毛泽东在北京逝世。

戴

【姓氏来历】

戴姓以谥号为姓氏。据《元和姓纂》记载,周王朝时,宋国的第十一位君主死后,奉谥号为戴公。其后他的子孙以其谥号为姓。

另据《左传》所载,戴姓源出于姬姓,以国号为姓。周初,周武王分封诸侯时,封有戴国(在河南民权县东)。春秋时戴国被楚国所灭,失国后的戴侯子孙以国为姓。这就是与周王室同宗的戴氏。

【姓氏分布】

早期戴姓主要发源于豫东一带。先秦时期,戴姓主要在其发源地豫东一带繁衍发展;三国两晋南北朝时期,戴姓不仅在江浙一带分布更为广泛,而且还有徙居今安徽、湖北的;盛唐之际,戴姓在陕西、湖南、江西等地均得以发展繁衍;宋元之际,由于战乱,戴姓人大举南迁;明朝时期,戴姓迁于陕西、安徽、河北等地;清代时有福建戴姓陆续迁往台湾及海外。如今,戴姓尤以江苏、浙江两省居多。

【姓氏名人】

戴复古:字式之,号石屏,台州黄岩(今属浙江省)人,南宋诗人。他的部分作品指责当时统治者苟且偷安,表达了收复中原的愿望。著有《石屏诗集》、《石屏词》。

戴名世:字田有,一字褐夫,号南山,安徽桐城人,清朝著名史学家。因家居桐城南山,后世遂称"南山先生"。他曾任翰林院编修。他刊行有《南山集》,其中有很多明朝正史以外的史事,触怒了清王朝,遂以"大逆"罪被杀。

戴望舒:原名戴朝宷,笔名艾昂甫、江思等,浙江杭县(今余杭市)人,现代派诗歌的重要代表人。其主要诗集有《雨巷》、《望舒草》、《寻梦者》、《灾难的岁月》等。

宋

【姓氏来历】

宋氏起源于周代。周武王灭商后,以仁德为怀,并没有对前朝王室"赶尽杀绝",反而为了奉祀商汤,把大片土地封给纣王的哥哥微子,从而建立了宋国。公元286年,宋国被齐所灭,其后宋国公族子孙有一支则以国为姓,即为宋氏,奉微子为宋姓始祖。

【姓氏分布】

宋姓的发源地在今天的河南商丘一带。秦汉时期主要繁衍于北方地区;隋代以前,宋姓分布于今河南、陕西、山东、浙江等省;唐初,有河南宋氏随陈政、陈元光父子入闽开漳,在福建安家落户;到了清代,广东及福建地区的宋姓陆续有人移居台湾,进而又有远播海外地区。如今,宋姓分布广泛,山东、四川、河北等省亦多此姓。

【姓氏名人】

宋玉:又名子渊,战国时鄢(今襄樊宜城)人,因曾任阆台令,故又称为阆台公子。他善辞赋,作九辩、招魂,与屈原并称为"屈宋"。流传作品有《风赋》、《九辩》、《笛赋》、《登徒子好色赋》等。

宋慈:字惠父,建阳(今属福建)人,我国古代杰出的法医学家。曾任广东、湖南等地提点刑狱官。他所编的《洗冤集录》是世界上第一部法医学专著,对法医学的发展起了重大贡献。

宋教仁:近代著名民主革命家,是为宪法流血的第一人。1913年,进行国会选举时,他进行了多方游说,提出以多数党资格组织责任内阁,以制约袁世凯,后被袁世凯杀害。

宋庆龄:又名庆琳,原籍广东文昌(今属海南省),生于上海。1915年,她同孙中

宋慈

山结婚。历任中华人民共和国中央人民政府副主席、中华全国民主妇女联合会名誉主席、全国人民代表大会常务委员会副委员长、中华人民共和国副主席、名誉主席等。

纪

【姓氏来历】

纪姓以国为姓,出自姜姓。据《元和姓纂》记载,夏、商时期,中原有一个诸侯国纪国(今山东省寿光县纪台县),乃是炎帝神农后裔的封国。春秋时期,纪国被齐国所灭,纪国王族子孙就以国名为姓,世代相传姓纪。

【姓氏分布】

纪姓发源于今山东寿光一带。春秋时,纪姓在甘肃天水发展成望族,世称天水

望;唐宋时,纪姓向沿海迁移;到了明清时期,纪姓更进一步向台湾迁移,逐渐发展成为大姓。如今,纪姓在全国分布较广,尤以北京、江苏、山东等省市多此姓。

【姓氏名人】

纪昀:字晓岚,一字春帆,晚号石云,直隶献县(今属河北)人,清朝名臣、目录学家、文学家。乾隆年间任《四库全书》总纂官,并主持写定《四库全书》总目提要及简明目录。另著有《阅微草堂笔记》、《纪文达公遗集》。

纪信:字成,成纪(今甘肃天水市)人,是楚汉之争时保护刘邦有功的著名将领。在一次楚汉交锋中,为掩护刘邦逃跑,假扮刘邦,后来被项羽生擒斩首。

祝

【姓氏来历】

古代的人们很迷信,很多军国大事,事先都要进行占卜再决定是否行动,所以古代巫师的地位很高。巫师分为占卜、记录和致辞三种,分别叫巫、史、祝,合称巫史祝。其中负责致辞的祝,不但需要伶俐的口齿,而且还要有渊博的知识,因而担任祝的人,往往为世袭,久而久之,人们就以职称呼,逐渐变为祝氏,这是最早的祝氏。

另据《元和姓纂》记载,周初,周武王分封诸侯时,封有祝国(故城在今山东省长清东北祝阿故城),祝侯是黄帝的后裔,后来祝侯的后代子孙就以国为姓,这是祝姓的另一支来源。

【姓氏分布】

祝姓发源于今山东长清。唐时,特别是安史之乱和黄巢起义之后,祝姓由河南避居湖北,或由陕西越秦岭进入四川;两宋时期,祝姓在北方趋于沉寂,而南方之祝姓却日益兴盛起来;明初,山西祝姓作为洪洞大槐树迁民姓氏之一,被分迁于今山东、陕西、湖南等地;清初,两湖之祝姓伴随湖广填四川的风潮入迁四川。如今,祝姓在全国分布较广,尤以安徽、四川等省多此姓。

【姓氏名人】

祝允明:字希哲,号枝山,长洲(今江苏苏州)人,明朝文学家、书画家。与唐伯虎、徐真卿、文征明并称"吴中四才子"。著有《前闻记》、《九朝野记》、《祝氏集略》、《怀星堂集》等。

祝世禄:字世功,江西德兴人,著名明朝学者。明万历年间进士,官至尚宝司卿。著有《环碧斋》、《祝子小言》、《环碧斋小言》、《环碧斋诗集》等。

祝嘉:字明甫,号西涧,浙江秀水人,清朝著名诗人、画家。善画梅,工诗。著有《西涧诗钞》。

祝大椿:字兰舫,江苏无锡人,清末著名民族资本家。曾开设源昌号,经营煤铁五金,兼营轮船运输,开办机器缫丝厂、源昌机器碾米厂、机器五金厂等,工业资本总额达上百万。

项

【姓氏来历】

项姓以国名为姓,源于姬姓。周初,周武王分封诸侯时,封有项国(今河南项城)。春秋时期,齐国将其吞并。失国后的项国子孙以国名为姓,即为项氏。

另一支是以封邑为姓。战国末年,楚国有一位大将叫公子燕,他的父亲随楚考烈王灭鲁国,因功被封在项(今河南省项城县),其后人以封邑为姓,即为项氏。

【姓氏分布】

项姓发源地在河南项城县境内,后来项姓辽西国郡发展成望族,世称辽西望。当今,项姓成为了比较常见的姓氏,其分布很广泛,尤以湖南、湖北、贵州、浙江等省多此姓。

【姓氏名人】

项羽:名籍,字羽,秦末农民起义领袖,著名军事家、中国古代第一武将。秦二世元年,陈胜、吴广在大泽乡发动了大泽乡起义,项羽随叔父项梁在吴中刺杀太守殷通举兵响应。入关后,自立为西楚霸王,继与刘邦争天下。公元前202年,被刘邦困于垓下,后突围至乌江,自刎而死。

项元淇:字子瞻,秀水(今浙江嘉兴)人,明代著名文学家、书法家。工诗、古文辞。小楷严整,尤善草书。著有《少岳集》4卷,《四库总目》传于世。

项忠:字荩臣,号乔松,浙江嘉兴(今属江苏)人,明朝著名兵部尚书。明英宗正统七年进士,授刑部主事,进员外郎。

项元汴:字子京,号墨林山人、香岩居士,秀水人。明朝著名书画鉴赏收藏家。工墨竹、兰草、梅花,精于鉴赏,好收藏金石遗文、书法名画,所藏书画主要印记有

《神品》、《天籁阁》、《世济美堂》等。著有《宣德鼎谱》、《宣炉博论》等传世。

项英：原名德隆，后化名江俊、江钧，湖北省黄陂县人。抗日战争时期，任中共中央东南局书记，新四军副军长兼政治委员。"皖南事变"期间，被叛徒杀害。

董

【姓氏来历】

传说上古时期，有个名叫父的人，从小就喜欢龙，只要听到哪里养了龙，他就跑去，千方百计向人请教养龙的知识。就这样他学到一身养龙的本领。恰在这时，天上降下两条龙，圣帝舜很高兴，就向全国征养龙高手。父知道后自告奋勇前去应征，圣帝舜听他说得有道理，就让他饲养这两条龙。父不负众望，把两条龙驯得十分听话。每当诸侯向舜朝拜时，父就让这两条龙为大家起舞助兴，博得天下诸侯的称赞。舜很高兴，就赐父以董姓，人称董父，又叫豢龙氏，又封他为诸侯，后来董父就成了董姓的始祖。

另有一支是以世职为姓。春秋时周王朝有大夫辛有，他有两个儿子，都在晋国担任管理典籍史册的官员。古文字中，"董"有管理的意思，所以人们称他们为董史，世袭晋国史官。他们的后代，就以职业董为姓。

【姓氏分布】

据史料所载，董姓的发源地在山东定陶北部、山西西南部、山东平原县一带。秦汉时，董姓在今山西、甘肃、河北较为集中；魏晋南北朝时期，董姓迁往安徽、江苏、湖北等地；隋唐时期，福建、广东又有董姓迁居者；宋元时期，由于战乱，董姓大举南迁；明清之际，台湾地区、南洋群岛及欧美一些国家均有董姓居住。今日董姓以山东、云南、浙江、河北、辽宁等省最为集中。

【姓氏名人】

董解元：金朝戏曲家。他根据唐人元稹的《莺莺传》创作了《西厢记诸宫调》，为后来元曲作家王实甫创作《西厢记》奠定了基础。

董其昌：字思白，号玄宰，松江华亭人（今上海松江），明代著名画家、书法家、美术评论家。以他为代表的"华亭派"在山水画方面影响尤大。著书有《画旨》、《画眼》、《容台集》、《容台别集》、《画禅室随笔》等。

董存瑞：河北怀来人，中国人民解放军战斗英雄。1945 年参加八路军，曾多次立功受奖。1946 年加入中国共产党。1948 年 5 月 26 日,在解放热河隆化战斗中舍身炸碉堡壮烈牺牲。朱德为他题词:"舍身为国,永垂不朽。"

董必武:原名贤琮,字洁畲,号壁伍,学名用威,湖北黄安人。中国共产党和中华人民共和国的重要领导人之一,新中国法制工作的奠基人。

梁

【姓氏来历】

梁姓是以国名为姓,源出于嬴姓。传说伯益后代中有个叫非子的人,因养马有功,被周孝王封于秦地,后逐渐强大,建立了秦国。到了周宣王时,非子的曾孙秦仲因为在征伐西戎时不幸阵亡,他的 5 个儿子为报父仇,奋勇杀敌,打败了西戎,恢复了大片失地,因功均被封侯,次子康被封于夏阳梁山(今陕西省韩城南),人称梁康伯。到春秋末期,秦穆公派兵灭梁,收回了梁的地盘。后来,失国后的梁伯子孙,就以国为姓,奉梁康伯为始祖。

【姓氏分布】

据史料记载,梁姓最早发源地是今天的陕西一带。晋代以前,梁姓多集中于北方地区,以西北为主要分布点;秦汉时期,梁姓散居于山西;魏晋南北朝时期,战乱频繁,梁姓为避战祸大举南迁;隋唐时期,梁姓在南方又有了大的发展;宋元时期,由于战乱,致使梁姓又一次大举南迁,进一步推动了梁姓在南方的繁衍发展。明清至今,广东、福建、浙江为梁姓主要聚居地。

【姓氏名人】

梁红玉:楚州(今江苏淮安)人,南宋名将韩世忠之妻,宋朝著名抗金女英雄。在抗金斗争中,多次立功,被封为安国夫人、杨国夫人。

梁启超:字卓如,号任公,别号饮冰子、哀时客等,广东新会人,著名的资产阶级改良主义者、学者。与康有为一起"公车上书",倡导维新变法。

梁红玉

《百家姓》智慧通解·

图文珍藏版

梁实秋:笔名秋郎、子佳,北京人,现代文学家。著有《雅舍小品》、《雅舍杂文》、《雅舍谈吃》等作品。

杜

【姓氏来历】

杜姓有两支来源,一支以国名为姓。周宣王时,唐杜国君桓在朝中任大夫,人称杜伯。据说周宣王有个宠妃叫女鸠,她看上了英俊的杜伯,就想方设法引诱他。杜伯是个正直的人,拒绝了女鸠的勾引,结果女鸠恼羞成怒,在宣王面前诬告杜伯,对她施行强暴。周宣王听信了女鸠的话,就把杜伯杀了。杜伯的子孙被迫逃往外地,就以国名为姓,奉杜伯为杜姓始祖。

另一支以祖辈名为姓,源于杜康。传说大禹有一个手下叫杜康,能把黍米煮熟后酿成酒。后来大禹喝了这种酒后,感觉甘美异常,但他却因此而忧心忡忡:"这实在不是个好东西,将来必定有人因它而亡国。"为此,他下令全国禁止造酒。杜康无奈,只好逃往外地。大禹死后,禁酒令无人理会,杜康再次造酒并不断改进方法,使其更具特色而迅速流传各地,因而被后世尊为"酒神",其子孙以他的名为姓,就是杜氏,奉其为杜姓始祖。

【姓氏分布】

杜姓以陕西西安为发源地。先秦至汉之际杜姓主要繁衍于陕西,其播迁过程,从陕西至山东,再至河南,终又复归陕西;魏晋南北朝时,社会动荡,杜姓为避战乱大举南迁;明清之际,杜姓已遍布于东南亚、欧美等地。如今,杜姓分布广泛,尤其在河南、甘肃、河北、山东、四川、辽宁等省人口较多。

【姓氏名人】

杜甫:字子美,自号少陵野老,河南巩义人,唐代伟大的现实主义诗人,称为"诗圣"。一生写诗1400多首,代表作有《自京赴奉先县咏怀五百字》、《北征》、《羌村》等,有《杜工部集》传世。

杜牧:字牧之,号樊川,杜佑之孙,京兆万年人,唐代著名文学家、诗人。其诗风豪迈不羁,在晚唐时期成就颇高。其代表作品有《阿房宫赋》、《泊秦淮》等。

杜甫

杜荀鹤:字彦之,号九华山人,池州石埭(今安徽省太平)人,唐末著名诗人。其诗语言通俗,风格清新,后人称"杜荀鹤体"。著有《唐风集》、《题所居村舍》、《自江西归九华有感》等。

季

【姓氏来历】

季姓出自姬姓,为春秋时鲁桓公之子季友的后裔。春秋时,鲁庄公的弟弟季友平定了庆父之乱,又扶立鲁僖公继位。后来,鲁僖公把费邑封给他,史称季孙氏,在鲁国世代执政。季孙氏之孙行父以王父字为氏,后来简称季氏。季文子、季武子、季平子三代执掌国政。当时几代鲁君都昏庸无能,以致时人只知道有季氏,不晓得有鲁君。季友的后人中分为两支,一支以封地为姓,是为费氏,一支以名为姓,即季氏,奉季友为季姓始祖。

【姓氏分布】

季姓发源于春秋时期的鲁国。东汉到魏晋南北朝时,季姓曾经昌盛于今河北、山东、安徽一带;隋唐以前,社会激剧动荡,北方之季姓大举迁衍到江南;两宋时,江苏、浙江成为季姓人的主要聚居地;宋元时期,部分季姓迁衍于广东、福建、湖北等地;明清两代,江浙一带季姓繁衍日盛。如今,季姓在全国分布甚广,主要分布在江苏、浙江、湖南等省。

【姓氏名人】

季广琛:寿州人,唐代大臣。历瓜州刺史、荆州刺史,曾率兵赴河南,拜青徐等五州节度使。后因兵败贬温州刺史,不久升浙江西道节度使,官至右散骑常侍。

季开生:字天中,泰兴人,宋元明清书画家。其工于书画,亦工诗。作品有《图绘宝鉴续纂》、《墨林韵语》、《桐阴论画》、《季沧苇书目》、《静思堂诗集》等。

季羡林:山东临清人,当代学者、古文字学家、历史学家、作家。曾被聘为北京大学教授,创建东方语文系,当选为中国科学院哲学社会科学部委员,后任北京大学副校长。著有《季羡林文集》共24卷。

贾

【姓氏来历】

贾姓以采邑为姓,源于狐姓。据《姓氏考略》所载,春秋时,狐射姑的父祖都是晋国重臣,他本人又追随文公在外逃难多年,晋襄公把贾邑封给狐射姑。狐射姑字季,所以后又称贾季。

秦晋涍谷大战后,晋襄公先是以贾季为中军元帅,让赵盾做他的副手。当时,晋国太傅阳处父是赵盾的父亲赵衰提拔起来的,阳处父对赵氏感恩戴德,所以到晋襄公面前说应该让赵盾做元帅。晋襄公就改任赵盾为元帅,贾季为副手,这引起了贾季的忌恨。

晋襄公去世后,在继位问题上赵盾和贾季发生矛盾。贾季派人去接公子东回国,半路上公子东被赵盾派人杀死,贾季就叫族人狐鞠居刺杀阳处父,赵盾查出真凶,处死了狐鞠居,贾季被迫逃往翟国。后来,他的后代就以封地为姓,就是贾氏,奉贾季为贾姓始祖。

【姓氏分布】

贾姓最初发源于今山西襄汾县西南,并以其为繁衍中心。先秦时期,贾姓迁至河南、山东两地;两汉时,已有贾姓迁居陕西;南北朝时,贾氏继续外迁;五代时贾氏有人迁居福建及四川;唐宋时期,江南的许多地方都已有贾姓居民;清代,贾姓部分移居海外。如今,贾姓仍以长江以北地区为其主要的分布地。

【姓氏名人】

贾谊:又称贾太傅、贾长沙,洛阳(今河南洛阳市东)人,西汉时期著名的政治家、文学家。18岁由河南郡守吴公推荐,被文帝召为博士,后又被破格提为太中大夫。其著作主要有散文和辞赋两类。散文有《过秦论》、《陈政事疏》、《论积贮疏》等;辞赋有《鵩鸟赋》、《吊屈原赋》等。

贾思勰:今山东益都人,北魏农学家,曾任北魏高阳郡(治所在今山东淄博市临淄西北)太守。他曾以文献中搜集到的资料和访问老农及自己观察、实验的心得,写成《齐民要术》一书。

贾耽:沧州南皮(今属河北省)人,唐朝宰相、地理学家。撰有《海内华夷图》、《古今郡国县道四夷述》等。

贾兰坡:字郁生,河北玉田人,近代著名考古学家。著有《中国猿人》、《旧石器时代文化》以及《中国的旧石器时代》等论文或专著共300余篇。

江

【姓氏来历】

传说圣帝舜手下有个贤臣叫伯益,因助大禹治水有功,大禹继位后又协助大禹执掌国政,是我国上古时著名的贤臣。据说,大禹临死时曾遗命伯益继位,伯益不愿,于是就跑到箕山躲了起来,大禹之子启趁机继位。到了周初,周武王分封诸侯时,伯益的后裔镇封为江侯(今河南省信阳)。春秋时,江国被楚国灭掉。江国灭亡后,江侯的子孙就以国为姓,就是江氏,奉伯益为江姓始祖。

【姓氏分布】

江姓发源于今河南省信阳,早期主要在河南发展繁衍。唐朝时,江姓已遍布北方地区;宋初,南方江姓人口发展壮大;明初,江姓作为明朝洪洞大槐树迁民姓氏之一,被分迁于江苏、浙江、河南等地;明清之际,又有江姓移居到台湾及海外地区。如今,江姓分布以江苏、安徽、四川、广东、福建等省为主。

【姓氏名人】

江智渊:济阳考城人,南朝宋骁骑将军、尚书吏部郎。著有《江智渊诗选》、《江智渊传》。

江参:字贯道,江南人,南宋著名画家。擅长山水画,笔墨细润。存世作品有《千里江山图》、《图绘宝鉴》等。

江藩:字子屏,号郑堂,晚号节甫,甘泉人(今江苏扬州),清朝著名经学家、目录学家、藏书家。著有《国朝汉学师承记》、《汉学师承记》、《隶经文》等。

郭

【姓氏来历】

相传在春秋时期,晋献公为了拓展自己的疆土,采纳了大夫旬息的建议,以垂棘所产的玉璧、屈地产的良马为贿赂,向虞国借路去攻打虢国。虞公因贪玉璧和良马,就答应了晋国的要求。虞国大夫宫之奇看出了晋国的企图,就以"唇齿相依"道理劝阻虞公,但虞公不听,不但应允借道,还自愿做攻虢先锋。结果晋国灭掉虢国后,班师回朝时又顺道把虞国也灭掉了。这就是历史上著名的"假途灭虢"的故事。虢国本是周王朝同宗,其始祖为周武王的三弟。西周初,周武王的三弟封于虢(今河南荥阳东北),建立了虢国。因虢与郭同音,所以又叫郭公。虢国灭后,郭公的后代就以郭为姓,就是郭氏。

【姓氏分布】

郭姓族人发源地在今天的河南、山西、陕西等地。先秦两汉时期,郭姓族人繁衍之地仍以山西、陕西、河南为主;魏晋南北朝时期,为避战祸郭姓大批南下;隋唐时期,山西、山东以郭姓为第一大姓;明清至今,郭姓人已是散布全国各地,尤以河南、河北、山东、湖北、四川等省居多。

【姓氏名人】

郭玉:广汉郡人(今四川广汉北),东汉时期著名医学家,是继扁鹊之后又一个对医疗与心理有研究的医家。

郭子仪:华州郑县(今陕西华县)人,唐朝名将。在中唐平息安史之乱,德宗时被尊为尚父,亦称郭令公。郭子仪戎马一生,屡建奇功,以84岁的高龄告别沙场。

郭若虚:宋代太原(今属山西省)人,著名书画评论家,所著《图画见闻志》集中体现了他在绘画上的主张及见解。

郭沫若:原名郭开贞,号鼎堂,四川省乐山人,现代史上杰出的作家、诗人、历史学家、考古学家、革命活动家。著有《女神》、《牧羊哀话》、《中国古代社会研究》等许多著作。

郭子仪

林

【姓氏来历】

相传林姓是由商朝末年的名臣比干而来。少师比干被暴君纣王挖心而死,夫

国学经典文库

国学大智慧

·蒙学智慧·

图文珍藏版

人陈氏为躲避官兵追杀,逃难于长林山(今河南卫辉、淇县一带),生子名坚,因生于林,后被周武王赐以林为姓,史称林坚,被后人尊为林姓始祖。

除上述一支外,林姓还有一支来源。相传东周时,周平王有庶子名开,字林,人称林开,他虽贵为王子但平易近人,淡泊名利,生前从不参与争位争利的纠纷。死后他的儿子以他的名为姓,奉其为林姓始祖。

【姓氏分布】

林姓最初发源于河南省境内。唐朝末年生活在北方的林姓人大举南迁,定居地福建各地,以后发展成林姓望族。如今,林姓是我国比较典型的南方姓氏,尤以福建、广东、台湾三省分布较多,而且还远播到港澳与国外。

【姓氏名人】

林良:字以善,广东南海人,明代著名画家,擅长花果翎毛。其代表作品有《双鹰图》、《松鹤图》、《灌木集禽图》等。

林则徐:字元抚,又字少穆,谥号文忠,福建侯官鼓东街(今福州市)人。他一生清正廉洁,忧国忧民,以"虎门销烟"的爱国之举而留名青史。

林语堂:原名和乐,后改玉堂,又改语堂,福建龙溪人,是20世纪享誉中外的著名学者及作家。著有《开明英文文法》、《生活的艺术》、《京华烟云》、《中国与印度的智慧》、《无所不谈合集》等。

林彪:湖北黄冈人,中国人民解放军十大元帅之一,著名军事家。

钟

【姓氏来历】

钟姓出自子姓,以邑为氏。相传商纣王的庶兄微子见商朝腐败暴虐,劝诫纣王未果,便离朝出走。周武王灭商后,微子投奔了周武王,后来被封为宋,称宋桓公。他的儿子敖在晋国任职,敖的孙子伯宗为晋国大夫之职,后因勇于直言遭人忌恨而被害。伯宗的儿子州犁逃到楚国,因其熟悉晋国的情况,楚晋之争中多次为楚王出谋划策,因功拜为太宰,食采钟离(在今安徽省凤阳市)。后来,伯宗的子孙就以地名为氏或称复姓钟离。

【姓氏分布】

无论是复姓的钟离还是单姓的钟,都发源于今安徽省境内。先秦时期,钟姓主要居住在今湖北、湖南一带;汉晋之际,则以河南为其繁衍中心;唐代,钟姓还分布于今四川、山西、广东、安徽一带;宋元明时期,福建、广东等地均有钟姓人的聚居点;到了清代,广东及福建地区的钟姓陆续有人迁至台湾,后又有人迁往海外。如今,钟姓尤以广西、湖南、浙江、四川等省居多。

【姓氏名人】

钟子期:春秋时期楚国(今湖北汉阳)人,精于音律。相传伯牙鼓琴,他能分辨是志在高山还是志在流水,因而被伯牙称为知音。

钟嗣成:大梁(今河南省开封)人,元末戏曲家。著有《章台柳》、《钱神论》等7种。又有《录鬼簿》2卷,全书记述元初以来元曲作家150多人的生平事迹及剧作目录,对元曲研究有重大贡献。

钟惺:字伯敬,号退谷,湖广竟陵(今湖北天门县)人,明末文学家。曾任工部主事,官至福建提学佥事。后辞官归家,晚年入寺院,研读史书。他与同里谭元春共选《唐诗归》和《古诗归》,在当时形成"竟陵派",世称"钟谭"。另著有《史怀》。

钟荣光:字惺可,广东中山人,著名教育家。清光绪二十二年加入兴中会,并创办宣传革命的报纸。1928年任岭南大学第一任校长,次年改任岭南大学荣誉校长。

徐

【姓氏来历】

传说上古时圣帝舜的贤臣伯益有个儿子叫若木,被封在徐国(今江苏省北部,安徽省东北部一带),夏、商、周世为诸侯。后来到了周穆王时,因穆王喜欢游玩,有时一出去几年不归,国政无人管理,所以诸侯意见很大。

此时徐国的国君徐君偃,仁慈爱民,得到百姓的拥护,江淮间有36个诸侯国也拥戴他,国力日渐强大。有一次他外出打猎,在山中得到一副红色弓箭,觉得这是上天赐给他打天下的吉物,于是起了造反之心。恰在这时,周穆王正在昆仑山西王母处做客,远在万里之外,徐君偃就发兵进攻周朝京城。

周穆王得知后,乘造父驾的车,一日千里赶到了京城,派出大军前去镇压。徐君偃不忍生灵涂炭,于是主动收兵,躲到彭城(今徐州)一带的深山之中。由于他很得人心,很多人都跟他一起进了山,这座山也因此叫徐山,附近的地名也因此叫徐州。穆王见他这么得人心,赦免他造反之罪,还让他的子孙继续管理徐国。公元

512年,徐国被吴国灭掉。他的子孙就以国为姓,就是徐氏。

【姓氏分布】

徐姓人最早繁衍于今江苏徐州、安徽泗县,后扩至凤阳。秦汉时期,徐姓迁居到安徽、江西、浙江一带;南北朝时,北方徐姓避居江南;到隋唐时期,在我国南方又有了进一步的繁衍;宋时,有徐姓人由江南石城迁居福建长汀、连城两县;元时,有徐姓人从江西、福建迁居今广东部分地区。明清至今,徐姓已广布于我国的大江南北。

【姓氏名人】

徐光启:字子先,号玄扈,谥文定,上海徐家汇人,明代杰出科学家。研究范围广泛,以农学、天文学、数学较为突出。著有《诗经六帖》、《农政全书》,译有《泰西水法》、《几何原本》等。

徐霞客:名宏祖,字振之,霞客是他的号,南直隶江阴(今属江苏)人,明代杰出的旅行家、游记文作家,后人根据其日记整理成富有地理学价值和文学价值的《徐霞客游记》。

徐悲鸿:原名寿康,江苏宜兴人,中国现代美术事业的奠基者之一,杰出的画家和美术教育家。他创作的《九方皋》、《巴人汲水》、《愚公移山》、《田横五百士》等系列画作对现代中国画、油画的发展有着巨大影响。

徐向前:山西省五台人,伟大的革命家、军事家,十大元帅之一。中国共产党、中华人民共和国和中国人民解放军的重要领导人,为中国革命的胜利和军队的建设立下了赫赫战功。

高

【姓氏来历】

高姓的来源有两支。传说上古时,黄帝有个大臣叫高元,他通过不断摸索和思考,终于想出了在地上架木为巢的方法,这就是最早的房屋。房屋的发明,可以说是人类文明的一大进步。后来高元被黄帝封为侯,他的代以他的名为姓,这是最早的高氏。

另外一支出自姜子牙的八世孙高傒。高傒是齐国重臣,他的妹妹是齐襄公的夫人。后来,襄公的孙子由于无知谋杀了齐襄公篡权,高傒利用自己在宗室中的威望,联合诸大臣一齐平定内乱,迎立齐桓公继位。齐桓公论功行赏,高傒被封为上卿,并赐他以祖父公子高的名为姓,称为高氏。

【姓氏分布】

高姓虽然发源于今河南省境内,但春秋以后却以齐鲁之地高氏居多。秦汉三国时期,高姓人活动于黄河上、下游,淮河流域,长江上、下游地区;两晋南北朝时,战乱频繁,高姓人大举南迁;隋唐时,今河北省仍是继东汉以来高姓主要的聚居地;两宋时期,高姓人为避战乱由中原向江南迁徙;元明清时期,高姓人多集聚于东南地区。如今,高姓主要分布在江苏、福建、广东、江西、云南等地。

【姓氏名人】

高适:字达夫,居住在宋中(今河省景县),唐朝著名诗人。代表作有《燕歌行》、《塞下曲》、《登百丈峰二首》、《封丘作》等。

高崇文:渤海(今黑龙江宁安南)人,唐朝著名将领。贞元年间跟随韩全义镇守长武城,管理军队很有成绩。吐蕃侵犯宁州时,他率兵前往营救,大获全胜,被封为渤海郡王。剑南西川节度使谋反,高崇文被推荐为左神策行营节度使,领兵征讨,八战皆胜,刻石记功,封南平郡王。

高怀德:字藏用,五代时常山真定(今河北正定)人,宋初将领,以忠厚倜傥、威武勇敢而著称。

高克恭:字彦敬,号房山道人,大都(今北京)房山人,元朝画家。擅长画山水、墨竹,有非凡技艺,与赵孟頫齐名,时人有"南有赵魏北有高"之称。其代表作有《云横秀岭》、《墨竹石坡》、《春云晓霭图》等。

高翔:字凤岗,号西唐,又号樨堂,江苏扬州人,清代画家,为"扬州八怪"之一。擅长山水,画梅风格疏秀,兼能画像。著有《西唐诗抄》。

蔡

【姓氏来历】

蔡姓出自姬姓,为周文王后裔。周初,周武王伐商成功后,封商纣王之子为殷侯,又将胞弟管叔、蔡叔、霍叔分封在殷的周围以监视,史称"三监"。武王去世后,"三监"趁成王年幼,勾结封王之子武庚发动叛乱。最后周公率兵东征,经三年苦战,终于平定了叛乱,武庚、管叔被杀,蔡叔被放逐于郭邻,霍叔降为庶人。蔡叔放逐后郁郁寡欢,不久就死去。蔡叔的儿子仲,认识到父亲的过错,并没有因父亲放逐而死有怨恨,他安分守己,学会了放牧驯马的技术。周公知道后,又建议成王,把仲封回蔡国(今河南省上蔡县西南)。战国后期,蔡国被楚国吞并,失国后的蔡侯子孙就以国为姓,就是蔡氏,奉仲为蔡姓始祖。

【姓氏分布】

蔡姓得姓之初,主要繁衍于现在的河南省境。秦汉时期,蔡姓人主要在中原地区发展,且以河南、山东等地为其繁衍中心;魏晋南北朝时,战乱频繁,迫使蔡姓族人大举南迁,辗转定居于江浙各地;唐宋时期,社会逐步安定,经济逐渐发展,蔡姓宗族逐渐发展成望族;到了明清时期,蔡姓远播于海外地区。如今,蔡姓尤以广东、浙江、四川等地居多。

【姓氏名人】

蔡邕:字伯喈,陈留圉(今河南省杞县南)人,东汉时期著名文学家、书法家。他擅长散文词赋,又工隶书,曾创"飞白"书,且善画,是东汉四大画家之一。

蔡伦:桂阳(今湖南省郴州)人,东汉宦官,改进了造纸术,他总结西汉以来用汀质纤维造纸的经验,创造用树皮、麻头、破布、渔网造纸之法,时称蔡侯纸。

蔡襄:字君谟,兴化(今福建仙游)人,北宋书法家。其正楷端重沉着,行书淳淡婉媚,草书参用飞白法,谓"散草"、"飞草",自成一体。与苏轼、黄庭坚、米芾并称"宋四家"。传世墨迹有《自书诗帖》、《郊燔帖》、《蒙惠帖》等,书法杰作有《茶录》。

蔡元培:浙江省绍兴人,早年参加民主革命运动,积极倡导科教育人,实行先进办学方针,提倡民主、科学。曾先后出任北京大学校长、中央研究院院长、司法部长等职。教育论著有《蔡元培教育文选》、《蔡元培教育论著选》等。

田

【姓氏来历】

田姓是圣帝舜的后裔。周初,周武王封舜的后裔胡公妫满为陈侯。到陈桓公时,他的弟弟佗趁桓公病逝之机,借蔡侯之兵杀死太子免而篡位,自立为陈厉公。太子免的两个弟弟欲报杀兄之仇,就趁陈厉公去蔡国时把他杀了。兄弟二人相继为君,是为庄公和宣公。宣公在位时,怀疑太子御寇要谋反,就把他杀了。厉公的儿子陈完与御寇很要好，怕受牵连，就逃到齐国去了。于是齐桓公就把他封于田邑，人称田敬仲。他的子孙就以封地为姓，就是田氏，奉田敬仲为田姓始祖。

【姓氏分布】

田姓以今山东临淄为发源地。先秦时期，田姓已分布于今山西、河南、北京、湖北等地；三国两晋南北朝时，由于社会动荡，田姓避乱南迁；宋代，田姓主要在中国的北部和中部播迁；明清之际，田姓已播及大江南北广大区域。如今，田姓在全国分布广泛，以河南、四川、山东、河北等省为多。

【姓氏名人】

田文：号孟尝君，山东滕县人，战国时期齐国重臣、四公子之一。

田承嗣：平州卢龙（今属河北）人，唐末时军阀，为河北割据势力，也曾两度叛乱，死后由其侄田悦继位，曾一度自称魏王。

田锡田：襄城人，明朝著名书法家。喜欢收藏金石文字，著有《书学偶录》。

田汝成：浙江钱塘（今杭州）人，明代文学家。他博学、工文，尤善叙述，撰写有《辽记》、《炎徼纪闻》、《西湖游览者》、《田叔禾集》等。

田汉：字寿昌，笔名陈瑜，湖南长沙人，现代著名文学家、剧作家、诗人。创作过电影剧本《风云儿女》、《义勇军进行曲》。

胡

【姓氏来历】

周初，周武王将前代圣贤之后分别封为诸侯，其中圣帝舜的后裔妫满被封为陈侯，建立了陈国（今安徽省北部的阜阳、河南省中部的郾城等地）。妫满死后，谥号为陈胡公，所以史又称为胡公妫满。公元前478年，陈国被楚国所灭。其后，他的子孙分为两支，一支以国为姓，是为陈氏，一支以妫满谥号为氏，是胡氏，奉胡公妫满为始祖。

【姓氏分布】

胡姓的起源地是周初的封地陈国。汉时，胡姓迁入陕西、甘肃、山西等地；西晋末年，因"永嘉之乱"，胡姓大举南迁。当今胡姓分布很广，山东、四川、湖北、江西、安徽、浙江多此姓。

【姓氏名人】

胡安：汉朝初期著名教育家，司马相如便是他的得意门生之一。

胡瑗：字翼之，世称安定先生，江苏泰县人，北宋著名学者、教育家。曾官至太常博士。提倡"明体达用"之学，开宋代理学的先声。

胡瑰：契丹族，河北涿县人，唐朝著名画家。尤善于画马，用笔清劲细密，而骨骼体状都生动有神。所传世作品《卓歇图》，是一幅难得的传世珍画，现藏故宫博物院。

胡适：字适之，安徽绩溪人，中国现代学者、思想家及新文化运动的著名人物。著有《中国古代哲学史》、《章实斋年谱》、《先秦名学史》、《白话文学史》等。

万

【姓氏来历】

"周初四圣"之一的毕公高的后人中有个叫毕万的，在晋国当大夫，因功被封于魏。毕万的后代中，有一支以他的名为姓，是为万氏，奉毕万为万姓始祖。

另外，周初有个芮国（今山西省芮城县），是周王室同姓诸侯国。春秋时期，芮国有个国君叫苗伯万，因其好女色，宫中养了很多美女。他的母亲知道了这件事后很生气，就把他赶到魏城去了。后来他的后代就以他的名为姓，就是万氏，是另一支万氏。

【姓氏分布】

早期万姓发源于山西、陕西省境，这两省亦为后世万姓支系主要源头。魏晋南北朝时，北方战火四起，万姓有避居南方者，此次南迁，奠定了后世万姓盛于南方的基础；唐时，浙江、安徽万姓发展比较旺盛；宋元时期，北方时有战争，致使万姓再次南迁；明清时期，是历史上万姓最盛阶段，四川、江苏、广西亦有万姓足迹。如今，尤以江苏、江西、湖北等省多万姓。

【姓氏名人】

万修：字君游，东汉茂陵人。更始年间任信都令，迎光武帝，拜偏将军。平河北，因功封槐里侯，为"云台二十八将"之一。

万寿祺：明末书画家，万历年间举人。明朝灭亡后，仍以遗民自居，着儒士服，戴和尚帽,人称"万道人",与阎尔梅同称"徐州二遗民",著有《隰西堂集》。

万家宝:笔名曹禺,祖籍湖北潜江,生于天津,现代史上杰出的文艺家、戏剧作家。作品有《雷雨》、《日出》、《原野》、《北京人》等。

管

【姓氏来历】

管姓以国名为姓,源出于姬姓。周武王灭商以后,封三弟叔虞于管国(今河南郑州),称管叔。武王死后,管叔与蔡叔、霍叔,一同勾结武庚发动叛乱。周公旦平息叛乱,管叔被杀,其子孙就以国名为姓,即为管氏。

另据《通志·氏族略》所载,周穆王之后管仲在齐国做宰相,帮助齐桓公建立霸业。管仲执政40余年,实行了改革,使齐国不断富强,使齐桓公成为五霸之首。其后,管仲的后代也姓管,称为管氏。

【姓氏分布】

管姓主要发源于今天的河南省郑州市。春秋时,管姓主要繁衍于山东;魏晋南北朝时期,因社会动荡,管姓避乱有西去甘肃,湖南一带;五代后唐年间,管姓繁衍于福建、广东、江西等地;明初,管姓作为明朝山西洪洞大槐树迁民姓氏之一,被分迁于河南、山东、陕西、天津、江苏等地;明末至清,管姓迁居到江苏、江西、浙江等地。如今,管姓在全国分布甚广,尤以山东、江苏等省多此姓。

【姓氏名人】

管仲:名夷吾,又名敬仲,字仲,是春秋时期著名的政治家。他的著作多收入《国语·齐语》和《汉书·艺文志》。《管子》便是后人摘录管仲的言行及稷下学派言论并大量附以齐国法家著作汇编而成。其中《轻重》等篇,是古代典籍中不多见的经济文作。

管鉴:字明仲,龙泉(今属浙江省)人,宋代官吏、词人。官至广东提刑,权知广州经略安抚使。著有《养拙堂词》。

管师复:龙泉(今属浙江省)人,宋朝诗人。为人讲义气、勇敢,擅长于写诗。著作有《白云集》。

管珍:字阳复,号松崖,江苏武进人,清朝著名画家。工花鸟,尤善设色牡丹。著有《松崖集》。

卢

【姓氏来历】

卢姓出自姜姓,以邑为姓。据《元和姓纂》所载,春秋时期,齐国的公孙无知勾结他人杀了齐襄公而自立为王。齐襄公的两个儿子小白和纠逃往其他国家。公孙的这种行为引起齐国臣民的不满,只是群龙无首,难与之抗衡。最后群臣只好求助于老臣高傒,因为高傒世为齐国上卿,在大臣中有很高的威望。高傒接受了群臣的要求,设计杀了公孙无知等人。然后高傒迎立小白回来继位,就是后来成为春秋霸主的齐桓公。桓公继位后,把卢邑(今山东省长清县)封赏给了高傒。他的子孙以地为姓,就是卢氏,奉高傒为卢姓始祖。

【姓氏分布】

卢姓发源于今山东省长清的西南,后又沿着黄河,在河北、河南繁衍发展。汉魏南北朝隋唐时,卢敖裔孙卢绾随汉高祖起兵反秦,因功封燕王,封国在涿郡,后涿郡卢姓又称范阳卢姓,为五大望族之一;西晋末年的永嘉之乱,导致卢姓大举南迁;唐代时,卢姓在北方已称盛于黄河流域,其中以河南繁衍最为著名;元明清时,卢姓已遍及全国大江南北。如今卢姓尤以河北、广西、广东等省居多。

【姓氏名人】

卢植:字子干,涿郡(今河北涿县)人,东汉著名学者。著有《尚书章句》、《三礼解诂》等。

卢思道:字子行,范阳(今河北涿州)人,隋朝著名大臣、文学家。著有《从军行》、《听鸣蝉篇》。

卢照邻:字升之,号幽忧子,幽州范阳(今河北涿县)人,唐朝著名诗人。著有《卢升之集》和《幽忧子集》。

卢文绍:字绍弓、檠斋,号弓父、矶渔,浙江余姚人,清朝古籍校勘学家。他校正《吕氏春秋》、《白虎通》等古籍38种,纠正错误多处。著有《群书拾补》、《钟山札记》、《抱经堂集》等。

卢照邻

国学经典文库

国学大智慧

·《百家姓》智慧通解·

图文珍藏版

房

【姓氏来历】

房姓源自于五帝之首的尧,传承相对单纯。相传尧有个儿子开始被封于丹水,人们称他为丹朱。后因丹朱没有治理天下的能力,尧就把帝位让给舜了。舜继位后,为感谢尧的恩德,把丹朱封于丹渊,国号唐,后来又把丹朱的儿子陵封到了房(今河南遂平县),为房侯,并创建了房国。其后,他们的子孙就以封地为姓,称房氏,奉房陵为房姓始祖。

【姓氏分布】

房姓虽不属大姓,但作为一个有着数千年传承历史的中华古姓,在中国历史发展中自有其不可忽视的地位。房姓最初发源于今河南遂平县,当今房姓分布较广,但尤以山东、陕西、陕西、江苏等省居多。

【姓氏名人】

房元庆:南朝宋建微府司马,清河人。汉武帝时,历七郡太守,后为青州建微府司马。

房茂长:清河(今河北清河)人,唐朝画家。擅长画人物,著有《商山四皓图》。

房玄龄:名乔,字玄龄,齐州临淄(今山东淄博东北)人,唐朝司空。居相位15年。著有《晋书》。

丁

【姓氏来历】

丁姓以谥号为姓氏,源于姜姓。齐太公姜子牙有一子名伋,是周成王时的朝廷重臣,又是周康王的顾命大臣。姜子牙死后他继为齐侯,是齐国的第二代国君,对周王朝初期的政治生活起了重要作用,他死后谥号为丁公。其后,他的子孙就以他的谥号为姓,就是丁氏,并奉伋为丁姓始祖。

【姓氏分布】

丁姓的支源众多,但大致上,山东为其最早发源地。秦汉时期,丁姓聚居地主要在今山东、江苏、河南、河北、广东等地；三国两晋南北朝时期，北方战乱导致了丁姓频繁迁徙，可谓丁姓历史上播迁的昌盛时期；唐代，济阳丁姓有入居福建者；宋元时期，有江苏人丁谓后人分居于今广东省；清代，居于福建、广东一带的丁姓移居台湾地区、泰国、新加坡、美国等地。今日丁姓以福建、江苏、湖南、山东、贵州、吉林、辽宁等省较多。

【姓氏名人】

丁度：字公稚，祥符（今河南开封）人，北宋著名文字训诂学家。官至端明殿学士。曾与李淑等刊修《韵略》，又刊修《广韵》成《集韵》。奉诏与诸儒集体编撰《武经总要》40卷，是中国古代著名的军事著作之一。

丁汝昌：原名先达，字禹廷，号次章，北洋水师提督。甲午战争爆发后，在黄海海战中受伤后仍指挥作战，后退守威海卫；当日军海陆围攻威海卫时，他拒绝投降，自杀身亡。

丁日昌：字禹生，亦作雨生、持静，广东省丰顺人，清代大臣。历任江苏巡抚、福建巡抚、督船政、节度水师兼理各国事务大臣等职，曾参与洋务运动，著有《抚吴公牍》。

丁敬：字敬身，号钝丁，钱塘（今浙江杭州）人，清朝著名篆刻家。喜好金石文字，善鉴别，工于诗、书、画，尤精刻印，开创了"浙派"，被誉为"西泠八家"之首。著有《武林金石录》、《砚林诗集》等传于世。

邓

【姓氏来历】

邓姓以国名为姓氏，源于曼姓。殷商后期，商王武丁封其叔父曼季于邓国曼城（今河南省邓州），同时封其为侯爵，后来曼季建立了邓国（今河南省孟县西南），人称邓侯。邓国经西周、春秋共延续了600多年。西周时，邓国是周朝南方较为重要的诸侯国之一，后被楚国灭掉。其后，邓侯的子孙就以国为姓，这是最早的邓氏。

另外，北宋初年，南唐后主李煜第八子李从镒，曾被封为邓王。南唐被灭掉后，宋太宗赵光义下令缉拿南唐宗室，李从镒被捕，其子李天和逃脱。他为了躲避追捕，不敢姓李，就以父亲的封号为姓改为邓姓，这是另一支邓姓。

【姓氏分布】

邓姓发源于今河南省境，而后向紧邻的湖北、湖南一带迁徙。东晋十六国时，中原邓姓大举南迁，分布于江南、江西、江苏等地；唐代，南阳邓姓分衍出的支派更多，分别居于甘肃、山西、河南等一些地区；宋时，邓姓在南方已播及江西、湖北、福建、广西等地；明末，居住在广东及福建地区的邓姓又有一些人迁居到台湾。如今，邓姓人主要集中在湖南、江西、四川、江苏、福建、广东等地。

【姓氏名人】

邓石如：字行，号顽伯、完白山人、笈游道人等，怀宁（今属安徽）人，清朝杰出书法家、篆刻家，其书法以篆字成就最高。他的篆刻技艺突破陈规，自成一派，世称"邓派"和"皖派"。

邓世昌：原名永昌，字正卿，广东番禺人，海军名将。1894年中日甲午战争爆发后，在黄海海战中，虽弹尽舰伤，仍下令加快速度猛撞敌舰吉野，不幸被鱼雷击中，与全舰官兵250人壮烈牺牲。

邓世昌

邓颖超：祖籍河南省光山，是无产阶级革命家、政治家，著名的社会活动家、中国妇女运动的先驱、中华人民共和国的重要领导人。

邓小平：四川省广安人，马克思主义者，无产阶级革命家、政治家、军事家，中国共产党、中国人民解放军和中华人民共和国的主要领导人之一。他为社会主义革命和社会主义建设事业作出了杰出的贡献。

左

【姓氏来历】

在古代，史官分为左史和右史，左史主要记录帝王诸侯大臣的言行，右史主要记录发生的大小事件。据考证，我国古代以左为尊，所以左史能到帝王身边记载其言行。这些左史，往往为世袭，慢慢的，人们就以左加名来称呼他们，逐渐演变成左姓。

【姓氏分布】

左姓发源于今湖南省。先秦时期，左姓已活动于今陕西、山东、山西一带；魏晋时期，左姓在今山东、河南间地繁衍迅速；南北朝至隋唐，左姓由于避乱，逐渐播迁于江东各地；宋元以后，左姓在江南分布更广；明初，山西左姓作为明朝洪洞大槐树迁民姓氏之一,被分迁于陕西、河南、东北三省等地;清初,两湖之左姓伴随湖广填四川的风潮入迁四川。如今,左姓主要分布在河北、山东、江苏、四川等省。

【姓氏名人】

左丘明:春秋时鲁国人,后人因其目盲,称之为盲左。相传他曾任鲁太史,为《春秋》作传,成《春秋左氏传》,简称《左传》。

左光斗:字遗直,号浮丘,明朝桐城人。曾任浙江道监察御史,后任左佥都御史,参与杨涟弹劾魏忠贤,又亲自弹劾魏忠贤32斩罪。后来他与杨涟被诬陷死于狱中,后追赠太子少保,谥号忠毅。

左思:字太冲,晋代临淄人。博学能文,官秘书郎。曾作《三都赋》,十年乃成。豪贵之家,竞相传写,洛阳为之纸贵。其妹左芬,亦能文,以德见称。

左宝贵:山东省费县人,回族,清末将领。甲午战争时,以总兵之职率军赴朝鲜平壤拒日。督军浴血奋战,亲手燃放大炮,后中炮阵亡。

左宗棠:字季高,一字朴存,号湘上农人,晚清军政重臣,湘军统帅之一,洋务派首领。1885年病故于福州。

石

【姓氏来历】

石姓出自姬姓,为石碏之后裔。据《元和姓纂》所记载,春秋时康叔的六世孙卫靖伯有个孙子叫石碏,是卫国的贤臣。其子石厚曾帮助公子州吁杀掉卫桓公,州吁自立为君。州吁上台后,为了树立威信,向外频频用兵,搞得卫国上下怨声载道。

后来,石碏设计将州吁和石厚两人骗到陈国,并暗中给陈桓公写了一封密信,派人事先送给陈桓公,历数州吁、石厚的罪行,请陈侯把他们抓起来。等州吁和石厚两人到陈国后就被抓了起来。石碏将两人处死后,迎立桓公之弟公子晋为国君,即卫宣公。

石碏在此次变故中表现得大智大勇,大义灭亲,为世人所称道。石碏本是卫国的宗室,因封地在石邑,故人称石碏。他的后代,就以他的封地为姓,即为石氏,奉石碏为石姓始祖。

【姓氏分布】

石姓最早发源于当时的卫国之地(今天的河南北部一带)。秦汉以前,石姓主要在黄河中、下游地区繁衍,同时有部分人徙居江南;魏晋南北朝时,形成渤海、平原两大郡望;唐初,有石姓人自河南固始随陈政、陈元光父子入闽开漳并落籍;五代十国,石姓在福建形成闽南望族;宋元以后,石姓已遍及江南大部分地区;明初洪武年间,石姓作为洪洞大槐树迁民姓氏之一,被分迁于山东、河北、陕西、甘肃等地。如今,石姓分布以河南、山东、四川、辽宁等省为多。

【姓氏名人】

石申:战国时天文学家,他与甘德所测定的恒星记录有 800 多颗,是世界上最古老的恒星表,有《甘石星经》。

石守信:开封浚仪(今河南省开封)人,北宋名将。陈桥兵变,辅佐赵匡胤称帝,杯酒释兵权后,仅留虚职。

石玉昆:号问竹主人,清代说唱艺人。演唱时自弹三弦自唱,其唱调称为"石派书"。相传小说《三侠五义》、《小五义》等均是别人根据他的唱本改写而成。

石达开:广西贵县人,太平天国的翼王。他有勇有谋,在太平天国前期的胜利进军和定都南京以及率军西征中屡败清军。同治二年夏天,进至越厅紫打地(今四川省石棉县安顺场南),为大渡河所阻,又遭清军及士兵围困,进退无路,陷于绝境。他意图"舍命以全三军",投入清营,后不仅部属惨遭屠杀,自己也在成都遇害。

崔

【姓氏来历】

崔姓源于姜姓,相传是炎帝的后代。西周时,姜子牙因首功而封在齐国,其嫡孙季子不愿继位,把君位让给了弟弟叔乙,自己撤到崔邑(今山东省章丘县西北)住了下来,人称崔季。其子孙就以地为姓,即为崔氏,奉崔季为崔姓始祖。

【姓氏分布】

崔姓发源于山东境内。唐代,崔姓繁衍于山东、河北、河南、陕西、山西、甘肃等地;宋元时期,有较多崔姓南迁于江苏、安徽、浙江、江西等地;明朝初年,有山西大槐树崔姓移民于人迹稀疏之地;明末清初又有大批崔姓族人迁往辽东一带,多与朝鲜族杂居;清末又有入居东南亚国家者。今日崔姓主要居住在河南、山东、辽宁、黑龙江、江苏等省。

【姓氏名人】

崔鸿:字彦鸾,今山东平原人,北魏著名史学家。初仕魏中散大夫一职,后迁黄门侍郎,加散骑常侍、齐州大中正。撰有《十六国春秋》。

崔敦礼:南宋通州静海(今江苏南通)人,宋代文学家。有《宫教集》、《刍言》、《四库总目》等传于世。

崔述:字承武,号东壁,河北大名人,清代历史学家、考据学者。所著书以《考信录》为主,包括《三代考信录》、《丰镐考信录》、《洙泗考信录》等,近人汇印为《崔东壁遗书》。

程

【姓氏来历】

程姓以国名为姓氏,出自高阳氏。据《广韵》所载,相传上古时民间祭祀很乱,神鬼不分,氏巫混杂,社会秩序很不安定。后来帝颛顼派两个孙子分掌天地,哥哥重为南正,掌管祭祀天上神灵,弟弟黎为火正,掌管治理山川河流土地和民政事务。这样百姓就从杂乱无章的祭礼活动中解脱出来,天上地下各不相忧,人神分开,万物都有了秩序。百姓的生活也安定了。由于这些功劳,重和黎的子孙就世袭这个职务。商王朝时封其后裔为程侯(今河南洛阳市),程侯的子孙就以国名为姓,即为程氏。

【姓氏分布】

程姓在春秋时代已经分布于河北、河南、陕西一带。秦汉时期,程姓已在华北长城以南地区繁衍;魏晋南北朝时期,在今安徽、浙江两省交界处,程姓族人的分布日益稠密,逐渐扩散到江苏、江西、福建地区;南宋年间,洛阳程姓有些迁居桂林、贵州;明清时期,程姓便已分布于我国广大地区。如今,程姓主要分布在河南、安徽、四川、陕西、湖北、山东等省。

【姓氏名人】

程曾:字秀升,东汉豫章南昌(今属江西省)人。学习《严氏春秋》,后教授弟子数百人。著书百余篇,疏通《五经》的疑难,又作《孟子章句》。

程伟元:字小泉,江苏省苏州人,清代文学家、书画家。工诗善画,其作品已遗失。

程长庚:名椿,一名闻翰,字玉山,寓名四箴堂,安徽潜山人,清代戏剧家。代表剧目有《群英会》、《战长沙》、《文昭关》和昆曲《钗训大审》等。他与余三胜、张二奎并称"老生三杰"、"三鼎甲"。

邢

【姓氏来历】

邢姓出自姬姓,以国名为姓氏,源于周公旦之后。据《左传》记载,周初,周公旦的第四个儿子被封为邢侯(今河北省邢台市西南)。春秋时期,邢国被卫国吞并,失国后的邢侯子孙就以国为姓,即为邢氏。

后来,卫国又被晋国吞并,晋就把邢邑(今河南省温县东)封给大夫韩宣子作为封地。后来韩宣子的后代就以地为姓,是另一支邢氏。

两支邢氏虽来源不同,但均源于周王室的姬姓。

【姓氏分布】

邢姓主要发源于今山西、河北、山东一带。魏晋南北朝之际,由于五胡乱华、军阀纷争等导致社会动荡,少数邢姓子孙避居江南;隋唐之际,邢姓播迁繁衍以北方邻近区域为主;北宋时,北方辽金等少数民族不断侵扰今冀、晋北部,邢姓因避乱徙居当时的首都开封及河南各地;元代金后,北方邢姓发展平稳,而南方邢姓因避乱散居江南各地;明初,山西邢姓作为明朝洪洞大槐树迁民姓氏之一,被分迁于河北、河南、陕西、东北等地。如今,邢姓主要分布在河北、河南等省。

【姓氏名人】

邢群:唐朝著名大臣。唐会昌年间在任户部员外郎处州刺史时,清正廉明,吏人畏之,百姓敬之,在其离任之日,百姓扶老携幼含泪送别。

邢侗:字子愿,临邑(今山东临邑)人,明朝著名书画家。善画能诗文,尤以书法著名。其字为海内所珍,与董其昌、朱万钟、张瑞图并称。著有《来禽馆集》。

邢契莘:浙江省嵊县(今峰州市)人,清宣统二年考取清华第一期官费留学美国,入麻省理工大学选修造船造机系。

陆

【姓氏来历】

春秋时,陈厉公因为与表妹私通被故太子的弟弟杀死。陈厉公之子陈完闻讯后逃往齐国,因功封在田,后为田氏,陈完也改名田敬仲。到了战国初期,敬仲的后裔田和赶走齐君而自立为君,成为田姓齐王。田氏齐宣王的小儿子叫通,被封在平原县的陆乡(今山东省平原县),田通的子孙就以封为姓,即为陆氏,奉田通为陆姓始祖。

另外,据《魏书·官氏志》所载,南北朝时,北魏有鲜卑步陆孤氏,进入中原后改为汉字单姓陆氏。

【姓氏分布】

陆姓最早发源地为山东,早期陆姓亦是以山东为中心向四周传播。魏晋南北朝时,南北方各地的陆姓阵容都得到了大规模的发展;盛唐时期,陆姓势力呈巩固加强发展之态;宋元至明清时期,陆姓已广布各地,进而延伸至台湾地区、新加坡等地。今日陆姓分布以浙江、上海、江苏、广东、广西等为主。

【姓氏名人】

陆云:字士龙,晋吴郡华亭人,西晋著名文学家。官至清河内史,与陆机并称"二陆",著有《陆士龙集》。

陆修静:字元德,南朝宋吴兴郡东迁人,为南朝著名道士,早期道教的重要建设者。与僧人慧远、慧永及陶潜等18人结社于庐山东林寺,同修静土之法,号曰"白莲社"。

陆游:字务官,号放翁,宋代越州山阴县人,南宋著名诗人。他才华横溢,尤长于诗,一生写诗近万首,为南宋大家。著有《渭南文集》、《剑南氏稿》、《放翁词》、《南唐书》等。

陆心源:浙江吴兴人,清代藏书家,他收藏了两百本宋朝的珍善本书,因藏书扬名于天下。著有《潜园总集》。

陆游

翁

【姓氏来历】

翁姓出自周朝时期的姬姓,为西周昭王的后代。传说周初,周昭王有个儿子,生下来时两手紧握成拳,谁也掰不开,大声啼哭不止。宫人报告周昭王,周昭王不相信,跑去一看,正在啼哭的婴儿哭声顿时止住了,两只小手也张了开来。周昭王看其小手,不由得大奇。原来孩子两只小手的纹路与众不同,仔细一看,左手是个"公"字,右手是个"羽"字,于是昭王把两字合到一起即"翁"作为小儿子的名字。翁长大后,周昭王又把他封为侯,封地也取名翁(今浙江省定海县东),史称翁侯。后来,翁侯的子孙就以翁作为他们的姓氏。

【姓氏分布】

翁姓发源于广东省韶关市南部翁源县。秦时,翁姓主要繁衍于浙江的杭县。目前,我国北方的翁姓虽不多见,但在南方,特别是福建、广东、台湾一带却是名门大姓。

【姓氏名人】

翁肃:字彦恭,崇安人,著名宋朝大臣,官至朝散大夫。

翁方纲:字正三,号覃溪,直隶大兴(今北京)人,清代诗人、书法家。翁方纲尤善隶书,与刘墉、成亲王永瑆、铁保齐名,称"翁刘成铁"。著有《复初斋文集》35卷,《集外文》4卷、《复初斋诗集》42卷等。

翁大年:字叔均,江苏吴江人,清朝著名金石学家、书法家、篆刻家、考古学家。著有《官印志》、《古兵符考》、《陶斋金石考》、《秦汉印型》等。

翁同爵:字玉甫,以父荫授官。在湖北巡抚兼署湖广总督任上去世,著有《皇朝兵制考略》。

段

【姓氏来历】

段姓出自姬姓,是春秋时郑武公的儿子共叔段的后代。

春秋初年,郑武公有两个儿子。大儿子是在其母姜氏睡梦中生下,所以取名寤生。姜氏以为怪,不大喜欢他;二儿子名段,长大后生得一表人才,面如敷粉且又多力,很讨姜氏的喜欢,就生偏心想立段为世子。但郑武公以长幼为序没有答应。

郑武公去世后,寤生即位,是为郑庄公。其母姜氏就逼庄公把京城(今河南省荥阳市)封给了段,人称京城太叔或太叔段。太叔段自恃母爱,公开招兵买马企图夺哥哥之位。群臣都为庄公担心,庄公却以母爱幼弟为由不予理会。其实他心中早已有数,故作糊涂,以促使太叔段的野心暴露,以便除之有名。

太叔段果然中计,在他即将行动时,早已有备的郑庄公采取先发制人的办法,突然袭击京城,太叔段只得逃入共国(今河南省辉县),所以又称共叔段。太叔段死后,他的子孙就以他的名为姓,即为段氏。

【姓氏分布】

早期段姓以陕西、甘肃一带繁衍最旺,以后段姓大致以此二地为主迁地,扩播四方。魏晋南北朝之际,段姓或因仕宦,或因避战乱而迁往各地;唐代段姓仍以北方人口居多;明代有山西大槐树籍段姓迁于山东、河南、河甘肃、陕西等地;到了清代,段姓无大规模迁徙之举,各地段姓繁衍平稳。今日段姓以四川、山西、河北、云南等省多此姓。

【姓氏名人】

段干木:战国时魏国人,为魏国才士。他潜学守道,深受魏文侯敬重。据传文侯每过段干木家门,定站立伏于车前横木,以示尊敬。

段成式:字柯古,唐代临淄人,唐朝文学家。博学强记,多奇篇秘籍,其中他所著的《酉阳杂俎》,被后世誉为"小说之翘楚"。

段祺瑞:原名启瑞,字芝泉,晚号正道老人,安徽合肥人,近代皖系军阀首领。曾任提督、国务总理等职。1936 年病逝于上海。

侯

【姓氏来历】

侯姓源于黄帝轩辕氏姬姓的后代。周成王小弟唐叔虞的封国为晋,而侯氏正是出自晋国的公族。到了春秋末期,晋武公杀掉了晋国的国君晋哀侯和他的弟弟。后来他们的后代逃往他国,便以祖先的爵位为姓,是为侯姓。

侯氏中还有一支是少数民族姓氏所改。据《通志·氏族略》记载，随北魏孝文帝南迁洛阳的少数民族中，原为复姓侯莫陈氏，后来改为单姓侯氏。

【姓氏分布】

侯姓早期主要是在今河南、山西省境内，在其发展繁衍过程中，很快就播迁到河北等地。秦汉之际，在今河北省的中西部地区，侯姓成为当地的盛族；西晋至南北朝时期，侯姓迁居到四川、广东、内蒙、辽宁等地；宋明时期，侯姓的聚居点已遍布今湖南、湖北、浙江、广西等地；从清初开始，福建、广东地区侯姓陆续有人迁至台湾地区。如今，尤以河南、湖南、安徽、辽宁等省多此姓。

【姓氏名人】

侯显：明朝著名的政治活动家、外交家。在促进中国和亚洲各国交流经济、文化方面及民族关系方面作出了积极的贡献。

侯恂：字大真，号若谷，河南商丘人，明代户部尚书。曾任兵部侍郎等职，后来朝廷中发生政变，被捕入狱。崇祯九年，李自成攻破北京后，他以按兵不救之罪遭到陷害。

侯芝：字香叶，号香叶阁主人、修月阁主人，江苏上元（今南京）人，清代著名女文学家。她写的许多词流传于世，其中最为著名的就是《再生缘》。

武

【姓氏来历】

武姓是以祖辈名字为姓，源出于子姓。

据史料记载，殷商自盘庚东迁后得以中兴，后来太子武丁继位。武丁想进一步振兴殷室，却因得不到贤臣的辅佐而发愁。他想起年轻时认识的一个叫傅说的奴隶，他和开国第一贤相伊尹一样有才能。为了能让其得以任命，他借梦使其拜为相。

武丁对傅说十分信任，君臣合作，使殷商达到了鼎盛时期，史称"武丁中兴"。武丁死后，周王室认为武丁有很大的功劳，可与商开国帝王成汤相比，应有自己的姓，因此他的子孙就以他的名为姓，即为武姓，奉武丁为武姓始祖。

【姓氏分布】

最早的武姓发源地在今河南省，其后武姓在此地得到不断繁衍，并迅速向邻近的山东及江苏等省迁徙。汉时,山东武姓大举繁衍至今河南、安徽、山西等地;魏晋南北朝时期,武姓大举南迁成为江苏一大望族;唐代,武姓达到极为昌盛的时期,遍及全国。今日武姓主要分布在河南、黑龙江等省。

【姓氏名人】

武则天:并州文水(今山西文水东)人,唐高宗皇后,中国历史上第一位女皇帝。公元690年建周代唐,在位21年。执政期间,政绩卓著,善用人才,开创殿试,重视农业,加强边防等。公元705年,武则天被迫让位于唐中宗,中宗遂复唐。

武宗元:字总之,白坡人(今河南孟津),北宋著名画家。善画道释人物,曾为开封、洛阳、嵩山、许昌等地寺观绘制宗教壁画。传世作品有描绘道教内容的《朝元仙仗图》。

武元直:号广莫道人,字善夫,金代书画家。善画山水,能诗文。主要作品有《渔樵闲话图》、《东坡游赤壁图》、《莲峰小隐图》等。

武亿:字虚谷,一字小石,自号半石山人,河南偃师人,清代著名学者。曾创办范泉书院,精于金石文字考订。著有《经读考异》、《金石三跋》、《偃师金石记》等。

刘

【姓氏来历】

相传,刘姓人是帝尧的后代,居住在刘国(今河北唐县)。后来,有个叫刘累的人跟古代豢龙名师董父学过养龙。他的技术非常高,远近闻名。因夏王孔甲喜欢龙,于是就让刘累为自己养龙。可是养了没多久,死了一条雌龙,刘累就偷着把死龙做成肉羹呈给孔甲吃。孔甲吃后觉味道鲜美无比,就问他是什么肉。刘累谎称是野味,孔甲就命刘累捕这种野味,并且点名要吃这野味的幼仔。刘累没有办法,又担心事发后受到惩罚,就偷偷跑到鲁县(今河南鲁山县)隐居起来。刘累子孙后来便以刘为姓,成为我国刘姓的最早起源。

【姓氏分布】

刘姓发源地在今河北省唐县。汉末三国之际,中原的刘姓为避"董卓之乱"不断向四方迁徙,主要是向东南投奔孙吴和向西南进入四川投奔蜀汉;魏晋南北朝时期,刘姓大举南迁;唐宋时期,刘姓已遍布大江南北,盛于全中国。今日刘姓在中国分布主要集中在河南、河北、山东、四川、湖南、湖北、安徽、辽宁和黑龙江等地。

【姓氏名人】

刘邦:即汉高祖,江苏沛县人。于公元前211年建国称帝,国号汉,定都洛阳,后迁都长安,史称西汉。

刘备:字玄德,涿郡(今河北省涿县)人,三国时蜀汉的建立者。得诸葛亮辅佐,采用联吴抗曹策略,于建安十三年大败曹操于赤壁。公元221年正式称帝,建都成都,国号汉。

刘渊:字元海,匈奴人,十六国时汉国建立者,西晋末年起兵反晋,称大单于,后改称汉王。永嘉二年称汉帝,建都平阳。

刘禹锡:字梦得,晚年自号庐山人,彭城(今江苏徐州)人,是匈奴人的后裔,唐代著名文学家、哲学家。所著《天论》3篇,为古代朴素唯物主义及辩证法哲学著作。

景

【姓氏来历】

景姓源出于芈姓。春秋时,楚国对那些为国家作出贡献又品德高尚的宗室赐以"景"的称号。因在古文里"景"含有令人尊敬仰慕之意。为此,原来曾是相国的翠、理、阳、台等人被称作景翠、景鲤、景阳、景台。这些人的后代为记住先辈的功劳就以景为姓,即为景氏。

另外,景姓源出姜姓。春秋时齐国国君姜杵臼死后送号为"景",史称齐景公,他的后代中有一支以谥号为姓,这是另一支景氏。

【姓氏分布】

景姓发源于今湖北宜昌一带。汉至晋朝,景姓分布于陕西、福建、江苏、湖北等地;隋唐战乱之际,景姓迁居到各地。如今,景姓主要分布在我国的四川、山东、河北、安徽、江苏、浙江等地。

【姓氏名人】

景差:战国时楚国人,被称为景姓第一代。他是楚辞作者之一,当时与屈原齐名,辞赋家,著有《大招》传世。

景幼南:名炎昭,后改名昌极,字幼南,江苏泰州人,当代著名教育家。著有《哲学新论》、《哲学论文集》、《名理新探》。译有《柏拉图对话集选篇》、《温楷斯德文学评论之原理》等。

叶

【姓氏来历】

战国时期,楚平王的儿子建因做晋军袭郑国的内应而被杀,后来建的儿子胜便逃到吴国。到了楚惠王时,执掌军政大权的子西听说胜比较贤明,就把他召回国,封在白邑,人称白公胜。

当时,任大夫的沈诸梁极力反对把白公胜召回国,认为这样会引起内乱,但楚惠王不听。后来,白公胜以自己父亲是王储为由发动叛乱,企图恢复王位。叛乱发生后,子西被杀,惠王被囚,楚国形势非常危险。

这时沈诸梁正屯兵北边,闻讯后率兵连夜赶回京城平定了白公胜的叛乱。沈诸梁因功被封于叶(今河南省叶县南),人称叶公。于是他的后代便以封地为姓,即为叶氏,沈诸梁则被奉为叶姓始祖。

【姓氏分布】

叶姓虽然发源于叶县,而叶姓族人并不多,河南一带的叶姓,多为后来南迁重返故乡留下来的。西晋末年,由于各少数民族问鼎中原,流徙到陕西、河北的叶姓后裔一部分向南迁徙,一部分重返中原;唐宋时期是叶姓迁徙最频繁时期,这次因支系较多,迁徙往返不定;明清之际,叶姓纷纷到海外发展。如今,叶姓主要分布在广东、福建、江苏、江西等地。

【姓氏名人】

叶适:字正则,号水心,瑞安(今浙江温州)人,南宋哲学家、文学家。著有《习学记言》、《水心先生文集》等。

叶挺:原名为询,字希夷,广东省惠阳人,中国无产阶级军事家、中国人民解放军的创建者之一。曾组织参加过广州起义和"八一"南昌起义,后因飞机失事而遇难身亡。

叶圣陶:原名叶绍钧,笔名叶圣陶,江苏苏州人,著名的作家、教育家。曾任教育部副部长、人民出版社总编辑等职。著有小说《线下》、《隔膜》、《倪焕之》,散文集《西川集》、《脚步集》,童话集《古代英雄的石像》、《稻草人》等。

叶剑英：原名叶宜伟，字沧白，广东省梅县人，著名的无产阶级革命家、军事家，中国人民解放军十大元帅之一。曾任黄埔军校教授部副主任，后参加北伐战争，领导广州起义。解放后，曾任党和国家重要领导职务。

白

【姓氏来历】

白姓是以祖辈名字为姓，源出于炎帝的大臣白阜。相传上古炎帝神农有个大臣叫白阜，专管治水，被后代传说为水神之祖，他的子孙以他的名为姓，奉白阜为白姓始祖。这可能是最早的白氏。

另外，周太王5世孙虞仲的后人百里奚，生有一个儿子孟明视。他又有二子，一个是西乞术，另一个是白乙丙。白乙丙是秦国著名将领，立下不少军功。白乙丙后来升任秦国大夫，其后人以此为荣，就以他的名为姓，称白姓，并尊白乙丙为白姓得姓始祖，这是另一支白氏。

【姓氏分布】

白姓最早发源于陕西、河南一带。战国时期，河南白姓迁入陕西等地；魏晋南北朝之际，迁徙到了陕西、湖北等地；隋唐五代时，白姓在很多地区已发展成望族；宋元时期，有白姓族人为避金人及蒙古军队南下，纷纷徙迁南方；明朝，白姓作为山西大槐树移民姓氏之一，分迁于山东、河北、陕西、北京等地；到了清代，居住在福建及广东地区的白姓有陆续入居台湾及海外者。今日，白姓主要分布于我国的四川、陕西、山西、河南等省。

【姓氏名人】

白起：陕西眉县人，战国时秦国大将，被封武安君。他很善于用兵，屡战屡胜，长平一役，坑杀赵军40多万，后遭他人妒忌自杀。

白居易：字乐天，号香山居士，唐下邦人（今陕西渭南县附近），唐代杰出的诗人，贞元进士，历任秘书省校书郎、左拾遗及左赞善大夫。在文学上他积极倡导现实主义和朴素文风。著有《与元九书》、《白氏长庆集》等。

白行简：字知退，白居易弟，当时有名的文学家。白行简以传奇著称，传奇小说《李娃传》是他的代表作。

白朴：原名恒，字仁甫，后改名朴，字太素，号兰谷，今山西河曲县人，元代著名的文学家、杂剧家。所作杂剧现存《梧桐雨》、《墙头马上》、《东墙记》3 种。

白英:字节之,山东汶上颜珠村人,后迁居汶上彩山,明代杰出的水利专家。曾为当时礼部尚书疏通河道出谋献策,特别为大运河畅通作出了贡献。

池

【姓氏来历】

中国姓氏中很大一部分是由于地名而产生的,池姓就是其中之一。在古代,城郭的周围都挖有护城河,护城河叫围池,设专人管理,称池人。久而久之,那些居住在护城河边的人以“池”为姓,世代沿袭,称为池姓。

又据《姓氏考略》载,池姓出自嬴姓,始成于战国时候的秦国王族后代,以祖字为姓。战国时,秦国有个王族名叫公子池,是秦国的大司马。他的子孙后代就以他的名字为姓,称为池姓。

【姓氏分布】

据考证,池姓发源于距今 2000 多年前的秦汉之际河南陈留一带。当今池姓是一个大分散、小聚居、人口不多的族姓。在我国的广东、江西、安徽、河北、陕西、湖北、云南、台湾等省,以及在朝鲜、美国和东南亚等国家和地区,都有大小不等的池姓氏族。

【姓氏名人】

池圣夫:浙江平阳人,宋朝著名大臣。宋嘉定四年中文科进士。宋宝庆绍定年间历正字校书郎、秘书郎、著作佐郎等职。

池显方:字直夫,福建省同安人。明天启年间举人,明嘉靖进士池浴德的儿子,工诗文,以诗词、文章出名。著有《南参集》、《晃岩集》等。

池生春:字籥庭,号剑之,楚雄人,清朝著名学者。他文章和书法都好,举为进士,以不欺人为本,慷慨大方,言行举止悉合礼仪。所著的《盲庐记》、《入秦日记》、《诗文剩稿》等流传于世。

国学经典文库

国学大智慧

·《百家姓》智慧通解·

图文珍藏版

谭

【姓氏来历】

谭姓以国为姓。周初大封诸侯时,禹的后代被封于谭国(今山东省章丘县西),爵位为子。谭国只是周朝时的诸侯国,后来由于国势的衰微,很快就沦为齐国的附庸。春秋时,齐桓公称霸诸侯,吞并了谭国。谭国国君之子逃亡到莒国(今山东莒县)。其后留在故国的子孙就以国为姓,成为了谭氏。

【姓氏分布】

谭姓早期主要在山东省境内繁衍发展,后向全国各地迁徙。汉代时,谭氏已分布于河南、山西等地;南北朝时谭氏开始迁入广东;唐末时迁入江西;宋代,谭姓集中于江苏、浙江、安徽、湖北、四川等地;清代,居住在广东及福建地区的谭姓迁徙到了东南亚及新加坡等地。如今,谭姓主要集中于浙江、江苏、安徽、湖南、四川等省。

【姓氏名人】

谭纶:字子理,号二华,江西宜黄人,明代杰出的军事家、抗倭名将、嘉靖进士。他官至兵部尚书,太子太保,主持兵事30余年,与戚继光共事齐名,号称"谭戚"。

谭嗣同:字复生,号壮飞,湖南长沙浏阳人,清末巡抚谭继洵之子。善文章,维新变法的主要人物之一。1898年参加戊戌变法,变法失败后英勇就义。

谭震林:湖南省攸县人,杰出的无产阶级革命家。曾组织领导过许多重要战役,解放后任国务院副总理、人大常委会副委员长、中央政治局委员等职。1983年9月30日病逝于北京。

姬

【姓氏来历】

姬姓是黄帝的姓氏。传说中华民族的共同始祖黄帝,本姓公孙,因生于寿丘、长于姬水的缘故,所以改姓姬。

黄帝的子孙众多,被分别赐以12个姓氏,姬姓为第一个。上古五帝少昊、颛顼、尧、舜、禹都是黄帝的后裔。这些后裔继承了姬姓,周朝就是黄帝的后代所建。

周朝建立后,姬姓为国姓。周武王大封诸侯,其中姬姓国就封了 55 个,后来这些姬姓诸侯国又演化出上百个姓氏。

【姓氏分布】

姬姓是中国最古老、最伟大的姓氏之一,它发源于山东曲阜和陕西岐山两地,人口较多,是一个典型的北方姓氏。如今,姬姓在全国分布较少,主要在山东、河南等省。

【姓氏名人】

姬昌:即周文王,商朝末年周族人的领袖。他仁政爱民,招贤纳士,深受周族人民的拥戴。同时,在他的领导下,周族人强大起来,终于在他的儿子姬发(即周武王)时,打败了殷纣王,建立了大一统的周王朝。

姬发:即周武王,周文王姬昌的次子。他继承父亲遗志,于公元前 11 世纪消灭殷商王朝,夺取全国政权,建立了西周王朝。周武王具有卓越的军事才能和政治才能,是中国历史上一代名君。

姬澹:字世雅,南北朝时候后魏的信义将军,事桓、穆二帝,征战有功,为朝廷征战南北,战功显赫,后被封为楼烦侯。

姬敏:字号学,孟津人。明朝西安知府、律学家、数学家。知识十分渊博,对四书五经和天文地理都有钻研,并涉及历算等,在当时很受人尊重。

牛

【姓氏来历】

商朝末年,商纣王无道,其兄微子屡次劝谏,纣王不听,于是微子就出走了。周武王灭商后,找到微子,向他请教安邦治国的道理。周成王时,又封微子于宋国,让他继承殷商宗祧,管理殷商遗民。微子的后代以国为姓,即为宋氏。

到了西周后期,微子后裔中有个人叫牛父,在宋国担任指挥、管理军队的司寇之职。宋武公时,西戎狄人进攻宋国,牛父率军队抵抗,不幸阵亡。后来,他的子孙后代就以父名为姓,即为牛氏,奉牛父为牛姓始祖。

【姓氏分布】

牛姓在春秋时发源于今河南商丘,公元前 286 年,即战国后期,宋国被齐、楚、魏三国瓜分之后,子孙散亡各地。汉代,牛姓发展至甘肃临洮一带,并很快形成望

【姓氏名人】

牛邯:陕西狄道人,东汉名将。才气勇力俱全,雄威边陲,官护羌校尉,后为大中大夫。

牛弘:字里仁,安定鹑觚(今甘肃省灵台)人,隋朝大臣。他为人性宽厚仁慈,好学博闻,隋文帝时任礼部尚书,致力贯彻各级地方官吏皆由中央任免的政策。他还擅长文学,精通律令。他曾修撰《五礼》百卷,著有《牛奇章集》。

牛僧孺:字思黯,安定鹑觚(今甘肃灵台)人,唐朝大臣。他是唐末牛李党争中牛党的代表人物之一。在穆宗、文宗时两度为相,又屡次遭贬。著有传奇集《玄怪录》。

庄

【姓氏来历】

庄姓源于芈姓,以谥号为姓。春秋末期,楚王继位,伸张王权,并采取果断措施,平定了若敖氏的叛乱。楚王不仅有超人的气量,而且有识人之明,楚国名相孙叔敖就是他从云梦泽发现并重用的。楚庄王知人、信人、善用人,很快使楚国成为了春秋五霸之一。楚王死后谥号为"庄",带有严肃、敬重之意,因此称楚庄王。他的后代中,有的是以他谥号为姓,即为庄氏,奉楚庄王为庄姓始祖。

【姓氏分布】

庄姓发源于河南的民权县。秦汉之际,庄姓依旧以湖北、河南为其繁衍中心;魏晋以后,庄姓子孙纷纷从今湖北、河南分散各地,先后迁居甘肃、浙江、山东等地;唐末,河南光州固始人庄森(王潮外甥)随王潮、王审知入闽;明初,山西庄姓作为明朝洪洞大槐树迁民姓氏之一,被分迁于甘肃、湖南、河南、北京等地;明末至清,庄姓人渡海到台湾地区、新加坡等地。如今,庄姓在全国分布比较广泛,主要以浙江、广东、江苏、台湾等省为多。

【姓氏名人】

庄子:名周,字子休,蒙城县人,战国时期著名思想家、文学家。他以其代表作《庄子》阐发了道家思想的精髓,发展了道家学说,使之成为对后世产生深远影响的哲学流派。

庄有恭：字容可，号滋圃，广东省番禺（今广州市）人，清代大臣。乾隆四年状元，授修撰、历任巡抚、刑部尚书，官至协办大学士。曾主持浙江海塘工程，又疏清大修三江水利，著有《三江水利纪略》。

晏

【姓氏来历】

春秋时期，齐国和楚国为争夺霸权，经常发生战争。这一年，楚灵王听说齐景公派相国晏婴出使楚国，为了给齐国一个下马威，他存心要羞辱晏婴。

当晏婴来到楚国后，楚灵王看到身材不高的晏婴时，故作不解状，问道："难道齐国没有人吗？怎么派个小人出使我国？"晏婴说："我们齐国有个规矩，贤人出使贤国，不肖者出使不肖国，大人出使大国，小人出使小国。我是小人，又最不肖，所以派我出使楚国。"楚灵王听了晏婴所说的一席话，就再不敢小看晏婴了。又因为有晏婴这样的人为相，再也不敢轻视齐国了。

晏婴不辱使命，他以他的智慧，为齐国解决了不少难题，使齐国国势一度强盛。品德高尚的晏婴，被后世赞颂，称为春秋名相。晏婴死后，他的后代就以其名为姓，即为晏氏，奉晏婴为晏姓始祖。

【姓氏分布】

晏姓是当今较少有的姓氏，但分布颇广。晏姓早期活动在山东、河南一带，并在齐郡形成名门望族；宋朝以来在江西形成晏氏名门。现如今，主要分布在湖北、江西、四川等省。这三省晏姓占全国汉族晏姓人口绝大部分。

【姓氏名人】

晏子：名婴，字平仲，山东高密人，任上大夫。历任齐灵公、庄公、景公三朝，是春秋后期一位重要的政治家、思想家、外交家。

晏殊：字同叔，抚州临川（今南昌进贤）人，北宋前期著名词人。他以词著于文坛，尤

晏子

擅小令，其代表作为《破阵子》、《鹊踏枝》、《浣溪沙》等。其《浣溪沙》中有"无可奈何花落去，似曾相识燕归来"之句，为千古传诵的名句。

晏几道：字叔原，号小山，北宋抚州临川（今属南昌进贤）人，北宋有名的词人，他的词多感伤情调。代表作有《小山词》。

晏铎：字振之，自贡富顺县人，明朝永乐十六年进士、翰林院庶吉士，历任福建道御史。他学问渊博，才华出众，为官清正，政绩斐然，受到人民爱戴，是明英宗时期的"景泰十才子"之一。著有《青云集》。

柴

【姓氏来历】

柴姓可以追溯到春秋时代的孔子弟子高柴。据《元和姓纂》记载，春秋时期，孔子有个弟子叫高柴，是齐公子高吴的第十代孙。虽说他貌丑身矮，但却满腹学问，而且品行也很好，因而被卫国请去任大夫之职。后来，高柴的后代就以他的名为姓，即为柴氏，奉高柴为柴姓始祖。

【姓氏分布】

柴姓发源于春秋时齐国的高邑（今河南禹州市），历战国至魏晋，柴姓逐渐在今河北、河南、山东、山西、陕西等省散居开来。如今，柴姓在全国分布较广，尤以湖北、山东等省多此姓。

【姓氏名人】

柴绍：字嗣昌，晋州临汾（今山西临汾）人，唐朝大将之一。柴绍出身于将门，以抑强扶弱而闻名。后来，唐国公李渊将三女儿（即后来的平阳公主）嫁给了柴绍。

柴望：字仲山，号秋堂，又号归田，浙江江山人。宋嘉熙年间与从弟隋亨、元彪、元享吟咏于田园，屡征不出，人称"柴氏四隐"。著有《咏史诗》、《道州台衣集》、《西凉鼓吹》等。

柴世荣：原名兆升，山东胶县人，著名无产阶级革命烈士。"九·一八"事变后，号召群众奋起抗日，后加入中国共产党并率所创建的抗日同盟军。1943年夏秋之际，在执行任务时牺牲。

廖

【姓氏来历】

廖姓为上古时期廖叔安之后裔,以国名为姓。相传帝颛顼有个后裔叫叔安,夏时,因封于廖国(今河南省唐河县南),故称廖叔安,其后代就以国名为氏,称廖氏。

另据《姓氏考略》所记载,出自姬姓,为周文王之子伯廖的后裔,以封邑名为氏。周初,文王有个儿子叫伯廖,因受封于廖邑,其子孙后代就以邑名廖为氏,称廖氏。

【姓氏分布】

廖姓最早发源于河南省境。廖姓历史上最大郡望汝南郡(今河南上蔡)早期即出此地,廖姓在当时的河南也是十分昌荣;唐初有廖姓随陈元光父子开漳入闽,唐末有廖姓随王潮、王审知入闽;宋代,廖姓已是福建大姓,名士辈出;明代,山西大槐树廖姓分迁于河北、河南、江苏、北京等地。今日廖姓以四川、江西、广东、湖南、广西等地居多。

【姓氏名人】

廖刚:号高峰,顺昌(今属福建省)人,北宋时期杰出的文学家、政治家、思想家、军事家。他有四个儿子,都是将帅;父子五人年俸皆两千石谷以上,号称"万石廖氏"。

廖仲恺:原名恩煦,又名夷白,字仲恺,广东归善(今惠阳县)人,近代著名的国民党左派领袖、我国民主主义革命的先驱。曾任国民党中央常委、农民部长、黄埔军校党代表、财政部长等职。1925年被右派暗杀于广州。

曾

【姓氏来历】

曾姓来源比较纯正,源自大禹的后裔,以国名为氏。据《世本》所载,相传大禹的第五世孙少康中兴了夏室后,曾把自己最小的儿子曲烈封于鄫国(今山东省苍山县)。少康子孙所建的鄫国历经夏、商、周三代,后被莒国灭掉。鄫太子巫逃到鲁国,后任鲁国大夫。其后代用原国名"鄫"为氏,去邑旁,表示离开故城,称曾氏。

【姓氏分布】

曾姓最初发源于今山东省苍山县西北一带。先秦时期,曾姓族人遍布于山东、河北等地;魏晋南北朝时期,连年战乱频仍,社会始终处于动荡之中,曾大举南迁;宋末,由于战乱,外族入侵,曾姓又几度迁移;元明清时期,曾姓已播迁于各地,且有远播台湾与海外各地者。当今曾姓在我国人口众多,尤以江西、四川、湖南、广东等省多此姓。

【姓氏名人】

曾参:字子舆,春秋末期鲁南武城(今山东费县)人,孔子的弟子,以孝著称。相传《大学》为他所著。

曾巩:字子固,南丰(今属江西省)人,北宋文学家,世称南丰先生,唐宋八大家之一。曾巩的文章多为议论文和记叙文。散文以议论见长,立论精策。著有《墨池记》、《曾巩传》、《元丰类稿》等。

曾巩

曾瑞:字瑞卿,自号褐夫,大兴(今属北京)人,元代散曲家。能隐语小曲,善山水画。编有散曲集《诗酒余音》,杂剧《全元散曲》。

曾国藩:初名子城,字伯函,号涤生,谥文正,湖南长沙府湘乡(今湖南省双峰县)人。清末军事家、理学家、政治家。道光进士,曾任内阁学士、两江总督等职,后病死于南京。

岳

【姓氏来历】

据《元和姓纂》所载,上古时,有一种官事叫"四岳",是专管祭祀三山五岳的官。因为这四人精通天文地理,所以帝尧就让他们分管东南西北四方的星相和山川变化,以决定一年四季的划分,史称四岳,即后人神话传说中的四岳帝君。他们的后人即以岳为姓,即为岳氏。

国学经典文库

国学大智慧

·蒙学智慧·

图文珍藏版

【姓氏分布】

岳姓发源于今山东济宁。魏晋南北朝时期,岳姓除继续繁衍于山阳一带;明初,山西岳姓作为明朝洪洞大槐树迁民姓氏之一,被分迁于山东、河南、江苏、陕西等地;清代以后,岳姓分布地更广,并有河南、山东、河北一带的岳姓闯关东进入东三省。如今,岳姓在全国分布较广,尤以山东、河南、四川、河南等省多此姓。

【姓氏名人】

岳飞:字鹏举,谥忠武,相州汤阴(今属河南省)人,南宋军事家、抗金英雄。绍兴十一年,以"莫须有"罪名被杀害。孝宗时追谥武穆,宁宗时追封鄂王。

岳云:字应祥,号会卿,岳飞的长子,中国历史上少有的少年英雄。年十二即随父征战,数立奇功,后与其父一同被冤杀。

岳珂:字肃之,号亦斋,又号倦翁,相州汤阴(今属河南)人,南宋文学家,岳飞的孙子。著有《金陀粹编》、《玉楮集》、《木呈史》、《愧郯录》等。

岳元声:字之初,号石帆,浙江嘉兴人,明代大臣。万历年间进士,最高职位为南京兵部右侍郎。因直言敢谏和不畏权臣魏忠贤而被革职。后潜心讲学,以"毋自欺"为主。著有《潜初子集》、《潜初杂集》等。

游

【姓氏来历】

游姓溯源主要是以祖辈名字为姓氏。春秋时期,郑国国君郑穆公有个儿子叫偃,字子游,他的孙子以祖父字命氏,人称游皈。后来,游皈的弟弟游吉继郑国名相子产执掌国政,为郑国著名家族,奉子游为游姓始祖。

另据《左传》所记载,晋国桓庄二族有游姓。五代十国之一的闽国灭亡后,原闽国王室为避免新统治者的迫害,也有改为游姓的。

【姓氏分布】

游姓主要在其发源地河南境内发展繁衍。从唐朝末期五代开始,游姓在今我国南方的福建地区,兴盛起来。福建的游姓,大多是由河南而江西,再浙江,然后逐步播迁到南方的。当今游姓分布分散,以贵州、四川、湖北多此姓。

游恭：五代时期的吴国人，学问广博，文章很好。游恭的儿子叫游简言，后来在南唐朝中当丞相。

游酢：字定夫，建州（福建省）建阳人，北宋学者、哲学家。他拜理学家程颐为师，刻苦读书，学问渊博，是"程门四大弟子"之一。他的主要成就在于学术方面，被后世学者尊称为"若山先生"。其代表作有《易说》、《中庸义》、《论语孟子杂解》等。

游日章：明代著名大臣、嘉靖进士，在临川任了五年知县。他为官清正廉洁，爱民如子，后任廉州知府。著有《骈语雕龙》。

游寿：别号寿昌。他参加过镇南关起义、钦廉起义，素为孙中山所赏识。宣统三年广州起义时，年仅17岁的游寿，随黄兴攻两广督署牺牲，葬于广州黄花岗，为七十二烈士之一。

司马

【姓氏来历】

司马源于西周，是古代的官名，为最高军事长官。据说周宣王时，重黎之后程伯休父，掌管朝中军队。在古代战争中，用马驾驶的战车是最先进的武器。在征伐徐夷的战斗中，程伯休父驾着战车，冲锋陷阵，所向披靡，大胜而归。后来周宣王就任命他为司马，后一直以这作为官名沿用下去。后来程伯休父的子孙，就以他的官名为姓，成为复姓司马，奉程伯休父为司马氏的始祖。

【姓氏分布】

司马姓主要发源于今天的河南地区。司马氏望族居河内郡（今河南省西部、黄河以北地区武陟县西南一带）。如今，司马姓已遍布全国，尤以北京、天津、河北、湖北、江西、山西、贵州、福建等地为多。

【姓氏名人】

司马迁：字子长，左冯翊夏阳（今陕西韩城西南靠近龙门附近）人，西汉史学家、文学家、思想家。他所编撰的《史记》是中国第一部纪传体通史，对后世史学影响深远。

司马懿：字仲达，河内温县（今河南温县西）人，三国时期魏国杰出的政治家、军事家。多次率军对抗诸葛亮，以其功著，封为宣王。其孙司马炎即位后，追谥司马懿为宣帝。

司马昭：字子上，河内温（今河南温县）人，司马懿次子，西晋奠基者之一。司马昭有卓越的军事才能，屡立战功。他死后，其子司马炎代魏称帝，建立晋朝，追尊为文帝，庙号太祖。

司马相如：字长卿，四川南充蓬安人，西汉文学家辞赋家。著有《子虚赋》、《上林赋》、《大人赋》、《美人赋》、《长门赋》等。

上官

【姓氏来历】

复姓上官与楚宗室同宗。春秋时期，楚庄王任用贤臣孙叔敖为宰相，从此楚国变得国富民强，很快成为春秋五霸之一。庄王之子公子兰，是朝中的上官大夫，并以贤名闻于世。后来公子兰的后代子孙就以他的官名为姓，成为复姓上官，奉公子兰为复姓上官之始祖。

【姓氏分布】

上官姓发源于今河南省滑县东南一带。唐初，上官氏已出现于中原的河南地区；唐末，由于战乱，中原民众大举南迁。如今，上官姓主要分布在江苏武进、湖南湘潭、山东临沂、浙江遂昌等地。

【姓氏名人】

上官桀：上邦（今甘肃天水）人，西汉大臣，汉武帝时任太仆。武帝临终时，任上官桀为左将军，与霍光同受遗诏辅佐少主，封为安阳侯。后来上官桀密谋欲废昭帝，因事情败露而被杀。

上官融：字仲川，华阳（今四川成都）人。北宋大臣。幼专词学，秀出流辈。天圣二年秋，广文馆举进士。著有《友人会谈录》3卷。

上官周：字文佐，号竹庄，后改名周，今福建省长汀人，清代民间名画家。他一生不求闻达，不附权贵，终生布衣。他善画人物，代表作有《晚笑堂画传》。

欧阳

【姓氏来历】

欧阳氏主要以封地为姓。战国初期,越王勾践卧薪尝胆后终于灭吴,报了兵败被俘为奴之耻,成为一代霸主。到了他的六世孙无疆时,打算重振勾践的雄风,于是他派兵攻打齐国。当时齐国派说客到越国对无疆说:"大王要称霸,就应该去打楚国。楚国地大物博,打胜了,可做天下之王,即使不能胜,也能得到与楚为敌的魏、韩等国的支持,能获得民心的拥戴,同样也可称霸。现楚国招兵都在外打仗,正是你出兵的大好时机,你何不乘虚而入呢?"

无疆听后认为很有道理,他就掉过头去攻打楚国。不料自己却被楚国打得大败,无疆自己也被打死了。无疆死前未来得及立太子,因此在谁继位的问题上他的几个儿子各不相让,最后各人占了一块地盘,越国就此四分五裂,国力渐渐衰落。其中无疆的二儿子蹄,占据了的乌程欧余山南部(今浙江省吴兴县南),因山之南为阳,所以蹄就自封为欧阳侯。其后他的子孙便以地为姓,复姓欧阳。

【姓氏分布】

欧阳氏发源于今浙江湖州。当今,欧阳姓主要分布在江西、湖北、广东、河南、四川、安徽、湖南、贵州及广西壮族自治区滕县等地。

【姓氏名人】

欧阳修:字永叔,自号醉翁、六一居士,吉州吉水(今属江西)人,北宋政治家、文学家、史学家。天圣八年进士,官至参知政事。他博学多才,以文章闻于世。著有《新唐书》、《集古录》、《新五代史》等,他又喜收集金石文字,编为《集古录》,对宋代金石学有很大的影响。

欧阳询:字信本,潭州临湘(今湖南长沙)人,唐代书法家。擅楷书、行书、隶书等体,他流传至今的墨迹有《张翰帖》、《梦奠帖》,行书《千字文》,碑刻有《九成宫醴泉铭》、《化度寺邕禅师塔铭》、《宗圣观记碑》等。

欧阳予倩:名立袁,湖南浏阳人,演员、戏剧家,是中国戏剧运动倡导者和话剧的开拓者之一。曾任中央戏剧学院院长、中国文学艺术研究会副主席、中国戏剧家协会副主席等职。著有论文集《一得余抄》,回忆录《自我演剧以来》。

诸葛

【姓氏来历】

传说大禹临死时,曾想让伯益继位,但伯益不想继位,就跑到箕山之南隐居起来。于是大禹的儿子启才得以继位并建立了我国第一个奴隶制国家夏朝。启登位后第一个封侯的就是伯益之子,以报答伯益让国之恩,被封之国叫葛国,爵位为伯爵,人称葛伯。

后来,成汤发兵灭了夏朝而建立了商朝。葛伯的子孙就逃到诸城(今山东省诸城县西南)居住。因诸城原为葛氏居处,为了区别,葛伯子孙就把住地名诸加上国名葛,作为自己的姓氏,这就是复姓诸葛的来历。

另外,秦末陈胜起义,手下大将葛婴多次立有战功,可陈胜却听信小人谗言,冤杀了葛婴。到汉文帝时,文帝念葛婴之冤,找到他的孙子葛丰,封于诸城为侯,葛丰就在自己姓前加上地名,成为诸葛氏的另一个由来。

【姓氏分布】

诸葛姓早期主要发源地在今天山东省诸城县、临沂县、胶南县一带。如今,诸葛姓在浙江上虞、会华、兰溪等地较多。

【姓氏名人】

诸葛亮:字孔明,号卧龙居士,琅邪阳都(今山东沂南)人,三国时期蜀汉杰出的丞相以及政治家、军事家、战略家、散文家。东汉末随叔父诸葛玄往依荆州刘表,隐居南阳隆中(今湖北襄樊西),躬耕陇亩,后辅佐刘备。建兴十二年在一次北伐中,病逝于五丈原军中,谥忠武侯。

诸葛瑾:字子瑜,琅邪阳都(今山东沂南)人,三国时吴国将领。东汉末避乱江东,后来深得孙权信任,初为孙权长史。吴立国后,官至大将军、左都护、领豫州牧。

第三篇 《千字文》智慧通解

导读

　　《千字文》是我国优秀的启蒙读物，它用一千个汉字勾勒出完整的中国文化史的基本轮廓，代表了中国传统教育启蒙阶段的最高水平。《千字文》四字一句，句句押韵，前后贯通，音韵谐美，内容涉及天文、自然、修身养性、人伦道德、地理、历史、农耕、祭祀、园艺、饮食起居等方面，是一部袖珍的知识百科全书。

★天地玄黄，宇宙洪荒

大千世界，天是青黑色的，地是黄色的，广阔的天地形成于远古的混沌时代。

天地宇宙未诞生之前，是混沌状态的。一百五十亿年以前，这个超密度的粒子瞬间产生了大爆炸，形成了现在的物质宇宙，其中有形的物质凝聚成星体，就是"地"；无形的空间扩展开来形成了太空，就是"天"。

人们看到的天空之所以是蓝色，是因为水与光相互作用的结果，也就是物理学上称为光的散射效应。大气分子散射了阳光，天空才呈现出蓝色，但太空原本确实是青黑色的，黑漆漆的。

中国的传统文化应该说是黄河流域的文化。黄河水的颜色是黄的，土的颜色也是黄的，农作物黍、稷等都是黄色的，所以说地是黄色的。

根据古人所写的《淮南子》记载，四方上下叫做"宇"，往古今来叫做"宙"。"宇宙"二字，"宇"说的是空间，"宙"说的是时间，代表了现代科学"时空"的观念。洪荒是指地球形成的早期状态，大约是在距今五十亿年以前的（太阳系形成时期）。那时地球的地壳很薄，温度很高。

★日月盈昃，辰宿列张

日月运行在天空，日出日落，月圆月缺，各循其规律，星辰遍布于广阔的天空。

太阳和月亮各自遵循自己的规律循环往复地运动。人们于是根据月亮盈亏变化的一个周期来纪日，这就是中国最早的太阴（太阴就是月亮）历，简称阴历。再根据太阳在黄道十二宫（在地球上观察太阳运动所形成的运动的轨道叫做黄道，黄道一个周天三百六十度，分为十二个等份，叫做黄道"十二次"或"十二宫"）的不同位置来纪月，就是所谓的太阳历。中国的历法一向是阴阳合历。

星辰闪烁张布，各按自己的位置，陈列散布在辽阔的空中。广义的"辰"是星体的总称，俗称星辰。狭义的"辰"是指北辰，即北斗七星而言。北斗七星属于现代天文学的大熊星座，可以用来辨别方向，判定季节。广义的"宿"指的是星宿。

星和宿是有区别的，单颗的称星，一颗以上的一团星、一组星，称为"宿"。天上的星都是星座、星团，一团团、一组组，根本数不出有多少个，因此只能勉强以"宿"来计算。

★寒来暑往,秋收冬藏

春夏秋冬四季循环,冬季寒冷夏季炎热,秋天收割粮食冬天储存起来。

寒暑循环变换,来了又去,去了又来。秋天收割庄稼,冬天储藏粮食。《易经》里说:"寒来则暑往,暑往则寒来,寒暑相推,而成岁焉。"地球绕太阳公转的轨道是椭圆的,一年之中有距太阳最近的近日点(1.4亿公里)、距离最远的远日点(1.6亿公里),造成四季日照时间的长短不一样。地球的地轴是倾斜的,自转起来造成各地区日照强度不均衡,这就产生了寒暑的变化。

寒暑说的是气候的变化,秋冬是四季的推移。气候注重的是地球上的温度、湿度和光照时间;物候则关心生物消长的节律性,偏重在生物与自然的关系。温度、湿度和光照时间又是农作物生长所必须考虑的重要因素。农业和天气的关系最为密切。农作物的生长需要光、热、水分等条件,家养动物的繁殖、生长也得有适宜的气候条件。世界上农业发达地区多是气温、水量适度的地方,是否风调雨顺直接影响到农作物的收成和畜牧业的发展。

★闰余成岁,律吕调阳

积累数年的闰余并成一个月,放在闰年里,乐律中有六律六吕配合十二个月来调节阴阳。

历法里有闰月闰年。"闰余成岁"的"岁"与"年"是两个概念。年表示从今年的正月初一到来年正月初一的这一段时间,为自然年。岁表示从今年的某一节气到明年的同一节气的一段时间,为回归年。岁的本义是岁星,岁星就是木星,木星运行的轨迹叫太岁。用岁星纪年是我国天文历法的另外一种。用之记载历史事件,就记为:岁在某某。太阳历纪年,岁星历记岁,这样年岁相符,就是"闰余成岁"。

中国的天文历法,历来是太阴和太阳合参,以太阴记月,太阳记年。以公元纪年的太阳历,是根据太阳周天360度,运行365天制定的历法,简称阳历。中国很早就有太阳历。因为太阳历与月律(月亮的节奏、节律)不符,所以没有正式颁布使用。月球质量轻、自转速度快,绕地轨道是椭圆。月亮盈亏朔晦,一个周期近地点时是30天,远地点时是29天,平均是29天多一点。这样,一年加起来是354天,按照太阳历算是365天,中间差了11天,这就叫闰余。一年相差11天,三年加起来就差了33天，多出一个月。怎么办呢？只能每三年，加多一个月出来，这样加出的月叫闰月，加闰月那年就叫闰年。平年是十二个月，闰年就是十三个月。

★ 云腾致雨，露结为霜

云气升到天空，遇冷就形成雨，露水遇上寒夜，很快凝结为霜。

这两句讲述了一种自然现象，即云气上升到空中，气温降低就会形成雨水；露水在低温下会凝结为白霜。

"露结为霜"这一句话出自《易经》"履霜坚冰至，阴始凝也"之语。履霜，即踩到霜。阴始凝也，即阴气开始凝结了。雨的形成按照现代科学的解释为，大气中的水汽在热力环流、锋面、地形的作用下随热空气上升，空气在上升的过程中随着气压的下降体积膨胀，进而气温下降，当气温降到露点以下，水汽达到饱和、过饱和状态，于是水汽开始凝结成小水滴，水滴不断长大就变成了雨滴。古人认为"地气上升为云，天气下降为雨"。

霜和露本质相同，是水的两种不同状态。露是液态的，霜是固态的。白天，地球表面吸热；夜晚，地球表面散热。晚上，热的地气往上散的时候，由于地表温度逐渐降低，水蒸气遇冷变成露水。气温进一步降低，它就结成霜了，特别是到了白露、霜降节气的时候，完全变为白霜。

★ 金生丽水，玉出昆冈

金子生于金沙江底，玉石出自昆仑山岗。

我国地大物博，物产丰富。这两句是说中国的物产，黄金和玉石都是非常珍贵、非常稀有的天然物产。

黄金是百金之首，众金之王，现代科技证明它的抗氧化作用很强，可以长久保存不变色、不变质、不生锈，自古以来都以黄金作为流通的货币。

古人认为，黄金可以驱邪避凶，故多用黄金做佩戴的首饰。中国最有名的沙金产地在丽水，就是云南的丽江。当地的土人都在江边筛沙沥金，丽江因为出金沙，所以自古就被称为金沙江。

玉石也是很珍贵的物产，有"观祥云知山有美玉"的说法，因为相传玉是山石千百年来受了日精月华而变化的。好的玉石称暖玉，拿在手里感觉很温暖，不像普通的石头，冰凉邦硬。

　　古人非常珍视玉，《礼记·玉藻篇》说："古之君子必佩玉。"据说玉可以代主受过，保身平安，一旦有什么意外事故发生，身上所佩戴的玉先破碎，所以"君子无故，玉不去身"。

　　昆冈是指西北的昆仑山，在中国的西北边陲，今天的新疆一带，是中国的第一大山。昆仑山分为三面八支，其中的一面在上古时代的中国境内，也是黄河的发源之地。昆仑山盛产美玉，是古代中国采玉的主要矿脉，同时它又是传说中西王母的洞府所在地。

★剑号巨阙，珠称夜光

　　最有名的宝剑叫"巨阙"，最贵重的明珠叫"夜光"。

　　这两句介绍了两件无价之宝。第一件就是巨阙宝剑，第二件就是夜光珠。战国时期，越国的铸剑大师欧冶子铸了五把宝剑，其中三把是长剑，两把是短剑。长剑的第一把就是巨阙剑，第二把叫纯钧剑，第三把叫湛卢剑。两把短剑分别是莫邪剑和鱼肠剑。

　　这五把宝剑都锋利无比，是欧冶子得天上神灵相助，竭其才智制作成功的，都是价值连城的稀世宝剑。对纯钧剑，就有这样一段称赞之语："观其华，如芙蓉始出；观其抓，烂如列星之行；观其光，浑浑如水之溢于溏；观其断，崖崖如琐石；观其才，焕焕如冰释。"

　　据说真正的夜光珠能将十步左右的暗室，照得如同白昼一般。通常情况下，我们所说的夜明珠是指荧光石、夜光石。它是大地里的一些发光物质经过了千百万年，由最初的岩浆喷发，到后来的地质运动，集聚于矿石中而成，含有这些发光稀有元素的石头，经过加工，就是人们所说的夜明珠。

　　夜明珠常见的颜色有黄绿、浅蓝、橙红，把荧光石放到白色荧光灯下照一照，它就会发出美丽的荧光，这种发光性明显地表现为昼弱夜强。

★果珍李奈，菜重芥姜

　　果子中最珍贵的是李子和奈子，蔬菜中最看重的是芥菜和生姜。

　　这两句介绍了两种营养价值最丰富的水果和两种对人体最好的蔬菜。水果里面的珍品是李子和奈子。李子和奈子属于同科植物，都能够"和脾胃，补中焦"，不过奈子比李子的品种还要好，价钱也要贵。奈子比李子个儿大一点，也是紫颜色，样子有点像桃，俗称"桃李"，但不是桃树和李树嫁接的品种。

蔬菜里面最重要的是芥菜和姜。芥菜和姜都味辛，能开窍、解毒，都能排除人体的邪气。《神农本草经》说："芥味辛，除肾邪，利九窍，明耳目"；"姜味辛，通神明，去臭气"。二者都是蔬菜中解毒调味的珍品，所以说"菜重芥姜"。

★ 海咸河淡，鳞潜羽翔

海水是咸的，河水是淡的，鱼儿在水中潜游，鸟儿在天空飞翔。

这两句告诉人们自然界的一些常识：海水是咸的，河水是淡的；长鳞的动物在水里潜行，长羽毛的动物在天上飞翔；也就是告诫人们要顺其自然，随遇而安，不可逆天而行。

"潜"是水下行的意思，"鳞"指长鳞的动物。众所周知，鱼有鳞，但是长鳞且在水中潜行的动物种类繁多，何止鱼一种呢？龙、海龟、玳瑁一类的动物就是长鳞且在水中潜行的。所以，只把"鳞"理解成鱼太狭隘。同样，长羽毛能在天上飞的，也不仅是鸟。野鸭子、天鹅、白鹤都能飞。在生物学上，它们都属于鸟纲。

古语有"羽化登仙"之说，指人修道成仙后能飞升，"羽化"比喻人像鸟一样能飞。"羽化"是修道的最高境界。现代生物学叫"返祖"现象，总之，是返璞归真，回归到生命的起点。

★ 龙师火帝，鸟官人皇

伏羲氏以龙命官称为龙师，神农氏以火命官称为火帝，少昊氏以鸟命官为鸟官，接下来是天皇、地皇、人皇。

这两句介绍了中华民族的始祖。龙师是伏羲氏，他是中国太古时代的三皇之首，他一出场就代表了三皇：伏羲氏、神农氏和黄帝。火帝是发明钻木取火的燧人氏，他是人类文明的奠基人。有了火，人类才告别了黑暗，进入了光明的文明时代，所以他是中国历史上最早的火帝。

鸟官是中国太古五帝的第一位，少昊氏，代表了少昊、颛顼、帝喾、唐尧、虞舜五帝。人皇是人皇氏，代表了远古史上的三皇：天皇、地皇、人皇。

★ 始制文字,乃服衣裳

有了仓颉,开始创造了文字,有了嫘祖,人们才穿起了遮身盖体的衣裳。

仓颉创造了文字,嫘祖最早制作了衣裳。据记载,仓颉造字、嫘祖制衣都发生在黄帝时代。

黄帝被尊为"人文初祖",从黄帝开始,人类的文明进程才正式开始了。黄帝姓姬,名轩辕,号有熊氏,在位 100 年。从黄帝开始中国历史开始纪年,从甲子年开始记起,至今有 5000 年,所以说中国有五千年的文明史。

黄帝手下有六个大臣,各有贡献。仓颉造字,伶伦造乐,隶首做算数,大挠造甲子,岐伯作医学,发明衣裳的是胡曹。

仓颉

在此之前的原始文明阶段,人只是拿树叶、兽皮往下身一围就算了。嫘祖发明了衣裳,上身穿的叫衣,下身穿的裙子叫裳,裤子是很晚才出现的。这里用仓颉造字、嫘祖造衣裳代表黄帝时代完成的包括指南车、历法、舟车在内的传统科技成果和发明创造,称颂了中国人对人类物质文明的贡献。

★ 推位让国,有虞陶唐

唐尧、虞舜英明无私,主动把君位禅让给功臣贤人。

举贤让位的是唐尧和虞舜。推的意思是辞让,推位是把自己的君位委予贤人。让的意思是禅让,禅让是把统治权让予能者。"推位让国"是君位、权力一齐交出来,统统交出,毫无保留。

"有虞"、"陶唐"说的是五帝里面的最后两位,尧是帝喾之子,黄帝的玄孙,由于他德高望重,人民倾心于帝尧。他严肃恭谨,光照四方,能团结族人,使邦族之间和睦相处,生活简朴,得到人民的拥戴。尧年老时,由四岳十二牧推举继承人,大家一致推荐了舜。尧帝把自己的两个女儿嫁给了舜,又对他进行了长期的考察,最后才放心地把君位禅让给了舜,死时 118 岁。

舜是颛顼一脉的子孙,他宽厚待人,孝顺父母,慈爱兄弟,为政仁和。舜帝年迈时把君位禅让给禹,自己死于巡视的路上。

尧帝和舜帝,他们都能使九族和睦,民风质朴。

★ 吊民伐罪,周发殷汤

安抚百姓,讨伐暴君,有周武王姬发和商君成汤。

安抚苦难的百姓讨伐罪人商纣和夏桀的,是周朝的周武王姬发和商朝的开国君主成汤。"吊民"就是安抚、慰问无辜的苦难百姓。吊的本义是悼念死者,引申义是安抚活着的人。这个字的甲骨文形义是弓箭。因为远古人死而不葬,只是放在野地里用柴薪一盖,因怕禽兽来吃,所以送丧的亲友就要带弓箭,也是对死者家属的安慰。伐是讨伐,是上对下、有道对无道的一种暴力行为。讨伐罪恶的统治者,就是"伐罪"。

周武王姓姬,名字叫发,所以称周发。他讨伐暴君商纣,建立了周朝,是周朝的第一位君主。他的父亲姬昌是商朝的西伯侯,曾被商纣囚禁七年,并没有对商朝采取军事报复行动。姬昌著《易经》,揽人才,使他的属地周,国富兵强,为武王伐纣积累了本钱。周朝建立以后才被尊封为周文王。

殷汤说的是成汤,成汤姓子,名履,他讨伐夏朝暴君桀,建立了商朝。因为他是商朝的第一个君主,年号成汤,故此又被称作商汤。商汤建都亳(今河南商丘),在位13年。十代以后的商王盘庚迁都殷(今河南安阳),因此商朝的后期也称为殷商。这里不称商汤而称殷汤,有指整个商朝600年历史的意思。

★ 坐朝问道,垂拱平章

贤君身坐朝廷,探讨治国之道,垂衣拱手,和大臣共商国是。

这两句描述古代君臣探讨治国之道的情景。

"坐朝问道"是秦始皇开始的规矩,君臣都是坐着,共商国是。到了宋太祖赵匡胤时,大臣上朝都改为站着,没座位。《千字文》成书于南北朝时期,君臣上殿临朝之礼还是沿用秦汉之制,所以称为"坐朝问道"。

"垂拱平章"语出《书经·武成书》里"纯信明义,崇德报功,垂拱而天下治"一句。垂是垂挂,把上衣挂起来就叫垂衣。拱手是行个拱手礼,表示不做什么事、不用花什么气力就天下太平,无为而治了。平的意思是公平正直,章通"彰",有彰明、显著、鲜明的意思。平章是平正彰明。"垂拱平章"的意思就是垂衣拱手,天下太平。

★ 爱育黎首,臣伏戎羌

他们爱抚、体恤老百姓,四方各族人都归附向往。

黎首代表黎民百姓。黎是形声字,文义从黍,有众多、数目很多的意思。爱是爱护、珍惜;育是抚育、养育。臣是臣服、接受的意思。伏是低头、顺从。

戎羌代表了四方的少数民族,是"南蛮北狄,西戎东夷"的简称。西戎在今天的甘肃、青海、四川一带,以游牧生活为主。周朝中叶,西戎入侵中原,当时的西戎被称作犬戎,曾迫使周平王向东迁都洛阳,由此开始了东周的历史。羌族也是西部的少数民族之一,后来与汉族融合,定居务农,属于中国 56 个民族中的一员。

★ 遐迩一体,率宾归王

远远近近都统一在一起,全都心甘情愿臣服贤君。

普天之下都统一成一个整体,所有百姓都归顺于天子的统治。遐是远,迩是近。天下一统,万民同心就是"遐迩一体"。

"率宾"等同于"率滨",是四海之内的意思。"率宾归王"一句的语义,出自《诗经·小雅·北山》,上有"普天之下,莫非王土;率土之滨,莫非王臣"的诗句。

"王"指"王道"。中国传统的政治制度,历来就有"王道"与"霸道"之别。王道指的是先王之道,即夏商周三王的统治方法。三王的统治用的是仁义道德,其结果就是无为而治,天下太平,这种政治体制是王道。

历史走到东周时期,就有了著名的"春秋五霸":齐桓公、晋文公、宋襄公、秦穆公和楚庄王。他们推崇和实行的是霸道,依靠实力形成威慑力量。

★ 鸣凤在竹,白驹食场

凤凰在竹林中欢鸣,白马在草场上觅食,国泰民安,处处吉祥。

传说,凤凰非竹不食,非梧桐不栖。凤凰中雄性的叫凤,雌性的叫凰,古有三凤求凰的典故。

白驹是小白马,古代用白驹为典的很多,庄子也有白驹过隙的典故。为什么用白驹,用黑驹不行吗?白驹在此代表龙。龙是水陆空三栖动物,空中是飞龙,水中是游龙,在陆地上就不是龙的形象。传说中的龙上岸以后,就地一滚变成白龙马。《三国》里赵子龙骑的是闪电白龙驹,在《西游记》里,唐僧骑的白龙马不也是东海小龙王变的吗?

"白驹食场"一句也是引经,《诗经·小雅·白驹》里有"皎皎白驹,食我场苗,执之维之,以永今朝"的诗句。

★ 化被草木,赖及万方

贤君的教化覆盖大自然的一草一木,恩泽遍及天下百姓。

圣君贤王的仁德使草木都受到恩德,恩泽遍布天下。这里的草木以及上文提到的鸣凤与白驹,代表了那个以道德仁义为教化的太平盛世,它具体表现在,有德君主的教化覆盖了大自然的一草一木。

化是教化,被是施加、覆盖的意思。化字在六书中属于会意,甲骨文字形是二个人相靠背之形,本义是变化、改变的意思。

人都有医学常识,吃多吃少并不重要,要紧的吃了能消化、能吸收。否则完谷不化,吸收不良,人就不会健康。同理,人读书学习不在多,而在于化。有文有化才是有文化,有文没化,充其量是个文人,而非文化人。

"赖及万方"的赖字,是幸蒙、依赖的意思。万方不仅仅指人,泛指一切众生。

★ 盖此身发,四大五常

人的身体发肤分属于"四大",一言一行都要符合"五常"。

古人认为,人的生命体是由两部分组成的,一部分是物质的"四大",一部分是精神的"五常"。身体发肤是由地、水、火、风四种物质组成的,称为"四大"。行为以仁、义、礼、智、信为准则,称为"五常"。

此处的"身发"指代我们的肉身。四大指的是"地水火风",这是印度哲学的概念。古印度人认为,物质世界是由"地水火风"四类物质构成的。

五常是人的性德,人性中含有五常之德,就是"仁义礼智信"。五常之德是天德,这是天赋予人的天性。这里的天,指的是宇宙中那股冥冥中无法抗拒的力量,这种支配力量被称为天。常是恒常、永远存在、不能改变的意思。

★恭惟鞠养,岂敢毁伤

恭蒙父母亲生养爱护,不可有一丝一毫地毁坏损伤。

这句话出自孔子讲的《孝经》。孔子在《孝经》中开篇就说:"身体发肤,受之父母,不敢毁伤。"我们这个身体是受父母遗传而来的,等于是上天和父母借给我们用的,使用完毕以后还要归还的。所以我们对自己这个身体,只有使用权没有所有权,如果能够所有,谁还愿意生老病死呢? 向别人借来用的东西,一定要妥善保管,弄坏了就没有办法还了,所以这里才说"恭惟鞠养,岂敢毁伤"。

★女慕贞洁,男效才良

女子要思慕那些为人称道的贞妇洁女,男子要效法有德有才的贤人。

女子要仰慕贞节,保持纯洁,男子要仿效那些有才能有道德的贤人。

"贞"字的本义是正,甲骨文形从卜从贝,是最古老的占卜用语。上古卜卦,问事之正不正,就曰问贞。后世假借为端方、正直的意思,形容一个人的意志操守坚定不移。《易经》中称"元亨利贞",为乾之四德。"洁"是干净、没有污染的意思。

"女慕贞洁"是说女子应该追求的是保持自己内心方正的品性和外在洁净的品行。"才"指人有能力、有才智,有才的人是才子。"良"是指一个人有德,有良心、有德行才叫良。男子应效法德才兼备的贤人。

★知过必改,得能莫忘

知道自己有过错,一定要改正,适合自己干的事,不要放弃。

"知过必改"语出《论语》。孔子在《论语·述而篇》中说:"德之不修,学之不讲,闻义不能徒,不善不能改,是吾忧也",意思是说,一个国家、一个社会在动荡的时候,有四件事是最让人担忧的。第一是人不讲品德的修养,也就是不积德;第二是人人浮躁,不肯老老实实地做学问;第三是明明知道应该做的事却不肯去做;第四就是自己的毛病、缺点总也改正不了,这是孔子每天都在担忧的。

"得"与"德"二字通假,"得能莫忘"有两重含义,一是从他人之处有所得、有所能,也就是别人教会我们的东西,使得我们有所得、有所能,我们不能忘,这也是知恩必报的意思。二是我们自己于修心、修身上有所得、有所能,莫忘。

★ 罔谈彼短,靡恃己长

不要去谈论别人的短处,也不要依仗自己有长处就不思进取。

不要妄谈别人的短处,不要矜夸自己的长处。"罔"和"靡"的词性相近,都是表示禁止、劝阻的否定性动词,相当于别、不要的意思。"靡"字的本义是无、没有。

这两句话里强调了两个不要:第一不要谈论别人的缺点和短处;第二不要依仗自己的长处而骄傲自大。

正所谓"满招损,谦受益"。喜欢称赞自己长处的人功名很难有所成就,因为"满招损"是天理。喜欢谈论别人缺点的人,一生中的障碍很多,自己的身家性命也很容易受伤害,因为自己削了自己的福报。

★ 信使可复,器欲难量

诚实的话要能经受时间的考验;气度要大,让人难以估量。

说过的话要兑现,要能经得住反复考验。"信使可覆"这句话,出自《论语·学而篇》。"有子曰:信近于义,言可覆也。"孔子的学生有子说,信与义是一样的,都是说一个人立定的志向、发过的誓愿要经得住检验,要能够兑现。人的毛病之一,就是"常立志"与"常后悔"交替进行,说过的话、答应别人的事忘了,不兑现。信是五德之一,称为信德。

一个人做人处事,心胸器量要大,大到让人难以估量才好。心小量窄的结果,必然是嫉贤妒能,这样的人不但薄福,而且下场很不好。一个人能否担当重任、成其大事,首先要看心量。心大意大,天地给你的舞台就大,你就能"心包太虚,量周沙界"。

★墨悲丝染,诗赞羔羊

墨子为白丝染色不褪而悲泣,《诗经》中因此有"羔羊"篇传扬。

《墨子》一书中记载了"墨悲丝染"的故事。有一次,墨子路过染坊,看到雪白的生丝在各色染缸里被染了各种颜色。无论怎样漂洗,也无法再将染丝恢复生丝的本色了。墨子悲泣地说:"染于苍则苍,染于黄则黄,不可不慎也。"

这个故事暗喻了人的本性像生丝一样洁白,一旦受到污染被染了色,再想恢复本性的质朴纯洁,已经不可能了。

《诗经·风·召南》里面有"羔羊"一篇,赞美了小羊羔毛皮的洁白。意思与墨子说的差不多,也是感叹人的本性像羔羊的皮毛一样洁白柔软,人应该永远保持这种纯善的、没有污染的本性才好。

★景行维贤,克念作圣

高尚的德行只能在贤人那里看到;要克制私欲,努力仿效圣人。

"景行"是指崇高光明的德行,景字的本义是日照高山,有高大、光明的意思。德行正大光明才能成为贤人,贤人是人群的榜样,做人的标准。战胜自己为贤,再能成就他人方为圣。

《诗经·小雅·车辖》一篇中有诗句"高山仰止,景行行止"。说的是贤德之人,德如高山人人敬仰,行如大道人人向往。《尚书》里面有"惟狂克念作圣,惟圣妄念成狂"一句话。庄子用"野马"来形容人狂奔不已的念头和思想,这里的"狂"字就代表了我们凡夫俗子。人如果能够克制住自己狂乱的思想和私心杂念,凡夫就能变成圣人。同理,放纵自己的心念,圣人也会退化为凡夫。

★德建名立,形端表正

养成了好的道德,就会有好的名声;就像形体端庄,仪表也随之肃穆一样。

德行建立了名声自然就树立起来了,气质端正了外表自然就会端正。"德"是因,"名"是果,德建才能名立,因好果必好,这是自然的道理。有了德才能童叟无欺,有了信才能货真价实,这样做贸易不想发财都不可能。这就是孔子在《易经·系辞》中说的:"善不积不足以成名,恶不积不足以灭身。"

"形"指的是人的整体形态,身心两部分都包括在内。心正才能身正,身正了仪表容貌自然端正。人的形体健美、容貌姣好的根本在于心地,整容化妆是没有用的,起码不能长久。所以善良之心能将人变丑为美,歹毒之心会使人面目狰狞。

★空谷传声,虚堂习听

空旷的山谷中呼喊声传得很远,宽敞的厅堂里说话声非常清晰。

空旷的山谷里声音会持续不断,空荡的堂屋中一处发声各处都会响应。

"虚堂"是空屋子,"习"是接二连三的重复。我们都有"虚堂习听"的经验,一间空屋子里面的回声很大,在一个角落讲话另外的几个角落里都能听到。"空谷传声"传出的是谁的声音?"虚堂习听"听到的又是谁的声音?都是发声者自己发出的声音。如果不出声,哪里会有"传声"和"习听"呢?

人的祸福都是自己招来的,就像自己在山谷中呼喊,听到的是自己的回音一样。一切因果都是自作自受,怨天尤人是没有用的。

★祸因恶积,福缘善庆

祸害是因为多次作恶积累而成,幸福是由于常年行善得到的奖赏。

这两句话出自《易经》:"积善之家必有余庆,积不善之家必有余殃。""庆"是吉祥、喜庆。"有余庆"是福泽绵长,这是积善的回报;"有余殃"是灾祸不断,这是积恶的果报。这两句话重点讨论了善与恶、福与祸的因果关系。

善恶是因,福祸是果,因果次序一定要分别清楚,千万不能倒置。祸与福是一体两面,相对共存的关系。不想要祸就别让福发展到极点,老子不是说过"祸兮福之所倚,福兮祸之所伏"的话吗?

人为什么会有祸?因为恶积,是小恶的不断积累。为什么会有福?因为积善。所以"福将至,观其善必先知之;祸将至,观其恶必先知之"。

★尺璧非宝,寸阴是竞

一尺长的璧玉算不上宝贵,一寸短的光阴却值得去争取。

这两句话告诫人们要珍惜光阴,光阴是千金也难买到的。

璧的本义是平而圆、中心有孔的玉环,后世将上等的美玉称为璧。直径一尺长的璧是非常宝贵的,古有"和氏之璧,价值连城"的故事。但是这里却说"尺璧非宝",这是与光阴比较而言的。

与光阴(时间)相比,一尺长的美玉也不是宝贝,但是片刻时光却值得珍惜。古人称时间为"光阴",而且还有"一寸光阴一寸金"的成语。

★资父事君,曰严与敬

供养父亲,侍奉国君,要做到认真、谨慎、恭敬。

资养父母、侍奉君王,原则要求是两个字"严"与"敬"。严是一丝不苟,敬是诚谨恭敬,恭在外表,敬在内心。

父道叫慈道,严就是慈,爱即是害。传统家教中父母教子严格得很,父亲偏重于一个严字,母亲偏重于一个慈字,所以古人称自己的父亲为"家严",称自己的母亲为"家慈"。

孔子在《孝经》里面说:"资于事父以事母而爱同,资于事父以事君而敬同。"强调了奉养父母、侍奉君王是一样的,都要一丝不苟,虔诚恭敬。

★孝当竭力,忠则尽命

对父母孝,要尽心竭力;对国君忠,要不惜献出生命。

这两句话强调孝敬父母应当竭尽全力,尽你所能去做,能做到多少就做到多少。忠于君主要能不超越本位,一心一意,恪尽职守。

君不是仅仅指帝王,你的领导、你的主管就是你的君。忠的意思是全心全意、恪尽职守。忠字的象形就是方正不偏的一心,忠诚无私,尽心竭力地把本分内的事情做好就叫尽忠。

做人首先要明理,要有智慧,没有理性的愚忠、愚孝是不可取的。孝子出来做事一定是忠臣,不孝父母的人会懂得爱国家、爱君主、爱百姓,那是不可能的。

中国在隋朝以前没有科举制度,国家挑选人才首先要从各地举荐的孝子中选拔,叫做"举孝廉"。

★临深履薄,夙兴温清

要"如临深渊,如履薄冰"那样小心谨慎;要早起晚睡,让父母冬暖夏凉。

这两句承接前两句讲述了具体的做事原则和方法。"临深履薄"是事君之道,"夙兴温清"是资父之道,二者都是严与敬的具体体现。

"临深履薄"四个字,出自《诗经·小雅·小旻》一篇。其诗曰:"战战兢兢,如临深渊,如履薄冰。"面对着悬崖深渊,腿肚子转筋;走在薄薄的冰面上,咔咔声不断,心惊肉跳。

"夙兴"是早早起床,"夜寐"是晚点儿就寝,这句话出自《诗经·大雅·抑》,诗曰:"夙兴夜寐,洒扫庭内,维民之章。"古代夙兴夜寐的标准是,做儿女的要先于父母而起,迟于父母而睡。早晨父母还没有起床,做儿女的就要先起来;晚上父母睡下了,做儿女的才能睡。

★似兰斯馨,如松之盛

养成了好的道德,就会有好的名声;就像形体端庄,仪表也随之肃穆一样。

"兰"在这里指的是兰草,不是兰花。兰草的学名叫泽兰,是多年生菊科草本植物,可以入药,开紫红色花,其茎、叶、花都有微香,古代用于熏香。

"馨"是散布很远的香气,多比喻人的德化远播,声誉流芳百世。一个人的德行可以感染人,像香草那样香气远播;同时真正的德行能够耐霜雪,经得住恶劣环境的考验。

★川流不息,渊澄取映

还能延及子孙,像大河川流不息;影响世人,像碧潭清澄照人。

"川"是象形字,其甲骨文字形,左右是岸中间是流水,川字的本义就是河流。人的德行可以一代传一代,言传身教,以至子孙万代。

"渊"是水停之处,深水潭称作渊。潭水澄净,可以像镜子一样照见自己的容貌、仪表。祖先建立的德行像潭水一般洁净无染、清澈照人,后人应该以此为鉴,在此基础上再建立起子孙后代自己的德行,这样一代一代传续下去,才叫做"川流不息"。

★容止若思,言辞安定

仪态举止要庄重,看上去若有所思;言语措辞要稳重,显得从容沉静。

这两句教导人们举止言辞要端庄有礼。

"容"指人的容貌仪表,"若思"是若有所思,人的仪容举止要安详,要从容不迫,不能毛毛草草。《礼记》上有"毋不敬,俨若思,安定辞"的语句。俨是恭敬、庄重。

"言辞安定"是说,言语对答要安定沉稳,要有定力。古人教导我们,君子应该是"修己以敬,安之以人"。内心敬才能重,重了才能定。内有定,外表的仪容举止才有安。

★笃初诚美,慎终宜令

无论修身、求学,重视开头固然不错,认真去做,有好的结果更为重要。

马跑得很慢叫做"笃",引申义是厚实、硕大,如有笃爱(厚爱)和笃交(深交)的用词。"初"是指一件事的开端。任何事情,无论修身还是求学,有好的开端固然很好,但能够始终如一,坚持到底就更属难能可贵。

"慎终"是"慎终如始"的简称,"令"也是美、善的意思,无论是做学问还是修道,一个人如果下定决心,一辈子只干一件事,哪里有不成功的道理呢?

★荣业所基,籍甚无竟

有德能是事业显耀的基础,这样的人声誉盛大,传扬不已。

这两句讲述事业成功与美名远扬的关系。"荣业"是荣誉与功业的简称，"籍甚"的意思是凭借于此而更加强大。

但是这个荣业的基础在哪里？"所基"的又是什么呢？就是前面所谈的"德业"与"德行"。"德建名立"才是人生追求的荣誉、事业的基础，如果能够将其发扬光大，子孙万代的荣业都将是永无止境的。

★学优登仕，摄职从政

学习出色并有余力，就可走上仕途（做官），担任一定的职务，参与国家的政事。

"学优登仕"出自《论语·子张篇》。中国上古时期，选拔人才的方法是取士，在十个青年中选一个优秀的出来，就叫做"士"。被挑选出来的士，由国家出钱进行再培训，学礼法、学政策、学法规等政事。培训完成以后，再挑选优秀的士子出来为人群服务，即"出仕"，也就是放出去做管理工作。

"摄职"是先给一个代理官职，"摄"是辅助、佐助的意思。从政是参与政事的讨论与处理。即使是学优登仕的优秀人才，也还是要从见习、代理等职位开始做起。

★存以甘棠，去而益咏

召公活着时曾在甘棠树下理政，他过世后老百姓对他更加怀念歌咏。

"甘棠"就是现在的棠梨树，也叫杜梨树，这个典故出自《诗经·召南·甘棠》"蔽芾甘棠，勿翦勿伐，召伯所茇"一句，意思是"甘棠树啊高又大，不能砍啊不能伐，因为召公曾休息在这棵大树下"。后世就用"甘棠"一词，指代为官者的政绩与遗爱。

★乐殊贵贱，礼别尊卑

选择乐曲要根据人的身份贵贱有所不同，采用礼节要按照人的地位高低有所区别。

这两句以音乐作比喻，告诉人们要礼随人行。

广义的"礼"是中国文化的统称,包括了哲学、政治、社会、教育等所有文化内容。狭义的礼指社会秩序,特别是指人与人之间的关系,包括现代的法律、法规、政策等内容。礼的作用在于和,有了和才能达到儒家"仁"的境地。

广义的"乐"是艺术形式的总称,包括了现代的音乐、舞蹈、美术、影剧等艺术形式。狭义的乐指音乐。

★ 上和下睦,夫唱妇随

长辈和小辈要和睦相处,夫妇要一唱一随,协调和谐。

"和"是协调、平静、美好的意思;"睦"字从目,目顺也,就是看着顺眼,引申义为亲近、好合。长辈与晚辈要和睦相处。

"唱"是"倡"的通假字,有倡导、发起的意思。"夫唱妇随"的意思是说,如果没有原则性分歧,丈夫倡导的妻子一定要拥护。

★ 外受傅训,入奉母仪

在外面要听从师长的教诲,在家里要遵守母亲的规范。

这两句讲述家庭教育和学校教育的重要性。在外面要接受老师的训诲,在家中要奉持母亲的规范。

"傅训"是师傅、师长的训诲,属于师道。传统教育中的"师"分为"人师"与"经师",人师的责任是教学生化性、立命,学做人,经师则负责知识的传授。

"母仪"是母亲的举止仪表,古代的规矩是,父亲在外做事,挣钱养家,所以常年不在家,只有到了年底放长假的时候才回来。小孩子在家里的教育,主要由母亲负责,所以女人的主要职责就是相夫、教子。

★ 诸姑伯叔,犹子比儿

对待姑姑、伯伯、叔叔等长辈,要像是他们的亲生子女一样。

这两句讲述家庭和睦的关键因素,即对待姑姑、伯伯、叔叔,要像对待自己的父母一样。同样,对待侄儿、侄女也要像对待自己的子女一样。

孔子说过,对父母尽孝是小孝,是孝之始;能够爱天下人、爱万物才是大孝,是孝之终。"犹子"犹如自己的儿子,《礼记·檀弓》上说:"兄弟之子,犹子也。"显然就是指侄子。

★孔怀兄弟,同气连枝

兄弟之间要非常相爱,因为同受父母血气,犹如树枝相连。

兄弟之道在五常之中属于礼德,原则是"兄友弟恭"。做兄长的要友爱、关心弟弟,做弟弟的要恭敬、尊重兄长。兄弟之间如能各尽其道,自然和睦友爱。

★交友投分,切磨箴规

结交朋友要情意相投,学习上切磋琢磨,品行上互相告勉。

交朋友一定要投分,也就是投脾气、投缘分,这是谈的五伦中的"朋友道",朋友之道讲一个信字,彼此推心置腹,诚信有义,才是真朋友。

朋友相处,应该像曾子说的"以文会友,以友辅仁"。朋友之间有进步要互相鼓励,有过失要互相规劝,有困难要互相帮助,有心得要互相交流,这就是"切磨箴规"。

切磨是"切磋琢磨"的缩略形式,意指对学问的探讨与研究。"箴"字的本义为竹针或石头针,可用于针灸治病。箴文是一种告诫类文体,起规劝、纠正作用,箴言就是有哲理作用、能激励人的座右铭。

★仁慈隐恻,造次弗离

仁义、慈爱,对人的恻隐之心,在最仓促、危急的情况下也不能抛离。

仁慈就是仁德,仁是体,慈是用,表现出来就是爱心。能够不讲条件的博爱就是慈,慈的本体就是仁,它们一体三面,同出而异名。

"隐恻"是见人遭遇不幸而心有不忍,是仁慈之心的表现。"造次"的本义是仓促、匆忙,引申义为草率、轻忽、唐突。

人在忙乱仓促、来不及思考的时候,仁德所表现出来的慈爱、恻隐之心也不能够离开,不能够抛弃,就是"造次弗离"。

★ 节义廉退,颠沛匪亏

气节、正义、廉洁、谦让的美德,在最穷困潦倒的时候也不可亏缺。

这两句说一个人的气节永远也不能丢弃,即使身处困境,一名不值。

"节"本义为竹节,竹子可以被剖开,但其中的节不会扭曲,由此引申为气节、操守,所谓"君子竹,大夫松",说的是人应该有所守而不变。这里用"节"来代表五常之中的信德。

"廉"指一个人有操守,不苟且,在五常中代表"智德"。

"退"的意思是谦退、谦逊、礼让,是"礼德"。

"沛"是跌倒,"颠沛"合用比喻人的生活动荡困苦,人生挫折困顿的状态。

气节、正义、廉洁、谦逊这些品德,即使在颠沛流离的时候也不能亏缺。

★ 性静情逸,心动神疲

品性沉静淡泊,情绪就安逸自在;内心浮躁好动,精神就疲惫困倦。

"性"是天赋的、天生的,是看不见摸不着的,是人心理活动的本体。"性"的表现形式就是"情",这个看不见摸不着的本体,依托于"情"这个形式表现出来,以便与同类进行交流。"情"有"喜怒哀惧爱恶欲"七种形式。情是由性所发出的,性一动就发为情。

"性敬情逸"说的是人的心性沉静下来了,心情就会安逸、悠闲;相反,如果性不静,情不安逸,就会"心动神疲"。心念动了,精神就困倦、疲劳了。

★ 守真志满,逐物意移

保持纯洁的天性,就会感到满足;追求物欲享受,天性就会转移改变。

"守真"是保持住人的真常之性,"真"是真常,指人的本性、本源,道家有"返璞归真"的说法。"心之所往谓之志",所往是人的心要向何处去。我们经常说要立志、要有志向,说的就是人的心要有一个运动方向,这就叫做志。

"心之所发谓之意"，发出来的、表现出来的心理活动就叫做意。保持内心清静，情绪就会安逸舒适；内心躁动，精神就会疲惫困倦。

★坚持雅操，好爵自縻

坚持高尚的情操，好的职位自然会为你所有。

这两句讲述品行的重要性，正所谓"好酒不怕巷子深"，一个人只要能够坚持高雅的操守，好运自然会来临，哪里用得着向外面去求呢？

"雅操"指高雅的操守、高尚的道德追求，即"仁义礼智信"五常之德与"父子、兄弟、夫妇、君臣、朋友"五伦之道。能持五常之德，行五伦之道，才为此地所讲的"坚持雅操"。

"爵"是古代青铜制作的酒具，因贵族的等级不同使用的爵器也不同。后世把爵作为爵位、爵号、官位的总称，好爵即指代高官厚禄、好运气、好机会。

"縻"的本义为拴牛的绳子。拴马的绳子叫羁，拴牛的绳子叫縻，羁縻合用是牵制、笼络的意思。縻字的引申义为牵系、拴住，"自縻"就是自己跑来拴住自己，也就是自修己德，自求多福，好运自来的意思。

★都邑华夏，东西二京

古代的都城华美壮观，有东京洛阳和西京长安。

天子住的地方叫做都，诸侯住的地方叫做邑，相当于现在的首都和省会的概念。

中国的文化灿烂光华，故此称为"华"，中国的土地辽阔无边，因此叫做"夏"，华夏就代表了中国。

中国最古老、最宏伟的两个都城，一个是东京洛阳，一个是西京长安。洛阳号称九朝古都，历史上前后有九个朝代在洛阳定都。

西京长安，简称西安，由于地理位置接近中国的中心，所以是"十一朝古都"。最早在长安建都的是西汉，之后有秦魏北周隋唐等多个朝代均定都于此。

★背邙面洛，浮渭据泾

东京洛阳背靠北邙山，南临洛水；西京长安左跨渭河，右依泾水。

这两句话描述了东西二京长安和洛阳的地理位置和地形地貌。

"背邙面洛"描述的是洛阳，洛阳城背靠北邙山，南面是洛水。洛水起源于陕西的洛南县，流经洛阳城南，然后汇入黄河，所以"背邙面洛"是洛阳城地理背景的描绘。

浮是漂流、漂浮的意思；据是据恃、凭据、靠着的意思。"浮渭据泾"，说的是西京长安的地理位置，西安的左面有渭水，右面有泾河。

★宫殿盘郁，楼观飞惊

宫殿盘旋曲折，重重叠叠；楼阁高耸如飞，触目惊心。

这两句描述了皇室宫殿的华美。

天子所居之室叫宫，天子所议之堂叫殿，本来在上古时期宫室通称，以后"宫"字才专为皇家所用。殿的本义是泛指高大的房屋，以后专指供奉神佛或帝王受朝理事的厅堂。

"宫殿盘郁"是形容都城里面的宫殿，盘旋曲折，错落重叠。盘是盘旋、逶迤，郁是重叠茂盛的样子。

楼观是古代宫殿群里面最高的建筑，飞是形容建筑物之高，有凌空欲飞之势，惊是让人看了触目惊心。楼观都高入云天，让人看了触目惊心。

★图写禽兽，画彩仙灵

宫殿上绘着各种飞禽走兽，描画出五彩的天仙神灵。

这两句从小处着手，描述宫殿上绘的五彩图案。"图写禽兽"是说宫殿里面雕梁画栋，梁柱檐井及墙壁匾额上面画满了飞禽走兽。"画彩仙灵"是指用"青黄赤白赫，黑红紫绿蓝"五彩十色绘画的天仙和神灵。

★丙舍傍启，甲帐对楹

正殿两边的配殿从侧面开启，豪华的帐幕对着高高的楹柱。

这两句话介绍宫殿内部格局。丙舍是古代王宫中正室两旁的别室，后世叫做偏殿、配殿。地户就是专与死人打交道的地方，都称为丙舍。例如寄枢所、祠堂、陵园内的房子等等。

因为丙舍不是正房，而是配房、别室，其门户自然也都是朝东西方向开启的，故称傍启。傍是旁的通假，傍启就是旁启。

"甲帐对楹"的意思是豪华的幔帐对着高高的楹柱。甲帐是汉武帝时所造的帐幕，汉武帝的幔帐用珊瑚、宝石翡翠、珍珠镶嵌，是第一等的幔帐，故称甲帐。

★肆筵设席，鼓瑟吹笙

宫殿中大摆宴席，乐人吹笙鼓瑟，一片歌舞升平的景象。

这两句描述了宫殿之中大摆宴席的景象。"肆"与"设"是一个意思，都是放置、陈列。筵和席都是古代的坐具，"肆筵设席"就是摆设筵席。

"鼓瑟吹笙"，是宴会中助酒兴的音乐歌舞，鼓是弹奏的意思，瑟是二十五弦的琴。古代七弦的叫琴，二十五弦的为瑟。笙在这里代表了管乐，瑟在这代表了弦乐。

★升阶纳陛，弁转疑星

登上台阶进入殿堂的文武百官，帽子上的玉石闪闪发光，像满天的星星。

阶和陛都是台阶的意思，普通的台阶就叫阶，帝王宫殿的台阶就叫陛。升阶是一阶阶登上去，纳陛也是用脚蹬着一步步走上前。"升阶纳陛"的意思，就是一步步拾阶而上，登堂入殿。

弁是古代的官帽，有爵弁和皮弁之分。爵弁是没有旒的冕，冕是黑色的礼冠，皮弁是文武百官戴的皮帽子，用白鹿皮缝制，样子像现在的瓜皮帽。鹿皮拼缝之处缀有一行行闪闪发亮的小玉石，光映下其烁如星，看上去就像闪烁的星星一样。

"弁转移星"的意思就是每个人都戴着官帽,上面的玉石转来转去,在灯光的映照下,就像星星一样明亮。

★右通广内,左达承明

右面通向用以藏书的广内殿,左面到达朝臣休息的承明殿。

这两句话是描述西京长安皇宫里面的建筑,向右通广内殿,往左达承明殿。

上古时代没有高大的宫殿建筑,殷商的遗址上至今也没有发现瓦片,甚至禹王住的所谓宫室,也是半地穴式的,出入口有两级土阶,屋顶都是茅草的,就是《诗经》中描写的"茅茨土阶"。

直到战国时代的遗址上才发现了空心砖,还是用于墓穴,住人的房子还是用干打垒的土墙。自秦始皇后,历代皇帝才开始重视宫殿建设。

★既集坟典,亦聚群英

这里收藏了很多的典籍名著,也聚集了成群的文武英才。

这里讲述宫殿中收藏典籍无数,文臣英才荟萃一堂。

"坟"指的是三坟,"典"指的是五典。三坟指的是三皇(即伏羲氏、神农氏、黄帝)的著作;五典指的是记载五帝(少昊氏、颛顼氏、帝喾、尧、舜)事迹的书,叫做五典。三坟五典是我国最古老的书,已失传。"既集坟典"说的是广内殿,因为它是收藏图书的地方,收藏了古今的图书典籍。

"亦聚群英"说的是承明殿,承明殿既然是皇帝接见文武百官的地方,所以承明殿里文武百官,群英荟萃。

★杜稿钟隶,漆书壁经

书殿中有杜度的草书、钟繇的隶书,还有漆写的古籍和孔壁中的经典。

这两句话描述的是广内殿储藏的古玩字画,应有尽有。

汉朝有一个叫杜度的人善写草书,杜度草书的手稿,就是杜稿。

三国时代的钟繇,写隶书是天下第一的,他的隶书真迹,就是钟隶。

漆书是在上古时期,笔墨都还没有出现以前,用树脂漆书写在竹简上的大头小尾的文字,现代称为"蝌蚪文"。

壁经是指在孔子旧宅墙壁中所藏的经卷。

★府罗将相,路侠槐卿

宫廷内将相依次排成两列,宫廷外大夫公卿夹道站立。

这两句描述宫殿上群臣朝贺,济济一堂的盛况。

"府"是聚集的意思,例如将国家的仓库叫做府库。第一句意思是说朝廷里面,文武百官,群英荟萃。"侠"是"夹"的通假字,就是夹道欢迎的夹字。"槐卿"指代官员。古文第二句意思是说朝廷的外面,道路两旁站立的都是三公九卿。总体意思是说,承明殿里面聚集了文武百官、公卿将相。

★户封八县,家给千兵

他们每户有八县之广的封地,配备成千以上的士兵。

这两句介绍朝中臣子加官晋爵,领享国家俸禄。每户的封地都有八个县那么大,每家的亲兵卫队都有千人以上。这里的"八"和"千"代指其多,不是数量词。

封是分封土地,即帝王把爵位及土地赐给王室成员和有功的臣子。给是配给、供给的意思,国家对有功勋的重臣,配以护卫的兵卒,类似现代首长家中的警卫人员。

★高冠陪辇,驱毂振缨

他们戴着高高的官帽,陪着皇帝出游,驾着车马,帽带飘舞着,好不威风。

这两句是介绍古代官员的衣冠华丽,随君出游的景象。

冠是古代贵族男子戴的帽子,古人将长发挽为发髻,再用冠套住,不像后世的帽子将整个头顶都盖住。为了将冠固定住,冠的两旁就有两条可以在额下打结的小丝带,叫缨。

辇是会意字,上边两夫下边一车,表示是两个人拉着一辆车。古代的牟轮是木制的,车轮的边框叫辋,中心的轴孔叫毂,连接辋和毂的木制轮条叫辐。驱毂就是驾车之意。振是抖动、摇动的意思。总的是说,他们戴着高高的官帽,陪着帝后的车辇出游,车马驰驱,彩饰飘扬。

★世禄侈富,车驾肥轻

他们的子孙世代领受俸禄,奢侈豪富,出门时轻丰肥马,春风得意。

古代官位是世袭的,只要后代子孙没有违纪犯法,官位没有被削去就可以由子孙世袭。

禄是根据爵位的等级不同,政府予以的配给和补贴。驾是拉车的马,肥轻是肥马轻裘的简称,出自《论语·雍也》篇,孔子说:"赤之适齐也,乘肥马,衣轻裘。""肥马轻裘"形容富贵豪华的生活。

★策功茂实,勒碑刻铭

朝廷还详尽确实地记载他们的功德,刻在碑石上流传后世。

这两句是解释上面所提到的高官厚禄、肥马轻裘的原因,原因就是这些将相公卿都有文治武功,而且这些功绩都是既丰厚又真实。这些人的文治武功既多又实,所以才有如此好的待遇。

不仅如此,还要为他们"勒碑刻铭",勒碑即刻碑,勒是摹勒的简称,白板素碑的碑面先要以朱砂摹勒上石,然后才能镌刻。铭即记载功德的文字。

★磻溪伊尹,佐时阿衡

周文王磻溪遇吕尚,尊他为"太公望";伊尹辅佐时政,商汤王封他为"阿衡"。

磻溪是在渭水河畔(在今陕西宝鸡附近)的一个溪潭,水旁有一块大石头(磻),相传姜太公曾坐在上面钓鱼。

周文王精通《易经》,曾著过《周易》。一日,文王要出外狩猎,他就先卜了一卦。结果显示:此次狩猎的猎物不是野兽,而是独霸天下的辅臣。果然在渭水遇到姜子牙,两人相谈甚欢,于是周文王称姜子牙为"太公望",立为国师。

伊尹是商朝的开国功臣，曾辅佐成汤灭了夏桀，开创了殷商六百载的天下。商朝宰相之位的官名叫做阿衡，如《诗经·商颂·长发》中有诗曰："寮维阿衡，左右商王。"因为伊尹适时地辅佐成汤建立了商朝，所以称他为"佐时阿衡"。

★奄宅曲阜，微旦孰营

周成王占领了古奄国曲阜一带，要不是周公旦辅政，哪里能行？

"奄宅曲阜"的意思是说，取得曲阜这样的居住地，作为安身之地、食邑之所。奄是时间副词，有一下子、突然之间就如何的意思。宅是动词，居住的意思。曲阜就是今天山东省曲阜市，古代鲁国的都邑。旦指周公姬旦，"微旦孰营"是一个设问句，意思是：除了周公姬旦，还有谁人有资格得到这样的封地呢？

★桓公匡合，济弱扶倾

齐桓公九次会合诸侯，出兵援助势单力薄和面临危亡的诸侯小国。

这里讲述齐桓公与诸侯会盟，成就伟业的事迹。齐桓公姓姜，名小白，用管仲当宰相发展经济，富国强兵。齐国临海，于是就晒盐捕鱼，又发展商业，使齐国成为第一经济强国。

诸侯联盟的目的是什么呢？就是"济弱扶倾"，要帮助救济弱小的国家，要扶植将要倾覆的周王室。周朝到了末期已经名存实亡了，虽然如此，这杆大旗还是要举着，所以要扶倾。

★绮回汉惠，说感武丁

汉惠帝做太子时靠绮里季才幸免废黜，商君武丁感梦而得贤相傅说。

秦朝末期，天下大乱，绮里季、东园公、夏黄公、角里先生四位德高望重的贤士，为避乱世隐居在商山，所以人称商山四皓。

刘邦想废掉太子刘盈，改立戚夫人生的儿子如意为太子。吕后采纳张良之计，请出商山四皓与太子刘盈同游。刘邦看到后，说："羽翼已成，难以动矣。"于是就打消了换立太子的念头，刘盈才保住了太子位。刘邦死后，刘盈登基，即汉惠帝。

傅说是继伊尹之后,商朝第二位奴隶出身的贤臣。武丁是商朝第二十二位君主,在位59年。他很想重用傅说,但是碍于傅说的奴隶身份无法实现。最后,武丁假借托梦之说,拜傅说为相,辅佐国政,使商朝达到鼎盛。

★俊乂密勿,多士寔宁

能人治政勤勉努力,全靠许多这样的贤士,国家才富强安宁。

国家正是由于仁人志士的勤勉努力才得以富强安宁。

俊乂就是我们今天所称的人才,在古代一百个人里挑出来一个精英叫乂,一千个人里挑一个出来的叫俊。密勿是勤勤恳恳的意思。

"寔"是通假字,既通"实"字,也通"是"字,有兹、此的意思。"多士寔宁"的意思就是,天下赖此多士以宁,这句话语出《诗经·大雅·文王》:"济济多士,文王以宁。"如此众多的能人志士、英雄豪杰,正是依靠了他们,国家才得以富强安宁。

★晋楚更霸,赵魏困横

春秋时期晋文公、楚庄王先后称霸,战国时期赵、魏两国因连横而受困于秦。

"晋楚更霸"是指公元前632年,晋楚两国为夺霸主地位在城濮大战,楚国战败,晋文公当上了霸主。公元前597年,楚庄王率领大军攻打郑国,晋国派兵救郑,在邲地(今河南郑州市东)与楚国大战,晋国惨败。公元前594年冬,楚鲁蔡秦等十四国在蜀(今山东泰安西)开会结盟,正式推举楚国主盟,楚庄王遂成为称雄中原的霸主。

"赵魏受困"是指战国时期著名的说客苏秦、张仪所实行的合纵和连横的策略。苏秦提出"合纵"战略,就是六国联合起来共同防御秦国,合纵的结果是"秦人恐惧,不敢窥兵于关中,天下不交兵者二十有九年"(《战国策》)。后来,秦惠文王重用了主张连横破纵之策的张仪。张仪游说六国,分别与秦签订了互不侵犯条约,苏秦的"合纵"就被拆散了。秦国随之采取远交近攻、各个击破的策略,首先打击赵、魏,因为赵魏距离秦国最近,所以说是"赵魏困横"。秦国逐一灭了六国,统一天下。

★假途灭虢，践土会盟

晋献公向虞国借路去消灭虢国；晋文公在践土与诸侯会盟，被推为盟主。

"假途灭虢"是指晋献公借口攻打虢国，要借道虞国。结果，晋献公灭掉了虢国，然后回兵时又灭掉了虞国，晋献公一举消灭了两个国家，扩张了晋国的版图，国力大增。

"践土会盟"的故事发生在晋文公时期，晋文公任用贤良，整顿政治，发展经济，使晋国的国势日渐强盛。他效法齐桓公的尊王政策，于公元前 636 年平定了周王室的内乱，使自己名声大振。晋文公通过城濮大战打败楚国，晋国打败楚国的消息传到周都洛邑，周襄王和大臣都认为晋文公立了大功，周襄王还亲自到践土（今河南原阳西南）慰劳晋军。晋文公趁此机会，在践土召集诸侯会盟。就这样，晋文公凭借自己的实力，继齐桓公之后，成为五霸的第二位。

★何遵约法，韩弊烦刑

萧何遵循简约刑法的精神制定九律，韩非却受困于自己所主张的严酷刑法。

萧何是汉初三杰之一，是中国古代杰出的政治家和治国良相，曾与张良、韩信、陈平等人一起辅佐刘邦战胜了楚霸王项羽，建立了汉朝。萧何遵循简约的原则，制定了汉律九章，故称"何遵约法"。

韩非子是战国时期法家的代表人物，刑名学派的大家，韩非子最终死在自己制定的烦苛刑法之下，司马迁说他"明知游说帝王之难，还写了部《说难》的专著，但他本人却逃脱不了游说君主的灾祸"，所以称为"韩弊烦刑"。弊就是自弊，自己倒毙、死亡的意思。

★起翦颇牧，用军最精

秦将白起、王翦，赵将廉颇、李牧，带兵打仗最为高明。

白起、王翦、廉颇、李牧四位大将不仅是战国时期的四大名将，也是中国历史上著名的四大名将。其中，白起、王翦是秦国的名将，廉颇、李牧是赵国的名将。

"用军最精"是讲这四位名将,擅长用兵,作战英勇,屡战屡胜,可以称得上是"战神"。

★ 宣威沙漠,驰誉丹青

他们的声威远传到沙漠边地,美誉和画像一起流芳后代。

"宣威沙漠"是说,上文所述四位将军精通谋略,带兵高明,用兵精当,他们的威名远播到沙漠边地,连塞北的胡人也敬佩不已。他们的肖像被画师用丹青妙笔画下来,永垂青史,就是"驰誉丹青"。

丹青本是作画用的颜色,此处有载入历史画卷的意思,因为汉朝有为功臣画像立卷的习俗,例如汉宣帝时将有功之臣的画像藏于麒麟阁,汉明帝时将这类画像藏于云台。

★ 九州禹迹,百郡秦并

九州处处留有大禹治水的足迹,全国各郡在秦并六国后归于统一。

中国天文学上有"九州分野"的说法,九州代表中国领土。早推至帝喾高辛氏始建九州,舜帝时增至 12 州,大禹治水以后仍确定为九州(兖冀青徐扬荆豫梁雍),并铸九鼎,以永定九州。大禹治水有功,同时也是一位开明的君主。"九州禹迹"是说,中国九州之内都留下了大禹治水的足迹。

秦始皇统一中国以后,将分天下为 36 郡,刘邦建立汉朝以后又将天下分为 103 郡,取个整数说,就是百郡。汉朝的百郡是在秦灭六国、并土地的基础上而来的,所以叫做"百郡秦并"。

★ 岳宗泰岱,禅主云亭

五岳中人们最尊崇东岳泰山,历代帝王都在云山和亭山主持禅礼。

这里讲述古代帝王在名山大川中祭祖封禅。

岳指五岳,宗指宗主,五岳的宗主是泰岱。岱是泰山的名字,也叫岱山,因为位于山东泰安州,所以这里称为泰岱,简称泰山。

历代的帝王在政权更替、新君登基的时候,都首先要来泰山举行祭拜天地的封禅大典,举行封禅大典的地方就在泰山、云山和亭山。

祭天的仪式叫做"封",封都在泰山举行;祭地的仪式叫做"禅",禅在泰山脚下的云山和亭山举行,所以说"禅主云亭"。

★ 雁门紫塞,鸡田赤城

名关有北疆雁门,要塞有万里长城,驿站有边地鸡田,奇山有天台赤城。

这两句描述了祖国的大好河山,名关要塞。

《吕氏春秋》有言:"天下九塞,雁门为首",首屈一指的雄伟关隘是北疆的雁门关。雁门山位于山西代县北境,属北岳恒山山脉。长城西起嘉峪关,东至渤海全长一万二千华里。在西北一段尤为壮观,因西北植被少,地域辽阔,一望无际。其地表又多红土,车马过后腾起的烟尘,在阳光的照耀下红尘滚滚。尘埃中若隐若现的关塞如梦幻一般,故称为"紫塞"。

鸡田是古代西北塞外的地名,那里有中国最著名也最偏僻的古驿站。赤城是山名,是著名的浙江天台山奇峰之一。赤城山高340余米,在近郊四面青山中独树一帜,历来被看做天台山的南门和标志。天台又是佛教圣地,著名的智者大师就是天台宗的祖师。

★ 昆池碣石,巨野洞庭

赏池赴昆明滇池,观海临河北碣石,看泽去山东巨野,望湖上湖南洞庭。

这两句承接上文继续介绍山河美景。

"昆池"就是云南昆明的滇池,位于云南省昆明市的西南,是我国第六大淡水湖。"碣石"是河北的碣石山,位于昌黎县城北,距避暑胜地北戴河约30公里,自古就是观海胜地。

巨野在山东的巨野县,是著名的水泽,其中水草丛生,鱼虫很多。山东是古代的齐鲁之地,古时有很多这样的水泽、港汊、沼泽之地,像梁山水泊、巨野水泽都在山东。洞庭是洞庭湖,中国第二大淡水湖,跨湘鄂两省,面积为2820平方公里,号称八百里洞庭。

★旷远绵邈,岩岫杳冥

江河源远流长,湖海宽广无边。名山奇谷幽深秀丽,气象万千。

这两句对上述描述的美景做了一个总结,我们祖国的疆域辽阔,连绵遥远,山高峻而谷幽深,景致千奇百怪,变化莫测,同时也暗含着赞美中国的历史悠久,人文荟萃,诸子百家,蔚为大观。

旷远是幅员辽阔,没有边际。绵邈是连绵遥远的样子。岩是岩石,代表高山,岫是岩洞、山穴,代表山谷。杳冥是昏暗幽深,不可知不可测,神秘又令人向往。

★治本于农,务兹稼穑

治国的根本在发展农业,要努力做好播种收获这些农活。

中国自古就是以农业立国,治国的根本在于发展农业。

"务兹稼穑"的务是从事、致力于的意思,兹是代词,代替此,一定要从事于此。此是什么呢?就是后面说的两个字"稼穑"。稼这个字的本义是禾苗的穗和果实,《诗经·豳风·七月》里面有"十月纳禾稼"的话。穑的本义是收割庄稼,后世把春耕叫稼,秋收叫穑。稼穑两个字就代表了整个农业,泛指"春生夏长,秋收冬藏"整个农业生产过程。

★俶载南亩,我艺黍稷

一年的农活该开始干起来了,我种上小米,又种上高粱。

这两句讲述农业种植规律,"俶载南亩"就是说要在向阳的土地上开始从事农作了,开始种地了。开始从事某种工作叫俶载。南是向阳的方向,亩是土地。南亩是指向阳的耕地,《诗经·豳风·七月》里面有"七月流火,九月授衣。同我妇子,馌彼南亩"的诗句。

周朝的农业,全国耕地的管理采取"井田制",大约100亩耕地为一井,平分为九块,形如井字,为八户人家所有。井字中间的一块为公田,属诸侯所有;其余的八块为私田,每户各一块。

我指的是我自己,艺是种植的意思。我们常说的园艺一词,其中的艺不是说园林艺术,而是种植、栽培的意思。黍稷是古人最主要的两种粮食作物,黄米(黏米)叫黍,谷子(小米)叫稷。

★税熟贡新,劝赏黜陟

收获季节,用刚熟的新谷交纳税粮,官府应按农户的贡献大小给予奖励或处罚。

收割庄稼,向官府交纳新粮抵税就是"税熟贡新"。税和贡两个字又不一样,由下位献上叫做贡,由上位向下面收叫税。

"劝赏"是对农户的奖惩制度,"黜陟"是对政府官员的撤职、升迁制度。"劝赏黜陟"是指客观地按照务农的成果和纳税的情况,对农户予以奖励或惩罚,对有关的官吏也要据此予以职务的升迁。

★孟轲敦素,史鱼秉直

孟轲夫子崇尚纯洁,史官子鱼秉性刚直。

孟子名轲,山东省邹县人,儒家思想由他而发扬光大,被尊奉为"亚圣"。

敦是推崇、崇尚,没有染过色的丝是生丝,叫素。前面讲过"墨悲丝染",白色的生丝就是素,无字的石碑叫素碑,引申义就是质朴、纯真、不加装饰的意思。"孟轲敦素"是说,孟子崇尚质朴的本色。

史鱼是与孔子同时代的人,卫国的大夫,也是著名的史官。史鱼为人正直,看不得朝中的丑恶现象,这也正和他史官的职位相称。禀字的本义是赋予、给予,引申义才是秉受、天生的意思,所以"史鱼禀直"是说,史鱼有坚持正直的品德。

★庶几中庸,劳谦谨敕

做人要尽可能合乎中庸的标准,勤奋、谦逊、谨慎,懂得规劝告诫自己。

这两句讲述做人的准则,要合乎中庸之道,勤、谦、慎,自我规勉。

庶几是差不多、大概的意思。庸的意思是庸常,普普通通、平平淡淡。"庶几中庸"，这就差不多中庸了，近乎中庸之道的标准。为什么说差不多呢？因为只有敦素、秉直还不够中庸的标准，还有四点要做到。

那就是"劳谦谨敕"。劳是勤劳、勤勉，谦是谦虚、谦逊，谨是严谨、小心，敕是检点、不随便。如果我们能保持本性的质朴，保持内心的方正，再能够勤勉、谦逊、谨慎、检点，这才是合格的中庸标准。

★聆音察理，鉴貌辨色

听别人说话，要仔细审察是否合理；看别人面孔，要小心分辨他的脸色。

这两句话告诉人们谈话的技巧和看人脸色的玄奥。

聆是聆听，但聆和听不一样。聆是仔细听，十分专心地听，而听只是一个泛泛的听的动作。听别人讲话要仔细地听，就是聆音。察是审察、考察，理是话里面的道理，话里面深一层的含义。

鉴的本义是铜镜子，有观察、鉴别的意思在里面。貌是一个人的容貌和外表，包括了言谈举止、动作表情。"鉴貌辨色"是说，通过观察人的容貌来辨别他内心的活动。

★贻厥嘉猷，勉其祗植

要给人家留下正确高明的忠告或建议，勉励别人谨慎小心地处世立身。

这两句话告诫人们给子孙后代留下万贯家财不如留给子孙家语忠告，勉励他们要谨慎小心地立身处世。

"贻厥嘉猷"就是将其美好的谋略遗留下来，指的是祖先要把自己的经验、忠告遗留给子孙后代。

"勉"是勉励的意思。"其"是代词，指代子孙后辈。"勉其"是勉励子孙后代的意思。"祗"意为恭敬，"植"意为树立。那么要树立什么呢？就是要树立家风，子孙要立身、立命。"勉其祗植"是勉励子孙后代要谨慎小心地立身处世的意思。

★省躬讥诫，宠增抗极

听到别人的讥讽告诫，要反省自身；备受恩宠不要得意忘形，对抗权尊。

这两句话是告诉人们要经常反省自己的言行，不要讥笑别人，防止自己的宠幸和荣耀达到极限而招致灾祸。

省是反省，躬是自己的身体，引申义为自己、自身，反躬自身。讥是讥讽、嘲笑，诫是告诫、劝慰。抗是通假字，通"亢"，极是极限的意思。

即使别人对自己冷嘲热讽或者严厉批评，既不要生气动怒，也不要急于辩解，应该心平气和地进行自我反省，有则改之，无则加勉，就是"省躬讥诫"的意思。

★殆辱近耻，林皋幸即

知道有危险耻辱的事快要发生，还不如归隐山林为好。

人生不如意事常八九，荣辱是人生必修之课。荣辱不离，有荣就有辱，所谓荣辱与共。不愿有辱的结局就不要拼命追求荣，荣来了，辱也就同时到了。

荣宠增加到了极点，物极必反，宠就变成辱了，所以说殆辱近耻。殆是时间副词，表示将要、迫近的意思。林是山林，皋是水边之地。庄子说过："山林欤！皋址欤！使我欣欣然而乐欤！""林皋幸即"是说赶快退隐山林，辞官别做了。时运不济，环境不允，既然如此不如退隐，远离尘世。

★两疏见机，解组谁逼

疏广、疏受预见到危患的苗头就告老还乡，哪里有谁逼他们除下官印？

两疏是指汉朝的疏广、疏受叔侄两人。汉宣帝时，此二人曾为太子太傅与太子少傅，位高名显。但是二人怕树大招风，为官五年就主动告老还乡，荣归故里，人人称赞其高风亮节。机是机兆、先兆，是事机萌动，但还尚未发出之时的微小状态，《易经》里就有"几者动之微，君子见机而作"的话。

解是解除，组是组绶的简称。组绶是一种丝质有刺绣的缎带，窄的叫组，宽的叫绶。解组是将组绶解下来，表示辞官不干了。"谁逼"是有谁逼你了吗？这是一个反问句,当然是没有,是自己辞官不做的。

★索居闲处,沉默寂寥

离群独居,悠闲度日,整天不用多费唇舌,清静无为岂不是好事。

这两句话讲的是一种离群独居、悠闲度日、不谈是非的清静生活。

索居是一个人独处,索是萧索、冷冷清清,闲处是无所事事、清静悠闲。沉默是沉静、不多讲话,寂寥是心中空空洞洞、没有杂念,这是"享清福"。

世间的洪福好享,清福却不好享。整天高朋满座,胜友如云,车水马龙,儿孙绕膝,忙不完的事,待不完的客,这是洪福。

正如前面所述,"性静情逸,心动神疲,守真志满,逐物意移",内心追逐外物习惯了,又没有修心的训练,内心守不住,没有定力。淡泊明志,宁静致远。能耐得住寂寞的人才能成大事,能够享受孤独的人才能建大功。

★求古寻论,散虑逍遥

想想古人的话,翻翻古人的书,消除往日的忧虑,乐得逍遥舒服。

这两句话是说,遇到烦闷之事读书向古人学习,排忧解闷。

"求古"是探求古人古事,"寻论"是读点至理名言,而"求古寻论"的结果就是"散虑逍遥",排除杂念,自在逍遥。散是驱散、放逐的意思,虑是心中的忧虑、杂念。逍遥是自由自在、无拘无束、优游自得的样子。庄子一生逍遥自在,著《逍遥游》,正所谓逍遥于六合之外,游戏乎太虚之间。"六合"是指上下左右前后六大方位,借指茫茫宇宙。所以真正的逍遥自在是到宇宙之外去巡游,到形而上的太虚去做神仙。

★欣奏累遣,戚谢欢招

轻松的事凑到一起,费力的事丢在一边,消除不尽的烦恼,得来无限的快乐。

这两句是告诉人们怎么快乐,那就是抛掉烦恼,积攒轻松欢乐。

喜悦一增添,牵挂就排除了;烦恼一丢开,欢乐就到来了。给我们感觉形容得很贴切,刻画得很真实,不是吗?闲来无事,再到庭院和郊野中走一走,会看到什么样的景致呢?

★渠荷的砺,园莽抽条

池里的荷花开得光润鲜艳,园中的草木抽出条条嫩枝。

这两句是描述春夏的美景。春天是"园莽抽条",夏天是"渠荷的砺"。

"渠荷的砺",渠水所居也,水停之处为渠,此处指水塘。的砺是花开得光彩灿烂的样子。三月的桃花,六月的荷花,池塘中六月的荷花开得那么鲜艳,光彩照人。

"园"是园林、园圃;"莽"是草木茂盛、莽莽苍苍的样子;"抽条"是草木的拔枝、长出新枝嫩芽。"园莽抽条"是说园林里的草木抽出了新的枝条,俨然一幅春天的美景图。

★枇杷晚翠,梧桐蚤凋

枇杷到了岁晚还是苍翠欲滴,梧桐刚刚入秋就凋谢了。

这两句承接上文描述秋冬的美景。秋天是"梧桐蚤凋",冬天是"枇杷晚翠"。

枇杷是枇杷树,植物学上属蔷薇科常绿的小乔木。枇杷树的叶子一年四季都是绿油油的,不会凋谢,所以说"枇杷晚翠"。到了冬天晚景了,枇杷叶子还是那么青绿,还是苍翠欲滴。

"梧桐蚤凋",梧桐树是应秋的树,对应着立秋的节气。立秋一到,梧桐树的叶子准有一片先落地。成语中"落叶知秋"就是指梧桐树。"蚤"是通假字,是早晚的早之意。立秋是在阴历的八月,天气还很热,俗话说:晚立秋,热死牛。立秋后面还有一个节气叫处暑。夏天还没过完,梧桐树就落叶了,所以说它早凋。

★陈根委翳,落叶飘摇

陈根老树枯倒伏,落叶在秋风里四处飘荡。

这两句展示了一幅破败的景象:老树根蜿蜒曲折,落叶在秋风里飘摇。

陈根是老树陈根,委是枯萎、衰败,翳是荒芜、暗昧,枝叶遮盖的意思。总句意思是陈根老树枯萎倒伏,落下的树叶在空中随风飘荡。

心随景动,看到这种衰败、凋零的景色,人的心情就会变得很忧郁,不免会有感而发,触景伤情。纵观古今,很多传世佳作都是这样做出来的。

★游鹍独运,凌摩绛霄

寒秋之中,鲲鹏独自高飞,直冲布满彩霞的云霄。

这两句描述的是鹍鸟在空中独自翱翔,一个高飞,冲到紫红色的云上面去了。

独运、绛霄四个字用得准确、贴切,且合典。鹍和鹤都喜欢独居,性情孤傲,没有一群鹤在一块儿的。鹍可以飞得很高,所以这里说游鹍独运,同时也对应前文的"索居闲处,沉默寂寥",衬托出君子和而不同,群而不党,出淤泥而不染的操守。

凌是向上升高,摩是迫近、接近,如摩天大楼。绛是紫红色,绛霄是紫红色的云气,又叫紫霄。"凌摩绛霄"的意思就是高飞接天,直冲九霄。

★耽读玩市,寓目囊箱

汉代王充在街市上沉迷留恋于读书,眼睛注视的都是书袋和书箱。

耽是沉浸、入迷的意思,一旦沉迷于某事,别人呼唤也听不见,以致耽搁重要事情,所以耽是耳字旁。寓是寄托,玩市是热闹的集市、游玩的场所,相当于现代的购物中心。

"耽读玩市"是在嘈杂的市场里还能潜心读书,对外面的一切境界充耳不闻,这个典故说的是东汉学者王充。王充字仲任,会稽上虞(今浙江上虞)人,是东汉著名的唯物论思想家。早年曾在太学受业,拜班彪为师,博通百家言。

"寓目囊箱"的意思是说,在王充眼里只有书囊和书箱,除此而外,视而不见,充耳不闻。

★易輶攸畏,属耳垣墙

说话最怕旁若无人,毫无禁忌;要留心隔着墙壁有人在贴耳偷听。

这两句告诉人们说话做事要小心谨慎,防止隔墙有耳,被人偷听。历史上就有很多败于小人窃听的大事。易是轻易、疏忽的意思。辒是指古代的一种车子,这种车子轻便,小巧,引申为轻忽、轻率。对一些小事很容易轻视、疏忽叫"易辒"。"攸畏"是所畏,有所畏惧。不要轻视小事,不要疏忽很容易的事情,人往往是在阴沟里翻船,一定要重视,这就是"易辒攸畏"。

讲话时要小心,不能旁若无人。为什么呢? 因为"属耳垣墙"。属的本义是连接,有关联。耳是耳朵,垣是用土坯垒的矮墙,耳朵与墙是连着的。这是说隔墙有耳,讲话要小心,要有所畏惧,不要旁若无人。

★ 具膳餐饭,适口充肠

安排一日三餐的膳食,要适合各位的口味,能让大家吃饱。

这两句讲述普通的家居生活,告诉人们饮食的原则——合理搭配,可口适宜。

具是动词,有准备、料理的意思。餐在古汉语中也是动词,有吞食的意思,如餐风饮露。膳、饭是同一类概念,是不同的饮食种类,含义不一样。膳字带个肉月旁,肉食为膳;五谷煮的素食叫饭。

"具膳餐饭"说的是荤素饮食的准备,要注意两个原则:一个是适口,一个是充肠。适口是可口、咸淡适宜的意思,充肠是吃饱的意思。适口就是要因人而异,因地制宜,没有统一的标准。

★ 饱饫烹宰,饥厌糟糠

饱的时候,即使是大鱼大肉也感到厌烦;饿的时候,对粗菜淡饭也很满足。

这两句说饮食中,饥饱影响食欲。

饫是因为吃饱了而厌倦,不想再吃了叫饫。烹是水煮,宰是宰杀。烹宰是肉食的准备。"饱饫烹宰"是说,吃饱了以后,再好的东西来了也不想吃了。

厌是满足的意思,如《论语》中孔子的话:"学而不厌,诲人不倦,何有于我哉?"糟是酒渣,古代没有提纯技术,酒不过滤,这样的酒也称为糟。现在在吃醪糟酒在南方各地还很流行,在淮阳有糟鱼、糟鸡等名菜。糠是谷子的外壳,用作饲料。"饥厌糟糠"是说,没吃的时候,有糟糠也就满足了。

★ 亲戚故旧，老少异粮

亲属、朋友会面要盛情款待，老人、小孩的食物应和自己不同。

这两句是讲述待客之道，亲戚朋友会面要尽量盛情款待，老人和孩子的食物应注意有所不同。老人牙口不好，消化功能弱，要吃软的、暖的；小孩子身体正值发育，牙齿好，胃火大，爱吃凉的、硬的、黏的。

亲戚两个字含义不同，只是现代汉语重叠使用罢了。"亲戚"按父亲一支，父属同姓为亲，母亲一支、妻子一支，母属、妻属不同姓为戚，内亲外戚，在血缘关系上不一样。故旧是指老朋友，相识多年。另外故旧也是指我们的传统，做人固不可以喜新厌旧，不尊重自己的传统也是不应该的。

★ 妾御绩纺，侍巾帷房

小妾婢女要管理好家务，尽心恭敬地服侍好主人。

古代不是一夫一妻制，古人有妻有妾，但是妻子只有一个，妾可以有几个。而且妻妾地位不同，妻子管理家务，妾负责缉麻纺线、织布做鞋一类的女红。妾的工作是"侍巾帷房"，就是要服侍好主人的起居穿戴。御是治理、管理的意思，古代上对下的治理叫御。绩是缉麻，就是把麻纤维披开来搓成线，纺是将丝纤维制成纱或线。

侍是服侍，巾是拢发包头的布。先秦时代，男子 18 岁至 20 岁行冠礼，戴帽子，表示成人。秦汉以后，有官职、有禄位的人才可以戴冠，没有功名的白丁只能戴头巾。这里的巾，泛指衣冠。帷房是寝房内室，古代房中有帷幕，床上有幔帐。既可以隔音，又可以保护隐私。布幔在两旁的叫帷，在上的叫幕。

★ 纨扇圆洁，银烛炜煌

绢制的团扇像满月一样又白又圆，银色的烛台上烛火辉煌。

纨扇是古代白色圆形的绢扇，可以在上面题字、作画。白色生丝织成帛叫做绢，齐地（齐国）出产的绢最有名，叫做纨。古语有称"纨绔子弟"的话，就是说穿着用绢做的裤子,泛指富家子弟衣着华美。

上古时代没有蜡,所谓的"烛"是照明用的火炬、火把,不是蜡烛。唐朝以后才有了由动物、植物或矿物油质制作的蜡烛,如有石蜡、蜂蜡、蜜蜡等。素蜡就是白色的蜡烛,形容人的脸色不好称为"蜡白"。"银烛"就是银白色的蜡烛,炜煌是火光炫耀的样子。

★ 昼眠夕寐,蓝笋象床

白日小憩,晚上就寝,有青篾编成的竹席和象牙雕屏的床榻。

"昼眠夕寐"是说在白天午休片刻,晚上就寝入睡。眠者寐也,二者都是熟睡的意思。

"蓝笋象床"说的是卧具,有青篾编成的竹席和象牙装饰的床榻。蓝是古代用于染青之草,从中可以提取出青颜色,荀子在《劝学篇》说过"青取之于兰而青于兰"的话。笋是嫩竹子,用嫩竹篾编的席子既柔软又凉爽,再用蓝草染成青色,是很贵重的。《书经·顾命》里就有"敷重笋席"的话。象床指的是用象牙装饰的床,床架用硬木雕花镂空,中间镶有象牙和贝壳等装饰品。

★ 弦歌酒宴,接杯举觞

奏着乐,唱着歌,摆酒开宴;接过酒杯,开怀畅饮。

这两句描述宴会中觥筹交错的场景:乐声响起,歌声回荡,舞姿曼妙,人们高举酒杯,开怀畅饮。

"弦歌"是"鼓弦而歌"的简称,"弦"字的古写应该是"纟"旁,"弓"字旁的弦是弓弦,与丝竹之声的丝弦乐是完全不同的。此处的"弦歌"是引用《论语》里孔子的话。《论语·阳货篇》里有:"子之武城,闻弦歌之声。夫子莞尔而笑曰:割鸡焉用牛刀?"

古代的酒具分盛酒器和饮酒器,尊觚壶是盛酒器,杯觞爵则是饮酒的器具。战国以后,木质酒杯出现,椭圆形两侧有耳,又称耳杯、羽觞。觞是兽角雕刻的,爵则是古代饮酒具的通称,作为专用名称的爵是三条腿的青铜器,下面可以点火,用来温酒、热酒。

★矫手顿足，悦豫且康

情不自禁地手舞足蹈，真是又快乐又安康。

这两句话承接上文描述宴席上，酒过三巡，人们兴致浓厚，手舞足蹈的快乐场景。

矫是高举的样子，举手、抬头都可以用。陶渊明在《归去来兮辞》里有"策扶老以流憩，时矫首而遐观。云无心以出岫，鸟倦飞而知还"的诗句。顿足是随着音乐的节拍跺脚。悦是喜悦，豫是心里面舒适、安乐，康是身心康泰、康乐。

"矫手顿足"可以看出人们身体矫健，全无疲惫之意。"悦豫且康"形容心悦、身心二者都快乐康泰，才是"悦豫且康"。

★嫡后嗣续，祭祀烝尝

子孙继承了祖先的基业，一年四季的祭祀大礼不能疏忘。

妻妾有别，身份地位相差悬殊。妻所生之子为嫡子，妾所生之子为庶子，庶是众多的意思。先秦礼制，嫡子只有一人，是妻所生的长子，嫡子有继位之权。后是能够承祖之宗的后代，宗的本义为宗庙、祖庙，后世多指血缘关系。嗣是子嗣，也就是后代子孙的意思，其本义是诸侯传位给嫡长子叫嗣。续是继承、接续的意思。

祭祀是以食物祭奠天、地、祖先的一种大礼。烝尝是礿禘尝烝，四时之祭祀的简称。《礼记·王制》规定："天子诸侯宗庙之祭，春曰礿，夏曰禘，秋曰尝，冬曰烝。"这是夏商两朝的祭祀，在一年中有春分、夏至、秋分、冬至四个正时的祭祀。周朝与商朝有所不同，"春曰祠，夏曰礿"。这里仅用"烝尝"两个字，代指四时祭祀。

★稽颡再拜，悚惧恐惶

跪着磕头，拜了又拜；礼仪要周全恭敬，心情要悲痛虔诚。

这两句是说行礼要周全，充分表达内心的虔诚。稽颡是屈膝下跪，叩头时额头触地的一种跪拜礼。稽是停留、到达的意思，颡是额头，额头触地停留一会儿叫稽颡。拜在古代是两手合于胸前，头低到手的一种礼节，后世发展为两手着地的大礼。

　　"稽颡再拜"一句出自《礼记·射义》，其中有"再拜稽首"。再是第二次，"一而再，再而三"中的"再"就是这个意思。行跪拜礼，拜了又拜，叫做"稽颡再拜"。

　　"悚惧恐惶"描述敬畏、畏惧、战战兢兢的心理，是一个人诚敬到极点时的心理反应。

★笺牒简要，顾答审详

　　给别人写信要简明扼要，回答别人问题要详细周全。

　　笺牒代指书信，笺是信纸的意思，如便笺、手笺等。牒是古代书写用的木片或竹简，小的叫牒，大的叫册；薄者曰牒，厚者曰牍。笺牒则代表了书信。"笺牒简要"是说，写给他人的书信要简明扼要，不要啰唆。顾是回顾，答是复答。"顾答审详"的意思是回答别人问题要详细周全。

　　从清朝皇宫的藏书室里面保留的清官档案我们可以看到，无论是康熙、雍正还是乾隆，批复大臣的奏章，朱砂御笔的批字是原奏章字数的数倍，尤其是雍正小奏章都要批上数百字，真是苦口婆心，反复叮嘱。

★骸垢想浴，执热愿凉

　　身上有了污垢，就想洗澡，好比手上拿着烫的东西就希望有风把它吹凉。

　　这两句讲述了向善避恶、自我调剂、周而复始的人生道理，和山石自然风化的道理一样。古人辞官不做，称"乞骸骨"，意思是请皇帝将这把老骨头赐还给我吧。这里的骸是"四肢百骸"的缩略语，代指人的整个身体。

　　"执热愿凉"的意思是说，有热东西捧在手里，人们就希望快点有风把它吹凉。现实生活中，我们也是如此，端杯热茶不停地吹气，希望它快点凉。这都是人之常情，是人的共同心理。

★驴骡犊特，骇跃超骧

　　家里有了灾祸，连牲畜都会受惊，狂蹦乱跳，东奔西跑。

小牛叫做犊,大牛叫做特,"驴骡犊特"泛指家中的大小牲畜。骇是惊骇,受到惊吓;跃是跳起来了;超是一个跳到另一个前面去;骧是腾跃不已。

这句话的意思是要我们居家谨慎小心,要注意安全。现在的家庭电器种类繁多,像高压锅、电饭煲、电热器……如果使用不当,轻则电器报废,重则会伤及人身,毁坏家居。所以选购家用电器要谨慎,使用更要按照说明,防患于未然。

★诛斩贼盗,捕获叛亡

对抢劫、偷窃、反叛、逃亡的人要严厉惩罚,该抓的抓,该杀的杀。

这两句话就是说要执法严明,严厉惩罚盗贼,要追捕叛乱分子和亡命之徒。

秦汉以前,贼指叛国作乱、危害人民的人,如乱臣贼子,故有讨贼一称。窃货曰盗,偷人家东西的叫盗。盗字的甲骨文字形是:看着别人的器皿流口水,存心不善。秦汉前,把偷窃者叫盗,抢劫财物的叫贼。

"偷"字在古文里的意思是苟且、没皮没脸。成语"苟且偷生"不是说偷偷摸摸地活着,而是该死没死,将就着过活的意思。另外偷也指做人不厚道,待人刻薄,如《论语·泰伯》一篇就有"故旧不遗,则民不偷"一句。

★布射僚丸,嵇琴阮啸

吕布擅长射箭,宜僚有玩弹丸的绝活,嵇康善于弹琴,阮籍能撮口长啸。

这两句话及其后两句总共介绍了古代的八个人,他们的技艺或解人纠纷,或方便百姓、造福社会,成为人们学习和效法的榜样。

"布射"讲的是三国时吕布的故事。吕布射中戟上的月牙支,帮刘备解了被困之围。"僚丸"是宜僚抛丸的故事。熊宜僚是楚国人,会一手抛球的绝活儿,八个球在空中,一个球在手里,一次就抛九个。"嵇琴"是嵇康抚琴的故事。嵇康是西晋时的名士,竹林七贤之一,善弹琴赋诗,曾在临死前奏《广陵散》。"阮啸"是阮籍长啸的故事。阮籍也是竹林七贤之一,"阮籍猖狂",他常与刘伶等人借酒抒情,发泄对司马昭的不满。阮籍曾拜师学习"啸法",在林中长啸,以抒发心中郁闷。

★恬笔伦纸，钧巧任钓

蒙恬造出毛笔，蔡伦发明造纸，马钧巧制水车，任公子垂钓大鱼。

这两句承接上面继续介绍仁人志士。

"恬笔"讲的是蒙恬造笔的故事。蒙恬是秦始皇的大将军，曾领兵驻边，督造修筑万里长城。蒙恬常年在塞北抗击凶奴，经常打猎捕狼，他发现狼毫既柔软又挺直，适宜用来造笔，于是发明了狼毫毛笔。"伦纸"是说蔡伦造纸。

"钧巧"是名巧马钧的故事。马钧善于发明创造，发明了很多东西，造福人民。"任钓"是任公子钓鱼的故事。相传任公子钓到一条硕大无比的鱼，让很多人饱餐了一顿。

蒙恬

★释纷利俗，并皆佳妙

他们的技艺有的解人纠纷，有的方便群众，都高明巧妙，为人称道。

这两句话对上面介绍的八个人作了一个总结，"释纷"是解人纠纷，"利俗"是便利俗民，二者合起来的意思，就是说他们的技艺或解人纠纷，或利益百姓，造福社会，都是高明巧妙，为人们所称道。

说到世间的技艺和人类的发明创造，其目的在于解人纠纷，方便百姓，仅此而已。技术技巧、发明创造，在上古时代既不提倡，也不禁止。因为当权者认为人不用教还在机谋巧算，动鬼点子，一旦正面加以提倡，人心会越来越诡诈，技术花样越来越多，于国于民都不利。

★毛施淑姿，工颦妍笑

毛嫱、西施年轻美貌，哪怕皱着眉头，也像美美的笑。

国学经典文库

国学大智慧

·《千字文》智慧通解·

图文珍藏版

这两句介绍了我国古代两位美女:毛嫱、西施。她们两人都是春秋时期越国的美女。

管子曾在《管子》一书中赞美两人的美貌,说:"毛嫱西施,天下之美人也。"庄子也赞叹:"毛嫱丽姬,人之所美也,鱼见之深入,鸟见之高飞。"

淑是美、善的意思。姿是仪态、姿容。淑姿是姿容娇美,从音容笑貌,到体态形质无一不美。工是善于干某事,颦是皱眉头,妍是美丽,笑是笑靥。相传,西施被越王勾践献给吴王夫差,从此夫差不理朝政,吴国国力日益衰微,终于被越国打败。西施与范蠡一起泛舟西子湖,双双归隐。

西施

★ 年矢每催,曦晖朗曜

可惜青春易逝,岁月匆匆催人渐老,只有太阳的光辉永远朗照。

这两句告诉人们要把握青春,珍惜光阴。

"年矢每催"是说,岁月流逝,催人向老。矢是漏矢,古代的计时工具用孔壶滴漏,现在故宫的后三宫里还陈设有此孔壶。

《汉书》记载:"孔壶为漏,浮箭为刻",可见这里的矢为浮箭是没错的。浮箭上有时间刻度,水滴一落,刻箭就上浮,所以叫做"每催",频频催促,非常形象。

"曦晖朗曜"是说,太阳的光辉永远照耀大地。曦、晖皆为日光,曦为晨光,早晨的阳光叫晨曦,晖是阳光外面的那层晕晕的光圈,朗是明朗,曜是照耀。

★ 璇玑悬斡,晦魄环照

高悬的北斗随着四季变换转动,明晦的月光洒遍人间每个角落。

"璇玑悬斡"是说,北斗七星,高悬夜空,斗柄转动。璇玑是北斗七星中的两颗星,北斗星是现代天文学所称的大熊星座,其中的第二颗为天璇星,第三颗为天玑星,此处用璇玑来代表北斗七星。悬是悬挂、悬吊起来的意思。斡是旋转、斡旋。

上句中"曦辉朗曜"说的是太阳的光芒，"晦魄环照"再以月亮的光辉与以相对应，构成对仗的修辞格。阴历每个月的最后一天叫做晦，每个月的第一天叫朔。阴历月初之月叫魄，即新月。环照就表示月亮由朔、望、晦完成一个回环，周而复始，没有穷尽。明亮的月光永远遍洒人间四海，所以才激起人类无限的遐想。

★指薪修祜，永绥吉劭

行善积德才能像薪尽火传那样精神长存，子孙安康全靠你留下吉祥的忠告。

"指薪修祜"一句引用《庄子·养生主》中的典故："指穷于为薪，火传也，不知其尽也。""指"通"脂"，油脂燃烧的时间，比柴草要长得多，所以古代点油灯多用膏，也就是动物脂肪。《楚辞·招魂》上说："兰膏明烛"，兰膏是加了兰香炼的膏，燃烧起来有香味。庄子说：烛薪的燃烧是有穷尽的，火却可以一直传下去没有穷尽，譬喻人的肉体会死亡而人类的生命现象是延续无穷的。祜是福德、福禄，修祜就是修福、积德。"指薪修祜"的真正含义是，人的一生只有修福积德，才能像薪尽火传那样精神永存。

"永绥吉劭"是对后世而言的，绥是安定、和平的意思；劭和吉表达同一含义，意为高尚、美好。如果自己能够利用有生之年，修德积福，子孙万代都会围绕在你这棵大树下，这就是"永绥吉劭"。

★矩步引领，俯仰廊庙

如此心地坦然，方可以昂头迈步，应付朝廷委以的重任。

矩步是迈着方步，引领是伸着脖子。矩者方也，引者领也。古汉语的"矩步引领"就是现代汉语的"昂首阔步"，代表了一个人心胸坦荡无欺，行为正大光明。可以想见，一个内心"常戚戚"的人，一个心中总是"若有所遗"的人，他走起路来如何能昂首阔步呢？

俯仰是一低头、一抬头。廊庙是指朝廷、国家而说的，有一句古话叫"廊庙无才天下求"，就是这个意思。廊在古代指厅堂周围的屋子或有顶的通道。庙是祭祀祖先的宗祠，不是和尚住的地方。

"俯仰廊庙"是说,一举一动都要谨慎规矩,就像在朝廷上临朝,在祖庙中参加祭祀大典一样,庄严肃穆,恭谨敬畏,不敢有分毫的轻忽之举。

★ 束带矜庄,徘徊瞻眺

如此无愧人生,尽可以整束衣冠,庄重从容地高瞻远望。

这句话告诉人们内心坦坦荡荡,尽可以大方做人,从容不迫,正所谓"身正不怕影子斜"。

"束带矜庄"是衣冠严整,举止从容的意思。衣冠文物历来是中国文明史上重要的一部分,古今中外穿衣服都讲究内外有别,居家的服饰要宽松、舒适,现在讲要休闲。对外的服饰要严整,符合身份。

衣冠严整是对他人的尊重,举止从容是对自己的尊重。矜是端庄、凝重,如《论语》中所言:"君子矜而不争。"庄是表情严肃、容貌端正。因此"束带矜庄"是衣冠严整,举止从容,表情严肃,容貌端正的意思。

徘徊是来回走动,小心谨慎的样子。瞻是仰视的意思,有成语"高瞻远瞩";眺是远望,即是远瞩。一个人没有豁达的胸怀,不能高瞻远瞩,就不可能担当重任。

★ 孤陋寡闻,愚蒙等诮

这些道理孤陋寡闻就不会明白,只能和愚昧无知的人一样空活一世,让人耻笑。

这是周兴嗣编撰千字文的自谦之词。南朝梁武帝命散骑侍郎、给事中周兴嗣编撰千字文,周兴嗣殚精竭虑,用了一夜时间将其编完,累得须发皆白。

在这两句里他说:"我自己学识浅薄,见闻不广,愚笨糊涂,难复圣命,只有等待圣上的责问和耻笑了。""孤陋寡闻"是学识浅薄、见闻有限。愚是愚昧无知、头脑笨拙的意思,蒙的本义是草木暗昧,此处引申为昏聩、糊涂的意思。等是等候、等待,诮是责备、讥讽、嘲笑。

★谓语助者，焉哉乎也

说到古书中的语气助词，那就是"焉""哉""乎""也"了。
编完《千字文》乌发皆白，最后剩下"焉、哉、乎、也"这几个语气助词。

第四篇 《弟子规》智慧通解

导读

　　《弟子规》是清代康熙时李毓秀所作。李毓秀，字子潜，秀才出身。因编此书，死后被尊为绛洲先贤，入祀先贤嗣。本书原名《训蒙文》，后经贾有仁修订，改名为《弟子规》。

　　《弟子规》分为五部分，以《论语·学而》中的"弟子入则孝，出则悌，谨而信，泛爱众而亲仁。行有余力，则以学文"为每部分的标题，全书仅1086字，以三字韵语的形式，教导儿童如何待人处世，核心思想是孝悌仁爱。

　　《弟子规》内容浅显，且押韵顺口，问世后即广为传布，成为旧时私塾童蒙读物中的必读之书，在中国社会具有广泛影响。

★总　序

弟子规　圣人训　首孝悌　次谨信　泛爱众　而亲仁　有余力　则学文

《弟子规》这本书是培养孩童们生活和道德规范的书，内容大都是根据儒家至圣屯师孔子的教诲编成的。以日常生活来说，首先应做到孝敬父母，尊爱兄弟姐妹；其次，在日常的为人处世中一切言行要谨慎诚实，要恪守信用。对待亲朋和普通百姓，要有平等博爱和宽厚仁慈之心。人生在做好了上述两点之后，还应努力学习诗、书、礼、乐等文史经典、农工技巧以及其他有益的学问。

父母呼　应勿缓　父母命　行勿懒　父母教　须敬听　父母责　须顺承

当父母在家中呼唤时，作为小辈应该听到后立刻回应，切不可慢慢吞吞、无动于衷；父母要求和安排我们做的事，应立即去做，不要偷懒耍滑、借故拖延。当父母教导我们做人的原则和生活经验时，我们须恭敬倾听并加以牢记。父母训斥和责备我们的错误和过失，我们应当顺从和应承，并能勇于承认加以改正。

冬则温　夏则清　晨则省　昏则定　出必告　反必面　居有常　业无变

作为子女，应有关心体贴父辈之心。冬天应留意父母的穿着、被褥、居室等是否温暖，夏天应考虑到怎样使父母感到舒适凉爽。清晨起床，应当去拜望父母，向其请安，并听取有否事情安排。傍晚回家，也应记着向父母问安，并汇报自己一天的情况。需有事外出，应告诉父母，回家后，也应面见父母，让他们知道自己已平安到家。家庭的日常生活有相对固定的规律和程序，应养成良好的习惯，不能随意改变。

事虽小　勿擅为　苟擅为　子道亏　物虽小　勿私藏　苟私藏　亲心伤

即使遇到很小的事情，也要养成请教父母的习惯，不要轻易擅自做主。假如遇事莽撞、任意而为，就有损于为人子女的本分。即使有的财物虽然很小，但也没有必要背着父母私藏起来，如若被父母所知，他们一定会伤心难过。

亲所好　力为具　亲所恶　谨为去　身有伤　贻亲忧　德有伤　贻亲羞

父母所渴望和需要的东西，做子女的都应力所能及地为其配备，父母所厌恶的事物，作为小辈都该尽力为其摒除。我们应当时常注意保重自己的身体，如果我们的身体遭受病患困扰，就会给父母亲带来忧愁和拖累；如果我们的人格、品质有了缺陷，就会让父母蒙羞。

亲爱我　孝何难　亲憎我　孝方贤

父母亲能够始终如一地爱护子女，子女才能够反过来始终如一地孝顺父母亲，这是天经地义之事。如果父母亲有憎恶、讨厌自己的子女的行为，而子女仍然还能够用心尽孝，这样的子女才算得上是最贤良的孝子。

亲有过　谏使更　怡吾色　柔吾声　谏不入　悦复谏　号泣随挞无怨

如果父母确实存在某种过错或过失，做子女的可以当面提出，以便做父母的改正和完善。而在劝谏父母的时候，应当和颜悦色、柔声细语，不可居高临下、声色俱厉。假如父母亲一时还无法接受我们的意见和建议，可以等到父母高兴的时候再行劝谏。若有做父母亲的仍然固执不听，而有孝心的人又实不忍父母陷于不义之地，可以坦陈肺腑、放声哭泣，用以感化父母，促之改过。即使期间招来父母的斥责打骂，也应毫无怨言。

尝粪忧心　刻本版画　清代

亲有疾　药先尝　昼夜侍　不离床　丧三年　常悲咽　居处变　酒肉绝

当父母患有疾病时，做子女的一定要耐心侍候，熬好的药应首先品尝其凉热甘苦。不分白天或夜晚，做子女的都应该陪伴、侍奉在父母身边。当父母不幸去世时，孝顺的子女应当守孝三年。守孝期间，因时常思念父母的恩德就会不由自主地悲伤哭泣。守孝期间还应注意自己的穿着，日常生活应尽量简朴，戒除大吃大喝等奢华作风。

丧尽礼　祭尽诚　事死者　如事生

办理父母的丧事要依照严格的礼仪，不可草率马虎，祭祀时一定要诚心诚意。为去世父母守灵，一定要像生前对待父母一样的恭敬有加。

兄道友　弟道恭　兄弟睦　孝在中

做哥哥姐姐的理当关爱弟妹，做弟妹的也应做到尊敬兄长姐姐，这样大家互相尊重关爱，兄弟姐妹就能和睦相处，整个家庭才能充满快乐。这是因为有孝悌之道将整个家庭和谐地团结在一起。

财物轻　怨何生　言语忍　忿自泯

如果都能看重亲情，把身外所用的钱财看得轻一点，兄弟姐妹之间就不会产生埋怨和矛盾;如果大家的言行有更多的宽容和忍让,那么,不少的怨愤便会自行消除。

或饮食　或坐走　长者先　幼者后　长呼人　即代叫　人不在　己即到

在日常生活中也应注意尊老的礼仪。无论是就座、用餐、一块出行等,都应礼让长辈在先,小辈自觉在后。长辈呼唤某人时,小辈应主动代为传唤;如果长辈所叫的人不在,自己应当主动前来告之长辈。

称尊长　勿呼名　对尊长　勿见能

在称呼长辈时,应用尊称,不应直呼其名。在长辈面前,应敬重长辈的德才,不应轻率地炫耀自己的才华。

路遇长　疾趋揖　长无言　退恭立　骑下马　乘下车　过犹待　百步余

行路偶遇长辈,应立刻奔前,作揖请安,如果长辈一时未有回答,小辈应恭候一旁,静立倾听。在骑马、乘车时路遇长辈,应立即下马弃车,在路旁恭送长辈离去,待目送长辈们走了百步之远后,小辈方能重新骑马上车,开始自己的行程。

长者立　幼勿坐　长者坐　命乃坐　尊长前　声要低　低不闻　却非宜

与长辈在一起时,如果长辈还未就座,做小辈的我们就不应先坐下来;如果长辈坐着,而且允许我们坐下时,小辈方可入座。与长辈讲话,声音要低柔亲切,但声音低到听不清楚,也不适宜;要尽量做到和颜悦色,声音清楚柔和。

近必趋　退必迟　问起对　视勿移

进见长辈时步伐要加快,以示尊重;与长辈告别时,要慢步退出,以示对长辈的恭敬。长辈问话时,小辈应起身回答,眼神注视长辈,神情应专注,眼神不要左右移动。

事诸父　如事父　事诸兄　如事兄

对待年长的叔叔伯伯,要像对待自己的亲生父亲一样恭敬,对待同族兄长,也要像对待自己的胞兄一样互爱互敬。

★谨而信

朝起早　夜眠迟　老易至　惜此时

为人子弟,一生有限,故年少时应尽量起早晚睡,多学知识。因为从孩童到老叟也只是瞬间的光阴,因此我们必须珍惜现在的宝贵时光。

晨必盥　兼漱口　便溺回　辄净手

一个有教养和好习惯的孩童,每天早上起床后必须洗脸洗手,然后漱口刷牙;

解完大小便后也不忘把手洗干净。因为讲究卫生习惯是很重要的。

冠必正　纽必结　袜与履　俱紧切　置冠服　有定位　勿乱顿　致污秽

在出门时，一定要注重仪表，帽子要戴端正，衣服纽扣一定要扣好；袜子要穿得贴切，鞋带一定要系紧，这样全身仪表才算整齐。回家后，脱下的帽子和衣服也有一定的规矩，应当整齐叠放在固定的位置，不要随手乱丢乱放，以免被弄皱弄脏。

衣贵洁　不贵华　上循分　下称家

衣服的穿着注重的是平整洁净，而不在于衣料的华丽昂贵。同时还应注重与职业、身份的搭配，而且应当切合家庭的实际经济状况。

对饮食　勿拣择　食适可　勿过则　年方少　勿饮酒　饮酒醉　最为丑

对于小孩来说不能从小养成挑食偏食的坏毛病，而且要注重饮食分量，适可而止。如果小孩尚未成年，不应尝试喝酒，因为醉酒其态最丑。

步从容　立端正　揖深圆　拜恭敬　勿践阈　勿跛倚　勿箕踞　勿摇髀

从孩童时就应养成站立和行走的良好姿势。走路时步伐应当稳重从容，站立的姿势一定要端正如松；见长辈行礼时，一定要注意把身子深深地躬下，跪拜时要注意恭敬严肃。进门时要注意不要踩到门槛，站立时要避免身子歪扭斜倚，坐着时不要双腿展开，以簸箕或虎踞状面客；也不要动不动就抖腿或摇臀，尽量使自己一直保持一种儒雅和庄重的姿态。

缓揭帘　勿有声　宽转弯　勿触棱　执虚器　如执盈　入虚室　如有人

进门的时候撩开门帘的动作一定要慢，使之尽量不发出声响；走路时尽量注意急弯时与屋墙棱角远点，以防止被棱角伤了身体；即使手拿的是空的器皿，也要像端着盛满酒水的器皿一样小心；即使进到没人的屋子里，也要像进到有人的屋子里一样安静小心，不要随意大呼小叫。

事勿忙　忙多错　勿畏难　勿轻略　斗闹场　绝勿近　邪僻事　绝勿问

做任何事都不要匆忙草率，匆忙就容易出错；遇到复杂的事情首先不要怕困难，其次一定要注重策略和方法。各种打斗的场所，我们尽量不要靠近或逗留；对于那些邪恶怪僻的人和事，我们尽量不去问津，以避免惹上不必要的麻烦。

将入门　问孰存　将上堂　声必扬　人问谁　对以名　吾与我　不分明

上别人家时一定要在入门之前先敲门，并问一下屋内是否有人；在将要跨入厅堂时，应用更大的声招呼主人，以让主人有所知晓和准备；如果厢室内有人问来者是谁，回答时一定要说出自己的身份或全名，如果只说"吾"或"我"，对方就难以一时明确来访者到底是谁，从而造成不必要的尴尬。

用人物　须明求　倘不问　即为偷　借人物　及时还　后有急　借不难

如果需借用别人的物品，必须事前对人讲明用途；如果没有得到别人的允许就擅自拿来用,那就无异于一种偷窃的行为。借用他人的物品,用完后一定要记着及时归还,以后再遇到急用需向人借取时,就会容易得多。正如俗语所言:"有借有还,再借不难。"

凡出言　信为先　诈与妄　奚可焉　话说多　不如少　惟其是　勿佞巧

凡是对待一切亲属朋友,说话都首先要注重诚实信用,欺诈和虚伪的言行,只会受到人们的奚落和唾弃。因此人的诚信不在说话的多少,而在于行动的切实可靠。凡事理应坦诚相对,坚决杜绝浮夸巧辩之行。

刻薄语　秽污词　市井气　切戒之

那些花言巧语、污秽放浪之词和低俗市井之气,皆应全力摒弃之。

见未真　勿轻言　知未的　勿轻传　事非宜　勿轻诺　苟轻诺　进退错

在未了解事情的真相时,我们不应轻易发表意见;对于事情缘由还了解得不够清楚透彻,也不应轻易传播出去。如觉得有些事情没把握或不恰当,就不要轻易答应别人;如果一时碍于情面轻易答应人家,到头来往往会使自己进退两难。

凡道字　重且舒　勿急疾　勿模糊　彼说长　此说短　不关己　莫闲管

言谈是一种艺术,谈吐不仅要言辞清楚,而且应稳重舒畅,说话不要太急太快,以避免词义模糊不清。遇到有人闲谈东家长西家短的是非之事,只要事不关己,就不应参与。

见人善　即思齐　纵去远　以渐跻　见人恶　即内省　有则改　无加警

看见别人的长处和优点,心中就应当有向他们看齐的念头,有时虽然自感与这些先进的差距还很远,只要我们不断努力就会逐渐缩短距离。看见他人犯了恶行或步入歧途,自己应心里不断反省和总结;如果发现自己也有什么错误或缺点,贵在能够自觉改正;如果自己还没有出现别人所犯过的同样的过错,也应时时加以警惕。

唯德学　唯才艺　不如人　当自砺　若衣服　若饮食　不如人　勿生戚

德学和才艺是人生应具有的两个最重要的方面。如果在某些方面确实不如他人时,应该加强自我磨砺,争取迎头赶上去。如果仅仅是自己的穿着和吃的东西不如他人,那并不算什么问题,因为在这方面的攀比是毫无必要的。

闻过怒　闻誉乐　损友来　益友却　闻誉恐　闻过欣　直谅士　渐相亲

听见别人谈论自己的过错就生气懊恼,听见别人说自己的优点就得意忘形,这样身边就会只有一些别有居心的朋友,而真诚有益的朋友就会越来越少。如果听到别人的称赞时自己不头脑发热,并能冷静反省自己的不足之处;当听到别人的批评意见时自己正确对待、欣然接受,那么,正直和诚实的人就会和我们成为真正的朋友。

无心非　名为错　有心非　名为恶　过能改　归于无　倘掩饰　增一辜

不是故意犯的错误,才称为过错;如果明知是错误还有意去做,这便是罪恶。人生错误总是难免,知错即改便没有了错误。如果明知犯了错误仍故意掩盖、不思悔改,那就相当于又增加了一项新的过错。

★泛爱众而亲仁

凡是人　皆须爱　天同覆　地同载

凡为世间之人,皆应充满爱心,如同苍天与大地,将自己的爱洒向天地,万古不灭。

行高者　名自高　人所重　非貌高　才大者　望自大　人所服　非言大

凡德行高尚之人,在民众中自有崇高的赞誉,人们敬重的是他的内在品质,而并非是他的外貌。才艺高超之人,他的名望也大,人们敬服的是他的真才实学,而并非是他的自我标榜。

己有能　勿自私　人所能　勿轻訾　勿谄富　勿骄贫　勿厌故　勿喜新

自己有什么才能,应毫不保留地贡献给社会和大众;见到别人具有自己没有的才能,应该予以充分肯定,不要因为嫉妒而贬损别人。不要一见到富人就自矮三分,甚至谄媚求荣;不要一见到贫穷的人就摆出一副高傲自大的架势。不应厌弃过去曾经相处的旧朋老友,也不应一味偏爱新近结识的新朋友。这样才能营造一个"贫而乐,富而好礼"的和谐社会。

人不闲　勿事搅　人不安　勿话扰

如别人正忙于事务,没有闲暇,这时就千万不要去打搅别人;见人身心不安、心事重重,就不应再赘言打搅、刨根问底。

人有短　切莫揭　人有私　切莫说　道人善　即是善　人知之　愈思勉

看见别人的短处和缺陷,不要恶意去透露;别人有不愿透露的隐私和秘密,即使自己知道也不要说出来。宣扬、赞美别人的善行,也等于是自己的善行;当别人知道你真心的赞美后,定将会更加克己励行,不断发扬光大。

扬人恶　即是恶　疾之甚　祸且作　善相劝　德皆建　过不规　道两亏

如果一味只是宣扬别人过去的错误或走过的弯路,就相当于自己也犯下了一桩恶行。如果过分地疾恶如仇,缺少宽容,就容易招来灾祸。如果彼此对立的人能善言相对,互相劝勉,最终对建立和提高彼此的德行都有极大的好处。如果矛盾的双方不能相互宽容谅解、相互规劝,说明双方在道德上都存在缺陷。

凡取与　贵分晓　与宜多　取宜少　将加人　先问己　己不欲　即速已

凡是与人有财物上的往来，一定要分辨清楚，不可有丝毫的含糊；人在财物上不应看得太重，宁肯别人多一点而自己少一点。不应把自己不喜欢做的事情，强迫他人去做。一旦发现这种情况，应立刻停止。

恩欲报　怨欲忘　报怨短　报恩长

面对他人的恩惠，应时时想着回报；因事与人结怨，理应宽容谅解，不应长期耿耿于怀。报怨之心力求时间越短越好，报恩之心理应长存不忘。

待婢仆　身贵端　虽贵端　慈而宽　势服人　心不然　理服人　方无言

对待家中的侍婢和仆人，自己本身的言行举止最为重要，除严厉之外应当还具有仁慈、宽厚等美德。权势高固然可以使人顺服，但常常是口服心不服，虽然表面上不敢反抗，心中却不以为然。唯有以道理和温情去说服和感化，才能使人心悦诚服而毫无怨言。

同是人　类不齐　流俗众　仁者希　果仁者　人多畏　言不讳　色不媚

同样都是社会之人，层次类别却有所不同，修养层面也参差不齐。平凡的、跟着世俗潮流走的人往往占了大部分，而有完善的仁德修养的人却相对较少。对于一位真正的仁德之人来说，人们往往十分敬畏他，因他们说话实事求是、毫无隐讳，对任何权贵都不会阿谀奉承、奴颜求媚。

能亲仁　无限好　德日进　过日少　不亲仁　无限害　小人进　百事坏

故能够接近这些德高望重之人，并虚心向他们学习，将会使自己的人生获得不少的裨益，自己的品德修养也会由此取得长足的进步，人生的过错和失误也会日渐减少。如果一辈子也不愿向这些仁人贤士学习看齐，将会给自己的人生带来许多害处，庸俗卑琐之小人会得寸进尺，一切事情就会被弄得一塌糊涂。

★行有余力　则以学文

不力行　但学文　长浮华　成何人　但力行　不学文　任己见　昧理真

对于人生来说，重要的不是去记住经史孝道的经典名言，而是身体力行、付诸实践。如果仅囿于书本，就会养成虚幻浮华的习性，如果那样，还怎么能成为一个真正有用的人呢？相反来说，如果只看重盲目实践，毫不重视对于历史经验及相关知识的学习和借鉴，一味固执己见、盲目求索，往往会离通向真理的道路越来越远。

读书法　有三到　心眼口　信皆要　方读此　勿慕彼　此未终　彼勿起

读书的方法有多种，但重要的方法是"三到"，即"心到、眼到、口到"。这三点都应切实做好,方能学习有成。学习时不能好高骛远,不要这本还未读完就着急想到下一本;前面的书还未真正读通弄懂,下一部书就不应急于去翻。

　　宽为限　紧用功　工夫到　滞塞通　心有疑　随札记　就人问　求确义

　　读书要有程序节奏,一般来说真正学懂一本书应有比较宽裕的时间,但在宽裕的时间里也应抓紧用功,切莫放松。如果真正用功研究、仔细琢磨,很多过去的疑惑便会茅塞顿开。读书重在边读边思考,在遇到疑难问题时应当学会将其记录下来,遇到学者专家时便虚心请教,以弄清各种疑难问题的确切含义。

　　房室清　墙壁净　几案洁　笔砚正　墨磨偏　心不端　字不敬　心先病

　　书房要整理得整洁有序,四周墙面要保持干净清爽,书桌要清洁平整,笔墨纸砚摆放要端正有序,砚台磨墨要尽量平顺。如果墨条磨偏了,就说明此人还心存杂念;如果行笔写字过于潦草,说明此人心不在焉、别有心病。

古代书房摆设　版画　清代

　　列典籍　有定处　读看毕　还原处　虽有急　卷束齐　有缺坏　就补之

　　各种经典书籍应分类排列,摆放在固定的地方;每本书读完后应立刻归还原处。遇到紧急事情需马上离开,也要将各种书籍资料清点收拾后方才离去。见到书本有残缺毁损,应立刻修复补齐,使其尽量保持完整。

　　非圣书　屏勿视　敝聪明　坏心志　勿自暴　勿自弃　圣与贤　可驯致

　　如果不是正规的、高品位的圣贤之书,应当一概摒除不去看它,因为那些旁门歪道之书,往往会误导我们的心智,使之步入歧途。作为年轻人,学习是一个艰苦而长期的过程,任何时候都不要狂妄自大,也不要自暴自弃;圣贤之辈的目标虽然高远,但通过自己不断的学习和刻苦磨砺,是完全可以达到的。

国学大智慧

养生智慧

马肇基⊙主编

线装书局

养生——摄养身心永长寿

　　健康与长寿，自古以来就是人类的共同愿望和普遍关心的一件大事。特别是在竞争与压力并重的今天，人们越来越渴望健康，盼望长寿。

　　我国的中医历来主张"上工治未病"。古来人们把医生分为上、中、下三等，"上工"就是高明的医生；"未病"是指尚未形成或刚刚萌发的疾病。"治未病"实际是中国古来一直坚持的预防为主的养生原则。传说，我国古代名医扁鹊有两位兄长，大哥医术最高，善治未病，二哥医术次之，善治小病，唯扁鹊医术较差，只能诊治重病，故扁鹊享有起死回生的声誉，成了名医。可见中医养生不是什么标新立异的新说，而实实在在是我们老祖宗的家传。

　　本篇从人的常见健康问题入手，从老祖宗的养生智慧出发，深入挖掘传统医学经典，诸如《黄帝内经》、《本草纲目》等二十余本传统医学名著，从顺应四时、调节饮食、调节情志、慎对医药、养生秘法等各个方面，进行精彩且平易近人的讲解，师法自然、回归自然，才能使生命之树常青。

第一篇 《黄帝内经》养生智慧

导读

　　《黄帝内经》是中国古代医学的奠基之作。它整体地体现了中国古人对人体与四时季候关系的独特理解以及人体各部分互为照应的整体观念。是一部统领中国医学、古代养生学的绝世巨著,历代都被医家称为"医家之宗"。

　　本篇从实用养生的角度对《黄帝内经》做了更为准确的把握。把其原典的科学含义与今天我们日常生活中的养生紧密地联系在一起,让我们能更直观地对《内经》进行了解和应用,它从饮食、起居、劳逸、寒温、七情、四时季候、地理环境、水土风雨等各个方面阐述了养生之道,并详细地谈论了病因、病机、精气、藏像、经络与养生的紧密联系。尤其对《黄帝内经》提出的养生学两个非凡的要点"保养和补养"作了比较全面的阐述,从而使其内容更加充实,形式更加完善。

第一章　养生原则

★协调阴阳，保阳益阴

阴者，藏精而起亟也，阳者，卫外而为内固也。阴不胜其阳则脉流薄疾，并乃狂；阳不胜其阴，则五脏气争，九窍不通。是以圣人陈阴阳，筋脉和同，骨髓野固，气血皆从。如是则内外调和，邪不能害，耳目聪明，气立如故。

——《素问·生气通天论》

阴是藏精于内不断地扶持阳气的，阳是卫护于外使体表固密的。如果阴不胜阳，阳气亢盛，就会使血脉流动迫促，如果再受热邪，阳气更盛就会发为狂症。如果阳不胜阴，阴气亢盛，就会使五脏之气不调，从而导致九窍不通。所以圣人使阴阳平衡，无所偏胜，从而达到筋脉调和，骨髓坚固，血气畅顺。这样，就会使内外调和，邪气不能侵害，耳目聪明，气机正常运行。

这里的养生意义在于指出了阴为阳的基础，阳为阴之用。也就是说，在正常的情况下，人体的阴精和阳气是处在不停地相互消长而又相互制约的状态之中。阴精与阳气如果因为某种原因而出现一方的偏胜或偏衰，也就是成为一种病理状态。因此，阴阳协调，内外调和是使人"气立如故"的基本条件。

正常情况下，阴阳是互根、互补、互制的，说通俗一点就是正常人体的生命功能与物质之间是互补互制的，也就是说阳气与阴精是互根的。

一旦出现一方不足或过盛，人体的另一方就会来代偿、弥补，目的在于纠正失衡，维持阳气与阴精的平衡。如果阴阳失衡，不能相辅相成，代偿功能失调，就会呈现阴阳失调而产生种种健康问题。

首先如果阴阳轻度失衡可导致长期亚健康状态，再严重一些的就是阴阳中度失衡导致疾病、早衰，最严重的是阴阳重度失衡导致重病，阴阳离决也就是生命终止,即死亡。

轻度阴阳失衡及其调节

轻度阴阳失衡就是我们通常讲的亚健康,亚健康态的人之所以还能像正常人一样生活、一样工作,只是感到累,原因是人体有着惊人的适应力和代偿能力,从而能长期处于病态"平衡"状态下,这样就掩盖了一些疾病,往往发现的时候为时已晚。

亚健康者养生的总原则,是通过养生保健对亚健康状态进行干预,促使亚健康向健康逆转,有效方法如下:

治疗疾病:如果经过休息,疲劳还不能缓解,就要警惕疾病的潜在可能,应立即到医院检查身体。

休息:睡眠是调整亚健康的第一个良方,目的在于恢复疲劳,避免形成恶性循环。每周的缺觉(睡眠不足)要在当周补足,不可拖到下周,以免疲劳积累。

调整心态:防止焦急、紧张、忧虑、恼怒、抑郁等情绪。

减慢节奏,避免紧张;加强锻炼身体,但应避免疲劳运动及过度运动。

(1)亚健康者的保健食品

针对身体活力下降的食品:

如人参或西洋参泡水饮,或用之炖肉,或用黄芪泡水饮或炖肉。

针对心理承受力下降的食品:

如桂圆肉、百合、大枣、茯苓、莲子、小米粥、小枣粥等。

针对生理本能下降的食品:

食本能下降:白术、山药、党参、山楂。

眠本能下降:百合、莲子、小枣、茯苓。

性本能下降:韭菜、狗肉、鹿角胶、羊肉、枸杞。

需要注意的是:亚健康者应先检查无病后,再自行调理,以免掩盖体内藏匿的疾病。

针对抵抗力下降的食品:

气虚者(乏力、头昏、食少,苔白质淡,脉弱无力)可用人参、黄芪、冬虫夏草、灵芝、茯苓。

阳虚者(面色苍白、怕冷、手足冷、腰以下发凉,或乏力头晕、夜尿多或便稀,舌质淡、苔白、脉沉无力)可用金匮肾气丸。

血虚者(面黄、唇淡、指甲淡、头空、乏力,舌质淡、苔白、脉弱而细)可用当归、熟地、党参炖肉或大枣、陈皮水煎服。也可服八珍丸。

阴虚者(五心烦热、夜里掀被子、心烦失眠、口干、多梦、腰膝酸软、遗精、带下,舌质偏红、脉细数无力)可用龟、鳖、阿胶、生地、枸杞或六味地黄丸。

(2)亚健康者的保健按摩穴位

足三里(外膝眼下3寸)

合谷(大拇指与食指间的凹陷处)

涌泉(足底前1—3中心凹陷处)

大椎(背部第7颈椎棘突下面)

龟图

中度阴阳平衡及其调节

中度阴阳失衡会导致五脏阴阳失调,从而出现疾病、早衰,产生阳虚、阴虚。

阳虚就是人体的某脏器功能偏衰,即功能减退。主要是由于先天禀赋不足或后天过劳、过度受寒、药物过量、久病失养、饮食不当等损伤阳气引起的。

它的主要特点是产热不足,阳虚则寒,所以表现为怕冷、自汗、手足冷、乏力疲倦、脉沉而无力、舌质淡苔白等症状。

阳虚多由气虚发展而来。气虚的特点主要是少气懒言、乏力、自汗、头昏、舌淡苔白、脉虚无力。

阴虚是人体的精、血、津、液亏损,脏腑功能虚性亢进,阴不制阳,从而表现出虚性内热。

产生的主要原因是邪热伤阴,五志(喜、怒、悲、思、恐)太过,化火伤阴,或久病体虚耗阴,或操劳过度,营养不良。

(1)五脏阳虚的特点和保健

五脏阳虚多由五脏气虚发展而来,多因久病、受寒,过服寒凉或疲劳、营养不良所致。

①肾阳虚的保健

肾为五脏之本,所以肾阳虚、阴虚的特点都比其他五脏明显。其主要特点是:腰冷、腰以下发凉、手足发凉、头晕乏力、小便清长、夜尿频多、阴冷、男子精冷、女子带凉,舌淡苔白、脉沉无力等。

保健方法:可用金匮肾气丸。平时多吃核桃、山药、羊肉、狗肉。

②心阳虚的保健

心阳虚特点主要是稍累则心慌气短、头昏乏力、前胸自汗,舌淡苔白、脉弱无力。用人参3克、上好肉桂3克、黄芪3克泡水饮。或服生脉饮口服液。

③肺阳虚的保健

肺阳虚特点主要是动则气喘、气少不足以息、咳嗽乏力、背凉自汗、舌淡苔白。把沙参、人参、黄芪用水煎服或泡水饮或平时用燕窝、虫草炖鸡。

④脾阳虚的保健

脾阳虚特点为食少腹胀、大便稀溏、腹部喜温喜按、四肢不温,舌淡苔白、脉沉而弱。可以服用人参健脾丸、附子理中丸等药物。

⑤肝阳虚的保健

肝阳虚的特点主要是易疲倦、生机不振、情绪低落、怕冷乏力、面色晦暗,舌淡苔白,脉弱无力,尤其是关脉。可以服用西洋参类以振奋生机。

（2）五脏阴虚的特点和保健

五脏阴虚多因久病耗阴,或七情太过,化火伤阴,或过度劳累、营养不当、过食辛热伤阴而引起的。

①肾阴虚保健

肾为五脏之本,所以肾阴虚比较多见,而且症状非常明显。其主要表现为腰酸膝软,头晕耳鸣,五心烦热（双手心、双足心、胸心）、咽干颧红、消瘦盗汗、男子梦遗、女子带下,舌质偏红、脉细数。可以服用六味地黄丸,平时的时候可以用枸杞、生地泡水饮或黑木耳炖肉。

②心阴虚的保健

心阴虚特点主要为心慌心跳、失眠多梦、心烦口干,舌红苔少、脉细数。可以用麦冬、百合、莲子、桂圆肉、小枣、小米、茯苓泡水饮或煎汤,或熬粥做羹都可以。

③肺阴虚的保健

肺阴虚特点主要为盗汗、咳嗽、痰干而稠、午后潮热、咽干颧红、五心烦热,舌质红少苔、脉细数。常吃百合、银耳、杏仁、藕、沙参、麦冬,或服养阴清肺丸。

④脾阴虚的保健

脾阴虚特点主要表现为口干唇裂、食少善饥、腹热便干,舌红唇红、苔少脉细数。可以常服玉竹、石斛、麦冬、山药、薏苡仁、白扁豆等。

⑤肝阴虚的保健

肝阴虚特点为头晕目涩、胁肋灼热、五心烦热、眼花、筋脉不舒,舌红口干、苔少、脉弦细数。可以服杞菊地黄丸或用枸杞泡水,或生地 15 克、白芍 10 克,加水煎服。

★ 五脏坚固，脾肾为本

五脏坚固……故能长久……

……脾气虚，皮肤枯……肾气焦，四脏经脉空虚……

——《灵枢·天年》

五脏坚固，坚是指五脏坚强；固是指五脏能发挥其藏精的作用，其中脾、肾两脏功能的正常发挥更为重要，因肾先天之本，脾（胃）为后天之本。

五脏坚固的观点，对养生、康复的重要作用，在《素问》和《灵枢》中都有论述，尤其是《灵枢经》的《本藏》和《天年》两篇中论述更多，如《灵枢·天年》说："五脏坚固……故能长久。"《灵枢·本藏》说："五脏皆坚者，无病。"也有从反面论证五脏坚固的重要。例如《灵枢·根结》说："五脏无气，予以短期，要在终始。"又说："五脏空虚，筋骨髓枯，老者绝灭，壮者不复矣。"《灵枢·本脏》说："五脏皆脆者，不离于病。"《灵枢·天年》说："五脏皆虚，神气皆去，形骸独居而终矣。"由此可见，人体之所以患病，或体弱多病，或发痈疡，甚至生命死亡等，无一不与五脏有直接关系。

这是因为，五脏虽居体内，但与外在的筋、骨、血脉、肌肉、皮毛等五体及眼、耳、鼻、舌、口、前后二阴等五官、九窍均有密切的关系，且功能的发挥又都源出于五脏。即使情志的活动，也与五脏有密切的关系，《灵枢·本脏》将这种关系概括为："五脏者，所以藏精神血气魂魄者也。"《素问·阴阳应象大论》更明确地说："人有五脏化五气，以生喜、怒、悲、忧、恐。"并将五志和五脏的特定的关系作了进一步说明。五脏的功能，更重要的是能藏精气，精气是增强抵抗能力的物质基础，所以能适应自然界的变化，抵御外邪的入侵。

五脏之中又强调以脾肾为本。因为人的生长发育都是从肾开始的，而人的衰老也是从肾开始的。由肾衰而后导致其他脏器的相继衰退。这在《素问·上古天真论》中有具体的论述。这是古代医者对人体生命过程中的变化规律作了长期的观察，从人体的外在组织器官的变化而得出的结论。

人衰老的外在表现如发白，齿落，耳聋，目花，腰弯背曲等，这些都与肾衰有着密切的关系。所以如果想要从幼儿期生长发育正常，壮年后推迟衰老的到来，培补肾阳，固护肾精，实在是不容忽视的环节。脾主中州，其主要功能为运化，由于脾运功能的正常，才能保证人体各部分所需的各种营养物质，以及足够的能量，故有"得谷则昌,失谷则亡"的说法;脾又是气血生化之源,气血是人体生命活动最基本的物质基础,所以说:"人之所有者,血与气耳。"

衰老是一个缓慢渐进的退化过程,各细胞、组织、器官都呈现出缓慢退行性改变,在这漫长的过程中,人体又受到自然因素、环境因素、社会因素、精神因素、生活因素、工作因素等多方面的影响,日积月累,必然会直接或间接地对机体产生诸多的不利因素,使正气耗伤。《灵枢·天年》中所说的:"四十岁,五脏六腑十二经脉,皆大盛以平定,腠理始疏,荣华颓落,发颇斑白。……五十岁,肝气始衰,肝叶始薄,胆汁始灭,目始不明。六十岁,心气始衰,善忧悲,血气懈惰,故好卧。七十岁,脾气虚,皮肤枯。八十岁,肺气衰,魄离,故言善误。九十岁,肾气焦,四脏经脉空虚。百岁,五脏皆虚,神气皆去,形骸独居而终矣。"即是对人体各脏器衰老变化的规律特点及其所属外在器官衰老表现的具体的描述。

大多数医学家认为脾肾虚衰是衰老的关键所在。虞抟《医学正传》曰:"肾气盛则寿延,肾气衰则寿夭",肾主藏精,命门附于肾,为元气所居,是人生命之根蒂,命门旺盛,温煦五官九窍、皮肤肌肉、四肢百骸、脏腑气血,使生命生生不息。张景岳说:"天之大宝,只此一丸红日,人之大宝,只此一息真阳。"强调了"真阳"、"命火"在生命活动中的重要性。然而肾之功能正常发挥,有赖于脾不断地为其提供营养物质,脾为后天之本,气血生化之源,人生之后全靠脾胃生化气血,源源不断输布全身。正如李东垣所说:"元气之充足,皆由脾胃之气无所伤,而后能滋养元气。""其元气消耗,不得终其天年",明代龚廷贤《衰老论》曰:"凡年老之人,当以养元气,健脾胃为主",可见脾所运化之气血,是构成和维持人体生命活动的基本物质,同时也是保证人体健康长寿的物质基础。气血充沛,环流不息,内则和调五脏、洒陈六腑,外则滋养四肢百骸、五官九窍,维持着人体正常生理功能活动。且血盛则神旺,气血充足,自然精神旺盛,不会衰老。《圣济总录》曰:"斡旋气机,周流营卫。""气运而神和,内外调畅,升降无碍,耳目聪明,身体轻强,老者复壮,壮者益治。"《素问·生气通天论》谓:"气血以流,腠理以密,……长有天命。"都强调气血充足运行流畅是人体健康长寿的必要条件。而气血之所由生,一靠先天之精的激发而化生,二靠后天之精的滋养和补充。先天之精禀受于父母,发源于肾脏,而后天之精则源于宗气。

明代医学家绮石先生非常重视脾、肺、肾三脏的作用,指出:"肺为五脏之天,脾为百骸之母,肾为性命之根。"其在《理虚元鉴》中,将此三脏称为"治虚三本",并在这三本书中,尤其重视脾肺两脏,视为"治虚二统":"阳虚之症统于脾,阴虚之症统于肺"。脾和肺二脏功能正常与否,直接关系到饮食的摄取和呼吸的通畅,决定着生命的存亡。但在某些情况下,肺的功能显得更加重要,就像婴儿刚出生的时候,第一事情不是饮食而是呼吸；人如果在一段时间内不能呼吸，生命便会停止。肺主一身之气，与生命之动气——宗气的生成密切相关。宗气是推动呼吸和循环的动力。人的生命结束，无外乎是呼吸和循环的衰竭，而宗气又主宰此两种功能，即所谓"肺气之衰旺，关乎寿命之短长"。

但是，在研究延缓衰老时，医者们常常只考虑到先天肾气已衰，脏腑功能虚弱，必须依靠后天之本脾胃化生精微来补充，因而所用抗衰老药物往往只兼顾脾肾，而忽略了肺，但实际上顾护肺气也很重要。倘若肺气受损，肺不能主持一身之气，全身气机升降出入功能失常，则体内产生一系列的病理产物，如气滞痰阻、气虚血瘀、气郁食滞等等，最终会加速人体衰老，若要想做到"尽终其天年，度百岁乃去"，亦必须保护肺之功能正常进行，故调理肺气对防止衰老具有重要的临床指导意义。

从康复医疗的角度来说，调补脾肾也是重要的一环。一般慢性病之重疾沉疴，虚损衰弱者，从病机来说，大多与肾有关，"五脏之伤，穷必及肾"。但从康复医疗的角度来说，又首先应重视脾胃，若脾胃不健，而骤进补肾药，实际上起不到补肾的作用，相反更会影响脾胃的功能，故从治疗的效果与预后来说，均取决于脾胃的盛衰，所以胃气竭者，汤药纵下，胃气虚不能纳，脾气虚不能运，虽有灵丹妙药，也不能发挥应有的作用。

★畅通经络，和于术数

五脏之道，皆出于经隧，以行血气，血气不和，百病乃变化而生。

——《素问·调经论》

五脏相互联系的道路都是经脉，通过经脉以运行血气，人若血气不和，就会变化而发生各种疾病。

畅通经络

经络是经脉和络脉的总称，是人体联络、运输和传导的体系。经，有路径的含义，经脉贯通上下，沟通内外，是经络系统中的主干；络，有网络的含义，络脉是经脉别出的分支，较经脉细小，纵横交错，遍布全身。《灵枢·脉度》说："经脉为里，支而横者为络，络之别者为孙。"

经络内属于脏腑，外络于肢节，沟通于脏腑与体表之间，将人体脏腑组织器官联系成为一个有机的整体；并借以行气血，营阴阳，使人体各部的功能活动得以保持协调和相对的平衡。针灸临床治疗时的辨证归经，循经取穴，针刺补泻等，无不以经络理论为依据。《灵枢·经别》说："夫十二经脉者，人之所以生，病之所以成，人之所以治，病之所以起，学之所始，工之所止也。"

经络系统由十二经脉、奇经八脉和十二经筋、十二经别、十二皮部，以及十五络脉和浮络、孙络等组成。

经络系统实际上是人体的总控制系统，是保持人体健康与长寿的关键。我们在养生中要认识到保持经络畅通的重要性，经常自觉地通过各种途径来锻炼经络。

下面介绍一下由祝总骧教授所创的"312"经络锻炼法。

所谓"312"，"3"指合谷、内关、足三里 3 个穴位的按摩；"1"是意守丹田、腹式呼吸；"2"是两下肢下蹲为主、适当的体育活动。

具体取穴和锻炼的做法如下：

（1）穴位按摩

合谷穴取穴：左手四指并拢，虎口撑开，然后右手握拳竖起大拇指，在拇指中间有一条指横纹，把指横纹放在左手的虎口处，这时大拇指往前弯曲，指尖所指的穴位就是合谷穴。然后就可以把右手翻过来进行按压。

锻炼要点：拇指屈曲垂直，做一紧一松的按压，按压的力量要强，应有酸麻胀的感觉。

内关穴取穴：在我们手腕处有几条横纹，在紧挨着手的横纹处放上右手的食指、中指、无名指，在手臂的两条筋中间食指按下去的地方就是我们所要找的内关穴。

锻炼要点：拇指垂直按在穴位上，指甲要和两筋平行，用指尖有节奏地按压，配合一些揉的动作，要有酸麻胀的感觉。

足三里穴取穴：把一只手的四指放在膝盖骨的下面，另一只手的大拇指去按压与小指的交界点（胫骨嵴外一横指处），这里就是我们所要找的足三里穴。这个穴位自古以来就是长寿保健穴，这个穴位不是很好找，找时应该多一些耐心。

锻炼要点：拇指垂直下按，增加揉的动作，力度要大，不仅有酸麻胀的感觉，最好还要有一些窜的感觉。

3 个穴位按压每两秒一次，早晚各一次，每次做 5 分钟。

（2）腹式呼吸

所谓腹式呼吸就是平躺或者静坐着做的呼吸练习，用鼻吸气的时候要鼓腹部，用口呼气时腹部凹下，保持胸部不动，让呼吸的频率尽量放慢，这个方法可以促进各个脏器的气血流动。

锻炼要点：尽量放松，意守丹田（肚脐下3寸处），保持胸部不动，每分钟呼吸4至6次，每天早晚各做一次，每次5分钟。

（3）下蹲运动

以两条腿为主的体育运动主要就是双手平举做下蹲运动，也可以是慢跑、散步等运动。

锻炼要点：每次运动时间不宜过长，建议每天5至10分钟即可，但每天一定要坚持。

"312"经络锻炼法还要因人因病而异，灵活运用。应掌握以下特点：

（1）"3"个穴位按摩的特点

穴位按摩的作用原理就是通过按摩这种刺激使有关穴位下的经脉得气，即产生酸、麻、胀、以至"窜"的感觉后被激活，该经的血气畅通，常可以达到使所属的组织、器官产生即时的效果。如心绞痛发作时按摩内关穴常常立即使疼痛得到控制；而按摩合谷穴则对头面或牙痛有即时效应。所以只取3个穴位，是因为这3个穴位如果正确运用，就可以影响到全身的疾病，做法简单易行、有利普及。这里并不排除全身300多个穴位的运用。

（2）"1"个腹式呼吸的特点

腹式呼吸的特点是大脑和全身处于相对静止状态下，使全身尤其腹部9条经脉血气运行得到改善，是一种比较缓慢的经络锻炼，对于慢性病，如高血压、糖尿病和失眠症都有特效。然而这3种病和腹式呼吸的关系也各有不同，高血压病的原因是肝阳上亢，肾气阴虚，做好腹式呼吸，可以使肝阳下降，肾阴上升，一般需要延长时间到10分钟，并放慢呼吸频率到每分钟4次甚至更慢可更为奏效。而糖尿病的发病原因是脾、胃经功能失控，腹式呼吸有利于这两条经脉的血气活跃，达到控制血糖的效果。腹式呼吸能够控制失眠，也在于安静状态下思想集中于丹田，使9条经脉包括肝、肾经的阴阳达到平衡而入睡。

（3）"2"条腿为主的体育锻炼

体育运动也是经络锻炼，这是因为经脉是以一种立体结构和肌肉联系在一起，当运动时，肌肉的收缩与舒张必然带动有关经脉的组织结构活动起来，从而形成一种天然的激活经络的方式。全身肌肉的运动必然引起全身十二正经和奇经八脉活跃起来，同时全身气血运行迅速加强，表现在心跳、呼吸加快，血压上升，体温上升等，从而对四肢百骸、五脏六腑的功能也进行一次大调整。这种大调整有助于全身各器官功能的增强和疾病的控制。

在日常生活中也有很多简单易行的经络锻炼方法。由于头颈部有大量经络，有些动作如梳头、洗脸、洗头都能不自觉的锻炼了经络。如果每天经常用双手按摩面部,不但可以达到美容的目的,也有保健长寿的作用。此外,晚间的洗脚、日常的洗浴等,都是在不知不觉中用机械和热的刺激来锻炼经络。

和于术数

所谓"和于术数",就是运用多种养生方法,锻炼身体。如古代道家的导引、吐纳和近代的"静坐法"及气功疗法等都属于这一类。

导引就是宣导气血,伸展肢体,引治疾病的意思。古代导引不完全同于现代的"医疗体育",它最大的特点是:形、意、气三结合。即运动肢体身躯以炼形,锻炼呼吸以炼气,并且以意导气行。《内经》中除了"导引谓摇筋骨,动肢节"以外,还把"按跷"包括进去。王冰对"按跷"的注解说:"按谓按摩,跷谓跷捷者之举动手足,是谓导引。"由此可见古代导引的炼形,既有主动的体育运动,又有被动的按摩,导引按跷,是摇动筋骨肢节,举转手足,并结合按摩皮肉,具有疏通气血作用的一种健身运动。对于缺乏体力劳动的人,未病而行之,可以增强体质,预防疾病;对于一些慢性疾病,如关节重滞疼痛痿厥等,也能起到治疗作用。后世养生家在这种方法的基础上,创造了多种运动肢体,强健筋骨的方法,如五禽戏、八段锦、易筋经、太极拳、武术功等。

《内经》中虽然没有"气功"的名称,但却精辟地论述了气功的原理和练功要点,如《素问·上古天真论》所说:"呼吸精气,独立守神,肌肉若一",就是讲气功修炼方法的。

独立,即主宰的意思;守神,是使神志守持于内而不外驰,在排除杂念,精神清静的基础上,使神守于内,也就是气功的入静、意守过程。神行则气行,神住则气住,就能排除干扰真气运行的各种因素,促进机体的气化功能活动。加之调节呼吸,放松肌肉,即调心,调息,调身的"三调",正是气功中的练功三要领。《内经》的这种呼吸精气、独立守神的导引术,为后世气功的发展奠定了基础。

《灵枢·官能篇》还说"理血气而调诸逆顺,察阴阳而兼诸方。缓节柔筋而心和调者,可使导引行气",这与太极拳的原理相似。此外,《内经》中还非常强调肢体活动。如《素问·移精变气论》所说"动作以避寒",这是最简单的运动肢体法。动而生阳,促进气血运行,使肢体温暖,故能抵御寒气的侵袭。又《素问·汤液醪醴论》中有"微动四极",治疗阳虚水肿的方法,也说明肢体运动可以助阳行气。因此,经常活动肢体是一种养生方法,适当的体力劳动也能起到同样的作用。

◆气功养生八法

气功分动功与静功两大类,前者也叫外功,后者也叫内功。外功以内功为基础,静极才能生动,所谓"内练精气神,外练筋骨皮",精气神充足了,筋骨才能强壮。静功并非静止,而是"外静内动",是机体的特殊运动状态。正如王船山所说:"静者静动,非不动也。"静以养神,以吐纳呼吸为主要练功方法;动以练形,以运动肢体为主要练功方法。无论静功还是动功,都离不开调心、调息、调身这三项练功的基本手段,也就是意守、呼吸、姿势三个环节。静则生阴、动则生阳,动静兼练,"三调"结合,于是阴阳调和,祛病延年。正如陶弘景的《养性延命录》里所说:"能动能静,所以长生。"由上可知,气功是在中医养生理论指导下产生的一种祛病延年的身心锻炼方法。它与现代科学的预防医学、心身医学、运动医学、自然医学、老年医学以及体育、武术等等,都有一定的联系。它通过自我调控意念、呼吸和身躯来调整内脏活动,加强自身稳定机制,从而达到祛病益寿的目的。

练习方法

预备式松静站立,双脚自然靠拢,两眼平视,心境顺和,呼吸细匀流畅。重心右移,左脚抬起向左侧轻轻横迈一步,再将重心平稳过渡到两脚之间。双脚平行,与肩同宽,脚尖朝前,双手自然下垂体侧,手心向内,十指自然弯曲,轻贴于大腿两侧,圆裆、松胯,双膝微屈,沉肩松肘、头正身直,百会上领,下颌内收,闭口合齿,舌自然平伸,目光平视,神意内敛,自然呼吸,静立片刻。

要领:(1)预备式为全套功法之始,不可忽视,屈膝程度不要太大,身形端正,脊柱松直,各关节直中有曲;(2)心静为其主旨。

原理:无极生太极,无极态即为全身内外的均匀平衡态。通过预备式的调整,使身心进入意气平和境地。各部分松静舒畅的调形,使身体达以合理的形态布局,建立起以后动静运动的基础规范。意、气、形的协调,确定内练的基本模式。

第一式 阴平阳和

两臂缓缓由体侧抬起,臂手相随,腕部松平,掌心向下,指尖微垂,大拇指微张,虎口呈圆形,其余手指自然分开,掌心内含,抬手过程中松肩松肘,同时以鼻细细吸气。

两臂持续上抬,抬至与肩同高呈水平状,保持沉肩状态。以大拇指牵领,两臂外旋,翻转掌心向上,双手间如托两球,同时以鼻缓缓呼气,旋臂过程中手指微微外张,双臂保持自然微屈,勿耸肩。两侧向上捧合,掌心相对,手指向上,双手间如抱球,目视前上方,举臂时细细吸气,意念以掌心承接天宇之气。双掌捧合至头顶上方时,两臂成圆形,以两掌心劳宫穴罩对百会穴,略停片刻,缓缓呼气,意想将天宇之气灌入百会。

轻轻吸气,两掌经面前沿身体中线下按,掌心向下,掌指朝内相对,就像把球按在水中,将气领入下丹田。按掌同时缓缓呼气。

两掌下按至小腹前时,两臂外旋,翻开掌心向内,变掌指朝下,两臂自然回收体侧,手运行的过程中,意念随之游走。按上面过程反复做3遍。

两臂向体前抬起,掌心向下,上抬过程中两臂保持平行,略宽于肩,起臂的同时缓缓吸气,体会双掌与大地之间的气感。

抬臂与肩平,两臂呈自然弧形,腕部松平,目视前方。

两掌缓缓下按至脐部,如将球按入水中,身体随之慢慢下蹲,同时缓缓呼气,保持上体正直。

掌按至胯旁时,身体停止下蹲,此时掌指依然朝前,圆裆、松胯。

身体向上直起,带动两臂上抬,如前起按3遍,收手站立如预备式。

要领:(1)起掌时勿耸肩;(2)向下落掌与呼吸相协调。

原理:此式中含三个桩法,以动入静,以静生动。掌心向下为阴掌,采大地之气;掌心向上为阳掌,接天宇之气。以气贯百会,并且由上而下捋顺内息。掌对大地上下合运,起到阴升阳降,阴阳既济的作用。

第二式 怀抱日月

两掌心斜向内,由体前缓缓上抬,双臂呈圆形如抱球,注意勿耸肩翻肘,双臂上抬时轻轻吸气。

手臂抬至胸齐呈水平状,两虎口相对,双臂呈弧形,目光内涵。保持此状态静立片刻,自然呼吸。

两臂缓缓外开,尽量向外。向后自然扩展,随开臂而开胸、开肩,同时缓缓吸气。双臂仍保持水平,双肘呈自然弯曲状,目光平视。

两臂开至最大限度后,慢慢向前、向内合收,至抱球状,随合臂缓缓呼气,合臂过程中目光在两臂间平视,体察两臂间的气感。

双臂如此开合3次,然后由体前自然下落,回归体侧。

要领:(1)开臂时不可过于挺胸,下颌勿上扬。(2)肘、腕部始终保持松畅。

原理:本式有开胸理气之效,臂与掌的开合十分容易体验气感。手指的不断舒张,摆动调节了手三阴三阳经,带动全身。长时间练习,会感觉到全身内脏发热。

第三式 旋转乾坤

双手由体后自然上提,掌心向内轻扶于两肾处,自然呼吸,意守两肾。身体保持正直,沿顺时针方向缓缓圆转头部9圈,目光垂收。

再沿逆时针方向圆转9圈。圆转头部时注意保持颈部以下的部位不做大的晃动。转头过程中自然呼吸。

以两脚心联线中点为圆心,以掌推腰,沿顺时针方向圆转旋动9圈,再沿逆时针方向圆转旋动9圈。旋动时上体随腰胯的转动自然俯仰,双脚保持不动,圆转腰胯过程中自然呼吸。

以脊柱为中轴,以头引领身体向左后方缓缓转动至最大限度,停顿片刻,再缓缓回转,至正前方时仍旋转不停,向右后方继续转身至最大限度,停顿片刻,再回转。如此反复3遍。

转动身体时目光随之向左右后方远视,注意头颈,身体保持正直,不弯腰,双脚不要移动。

向后拧转时吸气,复原还中时呼气。左右均同。身体还中,目光平视,意守两肾。双手扶肾部,上下揉摩21次,意注双掌。摩完后双手自然由体后下落,回归体侧。

要领:(1)以掌摩肾时效果应深达内里,而非摩擦皮肤表面。

(2)头、腰的转动应均匀、圆润,不可用僵力、硬力。

原理:转头放松诸阳之首府,转腰牵动中轴及中心律枢纽。此式涉及身体的各个关节,使机体得到全面的运动。

第四式推窗望月

双手自体前沿中线慢慢捧起,掌心向上,十指相对,虎口张圆,掌心内含。抬手同时缓缓吸气。

手抬至胸部时,手臂内旋,翻转掌心向下,目光垂收。双掌轻柔下按,落至腹前,随落掌缓缓呼气。

再翻掌向上,缓缓捧起。如前反复3次。

捧掌至胸前,慢慢吸气,随捧掌重心自然移至右腿。左脚向左前方迈出,脚跟先着地,同时手臂内旋,翻转掌心向外,重心逐渐前移左脚,踏实全脚掌,随重心前移双手缓缓向外推出,掌心朝前,掌指向上,轻轻呼气。

重心逐渐后坐移至右腿,同时将左脚尖抬起,两掌随之向内缓缓收回胸前,随收掌轻轻吸气。再将重心前移,并向外推掌如前,反复3遍。

第3遍后移重心时,将左脚收回,顺势将重心移至左腿,右脚向右前方迈出,同时翻转掌心向外推出。与左势对称练习,共推收3遍。

右脚回落,双手收回胸前,掌心向内,再翻转向下由胸前沿身体中线自然下落至身体两侧。

要领:(1)向左右前方推掌时,注意以膝带动身体前移。两臂自然呈弧形,沉肩坠肘、迈脚、翻掌、移重心、推掌几个动作同时进行,保持高度协调。

(2)推掌时注意体察双掌的气感。

原理:双掌在胸腹之间引气运行,使心肾相交,水火相和。左右的收推起到采气补身,滋养百骸的作用。

第五式 摩运五行

两手缓缓抬起,掌心向内,双掌内外劳宫穴相对叠按于腹部。男右手在内,左手在外;女左手在内,右手在外,自然呼吸,意在两掌。

沿顺时针方向圆转揉摩腹部,共9圈。

再沿逆时针方向圆转揉摩腹部,共9圈。

双手慢慢打开,由小腹两侧经两肋,由外向内圆转揉摩而上,至胸前。

两掌指尖相对叠合于胸口,由身体中线推摩至小腹。同时缓缓呼气,双手轻贴小腹,意守片刻,如此反复12次。

双手缓缓抬起,两掌轻贴于胸后玉枕穴,沿顺、逆时针方向向各圆转揉摩36次。双手经体前自然下落,至小腹前翻转掌心向前、向外、双臂呈弧形由身体两侧向上捧起,同时轻轻吸气。

两掌于头顶上方相合,掌心皆向下,上下相叠,右手在下,左手在上,轻按于百会穴。分别沿顺、逆时针方向各圆转揉按21圈。揉后双手自然放下收回体侧。

要领:(1)揉摩时用意于力相随合。

(2)揉摩会避免重压。

(3)揉腹及两肋速度应均匀一致。

原理:内气运行到一定程度后的带气自我摩按,有效地起到活血化瘀、启动气机的特殊效果。

第六式 行云流水

两掌指尖相对自体前捧起,同时吸气,至腹部时静立片刻,调匀呼吸。双手继续上捧,至胸前翻转掌心向上,并缓缓上托,同时轻轻呼气。托至头顶上方,静立片刻。松肩、圆臂,自然呼吸。

两手掌心向外,由体侧缓缓圆形划落,同时细细吸气至腹前两臂外旋翻转掌心向上,双手再由体前捧起,同时吸气。至肩部时,两臂内旋,翻转掌心向外,指尖向上,双掌缓缓向身体两侧水平推出,目视前方,轻轻呼气。推至最大限度,静立片刻,调匀呼吸。

双手掌心向下自然回落,再捧至腹前,如此上托、侧推反复3遍。

要领:(1)两掌上托时,十指相对,距离不要过大。至头项后尽力上托。

(2)双掌侧推时,肘部保持自然弯曲。

原理:托天有理三焦之效,侧推舒展经络,鼓荡全身,使人与天地自然相应。

第七式太极运球

两手由体前自然抬起,十指微张,虎口呈圆形相对,抱球于腹前。

重心移至右腿,同时左手向左下方、右手向左上方弧形划动,两掌心保持相对,就好像在揉运一个球,同时身体以脊柱为中轴向左转动。转至面向左方时,呈左手掌心朝上,右手掌心朝下。

重心逐渐转向左腿,身体以脊柱为中轴向右转动,同时左手保持掌心向内,由左下方经身体中部,向右上方弧形划动;右手保持掌心向外,由左上方经身体中部,向右下方弧形划动。转至面朝右方时,呈左手掌心向下,右手掌心向上。

再将身体向左对称回转,如此反复3遍。运转过程中自然呼吸。两手回收体前,内外相叠,轻贴腹部。男左手在内,女右手在内。意在掌中,静立片刻。

要领:(1)左右运转时掌心始终相对,弧形划动要连贯圆活。

(2)脊柱保持正直放松,勿突出臀部。

(3)身体重心不断转换于两腿之间时,双脚不要移动。

(4)揉球过程中腰、胯、肩、肘、腕、膝等关节协调运动,目视掌中球。

原理:运球即运气,以所练之气自养内外,该式为内气颐养使用法。

第八式天长地久

双手从体后自然提起,掌心向后。再自腋下由后向前掏出,提至肩部。翻转掌心向上,由脑后缓缓向上推出。

推至头顶上方时,两臂自然外旋,掌心随之翻转向内,由面前缓缓下落。双手至胸部时,掌指由内转而向下,虎口张圆,大拇指相对。两掌先后沿胸部两侧,腹部两侧,大腿、小腿内侧缓缓推落。再分别经脚内侧、脚尖、脚外侧、脚根、腿后侧摩转至后腰。再翻转掌心向外,继续上提至腋下。由后向前掏出,如前重复练习,共3遍。

双手落于体前,掌心向内,大拇指与其余手指分别贴压,自然叠合于小腹丹田处,男左手在内,女右手在内,意守丹田,静立片刻。

收手还原如成起势。

全式自然呼吸,意随掌行,游走全身。

要领:(1)转掌变换手指方向过程中,手掌的运行不能停止。

(2)双手由脚根向腰部上提时,手指始终朝下。

(3)手掌推下、提上过程中,随两掌的推行,腰部柔和下弯和伸直。

(4)手掌推行的速度要均匀、连贯。

原理:此式为人体大周天运行,将手足经络相连,使阴阳汇交,上下互补,形成自我完善的良性循环。

收式

自然松静站立。两手掌心相对,反复轻快搓摩至热。

以两手掌轻覆双眼片刻,并揉摩整个面部。两手十指用力推梳头顶及脑后。手臂抬起,两手悬于头顶上方,以十指尖为着力点,轻扣头顶数十次。

以两手掌均匀、全面地拍打全身。

全套动作以中等速度,练习完成约 18 分钟。

要领:揉搓及拍打时意念平和。拍击身体时应轻透,但力度不可太重。

原理:搓手激发经络活性,温补全身。对头面部进行细致的搓、摩、扣击,可促进头部的血液循环,放松大脑,精爽神意。拍打全身,使气血顺达,通体舒泰。

此功法以动为主,动中有静,快慢相宜,行功时讲究意念配合引导,形、神合一。以呼吸应于动作,达到外强肢体、内和脏腑、通畅经络的作用。从而使人体内外的各个部分得到全均衡的锻炼。

第二章　四季养生

★万物荣生之春季养生

春三月，此谓发陈，天地仅生，万物以荣，夜卧早起，广步于庭，被发缓形，以使志生，生而勿杀，予而勿夺，赏而勿罚，此春气之应，养生之道也。逆之则伤肝，夏为寒变，奉长者少。

——《素问·四气调神大论》

春天的三个月，可以称之为是承上启下吐故纳新的时节，此时天地自然的生发之气都已经萌生，万物可谓是一片生机勃勃的景象。这个时候就应该天黑入夜则睡，日出而早起。不仅如此，还要解开紧束的头发，宽衣松带以便让自己的身体得到舒展，精神也顺应春天的生发之气而得到滋养，此时，只可顺着春日阳气的生发而让自己胸怀舒畅，切忌不可杀生；相反，要多施予少敛夺，多行赏而少责罚，从而达到一种内外和顺的状况，这就是顺应春季时令进行养生的道理。不顺反逆的话，则会使肝脏受到损伤，而且还会因为不能供给夏长之气的不足而在夏季引发身体的寒性病变。

春季身体的调养重在一个"生"字，具体该怎么样"生"呢？《黄帝内经》说得很清楚："生而勿杀，予而勿夺，赏而勿罚"而"以使志生"。这里的"以使志生"，就是说人们在春天要顺应阳气升发、万物始生的特点，顺应大自然的生机勃发之机，让自己的意志、情趣得到生发，让自己的心胸更加开阔，心情更加豁达乐观。

夏之疾在于春之患，就像上面说的，春天不能供给夏长之气疾病就会在夏天被引发。同样的道理，如果在春天得了疾病，那么，疾患多源于在冬天未能做好"精"的固守，未能在冬天储藏以供给春天生发所需要的身体能量，在了解了春夏秋冬四季的养生之道后，大家就不难发现，这些养生的道理就像一个"救生圈"一样，对于生命的护卫可以说是环环相扣的,组成了生命赖以循环往复的通道。

随着冬与春的季节更替,阴阳之气也就近似太极图一样,冬寒极而至春暖,阴满而至阳长。此时,人体的阳气就在经过冬天后开始"苏醒"过来了,形成一种向上向外的喷发,那些处于半休眠状态的身体机能也开始变得活跃,阳气向外宣发。冬天因为气温低身体相对的僵直,或许这也是为什么人们在规劝那些活跃分子的时候常说要"冷静"的原因,因为冷而静。

◆春季养生,养心在乐

春为四时之首,既是自然界阳气开始升发的时令,也同样可以看作是养生的开始,此时,人应该本着"人与大地相应"的基本出发点,顺其自然向上向外疏发人体之阳气。所以,春季养生的一个重点就是要注意保卫体内的阳气,使之由弱到强逐渐旺盛起来。凡有耗伤阳气及阻碍阳气的情况皆应避免,而且还要积极地去倡导一种雅致舒心的生活。那么,人们应如何养生,才能使身体更健康呢?

养神

春天阳光明媚、风和日丽,精神的调摄也应该是顺应自然而疏泄通达,心绪豁达,或踏青问柳,或游山玩水,不仅使自己的情操得到陶冶,而且有一种融合于大自然的和谐感。除此之外,有意识地培养自己开朗的性格也很重要,一项有关长寿秘诀的调查显示,结果发现其中96%的寿星都是性格开朗的。可以想象,在大自然鸟鸣、泉水叮咚、和煦暖风中的奏鸣下,人融入其中,自然气血通畅而精神旺盛。

日常生活要安排得丰富多彩。《寿亲养老新书》里载有十乐:读义理书,学法帖字,澄心静坐,益友清谈,小酌半醺,浇花种竹,听琴玩鹤,焚香煎茶,登城观山,寓意弈棋。清代画家高桐轩也有"十乐",即耕耘之乐,把帚之乐,教子之乐,知足之乐,安居之乐,畅谈之乐,漫步之乐,沐浴之乐,高卧之乐,曝背之乐。可见,在生活中结合自己的情趣爱好,不仅是生活的丰富,还是一种生命的颐养。

人缘

好人缘,在很多时候被现代的人作为了人力资源来看,这本身没有什么不对的,但那样做往往对应于自己的理想、目标。换句话说,就使人与人之间的一种相互关系变成了为了一定目的的利用,自然,人际关系的培养也就成为了一种策略,偏离了协调好周围的人际关系,从而引起愉快情绪、产生安全感、舒适感和被认同感,也就脱离了健康养生的正道。

可能大家都听说过这样一句话："女子伤春，男子悲秋。"这是什么意思呢？就是因为冬天属阴，春天属阳，春从冬来，春天是从阴到阳逐渐生发的阶段，这个时候不管性别如何，只要是一个正常的人，心情也都会开始"发动"，所以女性较男性更容易"伤春"。在古代甚至有一个节日——上巳节，即在"三月三"这一天，男女被认为是可以合法私奔的，男女聚会，谈情说爱以免"伤春"。后来演变成"三月三，风筝飞满天"，实际上也是顺应一种心情的放飞，是一种治疗春三月产生情绪变化的良方。

知足

人，面对失败是无可奈何的事，但重视过程，轻视结果却是可以控制的。对于追求的目标在过程之中尽可能以一种平常心去尽力，在结果的问题上抱着一种顺其自然的态度。试想，那些所谓的成功不都是过眼云烟吗？那些历史上的英雄豪杰不都在演绎着"是非成败转头空"的人生的悲喜剧吗？当我们在关注《孙子兵法》，关注《卡耐基的成功之道》的时候，是否也该看看古人对于我们"知足常乐"的提醒呢？如《黄帝内经》里所倡导的"高下不相慕"，"美其食，任其服，乐其俗"，即不论社会地位的高低，都不要去倾慕，无论吃什么都感到很满足，穿什么也不挑剔，不管社会风气如何，都能够处得好。这里不择、不挑就是一种"大顺"的倡导，因此，从这个意义上，我们也可以看出，在祝福很多人"六六大顺"的时候，往往被误解成了做事要顺，其实最大的顺在心中，是要"心顺"。

◆春季养生，养肝在睡

春季养肝重在晚睡而早起，为什么不是早睡早起呢？

春天属木，肝属木。春季养生要注意养肝自是情理之中。那么，春天养肝应该遵从"夜卧早起"之道，而不是人们常说的早睡早起。说来还是一个"顺"字。顺的就是春季的生发之气。因为春天充满了生发之气，昼夜的时长发生了变化，白天长而晚上短，所以可以将在白天工作的时间适度延长，而将晚上睡觉的时间适度缩短。听来或许有点糊涂了，要养生，还要延长工作时间，事实上就是如此。打个比方说吧，水在半罐的时候，摇晃起来对于罐壁的碰撞会产生很大的力量，而在水满罐的时候，不仅没有半罐时候的响叮当，而且对于罐壁的碰撞力也会减弱很多，甚至将鸡蛋放置其中也不会有什么破损。

春季万物生发，我们在对待自己身体的时候，也要像对待新生的事物一样，扶助其生长而不要伤害它。对于工作时间的适度延长从某种意义上讲是给身体"加满水"，是一种防止受到春天气息震荡的一种方法，所以适度的工作时间的延长实际上就变成了一种保养，是给了身体一个生发的机会。如果违反了这个道理，就会伤害到肝脏、肝气，到了夏天，就会发生寒性的病变，就会使得人们适应夏季盛长的能量不足。这也可以用五行相生的原理来解释，春天属木，夏天属火，木能生火。现在木没有养好，就会影响到下一阶段的火，火一旦弱了，就会引起寒性的病变。所以，如果前一个季节没有养好身体，那么，淤积的病气就会在下一个季节表现出来。这就是顺应春天生发的养"生"之道，因此要早起而晚睡。

当然，我们强调春季养生要顺势而为，以防止体内的阳气被抑制，气机不畅，各种邪气乘虚而入，形成我们熟悉的"上火"，但并非就是没有一个限度，甚至走上极端，晚上坚持越晚越好，早上越早越好。对于睡眠，要有一个时间上的充分的保证和睡眠规律的基本的遵从。除了适度之外，需要强调的一点是，即使在爱美的女孩那里，早起的时候建议你也不要做形与容上的精心打扮，甚至不需要紧束头发，就像印象中的"懒大嫂"一样，可穿着防止着凉的拖鞋"披头散发"地在庭院散步，只要不吓着人，只尽管舒缓自己的身体就好，要知道，身体好了自己收益，活在美的赞许中，更要活在属于自己的健康中。

★天地气交之夏季养生

夏三月，此谓蕃秀，天地气交，万物华实。夜卧早起，无厌于日，使志无怒，使华英成秀，使气得泄，若所爱在外。此夏气之应，养长之道也。逆之则伤心，秋为痎疟，奉收者少，冬至重病。

——《素问·四气调神大论》

夏季有四、五、六三个月，可以称得上是"蕃秀"，即是万物繁荣秀丽的时候，因为此时天之气沉降，而地之气升腾，自然天地之气交相融汇，所以在这个时候，万物采纳自然之精华而开花结果，长势旺盛。作为养生来看，其间就应该晚点睡而早点起，并且不要对夏天的热与昼长夜短等产生厌恶的情绪；相反，应该保持愉快的心情以适应夏天"华实"，让内敛的气机得到疏泄，自我的情趣得到抒发。这就是适应夏季气候变化，颐养天寿的养生之法。从反面来讲，如果违背了这样的夏长之气，就会损伤心脏，就为秋天的身体疾患埋下了祸根，自然，秋收之气不足，冬天也就容易再次出现危害健康的疾患。

◆夏季养生，气壮需先理直

夏季如何养生？正如上面所说，要适应夏季时令变化的特征来进行"养长"，当然，对此时令，更多的时候不是简单地将其看作为自然气候的转化，而要将其放到一个阴阳气机平衡的角度去认识。失去了这样的指导，很大程度上就容易将其误解为是一种关系的生硬联结，甚至看成一种玄学。比如，天地气交，一方面是自然的物质之气在运化交汇，另一方面则是一种"以天为阳以地为阴"的一种阴阳的聚首。不仅是阴阳的均衡使得生命得以滋养，而且也是一个生命得以"熔炼"的过程。因为夏天阳气比春天更往外升发了，所以人的气息也要向外宣发，人体的养生也要更加的伸展，达到"天人合一"的和谐状态。

这一点，从中医理论也能得到较好的印证。夏天主心，夏天容易伤"心"，要注意预防心脏病。夏天心绪要平稳，如果违背了这个道理，心气没有养足的话，就会伤害心气，就会使得下一个季节——秋天收气的功能减弱，秋天就容易得疟疾，俗称"打摆子"。疟疾的特点是生病以后会一会儿觉得冷，一会儿觉得热。夏天是火热的，秋天转凉了，寒热交替，这个季节没有调整好，下个季节秋天就容易得寒热交替的疟疾，到了冬天还可能会重复发病。这也从根本上告诉我们，对于夏天丰富的阳气，应采取适应并吸纳，而不是抵触和逆反的方式。倘能如此，也必然会让人体健康的生命之花得到盛放。

说到这里，有一点值得分享的内心体验是，《黄帝内经》之所以被公认为是养生之"圣经"，就在于它阐述的往往不仅是一种具象的东西，还带有一种根本的说明。就拿夏季养长为例，植物的开花结果是如此，其实人的生命也一样。具体说来，阳气开散可催花，阴气凝聚方生果。植物有雌雄，人有男女；植物在天地气交的时候会开花结果，人尽管体现方式不同，但本质是相同的。从个体生命来讲，会有一个性别特征的日渐凸显，随着第二性征的出现，生命之花渐至盛开，而在男女生命之花盛开的同时，一种相互吸引的"花粉"开始传播荡漾，双方跨越了男女授受不亲的界限后相互采纳精华最终"结果"，即有了新的生命的诞生。这里，《黄帝内经》还值得颂扬的一点是，它不仅是漂浮在半空中的美丽的云彩，空有其看似完美的气机理论的阐述，而且还告诉我们生命到底该如何滋养，这里提出了"夜卧晚起"，没有任何成本，只是每个人都可以去施行的一个方案。

如果认真研究过春季养生，那么，这里，细心的你就会发现，《黄帝内经》在春季养生的时候也打过"睡觉"的主意，而且都相同地提到了"夜卧早起"，二者是否本质上都一样呢？是不是说春季养生和夏季养生基本没有什么时令变化的影响呢？如果相对量化来说的话，那就是夏天需比春天睡得还要晚一些，白天起得还要早一些。为什么要这样呢？因为夏天阳气充盈，而且从看"天色"的角度上讲，昼更长夜变得更短了，所以人的养生也要与阳气的渐盛相呼应，要睡得再晚一点，起得再早一些。

◆夏季养生，边疏泄边避暑

时下，提到夏天，人们很容易会想到一个词：桑拿天。骄阳似火的夏季，让很多因为害怕寒冷而把自己装进套子的人也会对冬天充满念想；但另一方面，时令是无法"换台"的；再说，夏季阳气充沛也是生命之花绽放的一个重要的前提。如果姑且把避暑算作首先需要"救急于水火"的事的话，那么，与环境相适应的疏泄也绝对不可以懈怠。

迫在眉睫的夏季避暑

太阳像一个在我们头顶从上面加热的火炉，世间万物被滋养着，被炙烤着，面对此，海参会蜷缩着身子躺在浅海中不吃不动，用消耗体内积存的脂肪维持生命活动直到秋凉；非洲浅海水域的肺鱼可以通过自身分泌黏液把泥土粘在一起筑成避暑求凉的安乐窝；南非的树鱼则会爬到树上的阴凉处，为了度过酷夏而酣睡两个多月；而当鲸鱼觉得热时，它可以用冷水冲洗口腔和鼻腔，然后会把热水变成美丽的喷泉；其他的如松鼠会翘起尾巴遮阳，兔子会用耳朵散热降温，蜜蜂会用双翼扇风，犀牛可以在泥里打滚，狗可以吐舌头散热，鸡可以展翅降温。人呢，人该怎么避暑？风扇24小时夜以继日地散热吗？空调开到18℃把房屋变成一个"大冰箱"吗？

有一个词叫"苦夏"，大体上就是针对那些容易中暑的人而言的。说夏天的时候很苦，原因就是阳气太盛，天气太热。这个时候，既要让阳气升发，又要注意不让阳气过度发散。就如何避暑的问题，人跟动物避暑的方法类似，要因人而异因地制宜。临床调查发现，夏季中暑人群大体与我们公交车需要优先照顾的人群相当，即老、弱、病、孕等，残多为外力所致，一般说来与中暑没有什么必然的联系。下面就从这个分类出发，进行一个中暑原因和应对上的简单说明，可参照对号入座。

其一：老

老，即老年人。老年人之所以容易中暑，一句话就说完了，因为他们皮肤汗腺萎缩和循环系统功能衰退，肌体散热不畅。可以近似地打个比方，就像很多家用电器，如电脑、电视等用得时间长了，大多会有散热功能下降，从而影响功能发挥一样。老年人本身体质弱，而且常患有心血管疾病等一些慢性病，所以老年人更容易

·《黄帝内经》养生智慧·

图文珍藏版

在高温季节中暑,严重者可导致死亡。所以,这里建议老年人在气温超过37℃时应尽可能呆在相对凉爽的屋子里,少到阳光直射的地方。即使喜欢运动对自己体质较为有信心的老人,也要尽可能避免在中午11时至下午4时这段炎热的时间里进行锻炼,以减少外界的阳光直接辐射在身体上。在出汗后要多饮水,及时补充流失的水分,为了防止狂饮,绝对不可等到口渴了再去饮水。饮食要以清淡素食为主,多吃些西红柿、青菜、莴苣等富含维生素的蔬菜或绿豆汤、金银花水等清凉防暑饮料。

其二:弱

弱,在这里主要是针对婴幼儿而言的。婴幼儿是祖国的未来,是家庭的希望,防止他们中暑不仅是因为他们被寄予的希望大,还因为他们身体各系统发育还不够完善,体温调节功能也还相对较差,而且较多的皮下脂肪也会对散热不利。因此,在穿着上首先应为其穿薄的棉质单衣,如果流汗要马上擦干,尽量不用电扇或冷气。外出戏水前应选择不含香精、防晒系数低于15的防晒乳液外擦。室内外温差不要太大,室温不低于25℃。冷气房内最好放一盆水,以免干燥。

其三:病

和普通人相比,一些身体素质较差的疾病患者更容易出现中暑问题,如炎热天气会使心血管病患者的交感神经兴奋,加重心血管的负荷,体内的热量不能及时散发而积蓄所以也容易中暑;糖尿病患者的机体对内外环境温度变化反应迟钝,虽然热量已经积蓄在体内,但病人的自觉症状却出现得较晚,所以也易引起中暑。除此之外,一些患感染性疾病的患者,因为细菌或病毒性感染可以使人体产生内源性致热原让机体产热加速,加之炎症"助纣为虐"还能使机体释放出一些物质,使血管痉挛收缩,更不利于散热而容易中暑。

夏天出汗多,营养流失太快,人们因各自的病患不同一般会出现不同程度的消瘦。尽管如此,夏季,单纯的营养补给还不容易被吸收;而且"补"的火候也很难掌握,少了身体还欠缺,多了又容易上火。因此夏天进补要以均衡营养、降温去火为前提,不宜进食燥性补品。这里推荐你可以在了解自身疾患的基础上,将豆浆作为消暑进补的一剂良药。众所周知,豆浆性平味甘,有生津润燥之效,"泻胃火,治内热""利水下气,制诸风热"。而且以黄豆和绿豆为原料做成的豆饮,还富含蛋白质、维生素、矿物质等养分,经常饮用能均衡人体营养,调整内分泌,对降低胆固醇、减轻动脉硬化、防治高血压及保肝等有一定的帮助。

其四:孕

一个人吃,两个人吸收,孕妇因为怀孕后体力消耗大,身体处在一种极度虚弱的境地,而且如果逗留在通风不良、温度较高的室内,则更容易中暑。对于孕妇的中暑防治除了衣着应凉爽宽大并经常用温水擦洗外,还需要在吃上下工夫,多吃新鲜蔬菜、豆制品及一些补气益阳的食物。比如可以取用百合干 10 克、莲子肉 10 克、银耳 10 克、绿豆 45 克、冰糖或蜂蜜适量。将百合干和莲子肉用温水浸泡至发软;将银耳用水发开,洗净摘成小朵;将绿豆浸泡充分,与百合、莲子、银耳清洗干净,一起放入豆浆机网罩内,杯体内注入适量清水,机器安装到位。启动机器,十几分钟后,就做好了这道百合莲子豆浆。

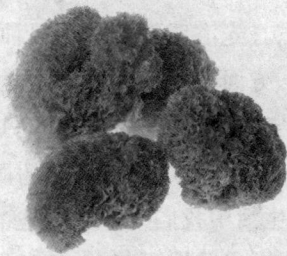

银耳

夏季养长,避暑是很多人容易忽略的一件事。很多时候我们说从正面对身体进行呵护,在策略考虑上一个应有之义则是防止疾患的侵袭。这就像一些谋略之士所称的,很多时候最好的进攻就是防守一样。为了防止中暑,除了一些常规的防守外,家中常备一些中药也是必需的。比如具有降暑解毒、化湿和中之效的藿香正气水;可用于中暑引起的头痛、头晕、恶心、呕吐、胃肠不适等的十滴水;可用于因高温引起的中暑头痛的人丹;多用于中暑昏迷者急救的暑症片。另外,夏桑菊颗粒、下火王颗粒、抗病毒颗粒以及用菊花、金银花等沸水冲泡代茶饮,对防治夏日中暑等均有良好作用。

夏季,身体疏泄的安全通道

夏季避暑人之常情,也是养生之要义,但为什么还要"无厌于日"呢?这不是自相矛盾吗?其实,这是一个问题的两个方面,即利与弊。一方面强调了夏热容易使人中暑之弊,另一方面也要看到夏热之利,即疏泄。回答为什么要"无厌于日",这还得从其本意说起。

厌,本意是满足的意思。如人们常说的百听不厌其本意就是听了很多次也不满足还想听的意思。这里,显然不是说不要满足太阳的照射,而是转化为了不要害怕阳光、不要怕夏热的意思,当然,这里的不要怕并非说你可以跟太阳对着"火拼",而是一种合理地利用夏热以接纳阳气,适当地出汗以疏泄之意。

时令的不同就像上面我们提到的,实际上大自然给我们的一种恩赐,让我们的身体在一种时令转换中得到了"锻炼",所以,从这个意义上说,人们应该更多地利用这种恩赐,而不是太多地借助甚至依赖空调、风扇等来赶走这样的上等好礼;否则,人体的毛孔在这种冷闭热张中变得张弛无度,这也正是很多人在沾沾自喜地享受空调带来的"品质"生活的时候,却得上了"空调病"等的原因。

需要纠正的是,过去"汗滴禾下土"的超强劳作在很大程度上已经是一去不复返了。随着科学的进步和人们生活水平的提高,人们对于太阳的照射不是多了而是少了,日光浴反而变成了一种品质生活的享受。一方面是一种自我的调节和放松,另一方面则是利用自然阳光让我们身体得到疏泄,不是通过人工的抽、吸等手段,而是在出汗的同时让身体的垃圾得到排泄,所以,夏天虽然比较热,但不要老躲在家里,至少可以到公园里、树荫下、小河旁边去活动活动,让自己出出汗。其实这一点在生活中我们或多或少地都有体会,那些久不出汗的人体质反而会下降,做事提不起神,走路提不起劲;相反那些经常出汗或者偶尔有机会出汗的人,反而有一种自己说不出来的轻松。其实道理就在这里,卸下的自然不是肩背上的包袱,而是排除了那些积淀在体内的"垃圾"。

事实上,疏泄在排除体内垃圾的同时,还有一个作用就是"空位",这就像我们的电脑里面经常性地要作一些磁盘整理相类似,只有清除一些没有多少价值的东西,那么进补等才有进得去的空间。试想,还没有到收获的时令而体内已经淤积了相当多的东西,那么,到了秋天如何进补? 即使表面上那些进补的东西吃了不少,但实际上往往起不到进补的作用,这是因为没有很好地疏泄,所以那些进补的东西不能到位就是这个道理。从这里也解释了有些生活水平本不错的人,面对自己可爱宝宝不长身体很发愁的原因,别人家的孩子怎么吃馒头就长的有肉有个的,自家孩子吃得也不差,甚至明显地要好出许多,怎么就怎么喂也不长个、不长肉的原因。这也是《黄帝内经》提到夏季养生的时候,强调要"使气得泄"的依据所在。

★敛气宁志之秋季养生

秋三月,此谓容平,天气以急,地气以明,早卧早起,与鸡俱兴。使志安宁,以缓秋刑,收敛神气,使秋气平,无外其志,使肺气清,此秋气之应,养收之道也。逆之则伤肺,冬为飧泄,奉藏者少。

——《素问·四气调神大论》

秋天的三个月,谓之容平。在这个时令里,多天高风急地气肃清,此时人应该像鸡一样夜黑而归,晨曦而起,即要早睡早起;让自己的神志得到安宁,以减缓秋季肃杀之气对人体的影响,并且收敛神气以使与秋季的容平相适应,故而不可神志张扬,以保持肺气清宁,这就是适应秋季时令特点而在养生上采取收敛人体之气的一

种策略。如果违逆了秋收之气，就会伤及肺脏，并且因为提供给冬藏之气不足，故而冬天就容易发生飧泄疾患。

秋天之养收，这实际上人们在生活之中也多少有感觉，一个明显的例证就是，大多数人在谈到秋天的时候都会想到同一个词去为这个季节作定性，那就是秋高气爽。这个意思大体人们都能感觉到，但为什么会有秋之高，有气清爽之说呢？从自然现象分析来看，秋高是因为在经过了夏天雨季的洗礼之后，大量的降水清洗了天空，使大气中的尘埃杂质微粒大为减少，从而减少了穿过大气时光能的散失，使大气透明度大大提高，故而天空蓝而高远。气爽则是因为我国地面主要受冷高压的控制，下沉气流盛行，驱走了原来的暖湿空气。加之入秋之后气温宜人，人们出汗较少，干而凉的空气使人身上的汗液很快蒸发掉，身上的衣服有凉爽感，因此给人们以"气爽"的感觉。但从《黄帝内经》的养生理论来看，之所以有秋高气爽之说还在于秋之正气为燥气，而燥气具有收敛之功的原因。

秋季是一个承上启下的季节，处于一种阳消阴长的过渡阶段。而且还是多变的季节，大体上可以分为三个阶段，即热、燥、寒。一般来讲，从立秋到处暑可谓是秋阳肆虐的"热期"，此时的秋阳像是在做最后的属于压轴戏一样的表演，故此，不仅温度很高，而且时有阴雨绵长，所以湿气较重，二者双管齐下，人们大多会面对一个"秋老虎"的炙烤。随着季节的更替，到了白露过后，雨水减少又秋风登台，天气干燥且昼热夜凉，有"一早一黑冷飕飕"的民间俗语，此属于稍有不慎就可能伤风感冒的"燥期"，旧病复发在此阶段多成为了家常便饭。寒露过后，北方的冷空气会不断入侵，出现"一场秋雨一场凉"的"寒期"。可见，一秋者至少三变，也难怪很多人多有"悲秋"的情怀。

◆秋季养生，先灭燥气之火

秋天无论从时令特点还是气候变化所言，燥气都是一个"主旋律"，《素问·四气调神大论》中所说的"天气以急，地气以明"说的也就是这个意思。从字面的理解我们不难看出，"急"形象地说出了燥气的脾性，是一副风风火火不由你辩解的样子。气急而生的燥气，让那些湿润变得燥硬，不知不觉中，衣服、室内的空气都被抽干了水分，地也就跟着变得明亮而透彻。当然，人自然没有被放过，也不可能脱逃和回避。那么，是否就是被动的无奈，任凭秋之燥气肆虐呢？不能改变时令的环境，但至少人们可以降低燥气对人健康的侵袭，尤其是口渴咽干、声哑干咳、皮肤干燥等更是秋燥的主要表现。

通常情况下，人们都在主张对症下药，实际上，有其症必有其因，相同的症状往往病因却不相同,所以,对病证更要对病因。从秋燥来看,因为"燥"从火,所以,对于燥的防治,我们不妨从"水"的角度予以考虑,而倡导以饮食调养来抵御"燥气",则多可达到"燥则润之"的效果。具体说来,可以采取汤、粥等。汤如,将猪肺洗净切块,放入开水中煮5分钟,捞起冲洗干净;将切成块的两个雪梨去心和核;约两百根白茅根切短。5克陈皮用水浸软,与猪肺、雪梨、白茅根一齐煲,用文火煲2小时即可。具有清热润肺、化痰止咳、凉血、助消化的功效。可用于秋季身体燥热、流鼻血、咳嗽,或干咳无痰,或痰中带血、痰稠黄浓、喉痛、声音嘶哑、唇舌干燥、便秘等;粥如:先取苹果2只,粳米60克,白糖60克。然后将苹果、粳米加水同煮成粥,将熟时入白糖调匀即可,每日早晚食用。具有生津润肺、降压止泻的功效。可防治大便燥结。

说到饮食调养,秋季还有一个特别的讲究,这是因为秋季里有一个特别的节气——秋分。之所以被称为秋分是因为阳历时间为每年的9月22～24日。按旧历说,秋分刚好是秋季九十天的中分点。那么,这对于养生有什么意义呢?《春秋繁录》中记载:"秋分者,阴阳相半也,故昼夜均而寒暑平。"可见,秋分也是阴阳正式转化的一个界限,即在秋分之时才真正进入到秋季。作为昼夜时间相等的节气,人们在养生中也应本着阴阳平衡的规律,使机体保持"阴平阳秘"的原则,按照《素问·至真要大论》所说"谨察阴阳之所在,以平为期",阴阳所在不可出现偏颇。

事实上,正是从阴阳平衡作为出发点,饮食始分宜忌。有利于阴平阳秘则为宜,反之为忌。不同的人有其不同的宜忌,如对于那些阴气不足,而阳气有余的老年人,则应忌食大热峻补之品;木火质人应忌食辛辣;对患有皮肤病、哮喘的人应忌食虾、蟹等海产品;对胃寒的人应忌食生冷食物等。这里在进行饮食调养的时候之所以有宜忌之别,其根本就在于防止实者更实、虚者更虚而导致阴阳失调。体现一种"虚则补之,实则泻之""寒者热之,热者寒之"的原则。那么,如何利用食物来灭燥气之火呢?这里不再作方剂的介绍,根据秋季变化多端的特性,仅就从食物的性味、功效以及相应食物的品名作一个介绍。

其一:寒凉性食物

该类食物主要包括白萝卜、丝瓜、莲藕、茭白、梨、柿子、荸荠、菱角、桑椹、番茄、黄瓜、甜瓜、香蕉、甘蔗、芒果、竹笋、西瓜、枇杷、苹果、苦瓜、冬瓜、慈姑、厥菜、马齿苋、芹菜、淡豆豉、海藻、海带、螃蟹等等。具有滋阴、清热、泻火、凉血、解毒之功效。

其二:温热性食物

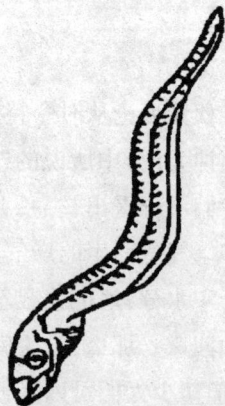

鳝鱼图

该类食物主要包括的热性食物有花椒、辣椒、芥子；包括的温性食物主要有石榴、栗子、大枣、胡桃仁、大蒜、虾、海参、鸡肉、羊肉、南瓜、樱桃、荔枝、龙眼、杏、生葱、姜、韭菜、小茴香、鳝鱼、鲢鱼、淡菜、鹿肉、火腿、鹅蛋等。多有温经、助阳、活血、通络、散寒等功效。

其三：平性食物

该类食物主要包括有土豆，黑豆、赤豆、黄豆、花生、榛子、黑芝麻、黑白木耳、扁豆、豇豆、圆白菜、芋头、蜂蜜、黄鱼、鲤鱼、猪肉、李子、无花果、葡萄、白果、百合、莲子、黄花菜、洋葱、胡萝卜、白菜、香椿、青蒿、大头菜、海蜇、鹌鹑蛋、鸽蛋、猪蹄、牛肉、甲鱼、鹅肉、鹌鹑、鸡蛋、牛奶等等。

到底如何选用这些食物呢？"秋燥"其气清肃，其性干燥。燥邪伤人，容易耗人津液，所谓"燥胜则干"，津液既耗，所以口干、唇干、鼻干、咽干，舌干少津、大便干结、皮肤干燥成为普遍现

豇豆图

象。燥邪犯肺，容易发生咳嗽或干咳无痰、口舌干燥等症。故在饮食调养上要以防燥护阴、滋阴润肺为准则。故应尽量少吃辛辣之品。所以《饮膳正要》中说："秋气燥，宜食麻以润其燥。"事实证明，多食芝麻、核桃、糯米、蜂蜜、乳品、雪梨、甘蔗等食物，可以起到滋阴润肺养血的作用。

"春夏养阳，秋冬养阴"，人体的饮食活动也必须与这样的自然环境相适应，事实上，这些变化在体内阴阳双方会自然地随之发生适应性的调整，这里强调的目的是希望人能够在饮食上顺应这样一种变化，最终使秋燥的变化达到一个"和合"调摄的境地。

◆秋季养生，从"心"开始

秋季是一个让许多人思绪飘扬的季节，曹雪芹在其文学名著《红楼梦》中就有"已觉秋窗愁不尽，那堪秋雨助凄凉"的动人诗句，还有"秋风秋雨愁煞人"等。老人尤其如此，宋代大养生家陈直说："秋时凄风惨雨，老人多动伤感，若颜色不乐，便须多方诱说，使役其心神，则忘其秋思。"对于老年人来说，随着秋叶的飘零，一种萧条、凄凉、垂暮之感，一种人生"落叶终归根"的片片思绪往往引发的是无尽的忧郁。那么秋季如何养生呢？

秋季养生不仅在身,还在心。这并非是说其他季节不需要养心,而是说悲秋的情怀让秋季的养心显得更加突出。《黄帝内经·素问》中提出"使志安宁"的养生原则,对精神调养依然具有一种根本性的指导。肾藏志,顺应了秋收之气,固然肾精不可轻易动用,更不能透支,让健康出现空虚。具体说来,就是房事少行,这一点连动物都有所遵循。从《动物世界》我们知道,动物的交媾在春夏近乎疯狂,而在秋冬几近到了"禁欲"的境地。扼守内心的平静,收敛神气,而神安则寿,又中医认为心藏神,所以归根结底还要从"心"的调养出发。心情好、精神好就能为冬令阳气潜藏作好充分的准备。反之,如果触景生情则易增忧伤。忧伤又容易伤肺,肺气虚后,机体对不良刺激的耐受性又会下降;耐受性的下降,又进一步促使伤感、悲秋情绪。让健康步入了一个恶性循环的轨道之中了。而精神不调则精血渐衰、形体耗败,甚至就会出现未老而先衰。

秋天的气候变化较大,早秋热湿,中秋前后燥,晚秋又以凉、寒为主,此时机体活动随气候变化而处于"收"的状态,阴精阳气也处在收敛内养阶段,所以注重养"心"的精神调养是秋季保健的重点。养其心需养其阴,秋天里,人们一定要保持精神上的安宁,只有这样才能减缓肃杀之气对人体的影响。秋季以"收"为要,做到"心境宁静",这样才会减轻肃杀之气对人体的影响,才能适应秋天的特征。如何才能保持心境清静呢?简单地说,就是要"清心寡欲"。从正面的角度讲就是要尽可能把精力多用在工作上,以一颗平常心看待自然界的变化,或静以练气,收敛心神,保持内心宁静;或多接受阳光照射,转移低落情绪,驱散心中的阴霾,保持乐观的心境。从反面的角度讲,则不让心存私利与嗜欲之心,以免自身的神气遭受破坏。古语云:"酒色财气四道墙,人人都在里边藏,若能跳出墙外去,不是神仙也寿长。"这里再清楚不过地说明了人们不要计较钱财的得失,要做到清心寡欲,就要尽量排除杂念,以达到心境宁静状态。

★去寒就温之冬季养生

冬三月,此谓闭藏,水冰地坼,无扰乎阳。早卧晚起,必待日光。使志若伏,若匿。若有私意,若已有得。去寒就温,无泄皮肤,使气亟夺。此冬气之应,养藏之道也。逆之则伤肾,春为痿、厥,奉生者少。

——《素问·四气调神大论》

冬天的三个月，从内养的角度看，可以概括为闭藏。可以看作是春天万物勃勃生机的孕化与潜伏期，所以谓之为藏。这时候，水寒为冰，大地龟裂，面对这样一个时令特点，善于养生的人们就应该早早地安睡，而且等到阳光照射的时候才起床。对于心中的那些所谓的梦想、理想、抱负和追求等，为免扰动阳气，最好让他们和自己的心一起潜沉下来，看上去近乎一种若有若无的"休眠"状态一样。也像是一个人有什么小秘密，不愿意被人看出来似的。要躲避寒冷而趋近温暖，不要使皮肤干泄而令阳气不断损失，这就是适应冬季气候而进行的闭藏养生，违逆了这样的养生之道则会伤及肾脏，那么，提供给春生之气就会不足，所以到了春天就会发生痿、厥的疾患。

在从春夏秋到现在谈的冬季养生，前后作一个串联，我们不难明白，四季构成了一个养生的无缝链接，上一个季节的气机充盈与否对下一个季节必然造成影响，而且这样的影响近乎多米诺骨牌一样，最终会传递回来，这样复加的后果是健康渐渐被耗损殆尽。

就拿冬季养生来说，冬季之所以要闭藏，是因为春天的生发之气所必需，所以冬天要关闭所有的气机进行收藏。而且，农历的冬季，始于立冬。所谓的立就是创建，开始之意；冬，通终，即万物收藏。不仅从立冬这一节气的字面上看出一些端倪，而《黄帝内经》以一种"天人相应"的大道告诉我们，对于养生自然其实给了我们太多的暗示。如本来无孔不入的水现在也不流动而成为了冰，开始了闭藏。大地的闭藏更是到了极限，都到了闭藏丰盈以至开裂的境地。所以，这个阶段，人也要顾及阳气的闭藏，因此，在四季中，只有冬季出现了"早卧晚起"之说，晚起是为了"无扰乎阳"而"必待日光"，就是要等到太阳出来、阳气日渐升腾的时候再起床，阳气闭藏好了，身体就能够保持温暖，阳气也就可以尽收丹田，还可以帮助我们去消化一些"冬补"之食。所以，冬天人体气血都归附身体，故而可以吃一些厚味之品。

◆冬季养生，去寒就温做足疗

俗话说："夜夜把脚洗，免遭寒气袭。"中国人喜欢洗脚可谓是具有东方特色的养生之道，因为西方人更重视洗澡，那么，难道全身都惠及的洗澡难道还不如洗脚更养生吗？且不作高低的评价，大体来讲各有其道。为什么这么说呢？西方人喜欢洗澡因为西方人整天把什么鱼肉等高脂肪的东西当饭吃，消化这些东西往往体味较重，所以洗澡成为一种必需。相反，中国人则没有这个必要，因为大多数时候我们的膳食是以纤维类食物为主的，清淡的食物让身体往往变得清纯、淡雅，所以，适宜于多洗脚。

泡脚

双脚还是全身健康的"窗口",如觉得双足酸沉,行走无力,就可能是肾虚的征兆。脚上有数十个穴位,而且大多与脏腑有着直接的对应关系。中医经络学说认为,脚底是各经络起止的汇聚处,脚背、脚底、脚趾间汇集了很多穴位。经常进行足部按摩,使诸多穴位受到不同程度的热力刺激,从而帮助人体内环境得到调节与平衡,提高免疫功能,达到调理脏腑、舒经活络的功效。具体说来,如脚面属于胃经,足底涌泉穴连着肾经;足大脚趾外侧属于脾经,小脚趾外侧属于膀胱经。胃的经络通过脚的第二趾和第三趾之间,胃经络的原穴也在脚趾的关节部位,故脚的二趾、三趾粗壮有弹性。另外,胃肠功能强的人,站立时脚趾抓地也很牢固。所以,那些走路经常摔倒的人,可能需要考虑是否胃肠功能虚弱。

"热水洗脚,胜吃补药"。说了这么多,到底该如何泡脚呢? 具体方法是:先取适量温水放置于脚盆之中,水温以脚部感觉舒适为准,也可遵医嘱在水中加入适量的中药方剂(一般说来,气虚的人可选用党参、黄芪、白术等补气药;高血压患者宜将菊花、枸杞子、桑叶枝、丹参等与冰片少许煎药泡脚;需要活血补肾的人可选择当归、赤芍、红花、川断等;皮肤干燥的人可选择桂枝、银花、红花等中药。将这些中药每样取用 15～20 克,用砂锅煎煮,然后将煎好的药液去渣倒进桶里,再加入热水,每天浸泡 30 分钟)为佳。水不要一次性地注到位,以免过凉,当然如果能换水则可一次性没过脚踝为佳。然后将双脚浸泡 15分钟,然后用手或热毛巾反复揉搓小腿直至腿部皮肤发热为止。洗完后,不要晾干,而应用干毛巾反复擦干为止。一般来说,最好在每晚洗毕后半小时内上床就寝为佳。

红花

值得注意的是,为了避免双脚的局部血液循环长时间过快,会造成身体其他部位相对缺血,所以泡脚时间不能超过半个小时,否则有可能因脑供血不足而昏厥,老年人尤应注意。此外,饭后半小时内不宜泡脚,否则会影响胃部血液的供给,长期下来会造成营养不良。

搓脚

"去寒就温"不仅可以泡脚,还可以采取揉搓的方式。这是因为脚心穴位病理

反射较多,所以常搓脚心能活血通络,对于祛病健身有较好的效果。具体说来如左脚掌心穴位病理反射有腹腔神经丛、肾上腺、肾脏、心脏、脾脏、胃、十二指肠等。右脚掌心穴位病理反射有腹腔神经丛、胆囊、肾上腺、肾脏、肝脏、胃等。该怎么搓脚呢? 首先就是要每天坚持搓脚心1~2次,每次左右脚心各搓100下。特别要说明的是,脚底位于脚心部位有一个涌泉穴,是肾经的穴位;同时是属于长寿穴之一,常搓涌泉穴可以防治健忘、失眠、腹胀、便秘、消化不良、食欲减退以及心、肝、脾、胆等脏器病证。此外,也可以脱掉鞋,把一个网球大小的球状物顶在脚心,来回滚动一两分钟,有助于防止足弓抽筋。

晒脚

很多时候,即使不在沙滩上,甚至就在办公室里,很多人也禁不住脱掉鞋子,仰在椅子上把脚放在栏杆上等晒太阳。如果条件许可,尽可能脱掉鞋袜,将两脚心朝向太阳晒20~30分钟,让阳光中的紫外线直射脚心,就像在足底为自己安装了一个电子一般,可以很好地促进全身代谢,加快血液循环,提升内脏器官的活力,使其功能得到充分发挥;甚至对鼻炎、贫血、佝偻病、低血压等还有很好的治疗作用。

◆冬季养生,闭藏进补进行时

冬三月草木凋零,冰冻虫伏,自然界万物闭藏。冬季养生要顺应体内阳气的潜藏,以敛阴护阳为原则。不仅需要早睡以养阳气、迟起以固阴精,还需要厚味以进补。

立冬宣告了冬季的来临,冬季寒冷,需要养生,而"养生之本,在于饮食",自然,冬季的饮食调养要遵循"虚者补之,寒者温之"的传统,而立冬的到来是阳气潜藏,阴气盛极,蛰虫伏藏,万物养精蓄锐为春季生发作准备的大好时机。从进补时间的选择来看,一般认为冬至日是一年中白天最短、黑夜最长的一天。《易经》中有"冬至阳生"的说法,即节气运行到冬至这一天,阴极阳生,此时人体内阳气蓬勃生发,最易吸收外来的营养,而发挥其滋补功效,充分说明在这一天前后进补最为适宜。当然,冬令进补时间的选择因人而异。比如患有慢性疾病又属于阳虚体质的人需长时间进补,可从立冬开始直至立春;体质一般而不需大补的人,可在三九天集中进补。

冬季的一个显著的脾性就是寒冷,该如何抵御寒冷的袭击呢? 不外乎使体内产热增加,散热减少,具体到饮食上,就需要适当进食高热量食品,以促进糖、脂肪、蛋白质的分解代谢,故应多吃具有御寒功效的食物,进行温补和调养,滋养五脏,扶正固本,培育元气,促使体内阳气升发,从而温养全身组织使身体更强壮,有利于抗拒外邪,起到很好的御寒作用,减少疾病的发生。

如果冬季怕冷建议最好适当补充一些钙和铁,补充富含钙和铁的食物可提高御寒能力。具体说来含钙的食物主要包括牛奶、豆制品、海带、紫菜、贝类、鱼虾等;含铁的食物则主要为动物血、蛋黄、猪肝、黄豆、芝麻、黑木耳和红枣等;如果是气虚则可用人参或西洋参,两者均含有多糖类等多种活性物质,有大补元气之功效;如果是阳虚者可用鹿茸,富含氨基酸及钙、磷、镁,有壮肾阳、强筋骨之功效;如果是阴虚者可服枸杞子、百合,它们均含有蛋白质、脂肪、糖及多种生物碱等,有养阴润肺、清心安神等功效。

黄豆

冬季是一个寒冷的季节。事实上冬令进补与平衡阴阳、疏通经络、调和气血有密切关系。所以,进补还应顺应自然,注意养阳,以滋补为主。根据中医"虚则补之,寒则温之"的原则,在膳食中应多吃温性、热性,特别是温补肾阳的食物进行调理,以应"冬气"。从而帮助实现体内阳气的升发,为来年的身体健康打好基础。俗话说"三九补一冬,来年无病痛",就是这个道理。

第三章 饮食养生

★《内经》论食养

五谷为养,五果为助,五畜为益,五菜为充,气味合而服之,以补精益。

——《素问·脏气法时论》

　　五谷是指粳米、小豆、麦、大豆和黄黍,五果是指桃、李、杏、栗和枣。桃具有益气血、生津液的作用;栗子能补脾胃、补肾强筋、活血止血,可以作为辅助医疗果品;大枣养脾和胃、益气生津,为常用的营养辅助食品;杏能生津止渴、润肺平喘,是咳喘病患者的医疗果品。牛、羊、猪、鸡肉都有补中益气、温肾助阳,平常人食用,也可以增力强身,鸡肉温中、益气、补精、添髓、是补益食疗的佳品。另外五菜也有补充人体的作用,谷肉果菜都有气味,最好是放在一起食用,无使偏盛,以补益精气。

栗图

　　谷类食物是中国传统膳食的主体,随着居民生活水平的提高,人们倾向于食用更多的动物性食物,在一些比较富裕的家庭中,动物性食物的消费量已经超过了谷类和蔬菜的消费量。这种"西方化"或"富裕型"的膳食提供的能量和脂肪过高,而膳食纤维过低,对一些慢性疾病的预防很不利。

　　提倡谷物为主是为了提醒人们保持我国膳食的良好传统,防止发达国家膳食的弊端。日常膳食要注意精细的搭配,应该经常吃一些粗粮、杂粮,稻米和小麦不要磨得太精,否则,谷粒和麦层所含的维生素和矿物质等营养素和膳食纤维都会大部分流失。

水果主要含有维生素和无机盐,尤其是维生素 C,它是维持人体生命活动不可缺少的营养元素。有了它人体才能健康,如果没有它就会出现各种各样的疾病。尤其是对于病后恢复期的患者和孕妇,更是不可缺少的。

水果还是人体无机盐的主要来源。尤其是钾、钠、钙和镁等,它们的最终代谢产物是碱性,所以也有人把它们称为"碱性食品"。这些碱性食品可以中和粮、豆、肉和蛋等食物所产生的"酸性食品",这样才有利于机体维持酸碱平衡。

还有,水果中含有较多的纤维素、半纤维素、木质素和果胶等,这些物质不能被人体的消化酶化解,但可以促进肠道蠕动,有利于粪便排泻。膳食纤维还可以防止和减少胆固醇的吸收,所以多吃水果有利于预防动脉粥样硬化,经研究发现,当每天的进食量由 150 克减少到 50 克时,细胞癌变数量可减少一半以上,如果配合食用水果,细胞癌变数量会很明显地降低。

动物脂肪是指由动物组织和动物源离析出来的脂肪,像猪油、牛羊油脂等。动物脂肪含有较多的饱和脂肪酸,对于高血脂症、冠心病、动脉硬化等疾病有促发和加重的作用。因此,人们对动物脂肪并没有好印象,其实这是一种误解,动物脂肪还是有很多生理功效的。

动物性脂肪具有防寒保暖的作用,"胖人不怕冷"就是因为脂肪有良好的隔热保暖作用,不仅如此,脂肪还能促进体内热量增高。动物脂肪所含的热量,大约是蛋白质和碳水化合物热量的 2.25 倍。当动物脂肪摄入人体后,经过氧化"燃烧",供给人体热量,既能防寒,又能防饥。

促进维生素吸收,维生素 A、D、E、K 必须在乳液中才能呼收,所以称它们为脂溶性维生素,这些维生素具有保持人体上皮细胞正常功能、预防肿瘤和骨软化病等重要功能。如果脂肪吃得太多,会影响脂溶性维生素的吸收,对身体没有好处。

新的医学研究发现,脂肪摄入量不足,会直接影响性激素含量降低,进而影响性器官的成熟和发育。进入青春期的少女,如果缺乏脂肪和性激素,乳房发育和皮肤健美都会受到影响,而且,月经来潮的时间也会拖延。

动物脂肪中,含有一种叫其轭亚油酸的物质,是一种不饱和脂肪酸。这种物质对癌细胞有良好的抑制作用,适量吃些脂肪能够提高机体的防癌和抗癌能力。

蔬菜,是人体必需的食物。它提供若干人体必需的重要物质。"五菜为充",已经指出了它的重要性。充,有补充、完善的意思。李时珍在《本草纲目·菜部》前言中说:"(充)所以辅佐谷气,疏通壅滞也。"所以,朱丹溪《茹淡论》说:"彼粳米甘而淡者,土之德也,物之属阴而最补者也,惟与菜同进。"《养生随笔》也指出:"蔬菜之属,每食所需。"

为什么吃米也要"与菜同进"呢?这里面有个重要的酸碱平衡问题。米面食品和肉、鱼、虾、蛋等属于酸性食品,而蔬菜、果品属于碱性食品。要维持人体酸碱平衡,酸碱性食物应当按照1:4的比例进食;反之便会出现失调,如使人容易感到疲劳,并使老年人易患神经痛、脑溢血等疾病,少年人则易导致大脑发育障碍、体内功能减退,一般的也容易导致皮肤病及消化系统、神经系统等疾病。当人体出现酸碱失调、需要碱性食物的时候,便出现想吃蔬菜的反应。

蔬菜对于人还有许多重要作用。提供多种维生素,是一个重要方面。关于维生素 A 和 C 等的用途,多年来已经揭示了很多。它们已经成为人体所必不可少的物质,近年来又揭示了它们的抑癌作用……

蔬菜还为人体提供多种无机盐和某些稀有元素。钠、钾、钙、镁等无机质会给血液和体液带来碱性倾向,当然还有其他用途;稀有元素也有它们的作用,如硒,多含在大蒜等蔬菜中,它的抗癌作用,已经引起人们充分的注意。

蔬菜又是纤维素和果胶的重要来源,其降血胆固醇、排铅等作用姑且不谈,它们排便的功效亦十分引人瞩目。因为及时排便可以预防结肠癌,已为更多的人了解了。人们将这个作用理解为"疏通壅滞"。

蔬菜还提供大量的酶、有机酸、叶绿素等等,都对癌有某些抑制作用。而食用菌中的多糖体,抗癌作用就更为肯定了。

我们没有谈及蔬菜的降血脂、降血压、利尿以及其他许许多多的作用,而是较多地谈及它们的抗癌作用,因为癌症已经困扰了整个世界。可以说一句:所有的蔬菜都抗癌!

现代营养学证明,为了从食物中获得合理的营养,满足人体的生理需要,在饮食上,我们必须注意营养的平衡。换句话说,就是要注意日常饮食的合理搭配,做到既要吃得好,又要吃得杂。

我们知道,人体必需的营养物质有 50 种左右。这些营养物质又被概括为七大营养素,即:碳水化合物、蛋白质、脂肪、维生素、矿物质、纤维素和水。要摄取这样多的营养物质,偏食当然不行,食物构成过于单调也不行。拿蛋白质来说,它所包含的多种氨基酸中,有 8 种是人体不能合成而要靠食物供给的。

氨基酸在不同的食物中有很大的差别,这种差别一般表现为含量不同和配比不同。其中,也有的食物是根本没有某种氨基酸的。此外,食物的特性不同,又决定了人体对氨基酸吸收率的不同。因此,要使人体不至于缺少某种氨基酸,我们在饮食中就要做到各种食物兼收并蓄,也就是要做到杂食。

其次,吃得杂也是保证人体营养平衡的必要措施。在饮食上,人体不仅要求营养的"全",而且要求营养素与营养素之间有平衡关系。比如蛋白质、脂肪、碳水化合物三大营养素所提供的热能,一般认为以分别占总热能的 10%～15%、20%～

25%和60%~70%为合理（日本是5：2：1）。有些矿物质之间、维生素之间都要求保持一定的比例关系。我国以谷物为主的食品构成，很容易造成营养素平衡关系的失调。如果饮食单调，甚至偏嗜某些食物，那就很难保证营养的平衡。吃得杂一些，可以使食物与食物之间产生互补作用，提高食物的"生物价"。

杂食还可以增加维生素和纤维素的摄入量，益于防病健身。这一点，目前已为全世界所公认。人体对维生素的需要，从量上看不是很大，但是却不能缺少其中任何一种，如果缺少了某种维生素，人就要得病。

《内经》十分重视饮食调理，认为饮食调理得当，不仅可以保持人体的正常功能，提高机体的抗病能力，还可以治疗某些疾病，饮食调理不当，则会诱发某些疾病。《素问·上古天真论》提出"饮食要有节"的养生方法，维护脾胃化源。

食物是我们日常生活中不可缺少的物品。食物大多数为动物和植物。这些动物或植物的结构十分复杂，不仅含有维持生命活动，增强人体抗病能力的各种营养物质，还含有多种具有治疗作用的化学成分，这些成分的多样性和复杂性构成了食物养生的物质基础。

◆养颜美容的食养

皮肤的健美与营养均衡关系极为密切。一旦营养不良，不仅容颜憔悴、双目无神，而且皮肤也会缺乏血色或苍白或灰暗无华。反过来说，多吃大鱼大肉虽然可以供应充沛的体力，但因此而产生的体内代谢物若不能及时排出体外，反而得不偿失，尤其是时间长了，蓄积于体内的尿酸就会引起内脏功能障碍和老化。由此我们可以看出，饮食养生对养颜美容也有着非常重要的作用。

肉皮冻

原料：肉皮500克，清水1000克，葱、姜、花椒、大料、酱油、精盐、黄酒适量，黄豆100克，味精、香菜、辣椒油、香油、醋、蒜泥各适量。

制作：将肉皮除去毛和肥膘，放在开水中煮一下捞出，切成条状。在锅中放上清水、肉皮、葱、姜、花椒、大料、酱油、精盐、黄酒、黄豆，一起熬煮，煮时注意撇去浮沫。当汤汁熬至稠浓时，捞出调料，放入味精，倒入容器内冷却即可。

姜图

吃的时候,切成小块,倒上香菜、辣椒油、香油、醋、蒜泥,拌匀就可以食用了。

功效:常吃使皮肤光滑,保持弹性,延缓衰老。

红烧海参

原料:水发海参500克,高汤200克,淀粉、糖各30克,葱油40克,酱油20克,料酒30克,味精4克,毛姜水、盐各适量。

制作:将海参坡刀切一条,用开水烫一下,用高汤、料酒、盐、毛姜水上火煨一煨,汤滗出不用。再以高汤下入料酒、酱油、味精、盐、糖,汤开后尝好味,勾芡,淋入葱油即成。

功效:常吃可保持皮肤滋润,增加皮肤弹性,延缓衰老。

凉拌五彩丝

原料:胡萝卜100克,粉丝100支,扁豆100克,水发冬菇50克,冬笋30克,精盐1.5克,酱油40克,熏醋10克,香油15克。

制作:粉丝用温水泡软,把扁豆洗净。将粉丝放入锅中,加入没过粉丝的清水,再加精盐,烧开,然后离火晾凉;将扁豆放入开水中略煮,捞出晾凉;再将冬菇和冬笋用开水余一下,晾凉。把扁豆、冬菇、冬笋、胡萝卜切成细丝,粉丝用刀割成段,码在盘中。用精盐、酱油、香油、熏醋、味精调成三合油味汁,浇在五彩丝上。

功效:它含有大量的维生素,可保持皮肤柔润、增加皮肤光滑。

黄瓜猪肝

原料:白菜15克,胡萝卜15克,鸡蛋2个,料酒、米醋、酱油、精盐适量,猪肝100克,黄瓜150克。

制作:将猪肝去掉筋膜,洗净,切成薄片,用料酒、米醋、酱油、鸡蛋清裹上一层薄浆,当油烧至六七成熟时,翻炒至金黄色捞出备用;胡萝卜、黄瓜、白菜洗净切成丝备用;锅内放少许花生油,烧至六成熟时,放入葱花翻炒后,将胡萝卜丝翻炒1分钟左右,再下入炒好的猪肝和白菜丝,然后下入料酒、精盐、味精翻炒,再下入黄瓜丝,炒几下即成。

黄瓜

功效:滋补健美,增强视力。

五白糕

原料:白扁豆50克,白莲子5克,白茯苓50克,白菊花15克,白山药50克,面粉200克,白糖100克。

制作:将扁豆、白莲子、白茯苓、白山药、白菊花磨成细面,与面粉调匀,加水和面或加鲜酵母令其发酵,发好后揉入白糖,上笼沸水武火蒸 30 分钟,蒸熟的时候切成块,当作主食食用。

功效:健白除湿,增白润肤,适用于面部黄褐斑,尤其是属于痰湿所引起的面部褐斑。

华佗治唇裂神方

原料:橄榄若干

制作:上药炒研成末,用猪脂调和涂之。

功效:对唇裂效果非常好。

补唇舌方

原料:鲜蟹(烧灰)、乳香、没药。

制作:每次用鲜蟹灰 6 克,乳香、没药各 1 克涂之,即生肉,如炙去唇舌,用川乌、草乌为末,摊纸 1 条,以凉水调和贴之,即不觉疼。如果用刀切手流血不止,以陈石灰涂之即止,愈后血硬,用鸡血点之即软。

橄榄

蜂蜜润肤汤

原料:蜂蜜 10 克。

制作:开水送服,每日 1 剂,长期服用。

功效:滋补润肤,适用于唇面干而无泽者。

蔬菜沙拉

原料:扁豆 225 克,清水 600 克,切成段的蒜苗 35 克,切成块的煮鸡蛋 2 个,盐、胡椒粉适量,芹菜少许,沙拉酱 100 克。

制作:将扁豆炖熟后捞出沥干水,与蒜苗段、胡椒粉、盐、芹菜段拌匀,调上沙拉酱,摆上熟鸡蛋块,放入冰箱冰镇。随吃随取。

功效:富含维生素,具有极佳的美肤效用,可以延缓衰老。

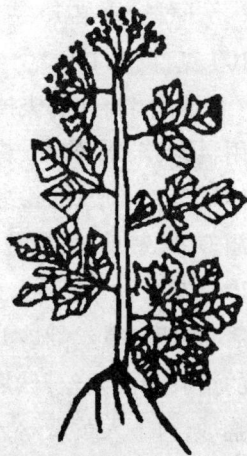

芹菜图

杞圆膏

原料:枸杞子、桂圆肉各 300 克,冰糖 300 克。

制作：将枸杞子、桂圆肉加水浸泡 2 小时，加热煎煮，每隔 1 小时取煎液 1 次，加水再煎，直煎至药物无味为止。然后合并煎液，先武火后文火加热煎熬浓缩，至较黏稠时，加入事先溶化的冰糖，熬炼到滴水成珠为度，离火、冷却，装瓶备用。每天 2 次，每次 1~2 汤匙，开水冲化服用。

功效：枸杞子具有延年益寿的神奇功效，《食疗本章》载：枸杞子"坚筋耐老，除风，补益筋骨，能益人，去虚劳。"药理实验证明：枸杞子有保护肝脏，兴奋大脑神经，使血糖降低等作用。桂圆，又名龙眼，王士雄著《随息居饮食谱》载："龙眼甘温，益脾阴、滋阴补液，果中仙品"。二药合用，共奏补肾润肺、生津养血之功，为肝肾灰阴不足、劳损内热之补养妙药。中老年人阴虚者十之七八，故食疗为益精明目之精品。久服令人益脑智、强筋骨、泽肌肤、美颜色。

拌蹄冻

原料：猪蹄 4 只，桂皮、八角、花椒、黄酒、姜、葱、盐、大蒜瓣、麻油、味精各适量。

制作：猪蹄洗净、去掉毛，烧开水烫一会取出，桂皮、八角、花椒、姜、葱用纱布包好，和烫过的猪蹄一起下锅，加入 1000 克水，再加黄酒、盐旺火烧开，文火煮烂，剔除骨头，撒上葱花，冷却后即成蹄冻。吃时将蹄冻切块，将大蒜泥、麻油、味精、酱油调成卤，倒进蹄冻拌匀即可。

功效：猪蹄有补血、通乳等功效，可治疗痈疽疮疡等症。蹄冻还含有大量胶原纤维和胶质蛋白，可滋润皮肤、抗皱防衰。

凉拌猪皮冻

原料：猪皮 1000 克，花椒、八角、桂皮、姜末、麻油、葱末、黄酒、盐、酱油各适量。

制作：猪皮洗净切碎放入锅中，将花椒、八角、桂皮用纱布包好下锅，倒进黄酒、葱、姜加水旺火烧开，文火煮烂。捞出纱布包，让煮烂的肉皮冷却。吃时切好加酱油、麻油拌匀即可。

功效：猪皮含有丰富的胶质蛋白，常服可健肤美容。

胡萝卜粥（摘自《本草纲目》）

原料：胡萝卜 50 克，粳米 50 克。

胡萝卜

制作:将胡萝卜洗净,切成碎丁,与米同煮为粥。每日2次。

功效:宽中下气,健脾和胃。其中胡萝卜为伞形科植物胡萝卜的根,别名红萝卜、黄萝卜。味甘性平,宽中下气,健脾化滞。据现代营养学研究,胡萝卜含有多种维生素和矿物质,其中胡萝卜素的含量突出,在蔬菜中名列前茅。它在小肠酶的作用下,能变为维生素 A。维生素 A 具有维护上皮组织细胞的正常功能,及预防皮肤粗糙、毛囊角化、面生粉刺的作用。还含有维持皮肤健美的纤维素,可清理肠道、防止便秘。胡萝卜与粳米为粥,宽中下气,健脾和胃。经常食用,可促进皮肤健美、细腻光润。

◆防癌抗癌的食养

癌症是机体内细胞分裂失控、任意繁殖、发生恶性病变,从而损害健康、危及生命的一类疾病。在传染病得到基本控制的今天,癌症、心血管疾病和脑血管疾病已上升为当前主要的死亡原因。现代医学的大量研究资料,发现80%~90%癌症的形成与环境因素,如地理条件、生活方式、饮食习惯等有关。如果对这些因素采取适当的措施,并做到早期发现和早期治疗,就可以达到防治癌症的目的。

膳食作为环境因素的一部分,与癌症关系错综复杂,既存在着潜在的致癌因素(高脂肪、黄曲霉素污染、酗酒等),也存在着防癌成分(充足的蛋白质、膳食纤维、胡萝卜素、维生素 A、维生素 C、微量元素硒等)。我们在食物调配时,要注意扬长避短,充分发挥防癌成分的作用,尽量减少致癌因素,组成完全、平衡的合理膳食,将有助于癌症的预防。

蘑菇猪肉汤

原料:鲜蘑菇100克,猪瘦肉100克,食盐适量。

制作:先将猪瘦肉、鲜蘑菇切成片,加水适量做汤,用少许食盐调味。佐餐食用。

功效:滋阴润燥,健脾益气。其中蘑菇,为黑伞科植物蘑菇的子实体,有天然生和人工栽培两种。味甘性凉,补益肠胃、化痰散寒。含有多种氨基酸、维生素和矿物质等营养成分。现代药理研究表明,有增强机体免疫功能和抑制肿瘤细胞生长的作用。猪瘦肉滋阴液,丰机体,润肠燥。蘑菇与猪肉相配,可以滋阴润燥、健脾益胃。尤其适合于放疗、化疗后白细胞减少、食欲不振的肿瘤患者食用。

醋海带(摘自《太平圣惠方》)

原料:海带50克,米醋200毫升。

制作：海带切成细丝，或研成粉末，浸泡在米醋中，密闭贮存备用。每日服用10毫升，或以此醋调制菜肴用。

功效：软坚消瘤，活血化瘀。可作为日常防癌保健食品，经常食用。

黄鱼鳔酥

原料：大黄鱼鳔100克。

海带

制作：将黄鱼鳔洗净，沥干，用香油炸至酥脆，取出，压成粉末，待冷装瓶备用。每次5克，每日3次，温水饮服。

功效：祛风活血，解毒抗癌。其中大黄鱼鳔味甘性平，无毒，祛风邪，消肿毒，行瘀止血，补血填精。民间常用于食管癌、胃癌、淋巴结核、小儿惊风、破伤风、吐血、滑精等症。

蒜苗肉包

原料：玉米面、白面各500克，蒜苗250克，鲜蘑菇100克，猪肉糜250克，发酵粉、黄酒、酱油、麻油、精盐、白糖、味精各适量。

制作：将玉米面、白面拌和，加发酵粉，水发成面团。蒜苗切成米粒大小，用盐略腌后，加蘑菇末和用黄酒、酱油、盐、糖调味的肉糜，加入麻油拌成馅。面团分成20份，分别包上馅上屉蒸熟即可。

功效：此包有增强机体抵抗力及防癌、降低胆固醇、抗血凝等功效。

豆腐烧萝笋

原料：豆腐5块，胡萝卜、笋、青椒各30克，香油10克，熟油250克（白酒100克），湿淀粉30克，酱油、白糖、味精、辣椒酱、葱花、蒜片、姜末、鲜汤各适量。

制作：将胡萝卜、笋、青椒均切成小象眼片；将豆腐上屉蒸10分钟，去掉水分，切成丁。炒勺放置旺火上，放入油，待油烧至七成热，投入豆腐，炸至金黄色时，倒入漏勺，控净余油。原勺内留一些底油，放入葱花、蒜片、姜末、胡萝卜片、笋片、青椒片、辣椒酱和酱油煸炒，然后加鲜汤、味精和糖；烧开后，撇去浮沫，投入炸好的豆腐翻匀，用湿淀粉勾芡，点香油出勺即成。

功效：防癌，抗癌。

红烧野鸭

原料：野鸭1只（约2000克），冬笋肉150克，酱油15克，熟猪油60克，大蒜9克，姜9克，味精0.6克，料酒30克，湿淀粉30克，香油3克，葱9克，胡椒粉0.3克，细盐0.6克，鸭清汤150克。

制作:将野鸭去掉粗毛、头、脚爪,然后在火上烧掉绒毛,随之放冷水内洗净,从背部剖开去内脏,洗净去骨、切成块,用泛水下锅煮至四成熟,最后取出放冷水内洗2次沥干,冬笋切菱角形的块,大蒜、姜均切片,葱片结。

把砂锅置旺火上,用熟猪油45克烧到五成热时,先将冬笋炸一下,再将野鸭块下锅,放料酒、细盐、葱结、姜片及7.5克酱油,煸干水分,加鸭清汤烧开,出锅去掉葱、姜,随后倒入钵内,上笼蒸烂。

把锅放在旺火上,把余下的熟猪油烧到五成热时,即将鸭倒入锅内,然后洒入剩余的酱油及味精、大蒜烧开,最后用湿淀粉勾芡出锅盛入盘中,放上香油,放入胡椒粉即成。

功效:强身健体,防癌抗癌。

红烧甲鱼

原料:活甲鱼3000克,鸡翅10个,火腿150克,蘑菇30克,鸡清汤2500克,葱、姜、蒜瓣、盐、料酒、深色酱油、白糖、味精、胡椒面、猪油各适量。

制作:把甲鱼宰杀后洗净,剁去爪尖,再剁成块;鸡翅剁去尖的一段,再剁成两段;火腿用热水洗干净,切成大厚片,葱切成段,姜切成片。鸡翅用水泡透,捞出;甲鱼用水加葱、姜、黄酒余一下,捞出。锅烧热,倒入猪油,油热时,下入葱、姜略炒几下,即加入鸡清汤、甲鱼、鸡翅、火腿、蘑菇、盐、料酒、深色酱油、胡椒面、少许白糖烧开,撇去浮沫;改用砂锅烧,将甲鱼等放入,盖上盖,用小火炸到快烂时,下入蒜瓣,待已烂时,挑出火腿、蘑菇、葱、姜、鸡翅均不要,捞出甲鱼、拆去骨,先将软边放入碗内,再把肉放在上面,灌入原汁;上桌前,将原汁洒入锅内,甲鱼翻扣盘中,原汁浓缩,加入味精,淋在甲鱼上即可。

功效:滋阴养血,抗癌防癌。

◆乌发秀发的食养

《唐·吉诃德》一书里有这样的句子:"她们的发头披在肩上,就像随风飘荡的太阳光线一般",这里说的是美发的流光轻泻。"绿云扰扰,梳晓鬟","片片行云看蝉鬓"。这是唐代大诗人的生花妙笔,也是在赞美女性的美发。

人们称赞美发,不惜笔墨,这说明美发是使容颜鲜亮的重要手段。自古以来,女性都不惜在美发上下功夫,人们很早就发现美发不仅是增添自身妩媚的一种造型艺术,而且也是一种可以灵活多变的美容手段。有人说,头发是人的第二张脸。乌亮的头发,不仅在美容上可以成为天然的装饰品,而且也是一个人仪表美和身体健康的标志。

酥蜜粥

原料:粳米 100 克,酥油(牛酥、羊酥均可)20~30 克,蜂蜜 15 克。

制作:将 3 味用火同煮成粥,可长期随意食用,不受疗程限制。

功效:养发美发。

乌须生发酒

原料:何首乌 150 克,黄精 150 克,枸杞子 150 克,卷柏 15 克,米酒 150 克。

制作:将何首乌、黄精、枸杞子、卷柏分别用清水洗干净,隔水蒸 30 分钟左右,封火;然后放入瓶内,注入米酒,密封瓶口,浸泡 10 日即可饮用。

功效:补血养颜,生毛发,乌须发,去黑斑;也适用于身体虚弱、气血不足而致头晕眼花、失眠、心跳者。

芪党首乌炖猪脑

原料:北黄芪 15 克,党参 15 克,何首乌 30 克,猪脑两副,生姜 2 片,红枣 4 枚,盐少许。

制作:将猪脑浸于清水中,撕去表面薄膜,挑去红筋,放入水中稍滚取出备用;再将北黄芪、党参、何首乌、生姜、红枣分别用清水洗干净;生姜刮去姜皮,红枣去核,备用;再将以上材料全部放入炖盅内,加入适量凉开水,盖上炖盅盖,放入锅内,隔火炖 4 小时,加入少许盐调味,即可进食。

功效:补益气血,补肾益精,生发茂发。

淮山药酥

原料:淮山药 250 克,黑芝麻 10 克,白糖 100 克。

制作:将淮山药去皮,切成菱角状小块,放入六成熟的菜油锅内炸至外硬中间软,浮面时,捞出;将炒锅置武火上烧热,用油滑锅,放入白糖,加少许水溶化,炼至糖汁成米黄色,随即推入淮山药块,并不停地翻炒,使外面包上一层糖浆,直至全部包牢,然后撒上炒香的黑芝麻即成。

功效:补肾润燥,适用于须发早白者服用。

芝麻

乌发糖

原料:核桃仁 250 克,黑芝麻 250 克,红糖 500 克。

制作:将红糖放入锅内,加适量水,用武火烧开,移文火上煎熬至稠时,加炒香的黑芝麻、核桃仁,搅拌均匀停火,将红糖倒在内有熟菜油的搪瓷盘内,摊平,晾凉,用刀切成小块,装糖盒内备用;食用时,早晚各服 3 块。

核桃仁

功效:健脑补肾,乌发生发,适用于少白头或用脑过度、头发花白者服用。

首乌蛋汤

原料:鸡蛋 2 只,何首乌 30 克。

制作:将鸡蛋洗干净,砂锅内放入清水,把鸡蛋连皮同何首乌共煮半小时,待蛋熟后,去壳再放入砂锅内煮半小时即成。先吃蛋后饮汤。

功效:滋表养血,可防治脱发过多,头发早白。

黑芝麻粥

原料:黑芝麻 25 克,大米 50 克。

制作:将大米洗净后与黑芝麻一起煮成粥。

功效:养血脉,补肝肾,防止头发早白。

炒黑芝麻

原料:黑芝麻适量。

制作:将黑芝麻炒到有香味为止,晾凉后碎成细末,拌少量白糖以调味,每日早晚各服 1 次,每次服 20 克,可连续服用。

功效:补肝肾、润五脏,适用于妇女毛发纵裂症。

芝麻首乌粥

原料:黑芝麻粉,何首乌各 250 克。

制作:将黑芝麻粉和何首乌加少许糖煮成粥状。每日早晚各取适量,沸水冲成 1 小碗。

功效:补血,乌发,悦颜。

核桃豆

原料:核桃 12 个,枸杞子 60 克,黑豆 240 克,何首乌 60 克,熟地黄 50 克,山萸肉 50 克。

制作：先将核桃打烂，去外壳，肉上外衣不去，然后炒香切碎；将枸杞子、何首乌、熟地黄、山萸肉4味药加水放砂锅内同煮，取浓汁，去药渣。再将核桃、黑豆一起放入药汁中再煎，直到核桃肉稀烂，取出黑豆。按上法制成的黑豆在童便中浸泡1~2天，取出晾干。每次食6~9克，每日2次。

功效：补肝肾、养血荣发，主治少白头。

黑豆生发汤

原料：黑豆30克，芝麻30克，枸杞子12克，白糖20克。

制作：水煮半小时后连汤带药食之，每日1剂，连用2个月。

功效：滋养生发，并且乌发。

首乌熟地茶

原料：何首乌30克，熟地黄15克。

制作：水煎代茶饮。

功效：滋阴乌发，主治白发。

◆明目美眉的食养

对每个人来说，生命都是最宝贵的，因为生命属于人们只有一次。但人们又说，眼睛是心灵的窗户，要像爱护眼睛一样爱护生命，可见，眼睛是多么重要。所谓明目的食养，是指具有使目睛澄澈明亮、洞视有神、眼睑肌力增强、弹性增加作用的食养方法。

这些食养方法，即可以使眼目睛白瞳黑、目光炯然、视力提高，又能防治视物昏花、目眼混浊、眼睫无力，常欲垂闭、眼睑浮肿等眼部疾患。所谓美眉的食养，是指具有使眉毛生长、美丽的食养方法。

鲤胆光明散

原料：萤火虫21只，鲤鱼胆2枚。

制作：将萤火虫纳入鲤鱼胆中，阴干100日，捣为末。每日以少许点眼。

功效：能使目光炯炯，神采分明。因为，此方可清热明目，散翳消肿之功效。

茉莉花银枸明目汤

原料：乌鸡肝150克，茉莉花30朵，枸杞子10克，干银耳5克，各种调料适量。

制作：茉莉花洗净后用清水浸泡，鸡肝切成薄片，加少许盐，用姜汁、湿团粉拌匀，银耳发好后去掉硬根，撕成小块，枸杞子洗净，锅中加适量清汤，加入料酒、盐、姜汁、鸡肝、银耳、枸杞子，烧开后，撇去浮沫，待鸡肝变色刚熟时，将茉莉花及浸泡液一同倒入锅中,即刻盛入碗中,即可饮用。

功效:补肝益肾,明目清头,适用于肝肾不足、视力减退、头晕眼花等症。

乌鸡肝粥(摘自寿新养老新书)

原料:乌鸡肝 30 克,粳米 50 克,酱油适量。

制作:将乌鸡肝洗净,切碎备用;粳米如常法煮粥;粥将成时,加入鸡肝、酱油,搅拌均匀,略煮片刻即成。

功效:养肝明目,适用于肝血不足等所致视物模糊、夜不能视。

凉拌芹菜

原料:芹菜 250 克,米醋、生姜、香油各适量。

制作:将芹菜嫩茎,洗净切成丝,开水焯过取出,调入生姜末、米醋、食盐与香油,拌匀凉食。

功效:清肝明目,适用于肝阳上亢所致的头昏目痛。本药膳有良好的降压作用。

宁杞牛肝汤

原料:牛肝 100 克,枸杞子 30 克。

制作:把牛肝和枸杞子一起煮,熟后食肉饮汤。

功效:补益肝肾,养血明目,适用于肝血不足、视物模糊、夜盲等症。

玄参拌猪肝

原料:玄参 50 克,猪肝 100 克,菜油、酱油、湿豆粉、料酒各适量。

制作:将玄参洗净放入锅内,加水适量,煮半小时后,放入洗净的猪肝,同煮 5 分钟,捞出猪肝,切成小片备用;锅内菜油热后,入姜、葱稍炒,将油倒入猪肝片中,取酱油、白糖、料酒少许,兑加适量原汤,收汁后加湿豆粉,使成透明汤汁,亦倒入猪肝片中拌匀,单食或佐餐均可。

功效:滋阴补血、明目利咽,适用于肝血不足所致视力低弱或视物重影及夜盲症。

绿豆藕

原料:肥藕一节,绿豆 50 克,食盐适量。

制作:鲜藕片去皮洗净备用,绿豆用清水浸泡后取出,装入藕孔内,放入锅中,加清水炖至熟透,调以食盐进食。

功效:明目止痛,适用于热毒上攻所致的目赤肿痛症。

炒羊肝(摘自《食医心镜》)

原料:羊肝 250 克,鸡蛋 1 个,葱、姜、食盐、米醋、香油各适量。

制作:羊肝冲洗干净,切成薄片,放入碗中,加鸡蛋清、黄酒、酱油、米醋、葱、姜、食盐、白糖,拌匀备用。香油烧至七成热时,放入调制好的羊肝,猛火快炒至熟。

功效:补肝明目,常服对调治眼目昏花、夜盲等症有一定作用。

苦瓜酿肉

原料:鲜苦瓜500克,瘦猪肉末150克,面粉25克、海米、香菇各25克,鸡蛋清1个,大蒜、淀粉各50克,胡椒粉、味精、盐、酱油、香油、素油各适量。

制作:苦瓜去两头,切4厘米长段,挖去瓤放入沸水中焯熟,沥干水;香菇、海米切碎加猪肉末、蛋清、面粉、淀粉、盐调成馅,用馅把每段苦瓜填满,淀粉糊封口;油烧热,下苦瓜炸至淡黄色捞出,放入碗中加蒜末、酱油上屉蒸熟;将蒸好的苦瓜码入盘中,余汁入锅调味勾芡后倒入苦瓜即可。

功效:可清热、祛暑、明目。

蜂蜜车前汤

原料:车前草150克,蜂蜜30克。

制作:将车前草洗净,放铝锅内,加适量水,反复煎熬3次取汁;合并煎液,加入蜂蜜搅拌,当茶饮。

功效:清热,明目,适用于目赤肿痛、尿血诸症。

苦瓜图

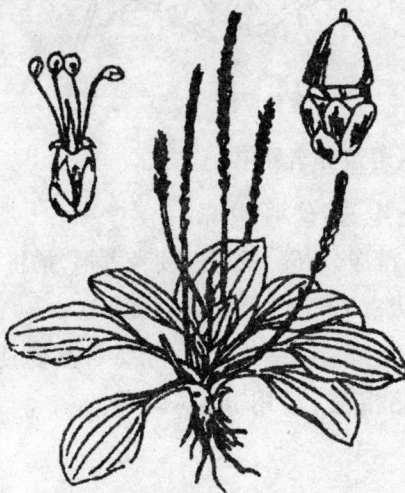

车前草图

国学经典文库

国学大智慧

·《黄帝内经》养生智慧·

图文珍藏版

◆健脑食养

人人都希望自己有一个聪明的大脑,能使自己在激烈的竞争中击败自己的对手。但又如何使大脑聪明呢? 尽管方法很多,但重要的一条是食养。经研究比较肯定的有下列食物:植物性的有核桃、黑芝麻、金针菜、小米、玉米、枣子、海藻类、香蕈、南瓜子、西瓜子、葵花籽、杏仁、榛子、栗子、花生、豆制品等;动物性的食物有猪、鱼、羊、鸭、鹌鹑、牡蛎、海螺、乌贼、鱼、虾等。此外,我国自古有"以脑补脑"的说法,人吃动物的脑是有益的。

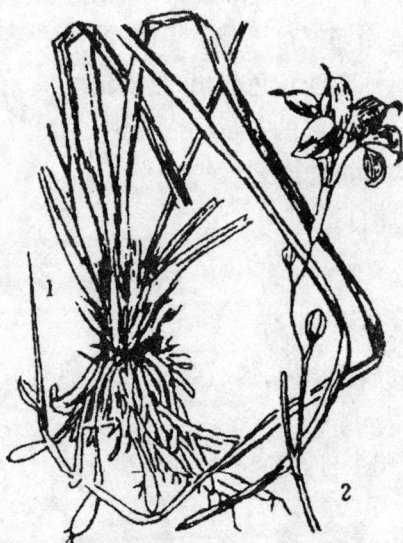

金针菜图   1.茎   2.花

鲤鱼脑髓粥(摘自《寿亲养老新书》)

原料:鲤鱼脑髓 5~10 克,粳米 50 克。

制作:取鲤鱼脑髓,洗净,切碎,备用。粳米煮粥,粥将成时,加入鲤鱼脑髓、葱、姜、黄酒、食盐,继续上火煮 10 分钟停火。每日 2 次。

功效:补脑髓,聪耳。鲤鱼脑髓味甘性平,善补脑髓,脑髓充则肾气旺,肾开窍于耳,脑髓与耳又有脉络相连。适用于老人耳聋。

核桃草鱼头

原料:草鱼头 2 个(约 1500 克),核桃肉 150 克,何首乌 15 克,天麻 6 克,生姜、葱各 15 克,精盐 5 克,胡椒粉 3 克,味精 2 克,料酒 25 毫升,猪油 100 克,冬笋、豌豆尖各 60 克。

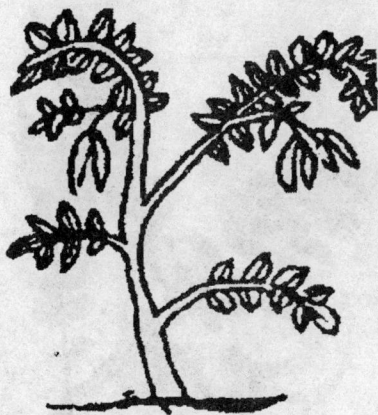

豌豆图

制作：将核桃仁用开水泡涨，剥去皮，洗净；何首乌、天麻洗净；鱼头去腮洗净，下颚劈开，顶部不劈；冬笋剖成两半，顺切成 2 厘米的厚片；生姜洗净拍破，葱切成长段；豌豆尖洗净。将锅置火上，加入猪油，待热时下姜、葱煸出香味，加入约 2500 毫升清水，再放鱼头、核桃仁、何首乌、天麻、冬笋、料酒、精盐、胡椒粉，用大火烧开，撇去浮沫，倒入砂锅内，改用小火烧至鱼头熟时，下豌豆尖。拣出葱、姜、何首乌不用，调入味精，佐餐食。

功效：健脑、补脑、益智，适用于脑力不足，思维不够敏捷的人经常服用。

灵芝心子

原料：灵芝 15 克，猪心 500 克，卤汁等调料适量。

制作：灵芝去杂质洗净，用水稍闷，煎熬 2 次，收取滤取；葱、姜洗净，葱切成节，姜切片；猪心破开，洗净血水，与药液、葱、姜、花椒同置锅内，煮至六成熟，捞起稍晾凉，再放入卤汁锅内，文火煮熟捞起，揩净浮沫；取适量卤汁，加入食盐、白糖、味精、芝麻油，加热收成浓汁，均匀地涂在猪心里外。

功效：安神、益神、健脑、益智，适用于病体虚弱、记忆力差、失眠、不耐思考等症。

木耳粥

原料：黑木耳 30 克，粳米 100 克，大枣 3 ~5 枚，冰糖少许。

制作：先将木耳浸泡半天，再用粳米大枣煮粥，待煮沸后，加入木耳、冰糖适量，同煮为粥。

木耳

功效：润肺生津，滋阴养胃，补脑强心。

花椒

◆固孕安胎的食养

当一个受精卵形成之后,一个新的生命就形成了,也开始了她的人生旅程。从此胎儿在母亲的腹中与母体共同呼吸,共同生活,母体的饥饿、疲劳、安逸、喜怒哀乐、饮食冷暖、起居行走都与她息息相关。所以说,这一时期的孕妇饮食、起居、情感对胎儿影响极大。恰到好处的营养不仅对胎儿体格与大脑的生长发育具有重要的作用,而且对预防孕期贫血、水肿都有很大的帮助。孕期膳食营养应按照下面的原则来进行:

①提供平衡膳食,膳食中所含的营养素种类齐全,数量充足,比例适当。其中营养素供给与机体需要保持平衡,食物要多样化。

②怀孕初期重在营养质量的改善,如增加优质蛋白的摄入,多吃蔬菜和水果等。中末期在保持营养质量的同时,提高各种营养素的摄入量,尤其是适当增加热量、蛋白质、钙、铁及维生素 A、维生素 C、B 族维生素的供给。

③尽量在膳食中满足各种营养素的供给。除非必需,一般不必服用营养补剂。

④膳食宜少食多餐,减少食盐摄入量。

⑤最好不要喝酒,以免造成胎儿发育不良,脑细胞受损。

鸡子羹

原料:鸡蛋 1 枚,阿胶 10 克,黄酒食盐各适量。

制作:阿胶洗净,放入碗中,隔水蒸至阿胶融化,打入鸡蛋,加清水、食盐、黄酒搅拌均匀,继续蒸至羹成。每日 1 次。

功效:滋阴,养血,安胎。

鸡子与阿胶相配,滋阴养血而安胎,适用于有血虚胎动不安,胎漏倾向的孕妇食用。

鲈鱼羹

原料:鲈鱼 1 条,大葱、生姜、黄酒各适量。

制作:鲈鱼去鳞及内脏,冲洗干净,放在盘中。把鱼盘放在蒸锅内,蒸数分钟后取出,左手持尾,右手用筷子夹住,将鱼放于锅中,加入葱姜末、食盐、黄酒及清水,煮沸,用湿淀粉勾芡即成。佐餐食用。

功效:补中,安胎。

其中鲈鱼为鳕科动物鲈鱼的肉,又名花鲈、鲈子鱼,主要分布于江河及沿海一带,我国江苏、浙江出产较多,它肉质细嫩、味道鲜美,营养丰富,含丰富的蛋白质和脂肪。味甘性平,与脾胃之性相宜。《本草备要图说》记载它"益筋骨,和肠胃,补中益气,亦安胎"。脾胃虚弱,食少,水肿,胎动不交的孕妇食用对身体非常有益。

鲈鱼图

冬瓜汁

原料:冬瓜 250 克,黄瓜 250 克。

制作:冬瓜、黄瓜洗净,去皮切片,绞取汁液,上火煮沸,以食盐调味或切片煮汤。经常食用。

功效:利水消肿,清热解毒。

饴糖饮

原料:饴糖 25 克,砂仁 5 克。

制作:砂仁加水煎煮 10 分钟,去渣取汁,加入饴糖,搅拌均匀即可。代茶饮。

功效:补虚缓急,安胎和胃。

本配方中饴糖味甘性温,功效似蜂蜜,补虚、缓诸急、止痛;砂仁和胃止呕,理气安胎,二者合用、温中补虚、缓急止痛、安胎和胃,是胎堕不安、腹部疼痛的先兆流产者的最佳饮品。

葡萄饮

原料:葡萄 250 克,白糖适量。

制作：葡萄洗净，剪碎，放入锅内加清水煎煮取汁，加白糖少许调味。代茶饮。

功效：补气血，利小便。

葡萄，古称蒲桃。味甘酸性平，煎汤饮服，大补气血，除烦止渴，强心利尿。以安胎，可用于胸满腹胀、烦闷喘急、坐卧不安属胎气上逆的孕妇。葡萄营养丰富，其内含的碳水化合物，主要为葡萄糖，不需分解即可为人体吸收，供给热能。尚含一些有机酸，可健胃消食，对孕妇颇有益处。

葡萄图

★《内经》论食疗

天食人以五气，地食人以五味，五气入鼻藏于心肺，上使五色修时，音声能彰。五味入口，藏于肠胃，味有所藏，津液相生，神乃自成。

——《素问·生气通天论》

天供给人们以五气，地供给人们以五味。五气由鼻吸入，贮藏于心肺，其气上升，使面部五色明润，声音洪亮。五味入于口中，贮藏于肠胃，经消化吸收，五味精微内注五脏以养五脏之气，脏气和谐而保有生化机能，津液随之生成，神气也就在此基础上自然产生了。

自然界的五气五味是人们赖以生存的物质基础，对人体生命活动有着非常重要的影响。要顺应自然的变化而选择合适性味的药物或食物进行食疗。

《内经》认为，掌握机体阴阳盛衰的变化规律，围绕调理阴阳进行饮食活动，使机体保持"阴平阳秘"是食疗的核心。《素问·至真要大论》中指出：谨察阴阳所在而调之，以平为期。《素问·骨空论》中也指出：调其阴阳，不足则补，有余则泻。传统食疗可以概括为补虚和泻实两大方面。例如，益气、养血、滋阴、助阳、填精、生津等方面都可以看作是泻实。或补或泻，都是为了阴阳平衡、以平为期。

在具体食疗中，因为食物与药物的性能相通，来源一致，两者都属于天然产品，具有同一的形、色、气、味、质等特性。因此《内经》非常强调食药一体、药食同用，也就是将食物与药物相结合进行食疗搭配和药食调制制备。如《内经》所记载的13个治病方法，有一半涉及食物，而且分别属于谷类、水产类、禽蛋类、膏煎类等数种。最具代表性的食疗专方,"四乌贼骨—蘑茹丸"是针对精血气尽耗、肝肾肺俱伤的血枯的病症,而采用药食同用的方法配方。有补精气血、强肺肝肾、活血通经的作用,所以可以治上症。再如,半夏秫米汤用来治失眠,也是一种食疗的方法。

现代医学认为,合理的饮食和营养可以维持人体的健康,但摄入养分过多或不足,也会引起疾病。如长期进食超过机体需要的营养量而引起脂肪堆积会致肥胖。肥胖者易合并高血压病、高脂血症、心脑血管病,严重影响身体健康,缩短寿命。长期摄入的钙不足,会引起佝偻病。统计学表明,在疾病谱中占死亡前几位的心脑血管疾病、糖尿病、高血压等,都与荤腥油腻饮食有密切关系。而食管癌症则与喜食过多、过热、过粗及刺激性食物如辣椒、醋等食物因素有关。研究发现,饮食物中作为致癌危险因素的物质主要有 AchirideA 生物碱、黄曲霉素、杂环胺类、苯并芘、亚硝胺、人工甜味剂、咖啡、过氧化氢。可见,饮食成分及饮食方式与多种疾病发病有密切相关性。

《内经》强调饮食是人体生存和保持健康的必要条件。人通过饮食,从饮食中吸收各种营养物质,化生为精、气、血、津液等,以维持人体正常的生命活动,而饮食的受纳、消化和水谷精微的吸收和转输,又主要靠脾胃的功能活动去完成,故脾胃为气血生化之源,后天之本。《素问·平人气象大论》:"平人之常气禀于胃,胃者,平人之常气也。人无胃气曰逆,逆者死。"又说:"人以水谷为本,故人绝水谷则死。"《素问·五脏别论》说:"胃者,水谷之海,六腑之大源也。五味入口,藏于胃,以养五脏气。"《灵枢·五味》云:"故谷不入半日则气衰,一日则气少矣。"《医宗必读·肾为先天本脾为后天本论》说:"脾何以为后天之本? 盖婴儿即生,一日不食则饥,七日不食则肠胃涸绝而死。"《内经》曰:"安谷则昌,绝谷则亡,犹兵家之饷道也,饷道一绝,万众立散。胃气一败,百药难施。一有此身,必资谷气,谷气入胃,洒陈于六腑而气至,和调于六腑而血生,而人资之以为生者也,故曰后天之本在脾。"

所以说饮食营养是人体生存和保持健康的必要条件,脾胃是气血生化之源、后天之本。

《内经》在强调饮食营养对保持健康重要的同时,还十分强调饮食营养的性味偏性对机体体质的阴阳属性有重要影响,因为它轻则使体质发生转变,重则发生寒症或热症。如《素问·阴阳应象大论》指出:"阴盛则阳病,阳盛则阴病。阳盛则热,阴盛则寒",即是说过食寒性苦酸食物,则伤人体阳气而为病;过食热性辛甘食物,则伤人体阴气而为病;过食辛甘则使人内热而易转变为热性体质或发热病;过食苦酸使人内寒而易转化为寒性体质或患寒病。其转变的关键点在于一个"度"。如《素问·至真要大论》也提到:"久而增气,物化之常也;气增而久天之由也。"也是说针对患病体质和病症,应适当补充所宜的"五味",适当久服,将增强人体内的新陈代谢过程,使体质的偏性和病症得以恢复,气化功能加强;但久服过度,就会影响人的体质产生寒热偏盛,久而久之,甚至造成疾病,甚至夭亡。

王孟英根据《内经》有关体质食疗学的基本原理及临床所见,在《潜斋医话》一书中指出:"肥甘过度,每发痈疽,酒肉充肠,必滋秽浊,熏蒸为火,凝聚成痰,汩没性灵,变生疾病。"因此,中医所谓"内生五隧气"为病与吃也有关系。如《素问·生气通天论》指出:"高粱之变,足生大丁"、"因而饱食,筋脉横解,肠澼为痔"。可见,饮食营养的性味偏性与体质、健康有密切关系。病理体质及疾病形成的重要机制之一是饮食不当。因此,治疗内生六气与纠正病理体质和病症,首先从调整饮食入手,可以收到"治病求本"、事半功倍的效果。

《内经》食疗学不但强调"饮食致病",而且重视"饮食治病",在具体运用食疗方法时,《内经》强调要合理膳食。首先,全面膳食。《素问·脏气法时论》指出:"毒药攻邪,五谷为养,五果为助,五畜为益,五菜为充。气味合而服之,以补益精气,……谷肉果菜食养尽之。"这里强调用五谷调养,五果辅助,五畜补益,五菜充实,全面配合进行食疗调养。其次,辨证食疗。《素问·热论》中提到:"热病少愈,食肉则复,多食则遗"。强调在热病好转初期要少吃热性不易消化的食物,而且要以少吃为好,否则的话,极易出现"食复"。

《内经》虽然没有明确提出"四气"概念,但其提出"寒者热之,热者寒之"的原则已明确反映出药食具有寒凉或温热偏性的思想。药物治病,其目的正是在于以药性之偏,救机体阴阳偏盛偏衰之偏,即所谓"以偏纠偏"。选择食物进行食养食疗也是如此。寒凉类食物具有清热、泻火、解毒、凉血、养阴等作用。适用于热性体质或热症。温热类食物具有散寒活血、温经助阳等作用,适用于寒性体质或寒症。因此,食物寒凉或温热偏性是指导辨证食疗的依据。

在《内经》中也对食物之性味进行抽象概括。首先将食物多种多样的味用五行进行归类,如《素问·阴阳应象大论》指出"东方生风,风生木,木生酸,酸生肝……南方生热,热生火,火生苦,苦生心,……中央生湿,湿生土,土生甘,甘生脾,……西方生燥,燥生金,金生辛,辛生肺。北方生寒,寒生水,水生咸,咸生肾。"即是说,酸苦甘辛咸在五行分别属木火土金水,在五脏分别与肝心脾肺肾通应。其次将食物五味划分阴阳属性,如:《素问·至真要大论》云:"辛甘发散为阳,酸苦涌泄为阴,咸味涌泄为阴,淡味渗泄为阳。"这里以阴阳不同属性将五味之功效分为阴阳两类,辛甘淡属阳,酸苦咸属阴。食物既有五味之偏(淡附于甘),作用也就各不相同。因此,《素问·脏气法时论》云:"辛酸甘苦咸,各有所利,或散,或收,或缓,或急,或坚,或软。"

◆常见外感疾病的食疗

外感风寒的食疗

外感风寒是"感冒"的中医病症之一,"感冒"是由多种病毒或细菌引起的,以鼻咽为主要特征的急性呼吸道传染病,发病率很高,普遍易感,冬春多发,病程短,一般不产生免疫力。外感风寒起病常有受凉或过劳等诱因,刚开始的时候咽部不适,继而鼻塞,流清涕,头痛或身痛,无汗,或有低热症状。其病毒、细菌主要由飞沫传播,侵入上呼吸道黏膜,引起不同部位、不同程度的急性炎症。

《内经》认为外感风寒系风寒外袭,肺气失宣所致。风为阳邪,易伤头面诸窍;寒为阴邪,易伤阳气。两邪杂感,束于肌表,使毛窍闭塞、玄府不通、邪正交争,就会引发这种疾病。因风寒偏盛,故恶寒重、发热轻;腠理闭塞则无汗;足太阳之脉经气不舒则头项强痛、肢体酸痛;肺气失宣则鼻塞声重、时流清涕、咳嗽痰稀。

中医治疗外感风寒主要为辛温解表,宣肺散寒的方药,饮食疗法也是按照这个原则进行。

(1)新鲜生姜15克,红糖30克,加水约300毫升,煮20分钟,趁热服下,微微出汗最佳。

(2)新鲜生姜末10克,大葱白5根切碎,水煎数分钟,趁热饮服。白天及睡前各服1次。

(3)葱白3根,淡豆豉30克,水煎服,取汗而愈,注意避风。

(4)白胡椒末2克,醋2小杯,开水冲服。

(5)紫苏叶10克,生姜6克,水煎趁热服之,发出汗来就可以了。

(6)辣椒1~2个,切碎,生姜末6克,红糖适量,水煎后加食醋1小杯服之。

(7)荆芥10克,苏叶10克,茶叶6克,生姜10克,红糖30克。将前四味药物一并放入砂锅内煎沸,再加入烧沸的红糖水即可,趁热服用,以出汗为度。

(8)大枣5枚,生姜6克,葱白2根,水煎顿服,趁热饮后发汗。可治外感风寒及淋雨、受寒腹痛。

(9)橘皮、生姜、紫苏叶各6克,水煎后加红糖服之。

(10)连须葱白5茎,生姜5片,糯米60克,共同煮粥,粥成后加米醋5毫升。趁热服用,并温覆取汗。

外感风热的食疗

外感风热是"感冒"的中医症候之一。"感冒"是由多种病毒或细菌引起的,以鼻咽炎为主要特征的急性呼吸道传染病。病原体侵入上呼吸道黏膜,引起鼻、咽、扁桃体和喉部的急性炎症,黏膜水肿充血,继而增生变厚,出现发热、咽喉疼痛、口渴,或咳嗽、咳黄痰等症状。

《内经》认为外感风热是风热之邪侵袭人体所引起的病症。多因气候突变、寒暖失调、风热之邪乘机侵入人体和袭肺犯卫,卫阳郁遏、营卫失和、正邪相争,而见表卫病症。因风为春季主气,外感风热,每在春季易于罹患,是其时令特点。

中医治疗外感风热主要是辛凉解表,祛风清热,饮食疗法也是按照这个法则进行。

(1)桑叶5克,菊花5克,薄荷3克,苦竹叶5克,把三者用清水洗干净,放在茶壶内,用开水泡10分钟就可以了,随时饮用。

(2)金银花30克,鲜芦根50克,加入500毫升清水,煮15分钟,再加入10克薄荷,煮沸3分钟,滤掉渣,再加入适量的白糖,温服,每天3—4次,解热作用较强,适用于风热感冒发热咽干口渴突出者。

(3)粉葛根10克,淡豆豉10克,麦冬10克,一起放入砂锅中,加入500毫升水,煮沸5—10分钟,滤去渣,在药汁中加入50克粳米,一起煮成粥。将葱白切成短节,放入药粥中,搅拌均匀,温服。祛风和暖、解热不猛、养阴不腻,是风热感冒的最佳饮品。

(4)金银花30克煎成汁,再与绿豆一起煮熟,再加入30克白糖就可以了。

(5)菊花10克,薄荷10克,淡豆豉30克,加水煎服,每天一剂。

(6)葛根30克用水煮过,去掉渣,在剩下的汁里加入60克粳米煮成粥,每餐服用。

(7)把500克白糖放入加入少许水的锅中,用文火炼稠后,加入30克薄荷粉调匀,再继续炼到不粘手时,倒入涂有熟菜油的瓷盘内,待冷却时切成小块,随时含咽。

(8)桑叶18克,枇杷叶10克,甘蔗100克,生白茅根30克,薄荷6克,把前几者都洗净切碎。加入适量清水,一起煎煮,然后再加入60克粳米煮成粥稠,趁热服用,每天一次,连服3天。

◆减肥食疗

过度肥胖是一种病,有的是因疾病诱发,有的是由于营养过度的脂肪堆积,有的也可能因缺乏体育锻炼而形成的。肥胖既影响健美,又会引发引起疾病,如糖尿病、冠心病、高血压等,对人的身体健康造成很大的伤害。

现在,国内外减肥的疗法很多,除了运动、针灸、气功、手术可适当用于减肥外,与饮食有关的减肥养生方法也不少。大致说来,有如下几种常用的具体措施。

喝茶减肥

茶叶多具有消腻减肥功效,其中以乌龙茶、普洱茶更能降低血脂,减轻体重。

喝汤减肥

有人认为,每天一定要在饭前喝一定量的菜汤,因胃内有食物填充,故可减慢进餐的速度,使大脑相应部位兴奋,降低食欲,可使每餐都不致过量,只要坚持一段时间就可以感觉到效果。

重度肥胖病人,如采用多种减肥法均少效,可在一段时间内只饮水,不进其他饮食以达到减肥目的。但应按医生指导。

多喝水减肥

国外比较盛行这种方法,此与上法相似,多喝水以饱腹,据说减肥效果不错。

◆排毒食疗

合理配制一套营养均衡的"排毒套餐",对人体进行排毒食疗,不仅有益于身体健康,还可起到强健体魄的作用。专家介绍,"排毒"是全面维护身体健康与平衡的新观念,"毒素"一般存在于日常生活中。日常程式化的枯燥生活、紧张刻板的节奏、单调乏味的应酬、缺乏锻炼的时间、不科学的饮食、不合理的卫生习惯……所有这一切都有可能成为导致身体毒素增多、积蓄、转化乃至危害健康的原因。

利用食物进行天然排毒,这也是《内经》的一个重要思想。

菌类食物

菌类食物,这些菌类含有丰富的硒。经常服用可降血压、降胆固醇、防止血管硬化、提高机体免疫功能,增加体内免疫球蛋白的含量,兴奋骨髓造血功能及滑肠、洁血、解毒、增智等。

鲜果、鲜菜汁

鲜果、鲜菜汁是体内"清洁剂",常饮能解除体内堆积的毒素和废物。

国学经典文库

国学大智慧

·《黄帝内经》养生智慧·

图文珍藏版

海带

海带对放射性物质有特别的亲和力,海带胶质能促使体内的放射性物质随同大便排出体外,从而减少放射性物质在人体内的积聚,能减少放射性疾病的发生率。

绿豆汤

绿豆汤能帮助排泄体内的毒物,促进机体的正常代谢。

猪血汤

猪血中的血浆蛋白,经过人体胃酸和消化液中的酶分解后,会产生一种解毒和起滑肠作用的物质,与侵入胃肠的粉尘、有害金属微粒发生化学反应,变为不易被人体吸收的废物。

毒套餐

起床后先喝一杯水或一杯鲜榨果汁或一杯蜂蜜水。
早餐:一大碟水煮蔬菜和一大盘新鲜水果。
上午小食:一小盘水果和两个核桃或杏仁。
午餐:大盘水煮蔬菜或者蔬菜沙拉。
下午小食:小碟干果、果仁、小碟水果。
晚餐:蔬菜沙拉,或大盘水煮蔬菜,一小盘水果。
睡前:一小杯乳酪或脱脂奶。

◆常见内科疾病饮食疗法

这里我们给出了高血压、冠心病、缺铁性贫血、神经衰弱、风湿性心脏病、支气管哮喘等内科疾病的食疗方法,供大家参考。

高血压病的食疗

高血压是以体循环动脉血压升高为诊断依据。一般指40岁以下成人收缩压大于104毫米水银柱,舒张压大于90毫米水银柱;40岁以上随着年龄每增大10岁,正常收缩压标准可增高10毫米,但舒张压的正常标准不变。高血压有两种,一种是继发性高血压,由某些疾病引起;一种是原发性高血压,由于大脑神经中枢调节血压功能紊乱所引起。通常情况下把后者称为高血压病，一般常有头痛、头晕、失眠、心悸、胸闷、心烦等症状，早期没有自觉症状，严重时常并发心、脑、肾等症患。

　　高血压属于中医"眩晕"、"头痛"、"心悸"等范畴，多由肝火上升，肝肾阴虚、阴虚阳亢所引起。药膳既可作为高血压病的辅助治疗，也可以作为该病的预防、康复和保健之用。

　　(1)菊花山楂茶：菊花、茶叶各10克，沸水冲泡，加茶常饮，每日一剂。

　　(2)山楂二花菜：山楂、金银花、菊花各25克，沸水冲泡，加盖焖片刻即可，代茶随饮或每日3次即可。

　　(3)菊楂决明茶：菊花8克，生山楂片、草决明各15克，沸水冲泡半小时后即可饮服，代茶随饮。

　　(4)山楂荷叶茶：山楂30克，荷叶12克，水煎20分钟，去渣代茶饮。

　　(5)降压菊槐茶：菊花、槐花和茶叶各3克，沸水冲沏，代茶随饮。

草决明

　　(6)复方菊槐茶：菊花、槐花、绿茶各6克，龙胆草10克，沸水冲泡，代茶常饮。

　　(7)菊葛茶：菊花、茶叶各12克，葛粉50克，蜂蜜适量。将菊花、茶叶焙干研成末，加入沸葛粉中，再调入蜂蜜，每日1次。

　　(8)苹果茶：绿茶1克，苹果皮50克，蜂蜜25克。将苹果皮洗净煮沸3分钟，加入绿茶、蜂蜜，分3次服，每日1剂。

　　(9)芹菜红枣茶：芹菜350~700克，红枣100~200克，加入适量的清水煮汤，每日分3次饮服。

　　(10)芹菜粥：芹菜60克，粳米50~100克。将芹菜洗净、切碎，与粳米同煮为菜粥。每日早晚服，温热食，连服7~8日。

　　(11)海蜇荸荠汤：海蜇皮50克，荸荠100克。把二者洗净，切成片后一起煮成汤，吃海蜇皮、荸荠，饮汤。

　　(12)双耳汤：白木耳、黑木耳各10克，冰糖30克。二者洗净泡发，放入冰糖，加入适量清水，放在蒸笼中蒸1小时，熟透即可。

　　(13)首乌山楂汤：何首乌15克，山楂12克，糖适量。二者共煎50分钟，取汤加糖即可。

　　(14)首乌大枣汤：何首乌60克，大枣3枚，粳米100克，冰糖适量。何首乌煎取浓汁,去掉渣加入粳米、大枣,加冰糖适量,同煮为粥。

(15)银叶红枣绿豆汤:鲜银杏叶30克(干品为10克),红枣10枚,绿豆60克,白糖适量。将银杏叶用小火烧开20分钟,放弃树叶,加红枣、绿豆,白糖1匙。继续煮1小时,至绿豆熟烂即可。每次1小碗,每日2次。夏季炎热的时候食用最好。

(16)豆浆粳米粥:鲜豆浆2碗,粳米60克,冰糖少许。以豆浆代水同粳米煮成粥,加冰糖调味。

(17)菠菜粥:鲜菠菜适量,粳米100克。菠菜用沸水焯数分钟,捞出切成丝,与粳米一起煮成粥,作主食用。

(18)海参粥:海参30克,粳米60克,海参洗净与粳米同煮成粥。

(19)玉米西瓜香蕉汤:玉米须、西瓜皮、香蕉各适量,三者一同煮为汤。

冠心病的食疗

冠心病是指冠状动脉粥样硬化性心脏病,简称"冠心病"。主要为心绞痛型和心肌梗死型两大类。症状多见胸闷气憋、心前区刺痛、绞痛、头昏乏力。轻者也可以无症状,重者如不及时治疗有生命危险。本病治疗在于改善冠状动脉的血液供应和减少心肌耗氧量。中医学属于"心痛"、"胸痹"等范畴。

(1)山楂片茶:绿茶1克,山楂片25克。二者加水400毫升,煮沸5分钟,分3次温服,加开水复泡续饮,每日1剂。

(2)山楂益母草:山楂30克,益母草10克,茶叶5克,沸水冲泡,代茶,每日一剂。

(3)丹参茶:丹参9克,绿茶3克,将丹参制成粗末,与茶叶以沸水冲泡10分钟即可,每日1剂,不拘时饮用。

(4)参果茶:丹参、山楂片各10克,麦冬5克。沸水冲泡,焖30分钟,代茶濒饮。

(5)香蕉茶:香蕉50克,茶叶10克,蜂蜜少许,先用沸水冲泡茶叶,后将香蕉去皮研碎,加蜜调入茶水中,当茶饮,每日1剂。

(6)党参粳米粥:党参9克,粳米100克,冰糖少许。三者共煮成粥,每日早餐吃。

(7)山楂荷叶粥:山楂15克,荷叶12克,粳米100克,三者同煮成粥,每日温热服食。

(8)番茄粥:番茄250～300克,小米100～150克,白糖、玫瑰汁适量。将香蕉去掉外皮和籽后切成小块,将小米与番茄、白糖一起放入锅中,加入适量水煮粥,调入玫瑰汁即可。

(9)黄豆粥：黄豆100克，炒米150～200克。黄豆浸泡12小时，与炒米一起煮成粥，早晚空腹温服。

(10)香菇降脂汤：鲜香菇90克，调味品适量。香菇用油、盐炒过后，加入水煎煮为汤。

(11)薤白山楂粥：薤白10克，山楂15克（鲜者均加倍），粳米100克。三者同煮为粥，每日服1～2次。

(12)首乌百合粥：何首乌15～30克，百合30克，枸杞子10克，大枣6枚，粳米100克，白糖适量。将首乌放入砂锅煎煮，取汁，再与百合、枸杞子、大枣、粳米、白糖共煮为粥。早晚服用。

(13)桃仁山楂陈皮饮：桃仁6克，山楂15克，陈皮3克。三者沸水冲沏，代茶饮。

缺铁性贫血的食疗

缺铁性贫血是指体内可用于制造血红蛋白的贮存铁已被用尽，红细胞生成受到障碍时所发生的贫血。缺铁性贫血是最多见的贫血，缺铁性贫血如果发生缓慢，早期可无症状或症状很轻，贫血发生和进展较快者症状较重。一般常见的症状有面色苍白、倦怠乏力、心悸和心率加速、体力活动后气促、眼花、耳鸣等。部分病人（大多为儿童）会有嗜食泥土、煤屑、生米等异食癖。贫血和缺铁纠正后，这些症状都会消失。

(1)绿豆红枣汤：绿豆50克，红枣50克，红糖适量。前二者同煮至绿豆开花，加红糖服用。

(2)黄花菜粥：黄花菜50克，瘦猪肉50克，红糯米50克。三者共煮成粥，加盐调味。

(3)樱桃枸杞龙眼羹：龙眼肉10克（鲜龙眼肉15克），枸杞子10克，鲜樱桃30克。前2味加适量水，煮至充分膨胀后，放入鲜樱桃煮沸，白糖调味服用。

(4)猪皮红枣羹：猪皮500克，红枣250克，冰糖适量。猪皮块与大枣置铁锅中，放入冰糖与水，大火烧开后用小火炖成稠羹。

(5)黄豆芽猪血汤：黄豆芽、猪血各250克。加油爆香蒜、葱、姜末，加入猪血并烹入黄油，加水煮沸，放入黄豆芽，煮熟后调味即可。

(6)菠菜猪肝汤：菠菜100克，猪肝30克。猪肝用水煮熟，加入菠菜，数分钟调味即可。

神经衰弱的食疗

神经衰弱是一种神经活动功能失调的病,多由大脑皮质中枢神经系统兴奋与抑制过程失去平衡所致。它常常由于长期的思虑过多或精神负担过重,脑力劳动者劳逸结合长期处理不当,或病后体弱等原因引起。主要表现为精神疲劳、记忆力差、易激动、神经过敏、失眠、头昏头痛、忧郁心疑等症状。属于中医学的"失眠"、"心悸"、"虚劳"、"脏躁"范畴。

(1)合欢花茶:合欢花6克,白糖适量。合欢花洗净沸水冲泡,加入白糖即可饮用。

(2)莲心茶:茶叶1克,莲子心2克。开水冲泡饮服。

合欢花

(3)茉菖茶:青茶10克,茉莉花和石菖蒲各5克,沸水冲泡,代茶饮,每日一剂。

(4)葱枣茶:大枣20枚,带须葱白2根,红枣加水大火烧开,改用小火炖约20分钟,加入带须葱白后继续炖10分钟,吃枣、喝汤。

(5)芹菜枣仁汤:鲜芹菜90克,酸枣仁9克,芹菜与酸枣仁一同煮成汤。

(6)百合枣仁汤:鲜百合50克,生枣仁、熟枣仁各15克,鲜百合用清水浸泡一夜,取生枣仁、熟枣仁水煎去掉渣,用其汁将百合煮熟,和汤一起服下。

(7)猪肉枸杞山药汤:瘦猪肉50克,淮山药30克,枸杞子15克,三者共同煮熟饮汤。

(8)莲子百合煲瘦肉:鲜百合30克,莲子10克,瘦猪肉250克,三者共同煮食,调味后食用。

(9)莲子枣仁粥:莲子30克,炒酸枣仁15克,红枣5枚,粳米100克。共同煮成粥。

(10)天麻决明炖猪脑:猪脑1个,天麻10克,石决明15克,加水共同煮1小时成稠状,捞出药渣,分两次服用。

(11)百合柏子仁:鲜百合50克(干百合20克),柏子仁10克,蜂蜜1匙,先将百合、柏子仁加入500毫升水,用小火煮20—30分钟,离火后加入蜂蜜,去掉柏子仁渣,就可以食用了。

(12)枸杞淮山炖猪脑:猪脑1个,淮山药30克,枸杞10克,一同放入砂锅内,加水炖熟即可。

风湿性心脏病的食疗

风湿性心脏病是风湿性心瓣膜炎遗留的慢性瓣膜病,往往会导致心脏功能不全。

中医认为这种病的发生是由于风寒湿邪侵入人体,合而为痹,病延日久,或反复感受外邪,由关节肌肉入侵到血脉,再由血脉累及心脏。在这种病的发生、发展过程中,由于心脉瘀阻的程度不同,就会产生不同的临床表现。可将风湿性心脏病归纳为心痹、惊悸、水肿等范围。

中医对风湿性心脏病的治疗依据症候不同,分别采用活血、养心、健脾、温肾、利水等方法,食疗也是按照这个原则进行。

(1)薤白、葱白5段切成细丝,粳米100克与生姜5片煮成粥,待粥将成,拌入薤白、葱白段,煮至粥成。每天早晨服用。适用于胸闷隐痛、痰多气短、倦怠乏力、纳呆便溏的痰浊郁阻型患者。

(2)干莲子300克,茯神200克,糯米粉500克。将干莲子冷水泡发,捣成泥糊状,茯神烘干,研成细粉,与糯米粉制成糕点,随意服食。这种方法适用于心悸、怔忡、胸闷气短、倦怠乏力、面色萎黄的心气虚弱型患者。

(3)红枣10枚,羊心1只,两者一同炖,至红枣、羊心烂熟为度,调味即成,适用于各型患者。

(4)干莲子30克,百合30克,猪瘦肉30克,同炖至酥烂,分2次食用,适用于各型患者。

(5)灵芝20克煎浓汁,猪心1个切成片,与灵芝煎汁同炖食之。这种方法适用于心悸气短、头晕目眩、面色苍白的气血不足型患者。

(6)小麦50克,百合20克,粳米50克,冰糖30克一同煮成粥。适用于心悸气短(动则尤甚)、口干咽燥、五心烦热的气阴两虚型患者。

(7)肉桂3克研成粉备用,茯苓10克与粳米100克煮粥,待粥将成拌入肉桂粉,煮至粥成。适用于心悸不安、胸闷气短、面色苍白、形寒肢冷的心阳不振型患者。

(8)生黄芪50克,茯苓30克,薏苡米30克,赤小豆30克,灵芝15克,加入100克糯米煮成粥。这种方法适用于心悸浮肿、面色晦暗、形寒肢冷、舌淡苔白的心、肾阳虚型患者。

(9)刺五加15克,肉桂5克,合煎浓汁;鲤鱼1条,赤小豆30克与刺五加、肉桂汁同炖,调味,不加盐服食。这种方法适用于心悸气喘、全身水肿、畏寒肢冷、腰膝酸软的阳虚水泛型患者。

支气管哮喘的食疗

支气管哮喘是一种常见的呼吸道慢性疾病,也是发作性的过敏性疾病,是由于广泛的小支气管痉挛所造成的一种急性聋型喘息,简称哮喘。其临床特征为发作性伴有哮鸣音的呼气性呼吸困难,持续数分钟至数小时或更长,可自行或经治疗后缓解。长期反复发作常并发慢性支气管炎和肺气肿。支气管哮喘病人在寒冷季节和气温急剧变化时,常反复发作,病程长期而顽固。大多数发生在秋冬季节,春季次之,夏季多数减轻或者缓解。属于中医的"喘症"、"哮症"、"肺胀"等范畴。

(1)三六冬花茶:茶叶 6 克,款冬花 3 克。沸水冲泡,代茶随饮。

(2)石韦茶:绿茶 2 克,石韦 1 克,冰糖 25 克。先煮石韦,连石韦一起冲泡茶叶、冰糖,加盖闷 3 分钟后可饮 3 次,下午四时后,就不要再饮用了。

(3)冬花茶:茶叶 6 克,款冬花 3 克,紫菀 3 克。开水冲泡,代茶饮用。

(4)霜桑叶茶:经霜桑叶 30 克。将霜桑叶加水 500～1000 毫升,煎沸 10～15 分钟,取汁。代茶饮用。每日 1 次,不拘时温服。

(5)久喘桃肉茶:胡桃肉 30 克,雨前茶 15 克,炼蜜 5 茶匙。将前二味研成末,拌匀,和蜜为丸,弹子大小。每日 2 丸。或将前 2 味加水共煮,沸 10～15 分钟后,取汁加入炼蜜,即可代茶饮。或上二味研成末,加蜜以沸水冲泡,代茶饮用。

(6)楂桃茶:山楂 50 克,核桃仁 150 克,白糖 200 克。将核桃仁磨成浆,用清水稀释;山楂拍破在中火上煎熬 3 次,每次 20 分钟,过滤去掉渣,取汁浓缩至 1000 毫升。在山楂汁中,加白糖搅拌待溶化后,再缓缓倒入核桃浆,边倒边搅均匀,烧至微沸出锅。可以经常饮用。

(7)紫苏粳米粥:粳米 500 克,紫苏叶 10～15 克。先将粳米 500 克煮稀粥,粥成后加入紫苏叶 10～15 克,稍煮即可。

(8)生姜大枣糯米粥:鲜生姜 9 克,大枣 2 枚,糯米 150 克。生姜切末,与大枣、糯米共煮为粥食用。

(9)胡桃粥:胡桃肉 10 个,粳米 100 克,将胡桃肉捣碎,与粳米同煮成粥。早晚温服。

(10)生芦根粥:新鲜芦根 100～150 克,竹茹 15～20 克,桑白皮 10 克,粳米 100 克,生姜 2 片。将鲜芦根切成小段,把竹茹、桑白皮放入砂锅同煎煮,取汁与粳米同煮成粥,将熟时放入生姜片,再煮片刻即可。

(11)杏仁百合粥:杏仁 10 克,鲜百合 50 克,大米 50 克,白糖适量。待米煮沸后,放入去掉皮的百合、去掉皮的尖杏仁,粥成后加白糖。

(12)桃仁粥:桃仁 10 克,粳米 100 克。将桃仁浸泡,去掉皮研成末,与粳米煮粥食用。

(13)大蒜红糖膏:紫皮蒜60克,红糖90克。紫皮蒜捣烂如泥,加红糖及清水适量熬成膏。

(14)荔枝汤:荔枝约90克。切碎,用水煎汤代茶饮。

(15)芝麻杏仁蜜:黑芝麻500克,杏仁100克,白糖125克,蜂蜜125克。黑芝麻炒香研末,杏仁捣烂成泥,与白糖、蜂蜜共置瓷碗中,上锅蒸2小时,离火冷却。每日2次,每次2~4匙,温开水调服。

慢性支气管炎的食疗

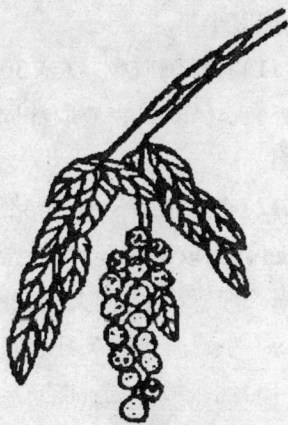

荔枝图

慢性支气管炎是指气管、支气管黏膜及其周围组织的慢性非特异性炎症。临床上以咳嗽、咳痰或伴有喘息及反复发作的慢性过程为特征。其多由急性期没有彻底治好而成,常反复感染,或长期刺激,迁延多年,很难治疗,这种病在老年人中比较常见。晚期可引起阻塞性肺气肿和慢性肺源性心脏病。相当于中医学中的内伤咳嗽。

(1)橘茶饮:茶叶2克,干橘皮2克。沸水冲泡10分钟即可。代茶饮用。

(2)川贝莱菔茶:川贝母、莱菔子各15克。二者一同研成粗末,沸水冲泡。代茶饮用。

(3)蜜蛋茶:蜂蜜35克,鸡蛋1个。蜂蜜加水适量烧开,将鸡蛋打散,用烧沸的蜜水冲蛋服。每日1~2次,温服。宜常服。

(4)茶姜蜜浆:茶树根100克,生姜50克,蜂蜜适量。将茶树根同姜煎,去渣留汁加蜂蜜调,每服20毫升,每日2次。

(5)百冰粥:百合干30克(鲜百合60克),粳米100克,冰糖适量。三者同煮为粥服用。

(6)生姜粥:生姜6~9克,粳米或糯米100克,二者同煮粥服用。

(7)萝卜粥:鲜萝卜250克,粳米100克。把鲜萝卜切碎(捣汁亦可),同粳米共煮为粥。

(8)猪肺粥:猪肺100克,薏苡仁50克,粳米100克。先将猪肺煮约30分钟,捞出切成豆大小块,再与薏苡仁、粳米同煮为粥。每日2次,温热服用。

(9)杏子粥:杏子5~10枚,粳米30~60克,冰糖适量。先用成熟、新鲜杏子,洗净后煮烂去掉核。另用粳米煮粥,待粥将成,加入杏子肉、冰糖,再煮沸即可,空腹食用,每日 2 次。

(10)四仁鸡子粥:白果仁 100 克,甜杏仁 100 克,胡桃肉 200 克,花生仁 200 克。四者共捣碎,每日早晨取 20 克,加 1 小碗水,煮数沸后打 1 个鸡蛋,冰糖适量,顿服,连服半年。

(11)补肺阿胶粥:糯米 30 克,杏仁 10 克,阿胶 15 克,马兜铃 10 克,用水适量。先煎杏仁、马兜铃,去渣取汁同糯米煮成粥;阿胶烊化为汁,兑入糯米粥,和冰糖一起服用。

(12)杏仁猪肺汤:新鲜猪肺一副,生姜汁 60 毫升,甜杏仁用温水浸泡 2 小时,去掉皮捣烂,取出生姜汁、蜂蜜一起拌匀,塞入猪肺管内,扎好管口备用,将猪肺放入砂锅。加适量水,用大火烧沸,再用小火炖 150 分钟即可。每日 1～2 次,趁热空腹喝汤 1 小碗。连服 7 日。

(13)甜杏鲫鱼汤:甜杏仁 10 克,鲫鱼 1 尾,红糖适量。将鲫鱼去掉鳃、内脏和鱼鳞,洗净后加水与甜杏仁、红糖共煮 30 分钟,至鱼熟即可,食肉,喝汤。

(14)梨羹:生梨 1 个,川贝母 6 克,冰糖适量。先将生梨切碎,川贝母和冰糖炖水。饮服,每日 2 次。最好早饭前和晚上临睡前服用。

(15)冬瓜子豆腐汤:冬瓜子 30 克,豆腐 500～1000 克。将豆腐切成块与冬瓜子一起放入砂锅内,加水煮 20 分钟即可。

(16)蜜枣甘草汤:蜜枣 8 枚,生甘草 6 克。将蜜枣、生甘草加清水 2 碗,煎至 1 碗,去渣即可。

(17)荸荠百梨羹:荸荠 5 只,百合 20 克,雪梨 1 只,冰糖适量。荸荠去皮捣烂;雪梨去皮核切成小块;百合洗净备用。上三者混合加水适量,在文火上熬煮 50 分钟,至熬烂成糊状时,加入冰糖,搅匀后放入干净玻璃瓶中即成。

糖尿病的食疗

糖尿病是因胰岛素相对或绝对不足而引起的以糖代谢紊乱、血糖增高为主的慢性疾病。早期没有症状,晚期典型病人有多尿、多食、多饮、消瘦、疲乏等临床表现。早期诊断依靠化验尿糖和空腹血糖。糖尿病易并发感染以及发生动脉硬化、白内障等疾病。属于中医"消渴"范畴。

(1)丝瓜茶:丝瓜 200 克,茶叶 5 克,盐适量。

丝瓜图

丝瓜切成 2 分厚的片,加盐水煮熟,加入茶叶即可,每日 2 次。

(2)姜盐茶:鲜生姜 2 片,食盐 4.5 克,绿茶 6 克。将三者加入适量清水煎汤即可。每日 1～2 剂,不拘时频饮。

(3)花粉茶:天花粉 125 克。将天花粉制成粗末,每日 15～20 克,沸水冲泡,代茶频饮。

(4)山药茶:山药 250 克。将山药水煎后过滤,代茶饮。

(5)清蒸鲫鱼茶:鲫鱼 500 克,绿茶适量。在鱼腹内塞满绿茶,清蒸鱼熟即可,淡食鱼肉。

(6)糯米红茶:红茶 2 克,糯米 50～100 克。水 600～800 毫升煮沸后加糯米,待熟时,加入红茶即可,分 2 次温服,每日 1 剂。

(7)玉米须茶:绿茶 0.5 克,玉米须 50～100 克,玉米须加水 300 毫升,煮沸 5 分钟,加入绿茶即可。分 3 次服,每日服 1 剂。

(8)瓜皮茶:冬瓜皮、西瓜皮各 10 克,天花粉 8 克。将三者切成小片,放入砂锅,加水适量煎煮 10～15 分钟,取汁代茶饮用。

西瓜图

(9)菠根银耳汤:鲜菠菜根 150 克,银耳 30 克。银耳用冷水浸泡变软。菠菜根洗净与银耳同煮 30 分钟即可。吃银耳,喝汤。

(10)苡仁山药粥:薏苡仁 60 克,山药 60 克。薏苡仁研成粉,山药捣末,同煮成粥。

(11)枸杞山药炖兔肉:枸杞子 15 克,山药 25 克,兔肉 250 克,细盐少许。将兔肉洗净切细,同枸杞子、山药、盐共入锅中,加水,用文火炖烂即可。

(12)茯苓山药肚:茯苓 200 克,淮山药 200 克,猪肚 1 只,细盐、黄酒各适量。茯苓以水泡发。猪肚反复用盐、醋水冲洗干净,滤干,将淮山药、茯苓装入肚中,用线扎口,放入大砂锅内,加冷水烧开后加细盐半匙、黄酒 2 匙,改用小火慢炖 4 小时,至肚子酥烂。冷却后将茯苓、山药倒出,烘干,研成细粉,装瓶备用。吃肚、饮汤。茯苓山药粉每次 10 克,每日 2～3 次,饭后开水冲服,连用 2～3 个月,每个月为 1 个疗程。

(13)玉山鸽子汤:白鸽 1 只,玉竹 15 克,山药 20 克,精盐、调味品各适量。鸽子切成块,放入砂锅,加入玉竹、山药、精盐及调料,再加水 500 毫升,用小火炖煮 60 分钟至肉熟烂即可。饮汤,食肉。

（14）消渴汤：生猪胰子10克，生地黄、山药各30克，山芋肉、黄芪各15克。将后四者放入砂锅中，加适量水浸泡1.5～2小时，用小火煎煮40分钟，用纱布过滤取汁。剩下的渣再加热水煎煮30分钟，过滤取汁，合并两次液汁，加入生猪胰子中，煮熟即成。食肉，喝汤。

痛风的食疗

痛风是一种嘌呤代谢紊乱所致的疾病。其临床特点为高尿酸血症伴痛风性急性关节炎反复发作、痛风石沉积、痛风石性慢性关节炎和关节畸形，常累及肾脏引起慢性间质性肾炎和尿酸肾结石形成。它可分为原发性和继发性两大类，原发性者病因少数由于酶的缺陷引起，大多原因不明。继发性者可由某些恶性肿瘤、肾脏病及血液病等多种原因引起。

中医认为这种病的发生多以机体禀赋不足为内因，风寒湿热之邪外侵、饮食不节、起居失宜为外因。一般初起以湿热邪实为主，病位在肢体、皮肉、经络；反复发作，病渐发展，则以痰瘀凝结为主，多为正虚邪实，病位在筋骨；病久入深，肾精亏耗，固摄开阖失常，遂为正虚邪实，病位深在筋骨及脏腑。临床上亦可见到肾精先亏，而后感外邪者；亦有病程缠延、湿热留驻、痰瘀胶结、虚实夹杂或以邪实为主者。

痛风患者的饮食，宜吃偏于碱性的食物，忌食酸性的高嘌呤食物。

（1）小苏打盐汽水：小苏打10克，精盐2克。先在砂锅中注入1500毫升清水，加入精盐，置火上煮沸，溶液冷却后经冰箱冷冻。在容器中放入小苏打，再冲入冷冻的溶液，搅拌均匀即成。频频饮之，每日1剂。这种方法适用于各类痛风患者。

（2）土茯苓30克，土茯苓晒干研细末，粳米加水煨成稠粥，粥将成时调入土茯苓粉搅匀，再煨煮至沸，即成。早晚2次分服。适用于各类痛风。

（3）百合100克，粳米100克。百合掰瓣，与粳米一起放入砂锅内，加水熬粥，至百合、粳米酥烂，粥黏稠即成。早晚2次分服。这种方法对老年痛风急性发作期轻症患者尤为适宜。

（4）秋水仙鳞茎5克，绿茶2克，秋水仙鳞茎剥成片状，与绿茶一同放入有盖的杯子中，沸水冲泡，加盖闷10分钟代茶频饮之，每日1剂。这种方法适用于痛风急性发作期，对老年急性痛风性关节炎尤为适宜。

（5）威灵仙30克，蜂蜜20克。威灵仙切碎，放入砂锅中，加水浓煎，滤汁，加入蜂蜜，拌匀即成。早晚2次分服。这种方法适用于急、慢性痛风患者。

（6）鲜竹笋200克，鲜莴苣200克，精盐、红糖、白糖、姜末、麻油、味精各适量。鲜竹笋切成薄片，在沸水中焯一下，沥去水分；鲜莴苣切成薄片，加精盐腌渍片刻。二者码入盘内，加红糖、白糖、姜末、麻油、味精及精盐，调匀即成。佐餐当菜，随意服食。适用于各期痛风患者。

(7) 花菜 250 克，番茄 250 克，葱花、姜末、味精、红糖各适量。花菜沸水焯好后用植物油熘炒，加葱花、姜末、精盐、味精、红糖，翻炒后装入盘中，将番茄捣成汁，加入花菜盘中，淋入麻油，即成。佐餐当菜，随意服食。这种方法适用于各期痛风患者。

甲状腺亢进的食疗

甲状腺功能亢进症是多种原因所致甲状腺基激素分泌过多而发生的一种病态现象。主要表现为患者甲状腺弥漫性肿大、突眼、易激动、低热、心悸、食欲亢进、体重下降。病理改变为甲状腺细胞增大，滤泡减小，腔内胶质含量减少。

百合图

中医认为发病与情志抑郁有关。由于七情不遂，伴饮食及水土失宜，善而致气滞痰凝壅结于颈前，久则血行瘀滞，脉络瘀阻。部分病例痰气郁结化为火，出现肝火旺盛或心肝阴虚等病理变化。治疗当理气化痰、活血软坚、消瘿散结、滋阴降火。食疗也是按照这个原则进行。

(1) 夏枯草 30 克烘干放入纱布袋中，扎口，与白菊花 15 克一同放入大杯中，用沸水泡饮。

(2) 夏枯草 30 克，大叶海藻 50 克，同放入砂锅中，加水浓煎，即成。早晚 2 次分服。

(3) 萝卜 250 克切丝，紫菜 15 克，陈皮 2 克切碎，共放入砂锅煮汤，加入精盐、味精，淋入麻油，佐餐当汤。

(4) 水发海带 100 克，沸水焯软切丝；海蜇皮 100 克、香干 2 块均切丝。三者同码入盘内，加入调味料，佐餐当菜，随意服食。

(5) 鲜牡蛎肉 150 克切片，与紫菜 15 克同放入蒸碗，上笼蒸 30 分钟，待牡蛎肉熟烂，加入调味料即成，佐餐当汤，当日吃完。

(6) 海带、海藻、紫菜、昆布、龙须菜各 30 克。煎汤代茶饮。

(7) 荸荠 500 克，猪脘肉（猪咽喉旁的脘肉）1 副，共煮烂熟，分 2 次食饮。

(8) 没有成熟的青柿子 1000 克捣成汁，将柿汁用文火熬成稠膏状，加入蜂蜜，搅匀，再煎如蜜，冷却后装瓶备用，每次食 1 汤匙，每日 2 次。

(9) 水发海带 100 克切成条，绿豆 100 克，紫菜 50 克，共煮烂熟，调入适量的红糖,稍炖即成。每日佐餐当菜服食。

单纯性肥胖症的食疗

单纯性肥胖症是指人体进食热量多于消耗量,而以脂肪形式贮存于体内,超过标准体重20%者。其发病无明显原因,目前认为除遗传、营养过度及消耗减少因素外,还与神经精神因素、物质代谢因素、内分泌因素有关。

中医认为这种病的外因为饮食不节、嗜食肥甘厚味、活动过少;内因则以脏腑虚弱、津液代谢失常为本,以痰、湿、脂浊积于体内为标。脾失运化、肝失疏泄、肾失气化均可使体内津液、膏脂的生成、输布、利用失常,使水湿、膏脂停于体内。外到四肢百骸,内到脏腑经络,无处不有。积于血,则血脂升高,停于皮下,则为肥胖。

(1)乌龙茶15克,开水浸泡,每日饮服5~6杯。

(2)乌龙茶5克,山楂肉20克,生首乌30克。山楂肉、生首乌煎汤去掉渣,以汤液泡茶饮用。

(3)上等食醋20毫升,温水冲服,每日1次。

(4)玉米须适量,水煎代茶饮。

(5)绿豆50克,海带100克,水煎煮食用。

(6)新鲜冬瓜250克,洗净切片,不用盐,每日煮汤食用。

(7)新鲜黄瓜1~2根,每日生食。

(8)韭菜适量,炒作菜肴,伴主食用。

(9)红薯适量,烧熟常吃,有利减肥。

(10)魔芋烧熟,经常适量食用。

(11)新鲜萝卜,经常当水果食用。

(12)冬瓜1000克去外皮及籽,捣汁;苦瓜500克,去掉外皮和籽捣成汁,混合均匀,上下午分服。

高脂蛋白血症的食疗

血浆脂蛋白超过正常高限时称为高脂蛋白血隧症。由于大部分脂质与血浆蛋白结合而转运全身,故高脂血正常反映于高脂到蛋白血症。原发性高脂蛋白血症较罕见,继发性高脂蛋白血症多为未控制的糖尿病、动脉粥样硬化、肾病综合症、黏液性水肿、甲状腺功能低下、胆汁性肝硬化等所诱发。

夏枯草图

中医学认为高脂蛋白血症的发生与年龄、饮食、遗传、体质等因素有关。脾阳本赖肾阳温煦而化生精微、运化水湿；肾阳不足则脾不健运、痰湿内生；肝肾阴虚、脾胃蕴热则运化失司而痰热内生；肝气郁结亦可造成痰湿内生，痰浊阻于脉络，脉中湿浊与血相互搏结，形成痰瘀互阻病症。

中医治疗高脂蛋白血症主选的药物有补肾药、活血化瘀药及化痰药。饮食疗法也是按照这个原则来进行。

（1）山楂 30 克加入适量清水煮汤，喝汤吃山楂肉，每日 1 剂，分 2 次服。

（2）菊花 20 克，草决明 20 克加水煎煮，代茶饮，每日 1 剂。

（3）何首乌、草决明各 20 克，煎汤代茶饮，每日 1 剂。

（4）绞股蓝 20 克，银杏叶 30 克煎汤代茶，频频饮用。

（5）干香菇 5 克切成丝，煎汤代茶饮。

（6）玉米粉 60 克，粟米粉 60 克，糯米粉 60 克，何首乌粉 30 克，红糖 20 克，做成 8 个酥饼，每餐作为主食服用。

香菇图

（7）洋葱 250 克，用沸水焯过，加精盐、味精、辣椒油、花椒末各适量，做成麻辣洋葱片，佐餐当菜食用。

（8）虎杖嫩芽 250 克，用沸水焯过，调味，当凉拌菜食用。

（9）大蒜 60 克捣成汁，萝卜 120 克捣成汁，调入适量红糖，早晚 2 次分服。

（10）豆浆 150 毫升，加入 20 克红糖、50 克小麦胚芽，以大火煮沸，每日早晨随餐服食。

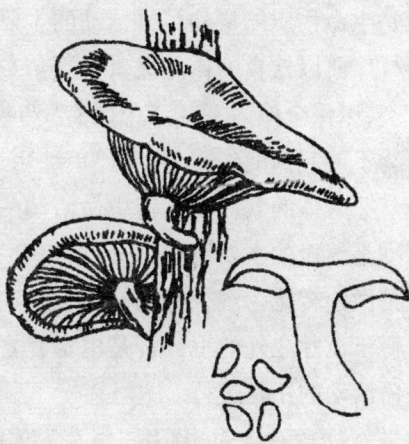

★《内经》论食补

风雨寒热，不得虚，邪不能独伤人，邪之所凑，其气必虚，正气内存，邪不可干。食发谷以全其真，避虚邪以安其正。

——《素问·六元正纪大论》

正气虚损是体受外邪侵袭而发病的主要内在原因,食补就是运用食物或者在食物中加上中药,也就是我们平时所说的药膳来补益人体正气,增强机体的抵抗力,达到强壮身体、防病治病的目的。

"民以食为天",食物是人类赖以生存的基本外部条件之一,食物的营养不仅是维持生命活动正常进行的物质基础,同时也是维护人体健康的重要保证。中国古人在两千年多年前就充分地认识到了饮食在人的生命活动中起着主要的作用,是生命物质能量和精神活动的主要来源。

所以饮食的作用尤其重要。《内经》也提到饮食方面要食用与发气所宜的谷类,以保全体内真气。中医有"药补不如食补"的说法,食补常常能起到单纯用药物不能起到的作用,甚至比单纯用药物补益更有效果。

人体的气血是维持生命活动的主要能量物质,而饮食五味中的精微营养物质则是气血的主要组成部分,所以食物是人体气血的直接外源。上焦心肺宣发五谷精微而转化为气,中焦脾胃吸收营养物质而转化为血。运行于血脉之中的营血和行于血脉之外的卫气都是由水谷之气而转化成的,二者遍布于全身各处,维系着生命活动的正常进行。

《内经》认为,营卫二气在人体内发挥着极其重要的作用,营气行于血脉之中,荣养五脏六腑,并将五脏六腑和全身的代谢废物排出体外;卫气则发挥其温煦、防护卫外的功能,可以阻止外邪侵入人体,而营卫二气的生成都依赖饮食水谷的滋养。所以对于饮食水谷的摄取可以保证气血在人体内的正常运行,并发挥其功能作用。

随着生活水平的不断提高,人们的健康意识也不断增强。一时间保健品市场格外红火,各种中药或中药提取的保健制品风行全球。小孩子读书用脑辛苦,要补;妇女更年期内分泌失调,要补;老年人腰腿不好,要补;老板们鏖战商场,要补;女士们天生血虚,更要补;……总之,全民都要进补。

医生也喜欢开补药。黄连太苦,半夏太燥,石膏太凉,附子太热。还是党参、白术来得平稳。病人拿着三两人参,也总比一斤大黄舒服。何况补药价钱开得越高,经济效益也看涨。治病疗效且放在一边,不求有功,但求无过。你好我好大家好,何乐而不为?

但其实补法是最难的。中医治病的八法(汗、吐、下、和、温、清、消、补)之中,"补"为最后之法。也就是说,中医治病,要看有没有外邪,这是第一步。如果有,就要根据其在表在里采用汗、吐、下的办法。如果不在表里,就采用和法。第二步,就要看脏腑有没有阴阳的偏盛偏衰,如果有,就用温法、清法,或者和法。第三步,要看有没有脏腑或经络的积滞,例如痰饮、食积、瘀血等,如果有,就要用消法。第四步,如果以上情况都不存在,这时才考虑是不是由于脏腑虚损不足,而可以用补法。

可见,八法中,补法是最难运用的方法。特别是在现代的生活方式背景下,伴随着体力活动的减少,脑力劳动的增强,营养条件的改善,西药的广泛运用,出现了以下两点新情况:

①机体对疾病的抵抗力下降。这是由于缺乏与大自然的交流,营卫滞涩,脏腑逐渐变得柔弱所致。由此,虽然生存寿命不断延长,但体质脆弱的情况不断增加,诸如糖尿病、中风、高血压、冠心病等发病率居高不下。

②表症、伏邪、积滞,三大因素为害日甚。气候的异常变化,生活规律的失调,使得表症的发生频率增加。又因为多有西药寒凉抑遏,所以现代人患表症的特点往往正邪交争不甚剧烈,而且大多有迁延伏于经络的倾向。再加上营养的过分摄入,经络壅塞之病,如骨质增生、中风、癌症等,发生的年龄也有显著提前。综上所述,现代人体质有虚弱的一方面,但是:先表后里,不能补;有邪内伏,不宜补;经络壅塞,不易补。总的来说,不可盲目进补。

白术图

所以补法看似容易,用起来名堂却不少。如果只是开出一大堆人参、熟地、当归、白术,这叫做"呆补"。光是呆补,不一定能补到位。人参补气力量那么强,为什么没有谁可以靠吃人参而不进米谷来生存?为什么还有救不了的气虚,回不了的阳厥?可见事情没有那么简单。补益药要起到补益的作用,首先要有胃气和水谷的依托,其次还要依靠人体本身生机的运转。所以对于补法,历来有一名言请大家不要忘记,那就是"药补不如食补"。

医生也好,病人也好,总有很多人迷信药物,认为药物能解决一切问题。事实不是这样,对于一个疾病的治疗来说,"人"才是最主要的因素。他的饮食习惯,他的生活、职业特点,他的体质倾向,他的情绪波动,这些往往是疾病的根源。而中药要起治疗作用,也要通过增强人体本身的调节来实现。补益药要发挥补益的作用,也是离不开人体本身的物质基础的。

打个比方,在满目荒芜的地方,即使遍地的金银珠宝也是不能帮助人生存下去,反而不如几根野菜有用;而对于商品高度繁荣和流通的地方,一笔数额不大的资金可能挽救一个濒临倒闭的企业。这表明,实实在在的物质永远是生存的基础,而各种调节只是一个填充的作用。所以历代的名医都很重视后天胃气的保护,重视食补的作用。虽然食补疗效缓慢,但是它基础扎实,功效持久。相对单纯的药物

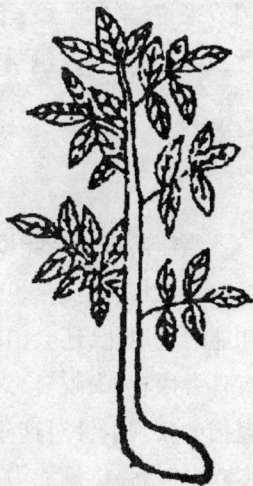

调节来说,来的平稳,不容易产生偏颇。有位古代医家写诗吟道:"青菜豆腐加米膏,胜过参术一大包",这话真是不假。

◆老年人的食补

当年龄进入老年以后,绝大部分人的器官功能都已经逐渐减退,血液的流通速度也会减慢,血流量也会有所减少,也会出现血虚的症状。随着年龄的增高,器官功能衰老退化,还会出现肌肉萎缩、牙齿脱落、头发变白而且会变得稀少,同时还会有耳聋眼花、失眠健忘等症。中医认为,老年人的一系列症状都是肝肾不足、气血虚损的表现。针对这些症状,适当地应进补食物和滋补中药制作的膳食来补养身体,能够增强抗病能力,延缓衰老。

老年的肠胃功能减弱,消化吸收能力也会下降,会经常发生营养不良,容易出现头昏、眼花、精力不足、容易感冒等情况,老年人不宜过多食用油炸食品,黏性大的以及不易消化的食物,也不宜过多食用含有高胆固醇的食物,如猪油、羊油和牛油等。平常多可选用人参、何首乌、山药、枸杞子、杜仲、冬虫夏草、西洋参、蜂蜜、核桃仁、海参等补药和补品,日常饮食可采用苋菜、西红柿、柑桔、黄豆、牛奶、鸡蛋、胡萝卜、油菜等富含钙磷铁和维生素的食品。

◆少年儿童的食补

儿童时期是一生中生长发育最快,代谢最旺盛的一个时期,对热量和各种营养物质的需求量也是最大的。和婴幼儿时期相比较,每千克体重每天大约需要250千焦的热量,如果营养供给不足,儿童的发育就会被延缓下来,由于儿童的胃肠消化不良,《内经》认为,小儿系"稚阴稚阳"之体,体内精血还不充实,内脏功能也没有发育健全,所以,小孩子的脏腑比较娇嫩,易虚易实,应当用一些健脾胃、帮助消化的补品和补药,比如大枣、茯苓、山药等都是很好的选择。

《内经》还认为,人的生长发育与"肾气"有很大的关系,小孩子肾气不足,表现为牙齿、骨骼、智力等发育都很不完善。所以,在补充营养物质时,还应当适当地用一些补肾气的补品,如核桃仁、山药、桂圆、蜂乳等,这些对儿童的生长发育都有很大的帮助。

青少年在学习过程中,如果精神过度紧张,或长时间睡眠不足,或不注意用脑卫生,都可能造成大脑的兴奋和抑制功能失调,会产生失眠、多梦、健忘等种种衰弱症状。一些女孩子由于月经来潮,不注意或不能及时补充营养,可能会引起贫血,而出现食欲不振、倦怠乏力、面色苍白、精力不足等症状,这样给学习和身体都会带来不良影响,以上这些症状在中医学属于心脾两虚、心肾不足、气血亏虚,最好选用百合、莲子、山药、核桃仁、枸杞子、阿胶、桂圆、蜂王浆、海参、牛羊肝肾等富含多种维生素、补气养血、养心健脾的食物和补药。

◆女性的食补

由于女性有月经、妊娠和产育等生理特点,而且正常的月经、妊娠、产育和哺乳等都与营养有密切的关系。《内经》认为女子应以血为本,事实上,女性所需要的营养物质如脂肪、蛋白质、糖、维生素、铁、无机盐等,都比一般人的需求量要大。

从能量角度来讲,孕妇需要的能量比普通妇女要高出 1/4 左右。因此,一般的膳食已经不能满足孕妇的需要。如果孕妇的营养不足会导致胎儿生长发育缓慢,产后乳汁不足。所以孕妇除了应该大量补充新鲜蔬菜、水果等富含维生素的食物外,还需要补充含铁和维生素 A、D 的食物,如动物肝脏等,也可以预防贫血和软骨症。妇女妊娠期可以选用一些补药,应选择既能保胎安胎,又能健脾补肾的药膳,比如白术、砂仁、枸杞子、菟丝子、山药等。

对于 12 岁以前,月经还没有初潮的女孩子,应选用能促进红细胞生成以及增强身体免疫力的食物,如蛋类、大枣等,也可以选用一些滋补中药,如地黄、当归、枸杞子和白术等。

青壮年妇女,新陈代谢旺盛,有月经、妊娠、胎产和哺乳等生理特点,体内营养消耗较大,容易发生贫血。应选用富含铁质的补品和补药,如羊肝、猪肝、牛肝、鸡蛋等,以及熟地黄、枸杞子、当归等。中医认为,脾胃为气血生化之源。所以,在使用补血食物和补药的同时,也应用一些补脾的药物,如大枣、饴糖、白术、党参等。

党参

对于老年妇女,应当选用能延缓衰老、恢复器官功能、抗贫血及调节大脑功能的补品和补药,如当归、大枣、杜仲、西洋参、蜂王浆、甲鱼、动物脑髓、鸽肉、鹿肉、海参等。

◆食补不科学的危害

《素问·上古天真论》言："上古之人，其知道者，法于阴阳，和于术数，食饮有节，起居有常，不妄劳作，故能形与神俱，而尽终其天年，度百岁乃去。"饮食调理是中国传统养生术中极为重要的一个环节，"食饮有节"就是古代养生家总结出来的重要经验之一。所谓"节"就是指"节制"与"节度"，它包括饮食的种类要合理搭配、饮食的量要严格控制、饮食的冷热要适中、饮食的时间要有规律等内容。

在食补过程中，如果"饮食无节"，不但起不到补益身体的作用，反而会对身体造成不同程度的伤害，甚至直接导致某些疾病的产生。正如《素问·太阴阳明论》所言："故犯贼风虚邪者，阳受之，食饮不节，起居不时者，阴受之则入六腑，阴受之则入五脏。入六腑，则身热不时卧，上为喘呼；入五脏，则膜满闭塞，下为飧泄，久为肠澼。"这是指贼风虚邪之害人，系从外界侵入，阳主外故阳先受之。阳明胃经之气行于三阳，阳受之则阳明胃腑病，阳明病则六腑之气皆病，所以说邪入六腑。阳明主人身之肌肉，故身热；阳主动，阳明受邪则躁动，故不能安卧；胃气上逆迫肺，故上为喘呼。食饮不节则伤脾，故曰阴受之。太阴脾经行三阴之气，所以太阴脾脏病则五脏都病，故阴受之则入五脏。脾病则运化失常，不能升清降浊，浊气不降就产生胸部满闷闭塞不通的症状；清气下陷，则发生消化不良的飧泄病，时间久了就成为肠澼病。所以食饮不节成为五脏病的直接内因。

《素问·经脉别论》言："故春秋冬夏四时阴阳，生病起于过用，此为常也。"食饮不节就包括了食物五味的过用，所以《素问·生气通天论》言："阴之所生，本在五味，阴之五官，伤在五味。是故味过于酸，肝气以津，脾气乃绝。味过于咸，大骨气劳，短肌，心气抑。味过于甘，心气喘满，色黑，肾气不衡。味过于苦，脾气不濡，胃气乃厚。味过于辛，筋脉沮弛，精神乃央。"《灵枢·五味论》则言："五味入于口也，各有所走，各有所病。酸走筋，多食之，令人癃；咸走血，多食之，令人渴；辛走气，多食之，令人洞心；苦走骨，多食之，令人变呕；甘走肉，多食之，令人悗心。"所以，过量偏嗜食物中的任何一味，必然损伤五脏功能，令其产生上述种种病变。另外，如果过量摄入食物，暴饮暴食，同样会损害人的健康。如《素问·生气通天论》言："因而饱食，筋脉横解，肠澼为痔；因而大饮，则气逆。"就是指过量进食会导致胃肠充满、筋脉弛张，肠内若经常蓄积着不消化的水谷，那么筋脉也就长期处于弛张状态，可能形成肠澼或者痔疮。

《素问·痹论》言："饮食自倍，肠胃乃伤"，暴饮暴食对肠胃的损伤是显而易见的，而胃又是五脏六腑之本，五脏皆禀气于胃，胃腑一病，全身脏腑功能的正常发挥将得不到保证，身体健康也就无从谈起了。所以，《素问·厥论》言："胃不和，则精气竭,精气竭,则不营其四肢也。"

"食饮有节"体现在食物种类的合理搭配上,只有这样人体才能获得全面的营养物质,以维持正常的生命活动。所以,《素问·脏气法时论》言:"毒药攻邪,五谷为养,五果为助,五畜为益,五菜为充,气味合而服之,以补益精气。"气味合而服之是食补中一个重要的原则,只有严格遵守这一原则,食物五味才能真正起到补益身体的作用。然而,在现实生活中有不少人常常产生错误的食补观念,以大鱼大肉等高脂肪、高热量的"肥甘之品"为补养佳品,毫无节制地大量食用。这种盲目"妄补"却常常成为身体产生种种疾病的隐患,积累到一定程度必然爆发。《素问·通评虚实论》言:"凡治消瘅、仆击、偏枯、痿厥、气满发逆,肥贵人,则高粱之疾也。"这段古文是说富贵之人,喜食膏粱美味,由于甘味使人中满,厚味使人热中,因而他们就容易发生消瘅、偏枯、仆击、痿厥、气满上逆等病症。

《内经》还明确指出消渴即糖尿病的发病原因,《素问·奇病论》言:"此肥美之所发也,此人必数食甘美而多肥也;肥者令人内热,甘者令人中满,故其气上溢,转为消渴。治之以兰,除陈气也。"由此可见,盲目食用膏粱肥甘厚味进补,其危害是严重的,这一点尤其应当引起现代人的高度重视。因为在现代社会,人们的生活水平日益提高,食物种类极为丰富,这就为人们偏食肥美的食物创造了条件。所以,现代人一定要树立科学的饮食观,遵循"气味合而服之"的古训,只有这样饮食才能真正成为生命的活力之源,食补也才能真正起到增进身体健康的作用。

★《内经》论食忌

高粱之变,足生大丁。

——《素问·生气通天论》

饮食自倍,肠胃乃伤。

——《素问·痹论》

食饮者,热无灼灼,寒无沧沧。寒温中适,故气将持,乃不致邪僻也。

——《灵枢·师传篇》

水谷之寒热,感则害于六腑。

——《素问·阴阳应象大论》

因而饱食,筋脉横解,肠澼为痔;因而大饮,则气逆。

——《素问·生气通天论》

国学经典文库

国学大智慧

·《黄帝内经》养生智慧·

图文珍藏版

经常吃肥肉精米厚味，就会导致发生疔疮。

饮食过度，就会损害肠胃的功能。

在饮食方面，不要吃过热过凉的食物。这样寒温适中，真气才能内守，邪气也就无法进入人体而致病了。

饮食不注意寒热，就容易损伤肠胃，所以有害于六腑。

如果饮食过饱，阻碍升降之机，会发生筋脉驰纵、肠澼及痔疮等疾病，如果饮酒过量，会造成气机上逆。

从这里我们可以看出，饮食要注意清淡，科学家认为，新鲜蔬菜、干果、谷物等食物的生物性很高，可人体摄入的脂肪过多，会使脂肪在体内堆积，若附在血管壁上，会导致脂肪心和脂肪肝，饮食要有节制和节度，不应饥饱无度，暴饮暴食，更要注意食物的寒热。

食物过烫，对口腔、消化道伤害很大；食物过冷，又会对脾胃产生伤害。进食的最佳温度应该是暖食，即热不灼唇、冷不冰齿。

有人吃饭时喜欢喝很热的汤、吃很烫的饭，觉得只有这样，才能吃出饭的"香味"。这是一种不科学的饮食习惯，这种吃法对身体健康是有害无益的。

太烫的食物，容易烫伤舌头、口腔粘膜、食道等，对牙齿也可造成损害；除了会使口腔和舌黏膜烫伤外，有时还会造成食管黏膜烫伤。

经常吃烫饭、喝热汤的人，容易引起食道和胃的癌变。食道烫伤留下的瘢痕和炎症，会影响营养素的吸收。损伤的食管黏膜坏死，形成假膜，脱落后就会成为溃疡。这种溃疡愈合后，能形成瘢痕，造成食管狭窄，影响正常的进食，这是食管炎的一种。得这种病的人，常常自己觉得胸骨后面疼痛和有灼热感，有时还会吞咽困难，还可能会引起急性单纯性胃炎。

人的口腔、食管和胃黏膜的耐受温度为 $50\sim60℃$。为了避免对口腔、食管黏膜的损伤，减少食管炎、急性胃炎、食管癌的发生，应养成良好的饮食习惯，不要吃太烫的汤、饭。

而进食生冷，则会寒伤脾胃，使其运化失调，食满腹胀，甚至导致呕吐、腹泻、痢疾等疾病。

肥甘厚味的食物会在体内引起复杂的变化，时间长了体内就会有过多的滞热，会引发病变。

《内经》指出，"谷肉果实，食养尽之，无使过之，伤其正也"。讲的是，病邪被祛除体外以后，要以五谷、五肉、五果、五菜根据五脏阴阳虚实情况而进行饮食，来达到根治疾病的效果，但是不要令五味太过或太偏，以免对脏腑造成损害。

"无使过之"讲的是人们应该有节制的生活，不能任自己高兴来饮食或起居。人们现在正在痛快地吞进"现代文明病"，在用自己的牙齿给自己挖掘坟墓。人们一系列"太过"的行为给自己带来了健康的隐患和身体的痛苦。所以在我们日常的生活中一定要注意不要"太过",这样才能带来很好的养生效果。

勿使五味过之

《内经》中指出:"五味各走其所喜,谷味酸,先走肝;谷味苦,先走心;谷味甘,先走脾;谷味辛,先走肺;谷味咸,先走肾。"说明五味五脏各有所喜,各有所偏,各有所养。这是古人从长期的生活和医疗实践中总结出来的,是中医五味理论的基础,也是食养疗法的根据。中医理论认为:肝主筋,脾主肌肉,肾主骨,肺主皮毛,心主血脉。以酸味为例,酸味主要入肝脏,对肝脏有滋养作用,所以《内经》中称之为"酸生肝,肝生筋"。但是,如果酸味太过了,就会形成"酸伤筋","酸走筋,过则伤筋而拘挛"的病症。再以甘味为例,甜味主要入脾脏,对脾脏和所主的肌肉有滋养作用,所以《内经》中称之为"甘生脾,脾生肉"。但是,如果甘味太盛了,就会引发"甘伤肉","甘走肉,过则伤肉而消瘦"的病症。

此外,在五行生克关系中,肝克脾、脾克肾、肾克心、心克肺、肺克肝,也就是木克制土、土克制水、水克制火、火克制金、金克制木。失去了这种正常的克制关系,就会造成五脏之中某一脏的太过或不及而发生疾病,而长期偏嗜五味中的任何一味,都会打破五脏之间的动态平衡,形成某一脏的太过或不及。以辛味为例,辛入心,可补益心气,而心属火,长期偏嗜辛味,不但会引起血热妄行,而出现各种出血,还会升阳助火,克伤肺金,形成胸痛、咳嗽少痰、痰中带血、口咽干燥等病症。

勿使补泻过之

世界卫生组织曾严峻地指出:"大约在 2015 年,发达国家和发展中国家的死亡原因大致相同——生活方式引起的疾病将成为世界头号杀手。"这说明建立科学的生活方式,培养良好的饮食习惯,对保障人类健康是非常重要的。中医"药食同源"的思想指出饮食和药物一样,都具有一定的偏性,临床常见因不懂得食忌盲目补泻,而诱发疾病的例子。

自从有了人类,健康长寿就成了人们孜孜不倦的追求,这也许是人的一种本能。一个人能否健康长寿,除遗传因素以外,还应遵循《内经》"法于阴阳,和于术数,起居有常,不妄作劳,故能形与神俱而尽终其天年,度百岁乃去"。单纯靠补品是不可能获得健康长寿的,因为人参、燕窝、龟鳖、猴头等营养成分并不齐全,都具有食物的偏性,如能有的放矢地用于营养不良、体弱多病、肿瘤放化疗后等病症,可能会收到一定的疗效。如果不懂食忌理论,不根据个体实际情况,不了解体内缺什么,就盲目地乱补,轻则对身体无益,重则对身体造成伤害。任何企图以补求健、以补增寿的做法都是错误的。这样乱补会引起营养失衡,导致代谢紊乱,甚至诱发高血压、高血脂、糖尿病等病症。

正当蛮补的热潮还没有退去的时候,一股盲目减肥的浪潮已经到来。随着人类进入高科技、智能化的时代,人类大幅度地降低了体力的付出,吃得越来越好,动得越来越少,也就使得肥胖的患者越来越多。以致新世纪之初,国际肥胖症大会就宣布,全世界因患肥胖症死亡的人数,已超过全球饿死的人数。由肥胖引发的疾病越来越多,各种不恰当地减肥办法,也应运而生。有人频频服用减肥茶、减肥口服液或泻下药,导致营养失衡,功能紊乱。更有甚者,采取"饥饿疗法",不吃不喝,直至出现胃肠功能紊乱、消化功能瘫痪、神经性厌食症,骨瘦如柴,甚至住进医院进行抢救,由此导致死亡也是屡见不鲜。

其实,肥胖症的形成与遗传因素、饮食习惯、消耗减少及社会心理因素有关。盲目地泻下减肥与蛮补一样对人体有害而无益。南宋著名学者郑樵提出了著名的饮食六要论,即:"食品无伤于淆杂,其要在于专简;食味无务于浓酽,其要在于醇和;食料无务于丰盈,其要在于从俭;食物无伤于奇异,其要在于守常;食制无伤于脍炙生鲜,其要在于蒸烹如法;食物无伤于厌饫口腹,其要在于饮饱之中。"他的这些观点,即使在今天也是有很大的指导意义的。

勿使食量过之

合理膳食,适量运动,戒烟限酒,心理平衡,是人体健康的四大基石。在健康的四个条件中,合理膳食是非常重要的。医学界已将肥胖列入病理范畴,认为它属于营养失调症。不加节制地暴饮暴食是肥胖的主要原因。由于过度的饮食所导致的病症已不下上百种。《内经》认为"饮食自倍,肠胃乃伤",说的是饮食要有节制,如长期饮食无度,可以对胃肠等消化系统造成伤害。又说"因而饱食,筋脉横解,肠澼为痔,因而大饮,则气逆"。说的是过度饱食无度,可以造成人体筋脉弛缓痿软不收的病症,或引起下利脓血的痢疾与痔疮等疾病。人体的气机以下降为顺,如果长期过量的饮酒,就会造成气机上逆的病症。

美国参议院营养与健康特别委员会主席麦戈文说过:"今天的危险不是脚气病、糙皮病或者坏血病。我们面临的现实情况要比这微妙、可怕得多。"

"千百万美国人塞进肚子里的东西很可能使他们患肥胖病、高血压、心脏病、糖尿病、癌症。一句话,会慢慢地致命。"改革开放以来,我国人民的生活水平得到很大的提高,而食品、营养、滋补、节食等问题已逐步成为人们的热门话题,在如何吃好的问题上,人们又走进了三个误区。一种误区是你想吃什么,你的体内就缺什么营养物质,所以应顺其自然,随心所欲,毫无顾忌地猛吃;另一种误区是,食不厌精,餐必脍炙生鲜,不能做到五谷、五菜、五果、五畜兼收并蓄,营养均衡。违背了饮食回归自然,应食杂、食野、食绿的原则;第三种误区是,盲目追求广告宣传的误导,对广告一味盲从，广告介绍吃什么好，就来吃什么；听说吃什么不好，就绝对禁食什么，人为地造成偏食，对身体形成损害。例如：目前市场上流行一种时髦的保健饮料——葡萄柚汁，之所以流行，是因为广告上说是它能降血压、降血脂，还能减肥。但是，葡萄柚汁中所含的成分可使降压药的生物利用度提高，还会使药物的峰值血浓度明显增加。也就是说，它能使降压药在血液中的浓度提高，吸收程度增加。所以，为了避免这种相互作用，高血压患者就不能听信广告宣传饮用葡萄柚汁，改用其他饮料，以免发生危险。

饮食"勿使过之"讲的是一个方面；另一方面还要注意由于节食减肥造成的营养不良。据科学研究，细嚼慢咽，少食多餐，每餐不超七分饱，对人体是十分有益的。

◆疾病与饮食禁忌

帝曰：热病已愈，时有所遗者，何也？

岐伯曰：诸遗者，热甚而强食之，故有所遗也；若此者，皆病已衰，而热有所藏，因其谷气相薄，两热相合，故有所遗也。

帝曰：善，治遗奈何？

岐伯曰：视其虚实，调其逆从，可使必已矣。

帝曰：病热当何禁之？

岐伯曰：病热少愈，食肉则复，多食则遗，此其禁也。

——《素问·热论篇》

热病已经痊愈，常有余邪不足，是什么原因呢？凡是余邪不尽的，都是因为发热较重的时候强进食，所以有余热遗留。像这样的病，都是病势虽然已经衰退，但尚有余热蕴藏在体内，如果勉强病人进食，肯定会因饮食不化而生热，与残存的余热相薄，那么就会两热相合，又会重新发热，所以有余热不尽的情况出现。那么怎样才能治疗余热不尽呢？应该诊察病的虚实，或补或泻，予以适当的治疗，才能使疾病痊愈。那么发热的病人在护理上有什么禁忌呢？当病人病势稍衰的时候，吃了肉食，病就会再次复发；如果饮食过多，就会出现余热不尽，这都是热病应当禁忌的。

这里讨论了热病的饮食调理和食物的禁忌，指出了热病余热不能尽和食复的原因是热病初愈而勉强多食，过食肉类等助热而难于消化的食物。

在疾病发展之中或初愈之后，对食物的种类应该有所选择。进食的数量也应

国学经典文库

国学大智慧

·《黄帝内经》养生智慧·

图文珍藏版

该有所限制,否则会使疾病很难治愈,或是愈后再复发。这里也就提到了忌口。

所谓忌口,是专指病人病中的饮食禁忌。大家知道,食物与药物一样,都具有偏颇之性,比如江米性味甘温、质地粘腻,白酒性味辛烈而热等等。因此就存在着饮食禁忌的问题,包括进食的方式方法、食物的质量数量、饮食之间的相互作用、饮食与体质或疾病的关系,以及饮食与药物的不相宜等内容。

病人病中的饮食禁忌着重研究的是饮食与疾病的关系和饮食与药物不相宜的问题。早在东汉年间,著名医学家张仲景在《金匮要略》中就指出:"所食之味,有与病相宜,有与身为害,若得益则益体、害则成疾。"

感冒中的饮食禁忌

感冒之后,往往食欲减退,有发热时更为突出。现代医学认为,发热时各种消化酶被破坏或活性低,导致了病人不想吃东西。如果硬是多进食,常会出现腹胀等消化不良的表现,会加重胃肠的负担,不利于机体集中力量抗御外邪,有可能延缓感冒的痊愈,甚至加重病情。因此,感冒病人以少食为佳。

少食的程度如何控制,应以保证全身能量供应作为前提。

这就有饮食的质量问题。感冒的病人提倡多进食清淡、易消化的食物,比如米粥、面条等,避免吃煎炸、油腻食物。有的人甚至提出"禁食疗法",即感冒以后停止进食,只喝汤水,有时会收到意想不到的效果。当然这种方法不是每个人都适用,对平时体质壮实、感冒较轻的病人可以一试。请别忘了要有足够的能量贮备,否则就会事与愿违。

下面再谈一下感冒应忌哪些食物。

这一方面与服药有关,也就是药后忌口。另一方面要注意与病情的关系。

感冒初期,如果是感受的风寒之邪,正服解表散寒药时,则当禁食生冷、油腻,如果是温热之邪,初期正在清解阶段,亦当忌食生冷,一旦热邪不去,留壮热,继而口渴、烦躁、大便秘结,此时反需水果相助,可频服梨汁、橘汁、西瓜、梗米汤、绿豆汤等,切忌过食生冷、油腻之品。

具体来说,感冒期间,避免进食或忌多食鸭肉、猪肉、羊肉、狗肉、甲鱼、蚌、醋、柿子等食品。

因为感冒是外感之病,治疗应以疏散解表为主。而鸭肉性质偏凉、滋腻蜜滞,容易滑肠敛邪,猪肉肥腻,助湿生痰,动风蕴湿;羊肉甘温助热,偏于温中暖下,且

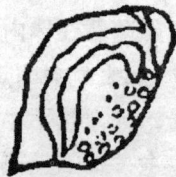

蚌图

有敛邪之弊;狗肉亦性温热,容易助热生火,故为热症所忌;甲鱼甘润滋腻,有敛邪之弊;蚌,又名河蚌,性质寒泄,有滋阴凉润之力,过多食用有碍表邪疏散;醋,味酸收敛,食后容易滞气留寇;柿子性质寒涩而敛滞,多食容易敛邪。

所以,上面所说的这些食物都是在感冒的时候应该尽量少吃。误食或多食往往不利于外邪疏散,有时甚至可以加重病情,需要引起注意。

高血压饮食禁忌

原发性高血压是一种病因尚未明确,以体循环动脉血压升高为特征,可引起心脏、血管、大脑及肾脏等器官损害的全身慢性疾病。

引起高血压的病因到现在还没有一个明确的答案。一般认为与遗传、长期吃高盐食物及高脂肪食物、肥胖、心理因素、烟、酒有关。

高血压病的饮食禁忌主要有以下几点:

(1)控制食盐量:据科研证实,钠盐的摄入量与高血压病症相关。我国人们的饮食习惯是由南往北,食盐的摄入量依次加大,而我国的高血压及心脑血管疾病的发病率也是由南往北依次增加。

柿图

有效地限制钠盐的摄入量,是高血压病综合治疗中的基础方法。即便是咸肉、腌制禽蛋、咸菜的摄入量也应严格控制。

(2)戒烟限酒:因为香烟中的有害物质,能使肾上腺的儿茶酚胺分泌增加,引起血管收缩,使血压升高。另外,香烟中的尼古丁还能刺激心脏,使人心跳加快。

所以,高血压患者必须戒烟。少量饮酒对人体并无害处,尤其是适量地饮一些红酒,对心血管还有一定好处。但如长期大量饮酒,就会损伤动脉壁,加重动脉硬化程度,使血压难以控制。

(3)忌三高食物:高脂肪、高蛋白质、高热量等食物简称为"三高"食物。常见的有猪肉、猪油、奶油、奶酪、油炸食品、烤鸭、巧克力、冰淇淋、各种动物内脏等。如经常大量的吃这些食品,可以造成肥胖病、血脂过高,从而引起血行不畅,加速动脉粥样硬化过程,使血压难以控制,易于突发中风。

(4)饮食应适量:高血压患者忌一次性进食量太大。"饮食自倍,肠胃乃伤",过量进食可损伤脾胃的运化功能,导致痰浊内生,如果痰浊上蒙清窍,可以诱发中风。此外,高血压病人如吃东西过量,还可诱发心肌缺血,导致心绞痛的发生。

此外,高血压病患者可以适量饮一些清淡的绿茶,以清肝明目,有利于血压下降,不要喝浓酽的红茶。因为红茶中含茶碱量大,而茶碱可以兴奋大脑神经,引起

兴奋不安、失眠不寐、心慌心悸等不适,从而导致血压升高。

缺血性心脏病饮食禁忌

缺血性心脏病是由于冠状动脉粥样硬化而造成管腔狭窄或阻塞,引起冠状动脉血流和心肌氧需之间不平衡而导致心肌缺血或梗死的一种心脏病。

一般认为,冠心病的发生与高血压、高脂血症、糖尿病、肥胖病、吸烟酗酒、社会心理因素有关。

冠心病总的食忌原则为清淡饮食,戒烟限酒,具体地讲,应该注意以下几点:

(1)忌高脂肪、油腻、厚味食物:冠心病人的饮食应坚持"三低二高一优"的原则,即:低盐、低脂、低胆固醇,高维生素、高纤维素,优质蛋白。

高脂血症是冠心病的重要危险因素,如果不加限制地吃高脂肪食物,会引起血清脂质的升高,可以促使动脉粥样硬化的形成;此外,血脂升高,可使血液黏稠而血液流行缓慢,容易加重心肌缺血缺氧,诱发心绞痛。

动物的内脏、脑子、脊髓及蛋黄、鱼子和多种贝壳类食品都含有丰富的胆固醇,如果经常吃这些食品,会加重冠状动脉粥样硬化。

糖尿病可诱发冠心病,血糖升高与冠心病密切相关,并且可以使三酰甘油的合成增加。所以,冠心病人应忌高糖饮食。

过多地摄入食盐是高血压的主要原因之一。而高血压是冠心病的主要危险因素,所以,冠心病人应控制钠盐的摄入量。

(2)戒烟限酒:香烟中的有害物质对循环系统有直接损害作用,可使人体的外周血管收缩、血压升高、心率加快、心肌耗氧量上升、心律失常。吸烟时大量的一氧化碳进入血液,使血红蛋白与氧气的结合能力下降,从而使心肌发生缺氧,可以诱发心绞痛、心肌梗死、心律紊乱、猝死。

适量饮酒对人体还有一定的好处的,能扩张血管,加快血流速度,增进食欲,消除疲劳并能增强体力。但是,如长期大量饮酒,就会加速动脉硬化。所以,冠心病人应严格限酒。

(3)忌暴饮暴食及大量饮用兴奋性饮料:暴饮暴食可使消化道的血运动加强,导致心肌供血供氧量相对不足,并可使胃肠道压力上升、充血,横膈抬高。血糖、血脂增加、血液黏稠、流动缓慢,引起心肌缺血缺氧。尤其是晚餐,冠心病患者更不能大量进食,因夜间更易发生心绞痛和心肌梗死。此外,冠心病人不要吃不易吞咽的食品,如鸡蛋黄、干馒头等,以免诱发心肌梗死。

茶叶中的茶碱和咖啡中的咖啡因,会诱发心率加快、心律失常,使心肌的耗氧量明显增加,易引起病人心绞痛,尤其是茶水或咖啡过浓更易引起此类不良反应。

缺血性脑血管病饮食禁忌

缺血性脑血管病包括短暂性脑缺血发作、脑血栓形成、脑栓塞等病症。其中短暂性脑缺血发作是指局限性脑血管供血障碍所引起的局限性脑供血障碍。脑血栓形成是指颈动脉、椎基底动脉系统，由于动脉管壁病变，或和血液中的有形成分凝聚，使管腔狭窄或闭塞，导致急性脑供血不足所引起的大脑组织局部坏死。脑栓塞是指颅外各种其他部位栓子（固体、气体、液体栓子）经血液循环进入脑动脉或供应脑的颈部动脉，造成脑血流阻塞。

缺血性脑血管病的病因与脑动脉粥样硬化、高血压病、糖尿病、低血压、血液病、动脉炎以及脓栓、癌性栓子、脂肪栓子、虫卵等因素有关。

缺血性脑血管病的饮食禁忌主要有以下几点：

（1）饮食有节，定时适量：据现代科学研究表明，晚餐不要太晚，以清淡为宜。如果晚餐时间太晚，再吃一些难以消化的油腻食物，会使胆固醇在血管内壁上沉积，诱发脑血栓。同时，一般情况下，人在晚上活动量少，能量消耗也少，若晚餐吃得太多，就会使人肥胖，从而影响到血管的舒缩，导致脑血栓的形成。

人体吸收的热量应与每日活动消耗的热量成正比，凡体重超常的肥胖病患者，多因热量的摄入超出人体每日热能的消耗。有些人不吃动物脂肪，但饭量大也会发胖，这是因为肝脏可将碳水化合物转化为脂肪贮存起来。所以，应严格限制热量的摄入。

缺血性脑血管病的患者，应忌食动物内脏、蛋黄、动物脑子、鱼子、鳗鱼、鱿鱼等高胆固醇含量食物，以免加重脑血管内壁的损伤。

人体的膳食营养结构讲的是平衡，提倡兼收并蓄，以广泛吸收各种维生素和微量元素。据现代科研证实，维生素C、维生素B_6、维生素B_{12}预防和治疗脑血管病有辅助作用。多吃海带及海藻类植物，可以防止脂类物质在动脉内壁上沉积；大蒜和洋葱也有良好的降低血脂作用。所以，坚持食杂，比饮食挑剔更对脑血管有利。

过多的摄入糖分，可使血液中的三酰甘油和胆固醇明显增高，从而加重脑动脉硬化。所以，脑血管病人应严格控制高糖饮食。

辛辣食物可以增进食欲，但缺血性脑血管病患者不宜吃这类食品。因为，辛辣食品能升阳助热、耗液伤阴，不利于血压的控制及大便的排出。

（2）忌烟酒及兴奋性饮料：吸烟能刺激外周血管收缩，不利于控制血压，并且刺激动脉内壁，加重动脉硬化。所以，脑血管病人应忌烟。

酒，属于高热量的饮料。长期饮酒者可以导致血脂升高。特别是大量饮啤酒的人，血液中的酯质类物质含量更高易导致心肌脂肪增加、心脏肥大、血管硬化。所以，脑血管病人应戒酒。

过多饮用咖啡可使血脂含量升高,尤其对已有缺血性脑血管病患者更是如此。适量饮茶对人体有利,但是饮浓茶则会使神经系统兴奋。所以,脑血管病患者应限制咖啡,只能适量喝茶,茶水不要太浓,尤其是晚上更不能饮用。

出血性脑血管痛饮食禁忌

出血性脑血管病包括蛛网膜下腔出血和原发性脑出血两类。前者是指脑的表面或脑底部血管破裂,血液直接进入蛛网膜下腔的一种疾病。原发性蛛网膜下腔出血的病因多为脑动脉瘤破裂、脑血管畸形、高血压脑动脉硬化、血液病、颅内肿瘤、血管性反应等。当情绪波动或突然用力过度时易诱发本病。而后者是发生于脑实质内的非创伤性出血,其主要发病原因为高血压及脑动脉硬化。

出血性脑血管病的饮食禁忌有以下几点:

(1)禁忌高盐、高脂饮食。它不利于控制血压。

(2)控制糖的摄入量。

(3)戒除烟酒及兴奋刺激性饮料。

风湿性心脏病饮食禁忌

风湿性心脏病,是风湿热后遗留的以心瓣膜损害为主的心脏病,简称风心病。风湿性心脏病的患者大多数原来有明显风湿病史,以后逐渐出现心悸、喘咳、水肿等症状。发展为稍劳则心悸、喘咳加重,痰中带有血丝。甚则在休息时也心慌气喘,呼吸困难,不能平卧,兼见面部、四肢浮肿、口唇及指甲青紫、腹胀不欲饮食、肝脾肿大等症状。

风心病的饮食禁忌主要有以下几点:

(1)禁止食用苦寒及辛辣食物:风心病病人多属心脾阳气不足,如过食苦、寒食品,会损伤人体阳气,加重病情。此外,因辣椒、芥末等食品,能使心跳加快,增加心脏负担。且这类食品能导致大便秘结,因排便困难过于用力,可加重心脏负担,甚至发生不测。

(2)严格控制食盐摄入量:严格控制食盐的用量,对各种用盐腌制的食品量也应严格限制,以免造成体内水钠滞留,加重心脏的负担。

(3)戒除烟酒、浓茶和咖啡:因为香烟在燃烧时,可以产生大量的一氧化碳,当一氧化碳吸入人体内后,可以导致全身血管收缩,并可与血中的血红蛋白结合,使其输送氧气的功能下降,造成心肌缺血缺氧,对心脏不利。而酒、浓茶、咖啡等兴奋刺激性饮料,会使血压升高,神经系统的兴奋性增强,导致心率加快,甚至诱发心律紊乱,从而加重心脏负担,使心肌瓣膜功能受到损害。所以,风心病人应禁烟及兴奋刺激性饮料。

支气管哮喘饮食禁忌

支气管哮喘是一种以呼吸道炎症细胞浸润为主,引起呼吸道反应性增高及可逆性阻塞的慢性炎症疾病,在临床上一般简称为"哮喘病"。

这种病的诱因一般认为是与吸入物、感染、过敏食物及药物、气候改变、精神因素、运动、妇女的月经期和妊娠期引起的变态反应、气道炎症、气道高压反应及神经因素有关。

中医认为,支气管哮喘的病因是机体内素有伏痰,胶固于膈间肺隙,一遇外邪、饮食因素及精神因素触动,则痰气交阻于气道,气道通气受阻而出现哮喘。

支气管哮喘的饮食禁忌主要有以下几点:

(1)戒除烟酒:香烟在燃烧后产生的有害物质吸入人体后,可直接刺激气道,引起呼吸道炎症及痉挛,加重通气阻碍。酒能扩张外周血管,并能增快心跳,加大耗氧量,加重肺的供氧负担,所以,支气管哮喘的病人应坚决戒除烟酒。

(2)饮食以平性为主以避免过于辛热和寒凉:支气管扩张病人多属心脾肺阳气不足,水湿运化不利,造成痰浊内阻。所以,既不能吃辛辣食品,以防炼液为痰,使气道炎症加重,影响气道的通畅;也不能过多食用生冷寒凉性质食品,以免影响脾胃的运化功能,造成痰浊内生、阻塞气道,加重哮喘。此外,寒凉刺激是支气管哮喘发病的常见诱因之一,所以,饮食应寒温适中,不燥不凉。

(3)忌肥甘厚味及海腥发物:长期贪食肥甘厚味,会导致痰浊内生、阻塞气道,造成通气不利。而气管哮喘患者,往往是过敏体质,而鱼、虾、蟹等海产品致敏性极强,易于诱发支气管哮喘,所以应谨慎食用此类食品。

(4)慎用禽蛋类、鲜奶及乳制品:鸡蛋、鸭蛋、鹌鹑蛋、牛奶、羊奶以及乳制品,都含有大量的蛋白,但它们属于异性蛋白,有相当一部分人吃了异性蛋白后出现变态反应,从而诱发哮喘病。所以,有支气管哮喘病史的人,在选择食品时要小心谨慎,尽量不吃这类食物。

鸡蛋

饮食因素是导致支气管哮喘发作的最常见诱因之一,所以,哮喘病人应仔细摸索自己的饮食规律,在选择食品时,应远离致敏物质,以减少哮喘病的发作。

慢性支气管炎饮食禁忌

慢性支气管炎是由于感染或非感染因素引起气管、支气管黏膜及其周围组织的慢性非特异性炎症。在临床上出现有连续 2 年以上,且每年持续 3 个月以上的咳嗽、咳痰或气喘等症状。

慢性支气管炎的病因与大气污染、吸烟、感染、过敏因素、气候变化和营养不足有关。

中医认为慢性支气管炎是由于痰浊阻肺、寒饮内伏、肝火犯肺等造成肺气闭阻或肺气上升、气机升降失调的病症。主要表现在肺,病的根源在脾肾,病变关系到肺、脾、肾三脏的病症。

慢性支气管炎的饮食禁忌主要有以下几点:

(1)忌烟:香烟中的有害物质可以直接刺激呼吸道,香烟不仅是吸烟者自身慢性支气管炎的重要原因,烟雾还会给周围人群呼吸道的健康也带来危害。所以,慢性支气管炎患者应彻底杜绝烟草。

(2)忌寒凉食物:慢性支气管炎患者,病程较长,大多脾、肺、肾的阳气不足,对寒凉食品反应较大。因为寒性凝滞,寒主收引,过多食用寒凉食品会使气管痉挛,不利于分泌物的排泄,从而加重咳喘,痰不易容咳出。此外,寒凉食品,会损伤脾胃阳气,脾胃受寒则运化失职,导致痰浊内生,阻塞气道,喘咳加剧。所以,慢性支气管炎患者应少吃寒凉食物。

(3)忌油炸及辛辣刺激食物:油炸等油腻食品,不容易消化,容易产生内热,煎熬津液,可助湿生痰、阻塞肺道,导致咳嗽、气喘加重。而辛辣食物如辣椒、洋葱、生蒜、胡椒粉等,吃后可助热生痰,并可刺激支气管黏膜,使局部水肿,而咳喘加重。因此,慢性支气管炎病人不能食油炸和辛辣刺激食物。

(4)忌食海腥发物:过敏反应是慢性支气管炎的发病原因之一,而鱼、虾、蟹和禽蛋类、鲜奶或奶制品又是常见的过敏源。所以,慢性支气管炎患者,对这类食物应该敬而远之。

急性肾炎的饮食禁忌

肾脏炎症通常可由感染引起,如肾盂肾炎,或者由引起肾脏损伤的免疫反应所致。异常的免疫反应可能来自两个方面:(1)抗体既能攻击肾脏本身,又是贴附肾脏细胞的一种抗原(即刺激免疫反应的一种物质)。(2)抗原和抗体能在机体某处结合,然后攻击肾脏细胞。肾炎的体征,根据免疫反应的类型、部位和强度,可发生血尿、蛋白尿和肾功能损害。虽然,损害肾脏的原因不同,但都能产生相似的损害类型、症状和结局。

(1)急性肾炎病人应避免高盐膳食、高盐膳食和高钠饮食:急性肾炎病人应根据病情、尿量、血压及水肿的情况,选择一些低盐膳食,避免吃一些含盐多的食品,如酱豆腐、咸菜、咸鸭蛋、腌肉、咸鱼、咸面包等。无盐膳食要求烹调时不能用盐和酱油,为增加食欲,可用糖、醋、芝麻酱、番茄酱来调味,同样应注意不能吃咸菜、咸鱼、酱豆腐等含盐量高的食品。低钠饮食要求每天不能吃盐和酱油,并避免食用含钠高的食品及蔬菜,如用发酵粉或碱制作的馒头、糕点、饼干、挂面、方便面及油饼、油条等。凡100克蔬菜中含钠量超过100毫克者,均应慎用。如茴香菜和芹菜这两样菜都不应吃。每天膳食含钠量最好不要超过500毫克。

(2)急性肾炎病人应避免含钾高的食物:当患者出现少尿、尿闭时,应限制食用含钾丰富的蔬菜和水果,饮食中不能用无盐酱油,因为无盐酱油主要成分是氯化钾,可使血钾升高,加重病情。

(3)急性肾炎患者应控制饮水量:急性肾炎患者应怎样控制水的摄入,到底是多饮水好还是少饮水好。这个问题要根据患者的具体情况来决定。一般的原则是:急性肾炎伴有明显水肿、高血压时,应限制水的摄入量。如无明显水肿、高血压,就不应过分限制水的摄入,特别是在伴有肾功能减退时,更应放宽对水的限制。因为过多限制水的摄入,会使尿量减少,因而体内新陈代谢所产生的尿素、尿酸、肌酐等废物不能随尿排出体外,这些代谢废物的积聚会使机体自身中毒。

(4)急性肾炎患者不宜吃板栗:急性肾炎属中医的风水范畴,风水应祛邪,疏风,逐水,不应温补。栗子又名板栗、栗果,主要含水分、碳水化合物、维生素C、蛋白质等营养成分。栗子性味甘、温,具有养胃脾、补肾强筋、活血止血的作用。孟诜在《食疗本草》一书中说:"栗子炒食之令气拥,患风水气不宜食。"感冒患者亦不应食用。

(5)急性肾炎患者应慎食一些鱼类:急性肾炎患者应限制蛋白质的摄入。脂肪与碳水化合物代谢后所产生的废物主要是水和二氧化碳,一般不加重肾脏负担;蛋白质在体内代谢后会产生一些含氮废物,这些废物大部分通过肾脏排出。在尿量减少时,这些废物的排泄就要受到影响。非蛋白氮如尿素、尿酸、肌酐等在体内储留过多,可以发生尿毒症。因为带鱼、鳟鱼(红眼鱼)、鲟鱼、橡皮鱼(剥皮郎)、鳜鱼、海蛤蜊等都含有大量的脂肪,所以急性肾炎患者不宜食用。

鳜鱼图

肺炎饮食禁忌

肺炎指肺实质的炎症,是多种原因引起肺组织炎性改变的一类疾病的总称。按病因分类有感染性肺炎、过敏性肺炎、放射性肺炎、化学性肺炎等。其中最常见的为感染性肺炎。传统医学认为，肺炎的发病原因为正气不足，外感六淫邪气，外邪传里，引起的肺气闭阻，邪气内蕴，气机升降失调。

肺炎的饮食方面应注意以下几点：

（1）忌辛辣油腻食物：肺炎属急性热病，消耗人体正气，影响脏腑功能，易于导致消化功能降低，食物应以高营养、清淡、易消化为宜，不要吃大鱼、大肉、过于油腻的食物，以免中焦受遏，运化不利，营养反而不足。油腻之品大多性属温热，可以生内热，湿滞为痰，不利于肺气的早日康复。

辛辣食品性质温热，易化热伤津，而肺炎又属热病，两热相加，犹如负薪救火，使病情加重。所以，肺炎患者在膳食中不应加入辣椒、胡椒、芥末、川椒等调味品。

酒也属辛热之品，会刺激咽喉及气管，引起局部充血水肿，肺炎患者不能饮酒。

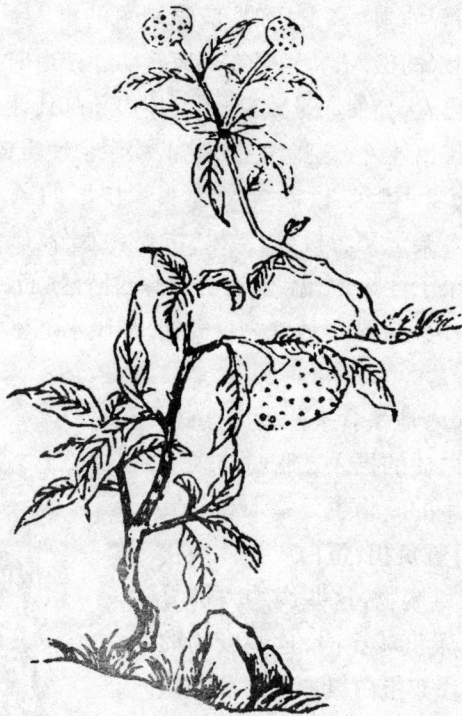

橘图

（2）水果要适量也要选择品种：肺炎患者适量的多饮水和进食水果对疾病的康复是有利的。多数水果对肺炎有益，但是最好不要吃甘温的水果，如桃、杏、李子、橘子等，以免助热生痰，即使是凉性水果，也不是多多益善。如果过量吃一些寒凉性质的水果，会损伤到脾胃的阳气，有碍运化功能，不利于疾病的康复。

糖尿病饮食禁忌

糖尿病是一种常见的代谢内分泌病，分原发性和继发性两大类。前者占绝大多数,有遗传倾向,其基本病理生理为绝对或相对胰岛素分泌不足和胰腺糖增高所引起的代谢紊乱,包括糖、蛋白质、脂肪、水及电解质等。常见的并发症及伴随症有急性感染、肺结核、动脉粥样硬化、肾和视网膜等有大小血管病变,以及神经病变。

Ⅰ型糖尿病的发病机制主要是遗传因素、自身免疫缺陷、胰岛素拮抗激素增多等;Ⅱ型糖尿病的发病机制主要是在基因缺陷的基础上,存在着胰岛素拮抗和胰岛素分泌障碍两环节。肥胖及脂代谢紊乱是Ⅱ型糖尿病重要原因之一。

根据糖尿病多饮、多食、多尿、消瘦的临床特点,属于祖国医学"消渴"或"消瘅"的范畴。认为是由于饮食不节、情志不调、房劳过度等原因,造成阴虚燥热,久至气阴两亏、阴阳两亏、血瘀津伤之症。并根据本病的多症状主次分为上、中、下三消。即烦渴多饮为上消,多食善饥为中消,小便频多为下消。

糖尿病人对食物中三大营养物质即糖类、蛋白质及脂肪的摄取,应掌握以下原则:

糖类物质摄取可占总热量的55%~60%。以中等身材,体重60kg的成年人为例(以下的比例与此相同)。主食供应,休息者每日200~250克;轻体力劳动者每日250~300克;中度体力劳动者每日300~400克;重体力劳动者需400克以上。多用糙米或玉米、小米等粗粮,充分咀嚼,吃少量食物即可获得饱腹感。副食应以带叶的绿色蔬菜为主,尽量避免富含淀粉食物,含糖高的水果应严格限制。

蛋白质的摄入量占机体总热量的15%以下为宜。每日每千克体重摄入蛋白质0.8克即可。对儿童、孕妇、乳母、营养不良及慢性消耗性疾病合并糖尿病患者,每日每千克体重的蛋白质摄入量可酌情增至1.5~2克。

脂肪应限制在每日40~60克,胆固醇的摄入量不能超过每日0.3克。

糖尿病患者每日饮食热量分配应以早1/5,午、晚各2/5为宜。饮食控制特别要注意饥饱适度,可采取少食多餐,但食量并非越少越好,若经常处于饥饿状态,加之使用降糖药物,反而使血糖不易控制。和肥胖病患者一样,应控制热量摄入,减肥,使体重下降至低于正常标准5%左右,更有利于控制病情。

糖尿病的饮食禁忌主要有以下几点:

(1)低钠高纤维素饮食:高钠饮食可增加血容量,诱发高血压,增加心脏负担,引起动脉粥样硬化,加重糖尿病并发症。所以,糖尿病人应以低钠饮食为宜,每日食盐量控制在3克以内。而可溶解的纤维素有利于改善脂肪、胆固醇和糖的代谢,并能减轻体重,可以适量多吃这类食物。

(2)限制富含淀粉食品和忌高糖食品:富含淀粉的食品(大米、白面、薯类、豆类、谷类),进入人体以后,主要分解为碳水化合物,它虽是机体热量的主要来源,但因其可直接转化为糖,因此必须限量。否则,病情就没有办法控制。

糖尿病患者最重要的就是忌食糖(白糖、红糖、葡萄糖、水果糖、麦芽糖、奶糖、巧克力、蜂蜜)、糖类制品(蜜饯、水果罐头、各种含糖饮料、含糖糕点、果酱、果脯)。

因为这些食品可导致血糖水平迅速上升,直接加重病情,干扰糖尿病的治疗。所以,这些食品都不能食用。

(3)限制脂肪类和蛋白质的摄入量:糖尿病本身就是由于胰岛素分泌的绝对或相对不足引起的糖、脂肪和蛋白质代谢的紊乱。又因糖尿病很容易合并动脉粥样硬化和心脑血管疾病。所以,必须严格限制动物内脏、蛋黄、鱼子、肥肉、鱿鱼、虾、蟹黄等多脂类和高胆固醇食品的摄入,以免加重脂质代谢紊乱,引发高脂血症。

糖尿病易于合并糖尿病性肾病,而过量的摄入蛋白质会增加肾脏的负担。所以说,糖尿病患者的蛋白质摄入应适量。美国糖尿病学会建议糖尿病患者每日蛋白质摄入量应限制在每千克体重0.8克以内。

(4)忌辛辣食物:糖尿病患者大部分都容易饥饿、烦渴多饮、阴虚为本、燥热为标,而辛辣食品如辣椒、生姜、芥末、胡椒等性质温热,易耗伤阴液,加重燥热,糖尿病患者应忌食这类调味品。

(5)远离烟酒:酒性辛热,可直接干扰机体的能量代谢,加重病情。在服用降糖药的同时,如果饮酒,可使血糖骤降,诱发低血糖,影响治疗。此外,乙醇可以加快降糖药的代谢,使其半衰期明显缩短,影响药物的疗效。因此,糖尿病患者不能喝酒。

吸烟对身体健康有极大的危害,烟碱可以刺激肾上腺髓质激素分泌,诱使血糖升高;吸烟可导致外周血管收缩,影响胰岛素和其他降糖药在血液中的运行和吸收。吸烟还会诱发血管痉挛,损害血管内壁,而糖尿病又容易诱发动脉粥样硬化和心脑血管疾病。两者相互影响,可以发生冠心病、心肌梗死、顽固性下肢溃疡、中风等严重并发症。因此,糖尿病患者不能吸烟。

(6)少吃酸性食品:糖尿病人的体液多呈酸性。谷类、鱼、肉等食物基本上不含有机酸或含量很低,口感上也不显酸味,但在人体内彻底分解代谢后,主要留下氯、硫、磷等酸性物质,所以营养学上称其为酸性食物。而酸性体液对糖尿病不利,因此,糖尿病患者要少吃这类食品,多吃带绿叶蔬菜,使体液呈弱碱性,吃生菜对糖尿病有较好的疗效。

◆日常生活中的饮食禁忌

平时常听人说,曾经吃过某一种食物,胃里立即感到不舒服,或者吃了某种食物,结果老毛病复发了……,类似情况很多,各类不同体质的人,都可能有它具体的饮食宜忌,对于这些问题,很难作面面俱到的解答。但是,只要在日常的生活中注意自己的饮食,对这些情况都有很好的帮助。

一般饮食禁忌

为了健康长寿精力充沛的需要,人们首先应该戒除饮食方面的不良习惯,如食物不要太咸，以免给心脏、肾脏等器官增加负担。食物也不要太烫，以免烫伤黏膜、牙龈，引起溃疡、炎症和疤痕。忌暴饮暴食，以防胆囊炎、胰腺炎、脑血管病发作。不能偏食，以防营养缺乏。忌不经细嚼下咽，以免加重胃肠负担，影响消化，导致胃炎和溃疡。忌多吃零食，以防维生素和无机盐的缺乏。

我国古代曾有食疗法，食物和药物一样也有寒热温凉之性，酸苦甘辛咸五味，五味入五脏，如酸入肝，苦入心，甘入脾，辛入肺，咸入肾。（前面章节已经提到）。因此，人们的饮食必须寒温得宜，五味调和，这样五脏才能各得其味，如果饮食失调，势必对内脏造成损害，对健康也不利。

如果是病人，饮食禁忌还应根据疾病的症候而异。例如阳虚症宜温补，忌清补滋润；阴虚症切忌温补燥热；寒症忌咸寒食物；热症忌辛辣，宜清凉。如果病属表症，症见恶寒发热，身痛无汗，饮食宜清淡，切忌油腻酸敛之品，以免影响邪气外散。五脏有病时应禁忌饮食具有相克关系的食物，以免加重脏腑的损害，如肝病禁忌辣味，心病禁忌咸味，脾胃病禁忌酸味等，这些都是中医的传统认识，可供大家参考。

在这里要提出的一点是，由于人体对食物的反应各不相同，凡事都要因人而异，人们应在饮食中细心观察，确实不适应的食物可以禁止，不必拘于传统认识和民间传说，以免因盲目忌嘴而影响健康。

饮食不能无序

古代养生家强调饮食必须定时、适量、有规律，这就是《黄帝内经》所说的"饮食有节"。这里主要谈饮食安排的规律性。一般来说，饮食的规律性是按照日常生活、工作学习的安排而定，这样使摄入的热量和各种营养素都能满足人体的消耗，这样能提高工作效率，同时也能保证进食与消化过程协调一致，使吃进的食物能充分地被消化吸收。

俗话说得好："早饭吃好，午饭吃饱，晚饭吃少。"根据一天三餐食物分配比例，早餐应占全日总热量的30%~35%，午餐应占全日总热量的40%，晚餐应占全日总热量的25%~30%。

无论是对体力劳动者还是脑力劳动者来说，吃好早餐都是十分重要的，它影响着整天的精力。由于早餐对血糖的多少具有直接影响，特别是影响大脑的能源物质，所以劳动中消耗的能量常常通过早餐得到补充，以保持旺盛的精力。因此，平时人只有保持血糖的正常水平，才会感到全身舒适、精力充沛。

那么，早餐究竟吃什么好？有人做过这样的试验：对志愿者进行吃不同早餐的分析，在饭前和饭后各测一次血糖，结果发现，早餐只吃淀粉类食物后，血糖下降很快，几乎整个上午血糖都低于正常水平；而早餐除了吃淀粉类食物以外，还加上蛋白质和脂肪性食物，血糖一直保留在正常水平（120毫克），而且身体也不会有任何不适的感觉。

在吃同样午餐以后,继续测试血糖,发现早餐中含蛋白质和脂肪较多的人,在整个下午血糖一直保持在较高水平,而早餐以淀粉类食物为主的人,午餐血糖上升短时间后即行下降。这又是什么原因呢?

原来胃肠对淀粉的消化吸收很快,过多的糖一下子进入血液,使血糖升得很高,血糖过高就会刺激胰岛分泌大量胰岛素。胰岛素是专管调节血糖的,血糖多了,胰岛素就会促进肝脏和肌肉把血糖转化成肝糖元或肌糖元,或者转化成脂肪贮存起来,这样一来,突然升高的血糖又被胰岛素很快地处理掉了。

所以,光吃淀粉类食物,血糖只是暂时地出现较高的水平,很快就会降下去。相反,胃肠道对含有丰富蛋白质和脂肪的肉、蛋、乳、豆之类食物消化吸收时间较长,食物中糖进入血液的速度是缓慢的,数量也较均衡。可见,早餐对人的一天工作有着多么重要的影响。

从正常的饮食安排来看,每日三餐,每餐之间间隔5~6小时。一般混合性食物在胃中停留的时间约为4~5小时,而且脾胃也需要休息一定时间,才能恢复它的功能。所以,两餐之间间隔5~6小时,是合乎脾胃的消化、吸收功能要求的。早餐需要一定的数量和质量,决不能轻轻应付了事。因为从第一天的晚饭到第二天清晨,经过大约12小时的消化,基本上是处于空腹状态。如果早餐不吃、少吃或吃得不好,补充脏腑活动需要的水谷中精微就会不足,造成不到中午吃饭时间就会感到饥肠辘辘、头晕眼花、神疲乏力、注意力不能集中,以致影响工作效率。中餐是补充上午的消耗,为下午更好地进行工作继续做好供应,起着承上启下的作用。所以,中餐饱的含意就是在数量和质量上都应注意,适量多一些,好一些。

《饮膳正要》一书指出:"晚餐不可多食。"民间也有"晚饭少一口,活到九十九"的说法。现在看来,这样的安排是非常有道理的。

晚餐少的含义包括食用的数量少和脂肪少。古代医家指出:"饱食即卧乃生百病,不消和积聚。"因为晚上睡觉,活动是降低至最小值,如摄入过多营养物质,容易造成营养过剩,转化成脂肪贮存起来,时间长了就会使人发胖,增加心脏负担,容易产生心血管疾病。同时,晚餐过饱,会增加胃肠负担,出现腹胀,消化不良,以致影响睡眠。这叫做饮食过饱,造成"胃不和,则卧不安"。

要注意饮食的搭配

饮食营养中,对配搭合理是非常讲究的,这一点古今养生家的看法是一致的。由于各种食物中所含的营养素不同,单单食用任何一种都不能够满足身体的需要。但是在进行合理的调配以后,人体可以得到各种不同的营养素,满足各种生理功能的基本要求。

组成饮食的主要内容有粮谷、肉类、蔬菜、果品等几个方面。五谷是用作营养,五果是作为辅助,五畜之肉是用以补益,五菜是用以充养,气味和合而服食,可以补益精气。人们可以根据需要,兼而取之,只有主食与副食的全面搭配,才能称为合理的营养,而有益于健康。

当然,人体对营养素的需求是多方面的,单一食品无法满足,偏食更会导致人的阴阳气血失去平衡。

在饮食进行合理调配中,对五味调和又是一个重要的方面。酸、苦、甘、辛、咸五种类型的食物,不仅是人体饮食的重要调味品,可以促进食欲、帮助消化,也是人体不可缺少的营养物质。五味调和得当,可以使骨骼正直,筋脉柔和,气血流通,肌理固密,人体有抵抗力,才能抗御外部的侵犯,增进健康。

所以,现在饮食上主食方面都主张粗细粮混食、粗粮细作,副食方面主张荤素搭配、什锦菜等。

那么,饮食得到合理调配,怎样才能获取最多的营养呢?

首先是饮食时应专心一致,如果在进食时三心二意,一面看书或思考问题,一面饮食,这样既不能品尝食物中的滋味,又影响脾胃的消化吸收。《论语·乡党》中指出:"食不语、寝不言。"《千金翼方》也说:"食勿大吉。"

其次是饮食应畅情,古人曾说过,食后不可便怒,怒后不可便食。实际上,良好的情绪有利于食物的消化、吸收,而情绪不好常常导致不食,食则不化。所以,现在很多餐厅都有悦耳的音乐伴顾客用餐,以增强食欲。这在古代医书上亦曾提到。像《寿世保元》中提出:"脾好音声,闻声即动而磨食。"

饮食还应细嚼,在进食时应该细嚼缓咽,这是促进消化吸收的重要环节。像《千金要方》上讲到,"食当烹嚼"。在《养病庸言》中更详细地劝说人们"不论粥饭点心,皆宜嚼得极细咽下"。

俗话说有人吃东西"囫囵吞枣","狼吞虎咽",显然反映这种人急欲进食的饥饿样子。但《医说》中则劝戒人们应该"食不欲急、急则损脾,法当良嚼令细"。只有这样,才能从饮食中取得营养。

然而,饮食时要注意的问题必须与饭后的保养联系起来,否则会导致"前功尽弃"。古人十分重视饭后的保养,主要有提倡饭后缓行、饭后摩腹、反对饱食急行。

宋代大文学家苏东坡非常喜欢散步,尤其是饭后的"散步逍遥"、"务令腹空",使胃中不会因积滞而导致疾病产生。俗话说:"饭后百步走,活到九十九。"当然,对于体弱多病、年老体虚的患者,更应该要积极提倡饭后缓行,稍事活动,以促进消化、吸收。在《千金翼方》中指出:"食毕行走踟蹰则长生。"《摄养枕中方》中也指出:"食止行数百步,大益人。"这些都说明饭后缓行对健身有重要意义。

与此相反,饱后不能即卧,否则可以使宿食在体内停滞造成脾失运化,不利消化而导致一系列疾病产生。如《寿世保元》中说："食后便卧令人患肺气、头风、中痞之疾,盖营卫不通,气血凝滞故尔。"饱后也不能急行,如果食饱"速步走马,登高涉险,恐气满而激,致伤脏腑"。

烹调要得当

古代的饮食专著,如《食本草》、《饮食正要》中都很注意食物的烹调,其中介绍了具体的烹调方法,强调要使食物的色、香、味俱全,这不仅增加了食欲,而且有益于健康。

现在看来,从营养学角度理解,色有两层意思:一是指食品的本身颜色要鲜,惹人喜爱;二是指在一餐中要注意各种食品之间的颜色搭配,一顿饭的食物最好不要少于三种颜色,像米、面、豆腐的白,蔬菜的绿和肉类的红。也可以用大豆、花生米的黄来代替肉类的红,有人称其为"三色原则"。这个原则可以从一个侧面调整好饮食,使人获得较为全面的营养。

除了一般的烹调技术外,中医学还认为,在食物的制作过程中,必须要注意保护营养成份,调和五味、阴阳、寒热等。食物按照五味分为酸、苦、甘、辛、咸五种。而这五味有阴阳两种属性,古人称为"辛甘发散为阳,酸苦涌泄为阴,咸味涌泄为阴,淡味渗泄为阳"。这些不同的属性,对人体就会产生"或收或散,或缓或急,或燥或润,或软或坚"的影响。

因此,对这些五味不同的营养品,在烹调过程中必须要强调阴阳和平,这样,既不会过于阴凝腻滞,又不会过于辛热燥烈。例如在助阳的食物中,加入青笋、青菜、白菜根、鲜果汁,以及各种甘润瓜类之品,可以避免中和或者柔缓其辛燥太过之弊,而在养阴的食物中,加入肉桂、八角、花椒、干姜等辛燥的调味品,可以克制其滋腻过甚之偏。同样,食物的五味又具有寒热不同的特点。寒为阴,热为阳。

所以,酸味、苦味食品多具寒性,辛味、甘味食物多具热性,而咸味食品以寒性多见。对于体质偏寒的人,烹调食物应该多用些姜、椒、葱、蒜等调味品;体质偏热的人,则应少用辛燥之品的调味,而宜多制作寒凉清淡的食品。根据食物的五味有相互制约和生化的作用,在具体烹调过程中加以应用,而使其食品味道香美,又可缓和食物性味之偏,从而有益于营养和健康。例如,根据"甘和酸"的意思,在酸味食物中加入甜味,酸味得到减轻,从而缓和其酸性收敛的作用,像西红柿里加入白糖,就能产生这样的效果。又如根据"酸胜辛"的意思,在辛辣食物中加入酸味,辛辣味就会减轻,而且能收敛其辛燥的作用,像炒辣椒时加入少量的醋,就能起到这样的作用。

至于在日常生活中对米、面和蔬菜的烹调,现在更讲究营养价值了。

如蔬菜的烹调,蔬菜应尽量新鲜吃。保存时间长,受太阳晒,风吹,都会使营养损失。清洗蔬菜切忌泡在水里,更不要切好后放置时间过久,因为同样会使其营养素大量流失。做菜最好的方法是炒菜,急火快炒,煮菜时间一长,则易破坏维生素(当然这也要根据不同的蔬菜而有不同的烹饪方法)。煮菜时应加锅盖,防止维生素随蒸气跑掉,减少了菜的香味。炒菜或做汤,可加适量的醋或淀粉,对维生素 C 有保护作用,并可调味。

动物性食物,一般都比较难消化,烹调时就烧熟煮烂,以利消化吸收。炒肉,如肉丝、肉片、猪肝等,损失维生素最少,可以先用淀粉酱油拌好下锅,这样即保护维生素、蛋白质,又鲜嫩、可口。

又如米和面的烹调,在米、面中保存大量营养素,所以注意它的烹调方法是很重要的。淘米可以损失很多营养素,尤其是 B 族维生素,因为它大部分在外层,又易溶于水,所以要避免用力搓洗,尽量减少淘洗次数。为了防止营养随水蒸汽丧失,最好吃焖饭。煮粥时不要加碱,否则维生素遇碱会被破坏。

熬粥时要加盖,否则营养素随水蒸气跑掉。面食的做法不同,对营养素的破坏程度也不同。蒸和烙,如蒸馒头和烙饼,其维生素损失较少,而水煮、油炸则损失较多。

至于煮面条,维生素有一半到面汤里去了,所以吃面条应该要喝汤是很合理的。

适宜的饮食烹调是营养健身中重要的一环,上述是对一般人的饮食而言。至于像老年人,在饮食烹调中尤忌五味过甚,寒热不和,且少食黏硬生冷之品,而应做到温热、烹烂、味淡六个字。

不能以荤素论寿命

"民以食为天",这是千古不变的真理,不言而喻,没有食物充饥,人就不能维持正常的新陈代谢,就不能维持生命,就不能生长发育,更谈不上延年益寿。

食物对人类生存的重要性,可以说无人不知,无人不晓。

俗话说:"人是铁,饭是钢,一天不吃饿得慌。"摄取食物是人生的本能所在,是维持生命的基本条件。但是怎么吃,吃什么对健康长寿有益,对于这个问题,众人的说法不一,有的主张"杂食",有的主张素食。我国农村有句俗话,叫"吃荤吃荤,吃得胖胖蹬蹬;吃素吃素,吃得面黄肌瘦"。虽然荤菜营养丰富,吃了能强壮身体,但吃荤过量又容易患肥胖症和其他心血管病,但吃素又有可能造成营养不良。

当然,还是认为还是荤素搭配为好。吃素的未必长寿,吃肉的也未必短命。关键要科学地选择膳食结构。如果不讲膳食科学,盲目进食,或者食物结构不合理,不仅不能起到养生的作用,而且会对健康与寿命有直接影响。

科学家认为:膳食中的营养不良或热量过高(脂肪、糖、蛋白质等),维生素过量,都能使寿命缩短。因为过量摄入脂肪、热量,营养过剩与失衡,其结果是肥胖症多发,各种富贵病——冠心病、高血压、脂肪肝、糖尿病等发病率上升,发病年龄日趋提前。同时,国内外很多科学家也认为:食物和饮食习惯与人体许多癌症的发生及发展有着密切的关系。据有关资料表明,约有1/3的癌症与饮食有关。

美国《时代》周刊报道,在全美因患癌症而死亡者当中,35%因饮食发病。在德国,1/3的癌症死亡病例是消化器官肿瘤。很显然,饮食对此起着决定性作用。

为了健康长寿,世界各国营养学家、医学家都在着力探索人们合理食物结构问题,开列了一系列最佳食谱。

最近美国布鲁斯·詹纳博士指出的十大营养食物,轰动了西方。分别是鸡、比目鱼、脱脂牛奶、蘑菇、花椰菜、马铃薯、糖松糕、干面食、香蕉、柑橘。

他认为近年来,各种各样的推荐食谱很多,这些食谱有的明智达理,有的荒谬可笑,针对这种情况,他指出日常若以这十大食物为基础,那么人们在保健强身方面将有颇多受益。

他认为这是最佳食物结构。还有英国营养学家波留宁博士经过多年的研究之后,提出了12种"超级"食品,认为它们价格便宜,味道鲜美,食用方便,能供应人体所需要的营养,保证身体的健康。这些食品是:干杏、燕麦、罐装沙丁鱼、胡桃、豌豆、花茎甘蓝、胡萝卜、甘橘、全营养面粉、动物肝脏、低脂牛奶和橄榄油。波留宁博士解释说,这些食物含有各种维生素、纤维质和脂肪酸。在一般情况下,能有规律地用上述食品或其中的一些,就能保证身体所需要的全部营养,使体内各个系统达到最佳的"运转水平"。

我国古代医学家认为,选择食物的标准,应以"胃喜为准",适合自己的口味的食物,就有养生祛病的功能,就可以择而食之。胃以喜为补,曾是清代杏林巨匠叶天士传世名言,他曾经治疗过一个病人,其形色衰夺,已成劳怯之候,先生阅前医治法,遍选补药,丝毫不见奏功,反饮食不思,病势日趋沉重。他诊得脉后对病家道:"求医无益,食物自适,胃以喜为补,若不明胃喜知味,实难拟法,暂不投药。"后来病人按照他所说的,用湘莲、芡实、香糯、南枣、百合、燕窝、鸽蛋煮粥吃,病人竟一天比一天有起色,奇迹般地恢复了健康。

叶天士又云:"药不在贵,对症则灵;食不在补,适口为珍。"这些警句,对老年人的养生学产生了巨大影响。饮食是供给机体营养物质的源泉,是维持生命活动和生存必不可少的条件,饮食务求适宜、适量、适口,否则就不能吸收精微,反遗后患。

第四章　起居养生

★道法需自然，佳居重有常

人以天地之气生，四时之法成……夫人生于地，悬命于天，天地合气，命之曰人。

——《素问·宝命全形论》

起居有常，不妄作劳，故能形与神俱，而尽终其天年，度百岁乃去……逆于生乐，起居无节，故半百而衰也。

——《素问·上古天真论》

道，养生的方法和原则；法，法则。道法需自然就是说在养生的过程中一定要遵循自然界的客观规律。这是因为人是自然的生命个体中不可分割的一个部分，因此，养生就要遵循自然界的季节气候、昼夜晨昏、地理位置等变化规律。只有这样才能使生命活动与自然界的变化协调一致。正如上面所引《素问·宝命全形论》中所说的，人是天地二气相互作用的结果，这就像男女交媾则有子一样；自然界有四时阴阳的生、长、化、收、藏的规律，而人的生命也有生、长、壮、老、已的变化过程。因此，人的生命与自然界的变化息息相通，这也是我们所说的"天人相应"的养生大道。

而《素问·上古天真论》中所引的这段话则在告诉我们，假如一个人能对自己的日常生活安排得科学合理，能够养成合乎人体生理的作息规律和习惯，则可以达到祛病强身、颐养天年的目的。反之，则如若贪图一时之享乐，任凭自己的嗜好放纵自我生活的节度，违背了自然规律，则会导致精神萎靡，加速生命衰老的进程。

国学经典文库

国学大智慧

·《黄帝内经》养生智慧·

图文珍藏版

◆道法自然之坐北朝南

"悬命于天,天地合气"。可见,养生还需与自然环境相呼应。平常人们爱说病由心生,心又受什么影响呢? 显然,影响心的是精神层面的环境和物质上的自然环境。前者包括有一个人的理想、认识水平、修养、情志等,而后者则主要是风霜雨雪、雷鸣电闪等气候和一切非气候等地理的因素。前者在情志养生有了相关的一些介绍,这里主要对后者作一个相关的说明。显然,即使在可以施行人工降雨的今天,对于气候等地理因素的改变也是微乎其微的;而且时间上也不可能天天这样去做,个人就更加难以作出更为现实的改变。这里的外部自然环境定位在我们居住的层面,说到底就是房子。

说到房子,有一个令很多人困惑的问题就来了,即房子坐北朝南是道法自然的养生之道还是邪乎玄妙的"风水"之说呢?

首先坐北朝南首先是与我国的地理位置有关。中国处于地球北半球、欧亚大陆东部,大部分陆地位于北归线(北纬)以北,一年四季的阳光对于南方来讲成接纳之势,朝南的房屋便于采取阳光。这一点,古人似乎也有所查知。考古发现,早在原始社会先祖们就按照坐北朝南的方向修建村落房屋。不仅是为了采光,坐北朝南还为了避北风。中国的地势决定了其气为季节型。冬天有西伯利亚的寒流,夏天有太平洋的凉风,而坐北朝南能较好地回避。当然,要明确的是,房子一般都会根据现实环境下山势、水态、气候等环境有所不同,这里是从更为普遍意义上来作的一个养生方略上的提炼。

其次,坐北朝南还有传统文化的原因,那就是不能开北门。因为坐北朝南,北门应属于我们通常意义上的后门,北门主收藏。如果将坐北朝南的房屋看成一个容器的话,向后立起来北在底部,其寓意就是家财万贯不能漏气。身体的肾精就是健康的本钱,要能够固守住一样。但或许有人就要问了,为什么北京城还要开两道北门,即安定门和德胜门呢? 尽管如此,这里有两个原因,一是这两道北门在旧时不轻易开启,即只有在出征打仗的时候开启,军队从安定门出去,意味师出有名,发的正义之师保的是国与家的安定。而在打仗归来的时候从德胜门回来,此一进一出,不仅是希望军队凯旋,还有一个最为本真的含义,就是希望军队有进发还有回还。再者,这两道门几乎没有同时开启过,这或许也蕴含有进与出、阴与阳的一种平衡。

其三,需要说明的是,朝阳的房间并不是对所有的人都有利,而背阴的房间也不是任何人住都不利于健康。这不但跟房屋的具体的位置有关,还跟居住的人有很大的关系。比如,骨质疏松症和胃肠疾病患者住朝阳的房间有利于康复,高血压病患者住背阴的房间则有利于康复;而神经衰弱患者住东、西房间则一般会有较为理想的康复环境。

◆佳居有常之"境"遵原则

佳居,就是适合养生的好的居住环境,境,则指房子,就是狭义上的家。那么,什么是家呢? 可谓是众说纷纭。家,"宀"下一"豕","宀"代表屋子,"豕"是猪,现在通常认为"家"是会意字,猪在这里是作为财富的象征。也就是说,有屋顶能遮风避雨,又有一定的财富内藏的地方就是"家"。

这里,风雨是以气候代表了自然万象,就像人们经常在问要不要某种东西的时候,会随意回答"来两个",此时的"两个"并不是特指,而是说明一个道理,而"猪"象征财富。所以,我们可以看出,人们在关注人居住的"家"时,还是对外在的天和内在的藏作了一个双向的分析。内与外靠什么区别呢? 靠房子。这一点在《周易·易系辞传》中也有类似的体现,其曰:"仰以观于天文,俯观以察于地理,"看什么呢? 向上看日月星辰运行的规律,自然包括看阳光照射的方向等养生所必需,向下看山川水地的走势,确定风向等居住要素。此二者结合就像是横纵坐标一样,从而确定人体赖以生存的环境。与之对应,适合住居的环境选择,我们也从内外的角度,将其分为大、小两方面的原则来统摄。

从大原则上看,适合居住的环境一个重要的因素就是具有一种生发之气,而阳照则万物生,风进则气散,所以,有了"峦头、理气"之说。所谓的"峦头"就是看山水的形势来判断生气,大致来说,山环水抱、山明水秀的地方,大多是生气"聚而不散,行而有止"的好风水之地;而所谓的"理气"则是根据房屋坐向及五行八卦相生相克的原理来推算生气所在,借以到达趋吉避凶。正是从这样的考虑出发,古人们在长期的生活实践过程中,将那些丰富的实践经验予以总结,并提炼出一些适合于养生的道法。比如因地就势,即根据环境的客观性,采取顺应自然的住居建设和生活方式的适应,最终使人与建筑适宜于自然,回归自然,达至天人合一;依傍山水,水为大地之血脉,山为大地之骨架,人居山水方能得其滋养。其他如形势为本、水质为养、方向为应、居中为统等都是一些重要的经验。

大原则更多的是居室之外在环境,而小的原则则侧重于居室之内对于"正气"的生发和敛聚。下面主要从家居的养生中择其重点作一个简要的原则性说明。

原则一:卧室——聚气敛神

卧室,是一天至少睡八小时觉的地方,不用扳着手指算,人生一辈子三分之一的时间就在这里度过。自然,对于养生而言,睡好了觉你就在人生约35%的时间里做好了养生的工作。那些所谓的运动、所谓的各种方式的锻炼加起来才能有多少时间。所以,卧室的重要性不言而喻。聚气敛神大多会在卧室进行。那么,是不是卧室的面积大气就足呢?事实上,卧室一般以不拘谨为宜,即衣物、床、梳妆台等的放置能各得其所就好。除了温馨、静谧、祥和等家的感觉上的考虑外,一般还需要注意:床位尽可能南北朝向,以顺应地磁引力,但要同时考虑不可有横梁压床,以免造成一种"拦腰截断"压抑感,否则形成心理阴影自然会有损于人的身心健康。再者,床头不能靠门,妆台镜不能照着枕头位,否则睡眠容易受扰,往往还会发散"生气"。

原则二:书房——养藏镇心

看书,往往能使一个人心神安定、深思致远。所以,书房不仅要重视收藏什么样的"镇邪"之书,还在于如何摆放。一般来说,书房的摆放注意这样几点就可以了:

注意一:书桌面向　为了防止门外煞气直冲使精神不能集中,最好将书桌对着门的方向;同时又不直接和门相对冲即可。

注意二:人坐面向　书桌为用,因此,人宜坐吉位,而书柜为藏,宜震杀凶气。所以,这样看来的话,要让自己坐着看书的时候有一种"靠山"的感觉,故此,后边最好是墙或房后有连绵的建筑等。这里需要提醒那些喜欢景观的朋友,透明的玻璃帷幕最好别作为你的"后盾",多会"散气"之效。

原则三:装饰——培补正气

即使是老百姓过日子,对房子作简单的装饰是必要的,而钱花得少也未必不能培补正气。而花得多,如果不当甚至会让人心生闷气。这里作几点建议:

建议一:宠物化生气

很多人喜欢在家里养宠物,这其实没什么好指责的,当然,安全和卫生是一个基本的前提。比如,很多人喜欢在家中养金鱼,事实上,这不仅是附庸风雅之举,对于养生有一定的功效。

金鱼的颜色和游动,不仅让人在视觉观察中可以让内心得到安定;同时,无意识在物我的两厢比较中还能滋生一种生气与活力。所以,建议不要让鱼缸正对灶台,因为灶台位属火,与水相克。再者不要在鱼缸的上面放置什么东西,尤其是一些显得笨重或者体积庞大的物品,否则就是人若其鱼,有一种压抑而难见天日,难以出头的心理感应。

建议二:挂钟定神气

钟,是时间的运行,也象征着生命的运行。因为人的生命在寿夭,而寿夭是以时间的多少来累积计算的;所以,挂钟一定不要在人们视线常常触及的地方,可以在我们视线较为集中的左边或者右边,可以在头稍微向左转或者右转的时候能看见。当然,以习惯在右边的较为普遍。这样,不会让自己每时每刻都在感受生命流逝,有一种人体之血一点一点流失的感觉,少却了一种紧张,多了一种轻松;少了一种心浮气躁,多了一种内心的神闲气定。此外,挂钟不仅是计时的器具,在传统文化中还有避邪气、招财宝、主运势的说法。

建议三:补陷生精气

由于房屋位置和结构的原因,难免有些不尽人意的地方。这时候,往往可以通过装饰来进行弥补。比如,大厅较暗的,可通过加壁挂或图画来弥补缺陷,如牡丹花或向阳花,可采收富贵与阳刚之气。这里尤其要提醒的一点是,很多人喜欢挂山水画,有一种纳祖国河山于一室的大气在里面;不仅如此,还可以采纳天地自然之灵气以滋养身心。但需要注意的是,一般而言,山主人丁水管财,水向内流乃进财宝,水流出为失财。因此,挂山水画也要观其水势向屋内流,这或许就是人们常说的"肥水不流外人田"的本意。

古云:"宅以形势为身体,以泉水为血脉,以土地为皮肉,以草木为毛发,以舍屋为衣服,以门户为冠带。若是如斯,是事俨雅,乃为上吉。"可见,要住得舒心、顺心,不仅在于位置和格局,还在于人这个小宇宙与房屋这个小环境是否能融洽相处。

★循五行之生克,因地养生

一州之气,生化寿夭不同,其故何也?岐伯曰:高下之理,地势使然也。崇高则阴气治之,污下则阳气治之,阳胜者先天,阴胜者后天。此地理之常,生化之道也。帝曰:其有寿夭乎?岐伯曰:高者其气寿,下者其气夭。地之小大异也,小者小异,大者大异。故治病者,必明天道地理、阴阳更胜、气之先后、人之寿夭、生化之期,乃可以知人之形气矣。

——《素问·五常政大论》

同在一州,为什么寿命长短不同呢?岐伯说,因为地势高低不同造成的。地势高的地方,属于阴气,地势低的地方属于阳气。阳气盛的地方气温高,万物的生长就比较早;阴气盛的地方比较寒冷,万物生长就相对较晚一些。这就是地理环境不一样对于万物生化影响的一个基本道理。黄帝又问,那么有没有寿与夭的区别呢?岐伯说,地势高的地方为阴气所控制,所以人一般寿命长;而地势低的地方,一般阳气多泄,其人一般寿命就短。而地势高下还有一个程度上的渐进差别,相差小的其寿夭差别也就小;反之,其寿夭差别也就比较大。所以,治病也必须懂得天道和地理、阴阳的相胜、气候的先后、人的寿夭、生化的时间,然后就能理解和掌握人体内之气和外之形的病变。

这里，明确提出了寿夭和环境的关系，是一种牵强的搭配吗？显然不是。首先地形的不同，土质和水质就会有差别。土地是人类食物直接和间接滋生的，所以食物的营养也就会有所区别。这就好像人们常说的"母壮儿健"是一个道理。其次，一个地方的地势和地理环境不一样，气候条件也就不相同，南方多潮湿温热，北方多干燥寒冷，而寒冷的地方代谢就比较慢，而温热的地方代谢就比较快，这类似于温室效应一般，所以，人的寿命就会有差别。说到底，就是人们常说的"一方水土养一方人"的意思。

◆适者生存之循生克之理

适者生存，这不仅是职场的法则，也是养生之道。而五行可谓是世间万物的一个代表，而其中的关系更是万物关系的一个浓缩。提到关系，这里就需先弄清楚生与克。何为生，何为克呢？何为相生，又何为相克呢？生克相互对应，所以，这里先说说相生，明白了相生也就自然会领悟到相克。所谓生的关系，一般理解为"我生者"是我的"子"，"生我者"是我的"母"。正是从这样的理解出发，相生即相互之间有一种"我生者"和"生我者"的双重身份，两者之间是一种互为存在依托对象的关系。举例来说吧，水生木，是说草木的生长，都必须靠水的滋润，没有水，就不会有草木的生长；木生火，是说草木可以燃烧变成火；火生土，是说火热的阳光能够温暖土壤，使土壤充满生机；土生金，是说大地矿脉里含有金矿，经过冶炼就能产生金属；金生水，是说金属的工具可以凿井挖渠，开掘水源，所以叫金生水。从这里可以看出，代表每一类物象的每一"行"都是别的某一"行"的子，同时又是其他某一类"行"之母，并因此而繁衍生息，这就是相生的关系。

与之相对应，相克就是一种相互制约的关系。其含义我们不妨还是以木、水、火、土、金的顺序来作一个具体的说明。即木克土，是说草木的生长，可以对土壤进行一定意义上的分割和结构、成分等的改变而言的；水克火，就是指可以用水来熄灭大火；火克金，烈火可以把矿石里的金属冶炼出来；土克水，就是土壤的堤坝可以制约水的流向，所谓"水来土挡"就是这个道理；金克木，主要是从金属工具对于树木的砍伐、收割农作物，可以造舟车、木器家具的原始意义上来讲的。

◆表里相应，五行与五脏生克与共

所谓的表即外在，所谓的里即五脏。表里相应就是说外在的五行和内在的五脏在生克上处于一种相应的关系。或许有人要问了，五行都是自然的万物，在那里做一个轨道式的圆形运动，相互影响，跟人没什么关系呀？表面上看是这样，但其实五行的相互生克并没有脱离人的力量，这是因为水、火、木、土都是以自然物质的形式出现不假，但金呢？金是一种自然物的提炼，是一种劳动的结果，所以说，没有人类活动的参与，五行不能成立，也不能"行"起来。

那么，跟人到底又有什么样的关系呢？宇宙万物由金、木、水、火、土衍生构成，所以五行的相生相克不就是万物之间的运化关系吗？怎么跟人扯上了关系呢？在古人看来，天地万物是一个大宇宙，人则是一个小宇宙。由此，五行的生克就可以推知人五脏之生克。从大的方面看，五行平衡化生，则大宇宙风调雨顺，万物化生。反之，如果五行失衡则会出现如洪灾、火灾、地震等天灾。从小宇宙来看，人体如果五脏应五行而相对平衡时，身体就会很健康，体内肾滋养肝，肝滋养心，心滋养脾，脾滋养肺，肺滋养肾；肾越好，肝越好，各脏器之间就会产生一种良性互动。反之，五脏应五行处于失衡状态的话，则脏器相对紊乱。打个比方说，假如一个人脾胃不好就会克肾，肾会克心，心克肺，肺克肝，肝克脾。总起说来，就是"顺之生，逆则克"。

相生与脏腑关系

水应肾，木应肝，因水生木，则肾循环系统好，可促进肝循环系统正常运行。

木应肝，火应心，因木生火，则肝循环系统好，可以促进心循环系统正常运行。

火应心，土应脾，因火生土，就像是太阳对大地的照射一样，所以，如果心循环系统好，则可促进脾循环系统正常运行。

土应脾，金应肺，因土生金，则脾循环系统好，可以促进肺循环系统正常运行。

金应肺，水应肾，因金生水，则肺循环系统好，可促进肾循环系统正常运行。

相克与脏腑关系

水应肾，火应心，因水克火，则肾循环系统不好，心循环系统逐渐进入异常状态。

火应心，金应肺，因火克金，则心循环系统不好，肺循环系统就会逐渐进入异常状态，例如：心肺衰竭等等。

金应肺，木应肝，因金克木，则如果肺循环系统不好，肝循环系统就会逐渐进入异常状态，例如肺阴虚引起的肝阳亢进等。但如果没有"金"克木，木则乱而失序，乃生为灭，自生自灭。

木应肝，土应脾，因木克土，则如果肝循环系统不好，脾循环系统就会逐渐进入异常状态，例如肝胃不和等。但是土如果没有"木"的制约，又会沙化。

土应脾，水应肾，因土克水，则如果脾循环系统不好，肾循环系统就会逐渐进入异常状态,例如脾虚引起的肾病等。但是如果土克不了水,水又会泛滥成灾。

对于相克需要说明的是,相克不要被误认为就是不好的关系。且不说事物的相克使得内脏得以运化循行,即使从小的方面讲,相克才使得机体能在一个平衡的水平运化;否则,盛衰没有平衡自然生病。假如水不克火火会失控,火不化水,水必成患。

◆培补环境,长寿养生因地制宜

养生,大自然要适应,就好比我们不能叫成都气候具有北方的个性,也不能让首都具有昆明四季如春的和煦。对于那些小环境则可以改造,让其对我们的养生有所帮助。

长寿,除了与遗传、个人修养有关外,还与长寿者生活起居所处的自然环境有关,这已经毋庸置疑。现代科学检测发现,森林中、流水旁空气中的氧离子要比其他地方多得多。这种氧离子有人称之为空气维生素,有健脑益智和防治疾病的作用。例如,在广西有一个全国闻名的长寿之乡巴马,那里山清水秀,郁郁葱葱,万物受其滋养,一派生发景象。据统计,全县4万人口,90岁以上就有220多人,百岁老人也有20多人。

现在,一些地方山林养生、日光养生的意识渐渐加强,这是和谐社会的一个体现,也是养生的一种智慧。据考查,在唐代,孙思邈就著有《道林养性》《退居养性》,阐述了山林养生的好处。明代高濂所著的《遵生八笺》不仅十分重视山林养生,还总结了"时值春阳,柔风和景,芳树鸣禽,邀朋郊外,踏青载酒,湖头泛舟,问柳寻花,听鸟鸣于茂林"的山林养生之法。《黄帝内经》中的《素问·五常政大论》则是间接地告诉我们山林养生要注意环境的选择,地势的高低就是一种参考。一个地方的特点往往既是这个地方的优势也往往同时是这个地方养生的劣势,在一个地方是如此,在一个区域也是如此。因此,结合《黄帝内经》的养生要旨,更多的是需要一种结合,如一般而言,南方需避免低洼潮湿之地,免受湿热和虫毒,故而宜选高洁之地,取清和之气;北方应避免干燥、寒峻之地,宜选低平之地,取温和之气。

城市是否就无所适从,只好听天由命了呢?庭院可以培植满园春色,如果没有这样条件的,也可以在大厅等处养些金鱼与一些既有生发之气的绿色植物,同时还可以观赏好的景致。当然,如果有条件的,还可以根据季节和水土的特点种植一些花草在院中。比如,吊兰是人们公认的室内空气净化器,一盆吊兰一天就可将室内的一氧化碳、二氧化碳及甲醛等有害气体"吞食"得精光;仙人掌肉质茎上的气孔白天关闭,夜间打开,吸收二氧化碳,制造氧气,使室内空气中的负氧离子浓度增加;还可通过人们的视觉、嗅觉降低血压、稳定情绪。当然,很多还有南北地域的关系,比如,种柳树就更适合南方。一棵五年以上的柳树,每天可吸收的地下水近一吨,不仅可以降低屋院的温度,还可以减少潮湿,从而避免关节炎和风湿病等发生。

★切勿妄劳作,劳逸要结合

故饮食饱甚,汗出于胃;惊而夺精,汗出于心;持重远行,汗出于肾;疾走恐惧,汗出于肝;摇体劳苦,汗出于脾。故春秋冬夏四时阴阳生病,起于过用,此为常也。

——《素问·经脉别论》

五劳所伤:久视伤血,久卧伤气,久坐伤肉,久立伤骨,久行伤筋,是谓五劳所伤。

——《素问·宣明五气》

在吃得过饱的时候,食气就会蒸发而汗出于胃,惊则神气消散而汗出于心,背着较重的东西远行的时候就会肾气受到耗损而汗出于肾。因为跑得太快伤筋,恐惧失魂,所以,伤及肝气而汗出于肝,劳力过度的时候就会因为脾气受伤而汗出于脾。春夏秋冬四季里阴阳变化有常,之所以人们还容易生病,多缘于身体劳用过度,这就是养生一个很通常的道理。

人不是机器,不要总是超负荷劳作,人有时候会犯傻但身体的脏器不会,超过了它们能承受的范围,就会给你发出一些信号。比如,有五种过度的疲劳就会耗损五脏之精气,看得久了,精气耗损会伤及血,卧睡久了就会伤及阳气,坐得久了血脉不畅就会伤及皮肉,站得久了就会伤及肾、腰、膝等骨,如果走得久了则会伤及筋脉。

◆体力劳动≠体育锻炼

勤劳从来就被看作是优秀的品质,时至今日也依然如此,但勤劳得适度。有两方面是值得思考的,一是打时间账,一是超负荷,两方面实际上又可以归结为一点,就是透支健康。从《黄帝内经·素问》中可以看出,它强调劳作要适度,既不过劳也不过逸,这与我们今天所说的"一张一弛,文武之道"是一个概念。说到底,就是要劳逸结合。

本节所引的《素问·经脉别论》中的"过用"和《素问·宣明五气》中的"久"实际上与《黄帝内经》中"过度、不节、妄为、偏嗜、放纵、强力、长期不止"等同义,从这里我们也可以看出,《黄帝内经》将平衡、和合等观念灌注于始终,向人们传递的一个养生信息就是我们经常在说的"过犹不及"。

人为什么会得病呢?从中医上看大约有三种说法:一是说欲望太强,造成机体正气耗损;二是说天地自然无常;三是自身情志所伤。外因自然是很重要的方面,但从机体内部来看,则缘于人体内部的脏腑平衡和内心的宁静被打破,机体本来固有的生理机能不得不超常发挥或过度消耗,这样就使得原本平衡的阴阳环境失调了。究其原因,多为身体的"过用"或者"久"用下精气耗损所致。

需要特别强调的一点是,体力劳动者也需要锻炼,甚至说更需要锻炼,这是很多人忽视和所不理解的。因为在他们看来,那些干活也是锻炼。比如,餐厅服务员会说,对客人的迎来送往,端茶送菜,脚基本上都没有停息过,难道那不是锻炼吗?所以,类似有这样观点的人群多半不会去锻炼,因为他们认为反正每天都要干体力活,就不需要再专门进行体育锻炼了,浪费那些时间不如逛街呢。这里可以肯定地说这是错误的认识,因为体力劳动是不能代替体育锻炼的。

体力劳动中,流水作业要求劳动者较长时间地"立、视、行"等,或者是某种固定的姿势,或身体的某一部分做连续的局部运动,就像上面提到的餐厅的服务员,他们多是脚在运动,最多还有手上有一些局部的动作。因此,那些参与工作的肌肉、骨骼在活动,得到了一定程度的锻炼,且不说那些没有参与工作的肌肉、骨骼就难于得到锻炼,即使参与锻炼的也是在机械运动。这就使得那些经常要使用的局部肌肉、骨骼,由于常处于紧张状态,容易产生疲劳,还可能出现劳损;另一方面,机械运动的肌肉还可能因为"过用"而扭曲。再以电焊工为例,他们的劳动多是低头弯腰,一手持滤光罩,一手紧握焊柄,全部注意力都集中在焊头上。由于腰、背部经常保持弯曲的紧张状态,这些工人的腰、颈椎及局部肌肉容易产生疲劳,而且还会使椎间盘变形,时间一长,难免产生劳损。相应地,其脚就会处于一种僵直的状态,此外,在体力劳动的过程中,经常使用的那些肌肉、骨骼往往会显得健壮、发达,而那些用不到的肌肉、骨骼,则会显得相对萎缩、无力。长时间的局部劳动还会使身体不匀称。自然,外部身体的不平衡,内部的阴阳盛衰也会受到相应的影响。

体育锻炼则可以弥补和纠正体力劳动的这些弊端。多数体育运动都会有伸、屈、转、展、跑、跳等动作,能动用包括上下肢、躯干、头颈部等身体的大部分骨骼及肌肉参与,而且不会因为工作的原因而过用,身体各个部分参与到什么程度,在体育锻炼中更为科学和合理,而且活动形式多种多样。此外,体育锻炼往往群体性很强,多人参与,有协作,有竞争,有说有笑,气氛活跃,是宣泄情绪、调整心态极好的机会。因此,体育锻炼可使人的身心双受益。这就是,同样是身体活动,为什么体力劳动是"劳动"而不能成为"锻炼"的原因。

◆睡得长 ≠ 睡得好

过劳不好,过逸也对身体的健康不利,就像《黄帝内经》提到的"久卧,久坐"也会伤及"气、肉"。一句话,凡事不要求过,过与不过怎么看,其标准就是合理。这也是儒家倡导"中庸"能成为正统的一个原因,因为它指导性强,不仅对于思想,对于养生等都很有广泛而积极的指导作用。就拿睡觉来说吧,不睡显然不行,睡不好也不行,睡得时间长了,甚至养成了赖床的习惯,对于健康的危害则不亚于一种慢性疾病的滋生。最常见的就是肥胖,因为不爱动,则会储备很多的脂肪。另外,只顾赖床的人,因组织错过了活动的良机而使健康受损,从中医学来看,体育锻炼与人体的五脏、气血等有着密切的关系。心主血脉,运动可增强心脏的功能,改善血液循环;肺主气且外合皮毛,运动可增强肺的功能,提高抗邪的力量;脾主运化,通过运动可以增强脾胃功能,增进食欲,有利于对食物的消化和吸收;肝主血和筋,通过运动可以使肝血旺,筋骨健壮;肾主骨,可以帮助人们强身健筋。而睡眠中,活动的时机错过了,不仅脏腑得不到锻炼,而且动与静的不平衡造成了气机的升降紊乱,所以,自认为睡得很充足了,结果起床后反而感到腿软、腰骶不适、肢体无力。不明白其中道理的人,还以为是没睡好,为第二天的懒觉又作好了打算。国外运动学医师作过对比,迟起床的青少年,其肌张力往往低于一般人,换言之,赖床者的肌肉爆发力不足,动作反应迟缓。

再者,对呼吸的"毒害"也是睡眠脱不了干系的事情。研究显示,卧室的空气在早晨犹如能摸鱼时候的"浑水"一样,最混浊,即便虚掩窗户,亦有23%的空气未能流通、交换。这些不洁成分虽小,但对于身体的伤害远远大于"蚁穴"之害。这也是那些经常闭窗贪睡的人经常会有感冒、咳嗽、咽喉痛及头晕脑胀等症的原因。

★房事讲求术,损益需有数

醉以入房,以欲竭其精,以耗散其真,不知持满,不时御神,务快其心,逆于生乐,起居无节,故半百而衰也。

——《素问·上古天真论》

醉以入房,汗出当风伤脾;用力过度,若入房汗出浴,则伤肾。

——《灵枢·百病始生》

如果一个人喝醉了酒还续行房事，因为欲望的驱使耗损尽了肾精，而且损伤了人体的真元之气，不懂得保持精元充足，不善于调养精神、把握自己的精神活动，而因为贪图一时的快乐而违背了养生的乐趣，那么，在房事上的没有节度，会让一个人未老先衰。《灵枢·百病始生》也说，一个人因为酒后同房，多会汗出当风伤及到脾，如果太过放纵出汗淋浴则会伤及肾。

事实上，《灵枢·百病始生》中对于醉后续行房事这件事上，岐伯在回答黄帝"其生于阴者，奈何？"的问题时，将其看成了生病的三大原因之一，即"忧思伤心；重寒伤肺；忿怒伤肝；醉以入房……此内外三部之所生病者也"。可见，性生活过度会对身体健康造成很大的危害，会伤及肾、肝、脾、阴精，还会伤及元气。要使身体得到颐养，不仅要慎起居，还有节房劳。

◆房事之术，学会选择懂得放弃

谈性色变的年代早已经如昨日东流水渐行渐远，但作为起居的一个重要的方面，房事一方面让生活增添了许多的色彩，也正因为如此，另一方面，这些"美丽色彩"的诱惑让一些人在愉悦的体验中付出了健康和生命的代价。不能让生命白白流逝呀，该怎么办呢？七损八益就是一个不得不提的养生方略，这里所说的选择与放弃说的也就是这个意思。选择"八益"，放弃"七损"。下面就对七损八益作一个具体的介绍。

中医认为，人体健康调摄一个重要的方面就是要"法于阴阳，和于术数"，按照《易》数与观察到的人体阶段发育特征相对号。故此，《素问·上古天真论》认为，男子八岁肾气始盛，至四八而极，此为男子的四益；女子七岁肾气始盛，至四七而极，此为女子四益，合为八益。男子肾气五八始衰，至八八而竭，此为男子的四损；女子五七始衰，至七七而竭，这是女子的三损，合为七损。这就是《素问·阴阳应象大论》的"七损八益"。为什么是七和八呢？数字上我们已经明白其中男女结合的加法运算。此外，七为少阳之数，而八为少阴之数。女子得"七"。使得女本阴体而得阳数者。此为阴中有阳；男子得"八"，使得男本阳体而得阴数者，此为阳中有阴。那么，七损八益到底各有何所指呢？直到长沙马王堆古墓出土的珍贵医学帛书竹简《天下至道谈》中才有了"七损""八益"房中养生术的具体内容。

所谓"七损八益"，是指性生活中有损人体健康长寿的七种表现和有益于人体保持精气等身心康寿的八种做法。七损，即"一曰闭，二曰泄，三曰竭，四曰勿，五曰烦，六曰绝，七曰费"。拿今天的话来说，房事七损即为："闭"是指在性交的时候阴茎疼痛，精道不畅，没有精子可射，此为一损；"泄"是指男女在性交时虚汗淋漓，精气外泄，此为二损；"竭"是指房事没有节制，放纵肆行而气血耗竭，此为三损；"勿"

是指虽然有强烈的性欲冲动,却因阳痿不举而不能交合,此为四损;"烦"是指交合时呼吸梗阻,神昏意乱,此为五损;"绝"是指双方在性欲的有无或者在性欲的节律上步调不一致,从而使一方无性欲或者还没有进入状态的时候而强行交合,这时双方特别是对女方的身心健康非常不利,甚至还会伤及胎孕,从而影响到下一代,所以,将这种几乎陷入绝境之损定为"绝",此为六损;"费"是指当交合时过于急速,性之欲来去匆匆,因为其间还滥施泄泻耗费了精气,故而称为"费",其为七损。

那么,何为八益呢?

魔高一尺,道高一丈。针对房事交合中对人体有害的七种性交时候的表现,古人又提出了房室生活中对人体有益的八种做法,即"八益",是指:"一曰治气,二曰致沫,三曰知时,四曰蓄气,五曰和沫,六曰窃气,七曰待赢,八曰定倾。"一益,调治精气。即在性交之前先要练气导引,使周身气血通达。二益,致其津液。即不时吞服舌下津液,可致其阴液。三益,交接时机。即在房事交合的时候要掌握好时机。四益,蓄养精气。即做到强忍精液而不外泄。五益,调和阴液。即上吞唾液,下含阴液,双方在交合中的协调。六益,聚积精气。即交合时要有所节制,以积蓄精气。七益,保持盈满。即交合之时不可精疲力竭,要留有一定的余地,保持精气充盈,做到不伤元气。八益,防止阳痿。即两性在交往的时候,不要贪恋享乐,以防止倾倒。

这里,对于房室养生中于身心有害的七种做法和八种有益的导引的方略都作了具体的说明,可见,"七损八益"是在综合性心理保健、性生理保健、性行为规范、气功导引等多方面知识的基础上总结出来的房室养生方法。因此,在性生活过程中我们也要善于利用"七损八益"的方法来调摄性生活。对于七损无论是贪恋享乐还是无知而犯都会于健康有损,于生活则往往事与愿违,适得其反需要放弃;而对于八益,则往往能在我们有节制地享受美好性生活的同时,获得养生之道,可谓是"双赢"。

◆房事养生,术数尽在"欲"

房事,起之"欲"生,退之"欲"灭,可谓是尽在一个"欲"字。既然已经知道了七损八益对于我们身心健康的重要性,那么,我们该如何来很好地运用,最终还得回到这个"欲"字上。

欲,节而不禁

《礼记·礼运》曰:"饮食男女,人之大欲存焉。"古人将房事和食欲相提并论,说明了它是人类的一种本能,性之欲犹如水之势一样,更多的时候需要顺乎自然地加以疏导。因此,这里的所谓的节欲并非是一种对欲望的"平息、镇压"之义,而是指通过合理地控制性欲以求达到保存肾精、延年益寿的作用。这一点从本节所引《素问·上古天真论》的一段文字我们也可以看出房事不节或者在房事过程中情绪表现过度兴奋与精神过度紧张，都可能使生命提早枯竭。那么，节欲具体都包括什么内容呢？大体主要有以下两个方面：

其一，欲不可强

所谓的强，是违背一方意愿而强制进行性活动，这里，也包括一方还没有进入交合状态时候就进行性行为。房事本为夫妻之间生活的一个重要的内容，同时，也是和谐家庭的润滑剂。因此，在施行房事的时候要适度、和美，而不能仅仅凭一己意。俗话说一个巴掌拍不响，夫妻关系更是如此，应该本着疼爱有加的态度去尊重对方、爱护对方，使房事成为夫妻间的一种快乐和享受。反之，则会形成一种心理阴影，造成一种精神的紧张，所以，这里节欲的一个重要的内容，就是指在对方身体不适、心情不快而不愿意的情况下强行，于此，更应该节欲以待。

此外，欲不可强也指不应不计身体成本，进行一种超身体负荷的交合，甚至在透支体力的同时借助药物刺激性功能，时间一长，则容易导致肾气衰颓、阳痿不举，或阴虚阳亢、肾水枯竭的结果。

其二，欲不可纵

所谓的欲不可纵包括两方面的含义，一是指房事不要过于频繁，更不可昼夜兼行；二是指不要采取一种爆发式的，养精蓄锐很长时间后在一次或者两次中完成日常所需性活动，即久而不性，性则持久。前者更多的是体现在一些新婚前后的男女身上，因为精力充沛而无度；后者则主要在中年人身上有明显的表现，是一种带有补偿性的性心理下的房事行为。二者都不可取，而应该有常。孔子《论语·季氏》云："君子有三戒，少之时，血气未定，戒之在色……"也示意青年人不要贪图色欲。

这是因为，肾精源于先天，可赖于后天水谷之精的滋养补充，但这样的再生不是无限制的。随着身体机能的下降，气机运动的盛衰或者不平衡，或者只会维持在一个相对较低水平上的平衡，也就是说，肾精的输出与消耗不可能是无限的，如果超过了补充再生的速度，势必会导致肾精的亏损，甚至逐渐衰亡，造成早衰、早老、易病、早夭等后果。因此，必须适当节制房事，使其不伤损本元。

那么，如何才能做到性之有常呢？这里有一个大略的标准可以参考。以每10年为一个阶段，20岁以上者一周左右一次，30岁以上者约两周一次，40岁以上者则至少半月一次，50岁以上者一月一次或两月3次左右，60岁以上者最好断欲。当然，房事养生的掌握不可整齐划一，而且关于房事养生本身也有一些不同的标准。如《千金要方·卷二十七·房中补益》云："人年二十者，四日一泄；年三十者，八日一泄；年四十者，十六日一泄；年五十者二十一日一泄；年六十者，闭精勿泄。若体力犹壮者，一月一泄。"孙氏的主张较为保守，而且仅以年岁为根据，可信的成分少。《医心方·施泻》写道："年二十常二日一施，三十三日一施，四十四日一泄，五十五日一泄，年过六十以去，勿复施泄。"而《医心方·卷二十八·房内》引《养生要集》云："春三日一施精，夏及秋天一月再施精，冬令闭精勿施。夫天道冬藏其阳，人能法之，故能长生，冬一施当春百。"意思是说，春天三天泄精一次，夏季与秋季一月泄两次精，冬季就要固守精关，不要施泄了。自然界的规律是冬季使阳气深藏，人能够效法它，就能长寿，冬天泄一次精等于春季泄一百次。所以，不一而论，从通常情况来看，结合自身体质强与弱、阳气盛与衰以及季节气候等的差异前提下，以基本满足对性生活的要求而不是总处在压抑、期待之中，行房时为性之所致而不是疲于例行公事。新婚之际，房事稍勤，不但可以理解，即使从养生来看，也属于正常现象，但要适当加以控制，不令精气耗竭。60 岁以上的老年人只要有要求、有能力，不必强行断绝性生活，注意行房事次数不宜多，行房时间不宜太长即可。

对于纵欲，最后要说一点的是，很多人对于纵欲有自己的"理由"，认为在生产后代的问题上，纵欲可以看作是自身在"忘我工作"，认为这样全身心投入交合的后代会很优秀，其实，这是一种误解。《广嗣纪要》指出："配匹之际，承宗祀也；……今人不知宗祀为重，交接以时，情欲之感形于戏谑，燕婉之私，朝暮阳台，故半百早衰，生子多夭且不肖也。"放情纵欲使人体质虚损，未老先衰，在这种情况下生育的子女多半寿命短促，智力低劣。可见，其结果往往和我们想得不一样，不但不能更好地实现优生，反而成为贻害后代的行为。

欲，忌而不绝

尽管《孟子·告子》有"色食者，性也"之说，但对于性之欲，人们依然应有所忌，这不是说教，是有历史教训的。历代帝王文人风流艳事不乏其例。宋徽宗之暗通妓女李师师，是历史上著名的帝王艳事之一；宋理宗也在 1253 年元夕"呼妓入禁中。有唐安安者，歌色绝伦，帝爱幸之"上有所好，下必甚焉。臣僚仿效者无疑，才子佳人的故事也多有登场。唐代韩愈虽属"道统"自命之人，家有绛桃、柳枝，皆善歌舞。况且 36 岁时已经"两视茫茫，白发苍苍，而牙齿动摇"的衰病夫子，淫风之剧之害，由此可见一斑。

从欲不可纵，大体能看出欲需有所忌。从《黄帝内经》开始，房劳损伤被认为是疾病发生的主要原因，基于此，结合现代房事生活的现状，有这样值得借鉴和规避的"忌律"：首先是大病初愈，因为这时候体力亏损、精气不足，勉强为之，则可能出现疾病反复或发生意外。其次是酒足饭饱，俗话说，温饱思淫欲，这其实是不合乎养生之道的。尤其是在酒足饭饱的时候，因为酒后乱性，往往都难于自持，常致房事过度，伤肾耗精；而饭饱之后，中气被阻，气机不畅，加之行房劳累及压迫，可能壅塞气机而发生意外。其三是特殊时期，比如女性的经期和孕期，前者可能伤损女子冲任而致病;后者则因为孕期之初,胎气未定,容易造成流产;而且还容易挤压胎儿,亦应避免。需要强调的是产后恶露未净,绝对不可同房,以免造成胞宫、冲任伤损,出现流血不止等症。视其恢复的情况,一般在一月以后方可,三月过后一般无碍。

总之,说了房事比较大的几个方面的宜忌,但人们也大可不必莫名地紧张,更无须因此而绝欲而断性。否则,也是大伤。正如《玉房秘诀》中指出"男女相成,犹天地相生,天地得交合之道,故无终竟之限,人失交接之道,故有夭折之渐,能避渐伤之事而得阴阳之道也"。可见,男子精盛则思室,女子血盛而欲动,婚配行房乃机体成熟之需,就好比是天地相合一样,禁欲则是一种违背了阴阳之道的做法。资料证明,中年以后丧偶者,常出现早衰、速亡的现象,这与精神及生理上的双重失衡密切相关。所以,欲,需节,但亦不可绝。

第五章　运动养生

★中医养生之五禽戏

中国自古就有一句俗语"药补不如食补，食补不如动补"。意思是说，活动是保持健康最有效的方法。五禽戏是一种取法自然的古老运动，即通过模仿动物的肢体动作与神态，收获到强身健体、治病防病的目的。

坚持练习五禽戏，能够让人动作灵敏、协调平衡，改善关节功能及身体素质，不仅有利于高血压病、冠心病、高脂血症等的防治，而且对癌症患者的康复也有很好的辅助作用。将五禽戏整理总结成一种疗法的是我国古代著名医家华佗。据《三国志·华佗传》记载："吾有一术，名五禽之戏，一曰虎，二曰鹿，三曰熊，四曰猿，五曰鸟。亦以除疾，兼利蹄足，以当导引。体有不快，起作一禽之戏，怡而汗出，因以着粉，身体轻便而欲食。"

五禽戏，顾名思义，即是指模仿五种禽兽（虎、鹿、熊、猿、鸟）的动作，组编而成的一套锻炼身体的功法。它要求意守、调息和动形谐调配合。意守可以使精神宁静，神静则可以培育真气；调息可以行气，通调经脉；动形可以强筋骨，利关节。因为是模仿五种禽兽的动作，所以，意守的部位不同、动作不同，所起到的作用自然也就不同。

1. 虎戏。即仿照虎的形态，取其神气、善用爪力和摇首摆尾、鼓荡周身的动作。虎戏的重点在于意守命门，命门就是元阳所居的地方，精血之海，元气之根、水火之宅，意守此处，可以益肾强腰、壮骨生髓，收到通督脉、去风邪的效果。

2. 鹿戏。即仿照鹿的形态，取其长寿而性灵的特点，善运尾闾，尾闾是任、督二脉通会之处，鹿戏意守尾闾，可以引气周营于身，收到通经络、行血脉、舒展筋骨等效果。

3. 熊戏。即仿照熊的形态，熊体笨力大，外静而内动。要求意守中宫（脐内），以调和气血。练熊戏时，重点在于，外，静如山水；内，波涛汹涌，这样可以使头脑虚静、意气相合、真气贯通，并且还有健脾益胃的功能。

4. 猿戏。即仿照猿的形态,猿机警灵活,好动无定。练动作要求意守脐中,以求形动而神静。这与熊戏,恰恰相反,要求外练肢体的灵活性,内练抑制思想活动,达到思想清晰、身轻体健的目的。

5. 鸟戏。即仿照鸟的形态,动作轻翔舒展。练此戏要意守气海,气海乃任脉之要穴,为生气之海,具有调达气血、疏通经络、活动筋骨关节的功能。

动作不同,侧重点也不同,但"五禽戏"又是一个整体,一套有系统的功法,如果经常练习而不间断,则具有养精神、调气血、益脏腑、通经络、活筋骨、利关节的作用;神静而气足,气足而生精,精足而化气动形,达到三元(精、气、神)合一。如练熊戏时要在沉稳之中寓有轻灵,将其剽悍之性表现出来;练虎戏时要表现出威武勇猛的神态,柔中有刚,刚中有柔;练猿戏时要仿效猿敏捷灵活之性;练鹿戏时要体现其静谧恬然之态;练鸟戏时要表现其展翅凌云之势,方可融形神为一体。坚持练习,可以收到强肾壮腰、疏肝健脾、补益心肺、祛病延年的目的。正如神医华佗所言:"亦以除疾,兼利蹄足。"

★中医养生之太极拳

太极拳是中华医学的组成部分之一,同时也是一种重要的健身和防治疾病的手段,通过练习太极拳可以达到祛病、养生、延年的目的,太极拳以放松、调整周身气血为主,属于气功之行功。它既练内(心)又练外(体),精气神兼练。《内经·素问》中就提出:"其病多痿厥寒热,其治宜导引",所以说,太极拳是最适合养病之人的运动,坚持练习不仅可以调整气血的运行,还可以快速恢复机体的正常循环。

练习太极拳,最重要的一点,就是应该做到"放松"、"气道通畅"。因为肺为气之本,肺气调则周身气行,所以练功必须令其气顺,不可叫气道结滞。所以说练拳时不可闭气、使力,而应以放松、沉气为主,最好在练拳时配合呼吸开合。也正是因为这些要求,使得练太极拳的人,在练拳过程中注意放松并调整呼吸,每次练拳之后,都会觉得心情舒畅、精神饱满,身体微微出汗,增加体内的新陈代谢,从而起到了祛病强身的健身功效。具体说来,太极拳对人体各器官的影响有以下方面。

对神经系统的影响

长期练习太极拳的人,都有这样一种感觉:练习套路后,周身感觉舒适、精神焕发;且能感到身体活泼,肢体反应灵敏。现代医学认为:情绪的提高在生理上是有重要意义的。"情绪"提高,可以使各种生理机制活跃起来,对患有某些慢性病的人来说,情绪的提高更为重要,有益于病人脱离病态心理,从而起到治病、防病、强身、防身的目的。简单地说，通过太极拳锻炼，可以消除大脑神经的紧张疲劳、清醒头脑、活跃情绪、恢复神经系统的动态平衡，对中枢神经系统有非常好的作用。

太极拳最好的地方，就是它能很好的运用阴阳原理，每个动作都包含阴阳之变化。虚与实、动与静、表与里、开与合、进与退、收与放、左与右、刚与柔、正与隅，相辅相成。又增强了整体观念，要求身心合一，松静无为，内外上下一致，以意领气，气随意行，意到气到。因此，坚持练习太极拳，可以起到疏通经络、调整人体阴阳、延年益寿的作用。

尤其对于上了年纪的人来说，参加太极拳活动，身临优美的环境，呼吸新鲜的空气，伴之行云流水般的动作，恍若步入仙境。此时此刻，极有利于消除人的烦闷、焦虑、孤独和忧郁，减除老年抑郁症。太极拳对治疗心理障碍病症，可谓是一剂千金难买的良药。

对心血管循环系统的影响

当人体开始练习太极拳的套路时，随着机体的运动，加强了血液及淋巴的循环，减少了体内的瘀血现象。练习的重点在于气沉丹田，由于呼吸的加深，会更有利于促进冠脉循环，加强心肌的营养。另外，由于练拳后血中载脂蛋白数量不断增加，这样对预防动脉硬化也是颇有好处的。再加上合理的饮食结构，高血脂、高血压、冠心病等循环系统疾病就会大大减少。据研究调查，常打太极拳者平均血压131/80.5毫米汞柱，普通不运动的老人为154.5/82.7毫米汞柱，两者收缩压相差23毫米汞柱；太极拳组的动脉硬化指标为39.5%，而平常不做运动的老人则是46.4%。

对呼吸系统的影响

现代医学研究证明，肺活量的大小与呼吸力量的大小及生命长短成正比，呼吸波的长短粗细是体质强弱的重要标志。太极拳中"深、长、细、缓、匀、柔"的腹式呼吸，保持了"腹实胸宽"的状态，增强了呼吸功能，能在保持一定呼吸频率、不过分刺激呼吸系统的情况下，又能吸进大量的新鲜空气，这种呼吸方式使呼气、吸气都比较充分，加大肺内气体交换程度的同时，还能够有效地促进机体的新陈代谢。

对消化系统，内分泌系统响影响

太极拳动作缓慢、轻柔，不易肌肉酸痛、大汗淋漓，长期有节律的腹式呼吸使横膈肌活动加大，膈肌上下活动，腹肌的收缩和舒张，对肝脏、胃肠均起到了自我按摩的作用，促进肠胃器官蠕动加快，促进食欲、加强消化功能，使肝、肾随之发生明显运动，促进了肝内血液循环，提高了胃肠的运动能力，促进蠕动、消化和吸收的能力,增强了消化系统的功能,改善了体内物质代谢。因此,致使胸腔、腹腔的器官血液旺盛,吸收功能加强。所以说,坚持练习,对肠胃消化不良等症状,能起到很好的改善作用。

★中医养生之八段锦

八段锦属于气功的一种。简单地说,就是古人创编的八节不同动作组成的一套医疗、康复体操,又因体势动作古朴高雅,所以得名"八段锦"。

八段锦的全部体势分为坐势和站势两种。前者练法恬静,运动量小,适于起床前或睡觉前穿内衣锻炼;后者运动量大,适于各种年龄、各种身体状况的人练习。具体做法如下。

◆坐式动作

1. 宁神静坐:首先盘膝而坐,正头竖颈,两目平视,松肩虚腋,腰脊正直,两手轻握,置于小腹前的大腿根部。此动作最好坚持 3~5 分钟。

2. 手抱昆仑:上下牙齿相互轻叩 20~30 下,口水增多时即咽下,谓之"吞津"。随后将两手交叉,自身体前方缓缓上起,经头顶上方将两手掌心紧贴在枕骨处。手抱枕骨向前用力,同时枕骨向后用力,使后头部肌肉产生一张一弛的运动。重复此动作十数次,呼吸。

3. 指敲玉枕:做完上述动作后,以两手掩住双耳,两手的示指相对,贴于两侧的玉枕穴上,随即将食指搭于中指的指背上,然后将食指滑下,以食指的弹力缓缓地叩击玉枕穴,使两耳有咚咚之声。重复此动作十数次即可。

4. 微摆天柱:略略低下头部,使头部肌肉保持相对紧张,将头部左右频频转动,缓慢摆撼天柱穴。重复此动作 20~30 次即可。

5. 手摩精门:练此动作前先深呼吸数次,闭息片刻,随后将两手搓热,以双手掌推摩两侧肾俞穴。重复此动作 20~30 次即可。

6. 左右辘轳:上述动作完成之后,紧接着将两手自腰部顺势移向前方,两脚平伸,手指分开,稍作屈曲,双手自胁部向上划弧如车轮形,像摇辘轳那样自后向前做数次运动。然后,再按相反的方向做此动作数次。

7. 托按攀足:掌心朝上,交叉双手十指,双手作上托劲,稍停片刻,翻转掌心朝前,双手作向前按推劲;稍作停顿,即松开交叉的双手,顺势攀足的动作,用双手攀两足的涌泉穴,两膝关节不要弯曲。重复此动作十数次即可。

8.任督运转:端坐于地,鼓漱吞津,意守丹田,以意引导内气自中丹田沿任脉下行至会阴穴接督脉沿脊柱上行,至督脉终结处再循任脉下行。

◆ 站式动作

1. 双手托天理三焦:保持站立姿势,两足分开,与肩同宽,含胸收腹,腰脊放松;正头平视、口齿轻闭、宁神调息、气沉丹田,双手自体侧缓缓举至头顶,转掌心向上,用力向上托举,足跟亦随双手的托举而起落;托举数次后,双手转掌心朝下,沿体前缓缓按至小腹;最后还原成站立姿势。

2. 左右开弓似射雕:练此动作前,放松心情,保持站立姿势;左脚向左侧横跨一小步,并且身体下蹲成骑马步,双手虚握于两髋之外侧,随后自胸前向上划弧提于与乳平高处。右手保持与右乳平高,并保证与乳有约两拳的距离,意如拉紧弓弦,开弓如满月;左手捏剑诀,向左侧伸出,顺势转头向左,视线通过左手示指凝视远方,意如弓箭在手,等机而射。此动作保持一分钟后,随即将身体上起,顺势将两手向下划弧收回胸前,并同时收回左腿,还原成自然站立。然后,按相反方向重复此动作,如此左右调换10~15次即可。

3. 调理脾胃须单举:首先,呈站立姿势,左手缓缓自体侧上举至头,翻转掌心向上,并向左外方用力举托,同时右手下按附应;举按数次后,左手沿体前缓缓下落,还原至体侧;之后,换左手重复此动作数次。

4. 五劳七伤往后瞧:首先,呈站立姿势,双脚分开与肩同宽,双手自然下垂,宁神调息,气沉丹田。头部微微向左转动,两眼目视左后方,稍停顿后,缓缓转正,再缓缓转向右侧,目视右后方稍停顿,转正。重复此动作10~15次即可。

5. 摇头摆尾去心火:两腿横开、双膝下蹲,呈"马步"姿势。上身稍稍向前顺,两目向前平视,双手反按在膝盖上,双肘外撑。以腰作为中轴,头脊摆正,将躯干划弧摇转至左前方,左臂弯曲,右臂绷直,肘臂外撑,头与左膝呈一垂线,臀部向右下方撑劲,目视右足尖;稍停顿后,随即向相反方向,划弧摇至右前方。重复此动作10~15次即可。

6. 两手攀足固肾腰:呈站立之姿,两脚分开与肩同宽。双臂先向两侧伸平再缓缓抬起至头顶上方转掌心朝上,向上作托举状。此动作保持一分钟,两腿绷直,以腰为中轴,身体前探,双手顺势攀足,稍作停顿,将身体缓缓直起,双手右势起于头顶之上,两臂伸直,掌心向前,再自身体两侧慢慢下落至体侧即可。

7. 攒拳怒目增力气:两腿横开、双膝下蹲,呈"马步"姿势。双手握拳,拳眼向下。左拳向前方击出,顺势头稍向左转,两眼通过左拳凝视远方,右拳同时后拉,与左拳出击形成一种"争力"。随后,收回左拳;击出右拳,要领同前。重复此动作10

~ 15次即可。

8.背后七颠把病消:放松全身,呈站立之姿;两手臂自然下垂,手指并拢,掌指向前。随后双手平掌下按,顺势将两脚跟向上提起,稍作停顿,将两脚跟下落着地。重复此动作10~15次即可。

★中医养生之易筋经

中国传统气功最有名的功法之一乃易筋经,在武侠小说中常常被提起。"易"即变通、改换、脱换之意;"筋"意指筋骨、筋膜;"经"则带有指南、法典之意。顾名思义,"易筋经"就是活动肌肉、筋骨,使全身经络、气血通畅。

易筋经是一种内外兼修、身心同养的功法,具有御邪疗疾、延年益寿、开发潜能的功效。从中医理论的角度来看,易筋经以中医经络走向和气血运行来指导气息的升降,在身体曲折旋转和手足推挽开合过程中,人体气血流通、关窍通利,从而达到祛病强身的目的。从现代医学观点来看,修习易筋经,会使人体血液循环加强,从而使人体五脏六腑得以调和、生命力旺盛,进而推迟机体的衰老速度。

养生易筋经共有十二式:捣杵舂粮、扁担挑粮、扬风净粮、换肩扛粮、推袋垛粮、牵牛拉粮、背牵运粮、盘箩卸粮、围穴囤粮、扑地护粮、屈体拾粮、弓身收粮。具体做法如下。

1.捣杵舂粮:将双臂提至胸前,掌心相对,距离2~3寸,指尖向上,屈腕合掌,手型如拱,然后呼吸15~20次;这里应注意的是:每吸气时,用暗劲使掌根内挤,指向外翘;每呼气时,双臂要尽量放松,手掌呈拱形。

2.扁担挑粮:站立,双脚分开如肩宽,两手由胸前徐徐外展至侧平举姿势,以此姿势呼吸15~20次。这里应注意的是:每吸气时,胸部扩张、臂向后挺;每呼气时,指尖内翘、掌心外撑。

3.扬风净粮:两脚分开与肩同宽,两手托天,臂肘挺直,全身伸展,以此姿势呼吸15~20次。这里应注意的是:吸气时,用鼻或口鼻徐徐吸入,两掌用暗劲竭力上托;呼气时,气由口或口鼻缓缓呼出,两掌向前下翻,臂肌慢慢放松;再吸气时,掌再用暗劲向上托,重复进行15~20次。

4.换肩扛粮:高举右手,掌心向下,头往右斜,眼凝视右手心,左臂屈肘于背后,以此姿势呼吸15~20次。这里应注意的是:每吸气时,头往上顶,双肩后挺;呼气时,身体放松;之后换手练习。

5.推袋垛粮:保持正常站立之姿,两臂向前伸,两掌直立,掌心向前,凝视前方;以此姿势呼吸15~20次。这里应注意的是:每吸气时,两掌用力推,指向后扳;呼气时,放松全身。

6. 牵牛拉粮:双脚并立,右脚前跨一步,屈膝成右弓蹬步,右手握拳前举,高出肩,左手握拳,斜垂于身后;以此姿势呼吸 10 ~ 15 次。这里应注意的是:每吸气时,两拳握紧内收,右拳贴近右肩,左拳斜垂背后;然后身体向右转,成左弓步,换方向练习。

7. 背牵运粮:首先,左手从腋下向后伸,手背紧贴胸椎,手臂在此时呈"V"字形,指尖尽量向上,右手由右肩后伸,如拉车牵绳一样,去拉左手手指;足趾抓地,身体前倾,以此姿势呼吸 5 ~ 10 次。这里应注意的是:每当吸气时拉紧,呼气时放松;接下来换方向,重复此动作 5 ~ 10 次即可。

8. 盘箩卸粮:首先,左脚向左侧迈一大步,然后屈膝下蹲成马步,上体挺直,两手如捧重物,以此姿势稍停片刻,两手翻掌向下,如搬放重物,然后两腿慢慢伸直,左脚再收回并拢;这里应注意的是:做此动作时一定要配合呼吸,捧物时尽量吸气,放物时尽量呼气。

9. 围穴囤粮:首先,左手握拳于胸间,然后,右手向左前方伸出,五指捏成钩手,上体左转,然后身体前弯,同时右手在腰带下向右划平圆,似做围穴囤粮的动作,连做 5 ~ 10 次。这里应注意的是:平划近胸部时,上体应尽量伸直,同时吸气;划到前方时,上体要尽量前弯,同时呼气。

10. 扑地护粮:首先,左脚前跨一大步,屈膝成左弓步,上体前倾,两手按地,头稍抬起,眼看前下方,呼吸 15 ~ 20 次。这里应注意的是:每吸气时,两臂伸直、上体抬高;呼气时,两肘弯、胸部下落;一吸一呼,两臂一伸一屈,上体一起一伏,如此重复 15 ~ 20 次即可。

11. 屈体拾粮:两脚向两侧分开如肩宽,两手用力抱着头的后部,指敲小脑后部,然后配合呼吸做屈体动作。这里应注意的是:吸气时身体挺起;呼气时俯身弯腰,头探于膝间作打躬状,如此反复进行 15 ~ 20 次即可。

12. 弓身收粮:首先,两腿稍稍分开,上体稍向前屈,双臂伸直,用力向下推去,手心向上,手背触地面,昂头注目,意在捧起落在地上的粮食。下弯时脚跟抬起,起立时脚跟又着地,如此重复 15 ~ 20 次即可。

★ 运动养生的原则

体育锻炼,是人们按照机体的生长发育规律和身体的活动规律,通过身体锻炼、技术、训练、竞技比赛等方式达到增强体质,提高运动技术水平,丰富文化生活为目的的社会活动。长期坚持正确的体育锻炼,能够提升免疫能力,保证身体的健康。

然而,运动养生的结果是建立在正确的运动方法之上的。只有遵循正确的运动原则,才可以达到理想的效果;否则,将适得其反。医学界四大名著之一的《内经》,就向人们罗列出了以下几项运动原则。

放松身体

传统的运动养生学,最重视的就是意守、调息、动形的统一。什么是"意守",是指意念汇成一注,也就是把全部精力都专注于某一件事物上,如在运动养生时将思想集中于调节呼吸和身体运动上来;什么是"调息",就是指调节呼吸,也指根据运动的节律快慢来调节呼吸的频率;什么是"动形",是指形体的运动,也就是指采用某种形式的身体运动进行锻炼,如人体的运动主要依靠四肢及肩、脊、腰、髋的骨骼及相关肌肉的活动来进行的,形体运动就是有意识地锻炼这些骨骼、关节和肌肉,以保持其灵活、健壮的良好状态。

太极拳、八段锦、五禽戏等传统运动形式,都要求在运动前首先要保持全身放松,平心静气,排除周围环境的干扰,将全部思想集中于形体。然后调节呼吸,使呼吸平静自然,均匀和缓,用腹式呼吸调节呼吸的平缓和深度。待意守、调息的准备工作做好后,再进行运动是最安全的。

动静结合

动静结合,是一切运动的原则。不可因为强调动而忘了静,顾此失彼,要动静兼修、动静适宜。做运动时,要顺乎自然,慢慢进行自然调息、调心,神态从容,摒弃杂念,神形兼顾,内外俱练,动于外而静于内,动主练体而静主养神。这样,在长期的锻炼过程中就会内练精神、外练形体,使内外和谐,体现出由动入静、静中有动、以静制动、动静结合的运动原则。

持之以恒

俗话说:"人贵有志,学贵有恒。"要想取得成效,没有恒心是不行的。古人云:"冰冻三尺,非一日之寒",说的就是这个道理。锻炼身体也一样,要经常而不间断,三天打鱼两天晒网是不会达到锻炼目的的。运动养生不单指对身体的锻炼,更重要的是对意志和毅力的锻炼。如果因为工作忙,难以按原计划时间坚持,每天挤出一点时间(如10分钟、20分钟),进行短时间的锻炼也可以。如果因病或因其他原因不能到野外或操场锻炼,在院内、室内、楼道内做做广播操、太极拳、跳绳等也可以。总之,不能三天打鱼两天晒网,或者今天运动量过大、明天干脆不练,这些做法都是错误的。

运动适度

做任何事情都应该讲究一个"度",体育锻炼也存在一个合理安排运动量的问题。在长期的体育锻炼中,锻炼效果的好坏,与运动量的大小有密切的关系。如果运动量过小,不用动员内脏器官的潜力就可以轻而易举地担负下来,这样就达不到提高内脏器官功能的目的,因而锻炼的效果甚微;相反,如果运动量过大,在安排时又缺乏必要的节奏,长此下去就会超过人体生理负荷的极限,不仅达不到增强体质的锻炼目的,还会对锻炼者的健康产生不利的影响,并对学习和工作造成影响。然而,如何安排运动量才是比较合适的呢?

专家认为,如果运动后自我感觉良好,精力充沛、有劲、睡得熟、吃得香,就是有益于身心的运动。另外,锻炼后肌肉有轻度酸痛,并有疲劳感,但经过一夜的休息次日晨即可恢复正常,则说明运动量安排合适。反之,如果在锻炼后感到精神萎靡不振、全身无力,胸骨柄及肝区有疼痛感,头昏脑胀,运动后感到特别疲倦,睡不好,吃不香,易出汗,不想练习,则说明应该适当调整你的运动量。

循序渐进

运动是为了健康才进行的,所以,也应该是轻松愉快的、容易做到的、充满乐趣和丰富多彩的。只有这样,你才会有可能继续坚持下去。也就是"运动应当在顺乎自然和圆形平面的方式下进行"。在健身方面,将自己置于疲劳和痛苦之中都是不必要的,要轻轻松松地渐次增加活动量,不能一口吃个胖子。

正确的锻炼方法是运动强度要由小到大,动作由简单到复杂。例如跑步,刚开始练跑时要跑得慢些、距离短些,经过一段时间锻炼,再逐渐增加速度和距离。总之,运动一定要遵循循序渐进的原则。

★ 运动时间,因时制宜

运动的时间选择也很重要,并且一定要因人而异,有些人锻炼身体很有毅力,不论什么天气,从不间断。其实,有毅力是好事,但天天进行大量运动也未必正确。

按照科学的角度来说,深夜的 1 时到 4 时,是人体大部分器官放慢或停止工作的时候,是机体可以充分休整的时间,肌肉完全放松,血压、脑部供血量、脉搏会慢慢减少;清晨 5 时到 7 时,肌体开始渐渐苏醒,这时候很快起床后人的精神饱满,尤其是 7 时的时候,肾上腺皮质激素分泌进入高潮,免疫功能加强,很适合运动;上午 8 时到 12 时,是神经最兴奋的时候,记忆力、心脏、热情全部处于最佳状态,所以这段时间适合工作、学习或出游,不要做运动;下午 1 时到 4 时,尤其是春天和夏天,人容易疲劳、犯困,这时候最好休息,不要在午饭后做大运动量运动;傍晚 5 时到 8 时,体力和耐力是一天中的最高峰,是运动的最佳时间,会达到非常好的效果,而且对睡眠相当有利;晚上 10 时左右,体温开始下降,睡意会慢慢向你袭来,身体的功能趋于低潮,不适合再做剧烈运动。具体来说,应遵循以下原则,来制定适合自己的运动时间。

清晨运动要当心

清晨,是人体肝脏含糖量最低的时间段,而此时锻炼主要依靠脂肪分解运动的能源——糖,如果脂肪作为能源物质源进入血流,就会导致血液游离脂肪酸浓度增高,易出现低血糖及心脑血管疾病,所以,一定要特别注意。

另外,虽然说清晨的空气好,但此时空气中的二氧化碳较其他时间多,氧却比其他时间少得很多,加上早晨气温较白天其他时间寒冷,尤其早春、深秋和冬季。因此,晨练易使患有心脏脑血管疾病的人在突然受到寒冷空气刺激后,机体外周血管收缩,诱发心脑血管意外。据有关统计显示:清晨不仅是心脑血管疾病发作的高峰期,也是猝死情况发生最多的时刻,所以,人们要尽量避免在早晨运动。

忌大雾天气锻炼

在大雾天气里,污染物会和空气中的水汽相结合,这使得污染物大部分聚集在人们经常活动的高度,变得不易扩散与沉降。更严重的是,一些有害物质与水汽结合,将会变得毒性更大,如二氧化硫变成硫酸或亚硫化物,氯气水解为氯化氢或次氯酸,氟化物水解为氟化氢。因此,雾天的污染更严重。

另外,雾是由无数微小的水珠组合而成的,这些水珠中含有大量的尘埃、病原微生物等有害物质。如果在大雾天进行锻炼,由于呼吸量增加,势必会吸进更多的有毒物质,影响氧的供给,这会引起胸闷、呼吸困难等症状,严重者会引起鼻炎、肺炎、气管炎、结膜炎以及其他病症。另外,晨练者在运动时,由于肌肉和骨骼的活动加剧,体内必然产热量增加,为了维持机体热平衡,需要借助排汗来散发体热。但是又由于雾天,气压高,空气湿度大,汗液不易蒸发,不利于皮肤的散热,有碍肺的气体交换,致使锻炼者感到胸闷、憋气、疲倦、周身不适、闷热感等供氧不足之症状,极易诱发伤风、感冒疾病和增加心脑血管疾病发作危险。总而言之,雾天锻炼身体,对身体造成的损伤远比锻炼的好处大。因此,最好不要选择在雾天做室外运动。

除此之外,还应该根据季节的转变来更改运动时间。如:夏天的早晨,是一天中最凉爽的时候,运动时间可长一些,傍晚天气太热,运动时间可短一些;冬季则相反,早上可适当缩短运动时间,不足的在傍晚补齐。此外,炎热的夏季可适当多安排一些室内活动,如游泳、瑜伽等。

★运动项目,因人制宜

也许你会奇怪,为什么有些人运动后,反而觉得疲惫不堪,有些人长年运动却总是感冒不断……人们希望通过运动得到健康,结果却会适得其反呢?

养生专家告诉我们,运动方法要因人而异。运动也有较科学的方法可依,有计划、有目的地进行,这样才能避免不科学运动带来的伤害性及无效率。有些人运动后感觉不到运动为其带来的快感,其中一个原因就是因为运动量过大造成的。运动量过大不但加重心脏负担而且易导致心脏疾病,还会使体内产生较多的氧自由基,该物质将直接侵害细胞功能,造成组织细胞衰老,减低身体免疫力。而有些人则认为,运动不练个大汗淋漓或浑身肌肉酸痛,就达不到运动效果,这实在是个误区。出汗的最大功能是平衡身体体温,天热时即使不运动也会出汗。如果肌肉酸痛则是因为肌肉缺乏柔软度,运动前未做好热身,运动过分疲劳等造成的,所以,不要因为出汗多、肌肉有酸痛感就觉得自己达到了运动目的。

不同年龄,要选择不同的运动项目

对于上年纪的老年人来说,由于肌肉力量减退、神经系统反应较慢、协调能力差,宜选择动作缓慢柔和、肌肉协调放松且能够活动全身的运动,如走路去买菜、遛弯、打太极拳、舞太极剑、做老年保健操等。每天最好累计一小时或累计8000步以上。另外,一次运动的持续时间不能太长,爬山、持续登楼梯这种承重性运动最好少做。如果是腿脚不方便的老年患者,应以上肢伸展运动和柔韧运动为主,散步就是一个很不错的选择。

而对于年轻力壮、身体健康的人来说,可选择运动量大的锻炼项目,如长跑、打篮球、踢足球等。

不同性别,要选择不同的运动项目

由于男人和女人身体状况的差别,运动项目也切忌雷同。男性力量比较强,可进行举重、哑铃、篮球、足球等;而女性身体柔韧性好,可选择体操、健身操、单车、游泳、跳舞等运动。

不同体质，要选择不同的运动项目

医学研究证实，那些身体瘦弱、体力不佳、肌肉力量不强、脂肪少的人，往往内脏器官也不太强健。因此，这些人在运动的时候，应该先慢慢增强体力，可进行散步、快步走、慢跑等运动，逐渐强化肌肉力量、持久力及身体柔韧度，慢慢地进行力量锻炼。

还有一些表面看起来瘦弱，但却有很多脂肪的人。这种人的肌肉力量和内脏器官功能也不好，这类人运动的时候，最好选择那些能够促进其脂肪燃烧的运动，如步行、爬楼梯、跳绳、游泳等。

而对于那些肥胖、骨骼支撑能力弱、日常生活中爬几级楼梯就会"气喘如牛"的人来说，应该多做有氧运动（如游泳），这样可以消耗脂肪；还可常做静态的伸展运动，以强化肌肉、骨骼。值得注意的是，由于肥胖者都有高血压倾向，所以，在运动前先量量血压，并注意动作的正确性，千万不要做过度激烈的运动。身体状况不好时应停止运动，不能过于勉强自己。

此外，对于那些患有高血压的老年人来说，应避免爆发用力的运动，如用力猛提重物和进行头低于心脏的运动和活动。日常生活中，需要老年人注意的一个问题是：需俯身捡拾东西时，切不可弯腰去捡，正确的方法应该是先蹲下来然后再去捡。

由于工作性质的不同，所选择的运动项目亦应有差别，如售货员、理发员、厨师要长时间站立，易发生下肢静脉曲张，在运动时不要多跑多跳，应仰卧抬腿；经常伏案工作者，要选择一些扩胸、伸腰、仰头的运动项目，又由于用眼较多，还应开展望远活动……总而言之，体育项目的选择，既要符合自己的兴趣爱好，又要适合身体条件，以达健身养生的目的。

第二篇 《本草纲目》养生智慧

导读

《本草纲目》，明代著名医学家李时珍所著。李时珍，字东璧，明代蕲州（今湖北省蕲春县）人。李时珍在数十年行医以及阅读古典医籍的过程中，发现本草书中存在着不少错误，他决心重新编纂一部本草书籍。自三十五岁时，李时珍便为之苦读博览，参考了大量医学专著；为了弄清许多药物的形状、性味、功效等，他"访采四方"，足迹遍及大江南北。经过二十七年艰苦卓绝的努力和辛勤劳动，终于完成了这部闻名中外的药物学巨著《本草纲目》。

《本草纲目》是一部集16世纪以前中国本草学大成的著作，不仅为我国药物学的发展作出了重大贡献，而且对世界医药学、植物学、动物学、矿物学、化学的发展也产生了深远的影响。

英国著名生物学家达尔文也曾受益于《本草纲目》，称它为"中国古代百科全书"。1956年著名科学家郭沫若为本书题词纪念，曰"医中之圣，集中国药学之大成，本草纲目乃1892种药物说明，广罗博采，曾费三十年之殚精。造福生民，使多少人延年活命！伟哉夫子，将随民族生命永生。"

第一章　食物本草,先天之本

★大补元气的尊贵"霸主":人参

中医学中有这样的说法:"气聚则生,气壮则康,气衰则弱,气散则亡。"这里的"气"是指人体的元气,元气充足人体免疫力就强,从而能战胜疾病,如果人体元气不足或虚弱,就不能产生足够的抗体或免疫力去战胜疾病,因此可能造成死亡。"元气"亦称"原气",指人体组织、器官生理功能的基本物质与活动能力,现代医学称其为人体新陈代谢。

现在很多人由于生活和工作的压力大,经常处于过度疲劳的状态,所以常使元气大伤,表现为全身乏力、食欲不振、泄泻、气喘、多痰、失眠等,所以,补元气就显得尤为重要,拥有"长生不老的神草"之称的人参就是一种很好的补品。

人参是中草药之王,是最传统的补品之一。《本草纲目》中记载:"人参,味甘微苦而性温,入脾、肺经。具补益强壮、补气固脱、补肺健脾之功效。"现代科学研究则表明,人参中最宝贵的独特成分就是人参皂苷或称皂角苷,这种物质在其他植物中是没有的。皂角苷能通过新生 DNA 和 RNA 来抑制机体衰老,并能刺激血纤维蛋白溶酶活动,产生抗炎和抗疲劳性,同时在美肤方面也功效显著。

值得注意的是,人参虽是一种滋补强壮药,但不可人人服人参、药药入人参,惟有虚损时才宜进补,而且人参的类似品种非常多,应用时要注意分辨。如:党参为桔梗科植物,所含成分及性味与人参相似,但功能弱于人参;西洋参偏苦、寒,重在养阴生津;太子参也称孩儿参,性味甘平微苦,也有补气生津的功效,但功效较弱。

虽然人参对人体有诸多好处,但最好的不一定是最适合的,这里要提醒有九种人不适合服用人参:

1. 健康之人

身体健康的人应该通过合理饮食和适度的体育锻炼强身健体,若盲目服用人参非但无益健康,而且会招致疾病。尤其是婴幼儿、少年儿童、血气方刚的青壮年,服用人参一定要谨慎。

2. 舌质紫暗之人

中医学认为,舌质紫暗为气血淤滞之象,如服用人参反而会使气血凝滞加重病情,出现"疼痛、烦躁不安、手足心发热"等症状。

3. 红光满面之人

临床发现,红光满面之人情绪往往兴奋,血压常常偏高,再服用人参可能会导致血压上升、头昏脑涨、失眠多梦等病症。

4. 舌苔黄厚之人

正常人的舌苔薄白又显湿润,黄则表示消化不良、有炎症,此时服用人参会引起食欲不振、腹部胀满、便秘等。

5. 大腹便便之人

此类人服用人参后,常常食欲亢进,出现体重猛增、身重困顿、反应迟钝、头重脚轻等不良感觉。

6. 发热之人

发热应先查明病因,不可因病体虚而盲目进补,感冒、炎症等发热病人服用人参后犹如雪上加霜,会使病情加重。

7. 胸闷腹胀之人

此类病人服用人参后,常常出现胸闷如堵、腹胀如鼓等症。

8. 疮疡肿毒之人

身患疔疮疥痈和咽喉肿痛者不易服用人参。

9. 体内有热毒者

此类人服用人参后会导致疮毒大发、经久不愈等严重后果。

贴心药膳:

高丽参糯米饼

功效:补元气。

准备材料:糯米粉、红枣、栗子、松子、高丽参。

做法:

(1)取糯米粉一杯,加入热水搅拌,可以增加糯米的黏度,捏成团备用。

(2)将红枣切成丁备用。然后将栗子剥壳,压成碎末备用。再将松子压成粉、高丽参切成颗粒备用。这几种原料中,红枣是补血的;栗子是粗粮,可通便,对皮肤有好处;松子可以预防贫血、预防老化。

(3)将锅加热倒入少许油,将糯米团擀成饼状,放入油锅煎,然后放入红枣末、栗子末、红参末,对折后粘上。煎熟后出锅,放在盘子里,撒上松子即可。

★ 强壮机体、生精补髓当属鹿茸

鹿茸在日常生活中并不多见,它是"关东三宝"之一,非常珍贵,是大补之药。

据《本草纲目》记载:"鹿茸味甘,性温,主病下恶血,寒热惊悸,益气强志,生齿不老。"它主要用于治疗虚劳羸瘦、神经疲倦、眩晕、耳聋、目暗、腰膝酸痛、阳痿滑精、子宫虚冷、崩溃带下,还能壮元阳、补气血、益精髓、强筋骨等。

经国内外很多学者研究证明,鹿茸中含有多种生物活性物质,能促进机体的生长发育和新陈代谢,增强机体免疫力,对神经系统、心血管系统有良好的调节作用,有助于恢复和保持机体健康。目前鹿茸主要被用于全身衰弱、年老或病后体弱及病后恢复期的治疗和滋补。

那么鹿茸怎么吃呢?最常见的就是煲汤了,取鹿茸片5~10克,与鸡(鸭、鹅、鸽、猪、牛、羊)肉、大枣、枸杞、莲子、百合等随意搭配,放入电饭煲或沙锅内炖3~5小时,之后食用。另外,还可以用鹿茸来泡茶、熬粥、泡酒,坚持食用后会有很好的效果。

但是要注意的是,也有不适合服用鹿茸的人群:

1. 外感风寒及外感风热等外感疾病者均不宜服用鹿茸。

2. 肾有虚火者不宜服用。

3. 内有实火者不宜服用。

4. 高血压、肝病患者慎服。

在这里要提醒的是:服用鹿茸时最好不要喝茶、吃萝卜,也不要服用含有谷芽、麦芽和山楂等的中药,这些食物都会不同程度地削弱鹿茸的药力。

贴心药膳:

三鲜鹿茸羹

功效:壮元阳,补气血,益精髓。

准备材料:蒸熟鹿茸100克,冬笋50克,水发海参100克,熟鸡肉50克,鸡汤300克,盐、淀粉、味精、香油各适量。

做法:

(1)海参、鸡肉、冬笋切成大小适中的片,经开水焯后,沥干。鹿茸切丁,放入碗内加少量盐、味精、煨好。

(2)砂锅中加入鸡汤、海参、鸡肉、冬笋及适量盐、味精大火煮沸后,撇云浮沫,用淀粉勾芡,滴入香油,最后将鹿茸丁撒在上面即可。

★阴阳兼治的"五行之精"：五味子

阴阳学说被广泛应用于中医学，中医学上认为"阴"代表储存的能源，具体到形上包括血、津液、骨、肉、性别中的雌性等，而"阳"则代表能源的消耗，是可以通过人体表面看到的生命活力，无形的气、卫、火、性别中的雄性等都属于阳，而"阳"的这种生命活力靠的是内在因素的推动，即"阴"的存储。人体只有阴阳平衡才能身体健康。

调和阴阳的食物最好是五味子。《本草纲目》中记载："五味子今有南北之分，南产者红，北产者黑，入滋补药，必用北者为良。"就是说五味子有南北之分，但南五味子的滋补作用较差，所以冬季进补时应选用北五味子。

五味子性温，味酸咸，归肺、心、肾经，具有敛肺止咳、补肾宁心、益气生津之功，主治肺虚咳嗽、自汗盗汗、遗精遗尿、九泻九痢等症。现代医学认为，五味子是一种较为理想的神经系统兴奋剂。经常服用适当剂量对中枢神经系统各部位有反射性反应，均有兴奋、强壮的作用，能调节胃分泌和促进作用，并对肝脏有一定的保护作用。

其实早在古代，五味子的功效就已经得到充分发掘，《神农本草》中将五味子列为上品，古代医学家、药王孙思邈说"常服五味子以补五脏气"，女皇武则天更是服用五味子来延年益寿。

现代药理学研究还证实五味子对中枢神经系统具有明显的镇静作用；五味子可增强人体中枢神经系统的兴奋与抑制的协调，改善智力水平，提高学习记忆效率；五味子还有扩血管、保肝、抗氧化、抗溃疡的作用；另外，它还能清除自由基、抑制过氧化脂质形成，增强免疫力，延缓衰老。

贴心药膳：

五味子鸡蛋汤

功效：补齐养阴。

准备材料：五味子20克，鸡蛋1个。

做法：五味子洗净，浸泡，用清水700毫升和鸡蛋一起煎煮，蛋熟后捞起放在冷水中浸泡片刻，去壳后再放回煎煮，约煮1小时煲至汤汁剩250毫升（约1碗量），加入少许白糖便可。

★益气补脾，山药当仁不让

我们知道脾为后天之本，是人体存活下去的根本，只有脾好了，人的身体才能正常地运转。那么补脾效果最好的食物是什么呢？山药是最好的选择。

山药又称薯蓣、薯药、长薯，为薯蓣科多年生缠绕草本植物的块茎。山药中以淮（怀）山药最好，是一种具有高营养价值的健康食品，外国人称其为"中国人参"。山药口味甘甜，性质滋润平和，归脾、肺、肾经。中医认为它能补益脾胃、生津益肺、补肾固精。对于平素脾胃虚弱、肺脾不足或脾肾两虚的体质虚弱，以及病后脾虚泄泻、虚劳咳嗽、遗精、带下、小便频数等非常适宜。

《本草纲目》中对山药的记载是："益肾气，健脾胃，止泻痢，化痰涎，润皮毛。"因为山药的作用温和，不寒不热，所以对于补养脾胃非常有好处，适合胃功能不强、脾虚食少、消化不良、腹泻的人食用。患有糖尿病、高血脂的老年人也可以适当多吃些山药。

贴心药膳：

山药枸杞粥

功效：美容养颜，补血益气。

准备材料：白米 100 克，山药 300 克，枸杞 10 克。

做法：将白米和枸杞洗净沥干，山药洗净去皮并切成小块。将 500 克的水倒入锅内煮开，然后放入白米、山药以及枸杞续煮至滚时稍搅拌，再改中小火熬煮 30 分钟即可。此粥营养丰富，体弱、容易疲劳的女士多食用，可助常保好气色，病痛不侵。

★补肝益肾、滋阴养血的何首乌

关于何首乌的来历有一个传说，在唐代文学家李翱的《何首乌传》中有相关的记载。何首乌是顺州南河县人，祖父名叫能嗣，父亲名叫延秀。能嗣原名叫田儿，自小身体虚弱，长大后没有性欲，遂到山中从师学道。一天酒醉后卧在野外石块上酣睡，一觉醒来，天色已晚，忽见二株藤枝叶纷披，渐渐枝叶互相交缠，过了一段时间才分开，片刻后又交缠在一起，使他十分惊奇。

翌日，能嗣顺藤挖根，将块根请人辨认，谁也说不清这是什么药材，有位老者

何首乌图

说，可能是一种仙药。他就试着连服了7天，便开始有了性欲。连服三四个月后，体质逐渐强壮；服用1年后，宿疾痊愈，容颜焕发，毛发乌黑有光泽。之后的十年中连生了几个儿女，便把田儿改为能嗣。他又把此药给儿子延秀吃，延秀又把药传授给儿子首乌服，祖孙三代都活到了130多岁。延秀的邻居李安期，与延秀是好朋友，他吃了此药后也很长寿，并把它公开了，很多人吃了此药均有效，便把这种能够延年益寿、乌须黑发的药叫做何首乌。

这个故事显然有传奇色彩，但何首乌补肾固精的功效却是不容置疑的。《本草纲目》中记载何首乌的功效是："养血益肝，固精益肾，健筋骨，为滋补良药，不寒不燥，功在地黄、天门冬诸药之上。"另外，何首乌还有美容和乌发的功效。《本草纲目》中记载："何首乌可止心痛，益血气，黑髭发，悦颜色。"何首乌具有良好的益精血、补肝肾作用，经常服用可使人气血充足，面色红润，容光焕发，面色无华或面色萎黄的血虚病人，常服制首乌（深加工过的何首乌），可使面容青春久驻。

现代药理研究证实，何首乌还具有延缓衰老、调节血脂、抗动脉粥样硬化、提高机体免疫力等作用。在调节血脂方面，何首乌能降低对人体有害的低密度脂蛋白，升高对人体有益的高密度脂蛋白胆固醇，减少肠道对胆固醇的吸收，减轻动脉粥样硬化。此外，何首乌还能扩张冠状动脉血流量和改善心肌缺血。

何首乌分为几种制法，因制法不同，功效也有所不用。生首乌以黑豆煮汁拌蒸，晒干后变为黑色，即为制首乌，有补血和补肾益精的功效，适用于未老先衰、须发早白、贫血虚弱、头晕眼花、腰酸遗精的病人。晒干的叫生首乌,功效和制首乌大相径庭,不用于补虚,而是用于润肠通便及消痈肿等,适用于老年人或体质虚弱者的便秘及疮疖等。新鲜的叫鲜首乌,与生首乌相似,但润肠、消肿效果更佳。

贴心药膳:

何首乌山鸡

功效:补肝肾,乌须发,悦颜色,延寿命。

准备材料:山鸡2只,制首乌10克,青椒100克,冬笋15克,鸡蛋1个,酱油、料酒、味精、精盐、豆粉、菜油各适量。

做法:

(1)制首乌洗净,放入铝锅煮2次,收药液20毫升。

(2)山鸡去净毛,剖腹去内脏,洗净去骨,切成丁;冬笋、青椒切成丁;鸡蛋去黄留清,蛋清加入豆粉,调成蛋清豆粉,用一半加少许精盐将山鸡丁浆好,另一半同料酒、酱油、味精、首乌汁兑成汁液待用。

(3)净锅置火上,注入菜油,烧至六成热时下鸡丁过油滑熟,随即捞入勺内待用。锅留底油,加入鸡丁、冬笋、青椒翻炒,倒入汁液勾芡,起锅装盘即成。

★枸杞——补肾益肝的"东方神草"

枸杞又名地骨子、杞子、甘杞子,其浆果呈鲜红色,形似纺锤,更似红玛瑙坠,它还是一种名贵的中药,营养成分十分丰富,并有很高的药用价值。

关于枸杞,有个非常有趣的故事。

相传,盛唐时期,丝绸之路上的一队西域商人,傍晚在客栈住宿,见有女子斥责鞭打一老者。商人上前责问:"你何故这般打骂老人?"那女子道:"我责罚自己曾孙,与你何干?"闻者皆大吃一惊,一问才知此女竟已三百多岁,老汉受责打是因为不愿意服用草药,弄得未老先衰、两眼昏花。商人惊奇不已,于是恭敬地鞠躬请教。女子说这种草药就是枸杞,后来,枸杞传入中东和西方,被誉为"东方神草"。

枸杞有润肺清肝、滋肾、益气、生精、助阳、祛风、明目、强筋骨的功效,中医学认为枸杞味甘,性平,滋补肝肾、益精明目,可用于头昏、目眩、耳鸣、视力减退、虚劳咳嗽、腰脊酸痛、遗精、糖尿病等症。

《本草纲目》记载枸杞的功能为"滋肝补肾,益精明目"。主治虚劳肾亏、腰膝酸痛、眩晕耳鸣、内热消渴、血虚萎黄、目昏不明。正如《本草汇言》记载:"枸杞能使气可充,血可补,阳可生,阴可长,风湿祛,有十全之妙用焉。"

现代药理对枸杞做了更深入的研究,认为其有提高机体免疫力的功效;能抗突变,延缓衰老;抗肿瘤、降低血脂,降低胆固醇;抗疲劳、明目;保护肝脏。

枸杞性平,适合各类人群服用。但是,任何滋补品都不要过量食用,枸杞也不例外。一般来说,健康的成年人每天吃20克左右的枸杞比较合适,如果想起到治疗的效果,每天用量应保持在30克左右。另外,外感实热、脾虚泄泻者应忌食。

贴心药膳:

枸杞肉丝

功效:滋阴补血,滋肝补肾。

准备材料:枸杞100克,瘦猪肉500克,熟春笋100克,调料适量。

做法:猪肉切丝,加干淀粉拌和,春笋切丝,同入油锅中略炒,放入料酒、白糖、酱油、盐、味精,煮熟入味,再放入枸杞,稍煮,淋上麻油即可。

菊花杞子茶

功效:明目、养肝、益血、抗衰老、固精气。

菊花图

准备材料:红茶包一个,杞子一小撮,菊花3~5朵。

做法:将以上材料放入已经预热的杯中,加入沸水泡10分钟即可饮用。基本上,茶包浸泡可随个人喜好而提早取出,甚至不加茶包也可。

★黑芝麻——补肝肾之佳谷

黑芝麻又称胡麻、油麻、巨胜、脂麻等，其味甘，性平，入肝、肾、大肠经，具有补肝肾、益精血、润肠燥的功效。古人称黑芝麻为仙药，久服人不老。《本草纲目》称"服（黑芝麻）至百日，能除一切痼疾。一年身面光泽不饥，二年白发返黑，三年齿落更生"，介绍了黑芝麻的神奇功效。当代医药学研究表明，黑芝麻有益肝、补肾、养血、润燥、乌发、美容的功效，是极佳的保健美容食品。

现代药理研究表明，黑芝麻中含有大量的脂肪和蛋白质，还有糖类、维生素A、维生素E、卵磷脂、钙、铁、铬等营养成分。黑芝麻中含有的多种人体必需的氨基酸，在维生素E、维生素B_1的作用参与下，能加速人体的代谢功能；黑芝麻中的铁和维生素E是预防贫血、活化脑细胞、消除血管胆固醇的重要成分；黑芝麻中含有的脂肪大多为不饱和脂肪酸，有延年益寿的作用；黑芝麻中所含有的卵磷脂是胆汁中的成分之一，可分解、降低胆固醇，防止胆结石的形成。凡肝肾不足、虚风眩晕、耳鸣、头痛、大便秘结、病后虚弱、须发早白、血虚风痹麻木、妇人乳少等症，常吃黑芝麻就会有所改善。

黑芝麻在美容方面的功效非常显著：黑芝麻中的维生素E可维护皮肤的柔嫩与光泽；黑芝麻能滑肠治疗便秘，有滋润皮肤的作用；黑芝麻中含有防止人体发胖的物质蛋黄素、胆碱、肌糖，吃多了也不会发胖，有利于减肥；黑芝麻中的亚麻仁油酸，可去除附在血管壁上的胆固醇，完美腿形；常吃黑芝麻还有乌发的作用，但不宜大量摄取，春夏二季每天半小匙，秋冬二季每天一大匙即可，否则过犹不及，还可能导致脱发。

贴心药膳：

黑芝麻黄面

功效：美容，乌发。

准备材料：白面500克，黑芝麻100克。

做法：将黑芝麻炒熟，白面炒至焦黄，每日晨起用滚开水冲调30克食用。亦可加盐或糖少许。

黑芝麻苓菊瘦肉汤

功效：补养肝肾，滋润乌发。

准备材料：黑芝麻、茯苓各60克，鲜菊花10朵，猪瘦肉250克，食盐、味精各适量。

做法：

（1）黑芝麻洗净，用清水略浸，捣烂；茯苓洗净；鲜菊花洗净，摘花瓣用；猪瘦肉洗净，切片，用调料腌 10 分钟。

（2）把黑芝麻、茯苓放入锅内，加清水适量，小火煮沸 15 分钟，放入猪瘦肉、菊花瓣，炖至猪瘦肉熟烂，加入食盐、味精调味即可。每日 1～2 次佐餐食用，每次 150～200 毫升。

★南瓜能补中益气、益心敛肺

常吃南瓜，可使大便通畅、肌肤丰美，尤其对女性，有美容的作用。清代名臣张之洞曾建议慈禧太后多食南瓜，慈禧太后尝试后，的确能起到很好的作用，使慈禧太后年老时依然容颜红润，富有光泽。

南瓜能美容，还能补中益气、益心敛肺。《本草纲目》说它能"补中益气"。《医林纪要》记载它能"益心敛肺"。中医学认为南瓜性温，味甘，入脾、胃经。具有补中益气、消炎止痛、化痰止咳、解毒杀虫的功效。

现代营养学研究也认为，南瓜的营养成分较全，营养价值也较高。不仅含有丰富的糖类和淀粉，更含有丰富的营养素，如胡萝卜素、维生素 B_1、维生素 B_2、维生素 C、矿物质、人体必需的 8 种氨基酸和组氨酸、可溶性纤维、叶黄素和铁、锌等微量元素。这些物质不仅对维护机体的生理功能有重要作用，其中含量较高的铁、钴，更有较强的补血作用，可用于气虚乏力、肋间神经痛、疟疾、痢疾、支气管哮喘、糖尿病等症，还可驱蛔虫、治烫伤和解毒。

另外，嫩南瓜维生素含量丰富，老南瓜糖类及微量元素含量较高；南瓜嫩茎叶和花含丰富的维生素和纤维素，用来做菜别有风味；其种子——南瓜子还能食用或榨油；南瓜还含有大量的亚麻仁油酸、软脂酸、硬脂酸等甘油酸，均为优质油脂，可以预防血管硬化。因此，南瓜的各个部分不仅能食用，而且都有一定的药用价值。

国内外专家在研究中也发现南瓜不仅营养丰富，长期食用还有保健和防病、治病的功效。据资料显示，南瓜自身含有的特殊营养成分可增强机体免疫力、防止血管动脉硬化，具有防癌、美容和减肥作用，在国际上已被视为特效保健蔬菜，可有效防治高血压、糖尿病及肝脏病变。不过，其驱虫作用主要在南瓜子，治疗糖尿病作用主要在嫩南瓜、嫩茎叶与花。防治高血压、冠心病、中风可炒南瓜子吃，每日用量以 20～30 克为宜。但是要注意，南瓜不宜与含维生素 C 的蔬菜、水果同食，也不可与羊肉同食，否则会引起黄疸和脚气病。

贴心药膳：

双红南瓜补血汤

功效：益气、滋阴、养血、散寒。

准备材料：南瓜500克，红枣10克，红糖适量。

做法：

(1)南瓜削去表皮挖瓤，洗净，切滚刀块；红枣洗净，去核。

(2)将红枣、南瓜、红糖一起放入煲中，加水用小火熬至南瓜熟烂即可。

★多食卷心菜，补肾壮骨通经络

卷心菜，又名包心菜、甘蓝、蓝菜等，《本草纲目》中记载："卷心菜，补骨髓，利五脏六腑，利关节，通经络，中结气，明耳目，健人，少睡，益心力，壮筋骨。"中医认为，卷心菜性平，味甘，可入脾经、胃经，有健脾养胃、行气止痛之功，适用于治疗脾胃不和、脘腹胀满或拘急疼痛等症。

现代营养分析表明，卷心菜是一种天然的防癌食品，它所含的维生素C比西红柿多3倍，所含的维生素U在绿色蔬菜中居首位，还含有维生素E、胡萝卜素、纤维素以及微量元素钼。由于维生素U能缓解胆绞痛、促进溃疡愈合，可治疗由胃及十二指肠溃疡或胆囊炎所引起的上腹部疼痛等病症。而且卷心菜含蛋白质、脂肪、淀粉都很少，属低热量食物，又含有丰富的果胶和纤维素，食后有饱腹感，非常适合减肥人士食用。

卷心菜中的微量元素钼和多酚类物质，能抑制体内致癌物的形成。而维生素C、胡萝卜素及吲哚类物质具有很强的抗氧化能力，能清除体内产生的过氧化物，保护正常细胞不被致癌物侵袭。从卷心菜中提取到的萝卜硫素，是能活化人体组织的一种活化酶，能够抑制癌细胞的生长繁殖，对治疗乳腺癌和胃癌特别有效。

卷心菜还含有抗溃疡因子，能促进上皮黏膜组织的新陈代谢，加速创面愈合，对胃和十二指肠溃疡有较好的辅助治疗作用；含有植物杀毒素，有抗微生物功能，可预防、治疗咽喉疼痛及尿路感染。

但是，卷心菜含少量的致甲状腺肿物质，会干扰甲状腺对碘的利用，缺碘人群食用可能会导致甲状腺变大，应少食或不食。

贴心药膳：

羊肉卷心菜汤

功效：温中暖胃，适合脾肾阳虚所致的脘腹冷痛且胀满不适、纳差食少等症。

准备材料：羊肉、卷心菜、调味品各适量。

做法：

（1）羊肉洗净后切成小块，放入锅中。

（2）用清水将羊肉煮熟，然后放入洗净且切碎的卷心菜稍煮，加入调料即可。

（3）每日一次，可佐餐食用。

★当归——补血活血的"有情之药"

唐诗有云："胡麻好种无人种，正是归时又不归。"传说三国时期蜀国大将姜维的母亲因思念儿子，便给姜维寄去当归，以示盼子速归的急切心情。民间有一则谜语："五月底，六月初，佳人买纸糊窗户，丈夫出门三年整，寄来书信一字无。"谜底是四种中药：半夏、防风、当归、白芷。其中"丈夫出门三年整"一句，谜底就是当归，丈夫出门已三年，应当赶快归来。当归寄托了思念和盼归的情思，所以说它是"有情之药"。

关于当归的名称由来，李时珍在《本草纲目》中写道："古人娶妻为嗣续也，当归调血，为女人要药，有思夫之意，故有'当归'之名。"

当归的功效：

（1）当归甘温质润，为补血要药，可治疗血虚引起的头昏、眼花、心慌、疲倦、面少血色、脉细无力等。

（2）当归能活血，最宜用于妇女月经不调。由当归与熟地黄、白芍、川芎配伍而成的四物汤，就是妇科调经的基本方。经行腹痛，可加香附、延胡索；经闭不通，可加桃仁、红花。

（3）当归也宜用于疼痛病症。因为当归有温通经脉、活血止痛的功效。无论虚寒腹痛，或风湿关节疼痛，或跌打损伤淤血阻滞疼痛，都可使用当归。

（4）当归也常用于痈疽疮疡。因为当归能活血化淤，起到消肿止痛之效、排脓生肌之效。治疗疮疡的名方仙方活命饮，就以当归与赤芍、金银花、炮山甲等同用。

（5）当归还宜用于血虚肠燥引起的大便秘结，因为当归有养血润肠的功效。

但是，我们都知道"是药三分毒"的道理，所以即使功效再多、性能再温润的药也同样有人不适合。所以，在服用当归前，大家应先咨询医生，特别是老人和孕妇要慎服。

贴心药膳：

当归荸荠薏米粥

功效：清热解毒、活血止痛、健脾利湿，适于咽喉肿痛、痰热咳嗽、心烦口渴等症。

准备材料：当归、荸荠、薏米、蜂蜜各适量。

做法：当归切片，入锅煮半小时，去渣后加入荸荠和薏米煮成粥，出锅后加蜂蜜食用。

当归米粥

功效：补血调经、活血止痛、润肠通便。

准备材料：当归 15 克，粳米 50 克，红枣 5 枚，水适量，砂糖适量。

做法：取当归用温水浸泡片刻，加水 200 毫升，先煎浓汁约 100 毫升，去渣取汁，入粳米、红枣、砂糖，再加水 300 毫升左右，煮至米开汤稠为度。每日早晚餐空腹温热顿服，10 天为一疗程。

★菠菜、小米最能滋阴补血

有些人为了滋阴补血，为了养护容颜，为了巩固后天之本，不惜花大量的钱去买高档的滋补产品，认为这才是最可靠、最有效的方法。其实未必，有些生活中最简单、最廉价的食物也许就是最需要也是最有效的选择。例如菠菜和小米，有人可能认为它们对身体健康的作用不值一提，但这种想法就大错特错了。

菠菜

菠菜和小米最能滋阴补血。《本草纲目》中记载："菠菜通血脉，开胸膈，下气调中，止渴润燥。"所以，菠菜可养血滋阴，对春季里常因肝阴不足引起的高血压、头痛目眩、糖尿病和贫血等都有较好的治疗作用。关于小米的功效，中医认为小米味甘咸，有清热解渴、健胃除湿、和胃安眠等功效。《本草纲目》中则记载："小米治反胃热痢，煮粥食，益丹田、补虚损、开肠胃。"现代医学研究证实，小米具有防止反胃、呕吐和滋阴养血的功效。生活中，经常用小米粥为产妇调养身体。

　　小米其实也最能催奶的食物,不要觉得生完孩子就要吃多么昂贵的食物才能催奶,吃点小米粥是最好的。

　　要注意的是,菠菜含草酸较多,有碍机体对钙的吸收。故吃菠菜时宜先用沸水烫软,捞出再炒。由于婴幼儿、及肺结核缺钙、软骨病、肾结石、腹泻等患者,则应少吃或暂戒食菠菜。

贴心药膳:

小米龙眼粥

　　功效:滋阴、补血、养心、安神益智。

　　准备材料:小米 80 克,龙眼肉 30 克,红糖少许。

　　做法:将小米和龙眼肉一起放入锅中煮,待粥熟后放入红糖即可。

龙眼图

第二章　四季养生食谱

★春天吃韭菜，助阳气生发

　　韭菜的味道以春天时最佳，自古以来，赞扬春韭者不计其数。"夜雨剪春韭，新炊间黄粱。"这是唐朝大诗人杜甫的名句。《山家清供》中记载，六朝的周颙，清贫寡欲，终年常蔬食。文惠太子问他蔬食何味最胜？他答曰："春初早韭，秋末晚菘。"《本草纲目》中记载"正月葱，二月韭"。就是说，农历二月生长的韭菜最有利于人体健康。

　　韭菜又名起阳菜、壮阳菜，是我国的传统蔬菜，它颜色碧绿、味道浓郁，自古就享有"春菜第一美食"的美称。春天气候渐暖，人体内的阳气开始生发，需要保护阳气，而韭菜性温，可祛阴散寒，是养阳的佳品，所以春天一定要多吃韭菜。

　　此外，春天人体肝气易偏旺，从而影响到脾胃消化吸收功能，此时多吃韭菜可增强人体的脾胃之气，对肝功能也有益处。

　　《食用本草》中记载"韭菜性温，味辛、微甘；补肾益胃、散瘀行滞、止汗固涩。"现代医学证明，韭菜有扩张血管，降低血脂，预防心肌梗塞的作用。韭菜中含有硫化物和挥发性油，有增进食欲和消毒灭菌的功效；韭菜中含膳食纤维较多，有预防便秘和肠癌的作用；韭菜中含 α—胡萝卜素、β—胡萝卜素可预防上皮细胞癌变；韭菜中含维生素 C 和维生素 E 均能抗氧化，帮助清除氧自由基，既可提高人体的免疫功能，又可增强性功能，并有抗衰老的作用。

　　韭菜性温，一般人都可食用，比较适合阳痿、早泄、遗精、遗尿、高血脂者食用。女性痛经、不孕及产后乳汁不通者也比较适合食用。但是，凡阴虚火旺、疮疡、目疾等患者及孕妇忌食。另外，夏季不宜过多食用韭菜，因为这个时期韭菜已老化，纤维多而粗糙，不易被吸收，多食易引起腹胀、腹泻。韭菜也不可与白酒、蜂蜜、牛肉、菠菜同食。

贴心药膳:

虾仁韭菜

功效:补肾阳、固肾气、通乳汁。

准备材料:虾仁 30 克,韭菜 250 克,鸡蛋 1 个,食盐、酱油、淀粉、植物油、麻油各适量。

做法:

(1)先将虾仁洗净水发涨,约 20 分钟后捞出淋干水分待用。

(2)韭菜择洗干净,切 3 厘米长段;鸡蛋打破盛入碗内,搅拌均匀加入淀粉、麻油调成蛋糊,把虾仁倒入搅拌均匀。

(3)锅烧热后倒入植物油,待油热后下虾仁翻炒,蛋糊凝住虾仁后放入韭菜同炒,待韭菜炒熟,放食盐、淋麻油,搅拌均匀起锅即可。

★春天吃荠菜与春捂秋冻的不解之缘

荠菜是报春的时鲜野菜,古诗云:"城中桃李愁风雨,春到溪头荠菜花。"李时珍说:"冬至后生苗,二、三月起茎五六寸,开细白花,整整如一。"荠菜清香可口,可炒食、凉拌、做菜馅、菜羹,食用方法多样,风味特殊。目前市场上有两种荠菜,一种菜叶矮小,有奇香,止血效果好;另一种为人工种植的,菜叶宽大,不太香,营养及食疗效果较差。

在我国,吃荠菜的历史可谓是源远流长,《诗经》里有"甘之如荠"之句,可见大约在春秋战国时期,古人就知道荠菜味道之美了。到了唐朝,人们用荠菜做春饼,有在立春这天吃荠菜春饼的风俗。许多文人名士也对荠菜情有独钟,杜甫因为家贫,就常靠"墙阴老春荠"来糊口。范仲淹也曾在《荠赋》中写道:"陶家瓮内,腌成碧绿青黄,措入口中,嚼生宫商角徵。"苏东坡喜欢用荠菜、萝卜、米做羹,命名为"东坡羹"。

为什么说春天要多吃荠菜呢?这与民谚"春捂秋冻"有关系。冬天结束,春季到来,天气转暖,但是春寒料峭,"春捂"就是告诉人们不要急于脱下厚重的冬衣,以免受风着凉。按照中医的观点,春季阳气生发,阳气是人的生命之本,"捂"就是要阳气不外露。春天多吃荠菜也是一样的道理,荠菜性平温补,能养阳气,又是在春季生长,春天吃荠菜符合中医顺时养生的基本原则。

荠菜的药用价值很高,《本草纲目》记载其"性平,味甘、淡;健脾利水、止血、解毒、降压、明目。"荠菜全株入药,具有明目、清凉、解热、利尿、治痢等药效。其花与籽可以止血,治疗血尿、肾炎、高血压、咯血、痢疾、麻疹、头昏目痛等症。荠菜在临床上常被用来治疗多种出血性疾病,如血尿、女性功能性子宫出血、高血压患者眼底出血、牙龈出血等,其良好的止血作用主要是其含有荠菜酸所致。

荠菜性平,一般人都可食用,比较适合冠心病、肥胖症、糖尿病、肠癌等患者食用。但荠菜有宽畅通便的作用,便溏泄泻者慎食。另因荠菜有止血作用,不宜与抗凝血药物一起食用。荠菜中含有草酸,所以吃的时候用热水焯一下对身体比较有益。

贴心药膳:

荠菜粥

功效:对血尿症有食疗作用。

准备材料:粳米 150 克,鲜荠菜 250 克(或干荠菜 90 克)。

做法:

(1)粳米淘洗净,荠菜洗净切碎。

(2)锅内加水烧沸后同入锅煮成粥。

荠菜饺子

功效:柔肝养肺。

准备材料:面粉适量,荠菜 500 克,猪肉馅 400 克,绍酒 1 大匙,葱末、姜末、盐、香油各适量。

做法:

(1)荠菜择除老叶及根,洗净后放入加有少许盐的开水内汆烫,捞出后马上用冷水浸泡。

(2)猪肉馅剁细,拌入所有调味料后,放入加了油的热锅中煸炒至八分熟。

(3)将沥干水分的荠菜切碎,放入晾凉的肉馅中拌匀,加入香油。

(4)饺子皮做好后包入适量的馅料并捏好形状。

(5)水开后下饺子,煮至浮起时,反复点水两次即可捞出食用。

★夏天一碗绿豆汤,解毒去暑赛仙方

在酷热难耐的夏天,人们都喜欢喝绿豆汤从而达到清热解暑的目的。民间广为流传"夏天一碗绿豆汤,解毒去暑赛仙方"这谚语。其实,早在古代,人们就懂得用绿豆汤清热解毒。

夏季，人体内的阳气最旺，但是这个时候由于天气炎热，人们往往会吃很多寒凉的东西，损伤阳气，而绿豆虽性寒，可清热解暑，它同时有养肠胃、补益元气的功效，是夏天滋补的良品。

关于绿豆的功效，唐朝孟诜有云："补益元气，和调五味，安精神，行十二经脉，去浮风，益气力，润皮肉，可长食之。"清朝王士雄在《随息居饮食谱》称其"甘凉，煮食清胆养胃，解暑止渴，润皮肤，消浮肿，利小便，止泻痢，醒酒弭疫……"。中医认为，绿豆性味甘寒，入心、胃经，具有清热解毒、消暑利尿之功效。《本草纲目》记载：绿豆消肿下气，治寒热，止泻痢，利小便，除胀满，厚实肠胃，补益元气，调和五脏，安精神，去浮风，润皮肤，解金石、砒霜、草木等毒。

研究认为绿豆的功效主要有以下几种：

（1）绿豆中所含的蛋白质、磷脂均有兴奋神经、增进食欲的功能，为机体许多重要脏器增加所必需的营养。

（2）绿豆中的多糖成分能增强血清脂蛋白酶的活性，使脂蛋白中甘油三酯水解达到降血脂的疗效，从而可以防治冠心病、心绞痛。

（3）绿豆中含有一种球蛋白和多糖，能促进动物体内胆固醇在肝脏中分解成胆酸，加速胆汁中胆盐分泌并降低小肠对胆固醇的吸收。

（4）绿豆对葡萄球菌以及某些病毒有抑制作用，能清热解毒。

（5）绿豆含有丰富的胰蛋白酶抑制剂，可以减少蛋白分解，从而保护肾脏。

虽然绿豆有诸多好处，但是这里还要提醒你，体质虚弱的人，不要多喝绿豆汤。从中医的角度看，寒症的人也不要多喝。另外，由于绿豆具有解毒的功效，所以正在吃中药的人也不宜食用。

贴心药膳：

绿豆薏米粥

功效：清热补肺、消暑利水、美白润肤。

准备材料：绿豆 20 克，薏仁 20 克，冰糖适量。

做法：

（1）薏仁及绿豆洗净后，用清水浸泡隔夜。

（2）薏仁加 3 杯水放入锅内，用大火煮沸后，改用小火煮半小时，再放入绿豆煮至熟烂。

（3）加入冰糖调味即可。

绿豆排骨汤

功效：补血、养心、安神。

准备材料:排骨 350 克,红枣 50 克,绿豆 50 克,姜 10 克,清水 1200 克,盐、鸡精、糖各适量。

做法:

(1)将排骨斩件汆水,红枣洗净,姜切片,绿豆洗净待用。

(2)洗净锅上火,放入清水、排骨、姜片、绿豆、红枣,大火烧开转中火煲 45 分钟调味即成。

★夏季消暑佳蔬当属"君子菜"苦瓜

盛夏时节,烈日炎炎,用苦瓜做菜佐食,能消暑涤热,让人胃口大开,备受人们欢迎。苦瓜因外皮有瘤状突出,又有"葡萄酒"之称。因苦瓜从不把苦味渗入别的配料,所以又有"君子菜"的美名。

苦瓜营养十分丰富,所含蛋白质、脂肪、碳水化合物等在瓜类蔬菜中较高,特别是维生素 C 含量,每 100 克高达 84 毫克,约为冬瓜的 5 倍,黄瓜的 14 倍,南瓜的 21 倍,居瓜类之冠。苦瓜中还含有粗纤维、胡萝卜素、苦瓜苷、磷、铁和多种矿物质、氨基酸等。苦瓜中含有抗疟疾的喹宁,喹宁能抑制过度兴奋的体温中枢,因此,苦瓜有清热解毒的功效。苦瓜还含有较多的脂蛋白,可促使人体免疫系统抵抗癌细胞,经常食用,可以增强人体免疫功能。

历代医学都认为苦瓜有清暑涤热,明目解毒的作用。如李时珍说:"苦瓜气味苦、寒、无毒,具有除邪热,解劳乏,清心明目,益气壮阳的功效。"《随息居饮食谱》载:"苦瓜青则苦寒、涤热、明目、清心。可酱可腌,鲜时烧肉先瀹去苦味,虽盛夏肉汁能凝,中寒者勿食。熟则色赤,味甘性平,养血滋甘,润脾补肾。"中医认为,苦瓜味苦,性寒冷,能清热泻火。苦瓜还具有降血糖的作用,这是因为苦瓜中含有类似胰岛素的物质,是糖尿病症患者的理想食品。

夏季吃苦瓜可以清热解暑,同时又可补益元气,还有补肾壮阳的功效。

苦瓜可烹调成多种风味菜肴,可以切丝、切片、切块,作佐料或单独入肴,一经炒、炖、蒸、煮,就成了风味各异的佳肴。苦瓜制蜜饯,甜脆可口,有生津醒脑作用,苦瓜泡制的凉茶,饮后可消暑怡神。

但是,尽管夏天天气炎热,人们也不可吃太多苦味食物,并且最好搭配辛味的食物,如辣椒、胡椒、葱、蒜等,这样可避免苦味入心,有助于补益肺气。另外,脾胃虚寒及腹痛,腹泻者忌食。

贴心药膳：

苦瓜粥

功效：清热祛暑、降糖降脂。

准备材料：苦瓜100克，玉米50克，冰糖适量。

做法：

（1）先把玉米淘净，再将苦瓜洗净，剖开去籽和瓤，切成片。

（2）将玉米和苦瓜一起放入锅中加适量水煮粥，粥快好时，放入冰糖搅拌均匀即可。

★夏日吃西瓜，药物不用抓

西瓜又叫水瓜、寒瓜、夏瓜，堪称"瓜中之王"，因是汉代时从西域引入我国，故称"西瓜"。西瓜味道甘甜、多汁、清爽解渴，是一种富有营养、食用安全的食品。西瓜生食能解渴生津，解暑热烦躁。我国民间谚语云：夏日吃西瓜，药物不用抓。说明暑夏最适宜吃西瓜，不但可解暑热、发汗多，还可以补充水分。

西瓜还有"天生白虎汤"之称，这个称号是怎么来的呢？白虎汤是医圣张仲景创制的主治分阳明热盛的名方。该病以壮热面赤、烦渴引饮、汗出恶热、脉象洪大为特征，西瓜能治如此复杂之疾病，可见其功效不凡。

关于西瓜的功效，《本草纲目》中记载其"性寒，味甘；清热解暑、除烦止渴、利小便"。西瓜含有的瓜氨酸，具有很强的利尿作用，是治疗肾脏病的灵丹妙药，对因心脏病、高血压以及妊娠造成的浮肿也很有效果。西瓜可清热解暑，除烦止渴。西瓜中含有大量的水分，在急性热病发烧、口渴汗多、烦躁时，吃上一块又甜又沙、水分充足的西瓜，症状会马上改善。吃西瓜后尿量会明显增加，由此可以减少胆色素的含量，并可使大便通畅，对治疗黄疸有一定作用。

新鲜的西瓜汁和鲜嫩的瓜皮还可增加皮肤弹性，减少皱纹，增添光泽。因此，西瓜不但有很好的食用价值，还有很经济实用的美容价值。

西瓜除了果肉，其皮和种子中也含有营养成分。比如，治疗肾脏病可以用皮来煮水饮用，而膀胱炎和高血压患者则可以煎煮种子饮用。

但是，西瓜性寒，脾胃虚寒及便溏腹泻者忌食；含糖分也较高，糖尿病患者当少食。另外，夏季西瓜放入冰箱中冷藏的时间不宜超过三个小时。感冒初期也不要吃西瓜。

贴心药膳：

西瓜酪

功效：解暑除烦、止渴利尿。

准备材料：西瓜 1 个(约重 2500 克)，罐头橘子 100 克，罐头菠萝 100 克，罐头荔枝 100 克，白糖 350 克，桂花 2.5 克。

做法：

(1)整个西瓜洗净，在西瓜一端的 1/4 处打一圈人字花刀，将顶端取下，挖出瓜瓤。

(2)将西瓜瓤去子，切成大小适中的块状，另把菠萝、荔枝也切成大小相同的块。

(3)铝锅上火，放清水 1250 毫升，加入白糖煮开，撇去浮沫，下入桂花，等水开后把水过箩晾凉，放入冰箱。将西瓜、菠萝、荔枝和橘子装入西瓜容器内，浇上冰凉的白糖水即成。

西瓜粳米红枣粥

功效：对心胸烦热、口舌生疮、湿热黄疸有一定的辅助疗效。

准备材料：西瓜皮 50 克，淡竹叶 15 克，粳米 100 克，红枣 20 克，白糖 25 克。

做法：

(1)将淡竹叶洗净，放入锅中，加水适量煎煮 20 分钟，将竹叶去之。

(2)把淘洗干净的粳米及切成碎块的西瓜皮及红枣同置入锅中，煮成稀粥后加入白糖即可食用。

★秋天养身体，一定要吃梨

梨，又称块果、果宗、玉乳、蜜文，性甘寒、微酸，无毒。有润肺、清心、止热咳、消痰等功效。因其肉脆多汁，甘甜清香，风味独特，营养丰富，故有"百果之宗"之美誉。

秋季在传统中医以气候分类的观念中，归属燥气。故入秋后，人们经常会感觉皮肤燥痒，口鼻、咽喉等呼吸道干燥，干咳无痰，甚至出现大便干结、小便短赤等现象，这些皆因燥性易耗伤人体中肺与胃中的津液，以致产生各种秋燥的症候群。梨富含蛋白质、脂肪、糖类(葡萄糖、果糖、蔗糖)、膳食纤维、灰分、钙、磷、铁、钾、胡萝卜素、维生素 A、维生素 B_1、维生素 B_2、维生素 C、苹果酸、柠檬酸等营养成分。《本草纲目》称梨具有"润肺凉心,消痰降火,解疮毒、酒毒"的功效,药用可治风热、润肺、凉心、消痰、降火、解毒。中医认为梨性寒凉,含水量多,且含糖分高,食后满口清凉,既有营养,又解热症,可止咳生津、清心润喉、降火解暑,实为秋季养生之清凉果品。梨又可润肺、止咳、化痰,对患感冒、咳嗽、急慢性气管炎患者有效。

梨的果实、果皮以及根、皮、枝、叶均可入药。现代医学研究证明,梨性味甘凉,确有润肺清燥、止咳化痰、养血生肌的作用。因此对急性气管炎和因上呼吸道感染出现的咽喉干、痒、痛、音哑、痰稠、便秘、尿赤均有良好疗效。患者吃梨,可以生津解渴、润肺去燥、清热降火、止咳化痰,作为辅助治疗,对恢复健康大有裨益。但因梨性质寒凉,不宜一次食用过多,否则反伤脾胃,特别是脾胃虚寒的人,更应慎食。

梨还有降低血压、养阴清热、镇静的作用。因梨中含有较多的配糖体和鞣酸成分以及多种维生素,高血压、心肺病、肝炎、肝硬化病人出现头昏目眩、心悸耳鸣时,吃梨大有好处。肝炎病人吃梨能起到保肝、助消化、增食欲的作用。

贴心药膳:

梨子甘蓝果菜汁

功效:帮助消化,利尿提神。

准备材料:梨1个,甘蓝菜200克,柠檬汁、蜂蜜各适量。

做法:

(1)先削掉梨皮,挖去核子,然后将梨切成几片。

(2)甘蓝菜去杂洗净切成小片。

(3)把梨、甘蓝菜同时放入果汁机中榨汁,取出汁液,加入柠檬汁、蜂蜜调匀即可。

梨子川贝

功效:化痰止咳,对呼吸道感染有很好的防治作用。

准备材料:梨子1个,川贝粉8克,冰糖适量。

做法:梨子去皮,用刀从上端削盖状,再去掉核子,将梨子中间掏空。然后加入川贝粉、冰糖,将梨盖嵌上,放入碗中,加入适量的水,把碗放入锅中隔水煨煮即可。

★秋令时节,新采嫩藕胜太医

秋令时节,正是鲜藕应市之时。鲜藕中除了含有大量的碳水化合物外,蛋白质和各种维生素及矿物质含量也很丰富。其味道微甜而脆,十分爽口,是老幼妇孺、体弱多病者的上好食品和滋补佳珍。

莲藕中含有丰富的维生素,尤其是维生素 K、维生素 C,铁和钾的含量较高。常被加工成藕粉、蜜饯、糖片等补品。莲藕的花、叶、柄、莲蓬的莲房、荷花的莲须都有很好的保健作用,可做药材。

中医认为,生藕性寒,甘凉入胃,可消瘀凉血、清烦热、止呕渴。适用于烦渴、酒醉、咳血、吐血等症,是除秋燥的佳品。女性产后忌食生冷,惟独不忌藕,就是因为藕有很好的消瘀作用,故民间有"新采嫩藕胜太医"之说。熟藕,其性也由凉变温,有养胃滋阴,健脾益气的功效,是一种很好的食补佳品。用藕加工制成的藕粉,既富有营养,又易于消化,有养血止血,调中开胃之功效。

具体说来,莲藕的功效有以下几种:

(1)莲藕可养血生津、散瘀止血、清热除湿、健脾开胃。

(2)莲藕含丰富的单宁酸,具有收缩血管和降低血压的功效。

(3)莲藕所含丰富的膳食纤维对治疗便秘、促进有害物质排出十分有益。

(4)生食鲜藕或挤汁饮用,对咳血、尿血等症有辅助治疗作用。

(5)莲藕中含有维生素 B_{12},对防治贫血病颇有效。

天门冬图

藕节也是一味著名的止血良药,其味甘、涩,性平,含丰富的鞣质、天门冬素,专治各种出血,如吐血、咳血、尿血、便血、子宫出血等症。但凡脾胃虚寒、便溏腹泻及妇女寒性痛经者均忌食生藕,胃、十二指肠溃疡患者也应少食。

另外,由于藕性偏凉,所以产妇不宜过早食用,一般在产后 1～2 周后再吃藕可以逐淤。在烹制莲藕时要忌用铁器,以免导致食物发黑。

贴心药膳:

鲜藕茶

功效:清热去火、养胃益血。

准备材料:鲜莲藕 250 克,红糖 20 克。

做法:把洗净的莲藕切成薄片,放入锅中,加水适量,以中火煨煮半小时左右,再加入红糖拌匀即可。

藕粉粥

功效:安神补脑、健脾止血。

准备材料:藕粉 100 克,粳米 100 克,红糖适量。

做法:将粳米淘洗干净,放入锅中加水煨煮,待稀稠粥将成时,放适量红糖和已经用冷开水拌匀的藕粉,最后搅拌成稠粥即可。

★"菜中之王"大白菜让你健康快乐过寒冬

大白菜又称结球白菜、黄芽菜,古称菘菜,是冬季最主要的蔬菜种类,有"菜中之王"的美称。由于大白菜营养丰富,味道清鲜适口,做法多种,又耐储藏,所以是人们常年食用的蔬菜。

但是,冬天是人们最适宜吃大白菜的时候,这是为什么呢?因为冬季天气寒冷,人们都会穿得很厚,很多时间待在温暖的室内,人体的阳气处于潜藏的状态,需要食用一些滋阴潜阳理气之类的食物,于是大白菜就成了这个季节的宠儿。

大白菜的营养价值很高,含蛋白质、脂肪、膳食纤维、水分、钾、钠、钙、镁、铁、锰、锌、铜、磷、硒、胡萝卜素、尼克酸、维生素 B_1、维生素 B_2、维生素 C 还有微量元素钼等多种营养成分。

因为大白菜营养丰富,所以对人体有很好的保健作用。《本草纲目》中记载大白菜"甘渴无毒,利肠胃"。祖国医学认为,大白菜味甘,性平,有养胃利水、解热除烦之功效,可用于治感冒、发烧口渴、支气管炎、咳嗽、食积、便秘、小便不利、冻疮、溃疡出血、酒毒、热疮。由于其含热量低,还是肥胖病及糖尿病患者很好的辅助食品。大白菜中含有的微量元素钼,能阻断亚硝胺等致癌物质在人体内的生成,是很好的防癌佳品。

大白菜还是美容佳蔬,它含有丰富的纤维素,不仅可以促进肠蠕动,帮助消化,防止大便干燥,还可用来防治结肠癌。特别值得推崇的是,大白菜中维生素 E 的含量比较丰富,可防治黄褐斑、老年斑,是一种经济健康的美容美颜蔬菜。维生素 E 是脂质抗氧化剂,能够抑制过氧化脂质的形成。皮肤出现色素沉着、老年斑就是由于过氧化脂质增多造成的。所以,常吃大白菜,能防止过氧化脂质引起的皮肤色素沉着,抗皮肤衰老,减缓老年斑的出现。

需要注意的是,白菜在凉拌和炖菜时最好与萝卜分开来,不要混杂在一起,那样可能会产生一些相互破坏营养成分的不利影响。

北方地区的居民还经常把大白菜腌制成酸菜,但是,专家提醒,经常吃酸菜对健康不利,特别是大白菜在腌制 9 天时,是亚硝酸盐含量最高的时候,因此腌制白菜至少要 15 天以后再食用,以免造成亚硝酸盐中毒。

有的人在食用大白菜喜欢炖着吃,而实际上各种蔬菜都是急火快炒较有营养,炖的过程中各种营养素尤其是维生素 C 的含量会损失较多。

另外,有慢性胃炎和溃疡病的人,要少吃大白菜。

贴心药膳:

栗子炖白菜

功效:健脾补肾、补阴润燥。

准备材料:生栗子 200 克,白菜 200 克,鸭汤、盐、味精各适量。

做法:栗子去壳,切成两半,用鸭汤煨至熟透,白菜切条放入,加入盐、味精少许,白菜熟后勾芡即可。

海米白菜汤

功效:排毒养颜、预防感冒。

准备材料:白菜心 250 克,海米 30 克,高汤 500 克,火腿 6 克,水发冬菇 2 个,精盐、味精、鸡油各适量。

做法:

(1)将白菜心切成长条,用沸水稍烫,捞出控净水,海米用温水泡片刻,火腿切成长条片,把冬菇择洗净,挤干水后,切两半。

(2)将高汤、火腿、冬菇、海米、白菜条、精盐放入锅中烧开,撇去浮沫,待白菜熟透时加味精,淋上鸡油即成。

★鲫鱼——"冬月肉厚子多,其味尤美"

鲫鱼又名鲋鱼,另称喜头,为鲤科动物,产于全国各地。《吕氏春秋》中记载:"鱼火之美者,有洞庭之鲋。"鲫鱼自古为人崇尚。鲫鱼肉嫩味鲜,尤其适于做汤,具有较强的滋补作用。冬季是吃鲫鱼的最佳季节,自然是看好其温补之功。明代著名的医学家李时珍赞美冬鲫曰:"冬月肉厚子多,其味尤美。"民谚也有"冬鲫夏鲤"之说。

鲫鱼所含的蛋白质质优、齐全、易于消化吸收,是肝肾疾病、心脑血管疾病患者的良好蛋白质来源,常食可增强抗病能力。

《本草纲目》中记载:"鲫鱼性温,味甘;健脾利湿、和中开胃、活血通络、温中下气。"对脾胃虚弱、水肿、溃疡、气管炎、哮喘、糖尿病患者有很好的滋补食疗作用。

产后妇女炖食鲫鱼汤,可补虚通乳。先天不足,后天失调,以及手术后、病后体虚形弱者,经常吃一些鲫鱼都很有益。肝炎、肾炎、高血压、心脏病、慢性支气管炎等疾病的患者也可以经常食用,以补营养,增强抗病能力。另外,鲫鱼子能补肝养目,鲫鱼脑有健脑益智的作用。

吃鲫鱼时,清蒸或煮汤营养效果最佳,若经煎炸则上述的功效会大打折扣。鱼子中胆固醇含量较高,故中老年人和高血脂、高胆固醇者应忌食。

贴心药膳:

蛋奶鲫鱼汤

功效:健脾利湿,美容除皱。

准备材料:鲫鱼 1 条,胡椒粒 5 颗,蛋奶(或牛奶)20 克,姜、葱、盐、鸡精各适量。

做法:

(1)将鲫鱼剖腹后,清洗干净待用。

(2)把鲫鱼放置三成热的油中过油,以去除鲫鱼的腥味。

(3)加入适量水和调料,用小火清炖 40 分钟。

(4)起锅时加入少许蛋奶,能使汤变得白皙浓稠,口感更佳。

第三章 本草治病，养生延寿

★防治糖尿病，南瓜最管用

20 世纪 80 年代，日本的一些学者对糖尿病进行流行病学研究时，发现日本北海道地区一个叫夕张村的小村庄里没有糖尿病患者。这引起了学者们极大的兴趣，他们在调查中发现，夕张村的村民特别喜欢吃南瓜，经研究认为南瓜有防治糖尿病的作用。

《本草纲目》中有"南瓜性温，味甘；补中益气、解毒杀虫、降糖止泻"的记载。现代医学认为，南瓜含有丰富的钴，钴能活跃人体的新陈代谢，促进造血功能，并参与人体内维生素 B_{12} 的合成，是人体胰岛细胞所必需的微量元素，对防治糖尿病、降低血糖有特殊的疗效。

南瓜能消除致癌物质亚硝胺的突变作用，有防癌功效，并能帮助肝、肾功能的恢复，增强肝、肾细胞的再生能力。南瓜中含有丰富的锌，参与人体内核酸、蛋白质的合成，是肾上腺皮质激素的固有成分，是人体生长发育必需的重要物质。

南瓜一般人都可食用，比较适宜于原发性高血压、冠心病、高脂血症、肥胖病、便秘及癌症等患者以及中老年人食用。糖尿病患者如果食用南瓜时，就一定要减少其他主食的分量。黄疸病、脚气病及气滞湿阻等患者忌食南瓜。

贴心药膳：

南瓜盅蒸肉

准备材料：南瓜一个，冬菇 300 克，洋葱 200 克，猪肉馅 200 克，料酒、盐、鸡精、酱油、胡椒粉、白糖、葱、姜、蒜、豆豉、淀粉各适量。

做法：

（1）将南瓜洗净从顶部切开，取出瓜瓢待用。

（2）将洋葱洗净切成丁，葱、姜、蒜洗净切成末。

(3)将猪肉馅加入料酒、盐、酱油、胡椒粉、白糖、葱、姜、蒜、洋葱、豆豉、鸡精、少许淀粉拌匀,放入南瓜盅里,用瓜顶盖住,上笼蒸30分钟即可。

★胃及十二指肠溃疡患者应每日服用蜂蜜

在唐代,曾广泛流传着这样一个故事:唐玄宗李隆基的女儿永乐公主面容清瘦,年老色衰,后因战乱避居陕西,常以当地所产的桐花蜜泡茶饮用。三年后,她竟出落得美艳无比,前后简直判若两人。《本草纲目》中有"蜂蜜能清热也,补中也,解毒也,止痛也"的记载。常饮蜂蜜能使女性肤如凝脂。

现代医学研究发现,蜂蜜味甘,有缓急症、止痛的作用。另外,蜂蜜性平、味甘,有补益脾胃之气的功效,能帮助溃疡愈合,减少溃疡复发。蜂蜜还有促进食物的消化和同化作用,从而减轻胃肠负担。

胃溃疡急性发作时,胃黏膜的保护作用下降,当甜食放入胃内时,会变酸进而增加胃的酸度,这就是胃溃疡病人不宜吃甜食的原因。不过,蜂蜜对胃酸的分泌有双向调节作用。服用蜂蜜后,胃酸不会马上增加,而是有一个滞后期。因此,胃溃疡患者可以在饭前1小时食用蜂蜜,量也不宜太多,1小时后再进餐,食物就可以中和过多的胃酸了。

另外,从中医角度看,溃疡有气滞、湿热、血淤、痰湿、气虚、阴虚等多种类型。蜂蜜并不适合所有的溃疡病患者。如痰湿和湿热型溃疡或患腹泻、上腹部饱胀感的人就不适合吃蜂蜜。

如果有口腔溃疡也可以服用蜂蜜,用勺子舀一点纯净蜂蜜,直接涂抹在患处,几分钟后用白开水漱口咽下,一天两三次,效果会很好。蜂蜜与茶叶冲泡含漱效果也佳。一般3日内疼痛消失,溃疡面缩小,3~5天即可愈合。

贴心药膳:

马铃薯蜂蜜膏

功效:适用于胃和十二指肠溃疡等症。

准备材料:鲜马铃薯1000克,蜂蜜适量。

做法:将鲜马铃薯洗净,捣碎后用洁净纱布包好挤汁;放入锅内先以大火煮沸,再以小火煎熬;当浓缩至黏稠状时,加入一倍量的蜂蜜一同搅拌,再煎成膏状,冷却后可服用。空腹时服用,每日2次,每次1汤匙,20天为一个疗程。

★无花果、蜂蜜轻松治便秘

便秘已经成为越来越多人的"小毛病",虽然小,却让人烦恼。它不仅使体内毒素不能排出,而且使得肤色灰暗,出现色斑、痘痘等,是健康、美丽的隐形杀手。

便秘可以发生在人生的任何一个年龄段,它与饮食不均衡、运动不足、压力过大、生活不规律等有着密不可分的关系。

人体的肠壁并不是光滑的,而是有褶皱。我们每天所吃食物的残渣就会一点一点地积存在这些褶皱里,如果食物残渣在大肠中移动过慢,使便体变得又干又硬,增加了排便的困难,就形成了便秘。

无花果

一旦便秘,粪便堆积在肠道中,会产生相当多的毒素,这些毒素通过血液循环到达人体的各个部位,导致面色晦暗无光、皮肤粗糙、毛孔粗大、痤疮、腹胀腹痛、口臭、痛经、月经不调、肥胖、心情烦躁等症状,更严重的还会引起结肠癌。

无花果、蜂蜜都可以促进排便。《本草纲目》中记载:"无花果开胃、止泻痢,治五痔、咽喉痛。""蜂蜜清热、补中、解毒、润燥、止痛。"

便秘确实给人们带来了很大的痛苦,但是只要我们改变不良的生活习惯,就可以避免。例如,不要久坐,不要吃过咸的食物,经常运动,多喝水,多吃蔬菜和水果等。

贴心药膳:

养生方:将100克粳米洗净加水煮至黏稠时,加入50克去皮的无花果,再稍煮,最后加入适量冰糖即可食用。连续服用20天,可以达到健脾益气、润肺解毒的功效。

★葡萄——破解神经衰弱的密码

由于生活节奏的加快、竞争压力的增加,导致很多人患上神经衰弱症。看看你有没有下面这些症状:

(1)易疲乏,工作、学习时间稍久,就感到头昏脑涨,注意力不能集中。

（2）睡眠障碍，入睡困难、早醒或醒后不易再入睡，多噩梦。

（3）经常心动过速、出汗、厌食、便秘、腹泻、月经失调、早泄。

如果你有上述症状的话，你很可能已被神经衰弱的"幽灵"缠上了。这是一种情绪性疾病，严重的神经衰弱会给正常生活带来很多不便，需要寻求专业医疗帮助。不过这里推荐一种对神经衰弱有很好疗效的食物——葡萄。

葡萄，原产于西亚，据说是汉朝张骞出使西域时带入我国的，它颗颗晶莹、玲珑可爱，令人垂涎欲滴。

中医认为，葡萄性平、味甘，能滋肝肾、生津液、强筋骨，有补益气血、通利小便的作用，可用于脾虚气弱、气短乏力、水肿、小便不利等病症的辅助治疗。

葡萄对于神经衰弱的治疗效果来源于其果实所富含的成分。葡萄富含葡萄糖、有机酸、氨基酸、维生素，这些物质都可以补益和兴奋大脑神经，所以常吃葡萄对治疗神经衰弱和消除过度疲劳效果不错。

另外，法国科学家还发现，葡萄能很好地抑制血栓形成，并且能降低人体血清胆固醇水平，降低血小板的凝聚力，对预防心脑血管病有一定作用。

葡萄是味美又保健的佳品，但吃葡萄也要有"规矩"：

（1）吃葡萄后不能立刻喝水，否则很容易发生腹泻。

（2）葡萄不宜与水产品同时食用，因为葡萄中的鞣酸可以与水产品中的钙质形成难以吸收的物质，影响消化。

（3）吃葡萄应尽量连皮一起吃，因为葡萄的很多营养成分都存在于皮中。

贴心药膳：

葡萄枸杞汤

功效：预防神经衰弱。

准备材料：葡萄干50克，枸杞子30克。

做法：将葡萄和枸杞洗净后，加水800毫升，先用大火煮沸，再以小火煮30分钟，饮汤食葡萄干及枸杞子。

★痔疮作祟，柿子帮你解除"难言之隐"

柿子因其甜腻可口、营养丰富而深得人们的喜爱。在日本，柿子被看做是仅次于柑橘和葡萄的第三种最重要的水果。

中医认为，柿子性寒，味甘、涩，具有补虚健胃、润肺化痰、生津止渴、清热解酒的功效。而且，柿子全身都是宝。柿饼、柿霜、柿叶都可入药，所以柿子是名副其实的"天然药库"。

柿饼味甘,性平。具有润肺化痰、补脾润肠、止血等功效,适用于燥痰咳嗽、脾虚食减、腹泻、便血、痔疮出血等症。

柿霜味甘,性凉。具有清热、润燥、止咳等功效,适用于口舌生疮、咽干喉痛、咯血等症。

柿蒂味甘,性平。具有降气止呃功效,适用于呃逆不止等症。

柿叶能利尿,还可解酒。嫩柿叶以开水泡,代茶饮,能软化血管、降低血压、防止动脉硬化,并有清热健胃、助消化的作用,对高血压、冠心病有一定的疗效。

内、外痔疮患者,经常食用柿子,可以减轻痔疮疼痛、出血等症。

不过,食用柿子也有禁忌。

(1)不可空腹食用柿子。因为柿子中含有单宁,单宁主收敛,遇酸则凝集成块,并与蛋白质结合而产生沉淀。空腹食用鲜柿子,胃酸与柿子内的单宁相结合最易形成"柿石",会导致腹胀、腹痛。

(2)柿子也不可与螃蟹同食。因为蟹肉富含蛋白质,遇柿子中的单宁则凝结成块而不易消化,多食必然引起胃肠疾病。

★肺病食茼蒿,润肺消痰避浊秽

湖北有一道"杜甫菜",用茼蒿、菠菜、腊肉、糯米粉等制成。为什么要叫做杜甫菜呢? 这其中还有这样一个传说。

杜甫一生颠沛流离,疾病相袭,他在四川夔州时,肺病严重,生活无着。年迈的杜甫抱病离开夔州,到湖北公安,当地人做了一种菜给心力交瘁的杜甫食用。杜甫食后赞不绝口,肺病也减轻了很多。后人便称此菜为"杜甫菜",以此纪念这位伟大的诗人。

杜甫菜能有这种食疗效果,是因为它其中含有茼蒿。中医认为,茼蒿性温,味甘、涩,入肝、肾经,能够平补肝肾,宽中理气。主治痰多咳嗽、心悸、失眠多梦、心烦不安、腹泻、脘胀、夜尿频繁、腹痛寒疝等病症。

现代医学也证明了茼蒿的各种医疗作用。

1. 促进消化

茼蒿中含有有特殊香味的挥发油,有助于宽中理气、消食开胃、增加食欲,并且其所含粗纤维有助肠道蠕动,促进排便,达到通腑利肠的目的。

2. 润肺化痰

茼蒿内含丰富的维生素、胡萝卜素及多种氨基酸,可以养心安神、润肺补肝、稳定情绪,防止记忆力减退;气味芬芳,可以消痰开郁,避秽化浊。

3. 降血压

茼蒿中含有一种挥发性的精油以及胆碱等物质,具有降血压、补脑的作用。需要注意的是,茼蒿辛香滑利,胃虚泄泻者不宜多食。

贴心药膳:

茼蒿蛋白饮

功效:对咳嗽咯痰、睡眠不安者,有辅助治疗作用。

准备材料:鲜茼蒿250克,鸡蛋3个。

做法:

(1)将鲜茼蒿洗净备用,鸡蛋取蛋清备用。

(2)茼蒿加适量水煮,快熟时,加入鸡蛋清煮片刻,调入油、盐即可。

茼蒿炒猪心

功效:开胃健脾,降压补脑。适用于心悸、烦躁不安、头昏失眠、神经衰弱等病症。

准备材料:茼蒿350克,猪心250克,葱花、盐、糖、料酒各适量。

做法:

(1)将茼蒿去梗洗净切段,猪心洗净切片备用。

(2)锅中放油烧热,放葱花煸香,投入猪心片煸炒至水干,加入盐、料酒、白糖,煸炒至熟。加入茼蒿继续煸炒至猪心片熟,茼蒿入味,加入味精即可。

★"菇中之王"香菇可防治小儿佝偻

香菇味美,是老少皆爱的食品。正是由于它的味道鲜美,营养丰富,所以香菇更有"菇中之王"的美誉。

香菇的栽培至今已有八百多年的历史。宋朝浙江庆元县龙岩村的农民吴三公发明了砍花栽培法,后传到全国。庆元县直到现在还被称为"香菇之乡"。

传说,明代金陵大旱,明太祖朱元璋下谕吃素求雨。雨没有求到,整日的素食让朱元璋觉得茶饭无味。此时,宰相刘伯温从家乡浙江龙泉带回了土产香菇,命御厨浸发后烧好呈给皇帝品尝。朱元璋大加赞赏,从此常食香菇,香菇也因此被列为宫廷美食。

香菇不仅味美,功效也不一般。《本草纲目》中记载香菇"益气、不饥、治风破血",所以食用香菇可防治脑溢血、动脉硬化、心脏病、肥胖症、糖尿病等病症。香菇性平、味甘,有益气补虚、利肝益胃、健体益智、降脂防癌的功效。香菇含有丰富的蛋白质、碳水化合物、脂肪、钙、铁、磷和多种维生素以及30多种酶和十几种氨基酸,对人体健康非常有益。

香菇还有一大功效不可不提:那就是防治小儿佝偻。因为香菇中的麦角甾醇,在日光照射下,可以很快地转变为维生素 D,维生素 D 可以防治佝偻。所以处在成长发育期的孩子,多吃香菇可以保持好的体形。另外,贫血、免疫力低下及年老体弱者食用香菇也很适宜。

干香菇通常比新鲜的香菇疗效更好,所以做食疗时应该选择干香菇。如果食用新鲜香菇,先将它晾晒一下,效果就会更好。

贴心药膳:

刀豆炒香菇

功效:温中补肾,补气益胃。适用于脾肾阳虚型肺源性心脏病。

准备材料:鲜刀豆 250 克,水发香菇 50 克。

做法:

(1)将刀豆洗净,切段;用温水浸泡香菇,切成丝。

(2)将处理好的刀豆和香菇倒入烧热的油锅内,翻炒至熟,加适量清水、盐、味精即可。

香菇粥

功效:可以缓解夜尿频繁等症。

准备材料:干香菇、红枣、冰糖各 40 克,鸡蛋两个。

做法:

(1)将香菇发好后,切丁;红枣洗净,去核备用。

(2)碗中倒入适量清水,加入准备好的香菇、红枣、冰糖,然后加入鸡蛋,搅拌均匀后煮熟即可。

★莴笋可谓治疗便秘的灵丹妙药

莴笋营养丰富,是蔬中美食,古人称之为"千金菜"。有语曰:"呙国使者来汉,隋人求得菜种,酬之甚厚,故名千金菜,今莴笋也。"

莴笋的药用价值很高。中医认为,莴笋能够利五脏、通血脉。《本草纲目》中记载,李时珍曾用莴笋加酒,煎水服用来治疗产后乳汁不通。现代医学表明,莴笋中含有的大量纤维素,能够促进人体的肠壁蠕动,可以治疗便秘。另外,莴笋中还含有铁、钙等元素,儿童经常吃莴笋,对换牙、长牙是很有好处的。但在吃莴笋的时候,千万不要扔掉莴笋叶,因为莴笋叶子里的维生素含量要比莴笋茎高出 5 ~ 6 倍,而其中维生素 C 的含量更是高出 15 倍之多。

具体说来，莴笋的功效有以下几方面：

1. 开通疏利、消积下气

莴笋味道清新且略带苦味，可刺激消化酶分泌，增进食欲。其乳状浆液，可增强胃液、消化腺的分泌和胆汁的分泌，从而增强各消化器官的功能，对消化功能减弱和便秘的病人尤其有利。

2. 利尿通乳

莴笋有利于体内的水电解质平衡，促进排尿和乳汁的分泌。对高血压、水肿、心脏病患者有一定的食疗作用。

3. 强壮机体、防癌抗癌

莴笋含有多种维生素和矿物质，具有调节神经系统功能的作用，其所含有机化合物中富含人体可吸收的铁元素，对缺铁性贫血病人十分有利。莴笋的热水提取物对某些癌细胞有很强的抑制作用，故又可用来防癌抗癌。

4. 宽肠通便

莴笋含有大量植物纤维素，能促进肠壁蠕动，通利消化道，帮助大便排泄，可用于治疗各种便秘。

需要注意的是：有眼疾特别是夜盲症的人应少食莴笋；莴笋性寒，产后妇女应慎食。另外，莴笋与蜂蜜不宜同食，否则会导致胃寒，引起消化不良、腹泻。

贴心药膳：

蜇皮莴笋

功效：开胃消食。

准备材料：蜇皮 150 克，莴笋 1 根，鸡蛋 1 个，盐、酱油、糖、醋、麻油少许。

做法：

（1）蜇皮洗净切薄片泡水，最好换数次水，另外用 70℃ 的温水快速氽烫过，再泡冷开水。

（2）莴笋切片加盐，腌 10 分钟后，用冷开水冲去苦水。

（3）蛋打匀后做成蛋饼切成块。

（4）将所有材料混合放入大碗内，再加上调味料拌匀即可盛出。

★枇杷——生津、润肺、止咳的良药

枇杷，又称腊兄、金丸等，因外形似琵琶而得名。枇杷清香鲜甜，略带酸味，产自我国淮河以南地区，以安徽"三潭"的最为著名。在徽州，民间有"天上王母蟠桃,地上三潭枇杷"之说,枇杷与樱桃、梅子并称为"三友"。

祖国医学认为,枇杷性甘、酸、凉,具有润肺、化痰、止咳等功效。《本草纲目》中记载:枇杷"止渴下气,利肺气,止吐逆,主上焦热,润五脏"。"枇杷叶,治肺胃之病,大都取其下气之功耳,气下则火降,而逆者不逆,呕者不呕,渴者不渴,咳者不咳矣"。

此外,枇杷中所含的有机酸,能刺激消化腺分泌,对增进食欲、帮助消化吸收、止渴解暑有很好的疗效;枇杷中含有苦杏仁苷,能够润肺止咳、祛痰,治疗各种咳嗽;枇杷果实及叶有抑制流感病毒作用,常吃可以预防感冒;枇杷叶可晾干制成茶叶,有泄热下气、和胃降逆的功效,为止呕的良品,可治疗各种呕吐呃逆。

需要注意的是:脾虚泄泻者忌食;枇杷含糖量高,糖尿病患者也要忌食。另外,枇杷仁有毒,不可食用。

贴心药膳:

枇杷冻

功效:可增进食欲,帮助消化,还能提高视力,保持皮肤健康,促进胎儿发育。

准备材料:枇杷 500 克,琼脂 10 克,白糖 150 克。

做法:

(1)将琼脂用水泡软;将枇杷洗净,去皮,一剖为二,去核。

(2)锅置火上,放入适量清水、糖和琼脂,熬成汁;将枇杷放入碗中,倒入琼脂汁,晾凉,放入冰箱内冷冻即成。

秋梨枇杷膏

功效:生津润肺、止咳化痰。

准备材料:雪梨 6 个,枇杷叶 5 片,蜜糖 5 汤匙,南杏 10 粒,蜜枣 2 颗,砂纸 1 张。

做法:

(1)先将 5 个雪梨切去 1/5 做盖,再把梨肉和梨心挖去。

(2)把枇杷叶、南杏和蜜枣洗净,放进梨内。

(3)余下的 1 个梨削皮、去心、切小块,将所有梨肉和蜜糖拌匀,分放入每个雪梨内,盖上雪梨盖,放在炖盅里,封上砂纸,以小火炖 2 小时,即成。

国学经典文库

图文珍藏版

传承中华文明 弘扬国学精粹

国学大智慧

马肇基◎主编

线装书局

目 录

处世智慧

第一篇 《菜根谭》智慧通解

第一章 细微之处，决定成败 …………………………………… (4)

★盛满之功，常败于细微之事 ……………………………… (4)

★无事常如有事时，提防才可以弥意外之变 ……………… (6)

★大处着眼，小处着手 ……………………………………… (7)

★气象要高旷，而不可疏狂 ………………………………… (8)

第二章 与人交往，拿好分寸 …………………………………… (10)

★人无完人，不能苛求 ……………………………………… (10)

★记人之善，忘人之怨 ……………………………………… (11)

★待人宽是福，利人实利己 ………………………………… (12)

★君子应内精明而外浑厚 …………………………………… (13)

★名不独任，过不全推 ……………………………………… (14)

★寻找人生的贵人 …………………………………………… (15)

★警惕"蜜语"如剑 ………………………………………… (16)

★建立你的"防火墙" ……………………………………… (17)

第三章 藏巧于拙，避祸全身 …………………………………… (19)

★舌存齿亡，刚不敌柔 ……………………………………… (19)

★做事留有余地，不可太绝 ………………………………… (20)

★聪明的人知道处阴敛翼 …………………………………… (22)

★话说半句留半句 …………………………………………… (23)

★装糊涂是聪明者的选择 ………………………………… (24)

★难得糊涂,吃亏是福 …………………………………… (26)

★傻人自有傻福,不是空话 ……………………………… (28)

★藏巧于拙,才能够成就人生 …………………………… (30)

★该藏则藏,该露则露 …………………………………… (31)

第四章　能屈能伸,功成身退 …………………………… (36)

★月盈则亏,该退就退 …………………………………… (36)

★退却并非逃避 …………………………………………… (38)

★让一步,自然海阔天空 ………………………………… (39)

★不争强好胜才能避免灾祸 ……………………………… (41)

★功成就应身退 …………………………………………… (42)

第五章　头脑清醒,居安思危 …………………………… (44)

★不妨冷眼看世界 ………………………………………… (44)

★发现真实的自我 ………………………………………… (45)

★待人之道和气谦逊 ……………………………………… (46)

★居安思危是正道 ………………………………………… (47)

第二篇　《小窗幽记》智慧通解

第一章　胸怀大志,成就大业 …………………………… (50)

★珍惜时间的人,才会有凌云壮志 ……………………… (50)

★只有因地制宜,才能事半功倍 ………………………… (51)

★忍人所不能忍,做人所不能为 ………………………… (52)

★事在人为,求人不如求己 ……………………………… (53)

★坚持不懈,才能获得最后的胜利 ……………………… (54)

★欲"大有"的领导者,不可太偏激 …………………… (56)

★对一个人而言,胸怀大志至关重要 …………………… (57)

第二章　目光长远,蓄势待发 …………………………… (60)

★对权力与金钱不可欲望太浓 …………………………… (60)

★不要为眼前的名利所累,目光长远 …………………… (62)

★做领导必须心静气沉 …………………………………… (64)

★无论追求什么,都要适可而止 ………………………… (65)

★领导者的涵养现于喜怒之时 …………………………… (66)

第三章 藏而不露，沉默是金 ···（68）

★ 藏巧于拙，用晦而明 ···（68）

★ 聪明不可尽用，做事不可太绝 ·····························（69）

★ 该智则智，当愚则愚 ···（70）

★ 心高不可气傲 ···（71）

★ 不鸣则已，一鸣惊人 ···（72）

★ 屈伸之道，不可不知 ···（74）

★ 沉默是金，善默即是能语 ·····································（77）

第三篇 《围炉夜话》智慧通解

第一章 诚实守信，立身之本 ···（80）

★ 做本分人，听稳当话 ···（80）

★ 立信才能立身 ···（81）

第二章 谦虚做人，用心做事 ···（83）

★ 光明正大，做个有"涵养"的领导 ·······················（83）

★ 德高才能望重 ···（84）

★ 低调行事，高调做人 ···（85）

★ 该进则进，该退则退 ···（87）

★ 强忍为下，智忍为中，无忍为高 ·······················（88）

第三章 济世利民，名垂青史 ···（90）

★ 不比俸禄比学问 ···（90）

★ 甘于吃亏，"吃亏"亦是福 ·····································（91）

★ 拥有济世心，虑事多甚微 ·····································（92）

★ 生时济世民，声誉载史册 ·····································（93）

★ 静能生悟，俭可养廉 ···（94）

★ 尊敬他人，依靠自己 ···（95）

第四章 做事勤勉，临乱不惊 ···（97）

★ 泰山崩于前而色不变，大英雄也 ·······················（97）

★ 勤能补拙，俭能养德 ···（98）

★ 身体力行，集思广益 ···（100）

第五章 未雨绸缪，居安思危 ·······································（102）

★ 人无远虑，必有近忧 ···（102）

★忧先事无忧,事至愁而无救 ················· (103)

第六章 通权达变,顺应潮流 ················· (104)

★见人所不见,为人所不为 ················· (104)

★通权达变,是领导者做事的要旨 ················· (105)

第四篇 《呻吟语》智慧通解

第一章 尊重生命,创造价值 ················· (108)

★积极入世,为现实奋斗 ················· (108)

★让精神永存世间 ················· (108)

★约束过分的欲望 ················· (109)

★固有一死,死得其所 ················· (109)

★寻找良师益友共度此生 ················· (110)

★做君子,不做小人 ················· (110)

第二章 洁身自爱,修成正果 ················· (112)

★洁身自好,成就大业 ················· (112)

★不怕人只怕理,不恃人只恃道 ················· (112)

★得意之时切莫忘形 ················· (113)

★心忧天下,死而后已 ················· (113)

★给他人留余地 ················· (114)

★言与行都需谨慎 ················· (114)

★不要放纵自己的"心" ················· (115)

★敢于担当,胸怀天下 ················· (115)

★用"心"主宰天下 ················· (116)

★做本色人,说真心话 ················· (116)

★有过不辞谤,无过不反谤 ················· (117)

第三章 交人有道,做事有方 ················· (118)

★知人者智,自知者明 ················· (118)

★果断决策,行动迅速 ················· (118)

★做事不可拖泥带水 ················· (119)

★理直也应婉言 ················· (119)

★任难任之事,处难处之人 ················· (120)

★善待他人,则得人心 ················· (120)

★察言观色,度德量力 …………………………………… (121)

★听人言语,先识人品 …………………………………… (121)

★不要跟小人计较 ………………………………………… (122)

★不要意气用事 …………………………………………… (122)

★用人不以成败论之 ……………………………………… (123)

★知退得福,强进招祸 …………………………………… (123)

★用人之道,量才度能 …………………………………… (124)

★知其不可而为之 ………………………………………… (124)

第四章 学习圣贤,外王之道 …………………………… (125)

★以仁慈之心施予天下 …………………………………… (125)

★只尽人事,不信天命 …………………………………… (125)

★犯错并不可怕 …………………………………………… (126)

★无心者公,无我者明 …………………………………… (126)

第五章 为政以勤,为民以仁 …………………………… (128)

★为政不可懒散 …………………………………………… (128)

★虐民自虐,爱民自爱 …………………………………… (128)

★公私两字,人鬼之关 …………………………………… (129)

★用人以长,知人善任 …………………………………… (130)

★不做劳民伤财之事 ……………………………………… (130)

★责人不可太过 …………………………………………… (131)

第五篇 《忍经》智慧通解

第一章 不恋声色,经起诱惑 …………………………… (133)

★红颜祸水,亡国害己,怎能不忍 ……………………… (133)

★酒能误国,招祸遗患,怎能不忍 ……………………… (135)

★妖曲未终,死期已至,怎能不忍 ……………………… (137)

★专讲吃喝,必遭贬斥,怎能不忍 ……………………… (138)

★沉溺淫欲,遭人鄙视,怎能不忍 ……………………… (140)

★玩物丧志,人之通患,怎能不忍 ……………………… (142)

★穷奢极欲,必遭大祸,怎能不忍 ……………………… (143)

★贪利忘害,因小失大,怎能不忍 ……………………… (146)

第二章 谨慎行事,方能成功 …………………………… (149)

国学经典文库

国学大智慧

·目录·

图文珍藏版

5

★祸从口出,言多必失,怎能不忍 …………………………………… (149)

★放纵粗暴,气大伤身,怎能不忍 …………………………………… (151)

★气量狭小,容易制怒,怎能不忍 …………………………………… (153)

★不满生怨,忤则失人,怎能不忍 …………………………………… (155)

★一笑虽微,可招祸患,怎能不忍 …………………………………… (156)

★无义之勇,君子为耻,怎能不忍 …………………………………… (158)

★疏忽大意,祸患必至,怎能不忍 …………………………………… (159)

第三章　舍弃权欲,为民造福 …………………………………………… (161)

★贪恋权柄,险象环生,怎能不忍 …………………………………… (161)

★恣意奔权,朝荣夕悴,怎能不忍 …………………………………… (163)

★大富大贵,并非是福,怎能不忍 …………………………………… (164)

★愈受宠幸,愈不安全,怎能不忍 …………………………………… (166)

★富贵而骄,自遗其咎,怎能不忍 …………………………………… (168)

第六篇　《厚黑学》智慧通解

第一章　浑厚无形,干净利落 ……………………………………………… (171)

★皮厚才能成大业 …………………………………………………………… (171)

★沽名然后成霸王 …………………………………………………………… (175)

★虚张声势,迷惑对手 …………………………………………………… (177)

★揣着明白装糊涂 …………………………………………………………… (180)

★巧踢皮球善推诿 …………………………………………………………… (184)

第二章　果敢决断,斩草除根 …………………………………………… (189)

★以强硬手段先发制人 …………………………………………………… (189)

★厚黑得天下 ………………………………………………………………… (191)

★兵不厌诈,商也亦然 …………………………………………………… (193)

★该出手时就出手 …………………………………………………………… (196)

★厚黑手要辣 ………………………………………………………………… (198)

★看准软肋下狠脚 …………………………………………………………… (199)

★斩草要除根 ………………………………………………………………… (202)

资政智慧

第一篇 《鉴人智源》智慧通解

第一章 相貌察神,鉴人秘术 ……………………………… (212)
　　★科学的"相面术" ………………………………… (212)
　　★神、精、筋、骨、气、色、仪、容、言 …………… (215)
第二章 透过五官,识人性格 ……………………………… (217)
　　★性格识人最可靠 ………………………………… (217)
　　★十二种典型性格的优缺点 ……………………… (220)
第三章 发现人才,用好特长 ……………………………… (232)
　　★有特长就是人才 ………………………………… (232)
　　★下属应当具备的十二种特长 …………………… (234)
第四章 闻其声音,而知其人 ……………………………… (244)
　　★语言是心灵的声音 ……………………………… (244)
　　★道理、事理、义理与情理 ……………………… (248)
第五章 注重细节,方成大事 ……………………………… (254)
　　★古老的识才八法 ………………………………… (254)
　　★识才要靠火眼金睛 ……………………………… (261)

第二篇 《贞观政要》智慧通解

第一章 修身治国,居安思危 ……………………………… (271)
　　★必先修身,然后治国 …………………………… (271)
　　★明君兼听,昏君偏信 …………………………… (272)
　　★经营治理,唯在德行 …………………………… (272)
　　★居安思危,谨慎守业 …………………………… (274)
第二章 公平施政,共同发展 ……………………………… (275)
　　★上下互信,各司其职 …………………………… (275)
　　★心存畏惧,国运长久 …………………………… (276)
　　★小事不做,大事必败 …………………………… (277)

★君上严明,臣下尽职 …………………………………………………… (277)

第三章　诚心求谏,闻过则喜 …………………………………………… (279)

★诚心求谏,匡正过失 …………………………………………………… (279)

★上昏下谀,怎能治理 …………………………………………………… (280)

★己能受谏,再谏他人 …………………………………………………… (281)

★臣下欲谏,先忧降罪 …………………………………………………… (282)

第四章　广开言路,虚心纳谏 …………………………………………… (283)

★厌而不去,是为最恶 …………………………………………………… (283)

★牺牲自己,成全百姓 …………………………………………………… (284)

★言辞虽激,亦非诽谤 …………………………………………………… (284)

★谏言有益,回报应得 …………………………………………………… (285)

★当面责问,阻退进言 …………………………………………………… (285)

★偏信小人,人心涣散 …………………………………………………… (285)

★人不自察,虚心受教 …………………………………………………… (286)

第五章　上下同心,其利断金 …………………………………………… (289)

★有福同喜,有难同当 …………………………………………………… (289)

★敢于直谏,不避惩罚 …………………………………………………… (289)

★不忘过去,慎戒骄纵 …………………………………………………… (290)

第六章　为官之道,举贤荐能 …………………………………………… (292)

★选用人才,逐级分权 …………………………………………………… (292)

★人才不缺,唯恐遗漏 …………………………………………………… (292)

★举贤荐能,品德第一 …………………………………………………… (293)

★错用一人,祸害无穷 …………………………………………………… (293)

★自我举荐,助长歪风 …………………………………………………… (294)

第七章　仁义施政,天下太平 …………………………………………… (295)

★仁义施政,国运昌盛 …………………………………………………… (295)

★施以仁义,树立威信 …………………………………………………… (296)

★不施仁义,天下共反 …………………………………………………… (296)

★仁义布施,天下太平 …………………………………………………… (297)

第八章　公正无私,大义灭亲 …………………………………………… (298)

★唯才是举,不论亲疏 …………………………………………………… (298)

★效法先贤,无偏无私 …………………………………………………… (299)

★情有亲疏,义无分别 …………………………………………………… (300)

国学经典文库

国学大智慧

· 目　录 ·

图文珍藏版

★举荐贤才,不避亲友 ……………………………………… (300)

第九章　诚信为本,取信于民 …………………………………… (302)

★上级清明,下属正直 ……………………………………… (302)

★君王主国,诚信为本 ……………………………………… (302)

★邪恶善辩,倾覆国家 ……………………………………… (303)

★施行五常,取信于民 ……………………………………… (304)

第十章　勤俭节约,艰苦朴素 …………………………………… (305)

★节制私欲,崇尚节俭 ……………………………………… (305)

★勤俭节约,君王美德 ……………………………………… (305)

★节省民力,少事营造 ……………………………………… (306)

★丧葬风俗,不宜奢靡 ……………………………………… (306)

第十一章　居功不傲,礼让谦恭 ………………………………… (308)

★谦逊待人,心怀畏惧 ……………………………………… (308)

★不耻下问,虚怀若谷 ……………………………………… (308)

★居功不傲,礼贤下士 ……………………………………… (309)

第十二章　仁慈怜悯,积德昌后 ………………………………… (311)

★平息怨恨,随其所好 ……………………………………… (311)

★君上失德,百姓无辜 ……………………………………… (311)

★真情流露,不避流俗 ……………………………………… (312)

★爱护将士,鼓励士气 ……………………………………… (312)

第十三章　人间正道,有口皆碑 ………………………………… (313)

★上行下效,上歪下斜 ……………………………………… (313)

★歪门邪道,不足挂齿 ……………………………………… (314)

★奇技淫巧,宜加劝诫 ……………………………………… (314)

第十四章　克制言语,修养正气 ………………………………… (315)

★一言一行,影响深远 ……………………………………… (315)

★天子之言,一言九鼎 ……………………………………… (315)

★摒弃争辩,修养正气 ……………………………………… (316)

第十五章　防微杜渐,杜绝谗言 ………………………………… (318)

★防微杜渐,远离奸佞 ……………………………………… (318)

★欺下媚上,亡国之风 ……………………………………… (319)

★近朱者赤,近墨者黑 ……………………………………… (320)

★洁身自爱,青史留名 ……………………………………… (320)

国学经典文库

国学大智慧

·目录·

图文珍藏版

第十六章　有过必改，心怀大度 ………………………………（322）
　★坚守本分，内心安定 …………………………………（322）
　★当面责备，阻断谏言 …………………………………（322）
第十七章　谦虚谨慎，骄奢必败 ………………………………（324）
　★广施恩德，泽被后世 …………………………………（324）
　★慎今追远，仔细考虑 …………………………………（325）
　★休养百姓，励精图治 …………………………………（326）
第十八章　奉公守法，贪心惹祸 ………………………………（327）
　★珍惜自己，爱惜百姓 …………………………………（327）
　★贪财受贿，不懂爱财 …………………………………（327）
　★奉公守法，保全自己 …………………………………（328）
　★以身试法，咎由自取 …………………………………（329）

第三篇　《反经》智慧通解

第一章　守诚持重，洁身自好 …………………………………（331）
　★看淡成败，宁静淡泊 …………………………………（331）
　★立身从政，把持根本 …………………………………（332）
　★谦和有度，进退得法 …………………………………（334）
第二章　掌握命运，取舍有度 …………………………………（336）
　★一忍而忍，天下归己 …………………………………（336）
　★知进知退，有张有弛 …………………………………（337）
　★谨慎自律，居安思危 …………………………………（338）
　★命运无常，荣辱不惊 …………………………………（340）
第三章　因才择用，驭才有道 …………………………………（342）
　★观人之德，用人之长 …………………………………（342）
　★因事用人，合理搭配 …………………………………（343）
　★知才善用，贵在察心 …………………………………（344）
　★求全责备，用人所忌 …………………………………（346）
第四章　因时而度，因势而为 …………………………………（350）
　★随时而变，因机而发 …………………………………（350）
　★迂回战术，麻痹目标 …………………………………（352）
　★先适后取，伺机而动 …………………………………（353）

国学经典文库

国学大智慧

·目录·

图文珍藏版

★巧妙安排,借力使力 ·· (355)

第四篇 《了凡四训》智慧通解

第一章 改变命运,把握自己 ··· (358)

★人生需要一技之长 ·· (358)

★谦恭者得贵人 ·· (359)

★人生要有正确的选择和方向 ·· (359)

★知命而为 ·· (361)

★有妄念不成圣人 ·· (361)

★超越命运 ·· (362)

★命由我作,福自己求 ·· (363)

★反省自己 ·· (364)

★和气仁爱,保惜精神 ·· (365)

★了解和顺,顺应天命 ·· (365)

★人生因果轮回 ·· (366)

★登记所为,扬善除恶 ·· (367)

第二章 改过有法,建立信心 ··· (369)

★改过要有羞耻心 ·· (369)

★改过要发畏心 ·· (370)

★改过要发勇心 ·· (371)

★不可妄动,三思后行 ·· (371)

第三章 积善有方,必有福报 ··· (373)

★积善之家,必有余庆 ·· (373)

★何谓真善,何谓假善 ·· (373)

★何谓阴德,何谓阳善 ·· (375)

★什么是对,什么是错 ·· (376)

★什么是偏,什么是正 ·· (377)

★正中偏与偏中正 ·· (377)

★什么叫半,什么叫满 ·· (378)

★什么是大,什么是小 ·· (378)

★什么是难,什么是易 ·· (379)

★什么叫做与人为善 ·· (380)

★什么叫做爱敬存心 ……………………………… (380)

★什么叫做成人之美 ……………………………… (381)

第四章 厌恶盈满,爱好谦虚 ………………… (382)

★什么叫做劝人为善 ……………………………… (382)

★什么叫做救人危急 ……………………………… (382)

★什么叫做兴建大利 ……………………………… (383)

★什么叫做舍财作福 ……………………………… (383)

★什么叫做护持正法 ……………………………… (384)

★什么叫做敬重尊长 ……………………………… (384)

★什么叫做爱惜物命 ……………………………… (385)

第五篇 《冰鉴》智慧通鉴

第一章 面相骨相,察人品质 ………………… (388)

★骨相察神 ………………………………………… (388)

★观骨察人 ………………………………………… (392)

★容貌察人 ………………………………………… (396)

★面相识人 ………………………………………… (398)

★观眼辨人 ………………………………………… (401)

★察人外形 ………………………………………… (404)

第二章 须眉声音,察人贫富 ………………… (408)

★须眉识人 ………………………………………… (408)

★闻声识英才 ……………………………………… (410)

★声音之异辨才 …………………………………… (414)

第三章 气色识人,抖擞精神 ………………… (419)

★抖擞处见情态 …………………………………… (419)

★情态观人精神 …………………………………… (422)

★面部气色识人 …………………………………… (424)

第四章 刚柔并济,无往不胜 ………………… (426)

★刚柔五常之别 …………………………………… (426)

★刚柔相济之法 …………………………………… (428)

★刚毅柔顺之才 …………………………………… (432)

国学经典文库

国学大智慧

·目录·

图文珍藏版

国学大智慧

处世智慧

马肇基⊙主编

线装书局

处世——誉满天下的经典名著

人的生命只有一次。每个人都是在对人生茫然无知的时候，就匆匆踏上人生的旅途。等到对人生有所感悟时，人生的某一阶段已经过去，从中获得的人生经验只能供今后参考，走过的路不可能再走一遍了。

人生是一个充满艰难选择的人生。而人生舞台又没有彩排，也没有重演，所以人生路上我们的每一个选择和决定，都必须深思熟虑，三思而行，对自己负责，对命运负责，对不能重新来过的人生负责。

至于对人生全面透彻的了解，需要有人生的全部阅历，只能走完人生的全程后才能做到；但那时生命之光已经熄灭，对人生的比较全面的经验只能供后人参考，自己不可能重新开始人生的旅程了。

要想把握住匆匆而过的人生岁月，处理好人生的各种问题，我们不能不利用前人的人生经验和智慧。

人类个体的生命诚然有限，人类绵延不绝的群体生命却是无限的。如果我们善于利用人类群体的人生经验，就可以减少人生旅途中的失误，避免"虚生之忧"，创造出有价值、有意义的人生。

可喜的是，古国、历史长也有好处，留给我们的人生经验也特别多。中国文化以人为中心，重视人生的意义与价值，重视处理人际关系的礼义道德。诸如本篇所收录的《菜根谭》《小窗幽记》《围炉夜话》《呻吟语》《忍经》《厚黑学》，这六部书可以说是对中国处世智慧的高度概括。我们多么向往人生的路，能像那落满秋红的林荫道一样笔直，可历尽沧桑后，方才感悟到，无论是谁，都要走出九曲十八弯才能到达终点。

第一篇 《菜根谭》智慧通解

导读

《菜根谭》融儒、道、佛三家思想为一体,是中华民族传统文化的结晶,既体现了儒家的中庸思想,道家的无为思想,还体现了佛家的出世思想。成为一种涉身处世,待人接物的方法体系。在今天,当现代生活带给我们与日俱增的焦虑、烦燥、不安乃至困惑时,《菜根谭》如一溪清泉,能涤去我们心灵的尘灰,化解我们心中的积烦。

古人云:性定菜根香! 奋斗的时候,困惑的时候,成功的时候,休闲的时候,你都可以带上一本《菜根谭》,耐心品读,细心体悟,调整好前进的方向,追求人生的真正目标。

《菜根谭》是一部需要人们放在床头、案头,静心品读的旷世奇书。其简单明了的语言,跌宕起伏的故事情节,传达出一种深刻的人生感悟,帮助人们破解人生中遇到的诸多难题。

本篇通过对《菜根谭》的深刻感悟,阐述了《菜根谭》的深刻的人生哲学。看似随手写就,实则是将《菜根谭》的各种珍藏本整合在一起,拾遗补漏,着重将精神修养和为人处世相结合,精选世界古今之经典事例,让广大读者从中体味人生中的难题。只要定心于自身之锤炼修培,难题便可以在一片自由挥洒中迎刃而解。

第一章　细微之处，决定成败

★盛满之功，常败于细微之事

酷烈之祸，多起于玩忽之人；盛满之功，常败于细微之事。

——《菜根谭》

最大的火灾，多数因为有人不负责不细致；接近于圆满的成功，常常败在细节问题上。

东晋末年，桓玄为楚王，他心怀不轨，有篡位的野心。他的堂兄卫将军桓谦私下问建武将军、彭城内史刘裕说："楚王的功勋和德行受到了大家的一致赞叹，都说朝廷应该把帝位授予他，你有何看法呢？"

刘裕其实是反对桓玄的，但嘴上却说："楚王是宣武（桓温）的儿子，若论勋德，无人能比！晋朝早就有所败落了，谁还重视他们？楚王如果接受禅让，那真是上应天命，下顺人情，有何不妥呢？"桓谦听后，很高兴地说："既然你说是可以的，那当然就可以了。"

桓谦的问话，刘裕很清楚是对他进行的试探。

元兴二年(403)十二月，桓玄篡位称帝，把司马德宗遣送到了寻阳。刘裕随着桓玄的堂兄桓修到建康朝见桓玄。桓玄的妻子刘氏告诉桓玄说："刘裕龙行虎步，视瞻不凡，怕是不会甘心久居人下的，以我之见还是早除后患。"但桓玄不同意，说："我正想如何扫荡中原呢，除刘裕没有谁能担此重任。等到关、陇地区平定以后，再从长计议吧。"

桓修在建康停留了一段时间以后，决定返回

刘裕

京口(今江苏镇江)。刘裕借口伤痛,不能走路,改走水路坐船,而没有与桓修同行。在船上,他与何无忌、刘毅、孟昶、诸葛长民等共同密谋好了反对桓玄的整套行动计划。

元兴三年(404)二月的一天早晨,刘裕以外出游猎为借口,率领何无忌、檀道济等人,待城门打开后,立即冲入,出其不意地展开突然袭击,杀掉了桓修。就在这时,刘毅等人也杀掉了坐镇广陵(今江苏扬州)的征虏将军、青州刺史桓弘(桓修的弟弟)。桓玄这才觉得刘裕是心腹大患,可为时已晚,他的军队根本不是刘裕的对手。桓玄坐船往南奔逃到寻阳,挟持司马德宗去了江陵,最后被人暗杀。刘裕建立了刘宋王朝。

刘裕胸怀大志,当然不会甘居桓玄之下。他在时机尚未成熟时先保持低调,不透露自己的意图,尽量不引人怀疑,为的就是一举成功。

深藏不露是自我保护的重要方法,它会减少遭到别人暗算或报复的机会。如果别人根本不知道你的内心想法,别人怎么攻击你?如果你不说让人讨厌的话,别人怎么会报复你呢?

管理学上有一个"塔马拉效应",塔马拉是捷克雷达专家弗·佩赫发明的一种雷达,它与其他雷达的最大区别是不发射信号而只接收信号,也不会被敌方反雷达装置发现。

这一理论常用来指导商务谈判。在同对方的谈判中,要把自己的目标隐藏起来,把一些次要的问题渲染成很重要的问题,用来掩人耳目而让对方多占些便宜,你也表示很"勉强"地让步。

这一策略在于把对方的注意力放在我方不甚感兴趣之处,使对方增加满足感。这是谈判中常常使用的重要策略之一,它能使我方与对方保持良好的关系,在谋得我方利益的同时,使对方也深感巨大的满足。

如我方得知对方最注重的是价格,而我方最关心的是交货时间,那么我们进攻的方向可以是支付条件问题,这样,就可以分散对方的注意力,以实现我方最终要达到的目标。

这种策略如果运用得很熟练,对方是很难反攻的,它可以成为影响谈判的积极因素,而不必冒重大的风险。

说是扮猪吃虎也好,韬光养晦也罢,这一战略其实是商场中的奇兵,它确实有助于隐藏自身实力,从而给对手以出其不意的攻击。

古人说"三缄其口",就是告诫人们不要妄言妄语。"祸从口出",也是此类道理。一个干大事业的人怎么可能没有心机?怎么能轻信别人,随便宣扬,授人以口实,受制于别人呢?

★无事常如有事时，提防才可以弥意外之变

无事常如有事时，提防才可以弥意外之变。

——《菜根谭》

没有事时应该像有事时一样，注意防范才能在发生意外时临危不乱。

晋惠帝年间，齐王司马同发兵攻打篡夺皇位的赵王司马伦。郗隆此时身为扬州刺史，接到齐王发来的檄文，深感为难，因为他不得不为自己亲属的生命安全着想：他的侄儿郗鉴是司马伦的属下，他的子女也都在洛阳，司马伦如果得知他率兵助齐王，肯定不会饶过他们的；但他如果对齐王的檄文无动于衷，齐王一旦得势，也会以逆敌的罪名加罪于他，所以他不知道该如何办才好。

郗隆甚至没有多少时间进行分析，他帐下那些来自中原的军人得知齐王诛讨司马伦的消息都非常高兴，早已跃跃欲试，按捺不住。

主簿赵诱向他献上三条计谋，他要么亲自率兵赴京师(上策)，要么派精兵猛将相助齐王(中策)，下策则是做出即将派兵声讨司马伦的姿态，其实按兵不动，观望形势。

郗隆帐下别驾顾彦认为赵诱所谓的下策其实是上上策，劝郗隆不必插手，坐观成败。可是也有下属认为诛讨司马伦是众望所归，只宜速战，快遣精兵，助齐王一举夺取大权，如果犹豫不决，很可能马上就会遭祸。郗隆在这个非常时刻，不知采纳哪一种建议为好，决定暂时不发檄文，看一看形势再说。

那些想效力齐王的军人急不可待，纷纷私出军营转投到宁远将军王邃麾下。郗隆严令阻止，触犯众怒，一些将士便串通王邃，夜袭郗隆，把郗隆父子全部杀害。

郗隆本来是有时间采取对策避祸自保的，可他在犹豫间失去了机会。

李世民为了争夺帝位，与他的兄弟进行了非常残酷的斗争。当时，太子李建成和齐王李元吉妒忌李世民功高，多次谋害李世民。李世民率长孙无忌等人在玄武门设下圈套，诛杀了二王。二王已死，李世民忙安抚二王的部将，只要放下武器，可以保证不杀，愿意归附者一律保持原职不动。大多数人弃戈投降。只有薛万彻不肯归附，带着少数人冲杀。李世民命人放开一条生路，让他奔终南山去了。

李世民如果不抢占先机，先下手为强，太子李建成则会抢先行动，到那时胜负就难下定论了。果断做事，很多时候就是在和时间赛跑。

权力场上的斗争是非常残忍的，李世民兄弟不惜相残。商场上的斗争也是如此，丧失先机可能会导致决定性的失败。

做事情不要等到具有百分之百的把握才去下手。形势变化得太快了，容不得你深思熟虑，你考虑周全了，可能机会已经丧失了。

比尔·盖茨刚创业的时候，得到了与 IBM 公司合作开发 PC 机的机会。微软

将他们的 DOS 操作系统加入 PC 机里,从此 DOS 的影响也日新月异,以后很多应用软件也是基于 DOS 环境开发的,从而更加稳定了它的基础地位。这就形成了一种"路径依赖",微软最终获得了巨大的利益。

早期的 DOS 当然是不完美的,但盖茨先用不完美的产品抢占市场,形成微机领域的标准,以后再不断改善,又一代一代地开发 Windows 系统。现在 Windows 的地位谁能撼动?

★ 大处着眼,小处着手

小处不渗漏,暗处不欺隐,末路不怠荒,才是真正英雄。

——《菜根谭》

在小处没有漏洞可寻,在暗处不行欺骗,在落难时不慌乱,这样才是真正的英雄。

有成就的人取得进步的方法,很大程度上都是从小事做起的,如同我们的日常生活,惊天动地的大事很少,天天面对的都是一些小事。但是如果我们认真地对待这些小事,就会发现其中的巨大价值。人们都有这样一种想法:只想做大事。然而多数人所做的工作仍是一些具体而琐碎并且很单调的事,也许这些过于平淡,显得太鸡毛蒜皮,但这就是工作,就是生活,它是成就大事不可缺少的基础。所以无论做人、做事,都要谨小慎微,从小事入手。一个不愿从小事做起的人,是不可能成功的。老子曾告诫人们:天下难事,必做于易;天下大事,必做于细。要想比别人优秀,只有在小事上下工夫。正所谓一屋不扫,何以扫天下? 不会做小事的人,又怎能做出大事来呢。

日本狮王牙刷公司的员工加藤信三便是一个范例。有一次,加藤为了赶去上班,刷牙时急急忙忙,没想到刷得牙龈出血。他为此大发牢骚,走在上班的路上仍是非常气愤。

到了公司,加藤把心思集中到工作上,硬把心头的怒气给平息下去了,他和几个要好的伙伴相约一同设法解决牙刷容易伤及牙龈的问题。

为此他们想了很多办法,如把牙刷毛改为柔软的狸毛;刷牙前先用热水把牙刷泡软;多用些牙膏;放慢刷牙速度等。但是效果都不是太明显,后来他们进一步仔细检查牙刷毛,在放大镜底下,发现刷毛顶端并不是像肉眼看到的那样尖,而是四方形的。加藤想:"把它改成圆形的不就行了!"于是他们着手改进牙刷。

通过多次实验获得成功后,加藤正式向公司提出了改变牙刷毛形状的建议,公司领导看罢,也觉得此法可行,欣然把牙刷毛的顶端改成了圆形。改进后的狮王牌牙刷在广告媒介的影响下,销路很好,销量直线上升,最后其销量占到了全国同类产品的 40% 左右,加藤也由普通职员晋升为科长,十几年后成为公司的董事长。

牙刷用起来不舒适,在我们看来都是司空见惯的小事,一般很少有人想办法去解决这个问题。而加藤不仅发现了这个小问题,还对此小问题进行了细致的分析,并提出了问题的解决方法,从而使自己和公司都取得了成功。

生活其实就是由一些小事构成的,而我们往往太倾心于远大的理想和宏伟的目标,觉得那些微不足道的小事不足以放在心上,由于我们平日总是忽略了不该忽略的小事情、小细节,从而在接踵而至的小事面前穷于应付。

★气象要高旷,而不可疏狂

气象要高旷,而不可疏狂。

——《菜根谭》

人生的志气要高远旷达,却不能轻狂。

"凡事预则立,不预则废"。危机总是一点一点积累的,到了一定程度,才会猛然爆发出来。做事情要善于未雨绸缪,如果事到临头才去应对,难免会疏漏百出。

北魏太武帝拓跋焘狩猎于吕梁山一带,召集司徒崔浩到其行营共商军机大事。崔浩上表陈述安邦定国之计:"以往汉武帝多次受匈奴侵扰,因而开发凉州五郡,通西域,鼓励老百姓种粮储粮,以作为剿灭敌人的物质基础。待到自己的力量积蓄强大之后,频频东西出击,因而汉未疲而匈奴已劳顿不堪,终于臣服。凉州前些时候虽已被我们平定,但北贼尚未彻底心服,征役频繁,这个时候不适合迁移当地老百姓充塞内地。从长远考虑,若将当地人内迁,则反使其地空虚,纵使有边镇戍兵,唯可守御,若大举北进,军资必乏。依我之见,不如按以前议定

拓跋焘

之计行事,招募北魏的豪强大族徙居凉州,充实凉州人力物力,到大举北进之日,东西一齐进发,此方法算得上安邦定国之计。"

向边境移民,增加那里的人口,发展那里的经济,这样才能从根本上巩固边防。崔浩居安思危,才提出具有远见卓识的建议。

宋真宗时,李沆为宰相,王旦任参知政事。当时正值西北边境战况紧急,往往到了很晚才能吃饭,王旦长叹:"唉!我们这些人,怎样才能等到天下太平、悠闲无事的时候啊!"李沆说:"稍有忧虑辛苦,方能使人警惕。假使哪天四方无事,则朝廷里也未必安宁。"

后来,宋与契丹议和,王旦问李沆:"如何?"李沆说:"议和当然是好事。但一旦边疆无事,恐怕皇上又会渐渐生出恐慌。"王旦不以为然,李沆则每天搜集一些水

旱灾害、强盗、乱贼以及忤逆不孝的事禀奏皇上,皇上听了,闷闷不乐。

王旦认为不值得拿这些琐碎之事去惊扰皇上。李沆则说:"皇上尚且年轻,应让他知道各方面的艰难,具有忧患意识。不然,他血气方刚,不知百姓疾苦。我老了,看不到这一天了,而这些正是你参政之后的愁事啊!"李沆死后,宋真宗看到与契丹讲和了,西夏也对宋称臣了,真的在泰山封岱祠,在汾水建宗庙,大肆营造宫殿,搜集研究已废弃了的典籍,没有闲暇之日。

王旦亲眼看见王若钦、丁谓等奸臣的言行举止,想进言劝谏,而自己却已经陷进去了;想离开朝廷,但念及皇上对他的厚爱,不忍告辞。此时,王旦才认识到李沆的先见之明,感叹道:"李文靖真是一位圣人啊!"

未雨绸缪,这个道理看似平淡,但并非每一个人都能做到。当事人有的是"愚":贪图安逸,头脑已经糊涂;有的是"怕":害怕损害自己的利益,干脆睁一只眼闭一只眼。

福特是汽车事业的创始人之一,他的公司生产黑色T型车,在欧美有很大的影响力。这款车型简直成了汽车的象征,19年来竟然没有修改过一次。老福特不禁得意忘形了。

有一次,他的儿子和一些工程师对T型车做了一些改进,于是得意地去请福特参观,眨巴着眼等待被夸奖。老福特围着新车转了三圈,然后突然抡起一把斧子就朝新车砍去! 在众人目瞪口呆、还没回过神来的时候,福特扔下斧子,一句话不说就背着手走了……"谁也别想碰我的T型车!"所有人都听到了这句老福特并没有说的话。

就这样,老福特开始众叛亲离,连帮助他创业、功勋卓著的顾问库兹恩斯也不得不向他告辞。从此,福特公司的生产与经营不断滑坡,甚至一度几乎要破产!

此时,他的对手通用汽车在阿尔弗雷德·斯隆领导下大力实施内部改革,实现了"经营集权,生产分权制",做到了集权与分权的协调统一。这大大调动了各公司的积极性,又保持了整个公司目标的一致。于是,适应社会各阶层需求的新车型不断出现在市场,满足市场需求的技术创新层出不穷。当时的街景是:富豪坐凯迪拉克,穷人坐雪佛莱。但谁还坐守旧的福特车呢? 此时,福特才感到大势已去。失去了大部分市场,眼看一席之地(不到20%)也没有占到,又加上爱子患癌症去世,内外打击,使年过八旬的福特一筹莫展。老福特只好把经营权授予另一个儿子。但作为10多年来每况愈下、积重难返的福特汽车公司,要想复兴谈何容易。

"当局者迷,旁观者清",身处在局中的人常常难有远见。如宋真宗生活安逸,周围拍马屁的人又多,他难免会觉得天下太平;而老福特对自己开发的T型车爱之太深,"自己的孩子怎么看都是最好的"。当人失去理性,不能用发展的眼光看问题之时,不妨多听听别人的意见,及时补救。

第二章　与人交往，拿好分寸

★人无完人，不能苛求

好丑心太明，则物不契；贤愚心太明，则人不亲。

——《菜根谭》

如果分辨好坏的心太明显了，那么事物就会和自己不默契；如果分辨贤愚的心太分明了，那么人就会和自己不亲近。

那些堆满污物的地方，往往容易滋生许多生物，而极为清澈的水中反而没有鱼儿生长。所以真正有德行的君子应该有容纳他人缺点和宽恕他人过失的气度，千万不可以自以为是，独来独往。

曹操用人的一大特点是全面客观地看待人才，宽容人的错误及过失。他冲破了固有的迂腐标准的禁锢，具有创新的见地，他认为"人无完人，慎无苛求，才重一技，用其所长"。

东汉建安四年，曹操与实力最为强大的北方军阀袁绍战于官渡，袁绍拥兵70万，兵精粮足，然而曹操的兵力却只有袁绍兵力的十分之一，又缺粮，明显处于劣势，当时众人都认为曹操这一次是必败无疑。曹操的部将以及留守在后方根据地许都的好多大臣，都纷纷暗中写信给袁绍，准备一旦曹操兵败便归顺袁绍。

曹操采用了许攸的奇计，袭击袁绍的粮仓，一计转败为胜，打败了袁绍。曹操打扫战场时，从袁绍的书文案卷中拣出一束书信，竟全是曹营里的人暗中写给袁绍的投降书信。当时有人向曹操建议，要严肃追查这件事，对凡是写了投降信的人，全部都抓起来问其罪行。然而曹操的看法与众不同，他说："当时袁绍强盛，我都没有信心保全自己，何况别人呢？"于是，他连看也不看，下令把这些密信全都付之一炬，一概不予追查。这样，那些曾写过投降信的人便全都放心了，并对曹操心存感激，军心、臣心稳定，使原本处于弱势的曹操集团迅速巩固了胜利的

曹操

战局。

从古到今，由中国至外国，大凡善用人者必有容人之心，容人之度。

现代社会科技飞速发展，变化日新月异，人的思维能力与判断能力都是非常有限的，容人之错对今天的领导者来说是必备的素质。大连有个女企业家，专门聘用刑满释放人员，她的40多名员工，无一例外都有过前科。她对待这些特殊员工自有准则："忘其前愆，取其后效。""即其新，不究其旧。"她用信任帮助这些人找回失去的尊严，她甚至将保管仓库的重任交给曾经偷摸盗窃的人。面对这样的信赖，稍有良心的人都会感动，都会尽心尽力回报，十几年来，这个仓库连一个螺丝钉也没丢过。这些人在这里找到了心灵的回头之岸，开始了新的人生。

在认知人才的观点上，除了要有气量，还应用人之所长，不求全责备。只要有一方面专长，就应取其所长。因势而用人，为制势而择人，这是统治者御将用人的基本出发点。善于用人要不从个人印象的好恶出发，能够大胆采用并不怎么优秀的人，用其所长，避其所短，不讲资历，不论出身，只要有功绩、有本事就提拔重用。

古语云："水至清则无鱼，人至察则无徒。"想要成就一番伟大的事业，必须要有这样的用人意识。天下奇才，偏于一面者，十有八九。金无足赤，人无完人。很多人只一味地注意别人的过错和不足而无法赏识别人的长处，如果这样的话，就很难成就什么大事业了。

★记人之善，忘人之怨

人有恩于我不可忘，而怨则不可不忘。

——《菜根谭》

人对我有恩，一定不能忘记；我对人有怨，一定不要长久。

一个对别人施予过恩惠的人，不应总将此事记挂在内心，也不能到处宣扬你的施恩，那么即使是一斗粟的恩惠也可以得到万斗的回报；以财物帮助别人的人，爱计较对他人的施舍，而要求别人予以报答，那么即使是付出万两黄金，此施舍也不会有任何价值。

隋朝李士谦把几千石粮食借给了同乡的人。而恰巧这年粮食没有丰收，借粮的人家无法偿还。李士谦把所有的借粮人请来，设下了酒席招待他们，并当着他们的面把债券都烧了，说："债务了结了。"第二年粮食大丰收，那些人都争着来还债，李士谦一概拒绝不受。有人对他说："你积了很多阴德。"李士谦说："做了人们不知道的好事才叫阴德。而我现在的行为，几乎尽人皆知。怎么算阴德呢？"

在历史上也有同样的例子，战国时齐国的冯谖为孟尝君"市义"，笼络了人心，使孟尝君的根基稳固，大业遂成。

李士谦没有乘人之危，逼债逞狂，慈怜为本，以爱心示人，一是焚券了债，二是拒绝别人还债,有恩于人不居恩自擂,才能得到人们的拥戴,他死后百姓恸哭不已便是明证。拔一毛而利天下可为,自产利他人亦可为,施者不寄望于厚报,然公道自在人心,他会得到无价的回报。

做人应该具备助人为乐这一品质,助人并以之为乐就上升为一种高尚的道德情操。施恩惠于人而不求回报,"为善不欲人知",是一种发自内心的真诚。所谓"有心为善虽善不赏,无心为恶虽恶不罚",若行善为沽名钓誉,即使已经行了善也不会得到任何回报,出于至诚的同情心付出的可能不多,受者却足可感到人间真情。所以,施恩惠给予他人,有所求反而会没有功效。

★ 待人宽是福,利人实利己

待人宽一分是福,利人实利己的根基。

——《菜根谭》

宽以待人是自己的福气,对他人用利其实是对自己有利的基础。

在大风大雨来临时,飞禽会感到哀伤忧虑,惶惶不安;晴空万里的日子,草木茂盛,欣欣向荣。由此可见,天地之间不可以一天没有祥和之气,而人的心中亦不可一天没有喜悦的神思。

这个世界有能耐的好人本来就不多,应该同心协力为社会多做贡献,不能因为各自的思想方法不同,性格不同,甚至微不足道的小过错而互相诋毁,互相仇视,古人说:"二虎相争,必有一伤。"照这样持续下去,其实谁都不好看。抬头不见低头见,得饶人处且饶人吧!

宋朝的王安石与司马光十分要好,两人在公元 1019 年与 1021 年相继出生,似乎上天安排好的一样,年轻时,都曾在同一机构担任同等的职务。两人互相倾慕,司马光仰慕王安石绝世的文才,王安石敬佩司马光谦虚的人品,在同僚中间,他们俩的友谊简直成了一种典范。

做官好像就是与人的本性相违背,两人的官愈做愈大,心胸却慢慢地变得狭窄起来。本来互相尊重、志同道合的两位老朋友竟反目成仇。二人倒不是因为解不开的深仇大恨而结怨,而是因为互不相让而结怨。两位曾经互相倾慕的朋友,成了两只好斗的公鸡,雄赳赳地傲视对方。有一次,洛阳牡丹花开,包拯邀集全体僚属饮酒赏花。席中包拯敬酒,官员们个个善饮,只有王安石和司马光酒量极差,待酒杯举到司马光面前时,司马光眉头一皱,仰着脖子把酒喝了,轮到王安石的时候,他却执意不饮,全场哗然,酒兴顿扫。司马光大有上当受骗,被人小看的感觉,于是喋喋不休地骂起王安石来。王安石竟然也祖宗八代地痛骂起了司马光。一个聪明智慧的人,一旦动怒,开了骂戒,比一个泼妇还可怕。自此两人结怨更深,王安石呢,也得了一个"拗相公"的称号,而司马光也没给人留下好印象,他忠厚宽容的形象在人们心中大打折扣,以至于苏轼都骂他,给他取了个绰号叫"司马牛"。

时光如流水,转眼青年不再,到了人之黄昏,王安石和司马光对他们早年的行为都有所后悔,大概是人到老年,与世无争,心境平和,世事洞明,方可消除一切拗性与牛脾气。王安石曾经对其侄儿说过,以前交的许多朋友,都得罪了,其实司马光这个人是个忠厚长者。司马光也称赞王安石,夸他文章好,品德高,功大于过。仿佛上天又有安排,两人在同一年的五个月之内相继归天。天堂是美好的,"拗相公"和"司马牛"尽可以在那里和和气气地做朋友,吟诗唱和了,任何政治争斗、利益冲突、性格相违,已经变得毫无意义了。

人与人有不同,对于性格、见解、习惯等方面的差异,要以和为重,若"疾风暴雨、迅雷闪电"则易影响朋友之间的关系,甚至导致友谊破裂,反友为敌;而若和气面对彼此的不同,进而欣赏对方的优点,对方便也会对你加以赞美。

★ 君子应内精明而外浑厚

须是内精明,而外浑厚,使好丑两得其平,贤愚共受其益,才是生成的德量。
——《菜根谭》

做人必须内心精明,而为人处世却要仁厚,使美丑两方都能平和,贤愚双方都能受到益处,这才是上天培育人们的品德与气量。

一个刚踏入社会的人阅历很浅,沾染各种社会不良习气的机会也较少;一个饱经世事的人,经历的事情多了,城府也随着加深。因此与其处事圆滑世故,不如保持朴实的个性;与其事事小心谨慎委曲求全,倒不如豁达一些。

郦食其是秦末陈留高阳人。他从小喜欢读书,但由于家贫无业,乡里称他是"狂生"。沛公刘邦率领起义军经过陈留,郦食其闻讯赶来,向刘邦送上自己的名帖说:"高阳小民郦食其,听说沛公率兵讨秦,想和您见面亲自谈一谈天下事。"侍者通报。刘邦正在洗脚,问来人的长相。侍者回答:"长得看起来是一个很有学问的人,穿戴也正是儒生一样的打扮。"刘邦说:"我不想见这样的人。说我没空接待儒生。"侍者如实转告。郦食其随即改变战略,瞪着大眼,按剑叱喝:"去! 再转告沛公,我乃高阳酒徒,绝不是儒者!"侍者听完此话,惊惧得名帖落地,慌忙捡起,立即赶回去禀报刘邦:"来客真算得上是天下壮士! 自己说自己是高阳酒徒,还拿剑对我,臣恐惧得竟至名帖失落!"刘邦立刻脸色大变,连忙擦干脚,扶杖起身,叫道:"快请快请!"

"高阳酒徒"最后被重用,使他成功的便是他的尽情而为,率性而作。与其拘谨,反而被人认为气量局促,成就不了什么大事;与其苦心孤诣设计机巧,反而被人视为居心叵测,招人疑忌,倒不如率性而为。无论拙鲁,无论狂放,只要能使人家了解你是性情中人,是真实自然的就行。

在现代化气息浓厚的社会中,追求成功的人们在千方百计地"修炼"技巧,许多人以为用尽机巧，左右逢源，就可以有所成就。然而这是极其表面化的，诚如《菜根谭》所说的那样，是"涉世浅，点染亦浅"而已。所以，无论是练达还是拘谨，若你内心考虑太多，瞻前顾后，亦步亦趋，倒不如率性而为，放开膀子肆意狂傲，纵情狂放。有时这样反而可以让别人放心用你。

★ 名不独任，过不全推

完名美节，不宜独任，分些与人，可以远害全身；辱行污名，不宜全推，引些归己，可以韬光养德。

——《菜根谭》

美名不一个人独占，分些给人，会远离灾害；过错不应该全推出去，承担一些过错，可以保全自己，也是美德。

完美的名誉和节操，应该分一些给旁人，才不会惹他人忌恨招来祸害而保全生命；耻辱的行为和名声，也不可以完全推到他人身上，自己也应主动承揽几分，才能掩藏自己的才能而促进品德修养。

独孤皇后是隋文帝的妻子。她虽贵为皇后，且家族世代富贵，但却并不仗势凌人、爱慕虚荣，而是努力做到以社稷为重。突厥与隋朝通商，有价值800万的一筐明珠，幽州总管阴寿准备买下来献给皇后。当她得知此事，即刻断然回绝，说："明珠不是我急用的。当今敌人屡犯边境，我军将士疲劳，不如把这800万分赏有功将士。"皇后喜爱读书，待人和蔼，百官对她敬重有加。有人引用周礼，

独孤皇后

提议让皇后统辖百官妻室。皇后因不愿开先例，破规矩，便没有接受。大都督崔长仁是皇后的表兄弟，但因犯了死罪，隋文帝碍于皇后情面，想为他开脱，赦免其罪过。然皇后却能从维护国家利益出发，顾全大局，她说："国家大业，焉能顾私。"崔长仁最终还是受到了法律的严惩。

我们不妨细细分析独孤皇后这些举动的高妙之处：独孤皇后不收明珠，却把它分赏将士；表兄弟违法犯罪，她却不因权徇私；确实做到了不露锋芒，因此，她也远离了许多祸害，同时也保持了名节。

做领导不能只要美名，而害怕承担责任，敢于担责任、担义务才是做人的基本原则。从历史上看，一个人有伟大的政绩和赫赫的战功，往往会遭来他人的嫉妒和猜疑，此当为常理。历代君主多半都杀戮开国功臣，因此才有"功高震主者身危"

这句名言,只有像张良那样功成身退善于明哲保身的人才能防患于未然。所以君子都宜明了居功之害。遇到好事,总要分一些给其他人,绝不自己独享。完美名节的反面便是败德乱行,人人都喜欢美誉而讨厌污名,污名固然能毁坏一个人的名誉,然而一旦不幸遇到污名降身,却不能全部推给别人,一定要自己主动承担一部分,使自己的胸怀显得磊落。只有具备涵养德行的人,才算是最完美而又清高脱俗的人。让名可以远害,引咎便于韬光。

★ 寻找人生的贵人

凌云宝树,须假众木以撑持。

——《菜根谭》

高耸入云的大树,也要依靠其他树木支撑。

一个人要想成大事,就必须脚踏实地地去努力,然而有的人一辈子实干也并未成功。这大约是缺少"贵人"相助。

"贵人"有很多种。可能是身居高位的人,也可能是令掌权人物崇敬的人。这种人的经验、专长、知识、技能等在其圈子里都非常有分量,说话管用。让贵人扶上一把,有时可以省很多力。

在李鸿章青年的时候,次次考试都落了榜,"书剑飘零旧酒徒",也曾一度失意痛苦,然而,1859 年他却受到了命运之神的眷顾,从一个潦倒失意书生一跃而成为湘系首脑曾国藩的幕宾,他的宦海生涯翻开了新的一页。

李鸿章拜访了曾国藩,牵线搭桥的是其兄李瀚章,李瀚章乃曾国藩的心腹,当时随曾国藩在安徽围剿太平军。于是,曾国藩把李鸿章留在幕府,"初掌书记,继司批稿奏稿"。李鸿章素有才气,善于握管行文,批阅公文、起草书牍、奏折甚为得体,深得曾国藩的赏识。

有一次曾国藩想要弹劾安徽巡抚翁同书,因为他在处理江北练首苗沛霖事件中做出了不恰当的决定,后来定远失守还弃城逃跑,曾国藩愤而弹劾,指示一个幕僚拟稿,却总是拟不好,亲自拟稿也拟不妥当,觉得无法说服皇帝。因为翁同书之父翁心存乃皇帝的老师,弟弟乃状元翁同龢。翁氏一家在皇帝面前正是"圣眷"正隆的时候,且翁门弟子布满朝野。怎样措辞才能让皇帝下决心破除情面、依法严办,又能使朝中大臣无法利用皇帝对翁氏的好感而去说情呢?大费踌躇。

到最后,此稿由李鸿章来拟。奏稿写完后,不但文意极其周密,而且还有一段刚正的警句,说:"臣职分在,例应纠参,不敢因翁同书之门第鼎盛,瞻顾迁就。"这么一来,不但皇帝无法徇情,朝中大臣也无法袒护了。曾国藩不禁击节赞赏,就此上奏,朝廷将翁同书革职,发配新疆。

自这件事以后,曾国藩更觉李鸿章乃有用之才。

国学经典文库

国学大智慧

·《菜根谭》智慧通解·

图文珍藏版

有人曾在众多公司中做过统计，发现90%的中、高层领导有被贵人提拔的经历；80%的总经理要得贵人赏识才能登上宝座；自行创业成功的老板100%都受恩于贵人。

职场中的"贵人"也许就是此人的师傅、教练、顶头上司。无论是在哪行哪业，都把年轻人"扶上马再送一程"作为传统，这种情况在体育界、演艺界、政界更是如此。没有背景，没有靠山撑腰，不是名门之后，凭自己崭露头角，谁认识你是谁啊？

话又说回来，一无所长之人，是很难得到贵人赏识的。即使侥幸获得高位，也肯定有很多人等着看笑话。贵人也会比较谨慎，选择一个"扶不起的阿斗"，那不明摆着砸自己的台吗？"相马相出一个癞蛤蟆"，那是很让人看笑话的。

"伯乐相马"，同时"良禽择木"，因此双方最好各取所需，以诚相待，投桃报李。

受贵人相助，有利亦有弊。因为有些贵人提携新人只是出于爱才与公心，但也有人是有私心的，是为了培养班底，提高自己的水平，以增强实力。如果贵人倒台，身败名裂，你作为他的党羽，也要小心别受到牵连，影响仕途、财运或名誉。

★警惕"蜜语"如剑

耳中常闻逆耳之言，心中常有拂心之事，才是进修德行的砥石。若言吉悦耳，事事快心，便把此生埋在鸩毒中矣。

——《菜根谭》

一个人如果能常听到不中听的话，心里经常想些不如意的事，这才是磨砺品德的好途径。反之，若每句话都好听，每件事都很顺心，它们就像剧毒一样可能葬送自己的人生。

中国有个成语叫"口蜜腹剑"，形容有些阴险之人，表面说话好听，像蜜一样甜，肚子里却包藏祸心。所以往往逆耳的忠言，才弥足可贵。

假如一个人听到忠诚良言感到反感厌倦，不仅完全辜负了人家劝诫的好意，而最重要的是难以反省自己的缺点，进而督促自己去弥补来保持良好德行。如果逢人夸奖就得意忘形，那你的德行就会变得轻浮，容易沉湎于自我陶醉中而无法自拔，势必会削弱自己的奋斗精神，如此就像泡在毒药里而毁掉了自己的前程。

唐代一个奸臣叫李林甫，就是"口蜜腹剑"的典型。他逢人总是好听话不绝于口，其实暗地里干尽了害人的勾当。在生活中，像李林甫这样的当面说好话背后捅刀子的人不多，一旦遇上了，也不必担心，需要认真识别，严加防范。如何识别这类不怀好意的"蜜语"呢？其实并不难，因为砒霜要抹上蜜糖才能迷惑人，越假的"蜜语"就越觉得滑腻肉麻。所以，越是说得动听、柔媚，越能暴露其伪诈之处和真实的意图。只要细心辨别，妥善对待，定能防患于未然。

知己才能知彼。你首先必须对自己有一个清晰的认识。包括你的身份，你的地位,你的能力,你的性格,你的长处,你的短处。只有在你对自己有一个较为客观的自我印象之后,你才会分清哪些称赞是真心的,哪些是虚伪的,尤其是要检讨一下自己的缺点。要想别人迷惑不了你,只有对自己有理智的认识。

留心大家的评价。当有较多的人评价某人"别看他平常那么老实,其实精得很",你就要对此人的言语有所警惕了。

少说多听。成熟老练的高手往往是"听"话的专家,面对别有用心的谈话者正常反应就是"少说多听",就是要让自己尽量在语言上不暴露自己的喜好和弱点,从而不给"糖衣炮弹"制造者以进攻的机会,然后充分地从对方的语言中听出蛛丝马迹,判断他的真实意图。

李林甫

如果你是领导,只有既听得懂真诚好意的赞扬,经得住别有用心、溜须拍马的讨好,又顶得住心怀叵测的恭维,才能在工作和生活中游刃有余,无往而不胜。这是一个成熟管理者所应该具备的。

★ 建立你的"防火墙"

害人之心不可有,防人之心不可无,此戒疏于虑者。宁受人之欺,毋逆人之诈,此警伤于察者。二语并存,精明浑厚矣。

——《菜根谭》

"不可有害人的念头,但不能没有防人的准备"。这是用来劝诫与人交往时警觉性不高、过于乐观的人。"宁可忍受他人欺骗,也不要事先拆穿骗局"。这是用来劝诫那些警觉性过高、过于悲观的人。如果与人相处时能牢记上面两句话,就算得上精明而宽厚的待人之道了。

人不能有害人之心,是因为害人者终害己,但总有些人经不住私欲和名利的诱惑而甘冒风险,从而损害到他人的利益。所以,"防人之心不可无",这句话固然有其狭隘的地方,会使人变得谨小慎微,但在出现潜在不利的情势下保持一定的警惕还是很有必要的。

"明枪易躲,暗箭难防",别人要害前他总是在暗处的,除非他处在绝对的优势。例如出卖背叛、中伤诽谤、偷盗诈骗、谋财害命……

在漫长的职业生涯中,不免会遇到出卖、敌意、中伤、陷阱等种种意想不到的事情,如果事先预料到这些事的发生,尽量把危害降到最小,便能使你的工作生涯一

国学经典文库

国学大智慧

·《菜根谭》智慧通解·

图文珍藏版

帆风顺。

在工作中与人交往时,需要练就人与人之间虚虚实实的应对技巧,自己该如何出牌,对方会如何应对,这可是比围棋、象棋更具趣味的事情。

那么该如何建立自己的"防火墙"呢?

首先要"巩固城池"。把自己保护起来,让人摸不清你的底细,实际做法是不随便露出个性上的弱点,不轻易显露你的欲望和企图,不露锋芒,不得罪人,勿太坦诚……别人摸不清你的底细,自然不会轻易利用你、陷害你,因为你没给他们机会。两军对阵,虚实被窥破,就会给对方可乘之机,"防人"同样如此。

其次要"摸清敌意"。兵不厌诈,争夺利益时人心叵测,因此对他人的动作也要有冷静客观的判断,凡异常的动作都有特别的用意,把这动作和自己所处的环境一并思考,便可发现其中玄机。

最后就是"防患于未然"。在"摸清敌意"后,预测对方将要采取的手段,针对性地采取措施免于自己受到损害。俗话说:"人无打虎心,虎有伤人意。"如果我们在与人相处时,心中先存几分戒心,那么世界上绝大多数骗局都将被识破。

但遗憾的是,我们很多人自幼受的教育并不是要我们存有防人之心,而是被灌输了很多不恰当的"人与人之间应相互信任"、"人性是善良美好的"等观念。这种人由于心地非常坦荡,总觉得自己所言所行没有什么不可告人的,于是,不分轻重,不看对象,结果被别人抓住把柄和利用,这种人就犯了太相信人的大忌。

但防人是有前提的,对坏人、小人、俗人,是非防不可。如果"草木皆兵",人便成为"套中人",限制了自己的空间,丧失了自由和乐趣。

第三章　藏巧于拙，避祸全身

★舌存齿亡，刚不敌柔

舌存常见齿亡，刚强终不胜柔弱。

——《菜根谭》

舌头在可牙齿却不在，所以说刚强不如柔弱常久。

如果立身不能站在更高的境界，就像在灰尘中抖衣服，在泥水中洗脚一样，是不可能做到超凡脱俗的。如果为人处世不退一步着想，就如同飞蛾投入烛火中、公羊用角去抵藩篱一样，是不会有安乐的生活的。

卓茂是西汉时宛县人，他的祖父以及父亲都当过郡守一级的地方官，他自幼就生活在书香门第中。汉元帝时，卓茂来到首都长安求学，是在朝廷任博士的江生的学生。在老师指点下，他熟读《诗经》、《礼记》和各种数学著作、历法，对人文、地理、天文、历算都很精通。从此以后，他又对老师江生的思想细加揣摩，在微言大义上下苦功，最后成为一位儒雅的学者。在所熟悉的师友学弟中，他的性情仁厚是出了名的。他对师长礼让恭谦；对同乡同窗好友，不管其品行能力怎样，都可以和睦相处，相敬如宾。

卓茂的学识以及人品备受称赞，丞相府知道以后，特意来征召，让他侍奉身居高位的孔光，可以看出其影响之大。

有一次卓茂赶马出门，对面走来一人，那人指着卓茂的马说："这马是我丢失的。"卓茂问道："你的马是什么时候丢失的？"那人答道："1个多月以前。"卓茂心想，这马跟着我已经好几年了，那人一定搞错了。尽管如此，卓茂笑着解开缰绳把马给了那人，自己拉着车走了。走了几步，又回头对那人说："假如不是你的马，希望到丞相府把马还给我。"

过了几天，那人在其他的地方找到了他丢失的马，于是到丞相府把卓茂的马还给了他，并且叩头向卓茂道歉。

一个人要做到像卓茂那样，确实很难。这种胸怀，不是一时一事所能造就的，它是在长期的熏陶、磨炼中逐渐形成的。俗话说，退一步不为低。能够退得起的人,才会做到不计个人得失,才能与人和睦相处,才能站在更高的境界。

★ 做事留有余地,不可太绝

御事而留有余,不尽之才智,则可以提防不测之事变。

——《菜根谭》

做事要留有余地,不要把智慧尽展无余,这样才能预防突发的事件。

再聪明的人也不宜锋芒毕露,不如装得笨拙一点。即使十分清楚、明白也不要过于表现,宁可用谦虚来收敛自己。志节非常也不要孤芳自赏,要随和一点。在有能力时也不要过于激进,宁可以退为进,这才是真正安身立命、高枕无忧的处世法宝。

南朝刘宋王朝的开国皇帝宋武帝刘裕在死之前托孤给中书令傅亮、司空徐羡之、领军将军谢晦、镇北将军檀道济。并且告诫太子刘义符,在这些人中,最难驾驭的是谢晦,要对他加以小心。

刘裕是个有作为有识见的开国皇帝。但是不幸的是,他不仅没选好继承人,而且没有完全正确估计这几位顾命大臣。

刘裕死后,他的长子刘义符即皇帝位,史称营阳王。被称作少帝。

刘裕的次子名义真,官至豫州刺史,封庐陵王。

刘裕的第三个儿子名义隆,封宜都王。即后来的南朝宋文帝。

刘义符做上皇帝后,不遵礼法,行为荒诞得令人发笑。

徐羡之在刘义符登基两年后,准备废掉刘义符另立皇帝。凭刘义符的行为,废掉他是对的。但是徐羡之等人因为怀有私心,谋权保位,贪权恋位,竟把事情做绝,惹来了杀身之祸。

刘裕

要废掉刘义符,就得有别人来接皇帝的班。按顺序是刘义真,但是刘义真和谢灵运等人交好,谢灵运是徐羡之政治上的对手。为了不让刘义真当上皇帝,徐羡之等人挖空心思,先借刘义符的手,将刘义真废为庶人。接着,徐羡之、谢晦、傅亮、王弘、檀道济五人合力,发动武装政变,废掉了刘义符,以皇太后的名义封刘义符为营阳王。

更糟的是,还没有等新皇帝即位,谢晦竟和徐羡之主谋分别将刘义符、刘义真

先后杀死。

他们拥立的新皇帝是刘义隆。刘义隆面临的是杀死自己两个哥哥、控制朝廷大权的几个主凶。

新皇帝那时正在江陵郡（治所在今湖北江陵）。徐羡之派傅亮等人前去接他。徐羡之这时又藏了个心眼，担心新皇帝即位后将镇守荆州重镇的官位给他人，赶紧以朝廷名义任命谢晦做荆州刺史、行都督荆湘七州诸军事，想让谢晦做自己的外援，将精兵旧将都给了谢晦。

刘义隆面临着是不是回京城做皇帝的选择。听到庐陵王、营阳王被杀的消息，刘义隆的部下很多人劝他不要回到京城。但是他的司马王华中精辟分析了当时的形势，认为徐羡之、谢晦等人不会马上造反，只是怕庐陵王为人精明严苛，将来算旧账才将他杀死。现在他们以礼来相迎，就是为了讨您欢心。而且徐羡之等5人同功并位，谁都不会让谁，就是有谁心怀不轨，也因为其他人掣肘而不敢付诸行动。殿下只管放心前往做皇帝吧！

因此，刘义隆带着自己的属官以及卫兵出发前往建康，结果顺利做上了皇帝，但是朝廷实权仍在徐羡之等人手中。

刘义隆先升徐羡之等人的官，王弘进位司空；徐羡之进位司徒；傅亮加"开府仪同三司"，也就是享受和徐羡之、王弘相同的待遇；谢晦进号卫将军；檀道济进号征北将军。

而且认可徐羡之任命的谢晦做荆州刺史。谢晦还担心刘义隆不让他离京赴任。但是刘义隆若无其事地放他出京赴荆州。谢晦离开建康时，觉得从此算是没有危险了，回望石头城说："今得脱危矣。"

当然，刘义隆也不动声色地安排了自己的亲信，虽然官位不高，但侍中、将军、领将军等要职都由他的亲信充任，因此稳定了自己皇帝的地位。

第二年，即宋文帝元嘉二年（425）正月，傅亮、徐羡之上表归政，就是将朝政大事交由宋文帝刘义隆做。徐羡之请求离开官场回府养老。但是几位朝臣认为，这样不妥，徐羡之又留下。后人认为这几位挽留徐羡之继续做官的人，事实上加速了徐羡之的死亡。

当初发动政变的5个人中，王弘一直表示自己做不了司空，推让了一年，刘义隆才准许他不做司空，而且是做车骑大将军、开府仪同三司。

直到这一年年底，宋文帝刘义隆才准备铲除徐羡之等人。因为担心在荆州拥兵的谢晦造反，先声言准备北伐魏国，调兵遣将。在朝中的傅亮认为这件事有迷惑，写信给谢晦通风报信。

宋文帝元嘉三年（426）正月，刘义隆在动手前，先通报情况给王弘，又召回檀道济，认为这两个人当初虽然附和过徐羡之，但是没有参与杀害刘义符、刘义真的事，应区别对待，并且要利用檀道济带兵去征讨准备在荆州叛乱的谢晦。

正月丙寅（公元426年2月8日），刘义隆在准备好以后，发布诏书，治傅亮、徐羡之擅杀两位皇兄之罪，而且宣布对付可能叛乱的谢晦的军事措施。

就在这一天，徐羡之逃到建康城外20里的一个叫新林的地方，在一陶窑中自杀。傅亮也被捉住杀死。

谢晦举兵造反,先小胜而后大败,但在逃亡路上被活捉,然后被杀死。

所以,做人不要过于暴露锋芒,学会潜藏,要善于韬光养晦,男子汉大丈夫能屈能伸,就可以成就大业。以退为进,以守为攻,同样能把主动权掌握在手里,潜藏不露,胜券在握,才是人生的真正智慧。

藏巧于拙,用晦而明,寓清于浊,以屈为伸,真涉世之一壶、藏身之三窟也。

★聪明的人知道处阴敛翼

愚夫徒疾走高飞,而平地反为苦海;达士知处阴敛翼,而巉岩亦是坦途。

——《菜根谭》

平常人走得很快,平坦的大道也成了苦海;明智者懂得藏拙,在陡峭的山坡上也会如履平地。

鹰立如睡,虎行似病。在现实生活中以不扬才华的方法来隐蔽自己的行动,可以达到一鸣惊人的效果。做事太张扬,就会让对手警觉,就会过早地把目标显现出来,成为对手攻击和围剿的"靶子"。保护自己的最好方式就是不暴露,尽管这样做会有损失,却能避免更多不可预知的风险。

1998年,华为以80多亿元的年营业额,雄霸当时声名显赫的国产通信设备四巨头的首位,势头正猛。华为的总裁任正非则以此跻身明星企业家的行列,但他对各种采访、会议、评选一直躲避,直接有利于华为形象宣传的活动甚至政府的活动也一概坚拒,并给华为高层下了死命令:除非重要客户或合作伙伴,其他活动全部拒绝,谁来游说我就撤谁的职!整个华为由此上行下效,全体以近乎本能的封闭和防御状态面对外界。

前两年的北京国际电信展上,华为总裁任正非正在公司展台迎接客户。一位上了年纪的男子走过来向他询问:"华为总裁任正非在哪儿?"任正非问:"你找他有事吗?"那人回答:"也没什么事,就是想一睹能带领华为走到今天的传奇人物的风采。"任正非说:"实在不好意思,他今天没有过来,但我一定会把你的意思转达给他。"

关于任正非还有很多故事。有人去华为办事,模模糊糊地换了一圈名片,坐定之后才发现自己手里居然拿着一张任正非的名片,急忙四处寻觅,那人已不见踪影。有人在出差去美国的飞机上,与一位和气的老者天南地北神侃一通,事后才知道他就是任正非,于是遗憾不已。这些多少有点传奇的故事说明,想认识任正非的人太多,而真正认识任正非的人却很少。

近两年来,华为的堡垒有所松动,出于打开国外市场的需要,华为与境外媒体来往密切,和国内媒体的接触也灵活不少,华为的一些高层也开始谨慎露面。唯一没有任何解禁迹象的,是任正非本人。

在《我的父亲母亲》这篇文章中,展现了任正非理性和激情背后温情的一面。他在文中总结说:"由于家庭原因,'文革'中,不管我怎样努力,一切立功、受奖的机会都离我很远。在我领导的集体中,战士们立三等功、二等功、集体二等功,几乎每年都有很多,唯我这个领导者从没有受过嘉奖。我已习惯了我不应得奖的平静生活,这也造就了我今天不争荣誉的心理素质。"

正是由于任正非的低调做人,他有更多的时间和精力打理公司,每年花大量时间游历全球,在各个发达市场与发展中市场上发现机遇,在通信设备国际列强间合纵连横,寻觅有利的力量与资源。在深刻领悟西方文化的同时,充分发挥东方人的聪明才智,带领着华为再创辉煌。

过分地表现自己,就会经受更多的大风大浪,暴露在外的椽子自然要先腐朽。一个人在社会上,如果过分地显露头脚,那么不管多么优秀,都难免会遭到明枪暗箭的打击和攻讦。

★ 话说半句留半句

事事留个有余不尽的意思,便造物不能忌我,鬼神不能损我。若业必求满,功必求盈者,不生内变,必召外忧。

——《菜根谭》

做事都要给自己或他人留有余地,就是不要做得太绝,这样遗物的上帝不会嫉妒我,鬼神也不会伤害我。假如一切事物都要求达到尽善尽美的地步,一切功劳都达到登峰造极的境界,即使不为此而发生内乱,也会因为这导致招来外面的伤害。

要友善的与人交往,做事不能太绝。因此,有碰触的地方不妨退一步,让对方先过;宽阔的道路,分给别人三分便利未尝不可呢?

再给大家讲个故事,处长把一项采购工作交给这位朋友,这件采购工作是有相当困难的,处长问他:"有没有问题?这件事办砸了是要扣工资的哟!"他拍着胸脯回答说:"没问题,包你满意!"过了三天,没有任何动静。处长问他进度如何,他才老实说:"不如想象中那么简单!"虽然处长同意他继续努力,工资还是扣了。

还有一位朋友和同事闹不愉快,他向同事说:"从今天起我们断绝所有关系,彼此毫无瓜葛……"说完话还不到两个月,他的同事成为他的上司,这位朋友因讲过这样的话,无奈辞职了。

上面尴尬的例子都是话说太绝早成的。把话说得太绝就像杯子倒满了水,再也滴不进一滴水,再滴就溢出来了;也像把气球灌饱了气,再也灌不进一丝丝的空气,再灌就要爆炸了。当然,也有人话说得很绝,而且也做得到。不过凡事总有意外,使得事情产生变化,而这些意外并不是人人能预料的,话不要说得太绝,就是为了容纳这个"意外",为了自己,为了他人,说话前想一想。

各国政府开新闻发布会的时候,新闻发言人面对记者的询问,都偏爱用这些字眼:"可能、尽量、或许、研究、考虑、评估、征询各方意见……"诸如此类,都不是肯定的字眼,他们之所以如此,并非不负责任,而是为了留一点空间好容纳"意外",否则一下子把事情说死了,结果却发生了意外,就会很尴尬,说的难听点,自己在打自己的脸。

因此以下几方面是你在说话时不得不注意的。

做事方面:

别人向你求助的时候,如果能够做到,可以答应,但不要"保证",应该说"我尽量,我试试看"。如此,即使将来不能帮别人办成事,别人也不会对你有什么想法。

给领导办事的时候,当然要接受,但不要说"保证没问题",应该说"应该没问题,我会全力以赴"。这是为了防止万一自己做不到所留的后路,事实上这样说并无损你的诚意,反而更能让领导觉得你是一个谨慎的人,成熟的人,所以,事情办成了,就会更信赖你;即使事没做好,也没有什么。

做人方面:

朋友之间不要把话说死了。特别是不要说出"势不两立"之类的话,除非你与对方有深仇大恨。不管谁对谁错,最好是闭口不言,或者即使说话也留有余地,不要把对方一棍子打死,防止将来与你为敌。

不要急于对别人说出自己的评价。比如说"这个人完蛋了"、"这个人一辈子没出息"之类的话,都是不合适的,人一辈子很长,有很多变数,谁知道一个人哪天碰到好运气呢? 同样的,也不要说"这个人前途无量"或"这个人能力高强",总之,应多用"考虑……不过……假如"之类的话语,为以后长期做个打算。

虽然有时话说必须要说绝,但是除非必要,还是保留一点空间的好,这样既不会得罪人,也不会使自己陷入困境,总之,多用些中性的、不确定的词句,让你可进可退自如。

★装糊涂是聪明者的选择

好察非明,能察能不察之谓明。

——《菜根谭》

"明"不能代表善于洞察,可以洞察但却好像没有洞察,这才是真正的"明"。

"能不察"体现出了一种玄妙的智慧。什么叫"能不察"呢? 意思就是在一群人中,唯有自己洞察了这件事的本质,而又偏偏有人不愿让你把事实的真相说出来,于是只好装作不知,避免自己过于聪明而遭到陷害。

人都喜欢聪明,不喜欢糊涂。但是有时候还需要一些"难得糊涂"的精神。因为这种"糊涂"才是顶级的聪明。其实,有的时候,一点点的"糊涂"和人情味比十足的"太精明"更容易得到回报。表面"憨厚"的你才是最后的赢家!

年轻气盛的我们总是好打不平。长大后才知道,很多事情是非无法分明,好恶也需要时间验证,多数事情非此亦非彼,走了一条中间路线。是非就让时间去验证吧。

举个例子:

战国时,齐国有位智者叫隰斯弥。当时当权的大夫是田成子,颇有窃国之志。一次,田成子邀他谈话,两人一起登临高台浏览景色,东西北三面平野广阔,风光尽收眼底,惟南面却有一片隰斯弥家的树林蓊蓊郁郁,挡住了他们的视线。隰斯弥在谈话结束后回到家里,立即叫一家仆带上斧锯去砍树林。可是刚砍了几棵,他又叫仆人停手,赶快回家。家人望着他感到莫名其妙,问他为什么颠三倒四的?隰斯弥说"国之野惟我家一片树林突兀而列,从田成子的表情看,他是不会高兴的,所以我回家来急急忙忙地想要砍掉。可是后来一转念,当时田成子并没有说过任何表示不满的话,相反倒十分的笼络我。田成子是一个非常有心计的人,他正野心勃勃要谋取国位,很怕有比他高明的人看穿他的心思。在这种情况下,我如果把树砍了,就表明了我有知微察著的能力,那就会使他对我产生戒心。所以,不砍树,表明不知道他的心思,尚算不上有罪而可避害;而砍了树,表明我能知人所不言,这个祸,闯了大祸。"

糊涂的人没有人喜欢,聪明的人人人都争抢。但人生在世,许多时候逼得你不能不这样做,因为这种"糊涂"才是顶级的聪明,与其与人情味十足的"太精明"比起来,"糊涂"回报更快。

才智很高而不露,表面看起来蠢笨,从另一个角度来说,也可说是小事是愚人,大事明事理,从某个角度来说,也可理解为小事愚,大事明。对于个人来说是一种很高的修养。所谓愚蠢就是自己骗自己。

该糊涂的时候就要糊涂,就不要顾忌自己的面子、自己的学识、自己的地位、自己的权势,一定要糊涂;而该聪明、清醒的时候,则一定要聪明,由聪明而转糊涂,由糊涂而转聪明,则必左右逢源,不为烦恼所扰,不为人事所累,这样你会拥有一个快乐幸福的人生。

★ 难得糊涂,吃亏是福

福莫福于少事,祸莫祸于多心。惟少事者方知少事之为福;惟平心者始知多心之为祸。

——《菜根谭》

最大的幸福莫过于不为琐事而烦恼,最大的灾祸莫过于疑神疑鬼。惟有整日劳碌奔忙的人,才知道轻松是最大的幸福;只有那些心如止水平静安详的人,才知道多心猜疑是最大的灾祸。

一位外国学者这样说:"会快乐生活的人,并不一味地争强好胜,在必要的时候,宁肯装一下糊涂,吃一点亏。"

明朝正德年间,朱宸濠起兵反抗朝廷。朝廷派王阳明率兵去征讨,由于他出色的指挥,一举擒获朱宸濠,立下了大功。当时的总督江彬——是位受到正德皇帝宠信之人,十分嫉妒王阳明的功绩,认为他夺走了自己大显身手的机会。于是,他广布流言说:"最初王阳明和朱宸濠是同党,后来听说朝廷派兵征讨,才抓住朱宸濠为自己解脱。"想以此嫁祸于王阳明,并除掉他,把这个功劳夺为己有。在这种情况下,王阳明和好友张永不得不对这不白之冤讨论对策:"如果退让一步,把擒拿朱宸濠的功劳让给江彬,就可以避免不必要的麻烦。假如坚持下去,不做妥协,那江彬等人就要狗急跳墙,做出伤天害理的勾当。"为此,他将朱宸濠交给张永,使之重新报告皇帝:"朱宸濠捉住了,是总督大人的功劳。"就这样,王阳明堵住了江彬的嘴,使其不再乱说话。随后,王阳明就以病体缠身为由,回家休养去了。张永回到朝廷后,大力称颂王阳明的忠诚和慷慨推功的高尚事迹。正德皇帝明白了事情的始末后,就重新给予了王阳明应得的封赏。

王阳明以退让之术,避免了横祸的发生。由此可见,有时候懂得吃亏是很必要的。

一个人只有愿意吃小亏、敢于吃小亏,不去事事占便宜、讨好处,日后才有大便宜可占。相反,那种事事处处要占便宜、不愿吃亏的人,到头来反而会吃大亏。许多历史故事都能证明这一点。

春秋末年,齐国的国君横征无度,苛捐杂税严重,害得民不聊生。田成子看到这种情况后说:"公室用横征暴敛的手段榨取民脂民膏,'取之犹舍也'。"于是他就派人做了大小两种斗,把自己粮食用大斗借给饥民,用小斗回收还来的粮。田成子这种惠民的政策深得民众拥护。于是,很多人纷纷前来投靠田成子,给田成子种地。一时民归如流水,最终齐国国君宝座为田氏家族所得。

史学家范晔说:"天下皆知取之为取,而不知与之为取。"其实,田成子看似失去了很多粮食,吃了大亏,但是他得到了比粮食更重要的人心。得与失是相互转化的，失只是一时的，随之而来的便是收获。

无独有偶，孟尝君也是一个尝到了"吃亏"甜头的君子。冯谖是孟尝君门下的一个谋士，感于孟尝君在自己落魄时候的真诚相待，决心为孟尝君效力。

一次，孟尝君要派人到封地薛邑去收租，问谁愿意去。冯谖便自告奋勇地说他愿意去。临走时，冯谖问孟尝君回来时要买点什么，孟尝君告诉他说："你看家里缺点什么就买点什么东西吧。"冯谖去了薛地后，把民众召集到一起，对大家说："孟尝君知道大家生活困难，所以特意派我来告诉大家，以前欠的债一律作废。"百姓都目瞪口呆的，怎么也不相信。冯谖为了使大家相信他说的话，他当着百姓的面把债条烧了。百姓都感动地跪下，高呼孟尝君是好人。冯谖两手空空地回来了，并报告说债已经收完了。孟尝君很高兴，问他买了点什么回来。冯谖说买了义回来，接着便讲了事情的来龙去脉。孟尝君听后很不高兴，说："好贵的义！"数年以后，孟尝君被谗言所害，逃到薛地。薛地的百姓成群结队地走出数里来迎接孟尝君。至此，孟尝君才真正体会到冯谖给他"种下"的义。所以说，好予者，必多取。暂时的损失，会带来更大的收获，吃亏并不是祸。

正德皇帝

商场如战场，要想在当今这个竞争激烈的商战中取得胜利，懂得"吃亏"也非常重要。

美国的亨利·霍金士是一位国际著名的企业家。亨利·霍金士性格淳朴厚道，他的成功很大一部分在于他性格上的这种诚实可靠。亨利·霍金士在经营食品加工的初期，美国的《食纯正品法》还没有制定，于是有不少食品加工企业往食品里面加了各种添加剂。加了添加剂后的食品不仅色泽好，而且香味十足，深得人们的青睐。但是，这些添加剂会严重危害人们的健康。因此，亨利·霍金士一直坚持自己的原则，不往食品中加入添加剂。如果一定要加的话，必定要经过专家验证，保证对人体绝对无害。他的这种做法遭到同行们的非议和排挤，使得他的工厂效益很不景气。

后来经过验证，防腐剂对人体的危害达到惊人的地步。结果公布以后，在社会上引起了轩然大波。因为为了存放和保鲜，往食品中添加防腐剂已经成为了一种习惯，很多消费者食用了太多含防腐剂的食品。为了保护自己的利益，很多食品加工企业联合起来，举行了声势浩大的集会，说亨利·霍金士别有用心，因为报告是他发布的。他们还联合起来在业务上排挤亨利·霍金士，想把亨利·霍金士彻底打倒。这确实给亨利·霍金士的企业带来不小的打击，可谓吃了不小的亏。但是美国《食品纯正法》的颁布，给亨利·霍金士的公司带来了生机。他从事业的低谷逐步发展壮大，随着消费者对他们公司的信任，他很快步入了事业的黄金时代。

郑板桥有一传世风行的条幅："难得糊涂。"他还说："聪明难，糊涂难，由聪明而变糊涂更难。"孔子也曾说过：宁武子在国家安定时是一个智者，在国家动乱时是一个愚人。很多人能赶得上他智的一面，但几乎没有人赶得上他愚的一面。

这里孔子说的"愚"和郑板桥的"糊涂"之所以难做到，是因为要想真正做到，需要的是勇气和毅力，以及行为上的忍辱负重和殚精竭虑，只有这样，才能达到"大智若愚，大巧似拙"的境界，也不会被琐事缠身，不会为闲言困扰，才能成为一个有为之人。

一个普通人，也应该是以一生平安无事、没有任何祸端为幸福的。所有祸端多半是由多事而招来，多事又源于多心，多心是招致灾祸的最大根源。所谓"君子坦荡荡，小人长戚戚"，一个光明磊落的人自然俯仰无愧，根本不用怀疑别人对我有过什么不利的言行。只有整日无所事事的小人、闲人才会为无聊的闲事、琐事忙碌，为依附权势、争夺名利奔波，为闲言碎语费尽心神地猜疑。这些人的思想境界很低，难以意识到自己的可笑、可悲。所以古人云："吃亏是福。"太多的人不懂得吃亏，邻里之间为了一点鸡毛蒜皮小事，常常闹得不可开交。遇事忍一忍，暂时或许会吃点小亏，但以后会有更多的大便宜在等着自己去捡。如果做每一件事情都权衡得失，吃亏的事情一点不干，那么以后很难有大便宜到手。

★傻人自有傻福，不是空话

奢者富而不足，何如俭者贫而有余；能者劳而府怨，何如拙者逸而全真。

——《菜根谭》

陶觉说："做人须带一份憨，一份痴，不憨不能犯大难，不痴无以处浊世。凡患得患失之人，正是太聪明耳。"

所以，领导者无论是初涉世事，还是位居高官，无论是做大事，还是一般人际关系，都须带一份憨，一份痴。

我们在说一个人迂腐的时候，往往讲这个人不开窍。不开窍固然不好，但开的窍过多就好吗？

古时候，南海的大帝叫儵，北海的大帝叫忽，中央的大帝叫混沌。儵与忽经常在混沌的家里相见，混沌很热情。于是，儵和忽商量如何报答混沌的深厚情谊，说："人人都有七窍，用来视、听、吃和呼吸，惟独混沌没有，让我们试着为他凿开七窍吧。"于是他们每日凿出一个孔窍，凿到第七日混沌就一命呜呼了。

混沌没有一窍，儵与忽好心帮助他开窍，却害死了混沌，这说明什么道理呢？

所以，做人要"大巧若拙"。为什么呢？因为懂得越多，看的越透彻，要求得到回报的欲望就越高，对社会越不满，人生就越痛苦。知道的越多就越虚伪，不断盘算，把生活变成了生意，计较得失，学会在讨价还价中得到乐趣。做人还是"屈"一点好，"拙"一点好，"讷"一点好。

曾经有人将世间各色人划分，按其精明与否的程度分为四个等次、四种类型。

第一个等级是表面看起来老实巴交，对人处事绝不以精明自居，甚而让人感觉有些傻乎乎，但骨子里却是十分精明者。这种人，往往让人产生一种高度的信任感。这种精明，是最高层次的精明。所谓"精明不外露"，以及"大巧若拙，大辩若讷"，就是这个意思。

第二个等级是浑身上下都透着一股机灵劲儿，而内底子也确实相当精明的人。但"精明外露"已非上品，不免让人处处防范，其"精明"的效果也就有限，充其量只能算是二等货。

第三个等级是确实没有什么真本事，一眼望去也就是傻冒一个，正因其内外都"傻"，本人既无"自作聪明"之举，他人对其也全不设防，进而有不忍欺之者，故尚可安居，是为三等。

第四个等级是表面看起来很厚道，亦往往自认为精明过人，但实际上是个十足的大傻冒。此等角色人见人厌，成事不足败事有余，是为末等。

上述四色人等，不是一成不变的，属第二等者，一旦"精明"过头，聪明反被聪明误，往往会沦入末等而不复，而原为第三等者，如能在世事磨炼中逐渐悟出人生真谛，则摇身一变而跻身头等行列者亦不乏其人。

我们说，再聪明的人都无法完全认清世间万象，运转再快的头脑也跟不上世界万物的变化。所以，做人不妨"屈"一点，"拙"一点，"讷"一点，这样才能掌握世间万物，掌握我们自己。

很多人还对金庸笔下郭靖的"傻里傻气"记忆犹新。结果呢？他却成了受人尊敬的武林高手。

从某种角度看《天下无贼》，也许我们能看到的傻根更像是对金庸笔下郭靖的翻版。傻根说他们家乡，在山里见到牛粪，用小石子绕着画个圈，隔个三五天没人会去动它，因为他们都知道这已是别人的了。就像剧中人物说的那样，我们走了那么远的路，就遇到傻根一个对别人没有设防、没有戒心的人。

在浩荡的列车上，老谋深算的黎叔，保护傻根的王薄、王丽，想篡位的老二，争风吃醋的小叶，其实每个人都在勾心斗角，暗中窥探，于是，长夜漫漫，所有的聪明人都无法安然入睡，却只有心无旁骛的傻根睡得香甜。

这正是傻人有傻福的真实写照。傻人的福气主要体现在：

傻人不过多的利用权术。他们没有精明人的一些算计和设想，凡事都要策划一番。有想法虽是好事情，可好事情的另一面常常就是陷阱，就造成人为的过失。而傻人没有乱七八糟的想法，就自然地避免了那样的过失。

傻人往往不患得患失。他们一般情况下不会主动出击，这样反而可以避免使危险扩大，做到了顺其自然。他们天性的忍让、宽容和视而不见，使他们结得好的人缘。

傻人的眼光往往不够深，不够透，所以，也就不会百般挑剔。一个不去挑剔生活和别人的人，谁能怀疑他的幸福呢？

在傻人的眼里,过去的就过去了,没有什么大不了的,什么吃亏了,占便宜了,他都不去计较。因此,在生活里,只有傻人活得最痛快、最轻松,似乎也就最完备。而精明人却不同,他们看不起傻人,为防止自己做傻事,每一步都谨小慎微,恐怕有一点闪失,其结果却总是让他们不满意。甚至不但干了错事傻事,还招来许多危险,落入怪圈或陷阱。如果世上真有什么巨大损失的话,往往发生在精明人身上。傻人由于没有那么多"智慧"的利箭,自然也不会被射中。

总结一下,我们不难发现,其实,傻人为人处世的心态往往是最正常、最符合常理的,也是最安全的。倒是精明的人常常陷入自己所挖的陷阱。于是许多傻人哲学经常见于世面。而傻人哲学确实又战胜了精明人的度日方式,成了人们争相模仿和研习的学问。

傻人有傻福,这绝对不是句空话。傻一点往往会比十足的精明带来更多的好处。尤其是在这个人与人信任程度逐渐降低的社会里,装傻,做傻人说傻话,更容易取得别人的信任,从某种意义上说,傻人比精明人更容易在社会上生存。

★藏巧于拙,才能够成就人生

藏巧于拙,用晦而明,寓清于浊,以屈为伸,真涉世之一壶,藏身之三窟也。

——《菜根谭》

既然任何人都不可能在现实生活中达到处处称心事事如意的理想状态,那么我们在为人处世的具体过程中,也就不应该去盲目追求一种绝对意义上的尽善尽美了。毕竟在每一个人的身上,总是或多或少地存在着一些不足和缺憾,这就要求我们能够在正确认识自己的基础上,既要做到以百分之百的努力去争取成功,也要懂得用谦虚谨慎的态度去面对可能出现的一切情况。至于说时时被世人挂在嘴边的所谓"韬光养晦"、"狡兔三窟"等等的生存之道和立身之法,也正是为了告诫我们不要凡事都追求一种锋芒毕露的效果,而是应该善用谦虚谨慎的这种态度,去实现人生的最终梦想罢了。

既然在我们并不漫长甚至是极为有限的生命中,需要去付出精力努力做好的事情已经很多很多,那么也就不该为那些毫无价值的蝇头琐事而整天劳心伤神,更不应该因为得到了一点小小成绩就得意忘形地夸耀自己。更何况在这个日益复杂多变的现实社会中,如果一个人总是在日常生活中呈现出一种咄咄逼人的架势,那么到了千钧一发的紧要关头,就很有可能因为众叛亲离,而把自己置身于一种"中流失船","一壶千金"的尴尬处境之中,最后也只能被迫吞下自己酿成的所有苦果了。与之相反的是,如果一个人要想像"狡兔"一样拥有自己用以安身立命的所谓"三窟",以求平安自保的话,那就应该凡事都给自己留有一定的余地,既要学会把自己的优势在某些时候刻意地隐藏起来,甚至还要懂得在某些情况下利用缺陷来取得成功的道理。

在日本的柔道历史上，就曾经有过这样的典型事例：那是一个从小就立志要成为柔道高手的男孩。尽管在他10岁的那一年里，因为一场车祸而失去了左臂。可不愿放弃梦想的他，最终还是成为了一位著名的柔道大师的徒弟。在此后的很多年里，这个男孩每天都苦练师父教给自己的唯一的一招本领。直到他在正规的大型比赛中真的得到了冠军，才终于明白了师父为什么只传授给自己一招本领的全部秘密。原来男孩掌握的不仅是柔道技巧中最难学会的一招，而且更重要的是要想破解这一招，对手的唯一办法就是必须抓住男孩早已在车祸中失去了的左臂。这样一来，原本无法弥补的缺陷，自然也就变成了制服对手和求得胜利的最为有力的武器。

这个男孩的成功经历，使我们不仅看到了一份勇于追求梦想并最终实现梦想的坚毅品质，更加深刻领会到了弥补缺陷甚至是善用缺陷所能带来的巨大作用。其实世界上的事情往往就是如此，在我们已经存在或是刻意制造出的一些缺陷中，很有可能就潜藏着某些巨大的力量，并且极有可能就是我们取得成功的重要因素或是必要途径。从这种意义上来说，有缺陷往往并不一定就意味着失败。只要我们能够准确地掌握自己的能力和才干，并且能够以一种谦虚谨慎的态度，来面对和处理自己遇到的任何事情，那么就完全可以在这样的基础上适当地隐藏起自己的实力，直到最为有利的时机里才发挥出自己的一切能量，以实现最终意义上的那种成功。

即便是从一种最为功利的角度来看，这种谦虚谨慎的态度，对于我们更加及时而又充分地调整自己和保护自己来说，也是极为有利的。这就像是在雨天里被淋湿的往往不是那些忘记了带伞的人，而在崎岖的山道上跌倒的也不一定就是手扶双拐的人一样。因为在生活中的很多情况下，一时的失去并不代表着最终的失去，一时的示弱更不意味着真正的软弱可欺。要知道，在所谓的人生道路上，很多人往往都是倒在了那些看上去不该倒下的地方。

★ 该藏则藏，该露则露

清能有容，仁能善断，明不伤察，直不过矫，是谓蜜饯不甜、海味不咸，才是懿德。

——《菜根谭》

一个领导者，若能做到清正廉洁而又有容人之量，心地善良而又能当机立断，做事精明而又不苛求，性情刚直而又不矫枉过正，就像浸在糖里的蜜饯却不过分的甜，腌在缸里的鱼虾却不过分的咸，这种不偏不倚、收放有度、藏露得当的做法是最佳的处世方法。

国学经典文库

国学大智慧

· 处世智慧 ·

图文珍藏版

苏东坡年轻时,聪明而富有才华,就因为如此,他有时会表现出一副恃才傲物、锋芒凌人的架式。

有一天,王安石与苏东坡在一起讨论王安石的著作《守说》,此书主要是把一个字从字面上解释成一个意思。当讨论到"坡"字时,王安石说:"'坡'字从土,从皮,'坡'就是土的皮。"苏东坡闻言笑道:"如果照这么说,'滑'字就是水的骨啦。"王安石又说:"'鲵'字从鱼,从兄,合起来就是鱼子。四匹马叫'驷',天虫写作'蚕'。古人造字,自有它的含义。"东坡故意说:"'鸠'字是九鸟,你知道其中的原因吗?"王安石一时想不起来该如何对答,

但是他不知道苏东坡是在开玩笑,连忙虚心向他请教答案。苏东坡笑着说:"《毛诗》说'鸤鸠在桑,其子七兮'。加上它们的爹妈,一共是九个。"王安石一听解释得很妙,心中暗暗欣赏苏东坡的聪明才智,但是觉得他有些轻狂。

不久,苏东坡遭到贬谪,由翰林学士削级降职,被派往湖州做刺史;三年期满后,他又回到京城。在回来的路上,苏东坡想起自己当年得罪了王安石这位老太师,不知他现在是否生气。于是,他回去便急匆匆地骑马奔往王丞相府。

到达相府门口后,守门官告诉他说,老爷正在休息,让他稍等片刻。守门官走后,苏东坡四下打量起来。他看到砚下有一叠素笺,上面写着两句没有完成的诗稿,题着《咏菊》。他看了笔迹,知是王安石所写,不禁得意起来:"两年前这老头儿下笔几千言,不用思索,两年后怎么江郎才尽,连两句诗都写不完!"于是,他取过诗稿念了一遍:"西风昨夜过园林,吹落黄花满地金。"

苏东坡

念完之后,他连连摇头:"原来这两句诗都是胡说八道。一年四季的风都各有名称,春天为和风,夏天为薰风,秋天为金风,冬天为朔风。而这首诗的开头说'西风',西方属金,应该是说的秋季,可是第二句说的'黄花'正是指菊花,它开于深秋,能够与寒风搏击,即使焦干枯枝,也不会掉落花瓣,显然,诗中'吹落黄花满地金'是错误的。"

他为自己发现的这个谬误而得意不已,兴奋之余,不由得举笔蘸墨,依韵续了两句诗:"秋花不比春花落,说与诗人仔细吟。"写完后,他又觉得有些不妥,心中暗想,如果老太师出门款待,却见自己这样当面抢白他,恐怕脸面上过不去。但是如果把诗藏起来也不妥,老太师出门寻诗不见,可能要责怪他的家人。最后他决定把诗原样放好,然后走出门来,对守门官说:"一会儿老太师出堂,你禀告他,说苏某在

这里伺候多时。现有一些事没有办妥,明天再来拜见。"然后告辞离去。

不多时,王安石出堂,看到自己的菊花诗稿后,马上皱起眉头问道:"刚才有谁到过这里?"下人们忙禀告:"湖州府苏老爷曾来过。"王安石认出了苏东坡的笔迹,心下直犯嘀咕:"这个苏轼,遭贬三年仍不改轻薄之性,不看看自己才疏学浅,竟敢来讥讽老夫!"但转念一想:"他不曾去过黄州,见不到那里菊花落瓣也难怪他。"于是,他细看了一下黄州府缺官名单,那里单缺一个团练副使。于是,王安石第二天便奏明皇上,将苏东坡派到了黄州。

尽管苏东坡才高八斗,学富五车,可是他锋芒太盛、过于自负。他知道,自己得意之余改诗,触犯了王安石,无奈之下,只得领命。王安石惜才,只给了他一点小小的惩罚,如果是冒犯其他人,可能会受到极大的打击与报复。

一个人的锋芒应该在关键时候或必要时候展露给众人,而不是经常拿出来挥舞一番,杀得别人片甲不留,其实做人必须要学会"藏巧于拙,用晦而明"的为人处世之道。

三国时的杨修,在曹营中任曹操的主簿。他思维敏捷,颇具才华,但他总是锋芒毕露,不知伴君如伴虎。

曹操曾命属下为自己建造一处花园,属下尽心尽力,很快将花园建好,请曹操前去观看。曹操去后,面无表情,没有对所建花园发表看法,只是提笔在门上写了一个"活"字,便匆匆离开。属下人苦苦思索,仍然觉得茫然。杨修对众人说道:"门上添一'活'字,自然为阔,丞相觉得花园不够大而已。"于是,主管此事的人立即对已建花园进行翻修,建好后再次请曹操前来观看。曹操见后,心里很高兴。不过得知是杨修解其意后,心中不是滋味。

事后不久,塞北给曹操送来了一盒酥饼,曹操即兴在盒子上写下了"一合酥"三个字,然后将其置于台上。杨修看到后,即刻将酥饼取来与众将士同享美味。曹操问杨修为何不经过自己的允许便将酥饼分与众人,杨修却解释说:"'一合酥'乃'一人一口酥'之意。既然丞相如此命令,不敢不从。"曹操听后,脸上虽然高兴,心中却暗暗妒忌杨修的才能。曹操猜忌心很重,他怕别人会暗杀他。于是常对手下说,他睡觉时总是做一些杀人的梦,告诫他们不要在他熟睡时靠近他。一日,曹操睡觉的时候将被子蹬到了地上,一侍从慌忙拾起被子准备给他盖上。这时,曹操一跃而起,拔剑就刺,侍从一命呜呼。曹操继续上床睡觉,醒后,假意不知其事,召人问之。待知实情后,曹操大哭,甚为痛苦,随后厚葬被杀侍从。杨修一语点破曹操的心思:"丞相非在梦中,而君在梦中。"曹操对其更加忌恨,欲找借口杀了杨修。

作战期间,曹操先带兵驻扎汉水一带,本想速战速决,不想竟与刘备大军形成对峙局势。曹操心中极为矛盾,进退难定。一天,厨师送上鸡汤,曹操见碗底有鸡肋,顿时心生感慨,暗自沉吟。适逢夏侯惇前来禀请夜间号令,曹操脱口而出:"鸡肋!鸡肋!"夏侯惇误以此为号令,将其传出,众人皆知。作为行军主簿的杨修立即令随行军士整理行装,为撤退做好准备。夏侯惇不明白杨修所为,急忙赶往其帐内。杨修说道:"鸡肋者,食之无肉,弃之可惜。今进不能胜,退恐人笑,在此无益。来日魏王必班师矣。"听了杨修的一番解释,夏侯惇甚感有理。曹操知道事情缘由后，异常愤怒，以造谣惑众的罪名将杨修处死。

杨修恃才傲物，屡次引发曹操忌恨，得此下场也是必然。历史上不乏类似杨修之人。

木秀于林，风必摧之；堆出于岸，流必湍之；行高于人，众必非之。有才，并不意味着能仕途通达，它需要有德来约束。这里的德，乃是掩盖锋芒。

曾国藩的前半生，处处锋芒太露，因此处处遭人忌妒，受人暗算，连咸丰皇帝也不信任他。1857年2月，他的父亲曾麟书病逝，清朝廷给了他三个月的假，令他假满后回江西带兵作战。曾国藩伸手要权，遭到了皇帝的拒绝。同时，曾国藩又要承受来自各方面的舆论压力。此次曾国藩离军奔丧已属不忠，此后又以复出作为要求实权的砝码，这与他平日所标榜的理学家面孔大相径庭。因此，招来了种种指责与非议，再次成为舆论的中心。对于朋友的规劝、指责，曾国藩还可以接受，如吴敏树致书曾国藩谈到"曾公本以母丧在籍，被朝命与办湖南防堵，遂与募勇起事。曾公之事，暴于天下，人皆知其有为而为，非从其利者。今贼未平，军未少息，犹望终制，盖其心态有不能安者。曾公诚不可无是心，其有是心而非讹言之者，人又知之。……奏折中常以不填官衔致被旨责，其心事明白，实非寻常所见"。吴敢把一层窗纸戳破，说曾国藩本应在家守孝，却出山，是"有为而为"，上给朝廷的奏折有时不写自己的官衔，这是存心"要权"。

在内外交困的情况下，曾国藩忧心忡忡，遂导致失眠。在经历了一段时期的自省自悟以后，曾国藩在自我修身方面有了很大的改变。及至复出，为人处世不再锋芒毕露，日益变得圆融、通达。

生活中，他也尽量做到不露锋芒，将才华深藏。他曾说过："吾平生短于才，爱者或以德器相许，实则虽曾任艰巨，自问仅一愚人，幸不以私智诡谲凿其愚，尚可告后昆耳。"

这里有一封他写给陈源兖和郭嵩焘的信：

易念园归，称岱老有《之官诗》四章，未蒙出示。（近各省有拐带幼儿之案，京城亦多，尊处有之否？若有，须从严办也。）杜兰溪于闰月杪奉母讳，将以八月出都，留眷口在京。胡咏芝来京，住小珊处。将在陕西捐输，指捐贵州知府万余金之多。不费囊中一钱，而一呼云集，其才调良不可及，而光芒仍自透露，恐犹虞缺折也。岱老在外间历练，能韬锋敛锐否？胡以世态生光，君以气节生芒。其源不同，而其为人所忌一也。尚祈慎旃！（陕甘番务办毕，尚为妥善。云南回务尚无实耗，大约剿抚兼施耳。镜海丈尚在南京。）比移广信，士友啧啧以肥缺相慕，眼光如豆，世态类然。

在这封信中，曾国藩提到陈源兖凭着个人气节引人注意，胡咏芝凭着善长交际露出不俗气息，虽然二人才能出众的途径不同，但都没有掩盖锋芒，都会招人忌恨的。

曾国藩认为，为人与书法有相通之处。书法有藏锋之说，藏锋收尾才能笔落惊鸿，写出上乘的作品，做人也是如此。

锋芒不露讲的就是一个"藏"字，仅这一个"藏"字，却包含着无穷意味。"藏"

的目的，是不让别人发现自己的长处，不引起别人的妒忌，更好地保护自身，是等待时机，在最有把握的时候出击，令敌人大吃一惊，防不胜防。

古今多少人，他们目光短浅，急于求成。他们不愿意放过任何可以表现的机会，一旦表现自己，力求做到淋漓尽致，恨不得将心掏出来给别人看。殊不知，他们犯了激进的毛病，这样做的结果只能让自己陷入被动。如果自己有才，不一定能够得到别人赏识，有时候反而会让掌权者产生妒忌，如曹操妒杨修之才，炀帝妒薛道衡之才；如果自己无才，却在大庭广众之下极力自我表现，无异于班门弄斧，拙笨之处暴露无遗，给别人留下可乘之机。

处世中，有人锋芒毕露，有人藏锋露拙。曾国藩则属于后者，他虽有才干，却不轻易外露。毕竟，才华横溢会遭人忌恨和打击，最终导致事业上的失败。

《易经》上说："君子藏器于身，待时而动。"这里的"器"，便可引申为才华、实力。没有才干，想要有大作为，无疑是很困难的。但有了才干，却不加掩饰，锋芒尽露。这些"锋芒"或者"器"便如同带刺的玫瑰，它很可能触痛人的不平衡心理，于是，人们便会反击，将其"锋芒"拔掉，将其"器"缴械。

该藏则藏、该露则露实乃领导者做人处世的最高境界。如果将自己的锋芒应用不当，就可能会刺伤别人或者刺伤自己。因此，领导者应用锋芒时应该小心谨慎，以免惹来麻烦。聪明的领导者很会把握好藏露的尺度，不仅善于在恰当的时候露出自己的锋芒，还善于在恰当的时候藏匿锋芒。

巧妙地隐藏是为了更好地释放，适时地暴露是为了充分地表现自己，使自己脱颖而出，能够做到这一点，首先要把握好藏露的尺度。

隐藏主要有两种情况：一种是隐藏自己的笨拙，藏住自己的弱点，不给他人乘虚而入的机会，同时将自己的长处与优点展示出来，给他人形成一种威慑力；另一种是隐藏自己的才学与目的，不要不合时宜地过分显示自己，以防使自己处于不利地位或者招来攻击。总之，不要让他人轻易地摸清自己的虚实，应该提前准备好防范措施和对策，待机而动。

第四章 能屈能伸，功成身退

★月盈则亏，该退就退

花看半开，酒饮微醉，此中大有佳趣。若至烂漫酕醄，便成恶境矣。履盈满者宜思之。

——《菜根谭》

含苞待放时的花最值得观赏，略有醉意的感觉最为美好。这其中蕴含着极高妙的学问。而如果花已开得娇艳，酒已喝得烂醉，那么不但没有美妙可言，还会让人感到大煞风景。所以事业达到巅峰阶段的人，应该好好想想这其中的含义。

1862 年，曾氏家族处于鼎盛时期。曾国藩身居将相之位，曾国荃统领的人马达二万之众，曾国华统领的人马也达五千之多；曾国荃在半年之内，七次拜受君恩。尽管这还不是曾氏家族最为辉煌的时期，但面对如此浩荡皇恩，曾国藩早已心满意足，甚至有点喜出望外，他禁不住骄然慨叹：近世似此者曾有几家？近世似弟者曾有几人？

他把自己的感觉和心情告知家人，又以自己的学识、阅历和权威规劝家人："日中则昃（太阳偏西），月满则亏。我们家现在到了满盈的时候了！"管子云："斗斛满则人概（削平）之，人满则天概之。"曾国藩以为，天之平人原本无比形，必然要假手于人。比如霍光氏盈满，魏相来平灭他，宣帝也来平灭他；诸葛恪盈满，孙峻来平灭他，吴主也来平灭他。待到他人来平灭而后才悔悟，就已经晚了。我们家正处于丰盈的时期，不必等到天来平、人来平，我与诸位弟弟应当设法自己来平。

"功成身退"的思想在今天对许多人来讲已经不太灵验。它会使人失去积极的进取心，从而满足于现状，当一天和尚撞一天钟。这是其糟粕之处。事实上，这里提出的"功成身退"仅是一种退守策略，是指一个人能把握住机会，获得一定成功后，见好就收。

老子的知足哲学也包括了"功成身退"的思想。所谓"持而盈之，不如其已；揣而锐之，不可长保。金玉满堂，莫之能守；富贵而骄，自遗其咎。功遂身退，天之道也。"其含义为，过分自满，不如适可而止；锋芒太露，势难保长久；金玉满堂，往往无法永远拥有；富贵而骄奢，必定自取灭亡。而功成名就，急流勇退，将一切名利都抛开，这样才合乎自然法则。因为无论名或利，在达到顶峰之后，都会走向其反面。

曾国藩本来是一个虔信程朱理学的学者，不幸的是那个时代把他造就成了一代中兴名将。从1852年奉旨兴办团练开始，到1872年他死前的一二年，他一直在过问军事。他仿照明代戚继光创建了一支不同于绿营军（官兵）的新型军队，这支军队纪律严明，战斗力强，为他立下了赫赫战功。然而，正当它处于威震四海的顶峰时期，曾国藩下令解散它。他为朝廷创建了一支军队，却为自己解散了这支军队。

曾国藩自从"特开生面，赤地新立"拉起一支从团练改编而成的军队——湘军时，便汹汹然地冲在对抗太平天国的最前列，此时他完全被维护皇朝的义务感和炫耀自己的功业心交融在一起。但在以后的征战生涯中，不仅战事棘手，屡屡受挫，而且也时常受到来自清政府内部的多方掣肘，真可谓身陷炼狱，备尝艰辛，但他毕竟都咬牙立志地坚持了下来。

因此，当他在1858年再次出山时，则变得十分注意自我克制，特别注意调整自己和清廷之间的关系，尤其注意历史上那些顾命大臣功高震主的问题。

曾国藩时常提醒自己要注意"富贵常蹈危"这一残酷的历史教训，他更清楚"狡兔死，走狗烹，飞鸟尽，良弓藏，敌国破，谋臣亡"的封建统治之术。只有推美让功，才能持泰保盈。

当天京合围之后，李鸿章、左宗棠先后攻下了苏、杭，五万大军陈兵于天京城外，却难以将天京攻下，来自于朝廷上下的各种议论纷起，这不能不引起曾国藩的注意和思考。尤其是在与沈葆桢争夺江西厘金问题上，更引起他的警觉，他已十分清楚地意识到，朝廷有意偏袒沈葆桢而压抑自己，使之处于极难的处境之中。

在攻克天京前，曾国藩对于如何处理大功后他所面临的政治危机，已有了充分的思想准备。当天京陷落的消息传至

曾国藩

安庆以后，他更是绕室彷徨，彻夜思考，对于可能出现的种种情况进行预测并作出相应的处理办法。

当曾国藩从安庆赶到江宁的时候，持盈保泰的解决方案已完全成熟，那就是裁军不辞官。

曾国藩裁军不辞官，在攻破天京后，皇帝封他为一等毅勇侯，世袭罔替。他是事实上的湘军领袖，凡是湘军出身的将领，无论是执掌兵权抑或出任疆吏，都视他为精神和思想上的领导者，而湘军在裁遣之后，被裁者多至数万，功名路断，难免有很多人感到心怀不满。

曾国藩如果在此时请求解官回籍终制，皇帝当然不能不接受他的要求。但如他在回到乡间之后，以一个在籍乡绅的地位，忽然为一群图谋不逞之人所挟制，并被奉之为领袖人物，即使曾国藩知道如何应付，而对清朝政府来说，也仍然不是保

全功名之道。如果清政府怀有过分的恐惧，以为曾国藩之辞卸官职，正表示他有不愿继续为朝廷效力的意愿，那就更容易发生不必要的猜忌了。

所以，曾国藩在此时一方面自动解除兵柄，一方面更留在两江总督上继续为清政府效力，他的这种做法无疑正是使清政府绝对放心的最好办法。试看他在两江总督任内因奉旨剿捻而不以劳苦为辞，逢到军事失利，立即趁机推荐李鸿章自代，亦无非仍是远权势而避嫌疑的做法，不过在表面上不太显露痕迹而已。至此，我们当然要相信曾国藩之功成不居与远嫌避位，正是他的一贯作风了。

曾国藩自动裁撤湘军，是在退一步为自己谋出路，也可以说是谋条生路，这一"该退则退"的做法真的非常值得人们效仿和学习。

《列子·仲尼》中有段精辟的比喻，列子说："眼睛将要失明的人，先看到极远极微小的细毛；耳朵将要聋的人，先听到极细弱的蚊子飞鸣声；口将要失掉味觉的人，先能辨别极微小的雨水滋味的差别；鼻子将失掉嗅觉的人，先嗅到极微小的气味；身体将要僵硬的人，先急于奔跑；心将糊涂的人，先明辨是非。所以事物不到极点，不会回到它的反面。"

这是在告诉领导者，无论什么事情都不能欲望太强，贪婪只会迫使人们走上绝路，而见好就收往往能给人们带来更大的利益，这是做人最基本的常识。人生总会面临无数次的选择与无数次的放弃，在选择与放弃之间，必须正确地权衡利害关系，否则只会置自己于进退两难的境地。

因为"月盈则亏，物极必反"是天理循环的规律，也是处世的盈亏之道。领导者应该遵循这一规律。

★ 退却并非逃避

处世让一步为高，退步即进步的张本。

——《菜根谭》

楚庄王刚即位不久，整天与妻妾寻欢作乐，不理朝政，还下了一道命令：如果有敢议论国君的得失者，格杀勿论！朝中大臣们都噤若寒蝉，有话也不敢说。这天，楚庄王在后宫左搂右抱，手下的伍举再也看不过去，说要觐见，楚庄王一脸的不高兴，就对伍举说："你有什么要紧的事赶快说，没看见本王正忙着吗？"伍举笑着对楚庄王说："倒也不是没什么大不了的事，只是微臣听说大王特别喜欢猜谜语，臣这里有一个，许多人都猜不出来，所以今天特地来献给大王，看大王能否猜出来。"楚庄王很不耐烦："快讲给我听！"伍举看楚庄王已经中了自己的圈套，知道自己的生命无忧，当下一字一顿的说："山上有只鸟，三年不飞，三年不鸣，请问大王这是什么鸟？"楚庄王明白伍举是在说自己，就说："我以为是什么样的谜语呢，原来是这个呀，这有什么可奇怪的呢？三年不飞，一飞冲天；三年不鸣，一鸣惊人。"

实际上，楚庄王只是表面上寻欢作乐，却无时无刻不在寻找忠臣。后来，大夫苏从直言敢谏,楚庄王才告诉大家真相:我整整等了三年,才遇到像伍举、苏从这样的忠臣,你们是楚国振兴的希望所在啊!之后下令,杀掉所有那些只会拍马屁的人,重用伍举和苏从,全力发展生产,整顿军队,使楚国日益壮大起来,终于打败了晋国,成为春秋五霸之一。

原来楚庄王用三年的时间来等待时机,目的就是使晋等一些国家放松警惕,然后,得到贤臣,壮大自己的实力,最终"一飞冲天,一鸣惊人"。这可谓是楚庄王得以胜出的杰作,此中,让自己的国家停滞三年,这也就是"退让"巧妙之所在了。大家可以看出,楚庄王并不是一味的退让隐忍,也不是因为害怕而逃避,而是为了让自己的国家,能够得到更大的发展,这也就是在退步中等待进步的时机了。

在当今社会中,与人交往也好,与人共事也好,如果一味的强调自己该怎么样进步,该怎么样出人头地,因为社会是大家的社会,也不可能万事一帆风顺,当遇到逆境的时候,还硬着脖子,不让不退,那是多么危险的事。

荀子认为,做人处世要恪守"中庸"之道。聪明人做事,在富有的时候要能想到自己不足的时候;平稳的时候要能想到自己也会陷入艰难的时候;安全的时候要能想到危难的时候。自己十分小心的行事,还恐怕有祸及身,这样,无论做什么事都不会陷入困境了。从这个意义上说,凡事都要谦虚谨慎,应退让时就得退让,这样就不会因为自己的偏激而走上极端,也就不会在与人交往中处处受人辱骂、抵牾、陷害了。

中庸处世讲的是不管在什么样的情况下,都要能做到"中","中"者,不偏不倚,恰到好处,不能只想着怎么"进",也不能因为顺利而忘乎所以,要适当的"退",但前面已经讲过,"退"并不是完全放弃,更不能是逃避,而是要等待时机而更进一步。

所谓适中的"退让",说白了就见好就收手,不能贪得无厌,因为社会的存在,就有它存在的规律,这是自然法则,谁也打破不了。好人不可做完,好事不能做尽,懂得这一点,不管是进还是退都有尺度,才不会因此而失去更多的原本属于自己的东西。

在退让的同时,要时刻提醒自己要增强自己的实力,以备进步之用。"得寸进尺"即是要"先得一寸而后再进一尺",得不到的时候就暂且退让。可能在现实社会中有很多人会觉得,在与人交往的时候退让,是懦弱的表现,是自己不自信,这无疑是一个思想认识上的误区。不管怎么说,退让并非是因为自己做不到或是做不好而逃避,也并非是害怕别人,或是不自信不坚强什么的。这个道理也得分情况、分时间、分场合,退让也要符合"中"的尺度,要不别人还真以为你是脓胞。

★让一步,自然海阔天空

人情反复,世路崎岖。行不去,须知退一步之法;行得去,务加让三分之功。
——《菜根谭》

在漫长的人生道路上，不仅存在着一马平川的顺境，也可能出现举步维艰的逆境，以至于每一个置身其中的人，都难免会在人生的路上遭遇高低起伏的诸多变化。再加上所谓"人情冷暖，世态炎凉"等至理名言也一再提示我们人情世故本身就具有着复杂多变的显著特点，所以在人生这条随处都可能布满陷阱的前进之路上，我们就应该学会一些适时退让的生存策略，既不能处处争强好胜，更不要事事出头抢先。即便是在人生得意、一帆风顺的时候，也应该懂得一些谦逊谨慎的人生智慧，既不要居功自傲，更不可得意忘形。

这种退让的美好品德不仅需要静下心思来慢慢体味，更需要我们在日积月累的现实生活中慢慢养成。但如果真的能够做到这一点，那么不仅可以使我们得到一种安身立命的最佳方法，同时也可以让我们拥有一份受益无穷的美好品德。而这种在一进一退或是一争一让之间可以看开、放手的态度和做法，本身更是一份人生境界的具体体现。其中不仅包含着历尽世事变迁后的一份淡泊，更是寄存着饱经人间沧桑后的一种超越。就在这样的一退一让之间，我们失去的可能只是纷繁俗世中的名利苦恼，可得到的却是精神世界里的快乐人生。

曾经官拜宋朝尚书的杨玢，就是这样一个非常懂得运用退让之法的典型人物。

据历史记载，辞官还乡后的杨玢一直过着一种与世无争的田园生活。即便是在自家的旧宅，曾被居心不良的邻居们侵占了多数后，杨玢还是及时地制止了家人打算要将此事告上官衙的行为，同时告诫他们，既然每个人都会有生老病死的那一天，那么为了一点儿宅地而争个天翻地覆，显然也就没有任何的实际意义了。杨玢的这种懂得退让之法的处世智慧和人生境界，不仅让他的家人们备感羞愧，同时更是让读到这段历史故事的每一个人都深受启迪：在纷繁复杂的现实生活中，我们确实应该像杨玢一样，学会适时地作出退让。这种退让，不仅不是一种软弱和无能的体现，相反倒是为了在人生中取得更大更好的发展和进步，所作出的一种必要的让步罢了。

更为重要的是，这种所谓的退让还会适时地提醒我们：不要去贪图现实生活中的那些眼前利益，更不应该因为在细枝末节上过于斤斤计较，以至于丧失了对于整个大局的准确把握和从容处理。因为一旦我们只知道为了这些事情而去煞费苦心地盘算计较，那么我们的心灵势必就会由于长此以往被这些蝇头小利所纠缠，从而最终变得麻木，到头来反而是失去了自己的健康身心和快乐生活，只能落得个得不偿失的可悲结果。

与之相反的是，如果我们在这种退让的过程中，能够摆脱世俗名利的束缚与羁绊，除去物质欲望对于自身的支配和左右，那么不仅会让自己显得坦然得多、宽容得多，也会因此而拥有一份更为淡泊的心境，以及一个更加开阔的心胸。当我们可以用更为宽广的视野和更为周全的思虑，去面对周围的人或事的时候，即便在未来的人生道路上，还会出现再多的风雨或再大的困难，我们也同样都能做到泰然地走好自己的每一步，直至最终迈向理想中的成功方向。

让一步，自然海阔天空。虽然这句话总是会让我们不免联想到所谓的交通法则，但假如真的因为不具备这样的一种人生原则，就让自己在人生之路上有所闪失的话,那么最终的结果,往往也就比那些违反了交通法则的人强不到哪里去了。

★不争强好胜才能避免灾祸

争先的经路窄,退后一步自宽平一步;浓艳的滋味短,清淡一分自悠长一分。

——《菜根谭》

觉得道路很窄是因为总和人争先,只要退后一步让人先走自然觉得路面宽平许多;人生总是容易腻于太过浓艳的味道,只要清淡一分自然会觉得滋味历久弥香。

《道德经·第六十六章》有言:"以其不争,故天下莫能与之争。"这是什么意思呢? 这是说由于他不与人争抢什么,因此,天下就没有人能与他竞争了。如果你与全国人去争国家,与全天下人去争天下,与所有领域中的人去争成败,结果必然是一无所获。你如果不与他人去竞争,恬静淡泊无所求,或许会有所得,不去争取的竞争反而使天下没有人能与你竞争。

高川秀格,日本的围棋高手,"流水不争先"曾是座右铭。他在围棋比赛时,将阵形布置成像水一样的悠散,不让对方感到畏惧。一旦开战,原本沉静的波澜立即发挥出所蕴含着的威力,迅速击溃对方的攻势,这就是"争先的经路窄,退后一步自宽平一步"的道理。

当然,"不争"不是任何条件、场合、限度都可以使用的,所以它并非要求人在任何情况下都绝对不争以致甘受欺侮。不然,矜无所矜,就成为阿Q,成为懦夫了。那也不符合我们做人需要修养的内容。

不与人相争,就能亲近于人,不与物相争,就能育抚万物,不相争于名,名就自动到来;不相争于利,利就聚集而来。祸患的到来,全是争的结果。如果能与人无争,则获得人生的安全;与世无争,则获得事物的安宁;人事无争,则世界也会和平安定。

也就是说,你的能力并不决定你的行为,是你的身心所处的状态决定的。

你可曾有过突然记不起熟悉的朋友的姓名这样的经历? 何以会有这样的现象? 你明明知道那个人的姓名,可当时就是记不起来了,难道说你笨吗? 当然不是,那是当时你笨的状态影响的结果。

一位射箭世界冠军的心态很大程度上决定了他的成功。每次射击,他都会举起他的弓,眼睛锁定三十码外的靶心。此时此刻,除了红心以外,没有任何事可以吸引他的注意力。他拉紧了弦,眼睛注视目标,沉静而迅速地把自己的身心状态审视一遍,若有一点儿感觉不对,他就放下弓,放松,再重新拉一次。假如一切都检视无误,他只需瞄准靶心,放心地飞出箭,就有信心射中红心。

是否仅是体坛的超级巨星才持有这种冷静的信心、十足的状态呢? 倒也不尽然。只是当体坛明星拥有这种最佳竞技心态时，他才有赢得胜利的可能。

而当心态不佳时，他可能会一扫平日的威风甚至会输给默默无闻的小字辈。同样，即使一位平时成绩平平的运动员，当他处于最佳心态时，他也可能干出惊人的成就，打败那些技术水平虽高但状态不佳的明星们。事实上我们可以随时调整我们的心态，只不过常常被自己遗忘罢了。

所以你如果是想改变自己做事的能力，那么就调整好自己当时身心所处的状态，这样便可以把蕴藏的无限潜能逐一发挥出来，取得惊人的成绩。

★功成就应身退

谢世当谢于正盛之时，居身宜居于独后之地。

——《菜根谭》

一个人要是有不再过问世事的想法，最好是在事业辉煌的时候急流勇退，这样就能保全你的名节；一个人平时注重修身养性，最好是去那些与世无争的清静地区，这样才能收到实效。

《道德经》第九章中有言："功成名遂身退，天之道。"

做为好事的"功成名就"倘若你处理不好的话也会引发祸端。物极必反，凡事发展到顶峰，随后而来的必然是衰退和败落，聪明的人是不会因为贪图虚荣而放不下功名利禄这些身外之物的，否则便可能招致灾祸。

因而奉劝人们要见好即收。事情做好后，不要再贪婪权位名利，而要收敛意欲，急流勇退。

君子看重的不是结果的功成名就，而在努力过程中的尽力而为，就能够做到急流勇退，急流勇退是一种睿智的生活态度。

能够"功成身退"，古人的理解是颇深的，而得益于此的更是不乏其人。

西汉时期的疏广，任太子太傅。疏广哥哥的儿子叫疏受，是太子少傅。任职五年以后，疏广对疏受说："我听人说，如果知道满足就不会受到侮辱，也不会遭到危险，能够成就功名隐退，是一种明智之举。而今你我已功成名就，倘若现在不离开，恐怕是会后悔的。"

因此他们叔侄二人假以身体有病为由，向皇帝请求告老还乡，回家安度晚年。皇帝同意了他们的请求，并赐给他们黄金20斤，太子赐给他们黄金50斤。临走那天，大臣和朋友们在京城外举行送别仪式，送他们车子有100多辆，路边看热闹的人也都说："这两个大夫，真是贤明的人。"

疏广叔侄二人能够做到功成身退，一旦条件有变就先退下来从而保全自己已经获得的成就。正是由于他们知道及时归隐，不仅保全了自己的利益，还获得了世人的称赞。

功成身退也是合乎自然界的法则和规律。只知道一味地前进，而不懂得退守之意，那就有可能盛极而衰。寒尽暑来，变化更替不止，这是自然界的变化规律。然而可悲的是有些人在鼎盛时期不知及时醒悟，到最后就像羊撞在藩篱上一样进退两难。

秦国丞相李斯便是一个很好的例子。李斯在秦国为官，位高丞相，可谓富贵集于一身，也曾叱咤风云不可一世，然而其结果却沦为阶下囚。

临刑时他对自己儿子说，"吾欲与若复牵黄犬，出上蔡东门，逐狡兔，岂可得乎？"到最后丞相做不成了，连做一个布衣百姓和儿子出去狩猎的机会也没有，这是多么典型而又可悲的一个事例！

这正是由于李斯在没有身败名裂的时候没领会"谢世当谢于正盛之时"的真谛的可悲之处。

李斯

任何事都不能超过自己的尺度，做官也是一样，倘若一个人的官位到了一定程度就要及时急流勇退，否则到了否极泰来的时候，后悔已晚。正像前面说的，疏广叔侄二人功成身退则常让后人感叹称赏；李斯为秦国建大功却身亡，发出"出上蔡东门逐狡兔岂可得出"的哀鸣，正好印证了俗语所说的："爬得越高，摔得越重。"权力最能腐化人心，而常常人们由于贪恋名利，便会招致身败名裂的悲剧下场。

第五章　头脑清醒，居安思危

★ 不妨冷眼看世界

> 冷眼观人，冷耳听语，冷情当感，冷心思理。
>
> ——《菜根谭》

用冷静的眼光观察别人，用冷静的耳朵来听言论，用冷静的情感来主导意识，用冷静的头脑来思考道理。

袁枚说过："一双冷眼看世人，满腔热血酬知己。"

常言道"万物静观皆自得"。古人强调的"忍"、"恕"等等修身之理无不和"冷"带些关系，因为只有情冷才能心静。热情如火可以给人以生命力和无限温暖，但是冷静如水却有助于思考精深判断准确。

"冷眼看世界"是一种高超的生存哲学和处事谋略。以冷静的眼光看人就不会被其外表所欺骗；以冷静的耳朵倾听别人的话语就不会偏听偏信，更不会误信小人的谗言被小人算计陷害；用冷静的态度对待外界给予自己的指责或表扬，就不会大喜大悲；用冷静的头脑思考各种道理，更是一种智慧。

一个成熟的人是冷静的，处世是明智的，这样遇事才不会感情冲动不知所措，做事才会有条不紊循序渐进。

人生在世，常常会遇到令人迷惑和苦恼的境况，自己无法弄明白的时候，或无须、不值得为此自己花费太多精力的时候，要能够学会等待，学会冷眼观察，不要玉石俱焚，不要纠缠不清。

唐代苏州寒山寺的两位名住持寒山和拾得对此有过一番很精彩的对话。

一日，寒山问拾得："今有人侮我，冷笑笑我，藐视目我，毁我伤我，嫌恶恨我，诡谲欺我，则奈何？"

拾得曰："子但忍受之，依他，让他，敬他，避他，苦苦耐他，装聋作哑，漠然置他。冷眼观之，看他如何结局？"

这可算是冷眼处世的最高境界了。虽然这种忍耐是消极避世的办法，但"冷眼观之，看他如何结局"，却别有一番正气在，包含了一种俯视人生的姿态和淡泊处之的风骨。

《旧唐书·娄师德传》记载，娄师德是一个既有学识又气量宽宏的人，名相狄仁杰就是他举荐的，但狄仁杰入相后，并不知此事，还因为看不惯娄师德而经常排斥他，以致后来娄师德只好出京城而远到边地去任职。武则天知道后，就拿出往日娄师德举荐狄仁杰的表章给狄仁杰看，说你怎么这样对待有恩德于你的人呢？狄仁杰看了，大为惭愧地说："他从来也不与我辩是非，也不对我说这件事，我受娄公如此包涵还不知，我比他真是差得太远了！"娄师德在朝廷身居要职，为官几十年，谦恭勤谨，从不懈怠，严于律己，宽以待人，在矛盾重重的中枢机构中从未有过帮派之争，也未有大起大落的经历，始终备受推崇，这与他稳重的处世风格是息息相关的。

因此，适时地"冷眼看世界"也是一种有效的自我保护措施，是一种智者之举。

★ 发现真实的自我

矜高倨傲，无非客气，降服得客气下，而后正气伸；情俗意识，尽属妄心，消杀得妄心尽，而后真心现。

——《菜根谭》

人之所以有骄傲无礼的脾气，无非是虚荣心在作怪，只要能把这种虚荣心消除，光明正大的气概就可以出现；人的所有欲望和念头，都是由于虚幻无常的想法所造成的，只要能铲除这种虚幻无常的想法，善良的本性就会显现出来。

正气：至大至刚之气。孟子说："吾善养吾浩然之气，"这种浩然之气就是正气。

客气：言行虚矫，不是出于至诚。

妄心：妄，虚幻不实，指人的本性被幻象所蒙蔽。

真是什么呢？其实妄就是真。因妄以真起，有真才有妄，如果没有真，怎么能起妄呢？比如，必须有水，风一吹才起波浪。假如没有水，风再吹，波浪从何而生呢？这个真不在别处，就在妄处！

一般的人正气、客气都有，但一个智慧的人都要以正气为主心骨，因为正气乃天地之气，也就是孟子所谓的浩然之气。我们的身体如同小天地，在身体中支配我们的主人就是正气，这种正气光明正大，绝不被利害所迷失。所谓"情欲意识尽属妄心"乃是指各种情感、欲望，以及念头、想法，都是由虚幻的妄心所产生的，不消除这种妄想，真心就不会出现，来支配我们。

一个人假如真能不受虚荣心的支配，同时不但不为七情六欲所左右，而且又能逐渐将它们淡化，那正气和真心自然会出现。也就是人们所说的邪不压正，在人身上也是如此，只有正气得到了伸张，那么邪气就才不会支配你的思想行为。

正是由于一般的平凡人不识真性，所以才被迷妄所惑，妄动不停。一旦明悟一心,息下狂心,就是菩提。心本无所生。既无所生,何有真、妄之分呢?就因为我们执著了法相,认为世间一切相,形形色色都是有,才分别美丑、真假。假如你知道一切相都空无自性,宛如水月镜花,不是真实的,无可舍取而彻底放弃,你就于离念处荐取真心,不复有真、妄之分了。

这里要注意的是,这里提到的正气、客气以及所谓的妄心、真心,就是让人们把世俗的欲念、虚伪的造作去掉,才能显出本性,显出一个本我。

★待人之道和气谦逊

节义之人济以和衷,才不启忿争之路;功名之士承以谦德,方不开嫉妒之门。

——《菜根谭》

崇尚节义的人容易有偏激的行为,所以须调剂以温和平缓的胸怀,温和平缓就不会与人有意气之争;功成名就的人容易有自大的心理,所以须辅助以谦恭和蔼的美德,谦恭和蔼就不会招致人们的嫉妒。

《尚书·皋陶谟》:"同寅协恭,和衷哉。"又说,"以五礼为正诸,同敬,合恭,使能和善"。

《国语·鲁语下》:"夫苦匏不材于人,共济而已。"

"和衷"就是和合善良的美德。"忿争"则是"怒争","忿"有怒之意。严格遵守"节义"的人,为保持情操,必须与他人有所区别,这样容易产生对立抗争的印象,并使人产生怨恨。

坚持节义操守的人,容易陷于"唯我独尊,行动特出"的孤高境界中。为了弥补因固守节义而产生的与众人之不协调,应以和善之德修身,才不会与他人起纷争。

恪守情操没有非难的地方,只是严格遵守节义的人,为了实行它遵守的道义,必然会显得与他人格格不入。由于社会是个多数人共同生活的团体,无人不能离群索居,因此,遵崇节义时,如何与众人相处融洽时首先应注意的问题。

惨痛的历史教训历历在目。东汉末年,后宫宦官兴起,扰乱朝政,于是节义之士便起而结党,因而引起政治改革运动,展开了与统治者争权的纷争。后来,这些改革派的名节之士受到控制,被处以死刑,禁锢、流刑、除籍,牺牲者多至数百人,此即历史上的"党锢之祸"。这样的大纷争也是因为标榜节义而引起的。

一个看重功名的人,向来都比较自信,甚至有炫耀自身功绩的缺点。这样的人士被他人所钦慕,如能辅助以谦逊的品德,便可避免招来他人的嫉妒。

"谦德"即是谦虚、知让的美德。《史记·太史公自序》有言:"景公谦德,荧惑退行。剔成暴虐,宋乃灭亡。"意思是说:齐景公谦让的美德,甚至使荧惑星都自然退隐。而剔成暴虐无道,宋国因此而灭亡。"荧惑",《史记》中将之解释为显示兵乱征兆的星星。所谓荧惑"出则有兵，入则兵散"。也就是说：有谦让美德的君王，象征兵乱之星也能退走。

谦让的美德可以弥补防患自古以来具功名之士常招小人嫉妒的缺陷。

总之，做人不能凭借自己的优点以待人接物，不能因一方面有优点就忽视另一方面的不足。

对恪守情操的节义之士而言，因为其性格刚强就可能导致偏激地看问题。就刚强而言是优点，就激烈而言是缺点。为了取长补短，平日要养成温和的处世态度，注意激烈的个性的缓和，才能与人维持良好的关系才能与世无争。

对于身份地位的人，做人更应明白树大招风，功大招忌的道理。保持一种谦恭和蔼的态度，才能维护功业的长久。做人不论处于什么位置都应谦和谨慎，避免无情的人际纷争，做自己应做的事情。

★居安思危是正道

老来疾病，都是壮时招的；衰后罪孽，都是盛时造的。故持盈履满，君子兢兢焉？

——《菜根谭》

年老的时候体弱多病，都是因为年轻时不注意爱护身体；一个人事业失意以后还会有罪孽上门，那都是得志时种下的祸根儿。因此一个修养高深的人，即使生活在幸福环境处，在事业巅峰，也会兢兢业业，戒骄戒躁，小心谨慎，为今后打好基础。

《小窗幽记》中有这样一句话："成名每在穷苦日，败事多因得志时。"

一个人到老年的时候，不仅没有健康的身体，反而体弱多病，这些现象我们司空见惯。这都是因为在自己年轻的时候，不注意保养身体，因为那时候年轻力壮，对什么都满不在乎无所谓，我行我素，依然故我。这样日积月累，最后导致了体弱多病的后果。

同理，如果一个人的事业到后来越来越衰败，甚至到了一败涂地的地步。那都是由于在事业非常鼎盛时期，不注重修养自己的品德，胡作非为，傲慢无礼，不能够勤勤恳恳、脚踏实地做事情，所以才会有这样的结局。

繁盛的时候要考虑到衰败的时候。就像是人的体格，青壮年时不注意保养锻炼，老来多病又能怪谁呢？而一个有修养有道德的人，在顺境、在有势时，总是小心翼翼，居安思危，今朝有酒今朝醉的市井之徒那样的生活态度绝不会是他们所有的。来自农民家庭的福特汽车公司创始人亨利·福特，16岁时，他离家到底特律，在爱迪生照明公司当工人。当时，汽车刚诞生不久，他被这新奇的玩意吸引住了，从1899年起，他凭着一股初生牛犊不怕虎的劲头，两次创办汽车公司，但都以失败告终。

福特在 1903 年,用 15 万美元与几个同行合伙,再一次办起了福特汽车公司。这次,他吸取了教训,聘请了一位专家——詹姆斯·库兹恩斯担任公司的经理。

库兹恩斯不愧于专家的称号。他一上任,立即采取了两项重大措施。一是进行市场调研,通过调研,他得出只有生产出价廉且美观耐用的产品才能打开销路的结论。二是为价廉的目的,通过提高劳动生产率来降低生产成本。

施行措施后,福特公司马上在汽车行业崭露头角。1906 年,当其他竞争对手集中精力,生产专供有钱人乘坐的高级汽车时,福特公司推出一种能大量生产、售价便宜的汽车。这种汽车每辆仅售 500 美元,出产后,立刻占据了大部分汽车市场。

福特公司在两年后,又推出既便宜又高效的旅行车,每辆 850 美元,后来又逐步降价到 450 美元。价廉自然多销,旅行汽车一时风靡市场,畅销世界各地。在短短 7 年的时间里,福特公司赫然成为世界上最大的汽车制造公司,亨利·福特本人也被冠上"汽车大王"的称号。

成功和荣誉虽然会促使一个人更加奋发,但也会使一个人得意忘形。

福特汽车公司因为聘请了詹姆斯·库兹恩斯担任公司的经理,业绩蒸蒸日上,销售形势十分喜人。面对频频传来的捷报,被繁荣冲昏了头脑的亨利·福特,开始变得独断专行。

为了独揽公司的一切,他取消了经理制。公司的高级领导人员不过是虚设的组织形式,或不如说只是他的私人秘书,他一人决定了公司的一切决策、一切人事安排、一切生产和买卖事务。公司没有经理部,没有开过任何像样的讨论会或研究会,这种家长式的领导体制造成公司管理极度混乱。任人唯亲导致在公司担任高级职员的 500 余人中竟没有一名大学毕业生;机械、厂房陈旧,无人过问技术更新;财务报表像杂货店账本一样原始,没有预决算,早已死亡的员工名字还列在工资单上……此外,他还一意孤行,不听逆耳忠言。凡有异议者,他视作眼中钉、肉中刺,必欲除之而后快,因而落得众叛亲离的境地。

1915 年,连库兹恩斯也失去了信心,对他也产生了厌倦之感,被迫离开他经营近 10 年的福特公司,另觅出路。

亨利·福特在企业的组织管理、产品更新换代上,则表现得故步自封、因循守旧。旅行车问世后的 19 年里,他一直以这单一的车型献给消费者,借此维持市场,公司业务的发展被大大阻碍了。

它的老对手通用汽车公司在福特公司停滞不前时,迅速地赶超了上来。面对通用公司咄咄逼人的攻势,福特公司大量的业务和市场被通用公司抢走,而福特公司只有招架之功,而无还手之力。1928 年,福特公司无可奈何地让出了世界汽车销量第一的宝座,通用公司则戴上了这顶桂冠。1929 年,福特公司在美国汽车市场的占有率降为 31.3%。到 1940 年,更跌至 18.9%,真是凄惨不堪。

记住,我们办好事情的前提条件是谨慎。"如临深渊,如履薄冰",有了这种小心谨慎的态度,跌的跤就肯定要少一些。所以,真正有智慧的人,总是以虚心谨慎的态度面对自身,面对事业。所以,每个人必须都要有居安思危的思想,要遵循"持盈覆满,君子兢兢"的道德原则。

第二篇　《小窗幽记》智慧通解

导读

　　明代文人陈继儒所著的《小窗幽记》是一部促人警世、微言大义的人生哲言小品集，被称为"人生的回味和处世的格言书"。《小窗幽记》与《菜根谭》、《围炉夜话》一起被称为"中国人修身养性之三大奇书"。

　　《小窗幽记》中几乎每一句话都可视为铭言，蕴涵着深刻的哲理，警世醒世，富含人生真味。言辞简洁，优美隽永。大多是总结了坎坷人生的多种经验，教人如何避开锋芒，如何免遭灾祸，如何以礼待人，如何规范行止，以及生活的方法、处世的良策等。内容教育性强，劝人勤学，导人向善，立正直之品行，树清廉之威望。

　　细品《小窗幽记》，可品出人生之味。其一味淡。富贵功名、荣辱得失，皆如过往云烟；人生匆匆、韶华易逝，转瞬已生命无多。还不如豁达一些，举杯邀明月，皎洁自己一生的心境。其二味闲。"拙之一字，免了无千罪过；闲之一字，讨了无万便宜。"看了这类话，让人不免开颜，拍案叫绝，真是一针见血。其三味清。卷中有这样一句话："佳思忽来，书能下酒；侠情一往，云可赠人。"静心读书，是一种享受，读书又能佳思，真可谓人生一种超然物外的绝美境界。

第一章　胸怀大志，成就大业

★珍惜时间的人，才会有凌云壮志

惜寸阴者，乃有凌铄千古之志；怜微才者，乃有驰驱豪杰之心。

——《小窗幽记》

珍惜时间的人，才会有凌云壮志；爱惜人才的人，才会有领袖绝伦的豪情。

高效做事的人，往往惜时如金。通常，工作紧张的人都会拒绝与人海阔天空闲聊，他们不希望因此浪费自己宝贵的光阴而受到损失。

与人洽谈生意能以最少的时间产生最大效力的人，在美国现代企业界里，首推金融大王摩根。

摩根直至晚年仍一如以前是每天上午9点半进入办公室，下午5点回家。有人对摩根的资本进行了计算后得出，他每分钟的收入是20美元，但摩根自己说好像还不止。

除了与生意上有特别重要关系的人商谈外，他还从来没有与人谈过5分钟以上。通常，摩根不像其他的很多商界名人，只和秘书待在一个房间里工作。他总是在一间很大的办公室里，与许多职员一起工作，这样便于随时指挥他手下的员工，按照他的计划去行事。如果你走进他那间偌大的办公室，是很容易见到他的，但如果你没有重要的事情，他绝对不会欢迎你的。

摩根有极其超人的判断力，他能够轻而易举地猜出一个人要来接洽什么事。当你和他说话时，一切转弯抹角的方法都会失效，他能够在很短的时间内猜出你的真实意图。具有这样卓越的判断力，使摩根节省了很多宝贵的时间。有些人本来就只是想找个人来聊聊天，却耗费了工作繁忙的人许多宝贵的时间，摩根最无法容忍的就是这种人。

善于应付客人的人在得知来客名单之后，便会相应地预备出时间来。老罗斯福总统就是一个典范：当一个分别很久只求见上一面的客人来拜访他时，他总是在热情地握手寒暄之后，便很遗憾地说他还有很多客人需要接见。这样一来，那位客人就会很简洁地道明来意,告辞而返。

某位大公司的老总待客谦恭有礼而美名远扬,他每次与来客把事情谈妥后,便很有礼貌地站起来,与其握手道歉,说自己很遗憾没有更多的时间多谈一会儿。那些客人也都非常理解他,对他的诚恳态度也都特别满意,所以并不会埋怨他不肯赏脸。

有很多实力雄厚、目光敏锐、深谋远虑的大企业家,都是以沉默寡言与办事迅速而著称的。他们所讲的话,每一句都十分准确、到位,都有一定的目的。他们从来不愿意在这上面多耗费一点时间。当然,有时一个做事和待人简捷迅速、斩钉截铁的人特别容易引起一些人的不满,但他们绝对不会把这些放在心上。为了事业上能有所成就,为了要恪守自己的原则,他们不得不减少与某些人的来往。只有那些注重时间的人才能高效地做事。

一个人只有真正认识到时间的宝贵,他才能有意志力去防止许多打扰。因此,一个高效做事的人,肯定也是一个惜时如金的人。

★只有因地制宜,才能事半功倍

事忌脱空,人怕落套。

——《小窗幽记》

事情最怕没有着落,人最怕流于凡俗。

人处事应因地制宜,而不应因循守旧。因地制宜,指的是具体问题具体分析。诸葛亮就善于因地制宜,总能想出许多精彩的金点子,把事情办得妥妥帖帖。

早年,李冰在成都平原完成了名垂千古的工程——都江堰。这不仅是当时最大的水利设施,也是益州农民的生活命脉。诸葛亮极为重视都江堰,认为它是发展农业生产的重要保证。为此,他专门设置了堰官,负责保养、整修及管理,并派1800多名壮丁常驻在堰区中,以保证都江堰能够永远维持"最佳状况",提高灌溉能力,在蜀中农业生产上,能发挥最大的作用。

当时新增的水利设施也很多,现在成都市西北郊的柏河上,有一条九里多长的长堤,名叫"诸葛堤"。这是当年诸葛亮为了防止洪水冲坏低洼地区农作物而特别让人修建的。当时,成都平原被称为"天府之国",牛羊遍野,禾苗茁壮,旱涝保丰,一片丰饶景象。

盐和铁一直都是益州的特产,也是民生经济发展的重要资源。东汉时期曾废止盐铁经营禁令,将其交由民间经营,结果地方官吏勾结豪强,从而掌握了其经营权,哄抬价格,不但造成民生困难,也为国家减少了大量收入。

刘备定益州后,在诸葛亮的建议下,重新设立了盐铁公营机构——"司盐校尉"(第一任是王连)以及"司金中郎将"(第一任为张裔),专门负责管理盐铁的生产以及农器、兵器等的制造,不准豪强或官商勾结,私占国家资源。

在汉朝时蜀中的煮盐业已经十分发达,蜀中出产的盐来自于井盐。在临邛、广都、什邡等地也都有盐井,蜀地居民已熟练掌握了煮盐的技术,有些地方甚至已懂得使用火井(天然气)来煮盐。据张华的《博物志》记载,临邛有"火井"一所,深二三丈,纵广五尺……诸葛丞相曾亲自前往去视察,"后火转盛热,以盆盖井上,煮盐得盐"。

蜀中有一片山区,叫仁寿,因其蕴藏着大量铁矿,故有铁山之称。诸葛亮利用这里的铁矿来铸造兵器和农器,即历史上记载"采金牛山铁"铸剑的故事。诸葛亮还特别重视技术的改良,益州人蒲元是一个炼钢的好手,以"熔金造器,特异常法"著名,诸葛亮便提拔他为蜀汉官吏,以全面提升蜀汉兵器的品质。

刘备

罗锦也是蜀中地区的特产,锦文分明,绮丽多彩,非常美丽。"织机"的图像,都可以看出在东汉时代四川早已广种桑树,丝织手工业已特别发达。

刘备平定益州后,在赏赐诸葛亮、法正等功臣时,其所赐物品中便有大量的"蜀锦"。后来诸葛亮上刘禅的议奏中,也曾讲到:现在百姓还贫穷,国家还空虚,要想有足够的财力资源,只有依靠发展织锦业。为了抓好织锦的经营管理,诸葛亮还专门设置了锦官,组织人力贩运至曹魏、孙吴控制下的广大地区,赚回了大笔的物资和货币等。在诸葛亮的支持与鼓励下,蜀锦生产空前地发展起来,产销两旺、民殷国富。百姓们为了歌颂诸葛亮,称蜀锦为"武侯锦",而经常用于濯洗蜀锦的南河,因此而又被称为"锦江",成都亦被誉作"锦城"。

范晔在《后汉书》中,记载曹操曾派人到蜀买锦的事。另外,裴松之在《三国志》注引中,也有以蜀锦作为国礼而赠送孙权的记载,足见蜀锦在当时的名声之高。蜀锦的顺利发展无疑给蜀汉经济发展添了一臂之力。

尊重经验是人进取的捷径,但在特殊的环境下,只有因地制宜,才能事半功倍。若一味亦步亦趋,不仅落套,也不利于自己事业的发展;相反,锐意改革,不仅能令观者耳目一新,诸多难题也会因你思维的转变迎刃而解。

★忍人所不能忍,做人所不能为

必能忍人不能忍之触忤,斯能为人不能为之事功。

——《小窗幽记》

能忍他人所不能忍的悖逆，才能做他人不能做成的事业。

公元 616 年，李渊被诏封为太原留守。当时北边的突厥用数万军马多次进攻太原城池，李渊遣部将王康达率军队出战，几乎全军覆灭。后来他巧使疑兵之计，才勉强吓跑了突厥兵。然而，在突厥的支持和庇护下，郭子和等纷纷起兵闹事，李渊防不胜防，项上人头随时不保。

在常人看来，李渊当时处在内外交困的局势，必然会奋起反击，与突厥决一死战。不料李渊竟派遣谋士刘文静为特使，向突厥屈节称臣，并愿将其全部金银珠宝统统送给始毕可汗！

李渊

原来李渊根据天下大势，已决定起兵反隋。要起兵成大气候，太原虽是一个军事重镇，但不是理想的发家基地，必须西入关中，才能号令天下。而西入关中，太原又是李唐大军绝对不能丢失的根据地。那么用什么办法才能保住太原并顺利西进呢？

当时李渊手下不过三四万人马，即使全部屯驻太原，应付突厥与盗寇的随时出没，已是捉襟见肘。而现在要进伐关中，显然不能留下重兵把守。唯一的办法便是和亲，让突厥"坐受宝货"。因而李渊才不惜俯首称臣。

李渊的退步策略获得了大丰收。始毕可汗果然十分赞成与李和亲。后来，李渊派李世民出马，不费周折便收复了太原。

而且，李渊还得到了突厥的不少资助，始毕可汗一路上送给李渊很多马匹及士兵。李渊还乘机购来数以万计的马匹。这不仅为李渊拥有一支战斗力极强的骑兵奠定了重要基础，而且因为汉人素惧突厥兵英勇善战，李渊军中有突厥骑兵，这为他增加了不少的声势。

李渊让步的行为，虽在名誉及物质上都有很大损失，但在当时的情况下，不失为一种明智的策略，它使原本弱小的李家军既平安地保住了后方根据地，又顺利地西行打进了关中。

很多时候，成功只是一种结果。为了最后的成功，暂时让步妥协，绝不是不求上进，而是为了我们更有把握赢得成功。

★事在人为，求人不如求己

休委罪于气化，一切责之人事；休过望于世间，一切求之我身。

——《小窗幽记》

国学经典文库

国学大智慧

·《小窗幽记》智慧通解·

图文珍藏版

不要将一切归罪于命运，一切都在于人为；不要将希望寄托在他人身上，求人不如求己。

认识自己的缺点是非常必要的，可借此谋求改进。而若仅认识自己的消极面，就会陷入混乱，对自己毫无信心，看不到自己的价值。所以，我们应该学会客观、全面地认识自己，决不要看轻自己。

经济学博士、拥有14家上市公司、拥有极高经济才能的亿万富翁艾尔宾·菲特纳先生曾说："无论是获得财富或其他各领域的成功，冒险都是不可避免的。"

菲特纳先生有个下属，深通说服之术，并且，他对于自己所销售的商品都充满信心，所以再有难度的业务，他也能成功洽谈下来。在进入公司很短的时间内，他便展现了极其惊人的业务能力和相应的成绩。菲特纳先生破例地除了周薪之外，另外发给他一笔800美元的奖金。当天，那人高兴地回家了。不料第二天那人却做了件令菲特纳先生十分震惊的事，因为那人竟然对菲特纳先生说：

"董事长，昨晚我和妻子长谈了一夜，认为我上周的业绩有很多运气成分。我想，运气不会一直这样眷顾我的，我太太也很担心，万一这礼拜我一笔业务都谈不妥，那该怎么办？她甚至担心得哭了起来。所以，我想请您收回本周的奖金，不要按件计酬，能不能固定每周给我300美元的周薪？当然，我还是会像上周一样那么努力地去工作的。因为我认为，我是有家室的人，安定的生活是最重要的……"

后来，菲特纳先生毫不犹豫地说：

"当然要开除他！一个对自己的能力一点自信都没有的人，迟早是会失败的。他努力工作，只是想要过安定的生活。而事实上，除了那种能力之外他还具备更多的能力，而他却只为了'安定'，要求较低的报酬。除此之外，并无其他。别为了退休后少许的退休金而迷惑，要有一种激情去迎接所遭遇的一切挑战。"

过分高估自己的能力，盲目自大，注定会碰得头破血流；同样，过分低估自己的能力，遇事战战兢兢，也会让自己因丧失机会而取得的实际成就比你应该达到的要小得多。

★坚持不懈，才能获得最后的胜利

士人有百折不回之真心，才有万变不穷之妙用。

——《小窗幽记》

一个人只有真正具备百折不挠的坚强意志，才能碰到任何变化都有应付自如的办法。

失败是对一个人人格的最大考验，在一个人除了生命以外的一切都已丧失的情况下，内在的力量到底还有多少？有没有勇气继续奋斗？若自认失败，那他本来所具有的能力便会全部消失。而只有毫不畏惧、勇往直前、永不放弃的人，才会在自己的生命里有伟大的进展。有时候环境是可以改变的，只要你以顽强的信念对待一切,就能为自己创造辉煌的前程。

拿破仑年幼时,生活极其清贫。他的父亲出身贵族,虽然后来家道中落而一贫如洗,但他的父亲仍保持着贵族的身份,依然多方筹措费用,把拿破仑送到柏林市的一所贵族学校去念书,借以维持自己家门的尊严。但是那所学校的学生大部分家境优裕、丰衣足食,拿破仑自己则十分贫寒,所以常受到那些贵族子弟的嘲笑和欺负。

刚开始他还勉强忍耐着那些同学的作威作福,但后来实在忍不住了,便写了一封信给父亲,诉说他的苦处。信上他这么说:"因为贫穷,我已经受尽了同学们的冷嘲热讽,我真不知应该怎样对付那些妄自尊大的同学。其实他们只是比我有钱罢了,但在其他方面,他们远不及我。难道我一定要在这些奢侈骄纵的纨绔子弟面前忍气吞声地继续学习吗?"

他父亲的回信只有短短的两句话:"我们虽然穷,但是你非在那里继续读下去不可。等你成功了,一切都将改变。"就这样,他在那个学校里继续读了5年,直到毕业为止。在这5年里,他受尽了同学们的百般歧视,但每受到一次欺负和嘲弄,他的志气就增长一分,他决心要把最后的胜利拿给他们看。

当然,要达到这个目标并不是那么容易的。那么拿破仑是怎样做的呢?他只有在心里暗自计划,决定下一番苦工夫,充实自己,使自己将来能够远远超过那些人。

但成长多磨难,拿破仑又受到了另一个严重的打击:20岁那年,他那孤高自傲的父亲去世了。家里只剩下他和母亲两人。那时他只是一名少尉,所得仅够他们母子两人勉强维持生计。

他在队伍中,由于体格衰弱、家境贫困,不但上司不愿提拔他,就连同事也瞧不起他。因此,每逢同伴们利用闲暇时间娱乐时,他则独自苦干,把全部精力都放在书本上,希望用知识和他们一争高下。好在读书对于他是一种享受,他可以不费分文地向各图书馆借得他所需要的读物,从而获得宝贵的学问。拿破仑读书有一个原则,他不读那些平凡无用的书来消遣解闷,而是专心寻求那些能使他提高能力的书来读。他的"书房"是一间又闷又小的陋室,在那里他终日闭门苦读。

他克服了各种困难,从不间断地苦学了好几年,单是从各种书籍中摘录下来的文摘,就可印成一本4000多页的巨书了。此外他更把自己视为正在前线指挥作战的总司令,把科西嘉当作双方的战场,画了一张当地最详细的地图,用极精确的数学方法,计算出各处的距离远近,并对某地应该怎样防守、某地应该怎样进攻给出了详细的解答。这种练习,使他的军事知识大大进步,终于得到上级的赏识,给他开辟了一条晋升之路。

他的上级在得知他的才学之后,将他升任为军事教官,专教需要精确计算的种种课程,结果成绩十分优秀。从那以后,他便逐渐被人们所认识,直至获得全国最高的权力。

真正伟大的人,对于世间所谓的种种成败并不放在心上,他们不因外物的好坏或喜或悲。这种人无论面对多么大的失望,坚持不懈,终能获得最后的胜利。

★欲"大有"的领导者,不可太偏激

气节激昂者,当以德性融其偏。

——《小窗幽记》

志向和气节激烈昂扬的人,应当加强品性道德的修养来消融他偏激的性情。

人的一生离不开形势和位置的限制,而它们能决定人将来的走向和结果。所以,是否能顺应它们,按部就班去行事,关系到"大有"和"一无所有"两种完全不同的结果。春秋时期晋国权臣荀瑶的行为及其结局,就是很好的一例。

春秋末年,晋国的四大家族控制着朝政,国君形同虚设。在荀、韩、赵、魏四大家族之中,势力最强的是荀家。

荀家的当权者荀瑶是个极其贪婪之辈,他自恃兵强马壮,便想消灭其他三家,独霸晋国。荀瑶的谋士一致认为时机未到,向他进言说:

"我们目前的这种强大,还没达到足以把他们三家全部消灭的程度,如果现在动手,万一他们联合起来,我们就是弱者了,恐怕连自保都难。不如暂缓此事,抓紧扩充实力,那时一定可以成功。"

荀瑶急不可耐地说:

"我们的强大是世人有目共睹的,他们三家若是日后强大起来,我们还有机会下手吗?我不会安于现状、坐失良机的。"

荀瑶便开始向三家索取土地,韩、魏两家敢怒不敢言,依照要求照办;赵家却坚决拒绝,不肯听命。

赵家当权者赵无卸这样对其手下人说:

"荀家太欺负人了,他们无理索要土地,没有人会真心奉献。尽管我们弱小,只要有所坚持,韩、魏两家一旦改变主意,荀家就不足为患了。"

赵无卸的手下却没有这么乐观,其中一人劝他不要铤而走险,忧心如焚地说:

"答应荀家的要求,祸患是将来的事;如果立即回绝,祸患马上就会降临。我们现在保命要紧,否则硬打硬拼,我们甚至可能会丧失一切,再难图存。"

赵无卸坚持己见,荀瑶一意孤行,于是荀瑶联合韩、魏二家共同攻打赵无卸,约定灭掉赵家之后,三家共享赵家的土地。

赵无卸连连失利,最后困守晋阳城。晋阳城兵精粮足,易守难攻,三家联军围了两年也没有攻下。后来他们采取水攻,引汾水灌城,眼见大水就要淹过城墙的时候,赵无卸派人潜入韩、魏两家军营,说服他们反叛荀家。赵无卸的人对他们说:

"荀瑶恃强凌弱,并非一两次。你们恐遭祸患,方才无奈出兵相助。如此一来,一旦赵家灭亡,荀家的实力增强了,你们岂不更会受其压迫?荀瑶志在灭我等三家。忍气吞声不是真正的自保之道,与其日夜恐惧被他吞并,不如大家联合起来,灭此大患呢?"

韩魏两家被说中了要害，经过一番思索，他们毅然倒戈，和赵家合力剿杀荀家。荀瑶不料有此突变，来不及采取任何措施，荀家兵团全军覆灭，荀瑶满门被诛，他的族人也无一幸免。

自命不凡的荀瑶之所以没能得到"大有"的结果，反而祸及族人，就是因为他一味贪心，不知给对手留些余地。

人们建功立业，当然希望取得圆满结果。而这一切的取得，当然不是随便就能得来的，关键还取决于能否把握和遵循事物的规律和方向。当然，这种遵循必须是积极的，尽力把它往有利的方向引导和应用。

★对一个人而言，胸怀大志至关重要

蒲柳之姿，望秋而零；松柏之质，经霜弥茂。

——《小窗幽记》

蒲草和弱柳，每到秋天就枯黄了；只有松柏，才能在秋雨冬霜中更显苍翠。

万事万物，都有一个潜藏、萌发、成长、全盛，然后由盛至衰的发展过程，人的行为应当遵循这一自然规律。在自强不息的同时，把握时机，善知进退。当力量薄弱的时候，应该厚积薄发，切忌轻举妄动；当可以出世而又羽翼未丰的时候，应该以诚待人，积聚力量；在成长阶段，一方面应该奋发有为，另一方面要戒骄戒躁，谨慎处事；当机会来临时，应该抓住最有利的时机，一举成功。

澳门富豪何上舟曲折的奋斗史，正是这种规律的最好解释。

20世纪30年代末，何上舟以优异的成绩进入香港名校——香港大学，专修理科。1941年太平洋战争爆发，新港督规定香港大学生都有参军义务。1941年12月8日，日军大举进攻香港。何上舟被分配到防空警报室做电话接线生。警报室设在他叔公何甘棠花园洋房的地下室里。

自从战争爆发以来，物价一天高过一天，母亲做工的积蓄应付不了昂贵的米价。母亲唉声叹气，不知日子怎么过，但更担忧何上舟的安全。与母亲商量后，怀揣10元港币的何上舟在一天晚上搭一艘小船前往澳门，加入由葡、日、中三方合办的联昌公司——澳门的最大公司之一，主要业务是借战争之机利用机船运送粮食货物供应市民，而获取利润。

到澳没几天，何上舟便遇到来澳避难、极负盛名的何东爵士。他虽是何东的侄孙，在香港却很少有见他的机会。在何上舟看来，何东一直是高高在上的大人物。现在都是避难，因此爷孙俩见面格外亲切。何东鼓励何上舟："年轻人出来做事，要想成功，须记住两条：一是要勤奋、肯干；二是钱到手里要抓紧，不要乱花钱。"

从这以后，何上舟铭记着何东的鼓励，发誓要在澳门干出一番事业！他在联昌公司任秘书期间，还负责粮油棉纱生意。原有的中、英两种语言应付不了，他就拼命学习日、澳两种语言。凭着努力，不多久他就学会了简单的日常用语。

何上舟在联昌公司只做了一年职员,因为他的成绩突出,才干出众,就被公司吸纳为合伙人。他的主要职责是押船,就是把货物运到海上,与贸易伙伴在海上交易。

他凭借着自己良好的作风与机敏的反应力,深受老板赏识。有一次押船,不是平常的以货易货,而是以钱易货,老板当时让他身揣30万港元现金——相当于今日的好几千万元港元。

当他的船到达交易海面时,没有见到对方船只。天上没有月亮,海面一片漆黑。到凌晨4点,才听到由远而近的马达声。为慎重起见,他吩咐水手过去验船。水手回答道:"对方吃水这么深,不会有问题。"话音刚落,机关枪就扫射过来,水手当场身亡。就在这时,从漆黑的海面上跳过来数个海盗,缴去了船上的枪支。面带凶相的几个家伙用枪顶着船员,叫道:"把衣服统统脱光!"

当何上舟脱光了衣服时,30万元巨款暴露了出来。海盗们从未见过这么多钱,个个眼珠发绿。海盗老大命令一个海盗守住他,其他人把钱抱回海盗船。船上的水手一丝不挂,被海风吹得瑟瑟发抖。

海盗分完钱后,又吵又闹。看守何上舟的海盗坚持不住了,也跳上海盗船去抢钱。此时,海浪已把两艘船分开。何上舟吩咐水手开船逃跑。海盗船上的机枪一阵扫射,但因联昌船是空载,速度很快,一会儿就消失了。

与往常不同,这次出海多用了好几天。联昌公司的老板见船未准时回港,知道事情不妙,就一直等候在码头。

正当众人无奈准备离开的时候,船终于回港了,只有何上舟与舵手穿着雨衣,其他水手皆赤身躲在舱里不敢出来。公司的日方主管齐藤等抱着何上舟热泪盈眶。

何上舟冒死入海,成为联昌公司赚钱的头号功臣。这一年,联昌公司为何分红,股金高达100万港元。此时,何上舟才22岁。为了开创自己的事业,何上舟意欲离开公司改换另一种工作。就在这个时候,梁基浩邀请他去做澳府贸易局供应部主管,何上舟欣然前往。

由于长期战乱,农田荒芜,粮食匮乏,澳门经常闹米荒,于是,何上舟就召集一批人前往广州购米。广州黑市里出售的米非常昂贵,但是他凭着出色的才能,得到了市政府囤积的官粮。数天之后,何上舟已经率领4艘满载大米的船队到达澳门。船抵码头,上千澳民站在岸边拍手欢呼。此时令何上舟激动的不是那一沓沓花花绿绿的钞票,而是他已经成为了澳门人民的英雄!

战后,时局平稳,很多香港人乘船来澳门赌钱。何上舟不失时机地创办了一间船务公司,购置了一艘载客3000人的客轮,这是当时港澳航线上最大最先进的客轮。此后不久,他又将经营范围扩大至当时的各行各业。次年3月30日,他正式与澳门政府签订承办博彩业的新合约。

签约两个月后,4人合办的澳门旅游娱乐有限公司正式挂牌成立。当时霍英东任董事长,叶汉、叶德利任常务董事,何上舟则作为股东代表人和持牌人担任总经理,主管公司事务。何上舟成了澳门赌业名正言顺的掌门人。

此后,澳门的赌场生意一天好过一天。1970年,娱乐公司扩大赌场,何上舟斥资6000万澳元修建葡京酒店。至此,白手起家的何上舟终于成为澳门叱咤风云的人物。

何上舟的身上始终有一股不屈不挠、坚持向上的阳刚之气,这股阳刚之气,指引着他一生的发展走向。透过他的人生历程,我们可以看到成功的真义:只有奋发图强,自强不息,才是走向成功的唯一途径。

对一个人而言,是否胸怀大志是至关重要的。只有胸怀大志,才会得到大的发展,才能成就一番宏伟事业。一开始所有人都是平凡的,但是只要拼搏进取、自强不息,弱小终会变得强大起来。这是一种指引人生方向的大谋略。当然,我们做任何事也必须审时度势。它包括两方面的内容,一方面是客观现实,另一方面是客观规律。如果客观条件不允许,就得先创造条件,顺应并利用客观规律,否则,只靠盲目的努力,恐怕未必如愿。

第二章 目光长远,蓄势待发

★对权力与金钱不可欲望太浓

> 将难放怀一放,则万境宽。
>
> ——《小窗幽记》

能把最难放怀的事情放在一边,那么心境永远会平静豁达。

严子陵是我国古代著名的隐士之一,浙江会稽余姚人。他原名叫严光,子陵是他的字。严光年轻时就是一位名士,才学和道德都很令人推崇。那个时候,严光曾与后来的汉光武帝刘秀一道游学,两人是同窗好友。

后来刘秀当了皇帝,严光便改了名字,退隐山林。待到朝政稍微稳定之后,光武帝刘秀想起了自己的这位老同学。因为找不到这个叫严光的人,所以他就命画家画了严光形貌,然后派人"按图索骥",拿着严光的画像到四处去寻问。过了一段时间之后,在齐国那个地方

严子陵

有人汇报说:"发现了一个男人,与画像上的那个人长得很相似,整天披着一件羊皮衣服在湖边悠闲地钓鱼。"

刘秀听完,猜想这个钓鱼的人就是严光,于是就派了使者,驾着车,带着厚礼前去聘请。使者一共去了三次才把这个人请来。此人果然就是严光。刘秀高兴极了,立刻给严光安排房子住下,并派了专人侍候。

司徒侯霸和严光是老朋友,听说严光来到朝中,便派了自己的下属侯子道拿自己的亲笔信去请严光。侯子道去时,严光正在床上躺着。他伸手接过侯霸的信,坐在床上读了一遍。然后问侯子道:"君房(侯霸的字)这人是不是有点痴呆,是不是还经常出点小岔子呀?"侯子道回答:"曹公现在身处一人之下万人之上,已经不痴了。"严光又问:"他叫你来干什么呀? 来之前都嘱咐你些什么话呀?"侯子道说:

"曹公听说您来了，非常喜悦，特别想找您聊聊天，但因为事太忙，抽不出身来。所以想请您晚上亲自去见见他。"严光笑着说："你说他不痴，可是他教你的这番话还不是痴语吗？君主派人请我，千里迢迢，往返三次我才来。我人主还不见呢，何况曹公只是人臣，难道我就一定该见他吗？"

侯子道请求严光给自己的主人写封回信，严光说："我的手不能写字。"然后口授道："君房足下：位至鼎足，甚善。怀仁辅义天下悦，阿谀顺旨要（腰）领绝。"侯子道嫌这封回信太简单了，请严光再多说几句。严光说："这又不是买菜！"

侯霸收到严光的回信很气愤，第二天一上朝便在刘秀面前告了一状。光武帝听了侯霸告状却只是哈哈大笑，说："这可真是狂奴故态呀！你不用与这种书生一般见识，他这种人就是这么一副德性！"侯霸见皇上如此袒护严光，也只有无语了。

刘秀劝过侯霸，亲自坐车去见严光。

严光仍是卧床不起，更不出迎。光武帝明知严光作态，却并不道破，径直走进他的卧室，把手伸进被窝，触摸着严光的肚皮说："好你个严光，我费尽周折把你请来，难道竟不能得到你一点帮助吗？"

严光仍然装睡不回答。过了好一会儿，他才睁开眼睛对刘秀说："以前，帝尧要把自己的皇位让给许由，许由不做；帝尧和巢父说到禅让，巢父赶快到河边洗耳朵。人各有志，你为什么总要让我为难呢？"光武帝连连叹气道："子陵啊，子陵！以咱俩之间的交情，我竟然还不能让你放下你的臭架子吗？"严光此时竟又翻身睡去了。刘秀无奈，摇摇头转身返回宫廷去了。

几天后，光武帝派人把严光请进宫里，两人推杯换盏，把酒话旧，说了好几天的知心话。

刘秀问严光："我和以前相比，有什么变化吗？"

严光说："好像比以前胖了些。"

这天晚上，二人抵足而卧，睡在一个被窝里。严光熟睡以后，把脚放在了刘秀的肚子上。第二天，主管天文的太史启奏道："昨夜有客星冲撞帝星，圣上好像特别危险。"刘秀听了大笑道："没事，没事，那是我的朋友严子陵和我共卧而已。"

刘秀封严光为谏议大夫，想把严光留在朝中。但严光坚决不从，他离开了身为皇帝的故友，躲到杭州郊外的富春江隐居去了。后来汉光武帝刘秀又曾多次下诏征严光入宫为官，但都被严光拒绝了。严光一直隐居在富春江的家中，直到80岁时终老于此。

为了表达对他的崇敬，人们将严光隐居钓鱼的地方命名为"严陵濑"，将严光钓鱼时蹲坐的那块石头称为"严陵钓坛。"

南宋抗金将领韩世忠也是一个能全身远害、淡泊守身的智者。当时将帅的权力特别大，宋高宗赵构担心他们有野心，深存疑惧。韩世忠特意在新淦买了大片田地，表示告老后准备在此养老。赵构见他求田问。舍，心无大志，便高兴地把这片田地无偿赐给他。

韩世忠解除兵权后，闭口不谈其战功，也不和以前的部下来往。甚至就连春节时，也谢绝老部下看望他。他非常憎恶秦桧，每次见面，拱手问候而已，从不与之亲近,更绝口不谈论国事。为了表示自己对故乡清凉山的怀念,他自号清凉居士。他经常骑头骡子在西湖一带游赏流连,读读书,写写诗词。

就这样,韩世忠在消权后,平安地度过了晚年。

人生最难放下的欲望,是权力与金钱。人生苦短,这是自然规律,想要青春永驻般的长生不老,那是不可能的。所以,现在人们越来越重视生活的质量,在有限的人生里过得充实快乐、有意义。可是人生真正的成功还在于快乐呀!然而,很多人由于种种原因,非常重视金钱与权力。其实,真正能给人带来长期快乐的却不是金钱,而是对生活的享受。历史上,在拥有了金钱和权力之后,就都选择了隐退,

韩世忠

这样的情况说明他们才真正懂得人生的真谛,他们是最快乐的人,也是最成功的人。搜集有关动物的故事。这些故事既是她创作的素材,又使她从中受到激励,成为她勇敢抗击癌症恶魔的最大力量。后来,她的《动物真情录》成功出版,成为轰动一时的畅销书。而她自己在被诊断出癌症十年后,却依然身心健康、生活幸福,甚至比开始治疗前更好。她感动于动物的真情而著书,著书的过程又使她凭着动物的真情成功地与癌症顽强抗争,战胜了癌症带来的死亡威胁以及由此而来的消沉。

多少悲观主义者因害怕他们一直害怕的事情而丧生,可结果却只是证明自己的害怕是正确的。

我们可以用快乐的事物代替不快乐的事物,就好像是打扫出一间空的房子,为了不让恶人占据,最好的办法是让好人住进去。这就是替换律。驱除肮脏的念头,不只是决不去想它,而是让新东西替代它,培养新兴趣、新思想;排除失望,仅仅接受失望是不够的,一个希望失去了,应该去找另一个希望来代替;忘记自己忧伤的最好的也是唯一的办法,是用他人的忧伤来代替,分担别人的痛苦时便可以忘记自己的痛苦了。因此,当我们心情不愉快时,最好的解决方法是敞开自己的心扉,打破沉默,去做任何可以给我们带来快乐的事情,在做其他事情的过程中使我们从受挫折的事情中解放出来。

★不要为眼前的名利所累,目光长远

淡泊之守,须从秾艳场中试来。

——《小窗幽记》

是否有淡泊宁静的志向,一定要经过富贵奢华的场合才能检验得出来。

别人拥有富贵,我拥有仁德;别人拥有爵禄,我拥有正义。倘若是一个有高尚心性的正人君子,就不会被统治者的高官厚禄所束缚;人的力量可以战胜自我,意志坚定一定能够发挥出无坚不摧的精气,所以君子自然也不会被造物者所局限。

管宁不仅拒绝公孙瓒授予的高位,而且还谢绝了公孙瓒的挽留,不住公孙瓒为他准备好的华丽住宅,而决定到人迹罕至的深山定居度日。当时,来到辽东避难的士民百姓都随时关注中原局势,多居住在辽东郡的南部,准备在中原安定之后,重返故居。独管宁定居于辽东北部深山,以表明终老于此地,不复还家之志。刚入住山中时,他居住在临时依山搭建的草庐之中。然后,马上着手凿岩为洞,作为自己永久的居室。

管宁

管宁道德高尚,远近闻名。他在深山定居不久,许多仰慕他的人都追随他到山中开辟田地谋生。不久,在管宁定居的地方,居然鸡鸣狗叫,炊烟袅袅,自成邑聚。

管宁是笃信好学、守死善道的儒生。他以为任何时间任何地方,都应该按照儒学礼制规范人们的言行。因而,在他的周围聚集了众多的避难者之后,他就向人们宣讲《诗经》、《尚书》等儒家经典的深奥内涵,其中包括陈设俎豆,饰威仪,讲礼让。他自己则身体力行,以高尚的道德感化民众。在他们居住的深山中,凿井不易,地下水位很低。仅有的一口水井又很深,汲水困难。因此,每当打水人多的时候,总是男女错杂,有违儒家礼制并且因争先恐后而吵闹以至械斗之事时有发生。管宁看在眼里,忧在心中。于是,他自己出钱买了许多水桶,命人悄悄地打满水,分置井旁,以待来打水的人随时取走。那些年轻气盛的粗莽壮汉,见到井边常有排列整整齐齐盛得满满的水桶,个个十分惊讶。他们终于打听到是管宁为避免邻里争斗而为之,不由得反躬自省而羞惭万分,遂各自自责,相约不复争斗。从此之后,邻里和睦,安居乐业。

有一次,邻居家的一头牛,践踏管宁的田地,啃吃田中的禾苗。管宁不但没有把牛打跑,甚至担心这头无人管束的牛被山中野兽咬死。他命手下人把牛牵至阴凉之处,饮水喂食,照料得比牛的主人还要细心。牛的主人失牛之后,四处探寻牛的下落。当他看到自己的牛非但没有被殴打,而且受到无微不至的照料时,十分愧疚,千恩万谢地牵牛离去了。就这样,周围的民众被管宁宽容礼让的节操感化了。他的名声也传遍了辽东郡。原本因管宁不愿与自己合作而心怀不满、进而又被对其来意疑虑重重的公孙瓒,也理解了管宁隐居求志的初衷,如释重负,不禁轻松愉悦起来。

一个活得洒脱的人,应当不被身外之物所累,不被富贵名利所惑。具有高风亮节的君子,胜过争名夺利的小人的一个重要因素,在于君子保持自我的人格和远大的理想,超凡脱俗,不为任何权势所左右,甚至连造物主也无法约束他。所以佛家才有"一切唯心造,自力创造非他力"之语。遵从大义,相信自我,一个有为的人理应开阔自己的心胸,锻炼自己的意志,铸造自己的人格,不为眼前的名利所累,目光长远。

★ 做领导必须心静气沉

才舒放即当收敛,才言语便思简默。

——《小窗幽记》

刚刚放松就应该想到收敛,刚刚说话就应该想到沉默。

老子崇尚稳重而排斥轻浮、狂躁,认为前者才是自然之道,后者则是逆自然之道而行,应给予摒弃。

其实,老子的思想很简单。就自然界的现象看,没有边际的天空因其高远而达成稳重,辽阔苍茫的大地因其厚重而达成稳定,一座高山因其庞大而达成稳定,一块巨石因其沉重而亦能达成稳定;而天上的游云虽然可以一时遮天蔽日,却因其轻飘而转瞬即逝;至于风雨来势汹汹,却因其轻飘而不能长久。

所以,老子说得"道"的圣人行事,虽然有美丽和华彩的楼亭,但他们却毫不因此而轻浮狂躁、自以为是,始终安于平静。圣人治理天下更是如此谨慎地待之,从不敢轻率行事。反之,轻浮就会失掉根基,浮躁就会丧失君位。

老子给了我们一个极其深刻的提醒,告诫我们无论做任何事,要保持冷静,从容镇定,不要急急忙忙,心慌意乱。要知道"心急吃不了热豆腐",急切慌乱不但解决不了问题,还会拖延时间,忙中出错。

《晏子春秋》中有一则关于"临难铸兵"的故事:

鲁昭公亡命于齐。一日,齐景公问昭公说:"你少年就即位,即位没几天就亡命于他国,为何?"

昭公回答说:"我一向为众人所喜爱,但是,现在喜爱我的人都离我远去。因为,他们都曾极力劝谏过我,而我左耳进右耳出,不认真听;听了,也是应付了事,不去付诸行动。结果,四周只剩下逢迎拍马、曲意奉承之辈,而没有一个真正关心我的人了。我的情形就犹如一棵秋草,当秋风劲吹时,我就不堪其力而折断了。"

景公将这话传给后来升为宰相的晏婴,并问:"我想竭尽所能助昭公返回王位,该如何是好?"

晏婴回答:"这是不可能的。失败了才知道后悔的人,是愚蠢的人。如走路事先不知问路而随便乱走,迷了路才向别人打听;过河不知事前测量水的深浅,溺水后才大呼后悔。这就像遇到强敌了呀!"

有人说"边干边想"、"做起来再说",看起来似乎是积极的态度,但无事前准备,实际的效果常以失败告终。

　　"养军千日,用军一时"、"有备无患"的道理,正是告诫那些急躁的朋友的。

　　走出急躁的心性,你会沐浴温暖和煦的春风。

　　人不能沉静做事,将会一事无成。荀况在《劝学》中说:蚯蚓没有锐利的爪牙、强壮的筋骨,但却能够吃到地面上的黄土,往下能喝到地底的泉水,原因是它用心专一;螃蟹有六只脚和两个大钳子,但它不靠蛇鳝的洞穴,就没有寄居的地方,原因就在于它浮躁而不专心。轻浮、急躁,对任何事都深入不了,往往知其然而不知其所以然,只会损失惨重,以失败而告终。

★无论追求什么,都要适可而止

　　填不满贪海,攻不破疑城。

——《小窗幽记》

　　填不满的是人的欲望之海,攻不破的是人心的疑惑之城。

　　老子说:"不尚贤,使民不争;不贵难得之货,使民不为盗;不见可欲,使民心不乱。"这是老子提出的安民政策,他还给统治者提出了具体的安民措施:"虚其心,实其腹;弱其志,强其骨。常使民无知无欲,使夫知者不敢为也。"许多人认为老子"常使民无知无欲"的主张是愚民思想,其实不然,事实上老子并不主张人放弃其正常欲望,他的目的是使社会安定、人民安居乐业,事实上,他是主张"少私欲,视素保朴"。这一主张对我们的立身处世也有指导意义。

　　人都有欲望,贫穷的人想变得富有,低贱的人想变得富贵,默默无闻的人想变得闻名,没有受过赞誉的人想得到荣誉,这是无可厚非的,但问题在于欲望和能力之间是必须成正比的。修身养性的一个重要内容,就是寻求欲望与能力之间的和谐。当欲望和能力之间发生不协调时,或者增加自己的能力,或者抑制欲望的膨胀。世界上,美好的东西实在太多,我们总是希望得到尽可能多的东西,其实贪得无厌,反而会成了累赘,没有什么比拥有淡泊的心胸,更能让自己充实满足的了。

　　清朝乾隆、嘉庆年间,辽阳城里出了一位才子,名叫王尔烈,他从小就擅长诗文,书法也写得很好,天资聪颖,才赋出众,长大做官以后,清廉为政,有双肩明月、两袖清风之誉。有一次,王尔烈从江南主考回来,恰逢嘉庆皇帝登基继位,皇帝召见他说:"老爱卿家境如何?"王尔烈回答:"几亩薄田,一望春风一望雨;数间草房,半仓农器半仓书。"嘉庆说:"老爱卿为官清廉,朕心知肚明,朕现在派你去安徽铜山铸钱,几年之后,光景就会不错了。"王尔烈到了铜山铸钱,因为那里有座清朝御制通宝的铸钱炉。他在那里铸钱达3年之久,又奉诏回到京城。嘉庆召王尔烈上殿,问:"老爱卿,这次可以安度余年了吧?"言外之意是,这一回和钱打交道,该有不少"收获"吧。王尔烈听了以后,笑了笑:"臣依然是两袖清风,一无所得。"嘉庆说："不会吧,你再查查看!"王尔烈只好顺手一掏,从袖套里掏出3个铜钱来,只见一个个磨得光溜溜的,原来是铸钱时用的模子。嘉庆皇帝见王尔烈两袖清风,十分感动地说:"卿真可谓老实!"

王尔烈虽然家境甚贫,可他过得充实满足。但生活中的许多人都并非如此,他们追求的太多。著名作家林清玄曾在文章中讲过这样一个故事:自己一位朋友的亲戚的姑婆从未穿过合脚的鞋子,她常穿着巨大的鞋子往来于路。晚辈如果问她,她就会说:"大小鞋都是一样的价钱,为什么不买大的呢?"

许多人不断地追求巨大,其实只是贪欲所使,就好像买了特大号的鞋子,忘了不合自己的脚一样。无论买什么鞋子,合脚最重要;无论追求什么,总要适可而止。

现在许多人似乎觉得只有钱财才能带给自己安全感,所以疯狂地聚敛财富。这种人认为"钱比命贵",为了钱什么事情都敢干,投机取巧,徇私舞弊,贪赃枉法,玩忽职守,殊不知,等待他的将是严惩不贷。

★领导者的涵养现于喜怒之时

临喜临怒,看涵养。

——《小窗幽记》

碰到喜怒之事的时候,可以看出一个人的涵养。

在紧急关口,出于本能许多人都会作出惊慌失措的反应。然而,仔细想来,惊慌失措非但于事无补,反而会添许多乱子来。

所以,突遭事变,处变不惊、临危不乱、镇定自若,冷静地分析形势,才是明智之举。

唐宪宗时期,有个中书令叫裴度。一天,手下人匆匆忙忙地跑来向他报告说他的大印不见了。为官的丢了大印,岂非大事?可是裴度听了报告之后不惊不慌,只是点头表示知道了。然后,他告诫左右的人万万不可张扬这件事。

左右之人看裴中书并没他们想象的那般惊慌失措,都大惑不解,猜不透裴度心中是怎样想的。而更使周围人吃惊的是,裴度似乎完全忘掉了丢印的事,竟然当晚在府中大宴宾客,和众人饮酒取乐,十分逍遥自在。

就在酒至半酣之际,有人发现大印又被放回原处了。左右又迫不及待地向裴度报告这一喜讯。裴度依然毫不在意,好像根本没有发生过丢印之事一般。那天晚上,宴饮愉快,直到尽兴方才罢宴,然后各自安然歇息。

没人知道裴中书为什么能如此胸有成竹。事后好久,裴度才向大家提到丢印当时的处置情况。他对左右说:"丢印的缘由想必是被管印的官吏私自拿去用了,恰巧又被你们发现了。此时,如果大闹开来,偷印的人担心出事,惊慌之中必定会想到毁灭证据。如果他真的把印偷偷毁了,印就真的找不到了。而如今我们处之以缓,不表露出惊慌,这样也不会让偷印者感到惊慌,他就会在用过之后重归原处,而大印也会失而复得,不会发生什么意外了。"

遇到突发事件,每个人都难免产生一种惊慌的情绪,应该想办法控制。

楚汉相争的时候,有一次刘邦和项羽在两军阵前对话,刘邦历数项羽的罪过。项羽大怒,命令暗中潜伏的弓弩手几千人一齐向刘邦放箭,一支箭正好射中刘邦的胸口,伤势严重,痛得他伏下身。主将受伤,群龙无首,若楚军乘机发起进攻,汉军必然全军溃败。猛然间,刘邦突然镇静起来,他巧施妙计:马上用手按住自己的脚,大声喊道:"不幸被你们射中了!幸好伤在脚趾,并无大碍。"军士们听了,顿时军心稳定,终于抵抗住了楚军的进攻。

裴度

每临大事都应镇静,而镇静首先来自胆识和勇气。胆识和果断是双胞胎,遇事犹豫不决,患得患失,顾虑重重,优柔寡断,甚至被敌人的气势吓倒,就谈不上胆识!只有敢担责任、当机立断者,方能解危。

红军四渡赤水时,炮队拖着重炮行进在桥上,炮车陷进板桥中,道路堵塞,队伍前行受阻。毛泽东赶到,为了疏通道路,毅然下令将重炮推入江中,大军顺利行进。那时,一门重炮对红军来说,简直是珍宝!可是,让它堵塞了道路,影响行军,有可能造成严重的后果,那就因小失大了。毛泽东果断决定舍炮抢时间,这种临危决断的魄力,显示了他非同常人的胆识。

当意外发生时,通常也是最需要我们果敢定夺的时候,如果没有冷静思考的头脑,是很难作出正确的决定的。虽然作出决定有很多方法,但当意外状况发生时,如果不能保持一颗冷静的心,其他一切的法则和技巧都是毫无用处的。只有冷静下来,才能看清眼前的事情,作出正确的决断。

冷静是知识、智慧的独到涵养,更是理性、大度的深刻感悟。我们面临着一个日新月异的世界,必须具有临危决断的能力。

第三章　藏而不露,沉默是金

★ 藏巧于拙,用晦而明

藏巧于拙,用晦而明。

——《小窗幽记》

将巧藏在拙中,隐藏方能明显。

清代中兴名臣曾国藩计深谋远。他既有较高深的修养,又有超人的才能,很善于分析形势,作出对策。

攻下金陵以后,曾氏兄弟的声望如日中天,达于极盛,曾国藩被封为一等侯爵,世袭罔替;曾国荃被封为一等伯爵。湘军所有大小将领及有功人员,都论功封赏。湘军人物官居督抚位子的有 10 人;长江流域的水师,全在湘军将领控制之下;曾国藩所保奏的人物,没有一个不如奏所授。

树大招风,朝廷的猜忌以及朝臣的妒忌也随之而来。颇有心计的曾国藩从容应对,马上就采取了一个裁军之计。还没等朝廷的防范措施下来,他就先来了一个自我裁军。

曾国藩的计谋手法,自是超人一等。他在战事还没有结束时就计划裁撤湘军。他在两江总督任内,已经开始拼命筹钱,两年之间,已经筹到 550 万两白银。钱筹好了,办法拟好了,战事一结束,便即宣告裁兵。不要朝廷一文,裁兵费用早已经筹妥了。

同治三年(1864 年)六月曾国藩攻下南京、获得胜利,七月上旬就开始裁兵,一月之内,裁去 25000 人。人说招兵容易裁兵难,但是曾国藩早就有计划、有准备,所以招兵容易裁兵亦容易了。

曾国藩精通老子的哲学。他明了地把握了清朝政治形势,对自己的仕途也有一套有用的哲学理念。他在给其弟的一封信中说:

"余家目下鼎盛的时候,沅(曾国荃字沅辅)所统差不多二万人,季(指曾贞干)也有四五千人,近世似弟者,又有几家? 日中则昃,月盈则亏。吾家盈时矣。管子云:斗斛满则人概之,人满则天概之。余谓天之概无形,仍假手于人以概之。待他人之来概,再后悔已经晚了。"

在封建社会,每个朝代都有君臣互相猜忌而上演皇上杀权臣的悲剧,特别是当国家大难已过,臣下功高盖主之时,这种情形会更加严重。平定了太平天国运动,曾国藩拥有重兵,遭到皇室的猜疑是十分自然的事。但是,由于曾国藩有谋略,计划周密,早就安排好了怎样消除朝廷的顾虑,主动把能征善战的湘军裁撤掉,以消除清廷的猜疑,因此取得了朝廷的信任,保全了官位。这是曾国藩精于韬光养晦的大智慧。

假如你的实力比较强大,就可能会对别人构成威胁或者潜在威胁,此时你就应该藏巧于拙,消除对方的敌意。假如这时你能够主动退守,显示弱势,让别人看到你已经弱小了,他就不会千方百计地算计你了,这样,就可以保全自己。

★聪明不可尽用,做事不可太绝

留七分正经,以度生。

——《小窗幽记》

留七分聪明智慧不要外露,作为危难之处的求生之计。

人得意时,也不能活得太猖狂,因为所有的事不是你都能料到,将来是永远不可预期的。所以聪明人做事会给自己留有余地,以便自己困难的时候能进退自如。

明代的奸相严嵩是江西人。亭州人刘巨塘是宜春县令,到京城拜见皇帝,就随其他的人前往严府为严嵩祝寿。寿礼结束以后,严嵩疲倦了。他的儿子严世蕃叫人关上大门,严禁出入。这时,刘巨塘因为没来得及出门便被关在严府内。中午了,刘感到饥饿难忍时,有个叫严辛的人,自称是严家的仆人,请刘从一条小路来到他自己的住所吃了饭。吃完饭,严辛说:"以后希望阁下多多关照。"刘巨塘说:"你的主人正当显赫昌盛,我能帮你什么呢?"严辛说:"太阳不会总是当午,愿您记住今日我的托嘱。"没过几年,严嵩垮台,刘巨塘正在袁州当政,严辛由于窝赃2万两银被押在狱中。刘巨塘想起当年的话,减轻了罪,改判为发配边疆。

严嵩

一时之爽的举动多是在逞能。聪明的人都会看到以后,并为自己留下退路。楚庄王也是其一。

战国时期,楚庄王亲自统率大军出外讨伐,大获全胜。在他班师回京城郢都时,百姓夹道欢迎,场面十分壮观。

庄王在渐台宴请群臣,以庆祝赫赫战功,文武百官谈笑风生,喜形于色。庄王举杯祝贺,并召集嫔妃和群臣同席畅饮。这时候,渐台上钟鼓齐鸣,歌舞升平,人们猜拳行令,非常高兴。不知不觉中日落西山,而庄王及群臣还没有玩尽兴,于是命点起蜡烛夜宴,又命宠妃许姬斟酒助兴。

饮酒正酣之时,忽然刮来一阵大风,蜡烛都被吹灭了。黑暗中,一个人趁着酒兴,拉住了许姬的衣袖。许姬非常恼怒,但是不便声张,挣扎之中衣袖被扯破。她机警地扯断了那人帽子上的缨带,那人才惊慌地溜掉。许姬走到庄王跟前,附耳禀报了实情,并且请庄王严加查办那个色胆包天之人。

庄王听罢,沉吟片刻,他想到在座的都是出生入死的将领,喝了酒可能会做一些傻事。他觉得不能就因为一个女人而失掉一个将领,所以没有追究。于是,他吩咐左右先不要点灯,然后命令众人解开缨带,摘下帽子,尽情畅饮。群臣听了之后,纷纷解开缨带,摘下帽子,这时庄王才命人掌灯点烛。在烛光之下,只见群臣绝缨饮酒,已经辨认不出来谁的缨带被扯断了。这件事就像没有发生一样,众人痛饮至深夜方散。此后,庄王再也没有提起此事。

后来,楚庄王在一次同敌人的战斗中身陷险境,一位将领冒死相救。庄王事后不胜感激,那人说道:"请大王原谅罪臣,那晚被扯下帽缨的,正是我。"庄王听了,不但没有治他的罪,反而嘉赏了他拼死相救的行为。

当我们无法全面预料事情时,不要把事情做绝,要给自己留下一条后路,留点余地是较为妥当的做法。因为事事周全的计划不可能有,因此狡兔也会有三窟,何况人呢!

★该智则智,当愚则愚

留三分痴呆,以防死。

——《小窗幽记》

表现出三分的平庸,以免遭人嫉恨,可以防大难临头。

世事诡谲,风云变幻,并不是人的力量可以把握控制的;而且差不多的事物都存在人所看不透彻、无从预料的一面。所以,只有让自己心如明镜,顺应事物变化的规律,才会赢得自己做人的主动,不被无常的大势裹挟。

今天的苏杭一带,在公元前5世纪,有吴、越两国。两国尽管相邻,但为了争夺霸业,互不相让,相互对抗。后来,越王勾践败于吴王夫差之手,只有逃往会稽山。后忍辱负重与吴国谈和。在几经交涉后,吴国才同意让勾践回国。勾践回国后一直没有忘记自己所受的耻辱,卧薪尝胆,立誓雪耻。20年后,灭掉吴国。帮助越王成功的就是范蠡。范蠡不仅是一个忠心耿耿的臣子,而且是一个能明哲保身的智者。

范蠡做了大将军后,自忖:长久在得意之至的君主手下做事是危机的根源。勾践这个人虽然臣下可以与他分担劳苦,但不能同他共享成果。因此他便向勾践表明自己的辞意。但是勾践并不知道范蠡的真实意图,因此拼命挽留他。但范蠡去意已定,搬到齐国居住,从此与勾践不再往来。

移居齐国后,范蠡不再过问政事,与儿子共同经商,很快成为富甲一方的大富翁。齐王也看中他的能力,想请他当宰相。但是他婉言谢绝。他知道"在野拥有千万财富,在朝荣任一国宰相,这确实是莫大的荣耀。可是,长久荣耀反而会成为祸害的根源"。因此,他将财产分给众人,又悄悄离开了齐国到了陶地。没过多久,他又在陶地经营商业成功,积存了百万财富。

范蠡才智过人,并且具有过人的洞察力。他离开越国,拒绝齐王的招聘,并成功地经营事业,这些都在于他深刻敏锐的洞察力。成语"明哲保身"中的"明哲"就是指深刻的洞察力。范蠡正是能够明哲保身的人。

郑板桥有句话:聪明难,糊涂更难;由聪明而转入糊涂特别难。这里面包含了对人生把握的态度之难的感慨。实际上,不管人自身的素质——诸如情商、智商等各种做人做事的本领如何,相对于强大的外部环境,都比较弱小。特别是当局势动荡变化,人们看我只是其中一枚身不由己的小棋子时更是如此。在生活中,我们一定要采取适当的态度和手段,该智则智,当愚则愚,只有这样才能保住身家平安,才能图谋机会以求发展。话的道理,是要我们做人一定要时刻向别人学习,多听别人的意见,因为每个人都有自己的长处,只有不断学习、善于听取,才可以提高自己、完善自己。

★ 心高不可气傲

拙之一字,免了无千罪过;闲之一字,讨了无万便宜。

——《小窗幽记》

正因为拙,所以才免了无数的罪过;正因为闲,所以才享受到很多人生乐趣。

春秋时期,郑庄公准备伐许。开战以前,他先在国都组织比赛,挑选先行官。各位将士一听露脸立功的机会来了,都准备一显身手。

第一个项目是剑格斗。各位将士使出浑身解数,只见短剑飞舞,盾牌晃动,争斗不休。几轮之后,选出六个人,参加下一轮比赛。

第二个项目是比箭,获胜的六名将领每个人射三箭,以射中靶心者为胜。前四位有的射中靶心,有的射中靶边。第五位上来射箭的是公孙子都。他武艺高强,年轻气盛,从来不把别人放在眼里。只见他搭弓上箭,三箭连中靶心。于是他昂着头,瞟了最后那位射手一眼,退下去了。

最后那位射手是个老人，胡子有点花白，他叫颖考叔，曾经劝庄公与母亲和解，庄公很看重他。颖考叔上前，不急不慢、不慌不忙，"嗖嗖嗖"三箭射出，连中靶心，与公孙子都射了个平手。

只剩下两个人了，郑庄公派人拉出辆战车来，说："你们二人站在百步以外，同时来抢这部战车。车先抢到手的人就是先行官。"公孙子都轻蔑地看了对手一眼。不料跑到一半时，公孙子都脚下一滑，跌了个跟头。等爬起来时，颖考叔已经抢车在手。公孙子都哪里服气，拔腿就来夺车。颖考叔一看，拉起来飞步就跑，郑庄公连忙派人阻止，宣布颖考叔为先行官。公孙子都因此怀恨在心。

颖考叔不负郑庄公之望，进攻许国都城，手举大旗先从云梯冲上许都城头。颖考叔马上可以大功告成，公孙子都嫉妒得心里发急，竟然抽出箭来，搭弓瞄准城头上的颖考叔射去，一下子把颖考叔射了个"透心凉"，从城头栽下来。另一位大将瑕叔盈认为颖考叔被许兵射中牺牲了，连忙拿起战旗，又指挥士卒冲城，结果拿下了许都。

郑庄公

在这个故事中，悲剧的发生或许应归罪于公孙子都有太强的嫉妒之心。但是颖考叔的锋芒太盛、傲气争功也是一方面。作为一个已经有功在身的老臣，他其实没有必要再去同年轻的将领争功了，但是他总想立功求赏，结果被一记暗箭伤了性命，可悲可叹。

作为一个人，特别是一个自认为有才华有前程的人，应该做到心高气不傲，不仅要有效地保护自己，而且要充分发挥自己的才华，战胜盲目自大、盛气凌人的心理和作风，任何事不要太张狂、太咄咄逼人，并养成谦虚让人的美德。这是有修养的表现，也是生存发展的策略。巧妙的掩饰是赢得赞扬的最佳途径，这是因为人们对不了解的事物有好奇心，不要一下子展现你所有的本事，一步一步来，才能获得扎实的成绩。如果你处处表现卖弄，志得意满时趾高气昂，目空一切，不可一世，这样就会成为别人的靶子！因此无论你有如何出众的才智或高远的志向，都要时刻谨记：心高不可气傲，不要把自己看得太高大了。

★ 不鸣则已，一鸣惊人

伏久者，飞必高。

——《小窗幽记》

藏伏很久的事物，一旦腾飞则必定飞得高远。

鸟潜伏得越久,飞得越高;花朵盛开得越早,凋谢越快。明白了这个道理,就可以免去怀才不遇的忧愁,消除急躁求进的念头。

所有懂得这个道理的人都会待时而动,从而不丧失一切可能的机会。衡量人的能力大小高低的标志是把握火候。北齐文宣帝高洋就是靠待时而动而得以成功的。

高洋是在他长兄高澄被杀、形势非常复杂的情况下显露出才华的。北周政权的基业是由高欢开创的。高欢本是东魏大臣,他在镇压尔朱荣剩余势力后掌握了东魏的实权,掌管朝政长达16年之久。高欢死后,长子高澄袭爵为渤海文襄王。高澄心毒手狠,且上无礼君之意,下无爱弟之情。高欢之次子高洋当时18岁,已通晓政事,走上了政治舞台,并已经对高澄的地位构成威胁。假如他精明强干、才华外露的话,其兄必定会猜忌防范。

高洋字子进,史书上说他颇有心计,且有见识,遇事明断。小时候,高欢为试验几个儿子的才器智能,让小哥儿几个拆理乱线:"帝(指高洋)独抽刀断之,曰:'乱者须斩',高祖是之。"高洋因为这件事就深得高欢的喜欢以及重视。后封为太原公。

高欢死,高澄袭爵为渤海文襄王,因为年长,阴有戒心。高洋"深自晦匿,言不出口,常自贬退,与澄言无不顺从",给人一种软弱无能的印象,高澄有些瞧不起他,经常对人说:"这样的人也能得到富贵,相书还如何能解释呢?"

高洋妻子李氏貌美,高洋为妻子购买首饰服饰,好一点的,高澄就派人去要,李氏很生气,不愿意给,高洋却说:"兄长需要怎能不给呢? 这些东西并不难求!"高澄听到这些话,也觉得不好意思,以后就不去索取了。有时,高澄给高洋家送些东西来,高洋照收不误,决不虚情掩饰,所以兄弟之间相处还相安无事。

每次退朝回到家,高洋就关上宅院门,深居独坐,对妻子也很少说话,能终日不发一言。高兴时,竟光着脚奔跑跳跃。李氏看到诧异地问他在干什么,高洋则笑着说:"没啥事儿,逗你玩儿的!"他终日不言谈,因为担心言多有失。如此跑跳更有深意,不仅可以彻底使政敌放松对自己的警惕,一个经常在家逗媳妇玩的人能有怎样的大志呢? 而且借经常光脚跑跳之机,锻炼身体,磨炼意志,一举两得。因此,高澄和文武公卿都把高洋看成一个痴人,没有放在眼中。东魏武定七年(549年),渤海文襄公高澄在和几人密谋篡位自立的时候,被膳奴也就是负责做饭进餐的兰京杀害,谋士陈元康以身掩护高澄,身负重伤。当时事起仓促,震惊了高府内外,高洋正在城东双堂,听说变起,高澄已经被杀死,毫不惊慌,颜色不变,忙调集家中可指挥的武装力量去讨贼。他部署得当,而且有条不紊。兰京等几人本是乌合之众,出于气愤才杀死高澄,没有任何预谋的政治目的,所以不堪一击,片刻间全部被斩首。

接着,高洋就在其兄府中办公,召集所有知情人训话,说膳奴造反,大将军伤势不重,但不准对外走漏任何消息。众人都未料到这位痴人在危急时刻如此果决。夜里,陈元康断气而亡。高洋命人在后院僻静处挖个坑埋掉,诈言他奉命出使,并虚授一个中书令的官衔给他。

高洋稳住了局面,高澄的府第和在邺都的武装力量直接受高洋控制。当夜,高洋又召大将军都护太原唐巴,命他立即分派部署军队,控制各要害部门及镇守四方。高澄的宿将故吏都倾心佩服高洋的处事果断和用人得当,真心拥护并辅佐高洋。

高澄的死讯渐渐被东魏主知道了,他私下里和左右幸臣说:"大将军(指高澄)已死,好像是天意,威权应复归帝室了。"高洋左右的人,劝高洋早日去晋阳全部接管高欢及高澄的武装力量。高洋认为此话有理,于是安排好心腹控制住邺都的整个局面。其后,高洋进朝面君,带领8000名全副武装的甲士进入昭阳殿,一起登阶的就有200多人,都手持利刃。东魏孝静帝元善一看,心中恐惧。高洋只叩了两个头,对魏主说:"臣有家事,须诣晋阳。"然后下殿转身就走,随从侍卫也跟着走了。魏主目送之,说:"这又是个不相容的人,不知我会死在什么时候了。"

晋阳的老将宿臣,当时还不知高澄的死信,一直轻视高洋。高洋到晋阳后,马上召集全体文武官员开会。会上,高洋英姿勃发,侃侃而谈,处理事情、分析事理全都恰如其分,而且才思敏捷,口齿流利,根本不像以前的他。文武百官对他皆刮目相看而倾心拥戴。一切就绪,高洋返回邺都为高澄发表。

高洋代魏称帝的想法早就有了,一直在窥测风向蠢蠢欲动,但是他没有明目张胆死打硬拼,或者拉帮结派打击异己。这样的话就会目标大,而且容易被人所制,而是"守正"待时。平日里自贬自谦,与兄长融洽相处。养尊处优时不忘锻炼自己,而且能注意时局之变化,注意人才,确是有心计之人。高澄之死,他秘不发丧,临事不慌,很快控制了局面。他隐瞒陈元康之死而虚授中书令之职以显其有识人之明。他在高澄死后不到三天内就果断前往晋阳先声夺人,控制高澄的全部武装力量,足见其善谋而且能断。半年后,高洋于梁简文帝大宝元年(550年)五月代东魏自立,建立了北齐政权。

一个有事业心的人,一定要学会等待时机。儒家很有名的一句话是:"穷则独善其身,达则兼济天下。"不能因为自己眼下的处境地位不如意而丧志,不能因为时间的消磨而灰心,因而放弃成事之志。古往今来功成者,有少年英雄,也有大器晚成。无论如何,急于显露头角很难成气候,急功近利不足成大事,急躁者容易失望悲观,容易患得患失。只有守正而待时,善于抓住机会而又坚定志向,才有可能走向成功。

★屈伸之道,不可不知

寓清于浊,以屈为伸。

——《小窗幽记》

将清高藏在浑浊里,将伸展隐在屈服中。

很多人都有过这样的体验:刀刃钝的刀子怎么用力也切不下去,刀刃锋利的刀子很好切，但是一不小心反而容易切伤自己。因此，在待人处世中不要锋芒毕露，以免惹火烧身。

南宋时期的秦桧，是一个奸诈的无耻之徒，他有一个下属，也具有"秦桧之风"。有一次，此人为了讨好上司送给秦桧一条名贵的地毯。秦桧把这条地毯往屋里一铺，恰好合适。秦桧由此想到：这个人太精明了，他连我屋子的大小都已经测出来了，还有什么事情瞒得了他呢？秦桧惯于在背后算计人，怎么可能容忍别人对自己的心思掌握得这样透彻呢？所以，有了这个想法后，那个"聪明"下属的命运也就可想而知了。

在封建时代，统治者最忌讳他人参与为自己选择接班人，因为这是一个极为严肃的问题。每一个有希望接班的人，无论是兄弟还是叔侄，可说是个个都红了眼，因此这种斗争经常是最凶残、最激烈的。但是，杨修却在如此重大的问题上不识时务，犯了卖弄自己小聪明的毛病。

曹操准备选择长子曹丕、三子曹植中的一人做继承人。曹植能诗赋，善应对，深得曹操欢心，曹操想立他为太子。曹丕知道后，就秘密地请歌长（官名）吴质到府中来商议对策，但是害怕曹操知道，就把吴质藏在大竹片箱内抬进府来，对外说抬的是绸缎布匹。杨修发现后，就去向曹操报告，因此曹操派人到曹丕府前进行盘查。曹丕听说以后十分惊慌，赶紧派人报告吴质，并且请他快想办法。吴质听后很冷静，让来人转告曹丕说："没关系，明天只要你用大竹片箱装上绸缎布匹抬进府里去就行了。"结果可想而知。曹操因此事怀疑杨修想帮助曹植来陷害曹丕，非常气愤，就更加讨厌杨修了。

曹操为考曹丕和曹植的才干，经常拿军国大事来征询两人的意见。杨修替曹植写了十多条答案，曹操的所有问题，曹植都能根据条文来回答，因为杨修为相府主簿，深知军国内情，曹植按他写的回答每个题都答对了，曹操心中又产生了怀疑。曹丕后来买通曹植的亲信随从，把杨修写的答案呈送给曹操，曹操非常生气地说道："匹夫安敢欺我耶！"

又一次，曹操让曹丕、曹植出某城的城门，暗地里告诉门官不要放他们出去。曹丕碰了钉子，乖乖回来了。曹植听说以后，又向他的智囊杨修问计，杨修很干脆地告诉他："你是奉魏王之命出城的，谁敢拦阻，杀掉就行了。"曹植领计而去，杀了门官，出了城。曹操知道以后，先是惊奇，得知事情真相后，愈加气恼。

曹操性格多疑，总担心有人暗中谋害自己，因此开始找岔子要除掉这个不知趣的家伙。

机会不久就来了！建安二十四年（219 年），刘备进军定军山，曹操的亲信大将夏侯渊被黄忠斩杀，曹操亲率大军迎战刘备于汉中。战事进展很不顺利，双方在汉水一带形

曹丕

成对峙状态,曹操进退两难,前进害怕刘备,撤退又怕遭人耻笑。一天晚上,心情烦闷的曹操正在大帐内想心事,恰逢厨子端来一碗鸡汤,曹操看碗中有根鸡肋,感慨万千。这时夏侯惇入帐内禀请夜间号令,曹操随口道:"鸡肋!鸡肋!"因此人们便把这句话当作号令传了出去。行军主簿杨修马上让随军收拾行装,准备归程。夏侯惇万分惊恐,把杨修叫到帐内询问详情。杨修解释道:"鸡肋鸡肋,丢掉可惜吃起来又没有味。今进不能胜,退恐人笑,困在这有什么用,来日魏王必班师矣。"夏侯惇听了十分佩服他说的话,营中将士都开始打点行装。曹操知道这种情况后,差点气坏心肝肺,大怒道:"匹夫怎敢造谣乱我军心!"因此,喝令刀斧手,将杨修推出斩首,并把首级挂在辕门之外,好让不听军令的人以此为戒。

俗话说得好:"聪明反被聪明误。"杨修是一个绝顶聪明的人应该肯定,问题在于他被聪明所误,处处都要露一手。"恃才放狂",不顾及别人受了受不了,不考虑别人讨厌不讨厌,而这一个别人,却是曹操这个同样聪明过人、恃才傲物的顶头上司。因此,针尖对麦芒,杨修终于送掉了自己的性命。

如果你对公司的内情非常了解,当那些弄不清楚真相的人在谈这件事的时候,有些人是想借机探听消息的,而你却毫无戒心,把自己所知道的一五一十全说了出去。那么,本来对这件事并不是十分了解的人,却从你嘴里得到了情报。假如你恰好碰到的是别有用心的人,他再跑到上司面前去搬弄是非,让上司以为你是在随便散播小道消息,本来是对自己非常有利的情报,反而成为自己的绊脚石,这可真是不划算。

看到这里,你肯定会说:"不用说我早就已经知道这个道理了!"但是,你是不是真的能时刻地记住这个原则,还随时谨记在心呢?

一般来说,每个公司都会有能力强与能力一般的人,主管总是喜欢把工作交代给能力比较强的人,认为能力强的人能够不负所托完成任务。因此,这一类的人多半容易骄傲自满,容易锋芒毕露,容易遭人嫉妒。所以,在待人处世中,聪明的人都懂得明哲保身、不显露自己全部的实力这个道理,不让人了解自己究竟有多少战斗力。

在决斗一开始的时候宝刀不可随便出鞘,如果决斗刚开始你就先亮出自己的宝刀,那么这一场决斗你就输定了。在最后关头宝刀方可出鞘,你这样才可能有反败为胜的机会。无论何时都不可让对方从一开始就追着你打,否则到最后你只有弃城投降一条路。如果不知道对方的实力,就不能掉以轻心。

说话时显露自己的聪明,锋芒毕露、咄咄逼人,事事都想显示自己高人一筹,这样做即使不为人所嫉,也会为人所伤。

★沉默是金,善默即是能语

善默即是能语,用晦即是处明。

——《小窗幽记》

善于沉默也是能说话,常常隐势即是懂得张扬。

在和人交往中,为避免恶语伤人,殃及无辜,要注意问话的技巧和分寸,从而达到顺利沟通的目的,让交谈的局势与结果对自己有利。就算初次见面的人也不例外。有的人问话一出,便立即打开了对方的话匣子,大家相见恨晚,成了很要好的朋友;有的人话一出口,便让对方无言以对,场面尴尬,双方只得以说"再见"收场。

一些领导到某处开会,当地习惯早餐是稀饭、馒头、每人一个鸡蛋。这天清晨,一个领导剥开鸡蛋,发现是坏的,就和服务小姐说:"给我换一个,这个鸡蛋坏了。"

一会儿,小姐就回来了,可是不记得想换鸡蛋的是哪个人了。就大声喊了起来:"谁的蛋坏了?"

众领导都不说话。小姐又喊了一句:"谁的蛋坏了?"

还是无人答应。

此时,餐厅主任过来对服务员说:"你这小姑娘真没礼貌,应该这样问:'哪位领导的蛋坏了?'"忽然,餐厅主任回过神来也觉得不对劲,赶紧又高声喊了一句:"哪位领导是坏蛋?"

这个故事中的服务小姐与餐厅主任都没有注意问话的分寸,闹出了笑话。

可见,发问也是说话艺术,对"拉近"双方的距离有至关重要的作用。

一家饭店招聘服务员,有两位年轻人来应聘。

第一位应聘者如此招呼光临的顾客:"您好,您吃鸡蛋吗?"

顾客摆了摆手,对话就此结束了。

第二位应聘者如此招呼光临的顾客:"您好,请问您要一个鸡蛋还是两个鸡蛋?"

顾客笑着回答:"一个鸡蛋。"

可见,第二位应聘者的说话方式相当成功。他在这里采用的是限制性提问。此类提问有两个特点:

首先,在提问中便限制了对方可能作出的回答,刻意地把对方的思路引向提问者所希望的答案上。

其次,这类发问使对方从中感受到提问者的诚意,有亲切之感,觉得盛情难却,不好意思拒绝,就算原来想拒绝,有时也会顺着问话人的意思作出答复。

这类提问一般只适用于预期目的非常明确的情况,在情况不是很了解又无明确目的的时候,提问的范围宜大、宜活,必须给对方的回答留有自由选择的余地。

例如，倘若你在办公室上班，别人用完了扫描仪忘记了关掉，你可以很随意地问一句：

"请问您现在还用扫描仪吗？"

这样就比直接说"扫描仪用完之后怎么不及时关掉"委婉一些。

无论如何，问话一定要把握分寸，掌握技巧，不能乱开金口，否则会伤人无数。

第三篇 《围炉夜话》智慧通解

导读

西方人有他们的壁炉,中国人有自己的炭盆,还有一部《围炉夜话》。

《围炉夜话》一书是清人王永彬所著。此书不以逻辑严密的专论见长,而以短小精辟、富于哲理的格言取胜。本书以"安身立业"为总话题,分别从道德,修身,读书,安贫乐道,教子,忠孝和勤俭等十个方面,揭示"立德,立功,立言""皆以"立业为本的深刻含义。

《围炉夜话》正如其名,疲倦地送走喧嚣的白昼,炉边围坐,会顿感世界原来是这样的宁静。在如此宁静而温暖的氛围下,白昼里浊浊红尘塞塞的种种烦闷,会不自觉地升华为对生活、对生命的洞然。

夜是这样的美妙,更何况围坐在暖暖的炉边呢?静夜炉边独坐,品味清朝王永彬先生的《围炉夜话》,体味作者以平淡而优美的话语,诲诲叙出的琐碎的生活中做人的道理,就如炎夏饮一杯清凉的酸梅汤,令人神清气爽,茅塞顿开。

中国传统文人是快乐是超速,亦或痛苦、压抑,现在难以说得清楚。那代文人即使在生活安逸、仕途得意时,心中也常存为天地立心为万民请命的忧患意识,而在陡遭不测,倾家荡产时,又能常常保持一份无怨无悔的淡然心态。这就是中国传统文化的底蕴,因其博大,受其滋润的中国文人的心胸也是宽广大度的,其精神世界更是丰富多彩。

纵观现实生活中的一些人和事,王永彬先生在《围炉夜话》中的一些词句让人读后回味无穷,受益匪浅。

第一章　诚实守信，立身之本

★做本分人，听稳当话

稳当话，却是平常话，所以听稳当话者不多；本分人，即是快活人，无奈做本分人者甚少。

——《围炉夜话》

如果心中平静，以自己想要的生活为乐，就能够寻找到一片属于自己的天空，达到人生的快乐境界。北宋著名的文学家苏东坡就是一位能够将"说平常话，做本分人"的道理运用到自己生活中的典范。

苏东坡因为受到奸臣的诽谤，由杭州通判改任密州通判。密州地处古时的鲁地，交通闭塞，环境很差，和号称"人间天堂"的杭州简直没法比。而且密州适逢连年干旱，收成不好，吃的东西十分欠缺。东坡和家人有时候甚至以枸杞、菊花等野菜作为口粮。人们都认为东坡生活得肯定很苦闷。

谁知，苏东坡到了密州一年后，不仅没有郁郁消瘦，相反，还长胖了，甚至过去的白头发有的也变黑了。这奥妙在哪里呢？苏东坡旷达的性格起了主要的作用。

看看苏东坡自己是怎么说的吧。他说，我很喜欢密州淳厚的风俗，这里的官员百姓也都乐于接受我的管理。于是我有闲情自己整理花园，清扫庭院，修整破漏的房屋；在我家园子的北面，有一个旧亭台，稍加修复后，我就能够时常登高望远，放任自己的思绪，做无穷遐想。往南面看，是隐隐约约、若近若远的马耳山和常山，大概是有隐君子吧！向东看是卢山，这里是

苏东坡

秦时的隐士卢敖得道成仙的地方;往西望是穆陵关,隐隐约约像城郭一样,姜尚父、齐桓公这些古人好像都还存在;向北可俯瞰潍水河,想起淮阴侯韩信过去在这里的辉煌业绩,又想到他的悲惨命运,不免慨然叹息。这个亭台既高又安静,夏天凉爽,冬天暖和,一年四季,早早晚晚,我时常登临这个地方。自己摘园子里的蔬菜瓜果,捕池塘里的鱼儿,酿高粱酒,煮糙米饭吃,真是乐在其中。

苏东坡以一颗平常旷达之心,身处险地而仍然能够处处找到使自己欢乐的事,可谓是深得人生三味呀!

苏轼一生坎坷,但他却总以一颗旷达的心来适应不同的处境,不仅寻找到了自己人生的幸福,而且在事业上也取得了辉煌的成就。苏轼的经历给予我们当今领导者这样的启示:真正的幸福不在于拥有多少财富,做了多高的官,而在于以自己的生活为乐。做本分人,说本分话,这是最为平凡的一种人生态度。然而只有在平凡中才能够保持人的纯真本性,进而在平凡中获得真正的人生幸福。

★ 立信才能立身

一信字是立身之本,所以人不可无也;
一恕字是接物之要,所以终身可行也。

——《围炉夜话》

信,是人立身处世的根本。"人而无信,不知其可"。《说文》中对"信"的解释是:"人言也,人言则无不信者,故从人言。"这就是说,"信"就是人所讲的话,不是人讲的话才会无"信"。一个人如果无"信",别人就不会把你当人看待,那么,你又有什么颜面和别人交往呢?

《全唐诗补逸》卷二中有首诗说:"立身在笃信,景行胜将金。"诚挚守信,是做人的一种高尚品行,是立身创业的根本所在,它胜过手中的黄金,是金钱不能换来的无价之宝。信又是精诚团结、"化干戈为玉帛"的良药。《傅子·义信篇》中说:"以信待人,不信思信;不信待人,信思不信。"也就是说,对人诚恳守信用,即使别人原先不信任的,也会转为信任;对人虚伪不讲信用,即使别人原先信任的,也会转为不信任。

恪守道义的信,不仅能使自己实现心灵的净化和品行的升华,而且可以化解矛盾,消除别人的戒心,赢得真诚的信赖和友谊。而那些虚伪失信、圆滑处世的伎俩,虽然可以一时骗取到别人的信任而得到意外的"收获",但谎言不会长久,伪饰破处,便是身败名裂。

"恕",是为人处世之要,是人值得终生奉行的高尚品德。将心比心谓之诚,推己及人谓之恕。清朝金兰生在《格言联璧·持躬》中说:

以恕己之心恕人则全交,以责人之心责己则寡过。

这就是说,用宽恕自己的心思去宽恕别人,就能够和别人保全友好关系;用责备别人的心思来责备自己,自己就可以减少过错。

人往往喜欢指责别人的过错,而原谅自己的过错,由此引出无尽的口角纷争和不快。如果严己宽人,责己容人,则会和睦相处,增进友谊,携手共进。"恕"不是权宜之计,也不必图一时实用,而要诚挚为怀、奉行一生。正如《格言联璧·处事》所说的:

以真实肝胆待人,事虽未必成功,日后人必见我之肝胆;

以诈伪心肠处事,人即一时受惑,日后人必见我之心肠。

日久见人心,真心真意地待人,有时不一定马上被人理解,但终究会被人理解。虚情假意地为人处世,即使别人一时受蒙蔽,但终究会被别人识破,也就会"与人以实,虽疏必密;与人以虚,虽戚必疏"。

领导者在生活中,不免有喜有忧有怨,喜时不忘忧人之虑,忧时要做到"己所不欲,勿施于人",怨时要做到以德报怨。孟子主张"忧人之忧,乐人之乐"。你把别人的快乐作为自己的快乐,别人也会将你的忧愁和快乐当作自己的忧愁和快乐。这样就会广结善缘,形成良好的人际关系,形成积极向上的进取动力。

第二章 谦虚做人，用心做事

★光明正大，做个有"涵养"的领导

不忮不求，可想见光明境界；勿忘勿助，是形容涵养功夫。

——《围炉夜话》

领导者当别人强于自己时，就使用卑鄙的手段，来攻击别人，这就不是君子所为了。不嫉妒别人，没有奢求的心理，这才是一个光明正大的领导者。

郑庄公约定齐、鲁二国，会师伐许，先在国中行大阅告天之礼，特制一幅方一丈二尺，竿长三丈三尺的大旗，建于铁车上，下令有能举大旗行走者，拜为前锋，并赐以战车。大夫瑕叔盈先举起，后颍考叔拔旗挥舞，观者惊服。庄公即以车赐颍考叔，不料子都自谓也能舞旗，与颍考叔争夺，几乎用武决斗，幸亏郑庄公从中间进行调解，三人各得赐车而散。

待到七月，兵临许城，攻打了两天都没有攻下来。到第三天，颍考叔奋勇举旗，率先跃上城墙，子都嫉妒其功，暗中发箭射死颍考叔，大军几乎溃败。瑕叔盈愤极，随亦挟旗登城，众军望见大旗，奋勇争先，攻下许国。

后班师归国，郑庄公厚赏瑕叔盈，并思念颍考叔，深恨阴伤颍考叔之人，却不知是谁。乃使随征各将士宰鸡犬猪羊，召巫史为文，以咒诅之。受到诅咒的公孙子都，蓬头垢面来到郑庄公面前，跪地哭诉事件经过。说完即以手自扼其喉而死。

有宽阔的胸怀，可称得上是光明正大；而能够设身处地为他人着想，这就是有涵养的领导者了。

在17世纪，丹麦和瑞典发生战争，一场激烈的战役下来，丹麦打了胜仗，一个丹麦士兵坐下来，正准备取出壶中的水解渴，突然听到哀哼的声音，原来在不远处躺着一个受了重伤的瑞典人，正双眼看着他的水壶。

"你的需要比我大。"

丹麦士兵走过去，把水壶送到伤者的口中，但是对方竟然伸出长矛刺向他，幸好偏了一边，只伤到他的手臂。

"嗨！你竟然如此回报我。"丹麦士兵说："我原来要把整壶水给你喝，现在只能给你一半了。"

这件事后来被国王知道了,特别召见这个丹麦士兵,问他为什么不把那个忘恩负义的家伙杀掉?

他轻松地回答:"我不想杀受伤的人。"

嫉妒是一把双刃剑,伤害了别人的同时,也伤害了自己,所以不可怀有嫉妒之心。只有不怀嫉妒心,不为名利累,才可以见其光明境界。一个领导者要有光明境界,还必须讲究内在的涵养。这要能够尽其力为别人做事,哪怕是细小之事。只要精诚所至,切实做来,就会被世人誉为有"涵养"的人。

★ 德高才能望重

人之足传,在有德,不在有位;世所相信,在能行,不在能言。

——《围炉夜话》

要做一个有声望的领导者,品德是根本,只有德高才能望重。一个品德高尚的领导者,就能够得到大家发自内心的尊重。

晋灵公有一次用餐的时候,厨师没把熊掌炖烂,灵公一生气就杀死他,并让人把厨师的尸体扔出去。当手下抬着尸体经过朝堂的时候,在内议事的赵盾、随会看见了人手,就准备劝谏灵公。以前二人曾多次劝谏,灵公早已不耐烦二人的聒噪了。这次随会先来劝谏时,他不但不听,还大发雷霆,把随会赶走了。晋灵公还怕赵盾接着来,就命令诅麑去行刺。诅麑来到赵盾寝室外,看见他在只身一人时,也能端身正坐、合乎礼节,就退下了。诅麑叹一声:"杀死忠心耿耿的大臣,与违抗国君的命令同罪。"就撞树自杀了。

九月,灵公请赵盾入宫中饮宴,暗中埋伏武士,想再次刺杀他。宫中有一个厨师亓眜明知道后,担心赵盾酒醉不能起身,就进去说:"国君赐酒,臣子依礼不应喝过三巡。"于是忙扶赵盾下堂,让他走在前面,逃离险境。

晋灵公

灵公的伏兵还未集合,只好先放猛犬扑咬赵盾,亓眜明奋力杀死了它们。赵盾说:"用狗而不用人,虽然它们凶猛,又有什么用呢?"这时,他还不知道亓眜明这么做是为报答他的施食之恩。一会儿,灵公的武士追杀上来,亓眜明挡住他们,赵盾才得以脱身。赵盾问他为何如此,亓眜明只说:"我是桑树下那个快饿死的人。"再问其姓名,他没有回答,就逃亡去了。

原来以前赵盾在首阳山下打猎，看见桑树下饿倒了一个人，就是亓眜明。赵盾送给他食物，他只吃一半。问他为什么这么做，回答："我在外做臣仆三年，不知道母亲还在不在，所以想留一半食物给她。"赵盾敬佩他的孝义，又给了他许多食品。后来，亓眜明做了晋国王宫中的厨师，赵盾还不知道这件事。没想到他竟救了自己一命。

具备了高尚的道德，别人即使舍了性命也会来报答你。所以说，德是做人之本，但是道德并不是凭借口头上说说就可以了，关键是要有真正的行动。

明朝的罗伦，为人刚正，严于律己，对于有道义的事情必竭力为之。但是他对于名声却看得很淡。他辞官回乡后，订立了乡约，当地百姓一同遵守，不敢违犯。

罗伦衣食俭朴，有人以好衣服相赠，他见路上有将冻死的人，就脱下来盖在那人身上。罗伦早晨留客人吃饭，妻子到邻家借米，中午才回来做饭，家中贫困如此，他也不以为意。后来，罗伦在金牛山人迹罕至之处筑屋，隐居其中著书立说，四方学者闻名而来求学的特别多。

罗伦进京赶考。由于路上遇事耽搁，眼看就要延误考期了，于是罗伦就带着书童匆匆赶路。一天，他们来到客栈住宿。罗伦发现盘缠已不多了。正在他发愁的时候，书童却拿出了一只金光闪闪的镯子。原来五天前在山东境内，他们路经张员外家的大门口时，书童捡到了这只镯子，自己悄悄地收了起来。罗伦训斥了书童，并且让其立即返回山东归还镯子。书童劝他："这一去一回就要十天，会延误考期的！"但罗伦果断地说："考试耽误了还有下一次，而要昧了良心可是要悔恨终生的！"

他们日夜兼程，赶回了山东张员外家。张员外拿到了镯子，激动地说："你可救了两条人命啊！"原来，夫人在洗脸时，不小心将镯子落入水盆中，而谁也没发觉。丫环泼水时，把镯子一同泼到了门外。夫人发觉镯子丢了，先是怀疑丫环偷了，就鞭打拷问。丫环几次想投河寻死。后来夫人又怀疑另一人，闹得另一人也要上吊。就在这时罗伦赶到，才真相大白。

"桃李不言，下自成蹊"，一个具有高尚道德的领导者，就是出身卑微，身居陋巷，也会赢得别人的万分尊重。做善事之善者，方为世人称道。但是这一切靠的并不是口头宣扬，而是要有真切的行动。一个领导者要赢得尊重，关键是要处世有方、才华卓越，有一颗济世助人的心。

★ 低调行事，高调做人

自奉必减几分方好，处世须退一步为高。

——《围炉夜话》

人不要把自己看得太高，过高则易折，过满则易溢。所以，无论是在物质还是精神上，人还是要低调一点为好。

苏轼在湖州做官，三年任满，回到京城，"未去朝天子，先来谒相公"，先去拜见当朝宰相王安石。正值王安石午睡未醒，他只好在书房等候。苏东坡在书房里东张西望，发现砚匣底下有王安石写的题为《咏菊》的未完诗稿。他拿起诗稿念了一遍："西风昨夜过园林，吹落黄花遍地金。"他不禁叫道："这两句诗都是乱道。"苏东坡心想：菊花开于深秋，最能耐久，随你老来焦干枯枝，花瓣并不落。"吹落黄花遍地金"岂不是胡说八道吗？兴之所发，他就举笔续诗两句："秋花不比春花落，说与诗人仔细吟。"王安石看罢苏东坡的续诗，不动声色。后来就找了个借口把苏东坡派到黄州去当团练副使。苏东坡到了黄州，一次去花园赏花，时值重九之后，前几天又连刮大风。苏东坡来到菊花棚下，只见"满地铺金，枝上全无一朵"，惊得目瞪口呆，半晌无语。这时，他才觉悟到王安石把他调到黄州，就是要他来

苏轼

看"菊花落瓣的"。这位翰林学士，目穷万卷，见多识广，可是也并不知道有的地方的菊花是会落瓣的。他自恃聪明，卖弄才学，讥笑王安石，谁知道反而闹出笑话，暴露了自己的无知。不过东苏坡的可贵之处在于，他也感悟到自以为"无所不知"，实则是"有所不知"。

俗话说得好：低调行事，高调做人。一个人的品质要高洁，但一个人的处事方法要低调。与人相处，要谦和礼让，淡泊名利，用博大的胸怀，赢得别人的尊重。

《史记》上有个"将相和"的故事。蔺相如在出使秦国和参加两国国君相会时，多次挫败秦国的阴谋，维护了赵国的尊严，为赵国立了功。尤其是因"完璧归赵"立大功而被赵惠文王封为相，官比廉颇大，地位比廉颇高。廉颇出身贵族，资格老，自恃有攻城野战的大功劳。而蔺相如只是凭着会说立功，职位却在他上面，况且蔺相如一向是个低贱的人。他感到很羞耻，忍受不了职位在蔺相如下面。并公开扬言说："我遇见蔺相如，一定羞辱他。"蔺相如听说以后，就想方设法不肯和他见面。每逢上朝的时候，他经常称病，不愿与廉颇争先后。出门的时候，他遇到廉颇，就让赶车的掉转车子避开。于是他的门下客人一起劝谏说："我们所以离开家人亲戚来服侍您，只不过是为了爱慕您崇高的品德啊。现在您和廉颇将军地位相等，廉颇将军又公开说您的坏话，您却害怕和躲避他，恐惧得特别厉害，就是一般的人尚且感到羞愧，何况是做将相的人呢？"蔺相如耐心地说服他们："像秦王那样的威风，我都敢在朝廷上斥责他，侮辱他的大臣们。我虽然愚钝无能，偏偏怕一个廉将军吗？我考虑的是秦国现在所以不敢对赵国用兵进犯，是因为赵国有我们两人在。如果'两虎相斗，其势不俱生'，对国家就不利了。我之所以这样忍辱退让，就是因为要把国家的急难放在首位，而把个人的私怨放在后头。"这话传到廉颇那里，他十分感

动，认识到自己错了，便脱衣露体，背着荆条，向蔺相如"负荆请罪"，并说："我是个见识低的人，不知道将军竟宽容我到这样的地步。"两人终于和好如初，成为誓同生死的朋友。

蔺相如为人谦虚，顾全大局，维护了将相之间的团结。廉颇骄狂自大，险些儿破坏了将相间的团结。不过，这位大将一旦认识到自己骄傲的错误，就勇于认错，坚决改正，倒是十分可取的。

"忍一下风平浪静，退一步海阔天空"，领导者与人相处，要谦和礼让，淡泊名利。这样，才会带来精神上的愉悦，更会赢得事业上的成功和别人的尊重，否则，即会落入俗套。故做人应牢记"以减求增"、"以退为进"的道理。

★ 该进则进，该退则退

事当难处之时，只让退一步，便容易处矣；
功到将成之候，若放松一着，便不能成矣。

——《围炉夜话》

人之做事，有难易之分，有缓急之别。容易事自不必说，难事为难，倒是值得思索的。让退一步，是常用之法。让退一步不是知难而退，不去成事；而是另辟蹊径，再求他法，更好地做事。

难事成难，一是条件不成熟，二是方法不对路。条件不具备而勉强行事，不是成之极难，便是代价太大，成一事而损太多。事之成败自有定数，非人力所能为。所谓人的主观能动性，必然是在认识事物发展规律之时，对规律的主动驾驭，而不是超越它，破坏它。苏俄的"垦荒"之败，中国"大跃进"之灾，无不警示人们：条件不成熟，让退一步，培育条件，"创造条件再上"；水到渠成，瓜熟蒂落，事自成矣。

事之有成，非一途径。钻牛角，认死理，固执一法，只能是事倍功半。更重要的，是贻误了时机。让退了一步，转求他法，从死胡同里退出来。看似前功尽弃，实则是最好的方法。因为此法既为不通，仍一味求之，必然再度空耗人力、物力，浪费时间，何时有止，何时得成呢？求于他法，才可能舍死求活，转败为胜，少走弯路。转求他法，也并不仅是弃一法再求一法。若有可能，综合数法，开辟全新的道路，乃是上乘之法，即所谓的"异途原理"。

"功到将成之候，放松一着，便不能成矣。"亦如人们常言：行百里者半九十。为何功到将成之时，却放松一着，而至功不能成呢？盖因功到将成之时，人之心力已怠，以为大势已定，功将既成，便生懈怠之心，松喘气息，以至功败垂成。故有志者举事，必是一鼓作气，进行到底。

再者，功到将成之时，往往亦是最为困难之际。心志不坚者，容易心生怯意，畏难而退，而与成功失之交臂，功亏一篑。做事犹如登山，山脚路好走，山腰路易攀。

及至顶峰,则崎岖坎坷,艰难异常。越是接近顶点,越是困苦倍加。是故,必得有十分努力和百倍信心,才能登上顶峰,取得成功。

前者"让退一步",是做事方法、灵活,"后退一步自然宽",是智者的选择;难处"若放松一着",则是逃避困难,是懦夫的表现,因为"前进十里未必窄"。

究竟何时为退,何时为进,当事者应审时度势,恰当选择。当退不退,是为蛮干;该进不进,则是矫揉,世人当警之慎之。

★强忍为下,智忍为中,无忍为高

> 莫大之祸,起于须臾之不忍,不可不谨。
>
> ——《围炉夜话》

人生再大的祸事,都因于一时的不能忍耐,所以凡事不可不谨慎。

人生在世,世事纷争。不如意事常有,不自在处常遂。不如意时忍且过,不自在处忍则安。唐代苏州寒山寺里两位名寒山与拾得的高僧,两人有一番很精彩的对话。寒山问:"今有人侮我,冷笑笑我,藐视目我,毁我伤我,嫌恶恨我。"拾得曰:"子但忍受之,依他,让他,敬他,避他,苦苦耐他,装聋作哑,淡漠置他,冷眼观之,看了如何结局?"

这可谓"能忍人间难忍之事"了。如此忍耐,虽有消极避世的一面,但"淡漠置他,冷眼观之"却有一番凛然正气,包含了一种俯视人生的姿态,显示了一种清冷于荣华纷利的风骨。

忍,绝不仅仅是指忍下怒气求安、吞下苦怨求恕,而更重要的是忍怒制胜,忍怨图成。当韩信受到"胯下之辱"的时候,他以巨大的忍耐力忍受了难忍之辱,其后宏图大展。当司马迁遭受宫刑后,他以常人难忍的毅力,顽强地抵住了巨大的不幸和痛苦,终于完成了旷世之作《史记》。足见,百忍成金。人身处横逆,最可怕的是失去信念,意志沮丧,耐不住横逆。失去忍耐横逆之力,不仅无法脱困于横逆,反而会堕入万劫不复的境地。这也就是"小不忍则乱大谋"的道理所在。

人在大难当头,忍之弥坚,求得大成;在顺境安乐时,也要居安思危,保持冷静的心境。不欣羡荣华纷利,不专注花开满庭的时境。要知道花开满庭终无长,落花飘零是定数。人在生活中要忍得贫寒,不以不义手段求荣华;在为官时要忍得寂寞,得到重用忍不亢,得不到重用忍不卑。三国时的蜀国重臣杨仪,因未受到重用,而忍不住乱发牢骚,结果被小人告发,被贬为庶人。对此结局更不能忍,自刎而死,何苦,何惨!

忍又有可忍、不可忍或值得忍、不值得忍的区别。对个人的一己私利尽可忍得,忍后心地自宽;对一时的意气冲动切忌不忍,不忍则祸端遂起。但当国家和人民的利益受到损失,则不能忍,忍了则失大义;对有损国格、人格、民族气币的恶劣行为和衰败现象,则不能忍,忍了则辱人格;对社会腐败现象、邪恶奸佞,则不能忍,忍了则纵恶邪。因此,大义之忍,并非不怒。

　　忍,有境界高下之分。强忍为下,即勉强、克制、被动地忍,而不是主动自觉地忍。这种较之不能忍是可贵的,但境界不高,难以做谨慎自为;智忍为中,即理智自觉,争辩是非曲直,当忍则忍,可不忍则不忍;"是可忍孰不可忍";无忍为高,即"从心所欲而不逾矩",忍内化为一种高尚品质和行为习惯。这是忍的最高境界,亦应成为人们忍性修养的远大目标。

第三章 济世利民,名垂青史

★ 不比俸禄比学问

不与人争得失,惟求己有知能。

——《围炉夜话》

真正在事业上有所成就的领导者,无不是一心只追求学业知识,而不顾及名利得失的人。只有如此,才能够获得大学问,成就大事业。

英国物理学家和化学家法拉第(1791～1867),原是一个学装订的学徒工。1812年10月,大名鼎鼎的英国化学权威戴维教授,准备在伦敦大不列颠皇家学院举办讲座。法拉第知道后,弄到了一张听课证。在课堂上他认真听讲,认真做笔记。回到店里又一笔一画地抄写清楚,还不厌其烦地做化学试验。他立志在化学事业上有所作为。

法拉第这样做,引起了店主的不满,说他整天不务正业,胡思乱想,并下令不许他再在店里看科学书籍,否则就开除他。这个突然的打击,曾一度使法拉第非常苦恼,后来他索性给戴维写了一封信,说明自己对化学发生了浓厚的兴趣,并希望在他的身边做一些事情。几个月后,他出乎意料地得到戴维的答复,同意他到皇家学院当一名实验室的助手。

翌年10月,戴维教授要带着刚结婚的夫人离开英国,去欧洲大陆旅行,并让法拉第随行。戴维夫人是一个傲慢的女人,她待人苛刻,旅行的路上,把法拉第当仆从使唤,有时还不给他饭吃,气得法拉第好几次想中途离去。可是,为了实现自己的志向,他只好忍气吞声。就这样,他虽然在旅途中受到戴维夫人的凌辱,但却大大地开了眼界,认识了当时欧洲大陆上的不少科学家,学到了许多在实验室里学不到的知识。

回到伦敦,他依然勤勤恳恳地帮助戴维做化学实验,久而久之,法拉第从戴维教授那里学到了一手精湛的实验技术,后来,在物理和化学领域作出了重要贡献。

一名学徒工成为大科学家,这期间要经受多少艰辛和磨难。法拉第成功了,因为他是一个有志者。

"人之有心，犹舟之有舵；舵横则舟横，舵正则舟正。"领导者勿与人争物质之高下，只求得学问之高深。惟其如此，才能够超越自我，求得自己智慧和能力上的渊博和有为。

★甘于吃亏，"吃亏"亦是福

十分不耐烦，乃为人之大病；
一味学吃亏，是处事之良方。

——《围炉夜话》

人生既如登山涉河，又是一个竞技场。登山、涉河、竞技者，唯有不堕浩气，遇险不畏其险，处逆境而弥坚，持"志"以恒，才有可能登上风光无限的高峰，抵达"风景这边独好"的彼岸，才能做人之所难为之事，获得最甜蜜的果实。相反，如若见难就避，遇险即弃，急慢消极，就会一事无成。因为世界上的任何事情，都不可能是无险无阻、唾手可得的。

古人说："有为者譬若掘井，掘井九轫而不及泉，就为弃井也。""行百里者半九十"，"行险者不得履绳，出林者不得直道"。志在获得成功者，应该有勇往直前，奋然前行的耐心。经验证明，有许多本来可以取得成果，摘取某一领域桂冠者，由于缺乏做最后也是最艰难的冲刺，最终导致功亏一篑，一无所获。

与人相处也是如此，一个缺乏耐心的人，就会与本来可以有益于己的朋友失之交臂，也会在商场的谈判桌上，在纵横捭阖的交际场上一败涂地。没要必要的耐心，就会显得浮躁冒进，就难免在工作中造成不应有的损失。

"天将降大任于斯人也，必先苦其心志，劳其筋骨，饿其体肤，行拂乱其所为，增益其所不能"。不为苦中苦，难做人上人。不经过艰苦卓绝的锻造，不历经风霜苦雨的洗礼，梦想天发慈悲，事事皆称心如意，是幼稚、愚蠢、不切合实际的。

清末著名学者王国维在《人间词话》中说：

古今成大事、大学问者，必经三种境界：昨夜西风凋碧树，独上高楼，望断天涯路。此第一境也；衣带渐宽终不悔，为伊消得人憔悴。此第二境也；众里寻他千百度，蓦然回首，那人却在灯火阑珊处。此第三境也。

王国维

此处对有作为者人生道路的总结，可谓切中肯綮，一语中的。要有大作为，就须耐得住寂寞，经受得起意志的磨砺，要不急不躁，无怨无悔，于千挫百折中练就吃

苦耐劳的坚强意志,最后必是柳暗花明,走向成功的坦途。

"梅花香自苦寒来",没有耐心,是许多人的一大缺点。同时,只想获利而不愿吃亏,也是某些人身上存在的诟病。见蝇头小利,便忘却大义,只求人人为我,事事以我的利益为轴心精打细算。"拔一毛而利天下,不为也",这种极端自私自利的人生观,是不足取的。做人要常抱甘于吃亏的态度,这样,才能方便他人,与人方便,也于己方便。

当然,我们说甘于吃亏,并不是要姑息养奸,纵容恶德败行。与之相反,而是要用自己甘于吃亏的思想品德,去感化他人,树立"亏了我一个,幸福十亿人"的高风亮节。顾全大局,把集体、国家的利益视为高于一切的利益,自觉地矫正大家与小家的利害关系。不断地以超然的风标,完美的人生,勇做一个"纯粹的、脱离低级趣味的、有益于人民的"人。

★拥有济世心,虑事多甚微

济世虽乏赀财,而存心方便,即称长者;生资虽少智慧,而虑事精详,即是能人。
——《围炉夜话》

能够仗义疏财,扶危救困,固然值得称道。但是,有许多事情,不是单靠资财就可以解决、化解的。对于有些事、有些人,需要的更多的是精神方面的救助。

德高望重的现代文学巨匠郭沫若,一次到黄山旅游,发现一女青年站在悬崖边,神情颓丧。细心的郭老便立即上前询问根由,经过交淡,郭老才闹明白。原来,这位女青年因数次高考未中而觉得无颜活在人世,准备告别人世,她还做了一副对联:

年年高考年年落榜,事事难成事事无望。

郭老听后,首先夸奖女青年的古文功底不错,对联写得工整。然后郭老语重心长地对这个女青年说,只是这对联过于消极了。女青年被眼前这位长者的言行感染了,便开始与郭老探讨她的对联,郭老说,你这副对联对得虽然工整,但是消极,不妨改成这样:

年年高考年年考,事事难成事事成。

在郭老的鼓励下,这位女青年便打消了自杀的念头,发奋努力,最后终于跨进了大学校门,并成为小有名气的作家。

世界上的许多益言善行,就都发生在我们的身边,只要处处留心,善于助人为乐,抵达忠厚有德的长者的境界,并非可望而不可即的事情。而做事之前如果能够考虑周全,辨明是非功过,就是能干的人。

意大利商人邓肯走进一家银行的贷款部,大大咧咧地坐下来。"请问,有什么需要帮忙的吗?"贷款部经理一边问,一边打量着一身名牌穿戴的邓肯。

"我想贷款。"

"好啊,您要贷多少?"

"1 美元。"

"啊？只需要 1 美元？"

"不错，只贷 1 美元。难道不可以吗？"

"当然可以。只要有担保，再多点也无妨。"

"好吧，这些担保可以吗？"邓肯说着，从豪华的皮包里取出一堆股票等等，放在经理的写字台上。说："这些东西的总价值大概有 50 多万美元。够了吧？"

"当然，当然！不过先生，您真的只要贷 1 美元吗？"

"是的。"说着，邓肯接过了 1 美元。

"年息为 6%。只要您付出 6% 的利息，一年后归还，我们就可以把这些股票还给您。"

"谢谢。"说完，意大利人就准备离开银行。

银行的行长这天正在这里，他一直在旁边冷眼观看。他怎么也弄不明白，一个拥有 50 万美元的有钱人，怎么会来银行贷 1 美元。他匆匆忙忙地赶上前去，对邓肯说："啊，这位先生请留步！"

"有什么事情吗？"邓肯问。

"我实在搞不明白，您拥有 50 万美元，为什么只贷 1 美元呢？要是您想贷个三四十万美元，我们也会很乐意的……"银行行长说。

"谢谢你的好意。看在你这么热情的份儿上，我不妨将实情告诉你。"邓肯微笑着说，"我是来贵地做生意的，感觉随身携带这么多的钱很碍事，就想找个地方存放起来。在来贵行之前，我问过好几家金库，他们保险箱的租金都很昂贵。所以嘛，我就准备在贵行寄存这些股票。租金实在太便宜了，一年只需花 6 美分……"

中国传统文化中，劝人以资财济世者并不是很多，更多的是从心灵上给人以教导。以资财济世只是一时之功，而救治人的精神使其自立，其功效则更为有益。这样的人就能够称得上一个忠厚的长者。智与愚是相对而言的，只要能够正确地认识自我，善于扬长避短，谨小慎微，做事之前仔细计划，思虑周全，这样也就是一个能干的人。

★生时济世民，声誉载史册

但作里中不可少主人，便为于世有济；必使身后有可传之事，方为此生不虚。

——《围炉夜话》

人的一生，不追求轰轰烈烈，只要能够平平淡淡做对他人有益的事，就是一个对社会有用的人。

杨荣是明朝时代福建省建宁县人，他的祖宗三代都是划渡舟的船夫，直到杨荣这一代才读书。

杨荣的曾祖及祖父，虽是贫穷的渡舟夫，却不为满河的横财而动心，一次也没有捞取河中的财物,只是全心全力救助水灾中沉溺的人们。那许多从沉溺中被救出的灾民,因为都是家破人亡,也无法报答救命的恩德。因此其他捞取财物的渡舟夫都成了富人,独有杨荣的曾祖及祖父,只救人而不捞财,还是贫穷依然。但是他们在社会上名望很高,人们都很尊敬他们。

使自己名流千古,并不是一件容易的事。只要自己努力,能够使自己的名声流传下来,此生便没有虚度。

社会也需要这样的人,因为一个社会总是由无数个"乡里"集成的。"为官一任,造福一方"。虽然身不在宦途,但都不可无"造福一方"的抱负。以自己的力量扶弱济困,以自己的德义教化乡里,使风俗淳厚,道德四布;老者乐于晚年,壮者安守其业,幼者勤于学问。虽只是济世一方,却也是对社会的大贡献。因为,如果乡乡里里都有这样"不可缺少之人",整个社会自然就会安享太平了。

将个人融入群体,使他人感到自己就像这个群体每个人体内的血液一样不可须臾短缺。这样一来,生前死后都可以名垂乡里。

人之于历史、社会、时代,都是很渺小的。能做到"身后有可传之事",绝非易事。但不易却并非不能,水无定势,事在人为。只要自身肯于努力,肯做他人不愿或不屑做的事,肯做他人不能做却有福于众的事。潜心固态,奋然不懈。即使是助饥者一饭、济寒者一衣,也会得到人们的传颂。这样的益事做的多了,就会像小溪汇入汪洋,愈流愈广。就是到了人生的尽头,回首往事,也不会觉得自己虚度了一生。

有一首诗写道:

有的人死了,他还活着;

有的人活着,他已经死了。

常做有益于人的事,常为他人谋福利。即使不在人世,人们却会永远记住他,他的佳言善行永远活在活人的心中。而那些自私自利,横行乡里,把自己的幸福建立在他人的痛苦之上的人,虽然还苟活于世,但他在人们的心目中早已死掉。

江河不可塞,人心不可违,凡做顺乎民心人意之事的领导者,其生命的价值将与日月同在。

★静能生悟,俭可养廉

俭可养廉,觉茅舍竹篱,自饶清趣;
静能生悟,即鸟啼花落,都是化机。
一生快活皆庸福,
万种艰辛出伟人。

——《围炉夜话》

人都想生活得快活一些,然而又活得很累,缘故何在呢?根子则在于贪慕物欲而失去了清趣,羡慕浮华而丢掉了宁静。

淡泊以明志,勤俭而养廉。即使住在竹篱围绕的茅屋里,也别有一番情趣在。《菜根谭》中指出:"人生减省一分,便超脱一分。"在人生的旅程中,如果能够在物欲上减省去一些,便能够在精神上超脱一分。人贵在不为欲望所驱使,心灵一旦为欲望所侵蚀,就无法超脱红尘,反而会为欲火所吞灭。

只有把欲望之火泯灭,才能在现实生活中获得人生的真正快乐。人们若是过惯了俭约勤劳的生活,就不会为贪欲所困扰,也不会被物欲浮华的扰乱而改变自己的心志。这就是"俭可养廉"、"茅舍竹篱,自有清趣"的道理。

"沉静是美质","宁静以致远"。吕新吾以"沉静是美质"来描绘他心中的理想人格,他说:沉静的人,"他的内心是很沉稳的";而不沉静的人,"当自己无聊寂寞的时候,或是遭遇到什么难题,便无法克制地喋喋不休,大发谬论。这种人,即使本身非常孤傲,也不能称得上是一个有德行的人"。

是的,人心在纷争扰攘中,最容易为外界五光十色所迷惑,无法酝酿出深刻的道理来。只有在心情宁静时,一方心湖澄澈清明了,才能够照亮天光云影与万化的生机。此时,即使是听一声鸟鸣,或是观一朵花的凋落,都能悟得出生命的至理。可见静能出神人化。正如王维《鸟鸣涧》中说的:

人闲桂花落,夜静春山空。

月出惊山鸟,时鸣春涧中。

那种清静的境界,真不知有多少的奥妙。不在其中的人,的确很难以理会。要想领略那王维的境界,最好是进入那真正的清静之中。

"快活出庸福,艰辛出伟大"。一辈子快活无忧地过日子,几乎是所有平常人的心愿。只是那些"平常人"欲显贵显荣达非凡的人,才会带来烦恼和不快。更有一些"身为下贱,心比天高"的狂想者,则更感到苦闷不安,万事不顺。因此,还是脚踏实地,立于平凡,清清白白做人,老老实实做事,才有快活和福气。

至于出于平凡而成为伟人或名人的人,他们则是在历经万种艰辛、万般磨难之后才造就不凡的。不凡的造就,需要有不凡的勇气、非凡的毅力和非凡的作为。他们的艰辛为一般人所难以承受,因此他们得到的快活也是一般人望尘莫及的。这又告诉我们,不劳而获无快活,不义而求是罪过。陶渊明荷锄而种,嵇叔夜树下锻炼,何等艰辛,然而却自有快活。他们万世流芳之精神,令后人可歌可泣,得奋进之快活。

★ 尊敬他人,依靠自己

敬他人,即是敬自己;

靠自己,胜于靠他人。

——《围炉夜话》

孟子曰："仁者爱人,有礼者敬人。爱人者,人恒爱之;敬人者,人恒敬之。"中国人崇尚"礼尚往来"、"投桃报李",尊重别人的人,常常会得到别人的尊重,有时会得到更多人的回报。所以说,敬他人,即是敬自己。

儒家强调"敬为大"。敬,不仅要用于修身、齐家,而且特别要用于治国、平天下。尊重别人是一种美德,尊重别国,尊重天下,是国君的职责。君不见,古代所谓"睦邻友好"、"礼仪之邦"、"秦晋之好",哪一个不是建立在相互尊重的基础上?"人敬我一尺,我敬人一丈",向来是君子为人之准则。

尊重他人,并不是满口虚话,阿谀奉承,而是要以诚相待、以礼相待,"身不用礼,而望礼于人;身不用德,而望德于人,乱也"。没见过你待人客客气气,他却对你横眉冷对的。除非或有前嫌,或是误会,那自然是例外。如果老是论人是非,攻讦他人隐私,却想让人尊重于你,那可能吗?

靠他人做事,莫若靠自己。因为,依赖于别人,就要仰人鼻息。别人帮你做事,不见得完全合你的意。即使令你满意,也亏欠了人情,总有一种负疚感,老想找机会报答别人。如找不到机会,倘见了面,也老不自在,弄得自己很被动;靠别人,自然会给人家添麻烦,若是他乐意,自然更好。若不乐意,难免使双方处于尴尬境地。既伤面子,又伤感情。

由此看来,自己的事情还是自己做好,一来能完全按自己的意图去办,做好做歹怨不得别人;二来亲自实践,增长能力,多一份见识;三来免于亏欠人情。有句俗话说得好:

靠山山会倒,靠人人会跑,靠自己最好。

可不是吗?靠他人做事,无论是不是至亲好友,总不太好。许多事情,除非是万不得已,自己能做的,还是尽量靠自己。当然,为了争取时间,节约物力、人力、财力,相互帮助把事情办好,那是另一码事了。

图文珍藏版

第四章　做事勤勉，临乱不惊

★泰山崩于前而色不变，大英雄也

陶侃运甓官斋，其精勤可企而及也；谢安围棋别墅，其镇定非学而能也。

——《围炉夜话》

要想成为一个有所作为领导者，就要平时注意锻炼自己的意志，有意识的自我检束，自我加压，以勤督行，逐步养成吃苦耐劳、踏实为事的生活作风和良好的习惯，为以后的成功打下良好的基础。

青年时代的毛泽东为了以后的成功，就很注意锻炼身体，在他看来，锻炼身体就是锻炼自己的意志。毛泽东解释说："我'身亦不强'。"因而他和他的朋友都成为热心的体育锻炼者。

在寒假当中，毛泽东和他的同学们徒步穿野越林，爬山绕城，渡江过河。遇到下雨，就脱掉衬衣让雨淋，说这是雨浴。烈日当空，就脱掉衬衣，说是日光浴。春风吹来的时候，他们高声叫嚷，说这是叫做"风浴"的体育新项目。在已经下霜的日子，他们就露天睡觉，甚至到11月份，还在寒冷的河水里游泳。这一切都是在"体格锻炼"的名义下进行的。这一切对于增强青年时代毛泽东的体格很有帮助，后来在华南多次往返行军中，从江西到西北的长征中，这样的体格可是帮了毛泽东大忙。

毛泽东当时最喜欢的一种锻炼方式是每天洗冷水澡，他从未间断过，冬天也如此。按照传记的说法，在师范学校的最后两年，他组织20多人，每天清晨起来就来到井边，大家脱光衣服，各人从井里提起一桶桶冷水从头浇淋全身。自己淋，也彼此对着淋。

即使在下雨、下雪和寒风刺骨的秋冬季节，他们还经常赤着上身，在学校的后山跑动……有次学校开运动会，忽然大雨倾盆，大家都急着跑回屋内，唯有他毫不在乎，等候大家走尽，才回教室，全身都湿透了。

另一项喜爱的运动是游泳。毛泽东常与蔡和森等几个朋友课后到湘江游泳，暑假他们结伴住在岳麓山时，常常在夕阳西下的时候，到湘江中一狭长的沙洲那儿去游泳。游完后,他们"就在沙滩上或坐、或睡、或赛跑,兴之所至,随意漫谈,他们的身体淋浴在流光晚照之中,他们的心却驰骋在人生的战场上"。

青年时代的毛泽东完全是在实践孟子的教诲:"天将降大任于斯人也,必先苦其心志,劳其筋骨,饿其体肤,空乏其身,行拂乱其所为,是以动心忍性,增益其所不能。"

能够成就一番大事业的领导者,不仅要注意平时多锻炼自己,还要具有镇定的品质。谢安的镇定就是千古传诵的典范。

咸安二年(372),即位不到一年的简文帝就在忧惧中死去,太子司马曜即位,是为孝武帝。原来满心期待着简文帝临终前会把皇位禅让给自己的桓温大失所望,便以进京祭奠简文帝为由,于宁康元年(373)二月率军来到建康城外,准备杀大臣以立威。他在新亭预先埋伏了兵士,下令召见谢安和王坦之。

当时,京城内人心惶惶,王坦之非常害怕,问谢安怎么办。谢安神情坦然地说:"晋祚存亡,在此一行。"王坦之硬着头皮与谢安一起出城来到桓温营帐,紧张得汗流浃背,把衣衫都沾湿了,手中的朝板也拿颠倒了。谢安却从容不迫地就座,然后神色自若地对桓温说:"我听说有道的诸侯设守在四方,明公何必在幕后埋伏士卒呢?"桓温只得尴尬地下令撤除了埋伏。由于谢安的机智和镇定,桓温始终没敢对二人下手,不久就退回了姑孰。迫在眉睫的危机,被谢安从容化解了。

谢安是当时著名的围棋爱好者。苻坚率军侵犯晋国,打到淮河时,京师震动。晋帝当即提升谢安为征讨大都督。前方战局吃紧,谢安的侄子、将军谢玄前来请示退敌的办法。谢安面无惧色,不以为然,说是自有办法。让谢玄随他与亲友一道去山中别墅游玩。到了山中,谢安摆开棋盘邀侄儿对局。谢玄原本棋高一筹,这时因为紧张,糊里糊涂败给了谢安。谢安很高兴,晚上回家后,便开始指示如何对敌作战的方案。这一仗把苻坚打得溃不成军。捷报传来,又碰上谢安在下棋。谢安扫了一眼捷报,顺手放在床上,声色未动,继续下棋。客人们忍不住问他仗打得怎么样。他这才慢慢地说:"孩子们仗打胜了。"谢安临危不乱,坚定沉着,风度令人叹服。

有抱负的领导者总是严格要求自己,养成吃苦耐劳、踏实做事的生活作风和良好的习惯,以使精勤的人生为妙事,从不好高骛远,从不因善小而不为,这种态度实在是难能可贵。若一味沉浸在自己的黄粱美梦中,不知实践,天长日久,就会眼高手低、疏懒成性。能够成大事的领导者,能够做到山崩于前而眉不皱,镇定自持,临事不乱,遇到各种情况都能够冷静、正确地泰然处之,显得成竹在胸,运筹帷幄。只有做到了这一点,才会在社会生活中、事业上进退自如,通行无碍。

★勤能补拙,俭能养德

贫无可奈惟求俭,拙亦何妨只要勤。

——《围炉夜话》

领导者难免有穷困潦倒的时候。处于贫寒困苦之时，只要自己能够勤俭节约，终会战胜暂时的困难，成就自己的功业。

宋仁宗时，张知白任宰相，但他仍保持着过去在地方做小官时的生活水平，有人劝他说："您的收入也不少了，何苦如此清苦？外面人都说您是为博取虚名，在这儿装穷呢。"张知白叹道："我今天的收入，不可能永久保持，一旦收入不如今天，而家人已过惯奢侈的生活，就可能要败家了。还不如总保持这样一种家风，免得后世子孙奢侈受害！"张知白的头脑是相当清醒的，他一言道出了节俭的根本。

人的天资有高低之分，但这并不是成才的决定因素。大凡取得成功的人士，成功的诀窍只有两个字：勤奋。晋代大文学家左思就是一个以勤补拙的典型。

左思自幼反应迟钝，长得也比较丑陋，又不善于说话。父亲让他学习书法和弹琴，他都没有学成。一次，他父亲当着他的面对朋友说：这个孩子脑子太慢，不如我小时候。左思听后很不服气，于是发愤读书，经过刻苦努力，果然有很大进步。他自知脑子慢，就以勤补拙，不怕多花时间，曾用一年的时间写成《齐都赋》。

虽说花费的时间长了一些，但由于经过反复推敲，文章可谓满篇锦绣，字字珠玉，气势宏伟，壮丽无比。

写完《齐都赋》后，左思又着手写《三都赋》（三都指三国时魏都邺城，在今河南境内；吴都建业，今南京；蜀都成都）。当时，江东著名才子陆机在洛阳做官，他也正在搜集材料想做《三都赋》。他听说这件事后，觉得很可笑，写信对其弟陆云说：这里有个丑八怪想做《三都赋》，他写的文章怕只配给我拿来盖酒瓮。

左思没有被陆机的名气吓住，写《三都赋》的决心毫不动摇；他自知读的书不多，就请求担任掌管国家图书经籍的秘书郎，并充分利用这个条件，夜以继日地苦读。他没有到过成都，就上门请教阅历丰富的张载，向他了解那里的山川地理、风土人情。为了写好这篇文章，左思像着了魔一样，办公、读书、走路、吃饭，就连做梦想的都是《三都赋》。官府办公的地方，家中门里门外，就连茅厕里都放着纸和笔。只要琢磨出一个好句子，就随时随地记下来，就这样，经过 10 年的努力，他终于写成了《三都赋》。

左思的 10 年苦功没有白费，他的《三都赋》震动了京都洛阳，不少名士为《三都赋》作序、作注。陆机看了左思的《三都赋》，佩服得五体投地，认为自己再写《三都赋》，怎样也无法超过左思，只好搁笔。于是，洛阳城中的达官显贵之家都竞相抄写《三都赋》，洛阳的纸价都上涨了。后来"洛阳纸贵"成了一句成语。

贫穷和愚笨是困扰人生的两大不幸，但如果能够以俭济贫、以勤补拙，同样能

左思

国学大智慧

·《围炉夜话》智慧通解·

图文珍藏版

够获得成功。贫穷无奈时，要摆脱贫困，最可贵的就是甘于贫困，安于节俭，就能够摆脱贫困、创造幸福。要想成就一番功业，领导者就要付出很大的努力。天资愚钝并不可怕，只要能够勤奋学习，就能够弥补先天资质的不足，使自己能够获得成功。

★身体力行，集思广益

凡事勿徒委于人，必身体力行，方能有济；凡事不可执于己，必集思广益，乃罔后艰。

——《围炉夜话》

实践出真知，凡事只有经过实践，才能够深明其中的道理，才能够有所收获。

一个人有天晚上碰到一个神仙，这个神仙告诉他说，有大事要发生在他身上了，他有机会得到很大的财富，在社会上获得卓越的地位，并且娶到一个漂亮的妻子。

这个人终其一生都在等待这个奇迹，可是什么事也没发生。

这个人穷困地度过了他的一生，最后孤独地老死了。

当他上了天堂，他又看到了那个神仙，他对神仙说："你说过要给我财富、很高的社会地位和漂亮的妻子的，我等了一辈子，却什么也没有。"

神仙回答他："我没说过那种话，我只承诺过要给你机会得到财富、一个受人尊重的社会地位和一个漂亮的妻子，可是你却让这些从你身边溜走了。"

这个人迷惑了，他说："我不明白你的意思？"

神仙回答道："你可曾记得你有一次想到一个好点子，可是你没有行动，因为你怕失败而不敢去尝试？"这个人点点头。

神仙继续说："因为你没有去行动，这个点子几年后被给了另外一个人，那个人一点也不害怕地去做了，你可能记得那个人，他就是后来变成全国最有钱的那个人。还有，你应该还记得，一次城里发生了大地震，城里大半的房子都毁了。好几千人被困在倒塌的房子里，你有机会去帮忙拯救那些存活的人，可是你却怕小偷会趁你不在家的时候，到你家里去打劫、偷东西？"

这个人不好意思地点点头。

神仙说："那是你的好机会，去拯救几百个人，而那个机会可以使你在城里得到多大的尊荣和荣耀啊！"

神仙继续说："你记不记得有一个头发乌黑的漂亮女子，那个你曾经非常强烈地被吸引的，你从来不曾这么喜欢过一个女人。之后也没有再碰到过像她这么好的女人？可是你想她不可能会喜欢你，更不可能会答应跟你结婚，你因为害怕被拒绝，就让她从你身旁溜走了？"

这个人又点点头，可是这次他流下了眼泪。

神仙说:"我的朋友啊! 就是她! 她本来应是你的妻子,你们会有好几个漂亮的小孩。而且跟她在一起,你的人生将会有许许多多的快乐。"

由于不能立刻行动,导致了事情的失败,所以做事情必须身体力行,不可拖延。不仅如此,还要注意集思广益,多听取别人的意见,这样才能够成功。

周恩来总理就善于兼听各方面的意见。新中国成立初期,政务院有两位副总理是民主人士,政务院各部委的部长、主任中,民主人士将近1/2。因此,在政务院召开的会议上,有各种不同的意见:有资产阶级的、有开明绅士的、有小资产阶级的,有正确的、有错误的。周恩来总是善于听取各方面的意见,充分发扬民主。他批评有些同志不愿意接触党外人士,总是跟党员在一起,说的话都是相同的,所以思想有点闭塞。1956年,社会主义三大改造基本完成后,他对发扬民主听取不同意见的问题讲得比较多,也更为深刻。他说:既有不同的党派,就有不同的意见。大前提是搞社会主义,具体问题有出入,也允许有出入。共产党清一色,只能有一个意见,只能听一种话,发展会停滞。在一次讨论郭沫若的剧本《屈原》时,一位同志说:没有意见,同意总理说的。周恩来说:"我不喜欢你们一来就同意我的意见。那还要讨论什么? 领导者要善于听取各种不同意见,这样才能受启发,才能把问题看得更全面。领导人都那样聪明? 都那样正确?"

周恩来在对待民主人士方面,格外重视同他们深交朋友。刚进城时,周恩来陪同毛泽东登门拜访了张澜、李济深、沈钧儒、郭沫若等一些知名的民主人士。在和党外人士交往中,他诚恳热情、谦虚谨慎、诚以待人、平等协商、推心置腹、求同存异、不摆派头、取信于人,通过对党外人士的关心、交往,把党的温暖送到他们心中,被人们赞誉为中共党内一块具有强大吸引力、凝聚力的"磁石"。

周恩来兼听各方面意见,其中格外重视反面批评意见。建国初期他就指出:在党和政府中,要造成一种民主空气,使同志敢于对首长提意见。当面不好讲,就写个条子放在他的桌子上。对首长的缺点敢于提出,刺激他一下,搞得他不好受就改了。他希望别人"将"他的"军",如果下边的同志群而递条子就好了。他还提出要为听到不同意见创造条件,要从各方面发扬民主,唱对台戏,"找岔子"。1962年他进一步提出:共产党员要有畏友、净友。主张每个共产党员都得有几个敢于提出不同意见,敢于批评对方短处的畏友。习惯了,畏友就成为净友了。他称赞唐太宗李世民能听取魏征的反对意见,把唐朝搞得兴旺发达。李世民看到魏征一来,就如坐针毡,但是听了他的意见,好像吃了一剂良药,而我们有些领导人往往爱听赞美之词,甚至喜欢阿谀奉承,对批评的忠言则很反感,有的还打击报复,这就很值得我们深思了。

"君子之学,未尝离行以为知","行一事即得一事"的说法,都是强调"行"是人们获得知识学问的本源。"纸上得来终觉浅,绝知此事要躬行",凡事身体力行,也是一个不断克服困难,获取事物真谛,提高自己辨物理、识人事的过程。集思广益能够汲取他人的智慧,以保证决策的正确性,否则,固执己见,独断专行,不做调查研究,就会误人误事。

第五章　未雨绸缪，居安思危

★人无远虑，必有近忧

人虽无艰难之时，却不可忘艰难之境；
世虽有侥幸之事，断不可存侥幸之心。

——《围炉夜话》

人无远虑，必有近忧。记得有这样一则故事：从前一座佛寺旁，住着一户有钱富足的人家。他们每顿要让厨子煮很多饭，做很多好菜。吃不完就倒在门前阴沟里，任其漂流。流经寺院门前的时候，寺里有一位老和尚便把饭捞起来，在太阳下晒干，然后存在粮仓里。过了几年，适逢旱灾，久旱无雨，颗粒绝收。那个富户，家财粮食也已挥霍浪费一空，一贫如洗，沦为穷汉乞丐。这时，寺里老和尚很大方的送他一仓大米接济，同时对那"富人"说："你不必感谢我，因为这些大米本来就是你家的。"这个乍穷的富人知道底细以后，除了发深深的感激外，就是无言的惭愧。

听了这则故事，很容易使人想到《朱子家训》中"一粥一饭，当思来之不易；半丝半缕，恒念物力维艰"这句话。可见，人即使处在顺遂幸福的环境中，也不可穷奢极欲，纸醉金迷。要明白好花不常开，好景不常在，人生的漫长道路上还有荆棘和暗礁。正所谓"天有不测风云，人有旦夕祸福"，我们怎能乐而忘忧，不察不防呢？

"宜未雨而绸缪，毋临渴而掘井"。就是说，我们应当在还没有下雨的时候，预先把房子修好，门窗安结实；要事先把井挖好，如果拖到觉得口渴的时候，再开始挖掘水井就来不及了。这就说明，不论做任何事情，在顺遂的时候要想到遇到困难后如何处置。只有事先有所谋划和准备，才可能防止各种意外情况的发生。《中庸》中也讲过：

凡事预则立，不预则废：言前定，则不验。事前定，则不困。行前定，则不疾。道前定，则不穷。

世上有侥幸之事，碰到它只是偶然的巧遇。如果我们因此存有侥幸心理，则必然误己误事，被人耻笑。那个"守株待兔"的寓言之所以流传百代而常新，就因为它像一口警钟时常晓谕世人莫存侥幸心，莫做呆愚夫；认真耕耘自己的田园，开垦自己的收获。

所以，自古以来劝世良句中就有"莫贪意外之财，莫存侥幸之心"的警句。因为不劳而获的东西，往往不易珍惜，而且往往会使人丢弃勤恳、踏实的品格。

★忧先事无忧，事至愁而无救

忧先于事故能无忧，事至而忧无救于事，此唐史李绛语也，其警人之意深矣，可书以揭诸座石。

——《围炉夜话》

如果事前考虑，事到临头就会有应对的策略。如果事情已经来临再去忧虑，就会于事无补了。这是唐史上李绛所说的话。它对我们的警示很多，可以作为领导者的座右铭，时时提醒自己不要犯这方面的错误。

其实，不管任何事只有认真仔细去做才不会犯错误，并且还要在事先充分估计到可能遇到的问题，想好应对之策，做好充分的准备，我们才不至于在遇到问题时手忙脚乱，而不知该何去何从。有高瞻远瞩的眼光，我们才会在竞争中取得事半功倍的效果，从而赢得优势，立于不败之地。就像一些领导者，在他们的身旁总要有深谋远虑的智囊辅佐，为他们出谋划策，使他们带领好自己的队伍，做好自己的工作。

由此可知，做事只要计划周全，以防万一，即使出现错误领导者也能应对自如，防患于未然，才能以不变应万变。如果以此当做我们人生座右铭的话，领导者便可以从中悟得：具有远见卓识的目光和审时度势的能力，我们才会在做事中少些失误，多些平坦。

第六章 通权达变，顺应潮流

★见人所不见，为人所不为

为人循规矩，而不见精神，则登场之傀儡也；
做事守章程，而不知权变，则依样之葫芦也。

——《围炉夜话》

"没有规矩，不成方圆"。说的是，凡事物都有其内在的联系、固有的规律。人们要想实现预期的目的，就必须按其规律行事，否则就会遭到惩罚。订立规矩、章程的意义，就在这里。

但是，如果只知道死守章程，循规蹈矩，而不明白规矩、章程的本质意义，不领会其精神实质，那么，规矩章程就不是正确引导人们行为的准绳，而是束缚人的思想的羁绊。任何规矩章程，都是针对特定的情况而制订的。离开了相应的情况，规矩章程就失去其应有的意义；而企图将纷繁复杂世事的各种可能的情况都订一个规矩，立一个章程，则又是不可能的。

任何规矩章程，又都是一定时间条件下的产物。离开了特定的历史条件，规矩章程同样也会失去应有的意义。对发展变化了的事物，仍死抱旧有的规矩章程，则注定要遭到失败。傀儡的悲剧就在于徒具外壳，而没有生命，没有精神，只能在固定的格式里摆动。依样画葫芦的不幸，就在于不懂精神，没有灵活性，只会人云亦云。

为什么本来是人订的、具有积极意义的规矩章程，掉过头来反而成了束缚人的行为，禁锢人的思想的枷锁呢？究其原因有二：一是不懂规矩章程的意义，只知死搬教条；二是不愿开发创新，只想墨守成规。规矩章程，是人们对事物内在规律在一定条件下的反映。任何规矩章程，大到国家法律，小到做事原则，都是一种思想，一种精神的体现。不知其精髓要义，只得其只言片语，就盲目行事，到处搬套，则必然遭到失败。

"兵置死地而后生"，本是一条积极的用兵法则。说的是如果把军队布置在危险的境地，那么，士兵们就会因为地险而奋力求生，不存任何幻想，杀一条血路，便能取得战斗的胜利。这一法则的条件是，必须是可以杀出一条道路，能够绝处求生。这里的死地，不是完全意义上的死地，而是通过努力可以使之成为"生地"。

但是，不懂其要义的马谡，却真的把蜀兵置于"死地"，并也说什么："兵置死地而后生。"死搬教条的结果，只能是兵败被杀。多数人之所以成为规矩的傀儡，就在于不能领会规矩的精神。规矩章程是往事的经验总结，而变化发展则是人类社会的主要特征。因此，遵守规矩的同时，改革创新，发现新的规律就十分重要了。

实际上，凡有所作为的有识之士，就在于能打破常规，见人所不能见，为人所不能为，从而取得惊人的创举。若依旧说，"日心说"就不能出现；若从旧制，"一国两制"就不会诞生；若顺常理，"社会主义市场经济"就不能得到推行，等等。

可见，变化发展，通权达变，乃是做个人事，做国家事之要旨。照着葫芦画葫芦，就在于死板不变，不得要领。其实，真正懂得画法、线条和色彩的人，有什么不能画呢？

★通权达变，是领导者做事的要旨

为人循矩度，而不见精神，则登场之傀儡也；
做事守章程，而不知权变，则依样之葫芦也。

——《围炉夜话》

领导者做人应该遵循一定的道德准则，才能够赢得他人的尊重。但是，如果只懂得死守这些准则，而不明白其中的深刻内涵，就失去了这些道德准则的意义。

宋国与楚国打仗，宋国军队已经在泓水岸边列好了阵，楚国军队正准备渡过泓水来交战。宋国的右司马走出队列，对宋襄公说："楚军比我军人数多，我们应该趁他们正在渡河，马上发起进攻，那样楚军必败。"宋襄公说："我曾经听君子说：'不能攻击已经受伤的敌人，不能擒获须发已经斑白的敌人；敌人处于险地，不能乘人之危；敌人陷入困境，不能落井下石；敌军没有做好准备，不能突施偷袭。'现在楚军正在渡河，我军就发起进攻，有害于仁义。等楚军全部渡过河，列好阵，我们再进攻。"右司马说："主公如此不爱惜宋国军民的生命财产，等到兵败国灭，还有什么仁义可言？"宋襄公喝道："你再不退回队列，就要以违反军法论处。"右司马只好退回队列之中。等楚军全部渡过河，列好阵，宋襄公击鼓进攻。结果，失去了作战良机的宋军大败，宋襄公也受了伤，二天后死去。

宋襄公

"没有规矩，不成方圆"，做任何事情都要有一定章程，才能够成功。但若死守这些章程，就会适得其反。

东郭先生和狼的故事大家都不陌生。故事说，有一位书生东郭先生，读死书、死读书，满脑子的"仁义道德"，十分迂腐。一天，东郭先生赶着一头毛驴，背着一口袋书，到一个叫"中山国"的地方去谋求官职。突然，一只带伤的狼窜到他的面前，

东郭先生和狼

哀求说："先生，我现在正被一位猎人追赶，猎人用箭射中了我，差点要了我的命。求求您把我藏在您的口袋里，将来我会好好报答您的。"东郭先生当然知道狼是害人的，但他看到这只受伤的狼很可怜，考虑了一下说："我这样做会得罪猎人的。不过，既然你求我，我就一定想办法救你。"说着，东郭先生让狼蜷曲了四肢，然后用绳子把狼捆住。尽可能让它的身体变得小些，以便装进放书的口袋中去。

不一会儿，猎人追了上来，发现狼不见了，就问东郭先生："你看见一只狼没有？它往哪里跑了？"东郭先生说："我没有看见狼，这里岔路多，狼也许从别的路上逃走了。"猎人相信了东郭先生的话，朝别的方向追去了。狼在书袋里听得猎人的骑马声远去之后，就央求东郭先生说："求求先生，把我放出去，让我逃生吧。"仁慈的东郭先生，经不起狼的花言巧语，把狼放了出来。不料，狼却嗥叫着对东郭先生说："先生既然做好事救了我的命，现在我饿极了，你就再做一次好事，让我吃掉你吧。"说着，狼就张牙舞爪地扑向东郭先生。

东郭先生徒手同狼搏斗，嘴里不断对狼喊着"忘恩负义"。正在这时，有一位农民扛着锄头路过，东郭先生急忙拉住他，向他讲述自己如何救了狼，狼忘恩负义要伤害自己的事，请农民评理。可是狼却一口否定东郭先生救过它的命。老农想了想说："你们的话，我都不相信，这只口袋这么小，怎么可能装下一只大狼呢。请再装一下，让我亲眼看一看。"狼同意了，它又躺在地上，蜷作一团，让东郭先生重新用绳子捆起来，装进了口袋里。老农立即把口袋扎紧，对东郭先生说："这种伤害人的野兽是不会改变本性的，你对狼讲仁慈，简直太糊涂了。"说罢，抢起锄头，把狼打死了。

东郭先生恍然大悟，非常感谢农民及时救了他的命。现在，"东郭先生"和"中山狼"已经成为汉语中固定词语，"东郭先生"专指那些不辨是非而滥施同情心的人，"中山狼"则指忘恩负义、恩将仇报的人。

变化发展，通达权变，乃是领导者做人做事的要旨。

第四篇 《呻吟语》智慧通解

导读

《呻吟语》是明代吕坤用三十年时间写成的著作,作者写这本书意在"医天下人内心之病",书中渗透着作者自己对人生、社会的反思。

《呻吟语》是一位饱经人世忧患、富有人生经验的儒哲以儒家的中庸之道为立足点,扬弃释道,冲破宋明理学的牢笼,独辟蹊径探索人生、思考宇宙的思想结晶。

《呻吟语》反映了作者深刻的哲学思想以及他对人生的思考和探索。

作为一部探讨人生的哲学著作,作者说得最多的还是修身养性、处事应物的道理和方法,他从十几个不同的侧面展示了他的体会和心得,或者是人生经验的总结,或者是深思熟虑的格言,读这样的书,你像听一位厚道正直的长者娓娓而谈,亲切有趣,个中意味,使人回味无穷。《呻吟语》的很多人生观点和处世方法是对中华民族优良传统的弘扬,体现了中国古代优秀的知识分子的本质特征。

第一章　尊重生命,创造价值

★积极入世,为现实奋斗

异端之语入人骨髓,将死而惧,故常若有见。若死必有召之者,则牛羊蚊蚁之死,果亦有召之者耶？大抵草木之生枯,土石之凝散,人与众动之死生、始终、有无,只是一理,更无他说。万一有之,亦怪异也。

——《呻吟语》

异端邪说之所以能够蛊惑人心,好比人们认为死的时候会见到鬼神,是由于深受传说的影响,因此在即将死亡时就会感到害怕。如果在死时一定会有人来召唤,那么牛羊、蚊蚁在死时,也会有人去给它们召魂吗？总的来说,花草树木的生死,泥土岩石的聚散,包括人在内的各种生物之生死、起源与灭绝,都出自同一道理,再也没有什么别的解释。万一有个别的说法,也是异端邪说而已。

《论语》中记载:"子不语:怪、力、乱、神。"儒家主张积极入世,为现世奋斗。如果你不能明白生命,又怎么能明白死亡？故孔子说:"未知生,焉知死。"太阳每天傍晚都会落下,第二天清晨又会升起,与此相同,生与死只是生命在不同阶段的不同自然形态,是自然的循环代谢。古人云:死,或重于泰山,或轻于鸿毛。如果我们能够充分发挥出自己生命的价值,面对死亡的时候又有何畏惧！

★让精神永存世间

气,无终尽之时;形,无不毁之理。

——《呻吟语》

精神,是永恒存在的;形体,是无法长存的。

根据物质不灭定律,宇宙万物新陈代谢,周而复始,但宇宙间的质量和能量永远是恒定的,这样才能维持宇宙间的平衡。中国古代就已经产生这样的朴素唯物观点,《庄子》中说到:"不形之形,形之不形",后人所做的疏注中解释这句话的意思是:"气聚而有其形,气散而归于无形也。"在老庄的思想传统中,形体是有限的,而精神无限,只有超越有限形体的束缚,才能获得真正的自由,也就是老子说的"大象无形"。所以,历史上那些正直、无私、勇敢、坚毅的英雄虽然形体已经销毁,但他们的精神长存世间,并为后人不断称颂,代代流传。

★约束过分的欲望

　　性分不可使亏欠,故其取数也常多,曰穷理,曰尽性,曰达天,曰入神,曰致广大、极高明。情欲不可使赢余,故其取数也常少,曰谨言,曰慎行,曰约己,曰清心,曰节饮食、寡嗜欲。

——《呻吟语》

　　不要使人的天性有所亏缺,所以提到它时,总要加上多的意思。如要穷究道理,要尽知本源,要通达天意,要出神入化,要极为广大、十分高明。不可以让人的情绪过分表露,所以说到它的时候,总要加上少的意思。如谨防语失,要慎重行事,要约束自我,要清静心地,要控制饮食、抑制欲望。

　　人的天性是自然的馈赠,其中与其他动物一样,都有为种族生命生存延续的本能,但是人还有追求精神与道德的自觉。按照马斯洛的理论,人的欲望可以分为五个层次:生理的需要,安全的需要,社交的需要,尊重的需要,自我实现的需要。生理的需要是最基本的,如吃饭、穿衣、居住等等。在底层的需要满足以后,就应当向着高层需要上升。但在现实生活中,许多人却只停留在最基本的欲求上,而物质的欲望永无止境,若是沉溺于其中,只会将生命消耗在无谓的事物上。所以要注意约束过分的欲望,不要忘记人与动物的区别在于人对知识与道德的向往与追求。

★固有一死,死得其所

　　兰以火而香,亦以火而灭;膏以火而明,亦以火而竭;炮以火而声,亦以火而泄。阴者,所以存也;阳者,所以亡也。岂独声色、气味然哉? 世知郁者之为足,是谓万年之烛。

——《呻吟语》

幽香因为有火的点燃才会散发出来,也因火的点燃才使它走向毁灭;油膏因为有火的点燃才使它发出光亮,也因火的点燃才使它走向衰竭;炮竹因为有火的点燃才会发出响声,也因火的点燃才使它化为碎片。也就是说,经火的点燃,它们就能够灭亡;没有火的参与,它们就得以存在。其中的道理难道是仅适用于声音、颜色、气味吗?世界上的人都知道知足者常乐的道理,它就像在千百年来黑夜中的一支永远不灭的蜡烛,给我们带来光明。

蜡烛因火的点燃,才能发出光与热,但燃烧到最终是耗尽所有的烛油,也就是死亡;茶叶因开水的冲泡,才能舒展开来放出芳香与清醒,但一杯茶泡到最后,就会淡而无味,与一杯白水没有什么区别。让它们释放生命的能量然后死去,还是束之高阁无所作为?它们生命的意义就在燃尽烛油、泡淡色香味,如果束之高阁,岂非暴殄天物?人的生命亦是如此,古人云:人固有一死,或重于泰山,或轻于鸿毛。人生短短几十年,最终是谁都逃不过死亡。那么,何不让生命发光发热,奉献出所有的能量,这样,即使面对死亡,也是死得其所。

★寻找良师益友共度此生

> 一则见性,两则生情。人未有偶而能静者,物未有偶而无声者。
>
> ——《呻吟语》

事物单独时,能见出其本性;两相对待时,则生出感情。人没有与他人共处而能够安静的,物没有与他物共处而不发出声音的。

单独的事物,除了它的本性,就不能再有其他的表现。但若不是单独的存在,互相之间就不会产生某种关系,也就是作者所说的"情"。比如,单独的一个苹果,它所表现出的一切,色、香、味、形,都是苹果的本性;如果两个苹果放在一起,就会有比较,产生大小、生熟、酸甜等关系了。生物更是如此,两个人相处就会发生感情,不论是亲情、友情、爱情,还是好、恶、厌、憎等等情绪;秋虫候鸟到了求偶的时候,则会鸣叫出各种各样的声音。所以,当一个人需要保持自己的本性,比如读书的时候,就应该独处;而与人交往时,就应寻找良师益友,才能免受不好的影响。

★做君子,不做小人

命本在天。君子之命在我,小人之命亦在我。君子以义处命,不以其道得之不处,命不足道也;小人以欲犯命,不可得而必欲得之,命不肯受也。但君子谓命在我，得天命之本然；小人谓命在我，幸气数之或然。是以君子之心常泰，小人之心常劳。

——《呻吟语》

常人的命运由上天的掌握。但是君子的命运是由自己掌握，小人的命运也是由自己掌握。君子从道义的角度来看待命运，不用非道义的方法来控制它，认为这样是没有价值的；小人以欲望的眼光来看待命运，虽然不能用道义的方法来左右它，但却一定要控制它。所以说君子的命运尽在自己掌握，是因为他的生活与上天赋予的相同；而所谓的小人的命运在自己掌握，是企图违背上天的安排。因此，君子的内心总是安然自若，而小人的心中常常劳累。

每个人对于生命都有不同的看法，不同的生活态度与方式，使得每个人的生命在发展的过程中呈现出不同的形态。古人说："君子喻于义，小人喻于利。"明朝方孝儒说："君子之为利，利人；小人之为利，利己。"君子专注于自身的道德修养，为人处事利己利人，而小人只为自己的私欲算计，甚至不惜伤害他人的利益。君子努力领悟天地之道，与万物合一，顺应生命的自然；小人为了牟取私利，经常会做出违反天理人伦的事情，这就违反了自然赐予生命的初衷。

第二章 洁身自爱,修成正果

★洁身自好,成就大业

无屋漏工夫,做不得宇宙事业。

——《呻吟语》

没有洁身自好的工夫,就做不成天下的大事。

古人在室内的西北角设小帐,放置神主,《诗经·大雅》篇中说:"尚不愧于屋漏。"也就是无愧于祖先的意思。屋漏地方偏僻,是不容易被人看到的地方。屋漏工夫,说的是君子在不被人看到的地方,做事仍当谨慎,不能因为别人看不到就为所欲为。孔子说:"君子慎其独。"独处时最能考验人的道德修养,而且修身者在独处之时,也最容易松懈,所以做好了屋漏工夫,说明一个人的修养已经到了相当高的境界。

★不怕人只怕理,不恃人只恃道

大丈夫不怕人,只是怕理;不恃人,只是恃道。

——《呻吟语》

真正的男人谁也不怕,只怕违背真理;真正的男人不恃仗他人,而是恃仗正义。

大丈夫以义不以利。义字当头,该做的,知其不可而为之;不该做的,就像孔子说的,"不义而富且贵,于我如浮云"。君子见了平民百姓不会去欺负,见了万乘之君也不会畏缩,就是因为其价值的核心是理,除了理之外,再没有什么值得怕的。

曾子对弟子子襄谈论"勇",说自己曾经在孔子那儿听到过什么才是真正的勇:真正的勇,就是道之所在,就算有千军万马在前面阻挡,我也义无返顾,勇往直前。

★ 得意之时切莫忘形

殃咎之来,未有不始于快心者。故君子得意而忧,逢喜而惧。

——《呻吟语》

所发生的祸殃,都是萌生于令人心中愉快的事情。所以君子在得意时会感到忧虑,在喜悦时会感到恐惧。

老子曰:"将欲歙之,必固张之。将欲弱之,必固强之。将欲废之,必固兴之。将欲取之,必固与之。"事物都有好坏两面,而这两面总是会互相转化,"福兮祸所倚,祸兮福所伏"。塞翁丢失了马匹,却并不因此而悲伤;马匹跑回来,还带了野马回来,也并不因此而高兴。正所谓"塞翁失马,焉知非福",事情也发展得正像塞翁所预料的,福祸之间发生了转化。而我们常人的认识,却常常到不了这个境地。获得一笔意外横财,大多数人都会欣喜若狂,又哪想到这也许是生活上腐化堕落的开始。遭遇了意想不到的挫折,就灰心丧气,一蹶不振,却不知这正可以作为一种磨炼,来求得更大的进步。

老子

★ 心忧天下,死而后已

小人亦有坦荡荡处,无忌惮是已;君子亦有常戚戚处,终身之忧是已。

——《呻吟语》

小人也有心灵坦荡的时候,这是因为他们在为自己谋取利益时没有丝毫的顾虑。君子也常有忧心重重的时候,就是因为他们总是担心无法为大众谋求利益。

孔子说过:"君子坦荡荡,小人常戚戚。"君子待人处事,循一个"理"字,该做的就做,不该做的就不做。俗话说:不做亏心事,不怕鬼敲门。所以君子能始终保持坦荡的胸怀。小人往往被物欲蒙蔽,在物欲的驱使下,做一些伤天害理的事;即使当时得了好处，但回头想起来，不免心中不安。但小人也有能够"坦荡"的，那是天良丧尽，无所忌惮，做了坏事也不知内疚的禽兽之辈。而君子常戚戚，是因为君子心怀仁爱，以世人的痛苦为痛苦，心忧天下，死而后已。就像范仲淹说的那样，"先天下之忧而忧，后天下之乐而乐"。

★ 给他人留余地

恶恶太严，便是一恶；乐善甚亟，便是一善。

——《呻吟语》

如果讨厌丑陋的事物达到了十分严肃的地步，其本身就是一种丑恶；如果喜欢积德行善到了积极热心的地步，其本身就是一种善良。

疾恶如仇固然是一种美好的品德，但如果过于严厉，对于犯错误的人恨不得置之死地而后快，连改过的机会都不给别人，那就成了一件坏事了。犯了罪的人，自有法律的制裁；违背道德的人，自有舆论的约束。至于我们，除了站在正义的立场上，进行批评指责之外，还应该给人留一些余地，给人机会让他改过自新，甚至在这一过程中尽量提供帮助。佛家慈悲为怀，有位高僧曾说："我不入地狱，谁入地狱？"只要地狱里还有一个人没有解脱，就有责任下去帮助他。对待打入地狱的十恶不赦之徒，都应该有这样的宽容，更何况那些只是在生活中犯了一点小错的人呢？

★ 言与行都需谨慎

士君子一出口，无反悔之旨；一动手，无更改之事。诚之于思故也。

——《呻吟语》

士君子不说则已，说出口就没有反悔的话；不动手则已，一动就没有更改的事。这是因为说话做事之前，早已深思熟虑的缘故。

君子慎言。古语有云，"君子一言，驷马难追"，这虽然是说君子重诺守信的品德，但换个角度，我们也可从中看出君子慎言，不轻易许诺的特点。因为人的能力总有个限度，总是轻易地许诺，又哪有那么多时间精力去实现？慎言还可以免祸，俗话说"祸从口出"，心直口快、口无遮拦的人，说话之间容易得罪人，自己虽然没有恶意，别人却会在心里记仇；而慎言之人，三思而后出口，便可以免去许多不必要的麻烦。人们常说"修身莫过于慎言行",除了慎言,做事更需谨慎。要在还没做的时候,就反复斟酌,考虑周全,尽量做到万无一失的地步。否则轻举妄动,把事情做坏,再想修补就来不及了。

★ 不要放纵自己的"心"

人心是个猖狂自大之物,陨身败家之贼,如何纵容得他?

——《呻吟语》

人心是个狂妄自大之物,又是害命败家之贼,怎么能够纵容他任意胡为呢?

法国作家伯格森说过一句十分深刻的话:"虚荣心很难说是一种恶行,然而一切恶行都围绕虚荣心而生,都不过是满足虚荣心的手段。"人们努力地生活,都是为了追求属于自己的幸福。丰富的物质、完美的名节都是有益于人生的,但若是为了追求它们而无所不为,这时候已经不是你自己在主动地追求,而是欲望与虚荣控制了你,当你到达时,才发现那其实并不是你要的幸福。做人最关键的是要清醒,《克雷洛夫寓言》中说得好:"出头露面的人是有福的。知道世人一定在瞧着他必须完成的事业,他从头到底干得挺有劲儿。然而这样的人更值得尊敬,他默默无闻地躲在暗地里,在漫长的辛苦的日子里无报酬地劳动,得不到光荣也得不到表扬;只有一种思想鼓舞着他的勤劳,他的工作对大众是有益的。"

★ 敢于担当,胸怀天下

大事、难事看担当;逆境、顺境看襟度;临喜、临怒看涵养;群行、群止看识见。

——《呻吟语》

当遇到大事、难事时,要看一个人能否承担起来;在逆境、顺境中,要看一个人的气度大小;当遇到高兴事、可气事时,要看一个人的涵养如何;当大家一起行动、一起歇息时,则能看出一个人的见识如何。

《后汉书》记载,"光武谓霸曰:'颍川从我者皆逝,而子独留努力! 疾风知劲草。'""光武"是汉光武帝刘秀,"霸"指的是刘秀的大将王霸,他随刘秀起兵复汉,打败了王寻与王邑的军队,又北击匈奴、乌桓,屡建战功,是刘秀的重臣。《后汉书》中记载的这段话是刘秀为避刘玄之害,北渡黄河时对王霸所说的。《新唐书·萧瑀传》记载唐太宗与萧瑀诗云:"疾风知劲草,版荡识诚臣。""版荡"指困难或政局动乱。判断一个人的能力或品德,要在关键的当口看他的表现,一个人平日里也许可以将自己伪装成另外的样子,但事到临头再伪装就很困难了。如古希腊哲学家宾达尔所说:"检验一个人的最好方法是看他的行为。"

★用"心"主宰天下

大其心,容天下之物;虚其心,受天下之善;平其心,论天下之事;潜其心,观天下之理;定其心,应天下之变。

——《呻吟语》

使自己的心胸开阔,以容纳天下之物;使自己的心胸敞开,来接受天下的善良;使自己的内心平易,来议论天下的事情;使自己的内心专一,来观察天下的事理;使自己的内心稳定,来应付天下的变故。

《社会》一书中说:"知识如同光芒四射的烛光,把人生之路照得耀眼通明;来者从亮光中认识了人生的意义,去者似蜡烛燃尽,照亮了别人。"人在一生中都必须坚持不断地学习,否则,他就会被时代抛在后面。知识不仅能够开阔人的视野与思路,还能够丰富人的心灵。一个人不可能亲自体验世界上所有的事情,但通过读书、向别人讨教,他能够感同身受地获得类似的体验。像高尔基说的那样,"应该尽可能知道得多些。经验越是多种多样,人就越得到提高,人的眼界就越广阔"。人的心灵越宽容,人的智慧就越丰富。《论幸福》中说到:"学习是幸福,而人们总在学习,人们知道的越多,学习的能力就越大。"这是一个相互促进的循环上升的过程。

★做本色人,说真心话

做本色人,说真心话,干近情事。

——《呻吟语》

做人要本分,说话要真心,干事要近人情。

莎士比亚的戏剧《查理二世》中曾说:"无瑕的名誉是世间最纯粹的珍宝;失去了名誉,人类不过是一些镀金的粪土,染色的泥块。忠贞的胸膛里一颗勇敢的心灵,就是藏在十重键锁的箱中的珠宝。"有信念的人,在任何情况下都坚持自己心中的理想与准则,不会为了某些利益扭曲自己以迎合世俗的要求,他们深深地明白自己,能够把握住自己,正如歌德所说:"一个人怎样才能认识自己呢? 绝不是通过思考,而是通过实践。尽力去履行你的职责,那你就会立刻知道你的价值。"君子正是以行动来表明自己的价值准则,不虚伪,不矫饰,不做违背道德的事。

★有过不辞谤，无过不反谤

君子有过不辞谤，无过不反谤，共过不推谤。谤无所损于君子也。

——《呻吟语》

　　君子有了过错对别人的指责不推托，没有过错也不会反驳别人的责怨；共同所犯的错误，也不会推到别人的身上。因为承担责任并不能给君子带来任何伤害。

　　《吕氏春秋》中说到："欲胜人者必先自胜，欲论人者必先自论，欲知人者必先自知。"意思是说想制服别人，先要克服自己的弱点；要评论别人先正确地评价自己；想了解别人必须首先了解自己。君子犯了什么错误，首先会检讨自己的问题，而不是把责任全部推到别人身上。要苛责别人，就要先扪心自问，如果换作自己又会怎么处理，是否会和对方犯一样的错误呢？正如肯尼斯·古德所说："先别骤然采取任何行动，不妨先冷静下来，把你对自己的关心和对他人的冷漠，相互比较一下，能够做到这层将心比心的功夫，你在与人应对的时候，就不至那么唐突和鲁莽了。"

·《呻吟语》智慧通解·

图文珍藏版

第三章　交人有道，做事有方

★知人者智，自知者明

知彼知我，不独是兵法，处人处事一些少不得底。

——《呻吟语》

既了解别人也能认清自己，不光是兵法如此，就是为人处事也是一点也不能少的。

老子说："知人者智，自知者明。"人贵有知人之智，而尤其贵有自知之明。若能知己知彼，用在战场上可以百战百胜，用在待人处事上，又何尝不能无往而不利呢？管仲年少时家里贫困，曾和鲍叔牙一起做生意，赚了钱管仲就多拿一些，鲍叔牙知道管仲有才而且家贫，也不在意。后来齐国的公子纠和公子小白争位，鲍叔牙追随小白，管仲追随公子纠。最后小白当上齐国国君，就是齐桓公。管仲因追随公子纠而获罪人狱，鲍叔牙又向桓公推荐管仲，桓公免去管仲的罪而加以任用。鲍叔牙又因为自知才能比不上管仲，就自动让贤，自居于管仲之下。后来在管仲的辅佐下，桓公成为一代霸主。鲍叔牙可以称得上既有知人之智，又有自知之明的人了，桓公能够称霸诸侯，又何尝不是他的功劳呢。

★果断决策，行动迅速

断则心无累。或曰："断用在何处？"曰："谋后当断，行后当断。"

——《呻吟语》

决断之后，心中就没有牵挂。有人问："什么时候应当决断？"回答说："谋划之后应当决断，行动之后应当决断。"

古人说"谋定而后断"，其实谋定之后更是应当决断。当断不断，必为其乱。谋划之后还不决断的，毛病在瞻前；行动之后还无法决断的，毛病在顾后。瞻前顾后的人，是不足以成大事的。项羽摆下鸿门宴，是和范增谋划之后，已经定下计谋，想要借机杀掉刘邦。但项羽为人优柔寡断，后来听了别人的话，又不打算杀刘邦了。宴会上范增几次暗示，项羽都不作理会；派了项庄上前舞剑，借机行刺，项羽也没有表示。结果被刘邦从容逃去，范增气得直骂，说项羽是"竖子不足与谋"。后来项羽被刘邦打败，自刎乌江，正是当年当断不断的恶果。

★ 做事不可拖泥带水

实见得是时，便要斩钉截铁，脱然爽洁。做成一件事，不可拖泥带水，靠壁依墙。

——《呻吟语》

确实认为是对的，就要斩钉截铁，爽快利落。要做成件事，不可以拖泥带水，瞻前顾后。

决断事情，最关键的是要干脆利落，不要患得患失，犹豫不决，否则，在你犹豫的时候，机会就已经悄悄溜走，想再碰到天时地利的时机就很困难了。罗曼·罗兰在他的小说中说过："如果有人错过机会，多半不是机会没有到来，而是因为等待机会者没有看见机会到来，而且机会过来时，没有一伸手就抓住它。"更多的时候，人们是在磨磨蹭蹭，不能下定决心的当口，看着机会白白地逝去。丢失的东西可以找回来，但失去的时间和机会却再不会回头。人们总说成大事者有一种王者气概，其实就是他们干脆的决断力，以及坚毅的信念，不畏惧失败的勇气。

★ 理直也应婉言

理直而出之以婉，善言也，善道也。

——《呻吟语》

道理正确，还要委婉地表达，才是好的言辞，好的方式。

爱因斯坦在《对苏联科学家的答复》一文中写到："要在人类事务中理智地行动，只有作这样的努力才有可能，那就是努力充分了解对方的思想和忧虑，做到设身处地地从对方的角度去观察世界。一切善良的人都当尽可能献出力量来增进这种相互了解。"人最宝贵的品质是宽容，这个世界是多彩的，意味着要求人以宽容的胸怀才能包容这个世界，容忍异端的存在，是人类品德的表现。即使真理握在你的手中，并不意味着你拥有凌驾众人的权力，中国有句俗话说"有理不在声高"表达的也是这个意思，因为"谅解也是一种勉励、启迪、指引，它能催人弃恶从善，使歧路人走入正轨，发挥他们的潜力"。

★任难任之事，处难处之人

任难任之事，要有力而无气；处难处之人，要有知而无言。

——《呻吟语》

当承担那些难以处理的事情时，需要的是力量而不是气魄；在与那些难以相处的人打交道时，要具备智慧而不要多说话。

碰到障碍的时候，不仅需要智慧，更需要耐心与毅力。有时候，只要你再多坚持一会儿，情况就会好转，但有多少人是在成功前的一刹那放弃的呢？池田大作曾语重心长地告诫年轻人，"真正的忍耐是需要勇气的。古今的勇士都掌握了这种人生的智慧。在应该忍耐的时候，青年要做善于忍耐的勇士。处于一筹莫展的困苦中，以为它将永远缠身，那是可怕的错觉。其实，过后一想，那不过是瞬间的事。我要向将来做大事业的青年进一言：切忌急躁，不要忘记忍耐的勇气。"在与人相处的时候，最重要的不是你说什么，而是你能明白对方的想法，这样你的话语才能有的放矢，起到效果，否则就是白费唇舌。

★善待他人，则得人心

善处世者，要得人自然之情。得人自然之情，则何所不得？失人自然之情，则何所不失！不惟帝王为然，虽二人同行，亦离此道不得。

——《呻吟语》

善于处世的人，要能够理解人的自然之情。理解了人的自然之情，那么还有什么做不到的？离了人的自然之情，那么还能得到什么？不光是帝王治理国家要这样，即使两个人相处，也不能离了人情之自然。

作为群居动物，人渴望被理解、被包容、被接纳。如果我们希望别人体谅自己，首先要先去体谅别人，只有站在他人的角度上，设身处地地为对方着想，才能真正理解他人的意图。茨威格在他的作品中说："个人的力量是很难应付生活环境中无边的苦难的，所以我们要人帮助，也乐于助人。一个人如果知道自己救助了一个人，得到一个人的信赖，完成了一件事情，会有说不出的满足愉快……如果能使别人的生活因我而有所改善，就是自己受点苦都很值得。"从某种意义上说，帮助别人就是帮助自己，佛家称之为结善缘，你希望别人如何对待你，就要将心比心，考虑别人希望如何被对待。

★察言观色，度德量力

察言观色，度德量力。此八字处世处人，一时少不得底。

——《呻吟语》

察言观色，度德量力。对于为人处事来说，这八个字一会儿也不能少。

为人处世，最要紧的一是完善自我，一是善待他人。能够做到这两点，就是大善大智之人。马尔雅有一段话说的十分中肯："人格优美，品格可爱的人，到处受人欢迎；他们到处能得到别人的扶助。所以他们虽然没有雄厚的资产，而其在事业上成功的机会，却较之那些虽有财产，但是缺乏吸引力，失却'人和'的人为多。"这就是我们平日里所说的人格魅力，一个具有人格魅力的人可以为自己创造许多机会。接下来，他接着论述了如何做这样的人，"你可以将自己化作一块磁石，而吸引你所愿意吸引的任何人物到你的身旁，只要你能在日常生活之间，处处表现出爱人与善意的精神，表示出乐于助人，愿意援手的态度。一个只肯为自己打算盘的人，到处受到人鄙弃"。

★听人言语，先识人品

凡听言，要先知言者人品，又要知言者意向，又要知言者识见，又要知言者气质，则听不爽矣。

——《呻吟语》

凡是听取别人意见，要先知道说话人的人品，又要知道说话人的立场态度，又要知道说话人的见识水平，又要知道说话人的个性气度，那么听取意见时就不会出错了。

爱因斯坦在《论教育》一文中说道："人格决不是依靠所听到的和所说出的言语，而是靠劳动和行动来形成的。"一个无知的人可以伪装出博学的样子，但让他开口解答疑难的时候，他的假面就会被撕破。1589 年，一个据说是炼金大师的人来到威尼斯，他住的地方堆满了黄金制品，手里任何时候都有金币在叮当作响。威尼斯的贵族请他居住在威尼斯，并许诺提供给他奢华的生活，希望他能为王室炼造黄金，以挽救威尼斯的衰落。其实，他本来就是威尼斯一个普通的平民，几年前他去国外旅行,用炼金的骗局骗到了一些钱,于是返回威尼斯。虽然连参议院都上了当,但当市民们要求他立刻生产出黄金的时候,他只好离开了威尼斯。

★ 不要跟小人计较

与小人处,一分计较不得,须要放宽一步。

——《呻吟语》

与小人相处,一点小事也不能和他计较,遇事还要让他几分。

巴士卡里雅的《爱和生活》中说到:"我在一生中应该怎样才可以挽救别人的生命?答案是:'我必须学会宽恕。'宽恕别人,也宽恕自己。"《圣经》中记载了一个故事,一群人抓住一个行淫的妇人,要按风俗用石块打死她。耶稣说,你们当中谁是没有罪的,就用石块打她吧。人们听后都散去了。没有人不会犯错误,那么为什么不能将心比心去原谅别人的错误?尤其是与气量小的人打交道的时候,这些人本来就比普通人多心,凡事都要计较一番,与这样的人相处,不妨在小处多退让一点,因为这些人过于计较,而且眼界狭窄,盯着不放的都是眼前的蝇头小利。小处多让一步,于自己不会有大的损失,也免得招致小人的怨恨。

★ 不要意气用事

使气最害事,使心最害理,君子临事平心易气。

——《呻吟语》

凭义气处事最有害,凭心计处事最伤理,所以君子遇到事情时,总是保持平心静气。

待人接物的过程中,最需要的是冷静的态度与理智的头脑,感情用事从来不能圆满地解决问题,却反而会使事态恶化。其实,说到底,不过是人的虚荣、自负或者自卑等心理在作怪。人们都愿意听到赞扬而不是批评,人们都愿意受到欢迎而非责难,这是人的天性,所以,当有人批评或非难的时候,人的头脑就开始不能保持冷静。茨威格在《异端的权力》一书中说:"试一试吧,如果可能,怀疑一下你自己是否十全十美。那样你就可以看到别人所能看到的东西。摆脱你那自毁的自负吧;摆脱你对那么多人、特别是对我的仇恨吧。"古语云:良药苦口利于病,忠言逆耳利于行。谁不愿接受忠告,不就等于要接受谴责?

★用人不以成败论之

临义莫计利害,论人莫计成败。

——《呻吟语》

大义当前不要计较利害得失,评论一个人不要计较成败。

一个人一旦确立了自己的价值准则,就应当为自己的理想付出所有的力量,而不是在考验的关头因为现实利益犹豫不决。前苏联一部小说《青春激荡》中写到:"我们应该弄清楚自己坚持的信念是否正确。不过,信念绝不是手套,可以随便扔掉一副,再戴上另一副。信念、原则、信仰,只有经过多年,说得重一些,要经过毕生的考验才能在一个人的身上扎根。为了信念,人们曾不惜赴汤蹈火。"在真理与道德的面前,并不能说成者为王败者为寇,因为这两者都是人类智慧与精神的结晶,不是凭一人之力可以完成的。许多成果都是建立在几代人无数次失败的基础上,没有那些失败的英雄就不可能有今天的人类文明。

★知退得福,强进招祸

富贵,家之灾也;才能,身之殃也;声名,谤之媒也;欢乐,悲之藉也。故惟处顺境为难。只是常有惧心,退一步做,则免于祸。

——《呻吟语》

富贵,是家族的灾难;才能,是人身的祸殃;名声,是遭到诽谤的媒介;欢乐,是产生悲哀的基础。所以顺利的环境难于把持。所以,要常怀有恐惧之心,凡事都退一步去做,才能免于灾祸。

《易经》中说:"物禁太盛,极则必反。"凡事不要做得太满,要留下可供进退的余地,俗语云"满招损,谦受益"的道理是不错的。有偈语道:"忍得淡薄可养神,忍得饥寒可立品,忍得语言免是非,忍得争斗消仇恨。事来之时最要忍,事过之后又要忍。"这里说的"忍"其实也是指不要太过太满。弗洛姆说过:"贪婪是一种会给人带来无限痛苦的地狱,它耗尽了人力图满足其需要的精力,可并没有给人带来满足。"在但丁所著的《神曲》中记载了要下地狱的七宗罪,之一就是贪婪。古训曰:知足常乐。

★用人之道，量才度能

善用人底，是个人都用得；不善用人底，是个人用不得。

——《呻吟语》

善于用人者，无论是谁都能令其人尽其才；不善于用人者，无论是谁他都觉得一无是处。

左宗棠评价胡雪岩是"商贾中奇男子也"，他的一生是传奇的一生，从一个小学徒到正二品的红顶商人，短短十年间富甲天下，其中不乏各种因素，而他的用人之道当是最重要的因素之一。他有一句话说："篾片有篾片的用处。"在别人眼里是小流氓、小混混的人，在他手下都发挥了独特的作用。金无足赤，人无完人，每个人都有比较擅长的方面，也必定有比较薄弱的方面。胡雪岩用人的时候，并不为世俗偏见所左右，而是去发现常人看不到的长处。清人顾嗣协有诗云："骏马能历险，犁田不如牛。坚车能载重，渡河不如舟。舍长以就短，智高难为谋。生才贵适用，慎勿多苛求。"

★知其不可而为之

势之所在，天地圣人不能违也。势来时即摧之未必遽坏，势去时挽之未必能回。然而圣人每与势忤，而不肯甘心从之者，人事亦然也。

——《呻吟语》

时势所趋，天地圣人也难以违背。势头来时，即使努力遏制也未必能立刻使之扭转；大势去时，努力挽救也未必能够挽回。然而圣人往往宁愿与时势相抵触，而不肯心甘情愿地顺从它，人事方面也是如此。

孙中山先生有一段名言，"世界潮流，浩浩荡荡，顺之者昌，逆之者亡"。这虽然是说进步潮流，但这也是得等进步的潮流形成之后，才无法阻挡。推广开来说，一切潮流，一切势头，一旦已经形成之后，凭个人的力量是很难改变的，即使圣人也不例外。在社会发展时，进步的潮流无法阻挡；在王朝衰落时，衰败的潮流也无法阻挡。身处末世的人，即使心怀大志，想要挽回颓势，也常常有无力回天之感。孔子生当春秋末季，想要实现治世，施展抱负，最后也是处处碰壁。然而他的伟大之处，也正在于不甘心顺从颓势，而是"知其不可而为之"，这是一种关怀天下人，而置一己成败于度外的大慈悲情怀。

第四章 学习圣贤,外王之道

★ 以仁慈之心施予天下

孔、颜穷居,不害其为仁覆天下何则?仁覆天下之具在我,而仁覆天下之心,未尝一日忘也。

——《呻吟语》

孔子、颜渊一生贫困,却不妨碍他们以仁施予天下。是因为以仁施予天下的本领在自己,而施仁之心,没有一天敢忘的缘故。

孟子说过,人都有仁、义、礼、智之端,而"人之有是四端也,犹其有四体也"。孟子见梁惠王,向他讲解仁政而王的道理,并打比方说:"挟着泰山跳过北海,对别人说'我做不到',这是真的做不到。为长辈按摩,对别人说'我做不到',这是不肯做,而不是真的做不到。"施行仁政,就像为长辈按摩,不是做不到,而是不肯做。仁心是每一个人天生所具有的,做好人,还是做坏人,选择在自己,责任也在自己。想做好人,却成了坏人,责任还是在自己,因为这只说明你没有做,而不是能够用"做不到"来搪塞的。

★ 只尽人事,不信天命

圣人有功于天地,只是人事二字。其尽人事也,不言天命,非不知回天无力,人事当然,成败不暇计也。

——《呻吟语》

圣人有功于天地的,只在于"人事"二字。他为尽人事,就不再考虑天命,不是不知道有的事已经回天无力,只是就人事而言应当这样做,成败就不在考虑之列了。

孔子身当末世,周游天下,想寻找一个地方实行他的理想。他并非不知道在这样的时代,他的理想是不可能实行的,只是为了尽人事,所以不言天命罢了。当时有一个智者,评价孔子说:"是知其不可而为之者与?"孔子也有过隐逸的念头,曾说:"道不行,乘桴浮于海。"但终究没有这样做,也是人事还没有尽到的缘故。隐士长沮、桀溺一起耕田,孔子经过时,让子路向他们问渡口的位置。桀溺知道他是孔子弟子后,就劝他说:"与其跟从避人之士,不如跟从避世之士。"子路告诉孔子,孔子也为之黯然,但还是说:"天下有道,丘不与易也。"

★ 犯错并不可怕

> 有过不害为君子。无过可指底,真则圣人,伪则大奸,非乡愿之媚世,则小人之欺世也。
>
> ——《呻吟语》

有过错,不妨碍人成为君子。没有过错可指摘的,如果是真的,则是圣人;如果是假的,就是大奸,不是媚世的乡愿,就是欺世的小人。

人孰无过,偶尔犯错并不是一个人的大毛病,错误地对待犯错才是大毛病。像孔子的弟子子路那样,听到别人指出他的错误,就很高兴,因为明白了自己的错误,就有机会去改正,就能提高自己的修养。而有的人,犯了错误不敢去面对,也不允许别人向他指出,或者百般狡辩,掩饰错误,甚至怀恨在心,伺机报复。这样的人,是不求上进,自居于小人。还有一种人,就是装作道貌岸然,一脸正经的样子,但背地里却无恶不作,这样的人就叫作"乡愿"。孟子向弟子解释"乡愿",说他们"行不顾言,言不顾行",内外不一,言行不一,而"阉然媚于世",因此孔子称他们是"德之大贼也"。

★ 无心者公,无我者明

> 无心者公,无我者明。当局之君子不如旁观之众人者,有心有我之故也。
>
> ——《呻吟语》

不怀己心者为公,抛开我见者为明。如果在处理问题时君子看得还不如旁边的众人,那就是因为他既怀己心,又带我见的缘故。

要想客观公允地看待事物,就要做到无心无我,也就是说,把自己的立场、好恶、先见等等都放到一边,才有可能就事论事,不生偏见。梁启超写过一篇《论正统》,谈到古代史家论三国正统,往往说法不同,梁启超说,这里面并不是有对错的

陈寿雕像

问题,只是各人立场不同罢了。比如写《三国志》的陈寿,认为魏是正统,那是因为他生在西晋,西晋是司马家篡曹魏而来的,若认为曹魏篡汉就不是正统,那西晋的正统地位也要难保了;而写《汉晋春秋》的习凿齿,因为生在东晋,东晋是自西晋继承而来的,他就认为继承汉朔的蜀汉才是正统了。同样,后来的司马光认为魏是正统,朱熹认为蜀是正统,也是因为他们一个生在北宋,一个生在南宋的缘故。

国学经典文库

国学大智慧

·《呻吟语》智慧通解·

图文珍藏版

第五章 为政以勤，为民以仁

★为政不可懒散

> 天下之患，莫大于苟可以而止。养颓靡不复振之习，成壅重不可反之势，皆"苟可以"三字为之也。是以圣人之治身也，勤励不息；其治民也，鼓舞不倦。不以无事废常规，不以无害忽小失。非多事，非好劳也，诚知夫天下之事，虑未然之忧者，尚多或然之悔；怀太过之虑者，犹贻不及之忧；就慎始之图者，不免怠终之患故耳。
>
> ——《呻吟语》

世上的祸患，没有比"苟可以"更大的了。养成颓靡不复振作的习气，造成积重难返的形势，都是"苟可以"三个字害的。所以圣人修身，勤勉不知停息；治理百姓，鼓舞不知疲倦。不因为无事而忽略日常工作，不因为无害而忽略小的过失。不是多事，也不是喜欢辛苦，只是深刻认识天下之事，勤防可能出现的危害的，还会因意外发生的变故而后悔；考虑得再仔细的，也会担忧还有疏忽的地方；这就是因为从一开始就提防的，也可能免不了在最后失败。

天下并不缺少天才，却缺少勤奋严谨的天才。每个人的天赋其实相差无几，套用美国成功学学者拿破仑·希尔的一句话，"人与人之间只有很小的差异，但是这种很小的差异却造成了巨大的差异！很小的差异就是所具备的心态是积极的还是消极的，巨大的差异就是成功和失败。"一个智力平平的人，如果十分勤奋而且严谨，努力杜绝无谓的错误，会比一个聪明却懒散的人取得更大的成就。

★虐民自虐，爱民自爱

> 势有时而穷，始皇以天下全盛之威力，受制于匹夫，何者？匹夫者，天子之所以恃以成势者也。自倾其势，反为势所倾。故明王不恃萧墙之防御，而以天下为藩篱。德之所渐，薄海皆腹心之兵；怨之所结，衽席皆肘腋之寇。故帝王虐民，是自虐

其身者也;爱民,是自爱其身者也。覆辙满前,而驱车者接踵。可恸哉!

——《呻吟语》

势头到了一定的时候就会穷尽,秦始皇以一统天下的威势,却受制于平民百姓,为什么呢? 百姓,是天子依仗而成其威势的。自己倾覆自己所依仗的,结果反被所依仗的力量倾覆。所以圣明的君主不依赖宫墙内的防御,而把天下作为屏障。德政所施,到了海边也都是腹心之兵;施行暴政,结天下之怨,那么卧榻旁也会出现敌人。所以帝王对百姓施虐,其实就是对自己施虐;爱护百姓,就是爱护自己。前面暴政的路上已满是翻车,而后车不鉴,还接踵向前,真让人感到可悲!

西汉的贾谊写过一篇脍炙人口的《过秦论》,对秦朝的灭亡做了非常精彩的分析。他说,秦国偏居函谷关外的雍州,却能在战国群雄中崛起,并吞六国,一统宇内。但是等到拥有天下之大,却因为一个小小的陈胜起义,导致天下豪杰并起,最后倾覆了大秦王朝。陈胜的兵器不如六国利,军队不如六国强,秦国当年能灭六国,后来却因陈胜而覆亡,为什么呢? 那正是因为"仁义不施,而攻守之势异也"。

贾谊

★公私两字,人鬼之关

公、私两字,是宇宙的人鬼关。若自朝堂以至闾里,只把持得公字定,便自天清地宁、政清讼息。只一个私字,扰攘的不成世界。

——《呻吟语》

公、私二字,是天地间区别人与鬼的关口。如果上起朝廷,下至街巷,大家都能坚持一个"公"字,那天下自然太平,政治自然清明。就是这个"私"字,把世界搅得不成样子。

法国作家乔治·桑在小说中这样写道,"如果对自己的爱未与对别人的爱紧紧联系起来,这种雄心壮志在待人忠诚的情况下本可以战胜一切,但当它处在自私的境地就会受到损害,变得乖戾,随时都有失败的危险"。当一个人被私心纠缠,他就看不到除了自己的利益以外的世界,他所做的一切都是为了牟取自己的利益,至于是否会伤害他人或者国家,也是不在他考虑范围内的。这对于外部世界来说是危险的,对于他自身来说也十分糟糕,因为他的眼睛只盯在自己身上,这就注定了他不会得到快乐。当他个人的力量无法与外界力量抗衡而无法满足欲望的时候,他就会陷入更严重的疯狂之中。

★ 用人以长,知人善任

> 哪怕再愚蠢再迟钝的人,也一定有可用之处,关键是要有善用之人。
>
> ——《呻吟语》

造物是公正的,有句谚语说,当上帝为你关上一扇门时它一定为你打开另一扇窗。没有完美无缺的人,再优秀的人也有他的缺点,再愚钝的人也有别人所不及的地方。春秋初期,管仲与鲍叔牙从小就是好朋友,两人一起做生意,管仲因为家贫,分利的时候总要多占一点。后来他去参军,挂念家中唯一的老母,三次临阵脱逃。大家都说这个人人品太差,然而鲍叔牙却向齐桓公力荐管仲。管仲上任以后,大胆推行改革,制定新的制度,使齐国国力大为增强,后来又帮助齐桓公大会诸侯,成为春秋时期第一个霸主。古语曰:"生才贵适用,慎勿多苛求。"天下没有不可用之人,只有不会用之人。

★ 不做劳民伤财之事

> 事有大于劳民伤财者,虽劳民伤财,亦所不顾;
> 事有不关利国安民者,虽不劳民伤财,亦不可为。
>
> ——《呻吟语》

有比劳民伤财更重要的事,那么即使要劳民伤财,也要去做而不必顾惜。而与利国安民无关的事,即使不劳民伤财,也不应该去做。

一件事的好坏,往往不能孤立地看待,而应该把它放到与其他事的比较中来衡量。因为我们并不总能在好与坏中做选择,有时不得不在两个坏中选,那就得两害相权取其轻。如果不去选择,听之任之,那么上天就会替我们选择一个更坏的结果。比如对于国家来说,劳民伤财当然是坏事。但有时虽然是坏事也得去做。治理黄河要不要劳民伤财? 如果不治理,黄河会泛滥,百姓会受更大的损失。修治武备要不要劳民伤财? 如果武备不修,外敌就会入侵,百姓连安定的生活都会受到破坏。历史上有很多类似的例子,大禹治水要劳民伤财,李冰父子修都江堰也要劳民伤财,但这些都是功在当代、利在千秋的伟大业绩,哪怕劳民伤财也是不必顾惜的。

★责人不可太过

攻人者有五分过恶,只攻他三四分,不惟彼有余惧,而亦倾心引服,足以塞其辩口。攻到五分,已伤浑厚,而我无救性矣。若更多一分,是贻之以自解之资,彼据其一而得五,我贪其一而失五矣。此言责家之大戒也。

——《呻吟语》

批评人的,见人有五分过错,而只批评他三四分,这样被批评的人不光心有忌惮,而且完全服气,足以塞住他狡辩的话头。批评到五分,已失之浑厚,而我也没有回旋的余地了。如果再多一分,是送他给自己辩解的理由,他靠这多出的一分批评,挽回了原先的五分过错,而贪那过多的一分批评,而失去那合理的五分。这是批评者的大戒。

当你责备对方的时候,心里一定要先想一下自己也并非十全十美,再努力从对方的角度上考虑一下,然后再指责对方所犯的过错,这样对方才会乐意接受你的意见。车尔尼雪夫斯基说:"一个陷在错误中的人,不管他的思想多么顽固,假如另外有个修养更好,对事情认识得更清楚、理解得更透彻的人经常努力,把他从错误中引拔出来,错误也就不会再持续下去。"其实,在劝告的过程中,态度比事理更为重要,人的天性会维护自己,即使对方明白你说得对,但也许因为你的态度让他受到伤害而拒绝承认。同时,因为人总是下意识从自己出发去考虑别人,难免使自己的批评过于主观。批评是一门艺术,运用得当不仅能推动工作的进展,更可以为你赢得他人的尊敬。

第五篇 《忍经》智慧通解

导读

　　元朝著名学者许名奎所撰的《忍经》分为一百个小箴集，以忍为话题，分别从道德、修身、读书、安贫乐遗、教子、忠孝和勤俭等方面，揭示了为人处世之真谛。从事各行各业都离不开一个"忍"字，赋予"忍"极高的精神境界和深刻含义。阐述儒家思想的精髓。

　　成败荣辱、福祸得失，人生不如意十之八九。面对挫折、苦难，我们是否能保持一份豁达的情怀，是否能保持一种积极向上的人生态度，这就需要博大的胸怀和非凡的气度了。许多时候，我们需要的不是四处提供建设，而是在不受干扰的环境中清理思路、享受生活。

　　许名奎对社会现实洞若观火，疾呼政治改革和道德建设，探求修补世道人心的捷径，企图在自己的心灵之光照射下探索出一条摆脱精神困境的道路，让每个人能根据自身的实际情况，灵活把握"忍"的要义，从而避免失败，从中获益。

第一章 不恋声色，经起诱惑

★红颜祸水，亡国害己，怎能不忍

桀之亡，发妹喜；幽之灭，以褒姒。

晋之乱，以骊姬；吴之祸，以西施。

汉成溺，以飞燕，披香有"祸水"之讥。

唐祚中绝于昭仪，天宝召寇于贵妃。

陈侯宣淫于夏氏之室，宋督目逆于孔父之妻，败国亡家之事，常与女色以相随。

伐性斤斧，皓齿蛾眉，毒药猛兽，越女齐姬。枚生此言，可为世师。

噫，可不忍欤！

——《忍经·色之忍》

夏朝君主桀的灭亡，是因为宠爱美女妹喜；周幽王的灭亡，是因为用烽火戏诸侯来博褒姒一笑。

晋国发生的内乱，是因为晋献公宠幸骊姬而起；吴国的灭亡，是因为吴王沉溺于西施的美色所致。

汉成帝喜爱能歌善舞的赵飞燕，已经到了执迷不悟的程度，以至于披香阁大学士讥讽飞燕："此祸水，灭火必矣。"

唐朝的国运也几乎因为武昭仪（武则天）而中断，天宝年间的安禄山入侵，也由杨贵妃而起。

陈灵公因在夏氏家中公开淫乱而惹下杀身之祸，宋国的华父督因目送孔父嘉之妻离去而终遭杀身。这些亡国败家的事情，大多是因为迷恋女色所致。

西汉的枚乘说，年轻的美女是砍伐性命的斧子，越女齐姬更是毒药猛兽。枚乘这番话，可以成为后世的警句。

面对美色，怎敢不忍住自己的淫欲之心呢？

中国自古就有"红颜祸水"一说。人们认为，粉黛知己、温柔乡是英雄冢。事实上，倾家败国、自取灭亡，也常常和女色联系在一起。周幽王烽文戏诸侯的故事就是因沉湎女色而误国的最好例证。

周幽王时，褒地的人有罪，就把一位叫褒姒的女子进献给幽王，幽王很宠爱她。褒姒不爱笑，幽王用各种方法取悦她，还是不笑，最后，幽王终于黔驴技穷，不得不张榜悬赏：谁能让褒姒笑一笑，就赏千两黄金。

人们争相献计献策，可是那些办法并不能让褒姒笑，只能使她生气。倒是有一个极会奉迎的奸佞小人出了个主意，他让幽王点燃烽火台，等诸侯们的兵马来到，看到并无敌兵，就会垂头丧气地乱哄乱窜，褒姒看到那种情景，肯定会笑的。

可是，烽火并不能随便点。只有当外敌进犯时，才能举起烽火，用来招集援兵。但幽王为博美人一笑，还是听信了谗言。

骊山下有二十多座烽火台，周幽王带褒姒来骊山这天，周幽王的叔叔郑伯友知道了此事，怕扰乱军心，失去诸侯的信任，就赶来阻止。周幽王反而振振有词，认为通过放烟

周幽王

火解闷是件微不足道的事。就这样，周幽王终于点燃了烽火。邻近的各小诸侯急忙带兵赶到都城镐京，听说大王在骊山，又急忙赶到骊山，可一看不像打仗的样子，根本没有任何敌情。周幽王站在高台上对他们喊："你们辛苦了，没有敌人，你们回去吧！"诸侯们被如此戏弄一番，十分气愤，他们的兵马也像无头苍蝇一样在骊山下嗡嗡乱转，各诸侯国不同的旗帜和军服交错混杂，显得十分滑稽。褒姒看到这种场面，真的冷笑了一声说："亏你想得出这种主意！"

后来申侯因为幽王宠幸褒姒、废除了申侯以及太子宜臼，以此来勾结犬戎攻打幽王。幽王于是又举起烽火招引援兵，但这次诸侯们却以为和上次一样而没有来。于是犬戎把幽王杀死在骊山脚下。

后人皆把周的灭亡归罪于褒姒，正如《小雅·正月》里所云："赫赫宗周，褒姒灭之。"但古今中外，因贪色而败国丧身的确实很多，可那是咎由自取，板子是不能只打在女子身上，因为女子在更多的情况下是受害者。"天作孽，犹可违；自作孽，不可活。"历史终究是历史，只能作为教材，给后人指路，为人提醒，若等铸成大错后再去思考恐怕为时已晚。

★ 酒能误国，招祸遗患，怎能不忍

禹恶旨酒，仪狄见疏；周诰刚制，群饮必诛。

窟室夜饮，杀郑大夫；勿夸鲸吸，甘为酒徒。

布烂覆瓿，箴规凛然；糟肉堪久，狂夫之言。

司马受阳谷之爱，适以为害；灌夫骂田蚡之坐，自贻其祸。

噫，可不忍欤！

——《忍经·酒之忍》

禹时，仪狄很会酿酒。禹尽管深感美酒的甘甜，但因为深谙"后世必有以酒亡其国者"的道理，因而疏远了仪狄。周成王为了社稷天下，更是严正告诫康叔要严禁酗酒，对于那些聚众饮酒的人，一律全部处斩。

郑国伯有嗜酒如命，后因在酒窖里日夜饮酒而被人打死。唐朝李适之曾任玄宗的左相，每天起来就饮酒，就如大海中的鲸鱼吞吸百川的水一样。其实，对酒应有克制，切莫自夸能像鲸吸水一样豪饮，也不要成为一个遭人唾弃的酒徒。

晋朝王导曾劝诫生性好酒的孔群："你常喝酒，难道没看见盖酒坛的那块布很快就会腐烂吗？"孔群不但不听劝，反而理直气壮地反驳道："你没有看见过用酒糟腌的肉保存时间更长吗？"在这番对话中，明眼人一听就能知道什么是箴言，什么是狂语。

司马子反用谷阳进献的酒来解渴，结果醉卧不起，贻误军情，招致杀害；西汉灌夫因饮酒过量，居然在丞相田蚡的婚礼上借酒风大骂田蚡，结果给自己酿成了祸患。

酒能误国招祸，怎敢不忍住酒的诱惑啊！

皮日休在《酒箴》中写道："饮酒的道理，哪仅止于填充肚子、消愁取乐啊！甚至能够使在上位的人沉溺于淫靡，在下位的人成为酒鬼。因此圣人用献酒来节制它，用告训来让人明白。可是还是有身居高位的人被酒淫溺所腐化，以致国家灭亡。"

陈后主名叔宝，字元秀，是宣帝的嫡长子。

太建元年，后主被立为皇太子。太建十四年正月甲寅，宣帝崩。

三天后，太子在太极前殿即位。

当时的局面似乎比较稳定，后主便日益骄纵，不思外难，沉溺在酒色中，不理朝政。

隋文帝对仆射高颖说："我为百姓父母，岂可限于一衣带水而不加拯救？"

命令大造战船。有人建议秘密建造，隋文帝说："我要替天行诛，何须秘密办理？假使把造船木投入江中，而他能改过，我又有何求！"

听说后主接纳了西梁的萧岩等人后，隋文帝更为愤怒，任命晋王杨广为元帅，督帅八十位总管进行讨伐。

他又将揭露后主二十项罪行的玺书送到陈朝；同时，书写三十万张诏书，分传到江南各地。

诸军南下，江滨镇戍相继报告。新任命的湘州刺史施文庆、中书舍人沈客卿掌握机密大权，对这样的报告都压下不上奏。

此前，萧岩等人来投奔时，德教学士沈君道梦到殿前有一巨人，红色衣服，武士冠带，头伸到栏上，挥动胳臂发怒道："哪能忍受叛萧误大事！"

后主听说后，很忌讳萧岩等人，便任命萧岩为东扬州刺史，把他的人都分散到远处。

接着又命沿江边守的舰船都返回都城，向归附的梁人显威，因此江中没有一艘作战船只。

上流各州兵马，都被杨素大军拦阻不能东下。都城士兵尚有十余万人。

听到隋军渡江的消息，后主说："王气在此，齐兵来了三次，周兵也来了二次，无不被摧败。虏今若来必自取灭亡。"依旧奏乐纵酒不停。

隋文帝

三年春正月初一，朝会时，大雾弥漫，吸入鼻内都感到辛酸。后主一直昏睡，该吃午饭时才起身。

这一天，隋将贺若弼自广陵渡江，韩擒虎自横江渡江，利用清晨顺利地攻克了采石，进而攻下姑孰。这时贺若弼也攻下了京口，沿江戍守者望风而逃。贺若弼分兵切断通往曲阿的要道后，攻入曲阿城。采石戍主徐子建到京城告急。

很快，韩擒虎率兵自新林抵达石子冈，镇东大将军任忠投降，并引导韩擒虎由朱雀航到达宫城，自南掖门进入。

城内的文武百官都逃出来了，只有尚书仆射袁宪、后阁舍人夏侯公韵侍奉在后主身边。

迫于无奈，后主在井中躲了起来。接着隋军士兵对着井口呼叫后主，后主不应。

他们便要往里面扔石头，这才听到后主的叫声。当隋军士兵用绳子把后主拉出井后，才发现原来后主与张贵妃、妃贵人俱在一起。

三月，后主与王公百官由建邺出发，来到长安。被宽赦后，隋文帝给了他丰厚的赏赐，几次引见，在三品官员的行列。

每次有后主参与的宴会，隋文帝怕后主伤心，令不奏吴地乐曲。后来，监守后主的官员报告道："叔宝说，既然没有官职，每次参与朝拜时，请求能有一品官的名号。"

隋文帝说："叔宝全无心肝。"监守官员又说："叔宝常沉醉，很少有醒的时候。"

隋文帝让人限制他的饮酒,但接着又说:"任其性,不然,何以度日。"不久,文帝又问监守官员叔宝的嗜好。回答说:"嗜酒。"

"饮酒多少?"回答道:"与子弟们一天能吃一石。"隋文帝大惊。

后主随从文帝往东方巡视时,登芒山,陪文帝饮酒,赋诗道:"日月光天德,山川壮帝居。太平无以报,愿上东封书。"

上表请文帝封禅,文帝答诏谦让不许。后来隋文帝来到仁寿宫,常陪同宴饮,到后主出去时,隋文帝看着他说道:"此人败亡难道不是由于酒吗?有作诗功夫,何如思虑时事。"

当贺若弼渡江到京时,有人用密信向宫中告急,叔宝因为饮酒,便不拆阅。高颖进到宫中时,那封密信还在床下,未开封。这真可笑,大概是天亡陈国。"

是啊,酒这种东西,少饮一点,只要无伤大雅,也未尝不可。但若像陈后主那样沉溺于酒,则轻者伤身,重者误事。

汉朝扬雄作《酒箴》劝诫汉成帝,足见酒为害之烈。

★妖曲未终,死期已至,怎能不忍

恶声不听,清矣伯夷;郑声之放,圣矣仲尼。

文侯不好古乐,而好郑卫;明皇不好奏琴,乃取羯鼓以解秽,虽二君之皆然,终贻笑于后世。

霓裳羽衣之舞,玉树后庭之曲,匪乐实悲,匪笑实哭。

身享富贵,无所用心;买妓教歌,日费万金;妖曲未终,死期已临。

噫,可不忍欤!

——《忍经·声之忍》

不听邪恶的音乐者,是为人清高的伯夷;禁止郑国的靡靡之音者,是圣人孔子。

魏文侯不喜欢古乐,而偏爱郑、卫两国的靡靡之音。唐明皇不爱听奏琴,而是拿外族音乐来解闷。以上两位君主不喜欢古代圣哲的雅乐,却偏爱市井俗乐。可表面上还假装爱听雅乐的做法终成为后人的笑柄。

《霓裳羽衣曲》这样的舞乐导致朝政疏离,祸乱发生,唐明皇的欢快之声不正是变成了一曲悲歌吗!《玉树后庭花》这样的歌曲导致朝政松懈而亡国,陈后主一时的欢笑不是变成了永久的哭泣吗!

身为富家,享尽荣华富贵,却无所用心,买来女子教她们唱歌跳舞,挥霍无度。结果不仅惹祸被斩,而且殃及父母兄弟与妻儿。这正是"妖曲未尽,死期已至"。

扰乱人心的声色如此祸国殃民,难道不应该拒绝它的诱惑吗?

健康的音乐,可以陶冶性情,激励人奋发向上;淫邪的音乐,可以破坏人良好的情绪,使人沉沦。石崇被斩、杨玉环误国,可谓明证:"妖曲未终,死期已至",确非危言耸听。

杨玉环除了有出众的容貌,还具有高超的音乐舞蹈艺术修养,史载她是一位"善歌舞,通音律"的女子。这适可与多才多艺的玄宗相匹,结为艺术知音。玄宗自小在深宫中与乐工为伴,长大后"万知音律"。

在作曲方面,他可以即事谱曲,达到随心所欲的境地,比一般的乐工还要技高一筹。他会弹奏多种乐器,尤其精通羯鼓。羯鼓本是从西域传入中原,鼓声雄健,能给许多乐种伴奏。

玄宗曾多次在宫廷宴会或小范围的欢娱场合亲自击鼓尽欢,成为当时宫廷音乐界的一大盛景。

唐玄宗曾经研习印度佛曲《婆罗门曲》,加上自己的想像和感受,创作了《霓裳羽衣曲》,用以咏唱众仙女翩翩起舞的意境。唐玄宗将此曲交给杨玉环,命她依韵而舞。玉环稍加浏览,便心领神会,当即载歌载舞地表演起来。歌声婉转若凤鸣莺啼,舞姿翩跹如天女散花,使观者仿佛身临众仙齐舞、飘渺神奇的瑶池之会。

她对乐曲领悟之深,表现力之强,令玄宗兴奋不已。玄宗亲自击鼓伴奏,两人都沉浸在灵犀贯通的音乐意境之中。

于是,玄宗懈怠于国家政事,致使"安史之乱"发生。那时候,中原纷扰,唐明皇有幸逃到四川,所以白居易《长恨歌》中写道:"渔阳鼙鼓动地来,惊破霓裳羽衣曲。"这难道不是"非乐实悲"吗?"歌舞教成心力尽,一朝身支不相随"说的不也是这个道理吗?所以说,享乐不是错,若一味沉湎其中便会铸成错,任何事都需要节制。

杨玉环

★专讲吃喝,必遭贬斥,怎能不忍

饮食,人之大欲,未得饮食之正者,以饥渴之害于口腹。人能无以口腹之害为心害,则可以立身而远辱。

鼋羹染指,予公祸速;羊羹不遍,华元败衄。

觅炙不与,乞食目瘝,刘毅未贵,罗友不羁。

舍尔灵龟,观我朵颐。饮食之人,则人贱之。

噫,可不忍欤!

——《忍经·食之忍》

吃喝是人的最大欲望。一个人饿了,吃什么都香;一个人渴了,喝什么都甜,这其实是失去了饮食的正常滋味，是一种错觉，它是由饥渴造成的。饥渴可以使人正常的口腹感觉被破坏，贫贱可以使人正常的心志遭到损伤。如果面对钱财仍能作出符合道义的选择，那么就可以保持自身高洁，成家立业并远离耻辱了。

子公只因用手指蘸鳖汤尝尝，差点招致杀身之祸；华元因没有分羊肉汤给车夫喝，也因此而播下祸种。

庾悦不给刘毅熟肉吃，是因为他还没有做官。刘毅忍不下这番羞辱，便记恨在心，显贵后对庾悦挟怨报复。罗友被人看作是讨饭吃的傻子，实际上他却有非凡的才能。

《易经》所言："丢弃自己如同灵龟般的智慧，却观望别人手中的食物，此卦为凶。"因此，在饮食方面不懂得适可而止，为求美食不择手段，甚至丧失人格的人，人们就会鄙视他。

唉，注重口腹之欲会使人卑贱，失去智慧和人格。面对它的诱惑时，怎能不忍一忍呢？

人在非常饥渴的时候，突然得到吃喝，即使不香甜也觉得很香甜。这是因为人一旦饥渴到这种境地就没有选择的余地了。不但口腹会被饥渴所损害，甚至人的心性也会被贫困卑下所扭曲。一个人一旦在面对钱财利益时，没有时间选择如何利用它的正确道理，就会胡作非为。因此，一个人如果能够不为口腹饥渴所害，不因贫富变化而动摇他的心志，那么就不会担忧自己不如他人了。所以说："可以立身而远辱。"

宣公四年，楚国人进献给郑灵公一只鼋。子公宋和子家正要见灵公，子公的食指动了动，指给子家看说："哪天只要我食指动了，一定会尝到美味。"

进入宫中后，厨子将要收拾鼋，两人相视而笑。等到吃鼋时，郑灵公把子公叫来，却不给他吃。

子公将手指伸入锅鼎蘸了一下，尝了一口后便出去了。灵公为此很生气，想杀子公。然而，子公却与子家谋划好了。夏天时，杀了灵公。无独有偶。《左传》载，宣公二年，宋国将要和郑国交战，宋国大将华元杀羊给士兵吃，没给他的车夫羊斟。

等到交战时，羊斟说："从前吃羊，都是你作主；今日的事，是我作主。"他擅自把车驾入郑国军队中，宋国被打败了。此事的起因实际上很简单，羊斟是华元的驾车人，因为没有分到羊汤而生气，于是把战车直接赶进了郑国军队中，因此华元被郑国所擒获。

所以皮日休《食箴》写道："羊羹不及，华元受其谋；鼋羹不均，子家肆其祸。"说的就是上面的事情。

华元杀羊犒赏士兵，独独遗忘了自己的车夫，正是由于华元平时的疏漏或是看不起车夫，而使羊斟觉得受到了歧视，受到了侮辱，于是就在战斗中报私仇，不顾及国家的利益，这实在是小人的做法。但口腹之欲不忍，招致的灾祸，这恐怕是最严重的吧。

饮食男女，人之大欲，吃饱喝足是人生存的最起码的条件，本无可非议。

也只有在满足了口腹之后，人才能从事他所希望从事的事业，才能有精力去战胜各种困难。但是人活在世上，不要贪那一点美味佳肴，要忍耐住、抵受住美食的诱惑。口腹之忍：

一是要忍住自己贪图美食的欲望，口腹由于不忍饥渴会受到损害，人的志向如果不注意进行培养，也会像口腹受害那样逐渐地丧失。

二是要忍耐那种只因为没有得到食物就仇视别人，甚至于不顾大局，不顾及国家利益去报仇的行为。这是非常卑鄙的做法，应该忍住不去做，这样才能成为一个品行端正的人。

★沉溺淫欲，遭人鄙视，怎能不忍

淫乱之事，易播恶声。能忍难忍，谥之曰贞。

路同女宿，至明不乱；邻女夜奔，执烛诗旦。

宫女出赐，如在帝右，面阁十宵，拱立至晓。

下惠之介，鲁男之洁，日碑彦回，臣子大节。百世之下，尚鉴风烈。

噫，可不忍欤！

——《忍经·淫之忍》

淫乱最能动摇人的性情，也最易败坏名声。对那些能够忍住淫乱之欲的人，人们相当敬佩并称他们为贞节之人。

柳下惠旅途中与女人同宿，到天亮也没有越轨行为；邻居家的女子跑到颜叔子那里夜宿，颜叔子持烛至天明也没生邪念。

金日碑对待赐与的宫女，如同在皇帝身边时那样严肃；褚渊在西阁山阴公主处住了十夜，始终恭敬地站着。

柳下惠有特立之行，鲁国男子能洁身自好，金日碑和褚渊都不失臣子之节操。千百年来，风节犹为人楷模。

唉，淫欲是难忍之忍，沉溺其中会遭人鄙视，洁身自爱则会受人尊敬。面对情欲的诱惑时，人们怎能不忍一忍淫邪之心呢？

完颜亮是一个有着多重性格的怪才，野蛮与才智在他身上奇妙地结合着；他勇猛、果敢、能画、工诗，是擅立威福的独裁帝王，也是多情而好色的风流浪子。

他打破了祖宗们迈向文明的戒律，变"同姓不可为婚"为同姓可以婚配，选美

柳下惠

纳妃，供他淫乐的有封号的妃子就有十二名：昭妃至充媛九位，婕妤、美人、才人三位。他羡慕汉家皇帝占尽天下美女的特权，他的后宫，美女如云，不限名额。此外，他还规定官吏在正妻之外，可娶次室二人，庶民百姓也可纳妾。

完颜亮的结发妻子徒单氏，是太师徒单斜也的女儿。他当宰相时，徒单氏封岐国妃；他登基后，又封其妻为惠妃；惠妃生子光英，被立为皇后。完颜亮搜奇猎艳，自迁都中都，沉湎于后宫美女之中，伴随皇后的只有寂寞、忧愁和惶恐。

驸马都尉蒲察没里野的女儿蒲察阿里虎，体形丰腴，姿色迷人，先嫁给宗磐的儿子，因宗磐父子被完颜亮以谋反罪诛杀，即改嫁同宗族人完颜南家。南家病死，阿里虎寡居时住在元帅都监的公公完颜突合速家中。

当时，完颜亮随梁王宗弼军到南京，顺便至突合速家中作客，他对极富女性韵味的阿里虎一见钟情，便提出要娶她，但遭到突合速的拒绝。当上皇帝后，完颜亮没有忘记对阿里虎的那段旧情，他便遣使召阿里虎回归娘家，两个月后正式娶她入宫，封贤妃，不久进封为昭妃。

昭妃有个女儿名重节，正值十五六岁的妙龄，也随母入宫。重节长得端丽可爱，完颜亮便伺机占有了她。阿里虎得知，痛哭流泪，不仅打了重节的耳光，还大骂完颜亮丧尽人伦。完颜亮得知后，恼羞成怒。

不久，便因昭妃送衣物给前夫之子，斥责其不忠，想借机处死她。幸而贤惠的皇后率众妃子下跪求情，阿里虎才暂免一死。从此，阿里虎与完颜亮的感情日趋恶化。最后，完颜亮还是以杀害宫婢三娘之罪，处死了他昔日做梦也想得到的阿里虎。他的新欢昭妃的女儿重节，被进封为蓬莱县主。

完颜亮还是熙宗朝的臣子时，就常与完颜乌带的妻子唐括定哥私通。当上皇帝之后，仍对定哥的旧情难断。为了去掉对手乌带，同时得到定哥，他对定哥的侍婢说："自古帝王都有两个皇后，去问她是否愿意杀死丈夫与朕同享富贵？"

定哥听后，惶恐地令侍婢回禀："年轻时的事已成过去。而今子女都已成人，岂能再干那些不该干的事？"完颜亮再次捎口信给她说："你不忍心杀死丈夫，朕就找借口杀你全家。"定哥推说儿子不离父亲左右，不便动手。

情火中烧的皇帝随即赐她儿子一个官职，诏令立即赴任。天德四年七月初十夜，乌带醉入梦乡，定哥乘机与心腹家奴一起将他勒死在卧榻上。朝廷得到奏报：崇义节度使暴病而死。

完颜亮装出痛失爱臣而无限惋惜的样子，以隆重的礼节安葬了乌带。不久，皇帝就将定哥纳入后宫，呼为娘子。迁都中都之后，又封贵妃。他对贵妃特别宠爱，每入情意绵绵的温柔之乡，便再三许诺将来要立她为皇后。定哥意欲专宠，便特别忌讳皇帝亲幸其他妃子。后来，她竟以与人通奸来发泄不满。完颜亮一怒之下抛尽旧情，一刀杀了曾令他销魂落魄的情妇定哥。

定哥有个妹妹名石哥，也是绝色佳人，嫁给秘书监完颜文为妻。定哥入宫后，石哥常去看望姐姐，皇帝即利用方便占有了她，并表示要娶她为妃。不久，皇帝即令完颜文的庶母传旨：石哥选入后宫，完颜文等待皇上另赐新妻。

完颜文对石哥情意深厚，实在不忍心离开爱妻。但为了避免杀身之祸，夫妻俩只好抱头痛哭一场，然后分手。石哥被召入后宫，不久便被封为丽妃。

天德二年，礼部尚书萧拱迎合新皇帝征美女入后宫的旨意，将自己妻子的妹妹耶律弥勒从汴京送到上京，推荐给皇帝。入宫前，经体检发现弥勒已不是处女，被遣出宫。皇帝怀疑萧拱曾与弥勒发生过肉体关系，醋意大作，先对萧氏降职处分，仍不解恨；后来干脆找借口杀死他，以泄心中之怨。

为了表示君王无戏言，他即"践诺"将萧拱之妻赐给了完颜文。不久，再召弥勒入宫。

又借口说弥勒思念姐姐，召其姐入宫，皇帝同时占有了这对姐妹花。故弥勒被封为柔妃。

完颜亮的御剑、佩刀和"圣旨"，曾经使宗室无数兄弟子侄无辜被杀身亡，有的至死仍不明白为何招来杀身之祸。而对这些死者的妻、女、姐、妹，皇上却大发善心，刀下留情。事后，他还授意心腹大臣上奏，请求皇上将被杀的宗室大臣、封王们的遗孀、孤女、姐妹选拔入宫，以示"抚慰"。经萧裕等大臣"奏请"，秉德的弟妻、宗本的儿媳以及宗固的两个儿媳都召入后宫。

此外，完颜亮还全然不顾天理人伦，不仅将没有出"五服"的同姓姊妹纳入后宫，以泄淫欲，还把自己母亲表兄的两个妻子召入宫中，占为己有。完颜亮任意玩弄她们，并分别赐给她们妃子位号。

好色的完颜亮虽然最终得到了应有的惩罚，但他那些丑恶行径将永遭后人的唾骂。人固有七情六欲，若不克制自己，纵欲过度，乃至因搜奇猎艳而不择手段，为享尽风流而不惜败坏人伦，就会失去节操，臭名远扬。

★玩物丧志，人之通患，怎能不忍

楚好细腰，宫人饿死；吴好剑客，民多疮痏。

好酒好财好琴好笛好马好鹅好锻好屦，凡此众好，各有一失。人惟好学，于己有盖。

有失不戒，有益不劝，玩物丧志，人之通患。

噫，可不忍欤！

————《忍经·好之忍》

楚王喜欢细腰的女人，因此就有许多宫女饿死；吴王喜欢剑客，所以百姓为此而习剑以致身留创伤。

喜爱饮酒，喜爱钱财，喜爱弹琴，喜爱吹笛，喜爱马，喜爱鹅，喜爱打铁，喜爱木鞋，大凡在这诸多爱好中，每一种都会让人有所失。一个人只有喜好学习，才会对自己有益。

心中明白嗜好会带来过失，却不戒除掉；明明看到对己有益的东西，也不愿努力学习,结果玩物丧志,自甘堕落,这是人类的通病。

唉,面对爱好的选择时,人们怎能不忍一忍轻率而择的心呢?

一个人只要本心清净,不执著于外物浸染,虽处于利欲狂流的境界中,亦能洁净自身,自得其乐,犹居于清幽静寂的仙境中。但若心中有所迷恋,有所执著,即使人间仙境,亦成苦海。

晋人华卓,字茂世,为吏部郎。年轻时举止豪放,物别喜欢喝酒,曾说:"得到美酒数百斛,就有了四季的美味。左手拿酒杯,右手抓蟹螯,漂荡在酒缸里,这一生也知足了。"一天,邻居家酿的酒熟了,他晚上跑到酒瓮边偷酒喝,被酿酒人发现,捆了起来。邻居第二天一看,原来是华卓,于是放了他。他后来因喝酒而被撤职。这种生活中的爱好,看似平常,却能影响人一生的政治前途。

号称"山水诗人"的谢灵运,系出名流,承堂叔谢混之名,被封为康乐侯,生活奢侈华美,衣袭、坐骑及日常器皿,皆属上品,当时,有"谢康乐式"之称。闲来便驱数百仆从,入山垦辟,修建别墅。生活尽管极尽奢华,却颇是迷恋山林,因而时时不满朝廷对他的待遇,行为不逊,终遭谗言被处斩。谢灵运就是过于迷恋山林,无法超越市俗,而招致此种悲惨下场。

《尚书》说:"玩物丧志,不作无害有益。"人其实心中相当明白什么爱好对自己有利,什么爱好对自己无益,却总是戒不掉会给自身带来过失的嗜好,也不愿努力去学习对己有益的东西,结果自毁前程。这是多么令人痛惜的事啊!

★穷奢极欲,必遭大祸,怎能不忍

天赋于人,名位利禄,莫不有数。人受于天,服食器用,岂宜过度。乐极而悲来,祸来而福去。

行酒斩美人,锦幛五十里。不闻百年之石氏,人乳为蒸豚,百婢捧食器,徒诧一时之武子。史传书之,非以为美。以警后人,戒此奢侈。

居则歌童舞女,出则摩聪结驷。酒池肉林,淫窟屠肆。三辰龙章之服,不雨而雷之第。

厮养傅翼之虎,皂隶人立之豕,僭似王侯,薰炙天地。

鬼神害盈,奴辈到财。巢覆卵破,悔何及哉!

噫,可不忍欤!

——《忍经·侈之忍》

天赋予人们的东西,如功名利禄等都是有一定的数量。人们从上天所接受的衣服、食物和器具,岂能超过限度?乐极则生悲,祸来则福去。

晋人王恺用美女劝客饮酒,如客人不饮,就杀死劝女;石崇与王恺斗畜,王恺作紫丝步障长达四十里,石崇则作锦步障五十里来比,但也没听说石崇一族延续百年呀！晋人王济用人乳蒸猪，一百多名丫环手捧食器侍奉宴席，但他也只不过是让世人惊诧于一时。这些事情都详细地记载在史书上，不是赞誉，而是为了警示后人戒除奢侈。

石崇王恺斗富

晋人贡谧居家则有歌童舞女相伴，出门则有车辆结队，后被人所杀；商纣以美酒作池，用肥肉作林，作长夜之饮遭百姓怨恨；唐王元宝以金银砌房子，以铜钱铺小路，时称"富窟屠肆"；更有人虽无一官半职，却穿着皇帝诸侯般华丽的服饰，住着皇帝诸侯般豪华的住宅，没有雨水却在宅第上装饰漏雨的装置。

富家豢养的家丁如虎狼一般凶狠，即使是服侍他们的奴仆，气焰也是极其嚣张。这样的人富贵似王侯，气盖天下。

鬼神降祸于奢侈者，奴仆见财眼开。若等到巢翻蛋破之际，则已后悔莫及了。

唉，骄者生淫逸，淫逸遭祸患，怎能容忍自己的奢侈之心呢？

一个人若能在权高位重、物质充裕的情况下，仍能忍住骄奢之心，不挥霍浪费，那么他就能将现状保持得更长久。如若不然，他必遭天谴人怨，不能寿终。

杨广在做皇太子前后，不得不矫情饰节，以取悦父母和掩住天下人耳目。一旦登上帝位，他的穷奢极欲的真面目就完全暴露出来，侈奢程度，不仅杨坚和独孤氏万万料想不到，就是古今一切贪婪、昏庸、暴虐的帝王，相形之下，也会自叹不如。

杨广

大业元年三月，杨广命宰相杨素和将作大匠宇文恺，在洛阳旧城之西十八里处，开始营建新都。每月役使民工二百万人，劳累而死的不可胜计。

东都的重要部分为宫城、皇城和外郭城。外郭城也称为大城，周围七十三里一百五十步；皇城为文武官衙所在处；宫城东西五里二百步，南北七里，周围三十余里，高四十尺。建成后，又效法秦始皇，将天下富商大贾数万户迁来东京。

三月，又命宇文恺和内史舍人封德彝督修显仁宫。规模宏大，南接皂涧，北跨洛滨，周围十余里。几处大殿的木柱都要从豫章运来，两千人拖一柱，下面用生铁滚筒。估计一根大柱就要费数十万钱。

同时，又下令修筑西苑。周围二百里。苑内挖人工湖，叫积翠池，周围十余里。湖中堆积蓬莱、方丈、瀛州三山，高出水面百余尺，楼台殿阁，遍布山上山下。积翠池北岸有龙鳞渠，迂回曲折，沿渠建筑十六院，每院设一名四品夫人管理。院中树木苍翠,春兰秋菊,四季如春。杨广最喜欢在月明之夜,携带宫女数千人游西苑,往往弦歌达旦。

显仁宫和西苑还未落成,杨广仿佛成了修宫狂,简直无时无处不在修筑行宫。大业元年,在临淮营造都梁宫;三年八月,太原造晋阳宫;四年四月,汾州造汾阳宫;十二年正月建毗陵宫。此外,还有涿郡的临朔宫,北平的临榆宫,渭南的崇业宫,鄂县的太平、甘泉二宫,江南有丹阳宫。修造的行宫,遍布全国,百姓苦不堪言。

为了悠游享乐和加强对江南人民的剥削,从大业元年起,杨广下令开挖运河。

运河的主体工程是通济渠、邗沟和承济渠。通济渠由河南、淮北百余万人所开,邗沟由淮南十万人所开,承济渠由河北百万人所开。南起余杭,北抵涿郡,全长两千七百余里,宽十余丈。通济渠直通东都西苑,为方便杨广冶游江南,沿渠修建离宫四十余所。

全国百姓即使竭尽所有,卖儿卖女也满足不了杨广的穷奢极欲。再加上杨广不自量力,认为是天下第一强国,要对外耀武扬威,掠夺奇珍异宝,在慑服了东、西突厥之后,又于大业八年、九年、十年,连续发动征服高丽的战争,每次动众百万,死伤累累,国力耗尽。这时国内的阶级矛盾就异常尖锐起来,民不堪命,唯有铤而走险。全国上下已布满了干柴,只要有一星火种,就会燃烧起来。

大业十四年,各路义兵大军压境。江都粮食耗尽,宫中警卫大多是关中人,都想叛乱西归,隋统治者已经走投无路了。

三月的一天,虎贲郎将司马德戡、直阁裴虔通等,利用卫士的不满情绪,推举右屯卫将军宇文化及为首,发动兵变,杀进内宫。

杨广见被持刀的乱兵包围住了,叹息道:"我有什么罪,会有如此下场?"马文举说:"你不顾国家安危,外事征伐,内极奢淫,天下死于战争、劳役者无以计数,四民百姓苦不堪言,怎能说无罪?"

杨广对司马德戡说:"我实在是有负于百姓,但你们身为朝官,荣禄兼备,为什么也这样呢?"又回头对封德彝说:"你不是我身边的旧臣吗? 我向来待你不薄,为何今天也在这里啊!"封德彝竟唯唯而退。

人群中引起一阵骚动。

这时,杨广的爱子,12岁的赵王杨杲,在旁边号哭起来。裴虔通见杨广继续玩弄阴谋,企图软化众人意志,就挥刀朝杨杲砍去,鲜血溅在杨广的御袍上。

众人又向杨广围拢过来,杨广口中说:"天子自有死法。"急忙向左右索要早已准备好的毒药,但慌忙中哪里找得着? 杨广索性解下身上的练巾。众人早已按捺不住了,一拥而上,就在房中将杨广勒死。之后,肖后和宫人就拆下床板,将尸身裹着,在后园中草草埋葬。

一个靠阴谋诡计起家,登位后又置天下百姓于不顾,极其穷奢极欲的一代暴君,就得到这样可耻的下场。隋朝的统治,也到此结束了。

★贪利忘害,因小失大,怎能不忍

利者人之所同嗜,害者人之所同畏。利为害影,岂不知避!贪小利而忘大害,犹痼疾之难治。鸩酒盈器,好酒者饮之而立死,知饮酒之快意,而不知毒入肠胃;遗金有主,爱金者攫之而被系,知攫金之苟得,而不知受辱于狱吏。

以羊诱虎,虎贪羊而落井;以饵投鱼,鱼贪饵而忘命。

虞公耽于垂棘而昧于假道之假,夫差蓥于西施而忽于为沼之祸。

匕首伏于督亢,贪于地者始皇;毒刃藏于鱼腹,溺于味者吴王。

噫,可不忍欤!

——《忍经·利害之忍》

"利"是人们都喜爱的,"害"是人们都畏惧的。"利"就像"害"的影子,形影不离。如果人们不知回避,只贪求眼前的小利小益而忘却了潜藏其中的大祸害,那么就像生了痼疾一样难以治愈。毒酒装满酒杯,好饮酒的人喝下去会立刻死亡,这是因为他只知道喝酒的痛快而不知毒酒会毒坏肠胃。遗失在路上的金钱自有失主,爱钱的人夺取而被抓进监牢,这是因为他只知道获取金子,却不知被抓住后受狱吏侮辱的痛苦。

老虎是凶猛的动物,很难捕捉。但是用羊作诱饵,致使它掉入陷阱后,只能摇着尾巴乞怜了;把诱饵扔给鱼,鱼往往因贪饵食而忘了性命。

虞公贪爱晋国所献垂棘之地出产的美玉,而不能察觉晋国借路攻打虢国的计谋;夫差沉溺西施的美貌而收留她,却忽略了亡国的灾祸。

匕首藏在督亢的地图中,贪图土地的人是秦始皇;毒刃藏在鱼腹里,沉溺美味的人是吴王。

唉,贪小而失大。在小利小益面前,人们怎能不忍住贪婪之心呢?

人不能过于贪图眼前的利益,更不能因为被眼前的利益所迷惑而忘记了做人的根本,这其实是使利益遭受到更大的损失。

夫差就是一个不懂得透过眼前利益去揭示背后的祸害,从而真正做到趋吉避凶的人。

勾践被夫差放回国后,为了不忘耻辱,他在自己的居室里铺上干草,以做被褥,在门口悬挂着一枚苦胆,每天吃饭前尝一尝。

一天,勾践同大臣文种商量富国强兵以灭吴国的方法。文种说出了七条灭吴计策,其中一条就是送美女给吴王,诱其荒淫无道。夫差依计而行,让范蠡去找美女。

范蠡说:"我早就替大王找到了,她名叫西施,是越国出名的美人。她甘愿以身事吴,为国捐躯。另外我还给她找了一个帮手叫郑旦,她们一定能完成大王的使命。"

于是，勾践就派人把西施和郑旦送到了吴国。

西施和郑旦来到吴国，夫差一见她们的美貌即刻着迷，从此整天沉醉于美女怀中，不理朝政之事。一年后郑旦病死，吴王更加宠幸西施了。

西施知道，只靠色相迷住吴王是不行的，还得力争在参政中寻找机会祸乱吴国。一天，当吴王陪着她玩兴正浓时，西施乘机对吴王说："英雄好汉不应该过于贪恋美色，应当驰骋疆场，为国争光。"

吴王夫差听了西施的话，不禁肃然起敬。时值北方的齐国和鲁国正在交战，吴王夫差想显显威风，就帮着鲁国打齐国。结果齐国一片混乱，齐国的大夫杀了齐悼公，向吴国求和，愿意年年进贡。吴王没想到听了西施的话后能旗开得胜，这使他颇为得意，也就更加喜欢西施了。

有一年，为了掏空吴国的国库，勾践派大夫文种到吴国借十万石粮食。吴国的大臣们议论纷纷，在议而未决的时候，吴王就去问西施。西施旁征博引地说了一通，吴王十分佩服，当时就答应借粮食给越国。

第二年，越国如数归还粮食，并都是颗粒饱满的稻谷。夫差下令把这些稻谷全部做种子种到地里。

其实，越国已经把这些稻谷蒸煮过了，吴国人种上后，迟迟不发芽，再补种已经误了农时，结果这一年吴国几乎颗粒未收。勾践想掏空吴国国库的计划逐步得到实现。

勾践的计谋被伍子胥识穿了，他多次劝谏吴王早做提防，但吴王不听，并借机疏远了他。西施深知伍子胥的利害，虽然暂时被吴王疏远，只要不杀死他，他还会有复出的机会，那将对越国极为不利，她决心除掉这个强敌。

勾践

伍子胥

西施对夫差说："伍子胥是什么人，他连自己的国家都想灭，连楚平王的尸首都要用鞭子抽，难道还会怕什么人吗？伍子胥主张灭掉越国，我也是个越国人，请大王先把我杀了，要不，就不能留着伍子胥。"

说着说着，西施的心口病犯了，表现出极其难过的样子。吴王夫差被西施这一番话说得下了决心，立即决定赐伍子胥属镂剑令其自杀，西施终于帮助越国除去灭吴的一大障碍。

西施见伍子胥已经除掉,又鼓励吴王北上逐鹿中原,争夺霸权,目的是进一步消耗吴国的人力、物力和财力。夫差又听信了西施的话,不多久,吴国的国力就已衰败不堪了。

公元前478年,越国趁吴王夫差北上争霸、国内大旱的有利时机,举兵伐吴。这时吴国已难以抵挡越军的攻势,吴王只得退守姑苏城。越国采取了长期围困的战术。

公元前473年,姑苏城破,吴王自杀,全国土地被越国据为己有。曾多年称霸南方的吴国最终中了越国的美人之计,导致灭亡。

西施摆出种种可以获"利"的理由,吴王夫差便因贪求这些"利"而忘却了潜藏其中的"害",致使国破家亡。所以说,利益是祸害的影子,若不知回避,不仔细权衡一番,迟早会自掘坟墓。

因此,聪明人看到名利,就考虑到灾害;愚蠢的人看到名利,就忘记了灾害。考虑到了灾害,灾害就不会发生;忘记了灾害,灾害就会出现。

国学经典文库

国学大智慧

·处世智慧·

图文珍藏版

第二章　谨慎行事，方能成功

★祸从口出,言多必失,怎能不忍

恂恂便便,侃侃訚訚,忠信笃敬,盍书诸绅。讱为君子,寡为吉人。
乱之所年也,则言语以为阶。口三五之门,祸由此来。
《书》有起羞之戒,《诗》有出言之悔,天有卷舌之星,人有缄口之铭。
白圭之玷尚可磨,斯言之玷不可为。齿颊一动,千驷莫追。
可不忍欤!

——《忍经·言之忍》

诚实恭顺,能言善辩,刚正不阿,和颜悦色;竭心尽力,诚实不欺,忠厚严肃,恭敬谨慎,这些是为人处世的基本准则,你为何不把它们写在衣带的下摆上呢? 说话谨慎的人才称得上是君子,言语少的人才称得上是吉人。动乱和灾祸的产生是以言语作阶梯的。一个在语言表达上把关不严的人,则会使自己的处境混乱不堪。

《尚书·说命上》说:"只有口是产生羞辱的。"《诗经》上也有关于因说话失误所导致的悔恨。因此天上有卷舌星能识别谗言,在那金铸人像的背后更有闭口不言的铭文。

白圭缺损了,还可以通过磨砺使其臻于完美,但因说话不当所导致的过失可是无法补救的。嘴巴一张,话一出口,千匹马也难以追得回来。

唉,祸从口出,言多必失,怎敢不忍住自己的多嘴多舌呢?

孔子说:"君子说话言辞要慎重迟缓。"《易·系辞》中也记载了孔子的话:"动乱的产生,往往是由于出言不逊而引起的。"为此,古时有个姓蔡的人也感慨道:"人招惹祸害,其中言语是最厉害的。"历史上,因一句话而惹来杀身之祸的例子不胜枚举。

贾南风出身于功臣名门,她的父亲贾充颇有刀笔之才,能观察帝王的旨意,因而倍受宠信。泰始八年二月,贾南风被册立为太子妃。贾南风的丈夫尽管身为太子,但他实在才德均差。当他在洛阳皇城中看到那些饥肠辘辘的穷人时,竟然好奇地问:"这些人为什么不吃肉呢?"由此可见这"阿斗"太子毫无社会知识,迟钝得近乎痴呆。与太子相反,贾妃则是精明、果敢、早熟的人。她性妒忌而多权诈,太子既敬畏她,又盲目依附于她,因此,太子宫中的其他嫔妃侍御,极少有人能得到他的宠幸。

　　司马炎是统一三国、建立晋朝的开国之君,然而一提到继统的这位皇太子,他心中总有些不安。满朝文武大臣也都把对太子的异议藏在心底,不敢明言。但是,在凌云台一次盛大的宴会上,功臣卫瓘忍不住了。他借酒装醉,一边摸索着靠近御座,一边酒话喃喃道:"臣想对陛下谈一件事。"晋武帝说:"卫公想说的是什么呢?"卫瓘几次欲言又止,只是用手抚摸着那御座,继续喃喃自语:"这么精美绝伦的御座,多可惜啊!"晋武帝顿时明白了,卫瓘是怀疑太子资质鲁钝,将来不能亲理政事。但是,聪明的武帝只是笑着说:"卫公呀,你真的是喝多了吧!"卫瓘自知劝谏无用,也就不再进言了。

司马炎

　　作为太子的司马衷,对这一切毫无反应。而贾南风则因此对酒后吐真言的卫瓘恨得咬牙切齿,但她只能把这份怨恨隐藏在内心深处。因为从当时的形势上看,她还不具备抛头露面在复杂的权力斗争中与人角逐的实力。

　　司马炎一死,白痴太子司马衷便沿例登上了皇位,贾南风利用皇后的地位想除掉卫瓘。

　　她审时度势,周密分析各藩王之间关系的亲疏,权衡各家实力的强弱,终于选准了一个突破点:她发现司马亮与司马玮感情不和,而司马亮又与昔日借酒发过"御座可惜"的慨叹的卫瓘交往密切。于是,贾南风决定拉拢司马玮,斗倒司马亮,同时去掉卫瓘。

　　永平元年六月,贾南风秘密指使心腹将密诏火速送到司马玮府中,诏称司马亮与卫瓘二人预谋篡夺皇位。司马玮遵照密旨率兵包围了司马亮和卫瓘府邸。司马亮被杀,卫瓘及其子孙九人同时遇害。

　　想必卫瓘至死也不明白自己的谋反之罪从何而来! 他怎么能想到,这一切灾难都是因为一句话呢? 因此,人们应谨言慎行,否则将铸成无法挽回的过错,甚至会给亲朋好友带来飞灾横祸。

　　正如《诗·大雅·抑》中所言:"白圭之玷,尚可磨也;斯言之玷,不可为也。"当宝玉缺损时,尚且还可以把它磨平,一旦说话不当,可就无法补救了。这更进一步深刻地告诫人们说话要谨慎。

★放纵粗暴，气大伤身，怎能不忍

燥万物者，莫熯乎火；挠万物者，莫疾乎风。风与火值，扇炎起凶。
气动其心，亦蹶亦趋，为风为大，如鞴鼓炉。养之则君子，暴之则为匹夫。
一朝之忿，忘其身以及其亲，非惑欤？
噫，可不忍欤！

——《忍经·气之忍》

在能使万物干燥的东西中，没有比火更炽热的；在能使万物弯曲的东西中，没有比风更猛烈的。风火相遇，风助火势，火壮风威，便会发生难以预料的灾祸。

气能动人心志，可以使人跌倒，也可以使人快走。这正如风能使火变大，用皮囊向火炉鼓风，越鼓火势越旺的道理一样。一个能培养"浩然之气"的人才能成为君子，那些放纵粗暴之气的人便是匹夫。

如果因一时的忿怒，而忘记了自己以及自己的亲人，这难道还不叫糊涂吗？！

为人处世怎敢不学会忍住愤怒之气呢？

人在发怒时，如果不压抑忍耐，而是由着性子妄自行事，必招致杀戮之刑，还要拖累自己的亲人。所以朱熹说："知道一时的怒气很微小，而祸患延及他的亲人才是大事，于是就可以辨清糊涂而抑制住怒气了。""冲冠一怒为红颜"的故事说的不就是这个道理吗？

崇祯十六年，正当屡有战功的吴三桂与爱妾陈圆圆如胶似漆之际，崇祯帝的圣旨到：吴三桂迅速出关。两个有情人只好洒泪告别。

崇祯十七年，李自成率农民军进入北京，他的手下刘宗敏便捕捉和拷打吴襄，除了追赃，还勒令其交出陈圆圆。

农民军严重伤害了吴三桂一家的切身利益，他当然不能置若罔闻。他出身行伍，是在同清（后金）的战争中成长起来的一员骁将，年岁正轻，血气刚烈，在爱妾遭人凌辱的情况下，他怎能忍住心中的怒火？想到国仇家恨，吴三桂再也按捺不住对农民军的极端仇恨。他怀着满腔愤怒，于四月四日突然返至山海关，向唐通部发动袭击。唐通受李自成指使，曾给吴三桂写过招降信。虽然没有得到吴三桂明确的回答，他也没料到吴三桂

陈圆圆

会中途变卦,所以唐通毫无防备,仓促迎战,被吴军杀得人马几尽。山海关重新被吴军占领。

四月二十日,李自成兵临山海关,双方进行了一些零星的战斗。

吴三桂处境十分危急,他见多尔衮迟迟不出兵,决定亲自出关谒见多尔衮。二十一日,这两位同年所生的当世枭雄相会于欢喜岭上的威远台。两人立誓为盟,达成了借兵的协议。四月二十二日,清军入关,山海关战役全面打响。

真是兵败如山倒,李自成山海关一败,被清、吴联军一直追至永平才稍微稳住阵脚。随即农民军政府尚书张若麒前往吴三桂营中请和。

双方盟誓之后,吴三桂撤退了包围永平的军队。四月二十六日,李自成率兵回京。

四月二十七日,吴三桂传帖京师,声称义兵不日进城,凡大明臣民为先帝服丧,整肃迎候东宫。北京城内一时人心思变。

为此,李自成急令刘宗敏、李过、李岩等统兵出城,布阵以防吴军。刘宗敏军在北京城下连兵十八营与吴军交战,被吴三桂连拔八营,刘宗敏负伤败回。四月二十九日,李自成匆忙举行登基大典,杀吴三桂全家三十余口后西撤。

全家被戮,吴三桂悲痛欲绝,泣不成声,举哀兵穷追不舍,在西山、定州两败李自成农民军。

定州之战后,吴三桂立即停止追击李自成,班师回京,准备扶立太子即位。

五月一日,吴三桂在回师途中,传谕军民准备迎接太子入继大位。檄文至京,明朝遗老们弹冠相庆,为复辟大明而忙活起来。就在同一天,吴三桂行至梅河时,接到多尔衮传来的檄文,要求他继续西追李自成。

吴三桂一直担心而又不敢深思的事情终于发生了——多尔衮准备背弃山海关之盟。

现在已经无可奈何了。经山海关一战,吴军消耗过大,五万之众仅剩二万,多尔衮虽然拨给他一万精锐八旗兵,但那是为了控制他。清军入关时已有十四万之众,加上后来陆续入关的,其兵力已超过关宁军十倍,甚至几十倍。要想以微弱兵力驱逐清军,重建明室,那无异于用鸡蛋碰石头。

同时,追击李自成既是引清兵入关的初衷,又是报旧恨新仇的举措,是不得不为的,加上他得知圆圆并未被杀,派人在北京城内也没有找到,或许尚在李自成军中。种种因素促成了吴三桂决定暂时与清军妥协,引兵西追李自成。

吴三桂满含忧virus与伤感率兵缓缓西进,五月底行至降州,准备在此休整部队与调节心境。不料,此时北京传来消息,部将胡国柱找到了陈圆圆。这真是喜从天降,吴三桂一扫心中的阴郁,喜不自禁地等待陈圆圆的到来。

六月五日,在降州南洋河畔吴三桂的军营里,举行了隆重、热烈的军中婚礼。苍茫的暮色中传来隆隆礼炮声,这是吴三桂一生中听到的最美妙的炮声。

吴三桂在降州一住就是三个月,整日与圆圆畅饮聚首,百事不问,驻兵不进。这可急坏了部将杨坤、夏国相等人。他们觉得如此下去,势必引起清廷的怀疑,便提醒吴三桂,商议长久之计。吴三桂新婚之过,自忖是考虑大事的时候了,便聚集部下一起商量，是继续追剿李自成，还是班师回京。大多数人主张率师回京，不能再打下去了，要保存实力，以观清廷动静。此时，多尔衮已派人去迎接顺治迁都了，一旦清朝定鼎北京，吴三桂引狼入室，必将成为千古罪人。

多尔衮在北京听说吴三桂久驻山西，且有回北京的动议，大为惊恐。吴三桂目前已是天下众望所归的英雄，只要他振臂一呼，必将应者云集，切不可等闲视之。多尔衮急忙一面令阿济格等加强控制监视，使其不敢轻举妄动，一面赐封吴三桂为平西王，并派洪承畴奉旨携冠服金帛，前去犒劳吴军。

后来，吴三桂为顾及身家性命及部将利益，终于投降了清朝。

顺治二年闰六月，李自成农民军主力部队被彻底击败，李自成死于湖北九宫山。消息传入北京后，多尔衮认为心腹大患已除，遂下令各征剿大军班师回朝。天下初定之后，多尔衮对吴三桂的去留颇费心思。经过再三考虑，一方面晋封吴三桂为平西亲王，以示笼络；一方面令吴三桂率其所部离开京师，出镇锦州，部将分屯于锦州、宁远、中右、中后、中前等地。

在多尔衮的眼中，吴三桂至今仍未真心归降，会不会起兵抗清实在难说，只能把这样的危险人物逐出关外，以束缚吴三桂的举动。

吴三桂一生从成到败，轨迹复杂。但关键的一点是他为红颜而怒，失去了理智，失去了分辨力，所以反戈一击，尽管暂时得到了些利益，但又产生了新的问题，不得不去做出一些出人意料的人生抉择。实际上，吴三桂因冲动而做出的决定，是其一生越来越窄的开始，因此在他面前无出路而有绝路。

★ 气量狭小，容易制怒，怎能不忍

怒为东方之情而行阴贼之气，裂人心之大和，激事物之乖异，若火焰之不扑，期燎原之可畏。

大则为兵为刑，小则以斗以争。大宗不能忍于蕴古、祖尚之戮，高祖乃能忍于假王之请、桀纣之称。

吕氏几不忍于嫚书之骂，调樊哙十万之横行。

故上怒而残下，下怒而犯上。怒于国则干戈日侵，怒于家则长幼道丧。

所以圣人有愆思难之诫，靖节有徒自伤之劝。惟逆来而顺受，满天下而无怨。

噫，可不忍欤！

——《忍经·怒之忍》

怒属于东方的性情，怒极了就会干阴险盗窃的事情。它破坏人内心的和谐，激化事物走向极端，像火焰若不被扑灭，就有燎原的可怕后果。

怒气会产生冲突、导致战争，小的怒气也会引发纠纷、导致争吵和殴斗。唐太宗不能制怒而斩杀了张蕴古和卢祖尚，汉高祖则能息怒而满足了韩信的假王之情，并容忍了萧何称其为桀纣的批评。

吕后因不堪忍受单于的书信谩骂，而险些欲斩来使，调樊哙十万去拼夺。

所以在上位的人，如果不善于控制自己的情绪，凡事不能容忍，就会使在下位的人遭难；如果居于下位的人不顾礼义，逞强发怒，就会冒犯上位的人。国家之间积怨会使战事不断，家庭内不和则使人丧失伦理。

因此孔圣人有"忿思难"的告诫，陶潜有"徒自伤"的规劝。只有逆来顺受，才能行遍天下而不受怨恨。

唉，发怒会产生如此可怕的后果，面对不顺之事时，人们怎能不克制一下自己的怒气呢？

深谙兵法的诸葛亮，曾巧妙地用计激怒周瑜，实现了孙刘联合抗曹的计划，也为三国鼎立奠定了基础。周瑜为人气量狭小，容易致怒，所以才能被诸葛亮利用。

东汉建安十三年，曹操亲率80万大军，沿长江摆开阵势，想一举拿下东吴，实现他统一天下的夙愿。面对强敌压境，东吴众臣有主战的，也有主降的，弄得吴主孙权也不知该何去何从。诸葛亮为了实现他在隆中时对天下形势的分析，造成三国鼎立的局面，巩固孙刘联盟，他自告奋勇地去江东游说孙权，共同抗击曹操。

来到东吴以后，他知道周瑜是东吴举足轻重的人物，只有说服了周瑜，才能坚定孙刘抗曹的决心。

周瑜是他这次出访的重点。此时的周瑜，虽心存抗曹的念头，可在诸葛亮面前故作深沉，不露痕迹，同时也想试探诸葛孔明，故而谈及抗曹之事，周瑜总是以言语搪塞。足智多谋的诸葛亮便针对周瑜气量狭小，故意曲解曹植的《铜雀台歌》中的两句话，激起周瑜对曹操的满腔怒火，痛下不灭曹操誓不为人的决心。

一天晚上，鲁肃引诸葛亮会见周瑜。鲁肃问周瑜："今曹操驻兵南侵，是战是和，将军欲如何？"周瑜说道："曹操挟天子以令诸侯，难以抗命。而且，兵力强大，不可轻敌。战则必败，和则易安，我的意见是以和为上策。"鲁肃大惊道："将军之言错啦！江东三世基业，岂可一朝白白送给他人？"周瑜说道："江东六郡，千百万生命财产，如遭到战祸之毁，大家都会责备我的，因此，我决心讲和为好。"诸葛亮听完东吴文武两大臣的一段对话，觉得周瑜若不是抗曹的决心未定，也是一种有意试探，此时如果不另辟蹊径，只是讲一通吴蜀联合抗曹的意义，或是夸耀周瑜盖世英雄，东吴地形险要，战则必胜的道理，肯定难于奏效。于是，他巧用周瑜执意求和的"机缘"，编出一段故事，激怒了周瑜。

诸葛亮说："我有一条妙计，只需差一名特使，驾一叶扁舟，送两个人过江，曹操得到那两个人，百万大军必然卷旗而撤。"周瑜急问是哪两个人。诸葛亮说道："曹操本是一名好色之徒，打听到江东乔公有两位千金小姐，大乔和小乔，长得美丽动人，曹操曾发誓说：'我有两个志向，一是要扫平四海，创立帝业，流芳百世；二是要得到江东二乔，以娱晚年。'目前曹操领兵百万，进逼江南，其实就是为乔家的两位千金小姐而来的。将军何不找到乔公，花上千两黄金买到那两个女子，差人送给曹操？江东失去这两个人，就像大树飘落一两片黄叶，如同大海减少一两滴水珠，丝毫无损大局;而曹操得到两个人必然心满意足,欢欢喜喜班师回朝。"

周瑜说道:"曹操想得大乔和小乔,有什么证据说明这一点呢?"诸葛亮答道:"有诗为证。曹操的小儿子曹植,十分会写文章,曹操曾在漳河岸上建造了一座铜雀台,雕梁画栋,十分壮丽,并挑选许多美女安置其中,又令曹植作了一篇《铜雀台赋》。文中之意就是说他会做天子,立誓要娶'二乔'。"周瑜问:"那篇赋是怎么写的,你可记得?"诸葛亮说道:"因为我十分喜爱赋中文笔华丽,曾偷偷地背熟了。"接着就朗诵起来:"从明后以嬉游兮,登高台以娱情……临漳水之长流兮,望园果之滋荣。立双台于左右兮,有玉龙与金凤。揽'二乔'于东南兮,乐朝夕之与共。"

周瑜听罢,勃然大怒,霍地站立起来指着北方大骂道:"曹操老贼欺我太甚!"诸葛亮表面上是急忙阻止,其实是火上浇油说道:"都督忘了,古时候单于多次侵犯边境,汉天子许配公主和亲,你又何必可惜民间的两个女子呢?"周瑜说道:"你有所不知,人乔是孙策将军夫人,小乔就是我的爱妻!"诸葛亮佯作失言,请罪道:"真没想到是这回事,我真是胡说八道了,该死该死!"周瑜怒道:"我与曹操老贼势不两立!"诸葛亮却故作姿态地劝道:"请都督不可意气用事,望三思而后行,世上绝无卖后悔药的。"周瑜说道:"我承蒙伯符重我,岂有屈服曹操之理?我早有北伐之心,就是刀剑架在脖子上,也不会变卦的。劳驾先生助我一臂之力,同心合力共破曹操。"于是孙、刘结成的抗曹联盟得到巩固,取得了赤壁之战的重大胜利。

诸葛亮首先了解到周瑜的气量比较小,容易被人激怒,再者他也知道,大丈夫连自己的妻子都不能保全,是人生的一大耻辱,周瑜绝不会忍受这样的耻辱。尽管这一切不过是诸葛亮假借曹操的诗赋牵强附会的一说,却达到了激怒周瑜联合抗曹的目的。

★ 不满生怨,忤则失人,怎能不忍

驰马碎宝,醉烧金帛,裴不谴吏,羊不罪客。

司马行酒,曳遐坠地。推床脱帻,谢不瞋系。诉事呼如周,宗周不以讳。是何触生,姓名俱改避?

盖小之事大多忤,贵之视贱多怒。古之君子,盛德弘度。人有不及,可以情恕。噫,可不忍欤!

——《忍经·忤之忍》

骑马不慎摔坏宝物,裴行俭未加罪于小吏;喝醉酒误烧金帛,羊侃未责怪宾客。

司马劝酒曳拉裴遐,不料将裴遐拖倒,但裴遐也没有恼怒。谢安被从座上推下,帽子和头巾都快掉下来了,他并不怪罪蔡系。有人上诉犯了直呼其名之讳,宗如周丝毫不介意。因为什么产生了触犯忌讳这一说法,而使人的姓名都要改易呢?

小人物侍奉大人物时常常会有不小心或有抵触之处,高贵者对待卑贱者也常常会生气。如果大人物能宽宏大度，体识他人，那么他就有君子的品行了。

唉，何不忍住心中的不满，原谅别人的过失，与人为善呢？

如果大人物能为人宽宏大度，善解人意，那么他就有君子之腹了。晋代卫蚡常说："别人有不好的地方，可以凭人情宽恕；别人如果无理取闹，可以据理来解决。"

楚庄王就是一位能容人之过的国君。一次，他设宴招待群臣和众武士喝酒，席间命令他所宠爱的美人劝酒。喝到傍晚，众人喝得颇有醉意，突然一阵狂风吹过，把灯烛吹灭了，大厅里一片漆黑。黑暗中有人拽住了这个美人的衣袖，美人急中生智，一把扯断了那人系帽子的带子。那人松手去保护自己的帽子，美人乘机逃脱。她来到楚庄王身旁，哭诉被人调戏的经过，并要求点上灯烛，抓住那位帽带已断者。

楚庄王却说："酒醉失礼是难免的，我不能因为一个妃子侮辱臣下和武士！"于是他在黑暗中大喊："今天大家喝酒要尽兴，谁的冠缨不断，就是没喝足酒，再罚他三大碗！"众臣众将为了讨好楚王，纷纷领命。等重新点上灯烛后，大家的冠缨都断了。就是美人想自己查出调戏她的那个人，也无从下手了。

楚庄王

三年后，晋国与楚国发生战争。战场上有一位武士英勇善战，奋勇杀敌，五次交锋都是第一个冲向敌人，最后楚国大获全胜。楚庄王很奇怪，便问他为什么如此拼命。那位勇士答道："末将该死。那次酒醉失礼，大王不但不治我的罪，还为我掩盖过失，我总想找个机会报答您。"

楚庄王爱美人更爱英雄。作为至高无上的国君，他原本可以对武士严惩不贷。但聪明贤达的国君却巧妙地化解了这场尴尬，他能体谅武士的酒醉失礼是难免的。

每个人都会有糊涂的时候，而且每个无意犯错之人都希望得到别人的谅解。所以，对别人的过失，我们要忍住不满之心，先为他人想一想。

★一笑虽微，可招祸患，怎能不忍

乐然后笑，人乃不厌。笑不可测，腹中有剑。

虽一笑之至微，能召祸而遗患。齐妃嗌跛而郤克师兴，赵妾笑躄而平原客散。

蔡谟结怨于王导，以犊车之轻诋；子仪屏去左右，防鬼貌之卢杞。

人世碌碌，谁无可鄙。冯道兔园策，师德田舍子。

噫，可不忍欤！

——《忍经·笑之忍》

因快乐而发笑,别人就不会讨厌他的笑容。然而笑得不合时宜或莫名其妙,心里好像藏着剑一样凶,就会引起别人的厌恶或警惕了。

笑一笑是件很平常的小事,却也能招致灾祸,留下隐患。齐妃笑话却克足跛致使晋国发兵伐齐;赵平原君的美妾笑话跛脚之客而使宾客离座而去。

蔡谟以牛车这种无足轻重的话题开玩笑,因而得罪了王导;郭子仪支开妻妾陪坐,是担心她们笑话卢杞貌丑而招来灭族之祸。

世间多是碌碌俗人,谁会没有可鄙视之处呢?冯道因《兔圆册》的玩笑而贬了刘岳的官,娄师德却不因被讥为庄稼汉而恼怒。

一笑可以结怨,一笑亦可以泯仇。对那些恶意的笑,是不是该忍一忍呢?

战国时的赵胜,人称平原君。他家的楼高踞在老百姓的房子上面。邻居家有一个跛子,一瘸一拐地去打水。

平原君的美人在楼上居住,看见此景后,大声嘲笑他。第二天早上,跛子到平原君家里请求说:"我听说平原君爱惜有才之士,智者不远千里拜见您,就是因为您把士看得很珍贵,而把女子看得很低贱。我不幸残废,您的后宫看见了便笑我,我想得到那个笑我的人的头。"

平原君回答说:"好!"后来平原君嘲笑地说:"看这个小子,居然因为被笑了一次想杀掉我的美人,不是太过分了吗?"

始终没有杀那个美人。过了一年多,他门下宾客渐渐离去了。平原君很奇怪,就问个中原因。一个人回答说:"因为您不杀那个嘲笑跛子的美人,所以人们都说您喜爱女色并且看轻有才之士,因此宾客们都离开了您。"

于是平原君感到很惭愧,杀了那个笑跛子的美人,并且到跛子家谢罪。这样一来,那些士人又渐渐回来了。

东晋的王导非常畏惧大老婆,暗地里用牛车将小妾们安置别处。司徒蔡谟知道此事后,当面笑谑几句,王导勃然大怒,两人结下了仇怨。

郭子仪

唐朝的郭子仪在宰相卢杞来访时,总是将常伴身边的小妾、丫环打发走。别人很奇怪,问原因,他说:"卢杞长得十分丑陋,我怕女人们见到他会忍不住发笑。依卢杞那凶残歹毒的心肠,一旦他得势,必定会残害我家族的。"

世本俗世,人生平庸,也多是碌碌之人,有谁会没有鄙俗之处呢?五代的冯道,担任宰相等要职,因农民出身,故外貌较为粗野质朴。

有一次上朝时,任赞和刘岳用"兔园册"来取笑他(《兔园册》是当时一本乡野读物),冯道大怒并将二人贬官。唐人娄师德在武则天时任宰相,为人性敦厚,不计较别人的冒犯。

有一次和李昭德上朝时，因身体肥胖行动缓慢而被李昭德埋怨为"庄稼汉"，而娄师德却笑着说道："我不做庄稼汉，谁来做呢？"从而化解了一场口舌恶斗。

同是笑却产生不同的后果，可泯恩仇也可结怨恨，面对可笑之事或人时，人们怎能不忍住欲笑为快之心，三思而后笑呢？

★ 无义之勇，君子为耻，怎能不忍

暴虎冯河，圣门不许；临事而惧，夫子所与。

黝之与舍，二子养勇，不如孟子，其心不动。

故君子有勇而无义，为乱；小儿有勇而无义，为盗。圣人格言，百世诏诰。

噫，可不忍欤！

——《忍经·勇之忍》

不用武器而徒手与老虎搏斗，不用船只而徒步渡河，这种有勇无谋的做法孔子不赞成。孔子认为，遇事谨慎思考而不轻举妄动的人才能把事情做好。

北宫黝的勇气在于与人一拼，志在必胜；孟施舍培养勇气的特点是保存自己则无所畏惧。这两个人对于勇气的培养都带有片面性，他们哪里能比得上孟子的尽心知性，无所疑惑呢？孟子道明德立，一举一动，尽合礼义，自然无畏怯之心。

孔子说："君子有勇而无义，必作乱；小人有勇而无义，必作盗。"圣人告诫人们的格言，人们应该牢记于心。

唉，义理之勇不可无，血气之勇不可有。怎能不忍耐而逞一时的无谋之勇呢？

公元前645年，秦晋大战于龙门山。结果秦胜晋败，晋惠公也作了秦军的俘虏。

晋国失败的原因有很多，其中至关重要的便是晋惠公的无义之勇。

晋惠公是在秦穆公、齐桓公的支持下登上国君之位的，事先曾答应割五城给秦国以求得秦穆公的支持。但他即位之后，却赖了账。

即便如此，在晋国天灾流行的危急时刻，秦国给晋国送去了大批粮食。

可是，当秦国也遇灾荒，向晋国买粮时，晋惠公竟一粒粮食也不愿卖，这便激怒了秦国。秦穆公以晋国忘恩负义为名，出师讨伐晋国。

而对这一紧急事态，晋惠公是怎样对待的呢？

第一，他根本不承认理在秦国一边，拒绝和谈。大臣庆郑建议"割五城以全信，免动干戈"。他怒不可遏地说，晋国作为堂堂千乘之国，根本谈不上什么割地求和，下令要先斩庆郑，然后发兵迎击秦军。众大臣建议让庆郑将功折罪，庆郑才免于一死。

第二，他视不同意见如洪水猛兽，多方压制。秦军已渡河向东，三战全胜，长驱而进，直至大将韩简案下。韩简向他报告，秦国军队虽少，但状态却是十倍于晋军。

晋惠公询问其中原因，韩简分析说："大王当初以秦近而奔梁，继以秦授而得固，又以秦赈而免饥，三受秦施而无一报，秦国君臣积愤已深，所以才来伐晋。秦军都怀有讨伐大王之心，所以斗志特别高。"晋惠公一听，大为恼火，并对他加以斥责。

第三，他根本不考虑实际战斗的危险程度，他坐的一匹小驷根本不适用于战斗，臣下建议他换一匹国产的战车，但他偏爱小驷，非它不用。

战争开始了，混战之中，晋惠公虽然不乏勇敢，无奈那小驷未经战阵，惊吓乱窜，陷入泥泞之中，他终于被秦军俘获。晋军失了主帅，也投降了秦军。

★ 疏忽大意，祸患必至，怎能不忍

勿谓小而弗戒，溃堤者蚁，螫人者虿。

勿谓微而不防，疽根一粟，裂肌腐肠。

患尝消于所慎，祸每生于所忽。与其赞赏于焦头烂额，孰若受谏于徙薪曲突。

噫，可不忍欤！

——《忍经·忽之忍》

不要认为事情小而不提防。千里之堤，常因蚁穴而溃坏；蜂蝎虽小，却能伤人。

不要认为微小就掉以轻心，恶疮初发时不过像米粒那么大，却能使肌肤破裂，肠胃腐烂。

人若能保持谨慎的状态，祸患就会消失，隐患也会因谨慎而消除，祸难皆因疏忽而生。与其在大火后奖赏救火者，不如听从别人改灶移柴的建议。

唉，只有未雨绸缪，防患于未然，才能将灾祸消灭在萌芽状态。面对细微之事时，怎能不忍住疏忽大意之心呢？它们便走飞了。人心叵测，难辨真伪。欺骗愚弄人以陷害之，君子对此已有先知。偏颇、淫荡、邪僻、逃遁四种人情，皆可反映在言辞之中。

唉，欺人总欺不过天，人们怎能不忍伍欺人之念呢。

祸患在人谨慎时往往会消失，这是《易经》中所说的。考虑得周到，谨慎小心就没错。

唐朝郭子仪爵封汾阳王，王府建在首都长安的亲仁里。汾阳王府自落成后，每天都是府门大开，任凭人们自由进进出出，而郭子仪不允许其府中的人对此加以干涉。

有一天，郭子仪帐下的一名将官要调到外地任职，来王府辞行。他知道郭子仪府中百无禁忌，就一直走进了内宅。恰巧，他看见郭子仪的夫人和他的爱女正在梳妆打扮，而王爷郭子仪正在一旁侍奉她们，她们一会儿要王爷递毛巾，一会儿要他去端水，使唤王爷就好像奴仆一样。

这位将官当时不敢讥笑郭子仪，回家后，他禁不住讲给他的家人听。于是一传郭子仪听了倒没有什么，他的几个儿子听了却觉得大丢王爷的面子，他们决定对父亲提出建议。

他们相约一齐来找父亲，要他下令，像别的王府一样，关起大门，不让闲杂人等出入。郭子仪听了哈哈一笑，几个儿子哭着跪下来求他，一个儿子说："父王您功业显赫，普天下的人都尊敬您，可是您自己却不尊重自己，不管什么人，您都让他们随意进入内宅。

孩儿们认为，即使商朝的贤相伊尹、汉朝的大将霍光也无法做到您这样。"

郭子仪听了这些话，收敛了笑容，对他的儿子们语重心长地说："我敞开府门，任人进出，不是为了追求浮名虚誉，而是为了自保，为了保全我们全家人的性命。"

儿子们感到十分惊讶，忙问其中的道理。

郭子仪叹了一口气，说道："你们光看到郭家显赫的声势，而没有看到这声势有被丧失的危险。我爵封汾阳王，往前走，再没有更大的富贵可求了。月盈而蚀，盛极而衰，这是必然的道理。所以，人们常说要急流勇退。可是眼下朝廷尚要用我，怎肯让我归隐；再说，即使归隐，也找不到一块能够容纳我郭府一千余口人的隐居地呀。可以说，我现在是进不得也退不得。在这种情况下，如果我们紧闭大门，不与外面来往，只要有一个人与我郭家结下仇怨，诬陷我们对朝廷怀有二心，就必然会有专门落井下石、陷害贤能的小人从中添油加醋，制造冤案。那时，我们郭家的九族老小都要死无葬身之地了。"

由此可见，正因为郭子仪具有很高的政治眼光和德性修养，才能善于忍受各种复杂的政治环境，必要时牺牲掉局部利益，确保全家安乐。

人们若能像郭子仪那样时刻保持谨慎状态，祸患自然不会产生。所以，未雨绸缪，防患于未然是很有必要的。

第三章　舍弃权欲，为民造福

★ 贪恋权柄，险象环生，怎能不忍

子孺避权，明哲保身；杨李弄权，误国殄民。

盖权之物，利于君，不利于臣；利于分，不利于专。

惟波愚人，招权入己，炙手可热，其门如市，生杀予夺，颐指气使，万夫胁息，不敢仰视。

苍头庐儿，虎而加翅，一朝祸发，迅雷不及掩耳。

李斯之黄犬谁牵，霍氏之赤族奚避？

噫，可不忍欤！

——《忍经·权之忍》

张良身居高位却懂得明哲保身，最后跟从赤松子云游天下。杨国忠、李林甫却因玩弄权柄，贻误国事，也殃及百姓。

权力对于各阶层的人所意味的职责是不一样的，它对君主有利，对臣子不利；对等级名分有利，对大臣专权不利。只有蠢人才会将权招揽到自己手中，才会专权。那些握有大权的人，得势时门庭若市，人人巴结奉迎；他们手中掌握着生死予夺的大权，用眼色和盛气就可以指使别人。众人见他们都屏住呼吸，没有人敢抬头看他们一眼。

其实，这些人弄权时，早已播下了灾祸的种子，一旦势去，灾祸来临时便如迅雷不及掩耳。

李斯的黄狗有谁再牵？霍氏一家遭到株连，谁能逃脱？

权力会误身害人祸国，面对它的诱惑时，怎么能不忍耐呢？

过于贪恋权柄，集大权于一身不肯轻易松手的人，实际上是很愚蠢的人。他不知道不忍贪权的害处，或是已经知道其害处，仍执迷不悟地疯狂占有权势，败亡之祸也就临头了。南宋时的韩侂胄就是这样的人。

韩侂胄在南海县任县尉时，曾聘用了一个贤明的书生，韩侂胄对他十分信任。

韩侂胄升迁后,两人就断了联系。宁宗时,韩侂胄以外戚的身份,任平章,秉国政。当他遇到棘手的事情时,常常想起那位书生。

一天,那位书生忽然来到韩府,求见韩侂胄。原来,他早已中进士,为官一任后,便赋闲在家。韩侂胄见到他,十分喜欢,要他留下做幕僚,给他丰厚的待遇。这位书生本不想再入宦海,无奈韩侂胄执意不放他走,他只好答应留下一段时日。

韩侂胄视这位书生为心腹,与他几乎无话不谈。不久,书生就提出要走,韩侂胄见他去意甚坚,便答应了,并设宴为他饯行。两人一边喝酒,一边回忆在南海共事的情景,相谈甚欢。到了半夜,韩侂胄退左右,把座位移到这位书生的面前,问他:"我现在掌握国政,谋求国家中兴,外面的舆论怎么说?"

这位书生立即皱起了眉头,端起一杯酒,一饮而尽,叹息着说:"平章的家族,面临着覆亡的危险,还有什么好说的呢?"

韩侂胄知道他从不说假话,因而不由得心情沉重起来。他苦着脸问:"真有这么严重吗?这是什么缘故呢?"

这位书生用疑惑的眼光看了韩侂胄一下,摇了摇头,似乎为韩侂胄至今毫无察觉感到奇怪,说:"危险昭然若揭,平章为何视而不见?册立皇后,您没有出力,皇后肯定在怨恨您;确立皇太子,也不是出于您的努力,皇太子怎能不仇恨您;朱熹、彭龟年、赵汝愚等一批理学家被时人称作'贤人君子',而您欲把他们撤职流放,士大夫们肯定对您不满;您积极主张北伐,并没有不妥之处,但战争中,我军伤亡颇重,三军将士的白骨遗弃在各个战场上,全国到处都能听到阵亡将士亲人的哀哭声,军中将士难免要记恨您;北伐的准备使内地老百姓承受了沉重的军费负担,贫苦人几乎无法生存,所以普天下的老百姓也会归罪于您。平章,您以一己之身怎能担当起这么多的怨气仇恨呢?"

韩侂胄听了大惊失色,汗如雨下,一阵沉默后,又猛灌了几杯酒,才问:"你我名为上下级,实际上我待你亲如手足,你能见死不救吗?你一定要教我一个自救的办法!"

这位书生再三推辞,韩侂胄仗着几分酒意,固执地追问不已。这位书生最后才说:"有一个办法,但我恐怕说了也是白说。"

书生诚恳地说:"我亦衷心希望平章您这次能采纳我的建议!当今的皇上倒还洒脱,并不十分贪恋君位,如果您迅速为皇太子设立东宫建制,然后,以昔日尧、舜、禹禅让的故事,劝说皇上及早把大位传给皇太子,那么,皇太子就会由仇视您转变为感激您了。太子一旦即位,皇后就被尊为皇太后,那时,即使她还怨恨您,也无力再报复您了。然后,您趁着辅佐新君的机会,刷新国政。您要追封在流放中死去的贤人君子,抚恤他们的家属,并把活着的人召回朝中,加以重用,这样,您和士大夫们就重归于好了。你还要安靖边疆,不要轻举妄动,并重重犒赏全军将士,厚恤死者。这样,您就能消除与军队间的隔阂。您还要削减政府开支,减轻赋税,使老百姓尝到起死回生的快乐。这样,老百姓就会称颂您。最后,您再选择一位当代的大儒,把平章的职位交给他,自己告老还乡。您若做到这些,或许可以转危为安,变祸为福了。"

韩侂胄一来贪恋权位,不肯让贤退位;二来他北伐中原,统一天下的雄心尚未消失,所以,他明知自己处境危险,仍不肯急流勇退。他只是把这个书生强行留在自己身边,以便及时应变。这位书生见韩侂胄不可救药,岂肯受池鱼之殃,没过多久就离去了。

后来,韩侂胄发动"开禧北伐",遭到惨败。南宋被迫向北方的金国求和,金国则把追究首谋北伐的"罪责"作为议和的条件之一。开禧三年,在朝野中极为孤立的韩侂胄被南宋政府杀害,他的首级被装在匣子里,送给了金国。那位书生的话应验了。

★恣意弄权,朝荣夕悴,怎能不忍

迅风驾舟,千里不息;纵帆不收,载胥及溺。

夫人之得势也,天可梯而上;及其失势也,一落地千丈。朝荣夕悴,变在反掌。炎炎者灭,隆隆者绝。观雷观火,为盈为实,实天收其声,地藏其热。高明之家,鬼瞰其室。

噫,可不忍欤!

——《忍经·势之忍》

人在得势时,可以步步登天;一旦失去权势,就会一落千丈。一个人的势力变化在翻掌之间,早上还身居卿相,晚上失势时却是穿着麻布的百姓。熊熊大火是将要熄灭,隆隆雷声也暗示着雨即将停止。观察那雷和火,有满耳之声,有耀眼之火,可是天要收去雷声,地要藏去火热。地位显赫的人家,鬼也会来窥视他的内屋。

势力如此变幻无常,面对炙手可热的势力怎敢不忍?

得势之时,飞扬跋扈,目中无人,甚至借权来谋一己之私利,以便攫取更大的权势、更多的利益,那么这势如同"朝荣夕悴",谋势者到头来只落得个身败名裂!

杨国忠,原名钊,山西蒲城永乐人。他本是无赖出身,学识浅薄,才能平庸,仅因族妹杨玉环得宠于玄宗,才得以重用,由金吾兵曹参军跃居右相,并身领四十余使。杨国忠生活腐败,黩武贪功,专横跋扈。他得势之后,一些寡廉鲜耻、趋鹜奔竞之徒纷纷投靠他,以图分得一杯羹。但也有一些明智之士对这个暴发户的前途看得十分清楚,陕州

杨国忠

进士张彖就是一个。张彖学问广，名气也很大，有人劝他何不去找杨国忠，谋取荣华富贵。张彖说："你们以为他稳如泰山，在我看来，他只不过是一座冰山罢了，一旦太阳出来，这座冰山就会融化，还能做你们的靠山吗？"目睹时局的纷乱后，他便隐居到嵩山去了。

杨国忠当上宰相后，为了培植自己的势力，即就官员铨选问题向吏部作出指示："文部（吏部）选人无问贤与不肖，选深者留之，依资据阙注官。"就是说，不管贤才、庸人，升级一律按资排辈。这样一来，那些候补多年、不能升级的人，一个个得到了满意的官职。杨国忠这样做，既廉价收买了人心，又挑选出一辈庸庸碌碌、俯首听命的奴才，可谓一举两得。

为满足奢侈、豪华已极的生活，杨国忠还利用职权大肆贪污，聚敛财物。在他家中，光是缣这种丝织品就积存了三千万匹。

杨国忠曾对人说："我本来出身清寒，是靠了后宫的关系才到了今天这样的地位，以后也不会有什么好名声，倒不如生前尽情享乐。"杨国忠这番话道出了这个无赖出身的政治暴发户内心世界的丑恶。

杨国忠所干坏事较之前任李林甫犹有过之。由于他的窃朝乱政，致使玄宗后期政治更加黑暗，阶级矛盾、民族矛盾日益尖锐，从而导致了"安史之乱"的爆发。

当时潼关陷落，长安指日可下，形势万火危急。玄宗依杨国忠的建议放弃了长安逃往蜀中。在前行的途中，随从护驾的禁军将士经过一天多的紧张行军，已无比饥渴劳困，不愿再走。龙武将军陈玄礼对杨国忠早有不满，这时他对将士说："今天下分崩离析，皇上蒙此大难，都是由于杨国忠的胡作非为一手造成的。如不诛之以谢天下，怎能平息四海的怨愤？"

众军士回答："我们早就有这个打算了，除掉了这个奸臣，即使我等身获死罪，也不后悔！"

这时，有二十多位吐蕃使者因得不到食物，饥饿难忍，围住杨国忠的坐骑在诉苦。禁军士兵突然大呼："杨国忠与吐蕃人在谋反！"

有人发箭射中了杨国忠的马鞍，杨国忠翻身下马，逃到马嵬驿的西门内。众军士将西门团团包围，一齐追上，将杨国忠斩首。为雪心中愤怒，并将其尸体肢解，用枪挑着他的脑袋挂在西门外示众。

世上没有长久不变的事情，今日你可能享尽荣华富贵，明天却又沦为阶下囚，世事无常啊！所以，身居高位的人，就该多加小心，不要仗势欺人，要救济百姓，为国家鞠躬尽瘁。

★大富大贵，并非是福，怎能不忍

贵为王爵，权出于天；洪范五福，贵独不言。
朝为公卿，暮为匹夫。横金曳紫，志满气粗，下狱投荒，布褐不如。

盖贵贱常相对诗，祸福视谦与盈。鼎之覆饯，以德薄而任重；解之致寇，实自招于负乘。

讼之鞶带，不终朝而三褫；孚这翰音，凶于天之躐登。静言思之，如履薄冰。

噫，可不忍欤！

——《忍经·贵之忍》

有些自居爵位的贵人，早上还在威风凛凛地做着公卿，到晚上却变成了一介平民。他们得势顺达时，就会穿紫衣佩金玉；失势时却被投入监狱，或是被流放到僻远之地，这样就连平民百姓也不如了。

大凡贵与贱并非是一成不变的，它们时刻在相互转化，而祸与福则全视一个人的傲慢与谦逊而定。《易经》曰："鬼神害盈而福谦，人道恶盈而好谦。"人鬼同心，都是憎恶骄傲自满，喜欢谦虚谨慎。如果一个人道德浅薄却窃居高位，智慧不多却谋划大事，能力不足却担当重任，就像是背负东西的人却要乘坐君子之车，自然会招来强盗。

《易》中说："王侯也许赐给他衣带，但一天之内下三次命令夺回。"所以说因争讼得到的东西不会长久。声音本不是登天的东西，却硬要飞上天，怎么能够长久呢？静想这种情况，就好像"战战兢兢，如临深渊，如履薄冰"呀！

贵并不是福，怎能不忍住追求富贵之心呢？

杨雄在《解嘲文》中说："早上还大权在握当着卿相，傍晚就失去权势成了匹夫。"

那些身居公卿高位的人，腰缠万贯，身穿紫衣，志得意满，气势很盛。但一等到福去祸来时，却坐牢流放，灾难便接踵而至。宋朝的蔡京，也是个"得势时权力比皇帝还大，失势时被流放死在僻远的地方"的人。

蔡京当上宰相后，鱼肉百姓，民怨丛生。他将搜刮来的民脂民膏用来满足自己的奢侈、挥霍。

他在崇宁元年命童贯在苏杭设立"造作局"，役使工匠数千人打制象牙、犀角、金玉、织绣等工艺品进奉朝廷。崇宁四年，他又命人在苏杭设立应奉局，主持收罗各种奇花异石和稀贵珍品，由水路运往汴京，作为修建皇家园林之用。每十船组成一纲，称"花石纲"。凡是百姓家有可供欣赏的一石一木，应奉局则命令健卒掠取，有时为了搬运出来拆屋破墙，不少民家为此弄得家破屋毁。

蔡京的生活以豪奢出名。他家的厨师分工很细。

据《鹤林玉露》记载，有一位士大夫在汴京买得一妾，她自称原来是蔡京府中的厨人。一天，她丈夫要她做一顿包子，她说不会。

丈夫问她，既然当过蔡太师的厨师，为什么连包子都不会做？她回答说："我只是蔡太师包子厨内负责加工葱丝的。"

一次，蔡京召集僚属到府中来议事，会后留下来饮酒，蔡京命厨师做蟹黄馒头招待。宴会结束后，府吏略算费用，一个蟹黄馒头费钱高达三百多文！

对于蔡京搜刮挥霍民膏的行径，人民群众怨声载道，当时流行的歌谣唱道："打破筒（童贯），泼了菜（蔡京），便是人间好世界。"

　　宣和七年十月,金兵大举南犯,镇守太原的童贯玩忽职守,弃城逃回汴京。徽宗惊慌失措,急忙将帝位给儿子赵恒(钦宗),自己却带着一帮侍从、官僚到江南避难去了。

　　在民族矛盾日益危急的时刻,士大夫们纷纷起来抨击蔡京等人专权误国的罪行,并将蔡京列为"六贼"之首。

　　太学生陈东率诸生上书,指出今日之事系奸臣一手酿成,要求诛杀蔡京等六贼,"传首四方,以谢天下"。

　　靖康元年二月,钦过下诏将蔡贬为秘书临,分司南,后又接连将他贬为崇信、庆远军节度副使,最后将他贬到儋州。蔡京南窜途中,惶惶然若丧家之犬。他饥饿难忍,要购买食物,百姓听说是蔡京要买,都不肯出售。蔡京一路上遭到百姓的诟骂,围观之人不绝。最后,由州县官吏出面,才将人们赶散,骂声稍为平息。蔡京在轿中看到这番情景叹息道:"想不到我蔡某失去民心竟到了这个地步!"

　　这年七月,蔡京行至潭州郊外东明寺而死,死前数日作词一首说:"八十一年住世,四千里外无家,如今流落向天涯,梦到瑶池阙下。玉殿五回命相,彤庭几度宣麻,只因贪恋此荣华,便有如今事也!"这是蔡京的绝笔,也是这个老奸臣临死之前的哀鸣。他在穷途末路之时不胜凄凉地回顾了自己的一生,认识到这种可耻的下场是罪有应得的。

　　蔡京死后,人们拍手称快,数日内他的尸体无人营葬,后来被随行的人用青布草草裹尸埋葬。人们都说这是奸臣的报应。

　　蔡京得势时,权倾天下,无人能及;失势时却万分凄凉,死后连收尸的人都没有。由此可见,权出于天,但权并不是最高的。如果凭借权力搜括百姓,中饱私囊,这样的人迟早会有蔡京一样的下场。一个高贵的人才能掌握统御他人的权柄,而这个权柄就是德性。所以《荀子·正论》篇说:"人具备了所有的德性,十全十美,所以也拥有权衡天下的器具。"

★愈受宠幸,愈不安全,怎能不忍

　　婴儿之病伤于饱,贵人之祸伤于宠。

　　龙阳君之泣鱼,黄头郎之入梦。

　　董贤令色,割袖承恩,珍御贡献,尽入其门。尧禅未遂,要领已分。

　　国忠娣妹,极贵绝伦;少陵一诗,画图丽人;渔阳兵起,血污游魂。

　　富贵不与骄奢期,而骄奢至;骄奢不与死亡期,而死亡至。思魏年之谏,穰侯可股栗而心悸。

　　噫,可不忍欤!

——《忍经·宠之忍》

婴儿生病常是因为吃得太饱,富贵的人招祸是因为受宠。

《战国策》载,魏王和龙阳君乘舟钓了十多条鱼。龙阳君哭了,魏王问其原因。龙阳君说,他担心自己会像多余的鱼一样被抛弃。西汉邓通无功而受汉文帝的宠爱,最后他却因受宠而饿死。

董贤英俊潇洒,得宠于汉哀帝。两人恩爱无比,昼夜同寝,哀帝曾为不惊动他睡眠而割断被压的衣袖。皇上用的珍宝和各地进献的物品,都放在董贤家中,哀帝甚至想学尧将帝位禅让给他。可汉哀帝一倒台,董贤也未能逃脱身亡家破的命运。

杨国忠的妹妹杨贵妃宠幸于唐玄宗,全家承受恩泽,权倾天下,势盖朝野。诗人杜甫作《丽人行》:"就中云幕椒房亲,赐名大国虢与秦。御厨络绎送八珍,炙手可热势绝伦。"就是描绘这番景象。可是在天宝十四年,安禄山在渔阳起兵反叛,玄宗逃到马嵬驿时,敌不过众怒,将杨贵妃赐死,杨门败落。

富贵没有和骄奢相约,但骄奢自动会来;骄奢没有和死亡相约,死亡也会自动到来。想想魏牟的临别诤言,穰侯两腿就会发抖,内心惊惧。因宠而贵,因贵而富,因富而骄,因骄而亡命,这是一条必然的归宿啊!

唉,宠之害如此,怎么不忍一忍对宠幸的向往之心呢?

汉末王符在隐居时写道:"婴儿常常生病是因为吃得太饱,富贵的人常常因受宠而遭祸。"

的确是这样,倘若一个人没有真才实学,只是靠别人的宠爱才出人头地,那么即使是帝王之爱也靠不住。

西汉董贤,凭借自己俊俏的容貌得宠于汉哀帝。他出门与哀帝同坐一车,入宫则陪伴哀帝食宿,他的妻子也住在宫中,妹妹当了皇妃,父亲董恭当了少府,富贵震动朝廷,权力与哀帝相等。

董贤曾经和哀帝一起睡觉,压住了哀帝的袖子。哀帝想起来,但董贤没醒,为了不惊动董贤,于是割掉袖子起床。

哀帝为他在北阙修了大府第,精巧到极点,还赏给他国库中的珍宝。元寿元年,司隶校尉鲍宣向哀帝上书说:"董贤本来和皇上不是亲戚,不过是凭着美貌往上爬,而您对他的赏赐竟如此之多,简直要用尽国库中的珍宝。国内各地的进献物品,应该供养皇上一人,现在却都到了董贤家,这难道符合天意和民意吗?"

哀帝对董贤的宠爱简直到了无以复加的程度,他甚至想学尧将帝位禅让给董贤。

有一天,哀帝在麒麟殿摆酒,平静地看着董贤,笑着说:"我想效仿尧舜禅让之事,你觉得怎么样?"

这时王谭的儿子王闳进谏说:"君子一言驷马难追。皇上应三思而后行。况且,天下是百姓的天下,是高祖皇帝和无数将领不惜生命夺来的,不是您独有的。"哀帝听后默不作声,心里很不高兴。

第二年,哀帝去世,董贤因为犯罪被罢免,第二天和妻子一起自杀了。

人们怀疑他是假死,就打开他的棺材送到牢房验尸,见他真的死了才将其埋葬。他的家人被流放到偏远地区。

受宠时，董贤真可谓集世间荣华富贵于一身，可是汉哀帝一倒台，他也逃不了身亡家破的命运。由此可见，愈受宠幸，愈不安全。

★富贵而骄，自遗其咎，怎能不忍

金玉满堂，莫之能守。富贵而骄，自遗其咎。

诸侯骄人则失其国，大夫骄人则失其家。魏侯受田子方之教，不敢以富贵而自多。

盖恶终之衅，兆于骄夸；死亡之期，定于骄奢。先哲之言，如不听何！

昔贾思伯倾身礼士，客怪其谦。答以四字，衰至便骄。斯言有味。

噫，可不忍欤！

——《忍经·骄之忍》

金玉满堂，没有谁能守得住。富贵而骄奢，必定会为自己种下祸根。

国君对人傲慢会失去政权，大夫对人骄慢会失去领地。魏文侯接受了田子方对他的一番规劝教导，不敢以富贵而狂妄自大。

恶果以骄傲自夸为先兆，灭亡以骄奢出现而注定。古代圣贤的至理名言，世人怎能不听从遵循呢？

贾思伯声望极高，却性情谦逊、礼贤下士，当别人评论他过于谦虚时，他只回答了四个字："衰至便骄！"这句话让人回味无穷。

唉，谦虚使人进步，骄傲使人落后，怎能不忍呢？

《老子·持而盈之章》说："金玉满堂，但没人能守得住。富贵了就骄奢，自己给自己作孽。功成名就之后就抽身隐退，这是很自然的道理。"

其意为，富贵而致于金玉满堂，必然不能长久保住王公之位。至于骄盈，必然会给自己种下恶果。

邓绥是东汉和帝刘肇的皇后。东汉永元七年邓绥被选入宫，成为和帝的贵人。

第二年，另一个贵人阴氏身为贵戚被立为皇后。从此，邓绥格外谦卑小心，一举一动皆遵法度。

对待与自己同等身份的人，邓绥常常克己下之，即使是宫人隶役，邓绥也不摆主子的谱。

有一次，邓绥得了病。当时宫禁甚严，外人不能轻易进宫，和帝特别恩准邓绥的母亲兄弟进宫照顾，并且不做时间上的限制。邓绥知道后，便对和帝说："宫庭禁地，对外人限制极严，而让妾亲久留宫内很不合适，人家会说陛下私爱臣妾而不顾宫禁，也会说我受陛下恩宠而不知足，这对陛下和臣妾都没有好处，我真不愿意您这样做。"

和帝听后非常感动，说："别的贵人都以家人多次进宫为荣，只有邓贵人以此为忧，这种委屈自己的做法是别人比不了的。"从此对邓绥更加宠爱了。

邓绥得到和帝越来越多的宠爱，不但没有骄傲，反而更加谦卑。她知道皇后阴氏的脾气，也隐隐约约感到阴氏对她的忌恨，所以对阴氏更加谦恭。每次皇帝举行宴会，别的嫔妃贵人都竞相打扮，金簪耀目，玉珥放光，服装艳丽，只有邓绥独穿素服，丝毫没有装饰。

当她发现自己所穿的衣服颜色有时与阴氏的相同时，立即就会更换。若与阴氏同时晋见，从不敢正坐。和帝每次提问，邓绥总是让阴氏先说，从不抢她的话头。

邓绥以自己的谦恭，进一步赢得了和帝的好感，也反衬出皇后阴氏的骄横。面对邓绥的地位一天比一天高，自己一天天失宠，阴氏十分恼怒。永元十四年，阴氏制造巫蛊之术，企图置邓绥于死地，不料阴谋败露，阴氏被幽禁，后忧愤而死。

阴氏死后，和帝有意立邓绥为皇后。邓绥知道后，自称有病，深处宫中不露，以示辞让。

这下反而坚定了和帝立后的决心，他说："皇后之尊，与朕同体，上承宗庙，下为天下之母，只有邓贵人这样有德之人才可承当。"永元十四年冬，邓绥终于被立为皇后。

邓绥以谦让的态度赢得了和帝的宠爱，而阴氏骄横，吃不得眼前之亏，结果却是失宠、愤忿而死。从这一成败之间，我们不难看出谦让者的智慧。

第六篇 《厚黑学》智慧通解

导读

　　《厚黑学》被誉为民国第一奇书。作者李宗吾,他提出的"厚黑"二字当时不绝于耳、脍炙人口。他在这部奇书中写道:"古之为英雄豪杰者,不过面厚心黑而已。"他自称"用厚黑史观去读二十四史,则成败兴衰,了如指掌;用厚黑史观去观察社会,则如牛渚燃犀,百怪毕现"。

　　"厚黑教主"李宗吾是旷代文化奇人,几十年间目睹人间冷暖,看透宦海浮沉,愤而写出《厚黑学》一书,并冠以独尊之笔名,旨在取"天上地下,唯我独尊"之意。

　　《厚黑学》一书认为中国历史上所谓的英雄豪杰成功的秘密,无非"面厚、心黑"。面厚、心黑第一步是"厚如城墙,黑如煤炭",第二步是"厚而硬,黑而亮",最后要达到"厚而无形,黑而无色"的境界。"才华再高,脸不厚心不黑也难成气候;相反地,才华加厚黑等于天下无敌!"

　　李宗吾认为"厚黑学这种学问,法子很简单,用起来却很神妙,小用小效,大用大效,刘邦司马懿把它学完了,就统一天下;曹操刘备各得一偏,也能称孤道寡,割据争雄;韩信、范增,也是各得一偏,不幸生不逢时,偏偏与厚黑兼全的刘邦,并世而生,以致同归失败。但是他们在生的时候,凭其一得之长,博取王侯将相,烜赫一时,身死之后,史传中也占了一席之地,后人谈到他们的事迹,大家都津津乐道,可见厚黑学终不负人。"

第一章　浑厚无形，干净利落

★皮厚才能成大业

厚黑学共分三步功夫，第一步是"厚如城墙，黑如煤炭"。起初的脸皮，好像一张纸，由分而寸，由尺而丈，就厚如城墙了。最初心的颜色，作乳白状，由乳色而炭色、而青蓝色，再进而就黑如煤炭了。到了这个境界，只能算初步功夫；因为城墙虽厚，轰以大炮，还是有攻破的可能；煤炭虽黑，但颜色讨厌，众人都不愿挨近它。所以只算是初步的功夫。

——《厚黑学》

有些人脸皮太薄，自尊心太强，经不住打击，只要略一受阻，他们就脸红，感到羞辱、气恼，拂袖而去，再不回头，甚至与对方争吵闹崩。

表面看来这种人似乎很有几分"骨气"，其实这是心理素质过于脆弱的表现，只顾面子而不想千方百计达到目的的人，很难办成事情，对事业的发展更是不利。因此，我们在求人办事时，不要抱着自尊不放，为了达到目的，必须增强抗挫折的能力，碰个钉子脸不红心不跳，不气不恼，照样笑容可掬地与人周旋，只要还有一丝希望就要全力争取，不达目的决不罢休。有这种缠住不放的意志，才能把事情办成。另一方面，软缠硬磨消耗的是时间。而时间恰恰是一种办事武器。时间对谁都是宝贵的。人们最耗不起的是时间。所以，如果你以足够的耐心，摆出一副"打持久战"的姿态与对方对垒时，就会让对方的心理产生震慑，足以促其改变初衷，加快办事速度。所以，你要沉住气，耐心地牺牲一点时间，这样就可以争取到更多的时间。

俗话说："人心都是肉长的。"不管双方认识距离有多大，只要你耐心周旋，缠住别放，用行动让对方感到你十分有诚意，就会促使对方去思索，进而理解你的苦心，从固执的框子里跳出来，那时你就将"缠"出希望了。

采用软缠硬磨的办法求人办事时，还可以把同样的意思反复渲染，反复强调，把你的要求反复申请，不达目的誓不罢休。面对顽固的对手，这是一种有力的武器。

李泌在唐代中后期政坛上，是一位颇有名气的人物，他历仕玄宗、肃宗、代宗、德宗四代皇帝,在朝野内外很有影响。

唐德宗时,他担任宰相,西北的少数民族回纥族出于对他的信任,要求与唐朝讲和,结为婚姻,这可给李泌出了个难题。从安定国家的大局考虑,李泌是主张同回纥恢复友好关系的,可德宗皇帝因早年在回纥人那里受过羞辱,对回纥怀有深仇大恨,坚决拒绝。事情僵在那里。正巧在这时,驻守西北边防的将领向朝廷发来告急文书,要求给边防军补充军马,此时的大唐王朝已经空虚得没有这个力量了,唐德宗一筹莫展。

李泌觉得这是一个可以利用的时机,便对德宗说:"陛下如果采用我的主张,几年之后,马的价钱会比现在低十倍!"

德宗忙问什么主张,他不直接回答,先卖了个关子,说:"只有陛下出以至公无私之心,为了江山社稷,屈己从人,我才敢说。"

德宗说:"你怎么对我还不放心! 有什么主张就快说吧!"

李泌这才说:"臣请陛下与回纥讲和。"

这果然遭到了德宗的拒绝:"你别的什么主张我都能接受,只有回纥这事,你再也别提。只要我活着,我决不会同他们讲和,我死了之后,子孙后代怎么处理,那就是他们的事了!"

李泌

李泌知道,好记仇的德宗皇帝是不会轻易被说服的,如果操之过急,言之过激,不只办不成事情,还会招致皇帝的反感,给自己带来祸殃。他便采取了逐渐渗透的办法,在前后一年多的时间里,经过多达15次的陈述利害的谈话,才算将德宗皇帝说通。

李泌又出面向回纥的首领做工作,使他们答应了唐朝的五条要求,并对唐朝皇帝称儿称臣。这样一来,唐德宗既摆脱了困境,又挽回了面子,十分高兴,唐朝与回纥的关系终于得到和解。

宋朝的赵普曾做过太祖、太宗两朝皇帝的宰相,他是一个性格坚韧的人。在辅佐朝政时自己认定的事情,就是与皇帝意见相左,也敢于坚持,皇帝也拿他没有办法,最后都会答应他的请求。

有一次赵普向太祖推荐一位官吏,太祖没有允诺。赵普没有灰心,第二天临朝又向太祖提出这项人事任命请太祖裁定,太祖还是没有答应。

赵普仍不死心,第三天又提出来。连续三天接连三次反复地提,同僚也都吃惊,赵普何以脸皮这样厚。太祖这次动了气,将奏折当场撕碎扔在了地上。

但赵普自有他的做法,他默默无言地将那些撕碎的纸片一一捡起,回家后再仔细粘好。第四天上朝，话也不说，将粘好的奏折举过头顶，立在太祖面前不动。太祖为其所感动，长叹一声，只好准奏。

赵普还有类似的故事。某位官吏按政绩已该晋职，身为宰相的赵普上奏提出，但因太祖平常就不喜欢这个人，所以对赵普的奏折又不予理睬。但赵普不计皇上的好恶，前番那种韧性又表现出来。太祖拗不过他，勉强同意了。

太祖又问："若我不同意，这次你会怎样？"

赵普面不改色："有过必罚，有功必赏，这是一条古训，是不能改变的原则，皇帝不该以自己的好恶而无视这个原则。"

也就是说，你虽贵为天子，也不能用个人感情处理刑罚褒赏的问题。这话显然冲撞了宋太祖，太祖一怒之下拂袖而去。赵普死跟在后面，到后宫皇帝入寝的门外站着，垂手低头，良久不动，下决心皇帝不出来他就不走了。据说太祖很为此感动。

同样的内容，两次、三次不断地反复向对方说明，从而达到说服的效果。运用这种说服法，须有坚韧的性格才行，内坚外韧，对一度的失败，绝不灰心，找机会反复地盯上门去。

需要注意的是，运用此法要有分寸，超过限度，伤害了对方的感情，反而会起到反效果。所以要谨慎处理，以不过度为限。像赵普的死缠，是以太祖对他的宠信为基础的。

求人办事运用软缠硬磨的招法，看起来简单，但要真把它做好，也不是很容易的事。任何事都讲究一个方法问题，软缠硬磨也不例外。要把它在求人办事过程中艺术性的运用，达到上文所说的"缠而不赖"的良好效果，总的来说，要做好以下三点：

第一，要彬彬有礼，笑容可掬，经常出现在能让对方看到的场合，例如，他的办公室、家里等等。而且每次都要准时无误，让对方感到你好像是在上班一样，一到点你就赶来了。让对方总能看到你，对方才能时常想起你所求之事。对付软缠硬磨中的尴尬，笑声和幽默是最好的润滑剂。有道是"伸手不打笑脸人"，受缠者很难翻脸正是继续缠下去的有利条件。

第二，要运用煽情的招法，引起对方的注意，使对方为你而感动。要积极主动地向对方解释，与对方沟通，一而再，再而三地软化对方的意志。因此，必须是全身心投入，有百折不回的精神。

第三，"缠"不是要无赖，可以是一种静静地礼貌的等待，用缠着等待的方式使对方尽快给予答复。不要让对方感到你是在故意找麻烦，故意影响他的工作和休息。要尽量显得通情达理，尽量减少对对方的干扰，这样，才能缠成功。缠可以不露锋芒，不提要办的事，只是不停地接近对方，使双方关系渐近，让对方更多地了解你，同情你，从而产生帮助你的愿望。换句话说，就是要想尽办法接近对方，通过各种办法与他们搞好关系，从感情上贴近。这种感情上的缠，对方是难以拒绝的。

有些领导喜欢让人缠，不愿轻易同意任何事情。你缠他，使他从精神上得到一种满足，即权力欲得到满足。在这种情况下必须去缠，如果怕苦怕麻烦，存有虚荣心，不仅不利于办事，同时也会被对方见笑，他会说："本来他再来一次我就同意了，可是他没来。"

香港华人首富李嘉诚就是一位懂得"好事多磨",并善于运用软缠硬磨艺术来求人办事的聪明人。

李嘉诚兴建大型屋村独树一帜,使其在香港房地产界开始站稳脚跟。但在这之前有一个问题,也就是最关键的困难,就是获得大面积地皮。为此,李嘉诚胸怀全局,动了不少脑筋。

1985年,李嘉诚收购港灯公司,港灯的一家发电厂位于港岛南岸,与之毗邻的是蚬壳石油公司油库,蚬壳另有一座油库在新界观塘茶果岭。李嘉诚于是煞费苦心地开始了一连串复杂的迁址换地计划。

1986年底,和黄与太古各占一半股权的联合船坞公司,与蚬壳公司达成协议:将青衣岛的一片庞大油库地皮,与蚬壳在茶果岭和鸭蜊洲的两个油库地皮交换。同时,港灯的这个电厂迁往南丫岛。

这样,李嘉诚就腾出两块可供发展大型屋村的地皮。1988年1月,李嘉诚用长实、和黄、港灯、嘉宏4家公司,向联合船坞公司购入茶果岭、鸭蜊洲油库,即宣布兴建两座大型屋村,并以8亿港元收购太古在该项计划中所占的权益。这样,两大屋村地皮归长实全资拥有。

茶果岭屋村定名为丽港城,鸭蜊洲屋村定名为海怡半岛。两大屋村盈利100多亿港元。两大屋村的构想萌生于1978年李嘉诚着手收购和黄之时。之后,经历了长达10年的耐心等待、精心筹划,其间1985年收购港灯,使其构想向前迈了一大步,1988年才推出计划。

李嘉诚是名副其实的"十年磨一剑",因为李嘉诚深知,成大事者,不可操之过急,而应有足够的耐心等待机会和创造机会。一旦选定了目标,同样又无法很快达到,这时就不能心急,应像"熬"中药一样,文火慢攻,一点一点地把中药里的精华熬出来。

李嘉诚推出嘉湖山庄计划,同样花费了10年。嘉湖山庄原名天水围屋村。1978年,长实与会德丰洋行联合购得天水围的土地。1979年下半年,中资华润集团等购得其大部分股权,共组巍城公司开发天水围。华润占51%的公司股权,长实只占12.5%。华润雄心勃勃,计划在15年内建一座可容50万人口的新城市。李嘉诚当时正忙于收购和黄,未参与天水围的策划。整个开发计划,由华润主持。华润缺乏地产发展经验,亦不懂香港游戏规则。港府介入使华润的庞大计划胎死腹中。华润骑虎难下。其他股东纷纷欲打退堂鼓。

李嘉诚则看好天水围的前景。他稳坐钓鱼台,不慌不忙逐年以低价从其他股东手上接过他们亟待抛出的"垃圾"股票。经过10年马拉松式的吸股,到1988年,李嘉诚控得除华润外的49%股权,成为与华润并列的仅有两家的股东之一。有人估计,李嘉诚与华润事先达成默契,故丧失信心的华润没有抛投。

1988年12月,长实与华润签订协议,长实保证在天水围发展中,华润可获纯利7.52亿港元,并即付其中的3.4至5.64亿港元给华润。如将来楼宇售价超过协议范围,其超额盈利由长实与华润共享,华润占51%。今后,天水围发展计划及销售工作均由长实负责,费用由长实支付,在收入中扣回。风险全部由长实负担,华润坐收渔利。当然,风险大,盈利也大。全部工程分7期到1995年完成,至今仍是香港最大的私人屋村。仅仅第一期售楼,华润就已赢得协议范围中的7.52亿港元利润。以后6期,华润等于"额外"所得,而长实的利润,远在华润之上,更是不可斗量。由此足见李嘉诚软缠硬磨功夫之老到了。

★沾名然后成霸王

> 第二步是"厚而硬,黑而亮"。深于厚学的人,任你如何攻打,他一点不动,刘备就是这类人,连曹操都拿他没办法。深于黑学的人,如退光漆招牌,越是黑,买主越多,曹操就是这类人,他是著名的黑心子,然而中原名流,倾心归服,真可谓"心子漆黑,招牌透亮",能够到第二步,固然同第一步有大渊之别,但还露了迹象,有形有色,所以曹操的本事,我们一眼就看出来了。
>
> ——《厚黑学》

自抬身价,一贯为人所批评。但我们不能因此而感到不好意思,要做得理直气壮,吹起来脸不红、心不跳。在竞争如此激烈、人人都想出人头地的现代社会,自抬身价实在是种生存手段。因为其他人也许没有时间来评价你、掂量你,或者对你估量不足,在这种情况下,你只好自我推销,抬高一下自己。

其实,在现实生活中,自抬身价的行为随处可见。例如,有些影星提高片酬,主持人提高主持费,演讲者提高出场费等,这些都是自抬身价的行为。当然,其中有些人确实名副其实,与他们所称的身价相当,但有些人则是夸大其词,根本没有那么高的价值。可是,只要他们敢自抬身价,多半能够如己所愿。事实上,能不能够立刻如己所愿这并不重要,重要的是,经过如此抬高身价,你可以为自己定下一个基准,好比为商品标价一般,这有"昭示众人"的味道,以便下回"顾客"上门时,能按新的价格"成交"!

在现代职业生涯中,人也成为了一种商品,每个人的身价都不同,有的人年薪五千,有的人可能年薪数十万甚至上百万。在一定条件下,商人们也会根据市场情况适当调整商品的价格。有些顾客就是那么奇怪,商品低价时他们偏偏不买,等价格提高了,非得抢着买,并且称赞质量好,其实东西完全一样。人也是如此。身价太低,别人看不起;身价提高了,别人反而觉得你真了不起,是个大人才!

自抬身价有两种情形,一种是自己本身确有价值,而别人评价不足。这种情形下,你更应该自抬身价,不能固守传统的"谦虚为上",否则别人会认为你根本没有那份才能。当然,你不一定非得把自己抬得很高,但至少要和你的才能等值。第二种情形是,你本来只有一分的才能,却抬出了八分的身价,例如你本来只是个中专毕业,却跟人家说自己研究生毕业,或者你目前年薪只有五千,却对他人声称有四万,别人也会高估你的价值。

只顾自己痛快尽说些假话、大话，就容易把"牛皮"吹破，会给别人留下笑柄。吴妍人的小说《二十年之目睹怪现状》里，就描述了一个破落户，穷困潦倒，却还要装样子充阔，结果在众目睽睽之下丑态百出。故事讲的是：有一天，高升到了茶馆里，看见一个旗人进来泡茶，却是自己带的茶叶，打开了纸包，把茶叶尽情放在碗时，那堂上的人道："茶叶怕少了吧？"

那旗人哼了一声道："你哪里懂得，我这个是大西洋红毛法兰西来的上好龙井茶，只要这么三四片就够了，要是多泡了几片，要闹到成年不想喝茶呢。"

堂上的人，只好给他泡上了。高升听了，以为奇怪，走过去看看，他那茶碗中间，飘着三四片茶叶，就是平常吃的香片茶。那一碗茶的水，莫说没有红色，连黄也不曾黄一黄，竟是一碗白冷冷的开水。高升心中已是暗暗好笑。

后来他又看见他在腰里掏出两个京钱来，买了一个烧饼在那里撕着吃，细细咀嚼，像很富有的样子。吃了一个多时辰方才吃完。忽然又伸出一个指头儿，蘸些唾沫，在桌上写字，蘸一口，写一笔。高升心中很以为奇，暗想这个人何以用功到如此，在茶馆里还背着临字帖呢。细细留心去看他写什么字。原来他哪里是写字，只因为他吃烧饼时，虽然吃得十分小心，那饼上的芝麻，总不免有些掉在桌上，他要拿舌头舔了，拿手扫来吃了，恐怕人家看见不好，失了架子，所以在那里假装着写字蘸来吃。看他写了半天字，桌上的芝麻一颗也没有了。他又忽然在那里出神，像想什么似的；想了一会，忽然又像醒悟过来似的，把桌子狠狠地一拍，又蘸了唾沫去写字。你道为什么呢？原来他吃烧饼的时候，有两颗芝麻掉在桌子缝里，任凭他怎样蘸唾沫写字，总写不到嘴里，所以他故意做忘记得样子，又故意做成忽然醒悟的样子，把桌子拍一拍，那芝麻自然震了出来，他再做成写字的样子，芝麻就到了嘴里了。

烧饼吃完了，字也写完了，他又坐了半天，还不肯去。天已晌午了，忽然一个小孩子走进来，对着他道："爸爸快回去吧，妈妈要起来了。"

那旗人道："你妈要起来就起来，要我回去做什么？"那孩子道："爸爸穿了妈的裤子出来，妈在那里急着没有裤子穿呢！"

旗人喝道："胡说！你妈的裤子，不在皮箱子里吗！"说着，丢了一个眼色，要使那孩子快去的光景。

那孩子不会意，还在那里说道："爸爸只怕忘了，皮箱子早就卖了，那条裤子，是前天当了买米的，妈还叫我说：屋里的米只剩了一把，喂鸡儿也喂不饱，叫爸爸快去买半升米来，才能做中饭呢。"

那旗人大喝一声道："滚你的吧！这里又没有谁跟我借钱，要你来装穷做什么？"

那孩子吓得垂下手，连应了几个"是"字，倒退了几步，方才出去。

那旗人还自言自语道："可恨那些人，天天来跟我借钱，我哪里有许多钱应酬他，只能装着穷，说两句穷话，其实在这茶馆里，哪里用得着呢。老实说，咱们吃的是皇上家的粮，哪里就穷到这个份儿呢！"说着，站起来要走。

那堂上的人，向他要钱。他笑道："我叫这孩子气错了，开水钱也忘了开发。"

说罢,伸手在腰里乱掏,掏了半天,连半根钱毛也掏不出来。嘴里说:"欠着你的,明日还你罢。"

那个堂上不肯,无奈他身边真的半文都没有,任凭你扭着他,他只说明日送来,等一会送来,又说那堂上的人不长眼睛:"你大爷可是欠人家钱的么?"

那堂上说:"我只要你一文钱开水钱,不管你什么大爷二爷。你还了一文钱,就认你是好汉;还不出一文钱,任凭你是大爷二爷,也得留下个东西来做抵押。你要知道我不能为了一文钱,到你府上去收账。"

那旗人急了,只得在身边掏出一块手帕来抵押。那堂上抖开一看,是一块方方的蓝洋布,上头龌龊的了不得,看上去大约有半年没有下水洗过了,便冷笑道:"也罢,你不来取,好歹可以留着擦桌了。"那旗人方得脱身去了。

这个故事让人忍俊不禁,就在于别人早就看破了他的吹牛,他还在那里神吹不已,只能给人当作笑柄,此为吹牛办事者的大忌。

另外,如果"抬"得太厉害,别人也信以为真,高价"买"下了你,后来还是会发现你是个"劣质品"。如果这样,你的自抬身价会使你"破产"!抬高自己的身价还要参考行情。低于行情有"低价倾销"的味道,别人会把你当成廉价品。如果你能力也够,可把身价抬得高出行情一点;但如果高出行情太多,除非你是个天才,能很快提高自己,而且也有业绩做后盾,否则会被当成疯子。如果你有事没事都在谈你的"身价",反而没人相信了。因此要在适当的时候去抬,例如有人问的时候,大家讨论到的时候,有人准备"买"的时候。

不管你从事的是哪一种行业,担任什么职务,不必过于谦虚客气,适度地自抬身价吧,就算被人笑,也比自贬身价要好。而且只要"抬"成功,你会从中受益。你以后的身价只会上升,不会往下掉,除非你不自爱而自毁自灭。自抬身价还有另外一个好处——肯定自己,并成为敦促自己不断进步地动力,因为身价抬上去了,你就应该使自己各方面都跟上去,否则你的身价就保不住了。

★虚张声势,迷惑对手

冲,普通所谓之"吹牛",四川话是"冲帽壳子"。冲的工夫有两种:一是口头上,二是文字上的。口头上又分普通场所及上司的面前两种;文字上又分报章杂志及说贴条陈两种。

——《厚黑学》

"冲"是"求官六字真言"之一,被李宗吾解释为"吹牛"。虚张声势是"冲"的一种形式,也是现代各个行业中竞争取胜地有效手段之一。

虚张声势法,就是竞争者在其经营活动中,运用各种有效的手段,假装出实力强大的声势,迷惑对手,影响顾客,以达到制胜的目的。在实际应用中可采用以下几种具体形式。

1970年,郑周永投资创建蔚山造船厂,要造100万吨级超大型油轮。对于造船业来说,当时的郑周永可以说是一个完完全全的门外汉,但经过专家多番论证分析,他对这个项目信心十足。不久,郑周永就筹措了足够的贷款,只等客户来订货了。

但订货单可没有那么容易拿到,因为,没有一个外商相信韩国的企业有造大船的能力。为此,郑周永一连几天茶饭不思,苦思冥想。

终于,郑周永想出了一招。他从一大堆发黄的旧钞票中,挑出一张5000元的纸币,纸币上印有15世纪朝鲜民族英雄李舜臣发明的龟甲船,其形状极易使人想到现代的油轮。而实际是,龟甲船只是古代海战中使用的一种运兵船,朝鲜民族英雄李舜臣就是用这种船打败日本海盗,粉碎了日本倭寇丰臣秀吉的数次侵略。郑周永随身揣上这张旧钞,在外商面前大说特说,宣称他们国家在400多年前就已具备了造船的能力。经郑周永这么一宣传,许多外商果然信以为真,郑周永很快就签订了两张各为26万吨级的油轮的订单。

订单一到手,郑周永立即率领职工日夜不停地苦干。两年过后,两艘油轮竣工了,蔚山船厂也建成了。

人在谈恋爱的时候,为了得到心上人,总是把自己最好的一面展现给对方,目的就是为了获取对方的好感。商场上同样非常看重合作伙伴的实力,大多数商家都是通过各种假象迷惑对方,让对方对自己的实力深信不疑,从而促成交易的完成。

美国豆芽大王普洛奇的发家故事也很奇特,当时普洛奇听说生产中国豆芽很赚钱,而且利润很大。于是他便从墨西哥购进了大量的毛豆,开始生产人工豆芽。为了宣传,他大造声势,不惜重金聘请专人在杂志上撰写有关"毛豆历史"的文章,并到处散发有关豆芽的美味食谱。然后,他与几个有经验的食品包装商商谈,将他的豆芽卖给食品包装公司,并由他们直接卖给各个餐馆。就这样,普洛奇的豆芽一经上市,便非常畅销。

后来,普洛奇又突发奇想,如果把豆芽制成罐头,更加方便食用,就可以赚到更多的钱。于是他又给威斯康辛州的一个食品包装公司打电话,食品包装公司回答只要普洛奇能提供。

后来二战爆发,金属供给十分紧张。普洛奇的豆芽罐头生意又面临危机。一天,普洛奇突然跟到华盛顿,冲进战争生产部门,用他的三寸不烂之舌,推销他的豆芽罐头。他还给他们的公司取了个名字叫做"豆芽生产工会",使人听起来像是个什么农民工会,而谁也没想到这其实是只有两个人的公司。就这样,他们从战争生产部门买走了几百万个稍有毛病,但不影响正常使用的罐头盒。

普洛奇的生意越做越大,后来他和他的合伙人皮沙买下了一家老罐头厂,开始自己装罐。他还把豆芽与芥菜等其他蔬菜混在一起,做成了一道深受美国人喜爱的中国"杂碎菜",他还在罐头外面贴上"芙蓉"中国式字样的标签,并把罐头压扁,使美国人觉得这些罐头来自于遥远的中国。结果,他的豆芽罐头销路非常好,供不应求。普洛奇继续扩大生产,并把公司名改叫"重庆",并以"食品联会"的名义组织了大规模的全国联销市场,使"重庆"生产的食品行销全国,造成了很大的声势。就这样,普洛奇很快便赚了一亿美元。

这种手法被众多的商家作为迷惑对手的手段反复应用，屡试不爽，他们或者以弱示强，或者以强示弱，最终都如愿以偿达到了自己的目的。

将"虚张声势"用在政治军事上，取得成功者，大不乏人。而用在军事上并干得十分出色的可能要算唐太宗李世民疑兵救驾一事了。

隋炀帝杨广夺位不久，就出巡塞北，企图向北方的邻国炫耀武力。突厥国王得知隋炀帝此行护驾的兵力不多，认为这是个千载难逢的机会，可以趁机除掉杨广。于是他秘密调动几十万大军，亲自统帅，把隋炀帝及御林军团团围住，困在雁门关，打算把隋炀帝及其随从活活饿死。杨广见此情况，十分惊慌，想下诏书给附近各郡县，让他们前来救驾，可是他们已经被突厥团团包围住了，没有任何出路可寻。杨广经过苦思冥想，只好把写好的一张求救诏书，刻在一块木板上，投入汾河，希望援兵看到。

说来也巧，当时山西太原留守李渊的儿子李世民，听到士兵在河里捞到了皇上的诏书，知道皇上在雁门关被困，情况万分危急，立即率兵前往救驾。他对同去的将

隋炀帝

领云定兴说：突厥之所以敢把皇上危围，就是认为没有援军去救驾。现在就凭我们这点兵力，也很难解围，我们就来个虚虚实实，把队伍前后拉长几十里，多张旗帜，猛敲战鼓，让突厥国王看见到处是军队，认为救援大军已到，这样，他们自然会知难而退，不然的话，很可能救驾不成反而遭到敌人的围歼。

云定兴依计而行，把行进队伍拉长几十里，旌旗络绎不绝，鼓声震耳欲聋。突厥探子远远就看见了，以为是隋朝几十万援军开到，就飞马回去禀报，突厥国王闻讯大惊，立刻下令全军撤退，杨广的雁门之围才得以解除。

这个故事说明，在以劣势之兵抗击敌优势兵力进攻之时，以虚张欺骗、威慑敌人，借以挫伤敌人的士气，造成敌人的错误，不失为一个克敌制胜的良策。

"虚张声势"是兵家诡道，但它并不仅限用于战事。历史上有的人在行刑、审讯之中，巧妙地运用此术，以帮助破案，更是湛为称道。

★揣着明白装糊涂

聋,就是耳聋:"笑骂由他笑骂,好官我自为之。"但,聋字中包含有瞎子的意义,文字上的谩骂,闭着眼睛不看。

——《厚黑学》

厚黑者不仅有具备优秀的硬件,还需要有良好的心理素质和沉着应战的能力。他们知道有些事情用心去做就够了,没必要挑明,因为他们的如意算盘早已打好,表面上让人看起来糊涂至极,其实他们心如明镜。他们的打算长远,计划周密,不会自乱阵脚。

有人做过统计,世界上百分之八十的财富掌握在百分之二十的人手里,这是一个真理。为什么大多数的人都是穷人,而只有少数人是富人呢?那是因为只有少数人能够敏捷地抓住商机。人都说"无商不奸",其实不然。

1955 年,包玉刚花了 377 万美元,买下一艘已经使用了 27 年的旧货船,成立了环球航运公司,开始了经营船队的生涯。当时,世界航运界通常按照船只航行里程计算租金的单程包租办法,世界经济又处于兴旺时期,单程运费收入高,一条油轮跑一趟中东可赚 500 多万美元。

然而,包玉刚并不打算为暂时的高利润所动。他坚持一开始所采取的低租金、合同期长的稳定经营方针,避免投机性业务。这在经济兴旺时期的许多人看来,他实在是"愚蠢之举"。许多人都劝他不要"犯傻",改跑单程。

其实包玉刚心里早已盘算的非常清楚:靠运费收入的再投资根本不可能迅速扩充船队,要迅速发展,必须依靠银行的低息长期贷款。而要取得这种贷款,必须使银行确信他的事业有前途,有长期可靠的利润。他把买到的一条船以很低地租金长期租给一家信誉良好、财务可靠的租船户,然后凭这份长期租船合同,向银行申请到了长期低息贷款。

依靠这些长期的可靠的贷款,包玉刚发展壮大了船队。在这种稳定经营方针之下,他只用了 20 年的时间,就把公司发展成为拥有总吨位居世界之首的远洋船队,登上世界船王的宝座。

包玉刚的成功秘诀,就归之于他当初的"装疯卖傻,假痴不癫"。

厚黑者表面上给人以不思进取、碌碌无为的印象,隐藏自己的才能,掩盖内心的抱负,以便于等待时机,筹备实施计划,而不露声色。古代兵书告诉我们,真正善于打仗的,决不会炫耀自己的智谋和武力。

"糊涂战术"在商战中常能有效地迷惑对方,使对方麻痹大意,从而抓住时机,出奇取胜。

在企业管理上,聪明的经营者对待下属的宽容,同样也是对厚黑学"做官六字真言"中"聋"的灵活运用,这同时也是每个领导应具备的素质。没有一个下属愿意为那种对下属斤斤计较、小肚鸡肠,对一点小错抓住不放,甚至打击报复的领导去卖力办事。

俗话说:"将军额头能跑马,宰相肚里可撑船。"当领导的要能容人、容事,容得不同意见,容得下属的错误。领导的宽容大度,可以使下属忠心耿耿,为自己效力,从而为事业奠定了良好的基础。

领导者不仅要对部下示以宠信,同时还要向他们显示自己的大度,尽可能原谅下属的过失,这是一种重要的笼络手段。对那些无关大局之事,不可同部下锱铢必较,"大人不计小人过",当忍则忍,当让则让。要知道,对部下宽容大度,是制造向心效应的一种手段,有时会产生意想不到的神奇效果。

西汉末年,刘秀大败了王郎,率军攻入邯郸。在检点前朝公文时,竟发现了大量奉承王郎、侮骂刘秀甚至上书谋划企图诛杀刘秀的信件。当时,很多大臣都上书建议追查这些书信,严惩写这些书信的人。可刘秀却对此视而不见,他不顾众臣反对,将这些书信全部付之一炬。大臣们百思不解,忙问刘秀缘故,刘秀回答说:"如果追查下去,势必会使许多人感到恐慌,最后只会逼得他们投靠我们的敌人,成为我们的死敌。但如果我不计前嫌,他们就会心生感激,会更加死心塌地跟随我们,这样就壮大我们自己的力量。"刘秀的这种宽容终于使他众望所归,最终建立了东汉王朝。

宋太宗时,有一天官拜殿前都虞侯的孔守正和另一位大臣王荣在北陪园侍奉太宗酒宴,不料想孔守正喝得大醉,和王荣在皇帝面前争论起守边的功劳来,二人越吵越厉害,竟忘了太宗就在一边,完全失去了为臣应有的礼节。侍臣实在看不下去,就奏请太宗将两个人抓起来送吏部去治罪,而太宗没有同意,而是让人把他们两人送回了家。第二天,二人酒醒后,回想起昨天的事不禁害怕起来,于是一起赶到金銮殿向皇上请罪。谁知太宗却不以为然,对昨天的事并不追究,并说道:"昨天朕也喝醉了,记不清发生了什么了。"

宋太宗这种做法既没有丢失朝廷的面子,而又让两位大臣警觉自己的言行,从此看出宋太宗的宽宏大度。现代商场上,厚黑学的聋字诀被人们广泛地运用。聪明睿智的厚黑经营者往往拥有众人皆醉我独醒的自信,他们坚信自己的行销策略是正确的,不顾众人的非议,坚持到底,这样的行销者便是把聋字发挥到了极致。

作为全世界最大的软件公司,微软公司的 WINDOWS 系统在 IT 业一直处于全行业的垄断地位。然而正是由于微软始终站在全行业无可争议的霸主地位上,以至于蜷缩在微软大树下的中小公司无法生存,他们联合状告微软公司破坏了公平竞争的原则,使得竞争无法产生,造成创新意识的衰退,损害到国家的利益以及消费者的利益。

全世界 90% 的电脑都在使用微软的 WINDOWS 视窗作业系统,而所有的应用程式如果不与微软的程式相容,便无法在市场上立足。与此同时,为了更大限度地占领市场,微软公司还推出了捆绑式销售,将微软自产的 OFFICE 等办公软件与 WINDOWS 视窗作业系统一起出售,这样就使得其他的软件商根本无法在市场上立足，微软极大地伤害了自由经济环境下的公平竞争原则，这就难怪全世界的软件行业和消费者都视微软为可爱又可憎的 IT 巨鳄，对其既无奈又割舍不开。

尽管遭受了如此多的非议，状告微软的人越来越多，但是盖茨还是不为所动，依然我行我素，按照自己的意愿全力发展他的软件帝国。他坚信只要是全世界90% 的人都还在用他的微软视窗，那么无论是法官还是美国政府都不能把他怎么样，这就是盖茨所仰仗的筹码。

在全球的责难声中，在无数的起诉中间，盖茨装聋作哑，继续进行他的强势销售，使得微软公司成为股票市值大到上千亿美元的超级巨头，而盖茨本人也连续十年登上了全球首富的宝座。这就是盖茨和他统领下的微软帝国。他们向全世界的行销者证明了事实是检验真理的最佳办法，微软用事实证明他们是最赚钱的 IT 公司，这一点即便是他的敌人也不得不承认。这便是装聋作哑，坚持自己的行销方法，从而取得巨大成功的典范。

在现实中能够顶住压力、坚持自己信念的人毕竟不多，因为这些压力与非议可能来自于你的直接领导、下属，甚至是投资人。在他们的非议之下如何坚持自己的信念便成了最困难的问题。这需要拥有最坚强的信心，要么尽力说服他们，要么就装聋作哑，只管走自己的路，让别人去说吧。

当你陷于被动境地的时候，为了拖延时间，找出对方的破绽，或者故意装作不懂、不明白，让对方放松警惕，消磨对方的锐气，这样便利于己方的反击活动。兵法有云："上兵伐谋，夺气为伐谋之本。""兵不钝而利可"全才是战场上的上上之策。厚黑学中的"聋"并不是盲目的聋，而是有选择的聋，并且也不能毫无反应，要积极地让别人理解你，并且以最快的速度做出成绩，才能使反对之声戛然而止。

厚黑者在形势的发展不利于自己时，经常采用"痴而不癫"的招数应付，他们隐藏自己的才能，掩盖内心的抱负，以便于等待时机，筹备实施计划，而不露声色。

战国时期的楚庄王，在爱妾被一位陪宴的将军调戏的情况下，竟然也能假装糊涂，不追究犯上者的罪，而且遮掩了这位风流将军的罪过，更是厚得难能可贵。

周定王二年（公元前 605 年），楚庄王经过艰苦作战，平定了令尹斗越椒发动的叛乱之后，大摆酒宴，招待群臣，欢庆胜利，名曰"太平宴"。

酒宴开始，庄王兴致很高，说："我已六年没有击鼓欢乐了，今日平定奸臣作乱，破例大家欢乐一天，朝中文武官员，均来就宴共同畅饮。"于是，满朝文武，与庄王欢歌达旦。夜深之后，庄王仍然兴致不减，令人点起蜡烛，继续欢乐，并要宠妾许姬前来祝酒助兴。忽然一阵大风吹过，将灯烛吹灭。这时，有一人见许姬长得美貌，加之饮酒过度，难于自控，便乘黑灯瞎火之际，仗着酒意暗中拉住了许姬的衣袖，大概想一亲芳泽吧。

许姬大惊，左手奋力挣脱后，右手顺势扯下了那人帽子上的系缨。许姬取缨在手，连忙告诉庄王说，刚才敬酒时，有人乘烛灭欲有不轨，现在我把他帽子的系缨抓了下来，大王快命人点蜡烛，看看是哪个胆大包天的家伙干的。谁知庄王听后，却对许姬说："赏赐大家喝酒，让他们喝酒而失礼，这是我的过错，怎么能为要显示女人的贞节而辱没人呢？"不但不追究，反而命令左右正准备掌灯的人说："切莫点烛,寡人今日要与众卿尽情欢乐,开怀畅饮。如果不扯断系缨,说明他没有尽兴,那我就要处罚他!"

众人一听,齐声称好,等十百多人全都扯掉了系缨之后,庄王才命令点燃蜡烛,不声不响地把那个胆大妄为的人隐瞒了过去。

散席之后,许姬仍然愤愤不平地问庄王:"男女之间有严格的界限,况且我是大王您的人。您让我给诸臣敬酒,是对他们的恩典,有人竟敢当着您的面调戏我,就是对大王您的侮辱,您不但不察不问,反而替那小子打掩护,这怎么能肃上下之礼,正男女之别呢?"庄王笑着说,这你妇道人家就不懂了。你想想看,今天是我请百官来饮酒,大家从白天喝到晚上,大多带有几分醉意。酒醉出现狂态,不足为怪。我如果按照你说的把那个人查出来,一会损害你的名节,二会破坏酒宴欢乐气氛,三也会损我一员大将。现在我对他宽大为怀,他必知恩图报,于国于家于我于他都是有利的事情啊。"许姬听了庄王的一番话,十分佩服。从此,后人就把这个宴会叫做"绝缨会"。

一个将领对自己爱妾的调戏,对于至尊无上的君主来说,无疑是极大的羞辱。这在当时的社会里,绝对属于大逆不道的犯上之举。谁要是犯了这方面的罪过,不丢掉小命那才叫怪哩!可是楚庄王却能假装糊涂,原谅属下的过错,并且还设法替他打马虎眼,的确是厚黑大家。这段"绝缨会"的千古佳话,如果没有后来的善报结尾,恐怕还是要逊色许多。

七年之后,周定王十年(公元前597年),楚庄王兴兵伐郑,前部主帅襄老的副将唐狡,自告奋勇带百余名士卒做开路先锋。唐狡与众士卒奋力作战,以死相拼,终于杀出一条血路,使后续部队兵不血刃杀到郑都,这使得庄王非常高兴,称赞说:"老将军老当益壮,进军如此迅猛,真是大长我军威风,为楚国立下大功啊!"

襄老答道:"这哪里是老臣的功劳?都是老臣副将唐狡的战功啊。"

于是,庄王下令召来唐狡,准备给他重赏,谁知唐狡却答道:"为臣受大王恩赏已很多,战死亦不足回报,哪里还敢受赏呢?"

庄王很奇怪,以前并没赏赐他,何以如此说呢?唐狡接着说道:"我就是'绝缨会'上捉了许姬袖子的人,大王不处置小臣,小臣不敢不以死相报。"楚庄王感叹地说:如果当初明烛治他的罪,怎么会有今天效力杀敌的猛士啊!

战国"四公子"之一的孟尝君的下属做了类似的事情,他门下养了许多食客,其中有一个门客与孟尝君的爱妃私通,早已为外人发觉。有人劝孟尝君杀了那个门客,孟尝君听后笑着说:"爱美之心人皆有之,异性相见,互相悦其貌,这是人之常情呀!此事以后不要再提了。"

过了近一年,一天,孟尝君特意将那个与自己妃子私通的门客召来,对他说:"你与我相交已非一日,但没有能封到大官,而给你小官你又不要。我与卫国国君的关系甚笃,现在,我给你足够的车、马、布帛、珍玩,希望你从此以后,能跟随卫国国君认真办事。"那个门客本来就做贼心虚,听孟尝君召唤他,以为这下大祸临头了,现在想不到孟尝君给他这样一份美差,激动得什么话也说不出,只是深深地、怀着无限敬意地为孟尝君行了个大礼。

那个门客到了卫国后，卫国国君见是老朋友孟尝君举荐过来的人物，也就对他十分器重。没过多久，齐国和卫国关系开始恶化，卫国国君想联合天下诸侯军队共同攻打齐国。那个门客听到这一消息后，忙对卫国国君说："孟尝君宽仁大德，不计臣过。我也曾听说过齐卫两国先君曾经刑马杀羊，歃血为盟，相约齐卫后世永无攻伐。现在，国君你要联合天下之兵以攻齐，是有悖先生之约而欺孟尝君啊！希望国王您能放弃攻打齐国的主张。如果国王不听我的劝告，认为我是一个不仁不义之人，那我立时撞死在国君你的面前。"一句话刚说完，那个门客就准备自戕，被卫国国君立即上前制止了，并答应不再联合诸侯军队打齐国了。就这样，齐国避免了一场灾难。

消息传到齐国后，人人都夸孟尝君可谓善为人事。当初不杀门客，如今门客为国家建下了奇功。

五代时，梁朝的葛周曾与他所宠爱的美姬一道饮酒作乐，有个在葛周身边担任侍卫的小兵一直目不转睛地盯着那个美姬，乃至于葛周问他话时，他都忘记了回答，可见他入神到了何等程度。这个小侍卫也觉得自己在主人面前失态了，十分惶恐，害怕葛周惩罚他。葛周见了，并没有说什么，只是很慈善地向他笑了笑，并还让自己宠爱的美姬亲斟一杯酒赐给了那个小侍卫兵，意思是让他压压惊。

后来，葛周与后唐的军队交战，战事屡屡失利。葛周就大声呼喊那个小侍兵，命他前去迎敌。小兵见这正是报效主子的机会，就奋不顾身，冲锋陷阵，击退了敌人的一次次进攻，并还生擒了一名敌人的小头目。战斗结束后，葛周就将那个自己宠爱的美姬赐给了那个小兵做妻子。

北宋初年，苏慕恩的部落是整个胡人中最强大的一支。当时，镇守边关的是种世衡将军。一天晚上，种世衡与苏慕恩在种世衡的营帐中共同饮酒，并唤出一个很美丽的侍妾为他俩斟酒。席间，种世衡起身进屋有点事，苏慕恩就趁机偷偷地调戏那个侍妾。正在他得意忘形之际，种世衡突然从里面出来，出其不意地捉住了苏慕恩的不轨行为。苏慕恩十分窘迫、惭愧，忙向种世衡请罪。那位侍妾也给吓得哭了起来。种世衡见状，对苏慕恩说："你喜欢她吗？如果你想要她，我成全你们。"当即同意将那侍女送给了苏慕恩。苏慕恩对种世衡的宽宏大量感谢不尽，连连行了三个大礼。

从那以后，凡是其他部落中有怀二心的逆臣，种世衡就派苏慕恩前去讨伐，每次都大胜而归。胡人部落再也不敢随便寻衅滋事了。

★巧踢皮球善推诿

锯箭法。有人中箭，请外科医生治疗，医生将箭干锯下，即索谢礼。问何不将箭头取出？他说这是内科的事，你去寻内科好了。现在各军政机关，与成大事者，都是用着这种方法。譬如批呈词云："据某某呈所之情，实属不合已极，特令该县知事，查明严办"等语。"不合已极"四字是锯箭杆，"该知事"已是内科。抑或云"转呈上司核办"，那"上司"就是内科。又如有人求我办一件事。我说："此事我很赞成，但是还要同某人商量。""很赞成"三个字是锯箭杆，"某人"是内科。又或说："我先把某部分办了，其余的以后办。""先办"是锯箭杆，"以后"是内科。此外有只锯箭杆，并不命寻内科的，也有连箭杆都不锯，命其径寻内科的。种种不同，细参自悟。

——《厚黑学》

"王顾左右"的完整表述为"王顾左右而言他"，这是一个历史典故。《孟子·梁惠王下》记载：孟子谓齐宣王曰："王之臣有托其妻子于其友而之楚游者，比其反也，则冻馁共妻子，则如之何？"王曰："弃之。"曰："士师不能治士，则如之何？"王曰："已之。"曰："四境之内不治，则如之何？"王顾左右而言他。

从上述记载可以看出，"王顾左右而言他"是一种言辞对答之术。它产生于孟子与齐宣王的一次谈话。孟子问齐宣王，有一个人要到楚国去，将自己的妻子儿女托付给一位朋友照顾，可当这个人从楚国回来时，却看到那位朋友让他的妻子儿女受冻挨饿。对这样的朋友该怎么办？齐宣王说，抛弃他。孟子又问，司法官员管不了他的下级，怎么办？齐宣王说，罢免他。孟子又问，国家治理得不好，怎么办？由于这个问题涉及到齐宣王自己的责任，因此，齐宣王左右张望了一下，把话题扯到其他方面去了。后来，人们就把故意转移话题，或以其他言语搪塞掩饰正题的做法，称作"王顾左右而言他"。

齐宣王

有40多年工作经验的司徒先生说："人不能表现得过于冰雪聪明，假如无论别人给予你什么样的暗示，你都一点就透，就难免给你的各种关系蒙上阴影，是一件十分糟糕的事。"对于别人给你的暗示，只要你认为将对你的工作和社交活动产生不良影响的话，最好的办法就是佯装听不懂。听不懂确实是其妙无穷。

小李与他的第一任上司曹先生颇有芥蒂，曹极不喜欢小李的办事古板和求真，小李在他的手下做秘书工作，特别是在小李奉命为单位起草向上级的汇报材料时，常常为一些数字上的事与曹先生争得不可开交，使他很恼火。很多次，他都想调换小李的工作，只是因为人事安排权力不在曹先生的手上，小李才得以幸免。曹先生与他的上司之间由于历史的原因，简直就是冤家对头，他们俩人的心里都有置对方于死地的念头。

一次意外的事情使他上司的机会来了，但就事情本身还不足以让曹先生一败涂地。为了加重曹先生的罪名，他的上司找到了小李，对他说："工作还好干吗？有什么委屈吗？实在不行可以把你调到上面来工作嘛！"那意思是说："曹先生对你不好，我是知道的，他有什么问题都对我说出来，我会为你撑腰的。"当时小李就意识到这件事是万万不可牵连进去的，如果他对曹先生落井下石，必将损害他的人格，同事一定会认为他是个卑鄙小人，他的社交圈将受到莫大的损害，其患无穷。于是小李做出一副愁眉苦脸的样子，淡淡地说："工作上的事哪能那么顺心呢？"对他的暗示佯装听不懂，只当作一个平常的问话，他见小李没有明白他的暗示，但又不好明确地跟他说让他"揭发"曹先生的问题，也就只好作罢。小李也避开了把自己卷进事件中去，夹在中间，左右不好做人的尴尬局面。

工作时间长了，社交面宽了，难免有人要参与你的政务，想方设法影响你。大多数情况下，想参与你政务的人都摆出一副为你着想的架势，暗示你应该怎么做。比如："对下属不要表现得软弱了；谁和谁最会干工作了；人家那种干法是如何得到领导赏识了。"等等，以期你按照他们的暗示去做。假如你表现得冰雪聪明，接着他们话去说："可不是吗，×××就应好好地整治他。""×××领导那里确实应该多走动走动。"那么就正中了他的下怀，可能他与×××有着仇怨，你为他报了仇；可能他正需要×××领导为他办什么事，当你同×××领导关系处好后，他就要提出让你向×××领导进言，完成他的心愿。如果你对他的暗示采取否定的态度，他就会怀恨你，特别是想参与你政务的人，一定是比较亲近的人，最好的办法就是听不懂，宁可让他说你是木头一块，也不能让他干扰你的工作。

模糊，泛指反映事物属性的概念的外延不清晰，事物之间关系不明朗难以用传统的数学方法量化考察。模糊思维是人脑的一种思维方式，被誉为"电子计算机之父"的冯·诺依曼在1955年曾指出：人脑是这样一台"计算机"，它的精确度极低，只相当于十进制的2～3倍，然而它的工作效率和可靠程度却很高，现在，我们还不能制造出一台人脑这样的电子计算机。领导活动中的大量问题，都属于复杂问题，具有模糊性质。现代领导活动系统涉及因素众多，这些因素之间的联系多向交错，性质多样，使得事物与事物之间的关系不明朗、不清晰，这些联系和关系又处在瞬息万变之中，人们对这些联系和关系及其变化的判断又受着人的感觉、感情、非理性因素的影响，因而使领导者所要处理的许多问题都具有模糊性质。

为了使领导活动中许多模糊概念明朗化，模糊关系清晰化，使领导者在处理具有模糊性质问题过程中处于主动地位，领导者应当了解掌握模糊思维艺术，以增强解决各种棘手问题的能力，善于正确地处理日常碰到的复杂问题。

模糊思维方法最根本的特征是，在模糊条件下取大取小原则，即利取最大，害取最小。这是模糊思维方法的灵魂。

掌握模糊逻辑，在坚持原则的前提下，以"难得糊涂"的思维方法去灵活处理模糊事物。下面介绍几种运用模糊思维的艺术。

一、处理模糊性问题中"粗"与"细"的艺术。对于重大决策、原则问题，领导者须细细调查研究，分清是非，决断处理，但对许多具有模糊性问题的处理，却是粗比细好。比如中共中央在总结建国以来的历史问题时，邓小平就提出"宜粗不宜细"，"每个细节都弄清，不可能，也没必要"。"不可能"，就是说事物本身复杂不清晰，"没必要"、"宜粗不宜细"就是一种领导艺术。实际上对于众多情况下的模糊性问题，诸如各单位的具体问题，常见的领导班子不团结问题，下属间的隔阂、积怨问题，群众中存在的各种情绪问题，采取"宜粗不宜细"的模糊方式去处理，其效果往往胜于精细深究一筹。

二、处理模糊性问题中容忍与原谅的艺术。面对重大原则问题，领导必须旗帜鲜明严肃处理，对领导班子内部、上下级之间、群众之间，许多具有模糊性的问题，则以容忍、原谅态度去处理，才能达到领导目的。前面我们谈过"金无足赤，人无完人"，表示人处在"绝对好"与"绝对坏"之间的某种状态，皆有优点与缺点，这与模糊思维逻辑一致，既然如此，领导者就应当容忍他人的缺点，原谅他人的过失。著名心理学家斯宾诺莎说："心不是靠武力征服，而是靠爱和宽容大度征服。"

三、处理模糊问题中拖延与沉默的艺术。领导者处理重大、紧急情况，明朗的问题，无疑应果断、坚决，态度鲜明，但在处理某些模糊问题时，则可以采用拖延与沉默的艺术，能推则推。比如对"可做可不做的事"，"可开可不开的会"，"可发可不发的文件"，有意拖延，不会影响大局，反而会大大提高领导工作的效率，这就是拖延艺术。对"可管可不管的事"，对"可说可不说的话"，保持沉默，效果反倒更好。古希腊作家普卢塔克说："适时的沉默，是极大的明智，它胜于任何言辞。"

所以，在领导工作中，处理具有模糊性的工作或问题过程时，须把原则性和灵活性结合起来。原则性是质的体现，它是确定的，但是在一定条件下，它又是模糊的，须通过灵活性为其镶上一圈"模糊的灵光"。灵活性是量的体现，它是不确定的，须在原则性形成的质的磁场中为其排定"是"与"非"的方向。思维艺术是领导艺术的内在功力，它的成功将带来领导活动的成功。

在一些特殊场合，领导者往往会碰到一些咄咄逼人的提问，或者是问题内容属于机密不能泄露，或者问题过于敏感使领导者无法正面作答。如何巧妙地避开话题，挡住笑容后面的利刃呢？

一是巧妙闪避。绕开实质性问题，转移提问重心，扯远话题，使问题难以深究。

一年夏天，著名数学家华罗庚率中国数学家代表团到香港参加东南亚数学双年会。会议期间应邀在香港大学作演讲。有人特地问他成功的要素是什么？他反问道："我成功了吗？我成功不成功还不知道……"华罗庚的回答，既风趣、谦虚，又使提问者难以深究，立即引起了一阵笑声。有一家香港报纸评论说：华罗庚"实在谦虚得令人不可不笑。"

二是诱导否定。当对方提出不该知道答案的问题时，先顺着话题提出一些条件或设问，诱使对方落入圈套，走向自我否定的结局。1978 年 10 月，邓小平访问日本，在 25 日下午一次为世人瞩目的"西欧式"的记者招待会上回答日本记者提出的所谓"尖阁列岛"的归属问题。邓小平神态自若地回答说：

"'尖阁列岛'我们叫钓鱼岛，这个名字我们叫法不同，双方有着不同的看法，实现中日邦交正常化的时候，我们双方约定不涉及这一问题。这次谈中日和平友好条约的时候，双方也约定不涉及这一问题。""倒是有些人想在这个问题上挑些刺，来阻碍中日关系的发展。……这样的问题放一下不要紧,等十年也没有关系。我们这一代缺少智慧,谈这个问题达不成一致意见,下一代总比我们聪明,一定会找到彼此都能接受的方法。"本来,日本记者提出这一微妙又困难的问题时,会场内刹时间紧张了起来,大家都屏住了呼吸,等着看邓小平怎样回答。他们怎么也没想到,邓小平竟把许多国家多年来一直为此大动干戈的领土归属问题以如此容易、如此巧妙的中国方式给"解决"了。于是会场又恢复了轻松的气氛。

三是反口诘问。有些问题不能明确作答,可以采取反问式。罗斯福在当选美国总统前,曾任海军要职。一次他的朋友问他关于某军事基地的建立计划,这是个很让人为难的问题。当时罗斯福环顾一下四周,低声问:"你能保密吗?"朋友赶紧说:"当然能"。罗斯福松了一口气说:"那么,我也能。"一场尴尬就在轻松幽默而含蓄委婉中消失了。

四是模糊对答。避实就虚,避重就轻,用模糊的但又是积极的话语来摆脱困境。一外国参观者问某厂飞机发动机的年产量,这属于机密,但直接回绝又显得生硬,该厂总工程师非常巧妙地答道:"计划下达多少,我们就生产多少。"

总之,面对棘手提问,需要机敏和智慧,只有这样,才能在困难窘迫面前应付自如。

第二章 果敢决断,斩草除根

★以强硬手段先发制人

三国英雄,首推曹操,他的特长,全在心黑。他杀吕伯奢,杀孔融,杀杨修,杀董承伏完,又杀皇后皇子,悍然不顾,并且明目张胆地说:"宁我负人,毋人负我。"心子之黑,真是达于极点了。有了这样本事,当然称为一世之雄了。

——《厚黑学》

自古,凡厚黑者在与对手过招时,总会拿出"杀手锏",不给对方任何喘息之机,置对方于死地,出手既准又狠,让人不得不佩服他们的胆略和谋略。他们通过调查、分析,掌握对手的弱点,直接命中对手致命之处或薄弱环节,就是克敌制胜的一种谋略。

三国时,魏将邓艾与钟会兵分两路于公元263年8月讨伐西蜀。当钟会的10万大军与姜维带领的蜀军对峙于剑阁时,邓艾向司马昭提出了一个"奇兵冲其腹心"的建议,得到了司马昭的批准。于是,这年10月,邓艾挑选了1万精兵,轻装前进,在荒无人烟的高山深谷中连续行军700余里,突然出现在蜀军的大后方江油城下,守卫江油城的蜀军大将马邈以为魏军从天而降,惊恐万状,不战而举城而投降。到了11月间,邓艾又突然出现在成都城下,西蜀的后主刘禅只好降魏,西蜀遂亡。

邓艾

当今,提起世界首富比尔·盖茨,就会让人想起"微软暴君"这个词。说他是微软暴君,指的是他把自己的软件解决方案强加于人,并且通过高利贷式的授权协议盘剥着整个世界。

软件业是一块赤裸裸的野蛮之地,只有第一没有第二。因为要立足此地,必须无情地打击对手,灭之而后快。而比尔·盖茨发挥出炉火纯青般的竞争艺术,创造出"前无古人，后无来者"的软件奇迹。

这些年来，凡向微软挑战的，比如 Sun、甲骨文公司，Lotus、Netscapte 等，均被比尔·盖茨用技术"后发"、商业"先发"战略击败，将其彻底"消灭"。为了构建他的微软帝国，比尔·盖茨不知道吞并了多少家公司，打垮了多少以此为生的人。

有人说比尔·盖茨对软件的贡献，"就像爱迪生对灯泡的贡献一样，集创新者、企业家、推销员和全能的天才于一身"。而 Lotus 公司创始人米切尔·卡普尔则说："精明干练、飞黄腾达、冷酷无情，是个欺凌弱小的人。"

比尔·盖茨在竞争中只遵守一点：对于对手，如果任其发展，不加制约，其他有限的资本可以形成无限的权力与影响力。不如先下手为强，削弱他们的势力与能力，免得养虎为患，尾大不掉。

创立微软时，盖茨有一个梦想，那就是要让"每一个办公桌上摆上一台个人电脑"。今天，盖茨的梦想不仅得以实现，而且是超额实现，不仅办公桌有个人电脑，而且手掌机上也有微软的操作系统。盖茨在软件行业打造的霸主地位，给硅谷的天才们上了一课，在非营利的纯科技领域，科技天才们尽可能去创新，以获得技术上的"先发制人"，但要在创造利润的商业世界称雄，盖茨却取用了技术上"后发之势"、商业上"先发制人"的策略，这便是盖茨技术"后发"、商业"先发"的全面竞争战略。

依照客观规律，如果只有绝对公正的市场规则，而没有相应的调控与平衡机制的话，自由竞争的必然后果就是财富的集中与垄断。而在一切垄断者看来，垄断就是最公正的制度，是自由与正义原则运行的必然后果。显然比尔·盖茨与一切垄断者一样对于自由竞争的态度，就是只打算利用它消灭竞争对手，获取垄断利润，决不会无条件的将它奉为至高无上的原则——尤其是为了坚持这个原则，需要他自我克制或者做出牺牲。

微软给人最深的印象就是其好战的本性及一贯咄咄逼人的策略，用比尔·盖茨的话来说："任何会动的东西，都是我们的猎物。"也正是非凡的野心和一往无前的气势，成为微软不断成功的动力源泉。20 多年来，微软如同一头风度翩翩的大白鲨，游进了金鱼池中，令对手闻风丧胆。在比尔·盖茨的率领下，不但在原有的业务领域内巩固了垄断地位，也频频开拓可供占领的全新疆界。

稍了解一点儿微软历史的人都会知道，只要比尔盖茨看重的业务，竞争对手绝难逃脱，他总能用捆绑免费的办法，让对手死无葬身之地。

对竞争对手的"心狠手辣"，并不足以概括盖茨的"狼性"。更关键的是，他对自身业务的专注，对战略执行的坚决。比尔盖茨一做视窗就是很多年，虽然从Windows98 变动到 2000，到 XP，其实都是一个东西。

有人说"这个世界对比尔的憎恨是如此普遍，以至于'暴君'所有的公关活动和慈善事业都不能挽回他的形象"。盖茨需要敌手就像人们需要水一样。他的公司就是在一连串的"战争"中成长起来的，他到处寻找他认为值得打击地敌手，分析之，然后战胜之。

盖茨并非总是获胜，但他却从每一次战役中学到了一手可以用于下一次战役，因此他很少会犯同样的错误。

最早的时候,他的敌手是 CP/M,这是那个时候用于第一台 IBM PC 的操作系统,也是当时的工业标准。后来,敌手是 Novell 的 NetWare,当时一度曾是局域网操作系统的工业标准。然后是应用软件,被盖茨用 WordPerfect,也就是闻名遐迩的 Word 所取代。IBM 收购的领先的电子表格厂商 Lotus 123,成了 Excel 的手下败将。我们当然还不会忘记 OS/2 与 Windows 之战。

数年前,当互联网先锋 Netscape 推出划时代的互联网浏览器时,盖茨并没有重视,认为互联网浏览器只不过是一个上网的工具。在互联网时代真正来临的时候,Netscape 竟然占有 80% 的市场份额,几乎成为所有人通向互联网的门户,并且,Netscape 展开了其通过浏览器来掌管操作系统和应用软件的宏大战略。那时,盖茨方才醒悟,大呼不好,急忙调整战略,动用人力财力,尽快推出了微软浏览器。终于,仗着财大气粗,经过几年的奋战,微软浏览器抢下市场 80% 的份额,从而将 Netscape 一举击败,并将微软就此转到以互联网技术为核心的技术平台。

如果微软当年没能赢得浏览器之争,今天的软件业界也许就是另一番格局。盖茨应该庆幸当年醒悟还算及时,但是,因为盖茨的疏忽,微软也因此付出了巨大的代价,包括巨大的开发费用和因免费在浏览器上失去的收入。从此,盖茨"先发制人"的战略出台,多年来,许多潜在的竞争对手均被盖茨"先发制人"的战略扼杀在摇篮之中。

比尔·盖茨在竞争中利用一切合法与非法手段的作风,表明这个人坚决以自我为中心,毫不顾及他人的存在与感受,这种权威性格与独占倾向正是极权主义的重要的表现之一。任其发展,不加制约,他有限地资本可以形成无限地权力与影响力。不如先下手为强,削弱他的势力与能力,免得养虎为患。

事实上微软公司已经在相关行业占有垄断地位,并且在它势力所及的范围内造成了恶劣影响。造成这种结果的原因究竟是微软在技术、经营与管理方面的创新以及向消费者提供了良好的服务;还是微软在剽窃技术、捆绑销售与玩弄消费者,其间的区别已无重要意义,真正重要的是要打倒霸权,恢复自由竞争的市场格局。

★厚黑得天下

宗吾述古人不传之秘以立言,首明厚黑之本原出于天而不右易,其实厚黑备于己而不可离,次言存养厚黑之要,终言厚黑功化之极。盖欲学者于此,反求诸身而自得之,以去夫外诱之仁义,而忘其本然之厚黑。

——《厚黑学》

光有厚或光有黑是不够的,厚和黑必须结合起来才能获得最终的成功。成功的经营者必须同时具备"厚"和"黑"的功夫。在商场竞争如此激烈的现代社会,被动就会挨打,仁义就会被人算计。在竞争中一定要拿出不达目的誓不罢休的劲头才可以击倒对手或者吓退对手,赢得最终的胜利。只要不违反法律,在商场中其实什么招数都可以运用。

在商场上,小到企业,大到一个国家的商业活动,都离不开厚黑手段,对厚黑经济原理运用得巧妙与否,直接关系到一个企业甚至一个国家的经济运行。

1984 年洛杉矶奥运会以前,历届奥运会都无一例外地让承办国在经济上不堪重负。1976 年,加拿大蒙特利尔市承办奥运会,亏损达 10 亿美元,至今加拿大人还要为此交纳"奥运特别税",预计到 2030 年才能还清全部债务。1980 年在莫斯科举行的奥运会,据说前苏联当局也花费了 90 亿美元。

1979 年,46 岁的尤伯罗斯临危受命,被任命为筹委会主任,承担起筹备 1984 年第 23 届奥运会这项艰巨任务。筹委会一成立明确宣布,本届奥运会不由政府主办,完全"商办"。组委会是独立于美国政府以外的"私人公司"。为了筹集资金,尤伯罗斯绞尽脑汁,决定利用一切可以利用的力量。盛况空前的洛杉矶奥运会,没花东道主美国一分钱,反而盈余 1500 万美元的奇迹就是成功运用厚黑学的典范,他奉行的策略是:在开支方面要"厚",在收入方面须"黑"。

这次奥运会最大的一笔收入,是靠出售电视实况转播权筹集的。组委会开出的国内独家转播权的价格是 2.2 亿美元。这个价格是蒙特利尔奥运会电视转播权价格的 6.6 倍,是莫斯科奥运会电视转播价格的 20.6 倍,价格开出,美国三家最大的电视广播网都认为价格过高,一时难以定夺。曾经拥有莫斯科奥运会电视转播权的全国广播公司召开五次董事会都举棋不定。美国广播公司请了几十位经济专家仔细计算,认为有利可图,于是,先下手为强,抢在全国广播公司前买下了电视转播权。

各公司赞助款项也成为收入的重要来源。在这方面尤伯罗斯吸取了 1980 年纽约冬季奥运会的教训。那届奥运会没有规定每个单位最低赞助金额和单位数目,结果赞助厂商虽有 200 家,却一共只给了 1000 万美元的赞助费。本届奥运会规定,正式赞助单位为 30 家,每家至少赞助 400 万美元,在每一项目中只接受一家赞助。而赞助商都可取得本届奥运会上某种商品的专供权。这样一来,各厂商为了宣传自己,互相竞争,出高价抢夺赞助权。

尤伯罗斯运用他的卓越的推销才能,挑起同行业间的竞争。当国际商业机器公司决定不参加赞助的时候,尤伯罗斯打电话给该公司的主席,指出赞助洛杉矶奥运会的公司,可以在下一代青年脑海中留下全球的形象。同时,他不会忘记警告对方,另一家名称只有三个英文字母的规模巨大的电脑公司也有兴趣。这一个电话逼得对方乖乖签约。

柯达公司也认为赞助费太昂贵,表示没有一家摄影器材公司愿意付出 400 万美元赞助费时,尤伯罗斯警告他们,外国竞争者同样可以争夺本届奥运会赞助权,该公司仍然执迷不悟。尤伯罗斯毫不迟疑地把赞助权售给日本的富士摄影器材公司。于是,日本富士公司以 700 万美元的赞助费,战胜柯达,取得本届奥运会专用胶卷供应权,这令柯达公司追悔莫及。

"百事可乐"和"可口可乐"两家饮料公司的竞争也十分激烈。"可口可乐"抢先一步开价1300万美元,成为本届奥运会开价最高的赞助,取得了饮料专供权,总收入1.3亿美元。

本届奥运会的门票价格是相当高的,开幕式和闭幕式门票售价分别为200、120、50美元三种,门票总收入达8000余万美元。

奥运会火炬是在希腊点燃的,这一届洛杉矶奥运会在美国国内的传递仪式,由东至西,全程15000公里,沿途经过32个州1个特区,在7月28日奥运会开幕时准时到达洛杉矶纪念体育场。火炬接力采取捐款的办法,火炬传递权以每公里3000美元出售。不少厂商花钱买下1000公里,雇人参加火炬接力,来宣传自己公司,仅这一项收入就达4500万美元。

通讨这些办法,尤伯罗斯筹集到5亿美元。然而,奥运会开支十分惊人,尤伯罗斯精打细算、厉行节约,上届奥运会化费所以大,是因为使用了很大一笔经费去建奥运村。尤伯罗斯却是尽量利用旧的,适当建造新的。本届奥运会23个比赛地除游泳、射击、自行车赛场新建外,其余全是旧地翻新的。5万名工作人员中有一半是不领薪水的自愿者。他尽可能把钱都用在刀刃上,使这次奥运会不仅没有亏损,还盈余1500万美元。

尤伯罗斯就是凭借这种"厚黑"策略,创造了震惊世界的奇迹。尤伯罗斯的名字,因此永载奥运会的史册。

★ 兵不厌诈,商也亦然

第三步是"厚而无形,黑而无色"。至厚至黑,天上后世,皆以为不厚不黑,这个境界,很不容易达到,只好在古之大圣大贤中去寻求。有人问:"这种学问,哪有这样精深?"我说:"儒家的中庸,要讲到'无声无臭'方能终止;学佛的人,要讲到'菩提无树,明镜非台',才算正果;何况厚黑学是千古不传之秘,当然要做到'无形无色',才算止境。"

——《厚黑学》

在厚黑学中,要做到"厚而无形,黑而无色",才是最高境界。自古兵书里说兵不厌诈,其实商战亦如此。在商战中,厚黑经营者善于准确把握市场动向和消费者的心理,这对于成功地运用厚黑谋略,有着重要的意义。

厚黑经营者强调吃小亏,占大便宜。何谓小亏,即眼前利益,这在历史上是兵家常用之计。无论是在政治军事领域,还是在商战中,许多有成就的人运用此谋略而大获成功。

1915年,美国南部的俄克拉荷马州的塔尔萨有几处地方勘测出有石油,塔尔萨一夜之间成了冒险家们涉足之地,其中亨利·史格达家族,壳牌石油公司和乔治·格蒂家族是当地较有势力的石油开采商。

保罗·格蒂是家族的唯一继承人,他刚从英国牛津大学回来,说是去留学,却没拿回任何一张文凭,倒是要了老爹不少钱付给了欧洲不少有名的旅店。

由于名声太坏,老格蒂让他只在家族事业中充当一名副手。

"这太委屈我了。"他认为自己的能力绝不是只能当一名副手。

此时的他正站在泰勒农场的土地上,因为塔尔萨已盛传泰勒农场有着丰富的石油,塔尔萨最有实力的三家石油商都在打着它的主意。农夫泰勒放出风声,他将把土地交给拍卖行,谁出最高的价他就把农场卖给谁。

格蒂来到了一个别墅区,在一幢豪华的别墅前停了下来。敲开了门,见到了他要见的人,塔尔萨地区最有名望的地质学家,艾强·克利斯。

"你代表哪一家?"克利斯兜圈儿。

格蒂取出了一叠钞票数着,边说:"我代表我自己。"

"我的观点你可以在《塔尔萨世界报》上看到。"

"《塔尔萨世界报》给你多少稿酬?"

克利斯犹豫了一会儿,说:"12 美元。"

"12 美元买了你 30% 的真话,我出这个价钱的 10 倍能不能买下另外 70% 的真话。"

格蒂驾驶着福特经过一家酒吧时,正巧碰到一位店主把一个中年人撵了出来,不用问,一定是个来赊酒喝的穷光蛋。

格蒂把这个中年人请上了车,请他到别的更好地方去喝酒。

这位中年人名叫米露斯克里,是一名普通的掘井工人。

第二天,一辆豪华的四轮马车驶进了塔尔萨,车上坐着一名态度傲慢的中年绅士。马车所经过的地方人们都驻足观望,孩子们则蜂拥追随车后,那个中年绅士,一把一把地抓着硬币向孩子撒去,孩子们越聚越多。

隔一天《塔尔萨世界报》头版刊登了一份报道,《塔尔萨来了位大富翁》,说一个名叫巴布的从北方来的大富翁,看中了塔尔萨的泰勒农场,决定在那里投资一笔钱开采石油。他还到农场探望了那个老泰勒,许诺将用 2 万美元买下农场。

几天后,一辆福特又来到了泰勒农场,车上走出了一个头发油黑、两撇胡子高翘的年轻人,来人声称是大银行家克里特的私人秘书谢尔曼。谢尔曼找到了泰勒,请求他以 2.5 万美元买下泰勒农场。如此高价,泰勒有些心动了,可是他老婆跺了他一脚,他忙说:"老兄,只能在拍卖场碰运气了。"

第二天,《塔尔萨世界报》又刊登了一篇配有大幅照片的文章,《泰勒农场把风引鸟,塔尔萨又来了个大银行家克里特》。

一个星期后,拍卖会如期召开,那三家石油商都退出了竞争,因为介入只能得罪克里特,只有巴布和克里特的代理人谢尔曼一争高低。会场围满了等着看好戏的观众。

拍卖师的锤声响了。

"500 美元。"

"600!"

"700!"

竞价升到 1100 美元时,突然巴布不作声了,拍卖师叫了三声后,仍没有人应价,锤声响了,克里特以 1100 美元获得了泰勒农场。

在场的人都出乎意料的大吃一惊,没想到泰勒农场竟以 1100 美元就卖出了。

克里特购得泰勒农场后,忽又改变了生意,以 5000 美元转手给了格蒂家族。

许多年以后,人们才识穿这场骗局,原来那个中年绅士巴布是掘井工米露斯克里,那个银行家的代理人谢尔曼当然就是化了妆的保罗·格蒂。人们当然非常气愤,送给这个日后格蒂家族的当家一个"骗子"绰号。

然而,这样的骗局在当时并不算犯法,格蒂毫无愧色地作为成功者占有了泰勒农场。

格蒂的这次成功,最主要的是使他的父亲改变了对他的看法,同意他经营家族的石油业,从此他青云直上,最后成为拥有 60 多亿美元的巨富。

的确,在商战中,大家你争我夺,各施奇招,各种奇招、怪招,甚至坏招都层出不穷。只要能达到目的,又不违反法律,几乎没有什么招是不能用的。难怪有人说:"商业没道德,只有成功与失败。"

日本著名大亨山本未发迹的时候,经营着一个不景气的小煤炭店,却又想做大生意赚大钱,整日苦思冥想,终于想出了一个点子。

他用自己的小煤炭店作抵押,向银行借了一笔款项作活动经费,开始实施他的计划。他打听到大阪新开张的一家煤炭商行的老板松山依靠他父亲河野的巨资经营,很有实力。山本想和松山做生意,但位卑财弱,挨不上边。于是,他拐弯抹角,认识了松山的父亲河野从前的一个老部下秋原,并请秋原修书一封,去走松山的后门。山本拿到秋原的信后,先是来到大阪最豪华的西村饭店,订了一桌宴席,然后请饭店服务员拿上他的请帖和秋原的信去请松山。松山看了秋原的信,二话没说来到西村饭店。

山本热情地迎接了松山,并把松山称颂了一番,然后才谈到正题上。他的意思是要松山向他提供大批煤炭,由他转卖给阿部老板开办的煤炭零售店。松山害怕受骗,犹豫不决。因为这样干,山本不付分文,不承担任何风险,有风险的人是他松山。

山本早预料到松山会犹豫,他把一位女服务员唤了过来,对她说:"明天我到大阪炮兵工厂去办事,请你帮我买点神户特产瓦煎饼来。"说着从怀里掏出一大叠 10

万元一张的钞票来,随手抽出两张递了过去,然后又抽出一张来,递过去说:"这是给你的小费。"松山在一旁看了,暗中吃惊,断定自己是遇上了一位百万富翁.于是当场表示愿意发货。生意成交了。

山本向松山表示了感谢,便推说有点小事,急步走出餐厅来,追上了那位服务员,把那30万元全总都要了回来。晚宴过后,他立即启程赶回横滨,他住不起西村饭店的豪华房间。

从此以后,松山把煤炭发给山本,山本再转给了阿部,收款后再交给松山。就这样,年复一年,山本发了大财,并当上了日本的煤炭大王。松山也成了日本电力企业巨子。当年山本演的那场"精彩的欺骗",不仅成了俩人茶余饭后的笑料,而且成了松山赖以战胜商场艰险的精神动力和经营谋略。

成功的经营者必须同时具备"厚"和"黑"的功夫。在商场竞争如此激烈的现代社会,被动就会挨打,仁义就会被人算计,在竞争中一定要拿出不达目的誓不罢休的劲头才可以击倒对手或者吓退对手,赢得最终的胜利。只要不违反法律,在商场中其实什么招数都可以运用。

★ 该出手时就出手

宗吾曰:"有失败之事于此,君子必自反也,我必不厚;其自反而厚矣,而失败犹是也,君子必自反也,我必不黑;其自反而黑矣,其失败犹是也,君子曰:反对我者,是亦妄人矣已矣!如此则与禽兽奚择哉!用厚黑以杀禽兽,又何难焉?"

——《厚黑学》

厚黑者不仅要懂得"知己知彼,方能百战百胜"的道理,还要会运用"以己之长,攻人之短"的谋略,这对于为政者,或为商者而言,都是一个必不可少的竞争手段。看看自己在哪些方面占有绝对的优势,在哪些方面又处于相对的劣势;竞争对手对自己最大的威胁是什么,自己战胜竞争对手的机会又有多大。只有以己之长攻人之短,避己之短守人之长,发挥自身的竞争优势,找准攻击对方的突破口,才能在竞争中处于不败之地。

"黑马骑士"是华尔街股市中极其凶狠的投资者,他们的共同特点是自我意识极强,在交易中富有进攻性。作为这帮"黑马骑士"中大哥级人物,博纳·皮根斯是开采石油起家的,但人说博纳·皮根斯的井架不是竖在石油产地而是耸立在华尔街,博纳·皮根斯开采的不是黑色金子的石油,而是花花绿绿的股票。作为标购的大买家,博纳·皮根斯把竞争的紧张激烈、决战的强暴残忍和下棋的细腻微妙揉成一体,石油产业的董事长、总经理们提起博纳·皮根斯就心惊胆颤。

1956年,博纳·皮根斯创建了梅萨石油公司,1964年,把它改为股份公司。身为梅萨石油公司的董事长兼总经理的博纳·皮根斯年轻气盛,一眼就看出公司最迅速最简便的发展方式莫过于吞并另一家公司。

经过细心策划和准备,博纳·皮根斯瞄准了哈戈通公司,它的实力和潜力都比他的梅萨石油公司大得多,但哈戈通目光短浅,放着探明石油储量的大事不管,只顾天然气的廉价出售。

博纳·皮根斯先礼后兵的约见了该公司的总裁到梅萨石油公司参观,借机提出了两家公司"友好合并"的建议,哈戈通公司总裁竟让博纳·皮根斯"见鬼去吧"! 博纳·皮根斯见他没有意思合并,立即转为强攻。博纳·皮根斯对哈戈通的股票大施调虎离山之计,频频用梅萨公司的股票换取哈戈通的石油股权。由于哈戈通的石油还只是未开采的储量,股票面值自然很低,因而博纳·皮根斯只需用不多的股票即可大批换得。

哈戈通的总裁坐不住了,一遍一遍地打电话给博纳·皮根斯要求中止这种行为。

博纳·皮根斯告诉他:"如果您要求跟我合并的话,我倒乐意听听。"

哈戈通的总裁四处寻找白马骑士解围。但因为他的公司暂时还看不到太多的利润,愿意冒险的人寥若晨星。于是,他不得不全力寻找买主,这正好中了博纳·皮根斯的调虎离山之计。利用他四处奔走之际,博纳·皮根斯悄悄地说服几个大股东,把哈戈通的石油股票高价卖给自己。博纳·皮根斯迅速获得控股权,堵死了可能出现的白马解围之路。哈戈通内无粮草,外无援兵,只得向博纳·皮根斯俯首称臣。

通过此举,博纳·皮根斯开了美国野蛮标购的先河,不过也落下了"石油界金融鲨鱼"的诨名。其实,博纳·皮根斯只不过把许多人以前用来遮掩他们凶狠残忍的那块遮羞布拿了下来,把他们的行径赤裸裸地表现出来而已。

博纳·皮根斯生性喜欢袭击,但他专门袭击那些不善于也不会管理、独断专行的董事长、总经理。因此,博纳·皮根斯一个接着一个地将那些管理不善的公司收归自有。直到今天,到底有多少公司被博纳·皮根斯吃掉了,连他自己也不知道。

博纳·皮根斯利用哈戈通总裁没有戒备之心的空隙,用调虎离山之计将他置于不知所措的地步,他找到哈戈通总裁的短处,使自己的"阴谋"得逞。

自古商场如战场,厚黑者总是尽可能的以最小的代价来赢得"战争",于是通过各种手段来攻击对于,以强凌弱,以长击短,都是厚黑者常用的计谋,他们充分发挥自身的竞争优势,找准攻击对方的突破口,才使自己在竞争中处于不败之地。

1940年8月15日,德国在出动100多架次飞机轰炸太恩河地区的同时,还出动800多架次飞机猛烈轰炸英国南部的空军机场,企图一举摧毁英国的战斗机群。

但是,英国空军早已采取措施,把7个战斗机中队转移到北方机场。结果,德机不仅扑了空,还被击落了30架。9月7日,德国出动了372架次轰炸机和642架次战斗机,分两批连续向伦敦做集中攻击。英国空军改变战术,用少数"喷火"式战斗机去对付在高空掩护的战斗机,而集中"飓风"式战斗机攻击德国缺乏防御能力的轰炸机,取得了显著的战果。

以长击短,是历代军事家指挥作战的取胜之道,是劣势装备者战胜强大敌人的有效战法。一支强大的军队可由胜转败,另一支弱小的军队,虽然处境危急,仍可转危为安,转败为胜。制胜的因素是多方面的,就军事谋略而言,以长击短是其中之一。

厚黑者必须具备高深的厚黑功夫,具备了这种功夫,就是一种长处,以己之长攻人之短,就会所向无敌,无往不利。厚黑者也可以凭借实力,恃强凌弱,使胜利倾向自己这方,这虽然不合乎情,但合乎理,实力就是自己的长处。

明代冯梦龙的《警世通言》卷三有言:"那桀纣有何罪过?也无非倚贵欺贱,恃强凌弱,总来不过是使势而已。"在厚黑者看来,以长击短,恃强凌弱,都只不过是一种竞争的手段和策略,成功才是最重要的。

★厚黑手要辣

俗话说"勇猛的老鹰就不该隐藏自己的利爪"。如果为人内向腼腆,不能忍受各种在处世交往中的屈辱,过于顾及自己的虚荣心,就不能够与朋友和敌人相处,更不可能抓住机会显示自己,即使本身有出众的才智,也会淹没在芸芸众生里面,这是非常可惜的。

——《厚黑学》

厚黑学的"法宝"之一就是"厚脸皮"。它集中表现在为了达到克敌制胜的目的,对自己的自尊心加以克制,对各种耻辱熟视无睹。从古到今许多杰出的政治家、军事家、经营者都以脸厚而著称,而且都借厚黑之术得以成功。

1997年,对亚洲特别是东南亚各国来说,是步履艰难的一年。脆弱的经济结构在国际投机商的恶性炒作之下发生了崩溃性波动,这场危机首先从泰国开始,进而波及整个亚洲。亚洲经济危机不仅对亚洲各国经济发展产生严重的冲击,而且对世界其他国家和地区也产生了一定影响……

以索罗斯为代表的投机集团,不受保守主义的限制,采用极其冒险性的技巧,实施令人眼花缭乱的贷款投机或投资。虽担风险,但仍有许多诱人之处,有吸引人获取巨大财富的广阔前景。

他们的具体操作是:为了获取利润,合伙投资公司通过利用全球利率的走势,而对那些由此而产生波动的货币进行准确的投机经营,收获巨大利润。

他们往往利用有些国家金融制度的不健全,以巨资操纵市场,哄抬利率,当其他投资者跟风而至时,这些金融炒家就抓准时机抛售,不但获利而且容易造成那个国家的经济崩溃。

亚洲经济危机爆发后,亚洲各国迅速采取了多项严密防御和坚决打击投机行为的措施,但面对强大的国际投机资本和国内市场的剧烈动荡,仍显得无能为力。

亚洲经济危机表明,一个国家经济的持续发展不能对短期外来资金过分依赖。据国际货币基金组织粗略统计,目前国际金融市场上流动的短期银行存款和其他短期证券至少72万亿美元,每天有一万亿美元的游资在全球金融市场寻找投资机会,因此,只要哪个国家对此有所松动,这些资金便会迅速涌入。而这些资金由于其短期性质,隐藏着巨大的风险,这种风险一旦发生,一个发展中国家是很难单独对付的。

从法律上来看,索罗斯没错,他没有犯罪,他是在合法的情形下操控资金的转移。正如他事后辩解的那样,"这不是我的错,我是合法公民"。

★ 看准软肋下狠脚

凶,只要能达到我的目的,他人亡身灭家,卖儿贴妇,都不必顾忌。但有一层应当注意,凶字上面,定要蒙一层道德仁义。

——《厚黑学》

聪明人运用脚上的"踢功"求人办事,有一个诀窍:抓住对方的心理弱点,攻其一点,在对方最重要、最害怕的地方下脚,这样,他就乖乖听话了。因为第一,当事关生死时,对方只能让步。

例如,战国时,齐国人张丑被送到燕国做人质,后来两国关系紧张,燕国人就想把张丑杀掉。张丑得到了这个消息,立即寻机逃走,但尚未逃出燕国边境,就被燕国一官吏抓住了。张丑见硬拼不行,急中生智,开始运用"踢功"了,他镇定了一下,便对官吏说:"你知道燕王为什么要杀我吗?"

"因为有人向燕王告了密,说我有许多财宝,但我并没有什么金银财宝,燕王偏偏不信我。"张丑说到这里,接着又说:"我被你捉到了,你会有什么好处呢?"

"燕王悬赏一百两捉你,这就是我的好处。"

"你肯定拿不到银子！如果你把我交给燕王，我就对燕王说，是你独吞了我所有的财宝。燕王听到后一定会找你要宝，你拿不出，他自然会暴跳如雷，到时候你就等着陪我死吧！"张丑边说边笑。

官吏听到这里，心就慌了，他越想越害怕，最后只好把张丑放了。

张丑得以死里逃生，全靠他的这番话，他成功的原因在于找准了这个官吏的心理弱点，然后一击而中。

第二，当事关名誉和自尊时，对方没有选择一定会让步。例如，美国第六任总统亚当斯有一个特点，那就是不愿轻易表露自己的观点，往往使报社的记者失望而去。有位叫安妮·罗·亚尔的女记者一直很想了解总统关于银行问题的看法，可屡次去白宫，都采访不到亚当斯，一连几个月空手而归。后来她了解到总统有个习惯，就是他喜欢在黎明前一两个小时起床、散步、骑马或去河边裸泳。于是她心生一计。

一天，她尾随总统来到河边，先藏身树后，待亚当斯下水以后便坐在他的衣服上喊道："游过来，总统。"

亚当斯满脸通红，吃惊地问道："你要干什么？"

"我是一名记者"。她回答道，"几个月来我一直想见到你，就国家银行的问题采访一下。我多次到白宫，他们不让我进，于是我观察你的行踪，今天早上悄悄尾随你从白宫来到这里。现在我正坐在你的衣服上。你不让我采访就别想得到它，是回答我的问题还是在水里呆一辈子，随便"。

亚当斯本想骗走女记者："让我上岸穿好衣服，我保证让你采访。请到树丛后面去，等我穿衣服。"

"不，绝对不行"，罗亚尔急促地说，"你若上岸来抱衣服，我就要喊了，那边有三个钓鱼的"。

最后，亚当斯无可奈何地呆在水里回答了她的问题。

总统的面子大，丢不起，而女记者针对名流要人极力维护面子的心理，利用"紧急刺激物"（女性和钓鱼人）的压力，即暗示可能造成总统自我形象的损害，迫使总统乖乖就范。

海瑞刚开始做官时，在浙江淳安县当县令。有一次，浙闽总督胡宗宪的儿子带着一帮人到淳安县来闲逛。海瑞嘱咐管接待的冯驿丞说："按照朝廷的章程，本来不应该接待，不过他们既然来了，就让他们住下，一日三餐供食就行了。如果他们仗着胡宗宪权势，无法无天，你们要及时告诉我。"

胡公子在淳安县住下后，穿上华丽的衣服，东游西逛，横冲直撞，调戏妇女，惹是生非。开饭时，看到不是酒席，他大发雷霆："这种东西是请我吃的吗？"伸手把饭桌掀了。

冯驿丞一听就有气，只好小心地说："这饭菜比我们'海大人'吃的好多了。"

胡公子一听"海大人"三个字,更是火冒三丈,破口大骂:"哼,想拿小小的七品芝麻官吓我。告诉你,我是胡总督的公子,知道吗?"并叫手下人把冯驿丞捆起来,乱打了一顿。

海瑞知道了这件事,立即叫几个衙役把胡公子一伙绑起来,送到衙门。海瑞升堂处理。胡公子蛮横地说:"我是胡总督大人的儿子,你们不要有眼不识泰山。要让我父亲知道了,别说丢了你的乌纱帽,怕是性命也难保。"

海瑞心里想:真是有什么样的老子就有什么样的儿子。胡宗宪仗势欺人,徇私舞弊,儿子就目无法规,胡作非为。可他嘴上却和气地说:"你可知道朝中严高太师奖誉胡大人奉公守法吗?"

胡公子一听神气了,说:"你既然知道我父亲是个大清官,就该马上松绑,摆宴赔罪。"

"赔罪!胡大人既是清官,你是他的公子,又没有一官半职,怎么能带这么多人出来胡作非为?你哪一点像胡大人?"海瑞气愤地说:"你老实说,你是哪家的恶少,竟敢冒充胡大人的公子,败坏胡大人的名声?"说罢,海瑞将惊堂木一拍,喝道:"左右,将这歹徒痛打四十大板!"

海瑞

一声令下,只听噼噼啪啪一阵响,直打得胡公子龇牙咧嘴,来回滚动,像猪似的嚎叫。

有一个胡宗宪的家奴,为了讨好胡公子,对海瑞威胁说:"我们随公子到你这里游玩,总督大人写了亲笔信,可不是冒充的。胡大人要怪罪下来,怕你后悔也晚了。"

海瑞一听,又把惊堂木重重地一拍,说:"你们好大胆,还敢假造胡大人的信件,再重重打四十板。"

胡公子一伙,吓得魂不附体,跪在地上,磕头求饶。海瑞看看他们那个丑态,就叫住手,把这伙胆大妄为的"游民"都关进了牢房。

当晚,海瑞给总督府写了一个公文,说明淳安县查办了一起冒充胡大人亲属的案件,特别提到这伙歹徒伪造了总督府的朱印信件,要求严加惩办。接着就命人带着公文,押着犯人,连夜解往总督府。把胡公子一伙押走后,衙门的一些官吏告诉海瑞,这胡公子的确是总督的儿子。海瑞说:"正因为这样,我才说他是假冒的,要不，怎能惩办这伙歹徒，这四十大板也就打不成了。"官吏们听了，个个钦佩海大人的智谋，可又为他捏着一把汗。

胡公子回到总督府闹着要他爸爸狠狠地治一治海瑞。总督夫人看到儿子被打成这个样了，痛哭流涕地威逼丈夫严惩海瑞。可是胡总督看了海瑞的公文，又气又恨，却又无可奈何。他对夫人说："你不知道海瑞说他办的是冒充官亲的游民，是一伙为非作歹的无赖之徒。要是不把实情说穿，孩子白白受屈；要是说穿了，那不是自己打自己的脸吗？"看来，这胡总督虽有些蛮横，倒也还明智，因为他看出了海瑞这一手的厉害。

★斩草要除根

厚黑救国，古有行之者，越王勾践是也。会稽之败，勾践自请身为吴王之臣，妻入吴宫为妾，这是厚字诀。后来举兵破吴，夫差遣人痛哭乞情，甘愿身为臣，妻为妾，勾践毫不松手，非把夫差置之死地不可，这是黑字诀。由此知：厚黑救国。其程序是先之以厚，继之以黑，勾践往事，很可供我们的参考。

——《厚黑学》

异姓诸侯王是西汉王朝建立前后分封的非刘姓的诸侯王。消灭异姓王，是汉高祖为巩固专制主义中央集权所采取的重大方略。

当时的异姓诸侯王共有七个：即楚王韩信、梁王彭越、淮南王英布、赵王张耳、燕王臧荼、长沙王吴芮和韩王信。其中除吴芮和韩王信外，其他五人在楚汉战争中协助汉王刘邦争夺封建统治权力都立汗马功劳。异姓诸侯王的分封，除了当时政治、军事需要外，还有着相当深远的历史背景。

秦始皇统一六国后，废除周代以来的分封制，在全国范围内确立了郡县制。诸子和功臣仅赐以爵禄，不封授土地。然而，分封制的社会基础并未因此而消除，割地封侯的思想还相当普遍地存在于人们的头脑中。秦末农民大起义爆发后，六国贵族的残余势力纷纷乘反秦之机割地称王。当时，齐国的田儋自立为齐王，魏咎立为魏王，韩广为燕王，武臣为赵王等等。秦朝灭亡后，反秦武装中力量最强的项羽，为了巩固自己的盟主地位，不仅承认了六国并立为王的局面，还自封为西楚霸王，并继续分封自己的亲信为王。于是，形成了所谓十八路诸侯。在楚汉战争过程中，汉王刘邦为了分化瓦解项羽的势力，一方面拉拢项羽分封的诸王，如张耳、英布、吴芮、臧荼等；另一方面也不得不满足其重要将领割地分封的要求，陆续封了一些诸侯王。如汉四年（前203）春，韩信在平定齐地后，请求立为假齐王。刘邦当时处境狼狈,听到这一消息十分气愤,但为了笼络利用韩信,就听从张良的意见,索性封他为真齐王。随后,为了调动兵力围歼项羽,于同年七月封英布为淮南王;次年十月,又划睢阳以北至谷城封给彭越。这些诸侯王因为不是刘姓宗室,故史称异姓诸侯王。到汉五年五月刘邦称帝时,这些异姓诸侯王大抵占据了战国时期东方六国的大部分疆域。

西汉初年,由于社会经济凋敝,封建统治秩序尚待重建,汉高祖不得不暂时维持现状。但是,对异姓王势力的膨胀也保持着高度的警惕。如垓下之战结束、项羽败死后刘邦立即夺韩信的兵权,同时将他由齐王徙为楚王,都下邳。汉高帝五年(前202)七月,张耳病死。不久,燕王臧荼谋反,刘邦亲自领兵讨平。剩下的五人中,楚王韩信、梁王彭越、淮南王英布对西汉王朝的建立立有汗马功劳,且手握重兵,成为汉高祖的心腹之患。于是,刘邦在吕后的协助下,采取强硬的对策,一一消灭除了异姓王的势力,甚至不惜采用肉体消灭的残酷手段。

汉高帝六年(前201),刘邦以韩王信壮武,封国北近巩、洛,南迫宛、叶,东有淮阳,皆天下劲兵处。于是,另以太原为韩国,徙信以王之,为防备匈奴的侵扰,原都晋阳,后徙治马邑。这年秋天,匈奴冒顿单于率大军包围马邑,韩王信多次派使者去匈奴求和。汉高祖怀疑韩王信有二心,赐书责备。韩王信心中恐慌,就索性投降匈奴,并与匈奴约共攻汉。次年,刘邦亲自领兵征讨,韩王信逃入匈奴,后来与匈奴联兵侵扰边郡,被汉军杀死。

楚王韩信刚到封国时,巡行县邑,经常陈兵出入,于是被告发谋反。汉高祖采用陈平的计策,借口巡游云梦,会诸侯于陈,乘机逮捕韩信,带至洛阳,贬为淮阴侯。刘邦仍不时与他讨论用兵之道。汉高帝十一年,陈豨谋反后,韩信与陈暗通声气;并于次年乘高祖率军平叛之机,图谋诈诏赦诸官徒奴,袭击吕后和太子,结果为人告发。吕后在萧何的策划下,将韩信骗至长乐宫钟室处死,夷三族。汉高祖听说这消息,且喜且哀之。

陈豨谋反,汉高帝亲自率兵平叛。他向梁王彭越征兵。彭称病,不愿前往,从而引起刘邦的不满。后梁太仆告发彭与其将扈辄谋反,遂逮捕彭越,废处蜀地。途中彭越遇见吕后,向吕后哭诉,自言无罪,请求改徙昌邑。吕后假意许诺,将彭越带到洛阳,对汉高祖说:"彭越壮士也,今徙之蜀,此自遗患,不如遂诛之。"于是指使彭越的舍人出面告发彭越谋反,由廷尉审理后夷越宗族。又命人将彭越尸体剁成肉酱,遍赐诸侯,于是更引起了其他异姓王的恐慌。

淮南王英布本来是项羽的部下,与刘邦并无渊源。他见韩信被诛,心中本已不安,收到彭越的"肉醢"后,更是惊恐万状,立即私下集合部队,加强警戒。结果被人告发谋反。汉高帝十一年七月,英布起兵谋反。刘邦发兵征讨,并于次年十月平定淮南地。

取代臧荼立为燕王的卢绾,与刘邦的关系最为亲密。因为陈豨谋反的事受到怀疑,刘邦派使者召绾。卢绾称病不行。他对幸臣说的一番话倒很能说明问题:"非刘氏而王者,独我与长沙耳。往年汉族淮阴,诛彭越,皆吕后计,今上病,属任吕后。吕后妇人,专欲以事诛异姓王者及大功臣。"汉高祖得知报告,非常愤怒,认定卢绾谋反。高祖死后,卢绾遂将其众亡入匈奴。其实,卢绾的话并不全面,诛灭异姓出自刘邦的本意,只是吕后更心狠手辣而已。

刘裕当了两年皇帝便一命呜呼了。临终他以徐羡之、傅亮、谢晦、檀道济为顾命大臣,辅佐其长子、少帝刘义符。他私下对刘义符说:

"檀道济有才干谋略,但无大志,不像他哥哥那样难以驾驭。徐羡之、傅亮当无异图。只有谢晦随我征伐,识机变,有才干,如将来有人反你,那必定是他。"谢晦是谢安的后代,出身东晋头号名门世家,奋起寒微的刘裕对他的猜忌特别深。

少帝继位后,贪图玩乐,亲狎小人,不理政事,朝臣担忧。徐羡之、傅亮、谢晦、檀道济为了社稷,废杀少帝,并杀死不满他们执政的刘裕次子刘义真,立其第三子刘义隆为宋文帝。他们担心文帝继位后,追究弑君之罪,在其未到京前,任命谢晦为荆州刺史,都督荆湘七州军事,精兵强将全部调拨给他,又派檀道济镇守广陵,徐羡之、傅亮在内掌握朝政,以便内外呼应。

谢晦上任前与蔡廓话别,问:"我能免祸吗?"

蔡廓答道:"你是顾命大臣,以社稷为重,废昏君立明主,在义理上没什么不对,但杀刘氏二兄弟而执掌朝政,又挟震主之威,据上游重地,从这两点看又难免祸难。"

谢晦惶恐。待离开建康,回头望着石头城,欣喜地说:"今天总算脱离是非之地了。"到荆州后,他又将两个女儿嫁给了宋文帝的两个兄弟刘义康和刘义宾,希冀以此免祸。

文帝刘义隆见其二兄被杀,自己被迎立为帝,心存疑惑,不敢进京继位。司马王华说:"先帝刘裕有功于天下,四海臣服,惟嗣位的少帝不守纲常,刘家的天下还是稳固的,徐羡之出身寒士,才能平平,傅亮也是布衣诸生起家,不敢像司马懿、王敦那样贸然篡夺刘家天下。只是因为刘义真严厉果断,立之将来必不见容;而殿下您宽容仁慈,远近皆知,所以越过刘义真而立您。再说,他们担心少帝若存,将来终受其祸,所以杀他。这些都说明他们贪生怕死,想握权自固,不是想篡位自立。殿下尽可放心东下,以继大统。"

于是,刘义隆留王华在荆州,自己东下继位。一路上派兵严密保卫,参军朱容子抱刀侍卫在侧,数旬不解带就寝,京城文武难以靠近半步。到京以后,以王昙首、王华等为心腹,委以领军之任。

元嘉二年末,宋文帝扬言伐魏,整顿兵马舟舰,准备诛杀徐羡之、傅亮,讨伐谢晦。京城人心惶惶。傅亮写信给谢晦说:"讨魏国一事纷纷攘攘,朝野之士多反对北征,皇帝可能会派万幼宗前来征求意见。"言下之意是告诉谢晦,朝廷将有所动作。谢晦的弟弟谢舜也派人告诉谢晦，朝廷将有异常行动。谢晦还不相信，要参军何承天起草答书以应付万幼宗。

何承天也说："外面传言纷纷，都说朝廷发兵已成定局，万幼宗哪里会来征求什么意见。"

谢晦惶恐，问："如果真的这样，我该怎么办？"

何承天劝他投奔北魏，以求自全。谢晦考虑良久，说："荆州是用武之地，兵多粮广，决一死战，如失败，再投北魏不晚。"于是下令戒严，要司马庚登之率三千兵守城。庚登之说："我一家老小在京城，又素不带兵，不敢接受这项任务。"南蛮司马周超自告奋勇，接替庚登之，严阵以待。

元嘉三年，宋文帝以弑杀刘义符、刘义真之罪，下诏杀徐羡之、傅亮，并率军伐谢晦。为分化顾命大臣，宋文帝说："檀道济只是胁从，并非主谋，弑君之事与他无关，我将安抚使用他。"

他将檀道济召至建康，问他讨伐谢晦的策略。檀道济说："我与谢晦一起北征后秦，入关后所定十策，有九条是谢晦的主意，可见其才略过人，很少有人能与之相比。但他从未决战沙场，军事非他所长。我知谢晦有智谋，谢晦亦知我勇武。今奉命讨伐，可不战而胜。"

谢晦得知徐羡之、傅亮等人被杀，即集合精兵三万，发文为他们伸冤，并说："我等如志在当权，不为社稷国家考虑，武帝刘裕有八个儿子，当初尽可以立个年幼的皇帝，然后发号施令，谁敢反对。何必虚位七旬，从三千里迎立文帝您呢？再说不废昏君何以立明主？我何负于宋室！这次祸乱全是王弘、王昙首、王华猜忌诬陷造成的，我举兵以清君侧。"

谢晦率二万人马自江陵出发，舟舰浩浩荡荡，旌旗相望。他原以为檀道济也被杀了，不料，道济却率众来攻，不由惶惧失措。士卒见道济率兵前来，四下溃散。谢晦乘小船逃回江陵，携其弟谢避等七人逃奔北魏。谢肥壮，不能骑马，谢晦为等他耽误了不少时间，以至在黄陂被捉，送建康被杀。临刑前，其女儿、刘义康妃，披发赤脚与之诀别，说："阿父，大丈夫当横尸战场，为何狼藉都市。"言毕大哭昏厥，行人为之落泪。

功勋重臣在帝王眼里都是一个个潜在的威胁，他们既然能与自己一道从别人手里夺来天下，安知他们又会不会利用自己的威望和权势从自己手里夺走天下？于是，在恩赐的死亡面前，悲剧便上演了。

明朝，直接有丞相官职的只有四个人，他们是明朝开国初期的徐达、李善长、汪广洋、胡惟庸。徐达是个英勇善战的大将军，由于卓著战功，晋封为中书右丞相。不过，徐达虽名为丞相，但春出冬归，常年征战在外，并没有参与多少朝廷政务，而且他对于朝廷政务也不大有兴趣。所以明太祖常常称赞徐达："受命而出，成功而旋，不矜不伐，妇女无所爱，财宝无所取，中正无疵，昭明乎日月，大将军一人而已。"

后来,徐达死后,追封中山王,赠三世王爵,明太祖还亲自制碑文赞颂徐达。

徐达这个在其位不谋其政的丞相,留下了好名声,而李善长、汪广洋、胡惟庸三人,在其位又谋其政的丞相,命运就十分悲惨。

李善长是开国元勋之一,学问渊博,富有智谋,明太祖攻克滁州后,李善长就一直在明太祖身边担任军师。明太祖登基以后,李善长被封为左丞相,因为右丞相徐达常年征战在外,朝廷政务事无巨细全由李善长处理。李善长历史知识丰富,处事干练、裁决如流,又善于文辞,明初许多重要条令均出自他手。所以,洪武三年大封功臣时,明太祖对大臣们说:"李善长虽无汗马功劳,然而跟随我这么久,出了不少好主意,这个功劳不是一般军功可以相比的。"于是便授李善长为"开国辅运推诚守正文臣,特进光禄大夫、左柱国、太师、中书左丞

李善长

相,封韩国公,岁禄四千石,子孙世袭"。

李善长外表宽和,但处理朝政极为认真。有一次,参议李饮冰、杨希圣稍有点越权办事,侵犯了丞相的权限,李善长认为这是绝对不允许的事,便向明太祖奏报,要贬黜李饮冰、杨希圣。御史中丞刘基为此与他争论法律问题,他争辩不过,竟出口大骂刘基。刘基见李善长摆出丞相的架子,惹不起他,便向明太祖辞职。明太祖虽然没有因这件事怪罪李善长,但对李善长如此看重丞相的权限而且有点骄傲的态度,心里颇有点厌恶。李善长是个聪明人,觉察到明太祖对自己的态度已发生微妙变化,便急流勇退,于洪武四年正月以生病为由,向明太祖辞去左丞相的职务,明太祖亦顺水推舟,未加挽留,同意李善长辞职,还赐了临濠地方若干顷土地给他。

明太祖开始对李善长不信任时,曾打算提拔杨宪为丞相,便向御史中丞刘基征求意见。刘基虽与杨宪私人关系很好,却认为不可。明太祖感到很奇怪,刘基解释道:"杨宪有当丞相的才能,但没有当丞相的器量。当丞相,须持心如水,以义理为权衡,个人利益应置之度外才行。杨宪是做不到这一条的。"

明太祖又问道:"你看汪广洋这个人怎么样?"

刘基答道:"汪广洋人品和器量都是好的,就是才能上差了一些。"

明太祖再问:"那么,胡惟庸这个人你以为如何?"

刘基笑了笑道:"他始终不过是个牛犊,要拉丞相这副犁恐怕是吃不消的!"

于是明太祖道:"我看丞相这副担子还是由先生来挑吧!"

刘基忙推辞道："不可,不可! 臣自己知道,我这个人容易得罪人,且身体也不好,丞相这样的责任是担当不起的。其实天下何患无才,愿陛下悉心求之。目前诸人,在臣看来都不大合适。"

明太祖权衡再三,结果挑了才能不强的汪广洋担任右丞相。汪广洋当了两年丞相,既没有出过什么差错,也没有什么政绩,更没有向明太祖提供过什么新鲜建议。明太祖觉得汪广洋当丞相没有建树,便调任汪广洋为广东参政。后来,明太祖总觉得汪广洋是个忠厚人,四年后又恢复汪广洋当右丞相。直到洪武十二年贬谪广南,汪广洋又当了两年右丞相。

洪武六年七月,明太祖起用胡惟庸为右丞相。刘基叹道："假使我的话不验,这是百姓的福;若是应验的话,百姓可要遭殃了。"

刘基为此病情更加重了。胡惟庸早就嫉恨刘基,见刘基病重,佯装关心,亲自带了医师来为刘基诊治,结果,刘基吃了药,病情迅速恶化,送回原籍不久,刘基便死了。

胡惟庸是个很会用权的丞相,自从总理中书省后,内外诸司有什么奏章,必须先经他审看,若有牵涉到自己的奏章,他就藏匿起来不报告给明太祖。于是,文武大臣有失职的人,都先到胡惟庸那里送礼,这样就可以得到开脱,胡惟庸身边迅速集聚起一股势力,胡惟庸当初被召为太常卿是因为李善长的推荐,

刘基

所以他同李善长关系密切,而且还与李善长的弟弟太仆寺丞李存义结为亲家。所以胡惟庸生杀黜陟,朝廷中无人敢言。

有一次,胡惟庸的家人仗势欺人,竟然殴打了地方上的小官吏。事情告到明太祖那里,明太祖大怒,将胡惟庸的家人杀了,还把胡惟庸找来责问。胡惟庸推脱自己并不知道家人殴打地方官的事。明太祖还追问刘基病重后的一些情况,胡惟庸搪塞过去之后,心里不无担心:皇上是不信任自己了,皇上连勋臣都会杀,说不定哪天也会找个由头杀了自己。与其等死,不如先作准备,不能束手待毙。

当时吉安侯陆仲亨、平凉侯费聚曾犯法,明太祖斥骂他们。胡惟庸是朝中红人,二人便到胡惟庸府上来求情。胡惟庸屏去左右后,对他二人说："你们平时所作所为太不检点,一旦事发,可就麻烦了。"

二人非常惶恐。胡惟庸乃同他们商议谋反的事,要他们在外收集军马。胡惟庸还同御史陈宁一起暗中物色拉拢军队里的将领,同时通过亲家李存义去探听李善长的意见。李善长以自己年老为由拒绝加入,但也没有告发他们的阴谋。胡惟庸还派遣明州卫指挥林贤下海招用倭兵,又遣元朝的旧臣封绩修书称臣于元朝嗣君,请兵为外应。一切都计划停当,不料此时发生了一件意外事,胡惟庸的儿子坐

车出外被摔死在车下，胡惟庸一怒之下，杀了赶车的车夫。此事传到明太祖耳朵里，明太祖十分生气，说："杀人者要偿命！"

胡惟庸害怕了，乃与陈宁、涂节等人商议提前谋反，并暗中派人通知四方心腹。洪武十三年正月初五，胡惟庸向明太祖报告说，家中宅院里有口井涌出竹笋，奇异非常，邀明太祖前去观看。明太祖很有兴趣地答应了，乘车出西华门奔胡惟庸府第。正在此时，内使云奇挡道勒马，因为气急，一时说不清什么，明太祖见有人挡道，大怒，令左右捶打。云奇右臂被打断，仍指着胡惟庸府的方向不肯缩回。明太祖觉得奇怪，便下车登城观看，才看到胡惟庸府第有不少兵甲，于是赶紧派侍卫军前去掠捕。胡惟庸遂以谋反罪名被杀。僚属羽党被杀的达一万五千人。再说，中丞涂节揭发右丞相汪广洋，说刘基当年被胡惟庸毒死的事，汪广洋是知道的。明太祖将汪广洋召来当面责问。汪广洋一口否认知道这事。明太祖大怒，将汪广洋贬谪到广南。汪广洋到了太平府后，明太祖又以汪广洋当年在中书省时不揭发杨宪的罪行为名，干脆下了道赐死令要汪广洋自杀。

不久，又有人揭发说，胡惟庸谋反事，曾经征得李善长的同意。明太祖更是找到了借口，下令将李善长并其妻女弟侄家人七十余人全都斩首。李善长死后第二年，有人上书为李善长辩白，明太祖未加理会。

自杀了胡惟庸、汪广洋、李善长三个丞相后，明太祖认为丞相权力太大，干脆将中书省这级权力机构撤销，从此不再设置丞相，自己大权独揽，直接领导吏部、兵部、户部、刑部、礼部、工部等六个部门。虽然仿效宋代官制设了殿阁大学士，但大学士没有具体实权，只是一些顾问而已。直到明仁宗以后大学士常常兼职各部尚书，才相当于汉唐时代的宰相。在整个中国古代史上，像朱元璋这样心狠手辣，得天下后痛下杀手的帝王，一人而已，可谓黑之深者也。

国学大智慧

资政智慧

马肇基⊙主编

线装书局

资政——中国传统文化的源流

华夏文明,博大精深,优秀典籍,浩如烟海。古籍,作为祖先留给我们最宝贵的遗产,犹如一艘艘满载着思想和智慧的航船。古籍,是古代圣哲、先贤、才俊包括思想家、政治家、军事家、教育家、文学家、艺术家乃至农工医商各界杰出人才留下来的宝贵精神财富。它在治国安邦、兴业理政、生财富民,乃至修身齐家、敦睦邻里、化育子孙等方面,都饱含着深邃的思想和广博的知识。古籍闪耀着睿智的光芒,它告诫我们应该怎样做人、做事,应该怎样去认识世界、改造世界。古往今来,无数志士仁人在阅读、研习、参悟古籍的过程中,无不得益于优秀传统思想文化的滋养和熏陶。

历史典籍营养丰厚,若熟读精思,不仅能使人知兴替、明大义、辨是非、别得失,而且能陶冶情操、开阔眼界,增长知识、提高修养水平。比如,就本篇《资政智慧》而言,你可以从《反经》中读到反面的历史;读《贞观政要》,可以明了"君臣之道,励精图治"的经验;读《鉴人智源》和《冰鉴》可以学到如何识人、用人,更好发展事业;读《了凡四训》可以明了"命由我做,福自己求"的深意以及"趋吉避凶"的方法;读《曾国藩全书》可以让你在困境时学会挺,在屈辱时学会忍;等等。

总之,本篇能使人识天地之大、知宇宙之广,能明古今之事、晓人生之理。当然,对自己也就会有清醒而客观的认识,对外界的人和事也易于正确把握,"不以物喜,不以己悲",从容面对花开花落、云卷云舒、潮起潮退,坦然面对人生的得失沉浮、荣辱成败。

第一篇 《鉴人智源》智慧通解

★导读

　　《鉴人智源》是三国时魏国人刘邵的代表作,又被称为《人物志》。刘邵是三国时期著名的政治家、思想家、文学家,在魏国担任多种官职,官拜散骑常侍,赐爵关内侯,死后追赠风禄大夫。刘邵思想睿智、博学多才,特别擅长品评人物,他总结了周文王、孔子等前人有关鉴别人物的思想理论和实践经验,汲取了儒、道、名、法、阴阳诸家思想,并将这些融汇在一起用来考察人物。形成了一整套从言语、体貌、行为等特征鉴别人才的学问。

　　《鉴人智源》以古为鉴,纵论得失成败,专讲识人之术,是历代成功者的枕边秘笈,素有"识人宝鉴"、"识人用人宝典"等雅誉。如果说《论语》为处世之书,《孙子兵法》为伐战之书,《韩非子》为统治之书,那么《鉴人智源》则当之无愧地为识人之书。

　　反躬自省者读之,可以知运势;
　　心系天下者读之,可以成大局;
　　淡然自处者读之,可以明清浊;
　　游戏人间者读之,可以正进退。

第一章 相貌察神，鉴人秘术

★科学的"相面术"

盖人物之本，出乎情性。情性之理，甚微而玄，非圣人之察，其孰能究之哉？

凡有血气者，莫不含元一以为质，禀阴阳以立性，体五行而著形。苟有形质，犹可即而求之。

凡人之质量，中和最贵矣。中和之质，必平淡无味，故能调成五材，变化应节。是故，观人察质，必先察其平淡，而后求其聪明。

聪明者，阴阳之精，阴阳清和，则中睿外明。圣人淳耀，能兼二美。知微知章，自非圣人，莫能两遂。故明白之士，达动之机，而暗于玄虑；玄虑之人，识静之原，而困于速捷。犹火日外照，不能内见；金水内映，不能外光。二者之义，盖阴阳之别也。

若量其材质，稽诸五物，五物之征，亦各著于厥体矣。其在体也：木骨、金筋、火气、土肌、水血，五物之象也。五物之实，各有所济。是故：

骨直而柔者，谓之弘毅；弘毅也者，仁之质也。

气清而朗者，谓之文理；文理也者，礼之本也。

体端而实者，谓之贞固；贞固也者，信之基也。

筋劲而精者，谓之勇敢；勇敢也者，义之决也。

色平而畅者，谓之通微；通微也者，智之原也。

五质恒性，故谓之五常矣。

五常之别，列为五德。是故：

温直而扰毅，木之德也。

刚塞而弘毅，金之德也。

愿恭而理敬，水之德也。

宽栗而柔立，土之德也。

简畅而明砭，火之德也。

虽体变无穷，犹依乎五质。故其刚、柔、明、畅、贞固之征，着乎形容，见乎声色，发乎情味，各如其象。

故心质亮直，其仪劲固；心质休决，其仪进猛；心质平理，其仪安闲。夫仪动成容,各有态度:直容之动,矫矫行行;休容之动,业业跄跄;德容之动,颙颙印印。

夫容之动作,发乎心气;心气之征,则声变是也。夫气合成声,声应律吕:有和平之声,有清畅之声,有回衍之声。夫声畅于气,则实存貌色。故:诚仁,必有温柔之色;诚勇,必有矜奋之色;诚智,必有明达之色。

——《鉴人智源》

大概人身上最根本的特性都是从情性中生发出来的。情性的道理十分玄妙,除非具有圣人的特殊洞察力,有谁能搞得清楚呢?

凡是有气血的东西,莫不包含着混沌元气作为本质,秉承阴阳二气以确立性情,身体容纳金、木、水、火、土五种元素构筑体形。只要他具备了形貌气质,人们就可以据此了解他内在的情性。

人的素质以中正平和最为可贵,中正平和的素质必定是"平淡无味"的,所以能够调和金、木、水、火、土五种元素,使它们和谐地发展变化,又不违背客观规律。所以考察一个人的素质时,一定要先看他是否具有平淡的气质,然后再看他是否聪明。

聪明那是因为具有阴阳的精华,一个人身上的阴阳二气协调了,就既有睿智,又能明辨是非。圣人内具淳朴之质,外具聪明之形,所以兼具平淡与聪明两种美德。因此,只有圣人才能对隐蔽的事和明显的事观察得明白清楚,做到两全其美。所以,明白事理的人,能通晓随机应变的关键,但缺乏深思熟虑;而那些深思熟虑的人,知道"一静胜一动"的道理,但却不能随机应变。这好比太阳和火焰的光辉可以照见物体的外部,却不能照见内部;金属和水可以把物体映照在自身的内部,却不能向外发光。以上二者的区别,就是阴阳二气的不同功用所造成的。

如果衡量一个人的材质时,按照金、木、水、火、土五种元素的性质为标准,五种元素的特征就会从他的身上表现出来。五行在人身体中的表现是:骨是木的特征的表现,筋是金的特征的表现,气是火的特征的表现,肌肤是土的特征的表现,血是水的特征的表现。木、金、火、土、水各自的特性对应成就了骨、筋、气、肌、血的特征。因此:

骨骼挺直而柔韧,叫做弘毅,弘毅是仁的木质。

神气清高而爽朗,叫做文理,文理是礼仪的根本。

体态端庄而结实的,叫做贞固,贞固是诚信的基础。

筋肌强劲而精练的,叫做勇敢,勇敢是成就义气的途径。

神色平和而舒展的,叫做通微,通微是智慧的本源。

仁、礼、信、义、智这五种品质对应五种体质,具有恒定的规律性,所以叫做五常。

五常之间的区别,可以用金、木、水、火、土五种不同的品德来表示。因此:

温和而直率、驯顺而刚毅是木的品德。

刚强而诚实、宏大而坚毅是金的品德。

内心恭敬、文雅理智是水的品德。

宽厚而严肃、柔和而坚实是土的品德。

简明畅快、针砭弊病是火的品德。

即使人身上各种品性变化无穷，但归根到底，还是这五种品质的范围。所以，一个人的刚、柔、明、畅、贞固的特征，必定表现在形体容貌上，流露在话语表情中，体现在情感品味上。总之，一个人内在的品性都会通过外在的形象表现出来。

因此，品质磊落耿直的人，其仪容必定强劲稳固；品质果决的人，其仪容必定有奋进勇猛之气；品质平和理智的人，其仪容必定安详从容。人的仪态外表在活动中就会呈现出不同的容色和神态：仪态率直的人，其行为举止的特征为矫健有力；仪态美善的人，其行为举止的特征为谨慎有节；仪态高尚的人，其行为举止的特征为气宇不凡、令人仰慕。

人的容色的变化是由心气支配的，比如，人的声音就是心气特征的表现。心气合成为声音，不同的声音应合不同的音调，有柔和平缓之声，有清扬舒畅之声，有回荡绵延之声。心气舒畅则声音舒畅，那么，真实的品质就必然会在外在的容色上表现出来。所以，具有仁爱品质的人，其容貌特征必定是温柔的；具有勇敢品质的人，其容貌特征必定是强毅奋进的；富于智慧的人，其容貌特征必定是聪明通达的。

鉴别人才其实与选择木材有异曲同工之妙。伐木工人在选料时，先从外形上打量，看树木是否笔直挺拔；再考察质地，是缜密结实，还是疏散松脆；然后再敲敲打打听一听，鉴别其品种质地，用这一系列方法来判断树木能否堪当大用。

鉴别人才也是如此，第一步是目测，见一见面，有一个初步印象后，再进一步考察其品德和才能。老板招员工、岳父选女婿都是由这一步开始的。还从未听说连某人的模样都不知道，就鉴别其品行才学了。选才、招生中的目测这一关，实际上就是从人的外貌形象上来考察人才。这种方法不一定准确，也没有科学依据，但使用频率却很高。青年男女间的一见钟情，志趣相投者的一见如故就是如此。

历史给我们留下了很多从外貌就能辨人的故事：

楚成王想立商臣为太子，征求令尹子上的意见。子上说："商臣这个人两眼像胡蜂，声音像豺狼，这是生性残忍的标志。这样的人不能立为太子。"楚成王不听他的话，后来商臣果然谋反，率领东宫的甲士包围了楚成王，逼他自缢而死。

楚国的司马子良生了儿子越椒。他的兄长令尹子文说："一定要杀死他。这小子长得像熊又像虎，声音如豺狼，现在不杀，将来必然会使若敖氏一族灭亡。民谚说'狼子野心'，这孩子就是狼，怎么能抚养他呢？"子良不同意。后来，越椒果然造反围攻楚庄王，被楚王击鼓进军打败，若敖氏因此被灭族。

平原君看了白起的面相后对赵王说："白起头小下巴尖，双目黑白分明，看东西目不转睛。头小下巴尖，说明这人行动果断；两眼黑白分明，说明他处事明白；目不转睛，说明意志坚强。这种人只能与之打持久战，不能与他针锋相对地抗衡。"

曾帮助越国雪耻复国的范蠡说："越王这个人脖颈长，嘴长得像鸟啄。这种人只能与之共患难，不能同安乐。"

与商鞅一同参与秦国变法的尉缭说："秦始皇鼻梁高，眼睛长，胸脯像老鹰，声音像豺狼，寡恩薄信，心如虎狼。处境困难的时候甘居人下，一旦得志就会杀人如麻。这种人不能与之长期相处。"

以上几个故事说明，可以通过人的外貌特征，由表及里地识别一个人的内心世界。

所谓相术，就是根据人的面貌、五官、骨骼、气色、体态、手纹，以及声音、动静、威仪、清浊、精神等等来预测人的吉凶、祸福、贫富、贵贱、穷通、荣枯、得失、寿夭、休咎等等的一种技巧。相术看似神奇、神秘，实际上是长期以来对人的外貌特征与内心活动的相互关系的经验总结。人们常说"见面识高低"、"看样子就不是一个好人"等等，这里面就包含着很多简易、实用的识人经验，还是有一些合理的成分的，不能说完全是无稽之谈。

★ 神、精、筋、骨、气、色、仪、容、言

夫色见于貌，所谓征神。征神见貌，则情发于目。故仁目之精，悫然以端；勇胆之精，晔然以强；然皆偏至之材，以胜体为质者也。故胜质不精，则其事不遂。是故，直而不柔则木，劲而不精则力，固而不端则愚，气而不清则越，畅而不平则荡。是故，中庸之质，异于此类。五常既备，包以澹味，五质内充，五精外章。是以，目彩五晖之光也。

故曰：物生有形，形有神精，能知精神，则穷理尽性。性之所尽，九质之征也。

然则：平陂之质在于神；明暗之实在于精；勇怯之势在于筋；强弱之植在于骨；躁静之决在于气；惨怿之情在于色；衰正之形在于仪；态度之动在于容；缓急之状在于言。其为人也：质素平澹，中睿外朗，筋劲植固，声清色怿，仪正容直，则九征皆至，则纯粹之德也。九征有违，则偏杂之材也。

三度不同，其德异称。故偏至之材，以材自名；兼材之人，以德为目；兼德之人，更为美号。是故：兼德而至，谓之中庸；中庸也者，圣人之目也。具体而微，谓之德行，德行也者，大雅之称也。一至，谓之偏材；偏材，小雅之质也。一征，谓之依似；依似，乱德之类也。一至一违，谓之间杂；间杂，无恒之人也。无恒、依似，皆风人末流。末流之质，不可胜论，是以略而不概也。

——《鉴人智源》

神色表现在外貌特征上，就是所谓的"征神"，就是外显的精神特征。如果人的精神气质通过外貌特征表现出来，那么其内在的情怀就会通过眼睛流露出来。所以，仁是眼睛的精气，因此，仁爱之人的目光诚实端庄；勇是胆的精气，因此，勇敢之人的目光灼灼而坚明；然而，这些都是仅在某一方面比较突出的人才，即以比较突出的体貌特征表现其精神本质的人。仅在某一方面比较突出的人，不具备整体的优势，做事就不容易成功。因此，一味刚直而不柔和就会僵直，一味强劲而不精巧就会蛮干，一味固执己见就会愚暗，心气不清做事就会超越特定的规范，思虑通

畅而不平正就会流于放荡。因此,具有中庸品质的人与以上所说的情况都不一样。仁、义、礼、智、信五常在人的身上都已具备,又以平淡无味的外衣包装起来,金、木、水、火、土五种特质充斥体内,心、肺、肝、脾、肾五脏精气外显在体貌容色上。因此,人的眼睛里闪耀着五彩的光芒。

所以说,人生来就有形体容貌,形体容貌体现了其内在的精神,把握了人的精神,也就能够穷尽物理人性。人们性情的内容,有九个方面的体现,叫做"九征"。

其规律是:正直或偏邪表现在人的神色上;聪慧或愚钝表现在人的精气上;勇敢或怯懦表现在人的筋肌上;强健或纤弱表现在人的骨架上;急躁或沉稳的脾气在于气血;悲伤或愉快的情绪显露在脸色上;衰弱或严肃的形象显露在仪表之中;做作或自然的举止在于容貌;缓慢或急切的态度通过言语显示出来。如果一个人的本性平静淡泊,内心聪明而外表清朗,筋脉强劲而骨骼坚挺,声音清朗而神色和悦,仪表庄重,容貌也端正,九种类型的特征都具备了,就是德才兼备的人才。如果这九个方面的特征有达不到的,只能称之为偏杂之才。

把人才分为偏才、兼才、兼德这三种,它们的分类标准不同,因此它们相应的内容也不同。所谓偏才的人,是由于他们的专长才能而获偏才的称号;兼才的人,则是根据他们的德行而获得兼才的称号;而兼德的人,由于德行深厚,从而获得兼德的美称。兼德而又达到完美境界的人,称为中庸,中庸是对圣人的最高评价。九征初具而没有达到完善的人称为德行,德行是对才德高尚的人才的称呼。九征中的某一方面突出的人称为偏才,偏才是对才德有偏重的人的称呼。九征中所体现某一方面的特征而实际上这种表现是种假相,是依靠某方面的才能模仿出来的,具有这种才能的人称为依似,依似的人道德败坏。九征中有某一方面突出,而同时又与某一方面的性质相反,这种相反性情混杂在一起的情况叫做间杂,间杂的人没有恒心与常性。没有恒心的人与依似的人都属于凡夫末流之辈。这一类型的人不能一一讨论,因此就省略不说了。

人物性情的九种表现征象,即神、精、筋、骨、气、色、仪、容、言。由表及里,有经验的领导者能够通过外在的九种征象特点,准确判断一个真实的人的才能性情。人物性情的变化规律,能从这九个方面的特征表现出来:忠直奸邪的在于"神"正直明朗与否,智明愚暗的在于"精"清爽明快与否,勇敢怯懦的在于"筋"劲健与否,坚强柔弱的在于"骨"强硬与否,沉浮静躁的在于"气"沉定与否,欢喜悲伤的在于"色"悦与否,端庄大方、邪顽卑下的在于"仪"整与否,心怀奸诈、端庄严肃的在于容严与否,性情平和、急进鲁莽的在于"言"急与否。

第二章 透过五官，识人性格

★ 性格识人最可靠

夫中庸之德，其质无名。故咸而不碱，淡而不匮，质而不缦，文而不缋；能威能怀，能辩能讷；变化无方，以达为节。是以抗者过之，而拘者不逮。

夫拘抗违中，故善有所章，而理有所失。是故：厉直刚毅，材在矫正，失在激讦。柔顺安恕，每在宽容，失在少决。雄悍杰健，任在胆烈，失在多忌。精良畏慎，善在恭谨，失在多疑。强楷坚劲，用在桢干，失在专固。论辩理绎，能在释结，失在流宕。普博周给，弘在覆裕，失在溷浊。清介廉洁，节在俭固，失在拘扃。修动磊落，业在攀跻，失在疏越。沉静机密，精在玄微，失在迟缓。朴露径尽，质在中诚，失在不微。多智韬情，权在谲略，失在依违。

及其进德之日，不止揆中庸，以戒其材之拘抗；而指人之所短，以益其失；犹晋楚带剑，递相诡反也。

——《鉴人智源》

中庸的品德是无法用语言来描述的。它就像加了盐的水一样，虽然咸却并不发苦，虽然淡却并不无味，又像质地朴素的丝织品，并非没有花纹图案，只是色彩亮丽而又不太绚丽夺目；具有中庸品德的人，既有威严，又不乏和蔼，既能机智地进行辩论，也能缄默不语；中庸之德做事没有恒定不变的原则，完全是依据实际的需要，以达到成功为准则。与中庸相比，激昂亢奋的性格就太过分了，而拘谨慎重的性格又有些不及。

无论是一味的奋进还是拘谨无为，都不符合中庸之道，都会因过于注重修饰外表，而丧失了内在的义理。因此，性格坚毅刚直的人，能够善于矫正邪恶，不足的是喜欢激烈地攻击对方。性格柔和宽厚的人，能够宽容忍耐他人，不足的是优柔寡断。性格强悍豪爽的人，能够忠肝义胆，不足的是多忌。性格小心谨慎的人，能做到恭谨，不足的是多疑。性格强硬坚定的人，所起到的是稳固支撑的作用，却过于专横固执。善于论辩的人，能够解释疑难问题，但性格却又过于飘浮不定。乐善好施的人，胸襟宽广，很有人缘，但是交友太多，难免就会鱼龙混杂。清高耿直、廉洁无私的人,有着高尚坚定的节操,却又过于拘谨约束。行动果断、光明磊落的人,勇于进取,却又容易疏忽小事,不够精细。冷静沉着,机警缜密的人,善于探究小事,细致入微,却又稍嫌迟滞缓慢。性格外向、直率质朴的人,可贵的是为人诚恳、心地忠厚,不足的是太过于显露,没有内涵。足智多谋、善于掩饰感情的人,善于运用权术计谋,富有韬略,但在下决断时却又常常犹豫不决。

至于要想不断地提高道德修养,使自己不断地升迁,就应该以中庸为准则来防止各种不良弊端的发展。如果不这样做,反而去指责别人的短处,只会使自己的缺点更加突出,就会像古时候的晋国人和楚国人互相嘲笑对方佩剑的方向反了一样。

性格是指人对现实中客观事物所具有的经常的稳定的态度,性格是人对现实稳定的态度及其与之相适应的习惯行为方式,是人的个性中最重要的心理特征。性格软弱的人显得优柔寡断,性格强悍的人显得叱咤风云,性格文静的人显得文质彬彬,性格活泼的人显得挥洒自如,性格刻板的人显得呆滞沉郁……性格所具有的稳定性,决定了以性格来甄别人才是一种最可靠的手段。

生活中,无论是工作、交友乃至择偶,都会碰到识才识人的问题。不要以为识别人才必须具有火眼金睛,其实,从人的性格所展示出来的外在的行为方式入手,通过细致入微的观察,就能识别好人坏人,避免自己遇人不淑或者交友不慎。

从前,有个捕快坐在茶馆里,卖茶人使用的茶具中,有两只银杯。这时,一个穿着考究的茶客进来喝茶,指定要用那银杯。捕快远远看着,忽然大声向那人说:“本大爷在这儿坐着呢,你别想在这里耍手段,留神我抓了你!”那茶客吓了一跳,又惭愧又害怕,灰溜溜地走了。

周围的人们觉得很是奇怪,问捕快是怎么回事。他回答说:“这个盗贼体格很魁梧,单手提着一个大包走进来,可是刚才喝茶时,却要用两只手捧着杯子,这一定是在偷偷地测量杯子的大小,准备回去做假杯子来换走这只银杯。”

识人,有时候就这么简单!

宋代丁谓写了这样的诗句:“天门九重开,终当掉臂人。”意思是说,皇宫中的九道门打开了,我最终会晃着双臂大摇大摆地进去。诗人王禹偁读了后说:“进上级衙门尚且应该弯着腰恭恭敬敬的,进皇宫门时怎么能够挥着双臂大摇大摆呢?作这诗的人,虽然志气不小,但一定不是什么忠良之辈。”

后来果然如王禹偁所预料的那样,丁谓成为了一代权奸。以一句诗来判断一个人的忠奸,虽然有些牵强。但“诗言志”,由诗句来分析人的性格,还是有一定的道理的。

蔡京

北宋的陈瓘见蔡京注视太阳,能很长时间而不眨眼睛,他便时常向人说:“蔡京的精神能如此集中,他日必定富贵。但是他仗恃自己的禀赋,敢于抵视太阳,我恐怕此人以后得志,必会擅私逞欲,目无君王。”

宋徽宗初年,陈瓘多次进言攻击蔡京。当时蔡京只是一个翰林学士,主管起草朝廷的布告,并没有显山露水,并且到处向人解释,于是人们都认为陈瓘太过分了。

后来,到蔡京独揽朝政时,人们才开始想起陈瓘。

世事洞明皆学问,人情练达皆文章。只有细心观察一个人的言谈举止、一举一动,并用心思索,就能目光如炬,发现一个人的品行的高低,因为性格本身就有好坏之分。比如,有的人以劳动为荣,把劳动当做自己的需要;有的人则以劳动为耻,把劳动和工作看成自己的负担。有的人积极、主动、肯干;有的人消极、怠慢。有的人对工作认真负责,一丝不苟;有的人则马虎大意,敷衍塞责。

准确判断一个人的性格是怎样的,对于如何使用人才有着至关重要的作用。比如,自私、傲慢、孤僻的人,就不适合从事与人打交道的职业,如教师、医生、律师等等。如果性格与职业不匹配,一个人再有能力,所能发挥的作用都非常有限,甚至会带来负面影响。

"陶朱公救子"是著名的历史故事,说明的就是这个道理。

陶朱公就是勾践的谋士范蠡,在越国灭吴国之后,他及时淡出了政治舞台,开始做生意。经过他及其子孙们的用心经营,不断地获得厚利,以至拥有上亿金的家产。

一次,陶朱公的二儿子在楚国杀人被抓起来了,为了营救儿子,陶朱公让三儿子带上金子,准备前去营救。范夫人却要大儿子去办理此事,因为老大办事稳重,而三儿子在她眼里,是一个什么正经事也干不了的窝囊废。事实也如此,这个三儿子的确花钱如流水,整天只知道吃喝玩乐,放鹰、遛鸟、斗蛐蛐。

这时候,大儿子也不服气地说:"无论识字、办事、做生意还是勤俭持家,我哪一点不如老三?"陶朱公回答说:"你哪点都比他强,唯有办这件事你不如他。"大儿子感到很委屈,拔出佩剑就要自刎。范夫人连忙劝陶朱公说:"不要二儿子没救成,老大倒先死了! 老爷,求求你就答应他吧!"陶朱公毫无办法,只得长叹一声,苦笑道:"罢了,罢了,若是救不回二儿子,你可别怨我。"

临行前陶朱公修书一封,叮嘱大儿子到楚国后直接把钱和信交给楚王的宠臣庄生,一切听庄生安排,绝不能擅做主张。大儿子点头应允了。大儿子来到楚国后,当晚就将金子和信交给了庄生。庄生说:"快点回家去吧,二公子放出来后,你什么也不要打听。"

庄生为了营救陶朱公的二儿子,私下找到楚王说:"臣夜观星相,见我楚国将有一灾,大王要做一些善事,才可保佑平安。"果然,楚王就顺着庄生的意思,下令大赦天下。

大儿子知道这消息后,后悔了:怪不得庄生让我立即回家,什么也莫问呢,原来楚王原本就要大赦! 若听他的话,我岂不白花了冤枉钱? 于是,就去庄生家要回了金子,自以为办事很成功。

这边的庄生呢是越想越生气,他原本看在与陶朱公的交情上,打算等二公子放出来后,就把金子还给陶朱公。没想到大公子做事如此绝情,庄生一怒之下,又对楚王说:"陶朱公次子在我楚国杀人,仗着自家有钱,贿赂朝臣,干扰朝政,大王大赦也不能饶了他,否则世人会以为大王是看在陶朱公的面子上才大赦呢。"

楚王听后大怒,骂道:"陶朱公算什么东西,胆敢乱我朝政。"立刻令人先斩了范二公子,然后才大赦天下。

大公子一场空欢喜,结果只等到了老二的尸首,他拉着棺材,哭哭啼啼地赶回了家。范夫人见状,哭得死去活来。陶朱公不但没有哭,反而捋着胡子笑得好像很开心。夫人说:"儿子死了,你还发笑,太没有人性了吧?"陶朱公说:"我早料到老大救不了小二,你偏不信,真是活该!"

接着,陶朱公说出了他让三儿子去营救的原因:"小三出生的时候,家境已经很不错了,所以他花天酒地,不吝惜钱财,假如让他去办事,必能依计行事。而老大呢,因为从小与我一起做生意,知道赚钱的辛苦,所以肯定会舍不得钱财,因此害了二儿子啊!"

范蠡不愧是谋略家,如此洞察人之性情且料事如神,可惜在用人上不能坚持己见,最终害了自己的亲生儿子。

品评人才的基本准则是什么呢? 那就是中庸。中庸的实质不可名状,正像含盐的水虽咸却并不苦涩,虽淡却非索然无味一样。具有中庸品德的人,望之俨然,即之而温,既能辩说无碍,也能缄默不语,变化无穷,唯以通达为关节。因为不深通中庸之道,人很难在社会中面面俱到,游刃有余,往往在表现出某种才能的同时,也暴露出某种不足,因此难成德才兼备之人。

★十二种典型性格的优缺点

强毅之人,狠刚不和,不戒其强之搪突,而以顺为挠,厉其抗。是故,可以立法,难与入微。

柔顺之人,缓心宽断,不戒其事之不摄,而以抗为刿,安其舒。是故,可与循常,难与权疑。

雄悍之人,气奋勇决,不戒其勇之毁跌,而以顺为恇,竭其势。是故,可与涉难,难与居约。

惧慎之人,畏患多忌,不戒其懦于为义,而以勇为狎,增其疑。是故,可与保全,难与立节。

凌楷之人,秉意劲特,不戒其情之固护,而以辩为伪,强其专。是故,可以持正,难与附众。

辩博之人,论理赡给,不戒其辞之泛滥,而以楷为系,遂其流。是故,可与泛序,难与立约。

弘普之人,意爱周洽,不戒其交之溷杂,而以介为狷,广其浊。是故,可以抚众,难与厉俗。

狷介之人,砭清激浊,不戒其道之隘狭,而以普为秽,益其拘。是故,可与守节,难以变通。

修动之人,志慕超越,不戒其意之大猥,而以静为滞,果其锐。是故,可以进趋,难与持后。

沉静之人，道思回复，不戒其静之迟後，而以动为疏，美其懦。是故，可与深虑，难与捷速。

朴露之人，中疑实磝，不戒其实之野直，而以谤为诞，露其诚。是故，可与立信，难与消息。

韬谲之人，原度取容，不戒其术之离正，而以尽为愚，贵其虚。是故，可与赞善，难与矫违。

——《鉴人智源》

性格坚强刚毅的人，刚愎自用，凶狠而不温柔，他们不以自己强硬地冒犯别人为错，反而将柔顺视为软弱，结果就会变得更加凶狠，变本加厉地抗争不止。因此，这种人可以设立法制让人遵行，但却难以体察入微。

性格温柔和顺的人，行事迟缓，决断时又犹豫不决，他们不把自己不能治理事物作为缺点，却把刚毅激进当成对别人的伤害，安于无所作为。因此，这种人可以遵守常规，却不能执掌政权，解释疑难问题。

勇武强悍的人，意气风发，勇敢果断，但他们从不认为强悍会造成毁坏与错误，反而把和顺忍耐的行为看成是怯弱，更加任性妄为。因此，这种人可以与他们共赴危难，却不能经受逆境的考验。

小心谨慎的人，做事过于多疑多忌，他们不但不改掉不敢伸张正义的缺点，反而认为勇敢是轻率的表现，于是他们的多疑与畏惧就会有增无减。因此，这种人可以保全自身，却不能树立成为保持气节的榜样。

气势凌厉、性格刚正的人，做事坚毅，为人耿介，他们不认为固执己见是缺点，却认为灵活善辩是虚伪的表现，从而更加主观专断。因此，这种人可以坚持正义，却不能与群众打成一片。

能言善辩的人，能充分地说明事物的道理，他们不觉得自己的文辞泛滥，话语冗长，却把方正守法当做是对他们的束缚，从而助长他们散漫的作风。因此，这种人可以同他们平等相处，却难以设立规章制度来约束他们。

胸怀宽广博大的人，对待他人博爱仁慈，他们不认为交友混杂是缺点，反而把廉正耿直当做是拘谨保守，于是交友就会更加鱼龙混杂了。这种人可以安抚众人，却不能严肃风纪。

偏激固执的人，勇于激浊扬清，惩恶扬善，他们不觉得自己过于清高，心胸狭窄，反而把心胸宽广博大看做是污浊的东西，从而更加拘谨固执。因此，这种人可以坚守节操，却不能随机应变。

好学上进的人，志向高远，他们不认为贪多务得、好大喜功是缺点，却把沉着冷静看做是停滞不前，从而更加锐意进取。因此，这种人可以不断进取，却不甘心落后于人。

沉着冷静的人做起事来深思熟虑，他们不觉得自己太过于冷静以至于行动迟缓。反而把好动进取视为轻率。因此，这种人可以深谋远虑，却难以及时把握直率质朴的人，他们的心地单纯直露，他们不觉得自己直率到了粗野的地步，却认为机灵是怪异的表现，于是行事更加直率。因此，这种人可以使人信赖他们，却难以去调动指挥和随机应变。

富于谋略、深藏不露的人，善于随机应变，取悦于人，他们不认为施展权术是背离正道的行为，却把真诚当做愚昧，把虚伪看为可贵。因此，这种人可以辅佐善良忠厚的人，却不能去改正邪恶的行为。

以中庸为准则，将外向型性格称之为"亢"，内向型性格称之为"拘"。亢者刚气太过，拘者刚气不足，都有违中和之道，都与中庸的要求有所差距，因此都属于偏才。再细分下去，"拘"有柔顺、惧慎、凌楷、狷介、沉静、朴露六种情形，"亢"有强毅、雄悍、辩博、弘普、休动、韬谲六种情形。这十二种表现不同的偏才，有着各自的特点与得失。

强毅之才

这种人性情硬朗，意志坚定，刚决果断，敢于冒险，善于在抗争性的工作中顽强拼搏，阻力越大，越能激发他们的斗志，个人力量和智慧越能得到淋漓尽致地发挥，这类人属于枭雄豪杰一类的人才。缺点是易于冒进，骄傲于个人的能力，服人不服法，权欲重、有野心，喜欢争功而不能忍。他们有独当一面的才能，也能灵活机动地完成使命，是难得的将才。

唐朝安史之乱中最惨烈的战役是睢阳保卫战，简直可称得上是"惊天地，泣鬼神"。说到睢阳保卫战，就不能不提到唐代名将张巡。

张巡从小聪敏好学，博览群书，为文不打草稿，落笔成章；长成后有才干，讲气节，倾财好施，扶危济困。开元末年，张巡中进士第三名，后调授清河县令，政绩考核为最高等，任期满后回京。当时，有人劝张巡去拜见执掌朝政的杨国忠，但被他拒绝了。因他不愿依附权贵，尽管政绩突出也未能升迁。

安史之乱爆发后，张巡先是独自率众坚守丘雍。经过半年左右的鏖战，城中已是非常地吃紧，箭都已经用完了。不知是不是受"草船借箭"的启发，张巡也上演了一次"借箭"。某个夜晚，叛军守卫忽然发现从城上用绳子放下来1000余名身穿黑衣的人，但是当时黑漆漆的，叛军不敢大意，于是拼命射箭，结果自然是中了张巡之计，白白送出几万支箭。

比诸葛亮草船借箭更加精彩的还在后面。几天后的半夜时分，叛军守卫又发现从城上下来500人，不过这次他们汲取了上一次的教训，认为又是草人，于是哈哈大笑，自以为得计，便置之不理。但这次却是真人，张巡就这样打了他们一个措手不及，一直把叛军追到十余里开外。

不久之后，东平、济阴相继陷落，敌人将要攻打宁陵以切断丘雍的后路，于是张巡退出丘雍，据守宁陵。这期间张巡遇上了睢阳太守许远，二人负责保卫睢阳。许远认为自己才干不足，就把军政大权托给张巡，自己甘事后勤。张巡开始了艰难的睢阳守卫战。

两个月之后,守军仅剩600余人,而睢阳城已是内无粮草外无救兵,许远与张巡商量,决定还是坚守城池。因为睢阳是江淮屏障,如果失守,叛军会大举南下,蹂躏江淮,再说守城士兵已饥惫不堪,但仍决定坚守。

由于城中无粮,茶纸这些替代品也都吃了个精光,守军不得已从吃马开始,然后又吃麻雀,吃老鼠。睢阳城被围时,城内有军民6万,城破后,仅存400人,战争之惨烈古今罕见。

最终,睢阳因士兵已无战斗能力而被叛军攻破,张巡、许远及其他将士都成了叛军的俘虏。叛军主帅尹子奇拿刀架在张巡的喉头上要他投降,但张巡大义凛然,宁死不屈。于是,尹子奇将张巡及其部将等36人同时杀害。张巡终年49岁。

睢阳这座孤城能牵制几十万敌军达数月之久,关键原因是有了张巡这样一位强悍的主帅,在他的坚强指挥下,唐军与占优势的叛军前后进行了400余战,杀死敌军将领300多人、士兵12万多人,有力地阻止了叛军的南下,保全了江淮及江汉,为战争的最后胜利赢得了丰厚的经济来源。

柔顺之才

这种人性情温和,慈忍善良,亲切和蔼,不摆架子,处事平和稳重,能够照顾到各个方面,待人仁厚忠恕,有宽容之德。如柔顺太过,则会逆来顺受,随波逐流,缺乏主见,犹豫观望,不能果决,也不能断大事,常因优柔寡断而痛失良机。因与人为善又可能丧失原则,包容袒护不该纵容的人,许多情况下连正确的意见也不能坚持,对上司有随意顺从的可能。如果果断一些,正确的能极力坚持或争取,大事上把握住方向和原则,以仁为主又不失策略机变,则能团结天下人才共成大事,否则,只是幕僚参谋的人选。

雄悍之才

这种人有勇力,但暴躁,认定"两个拳头就是天下",恃强鲁莽,为人很讲义气,敢为朋友两肋插刀,属性情中人。他们的优点是为人单纯,没有多少回肠弯曲的心机,敢说敢做敢当,有临危不惧的勇气,对自己衷心折服的人言听计从、忠心耿耿、赤胆忠诚,绝不出卖朋友。缺点是对人不对事,服人不服法,凭性情做事,往往会因其鲁莽而坏事。

周亚夫是西汉名将周勃的次子,他本人也是当时的一员名将。

开始,周亚夫做河内郡守,限于自己的条件,周亚夫没有做王侯、当丞相的野心。但当时有个叫许负的老太太,以善于看面相著名。有次,周亚夫请她到自己的府中,为自己看相。许负对他说:"您的命相比较尊贵,三年之后可以封侯,再过八年,就可以做丞相了,地位显贵。但您再过九年,就会因饥饿而死的。"

周亚夫听了根本不信,他说:"我绝对不可能被封侯的,因为我的哥哥已经继承了父亲的侯爵,即使他死了也会让侄子继承,轮不到我。说我饿死也不可能,因为既然我尊贵了,又怎么会饿死呢?"

许负说她只是根据面相得出的结论,她还指着周亚夫的嘴角说:"您的嘴边缘有条竖直的纹到了嘴角,这是种饿死的面相。"周亚夫听了,惊讶不已。

事情就有这么凑巧,三年后,周亚夫的哥哥周胜之因杀人罪被剥夺了侯爵之位。文帝念周勃对汉朝建国立下战功,所以不愿意就此剥夺了周家的爵位,于是下令推选周勃儿子中最好的来继承爵位。大家一致推举了周亚夫,所以周亚夫就继承了父亲的爵位。

汉文帝六年,匈奴进犯北部边境,文帝急忙调边将镇守防御。为了保卫京师,文帝派三路军队到长安附近抵御守卫:宗正刘礼驻守在灞上,祝兹侯徐厉驻守在棘门,河内太守周亚夫则守卫细柳。

文帝为鼓舞士气,亲自到三路军队里去犒劳慰问。他先到灞上,再到棘门,这两处都不用通报,见到皇帝的车马来了,军营都主动放行。而且两地的主将直到文帝到了才知道消息,迎接时慌慌张张,送文帝走时也是亲率全军送到营寨门口。

文帝到了周亚夫的营寨,和先去的两处截然不同。前边开道的被拦在营寨之外,在告知天子要来慰问后,军门的守卫都尉却说:"将军有令,军中只听将军命令,不听天子诏令。"等文帝到了,派使者拿自己的符节进去通报,周亚夫才命令打开寨门迎接。守营的士兵还严肃地告诉文帝的随从:"将军有令:

汉文帝

'军营之中不许车马急驰。'"车夫只好控制着缰绳,不让马走得太快。到了军中大帐前,周亚夫一身戎装出来迎接,手持兵器向文帝行拱手礼道:"甲胄之士不拜,请陛下允许臣下以军中之礼拜见。"文帝听了,非常感动,欠身扶着车前的横木向将士们行军礼。

劳军完毕,出了营门,文帝感慨地对惊讶的群臣说:"这才是真将军啊!那些灞上和棘门的军队,简直是儿戏一般。如果敌人来偷袭,恐怕他们的将军也要被俘虏了。可周亚夫怎么可能有机会被敌人偷袭呢?"很长一段时间,文帝对周亚夫都赞叹不已。

一个月后,匈奴兵退去。文帝命三路军队撤兵,升周亚夫为中尉,掌管京城的兵权,负责京师的警卫。

后来,文帝病重弥留之际,嘱咐太子刘启,即后来的景帝说:"以后关键时刻可以用周亚夫,他是可以放心使用的将军。"文帝去世后,景帝让周亚夫做了骠骑将军。

到了汉景帝三年,吴王刘濞联合楚王刘戊、胶东王刘卬等七国发动叛乱,打出"诛晁错、清君侧"的旗号。景帝于是升周亚夫为太尉,领兵平叛。周亚夫只用了三个月就平定了叛乱,大家纷纷称赞周亚夫的用兵之道。

后来，丞相陶青有病退职，景帝任命周亚夫为丞相。这说明了景帝对他是非常器重的。但由于周亚夫生性耿直，不会讲政治策略，逐渐被景帝疏远，最后落得个悲剧的结局。

有一次，景帝要废掉栗太子刘荣，刘荣是栗姬所生，所以叫栗太子。但周亚夫却反对，结果导致景帝对他开始疏远。此外，还有两件事导致了周亚夫的悲剧：一件是皇后的兄长封侯；一件是匈奴王封侯的事。

窦太后想让景帝封皇后的哥哥王信为侯，在同景帝和周亚夫商量时，周亚夫说刘邦说过，不姓刘的不能封王，没有功劳的不能封侯，如果封王信为侯，就是违背了先祖的誓约。景帝听了无话可说。

后来匈奴王唯、许卢等五人归顺汉朝，景帝非常高兴，想封他们为侯，以鼓励其他人也归顺汉朝，但周亚夫又反对说："如果把这些背叛国家的人封侯，那以后我们如何处罚那些不守节的大臣呢？"景帝听了很不高兴："丞相的话迂腐不可用！"然后将那五人都封了侯。周亚夫失落地托病辞官，景帝批准了他的请求。

此后，景帝又把他召进宫中设宴招待，想试探他的脾气是不是改了，所以在他的面前未放筷子。周亚夫不高兴地向管事的要筷子，景帝笑着对他说："莫非这还不能让你满意吗？"周亚夫羞愤不已，不情愿地向景帝跪下谢罪。景帝刚说了个"起"，他就马上站了起来，不等景帝再说话，就自己走了。景帝叹息着说："这种人怎么能辅佐少主呢？"

周亚夫

这事刚过去，周亚夫又因事惹祸，这次是由于他的儿子。儿子见他年老了，就偷偷买了五百甲盾，准备在他去世时发丧用，这甲盾是国家禁止个人买卖的。周亚夫的儿子给佣工期限少，还不想早点给钱，结果，心有怨气的佣工就告发他私自买国家禁止的用品，要谋反。景帝派人追查此事。

负责调查的人叫来周亚夫，询问原因。周亚夫不知道儿子做了什么，对问题不知如何回答，负责的人以为他在赌气，便向景帝报告了。景帝很生气，将周亚夫交给最高司法官廷尉审理。

负责审问的官员问周亚夫："君侯为什么要谋反啊？"

周亚夫答道："儿子买的都是丧葬品，怎么说是谋反呢？"

那名官员讽刺道："你就是不在地上谋反，恐怕也要到地下谋反吧！"

周亚夫受此屈辱，无法忍受，开始差官召他入朝时就要自杀，被夫人阻拦，这次又受羞辱，更是难以忍受，于是绝食抗议，五天后，吐血身亡。司马迁在《史记》中对他称赞的同时，也为他惋惜，说他因为过于耿直，对皇帝不尊重，结果导致悲剧结局，令人慨叹。

惧慎之才

这种人办事精细，小心谨慎，很谦虚，但往往也没有骄傲的本钱。他们疑心重顾虑多，多谋少成，前怕狼后怕虎，不敢承担责任，也不敢得罪人，心胸狭窄，会将别人的玩笑话当真。去干某件事，一定要在万无一失的情况下才肯去做。只能在能力范围内圆满地完成任务，一旦情况有变，局面混乱，就有可能头昏脑胀而分不清东南西北，这样就决定了他们难以在竞争严酷的环境中生存。

这种人生活有规律，习惯于井井有条而不愿意随便打破安静平稳的节奏。适合于做办公室、图书室、保管室等按部就班、突变性少的工作，他们会以谨慎心细的特点很好地完成此类工作。这种人活得也够累的：算计别人，怕别人算计，时刻提心吊胆，警惕性很高，神经紧张，小肚鸡肠。

凌楷之才

这种人立场坚定，直言敢说，也有智谋，可以信赖；行得端，走得正，为人非常正统，不论在思想、道德、饮食、衣着上都落后于社会潮流，有保守的倾向，也比较谨慎，该冒险时不敢；过于固执，死抱住自己认为正确的东西，不肯向对方低头，不擅长权变之术。这种人是绝对的内当家，是敢于死谏的忠直大臣。

鲁宗道是宋真宗时太子的老师，他忠厚老实、一生清廉，但最突出的特征还是为人做事耿直，有一说一，有二说二，有着"鱼头参政"的称号。

历朝历代，真正广开言路的皇帝都不多，宋真宗也没有脱俗。有一次，鲁宗道竟一天三次面见宋真宗，要其立即出京对地方官去考察，以扼制渎职害政的现象发展。宋真宗虽觉得其言极是，但心有烦意，鲁宗道话刚说完，就闭目挥手，让其出殿。可等他睁开眼时，鲁宗道已将官服脱了一地，赤脚站立着。

"你？"宋真宗坐直身子，一字刚出，鲁宗道就盯着他问："陛下委任我当谏官，难道是做做纳谏的样子吗？我对在其位而不负责的行为是羞愧的，否则就把我免职。"说完转身就走。宋真宗急忙起身，向下疾走几步，牵住了鲁宗道的内衣，说："朝中有你这样直爽的人，我就放心了！"说完哈哈大笑，接着弯腰捡起官袍披在鲁宗道身上。

鲁宗道有次穿着便服去饮酒，正在这个时候，宋真宗派人去召见他。使者到他家等了很久，鲁宗道才回来，使者问他："要是皇上问你为什么迟到，你如何回答？"鲁宗道说："我要如实回答。"使者说："那么你就要得罪皇上了。"鲁宗道说："喝酒，人之常情，如果欺骗皇上，那就是欺君之罪。"到了宋真宗那里，真宗果然问他为何

宋真宗

迟迟而来,鲁宗道从容说道:"有老朋友从家乡来,我家没有像样的杯盘,所以就到外面去招待他。"真宗听了不但未加怪罪,而且认为鲁宗道忠实可委以重用,并把这个意见告诉了刘太后。

宋真宗死后,刘太后临朝时,敬其人品,任命鲁宗道为参政,而鲁宗道却不怎么高兴太后干预朝政。有一次,太后和仁宗皇帝一道坐车同到慈孝寺,太后被安排在皇帝的前边走。鲁宗道一见这阵势,急忙到路中,止住出行的队伍,疾步来到太后的辇前跪谏:"夫死从子,才是妇人之道,太后的车应该在皇帝后面!"太后听见这话,气不打一处来,用手指着鲁宗道说:"好你个宗道,其骨在头,乃鱼头参政!"这就是鲁宗道被称为"鱼头参政"的由来。

虽然鲁宗道坦率、诚直的性格有时候很让皇帝不高兴,但正因为做人实实在在,皇帝还是很敬重他,并让他做太子的老师。鲁宗道临死前,仁宗还亲自前去看望他,并赠白金万两。死后,还追封他为兵部尚书,连"封"他为"鱼头参政"的刘太后也亲临祭奠。

辩博之才

这种人勤于独立思考,所知甚博,脑子转得快,主意多,经常会有奇思妙想让人叫绝,是出谋划策的高手。但要注意到深度,不能博而不精,专一性、深刻性都不够的话,除了夸夸其谈就很难有建树。他们的口才也好,由于懂得多,交谈演讲辩论时能旁征博引、引经据典,让旁人大开眼界、叹为观止。如果再深钻研一些,就有望成为百科全书式的人物。这类人为人豁达,因此能得到上下人士的尊敬。

刘备初入蜀时,知道蜀国毕竟是小国,人才资源相对短缺,因此特别注重挖掘民间的人才。

秦宓很小就有才学,但他自命清高,过去的州郡几次请他为官,都被他拒绝。刘备听人推荐以后,派广汉太守夏纂及部下,抬着酒菜,到秦宓炕头边吃边谈,终于将秦宓拉出来做了从事祭酒的官。

一次,东吴的使者张温来蜀,问秦宓:"天有头吗?"

秦宓说:"有哇,这个头就在西方,《诗经》这本书里面有句话'乃眷西顾',我根据这句话推断,天的头不就在西方吗?"

张温又问:"天有耳朵吗?"

秦宓回答:"有啊,天居于高处而能听到低处的声音。《诗经》中说:'鹤鸣九皋声闻于天'。"

张温再问:"天有脚吗?"

秦宓说:"有,《诗经》中写道:'天步艰难。'没有脚哪来的步呢?"

张温最后问:"天有姓名吗?"

刘备

秦宓说:"有,姓刘。因为天子姓刘,所以天也姓刘。"

秦宓的回答表面上看是荒诞不稽,但在讲究"皇权天授"的古代,实际上起到了为刘备政权寻找理论根据的作用。

弘普之才

这种人交游广阔,待人热情,出手阔绰大方,处世圆滑周到,能获得各方面朋友的好感和信任。他们善于揣摩人的心思而投其所好,长于与各方面的人打交道,混迹于各种场合而左右逢源。适合于做业务工作和公关,能打通各方面的关节。但因所交之人鱼龙混杂,又有点讲义气,往往原则性不强,受朋友牵连而身不由己地做错事,很难站在公正的立场上看问题、处理事情。

狷介之才

这种人清廉端正,洁身自爱,从本性上讲不愿贪小民之财,负有同情心和正义感,因此看不惯各种腐败而不愿为官,即使为官也是两袖清风,不阿谀奉承,偏激的人就此辞官不做,去过心清神静的神仙日子。由于他们原则性极强,一善一恶界限分明,有可能导致拘谨保守;又因耿直而遭奸人嫉恨陷害,难以在政治上取得卓越成就。有狂傲不羁个性的反而在文学艺术上会有惊人的成就,可以尽情自由地实现自己的理想和抱负。

李白是我国唐朝时著名的浪漫主义诗人,一句"安能摧眉折腰事权贵"表达了他藐视权贵、视富贵如粪土的豪迈气概。但事实上,李白最初的理想是"愿为辅弼,使寰区大定,海县清一",也就是说,他很想当一个有所作为的好官。

李白青壮年时家境富裕,轻财好施。据说他的父亲李客在西域因经商致富。他学习范围很广泛,除儒家经典、古代文史名著外,还浏览诸子百家之书,并好"剑术"。同时,李白又有建功立业的政治抱负,希望"学得文武艺,售予帝王家",做一个君主的辅弼大臣。

开元十八年,李白来到了长安,争取政治出路,但失意而归。天宝元年,因受玉真公主等人推荐,被玄宗召入长安,作为文学侍从之臣,参加草拟文件等工作。李白当时心情兴奋,很想有所作为。

不过,那时候已经是玄宗后期,政治日趋腐败黑暗,李林甫把持政权,在朝廷上逐渐形成了一个腐朽的统治集团,贤能之士屡遭排斥和迫害。李白对黑暗势力不能阿谀奉承,因而遭受谗言诋毁,在长安前后不满两年,便被迫辞官离京。

虽然官场失意,但正是这一时期,李白的诗歌创作趋于成熟,名篇迭出,代表作

李白

有《蜀道难》、《行路难》、《梁园吟》等。

李白在长安遭受挫折,心情苦闷。此后十一年内,他继续在黄河、长江的中下游地区漫游。但他仍然关心国事,希望重获朝廷任用。天宝三载,李白在洛阳与杜甫认识,结成好友,同游今河南、山东的一些地方,把酒论文,亲密无间,成为中国文学史上的佳话。

安史之乱爆发之际,李白怀着消灭叛乱、恢复国家统一的志愿,参加了永王幕府工作。不料李璘不听肃宗命令,想乘机扩张自己的势力,结果被肃宗派兵消灭。李白也因此获罪,幸而途中遇到大赦,得以东归,当时已 59 岁。晚年流落在江南一带,但总想报效国家,但都因病半路折回。直到 62 岁病逝,李白一直没有完成当官的理想。

李白疾恶如仇、恃才傲物,这种性格绝不是当官的料。不过,有所失便有所得,这对李白来说也是好事,对中国文学史来说更是好事。因为历史上少了一位庸庸碌碌的官员,而多了一位伟大的诗人。

修动之才

这种人性格开朗外向,作风光明磊落,志向远大,卓尔不群,富有开创精神,凡事都想争前头,不甘落在人后,往往从中产生出莫大的勇气和灵感,不轻言失败,成功欲望强烈,永远希望自己走在成功者的前列。缺点是好大喜功,急于求成,轻率冒进,如果在勇敢磊落的基础上能深思熟虑、冷静应对,则能取得重大成就。又因为妒忌心强,如果不注重自身修养,会为嫉妒而犯错误。如果将嫉妒心深藏不露,得不到宣泄,可能偏失到畸形的程度。大名鼎鼎的初唐四杰,就是因为性格上的缺点而导致了自身的悲剧。

初唐四杰是指王勃、杨炯、卢照邻、骆宾王四人。唐朝著名政治家裴行俭对他们的评价是:"读书人要想实现自己的远大理想,应该首先提高自己的度量和见识,然后才注重文字技艺。王勃等人虽有文才,但浮躁浅薄,怎么能够成为享有官爵俸禄的人呢?杨炯还算沉静,应该能担任地方长官,其他人能够善终就

骆宾王

是幸运的了。"后来正如裴行俭预言的那样,王勃在南海溺水而死,卢照邻在颍水投河自杀,骆宾王谋反被处死,只有杨炯官至盈川令。

沉静之才

这种人性格文静,办事不声不响,作风细致入微,认真执著,有锲而不舍的钻研精神,因此往往成为某一个领域的专家和能手。缺点是过于沉静而显得行动不够敏捷,凡事三思而后行,抓不住生活中擦肩而过的机会。兴趣不够广泛,除兴趣所

在之外,不大关心周边的事物。尽管平常不大爱讲话,但看问题又远又深,只因不愿讲出来,有可能被别人忽略。其实仔细听听他们的意见是有启发的。

朴露之才

这种人胸怀坦荡,性情忠厚淳朴,没有心机,不善机巧,有质朴无私的优点。但为人过于坦白真诚,心中藏不住事,口没遮拦,有什么说什么,太显山露水,城府不够,甚至可能被大家当傻瓜看,作为取笑的对象。与这种人合作,尽可以放心。但因缺乏心眼,办事草率,有时又一味蛮干,不听劝阻;该说的说,不该说的也说。虽说坦诚是为人处世的不二法门,但一如竹筒倒豆子,少了迂回起伏,也未必是好事。如果能多一份沉稳,多一点耐心,正确运用其诚恳与进退谋略,成就也会不小。

西汉人杨恽素有才干,好结交儒生与豪杰,在朝廷中很有名望,宣帝任他为郎官。杨恽样样都好,就是说话口无遮拦,让人难以接受。

宫中有尧、舜、桀、纣的画像,杨恽指着桀、纣的画像对身边人说:"当今天子经过此地时,要是能对他们的过错一一指明,就知道怎样做天子了。"这句话暗含对汉宣帝的嘲讽,说得让人难以接受。廷尉于定国查明属实后,便奏请皇上逮捕治罪。宣帝念杨恽有才,不忍杀害,便把他贬为平民。

杨恽本来官瘾不大,又乐得清闲,虽丢了官却也并不感到十分难过。原先做官时,添置家产多有不便,现在,添置一些家当,这与廉政并无瓜葛,谁也抓不到什么把柄。于是他以置办家产为乐,在每天忙忙碌碌的劳动中得到许多的乐趣。

他的好朋友孙会宗听说这件事后,预感他这样下去可能会闹出大事来,情急之下给杨恽写了一封信说:"大臣被免掉了,应该关起门来表示心怀惶恐,装出可怜兮兮的样子,以免别人怀疑。你这样置办家产,搞公共关系,很容易引起人们的非议。若皇帝知道了,他也不会轻易放过你的。"

杨恽心里不以为然,回信给孙会宗说:"我认为自己确实有很大的过错,德行也有很大的污点,应该一辈子做农夫。农夫虽然没有什么快乐,但在过年过节杀牛宰羊,喝酒唱歌,总不至于犯法吧!"

果然,孙会宗的担忧变成了现实,又有人向皇帝诬告,说杨恽被免官后不思悔改,生活腐化。还添油加醋地说,最近出现的那次不吉利的日食,也是由他造成的。于是,皇帝命令迅速将杨恽缉拿归案,以大逆不道的罪名将他腰斩了,他的妻子儿女也被流放到酒泉。

本来,杨恽以不满皇帝而戴罪免官之后,应该听从友人的劝告,装出一副甘于忍受侮辱的逆来顺受的可怜样子,是不会引起别人的注意。杨恽却没有接受教训,他还要置家产、搞活动、交朋友,最终酿成了自己被杀、家人遭流放的悲剧。

韬谲之才

这种人机智多谋又深藏不露,心中城府深如丘壑,善于权变,反应也快。如果邪多于正，就容易蜕变成大恶大奸之人，阴险奸诈，诡智多变，使用一些最卑鄙、最下流的手段。表面上谦让严谨，态度温和，实际上暗藏着报复心，心狠手辣，杀人不眨眼。当然他们不会亲手杀人的，而是假他人之手。如果其人忠诚耿直，一身正气，则会成为姜子牙、诸葛亮一类的旷世奇才。因为这类人过于精明，很有可能气节不够，不宜让他们担任关键部门、关键位置的职务，否则，用人者会很有可能被他们玩于股掌之间而不知。

第三章 发现人才,用好特长

★有特长就是人才

盖人流之业十有二焉:有清节家,有法家,有术家,有国体,有器能,有藏否,有伎俩,有智意,有文章,有儒学,有口辩,有雄杰。

——《鉴人智源》

人才的类型可划分为十二种类别:有清正守节的人,有擅长法令的人,有擅长道术的人,有公忠体国的人,有专能成器的人,有品评人物的人,有擅长奇巧的人,有智谋出众的人,有善于著述的人,有能传圣道的人,有善辩议论的人,有勇力过人的人。

人各有所长,用人者要择才任势,使天资、秉性、特长不同的人在不同的岗位各得其所。作为一个用人的老板,用的就是人才某一方面的长处,并不会要求人才面面俱到,只要你的短处对老板的事业没有妨碍,那么对于老板来说,你就是一个优秀的人才。

某老总手下有两个人,一个人看到地上有张百元大钞,他回公司后就向老总报告钞票的宽度、长度、厚度;而另一个人同样看到百元大钞,他向老总报告的是"这是真钞"这样的一句话。这就说明,前者爱钻研,可以去试试搞研发;而后者富于行动,适合于做销售。

还有这样一个也许是虚构的故事,也说明了如何发现、使用人才的特长。

某家企业的老板招聘时,拿出了个魔方来考察应聘者,要求应聘者隔日把魔方复原。这位老板遇到了五种人:第一种人,把魔方漆上油漆,几乎能以假乱真,老板安排其去做生产;第二种人,智商奇强,当场就把魔方复原了,老板将此人安排到策划职位,因为策划需要聪明人;第三种人,因为自己不能复原魔方,就回去邀亲朋好友帮忙,这种人有人缘,是销售人才;第四种人,小心翼翼地来交还魔方,原来是不小心把魔方弄坏了,并告诉老板,愿意赔偿魔方的费用。这种人安分老实,老板就安排他去搞财务;最后一种人,交上魔方,完完整整。老板仔细一瞧魔方,复原得好好的,一问才知此人到市场买了个全新的魔方来交差。老板拍案叫绝:"此人是模仿的最佳人选！"

所谓人才，就是有一技之长、一专之能的人。比如上面故事中的五个人，可以说个个都是人才。企业家能把一个企业管理得出效益是人才，一个工人开动机床加工出精密的机器部件也是人才，研究电脑的专家是人才，会计人员的"铁算盘"也是人才。

"天生我材必有用"，只要是人，总有他的长处和可用之处。著名的红顶商人胡雪岩就曾说过"篾片有篾片的用处"，其道理就在于此。

胡雪岩在用人的时候，从不为世俗偏见所左右，他认为用人宜取人之长，不应求全责备，并不是长期起作用的人才算是人才。在关键时刻、关键场合能起作用的人更是难得的人才，所以他聘请退居的官绅，启用曾任洋行的代理，重用竞争对手的人才等等，这些人常能起到常人不能代替的作用。

如他手下有一个叫陈世龙的人，外号"小和尚"，原是一个整日混迹于湖州赌场街头，吃喝玩赌无所不精的混混。胡雪岩却将他培养成为一个跑江湖、泡官场的得力助手。又如，另一个手下刘不才从小就是一个纨绔子弟，花花公子一套玩得十分精通，而且嗜赌如命。胡雪岩却能收服他并让他充当一名特殊的"清客"角色，专门培养他和达官阔少们打交道。结果他不负重望，运用自己的应酬技巧，为胡雪岩赢得了黑白两道上的很多朋友。

任何领导人都希望自己手下的人才德才兼备、文武双全，但现实往往是"金无足赤，人无完人"，鱼和熊掌不可兼得。这个时候，到底用什么样的人，以及怎样用人，就得看用人者的用人艺术了。用人大师的高明之处就在于能"不求完人，但求能人；知人善任，用人之长"，所以能产生点石成金、化腐朽为神奇的用人效果。

战国著名的四公子之一的孟尝君曾收留了食客三千人，其间不乏鸡鸣狗盗之徒。当时有人不明白他为何要收留这么多"无赖之人"，可他相信，这些人总有一天会派上用场的。

齐湣王二十五年，秦王软禁了孟尝君，甚至动了杀掉他的念头。在这万分危急的情况下，孟尝君只好向秦王的宠姬幸姬求救，要她为自己窃取出关的官符。幸姬虽然答应了，可她有一个要求，让孟尝君把那件天下绝无仅有、价值连城的白狐裘送给她。可孟尝君早就将白狐裘献给秦王了。这可怎么办呢？

这时，一个平时不出众的食客主动说："我可以为公子取得这一宝贝。"原来，这个人过去就是小偷，而且是个高手，所以他不费吹灰之力就从秦王的宫殿内盗取了白狐裘。孟尝君马上将它献给幸姬，幸姬也如约为孟尝君送来了官符。

孟尝君

官符到手，孟尝君连夜出城，因为他担心秦王发现官符被盗之后，会发兵前来追杀他。当孟尝君赶到函谷关的时候，追兵已近，可是关门紧闭，因为照当时的规

定,每天要等到鸡叫时才开城门。眼看孟尝君一行人的生死悬于一线,这时,有一位除了能学鸡叫什么也不会的食客,再次救了孟尝君。他捏着脖子学了几声鸡叫,立即引得全城的鸡都叫了起来。守关的官兵以为开门的时辰已到,便打开了城门,孟尝君这才得以顺利地出关而去,逃之夭夭。

要是没有"鸡鸣"与"狗盗"两位食客的帮助,孟尝君可能早就命亡秦国了。而他最终能逃此大劫,就是因为两位食客的特殊本领。

傅玄是魏晋时期著名的思想家、文学家、政治家,在文学、史学、哲学等各方面都有相当的见解,他对人才的见解也颇有独特之处。

他说:"人才可分九类:一是有德行的,这类人可用来作为政权的根基;二是治理之才,可以让他们来推究事物变化的规律;三是政务之才,可以让他们从事政治体制的运作;四是学问之才,可以让他们搞学术研究;五是用兵之才,可用以统帅军队;六是理农之才,可以让他们指导农民耕作;七是工匠之才,用以制作器具;八是经商之才,可以用他们来振兴国家经济;九是辩才,可以发挥他们讽谏和议政的长处。"

在本篇中,将人才分成了清节家、法家、术家、国体、器能、臧否、伎俩、智意、文章、儒学、口辩、雄杰这样十二种类型的人才。虽然分法与傅玄的不一样,但其目的却是一致的。告诉人们在用人上要注意这样几个问题:一是每个人都有长处;二是要善于发现人的长处;三是要用人所长;四就是要广纳人才,才能博采众长而成大业。这些,不只是用人者个人胸襟和气度的问题,更是一种用人的大智慧。

诸葛亮在《将苑》中指出,一个将领要有左右心腹可以商量事情,有耳目侦察消息通风报信,有爪牙坚决贯彻自己的命令。而且心腹之人要学识渊博、足智多谋,能提出奇妙的智谋;耳目之人要机智聪明、谨慎保密、具有很强的判断力;爪牙之人要像熊虎一样勇猛、像猿猴一样敏捷,而且性格刚烈如铁石。

这段话也说明了不同的人有各自的特长,不同特长的人有不同的作用。

★下属应当具备的十二种特长

若夫德行高妙,容止可法,是谓清节之家,延陵、晏婴是也。

建法立制,强国富人,是谓法家,管仲、商鞅是也。

思通道化,策谋奇妙,是谓术家,范蠡、张良是也。

兼有三材,三材皆备,其德足以厉风俗,其法足以正天下,其术足以谋庙胜,是谓国体,伊尹、吕望是也。

兼有三材,三材皆微,其德足以率一国,其法足以正乡邑,其术足以权事宜,是谓器能,子产、西门豹是也。

兼有三材之别,各有一流。

清节之流,不能弘恕,好尚讥诃,分别是非,是谓臧否,子夏之徒是也。

法家之流，不能创思图远，而能受一官之任，错意施巧，是谓伎俩，张敞、赵广汉是也。

术家之流，不能创制垂则，而能遭变用权，权智有余，公正不足，是谓智意，陈平、韩安国是也。

凡此八业，皆以三材为本。故虽波流分别，皆为轻事之材也。

能属文著述，是谓文章，司马迁、班固是也。

能传圣人之业，而不能干事施政，是谓儒学，毛公、贯公是也。

辩不入道，而应对资给，是谓口辩，乐毅、曹丘生是也。

胆力绝众，才略过人，是谓雄杰，白起、韩信是也。凡此十二材，皆人臣之任也。

——《鉴人智源》

德行高尚，仪表举止值得人们去效法的人，就称之为清正守节之家，延陵、晏婴就属于此类。

善于建立法制，使国家强盛、百姓富裕的人，就称之为法家，管仲、商鞅就属于此类。

通晓天地间道化万物的道理，善于策划奇谋妙计的人，就称之为术家，范蠡、张良就属于此类。

一身兼其德、法、术三种材质，而且三种材质都已达到很高水平的人，他们的道德的感召力足以整饬和劝勉社会风俗，他们建立法制足以匡正天下，他们施展权谋、运筹帷幄足以决胜千里，这样的人就称之为国体，伊尹、吕望就属于此类。

一身兼具德、法、术三种材质，然而，三种材质的水平却不高，他们的道德的感召力足以成为一国的表率，他们建立法规足以使乡邑大治，他们施展权术能够把具体事宜办好，这样的人就称之为器能，子产、西门豹就属于此类。

还有一些人，兼有德、法、术三种材质，但不是它的全部，而是每一种材质的某一面。

例如，清节家的支流，不能做到宏大宽恕，特别热衷于非难指责，明辨是非，这样的人就称之为臧否，子夏一类的人就属此列。

法家的支流，不能做到开创思路、深谋远虑，却能胜任某一官职，一门心思用在用计巧施仁，这样的人就称之为伎俩，张敞、赵广汉就属于此类。

术家的支流，不能创立制度，垂示法则，遇事却能随机应变，富于施权用谋的智慧，缺乏公正厚重的情怀，这样的人称之为智意，陈平、韩安国就属于此类。

以上八种类型的人，都是以德、法、术三材作为自身才能的基础的。虽然他们彼此有主流与支流的区别，但总体上都属于能够成就一番事业的人才。

擅长著书立说写文章的人，称之为文章，司马迁、班固就属于这种人才。

能传授圣人的事业，却不善于亲身从事政务活动的人，就称之为儒学，毛公、贯公就属于这种人才。

演讲论说虽然未必符合真正的道理，但对答应辩左右逢源、滔滔不绝、自圆其说，这样的人就称之为口辩，乐毅、曹丘生就属这种人才。

胆略超绝出众，材质过人，称之为雄杰，白起、韩信就属于这种人才。

以上十二种类型的人才，都是做臣子的材料。

优秀的人才应该具有德、法、术这样三种素质，就是所谓的"三材"，再根据一个人兼有德、法、术三种材质的多少，又将人分成了清节家、法家、术家、国体、器能、臧否、伎俩、智意、文章、儒学、口辩、雄杰十二种人才。

清节家：其身正，不令而行

清节家以道德高尚、品行端正著称。他们举止端庄，进退肃敬，为人处世既合法又合礼，是礼节德行的化身，是人们看齐的目标、学习的榜样，传统美德往往就是从他们身上体现出来的，其高风亮节足以感化缺德疏礼的人，能起到"其身正，不令而行"的教化社会、矫正世风的楷模作用。

虽然这类人没有被称为儒家，但是称其代表人物是"子夏之徒"，显然是指儒家，认为他们能"传圣人之业"，就是指能在政治实践中推行儒家道德教化。文中还指出了延陵与晏婴是清节家的代表人物。

延陵就是季札，他是吴王寿梦第四子，与吴王阖闾的爹是亲兄弟。延陵是他的封地，因此又称为延陵季子。《史记》中记载了很多关于他的故事，最为感动人的，不是他几次把吴王的位置让给他的兄弟和侄儿，而是另外的一件事情。

有一次，季札代表吴国出使齐、鲁等国，顺道拜访了当地的名士徐君。徐君非常喜欢季札的佩剑，却又不好直说："季札，老夫喜欢你的这把剑，你把它送给我吧。"徐君没有这样说，只是啧啧不休地夸季札的剑是好剑。

季札知道徐君的心思，可他是吴国的公使，他还要出访其他的国家，腰里没有佩剑怎么成呢？于是装作不知道。告别了徐君，他开始访问其他的国家，回国的时候，又经过了徐君那里，才知道徐君已死了。季札解下了腰间的剑，挂在了徐君墓旁的大树下。随从的人不解地问季札："那老头子死了，你把剑挂在这里干吗呢？"

季札说："不能这样想啊，一开始我的心里就已答应把剑送给徐君了，怎么能言而无信呢？如果因为他不在人世而改变了诺言，与出尔反尔的小人有什么区别呢？"季札对人的承诺可谓鬼神不欺，足以让现代人汗颜。

季札除品德高尚、信守诺言外，他的政治、外交才能也很高，晏婴、郑子产这些历史上有名的政治家都很欣赏他的才干。只因为他身居高位，保持优秀品德更难，人们更关注他的德行，所以，季札留传下来的只有声名，对其才干，人们倒慢慢遗忘了。

法家：定规矩成方圆

法家的特点是"建法立制，强国富人"。其主要工作就是以法规制度治理天下，用"游戏规则"来规范人们的所做所为，以达到治理天下、富民强国的目的。由于法家治国的手段过于严酷，因此在其没有执政时，会引起人们的猜忌，一旦执政则引起人们的恐惧，受到被其伤害者的仇恨。所以"有弊而不常用，故功大而不终"。法家在国家政治生活中具有存在的必要性，但是不能单纯以此治理国家，只能在某种范围内适用。管仲与商鞅是法家的代表人物。

商鞅到秦国后，先劝秦孝公行帝道，不听；再劝其行王道，又不听；再劝其行霸道强术，这一下对了秦孝公的胃口。于是商鞅开始变法，并做了十年宰相。商鞅变法就是"废井田、开阡陌"，就是把奴隶变成自由人、把奴隶主变成地主，奴隶不再被锁起来，可以租地主的地来种、还可以凭借战功拥有属于自己的土地，这样就动摇了奴隶制的经济基础！

因此，秦国虽然渐渐强大了，但宗室权贵多怨恨商鞅。赵良曾劝商鞅："你官至丞相靠的是强力和法制而不是德行，如能知时而退，还仁政于百姓，你则隐退，如此才能安身立命。如果仍贪慕富贵，一旦有变，天下有你立足之地吗？"商鞅不听。

秦孝公死后，太子即位。因商鞅处罚过太傅和太师，于是二人串通其他权贵告商鞅谋反，商鞅就连夜跑到关下。寻找住处时，房东说："商鞅有令，留宿客人必须验身，否则主人同罪。"商鞅长叹一声："我定的法律原来有这么多弊病。"商鞅后来被处以车裂之刑，全族被灭。

司马迁评论说："商鞅本是天资刻薄之人，为求成功，劝秦孝公行霸道强术，这不是治理天下的根本，终于尝到恶果。"

法家另外一个代表人物管仲却取得了成功，他认为，治国的三种武器是号令、刑罚和赏赐，这实际上就是刚柔并济、恩威并举的治国之道。

齐桓公当初与其兄公子纠争夺王位时，那时纠的老师管仲专程追杀他，并向他狠狠地射了一箭。为此，齐桓公对管仲深恶痛绝，刚登上王位不久便"发兵攻鲁，心欲杀管仲"。然而，当他从恩师鲍叔牙口中得知"欲霸业，非管夷吾不可"时，便毅然摒弃前嫌，接受鲍叔牙的建议，拜管仲为相国。不久又尊称其为"仲父"，甚至向群臣宣布："国有大政，先告仲父，次及寡人。所有施行，一凭仲父裁决。"

齐桓公

而管仲为相后果真不同凡响，对内，他实行了一系列富国强兵之策，使齐国国力骤增；对外打着"尊王攘夷"的口号，组织齐、鲁等八国，讨伐不向周王进贡的蔡、楚两国，另一方面又帮助燕、卫等国反击少数民族的进攻，终于使齐国成为众诸侯国的领袖。故《史记》称赞说："齐桓公以霸，九合诸侯，一匡天下，管仲之谋也。"

术家：优秀的参谋

术家的特点是善于用计谋，他们智慧丰富，又多谋善变，是气势昂扬的谋略家，相当于屡次最高的英才，能够运筹于帷幄之中，决胜于千里之外。由于术家计策的奇妙玄微，所以一般人很难认识到其重要性和价值，只有君主可以利用术家来对付各种事变。范蠡和张良是术家的代表人物。

范蠡是春秋末期杰出的政治家、军事家、经济学家。他出身贫寒，但聪敏睿智、胸藏韬略，年轻时，就学富五车，上晓天文、下识地理，满腹经纶，文韬武略，无所不精。

公元前494年，夫差为报父仇与越国在夫椒决战，越王勾践大败，仅剩5000兵卒逃入会稽山。范蠡在勾践穷途末路之际投奔越国，他向勾践慨述"越必兴、吴必败"之断言，建议勾践委曲求全以图转机，并陪同勾践夫妇在吴国为奴3年。

勾践返国后，拜范蠡为相国。范蠡善理内政，是越国"十年生聚、十年教训"的策划者和组织者。他首先在今浙江省绍兴卧龙山下建立了小城，接着又利用这一带的弧丘地形，建立了与小城毗连的大城，这样就建成了国都大越城。

公元前480年，越国对吴国进行了报仇雪耻的征战。范蠡在作战中身先士卒，亲冒矢石。公元前473年，越国军队终于攻克吴南城，灭掉吴国。

在举国欢庆之时，范蠡却急流勇退，遂与西施隐姓埋名、泛舟五湖。后来，他辗转来到齐国，变姓名为鸱夷子皮，带领儿子和门徒在海边结庐而居，垦荒耕作，兼营副业并经商，没有几年，就积累了数千万家产。

勾践

范蠡的贤明能干被齐人赏识，齐王把他请进国都临淄，拜为主持政务的相国。但他喟然感叹："居官至于卿相，治家能至千金；对于一个白手起家的布衣来讲，已经到了极点。久受尊名，恐怕不是吉祥的征兆。"于是，仅仅三年后，他再次急流勇退，向齐王归还了相印，散尽家财给知交和老乡。

范蠡第三次迁徙来到了陶这个地方，陶地居于"天下之中"——东邻齐、鲁；西接秦、郑；北通晋、燕；南连楚、越，是最佳的经商之地。而有着术家之才的范蠡根据时节、气候、民情、风俗等情况，采取"人弃我取、人取我与"、"待机而动"等经营谋略，没出几年，经商又成巨富，人们称之为陶朱公，是中国古代的四大财神之一。

时人对范蠡的评价是："忠以为国，智以保身，商以致富，成名天下"。这也算是对术家人才的评判标准。

国体：最佳的领导者

国体就是国家的栋梁之才，是具备了各类人才优点的"股肱大臣"。他们兼有德、法、术三才,德能整顿社会风气,法能匡正社会秩序,术能制定国策。而且文武兼备,外出能领兵打仗御敌,在家能当宰相治国,是那种能代替君王全权管理国家的人才。国体的代表人物是伊尹与吕望。

夏桀王是夏朝第十七任君主,也是最后一任君主。传说他身体高大,力大无比,可赤手空拳同虎豹搏斗。但他自负勇武,总认为天下无敌,只知道吃喝玩乐,不管百姓死活。他耗费巨资,动用了成千上万的奴隶,花了七年时间,在洛阳修建了一座宫殿,在宫苑还特建一处酒池,与宫女一起驾舟荡桨在池上嬉戏。他还嗜酒如命,而且一醉酒,就拿人当马骑,骑不尽兴,就把人杀掉。如此昏庸残暴,惹得众叛亲离、天怒人怨。

商汤见状,决定顺乎民心,推翻夏朝。但他反复权衡之后,总觉得万事齐备,还缺一位足智多谋的大贤臣来辅佐他。大贤臣在哪儿? 他心急如焚、坐立不安。正当他忧心忡忡之际,忽然感到妻子的陪嫁奴隶伊尹这几天做的饭菜,不是淡得没有一点点咸味,就是放盐过多,咸得发苦。

夏桀

商汤很恼火,就派人把伊尹找来大加训斥。可伊尹不慌不忙地说:"我也知道,做菜不能太咸,也不能太淡,只有把佐料放得适当,吃起来才有味道。我这几天做的菜时咸时淡,且咸淡出奇,是我有意借此提醒大王:治理国家也和做菜一样,既不能操之过急,也不能松弛懈怠,只有恰到好处,才能如愿以偿。"

商汤听了大吃一惊:一个做菜的奴隶怎能讲出这番话来? 他略加思忖,便开始了解伊尹的身世,并惊喜地发现:他原是一位博学多才的大学士,曾一度做过莘国国王女儿的宫廷教师,由于莘国灭亡而变为他国的奴隶。他还了解到,伊尹很有抱负,很有见解,对夏桀王极为不满,对自己确是位"踏破铁鞋无觅处"的人才。

于是,商汤当即解除了伊尹的奴隶身份,任命他为右相。接着,商汤根据伊尹的建议,先历数夏桀王骄奢淫逸,倒行逆施的种种罪行,规劝那些被夏控制的部族反叛夏朝,归顺商国。又对不听规劝的葛伯族出兵进攻、直至消灭还剪除了夏的羽翼韦、顾、昆吾等国。同时,也采用了伊尹"网开一面"的策略,给部族中某些人以改邪归正的出路。于是,商汤美名大震,很快得到了百姓的拥护。

商汤

商汤又发表宣言,挥师伐夏,并大获全胜,夏桀王本人也在溃逃中死于南巢。不久,商汤在伊尹的辅佐下建立了商朝,定都于亳。伊尹又帮助商汤制定了各种典章制度,规定官吏要勤于做出政绩,否则就要受罚,甚至罚做奴隶。因此,商朝初期,官吏都遵纪守法、兢兢业业,出现了社会安定、经济繁荣的局面。

商汤死后,因其长子太丁早死,伊尹就辅太丁之弟外丙继位。外丙死后,传位给中壬,伊尹又辅佐中壬继位。中壬死后又把王位传给太丁的儿子太甲,伊尹又辅佐太甲。可惜,太甲开始不遵祖训,不理朝政,满朝文武为此急得团团转。伊尹在关键时刻,毅然将太甲送到桐宫软禁起来,让他悔过自新,同时,自己代他掌管天下。3年后,太甲果然痛改前非,重新做人。伊尹欣喜异常,亲自迎他回宫,并交还政权。太甲复位后,又做了30年国王,伊尹一直辅佐他,直到太甲死后,又扶立太甲之子活丁为王,直到去世,伊尹活了100多岁。

伊尹德高才重,先后辅佐了五代商王,不愧为是国体人才中的杰出人物,因此后人将他尊崇为中国历史上第一位贤相,成为后世为相者的楷模。

文章:天生的秘书

这种人才就是能够著书立说的人。如果广义地理解,那就是艺术型人才,可统称为文儒之才。他们对生活充满热情,感情丰富,善于用不同的艺术形式来表达对生活的认识和对人生的理解。但文儒之才不一定是管理天下的好人选,也就是说,不一定是当官的料。司马迁、班固是文章之才的代表人物。

历史上著名的文学家、史学家都归入文章之才,但文章并不代表人品,文章漂亮的人有的高风亮节,比如司马迁;有的品格卑下,比如秦桧,文章、书法都写得好,却做了卖国贼,以至于后来人都不取名"桧"字。还有蔡京,书法中的宋体就是他的风格,本应叫蔡体,但因其奸邪,所以人们用宋朝的朝代名称叫宋体。

公元前104年,司马迁正式动手写他的伟大著作《史记》,他决心效法孔子编纂《春秋》,写出一部同样能永垂不朽的史著。正当司马迁全身心地撰写《史记》之时,却遭遇了飞来横祸,因直言触怒了汉武帝而被判了死刑。

根据汉朝的刑法,死刑有两种减免办法:一是拿五十万钱赎罪;二是受"宫刑"。司马迁官小家贫,当然拿不出那么多钱赎罪。宫刑既残酷地摧残人体和精神,也极大地侮辱人格,司马迁当然不愿意忍受这样的刑罚,悲痛欲绝的他甚至想到了自杀。

司马迁

后来,司马迁想:自己如果就这样而死,就像牛身上少了一根毛,是毫无价值的。他想到了孔子、屈原、左丘明和孙膑等人,想到了他们所受的屈辱以及所取得的骄人成果,司马迁顿时觉得自己浑身充满了力气,他毅然选择了宫刑。面对最残酷的刑罚,司马迁痛苦到了极点,但他没有怨恨,也没有害怕。他只有一个信念,那就是一定要活下去,一定要把《史记》写完。

经过16年的努力,到了公元前93年,司马迁终于完成了"究天人之际,通古今之变,成一家之言"的《史记》,全书共约52.6万字。这是他用毕生的精力、艰苦的劳动,并忍受着肉体上和精神上的巨大痛苦,写成的一部永远闪耀着光辉的伟大著作。

儒学:还是做学问的好

这种人博学多才,能够教化民众,传承圣人的思想和学说。但这类人偏重于理论知识,实践能力太差,而且还过于理想化,做事情经常不顾及客观实际。因此他们教书育人可以,但治理国家、干预朝政却不行。

说到儒学,说到教育,自然要提到孔子。孔子的父亲是鲁国著名的战将,《史记》记载,他父亲"与颜氏女野合而生孔子",而且生在一座小土丘上,孔子得名孔丘。孔子两岁,他父亲去世,生活艰难。长大后,给人当粮仓管理员、畜牧员。

35岁时,鲁国内乱,孔子避祸齐国。在那里,他学习《韵》音,到达废寝忘食的程度,留下"三月不知肉味"的典故。齐景公向孔子询问理政之道,孔子说:"君君,臣臣,父父,子子。"齐景公深以为然,说:"如果君不君,臣不臣,父不父,子不子,秩序大乱,我连饭也没得吃。"

不料,前面讲到的那个能言善辩的晏婴,却挡住了孔子的升官之道。他说周朝衰微,礼乐已经缺失,孔子礼节太多,如果以此来改变齐国风俗,这是扰民之道。孔子见待在齐国没有希望了,只好带着大群学生返回鲁国,学习《诗》、《书》、《礼》、《乐》,并教授弟子,远近闻名。

50岁后,孔子受任于危难之间,鲁定公命他当中都宰,一年之后,中都四方平安稳定,升至司空,又升为大司寇,再代行相国职位,鲁国形势渐渐有所好转。齐国与鲁国是邻居,害怕鲁国强大后于己不利,派出间谍去诽谤、离间孔子。

不得已,孔子在56岁时逃离鲁国,如丧家之犬四处流浪。在外流浪了14年之后,孔子重回鲁国。因年事已高,他就专门教书育人,整理《诗》、《书》。后世有《诗》、《书》、《礼》、《易》、《春秋》,得孔子之力多矣。孔子回想自己学盖天下、挫折一生,问颜回:"我为什么会落到这般田地呢? 是我的道理方法错了吗?"颜回很聪明,是孔子最有天分的学生,说:"夫子之道至大,故天下莫容。"意思是说,老师您的道太高了,因此天下容纳不下。

作为一个大教育家和儒家理论的创始人,孔子对中国历史乃至世界历史的影响都是不可估量的,但生平屡遭坎坷,有时竟如丧家之犬。看来,对儒学之才做"不能干事施政"的评价,还是很中肯与准确的。

孔子

口辩：交际的最佳人选

这种人才的特点是，演讲论说虽然未必符合真正的道理，但对答应辩左右逢源，滔滔不绝，常常自圆其说。这种人如果道德高尚还不至于有什么危害，如果品行低下的话，就是一个夸夸其谈、巧舌如簧的小人了。乐毅、曹丘生就属口辩之才。

汉朝初年，楚地有个名叫曹丘生的人，能言善辩，专爱结交权贵。季布和这个人是同乡，很瞧不起他，并在一些朋友面前表示过厌恶之意。而曹丘生偏偏想巴结做了大官的季布，特地请求皇亲国戚窦长君写一封信给季布，介绍自己同季布认识。

窦长君早就知道季布对他印象不好，劝他不要去见季布，免得惹出是非来，但曹丘生坚持要窦长君介绍。窦长君无奈，只好勉强写了一封推荐信，派人送到季布那里。

季布读了信后，很不高兴，准备等曹丘生来时，当面教训教训他。过了几天，曹丘生果然登门拜访。季布一见曹丘生，就显露出厌恶之情。曹丘生对此毫不在乎，先恭恭敬敬地向季布施礼，然后慢条斯理地说："我们楚地有句俗语，叫做'得黄金百两，不如得季布一诺'。您是怎样得到这么高的声誉的呢？您和我都是楚人，如今我在各处宣扬您的好名声，这难道不好吗？您又何必不愿见我呢？"

就因为曹丘生能说会道，使季布感觉他说得很有道理，顿时不再讨厌他，并热情款待他，留他在府里住了几个月。曹丘生临走时，季布还送给他许多礼物。

雄杰：冲锋陷阵的实干家

这类人才有超人的胆量和能力，又有过人的才气和谋略，在军事方面是一把好手，可以做到战无不胜、攻无不克；可以以少胜多，以寡击众；可以起到中流砥柱的作用，挽狂澜于既倒，扶大厦之将倾。但他们的缺点是只知打仗，不太懂政治，往往被奸臣小人陷害，死到临头才幡然醒悟。白起、韩信就是典型代表。

"飞鸟尽，良弓藏；狡兔死，走狗烹；敌国灭，谋臣亡"。历代的开国皇帝，大都喜欢诛杀开国功臣，这个可怕的先例，就是从刘邦杀韩信开的先河。

韩信是楚汉之争中叱咤风云的人物。他助刘邦经营汉中，平定关中地区；分兵往北扩张擒获魏王，夺取代地；击败赵国；向东进占领齐地；向南挺进垓下灭项羽……可惜的是如此一个战功显赫的汉开国元勋却落个被灭三族的可悲下

韩信

场,成了主子刘邦的刀下鬼。

造成这一悲剧的原因就是,具有杰出军事才能的韩信是一个笨拙的政治家。司马光对韩信的评价很中肯:"以市井之利利其身,而以君子之心望其人。"意思是说韩信以商人的心为自己谋利,以君子的心要求刘邦报恩。

在刘邦称帝之后,韩信更是狂妄自大、自恃功高,庇护刘邦憎恶的项羽部将,不听差遣,羞与绛侯周勃将军同等地位,笑自己后半身与樊哙为伍。不难想象,种种迹象已经让刘邦生厌。刘邦最后杀韩信,不是韩信有罪,而是韩信对他构成了一定的威胁。因此对他削兵权,减爵位,最终将这位如锋芒在背的危险分子引到洛阳成功杀掉,剔除了自己的眼中钉。

其他的四种人才:器能、臧否、伎俩、智意

除了上述八种人才之外,还有器能、臧否、伎俩、智意这四种人才,这四种人才分别与国体、清节家、法家、术家相对应,具体关系是这样的:

器能:与国体相比,器能之才在各方面都要差一些。虽然也是在德行、法令、智谋三方面都有一定的成就,但他们品德不如清节家那么崇高,法令不如法家那么严峻,智谋又没有术家之才那么宏阔奇伟,心胸目光不如国体之才宽广远大。但才能智谋奇快而变通,能够治理一个地区,是独当一面的优秀人选。如郑子产、西门豹等。

臧否:属于清节家一类人才,但器量稍嫌狭小,不能宽容别人,喜欢审查、盘问别人。这些人为官行政,可以担任以前负责进谏弹劾的御史、台谏等职,治学则可以成为当代的批评家,以便分清是非。子夏就是这样的人才。

伎俩:这种人继承了法家的思想,虽然法制方面的才干不完全具备,但可以成为能干的官吏,做官时能有好的名声,别人也不敢欺侮他。但没有创造性思维,不能深谋远虑,只能担任一宫半职。张敞、赵广汉就属于这类人才。

陈平

智意:是次一等的术家之才,得到了术家的一技之长,有解救困难应付变乱的才能。他们的才力心胸不如谋略家宏博,不能从全局高度来辅助君王治国平天下,但能功成一方、谋划一事。历史上的陈平、韩安国就属于这类人才。

第四章　闻其声音,而知其人

★语言是心灵的声音

夫建事立义,莫不须理而定。及其论难,鲜能定之。夫何故哉?盖理多品而人异也。夫理多品,则难通,人才异,则情诡;情诡、难通,则理失而事违也。

夫理有四部,明有四家,情有九偏,流有七似,说有三失,难有六构,通有八能。

若夫天地气化,盈虚损益,道之理也。法制正事,事之理也。礼教宜适,义之理也。人情枢机,情之理也。

四理不同,其于才也,须明而章,明待质而行。是故,质于理合,合而有明,明足见理,理足成家。是故,质性平淡,思心玄微,能通自然,道理之家也;质性警彻,权略机捷,能理烦速,事理之家也;质性和平,能论礼教,辨其得失,义礼之家也;质性机解,推情原意,能适其变,情理之家也。

——《鉴人智源》

创建事业与制定规章,必须要依据一定的道理。等到发生争执的时候再去确定依据,就很难确定下来了。为什么呢?因为道理有很多种、人才有很多类。道理有很多种则难以相通,人才有很多类则情怀相悖;情相悖,理不通,就失去了做事的道理,做事就会受到阻碍。

道理有四部,明理有四家,情怀有九种偏颇,似是而非的情况有七种,说理有三种失误,诘难有六种后果,沟通有八种能力。

天地随气而变化,充盈之气有损益之变通,这是道之理。以法令控制事理之端正,这是事之理。以礼教化而因事制宜,这是义之理。知人之情而知关键与机变,这是情之理。

道理、事理、义理、情理各有不同,其所需之材质,须是明智而显明之人,明智须依赖适合之材质者而行。因此,所需之材质须与所需之理相合,材质与其理合而且须有明智之思,其明智才思须足以知见其理,其理须足自成一家。因此,材质之性能平正清淡,心思能知微妙玄理,能通晓自然之本性者,为道理之家;材质之性能机警通彻,权变谋略能机敏迅速,能够应对烦杂及突发之事者,为事理之家;材质之性和柔平正,能够阐述礼义教化,论辩何得何失者,为义礼之家;材质之性能机敏而善解人意,推究人情而察知其意,能够适应人情之变化,为情理之家。

"言为心声"出自于扬雄的《法言·问神》:"故言,心声也;书,心画也。声画形,君子小人见矣。"意思是:语言是心灵的声音,书法是心灵的图画,从一个人的言谈可以判断他是一个君子还是小人。

人是最高级的动物,人和动物最主要的区别就是人有完整的语言系统。人的说话不是动物的吼叫,而是交流思想的工具。人在说话时同时也是心理、感情和态度的流露,从语速的快慢、声音的大小以及说话时的表情可以看出说话人的心理状态以及个性特征。因此,通过言谈可以来判断一个人的个性、品味、素质。

不要以为从说话中辨别一个人很神秘,其实在现实生活中,我们常常从一个人的说话中来判断他的心理状态。比如,慢性子的人说话慢慢吞吞,不慌不忙,而急性子说话就像打机关枪,一阵儿紧似一阵儿,容不得旁人有插嘴的机会。一个平时伶牙俐齿、口若悬河的人,当他面对某个人时,却突然变得吞吞吐吐,反应迟钝,这时候一定是他有些事情瞒着对方,或者做错了什么事情;当一个平时说话语速很快的人,或者说话语速一般的人,突然放慢了语速,就一定是在强调着什么东西,想引起别人的注意,如此等等。

通过一个人的言语来观察其贤能与不肖、聪明与愚笨、有祸与有福,历史上这样的例子很多,如《左传》记载:

襄公三十一年正月,穆叔从盟会上回来,见到孟孝伯,对他说:"赵孟快死了。他说话毫无远虑,不像是百姓的主人。再说年龄还不到五十岁,说起话来絮絮叨叨像个八九十岁的老人,可见他活不长久了。如果赵孟死了,执政的人恐怕是韩起吧!您何不和季孙说说,可以早点与韩起建立友好关系,韩起是一位君子啊……"孟孝伯说:"人的一生能有多长时间啊!谁能考虑多长多远?早上起来就难以保证活到晚上,又哪里用得着提前去建立友好关系呢?"穆叔出来告诉别人说:"孟孝伯也快死了。我告诉他赵孟缺乏远虑,而他比赵孟的目光更加短浅。"结果九个月之后,孟孝伯也去世了。

公元前622年,晋襄公手下有个大臣叫阳处父,他平时喜欢高谈阔论,好自以为是地教训他人。有一次,他奉襄公之命去卫国访问,回来的时候路过鲁国的宁城,宁城有个叫宁嬴的人陪他同行。可是,刚走了几天,宁嬴离开阳处父独自回家来了。宁嬴的妻子很纳闷,便问他为什么这么快回来。宁嬴回答:"我虽然同阳处父相处只有几天,但我发现他这个人性情偏激,好讲空话,不办实事,这就好比是一株树花开得好看,可就是不结果。"宁嬴叹了口气,颇为感慨地继续说:"华而不实,怨之所聚也。"

宁嬴这后一句话的意思是说,像这样华而不实的人,别人定然都会怨恨他,积怨多了,我再跟着他,不仅不能得到好处,反而会受到连累的。果然,一年以后,阳处父因为只讲空话,不干实事被人杀了。

语言是思维的工具,人的思想及情感往往通过语言表达出来。一个人的品格是粗鲁还是优雅,会在粗鲁或优雅的言谈中自然而然地流露出来,因此言谈是鉴定人的重要依据。

鲁哀公请教孔子说:"请教一下选拔人才的原则。"孔子回答说:"各取所能而任命以相应的官职,不要选拔花言巧语的人,不要选拔狂言妄语的人,不要选拔多言多语的人。花言巧语的人贪婪无比,狂言妄语的人扰乱是非,多言多语的人喜欢欺诈。所以弓调顺了以后再求它的强劲,马驯服了以后再求它的精良,人一定要诚实,然后才可以要求他具有才能。如果为人不诚实却有很多才能,那就像豺狼一样不可接近。"

清代宋瑾在《古观人法》中,还指出了如何通过言语来确定君子小人的办法:

言语浅近但意义深远,简洁明了,清越激扬,抑恶扬善,表达自然,温和厚道,平实和蔼,出于天性,这种人是身居卜位的君子;言语拘谨,不苟言笑,耻于谈及自己的长处,乐于宣扬别人的好处,不掩饰自己的过失,不攻讦别人的隐私,这种人是身居下位的君子;言语极为奸诈,对事情穷根追底,高谈阔论,旁若无人,时常能控制局面,学问渊博,又能掩饰顺应邪恶之事,不知道自己的过失,别人又不能驳难他,这样的人是身居上位的小人;言语杂乱无序,话多却又没有思想,随声附和别人,轻易改变自己的观点,很少有实话,喜欢打昕别人的隐私绯闻,并津津乐道,对有道德仁义的人则百般排挤打击,这样的人是身居下位的小人。

能从言谈中识别一个人还不算识人高手,能从声音中识别一个人那才是高手。

郑国本来是一个小国,它之所以能变成春秋时代的强国之一,依靠的是明主和贤臣。最初是郑庄公成为春秋五霸之一,再后来是郑子产成为千古名臣。但一般人所不知道的是,郑子产会闻声辨人的。

郑子产一次外出巡察,突然听到山那边传来妇女的悲恸哭声。随从们面视子产,听候他的命令,准备救助,不料子产却命令他们立刻拘捕那名女子。随从不敢多言,遵令而行,逮捕了那名女子,当时她正在新坟前面哀哭亡夫。人生有三大悲:少年丧父、中年丧夫、老年丧子,可见该女子的可怜。以郑子产的英明,不会对此妇动粗,其中缘由,是因为郑子产的闻声辨人之术也。郑子产解释说,那妇人的哭声,没有哀恸之情,反蓄恐惧之意,故疑其中有诈。审问的结果,果然是妇女与人通奸,谋害亲夫之故。

为什么闻声就能辨人呢? 古人讲"心动为性,性发成声",意思是声音的产生依靠空气,也与内在的"性"密不可分。声音又与说话者当下的心理活动密切相关,大小、轻重、缓急、长短、清浊都有变化,这与人的特性也是息息相关的。

人的声音各有不同:有的洪亮,有的沙哑,有的尖细,有的粗重。有的薄如金属之音,有的厚重如皮鼓之声,有的清脆如玉珠落盘,字正腔圆。有的身材矮小,声音却非常洪亮,有的高大魁梧,说话却细声细气、有气无力。古人正是对这些情况加以归纳总结,得出了以声辨人的规律。

比如文王"六征"识人法中的"视中"就这样说:"心气浮夸诞妄的人,其声音流离散漫;心气谨密诚信的人,其声音和顺有节奏;心气鄙陋乖戾的人,其声音沙哑难听;心气舒阔柔和的人,其声音温柔美好。诚信的声气中和平易,正义的声气随时舒纵,智慧的声气完美无缺,勇猛的声气雄壮刚直。"

曾国藩在《冰鉴》中这样解释说:"人的声音,跟天地之间的阴阳五行之气一样,也有清浊之分,清者轻而上扬,浊者重而下坠。声音起始于丹田,在喉头发出声响,至舌头那里发生转化,在牙齿那里发生清浊之变,最后经由嘴唇发出去,这一切都与宫、商、角、徵、羽五音密切配合。识人的时候,听人的声音,要去辨识其独具一格之处,不一定完全与五音相符合,但是只要听到声音就要想到这个人,这样就会闻其声而知其人,所以不一定见到其人的庐山真面目才能看出他究竟是个英才还是庸才。"

石勒是古时揭翔族的民族英雄。14岁的时候,他随同乡经商到洛阳,曾经倚着上东门长啸,太尉王衍恰恰经过遇见,觉得他很不一般,对手下人说:"刚才这个胡雏,我听他的啸声,看他的相貌,是心怀奇志的人,将来恐怕会成为天下的祸患。"当即派人快马追捕,但这时石勒已经离去了。

曾国藩

语言是心灵的声音,这"声音"说出来就是言谈,写出来就是文字。因此,从一个人的文章中也能识别一个人的才能。《文心雕龙·体性篇》就对当时一些文人的文章与性格做了对比分析:

贾谊的才气英俊,所以文辞洁净而风格清新;司马相如行为狂放,所以文理虚夸而辞语浮夸;扬雄的性情沉静,所以他的辞赋含意隐晦而意味深沉;刘向的性情平易,所以文辞的志趣明白而事例广博;班固文雅深细,所以文章的体裁绵密而思想细致;张衡学识广博通达,所以考虑周到而文辞细致;阮籍行为豁达,所以他的文辞音节高超而声调卓越;嵇康豪侠,所以兴趣高超而文采壮丽;潘岳轻浮而敏捷,所以锋芒毕露而音韵流动;陆机庄重,所以情事繁富而辞义含蓄。

为何文辞能与一个人内在的性情相符合呢?《观人学》中说,文字由人类的灵感和技术结合而成,大凡思维的条理缜密,气韵逻辑通顺,形式完美,词语工整,无不是作者本人才能的全部表现,所以当我们研究文心、文情、文理、文气、文采、文华、文品、文致等词语时,作者的心理与情趣、条理与气势、文采与辞藻、品味与风格等都会自然而然地表现在文章中了。

贾谊

马周是唐朝初年的政坛上的一个奇才,在一个偶然的机会里,通过一篇文章,他得到了一代雄主唐太宗李世民的赏识,从此青云直上,并为唐朝初年的政治稳定和经济发展做出了很大的贡献。

马周初入京时,住在一家低档的旅店里,因囊中羞涩经常拖欠店钱。有一次,几个人故意在马周身旁饮酒,还不断发出啧啧之声馋马周。马周马上到市场上买来一斗酒,在那些人旁边坐下用酒洗脚,众人都羞惭而走。店主也看出了他不像一般的人,也不再难为他了。后来,马周投靠在中郎将常何门下做了一名门客。

苦心人,天不负。命运之神终于垂青了这位胸怀大志的青年。贞观五年,唐太宗李世民要求在朝官吏每人都要写一篇关于时政得失的文章。常何是名武将,不会舞文弄墨,见皇帝要他写文章,不禁着急起来。马周得知了这个消息,便本着报恩的想法,主动提出替常何写这篇文章。常何很高兴,便让马周代自己写。

过几天,常何把马周写的这篇关于时政的文章呈给了唐太宗观看。李世民看过后大吃一惊,他知道常何不擅长文才,不会写出这么透彻的文章来,便问常何这到底是不是他写的。常何为人诚实,老老实实地对皇帝说这是门客马周代他写的。李世民一听常何门下居然有这么个奇才,产生了立刻想见见这位人才的想法。他命人到常何府中将马周叫来,可没想到马周架子还很大,唐太宗一连派出了四次使者,才把马周请到了皇宫。

唐太宗见到了这位穿着普通却气质非凡的年轻人时,就感到这个人非同一般,便和颜悦色地和马周谈起了当时政治局势以及为政之道。马周侃侃而谈,从古至今的为政得失谈得非常细致,让李世民大为惊叹,直叹相见恨晚,立刻让马周到掌管机要的门下省任职,没过一年,马周就当上了权力很大的监察御史。

贞观六年,马周对李世民为太上皇李渊大建宫室的做法提出了婉转的批评,说李世民的想法是对的,对待父母就应该尽孝道,但现在百业待兴,老百姓还很不富裕,应该以发展国力为先,等到以后国力有余了,再修建宫室尽孝道也不为晚。李世民看到后觉得马周说得很对,不但没有生气,除了停止了修建宫室之外,还加封了马周的官职。

贞观十一年,马周又上书皇帝,从以前的朝代兴亡开始议论,并重点谈了隋朝灭亡的原因。他认为隋朝在文帝杨坚时的基础雄厚,本来是可以长治久安的,可是隋炀帝杨广当上皇帝以后,开始腐化堕落起来,剥削百姓到了极其严重的程度,最终失去了天下人的心。马周劝李世民要以隋亡为鉴,时时刻刻要记得隋亡的教训,只有让老百姓安居乐业,才能巩固唐朝的统治,才能使唐朝由乱到治。通过这篇奏折,李世民更看到了马周出色的治国才能,于是,更加重用马周。

唐太宗曾经对左右的人说,一天见不到马周就想他。可见马周在李世民心中的地位是很高的。当时的宰相岑文本也说马周的才能可比汉朝的张良,对马周的才能也是深为敬佩。贞观十八年,马周当上了宰相,同时还兼任皇太子李治的老师,对李治谆谆教导,教李治如何治政,对李治继承皇位后的治国起到了很大的作用。

★道理、事理、义理与情理

四家之明既异,而有九偏之情。以性犯明,各有得失:

刚略之人，不能理微。故其论大体则弘博而高远，历纤理则宕往而疏越。

亢厉之人，不能回挠。论法直则括处而公正，说变通则否戾而不入。

坚劲之人，好攻其事实。指机理则颖灼而彻尽，涉大道则径露而单持。

辩给之人，辞烦而意锐。推人事则精识而穷理，即大义则恢愕而不周。

浮沉之人，不能沉思。序疏数则豁达而傲博，立事要则燋炎而不定。

浅解之人，不能深难。听辩说则拟锷而愉悦，审精理则掉转而无根。

宽恕之人，不能速捷。论仁义则弘详而长雅，趋时务则迟缓而不及。

温柔之人，力不休强。味道则顺适而和畅，拟疑难则濡懦而不尽。

好奇之人，横逸而求异。造权谲则倜傥而环壮，案清道则诡常而恢迂。

此所谓性有九偏，各从其心之所可以为理。

若乃性不精畅，则流有七似：

有漫谈陈说，似有流行者。

有理少多端，似若博意者。

有回说合意，似若赞解者。

有处后持长，从众所安，似能听断者。

有避难不应，似若有余，而实不知者。

有慕通口解，似悦而不怿者。

有因胜情失，穷而称妙，跌则掎跖，实求两解，似理不可屈者。

凡此七似，众人之所惑也。

夫辩，有理胜，有辞胜。理胜者，正白黑以广论，释微妙而通之。辞胜者，破正理以求异，求异则正失矣。夫九偏之材，有同、有反、有杂。同则相解，反则相非，杂则相恢。故善接论者，度所长而论之；历之不动则不说也，傍无听达则不难也。不善接论者，说之以杂、反；说之以杂、反，则不入矣。善喻者，以一言明数事；不善喻者，百言不明一意，百言不明一意，则不听也。是说之三失也。

善难者，务释事本；不善难者，舍本而理末。舍本而理末，则辞构矣。

善攻强者，下其盛锐，扶其本旨，以渐攻之；不善攻强者，引其误辞以挫其锐意。挫其锐意，则气构矣。

善蹑失者，指其所跌；不善蹑失者，因屈而抵其性。因屈而抵其性，则怨构矣。

或常所思求，久乃得之，仓卒谕人；人不速知，则以为难谕。以为难谕，则忿构矣。

夫盛难之时，其误难迫。故善难者，征之使还；不善难者，凌而激之，虽欲顾藉，其势无由。其势无由，则妄构矣。

凡人心有所思，则耳且不能听，是故并思俱说，竞相制止，欲人之听己。人亦以其方思之故，不了己意，则以为不解。人情莫不讳不解，讳不解则怒构矣。

凡此六构，变之所由兴矣。然虽有变构，犹有所得。若说而不难，各陈所见，则莫知所由矣。

由此论之，谈而定理者眇矣。必也：聪能听序，思能造端，明能见机，辞能辩意，捷能摄失，守能待攻，攻能夺守，夺能易予。兼此八者，然后乃能通于天下之理，通

于天下之理,则能通人矣。不能兼有八美,适有一能,则所达者偏,而所有异目矣。是故:

聪能听序,谓之名物之材。

思能造端,谓之构架之材。

明能见机,谓之达识之材。

辞能辩意,谓之赡给之材。

捷能摄失,谓之权捷之材。

守能待攻,谓之持论之材。

攻能夺守,谓之推彻之材。

夺能易予,谓之贸说之材。

通材之人,既兼此八材,行之以道,与通人言,则同解而心喻;与众人之言,则察色而顺性。虽明包众理,不以尚人;聪睿资给,不以先人。善言出己,理足则止;鄙误在人,过而不迫。写人之所怀,扶人之所能。

不以事类犯人之所隐,不以言例及己之所长。说直说变,无所畏恶。采虫声之善音,赞愚人之偶得。夺与有宜,去就不留。方其盛气,折谢不吝;方其胜难,胜而不矜,心平志谕,无士无莫,期于得道而已矣,是可与论经世而理物也。

——《鉴人智源》

四家聪明之处彼此存在着差异,因此随之发生了九种偏失的情况。由于不同的质性决定、干扰了不同的聪明,所以不同的聪明类型有得也有失:

刚强粗略的人,不善于疏理细微的事情。所以,谈论起具有战略性意义的事体来,就显得博大而深远,若疏理起细微的事理来,则显得粗疏潦草,不着边际。

亢奋猛烈的人,做事不懂回旋的余地,能做到严格公正,但根据实际情况做变通处理,则格格不入。

坚定劲直的人,喜欢务求实效,剖析具体事物的道理明了透彻,如果论及大的理论和原则,就显得肤浅。

能言善辩的人,辞令丰富且谈锋锐利,推究人事的道理则见识精明且说理透彻,如果涉及有关大义的道理,就显得粗阅而不周全。

随波逐流的人,不能沉静独思,海阔天空地漫谈显得豁达渊博,如果要他归纳出事物的纲要,那就像火焰那样闪烁不定。

见识肤浅的人,不能深入追究人情物理,听人演讲辩论很容易得到满足,如果审核精微的道理,则颠来倒去,把握不住根本。

心底宽厚的人,做事不会急于求成,论仁义的大道理则博大而高雅,处理起紧迫的事务来,则行动迟缓。

温顺柔和的人,魄力不足,气势不强,慢慢体味道理时则思虑通畅,分析疑难问题时,则思维不顺,理不出头绪来。

追求奇异的人,才华横溢,标新立异,在用权谋方面卓越非凡,奇伟壮观,如果要他们在清正无为之道上用意,则显得不合常规,迂腐无用。

这就是九种性情的偏失，每种偏失都以自身不同的心性为基础而自以为有理。

如果人的质性不纯或不流畅，就会发生七种似是而非的情况：

有的人漫谈陈词滥调，好像能够通行于现时一样。

有的人没有多少的道理却头绪繁多，好像非常广博一样。

有的人没有听懂别人的意思，却假装迎合，好像既理解又赞同别人的意见一样。

有的人发表意见采人所长，采纳多数人的意见，好像他自己颇具听断的能力一样。

有的人对疑难问题避而不答，好像胸有成竹，而实际上他根本不懂。

有的人口头上表示理解，而实际上却似懂非懂。

有的人因求胜心切，本来已经理屈词穷了，还声称自己的道理玄妙，勉强支撑，目的是想求得个平分秋色的结局，好像自己很有道理而不肯屈服一样。

以上七种似是而非的情况，一般人往往被迷惑住。

辩论，有的以有理取胜，有的以言辞取胜。以理取胜，就是先确定是非黑白，然后再加以充分论述，解释清楚细微深奥的部分，使阐释的道理贯通。以言辞取胜，就是要用奇异古怪的例子攻破一般的正理，追求奇异古怪，正理也就随之丧失了。九种偏材，有彼此相同的，有彼此相反的，也有彼此错杂相容的。相同就会相互理解，相反就会相互非难，相杂就会相互包容。善于与人理论的人，充分估量对方的优势来展开论述，打动不了对方就不再谈论下去，没有听懂的人也就不再诘难对方。不善于与人理论的人，是想用对方基本不能接受的观点去说服对方，如此对方当然听不进去。善于作比喻的人，可以用一句话说清很多道理；不善于作比喻的人，一百句话也说不清一个道理。一百句话说不清一个意思，当然也就没有人愿意听了。这是说服人的三种失误。

善于辩论的人，着重解释事情的根本；不善于辩论的人，则舍本而逐末。舍本而逐末，双方的争论就会无休止地进行下去。

善于攻击强硬对手的人，先避开对手的锐气，抓住对方的要点慢慢地进行批驳；不善于攻击强硬对手的人，抓住对方言辞中的某一点失误去挫伤对方的锐气，这样一来，彼此的怨气也就形成了。

善于追究失误的人，仅仅是指出对方失误之所在；不善于追究失误的人，则利用对方一时的失误去攻击他的人格，这样一来，双方就会结下怨恨。

有的人经过长时间的思索得出了一个道理，马上便将这道理讲与人听；别人不能很快明白这个道理，就以为对方"汝子不可教也"，这样一来，愤怨之气也就随之形成了。

双方发生激烈争论时，很难逼迫对方承认错误。因此善于辩论的人，只是指出对方的错误使他回心转意；不善于辩论的人，则抓住对方的错误加以羞辱，对方虽然内心承认错误，却没有给他台阶下，这样一来，就会造成妄言的状况。

人在思考问题时，耳朵就听不进话。因此当一方要思考问题一方却要和他说话时，双方就会相互制止。你想让别人听你说话，对方因为正在思考问题的原因，听不懂你讲的意思，你就认为他没有理解。人之常情都忌讳说自己不能理解，犯了这样的忌讳，双方的怒气也就形成了。

这"六构"的形成，使其他难以预料的变化也会因此而形成。然而，辩论虽然会引起以上六种后果，但还是有所收获的。如果只是陈述观点而没有相互的辩驳，那么人们就难知道究竟谁的意见是正确的。

由此说来，只是漫谈而不辩论就能形成定论的情况太少了。必须做到的是：能听取各种不同的观点，能够理出事情的头绪，能发现事物发展变化的规律，言辞能把情意表达得明白，敏捷能及时发现失误所在，防守能抵御对手的种种攻击，进攻能攻破对手的防线，善于利用对方的观点来驳倒对方。兼其以上八种能力，然后才能通晓天下的道理，通晓了天下的道理，也就能够通晓人情世故了。如果不能兼备这八种能力，只是具备其中的一种，那么所能通达的只是某个方面，因而对所有问题便有不同之眼光。因此：

能通过倾听理出事物发展的头绪来的，叫做能够辨别事物名称的名物之材。

能通过思索创造采取行动的理由的，叫做能够从宏观上进行谋划的构架之材。

能够明察秋毫，发现事物变化的微妙迹象和关键的，叫做通达慧识的达识之材。

辞令能把情意表达得明白的，叫做赡给之材。

反应敏捷，能够及时发现失误所在的，叫做权捷之材。

善于防守，能够抵御对手攻击的，叫做持论之材。

善于进攻，能够攻破对手防线的，叫做推彻之材。

善于用对方的观点来使对方陷于困境的，叫做贸说之材。

通材之人，兼具以上八种才能，又能在实践中加以实现。这种人跟学贯古今的人谈话，则能彼此心领神会；与普通人谈话，则能察言观色，顺着他的性情去讲。尽管自己通晓天下的道理，却不高居人上，盛气凌人；聪明睿智，资质丰厚，却不居于人先。只把正确的话说出来，把道理讲清楚就可以了；别人有了错误，自己就能避免重蹈覆辙。理解别人的情怀，帮助别人发挥特长。

不用相类似的事情触犯别人的忌讳，也不用语言事例夸耀自身的长处。无论别人说直话说怪话，不畏惧也不嫌恶。像在嘈杂的虫声中选取好听的那样，赞美愚人偶尔的正确观点。夺取给予适宜有度，离去留下不必勉强。当自己气盛的时候，能够克制情绪，慷慨向对方道谢；得胜没有骄矜之色，心底平和，志向明确，没有自适，亦没有痛苦，只期望得到天地间的大道而已，可以与这样的人讨论治国安邦的道理。

"夫建事立义，莫不须理而定"，意思就是天下的万事万物，都是有一定道理的，然后指出了从"四理"中来判断一个人的言谈与性情。哪四理呢？就是道理、事理、义理与情理。

对于这四"理"的内容，解释是这样的：道理——指天地万物自然生化之理，比如科学上的规律、法则等。事理——指事物按照一定的规则运作之理，比如法律。义理——以人伦道德、礼仪教化来为人处世之理，比如孝敬父母、善待朋友。情理——就是从人的情感出发所产生的性情之理，比如听到赞美人人都会高兴。

　　重道理的代表人群是科学家，他们看问题冷静、客观、精确，凡事都要问个为什么，弄清其来龙去脉，有锲而不舍的精神；思路清晰严谨，逻辑性强，重实证，做事踏实认真，一板一眼，不饰虚假。

　　重事理的代表人群是法学家，他们善于处理纷繁复杂的麻烦事，机谋权变，应变力强，敢于承担责任，希望通过"游戏规则"来制约人的恶习与不正当行为，谋求一个公正的社会制度与环境。

　　重义理的代表人群是教育家，他们讲求社会伦理道德，注重自我修养和社会形象，爱护名誉胜过生命，讲信用、守承诺，是道德规范的楷模和表率，对伤风败俗的人事深恶痛绝，主张德政。

　　重情理的代表人群是艺术家，他们为人行事往往从个人性情出发，感情重于理智，感情变化快而丰富，愤世嫉俗，浪漫又无限热爱生活，与外界交往少，多生活在内心世界里，不太被世人所理解。

第五章 注重细节，方成大事

★古老的识才八法

八观者：

一曰观其夺救，以明间杂。

二曰观其感变，以审常度。

三曰观其志质，以知其名。

四曰观其所由，以辨依似。

五曰观其爱敬，以知通塞。

六曰观其情机，以辨恕惑。

七曰观其所短，以知所长。

八曰观其聪明，以知所达。

——《鉴人智源》

"八观"就是：

第一，观察一个人的恶情夺正与善情救恶两方面的情况，可以了解他性情的本质。

第二，观察一个人在受到刺激下的感应变化，可以了解他平常的状态。

第三，观察一个人的志向、品质，可以了解他的名声。

第四，观察一个人做事的方法，就可以辨别他做人的真假。

第五，观察一个人爱什么敬什么，就能够知道他与人们的关系能否沟通。

第六，观察一个人的情感变化，就能知道他是否不谙情理。

第七，观察一个人的短处，就能够知道他的长处。

第八，观察一个人聪明的程度，就能够知道他今后是否发达。

"世有伯乐，然后有千里马"，懂得了识别人才的方法，才能让自己成为伯乐，才能源源不断地发现人才。"八观"详细阐述了鉴别人才的具体方法，言简意赅，具有很强的实用性。

观其夺救，以明间杂

这是指通过观察一个人本质中善恶两方面的情况，来了解他的本质。"夺救"就是夺取与救助，广泛地理解就是人性的善恶。善与恶是人性的两面，善恶一念间，如果恶战胜了善，就是恶人，反之，则是好人。但善良的人也曾有恶的行径，或是无意为之，或是身不由己；凶恶的人也有做好事的时候，或刻意为之，或偶尔的良心发现。因此，善与恶是难以准确分辨的。辨别人的善恶仁厚，既要看其平常的表现，也要在某些特定的时刻见其真性。这一"观"反映了识才重德的特点。

1258年，忽必烈奉蒙哥大汗命进军围攻鄂州（今武汉市武昌），宋朝派贾似道率军前往救援。不久之后，忽必烈因其兄蒙哥急于回去争帝位，恰好贾似道派使来求和，忽必烈便顺势答应并率大军北返。贾似道却谎报"鄂州大捷"，说蒙古兵已肃清，这事虽能欺骗宋理宗，但朝野上下对此是一清二楚的。

在这件事情上，留梦炎趋炎附势，取悦于贾似道。而叶李当时知道真相后，便上书揭露贾似道的罪恶，责其"变乱纪纲，毒害生灵，神人共怒，以干天遣"。贾似道因此勃然大怒，使其党羽逮捕叶李，叶李便跑到富春山去隐居了。宋朝亡国后，忽必烈多次派人征召叶李，他不得已才入朝为官。忽必烈对他很敬重，经常向他请教治国之道。叶李陈述古帝王的得失成败，深得忽必烈赞许，任命他为资善大夫、尚书左仆射。

叶李在宋时不过是一个平民百姓，忽必烈为何如此破格重用，就是因为欣赏他的忠直，敢弹劾误国欺上的贾似道。而对留梦炎这个宋朝有名的状元，虽然赏识其文才，却认为其人有私心而缺德行，便降级使用。由此可见，忽必烈用人重才学更重德行。

观其感变，以审常度

这种方法是通过观察一个人的感情变化、为人处世的态度和遇事的反应，来了解一个人做人的基本准则。人的表里是不完全一致的，可以控制、掩饰自己的言语行动，不被别人看出真实目的。其实，人总会在不经意之间，通过一些细小的言行举止暴露出内心想法，因此可以通过多渠道的观察，从互相矛盾的表情中，深入分析人的本质。

《吕氏春秋·精喻篇》中记载：齐桓公会合诸侯，卫国国君来晚了。朝会时齐桓公与管仲商量要讨伐卫国。退朝回到后宫，卫姬看到齐桓公，便下堂连拜两次，请求赦免卫君之罪。齐桓公说："我对卫国没有什么打算，你为什么要为他请求？"卫姬回答说："臣妾看到国君进来时，趾高气扬，有讨伐别国的意思；国君看到臣妾时，不自觉地颜色有所变化，这说明要讨伐卫国。"第二天，齐桓公主持朝会，拱手让管仲上前。管仲问："国君要放弃伐卫了吗？"齐桓公问："仲父怎么知道的？"管仲说："国君朝会揖拜时态度恭敬，言语和缓，看到臣时又面露惭愧之色，所以臣知道您要放弃伐卫了。"

观其志质，以知其名

这是通过观察一个人的性格和品质，来了解他的名声与实际情况是否相符合。所有人才都有自己突出的资质，这些突出的资质相互激发，就能产生各种不同的素质和能力。这种过程是有规律的，掌握了这种规律，就可以预测某人会得到怎样的名声。

樊姬是战国时期楚庄王的夫人。一天，楚庄王从朝廷回来很晚，樊姬像当今大多数妻子要责问晚归的丈夫一样，问楚庄王为什么晚归。楚庄王说："我今天与贤能的宰相谈话，谈得非常高兴，就忘记了时间。"

樊姬就问："贤能的宰相是谁？"庄王说："是虞丘子。"

樊姬掩口而笑。庄王觉得奇怪，问她为什么笑。樊姬说："我在楚王身边服侍，得到你的宠爱，但我也不敢独占你的宠爱，那样就会损害你的名誉，所以还为你选择了数十个才德貌俱佳的美人来一起侍奉你。现在虞丘子为相数十年，却未曾向你推荐过一个贤能的人。知道有贤能的人而不加以举荐，是对王的不忠；不知道有贤能的人，说明他智谋不足。虞丘子可以说是不忠不智的宰相，怎么能称为贤能的宰相呢？"

樊姬虽为女人，但她却能看出虞丘子是一个名不副实的宰相，真让人刮目相看。第二天，庄王就把樊姬的话告诉了虞丘子，虞丘子羞愧地辞去了宰相职位。

观其所由，以辨依似

依似的意思就是分辨不清楚，难以看清真相。分两种情况，一是似是而非；一是似非而是。

东汉末年，王莽篡权之前，曾经极力伪装自己。他装作谦恭，礼贤下士，经常把家中的马匹、衣服和银两拿出来救济百姓，以至家中的钱财所剩无几；同时，他还常常在汉平帝面前坦言自己克己奉公，诚实待人。当他获得了汉平帝的信任而大权在握时，便露出狰狞面目，专断朝政，最后亲手杀害了汉平帝，篡权自立，对百姓施予暴政。这就是似是而非。

东周时期，周武王的弟弟周公旦是一位辅佐君王的奇才。武王死后，成王年幼无知，由周公旦摄政。而成王的三位叔叔——管叔、蔡叔、霍叔，却企图陷害周公旦。他们散布流言，说周公旦图谋不轨。周公旦为避开谗言，隐居起来，不再过问政事，后来管叔、蔡叔谋反，事情败露，才使成王懊悔不已，亲自迎接周公旦归来。成王几乎错识了贤才，这就是似非而是。

似是而非有六种情况，如下所列：

轻诺：似烈而寡信：轻易地许诺，似乎很讲义气，实际上却不守信用。

多易：似能而无效：说得很容易，好像是多才多艺，但却一事无成。

进锐:似精而去速:急于求成,但遇到困难,就会很快消沉。

诃者:似察而无成:乱发议论之人好像明察是非,实际上却一事无成。

汗施:似惠而无成:当面许愿,好像大方,实际上难以兑现。

面从:似忠而退违:当面服从,好像忠实,但阳奉阴违、两面三刀。

似非而是有四种情况,如下所列:

大权:似奸而有功:大政治家好像奸诈,但实际上在建立功勋。

大智:似愚而内明:有大学问者往往大智若愚。

博爱:似虚而实厚:博爱之人好像虚伪,实际上却心地宽厚。

正言:似汗而情忠:指责缺点酣畅淋漓,但却是忠诚之举。

王莽

"似是而非"让人模棱两可,"似非而是"同样让人莫衷一是。如果将"非",当做了"是",那么就会招来庸才或者小人;如果将"是"当做了"非",就会与真正的人才失之交臂,也是很遗憾的。怎么办呢? 最可靠的方法是深追其办事的目的和动机。只要细细查明一个人做事的动机和整个事件的来龙去脉,就不会出现把奸臣当做忠臣,把小人奉为君子了。

战国时,有一次秦军借道韩、魏攻打齐国,齐威王派将军匡章率兵迎战,两军交错扎营。开战之前,双方使者来来往往,匡章借机变更了部分齐军的徽章,混到秦军中待机配合齐国的主攻部队破敌。有人趁机向齐威王打小报告,说匡章可能要带兵降秦,威王听了置之不理。一会儿,前线又传来匡章可能降秦的谣言,威王仍不理睬。果然,时过不久,从前线传来了齐军大胜的捷报。左右很吃惊,问齐威王为什么有先见之明,齐威王说从匡章的平时表现中就可以判断出来。

原来,匡章母亲在世时,因事被其父杀死埋在马栈之下,齐威王任匡章为将时,其父已死。齐威王曾许诺他打了胜仗,就为其母改葬,但被匡章拒绝,理由是生前父亲未做此吩咐。他说:"不得父亡命而葬母,是欺死父也。"这使齐威王对匡章的为人有了较深的了解。认为一个人"为了不欺死父,岂为人臣欺生君哉?"尽管谣言四起,但齐威王都没有相信,坚持放手让匡章指挥作战,终于取得了胜利。匡章知道此事后,十分感动,誓死效忠,北伐燕,南征楚,为齐国屡建战功。

观其敬爱,以知通塞

在人类社会中,爱与敬是最主要的道德规范,通过对一个人在"爱"与"敬"这两方面的实践情况,就能够预测其在社会活动和所从事的行业中的人际关系,是通达还是闭塞。比如一个公司职员,对领导敬重,对下属关爱,对同事既敬重又关爱,自然人际关系四通八达。

春秋时魏国的大将乐羊,统兵攻打中山国,偏偏他的儿子当时就在中山国。对方的人便把他的儿子绑起来悬在城上,用以威胁乐羊。乐羊看见后并未因此而减弱斗志,反而激发了攻城的决心。中山国人也没客气,把他儿子按到锅里就给煮了,然后舀了一桶汤送给乐羊。

乐羊呢?接汤后,脸不变色心不跳,端坐在中军大帐中一口一口地喝,喝光了一碗之后,便抹抹嘴传令攻城。魏王听到这个消息,感动地说:"乐羊竟为我吃下自己儿子的肉!"当时有位名字十分奇异的谋士睹师赞却站出来说:"其子尚食,其谁不食?"意思是说,乐羊连儿子都敢吃,犯上作乱还不是小意思。

睹师赞并进一步说:人之所以为人,就在于人能够认识到自己与禽兽的区别,不会为了自己的强大而相互侵食,人先要爱自己的父母、妻子,才可能爱他人、爱君王。魏王听后,如梦初醒,于是大大地犒赏乐羊的战功,但从此不再重用他。

观其情机,以辨恕惑

事实上,一般人都有好胜、逞强和占上风的特性,这就容易产生喜、怨、恶、悦、姻、妒六种情绪。因此,可以通过观察一个人这六种情绪的产生,来判断其胸怀是狭窄还是宽广。人都有喜怒哀乐,但君子与小人的表现是大不相同的。贤人君子质性平淡,甘居人下,虽被侵犯也不斤斤计较,所以能得到人们的尊重。而小人出于一己之欲望,不分场合地要他人服从自己。如果对其利益稍有触犯,就会与对方结下私怨。可见,对一个人情绪表现的观察,足以判断他到底是一个君子,还是一个小人。

宋朝大学士苏东坡,学富五车,才高八斗,不但读万卷书,更是行万里路。苏东坡为人耿直,然而仕途坎坷,为官时一贬再贬。当他被贬到江北瓜州时,和仅一江之隔的高僧佛印交情甚笃,经常高谈阔论。

有一天,苏东坡灵感来了,随即写了一首五言诗偈,诗云:

稽首天中天,毫光照大千。

八风吹不动,端坐紫金莲。

八风是指人生活上所遇到的"称、讥、毁、誉、利、衰、苦、乐"等八种境界,能影响人之情绪,故形容为风。

苏东坡再三吟咏,洋洋自得。自赋如此修辞甚佳的好诗,理当与好友分享,于是派书僮飞速过江,将好诗专程送给佛印禅师分享。

岂料佛印禅师阅毕,只是莞尔一笑,不疾不徐地批了两个字,随即交给书僮原封带回。欣然等待佳音的东坡大师,以为禅师将会赞叹一番,急忙打开等待揭晓的谜底。苏东坡看到他的大作上面,歪歪斜斜地写了"放屁"两个大字,苏东坡非常愤怒:"岂有此理!我一定要讨个公道。"随即叫书僮备船渡江。

佛印知道东坡一定不服气，很快会来兴师问罪。果然不出佛印所料，苏东坡看到得意之作上面的两个大字，要佛印还他一个公道。

苏东坡所乘的船刚一靠岸，便发现禅师已经含笑相迎了。苏东坡气冲冲地怒吼道："佛印！我们相交多年，情谊深厚，怎可恶口骂人？"禅师若无其事地问道："我骂您了吗？"只见佛印在门上贴了一张小小的纸条，苏东坡趋前一看："一屁打过江"，他见字恍然大悟，面红耳赤，惭愧万分，只好低头不语。

这是一则脍炙人口的佛门典故，苏东坡夸口"八风吹不动"，结果"一屁打过江"，由此故事中，苏东坡与佛印的胸怀，谁宽谁窄，一目了然。

观其所短，以知所长

这是通过观察一个人的短处，来知道他的长处的一种识人方法。有优点的人，必然以其缺点为优点的征兆，比如温和的人，是以懦弱为和顺的征兆。因此能够从一个人的缺点中认识其优点。

道光皇帝晚年最钟爱的人是六阿哥奕䜣，很想把家国大业交给他。为什么道光皇帝最后还是决定把皇位传给了四阿哥奕詝了呢？

那是因为四阿哥奕詝得到了老师杜受田的正确指点。杜受田考取过榜眼，老实稳重，博学多才，谋略过人。杜受田从自身利益考虑，他必须全力帮助自己的学生，于是，他苦思冥想，找到了一个"以短显长"的补救办法。

一次，道光皇帝命各位皇子到南苑打猎，实际上是试一试皇子们的武艺怎样。奕詝的老师杜受田向他献计："阿哥到了围场，千万别发一枪一箭，而且要约束手下人不得捕捉一只动物，回来时皇帝一定会问何故。你便回答说：'现在正值春天鸟兽万物孕育的时候，不忍心伤害它们，也不愿用这样的方式与弟弟们竞争。'"

道光皇帝

当天狩猎结束时，六阿哥所获猎物最多。正在顾盼自喜之际，见奕詝默坐一旁，其随从也垂手侍立，他感到奇怪就上前问道："各位兄弟都满载而归，四阿哥为何一无所获？"奕詝平静地回答："今天身体欠安不能与诸兄弟驰逐猎场。"天色已晚，各位皇子携所获猎物复命。果然皇上询问缘故，四阿哥就把杜受田教的话说了一遍。道光皇帝龙颜大悦，对身边的大臣说："这真是具有帝王心胸的人说的话啊！"

平心而论，奕詝无论文韬武略还是健康状况都比不上六阿哥奕䜣，因此，道光皇帝直到死前仍对传位之事下不了决心。

后来，道光重病在床，自知无回天之术，临终前最后考察两位皇子的能力和气度，以此来决定继承人。二人接旨后分别请教自己的老师。六阿哥奕訢的老师卓秉恬有才气,少年得志,办事认真,好发议论。他告诉六阿哥奕訢:"皇帝如果问你的话,'当知无不言,言无不尽。'"而杜受田却告诫奕詝:"如果谈国事政务,阿哥是比不过六爷奕訢的。这时只有一条计策:只要皇上说自己快死了,不等他问国家交给你该怎么办时,你就只管趴在地上哭。"

晋见时,皇上果然询问身后治国大事。六阿哥无视皇上痛苦之状,口若悬河大谈自己治国安邦的见解和抱负。奕詝则谨尊师言,面对父皇的垂问,悲伤得泪流满面以至于不能作答。道光皇帝在病榻上仔细观察两人的言谈举止,被四阿哥奕詝的举动所感染,对身边的大臣说:"皇四子仁孝可当大任。"第二天,道光皇帝驾崩,领班大臣宣读密谕:"着皇四子奕詝继位。"四阿哥终于击败六阿哥登基做了皇帝,即咸丰帝。

观其聪明,以知所达

这是通过观察一个人是否聪明,来分析他今后会成为何种人才。仁是道德的基础,义是道德上的自我约束,礼是道德的具体表现,信是道德的支柱,智是道德的主导。所以,只要观察一个人的聪明程度,就可以知道他能够成为何等人才。值得注意的是,这个"聪明"不是指智商的高低,也不是指学问的多少,而是指能够建功立业的真才实学。

林则徐大力推荐左宗棠,就是因为在著名的"湘江夜话"中,发现了左宗棠的非凡才干。

道光二十九年底,林则徐告老还乡回归故里的途中,船泊湘江,他遣人到十里开外处请左宗棠来舟中叙谈。两人虽是初次谋面的两代人,却像神交已久的老朋友,开怀畅谈家事、国事、人物、政事,"无所不及"。通过交谈,65岁的林则徐对37岁的左宗棠"一见倾倒,诧为绝世奇才",期许良厚。临别时,林则徐举手拍着左宗棠的肩膀说:"将来完成我的大志,唯有靠你了!"期望之深,溢于言表。林则徐临终前还命次子代写遗书,一再推荐左宗棠。

"八观"是《人物志》中最核心的内容,也是中国古代比较完整、系统的识人之法。"八观"表达了这样几个识人理念:

重视人才的思想品质。他将"观其夺救,以明间杂"列为"八观"之首,不仅表明这是观察人物的方法之一,而且表明人才的品德是他选择的首要目标。

"聪明"为人才之本。懦懦无能的德吸引不了人们的敬仰之心,也没法产生人才的效益。刘劭将"观其聪明,以知所达"放在最后,是将此作为一锤定音的"压台戏"。

识才之路是由外向内,再由内向外。八观可分成两组,第一组是第一、第二、第六、第七观,强调的是,观察人才要紧紧抓住行为、情绪、应变等现象,进而探测其品行本质。第二组是第三、第四、第五、第八观。这四观强调了观察人才还要注意认识其突出的资质、做事的动机、道德水平和本身所具有的聪明程度。只有掌握了这些内在品质,才能比较确切地分析一个人才今后的发展趋势。

总之,"八观"不是在抽象地研究人才,而是立足于社会和现实,努力将主观因素与客观条件、社会发展趋势与人才的成长规律统一起来,其方法是切实可行的,其思想更是高瞻远瞩的。

★ 识才要靠火眼金睛

何谓观其夺救,以明间杂?

夫质有至有违,若至胜违,则恶情夺正,若然而不然。故仁出于慈,有慈而不仁者;仁必有恤,有仁而不恤者。厉必有刚,有厉而不刚者。

若夫见可怜则流涕,将分与则吝啬,是慈而不仁者。

睹危急则恻隐,将赴救则畏患,是仁而不恤者。

处虚义则色厉,顾利欲则内荏,是厉而不刚者。

然则慈而不仁者,则吝夺之也。

仁而不恤者,则惧夺之也。

厉而不刚者,则欲夺之也。

故曰:慈不能胜吝,无必其能仁也;仁不能胜惧,无必其能恤也;厉不能胜欲,无必其能刚也。是故,不仁之质胜,则伎力为害器;贪悖之性胜,则强猛为祸梯。亦有善情救恶,不至为害;爱惠分笃,虽傲狎不离;助善者明,虽疾恶无害也;救济过厚,虽取人,不贪也。是故,观其夺救,而明间杂之情,可得知也。

何谓观其感变,以审常度?

夫人厚貌深情,将欲求之,必观其辞旨,察其应赞。夫观其辞旨,犹听音之善丑;察其应赞,犹视智之能否也。故观辞察应,足以互相别识。然则:论显扬正,白也;不善言应,玄也;经纬玄白,通也;移易无正,杂也;先识未然,圣也;追思玄事,睿也;见事过人,明也;以明为晦,智也;微忽必识,妙也;美妙不昧,疏也;测之益深,实也;假合炫耀,虚也;自见其美,不足也;不伐其能,有余也。

故曰:凡事不度,必有其故:忧患之色,乏而且荒;疾疢之色,乱而垢杂;喜色,愉然以怿;愠色,厉然以扬;妒惑之色,冒昧无常。及其动作,盖并言辞。是故,其言甚怿,而精色不从者,中有违也;其言有违,而精色可信者,辞不敏也;言未发而怒色先见者,意愤溢也;言将发而怒气送之者,强所不然也。

凡此之类,征见于外,不可奄违。虽欲违之,精色不从,感愕以明,虽变可知。是故,观其感变,而常度之情可知。

何谓观其志质,以知其名?

凡偏材之性,二至以上,则至质相发,而令名生矣。是故,骨直气清,则休名生焉;气清力劲,则烈名生焉;劲智精理,则能名生焉;智直强悫,则任名生焉。集于端质,则令德济焉。加之学,则文理灼焉。是故,观其所至之多少,而异名之所生可知也。

何谓观其所由，以辨依似？

夫纯讦性违，不能公正；依讦似直，以讦讦善；纯宕似流，不能通道；依宕似通，行傲过节。故曰：直者亦讦，讦者亦讦，其讦则同，其所以为讦则异。通者亦宕，宕者亦宕，其宕则同，其所以为宕则异。然则，何以别之？直而能温者，德也；直而好讦者，偏也；讦而不直者，依也；道而能节者，通也；通而时过者，偏也；宕而不节者，依也；偏之与依，志同质违，所谓似是而非也。是故，轻诺似烈而寡信；多易似能而无效；进锐似精而去速；诃者似察而事烦；讦施似惠而无成；面从似忠而退违；此似是而非者也。亦有似非而是者：大权似奸而有功；大智似愚而内明；博爱似虚而实厚；正言似讦而情忠。夫察似明非，御情之反，有似理讼，其实难别也。非天下之至精，其孰能得其实？故听言信貌，或失其真；诡情御反，或失其贤；贤否之察，实在所依。是故，观其所依，而似类之质，可知也。

何谓观其爱敬，以知通塞？

盖人道之极，莫过爱敬。是故，《孝经》以爱为至德，以敬为要道；《易》以感为德，以谦为道；《老子》以无为德，以虚为道；《礼》以敬为本；《乐》以爱为主。然则，人情之质，有爱敬之诚，则与道德同体；动获人心，而道无不通也。然爱不可少于敬，少于敬，则廉节者归之，而众人不与。爱多于敬，则虽廉节者不悦，而爱接者死之。何则？敬之为道也，严而相离，其势难久；爱之为道也，情亲意厚，深而感物。是故，观其爱敬之诚，而通塞之理，可得而知也。

何谓观其情机，以辨恕惑？

夫人之情有六机：

杼其所欲则喜，不杼其所能则怨，以自代历则恶，以谦损下之则悦，犯其所乏则媢，以恶犯媢则妒。此人性之六机也。

夫人情莫不欲遂其志，故：烈士乐奋力之功，善士乐督政之训，能士乐治乱之事，术士乐计策之谋，辨士乐陵讯之辞，贪者乐货财之积，幸者乐权势之尤。

苟赞其志，则莫不欣然，是所谓杼其所欲则喜也。

若不杼其所能，则不获其志，不获其志则戚。是故：功力不建则烈士奋；德行不训则正人哀；政乱不治则能者叹；敌能未弭则术人思；货财不积则贪者忧；权势不尤则幸者悲，是所谓不杼其能则怨也。

人情莫不欲处前，故恶人之自伐。自伐，皆欲胜之类也。是故，自伐其善则莫不恶也，是所谓自伐历之则恶也。

人情皆欲求胜，故悦人之谦。谦所以下之，下有推与之意。是故，人无贤愚，接之以谦，则无不色怿。是所谓以谦下之则悦也。人情皆欲掩其所短，见其所长。是故，人驳其所短，似若物冒之，是所谓驳其所乏则媢也。

人情陵上者也，陵犯其所恶，虽见憎未害也。若以长驳短，是所谓以恶犯疢，则妒恶生矣。

凡此六机，其归皆欲处上。是以君子接物，犯而不校，不校则无不敬下，所以避其害也。小人则不然，既不见机，而欲人之顺己。以佯爱敬为见异，以偶邀会为轻。

苟犯其机，则深以为怨。是故，观其情机，而贤鄙之志，可得而知也。

何谓观其所短，以知所长？

夫偏材之人，皆有所短。故：直之失也讦，刚之失也厉，和之失也懦，介之失也拘。

夫直者不讦，无以成其直。既悦其直，不可非其讦。讦也者，直之徵也。

刚者不厉，无以济其刚。既悦其刚，不可非其厉。厉也者，刚之徵也。

和者不懦，无以保其和。既悦其和，不可非其懦。懦也者，和之徵也。

介者不拘，无以守其介。既悦其介，不可非其拘。拘也者，介之徵也。

然有短者，未必能长也，有长者必以短为征。是故，观其征之所短，而其材之所长可知也。

何谓观其聪明，以知所达？

夫仁者德之基也，义者德之节也，礼者德之文也，信者德之固也，智者德之帅也。夫智出于明，明之于人，犹昼之待白日，夜之待烛火。其明益盛者，所见及远，及远之明难。是故，守业勤学，未必及材；材艺精巧，未必及理；理意辨给，未必及智；智能经事，未必及道；道思玄远，然后乃周。是谓学不及材，材不及理，理不及智，智不及道。道也者，回复变通。是故，别而论之：各自独行，则仁为胜；合而俱用，则明为将。故以明将仁，则无不怀；以明将义，则无不胜；以明将理，则无不通。然则，苟无聪明，无以能遂。故好声而实不克则恢，好辩而礼不至则烦，好法而思不深则刻，好术而计不足则伪。是故，钧材而好学，明者为师；比力而争，智者为雄；等德而齐，达者称圣，圣之为称，明智之极明也。是故，观其聪明，而所达之材可知也。

——《鉴人智源》

什么叫观察一个人的恶情夺正与善情救恶两方面的情况，可以了解他性情的本质呢？

人的性情本质有好的一面，也有令人恶的一面。假如好的一面不能战胜恶的一面，那么恶的性情就战胜了善的性情。有时情况未必非此即彼，却是似是而非。因此，仁爱的行为本是出于慈善，可是有的人具有慈善之心却没有仁爱之举；有仁爱之心必有体恤之举，可是也有有仁爱之心却没有体恤之举的情况。严厉的人必定刚强，可是也有严厉而不刚强的。

比如看见可怜的人就流泪，但要周济的时候却又舍不得自己的钱物，这就是属于有慈善之心却没有仁爱之举的人。

面对处于危急中的人，恻隐之心油然而生，援救的时候却又害怕危险，这就是属于有仁爱之心却没有体恤之举的人。

坐而论道的时候神色严厉，一旦危及自己的利益便又怯懦起来，这就属于严厉而不刚强的人。

有慈善之心而没有仁爱之举的人，是吝啬之心夺走了仁爱之举。

有仁爱之心而没有体恤之举的人，是畏惧之心夺走了体恤之举。

严厉而不刚强的，是追逐名利的欲望夺走了刚强之心。

所以说,慈善之心战胜不了吝惜之心,就未必能行仁爱之举;仁爱之心战胜不了畏惧之心,就未必能行体恤之举;如果严厉不能战胜利欲,未必能行刚强之举。因此,如果不仁占了上风,那么其技能就会成为害人的工具;如果贪婪悖逆占了上风,那么其坚强威猛就会成为惹祸的阶梯。当然性情纯善的人救助了作恶的人,而没有造成祸害;因友情深厚,虽然发生了傲慢的情况,但并没有因此而分离;扶助善良,发扬光明,虽然疾恶如仇,并无大碍;救济他人十分慷慨,虽然有时也索取他人的财物,但并不是贪婪。因此,通过观察一个人夺、救的行为,去明辨性情中善恶品质间杂的情况,这是能够得知的。

什么叫观察一个人在受到刺激下的感应变化,可以了解他平常的状态呢?

人们总是隐藏自己的真实面貌和情感,要想了解他的内心,就必须先观察他言谈的主旨,观察他对外界刺激的应对。观察一个人的言谈主旨,就好比听音乐的美妙与丑恶;观察一个人对刺激的反应,就好比鉴别他智能的高低。因此从言谈与反应中,就足以识别各种人才。那么,论点鲜明,主题正义的,就是一个明白的人;不善于用语言应对的,就是一个城府玄妙的人;无论深奥的还是浅显的都能看个明白,就是一个通达的人;而变化无常的,就是一个思想混杂的人;能事先预测到还未发生的状况,就是一个圣人;能追思深奥的事理,就是一个见识深远的人;认识超过别人的,就是一个聪明的人;隐而不露的,就是一个明智的人;能够识别细微易被疏忽的事情,就是神妙的人;不把美妙之事秘而不宣,就是一个疏朗的人;越测试越感觉他的深奥,就是实实在在有学问的人;借别人的东西到处炫耀,是一个虚伪的人;炫耀自己的长处,就是一个有缺点的人;不夸耀自己的能力,就是一个能力有余的人。

所以说,凡事过度,必有自身的原因。如果内心忧患,容色就显得疲惫;疾病缠身,容色就显得杂乱;欢喜的容色愉悦畅快;愤怒的容色严厉凌人;妒忌疑惑的容色莽撞无常。等到一定的动作出现,必定伴随相应的言辞。因此,如果讲话很愉快,但却没有愉快的神色相伴随,说明内心的情感是相反的;言语与内心不相吻合,但从神色上仍可看出他的本意,说明他不善于言辞;尚未开口就已怒容满面,这是愤怒已经控制不住的表现;讲话之前先用怒气壮胆,这是要发违心之论的表现。

所有这些内心的活动,都会有外在的特征表现,是不可能掩盖住的。即使想掩盖,但神色却不听从自己的指挥,外在形色怎样变化,仍然可以判断内心想法。所以说,观察了一个人的感应变化,就可以推知其平时的常态性情。

什么叫观察一个人的材质,可以了解他的名声呢?

凡是偏材之人都具有这样的特点,如果具有两种以上的优秀材质,这优秀的材质就会相互促进,这样自然会赢得美好的名声。因此,骨质挺直、气质清朗的,就会有美好的名声;气质清朗、力量强劲的,就会有刚烈的名声;智力发达、精通事理的,就会有能干的名声;富于智慧、坚强诚实的,就会有能当重任的名声。以上优秀的材质又有端正的品质的话,就可以成就美好的品德,再加上刻苦学习,就会有深邃的思想。所以说,观察一个人的材质,就可以推知他将会获得什么样的名声。

什么叫观察一个人做事的方法,就可以辨别他做人的真假呢?

一味攻击别人的短处,就不能公正待人;攻击别人的短处看似自己很正直,但不免误及善良之人;放荡不羁貌似流通,实际不能通达正道;放荡而貌似通达,其行为一定傲慢而没有节制。所以说,性格直率的人爱指责别人的短处,专司指责别人隐私的人当然也指责别人的短处,这两种人虽然都在指责别人的短处,但其目的却迥然不同。通达的人有不受拘束的特点,放荡的人也有不受拘束的特点,二者虽然都不受拘束,但其目的却迥然不同。那么,如何辨别二者的不同呢?性格直率而又温和,这是一种美德;直率而好指责别人的短处,则是一种偏极;爱好指责别人的短处却不正直,则是介于"直"与"讦"之间的似是而非。疏导而有节制,叫做通达;通达而时常过分,则叫做偏极;放荡而无节制,是依似;偏极与依似,志向相同,本质却不同,这就是所谓似是而非的现象。因此,随便做出承诺的人,表面上豪爽其实缺少信义;做事多变的人,表面上有能力实际上收不到任何效果;急速进取的人看似精悍,实际上退缩得也很快;爱指斥别人的人,看似洞察能力强实际上烦乱无序;以不恭敬的态度施舍别人,表面上是惠施于人,却收不到施舍的成效;表面上言听计从,好像很忠诚的人,转过脸来就会另做一套。这些都是似是而非的表现。也有似非而是的情况:精通权变的人,表面上看来很奸诈,却能成就大功劳;富于大智慧的人,表面看来很愚蠢,内心却很精明;博爱之人,表面看很虚,实际上却很厚重;正直敢说话的人,表面上看爱指责别人,内心却是一片忠情。洞察似是而非的情况,掌握人情的正反两方面的情况,这有点像审理诉讼案件,是很难辨别是非真伪的。除非天资十分精明的人,谁能得到真实的情况呢?所以说,仅仅听一个人说话或看表面现象,有可能得不到真实的情况;疑神疑鬼,就可能速失贤才。观察一个人是否是贤才,要看他更接近什么样的材质类型。所以说,观察一个人的材质类型,就可以弄清楚他类似什么样的品质。

什么叫观察一个人爱什么敬什么,就能够知道他与人们的关系能否沟通呢?

大概人情世道的最重要的准则莫过于爱与敬了。因此,《孝经》把爱作为最高的德行,把敬作为最重要的原则;《易经》以感应作为最高的德行,以谦虚作为准则;《老子》以无为为德行,以虚无为准则;《礼》以恭敬为根本;《乐》以爱为主体。人情的本质中只要有爱与敬的诚意,就能达到道德的最高境界,从而感动人心,他的为人处世之道也就无不畅通了。但是爱不可少于敬。如果爱少于敬,清廉节俭的人归附于他,而普通大众就不肯为之效命了;爱多于敬,虽然清廉节俭之人不高兴,接受爱的人却乐于效命。这是为什么呢?因为敬的过于严肃从而使人与人之间的距离拉大,关系难以持久;而爱的处世原则,情意亲密深厚,能够感动人心。所以说,观察一个人爱什么敬什么,就能够知道他与人们的关系能否沟通。

什么叫观察一个人情感变化,就能知道他是否不谙情理呢?

人的情感的表露有六种迹象:欲望得到满足就喜悦;才能得不到发挥就埋怨;对自夸炫耀者憎恶;别人在自己面前谦逊卑下就喜悦;触犯了自己的短处就忌讳;既自夸己之所长,又翻他人之所短。

人都想实现自己的志向。所以刚烈之士乐于发奋用力以成就事功,善良之士乐于督察政务的法则,贤能之士乐于拨乱反正的事功,智术之士乐于计策谋划,论辩之士乐于研究富于教训之意的言辞,贪婪之人乐于聚积财货,被宠幸的人乐于掌握权势。

假如人的心愿得到了实现,则莫不开心,这就叫欲望得到满足就喜悦。

如果人的才能不能得到发挥,志向就难以实现,志向不能实现就会有悲伤之情。因此,功力没有得到建树,刚烈之士就会心怀愤恨;德行没有训化大众,君子就会哀伤;政治得不到治理,贤能之人就会感叹;敌方的实力未能削弱,智术之士就会反思;财货聚积不多,贪婪之人就会忧愁;权势不突出,被宠幸的人就会为之悲哀。这就是所谓其才能得不到发挥就抱怨。

人之常情,都希望走在别人的前面,所以厌恶别人自夸。自夸者都是想超过别人而已。因此,凡自夸者,人们莫不厌恶他。这就是所谓自夸炫耀就会遭到别人的憎恶。

人之常情,都想求胜,所以喜欢别人谦让。谦让表示甘居人下,居下就意味着尊重对方。因此,不管是贤人还是愚人,只要用谦恭的态度与他交往,就没有不表露出高兴的神色来的。这就是以谦恭的态度甘居人下,人就高兴。人之常情,都想掩饰自己的短处,表现自己的长处。因此,假如有人揭他的短处,就好比用东西遮盖了别人的长处。这就是批驳了别人的短处就会招来别人的愤恨。

人之常情,都想凌驾于别人之上。如果你以自夸触犯了别人,虽然会招来别人的厌恶,但还不至于招来嫉妒;如果你以己之长攻人之短,这就叫做用别人厌恶的东西去攻击别人憎恨的东西,这就会使人既憎恶又嫉妒了。

以上几种心理变化,根源在于都想居人之上。因此,君子待人接物,对别人冒犯自己的行为不去斤斤计较,不计较,则时时处处对人恭敬,甘居人下,这样也就避免别人对自己的危害。小人接人待物则不然,既看不到人情变化,又想让别人处处顺从自己,把别人表面上的恭敬看做是发自内心的称道,把别人偶然的邀请看做对自己的轻视;假如别人冒犯了他的短处,就深怀怨恨。因此,观察一个人心理变化的迹象,其道德情操的高尚或卑鄙就可以推知了。

什么叫观察一个人的短处,就能够知道他的长处呢?

偏材之人都有自己的短处。比如,性格直率之人的短处是爱攻击别人,刚正的短处是过于严厉,和善的短处是软弱,耿介的短处是拘泥。

直率而不攻击别人的短处,就不成其为直率。既然喜欢他的直率,就不要指责他爱攻击别人的短处,爱攻击别人的短处正是直率的特征。

刚正而不严厉,就无以成就他的刚正。既然喜欢他的刚正,就不要指责他的严厉,严厉正是刚正的特征。

和善而不软弱,就无以保证其和善。既然喜欢他的和善,就不要指责他的懦弱,懦弱正是和善的特征。

耿介而不拘泥,就无以持守他的耿介。既然喜欢他的耿介,就不要指责他的拘泥,拘泥正是耿介的特征。

然而,有短处的人未必有相应的长处。有长处的人必然有相应的短处为其特征。因此,观察一个人的短处,就可以推知其相应的长处是什么了。

什么叫观察一个人聪明的程度,就能够知道他今后是否发达呢?

仁是道德的基础,义是道德的节制,信是道德的保证,智是道德的统帅。智慧来自于聪明,明达对于人来说,就好比白天之需要日光,夜晚之需要烛光一样。日光与烛光越是明亮,就看得越远。能够使人看得远的明辨是很难达到的境界。因此,持守事业、勤奋学习,不一定能够成就某一方面的才能。才艺精巧,不一定把握了根本的道理。精通义理、能言善辩未必富于智慧。能够办好事情,未必能掌握了事物的根本规律。只有对"道"思考得精微深远,学问才算得上周全。这就是学问不及才能,才能不及道理,道理不及智慧,智慧不及规律。道,不是一个僵死的东西,而是循环往复,不断变化的。因此,如果把道这个层次以下的各种材质与道分开而论,在各种材质中,当以仁最为优秀;如果将各种材质结合在一起使用,则当以明辨为将帅。所以,用明辨统帅仁,则无不归顺,用明辨统帅义,则无往而不胜,用明辨统帅理,则无不通达。然而,如果没有聪明,则一切都难以成功。所以,追求名声却没有与名声相符的实质,就显得空泛迂腐;爱好辩论却讲不清道理,就显得言辞烦琐混乱;爱好法制而思虑不深刻,就显得苛刻;爱好权术而计谋不足,就显得伪诈。因此,材质相当的人同样勤奋学习,具有明辨才能的人最终必将成为其他人的老师;力量相当的双方争斗,富于智慧的人必定最终称雄;德行相当的人作比较,通达者将成为圣人。圣人之所以称为圣人,是明智者当中最为明智的人。因此,观察一个人聪明的程度,能够知道他今后是否发达。

唐太宗是中国历史上很有作为的一代帝王,由于他的努力,使得唐朝的政治、经济、文化各方面都处于世界领先的地位。后来人们就用"贞观之治"来表达对唐太宗政绩的肯定和对太平盛世的景仰和向往。对于自己的成功之道,唐太宗有五点经验之谈,其中有四点就是关于如何识人用人的。

有一次,唐太宗让大臣封德彝举荐有才能的人,但他过了好久也没有推荐一个人。面对责问,封德彝回答说:"不是我不尽心去做,只是当今没有杰出的人才啊!"唐太宗说:"用人跟用器物一样,每一种东西都要选用它的长处。古来能使国家达到大治的帝王,难道是向别的朝代去借人才来用的吗? 我们只是担心自己不能识人,怎么可以冤枉当今一世的人呢?"这精彩的回答显示出了唐太宗的人才观念:人才总是有的,能不能被发现在于领导者有没有识别人才的能力。

唐代著名的画家韩干小时曾是酒店的伙计。他酷爱学画,一天,他到著名诗人、画家王维家送酒,趁等人的机会,以碎石作笔,把沿途所见在地上画了下来。被王维偶然看到,发现他画的人物、车马,虽不严谨深刻,倒也形象逼真。王维于是对这位小伙计略加打量,认为他虽然幼稚,但颇为机灵,又如此用心、好学,是个可塑之才。于是便问他愿不愿意跟随自己学画。韩干万分惊喜,随即辞去了酒店的差

王维

使,搬到了王维院中。王维潜心培养韩干,把自己多年来的经验一一传授给他。韩干凭其聪明才智和勤奋好学,渐渐地"青出于蓝而胜于蓝"。王维十分满意,又把他推荐给大名鼎鼎的画马专家曹霸,让他进一步深造。十多年后,韩干的画马艺术终于达到了炉火纯青的地步,成为中国美术史上著名的画马大师。

如果王维没有一双识才的慧眼,韩干就会继续做他的酒店小伙计,大不了今后成为一个酒店老板,一代大师也许就会这样被埋没了。由此可见,善于鉴才的识人者比人才本身更重要。

清朝嘉庆年间有个怪人龚定庵,当时就预见中国今后会出大问题,特别感慨自己处于一个"朝无才臣,军无才将,校无才士,野无才农,宅无才工,工无才匠,市无才商,巷无才偷,泽无才盗"的时代。他这种偏激的说法说明他只看到了事物的表面现象,实质应该是当时政治昏庸,满朝文武都不会识别人才。

诚然,准确鉴别一个人是很困难的,特别是在品行方面的鉴别,更是难上加难。因为人是能够伪装自己的,以古人的话来说,就是"或以貌少为不足,或以瑰姿为世伟,或以直露为虚华,或以巧饰为真实"。比如王莽,在大权没有巩固之前,始终做温良恭顺态,深得皇室的欢喜,许多大臣和老百姓都把他视为忠臣。

不会识人就会用人不当或者遇人不淑,就会给领导者的事业或者自身带来毁灭性的打击。历史上,因鉴别人才不当而造成用才错误者不乏其人。如元末农民起义领袖张士诚,虽知道"得人才者得天下"的道理,喜欢招贤纳士,但他并不懂得鉴别人才真伪的方法,所以虽然养得一大批"贤人",但并没有忠义之士,待到朱元璋大兵压境之时,这些人一个个都马上开溜了,或者干脆卖主求荣了。

那么,识别人才的具体方法是什么呢?本章中指出了"八观"的识人之法。"八观"之法在人才的鉴定方面给人们提供了详细的可操作的方法,强调了领导者要根据人性情的变化,去综合地考察一个人的真实情况,这样才能去粗取精,去伪存真,由此及彼,由表及里。在今天看来,"八观"之法未免过于简单,但仍然具有很强的现实意义。

说到"八观",战国时期齐国的宰相管子也有一个"八观"之说,意思是这样的:

巡视一个国家的田野,看看它的耕耘状况,计算它的农业生产,饥饱之国就可以区别出来了;巡视一个国家的山林湖泽,看看它的桑麻生长情况,计算它的六畜生产,贫富之国就可以区别出来了;进入一个国家的都城,视察它的宫室,看看它的车马、衣服,侈俭之国就可以区别出来了;考查灾年饥馑的情况,计算从军服役的人数,看看楼台亭阁的修建,计量财政开支的费用,虚实之国就可以区别出来了;进入一国的州、县,观察风俗习惯,了解它的人民是怎样接受上面教化的,治乱之国就可以区别出来了;来到一国的朝廷,观察君主的左右,研究一下本朝百官的情况,分析一下朝廷上下重视什么和轻视什么,强弱之国就可以区别出来了;根据君主立法出令和从政治民的情况,考察其刑赏政策是否在人民当中得到贯彻,兴灭之国就可以区别出来了;估量敌国和盟国,了解君主的意志,考察农业的状况,看看人民财产是有余还是不足,存亡之国就可以区别出来了。

管子的"八观"是如何实事求是地去考察一个国家的真实国力,就是要根据多方面的真实情况,去做调查研究,才能得到准确的判断结果。

　　唐朝的文学家韩愈曾几度遭贬谪,因此对于如何识别人才有其切身感受。他在《说马》一文里,用识马的道理来说明识才者与被识者的关系。他说:"世有伯乐,然后有千里马。千里马常有,而伯乐不常有。"这给后来的领导者提了个醒:只有求贤若渴的爱才之心是远远不够的,还要懂得识别人才的方法,才能练就一双识才的火眼金睛,源源不断地发现德才兼备的人才。

第二篇 《贞观政要》智慧通解

★导读

《贞观政要》,作者是唐代史学家吴兢,写作于开元、天宝之际。当时的社会仍呈现着兴旺的景象,但社会危机已露端倪,政治上颇为敏感的吴兢已感受到衰颓的趋势。为了保证唐皇朝的长治久安,他深感有必要总结唐太宗君臣相得、励精图治的成功经验,为当时的帝王树立起施政的楷模。《贞观政要》正是基于这样一个政治目的而写成的,所以它一直以其具有治国安民的重大参考价值,而得到历代的珍视。

《贞观政要》虽记载史实,但不按时间顺序组织全书,而是从总结唐太宗治国施政经验,告诫当今皇上的意图出发,将君臣问答、奏疏、方略等材料,按照为君之道、任贤纳谏、君臣鉴戒、教戒太子、道德伦理、正身修德、崇尚儒术、固本宽刑、征伐安边、善始慎终等一系列专题内容归类排列,使这部著作既有史实,又有很强的政论色彩;既是唐太宗贞观之治的历史记录,又蕴含着丰富的治国安民的政治观点和成功的施政经验。这部书是对中国史学史上古老记言体裁加以改造更新而创作出来的,是一部独具特色,对领导者富有启发的历史著作。

第一章　修身治国，居安思危

★必先修身，然后治国

　　贞观初，太宗谓侍臣曰："为君之道，必须先存百姓。若损百姓以奉其身，犹割股以啖腹，腹饱而身毙。若安天下，必须先正其身，未有身正而影曲，上治而下乱者。朕每思伤其身者不在外物，皆由嗜欲以成其祸。若耽嗜滋味，玩悦声色，所欲既多，所损亦大，既妨政事，又扰生民。且复出一非理之言，万姓为之解体，怨讟既作，离叛亦兴。朕每思此，不敢纵逸。"谏议大夫魏征对曰："古者圣哲之主，皆亦近取诸身，故能远体诸物。昔楚聘詹何，问其治国之要，詹何对以修身之术。楚王又问治国何如，詹何曰：'未闻身治而国乱者。'陛下所明，实同古义。"

——《贞观政要·君道第一》

　　贞观（公元 627～649 年）初年，唐太宗对身旁大臣说："作为君王的根本，首先应该考虑民众的利益。倘若损害民众来奉养自身，便如同割下自己四肢的肉来填塞腹部，腹部虽然填饱了，人却死了。倘若要安定天下，首先应该是端正自身的行为，世上从没有身正影斜之事，也没有上面治理得好而下面混乱之事。我常想：伤害君王之身的不在外物，而大多由于各种不良的嗜好和欲望所造成的祸患。倘若过度爱好佳肴美味，沉溺于歌舞美女，那么所想得到的越多，所受到的损伤也就越大。这样既妨害了国家政事，又侵扰了全国的民众。另外，帝王说出一句非理的话，民众便会离心；一旦产生怨恨诽谤，叛离之事便会接踵而来。每想到这些，我便不敢放纵嗜欲去追求享乐。"谏议大夫魏征回答道："古代圣明的君主，大都就近加强自己的修养，故此能够体察到其他事物。过去楚庄主礼请贤士詹何，向他询问治国的要领，詹何便举如何进行身心修养来作为回答。楚庄王又问他到底什么是治国的要领，詹何答到：'没听说过自身品行端正而国家还会混乱的。'陛下所明了的，实在符合古时的义理。"

★明君兼听，昏君偏信

贞观二年，太宗问魏征曰："何谓为明君暗君？"征曰："君之所以明者，兼听也；其所以暗者，偏信也。《诗》云：'先民有言，询于刍荛。'昔唐、虞之理，辟四门，明四目，达四聪。是以圣无不照，故共、鲧之徒，不能塞也；靖言庸回，不能惑也。秦二世则隐藏其身，捐隔疏贱而偏信赵高，及天下溃叛，不得闻也。梁武帝偏信朱异，而侯景举兵向阙，竟不得知也。隋炀帝偏信虞世基，而诸贼攻城剽邑，亦不得知也。是故人君兼听纳下，则贵臣不得壅蔽，而下情必得上通也。"太宗甚善其言。

——《贞观政要·君道第一》

贞观二年（公元六二八年），太宗问魏征道："什么叫做明君？什么叫做昏君？"魏征回答说："君主之所以能够明达，是由于能够兼听多方面的意见，掌握多方面的情况；国君之所以昏庸，是由于他的偏听偏信。《诗经·大雅·板》中说：'先辈有这样的话，向割草砍柴的人征求意见。'古代尧、舜的时候，打开四方之门来接纳八方人士，开通四方视听来了解天下事理，故此能够做到圣明的目光无所不照察，故此共工、鲧这类人，无法蒙蔽他；奸佞小人的恭维话和奸计，也无法迷惑他。秦二世胡亥将自己深藏于深宫里，摒弃隔绝所有自己不亲近的人士，偏信于权奸赵高，及至天下已然崩溃离叛，他还一点信息都不知道。梁武帝偏信朱异的话，重用侯景。侯景率领叛军攻打京城，梁武帝竟然不知道。隋炀帝偏信虞世基的话，各路起义军攻取城池、抢掠乡邑，他也不知道。如此看来，君主应该兼听，应该容纳臣下不同的见解。那样，亲贵宠幸的臣子也就无法堵塞耳目、蒙蔽真情，而下情便可以上达了。"太宗非常赞赏魏征的这番议论。

魏徵

★经营治理，唯在德行

圣哲乘机，拯其危溺，八柱倾而复正，四维弛而更张。远肃迩安，不逾于期月；

胜残去杀,无待于百年。今宫观台榭,尽居之矣;奇珍异物,尽收之矣;姬姜淑媛,尽侍于侧矣;四海九州,尽为臣妾矣。若能鉴彼之所以失,念我之所以得,日慎一日,虽休勿休,焚鹿台之宝衣,毁阿房之广殿,惧危亡于峻宇,思安处于卑宫,则神化潜通,无为而治,德之上也。若成功不毁,即仍其旧,除其不急,损之又损,杂茅茨于桂栋,参玉砌以土阶,悦以使人,不竭其力,常念居之者逸,作之者劳,亿兆悦以子来,群生仰而遂性,德之次也。若惟圣罔念,不慎厥终,忘缔构之艰难,谓天命之可恃,忽采椽之恭俭,追雕墙之靡丽,因其基以广之,增其旧而饰之,触类而长,不知止足,人不见德,而劳役是闻,斯为下矣。譬之负薪救火,扬汤止沸,以暴易乱,与乱同道,莫可测也,后嗣何观! 夫事无可观则人怨,人怨则神怒,神怒则灾害必生,灾害既生,则祸乱必作,祸乱既作,而能以身名全者鲜矣。顺天革命之后,将隆七百之祚,贻厥子孙,传之万叶,难得易失,可不念哉!

——《贞观政要·君道第一》

圣明的大唐天子当机立断,于危乱倾覆当中拯救天下。撑天的八柱倾倒了,能重新扶正过来;系地的四维废绝了,又再次设置起来。远方的人前来朝拜,近处的人安居乐业,不到一年国家就达到了治平;战胜残暴,消除杀戮,也不须要百年。而今隋朝的宫殿楼阁都被皇家占据,奇珍异宝都没收了,美貌的嫔妃都侍奉在您的身边;举国之内,都是君王的臣子与奴婢。如果能借鉴于隋朝失败的教训,常常想想自己是怎样取得天下的,因而一天比一天谨慎,虽有美德而不自恃。下决心焚毁掉商纣王的鹿台宝衣,拆除掉秦始皇的阿房宫殿;畏惧着高楼广宇、雕墙画壁将葬送政权,从而安心于卑宫小殿。那么,自身的精神修养就能对百姓起到潜移默化的教育作用,思想也就暗暗与百姓相通,从而达到无为而治,这是以德治国的最好办法。倘若认为已成之功、已造之物不必毁弃,那就保存原有的这些宫室珍宝之类,去掉其中的不急之务,把耗费压缩了再压缩;简陋房屋与华丽宫室相间杂,玉石栏杆与泥土台阶相掺和也不计较,民众高兴的事就派他们去做,而且不要耗竭他们的精力。常常想想自己住在里面所享受的快乐,再想想建造它的人所付出的辛劳。使亿万民众像为父亲效力一样愉快地来听从使唤,所有的人都仰仗国君而性情归于纯朴,这是以德治国的次等方法。如果君王有一念之差,不善始慎终,忘记了缔造国家的艰难,自以为有天命可以依恃,忽视保持采椽不斫的恭俭之德,追求画栋雕梁的绮丽奢豪,去拓展秦宫隋殿的基地进而增饰它,又随事添加,不知止足,百姓看不到君王的美德,相反只听到不断征发劳役的消息,这是最下等的治国方法。这种办法就像背着木柴去救火,扬起沸水来制止沸腾,用暴乱去代替暴乱,这就与昏乱者走上了同一条道路,后果不堪设想。后世子孙又从哪里找到自己的榜样呢? 君主没有可以显示德行的业绩,就会使百姓怨恨、神灵发怒,百姓怨恨、神灵发怒,灾难和祸害就一定会产生,灾害一旦发生,则祸乱发作,祸乱发作而能保全身名的人就极少极少啦! 皇上您顺从天意,革除隋氏而创业以后,将不断发展如同周文王周武王那样的不朽基业,并遗留给子孙,使它传到万代。国家的基业难于取得却容易丧失,能够不认真反思吗?

★居安思危,谨慎守业

　　贞观十五年,太宗谓侍臣曰:"守天下难易?"侍中魏征对曰:"甚难。"太宗曰:"任贤能,受谏诤,即可。何谓为难?"征曰:"观自古帝王,在于忧危之间,则任贤受谏。及至安乐,必怀宽怠,言事者惟令兢惧,日陵月替,以至危亡。圣人所以居安思危,正为此也。安而能惧,岂不为难?"

——《贞观政要·君道第一》

　　贞观十五年(公元641年),太宗对侍臣们说:"守天下到底是难呢还是不难呢?"身任侍中的魏征回答说:"太艰难了。"太宗说:"任用贤能的人,采纳臣下的意见,就可以了,怎么说很难呢?"魏征说:"我观察自古以来的帝王,当他们处于忧虑危急的时候,就能任用贤能而接受谏诤;及至安乐之后,一定心怀懈怠,放松自己,谁向他进言就必定弄得对方胆战心惊,惶恐惧怕,这样一天比一天衰退疲惫下去,所以走到危亡的境地。圣人所以能居安思危,正是为了避免这种情况发生。安居时能怀畏惧之心,难道不算难吗?"

第二章　公平施政,共同发展

★上下互信,各司其职

贞观四年,太宗问萧瑀曰:"隋文帝何如主也?"对曰:"克己复礼,勤劳思政,每一坐朝,或至日昃,五品已上,引坐论事,宿卫之士,传飧而食,虽性非仁明,亦是励精之主。"太宗曰:"公知其一,未知其二。此人性至察而心不明。夫心暗则照有不通,至察则多疑于物。又欺孤儿寡妇以得天下,恒恐群臣内怀不服,不肯信任百司,每事皆自决断,虽则劳神苦形,未能尽合于理。朝臣既知其意,亦不敢直言,宰相以下,惟即承顺而已。朕意则不然,以天下之广,四海之众,千端万绪,须合变通,皆委百司商量,宰相筹画,于事稳便,方可奏行。岂得以一日万机,独断一人之虑也。且日断十事,五条不中,中者信善,其如不中者何?以日继月,乃至累年,乖谬既多,不亡何待?岂如广任贤良,高居深视,法令严肃,谁敢为非?"因令诸司,若诏敕颁下有未稳便者,必须执奏,不得顺旨便即施行,务尽臣下之意。

——《贞观政要·政体第二》

贞观四年,唐太宗问萧瑀说:"隋文帝是什么样的君主?"萧瑀回答说:"他能克己复礼,勤奋地从事政务,每次坐朝办公,有时要到午后才休止。五品以上的官员,他都要引坐论事,宿卫人员,吃饭也不下岗。这个人虽说天性不属仁爱明智的一类,倒也算得上是一个励精图治的君主。"太宗说:"你只知其一,不知其二。隋文帝这个人性格过于审细,而且不明事理。内心不明就察觉不出自己的过失,过于审细就会对人疑虑多端。再说,他是用欺负孤儿寡妇的手段篡得政权的,总是担心群臣内心不服气,于是不肯信任百官,每事都由自己拿主张。虽则劳碌身体,耗费精神但不可能办得都妥当。朝中大臣既知他的心意,也就不敢直言劝谏,宰相以下官员,只是奉承顺旨罢了。我的看法就不是这样。天下这么大,举国之内人口这么多,事情太复杂了,应该随事取法,有所变通,都交给主管机关去商量,由宰相筹

萧瑀

国学经典文库

国学大智慧

《贞观政要》智慧通解·图文珍藏版

谋策划,对事情合适,这才报告给我,决策施行。怎么把一天中需要处理的许许多多事情,让一个人思考决断呢！况且一天处理十件事,有五件出偏差,处理对的当然好,处理不对的怎么办呢？一天天积累下去,成年累月,乖谬失误也就堆积得多了。这样下去,除去灭亡还会有什么结局？这怎么比得上广泛地任用贤良,自己高居宝座,洞察事理,严肃法令,谁敢做坏事呢？"因而下令朝廷各部门:如果诏敕颁发下去有不稳妥或不便施行的,必须坚持己见上报,不能顺从旨意,随即施行,一定要尽到臣子的责任。

★ 心存畏惧,国运长久

贞观六年,太宗谓侍臣曰:"看古之帝王,有兴有衰,犹朝之有暮,皆为蔽其耳目,不知时政得失,忠正者不言,邪谄者日进,既不见过,所以至于灭亡。朕既在九重,不能尽见天下事,故布之卿等,以为朕之耳目。莫以天下无事,四海安宁,便不存意。可爱非君,可畏非民。天子者,有道则人推而为主,无道则人弃而不用,诚可畏也。"魏征对曰:"自古失国之主,皆为居安忘危,处治忘乱,所以不能长久。今陛下富有四海,内外清晏,能留心治道,常临深履薄,国家历数,自然灵长。臣又闻古语云:'君,舟也;人,水也。水能载舟,亦能覆舟。'陛下以为可畏,诚如圣旨。"

——《贞观政要·政体第二》

贞观六年,唐太宗对侍臣说:"我看古代的帝王,有兴盛之时也有衰败之时,就像白天之后有夜晚,都是闭塞了自己的耳目,不知当时的政治得失。忠正的人不说话,奸邪谄媚的人越来越受亲近。帝王既不见己过,所以也就走向灭亡了。我身处九重之上,不能够尽知天下万事,所以安排你们各位,希望能起到耳目的作用。不要认为天下太平无事,四海安宁,就不小心在意。《尚书》说:'可爱的是国君,可畏的是百姓。'做国君的,如果有道,百姓就拥戴他做国君;无道的话,人民就会抛弃他而不予承认,这才真可怕呢！"魏征回答说:"自古丢掉政权的君主,都因为他们居安便忘危,处治就忘乱,所以不能长久地拥有天下。现在陛下拥有天下,国家内外清平安定,能够留心治国方法,常常像面临深渊、足踩薄冰那样小心谨慎地办事,国家的运数,自然绵延久长。我又听到过古语说:'君,是船;民,是水。水能载船,也能翻船。'皇上您认为'可怕'的确是您说的这个道理。"

★小事不做,大事必败

贞观六年,太宗谓侍臣曰:"古人云:'危而不持,颠而不扶,焉用彼相?'君臣之义,得不尽忠匡救乎?朕尝读书,见桀杀关龙逢,汉诛晁错,未尝不废书叹息。公等但能正词直谏,裨益政教,终不以犯颜忤旨,妄有诛责。朕比来临朝断决,亦有乖于律令者。公等以为小事,遂不执言。凡大事皆起于小事,小事不论,大事又将不可救,社稷倾危,莫不由此。隋主残暴,身死匹夫之手,率土苍生,罕闻嗟痛。公等为朕思隋氏灭亡之事,朕为公等思龙逢、晁错之诛,君臣保全,岂不美哉!"

——《贞观政要·政体第二》

贞观六年,太宗对侍臣们说:"古语讲:'危险时你不去扶持,跌倒时你不去扶助,哪里还用得上这种助手呢?'君臣之间的道理,能够不尽忠来匡救吗?我曾读书,看到夏桀杀关龙逢,汉景帝杀晁错时,未尝不放下书本叹息。你们只要能义正严词地坦率地劝谏,对国家的政治教化有帮助,我决不会因为犯颜违旨,而随便责备你们。我近来临朝断事,也有违背国家律令的地方,你们各位以为是小事一件,也就不汇报、不进谏了。凡大事都是由小事来的,小事不讨论,到有了大事,就将不可挽救了。政权的倾危,没有不从这儿开始的。隋炀帝残暴,当他被一个普通人杀死时,很少听到全国老百姓中有为他悲痛的。你们为我想到隋朝灭亡的事,我为你们考虑龙逢、晁错是怎样被杀的,这样的君宁臣安,君臣保全,难道不是天地间一大美事么?"

★君上严明,臣下尽职

贞观十六年,太宗谓侍臣曰:"或君乱于上,臣治于下;或臣乱于下,君治于上。二者苟逢,何者为甚?"特进魏征对曰:"君心治,则照见下非。诛一劝百,谁敢不畏威尽力?若昏暴于上,忠谏不从,虽百里侯、伍子胥之在虞、吴,不救其祸,败亡亦继。"太宗曰:"必如此,齐文宣昏暴,杨遵彦以正道扶之得治,何也?"征曰:"遵彦弥缝暴主,救治苍生,才得免乱,亦甚危苦。与人主严明,臣下畏法。直言正谏,皆见信用,不可同年而语也。"

——《贞观政要·政体第二》

贞观十六年,太宗问侍臣:"或者君主乱于上,而大臣治于下;或者大臣乱于下,

国学经典文库

国学大智慧

·《贞观政要》智慧通解·

图文珍藏版

而君主治于上。这两者倘若碰上了,哪一种后果更为严重呢?"特进魏征答道:"君王用心管理国家,便能够明察臣下的过失,处罚一个人就能警诫上百人,谁还敢不畏惧威严尽力办事呢? 倘若君主凶暴于上,臣子的忠谏根本不听从,虽有百里侯、伍子胥这样忠诚智慧的大臣在虞国、吴国,也挽救不了各自君王的祸患,而国家的灭亡也就跟着发生了。"太宗说:"如果一定是这样,那北齐的文宣帝是个昏庸残暴的君主,杨遵彦却用正确的方法扶助他治理好北齐,这怎么理解呢?"魏征说:"杨遵彦千方百计为昏君暴主救过补失,千方百计保全苍生,也仅仅免于国家的动乱,那也十分艰难辛苦了。这与国君严肃明智,臣子畏惧国法,并敢于直言劝谏,大家都得到国君的信用,是不可同年而语的。"

第三章 诚心求谏，闻过则喜

★诚心求谏，匡正过失

太宗威容俨肃，百僚进见者，皆失其举措。太宗知其若此，每见人奏事，必假颜色，冀闻谏诤，知政教得失。贞观初，尝谓公卿曰："人欲自照，必须明镜；主欲知过，必藉忠臣。主若自贤，臣不匡正，欲不危败，岂可得乎？故君失其国，臣亦不能独全其家。至于隋炀帝暴虐，臣下钳口，卒令不闻其过，遂至灭亡，虞世基等，寻亦诛死。前事不远，公等每看事有不利于人，必须极言规谏。"

贞观元年，太宗谓侍臣曰："正主任邪臣，不能致理；正臣事邪主，亦不能致理。惟君臣相遇，有同鱼水，则海内可安。朕虽不明，幸诸公数相匡救，冀凭直言鲠议，致天下太平。"谏议大夫王珪对曰："臣闻，木从绳则正，后从谏则圣。是故古者圣主必有诤臣七人，言而不用，则相继以死。陛下开圣虑，纳刍荛，愚臣处不讳之朝，实愿罄其狂瞽。"太宗称善，诏令自是宰相入内平章国计，必使谏官随入，预闻政事。有所开说，必虚己纳之。

——《贞观政要·求谏第四》

太宗的神态威严而庄重，百官前来觐见，拘谨得无可适从。太宗得知这个情况以后，每当有人前来奏事，都留心和颜悦色，以求能够听到对方的真心话，从而了解政行的得失。贞观初年，太宗曾对王公大臣们说："一个人想看到自己的面容，必须要有一面明镜；一个国君想知道自己的过失，必须借助于忠臣。国君如果自以为贤能，臣子又不匡正，想不陷入危亡失败的境地，怎么可能呢？所以，国君失掉国，臣子也不能单独保全他的家。至若隋炀帝肆行暴虐，臣下一个个紧闭嘴巴不说话，终于使他什么过失也不知道，以至于灭亡。而虞世基等钳口不言的大臣，跟着也被杀死了。这前车之覆的情景离我们还不远，今后你们各位一看到事情有不利于民众的，一定要直言切谏，可不要有什么顾忌。"

贞观元年，唐太宗对侍臣说："正直的国君任用了奸邪的臣子，不能使国家达到治平；忠正的臣子侍奉邪恶的国君，也不能使国家达到治平；只有正直之君遇上忠正之臣，如同鱼得到水，这样天下就可以安定。我虽然不聪明，幸而有你们多次匡正补救，希望凭借你们耿直的进言，使天下达到太平。"谏议大夫王珪回答说："我们知道，木料得到绳墨加工就会变得平正，君主采纳谏诤就能变得圣明。所以古代圣哲之君一定有七八个直言敢谏的诤臣，如果有谁提了意见而不被采纳，他们就一个接一个地冒死去诤。您皇上敞开胸怀，能采纳樵夫渔夫的话，我们这批愚臣，处于这不讲忌讳的圣明时代，真愿意掏出自己的心，和盘托出自己的无知或偏见。"太宗称赞王珪的话对。下令从今以后宰相进宫筹商国家大事，一定让谏官跟随进去，让他参加接见，了解国家大事。如果有所陈说，一定虚心采纳。

★上昏下谀，怎能治理

贞观二年，太宗谓侍臣曰："明主思短而益善，暗主护短而永愚。隋炀帝好自矜夸，护短拒谏，诚亦实难犯忤。虞世基不敢直言，或恐未为深罪。昔箕子佯狂自全，孔子亦称其仁。及炀帝被杀，世基合同死否？"杜如晦对曰："天子有诤臣，虽无道，不失其天下。促尼称：'直哉史鱼，邦有道如矢，邦无道如矢。'世基岂得以炀帝无道，不纳谏诤，遂杜口无言？偷安重位，又不能辞职请退，则与箕子佯狂而去，事理不同。昔晋惠帝、贾后将废愍怀太子，司空张华竟不能苦谏，阿意苟免。及赵王伦举兵废后，遣使收华，华曰：'将废太子日，非是无言，当时不被纳用。'其使曰：'公为三公，太子无罪被废，言既不从，何不引身而退？'华无辞以答，遂斩之，夷其三族。古人有云：'危而不持，颠而不扶，则将焉用彼相？'故'君子临大节而不可夺也。'张华既抗直不能成节，逊言不足全身，王臣之节固已坠矣。虞世基位居宰辅，在得言之地，竟无一言谏诤，诚亦合死。"太宗曰："公言是也。人君必须忠良辅弼，乃得身安国宁。炀帝岂不以下无忠臣，身不闻过，恶积祸盈，灭亡斯及！若人主所行不当，臣下又无匡谏，苟在阿顺，事皆称美，则君为暗主，臣为谀臣，君安臣谀，危亡不远。朕今志在君臣上下，各尽至公，共相切磋，以成治道。公等各宜务尽忠说，匡救朕恶，终不以直言忤意，辄相责怒。"

——《贞观政要·求谏第四》

贞观二年，唐太宗对侍臣说："贤明的君主时时想到自己的短处因而越来越好，昏昧的君主庇护自己的短处而永远愚昧。隋炀帝爱夸耀自己的长处，庇护自己的短处而拒绝规谏，臣子实在也难于犯颜忤旨。虞世基不敢直言，或者不能算很大的罪过。过去商朝的箕子假装疯狂来保全性命，孔子也说他仁。后来隋炀帝被杀，虞世基理应与他一起死吗？"杜如晦回答说："天子身边有了诤臣，即使他本人无道昏悖，也不至于失掉天下。孔子说：'正直的史鱼呀，国家有道他正直如箭，国家无道他还是正直如箭！'虞世基作为臣子，怎么能因为炀帝无道而忘了自己的职责，不去谏诤，就那么钳口不言呢？他偷安于重位，做着高官，又不能辞职请退，那么，他和箕子的装疯病而去职，事理就不一样了。当年晋惠帝和贾皇后准备废掉愍怀太子，身任司空的张华竟不能苦诤,却阿附主子意图以求自身的免祸。及至赵王伦起兵废掉贾后,派人责备张华,张华说:'废太子的时候,我不是保持沉默,而是当时说的话没有被采用。'那个使者说:'你身居三公之职,太子没有罪被废掉,诤谏既然未被采纳,为何自己不辞官隐退呢?'张华无言以对,使者杀死他,灭掉他家的三族人。古人说:'国家危急而不扶持,倾颓而不匡救,那怎么用这种人来辅佐呢?'所以成语说:'君子临大节是不可夺其志的'。张华既然在正直方面不能全其名节,说得再好听的话也不足以保全声誉,为臣之节这就坠失了。虞世基处在宰相之位,有向皇帝进言的机会,终于没有说一句批评时政的话,看来杀死也活该。"太宗说:"你说得很对,人君一定要有忠良来辅佐指教,这才能做到国泰民安。隋炀帝可不就因为下无忠臣,自己不问己过,而又恶积祸盈,走上灭亡之路。如若人

隋炀帝

主所行不适当,臣下又没有人前来点破,进行匡正,而是无原则地希求顺应皇上,遇事都唱一通颂歌,那么君主就是一位瞎了眼的主子;臣下就是一批善于献媚讨好的人。国君昏庸,臣子谄媚,国家危亡不要多长时间。我现在的志向在于使君臣上下齐心,各自尽到最公正之心,共同商量来实现天下大治。你们各人都务必要竭尽忠诚,直言规谏,匡救我的缺点和过失。我一定不会把你们直言规谏看成违逆旨意,动辄发怒责备。"

★ 己能受谏,再谏他人

贞观五年,太宗谓房玄龄等曰:"自古帝王多任情喜怒,喜则滥赏无功,怒则滥杀无罪。是以天下丧乱,莫不由此。朕今夙夜未尝不以此为心,恒欲公等尽情极谏。公等亦须受人谏语,岂得以人言不同己意,便即护短不纳? 若不能受谏,安能谏人?"

——《贞观政要·求谏第四》

房玄龄

贞观五年,唐太宗对房玄龄说:"自古以来,帝王之中多有放纵情性,喜怒无常的,高兴时就任意赏赐无功的人,发怒时就乱杀无罪的人。因此,国家遭受损失,

造成混乱，没有不是从这里开始的。我现在从早到晚，无时不把这件事放在心上，常常希望你们尽情地极力规谏。你们自己也应该听得进别人的意见，怎么能因为人家与自己意见不一就不加听纳、就给自己护短呢？一个人如果听不进别人的意见，又怎么能正确地给他人进谏呢？"

★臣下欲谏，先忧降罪

贞观十五年，太宗问魏征曰："比来朝臣都不论事，何也？"征对曰："陛下虚心采纳，诚宜有言者。然古人云：'未信而谏，则以为谤己；信而不谏，则谓之尸禄。'但人之才器各有不同，懦弱之人，怀忠直而不能言；疏远之人，恐不信而不得言；怀禄之人，虑不便身而不敢言。所以相与缄默，俯仰过日。"太宗曰："诚如卿言。朕每思之，人臣欲谏，辄惧死亡之祸，与夫赴鼎镬、冒白刃，亦何异哉？故忠贞之臣，非不欲竭诚。竭诚者，乃是极难。所以禹拜昌言，岂不为此也！朕今开怀抱，纳谏诤。卿等无劳怖惧，遂不极言。"

——《贞观政要·求谏第四》

贞观十五年，太宗问魏征说："近来朝臣都不与我纵论是非，不发表已见了，这是为什么呢？"魏征回答说："皇上您虚心听取各方面的意见，按理，应该有敢于直言的人。不过，古人说过：'没有获得信任时，就去进言批评，对方会认为你在诽谤；获得了信任却不肯进言直谏，那就是占高位白受禄了。'然而人的才识器性，各有不同。懦弱的人，虽然怀着忠直之心，但不能说出来；被国君疏远的人，担心不受信任因而不敢说；心中只考虑个人俸禄的人，忧虑的是不利于自身，因而不敢说。所以，大家互相保持沉默，随波逐流，苟且度日。"太宗说："的确像你说的这样。我常常想到：臣子们打算进谏时，总立刻想到有没有杀头之祸，跟在战场上冲锋陷阵没有什么不同。所以忠贞的臣子们，不是不想竭尽忠诚，而是非常为难。所以大禹听到善言就拜谢，难道不是为这个缘故吗？我现在敞开胸怀，采纳直言规劝，你们不要过分恐怖畏惧，就不敢极力进言。"

第四章　广开言路，虚心纳谏

★厌而不去，是为最恶

贞观初，太宗与黄门侍郎王珪宴语，时有美人侍侧，本庐江王瑷之姬也，瑷败，籍没入宫。太宗指示珪曰："庐江不道，贼杀其夫而纳其室，暴虐之甚，何有不亡者乎！"珪避席曰："陛下以庐江取之为是邪，为非邪？"太宗曰："安有杀人而取其妻，卿乃问朕是非，何也？"珪对曰："臣闻于《管子》曰：齐桓公之郭国，问其父老曰：'郭何故亡？'父老曰：'以其善善而恶恶也。'桓公曰：'若子之言，乃贤君也，何至于亡？'父老曰：'不然。郭君善善而不能用，恶恶而不能去，所以亡也。'今此妇人尚在左右，臣窃以为圣心是之。陛下若以为非，所谓知恶而不去也。"太宗大悦，称为至善，遽令以美人还其亲族。

——《纳谏第五》

贞观初年，有一次太宗与黄门侍郎王珪一起随意闲谈，正好有一位被封为美人的宫女侍立在身旁，此人原是庐江王李瑷的小妾，李瑷谋反失败被杀后，她作为罪人亲属被抄没入宫。席间，太宗指着美人对王珪说："庐江王荒淫无道，阴谋杀害了她的丈夫而将她占有。李瑷残暴淫虐到了极点，怎么会不灭亡啊！"王珪站起身离开席位严肃地问道："皇上您认为庐江王娶她是正确的呢还是荒唐的呢？"太宗说："哪里有杀了人却娶他的妻子，你却来问我对不对？是何道理？"王珪说："我听说《管子》中记载：齐桓公到郭国去，问那里的百姓说：'郭国是什么原因亡国的？'百姓说：'因国君喜欢善良的人而讨厌邪恶的人。'桓公说：'如果像你所说，就是一位贤德之君了，怎么会灭亡的呢？'百姓回答说：'不是这样。郭君喜爱善良而不能信用，憎恶邪恶而不能打击，所以就招致亡国了。'现在这个美人还在陛下的左右，我

王珪

国学经典文库

国学大智慧

·《贞观政要》智慧通解·

图文珍藏版

暗自认为陛下是赞成庐江王的做法的。但陛下如果认为庐江王是错的，那就是知道邪恶而又不远离了。"太宗听了很以为不错，称赞王珪说得有理，立刻下令把这个美人送还她的亲属。

★ 牺牲自己，成全百姓

贞观七年，太宗将幸九成宫。散骑常侍姚思廉进谏曰："陛下高居紫极，宁济苍生，应须以欲从人，不可以人从欲。然而离宫游幸，此秦皇、汉武之事，故非尧、舜、禹、汤之所为也。"言甚切至。太宗谕之曰："朕有气疾，热便顿剧，故非情好游幸。甚嘉卿意。"因赐帛五十段。

——《贞观贞要·纳谏第五》

贞观七年，太宗将移住到九成宫，即隋代的仁寿宫去。散骑常侍姚思廉进谏说："皇上您高居天下第一宝座，安宁养育天下百姓，应当使自己的需要适应万民的利益，而不能让万民来适应您个人的欲望。然而这种离开皇宫而四处游幸的事，本是秦皇汉武他们搞的一套，本来就不是尧舜禹汤的所作所为。"言辞非常恳切周到。太宗告诉他说："我有气病，天气变热，病热就立即加重，所以，不是内心喜欢游玩。我非常赞赏你的诚意。"因而赏赐五十段帛给姚思廉。

★ 言辞虽激，亦非诽谤

贞观八年，陕县丞皇甫德参上书忤旨，太宗以为讪谤。侍中魏征进言曰："昔贾谊当汉文帝上书云云'可为痛哭者一，可为长叹息者六'。自古上书，率多激切。若不激切，则不能起人主之心。激切即似讪谤，惟陛下详其可否。"太宗曰："非公无能道此者。"令赐德参帛二十段。

——《贞观政要·纳谏第五》

贞观八年，陕县县丞皇甫德参上书，触犯了太宗的意旨，太宗认为是故意诽谤。侍中魏征进言谏道："当年贾谊当汉文帝之时，上书说了一大篇'可为痛哭'，'可为长叹息'的种种弊政。自古上书言事，通常多激烈而迫切的话，如果不激烈迫切，就不能打动人主的心。激烈迫切就栩似于诽谤，希望陛下仔细详察说的对与不对。"太宗说："除你而外是没有人能够说出这番道理的。"于是赐给皇甫德参二十段帛。

国学经典文库

国学大智慧

·资政智慧·

图文珍藏版

★ 谏言有益，回报应得

　　贞观十七年，太子右庶子高季辅上疏陈得失。特赐钟乳一剂，谓曰："卿进药石之言，故以药石相报。"

——《贞观政要·纳谏第五》

　　贞观十七年。太子右庶子高季辅上奏章陈说时政得失。唐太宗特别赐给他一剂钟乳药，对他说："你进奏给我一篇针砭时弊的药石良言，为我治病，所以我赐给你一剂钟乳作为相报。"

★ 当面责问，阻退进言

　　贞观十八年，太宗谓长孙无忌等曰："夫人臣之对帝王，多顺从而不逆，甘言以取容。朕今发问，不得有隐，宜以次言朕过失。"长孙无忌、唐俭等皆曰："陛下圣化道致太平，以臣观之，不见其失。"黄门侍郎刘洎对曰："陛下拨乱创业，实功高万古，诚如无忌等言。然顷有人上书，辞理不称者，或对面穷诘，无不惭退。恐非奖进言者。"太宗曰："此言是也，当为卿改之。"

——《贞观政要·纳谏第五》

　　贞观十八年，太宗对长孙无忌等人说："要说人臣的侍奉君王，一般说来，都是顺承而不敢反对，甘言美词以求容身安位。现在我亲自发问，你们不得隐晦，应该一一给我指出有什么过失。"长孙无忌、唐俭等人都说："皇上您圣明的教化，使国家臻于太平，拿我们眼光来看，见不到有什么过失之处。"黄门侍郎刘洎对答说："陛下拨乱创业，确实功高万古，如无忌等人所说。但不久前有人上书，遇到言辞内容不合陛下心意，有时就当面追根盘问，弄得上书言事的人无不羞惭而退。这恐怕不是在奖励进言者吧。"太宗说："这话讲对了，我一定接受你的意见改正错误。"

★ 偏信小人，人心涣散

　　贞观五年，治书侍御史权万纪、侍御史李仁发，俱以告讦谮毁，数蒙引见。任心弹射，肆其欺罔，令在上震怒，臣下无以自安。内外知其不可，而莫能论诤。给事中

国学经典文库

国学大智慧

·《贞观政要》智慧通解·

图文珍藏版

魏征正色而奏之曰:"权万纪、李仁发并是小人,不识大体,以谮毁为是,告讦为直,凡所弹射,皆非有罪。陛下掩其所短,收其一切,乃骋其奸计,附下罔上,多行无礼,以取强直之名。诬房玄龄,斥退张亮,无所肃厉,徒损圣明。道路之人,皆兴谤议。臣伏度圣心,必不以为谋虑深长,可委以栋梁之任,将以其无所避忌,欲以警厉群臣。若信狎加邪,犹不可以小谋大,群臣素无矫伪,空使臣下离心。以玄龄、亮之徒,犹不可得伸其枉直,其余疏贱,孰能免其欺罔?伏愿陛下留意再思。自驱使二人以来,有一弘益,臣即甘心斧钺,受不忠之罪。陛下纵未能举善以崇德,岂可进奸而自损乎?"太宗欣然纳之,赐征绢五百匹。其万纪又奸状渐露,仁发亦解黜,万纪贬连州司马。朝廷咸相庆贺焉。

——《贞观政要·纳谏第五》

贞观五年,治书侍御史权万纪和侍御史李仁发,都因告密、诬陷毁谤,多次被太宗召见。他们任意告发攻击别人,极尽欺蒙之能事,使得皇上震怒,而臣下无以自安。内外的人都知道不对,但没有谁能向太宗议论谏净。给事中魏征严肃地上奏说:"权万纪、李仁发都是小人,不识大体,认为诬陷诽谤是对的,揭发隐私才是正直,凡是被他们所告发攻击的人,都并非真是有罪。陛下掩盖他们的短处,对他们完全听信,他们就施展奸谋,对下拉拢对上欺瞒,干了许多无礼的事情,来博取鲠直的美名。他们诬陷房玄龄,斥退张亮,并不能整肃朝廷,却白白地损害了圣上的英明。路上的人,都纷纷指责议论。我私自猜测圣上的心意,一定不会认为他们谋虑深长,可以委以国家栋梁的重任,大概因为利用他们无所避忌的言行,好用来警诫督促群臣。然而,像这类奸回邪辟的小人,尤其不可以与他们谋划国家大事。群臣平索本来并没有什么矫伪欺诈之处,空使臣下离心。像房玄龄、张亮这样的人,尚且无从伸张其曲直是非,其余疏远卑贱的人员,谁能逃脱他们的欺罔陷害呢?切望皇上能留意,多多考虑这个问题。自从使用这两个小人以来,如果真有一条对国家有利的事,我臣子甘心受斧钺之诛,得不忠之名。皇上您纵不能举善崇德,怎么可以进用奸小来自损圣威呢?"太宗愉快地采纳了他的意见,赐给他五百匹绢。那个权万纪又渐渐暴露出自己的奸伪欺诈,李仁发也被绌退了,权万纪贬为连州司马。对此,朝廷上下都互相庆贺。

★ 人不自察,虚心受教

贞观十二年,太宗谓魏征曰:"比来所行得失政化,何如往前?"时曰:"若恩威所加,远夷朝贡,比于贞观之始,不可等级而言。若德义潜通,民心悦服,比于贞观之初,相去又甚远。"太宗曰:"远夷来服,应由德义所加。往前功业,何因益大?"徵曰:"昔者四方未定,常以德义为心。旋以海内无虞,渐加骄奢自溢。所以功业虽盛,终不如往初。"太宗又曰:"所行比往前何为异?"徵曰:"贞观之初,恐人不言,导之使谏。三年以后，见人谏，悦而从之。一二年来，不悦人谏，虽黾勉听受，而意终不平，谅有难色。"太宗曰："于何事如此？"对曰："即位之初，处元律师死罪，孙伏伽谏曰：'法不至死，无容滥加酷罚。'遂赐以兰陵公主园，值钱百万。人或曰：'所言乃常事，而所赏太厚。'答曰：'我即位来，未有谏者，所以赏之。'此导之使言也。徐州司户柳雄于隋资妄加阶级，人有告之者，陛下令其自首，不首与罪。遂固言是实，竟不肯首。大理推是其伪，将处雄死罪，少卿戴胄奏法止合徙。陛下曰：'我已与其断当讫，但当与死罪。'胄曰：'陛下既不然，即付臣法司。罪不合死，不可酷滥。'陛下作色遣杀，胄执之不已，至于四五，然后赦之。乃谓法司曰：'但能为我如此守法，岂畏滥有诛夷。'此则悦以从谏也。往年陕县丞皇甫德参上书，大忤圣旨，陛下以为讪谤。臣奏称上书不激切，不能起人主意，激切即似讪谤。于时虽从臣言，赏物二十段，意甚不平，难于受谏也。"太宗曰："诚如公言，非公无能道此者。人皆苦不自觉，公向未道时，都自谓所行不变，及见公论说，过失堪惊。公但存此心，朕终不违公语。"

——《贞观政要·纳谏第五》

贞观十二年，太宗对魏征说："近来我所做的事的得失及政治教化，比以前如何？"魏征回答说："如果就恩泽声威所能达到，远处的外族前来朝贡的情况来说，与贞观初年相比是不能相提并论的。如果从德义与百姓暗中相通，民心高兴诚服来说，比贞观初年又相差很远。"太宗追问说："远方夷人的向心倾慕，自然是德义所加的结果。以往德功业，怎么说反而更大呢？"魏征说："以往四方未定，国家尚未统一，所以常常心存德义；近年来则因为海内无事，渐渐地越来越骄奢自满起来了。所以功业虽然盛大，终不如往年的深入人心。"太宗又说："所做的事比以前有哪些不同？"魏征说："贞观初年，担心别人不进言，引导大家规谏。三年以后，见有人进谏，能高兴采纳听从。最近一两年来，不喜欢别人劝谏，虽然努力听取和接受，而内心始终不高兴，确实有为难的样子。"太宗说："请举出实例来，哪一桩事情上我是这样做的？"回答说："即位之初，议处元律师这人死罪，孙伏伽进谏说：'依法论罪，罪不当死，不允许随意滥加酷刑！'您当即赐给他兰陵公主的园子，值百万钱。有人对您说：'他所说的是普通的事，赏赐也太多了。'陛下当时说：'自我即位以来，没有进谏的人，所以赏赐他。'这就是引导大家进谏。徐州司户柳雄对隋朝留下的人，妄自给予俸禄等级，有人控告他，陛下就命令柳雄自己坦白，不坦白就给他定罪。柳雄始终坚持说是照实办理，竟然不肯坦白。大理寺推问，得其实情，果然伪报，将处柳雄以死刑，时任大理寺少卿的戴胄则认为依法只该判流放刑，您皇上当时说：'我已经给他判罪科刑，结了此案，就是该当处以死刑！'戴胄说：'您既认为不合适，才交给我们司法部门来管。罪不该死，不可滥施酷刑。'陛下很生气地派人去杀柳雄，戴胄拉住不放，反复达四五次，然后赦免了柳雄。于是对司法部门的人说：'只要能为我这样坚守法制，难道还怕有滥用刑罚杀人夷族的事？'这是愉快地从谏的好例。往年陕县县丞皇甫德参上书大忤圣意，您以为是存心诽谤朝廷。我当时奏称上书若不激切，就不能引起人主的注意，而激切就近似于诽谤。当时您虽

听从了我的意见,赏了他二十段绢,可是心上还是很不平的。这表明已经难于听谏了。"太宗说:"的确如你说的,除了你是没有人能说出这些话的。人都苦于不能自己察觉毛病,你刚才未讲时,自认为所做的事没有变化,等到听你论说后,我的过失已很惊人。你只要保持这样的忠心,我终究不违背你的话。"

第五章　上下同心，其利断金

★有福同喜，有难同当

贞观三年，太宗谓侍臣曰："君臣本同治乱，共安危，若主纳忠谏，臣进直言，斯故君臣合契，古来所重。若君自贤，臣不匡正，欲不危亡，不可得也。君失其国，臣亦不能独全其家。至如隋炀帝暴虐，臣下钳口，卒令不闻其过，遂至灭亡，虞世基等寻亦诛死。前事不远，朕与卿等可得不慎，无为后所嗤！"

——《贞观政要·君臣鉴戒第六》

贞观三年，太宗对侍臣们说："君臣从根本上说是同治乱、共安危的，若是君主能听取忠谏，臣下能进其直言，这就能做到君臣契合一致，自古以来就重视这一条。倘若国君自以为贤明，臣子又不匡正国君的过失，要想国家不危亡，是不可能的。国君丧失了国，臣子也不能单独保全自己的家。至于像隋炀帝残暴淫虐，臣子都闭口不言，终于使他不能知道自己的过失，这样便走向了灭亡。虞世基等大臣，也就丧身破家了。前事离我们不远，咱们君臣能不谨慎对待吗？可不要给后世留下笑柄。"

★敢于直谏，不避惩罚

贞观四年，太宗论隋日，魏征对曰："臣往在隋朝，曾闻有盗发，炀帝令于士澄捕逐。但有疑似，苦加拷掠，枉承贼者二千余人，并令同日斩决。大理丞张元济怪之，试寻其状。乃有六七人，盗发之日，先禁他所，被放才出，亦遭推勘，不胜苦痛，自诬行盗。元济因此更事究寻，二千人内惟九人逗留不明。官人有谙识者，就九人内四人非贼。有司以炀帝已令斩决，遂不执奏，并杀之。"太宗曰："非是炀帝无道，臣下亦不尽心。须相匡谏，不避诛戮，岂得惟行诌佞，苟求悦誉？君臣如此，何得不败？朕赖公等共相辅佐，遂令囹圄空虚。愿公等善始克终，恒如今日！"

——《贞观政要·君臣鉴戒第六》

贞观四年，唐太宗谈论隋朝统治的时候，魏征答道："我过去在隋朝，曾听说有盗窃案发生,炀帝派于士澄追捕。只要有可疑的人,他一律酷刑拷打,枉供屈招的有两千多人。隋炀帝就命令在同一天内全部杀掉。隋大理寺丞张元济觉得案情蹊跷,稍稍翻了一下供状,竟有六、七人在盗窃案发生的那天,原先就关押在别的地方,盗案发生后才放出来,可也被审问拷打,受不了痛苦,自己屈认行盗。张元济因此再进行查证,两千人内只有九个人当日去向不清楚。官人中有熟悉情况的,从九个人中又辨出四个不是贼子。有关部门因为炀帝已下令斩决,就不把真相上奏,结果把这二千人统统杀掉。"太宗说:"这不仅是隋炀帝暴虐无道,臣下们也不尽心办事。臣子应须对臣上进行匡谏,要不避杀头之祸去力诤,怎么能尽搞些顺旨阿情谄媚讨好以求荣进保身的勾当呢?隋家君臣是这么个样子,怎么能不失败呢?我依靠你们共同辅佐,就能使监狱空无一人。希望你们能善始善终,常像今天一样。"

★不忘过去,慎戒骄纵

　　贞观十四年,太宗以高昌平,召侍臣赐宴于两仪殿,谓房玄龄曰:"高昌若不失臣礼,岂至灭亡?朕平此一国,甚怀危惧,惟当戒骄逸以自防,纳忠謇以自正。黜邪佞,用贤良,不以小人之言而议君子,以此慎守,庶几于获安也。"魏征进曰:"臣观古来帝王拨乱创业,必自戒慎,采刍荛之议,从忠谠之言。天下既安,则恣情肆欲,甘乐谄谀,恶闻正谏。张子房,汉王计划之臣,及高祖为天子,将废嫡立庶,子房曰:'今日之事,非口舌所能争也。'终不敢复有开说。况陛下功德之盛,以汉祖方之,彼不足准。即位十有五年,圣德光被,今又平殄高昌。屡以安危系意,方欲纳用忠良,开直言之路,天下幸甚。昔齐桓公与管仲、鲍叔牙、宁戚四人饮,桓公谓叔牙曰:'盍起为寡人寿乎?'叔牙奉觞而起曰:'愿公无忘出在莒时,使管仲无忘束缚于鲁时,使宁戚无忘饭牛车下时。'桓公避席而谢曰:'寡人与二大夫能无忘夫子之言,则社稷不危矣!'"太宗谓征曰:"朕必不敢忘布衣时,公不得忘叔牙之为人也。"

　　　　　　　　　　　　　　　　　　——《贞观政要·君臣鉴戒第六》

　　贞观十四年,唐太宗因平定了高昌国,召见侍臣,在两仪殿设宴招待,太宗对房玄龄说:"高昌的国君如果不失掉臣下的礼仪,怎么会走到灭亡的地步?我平定了这样一个国家,心中更加感到危惧,只有力戒骄奢淫逸来提防自己,采纳忠直之言来匡正自己。罢黜奸佞,选用贤良,不拿小人的话来议论君子,用这种办法来谨慎守业,也许可以让国家获得安宁吧。"魏征进言说:"我看自古以来的帝王,他们在拨乱创业的时候,必定很谨慎,随时警戒自己,善于采纳平民百姓的意见,听从忠诚正直的建议。天下已安定,他们就恣意放纵欲望,喜欢听谄谀阿谀的奉承话,厌恶刚正的规谏。张子房是汉王刘邦的出谋划策的大臣,到刘邦当了皇帝时,打算废掉嫡子刘盈而立庶子刘如意为太子,张良说:'现在这种事,不是动动嘴巴就可以争得了的了。'从此不再议政。何况皇上您功德盛高,拿刘邦来比,他是没法比的。即位十五年来，您圣德广被四海五洲，而今又平定了高昌，还能常常把国家安危放在心中，时时考虑进用忠良，广开言路，这真是天下的幸福啊！当年齐桓公对管仲、鲍叔牙说：'何不起来给我祝酒呢？'鲍叔牙高举酒杯起身说：'愿君王永远不忘逃亡在莒城时，愿管仲永远莫忘被捆绑于鲁困时，愿宁戚永远莫忘在车辕下喂牛时！'桓公起身离席致谢说：'我与这两位能记住您这番话，那么国家必定安宁了！'"太宗对魏征说："我一定不会忘记做布衣平民之时，你也不能忘记鲍叔牙的为人啊！"

鲍叔牙

国学经典文库

国学大智慧

·《贞观政要》智慧通解·

图文珍藏版

第六章　为官之道,举贤荐能

★ 选用人才,逐级分权

贞观二年,太宗谓房玄龄、杜如晦曰:"公为仆射,当助朕忧劳,广开耳目,求访贤哲。比闻公等听受辞讼,日有数百。此则读符牒不暇。安能助朕求贤哉?"因敕尚书省,细碎务皆付左右丞,惟冤滞大事合闻奏者,关于仆射。

——《贞观政要·君臣鉴戒第六》

贞观二年,唐太宗对房玄龄、杜如晦说:"你们身为仆射,应当为我分忧,协助我操劳国事,要耳听得远,眼看得宽,寻求察访贤明有智慧的人。近来听说你二人亲自审案断狱,一天达数百之多。这么做,读公文状纸还来不及,哪有功夫帮助我求贤选才呢?"于是下令尚书省:凡是细碎的事务都交付左右丞处理,只有冤屈疑难的重大案件应该上奏的,才交付仆射。

★ 人才不缺,唯恐遗漏

贞观二年,太宗谓右仆射封德彝曰:"致安之本,惟在得人。比来命卿举贤,未尝有所推荐。天下事重,卿宜分朕忧劳,卿既不言,朕将安寄?"对曰:"臣愚岂敢,但今未见有奇才异能。"太宗曰:"前代明王使人如器,皆取士于当时,不借才于异代。岂得待梦傅说,逢吕尚,然后为政乎?且何代无贤,但患遗而不知耳!"德彝惭赧而退。

——《贞观政要·君臣鉴戒第六》

贞观二年,唐太宗对右仆射封德彝说:"国家达到安定的根本,只在得到人才。近来命你举荐贤才,未曾见你推荐一个人。治理天下,事情极为繁重,你应分担我的忧虑与辛劳,你不举荐人,我将托付给谁呢?"封德彝说:"我很笨,我怎么敢不尽心尽力呢?可是目前没有发现谁有奇才异能啊!"太宗说:"前朝明智的君王,用人就如用器具一样，他们都取才于当代，哪里有向异代借用人才的呢？国家事重，怎么能等到梦见傅说才去办事，碰上吕尚才给任命呢？况且，哪一个朝代没有贤能的人，只是担忧我们遗漏而不了解罢了！"封德彝很羞愧地退下。

★举贤荐能，品德第一

贞观三年，太宗谓吏部尚书杜如晦曰："比见吏部择人，惟取其言词刀笔，不悉其景行。数年之后，恶迹始彰，虽加刑戮，而百姓已受其弊。如何可获善人？"如晦对曰："两汉取人，皆行著乡闾，州郡贡之，然后入用，故当时号为多士。今每年选集，向数千人，厚貌饰词，不可知悉，选司但配其阶品而已。铨简之理，实所未精，所以不能得才。"太宗乃将依汉时法令，本州辟召，会功臣等将行世封事，遂止。

——《贞观政要·君臣鉴戒第六》

贞观三年，太宗对吏部尚书杜如晦说："近来见吏部选用人才，只看其言词刀笔，不了解其德行。到数年之后，其劣迹才显露出来，虽然加以惩治，而百姓已经遭殃了，怎么做才能找到合适的人呢？"杜如晦回答说："两汉时候选拔的人才，都是德行称著于乡间和闾里的人，先由州郡推荐上来，然后才选人任用，所以当时号称贤良人才多。现在每年选人，候选的会集一处，将近数千人，这些人表面忠厚，又以言词伪装，不可能完全了解他们，选拔人才的官署只是负责配给他们一定的官品罢了。量才择官、选拔人才的道理，实在没有精通，所以不能得到人才。"太宗于是将依汉朝的法令办，由本州征辟召选，正巧碰上功臣等将实行世封的制度，就搁置了这个问题。

★错用一人，祸害无穷

贞观六年，太宗谓魏征曰："古人云，王者须为官择人，不可造次即用。朕今行一事，则为天下所观；出一言，则为天下所听。用得正人，为善者皆劝；误用恶人，不善者竞进。赏当其劳，无功者自退；罚当其罪，为恶者戒惧。故知赏罚不可轻行，用人弥须慎择。"征对曰："知人之事，自古为难，故考绩黜陟，察其善恶。今欲求人，必须审访其行。若知其善，然后用之，设令此人不能济事，只是才力不及，不为大害。误用恶人，假令强干，为害极多。但乱世惟求其才，不顾其行。太平之时，必须才行俱兼，始可任用。"

——《贞观政要·君臣鉴戒第六》

贞观六年，太宗对魏征说："古人讲过，君王应该为政府选用人才，不可轻率地见人就用。我皇帝现在每行一件事，就为天下所共知；每说一句话，就为天下所共听。用得正人，天下为善的人都从中得到鼓励；误用恶人，天下不善的人就将挤进政府。赏赐符合其付出的辛劳，无功之人自然退出；惩罚符合其所犯罪过，作恶的人就会有所戒惧。由此可见，赏罚不可轻易进行，用人更要谨慎从事。"魏征对答说："知人善任这件事，从古以来就是很难的，所以在考核劳绩、决定贬降还是升迁时，要查看他的善恶。如今想找人才，必须仔细察访他的品行，如果了解到真是好的，然后才可任用。假如此人不会办事，只是才力不够，还没有什么大害处。错用了坏人，假使他能力强会办事，那危害就太多了。但在乱世只求有才能，可以不管品行。太平时候，必须才能品行都好，方可任用。"

★自我举荐，助长歪风

贞观十三年，太宗谓侍臣曰："朕闻太平后必有大乱，大乱后必有太平。大乱之后，即是太平之运也。能安天下者，惟在用得贤才。公等既不知贤，朕又不可遍识，日复一日，无得人之理。今欲令人自举，于事何如？"魏征对曰："知人者智，自知者明。知人既以为难，自知诚亦不易。且愚暗之人，皆矜能伐善，恐长浇竞之风，不可令其自举。"

——《贞观政要·君臣鉴戒第六》

贞观十三年，唐太宗对侍臣说："我听说，国家太平过后一定会出现大乱，大乱之后一定出现太平。继大乱后就是太平的气数了。能够安定天下的人，在于得到贤才来使用。你们既然不知道贤才在哪里，我又不可能遍识天下的人，这样一天又一天地过去，没有得到贤才的办法。我现在打算让人自己举荐，这件事你们看怎么样？"魏征应对说："知人者智，自知者明。知人既是很难的事，自知就更不容易了。而且愚昧低能的人，都自矜其能而瞧不起别人，那样做，恐怕会滋长浇薄争竞的坏风气，不能令人自荐。"

第七章 仁义施政，天下太平

★仁义施政，国运昌盛

贞观元年，太宗曰："朕看古来帝王以仁义为治者，国祚延长，任法御人者，虽救弊于一时，败亡亦促。既见前王成事，足是元龟。今欲专以仁义诚信为治，望革近代之浇薄也。"黄门侍郎王珪对曰："天下凋丧日久，陛下承其余弊，弘道移风，万代之福。但非贤不理，惟在得人。"太宗曰："朕思贤之情，岂舍梦寐！"给事中杜正伦进曰："世必有才，随时听用，岂待梦傅说，逢吕尚，然后为治乎？"太宗深纳其言。

——《贞观政要·仁义第十三》

贞观元年，太宗说："我看自古帝王，凡用仁义来治理国家的，那么政权就能长期巩固；凡一味依仗法术来控制驾驭人的，虽能在短时期内收到一点救治时弊的效果，而国家的败亡也来得快。既已见到前代帝王的往事，足可以作为借鉴。如今打算专门拿仁义诚信来治理国家，希望革除近时的人情轻薄虚浮的风气。"黄门侍郎王珪回答说："天下丧乱凋残已经很久了，皇帝您承接在这丧败之后，弘扬仁德，移风易俗，实在是万代之福。不过，没有贤才就难以成功，关键在于得人呀。"太宗说："我思念贤人的心情，在梦中也没有忘记！"给事中杜正伦进言说："世上必有人才，随时可供任用，岂有等待梦见傅说，遇到吕尚，然后才来治理国家的呢？"太宗很同意他的意见。

吕尚

★ 施以仁义，树立威信

贞观二年，太宗谓侍臣曰："朕谓乱离之后，风俗难移，比观百姓渐知廉耻，官民奉法，盗贼日稀，故知人无常俗，但政有治乱耳。是以为国之道，必须抚之以仁义，示之以威信，因人之心，去其苛刻，不作异端，自然安静。公等宜共行斯事也。"

——《贞观政要·仁义第十三》

贞观二年，唐太宗对侍从的大臣们说："我原来认为在乱离以后，民间风俗习惯很难改变，近来观察到百姓逐渐懂得廉洁和羞耻，官民都守法奉公，盗贼一天比一天少，因此可见百姓是没有长久不变的习俗的，只是政治有治乱善恶之分罢了。所以治国的根本，必须贯彻仁义之道，树立起政府的威信，顺应民心，废除苛刻的法令，不搞背离正道的东西，社会自然会平定安静。你们应该共同来做好这件事。"

★ 不施仁义，天下共反

贞观四年，房玄龄奏言："今阅武库甲仗，胜隋日远矣。"

太宗曰："饬兵备寇虽是要事，然朕唯欲卿等存心理道，务尽忠贞，使百姓安乐，便是朕之甲仗。隋炀帝岂为甲仗不足，以至灭亡？正由仁义不修，而群下怨叛故也。宜识此心。"

——《贞观政要·仁义第十三》

贞观四年，房玄龄向太宗汇报说："最近我查看了国家武库中存放的武器装备，比隋朝当年的储存可多得多啦！"

唐太宗说："整顿武备防止寇乱固然是国家不可忽视的要事，然而我最希望于诸位大臣的，就在于一心一意地治理好国家，务必尽忠竭虑，使百姓安乐，这就是我的铠甲兵仗。隋炀帝难道是因为铠甲兵仗不足，以至于灭亡？正是由于不修仁义，而下边的人们怨恨叛离的结果。你们应该理解我这个心意。"

★仁义布施,天下太平

贞观十三年,太宗谓侍臣曰:"林深则鸟栖,水广则鱼游,仁义积则物自归之。人皆知畏避灾害,不知行仁义则灾害不生。夫仁义之道,当思之在心,常令相继,若斯须懈怠,去之已远。犹如饮食资身,恒令腹饱,乃可存其性命。"王珪顿首曰:"陛下能知此言,天下幸甚!"

——《贞观政要·仁义第十三》

贞观十三年,唐太宗对侍从的大臣们说:"树大林深就有鸟飞来栖集,水域深广就会有鱼来游息,施仁行义的事多做些百姓就自动归顺。人们都知道避免灾害,害怕灾祸,就是不知道行仁义可以消除各种灾害。这仁义之道,应当放在心上常常思考,如果稍微放松,它就已经走远了。就好比饮食的有益于人体,要让肚皮总是饱着,这才能够保全自己的生命。"王珪叩头说:"陛下能知道这些道理,真是天下的大幸!"

第八章　公正无私，大义灭亲

★唯才是举，不论亲疏

太宗初即位，中书令房玄龄奏言："秦府旧左右未得官者，并怨前宫及齐府左右处分之先己。"太宗曰："古称至公者，盖谓平恕无私。丹朱、商均，子也，而尧、舜废之；管叔、蔡叔，兄弟也，而周公诛之。故知君人者，以天下为公，无私于物。昔诸葛孔明，小国之相，犹曰'吾心如秤，不能为人作轻重'，况我今理大国乎？朕与公等衣食出于百姓，此则人力已奉于上，而上恩未被于下，今所以择贤才者，盖为求安百姓也。用人但问堪否，岂以新故异情？凡一面尚且相亲，况旧人而顿忘也！才若不堪，亦岂以旧人而先用？今不论其能不能，而直言其嗟怨，岂是至公之道耶？"

——《贞观政要·公平第十六》

太宗初即位时，中书令房玄龄进奏道："原来在秦王府中任职的旧官吏，至今还没得到好官爵的，都有点怨气，埋怨前太子宫中官员与齐王府的部下比自己先安排了官职。"太宗说："古时候所谓的大公无私，是指宽容公正而无私心。丹朱、商均，分别是尧和舜的儿子，而尧、舜却把他们废掉；管叔、蔡叔，是弟弟，被作为兄长的周公杀死了。由此可知，君临万民、统治天下的人，应该以天下为公，不能偏私于谁。从前诸葛孔明，只是小国的丞相，还说'我的心好像一杆秤那样公平，不能因人而言轻重'，何况我如今治理一个大国？我和你们诸位的衣食都来自全国百姓，而今是民力已奉献于上，而上恩未能普及于下民，我们之所以要选拔贤才，就是为着使百姓安饱。用人只问是否有能力胜任，怎能以新旧人事关系而不一样对待？凡是见过一面的人尚且感到亲近，何况对旧的下属怎会一下子忘掉！如若才干不能胜任，我又怎能因其旧交而优先使用呢？现在你不谈他们谁有什么能力，而只说他们有什么怨言，这难道是大公无私的原则么？"

尧

★效法先贤,无偏无私

贞观二年,太宗谓房玄龄等曰:"朕比见隋代遗老,咸称高颎为相者。遂观其本传,可谓公平正直,尤识治体,隋室安危,系其存没。炀帝无道,枉见诛夷。何尝不想见此人,废书钦叹!又汉、魏已来,诸葛亮为丞相,亦甚平直,尝表废廖立、李严于南中,立闻亮卒,泣曰:'吾其左衽矣!'严闻亮卒,发病而死。故陈寿称:'亮之为政,开诚心,布公道,尽忠益时者,虽雠必赏;犯法怠慢者,虽亲必罚。'卿等岂可不企慕及之?朕今每慕前代帝王之善者,卿等亦可慕宰相之贤者,若如是,则荣名高位,可以长守。"玄龄对曰:"臣闻理国要道,在于公平正直,故《尚书》云:'无偏无党,王道荡荡。无党无偏,王道平平。'又孔子称'举直错诸枉,则民服'。今圣虑所尚,诚足以极政教之源,尽至公之要,囊括区宇,化成天下。"太宗曰:"此直朕之所怀,岂有与卿等言之而不行也?"

——《贞观政要·公平第十六》

贞观二年,唐太宗对房玄龄等人说:"我近来见到隋代的旧臣遗老,都称赞高颎是善于做宰相的人,于是就去翻阅他的本传,此人真可说是公平正直,尤其在治国上能识大体,隋室的安危,跟他的生死很有关系。遇到隋炀帝这样的无道昏君,被冤枉诛杀。我何尝不想见到这样的人,不觉放下书来对他钦仰而叹息。再者,汉、魏以来,诸葛亮做丞相,也非常公平正直。他曾经上表把廖立、李严罢官放逐到南中,后来廖立听到诸葛亮逝世,哭着说:'我们大概要亡国了!'李严听到诸葛亮逝世,也发病而死。所以陈寿称扬道:'诸葛的从政,能开诚心而布公道,凡尽忠国家、有益时政的人和事,即使是自己的仇人也一定颁赏;凡触犯刑律、怠慢国事者,哪怕是自己的亲人也一定严惩。'你们诸位怎么可以不以此为榜样努力去做到呢?我现在常常羡慕古代帝王做得好的,你等各位也应该企慕古代宰相做得贤明的,若能如此,那么荣名高位,就可以永久地巩固住了。"房玄龄应答说:"我听说治国的根本原则,就在于公平正直,所以《尚书》里有言:'不偏私,不结党,王家大道坦荡荡;不结党,不偏袒,王家大道平坦坦。'同时,孔子也说过:'把公平正直落实到不讲公平正直的地方,那么老百姓就心悦诚服了。'而今皇上所想到所提倡的,实在是抓住了清明政治的要害,找到了实行至公原则的大道,定然囊括宇内,化成天下,成就一番不朽的帝业。"太宗说:"此正是我心中反复考虑的事情,哪能只跟你们说说而不去认真落实呢?"

国学经典文库

国学大智慧

·《贞观政要》智慧通解·

图文珍藏版

★情有亲疏,义无分别

长乐公主,文德皇后所生也。贞观六年将出降,敕所司资送,倍于长公主。魏征奏言:"昔汉明帝欲封其子,帝曰:'朕子岂得同于先帝子乎?可半楚、淮阳王。'前史以为美谈。天子姊妹为长公主,天子之女为公主,既加长字,良以尊于公主也,情虽有殊,义无等别。若令公主之礼有过长公主,理恐不可,实愿陛下思之。"太宗称善。乃以其言告后,后叹曰:"尝闻陛下敬重魏征,殊未知其故,而今闻其谏,乃能以义制人主之情,真社稷臣矣!妾与陛下结发为夫妻,曲蒙礼敬,情义深重,每将有言,必俟颜色,尚不敢轻犯威严,况在臣下,情疏礼隔?故韩非谓之说难,东方朔称其不易,良有以也。忠言逆耳而利于行,有国有家者深所要急,纳之则世治,杜之则政乱。诚愿陛下详之,则天下幸甚!"因请遣中使赍帛五百匹,诣征宅以赐之。

——《贞观政要·公平第十六》

长乐公主——太宗第五女,是文德皇后长孙氏所生。贞观六年,准备下嫁给长孙冲为妻。太宗下令主办单位资送婚礼要双倍于长公主——即她的姑姑们。魏征知道后,就进谏说:"当年汉明帝要封自己的儿子为王,说:'我的儿子怎么能和先帝的儿子相提并论?其爵禄可取楚王、淮阳王们的一半。'以前的史书上把这作为美谈。天子的姊妹称长公主,天子的女儿称公主,既加上一个长字,就意味着比公主要尊贵些,感情上虽有所不同,义理上不能有什么等级。如若让公主的礼仪超过了长公主,在道理上是说不过去的,实在希望陛下考虑一下。"太宗同意这个意见,于是退朝后把魏征的话告诉了皇后。皇后感叹说:"曾经听说陛下尊重魏征,只是不知道是什么原因,现在听了他的劝谏,竟能用礼义克制国君的感情,可以称得上是正直的国家栋梁之臣啊!我和陛下结发为夫妻,承蒙陛下以礼相敬,情义深重。但我每当要进言,必定要等陛下心情好的时候。我尚且不敢轻易冒犯威严,何况作为臣下,情礼疏远间隔?所以韩非称游说是难事,东方朔说它不容易,确实如此。忠言逆耳却利于行事,对治理国家的人极为紧要;采纳它国家就太平,拒绝它政局就会混乱。真心希望陛下明白这一点,那么天下太幸运了!"于是请求派遣宫廷使者拿五百匹帛,到魏征家里去赐给他。

★举荐贤才,不避亲友

贞观初,太宗谓侍臣曰:"朕今孜孜求士,欲专心政道,闻有好人,则抽擢驱使。而议者多称'彼者皆宰臣亲故'。但公等至公,行事勿避此言,便为形迹。古人'内举不避亲,外举不避仇',而为举得其真贤故也。但能举用得才,虽是子弟及有仇嫌,不得不举。"

——《贞观政要·公平第十六》

贞观初年,太宗对侍臣们说:"我现在一心一意征求人才,希望专心致志、集中精力地把国家治理好,一听说有合适的人选,就马上提拔出来予以任用,而那些七嘴八舌的议论却说我用的那些人都是朝廷大员的亲朋故友。我看你们各位出于公心,做事不必顾忌这类不负责任的言论,可以不受拘束地去做事。古人'推荐自己的人不回避是亲戚,推荐外人不回避是仇人',是因为推荐那些真正的贤人的缘故。只要能够提拔任用贤才,即使是自己的子弟以及有仇怨的人,也不能不推荐。"

第九章　诚信为本,取信于民

★上级清明,下属正直

> 贞观初,有上书请去佞臣者,太宗谓曰:"朕之所任,皆以为贤,卿知佞者谁耶?"对曰:"臣居草泽,不的知佞者,请陛下佯怒以试群臣,若能不畏雷霆,直言进谏,则是正人,顺情阿旨,则是佞人。"太宗谓封德彝曰:"流水清浊,在其源也。君者政源,人庶犹水,君自为诈,欲臣下行直,是犹源浊而望水清,理不可得。朕常以魏武帝多诡诈,深鄙其为人,如此,岂可堪为教令?"谓上书人曰:"朕欲使大信行于天下,不欲以诈道训俗,卿言虽善,朕所不取也。"
>
> ——《贞观政要·诚信第十七》

贞观初年,曾有人上书请皇上斥退身边的奸佞小人,太宗对他说:"我所任用的都是贤德之人,你可知道谁是奸佞小人么?"那人说:"我居住在荒僻村庄,的确不知道谁是佞臣。请陛下假装发怒来试一试身边的大臣们,如果不怕雷霆之怒,直言进谏,那就是正直的人;依顺心情迎合旨意,便是奸小了。"太宗对封德彝说:"流水的清浊,就它的源头如何。国君是国家政治的源头,臣民好比是政治的水流。君王自己都在搞诈术了,要想臣下行为正直,那就好比是水源混浊而希望流水清澈,从道理上讲是办不到的。我常常以为魏武帝曹操言行多诡诈,很看不起他的为人,现在让我也这么做,怎么可以作为施行教化的办法?"又对上书那人说:"我要使大信广行于天下,不愿意用诈术来引导臣民。你说的话虽有道理,我还是不能采纳啊。"

★君王主国,诚信为本

> 贞观十年,魏征上疏曰:"臣闻为国之基,必资于德礼,君之所保,惟在于诚信。诚信立则下无二心,德礼形则远人斯格。然则德礼诚信,国之大纲,在于君臣父子,不可斯须而废也。故孔子曰:'君使臣以礼,臣事君以忠。'又曰:'自古皆有死,民无信不立。'文子曰:'同言而信,信在言前;同令而行,诚在令外。'然而言而不信,

言无信也；令而不从，令无诚也。不信之言，无诚之令，为上则败德，为下则危身，虽在颠沛之中，君子之所不为也。"

——《贞观政要·诚信第十七》

贞观十年，魏征上疏说："臣下听说，治国的根本在于依靠德行和礼制，君王所应坚持的，就在于谨守诚信。诚信树立起来了，臣子就无二心；德行礼制明确起来了，远方蛮夷也就有了行为规范。这么说来，德行礼制与诚信，便是建国的大纲了。对于君臣父子来说，这个大纲是不可以一时一刻弃置不用的。所以孔子说：'君王使唤臣子以礼，臣子事奉君王以忠。'又说：'自古人生皆有死，民无诚信则不立。'文子也说：'同样的说话而被信任的，信用在说话之前就讲求了；发令要有诚意，一定要执行，诚意在发令之后仍要坚持。'那么说到做不到，说话就没有信用；发令不执行，法令就没有诚意。没有信用的言语，没有诚意的法令，对国君来说就会败坏品德，对臣下来说就会招来杀身的危险，即使是在世道衰乱的时候，有德有才的人也不会这样做的。"

★邪恶善辩，倾覆国家

自王道休明，十有余载，威加海外，万国来庭，仓廪日积，土地日广，然而道德未益厚，仁义未益博者，何哉？由乎待下之情未尽于诚信，虽有善始之勤，未睹克终之美故也。昔贞观之始，乃闻善惊叹，暨八九年间，犹悦以从谏。自兹厥后，渐恶直言，虽或勉强有所容，非复曩时之豁如。譬谄之辈，稍避龙鳞；便佞之徒，肆其巧辩。谓同心者为擅权，谓忠谠者为诽谤。谓之为朋党，虽患信而可疑；谓之为至公，虽矫伪而无咎。强直者畏擅权之议，忠谠者虑诽谤之尤。正臣不得尽其言，大臣莫能与之争。荧惑视听，郁于大道，妨政损德，其在此乎？故孔子曰"恶利口之覆邦家者"，盖为此也。

——《贞观政要·诚信第十七》

自从皇上登基政治清明至今已有十多年了，威加四海万邦来朝，仓库充实土地广阔，可是道德并未一天天加厚，仁义并未一天天普施，这是什么原因呢？就在于待下的心意还不够诚实守信，虽然开头几年还好，可是还看不到能坚持到底的希望啊。当初贞观初年，一听到好的批评建议就惊叹喜悦不已，随后八九年间，还能虚心听谏。从那以来，渐渐讨厌起直言来了，即使有时也接受那么一两条，终不似当年的豁达坦诚了。正直敢言的人，逐渐避免触犯君王；邪佞的小人，无所顾忌地施展花言巧语。认为同心同德的人是结党营私，认为攻击别人短处的人是大公无私；认为坚定刚直的人是独揽政权，认为忠诚正直的人是诽谤。说人家是结党营私，即使他忠实诚信也觉得可疑；说人家是大公无私，即使他弄虚作假也觉得没有过失。坚定刚直的人担心独揽政权的罪名，忠诚直言的人忧虑诽谤的过误。甚至于疑心作怪，觉得别人处处可疑，谣言传得太多，连亲人也会相信。所以正直的臣下不能尽力陈述自己的意见，大臣没有谁能和他们进行争辩。迷惑国君的视听，使理想的准则闭塞，妨碍施政，损害德行，恐怕就在于此吧？所以孔子说："邪恶善辩的口才会倾覆国家"，大概就是针对这个情况而言的。

★ 施行五常，取信于民

贞观十七年，太宗谓侍臣曰："《传》称'去食存信'，孔子曰：'民无信不立。'昔项羽既入咸阳，已制天下，向能力行仁信，谁夺耶？"房玄龄对曰："仁、义、礼、智、信，谓之五常，废一不可。能勤行之，甚有裨益。殷纣狎侮五常，武王夺之。项氏以无信为汉高祖所夺，诚如圣旨。"

——《贞观政要·诚信第十七》

贞观十七年，唐太宗对侍从的大臣们说："古书上说：'宁可去掉粮食也要保持百姓对国家的信任'，孔子说：'百姓不信任国家，便不能立国。'从前楚霸王项羽攻入咸阳，已经控制天下，如果能够努力推行仁信，谁又能夺取他的江山呢？"房玄龄说："仁、义、礼、智、信，叫做五常，缺一不可。能坚持实行下去，一定久有好处。商纣王把五常不当回事，结果被周武王夺了天下。项羽因为不守信义，结果被汉高祖夺了天下。的确如您所说。"

项羽

第十章 勤俭节约，艰苦朴素

★节制私欲，崇尚节俭

  贞观元年，太宗谓侍臣曰："自古帝王凡有兴造，必须贵顺物情。昔大禹凿九山，通九江，用人力极广，而无怨讟者，物情所欲，而众所共有故也。秦始皇营建宫室，而人多谤议者，为徇其私欲，不与众共故也。朕今欲造一殿，材木已具，远想秦皇之事，遂不复作也。古人云：'不作无益害有益。''不见可欲，使民心不乱。'固知见可欲，其心必乱矣。至如雕镂器物，珠玉服玩，若恣其骄奢，则危亡之期可立待也。自王公以下，第宅、车服、婚嫁、丧葬，准品秩不合服用者，宜一切禁断。"由是二十年间，风俗俭朴，衣无锦绣，财帛富饶，无饥寒之弊。

——《贞观政要·信约第十八》

  贞观元年，太宗对侍臣们说："自古帝王若有所兴造，一定把顺乎民心放在第一位。当年大禹凿开九山，疏通九河，用的人力是极多的，然而人民没有怨恨情绪，是因为民心希望这么做，而为大家共同享有的缘故。秦始皇兴建宫室，而百姓多咒骂议论，是为了满足自己的私欲不和大家共同享有的缘故。我近来打算造个小殿子，材料已经准备好了，远远地想起了秦始皇的事，于是就不去造作了。古人说：'不要做无益的事来损害有益的事''不寻求那些满足私欲的东西使民心不乱。'可知见到那些能满足私欲的东西，其心必乱。至于各种雕镂刻削的器物，那些珍珠宝玉的装饰品、小玩意，如果随心所欲地奢豪浪费下去，那么国家危亡的日子也就指日来到了。从王公以下，住宅府第、车服、婚嫁、丧葬，都得按照品级，不应服用的应一概禁绝。"这样二十年间，社会风俗崇尚简朴，衣无锦绣，财帛富饶，没有饥寒之苦。

★勤俭节约，君王美德

  贞观二年，公卿奏曰："依《礼》，季夏之月，可以居台榭。今夏暑未退，秋霖方始，宫中卑湿，请营一阁以居之。"太宗曰："朕有气疾，岂宜下湿？若遂来请，糜费良多。昔汉文将起露台,而惜十家之产,朕德不逮于汉帝,而所费过之,岂为人父母之道也?"固请至于再三,竟不许。

——《贞观政要·信约第十八》

贞观二年,公卿大臣上奏说:"依照《礼记》所说,夏季最后一个月,可以居住在台上的楼榭里。如今夏暑尚未消退,秋季绵绵细雨刚刚开始,宫里低下潮湿,请营建一座楼阁来居住。"唐太宗说:"我有气息不顺的毛病,怎适宜于住在低下潮湿的地方?但若听从大家的建议,花费太多。当年汉文帝准备建座露台,听说要花费十户中等人家的资财,就停止了。我的德行比不上汉文帝,而破费却要比他多,这哪里符合为民君上的原则呢?"大臣们坚持建议至于再三,太宗始终没有答应。

★节省民力,少事营造

贞观十六年,太宗谓侍臣曰:"朕近读《晋书·刘聪传》,聪将为刘后起鹔鹓仪殿,廷尉陈元达切谏,聪大怒,命斩之。刘后手疏启请,辞情甚切,聪怒乃解,而甚愧之。人之读书,欲广闻见以自益耳,朕见此事,可以为深诫。比者欲造一殿,仍构重阁,今于蓝田采木,并已备具,远想聪事,斯作遂止。"

——《贞观政要·信约第十八》

贞观十六年,唐太宗对侍从的大臣们说:"我近来读《刘聪传》,刘聪准备给他的刘皇后建造鹔鹓仪殿,廷尉陈元达痛切陈辞竭力劝谏,刘聪大怒,命令把陈元达斩首。刘后亲手写了奏疏替陈元达求情,在文辞上道理上都很恳切,刘聪这才息怒,心中十分惭愧。人们的读书识字,原就是为的多一些知识见闻来扩允自己的视听来有益于己啊。我看刘聪这件事,是可以引为深诫的。近来想造一座宫殿,再建一座阁楼,而且已经从蓝田采集了木料,一切都筹集好了,远远地想起刘聪这件事,这次兴作也就停止了。"

★丧葬风俗,不宜奢靡

贞观十一年,诏曰:"朕闻死者终也,欲物之反真也;葬者藏也,欲令人之不得见也。上古垂风,未闻于封树;后世贻则,乃备于棺椁讥僭侈者,非爱其厚费;美俭薄者,实贵其无危。是以唐尧,圣帝也,谷林有通树之说;秦穆,明君也,橐泉无丘陇之处。仲尼,孝子也,防墓不坟;延陵,慈父也,嬴、博可隐。斯皆怀无穷之虑,成独决之明,乃便体于九泉,非徇名於百代也。泊乎闾阎违礼,珠玉为凫雁;始皇无度,水银为江海;季孙擅鲁,敛以玙璠;桓魋专宋,葬以石椁,莫不因多藏以速祸,由有利而招辱。玄庐既发,致焚如于夜台;黄肠再开,同暴骸于中野。详思曩事,岂不悲哉?由此观之,奢侈者可以为戒,节俭者可以为师矣。朕居四海之尊,承百王之弊,未明思化,中宵战惕。虽送往之典详诸仪制,失礼之禁著在刑书,而勋戚之家多流遁于习俗,闾阎之内或侈靡而伤风,以厚葬为奉终,以高坟为行孝,遂使衣衾棺椁极雕刻之华,灵辆冥器穷金玉之饰。富者越法度以相尚,贫者破资产而不逮,徒伤教义,无益泉壤,为害既深,宜为惩革。其王公以下,爰及黎庶,自今以后,送葬之具有不依令式者,仰州府县官明加检察,随状科罪。在京五品以上及勋戚家,仍录奏闻。"

——《贞观政要·信约第十八》

贞观十一年,唐太宗下令说:"我听说死就是人生的终结,要人回归到自然;葬就是收藏,要让别人不再看到。上古的风俗,没有听说堆坟树立标记;后世的办法,才在棺椁上做功夫。讥刺僭越奢侈,并非吝惜花费太多;提倡节俭薄葬,是为了埋葬后免遭危害。所以唐尧是圣帝,葬在谷林,仅栽树作为标记;秦穆公是明君,葬在橐泉,并没有堆土成为丘陇。孔子是孝子,把双亲合葬在叫做防的地方,只有墓穴而不堆坟;延陵是慈父,嬴、博两地之间可以埋葬他的儿子。这都是怀着长远的考虑,做出英明的决断,是使尸体能够安然地葬在地下,并不是为了在百世之后获得美名。到了吴王阖闾时违背礼制,用珠玉做墓里的野鸭大雁;秦始皇荒淫无度,用水银做墓里的江河大海;季孙在鲁国擅政,敛尸体用玙璠之类的美玉;桓魋在宋国专权,墓葬建造石椁;这都是因为在墓里多藏财物而加速了灾祸,由于墓里有利可图而招致折辱。有的坟墓既经发掘,葬器都被焚烧在墓穴中;有的棺椁再被打开,同尸骸暴露在旷野。仔细思量往事,岂不悲哀! 由此看来,奢侈的人可以为鉴诫,节俭的人

秦始皇

可以为人师。我坐在帝王的尊位上,承接于百代之后的衰弊之期,天不亮就起床思考如何治理,深更半夜也常为之而操心畏惧。而今虽然送死的仪礼已经有明确规定,而失礼的活动也有了惩治的规定,然而功勋贵戚之家,多从俗奢华;里巷百姓之门,常伤风靡费。人们以厚葬来送终,用高坟来行孝,于是棺椁竟为雕刻,冥器皆饰金玉,富者超越法度来逞豪,贫者破产耗财而不足支用,白白地伤害了圣明的教化,又无益于九泉下的死者。为害如此之深,应当完全禁止。今后凡王公以下,直至黎民百姓,凡送葬的礼仪规格不依国家规定的,望州县官府详加检查,随其情节轻重加以惩罚。在京五品以上及勋戚之家,还要登录备案报告给我。"

第十一章　居功不傲,礼让谦恭

★ 谦逊待人,心怀畏惧

　　贞观二年,太宗谓侍臣曰:"人言作天子则得自尊崇,无所畏惧,朕则以为正合自守谦恭,常怀畏惧。昔舜诫禹曰:'汝惟不矜,天下莫与汝争能;汝惟不伐,天下莫与汝争功。'又《易》曰:'人道恶盈而好谦。'凡为天子,若惟自尊崇,不守谦恭者,在身倘有不是之事,谁肯犯颜谏奏? 朕每思出一言,行一事,必上畏皇天,下惧群臣。天高听卑,何得不畏? 群公卿士,皆见瞻仰,何得不惧? 以此思之,但知常谦常惧,犹恐不称天心及百姓意也。"魏征曰:"古人云:'靡不有初,鲜克有终。'愿陛下守此常谦常惧之道,日慎一日,则宗社永固,无倾覆矣。唐、虞所以太平,实用此法。"

——《贞观政要·谦让第十九》

　　贞观二年,太宗对侍从大臣们说:"人们总是认为,做天子的人可以任意地自我尊贵,无所畏惧。然而在我看来,作为天子的人正该谨慎小心,经常心怀畏惧。从前舜告诫禹说:'你只要不骄傲,天下就没有人和你争能;你只要不自夸,天下就没有人和你争功。'另外,《易经》上也说:'人事规律就怕满盈而喜欢谦退。'凡是作天子的,若只知自我尊贵,不知谦退,他自身若有不正确的地方,谁肯冒犯尊颜谏奏? 我常思考讲一句话,做一件事,必定上畏皇天、下惧群臣。天虽高却能听得地面上的议论,怎能不畏惧? 群臣公卿,时刻仰望着你的一举一动,怎能不惧怕? 由此想来,一心只想着常谦退而常畏惧,还唯恐有不合天心不符民意的地方呢!"魏征说:"古人讲:'做事情无不有个开始,但很少能够保持到结束。'希望陛下保持这个常谦常惧的准则,一天比一天谨慎,那么国家政权就可以永远巩固,绝无倾覆的危险了。唐尧虞舜之所以获得天下太平,其实就是靠了这一条。"

★ 不耻下问,虚怀若谷

　　贞观三年,太宗问给事中孔颖达曰:"《论语》云:'以能问于不能,以多问于寡,有若无,实若虚。'何谓也?"颖达对曰:"圣人设教,欲人谦光。己虽有能,不自矜大,仍就不能之人求访能事。己之才艺虽多,犹病以为少,仍就寡少之人更求所益。己之虽有,其状若无,己之虽实,其容若虚。非惟匹庶,帝王之德,亦当如此。夫帝王内蕴神明,外须玄默,使深不可知。故《易》称'以蒙养正;以明夷莅众'。若其位居尊极,炫耀聪明,以才凌人,饰非拒谏,则上下情隔,君臣道乖。自古灭亡,莫不由此也。"太宗曰:"《易》云:'劳谦,君子有终,吉。'诚如卿言。"诏赐物二百段。

——《贞观政要·谦让第十九》

贞观三年,唐太宗问给事中孔颖达:"《论语》里讲:'有才能的人去向没才能的人请教,知识多的人去向知识少的人请教,有才能好像显得没有,知识充实好像显得空虚。'是什么意思呢?"孔颖达对答说:"圣人实行教化,要人谦逊退让,有才能不骄傲自大,仍旧找没才能的人力求了解他所知道的事。自己虽多才多艺,还害怕懂得太少,仍旧找才艺寡少的人讨教求得更多的知识。自己虽有,表现得却像无一样;自己虽充实,表现得却像寡少一般。不只是普通百姓,身为帝王的人,其德行也应当如此。说起帝王,心内藏着神明大智,外表则应保持冷静,使人深不可知。所以《易经》上有这样的话:用《蒙》卦的'愚'来滋养正道;用《明夷》卦的'晦'来君临天下。如果一个君王居于宝位,却处处炫耀聪明,以自己的才智去欺凌人,想方设法掩饰过错拒绝谏诤,那就会造成上下隔心,君恒乖异。自古国家的灭亡,没有不是因此而致的。"太宗说:"《易经·谦卦》说:'勤劳谦退,君子保持到底,很吉利。'的确和你说的一般。"下令赐给孔颖达二百匹绢。

孔颖达

★居功不傲,礼贤下士

河间王孝恭,武德初封为赵郡王,累授东南道行台尚书左仆射。孝恭既讨平萧铣、辅公祏,遂领江、淮及岭南、北,皆统摄之。专制一方,威名甚著,累迁礼部尚书。孝恭性惟退让,无骄矜自伐之色。时有特进江夏王道宗,尤以将略驰名,兼好学,敬慕贤士,勤修礼让,太宗并加亲待。诸宗室中,惟孝恭、道宗莫与为比,一代宗英云。

——《贞观政要·谦让第十九》

河间王李孝恭在武德初年曾封为赵郡王,积功而官至东南道行台的尚书左仆射,执掌江南军政大权。李孝恭既已平定荆襄的萧铣集团和江淮的辅公祏集团,于是江淮与岭南的广大地区,都归他管辖。专制一方,有很高的威名,逐步迁升至中央礼部尚书。李孝恭为人谦逊礼让,没有骄傲自夸的神气。当时有特进江夏王李道宗,特别以军事才能驰名天下,同时好学,礼敬贤士,常常修行礼让。太宗一并对他们加以亲切待遇。皇室成员中,只有李孝恭、李道宗,无人可与他们并列,是一代皇族中的杰出人物。

第十二章　仁慈怜悯，积德昌后

★平息怨恨，随其所好

贞观初，太宗谓侍臣曰："妇人幽闭深宫，情实可愍。隋氏末年，求采无已，至于离宫别馆，非幸御之所，多聚宫人。此皆竭人财力，朕所不取。且洒扫之余，更何所用？今将出之，任求伉俪，非独以省费，兼以息人，帮名将遂其情性。"于是后宫及掖庭前后所出三千余人。

——《贞观政要·仁恻第二十》

贞观初年，太宗对侍臣们说："妇女们被关禁在深宫之中，其苦楚着实让人同情。隋代末期，到处派人选美，以致离宫别馆，并非君主去住宿的地方，也聚集了许多宫女。这都是耗竭百姓财力的行为，我从不效法。况且她们除了洒扫宫室之外，又有什么用处？现在我准备遣散她们，任随她们自己去择偶成婚。这样做，不仅是为了节省费用，也是为了让百姓得以生息，还让宫女各自满足心愿。"于是从后宫和掖庭宫先后放出宫女三千多人。

★君上失德，百姓无辜

贞观二年，关中旱，大饥。太宗谓侍臣曰："水旱不调，皆为人君失德。朕德之不修，天当责朕，百姓何罪，而多遭困穷！闻有鬻男女者，朕甚愍焉。"乃遣御史大夫杜淹巡检，出御府金宝赎之，还其父母。

——《贞观政要·仁恻第二十》

贞观二年，关中干旱，闹大饥荒。太宗对侍臣说："水旱不调和，都是因为国君丧失德行。我德行不好，苍天应当责罚我，百姓有什么罪过，却大受困苦！听说还有卖儿卖女的事情发生，我真同情他们。"于是派御史大夫杜淹等人巡行各地，检查灾情,拿出国库的金宝来赎回儿女,送还给他们的父母。

★ 真情流露,不避流俗

贞观七年,襄州都督张公谨卒。太宗闻而嗟悼,出次发哀。有司奏言:"淮阴阳书云:'日在辰,不可哭泣。'此亦流俗所忌。"太宗曰:"君臣之义,同于父子,情发于中,安避辰日?"遂哭之。

——《贞观政要·仁恻第二十》

贞观七年,襄州都督张公谨去世了,太宗听到消息,很为感伤,到停丧处去致哀。掌礼官进言说:"按阴阳书所说,今天是辰日,不宜哭奠。这也是而今世俗所忌讳的。"太宗说:"君臣的情义,如同父子一样,衷情发自内心,怎么避忌辰日?"于是哭泣张公谨。

★ 爱护将士,鼓励士气

贞观十九年,太宗征高丽,次定州,有兵士到者,帝御州城北门楼抚慰之。有从卒一人病,不能进。诏至床前,问其所苦,仍敕州县医疗之。是以将士莫不欣然愿从。及大军回次柳城,诏集前后战亡人骸骨,设太牢致祭,亲临,哭之尽哀,军人无不洒泣。兵士观祭者,归家以言,其父母曰:"吾儿之丧,天子哭之,死无所恨。"太宗征辽东,攻白岩城,右卫大将军李思摩为流矢所中,帝亲为吮血,将士莫不感励。

——《贞观政要·仁恻第二十》

贞观十九年,太宗征伐高丽,驻扎在定州。有兵士来到,太宗亲自驾临州城北门楼安抚慰劳他们。有一个随从的士兵病重,不能随军前进了,太宗下令抬到床前,亲问病痛,又下令当地州县好好治疗他。因此将士们个个欣然,都愿前往出征。及至大军旧师驻到柳城,诏令收集前后阵亡将士的骸骨,设牛、羊、豕三牲隆重致祭,太宗亲自驾临祭祀处,哭泣为之尽哀,军中的人无不洒泪痛哭。凡看到这次祭祀大典的,回乡后告诉死者的父母,他们的父母说:"我们的儿子死了,有天子给他哭丧,即使死了,也没有什么遗憾了。"太宗征伐辽东,攻打白岩城,右卫大将军李思摩被乱箭射中,太宗亲自替他吮血,将士没有不受到感动鼓励的。

国学经典文库

国学大智慧

·资政智慧·

图文珍藏版

第十三章　人间正道,有口皆碑

★上行下效,上歪下斜

　　贞观二年,太宗谓侍臣曰:"古人云'君犹器也,人犹水也,方圆在于器,不在于水。'故尧、舜率天下以仁,而人从之;桀、纣率天下以暴,而人从之。下之所行,皆从上之所好。至如梁武帝父子志尚浮华,惟好释氏、老氏之教;武帝末年,频幸同泰寺,亲讲佛经,百寮皆大冠高履,乘车扈从,终日谈论苦空,未尝以军国典章为意。及侯景率兵向阙,尚书郎以下,多不解乘马,狼狈步走,死者相继于道路。武帝及简文卒被侯景幽逼而死。孝元帝在于江陵,为万纽于谨所围,帝犹讲《老子》不辍,百寮皆戎服以听。俄而城陷,君臣俱被囚絷。庾信亦叹其如此,及作《哀江南赋》,乃云:'宰衡以干戈为儿戏,缙绅以清谈为庙略。'此事亦足以鉴戒。朕今所好者,惟在尧、舜之道,周、孔之教,以为如鸟有翼,如鱼依水,失之必死,不可暂无耳。"

——《贞观政要·慎所好第二十一》

　　贞观二年,太宗对侍从在身边的大臣说:"古人说过:'君主好比器皿,百姓好比水;水的形态受器皿的制约,不决定于它自身。'所以尧、舜用仁义来统率天下,百姓跟着行仁义;桀、纣用暴力来统率天下,百姓跟着行暴力。下边所做,都跟从上边的喜好。比如梁武帝父子崇尚浮华,只爱好佛道教义,武帝末年公元540年前后频繁地驾临同泰寺,亲自讲授佛经,百官全都大冠高履,乘车跟随,整天谈论佛经,从没有把军国大事制度法令放在心上。到侯景领兵围攻宫廷时,尚书郎以下的官僚许多人不会骑马,仓皇奔逃,相继死在路上。武帝和萧纲最后被侯景幽禁迫害至死。梁元帝正在江陵,被西魏万纽于谨率兵围困,他仍在不停地讲授《老子》,百官都穿着军服在静听,不一会城被攻陷,君臣都被拘囚。庾信对他们这些行为也很叹息,他写的《哀江南赋》,就说:'宰相把战争视为儿戏,贵族把清谈当作国家大计。'这样的事情实在值得引为借鉴。我现在爱好的,只在于尧、舜的学说,周公、孔子的教化,我认为这好像鸟有翅膀,像鱼依水而游一样,失掉这些必然死去,不能一刻没有。"

★歪门邪道,不足挂齿

贞观四年,太宗曰:"隋炀帝性好猜防,专信邪道,大忌胡人,乃至谓胡床为交床,胡瓜为黄瓜,筑长城以避胡。终被宇文化及使令狐行达杀之。又诛戮李金才,及诸李殆尽,卒何所益?且君天下者,惟须正身修德而已,此外虚事,不足在怀。"

——《贞观政要·慎所好第二十一》

贞观四年,太宗说:"隋炀帝个性爱猜忌,专门相信谬理邪说,特别忌讳胡人,竟到了称胡床为交床,胡瓜为黄瓜,修筑长城以躲避胡人的地步。终于被宇文化及派遣的令狐行达所杀。另外炀帝诛杀李金才及诸李氏家族几乎杀尽,最终有什么益处?而统治天下的人,只要端正自身,修养品德就行了,此外的虚诞事情,不值得放在心上。"

★奇技淫巧,宜加劝诫

贞观七年,工部尚书段纶奏进巧人杨思齐至。太宗令试,纶遣造傀儡戏具。太宗谓纶曰:"所进巧匠,将供国事,卿令先造此物,是岂百工诚无作奇巧之意耶?"乃诏削纶阶级,并禁断此戏。

——《贞观政要·慎所好第二十一》

贞观七年,工部尚书段纶奏请引见的巧匠杨思齐来到,太宗要求试试他的技能,段纶便命其创造木偶戏具。太宗对段纶说:"工部所进召的巧匠将供奉国家事业之需,你却命令先制造这种戏具,这哪里符合官府工匠相告诫'不得制作奇巧古怪之物'的用意呢?"于是,颁诏降了段纶的品级,并禁止再演木偶戏。

第十四章　克制言语，修养正气

★一言一行，影响深远

贞观二年，太宗谓侍臣曰："朕每日坐朝，欲出一言，即思此一言于百姓有利益否，所以不敢多言。"给事中兼知起居事杜正伦进曰："君举必书，言存左史。臣职当兼修起居注，不敢不尽愚直。陛下若一言乖于道理，则千载累于圣德，非止当今损于百姓，愿陛下慎之。"太宗大悦，赐彩百段。

——《贞观政要·慎言语第二十二》

贞观二年，太宗对侍从在身边的大臣说："我每天坐朝听政，每当要说一句话，总要思量一下这句话对百姓是否有利益，所以不敢多说话。"给事中兼知起居事杜正伦进言道："君主办什么事都得记录，讲什么话就记录在起居注里。我的职务要兼修起居注，不敢不尽到臣下的忠诚正直。陛下假如一句话违背义理，那就有损于圣上的大德千万年，不仅仅有损于当今的百姓，希望陛下谨慎这一切。"太宗非常高兴，赏赐他彩色绢帛一百段。

★天子之言，一言九鼎

贞观八年，太宗谓侍臣曰："言语者，君子之枢机，谈何容易？凡在众庶，一言不善，则人记之，成其耻累，况是万乘之主？不可出言有所乖失。其所亏损至大，岂同匹夫？我常以此为戒。隋炀帝初幸甘泉宫，泉石称意，而怪无萤火，敕云：'提取多少于宫中照夜。'所司遽遣数千人采拾，送五百舆于宫侧。小事尚尔，况其大乎？"魏征对曰："人君居四海之尊，若有亏失，古人以为如日月之蚀，人皆见之，实如陛下所戒慎。"

——《贞观政要·慎言语第二十二》

国学经典文库

国学大智慧

·《贞观政要》智慧通解·

图文珍藏版

贞观八年，唐太宗对侍从的大臣们说："言语是涉及君子德行的关键，讲起话来怎能草率随便？凡是庶民百姓，一句话讲得不好，就会被人家记住，使他受到耻笑损害，何况是作为万乘之主的君主，决不能讲出不妥当的话来。这样损害极大，岂能和普通人相比？我常以此为戒。隋炀帝刚到甘泉宫，泉水山石都称心如意，却奇怪怎么没有萤火虫，便发令说：'逮一些萤火虫来，放在宫中照明。'主管官吏立即派遣数千人去捕捉，送来五百车放在宫殿旁边。小事尚且如此铺张，何况那些大事呢？"魏征回答说："君主在四海之内地位崇高，假如言行有欠缺，古人认为就像日蚀月蚀一样，人人都能看见，实在就像陛下戒惧审慎的一样。"

★摒弃争辩，修养正气

贞观十六年，太宗每与公卿言及古道，必诘难往复。散骑常侍刘洎上书谏曰："帝王之与凡庶，圣哲之与庸愚，上下相悬，拟伦斯绝。是知，以至愚而对至圣，以极卑而对极尊，徒思自强，不可得也。陛下降恩旨，假慈颜，凝旒以听其言，虚襟以纳其说，犹恐群下未敢对扬，况动神机，纵天辩，饰辞以折其理，援古以排其议，欲令凡庶何阶应答？臣闻皇天以无言为贵，圣人以不言为德，老子称'大辩若讷'，庄生称'至道无文'，此皆不欲烦也。是以齐侯读书，轮扁窃议，汉皇慕古，长孺陈讥，此亦不欲劳也。且多记则损心，多语则损气，心气内损，形神外劳，初虽不觉，后必为累。须为社稷自爱，岂为性好自伤乎？窃以今日升平，皆陛下力行所至。欲其长久，匪由辩博，但当忘彼爱憎，慎兹取舍，每事敦朴，无非至公，若贞观之初，则可矣。至如秦政强辩，失人心于自矜，魏文宏材，亏众望于虚说。此才辩之累，皎然可知。伏愿略兹雄辩，浩然养气，简彼缃图，淡焉怡悦，固万寿于南岳，齐百姓于东户，则天下幸甚，皇恩斯毕。"太宗手诏答曰："非虑无以临下，非言无以述虑。比有谈论，遂至烦多。轻物骄人，恐由兹道。形神心气，非此为劳。今闻谠言，虚怀以改。"

——《贞观政要·慎言语第二十二》

贞观十六年，太宗每次与公卿大臣谈到古代治国之道，必定反复提出问题相诘问。散骑常侍（皇帝身边掌规谏的官职）刘洎上书劝说道："帝王和臣下之间，高尚睿智与平庸愚昧之间，上下相差太远，不可以伦辈相比。由此可知，用最愚昧者来对答圣明，用极卑贱的人来对答极尊贵的，自己纵然逞强，也达不到目的。陛下颁下恩泽的圣旨，给予慈祥的脸色，凝神倾听别人的言论，虚心接受别人的劝说，这样尚且担心群臣不敢当面陈述意见；何况启动您玄妙的思维，驰骋您天赐的辩才，用高妙的措辞来反驳对方的道理，援引古义来排斥臣下的异议，这样下去，还想要臣民用什么来应答您呢？臣下听说苍天以无言为尊贵，圣人以不言为美德，老子称颂'最有辩才的人就如愚人一般'，庄子称赞'精深的学说没有文彩装饰'，这都是主张人君无须在言辞上烦神。因此，春秋时齐侯读书，堂下工人轮扁私下议论说他读

的是糟粕，汉武帝崇古尊儒，长孺讥讽其'内多欲而外施仁义'，这也是不希望劳神。而且多记事就会损伤心思，多说话就会损伤元气。内伤心思、元气，外伤形体、精神，即使起初不觉察，将来一定受损害。应该为国家爱惜自己，岂能为了兴趣损伤自己呢？如今天下升平，都是陛下大力治理国家实现的，想要它长久保持下去，不是依靠言辞通达善辩，只能忘掉那些好和厌恶，谨慎进行这方面的取舍，做每件事都踏踏实实，不要否定最高的原则，像贞观初年一样就行了。至于像秦始皇善于强辩，由于自傲而失去人心；魏文帝富于辩材，由于说空话失去众望。这是有口才和善辩的损害，可以非常清楚地知道。希望省去这类雄辩，修养最高的节操和正气，省略那些古代书籍，抑制自己的兴趣爱好，自己保持长寿像南山一样，治理国家像东户时代的太平盛世，那么百姓太幸运了，皇恩就遍及天下了。"太宗亲笔写诏书批复说："不思虑，不可以治理国家；不说话，不可以阐述治国的谋略。近来和臣下谈论，因而造成繁剧过甚。轻视别人，态度骄傲，恐怕由此产生。形体、精神、心思、元气，不能如此烦劳。如今听到正直的言论，一定虚心改正。"

老子

第十五章　防微杜渐，杜绝谗言

★防微杜渐，远离奸佞

贞观初，太宗谓侍臣曰："朕观前代，谗佞之徒，皆国之蟊贼也，或巧言令色，朋党比周。若暗主庸君，莫不以之迷惑，忠臣孝子所以泣血衔冤。故丛兰欲茂，秋风败之；王者欲明，谗人蔽之。此事著于史籍，不能具道。至如齐、隋间谗谮事，耳目所接者，略与公等：斛律明月，齐朝良将，威震敌国，周家每岁斫汾河冰，虑齐兵之西渡。及明月被祖孝征谗构伏诛，周人始有吞齐之意。高颎有经国大才，为隋文帝赞成霸业，知国政者二十余载，天下赖以安宁。文帝惟妇言是听，特令摈斥。及为炀帝所杀，刑政由是衰坏。又隋太子勇抚军监国，凡二十年间，固亦早有定分，杨素欺主罔上，贼害良善，使父子之道一朝灭于天性，逆乱之源，自此开矣。隋文既混淆嫡庶，竟祸及其身，社稷寻亦覆败。古人云'世乱则谗胜'，诚非妄言。朕每防微杜渐，用绝谗构之端，犹恐心力所不至，或不能觉悟。前史云：'猛兽处山林，藜藿为之不采；直臣立朝廷，奸邪为之寝谋。'此实朕所望于群公也。"魏征曰："《礼》云：'戒慎乎其所不睹，恐惧乎其所不闻。'《诗》云'恺悌君子，无信谗言。谗言罔极，交乱四国。'又孔子曰：'恶利口之覆邦家'，盖为此也。臣尝观自古有国有家者，若曲受谗谮，妄害忠良，必宗庙丘墟，市朝霜露矣。愿陛下深慎之！"

——《贞观政要·杜谗邪第二十三》

贞观初期，太宗对侍从身边的大臣说："我观察前代说人坏话、巧言巴结的小人，都是国家的害虫，有些人花言巧语、阿谀奉承，互相勾结。如果国君昏庸，没有不因此被迷惑的，忠臣孝子就要为此含冤受罪了。所以兰花正要茂盛，秋风却来败坏它；君王想要明察事理，奸邪小人蒙蔽他。这类事都记载在史册上，不能一一说明了。至于北齐、隋代年间诽谤诬陷的事，耳闻目睹，可以简略地说给你们听：斛律明月，是齐朝的良将，威名震撼敌国。北周每年冬天要砸破汾河上的封冰，就是担心他率兵西渡来进攻。等到明月被祖孝征诽谤诬陷构罪受诛杀，北周就开始产生吞并北齐的意图。高颎有经理国家的大才，赞助成就了隋文帝的霸业，执掌朝政二十多年，天下依靠他得到安宁。隋文帝偏听妇人的话，一味排斥他。到后来他被炀帝杀害，隋朝的法制政令就由此衰败了。还有隋太子杨勇治军理政，总共二十年

里，本来也早就有了继承皇位的名份了，杨素欺骗国主，残害善良，使他们父子之间的伦理关系一下子失去了先天的本性。叛逆祸乱的根源，从这里开始了。隋文帝已经混淆了嫡子和庶子的名分，致使灾祸殃及自身，国家不久也颠覆灭亡了。古人言：'世道纷乱那么诽陷就横行'，确实不是虚说。我时时防微杜渐，以此禁绝谗言构罪的发生，仍然担心还没有尽心尽力，或者是还不能觉察它的苗头。前代史书说：'猛兽居住山林，藜藿之类野菜因而无人敢去采摘；忠直的大臣立于朝廷，奸邪小人就会停止他们的阴谋。'这些实在是我所希望于诸位的。"魏征说："《礼记》上说：'在别人看不见的地方也要谨慎，在别人听不见的时候也要小心。'《诗经》说：'平易近人的君子，不要听信谗言。谗言极不公正，只会搅乱天下。'另外，孔子还说'讨厌那伶牙俐齿者覆灭国家'，大概就是对这些人

隋文帝

说的。我曾经观察自古以来拥有国家的人，一旦曲意听信花言巧语，胡乱残害忠诚善良的臣子，必然会导致国家灭亡，宗庙成为废墟，人众会集的闹市冷落无人。望陛下特别谨慎这件事！"

★ 欺下媚上，亡国之风

　　贞观七年，太宗幸蒲州。刺史赵元楷课父老服黄纱单衣，迎谒路左，盛饰廨宇，修营楼雉以求媚；又潜饲羊百余口、鱼数千头，将馈贵戚。太宗知，召而数之曰："朕巡省河、洛，经历数州，凡有所须，皆资官物。卿为饲羊养鱼，雕饰院宇，此乃亡隋弊俗，今不可复行。当识朕心，改旧态也。"以元楷在隋邪佞，故太宗发此言以戒之。元楷惭惧，数日不食而卒。

——《贞观政要·杜谗邪第二十三》

　　贞观七年，唐太宗巡幸蒲州。刺史赵元楷规定父老一律穿上黄纱单衣，在路边迎接拜谒，并大肆装饰官署，营建城楼雉堞用来献媚讨好；又偷偷地饲养了百多头羊、几千条鱼，准备馈送朝廷贵戚。太宗知道这事后，把他召来训斥道："我巡察黄河、洛水一带，经历数州，大凡有什么需要，都取给于官府。你为我饲羊养鱼，雕饰宅院，装修屋宇，这是已亡的隋朝的恶劣习俗，现在不可以再这样做。你应当知道我的心思，改掉旧有的表现。"以前，赵元楷在隋朝巧言取媚不正派，所以太宗说这样的话警告他。赵元楷惭愧恐惧，几天不进食而死亡。

★近朱者赤，近墨者黑

贞观十年，太宗谓侍臣曰："太子保傅，古难其选。成王幼小，以周、召为保傅，左右皆贤，足以长仁，致理太平，称为圣主。及秦之胡亥，始皇所爱，赵高作傅，教以刑法。及其篡也，诛功臣，杀亲戚，酷烈不已，旋踵亦亡。以此而言，人之善恶，诚由近习。朕弱冠交游，惟柴绍、窦诞等，为人既非三益。及朕居兹宝位，经理天下，虽不及尧、舜之明，庶免乎孙皓、高纬之暴。以此而言，复不由染，何也？"魏征曰："中人可与为善，可与为恶，然上智之人自无所染。陛下受命自天，平定寇乱，救万民之命，理致升平，岂绍、诞之徒能累圣德？但经云：'放郑声，远佞人。'近习之间，尤宜深慎。"太宗曰："善"。

——《贞观政要·杜谗邪第二十三》

贞观十年，太宗对侍从在身边的大臣说："太子的辅导老师，自古以来难以选择。周成王幼年，以周公旦、召公奭为导师，周围都是贤士，足能增长仁义，政治安定，称为圣明君主。及至秦朝的胡亥，秦始皇宠爱他，赵高做他的教师，教授刑法。及至胡亥篡位，便诛杀功臣，残害亲戚，暴行不断，一转身之际就灭亡了。由此说来，人的善恶，确实是由其亲近和习染的东西而来的。我青少年时期所结交的人，只有柴绍、窦诞等，他们为人不属于正直、诚实、博学这三种有益的朋友之列。到了我登上这个宝座，管理国家，虽说比不上帝尧、帝舜的圣明，总还是避免了吴王孙皓、北齐高纬的暴虐。由此说来，人的品质好坏，又不是由于他所沾染的了。这是为什么呢？"魏征说："中等智能的人，可以和他一起从善，可以和他一起为恶；然而上等智能人自然不会被熏染。陛下受命于天，平定敌寇的扰乱，拯救众民的性命，治理国家走上太平，柴绍、窦诞之流哪里就能影响圣上的大德？不过，经典上说：'放弃靡靡之音，远离巧言诬陷之人。'在自己所接近所习染的人事之间，尤其需要特别谨慎。"太宗说："好"。

★洁身自爱，青史留名

贞观十六年，太宗谓谏议大夫褚遂良曰："卿知起居，比来记我行事善恶？"遂良曰："史官之设，君举必书。善既必书，过亦无隐。"太宗曰："朕今勤行三事，亦望史官不书吾恶。一则鉴前代成败事，以为元龟；二则进用善人，共成政道；三则斥弃群小，不听谗言。吾能守之，终不转也。"

——《贞观政要·杜谗邪第二十三》

褚遂良

　　贞观十六年,太宗对谏议大夫褚遂良说:"你主掌撰修起居注之事,近米记录了我所做的事情,好的? 坏的?"褚遂良说:"史官的设置,理当记载君主的每项言行,好事自然必须记录,过失也不加隐瞒。"太宗说:"我现在认真办三件事情,也是希望史官不写我的过恶。一是要对照前代成功、失败的事实,作为鉴诫;二是要进用品德良好的人,共同办好政事;三是要废弃斥退那些小人,不听信谗言。我能够坚持下去,始终不会改变。"

国学经典文库

国学大智慧

·《贞观政要》智慧通解·

图文珍藏版

第十六章 有过必改，心怀大度

★ 坚守本分，内心安定

贞观中，太子承乾多不修法度，魏王泰尤以才能为太宗所重，特诏泰移居武德殿。魏征上疏谏曰："魏王既是陛下爱子，须使知定分，常保安全，每事抑其骄奢，不处嫌疑之地也。今移居此殿，使在东宫之西，海陵昔居，时人以为不可。虽时移事异，犹恐人之多言。又王之本心，亦不宁息。既能以宠为惧，伏愿成人之美。"太宗曰："我几不思量，甚大错误。"遂遣泰归于本第。

——《贞观政要·悔过第二十四》

贞观年间，太子李承乾常常不遵循法令制度，魏王李泰因为有才能特别受到太宗器重，特意诏令李泰移居武德殿。魏征上疏劝谏说："魏王既然是陛下的爱子，陛下应当让他懂得自己特定的名分，常常保持安全，每件事抑制自己的骄作奢侈，不要处在嫌疑的位置上。现在移居这个宫殿，让他居住在太子东宫的西边；当年海陵王曾在这里居住，那时就有人认为不妥当。虽然时间流逝事情变化，还是应该提防人家为这事多有口舌。另外就魏王心里来说，也不宁静。既然他把恩宠当做畏惧，诚望您能成全他的美意。"太宗说："我几乎没有考虑到这些，这个错误太大了。"随后让李泰归返原先的住宅。

★ 当面责备，阻断谏言

贞观十八年，太宗谓侍臣曰："夫人臣之对帝王，多承意顺旨，甘言取容。朕今欲闻己过，卿等皆可直言。"散骑常侍刘洎对曰："陛下每与公卿论事，及有上书者，以其不称旨，或面加诘难，无不惭退。恐非诱进直言之道。"太宗曰："朕亦悔有此问难，当即改之。"

——《贞观政要·悔过第二十四》

贞观十八年，太宗对侍臣说："臣子对于帝王，总是顺承旨意，说话好听，取得欢喜。我现在想听听自己的过失，你们都可以如实发表意见。"散骑常侍刘洎回答说："陛下每次与大臣讨论事情，以及有人上书奏闻的时候，遇有意见不合心意的，陛下就当面追问责难，致使他们无不惭悔而退。恐怕这不是诱导直言的办法。"太宗说："你说的极是，我也后悔那样，应当立即改正它。"

第十七章　谦虚谨慎，骄奢必败

★广施恩德，泽被后世

贞观十一年，侍御史马周上疏陈时政曰：

"臣历睹前代，自夏、殷、周及汉氏之有天下，传祚相继，多者八百余年，少者犹四五百年，皆为积德累业，恩结于人心。岂无僻王？赖前哲以免尔！自魏、晋以还，降及周、隋，多者不过五六十年，少者才二三十年而亡。良由创业之君不务广恩化，当时仅能自守，后无遗德可思。故传嗣之主政教少衰，一夫大呼而天下土崩矣。今陛下虽以大功定天下，而积德日浅，固当崇禹、汤、文、武之道，广施德化，使恩有余地，为子孙立万代之基。岂欲但令政教无失，以持当年而已！且自古明王圣主虽因人设教，宽猛随时，而大要以节俭于身、恩加于人二者是务。故其下爱之如父母，仰之如日月，敬之如神明，畏之如雷霆。此其所以卜祚遐长而祸乱不作也。"

——《贞观政要·奢纵第二十五》

贞观十一年，侍御史马周上疏论述时下应取的政策说：

"臣仔细察考前代历史，从夏朝、殷朝、周朝和汉朝统一天下的情况看，帝位的传袭相继承，时间长的八百多年，少的也有四五百年，都是积累业绩，用恩德感化人心的结果。这些朝代哪里是没有邪佞的君主，只不过依赖以前君王的开明睿智而幸免于难就是了！从魏、晋以来，及至北周、隋朝，时间长的不过六十年，短的只是二十年就灭亡了。确实是因为创业的君王没有致力于推广恩德教化，当时只顾保全自己，后世没有留下的恩德可供怀念。所以承传的后代君主，政治教化稍稍衰败，一个平民振臂一呼造反，就导致天下土崩瓦解了。现在陛下虽然凭巨大的功绩平定了天下，但是积累德行的时间短，确实应当考虑推崇禹、汤、文王、武王的德行，广泛地施行恩德教化，让恩德更多，为子孙建立万代的基业。怎能只希求政策教化的没有失误，仅仅保持当前就行了？况且古代开明的帝王和圣贤的君主，虽然是根据具体的人的不同情况，进行与之相应的教化，政令的宽厚和严厉随着时局的变化，但是总的方针是从事节俭自身、施恩百姓两个方面。那样的话在下的百姓爱戴他就像父母，景仰他就像日月，崇敬他就像神仙，畏惧他就像雷电。这是帝王传位久长，而祸乱不生的原因啊。"

★慎今追远,仔细考虑

　　今百姓承丧乱之后,比于隋时才十分之一,而供官徭役,道路相继,兄去弟还,首尾不绝。远者往来五六千里,春秋冬夏,略无休息。陛下虽每有恩诏,令其减省,而有司作既不废,自然须人,徒行文书,役之如故。臣每访问,四五年来,百姓颇有怨嗟之言,以陛下不存养之。昔唐尧茅茨土阶,夏禹恶衣菲食。如此之事,臣知不复可行于今。汉文帝惜百金之费,辍露台之役,集上书囊以为殿帷,所幸夫人衣不曳地。至景帝,以锦绣纂纽妨害女工,特诏除之,所以百姓安乐。至孝武帝,虽穷奢极侈,而承文、景遗德,故人心不动。向使高祖之后即有武帝,天下必不能全。此于时代差近,事迹可见。今京师及益州诸处营造供奉器物,并诸王妃主服饰,议者皆不以为俭。臣闻昧旦丕显,后世犹怠,作法于理,其弊犹乱。陛下少处民间,知百姓辛苦,前代成败,目所亲见,尚犹如此,而皇太子生长深宫,不更外事,即万岁之后,固圣虑所当忧也。

——《贞观政要·奢纵第二十五》

　　现在百姓处于丧乱时代之后,人口只相当于隋朝的十分之一,但是供官差服徭役,一个接一个被征上路,哥哥离家弟弟才回来,前后相接不断。路程远的往返五六千里,春去秋回,冬去夏回,几乎没有休息的时间。陛下虽然常常降下恩诏,命令减省差役,但是有关部门既然不停止工作,自然需要用人,枉然下达诏令,照旧役使百姓。臣每次去访问,四五年来,百姓很有怨恨嗟叹的言语,认为陛下不存恤抚养他们。从前唐尧茅草盖房,土块作台阶,夏禹王衣食粗劣,这样的事,臣知道不可能再在今天来实行。汉文帝爱惜百金的费用,终止了露台的建筑,收集臣下上书用的布袋,用作宫殿帷幕,汉文帝所宠爱的夫人裙裳不能拖地。到了汉景帝,因为锦缎绦带有害女工,特颁诏书废除,所以百姓生活安乐。到了汉武帝,虽然穷奢极侈,但依仗文帝、景帝的恩德,因此人心没有骚动。当初如果高祖之后,就是武帝,天下必然不能保全。这些事距现代也还算近,事迹也清楚。现在京都和益州等处营造供奉皇室使用的物品,连同各位亲王及嫔妃公主们的服装饰品,议论的人都不认为是节俭。臣下听说拂晓而起求取显赫业绩,后代还会沦于无精打采,法律制定得尽管合理,其弊端还会招致祸乱。陛下年轻时生活在民间,知道百姓的辛苦;前代的成功与失败,亲眼目睹,尚且还是如此;而皇太子生长在深宫之中,不清楚墙外的事,那么您"万岁"(指去世)之后的事情,恐怕现在就应当在头脑中仔细考虑了。

★休养百姓,励精图治

往者贞观之初,率土霜俭,一匹绢才得粟一斗,而天下贴然。百姓知陛下甚忧怜之,故人人自安,曾无谤讟。自五六年来,频岁丰稔,一匹绢得十余石粟,而百姓皆以陛下不忧怜之,咸有怨言。又今所营勾者,颇多不急之务故也。自古以来,国之兴亡不由蓄积多少,惟在百姓苦乐。且以近事验之,隋家贮洛口仓,而李密因之;东京积布帛,千世充据之;西京府库亦为国家之用,至今未尽。向使洛口、东都无粟帛,即世充、李密未必能聚大众。但贮积者固是国之常事,要当人有余力而后收之。若人劳而强敛之,竟以资寇,积之无益也。然俭以息人,贞观之初,陛下已躬为之,故今行之不难也。为之一日,则天下知之,式歌且舞矣。若人既劳矣,而用之不息,倘中国被水旱之灾,边方有风尘之警,狂狡因之窃发,则有不可测之事,非徒圣躬旰食晏寝而已。若以陛下之圣明,诚欲励精为政,不烦远求上古之术,但及贞观之初,则天下幸甚。

——《贞观政要·奢纵第二十五》

以往贞观初年,全同减产贫乏,一匹绢才值一斗谷,但天下安居乐业。百姓知道陛下十分关心爱怜他们,所以每个人都自觉安定,竟然没有怨言。从贞观五六年以来,连年丰收,一匹绢值十多石粟,而百姓都以为陛下不关心爱怜他们,都有怨言,因为现在所兴办的事,很多是目前无关紧要的事情。自古以来,国家的兴亡不在于蓄积多少,只决定于百姓生活痛苦还是安乐。可拿近代的事证明这一点;隋朝贮粮洛口仓,却是李密接管它;东京洛阳积蓄布帛,却由王世充占有它;西京长安的官府国库储藏,也被我大唐使用,至今还没有用尽。如果原来洛口仓、洛阳没有粮食布帛,王世充、李密就不一定能够聚集大量人马。不过贮积本来是国家的正常事务,关键在于要等到百姓有宽余,然后征收才是。倘若百姓辛劳困苦而强制征收,最终是资助了敌寇,积累它没有益处。然而,以节俭来休养百姓,贞观初年,陛下已亲自这样做过了,所以今天再实行起来并不困难。如此实行一日,天下百姓就都知道这事了,就会载歌载舞。如果百姓已经劳顿,还不停地耗用,万一内地遭受水旱灾害,边疆有敌寇入侵的警报,狂恶之徒乘机作乱,就会有不测事件发生,那就不是圣上晚吃饭迟入睡就行了的啦。如果凭着陛下的圣明,真的要励精图治的话,不用老远地烦求往古的治图方略,只要做到贞观初年那样,那么天下就非常幸运了。

第十八章　奉公守法，贪心惹祸

★ 珍惜自己，爱惜百姓

贞观初，太宗谓侍臣曰："人有明珠，莫不贵重。若以弹雀，岂非可惜？况人之性命甚于明珠，见金钱财帛不惧刑网，径即受纳，乃是不惜性命。明珠是身外之物，尚不可弹雀，何况性命之重，乃以博财物耶？群臣若能备尽忠直，益国利人，则官爵立至。皆不能以此道求荣，遂妄受财物，赃贿既露，其身亦损，实可为笑。帝王亦然。恣情放逸，劳役无度，信任群小，疏远忠正，有一于此，岂不灭亡？隋炀帝奢侈自贤，身死匹夫之手，亦为可笑。"

——《贞观政要·贪鄙第二十六》

贞观初年，唐太宗对臣子训说："人们手中有颗明珠，没有不看重、珍惜的，如果拿来打鸟儿，难道不是很可惜的吗？何况人的性命比明珠更为贵重，看到了金银钱帛，就不怕法网，立即收受，这就是不爱惜性命。明珠是身外之物，都不可以用来打鸟儿，何况可以用宝贵的生命来争得财物吗？做大臣的人如果在各方面都忠诚、坦直，做对国家和人民有益的事情，那么官爵马上就会到来。如都不能用这种办法来求荣，而乱受钱物，赃贿一旦暴露，自身也就损伤，实在可笑。帝主也是这样。尽情放纵取乐、无限度征发劳役，相信小人，疏远忠诚正直的人，有其中的一种行为，哪有不灭亡的道理？隋炀帝无比奢侈却自以为贤明，结果死在普普通通的人手中，这也是很可笑的事情啊！"

★ 贪财受贿，不懂爱财

贞观二年，太宗谓侍臣曰："朕尝谓贪人不解爱财也。至如内外官五品以上，禄秩优厚，一年所得，其数自多。若受人财贿，不过数万。一朝彰露，禄秩削夺，此岂是解爱财物？规小得而大失者也。昔公仪休性嗜鱼，而不受人鱼，其鱼长存。且为主贪，必丧其国；为臣贪，必亡其身。《诗》云：'大风有隧，贪人败类。'固非谬言也。

昔秦惠王欲伐蜀，不知其径，乃刻五石牛，置金其后，蜀人见之，以为牛能便金。蜀王使五丁力士拖牛入蜀，道成。秦师随而伐之，蜀国遂亡。汉大司农田延年赃贿三千万，事觉自死。如此之流，何可胜记！朕今以蜀王为元龟，卿等亦须以延年为覆辙也。"

——《贞观政要·贪鄙第二十六》

贞观二年，太宗对侍臣说："我曾经说过，贪财的人并不真正懂得爱财。例如内、外朝官五品以上的，俸禄优厚，一年所得到的，那数目本来就多。如果纳受别人的财物贿赂，不过得到几万。一旦暴露出来，俸禄就会被削除，这难道是懂得喜爱财物？看见小的收入却失掉了大的利益。从前公仪休生性喜欢吃鱼，但他不收别人送的鱼，他就能长久吃得上鱼。而且做国君的贪财，必定丧失他的国家；做臣下的贪财，必然要引来杀身之祸。《诗经·大雅·桑柔》上说：'大风迅猛地刮着，贪赃枉法的人败坏法度。'确实不是荒谬的言论啊。古时候秦惠文王准备进攻蜀国，但不了解路途，于是就雕凿了五只石牛，把金子放在牛屁股后面，蜀国人见了认为牛能屙出金子，蜀国的国王便派出五名大力士凿开一条道，把牛拖回蜀国。道路凿成后，秦国的军队跟在后面来进攻，蜀国因此而灭亡。汉朝掌管国家财政事务的大司农田延年，收取赃物贿赂三千万，事情败露后自杀。像这样的人和事，哪里数得清！我今天以蜀国的国王为警戒，你们这些人也应该以田延年为前车之鉴啊。"

★奉公守法，保全自己

贞观四年，太宗谓公卿曰："朕终日孜孜，非但忧怜百姓，亦欲仅卿等长守富贵。天非不高，地非不厚，朕常就就业业，以畏天地。卿等若能小心奉法，常如朕畏天地，非但百姓安宁，自身常得欢乐。古人云：'贤者多财损其志，愚者多财生其过。'此言可为深诫。若徇私贪浊，非止坏公法，损百姓，纵事未发闻，中心岂不常惧？恐惧既多，亦有因而致死。大丈夫岂得苟贪财物，以害及身命，使子孙每怀愧耻耶？卿等宜深思此言。"

——《贞观政要·贪鄙第二十六》

贞观四年，唐太宗对王公臣子们说："我整天都孜孜以求，不仅仅是怜悯百姓，而且也想让你们这些臣子长守富贵。天不是不高，地不是不厚，我时常就就业业，是因为敬畏天地。你们这些臣子如果能谨慎守法，就像我一样敬畏天地，不仅百姓可以安居乐业，就连你们自己也会欢乐常在。古人说：'贤明的人财宝过多会消磨志向，愚蠢的人财宝过多会招惹是非。'这话可以作为深刻的警诫。如果徇私贪赃，不止破坏国法，损害百姓，即使事情尚未败露，内心里岂能不老是恐惧？恐惧过度，也会因此丧命。大丈夫怎能随便贪图财物，来危害身命，使得子孙常感到羞愧耻辱？你们应该好好深思这些话。"

★以身试法，咎由自取

贞观十六年，太宗谓侍臣曰："古人云：'鸟栖于林，犹恐其不高，复巢于木末；鱼藏于水，犹恐其不深，复穴于窟下。然而为人所获者，皆由贪饵故也。'今人臣受任，居高位，食厚禄，当须履忠正，蹈公清，则无灾害，长守富贵矣。古人云：'祸福无门，惟人所招。'然陷其身者，皆为贪冒财利，与夫鱼鸟何以异哉？卿等宜思此语为鉴诫。"

——《贞观政要·贪鄙第二十六》

贞观十六年，唐太宗对臣子们说："古人说：'鸟儿栖歇于树林之中，总担心住的不够高，又再将鸟巢建到树梢上去；鱼儿躲藏在水中，总担心水不够深，又在洞穴之下建窝。可是他们被人们所捕获的原因，都是因为贪吃诱饵的缘故呵。'现在在做大臣的接受任职，高高在上，拿的是很丰富的俸禄，应当竭诚尽忠，廉洁奉公，这样才能没有灾难而长保富贵啊。古人说：'祸福无定，由人自取。'然而身遭灾祸的人，都是因为贪财求利，这和那些鱼儿鸟儿有什么不同呢？你们应该思考这些话，作为鉴诫。"

第三篇 《反经》智慧通解

★导读

唐朝开元盛世,出了一个大诗人李白,与其并耀于世的还有一个人,他就是赵蕤。赵蕤不是以诗歌著称,而是出了一本奇书《反经》。

他依据万物正反相生这一原则,从另一个角度对历史的人和事进行考究,认为历代统治者用以治国安邦的法则不论多么完善和严密,都不可避免地会出现负作用。故而,赵蕤以其独到的精辟见解,提醒着当政者在制定以及实施法规之时不能忘记历史的教训。

在《反经》中,糅合儒、道、兵、法、杂、阴阳等诸子思想,以独特视角阐述王霸谋略、长短之术,内容丰富而又深刻,给予世人诸多警醒。全书以权谋政治和知人善任为中心,称赞王道伟治、文功武绩,斥责君德败坏,国破家亡,攻击世人虚伪,赞美教化为先。可以说,《反经》是对唐以前历史的多角度、全方位的审视,堪称历代政治创意与权谋的集成。

《反经》作为古时为政者的智谋全书,论证深刻,发人深省,对后人有极大的启发和教育意义。故有人说,为政者不但要读《资治通鉴》,更要读《反经》。

当然此书无论是对于为政还是其他各个行业的人所具有的借鉴和启示都是深远的。

第一章　守诚持重，洁身自好

★看淡成败，宁静淡泊

《文子》曰："有功，离仁义者必见疑；有罪，不失人心者必见信。故仁义者，天下之尊爵也。"何以言之？

昔者楚共王有疾，召其大夫曰："不谷不德，少主社稷，失先君之绪，覆楚国之师，不谷之罪也。若以宗庙之灵，得保首领以没，请为'灵'，若'厉'。"大夫许诸。及其卒也，子囊曰："不然。夫事君者从其善，不从其过。赫赫楚国而君临之，抚征南海，训及诸夏，其宠大矣。有是宠也，而知其过，可不谓之'共'乎？"大夫从之。此因过以为功者也。

——《反经》

《文子》说："就算有功，如果失去了仁义，也必定会被怀疑；即使有罪，假如不失民心，也一定会受到信任。所以说，仁义是天下最宝贵的东西。"为什么这样说呢？

从前楚共王生了病，把大夫们召集到身边说："我没有什么德行也不事劳动，年少时就开始主持社稷，丧失了先君的优良传统，使楚国的军队遭到了巨大损失，这些都是我的罪过。假若由于祖宗的保佑，我能寿终正寝，我请你们给我加上'灵'或者'厉'的谥号。诸位大臣同意吗？"大夫们答应了共王的要求。等到共王死后，大夫子囊说："不能遵照大王的意思办。侍奉国君，应听从他正确的命令而不服从他错误的命令。楚国作为威名赫赫的大国，自从大王君临朝政之后，抚慰征讨南方各国，训诫中原各国，天下无不归附，可见其所受苍天恩宠的程度呀！有这么大的恩宠，却能自知其过，这还算不上'共'吗？"大夫们听从了子囊的意见。这是有过错反而受到尊敬的例子。

春秋末年，晋国有一个当权的贵族叫智伯。他虽然名叫智伯，其实一点都不聪明，相反，却是个蛮横、不讲道理、贪得无厌的人。他自己的封地本来不小，却还嫌不够，有一次，他平白无故地向魏宣子索要土地。

魏宣子也是晋国一个贵族，他很反感智伯的这种行为，不愿意给他土地。他的一个谋士叫任章，对宣子说："您最好给智伯土地。"宣子不理解，问："我为什么要白白地送土地给他呢?"任章说:"大王如果听我的,可以使您免受战争之危。"宣子听从了他的意见。

魏宣子的下属们纷纷说:"智伯是个不讲道理、贪得无厌的人。对于这种人,应该出兵惩治他,如果把土地给他,就只会助长他的贪欲,他将来必然还会来索要。宣子居然听从了任章的话,真是不智啊。"

宣子割让了一大块土地给智伯。智伯尝到了不战而获的甜头,接下来,便又伸手向赵国要土地。赵国不肯答应,他便派兵围困晋阳,企图灭亡赵国。这时,韩、魏联合,趁机从外面打过去,赵在里面接应,这样里应外合,内外夹攻,智伯便灭亡了。

这时,人们就此事问任章,任章说:"智伯无理求地,一定会引起邻国的恐惧,邻国都会讨厌他;他利欲熏心,一定会不知满足,而到处伸手必然会引起整个天下的不满。宣子给了他土地,他就会更加骄横起来,以为别人都畏惧他,他也就更加轻视他的对手,而更肆无忌惮地骚扰别人。那么,他的邻国就会因为害怕他而联合起来攻打他,那他便不能这样长久下去了。"

任章又接着说:"《周书》上讲的'将要打败他,一定要暂且给他一点好处;将要夺取他,一定要暂且给他一点甜头',说的就是这个道理。所以,我说还不如如他所愿给一点土地。再说,宣子现在不给他土地,他就会把宣子当作他的进攻目标,向宣子发动进攻。宣子还不如让天下人都与他为敌,使智伯成为众矢之的。"

人们听了任章的话,都为他的思维和智慧所叹服。

当碰到其他人向自己平白无故地索要东西时,大都会生气地拒绝,这样做的直接后果就是树立了敌人,甚至遭到他的进攻。拥有非凡智慧的人,都能够先满足索取者的无理要求,使其骄纵放肆,引起众怒,然后寻求和联合其他受害的人合力攻之。

★立身从政,把持根本

由此言之,夫立身从政,皆有本矣;理乱能否,皆有迹矣。若操其本行,以事迹绳之,譬如水之寒、火之热,则善恶无所逃矣。

——《反经》

由此说来,立身从政,都有赖以实行的根本;政治清明或者昏乱,臣下的贤和不贤,也都有迹象表现出来。如果能把持住根本,以办事的迹象去考察,那么就像水是凉的、火是热的一样,人的善恶就遮掩不住了。

明太祖朱元璋死前写下遗诏,要将帝位传给孙子朱允炆。这个二十一岁的年轻皇帝接到手的,是一根充满利刺的权杖,这些利刺不是别人,而是他的二十几个辈尊位高的皇叔,他们一个个都被封为藩王,坐拥强权。新皇帝要想保住自己的帝位,必须削夺这些藩王的权利,别的藩王倒还好说,最使朱允炆感到棘手的是燕王朱棣。

朱棣作为朱元璋的第四个儿子，生性坚毅沉稳，机智多谋，既英勇善战，又能以诚待人，在创建大明王朝的斗争中屡立战功，颇为朝野所重，连朱元璋也对他另眼看待。由于前面的三位兄长俱已死去，所以如今诸王之中以他为长，若能先将这根利刺拔掉，其他诸王自然会乖乖地俯首。于是，一道削藩的诏书下到北平。

接到诏书后朱棣轻蔑地一笑，他十一岁被封为燕王，二十一岁就藩北平，至今已近二十年。北平曾是元朝的故都（大都），朱元璋建国之后，把国都定在南京，原大都城改称"北平府"。这里便成了偏远的边城，被驱赶的元蒙残部还不断地前来袭扰。朱元璋之所以将他封到这里，是将保国安民的重任交给了他。他果然不负众望，不但多次击退了元蒙的侵犯，还多次率部出征，深入沙漠腹地，将蒙古人赶到大漠之北，他的实力也因此得到极大扩张。

朱棣满以为朱元璋会将帝位传给他的，当年朱元璋也曾有过这个意思，没想

朱元璋

到最后交给了朱允炆，这使他不得不对这个侄子称臣，对此他耿耿于怀。

朱棣一点也看不上这个嘴上没毛的年轻皇帝，生于深宫之中，长于文人之手，拉不得弓，骑不得马，不辨善恶贤愚，满脑子装的都是子曰诗云，说的是迂谈腐论，哪里有一点帝王的气魄和治国的能力？他正等着朱允炆应付不了的时候来收拾残局呢！可没想到这小子一出手就这么熟练。

但朱棣明白，他现在还不能公开同朱允炆抗衡，于是便托病不出，留在王府内，秘密训练士兵。不料此事被人告发，朝廷派来使臣查问。

使臣们来到北平，刚进城就发现北平街头有一疯汉，蓬头垢面，衣衫褴褛，在大街闹市之上，边走边狂呼乱喊；走到酒楼饭铺门前，便闯进去，夺了酒肉便吃，同时还胡说八道；吃饱了，喝足了，便倒在街头之上呼呼大睡，有时从早睡到晚也不觉得觉多。这个疯汉，便是燕王朱棣。当时北平城内外，都传言说朱棣疯了。

使臣忙将朱棣护送到王府，并亲自前去探病。时值六月盛夏，天气炎热，人们赤膊摇扇，还是挥汗如雨，他却围炉而坐，一边烤着火，一边还哆嗦着叨咕："太冷了，太冷了！"朝廷的使臣信以为真，也没有查出什么破绽，就回南京复命去了。朝廷便不再追究，把精力转向了对付其他藩王身上。

1399年7月7日，朱棣突然发动叛乱，逮捕了驻在北平的朝廷大臣。此时，他的病态病容一扫而光，当众宣布道："我哪里有病，完全是迫于奸臣陷害，不得不如此。"接着兴兵南下，经过三年内战，终于在1402年攻下南京，推翻了朱允炆政权，朱棣登基称帝，这便是大名鼎鼎的明成祖了。永乐元年（1403年）正月改北平为北京，经大肆扩建宫殿、坛庙后，永乐十九年（1421年）明朝正式迁都北京。

朱棣

　　在自己没有做好充分准备时，为了不使对手将主要精力集中起来对付自己，特别是在遇到紧急事件时，一方面可以通过装疯卖傻来蒙骗对手的视听，以求自保；另一方面也要暗中积极筹划准备。一旦时机成熟，便可公开与对手进行斗争。

★ 谦和有度，进退得法

　　《左传》曰："无傲礼。"《曲礼》曰："毋不敬。"然古人以傲为礼，其故何也？欲彰于人德者耳。何以言之？昔侯嬴为大梁夷门监，魏公子闻之，乃置酒大会宾客。坐定，公子从车骑，虚左，自迎夷门侯生。侯生引公子过市，及至家，以为上客。侯生谓公子曰："今日嬴之为公子亦足矣。嬴乃夷门抱关者也，而公子亲枉车骑。稠人广众之中，不宜有所过，今公予故过之。然嬴欲就公子之名，故久立公子车骑市中，以观公子，公子愈恭。市人皆以嬴为小人，而以公子为长者，能下士也。"

——《反经》

　　《左传》说："没有（人）以傲慢为礼。"《曲礼》上说："不要以不敬的态度对人。"然而，古人中还是有以傲慢为礼的，这是什么原因呢？这是想把对方的高尚品德展

国学经典文库

国学大智慧

·资政智慧·

图文珍藏版

示在众人面前。为什么这样说呢？从前，侯嬴做大梁夷门的守门人。魏公子信陵君听说他是个贤者，就大宴宾客。等宾客都落座后，信陵君率领一队车马，空着车中左边的客位，亲往夷门迎请侯嬴。侯嬴引导信陵君的车马从繁华的街市通过，然后来到信陵君府中，并被当做最尊贵的宾客。侯嬴对信陵君说："今天我为公子做了不少事。本来我是东门看守大门的人，然而公子屈尊驾车迎接我。而且稠人广众之中，本不宜通过车马，可是我故意让你去了一趟（人多的）集市。我这是为了宣扬你礼贤下士的美名，所以才故意让你和你的车马在集市中等候那么长时间，使人们观察你的反应，你的态度更加谦恭。集市上的众人都以为我是倨傲的小人，而把你看作是位品德高尚、礼贤下士的君子。"

信陵君

宋高宗时，宋将苗傅和刘正彦发动叛乱，企图逼迫高宗允许隆祐太后垂帘听政。援救皇帝的军队向京城进发，宰相朱胜非为保护皇帝，终于从中说服苗、刘投降。

皇帝下诏书把苗、刘封为淮南两路制置使，给他们统帅军队的权力，希望他们赶快去上任。苗、刘的部属张逵为他们出谋划策，要求皇帝给他们立铁契为证。

朝中大臣都很反对，自古以来哪有臣下向皇上要权还要立证据的？都想和苗、刘争辩，朱胜非却毫不迟疑满口答应了。大臣都说他傻，看他怎么向皇上交差，怎么处理此事。

退朝后，苗、刘带着书信到朱胜非府上要求按事先说好的办理此事。朱胜非叫他的助手拿笔来奏请皇上允许赐给铁契，并命令他属下的官吏详细查一下过去有关此事的旧例，以按照过去的方法来操办。苗、刘非常高兴地走了。

第二天临上朝的时候，苗傅的侍从官傅宿去敲朱胜非的府门，说有急事要见朱胜非，朱叫他进去。傅宿说："昨天得到批准的旨意，赐给苗、刘二将以铁契，这是不寻常的庆典，今天能举行吗？"

朱胜非接过傅宿拿来的通知，协助办事的官吏都过来围观这个通知，忽然朱胜非环顾这些官吏们，问道："叫你们查一下过去的旧例，查到了吗？"回答说："没有先例可查。"又问："按照过去的方法制造铁契，你们知道如何做了吗？"回道："不知道。"朱胜非说："那么这样的话能给他们铁契吗？"官吏们都笑了，傅宿也笑了，说："已经得到了。"于是他就回去了。苗、刘从此不再提立铁契的事。

对于对方提出的无理要求，不妨先答应，然后一步步地走下去，让他自己觉得无法办到。这样，他们自己就不强求了。假如想出一番大道理来与他们辩论，反倒就像用火苗来烤炮筒一样，使它温度升高，最终爆炸，从而把小人激怒。

第二章 掌握命运,取舍有度

★一忍而忍,天下归己

《物志》上说:"君子知道吃亏实际是有益处的,所以有一份功能得到两份赞誉;小人不知道占便宜是一种损失,结果形象被损害了。由此看来,所以不夸功的实际上才是真正的夸功,不争名利者实际上才是名利双收,对敌让步的实际上战胜了敌人。正因如此,郤至善于抬举别人,实际已压倒别人;王叔喜欢跟别人争高低,最后被迫出逃他国;蔺相如用引车回避的办法战胜了廉颇;寇恂因为不和贾复争斗,得到了比贾复贤明的美誉。物极必反,这就是君子常说的'道'。"

——《反经》

富弼是北宋仁宗时宰相,字彦同。因为大度,上至仁宗,下至文武官员都称他品行优良。

富弼年轻的时候,因聪明伶俐,巧舌如簧,常常在无意之间得罪一些人,事后,他自己也深为不安。经过长时期的自省,他的性格逐渐变得宽厚谦和。所以当有人告诉他某某在说你的坏话时,他总是笑着回答:"你听错了吧,他怎么会随便说我呢?"

一次,一个穷秀才想当众羞辱富弼,便在街心拦住他道:"听说你博学多识,我想请教你一个问题。"

富弼知道来者不善,但也不能不理会,只好答应了。

众人见富才子被人拦在街上,都涌过来看热闹。

秀才问富弼:"请问,欲正其心必先诚其意,所谓诚意即毋自欺也,是即为是,非即为非。如果有人骂你,你会怎样?"

富弼想了想,答道:"我会装作没有听见。"

秀才哈哈笑道:"竟然有人说你熟读四书,通晓五经,原来纯属虚妄,富彦同不过如此呀!"说完,大笑而去。

富弼的仆人埋怨主人道:"您真是难以理解,这么简单的问题我都可以对上,怎么您却装作不知呢?"

富弼说道:"此人乃轻狂之士,若与他以理辩论,必会言辞激烈,气氛紧张,无论谁把谁驳得哑口无言,都是口服心不服。书生心胸狭窄,必会记仇。这是徒劳无益的事,又何必争呢?"

仆人却始终不理解自己的主人为何如此胆小怕事。

几天后,那秀才在街上又遇见了富弼。富弼主动上前打招呼。秀才不理,扭头而去;走了不远,又回头看着富弼大声讥讽道:"富彦同乃一乌龟耳!"有人告诉富弼那个秀才在骂他。

"是骂别人吧!"

"他指名道姓骂你,怎么会是骂别人呢?"

"天下难道就没有同名同姓之人吗?"他边说边走,丝毫不理会秀才的辱骂。秀才见无趣低着头走开了。

富弼当了宰相后常教育子孙说:"忍"之一字,是办好一切事情的窍门。家族要想和睦,一定要注意这个字。倘若一个清正节俭的人再加上这一"忍"字,做任何事都会势如破竹,没有能难住他的。大凡朝廷用人,惟才是举;但在任用宰相时,又以"大度"二字衡量。所谓相者,要有天地之气魄,能容万物。如果不能忍,何异于青蛙?一触即跳,一跳便叫,不知如何是好。

忍一时,风平浪静。俗话说:"'忍'字头上一把刀,遇事不忍祸先招。"历来有不忍的领导者,冲冠一怒,气贯长天,比如项羽,终难免乌江岸上,一剑成鬼雄。历来有忍之领导者,却不多见,比如刘邦,一忍百忍,天下终姓刘。相信这会给当今领导者诸多启示。

★ 知进知退,有张有弛

孔子曰:"死生有命",又曰"不得其死",又曰"幸而免"者。夫死生有命,其正理也;不得其死,未可以死而死也;幸而免者,可以死而不死也。此皆性命三势之理也。

推此以及教化,则亦如之。人有不教化而自成者,有待教化而后成者,有虽加教化而终不成者。故上智与下愚不移,至于中人,则可上可下。推此以及天道,则亦如之。

——《反经》

唐朝郭子仪平定安史之乱的事迹人尽皆知,但这位功极一时的大将在为人处世上却极为小心谨慎,与他在千军万马中叱咤风云、指挥若定的风格迥然不同。

唐肃宗上元二年(761 年),郭子仪被封为汾阳郡王,住进了位于长安亲仁里的金碧辉煌的王府。令人奇怪的是,堂堂汾阳王府每天总是门户大开,任人出入,丝毫不加管束,与别处官宅门禁森严的情况毫不相同。客人来访,郭子仪便无所忌讳地请他们进入内室,并且命姬妾侍候。有一次,一位将军离京赴职,前来王府辞行,看见他的夫人和爱女正在梳妆，叫郭子仪递这拿那，竟同使唤仆人一般。儿子们觉得父亲身为王爷，这样子总是不太好，一齐来劝谏父亲应分个内外，以免遭人耻笑。

郭子仪笑着说："你们根本不知道我的目的。我的马吃公家草料的有五百匹，我的部属、仆人吃公家粮食的有一千人。可以说现在我是位极人臣，受尽恩宠了。但是，谁能保证没人正在暗中算计我们呢？如果我修筑高墙，关门闭户，和朝廷内外不相往来，假如有人与我结下怨仇，诬陷我有造反之心，我就百口莫辩了。现在我无所隐私，不使流言蜚语有滋生的余地，就是有人想用谗言诋毁我，也没有借口了。"

几个儿子听了这一席话，都对父亲的深谋远虑深感佩服。

郭子仪

中国历史上有很多有大功于朝廷的文臣武将，但大多数的下场都不好。郭子仪历经玄宗、肃宗、代宗、德宗数朝，身居要职达六十年，虽然在宦海也几经沉浮，但总算保全了自己和子孙，最后以八十多岁的高龄寿终正寝，给几十年戎马生涯画上了一个完美的句号。这不能不归功于他的这份谨慎。

悬崖勒马、江心补漏确实是对危局的补救措施，但毕竟此时已处于进退两难的尴尬境地，骑虎之势已成，身不由己，至此悔之晚矣。假如人不能在权势头上猛退，到头来难免像山羊触藩一般弄得为灾祸所困。所以，领导者为人处世要胸中有数，不要贪恋功名利禄，不要做无准备之事。做事要随机应变，随势之迁而调整。做事是为了成功，一股劲猛进不可取，犹犹豫豫也不可取，知进知退，有张有弛，处进思退才是行事的方法。

★谨慎自律，居安思危

由此观之，是知天下者非一人之天下也，天下人之天下也。所以王者必通三统，明天命所受者博，非独一姓也。昔孔子论《诗》，至于"殷士肤敏，祼将于京"，喟然叹曰："富贵无常。不如是，王公其何以诫慎，民萌其何以劝勉！"《易》曰："安不忘危，存不忘亡。"是以身安而国家可保也。故矣。惧而思诚，乃有国之福者矣。

——《反经》

勤于政事，是成就一个有作为的封建君王的基本条件。综观历代比较英明杰出的帝王，特别是那些开国创业之君，一般都是兢兢业业，勤于政事。如果连勤政都做不到，那就必然陷于荒淫嬉戏怠惰而难以自拔，朝政因之委于他人，于是重臣擅权，宦官干政，轻则导致朝纲紊乱，大权旁落；重则引来内忧外患，身败国亡。

　　平民皇帝明太祖朱元璋是个勤政的典范。他从征讨杀伐中夺得江山，深知皇权来之不易。为了防止大权旁落，他登位以后便果断废除丞相制，改由六部（吏、户、礼、兵、刑、工）长官直接向皇帝汇报，由皇帝亲自裁决，使得皇权与相权集于一身，大小政务均亲自处理，断不假手他人。往往天不亮就起床批阅公文，直到深夜才得以休息，甚至吃饭时还在思考政务。每思得一事，就顺手写在纸上，缝在衣服上，以至事情记多了，挂得满身都是，上朝时再把它们一一处理了当。以洪武十七年九月的收文为例，从十四日至二十一日，八天内共收到内外诸司奏扎一千六百六十件，计三千三百九十一事，平均每天要批阅二百多件奏札，处理四百多件事，其政务的辛劳可以想见。侍臣怕他操劳过度，劝他："陛下励精图治，天下苍生之福，但圣体过劳，宜多加保重。"而朱元璋却说："我难道好劳而恶安吗？以往天下未定，我饥不暇食，倦不暇寝，激励将帅平定天下；现在天下已定，四方无事，难道可以高居宴乐了吗？自古以来，人勤则国家兴，人怠则国家衰，我怎么敢暇逸呢？"他把勤政放到关系国家兴衰存亡的高度来认识，所以能自觉坚持，甘之如饴。

　　清圣祖玄烨（康熙），则更是一生勤政，业绩辉煌。他在位六十一年，铲除权臣、刷新朝政、平定三藩、开拓疆域、稳定海疆、繁荣经济，采取了一系列富国强民安邦的措施，而这一切都是他亲手予以制定颁发的。诚如他自己所说："朕听政三十年，夙兴夜寐，有奏即答，或有紧要事，辄秉烛裁决。"即使"右手病，不能写字，用左手执笔批旨，断不假手于人"。几乎是"日御门听政，临决万机，不遑夙夜"。御门听政，本来是封建帝王处理国家大事的一项基本手段，历代均沿袭此制。但往往只有开国君王能够身体力行，持之以恒；而继承之君大都沉于深宫，耽于酒色，很少会见朝臣。像明宪宗朱见深在位二十三年，仅在成化七年召见过大学士万安等一次，说了几句话即退朝；明武宗朱厚照在位十六年，游荡南北各地，平时很少会见朝臣；明神宗朱翊钧在位四十八年，也仅仅会见大臣几次；明熹宗朱由校昏庸最甚，在位七年，一次也未曾召见大臣。如此疏于朝政，皇权均由宦官代理，内阁、六部形同虚设，朝政能不昏庸腐朽？而康熙吸取明代皇帝怠于政事，以致大臣、官员皆畏太监的教训，坚持实行御门听政制度，视此为勤政、理政，强化君主专制的有力措施。从康熙六年康熙亲政起，正式设立"起居注"官，记载皇帝的政事、起居、事迹、言行、活动，每月一册，从中可见康熙治政之辛勤，忙碌非同一般。每天御门听政的时间安排在大清早，往往四五鼓（约早晨四五点钟）就得起身，"未明求衣，辨色视朝，日与大小臣工率作省成，用熙庶绩"。即使在瀛台、玉泉山、南苑以及晚年经常驻跸的畅春园，也都坚持听政不辍。甚至远出巡行，旅途劳顿，只要回到北京，次日即照常御门，使听政不致中断。三次东巡，六次南巡都是如此。只有遇到忌辰、祭祀，或因病因事，或天气骤冷骤热，下雨、灾祸等特殊原因，才停止听政。作为一个日理万机的万乘之尊，几十年如一日，坚持早朝听政，亲断朝务，这在历代封建皇帝中是并不多见的。正因为康熙能终生坚持勤政听政，而且在听政中能虚心采纳臣言，善于归

《反经》智慧通解·

图文珍藏版

纳正确意见,才使得康熙一朝清明整肃、发达昌盛,成为中国封建王朝著名的"盛世"而永垂史册。

作为封建社会的最高统治者之所以能做到勤于政事,是与他们谨慎自律的个人品质分不开的;而这种谨慎自律,又往往来源于对客观形势的深刻认识和对政治权势的强烈欲求。他们从历代王朝兴亡更替的严酷事实中认识到谨慎奋进以兴、骄纵奢侈必亡。为了保证得之不易的江山世代相传,必须对自己严加约束,谨慎从事,而不能轻易放纵,贪欢误国。相信这会给现代领导者许多管理启示。

★命运无常,荣辱不惊

天道性命,圣人所希言也。虽有其旨,难得而详。然校之古今,错综其纪,乘乎三势,亦可以仿佛其略。何以言之?

荀悦云:"凡三光、精气变异,此皆阴阳之精也,其本在地而上发于天。政失于此,而变现于彼,不其然乎?"

——《反经》

天道性命之理,圣人很少谈论它们。其中虽然有深意,但很难说得清楚具体。然而考察古往今来错综复杂的记载,凭借"三势",也可以知道个大概。为什么这样说呢?

荀悦曾说:"凡日、月、星辰与精气的变化,这都是阴阳之气的精华。它的根源本是在地,向上生发而到达天上。国家政治有失误,异变就会在天地间显现,难道不是这样吗?"

清末黎元洪在湖北时,一直位于张彪之下。张彪是张之洞的心腹,又娶了一个张之洞心爱的婢女,人称"丫姑爷"。张彪嫉贤妒能,对黎元洪极其反感,加之当时报纸亦赞扬黎元洪而贬低张彪,张彪心怀不满,常在张之洞面前进谗言,对黎元洪大加诋毁。

张彪不仅进谗言,还以上级的职位,百般羞辱黎元洪,想让黎元洪不能忍受耻辱而离开军队。他的手法非常恶劣,据传曾经在军中让黎元洪罚跪,并当着士卒的面,将黎的帽子扔在地上。黎元洪忍受着百般欺辱,脸上毫无怒容,张彪对他也没有办法。

然而,黎元洪亦非甘为人下的主。他明知张彪欺侮自己,却不与之争锋,而是"平敛锋芒,海涵

张之洞

自负,绝不自显头角,以防异己者攻己之隙"。

后来,张之洞任命张彪为镇统制官,但军事编制和部署训练却要依靠黎元洪的协助。张彪不懂军事,黎元洪呕心沥血,为之训练将士。成军之日,张之洞前往检查,见颇有条理,就当面夸奖黎元洪,黎元洪却谦虚说:"凡此皆张统制之部署,某不过执鞭随其后耳,何功之有?"

张彪听了黎元洪这话,心中十分感激,二人关系逐渐融洽起来。1907年9月,张之洞任军机大臣,东三省将军赵尔巽补授湖广总督。

赵尔巽鄙视张彪,要以黎元洪取代张彪,黎元洪坚持不肯。同时,黎又面见张彪,将此事告之于他,建议他致电张之洞,让张之洞帮助其渡过难关。张彪一听,心中大惊,立即让其夫人进京活动,后来张之洞来函,才保全了他的职位。张彪对黎元洪十分感激,张之洞亦认为黎元洪颇有诚心。

张之洞极看重黎元洪的"笃厚",叹谓:"黎元洪恭慎,可任大事。"

实际上,黎元洪心里明白,虽然张之洞已离开了湖北,进京当军机大臣,但仍可影响到湖广总督的态度。如果黎元洪在张之洞离鄂之后,即取其宠将职位而代之,不但有忘恩负义的嫌疑,甚至会对自己的前途造成影响。

因此黎元洪通过"忍"以及帮助张彪,使张彪改变了对自己的态度,这样,等于在湖北又多了一个助手,有利于增强自己的实力,在关键时刻能够帮自己的忙。

1911年10月上旬,湖广总督易人,此人对黎元洪极不信任,但此时黎元洪与张彪关系早已改善,因此并未影响到黎元洪的官职。

精明人处世,在做事的过程中都会忍耐,需要的时候,在辱骂面前不仅挺得住,还能笑脸相迎。为了达到自己的目的,天大的屈辱,都可以忍一忍,不能把面子看得太重,骂我也好,打我也罢,只要益于前途,都没什么关系。

第三章　因才择用，驭才有道

★ 观人之德，用人之长

夫人才能参差，大小不同，犹升不可以盛斛，满则弃矣。非其人而使之，安得不殆乎？

——《反经》

古人曰："夫人才能参差，大小不同，犹升不可以盛斛，满则弃矣。非其人而使之，安得不殆乎？"意思是说，人的才能大小是不同的，就像用升无法盛下斗中的东西一样，盛不下就会溢出来，那就是浪费。用了不该用的人，没有危险是不可能的。

在历史上，有许多因用人不当而失策的，在当今社会，同样也存在这样的问题，因为把不合适的人放在了重要位置而使事业在不知不觉中受到了损失。为什么会这样？除了个别领导纪律观念淡薄，私心作怪之外，一个重要的原因就是领导干部疏于"量才"。如何正确"量才"，可以看以下几点：

观其德。有人把人分为四种类型：德才兼备、有德无才、有才无德、无德无才。"德者，才之帅也"，认识一个人，考察一个干部，不能只看其才，还要观其德。从大的方面讲，作为党的干部要胸怀远大理想，志趣高尚，对百姓要关心其冷暖，对事业要无比忠诚。从小的方面讲，一个有德的干部还应有好的品性，虚怀若谷，心胸宽阔方可担当大任。品行恶劣、心胸狭窄的人，对上阿谀奉承，对下疲于应付，凡事工于心计，稍不如意便打击报复，对这样的人应当警惕。无才的人是不能选的，因"才"失"德"同样是最可怕的。

用其长。俗话说："尺有所短，寸有所长。"用人者必须要懂这个道理，用人谋事的第一要素是善用人的长处。有的领导一旦发现下属某个方面有不足之处，便哀叹"朽木不可雕也"，随即"打入死牢，永不录用"。这种用人观是非常片面的。"人非圣贤，孰能无过"，任何人都有优缺点，也不可能各个方面都精通，我们不能因为某一方面的缺点就否定一个人的一切。可用之才只要在所从事的领域有所擅长，这个人就不失为可用之才。

审其志。《人物志》上说："夫精欲深微，质欲懿重，志欲弘大，心欲谦小。"一个人内心深处如果没有永久的观念，做事就会马马虎虎，有头无尾，为人处事也是不行的，可能就是虚伪的，不着边际，不是扎扎实实地安身立命，老老实实地做事做人,而是随波逐流,胸无志向。这样的人一旦重用,轻则会把工作搞得一塌糊涂,重则会给党的事业造成不可挽救的损失。

兴旺发达是党的事业所需要的,能否得民心顺民意,领导干部是一个很重要的因素。因此,选人用人直接关系到各项工作的成败得失。各级组织人事部门和领导干部应该当好"伯乐","慧眼"识英才,不断健全和规范用人机制,让有才之士更好地发挥自己的聪明才智。

如何识别人才、吸收人才、使用人才、激励人才及保留人才是摆在每一个企业主管面前的关键难题。

世界上通行的识别人才的标准已广为流传。由此看出,考核人才分为两个尺度,即是否尊重遵守企业文化,是否工作热情高、责任感和工作能力强。根据这两个尺度将人才分为四类,双高的自然留用;双低的自然淘汰;对那些尊重遵守公司文化、工作热情高、责任感强但工作能力偏低的,通行的做法是给他们指出公司对他们的期望和要求,帮助他们提高能力,给以使用;对不尊重不遵守企业文化、工作热情低、工作责任感差但工作能力强的员工,通行的做法是给他们以激励的鞭策,加强沟通。如果实在不行,那也没有办法,只能放弃。

★ 因事用人,合理搭配

夫人才能参差不齐,大小不同,犹升不可以盛斛,满则弃矣。非其人而使之,安得不殆乎?

故伊尹曰:"智通于大道,应变而不穷,辨于万物之情,其言足以调阴阳,正四时,节风雨。如是者,举以为三公。"故三公之事常在于道。

"不失四时,通于地利,能通不通,能利不利,如是者举以为九卿。"故九卿之事常在于德。

"通于人事,行犹举绳,通于关梁,实于府库,如是者,举以为大夫。"故大夫之事常在于仁。

"忠正强谏而无有奸诈,去私立公而言有法度,如是者,举以为列士。"故列士之事常在于义也。故道德仁义定而天下正。

——《反经》

人的才能参差不齐、大小各不相同,就像用升无法盛下斗中的东西一样,盛不下就会溢出来,溢出来则弃之于地。选用人才也是如此,用了不该用的人,如何能不误事呢?

成汤的辅相伊尹说:"心智若能与天道相通,能应对事物的变化,了解万物发展的规律,言论足以协调阴阳,端正四时,节制风雨。这样的人,可以让他做三公。"所以,三公的首要任务是不懈地研究社会和自然的变化规律。

"顺应四时，精通地利，能把堵塞的环节疏通，能把不利之物变为有利。这样的人可以推举他做九卿。"所以，九卿的职责是发展经济、建设道德体系。

"通达人情世故，行为正派，了解地形地利，充实国家的府库，这样的人可以推举为大夫。"所以，大夫的职责是推行仁政。

"忠心正直，犯颜直谏，没有奸诈之心，言谈合乎法规，这样的人推举他做列士。"所以，列士的职责是常行仁义。道、德、仁、义确立之时，就是天下大治之日。

曹玮在秦州任职很长时间，累次上书，请求皇上另外派人接替他。宋真宗便询问王旦："谁可以代替曹玮呢？"王旦就推荐了李及，真宗同意了。

众人都十分疑惑，大家都认为王旦是老糊涂了。因为李及虽然谨慎、忠厚、行为检点，但并非驻守边疆的将才，为将者要有勇有谋、精明能干才行。韩亿将大家的意见告诉了王旦，王旦并不回答什么。

伊尹

等李及到了秦州上任，将吏们多看不起他，但不久发生了一件事，使大家对他的看法有所改观。屯戍禁军中有个士兵大白天在街上抢劫妇女的银钗，官吏们抓住他，将他押到李及面前。当时，李及正在看书，将那人叫到面前，略略加以审问，那人便服罪。李及也不再与下面的官吏商量，马上命令将他斩首，然后又像刚才那样看起书来，将吏们都惊叹佩服。

不久，李及的声望就传到了京师，韩亿听到后，又去见王旦，将李及的事讲给王旦听，并且称赞王旦有识人之明。

王旦笑着说："戍边的士兵干违反军纪的事，将他斩首，这只是一般的事，有什么值得惊异的？我之所以使用李及，并非因为这个原因。因为曹玮在秦州七年，羌人都畏惧他、佩服他。曹玮处理边疆事宜，已经做到尽善尽美。假使派其他人去，必然会自作聪明，大大地改变曹玮的治理措施，败坏曹玮开创的良好局面。之所以要派李及去，只是因为他稳重忠厚，一定会谨守曹玮的事业罢了。"韩亿越发叹服王旦的见识与气度。

用人要讲究搭配，不但要注意人才之间性格、年龄上的互补性，更要注意知识和才能的互补。如果一个地方或一项工作已经由一个足智多谋、敢想敢干的人才治理得井井有条了，在考虑派谁继任的时候，切忌再派一个聪明能干的人去管理，因为他会改变前任的政策，使一个地方产生动荡；而若采用无为而治的方针，派一个谨慎忠厚的继任者，他会沿用前任的政策，使这个地方继续发展。

★知才善用，贵在察心

臣闻主将之法，务览英雄之心。然人未易知，知人未易。汉光武聪听之主也，

谬于庞萌;曹孟德知人之哲也,弊于张邈。何则? 夫物类者,世之所惑乱也。故曰:狙者类智而非智也,愚者类君子而非君子也,戆者类勇而非勇也。亡国之主似智,亡国之臣似忠,幽莠之幼似禾,骊牛之黄似虎,白骨疑象,碔砆类玉。此皆似是而非也。

——《反经》

驾驭将领的方法,务必洞察英雄们的内心世界。然而,人却是不容易被了解的,想了解人也很难。汉光武帝刘秀是个很善于听其言辨其人的皇帝,却在庞萌身上栽了跟头;曹操算是知人善任的高手,可还是上了张邈的当。这是为何呢? 原因在于,事物之表面相似,实质却不同,是很容易迷惑人的。所以诡诈之人貌似聪明其实并不聪明;愚鲁之人貌似正人君子其实不是君子;莽撞之人看似很勇敢,其实并不是。历史上的亡国之君大多给人一种颇有智慧的印象;亡国之臣常常表现出忠心耿耿的样子。莠草的幼苗与禾苗相似,黑黄相间的牛皮类似虎皮,白骨很像象牙,色泽像玉的石头很容易与玉石相混淆。这都是似是而非、以假乱真的情况。

在刘备三顾茅庐之时,诸葛亮就制定了一套方案:占荆州,据蜀地,东联孙权,北拒曹操,以待时机统荆州之兵,进据宛洛;率益州之师,出击秦川,以复兴汉室。诸葛亮出山之后,就是据此蓝图辅佐刘备的。

建安十三年(208年),曹操在平定北方后率军南下,企图消灭刘备,吞并江南。刘备与孙权无奈之下联兵抗曹,与曹军相遇于赤壁。

曹军初战不利,将大军撤回长江北岸驻扎。经过充分准备,孙刘联军想采用火攻曹军。诸葛亮在召开军事会议分配任务时说:"此次我孙刘联军用火攻突袭曹营,曹军必定大败……最后,曹操必经华容道逃走。所以,这里必须派遣一位勇猛的大将把守。"说罢,诸葛亮便给张飞、赵云、马超、刘丰、刘琦等战将一一分配任务,唯独对身边的关羽置之不理。

关羽忍耐不住,高声斥问:"我历经征战,从不落后,这次大战,却不用我,这是为何?"诸葛亮说:"关将军休怪,我本想派你把守一个最重要的关口,但一想却不合适。"关羽很不高兴地问:"为何不合适呢?"

诸葛亮说:"想当初,你身居曹营,曹操对你多方关照。这次曹操惨败后必从华容道逃走,若叫你去把守,你恐会念及旧情放他走吧?"关羽看了一眼刘备说:"军师多心了,我已经替曹操斩颜良,诛文丑,解白马之围,这早已报答了曹操。若再遇曹操,决不手软。"诸葛亮仍以言相激,关羽最终立下了军令状。

关羽

众将皆不解，议论纷纷，有的说："干吗对关将军如此啊！大家都没有立军令状嘛。"有的说："既然怕关将军放了曹操，换个将军不就是了，为什么还要用他呢？"也有的说："关羽杀了曹操会落个不义之名，若不杀曹操回来后则当受军法处置。这样可怎么结局？军师今天怎么这么糊涂啊！"

果然不出诸葛亮所料，在赤壁之战中曹操大败，仓惶出逃。一路上又遭到赵云、张飞的伏击，最后仅余二十七骑，狼狈不堪地来到华容道。突然，一声炮响，关羽横刀立马带兵挡住了去路。曹操吓得魂不附体，忍不住地跪地乞求饶命，并且提起当年厚爱关羽之事，其随从也一个个跪地乞求。关羽乃一代豪杰，最终念及当初曹操对他的关照，起了恻隐之心，放走了曹操。

关羽两手空空回到军营，诸葛亮要对他施以军法，经刘备及众将一再求情，才免了关羽死刑，令他戴罪立功。

事后，有人问诸葛亮："在赤壁之战中派关羽守华容道，白白放走了曹操无疑是错误的做法。您为什么还要这样做呢？"诸葛亮笑一笑说："曹操是中原群龙之首，若杀之，北方便会四分五裂继续战乱，东吴便会乘机向北发展，一旦发展壮大，定会掉过头来吞并我们。若不杀曹操，其主力在赤壁之战中已遭重创，一时无力南侵，还能牵制孙吴。这样，则可乘机占领荆州，进军巴蜀，正符合三国鼎立的设想。所以，曹操是不可杀的。"

接着，他又说："那么该派谁守华容道呢？张飞坦率急躁，捉操后是定斩不饶的；赵云忠贞不二，捉操后也绝不会放走的。唯独关羽，乃当代英雄，不但义重如山，还曾受操厚恩，捉操后定会释放。放了敌将该当斩首怎么办呢？关羽是主公二弟，人缘又好，也是斩不了的。"

后人每每说到此，都不由得赞扬说："诸葛亮智绝，关羽义绝。"诸葛亮的"捉放曹"完全达到了预期的目的，实在是高屋建瓴、精妙绝伦之策，不愧为贤相的典范，杰出智慧的化身。

孙悟空是众徒弟中最难驯服的一个，但他为什么对唐僧俯首听命、唯命是从呢？因为唐僧会念紧箍咒。虽说唐僧不会腾云驾雾，又不会什么变化，但他却掌握了管住孙悟空的法宝。诸葛亮作为中华民族杰出的政治家、军事家和外交家，在驭人方面，他不仅善于用人之长，还能巧妙地利用下属的缺点，洞察下属内心的真实世界，让他们如同戴上了金箍的孙悟空；即使本领再大，也得听他调遣。

★求全责备，用人所忌

孔子曰："人之过也，各于其党。观过，斯知仁矣。"何以言之？

太史公云："昔管仲相齐，九合诸侯，一匡天下。然孔子小之曰：'管仲之器小哉！岂不以周道衰，桓公既贤，而不勉之至王，乃称霸哉？'"

虞卿说魏王曰："夫楚亦强大矣，天下无敌，乃且攻燕。"魏王曰："向也，子云'天下无敌'；今也，予云'乃且攻燕'者。何也？"对曰："今谓马多力则有之矣，若曰胜千钧则不然者,何也？夫千钧非马之任也。今谓楚强大则有矣,若夫越赵魏而开兵于燕,则岂楚之任哉?"

由是观之,夫管仲九合诸侯,一匡天下,而孔子小之;楚人不能伐燕,虞卿反以为强大,天下无敌,非诡议也,各从其党言之耳。不可不察。

——《反经》

孔子说:"人的层次、境界各不相同,人的错误也是各种各样的。什么样的人就犯什么样的错误。观察某人所犯的错误,就知道他的品行了。"为什么这样说呢?

司马迁说:"过去管仲辅佐齐桓公,曾九次会盟天下诸侯,使天下得以匡正,可孔子还是小看他,说:'管仲的器量太小了! 周室王朝日益衰微,齐桓公既然贤能,却为何不劝勉齐桓公称王天下,而仅仅做天下的霸主呢?'"

虞卿在游说魏王时说:"楚国很是强大,天下无敌,正准备攻打燕国。"魏王说:"你刚说楚国天下无敌,又说它准备攻打燕国,是什么意思?"虞卿回答说:"假如有人说马很有力气,这是对的;但假如有人说马可以负载千钧重物,这是不对的。为什么呢? 因为负载千钧之重不是马的能力所及。现在说楚国强大是对的,假如说楚国能够越过赵、魏两国去和燕国开战,那怎能是楚国能做到的呢?"

由此看来,管仲九次会盟天下诸侯,而孔子仍然小看他;楚国不能越过魏国去攻打燕国,而虞卿反而认为楚国强大,天下无敌。这些并不是不负责的说法,而是根据他们各自的地位和所处的形势来说的。

正所谓人非圣贤,孰能无过。问题是如果这个人的错误是很严重的、很要命的,对于上司有很强的侵犯,那么,是不是所有的上司都能够用好这样的人呢?

要知道,一个人的成功,往往要借用外力的帮助。不管他如何有才干、有魄力,如果想干一番大事,并且,不被人所嫉妒陷害,在人世的艰难险阻中时时保全自己,单凭自己一人的力量是远远不够的。所以,不管这个人有过什么样的过错,都应该能用则用,能宽则宽,这样,才真正能团结一切可以团结的力量,立于不败之地。

在宋朝秦桧当权的时候,势大如山,手眼通天,和他结交的人往往都能身居高位。无论是天南海北,只要当官的看见秦桧的一封手书,无不起立恭迎,无条件地照信上所说办理。

有一次,有一个扬州的读书人拿着一封秦桧的荐书,去求见扬州太守,那人意思是:"给我个什么官做,您看着办吧。"

这封信写得八面玲珑,其人也举止有度。但是不巧的是,这个扬州太守和秦桧有旧,而且从一些细小的地方,看出这个读书人有一点紧张,这个太守又十分机智,终于看出这封信是一封"伪书",是这个读书人自己造的假。

可是单从这封信上,什么也看不出来。于是,这个太守想了一个高明的办法,叫差人和这个读书人连同那封信一起带回京师,面见秦桧。

读书人心想,这下完了,不料秦桧问明了情况,竟然立刻把他送到太学当中,报了一个名。用现在的话说,就是公费让他念研究生。

这个读书人自然是喜出望外,其他人当然都摸不着头脑,于是就问秦桧这是怎么回事,秦桧说:"一个普普通通的读书人,居然有胆量敢假造我秦桧的书信,这个人必定不是平常人,必定有过人本领。如果不用一个官位来束缚他,他绝不会甘于人下,就会北走胡、南走越,为我们的敌国服务去了。这样一个有本领的人为敌国服务,可是我国的大患啊。"众人这才明白,秦桧是用一个"公费的研究生",束缚住了一个有大本领的人,减少了一个强敌。

陈平有大才,而且长得非常漂亮,漂亮得有点过头,就像现在的一些新新人类一样,很不招老成的人喜欢,而且,他的品质就不是很好,重女色、重玩乐。

他本来给楚霸王项羽做事,因为有了过错,楚霸王不能容他,于是就来投奔当时的汉王刘邦。刘邦也是一个道德上很不怎么样的君主,但是,他非常善于用人,他的用人的策略即是大胆使用,坚持用而不疑的原则。他从不偏听偏信,更不轻易怀疑所用之人。陈平弃楚投汉,刘邦视其有才,便大胆使用,封为都尉,兼掌护军,出入和自己同坐一辆车子。

可是,刘邦帐下的诸位将官,看见陈平初来乍到就骤得贵官,不禁大哗,你一言,我一语,无非说是陈平初来乍到,连是不是诈降都不知道,心迹未明,怎么能够被刘邦引为亲近呢,这不是不辨贤么?

这种私议,果然传入了汉王的耳中,可是刘邦不但不以为意,而且对待陈平更加好了。这便是汉王过人处。刘邦整顿兵马,指日东行。

陈平代汉王部署一切,他急切筹备,限令非常严格,众将故意向陈平行贿,乞稍宽限时日,陈平从不拒绝,往往直受不辞。这可中了众将的圈套。

众将共推周勃灌婴出头,向刘邦道:"陈平虽美如冠玉,恐徒有外貌,没什么真正的才能。臣等听说他在家时,有逆人伦,居然和嫂子通奸。现在掌了军队的实权,又多受诸将贿金。这样的人,实为不法乱臣,请大王明察!"

刘邦听了这样的话,也不免疑心起来,就把推荐陈平来汉营的魏无知召了来,当面诘责道:"你推荐的陈平,说他可用。可是我听说'盗嫂受金',行止不端,你难道不是荐举非人么?"魏无知一听,不慌不忙地说道:"臣推荐陈平,只是看重陈平的大才。大王对他的品质有质疑,那可不是今日之要务啊。现在,楚汉相拒,全仗着奇谋取胜,对于为人处世的细枝末节,可不能太过分地要求啊。大王只要察看陈平的计划是否可采用就行了,至于什么盗嫂受金等事,您就不用去管了。如果陈平实无智能,我甘愿领罪!"

刘邦听着,觉得有点道理,于是等魏无知回去之后,又召见陈平,责问他受金盗嫂的事。陈平也不隐讳,直接答道:"臣

刘邦

本是楚王的官吏,项羽不能任用臣,所以我弃楚归汉。我这一路上受尽艰难,只剩得孑然一身,来投奔大王。如果不受一点贿赂的金银,连我的生活都成问题,又怎么给您献策?大王如以为臣言可用,不妨任臣行事;否则,那些贿金都在此,我一分也没花,我把它们都交给您,只要您准我回乡为农就行了!"

果然是大才!

收贿收得如此光明正大的,从古至今,恐怕陈平也算是第一人了。

刘邦到底会用人,一听此话,立刻起身向陈平请求原谅,更加厚赐陈平。不久,就把陈平的官升为扩军中尉,监护诸将。这样,诸将才不敢再说陈平的坏话了。

这样看来,陈平在刘邦那里得到了高官,于是引起部下诸将的不满,而刘邦却没有轻信这些话,而是亲自做了一番调查后,更加信任和重用了。刘邦不是不知道陈平的缺点,但是他能用陈平的优点,对其他置之不理,这样使陈平十分感动,矢志不渝,曾六出奇计,为汉朝立了大功。

第四章 因时而度,因势而为

★随时而变,因机而发

随时而变,因机而发,用谋如此,做事亦如此。

——《反经》

汉王刘邦在汉中时,韩信为他出谋献策,说道:"你现在手下的军兵都是从崤山东边来的,他们都踮着脚向东翘首张望,盼着能够东归回到家乡,现在可以趁着军兵们望归的这股锐不可挡的气势,率领军队东进,一定能突破项羽对我们的包围去争夺天下。"

东汉光武帝刘秀带领军队向北方行进。人马走到蓟地(在今北京市西南),听到探事人回来说:"邯郸方面有军队向这里开来了。"刘秀听了后,就想着向南撤退,他就召集全体文武官员谋士来商量办法。

耿弇首先说道:"我们的军队里多是南边人,现在来到这里是不可以再退回去的。你的老乡彭宠正在渔阳当太守,我的父亲现正在上郡做太守,调集这两地的军兵,能有上万人马,有这些人马就不必担心邯郸来的军队了。"刘秀的官员们不听耿弇的话。因此刘秀就率军撤退了,南归后,他手下的文武官员谋士都各自解散了。

刘秀

都是军队撤退,为什么会出现不同的结局?人们在议论此事,有人回答说:"孙子兵法说:'对正向其本国撤退的敌军,不要去阻拦它。'西楚霸王项羽却派章邯、司马欣、董翳三员大将率军到秦地去封锁、阻拦汉王军队的归路,激起了汉军兵将们的愤怒,士气锐不可挡。这等于替汉王做了一次战斗动员。

孙子兵法还说：'诸侯在自己的地盘上同敌人打仗，这样的地区叫散地。'汉光武帝刘秀把人马从北方又退回南方，是进入了散地，部下没有了斗志，只有散伙，各奔前程了。军队撤退事件是一样的，刘邦成功了，刘秀却失败了。"

东汉末年，汉献帝在位时李催等人追赶劫持汉献帝，把汉献帝困在了曹阳城（现今的河南省陕县西）。在此情况下，沮授就去劝说袁绍道："袁将军你祖上四代都是位列三公，居为台辅大臣，世代都有奉行忠义济世的美好名声。现在天子被逼得四处流亡，朝廷的宗庙被摧毁破坏，社会动荡不安，国家岌岌可危。我观察各州各郡，对外声称自己是义军，实际他们表面上打着义军的旗号，暗地里在为自己的私利谋划，招兵买马，扩充自己的实力，心怀鬼胎，干的是见不得人的勾当，没有一点为国为民的思想。"

"袁将军你现在所统治的冀州地区各州各县已经基本安定无事，而且兵强马壮，将领和士兵都听从你的指令。你可以把汉献帝接来，把国都定在邺都，挟持天子，以汉献帝的名义号召各路诸侯，招兵买马扩充自己实力，讨伐那些不服从朝廷的叛逆者，这样一来，还有哪个敢和你对抗呢？如果不马上决定行动，一定会有人捷足先登，先下手了。要知道机会是不可错失的，机不可失，时不再来，希望你早点下决心。"袁绍不听。后来魏武帝曹操把汉献帝接到自己那里去，袁绍被打败了。

南北朝时，梁武帝萧衍举行了起义，杜思冲让萧衍去迎接南康王（南康王是指萧宝融，南齐朝的皇帝，南康，即现在江西省的赣州市），然后定都襄阳，正其名。梁武帝没有听从他的建议。

有一位叫张弘策的人说："现在对南康王放手不管，别人就会得到手中，他就会挟持天子来号令诸侯，将军你就得前往称臣，听从别人的调遣，这难道是你举事的目的吗？"

梁武帝萧衍说："假如我们的事业不能成功，目的不能实现，就应该和鲜花和野草一同被烧掉，和敌人同归于尽；假如我们的事情能够成功，谁又敢不听从我们呢？难道只能无所作为听从别人的指使，投入他人的帐下，看他们的脸色行事吗？"

萧衍

梁武帝萧衍也不听张弘策的话，率军南下攻克了建业，占据了长江以南的广大地区，创建了梁朝——南朝的第三个政权。

诸葛亮也说过，范蠡能弃富贵而扬名天下，虞卿把弃相印作为一种功绩；太伯三次让位被看成是仁义，战国时燕国易王的儿子燕哙把大权交给了别人而遭致祸乱；古时尧舜禅让被尊为圣人，西汉末年孝哀帝任用好人王莽被视为愚蠢；周武王

推翻殷朝被称为正义之举,王莽夺了西汉的政权被认为是篡权夺位;齐桓公重用管仲而称霸春秋,秦二世重用赵高而亡国。

从上文中领导者可以得到这样的启示:许多事件表面看来类似,但各自的实际情形却是不同的。事在人为,聪明的领导者能取得成功,糊涂的领导者只会招来祸乱和灾害。

★ 迂回战术,麻痹目标

夫损益殊途,质文异政,或尚权以经纬,或敦道以镇俗。是故前志垂教,今皆可以理违。何以明之?

——《反经》

战国时,魏惠王送给楚怀王一个美人。这美人年方二八,身材苗条,体态婀娜,很是讨人喜爱,楚怀王非常喜欢她。楚怀王的夫人郑袖,见新来的美人姿色出众,远胜自己,妒意油然而生,决心使她离开楚王。宫中有人知道了郑袖的想法,不相信地说:"郑袖年老色衰,还想与新美人争宠,真是个大傻瓜,也不自己估量一下自己的能力。大王现在正宠爱新美人,她若嫌弃新美人,大王一定很生气,到那时离开楚王的恐怕是她郑袖了。"

郑袖见楚怀王这么喜欢这位美女,就装作比楚怀王更喜欢她的样子。华丽的衣服,精致的首饰,美人想要什么,郑袖便毫不犹豫地送什么给她,结果,美人对郑袖很感激。郑袖还时常对楚怀王说:"大王新得的这位美人,真是貌若天仙,举世无双!"说得楚怀王心花怒放。

楚怀王见妻妾相处和睦,互相称赞,感到十分心满意足。他说:"夫人知道我喜爱新来的美人,她就比我更喜爱她。这种态度,只有孝子奉养双亲、忠臣侍候君主时才会有啊!"把郑袖着实称赞了一番,同时,他也更加宠爱新美人了。

郑袖看到楚怀王觉得自己并不妒忌新来的美人,认为时机已经成熟。于是,她告诉新美人说:"大王非常喜欢你的容貌,只是有点儿讨厌你的鼻子,如果你见大王时经常捂住鼻子,大王就会更加长久地宠爱你了。"

新美人以为郑袖是关心自己,对郑袖向来是言听计从,这次也就听从了。以后每次见楚怀王的时候,新美人都捂着鼻子。

刚开始的几天,楚怀王还没在意,时间长了,他不禁觉得很奇怪。有一回,楚怀王私下里问郑袖:"你知道新美人见寡人时常常捂住鼻子是什么原因吗?"

郑袖故意吞吞吐吐地说:"我……不知道。"

楚怀王见了,觉得其中必有缘故,就不停追问。郑袖装作迫不得已的样子说:"她曾经说,她讨厌大王身上的气味。"

楚怀王听了大怒,一拳打在桌子上,骂道:"这个小贱人,胆敢如此无礼!"从

国学经典文库

国学大智慧

· 资政智慧 ·

图文珍藏版

此，他开始疏远新美人，连续两天没召见她。

接下来的一天，楚王让郑袖陪他到花园游玩，郑袖便悄悄地叫卫兵去知会新美人，说楚王紧急召见她。当新美人慌张地跑来，捂着鼻子拜见楚王时，楚王不觉勃然大怒，命令卫兵："把这贱人的鼻子给我割掉！"

可怜新美人，由于糊里糊涂地被割掉了鼻子，从此不能再见楚王。被蒙在鼓里的她，仍然以为郑袖是最关心她的人。楚王当然也不会知道自己中了毒计，从此，他又经常和郑袖在一起了。

从上述故事中，当今领导者可以得到这样的启示：有些领导者在与对手作斗争时，仅仅知道一味地以硬碰硬，而不知道迂回曲折，不懂得借助外力，结果往往是收效不大，甚至会自取灭亡。有心智的领导者则能先围绕着目标转几圈，设法亲近目标，麻痹目标，找准时机，借外力制之。

★ 先适后取，伺机而动

昔先王当时而立法度，临务而制事，法宜其时则理，事适其务故有功。今时移而法不变，务易而事以古；是则法与时诡，而事与务易，是以法立而时益乱，务无而事益废。此圣人之理国也，不法古，不修今，当时而立功，在难而能免。

由是言之，故知若人者，各因其时而建功立德焉。

何以知其然耶？桓范曰："三皇以道治，五帝用德化。三王由仁义，五伯用权智。"

五帝以上久远，经传无事，惟王霸二盛之类，以定古今之理焉。

夫王道之治，先除人害，而足其衣食。然后教以礼仪，而威以刑诛，使知好恶去就。是故大化四凑，天下安乐。此王者之术。

霸功之大者，尊君卑臣，权统由一，政不二门，赏罚必信，法令著明，百官修理，威令必行。此霸者之术。

——《反经》

从前先王根据时势建立政治制度，根据需要制定政策，政策和制度适宜合理，国家才能治理好，事业才会有成绩。时势与需要变了，制度和政策还要死搬已经过时的那一套，使制度与时代、需要与政策脱节，这样一来，制度再严明也只是徒增混乱而已，政策再繁多也是劳而无功。所以圣人治国，一不法古，二不迎合世俗。因时变法，只注重实效。这样，遇到烦难也容易解决。

由此可见，像商鞅这些人，都明白要想建功立业，富国强兵，就应该顺应时代，跟上时代，否则只能被淘汰。

怎么知道这种做法就是对的呢？桓范说："三皇以道治理天下，五帝用德化育天下，三王用仁义教导人民，春秋五霸用权术和智谋成就霸业。"

五帝以前的事已太久远，经传上也没有确切的记载，唯有"王道"和"霸道"盛传于世，只好用它们的利弊得失作为我们讨论古往今来治国的经验教训了。

王道的统治，是认为在铲除祸害人民的社会恶势力，让人民丰衣足食后，就应该进行文明礼貌、伦理道德的教育。然后通过建立法规、刑罚来树立国威，让人民群众分清善恶，弃恶从善。由此可见，最伟大的盛世，是在多种因素下，举国上下同心协力，才使普天之下呈现出一片安乐平和的景象。这是王者的治国艺术。

成就伟大霸业的人主，君尊臣卑，权力独揽，政策法令统一，赏罚法令分明，百官各司其职，有法必依。这是霸主的治国之术。

赵简子在晋阳被中行寅和范吉射两家的军队包围，经过一番苦战，他把中行氏和范氏两家消灭，当上了晋国的执政大臣。战后，晋阳城外留下了大量中行氏和范氏两家军队建筑的营垒。

赵简子派尹铎去治理晋阳，临行前对他说："你到了晋阳后把那些营垒给我拆平了。我不久就会去晋阳巡视，我不想再见到它们。"

尹铎到了晋阳以后，没有听从命令，不但没有拆除那些营垒，反而把它们增高了。

人们议论起来，说："这尹铎不是找死吗？赵简子最恨中行氏和范氏两家了，以前还差点死在这两家手里。常言道，爱屋及乌，这恨乌也不会不及屋呀！赵简子看到晋阳的营垒眼珠子都红了，恨不得一夜之间全部拆完。现在尹铎却把营垒增高了，真是傻瓜。"

过了不久，赵简子到晋阳巡视，在郊外远远地就望见了营垒，他勃然大怒，说："哼！尹铎欺骗了我！"于是赵简子命令就驻扎在城外，并派人进城去把尹铎抓来杀掉。

"慢！"谋士孙明劝阻道，"据臣下来看，尹铎非但不该杀，反而应该受到奖励！"

"哼！尹铎违反了我的命令，你为什么还说他应该受到奖赏呢？"赵简子气呼呼地问。

"尹铎私自增高营垒，确实是有违您的命令。但他这样做的意思本来是说，遇见享乐之事就会恣意放纵，遇见忧患之事就会励精图治，乃人之常理。如今主公见到营垒，就会想到了晋阳之围，更何况是其他人呢？这说明只要是有利于国家和

赵简子

主公的事情，即使加倍获罪，尹铎也宁愿去做。而顺从命令取悦于您，是平常人都能做到，更何况尹铎呢？他明知违反您的命令可能会获罪被杀，但他却仍违背了您的命令，正是让主公保持忧患之心啊！希望您能好好考虑一下。"

赵简子听了孙明的话,觉得很有理,便转怒为喜,说:"啊呀! 多亏了先生的话,我几乎要犯一个大错误了!"于是,就进城按使君主免于患难的赏赐标准,奖励了尹铎。

平庸的人只知道顺从,对领导的安排一味听从;圆滑的人,善于见风使舵,天天看着领导的脸色行事,从而让领导高兴;真正有智谋、有思想的人,则可以逆着领导仍然让他高兴。这样的人,才是高人之中的高人。

★巧妙安排,借力使力

韩子曰:"夫说之难也,在知所说之心可以吾说当之。说之以厚利,则见下节而谓卑贱,必弃远矣;说之以名高,则见无心而远事情,必不收矣。事以密成,语以泄败,未必其身泄之也,而说及其所匿之事,如是者身危。贵人有过端,而说者明言善议以推其恶者身危。贵人或得计而欲自己为功,说者与知焉则身危。强之以其所不为,止之以其所不能已者身危。"又曰:"与之论大人,则以为间己;与之论细人,则以为鬻权。论其所爱,则以为借资;论其所憎,则以为尝己。顺事陈意,则曰怯懦而不尽;虑事广肆,则曰草野而居侮,此不可不知也……彼自智其计,则勿以其失当之;自勇其断,则勿以其敌怒之。"

——《反经》

明朝中后期,政治上经常出现宦官专权的情况。几个宦官围在皇上周围,上欺皇帝,下压群臣,导致政治黑暗。朝中一些忠良的大臣对宦官痛恨异常,总想找机会惩办这些皇上身边的走狗。

明武宗时,大将杨一清奉旨带兵讨伐安化王,宦官张永随军出征。朝中有忠臣对杨一清说:"张永和刘瑾是皇上身边最为势大的两个大宦官,刘瑾最坏,他们互相争宠、明争暗斗,矛盾存在已久,将军可否借此次出兵之机,为朝廷除去一害?"

杨一清想了一阵说:"诸位放心,不出几日,我定然让刘瑾的狗头搬家。"众臣对此深表怀疑,说:"刘瑾是皇上目前最宠信的宦官,二人形影不离,想惩办他,可非一件容易的事情。杨将军用兵如神、骁勇善战我们非常佩服,只是这宫廷政治斗争险象环生,将军如此夸下海口,恐怕太过于轻视此事,不要到时难以完成,还落得个自身难保。请将军三思而后行,不要大意才是。"杨一清只是笑而不语。

后来,杨一清领军出征。过了几天,皇上果然下旨把刘瑾抓了起来,并将其带到南京执行死刑。大臣们不知道其中缘故,等杨一清一回朝,就忙问是怎么回事。

杨一清说:"我领军出征后,假称刘瑾想借我带兵讨伐安化王之机发动内乱,第一个目标就是要诛杀张永,因为张永是个很有权势的宦官,总与刘瑾作对。张永听信了我的话。我见达到了挑拨离间的目的,就从袖中取出两封奏书,一封是有关平定宁夏贼乱的事,一封是揭露刘瑾阴谋发动政变的事。"

杨一清又说："我嘱咐张永说：'你率军回京，去见皇帝时，先把有关宁夏平叛的奏书递上，这时皇上一定公开问你一些问题，你就跪请皇上屏退左右侍官再说，然后交上揭露政变的奏书。'张永问：'如果皇上不相信该当如何是好？'我对张永说：'别人的话能不能使皇上相信，这不好说，若是你讲话必定有效。所以在你讲话的时候，一定要理清头绪，要考虑周到。万一皇上还不相信你，你可以叩头请皇上立即召来刘瑾，收缴他的兵器，并劝皇上登上城门观察考验刘瑾。接着你可对皇上说，若刘瑾没有反叛的念头，可以杀掉我去喂狗。然后再叩哭泣。这样皇上对刘瑾反叛的事定会相信是真的，并会大为愤怒。杀了刘瑾，你就会被重用，那时你就可以把刘瑾犯下的错误及其后果通通矫正过来。吕强、张承业和你乃是千年不遇的三个大德大才之人，只盼望你赶快行事，不能耽误片刻。'"

　　众臣听后都说："将军不但在战场上智勇双全，惩办起奸臣来，也是能欺能诈呀，哈哈哈哈……真英雄也。"

　　从上文中领导者可以得到这样的启示：铲除对手有很多种办法，大多数情况下，人们只知道用自身的力量，最多是调动自身周围的资源去打击对手，结果往往不尽如人意，自己遭到损失不说，同时也未必能顺利除掉对方。智慧的领导者则善于利用自身之外的势和力，巧妙安排矛盾，消灭对手于无声无息之中。

第四篇 《了凡四训》智慧通解

导读

　　明代袁了凡所著的《了凡四训》，是在社会上广泛流行的一本劝善书。该书一经问世，便受到人们的喜爱，成为人们修身立命的理论指导。该书主要阐述"命由我作，福自己求"的思想；讲述"趋吉避凶"的方法；强调命运掌握在自己手中，只要积善累德，谦恭卑下，感格上天，就能够求福得福，善报无尽。该书糅合了儒佛道三家的思想学说，运用因果报应、福善祸淫之理，阐明忠孝仁义、诸善奉行以及立身处世之学。

　　《了凡四训》，顾名思义，该书由四部分组成，分别是"立命之学"、"改过之法"、"积善之方"和"谦德之效"。四篇文章来自袁了凡不同的著作，其中"立命之学"是袁了凡晚年总结人生经验，训诫儿子的《立命篇》；"改过之法"和"积善之方"是他早年著作《祈嗣真诠》中的两篇"改过第一"和"积善第二（又名《科第全凭阴德》）"，"谦德之效"是他晚年所作的《谦虚利中》。四篇文章各自独立成文，而义理又一以贯之，强调命由我作，善恶报应之理。

第一章　改变命运，把握自己

★人生需要一技之长

余童年丧父，老母命弃举业学医，谓可以养生，可以济人，且习一艺以成名，尔父夙心也。

——《了凡四训》

了凡先生自称在其童年之时父亲就不幸去世了，只得与母亲相依为命，父亲的过早离世使家境陷入困顿。孔子即是三岁丧父，十七岁丧母，命途坎坷；佛教禅宗的六祖慧能也是幼年丧父，家庭困苦。禅宗的宗经宝典《六祖坛经》中记载："此身不幸，父又早亡，老母孤遗，移来南海，艰辛贫乏，于市卖柴。"家庭的不幸往往能造就古代贤人对命运的深刻思索。了凡先生的童年时期，为了维持生计，母亲要求他放弃考取功名，改学医术，这样既可以养家糊口，又可以悬壶济世，治病救人。古时读书之人始终是以步入仕途、兼济天下为人生最高旨趣的。《论语·子张》中"子夏曰：'仕而优则学，学而优则仕。'"可为明证。不过科举进仕并非易事，其路途可谓漫长而艰辛。《儒林外史》中，穷书生范进，二十岁开始应考，屡试不第，直到五十四岁才考中秀才。后世有人讥讽科举考试"赚得英雄尽白头"。从生存的角度考虑，学医不失为一个切实可行的办法。并且习得一技之长，技艺精湛而成为一代名医，这也是他父亲生前的夙愿。其实，治病救人与读书救国在古往今来的知识分子的心目中往往是有相通之处的。古有"不为良相，便为良医"之说。宋朝名相范仲淹的志向就是做宰相和医生，言唯有此二者能救人，后来果然位列朝班，却能居庙堂之高，虑江湖之远，"先天下之忧而忧，后天下之乐而乐"。近代知识分子、新文化运动旗手鲁迅早年也是远渡东瀛、立志习医以救国民，后又弃医从文，投身到唤醒国人精神与灵魂的战斗中去。从疗治人的躯体和生命到心怀家国天下，这是中国历来知识分子们内在所具有的精神品格。

★ 谦恭者得贵人

后余在慈云寺,遇一老者,修髯伟貌,飘飘若仙,余敬礼之。

——《了凡四训》

　　了凡先生为什么会到寺院来,表面似乎是偶然和巧合,其实历来古代的知识分子们大都喜欢流连于寺院。古刹的清幽往往是居住读书的绝佳环境。宋代大诗人苏东坡曾有《宿蟠桃寺》诗云:"板阁独眠惊旅枕,木鱼晓动随僧粥。"清晨四时许,寺院内便会打板催起进行早课,随后还有过堂吃饭。古代文人和僧人常有交往,诗歌唱和,书画过从。当然,也有不其融洽的,如僧人嫌恶落魄文人寄居寺中,白吃白住,便故意等吃完饭再敲打过堂的云板,这在历史上也是有此趣闻典故的。

　　在人生的行进道路上,经常会遇到一些令人生发生转折和改变的人。了凡先生在慈云寺便碰见了这样一位老人。慈云寺隐喻着佛教的慈悲,《大智度论》卷二七称:"大慈与一切众生乐,大悲拔一切众生苦。"给予欢乐叫"慈";怜悯众生,拔除苦难叫"悲"。这是菩萨的重要特征之一。老人长得相貌魁伟,仙风道骨,更有一捧长长的胡须。大凡异人必有异相,古代形容伟人往往把他们描述得魁伟奇异,孔子就很高大,《史记》上说,孔子成年后"长九尺六寸,人皆谓之长人而异之";其相貌也很奇特,"生而首上圩顶,故因名曰丘云"。所谓的圩顶,据《索引》的解释,就是"顶如反宇。反宇者,若屋宇之反,中低而四旁高也"。孔子的头顶是中间低而四边高,不可谓不奇。古人还以长髯为美,胡须可以说是男子仪表不俗的象征,道家仙人的模样往往就是鹤发童颜、长髯飘飘。如《汉书》称汉高祖刘邦"美须髯",《三国志》也说关羽"美须髯",诸葛亮曾直接以"髯"代称之。了凡先生见到此老者一派飘飘欲仙的模样,不敢怠慢,连忙行礼以示恭敬。

　　古代评论人往往数言便能传神,不落实际。宋玉在《登徒子好色赋》中形容东邻之女的美貌时说:"增之一分则太长,减之一分则太短;著粉则太白,施朱则太赤。"魏晋时的嵇康,时人谓之"若玉山之将倾",《世说新语·赏誉》中赞时人王衍为"琼林玉树",谓王恭"濯濯如春日柳"等。

★ 人生要有正确的选择和方向

　　语余曰:"子仕路中人也,明年即进学,何不读书?"余告以故,并叩老者姓氏里居。曰:"吾姓孔,云南人也。得邵子皇极数正传,数该传汝。"余引之归,告母。母曰:"善待之。"试其数,纤悉皆验。余遂启读书之念,谋之表兄沈称,言:"郁海谷先

国学经典文库

国学大智慧

·《了凡四训》智慧通解·

图文珍藏版

生,在沈友夫家开馆,我送汝寄学甚便。"余遂礼郁为师。

——《了凡四训》

老人告诉了凡先生,其仕途比较发达,命里官运亨通。并且明年就能考取秀才,对了凡先生拥有做官的命却不读书求取功名感到很奇怪。了凡先生如实相告,转述了母亲的意愿;同时,他恭敬地向老人询问尊姓大名以及来自何处。老人告诉了凡先生,自己本姓孔,乃云南人,已经得了邵雍邵康节皇极数术的真传,并且运数上正应该传授给了凡先生。

这里有必要简单介绍一下我国传统文化的一个重要组成部分——易学。从起源上看,《周易》的成书过程是"人更三圣(或四圣),世历三古",即上古伏羲画八卦,中古周文王重为六十四卦,作卦辞,周公作爻辞,下古孔子作"十翼"以解经。《周易》本为占筮之书,这是无可争议的事实。但易学的内容却不仅仅限于占卜未来,预测吉凶。孔子做《易传》,站在人文的立场对《易经》所反映的巫术文化进行了创造性的转化,吸取先秦儒家、道家、阴阳家等学说的思想资料,建立了一个包括天道、地道、人道在内的广大的哲学思想体系。对于《周易》的预测功能,一般存在两种截然相反的态度,一种是无限夸大其有效性,认为一切皆在卦中,是不可改变的定数;另一种是全盘否定其合理性,斥为迷信荒诞。这两种态度都是建立在对易学的错误理解的基础上,均不足取。民国高僧太虚大师站在佛教的角度上对《周易》曾有过"《周易》之道,贵迎其变而求其理,避其凶而趋其吉耳"的一番评价,或许可以帮助我们正确认识和对待易学和易理。人生活在世间,在不能抉择事物之原的情况下,顺自然之节而求其条理,通其度数,以服务于人的实践活动,是正当的,但依然不得不在"自然"与"惑乱"面前处于被动的地位。佛法的出世间法则不然,它是"不以生化为美,不以能生能化为真",而是"解其得生之天枢,析其成变之惑元",从而达到"无生、知变"的境界,得到真正的自由。这也就是本文最终所得出的结论——"命自我立"。

了凡先生此时年仅十五岁,却有此奇遇,并非完全是机缘巧合,他能对陌生的老者礼敬有加,是很重要的因由,说明他谦逊知礼,诚心待人,具有很好的根器和气禀。了凡先生听了孔姓老人的一番言语后,将他延请至家中,向母亲做了禀报,母亲着他好好善待老人。其后,了凡先生试探了老人的术数,尽皆应验,分毫不差。于是便升起了读书的意念。家中只有寡母,只好找到表兄沈称与之商量。表兄思考之后对他说:知道有位名叫郁海谷的私塾先生正在沈友夫家授课教学,可以送了凡先生去那里跟随寄读,也十分便利。于是,了凡先生便拜郁海谷先生为师开始读书。

★ 知命而为

自此以后，凡遇考校，其名数先后，皆不出孔公所悬定者。独算余食廪米九十一石五斗当出贡，及食米七十一石，屠宗师即批准补贡，余窃疑之。

——《了凡四训》

儒家思想中有"知命"的思想，《论语》中孔子曾经受到当时一些隐者的讥讽，认为他"知其不可而为之"。这里，儒家思想是指每个人都有他应该做的，每个人所能够做的，就是一心一意尽力去做我们知道应该做的事，而不要计较成败，这就是儒家"知命"的思想。知命就是承认世界本来客观存在的必然性，不为外在成败而萦怀牵累，做到这一点，也就能"永不言败"，也就是儒家所谓的君子。"不知命，无以为君子"。

了凡先生这里则是流于宿命的思想，因为从此以后，凡是遇到考试，他的结果名次都如孔先生所事先算定的一样，不出所料。命运流转似乎已经毫无悬念。只惟独在推论了凡先生做廪生领取到国家九十一石五斗粮食就能出贡一点上，第一次出现了差池。因为当了凡先生领到米粮七十余石时，就被当时掌管一省教育的姓屠的提学批准补贡，这一点似乎算得不甚准确。

★ 有妄念不成圣人

云谷问曰："凡人所以不得作圣者，只为妄念相缠耳。汝坐三日，不见起一妄念，何也？"

——《了凡四训》

云谷禅师对此颇为惊异，认为了凡先生悟性极高，定力非凡。于是便问道："凡夫俗子们之所以不能成佛称圣，就是因为妄想、了别、执着等念头纠缠于心，无法止定，而你在这里整整静坐了三天三夜，不见你起心动念，这是什么原因呢？"所以佛陀可以是圣人，圣人即是对宇宙人生的真相以及事物的因果道理通达明了的人。佛教称释迦牟尼为"觉者"，就是觉悟了的人，佛陀觉悟了万法无自性，从缘而起。觉悟了生死轮转不息，截断生死之流，而实无生灭。佛陀是以智慧得解脱的觉悟了的人，是人而非神。凡夫对于宇宙人生是迷误的，佛教提倡觉悟人生、智慧了脱。儒家也强调内圣外王，但儒家也不轻言称圣。孔子就很谦逊，他的弟子子贡在他生前称赞他是"固天纵之将圣"（《论语·子罕》），说上天注定要孔子成为圣人，孔子却否认这种说法。孔子罕言圣，也轻易不称人以仁，《论语·公冶长》中孟武伯问孔子，子路、冉求、公西赤有没有仁德。孔子说仲由可以负责兵役和军政工作，但至于他有没有仁德不知道，"由也，千乘之国，可使其治其赋也，不知其仁也"；冉求可以做千户人口的县长、百辆兵车大夫的总管，但有没有仁德不晓得，"求也，千室之邑，百乘之家，可使为之宰也，不知其仁也"；公西赤可以穿着礼服立于朝廷之上接待外宾，办理交涉，至于他有没有仁德也不晓得，"赤也，束带立于朝，可使与宾客言也，不知其仁也"。可见孔子对其弟子一一加以褒扬和点评之后，对于是否可以称仁这一点还是谨慎和缄默的。因为成为圣人是要对内心进行修炼的事情，绝非外在技能或技艺达到多高超的水准的问题。

佛教认为妄念即是虚妄不实的心念，亦即无明或迷妄之执念。此系因凡夫心生迷误，不知一切法的真实之义，内心时时刻刻遍计构画、颠倒妄想，产生迷误虚妄情境，生出错误思考和心念。据《大乘起信论》载，此妄念能搅动平等之真如海，而现出万象差别之波浪，若能远离，则得入觉悟之境界。所以说妄念是我们心中不断升起和牵扯的念头。念念不断、烦恼无尽。如果能追溯到烦恼妄念产生的源头，我们定会会心而笑，因为原来是空无一物，庸人自扰之。

★超越命运

问其故？曰："人未能无心，终为阴阳所缚，安得无数？但惟凡人有数：极善之人，数固拘他不定；极恶之人，数亦拘他不定。汝二十年来，被他算定，不曾转动一毫，岂非是凡夫？"

——《了凡四训》

对于云谷禅师的讥笑，了凡先生忙问其故。云谷禅师说：人不能没有妄想心，人无法避免自己起心动念，即以虚妄颠倒之心去分别诸法之相。由于心的执着而无法如实知见事物，产生谬误的分别。《楞伽经》中说："妄想自缠，如蚕作茧。"又说："一切众生，从无始来，生死相续，皆由不知常住真心性净明体。用诸妄想，此想不真，故有轮转。"人心念的妄想实在是作茧自缚，辗转生成无量无边烦恼，反而使得原本清净的心性陷入命运的流转，为命运所拘。怎样才能使得自己不囿于定数？其实只有平凡庸碌的人才会为生命定数拘束住而无法超越。没有妄念的人堪称英雄豪杰，他们是能超越命运的。正如佛教中的六道轮回：即地狱、畜生、饿鬼、人、天、阿修罗等，有善恶等级之别。众生由其未尽之业，故于六道中受无穷流转生死轮回之苦，称为六道轮回。而佛陀是智慧解脱，跳出六道轮回的。

云谷禅师接着说：极善的人，福德随其行善而日渐增长，所以他的命运就不是定数，极恶的人，其原本可能有的福德反而随着他的造恶而日趋折损，所以他的命运也不能被算定，这一切都要看他们的造业。而了凡先生自从被孔先生算定命数以后，二十年来完全没有做任何努力而为命运所拘，不曾转动命运丝毫，实为命数所转。说到这个"转"字，《六祖坛经》中有一段记载可以给我们的人生态度和思维方式提供一些启迪，说唐代有位僧人名号法达，七岁出家，常常念诵《法华经》，已经念诵《法华经》三千部。于是便来参访六祖慧能，态度十分傲慢和自负，而慧能大师却一语点破他，说他是"心迷法华转，心悟转法华"。法达顿然悔悟，感激悲泣，知道自己从过去到现在实在是没有转动法华经，而是被法华经转动了，诵经陷入了执着的心念，行为流于事物的表相。这就是有名的"诵经三千部，曹溪一句亡"。只有口诵经文而心能行其义，才能够转得经文，如果口诵经文而心不能行其义，其实是被经文所转。了凡先生为命数所拘，心不能转物，不能有丝毫动弹，所以云谷禅师说他是个标准的凡夫。《孟子·尽心上》也说："行之而不著焉，习矣而不察焉，终身由之而不知其道者，众也。"整日里如此作为却不知其所以，习惯了也不知道为什么会这样，一生都从这条大路上走过去，却不了解人生之道，这样的人是一般的人。在还未遇到云谷禅师之前，了凡先生就是这样的人，虽然知道了自己的命运走向，却不知所以然。

★命由我作，福自己求

余问曰："然则数可逃乎？"曰："命由我作，福自己求。诗书所称，的为明训。我教典中说：求富贵得富贵，求男女得男女，求长寿得长寿。夫妄语乃释迦大戒，诸佛菩萨，岂诳语欺人？"

——《了凡四训》

了凡先生听了这番话以后，向云谷禅师请教："人难道可以逃脱命运的安排吗？"云谷禅师告诉他：命运是由我们自己造作的，与别人不相关；福报是要自己去求来的。《诗经·大雅》的《文王》中有："无念尔祖，聿修厥德。永言配命，自求多福。"说的是我们应当牢记祖先而不要遗忘，努力进德修业。配合天命，自己多多追求福气。所谓"命由我作"是要求人要通达明了，知道人一生的甘苦顺逆，怨天尤人是徒劳无益的，要躬身反省，是否自己造作不善，只有明白了这个道理，才能在此基础之上改过从善，这就是古圣先贤著述中所说的"福自己求"，我们应当去仔细体会和玩味。这确实是古之明训，虽然完全肯定和了解命运，但命运是可以改变和改造的。求富贵可以得到富贵，求生男生女、求长寿延年都可以得到。这似乎是说佛教是"有求必应"，这样理解则又陷入了迷信和功利主义，应该说我们要相信通过弃恶向善、修炼自我、广种福田，一定会有所回报，得到你的愿望。佛经《大佛顶首楞严经观世音菩萨圆通章》中有"我得佛心，证于究竟，能以珍宝，种种供养，十方如来，傍及法界，六道众生，求妻得妻，求子得子，求三昧得三昧，求长寿得长寿，如是乃至，求大涅槃，得大涅槃。"佛教不会欺骗众生，佛家的大戒就是反对以妄语来欺诳他人。《金刚经》中有："须菩提，如来是真语者、实语者、如语者、不诳语者、不异语者。"佛说法是真实的，不说假话，说的是老实话，实实在在，是什么样子就说什么样子。不诳语，是不打诳语；不异语，是没有说过两样的话。

佛家有"戒、定、慧"三学，广义而言，凡善恶习惯皆可称之为戒，如好习惯称善戒（又作善律仪），坏习惯称恶戒（又作恶律仪），有防非止恶的功用。在家男女所受持之五种制戒，即：杀生、偷盗、邪淫、妄语、饮酒。所谓妄语即欺诳他人，作不实之言，包括两舌、恶口、妄言、绮语等。《大乘义章》卷七曰："言不当实，故称为妄。妄有所谈，故名妄语。"五戒、十戒中都有妄语戒，可见佛家对妄语行为的严禁。妄语戒本身也有大小之分，不得圣道而自言得圣道乃是大妄语者，小妄语者则是说其他一切不实的言语。

★反省自己

"若不反躬内省，而徒向外驰求，则求之有道，而得之有命矣，内外双失，故无益。"

因问："孔公算汝终身若何？"余以实告。云谷曰："汝自揣应得科第否？应生子否？"余追省良久，曰："不应也。科第中人，有福相，余福薄，又不能积功累行，以基厚福；兼不耐烦剧，不能容人；时或以才智盖人，直心直行，轻言妄谈。凡此皆薄福之相也，岂宜科第哉。"

——《了凡四训》

不论是求内在的德行，还是求外在的资生之具，我们都要反躬内省去探求，人需要经常的反省，只有反省才能进步，才能充实自己的德行，而不是向外攀缘，向外求驰。《道德经》第十二章说："五色令人目盲；五音令人耳聋；五味令人口爽；驰骋畋猎令人心发狂；难得之货令人行妨。是以圣人为腹不为目，故去彼取此。"纵横世间，只是为了贪图一时的畅快，在追求中迷失，使自己的清净本心因为过分的激动而狂乱。这样就不能向内探求，认识自我，而是被外力牵扯，心为形役。这样的寻求是迷失方向的，一旦求之不得，会认为"求之有道，而得之有命"，陷入悲观绝望，是会内外双失，了无益处。

云谷禅师又问孔先生为了凡先生所算的一生流年。了凡先生具实相告，如哪一年得科第，命中算定无子等。云谷禅师反问道：你自己扪心自问，你是否应该得科第？你是否应该有儿子？了凡先生开始内省和反思，良久之后，说：实在是不应该能中科举的人。中科举的人都有福相，而自己却十分福薄，又不能够积累功德善行，使自己的福德的根基更加牢厚，加之又不愿意做过于繁琐的事情，不能包容别人，心胸狭窄。又经常凭借自己的聪明才智处处压人、鲁莽任性地轻意乱说，且语言刻薄，这些都是福德浅薄的表现。如此这般怎么能适合考取功名呢？

★ 和气仁爱，保惜精神

云谷曰："岂惟科第哉。世间享千金之产者，定是千金人物；享百金之产者，定是百金人物；应饿死者，定是饿死人物；天不过因材而笃，几曾加纤毫意思。即如生子，有百世之德者，定有百世子孙保之；有十世之德者，定有十世子孙保之；有三世二世之德者，定有三世二世子孙保之；其斩焉无后者，德至薄也。汝今既知非，将向来不发科第，及不生子之相，尽情改刷；务要积德，务要包荒，务要和爱，务要惜精神。从前种种，譬如昨日死；从后种种，譬如今日生。此义理再生之身。"

——《了凡四训》

云谷禅师说：难道仅仅是考功名这件事吗？世上享有大富大贵、拥有千万钱财的人，他就是千金人物，是他过去修福得来的福报。过去世修大福，今生就得大福报，过去世修小福，今生就得小福报。被饿死的是没有修福报的，且过去造业深重，自作自受。上天对待一切都是公平公允的，顺应自然的因果报应，没有加入一丝一毫的成分。好比子孙繁衍，祖宗有百世之德的，必定有百世的子孙传承。祖上有十世的福德的，就有十世的子孙传承。祖上有三世两世福德的，就有三世两世的子孙传承。现在，了凡先生既然知道了自己的过失，就应该把这些因为过失而表现出来的不能考取功名以及没有子嗣等想象洗刷和纠正过来，务必要积善积德，务必要拓开心量，包容一切，务必要和气慈爱，务必要保惜精神，不可喝酒熬夜。

佛教中提倡发愿，有如世人的立志，一切菩萨于因位时所应发起的四种广大之愿，又作四弘愿、四弘行愿、四弘誓行、四弘誓、四弘。有关四弘愿之内容与解释，散见于诸经论，然各经所举颇有出入。《六祖坛经》中：众生无边誓愿度，谓菩萨誓愿救度一切众生。烦恼无尽誓愿断，谓菩萨誓愿断除一切烦恼。法门无量誓愿学，谓菩萨誓愿学知一切佛法。佛道无上誓愿成，谓菩萨誓愿证得最高菩提。能发大愿，何愁不能超越命数。昨日种种，如水东流，不再想它；今后种种，改过自新，超越命数，再生义理之身。

★ 了解和顺，顺应天命

"夫血肉之身，尚然有数；义理之身，岂不能格天。《太甲》曰：'天作孽，犹可违；自作孽，不可活。'诗云：'永言配命，自求多福。'"

——《了凡四训》

血肉之身就是指我们现在的身体，是父母所生之人身。它是无法离开妄想、分别、执着,而落在命数里,所以是能够被推算的。义理指适于理的道。《成实论·众法品》曰:"佛法皆有义理,外道法无义理。"把以前不善的观念、行为都改正过来,使之与义理相应的身体,这个身体就称作义理之身。如此展开的合理合道的人生则是能够超越命数的。

《诗经·大雅·文王》上又说:"我们永远要与天命相配行事,则福禄就会自己来。"《尚书·太甲》篇上也说过:"天降的灾害还可以躲避,自作的罪孽,逃也逃不了。"《诗经》上说,趁着雨还没下,云还没起来,赶紧将门窗修整好。只有认识到天命和自然变化的道理,才能未雨绸缪、适得其所。孔子曰:"吾十有五而志于学。三十而立,四十而不惑,五十而知天命,六十而耳顺,七十而从心所欲,不逾矩。"(《论语·为政》)孔子五六十岁就认识到天命并顺乎天命。宋代哲学家张载《正蒙·诚明》里说:"形而后有气质之性,善反之则天地之性存焉",将人性分为"天地之性"和"气质之性"两部分。所谓"天地之性"是天赋予人的本性。例如人性之善,仁义道德等,是永恒不变的。而每个具体的人表现出的"气质之性",却有美恶、智愚之差别。每个人只要善于反省自己,那么就能保留"天地之性"。同样,我们也必须不断的改正血肉之身,以无限接近义理之身,这样才能感通于天。个人修养若此,治理国家也是同样道理,都要了解和顺应天命。《孟子·公孙丑上》说:"仁则荣,不仁则辱。今恶辱而居不仁,是犹恶湿而居下也。如恶之,莫如贵德而尊士,贤者在位,能者在职。国家闲暇,及是时明其政刑,虽大国必畏之矣。"说的是国家的诸侯卿相们如果实行仁政,就会得到荣耀;如果实行不仁之政,就会遭受屈辱。最好是以德为贵而尊敬士人,使有德行的人居于相当的官位,有才能的人担任一定的职务;国家无内忧外患,趁这个时候修明政治、法典,纵使强大的邻国也一定会畏服于它。这些措施才是真正的合于天命的。

★ 人生因果轮回

孔先生算汝不登科第,不生子者,此天作之孽,犹可得而违;汝今扩充德性,力行善事,多积阴德,此自己所作之福也,安得而不受享乎?

——《了凡四训》

孔先生所算定的了凡先生今生不能得取功名,命中注定也没有儿子,这是过去世中所造之业的结果,这是天作之孽。但天命算定并非一成不变的,它是可以挽回的。儒家思想认为人应该做他该做的事,这是由于在道德上认为是正确的事便这样做了,并非出于道德强制之外的考虑。孟子主张"性善",人性中有种种善的成分,他说"人皆有不忍人之心。……今人见孺子将入于井,皆有怵惕恻隐之心",提出人有四端,"恻隐之心,仁之端也;羞恶之心,义之端也;辞让之心,礼之端也;是非之心,智之端也。人之有是四端也,犹其有四体也",并认为"凡有四端于我者,知皆扩而充之矣"。所以说应当多做善事，发挥本性。并且不求人知，为自己造福，"善欲人见，不是真善"，若为名利而行善，则又落于执着。这也是人的修养的体现。古代真正有大德的贤能，往往能隐居深山，韬光养晦。机缘成熟之时，则能为国为民，建功立业。三国时诸葛亮虽高卧隆中，却能受任于败军之际，奉命于危难之间，辅佑蜀国。梁朝陶弘景虽身处方外，却被誉为"山中宰相"，俨然朝廷决策人物。

自己使得自我的德性得以扩充，一生多造善业，自己所造的福德哪有自己不享受的道理？中国自古就有善恶因果报应之说，如《易经》中有："积善之家，必有余庆。"佛教传入后，业的思想与因果报应观念相结合而被视作一种业力，这种业力连接着过去、现在、未来三世，这是一种因果通三世的思想，"欲知前世因，今生受者是；欲知来生事，今生作者是"。

对于因果，佛家的解释是："因者能生，果者所生，有因则必有果，有果则必有因。是谓因果之理。"佛经中还说："菩萨畏因，众生畏果。"菩萨明因识果，故而能预先断除恶因，如此能消灭罪障，功德圆满最终成佛；而众生却常作恶因，无所顾忌，恶因既种，却又无时无刻不在思量免去恶果，这就好比人立于烈日之下，已是无处避逃，却想方设法使自己没有影子的譬喻，终究是徒劳无功的。

★ 登记所为，扬善除恶

云谷出功过格示余，令所行之事，逐日登记。善则记数，恶则退除，且教持准提咒，以期必验。

——《了凡四训》

"功过格"是道教中道士自记善恶功过的一种簿册。善言善行为"功"，记"功格"；恶言恶行为"过"，记"过格"。修真之士，自记功过，自知功过多寡。"功"多者得福，"过"多者得咎。道教以此作为道士自我约束言行、积功行善的修养方法。《抱朴子·内篇·对俗》具体规定："人欲地仙，当立三百善；欲天仙，立千二百善。若有千一百九十九善，而忽复中行一恶，则尽失前善，乃当复更起善数耳。故善不在大，恶不在小也。"道士自记功过当是仿效宋儒而来。

云谷禅师的"功过格"有准百功、准五十功、准三十功、准十功、准五功、准三功、准一功，其中"准一功"的具体内容有：赞一人善，掩一人恶，劝息一人争，见杀不食，闻杀不食，为己杀不食，阻人一非为事，葬一自死禽类，济一人饥，留无归人一宿，救一人寒，救一细微湿化之属命，作功课荐沉魂，放一生，散钱粟衣帛济人，施药一服，饶人债负，施行劝济人文书，还人遗物，诵经一卷，不义之财不取，礼忏百拜，代完纳债负，诵佛号千声，让地让产，讲演善法谕及十人，劝人出财作种种功德，兴事利及十人，拾得遗字一千，饭一僧，护持众僧一人，不拒乞人，接济人畜一时疲顿，见人有忧善为解慰,不负托财物,建仓平,修造路桥,疏河掘井,修置三宝寺院,造三宝尊像及施香烛灯油等物,施茶、施棺等一切方便事。下俱以百钱为一功。

　　还有准百过、准五十过、准三十过、准十过、准五过、准三过、准一过,其中"准一过"为:没人一善。役人畜不怜疲顿。唆人一斗。不告人取人一针一草。见人忧惊不慰,心中暗举恶意害人。遗弃字纸。助人为非一事。暴弃五谷天物。见人盗细物不阻。负一约。醉犯一人。见一人饥寒不救济。诵经差漏一字句。僧人乞食不与。拒一乞人。食肉五辛诵经登三宝地。食一报人之畜等肉及杀一细微湿化属命,覆巢破卵。背众受利伤用他钱。负贷,负遗,负寄托财物。因公恃势乞索巧索取人一切财物。废坏三宝尊像及殿宇器用等物,小出大入。贩卖屠刀渔网等物。下俱以百钱为一过。

第二章　改过有法，建立信心

★改过要有羞耻心

国学经典文库

国学大智慧

《了凡四训》智慧通解·

图文珍藏版

但改过者，第一，要发耻心。思古之圣贤，与我同为丈夫，彼何以百世可师？我何以一身瓦裂？耽染尘情，私行不义，谓人不知，傲然无愧，将日沦于禽兽而不自知矣。世之可羞可耻者，莫大乎此。孟子曰："耻之于人大矣。"以其得之则圣贤，失之则禽兽耳。此改过之要机也。

——《了凡四训》

改过之法，第一是要有羞耻心。羞耻心是改造命运的开端和关键，也是改造命运的动力。了凡先生反问自己："想想古时候的圣贤，与我同样为七尺丈夫，为什么他们能做到为百世所效法，而我为何一事无成？"了凡先生的优点即在于他对于自己的过失，丝毫都不隐瞒，能正确地去看待。他把自己的过失总结为：第一，沉溺于世俗感情。佛法告诉我们要远离五欲六尘，五欲即指财、色、名、食、睡五种欲望，六尘即指色尘、声尘、香尘、味尘、触尘、法尘。这五欲六尘能使我们在心里涌现好、坏、美、丑、高、下、贵、贱等分别妄想，能衍生种种执着或烦恼，能令善心衰减，从而污染清净之心。所以，每天生活在五欲六尘中的人们，应当时时返观自省，放下尘情，恢复自性清净。

了凡先生所说的第二个过失为：偷偷作出不义之事，还以为别人不知道，面无愧色，一天天沦为禽兽自己却毫无察觉和意识。即自己还缺乏"知耻之心"。中国古代圣贤十分重视"知耻"。孔子曾说："行己有耻，使于四方，不辱君命，可谓士矣。"又说："好学近乎知，力行近乎仁，知耻近乎勇。"孟子说；"人不可以无耻，无耻之耻，无耻矣。"又说："耻之于人大矣。"人活在世上，从积极方面说要"立志"，从消极方面说要"知耻"。从伦理学意义上看，耻，是对人的道德行为的一种社会评价，是人们对那些不履行自己的义务、损害他人与集体利益、违背社会功德和违反国家法律，有损国格等行为的批评与谴责，是社会对自我道德行为的贬斥和否定。知耻，是人对这种行为的羞耻之心、羞耻之感，是人们基于一定社会认可的是非观、善恶观、荣辱观而产生的自觉的求荣免辱之心。是人们一种为维护自身尊严强烈的道德上的反省和自律。人们以这种羞耻感来鞭挞自己，克服缺点，修正错误。羞耻心是人类情绪之精华,正是因为有了羞耻心的存在,才阻止了人类免于堕落,进而促进人类积极向上。由此可见,羞耻感是道德主体实施道德行为的情感基础,道德主体以此来导引自己的行为,取荣舍辱,以获得社会的认同。我们在学习、工作中,一旦落后,要能知耻;倘若做昧了良心、违背仁义的事,也要知耻;自己、集体、国家若受到侮辱,更要知耻。这样,知耻就能给人上进的力量,能让人更清楚地看待自身和周遭的世界。我们应当把无羞耻之心看作是人生最大的耻辱,那样就能落实于行动,知过必改,受辱必雪,也就不会有自取其辱的事了。

★改过要发畏心

第二,要发畏心。天地在上,鬼神难欺,吾虽过在隐微,而天地鬼神,实鉴临之,重则降之百殃,轻则损其现福,吾何可以不惧?

——《了凡四训》

改过之法的第二是要发畏心。"畏"是害怕之意,且含有恭敬的意味。《论语》中云:"君子有三畏:畏天命;畏大人;畏圣人之言。小人不知天命而不畏也,狎大人,侮圣人之言。"君子敬畏天命,敬畏处于高位的人,更敬畏圣人的言语;而小人不知天命而不畏,不尊重在上位的人,蔑视圣人的话。"畏"的情绪是对个体自身的良知的呼唤的一种表现。"良知"是人类所固有的判断是非善恶的本能,同时也是一切高尚行为诸如"人道、博爱、奉献"等的伦理学基石。知道畏惧,就是能够感应良知,明白什么该做,什么不该做,这样才能产生诚敬之心。在现实生活中,每一个人对于父母、老师或是尊长,皆应有敬畏之心,既敬爱又害怕。正因为有"畏",才会言行举止三思而后行,使之符合于"应当"。

了凡先生言道,天地在上,鬼神难欺,人们认为自己是在暗地里犯下的过错,可是天地鬼神全部能够明察秋毫,重者会降下各种祸殃,轻微者也会减损其现世的福泽,怎么能够不害怕呢?就是说,我们纵使是在很隐秘的地方,没有人看到的地方,做一点小小的过失,天地鬼神也能够看得清清楚楚,并给以惩罚。其实用因果缘起的思想来看,起心动念及所为,它们产生的后果,"如影随形",不会因外人看不看得到或个人意愿而改变或消失。在我国古代,就有上天崇拜、祖先崇拜等思想,把"天"、"帝"看作是外在于人、支配人、控制人的力量,并对世人赏善罚恶,从而使人生起敬畏心。早在殷商时代,上帝在人们心中就有很大的权威,它既是风雪雨露、打雷闪电等自然现象的主宰,又是世间人事祸福、成败吉凶的支配者。《卜辞通纂》中记载:"今二月帝不令雨"、"帝降其谨",《汤诰》曰:"天道福善祸淫";西周时期,人们更多地用"天"去称至上神,赋予"天"更大的权威,《泰誓》说:"惟天惠民"、"天矜于民,民之所欲,天必从之"。随着历史的发展,这一观念逐渐渗透在中国人的思想中,形成一种传统观念。

★改过要发勇心

第三,须发勇心。人不改过,多是因循退缩。吾须奋然振作,不用迟疑,不烦等待。小者如芒刺在肉,速与抉剔;大者如毒蛇啮指,速与斩除,无丝毫凝滞,此风雷之所以为益也。

——《了凡四训》

改过之法,第三是要发勇心。

了凡先生认为,人们不能改掉自身的过错,多数是由于拖沓和畏难退缩的缘故,因此必须发奋振作,当机立断,不可优柔寡断,不可消极等待。罪过这东西,小的像钻进肉中的芒刺,应该尽快剔除;大的像手指被毒蛇咬啮,为防止毒汁扩散,应当赶紧斩断手指,不能有丝毫迟疑。《论语》有云:"君子不重,则不威;学则不固。主忠信,无友不如己者。过,则勿惮改。""君子之过也,如日月之食焉。过也,人皆见之;更也,人皆仰之。"有了过失就应当及时改正,不可因畏难而苟安。二程也曾说:"学问之道无他也,知其不善,则速改以从善而已。"

★不可妄动,三思后行

又闻而不怒,虽谗焰熏天,如举火焚空,终将自息;闻谤而怒,虽巧心力辩,如春蚕作茧,自取缠绵,怒不惟无益,且有害也。其余种种过恶,皆当据理思之。此理既明,过将自止。

——《了凡四训》

假如我们听到诽谤的话,要能做到充耳不闻。任由进谗之人如何巧言令色,也不起心动念,心中不起一丝涟漪。那么蜚短流长即使汹涌得如同冲天的火焰一样燃烧,也终将在空中渐渐熄灭、自我焚尽。假如我们听到诽谤的话,就立刻怒发冲冠,即使极力辩解安慰,也终究如同春蚕吐丝,作茧自缚,自寻烦恼。可见,发怒不但百无益处,而且十分有害。其他种种过失,道理也是一样,都应当根据情理平心静气地思考,道理一旦明白开悟,身上的过错自然就能随之改掉。

了凡先生以前脾气是不太好的,遇到有人憎恨、毁谤他时,无法接受,睚眦必报;而现在则是不同于往昔,逐渐能够心胸放开、宽厚容忍了。

这也体现了佛教关于处理人我是非的关系上的一个重要的规范:"忍辱"。"八风不动心,无忧无污染",利衰、毁誉、称讥、苦乐八风,都不能改变事物本来的状况,所以,心没必要为之所动生起喜怒哀乐之情。

以上几段,就是了凡先生所论述的从情理的角度去改过。概括而言,就是不可妄动,"三思而后行",这对我们今天的生活也有很实际的指导意义。

第三章 积善有方,必有福报

★积善之家,必有余庆

《易》曰:"积善之家,必有余庆。"

——《了凡四训》

《易经》说:"积累善行的家庭,必定有很多吉庆之事。"该句在《易经》中的完整表述是:"积善之家,必有余庆;积不善之家,必有余殃。"详细论述人世祸福与善恶行为的因果关系。古人认为人世祸福的发生,与人们的善恶行为有着必然的因果联系。"祸福无门,惟人自召。"祸福不是毫无缘由地降临在世人身上,人的善恶行为才是自身得福得祸的直接诱因。即使不现报在自己身上,也会报应在自己的后代身上。善有善报,恶有恶报,所以人们不可不谨慎行事。

★何谓真善,何谓假善

何谓真假? 昔有儒生数辈,谒中峰和尚,问曰:"佛氏论善恶报应,如影随形。今某人善,而子孙不兴;某人恶,而家门隆盛。佛说无稽矣。"

中峰云:"凡情未涤,正眼未开,认善为恶,指恶为善,往往有之。不憾己之是非颠倒,而反怨天之报应有差乎?"

众曰:"善恶何致相反?"

中峰令试言。

一人谓:"詈人殴人是恶,敬人礼人是善。"

中峰云:"未必然也。"

一人谓:"贪财妄取是恶,廉洁有守是善。"

中峰云:"未必然也。"

众人历言其状,中峰皆谓不然。因请问。中峰告之曰:"有益于人,是善;有益于己,是恶。有益于人,则殴人、詈人皆善也;有益于己,则敬人、礼人皆恶也。是故人之行善,利人者公,公则为真;利己者私,私则为假。又根心者真,袭迹者假。又无为而为者真,有为而为者假。皆当自考。"

——《了凡四训》

什么叫做真善、伪善?从前,有几个读书人,参见中峰和尚并质询佛教的善恶报应之理。佛家讲善恶报应,就像影子跟着身体一样,十分快捷灵验。这也是与佛教的因果说相联系的。因是能生,果是所生,有因则必有果,有果则必有因。这就是所谓的因果之理。佛教讲因果,有世间和出世间两种。所谓世间因果,即"苦"和"集"二谛。苦是果,集是因。佛教认为人生是苦的,这种苦果,是因为过去生中造了业因(集),由于业力的牵引,所以感受人生的苦果。所谓出世间因果,即"灭"和"道"二谛。灭(涅槃)是果,道是因。佛教认为要摆脱人生的痛苦,就要遵照佛陀的教法去修道,断除烦恼;以修道为因,将来证得涅槃(灭)正果。因果报应是佛家的重要学说,一般所说的"报应",只是偏指做恶事得恶果而言。

这几个读书人从看到的社会现实出发,对佛教的善恶报应理论予以诘难。他们举例说,现在有某人行善,他的子孙并不兴旺。某人是作恶的,但他的家庭事业却很发达。由此他们认为佛家善恶报应的说法是没有根据的无稽之谈。而佛教的善恶报应之说,是与佛教的三世说相匹配的。"善恶之报,如影随形。三世因果,循环不失。"佛教认为,存在过去现在未来"三世",《因果经》说:"欲知过去因者,见其现在果。欲知未来果者,见其现在因。"可见人们现在所受的祸福,是以前世的善恶为因的;而现在的善恶,又会成为后世的因。

中峰和尚不直接为"善恶报应"的理论作辩解,而是论述何为真善、伪善。中峰和尚说:"一般人的世俗情见没有洗涤清净,因此还没有打开正知、正见的眼睛,常常有将真善视为恶,将真恶视为善的情况发生。不怪自己是非颠倒,却反过来埋怨上天的报应有了差错。"佛典认为,人们以无常为常,以苦为乐,反于本真事理就有颠倒妄见。也正应了那句话,"假作真时真亦假"。

大家迷惑不解,进而问道:"善恶怎么会被弄反呢?"

中峰和尚就让他们试着举几个例子。

一个人说道:"骂人打人是恶,敬爱人、礼敬人是善。"

中峰和尚说:"未必都是这样。"

一个人说道:"不择手段地贪爱钱财是恶,操守清白是善。"

中峰和尚说:"未必都是这样。"

大家纷纷将自己的看法提出来,但中峰和尚都认为未必如此。

所以众人就向中峰和尚请教。中峰和尚告诉他们说:"做有益于别人的事,是善;做有益于自己的事,是恶。"春秋末年,剑客要离由伍子胥推荐给吴王,被派去刺杀在卫国避难的公子庆忌。要离为了取得庆忌的信任,行前请吴王杀掉自己妻儿,断己右手,然后假装出逃卫国。到了卫国后,又在庆忌面前大骂吴王,又向庆忌假献破吴之策,与庆忌结为好友。后乘庆忌不备,将其刺死。不知对于剑客要离为了别人,而杀妻断手又要作何评价?

只要对别人有益，即使是打人骂人也是善。"周瑜打黄盖"，为了获得整个战局的胜利，这也可以说是善了。当时曹操率兵八十万，攻打东吴。在强敌压境的形势下，东吴大将黄盖向主帅周瑜献计，愿受皮肉之苦以往曹营诈降，然后伺机实施火攻，击退曹军。周瑜采纳此计。当周瑜召集众将议事时，黄盖故意大讲曹操不可打，要周瑜弃甲倒戈降曹。周瑜佯装大怒，令人把黄盖拖翻杖脊五十，使得曹操对黄盖投降深信不疑。后在东吴和曹操决战时，黄盖以献东吴粮船为名，前往曹营诈降。而实际却指挥装有引火物的船只来到曹营，顺风点燃这些船只，成功地实行了火攻，大败曹操。

如果只是对自己有益，那么即使恭敬人、礼敬人，也都是恶。秦二世时，丞相赵高阴谋篡位，但又恐怕群臣不服，于是在未动手夺权时先试一下自己的威信。他特地叫人牵来一只鹿献给二世，并当着群臣的面"指鹿为马"，大臣们都畏惧赵高，所以有的人不敢作声，有些人为了讨好赵高，便歪曲事实，随声附和说献上的是马。由此看来这些"指鹿为马"的大臣虽然恭敬赵高，但其行径却实实在在的是"恶"。

所以，人们做善事，能利益别人的就是出于公心，出于公心就是真善。大禹治水，三过家门而不入，是为至公。"外举不避仇，内举不避子"的祁黄羊也是大公无私之人。春秋晋平公时，南阳地方缺了个长官，便征求大夫祁黄羊的意见，祁黄羊推荐了解孤。晋平公很惊奇，问他："解孤不是你的仇人吗？你为什么要推举他？"祁黄羊坦然答道："大王您问我的是谁可以胜任南阳的长官，并没有问谁是我的仇人。"晋平公觉得有理，就委任解孤为南阳长官。解孤到任后，为地方办了不少好事，受到百姓的普遍好评。不久，晋廷要增加一个中军尉，晋平公又请祁黄羊物色，祁黄羊推荐了祁午。晋平公听了就说："你推举儿子，不怕别人说闲话吗？"祁黄羊答道："大王问谁可做中军尉，没有问祁午是不是我的儿子。"孔子听到了上面两件事后称赞道："善哉，祁黄羊之论也，外举不避仇，内举不避子，祁黄羊可谓公矣。"这不能不说是一种大公无私的美德。历史上无数的民族英雄，如岳飞、文天祥、戚继光等等，他们那种为了国家和人民的利益，不屈不挠，历尽磨难，以身殉国的"公"、"忠"精神，在中国历史上熠熠生辉。

而只想自己得到利益的就是私，出于私心的就是伪善。而且发自内心、自觉的行善是真善，模仿别人、做表面文章的是伪善。为善而不求任何回报的是真善，为了某种目的而求回报的是伪善。

像这些道理，都需要自己认真的分辨、考察。

★ 何谓阴德，何谓阳善

何谓阴阳？凡为善而人知之，则为阳善；为善而人不知，则为阴德。阴德，天报之；阳善，享世名。名，亦福也。名者，造物所忌：世之享盛名而实不副者，多有奇祸；人之无过咎而横被恶名者，子孙往往骤发。阴阳之际微矣哉。

——《了凡四训》

什么叫做阴、阳？凡是做善事而被大家知道的，就是阳善；做善事而别人不知道的，就是阴德。有了阴德，上天会给予报偿的；阳善，则会给人带来好的名声，名声也是一种福泽。但是名声也是造物主所忌讳的；世上那些享有盛名，而实际上名实不相副的人，常常会遭受意想不到的灾祸；那些没有什么过错，却意外无辜地背上恶名的人，他的子孙往往突然地飞黄腾达起来。阴阳之间的关系实在是太微妙了。阴阳观念，是中国哲学的一对重要范畴，指元气中相互矛盾的两种基本势力或事物相互对立的两个方面。阴阳观念早在先秦时就已经形成，其原义为日照的向背。后来词义逐渐丰富，阳代表积极、进取、刚强等阳性特性，以及具有这些特性的事物。阴代表消极、退守、柔弱等阴性特性，以及具有这些特性的事物。《易·系辞》提出了"一阴一阳之谓道"的命题，对阴阳的相互对立、相互依存、相互转化作了哲学意义上的概括。老子以"万物负阴而抱阳"的命题最先说明了阴阳的普遍性。阴阳观念作为一种朴素的唯物主义思想和朴素的辩证法思想，对于我国古代的天文、历数、医学的发展起过很大的作用。

★什么是对，什么是错

何谓是非？鲁国之法，鲁人有赎人臣妾于诸侯，皆受金于府。子贡赎人而不受金。孔子闻而恶之曰："赐失之矣。夫圣人举事，可以移风易俗，而教道可施于百姓，非独适己之行也。今鲁国富者寡而贫者众，受金则为不廉，何以相赎乎？自今以后，不复赎人于诸侯矣。"

子路拯人于溺，其人谢之以牛，子路受之。孔子喜曰："自今鲁国多拯人于溺矣。"

自俗眼观之，子贡不受金为优，子路之受牛为劣，孔子则取由而黜赐焉。乃知人之为善，不论现行而论流弊；不论一时而论久远；不论一身而论天下。现行虽善，而其流足以害人，则似善而实非也；现行虽不善，而其流足以济人，则非善而实是也。然此就一节论之耳。他如非义之义，非礼之礼，非信之信，非慈之慈，皆当抉择。

——《了凡四训》

什么叫做对、错？在春秋时代，鲁国的法律规定，鲁国人如果能从别国诸侯那里把被俘过去做臣妾的人赎回来，都可以得到官府的赏金。但是子贡把被俘虏的人赎回来，却没有接受官府的赏金。孔子听到以后，很不高兴地说："子贡做得不对啊。凡是圣贤的人做任何事情，目的是可以改变不良的风俗，对百姓产生教化的作用，并不只是为了满足自己的心理而去行事。现在鲁国富人少而穷人多，如果领了赏金就被指责为不廉洁，变成贪财的人，那么谁还愿意去赎人呢？恐怕从今以后，不会再有人向诸侯赎人了。"

子路救了一个溺水的人，那人就送他一头牛以作为酬谢，子路接受了。孔子高兴地说："从此以后，鲁国就会有很多人去拯救掉到水里的人了。"

从世俗的眼光看来，子贡不接受赏金是优，而子路接受赠牛是劣。但是孔子却肯定、赞赏子路，而否定、责备子贡。因此可知人们行善，不能只看他当时的行动效果，还要看将来是否会产生弊端；不能只看一时的效应，还要用长久的目光看待；不能只看个人的得失，还要看对天下大众的影响。当时的行为虽好，而它所造成的影响却足以贻害他人，那么看起来好像是善行而其实并非如此；当时的行为虽不好，而它的影响却会为别人带来好处，那么虽然看起来不像是善行而其实已经是了。当然这些只是就一件事来讨论而已。其他情况，比如看似不义的义举，看似不合乎礼数而实际上却合乎礼数的举动，看似不讲信用而实际上却合乎忠信原则的举动，看似缺乏慈爱而实际上却大慈大悲的行为等，都应当加以辨别。

★ 什么是偏，什么是正

何谓偏正？昔吕文懿公初辞相位，归故里，海内仰之，如泰山北斗。有一乡人醉而詈之，吕公不动，谓其仆曰："醉者勿与较也。"闭门谢之。逾年，其人犯死刑入狱。吕公始悔之曰："使当时稍与计较，送公家责治，可以小惩而大戒。吾当时只欲存心于厚，不谓养成其恶，以至于此。"此以善心而行恶事者也。

——《了凡四训》

什么叫做偏、正？有一个好心而做了恶事的例子。从前吕文懿公刚辞掉宰相的职位，回到故乡，因为他为官清廉、公正，所以受到人们的敬爱与尊重，就像对泰山、北极星一样。一位同乡的人喝醉酒后辱骂他，但他不为之所动，对他的仆人说："喝醉酒的人，不要和他计较。"于是关起门来不予理睬。过了一年，那个人因犯了死罪而被捕入狱。吕公才懊悔地说："假使当时稍微与他计较一下，送到官府惩治，可以通过小小的惩罚而让他有所规戒。我当时只想心存仁厚，没想到反而纵容了他的恶习，以致到了今天这个地步。"所以，对于不良的行为要及时制止。"千里之堤，溃于蚁穴。"要防微杜渐，以便防患于未然。

★ 正中偏与偏中正

又有以恶心而行善事者。如某家大富，值岁荒，穷民白昼抢粟于市。告之县，县不理，穷民愈肆，遂私执而困辱之，众始定。不然，几乱矣。故善者为正，恶者为偏，人皆知之。其以善心行恶事者，正中偏也；以恶心而行善事者，偏中正也，不可不知。

——《了凡四训》

　　也有出于恶心而做了善事的。例如:有一家富人,时值荒年,穷人于光天化日之下在街市上强抢粮食。这家富人就告到县衙,县衙置之不理,穷人更加肆无忌惮,于是他便私下叫人把这些抢粮食的人抓起来羞辱、责罚,抢粮的民众才安定下来。如若不然,就要酿成大乱了。

　　所以善事是正,恶事是偏,这个大家都知道。那些以善心而做了恶事的人,是正中偏;那些以恶心而做了善事的人,是偏中正,这些道理不可不知道。

★什么叫半,什么叫满

　　何谓半、满?《易》曰:"善不积,不足以成名;恶不积,不足以灭身。"《书》曰:"商罪贯盈,如贮物于器。"勤而积之,则满;懈而不积,则不满。此一说也。

——《了凡四训》

　　什么叫做半、满?《易经》上说:"如果没有积累善行,就不能够成名;如果不积累恶行,也不会造成杀身之祸。"《尚书》上说:"商纣王的罪恶,就像以绳穿钱,穿满了一贯,好像把东西装满了容器一样。"古代骄奢淫逸的帝王,所以被民众抛弃,就是因为他们日积月累的罪恶罄竹难书。秦始皇实行文化专制政策,"焚书坑儒",严刑峻法,穷奢极欲,挥霍无度。为了满足其奢侈欲望,建造阿房宫及骊山墓,大兴土木。大规模地巡幸全国,使人民的租赋徭役异常繁重。他死后不久,便爆发了陈胜、吴广起义,秦王朝二世而亡。隋炀帝在位期间,营建东都洛阳,修建宫殿和西苑。并开掘运河,开辟驿道,常四出巡游,所到之处,恣意糜费挥霍。徭役苛重,穷兵黩武。各地农民起义不断,后被禁军将领宇文化及等缢杀于江都。

　　勤加积累,自然就会满了;懈怠而不去积累,那就不会满。这是半善、满善的一种说法。"泰山不让寸壤,故能成其大;河海不择细流,故能就其深。"任何事物的成长都是由小变大,由弱变强,所以力量的积累至为重要。《道德经》中也说:"合抱之木,生于毫末;九层之台,起于累土;千里之行,始于足下。"

★什么是大,什么是小

　　何谓大小?昔卫仲达为馆职,被摄至冥司,主者命吏呈善恶二录。比至,则恶录盈庭,其善录一轴,仅如箸而已。索秤称之,则盈庭者反轻,而如箸者反重。仲达曰："某年未四十,安得过恶如是多乎?"

曰："一念不正即是,不待犯也。"

因问轴中所书何事,曰："朝廷尝兴大工,修三山石桥,君上疏谏之,此疏稿也。"

仲达曰："某虽言,朝廷不从,于事无补,而能有如是之力。"

曰："朝廷虽不从,君之一念,已在万民;向使听从,善力更大矣。"

故志在天下国家,则善虽少而大;苟在一身,虽多亦小。

——《了凡四训》

什么叫做大、小?从前有位卫仲达在翰林院任职。有一次他的魂魄被摄到阴曹地府,在那里接受审判。卫仲达到达阴曹地府后,阎王让鬼吏把他的善恶记录呈上来。等到这两份册子送上来,关于他的恶事的记录堆满了庭院,不可胜计,而关于善事的记录却只有一小卷轴,仅如筷子般大小。拿秤来称量,发现盈庭的恶的记录反而轻;而如筷子般大小的善事记录的卷轴反而重。卫仲达不解,于是说道:"我还不到四十岁,怎么会有那么多的过失、罪恶?"

阎王说:"只要一个念头不正,就是罪过,不一定要等你犯了以后才算。"卫仲达又问那个卷轴中所记录的是什么事。阎王回答说:"朝廷曾想要大兴土木,修建三山石桥,你上疏劝阻此事,免得劳民伤财,这卷轴中是你的奏疏草稿。"

卫仲达说:"我虽然说了,但朝廷并没有采纳,于事无补,竟然会有这么大的功德。"

阎王说:"朝廷虽然没有听从你的建议,但你的这个念头是为千万的老百姓着想;如果朝廷听从你的建议,那么善的功德就更大了。"

★什么是难,什么是易

何谓难易?先儒谓克己须从难克处克将去。夫子论为仁,亦曰先难。必如江西舒翁,舍二年仅得之束修,代偿官银,而全人夫妇;与邯郸张翁,舍十年所积之钱,代完赎银,而活人妻子,皆所谓难舍处能舍也。如镇江靳翁,虽年老无子,不忍以幼女为妾,而还之邻,此难忍处能忍也。故天降之福亦厚。凡有财有势者,其立德皆易,易而不为,是为自暴。贫贱作福皆难,难而能为,斯可贵耳。

——《了凡四训》

什么叫做难行、易行的善?儒家先圣说,要克制自己的私欲,就要从难克除的地方做起。孔夫子在论述"为仁"的问题时,也说要先从最难的地方做起。一定要像江西的一位舒老先生,拿出两年所挣得的教书的酬金,代替别人偿还欠给官府的田赋,从而不致使别人夫妇被拆散。又如河北邯郸的张老先生,拿出十年的积蓄,代人交还赎金,而救还了别人的妻儿。这都是将难以割舍的东西施舍给别人。比如江苏镇江的靳老先生,虽然年老没有儿子,但还是不忍心纳幼女为妾,而将其送还。这些都是在难以忍耐的情况下而能够克制自己,上天必定会降给他们丰厚的福泽。凡是有财有势的人,要想行善立德都很容易,容易而不去做,那是自暴自弃。贫贱的人要行善修福报是很难的,艰难而能去做,这就十分可贵了。

★ 什么叫做与人为善

何谓与人为善?昔舜在雷泽,见渔者皆取深潭厚泽,而老弱则渔于急流浅滩之中,恻然哀之。往而渔焉,见争者皆匿其过而不谈;见有让者,则揄扬而取法之。期年,皆以深潭厚泽相让矣。夫以舜之明哲,岂不能出一言教众人哉?乃不以言教而以身转之,此良工苦心也。

——《了凡四训》

什么叫做与人为善?从前舜在雷泽,看见打鱼的人都选潭深鱼多的地方,而年老体弱的渔夫便只能在水流湍急的浅滩中捉鱼。舜看到后,很悯恻哀怜他们。于是他自己也去打鱼,看见有人争抢,对于他们的行为不加评判;看见有彼此谦让的,他就加以赞赏宣扬并效法他们。过了一年,大家都把潭深鱼多的地方相互谦让出来。当时以舜的聪明睿智,难道不能说几句话来教导大家吗?这是因为他不用言语教导,而是以身作则来转变人们的思想行为,这真是用心良苦啊。孔子讲"其身正,不令而从;其身不正,虽令不从"(《论语·子路》)。以身作则,以自己的实际行动为别人做出榜样。要求别人遵守的,自己首先遵守;要求别人不做的,自己首先不做,处处起模范作用,是有修养的体现。

★ 什么叫做爱敬存心

何谓爱敬存心?君子与小人,就形迹观,常易相混,惟一点存心处,则善恶悬绝,判然如黑白之相反。故曰:君子所以异于人者,以其存心也。君子所存之心,只是爱人敬人之心。盖人有亲疏贵贱,有智愚贤不肖;万品不齐,皆吾同胞,皆吾一体,孰非当敬爱者?爱敬众人,即是爱敬圣贤;能通众人之志,即是通圣贤之志。何者?圣贤之志,本欲斯世斯人,各得其所。吾合爱合敬,而安一世之人,即是为圣贤而安之也。

——《了凡四训》

什么叫做爱敬存心?君子与小人,从表面现象看来,常常容易混淆。只有这一点存心,善恶相差悬殊,如同黑与白那样截然相反。所以说:君子所以与一般人不同,就在于他们的存心。君子所存的心,只有爱人敬人的心。尽管人有亲疏贵贱、智愚贤不肖,千差万别,但都是我们的同胞,都是一体的,难道不是我们应当敬爱的吗?《论语·子路》中说"君子和而不同","和而不同"也就是既能保持个性,又能与自己嗜好不同、意见不一的人调和相处。庄子更进一步,要"齐万物",认为万物是等同、齐一、没有差别的。庄子从道生万物出发,把万物视为道"物化"的暂时形态。在他看来万物的形态变动不居,并非真实的存在,它们循环变易,复归于道。因此,事物没有质的稳定性,从道的观点来看,事物之间并不存在大小、长短、久暂的差别,差别的出现完全是人们主体赋予的。

爱敬众人,就是爱敬圣贤;能够与众人心心相通,也就是与圣贤心心相通。为什么呢?圣贤的心意,本来就是要世界上的人,都能够安居乐业,各得其所。我普遍爱敬世人,使他们安泰,那也就是代替圣贤使他们安泰。

★ 什么叫做成人之美

何谓成人之美?玉之在石,抵掷则瓦砾,追琢则圭璋。故凡见人行一善事,或其人志可取而资可进,皆须诱掖而成就之。或为之奖借,或为之维持,或为白其诬而分其谤,务使成立而后已。

——《了凡四训》

什么叫做成人之美?玉本来是在石头里面,抛弃不顾也就与瓦砾无异,如果精心雕琢就成为了贵重的圭璋。"玉不琢,不成器;人不学,不知道。是故古之王者,建国君民,教学为先。"璞玉不经过一番琢磨,就成不了贵重的玉器。同样,人不经过一番教育,就不懂得政治和伦常的大道理。所以,自古帝王要建立国家,统治人民,首先要从教育方面着手。并且"君子成人之美,不成人之恶",所以只要见别人做一件善事,或是这个人的志向有可取的地方,很有前途,都要引导和扶助而极力成就他。或是称赞鼓励,或是协助扶持,或是为他辩白诬陷,分担诽谤,总之一定要使他有所成就方才罢手。

第四章 厌恶盈满，爱好谦虚

★ 什么叫做劝人为善

何谓劝人为善？生为人类，孰无良心？世路役役，最易没溺。凡与人相处，当方便提撕，开其迷惑。譬犹长夜大梦，而令之一觉；譬犹久陷烦恼，而拔之清凉，为惠最溥。韩愈云："一时劝人以口，百世劝人以书。"较之与人为善，虽有形迹，然对症发药，时有奇效，不可废也。失言失人，当反吾智。

——《了凡四训》

什么叫做劝人为善？人生在世，谁能没有良心？而人在尘世中庸庸碌碌，最容易沉迷堕落。

因此，凡是与人相处，应当设法指点提醒对方。譬如在长夜漫漫的梦境中，令其醒觉过来；譬如长久地沉陷于烦恼之中，而把他拔出烦恼，使其清凉自在，这样做的恩惠最为广博。韩愈说："一时劝人以口，百世劝人以书。"这种劝人为善和与人为善相比较，虽然形迹显露于外，但是对症下药，时常会有奇特的效验，所以不可以废除。如果有失言失人的情形，也就是有的人可以和他交谈却不与他交谈，有的人不可以和他交谈却和他交谈。《论语·雍也》中记载孔子之言说："中人以上，可以语上也；中人以下，不可以语上也。"所以就有注云："圣人之道，精粗虽无二致，但其施教，则必因其材而笃焉。"也就是要注意到各人资质的不同因材施教。

如果不能很好地处理"失言失人"的问题，那是因为自己智慧不够，应当反省自己。

★ 什么叫做救人危急

何谓救人危急？患难颠沛，人所时有。偶一遇之，当如恫瘝在身，速为解救。或以一言伸其屈抑，或以多方济其颠连。崔子曰："惠不在大，赴人之急可也。"盖仁人方哉！

——《了凡四训》

什么叫做救人危急？艰难困苦的情况，是人们时常会遇到的。如果偶然遇到处于困境中的人，就像自己感同身受一样，赶快替他解救。或者说句话为他申辩冤屈，或者想方设法救济他的困苦。崔子说："恩惠不在大，只要能够救人于危急就可以了。"这真是仁德之人所说的话啊！

★ 什么叫做兴建大利

何谓兴建大利？小而一乡之内，大而一邑之中，凡看利益，最宜兴建。或开渠导水，或筑堤防患；或修桥梁，以便行旅；或施茶饭，以济饥渴；随缘劝导，协力兴修，勿避嫌疑，勿辞劳怨。

——《了凡四训》

什么叫做兴建大利？小在一乡之中，大到一县之内，凡是对大家有利的事，最应该去做。"勿以善小而不为。"或者开渠导水，或者筑堤防患；或者修建桥梁，以方便通行；或施舍茶饭，以解除饥渴；一有机会就劝导大家，齐心协力兴建公益，不必避免嫌疑，不要害怕辛劳。

★ 什么叫做舍财作福

何谓舍财作福？释门万行，以布施为先。所谓布施者，只是舍之一字耳。达者内舍六根，外舍六尘，一切所有，无不舍者。苟非能然，先从财上布施。世人以衣食为命，故财为最重。吾从而舍之，内以破吾之悭，外以济人之急。始而勉强，终则泰然，最可以荡涤私情，祛除执吝。

——《了凡四训》

什么叫做舍财作福？佛门的诸多善行中，以布施最为重要。佛教认为"布施"具有无上功德，是一种把福利施于他人、累积功德以求个人解脱的修行方法。小乘佛教将"布施"分作"财施"、"法施"两种。"财施"指将各种财物布施予人，目的在破除个人的吝啬和贪心，以免除未来世的贫困；"法施"指向人说法传教，目的使人成就解脱之智。大乘佛教将"布施"与大慈大悲的教义相联系，用于普度众生，故"布施"的对象遍及一切有情，并把它纳入大乘佛教的修习方法"六度"之中。"六度"，意为使人们由生死此岸到达涅槃彼岸的六种途径和方法。

所谓布施，就只是一个舍字。明白通达的人内可以舍掉眼、耳、鼻、舌、身、意六根，外可以舍掉色、声、香、味、触、法六尘，所有的一切，没有舍不得的。外无所攀缘的万法,内心又无一识生起。庄子亦有"吾丧我"的观念,出自《庄子·齐物论》。"吾"是我,真我;丧为忘,忘我为去除自我偏见或意识。指忘记自我,与自然和社会融为一体的境界。如果不能做到这一点,就先从布施财物上做起。世人靠衣食维持生存,所以将财物看得最重。我却将财物舍掉,内可以破除我的吝啬之心,外可以救人于危急。一开始可能会有些勉为其难,最终则会泰然处之。这样最有助于洗涤干净自己的私心,去除执着贪吝的念想。

★ 什么叫做护持正法

何谓护持正法?法者,万世生灵之眼目也。不有正法,何以参赞天地?何以裁成万物?何以脱尘离缚?何以经世出世?故凡见圣贤庙貌,经书典籍,皆当敬重而修饬之。至于举扬正法,上报佛恩,尤当勉励。

——《了凡四训》

什么叫做护持正法?法是万世生灵的眼目。没有正法,怎么可以去参与天地的造化?怎么可以使天地万物有序地化育生长?怎么可以挣脱尘世的束缚?怎么可以经理世务,超脱虚幻的世间束缚?所以凡是看到圣贤的庙宇形象,经书典籍,都应当敬重,而加以修缮整理。至于弘扬正法,报答佛祖超度的恩德,尤其应当劝勉鼓励。

★ 什么叫做敬重尊长

何谓敬重尊长?家之父兄,国之君长,与凡年高、德高、位高、识高者,皆当加意奉事。在家而奉侍父母,使深爱婉容,柔声下气,习以成性,便是和气格天之本。出而事君,行一事,毋谓君不知而自恣也。刑一人,毋谓君不知而作威也。事君如天,古人格论,此等处最关阴德。试看忠孝之家,子孙未有不绵远而昌盛者,切须慎之。

——《了凡四训》

什么叫做敬重尊长?家庭中的父兄,国家的君长,以及凡是年事高、德行高、职位高、识见高的人,都应当小心服侍。古代社会家国同构,家庭与国家、社会的结构是相同的。君、臣、民是古代传统的社会结构,它不过是放大了的家庭结构。"君主"相当于社会中的"家长",居统治地位,负责发号施令;"臣"为社会里的"家属",负责执行君主的命令、管理人民;"民"则为社会中的"家奴",为社会的最底层。"身修而后家齐,家齐而后国治,国治而后天下平。"自身修养好了,家政治理好了,国家也就能治理好了。所以服侍好父母才能事奉好君主。在家里服侍父母，要和颜悦色，柔声下气，养成习惯，以成本性，这就是和气感通上天。在外事奉君王，每做一件事情，不要以为君王不知道就恣意妄为。每刑讯一个人，不要以为君王不知道而作威作福。事奉君王就像事奉上天一样，这方面与人的阴德关联最为密切。试看忠孝的人家，子孙没有不连绵不断而且兴隆昌盛的。所以，一定要格外谨慎小心。

古代中国深受"三纲五常"思想的影响。"三纲五常"来源于先秦儒家"君君、臣臣、父父、子子"的伦理思想和仁义道德的说教，董仲舒为论证其合理性和永恒性，用"天人感应论"给"三纲五常"披上了神学外衣。认为君臣、父子、夫妻之义，皆取于阴阳之道。君为阳，臣为阴；父为阳，子为阴；夫为阳，妻为阴。天之道就是阳尊阴卑，阳贵阴贱，阳永远处于主导地位，阴永远处于从属地位。臣侍君、子侍父、妻侍夫是天经地义。因为"君为臣纲"是第一纲，君主秉天意而行事，所以，君主依天意而行事谁也不能违背。事君如事天，否则，上违天意，下抗君主，违背"五常"，必遭惩罚。董仲舒宣布：天不变，道亦不变。因此，"三纲五常"依据天意永远

董仲舒

也不能改变，这就使"三纲五常"固定化，系统化，神学化了。"三纲五常"学说是儒家宗法等级思想和宗法等级制度的最直接、最典型的表现。

★什么叫做爱惜物命

何谓爱惜物命？凡人之所以为人者，惟此恻隐之心而已；求仁者求此，积德者积此。《周礼》："孟春之月，牺牲毋用牝。"孟子谓君子远庖厨，所以全吾恻隐之心也。故前辈有四不食之戒，谓闻杀不食，见杀不食，自养者不食，专为我杀者不食。学者未能断肉，且当从此戒之。

——《了凡四训》

什么叫做爱惜物命？人之所以算作是人，就是因为人有恻隐之心。求仁的就是要求这些，积德的也是要积这些。恻隐之心集中反应了孟子的道德起源论和人性论。孟子认为，人生来的本性中，就有善的因素。他说："人性之善也，犹水之就下也，人无有无善，水无有不下。"在他看来，人性本身是善的，这是一种天生的本

国学经典文库

国学大智慧

·《了凡四训》智慧通解·

图文珍藏版

性,恻隐之心人人具有。孟子还进一步认为恻隐之心是"仁义"的开始,他把"恻隐之心"、"羞恶之心"、"辞让之心"、"是非之心"叫做"四端"。"四端"如能发展起来,就形成了"仁"、"义"、"礼"、"智""四德"。"四德"是"四端"的发展。有了"四德"人就具有了善心。那么为什么有些人不仅不善,反而凶狠残暴?他认为那是因为这些人不注意善的方面,不注意培养和扩大善的结果,也就是没有发扬恻隐之心的结果。

《周礼》上说:"早春的时候,祭祀用的牲畜不要用母的。"孟子说,君子应当远离厨房,这就是为了要保全我们的恻隐之心。所以前辈就有四不食的禁忌,说的是听到宰杀的声音不食,看到宰杀的场面不食,自己喂养的不食,专门为我而宰杀的不食。后来的人们无法断绝吃肉,不妨先从这几条开始禁戒做起。

第五篇 《冰鉴》智慧通解

★ 导读

《冰鉴》，作者曾国藩，是一部鉴人识人之专著。

《冰鉴》集中国历代相术之大成，是中国古代相术流派中"书房派"的代表作。冰鉴，取其以冰为镜，能察秋毫之义。和江湖上流传的相书不同之处就在于重神而兼形，特别强调人的精神和气质。据说曾国藩旦凡用人，必要先看其相。《清史稿·曾国藩传》上说："国藩为人威重、美须髯，目三角有棱，每对客，注视移时不语，见者悚然，退则记其优劣，无或爽者。"

曾国藩以一介儒生，由科举入仕途，遂至青云直上，出将入相。究其原因，应当说，除了他拥有的那套在人事官场应付裕如的"绝学"《挺经》之外，再就是他总结出来并屡试不爽的官场"识人术"——《冰鉴》。正是这套识人术，使他在很短的时间，就在门下罗织了一大批俊彦才杰，如李鸿章、李瀚章、左宗棠、郭嵩焘、彭玉麟、沈葆桢、江忠源等等。这些俊彦才杰，不仅帮助曾国藩成就一代伟业，而且各有建树，名垂史册。正所谓"宁可不识字，不能不识人"。

《冰鉴》一书对后世影响颇大，蒋介石的相人之法，就得益于《冰鉴》。他在安排重要人事时，也常常观察其相貌颜色，以决定用否。蒋纬国在担任三军大学校长期间，该书曾被指定为学生的重要参考书。该书曾在大陆绝迹几十年，近年被整理出版，受到读者青睐。

《冰鉴》智慧通解

图文珍藏版

第一章　面相骨相，察人品质

★ 骨相察神

语云："脱谷为糠，其髓斯存。"神之谓也。"山骞不崩，惟石为镇。"骨之谓也。一身精神，具乎两目；一身骨相，具乎面部。他家兼论形骸，文人先观神骨。开门见山，此为第一。

——《冰鉴》

俗话说："去掉稻谷的外壳，就是没有精髓的谷糠，但稻谷的精华——大米，仍然存在着，不因外壳磨损而丢失。"这个精华，就是人内在的精神状态。山峰表面的泥土虽然经常的脱落流失，但却不会倒塌破碎，正是因为坚硬如钢铁的岩石在那里支撑着，使它得以保持稳固。这就相当于人的骨骼。一个人的精神状态都集中在他的两个眼睛上，一个人的骨骼丰峻与否，都集中呈现在面部。像除文人之外的社会各阶层人士，既要看他们的内在精神状态，又要他们的体势情态。作为以文为主的读书人，主要看他们的精神状态和骨骼是否丰峻。一个人的精神状态和骨骼形貌，犹如两扇大门，而其命运就如同大门外面的一座高山，只要打开精神和形骸的门，就能测知人的内心世界。这是识人的第一要诀。

俗话说："山岳表面的泥土虽然经常脱落流失，但山岳却不会倒塌破碎，因为它的主体部分是硬如钢铁的岩石，不会被风吹雨打去。"这里所说的"镇石"相当于支撑人的身体构架的坚硬部分——骨骼。

曾国藩所言的"骨"，并不是现代人体解剖学意义上的骨骼，而是专指与"神"相配，能够传"神"的那些头面上数量不多的几块骨。"骨"与"神"的关系也可以从"形"与"神"的关系上来理解，但"骨"与"神"之间，带有让人难以捉摸、难以领会的神秘色彩，一般读者往往难于把握，只有在实践中自己去多加体会。对此古代医书中记述道：骨节像金石，欲峻不欲横，欲圆不欲粗。瘦者不欲露骨，肥者不欲露肉，骨与肉相称，气与血相应。骨寒而缩者，不贫则夭。日角之右，月角之左，有骨直起，为金城骨，志向高远。印堂有骨，上至天庭，名天柱骨，从天庭贯顶，名伏犀骨，毅力顽强。面上有骨卓起，名颧骨，主威严。颧骨相连入耳，名玉梁骨，主寿考。自臂至肘为龙骨，欲长与大；自肘至腕名虎骨，欲短而且细。骨欲峻而舒，圆而坚，直而应节,紧而不粗,皆坚实炎相也。颧骨入鬓,名"驿马骨",左目上曰"日角骨",右目上曰"月角骨",骨齐耳为"将军骨",硗日圆谓"龙角骨",两沟外曰"巨鳌骨",额中正两边为"龙骨"。骨不耸兮且不露,又要圆清兼秀气。骨为阳肉为阴,阴不多兮阳不附。若得阴阳骨肉均,少年不贵终身富。骨耸者夭,骨露者无,立骨软弱者寿而不乐,骨横者凶,骨轻者贫贱,骨露者愚俗,骨寒者穷薄,骨圆者有福,骨孤者无亲。又云:"木骨瘦而表黑色,两头粗大,主多穷厄;水骨两头尖,富不可言;火骨两头粗,无德贱如奴;土骨大而皮粗厚,定主多福;金骨坚硬,有寿无乐。或有旋生头角骨者,则享晚年福禄,或旋生颐额者,则晚年至富也。"

曾国藩所言的"神",并非日常所言的"精神"一词,它有比"精神"内涵广阔得多的内容,它是由人的意志、学识、个性、修养、气质、体能、才干、地位、社会阅历等多种因素构成的综合物,是人的内在精神状态。俗话说,人逢喜事精神爽,而这里所论的"神",不会因人一时的喜怒哀乐而发生大的变化,貌有美丑,肤色有黑白,但这些都不会影响"神"的外观,换句话说,"神"有一种穿透力,能越过人貌的干扰而表现出来。比如人们常说"某某有艺术家的气质",这种气质,不会因他的发型、衣着等外貌的改变而完全消失。气质,是"神"的构成之一。从这里也可看出,"神"与日常所言的"精神"并不一样。

一个人的"神"主要集中在两只眼睛里,一个人的骨骼丰俊与否,主要体现在一张面孔上。像工、农、兵、商等类人士,既要考察他们的精神状态,也要考察他们的体势情态;读书人则主要是考察他们的"神"和"骨"。神和骨就像两扇大门,命运就像巍巍立于门外的大山。考察"神""骨",犹如打开两扇大门,山势的起伏昂藏自然尽收眼底。两扇大门——"神"和"骨"——是从外表考察人物的第一要诀。

神是一种气质性的东西,能在后天的环境中发生变化。可能来自于磨炼,也可能来自于阴阳的调和。读书到相当程度,他头面上的气质与其他人有不同,仿佛若有光,这是神的一种表现。在经历事务中成长,历经风雨事变的考验,气质神态又有不同,这也是神的一种表现。神是藏于形之内的,形也就是容貌,尤其是眼睛。神与眼睛的关系就像光与太阳。神通过眼睛外观出来,犹如光从太阳里放射出来普照外物,但神是藏于目之中的,犹如光本身就存在于太阳内部一样。因此曾国藩用八个字来讲:"一身精神,具乎两目。"

总之,"神"并不能脱离具体的物质东西而空空地存在,它肯定有所依附,这就是说"神"为"形"之表,"形"为"神"之依,"神"是蕴含在"形"之中的。

在古代,读书人是为数不多的一部分,他们的思想很复杂,心眼也多。比如说水泊梁山那一百零八个草莽英雄,真正的读书人只有军师吴用等几个,其他英雄是大块吃肉、大碗喝酒的,怎么想就怎么说,怎么想就怎么做。但吴用就不一样,当卢俊义为晁盖报仇以后,宋江要推卢俊义坐头把交椅,吴用是反对的,但他不说,使个眼神,黑旋风李逵就跳出来了。吴用也许考虑自己的身份,带头反对,不给卢俊义面子;但从另一方面来讲,他不出面,至少不会得罪卢俊义。万一宋江要死命坚持晁盖临死前的诺言——谁为他报仇,谁就坐头把交椅——那卢俊义还是要坐的,吴用自己不出面,两人都不会得罪,何乐而不为呢?李逵、武松等血性汗子就不会有这么多心眼了。

读书读进去了，就在心里积储了一种气功态。换句话说，读书人长期在练气功，气质与常人也有不同。但他们中也有心怀邪念的小人，也有落井下石、拐骗别人妻女财物声名的不义之士，在文儒雅士、谦谦君子的文明面纱掩盖下，该如何识别呢？

这就要看骨相察神。这一点大家都知道，心有所动，眼睛会流露出变化，这其实就是在由眼睛察神。不论神光内敛，锋芒外显，神所传递的心性正邪、智慧愚笨都掩盖不了，一如云层厚积中的阳光，区别仅在于会不会鉴别。

这就是曾国藩讲的"文人先观神骨，开门见山，此为第一"，犹如大门与门外的大山，门一打开，山势的幽深伏藏、奇伟雄姿自然一目了然。察神，相当于推开大门，门一开，事业与才能就能预测出来了。

曾国藩是科举出身，行军打仗也多从文人中选拔将领，因而一生识别的读书人无数。"一身精神，具乎两目；一身骨相，具乎面部"这句话简简单单平平实实，却是他一生经历的结晶。后世文人推崇曾国藩，仅此就足以理解一些文人的敬佩之心了。

"神"正其人正，"神"邪其人奸。观察个人的"神"，可以辨别他的忠奸贤肖。平常所说的"人逢喜事精神爽"，是不分品质好坏而人所共有的精神状态。这里谈及的"神"与"精神"一词不完全一样，它发自于人的心性品质，集中体现在面部，尤其是两只眼睛里，即曾国藩所说的"一身精神，具乎两目"。

曾国藩本人在60岁时，已深感神不足，气血亏损过度。除年龄因素外，与他常年不敢怠情公务和学习有关。临死前第三天，他在日记中写道：

余精神散漫已久（知大限将至），凡遇应了结文件，久不能完，应收拾文件，久不能检，如败叶满山，全无归宿。通籍三十余年，官至极品，而学业一无所成（太过谦虚），德行一无所成，老大徒伤，不胜悚惶惭郝。

如果一个人的"神"平和端庄，"神"定，表明他道德高尚，对上级忠心耿耿，不会肆意叛主，也不会因周遭事物的变化而随意改变节操和信仰，敢于坚持正确的东西，意志很坚定。

如果一个人的"神"侵邪偏狭，"神"挫，其品格卑下，心怀邪念，容易见异思迁，随便放弃自己的道德情操而趋利。这种人平常善于掩饰自己，往往在准备充分、形势成熟后才显出本性，而不会轻易发难，不打无准备之仗，是大奸大贼一类的人，比如王莽。

《资治通鉴》里讲，王莽的姑姑是皇后娘娘，几个叔伯也都贵为将军公侯，但他的老爸王曼死得太早。孤儿寡母的，虽然生活不成问题，但在族人中受到的冷落和排斥，给王莽造成了极大的心理压力，这也许是他日后篡夺王位的叛逆性格的最初原因。王莽稍稍懂事以后，就开始勤奋学习。王安石讲：贫者因书而富，富者因书而贵，贵者因书而守成。王莽渐渐以一个谦让恭俭、不侍享乐的进步青年形象出现在族人面前，穿戴得像一个克己修身的儒生，不仅对母亲和亲长极其孝顺（古时候孝敬父母师长是最大的美德，许多人因此而做官），而且气度豪迈，与朝野的光明俊伟人士交往结纳，深得时人的赞誉。王莽也因此平步青云，很快做上了大司马，时年38岁。他更加注意自己的形象和声誉。母亲生了病，其他大臣派夫人来探视。

一个穿着粗布衣服、妆饰与一般仆妇无多大区别的妇人出来迎接她们。那些夫人们以前都听说过王莽家居生活比较简朴，还不以为意，当那个妇人自称是王莽的妻子时，众夫人惊得眼睛铜铃大。

新升任司空的彭宣看到王莽之后，悄悄对大儿子说："王莽神清而朗，气很足，但是神中带有邪狭的味道，专权后可能要坏事。我又不肯附庸他，这官不做也罢。"于是上书，称自己"昏乱遗忘，乞骸骨归乡里"。用鉴别人才的"神"来分析，"神清而朗"，指人聪明秀出，不是一般的人；神有邪狭之色，说明为人不正，心中藏着奸诈意图。王莽可能也感觉到了彭宣看出一些什么，但抓不到把柄，恨恨地同意了他的辞官，却又不肯赏赐养老金。

王莽专权篡位后，正像彭宣所说中的，奸诈虚伪终于袒露于天下。如果王莽得势之前，有当权的人能发现他的心怀险诈，也许历史会是另一个样子。这就说明骨相可以察一个人的神邪。相比之下，曾国藩是骨相察人的高手。曾国藩慧眼识江忠源的故事广为人们所称颂。

江忠源（1812～1854），字常孺，号岷樵，湖南新宁人。本是读书人，后成为湘军中很有代表性的文人勇将。1848年开始办团练，比洪秀全领导的太平天国金田起义（1851年）还早三年，而曾国藩本人是1853年才开始办团练的。江忠源办团练，是为镇压新宁县的青莲教起义。青莲教首领雷再浩率众起事，江忠源率乡里团练（不算正规军队），一役即将雷再浩剿灭。由此授七品知县，往浙江任职。

江忠源本在湖南偏僻山中读书，因参加科举考试到了北京，以同乡晚辈的身份去拜见曾国藩（当时曾国藩已是二品官员，而江忠源只是一个普通的待进科举的读书人）。见面后，两人谈得很

江忠源

投机，曾国藩也赏识江忠源的才华。江忠源告辞时，曾国藩目不转睛地看着他离去，直到他出到门外。曾国藩对左右人说："这个人将来会立名天下，可惜会悲壮惨节而死。"后来的史实印证了曾国藩察人的正确。

太平军在广西起义后，1852年，江忠源带兵进驻广西，奔赴广西副都统乌兰泰帐下，准备阻击节节胜利的太平军。曾国藩知道后，从北京给江忠源写信，坚决反对他投笔从戎，认为他"读书山中"，投笔从戎，"则非所宜"。他还动员朋友劝阻江忠源，认为"团练防守"即为文人本分，他率兵去广西，就是"大节已亏"。曾国藩为什么要坚决反对江忠源投笔从戎，旁人以为是他"爱人以德"，不愿江忠源文员夺武弁之制，但是否与他认为江忠源"当会悲壮惨节而死"有关呢？

江忠源与太平军的第一次作战，即大告成功。他率军在广西蓑衣渡设伏，重创太平军,太平军早期领袖南王冯云山即牺牲于此役。江忠源因此以善带兵而名闻朝廷。似乎与后来八路军在平型关设伏、重创日军而名震华夏一样。江忠源所率部众也是第一支出省作战的湘军。

由于江忠源追击太平军有功,军功累积,由七品知县迅速升迁至安徽巡抚(官级三品)。

1854 年,太平天国勇将、翼王石达开率兵迎战曾国藩湘军。江忠源防守庐州,被太平军围困,城破,江忠源苦战力竭后,溺水悲壮而死。

曾国藩是根据什么来判断江忠源会"立名天下,当悲壮惨节而死",现在已无从考证;但可以肯定的是,注视良久,肯定与察神有关,可见"文人先观神骨"意义非常。

任何一位领导人,在考察人物方面都有其独特的禀赋。不如此,不足以成就事业。一个人的力量毕竟有限,领导人必须会鉴别人才,然后才能组建强有力的核心智慧首脑,带领他们沿着正确方向前进。

纵观古今人物,身为团体领导人,惟有曾国藩留下了一套鉴别人才的非常系统的学问《冰鉴》。唐代的袁天罡,宋代的陈传,都是鉴别人物的高手,但他们都不是世俗中人,偏僧偏道,游于山水之间,过着神仙似的生活。而曾国藩秉承"兼善天下"的思想,从未打算要归隐山林,秉承他祖父鼓励他的竭心尽血效忠朝廷的思想,从而留下了一套鉴人的学问。

曾国藩这套鉴别人才的学问,影响不小,与民间流传的相学也区别甚大。相学是静态考察,易流于机械主义,而且宣扬命运天授思想,看不到个人努力的作用,还从面相中定人一生富贵。人的富贵荣华,受家庭、历史条件、个人奋斗等多种因素影响,仅凭相貌来定,少掉了许多依据,正确性是不足为论的。曾国藩鉴别人才,一个核心思想是从他的相貌、言语、行动特征来考察其思维和做事的方法,从而判断他才能的大小;以此确定他适合担任什么工作。

这样的思想才是考察人物、鉴别人才的正道,今天的领导人要善于从中汲取精华,领会其精髓。

★ 观骨察人

骨有九起:天庭骨隆起,枕骨强起,顶骨平起,佐串骨角起,太阳骨线起,眉骨伏犀起,鼻骨芽起,颧骨若不得而起,项骨平伏起。在头,以天庭骨、枕骨、太阳骨为主;在面,以眉骨、颧骨为主。五者备,柱石之器也;一,则不穷;二,则不贱;三,则动履稍胜;四,则贵矣。

——《冰鉴》

九贵骨有几种不同的长势:天庭骨丰隆而起是贵相,枕骨充实显露为贵相,顶骨平正而突兀是贵相,佐串骨的贵相是骨峰斜上插向发际,其状如角。太阳骨直线上升为贵相,眉骨的贵相是棱而不露,隐然若犀牛角之平伏。鼻骨的贵相是像芦笋竹那样竣拔而挺直。颧骨的贵相是有力有势,不露不陷。顶骨以平伏厚实,不显不露为贵。头部的骨相主要看天庭骨、枕骨、太阳骨这三处关键部位。面部的骨相,主要看眉骨,颧骨这两处起关键作用的部位。如果以上五种骨相完全具备,此人必定是国家栋梁之材。如果以上五种骨相只具备一种,此人就不会贫穷。如果以上五种骨相能具备三种,只要有所作为,就会渐渐发达起来。如果能具备其中的四种,此人一定会显贵。

骨相是人的精神外显,有自然流露和勉强抖擞之别。凡属自然者,出于真诚,无意作态,因此气终不绝,流露持久,其"神"自然有余,所以称为"续"。而勉强者,故意造作,缺乏真诚,因此底气不足,抖擞短暂,其"神"自然不足,所以称为"断"。

"凡精神抖擞处,易见",这是说,精神一旦振作起来,不论是真情流露的,还是故意造作的,当它显现时,都能看到它的振作;但这并不是一个人"神"的真实情况,这一种状态是不全面的、片面的,必须结合另一种状态——"断处",才能发现"神"的真实状况,自然流露与勉强振作的区别,应在动态中,才能准确区分,即在"断续之处"去进一步鉴别真假。看看曾国藩对九贵骨的分析:

一为颧口骨。面部左右两边、眼尾下方突起的骨叫颧骨,共有两块。

二为驿马骨。驿马骨即颧骨势入"天苍"的骨,共两块,颧骨不入"天苍",则叫做驿马骨未成。

三为将军骨。即耳骨,也是两块。

四为日角骨。左眉上方隐隐突起的骨叫做日角骨,一块。左眼为日,所以其上方的骨叫日角骨。

五为月角骨。右眉上方隐隐突出的骨叫做月角骨,一块。右眼为月,所以其上方的骨称月角骨。

六为龙宫骨。围绕双眼突出的骨叫做龙宫骨,共两块。

七为伏犀骨。由鼻上一骨直线向上,到额部"天庭",再由"天庭"直贯到头顶(一说脑后)的一段骨,一块。——其状如隐伏的犀角,故称。

八为巨鳌骨。两耳后耸起直到脑后的大骨叫巨鳌骨,共两块。

九为龙角骨。又称辅骨,为两眉眉尾上方斜入"边地"稍高似角的骨。

"九贵骨"各有所主,各有所势,基本情况是:

颧口骨——显示威严

驿马骨——显示尊严

将军骨——显示勇武

日角骨——显示智慧

月角骨——显示机敏

龙宫骨——显示毅力

伏犀骨——显示勤勉

龙角骨——显示果断

总的来说,"九贵"以丰隆而圆润为贵。如能参考人的神、精、筋、骨、气、色、仪、容、言等多方面来分析其"骨"相，则更有准确性。

水有清浊之分，人有智愚贤不肖之别。古人就用"清"与"浊"来区分人的智愚贤不肖，《冰鉴》自然也会很重视"清浊"。中国古代哲学观有天人合一，人与自然同一的思想，相学的"清浊"就相当于从"人合于自然"的方式来评判人的行为举止，区分人的智愚贤不肖测知人的骞达命运。

清，如水的清澈明澄，用在人身上，就是清纯、清朗、澄明、无杂质的状态，与人的端庄、豁达、开明风度相配，常与"秀"连之，称为"清秀"。

浊，如水的浊重昏暗，用在人身上就是昏沉、糊涂、驳杂不纯的状态，与粗鲁、愚笨、庸俗、猥琐、鄙陋相配，常与"昏"连用，称为"昏浊"。

从这儿可以看出，清与浊是相对应的一组概念，说明人是聪明还是愚笨，智慧还是鲁钝，在评判人的命运时，清者贵，浊者贱。

观骨识人，骨有九起，各有清浊之分。关于清浊愚贤，孔子与鲁哀公具体谈到了人才辨识的问题。

孔子说："人可分为五品：有庸人，有士，有君子，有贤人，有大圣。"鲁哀公问孔子道："请问如何行事就算是庸人呢？"孔子回答他说："我所说的庸人，嘴里说不出有道理的话，心里不知思虑，不懂得选择贤能善良的人把自己托付给他让他分担自己的忧困；行动没有目的，不知道该在什么地方停下来；每天都在忙于选择事物，却不知道什么东西可贵，盲目跟从外物的驱使，却不知自己应该有个什么归宿，放任利欲浸害自己的本性，心情日趋败坏，像这样行事，就算得上是庸人了。"哀公说："好。请问如何行事算是士呢？"孔子回答说："我所说的士，虽然不能穷尽各种道术，但总要有所遵循，虽然不能事事做得尽善尽美，但总要能够落实。所以士对于知识并不求多，而是追求所掌握的知识达到精神的程度。他们对于言语也不求多，而是追求使自己讲的话精当，他们还不妄求多做，而是追求用最恰当的方式来作事。所以对于他们，知识既然已经取得了，言语既然已经说出来了，行为既然已经发生了，就好像是性命、肌肤不可改变一样。因此，富贵并不足以替他增加什么，卑贱也不足以损害他什么，能够这样行事的，就称得上是士了。"

于是哀公又问孔子如何行事才算是君子。孔子回答说："我所说的君子，说话讲求忠信，但内心并不以道德高人一等自居；行为讲求仁义，但并不露出得意的神色；思考问题明白练达，但言辞并不锋芒毕露，这样就让人觉得谁都能够比得上他似的，这就算是君子了。"尔后，孔子又向哀公讲了贤人的标准，就是"行动合乎规矩，又不觉得本性受到压抑，言语足以为天下效法但却能保证自己不为人言所伤，掌握着天下的财富，但却没有不义之财，恩惠遍及天下而自己又不用为贫困所忧虑，能做到这些，就算得上贤人了"。接着孔子又向哀公讲述了大圣的标准，他说："我所说的大圣，是通达大道、有无限的应变能力、明了万物情性的人。大道，就是借以变化而造就出万物的法则；情性，就是生来如此，难以变换的本性。所以，他要做的，是辨别天地间的万物，他对事物的明察洞悉就好比是日月，他还要像风雨一样普施于万物。他的态度虽说是平平和和，但他的行为是不可仿效的，就好像是天的儿子，他的行为是人们不可理解的，百姓们浅薄，所以不可能认识到他所从事的事情，这样的人，就叫做大圣了。"

孔子对于人物的这段品评,最基本的一个标准就是看人能不能以及在何种程度上能够识大体。以此为根据,孔子把人分为庸人、士、君子、贤人、大圣五个层次。应当看到,在这些层次之间固然有精有粗的差别,更有大道与小道的差别。其实,在孔子看来,鉴别人的标准与一个人自我修养的标准是一致的。孔子树立起这个一般的对人的衡量标准,实际上在于他期望人们对于人生都有一种理性的自觉。

　　所以晋代的思想家葛洪就认为,招纳贤才,重用能人,是所有领导者的第一要务。"要渡大江大海,而舍弃渡船,那是必不能成功的;要治理天下,使国家兴旺,而舍弃贤良之士的辅佐,要成就大业则是没有任何可能的;大鹏鸟要高飞翱翔九霄,凭借的就是翅膀的力量;龙要飞上天空,借助于云雾的支持,所以招贤重用人才,是人主的第一要务,立功名建立不朽的事业,则是英俊杰出之士的追求。倘若一个人想治国安邦,却不注意招揽人才,不重用人才,那么,就如同要走远路而放走千里之骏马一样愚笨可笑。"

　　治国安邦,立功成事,必然依靠智力,依靠人才,所以,招贤用才,是"人主之要务"。能否尊重知识,尊重人才,使用好的干才,是衡量任何领导者的重要标志。

　　作为领导,你总是无时无刻承受着来自各方面的威胁。这些绝大多数都是隐性的,都是你很难体察到的,而且多数来自于你的同僚。许多同僚对你的态度很和顺,有说有笑,你甚至把他们当作了自己最亲近的人,把自己的所有情况,包括欢乐和悲伤,喜好和憎恶,都毫无保留地告诉了他们。但是,这些人往往并不会对你抱以真心。反而透彻明晰地了解你,而后洞悉你的弱点并作为打垮你的利器,从而把作为他们的潜在威胁的你清除掉,这才是他们的目的。所有的一切都是一个圈套。直到你被他们打得落花流水,地位全无,一直沉浸在畅想之中的你才会如梦初醒。

　　无论是在政界,还是在商界,明里拉帮结派,互帮互助,暗地里却互相拆台使绊的现象此起彼伏。如果你想成为一个成功的领导人,那么你就要有能力洞察别人对你是不是明里陪笑,暗里动刀。要记住,这个世界并不是充满着温馨怡人的亲情和友情,还有许多时间和场合里充满着伪善和欺骗。不要将自己的底细轻易地向人兜售出去,那样会被居心不良的人当成击败你的利器。

　　围绕在你周围的有很多人,都表现得对你非常友善,肝胆相照,并且信誓旦旦地要和你一起合作,共同创造一片新天地。面对这种情况,你也许会无所适从,因为你无法确定哪一个是真的,哪一个是假的。但是,如果你真正地观察体验,真假还是很容易鉴别出来的:

　　1. 对方在倾听你的诉说的时候是报以真诚的同情和感慨呢,还是目光闪烁,有时会出现若有所思的样子呢? 如果是后者,那么对方很有可能是一个居心叵测的人。当然,这需要你去仔细观察他的言行并注视他的眼睛。

　　2. 仔细地回想一下,当你有意无意地想结束自己倾诉的时候,他是不是很巧妙地利用一些隐蔽性极强的问题重新打开你的话匣子呢? 而且你随后所说的内容又恰恰是容易被别人利用的东西。

　　3. 如果你偶然得知有人总是在不经意之中向你所亲近的人打听一些有关于你的消息,那么你最好疏远他们。

　　4. 有些笑容并不是很自然,而像是从脸皮上挤出来的。有时你觉得并没有丝

《冰鉴》智慧通解·

图文珍藏版

毫可笑的地方,而对方却能够笑起来,这种人也要适当地多加小心注意。

5.如果有些东西你觉得实在忍不住,不吐不快,那么你要尽量找一个自己亲近的人诉说一番,比如你的父母、妻子甚至孩子。这会缓解你心中的郁结,减少情绪上的大起大落,更显城府。

总之,无论通过什么样的骨相来察人,关键在于真正发现人的一技之才,识别真正的人才。

★ 容貌察人

貌有清、古、奇、秀之别,总之不必须看科名星与阴骘纹为主。科名星,十三岁至三十九岁随时而见;阴骘纹,十九岁至四十六岁随时而见。二者全,大物也;得一亦贵。科名星见于印堂眉彩,时隐时见,或为钢针,或为小丸,尝有光气,酒后及发怒时易见。阴骘纹见于眼角,阴雨便见,如三叉样,假寐时最易见。得科名星者早荣,得阴骘纹者迟发。二者全无,前程莫问。阴骘纹见于喉间,又主生贵子;杂路不在此格。

——《冰鉴》

人的相貌有清秀、古朴、奇伟、秀美的分别。这四种相貌主要以科名星和阴骘纹为主去辨别。科名星,在十三岁到三十九岁这段时间随时都可以看到,阴骘纹,在十九岁到四十六岁这段时间也可随时看到。阴骘纹和科名星这两样都具备的话,将来不会是一般的人物,能够得到其中一样,也会富贵。科名星显现在印堂和眉彩之间,有时会出现,有时又隐藏不现,形状有时像钢针,有时如小球,是一种红光紫气,在喝酒之后和发怒时容易看见。阴骘纹出现在眼角之处,遇到阴天或下雨天便能看见,像三股叉的样子,在人快要睡着的时候最容易看见。有科名星者,少年时就会发达荣耀,有阴骘纹者,发迹的时间要晚一些。两者都没有的话,前程就别问了。另外,阴骘纹若现于咽喉部位,主人喜得贵子。若阴骘纹出现在其他部位,则不能这样断定,属其他杂格。

从理论上讨论,分人为"容"与"貌"两部分,是可行的,而且是必要的,有利于理清鉴别、考察人物这种特殊活动的行为脉落和层次,为研究鉴别人才的工作提供一种参考。在实践这种活动时,基于经验和综合判断,不排除天分和人类的某些神秘感觉因素,佛学中统之为"缘"。这可以用来解释一种现象:虽知他为一人才,终不能为我所用;另一种情况是,在我这儿总不能体现他的才能,做不好许多本可以做好的事,换到其他处,却有如神助,办事顺畅淋漓如行云流水而有功。这种现象可以找到许多解释理由,如时机、环境等。

貌合两仪而论,当是指头面上的形象状貌,包括口、鼻、耳、目、眉等。貌应该是容的一个构成部分,由于人的精、气、神主要体现在面部,因此把"貌"单列出来与"容"并行而论。细分,貌也包括两个方面。一是构成貌的具体眼、耳、鼻、口、眉,是静态的貌；二是动态的貌，它构成人的情态。

分人为容与貌两方面，使考察人物的活动更严谨，更有层次，能克服泛泛而论的缺陷，也不致流于宿命论主义。

和谐为美。容貌如果和谐，配合有情，也是美的。容貌的美天然生成，但考察人物不以身体四肢容貌的长短肥瘦为标准，美丽修长固然让人心悦，但人物的有用性，多在才，少赖貌。因此，能两兼其美，才貌双全，固然最好，然而难求；二者不可兼得时，宁可才有余。自古红颜多薄命，有其社会历史性，更多是因为人的占有与劫掠欲望；生有红颜而不欲自救自助者，其薄命结果在今天是另一种责任和悲剧。

胸腹手足，耳目口鼻，不论大小美丑圆缺，相顾相生，互相搭配，就是好的。这合于自然之理，人为天地所生，其自然本性、动物属性虽有改变，但始终不会消失（比如春天是动物的发情期，而人的春情萌动也在这个季节最盛，强奸、乱性、偷情，春季的比例高于其他三季）。匀称、配合有情是自然美的法则，也适用于人。反之，如背如凑，林林总总，则不足论了。容、貌各部位挤压拼凑，破和谐的原则，纷纭杂乱，不佳，也不足论。

另有一种奇貌。孔子生得丑，鼻孔上翻，不合于美的原则，因此虽盛名隆于当世，却始终未被重用。这里有一个美与才的问题。又有许多人生得英俊美丽，才名双全。因此，貌的美丑不能作鉴人标准。可惜许多用人者，拂不去心中的美丑情愫，爱屋及乌，情入脊里，不能广纳天下豪士，故其事功败垂成，不能全终。而历代开国雄豪，则纳名士不拘小节，故可成其万世之功。现在虽不以兵政逐鹿天下，而人才的道理，商场如战场，根本原理与法则都是相同的。乱世用奇，治世用正，以奇始，以正合，始终是不变的。

从鉴别人物角度分，容以七尺为期，当是指人的整个身体，包括头、颈、胸、背、腰、腹、臀、乳与四肢手足。细分，容有两个方面的内容，一指身体的静态表现（如前所述），二指身体的动态表现，如言谈举止，喜怒哀乐。通过身体的静态表现（容的静态），可以发现人外在的美，这是一种装饰，可悦人一时之乐；通过身体的动态表现（容的动态），可以发现人的心性品质能力，这是鉴别人才的主要根据，虽不易知，但可说人一世之乐。

从外貌鉴别人才，"整"是其规律的不二法门。整，不指人长短漂亮英俊，而是人的身体部位均衡、匀称、协调与否。在国画中，各图位匀称是美的，而奇峰险水、布局奇异的，也是美的，关键在它的整体风骨情调有无妙的神韵，人才之道同理。

用人讲究乱世用奇，治世用正；兵法上也有奇正结合之说，鉴别人才时也有奇正全偏的区别。在容贵整的三种表征之外，另有一种以奇为贵的特例。鉴人察性，除了用一般的原则方法之外，奇人异士又是一种奇特的例证，不合于常情常理。

传说中，黄帝长着一副龙颜，颛顼载牛而出，帝喾重列长齿，尧身长十尺、眉分八彩，舜眼睛重瞳，禹耳朵洞三孔，商汤臂生两肘，武王眼睛如阳斧高举，周公背驼如偻，皋陶生有马口，孔子反羽。以上被古称为十二圣人的，无不生有奇相，因此其贵非常。在《三国演义》里，也演出了这种说法，刘备两耳垂肩，双手过膝，关羽身高九尺，面如重枣，曹操也是一幅勇武奇相。这些说法究竟有多大的可信度，已无从考证，旨且对普通大众而言，也勿须考证，旨在证实一种说法：以奇为贵。

手长于身,身过于体,是奇相;罗纹满身,胸含秀骨,是奇相;但二者都不少得"精气神妙",精气神足,体态饱满,照古人之说,不封侯王宰相,也可高中状元。

负重高官,行路有如重负在背,沉稳有力,坚实稳健,不疾不徐,而无大山压顶之绝望吃力态,也是好的,是担当重任的象征。这种任重道远的类比取象手法,涵盖了中国古人思维方式的结晶。鼠行好利,道理同一。行步像老鼠一样细碎快速,无声而疾,急速匆忙,左顾右盼,目光闪烁不定,稍有声响,即如惊惶鼠窜。这种人是生性好利之人,不是重义气重朋友的汉子。从做人来看,好小利之人,往往心怀鬼胎,走起路来碎步匆忙,贼眼顾盼碎步不怕,怕的是加上贼眼顾盼,"鼠行好利",实在是绝妙好词,传神之语。

我们对于人的观察通常都是从其外貌开始的,所以外貌的好坏常常决定于人们对他的印象。但做为一个重要岗位上的领导者就要力争摆脱这种以貌取人的传统方式,而应该从人才的本质去认识。

根据容貌识别取人,就会因为不能任用子羽这样的人而犯过失;根据言辞识别取人,就会因为信任宰予这样的人而犯过失。说明识别选人要察其实,不可以容貌、言语来作为标准。

观察评定一匹好马,往往因为它表面上瘦弱而错认为是一匹劣马;评价一位有真才实学的人,往往因为贫穷和没有地位而错误地认为不可取。说明识才要重实质,而不可只看表面现象。

澹台灭明,武城人,字子羽,比孔子小三十九岁。他长得丑陋,欲拜孔子为师,孔子看了他那副尊容,认为难以成才,不会有大出息,因子羽是他的学生子游介绍来求学的,孔子虽看不起他,还是收留为弟子。他在孔子那里学了三年左右,孔子才知他是个貌丑而才高德隆的人,所以说"以貌取人,失之子羽。"子羽学成后,曾任鲁国大夫,后来南下楚国,他设坛讲学,培养了不少人才,成为当时儒家的南方的一个有影响的学派。

俗话说,透过表象才能看到实质。我们观察到,真正勇敢的人表面上看来是怯懦,真正聪明的人表面上看来很愚笨。严冬来到,霜雪降落之后,这才看出松柏生命力的旺盛来。所以看人要看本质:最正直的好像弯曲,最灵巧的好像笨拙。都睡着了,那瞎子也不会被人看出是瞎子;都沉默了,那哑巴也不会被人看出是哑巴。你的仁义可以打动君子之心,财利可以打动贪人之心。识别品德高尚与低下的人,只须以义、利即可。在大事和难事面前,要看其如何处理。在不利和有利境遇下,要看其胸怀是否开阔。碰到高兴和愤怒的事情要看其修养是否良好。遇到那些应该做还是不应该做的事情时,要看识别和见解能力。意指要通过观察行为来识别人才。

★ 面相识人

目者面之渊,不深则不清。鼻者面之山,不高则不灵。口阔而方禄千钟,齿多而圆不家食。眼角入鬓，必掌刑名。顶见于面，终身钱谷，出贵征也。舌脱无官，橘皮不显。文人不伤左目，鹰鼻动便食人，此贱征也。

——《冰鉴》

眼睛就像面部的两方深潭，如果没有深邃含蓄清幽状态，那么神就不清，也少灵气。鼻就像面部的高山，如果没有挺立高拔的气势，也缺少秀美山岳的灵敏之气。口唇宽阔，方正，必能身居高位，享受国家俸禄，牙齿细碎圆润如美丽洁白贝壳的贝齿，必定能四方有食，不必屈守家中。眼角秀长斜插入鬓的，必能掌生杀大权，在司法机关任高职。谢顶并与额头连成圆圆一片的，终身富有，所谓"十秃九富"是也。这些都是地位显贵尊荣的象征。舌头大、又意思传不清的，必定没有高官之运；面部皮肤如橘皮的人也不会显达。文人不能伤左眼的文曲星，像老鹰一样的鹰钩鼻者为人凶狠，动辄食人。这些都是卑贱的特征。

曾国藩认为，一个人头部圆圆，一定富贵；眼睛流露善意，心底必定慈悲；眼睛横竖，性情刚烈；眼珠暴突，性情凶恶；眼睛斜视不语，心怀妒忌不满，近距离细看则神情内藏不露。性情温柔的人容貌平和，脸色青蓝的人多遭困顿，脸色红黄不改的人一定荣昌，面上有黑白色，疾病不断，面土紫色，福禄晚至，面上赤红色，必有犯官作乱之事。眉毛平直如一字，仁义之人。鼻头尖薄，定是奸险孤贫之人，鼻头圆圆，好似截筒，定居高位。眼珠黑如点漆，富贵聪明。四字口，朱红唇，日月二角朝向天仓，此是公侯之相。眉毛高翘，两耳耸起，官运亨通。

仪表，可以显示一个人的性情、能力、福泽等等。因此，每一个器官都有许多形容词，因其人的身分不同，形容词的含义亦会发生极大甚至截然相反的变化。

古人认为人的面相脸型与人的成就具有密切关系。清朝举人会试三科不中，而年龄渐长，苦生计艰难，需要俸禄来赡家时，可申请"大挑脸"，则纯然以貌取人，而以一字为评，长方为"同"字脸，圆脸为"田"字脸，方脸为"国"字脸，这都是能挑中的好脸；而冷落的则有上丰下锐的"甲"字脸，反之即为"由"字脸，上下皆锐则为"中"字脸，均不能重用。

就相貌来看人，最要紧的是"五官端正"。端正即是匀称之意，"五短身材"之所以相法上目为贵格，就在匀称。就五官的个别而言，在男子眉宁粗勿淡，眼宁大勿细，鼻宁高勿塌，口宁阔勿小，耳宁长勿短，当然要恰如其分，过与不及，皆非美事。

明建文二年（公元 1400 年）策试中试举人有个叫王良的对策最佳，但以其貌不扬，被抑为第二，原本第二的胡靖擢为第一。后来惠帝亡国，倒是王良以死殉国，而胡靖却投靠了永乐皇帝，做了高官。明英宗对朝臣的相貌也特别看重，天顺时，大同巡抚韩雍升为兵部侍郎，英宗发诏让大学士李贤举荐一个与韩雍人品相同的人继任。李贤举荐了山东按察使王越。王越人长得身材高大，步履轻捷，又喜着宽身短袖的服饰，英宗见后很是满意，说："王越是爽利武职打扮。"后来王在边陲果然颇有战功。

古人认为，好的面色是：面相有威严，意志坚强，富有魄力，处事果断，无私正直、嫉恶如仇；秃发谢顶，善于理财，有掌管钱物的能力；观颧高耸圆重，面目威严，有权有势，众人依顺；颧高鼻丰并与下巴相称，中年到老年享福不断；颧隆鼻高，脸颐丰腴，晚年更为富足；颧骨高耸，眼长而印堂丰满，脸相威严，贵享八方朝贡；

识面认为不好的脸色是：颧高面脸颐削瘦，做事难成，晚年孤独清苦。颧面而鬓发疏稀，老来孤独；颧高鼻陷，做事多成亦多败。薄脸皮的人常常会被误认为高傲，或者低能。这些误解更增加了薄脸皮者在人际交往中的困难。因此，他们在处理问题时常常不敢大胆行事，宁愿选择消极应付的办法。他们对工作往往但求无过，不求有功，怕担风险。然而，脸皮薄的人并非一无是处。一般说来，脸皮薄者的为人倒是比较坚定可靠的。他们是好部下，好朋友，在特定的狭小范围内，还可以充任好骨干。

人类对事物的一般认识过程是：首先是感官接受了外界事物，然后心里有了印象，接着发出声音加以评论，最后才表现为人的外表反应。所以我们可以说从貌知其音，再知其心气，最后看清他的内心世界。我们从以下方面可作一些参考。

（1）一个心质诚仁的人，必定会展现出温柔随和的貌色。

（2）一个心质诚勇的人，必定会展示出严肃庄重的貌色。

（3）一个心质诚智的人，必定会展示出明智清楚的貌色。

通过相貌和表情来了解人，是"识人"的一种辅助手段。但是，把它绝对化，把"识人"变成以貌取人，就会错识人才，乃至失去人才。

三国时，东吴的国君孙权号称是善识人才的明君，但却曾"相马失于瘦、遂遗千里足"。周瑜死后，鲁肃向孙权力荐庞统。孙权听后先是大喜，但见面后却心中不悦。因为庞统生得浓眉掀鼻、黑面短髯、形容古怪，加之庞统不推崇孙权一向器重的周瑜，孙权便错误地认为庞统只不过是一介狂士，没什么大用。于是，鲁肃提醒孙权，庞统在赤壁大战时曾献连环计，立下奇功，以期说服孙权，而孙权却固执己见，最终把庞统从江南逼走。鲁肃见事已至此，转而把庞统推荐给刘备。谁知，爱才心切的刘备，也犯了同样的错误。他见庞统相貌丑陋，心中也不高兴，只让他当了个小小的县令。有匡世之才的庞统，只因相貌长得不俊，竟然几处遭到冷落，报国无门，不得重用。后来，还是张飞了解了他的真才后极力举荐，刘备才委以副军师的职务。

一向慧眼识珠的曹操，也有以貌取人的错举。益州张松过目不忘，乃天下奇才，只是生得额镂头尖，鼻偃齿露，身短不满五尺。当张松暗携西川四十一州地图，千里迢迢来到许昌打算进献给曹操时，曹操见张松"人物猥琐"，从而产生厌烦之感；加之张松言词激烈，揭了自己的短处，便将张松赶出国门。刘备乘机而入，争取到了张松，从而取得了进取西川军事上的优势。如果曹操不是以貌取人，而是礼待张松，充分发挥其才识，那样恐怕会是另一种结果。

孙权

国学经典文库

国学大智慧

·资政智慧·

图文珍藏版

晋代学者葛洪在《抱朴子·外篇》中深有感触地说：看一个人的外表是无法识察其本质的，凭一个人的相貌是不可衡量其能力的。有的人其貌不扬，甚至丑陋，但却是千古奇才；有的人虽堂堂仪表，却是"金玉其外，败絮其中"的草包，倘以貌取人，就会造成取者非才或才者非取的后果。

同样，现代企业的领导者，要真正识别人才，就需要对个人进行全方位的审察，看其是否具有相当的能力，是否有发展前途。如果不注重一个人的学识、智慧、能力等方面的培养与使用，不注重其专长的发挥，不是通过其对某些问题的看法来衡量他的判断能力、表达能力、驾驭语言的能力，而是仅凭一个人的相貌如何来判断其能力的大小，甚至由此来决定人才的取舍，那么，必将导致人才的被埋没。

★ 观眼辨人

古者论神，有清浊之辨。清浊易辨，邪正难辨。欲辨邪正，先观动静。静若含珠，动若水发；静若无人，动若赴的，此为澄清到底。静若萤光，动若流水，尖巧喜淫；静若半睡，动若鹿骇，别才而深思；一为败器，一为隐流，均之托迹二清，不可不辨。

——《冰鉴》

古人通过不断的研究和观察，把神区别为清与浊两种。清与浊是比较容易区别的，但邪与正却不容易区分，因为邪与正都是托身于清之中的。考察一个人神的邪正，要从动静两种状态入手。

眼睛处于安静状态时，目光安详沉稳而有光，宛如晶莹玉亮的明珠，含而不露；处于运动观物状态时，眼中光华生辉，精气闪动，犹如春水之荡清波。或者眼睛处于安静状态时，目光清莹明澄，静若无人；处于运动状态时，锋芒内蕴，精光闪射，犹如飞射而出的箭，直中靶心。以上两种表现，澄澈明亮，一清到底，属神正的状态。

眼睛处于安静状态时，目光像萤火虫的光，一点柔弱却又闪烁不定；处于运动状态时，目光又像流动的水，虽然清澈，但游移不定，没有归宿。以上两种目光，一种属于尖巧和伪善的神情，一种属于奸心内萌的神情。处于安静状态时，眼睛似睡非睡，似醒非醒；处于运动状态时，又像受惊吓的鹿，总是惶恐不安的样子。以上两种神态，一是聪明而不行正道的表现，一是深谋内藏、又怕别人窥探的表现。前一组神情多是品德欠高尚、行为欠端正的表现，后一组神情多是奸心内萌、深藏不露的表现。这两种状态都属于奸邪神情，由于二者都混迹在清莹之中，因此必须仔细、正确地区分。

对于眼睛，古人认为，下列眼貌为好：

目秀而长，比君王；目长如寸，可辅佐圣主；目如凤鸾，必做高官；龙睛凤目，必享重禄；目光威烈，众人归顺；目尾上翘，福禄不断；目大而光，收成丰登；目短眉长，田粮厚丰;眼睛黑而眼眶阔,灵性活而知识博;目光如电,贵不可言;眼似虎盼,神圣不可冒犯;黑白分明,人必聪慧。

概括地说,眼形宜长、宜秀,眼光宜明、宜亮,眼神宜严、宜威。形长、形秀则仕途坦荡,高官厚禄;眼明清亮则禀性聪慧,正直善良,威严、神圣则众人依附,威不可犯。

观目认为不好的眼貌为:目头破缺,家产枯竭;目露面白,沙场不测;眼如鸡目,其人性急狠毒;形如三角,恶劣之辈;目如卧弓,其人必是奸雄;眼窝深凹,其人诡诈好妒;红眼金睛,不认六亲;目细深长,执拗不良。

概括地说,眼形怪黠,其人必奸;眼细深长,脾性执拗,禀性邪狭;双眼暴赤,性格焦躁,无情寡义。

对于不同的眼睛表现出来的神态,要善于观察和判别。下面就介绍几种观眼识人的方法。

其一,观眼识心术

一个人的眼睛不能掩盖心里的邪恶念头:心胸纯正,眼神就清澈、明亮;心胸不正,眼睛就昏暗,有邪光。意即从一个人的眼睛,可以清清楚楚地分辨一个人的品质高下,心术正邪。

观察一个人的善恶,再没有比观察他的眼睛更好了。因为眼睛不能掩盖一个人的丑恶。心正,眼睛能明亮;不正则昏暗。听一个人说话时,注意观察他的眼睛。这个人的善恶能往哪里隐藏呢?

1. 眼睛闪闪发光,表明对方精神焕发,是个有精力的人,对会谈很感兴趣。

2. 目光呆滞黯然,说明这是个没有斗志而索然无味的人。

3. 目光飘忽不定,表示这是个三心二意或拿不定主意抑或紧张不安的人。

4. 目光忽明忽暗,说明他是个工于心计的人,已听得不耐烦了。

5. 目光炯然,表明这是个有胆识的正直的人。

6. 主动与人进行交换视线的人,说明他的心胸坦率。

7. 不敢正视或回避别人的视线,表明此人是个内心紧张不安或言不由衷,有所隐藏的人。

其二,观眼识城府

1. 在人们发怒或激动的时候,眨眼的频率就会加快。有时频繁而又急速的反应总是和内疚或恐惧的情感有关。眨眼也常被作为一种掩饰的手段。

2. 两眼安详沉稳,是内心沉稳有主见。两目敏锐犀利,生机勃勃是有朝气,目光清明沉静,但杀机内藏,锋芒外露,是有胆识之人,如射者瞄准目标,一发中的的。

3. 目光有如流动的水,虽然澄清却游移不定则见于奸人,两眼似睡非睡,似醒非醒,是细谋深算。

4. 眼神清,如水的清澈明澄,表示此人清纯、清朗、澄明、无杂质,端庄、豁达、开明。

5. 眼神浊,如水的浊重昏暗,昏沉、糊涂、驳杂不纯的状态,粗鲁、愚笨、庸俗、猥琐、鄙陋。

6. 两眼似睡非睡,似醒非醒,这是一种细谋深算的神情,目光总是像惊鹿一样惶惶不安,是深谋图巧又怕别人窥见他的内心的神情。

7.如果谈话时,对方完全不看你,便可视为他对你不感兴趣或无亲近感。

其三,观眼识情意

1.当他不愿意把自己所想传达给对方时,多半会发生凝视对方的行为。

2.对方若久久凝视你而不移开视线的话,很可能有什么心事要向你诉说。

3.对方眼睛左右、上下转动而不专注时,多半是为了不使你担心,而不将真相说出。眼睛左右、上下转个不停。这个样子很让人讨厌,在撒谎。

4.对方眼睛滴溜溜地转动,表示你一有机会就会见异思迁。

5.乜斜对方的眼光,是表示拒绝、轻蔑、迷惑、藐视等心理。乜斜而略带笑的眼神,表示对对方怀有兴趣。

6.竞争对手互相之间都用蔑视的眼神看对方。

7.对方眼神发亮略带阴险时对方一定处于对人不相信,处于戒备中。

8.对方做没有表情的眼神表示心中有所不平或不满。懦弱的人会出现无表情的眼神。

其四,观眼识心理

如果你注意看正在说话的人的眼睛或视线,将会发现很有趣的事情。留意一下初次见面的人在看着我们时的眼神,就能了解到这些人有各种不同类型的性格。怀有好意或敌意的时候,或者漠不关心的时候,随着他心理状态的变化,眼睛便随之变化。

1.视线朝下者即胆小怯懦的证据

当你看着对方的眼睛时,对方把视线悄悄地往下移,是因为他意识到,你在年龄上、在社会地位上都是他的长辈、上司,或者意识到,你是他的强大对手,与你谈话时,多半会带有一种紧张感。

2.温和而内向的人,视线若左右游移即表示拒绝

和前述很相似,但视线并非朝下,而是左右穿梭游移,表现出他拒绝对方之意,而且无意识中表现出对对方不怀好意的信息。例如男性向女性搭讪时,她要是对那个男人没有好感,就会表现出左右游移的眼神来。

3.视线直视即敌对的表现

直视着对方,一动也不动的眼神,含有非常深切的意味。受到某种强大的打击,或者怀有强烈的敌对心理时,就会出现这种眼神。

4.视线飘移不定即表示内心不安

望着天似的呆滞的眼神,常见于情绪低落的时候,表示失去安定感,或者在思考某些事。对诸事漠不关心时也常会出现这种表情。

5.视线向上是自信的表现

说话时视线稍稍向上的人,大多是对自己的地位能力有极大的自信。性格也较外向。在政治家中,这种视线是相当普遍的。公司重要人物有这种眼神的人也相当多。属于领导人物或管制他人的工作者,他们的视线总是容易往上扬。

其五,观眼识好恶

眼睛中的神采如何,眼光是否坦直、端正等等,都可以反映出对方的心地、人

品、德行、情感。

第一次见面，对方的眼睛就滴溜溜地乱转，由此便可略知一二了。

躲闪对方目光的人，缺乏足够的自信心，怀有自卑感，性情懦弱。

遇到陌生人，不能主动地上前去搭讪；总是被动地与别人相识，而且在打招呼时躲闪着对方目光的人，一般来讲较拘谨，在处理问题时缺乏自信心，常有自卑感。

★察人外形

五行有合法，木合火，水合木，此顺而合。顺者多富，即贵亦在浮沉之间。金与火仇，有时合火，推之水土者皆然，此逆而合者，其贵非常。然所谓逆合者，金形带火则然，火形带金，则三十死矣；水形带土则然，土形带水，则孤寒老矣；木形带金则然，金形带木，则刀剑随身矣。此外牵合，俱是杂格，不入文人正论。

——《冰鉴》

五行之间具有的相生、相克、相仇三种关系，这种关系叫做"合"；"合"又有顺合与逆合之分。木生火，火生土，土生金，金生水，水生木，这种辗转相生就是顺合。相貌外形归入顺合中的人中多会致富，但是却不会尊贵，即使偶然尊贵，也总是浮浮沉沉、升升降降，难于保持长久。金以火为仇敌，因为火能克金，但是，有时火与金又相辅相成，金无火炼不成器。类而推之，火仇水，水仇土，土仇木，木仇金等等之间的关系都是这样，这就是逆合。形貌上带有这种逆合的人就会非常高贵。在逆合之相中，如果是金形带有火形，便非常高贵，相反，如果是火形带有金形，到了30岁就会死亡；如果是水形人带有土形之相，那么就会一辈子孤苦伶仃；如果是木形人带有金形之相，便会非常尊贵，相反，如果是金形人带有木形之相，那么就会有刀剑之灾，杀身之祸。其余以此类推。至于除此之外的那些牵强的说法，都是杂格，不能归入文人的正统理论。

古人根据金、木、水、火、土五行的性质和象征意义，用类比取象的方法，把人的形体相貌以五种来概括，即是金形、木形、水形、火形、土形，这与美术上对人头部的分类有共通之处。美术上把脸部分为八种：目字形，国字形，田字形，甲字形，申字形，风字形，由字形，全在于其认识问题的出发点不同，但本性一样。

古代哲学认为，宇宙万物都由金木水火土五种元素构成，人既然是宇宙中的精华，万物中的灵长，其构成元素也是金木水火土，当然也该合自然之性，因而说："禀五行以生，顺天地之和，食天地之禄，未尝不由于五行之所取，辨五行之形，须尽识五行之性。"

这个思想成为古代人才学的理论依据，因此在《五行象说》中讲道：

夫人受精于水，故禀气于火而为人，精合而神生，神生而后形全，是知全于外者，有金、木、水、火、土之相，有飞禽走兽之相。

这段表明,中国古人不知凭什么知道生物最初来源于水中,"人受精于水"这个思想可不简单。达尔文等西方生物学家论证的生命来自水中,比中国古人对此的论断迟了好几百年。

照达尔文的生物进化论,人既然源自于动物,则脱不得自然生物的属性,因此用飞禽走兽比拟人形,也无不可。三国时的名医华佗仿五禽而成的"五禽戏",是锻炼身体的好方法。但古代相术把飞禽走兽与人形和相关性说得神乎其神,奥妙无穷。

根据五行的分类,各种形态类型的分述如下。

1. 金形人

形貌:面额和手足方正轻小,如一块方金,骨坚肉实。肤色:白色。声音:圆润亢亮。性格:刚毅果决,睿智机敏。有诗证曰:"部位要中正,三停又带才,金形人人格,自是有名扬。"

2. 木形人

形貌:瘦直挺拔,如笔直大树,仪态轩昂,面部上阔下尖,眉目清秀,腰腹圆满。肤色:青色(白中透青)。声音:高畅而洪亮。性格:温和,宽仁。有诗证曰:"棱棱形瘦骨,凛凛更修长,秀气生眉眼,须知晚景光。"

3. 水形人

形貌:圆满肥胖,肉多骨少,腰圆背厚,眉粗眼大。肤色:略黑。声音:缓急不定。性格:情感丰富,富有想象力,聪明机智,多变。有诗证曰:"眉粗并眼大,城廓要圆团;此相名真水,平生福自然。"

4. 火形人

形貌:头额窄下巴宽,鼻子高大而露孔,毛发较少。肤色:赤色。声音:燥烈。性格:情感激烈,性格暴躁,直来直去。有诗证曰:"俗识火形貌,下阔上头尖,举止全无定,颐边更少髯。"

5. 土形人

形貌:敦厚壮实,背隆腰圆,肉轻骨重,五官阔大圆肥。肤色:黄色。声音:浑厚悠长。性格:仪态安详,举止缓慢而稳重,冷静沉着,但城府很深,难于测度;待人宽厚,讲信用。有诗证曰:"端厚仍深重,安详若泰山,心谋难测度,信义重人间。"

这五种类型的人,是五行的推衍,天下所有人的形貌不外乎来自于此。

人的容貌举止是人的美丑善恶中非常明显地表现出来的外在的东西,但是其中也有天命人事的因素隐藏其中。《孔子家语》中说:"澹台子羽有君子的容貌,但是他的行为举止却与其容貌不相般配。"《论语》中说:"子张的为人高不可攀了,但是难以带领人一同进入仁德。"澹台灭明及颛孙师二人的威仪举止肯定有过人之处,但是孔子有以貌取人、失之子羽的感叹,曾子有子张难与共入仁德的感慨。这就是天命有相但人事上却不努力的原因;如果不是孔子,别人怎能知道这层道理。后代靠相貌观人察事的人很多,而且特别注重容貌。年青的纨绔子弟大都是打扮美丽妖冶,身穿奇装异服,而面貌态度,行为举止,像柔弱女子一般。这样的人,人见人爱,但是处朋友则有始无终,不欢而散;一起共事则少有成功,想和性格刚毅、言语迟钝的人一起共事是太难了!而且还有运用内史叔服所谓下体丰满必有后代的说法观人察士的事例:如唐朝李勣派遣将领,必选面有福相之人。曾国藩亦常审视属员随从是否面有福相,并以此决定任职的大小。

容貌举止察人,尤其是一个人的头部更为重要。

头为人的神明之府,人的智慧都集中在头部。所以观头识人智慧应该说是比较科学的。

1. 四方型:或称实业家型,运动家型。这种头面型的特征:前额上部方形,方下巴,身体亦随之有方形的趋向。这种头面型造成的是大将领、实业家、运动家、飞行家、探险家。这种头面男子较多,女子较少。这种人精力充沛,生性活泼,喜运动,好冒险,不受拘束,好自由,喜户外生活。这种人不爱谈理论,而讲求实际,却有建设性。他们的身体很能耐劳、吃得苦中苦。他们的缺点,就是不喜欢读书,智力懒惰,不善思考问题,所以他们只好用他们的手及身体,实地去做或执行思想家所计划的事情。

2. 长方型:头窄、长脸、有点儿长方形,这种头面型的人,擅长外交手腕,喜交际,友善和气,态度温和有礼,很聪明,机警。这种人欲达到目的,决不动武力,而用他的机智、外交手腕、计谋。这种人女性较少。这种人做一个外交家、推销员很合适。但这种人的缺点是缺乏魄力和执行力,且不善理财。

3. 圆脸型:英国著名相家柏里先生在分析头面时,发现这种头面型圆的人,其身体也圆,其为人处事也是四面圆通,八面玲珑。这种人永远是乐观的,对一切都感到安然惬意。所以,这种人永远是和气、幽默、可亲的。这一种人天性爱好享乐,爱吃贪睡,结果身体愈胖愈不免懒惰。这种人如果是女性,则还要加上聪明伶俐,讨人喜欢这一优点。这种人擅长管理行政,很有理财的才能。当我们提到某某商业界富豪、某某工业巨头、某某银行董事长,就会联想到一个脸孔圆圆的,肚子大大的胖子形象。

4. 椭圆型:或称鹅蛋型。这种人若是男性,则很稳重,多思考,少说话,心里很明朗,做事一丝不苟。讨人喜欢,宜做行政、经理之职业。这种人的缺点是自私心重,死爱面子,经不住外来打击。这种人若是女性,聪明过人,爱读书,好艺术,会管理家务,为人温和,讨人喜欢,宜做教师、医生、文秘等职业。这种人的弱点是头脑简单,心胸狭窄,易冲动。

5. 三角形:或称智慧型,理想型,艺术型。这种人的头面型是前额高而宽,下巴尖,脸型如一个倒三角形。这种人智力灵活,好深思,善推理,爱钻书本,富于创造力,生性聪明,足智多谋。这种人的弱点是体质弱,缺乏活力,户外活动过少,不惯于体力劳动,容易冲动。发明家、设计家、文学家、教育家、评论家、思想家多属于此种类型。

6. 残月型:这种头面型的特征是,前额后倾,鼻梁高,唇部突出,下巴短而后缩,如"("型。这种面型的人,智力极佳,思想极快,行动敏捷,善观察,富创造力,喜进取。他的个性可以用一个"快"字来表示。所以,他的缺点就不免过于性急,欠深思熟虑,常常妄动。故有云:"面中仰而人不义,盖其人常妄动的缘故。"这种人,言多而直爽,故易失言。这种人虽然反应快,但都是5分钟热情,缺乏持久性,而且易冲动,易发动。

7.反残月型:这种人的头面型特性是,前额突出,眼眉部分平坦,鼻子低,唇部短缩,下巴突出,如")"型。这种头面型的人与前面残月型的头型正相反,他的个性可以用一个"慢"字来表示。思想、行动皆缓慢,一切吞吞吐吐,不急进,性情固执,想法不切实际,缺乏创造力。但是,这种人却因此养成一种谨慎,不盲从,不冲动的性格来。这种人处世镇静从容,理想重于感情,一切三思而后行,不轻举妄动,动则有收效。故相书云"面中凹而机谋深"。故这种人惹祸少,能忍耐,有持久力,态度温和,随遇而安,都是其优良的性格。

8.平直型:这种头面型的人数较多。它的特征是:前额平直,鼻梁平直,嘴与下巴也平直,上下成"丨"线型。这种人的性格常常在深思及盲动之间,所以易趋于犹豫不决。其心境常处于平静如湖水,有时也如波翻滚,左右摇摆不定。这种人如鼻梁骨突出一些,是智慧的象征,事业成功多于失败。但如鼻梁骨陷塌,鼻孔上扬,则往往是愚昧型,事业失败多于成功,或者是一生碌碌无为,灾难频频。

9.缩额型:额头后倾,眼眉高挑,高鼻梁,嘴唇短缩,而下巴长而突出,如一个"∠"型。这种人因前额后倾,所以思想敏捷,智商高,下巴长而突出,所以行为慎重。他的性格是重实际,有魄力,善谋略。这种人是一个领袖人才,组织力强,雄辩家。其弱点是易趋专制,固执己见,怀疑心重。假如你是一位未婚的先生,要去追求这种头面型的小姐,你最好要有耐心,不妨多花些时间。因为这个小姐或者已属于你,只是她还没找到行动的时机而已。

10.啄额型:这种头面型的人的特征是:前额突出,眼眉平坦,鼻子低平,嘴唇突出,下巴短缩。这种人的行动快于思想,故不易于先有周密的计划而后行动,常常不免轻率疏忽,所以每每行动后再后悔。这种人不大重实际,重理想,人也聪明能干,口才好,常常也会做几件成功的事业,令人夸赞。但是,这种人易于冲动,缺乏忍耐力,领悟性较弱。假使读者诸君想恋爱早日成功,奉劝你去寻找这样的对象,成功率很大。

依据容貌举止辨别君子小人的说法,宋瑾也有所论述:

(1)站立要像乔木松柏一样,端坐要如华山泰岳一样,前进要像太阳一样朗朗正正,意气垂豫,不疾不徐;后退要如流水一般,步履轻盈、态度安详,既不颠蹶,也不背逆,这样的人是高居上位的君子之相。站立时容貌端肃像斋戒一样,端坐时容貌如同参祭祀一样,拜见高贵显荣之人时,不自觉地浩浩落落,步履轻飘;辞别孤立无援、贫寒微贱士人时,不自觉地依依不舍,步履徘徊,这样的人是身处下位的君子。

(2)在众人瞩目的地方,落坐时故意作庄严肃穆状,于稠人广众之中,进退举止,故意装作安然舒泰,一拱手一作揖都显现出骨头软、屁股大者,是身居上位的小人。

(3)站立落坐都不端正,手脚不停地摇摆,进见时则惊慌张皇、举止失措,退去时则急走快跑,形象慌张,肩也耸,背也摇,是身居下位的小人。

·《冰鉴》智慧通解·

图文珍藏版

第二章　须眉声音，察人贫富

★须眉识人

"须眉男子"，未有须眉不具可称男子者。"少年两道眉，临老一付须。"此言眉主早成，须主晚运也。然而紫面无须自贵，暴腮缺须亦荣：郭令公半部不全，霍骠骁一副寡脸。此等间逢，毕竟有须眉者，十之九也。

——《冰鉴》

人们常说"须眉男子"，是将须眉作为男子的代名词。事实上也的确如此，还没有见过既无胡须又无眉毛而能称为男子的。人们还常说"少年两道眉，临老一付须"。这两句话则是说，一个人少年时的命运如何，要看眉毛，而晚年运气怎么样，则以看胡须为主。但是也有例外，脸面呈紫气，即使没有胡须，地位也会高贵；两腮突露者，就算胡须稀少，也能够声名显达：郭子仪虽然胡须稀疏，却位极人臣，名满天下；霍去病虽然没有胡须，只是一副寡脸相，却功高盖世。但这种情况，不过只是偶然碰到，毕竟有胡须有眉毛的人，占百分之九十以上。

古人以留长须为美事。苏东坡有一嘴胡须，以至于宋神宗有时会称他苏大胡子。其他有"美髯公"之称的人也不少，关羽、水泊梁山上的朱全，都如此。今天的时尚发生变化，留胡须的只占极少数。能见诸文字记载的大概有康笑宇先生。在康先生的漫画集《一笑了之》序中，有署名"野夫"先生的赞词："深林大都，往往有奇士藏焉。某年春，初识康党生，遥看……顶发全秃而须毛横生，俨然古代画传中虬髯公鲁智深一辈人物，不禁心中暗自喝彩。据先哲前贤们的看法，貌之高古者必胸多奇气，形之险峻者则心深丘壑……"康先生的一虬虹髯想来是不假的，为大都中的奇士；而于野夫先生的笔意中，也可看出野夫先生胸中奇气可嘉。

胡须和眉毛是古人"丈夫气概"的标志，故无须眉不足以称男子。从古代医学来看，须属肾，肾属水，性阴柔而近水，故下长而宜垂；眉属胆，胆属火，性阳刚而近火，故上生而宜昂。古人认为，"须"是山上松柏，象征一个人的生命力，故可显示其强弱。胡须漂亮光洁，一尘不染，生命力强旺；枯黄稀落，昏暗晦滞，生命力就虚弱衰亡。生命力与承受力是相通的。

从审美来看，眉以疏朗、细平、秀美、修长、滋润为佳，形如一弯新月。如果眉毛细软、平直，宽长，象征着一个人聪明、尊贵、身健体康而长寿。如果眉毛粗硬、浓密而散乱，促生攒缩的，象征一个人愚顽，身体不健康。因此，眉有日月之华彩、山峦之花木的作用。少年两道眉，一个人的健康、个性、秀美、聪明、威严都通过眉毛来显示，进而可以判断其成就高低、事业成败。眉毛生得好的，显得英俊秀挺，聪明伶俐，能给人留下睿智，聪明的深刻印象。

中国医学认为："须"属肾。性阴柔而近水，故下长而宜垂。为什么一个人晚运和胡须有关系呢？其原因大概是这样的，大凡胡须丰满美丽者，是因为肾水旺、肾功能强。而肾旺是一个人身体健康和精力旺盛的重要原因和必不可少的条件。身体健康，精力旺盛，意志力常常也很坚定，工作起来很得心应手。经过日积月累，到了中晚年，事业就有所成。再者，在传统社会中，以多子多孙为贵。肾是生命系统的根本，肾水旺，肾功能强，自然容易多子，多子就容易多孙，而多子多孙意味着多福，至少当时的人这么认为。所以说"须主晚运"。

苏东坡

人的眉毛，胡须都只是人体毛发这个整体中的两个部分。既然是整体中的一个部分，那就应该相顾相称，均衡和谐。眉虽主早成，仍要须苗大丰美，否则难以为继，不能善始善终，即便有成，也怕是维持不了多久。再说，眉强须弱，毕竟有失匀称，面相便不和谐。"其貌不扬"就这样形成了。胡须虽主一个人的老来运气，但还是需要得到眉毛的照应。不然，就如同久旱的秧苗，迟迟才有雨露浇灌滋润，其果实也不会丰满。总之，阴阳须和谐，须眉要相称。

曾国藩认为，眉须要宽广清长，双分入鬓，或如悬犀，新月之样，首尾丰盈、亮居额中，乃保寿成官。

古人云：翠眉入鬓，位至公卿。眉如弯弓，衣食不穷。眉高耸起，威权禄厚。眉毛长垂，高寿无疑。眉毛润泽，求官易得。眉如初月，聪明超越。眉长过目，忠直有禄。眉毛细起，不贤则贵。眉角入鬓，为人聪俊。眉如弯弓，性善不雄。眉如高直，身当清职。眉清高长，四海名扬。眉清有彩，孤腾清高。眉交不分，早岁归坟。眉如扫帚，恩情不久。眉短于目，心性孤独。眉如新月，如善贞洁。红黄之气，荣贵喜庆。眉不盖眼，财离人散。眉骨棱高，长受波涛。眉散浓低，一世孤贫。眉毛相连，寿命难全。眉毛生毫，寿命坚牢。眉头纹破，坎坷多难。眉毛过目，兄弟和睦。眉毛中断，兄弟分散。短促不足，分散孤独。眉毛逆生，兄弟不和。眉头婆婆，女少男多。眉秀神和，必享清福。眉毛纤细，重重伎艺。眉中黑子，必有伎俩。眉如新月样，名誉播四方。眉长于目，兄弟五六。眉如扫帚，兄弟八九。与目同等，兄弟一两。短不及目，兄弟不足，纵有一双，也非同腹。

上为禄,下为官,宁可有禄而无官,莫教有官而无禄。有禄无官,主富,有福有寿。贫贱,财散人离,纵有五官,亦主贫寒,却有寿。若官禄双全,五福俱全之相。须发拳卷,可作贫穷之汉,则为弓兵祗候,死凶之相也。

髭须黑而清秀者,贵而富。滋润者,发福。干燥者,蹇滞。劲直若,性刚不聚财。柔者,性柔。赤者,孤克。又曰卷发赤须,贫困路途。黑而光泽,富贵无穷。

夫眉者,媚也,为两目之华盖,一面之表仪,且谓目之英华,主贤愚之辨也。故眉欲细平而阔,秀而长者,乃聪明也。若夫粗而浓,逆而乱,短而蹙者,性又凶顽也。若眉过眼者,富贵;短不覆眼者,乏财;压眼者,穷;逼昂者,气刚;卓而竖者,性豪;眉垂眼者,怯懦;眉头交者,贫薄,妨兄弟;眉逆生者,不良,妨妻子;眉骨棱起者,凶恶多滞;眉中黑子者,聪贵而观;眉高居额中者,大贵;眉中生白毫者,多寿;眉上多直理者,富贵;眉上多横理者,贫苦;眉中有缺者,多奸诈;眉薄如无者,多狡佞。

诀曰:眉高耸秀,威权禄厚;眉毛长垂,高寿无疑;眉毛润泽,求官易得;眉交不分,早岁归坟;眉如角弓,性善不雄;眉如初月,聪明超越;重重如丝,贫淫无守;弯弯如蛾,好色虽多;眉长过目,忠直有禄;眉短于目,心性孤独;眉头交斜,兄弟各家;眉毛细起,不贤则贵;眉角入鬓,为人聪俊;眉具旋毛,兄弟同胞;眉毛婆婆,男少女多;眉覆眉仰,两目所仰;眉若高直,身当清职。

在很多场合,人的眉毛所传递的信息也是丰富多彩的。据说日本有一群为配角的团体,其中有一名演员,他的剃光眉毛为特征而做出的表情,颇受观众欢迎,可见眉毛对于一个人的表情是何等的重要,因为他那张没有眉毛的脸部能给人一种强烈的刺激而印象深刻。

关于眉毛所表现的身体语言基本上有五种形态,第一是表现恐惧、惊吓的眉毛上耸型,第二是表现愤怒的眉角拉下型,第三是困窘,不愉快时,表现不赞成意思的眉毛并拢型,第四为做出询问表情的斜弯型,第五则系充满亲切,表示同意时的迅速上下动作型。

将这些形态,加以各种组合,做出变化时其数量之多诚令人吃惊。某心理学家曾经请一位著名演员进行实验,发现单凭眉毛动作,便能演出十种以上的表情。无怪乎相学上称"看眉毛见人心"实非无稽之谈。

"紫须剑眉,声音洪壮",这样的配合叫金形得金局。"蓬然虬乱,尝见耳后",是气宇轩昂、威德兼具之相。此二者本为佳相,如能配清奇的神和骨,乱世可成霸才,治世能为良将。

★闻声识英才

人之声音,犹天地之气,轻清上浮,重浊下坠。始于丹田,发于喉,转于舌,辨于齿,出于唇,实与五音相配。取其自成一家,不必一一合调。闻声相思,其人斯在,宁必一见决英雄哉!

——《冰鉴》

人的声音,跟天地之间的阴阳五行之气一样,也有清浊之分,清者轻而上扬,浊者重而下坠。声音起始于丹田,在喉头发出声响,至舌头那里发生转化,在牙齿那里发生清浊之变,最后经由嘴唇发出去,这一切都与宫、商、角、徵、羽五音密切配合。识人的时候,听人的声音,要去辨识其独具一格之处,不一定完全与五音相符合,但是只要听到声音就要想到这个人,这样就会闻其声而知其人,所以不一定见到他的庐山真面目才能看出他究竟是个英才还是庸才。

闻声辨人,可以判断一个人的心胸、职业、身高等情况。

心胸宽广、志向远大的,声音有平和广远之志,而且声清气壮,有雄浑沉厚之势。身短声雄的人,自然不可小视。从身高来看,身高的,由于丹田距声带、共鸣腔远,气息冲击的距离加长,力量弱化,因此声音显得清细弱,振荡轻;身矮的,往往声气十足,因为距离短,气息冲击力大,声带与共鸣腔易于打开。如果受过发声练习的人,又当别论。

从生理学和物理学的角度看,声音是气流冲击声带,声带受到振动而引起空气振动而产生的,是一种生理现象,也是一种物理现象。人的社会属性,使人的声音又结合了精神和气质的属性。古人讲,心动为性——"神"和"气"——性发成声,意思是讲,声音的产生依靠自然之气(空气),也与内在的"性"密不可分。声音又与说话者当下的心理活动密切相关,大小、轻重、缓急、长短、清浊都有变化,这与人的特性也是息息相关的,这就是闻声辨人的基础。

人的声音各有不同,有的洪亮,有的沙哑,有的尖细,有的粗重,有的薄如金属之音,有的厚重如皮鼓之声,有的清脆如玉珠落盘、字正腔圆,有的人身材矮小,声音却非常洪亮,即日常所说的"声音若洪钟",有的人生得高大魁梧,说起话来却细声细气,有气无力。古人对这些情况加以总结归纳,得出了一些规律。

中国古代鉴别人才的理论中,对声音有很多的论述,这里摘录几段,供读者参考。"夫人之有声,如钟鼓之响,器大则声宏,器小则声短。神清则气和,气和则声润泽而圆畅也。神浊则气促,气促则声焦急而轻嘶也。故贵人之声,多出于丹田之中,与心气相通,混然而外达。丹田者,声之根也;舌端者,声之表也。夫根深则表重,根浅则表轻,是知声发于根,而见于表也。若夫清而圆,坚而亮,缓而烈,急而和,长而有力,勇而有节。大如洪钟腾韵,龟鼓振音;小如玉水飞鸣,琴弦奏曲。见其色则猝然而后动,与其言则久而后应,皆贵人之相也。"

"小人之言,皆发于舌端之上,促急而不达;何则? 急而嘶,缓而涩,深而滞,浅而燥大。火则散,散则破,或轻重不均,嘹亮无节,或睚眦而暴,繁乱而浮;或如破钟之响,败鼓之鸣;又如寒鸦哺雏,鹅鸭哽咽;或如病猿求侣,狐雁失群;细如蚯蚓发吟,狂如青龟夜噪;如犬之吠,如羊之咩,皆浅薄之相也。男有女声孤贫贱,女有男声亦妨害。然身大而声小者凶,或干爆而不齐者谓之罗网。大小不均,谓之雌雄。或先迟而后急,或先外而后迟,或声未止而气先绝,或心未举而色先变,皆贱之相也。夫神定手内,气和于外,然后可以接物,非难言有先后之叙,而辞色亦不变也,苟神不安而气不合,则其声先后之叙,辞色挠矣,此不美之相也。夫人禀五行之形,则气声亦先五行象也。故土声深厚,木声高唱,火声焦烈,木声缓急,金声和润。又曰声轻者断事无能,声破者作事无成,声浊者谋运不发,声低者鲁钝无文。清冷如渊中流水者极贵,发音洪亮,自觉如瓮之响音,五福全备。"

实际上,现代生理学和物理学已经证明,声音的生理基础由肺、气管、喉头、声带,口腔、鼻腔三大部分构成,声音发生的动力是肺,肺决定气流量的大小,音量的大小主要由喉头和声带构成的颤动体系统决定,音色主要取决于由口腔和鼻腔构成的共鸣器系统。声音是物体震动空气而形成的,声音是听觉器官——耳的感觉。声音的音量有大小之分、音色的美丑之别,另有音高、音长之分。

人类的声音,由于健康状况不同,生存环境不同,先天禀赋不同,后天修养不同等等而有很大差异。所以声音不仅在一定程度上表现着一个人的健康状况,而且还在一定程度上表现着一个人的文化品格——他的雅与俗、智与愚、贵与贱(这里指人格修养)、富与贫。

以声音来判断人的心性才能,尚有许多未知的空白,而且可信度有多高,也尚未得定论,但其中的奥妙,是值得研究的。基本原则并不是悦耳动听,洪亮高亢。曾国藩的要求是"自成一家,不必一一合调"。这几个字中的人生经验,实非语言文字所能详述,但从中是可以决断天下英雄豪杰的。

《礼记》中谈到内心与声音的关系。《礼记·乐记》云:"凡音之起,由人心生也。人心之动,物使之使也。感于物而动,故形于声。声相应,故生变。"对于一种事物由感而生,必然表现在声音上。人外在的声音随着内心世界变化而变化,所以说:"心气之征,则声变是也。"

不但声音与气能结合,也和音乐相呼应。因为声音会随内心变化而变化,所以:

(1)内心平静声音也就心平气和。

(2)内心清顺畅达时,就会有清亮和畅的声音。

(3)内心渐趋兴盛之时,就有言语偏激之声。

这样不就可以从一个人的声音判断一个人的内心世界吗?有关这方面知识,《逸周书·视听篇》讲到四点值得研究:

(1)内心不诚实的人,说话声音支支吾吾,这是心虚的表现。

(2)内心诚信的人,说话声音清脆而且节奏分明,这是坦然的表现。

(3)内心卑鄙乖张的人,心怀鬼胎,因此声音会阴阳怪气,非常刺耳。

(4)内心宽宏柔和的人,说话声音温柔和缓,如细水常流,不紧不慢。

人的声音,如同人的心性气质一样,各不相同。通过人的声音而判断人的心性气质,这样一来,人的聪慧愚笨、贤能奸邪就可以判断出来了!成年人固然可以通过声音判断人的道德品行,即使婴儿小孩,精血虽未充实完备,但是其才气性情的美好丑恶,也很容易被有识之士看破。《春秋左氏传》记载鲁昭公二十八年,伯石刚生下来时,子容的母亲去告诉婆母说:"大伯母生了一个儿子!"婆母要去看望,走到厅堂时,听到伯石的声音便掉头而回,说:"是豺狼一样的声音!狼子野心昭然若揭,这恐怕要亡掉羊舌氏家族了!"于是没有看望伯石,而后来伯石果然帮助祁盈覆灭了羊舌氏宗族。听声察音的说法,古人很少谈及,很难准确地解释,但是我们大家都熟知的事实是:男人心性气质刚强,所以声音就舒缓粗壮;女子心性气质柔和,所以声音就温润和蔼、美丽媚人;年龄大的人心力已衰耗殆尽,所以其声音就松弛和缓;而婴儿幼童心气刚刚充实饱满,所以其声音就迅疾爽脱,其他的以此类推,也可以大致了解了。

不仅声音可以帮助我们观察人、了解人,就是那些被人调弄演奏的乐器也可以反映出调弄,演奏者的心理状态;声音从人的喉舌发出,而乐器的声音则由人的手弹拨打击乐器而产生,人的喉舌虽然与乐器有很大的不同,但是产生声音的原始的、内在的动力则是一样的。《论语》记载孔子在卫国时打击磬石,有人身背草编的筐子走过孔家门口,说道:"这个击磬的人很有心事啊!"过了一会这人又说道:"庸鄙浅陋啊!怎么那样固执呢?大概是没有人了解自己吧!击磬的声音深切激越,但表达的感情则是浅显平易。"

人生于天地之间,其声音各有不同,有的洪亮,有的沙哑,有的尖细,有的粗重,有的薄如金属之音,有的厚重如皮鼓之声。有的清脆如玉珠落盘字正腔圆,有的人身材矮小,声音却非常洪亮。即日常所说的"声如洪钟"。有的人生得高大魁梧,说起话来却细声细气,有气无力。古人对这些情况加以总结归纳,得出了一些规律。人类的声音,由于人与人不同,健康状况不同,生存环境不同,先天禀赋不同,后天修养不同等等而有很大差异,所以声音不仅在一定程度上表现着一个人的健康状况,而且还在一定程度上表现着一个人的文化品格——他的雅与俗、智与愚、贵与贱(这里指人格修养)、富与贫。

既然如此,那么声音便和人的命运(过去和现在的生存状况,和未来的生存前景)有一定关系。但是如果说声音能够决定人的命运,则未免虚妄不实。成功的歌唱家,一般都有苦学苦练的经历,但是如果天赋不高,单靠苦学苦练,是不会成为歌唱家的,不过声音对人的命运的意义不能过分夸大。不少政治上身居高位的大人物,其讲话、演说的声音,实在令人不敢恭维,而其命运却不能算不佳。

以人的声音来判人的命运,是否正确,尚可以讨论。不管是否合规律,重要的还在于"闻声相思",一个"思"字,说明识人仍不可呆板行事,当得视具体情况而定。

古人曰:"君子不以言举人,不以言废人",即是说,聪明的人不因其能言善辩而举用他,也不因其不善言辞或说话过错而废弃他。在对人的认识和考察中,此话是极其正确而又有其深刻意义的。

首先,言实不符是许多人的重要特点。

孟子说:"口能言之,身能行之,国宝也;口不能言,身能行之,国器也;口能言之,身不能行,国用也;口言善,身行恶,国妖也。"孟子把言行关系总结出四种情况,至少说明人之言行不尽相符。当然,应该承认,语言表达能力是人的能力的重要方面。但同时也应该承认,世上言实不符者也大有人在。有的人志大才疏,谈论志向,夸夸其谈,大有"燕雀安知鸿鹄之志"的超然之风,但一经付之实践,却"眼高手低",毫无建树。岂独建树,甚至连一般的工作都搞不好。这类人正如宋朗刘义庆所说:"志大而才短,名重而识暗。"还有的人"口蜜腹剑"。唐朝天宝年间出了一个宰相,名曰李林甫,此人极擅当面捧场,说尽好话,而背后又极尽诬陷诽谤之能事。世人称之为"口有蜜,腹有剑",并因其"口蜜腹剑"而遗臭万年。可是,虽其遗臭万年,现今不少人却并不引以为诚悖,"口蜜腹剑"者都大有人在。还有的人假装伪善,博取名望,不以多干实事、艰苦立业为本,专以沽名钓誉为业,"三斤重鸭子,二斤半嘴"。听其宏论,令人五体投地,虽说不是"才高八斗,学富五车",但也确是个出类拔萃的人物。可是,如果认真考其学问,促之以行,其"满腹经纶"便立刻变为满腹"草包"了。当然,也有不少人"大巧若拙""大智若愚","讷于言而敏于行"。

李林甫

由此可见,言实不符是社会上比较普遍的现象,既有言过其实者,也有实过其言者。所以,古人说:"呐呐寡言者未必愚,喋喋利口者未必智。鄙朴忤逆者未必悖,承顺惬可者未必忠。田中兔丝,如何可络! 道边燕麦,何尝可获! ……皆谓有名无实也。"

不仅言实不符比较普遍,而且就"言"之本身,也各有不同。有实言,有谎言,还有前后相悖之言。实言者,说话实事求是,不务虚名,不夸其词,是可信之谈;谎言者,为达到某种目的或歪曲事实,或掩盖无能,或诽谤正义,或恶意欺骗,或夸大其词,使人误听其言而信其实;前后相悖之言者,完全据其个人需要,信口雌黄,今日黑为白,明日白为黑,莫衷一是,前后相悖。

正因为言各有别,且言实不符,中国历代以来,许多人听言十分谨慎,不轻易"以能言巧辩授官"。汉时,汉文帝游上林苑,张释之从行。文帝询问上林苑禽兽薄的情况,上林尉及其属官皆不能对,而管理虎圈的啬夫却对答甚详。为此,文帝因上林尉的不称职而想拜啬夫为上林令。这时,张释之提醒文帝,在任用人时,要注意其实际才能与道德的优劣,不能单凭能言善辩授官。文帝以为释之说得很对,接受了他的建议。

所以,领导者识人,尤要十分谨慎,切不可轻言举人,而要根据言行综合评估。

★声音之异辨才

声与音不同。声主"张",寻发处见;音主"敛",寻歇处见。辨声之法,必辨喜怒哀乐;喜如折竹,怒如阴雷起地,哀如石击薄冰,乐如雪舞风前,大概以"轻清"为上。声雄者,如钟则贵,如锣则贱;声雌者,如雉鸣则贵,如蛙鸣则贱。远听声雄,近听悠扬,起若乘风,止如拍琴,上上。"大言不张唇,细言不露齿",上也。出而不返,荒郊牛鸣;急而不达,深夜鼠嚼;或字句相联,喋喋利口;或齿喉隔断,嗐嗐混谈:市井之夫,何足比数?

——《冰鉴》

国学经典文库

国学大智慧

·资政智慧·

图文珍藏版

声和音似乎是密不可分，实际上差别不小，是两种不同的物质。声产生于发音器官的启动之时，是空气振动之初的状态，可以在发音器官启动的时候听到它，音产生于发音器官的闭合之时，是声在空气中传播的浑响状态，可以在发音器官闭合的时候感觉到它。辨识声相优劣高下的方法很多，但是一定要着重从感情的喜怒哀乐中去细加鉴别。欣喜之声，宛如翠竹折断，其情致清脆而悦耳；愤怒之声，宛如平地一声雷，其情致悲愤而强烈；悲哀之声，宛如击破薄冰，其情致破碎而凄切；欢乐之声，宛如雪花在空中飘飘飞舞，其情致宁静轻婉。它们都由于一个共同的特点——轻扬而清朗。如果是刚健激越的阳刚之声，那么，像钟声一样哄亮沉雄，就高贵；像锣声一样轻薄浮泛，就卑贱；如果是温润文秀的阴柔之声，那么，像鸡鸣一样清朗悠扬，就高贵；像蛙鸣一样喧嚣空洞，就卑贱。远远听去，刚健激越，充满了阳刚之气。而近处听来，却温润悠扬，而充满了阴柔之致，起的时候如乘风悄动，悦耳愉心，止的时候却如琴师拍琴，雍容自如，这乃是声中之最佳者。俗话说，"高声畅言却不大张其口，低声细语牙齿却含而不露"，这乃是声中之较佳者。发出之后，散漫虚浮，缺乏余韵，像荒郊旷野中的孤牛之鸣；急急切切，咯咯吱吱，断续无节，像夜深人静的时候老鼠在偷吃东西；说话的时候，一句紧接一句，语无伦次，没完没了，而且嘴快气促；说话的时候，口齿不清，吞吞吐吐，含含糊糊，这几种说话声，都属于市井之人的粗鄙俗陋之声，有什么值得跟以上各种声相比的地方呢？

古有《论声》篇云：夫人之有声，如钟鼓之响，器大则声宏，器小则声短。神清则气和，气和则声润，深重而圆畅也。神浊则气促，气促则声焦急而轻嘶。故贵人之声，多出于丹田之中，与心气相通，混然而外达。丹田者，声之根也；舌端者，声之表也。夫根深则表重，根浅则表轻，是知声发于根，而见如表也。若夫清而圆，坚而亮，缓而烈，急而和，长而有力，勇而有节。大如洪钟腾韵龟鼓振音；小如玉水飞鸣，琴弦奏曲。见其色则猝然而后动，与其言久而后应，皆贵人之相也。

小人之言，皆发于舌端之上，促急而不达。何则？急而躁，缓而涩，深而滞，浅而燥。火大则散，散则破，或轻重不均，嘹亮无节，或睢眦而暴，繁乱而浮；或如破钟之响，败鼓之鸣；又如寒鸦哺雏，鹅鸭哽咽；或如病猿求侣，孤雁失群；细如蚯蚓发吟，狂如青龟夜噪；如犬之吠，如羊之咩，皆浅薄之相也。男有女声音贫贱，女有男声亦妨害。然身大而声小者凶，或干瘪而不齐者谓之罗网。声大小不均，谓之雌雄。声或先迟而后急，或先急而后迟，或声未止而气先绝，或心未举而色先变，皆贱之相也。无神定于内，气和于外，然后可以接物，非难言有先后之叙，而辞色亦不变也。苟神不安而气不合，则其声先后之叙，辞色挠矣，此不美之相也。大人禀五行之粗，则气色亦其五行象也。故土声深厚，而木声高唱，火声焦烈，水声缓急，而金声和润。又曰声轻者断事无能，声破者作事无成，声浊者谋运不发，声低者鲁钝无文。清泠如江中流水者极贵，发音浏亮，自觉如瓮之响声，主五福备。

辨声识人，古本秘籍《灵山秘叶》中有四句话，很值得我们借鉴：

察其声气，而测其度；

视其声华，而别其质；

听其声势，而观其力；

考其声情，而推其征。

这四句话中大有学问。中国古文微言大义特点,由此可窥其一斑。以上32个字至少讲明了这几个问题:一、由声音中蕴含的气充沛与否,充沛的分数轻重平衡,可以测知他的气概胸襟;二、由声音的音色音质协调悦耳与否,可以测知他的性情爱好与品德,这里重在一个"和谐",不以悦耳动听为惟一标准;三、由声音的势态,可以测知他的意志刚健与否,声势高壮的,其意志力必然坚强,为人坚定有力,声势虚弱的,为人软尚,少主见;四、由声音中所包含的感情,可以测知其当下的心情状态。"如泣如诉"是一种,"如怨如慕"又是一种,"情辞慷慨,声泪俱下"又是一种,此种分类,不一而足,这里不作细论。

《灵山秘叶》的四个观点,这里着重探讨声中所含的喜怒哀乐之情。人的喜怒哀乐之情,必会在声音中有所体现,即使人为掩饰,也会有些特征。前面孔子和郑子产识别声音就是很经典的例证。这是观察人物内心世界的一个可行途径。同时结合考察眼神、面色、说话态度的变化,真实度更高。辨别声音,必须考察喜怒哀乐之情。

"喜如折竹",欢喜的声音像青竹折裂时一样清脆悦耳,有天然柔和协美之动感,而无尘世人为聪噪的污染。这样的声音有自然纯朴之美,不虚饰,不造作,是真性情的坦率表露,自然大方,不俗不媚,有雍容之态。

"怒如阴雷起地",愤怒时,突然爆发出来的洪亮响声,如雷霆振于空中,击在地上,气势豪壮,强劲有力,但以"阴"盖头,则没有暴躁戾气,反而呈容涵大度之态,不是带破坏性五雷轰顶之势。

"哀如石击薄冰",哀恸时,声音如同薄冰破碎时发出的。薄冰虽然容易破碎,但声音却清脆明亮,不散不乱,不啼不噪,也不扰人耳力,虽然是悲凄苦楚之象,但不峻不急,不厉不烈,有"发乎情,止乎礼仪"之势。这样的态度也是雍容华贵、无小家子气的。

"乐如雪舞风前",风扬雪飘,漫空银雨,放眼望去,冰天雪原,玉树琼枝,山川大地,银白世界,是何等的美妙姿态。这已古人见惯了,而今人再难欣赏到的冬日美景了。高兴时,借音乐伴舞,声音如雪花漫舞之姿,轻而不狂,美而不淫,飘而不荡,奔而不野,是天下至纯至美的轻灵飘逸的潇洒态。又如女子临池兴舞,衣袂飘飘,长带曳曳,美不胜情。

以上四种,声情并茂,纯朴自然,清脆明朗,是至情至性之人的表征。

观察一个人说话,能发现他的思想、性格等多种特征。

就如赤壁之战前,面对曹操强大的军事力量,孙权集团内部产生了两种意见:一是投降,一是抗战。为什么会有这种差别呢?盖因为人的思想和看问题的立场不一样,可归纳为五种情况:

(1)有的人从感情上讲,不愿意投降,比如孙权。

(2)有的人经分析后,认为打败曹操还是有可能的,也不投降,比如周瑜。

(3)有的人经分析后,认为打不过曹操,但由于投降也是死,不投降也是死,不如死马当活马医,打了再说,因而也不投降,比如孙权的父母妻儿。

(4)还有许多人,经分析后,认为打不过曹操,为保个人性命和一家老小的安全,就准备投降,比如张昭。

（5）也许还有一种人，既不说打（也可能说），也不说不打，抱的主意是打一打再看，打胜了会成为主战派中的一员，打不过时投降也不迟。

为什么周瑜分析对了，而张昭等人却分析错了呢？这就是人在思想和认识上的差别造成的。由于生活环境、个人遭遇和学习内容的不同（尤其是在青少年时期），人们会形成不同的思想体系和思维定势，进而影响到人的信仰、爱好、认识、生活、性格等各个方面，从而造成各种差异：有的重情感，有的重理智，有的重理念，有的重实证，再加上智力不足、经验不足、外界干扰等因素，人就会得出不同的分析结果。

以一个人的言谈还可以看出其心性品质优劣，虽有不少伪饰和掩盖成分，但结合其他因素可以对一个人进行综合考察。言谈识人主要有以下几种：

1. 夸夸其谈的人

这种人侃侃而谈，宏阔高远却又粗枝大叶，不大理会细节问题，琐屑小事从不挂在心上。优点是考虑问题宏博广远，善从宏观、整体上把握事物，大局观良好，往往在侃侃而谈中产生奇思妙想，发前人之所未发，富于创见和启迪性。缺点是理论缺乏系统性和条理性，论述问题不能细致深入，由于不拘小节而可能会错过重要的细节，给后来的灾祸埋下隐患。这种人也不太谦虚，知识、阅历、经验都广博，但都不深厚，属博而不精一类的人。

2. 义正言直的人

这种人言辞之间表现出义正言直、不屈不挠的精神，公正无私，原则性强，是非分明，立场坚定。缺点是处理问题不擅变通，为原则所驱而显得非常固执。但能主持公道，往往得人尊崇，不苟言笑而让人敬畏。

3. 抓住弱点攻击对方的人

这种人言辞锋锐，抓住对方弱点就严厉反击，不给对方回旋的机会。他们分析问题透彻，看问题往往一针见血，甚至有些尖刻。由于致力于寻找、攻击对方弱点，有可能忽略了从总体、宏观上把握问题的实质与关键，甚至舍本逐末，陷入偏执与死胡同中而不自拔。在用人时，应考虑他在"大事不糊涂"方面有几成火候，如大局观良好，就是难得的粗中有细的优秀人才种子。

4. 速度快、辞令丰富的人

这种人知识丰富，言辞激烈而尖锐，对人情事理理解得深刻而精当，但由于人情事理的复杂性，又可能形成条理层次模糊混沌的思想。这种人做力所能及的工作，完全可以让人放心，一旦超出能力范围，就显得慌乱，无所适从。接受新生事物的能力强，反应也快。

5. 似乎什么都懂的人

这种人知识面宽，随意漫谈也能旁征博引，各门各类都可指点一二，显得知识渊博，学问高深。缺点是脑子里装的东西太多，系统性差，思想性不够，一旦面对问题可能抓不住要领。这种人做事，往往能生出几十条主意，但都打不到点子上去。如能增强分析问题的深刻性，做到驳杂而精深，直接把握实质，会成为优秀的、博而且精的全才。

6. 满口新名词、新理论的人

他们接受新生事物很快,捡到新鲜言辞就能在日常生活中运用,而且有跃跃欲试、不吐不快的冲动。缺点是没有主见,不能独立面对困难并解决之,易反复不定,左右徘徊,比较软弱。如能沉下心来认真研究问题,磨炼意志,无疑会成为业务高手。

7.说话平缓宽恕的人

这种人性格宏度优雅,为人宽厚仁慈。缺点是反应不够敏捷果断,转念不快,属于细心思考、长考型人才,有恪守传统、思想保守的倾向。如能加强果敢之气,对新生事物持公正而非排斥态度,会变得从容平和,有长者风范。

8.讲话温柔的人

这种人用意温润,性格柔弱,不争强好胜,权利欲望平淡,与世无争,不轻易得罪人。缺点是意志软弱,胆小怕事,雄气不够,怕麻烦,对人事采取逃避态度。如能磨炼胆气,知难而进,勇敢果决而不犹豫退缩,会成为一个外有宽厚、内存刚强的刚柔相济人物。

9.喜欢标新立异的人

这种人独立思维好,好奇心强,敢于向权威说不,敢于向传统挑战,开拓性强。缺点是冷静思考不够,易失于偏激,不被时人理解,成为孤独英雄。可利用他们的异想天开式的奇思妙想做一些有开创性的事。

第三章　气色识人，抖擞精神

★抖擞处见情态

凡精神，抖擞处易见，断续处难见。断者出处断，续者闭处续。道家所谓"收拾入门"之说，不了处看其脱略，做了处看其针线。小心者，从其做不了处看之，疏节阔目，若不经意，所谓脱略也。大胆者，从其做了处看之，慎重周密，无有苟且，所谓针线也。二者实看向内处，稍移外便落情态矣，情态易见。

——《冰鉴》

考察人物的精神，那种故意振作、抖擞的状态是比较容易识别的，而那种看起来似乎是故意振作抖擞，却又可能是真的精神抖擞充沛状态，就难于识别了。精神不足，会在故意振作之后中断，如滴水一般，从滴水处中断；精神充足，却如长江大河，滔滔不绝，自然流蕴而不断竭。道家修身炼气所讲的"收拾入门"的说法，用在考察人物的精神上，就相当于是：在行动时，要看他潇洒豪放的气概有几分真，几分假，几分做作，几分自然；在静心安坐时要考察他的细致周密、平心静气状态，静中是否有浮躁。

小心谨慎的人，要从他力所不及、无力完成的事中去考察，表面上是小心之人，却处处表现得思考不周密细致，仿佛是由于疏忽造成的损失，这就是表面细心、实质上粗心、心思欠周密的人。大胆豪放的人，要从他能完成的事情中去考察。表现上是粗枝大意的人，在行动中却处处留心细节，任何蛛丝马迹都不放过，不轻率行事，不随意举动，事情得以成功，实质上是他粗中有细、不轻率贸进的缘故。粗细二种表现实际上是从外部表现来考察人物的内心本性。如果内心本性外露得比较明显，就属于情态，情态是比较容易识别的。

1838年，曾国藩27岁中进士。后还乡，按理当去拜谢老师汪觉庵。临去时他带了一把雨伞，进门便放在汪家的神龛旁。告辞时，他起身便走，刚到槽门口，突然对汪觉庵说，"我忘了带伞。"汪老师连忙去把伞取了过来。曾国藩接过伞，连声谢也没说，就走了。曾国藩的鲁钝情态，由此可见；但其内在情态和精神，更可见一个人的本质。

对曾国藩的鲁钝倔强，梁启超评议如下：

文正固非有超群绝伦之天才,在当时诸贤杰中,称最钝拙;其所遭值事会,亦终身在拂逆之中。然立德、立功、立言并三不朽,所成就震古烁今而莫与京者,其一生得力在立志自拔于流俗,而困而知,而勉而行,历百千艰阻而不挫屈,不求近效,铢积才累,受之以虚,将之以勤,植之以刚,贞之以恒,帅之以诚,勇猛精进,艰苦卓绝,如斯而已,如斯而已! 吾以为使曾文正今而犹壮年,则中国必由其手而获救矣!

曾国藩在文、武、经学方面的成就足以震古烁今,梁启超送给他的挽联中讲道:

武乡可拟,汾阳可拟,姚江亦可拟,潇湘衡岳,闲气独钟,四十年中外倾心,如此完人空想象;

相业无双,将略无双,经术又无双,蒋阜秦淮,巨星无陨;廿六载门墙回首,代陈遗疏剧悲哀。

联中把他的相才比作诸葛亮,将略比作唐代郭子仪,经术比作明朝王阳明,又称他"相业""将略""经术"在中国历史上无双。这种誉词虽过夸大,但也足见曾国藩对当时和后世的影响。

彭玉麟送给他的挽联,没有把他看作神话了的圣人,比较质朴亲切:

为国家整顿乾坤,耗完心血,只手挽狂澜,经师人师,我待考文廿载;

痛郏城睽违函文,永诀温颜,鞠躬真尽瘁,将业相业,公是法乡一流。

由此可见,天分不高,才思鲁钝的人,只要坚持不懈地努力,一定能取得成就。而且,鉴人者应注意的是,天分高不高,才思是否敏捷,不可随意妄断。比如曾国藩,也许他属天分奇高、大智若愚的人,只是未在日常中表现出来。他的老师也不大会鉴别人才,至少没有看到学生的长处。庸医可误人,庸师亦会误人,识别人才是任何一位老师、与人打交道的人的必备课程。鉴人者应学习曾国藩的丈人,不依他人的评判为标准。言不妄发,性不妄躁,既是做人的标准,也是鉴人的标准。

彭玉麟

情态可以分为多种,我们常说的坏人,有奸、邪、佞、贼等,这些人也可以说是有一定之才的人,否则他们就不会被重用。

而且这些人还有一项特殊的本事,那就是他们非常非常善于隐蔽自己,保护自己。甚至可以说,他们有一项比仁人志士更为优长的才能,那就是善于权变,没有任何原则,没有任何操守,没有任何良心地来变化自己,只要能达到自己的目的,什么事都能做出来。他们为恶、为邪时的善于决断、善于寻找机会,其意志力、隐忍的能力,可以说出那些行仁、有良心、有贤能的人不知要超过多少倍。所以古代的一位圣人曾因此而号召那些志士仁人,要"行善如行恶"。因为这样的原因,奸、邪、佞、贼之人都往往能够成功。他们把自己的刀子磨得很利,所以杀起人来不留后患,锐不可当,因而也往往成功。东汉时的贼臣梁冀那样的贼臣、恶臣,竟然把持东汉的朝政近三十年。

正是由于这样的特殊的才能和特殊的权变之术,辨奸邪、识贼佞,似乎比识贤举能更为艰难。

魏明帝曹睿时侍中大夫刘晔是一个善于巧诈之人。因为他的才智过人,魏明帝很器重他。一次明帝想伐蜀国,朝臣内外都劝谏认为不可。明帝就把刘晔召入内室以议,刘晔就顺着明魏的意图说:"蜀国可伐。"从内室出来之后,朝臣们问刘晔,刘晔则顺着诸朝臣的意见说:"蜀国不可伐。"当时军中领军杨暨,也是魏明帝所亲重的大臣,他对刘晔也很敬重。他认为绝对不能伐蜀。他就去问刘晔,刘晔就对他说"蜀不可伐。"与杨暨的意见相合。后来魏明帝把杨暨召入内室议伐蜀之事,杨暨就切谏不能伐蜀。明帝就说:"看来你是个书生,不懂兵事。"杨暨说:"如果我的话陛下不信,侍中刘晔是你的谋臣,却常常说蜀不可伐。"明帝就说:"他对我说蜀可伐。"杨暨就说:"可以把刘晔召来对质。"刘晔来之后,魏明帝就问刘晔。刘晔当着杨暨的面一句话也不说。魏明帝就支走了杨暨,单独与刘晔谈。刘晔则反过来责怪魏明帝:"讨伐别的国家,这是大谋,我从你这儿知道一些国家大谋,常恐睡觉说梦话泄漏出去,怎么能把伐蜀的真实情况告诉别人呢?况且打仗的事情是诡诈之道,大兵未发,越机密越好。陛下向外显露,臣下恐敌国早已知道了。"魏明帝于是认为刘晔说得有道理,也不责怪他内外说话不一致为不忠。刘晔出来之后,见到杨暨则对杨暨说:"你知道钓大鱼吗?钓中大鱼,你不能径直就去拉它,而是要放开钓线,随着它跑,然后徐致而牵之,那样大鱼就不会挣脱而跑掉,皇帝之威要比大鱼更难对待!你虽然是一个直面净谏的忠臣,但你的计谋不足采纳,我希望你能深思其中的道理。"把个杨暨也讲得毫无谴责他之情,只有谢他开导之意。

后来就有人对魏明帝:"刘晔是个不尽心的人,他最善于窥视陛下的倾向而顺从于你。陛下可以试着观察刘晔,你用反意来问刘晔,如果他的回答都是顺从你本来的趋向,那他善于窥你的心意的事情就可以显露了。"魏明帝就用这一招来试刘晔,发现果然如其所言。从此便开始疏远刘晔。刘晔从此郁闷而发疯,忧郁而死。

由这个故事看,刘晔是一个佞臣,他不仅可窥测皇帝的心态,而且善于辞令,工于心计,什么事情都可以被他处理得圆转而周到,可以说是滴水不漏。所以连宋代的司马光也认为刘晔是明智权计之士,只是没有德性,没有操守。

佞谀之人和谗邪之人,靠的都是嘴上的功夫。但两者之间又有区别。谗邪之人直接就能致他人死地,所以毁人。佞谀之人从来都不直接以毁人为目的。佞谀之人求的是利,如果有利于己,他是不会去毁掉的,如果于己无利,毁掉也没有得益。佞谀之人的手段是不断地阿顺主子,使其忘掉危险,从而使其处于危亡之境,誉而危之,人一般很难觉察,厚待人而害之,人一般不怀疑。所以佞谀之人把人害了,被害的人还不怨恨他,使人处于败亡之地,败亡者也不以他为仇敌。隐真情藏实意是佞谀之人获取成功的巧妙本领。谗邪之人以直接毁人为目的,因为他毁人,所以被毁害之人也反过来毁害他,这样就会众叛亲离。相比较而言,佞谀之人比谗邪之人危害更大。

世界之大,无奇不有,前面所说的这些奸、邪、佞、贼,在作臣子的中间有,在人

·《冰鉴》智慧通解·

图文珍藏版

群中也有。当今世界生活中的用人,并非用以为臣,但是,这种人还是有的,对于每个用人的人来说,对每个从事人事工作的人来说,对这四种人必须有所明辨,方能与事业有利,于国家有利。

辨识奸、邪、佞、贼这样的人,不仅要准确了解他的表现方式和形态,而且要把握他们善于隐蔽自己的种种手段。辨奸邪、远佞人,还必须心里明白什么是贤能之士,贤能之士的概念明确了,奸、邪、佞、贼就能比照出来。同时也可以用这本书中所讲的识人的四种方法来加以鉴别:观之以德;观之以形,以通其神;使之以事,试之以能;考之以绩,责之以实。魏明帝对刘晔这样的佞臣,不就是试出来的吗。

★ 情态观人精神

容貌者,骨之余,常佐骨之不足。情态者,神之余,常佐神之不足。久注观人精神,乍见观人情态。大家举止,羞涩亦佳;小儿行藏,跳叫愈失。大旨亦辨清浊,细处兼论取舍。

——《冰鉴》

容貌是人的骨的余韵与外部显现,常常能弥补骨的不足;情态则是神的余韵与外在表现,常常能弥补神的不足。久久审视,应主要观察人的精神状态;短暂一见,主要观察人的情态。大家高人之态,即便有女儿家似的羞涩,也不失为佳相。像小孩儿一样哭哭啼啼,又叫又跳,愈是掩饰造作,愈使人觉得虚伪粗俗。审视情态,也应首先分辨清浊,近观细审时,还要兼论取舍存留,方可大处着眼,细处定性。

在人们的交往来去中,有的人彼此相见时机多,有的人则是匆匆见面,匆匆分手,再无相见的机会。互赏互识的,则相互怀念,却又为终不能再聚而叹怀;目不识丁的,则擦肩而过,彼此再无印象;因而,识与不识的,都错过了一段机缘。

考察情态,目的即在于,用人者在彼此短短相见过程中,确定人物的心性才能品质。曾国藩视刘铭传从大厅里经过,就辨识出他的大将气度,是几十年阅历经验所致,偷不得半点机巧。人们也不乏这种经验,乍见之下,就喜欢上了他,认为是一个人才,这就是从人的情态得出的结论。

容貌不同于人们常言中的容貌,前面已有细述,这里不再赘言。把情态理解为神的流露和外现,有一定道理,而且情态应是人内心欢悦痛楚的面部表现。如果一身精神不足,要由情态来补充,佐以优雅洒脱、清丽绝俗、优美端庄、气度豪迈、冷艳飘扬之态,当然别有一番风姿。以《红楼梦》中的林黛玉论,一身病态,精神自然是不足的,虽得珍贵药物调养,仍然回天乏力;但她身上的冰雪聪明,弱态娇美,凄苦轻扬,却别是一种美丽。这是情态者,神之余的一种。

知人、识人最主要的当然是在知人心、识人性,所以,知人、识人是个心理学问题。在社会上用人,不能把人弄到实验室里进行研究。用人不能像对待家具那样,喜欢了就用,不喜欢了就放弃,能用则用,不能用则废。因为,道理很简单,凡人都是大活人,各有其七情六欲,又各有其志。凡人在的地方,他多少都会对周围的事物抱有态度,施加影响,有他的作用和反作用。所以识人的心理学,是一种相当复杂的社会心理学。

大凡在识人、知人方面非常成功的人,都是这方面的大心理学家。这些人洞明世事,通达人情,所以往往不用特别的长期观察,就能对一个人作出判断。譬如东汉末年的时候,桥玄见到曹操,就对曹操说:"天下将乱,非命世之才不能济事。能安天下的人,非你莫属。我所见的天下名士很多,但没有一个人能与你相匹的。你要善于自持,以待时机。我自己已经老了,愿意把妻子、儿女托付于你。"而于此时,曹操只是一个任侠放荡的公子少年,还没有任何名气和功绩。能于一个人物未发迹之时度出这个人物的才能和未来的业绩,说明桥玄独具慧眼。有史书记载,桥玄在当时以识人而有名,"严明有才略,长于人物"。

中国古代像桥玄这样善于识人的人,大有人在。正是在这些人的实践和经验积累下,识人已变成了类似于鉴赏艺术作品那样,变成了一门艺术。

古人说:"美好者,不祥之器"。意思是说事物过于美好完善了,必定会带来毁坏的结果。聪明人知道得很清楚,如果他位居高官,又住居豪华,就肯定会招来嫉妒陷害之心,因此,防患于未然之术目的是不给嫉妒陷害之人以机会,是一种明智的防患之术。

古语说:"狡兔三窟",狡猾的兔子为了避免受到伤害,都为自己预备好三个藏身的窝。这是齐人冯谖为孟尝君巩固政治地位而准备的策略。人们在追求利益时,要考虑到失败的一面,损失的一面,两者兼顾,方能周全。怎么办呢?用最大的努力去争取好的结果,同时做好失败的心理准备和物质准备,以及应变措施。这样就能以不变应万变,永远立于不败之地。

看一个人的作为,可以从其身处安乐的态度来判断。遇喜不可忘忧,这才是有作为者的态度。宋真宗时,陈晋公陈恕作三司使,总揽天下财计。宋真宗命令他将宫廷内外府库中的钱财、粮食全部统计一下上报给他。陈恕当即答应,但却未统计上报。拖了很久,真宗屡次催促,陈恕始终没有上报。真宗命令军相去质问他。陈恕回答说:"天子还很年轻,如果他知道府库这样充实,我怕他会生出奢侈之心。"陈恕报忧不报喜,确有远见。

实际上,遇喜不忘忧策略告诉人们要为自己准备好后路,要对付政敌,谋求生存在谋事或决策之时,要多准备几手以防意外和不测,不能孤注一掷,甚至坚持一条路走到底。《易·即济·象》说:"君子以思患而预防之。"《易·系辞下》也指出:"君子安而不忘危,存而不忘亡,治而不忘乱。是以身安而国家可保也。"具体方法是"为之于其未有,治之于其未乱。"即趁灾难没发时预防它,趁危难不明显时消灭它。特别是功高的臣子一定要功成身退。过去《老子·九章》说:"富贵而骄,自遭其咎。功成身退,天之道也。"

懂得防患于未然战术的人们常常能从各种灾祸的征兆中看出不祥苗头。唐代时,李义琰曾为唐朝宰相,他的住所没有像样的房舍,他的弟弟为他买了建房的木料。李义琰知道这件事后,对弟弟说:"让我担任国家的宰相,我已经感到非常惭愧,怎么可以再建造好的房舍,从而加速罪过和祸害的到来呢!"其弟说:"凡是担任地方丞、尉官职的,尚且护建住宅房舍,你位居宰相,地位这么高,怎么可以在这样狭小低下的宅舍中呢?"李义琰回答:"人们希望中的事情很难完全实现,两件事物不可能同时兴盛。已经处于显贵的官位,又要扩建自己的居室宅舍,如果不是有美好的品行,必然遭到祸害。"他最终没有答应建房。

有人在谈到欲望对人的影响时指出,对欲望放纵,随心所欲却有一定的节制,这是通达的人。对欲望放纵而有时会超过界线,这是个偏差的人。对欲望放纵却不知节制,这是毫无正经,傲慢无礼,纯荡的人。当你身处欲望的边缘时,一定不要忘记这个道理。

★ 面部气色识人

色忌青,忌白。青常见于眼底,白常见于眉端。然亦不同:心事忧劳,青如凝墨;祸生不测,青如浮烟;酒色愈倦,白如卧羊;灾晦催人,白如傅粉。又有青而带紫,金形遇之而飞扬,白而有光,土庚相当亦富贵,又不在此论也。最不佳者:"太白夹日月,乌鸟集天庭,桃花散面颊,颊尾守地阁。"有一于此,前程退落,祸患再三矣。

——《冰鉴》

人的面部气色忌青色,也忌白色,青色常常出现在眼的下方,白色常常出现在眉梢的附近。但是青色和白色出现在面部,又有不同的情况:如果是由于心事忧劳而面呈青色,这种青色一定既浓且厚,状如凝墨;如果是遇到飞来的横祸而面呈青色,这种青色则一定轻重不均,状如浮烟;如果是由于嗜酒贪色而疲惫倦怠面呈白色,这种白色一定势如卧羊,不久即会散出;如果是由于遇到大灾大难而面呈白色,这白色一定状如枯骨,充满死气。还有,如果是青色中带有紫气,这种气色出现在金形人的面部,此人一定能够飞黄腾达;如果是白润光泽之色,这种气色出现在金形兼土形人的面部,此人也会获得富贵。这些都是特例,就不在此论述了,而最为不佳的气色为以下四种:白色围绕眼圈,此相主丧乱,黑色聚集额尖,此相主参革;赤班布满两颊,此相主刑狱,浅赤凝结地阁,此相主凶之。"以上四相,如果仅具其一就会前程倒退败落,并且接连遭灾遇祸。

"惨择之情在于色",即通过对一个人"色"的观察,可以看出他情感的表现。因色是情绪的表征,色悦者则其情欢,色沮者则其情悲。

色,主要是指人的面色:"夫声畅于气,则实存貌色;故诚仁,必有温柔之色;诚勇,必有矜奋之色;诚智,必有明达之色。"气流的通畅发出了声音,一个人的性格则会在相貌和气色上有所流露。所以,仁厚的人必有温柔的貌色;勇敢的人必有激奋的气色;智慧的人必有明朗豁达的面色。

"色",就人体而言,指肤色,或黑或白,且有无光泽,古人认为,"色"与"气"的关系是流与源的关系，"色"来源于"气"，是"气"的外在表现形式，"气"是"色"之根本，"气"盛则"色"佳，"气"衰则色粹。如果"气"有什么变化，"色"也随之变化。古人合称为"气色"，大家知道，人生病，其"气色"不佳，就是"气色"之说的一种表现。

人一生要经历漫长的路程，大致说来有四个时期：幼年时期，青年时期，壮年时期，老年时期。在各个阶段，人的生理和心理发育和变化都有一定差异，有些方面甚至非常显著。表现在人的肤色上则有明暗不同的各种变化。这就如同一株树，初生之时，色薄气雅，以稚气为主；生长之时，色明气勃；到茂盛之时，色丰而艳；及其老时，色朴而实。人与草木俱为天地之物，而人更钟天地之灵气，少年之时，色纯而雅；青年之时，色光而洁；壮年之时，色丰而盛；老年之时，色朴而实，这就是人一生几个阶段气色变化的大致规律。人的一生不可能有恒定不变的气色，以此为准绳，就能辩证看待人气色的不同变化，以"少淡、长明、壮艳、老素"为参照，可免于陷入机械论的错误中去。

一般来讲，仁善厚道之人，有温和柔顺之色；勇敢顽强之人，有激奋亢厉刚毅之色；睿智慧哲之人，有明朗豁达之色。

齐桓公上朝与管仲商讨伐卫的事，退朝后回后宫。卫姬一望见国君，立刻走下堂一再跪拜，替卫君请罪。桓公问她什么缘故，她说："妾看见君王进来时，步伐高迈，神气豪强，有讨伐他国的心志。看见妾后，脸色改变，一定是要讨伐卫国。"

第二天，桓公上朝，谦让地引进管仲。管仲说："君王取消伐卫的计划了吗？"桓公说："仲公怎么知道的？"管仲说："君王上朝时，态度谦让，语气缓慢，看见微臣时面露惭愧，微臣因此知道。"

齐桓公与管仲商讨伐莒，计划尚未发布却已举国皆知。桓公觉得奇怪，就问管仲。管仲说："国内必定有圣人。"桓公叹息说："白天来王宫的役夫中，有位拿着木杵而向上看的，想必就是此人。"于是命令役夫再回来做工，而且不可找人顶替。

不久，东郭垂到来。管仲说："是你说我国要伐莒的吗？"他回答："是的。"管仲说："我不曾说要伐莒，你为什么说我国要伐莒呢？"他回答："君子善于策谋，小人善于臆测，所以小民私自猜测。"管仲说，"我不曾说要伐莒，你从哪里猜测的？"

他回答："小民听说君子有三种脸色：悠然喜乐，是享受音乐的脸色；忧愁清静，是有丧事的脸色；生气充沛，是将用兵的脸色。前些日子臣下望见君王站在台上，生气充沛，这就是将用兵的脸色。君王叹息而下呻吟，所说的都与莒有关。君王所指的也是莒国的方位。小民猜测，尚未归顺的小诸侯惟有莒国，所以说这种话。"

·《冰鉴》智慧通解·

图文珍藏版

第四章 刚柔并济，无往不胜

★刚柔五常之别

五常之别，列为五德。是故温直而扰毅，木之德也；刚塞而弘毅，金之德也；原恭而理敬，水之德也；宽栗而柔立，土之德也；简畅而明砭，火之德也。虽体变无穷，犹依乎五质。

故其刚柔明畅贞固之徵，著乎形容，见乎声色，发乎情味，各如其象。故心质亮直，其仪劲固；心质休决，其仪进猛；心质平理，其仪安闲。夫仪动成容，各有态度。直容之动，矫矫行行；休容之动，业业跄跄；德容之动，颙颙卯卯。

——《冰鉴》

五常的区别，分列为五种品质。因此温和直率而驯顺果决，属于木德；刚强诚实而弘大坚毅，属于金德；仆实恭敬而端肃有礼，属于水德；宽厚庄严而柔顺坚定，属于土德；简直顺畅而明识砭割，属于火德。虽然人的材德类型众多，变化无穷，仍然根本于这五种本质。

刚强柔和，明白流畅，坚贞稳固的徵象，显露于人的形貌容姿，外现于人的言语声色，发自人的内在情感，各与它们的表现相似。因此，心性忠亮耿直，其仪容坚定有力；心性简素决断，其仪容奋进勇猛；心性坦然和顺，其仪容安详闲适。仪容的变化，相应有各种不同的状貌举止。姿容端直的举动，勇武刚强；姿容美善的举动，谨慎庄重，行步有节；姿容肃穆的举动，恭敬威严，气宇轩昂。

"五行"乃金、木、水、火、土五种物质，代表世间万物，是道家阴阳学说的主要理论，其源头可以上溯到《周易》。《周易》中的八卦中的阴爻和阳爻，是阴阳思想的体现和符号。照郭沫若的解释，阴爻象征女性生殖器，阳爻象征男性生殖器，这已是阴阳文化的一种表现了。阴阳也就代表着各个相互对立的矛盾体，比如里与外，上与下，热与冷，太阳月亮，白天晚上……八卦代表八个方位，这八个方位与五行联系。五行为金、木、水、火、土，木属东方，为震卦；金属西方，为乾卦；水属北方，为坎卦;火属南方,为离卦;土属坤卦,为中央。

阴阳学说至少可追溯到夏朝。八卦中的阴阳爻首先出现在夏朝的占书《连山》里。《连山》早于《周易》,但早已失传。《山海经》中讲道:伏羲氏时代,有龙马出黄河,背上背着"河图",又有神龟出洛水,背上背着"洛书";伏羲氏得到"河图""洛书"后,根据它们上面的图样画成八卦;夏朝的人就根据此做成占书《连山》。又传说黄帝得到"河图""洛书"后,商朝人根据此做成占书《归藏》;列山氏得到后,周朝人据此做成《周易》。但只有《周易》流传了下来。

《史记》中又记载:周文王被商纣王拘禁起来后,闲着无事,演绎出了周易八卦。

五行学说的产生,则至今没有定论。易学界认为五行学说当与阴阳学说产生在同一时代,史学界则认为是孟子,哲学界则认为是西周,最早见于《尚书》。

五行环环相生,像生物链一样永不停止,形成一种太极圈,金能生水,相当于露珠凝于铁具上;水能生木,木有水方可以生长;木能生火,燃木成火之意;火能生土,灰烬积累成土;土能生金,金产于土矿之中。

五行又两两互克,形成一个互相制约、势力均衡的体系。金克木,金属刀具能砍伐树木;木克土,树木破土而出,根渗入土深处;土克水,水被土挡住;水克火,火被水浇灭;火克金,火能熔金。

五行生克的道理中又有深刻的辩证法。金能克木,但金太弱,木太强,金反而会被木欺侮。木能克土,但土硬木嫩,木反而生长不起来。土能克水,但水多土少,土反而被冲走。水能克水,火多水少,水反而助火势,如煤中含水。火能克金,但如金众火弱,火反而被熄灭。五行相生,但如果势力反差悬殊,环环相生会成反克。水能生木,但水多了,木反而会泡死,即所谓的水众木漂。木能生火,木太旺,火反而无法生成。火能生土,火多了反而会燥土。土能生金,土多金埋,金反而被埋没。金能生水,金多水少,水反而没有用途。

五行生克的原理很复杂,但以上四种生克关系为基本,因此就乱中有序了。通过刚柔五行来辨识人才,可以客观地看待一个人的方方面面,辩证地识人。

识人当辨刚柔。切勿"外宽内忌"。用人容人,大多数人是懂的,自诩有容人之量者,也大有人在。但是,有这样一类人,表面上有"海纳百川"之量,实际上却是"小肚鸡肠";表面上待人宽容,而实际上待人忌嫉,即所谓"外宽内忌"。

外宽内忌危害极大,首先,它易使人产生离心倾向。因为,外宽内忌,表面上宽容,实际上妒忌,最终必定为人所看破,而其阴谋权术一旦为人看破,必致离心离德,甚至反目为仇。三国时,袁绍身边聚集的一大群"智囊",如郭嘉、田丰、许攸、沮授等,都是当时有名的谋士,但由于袁绍"外宽内忌",不能积极采用他们的良策,致使他们不少人心灰意冷,终于走上了弃袁投曹的道路。即使有几个忠心不变者,到头来也都成了袁绍的刀下鬼。随着田丰、沮授的下狱,许攸等人才的流失,在军事力量对比的天平上,袁绍也失去了关键性的砝码。

其次，外宽内忌，易使谄谀者乘机作乱。外宽内忌的权术，不仅智士明了，谄谀小人更是"心中有数"，他们既知领导者忌贤，必趋而进谗，以投领导所好；既知领导者心胸不宽，必诽谤于人，制造嫌隙，使领导者疏贤。袁绍不用良才，不听忠言，确使一些拍马逢迎小人乘机钻营作乱。

最后，外宽内忌也必浪费人才。因其表现宽容，常使一些贤能之士远来"投靠"，而其必然容留以示"宽容"。一旦容留下来，却又因"内忌"而不予重用，以至闲置奉养，正所谓"取之至宽，而用之至狭"。如此而"投靠"者越多容留者越多，闲置者也越多，造成人才大量"堆积"浪费，领导者甚至不以为耻，反以为荣，自诩为"人才库"，并借此大肆宣传，以扬其"爱才"之名，而实质上却是忌才之错，毁才之罪。

其实，外宽内忌也必害于自己。因为，外宽内忌的假象不可能长久，而一旦为众人识破则必不自保。《水浒》里有一白衣秀士王伦，初上梁山，便为寨主，于开辟这块"根据地"可谓有功，然而心胸狭小，却又装出"大度容人"之态，当晁盖、吴用等人投靠他时，表面热情，内里忌妒，终被林冲火并，生前虽未做多少有害于人生和人道的事情，却成为自己狭窄心胸的牺牲品。可见，"宽容"之态不可装，"内忌"之心不可有，否则，既害别人，也害自己，更害事业。

★刚柔相济之法

五行为外刚柔，内刚柔，则喜怒、跳伏、深浅者是也。喜高怒重，过目辄忘，近"粗"。伏亦不伉，跳亦不扬，近"蠢"。初念甚浅，转念甚深，近"奸"。内奸者，功名可期。粗蠢各半者，胜人以寿。纯奸能豁达，其人终成。纯粗无周密者，半途必弃。观人所忽，十得八九矣。

——《冰鉴》

五行是人的阳刚和阴柔之气的外在表现，即是所谓的"外刚柔"。除了外刚柔，还有与之相应的内刚柔。内刚柔指人的喜怒哀乐感情、激动与平静两种情绪、深浅不一的心机城府。遇到令人高兴的事情，就乐不可支，遇到令人愤怒的事情，就怒不可遏，而且事情一过就忘得一干二净。这种人阳刚之气太盛，性情接近于"粗"。平静的时候没有一点张扬之气，激动的时候也昂扬刚壮不起来，这种人阴柔之气太盛，性情接近于"蠢"。遇到事情，初一考虑，想到的很浅，然而一转念，想到的却非常深入和精细。这种人阳刚与阴柔并济，接近于"奸诈"。凡属内藏奸诈的人外柔内刚，遇事能进能退，能屈能伸，日后必有一番功业和名声可以成就。既粗又蠢的人，刚柔皆能支配其心，使他们乐天知命，因此寿命往往超过常人。纯奸的人——即大奸大诈者，胸襟开阔，能藏丘壑，遇事往往以退为进，以顺迎逆，这种人最终会获得事业的成功。那种外表举止粗鲁，心思也粗枝大叶的人，只是一味地刚，做起事来必定半途而废。以上这一些，也就是"内刚柔"往往被忽略，而且一般察人者十有八九都会忽略这一点。

外刚柔，从外貌形象来判断、识别人物，虽有一些道理，但理由毕竟欠充分，未免含有荒谬的成分，准确性也令人怀疑。如果察人者水平不够，阅历不深，见识不够，错误多多。内刚柔要求从内外结合的角度来考察人物，是鉴别人才的必然途径。许多的聪明人士对自己的鉴人能力很有自信，实际上是一种错误，或者偏信自己的感觉，或者以己观人，错误自然不少；但因他们聪明，有"生而知之"的天赋（或多或少），也能正确识别一些人才，也正因为此，使他们从自信滑向自负。曾国藩从不敢过誉自己的鉴人才能，世间聪明人士良多，而曾国藩却当世一人，莫不是满招损、谦受益的缘故。

内刚柔，今天人所共知的词是精神世界。听到这个解释，对古代文化了解不多的读者可能会哑然失笑。精神世界由外部喜怒哀乐等感情形式表现出来，察人者即可循流探源，知人心性品质才能了。内刚柔可粗分为喜怒、跳伏、深浅三种外部表现。

外刚柔和内刚柔的结合形成了十二种人的性格特点。对此，刘邵做了更深入的剖析，现分别说明如下：

（1）强毅之人，这种人狠强刚戾又平和，不以狠强为警惕，而以柔顺为挠弱，与唐突之心相抵抗；这种人可以进行总体规划，但不能仔细观察其细微之处。

（2）柔顺的人，宽恕容忍而又优柔寡断，不根据事物整体情况加以考虑，遇事常强加忍之，这种人可以应付一般事情，却不是办大事的人。

（3）雄悍之人，对待事情勇敢奋起，但往往对事物缺乏警惕性；这种人可以克服困难，却不能遵守规定。

（4）惧慎的人，畏惧、谨慎小心地对待事情，但性格过于软弱，而且猜疑心强，所以这种人可以保住自己，却不能树立节义。

（5）凌厉的人，对待事情专断，常以雄辩的外在表现，掩盖其内在专断之心；这种人可以坚持正义，却不能使众人心服而依附之。

（6）辩博之人，这种人能言善辩，对语言泛滥不加以警惕，因而在理论上可以讲得头头是道，但在实践上却一窍不通。

（7）弘普的人，博爱而又周到融洽，但在交际上往往广结朋友，不注重选择对象；这种人可以抚慰众人，却不能端正风俗。

（8）狷介的人，廉洁而能激浊扬清，不怕道路狭窄继续走自己要走的路，对于好、坏界限清楚，以弘普为污浊而增益其拘谨之心；这种人可以固守节操，最终却往

（9）休动之人，一味地攀登与超越，以沉静为停滞而增果锐之心；这种人可以进趋在前，却不能容忍自己居于别人之后。

（10）沉静的人，前思后想而考虑周密，遇事反映较为迟钝，这种人可以深谋远虑，却不能敏捷而速达。

（11）朴露之人，质朴诚实，不以其诚实作为做人的一种标准，却用奸诈手段来表露其诚实，这种人可以确立信用，却不能衡量事情之轻重。

（12）韬谲之人，足智多谋，不以其谋略之离正为警惕，以忠贞为愚直而贵其浮虚之心；这种人可以佐助事务而不能矫正违邪。

刘邵对上述十二种人的剖析，非常的细腻与传神，其实我们的四周（包括自己）就有许多此类的人，读者不妨仔细去观察与琢磨。老子说：知人者智，自知者明；胜人者力，自胜者强。一个人在一生当中最大的敌人就是自己，任何人如果能认识自己，了解自己，已经非常困难，更何况自己的长短之处被认识之后，能够进一步扬长弃短、肯定自己、纠正缺点、改善自己那就更困难了，所以老子才会说"自知者明""自胜者强"。

刚柔相济，长短互补，文武合璧，众力相辅，形成一个整体性的人才优化组合，这是从事物"总体性联系"考虑的优化，是为完成某项复杂任务而需要多种人才、多方面协调配合的整体性优化。

关于整体性优化的用人之道，早在公元前542年子产管理政事时已有记载。他根据冯简子、公孙挥、子大叔、裨谌四人的不同专长，组成了一个既各自分工、又相互合作、协调一致的政府领导班子，是历史上影响很广的优化组合的一例。管仲在回答齐桓公提出如何组建国家最高领导班子问题时说，应该让隰当"大行"管理外交，宁戚当"大司田"管理内政，王子城父当"大司马"管军事，宾胥无当"大司理"管刑法，东郭牙当"大谏"主参谋，再加上他自己协助桓公统一领导，这里讲的也是由各方面人才组成的优化组合。三国时曹操派技艺不同、性格各异、平时意见往往不合的张辽、乐进、李典三人守合肥，就是有刚有柔、刚柔相济，有勇有谋、文武合璧的优化组合。

选拔人才，要坚持实践标准，一定要选拔有实践经验、有实战指挥能力的人担任将帅要职，这是中国古代兵家与兵学家一贯提倡的思想。《韩非子·显学》根据历史经验教训，特别是公元前260年秦赵长平之战赵括覆军40多万的教训，提出了"宰相必起于州部，猛将必发于卒伍"的名言。

我们一般都容易被夸夸其谈的人所迷惑，以为他怎么样说就能怎么样做；还以为这种人确有才华。其实，古人就知道"言过其实，不可大用"的道理。"言过其实，不可大用"这句话是三国刘备在白帝城托孤时给诸葛亮评马谡的一句话。马谡是马良之子，幼读兵书，很受诸葛亮的赏识。诸葛亮在南征孟获时就听取他攻心为上的战略。但刘备却认为他夸夸其谈,言过其实,不可委以重任。诸葛亮当时并没有把刘备的话听进去。后来街亭失守,才想起当年刘备的话,但已铸成大错,只好挥泪处斩。

当然,在打江山夺天下的过程中或战乱频繁的情况下,"猛将必发于卒伍"可以做到,而在天下已定的和平时期,客观上不具备战争的条件,"猛将必发于卒伍"就比较难办。但这话的实质是重视实践、重视实战能力。因此在和平时期将帅的选拔,仍可以通过实际的比赛、考试及平时治军的实绩来决定取舍。总之是要坚持实践标准,选取有真才实学,实际能力的人。

历史表明,在"坐江山"、治天下的和平时期,将帅选拔的通病,也是军国之大忌,是"亲旧恩幸","坐取武爵","素不知兵",一战即溃。故历代兵家与兵学家无不大声疾呼用兵乃生死之地,将帅非恩幸之任。如唐高宗时太学生魏元忠在给皇上的奏议里提出:"大将为戎,以智为本。今之用人,类将家子,或死事扳儿,进非于略,虽竭力尽诚,不免于倾败,若之何用之?"(《历代名臣奏议》卷二三六)孝武帝时路思令上疏说:兵戎是国家大事,"戎之有功,在于将帅,比年以来,将帅多贵宠子弟,军帐统领,亦皆故义托附"。这些贵戚子弟没有经过战争的实践与实际训练,平时趾高气扬,以为自己能攻善战,其实,一旦真正打仗,就"怖惧交怀,雄图锐气,一朝倾尽",平时的威风一点儿也没有了。宋御史中丞贾昌朝在给皇上的奏议里也谈到过这一问题,说在"太宗时,将帅率多旧人,犹能仗威灵,禀成算,出岫御寇,所向有功"。赵宋王朝是我国历史上兵力最弱的一个王朝,原因当然很多,但在用人方面的"亲旧恩幸之弊"不能不是其中一个重要原因。明皇朝覆灭也如此。如福王时兵部侍郎吕大器疏劾马士英指出:"其子以童臭而都督,妹夫以手不寸铁而总兵。"后世当引以为戒不要被一个浮滑的人所迷惑,不要被他的夸夸其谈打动,一定考察他的实际才能,尤其是,一定要任用诚实的人。在现代的经营活动中,同样存在着很浮滑的管理人员,他们只知道夸夸其谈,却发挥不了实际的作用。在人际交往中也一样,有些朋友除了浮夸还是浮夸,实在成不了气候,若与他们打交道,一定要小心提防才对。

现代经营者从中当得到不少启发:不该用的人就不用,该用的人,不管他的用途究竟如何,大小如何,都要大胆使用。这是古人的智慧结晶,应是现代人好好掌握的原则之一。

企业中常常发生因为用了不该用的人才而遭至损失的事。有一个著名女企业家,在她创业之初,就曾遭遇过这种事情。当时她想创办一个鞋厂,就招聘了几个著名的鞋匠,把其中一个肯想肯干的年轻鞋匠任命为经理。她对他们很放心,投下资金,放手让他们去干。可是结果,她发现事情给弄得很滑稽。厂子没有办起来,却给弄成了一个手工作坊。原来,那个经理根本不懂现代经营之道,以为鞋厂就是制鞋的手工作坊。女企业家啼笑皆非,只好重新聘用经理,而让原来那个经理重新做鞋匠。新上任的经理是个工商学院大学毕业生,管理果然有一套,厂子很快办起来,并且督促开发出一些新的品种,逐步开拓了业务。而那些鞋匠,包括原来被任命经理的鞋匠,这时都发挥出了才干,干得很好。这个女企业家就此得出结论,要各尽其才,大才大用,小才小用。

★刚毅柔顺之才

是故强毅之人,狠刚不和。不戒其强之搪突,而以顺为挠,厉其抗。是故可以立法,难与人微。柔顺之人,缓心宽断。不戒其事之不摄,而以抗为刿,安其舒。是故可与循常,难与权疑。雄悍之人,气奋勇决。不戒其勇之毁跌,而以顺为恇,竭其势。是故可与涉难,难与居约。惧慎之人,畏患多忌。不戒其懦于为义,而以勇为狎,增其疑。是故可与保全,难与立节。凌楷之人,秉意劲特。不戒其情之固护,而以辨为伪,强其专。是故可以持正,难与附众。

——《冰鉴》

坚强刚毅的人,狠戾刚愎不柔和,不对自己强硬冒犯别人引以为戒,反而以柔顺为软弱,更加亢奋抵触竞进不止。因此这种人可以设立法制让人遵行,却难以体察机微。温柔和顺的人,迟缓宽容缺乏决断,不对自己不知治理事务引以为戒,却以刚毅奋进为伤害,安于无所作为,因此这种人可以遵守常道,难以权变释疑。勇武雄悍的人,意气风发勇敢果断。不对勇悍造成的毁害失误引以为戒,反而视和顺忍耐为懦弱,尽势任性。因此这种人可以与人共赴危难,难以处穷守约。谨慎戒惧的人,畏事多忌,不对自己不敢伸张正义引以为戒,却把勇敢作为轻忽,增加犹疑畏惧。因此这种人可以保命全身,难以树立节义。凌厉刚正的人,坚劲耿介,不以自己固执主观为戒,反而以辩驳为虚伪,增强其主观专断。因此这种人可以坚持正义,难以随俗附众。

认识人的方法,本来就是从明显处知道其隐蔽处,而一个人的内心状态与外表有着密切的关系。刘邵从阴阳的角度去解释聪明,内向为阴,外向的人为阳。如果阴阳结合,则事事都能处理得恰如其分,事事通顺就成为聪明的人了。

刘邵的《人物志》涉及识人的方法和用人的道理,刘邵主要是为了解决当时政治上据其才当其官的问题,讲求聪明,是要德行和聪明,才能授官任职为谋福利。

《人物志》的理论体系,包括阴阳五行,即前面所说的"含元一以为质""禀阴阳以立性"、"系五行而著形"。

刘邵以为,人物之中,除圣人外,多为偏德、偏才或依似无恒之类的人,所以存在着拘抗两种情形,或者"拘者不逮",或者"抗者过之",孔子所说"不得中行而与之,必也狂狷乎。狂者进取,狷者有所不为"。亦是说的这个道理。

人本来以阴阳之气来确立性情,阴气太重则失去刚,而阳气太重则失去柔。太柔则处事小心谨慎,不敢大刀阔斧;太刚是抗奋者,常超越了一定的度。这两种人各有长短,或者说各有优缺点。因此"善有所章,而理有所失"。

不同刚柔的人心情表现有:

(1)心性忠诚正直的人,就会表现出刚正不屈的仪态。

(2)心性善良的人,就会表现出进取严谨的仪态。

(3)心性有条不紊的人,必定表现出泰然自若的仪态。

有的人看人,善恶过于分明,不能辨刚柔。他们或者见人一善则各方面都善;见人一恶,则各方面皆恶;或者以印象看人,其为善者,恶也为善;其为恶者,善也为恶;或者把整个人群简单地划分为"善""恶"两类,要么就是善人,要么就是恶人,非善即恶,非恶即善,无有其他;或者心中只容得善人,见不得半点"恶"意,眼里揉不得半粒沙子。这样一来,眼中的善人就很多,因为毫无缺点的人是几乎没有的;即使是东郭先生这样的"大善人"也不能称之为"善",因为他滥行仁慈,救助被人追逐的中山狼,几乎被狼吃掉;而且,伪君子也乘机而入,因为只要"伪善",则一切皆善,就算是入了"善"门,即使是以后有"恶"的时候,也无所谓。

其实,善恶过于分明是极不符合现实的。因为,任何人都有其优点和缺点,即使是再好的人,也自有其不足,再恶的人也仍有其可用之处,即使是谋财害命的罪犯还可能对其父母双亲十分孝敬。《水浒》里的时迁虽然偷鸡摸狗,却杀富济贫,充满正义感;"八仙"之一的吕洞宾是个好美色的浪荡神,却是位为人间排忧解纷、救苦救难的好神公;《红楼梦》里的薛宝钗深知礼义,洁身自好,但却是个八面玲珑的巧伪人;明朝李梦阳为文力倡拟古,反对改革,为官却力劾奸宦,气慨邪道,虽屡受谪而不屈,以风节动一时;宋朝贤相寇准、吕蒙正,才智正人,刚正不阿,但是生活上却最尚奢华。寇准好夜宴,连马厩、厕所也要用蜡烛照明,蜡泪凝地成堆。吕蒙正好吃鸡舌,鸡毛堆积成山;可见,"人无完人"是为至理,"善恶过于分明"确为妄谈。

所以,唐朝颇有名望的宰相魏征特别提出,要"爱而知其恶,憎而知其善",意即喜爱一个人,必须同时知其缺点和弱点,憎恨一个人,必须同时知其优点和长处,只有这样,才能更全面地了解一个人,更恰当地任用一个人。

刚毅之人,可能"开拓"意识更强;柔顺之人,可能"老实"肯干,这两种人都是非常难得的,是知人、识人乃至考察人首先必弄清的问题。

多数人认为,勇于开拓创新是一种良好的品质。但是,开拓,必须具备三个特点:首先,它必须是勇于创新、革除旧弊、积极进取;其次,它必须顺应社会发展规律和经济发展规律,并且在法律允许的范围内进行;再次,必须从实际出发思考问题、处理问题,具有全局观念和长远观念。这三点缺一不可。如果缺乏创新,则根本无"开拓"可谈;虽有创新,而违法乱纪,则是破坏性的有害行为,而不是"开拓";而如果既有创新,又能合法,但不切合实际,也只能是"空谈",无法实现。所以,考察一个人的开拓精神,必须从上述三点入手。不具备上述三个特点的"开拓精神",只可弃,不可取。

"老实"似乎与开拓对立,尤其是近期,商品经济迅速发展以后,"老实"近乎"无能"的代名词。其实,对"老实"也应作具体分析。世上有三种"老实"人:一是,老老实实从实际出发,按科学态度办事的老实人;二是性格内向,不善言谈交际,却精于独立思考、刻苦钻研的老实人;三是不善思考、不善用巧,只知埋头苦干,所谓"老黄牛"式的老实人。这三种"老实"人,其实都是各种管理工作和业务工作所需要的。前两种自不必说,即使是后一种"老黄牛",也是我们目前乃至今后各项事业、各种工作所必需的。首先,"老黄牛"有埋头苦干精神。他一步一个脚印,脚踏实地,勇往直前,既不左顾右盼,也不投机取巧,他最有希望达到事业的目的地。其次,"老黄牛"有坚韧不拔的毅力。他既不怕雨打泥滑、坡陡路险;也不怕风吹日晒、荆棘丛生,总是任劳任怨,艰苦负重。有一首咏牛诗云:"渴饮颖川水,饿啃关门月。黄金如何种,我力终不歇。"十分形象地描述了"牛"的韧劲。而这种韧劲正是一切事业成功的必要条件。

其实,开拓与老实并不矛盾,开拓如果离开按科学规律办事的老实态度,离开刻苦钻研的精神,离开一步一个脚印的努力,任何进取都是无效的。只有老老实实,脚踏实地,又开拓进取,积极创新,才是今天社会最需的人才。

特别提示:

本书在编写过程中,参阅和使用了一些报刊、著述和图片。由于联系上的困难,和部分作品的作者(或译者)未能取得联系,对此谨致深深的歉意。敬请原作者(或译者)见到本书后,及时与本书编者联系,以便我们按照国家有关规定支付稿酬并赠送样书。

联系电话:010 - 80776121　联系人:马老师

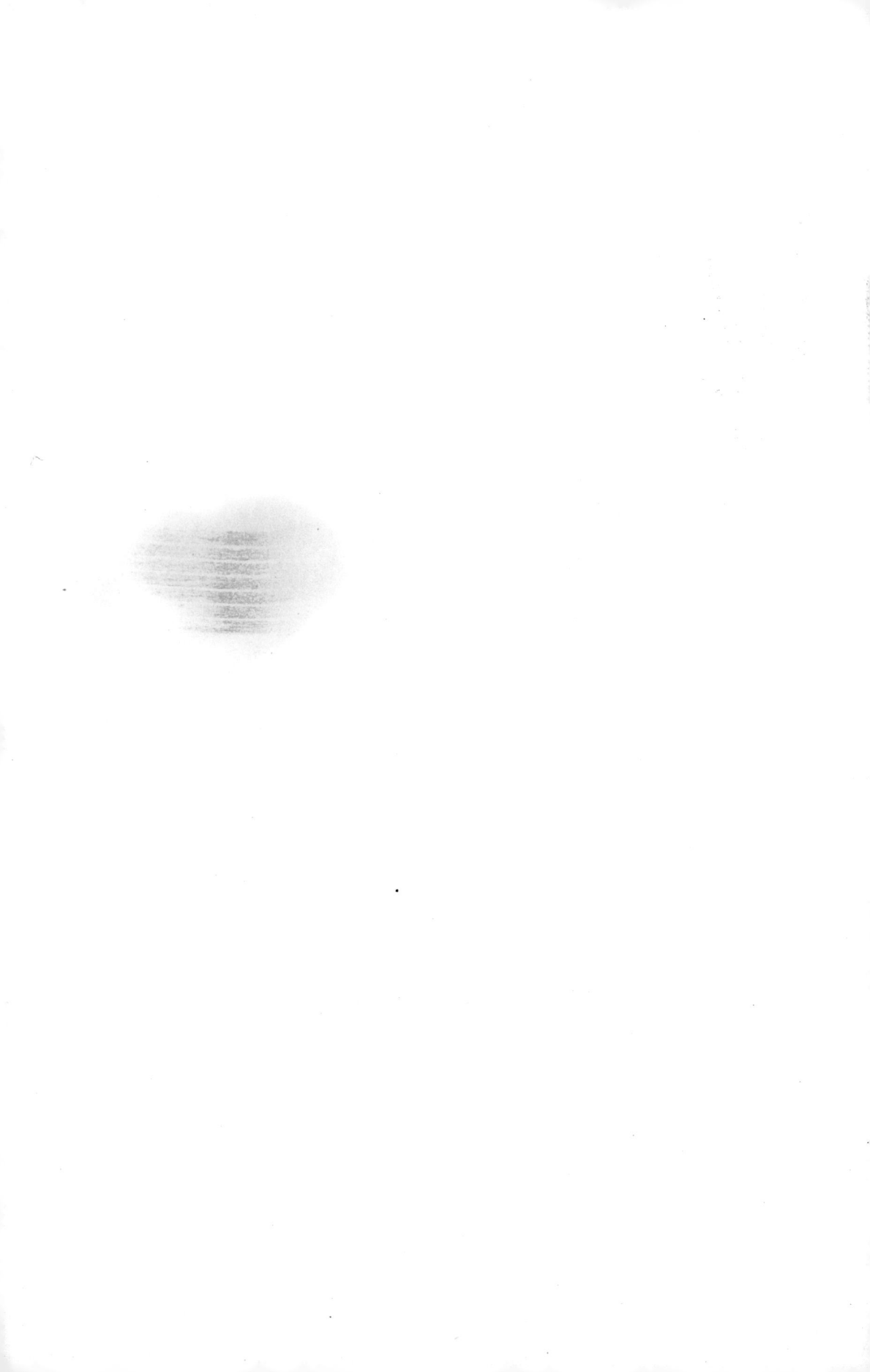